SCHOTT-MESSBUCH
FÜR DIE WOCHENTAGE

SCHOTT-MESSBUCH FÜR DIE WOCHENTAGE

TEIL I

ADVENT BIS 13. WOCHE IM JAHRESKREIS

Originaltexte
der authentischen deutschen Ausgabe
des Meßbuchs und des Meßlektionars

Mit Einführungen herausgegeben
von den Benediktinern der Erzabtei Beuron

VERLAG HERDER
FREIBURG · BASEL · WIEN

VORWORT

Früher als vorauszusehen war, ist eine Neuausgabe des Wochentags-SCHOTT notwendig geworden. Er erscheint wieder in zwei Teilbänden: I. Teil, Advent bis 13. Woche im Jahreskreis; II. Teil, die Tage von der 14. Woche bis zum Ende des liturgischen Jahres; beide Teilbände mit den entsprechenden Gedenktagen der Heiligen. Die „Messen zu bestimmten Feiern" (Spendung von Sakramenten und Sakramentalien), die „Messen für besondere Anliegen" und die Votivmessen können in diesem Teilband noch nicht enthalten sein, da die approbierte kirchenamtliche Ausgabe (Meßlektionar VII) erst zu einem späteren Zeitpunkt erscheint. Die entsprechenden Texte werden zu gegebener Zeit in einer eigenen SCHOTT-Ausgabe angeboten.

Alle biblischen und liturgischen Texte des SCHOTT-Meßbuches entsprechen den von den Bischöfen des deutschen Sprachgebietes approbierten kirchenamtlichen Ausgaben.

Der SCHOTT will uns helfen, als schauende und hörende Menschen und vor allem als betende Gemeinde am Gottesdienst teilzunehmen. Diese Hilfe und Hinführung kann der SCHOTT aber nur dann wirklich leisten, wenn der Benützer sich zu Hause mit Aufbau, Inhalt und Geist des Buches vertraut gemacht hat. Man wird gut daran tun, sich immer wieder in das Buch zu vertiefen, das Inhaltsverzeichnis anzuschauen, Lesezeichen da einzulegen, wo sie gebraucht werden. Das alles ist viel einfacher, als es zunächst scheinen mag.

Es sind nun 100 Jahre her, seit der Beuroner Mönch P. Anselm SCHOTT zum erstenmal, lateinisch und deutsch, das „Meßbuch der heiligen Kirche" veröffentlichte, damals als Buch „zum Gebrauche der Laien bei der heiligen Messe". Der Erfolg bewies, wie notwendig dieses Buch war. Inzwischen hatten wir das Zweite Vatikanische Konzil und in seinem Gefolge die Neugestaltung der Liturgie und der liturgischen Bücher. Die Liturgie sollte durchsichtiger und verständlicher werden; gleichzeitig aber sollte der „Tisch des Wortes" durch vermehrte Schriftlesungen reichlicher gedeckt werden. Der Übergang vom Latein zur Volkssprache ergab sich daher zwangsläufig. Die Liturgie ist damit auf eine Weise leichter zugänglich, in Wirklichkeit aber auch anspruchsvoller geworden. Sie verlangt eine bewußte Vorbereitung und aktive Anwesenheit aller Beteiligten. Das SCHOTT-Meßbuch hat in dieser Situation neue Funktionen übernommen. Der Gebrauch bei der Meßfeier kann nach wie vor hilfreich sein. Mit seinem Reichtum an biblischen und liturgischen Texten, Einführungen in die Schriftlesungen, Fürbitten und betrachtenden Texten vermag der SCHOTT zu einem echten Lebensbuch zu werden.

Beuron / Lliu-Lliu (Chile), den 10. Februar 1984

Odo Haggenmüller OSB

INHALT

Der Regionalkalender für das deutsche Sprachgebiet	12*
Alphabetisches Verzeichnis der Heiligengedenktage	24*
Tabelle für die Ordnung der Lesungen	30*
Abkürzungen der biblischen Bücher	32*
Praktische Hinweise	33*

DAS HERRENJAHR

Der Advent
1. Woche	3
2. Woche	34
3. Woche	61
17.–24. Dezember	86

Die Weihnachtszeit
29.–31. Dezember	127
2.–12. Januar	142

Die Fastenzeit
Aschermittwoch	206
Donnerstag nach Aschermittwoch	215
Freitag nach Aschermittwoch	220
Samstag nach Aschermittwoch	224
1. Woche	229
2. Woche	260
3. Woche	292
4. Woche	329
5. Woche	369

Die Karwoche
Montag	414
Dienstag	419
Mittwoch	425

Die Osterzeit

Die Osteroktav	431
2. Woche	468
3. Woche	499
4. Woche	531
5. Woche	563
6. Woche	596
7. Woche	628

Die Zeit im Jahreskreis

1. Woche	662
2. Woche	702
3. Woche	744
4. Woche	786
5. Woche	830
6. Woche	874
7. Woche	916
8. Woche	954
9. Woche	994
10. Woche	1037
11. Woche	1080
12. Woche	1126
13. Woche	1172

Wochentagsmessen zur Auswahl	1218
Quatembermessen	1246
Bittmesse	1250
Tages-, Gaben-, Schlußgebete zur Auswahl	1253

DIE FEIER DER GEMEINDEMESSE

Eröffnung	1275
Wortgottesdienst	1282
Eucharistiefeier	1290
1. Hochgebet	1294
2. Hochgebet	1303
3. Hochgebet	1312
4. Hochgebet	1319

Inhalt

Entlassung ... 1333
   Feierliche Schlußsegen ... 1334
   Segensgebete über das Volk ... 1344

Präfationen:

Das Herrenjahr
Adventszeit I–V ... 1352
Weihnachtszeit I–III ... 1354
Erscheinung des Herrn ... 1355
Fastenzeit I–IV ... 1356
Leiden des Herrn I und II ... 1357
Osterzeit I–V ... 1358
Christi Himmelfahrt I und II ... 1360
Sonntage im Jahreskreis I–VIII ... 1361
Wochentage I–VI ... 1365

Feste und Geheimnisse des Herrn
Dreifaltigkeit ... 1368
Eucharistie I und II ... 1368
Herz Jesu ... 1369
Königtum Christi ... 1370
Darstellung des Herrn (2. Februar) ... 1370
Verkündigung des Herrn (25. März) ... 1371
Verklärung Christi (6. August) ... 1371
Kirchweihe I und II ... 1372
Heiliger Geist I und II ... 1373

Gedenktage der Heiligen
Maria I und II ... 1374
Ohne Erbsünde empfangene Jungfrau Maria (8. Dezember) ... 1375
Engel ... 1375
Johannes der Täufer (24. Juni) ... 1376
Josef ... 1376
Petrus und Paulus (29. Juni) ... 1377
Apostel I und II ... 1377
Bonifatius (5. Juni) ... 1894
Heilige I und II ... 1378
Märtyrer ... 1379
Hirten der Kirche ... 1379
Jungfrauen und Ordensleute ... 1380

Verschiedene Feiern
Einheit der Christen 1380
Verstorbene I–V 1380

DIE FESTE DES HERRN UND DER HEILIGEN

Die Feste und Gedenktage im Lauf des Jahres (Proprium)
November (ab 30. November) 1385
Dezember 1390
Januar 1483
Februar 1570
März 1647
April 1717
Mai 1795
Juni 1874
Juli (bis 8. Juli) 1991

Gemeinsame Texte für Feste und Gedenktage (Commune)

Marienmessen
Meßtexte 2032
Lesungen 2093

Märtyrer
Meßtexte 2041
Lesungen 2098

Hirten der Kirche
Meßtexte 2056
Lesungen 2101

Kirchenlehrer
Meßtexte 2071
Lesungen 2106

Jungfrauen
Meßtexte 2073
Lesungen 2108

Heilige Männer und heilige Frauen
Meßtexte 2078
Lesungen 2110

ANHANG

Anhang I	Commune-Texte für den Gesang des Antwortpsalmes	2209
Anhang II	Rufe vor dem Evangelium	2227
Anhang III	Verse zum Ruf vor dem Evangelium	2228
Anhang IV	Messen für Verstorbene	2238
	Am Begräbnistag	2239
	Zum Jahresgedächtnis	2249
	Requiem	2260

Verzeichnis der Schriftlesungen 2268
Verzeichnis der Antwortpsalmen 2277

DER REGIONALKALENDER FÜR DAS DEUTSCHE SPRACHGEBIET

H = Hochfest; F = Fest; G = Gebotener Gedenktag
g = nichtgebotener Gedenktag

JANUAR
1. Maria, Gottesmutter   H
2. Basilius d. Gr. und Gregor von Nazianz   G 1483
3.
4.
5.
6.
7. Valentin   g 1488
   Raimund von Penyafort   g 1492
8. Severin   g 1496
9.
10.
11.
12.
13. Hilarius   g 1502
14.
15.
16.
17. Antonius   G 1507
18.
19.
20. Fabian   g 1513
    Sebastian   g 1517
21. Meinrad   g 1521
    Agnes   g 1525
22. Vinzenz   g 1529
23. Heinrich Seuse   g 1533
24. Franz von Sales   G 1538
25. Bekehrung des hl. Apostels Paulus   F 1544
26. Timotheus und Titus   G 1551
27. Angela Merici   g 1558

28. Thomas von Aquin   G 1562
29.
30.
31. Johannes Bosco   G 1566

FEBRUAR
1.
2. Darstellung des Herrn   F 1570
3. Ansgar   g 1579
   Blasius   g 1583
4. Rabanus Maurus   g 1586
5. Agatha   G 1591
6. Paul Miki und Gefährten   G 1595
7.
8. Hieronymus Ämiliani   g 1599
9.
10. Scholastika   G 1606
11. Gedenktag Unserer Lieben Frau in Lourdes   g 1610
12.
13.
14. Cyrill und Methodius   F 1614
15.
16.
17. Die hll. Gründer des Servitenordens   g 1619
18.
19.
20.
21. Petrus Damiani   g 1623
22. Kathedra Petri   F 1628
23. Polykarp   G 1633
24. Matthias   F 1637
25. Walburga   g 1643
26.
27.
28.
29.

MÄRZ

1.
2.
3.
4. Kasimir g 1647
5.
6. Fridolin von Säckingen g 1652
7. Perpetua und Felizitas G 1656
8. Johannes von Gott g 1660
9. Bruno von Querfurt g 1665
   Franziska von Rom g 1669
10.
11.
12.
13.
14. Mathilde g 1673
15. Klemens Maria Hofbauer g 1677
16.
17. Gertrud von Nivelles g 1681
    Patrick g 1685
18. Cyrill von Jerusalem g 1690
19. Josef, Bräutigam der Gottesmutter Maria H 1695
20.
21.
22.
23. Turibio von Mongrovejo g 1702
24.
25. Verkündigung des Herrn H 1706
26. Liudger g 1713
27.
28.
29.
30.
31.

APRIL

1.
2. Franz von Paola g 1717
3.

4. Isidor g 1721
 5. Vinzenz Ferrer g 1725
 6.
 7. Johannes Baptist de la Salle G 1730
 8.
 9.
10.
11. Stanislaus G 1734
12.
13. Martin I. g 1738
14.
15.
16.
17.
18.
19. Leo IX. g 1743
20.
21. Konrad von Parzham g 1748
    Anselm g 1752
22.
23. Adalbert g 1757
    Georg g 1762
24. Fidelis von Sigmaringen g 1766
25. Markus F 1770
26.
27. Petrus Kanisius g 1776
28. Peter Chanel g 1781
29. Katharina von Siena G 1785
30. Pius V. g 1791

MAI
 1. Josef, der Arbeiter g 1795
 2. Athanasius G 1801
 3. Philippus und Jakobus F 1806
 4. Florian und hll. Märtyrer von Lorch g 1812
 5. Godehard g 1816
 6.
 7.
 8.

9.
10.
11.
12. Nereus und Achilleus g 1820
    Pankratius g 1825
13.
14.
15.
16. Johannes Nepomuk g 1829
17.
18. Johannes I. g 1833
19.
20. Bernhardin von Siena g 1837
21. Hermann Josef g 1841
22.
23.
24.
25. Beda der Ehrwürdige g 1845
    Gregor VII. g 1850
    Maria Magdalena von Pazzi g 1854
26. Philipp Neri G 1859
27. Augustinus von Canterbury g 1865
28.
29.
30.
31.
Samstag nach dem 2. Sonntag nach Pfingsten:
    Unbeflecktes Herz Mariä g 1869

JUNI
 1. Justin G 1874
 2. Marcellinus und Petrus g 1880
 3. Karl Lwanga und Gefährten G 1884
 4.
 5. Bonifatius G 1890
 6. Norbert von Xanten g 1895
 7.
 8.
 9. Ephräm der Syrer g 1900

Regionalkalender für das deutsche Sprachgebiet

10.
11. Barnabas G 1905
12.
13. Antonius von Padua G 1910
14.
15. Vitus (Veit) g 1915
16. Benno g 1619
17.
18.
19. Romuald g 1923
20.
21. Aloisius Gonzaga G 1928
22. Paulinus von Nola g 1933
    John Fisher und Thomas Morus g 1937
23.
24. Geburt des hl. Johannes des Täufers H 1941
25.
26.
27. Hemma von Gurk g 1954
    Cyrill von Alexandrien g 1959
28. Irenäus G 1964
29. Petrus und Paulus H 1969
30. Otto g 1982
    Die ersten hll. Märtyrer der Stadt Rom g 1987

JULI

1.
2. Mariä Heimsuchung F 1991
3. Thomas F 1998
4. Ulrich g 2002
   Elisabeth von Portugal g 2007
5. Antonius Maria Zaccaria g 2014
6. Maria Goretti g 2018
7. Willibald g 2022
8. Kilian und Gefährten g 2026
9.
10. Knud von Dänemark, Erich von Schweden und   *
    Olaf von Norwegen g

---

* 10. Juli bis 2. Dezember im Schott-Meßbuch für die Wochentage Teil 2.

11. Benedikt von Nursia F
12.
13. Heinrich II. und Kunigunde g
14. Kamillus von Lellis g
15. Bonaventura G
16. Gedenktag Unserer Lieben Frau auf dem Berge Karmel g
17.
18.
19.
20. Margareta g
21. Laurentius von Brindisi g
22. Maria Magdalena G
23. Birgitta von Schweden g
24. Christophorus g
25. Jakobus F
26. Joachim und Anna G
27.
28.
29. Marta G
30. Petrus Chrysologus g
31. Ignatius von Loyola G

AUGUST

1. Alfons Maria von Liguori G
2. Eusebius g
3.
4. Johannes Maria Vianney (Pfarrer von Ars) G
5. Weihetag der Basilika Santa Maria Maggiore in Rom g
6. Verklärung des Herrn F
7. Xystus II. und Gefährten g
   Kajetan g
8. Dominikus G
9.
10. Laurentius F
11. Klara G
12.

13. Pontianus und Hippolyt g
14. Maximilian Kolbe G
15. Mariä Aufnahme in den Himmel H
16. Stephan von Ungarn g
17.
18.
19. Johannes Eudes g
20. Bernhard von Clairvaux G
21. Pius X. G
22. Maria Königin G
23. Rosa von Lima g
24. Bartholomäus F
25. Ludwig g
    Josef von Calasanza g
26.
27. Monika G
28. Augustinus G
29. Enthauptung Johannes' des Täufers G
30.
31. Paulinus g

SEPTEMBER
1.
2.
3. Gregor d. Gr. G
4.
5.
6.
7.
8. Mariä Geburt F
9.
10.
11.
12. Mariä Namen g
13. Johannes Chrysostomus G
14. Kreuzerhöhung F
15. Gedächtnis der Schmerzen Mariens G
16. Kornelius und Cyprian G

17. Hildegard von Bingen g
    Robert Bellarmin g
18. Lambert g
19. Januarius g
20.
21. Matthäus F
22. Mauritius und Gefährten g
23.
24. Rupert und Virgil g
25. Niklaus von Flüe g
26. Kosmas und Damian g
27. Vinzenz von Paul G
28. Lioba g
    Wenzel g
29. Michael, Gabriel und Rafael F
30. Hieronymus G

OKTOBER
1. Theresia vom Kinde Jesus G
2. Hll. Schutzengel G
3.
4. Franz von Assisi G
5.
6. Bruno g
7. Gedenktag Unserer Lieben Frau vom Rosenkranz G
8.
9. Dionysius und Gefährten g
    Johannes Leonardi g
10.
11.
12.
13.
14. Kallistus I. g
15. Theresia von Ávila G
16. Hedwig g
    Gallus g
    Margareta Maria Alacoque g
17. Ignatius von Antiochien G

18. Lukas F
19. Johannes de Brébeuf und Isaak Jogues und
    Gefährten g
    Paul vom Kreuz g
20. Wendelin g
21. Ursula und Gefährtinnen g
22.
23. Johannes von Capestrano g
24. Antonius Maria Claret g
25.
26.
27.
28. Simon und Judas F
29.
30.
31. Wolfgang g

NOVEMBER
1. Allerheiligen H
2. Allerseelen
3. Hubert g
   Pirmin g
   Martin von Porres g
4. Karl Borromäus G
5.
6. Leonhard g
7. Willibrord g
8.
9. Weihetag der Lateranbasilika zu Rom F
10. Leo der Große G
11. Martin G
12. Josaphat G
13.
14.
15. Albert der Große g
    Leopold g
16. Margareta von Schottland g
17. Gertrud von Helfta g

18. Weihetag der Basiliken St. Peter und St. Paul
    zu Rom g
19. Elisabeth von Thüringen G
20.
21. Gedenktag Unserer Lieben Frau in Jerusalem G
22. Cäcilia G
23. Kolumban g
    Klemens g
24.
25. Katharina von Alexandrien g
26. Konrad und Gebhard g
27.
28.
29.
30. Andreas F 1385

DEZEMBER
1.
2. Luzius g 1390
3. Franz Xaver G 1394
4. Barbara g 1400
   Johannes von Damaskus g 1404
5. Anno g 1409
6. Nikolaus g 1414
7. Ambrosius G 1418
8. Hochfest der ohne Erbsünde empfangenen
   Jungfrau und Gottesmutter Maria 1424
9.
10.
11. Damasus I. g 1431
12. Johanna Franziska von Chantal g 1436
13. Odilia g 1440
    Luzia g 1444
14. Johannes vom Kreuz G 1448
15.
16.
17.
18.
19.

Regionalkalender für das deutsche Sprachgebiet 23*

20.
21.
22.
23. Johannes von Krakau g 1453
24.
25.
26. Stephanus   F 1458
27. Johannes   F 1463
28. Unschuldige Kinder   F 1468
29. Thomas Becket   g 1473
30.
31. Silvester I.   g 1478

ALPHABETISCHES VERZEICHNIS DER FESTE UND HEILIGENGEDENKTAGE IM LITURGISCHEN KALENDARIUM

H – Hochfest
F – Fest   G – Gebotener Gedenktag   g – nichtgebotener Gedenktag

Achilleus, Märtyrer († um 304); g: 12. 5.
Adalbert, Bischof, Glaubensbote, Märtyrer († 997); g: 23. 4.
Agatha, Jungfrau, Märtyrin (3. Jh.); G: 5. 2.
Agnes, Jungfrau, Märtyrin († 304); g: 21. 1.
Albert d. Gr., Bischof, Kirchenlehrer († 1280); g: 15. 11.
Alfons Maria von Liguori, Ordensgründer, Bischof, Kirchenlehrer († 1787);
Allerheiligen; H: 1. 11.   [G: 1. 8.
Allerseelen; 2. 11.
Aloysius Gonzaga, Ordensmann († 1591); G: 21. 6.
Ambrosius, Bischof, Kirchenlehrer († 387); G: 7. 12.
Andreas, Apostel; F: 30. 11.
Angela Merici, Ordensgründerin († 1540); g: 27. 1.
Anna, Mutter der sel. Jungfrau Maria; G: 26. 7.
Anno, Bischof († 1075); g: 5. 12.
Anselm, Bischof, Kirchenlehrer († 1109); g: 21. 4.
Ansgar, Bischof, Glaubensbote († 865); g: 3. 2.
Antonius, Mönchsvater († 356); G: 17. 1.
Antonius Maria Claret, Bischof, Ordensgründer († 1870); g: 24. 10.
Antonius Maria Zaccaria, Priester, Ordensgründer († 1539); g: 5. 7.
Antonius von Padua, Ordenspriester, Kirchenlehrer († 1231); G: 13. 6.
Athanasius, Bischof, Kirchenlehrer († 373); G: 2. 5.
Augustinus, Bischof, Kirchenlehrer († 430); G: 28. 8.
Augustinus von Canterbury, Bischof, Glaubensbote († 605); g: 27. 5.

Barbara, Märtyrin; g: 4. 12.
Barnabas, Apostel; G: 11. 6.
Bartholomäus, Apostel; F: 24. 8.
Basilius d. Gr., Bischof, Kirchenlehrer († 379); G: 2. 1.
Beda d. Ehrwürdige, Ordenspriester, Kirchenlehrer († 735); g: 25. 5.
Benedikt von Nursia, Mönchsvater († um 547); F: 11. 7.
Benno, Bischof († 1106); g: 16. 6.
Bernhard von Clairvaux, Abt, Kirchenlehrer († 1153); G: 20. 8.
Bernhardin von Siena, Ordenspriester († 1444); g: 20. 5.
Birgitta von Schweden, Ordensgründerin († 1373); g: 23. 7.
Blasius, Bischof, Märtyrer († um 316); g: 3. 2.
Bonaventura, Bischof, Kirchenlehrer († 1274); G: 15. 7.
Bonifatius, Bischof, Glaubensbote, Märtyrer († 754); G: 5. 6.
Bruno, Mönch, Einsiedler, Ordensgründer († 1101); g: 6. 10.
Bruno von Querfurt, Bischof, Glaubensbote, Märtyrer († 1009); g: 9. 3.

Alphabetisches Heiligenverzeichnis

Cäcilia, Jungfrau, Märtyrin; G: 22. 11.
Christophorus, Märtyrer; g: 24. 7.
Cyprian, Bischof, Märtyrer († 258); G: 16. 9.
Cyrill, Mönch († 869); F: 14. 2.
Cyrill von Alexandrien, Bischof, Kirchenlehrer († 444); g: 27. 6.
Cyrill von Jerusalem, Bischof, Kirchenlehrer († 386); g: 18. 3.

Damasus I., Papst († 384); g: 11. 12.
Damian, Märtyrer († 303); g: 26. 9.
Darstellung des Herrn; F: 2. 2.
Dionysius, Bischof, Märtyrer; g: 9. 10.
Dominikus, Priester, Ordensgründer († 1221); G: 8. 8.

Elisabeth von Portugal († 1336); g: 4. 7.
Elisabeth von Thüringen († 1231); G: 19. 11.
Ephräm der Syrer, Diakon, Kirchenlehrer († 373); g: 9. 6.
Erich von Schweden, Märtyrer († 1160); g: 10. 7.
Eusebius, Bischof († 371); g: 2. 8.

Fabian, Papst, Märtyrer († 250); g: 20. 1.
Felizitas, Märtyrin († 203); G: 7. 3.
Fidelis von Sigmaringen, Ordenspriester, Märtyrer († 1622); g: 24. 4.
Florian, Märtyrer († 304); g: 4. 5.
Franz von Assisi, Ordensgründer († 1226); G: 4. 10.
Franz von Paola, Einsiedler, Ordensgründer († 1507); g: 2. 4.
Franz von Sales, Bischof, Ordensgründer, Kirchenlehrer († 1622); G: 24. 1.
Franziska von Rom, Witwe, Ordensgründerin († 1440); g: 9. 3.
Franz Xaver, Ordenspriester, Glaubensbote († 1552); G: 3. 12.
Fridolin von Säckingen, Mönch, Glaubensbote († um 540); g: 6. 3.

Gabriel, Erzengel; F: 29. 9.
Gallus, Mönch, Einsiedler, Glaubensbote († 640); g: 16. 10.
Gebhard, Bischof († 995); g: 26. 11.
Georg, Märtyrer († 4. Jh.); g: 23. 4.
Gertrud von Helfta, Ordensfrau, Mystikerin († 1302); g: 17. 11.
Gertrud von Nivelles, Äbtissin († 653 od. 659); g: 17. 3.
Godehard, Bischof († 1038); g: 5. 5.
Gregor der Große, Papst, Kirchenlehrer († 604); G: 3. 9.
Gregor VII., Papst († 1085); g: 25. 5.
Gregor von Nazianz, Bischof, Kirchenlehrer († 389 od. 390); G: 2. 1.
Gründer des Servitenordens († 14. Jh.); g: 17. 2.

Hedwig († 1243); g: 16. 10.
Heinrich II., Kaiser († 1024); g: 13. 7.
Heinrich Seuse, Ordenspriester, Mystiker († 1366); g: 23. 1.
Hemma von Gurk († 1045); g: 27. 6.
Hermann Josef, Ordenspriester, Mystiker († 1241); g: 21. 5.

Hieronymus, Priester, Kirchenlehrer († 420); G: 30. 9.
Hieronymus Ämiliani, Ordensgründer († 1537); g: 8. 2.
Hilarius, Bischof, Kirchenlehrer († um 367); g: 13. 1.
Hildegard von Bingen, Äbtissin, Mystikerin († 1179); g: 17. 9.
Hippolyt, Priester, Märtyrer († 235); g: 13. 8.
Hubert, Bischof († 727); g: 3. 11.

Ignatius von Antiochien, Bischof, Märtyrer († um 117); G: 17. 10.
Ignatius von Loyola, Priester, Ordensgründer († 1556); G: 31. 7.
Irenäus, Bischof, Märtyrer († um 202); G: 28. 6.
Isaak Jogues, Märtyrer († 1647); g: 19. 10.
Isidor, Bischof, Kirchenlehrer († 636); g: 4. 4.

Jakobus d. Ä., Apostel († um 42); F: 25. 7.
Jakobus d. J., Apostel († 62 ?); F: 3. 5.
Januarius, Bischof, Märtyrer († 305); g: 19. 9.
Joachim, Vater der sel. Jungfrau Maria; G: 26. 7.
Johanna Franziska von Chantal, Ordensgründerin († 1641); g: 12. 12.
Johannes, Apostel, Evangelist; F: 27. 12.
Johannes I., Papst, Märtyrer († 526); g: 18. 5.
Johannes Baptist de la Salle, Priester, Ordensgründer († 1719); G: 7. 4.
Johannes Bosco, Priester, Ordensgründer († 1888); G: 31. 1.
Johannes de Brébeuf, Märtyrer († 1647); g: 19. 10.
Johannes von Capestrano, Ordenspriester († 1456); g: 23. 10.
Johannes Chrysostomus, Bischof, Kirchenlehrer († 407); G: 13. 9.
Johannes von Damaskus, Priester, Kirchenlehrer († um 749); g: 4. 12.
Johannes Eudes, Priester, Ordensgründer († 1680); g: 19. 8.
Johannes von Gott, Ordensgründer († 1550); g: 8. 3.
Johannes von Krakau, Priester († 1473); g: 23. 12.
Johannes vom Kreuz, Ordenspriester, Kirchenlehrer († 1591); G: 14. 12.
Johannes Leonardi, Priester, Ordensgründer († 1609); g: 9. 10.
Johannes Maria Vianney, Priester († 1859); G: 4. 8.
Johannes Nepomuk, Priester, Märtyrer († 1393); g: 16. 5.
Johannes der Täufer, Geburtsfest; H: 24. 6.
  Enthauptung; G: 29. 8.
John Fisher, Bischof, Märtyrer († 1535); g: 22. 6.
Josaphat, Bischof, Märtyrer († 1623); G: 12. 11.
Josef, Bräutigam; H: 19. 3.
  der Arbeiter; g: 1. 5.
Josef von Calasanza, Priester, Ordensgründer († 1648); g: 25. 8.
Judas, Apostel; F: 28. 10.
Justin, Märtyrer († um 165); G: 1. 6.

Kajetan, Priester, Ordensgründer († 1547); g: 7. 8.
Kallistus I., Papst, Märtyrer († 222); g: 14. 10.
Kamillus von Lellis, Priester, Ordensgründer († 1614); g: 14. 7.
Karl Borromäus, Bischof († 1584); G: 4. 11.
Karl Lwanga, Märtyrer († 1886); G: 3. 6.

Alphabetisches Heiligenverzeichnis

Kasimir, Königssohn († 1484); g: 4. 3.
Katharina von Alexandrien, Jungfrau, Märtyrin († 4. Jh.); g: 25. 11.
Katharina von Siena, Ordensfrau, Kirchenlehrerin († 1380); G: 29. 4.
Kilian, Bischof, Glaubensbote, Märtyrer († 689); g: 8. 7.
Klara, Jungfrau († 1253); G: 11. 8.
Klemens, Papst, Märtyrer († 101); g: 23. 11.
Klemens Maria Hofbauer, Ordenspriester († 1820); g: 15. 3.
Knud von Dänemark, Märtyrer († 1086); g: 10. 7.
Kolumban, Abt, Glaubensbote († 615); g: 23. 11.
Konrad, Bischof († 975); g: 26. 11.
Konrad von Parzham, Ordensbruder († 1894); g: 21. 4.
Kornelius, Papst, Märtyrer († 253); G: 16. 9.
Kosmas, Märtyrer († 303); g: 26. 9.
Kreuzerhöhung; F: 14. 9.
Kunigunde, Kaiserin († 1033); g: 13. 7.

Lambert, Bischof, Glaubensbote, Märtyrer († 705/06); g: 18. 9.
Laurentius, Diakon, Märtyrer († 258 ?); F: 10. 8.
Laurentius von Brindisi, Ordenspriester, Kirchenlehrer († 1619); g: 21. 7.
Leo d. Gr., Papst, Kirchenlehrer († 461); G: 10. 11.
Leo IX., Papst († 1054); g: 19. 4.
Leonhard, Einsiedler († 6. Jh.); g: 6. 11.
Leopold († 1136); g: 15. 11.
Lioba, Äbtissin († um 782); g: 28. 9.
Liudger, Bischof († 809); g: 26. 3.
Ludwig († 1270); g: 25. 8.
Lukas, Evangelist; F: 18. 10.
Luzia, Jungfrau, Märtyrin; g: 13. 12.
Luzius, Bischof, Märtyrer; g: 2. 12.

Marcellinus, Märtyrer († um 304); g: 2. 6.
Margareta, Jungfrau, Märtyrin; g: 20. 7.
Margareta Maria Alacoque, Ordensfrau († 1690); g: 16. 10.
Margareta von Schottland († 1093); g: 16. 11.
Maria, Aufnahme in den Himmel; H: 15. 8.
  Geburt: F: 8. 9.
  Gottesmutter; H: 1. 1.
  Heimsuchung; F: 2. 7.
  Königin; G: 22. 8.
  Namen; g: 12. 9.
  Ohne Erbsünde empfangen; H: 8. 12.
  U. L. F. in Jerusalem; G: 21. 11.
  U. L. F. auf dem Berge Karmel; g: 16. 7.
  U. L. F. in Lourdes; g: 11. 2.
  U. L. F. vom Rosenkranz; G: 7. 10.
  Unbeflecktes Herz; g: Sa. nach Herz-Jesu-Fest
  Schmerzen; G: 15. 9.
Maria Goretti, Jungfrau, Märtyrin († 1902); g: 6. 7.
Maria Magdalena; G: 22. 7.

Maria Magdalena von Pazzi, Ordensfrau († 1607); g: 25. 5.
Markus, Evangelist; F: 25. 4.
Marta; G: 29. 7.
Martin, Bischof († 397); G: 11. 11.
Martin I., Papst, Märtyrer († 656); g: 13. 4.
Martin von Porres, Ordensbruder († 1639); g: 3. 11.
Märtyrer von Lorch († 304); g: 4. 5.
Märtyrer der Stadt Rom; g: 30. 6.
Mathilde († 968); g: 14. 3.
Matthäus, Apostel, Evangelist; F: 21. 9.
Matthias, Apostel; F: 24. 2.
Mauritius, Märtyrer († um 290); g: 22. 9.
Maximilian Kolbe, Märtyrer, Ordensmann († 1941); G: 14. 8.
Meinrad, Mönch, Einsiedler, Märtyrer († 861); g: 21. 1.
Methodius, Bischof, Glaubensbote († 885); F: 14. 2.
Michael, Erzengel; F: 29. 9.
Monika († 387); G: 27. 8.

Nereus, Märtyrer († um 304); g: 12. 6.
Niklaus von Flüe, Einsiedler († 1487); g: 25. 9.
Nikolaus, Bischof († 4. Jh.); g: 6. 12.
Norbert von Xanten, Bischof, Ordensgründer († 1134); g: 6. 6.

Odilia, Äbtissin († 720); g: 13. 12.
Olaf von Norwegen († 1030); g: 10. 7.
Otto, Bischof, Glaubensbote († 1139); g: 30. 6.

Pankratius, Märtyrer († 304); g: 12. 5.
Patrick, Bischof, Glaubensbote († 461); g: 17. 3.
Paul vom Kreuz, Priester, Ordensgründer († 1775); g: 19. 10.
Paul Miki, Märtyrer († 1597); G: 6. 2.
Paulinus von Nola, Bischof († 431); g: 22. 6.
Paulinus von Trier, Bischof, Märtyrer († 358); g: 31. 8.
Paulus, Apostel; H: 29. 6.
   Bekehrung; F: 25. 1.
Perpetua, Märtyrin († 203); G: 7. 3.
Peter Chanel, Priester, Märtyrer († 1841); g: 28. 4.
Petrus, Apostel; H: 29. 6.
   Kathedra; F: 22. 2.
Petrus, Märtyrer († um 304); g: 2. 6.
Petrus Chrysologus, Bischof, Kirchenlehrer († 450); g: 30. 7.
Petrus Damiani, Bischof, Kirchenlehrer († 1072); g: 21. 2.
Petrus Kanisius, Ordenspriester, Kirchenlehrer († 1597); g: 27. 4.
Philipp Neri, Priester († 1595); G: 26. 5.
Philippus, Apostel; F: 3. 5.
Pirmin, Abtbischof, Glaubensbote († 753); g: 3. 11.
Pius V., Papst († 1572); g: 30. 4.
Pius X., Papst († 1914); G: 21. 8.
Polykarp, Bischof, Märtyrer († 155); G: 23. 2.
Pontianus, Papst († 235); g: 13. 8.

Alphabetisches Heiligenverzeichnis

Rabanus Maurus, Bischof († 856); g: 4. 2.
Rafael, Erzengel; F: 29. 9.
Raimund von Penyafort, Ordensgründer († 1275); g: 7. 1.
Robert Bellarmin, Bischof, Kirchenlehrer († 1621); g: 17. 9.
Romuald, Abt, Ordensgründer († 1027); g: 19. 6.
Rosa von Lima, Jungfrau († 1617); g: 23. 8.
Rupert, Bischof, Glaubensbote († 718); g: 24. 9.

Scholastika, Jungfrau († um 547); g: 10. 2.
Schutzengel; G: 2. 10.
Sebastian, Märtyrer († 288); g: 20. 1.
Severin, Mönch († 482); g: 8. 1.
Silvester I., Papst († 335); g: 31. 12.
Simon, Apostel; F: 28. 10.
Stanislaus, Bischof, Märtyrer († 1079); G: 11. 4.
Stephan von Ungarn († 1038); g: 16. 8.
Stephanus, erster Märtyrer; F: 26. 12.

Theresia von Ávila, Ordensfrau, Kirchenlehrerin († 1582); G: 15. 10.
Theresia vom Kinde Jesus, Ordensfrau († 1897); G: 1. 10.
Thomas, Apostel; F: 3. 7.
Thomas von Aquin, Ordenspriester, Kirchenlehrer († 1274); G: 28. 1.
Thomas Becket, Bischof, Märtyrer († 1170); g: 29. 12.
Thomas Morus, Märtyrer († 1535); g: 22. 6.
Timotheus, Bischof, Apostelschüler; G: 26. 1.
Titus, Bischof, Apostelschüler; G: 26. 1.
Turibio von Mongrovejo, Bischof († 1606); g: 23. 3.

Ulrich, Bischof († 973); g: 4. 7.
Unschuldige Kinder; F: 28. 12.
Ursula, Märtyrin; g: 21. 10.

Valentin, Bischof († um 475); g: 7. 1.
Verklärung des Herrn; F: 6. 8.
Verkündigung des Herrn; H: 25. 3.
Vinzenz, Diakon, Märtyrer († 304 ?); g: 22. 1.
Vinzenz Ferrer, Ordenspriester († 1419); g: 5. 4.
Vinzenz von Paul, Priester, Ordensgründer († 1660); G: 27. 9.
Virgil, Bischof, Glaubensbote († 784); g: 24. 9.
Vitus, Märtyrer († um 304); g: 15. 6.

Walburga, Äbtissin († 779); g: 25. 2.
Weihetag der Basilika Santa Maria Maggiore in Rom; g: 5. 8.
Weihetag der Basiliken St. Peter und St. Paul in Rom; g: 18. 11.
Weihetag der Basilika am Lateran in Rom; F: 9. 11.
Wendelin, Einsiedler († 6. Jh.); g: 20. 10.
Wenzel, Märtyrer († 929); g: 28. 9.
Willibald, Bischof, Glaubensbote († 787); g: 7. 7.
Willibrord, Bischof, Glaubensbote († 739); g: 7. 11.
Wolfgang, Bischof († 994); g: 31. 10.
Xystus II., Papst, Märtyrer († 258); g: 7. 8.

Tabelle für die Ordnung der Lesungen

	Leseordnung für die Sonntage	Leseordnung für die Wochentage	Fest der Taufe des Herrn	Wochen im Jahreskreis	Sonntage nach Erscheinung	1. Sonntag der Fastenzeit
1998	C	II	11. Jan.	33	7	1. März
1999	A	I	10. Jan.	33	6	21. Febr.
2000	B	II	9. Jan.	34	9	12. März
2001	C	I	7. Jan.	34	8	4. März
2002	A	II	13. Jan.	33	5	17. Febr.
2003	B	I	12. Jan.	33	8	9. März
2004	C	II	11. Jan.	33	7	29. Febr.
2005	A	I	9. Jan.	33	5	13. Febr.
2006	B	II	8. Jan.	34	8	5. März
2007	C	I	7. Jan.	34	7	25. Febr.
2008	A	II	13. Jan.	33	4	10. Febr.
2009	B	I	11. Jan.	33	7	1. März
2010	C	II	10. Jan.	33	6	21. Febr.
2011	A	I	9. Jan.	33	9	13. März

Tabelle für die Ordnung der Lesungen

	Ostern	Pfingsten	Die Woche nach Pfingsten ist die ... Woche im Jahreskreis	Fest der heiligsten Dreifaltigkeit	Der Sonntag *nach* Dreifaltigkeit ist der ... Sonntag im Jahreskreis	1. Adventssonntag
1998	12. April	31. Mai	9.	7. Juni	11.	29. Nov.
1999	4. April	23. Mai	8.	30. Mai	10.	28. Nov.
2000	23. April	11. Juni	10.	18. Juni	12.	3. Dez.
2001	15. April	3. Juni	9.	10. Juni	11.	2. Dez.
2002	31. März	19. Mai	7.	26. Mai	9.	1. Dez.
2003	20. April	8. Juni	10.	15. Juni	12.	30. Nov.
2004	11. April	30. Mai	9.	6. Juni	11.	28. Nov.
2005	27. März	15. Mai	7.	22. Mai	9.	27. Nov.
2006	16. April	4. Juni	9.	11. Juni	11.	3. Dez.
2007	8. April	27. Mai	8.	3. Juni	10.	2. Dez.
2008	23. März	11. Mai	6.	18. Mai	8.	30. Nov.
2009	12. April	31. Mai	9.	7. Juni	11.	29. Nov.
2010	4. April	23. Mai	8.	30. Mai	10.	28. Nov.
2011	24. April	12. Juni	11.	19. Juni	13.	27. Nov.

ABKÜRZUNGEN DER BIBLISCHEN BÜCHER

Altes Testament:

Gen	Genesis	Spr	Sprüche
Ex	Exodus	Koh	Kohelet (Prediger)
Lev	Levitikus	Hld	Hoheslied
Num	Numeri	Weish	Weisheit
Dtn	Deuteronomium	Sir	Jesus Sirach
Jos	Josua	Jes	Jesaja
Ri	Richter	Jer	Jeremia
Rut	Rut	Klgl	Klagelieder
1 Sam	1 Samuel	Bar	Baruch
2 Sam	2 Samuel	Ez	Ezechiel
1 Kön	1 Könige	Dan	Daniel
2 Kön	2 Könige	Hos	Hosea
1 Chr	1 Chronik	Joel	Joel
2 Chr	2 Chronik	Am	Amos
Esra	Esra	Obd	Obadja
Neh	Nehemia	Jona	Jona
Tob	Tobit	Mi	Micha
Jdt	Judit	Nah	Nahum
Est	Ester	Hab	Habakuk
1 Makk	1 Makkabäer	Zef	Zefanja (Sophonias)
2 Makk	2 Makkabäer	Hag	Haggai
Ijob	Ijob	Sach	Sacharja
Ps	Psalmen	Mal	Maleachi

Neues Testament:

Mt	Matthäus	1 Tim	1. Timotheusbrief
Mk	Markus	2 Tim	2. Timotheusbrief
Lk	Lukas	Tit	Titusbrief
Joh	Johannes	Phlm	Philemonbrief
Apg	Apostelgeschichte	Hebr	Hebräerbrief
Röm	Römerbrief	Jak	Jakobusbrief
1 Kor	1. Korintherbrief	1 Petr	1. Petrusbrief
2 Kor	2. Korintherbrief	2 Petr	2. Petrusbrief
Gal	Galaterbrief	1 Joh	1. Johannesbrief
Eph	Epheserbrief	2 Joh	2. Johannesbrief
Phil	Philipperbrief	3 Joh	3. Johannesbrief
Kol	Kolosserbrief	Jud	Judasbrief
1 Thess	1. Thessalonicherbrief	Offb	Offenbarung
2 Thess	2. Thessalonicherbrief		

PRAKTISCHE HINWEISE

Das SCHOTT-Meßbuch für die Wochentage hat, von den Texten zur Feier der Gemeindemesse abgesehen, zwei Hauptteile: 1. die Wochentage des Kirchenjahres, 2. die Feste und Gedenktage der Heiligen.

Was für ein Meßformular jeweils genommen wird, das richtet sich – im Rahmen der allgemeinen Regeln – nach dem Rang des Festes und dem des Wochentages; außerdem sind je nach der konkreten Situation der Ortskirche und dem Ermessen des Priesters, besondere Anlässe zu berücksichtigen. Der Priester wird sich im allgemeinen an das Kalendarium der Kirche halten, in der die Messe gefeiert wird. Den Teilnehmern am Gottesdienst soll dieses Kalendarium in geeigneter Weise bekanntgegeben werden.

Einige Angaben über den verschiedenen Rang der Heiligenfeste und der Wochentage:
Der Rang eines Heiligenfestes richtet sich nach der Bedeutung des Heiligen für die Gesamtkirche oder für eine Teilkirche. Man unterscheidet *Hochfeste, Feste* und *Gedenktage*. Fällt ein *Hochfest* (z. B. Aufnahme Mariens in den Himmel, Kirchenpatron) auf einen gewöhnlichen Sonntag, so verdrängt es den Sonntag; fällt es auf einen Sonntag der Advents-, Fasten- oder Osterzeit, so wird es am Samstag vorausgenommen. Ein *Fest* wird an Wochentagen, nicht aber an Sonntagen gefeiert; nur Feste des Herrn (z. B. Darstellung Christi; Kreuzerhöhung) werden auch an Sonntagen gefeiert. Die *Gedenktage* sind, wie im Kalender angegeben, entweder gebotene oder nichtgebotene. An den gebotenen Gedenktagen soll an gewöhnlichen Wochentagen wenigstens das Tagesgebet vom Gedenktag gebetet werden (zu den Wahlmöglichkeiten für das Tagesgebet an den Wochentagen im Jahreskreis vgl. S. 661); die Schriftlesungen können vom Gedenktag oder auch vom Wochentag genommen werden (vgl. ausführlichere Hinweise auf S. 661 f.).

Auch die Wochentage sind nicht alle gleich. Die Wochentage der hohen Zeiten des Kirchenjahrs (Geprägte Zeiten) haben eigene Meßformulare (Adventszeit, Weihnachtszeit, Fasten- und Osterzeit). Dagegen wird an den Wochentagen „im Jahreskreis" (soweit sie nicht von einer anderen Feier verdrängt werden) entweder das Formular des vorausgehenden Sonntags wiederholt oder ein Formular aus den „Wochentagsmessen zur Auswahl" genommen. Jeder Wochentag hat aber seine eigenen Schriftlesungen.

In diesen Band des SCHOTT-Meßbuches für die Wochentage sind für alle Tage und alle Gedenktage der Heiligen Fürbitten aufgenommen worden, die sich an den nachfolgenden Bestimmungen der Allgemeinen Einführung in das Römische Meßbuch (AEM) orientieren. Sie greifen die Grundgedanken der liturgischen Texte des Tages auf bzw. lassen sich vom Lebenszeugnis des betreffenden Heiligen anregen. Die Fürbitten der Wochen im Jahreskreis lehnen sich z. T. an das jeweilige Tagesevangelium an. Ihre Texte sind aber auch in der Abfolge von jeweils vier Wochen von den Leitgedanken der „Wochentagsmessen zur Auswahl" (S. 1218 ff.) mitbestimmt.

Aus der Allgemeinen Einführung in das Meßbuch:

„45. In den Fürbitten übt die Gemeinde durch ihr Beten für alle Menschen ihr priesterliches Amt aus. Dieses Gebet gehört für gewöhnlich in jede mit einer Gemeinde gefeierte Messe …
46. Die Reihenfolge der einzelnen Bitten soll in der Regel sein: a) für die Anliegen der Kirche, b) für die Regierenden und das Heil der ganzen Welt, c) für alle von verschiedener Not Bedrückten, d) für die Ortsgemeinde."

DAS HERRENJAHR

DAS HERRENJAHR

DER ADVENT

1. WOCHE
MONTAG

ERÖFFNUNGSVERS Vgl. Jer 31,10; Jes 35,4

Ihr Völker, hört das Wort des Herrn und verkündet es in aller Welt.
Seht, euer Gott wird kommen und euch erretten,
fürchtet euch nicht.

TAGESGEBET

Hilf uns, Gott,
daß wir voll Freude in diesen Tagen
die Ankunft deines Sohnes erwarten.
Nimm alle Trägheit von uns
und mache uns bereit, zu wachen und zu beten,
damit uns Christus nicht schlafend findet,
wenn er kommt und anklopft.
Er, der in der Einheit des Heiligen Geistes
mit dir lebt und herrscht in alle Ewigkeit.

ZUR LESUNG *„Zion" nennt der Prophet nicht den politischen Mittelpunkt des Reiches Juda (das ist „Jerusalem"), sondern den Tempelberg als den Ort der Gegenwart Gottes. Dort hat Jesaja „den König, den Herrn der Heere", auf seinem hohen Thron geschaut (6,1.5). Dorthin sieht er in der messianischen Endzeit die Völker pilgern: nicht zum geographisch-historischen Ort, sondern zu dem Gott, von dem die Wahrheit und die Weisung kommen. Seine Königsherrschaft wird den Frieden schaffen. Dieses Heilswort stammt aus der für die Reiche Juda und Israel katastrophalen Zeit gegen Ende des 8. Jahrhunderts. Der Prophet erwartet die Rettung nicht von Menschen, von politischer Kunst oder militärischer Macht, sondern von dem Gott, dessen Herrlichkeit den Tempel erfüllt und das Weltall zusammenhält (6,3–4). – Jes 60,1–3; Joel 4,9–11; Mi 4,1–5; Sach 9,9–10.*

ERSTE LESUNG

Jes 2, 1–5

Der Herr führt alle Völker zusammen in den ewigen Frieden des Reiches Gottes

Lesung
aus dem Buch Jesája.

1 **Das Wort, das Jesája, der Sohn des Amoz,**
   in einer Vision über Juda und Jerusalem gehört hat.

2 **Am Ende der Tage wird es geschehen:**
   Der Berg mit dem Haus des Herrn
      steht fest gegründet als höchster der Berge;
   er überragt alle Hügel.
   Zu ihm strömen alle Völker.

3 **Viele Nationen machen sich auf den Weg;**
   sie sagen:
      Kommt, wir ziehen hinauf zum Berg des Herrn
      und zum Haus des Gottes Jakobs.
      Er zeige uns seine Wege,
      auf seinen Pfaden wollen wir gehen.
   Denn von Zion kommt die Weisung des Herrn,
      aus Jerusalem sein Wort.

4 **Er spricht Recht im Streit der Völker,**
   er weist viele Nationen zurecht.
   Dann schmieden sie Pflugscharen aus ihren Schwertern
      und Winzermesser aus ihren Lanzen.
   Man zieht nicht mehr das Schwert, Volk gegen Volk,
   und übt nicht mehr für den Krieg.

5 **Ihr vom Haus Jakob, kommt,**
   wir wollen unsere Wege gehen im Licht des Herrn.

Oder zur Wahl, wenn im Lesejahr A die oben angegebene Perikope am voraufgehenden Sonntag schon gelesen wurde:

Nach dem Gericht über das Volk und seine Führer verheißt der Prophet
Heil und Glück für den geretteten „Rest" (vgl. 6, 13; 10, 19–21). Dieser
Rest wird „heilig" (6, 3) sein: er darf für immer in der Nähe des heiligen
Gottes leben. Der messianische „Sproß" (4, 2) ist ursprünglich kaum als
der persönliche (göttliche und irdische) Messias verstanden worden; zu-
nächst ist der reiche Segen der messianischen Zeit überhaupt gemeint,
das, was Gott „sprießen" läßt, „die Früchte des Landes". – Die Heiligkeit

des künftigen Volkes kommt zustande 1. durch das läuternde Strafgericht, 2. durch die Gegenwart Gottes, der wie in der Zeit des Auszugs seinem Volk nahe sein, es führen und beschützen wird. Da ist kein Raum mehr für hochmütige Selbstbehauptung oder auch für großen Heroismus. Gott allein wird groß sein. – Jer 23,5–6; Sach 3,8; 6,12; Zef 3,13; Ex 13,21–22.

ERSTE LESUNG Jes 4,2–6

Was der Herr sprossen läßt, wird eine Zierde und Ehre sein für alle, die entronnen sind

Lesung
  aus dem Buch Jesája.

2 An jenem Tag wird, was der Herr sprossen läßt,
    für alle Israeliten, die entronnen sind,
    eine Zierde und Ehre sein;
  die Früchte des Landes sind ihr Stolz und Ruhm.
3 Dann wird der Rest von Zion,
    und wer in Jerusalem noch übrig ist, heilig genannt werden,
  jeder, der in Jerusalem
    in das Verzeichnis derer, die am Leben bleiben sollen,
    eingetragen ist.
4 Wenn der Herr
    durch den Sturm des Gerichts und den Sturm der Läuterung
    von den Töchtern Zions den Kot abgewaschen
    und aus Jerusalems Mitte die Blutschuld weggespült hat,
5   dann kommt er,
  und über dem ganzen Gebiet des Berges Zion
    und seinen Festplätzen
    erscheint bei Tag eine Wolke
    und bei Nacht Rauch und eine strahlende Feuerflamme.
  Denn über allem liegt als Schutz und Schirm
    die Herrlichkeit des Herrn;
6 sie spendet bei Tag Schatten vor der Hitze
  und ist Zuflucht und Obdach bei Unwetter und Regen.

ANTWORTPSALM Ps 122 (121), 1–3.4–5.6–7.8–9 (R: 1b)

R Zum Haus des Herrn wollen wir pilgern. – **R** (GL 118, 5)

I. Ton

1 Ich freute mich, als man mir sagte: *
„Zum Haus des Herrn wollen wir pilgern."

2 Schon stehen wir in deinen Toren, Jerusalem: †
3 Jerusalem, du starke Stadt, *
dicht gebaut und fest gefügt. – (R)

4 Dorthin ziehen die Stämme hinauf, die Stämme des Herrn, †
wie es Israel geboten ist, *
den Namen des Herrn zu preisen.

5 Denn dort stehen Throne bereit für das Gericht, *
die Throne des Hauses David. – (R)

6 Erbittet für Jerusalem Frieden! *
Wer dich liebt, sei in dir geborgen.

7 Friede wohne in deinen Mauern, *
in deinen Häusern Geborgenheit. – (R)

8 Wegen meiner Brüder und Freunde *
will ich sagen: In dir sei Friede.

9 Wegen des Hauses des Herrn, unseres Gottes, *
will ich dir Glück erflehen. – R

RUF VOR DEM EVANGELIUM Vers: vgl. Ps 80 (79), 3.4

Halleluja. Halleluja.

Komm uns zu Hilfe, Herr, unser Gott!
Laß dein Angesicht leuchten, dann sind wir gerettet.

Halleluja.

ZUM EVANGELIUM *Die Wunder Jesu sind „Zeichen" der anbrechenden Gottesherrschaft (Joh 2, 11.23; 4, 54 . . .). Höhepunkte des heutigen Evangeliums sind die Worte des Hauptmanns von Kafarnaum (V. 8 f.) und das Wort Jesu in V. 10. – „Herr, ich bin nicht würdig . . .", so betet bis heute die Gemeinde, wenn sie dem Herrn beim heiligen Mahl begegnet. Worte der Ehrfurcht und des Vertrauens. Jesus ist vom Glauben des Hauptmanns zuinnerst bewegt und sieht in diesem Einen schon die Vie-*

len, die aus Ost und West kommen werden. Aber die Söhne des Reiches, das ungläubige Israel, bleiben ausgeschlossen (V. 11–12). Die Herrschaft Gottes verwirklicht sich da, wo die Menschen auf alle Selbstbehauptung verzichten und sich dem Wort Gottes und seiner Liebe ausliefern. – Mk 6,5–6; Lk 7,1–10; Joh 4,46–54; Röm 11,11–15; Jes 6,5; 25,6; 60.

EVANGELIUM
Mt 8,5–11

Viele werden von Osten und Westen in das Himmelreich kommen

✢ **Aus dem heiligen Evangelium nach Matthäus.**

In jener Zeit,
   als Jesus nach Kafárnaum kam,
   trat ein Hauptmann an ihn heran
und bat ihn:
   Herr, mein Diener liegt gelähmt zu Hause
   und hat große Schmerzen.
Jesus sagte zu ihm: Ich will kommen und ihn gesund machen.
Da antwortete der Hauptmann:
   Herr, ich bin es nicht wert, daß du mein Haus betrittst;
sprich nur ein Wort,
   dann wird mein Diener gesund.
Auch ich muß Befehlen gehorchen,
   und ich habe selber Soldaten unter mir;
sage ich nun zu einem: Geh!, so geht er,
   und zu einem andern: Komm!, so kommt er,
   und zu meinem Diener: Tu das!, so tut er es.
Jesus war erstaunt, als er das hörte,
und sagte zu denen, die ihm nachfolgten:
   Amen, das sage ich euch:
Einen solchen Glauben
   habe ich in Israel noch bei niemand gefunden.
Ich sage euch:
   Viele werden von Osten und Westen kommen
   und mit Abraham, Ísaak und Jakob
   im Himmelreich zu Tisch sitzen.

FÜRBITTEN

Christus, unser Herr, kam, der Welt den Frieden zu bringen. Wir rufen ihn an:

Mach deine Kirche zur Freudenbotin deines Friedens. (Stille) Christus, höre uns.
A.: Christus, erhöre uns.

Erbarme dich aller Völker, die von Krieg und Aufruhr heimgesucht werden, und laß sie Wege zum Frieden finden. (Stille) Christus, höre uns.

Führe alle Suchenden auf den rechten Weg. (Stille) Christus, höre uns.

Stärke in uns den Glauben, der uns die Tür zum himmlischen Gastmahl öffnet. (Stille) Christus, höre uns.

Bei dir, Herr, ist Friede und Heil. Dir sei Ehre in Ewigkeit.
A.: Amen.

GABENGEBET

**Allmächtiger Gott,
alles was wir haben, kommt von dir.
Nimm die Gaben an, die wir darbringen.
Mache sie für uns in diesem Leben
zum Sakrament der Erlösung
und rufe uns an deinen Tisch im kommenden Reich.
Darum bitten wir durch Christus, unseren Herrn.**

Adventspräfation, S. 1352 ff.

KOMMUNIONVERS   Vgl. Ps 106 (105), 4–5; Jes 38, 3

Komm, Herr, such uns heim mit deinem Erbarmen;
dann wird unsere Freude vollendet sein.

SCHLUSSGEBET

**Herr, unser Gott,
du hast uns an deinem Tisch
mit neuer Kraft gestärkt.**

Zeige uns den rechten Weg
durch diese vergängliche Welt
und lenke unseren Blick auf das Unvergängliche,
damit wir in allem dein Reich suchen.
Darum bitten wir durch Christus, unseren Herrn.

„KEIN ZWEIFEL, DASS DER KATHOLIK *sein ausdrückliches Zugehören zur Kirche mit Recht als unverdiente Gnade, als Glück, als Verheißung des Heils empfindet und preist; dabei freilich aber auch bis ins Tiefste erschreckt weiß, daß die größere Gnade auch die höhere Gefahr ist, daß von dem mehr verlangt wird, dem mehr gegeben ist und der nicht weiß, ob er dem gerecht wird, was von ihm – und nicht von den anderen – verlangt wird. Er weiß, daß auch hier gelten kann, was der Herr gesagt hat: daß viele von Osten und Westen kommen werden, die Kinder des Reiches aber in die Finsternis hinausgeworfen werden (Mt 8, 11 f.)"* (Karl Rahner).

DIENSTAG

ERÖFFNUNGSVERS Vgl. Sach 14, 5.7

Seht, der Herr wird kommen und alle Heiligen mit ihm.
Ein großes Licht wird aufstrahlen an jenem Tag.

TAGESGEBET

Herr und Gott,
in unserer Bedrängnis rufen wir zu dir,
erhöre die Bitten deines Volkes.
Bewahre uns vor aller Ansteckung des Bösen
und tröste uns durch die Ankunft deines Sohnes,
unseres Herrn Jesus Christus,
der in der Einheit des Heiligen Geistes
mit dir lebt und herrscht in alle Ewigkeit.

ZUR LESUNG *Mit dem davidischen Königshaus ist es in der Weissagung von Jes 11 zu Ende. Die Aussagen des Propheten gelten einem künftigen Gesalbten, der aus dem „Baumstumpf Isais" hervorgehen wird. Er wird die Fülle der Geistesgaben empfangen: Weisheit und Klugheit, Kraft und Gottesfurcht. Er sorgt für die Armen und verschafft seinem Volk den Frieden. In den Versen 6–8 ist nicht von einem wiedererstandenen Tierparadies die Rede; nicht um Tiere geht es, sondern um Menschen und Völker, die mit (wilden und zahmen) Tieren verglichen werden. Wenn die Menschen Gott erkennen (V. 9) und die Gemeinschaft mit Gott suchen, werden sie auch den Weg zueinander finden. – Jes 40, 5; Jer 31, 23.33–34; Hab 2, 14.*

ERSTE LESUNG Jes 11, 1–10

Der Geist des Herrn läßt sich nieder auf ihm

Lesung
   aus dem Buch Jesája.

An jenem Tag
1 wächst aus dem Baumstumpf Ísais ein Reis hervor,
ein junger Trieb aus seinen Wurzeln bringt Frucht.
2 Der Geist des Herrn läßt sich nieder auf ihm:
der Geist der Weisheit und der Einsicht,
der Geist des Rates und der Stärke,
der Geist der Erkenntnis und der Gottesfurcht.
3 Er erfüllt ihn mit dem Geist der Gottesfurcht.

Er richtet nicht nach dem Augenschein,
und nicht nur nach dem Hörensagen entscheidet er,
4 sondern er richtet die Hilflosen gerecht
und entscheidet für die Armen des Landes, wie es recht ist.
Er schlägt den Gewalttätigen mit dem Stock seines Wortes
und tötet den Schuldigen mit dem Hauch seines Mundes.
5 Gerechtigkeit ist der Gürtel um seine Hüften,
   Treue der Gürtel um seinen Leib.
6 Dann wohnt der Wolf beim Lamm,
   der Panther liegt beim Böcklein.
Kalb und Löwe weiden zusammen,
   ein kleiner Knabe kann sie hüten.
7 Kuh und Bärin freunden sich an,
   ihre Jungen liegen beieinander.
Der Löwe frißt Stroh wie das Rind.
8 Der Säugling spielt vor dem Schlupfloch der Natter,
das Kind streckt seine Hand in die Höhle der Schlange.

⁹ Man tut nichts Böses mehr
und begeht kein Verbrechen
    auf meinem ganzen heiligen Berg;
denn das Land ist erfüllt von der Erkenntnis des Herrn,
    so wie das Meer mit Wasser gefüllt ist.

¹⁰ An jenem Tag wird es der Sproß aus der Wurzel Ísais sein,
    der dasteht als Zeichen für die Nationen;
die Völker suchen ihn auf;
    sein Wohnsitz ist prächtig.

ANTWORTPSALM Ps 72 (71), 1–2.7–8.12–13.17 (R: vgl. 7)

R Gerechtigkeit blüht auf in seinen Tagen (GL 152, 1)
und Friede ohne Ende. – R

¹ Verleih dein Richteramt, o Gott, dem König, *   VI. Ton
dem Königssohn gib dein gerechtes Walten!

² Er regiere dein Volk in Gerechtigkeit *
und deine Armen durch rechtes Urteil. – (R)

⁷ Die Gerechtigkeit blühe auf in seinen Tagen *
und großer Friede, bis der Mond nicht mehr da ist.

⁸ Er herrsche von Meer zu Meer, *
vom Strom bis an die Enden der Erde. – (R)

¹² Er rettet den Gebeugten, der um Hilfe schreit, *
den Armen und den, der keinen Helfer hat.

¹³ Er erbarmt sich des Gebeugten und Schwachen, *
er rettet das Leben der Armen. – (R)

¹⁷ Sein Name soll ewig bestehen; *
solange die Sonne bleibt, sprosse sein Name.

Glücklich preisen sollen ihn alle Völker *
und in ihm sich segnen. – R

RUF VOR DEM EVANGELIUM

Halleluja. Halleluja.

Seht, unser Herr kommt mit Macht;
die Augen seiner Knechte schauen das Licht.

Halleluja.

ZUM EVANGELIUM *„Der Geist des Herrn läßt sich nieder auf ihm",
hatte Jesaja geweissagt (11,2: Lesung). Jesus weiß sich und erweist sich
als vom Geist Gottes erfüllt, worauf besonders das Lukasevangelium Wert
legt. Jesus ist der Sohn; alle Offenbarung Gottes und alles rettende Eingreifen Gottes geschieht durch ihn. Nicht nur in der Vergangenheit (etwa
in der Geschichte des Auszugs aus Ägypten) und nicht nur in einer fernen
Zukunft geschehen Gottes große Taten, sondern jetzt und hier. Die
Schriftgelehrten (die „Weisen und Klugen") suchen Gott in ihren Büchern
und sind darüber kurzsichtig, ja blind geworden. Die Jünger dagegen,
die „Einfältigen", erkennen Gottes Nähe in der Person Jesu. – Mt
11,25–27; Lk 8,9–10; 18,15–17; Offb 19,12.*

EVANGELIUM Lk 10,21–24

*Vom Heiligen Geist erfüllt, sprach Jesus: Ich preise dich, Vater, weil du all das
den Unmündigen offenbart hast*

✠ Aus dem heiligen Evangelium nach Lukas.

21 In jener Stunde rief Jesus, vom Heiligen Geist erfüllt,
voll Freude aus:

Ich preise dich, Vater, Herr des Himmels und der Erde,
weil du all das den Weisen und Klugen verborgen,
   den Unmündigen aber offenbart hast.
Ja, Vater, so hat es dir gefallen.

22 Mir ist von meinem Vater alles übergeben worden;
niemand weiß, wer der Sohn ist,
   nur der Vater,
und niemand weiß, wer der Vater ist,
   nur der Sohn
und der, dem es der Sohn offenbaren will.

23 Jesus wandte sich an die Jünger
und sagte zu ihnen allein:
   Selig sind die, deren Augen sehen, was ihr seht.

24 Ich sage euch:
Viele Propheten und Könige wollten sehen, was ihr seht,
   und haben es nicht gesehen,
und wollten hören, was ihr hört,
   und haben es nicht gehört.

Advent: 1. Woche – Dienstag

FÜRBITTEN

Zu unserem Herrn Jesus Christus, der uns den Vater offenbarte, wollen wir beten:

Erwecke Verkünder der Größe und der Liebe Gottes.
A.: Wir bitten dich, erhöre uns.

Ermuntere die Mutlosen, nach Gott zu suchen.

Schenke uns mitten in unserem Leben die Erfahrung von Gottes Nähe.

Laß unsere Verstorbenen dein Angesicht schauen.

Denn du bist der Abglanz des Vaters, der Zeuge seiner Herrlichkeit. Dich preisen wir in Ewigkeit.   A.: Amen.

GABENGEBET

Barmherziger Gott,
wir bekennen, daß wir immer wieder versagen
und uns nicht auf unsere Verdienste berufen können.
Komm uns zu Hilfe, ersetze, was uns fehlt,
und nimm unsere Gebete und Gaben gnädig an.
Darum bitten wir durch Christus, unseren Herrn.

Adventspräfation, S. 1352 ff.

KOMMUNIONVERS   2 Tim 4, 8

Den Kranz der Gerechtigkeit wird der gerechte Richter all denen geben, die in Liebe auf sein Erscheinen warten.

SCHLUSSGEBET

Herr, unser Gott,
im heiligen Mahl
hast du uns mit deinem Geist erfüllt.
Lehre uns durch die Teilnahme an diesem Geheimnis,
die Welt im Licht deiner Weisheit zu sehen
und das Unvergängliche mehr zu lieben
als das Vergängliche.
Darum bitten wir durch Christus, unseren Herrn.

„WIR DANKEN DIR, VATER, *für deinen heiligen Namen, dem du ein Zelt bereitet hast in unseren Herzen, und für die Erkenntnis, den Glauben und die Unsterblichkeit, die du uns kundgetan hast durch Jesus, deinen Knecht. Dir die Ehre in Ewigkeit. Du, Herr, Herrscher des Alls, hast alles erschaffen um deines Namens willen. Speise und Trank hast du den Menschen zur Erquickung gegeben, damit sie dir danken. Uns aber hast du geistige Speise und geistigen Trank gegeben und ewiges Leben durch Jesus, deinen Knecht. Vor allem danken wir dir, weil du mächtig bist. Dir die Ehre in Ewigkeit. Gedenke, Herr, deiner Kirche: entreiße sie allem Bösen und vollende sie in deiner Liebe ... Es komme die Gnade und es vergehe diese Welt. Hosanna dem Sohn Davids. Maranatha. Amen"* (aus der sogenannten Zwölfapostellehre, um 100 n. Chr.).

MITTWOCH

ERÖFFNUNGSVERS Vgl. Hab 2, 3; 1 Kor 4, 5
Der Herr wird kommen und nicht zögern.
Er wird die Finsternis in Licht verwandeln
und sich allen Völkern offenbaren.

TAGESGEBET
Herr, unser Gott,
bereite durch das Wirken deiner Gnade
unser Herz,
damit wir bei der Ankunft deines Sohnes
würdig sind,
am himmlischen Gastmahl teilzunehmen
und aus seiner Hand
die Speise des ewigen Lebens zu empfangen.
Darum bitten wir durch ihn, Jesus Christus,
deinen Sohn, unseren Herrn und Gott,
der in der Einheit des Heiligen Geistes
mit dir lebt und herrscht in alle Ewigkeit.

ZUR LESUNG *Die Kapitel Jes 24–27 sind eine Sammlung von „apokalyptischen" Texten jüngeren Datums (also nicht von Jesaja selbst). Hier geht es um die endzeitliche und endgültige Verwirklichung der Gottes-*

herrschaft. Nach dem Gericht über die Mächte des Himmels und der Erde (24, 21) offenbart Gott seine Herrlichkeit vor den Erwählten und versammelt alle Völker zum Krönungsmahl. Die geistige Blindheit wird von ihnen weggenommen (V. 7), und der Tod ist überwunden. Nicht das Gericht ist also Gottes letztes Wort über die Menschheitsgeschichte, sondern das Heil und die Freude. – Mt 8, 11; 22, 1–14; Offb 21.

ERSTE LESUNG

Jes 25, 6–10a

Der Herr wird für alle Völker ein Festmahl geben; er wischt die Tränen ab von jedem Gesicht

**Lesung
aus dem Buch Jesája.**

An jemand Tag
6 **wird der Herr der Heere
auf diesem Berg – dem Zion –
für alle Völker ein Festmahl geben
mit den feinsten Speisen,
ein Gelage mit erlesenen Weinen,
mit den besten und feinsten Speisen,
mit besten, erlesenen Weinen.**

7 **Er zerreißt auf diesem Berg
die Hülle, die alle Nationen verhüllt,
und die Decke, die alle Völker bedeckt.**

8 **Er beseitigt den Tod für immer.
Gott, der Herr, wischt die Tränen ab von jedem Gesicht.
Auf der ganzen Erde
nimmt er von seinem Volk die Schande hinweg.
Ja, der Herr hat gesprochen.**

9 **An jenem Tag wird man sagen:
Seht, das ist unser Gott,
auf ihn haben wir unsere Hoffnung gesetzt,
er wird uns retten.
Das ist der Herr,
auf ihn setzen wir unsere Hoffnung.
Wir wollen jubeln
und uns freuen über seine rettende Tat.**

10a **Ja, die Hand des Herrn ruht auf diesem Berg.**

ANTWORTPSALM

Ps 23 (22), 1–3.4.5.6 (R: vgl. 6b)

R Im Haus des Herrn darf ich wohnen (GL 649,1)
für immer und ewig. – **R**

V. Ton

1 Der Herr ist mein Hirte, nichts wird mir fehlen. †
2 Er läßt mich lagern auf grünen Auen *
und führt mich zum Ruheplatz am Wasser.

3 Er stillt mein Verlangen; *
er leitet mich auf rechten Pfaden, treu seinem Namen. – **(R)**

4 Muß ich auch wandern in finsterer Schlucht, *
ich fürchte kein Unheil;

denn du bist bei mir, *
dein Stock und dein Stab geben mir Zuversicht. – **(R)**

5 Du deckst mir den Tisch *
vor den Augen meiner Feinde.

Du salbst mein Haupt mit Öl, *
du füllst mir reichlich den Becher. – **(R)**

6 Lauter Güte und Huld *
werden mir folgen mein Leben lang,

und im Haus des Herrn *
darf ich wohnen für lange Zeit. – **R**

RUF VOR DEM EVANGELIUM

Halleluja. Halleluja.

Seht, der Herr wird kommen, um sein Volk zu retten.
Selig, die bereit sind, ihm entgegenzugehen.

Halleluja.

ZUM EVANGELIUM *Der Erzählung des zweiten Speisungswunders geht ein Sammelbericht über Krankenheilungen voraus (Mt 15,29–31). Drei Formen von Krankheiten werden genannt: 1. Lahme und Krüppel, 2. Blinde, 3. Taubstumme. – Im Speisungswunder sieht der Evangelist zeichenhaft die Weissagung vom messianischen Mahl verwirklicht, zu dem Gott in der Endzeit alle Völker einladen wird (vgl. die Lesung, wo von einem Berg die Rede ist wie Mt 15,29). In V. 36 (vgl. Mt 26,26) ist erkennbar, daß der Evangelist die Brotvermehrung vom Letzten Abendmahl her versteht. Auch unsere gewöhnlichen Mahlzeiten empfangen von diesem heiligen Mahl ihre Weihe. –Jes 35,5–6; Mt 11,3–5; 14,13–21; Offb 3,20.*

EVANGELIUM Mt 15,29–37

Ich habe Mitleid mit diesen Menschen

✠ Aus dem heiligen Evangelium nach Matthäus.

In jener Zeit
²⁹ kam Jesus an den See von Galiläa.
Er stieg auf einen Berg und setzte sich.
³⁰ Da kamen viele Menschen
und brachten Lahme, Krüppel, Blinde, Stumme
    und viele andere Kranke zu ihm;
sie legten sie vor ihn hin,
    und er heilte sie.
³¹ Als die Menschen sahen, daß Stumme plötzlich redeten,
    Krüppel gesund wurden,
    Lahme gehen und Blinde sehen konnten,
    waren sie erstaunt und priesen den Gott Israels.
³² Jesus rief seine Jünger zu sich
und sagte: Ich habe Mitleid mit diesen Menschen;
sie sind schon drei Tage bei mir
    und haben nichts mehr zu essen.
Ich will sie nicht hungrig wegschicken,
sonst brechen sie unterwegs zusammen.
³³ Da sagten die Jünger zu ihm:
    Wo sollen wir in dieser unbewohnten Gegend
    so viel Brot hernehmen,
    um so viele Menschen satt zu machen?
³⁴ Jesus sagte zu ihnen: Wie viele Brote habt ihr?
Sie antworteten: Sieben,
und noch ein paar Fische.
³⁵ Da forderte er die Leute auf, sich auf den Boden zu setzen.
³⁶ Und er nahm die sieben Brote und die Fische,
sprach das Dankgebet,
brach die Brote und gab sie den Jüngern,
und die Jünger verteilten sie an die Leute.

37 Und alle aßen und wurden satt.
Dann sammelte man die übriggebliebenen Brotstücke ein,
sieben Körbe voll.

FÜRBITTEN

An Christus, der uns einlädt zum himmlischen Gastmahl, wenden wir uns mit unseren Bitten:

Für die getrennten Christen: um Einheit im Glauben und am Tisch des Herrn. – Lasset zum Herrn uns beten: Herr, erbarme dich.
A.: Christus, erbarme dich.

Für alle Menschen: um Hunger nach dem Brot des Lebens. – Lasset zum Herrn uns beten: Herr, erbarme dich.

Für die Kranken und Sterbenden: um Stärkung durch die heilige Eucharistie. – Lasset zum Herrn uns beten: Herr, erbarme dich.

Für unsere Verstorbenen: um Anteil am himmlischen Hochzeitsmahl. – Lasset zum Herrn uns beten: Herr, erbarme dich.

Gütiger Gott, du willst, daß wir bei der Ankunft deines Sohnes die Speise des ewigen Lebens empfangen. Bereite dazu unser Herz durch Christus, unseren Herrn. A.: Amen.

GABENGEBET

Herr, unser Gott,
in dieser Feier
erfüllen wir den Auftrag deines Sohnes.
Nimm unsere Gaben an
und gib der Kirche die Gnade,
immer und überall sein Opfer zu feiern.
Schenke uns durch dieses Geheimnis dein Heil,
das du der Welt bereitet hast.
Darum bitten wir durch Christus, unseren Herrn.

Adventspräfation, S. 1352 ff.

KOMMUNIONVERS
Vgl. Jes 40,10; 35,5

Seht, unser Herr kommt mit Macht;
dann werden die Augen der Blinden geöffnet.

SCHLUSSGEBET

Barmherziger Gott,
komm durch dieses heilige Mahl
uns schwachen Menschen zu Hilfe.
Reinige uns von Schuld
und mache uns bereit für das kommende Fest.
Darum bitten wir durch Christus, unseren Herrn.

WIR VERGESSEN OFT die bittere Hefe auf dem Boden des eucharistischen Kelches, der das Gedächtnis des Leidens ist.
„Das Blut, das für euch vergossen wird", sagt der Herr – und verschweigt, daß es durch uns vergossen wird.
Wir empfangen ihn im Zeichen und Zustand des Todes, der höchsten Hingabe, zugleich der äußersten Schwäche.
„Wir sind es, die ihn schlachten; denn die Schlachtenden sind jene, für die er gestorben ist, auch wenn sein leiblicher Tod nicht durch uns, sondern durch andere verursacht wurde" (Cyrill von Alexandrien).

DONNERSTAG

ERÖFFNUNGSVERS
Vgl. Ps 119 (118), 151–152

Nahe bist du, Herr, und alles, was du sagst, ist Wahrheit.
Deine Worte werden nicht vergehen,
sie bleiben für immer und ewig.

TAGESGEBET

Biete auf deine Macht, Herr, unser Gott,
und komm.
Eile uns zu Hilfe mit göttlicher Kraft,
damit durch dein gnädiges Erbarmen
bald das Heil kommt,
das unsere Sünden noch aufhalten.
Darum bitten wir durch Jesus Christus.

ZUR LESUNG *Inhalt dieses Liedes ist der Sieg über die heidnische Weltmacht, die „hoch aufragende Stadt". Welches ist diese Stadt oder Macht, und wer hat sie besiegt? Assur, Babel, Ninive? Auf jeden Fall geht der Blick über das geschichtliche Ereignis hinaus auf den Tag, an dem Gott seinem Volk, den Armen und Unterdrückten, Recht schaffen wird. Eine feste Stadt, Friede, Sicherheit: das alles hat Gott für die Menschen bereit, die auf ihn allein vertrauen. Für sie stehen die Tore des neuen Jerusalem offen. Daher in der Mitte des Liedes der Aufruf zum Vertrauen auf Jahwe: er ist der ewige Fels, alles übrige ist Wasser, Wind, Luft ... – Jes 60, 18; Ps 48, 13–14; 118, 19–20; Dtn 32, 4; Ps 62, 8.*

ERSTE LESUNG   Jes 26, 1–6

Öffnet die Tore, damit ein gerechtes Volk durch sie einzieht

**Lesung
aus dem Buch Jesája.**

1 An jenem Tag singt man in Juda dieses Lied:
Wir haben eine befestigte Stadt,
zu unserem Schutz baute der Herr Mauern und Wälle.
2 Öffnet die Tore,
damit ein gerechtes Volk durch sie einzieht,
ein Volk, das dem Herrn die Treue bewahrt.
3 Sein Sinn ist fest;
du schenkst ihm Ruhe und Frieden;
denn es verläßt sich auf dich.
4 Verlaßt euch stets auf den Herrn;
denn der Herr ist ein ewiger Fels.
5 Er hat die Bewohner des hohen Berges hinabgestürzt,
die hoch aufragende Stadt;
er hat sie zu Boden geworfen,
in den Staub hat er sie gestoßen.
6 Sie wird zermalmt von den Füßen der Armen,
unter den Tritten der Schwachen.

Advent: 1. Woche – Donnerstag

ANTWORTPSALM   Ps 118 (117), 1–2.8–9.19–20.25–27a (R: 26a)

R Gesegnet sei, der kommt im Namen des Herrn! – **R**   (GL 198,2)
(*Oder:* Halleluja.)

1 Danket dem Herrn, denn er ist gütig, *   VI. Ton
denn seine Huld währt ewig.

2 So soll Israel sagen: *
Denn seine Huld währt ewig. – (**R**)

8 Besser, sich zu bergen beim Herrn, *
als auf Menschen zu bauen.

9 Besser, sich zu bergen beim Herrn, *
als auf Fürsten zu bauen. – (**R**)

19 Öffnet mir die Tore zur Gerechtigkeit, *
damit ich eintrete, um dem Herrn zu danken.

20 Das ist das Tor zum Herrn, *
nur Gerechte treten hier ein. – (**R**)

25 Ach, Herr, bring doch Hilfe! *
Ach, Herr, gib doch Gelingen!

26 Gesegnet sei er, der kommt im Namen des Herrn. †
Wir segnen euch, vom Haus des Herrn her. *

27a Gott, der Herr, erleuchte uns. – **R**

RUF VOR DEM EVANGELIUM   Vers: Jes 55,6

Halleluja. Halleluja.

Sucht den Herrn, solange er sich finden läßt,
ruft ihn an, solange er nahe ist!

Halleluja.

ZUM EVANGELIUM   *Die Verse 21–27 bilden den Schluß der Bergpredigt. Von 5,20 an ging es immer wieder um die neue, bessere „Gerechtigkeit", ohne die niemand in das Reich Gottes eintreten kann. Nun wird abschließend betont, daß es mit dem Hören allein nicht getan ist; auch die Berufung auf empfangene Geistesgaben (Weissagung, Wunder: V. 21–23) wird im Endgericht nichts nützen. Das war der Sinn des Bildes von der engen Pforte (V. 13–14) und vom guten und schlechten Baum (V. 17–19);*

zum Abschluß betont das Bild vom Hausbau (V. 24–27) nochmals mit aller Macht, um was es geht und worin die wahre Klugheit besteht. Nur wer den Willen Gottes tut, kann hoffen, im Gericht zu bestehen. Was aber der Wille Gottes ist, darüber hat die ganze Bergpredigt („diese meine Worte" V. 24) eindeutig Auskunft gegeben – dem, der hören will. – Ez 13,10–14; Mt 16,27; Lk 6,46.

EVANGELIUM Mt 7,21.24–27

Nur wer den Willen meines Vaters erfüllt, wird in das Himmelreich kommen

✢ Aus dem heiligen Evangelium nach Matthäus.

In jener Zeit sprach Jesus zu seinen Jüngern:
²¹ Nicht jeder, der zu mir sagt: Herr! Herr!,
   wird in das Himmelreich kommen,
sondern nur, wer den Willen meines Vaters im Himmel erfüllt.

²⁴ Wer diese meine Worte hört und danach handelt,
   ist wie ein kluger Mann, der sein Haus auf Fels baute.
²⁵ Als nun ein Wolkenbruch kam
und die Wassermassen herannfluteten,
als die Stürme tobten und an dem Haus rüttelten,
da stürzte es nicht ein;
denn es war auf Fels gebaut.

²⁶ Wer aber meine Worte hört
   und nicht danach handelt,
   ist wie ein unvernünftiger Mann, der sein Haus auf Sand baute.
²⁷ Als nun ein Wolkenbruch kam
und die Wassermassen heranfluteten,
als die Stürme tobten und an dem Haus rüttelten,
da stürzte es ein
und wurde völlig zerstört.

FÜRBITTEN

Lasset uns beten zu unserem Herrn Jesus Christus, der das Wort der Wahrheit ist:

Hilf deiner Kirche, den Willen des Vaters im Himmel zu erfüllen.
A.: Komm, Herr Jesus, und rette uns.

Schenke den Enttäuschten und Verbitterten neue Hoffnung.

Öffne unsere Ohren und Herzen für dein Wort.

Stehe den Sterbenden bei mit deinem Trost.

Du bist unsere Zuflucht, ein fester Fels. Eile uns zu Hilfe mit deiner Kraft. Dir sei Lob und Ehre in Ewigkeit. A.: Amen.

GABENGEBET

Allmächtiger Gott,
alles, was wir haben, kommt von dir.
**Nimm die Gaben an, die wir darbringen.
Mache sie für uns in diesem Leben
zum Sakrament der Erlösung
und rufe uns an deinen Tisch im kommenden Reich.
Darum bitten wir durch Christus, unseren Herrn.**

Adventspräfation, S. 1352 ff.

KOMMUNIONVERS   Tit 2, 12–13
Laßt uns besonnen, gerecht und fromm in dieser Welt leben
und auf die selige Erfüllung unserer Hoffnung warten,
auf das Erscheinen der Herrlichkeit
unseres großen Gottes und Retters Christus Jesus.

SCHLUSSGEBET

Herr, unser Gott,
du hast uns an deinem Tisch
mit neuer Kraft gestärkt.
**Zeige uns den rechten Weg
durch diese vergängliche Welt
und lenke unseren Blick auf das Unvergängliche,
damit wir in allem dein Reich suchen.
Darum bitten wir durch Christus, unseren Herrn.**

„DAS JA AN DEN HERRN *verlangt die unbedingte Annahme seines Wortes, seiner ganzen Wesenheit, seiner Gegenwart. Denn nicht allein im Wort oder gar in der Schrift lebt der Herr; er ist da, er ist in einem immerwährenden Kommen begriffen im Sakrament. Vielleicht vermag unsere*

Liebe keine größere Tat zu vollbringen, als den Worten zu glauben: Das ist mein Leib. Mit diesem Glauben geben wir uns selber hin; wir fragen nicht mehr, wir wissen nur: er hat so gesprochen, und diese Worte sind wahr. Denn er ist die Wahrheit selber; seine Worte, sein Dasein sind der feste Grund der Welt" (Reinhold Schneider).

FREITAG

ERÖFFNUNGSVERS
Seht, der Herr kommt zu uns,
er bringt uns seinen Frieden und schenkt uns ewiges Leben.

TAGESGEBET
Biete auf deine Macht, Herr, unser Gott,
und komm.
Entreiße uns den Gefahren,
in die unsere Sünden uns bringen.
Mache uns frei und rette uns.
Darum bitten wir durch Jesus Christus,
deinen Sohn, unseren Herrn und Gott,
der in der Einheit des Heiligen Geistes
mit dir lebt und herrscht in alle Ewigkeit.

ZUR LESUNG *Nach der Drohweissagung V. 1–16 sprechen die Verse 17–24 von einer völligen Umwandlung der Menschen, die nach der Katastrophe übrigbleiben werden. Das sind nicht die Großen und Mächtigen in Politik, Wirtschaft und Gesellschaft; für die Blinden und Tauben, die Armen und Demütigen gibt es Heilung und Heil (vgl. Evangelium). Daß es die Armen sind, die Schwachen und Benachteiligten, denen Gott seine Liebe zuwendet, ist die Botschaft des Alten wie des Neuen Testaments. Für die Reichen, d. h. für die satten, zufriedenen und harten Menschen, war das immer ärgerlich. Es wird zu den großen Wundern der Erneuerung der Welt gehören, daß die Irrenden zur Einsicht kommen und die Harten weich werden und sich belehren lassen: durch die Ereignisse selbst und durch das Wort Gottes. Dieses Wunder erhofft der Prophet für „jenen Tag" (V. 18), an dem Gott sich sein neues Volk schaffen wird. – 1 Sam 2, 1–10; Lk 1, 46–55; Jes 41, 8; 51, 2.*

ERSTE LESUNG Jes 29, 17–24

An jenem Tag sehen die Augen der Blinden

**Lesung
aus dem Buch Jesája.**

So spricht Gott, der Herr:
17 Nur noch kurze Zeit,
dann verwandelt sich der Líbanon in einen Garten,
und der Garten wird zu einem Wald.
18 An jenem Tag hören alle, die taub sind,
sogar Worte, die nur geschrieben sind,
und die Augen der Blinden
sehen selbst im Dunkeln und Finstern.
19 Die Erniedrigten freuen sich wieder über den Herrn,
und die Armen jubeln über den Heiligen Israels.
20 Denn der Unterdrücker ist nicht mehr da,
der Schurke ist erledigt,
ausgerottet sind alle, die Böses tun wollen,
21 die andere als Verbrecher verleumden,
die dem Richter, der am Tor sitzt, Fallen stellen
und den Unschuldigen um sein Recht bringen
mit haltlosen Gründen.
22 Darum – so spricht der Herr zum Haus Jakob,
der Herr, der Abraham losgekauft hat:
Nun braucht sich Jakob nicht mehr zu schämen,
sein Gesicht muß nicht mehr erbleichen.
23 Wenn das Volk sieht,
was meine Hände in seiner Mitte vollbringen,
wird es meinen Namen heilighalten.
Es wird den Heiligen Jakobs als heilig verehren
und erschrecken vor Israels Gott.
24 Dann kommen die Verwirrten zur Einsicht,
und wer aufsässig war,
läßt sich belehren.

ANTWORTPSALM Ps 27 (26), 1.4.13–14 (R: 1a)

R Der Herr ist mein Licht und mein Heil. – R (GL 487)

IV. Ton

1 Der Herr ist mein Licht und mein Heil: *
Vor wem sollte ich mich fürchten?

Der Herr ist die Kraft meines Lebens: *
Vor wem sollte mir bangen? – (R)

4 Nur eines erbitte ich vom Herrn, danach verlangt mich: *
Im Haus des Herrn zu wohnen alle Tage meines Lebens,

die Freundlichkeit des Herrn zu schauen *
und nachzusinnen in seinem Tempel. – (R)

13 Ich bin gewiß, zu schauen *
die Güte des Herrn im Land der Lebenden.

14 Hoffe auf den Herrn, und sei stark! *
Hab festen Mut, und hoffe auf den Herrn! – R

RUF VOR DEM EVANGELIUM

Halleluja. Halleluja.

Seht, unser Herr kommt mit Macht;
die Augen seiner Knechte schauen das Licht.

Halleluja.

ZUM EVANGELIUM *In der Erzählung von der Heilung der zwei Blinden gilt die ganze Aufmerksamkeit des Evangelisten dem Gespräch zwischen Jesus und den beiden. Alle Einzelheiten des Vorgangs läßt er weg (vgl. 20, 29–34), um deutlich den Anteil herauszustellen, der bei der Heilung dem Glauben zukommt. Der Glaube ist schon in der Anrede an Jesus und in der Bitte „Hab Erbarmen mit uns" (eleison) enthalten. Diesem Glauben kann Jesus seine Antwort nicht versagen. Die wirkende Ursache der Heilung ist nicht der Glaube, sondern der Wille und das Wort Jesu. Der Glaube ist aber die notwendige Voraussetzung, damit Jesus das Wunder tun kann; er ist ja nicht als Wunderdoktor gekommen, sondern um den Menschen zu sagen, daß die Herrschaft Gottes nahe ist. Gott will sich offenbaren; ob er es kann, das hängt von den Menschen ab. – Mt 1, 1; 8, 10; Röm 1, 3.*

EVANGELIUM

Mt 9, 27–31

Da wurden ihre Augen geöffnet

✢ Aus dem heiligen Evangelium nach Matthäus.

In jener Zeit,
27   als Jesus vorüberging,
    folgten ihm zwei Blinde
und schrien: Hab Erbarmen mit uns, Sohn Davids!
28 Nachdem er ins Haus gegangen war,
    kamen die Blinden zu ihm.
Er sagte zu ihnen: Glaubt ihr, daß ich euch helfen kann?
Sie antworteten: Ja, Herr.
29 Darauf berührte er ihre Augen
und sagte: Wie ihr geglaubt habt, so soll es geschehen.
30 Da wurden ihre Augen geöffnet.
Jesus aber befahl ihnen: Nehmt euch in acht!
Niemand darf es erfahren.
31 Doch sie gingen weg
    und erzählten von ihm in der ganzen Gegend.

FÜRBITTEN

Voll Vertrauen bitten wir unseren Herrn Jesus Christus, der das Licht der Welt ist:

Steh den Glaubensboten bei, die den Völkern das Licht der Wahrheit bringen. (Stille) Christus, höre uns.
A.: Christus, erhöre uns.

Erlöse die Menschen von der Blindheit ihrer Herzen. (Stille) Christus, höre uns.

Mach uns sehend für die Not unseres Bruders. (Stille) Christus, höre uns.

Führe unsere Toten in dein ewiges Licht. (Stille) Christus, höre uns.

Herr, du machst Blinde sehend. Laß uns erkennen, was uns zum Heil dient, der du lebst und herrschst in Ewigkeit.   A.: Amen.

GABENGEBET

Barmherziger Gott,
wir bekennen, daß wir immer wieder versagen
und uns nicht auf unsere Verdienste berufen können.
Komm uns zu Hilfe, ersetze, was uns fehlt,
und nimm unsere Gebete und Gaben gnädig an.
Darum bitten wir durch Christus, unseren Herrn.

Adventspräfation, S. 1352 ff.

KOMMUNIONVERS   Phil 3, 20–21

Wir erwarten den Retter, den Herrn Jesus Christus,
der unseren armseligen Leib verwandeln wird
in die Gestalt seines verherrlichten Leibes.

SCHLUSSGEBET

Herr, unser Gott,
im heiligen Mahl
hast du uns mit deinem Geist erfüllt.
Lehre uns durch die Teilnahme an diesem Geheimnis,
die Welt im Licht deiner Weisheit zu sehen
und das Unvergängliche mehr zu lieben
als das Vergängliche.
Darum bitten wir durch Christus, unseren Herrn.

ALLMÄCHTIGER GOTT, *der in der Höhe wohnt,*
Heiliger, der über den Heiligen ruht:
du hast uns durch deinen Sohn Jesus Christus
die Erkenntnis gegeben,
damit wir deine Herrlichkeit rühmen
und deinen Namen, den du uns offenbart hast.
Schau auf deine Herde, befreie sie
von Unwissenheit und schlechter Tat.
Gib, daß wir dich in Liebe fürchten
und in Ehrfurcht lieben (Altchristliche Liturgie).

SAMSTAG

ERÖFFNUNGSVERS
Vgl. Ps 80 (79), 4.2

Komm, Herr, laß dein Angesicht leuchten, so ist uns geholfen.
Der du auf den Kerubim thronst, erscheine!

TAGESGEBET

Barmherziger Gott,
du hast deinen Sohn in diese Welt gesandt,
um die Menschen
aus der alten Knechtschaft zu erlösen.
Schenke allen, die auf deine Hilfe warten,
die Freiheit des neuen Lebens.
Darum bitten wir durch ihn, Jesus Christus,
deinen Sohn, unseren Herrn und Gott,
der in der Einheit des Heiligen Geistes
mit dir lebt und herrscht in alle Ewigkeit.

ZUR LESUNG *Ähnlich wie die gestrige Lesung ist auch die heutige ein Heilswort nach einer vorausgegangenen Drohweissagung. Die Verse 19–22 klingen wie manche Trostworte im 2. Teil des Jesaja-Buches (Kap. 40–55). Was in Weissagungen dieser Art über die Umwandlung der Natur gesagt wird, kann als poetische Ausmalung verstanden werden; aber dahinter steht die Wahrheit von der tiefen Verbundenheit des Menschen mit der Natur. Die Natur leidet unter der Schuld des Menschen; sie wird auch teilhaben an der Erneuerung des Menschen durch die Macht Gottes. Der Mensch aber muß sich dafür bereit und fähig machen durch entschiedene Hinwendung zu Gott. Gott selbst ist der Lehrer, von dem in V. 20 die Rede ist; er zeigt den Weg. – Ps 65, 10; Joel 4, 18.*

ERSTE LESUNG
Jes 30, 19–21.23–26

Der Herr ist dir gnädig, wenn du um Hilfe schreist

Lesung
   aus dem Buch Jesája.

19 Du Volk auf dem Berg Zion, das in Jerusalem wohnt,
du brauchst jetzt nicht mehr zu weinen.
Der Herr ist dir gnädig, wenn du um Hilfe schreist;
er wird dir antworten, sobald er dich hört.

20 Auch wenn dir der Herr bisher nur wenig Brot
und nicht genug Wasser gab,
so wird er, dein Lehrer, sich nicht mehr verbergen.
Deine Augen werden deinen Lehrer sehen,
21 deine Ohren werden es hören,
wenn er dir nachruft: Hier ist der Weg,
auf ihm müßt ihr gehen,
auch wenn ihr selbst rechts oder links gehen wolltet.
23 Dann spendet er Regen für die Saat,
die du auf den Acker gesät hast.
Das Korn, das auf dem Acker heranreift,
wird üppig und fett sein.
Auf weiten Wiesen weidet dein Vieh an jenem Tag.
24 Die Rinder und Esel, die dir bei der Feldarbeit helfen,
bekommen würziges Futter zu fressen,
das man mit Schaufel und Gabel gemischt hat.
25 Auf allen hohen Bergen und stattlichen Hügeln
gibt es Bäche voll Wasser
am Tag des großen Mordens,
wenn die Türme einstürzen.
26 Zu der Zeit,
wenn der Herr die Leiden seines Volkes heilt
und seine Wunden verbindet,
wird das Licht des Mondes
so hell sein wie das Licht der Sonne,
und das Licht der Sonne
wird siebenmal so stark sein wie das Licht von sieben Tagen.

ANTWORTPSALM   Ps 147 (146), 1–2.3–4.5–6 (R: vgl. Jes 30,18)

R Selig die Menschen, die auf den Herrn warten. – R   (GL 119,2)

1 Gut ist es, unserem Gott zu singen; *   III. Ton
schön ist es, ihn zu loben.

2 Der Herr baut Jerusalem wieder auf, *
er sammelt die Versprengten Israels. – (R)

3 Er heilt die gebrochenen Herzen *
und verbindet ihre schmerzenden Wunden.

4 Er bestimmt die Zahl der Sterne *
und ruft sie alle mit Namen. – (R)

Advent: 1. Woche – Samstag

5 Groß ist unser Herr und gewaltig an Kraft, *
unermeßlich ist seine Weisheit.

6 Der Herr hilft den Gebeugten auf *
und erniedrigt die Frevler. – R

RUF VOR DEM EVANGELIUM Vers: Jes 33,22

Halleluja. Halleluja.

Der Herr ist unser Richter, der Herr gibt uns Gesetze;
der Herr ist unser König, er wird uns retten.

Halleluja.

ZUM EVANGELIUM *Der Anfang dieses Evangeliums faßt die bisherige Tätigkeit Jesu kurz zusammen (9,35; vgl. 4,23) und leitet zu einem neuen, größeren Abschnitt über. Die ganze Tätigkeit Jesu und auch die Aussendung der Jünger stehen unter dem Motiv des Erbarmens mit dem führerlosen Volk. Das Bild von der Herde ohne Hirten wird dann abgelöst durch das Wort von der Ernte. „Ernte" ist Bild für das kommende Gericht, bei dem Gott den Weizen in seine Scheune sammelt (Mt 3,12). Mitarbeiter bei dieser Ernte sind die Jünger. Sie künden das Kommen der Gottesherrschaft an und richten die Zeichen dieser Herrschaft auf: Heilungen, Totenerweckungen, Dämonenaustreibungen. Wo Gottes Wort verkündet wird, da wird das Heil angeboten, da ist aber auch schon Erntezeit: das Wort ruft zur Antwort und nimmt bereits die Entscheidung des Jüngsten Tages voraus. – Num 27,15–20; Sach 11,15–17; 1 Kor 3,9; Offb 14,14–16.*

EVANGELIUM Mt 9,35 – 10,1.6–8

Als er die vielen Menschen sah, hatte er Mitleid mit ihnen

✢ **Aus dem heiligen Evangelium nach Matthäus.**

In jener Zeit
35 zog Jesus durch alle Städte und Dörfer,
lehrte in ihren Synagogen,
verkündete das Evangelium vom Reich
und heilte alle Krankheiten und Leiden.

36 Als er die vielen Menschen sah,
hatte er Mitleid mit ihnen;
denn sie waren müde und erschöpft
wie Schafe, die keinen Hirten haben.

⁃⁃⁃

³⁷ Da sagte er zu seinen Jüngern: Die Ernte ist groß,
aber es gibt nur wenig Arbeiter.
³⁸ Bittet also den Herrn der Ernte,
Arbeiter für seine Ernte auszusenden.
¹ Dann rief er seine zwölf Jünger zu sich
und gab ihnen die Vollmacht, die unreinen Geister auszutreiben
und alle Krankheiten und Leiden zu heilen.
Er gebot ihnen:
⁶ Geht zu den verlorenen Schafen des Hauses Israel.
⁷ Geht und verkündet: Das Himmelreich ist nahe.
⁸ Heilt Kranke,
weckt Tote auf,
macht Aussätzige rein,
treibt Dämonen aus!
Umsonst habt ihr empfangen,
umsonst sollt ihr geben.

FÜRBITTEN

Christus, unser Herr, mahnt uns, um Arbeiter für die Ernte zu bitten. Darum rufen wir:

Wecke in den Herzen vieler junger Menschen das Verlangen, dir zu dienen.
A.: Herr, erhöre unser Gebet.

Schenke allen Berufenen Großmut und Festigkeit, deinem Ruf treu zu bleiben.

Öffne die Herzen der Menschen für das Wort deiner Boten.

Nimm unsere verstorbenen Seelsorger auf in deinen Frieden.

Denn du bist der ewige Hohepriester. Du bist unser Hirte, der sich um alle sorgt. Dir sei Lob in Ewigkeit. A.: Amen.

GABENGEBET

Herr, unser Gott,
in dieser Feier
erfüllen wir den Auftrag deines Sohnes.

Nimm unsere Gaben an
und gib der Kirche die Gnade,
immer und überall sein Opfer zu feiern.
Schenke uns durch dieses Geheimnis dein Heil,
das du der Welt bereitet hast.
Darum bitten wir durch Christus, unseren Herrn.

Adventspräfation, S. 1352 ff.

KOMMUNIONVERS
Offb 22, 12

Siehe, ich komme bald, und mit mir kommt mein Lohn;
und ich werde jedem nach seinem Tun vergelten –
so spricht der Herr.

SCHLUSSGEBET

Barmherziger Gott,
komm durch dieses heilige Mahl
uns schwachen Menschen zu Hilfe.
Reinige uns von Schuld
und mache uns bereit für das kommende Fest.
Darum bitten wir durch Christus, unseren Herrn.

„WIR DÜRFEN NICHT damit rechnen, daß Gott mit einem atemberaubenden Wunder das Böse aus der Welt vertreiben wird. Solange wir das glauben, können unsere Gebete nicht erhört werden; denn wir werden Gott um Dinge bitten, die er niemals tun wird. Gott wird nicht alles für den Menschen tun, und der Mensch kann nicht alles allein tun. Wir müssen erkennen, daß es Aberglaube ist, wenn wir annehmen, Gott werde handeln, wenn wir müßig bleiben" (Martin Luther King).

2. WOCHE

MONTAG

ERÖFFNUNGSVERS
Vgl. Jer 31, 10; Jes 35, 4

Ihr Völker, hört das Wort des Herrn und verkündet es in aller Welt.
Seht, euer Gott wird kommen und euch erretten,
fürchtet euch nicht.

TAGESGEBET

Gott, unser Vater,
wir bereiten uns in diesen Tagen darauf vor,
die Menschwerdung deines Sohnes würdig zu feiern.
Laß unser Gebet zu dir dringen
und segne unser Bemühen,
damit unser Leben sich erneuert
und die ursprüngliche Reinheit wiedergewinnt.
Darum bitten wir durch Jesus Christus.

ZUR LESUNG *Wie Jes 24–27 sind auch die Kapitel 34–35 späte apokalyptische Texte. Die rettende Ankunft Gottes wird aus der Wüste ein Paradies machen. Dornen und Disteln, Not und Krankheit, der ganze Fluch der Sünde Adams (Gen 3) ist überwunden. Freiheit, Freude, Glück: wir sind heute mißtrauisch gegenüber solchen Worten; wir möchten sehen, um zu glauben. Und tatsächlich wird (V. 5–6) gesagt, daß Gott ein neues Sehen und Hören, Sprechen und Gehen schenken wird (vgl. Evangelium). Neue Möglichkeiten, die Wahrheit und Wirklichkeit Gottes zu erfassen. Und das ist das Wesentliche. – Ps 126; Jes 41, 19; 60, 13; Hebr 12, 12.*

ERSTE LESUNG
Jes 35, 1–10

Gott selbst wird kommen und euch erretten

Lesung
   aus dem Buch Jesája.

1 Die Wüste und das trockene Land sollen sich freuen,
die Steppe soll jubeln und blühen.

Advent: 2. Woche – Montag

2 Sie soll prächtig blühen wie eine Lilie,
    jubeln soll sie, jubeln und jauchzen.
  Die Herrlichkeit des Libanon wird ihr geschenkt,
    die Pracht des Karmel und der Ebene Scharon.
  Man wird die Herrlichkeit des Herrn sehen,
    die Pracht unseres Gottes.

3 Macht die erschlafften Hände wieder stark
    und die wankenden Knie wieder fest!

4 Sagt den Verzagten: Habt Mut,
    fürchtet euch nicht!
  Seht, hier ist euer Gott!
  Die Rache Gottes wird kommen und seine Vergeltung;
    er selbst wird kommen und euch erretten.

5 Dann werden die Augen der Blinden geöffnet,
    auch die Ohren der Tauben sind wieder offen.

6 Dann springt der Lahme wie ein Hirsch,
    die Zunge des Stummen jauchzt auf.
  In der Wüste brechen Quellen hervor,
    und Bäche fließen in der Steppe.

7 Der glühende Sand wird zum Teich
    und das durstige Land zu sprudelnden Quellen.
  An dem Ort, wo jetzt die Schakale sich lagern,
    gibt es dann Gras, Schilfrohr und Binsen.

8 Eine Straße wird es dort geben;
    man nennt sie den Heiligen Weg.
  Kein Unreiner darf ihn betreten.
  Er gehört dem, der auf ihm geht.
  Unerfahrene gehen nicht mehr in die Irre.

9 Es wird keinen Löwen dort geben,
    kein Raubtier betritt diesen Weg,
    keines von ihnen ist hier zu finden.
  Dort gehen nur die Erlösten.

10 Die vom Herrn Befreiten kehren zurück
    und kommen voll Jubel nach Zion.
  Ewige Freude ruht auf ihren Häuptern.
  Wonne und Freude stellen sich ein,
  Kummer und Seufzen entfliehen.

ANTWORTPSALM Ps 85 (84), 9–10.11–12.13–14 (R: vgl. Jes 35, 4d)

R Seht, unser Gott wird kommen, uns zu erlösen. – R   (GL 118, 4)

9 Ich will hören, was Gott redet: † VI. Ton
Frieden verkündet der Herr sein<u>em</u> Volk *
und seinen Frommen, den Menschen mit <u>red</u>lichem Herzen.

10 Sein Heil ist denen nahe, die <u>ihn</u> fürchten. *
Seine Herrlichkeit <u>woh</u>ne in un<u>ser</u>m Land. – (R)

11 Es begegnen einander Huld <u>und</u> Treue; *
Gerechtigkeit <u>und</u> Friede küss<u>en</u> sich.

12 Treue sprosst aus der Erde <u>her</u>vor; *
Gerechtigkeit blickt vom <u>Him</u>mel hernieder. – (R)

13 Auch spendet der Herr <u>dann</u> Segen, *
und unser Land <u>gibt</u> seinen Ertrag.

14 Gerechtigkeit geht vor <u>ihm</u> her, *
und Heil folgt der <u>Spur</u> seiner Schritte. – R

RUF VOR DEM EVANGELIUM

Halleluja. Halleluja.

Seht, der König wird kommen, der Herr der Erde;
er selbst wird das Joch der Knechtschaft von uns nehmen.

Halleluja.

ZUM EVANGELIUM *Sünden vergeben oder einen Gelähmten heilen: was ist das Größere? Gott allein kann Sünden vergeben (V. 21), es ist die größte seiner Taten. Aber woher nimmt Jesus diesen Anspruch, der zudem so unkontrollierbar ist? Die Kraft Gottes (V. 17) drängt ihn zum Sündenvergeben wie zum Heilen. Das kleinere, aber sichtbare Wunder, die Heilung, muß das größere bestätigen. Für den Gelähmten – anders als für die Schriftgelehrten und Pharisäer – ist das erste Wunder, die Vergebung, das entscheidende. Er nimmt die Vergebung ohne Widerspruch an, bekennt sich damit als Sünder und erfährt glaubend Gottes heilende Macht. – Jes 43, 25; Mt 28, 18; Joh 5, 36.*

Advent: 2. Woche – Montag

EVANGELIUM

Lk 5, 17–26

Heute haben wir Unglaubliches gesehen

✝ Aus dem heiligen Evangelium nach Lukas.

17 Eines Tages, als Jesus lehrte,
saßen unter den Zuhörern auch Pharisäer und Gesetzeslehrer;
sie waren aus allen Dörfern Galiläas und Judäas
und aus Jerusalem gekommen.
Und die Kraft des Herrn drängte ihn dazu, zu heilen.

18 Da brachten einige Männer einen Gelähmten auf einer Tragbahre.
Sie wollten ihn ins Haus bringen und vor Jesus hinlegen.

19 Weil es ihnen aber wegen der vielen Leute
nicht möglich war, ihn hineinzubringen,
stiegen sie aufs Dach,
deckten die Ziegel ab
und ließen ihn auf seiner Tragbahre
in die Mitte des Raumes hinunter,
genau vor Jesus hin.

20 Als er ihren Glauben sah,
sagte er zu dem Mann: Deine Sünden sind dir vergeben.

21 Da dachten die Schriftgelehrten und die Pharisäer: Wer ist das,
daß er eine solche Gotteslästerung wagt?
Wer außer Gott kann Sünden vergeben?

22 Jesus aber merkte, was sie dachten,
und sagte zu ihnen: Was habt ihr für Gedanken im Herzen?

23 Was ist leichter,
zu sagen: Deine Sünden sind dir vergeben!,
oder zu sagen: Steh auf und geh umher?

24 Ihr sollt aber erkennen,
daß der Menschensohn die Vollmacht hat,
hier auf der Erde Sünden zu vergeben.
Und er sagte zu dem Gelähmten:
Ich sage dir: Steh auf,
nimm deine Tragbahre,
und geh nach Hause!

25 Im gleichen Augenblick stand der Mann vor aller Augen auf.
Er nahm die Tragbahre, auf der er gelegen hatte,
und ging heim, Gott lobend und preisend.

²⁶ Da gerieten alle außer sich;
sie priesen Gott
und sagten voller Furcht:
    Heute haben wir etwas Unglaubliches gesehen.

FÜRBITTEN

Laßt uns beten zu Christus, unserem Herrn und Heiland, der die Menschen gesund macht an Leib und Seele:

Für die ganze Kirche: daß sie erneuert werde durch den Heiligen Geist. – Lasset zum Herrn uns beten: Herr, erbarme dich.
A.: Christus, erbarme dich.

Für alle Menschen in Elend und Not: daß der Herr ihrer gedenke. – Lasset zum Herrn uns beten: Herr, erbarme dich.

Für die Kranken: daß sie gesund werden. – Lasset zum Herrn uns beten: Herr, erbarme dich.

Für unsere Gemeinde: daß wir von den Wunden der Sünde geheilt werden. – Lasset zum Herrn uns beten: Herr, erbarme dich.

Denn du kannst uns retten. Auf dich setzen wir unsere Hoffnung. Dir sei Lob in Ewigkeit.   A.: Amen.

GABENGEBET

Allmächtiger Gott,
alles, was wir haben, kommt von dir.
Nimm die Gaben an, die wir darbringen.
Mache sie für uns in diesem Leben
zum Sakrament der Erlösung
und rufe uns an deinen Tisch im kommenden Reich.
Darum bitten wir durch Christus, unseren Herrn.

Adventspräfation, S. 1352 ff.

KOMMUNIONVERS   Vgl. Ps 106 (105), 4–5; Jes 38, 3

Komm, Herr, such uns heim mit deinem Erbarmen;
dann wird unsere Freude vollendet sein.

SCHLUSSGEBET

Herr, unser Gott,
du hast uns an deinem Tisch
mit neuer Kraft gestärkt.
Zeige uns den rechten Weg
durch diese vergängliche Welt
und lenke unseren Blick auf das Unvergängliche,
damit wir in allem dein Reich suchen.
Darum bitten wir durch Christus, unseren Herrn.

„DIE HINNEIGUNG ZUM NEIN *macht das Auge hellsichtig, den Verstand scharf. Und doch gibt es eine Art von Erleuchtung, die weit einsichtiger und weiser ist als alle Schärfe der Verneinung ... Die Voraussetzung echter Erkenntnis, wahren, gerechten Urteils ist das Ja der Liebe; denn nur dieses Ja erreicht das Sein. Die Verneinung bleibt im Netzwerk der Zerstörung haften, das Satan über die Schöpfung geworfen hat"* (Reinhold Schneider).

DIENSTAG

ERÖFFNUNGSVERS
Vgl. Sach 14, 5-7

Seht, der Herr wird kommen und alle Heiligen mit ihm.
Ein großes Licht wird aufstrahlen an jenem Tag.

TAGESGEBET

Gott des Erbarmens,
du hast allen Völkern der Erde das Heil zugesagt.
Laß uns voll Freude
das Fest der Geburt Christi erwarten
und das große Geheimnis
seiner Menschwerdung feiern,
der in der Einheit des Heiligen Geistes
mit dir lebt und herrscht in alle Ewigkeit.

ZUR LESUNG *Am Anfang des „Trostbuches" (= Jes 40–55) steht die Aufforderung an die Propheten, das Volk im babylonischen Exil zu trösten; Gott betrachtet die Schuld als gesühnt, er will das Volk zurückführen (V. 1–5). Dann ergeht an Jesaja (den „Zweiten Jesaja") ein besonderer Auftrag (V. 6–8). Dem Volk, das die Botschaft von der Rettung nicht glauben will, soll er sagen, daß Menschen und Völker vergehen, daß aber Gottes Wort Bestand hat und mächtig ist, um die Geschichte zu regieren. Darauf folgt die große Freudenbotschaft (V. 9–11): Gott selbst kommt als guter Hirt und bringt sein Volk in die Heimat zurück. – Johannes der Täufer hat die Jesaja-Weissagung aufgegriffen und auf Jesus als den kommenden Retter hingewiesen (Mt 3, 1–3; Lk 3, 1–6). – Jer 49, 13; 52, 7–12; Zef 3, 15.*

ERSTE LESUNG Jes 40, 1–11

Tröstet, tröstet mein Volk, spricht euer Gott

Lesung
aus dem Buch Jesája.

1 Tröstet, tröstet mein Volk,
    spricht euer Gott.
2 Redet Jerusalem zu Herzen
und verkündet der Stadt,
    daß ihr Frondienst zu Ende geht,
    daß ihre Schuld beglichen ist;
denn sie hat die volle Strafe erlitten von der Hand des Herrn
    für all ihre Sünden.

3 Eine Stimme ruft:
    Bahnt für den Herrn einen Weg durch die Wüste!
Baut in der Steppe eine ebene Straße für unseren Gott!
4 Jedes Tal soll sich heben,
    jeder Berg und Hügel sich senken.
Was krumm ist, soll gerade werden,
    und was hüglig ist, werde eben.
5 Dann offenbart sich die Herrlichkeit des Herrn,
    alle Sterblichen werden sie sehen.
Ja, der Mund des Herrn hat gesprochen.

6 Eine Stimme sagte: Verkünde!
Ich fragte: Was soll ich verkünden?

Alles Sterbliche ist wie das Gras,
  und all seine Schönheit ist wie die Blume auf dem Feld.
7 Das Gras verdorrt, die Blume verwelkt,
  wenn der Atem des Herrn darüberweht.
Wahrhaftig, Gras ist das Volk.
8 Das Gras verdorrt, die Blume verwelkt,
  doch das Wort unseres Gottes bleibt in Ewigkeit.
9 Steig auf einen hohen Berg,
  Zion, du Botin der Freude!
Erheb deine Stimme mit Macht,
  Jerusalem, du Botin der Freude!
Erheb deine Stimme, fürchte dich nicht!
Sag den Städten in Juda:
  Seht, da ist euer Gott.
10 Seht, Gott, der Herr, kommt mit Macht,
er herrscht mit starkem Arm.
Seht, er bringt seinen Siegespreis mit:
Alle, die er gewonnen hat, gehen vor ihm her.
11 Wie ein Hirt führt er seine Herde zur Weide,
er sammelt sie mit starker Hand.
Die Lämmer trägt er auf dem Arm,
  die Mutterschafe führt er behutsam.

ANTWORTPSALM Ps 96 (95), 1–2.3 u. 10ac.11–12.13
(R: vgl. Jes 40, 10)

R Seht, unser Gott kommt mit Macht. – R (GL 529, 6)

1 Singet dem Herrn ein neues Lied, * II. Ton
singt dem Herrn, alle Länder der Erde!

2 Singt dem Herrn und preist seinen Namen, *
verkündet sein Heil von Tag zu Tag! – (R)

3 Erzählt bei den Völkern von seiner Herrlichkeit, *
bei allen Nationen von seinen Wundern!

10ac Verkündet bei den Völkern: Der Herr ist König. *
Er richtet die Nationen so, wie es recht ist. – (R)

11 Der Himmel freue sich, die Erde frohlocke, *
es brause das Meer und alles, was es erfüllt.

12 Es jauchze die Flur und was auf ihr wächst. *
Jubeln sollen alle Bäume des Waldes. – (R)

¹³ Jubeln sollen alle vor dem Herrn, wenn er kommt, *
wenn er kommt, um die Erde zu richten.

Er richtet den Erdkreis gerecht *
und die Nationen nach seiner Treue.

R Seht, unser Gott kommt mit Macht.

RUF VOR DEM EVANGELIUM

Halleluja. Halleluja.

Nahe ist der Tag des Herrn;
seht, er wird kommen, um uns zu retten.

Halleluja.

ZUM EVANGELIUM *Im Lukasevangelium (Lk 15,3–7) steht das Gleichnis vom verlorenen Schaf neben dem von der verlorenen Drachme und vom verlorenen Sohn. Alle drei zeigen Gottes erbarmende Liebe zum verlorenen Menschen. Auch in Mt 18 heißt es, daß Gott sich freut, wenn er das verlorene Schaf findet; aber nun wird der Gemeinde gesagt: das Handeln Gottes soll Vorbild sein; die Gemeinde ist verpflichtet, sich liebevoll um die verlorenen Schafe zu kümmern, um so mehr als sie ja selbst ihre Berufung und Existenz ganz der erbarmenden Liebe Gottes verdankt. – Ez 34,1–4.16.*

EVANGELIUM Mt 18,12–14

Gott will nicht, daß die Kleinen verlorengehen

✢ Aus dem heiligen Evangelium nach Matthäus.

In jener Zeit fragte Jesus seine Jünger:
¹² Was meint ihr?
Wenn jemand hundert Schafe hat und eines von ihnen sich verirrt,
läßt er dann nicht die neunundneunzig auf den Bergen zurück
und sucht das verirrte?

¹³ Und wenn er es findet
– amen, ich sage euch:
er freut sich über dieses eine mehr
als über die neunundneunzig, die sich nicht verirrt haben.

¹⁴ So will auch euer himmlischer Vater nicht,
daß einer von diesen Kleinen verlorengeht.

Advent: 2. Woche – Dienstag

FÜRBITTEN

Jesus Christus, du bist der gute Hirt, der das Verlorene sucht und findet. Erhöre unsere Bitten:

Gib deiner Kirche versöhnende Liebe. (Stille) Christus, höre uns.
A.: Christus, erhöre uns.

Wende den Verirrten dein Erbarmen zu. (Stille) Christus, höre uns.

Löse die Fesseln unserer Schuld. (Stille) Christus, höre uns.

Erweise an unseren Toten deine rettende Macht. (Stille) Christus, höre uns.

Denn du, Herr, sorgst dich um jeden Menschen und schließt keinen von deiner Liebe aus. Dir sei Dank und Lobpreis in Ewigkeit.   A.: Amen.

GABENGEBET

Barmherziger Gott,
wir bekennen, daß wir immer wieder versagen
und uns nicht auf unsere Verdienste berufen können.
Komm uns zu Hilfe, ersetze, was uns fehlt,
und nimm unsere Gebete und Gaben gnädig an.
Darum bitten wir durch Christus, unseren Herrn.

Adventspräfation, S. 1352 ff.

KOMMUNIONVERS   2 Tim 4, 8

Den Kranz der Gerechtigkeit wird der gerechte Richter all denen geben, die in Liebe auf sein Erscheinen warten.

SCHLUSSGEBET

Herr, unser Gott,
im heiligen Mahl
hast du uns mit deinem Geist erfüllt.
Lehre uns durch die Teilnahme an diesem Geheimnis,
die Welt im Licht deiner Weisheit zu sehen
und das Unvergängliche mehr zu lieben
als das Vergängliche.
Darum bitten wir durch Christus, unseren Herrn.

„HERR, DEIN GEIST *ist so gut und lieblich in allen Dingen, du bist so barmherzig, daß nicht nur das Heil, sondern sogar das Unheil, das über deine Auserwählten kommt, eine Wirkung deiner Barmherzigkeit ist: Erweise mir die Gnade, daß ich nicht wie ein Heide handle in dem Zustand, in den deine Gerechtigkeit mich versetzt hat; daß ich wie ein wahrer Christ dich als meinen Vater und meinen Gott erkenne, in welcher Lage ich auch sein mag. Denn die Veränderung meines Zustandes verändert den deinen nicht: du bist immer der gleiche, ob auch ich ein Opfer der Veränderung bin; du bist nicht weniger Gott, wenn du heimsuchst und strafst, als wenn du tröstest und Nachsicht übst"* (Blaise Pascal).

MITTWOCH

ERÖFFNUNGSVERS Vgl. Hab 2, 3; 1 Kor 4, 5

Der Herr wird kommen und nicht zögern.
Er wird die Finsternis in Licht verwandeln
und sich allen Völkern offenbaren.

TAGESGEBET

Allmächtiger Gott,
du hast uns durch Johannes den Täufer gemahnt,
Christus, dem Herrn, den Weg zu bereiten.
Stärke uns mit deiner Kraft,
damit wir nicht müde werden, diesem Ruf zu folgen,
sondern die tröstende Ankunft dessen erwarten,
der uns Heilung bringt.
Darum bitten wir durch ihn, Jesus Christus.

ZUR LESUNG *Die zwei ersten Verse der Lesung (V. 25–26) sind der Schluß eines Gedichts über die Größe Gottes. Für ihn ist das Große nicht groß und das Kleine nicht klein. Das ist zum Volk Israel gesagt, damit es den Mut und die Hoffnung nicht verliert. Gott hat sein Volk nicht vergessen; die Zeit des Exils wird zu Ende gehen. Je gewalttätiger die feindlichen Mächte sich aufspielen, um so notwendiger ist es zu wissen, daß Gott mächtig ist und daß er sich um die Armen und Schwachen kümmert. – Ps 147, 4–5; Bar 3, 34–35; Jes 35, 3.*

ERSTE LESUNG

Jes 40,25–31

Der Herr gibt dem Müden Kraft

Lesung
   aus dem Buch Jesája.

25 Mit wem wollt ihr mich vergleichen?
Wem sollte ich ähnlich sein?, spricht der Heilige.
26 Hebt eure Augen in die Höhe, und seht:
Wer hat die Sterne dort oben erschaffen?
Er ist es, der ihr Heer täglich zählt und heraufführt,
   der sie alle beim Namen ruft.
Vor dem Allgewaltigen und Mächtigen
   wagt keiner zu fehlen.

27 Jakob, warum sagst du,
   Israel, warum sprichst du:
   Mein Weg ist dem Herrn verborgen,
   meinem Gott entgeht mein Recht?
28 Weißt du es nicht, hörst du es nicht?
Der Herr ist ein ewiger Gott,
   der die weite Erde erschuf.
Er wird nicht müde und matt,
   unergründlich ist seine Einsicht.
29 Er gibt dem Müden Kraft,
   dem Kraftlosen verleiht er große Stärke.

30 Die Jungen werden müde und matt,
   junge Männer stolpern und stürzen.
31 Die aber, die dem Herrn vertrauen,
   schöpfen neue Kraft,
sie bekommen Flügel wie Adler.
Sie laufen und werden nicht müde,
   sie gehen und werden nicht matt.

ANTWORTPSALM

Ps 103 (102), 1–2.3–4.8 u. 10 (R: 1a)

R Lobe den Herrn, meine Seele! – **R**   (GL 527, 3)

Lobe den Herrn, meine Seele, *   VII. Ton
und alles in mir seinen heiligen Namen!

Lobe den Herrn, meine Seele, *
und vergiß nicht, was er dir Gutes getan hat: – (**R**)

3 Der dir all deine Schuld vergibt *
und all deine Gebrechen heilt,

4 der dein Leben vor dem Untergang rettet *
und dich mit Huld und Erbarmen krönt. – (R)

8 Der Herr ist barmherzig und gnädig, *
langmütig und reich an Güte.

10 Er handelt an uns nicht nach unsern Sünden *
und vergilt uns nicht nach unsrer Schuld.

R Lobe den Herrn, meine Seele!

RUF VOR DEM EVANGELIUM

Halleluja. Halleluja.

Seht, der Herr wird kommen, um sein Volk zu retten.
Selig, die bereit sind, ihm entgegenzugehen.

Halleluja.

ZUM EVANGELIUM *Neben den Aussagen über die Hoheit Jesu stehen im Matthäusevangelium betont die Aussagen über seine Niedrigkeit; wir haben dafür im Deutschen das Wort Demut, demütig. Sein „Joch", d. h. sein Gesetz, „drückt nicht", und seine Last ist leicht: im Vergleich zu den Forderungen der pharisäischen Gesetzesauslegung. Nun hat die Gesetzesauslegung Jesu (Bergpredigt) allerdings keine Erleichterung, sondern eine Verschärfung gebracht; wie kann sein Joch dann leicht sein? Es ist deswegen leicht, weil er, der Herr, sich selbst unter dieses Joch beugt, in die Reihe der Sünder tritt, den Weg ans Kreuz geht und für die Sünder eintritt. Die Einladung in V. 28 („Kommt alle zu mir ....") bedeutet dasselbe wie die in V. 29 („Nehmt mein Joch auf euch ...."): Nachfolge und Jüngerschaft. Auch die Verheißungen in V. 28 und 29 haben beide den gleichen Sinn. – Mt 3, 14–15; 12, 15–21; 21, 5; Lk 14, 27.*

EVANGELIUM   Mt 11, 28–30
Kommt alle zu mir, die ihr schwere Lasten zu tragen habt

☩ Aus dem heiligen Evangelium nach Matthäus.

In jener Zeit sprach Jesus:
28 Kommt alle zu mir,
   die ihr euch plagt und schwere Lasten zu tragen habt.
Ich werde euch Ruhe verschaffen.

29 Nehmt mein Joch auf euch
 und lernt von mir;
 denn ich bin gütig und von Herzen demütig;
 so werdet ihr Ruhe finden für eure Seele.
30 Denn mein Joch drückt nicht,
 und meine Last ist leicht.

FÜRBITTEN

Bei Jesus Christus finden wir Ruhe für unsere Seelen. Darum bitten wir ihn:

Vermehre in deinem Volk die Freude über die Umkehr der Sünder.
A.: Wir bitten dich, erhöre uns.

Stütze die Menschen, die unter der Last des Lebens zu zerbrechen drohen.

Mach uns bereit, anderen zur Seite zu stehen.

Geleite unsere Verstorbenen in dein Reich.

Denn deine Macht ist unerschöpflich. Du wirst nicht müde und matt. Darum loben wir dich jetzt und alle Zeit und in Ewigkeit. A.: Amen.

GABENGEBET

Herr, unser Gott,
in dieser Feier
erfüllen wir den Auftrag deines Sohnes.
Nimm unsere Gaben an
und gib der Kirche die Gnade,
immer und überall sein Opfer zu feiern.
Schenke uns durch dieses Geheimnis dein Heil,
das du der Welt bereitet hast.
Darum bitten wir durch Christus, unseren Herrn.

Adventspräfation, S. 1352 ff.

KOMMUNIONVERS   Vgl. Jes 40, 10; 35, 5

Seht, unser Herr kommt mit Macht;
dann werden die Augen der Blinden geöffnet.

SCHLUSSGEBET

Barmherziger Gott,
komm durch dieses heilige Mahl
uns schwachen Menschen zu Hilfe.
Reinige uns von Schuld
und mache uns bereit für das kommende Fest.
Darum bitten wir durch Christus, unseren Herrn.

„GIB MIR
einen reinen Sinn – daß ich dich erblicke,
einen demütigen Sinn – daß ich dich höre,
einen liebenden Sinn – daß ich dir diene,
einen gläubigen Sinn – daß ich in dir bleibe"
(Dag Hammarskjöld).

DONNERSTAG

ERÖFFNUNGSVERS   Vgl. Ps 119 (118), 151–152

Nahe bist du, Herr, und alles, was du sagst, ist Wahrheit.
Deine Worte werden nicht vergehen,
sie bleiben für immer und ewig.

TAGESGEBET

Rüttle unsere Herzen auf, allmächtiger Gott,
damit wir deinem Sohn den Weg bereiten
und durch seine Ankunft fähig werden,
dir in aufrichtiger Gesinnung zu dienen.
Darum bitten wir durch ihn,
der in der Einheit des Heiligen Geistes
mit dir lebt und herrscht in alle Ewigkeit.

ZUR LESUNG   *Der Prophet des babylonischen Exils hat die Aufgabe, durch eine neue Heilsbotschaft dem zusammengebrochenen Volk die Wendung seines Geschicks zu verkünden. Der Ruf: „Fürchte dich nicht!" (V. 10.13.14) ist Gottes Antwort auf die Klage des Volkes. Nach dem Schweigen der langen Exiljahre beginnt Jahwe zu antworten. Die Zeit der Furcht, der Hoffnungslosigkeit ist vorbei: Gott ist da, und er hilft. Die*

Verse 14–16 entfalten die Heilszusage des V. 13 und nennen das Ziel des göttlichen Handelns (16 b): die Freude des Volkes und die Rühmung Gottes bei seinem Volk. Die Verse 17–20 sind ein weiteres, vom vorausgehenden verschiedenes Heilswort, eine Ankündigung der Hilfe in großer Not (Dürre?). Ziel des Eingreifens Gottes ist hier: die Menschen sollen sehen und anerkennen, daß Gott es ist, der hilft. – Jes 49, 26; 63, 16; Sach 10, 6; Jes 35, 6 b–7; Ps 107, 35.

ERSTE LESUNG Jes 41, 13–20

Fürchte dich nicht, ich werde dir helfen
Der Heilige Israels löst dich aus

Lesung
   aus dem Buch Jesája.

¹³ Ich bin der Herr, dein Gott,
   der deine rechte Hand ergreift
und der zu dir sagt: Fürchte dich nicht,
   ich werde dir helfen.

¹⁴ Fürchte dich nicht, du armer Wurm Jakob,
   du Würmlein Israel!
Ich selber werde dir helfen – Spruch des Herrn.
Der Heilige Israels löst dich aus.

¹⁵ Zu einem Dreschschlitten mache ich dich,
   zu einem neuen Schlitten mit vielen Schneiden.
Berge wirst du dreschen und sie zermalmen,
   und Hügel machst du zu Spreu.

¹⁶ Du worfelst sie, und es verweht sie der Wind,
   es zerstreut sie der Sturm.
Du aber jubelst über den Herrn,
   du rühmst dich des Heiligen Israels.

¹⁷ Die Elenden und Armen suchen Wasser,
   doch es ist keines da;
ihre Zunge vertrocknet vor Durst.
Ich, der Herr, will sie erhören,
ich, der Gott Israels, verlasse sie nicht.

¹⁸ Auf den kahlen Hügeln lasse ich Ströme hervorbrechen
   und Quellen inmitten der Täler.
Ich mache die Wüste zum Teich
   und das ausgetrocknete Land zur Oase.

19 In der Wüste pflanze ich Zedern,
Akazien, Ölbäume und Myrten.
In der Steppe setze ich Zypressen,
Platanen und auch Eschen.
20 Dann werden alle sehen und erkennen,
begreifen und verstehen,
daß die Hand des Herrn das alles gemacht hat,
daß der Heilige Israels es erschaffen hat.

ANTWORTPSALM   Ps 145 (144), 1 u. 9.10–11.12–13b (R: vgl. 8)

R Gnädig und barmherzig ist der Herr, (GL 477)
voll Langmut und reich an Gnade. – R

1 Ich will dich rühmen, mein Gott und König, * V. Ton
und deinen Namen preisen immer und ewig.

9 Der Herr ist gütig zu allen, *
sein Erbarmen waltet über all seinen Werken. – (R)

10 Danken sollen dir, Herr, all deine Werke *
und deine Frommen dich preisen.

11 Sie sollen von der Herrlichkeit deines Königtums reden, *
sollen sprechen von deiner Macht. – (R)

12 Sie sollen den Menschen deine machtvollen Taten verkünden *
und den herrlichen Glanz deines Königtums.

13ab Dein Königtum ist ein Königtum für ewige Zeiten, *
deine Herrschaft währt von Geschlecht zu Geschlecht. – R

RUF VOR DEM EVANGELIUM   Vers: Jes 45, 8ab

Halleluja. Halleluja.
Taut, ihr Himmel, von oben, ihr Wolken, laßt Gerechtigkeit regnen!
Die Erde tue sich auf und bringe das Heil hervor.
Halleluja.

ZUM EVANGELIUM   *Nach der Anfrage der Johannesjünger (V. 2–6) belehrt Jesus das Volk über die Sendung des Täufers und seine Rolle in der Heilsgeschichte (V. 7–19). Johannes war „mehr als ein Prophet" (V. 9): der Wegbereiter des Messias, der größte aller Menschen – bis auf Jesus. In V. 11 b wird nicht die persönliche Größe des Johannes in Frage gestellt; aber mit Jesus hat ein neues Zeitalter begonnen, die Zeit der Gottesherrschaft (11, 5–6), die alles Frühere in den Schatten stellt. Johannes steht an der Schwelle der neuen Heilszeit (vgl. aber Lk 16, 16). Seit seinem Auftreten geschieht, was die Gottesherrschaft betrifft, etwas Neues; es gibt Menschen, die vom Geist Gottes so erfaßt sind, daß sie ihre ganze Kraft und sogar ihr Leben für die Gottesherrschaft einsetzen. Das ist vielleicht der Sinn des schwierigen V. 12, der aber auch besagen kann, daß es seither, eindeutiger als früher, Menschen gibt, die sich mit Gewalt der Herrschaft Gottes entgegenstellen. – Mal 3, 1.23.*

EVANGELIUM　　　　　　　　　　　　　　　Mt 11, 7b.11–15

Unter allen Menschen hat es keinen größeren gegeben als Johannes den Täufer

✢ Aus dem heiligen Evangelium nach Matthäus.

In jener Zeit
7b　　begann Jesus zu der Menge zu reden:
11　Amen, das sage ich euch:
　　Unter allen Menschen hat es keinen größeren gegeben
　　　als Johannes den Täufer;
　　doch der Kleinste im Himmelreich ist größer als er.
12　Seit den Tagen Johannes' des Täufers bis heute
　　　wird dem Himmelreich Gewalt angetan;
　　die Gewalttätigen reißen es an sich.
13　Denn bis hin zu Johannes
　　　haben alle Propheten und das Gesetz
　　　über diese Dinge geweissagt.
14　Und wenn ihr es gelten lassen wollt:
　　　Ja, er ist Elíja, der wiederkommen soll.
15　Wer Ohren hat, der höre!

FÜRBITTEN

Johannes der Täufer rief zur Umkehr auf und kündigte das Kommen des Messias an. Zu Christus wollen wir beten:

Für die Kirche: daß sie dir den Weg zu den Menschen bereitet. –
Lasset zum Herrn uns beten: Herr, erbarme dich.
A.: Christus, erbarme dich.

Für alle Menschen: daß sie die Botschaft vom Gericht nicht überhören. – Lasset zum Herrn uns beten: Herr, erbarme dich.
A.: Christus, erbarme dich.

Für unsere Gemeinde: daß du unseren inneren Widerstand gegen deine Gnade zerbrichst. – Lasset zum Herrn uns beten: Herr, erbarme dich.

Für unsere Verstorbenen: daß du ihnen das ewige Leben schenkst.
– Lasset zum Herrn uns beten: Herr, erbarme dich.

Denn du, Herr, wirst einst kommen in Herrlichkeit, um die Welt zu vollenden. Dir sei Ehre in Ewigkeit.   A.: Amen.

GABENGEBET

Allmächtiger Gott,
alles, was wir haben, kommt von dir.
Nimm die Gaben an, die wir darbringen.
Mache sie für uns in diesem Leben
zum Sakrament der Erlösung
und rufe uns an deinen Tisch im kommenden Reich.
Darum bitten wir durch Christus, unseren Herrn.

Adventspräfation, S. 1352 ff.

KOMMUNIONVERS   Tit 2,12–13

Laßt uns besonnen, gerecht und fromm in dieser Welt leben
und auf die selige Erfüllung unserer Hoffnung warten,
auf das Erscheinen der Herrlichkeit
unseres großen Gottes und Retters Christus Jesus.

SCHLUSSGEBET

Herr, unser Gott,
du hast uns an deinem Tisch
mit neuer Kraft gestärkt.
Zeige uns den rechten Weg
durch diese vergängliche Welt
und lenke unseren Blick auf das Unvergängliche,
damit wir in allem dein Reich suchen.
Darum bitten wir durch Christus, unseren Herrn.

„GOTT – *du bist für uns die ewige Entdeckung und das ewige Wachstum. Je mehr wir dich zu begreifen glauben; um so mehr enthüllst du dich als der andere*" *(Teilhard de Chardin).*

FREITAG

ERÖFFNUNGSVERS

Seht, der Herr kommt zu uns,
er bringt uns seinen Frieden und schenkt uns ewiges Leben.

TAGESGEBET

Allmächtiger Gott,
gib, daß wir die Ankunft deines Sohnes
mit großer Wachsamkeit erwarten
und unserem Erlöser und Heiland Jesus Christus
mit brennenden Lampen entgegengehen.
Darum bitten wir durch ihn,
der in der Einheit des Heiligen Geistes
mit dir lebt und herrscht in alle Ewigkeit.

ZUR LESUNG *Der Prophet hat die Befreiung aus Babel angekündigt, aber es scheint, daß er mit dieser Botschaft auf skeptische Ablehnung stieß. In Kap. 48 wendet er sich mit großer Eindringlichkeit an das Volk, das auch auf die Propheten der früheren Zeit nicht hörte und deshalb in die Katastrophe hineingeriet. Wenigstens aus seiner Erfahrung sollte dieses Volk, das „beim Namen des Herrn schwört und sich zu Israels Gott bekennt" (48,1), lernen, dem Wort Gottes zu glauben und den Weg zu gehen, den er es führt (V. 17). – Ps 81,14–17; Bar 3,13.*

ERSTE LESUNG   Jes 48,17–19

Hättest du doch auf meine Gebote geachtet!

**Lesung
aus dem Buch Jesája.**

17 So spricht der Herr, dein Erlöser,
der Heilige Israels:
Ich bin der Herr, dein Gott,
der dich lehrt, was Nutzen bringt,
    und der dich auf den Weg führt, den du gehen sollst.

18 Hättest du doch auf meine Gebote geachtet!
Dein Glück wäre wie ein Strom
und dein Heil wie die Wogen des Meeres.

19 Deine Nachkommen wären zahlreich wie der Sand
    und deine leiblichen Kinder wie seine Körner.
Ihr Name
    wäre in meinen Augen nicht getilgt und gelöscht.

ANTWORTPSALM   Ps 1,1–2.3.4 u. 6 (R: vgl. Joh 8,12)

R Herr, wer dir nachfolgt, hat das Licht des Lebens. – **R**   (GL 708,1)

1 Wohl dem Mann, der nicht dem Rat der Frevler folgt, †   IV. Ton
nicht auf dem Weg der Sünder geht, *
nicht im Kreis der Spötter sitzt,

2 sondern Freude hat an der Weisung des Herrn, *
über seine Weisung nachsinnt bei Tag und bei Nacht. – (R)

3 Er ist wie ein Baum, der an Wasserbächen gepflanzt ist, †
der zur rechten Zeit seine Frucht bringt *
und dessen Blätter nicht welken.

Alles, was er tut, *
wird ihm gut gelingen. – (R)

4 Nicht so die Frevler: *
Sie sind wie Spreu, die der Wind verweht.

6 Denn der Herr kennt den Weg der Gerechten, *
der Weg der Frevler aber führt in den Abgrund. – **R**

Advent: 2. Woche – Freitag

RUF VOR DEM EVANGELIUM

Halleluja. Halleluja.

Der Herr wird kommen, eilt ihm entgegen;
er ist es, der Friedensfürst.

Halleluja.

ZUM EVANGELIUM *Gott kann es den Menschen nie recht machen. Das wird zuerst im Bild von den launischen Kindern gesagt (V. 16–17); dann wird es an der Erfahrung gezeigt, die zuerst Johannes und nach ihm Jesus gemacht hat (V. 18–19): beide wurden von „dieser Generation", d. h. von Israel, abgelehnt (vgl. Mt 12,39). Der Heilsplan Gottes aber setzt sich aus eigener Kraft durch, und die Weisheit Gottes, die durch Johannes und durch Jesus gesprochen hat, wird gerechtfertigt durch das, was sie bewirkt (V. 19b; Lk 7,35: „durch alle ihre Kinder"): es gibt Menschen, die auf eigenes Rechthaben verzichten und Gott recht geben. – Mt 3,4; 9,10–11; Lk 7,29–35; Röm 3,4; Ps 51,6.*

EVANGELIUM   Mt 11,16–19

Sie hören weder auf Johannes noch auf den Menschensohn

✠ Aus dem heiligen Evangelium nach Matthäus.

In jener Zeit sprach Jesus zu der Menge:
16 Mit wem soll ich diese Generation vergleichen?
Sie gleicht Kindern, die auf dem Marktplatz sitzen
 und anderen Kindern zurufen:
17 Wir haben für euch auf der Flöte Hochzeitslieder gespielt,
 und ihr habt nicht getanzt;
wir haben Klagelieder gesungen,
 und ihr habt euch nicht an die Brust geschlagen.
18 Johannes der Täufer ist gekommen,
 er ißt nicht und trinkt nicht,
und sie sagen: Er ist von einem Dämon besessen.
19 Der Menschensohn ist gekommen,
 er ißt und trinkt;
darauf sagen sie: Dieser Fresser und Säufer,
dieser Freund der Zöllner und Sünder!
Und doch hat die Weisheit
 durch die Taten, die sie bewirkt hat,
 recht bekommen.

FÜRBITTEN

Wer Jesus nachfolgt, hat das Licht des Lebens. Zu ihm rufen wir:

Erleuchte die Hirten der Kirche, damit sie allen den rechten Weg weisen. (Stille) Christus, höre uns.
A.: Christus, erhöre uns.

Geleite alle Menschen, damit sie in das Reich des Lichtes gelangen. (Stille) Christus, höre uns.

Mach hell unser Leben, damit wir dich dankbar preisen. (Stille) Christus, höre uns.

Stehe den Sterbenden bei, damit sie das ewige Licht schauen. (Stille) Christus, höre uns.

In deinem Licht finden wir Weg und Ziel und wandeln nicht in der Finsternis. Dir sei Lob in Ewigkeit. A.: Amen.

GABENGEBET

Barmherziger Gott,
wir bekennen, daß wir immer wieder versagen
und uns nicht auf unsere Verdienste berufen können.
Komm uns zu Hilfe, ersetze, was uns fehlt,
und nimm unsere Gebete und Gaben gnädig an.
Darum bitten wir durch Christus, unseren Herrn.

Adventspräfation, S. 1352 ff.

KOMMUNIONVERS Phil 3, 20–21

Wir erwarten den Retter, den Herrn Jesus Christus,
der unseren armseligen Leib verwandeln wird
in die Gestalt seines verherrlichten Leibes.

SCHLUSSGEBET

Herr, unser Gott,
im heiligen Mahl
hast du uns mit deinem Geist erfüllt.
Lehre uns durch die Teilnahme an diesem Geheimnis,

die Welt im Licht deiner Weisheit zu sehen
und das Unvergängliche mehr zu lieben
als das Vergängliche.
Darum bitten wir durch Christus, unseren Herrn.

WENN WIR SAGEN, *daß wir Gott nicht finden können und daß es uns vorkommt, als sei er weit von uns entfernt, so wollen wir damit richtiger sagen, daß wir das Gefühl seiner Nähe nicht haben. Es ist mir aufgefallen, daß viele keinen Unterschied machen zwischen Gott und dem Gefühl von Gott, zwischen dem Glauben und dem Gefühl des Glaubens, und das ist ein großer Fehler (Franz von Sales).*

SAMSTAG

ERÖFFNUNGSVERS   Vgl. Ps 80 (79), 4.2

Komm, Herr, laß dein Antlitz leuchten, so ist uns geholfen.
Der du auf den Kerubim thronst, erscheine!

TAGESGEBET

Allmächtiger Gott,
laß deine Herrlichkeit
in unseren Herzen aufstrahlen
und nimm den Todesschatten der Sünde von uns,
damit wir bei der Ankunft deines Sohnes
als Kinder des Lichtes offenbar werden.
Darum bitten wir durch ihn,
der in der Einheit des Heiligen Geistes
mit dir lebt und herrscht in alle Ewigkeit.

ZUR LESUNG   *Die Kap. 44–50 des Sirachbuches tragen die Überschrift „Lob der Väter Israels" und feiern die großen Gestalten der alten Geschichte, angefangen bei Henoch und Noach. In Kap. 48 wird Elija gefeiert, der „Prophet wie Feuer", der in Israel den Jahwe-Glauben und den Bund mit dem lebendigen Gott wiederhergestellt hat. Die geradezu unheimliche Gewalt seiner Persönlichkeit hat die Nachwelt bis zur Zeit Jesu und noch länger beunruhigt. Da Elija nicht gestorben ist wie andere Menschen, erwartete man im späteren Judentum (vgl. Mal 3, 23–24 und Mt*

17,10), er werde in der Endzeit wiederkommen, „um die Stämme Jakobs wieder aufzurichten" (V. 10; vgl. Jes 49,6). Diesem Glauben hat Jesus nur teilweise zugestimmt. Johannes der Täufer war nicht Elija (Joh 1,21.25), glich ihm aber in der Art seines Auftretens (Mt 3,4; vgl. 2 Kön 1,8). – Joh 5,35; 1 Kön 17,1; 18,2.36–39; 2 Kön 1,10.12; Lk 1,17.

ERSTE LESUNG Sir 48,1–4.9–11

Von Elija sagt die Schrift: Du stehst bereit für die Endzeit

Lesung
   aus dem Buch Jesus Sirach.

In jenen Tagen
1 stand Elíja auf, ein Prophet wie Feuer,
seine Worte waren wie ein brennender Ofen.
2 Er entzog ihnen ihren Vorrat an Brot,
durch sein Eifern verringerte er ihre Zahl.
3 Auf Gottes Wort hin verschloß er den Himmel,
und dreimal ließ er Feuer herniederfallen.
4 Wie ehrfurchtgebietend warst du, Elíja,
wer dir gleichkommt, kann sich rühmen.
9 Du wurdest im Wirbelsturm nach oben entrückt,
in Feuermassen himmelwärts.
10 Von dir sagt die Schrift,
du stehst bereit für die Endzeit,
um den Zorn zu beschwichtigen, bevor er entbrennt,
um den Söhnen das Herz der Väter zuzuwenden
und Jakobs Stämme wieder aufzurichten.
11 Wohl dem, der dich sieht und stirbt;
denn auch er
   wird leben.

ANTWORTPSALM Ps 80 (79), 2ac u. 3bc.15–16.18–19 (R: vgl. 4)

R Richte uns wieder auf, o Gott, (GL 529,1)
laß dein Angesicht leuchten, dann sind wir gerettet. – R

2ac Du Hirte Israels, höre! * II. Ton
Der du auf den Kérubim thronst, erscheine!

3bc Biete deine gewaltige Macht auf, *
und komm uns zu Hilfe! – (R)

Advent: 2. Woche – Samstag

15 Gott der Heerscharen, wende dich uns wieder zu! *
Blick vom Himmel herab, und sieh auf uns!

Sorge für diesen Weinstock *
16 und für den Garten, den deine Rechte gepflanzt hat. – (R)

18 Deine Hand schütze den Mann zu deiner Rechten, *
den Menschensohn, den du für dich groß und stark gemacht.

19 Erhalt uns am Leben! *
Dann wollen wir deinen Namen anrufen und nicht von dir weichen. – R

RUF VOR DEM EVANGELIUM Vers: Lk 3,4.6

Halleluja. Halleluja.

Bereitet dem Herrn den Weg!
Ebnet ihm die Straßen!
Und alle Menschen werden das Heil sehen, das von Gott kommt.

Halleluja.

ZUM EVANGELIUM *Zur Zeit Jesu erwartete man im Judentum, Elija werde als Vorläufer des Messias kommen. Als nun Jesus (beim Herabsteigen vom Berg der Verklärung) von der Auferweckung der Toten sprach, also von einem Ereignis der messianischen Zeit, ergab sich das Gespräch über das Kommen des Elija. Die Antwort Jesu: 1. Elija ist schon gekommen, nämlich in Johannes dem Täufer; 2. das Schicksal des Täufers zeigt an, welches das Schicksal des Menschensohnes sein wird: er wird in die Hände der Menschen ausgeliefert werden (Mt 17,22). – 1 Kön 19,2.10; Mt 11,10–14.*

EVANGELIUM Mt 17,9a.10–13

Elija ist schon gekommen, doch sie haben ihn nicht erkannt

✛ Aus dem heiligen Evangelium nach Matthäus.

9a Während Jesus und seine Jünger den Berg hinabstiegen,
10 fragten ihn die Jünger:
Warum sagen denn die Schriftgelehrten,
zuerst müsse Elija kommen?

11 Er gab zur Antwort: Ja, Elija kommt,
und er wird alles wiederherstellen.

12 Ich sage euch aber:
    Elíja ist schon gekommen,
doch sie haben ihn nicht erkannt,
    sondern mit ihm gemacht, was sie wollten.
Ebenso wird auch der Menschensohn durch sie leiden müssen.
13 Da verstanden die Jünger,
    daß er von Johannes dem Täufer sprach.

FÜRBITTEN

Für das Kommen Christi hat Johannes den Weg bereitet. Christus wollen wir bitten:

Bewahre deine Kirche in der Hoffnung auf deine Wiederkunft.
A.: Erhöre uns, o Herr.

Wende die Herzen der Menschen dir zu.

Bereite uns für dein Kommen in Herrlichkeit.

Nimm unsere Toten in dein Reich auf.

Von dir, unserem Herrn und Retter, hoffen wir, daß wir bei deiner Ankunft als Kinder des Lichtes offenbar werden. Dir sei Dank jetzt und allezeit und in Ewigkeit. A.: Amen.

GABENGEBET

Herr, unser Gott,
in dieser Feier
erfüllen wir den Auftrag deines Sohnes.
Nimm unsere Gaben an
und gib deiner Kirche die Gnade,
immer und überall sein Opfer zu feiern.
Schenke uns durch dieses Geheimnis dein Heil,
das du der Welt bereitet hast.
Darum bitten wir durch Christus, unseren Herrn.

Adventspräfation, S. 1352 ff.

KOMMUNIONVERS   Offb 22, 12

Siehe, ich komme bald, und mit mir kommt mein Lohn;
und ich werde jedem nach seinem Tun vergelten –
so spricht der Herr.

SCHLUSSGEBET

Barmherziger Gott,
komm durch dieses heilige Mahl
uns schwachen Menschen zu Hilfe.
Reinige uns von Schuld
und mache uns bereit für das kommende Fest.
Darum bitten wir durch Christus, unseren Herrn.

„FACKELN weisen den Weg durch die Nacht. Ein brennendes Wort kommt aus einem brennenden Herzen. Selten, doch wuchtig richtet Elias sein Wort an die Menschen – beständig aber an Gott, dem er vor Augen steht. In dieser Haltung trägt er nicht nur eine Leuchte voran, er leuchtet selbst wie Feuer" (Oda Schneider).

3. WOCHE

MONTAG

Fällt dieser Tag auf den 17. oder 18. Dezember, so nimmt man von heute an die Meßtexte S. 86 ff.

ERÖFFNUNGSVERS   Vgl. Jer 31, 10; Jes 35, 4

Ihr Völker, hört das Wort des Herrn und verkündet es in aller Welt.
Seht, euer Gott wird kommen und euch erretten,
fürchtet euch nicht.

TAGESGEBET

Gütiger Gott,
neige dein Ohr und erhöre unsere Bitten.
Erleuchte die Finsternis unseres Herzens
durch die Ankunft deines Sohnes,
der in der Einheit des Heiligen Geistes
mit dir lebt und herrscht in alle Ewigkeit.

ZUR LESUNG   *Der König von Moab fühlte sich von den näherrückenden Israeliten bedroht und rief den Propheten Bileam zu Hilfe. Dieser war vermutlich ein Aramäer, sein Wort galt als unfehlbar und mächtig. Obwohl Nicht-Israelit, bekannte sich Bileam zu Jahwe, dem Gott Israels.*

Vom Geist Jahwes getrieben, segnete er Israel, anstatt es zu verfluchen, wie der König von Moab ihm aufgetragen hatte. Unsere Lesung enthält zwei seiner Segenssprüche über Israel, die beide gleich beginnen (V. 3 und 15). Im Zustand der Ekstase hört Bileam Worte Gottes und schaut in die Zukunft der Völker. Er sieht Israel mit Überfluß gesegnet und seinen feindlichen Nachbarn überlegen, weil Gott auf seiner Seite steht. Die Verse 15–17 schauen in die ferne Zukunft; mit dem „Stern in Jakob", und dem „Zepter in Israel" ist eine geheimnisvolle Herrschergestalt gemeint, die Israel retten wird. Der Spruch wurde schon früh messianisch gedeutet. – Gen 49, 10; Mt 2, 2; Offb 22, 16.

ERSTE LESUNG Num 24, 2–7.15–17a

Ein Stern geht in Jakob auf

Lesung
  aus dem Buch Númeri.

In jenen Tagen,
2 als Bíleam aufblickte,
   sah er Israel im Lager, nach Stämmen geordnet.
Da kam der Geist Gottes über ihn,
3 er begann mit seinem Orakelspruch
   und sagte:

   Spruch Bíleams, des Sohnes Béors,
   Spruch des Mannes mit geschlossenem Auge,
4 Spruch dessen, der Gottesworte hört,
   der eine Vision des Allmächtigen sieht,
   der daliegt mit entschleierten Augen:

5 Jakob, wie schön sind deine Zelte,
     wie schön deine Wohnstätten, Israel!
6 Wie Bachtäler ziehen sie sich hin,
   wie Gärten am Strom,
   wie Eichen, vom Herrn gepflanzt,
   wie Zedern am Wasser.
7 Von seinen Schöpfeimern rinnt das Wasser,
     reichlich Wasser hat seine Saat.
   Sein König ist Ágag überlegen,
     seine Königsherrschaft erstarkt.

15 Und er begann mit seinem Orakelspruch
   und sagte:

Spruch Bíleams, des Sohnes Béors,
Spruch des Mannes mit geschlossenem Auge,
16 Spruch dessen, der Gottesworte hört,
der die Gedanken des Höchsten kennt,
der eine Vision des Allmächtigen sieht,
der daliegt mit entschleierten Augen:
17a Ich sehe ihn,
  aber nicht jetzt,
ich erblicke ihn,
  aber nicht in der Nähe:
Ein Stern geht in Jakob auf,
  ein Zepter erhebt sich in Israel.

ANTWORTPSALM   Ps 25 (24), 4–5.6–7.8–9 (R: 4)

R Zeige mir, Herr, deine Wege, (GL 529, 2 oder 119, 3)
lehre mich deine Pfade! – R

4 Zeige mir, Herr, deine Wege, *   I. Ton
lehre mich deine Pfade!

5 Führe mich in deiner Treue und lehre mich; †
denn du bist der Gott meines Heiles. *
Auf dich hoffe ich allezeit. – (R)

6 Denk an dein Erbarmen, Herr, †
und an die Taten deiner Huld; *
denn sie bestehen seit Ewigkeit.

7 Denk nicht an meine Jugendsünden und meine Frevel! *
In deiner Huld denk an mich, Herr, denn du bist gütig. – (R)

8 Gut und gerecht ist der Herr, *
darum weist er die Irrenden auf den rechten Weg.

9 Die Demütigen leitet er nach seinem Recht, *
die Gebeugten lehrt er seinen Weg. – R

RUF VOR DEM EVANGELIUM   Vers: Ps 85 (84), 8

Halleluja. Halleluja.

Erweise uns, Herr, deine Huld,
und gewähre uns dein Heil!

Halleluja.

ZUM EVANGELIUM „Wer hat dir dazu die Vollmacht gegeben?", die Frage bezieht sich auf die vorausgegangene Tempelreinigung (vgl. Joh 2, 18) und das Wirken Jesu überhaupt. Die Vertreter des Tempels empfinden das Vorgehen Jesu als einen Angriff und als ein Gericht (Mt 21, 13), und darin irren sie nicht. Jesus gibt keine Antwort auf die Frage nach seiner Vollmacht. Die Antwort wird nur dem gegeben, der sie hören und annehmen will. Man kann als ein Außenstehender das Auftreten Jesu nicht beurteilen und richten. Hätten die Frager die Botschaft Johannes' des Täufers angenommen, dann wüßten sie auch, wer Jesus ist und in welcher Vollmacht er handelt. Wer nicht glauben will, dem nützen auch keine Beweise. – Mt 14, 5; 16, 14; 21, 32; 28, 18; Mk 11, 27–33; Lk 20, 1–8; Joh 3, 27.

EVANGELIUM Mt 21, 23–27

Woher stammte die Taufe des Johannes?

✝ Aus dem heiligen Evangelium nach Matthäus.

In jener Zeit,
23   als Jesus in den Tempel ging und dort lehrte,
kamen die Hohenpriester und die Ältesten des Volkes zu ihm
und fragten: Mit welchem Recht tust du das alles?
Wer hat dir dazu die Vollmacht gegeben?

24 Jesus antwortete ihnen: Auch ich will euch eine Frage stellen.
Wenn ihr mir darauf antwortet,
   dann werde ich euch sagen, mit welchem Recht ich das tue.
25 Woher stammte die Taufe des Johannes?
Vom Himmel oder von den Menschen?

Da überlegten sie
und sagten zueinander: Wenn wir antworten: Vom Himmel!,
   so wird er zu uns sagen:
   Warum habt ihr ihm dann nicht geglaubt?
26 Wenn wir aber antworten: Von den Menschen!,
   dann müssen wir uns vor den Leuten fürchten;
denn alle halten Johannes für einen Propheten.
27 Darum antworteten sie Jesus:
   Wir wissen es nicht.

Da erwiderte er:
   Dann sage auch ich euch nicht,
   mit welchem Recht ich das alles tue.

Advent: 3. Woche – Montag

FÜRBITTEN

Christus, den König der kommenden Herrlichkeit, wollen wir bitten:

Zeige deinem Volk Wege der Umkehr und der Versöhnung.
A.: Wir bitten dich, erhöre uns.

Gib den Mächtigen der Welt Gedanken des Friedens.

Tröste alle Leidenden mit deinen Verheißungen.

Wecke in uns die frohe Erwartung auf dein Kommen.

Denn du erhörst uns zur rechten Zeit. Dir sei Lob in Ewigkeit.
A.: Amen.

GABENGEBET

Allmächtiger Gott,
alles, was wir haben, kommt von dir.
Nimm die Gaben an, die wir darbringen.
Mache sie für uns in diesem Leben
zum Sakrament der Erlösung
und rufe uns an deinen Tisch im kommenden Reich.
Darum bitten wir durch Christus, unseren Herrn.

Adventspräfation, S. 1352 ff.

KOMMUNIONVERS   Vgl. Ps 106 (105), 4–5; Jes 38, 3

Komm, Herr, such uns heim mit deinem Erbarmen;
dann wird unsere Freude vollendet sein.

SCHLUSSGEBET

Herr, unser Gott,
du hast uns an deinem Tisch
mit neuer Kraft gestärkt.
Zeige uns den rechten Weg
durch diese vergängliche Welt
und lenke unseren Blick auf das Unvergängliche,
damit wir in allem dein Reich suchen.
Darum bitten wir durch Christus, unseren Herrn.

„JESUS CHRISTUS, *wie er uns in der Heiligen Schrift bezeugt wird, ist das eine Wort Gottes, das wir zu hören, dem wir im Leben und Sterben zu vertrauen und zu gehorchen haben"* (Karl Barth, in der Barmer Erklärung 1934).

DIENSTAG

Fällt dieser Tag auf den 17. oder 18. Dezember, so nimmt man von heute an die Meßtexte S. 86 ff.

ERÖFFNUNGSVERS Vgl. Sach 14, 5-7

Seht, der Herr wird kommen und alle Heiligen mit ihm.
Ein großes Licht wird aufstrahlen an jenem Tag.

TAGESGEBET

Herr, unser Gott,
durch dein Erbarmen
sind wir in Christus eine neue Schöpfung geworden.
Wende deine Augen nicht von uns ab,
sondern heile alle Wunden der alten Schuld
durch die Ankunft deines Sohnes,
der in der Einheit des Heiligen Geistes
mit dir lebt und herrscht in alle Ewigkeit.

ZUR LESUNG *Zefanja (Sophonias) lebte in der Zeit zwischen dem Untergang des Nordreiches Israel (Fall Samarias 722 v. Chr.) und der Katastrophe des Südreiches (Fall Jerusalems 586 v. Chr.). Er stand in der prophetischen Überlieferung eines Amos und Jesaja. Er sieht Jerusalem von inneren Mißständen mindestens ebenso bedroht wie von äußeren Feinden. Das arme Volk wird von der führenden Schicht hemmungslos ausgebeutet. Das ist die Anklage im ersten Teil unserer Lesung (V. 1–2). Man lebt, als gäbe es keinen Gott; man fürchtet ihn nicht, und man vertraut ihm nicht. Darum wird Jahwe zum Gericht kommen (V. 8). Aber Ziel des Gerichts ist nicht der Untergang, sondern die Läuterung der Völker (V. 9–10) und die Erneuerung Israels (V. 11–13). Der überlebende Rest wird arm und eben dadurch in der Lage sein, einen neuen und echten Anfang zu machen, mit Gott und mit den Menschen. – Am 4, 6–12; Offb 14, 1–5.*

ERSTE LESUNG

Zef 3, 1–2.9–13

Ein demütiges und armes Volk sucht seine Zuflucht beim Namen des Herrn

Lesung
   aus dem Buch Zefánja.

So spricht der Herr:
1 Weh der trotzigen, der schmutzigen, der gewalttätigen Stadt.
2 Sie will nicht hören
   und nimmt sich keine Warnung zu Herzen.
Sie verläßt sich nicht auf den Herrn
   und sucht nicht die Nähe ihres Gottes.

9 Ich werde die Lippen der Völker
   verwandeln in reine Lippen,
damit alle den Namen des Herrn anrufen
   und ihm einmütig dienen.
10 Von jenseits der Ströme von Kusch
   bringen mir meine Verehrer dann als Gabe
   die Gemeinde meiner Verstreuten.
11 An jenem Tag
   brauchst du dich nicht mehr zu schämen,
   wegen all deiner schändlichen Taten,
   die du gegen mich verübt hast.
Ja, dann entferne ich aus deiner Mitte
   die überheblichen Prahler,
und du wirst nicht mehr hochmütig sein
   auf meinem heiligen Berg.
12 Und ich lasse in deiner Mitte übrig
   ein demütiges und armes Volk,
   das seine Zuflucht sucht beim Namen des Herrn.
13 Der Rest von Israel wird kein Unrecht mehr tun
   und wird nicht mehr lügen,
in ihrem Mund findet man kein unwahres Wort mehr.
Ja, sie gehen friedlich auf die Weide,
und niemand schreckt sie auf, wenn sie ruhen.

ANTWORTPSALM   Ps 34(33), 2–3.6–7.17–18.19 u. 23 (R: vgl. 7)

(GL 477)

℟ Der Herr erhört den Armen,
er hilft ihm aus all seiner Not. – ℟

V. Ton

2 Ich will den Herrn allezeit preisen; *
immer sei sein Lob in meinem Mund.

3 Meine Seele rühme sich des Herrn; *
die Armen sollen es hören und sich freuen. – (℟)

6 Blickt auf zu ihm, so wird euer Gesicht leuchten, *
und ihr braucht nicht zu erröten.

7 Da ist ein Armer; er rief, und der Herr erhörte ihn. *
Er half ihm aus all seinen Nöten. – (℟)

17 Das Antlitz des Herrn richtet sich gegen die Bösen, *
um ihr Andenken von der Erde zu tilgen.

18 Schreien die Gerechten, so hört sie der Herr; *
er entreißt sie all ihren Ängsten. – (℟)

19 Nahe ist der Herr den zerbrochenen Herzen, *
er hilft denen auf, die zerknirscht sind.

23 Der Herr erlöst seine Knechte; *
straflos bleibt, wer zu ihm sich flüchtet. – ℟

RUF VOR DEM EVANGELIUM

Halleluja. Halleluja.

Komm, o Herr, und zögere nicht;
nimm weg das Joch deines Volkes!

Halleluja.

ZUM EVANGELIUM   *Um das Reich Gottes und den „Weg der Gerechtigkeit" geht es im Gleichnis von den zwei Söhnen. Nicht wer „Ja" sagt, sondern wer „Ja" tut, kommt in das Reich Gottes. Der Täufer kam zu Israel auf dem „Weg der Gerechtigkeit", d. h., er hat den Weg zu Gott gewiesen: die Erfüllung des Gotteswillens. Die „Frommen" hielten es nicht für nötig, auf ihn zu hören. Zöllner und Dirnen haben sich bekehrt, und sie werden im Endgericht bestehen. Das Gleichnis ist also denen gesagt, die es nicht fertigbringen, an ihrer eigenen Rechtschaffenheit zu zweifeln. – Lk 7, 29–30.36–50; 18, 9–14; 19, 1–10.*

Advent: 3. Woche – Dienstag

EVANGELIUM
Mt 21,28–32

Johannes ist gekommen, und die Sünder haben ihm geglaubt

✛ Aus dem heiligen Evangelium nach Matthäus.

In jener Zeit
  sprach Jesus zu den Hohenpriestern
  und zu den Ältesten des Volkes:
²⁸ Was meint ihr?
Ein Mann hatte zwei Söhne.
Er ging zum ersten
  und sagte: Mein Sohn, geh und arbeite heute im Weinberg!
²⁹ Er antwortete: Ja, Herr!,
  ging aber nicht.
³⁰ Da wandte er sich an den zweiten Sohn
  und sagte zu ihm dasselbe.
Dieser antwortete: Ich will nicht.
Später aber reute es ihn,
  und er ging doch.
³¹ Wer von den beiden hat den Willen seines Vaters erfüllt?

Sie antworteten: Der zweite.

Da sagte Jesus zu ihnen:
  Amen, das sage ich euch:
Zöllner und Dirnen gelangen eher in das Reich Gottes als ihr.

³² Denn Johannes ist gekommen,
  um euch den Weg der Gerechtigkeit zu zeigen,
und ihr habt ihm nicht geglaubt;
aber die Zöllner und die Dirnen haben ihm geglaubt.
Ihr habt es gesehen,
und doch habt ihr nicht bereut
  und ihm nicht geglaubt.

FÜRBITTEN

Durch die Ankunft Christi wird die Welt erneuert. Zu ihm laßt uns beten:

Für das ganze Gottesvolk: um Schutz in allen Gefahren. – Lasset zum Herrn uns beten: Herr, erbarme dich.
A.: Christus, erbarme dich.

Für die verfeindeten Völker: um Versöhnung. – Lasset zum Herrn
uns beten: Herr, erbarme dich.
A.: Christus, erbarme dich.

Für die Einsamen und Kranken: um die tröstende Nähe Gottes. –
Lasset zum Herrn uns beten: Herr, erbarme dich.

Für unsere Gemeinde: um Vergebung unserer Schuld. – Lasset
zum Herrn uns beten: Herr, erbarme dich.

Denn du erhörst den, der zu dir ruft. Darum danken wir dir und
preisen dich in alle Ewigkeit. A.: Amen.

GABENGEBET

Barmherziger Gott,
wir bekennen, daß wir immer wieder versagen
und uns nicht auf unsere Verdienste berufen können.
Komm uns zu Hilfe, ersetze, was uns fehlt,
und nimm unsere Gebete und Gaben gnädig an.
Darum bitten wir durch Christus, unseren Herrn.

Adventspräfation, S. 1352 ff.

KOMMUNIONVERS   Vgl. 2 Tim 4, 8

Den Kranz der Gerechtigkeit wird der gerechte Richter all denen geben,
die in Liebe auf sein Erscheinen warten.

SCHLUSSGEBET

Herr, unser Gott,
im heiligen Mahl
hast du uns mit deinem Geist erfüllt.
Lehre uns durch die Teilnahme an diesem Geheimnis,
die Welt im Licht deiner Weisheit zu sehen
und das Unvergängliche mehr zu lieben
als das Vergängliche.
Darum bitten wir durch Christus, unseren Herrn.

WEDER DAMALS NOCH SPÄTER *habt ihr euch besonnen: das hält Jesus den führenden Kreisen des damaligen Judentums vor. Die Propheten haben Ähnliches ihren Zeitgenossen gesagt – und heute? Hat irgendein großes Ereignis oder irgendeine Katastrophe uns – uns Christen – zur Besinnung gebracht? Will Gott uns retten, so wird er auch uns zu einem „armen und demütigen Volk" machen müssen. Reichtum und Hochmut zerstören jede Gemeinschaft. Arm werden heißt aber, auf alle Privilegien verzichten. „Ich habe euch ein Beispiel gegeben ..." (Joh 13, 15).*

MITTWOCH

Fällt dieser Tag auf den 17. oder 18. Dezember, so nimmt man von heute an die Meßtexte S. 86 ff.

ERÖFFNUNGSVERS Vgl. Hab 2, 3; 1 Kor 4, 5

Der Herr wird kommen und nicht zögern.
Er wird die Finsternis in Licht verwandeln
und sich allen Völkern offenbaren.

TAGESGEBET

Allmächtiger Gott,
gib, daß wir die Ankunft deines Sohnes
mit Freude erwarten.
Sie schenke uns in diesem Leben heilende Kraft
und in der Ewigkeit den verheißenen Lohn.
Darum bitten wir durch ihn, Jesus Christus.

ZUR LESUNG *Aus Jes 45 greift unsere Lesung die hymnischen Aussagen über Gott heraus: der Gott, der den Perserkönig Kyrus in seinen Dienst nimmt, um Israel aus der babylonischen Knechtschaft zu befreien, ist der Schöpfer der Welt. Er hat die Erde für die Menschen bewohnbar gemacht (V. 18). Damit sie bewohnbar bleibt, sorgt er für Recht und Gerechtigkeit. Er handelt, und er redet auch, damit die Menschen sein Handeln in der Geschichte verstehen und daraus die Folgerung ziehen: sich zu Gott hinwenden und sich von ihm retten lassen (V. 22). – Am 4, 13; Sir 11, 14; Klgl 3, 38; Ps 72, 1–8; 85, 11–12; Jes 44, 8.*

ERSTE LESUNG

Jes 45,6b–8.18.21b–25

Taut, ihr Himmel, von oben!

Lesung
aus dem Buch Jesája.

⁶ᵇ Ich bin der Herr, und sonst niemand.
⁷ Ich erschaffe das Licht und mache das Dunkel,
ich bewirke das Heil und erschaffe das Unheil.
Ich bin der Herr, der das alles vollbringt.

⁸ Taut, ihr Himmel, von oben,
ihr Wolken, laßt Gerechtigkeit regnen!
Die Erde tue sich auf und bringe das Heil hervor,
sie lasse Gerechtigkeit sprießen.
Ich, der Herr, will es vollbringen.

¹⁸ So spricht der Herr, der den Himmel erschuf,
er ist der Gott, der die Erde geformt und gemacht hat
– er ist es, der sie erhält,
er hat sie nicht als Wüste geschaffen,
  er hat sie zum Wohnen gemacht –:
Ich bin der Herr, und sonst niemand.

²¹ᵇ Es gibt keinen Gott außer mir;
außer mir gibt es keinen gerechten und rettenden Gott.
²² Wendet euch mir zu, und laßt euch erretten,
  ihr Menschen aus den fernsten Ländern der Erde;
denn ich bin Gott,
  und sonst niemand.

²³ Ich habe bei mir selbst geschworen,
und mein Mund hat die Wahrheit gesprochen,
  es ist ein unwiderrufliches Wort:
Vor mir wird jedes Knie sich beugen,
  und jede Zunge wird bei mir schwören:

²⁴ Nur beim Herrn – sagt man von mir –
  gibt es Rettung und Schutz.
Beschämt kommen alle zu ihm, die sich ihm widersetzen.
²⁵ Alle Nachkommen Israels bekommen ihr Recht
  und erlangen Ruhm durch den Herrn.

ANTWORTPSALM   Ps 85 (84), 9–10.11–12.13–14 (R: vgl. Jes 45, 8)

R Ihr Himmel, tauet den Gerechten,   (GL 120, 3 oder 118, 4)
ihr Wolken, regnet ihn herab! – **R**

9 Ich will hören, was Gott redet: †   I. Ton
Frieden verkündet der Herr seinem Volk *
und seinen Frommen, den Menschen mit redlichem Herzen.

10 Sein Heil ist denen nahe, die ihn fürchten. *
Seine Herrlichkeit wohne in unserm Land. – (R)

11 Es begegnen einander Huld und Treue; *
Gerechtigkeit und Friede küssen sich.

12 Treue sproßt aus der Erde hervor; *
Gerechtigkeit blickt vom Himmel hernieder. – (R)

13 Auch spendet der Herr dann Segen, *
und unser Land gibt seinen Ertrag.

14 Gerechtigkeit geht vor ihm her, *
und Heil folgt der Spur seiner Schritte. – **R**

RUF VOR DEM EVANGELIUM   Vers: Jes 40, 9

Halleluja. Halleluja.

Jerusalem, du Botin der Freude, erhebe laut deine Stimme!
Seht, Gott, der Herr, kommt mit Macht.

Halleluja.

ZUM EVANGELIUM   *Die Anfrage Johannes' des Täufers und die Antwort Jesu werden von Lukas im gleichen Wortlaut berichtet wie von Matthäus (vgl. 3. Adventssonntag A: Mt 11, 2–11). Jesus erklärt, daß die Verheißungen sich erfüllen und daß die messianische Endzeit angebrochen ist. Die entscheidende Wirklichkeit dieser Endzeit ist die Person Jesu selbst. Er tritt nicht so auf, wie sich seine Zeitgenossen und auch der Vorläufer den Messias vorgestellt hatten, und doch entscheidet sich an ihm das Schicksal Israels und der Völker. – Jes 26, 19; 35, 5–6; 61, 1; Lk 2, 34–35.*

EVANGELIUM   Lk 7, 18b–23

Berichtet Johannes, was ihr gesehen und gehört habt

✝ Aus dem heiligen Evangelium nach Lukas.

In jener Zeit
18b rief Johannes der Täufer zwei von seinen Jüngern zu sich,
19 schickte sie zum Herrn
    und ließ ihn fragen: Bist du der, der kommen soll,
    oder müssen wir auf einen andern warten?
20 Als die beiden Männer zu Jesus kamen,
    sagten sie: Johannes der Täufer hat uns zu dir geschickt
    und läßt dich fragen: Bist du der, der kommen soll,
    oder müssen wir auf einen andern warten?
21 Damals heilte Jesus viele Menschen
    von ihren Krankheiten und Leiden,
   befreite sie von bösen Geistern
   und schenkte vielen Blinden das Augenlicht.
22 Er antwortete den beiden:
    Geht und berichtet Johannes, was ihr gesehen und gehört habt:
    Blinde sehen wieder, Lahme gehen, und Aussätzige werden rein;
    Taube hören, Tote stehen auf,
    und den Armen wird das Evangelium verkündet.
23 Selig ist, wer an mir keinen Anstoß nimmt.

FÜRBITTEN

Zu Christus, dem Heiland der Welt, der allen Menschen nahe ist, wollen wir beten:

Bewahre deine Kirche in der Treue zu dir.
A.: Erhöre uns, Christus.

Erwecke in den Völkern den Geist der Gerechtigkeit und des Friedens.

Befreie alle ungerecht Gefangenen und Unterdrückten aus ihrer Knechtschaft und Not.

Führe uns in die volle Freiheit der Kinder Gottes.

Bei dir ist Schutz und Rettung. Dir sei Lob und Dank in Ewigkeit.   A.: Amen.

GABENGEBET

Herr, unser Gott,
in dieser Feier
erfüllen wir den Auftrag deines Sohnes.
Nimm unsere Gaben an
und gib deiner Kirche die Gnade,
immer und überall sein Opfer zu feiern.
Schenke uns durch dieses Geheimnis dein Heil,
das du der Welt bereitet hast.
Darum bitten wir durch Christus, unseren Herrn.

Adventspräfation, S. 1352 ff.

KOMMUNIONVERS
Vgl. Jes 40, 10; 35, 5

Seht, unser Herr kommt mit Macht;
dann werden die Augen der Blinden geöffnet.

SCHLUSSGEBET

Barmherziger Gott,
komm durch dieses heilige Mahl
uns schwachen Menschen zu Hilfe.
Reinige uns von Schuld
und mache uns bereit für das kommende Fest.
Darum bitten wir durch Christus, unseren Herrn.

WIR GLAUBTEN, *es begriffen zu haben, wir waren bereit, uns zu verschenken, zu leiden für Christus und für seine Kirche. Aber die Klarheit hielt nicht an, die Begeisterung schwand. Statt für Christus zu leiden, wird uns aufgegeben, an ihm zu leiden; wir begreifen seinen Weg nicht mehr. Was können wir da noch tun? Die Dunkelheit annehmen, auf den Tag warten. Jesus läßt uns nicht ohne Antwort. Aber wir müssen ein neues Sehen und Hören lernen.*

DONNERSTAG

Fällt dieser Tag auf den 17. oder 18. Dezember, so nimmt man von heute an die Meßtexte S. 86 ff.

ERÖFFNUNGSVERS Vgl. Ps 119 (118), 151–152

Nahe bist du, Herr, und alles, was du sagst, ist Wahrheit.
Deine Worte werden nicht vergehen,
sie bleiben für immer und ewig.

TAGESGEBET

Heiliger Gott,
wir sind vor dir schuldig geworden,
und die Sünde belastet uns.
Schenke deinen unwürdigen Dienern
die Freude wieder
durch die heilbringende Ankunft deines Sohnes,
der in der Einheit des Heiligen Geistes
mit dir lebt und herrscht in alle Ewigkeit.

ZUR LESUNG *Hintergrund dieser Verheißung ist das babylonische Exil. Israel war von seinem Gott verstoßen wie eine untreue Frau von ihrem Mann. Aber der Zorn Gottes dauert nur einen Augenblick, seine erbarmende Liebe währt ewig (V. 7–8). Gott schließt mit der zurückgerufenen Gemahlin einen Bund, der in V. 9–10 mit dem Noach-Bund (Gen 9,11), in 55,3–5 mit dem David-Bund (2 Sam 23,5) verglichen wird. – Im jetzigen Zusammenhang des Jesaja-Buches wurde vor dieser Verheißung das Lied vom leidenden Gottesknecht eingeschoben (Jes 53). Das zeigt, wie die Propheten im Gefolge Jesajas die Heilsankündigung verstanden haben: die Erfüllung steht noch aus; zuerst muß der Gottesknecht seinen Leidensweg gehen und für die Sünde der Welt Sühne leisten. – Gal 4,27; Hos 1–2; 11,7–9.*

ERSTE LESUNG Jes 54, 1–10

Ja, der Herr hat dich gerufen als verlassene, bekümmerte Frau

Lesung
   aus dem Buch Jesája.

1 Freu dich, du Unfruchtbare, die nie gebar,
du, die nie in Wehen lag,
   brich in Jubel aus und jauchze!

Denn die Einsame
>hat jetzt viel mehr Söhne als die Vermählte,
>spricht der Herr.

2 Mach den Raum deines Zeltes weit,
>spann deine Zelttücher aus, ohne zu sparen.
>Mach die Stricke lang und die Pflöcke fest!

3 Denn nach rechts und links breitest du dich aus.
>Deine Nachkommen werden Völker beerben
>und verödete Städte besiedeln.

4 Fürchte dich nicht, du wirst nicht beschämt;
>schäme dich nicht, du wirst nicht enttäuscht.
>Denn die Schande in deiner Jugend
>>wirst du vergessen,
>an die Schmach deiner Witwenschaft
>>wirst du nicht mehr denken.

5 Denn dein Schöpfer ist dein Gemahl,
>„Herr der Heere" ist sein Name.
>Der Heilige Israels ist dein Erlöser,
>„Gott der ganzen Erde" wird er genannt.

6 Ja, der Herr hat dich gerufen
>als verlassene, bekümmerte Frau.
>Kann man denn die Frau verstoßen,
>>die man in der Jugend geliebt hat?, spricht dein Gott.

7 Nur für eine kleine Weile habe ich dich verlassen,
>doch mit großem Erbarmen hole ich dich heim.

8 Einen Augenblick nur verbarg ich vor dir mein Gesicht
>in aufwallendem Zorn;
>aber mit ewiger Huld habe ich Erbarmen mit dir,
>spricht dein Erlöser, der Herr.

9 Wie in den Tagen Noachs soll es für mich sein:
>So wie ich damals schwor,
>>daß die Flut Noachs die Erde nie mehr überschwemmen wird,
>so schwöre ich jetzt, dir nie mehr zu zürnen
>und dich nie mehr zu schelten.

10 Auch wenn die Berge von ihrem Platz weichen
>und die Hügel zu wanken beginnen
>– meine Huld wird nie von dir weichen
>und der Bund meines Friedens nicht wanken,
>spricht der Herr, der Erbarmen hat mit dir.

ANTWORTPSALM
Ps 30 (29), 2 u. 4.5–6b.6cd u. 12a u. 13b
(R: vgl. 2ab)

R Herr, du zogst mich empor aus der Tiefe; (GL 233,7)
ich will dich rühmen in Ewigkeit. – R

2 Ich will dich rühmen, Herr, † VI. Ton
denn du hast mich aus der Tiefe gezogen *
und läßt meine Feinde nicht über mich triumphieren.

4 Herr, du hast mich herausgeholt aus dem Reich des Todes, *
aus der Schar der Todgeweihten mich zum Leben gerufen. – (R)

5 Singt und spielt dem Herrn, ihr seine Frommen, *
preist seinen heiligen Namen!

6ab Denn sein Zorn dauert nur einen Augenblick, *
doch seine Güte ein Leben lang. – (R)

6cd Wenn man am Abend auch weint, *
am Morgen herrscht wieder Jubel.

12a Du hast mein Klagen in Tanzen verwandelt, *
13b Herr, mein Gott, ich will dir danken in Ewigkeit. – R

RUF VOR DEM EVANGELIUM
Vers: Lk 3,4.6

Halleluja. Halleluja.

Bereitet dem Herrn den Weg!
Ebnet ihm die Straßen!
Und alle Menschen werden das Heil sehen, das von Gott kommt.

Halleluja.

ZUM EVANGELIUM
Die Jünger des Johannes sind weggegangen (vgl. das gestrige Evangelium). Nun belehrt Jesus das Volk über Johannes. Johannes ist ein Prophet, und er überragt alle andern Propheten; er weist nicht nur aus der Ferne auf den Messias hin, er zeigt mit dem Finger auf den Gekommenen. Die Größe des Johannes und zugleich seine dienende Stellung werden hier herausgestellt. Die zwei letzten Verse (29–30) stehen nur bei Lukas, haben jedoch eine Entsprechung in Matthäus 21,32; Jesus stellt sich entschieden auf die Seite des Täufers und erhebt Anklage gegen die Führer des Volkes, die ihn abgelehnt haben. – Mal 3,1; Ex 23,20.

Advent: 3. Woche – Donnerstag

EVANGELIUM Lk 7,24–30

Ich sende meinen Boten vor dir her; er soll den Weg für dich bahnen

✠ Aus dem heiligen Evangelium nach Lukas.

24 Als die Boten des Johannes weggegangen waren,
  begann Jesus zu der Menge über Johannes zu reden;
er sagte:
  Was habt ihr denn sehen wollen,
  als ihr in die Wüste hinausgegangen seid?
Ein Schilfrohr, das im Wind schwankt?
25 Oder was habt ihr sehen wollen,
  als ihr hinausgegangen seid?
Einen Mann in feiner Kleidung?
Leute, die vornehm gekleidet sind und üppig leben,
  findet man in den Palästen der Könige.
26 Oder was habt ihr sehen wollen, als ihr hinausgegangen seid?
Einen Propheten?
Ja, ich sage euch:
  Ihr habt sogar mehr gesehen als einen Propheten.
27 Er ist der, von dem es in der Schrift heißt:
  Ich sende meinen Boten vor dir her;
  er soll den Weg für dich bahnen.
28 Ich sage euch:
  Unter allen Menschen gibt es keinen größeren als Johannes;
doch der Kleinste im Reich Gottes
  ist größer als er.
29 Das ganze Volk, das Johannes hörte,
  selbst die Zöllner, sie alle haben den Willen Gottes anerkannt
  und sich von Johannes taufen lassen.
30 Doch die Pharisäer und die Gesetzeslehrer
  haben den Willen Gottes mißachtet
  und sich von Johannes nicht taufen lassen.

FÜRBITTEN

Wir flehen zu Christus, der voll Erbarmen ist mit den Menschen:

Für die Kirche: um die wahre Freude. – Lasset zum Herrn uns beten: Herr, erbarme dich.
A.: Christus, erbarme dich.

Für die Welt: um Befreiung von der Geißel des Krieges. – Lasset zum Herrn uns beten: Herr, erbarme dich.

Für die mit Schuld Beladenen: um Mut zur Umkehr. – Lasset zum Herrn uns beten: Herr, erbarme dich.

Für unsere Gemeinde: um Eifer in guten Werken. – Lasset zum Herrn uns beten: Herr, erbarme dich.

Herr, unser Gott, deine Huld weicht nicht von deinem Volk, und der Bund des Friedens wird nicht wanken. Höre auf unsere Bitten durch Christus, unseren Herrn.   A.: Amen.

GABENGEBET

Allmächtiger Gott,
alles, was wir haben, kommt von dir.
Nimm die Gaben an, die wir darbringen.
Mache sie für uns in diesem Leben
zum Sakrament der Erlösung
und rufe uns an deinen Tisch im kommenden Reich.
Darum bitten wir durch Christus, unseren Herrn.

Adventspräfation, S. 1352 ff.

KOMMUNIONVERS   Tit 2, 12–13

Laßt uns besonnen, gerecht und fromm in dieser Welt leben
und auf die selige Erfüllung unserer Hoffnung warten,
auf das Erscheinen der Herrlichkeit
unseres großen Gottes und Retters Christus Jesus.

SCHLUSSGEBET

Herr, unser Gott,
du hast uns an deinem Tisch
mit neuer Kraft gestärkt.
Zeige uns den rechten Weg
durch diese vergängliche Welt
und lenke unseren Blick auf das Unvergängliche,
damit wir in allem dein Reich suchen.
Darum bitten wir durch Christus, unseren Herrn.

„GOTT HAT GEHANDELT, *er handelt, und er wird handeln unter den Menschen. Und wenn dies vernehmbar wird, dann ist das seine Offenbarung. Ein Verhältnis zu dieser Offenbarung haben bedeutet also: hineintreten in jene Geschichte des Handelns Gottes – rückwärtsblickend, in die Gegenwart und auch in die Zukunft blickend (soweit man kann) – und dann sich Rechenschaft darüber geben: Was habe ich zu denken? Was habe ich zu sagen (und zu tun)?"* (Karl Barth).

FREITAG

Fällt dieser Tag auf den 17. oder 18. Dezember, so nimmt man von heute an die Meßtexte S. 86 ff.

ERÖFFNUNGSVERS

Seht, der Herr kommt zu uns,
er bringt uns seinen Frieden und schenkt uns ewiges Leben.

TAGESGEBET

Allmächtiger Gott,
deine Gnade komme unserem Bemühen zuvor
und begleite unser Tun,
damit wir Hilfe erlangen für unser Leben
und mit großer Sehnsucht
die Ankunft deines Sohnes erwarten,
der in der Einheit des Heiligen Geistes
mit dir lebt und herrscht in alle Ewigkeit.

ZUR LESUNG *Vergleiche 1. Lesung am 22. Sonntag (Lesejahr A). – Nach der Rückkehr aus dem babylonischen Exil (537) war die Situation bedrückend, die sozialen und religiösen Verhältnisse unerfreulich (Jes 56,9–12; 58,1–5). Aufs neue wird dem Volk gesagt: Das Heil ist nahe (56,1). Gott ist „gerecht": er hilft denen, die seiner Weisung folgen, den Mitmenschen gegenüber gerecht sind und den Sabbat halten. Im 2. Teil (bei Jesaja gehören die Verse 3–8 zusammen) weitet sich der Blick: allen Völkern wird in Zukunft der Tempel als Haus des Gebetes offenstehen. Nicht mehr die Abstammung von Abraham ist entscheidend; aus allen Völkern ruft Gott sein neues Volk zusammen. – Dtn 23,2–9; 1 Kön 8,41–43; Mk 11,17.*

ERSTE LESUNG   Jes 56,1–3a.6–8

Mein Haus wird ein Haus des Gebets für alle Völker genannt

Lesung
   aus dem Buch Jesája.

1 So spricht der Herr:
Wahrt das Recht,
   und sorgt für Gerechtigkeit;
denn bald kommt von mir das Heil,
meine Gerechtigkeit wird sich bald offenbaren.
2 Wohl dem Mann, der so handelt,
wohl dem Menschen, der daran festhält,
   den Sabbat zu halten und nie zu entweihen
und seine Hand vor jeder bösen Tat zu bewahren.
3a Der Fremde, der sich dem Herrn angeschlossen hat,
   soll nicht sagen:
   Sicher wird der Herr mich ausschließen
   aus seinem Volk.
6 Die Fremden, die sich dem Herrn angeschlossen haben,
die ihm dienen und seinen Namen lieben,
   um seine Knechte zu sein,
alle, die den Sabbat halten und ihn nicht entweihen,
die an meinem Bund festhalten,
7 sie bringe ich zu meinem heiligen Berg
   und erfülle sie in meinem Bethaus mit Freude.
Ihre Brandopfer und Schlachtopfer
   finden Gefallen auf meinem Altar;

Advent: 3. Woche – Freitag

denn mein Haus
  wird ein Haus des Gebets für alle Völker genannt.

8 Spruch Gottes, des Herrn,
    der die verstoßenen Israeliten sammelt:
  Noch mehr, als ich schon von ihnen gesammelt habe,
    will ich dort versammeln.

ANTWORTPSALM   Ps 67 (66), 2–3.5.7–8 (R: 4)

R Die Völker sollen dir danken, o Gott, (GL 732, 1)
  danken sollen dir die Völker alle. – R

2 Gott sei uns gnädig und segne uns. *   III. Ton
  Er lasse über uns sein Angesicht leuchten,

3 damit auf Erden sein Weg erkannt wird *
  und unter allen Völkern sein Heil. – (R)

5 Die Nationen sollen sich freuen und jubeln. *
  Denn du richtest den Erdkreis gerecht.

  Du richtest die Völker nach Recht *
  und regierst die Nationen auf Erden. – (R)

7 Das Land gab seinen Ertrag. *
  Es segne uns Gott, unser Gott.

8 Es segne uns Gott. *
  Alle Welt fürchte und ehre ihn. – R

RUF VOR DEM EVANGELIUM

Halleluja. Halleluja.

Komm, o Herr, such uns heim mit deinem Frieden,
daß wir mit reinem Herzen uns freuen vor dir.

Halleluja.

ZUM EVANGELIUM *Im Reden und Tun Jesu handelt Gott selber, zum Heil oder zum Gericht. „Die Stunde kommt, und sie ist schon da" (5, 25). Aber wie kann Jesus diesen ungeheuerlichen Anspruch beweisen? Nach jüdischem Gesetz muß eine Aussage durch zwei oder drei Zeugen beglaubigt werden. Jesus nennt also drei Zeugen: Johannes den Täufer (V. 33–36a), den himmlischen Vater (V. 36b–38) und die Schrift (V. 39–40). Johannes hat die Wahrheit gesagt, wenn auch nicht die volle große Wahrheit über den göttlichen Ursprung Jesu. Johannes war eine*

Laterne, Jesus ist das Licht (Joh 1, 8–9). Der eigentliche Zeuge ist der Vater selbst; er „gibt" den Menschen den Sohn (Joh 3, 16–17; 6, 32), er „gibt" dem Sohn seine eigenen Worte (17, 8), seine göttliche Macht (5, 36; 17, 4). Er wird ihm auch den Kelch des Leidens zu trinken „geben" (18, 11). Das sind freilich keine Beweise. Nur wer aus der Wahrheit ist, hört die Wahrheit solcher Aussagen. – Joh 1, 19–28; 8, 18.37; 1 Joh 5, 9.

EVANGELIUM Joh 5, 33–36

Johannes war die Lampe, die brennt und leuchtet

✢ Aus dem heiligen Evangelium nach Johannes.

In jener Zeit sprach Jesus zu den Juden:
33 Ihr habt zu Johannes geschickt,
und er hat für die Wahrheit Zeugnis abgelegt.
34 Ich aber nehme von keinem Menschen ein Zeugnis an,
sondern ich sage dies nur, damit ihr gerettet werdet.
35 Jener war die Lampe, die brennt und leuchtet,
und ihr wolltet euch eine Zeitlang an seinem Licht erfreuen.
36 Ich aber habe ein gewichtigeres Zeugnis als das des Johannes:
Die Werke,
die mein Vater mir übertragen hat, damit ich sie zu Ende führe,
diese Werke, die ich vollbringe,
legen Zeugnis dafür ab, daß mich der Vater gesandt hat.

FÜRBITTEN

Lasset uns beten zu Christus, den der Vater gesandt hat, der Welt den Weg zum Leben zu weisen:

Erfülle deine Gläubigen mit großer Sehnsucht nach deinem Kommen. (Stille) Christus, höre uns.
A.: Christus, erhöre uns.

Richte unter den Völkern deine Herrschaft auf. (Stille) Christus, höre uns.

Bewahre uns vor allem Bösen. (Stille) Christus, höre uns.

Begleite unser Tun mit deiner Gnade. (Stille) Christus, höre uns.

Gott, allmächtiger Vater, laß über uns dein Angesicht leuchten
und segne uns. Durch Christus, unseren Herrn.   A.: Amen.

GABENGEBET

Barmherziger Gott,
wir bekennen, daß wir immer wieder versagen
und uns nicht auf unsere Verdienste berufen können.
Komm uns zu Hilfe, ersetze, was uns fehlt,
und nimm unsere Gebete und Gaben gnädig an.
Darum bitten wir durch Christus, unseren Herrn.

Adventspräfation, S. 1352 ff.

KOMMUNIONVERS   Phil 3, 20–21

Wir erwarten den Retter, den Herrn Jesus Christus,
der unseren armseligen Leib verwandeln wird
in die Gestalt seines verherrlichten Leibes.

SCHLUSSGEBET

Herr, unser Gott,
im heiligen Mahl
hast du uns mit deinem Geist erfüllt.
Lehre uns durch die Teilnahme an diesem Geheimnis,
die Welt im Licht deiner Weisheit zu sehen
und das Unvergängliche mehr zu lieben
als das Vergängliche.
Darum bitten wir durch Christus, unseren Herrn.

„IN DEN LETZTEN TAGEN *wird die Macht der Christenheit, bar aller äußeren Stützen in dieser Welt, sich auf diese einzige zusammenziehen: das Mysterium des Glaubens. Sie wird aus keiner anderen Kraft mehr leben. Aber das bedeutet zugleich: nicht mehr sie selbst wird leben, sondern Christus in ihr, mit seinem heiligen Gottesgeist. Und der Geist wird mit ihr und in ihr rufen: ‚Komm!' (Offb 22, 17). Und der Herr wird kommen – auf diesen Ruf hin, der das Stichwort der letzten Zeiten und das Urwort der Kirche ist und bei der ‚Verkündigung seines Todes' immer neu in ihr aufbricht, seit es sie gibt, so lange, bis dieser Ruf aus ihrer, der Kirche, vollendeten Gleichförmigkeit mit dem Gekreuzigten die Voll-Macht erreicht haben wird. Dann wird er auch jener letzte Posaunenstoß sein, der das verborgene Gericht über Jericho zur Vollendung bringt: die Mauern der Diesseitswelt werden in sich selbst zusammenstürzen, es wird „sein ein neuer Himmel und eine neue Erde" (Offb 21, 1), und Gottes Volk wird in sein ewiges Erbe einziehen" (Heinrich Spaemann).*

DIE WOCHENTAGE VOM 17. BIS 24. DEZEMBER

Die Perikopen werden an den entsprechenden Kalendertagen genommen. Diejenigen, die wegen des Sonntags entfallen, können an einem anderen Tag vor oder nach dem Sonntag genommen werden, vor allem an Stelle der Perikopen, die gegebenenfalls schon am Sonntag genommen wurden.

17. DEZEMBER

ERÖFFNUNGSVERS Vgl. Jes 49, 13

Jubelt, ihr Himmel, und jauchze, o Erde,
der Herr wird kommen und mit uns sein.

TAGESGEBET

Gott, unser Schöpfer und Erlöser,
dein ewiges Wort ist Fleisch geworden
aus Maria, der allzeit jungfräulichen Mutter.
Dein Sohn,
der unsere menschliche Natur angenommen hat,
schenke uns Anteil an seinem göttlichen Leben.
Er, der in der Einheit des Heiligen Geistes
mit dir lebt und herrscht in alle Ewigkeit.

ZUR LESUNG *Vom Segen, den der sterbende Jakob über seine Söhne, d. h. die Stämme Israels, sprach, enthält die heutige Lesung den Segen über Juda. Der Segen ist zugleich Weissagung. Die Stämme Juda und Josef erscheinen als die bevorzugten. Der Stamm Juda wird mächtig sein im Kampf gegen die Feinde, deshalb wird er auch von den übrigen Stämmen anerkannt. Juda wird den Herrscherstab, d. h. das Königtum, erhalten und wird ihn nicht mehr verlieren, „bis der kommt, dem er gehört". Damit kann nicht David gemeint sein. Er steht ja am Anfang, nicht am Ziel dieses Königtums. Verhüllt wird auf einen späteren König aus dem Haus Davids hingewiesen, dessen Königtum sich über die Völker erstreckt und dessen Regierung Frieden und paradiesischen Überfluß bringt. Schon früh wurde diese Stelle messianisch gedeutet (vgl. Evangelium). – Jes 11,1–9; Ez 34,23–31; Mi 5,1–3; Ps 72.*

ERSTE LESUNG   Gen 49,1–2.8–10

Nie weicht von Juda das Zepter

Lesung
   aus dem Buch Génesis.

In jenen Tagen rief Jakob seine Söhne
und sprach:
1 Versammelt euch,
dann sage ich euch an,
   was euch begegnet in künftigen Tagen.
2 Kommt zusammen, ihr Söhne Jakobs, und hört,
auf Israel hört, auf euren Vater!
8 Juda, dir jubeln die Brüder zu,
deine Hand hast du am Genick deiner Feinde.
Deines Vaters Söhne fallen vor dir nieder.
9 Ein junger Löwe ist Juda.
Vom Raub, mein Sohn, wurdest du groß.
Er kauert, liegt da wie ein Löwe,
wie eine Löwin. Wer wagt, sie zu scheuchen?
10 Nie weicht von Juda das Zepter,
   der Herrscherstab von seinen Füßen,
   bis der kommt, dem er gehört,
   dem der Gehorsam der Völker gebührt.

ANTWORTPSALM   Ps 72(71),1–2.3–4b.7–8.17 (R: vgl. 7)

R Gerechtigkeit blüht auf in seinen Tagen   (GL 152,1)
und Friede ohne Ende. – R

1 Verleih dein Richteramt, o Gott, dem König, *   VI. Ton
dem Königssohn gib dein gerechtes Walten!
2 Er regiere dein Volk in Gerechtigkeit *
und deine Armen durch rechtes Urteil. – (R)

3 Dann tragen die Berge Frieden für das Volk *
und die Höhen Gerechtigkeit.
4ab Er wird Recht verschaffen den Gebeugten im Volk, *
Hilfe bringen den Kindern der Armen. – (R)

⁷ Die Gerechtigkeit blühe auf in seinen Tagen *
und großer Friede, bis der Mond nicht mehr da ist.

⁸ Er herrsche von Meer zu Meer, *
vom Strom bis an die Enden der Erde. – (R)

¹⁷ Sein Name soll ewig bestehen; *
solange die Sonne bleibt, sprosse sein Name.

Glücklich preisen sollen ihn alle Völker *
und in ihm sich segnen.

R Gerechtigkeit blüht auf in seinen Tagen
und Friede ohne Ende.

RUF VOR DEM EVANGELIUM

Halleluja. Halleluja.
Du Weisheit des Höchsten, in Kraft und Milde ordnest du alles:
komm und offenbare uns den Weg der Weisheit und Einsicht!
Halleluja.

ZUM EVANGELIUM *Der Stammbaum am Anfang des Matthäusevangeliums ist nicht als ein Beitrag zur Ahnenforschung gemeint, sondern als theologische Aussage über Jesus und über den Sinn der Geschichte Israels. Jesus ist der Christus, der Messias, und seine Geschichte ist es, die durch alle Geschlechterfolgen hindurch das eigentlich Bewegende war. Er ist der Verheißene, seit David und seit Abraham. In ihm hat die Geschichte Israels ihr Ziel erreicht, und an ihm wird sich der weitere Weg Israels entscheiden. – Gal 3, 16; Hebr 7, 14.*

EVANGELIUM   Mt 1, 1–17

Stammbaum Jesu Christi, des Sohnes Davids

✢ Aus dem heiligen Evangelium nach Matthäus.

¹ Stammbaum Jesu Christi,
   des Sohnes Davids, des Sohnes Abrahams:

² Abraham war der Vater von Ísaak,
Ísaak von Jakob,
Jakob von Juda und seinen Brüdern.

³ Juda war der Vater von Perez und Serach;

Advent: 17. Dezember

ihre Mutter war Tamar.
Perez war der Vater von Hezron,
Hezron von Aram,
⁴ Aram von Amminádab,
Amminádab von Nachschon,
Nachschon von Salmon.
⁵ Salmon war der Vater von Boas;
dessen Mutter war Rahab.
Boas war der Vater von Obed;
dessen Mutter war Rut.
Obed war der Vater von Ísai,
⁶ Ísai der Vater des Königs David.

David war der Vater von Sálomo,
dessen Mutter die Frau des Urija war.
⁷ Sálomo war der Vater von Rehábeam,
Rehábeam von Abíja,
Abíja von Asa,
⁸ Asa von Jóschafat,
Jóschafat von Joram,
Joram von Usíja.
⁹ Usíja war der Vater von Jotam,
Jotam von Ahas,
Ahas von Hiskíja,
¹⁰ Hiskíja von Manásse,
Manásse von Amos,
Amos von Joschíja.
¹¹ Joschíja war der Vater von Jójachin und seinen Brüdern;
das war zur Zeit der Babylonischen Gefangenschaft.

¹² Nach der Babylonischen Gefangenschaft
war Jójachin der Vater von Scheáltiël,
Scheáltiël von Serubbábel,
¹³ Serubbábel von Abíhud,
Abíhud von Éljakim,
Éljakim von Azor.
¹⁴ Azor war der Vater von Zadok,
Zadok von Achim,
Achim von Éliud,
¹⁵ Éliud von Eleásar,
Eleásar von Mattan,
Mattan von Jakob.

16 Jakob war der Vater von Josef, dem Mann Marias;
von ihr wurde Jesus geboren,
   der der Christus – der Messias – genannt wird.
17 Im ganzen sind es also von Abraham bis David
   vierzehn Generationen,
von David bis zur Babylonischen Gefangenschaft
   vierzehn Generationen
und von der Babylonischen Gefangenschaft bis zu Christus
   vierzehn Generationen.

FÜRBITTEN

Zu unserem Herrn Jesus Christus, dem Nachkommen Davids, wollen wir beten:

Erinnere deine Kirche, daß sie Erbin der Verheißungen an Abraham ist.
A.: Wir bitten dich, erhöre uns.

Schenke dem Volk Israel die Fülle der Erlösung.

Gewähre den Völkern des Nahen Ostens Frieden in Gerechtigkeit.

Gib uns Anteil an deinem göttlichen Leben.

Herr, unser Gott, du Licht der Völker. Führe die Menschen zur Erkenntnis des Heils, das du ihnen bereitet hast. Dir sei Ehre in Ewigkeit.   A.: Amen.

GABENGEBET

Herr, unser Gott,
heilige die Gaben deiner Kirche
und nähre uns in dieser Feier der Eucharistie
mit dem wahren Brot des Himmels.
Darum bitten wir durch Christus, unseren Herrn.

Adventspräfation, S. 1352 ff., besonders V, S. 1354.

KOMMUNIONVERS Vgl. Hag 2,7

Kommen wird er, den alle Völker erwarten,
und das Haus des Herrn wird erfüllt mit Herrlichkeit.

SCHLUSSGEBET

Allmächtiger Gott,
du hast uns mit den heiligen Gaben gestärkt.
Entzünde in uns das Feuer deines Geistes,
damit wir gleich den Lichtern am Himmel strahlen,
wenn dein Sohn, unser Herr Jesus Christus, kommt.
Er, der mit dir lebt und herrscht in alle Ewigkeit.

Vom 17. bis 23. Dezember werden im kirchlichen Stundengebet (in der Vesper) die sog. großen O-Antiphonen gesungen. Im Lateinischen beginnen sie alle mit O (in der Übersetzung durch „Du" wiedergegeben) und rufen nach dem Kommen dessen, der alle Sehnsucht der Menschen erfüllen kann. – Wir geben jedem dieser Tage die entsprechende O-Antiphon bei und nennen die wichtigsten Schriftstellen, an denen der Verfasser der Antiphonen sich inspiriert hat.

DU WEISHEIT *aus dem Mund des Höchsten*
die Anfang und Ende umfaßt
und alles mit Kraft und Milde durchwaltet
Komm, zeig uns den Weg der Einsicht!

Vgl. Sir 24, 3; Kol 1, 15–20; Weish 8, 1; Offb 22, 17.20; Spr 4, 11; Jes 40, 14.

18. DEZEMBER

ERÖFFNUNGSVERS

Unser König wird kommen,
Christus, das Lamm, das Johannes uns ankündet.

TAGESGEBET

Allmächtiger Gott,
noch lastet die alte Knechtschaft auf uns,
noch drückt uns das Joch der Sünde.
Schenke uns die wahre Freiheit
und mach uns neu durch die Geburt deines Sohnes,
auf die wir gläubig warten.
Darum bitten wir durch ihn,
der in der Einheit des Heiligen Geistes
mit dir lebt und herrscht in alle Ewigkeit.

ZUR LESUNG *Die Lesung hat zwei Teile. Die Verse 5–6 sind die Ankündigung eines neuen Königs auf dem Thron Davids, eines Königs, der wirklich herrschen wird, anders als der schwache Zidkija, unter dessen Regierung dieses Wort wohl gesprochen wurde. Zidkija, d. h. „Jahwe ist meine Gerechtigkeit", war der letzte König von Juda. Was bei ihm nur ein Name war, wird bei dem erwarteten Herrscher Wahrheit sein: „Der Herr (= Jahwe) ist unsere Gerechtigkeit" (V. 6). Gerechtigkeit bedeutet hier soviel wie Recht, Heil, Sicherheit. – Die Verse 7–8 sind eine später eingefügte Heilsweissagung (fast wörtlich gleich 16,14–15). Die Rückkehr aus dem babylonischen Exil wird für Israel ein neuer Anfang sein, dem gegenüber der Auszug aus Ägypten verblassen wird. Die geschichtliche Wirklichkeit der Rückkehr aus dem Exil war freilich viel bescheidener. Wenn wir diese Weissagung ernst nehmen, müssen wir sagen, daß ihre Erfüllung mit der Schaffung des neuen Israel aus allen Völkern erst begonnen hat. – Jes 4,2; 11,1; Sach 3,8–10; 6,12–13; Jer 3,18.*

ERSTE LESUNG Jer 23,5–8

Ich werde für David einen gerechten Sproß erwecken

**Lesung
aus dem Buch Jeremía.**

5 Seht, es kommen Tage
 – Spruch des Herrn –,
 da werde ich für David einen gerechten Sproß erwecken.
 Er wird als König herrschen und weise handeln,
 für Recht und Gerechtigkeit wird er sorgen im Land.
6 In seinen Tagen wird Juda gerettet werden,
 Israel kann in Sicherheit wohnen.
 Man wird ihm den Namen geben:
 Der Herr ist unsere Gerechtigkeit.
7 Darum seht, es werden Tage kommen
 – Spruch des Herrn –,
 da sagt man nicht mehr: So wahr der Herr lebt,
 der die Söhne Israels aus Ägypten heraufgeführt hat!,
8 sondern: So wahr der Herr lebt,
 der das Geschlecht des Hauses Israel aus dem Nordland
 und aus allen Ländern, in die er sie verstoßen hatte,
 heraufgeführt und zurückgebracht hat.
 Dann werden sie wieder in ihrem Heimatland wohnen.

Advent: 18. Dezember

ANTWORTPSALM Ps 72 (71), 1–2.12–13.18–19 (R: vgl. 7) (GL 152,1)

R Gerechtigkeit blüht auf in seinen Tagen
und Friede ohne Ende. – R

1 Verleih dein Richteramt, o Gott, dem König, *
dem Königssohn gib dein gerechtes Walten! VI. Ton

2 Er regiere dein Volk in Gerechtigkeit *
und deine Armen durch rechtes Urteil. – (R)

12 Er rettet den Gebeugten, der um Hilfe schreit, *
den Armen und den, der keinen Helfer hat.

13 Er erbarmt sich des Gebeugten und Schwachen, *
er rettet das Leben der Armen. – (R)

18 Gepriesen sei der Herr, der Gott Israels! *
Er allein tut Wunder.

19 Gepriesen sei sein herrlicher Name in Ewigkeit! *
Seine Herrlichkeit erfülle die ganze Erde. Amen, ja amen. – R

RUF VOR DEM EVANGELIUM

Halleluja. Halleluja.
Du Herr und Führer des Hauses Israel:
komm und befreie uns mit deinem starken Arm!
Halleluja.

ZUM EVANGELIUM *„Gott ist mit uns", das steht am Anfang und am Ende des Matthäusevangeliums (1,23 und 28,20); es ist die zentrale Aussage des heutigen Evangelienabschnittes. Der Evangelist zitiert die Weissagung Jes 7,14, um das Geheimnis der Menschwerdung als schöpferisch rettendes Eingreifen Gottes zu deuten. – Josef war „gerecht", das heißt in der Sprache der Bibel auch: gütig. Deshalb wollte er Maria, deren Geheimnis er nicht verstand, im Frieden entlassen. Aber nun wird er selbst zum Mitwisser und Gehilfen des göttlichen Werkes. Im Gegensatz zu Ahas (Jes 7,12) nimmt Josef das Zeichen und den Auftrag Gottes an; er wird der gesetzliche Vater Jesu und gibt ihm als solcher auch den Namen Jesus, der bedeutet: Jahwe rettet. – Ps 130,7–8; Lk 1,31.35; Apg 4,8–12.*

EVANGELIUM Mt 1, 18–24

Jesus wird geboren werden von Maria, die verlobt ist mit Josef, dem Sohn Davids

✝ Aus dem heiligen Evangelium nach Matthäus.

18 Mit der Geburt Jesu Christi war es so:
Maria, seine Mutter, war mit Josef verlobt;
noch bevor sie zusammengekommen waren,
   zeigte sich, daß sie ein Kind erwartete
– durch das Wirken des Heiligen Geistes.

19 Josef, ihr Mann,
   der gerecht war und sie nicht bloßstellen wollte,
   beschloß, sich in aller Stille von ihr zu trennen.

20 Während er noch darüber nachdachte,
   erschien ihm ein Engel des Herrn im Traum
und sagte: Josef, Sohn Davids,
fürchte dich nicht, Maria als deine Frau zu dir zu nehmen;
denn das Kind, das sie erwartet,
   ist vom Heiligen Geist.

21 Sie wird einen Sohn gebären;
ihm sollst du den Namen Jesus geben;
   denn er wird sein Volk von seinen Sünden erlösen.

22 Dies alles ist geschehen,
   damit sich erfüllte,
   was der Herr durch den Propheten gesagt hat:

23 Seht, die Jungfrau wird ein Kind empfangen,
einen Sohn wird sie gebären,
und man wird ihm den Namen Immánuel geben,
das heißt übersetzt: Gott ist mit uns.

24 Als Josef erwachte,
   tat er, was der Engel des Herrn ihm befohlen hatte,
   und nahm seine Frau zu sich.

FÜRBITTEN

Im Gebet wenden wir uns an Christus, der sein Volk von seinen Sünden erlöst:

Bereite deine Kirche für das Fest deiner Geburt aus Maria, der Jungfrau.
A.: Herr, erhöre unser Gebet.

Lenke die Herzen der Mächtigen, daß sie ihre Verantwortung für das Wohl aller erkennen.

Nimm dich jener an, die keinen Helfer haben.

Schenke allen, die auf dich vertrauen, das ewige Leben.

Denn du bist ein starker Gott. Komm und rette uns. Dir sei Ehre in Ewigkeit.   A.: Amen.

GABENGEBET

Herr, unser Gott,
dieses Opfer erwirke uns deine Gnade
und lasse uns teilhaben
am ewigen Leben deines Sohnes.
Denn er ist
in unser vergängliches Leben eingetreten,
um uns von unserer Sterblichkeit zu heilen.
Er, der mit dir lebt und herrscht in alle Ewigkeit.

Adventspräfation, S. 1352 ff., besonders V, S. 1354.

KOMMUNIONVERS   Vgl. Mt 1, 21.23

Der Herr wird kommen und sein Volk erlösen.
Sein Name ist Immanuel, Gott mit uns.

SCHLUSSGEBET

Schenke uns dein Erbarmen, Herr,
inmitten deines Heiligtums.
Gib, daß wir uns durch die Feier dieser Tage
und durch ein christliches Leben
für das Fest der Erlösung bereiten.
Darum bitten wir durch Christus, unseren Herrn.

ADONAI DU STARKER GOTT
Führer des Hauses Israel
Du bist dem Mose im Feuer des Dornbusches erschienen
und hast ihm auf dem Sinai das Gesetz gegeben
Komm, rette uns mit hocherhobenem Arm!

Vgl. Ex 6, 3 (Adonai statt Jahwe); Ex 13, 21; 3, 1–2; 19, 1–5; 6, 6.

19. DEZEMBER

ERÖFFNUNGSVERS
Vgl. Hebr 10,37

Der Herr wird kommen, er läßt nicht auf sich warten.
Es wird keine Angst mehr sein in der Welt,
denn er ist unser Heiland.

TAGESGEBET

Ewiger Gott,
durch die Geburt deines Sohnes
aus der Jungfrau Maria
hast du vor der Welt
deine Herrlichkeit offenbar gemacht.
Laß uns das unfaßbare
Geheimnis der Menschwerdung
in unverfälschtem Glauben bewahren
und in liebender Hingabe feiern.
Darum bitten wir durch Jesus Christus.

ZUR LESUNG *Die Verkündigung der Geburt Simsons durch einen Engel ist ein Beispiel dafür, wie im Alten und im Neuen Testament über die Geburt außerordentlicher Menschen berichtet wird (vgl. Gen 18,9–15: Isaak; Lk 1,5–25: Johannes der Täufer; Mt 1,18–25: Jesus). Immer handelt es sich um die Geburt eines Kindes, die eigentlich gar nicht erwartet werden konnte und die nur aus dem besonderen Eingreifen Gottes zu erklären ist. In der Schwachheit der Menschen zeigt sich die Kraft Gottes. Simson sollte daran scheitern, daß er die Kraft, die ihm zur Erfüllung einer bestimmten Aufgabe verliehen war, zu seinem eigenen Ruhm und Nutzen mißbrauchte.*

ERSTE LESUNG
Ri 13,2–7.24–25a

Der Engel des Herrn verkündet die Geburt des Simson

Lesung
   aus dem Buch der Richter.

2 In jenen Tagen lebte in Zora ein Mann namens Manóach,
   aus der Sippe der Daníter;
   seine Frau war unfruchtbar und hatte keine Kinder.

3 Der Engel des Herrn erschien der Frau

und sagte zu ihr: Gewiß, du bist unfruchtbar
  und hast keine Kinder;
aber du sollst schwanger werden und einen Sohn gebären.
⁴ Nimm dich jedoch in acht,
  und trink weder Wein noch Bier,
  und iß nichts Unreines!
⁵ Denn siehe, du wirst schwanger werden und einen Sohn gebären.
Es darf kein Schermesser an seine Haare kommen;
denn der Knabe wird von Geburt an
  ein Gott geweihter Nasiräer sein.
Er wird damit beginnen,
  Israel aus der Gewalt der Philister zu befreien.
⁶ Die Frau ging
  und sagte zu ihrem Mann:
  Ein Gottesmann ist zu mir gekommen;
er sah aus, wie der Engel Gottes aussieht,
überaus furchterregend.
Ich habe ihn nicht gefragt, woher er kam,
  und er hat mir auch seinen Namen nicht genannt.
⁷ Er sagte zu mir:
  Siehe, du wirst schwanger werden und einen Sohn gebären.
Trink jedoch keinen Wein und kein Bier,
  und iß nichts Unreines;
denn der Knabe wird von Geburt an
  ein Gott geweihter Nasiräer sein, bis zum Tag seines Todes.
²⁴ Die Frau gebar einen Sohn und nannte ihn Simson;
der Knabe wuchs heran, und der Herr segnete ihn.
²⁵ᵃ Dann aber begann der Geist des Herrn, ihn umherzutreiben.

ANTWORTPSALM Ps 71 (70), 3ab u. 3d–4a,5–6b,16–17 (R: 8a)

R Mein Mund ist erfüllt von deinem Lob. – **R**   (GL 496 oder 477)

³ᵃᵇ Sei mir ein siche<u>rer</u> Hort, *   VI. Ton
zu dem <u>ich</u> allzeit <u>komm</u>en <u>darf</u>.

³ᵈ Denn du bist mein Fels und mei<u>ne</u> Burg. *
⁴ᵃ Mein Gott, rette mich aus <u>der</u> Hand des Frevlers. – **(R)**

⁵ Herr, mein Gott, du bist ja mei<u>ne</u> Zuver<u>sicht</u>, *
meine Hoffnung von Ju<u>gend</u> auf.

⁶ᵃᵇ Vom Mutterleib an stütze ich mich <u>auf</u> dich, *
vom Mutterschoß an bist <u>du</u> mein Beschützer. – **(R)**

16 Ich will kommen in den Tempel Gottes, des Herrn, *
   deine großen und gerechten Taten allein will ich rühmen.
17 Gott, du hast mich gelehrt von Jugend auf, *
   und noch heute verkünde ich dein wunderbares Walten.

R Mein Mund ist erfüllt von deinem Lob.

RUF VOR DEM EVANGELIUM

Halleluja. Halleluja.

Du Sproß aus Ísais Wurzel, gesetzt zum Zeichen für die Völker:
komm und errette uns, erhebe dich, säume nicht länger!

Halleluja.

ZUM EVANGELIUM *In den beiden ersten Kapiteln erzählt Lukas von der Geburt Johannes' des Täufers und der Geburt Jesu. In der Darstellungsweise schließt er sich an alttestamentliche Modelle an; auch dort wird von der Ankündigung außerordentlicher Geburten berichtet (vgl. Lesung). Im Licht von Maleachi 3,23–24 erscheint Johannes als der Bote und Prophet, der dem kommenden Herrn die Wege bereitet. Sein Name, der von Gott selbst bestimmt wird, bedeutet „Gott ist gnädig". – Num 6,2–3; 1 Sam 1.*

EVANGELIUM   Lk 1,5–25

Der Engel sagte zu Zacharias: Deine Frau wird dir einen Sohn gebären

✛ Aus dem heiligen Evangelium nach Lukas.

5 Zur Zeit des Herodes, des Königs von Judäa,
     lebte ein Priester namens Zacharías,
     der zur Priesterklasse Abíja gehörte.
   Seine Frau stammte aus dem Geschlecht Aarons;
   sie hieß Elisabet.
6 Beide lebten so, wie es in den Augen Gottes recht ist,
   und hielten sich in allem
     streng an die Gebote und Vorschriften des Herrn.
7 Sie hatten keine Kinder,
     denn Elisabet war unfruchtbar,
     und beide waren schon in vorgerücktem Alter.

Advent: 19. Dezember

⁸ Eines Tages, als seine Priesterklasse wieder an der Reihe war
und er beim Gottesdienst mitzuwirken hatte,
⁹ wurde, wie nach der Priesterordnung üblich, das Los geworfen,
und Zacharías fiel die Aufgabe zu,
im Tempel des Herrn das Rauchopfer darzubringen.
¹⁰ Während er nun zur festgelegten Zeit das Opfer darbrachte,
stand das ganze Volk draußen und betete.

¹¹ Da erschien dem Zacharías ein Engel des Herrn;
er stand auf der rechten Seite des Rauchopferaltars.
¹² Als Zacharías ihn sah, erschrak er,
und es befiel ihn Furcht.

¹³ Der Engel aber sagte zu ihm: Fürchte dich nicht, Zacharías!
Dein Gebet ist erhört worden.
Deine Frau Elisabet wird dir einen Sohn gebären;
dem sollst du den Namen Johannes geben.
¹⁴ Große Freude wird dich erfüllen,
und auch viele andere werden sich über seine Geburt freuen.

¹⁵ Denn er wird groß sein vor dem Herrn.
Wein und andere berauschende Getränke wird er nicht trinken,
und schon im Mutterleib wird er vom Heiligen Geist erfüllt sein.
¹⁶ Viele Israeliten wird er zum Herrn, ihrem Gott, bekehren.

¹⁷ Er wird mit dem Geist und mit der Kraft des Elija
dem Herrn vorangehen,
um das Herz der Väter wieder den Kindern zuzuwenden
und die Ungehorsamen zur Gerechtigkeit zu führen
und so das Volk für den Herrn bereit zu machen.

¹⁸ Zacharías sagte zu dem Engel:
Woran soll ich erkennen, daß das wahr ist?
Ich bin ein alter Mann,
und auch meine Frau ist in vorgerücktem Alter.

¹⁹ Der Engel erwiderte ihm:
Ich bin Gábriel, der vor Gott steht,
und ich bin gesandt worden, um mit dir zu reden
und dir diese frohe Botschaft zu bringen.
²⁰ Aber weil du meinen Worten nicht geglaubt hast,
die in Erfüllung gehen, wenn die Zeit dafür da ist,
sollst du stumm sein und nicht mehr reden können,
bis zu dem Tag, an dem all das eintrifft.

21 Inzwischen wartete das Volk auf Zacharías
und wunderte sich, daß er so lange im Tempel blieb.
22 Als er dann herauskam,
konnte er nicht mit ihnen sprechen.
Da merkten sie, daß er im Tempel eine Erscheinung gehabt hatte.
Er gab ihnen nur Zeichen mit der Hand
und blieb stumm.
23 Als die Tage seines Dienstes im Tempel zu Ende waren,
kehrte er nach Hause zurück.
24 Bald darauf empfing seine Frau Elisabet einen Sohn
und lebte fünf Monate lang zurückgezogen.
Sie sagte:
25 Der Herr hat mir geholfen;
er hat in diesen Tagen gnädig auf mich geschaut
und mich von der Schande befreit,
mit der ich in den Augen der Menschen beladen war.

FÜRBITTEN

Zu Jesus Christus wollen wir beten, der alle Angst überwindet:

Stärke deine Kirche im Glauben an das Geheimnis deiner Menschwerdung. (Stille) Christus, höre uns.
A.: Christus, erhöre uns.

Lenke die Erwartungen der Menschen auf dich und das Kommen deines Reiches. (Stille) Christus, höre uns.

Richte alle Verzagten und Verzweifelten wieder auf. (Stille) Christus, höre uns.

Laß alle Verstorbenen das ewige Heil erlangen. (Stille) Christus, höre uns.

Barmherziger Vater, steh uns bei und stärke uns in der Hoffnung auf das Kommen deines Sohnes, unseres Herrn Jesus Christus, der mit dir lebt und herrscht in Ewigkeit.   A.: Amen.

GABENGEBET

Herr, unser Gott,
schau gütig auf die Gaben,
die wir auf deinen Altar legen.

Advent: 20. Dezember

Wir schwache Menschen bringen sie dar;
heilige du sie durch deine Kraft.
Darum bitten wir durch Christus, unseren Herrn.

Adventspräfation, S. 1352 ff., besonders V, S. 1354.

KOMMUNIONVERS   Lk 1,78–79

Durch die barmherzige Liebe unseres Gottes
wird uns besuchen das aufstrahlende Licht aus der Höhe,
um unsere Schritte zu lenken auf den Weg des Friedens.

SCHLUSSGEBET

Allmächtiger Gott,
wir danken dir für die empfangenen Gaben
und bitten dich:
Reinige unser Herz und schenke uns Verlangen
nach dem kommenden Heil,
damit wir in der rechten Weise
das Fest der Geburt unseres Erlösers begehen,
der mit dir lebt und herrscht in alle Ewigkeit.

DU SPROSS AUS ISAIS WURZEL
und Bannerzeichen der Völker
Könige verstummen vor dir
zu dir flehen die Völker
Zögere nicht länger
komm und befreie uns!

Vgl. Jes 11, 1; Offb 22, 16; Jes 11, 10; 52, 15; 35, 4; Hab 2, 3; Hebr 10, 37.

20. DEZEMBER

ERÖFFNUNGSVERS   Vgl. Jes 11, 1; 40, 5; Lk 3, 6

Aus der Wurzel Jesse wächst ein Zweig hervor.
Die Welt erstrahlt im Licht des Herrn,
und alle Menschen erfahren Gottes Heil.

TAGESGEBET

Vater im Himmel,
du hast die selige,
ohne Sünde empfangene Jungfrau Maria
dazu erwählt, dein ewiges Wort aufzunehmen.
Du hast sie zur Wohnstatt Gottes gemacht
und mit dem Licht des Heiligen Geistes erfüllt.
Gib uns die Gnade,
gleich deiner demütigen Magd
stets deinem Willen zu gehorchen.
Darum bitten wir durch Jesus Christus.

ZUR LESUNG *Der Bestand des davidischen Königshauses und damit die Verheißungen Gottes selbst waren in Gefahr, als der Prophet Jesaja im Jahr 735 zum König Ahas geschickt wurde. Im Auftrag Gottes bietet er dem König ein Zeichen der Rettung an. Der König glaubt weder Gott noch dem Propheten; er will seine eigene Politik machen. Aber Gott gibt dem Haus David ein Zeichen, auch wenn der König es nicht haben und nicht sehen will: Es wird einen Sohn Davids geben, in dem der symbolische Name Immanu-El („Mit uns ist Gott") volle Wahrheit sein wird. Dafür ist die Voraussetzung, daß das Königshaus weiterbesteht, daß also dem König ein Sohn und Erbe geboren wird. Das Kind der „Jungfrau" weist auf den Sohn der Jungfrau hin, dessen Geburt im Evangelium (Lk 1,31) angekündigt wird. – Jes 9,5–6; Mi 5,2; Mt 1,23.*

ERSTE LESUNG Jes 7,10–14

*Seht, die Jungfrau wird ein Kind empfangen;
sie wird ihm den Namen Immanuel – Gott mit uns – geben*

Lesung
   aus dem Buch Jesája.

In jenen Tagen
10   sprach der Herr zu Ahas – dem König von Juda;
er sagte:
11   Erbitte dir vom Herrn, deinem Gott, ein Zeichen,
sei es von unten, aus der Unterwelt,
   oder von oben, aus der Höhe.
12   Ahas antwortete:
   Ich will um nichts bitten
und den Herrn nicht auf die Probe stellen.

Advent: 20. Dezember

13 Da sagte Jesája:
    Hört her, ihr vom Haus David!
      Genügt es euch nicht, Menschen zu belästigen?
Müßt ihr auch noch meinen Gott belästigen?
14 Darum wird euch der Herr von sich aus ein Zeichen geben:
Seht, die Jungfrau wird ein Kind empfangen,
sie wird einen Sohn gebären,
und sie wird ihm den Namen Immánuel
    – Gott mit uns – geben.

ANTWORTPSALM   Ps 24 (23), 1–2.3–4.5–6 (R: vgl. 7c.10b)

R Der Herr wird kommen,   (GL 122, 1)
er ist der König der Herrlichkeit. – R

Dem Herrn gehört die Erde und was sie erfüllt, *   VIII. Ton
der Erdkreis und seine Bewohner.

Denn er hat ihn auf Meere gegründet, *
ihn über Strömen befestigt. – (R)

Wer darf hinaufziehn zum Berg des Herrn, *
wer darf stehn an seiner heiligen Stätte?

Der reine Hände hat und ein lauteres Herz, *
der nicht betrügt und keinen Meineid schwört. – (R)

Er wird Segen empfangen vom Herrn *
und Heil von Gott, seinem Helfer.

Das sind die Menschen, die nach ihm fragen, *
die dein Antlitz suchen, Gott Jakobs. – R

RUF VOR DEM EVANGELIUM

Halleluja. Halleluja.

Du Schlüssel Davids, du öffnest die Tore des ewigen Reiches:
komm und schließe den Kerker der Finsternis auf!

Halleluja.

ZUM EVANGELIUM   *Maria wird vom Engel als die Frau begrüßt, die mehr als alle andern von Gott geliebt und begnadet ist. Sie steht in der Reihe der großen Erwählten (Abraham, David) und überragt sie alle. Sie ist der neue Zion, das wahre Jerusalem, dem Gottes besondere Liebe und Gegenwart gilt (vgl. Zef 3, 15–16; Sach 9, 9). Was über Jesus gesagt wird*

(V. 31–33), übertrifft bei weitem das über Johannes Gesagte (gestriges Evangelium). Seine Titel und sein Name kennzeichnen ihn als den verheißenen Messias der Endzeit, der die Einheit von Juda und Israel wiederherstellen und über alle Völker in Ewigkeit herrschen wird. Er wird aus der Jungfrau geboren, ist Mensch und gehört doch zur Welt Gottes (V. 35). Anders als Zacharias (Lk 1, 18) antwortet Maria auf die Botschaft des Engels mit dem einfachen und großen: Mir geschehe nach deinem Wort. – Ex 40, 34–35; 2 Sam 7, 8–16; Dan 7, 14; Mi 5, 4–7.

EVANGELIUM Lk 1, 26–38

Du hast bei Gott Gnade gefunden, Maria;
du wirst ein Kind empfangen, einen Sohn wirst du gebären

✛ **Aus dem heiligen Evangelium nach Lukas.**

26 **In jener Zeit wurde der Engel Gábriel**
von Gott in eine Stadt in Galiläa namens Názaret
27 **zu einer Jungfrau gesandt.**
Sie war mit einem Mann namens Josef verlobt,
der aus dem Haus David stammte.
Der Name der Jungfrau war Maria.
28 **Der Engel trat bei ihr ein**
und sagte: Sei gegrüßt, du Begnadete,
der Herr ist mit dir.
29 **Sie erschrak über die Anrede**
und überlegte, was dieser Gruß zu bedeuten habe.
30 **Da sagte der Engel zu ihr: Fürchte dich nicht, Maria;**
denn du hast bei Gott Gnade gefunden.
31 **Du wirst ein Kind empfangen,**
einen Sohn wirst du gebären:
dem sollst du den Namen Jesus geben.
32 **Er wird groß sein**
und Sohn des Höchsten genannt werden.
Gott, der Herr, wird ihm den Thron seines Vaters David geben.
33 **Er wird über das Haus Jakob in Ewigkeit herrschen,**
und seine Herrschaft wird kein Ende haben.
34 **Maria sagte zu dem Engel:**
Wie soll das geschehen, da ich keinen Mann erkenne?
35 **Der Engel antwortete ihr:**
Der Heilige Geist wird über dich kommen,
und die Kraft des Höchsten wird dich überschatten.

Deshalb wird auch das Kind heilig
und Sohn Gottes genannt werden.

36 Auch Elisabet, deine Verwandte,
hat noch in ihrem Alter einen Sohn empfangen;
obwohl sie als unfruchtbar galt,
ist sie jetzt schon im sechsten Monat.

37 Denn für Gott ist nichts unmöglich.

38 Da sagte Maria:
Ich bin die Magd des Herrn;
mir geschehe, wie du es gesagt hast.

Danach verließ sie der Engel.

FÜRBITTEN

Wir rufen zu Christus, dem Sohn Gottes, der ein Mensch wurde aus der Jungfrau Maria:

Erfülle deine Diener mit dem Licht des Heiligen Geistes, daß sie auf dein Wort hören und ihm gehorchen.
A.: Wir bitten dich, erhöre uns.

Blicke gnädig auf die Menschen, die sich nach Glück und Heil sehnen.

Erbarme dich der Sünder, und gib ihnen Mut zur Umkehr.

Führe die Verstorbenen in dein Reich, damit sie dein Heil schauen.

Denn du besitzt den Schlüssel Davids. Komm und befreie alle aus Finsternis und Todesschatten. Dir sei Lob in Ewigkeit.   A.: Amen.

GABENGEBET

Herr, unser Gott,
sieh auf das einzigartige Opfer,
durch das uns Christus heiligt
und zur Vollendung beruft.
Gib uns in dieser Feier
Anteil an den kommenden Gütern,
die wir im Glauben erhoffen.
Darum bitten wir durch Christus, unseren Herrn.
Adventspräfation, S. 1352 ff., besonders V, S. 1354.

KOMMUNIONVERS   Lk 1, 31

Der Engel sprach zu Maria:
Du wirst ein Kind bekommen, einen Sohn wirst du gebären;
dem sollst du den Namen Jesus geben.

SCHLUSSGEBET

Allmächtiger Gott,
das heilige Sakrament, das wir empfangen haben,
sei uns Nahrung und Schutz.
Es mache uns froh
und schenke uns den wahren Frieden.
Darum bitten wir durch Christus, unseren Herrn.

DU SCHLÜSSEL DAVIDS
und Zepter des Hauses Israel
Du öffnest und niemand schließt
du schließt und niemand öffnet
Komm und befreie die Gefangenen
die im Kerker sitzen
in Finsternis und im Schatten des Todes.

Vgl. Jes 22, 22; Offb 3, 7; Gen 49, 10; Num 24, 17; Jes 9, 1–2; 42, 6b–7.

21. DEZEMBER

ERÖFFNUNGSVERS   Vgl. Jes 7, 14; 8, 10

Bald wird kommen der Herrscher, der Herr.
Sein Name ist Immanuel, Gott mit uns.

TAGESGEBET

Gnädiger Gott,
du erfüllst uns mit Freude
über das Kommen deines Sohnes in unserem Fleisch.
Schenke uns bei seinem Kommen in Herrlichkeit
das ewige Leben, das du uns verheißen hast.
Darum bitten wir durch ihn, Jesus Christus.

Advent: 21. Dezember

ZUR LESUNG *Das Hohelied (im Hebräischen: „Lied der Lieder") ist eine Dichtung, in der die menschliche Liebe besungen wird. Ursprünglich handelt es sich wohl um Liebeslieder, wie sie bei Hochzeiten gesungen wurden. In der Heiligen Schrift ist Menschliches und Göttliches nicht säuberlich getrennt. Die Erfahrung menschlicher Liebe ist im Grund eine religiöse Erfahrung; sie macht den Menschen fähig, das Geheimnis Gottes zu ahnen. Vom Besuch des Liebenden bei seiner Geliebten und von seinem zarten Werben um sie ist in dieser Lesung die Rede. Aber was kann das in der Liturgie des heutigen Tages bedeuten? Das Evangelium berichtet vom Besuch Marias bei ihrer Base Elisabet und zugleich von der ersten Begegnung Jesu mit seinem Vorläufer. Darauf kann man den Text des Hohenliedes nicht ohne Gewaltsamkeit beziehen. Vielleicht steht für uns das Wichtigste in V. 11: „Der Winter ist vorbei"; die Sonne steigt höher, das wahre Licht kommt, um die dunkle Welt zu erhellen, die kalte Welt zu erwärmen.*

ERSTE LESUNG   Hld 2, 8–14

Horch! Mein Geliebter! Sieh da, er kommt. Er springt über die Berge

**Lesung
  aus dem Hohenlied.**

8 **Horch! Mein Geliebter!
   Sieh da, er kommt.
   Er springt über die Berge,
     hüpft über die Hügel.**

9 **Der Gazelle gleicht mein Geliebter,
     dem jungen Hirsch.
   Ja, draußen steht er
     an der Wand unsres Hauses;
   er blickt durch die Fenster,
     späht durch die Gitter.**

10 **Der Geliebte spricht zu mir:
   Steh auf, meine Freundin,
     meine Schöne, so komm doch!**

11 **Denn vorbei ist der Winter,
     verrauscht der Regen.**

12 **Auf der Flur erscheinen die Blumen;
   die Zeit zum Singen ist da.
   Die Stimme der Turteltaube
     ist zu hören in unserem Land.**

¹³ Am Feigenbaum reifen die ersten Früchte;
die blühenden Reben duften.
Steh auf, meine Freundin,
meine Schöne, so komm doch!
¹⁴ Meine Taube im Felsennest,
versteckt an der Steilwand,
dein Gesicht laß mich sehen,
deine Stimme hören!
Denn süß ist deine Stimme,
  lieblich dein Gesicht.

Oder:

ERSTE LESUNG Zef 3,14–17 (14–18a)

Nachdem das Gericht über Jerusalem seinen Zweck erfüllt und das Volk zur Umkehr geführt hat, wird dem Rest Israels Mut zugesprochen. Unsere Lesung enthält im 1. Teil einen Aufruf zur Freude (V. 14–15), im 2. Teil ein Trostwort. Die Begründung für beides: Jahwe ist in deiner Mitte (vgl. Jes 12,6); er zürnt nicht mehr, er liebt dich, er beschützt dich; er ist dein König und dein Gott. Das neutestamentliche „Der Herr ist nahe" (Phil 4,5) ist schon im Gottesnamen des Alten Bundes enthalten: „Jahwe", der wirkliche, gegenwärtige, rettende Gott. – Ps 126; Jes 12; 44,21–23; 54,4–10.

Der König Israels, der Herr, ist in deiner Mitte

Lesung
  aus dem Buch Zefánja.

¹⁴ Juble, Tochter Zion!
Jauchze, Israel!
Freu dich, und frohlocke von ganzem Herzen,
  Tochter Jerusalem!
¹⁵ Der Herr hat das Urteil gegen dich aufgehoben
  und deine Feinde zur Umkehr gezwungen.
Der König Israels, der Herr, ist in deiner Mitte;
du hast kein Unheil mehr zu fürchten.
¹⁶ An jenem Tag wird man zu Jerusalem sagen:
  Fürchte dich nicht, Zion!
  Laß die Hände nicht sinken!

¹⁷ Der Herr, dein Gott, ist in deiner Mitte,
ein Held, der Rettung bringt.
Er freut sich und jubelt über dich,
er erneuert seine Liebe zu dir,
er jubelt über dich und frohlockt,
    wie man frohlockt an einem Festtag.

ANTWORTPSALM   Ps 33 (32), 2–3.11–12.20–21 (R: 1a.3a)

R Jubelt vor dem Herrn, ihr Gerechten;   (GL 646, 1)
singt ihm ein neues Lied! – R

² Preist den Herrn mit der Zither, *   V. Ton
spielt für ihn auf der zehnsaitigen Harfe!

³ Singt ihm ein neues Lied, *
greift voll in die Saiten und jubelt laut! – (R)

¹¹ Der Ratschluß des Herrn bleibt ewig bestehen, *
die Pläne seines Herzens überdauern die Zeiten.

¹² Wohl dem Volk, dessen Gott der Herr ist, *
der Nation, die er sich zum Erbteil erwählt hat. – (R)

²⁰ Unsre Seele hofft auf den Herrn; *
er ist für uns Schild und Hilfe.

²¹ Ja, an ihm freut sich unser Herz, *
wir vertrauen auf seinen heiligen Namen. – R

RUF VOR DEM EVANGELIUM

Halleluja. Halleluja.

Du Morgenstern, Glanz des unversehrten Lichtes,
der Gerechtigkeit strahlende Sonne:
komm und erleuchte, die da sitzen in Finsternis
und im Schatten des Todes!

Halleluja.

ZUM EVANGELIUM   *Nachdem Maria ihr großes Ja gesprochen hat, beeilt sie sich, Elisabet aufzusuchen, um ihr zu dienen. Beide Frauen sind gesegnet und in besonderer Weise in den Heilsplan Gottes einbezogen. Der Vorläufer spürt die Nähe seines Herrn und beginnt schon im Mutterschoß, vom Heiligen Geist erfüllt (Lk 1, 15), auf den Größeren hinzuweisen, der nach ihm kommt. Seine Mutter Elisabet begreift das Zeichen und begrüßt mit Freude und Ehrfurcht ihre jüngere Verwandte. Als Glaubende bezeugt sie das Geheimnis Marias und bestätigt deren Glauben.* – Jdt 13, 18; Röm 4, 13–17; Gal 3, 14–29.

EVANGELIUM
Lk 1, 39–45

Wer bin ich, daß die Mutter meines Herrn zu mir kommt?

✝ **Aus dem heiligen Evangelium nach Lukas.**

³⁹ In jenen Tagen machte sich Maria auf den Weg
und eilte in eine Stadt im Bergland von Judäa.
⁴⁰ Sie ging in das Haus des Zacharias und begrüßte Elisabet.
⁴¹ Als Elisabet den Gruß Marias hörte,
hüpfte das Kind in ihrem Leib.
Da wurde Elisabet vom Heiligen Geist erfüllt
⁴² und rief mit lauter Stimme:
Gesegnet bist du mehr als alle anderen Frauen,
und gesegnet ist die Frucht deines Leibes.
⁴³ Wer bin ich, daß die Mutter meines Herrn zu mir kommt?
⁴⁴ In dem Augenblick, als ich deinen Gruß hörte,
hüpfte das Kind vor Freude in meinem Leib.
⁴⁵ Selig ist die,
die geglaubt hat, daß sich erfüllt,
was der Herr ihr sagen ließ.

FÜRBITTEN

Laßt uns den Herrn Jesus Christus anrufen, der alle Furcht in Freude wandeln kann:

Erfülle deine Kirche mit Freude über dein Kommen. (Stille) Christus, höre uns.
A.: Christus, erhöre uns.

Offenbare dich allen Völkern, und bringe ihnen Hoffnung und Freude. (Stille) Christus, höre uns.

Tröste alle Bedrängten durch deine Nähe. (Stille) Christus, höre uns.

Gib unseren Toten Anteil an der ewigen Freude. (Stille) Christus, höre uns.

Denn durch dein Kommen ist ein Licht aufgestrahlt in der Finsternis. Dafür sei dir Dank in Ewigkeit.   A.: Amen.

GABENGEBET

Herr, unser Gott,
wir bringen die Gaben zum Altar,
die du selber uns geschenkt hast.
Nimm sie von deiner Kirche entgegen
und mache sie für uns zum Sakrament des Heiles.
Darum bitten wir durch Christus, unseren Herrn.

Adventspräfation, S. 1352 ff., besonders V, S. 1354.

KOMMUNIONVERS   Lk 1,45

Selig bist du, Maria.
Du hast geglaubt, daß in Erfüllung geht,
was dir vom Herrn gesagt wurde.

SCHLUSSGEBET

Barmherziger Gott,
beschütze alle,
die an dieser Opferfeier teilgenommen haben.
Gib uns die Kraft, dir allzeit treu zu dienen,
damit wir gesunden an Leib und Seele.
Darum bitten wir durch Christus, unseren Herrn.

DU AUFGANG

Glanz des ewigen Lichts
und Sonne der Gerechtigkeit
Komm und bring denen Licht
die in Finsternis sitzen und im Schatten des Todes.

Vgl. Sach 3,8–9; 6,12; Lk 1,78–79; Hab 3,4; Weish 7,26; Hebr 1,3; Mal 3,20.

22. DEZEMBER

ERÖFFNUNGSVERS Ps 24 (23), 7
Ihr Tore, hebt euch nach oben, hebt euch, ihr uralten Pforten;
denn es kommt der König der Herrlichkeit.

TAGESGEBET
Barmherziger Gott,
du hast die Not des Menschen gesehen,
der dem Tod verfallen war,
und hast ihn erlöst
durch die Ankunft deines Sohnes.
Gib uns die Gnade,
das Geheimnis der Menschwerdung
in Ehrfurcht zu bekennen
und in der Gemeinschaft mit unserem Erlöser
das Heil zu finden.
Darum bitten wir durch ihn, Jesus Christus.

ZUR LESUNG   *Der kleine Samuel, von dem hier erzählt wird, sollte sein Leben lang Israel „richten", d. h. dem Volk den Willen Gottes verkünden und es mit Weisheit und Treue beraten. Die Wichtigkeit dieses letzten „Richters" von Israel wird schon durch die Tatsache angezeigt, daß seine Kindheitsgeschichte erzählt wird. Samuel war von seiner Mutter Hanna erbetet und zugleich dem Herrn versprochen worden. Noch als kleines Kind wurde er dem Dienst am Heiligtum in Schilo geweiht. Für Gott gibt es kein zu jung und kein zu alt. An den Lobgesang der Hanna (1 Sam 2, im Anschluß an unsere Lesung) erinnert stellenweise das Magnifikat, das Maria sang, als sie ihre Base Elisabet besuchte (Evangelium).*

ERSTE LESUNG 1 Sam 1, 24–28
Ich habe um diesen Knaben gebetet, und der Herr hat mir die Bitte erfüllt

Lesung
   aus dem ersten Buch Sámuel.

In jenen Tagen,
24   als Hanna ihren Sohn Sámuel entwöhnt hatte,
   nahm sie ihn mit hinauf,

dazu einen dreijährigen Stier,
  ein Efa Mehl und einen Schlauch Wein.
So brachte sie ihn zum Haus des Herrn in Schilo;
  der Knabe aber war damals noch sehr jung.

25 Als sie den Stier geschlachtet hatten,
  brachten sie den Knaben zu Eli,
26 und Hanna sagte: Bitte, mein Herr,
so wahr du lebst, mein Herr,
ich bin die Frau, die damals neben dir stand,
  um zum Herrn zu beten.
27 Ich habe um diesen Knaben gebetet,
und der Herr hat mir die Bitte erfüllt,
  die ich an ihn gerichtet habe.
28 Darum lasse ich ihn auch vom Herrn zurückfordern.
Er soll für sein ganzes Leben
ein vom Herrn Zurückgeforderter sein.
Und sie beteten dort den Herrn an.

ANTWORTPSALM 1 Sam 2, 1bcde.4–5b.6–7.8abcd (R: vgl. 1b)
R Mein Herz ist voll Freude über den Herrn, meinen Retter. – R
(GL 597,2)
VI. Ton

1bc Mein Herz ist voll Freude über den Herrn, *
große Kraft gibt mir der Herr.

1de Weit öffnet sich mein Mund gegen meine Feinde; *
denn ich freue mich über deine Hilfe. – (R)

4 Der Bogen der Helden wird zerbrochen, *
die Wankenden aber gürten sich mit Kraft.

5ab Die Satten verdingen sich um Brot, *
doch die Hungrigen können feiern für immer. – (R)

6 Der Herr macht tot und lebendig, *
er führt zum Totenreich hinab und führt auch herauf.

7 Der Herr macht arm und macht reich, *
er erniedrigt, und er erhöht. – (R)

8ab Den Schwachen hebt er empor aus dem Staub *
und erhöht den Armen, der im Schmutz liegt;

8cd er gibt ihm einen Sitz bei den Edlen, *
einen Ehrenplatz weist er ihm zu. – R

RUF VOR DEM EVANGELIUM

Halleluja. Halleluja.

Du König aller Völker, du Eckstein deiner Kirche:
komm und errette den Menschen, den du aus Erde gebildet!

Halleluja.

ZUM EVANGELIUM *Der Lobgesang Marias, das Magnifikat, ist eine Antwort auf das, was ihr von Gott her geschehen ist und durch den Gruß der Base Elisabet aufs neue bewußt wurde. Der Lobgesang aller Glaubenden Israels und der aller kommenden Geschlechter fügt sich in dieses Danklied ein. Niedrigkeit und Erhöhung, demütiger Glaube und das Hochgefühl der Erwählung klingen im Leben und im Lied Marias zusammen. Das Lied feiert die Größe Gottes, seine Macht, seine Barmherzigkeit und seine ewige Treue. – 1 Sam 2,1–10.*

EVANGELIUM Lk 1,46–56

Der Mächtige hat Großes an mir getan

✢ Aus dem heiligen Evangelium nach Lukas.

In jener Zeit
46 sagte Maria:
Meine Seele preist die Größe des Herrn,
47 und mein Geist jubelt über Gott, meinen Retter.
48 Denn auf die Niedrigkeit seiner Magd hat er geschaut.
Siehe, von nun an preisen mich selig alle Geschlechter.
49 Denn der Mächtige hat Großes an mir getan,
und sein Name ist heilig.
50 Er erbarmt sich von Geschlecht zu Geschlecht
über alle, die ihn fürchten.
51 Er vollbringt mit seinem Arm machtvolle Taten:
Er zerstreut, die im Herzen voll Hochmut sind;
52 er stürzt die Mächtigen vom Thron
und erhöht die Niedrigen.
53 Die Hungernden beschenkt er mit seinen Gaben
und läßt die Reichen leer ausgehen.
54 Er nimmt sich seines Knechtes Israel an
und denkt an sein Erbarmen,
55 das er unsern Vätern verheißen hat,
Abraham und seinen Nachkommen auf ewig.

Advent: 22. Dezember

56 Und Maria blieb etwa drei Monate bei Elisabet;
dann kehrte sie nach Hause zurück.

FÜRBITTEN

Jesus Christus ist König der Völker und Sehnsucht aller Menschen. Wir rufen ihn an:

Für das Volk Gottes: daß es in der Hoffnung und Liebe vollendet werde. – Lasset zum Herrn uns beten: Herr, erbarme dich.
A.: Christus, erbarme dich.

Für alle, die an Gott glauben: daß er ihnen zu Hilfe komme. – Lasset zum Herrn uns beten: Herr, erbarme dich.

Für alle Hungernden: daß ihnen geholfen werde. – Lasset zum Herrn uns beten: Herr, erbarme dich.

Für unsere Gemeinde: daß sich an uns Gottes Verheißungen erfüllen. – Lasset zum Herrn uns beten: Herr, erbarme dich.

Denn auf deine Treue ist Verlaß, du Hoffnung unseres Lebens. Dir sei Lob in Ewigkeit.   A.: Amen.

GABENGEBET

Herr, unser Gott,
im Vertrauen auf deine Güte
kommen wir mit Gaben zu deinem Altar.
**Tilge unsere Schuld
durch das Geheimnis des Glaubens,
das wir im Auftrag deines Sohnes feiern,
und schenke uns deine Gnade.
Darum bitten wir durch ihn, Christus, unseren Herrn.**

Adventspräfation, S. 1352 ff., besonders V, S. 1354.

KOMMUNIONVERS   Lk 1, 46.49
**Meine Seele preist die Größe des Herrn.
Denn der Mächtige hat Großes an mir getan.**

SCHLUSSGEBET

Herr, unser Gott,
stärke uns durch die Kraft deines Sakramentes.
Laß uns durch deine Gnade
reich werden an guten Werken
und bei der Wiederkunft deines Sohnes
den verheißenen Lohn empfangen: die ewige Freude.
Darum bitten wir durch ihn, Christus, unseren Herrn.

DU KÖNIG DER VÖLKER

Sehnsucht aller Menschen
Eckstein, der das Getrennte zusammenführt
Komm und rette den Menschen
den du aus Lehm geschaffen hast.

Vgl. Ps 2, 6–8; Jer 10, 7; Dan 7, 14; Offb 15, 3.

23. DEZEMBER

ERÖFFNUNGSVERS   Vgl. Jes 9, 5; Ps 72 (71), 17

Ein Kind wird uns geboren,
und man nennt ihn: Starker Gott.
In ihm werden sich segnen alle Völker der Erde.

TAGESGEBET

Allmächtiger Gott,
schon naht das Fest der Geburt deines Sohnes,
der aus Maria, der Jungfrau,
Fleisch angenommen hat,
um unser Los zu teilen.
Wir bitten dich:
Dein ewiges Wort komme
und wohne unter uns mit seinem Erbarmen,
unser Herr Jesus Christus,
der mit dir lebt und herrscht in alle Ewigkeit.

ZUR LESUNG   *Nach der Rückkehr aus dem babylonischen Exil hat das jüdische Volk keine politische Selbständigkeit mehr erlangt; Mittel-*

Advent: 23. Dezember

punkt und einziger Halt der Heimgekehrten war der wiederaufgebaute Tempel. Nie waren die Beziehungen zwischen Kult und Leben enger gewesen. Beide aber lagen zur Zeit Maleachis gleicherweise im argen. Der Prophet ruft die Priesterschaft und das Volk zur Umkehr auf. Gott läßt seiner nicht spotten. Der „Tag des Herrn" wird kommen; im Tempel wird das Gericht seinen Anfang nehmen. Aber vorher wird Gott einen Boten senden, der gegen die allgemeine Zerrüttung des religiösen und sozialen Lebens angehen und das Volk auf jenen Tag vorbereiten soll. Die angehängten Verse 23–24 sagen, es werde sich um einen neuen Elija handeln. Das Neue Testament sieht diese Ankündigung in Johannes dem Täufer erfüllt (Mt 17, 9–13). Damit ist aber auch gesagt, daß Jesus, dem Johannes den Weg bereitet, der Herr ist. – 1 Kön 18, 20–40; 2 Kön 2, 11–13; Lk 1, 17; 7, 24–30.

ERSTE LESUNG Mal 3, 1–4.23–24

Bevor der Tag des Herrn kommt, seht, da sende ich zu euch den Propheten Elija

Lesung
   aus dem Buch Maleáchi.

So spricht Gott, der Herr:
1 Seht, ich sende meinen Boten;
er soll den Weg für mich bahnen.
Dann kommt plötzlich zu seinem Tempel
   der Herr, den ihr sucht,
   und der Bote des Bundes, den ihr herbeiwünscht.
Seht, er kommt!,
   spricht der Herr der Heere.
2 Doch wer erträgt den Tag, an dem er kommt?
Wer kann bestehen, wenn er erscheint?
Denn er ist wie das Feuer im Schmelzofen
   und wie die Lauge im Waschtrog.
3 Er setzt sich, um das Silber zu schmelzen und zu reinigen:
Er reinigt die Söhne Levis,
   er läutert sie wie Gold und Silber.
Dann werden sie dem Herrn die richtigen Opfer darbringen.
4 Und dem Herrn
   wird das Opfer Judas und Jerusalems angenehm sein
wie in den Tagen der Vorzeit,
   wie in längst vergangenen Jahren.

²³ Bevor aber der Tag des Herrn kommt,
  der große und furchtbare Tag,
     seht, da sende ich zu euch den Propheten Elíja.
²⁴ Er wird das Herz der Väter wieder den Söhnen zuwenden
  und das Herz der Söhne ihren Vätern,
  damit ich nicht komme
     und das Land dem Untergang weihen muß.

ANTWORTPSALM   Ps 25 (24), 4–5.8–9.10 u. 14 (R: vgl. Lk 21, 28)

R Richtet euch auf, erhebt euer Haupt; (GL 126)
denn es naht eure Erlösung. – R

⁴ Zeige mir, Herr, deine Wege, *   III. Ton
  lehre mich deine Pfade!
⁵ Führe mich in deiner Treue und lehre mich; †
  denn du bist der Gott meines Heiles. *
  Auf dich hoffe ich allezeit. – (R)

⁸ Gut und gerecht ist der Herr, *
  darum weist er die Irrenden auf den rechten Weg.
⁹ Die Demütigen leitet er nach seinem Recht, *
  die Gebeugten lehrt er seinen Weg. – (R)

¹⁰ Alle Pfade des Herrn sind Huld und Treue *
  denen, die seinen Bund und seine Gebote bewahren.
¹⁴ Die sind Vertraute des Herrn, die ihn fürchten; *
  er weiht sie ein in seinen Bund. – R

RUF VOR DEM EVANGELIUM

Halleluja. Halleluja.

Du Immánuel, unser König und Lehrer:
komm, eile und schaffe uns Hilfe, du unser Herr und unser Gott!

Halleluja.

ZUM EVANGELIUM   *Die Erzählung von der Geburt und der Beschneidung des Vorläufers gipfelt in der Namengebung (vgl. Lk 1, 13). „Gott ist gnädig" bedeutet dieser Name, oder genauer: „Gott hat sich als gnädig erwiesen". Die Eltern und Verwandten des Johannes betrachten seine Geburt als Geschenk der Gnade Gottes. Sie wissen noch nicht, was Gott mit diesem Kind vorhat: aber sie spüren, daß etwas Großes in Gang gekommen ist. Staunende Freude erfüllt die Menschen, die in dem kleinen menschlichen Ereignis die Gewißheit der Gegenwart Gottes erfahren. —Jes 32, 3–4; Zef 3, 14–17.*

EVANGELIUM Lk 1, 57–66

Die Geburt Johannes' des Täufers

✢ Aus dem heiligen Evangelium nach Lukas.

57 Für Elisabet kam die Zeit der Niederkunft,
  und sie brachte einen Sohn zur Welt.

58 Ihre Nachbarn und Verwandten hörten,
  welch großes Erbarmen der Herr ihr erwiesen hatte,
und freuten sich mit ihr.

59 Am achten Tag kamen sie zur Beschneidung des Kindes
und wollten ihm den Namen seines Vaters Zacharías geben.

60 Seine Mutter aber widersprach ihnen
und sagte: Nein, er soll Johannes heißen.

61 Sie antworteten ihr:
  Es gibt doch niemand in deiner Verwandtschaft, der so heißt.

62 Da fragten sie seinen Vater durch Zeichen,
  welchen Namen das Kind haben solle.

63 Er verlangte ein Schreibtäfelchen
und schrieb zum Erstaunen aller darauf:
  Sein Name ist Johannes.

64 Im gleichen Augenblick
  konnte er Mund und Zunge wieder gebrauchen,
  und er redete und pries Gott.

65 Und alle, die in jener Gegend wohnten, erschraken,
und man sprach von all diesen Dingen
  im ganzen Bergland von Judäa.

66 Alle, die davon hörten, machten sich Gedanken darüber
und sagten: Was wird wohl aus diesem Kind werden?
Denn es war deutlich,
  daß die Hand des Herrn mit ihm war.

FÜRBITTEN

Lasset zum Herrn uns beten, der unter uns wohnt mit seinem Erbarmen:

Mach deine Kirche zu einem Zeichen der Liebe und des Friedens für alle Völker.
A.: Herr, erhöre unser Gebet.

Laß allen Menschen dein Wort zu Herzen gehen.

Führe die Irrenden auf den rechten Weg.

Reinige uns von unserer Schuld.

Denn wir warten auf deine Ankunft. Komm und rette uns, Herr, unser Gott. Dir sei Ehre jetzt und in Ewigkeit. A.: Amen.

GABENGEBET

Heiliger Gott,
du hast uns diese Opferfeier geschenkt
als höchsten Lobpreis,
den wir dir darbringen können.
Sie versöhne uns mit dir
und reinige uns von unseren Sünden,
damit wir mit lauterem Herzen
das Geburtsfest unseres Erlösers begehen,
der mit dir lebt und herrscht in alle Ewigkeit.

Adventspräfation, S. 1352 ff., besonders V, S. 1354.

KOMMUNIONVERS   Offb 3, 20

Ich stehe an der Tür und klopfe.
Wenn einer meine Stimme hört und die Tür öffnet,
werde ich bei ihm eintreten,
und ich werde mit ihm Mahl halten und er mit mir.

SCHLUSSGEBET

Barmherziger Gott,
schenke uns Vergebung und Frieden
durch das Sakrament, das wir empfangen haben,

damit wir deinem Sohn
mit brennenden Lampen entgegengehen können,
wenn er kommt.
Er, der mit dir lebt und herrscht in alle Ewigkeit.

IMMANUEL
du unser König und Richter
Sehnsucht der Völker und ihr Erlöser
Komm und rette uns
Herr, unser Gott!
Vgl. Jes 7, 14; 33, 22; Sach 9, 9; Gen 49, 10; Jes 43, 14–15; 12, 2;
49, 6; Joh 4, 42; Phil 2, 20; Offb 22, 17.

24. DEZEMBER

Messe am Vormittag

ERÖFFNUNGSVERS   Vgl. Gal 4, 4
**Nun ist die Fülle der Zeit gekommen,
da Gott seinen Sohn in die Welt sendet.**

TAGESGEBET

Herr Jesus Christus,
komm bald und säume nicht.
Richte uns auf durch deine tröstliche Ankunft,
denn wir hoffen auf deine Güte.
Der du in der Einheit des Heiligen Geistes
mit Gott dem Vater
lebst und herrschst in alle Ewigkeit.

ZUR LESUNG   *König David will für die Lade Gottes ein Haus bauen,*
einen Tempel. Gott verwehrt es ihm durch den Propheten Natan. Gott
braucht keinen Tempel aus Stein, und er will nicht nur an einem Ort ver-
ehrt werden. Wichtiger als der Bau eines Tempels ist der Fortbestand des
Hauses David. David erhält die Verheißung, daß Gott ihm ein „Haus"
bauen, d. h. seinem Königtum ewigen Bestand geben wird. Die Verhei-
ßung geht zunächst auf Salomo, den Sohn und Nachfolger Davids, wurde

aber schon früh in messianischem Sinn gedeutet. Wenn die Zeit erfüllt ist, wird aus der Jungfrau Maria, der Tochter Davids, der wahre Erbe des Thrones geboren werden. – 1 Chr 17; Ps 132; 89; Lk 1,32–33.

ERSTE LESUNG
2 Sam 7,1–5.8b–12.14a.16

Dein Haus und dein Königtum sollen durch mich auf ewig bestehen bleiben

Lesung
aus dem zweiten Buch Sámuel.

1 Als der König David in seinem Haus wohnte
und der Herr ihm Ruhe
vor allen seinen Feinden ringsum verschafft hatte,
2 sagte er zu dem Propheten Natan:
Ich wohne in einem Haus aus Zedernholz,
die Lade Gottes aber wohnt in einem Zelt.
3 Natan antwortete dem König:
Geh nur und tu alles, was du im Sinn hast;
denn der Herr ist mit dir.
4 Aber in jener Nacht erging das Wort des Herrn an Natan:
5 Geh zu meinem Knecht David,
und sag zu ihm: So spricht der Herr:
Du willst mir ein Haus bauen, damit ich darin wohne?
8b Ich habe dich von der Weide und von der Herde weggeholt,
damit du Fürst über mein Volk Israel wirst,
9 und ich bin überall mit dir gewesen,
wohin du auch gegangen bist.
Ich habe alle deine Feinde vor deinen Augen vernichtet,
und ich will dir einen großen Namen machen,
der dem Namen der Großen auf der Erde gleich ist.
10 Ich will meinem Volk Israel einen Platz zuweisen
und es einpflanzen,
damit es an seinem Ort sicher wohnen kann
und sich nicht mehr ängstigen muß
und schlechte Menschen es nicht mehr unterdrücken wie früher
11 und auch von dem Tag an,
an dem ich Richter in meinem Volk Israel eingesetzt habe.
Ich verschaffe dir Ruhe vor allen deinen Feinden.

Nun verkündet dir der Herr,
daß der Herr dir ein Haus bauen wird.

Advent: 24. Dezember

¹² Wenn deine Tage erfüllt sind
und du dich zu deinen Vätern legst,
werde ich deinen leiblichen Sohn
als deinen Nachfolger einsetzen
und seinem Königtum Bestand verleihen.

^{14a} Ich will für ihn Vater sein,
und er wird für mich Sohn sein.

¹⁶ Dein Haus und dein Königtum
sollen durch mich auf ewig bestehen bleiben;
dein Thron soll auf ewig Bestand haben.

ANTWORTPSALM Ps 89 (88), 2–3.20a u. 4–5.27 u. 29 (R: 2a)

R Von den Taten deiner Huld, o Herr, will ich ewig singen. – R

(GL 496)

² Von den Taten deiner Huld, Herr, will ich ewig singen, *   VI. Ton
bis zum fernsten Geschlecht laut deine Treue verkünden.

³ Denn ich bekenne: Deine Huld besteht für immer und ewig; *
deine Treue steht fest im Himmel. – (R)

^{20a} Einst hast du in einer Vision zu deinen Frommen gesprochen: †
⁴ „Ich habe einen Bund geschlossen mit meinem Erwählten *
und David, meinem Knecht, geschworen:

⁵ Deinem Haus gebe ich auf ewig Bestand, *
und von Geschlecht zu Geschlecht richte ich deinen Thron auf. – (R)

²⁷ Er wird zu mir rufen: Mein Vater bist du, *
mein Gott, der Fels meines Heiles.

²⁹ Auf ewig werde ich ihm meine Huld bewahren, *
mein Bund mit ihm bleibt allzeit bestehen." – R

RUF VOR DEM EVANGELIUM

Halleluja. Halleluja.
Du Morgenstern, Glanz des unversehrten Lichtes,
der Gerechtigkeit strahlende Sonne:
komm und erleuchte, die da sitzen in Finsternis
und im Schatten des Todes!
Halleluja.

ZUM EVANGELIUM   Der Lobgesang des Zacharias, das „Benediktus", bildet den Abschluß der Geburtsgeschichte des Johannes. Schon in Vers 64 wurde gesagt, der stumme Mund des Zacharias sei geöffnet worden. Sein Lied wird als geisterfülltes und prophetisches Wort gekennzeichnet (V. 67). Der 1. Teil des Liedes (V. 68–75) ist Dank und Lobpreis des treuen und barmherzigen Gottes; er hat sein Volk gerettet und wird es wieder erretten. Das Ziel dieser Rettung: damit das Volk ihm dienen kann in „Heiligkeit und Gerechtigkeit", d. h. in ganzer Treue; „im Geist und in der Wahrheit" wird Jesus sagen (Joh 4, 23). Der 2. Teil (V. 76–79) richtet sich an das Kind, das dazu bestimmt ist, dem Herrn die Wege zu bereiten. Die Rettung aber, der Friede (V. 79), wird durch die Barmherzigkeit Gottes selbst kommen, durch das Erscheinen des Lichtes, dessen Zeuge Johannes werden soll (Joh 1, 7). – Gen 17, 4; 22, 16–17; Ex 6, 5–6; Jos 24, 14; Jer 23, 5–6; 33, 15–16; Sach 3, 8.

EVANGELIUM   Lk 1, 67–79

Das aufstrahlende Licht aus der Höhe wird uns besuchen

✢ Aus dem heiligen Evangelium nach Lukas.

In jener Zeit,
67   wurde Zacharias vom Heiligen Geist erfüllt
     und begann prophetisch zu reden:
68   Gepriesen sei der Herr, der Gott Israels!
     Denn er hat sein Volk besucht und ihm Erlösung geschaffen;
69   er hat uns einen starken Retter erweckt
     im Hause seines Knechtes David.
70   So hat er verheißen von alters her
     durch den Mund seiner heiligen Propheten.
71   Er hat uns errettet vor unseren Feinden
     und aus der Hand aller, die uns hassen;
72   er hat das Erbarmen mit den Vätern an uns vollendet
     und an seinen heiligen Bund gedacht,
73   an den Eid, den er unserm Vater Abraham geschworen hat;
74   er hat uns geschenkt, daß wir, aus Feindeshand befreit,
     ihm furchtlos dienen
75   in Heiligkeit und Gerechtigkeit
     vor seinem Angesicht all unsre Tage.
76   Und du, Kind, wirst Prophet des Höchsten heißen;
     denn du wirst dem Herrn vorangehen und ihm den Weg bereiten.

⁷⁷ Du wirst sein Volk mit der Erfahrung des Heils beschenken
   in der Vergebung der Sünden.
⁷⁸ Durch die barmherzige Liebe unseres Gottes
   wird uns besuchen das aufstrahlende Licht aus der Höhe,
⁷⁹ um allen zu leuchten, die in Finsternis sitzen
   und im Schatten des Todes,
   und unsre Schritte zu lenken auf den Weg des Friedens.

FÜRBITTEN

Mit der Geburt Jesu begann eine neue Zeit. Zu ihm, unserem Herrn, wollen wir beten:

Beschenke deine Kirche mit der Erfahrung deiner heilbringenden Gegenwart.
A.: Wir bitten dich, erhöre uns.

Lenke die Menschen auf Wege des Friedens.

Vertreibe lähmende Angst und bohrenden Zweifel.

Mache unsere Freude vollkommen am Tag deiner Wiederkunft.

Denn du tröstest uns durch das Fest deiner Geburt und stärkst uns durch die Hoffnung auf deine Wiederkunft am Ende der Tage. Dir sei Lob und Preis jetzt und in Ewigkeit.   A.: Amen.

GABENGEBET

Herr, nimm unsere Gaben an
und mache sie uns zum Sakrament der Erlösung.
Reinige uns von allen Sünden,
damit wir besonnen und gerecht
in dieser Welt leben
und die Wiederkunft
unseres Retters Jesus Christus erwarten,
der mit dir lebt und herrscht in alle Ewigkeit.

Adventspräfation V, S. 1354.

KOMMUNIONVERS   Lk 1, 68

Gepriesen sei der Herr, der Gott Israels!
Denn er hat sein Volk besucht und ihm Erlösung geschaffen.

SCHLUSSGEBET

Herr, unser Gott,
du hast uns durch deine große Gabe gestärkt.
Gib, daß wir das Fest der Geburt deines Sohnes
würdig begehen,
und mache unsere Freude vollkommen
am Tag seiner Wiederkunft.
Darum bitten wir durch ihn, Christus, unseren Herrn.

DEINE KLARHEIT, *heiliger Gott,*
ist meines Lebens Licht und Gericht.
Vor dir kann nichts Unwahres bestehen.
Dein Wort will ich hören und tun.
Gib mir ein Ohr, das deine Stimme erkennt,
gib mir ein Herz, das wach ist
für die Gnade und Forderung der Stunde
und bereit für den Tag deiner Ankunft.

DIE WEIHNACHTSZEIT

26. Dezember: Fest des heiligen Stephanus, siehe S. 1458 ff.
27. Dezember: Fest des heiligen Apostels und Evangelisten Johannes, siehe S. 1463 ff.
28. Dezember: Fest der Unschuldigen Kinder, siehe S. 1469 ff.

29. Dezember

5. TAG DER WEIHNACHTSOKTAV

ERÖFFNUNGSVERS Joh 3, 16

Gott hat die Welt so geliebt, daß er seinen einzigen Sohn hingab,
damit jeder, der an ihn glaubt, nicht zugrunde geht,
sondern das ewige Leben hat.

Ehre sei Gott, S. 1280 f.

TAGESGEBET

Unsichtbarer Gott,
dein Licht ist in die Welt gekommen
und hat die Finsternis überwunden.
Sieh gnädig auf uns
und laß uns die Herrlichkeit der Geburt Christi
mit würdigem Lob feiern,
der in der Einheit des Heiligen Geistes
mit dir lebt und herrscht in alle Ewigkeit.

ZUR LESUNG   *Die Sprache des ersten Johannesbriefes ist scheinbar einfach. Einige Begriffe, die wir auch vom Johannesevangelium her kennen, kehren immer wieder, z.B. Licht und Finsternis, Leben und Tod, Liebe und Haß. Der Gedanke schreitet nicht in logischer Folge weiter, sondern kreist immer wieder schauend und sinnend um seinen Gegenstand. Diese Denk- und Redeweise ist uns ungewohnt, aber wir müssen versuchen, uns ihr anzuschließen, wenn wir den ersten Johannesbrief mit Freude und Nutzen lesen wollen.*
Die heutige Lesung hat zwei Teile: V. 3–6 und V. 7–11. Ob wir Gott erkennen und seinen Sohn Jesus Christus, davon hängt alles ab. Aber was heißt „erkennen"? Es heißt, im Sinn der Bibel: sich der Wirklichkeit Gottes

öffnen, von dieser Wirklichkeit sich bestimmen und verwandeln lassen. Das hat, wenn es im Ernst geschieht, seine Auswirkungen, vor allem das „Halten der Gebote". Wer Gott erkannt hat, tut den Willen Gottes. Das Zentralgebot ist die Liebe. Es ist ein altes Gebot (V. 7), denn es hat seinen Grund im Wesen Gottes selbst, und zugleich ein „neues Gebot", weil etwas Neues geschehen ist und noch geschieht: Das Wort ist Fleisch geworden, die Liebe hat sich im Opfer Christi offenbart, und ihre Kraft wirkt weiter im Leben seiner Jünger. – Joh 1, 10–11; 13, 34; 17, 3.

ERSTE LESUNG 1 Joh 2, 3–11

Wer seinen Bruder liebt, bleibt im Licht

Lesung
aus dem ersten Johannesbrief.

Liebe Brüder!
3 Wenn wir die Gebote Jesu Christi halten,
   erkennen wir, daß wir ihn erkannt haben.
4 Wer sagt: Ich habe ihn erkannt!, aber seine Gebote nicht hält,
   ist ein Lügner, und die Wahrheit ist nicht in ihm.
5 Wer sich aber an sein Wort hält,
   in dem ist die Gottesliebe wahrhaft vollendet.
Wir erkennen daran, daß wir in ihm sind.
6 Wer sagt, daß er in ihm bleibt,
   muß auch leben, wie er gelebt hat.

7 Liebe Brüder, ich schreibe euch kein neues Gebot,
   sondern ein altes Gebot, das ihr von Anfang an hattet.
Das alte Gebot ist das Wort, das ihr gehört habt.
8 Und doch schreibe ich euch ein neues Gebot,
   etwas, das in ihm und in euch verwirklicht ist;
denn die Finsternis geht vorüber,
   und schon leuchtet das wahre Licht.

9 Wer sagt, er sei im Licht, aber seinen Bruder haßt,
   ist noch in der Finsternis.
10 Wer seinen Bruder liebt, bleibt im Licht;
   da gibt es für ihn kein Straucheln.
11 Wer aber seinen Bruder haßt, ist in der Finsternis.
Er geht in der Finsternis
   und weiß nicht, wohin er geht;
denn die Finsternis hat seine Augen blind gemacht.

Weihnachtszeit: 5. Tag der Weihnachtsoktav

ANTWORTPSALM Ps 96 (95), 1–2.3–4.5–6 (R: 11a)

R Der Himmel freue sich, die Erde frohlocke. – **R** (GL 149,2)

1 Singet dem Herrn ein neues Lied, * V. Ton
singet dem Herrn, alle Länder der Erde!

2 Singt dem Herrn und preist seinen Namen, *
verkündet sein Heil von Tag zu Tag! – (**R**)

3 Erzählt bei den Völkern von seiner Herrlichkeit, *
bei allen Nationen von seinen Wundern!

4 Denn groß ist der Herr und hoch zu preisen, *
mehr zu fürchten als alle Götter. – (**R**)

5 Alle Götter der Heiden sind nichtig, *
der Herr aber hat den Himmel geschaffen.

6 Hoheit und Pracht sind vor seinem Angesicht, *
Macht und Glanz in seinem Heiligtum. – **R**

RUF VOR DEM EVANGELIUM Vers: Lk 2, 32

Halleluja. Halleluja.

Ein Licht, das die Heiden erleuchtet,
und Herrlichkeit für das Volk Israel.

Halleluja.

ZUM EVANGELIUM *Jesus wird von seinen Eltern in den Tempel gebracht, wie es das Gesetz des Alten Bundes verlangt. Ebenso hält sich Maria an die Vorschriften, die für jede jüdische Mutter gelten. Aber nicht nur um die Vorschrift zu erfüllen, kommt Jesus in den Tempel; er ist der Herr des Tempels (Mal 3, 1). Der greise Simeon erkennt in dem Kind den Heilbringer für Israel und die Heiden, den Messias. Aber an das Loblied (V. 29–32) schließt sich eine düstere Weissagung, wie auch schon im Alten Testament vom Gottesknecht zugleich Leiden und Verherrlichung vorausgesagt waren. Mit der Ankunft Jesu setzt die Krise ein. An ihm entscheidet sich das Schicksal Israels und aller Völker. Maria aber erfährt, daß sie als Mutter des Messias seinen Leidensweg mitgehen wird. Sie bewahrt die Worte Simeons in ihrem Herzen, wie sie die Worte der Hirten bewahrt hat (Lk 2, 19). Auch sie braucht Zeit, um das Geschehene zu verstehen und die Tragweite des Gehörten zu ermessen. – Ex 13, 11–16; Lev 12, 1–8; Jes 8, 14–15; 42, 6; 49, 6; Mal 3.*

EVANGELIUM Lk 2,22–35

Ein Licht, das die Heiden erleuchtet

✚ Aus dem heiligen Evangelium nach Lukas.

²² Es kam für die Eltern Jesu
 der Tag der vom Gesetz des Mose vorgeschriebenen Reinigung.
Sie brachten das Kind nach Jerusalem hinauf,
 um es dem Herrn zu weihen,
²³ gemäß dem Gesetz des Herrn,
 in dem es heißt:
 Jede männliche Erstgeburt soll dem Herrn geweiht sein.
²⁴ Auch wollten sie ihr Opfer darbringen,
 wie es das Gesetz des Herrn vorschreibt:
ein Paar Turteltauben oder zwei junge Tauben.

²⁵ In Jerusalem lebte damals ein Mann namens Símeon.
Er war gerecht und fromm
 und wartete auf die Rettung Israels,
und der Heilige Geist ruhte auf ihm.
²⁶ Vom Heiligen Geist war ihm offenbart worden,
 er werde den Tod nicht schauen,
 ehe er den Messias des Herrn gesehen habe.

²⁷ Jetzt wurde er vom Geist in den Tempel geführt;
und als die Eltern Jesus hereinbrachten,
 um zu erfüllen, was nach dem Gesetz üblich war,
²⁸ nahm Símeon das Kind in seine Arme
und pries Gott mit den Worten:

²⁹ Nun läßt du, Herr,
 deinen Knecht, wie du gesagt hast, in Frieden scheiden.
³⁰ Denn meine Augen haben das Heil gesehen,
³¹ das du vor allen Völkern bereitet hast,
³² ein Licht, das die Heiden erleuchtet,
 und Herrlichkeit für dein Volk Israel.

³³ Sein Vater und seine Mutter
 staunten über die Worte, die über Jesus gesagt wurden.
³⁴ Und Símeon segnete sie
und sagte zu Maria, der Mutter Jesu:
 Dieser ist dazu bestimmt,
 daß in Israel viele durch ihn zu Fall kommen
 und viele aufgerichtet werden,

und er wird ein Zeichen sein, dem widersprochen wird.
35 Dadurch sollen die Gedanken vieler Menschen offenbar werden.
Dir selbst aber
   wird ein Schwert durch die Seele dringen.

FÜRBITTEN

Zu Christus, dem Licht, das die Völker erleuchtet, rufen wir voll Vertrauen:

Bewahre der Kirche die Freude über deine Geburt.
A.: Wir bitten dich, erhöre uns.

Gewähre allen Völkern jenen Frieden, den sie ohne dich nicht erlangen können.

Nimm von uns alle Angst um die ungewisse Zukunft.

Führe unsere Verstorbenen in deine Herrlichkeit.

Denn du bist das Licht, das die Finsternis erhellt. Dich preisen wir in Ewigkeit. A.: Amen.

GABENGEBET

Herr, wir bringen unsere Gaben dar
für die Feier,
in der sich ein heiliger Tausch vollzieht.
Nimm sie in Gnaden an
und schenke uns dich selbst
in deinem Sohn Jesus Christus,
der mit dir lebt und herrscht in alle Ewigkeit.

Weihnachtspräfation, S. 1354 f.
In den Hochgebeten I–III eigener Einschub.

KOMMUNIONVERS   Lk 1,78

Durch die barmherzige Liebe unseres Gottes
hat uns besucht das aufstrahlende Licht aus der Höhe.

SCHLUSSGEBET

Allmächtiger Gott,
wir danken dir für das Brot des Lebens,
das du uns gereicht hast.
Gib uns durch dieses Sakrament
Kraft für unseren Weg zu dir
und schütze uns in deiner nie versagenden Liebe.
Darum bitten wir durch Christus, unseren Herrn.

„WIE MAN DIE MENSCHEN LIEBEN SOLL, *habe ich von einem Bauern gelernt. Der saß mit andern Bauern in einer Schenke und trank. Lange schwieg er, wie die andern alle. Als aber sein Herz vom Wein bewegt war, sprach er seinen Nachbarn an: ‚Sag du, liebst du mich oder liebst du mich nicht?' Jener antwortete: ‚Ich liebe dich sehr.' Aber er sprach wieder: ‚Du sagst, ich liebe dich, und weißt doch nicht, was mir fehlt. Liebtest du mich in Wahrheit, du würdest es wissen.' Der andere vermochte kein Wort zu erwidern, und auch der Bauer, der gefragt hatte, schwieg wieder wie zuvor. Ich aber verstand: Das ist die Liebe zu den Menschen, ihr Bedürfen zu spüren und ihr Leid zu tragen" (Rabbi Mosche Leib).*

30. Dezember

6. TAG DER WEIHNACHTSOKTAV

Wenn kein Sonntag in die Weihnachtsoktav fällt, wird heute das Fest der Heiligen Familie gefeiert (siehe Schott-Meßbuch für die Sonntage und Festtage im entsprechenden Lesejahr.)

ERÖFFNUNGSVERS   Weish 18, 14–15

Als tiefes Schweigen das All umfing
und die Nacht bis zur Mitte gelangt war,
da stieg dein allmächtiges Wort, o Herr,
vom Himmel herab, vom königlichen Thron.

Ehre sei Gott, S. 1280 f.

TAGESGEBET

Allmächtiger Gott,
die Knechtschaft der Sünde
hält uns Menschen gefangen.
Nimm dieses alte Joch von uns
und schenke uns die neue Freiheit
durch die Geburt deines Sohnes
in unserem sterblichen Fleisch.
Darum bitten wir durch ihn, Jesus Christus.

ZUR LESUNG *In den Versen 12–14 richtet der Verfasser sich in sechsfacher Anrede (zweimal drei) an seine Leser: an die Kinder, die Väter und die jungen Männer. Ob damit verschiedene Altersstufen gemeint sind, ist nicht so sicher. Was gesagt wird, gilt ja für alle, jung und alt. Aber es gibt Grade der Reife, Stufen der Erkenntnis und Vollkommenheit. „Kinder" Gottes sind alle, die durch die Taufe Gemeinschaft mit Gott dem Vater haben. Die „Väter" haben Christus erkannt, „der von Anfang an ist": das Licht seiner Offenbarung, die Kraft seines Wesens. Die „jungen Männer" stehen noch im Kampf, aber sie haben jetzt schon Teil am Sieg Christi. Allerdings, da ist noch der Böse, da ist noch die Welt und ihre Begierde (V. 15–17). Hier muß sich die Überlegenheit dessen bewähren, der Gottes Wort und Gottes Liebe empfangen hat. Von dieser Bewährung spricht der zweite Hauptteil des Briefes (2, 18 – 3, 24). – Joh 16, 8–11.33; 1 Joh 5, 4–5.*

ERSTE LESUNG 1 Joh 2, 12–17

Wer den Willen Gottes tut, bleibt in Ewigkeit

**Lesung
aus dem ersten Johannesbrief.**

12 **Ich schreibe euch, ihr Kinder,
daß euch durch den Namen Jesu die Sünden vergeben sind.**
13 **Ich schreibe euch, ihr Väter,
daß ihr den erkannt habt, der von Anfang an ist.
Ich schreibe euch, ihr jungen Männer,
daß ihr den Bösen besiegt habt.**
14 **Ich schreibe euch, ihr Kinder,
daß ihr den Vater erkannt habt.**

Ich schreibe euch, ihr Väter,
  daß ihr den erkannt habt, der von Anfang an ist.
Ich schreibe euch, ihr jungen Männer,
  daß ihr stark seid,
  daß das Wort Gottes in euch bleibt
  und daß ihr den Bösen besiegt habt.

15 Liebt nicht die Welt und was in der Welt ist!
Wer die Welt liebt, hat die Liebe zum Vater nicht.
16 Denn alles, was in der Welt ist,
  die Begierde des Fleisches,
  die Begierde der Augen und das Prahlen mit dem Besitz,
  ist nicht vom Vater, sondern von der Welt.
17 Die Welt und ihre Begierde vergeht;
wer aber den Willen Gottes tut, bleibt in Ewigkeit.

ANTWORTPSALM   Ps 96 (95), 7–8.9–10 (R: 11a)

R Der Himmel freue sich, die Erde frohlocke. – R   (GL 149, 2)

7 Bringt dar dem Herrn, ihr Stämme der Völker, * V. Ton
bringt dar dem Herrn Lob und Ehre!
8 Bringt dar dem Herrn die Ehre seines Namens, *
spendet Opfergaben, und tretet ein in sein Heiligtum! – (R)
9 In heiligem Schmuck werft euch nieder vor dem Herrn, *
erbebt vor ihm, alle Länder der Erde!
10 Verkündet bei den Völkern: Der Herr ist König. †
Den Erdkreis hat er gegründet, so daß er nicht wankt. *
Er richtet die Nationen so, wie es recht ist. – R

RUF VOR DEM EVANGELIUM

Halleluja. Halleluja.

Aufgeleuchtet ist uns aufs neue der Tag der Erlösung;
Ein großes Licht ist heute auf Erden erschienen.
Kommt, ihr Völker, und betet an den Herrn, unseren Gott!

Halleluja.

ZUM EVANGELIUM   *Die Verse Lk 2, 36–38 sind der Abschluß des Berichts über die Darstellung Jesu im Tempel (gestriges Evangelium). Die Verse 39–40 beschreiben kurz das verborgene Leben Jesu in Nazaret. –*

Weihnachtszeit: 6. Tag der Weihnachtsoktav

Das Zeugnis Simeons wird bestätigt durch eine Prophetin namens Hanna. Sie gehört zur Gruppe der frommen Armen, die auf die Erlösung (Befreiung) Jerusalems warten (V. 38). Durch beharrliches Hören des Gotteswortes und ein Leben des Gebets ist sie sehend und wissend geworden und erkennt Jesus als den erwarteten Messias. – In Nazaret lebt Jesus mit seinen Eltern in Armut. So weit hat er seine göttliche Herrlichkeit zurückgelassen, daß er nun alles, was ein Mensch zum Leben braucht, empfängt und lernt wie jedes andere Menschenkind: sprechen, arbeiten, beten. – Jes 29, 19–24; 1 Tim 5, 5; Hebr 5, 8.

EVANGELIUM
Lk 2, 36–40

Die Prophetin Hanna sprach über das Kind zu allen, die auf die Erlösung Jerusalems warteten

✛ Aus dem heiligen Evangelium nach Lukas.

In jener Zeit
36 lebte eine Prophetin namens Hanna,
eine Tochter Pénuëls, aus dem Stamm Ascher.
Sie war schon hochbetagt.
Als junges Mädchen hatte sie geheiratet
 und sieben Jahre mit ihrem Mann gelebt;
37 nun war sie eine Witwe von vierundachtzig Jahren.
Sie hielt sich ständig im Tempel auf
 und diente Gott Tag und Nacht mit Fasten und Beten.
38 In diesem Augenblick nun trat sie hinzu,
pries Gott
und sprach über das Kind
 zu allen, die auf die Erlösung Jerusalems warteten.
39 Als seine Eltern alles getan hatten,
 was das Gesetz des Herrn vorschreibt,
kehrten sie nach Galiläa in ihre Stadt Nazaret zurück.
40 Das Kind wuchs heran und wurde kräftig;
Gott erfüllte es mit Weisheit,
 und seine Gnade ruhte auf ihm.

FÜRBITTEN

In der Geburt unseres Herrn wurde der Welt eine neue Freiheit geschenkt. Ihn, Christus, wollen wir anrufen:

Laß deine Diener wachsen in der wahren Freiheit der Kinder Gottes. (Stille) Christus, höre uns.
A.: Christus, erhöre uns.

Nimm von allen Menschen Sorge und Not. (Stille) Christus, höre uns.

Bewahre uns vor der Knechtschaft der Sünde. (Stille) Christus, höre uns.

Schenke unseren Toten deinen Frieden. (Stille) Christus, höre uns.

Barmherziger Gott, in deinem Sohn ist uns deine rettende Macht sichtbar erschienen. Dir danken wir durch Christus, unseren Herrn.   A.: Amen.

GABENGEBET

Herr, unser Gott,
nimm die Gaben deines Volkes an
und gib, daß wir im Geheimnis
der heiligen Eucharistie empfangen,
was wir im Glauben bekennen.
Darum bitten wir durch Christus, unseren Herrn.

Weihnachtspräfation, S. 1354 f.
In den Hochgebeten I–III eigener Einschub.

KOMMUNIONVERS   Joh 1, 16
Aus seiner Fülle haben wir alle empfangen,
Gnade über Gnade.

SCHLUSSGEBET

Barmherziger Gott,
du bist es,
der uns in diesem heiligen Sakrament begegnet.
**Laß die Kraft dieser Speise in uns wirksam werden
und mache uns durch dieses große Geschenk bereit,
stets neu deine Gaben zu empfangen.
Darum bitten wir durch Christus, unseren Herrn.**

„VOR GAR MANCHEN GEDANKEN bleibt man im Zweifel befangen stehen, besonders wenn man die Sünden der Menschen sieht, und man fragt sich: ‚Soll man es mit Gewalt anfassen oder mit demütiger Liebe?' Entscheide dich immer für ‚demütige Liebe'. Wenn du dich ein für allemal dazu entschlossen hast, so wirst du die ganze Welt bezwingen. Die ‚demütige Liebe' ist eine furchtbare Kraft; sie ist die allergrößte Kraft und ihresgleichen gibt es nicht" (Staretz Sossima, in Dostojewski, Die Brüder Karamasoff).

31. Dezember

7. TAG DER WEIHNACHTSOKTAV

ERÖFFNUNGSVERS Vgl. Jes 9, 5

Ein Kind ist uns geboren, ein Sohn ist uns geschenkt.
Auf seinen Schultern ruht die Herrschaft.

Ehre sei Gott, S. 1280 f.

TAGESGEBET

Allmächtiger, ewiger Gott,
in der Menschwerdung deines Sohnes
hat alles menschliche Streben nach dir
seinen Ursprung
und kommt darin zur Vollendung.
Laß uns zu Christus gehören,
in dem das Heil aller Menschen begründet ist,
der in der Einheit des Heiligen Geistes
mit dir lebt und herrscht in alle Ewigkeit.

ZUR LESUNG *„Letzte Stunde" ist nicht deshalb, weil heute der letzte Tag des Kalenderjahres ist. Wie das Jahr hat die Geschichte der Welt und der Menschheit einen Anfang und ein Ende. Die Geschichte verläuft nicht in ewigen Kreisen, sondern geht auf ein Ziel zu. Die frühe Christenheit hat dieses Ziel, das Ende und die Vollendung der Welt, mit der Wiederkunft Christi gleichgesetzt und in greifbarer Nähe gesehen. Sie hat sich in ihrer Zeitvorstellung geirrt, aber die entscheidende Tatsache bleibt doch: wir stehen in der Endzeit, wir stehen vor dem Ende und sind in die Entscheidung gestellt. Jetzt schon vollzieht sich die Scheidung. „Antichrist" nennt*

Johannes jeden, der leugnet, daß Jesus der Christus, der Messias ist. Die Christen aber haben vom „Heiligen", d.h. von Christus selbst (vgl. Offb 3, 7; Apg 3, 14), die Salbung empfangen: den Geist und die Erkenntnis der Wahrheit (Joh 16, 13). „Wahrheit" ist die Heil schaffende Wirklichkeit Gottes, die in Jesus offenbar geworden ist.

ERSTE LESUNG 1 Joh 2, 18–21

Ihr habt die Salbung von dem, der heilig ist, und ihr wißt die Wahrheit

**Lesung
aus dem ersten Johannesbrief.**

¹⁸ **Meine Kinder, es ist die letzte Stunde.
Ihr habt gehört, daß der Antichrist kommt,
und jetzt sind viele Antichriste gekommen.
Daran erkennen wir, daß es die letzte Stunde ist.**

¹⁹ **Sie sind aus unserer Mitte gekommen,
aber sie gehörten nicht zu uns;
denn wenn sie zu uns gehört hätten,
wären sie bei uns geblieben.
Es sollte aber offenbar werden,
daß sie alle nicht zu uns gehörten.**

²⁰ **Ihr habt die Salbung von dem, der heilig ist,
und ihr alle wißt es.**

²¹ **Ich schreibe euch nicht, daß ihr die Wahrheit nicht wißt,
sondern ich schreibe euch, daß ihr sie wißt
und daß keine Lüge von der Wahrheit stammt.**

ANTWORTPSALM Ps 96 (95), 1–2.11–12.13 (R: 11a)

R Der Himmel freue sich, die Erde frohlocke. – R (GL 149, 2)

¹ **Singet dem Herrn ein neues Lied, *** V. Ton
singt dem Herrn, alle Länder der Erde!

² **Singt dem Herrn und preist seinen Namen, *
verkündet sein Heil von Tag zu Tag! – (R)**

¹¹ **Der Himmel freue sich, die Erde frohlocke, *
es brause das Meer und alles, was es erfüllt.**

¹² **Es jauchze die Flur und was auf ihr wächst. *
Jubeln sollen alle Bäume des Waldes. – (R)**

Weihnachtszeit: 7. Tag der Weihnachtsoktav

13　Jubeln sollen alle vor dem Herrn, wenn er kommt, *
wenn er kommt, um die Erde zu richten.

Er richtet den Erdkreis gerecht *
und die Nationen nach seiner Treue. – R

RUF VOR DEM EVANGELIUM　　　　　　Vers: Joh 1, 14a.12a

Halleluja. Halleluja.

Das Wort ist Fleisch geworden und hat unter uns gewohnt.
Allen, die ihn aufnahmen,
gab er Macht, Kinder Gottes zu werden.

Halleluja.

ZUM EVANGELIUM　*Jesus ist das Wort Gottes, durch ihn ist Gott hörbar und sichtbar geworden. Ewig spricht der Vater in ihm sein Wesen aus; durch ihn hat er alles ins Dasein gerufen, und mit ihm durchwaltet er alles. Dieses Wort „ist Fleisch geworden", um bei uns zu wohnen. Gott hat die Menschheit wieder angenommen, ja er hat sie in sich selbst hineingenommen. Ob wir das Wort Gottes, d. h. Christus, aufnehmen oder abweisen, daran entscheidet sich unser Leben. Licht oder Finsternis: es gibt keine dritte Wahl. – Gen 1, 1–5; 1 Joh 1, 1–4.*

EVANGELIUM　　　　　　　　　　　　　　　　　Joh 1, 1–18

Das Wort ist Fleisch geworden und hat unter uns gewohnt

✠ **Aus dem heiligen Evangelium nach Johannes.**

1　Im Anfang war das Wort,
und das Wort war bei Gott,
und das Wort war Gott.
2　Im Anfang war es bei Gott.
3　Alles ist durch das Wort geworden,
und ohne das Wort wurde nichts, was geworden ist.
4　In ihm war das Leben,
und das Leben war das Licht der Menschen.
5　Und das Licht leuchtet in der Finsternis,
und die Finsternis hat es nicht erfaßt.

6　Es trat ein Mensch auf, der von Gott gesandt war;
sein Name war Johannes.

⁷ Er kam als Zeuge,
    um Zeugnis abzulegen für das Licht,
    damit alle durch ihn zum Glauben kommen.
⁸ Er war nicht selbst das Licht,
    er sollte nur Zeugnis ablegen für das Licht.
⁹ Das wahre Licht, das jeden Menschen erleuchtet,
    kam in die Welt.
¹⁰ Er war in der Welt,
    und die Welt ist durch ihn geworden,
    aber die Welt erkannte ihn nicht.
¹¹ Er kam in sein Eigentum,
    aber die Seinen nahmen ihn nicht auf.
¹² Allen aber, die ihn aufnahmen,
    gab er Macht, Kinder Gottes zu werden,
allen, die an seinen Namen glauben,
¹³ die nicht aus dem Blut,
    nicht aus dem Willen des Fleisches,
    nicht aus dem Willen des Mannes,
    sondern aus Gott geboren sind.
¹⁴ Und das Wort ist Fleisch geworden
    und hat unter uns gewohnt,
und wir haben seine Herrlichkeit gesehen,
die Herrlichkeit des einzigen Sohnes vom Vater,
    voll Gnade und Wahrheit.
¹⁵ Johannes legte Zeugnis für ihn ab
und rief:
    Dieser war es, über den ich gesagt habe:
    Er, der nach mir kommt,
    ist mir voraus, weil er vor mir war.
¹⁶ Aus seiner Fülle haben wir alle empfangen,
    Gnade über Gnade.
¹⁷ Denn das Gesetz wurde durch Mose gegeben,
    die Gnade und die Wahrheit kamen durch Jesus Christus.
¹⁸ Niemand hat Gott je gesehen.
    Der Einzige, der Gott ist und am Herzen des Vaters ruht,
    er hat Kunde gebracht.

FÜRBITTEN

Am Ende des alten Jahres beten wir voll Vertrauen zu Christus, dem Herrn über Zeit und Ewigkeit:

Für die ganze Kirche: daß sie Zeugnis gebe von der Herrlichkeit des Sohnes Gottes. – Lasset zum Herrn uns beten: Herr, erbarme dich.
A.: Christus, erbarme dich.

Für die Menschen, die ihn nicht kennen: daß er sie erleuchte. – Lasset zum Herrn uns beten: Herr, erbarme dich.

Für unsere Familien: daß die Liebe, das Band der Einheit, in ihnen wachse. – Lasset zum Herrn uns beten: Herr, erbarme dich.

Für alle Einsamen: daß die Gnade Gottes sie tröste. – Lasset zum Herrn uns beten: Herr, erbarme dich.

Allmächtiger, ewiger Gott, du bist Anfang und Ziel unseres Lebens. Erhöre uns durch Christus, unseren Herrn.   A.: Amen.

GABENGEBET

Herr, unser Gott,
du schenkst uns den Frieden
und gibst uns die Kraft, dir aufrichtig zu dienen.
Laß uns dich mit unseren Gaben ehren
und durch die Teilnahme
an dem einen Brot und dem einen Kelch
eines Sinnes werden.
Darum bitten wir durch Christus, unseren Herrn.

Weihnachtspräfation, S. 1354 f.
In den Hochgebeten I–III eigener Einschub.

KOMMUNIONVERS   1 Joh 4, 9b
Gott hat seinen einzigen Sohn in die Welt gesandt,
damit wir durch ihn leben.

SCHLUSSGEBET

Barmherziger Gott,
in jeder Not bist du unsere Hilfe.
(Du hast uns im vergangenen Jahr
auf unseren Wegen geleitet.)
Bleibe bei uns mit deinem Schutz.
Gib uns,
was wir für dieses vergängliche Leben brauchen,
und führe uns zur ewigen Vollendung bei dir.
Darum bitten wir durch Christus, unseren Herrn.

„CHRISTUS BLEIBT *in diesem Äon das Zeichen des Widerspruchs, und wo immer Christus deutlicher wird, wird ihm auch mehr widersprochen werden. Entlarvend für die Antichristen ist jedoch nicht, daß sie den innerkirchlichen Widerspruch artikulieren, sondern daß sie nicht in der Kirche bleiben, vielmehr austreten und von außen her ihren Kampf fortsetzen. Dadurch wird, was innerkirchlich hätte Funktion des wahren Propheten sein können, zum Merkmal des falschen. Daß auch er noch der Kirche dienen kann, indem sie seine berechtigte Kritik ernst nimmt, mag selbst den Antichristen noch Christi Barmherzigkeit erschließen"* (Günther Schiwy).

AN DEN WOCHENTAGEN DER WEIHNACHTSZEIT

Wo das Hochfest Erscheinung des Herrn auf den Sonntag vom 2. bis zum 8. Januar verlegt wird, nimmt man nach diesem Sonntag die für die Tage vom 7. bis zum 12. Januar vorgesehenen Texte, Seite 174 ff., wobei die folgenden entsprechend entfallen.

2. JANUAR

ERÖFFNUNGSVERS

Ein heiliger Tag strahlt über uns auf.
Kommt, betet an den Herrn,
denn ein großes Licht ist auf die Erde herabgekommen.

TAGESGEBET

Allmächtiger Gott,
gläubig bekennen wir, daß dein ewiger Sohn
Fleisch angenommen hat
aus der jungfräulichen Mutter
und wahrhaft Mensch geworden ist.
Laß uns diesen Glauben treu bewahren
und einst aus dieser friedlosen Welt
zur ewigen Freude gelangen.
Darum bitten wir durch Jesus Christus.

ZUR LESUNG *Fortsetzung der Lesung vom 31. Dezember. – „Lüge" ist in der Sprache des ersten Johannesbriefes nicht nur irgendeine Unwahrheit; sie ist die Gegenwahrheit, die Gegenwirklichkeit, die aus der Finsternis kommt. „Der Lügner" ist nach Joh 8,44 der Teufel. Zu ihm gehört, wer leugnet, daß Jesus der Sohn Gottes, der Herr und Messias ist. Dieses Leugnen (V. 22.23) ist Kampf gegen die Offenbarung, die in Jesus Christus geschehen ist, und Kampf gegen seine Gemeinde. Mit anderen Worten: es sind nicht Leute gemeint, die Glaubensschwierigkeiten haben, sondern solche, die den Glauben bekämpfen, Irrlehrer. An die Glaubenden richtet sich die Zusicherung, daß die Verheißung des Sohnes sich erfüllt: das ewige Leben, die bleibende Gemeinschaft. – Über „Salbung" vergleiche die Einführung zur Lesung am 31. Dezember. – Joh 14,10–11; 17,11.21.*

ERSTE LESUNG   1 Joh 2,22–28

Was ihr von Anfang an gehört habt, soll in euch bleiben

**Lesung
    aus dem ersten Johannesbrief.**

Liebe Brüder!
22 Wer ist der Lügner –
    wenn nicht der, der leugnet, daß Jesus der Christus ist?
Das ist der Antichrist:
wer den Vater und den Sohn leugnet.
23 Wer leugnet, daß Jesus der Sohn ist,
    hat auch den Vater nicht;
wer bekennt, daß er der Sohn ist,
    hat auch den Vater.

24 Für euch gilt:
   Was ihr von Anfang an gehört habt,
   soll in euch bleiben;
   wenn das, was ihr von Anfang an gehört habt, in euch bleibt,
   dann bleibt ihr im Sohn und im Vater.
25 Und die Verheißung des Sohnes an uns ist das ewige Leben.

26 Dies habe ich euch über die geschrieben,
   die euch in die Irre führen.
27 Für euch aber gilt:
   Die Salbung, die ihr von ihm empfangen habt, bleibt in euch,
   und ihr braucht euch von niemand belehren zu lassen.
   Alles, was seine Salbung euch lehrt,
   ist wahr und keine Lüge.
   Bleibt in ihm, wie es euch seine Salbung gelehrt hat.
28 Und jetzt, meine Kinder, bleibt in ihm,
   damit wir, wenn er erscheint, die Zuversicht haben
   und bei seinem Kommen
   nicht zu unserer Schande von ihm gerichtet werden.

ANTWORTPSALM Ps 98 (97), 1.2–3b.3c–4 (R: vgl. 3cd)

R Alle Enden der Erde sehen das Heil unsres Gottes. – R   (GL 149, 1)

1 Singet dem Herrn ein neues Lied; *   VIII. Ton
  denn er hat wunderbare Taten vollbracht.

  Er hat mit seiner Rechten geholfen *
  und mit seinem heiligen Arm. – (R)

2 Der Herr hat sein Heil bekannt gemacht *
  und sein gerechtes Wirken enthüllt vor den Augen der Völker.

3ab Er dachte an seine Huld *
    und an seine Treue zum Hause Israel. – (R)

3cd Alle Enden der Erde *
    sahen das Heil unsres Gottes.

4 Jauchzt vor dem Herrn, alle Länder der Erde, *
  freut euch, jubelt und singt! – R

Weihnachtszeit: 2. Januar

RUF VOR DEM EVANGELIUM
Vers: vgl. Hebr 1, 1–2

Halleluja. Halleluja.
Einst hat Gott zu den Vätern gesprochen durch die Propheten;
heute aber hat er zu uns gesprochen durch den Sohn.
Halleluja.

ZUM EVANGELIUM *Durch Zeugen und durch Zeichen hat Jesus sich der Welt zu erkennen gegeben. Johannes „kam als Zeuge" (1,7). Er predigte und taufte. Johannes hat es, wie dann auch Jesus, mit drei Gruppen von Menschen zu tun: den Juden von Jerusalem (V. 19), dem Volk und einigen Jüngern. Über seine eigene Sendung hat er sie nicht im unklaren gelassen: dem Kommenden vorauszugehen und ihm den Weg zu bereiten. Johannes sollte alle zum Glauben führen (1,7); aber schon beginnt das Drama, die Scheidung der Geister: die Priester und Leviten kehren nach Jerusalem zurück; sie haben nichts gesehen, nichts verstanden. – Joh 3,28; 5,33; Lk 3,15–18.*

EVANGELIUM
Joh 1, 19–28

Mitten unter euch steht der, den ihr nicht kennt und der nach mir kommt

✛ **Aus dem heiligen Evangelium nach Johannes.**

¹⁹ **Dies ist das Zeugnis Johannes' des Täufers:**
Als die Juden
  von Jerusalem aus Priester und Leviten zu ihm sandten
  mit der Frage: Wer bist du?,
²⁰ **bekannte er und leugnete nicht;**
er bekannte: Ich bin nicht der Messias.
²¹ **Sie fragten ihn: Was bist du dann?**
Bist du Elíja?
Und er sagte: Ich bin es nicht.
Bist du der Prophet?
Er antwortete: Nein.
²² **Da fragten sie ihn: Wer bist du?**
Wir müssen denen, die uns gesandt haben, Auskunft geben.
Was sagst du über dich selbst?
²³ **Er sagte:**
  Ich bin die Stimme, die in der Wüste ruft:
  Ebnet den Weg für den Herrn!,
  wie der Prophet Jesája gesagt hat.

²⁴ Unter den Abgesandten waren auch Pharisäer.
²⁵ Sie fragten Johannes:
  Warum taufst du dann, wenn du nicht der Messias bist,
  nicht Elíja und nicht der Prophet?
²⁶ Er antwortete ihnen: Ich taufe mit Wasser.
Mitten unter euch steht der, den ihr nicht kennt
²⁷   und der nach mir kommt;
ich bin es nicht wert,
  ihm die Schuhe aufzuschnüren.
²⁸ Dies geschah in Betánien,
auf der anderen Seite des Jordan,
  wo Johannes taufte.

FÜRBITTEN

Christus, den Sohn des lebendigen Gottes, rufen wir an:

Erhalte deine Kirche im Glauben an dich und deine Sendung.
A.: Wir bitten dich, erhöre uns.

Gebiete Einhalt dem Haß und der Friedlosigkeit in der Welt.

Mach uns bereit, dir in unseren Brüdern und Schwestern zu dienen.

Laß unsere Verstorbenen zur ewigen Freude gelangen.

Denn in deiner Liebe bist du allen Menschen nahe. Dir danken wir jetzt und in Ewigkeit.   A.: Amen.

GABENGEBET

Herr, wir bringen unsere Gaben dar
für die Feier,
in der sich ein heiliger Tausch vollzieht.
Nimm sie in Gnaden an
und schenke uns dich selbst
in deinem Sohn Jesus Christus,
der mit dir lebt und herrscht in alle Ewigkeit.

Weihnachtspräfation, S. 1354 f.

KOMMUNIONVERS
Joh 1, 14

Wir haben seine Herrlichkeit geschaut,
die Herrlichkeit des einzigen Sohnes vom Vater,
voll Gnade und Wahrheit.

SCHLUSSGEBET

Allmächtiger Gott,
wir danken dir für das Brot des Lebens,
das du uns gereicht hast.
Gib uns durch dieses Sakrament
Kraft für unseren Weg zu dir
und schütze uns in deiner nie versagenden Liebe.
Darum bitten wir durch Christus, unseren Herrn.

„DAS WESEN DER LÜGE *steckt viel tiefer als in dem Widerspruch zwischen Denken und Sagen. ‚Wer ist ein Lügner, wenn nicht der, der leugnet, daß Jesus der Christus ist?' (1 Joh 2, 22). Lüge ist Widerspruch gegen das Wort Gottes, wie er es in Christus gesprochen hat und in dem die Schöpfung beruht. Lüge ist demzufolge die Verneinung, Leugnung und wissentliche und willentliche Zerstörung der Wirklichkeit, wie sie von Gott geschaffen ist und in Gott besteht. Unser Wort hat die Bestimmung, in der Einheit mit Gottes Wort das Wirkliche, wie es in Gott ist, auszusagen. Das menschliche Wort, wenn es wahr sein soll, darf ebensowenig den Sündenfall leugnen wie das schöpferische und versöhnende Wort Gottes, in dem alle Entzweiung überwunden ist"* (D. Bonhoeffer).

3. JANUAR

ERÖFFNUNGSVERS
Vgl. Ps 118 (117), 26–27

Gesegnet sei, der da kommt im Namen des Herrn.
Gott, der Herr, ist als Licht über uns aufgestrahlt.

Vor Erscheinung des Herrn:

TAGESGEBET

Allmächtiger Gott,
dein Sohn ist durch die Geburt aus der Jungfrau
uns in allem gleich geworden, außer der Sünde.

Gib, daß wir in unserem Denken und Tun
den alten Menschen ablegen
und als neue Menschen ein neues Leben beginnen.
Darum bitten wir durch Jesus Christus.

Nach Erscheinung des Herrn:

TAGESGEBET

Allmächtiger Gott,
dein einziger Sohn,
vor aller Zeit aus dir geboren,
ist in unserem Fleisch sichtbar erschienen.
Wie er uns gleichgeworden ist
in der menschlichen Gestalt,
so werde unser Inneres neu geschaffen
nach seinem Bild.
Darum bitten wir durch ihn,
der in der Einheit des Heiligen Geistes
mit dir lebt und herrscht in alle Ewigkeit.

ZUR LESUNG *Keiner, der Christus nicht kennt, wird verstehen, was das heißt: „Wir sind Kinder Gottes". Wer die Gerechtigkeit tut, ist aus Gott geboren („stammt von Gott", V. 29); deswegen ist er Christus, dem „Gerechten", ähnlich. Gottes Liebe macht uns zu seinen Kindern, zur „neuen Schöpfung", sagt Paulus (2 Kor 5, 17). Wir sind es jetzt schon, aber das ist erst ein Anfang; unsere Gotteskindschaft und Christusähnlichkeit wird sich in dem Maß vollenden, als wir Gott „sehen, wie er ist" (1 Joh 3, 2). Unser Heiligsein ist ein Heiligwerden. Christusgemeinschaft und Sünde schließen sich aus. Wer sündigt, wirkt an der „Gesetzwidrigkeit" mit, die das Werk des Antichrists ist. Es gibt keine harmlose Sünde. – Lev 19, 2; Joh 3, 3–8; 17, 24.*

ERSTE LESUNG   1 Joh 2, 29 – 3, 6

Jeder, der in ihm bleibt, sündigt nicht

Lesung
   aus dem ersten Johannesbrief.

Liebe Brüder!
29 Wenn ihr wißt, daß Gott gerecht ist,
   erkennt auch, daß jeder, der die Gerechtigkeit tut,
     von Gott stammt.

1 Seht, wie groß die Liebe ist, die der Vater uns geschenkt hat:
Wir heißen Kinder Gottes,
   und wir sind es.
Die Welt erkennt uns nicht,
   weil sie ihn nicht erkannt hat.
2 Liebe Brüder, jetzt sind wir Kinder Gottes.
Aber was wir sein werden,
   ist noch nicht offenbar geworden.
Wir wissen, daß wir dem Sohn Gottes ähnlich sein werden,
   wenn er offenbar wird;
denn wir werden ihn sehen, wie er ist.
3 Jeder, der dies von ihm erhofft,
   heiligt sich, so wie Er heilig ist.
4 Jeder, der die Sünde tut, handelt gesetzwidrig;
denn Sünde ist Gesetzwidrigkeit.
5 Ihr wißt, daß er erschienen ist, um die Sünde wegzunehmen,
und er selbst ist ohne Sünde.
6 Jeder, der in ihm bleibt, sündigt nicht.
Jeder, der sündigt,
   hat ihn nicht gesehen und ihn nicht erkannt.

ANTWORTPSALM   Ps 98 (97), 1.3c–4.5–6 (R: vgl. 3cd)

R Alle Enden der Erde sehen das Heil unsres Gottes. – **R**   (GL 149,1)

1 Singet dem Herrn ein neues Lied; *   VIII. Ton
denn er hat wunderbare Taten vollbracht.

Er hat mit seiner Rechten geholfen *
und mit seinem heiligen Arm. – (R)

3cd Alle Enden der Erde *
sahen das Heil unsres Gottes.

4 Jauchzt vor dem Herrn, alle Länder der Erde, *
freut euch, jubelt und singt! – (R)

5 Spielt dem Herrn auf der Harfe, *
auf der Harfe zu lautem Gesang!

6 Zum Schall der Trompeten und Hörner *
jauchzt vor dem Herrn, dem König! – R

RUF VOR DEM EVANGELIUM Vers: Joh 1, 14a. 12a

Halleluja. Halleluja.

Das Wort ist Fleisch geworden und hat unter uns gewohnt.
Allen, die ihn aufnahmen,
   gab er Macht, Kinder Gottes zu werden.
Halleluja.

ZUM EVANGELIUM

Drei Aussagen stehen gewichtig nebeneinander: 1. Jesus ist das Lamm Gottes, das die Sünde der Welt hinwegnimmt; 2. der Geist ist auf ihn herabgekommen und auf ihm geblieben; 3. er ist der Erwählte Gottes (der Sohn Gottes). Diese drei Aussagen gehören in der Messiasvorstellung des Johannes unlösbar zusammen. Alle drei weisen auf die prophetische Gestalt des „Gottesknechts" beim Propheten Jesaja hin. Jes 53 spricht vom leidenden Knecht, der für die Sünden anderer leidet und wie ein Lamm vor seinen Peinigern verstummt; Gott hat ihn seinen Erwählten genannt, auf den er seinen Geist gelegt hat (Jes 42, 1). Eine innere Stimme sagt dem Täufer: Der ist es. Von der Macht dieser Erkenntnis können wir nur dann eine Ahnung haben, wenn uns selbst irgendwie Ähnliches begegnet ist. – Jes 11, 1–2; 61, 1; Mt 3, 16; Mk 1, 10; Lk 3, 22; Joh 3, 34.

EVANGELIUM Joh 1, 29–34

Seht, das Lamm Gottes!

✛ Aus dem heiligen Evangelium nach Johannes.

In jener Zeit
29 sah Johannes der Täufer Jesus auf sich zukommen
und sagte: Seht, das Lamm Gottes,
   das die Sünde der Welt hinwegnimmt.
30 Er ist es,
   von dem ich gesagt habe: Nach mir kommt ein Mann,
   der mir voraus ist, weil er vor mir war.
31 Auch ich kannte ihn nicht;
aber ich bin gekommen und taufe mit Wasser,
   um Israel mit ihm bekanntzumachen.
32 Und Johannes bezeugte:
Ich sah, daß der Geist vom Himmel herabkam wie eine Taube
   und auf ihm blieb.

Weihnachtszeit: 3. Januar

33 Auch ich kannte ihn nicht;
   aber er, der mich gesandt hat, mit Wasser zu taufen,
      er hat mir gesagt: Auf wen du den Geist herabkommen siehst
      und auf wem er bleibt,
      der ist es, der mit dem Heiligen Geist tauft.

34 Das habe ich gesehen,
   und ich bezeuge:
      Er ist der Sohn Gottes.

FÜRBITTEN

Christus ist das Lamm Gottes, das hinwegnimmt die Sünde der Welt. Zu ihm wollen wir beten:

Für die Kirche: daß sich die Zahl der Gläubigen mehre. (Stille) Christus, höre uns.
A.: Christus, erhöre uns.

Für die Regierenden: daß sie ihre Macht nicht mißbrauchen. (Stille) Christus, höre uns.

Für die Notleidenden: daß sie aus ihrem Elend befreit werden. (Stille) Christus, höre uns.

Für unsere Toten: daß sie als Kinder Gottes offenbar werden. (Stille) Christus, höre uns.

Allmächtiger Gott, du hast uns zu deinen Kindern gemacht. Laß uns deinem Sohn immer mehr ähnlich werden, unserem Herrn Jesus Christus, der in der Einheit des Heiligen Geistes mit dir lebt und herrscht in Ewigkeit.   A.: Amen.

GABENGEBET

Herr, unser Gott,
nimm die Gaben deines Volkes an
und gib, daß wir im Geheimnis
der heiligen Eucharistie empfangen,
was wir im Glauben bekennen.
Darum bitten wir durch Christus, unseren Herrn.

Vor Erscheinung des Herrn: Präfation von Weihnachten, S. 1354f.; nach Erscheinung des Herrn: Präfation von Erscheinung des Herrn, S. 1355, oder von Weihnachten, S. 1354f.

KOMMUNIONVERS Vgl. Eph 2, 5; Röm 8, 3
Mit übergroßer Liebe hat uns Gott geliebt,
darum sandte er seinen Sohn zu uns in Menschengestalt.

SCHLUSSGEBET
Barmherziger Gott,
du bist es,
der uns in diesem heiligen Sakrament begegnet.
Laß die Kraft dieser Speise in uns wirksam werden
und mache uns durch dieses große Geschenk bereit,
stets neu deine Gaben zu empfangen.
Darum bitten wir durch Christus, unseren Herrn.

„HERR, UNSER GOTT, DEIN WORT,
wir müßten andern die Schuld vergeben,
bringt uns in Verlegenheit.
Denn wir bestehen im Gegenteil ungnädig
auf unserem Recht –
wie werden wir da jemals hingelangen
zu Jesus Christus, deinem Sohn.
Wende uns auf ihn hin,
darum bitten wir dich.
Denn er ist leibhaftige Gnade,
Vergebung der Sünden
und größer als alle denkbare Schuld.
Recht und Gerechtigkeit ist er
für diese Welt und für alle Zeiten" (Huub Oosterhuis).

4. JANUAR

ERÖFFNUNGSVERS Jes 9, 2
Das Volk, das im Dunkel lebt, sieht ein helles Licht;
über denen, die im Land der Finsternis wohnen,
leuchtet ein Licht auf.

Vor Erscheinung des Herrn:

TAGESGEBET
Allmächtiger Gott,
zu unserem Heil
ist dein Sohn als Licht der Welt erschienen.

Laß dieses Licht in unseren Herzen aufstrahlen,
damit sich unser Leben von Tag zu Tag erneuert.
Darum bitten wir durch ihn, Jesus Christus.

Nach Erscheinung des Herrn:

TAGESGEBET

Gott, du Licht der Völker,
du hast unsere Väter
durch die Propheten erleuchtet,
uns aber hast du in deinem Sohn
die Fülle der Wahrheit und des Friedens geschenkt.
Gib uns die Gnade, diese Wahrheit zu bezeugen
und deinen Frieden hineinzutragen in unsere Welt.
Darum bitten wir durch ihn, Jesus Christus.

ZUR LESUNG *Die Verse 7–8 laufen mit dem 2. Teil der gestrigen Lesung gleich (V. 4–6). Sünde ist der freche Widerspruch gegen Gott, wie er in der Menschheitsgeschichte zum ersten Mal in Gen 3,1–5, in den Worten der Schlange, hörbar geworden ist. Darauf bezieht sich Vers 8: „Der Teufel sündigt von Anfang an." Die Irrlehrer, gegen die Johannes sich immer wieder wendet, bagatellisieren die Sünde ebenso wie die „Gerechtigkeit". Dagegen aber protestiert leidenschaftlich das christliche Bewußtsein. Dem Menschen, in dem Gottes Wort und Gottes Geist („Gottes Same", V. 9) bleibt, ist die Auflehnung gegen Gott, der Ungehorsam, der Haß, geradezu unmöglich. Es ist eine Existenzfrage für die christliche Gemeinde, daß sie die Sünde, wo sie sich erhebt, in der gemeinsamen Anstrengung des Glaubens und der Liebe überwindet. – Joh 3,6; 8,44; 12,31–32; Röm 6,11.*

ERSTE LESUNG 1 Joh 3,7–10

Er kann nicht sündigen, weil er von Gott stammt

**Lesung
aus dem ersten Johannesbrief.**

7 Meine Kinder,
laßt euch von niemand in die Irre führen!
Wer die Gerechtigkeit tut,
ist gerecht, wie Er gerecht ist.

⁸ Wer die Sünde tut, stammt vom Teufel;
denn der Teufel sündigt von Anfang an.
Der Sohn Gottes aber ist erschienen,
    um die Werke des Teufels zu zerstören.

⁹ Jeder, der von Gott stammt,
    tut keine Sünde, weil Gottes Same in ihm bleibt.
Er kann nicht sündigen, weil er von Gott stammt.

¹⁰ Daran kann man die Kinder Gottes
    und die Kinder des Teufels erkennen:
Jeder, der die Gerechtigkeit nicht tut
    und seinen Bruder nicht liebt,
    ist nicht aus Gott.

ANTWORTPSALM Ps 98 (97), 1.7–8.9 (R: vgl. 3cd)

R Alle Enden der Erde sehen das Heil unsres Gottes. – R (GL 149,1)

¹ Singet dem Herrn ein neues Lied; * VIII. Ton
denn er hat wunderbare Taten vollbracht.

Er hat mit seiner Rechten geholfen *
und mit seinem heiligen Arm. – (R)

⁷ Es brause das Meer und alles, was es erfüllt, *
der Erdkreis und seine Bewohner.

⁸ In die Hände klatschen sollen die Ströme, *
die Berge sollen jubeln im Chor. – (R)

⁹ Jubeln sollen alle vor dem Herrn, wenn er kommt, *
um die Erde zu richten.

Er richtet den Erdkreis gerecht, *
die Nationen so, wie es recht ist. – R

RUF VOR DEM EVANGELIUM Vers; vgl. Hebr 1,1–2

Halleluja. Halleluja.

Einst hat Gott zu den Vätern gesprochen durch die Propheten;
heute aber hat er zu uns gesprochen durch den Sohn.

Halleluja.

ZUM EVANGELIUM *Johannes erfüllt seine Aufgabe als Vorläufer des Messias. Er zeigt auf das Lamm Gottes: „Er ist es" (1,30.36). Zwei Johannesjünger hören dieses Wort und gehen Jesus nach. Der eine war*

Andreas, der andere vermutlich Johannes, der Verfasser des Evangeliums; nach Jahrzehnten erinnert er sich noch an diese Nachmittagsstunde. Dann geht die Geschichte der Berufungen weiter; Brüder und Freunde, einer sagt es dem andern (V. 41.45). So können Berufungen auch heute noch geschehen, wenn der göttliche Funke einmal gezündet hat. Folgen, suchen, finden, sehen, bleiben: in diesen Worten spricht der Evangelist Johannes mit Vorliebe das Tun aus, mit dem die Menschen dem Ruf Gottes antworten. Wer Jesus sucht, findet ihn; wer ihm folgt, geht mit ihm den Weg des Kreuzes und der Herrlichkeit. „Meister, wo wohnst du?" – „Kommt und seht!": darin ist alles gesagt, der ganze Weg des Jüngers vom Anfang bis zur Vollendung. – Mt 4, 18–22; Joh 1, 6–8; 12, 26; 14, 1–3.

EVANGELIUM   Joh 1, 35–42

Wir haben den Messias gefunden

✝ Aus dem heiligen Evangelium nach Johannes.

In jener Zeit
35 stand Johannes am Jordan, wo er taufte,
und zwei seiner Jünger standen bei ihm.
36 Als Jesus vorüberging,
richtete Johannes seinen Blick auf ihn
und sagte: Seht, das Lamm Gottes!
37 Die beiden Jünger hörten, was er sagte,
und folgten Jesus.
38 Jesus aber wandte sich um,
und als er sah, daß sie ihm folgten,
fragte er sie: Was wollt ihr?
Sie sagten zu ihm: Rabbi – das heißt übersetzt: Meister –,
wo wohnst du?
39 Er antwortete: Kommt und seht!
Da gingen sie mit und sahen, wo er wohnte,
und blieben jenen Tag bei ihm;
es war um die zehnte Stunde.
40 Andreas, der Bruder des Simon Petrus,
war einer der beiden, die das Wort des Johannes gehört hatten
und Jesus gefolgt waren.
41 Dieser traf zuerst seinen Bruder Simon
und sagte zu ihm: Wir haben den Messias gefunden.
Messias heißt übersetzt: der Gesalbte – Christus.

42 Er führte ihn zu Jesus.
Jesus blickte ihn an
   und sagte: Du bist Simon, der Sohn des Johannes,
du sollst Kephas heißen.
Kephas bedeutet: Fels – Petrus.

FÜRBITTEN

Zu Jesus Christus, dem Sieger über Sünde und Tod, rufen wir:

Festige in deinen Gläubigen den Geist der Bruderliebe.
A.: Wir bitten dich, erhöre uns.

Entreiße die Völker aus Armut und Hunger, Angst und Bedrängnis.

Rüttle die Gleichgültigen auf, daß sie nach dir suchen.

Steh den Kranken und Sterbenden bei.

Denn bei dir ist Heil und Leben. Dir sei Ehre und Preis in Ewigkeit.   A.: Amen.

GABENGEBET

Herr, unser Gott,
du schenkst uns den Frieden
und gibst uns die Kraft, dir aufrichtig zu dienen.
Laß uns dich mit unseren Gaben ehren
und durch die Teilnahme
an dem einen Brot und dem einen Kelch
eines Sinnes werden.
Darum bitten wir durch Christus, unseren Herrn.

Vor Erscheinung des Herrn: Präfation von Weihnachten, S. 1354 f.; nach Erscheinung des Herrn: Präfation von Erscheinung des Herrn, S. 1355, oder von Weihnachten, S. 1354 f.

KOMMUNIONVERS   1 Joh 1,2
Das Leben ist erschienen;
erschienen ist uns das ewige Leben, das beim Vater war.

SCHLUSSGEBET

Barmherziger Gott,
in jeder Not bist du unsere Hilfe.
Bleibe bei uns mit deinem Schutz,
gib uns,
was wir für dieses vergängliche Leben brauchen,
und führe uns zur ewigen Vollendung bei dir.
Darum bitten wir durch Christus, unseren Herrn.

DIE GLEICHE PREDIGT bewirkt beim einen den Glauben oder den Anfang eines neuen Lebens, den andern läßt sie ungerührt. Woran liegt es? Offenbar ist mit dem bloßen Zur-Kenntnis-Nehmen noch nichts getan. Jesus sagt: Wenn jemand den Willen Gottes tut, wird er merken, ob diese Lehre von Gott ist (Joh 7, 17). Wer einmal Ernst macht und das, was er glaubt, auch tut, der hört immer mehr und versteht immer besser; hier gibt es keinen Stillstand. Wer aber Gottes Wort und Gabe ablehnt, wer nicht verstehen, und was er verstanden hat, nicht tun will, der versteht immer weniger. Man versteht Jesus nur, indem man ihm nachgeht. Wer nur Zuschauer oder Zuhörer sein will, begreift nicht. Auf die Nachfolge, auf das Tun kommt es an.

5. JANUAR

ERÖFFNUNGSVERS   Vgl. Joh 1, 1

Am Anfang und vor aller Zeit war Gott, das Wort.
Er ist uns heute geboren als Heiland der Welt.

Vor Erscheinung des Herrn:

TAGESGEBET

Getreuer Gott,
in der Geburt deines Sohnes
hast du uns auf wunderbare Weise
den Anfang des Heiles geschenkt.
Stärke in uns den Glauben,
daß Christus dein Volk durch die Mühen dieser Zeit
zum Land der Verheißung hinführt.
Er, der in der Einheit des Heiligen Geistes
mit dir lebt und herrscht in alle Ewigkeit.

Nach Erscheinung des Herrn:

TAGESGEBET

Heiliger Gott,
in Christus hast du den Völkern
deine ewige Herrlichkeit geoffenbart.
Gib uns die Gnade,
das Geheimnis unseres Erlösers
immer tiefer zu erfassen,
damit wir durch ihn
zum unvergänglichen Leben gelangen,
der in der Einheit des Heiligen Geistes
mit dir lebt und herrscht in alle Ewigkeit.

ZUR LESUNG   *„Gott ist Licht" (1, 5), er ist reine Liebe. Aus dieser Urbotschaft ergibt sich die Forderung: auch wir sollen einander lieben. Haß, d. h. Lieblosigkeit, ist Mord. Das lehrt auch die Bergpredigt. Die „Welt" aber lebt, richtiger „stirbt" im Haß, von dem sie immer neue Modelle und Möglichkeiten entwickelt. Sie geht auf den Wegen Kains weiter. Dem Urbild des Hassenden steht das Urbild des Liebenden gegenüber, der sein Leben für uns hingegeben hat. Wir sollen also einander lieben (V. 12–15), nicht mit Worten, sondern durch die lebendige Tat (V. 16–18); daran erkennen wir, daß wir aus der Wahrheit sind (V. 19–21). Die Verse 19–21 werden verschieden erklärt. Jedenfalls wollen sie Mut und Vertrauen („Zuversicht") auch dem geben, der sich der Forderung der Liebe nicht (noch nicht) gewachsen fühlt. Auch ihn umgibt und trägt Gottes größere Liebe und das Wissen dieser Liebe. – Gen 4, 4–9; Mt 5, 21; 24, 9; Joh 15, 12–13.18–21; Eph 5, 2; Jak 1, 22.*

ERSTE LESUNG   1 Joh 3, 11–21

Wir sind aus dem Tod in das Leben hinübergegangen, weil wir die Brüder lieben

Lesung
  aus dem ersten Johannesbrief.

Meine Brüder!
11 **Das ist die Botschaft, die ihr von Anfang an gehört habt:
Wir sollen einander lieben**
12   **und nicht wie Kain handeln, der von dem Bösen stammte
  und seinen Bruder erschlug.**

Warum hat er ihn erschlagen?
Weil seine Taten böse,
   die Taten seines Bruders aber gerecht waren.

¹³ Wundert euch nicht, meine Brüder, wenn die Welt euch haßt.
¹⁴ Wir wissen,
   daß wir aus dem Tod in das Leben hinübergegangen sind,
   weil wir die Brüder lieben.
Wer nicht liebt, bleibt im Tod.
¹⁵ Jeder, der seinen Bruder haßt, ist ein Mörder,
und ihr wißt: Kein Mörder hat ewiges Leben, das in ihm bleibt.

¹⁶ Daran haben wir die Liebe erkannt,
   daß Er sein Leben für uns hingegeben hat.
So müssen auch wir für die Brüder das Leben hingeben.
¹⁷ Wenn jemand Vermögen hat
   und sein Herz vor dem Bruder verschließt, den er in Not sieht,
   wie kann die Gottesliebe in ihm bleiben?
¹⁸ Meine Kinder, wir wollen nicht mit Wort und Zunge lieben,
   sondern in Tat und Wahrheit.

¹⁹ Daran werden wir erkennen, daß wir aus der Wahrheit sind,
   und werden unser Herz in seiner Gegenwart beruhigen.
²⁰ Denn wenn das Herz uns auch verurteilt –
   Gott ist größer als unser Herz, und er weiß alles.
²¹ Liebe Brüder, wenn das Herz uns aber nicht verurteilt,
   haben wir gegenüber Gott Zuversicht.

ANTWORTPSALM   Ps 100 (99), 2–3.4–5 (R: vgl. 1)

R Jauchzt vor Gott, alle Länder der Erde! – **R**   (GL 646,1)

² Dient dem Herrn mit Freude! *   V. Ton
Kommt vor sein Antlitz mit Jubel!

³ Erkennt: Der Herr allein ist Gott. †
Er hat uns geschaffen, wir sind sein Eigentum, *
sein Volk und die Herde seiner Weide. – (R)

⁴ Tretet mit Dank durch seine Tore ein! †
Kommt mit Lobgesang in die Vorhöfe seines Tempels! *
Dankt ihm, preist seinen Namen!

⁵ Denn der Herr ist gütig, †
ewig währt seine Huld, *
von Geschlecht zu Geschlecht seine Treue. – **R**

RUF VOR DEM EVANGELIUM

Halleluja. Halleluja.

Aufgeleuchtet ist uns aufs neue der Tag der Erlösung:
Ein großes Licht ist heute auf Erden erschienen.
Kommt, ihr Völker, und betet an den Herrn, unseren Gott!
Halleluja.

ZUM EVANGELIUM   *Die Geschichte der Jüngerberufungen (gestriges Evangelium) geht weiter. Am ausführlichsten wird über Natanael berichtet, den Jünger, dessen Spur sich später zu verlieren scheint. Erst nach der Auferstehung Jesu taucht er wieder auf (Joh 21, 2). Die ersten drei Evangelisten kennen seinen Namen überhaupt nicht, es könnte aber sein, daß es derselbe ist, der bei Matthäus und Markus Bartholomäus heißt. – Bei Matthäus und Markus wird die Berufung der ersten Jünger anders erzählt. Bei Johannes fällt auf, wie stark menschliche Beziehungen bei der Gewinnung der ersten Jünger mitspielen. Einer findet den andern und führt ihn zu Jesus. Dennoch ist deutlich, daß die Anziehungskraft und der entscheidende Ruf von Jesus selbst ausgehen. Seine Person schafft Vertrauen und Glauben. Gleich zu Anfang werden ihm die großen messianischen Ehrennamen zuerkannt: Lamm Gottes, Messias, Sohn Gottes, König von Israel. – Mk 1, 16–20; Mt 4, 18–22; Joh 7, 41–42.52.*

EVANGELIUM   Joh 1, 43–51

Du bist der Sohn Gottes, du bist der König von Israel

✢ Aus dem heiligen Evangelium nach Johannes.

In jener Zeit
43   wollte Jesus nach Galiläa aufbrechen;
da traf er Philíppus.
Und Jesus sagte zu ihm: Folge mir nach!
44   Philíppus war aus Betsáida,
dem Heimatort des Andreas und Petrus.
45   Philíppus traf Natánaël
und sagte zu ihm: Wir haben den gefunden,
über den Mose im Gesetz
und auch die Propheten geschrieben haben:
Jesus aus Nazaret, den Sohn Josefs.

Weihnachtszeit: 5. Januar

⁴⁶ Da sagte Natánaël zu ihm: Aus Nazaret?
    Kann von dort etwas Gutes kommen?
    Philíppus antwortete: Komm und sieh!
⁴⁷ Jesus sah Natánaël auf sich zukommen
    und sagte über ihn: Da kommt ein echter Israelit,
    ein Mann ohne Falschheit.
⁴⁸ Natánaël fragte ihn: Woher kennst du mich?
    Jesus antwortete ihm: Schon bevor dich Philíppus rief,
    habe ich dich unter dem Feigenbaum gesehen.
⁴⁹ Natánaël antwortete ihm: Rabbi, du bist der Sohn Gottes,
    du bist der König von Israel!
⁵⁰ Jesus antwortete ihm:
    Du glaubst, weil ich dir sagte,
    daß ich dich unter dem Feigenbaum sah?
    Du wirst noch Größeres sehen.
⁵¹ Und er sprach zu ihm: Amen, amen, ich sage euch:
    Ihr werdet den Himmel geöffnet
    und die Engel Gottes auf- und niedersteigen sehen
    über dem Menschensohn.

FÜRBITTEN

Zu Christus, der für uns sein Leben hingab, wollen wir beten:

Gib deinen Gläubigen ein offenes Herz für die Not der Welt. (Stille)
Christus, höre uns.
A.: Christus, erhöre uns.

Überwinde Haß und Gewalttat unter den Völkern. (Stille) Christus, höre uns.

Schenke allen Bedrängten Vertrauen und Zuversicht. (Stille) Christus, höre uns.

Geleite uns durch die Mühen der Zeit zum Land der Verheißung. (Stille) Christus, höre uns.

Vater im Himmel, schau gütig auf uns, und erhöre unser Gebet durch Christus, unseren Herrn.   A.: Amen.

GABENGEBET

Herr, wir bringen unsere Gaben dar
für die Feier,
in der sich ein heiliger Tausch vollzieht.
Nimm sie in Gnaden an
und schenke uns dich selbst
in deinem Sohn Jesus Christus,
der mit dir lebt und herrscht in alle Ewigkeit.

Vor Erscheinung des Herrn: Präfation von Weihnachten, S. 1354f.; nach Erscheinung des Herrn: Präfation von Erscheinung des Herrn, S. 1355, oder von Weihnachten, S. 1354f.

KOMMUNIONVERS   Joh 3, 16

Gott hat die Welt so geliebt, daß er seinen einzigen Sohn hingab,
damit jeder, der an ihn glaubt, nicht zugrunde geht,
sondern das ewige Leben hat.

SCHLUSSGEBET

Allmächtiger Gott,
wir danken dir für das Brot des Lebens,
das du uns gereicht hast.
Gib uns durch dieses Sakrament
Kraft für unseren Weg zu dir
und schütze uns in deiner nie versagenden Liebe.
Darum bitten wir durch Christus, unseren Herrn.

„NICHT UM ZU RICHTEN.
bist du gekommen, Gott,
sondern um zu suchen, was verloren ist,
und zu befreien,
was in Schuld und Angst gefangenliegt,
um uns zu retten,
wenn unser Herz uns anklagt.
Nimm uns,
so wie wir hier zugegen sind,
mit der ganzen sündigen Vergangenheit der Welt.
Du bist doch größer als unser Herz,
größer als alle Schuld,
du bist der Schöpfer
einer neuen Zukunft,
ein Gott der Liebe bis in Ewigkeit" (Huub Oosterhuis).

6. JANUAR

Wo das Hochfest Erscheinung des Herrn kein gebotener Feiertag ist, wird es auf den Sonntag vom 2. bis zum 8. Januar verlegt. Am 6. Januar wird in diesem Fall die folgende Wochentagsmesse genommen.

ERÖFFNUNGSVERS Ps 112 (111), 4

Den Redlichen erstrahlt im Finstern ein Licht:
der gnädige, barmherzige und gerechte Gott.

Vor Erscheinung des Herrn:

TAGESGEBET

Gütiger Gott,
erleuchte deine Gläubigen
und mach ihre Herzen hell
durch den Glanz deiner Gnade.
Gib, daß wir in diesem Licht
Christus als unseren Erlöser allezeit erkennen
und ihn wahrhaft aufnehmen,
der in der Einheit des Heiligen Geistes
mit dir lebt und herrscht in alle Ewigkeit.

Nach Erscheinung des Herrn:

TAGESGEBET

Allmächtiger Gott, du hast den Heiden
die Geburt des Welterlösers geoffenbart
und die Weisen durch den Stern zu ihm geführt.
Laß uns immer tiefer erfassen,
daß Christus zu unserem Heil Mensch geworden ist.
Er, der in der Einheit des Heiligen Geistes
mit dir lebt und herrscht in alle Ewigkeit.

ZUR LESUNG *Der Dreiheit Liebe–Christusglaube–Sieg über die Welt entspricht die andere Dreiheit: der Geist, das Wasser und das Blut. Den Sieg über die Welt hat Christus errungen, und wenn wir an ihn glauben, haben wir teil an diesem Sieg. Wer nicht glaubt, daß es der Sohn Gottes ist, der am Kreuz starb, dem bleiben nur allgemeine Wahrheiten übrig: es gibt für ihn kein Erfüllen der Gebote und keinen Sieg über die Welt. Der*

Sohn ist „gekommen" durch Wasser und Blut. Bei der Taufe im Jordan wurde er von Gott beglaubigt; durch das Blut, das er für die Sünden der Welt vergoß, hat er die Welt besiegt und erlöst. Der Geist aber ist die Wahrheit (V. 6); er bezeugt in der Gemeinde und in jedem Glaubenden die Wahrheit, daß in Christus Gott selbst sich der Welt mitgeteilt hat. – Joh 3, 5; 4, 14; 7, 37–39; 14, 26; 16, 33; 19, 34.

ERSTE LESUNG 1 Joh 5, 5–13

Drei sind es, die Zeugnis geben: der Geist, das Wasser und das Blut

Lesung
   aus dem ersten Johannesbrief.

Liebe Brüder!
5 Wer sonst besiegt die Welt,
   außer dem, der glaubt, daß Jesus der Sohn Gottes ist?
6 Dieser ist es, der durch Wasser und Blut gekommen ist:
Jesus Christus.
Er ist nicht nur im Wasser gekommen,
   sondern im Wasser und im Blut.
Und der Geist ist es, der Zeugnis ablegt;
denn der Geist ist die Wahrheit.
7 Drei sind es, die Zeugnis ablegen:
8 der Geist,
   das Wasser
   und das Blut;
und diese drei sind eins.
9 Wenn wir von Menschen ein Zeugnis annehmen,
   so ist das Zeugnis Gottes gewichtiger;
denn das ist das Zeugnis Gottes:
Er hat Zeugnis abgelegt für seinen Sohn.
10 Wer an den Sohn Gottes glaubt,
   trägt das Zeugnis in sich.
Wer Gott nicht glaubt, macht ihn zum Lügner,
   weil er nicht an das Zeugnis glaubt,
   das Gott für seinen Sohn abgelegt hat.
11 Und das Zeugnis besteht darin,
   daß Gott uns das ewige Leben gegeben hat;
und dieses Leben ist in seinem Sohn.

12 Wer den Sohn hat,
   hat das Leben;
   wer den Sohn Gottes nicht hat, hat das Leben nicht.

13 Dies schreibe ich euch,
   damit ihr wißt, daß ihr das ewige Leben habt;
   denn ihr glaubt an den Namen des Sohnes Gottes.

ANTWORTPSALM   Ps 147,12–13.14–15.19–20 (R: 12a)

R Jerusalem, preise den Herrn! – R   (GL 149,6)

(*Oder:* Halleluja.)

I. Ton

12 Jerusalem, preise den Herrn, *
   lobsinge, Zion, deinem Gott!

13 Denn er hat die Riegel deiner Tore festgemacht, *
   die Kinder in deiner Mitte gesegnet. – (R)

14 Er verschafft deinen Grenzen Frieden *
   und sättigt dich mit bestem Weizen.

15 Er sendet sein Wort zur Erde, *
   rasch eilt sein Befehl dahin. – (R)

19 Er verkündet Jakob sein Wort, *
   Israel seine Gesetze und Rechte.

20 An keinem andern Volk hat er so gehandelt, *
   keinem sonst seine Rechte verkündet. – R

RUF VOR DEM EVANGELIUM   Vers: vgl. Mt 3,16.17; Mk 9,7

Halleluja. Halleluja.

Der Himmel tat sich auf, und eine Stimme sprach:
Das ist mein geliebter Sohn, auf ihn sollt ihr hören.

Halleluja.

ZUM EVANGELIUM   *Johannes der Täufer weist auf Jesus als den Stärkeren hin. Nach der Taufe im Jordan bekennt sich Gott selbst zu Jesus als dem „geliebten Sohn". Dieses Wort ist in seinem vollen, eigentlichen Sinn zu verstehen. Der „geliebte Sohn" ist der wirkliche, einzige Sohn. Ihn hat Gott nicht erst durch Adoption zum Sohn gemacht; er liebt ihn nicht aus Barmherzigkeit, wie er die Menschen liebt, sondern mit ewigem*

Wohlgefallen, mit göttlicher Freude. Das bezeugt er in dem Augenblick, als Jesus sich in die Reihe der Sünder stellt, um die Sünde der Welt auf sich zu nehmen und zu sühnen. – Joh 1,26–27.32–34; Mt 3,13–17; Lk 3,21–22.

EVANGELIUM Mk 1,7–11

Du bist mein geliebter Sohn, an dir habe ich Gefallen gefunden

✛ Aus dem heiligen Evangelium nach Markus.

In jener Zeit
7 verkündete Johannes der Täufer:
Nach mir kommt einer,
 der ist stärker als ich;
ich bin es nicht wert,
 mich zu bücken, um ihm die Schuhe aufzuschnüren.
8 Ich habe euch nur mit Wasser getauft,
 er aber wird euch mit dem Heiligen Geist taufen.
9 In jenen Tagen kam Jesus aus Nazaret in Galiläa
 und ließ sich von Johannes im Jordan taufen.
10 Und als er aus dem Wasser stieg,
 sah er, daß der Himmel sich öffnete
 und der Geist wie eine Taube auf ihn herabkam.
11 Und eine Stimme aus dem Himmel sprach:
 Du bist mein geliebter Sohn,
an dir habe ich Gefallen gefunden.

Oder:

EVANGELIUM Lk 3,23–38

Stammbaum Jesu Christi, des Sohnes Adams, des Sohnes Gottes

✛ Aus dem heiligen Evangelium nach Lukas.

23 Jesus war etwa dreißig Jahre alt,
 als er zum erstenmal öffentlich auftrat.
Man hielt ihn für den Sohn Josefs.
Die Vorfahren Josefs waren:
24 Eli, Mattat, Levi, Melchi, Jánnai, Josef,
25 Mattítja, Amos, Nahum, Hesli, Naggai,
26 Mahat, Mattítja, Schimi, Josech, Joda,
27 Jóhanan, Resa, Serubbábel, Scheáltiël, Neri,

28 Melchi, Addi, Kosam, Élmadam, Er,
29 Joschúa, Eliéser, Jorim, Mattat, Levi,
30 Símeon, Juda, Josef, Jonam, Éljakim,
31 Meléa, Menna, Mattáta, Natan, David,
32 Ísai, Obed, Boas, Salmon, Nachschon,
33 Amminádab, Admin, Arni, Hezron, Perez, Juda,
34 Jakob, Ísaak, Abraham, Terach, Nahor,
35 Serug, Regu, Peleg, Eber, Schelach,
36 Kenan, Árpachschad, Sem, Noach, Lamech,
37 Metuschélach, Henoch, Jered, Mahálalel, Kenan,
38 Enosch, Set, Adam;
der stammte von Gott.

Oder:

KURZFASSUNG Lk 3,23.31–34.36.38

Stammbaum Jesu Christi, des Sohnes Adams, des Sohnes Gottes

✛ Aus dem heiligen Evangelium nach Lukas.

23 Jesus war etwa dreißig Jahre alt,
   als er zum erstenmal öffentlich auftrat.
Man hielt ihn für den Sohn Josefs.

Die Vorfahren Josefs waren:
31 Eli, Meléa, Menna, Mattáta, Natan, David,
32 Ísai, Obed, Boas, Salmon, Nachschon,
33 Amminádab, Admin, Arni, Hezron, Perez, Juda,
34 Jakob, Ísaak, Abraham, Terach, Nahor,
36 Kenan, Árpachschad, Sem, Noach, Lamech,
38 Enosch, Set, Adam;
der stammte von Gott.

FÜRBITTEN

In Christus gab uns Gott das ewige Leben. Zu ihm wollen wir rufen:

Für die Kirche Christi: daß der Heilige Geist sie durchdringe. – Lasset zum Herrn uns beten: Herr, erbarme dich.
A.: Christus, erbarme dich.

Für alle Völker: daß sie einander Vertrauen schenken. – Lasset zum Herrn uns beten: Herr, erbarme dich.

Für die Kranken: daß sie ihre Leiden in Geduld tragen und Gesundheit erlangen. – Lasset zum Herrn uns beten: Herr, erbarme dich.
A.: Christus, erbarme dich.

Für unsere Toten: daß ihnen das ewige Licht leuchte. – Lasset zum Herrn uns beten: Herr, erbarme dich.

Denn du trittst beim Vater für uns ein. Dir danken wir jetzt und in Ewigkeit.   A.: Amen.

GABENGEBET

Herr, unser Gott,
nimm die Gaben deines Volkes an
und gib, daß wir im Geheimnis
der heiligen Eucharistie empfangen,
was wir im Glauben bekennen.
Darum bitten wir durch Christus, unseren Herrn.

Vor Erscheinung des Herrn: Präfation von Weihnachten, S. 1354f.; nach Erscheinung des Herrn: Präfation von Erscheinung des Herrn, S. 1355, oder von Weihnachten, S. 1354f.

KOMMUNIONVERS   1 Joh 4,9

Die Liebe Gottes wurde unter uns dadurch offenbar,
daß Gott seinen einzigen Sohn in die Welt gesandt hat,
damit wir durch ihn leben.

SCHLUSSGEBET

Barmherziger Gott, du bist es,
der uns in diesem heiligen Sakrament begegnet.
Laß die Kraft dieser Speise in uns wirksam werden
und mache uns durch dieses große Geschenk bereit,
stets neu deine Gaben zu empfangen.
Darum bitten wir durch Christus, unseren Herrn.

„NIEMAND KANN GOTT ERSCHAUEN, *der nicht in nächste Beziehung zum Sohn tritt und ihm nachfolgend sich zu einem neuen Menschen umschafft. Nur der Sohn hat das unbeschränkte Wissen um den Vater und um das Rätsel der menschlichen Natur, um ihr Sinken und Sicherheben, ihr Schwanken zwischen Unfreiheit und Freiheit. Nur der Sohn weiß um*

den Sinn der Schöpfung, um die Bestimmung des Menschen – nicht unsere Wissenschaft, nicht unser Forschen, nicht die ... Zivilisation" (Robert Saitschick).
"Ganz durchsichtig, klar und lauter möchte ich werden, so daß die heiligste Dreifaltigkeit sich in mir wie in einem Kristall spiegeln kann" (Elisabeth von der heiligsten Dreifaltigkeit).

7. JANUAR

In den Gegenden, in denen Erscheinung an dem Sonntag gefeiert wird, der auf den 8. Januar fällt

ERÖFFNUNGSVERS   Vgl. Gal 4, 4–5
Gott sandte seinen Sohn, geboren von einer Frau,
damit wir das Recht der Sohnschaft erlangten.

Vor Erscheinung des Herrn:

TAGESGEBET

Allmächtiger, ewiger Gott,
durch die Menschwerdung deines Sohnes
erstrahlst du der Welt in einem neuen Licht.
Da er durch die Geburt aus der Jungfrau
einer von uns geworden ist,
laß uns Anteil haben am Reich seiner Gnade.
Darum bitten wir durch ihn,
der in der Einheit des Heiligen Geistes
mit dir lebt und herrscht in alle Ewigkeit.

ZUR LESUNG   *Am Schluß des Briefes werden einzelne Grundgedanken nochmals aufgegriffen und teilweise ergänzt. Wer glaubt, daß Jesus der Sohn Gottes ist, hat Gemeinschaft mit Gott, und er hat ein absolutes Vertrauen zu Gott. Das Gegenteil des Glaubens und der Gemeinschaft ist die Sünde. Es gibt Sünden, und es gibt d i e Sünde. Für die einzelnen Sünden gibt es Vergebung; aber die Gemeinde muß für den Sünder bitten. Was ist mit der Sünde gemeint, „die zum Tod führt"? Man könnte an die Sünde gegen den Heiligen Geist denken (Mk 3, 29) oder an den Abfall vom Glauben (Hebr 6, 4–6). Näher liegt es, an die Antichristen (1 Joh 2, 18–19) zu denken, die den Glauben der Gemeinde in Gefahr bringen. Mit dem dreifa-*

chen „wir wissen" (V. 18.19.20; vgl. V. 13) stellt der Apostel abschließend die Grundwahrheiten fest, an die der Christ glaubt und von denen er lebt. – Joh 14,13–14; 15,22–24; Mt 12,31–32; 1 Joh 3,6; Joh 1,12–13; 17,15; Eph 1,17.

ERSTE LESUNG 1 Joh 5,14–21

Er hört uns bei allem, was wir erbitten

Lesung
   aus dem ersten Johannesbrief.

Liebe Brüder!
¹⁴ Wir haben Gott gegenüber die Zuversicht,
   daß er uns hört,
      wenn wir etwas erbitten, das seinem Willen entspricht.
¹⁵ Wenn wir wissen,
   daß er uns bei allem hört, was wir erbitten,
      dann wissen wir auch, daß er unsere Bitten schon erfüllt hat.
¹⁶ Wer sieht,
   daß sein Bruder eine Sünde begeht, die nicht zum Tod führt,
   soll für ihn bitten;
und Gott wird ihm Leben geben,
allen, deren Sünde nicht zum Tod führt.
Denn es gibt Sünde, die zum Tod führt.
Von ihr spreche ich nicht,
   wenn ich sage, daß er bitten soll.
¹⁷ Jedes Unrecht ist Sünde;
aber es gibt Sünde, die nicht zum Tod führt.

¹⁸ Wir wissen: Wer von Gott stammt, sündigt nicht,
sondern der von Gott Gezeugte bewahrt ihn,
   und der Böse tastet ihn nicht an.
¹⁹ Wir wissen: Wir sind aus Gott,
   aber die ganze Welt steht unter der Macht des Bösen.
²⁰ Wir wissen aber: Der Sohn Gottes ist gekommen,
   und er hat uns Einsicht geschenkt,
      damit wir Gott, den Wahren, erkennen.
Und wir sind in diesem Wahren,
   in seinem Sohn Jesus Christus.
Er ist der wahre Gott und das ewige Leben.
²¹ Meine Kinder, hütet euch vor den Götzen!

Weihnachtszeit: 7. Januar

ANTWORTPSALM Ps 149, 1–2.3–4.5–6a u. 9b (R: 4a)

R Der Herr hat an seinem Volk Gefallen. – **R** (GL 646, 1)

(*Oder:* Halleluja.)

1 Singet dem Herrn ein neues Lied! * V. Ton
Sein Lob erschalle in der Gemeinde der Frommen.

2 Israel soll sich über seinen Schöpfer freuen, *
die Kinder Zions über ihren König jauchzen. – (**R**)

3 Seinen Namen sollen sie loben beim Reigentanz, *
ihm spielen auf Pauken und Harfen.

4 Der Herr hat an seinem Volk Gefallen, *
die Gebeugten krönt er mit Sieg. – (**R**)

5 In festlichem Glanz sollen die Frommen frohlocken, *
auf ihren Lagern jauchzen:

6a Loblieder auf Gott in ihrem Mund, *
9b herrlich ist das für all seine Frommen. – **R**

RUF VOR DEM EVANGELIUM Vers: vgl. Lk 7, 16

Halleluja. Halleluja.

Ein großer Prophet trat unter uns auf:
Gott nahm sich seines Volkes an.

Halleluja.

ZUM EVANGELIUM *Das Evangelium von der Hochzeit von Kana wird auch am 2. Sonntag im Jahreskreis (C) gelesen. Wie das Kommen der Magier und die Taufe Jesu im Jordan ist auch das Wunder von Kana ein Epiphanie-Geschehen: Gottes Herrlichkeit scheint in der Person des Jesus von Nazaret auf. Das gilt für dieses erste „Zeichen" und auch für alle folgenden, bis zur Auferweckung des Lazarus. Den Anstoß zu diesem ersten Zeichen gab Maria, die Mutter Jesu. Sie wird auch beim Kreuz stehen (Joh 19, 25–27), wenn seine „Stunde" gekommen ist (Joh 2, 5; vgl. 13, 1). Die „Stunde" Jesu ist seine Erhöhung am Kreuz und sein Hinübergehen von dieser Welt in die Herrlichkeit des Vaters. – Mt 22, 1–14; Joh 17, 1; Offb 21, 2–7.*

EVANGELIUM Joh 2,1–11

So tat Jesus sein erstes Zeichen – in Kana in Galiläa

✝ Aus dem heiligen Evangelium nach Johannes.

In jener Zeit
1 fand in Kana in Galiläa eine Hochzeit statt,
und die Mutter Jesu war dabei.
2 Auch Jesus und seine Jünger waren zur Hochzeit eingeladen.
3 Als der Wein ausging,
sagte die Mutter Jesu zu ihm: Sie haben keinen Wein mehr.
4 Jesus erwiderte ihr: Was willst du von mir, Frau?
Meine Stunde ist noch nicht gekommen.
5 Seine Mutter sagte zu den Dienern:
Was er euch sagt, das tut!
6 Es standen dort sechs steinerne Wasserkrüge,
wie es der Reinigungsvorschrift der Juden entsprach;
jeder faßte ungefähr hundert Liter.
7 Jesus sagte zu den Dienern: Füllt die Krüge mit Wasser!
Und sie füllten sie bis zum Rand.
8 Er sagte zu ihnen: Schöpft jetzt,
und bringt es dem, der für das Festmahl verantwortlich ist.
Sie brachten es ihm.
9 Er kostete das Wasser,
das zu Wein geworden war.
Er wußte nicht, woher der Wein kam;
die Diener aber, die das Wasser geschöpft hatten, wußten es.
Da ließ er den Bräutigam rufen
10 und sagte zu ihm: Jeder setzt zuerst den guten Wein vor
und erst, wenn die Gäste zuviel getrunken haben,
den weniger guten.
Du jedoch
hast den guten Wein bis jetzt zurückgehalten.
11 So tat Jesus sein erstes Zeichen,
in Kana in Galiläa,
und offenbarte seine Herrlichkeit,
und seine Jünger glaubten an ihn.

Fürbitten siehe S. 178.

GABENGEBET

Herr, unser Gott,
du schenkst uns den Frieden
und gibst uns die Kraft, dir aufrichtig zu dienen.
Laß uns dich mit unseren Gaben ehren
und durch die Teilnahme
an dem einen Brot und dem einen Kelch
eines Sinnes werden.
Darum bitten wir durch Christus, unseren Herrn.

Vor Erscheinung des Herrn: Präfation von Weihnachten, S. 1354 f.; nach Erscheinung des Herrn: Präfation von Erscheinung des Herrn, S. 1355, oder von Weihnachten, S. 1354 f.

KOMMUNIONVERS   Joh 1, 16

Aus seiner Fülle haben wir alle empfangen,
Gnade über Gnade.

SCHLUSSGEBET

Barmherziger Gott,
in jeder Not bist du unsere Hilfe.
Bleibe bei uns mit deinem Schutz,
gib uns,
was wir für dieses vergängliche Leben brauchen,
und führe uns zur ewigen Vollendung bei dir.
Darum bitten wir durch Christus, unseren Herrn.

„KEIN ZWEIFEL: Das ‚Zeichen' am Anfang als erster Höhepunkt, der Größeres erwarten läßt, hat eine besondere Funktion. Den Zeugen jener Begebenheit ist ein Hinweis gegeben. Diesem Beginn entspricht das Ende, nachdem sich das Schicksal des Offenbarers erfüllt hat. Darum schließt Johannes sein Evangelium mit der Feststellung: Jesus hat vor den Augen seiner Jünger noch viele andere Zeichen getan, die nicht in diesem Buch aufgezeichnet sind. Diese hier sind aber aufgezeichnet, damit ihr glaubt, daß Jesus der Christus, der Sohn Gottes ist, und daß ihr durch den Glauben Leben habt in seinem Namen (20, 30 f.).
Ein Doppeltes soll gesagt werden: Jesu Leben und Wirken ist ein fortgesetztes ‚Zeichen', das Glauben vorbereitet und fordert. Das Evangelium aber ist ein unzureichender Ausdruck dieses worthaften Geschehens, insofern es seinen Reichtum nicht erschöpfend darzustellen vermag" (Ulrich Horst).

Die für die Kalendertage vom 7. bis zum 12. Januar angegebenen Perikopen werden an den Tagen nach dem Hochfest Erscheinung des Herrn genommen, auch wenn dieses auf einen Sonntag verlegt wird, und zwar bis zum darauffolgenden Samstag.

Am Montag nach dem Sonntag, an dem das Fest Taufe des Herrn gefeiert wird (d. h. Sonntag nach dem 6. Januar), werden jedoch die Texte für die Zeit „Im Jahreskreis" genommen, gegebenenfalls entfallen die übriggebliebenen für die Tage vom 7.–12. Januar vorgesehenen Texte.

Trifft der Sonntag, auf den das Hochfest Erscheinung des Herrn verlegt wird, auf den 7. oder 8. Januar, so wird das Fest Taufe des Herrn (siehe Schott-Meßbuch für die Sonntage im entsprechenden Lesejahr) am unmittelbar folgenden Montag gefeiert. Dann beginnt die Zeit „Im Jahreskreis" am darauffolgenden Dienstag.

7. JANUAR

oder
Montag nach dem Sonntag,
auf den gegebenenfalls Erscheinung des Herrn verlegt wird

ERÖFFNUNGSVERS Vgl. Gal 4, 4–5

Gott sandte seinen Sohn, geboren von einer Frau,
damit wir das Recht der Sohnschaft erlangten.

TAGESGEBET

Allmächtiger, ewiger Gott,
du hast uns durch deinen Sohn neu geschaffen
zum Lob deiner Herrlichkeit.
Mache uns durch die Gnade
deinem Sohn gleichförmig,
in dem unsere menschliche Natur
mit deinem göttlichen Wesen vereint ist,
der in der Einheit des Heiligen Geistes
mit dir lebt und herrscht in alle Ewigkeit.

ZUR LESUNG *Glaube an Gott ist Glaube an Jesus Christus, und es gibt keinen Glauben, der nicht Liebe ist: Gemeinschaft mit Gott und Gemeinschaft mit den Brüdern. Woran erkennen wir, daß wir diese Gemeinschaft haben? Darauf gibt Vers 24 zwei ungleiche Antworten: 1. daran,* *daß wir seine Gebote halten; 2. an dem Geist, den er uns gegeben hat. Seit der Erhöhung Jesu ist es der göttliche Geist, der die Jüngergemeinde schafft und in ihr die neue Schöpfung hervorbringt. Es gibt auch andere Geister, Gegengeister, so wie es „Gegenchristen" gibt. Woran man sie erkennt, sagen die Verse 4, 1–6. Es sind die Geister, die sich auf Gott berufen, ohne Gottes Kraft und Gottes Wahrheit zu besitzen. Johannes hat hier ganz bestimmte „Geister" im Auge: wer nicht bekennt, daß Jesus im Fleisch gekommen, also wahrer Mensch geworden ist, der ist nicht aus Gott. Nur wer die Menschwerdung mit allen ihren Konsequenzen ernst nimmt, hat den Geist Gottes – heute wie damals. – Joh 13, 14–15; 15, 17; 14, 21–24; 7, 39; 1 Joh 4, 13; 1 Kor 12, 3.*

ERSTE LESUNG   1 Joh 3, 22 – 4, 6

Prüft die Geister, ob sie aus Gott sind

**Lesung
aus dem ersten Johannesbrief.**

Liebe Brüder!
22 Alles, was wir erbitten, empfangen wir von Gott,
   weil wir seine Gebote halten
   und tun, was ihm gefällt.
23 Und das ist sein Gebot:
   Wir sollen an den Namen seines Sohnes Jesus Christus glauben
   und einander lieben, wie es seinem Gebot entspricht.
24 Wer seine Gebote hält,
   bleibt in Gott und Gott in ihm.
   Und daß er in uns bleibt,
   erkennen wir an dem Geist, den er uns gegeben hat.

1 Liebe Brüder, traut nicht jedem Geist,
   sondern prüft die Geister, ob sie aus Gott sind;
   denn viele falsche Propheten sind in die Welt hinausgezogen.
2 Daran erkennt ihr den Geist Gottes:
   Jeder Geist, der bekennt, Jesus Christus sei im Fleisch gekommen,
      ist aus Gott.
3 Und jeder Geist, der Jesus nicht bekennt,
      ist nicht aus Gott.
   Das ist der Geist des Antichrists,
      über den ihr gehört habt, daß er kommt.
   Jetzt ist er schon in der Welt.

⁴ Ihr aber, meine Kinder, seid aus Gott und habt sie besiegt;
denn Er, der in euch ist,
   ist größer als jener, der in der Welt ist.
⁵ Sie sind aus der Welt;
   deshalb sprechen sie, wie die Welt spricht,
   und die Welt hört auf sie.
⁶ Wir aber sind aus Gott.
Wer Gott erkennt, hört auf uns;
wer nicht aus Gott ist,
   hört nicht auf uns.
Daran erkennen wir den Geist der Wahrheit
   und den Geist des Irrtums.

ANTWORTPSALM   Ps 2,7–8.10–11 (R: 8a)

R Ich gebe dir die Völker zum Erbe. – R   (GL 149,5)

⁷ Den Beschluß des Herrn will ich kundtun. †   VI. Ton
Er sprach zu mir: „Mein Sohn bist du. *
Heute habe ich dich gezeugt.
⁸ Fordere von mir, und ich gebe dir die Völker zum Erbe, *
die Enden der Erde zum Eigentum." – (R)
¹⁰ Nun denn, ihr Könige, kommt zur Einsicht, *
laßt euch warnen, ihr Gebieter der Erde!
¹¹ Dient dem Herrn in Furcht, *
und küßt ihm mit Beben die Füße. – R

RUF VOR DEM EVANGELIUM   Vers: Mt 4,23b

Halleluja. Halleluja.

Jesus verkündete das Evangelium vom Reich
und heilte im Volk alle Krankheiten und Leiden.
Halleluja.

ZUM EVANGELIUM   *Jesus beginnt seine öffentliche Tätigkeit in dem Augenblick, als Johannes vom Schauplatz abtritt. Über die Einkerkerung des Johannes berichtet Mt 14, 3–12. Auch Jesus wird „ausgeliefert" werden (20, 18 f.); das ist Prophetenschicksal. Daß Jesus in Galiläa auftritt und nicht, wie man erwarten sollte, in Judäa, wird doppelt begründet: durch das Schicksal des Vorläufers in Judäa und durch die Weissagung des Propheten Jesaja (Jes 8,23 – 9,1). Das Wirken Jesu wird in Vers 23 zusammengefaßt: er ruft die Königsherrschaft Gottes aus, und er heilt Kranke (vgl. 9,35). So bringt er auf zweifache Weise das „Licht" in das dunkle Land. Wort und Wunder zusammen sind wirksame Zeichen des gekommenen Heils. – Mk 1,14–15.39; Lk 4,14–15; Joh 8,12; Mt 3,12; Lk 17,20–21; 6,17–19.*

EVANGELIUM Mt 4,12–17.23–25

Das Himmelreich ist nahe

✢ Aus dem heiligen Evangelium nach Matthäus.

In jener Zeit,
12   als Jesus hörte,
      daß man Johannes den Täufer ins Gefängnis geworfen hatte,
   zog er sich nach Galiläa zurück.
13 Er verließ Nazaret,
      um in Kafárnaum zu wohnen, das am See liegt,
im Gebiet von Sébulon und Náftali.
14 Denn es sollte sich erfüllen,
      was durch den Propheten Jesája gesagt worden ist:
15 Das Land Sébulon und das Land Náftali,
die Straße am Meer, das Gebiet jenseits des Jordan,
das heidnische Galiläa:
16 das Volk, das im Dunkel lebte,
      hat ein helles Licht gesehen;
denen, die im Schattenreich des Todes wohnten,
      ist ein Licht erschienen.
17 Von da an begann Jesus zu verkünden: Kehrt um!
Denn das Himmelreich ist nahe.

23 Er zog in ganz Galiläa umher,
lehrte in den Synagogen,
verkündete das Evangelium vom Reich
und heilte im Volk
      alle Krankheiten und Leiden.
24 Und sein Ruf verbreitete sich in ganz Sýrien.
Man brachte Kranke
      mit den verschiedensten Gebrechen und Leiden zu ihm,
      Besessene, Mondsüchtige und Gelähmte,
und er heilte sie alle.

25 **Scharen von Menschen aus Galiläa,**
   der Dekápolis, aus Jerusalem und Judäa
   und aus dem Gebiet jenseits des Jordan folgten ihm.

FÜRBITTEN

Zu Christus, der durch seine Geburt aus Maria einer von uns geworden ist, laßt uns beten:

Hilf, daß deine Gläubigen dir aufrichtig dienen.
A.: Wir bitten dich, erhöre uns.

Wecke in den Völkern die Sehnsucht nach deinem Reich.

Tritt für alle ein, deren sich niemand annimmt.

Laß alle, die in der Hoffnung auf dich entschlafen sind, bei dir geborgen sein.

Denn du bist unser Bruder geworden, damit wir Kinder Gottes werden. Dir sei Ehre in Ewigkeit.   A.: Amen.

GABENGEBET

Herr, unser Gott,
du schenkst uns den Frieden
und gibst uns die Kraft, dir aufrichtig zu dienen.
Laß uns dich mit unseren Gaben ehren
und durch die Teilnahme
an dem einen Brot und dem einen Kelch
eines Sinnes werden.
Darum bitten wir durch Christus, unseren Herrn.

Präfation von Weihnachten, S.1354f.,
bzw. Erscheinung des Herrn, S.1355.

KOMMUNIONVERS   Joh 1, 16

Aus seiner Fülle haben wir alle empfangen,
Gnade über Gnade.

SCHLUSSGEBET

Barmherziger Gott,
in jeder Not bist du unsere Hilfe.
Bleibe bei uns mit deinem Schutz,

gib uns,
was wir für dieses vergängliche Leben brauchen,
und führe uns zur ewigen Vollendung bei dir.
Darum bitten wir durch Christus, unseren Herrn.

"OHNE ZWEIFEL kann der Raum, den das christliche Denken dem heiligen Geist einzuräumen hat, nie weit genug sein. Jesus Christus, die Knechtsgestalt Gottes auf Erden, war ein kurzer, in der Weltgeschichte kaum merklicher Augenblick. Ein paar Worte, ein paar Taten, und schon ist alles vorbei. Und ‚es ist gut für euch, daß ich gehe ... Wenn aber jener, der Geist der Wahrheit, kommt, wird er euch in alle Wahrheit einführen' (Joh 16,7.13). Die schmale Wort- und Tat-Offenbarung öffnet sich in Dimensionen, die dem Geist Gottes allein vertraut sind. Er ist Geist, nicht mehr Wort; er ist Freiheit, seine Auslegungen sind immer neu, immer überraschend, immer größer, als die Theologen gemeint haben. Immer unbequemer, als eine verbürgerlichte Christenheit gehofft hat ..." (Hans Urs von Balthasar).

8. JANUAR
oder
Dienstag nach dem Sonntag,
auf den gegebenenfalls Erscheinung des Herrn verlegt wird

ERÖFFNUNGSVERS

Ein heiliger Tag strahlt über uns auf.
Kommt, betet an den Herrn,
denn ein großes Licht ist auf die Erde herabgekommen.

TAGESGEBET

Gütiger Gott,
wir gehen durch eine Welt
voll Zwielicht und Schatten.
Laß dein Licht in unseren Herzen aufstrahlen
und führe uns durch das Dunkel dieses Lebens
in deine unvergängliche Klarheit.
Darum bitten wir durch Jesus Christus.

ZUR LESUNG *Vom Liebesgebot war schon in 2,7–11 und in 3,11–18 die Rede. In 4,7–21 kommt es ein drittes Mal zur Sprache. Die Liebe fängt nicht beim Menschen an, sie kommt von Gott, stammt aus seinem innersten Wesen: Gott ist Liebe (V. 7–10). Gottes Liebe ist nicht eine Idee, sondern eine Tat: Gott hat seinen Sohn gesandt. Der Sohn ist für unsere Sünden gestorben. Es ist nicht gleichgültig, ob das gewußt und anerkannt wird in der Gemeinde. Denn von dieser Liebe Gottes lebt die Gemeinde, und von ihr kommt die stärkste Verpflichtung zur Bruderliebe (V. 11). – 1 Thess 4,9; Joh 3,16; Röm 5,8; 8,31–39.*

ERSTE LESUNG 1 Joh 4,7–10

Gott ist die Liebe

**Lesung
aus dem ersten Johannesbrief.**

⁷ Liebe Brüder, wir wollen einander lieben;
denn die Liebe ist aus Gott,
und jeder, der liebt, stammt von Gott
und erkennt Gott.

⁸ Wer nicht liebt,
hat Gott nicht erkannt;
denn Gott ist die Liebe.

⁹ Die Liebe Gottes wurde unter uns dadurch offenbart,
daß Gott seinen einzigen Sohn in die Welt gesandt hat,
damit wir durch ihn leben.

¹⁰ Nicht darin besteht die Liebe,
daß wir Gott geliebt haben,
sondern daß er uns geliebt
und seinen Sohn als Sühne für unsere Sünden gesandt hat.

ANTWORTPSALM Ps 72 (71),1–2.3–4b.7–8 (R: 11)

R Alle Könige müssen ihm huldigen, (GL 153,1 oder 152,1)
alle Völker ihm dienen. – **R**

1 Verleih dein Richteramt, o Gott, dem König, *
dem Königssohn gib dein gerechtes Walten! VI. Ton

2 Er regiere dein Volk in Gerechtigkeit *
und deinen Armen durch rechtes Urteil. – (**R**)

3 Dann tragen die Berge Frieden für das Volk *
und die Höhen Gerechtigkeit.

4ab Er wird Recht verschaffen den Gebeugten im Volk, *
Hilfe bringen den Kindern der Armen. – (R)

7 Die Gerechtigkeit blühe auf in seinen Tagen *
und großer Friede, bis der Mond nicht mehr da ist.

8 Er herrsche von Meer zu Meer, *
vom Strom bis an die Enden der Erde. – R

RUF VOR DEM EVANGELIUM Vers: vgl. Jes 61, 1 (Lk 4, 18)

Halleluja. Halleluja.

Der Herr hat mich gesandt,
den Armen die Frohe Botschaft zu bringen
und den Gefangenen die Freiheit zu verkünden.

Halleluja.

ZUM EVANGELIUM *Die beiden Berichte über das Speisewunder in Mk 6, 30–44 und 8, 1–9 bezogen sich ursprünglich wohl auf ein und dasselbe Ereignis; es wurde in der christlichen Unterweisung mehrfach erzählt, wobei jeweils der Ton auf die eine oder die andere Bedeutung des Wunders gelegt wurde. In 8, 21 weist Jesus die Jünger ausdrücklich auf den tieferen Sinn dieses Wunders hin. Im ersten Bericht (heutiges Evangelium) erscheint Jesus als der Hirte, der mit dem Volk Mitleid hat und es zuerst mit dem Wort der Lehre, dann mit den Broten speist. Er läßt das Volk im „grünen Gras" lagern wie der gute Hirt in Ps 23, 2. Das Volk setzt sich in Gruppen zu je 100 und 50; dadurch wird an den Wüstenzug Israels erinnert (Ex 18, 13–27). Die Jünger werden mit dem Austeilen beauftragt, ähnlich wie in Ex 18 Mose den Richtern einen Teil seiner Arbeit übertragen hat. Jesus ist der neue Mose, der das neue Volk regiert und versorgt. Er teilt es in Gemeinden auf, in denen die Vorsteher durch Wort und Sakrament das Brot des Lebens austeilen. – Ex 16; Num 11; Ps 23; Ps 78, 18–32; Ez 34; Mt 9, 36; 14, 13–21; Lk 9, 10–17; Joh 6, 1–13.*

EVANGELIUM
Mk 6, 34–44

Als Jesus die vielen Menschen sah, hatte er Mitleid mit ihnen

✝ Aus dem heiligen Evangelium nach Markus.

In jener Zeit,
34 als Jesus die vielen Menschen sah, hatte er Mitleid mit ihnen;
denn sie waren wie Schafe, die keinen Hirten haben.
Und er lehrte sie lange.

35 Gegen Abend kamen seine Jünger zu ihm
und sagten: Der Ort ist abgelegen,
und es ist schon spät.

36 Schick sie weg,
damit sie in die umliegenden Gehöfte und Dörfer gehen
und sich etwas zu essen kaufen können.

37 Er erwiderte: Gebt ihr ihnen zu essen!
Sie sagten zu ihm: Sollen wir weggehen,
für zweihundert Denáre Brot kaufen
und es ihnen geben, damit sie zu essen haben?

38 Er sagte zu ihnen: Wie viele Brote habt ihr?
Geht und seht nach!
Sie sahen nach
und berichteten: Fünf Brote,
und außerdem zwei Fische.

39 Dann befahl er ihnen,
den Leuten zu sagen,
sie sollten sich in Gruppen ins grüne Gras setzen.

40 Und sie setzten sich in Gruppen zu hundert und zu fünfzig.

41 Darauf nahm er die fünf Brote und die zwei Fische,
blickte zum Himmel auf,
sprach den Lobpreis,
brach die Brote und gab sie den Jüngern,
damit sie sie an die Leute austeilten.
Auch die zwei Fische ließ er unter allen verteilen.

42 Und alle aßen
und wurden satt.

43 Als die Jünger die Reste der Brote
und auch der Fische einsammelten,
wurden zwölf Körbe voll.

44 Es waren fünftausend Männer,
die von den Broten gegessen hatten.

FÜRBITTEN

Lasset uns Christus, unseren Herrn, anrufen, der in diese Welt kam, damit wir durch ihn leben:

Für die ganze Kirche: daß den Gläubigen im Dunkel dieses Lebens das Licht der Wahrheit aufstrahlt. – Lasset zum Herrn uns beten: Herr, erbarme dich.
A.: Christus, erbarme dich.

Für die Völker der Erde: daß sie Wege des Ausgleichs zwischen Armen und Reichen finden. – Lasset zum Herrn uns beten: Herr, erbarme dich.

Für unsere Gemeinde: daß das Brot des Wortes und des Sakramentes unseren Hunger stille. – Lasset zum Herrn uns beten: Herr, erbarme dich.

Für alle Leidenden: daß sie die Liebe Gottes erfahren dürfen. – Lasset zum Herrn uns beten: Herr, erbarme dich.

Denn du bist voll Erbarmen mit den Menschen und nimmst dich ihrer an. Dir danken wir jetzt und in Ewigkeit. A.: Amen.

GABENGEBET

Herr, wir bringen unsere Gaben dar
für die Feier,
in der sich ein heiliger Tausch vollzieht.
Nimm sie in Gnaden an
und schenke uns dich selbst
in deinem Sohn Jesus Christus,
der mit dir lebt und herrscht in alle Ewigkeit.

Präfation von Erscheinung des Herrn, S. 1355,
oder Weihnachten, S. 1354 f.

KOMMUNIONVERS Joh 1, 14

Wir haben seine Herrlichkeit geschaut,
die Herrlichkeit des einzigen Sohnes vom Vater,
voll Gnade und Wahrheit.

SCHLUSSGEBET

Allmächtiger Gott,
wir danken dir für das Brot des Lebens,
das du uns gereicht hast.
Gib uns durch dieses Sakrament
Kraft für unseren Weg zu dir
und schütze uns in deiner nie versagenden Liebe.
Darum bitten wir durch Christus, unseren Herrn.

„DER MENSCHGEWORDENE ist das unergründliche Geheimnis der Liebe Gottes zur Welt. Gott liebt den Menschen. Gott liebt die Welt. Nicht einen Idealmenschen, sondern den Menschen, wie er ist; nicht eine Idealwelt, sondern die wirkliche Welt. Was uns verabscheuungswürdig ist in seiner Widergöttlichkeit, wovon wir uns zurückziehen in Schmerz und Feindschaft, der wirkliche Mensch, die wirkliche Welt, das ist für Gott Grund unergründlicher Liebe. Während wir uns bemühen, über unser Menschsein hinauszuwachsen, den Menschen hinter uns zu lassen, wird Gott Mensch. Während wir unterscheiden zwischen Frommen und Gottlosen, Guten und Bösen, Edlen und Gemeinen, liebt Gott unterschiedslos den wirklichen Menschen. Er duldet es nicht, daß wir die Welt und die Menschen einteilen nach unseren Maßstäben und uns zu Richtern über sie aufwerfen. Gott tritt auf die Seite des wirklichen Menschen und der wirklichen Welt gegen alle ihre Verkläger" (D. Bonhoeffer).

9. JANUAR

oder

Mittwoch nach dem Sonntag,
auf den gegebenenfalls Erscheinung des Herrn verlegt wird

ERÖFFNUNGSVERS   Vgl. Ps 118 (117), 26–27

Gesegnet sei, der da kommt im Namen des Herrn.
Gott, der Herr, ist als Licht über uns aufgestrahlt.

TAGESGEBET

Allmächtiger Gott,
dein einziger Sohn,
vor aller Zeit aus dir geboren,
ist in unserem Fleisch sichtbar erschienen.
Wie er uns gleichgeworden ist
in der menschlichen Gestalt,
so werde unser Inneres neu geschaffen
nach seinem Bild.
Darum bitten wir durch ihn,
der in der Einheit des Heiligen Geistes
mit dir lebt und herrscht in alle Ewigkeit.

ZUR LESUNG *Von der Unterscheidung der Geister sprach Johannes in 4, 1–6. Das entscheidende Kennzeichen: ob einer sich zur wahren Menschwerdung des Gottessohnes bekennt (4, 2). Die heutige Lesung bringt dazu eine Ergänzung: „Wenn wir einander lieben" (V. 12). Die beiden Kennzeichen sind im Grunde nur eins; denn aus dem Wissen um die Liebe, die Gott uns erwies, als er seinen Sohn in die Welt sandte, ergibt sich die Bruderliebe als notwendige Folgerung (V. 11.16). Für diese Liebe, d. h. für den Menschen, der liebt, gibt es keine Furcht vor dem Gericht (V. 17–18). Das ist keine psychologische, sondern eine heilsgeschichtliche Aussage: das Gericht liegt hinter uns, die Zukunft hat schon begonnen. – Obwohl wir noch in dieser Welt sind, sind wir dem ähnlich, der in der Liebe vollendet und verherrlicht ist, Christus. Das ist wahr in dem Maß, als wir in Gott bleiben und Gott in uns bleibt. – Mt 18, 33; Joh 1, 18; 6, 46; Röm 5, 5; Joh 17, 6–8; Röm 8, 15; Jak 2, 13.*

ERSTE LESUNG

1 Joh 4, 11–18

Wenn wir einander lieben, bleibt Gott in uns

Lesung
aus dem ersten Johannesbrief.

¹¹ Liebe Brüder, wenn Gott uns so geliebt hat,
müssen auch wir einander lieben.
¹² Niemand hat Gott je geschaut;
wenn wir einander lieben,
bleibt Gott in uns,
und seine Liebe ist in uns vollendet.
¹³ Daran erkennen wir, daß wir in ihm bleiben
und er in uns bleibt:
Er hat uns von seinem Geist gegeben.
¹⁴ Wir haben gesehen und bezeugen,
daß der Vater den Sohn gesandt hat
als den Retter der Welt.
¹⁵ Wer bekennt, daß Jesus der Sohn Gottes ist,
in dem bleibt Gott,
und er bleibt in Gott.
¹⁶ Wir haben die Liebe, die Gott zu uns hat, erkannt
und gläubig angenommen.
Gott ist die Liebe,
und wer in der Liebe bleibt,
bleibt in Gott,
und Gott bleibt in ihm.
¹⁷ Darin ist unter uns die Liebe vollendet,
daß wir am Tag des Gerichts Zuversicht haben.
Denn wie er,
so sind auch wir in dieser Welt.
¹⁸ Furcht gibt es in der Liebe nicht,
sondern die vollkommene Liebe
vertreibt die Furcht.
Denn die Furcht rechnet mit Strafe,
und wer sich fürchtet,
dessen Liebe ist nicht vollendet.

ANTWORTPSALM Ps 72 (71), 1–2.10–11.12–13 (R: 11)

R Alle Könige müssen ihm huldigen, (GL 153,1 oder 152,1)
alle Völker ihm dienen. – R

1 Verleih dein Richteramt, o Gott, dem König, * VI. Ton
dem Königssohn gib dein gerechtes Walten!

2 Er regiere dein Volk in Gerechtigkeit *
und deine Armen durch rechtes Urteil. – (R)

10 Die Könige von Tarschisch und von den Inseln bringen Geschenke, *
die Könige von Saba und Seba kommen mit Gaben.

11 Alle Könige müssen ihm huldigen, *
alle Völker ihm dienen. – (R)

12 Denn er rettet den Gebeugten, der um Hilfe schreit, *
den Armen und den, der keinen Helfer hat.

13 Er erbarmt sich des Gebeugten und Schwachen, *
er rettet das Leben der Armen. – R

RUF VOR DEM EVANGELIUM Vers: vgl. 1 Tim 3,16

Halleluja. Halleluja.

Christus, offenbart im Fleisch, verkündet unter den Heiden,
Christus, geglaubt in der Welt: Ehre sei dir!

Halleluja.

ZUM EVANGELIUM *Die Wunder Jesu haben das gleiche Ziel wie seine Worte: den Menschen zu sagen, daß mit seinem Auftreten die Herrschaft Gottes gekommen ist. Nach der Brotvermehrung berichtet das Evangelium vom Gehen Jesu über den See. Jesus ist Herr und Erlöser auch der Elemente, das sollen die Jünger sehen und begreifen. Sie sehen es wohl, aber sie begreifen nichts. Sie halten Jesus für ein Gespenst, ähnlich wie bei den Erscheinungen nach der Auferstehung. Daß die Jünger unfähig sind, Jesus zu verstehen, so unfähig wie die Volksmenge, wird besonders im Markusevangelium betont (vgl. Mk 6,51–52 mit Mt 14,33). Erst mit dem Bekenntnis des Petrus in Cäsarea Philippi (Mk 8,29) beginnen sie das Geheimnis Jesu zu verstehen. Das scheint fast unglaublich; warum sind sie dann die ganze Zeit mit Jesus gegangen? Für den Evangelisten scheint sich diese Frage nicht zu stellen; ihm ist wichtig, die Gefahr des*

Unglaubens zu zeigen, gegen die auch der engere Jüngerkreis Jesu nicht gesichert ist. Geheilt wird dieser schwache Glaube nicht durch die Erscheinung Jesu (noch weniger durch andere Erscheinungen), sondern durch sein Wort. – Mk 4,13; 8,20–21.

EVANGELIUM Mk 6,45–52

Sie sahen ihn über den See gehen

✢ Aus dem heiligen Evangelium nach Markus.

45 Nachdem Jesus die fünftausend Männer gespeist hatte,
   forderte er seine Jünger auf, ins Boot zu steigen
   und ans andere Ufer nach Betsáida vorauszufahren.
   Er selbst wollte inzwischen die Leute nach Hause schicken.

46 Nachdem er sich von ihnen verabschiedet hatte,
   ging er auf einen Berg, um zu beten.

47 Spät am Abend war das Boot mitten auf dem See,
   er aber war allein an Land.

48 Und er sah, wie sie sich beim Rudern abmühten,
   denn sie hatten Gegenwind.
   In der vierten Nachtwache ging er auf dem See zu ihnen hin,
   wollte aber an ihnen vorübergehen.

49 Als sie ihn über den See gehen sahen,
   meinten sie, es sei ein Gespenst,
   und schrien auf.

50 Alle sahen ihn und erschraken.
   Doch er begann mit ihnen zu reden
   und sagte: Habt Vertrauen, ich bin es;
   fürchtet euch nicht!

51 Dann stieg er zu ihnen ins Boot,
   und der Wind legte sich.

   Sie aber waren bestürzt und außer sich.

52 Denn sie waren nicht zur Einsicht gekommen,
   als das mit den Broten geschah;
   ihr Herz war verstockt.

FÜRBITTEN

Durch Jesus Christus haben wir die Liebe Gottes erkannt. Wir rufen zu ihm:

Erfülle deine Gläubigen mit dem Geist der Liebe.
A.: Wir bitten dich, erhöre uns.

Nimm von den Menschen Angst und Mißtrauen.

Zerbrich die Verhärtung unserer Herzen.

Führe die Verstorbenen heim in das Reich des Vaters.

Denn in deinen Händen liegt unser Geschick. Auf dich setzen wir unsere Hoffnung. Dir sei Ehre und Lobpreis in Ewigkeit.
A.: Amen.

GABENGEBET

Herr, unser Gott,
nimm die Gaben deines Volkes an
und gib, daß wir im Geheimnis
der heiligen Eucharistie empfangen,
was wir im Glauben bekennen.
Darum bitten wir durch Christus, unseren Herrn.
Präfation von Erscheinung des Herrn, S. 1355
oder Weihnachten, S. 1354f.

KOMMUNIONVERS Vgl. Eph 2, 5; Röm 8, 3

**Mit übergroßer Liebe hat uns Gott geliebt,
darum sandte er seinen Sohn zu uns in Menschengestalt.**

SCHLUSSGEBET

Barmherziger Gott,
du bist es,
der uns in diesem heiligen Sakrament begegnet.
**Laß die Kraft dieser Speise in uns wirksam werden
und mache uns durch dieses große Geschenk bereit,
stets neu deine Gaben zu empfangen.
Darum bitten wir durch Christus, unseren Herrn.**

„DIE WELT DER SICHERUNGEN, *der Ansprüche und der Forderungen ist zuletzt eine Welt der Angst. Wenn die Angst heute auch auf viele Christen übergreift und ihren furchtbaren Ausdruck darin findet, daß sie mit den Gottlosen wetteifern im Ersinnen immer schrecklicherer Todeswaffen, so hat das seinen tiefsten Grund in dem verborgenen Zwiespalt ihrer Existenz. Alle letzte Angst des Menschen kommt aus der Lüge und noch aus Resten der Lüge, in denen er lebt; ist Angst davor, daß etwas aufgedeckt wird. Die Lüge im Christen ist die, daß er sich Christ nennt und dennoch der Liebe nicht glaubt. Nur wer arm ist in dieser Welt, wer es wagt, ganz angewiesen zu sein auf die Liebe des Vaters, ganz ihr ausgeliefert, ihr allein, der fürchtet sich nicht, er vertraut. Denn ‚Furcht ist nicht in der Liebe' (1 Joh 4, 18)" (Heinrich Spaemann).*

„ES MACHT FREUDE, *in einem sturmgepeitschten Schiff zu sein, wenn man sicher ist, daß es nicht untergehen wird" (Blaise Pascal).*

10. JANUAR
oder
**Donnerstag nach dem Sonntag,
auf den gegebenenfalls Erscheinung des Herrn verlegt wird**

ERÖFFNUNGSVERS Jes 9, 2
**Das Volk, das im Dunkel lebt, sieht ein helles Licht;
über denen, die im Land der Finsternis wohnen,
leuchtet ein Licht auf.**

TAGESGEBET

**Gott, du Licht der Völker,
du hast unsere Väter
durch die Propheten erleuchtet,
uns aber hast du in deinem Sohn
die Fülle der Wahrheit und des Friedens geschenkt.
Gib uns die Gnade, diese Wahrheit zu bezeugen
und deinen Frieden hineinzutragen in unsere Welt.
Darum bitten wir durch Jesus Christus.**

ZUR LESUNG *Die Verse 19–21 greifen früher Gesagtes nochmals auf. Die Gesinnung und Tat der Liebe, zu der wir fähig sind, kommt von Gott, der mit seiner Liebe den Anfang gemacht hat und auch uns die Kraft der Liebe gibt. Unsere Liebe, wenn sie „Tat und Wahrheit" ist (3, 18), muß in der Nähe anfangen: beim Bruder, den wir sehen. Eine „rein geistige" Gottesliebe könnte eine grandiose Selbsttäuschung sein. Dabei geht es aber nicht um eine flache Mitmenschlichkeit. Die Verse 5, 1–4 zeigen die unteilbare Einheit von Glaube und Liebe. In 4, 7 war gesagt, daß jeder, der liebt, von Gott stammt, aus Gott geboren ist. Dasselbe wird jetzt (5, 1) von dem gesagt, der an Jesus als den Messias glaubt. Nur wer liebt, kann an Jesus glauben. – Mt 22, 36–40; Joh 14, 15.21; 15, 17; Röm 13, 9–10; Gal 5, 14; Dtn 30, 11; Mt 11, 30.*

ERSTE LESUNG 1 Joh 4, 19 – 5, 4

Wer Gott liebt, soll auch seinen Bruder lieben

Lesung
aus dem ersten Johannesbrief.

Liebe Brüder!
19 Wir wollen lieben,
 weil Gott uns zuerst geliebt hat.
20 Wenn jemand sagt: Ich liebe Gott!,
 aber seinen Bruder haßt,
 ist er ein Lügner.
Denn wer seinen Bruder nicht liebt, den er sieht,
 kann Gott nicht lieben, den er nicht sieht.
21 Und dieses Gebot haben wir von ihm:
Wer Gott liebt,
 soll auch seinen Bruder lieben.

Jeder, der glaubt, daß Jesus der Christus ist,
 stammt von Gott,
und jeder, der den Vater liebt,
 liebt auch den, der von ihm stammt.
Wir erkennen, daß wir die Kinder Gottes lieben,
 wenn wir Gott lieben und seine Gebote erfüllen.

Denn die Liebe zu Gott besteht darin,
 daß wir seine Gebote halten.
Seine Gebote sind nicht schwer.
Denn alles, was von Gott stammt, besiegt die Welt.
Und das ist der Sieg, der die Welt besiegt hat:
 unser Glaube.

ANTWORTPSALM   Ps 72 (71), 1–2.14 u. 15bc.17 (R: 11)

R Alle Könige müssen ihm huldigen, (GL 153,1 oder 152,1)
alle Völker ihm dienen. – **R**

1 Verleih dein Richteramt, o Gott, dem König, *   VI. Ton
   dem Königssohn gib dein gerechtes Walten!

2 Er regiere dein Volk in Gerechtigkeit *
   und deine Armen durch rechtes Urteil. – (R)

14 Von Unterdrückung und Gewalttat befreit er sie, *
    ihr Blut ist in seinen Augen kostbar.

15bc Man soll für ihn allezeit beten, *
     stets für ihn Segen erflehen. – (R)

17 Sein Name soll ewig bestehen; *
    solange die Sonne bleibt, sprosse sein Name.

    Glücklich preisen sollen ihn alle Völker *
    und in ihm sich segnen. – **R**

RUF VOR DEM EVANGELIUM   Vers: vgl. Jes 61,1 (Lk 4,18)

Halleluja. Halleluja.

Der Herr hat mich gesandt,
den Armen die Frohe Botschaft zu bringen
und den Gefangenen die Freiheit zu verkünden.

Halleluja.

ZUM EVANGELIUM   *Das öffentliche Wirken Jesu beginnt nach der Darstellung des Lukasevangeliums beim Gottesdienst in der Synagoge. Dort wurde am Sabbat zuerst ein Abschnitt aus dem „Gesetz" (= fünf Bücher Mose) und dann ein prophetischer Text vorgelesen. Jeder Jude hatte, wenn er dreißig Jahre alt war, das Recht, die zweite Lesung vorzutragen und zu erklären. Von der Erklärung, die Jesus dem Prophetentext gab, faßt Lukas das Wesentliche kurz zusammen: „Heute hat sich das Schriftwort ... erfüllt". Dieses „Heute" ist wesentlich für jedes tiefere Verständnis der Heiligen Schrift: immer kommen hier und heute Gottes Wort und Gottes Wille auf uns zu. In der Prophetenlesung, die Jesus an jenem Sabbat vortrug, sind zwei Dinge wichtig: 1. der Geist des Herrn, 2. die Heilsbotschaft für die Armen. Vom Anfang bis zum Ende des Lukasevangeliums wird immer wieder auf den Heiligen Geist verwiesen, der im Leben*

Jesu die bestimmende Kraft ist, wie er es später im Leben der Kirche sein wird. Auch betont das Lukasevangelium stärker als die andern Evangelien, daß die frohe Botschaft den Armen gilt, denen, die in der Welt und vor Gott nichts haben und nichts sind. − Mt 4,12−17.23; Mk 1,14−15.39; Jes 61,1−2; Lk 1,35; 3,22; 4,1; 6,20−23; 24,49.

EVANGELIUM Lk 4,14−22a

Heute hat sich dieses Schriftwort erfüllt

✢ Aus dem heiligen Evangelium nach Lukas.

In jener Zeit
14 kehrte Jesus, erfüllt von der Kraft des Geistes,
    nach Galiläa zurück.
Und die Kunde von ihm verbreitete sich in der ganzen Gegend.
15 Er lehrte in den Synagogen
    und wurde von allen gepriesen.
16 So kam er auch nach Nazaret, wo er aufgewachsen war,
und ging, wie gewohnt, am Sabbat in die Synagoge.
Als er aufstand, um aus der Schrift vorzulesen,
17   reichte man ihm das Buch des Propheten Jesája.
Er schlug das Buch auf
und fand die Stelle, wo es heißt:
18 Der Geist des Herrn ruht auf mir;
    denn der Herr hat mich gesalbt.
Er hat mich gesandt,
    damit ich den Armen eine gute Nachricht bringe;
damit ich den Gefangenen die Entlassung verkünde
    und den Blinden das Augenlicht;
damit ich die Zerschlagenen in Freiheit setze
19   und ein Gnadenjahr des Herrn ausrufe.
20 Dann schloß er das Buch,
gab es dem Synagogendiener
    und setzte sich.
Die Augen aller in der Synagoge waren auf ihn gerichtet.
21 Da begann er, ihnen darzulegen:
Heute hat sich das Schriftwort, das ihr eben gehört habt, erfüllt.
22a Seine Rede fand bei allen Beifall;
sie staunten darüber, wie begnadet er redete.

FÜRBITTEN

Christus, in dem die Fülle der Gnade und Wahrheit wohnt, rufen wir an:

Für die Kirche: daß sie den Frieden Gottes hineintrage in eine zerrissene Welt. (Stille) Christus, höre uns.
A.: Christus, erhöre uns.

Für die Völker der Erde: daß sie die Heilsbotschaft annehmen. (Stille) Christus, höre uns.

Für uns selbst: daß wir Gott lieben und seine Gebote erfüllen. (Stille) Christus, höre uns.

Für die im Herrn Entschlafenen: daß sie in Frieden ruhen. (Stille) Christus, höre uns.

Barmherziger Gott, bleibe bei uns, und bewahre uns im Glauben durch Christus, unseren Herrn. A.: Amen.

GABENGEBET

Herr, unser Gott,
du schenkst uns den Frieden
und gibst uns die Kraft, dir aufrichtig zu dienen.
Laß uns dich mit unseren Gaben ehren
und durch die Teilnahme
an dem einen Brot und dem einen Kelch
eines Sinnes werden.
Darum bitten wir durch Christus, unseren Herrn.

Präfation von Erscheinung des Herrn, S.1355,
oder Weihnachten, S.1354f.

KOMMUNIONVERS
1 Joh 1, 2

Das Leben ist erschienen;
erschienen ist uns das ewige Leben, das beim Vater war.

SCHLUSSGEBET

Barmherziger Gott,
in jeder Not bist du unsere Hilfe.
Bleibe bei uns mit deinem Schutz,

gib uns,
was wir für dieses vergängliche Leben brauchen,
und führe uns zur ewigen Vollendung bei dir.
Darum bitten wir durch Christus, unseren Herrn.

„DER MENSCH JEDERMANN kann nicht recht lieben; er hat keine eigentliche Gegenwart, weil seine Gegenwart belastet ist durch die Last der Vergangenheit und beschattet ist durch die Angst und Sorge um die Zukunft. Er kann darum seinem Nächsten nie recht gegenwärtig sein, weil er von seinem Eigenen gefangen genommen, mit sich selbst beschäftigt ist. Er hat den Nächsten nie wirklich gegenwärtig, weil ihn die eigene Vergangenheit und Sorge um die Zukunft von ihm trennt. Indem aber Christus mir die Last der Vergangenheit und die Angst vor der Zukunft abnimmt, werde ich gegenwärtig und wird mir mein Nächster gegenwärtig" (Emil Brunner).

11. JANUAR

oder
Freitag nach dem Sonntag,
auf den gegebenenfalls Erscheinung des Herrn verlegt wird

ERÖFFNUNGSVERS
Vgl. Joh 1, 1

Am Anfang und vor aller Zeit war Gott, das Wort.
Er ist uns heute geboren als Heiland der Welt.

TAGESGEBET

Heiliger Gott,
in Christus hast du den Völkern
deine ewige Herrlichkeit geoffenbart.
Gib uns die Gnade,
das Geheimnis unseres Erlösers
immer tiefer zu erfassen,
damit wir durch ihn
zum unvergänglichen Leben gelangen,
der in der Einheit des Heiligen Geistes
mit dir lebt und herrscht in alle Ewigkeit.

ZUR LESUNG *Der Dreiheit Liebe–Christusglaube–Sieg über die Welt entspricht die andere Dreiheit: der Geist, das Wasser und das Blut. Den Sieg über die Welt hat Christus errungen, und wenn wir an ihn glauben, haben wir teil an diesem Sieg. Wer nicht glaubt, daß es der Sohn Gottes ist, der am Kreuz starb, dem bleiben nur allgemeine Wahrheiten übrig; es gibt für ihn kein Erfüllen der Gebote und keinen Sieg über die Welt. Der Sohn ist „gekommen" durch Wasser und Blut. Bei der Taufe im Jordan wurde er von Gott beglaubigt; durch das Blut, das er für die Sünden der Welt vergoß, hat er die Welt besiegt und erlöst. Der Geist aber ist die Wahrheit (V. 6); er bezeugt in der Gemeinde und in jedem Glaubenden die Wahrheit, daß in Christus Gott selbst sich der Welt mitgeteilt hat. –Joh 3,5; 4,14; 7,37–39; 14,26; 16,33; 19,34.*

ERSTE LESUNG   1 Joh 5,5–13

Drei sind es, die Zeugnis ablegen: der Geist, das Wasser und das Blut

Lesung
  aus dem ersten Johannesbrief.

Liebe Brüder!
5 Wer sonst besiegt die Welt,
  außer dem, der glaubt, daß Jesus der Sohn Gottes ist?
6 Dieser ist es, der durch Wasser und Blut gekommen ist:
Jesus Christus.
Er ist nicht nur im Wasser gekommen,
  sondern im Wasser und im Blut.
Und der Geist ist es, der Zeugnis ablegt;
denn der Geist ist die Wahrheit.
7 Drei sind es, die Zeugnis ablegen:
8   der Geist,
    das Wasser
    und das Blut;
und diese drei sind eins.
9 Wenn wir von Menschen ein Zeugnis annehmen,
  so ist das Zeugnis Gottes gewichtiger;
denn das ist das Zeugnis Gottes:
Er hat Zeugnis abgelegt für seinen Sohn.
10 Wer an den Sohn Gottes glaubt,
   trägt das Zeugnis in sich.

Wer Gott nicht glaubt, macht ihn zum Lügner,
　　weil er nicht an das Zeugnis glaubt,
　　das Gott für seinen Sohn abgelegt hat.
¹¹ Und das Zeugnis besteht darin,
　　daß Gott uns das ewige Leben gegeben hat;
und dieses Leben ist in seinem Sohn.
¹² Wer den Sohn hat,
　　hat das Leben;
wer den Sohn Gottes nicht hat,
　　hat das Leben nicht.
¹³ Dies schreibe ich euch,
　　damit ihr wißt, daß ihr das ewige Leben habt;
denn ihr glaubt an den Namen des Sohnes Gottes.

ANTWORTPSALM Ps 147,12–13.14–15.19–20 (R: 12a)

R Jerusalem, preise den Herrn! – **R**　　(GL 153,1 oder 646,2)

(*Oder:* Halleluja.)

¹² Jerusalem, preise den Herrn, *　　　　　　　　VI. Ton
lobsinge, Zion, deinem Gott!
¹³ Denn er hat die Riegel deiner Tore festgemacht, *
die Kinder in deiner Mitte gesegnet. – (**R**)

¹⁴ Er verschafft deinen Grenzen Frieden, *
und sättigt dich mit bestem Weizen.
¹⁵ Er sendet sein Wort zur Erde, *
rasch eilt sein Befehl dahin. – (**R**)

¹⁹ Er verkündet Jakob sein Wort, *
Israel seine Gesetze und Rechte.
²⁰ An keinem andern Volk hat er so gehandelt, *
keinem sonst seine Rechte verkündet. – **R**

RUF VOR DEM EVANGELIUM　　　　　　　Vers: Mt 4,23b

Halleluja. Halleluja.

Jesus verkündete das Evangelium vom Reich
und heilte im Volk alle Krankheiten und Leiden.

Halleluja.

ZUM EVANGELIUM *Jesus bringt, was sein Name besagt: Rettung, Heilung und Heil. Er bringt das Heil durch sein Wort und durch die Tat. Die Menschen strömen zusammen nicht nur, um von ihren Krankheiten geheilt zu werden, sondern zuerst um sein Wort zu hören (V. 15). Die Heilungen Jesu sind sichtbare Zeichen für das, was er eigentlich will: die Überwindung des Bösen in allen seinen Formen, die Erneuerung der ganzen Schöpfung. – Mt 8,1–4; Mk 1,44–45; Lk 7,21–23; 4,14.*

EVANGELIUM Lk 5,12–16

Im gleichen Augenblick verschwand der Aussatz

✢ Aus dem heiligen Evangelium nach Lukas.

In jener Zeit,
12 als Jesus in einer der Städte war,
kam ein Mann, der am ganzen Körper Aussatz hatte.
Sobald er Jesus sah,
warf er sich vor ihm zu Boden
und bat ihn: Herr, wenn du willst,
kannst du machen, daß ich rein werde.

13 Da streckte Jesus die Hand aus,
berührte ihn
und sagte: Ich will es – werde rein!
Im gleichen Augenblick verschwand der Aussatz.

14 Jesus befahl ihm: Erzähl niemand davon,
sondern geh, zeig dich dem Priester
und bring das Reinigungsopfer dar,
wie es Mose angeordnet hat.
Das soll für sie ein Beweis deiner Heilung sein.

15 Sein Ruf verbreitete sich immer mehr,
so daß die Menschen von überall herbeiströmten.
Sie alle wollten ihn hören
und von ihren Krankheiten geheilt werden.

16 Doch er zog sich an einen einsamen Ort zurück,
um zu beten.

FÜRBITTEN

Zu Jesus Christus wollen wir beten, der sich der Kranken annahm und sie heilte:

Rette deine Diener aus der Krankheit der Schuld.
A.: Wir bitten dich, erhöre uns.

Offenbare dich den Völkern, und befreie sie von der Blindheit der Herzen.

Stärke alle Kranken, und mache sie gesund.

Schenke unseren Toten das ewige Heil.

Gütiger Gott, du kannst uns retten und schenkst uns Leben in Fülle. Höre unsere Bitten durch Christus, unseren Herrn.
A.: Amen.

GABENGEBET

Herr, wir bringen unsere Gaben dar
für die Feier,
in der sich ein heiliger Tausch vollzieht.
Nimm sie in Gnaden an
und schenke uns dich selbst
in deinem Sohn Jesus Christus,
der mit dir lebt und herrscht in alle Ewigkeit.

Präfation von Erscheinung des Herrn, S. 1355,
oder Weihnachten, S. 1354 f.

KOMMUNIONVERS   Joh 3, 16
Gott hat die Welt so geliebt, daß er seinen einzigen Sohn hingab,
damit jeder, der an ihn glaubt, nicht zugrunde geht,
sondern das ewige Leben hat.

SCHLUSSGEBET

Allmächtiger Gott,
wir danken dir für das Brot des Lebens,
das du uns gereicht hast.
Gib uns durch dieses Sakrament
Kraft für unseren Weg zu dir
und schütze uns in deiner nie versagenden Liebe.
Darum bitten wir durch Christus, unseren Herrn.

„IM AUSSATZ *hat die Kirche schon früh nicht nur die leibliche Krankheit, sondern auch ein Sinnbild der Sündigkeit des Menschen gesehen.*

Jesus wendet sich den Sündern zu; er ruft auch die in seine Kirche, die zu den Ausgestoßenen gehören. Die Heilung vom Aussatz durch Jesu Wirken macht also zeichenhaft sichtbar, daß Jesus ‚die Sünden der Welt hinwegnimmt', auch unsere Schuld. Wie der Aussätzige sollten wir sprechen: ‚Wenn du willst, kannst du mich rein machen' (Lk 5, 12)" (Joh. Joachim Degenhardt).

12. JANUAR

oder
Samstag nach dem Sonntag,
auf den gegebenenfalls Erscheinung des Herrn verlegt wird

ERÖFFNUNGSVERS   Ps 112 (111), 4

Den Redlichen erstrahlt im Finstern ein Licht:
der gnädige, barmherzige und gerechte Gott.

TAGESGEBET

Allmächtiger Gott,
du hast den Heiden
die Geburt des Welterlösers geoffenbart
und die Weisen durch den Stern zu ihm geführt.
Laß uns immer tiefer erfassen,
daß Christus zu unserem Heil Mensch geworden ist.
Er, der in der Einheit des Heiligen Geistes
mit dir lebt und herrscht in alle Ewigkeit.

ZUR LESUNG   *Am Schluß des Briefs werden einzelne Grundgedanken nochmals aufgegriffen und teilweise ergänzt. Wer glaubt, daß Jesus der Sohn Gottes ist, hat Gemeinschaft mit Gott, und er hat ein absolutes Vertrauen zu Gott. Das Gegenteil des Glaubens und der Gemeinschaft ist die Sünde. Es gibt Sünden, und es gibt d i e Sünde. Für die einzelnen Sünden gibt es Vergebung; aber die Gemeinde muß für den Sünder bitten. Was ist mit der Sünde gemeint, „die zum Tod führt"? Man könnte an die Sünde gegen den Heiligen Geist denken (Mk 3, 29) oder an den Abfall vom Glauben (Hebr 6, 4–6). Näher liegt es, an die Antichristen (1 Joh 2, 18–19) zu denken, die den Glauben der Gemeinde in Gefahr bringen. Mit dem dreifa-*

chen „wir wissen" (V. 18.19.20; vgl. V. 13) stellt der Apostel abschließend die Grundwahrheiten fest, an die der Christ glaubt und von denen er lebt. – Joh 14,13–14; 15,22–24; Mt 12,31–32; 1 Joh 3,6; Joh 1,12–13; 17,15; Eph 1,17.

ERSTE LESUNG 1 Joh 5,14–21

Er hört uns bei allem, was wir erbitten

Lesung
  aus dem ersten Johannesbrief.

Liebe Brüder!
¹⁴ Wir haben Gott gegenüber die Zuversicht,
  daß er uns hört,
  wenn wir etwas erbitten, das seinem Willen entspricht.
¹⁵ Wenn wir wissen,
  daß er uns bei allem hört, was wir erbitten,
  dann wissen wir auch, daß er unsere Bitten schon erfüllt hat.
¹⁶ Wer sieht,
  daß sein Bruder eine Sünde begeht, die nicht zum Tod führt,
  soll für ihn bitten;
und Gott wird ihm Leben geben,
allen, deren Sünde nicht zum Tod führt.
Denn es gibt Sünde, die zum Tod führt.
Von ihr spreche ich nicht,
  wenn ich sage, daß er bitten soll.
¹⁷ Jedes Unrecht ist Sünde;
aber es gibt Sünde, die nicht zum Tod führt.
¹⁸ Wir wissen: Wer von Gott stammt, sündigt nicht,
sondern der von Gott Gezeugte bewahrt ihn,
  und der Böse tastet ihn nicht an.
¹⁹ Wir wissen: Wir sind aus Gott,
  aber die ganze Welt steht unter der Macht des Bösen.
²⁰ Wir wissen aber: Der Sohn Gottes ist gekommen,
  und er hat uns Einsicht geschenkt,
  damit wir Gott, den Wahren, erkennen.
Und wir sind in diesem Wahren,
  in seinem Sohn Jesus Christus.
Er ist der wahre Gott und das ewige Leben.
²¹ Meine Kinder, hütet euch vor den Götzen!

ANTWORTPSALM Ps 149, 1–2.3–4.5–6a u. 9b (R: 4a)

R Der Herr hat an seinem Volk Gefallen. – **R**   (GL 646,2)

(*Oder:* **Halleluja.**)

1 Singet dem Herrn ein neues Lied! *   VI. Ton
Sein Lob erschalle in der Gemeinde der Frommen.

2 Israel soll sich über seinen Schöpfer freuen, *
die Kinder Zions über ihren König jauchzen. – (**R**)

3 Seinen Namen sollen sie loben beim Reigentanz, *
ihm spielen auf Pauken und Harfen.

4 Der Herr hat an seinem Volk Gefallen, *
die Gebeugten krönt er mit Sieg. – (**R**)

5 In festlichem Glanz sollen die Frommen frohlocken, *
auf ihren Lagern jauchzen:

6a Loblieder auf Gott in ihrem Mund, *
9b herrlich ist das für all seine Frommen. – **R**

RUF VOR DEM EVANGELIUM   Vers: Mt 4, 16

Halleluja. Halleluja.

**Das Volk, das im Dunkel lebte, hat ein helles Licht gesehen;
denen, die im Schattenreich des Todes wohnten,
ist ein Licht erschienen.**

Halleluja.

ZUM EVANGELIUM *Johannes bleibt seiner Aufgabe als Wegbereiter treu und gibt ihr zum Schluß noch eine Deutung, die bei ihm, dem harten Bußprediger, überraschen könnte: er ist der Freund des Bräutigams; die Braut gehört nicht ihm, sondern dem Größeren, der nach ihm kommt. Johannes hat durch seine Predigt und Taufe die Braut, d. h. Israel, ihrem Herrn und Bräutigam bereitgemacht und zugeführt. Er kann deshalb nicht wie seine unerleuchteten Jünger über die Erfolge Jesu traurig sein. Auf keinen Fall will er denen, die zu Jesus „gehen" (V. 26), den Weg verstellen. Wenn sie an Jesus glauben, so doch nur, weil sie ihm vom Vater gegeben sind (V. 27; vgl. 6,44.65). – 1 Kor 4,1–2.7; 2 Kor 3,5; Hebr 5,4; Joh 1,19–27; Lk 3,15–18; Mt 9,15; Offb 19,7.*

EVANGELIUM
Joh 3, 22–30

Der Freund des Bräutigams freut sich über die Stimme des Bräutigams

✛ Aus dem heiligen Evangelium nach Johannes.

In jener Zeit
²² ging Jesus mit seinen Jüngern nach Judäa.
Dort hielt er sich mit ihnen auf und taufte.
²³ Aber auch Johannes taufte damals,
und zwar in Änon bei Salim, weil dort viel Wasser war;
und die Leute kamen und ließen sich taufen.
²⁴ Johannes war nämlich noch nicht ins Gefängnis geworfen worden.
²⁵ Da kam es zwischen den Jüngern des Johannes und einem Juden
zum Streit über die Frage der Reinigung.
²⁶ Sie gingen zu Johannes
und sagten zu ihm: Rabbi,
der Mann, der auf der anderen Seite des Jordan bei dir war
und für den du Zeugnis abgelegt hast,
der tauft jetzt,
und alle laufen zu ihm.
²⁷ Johannes antwortete: Kein Mensch kann sich etwas nehmen,
wenn es ihm nicht vom Himmel gegeben ist.
²⁸ Ihr selbst könnt mir bezeugen,
daß ich gesagt habe: Ich bin nicht der Messias,
sondern nur ein Gesandter, der ihm vorausgeht.
²⁹ Wer die Braut hat, ist der Bräutigam;
der Freund des Bräutigams aber,
der dabei steht und ihn hört,
freut sich über die Stimme des Bräutigams.
Diese Freude ist nun für mich Wirklichkeit geworden.
³⁰ Er muß wachsen,
ich aber muß kleiner werden.

FÜRBITTEN

In Christus ist uns Gottes Heil aufgestrahlt. Ihn wollen wir bitten:

Stehe den Hirten der Kirche bei in ihrem Dienst am Heil der Menschen. (Stille) Christus, höre uns.
A.: Christus, erhöre uns.

Ermutige alle, die sich um Gerechtigkeit mühen. (Stille) Christus, höre uns.
A.: Christus, erhöre uns.

Zeige dich denen, die nach dir suchen. (Stille) Christus, höre uns.

Erhalte uns in der Treue zu dir. (Stille) Christus, höre uns.

Vater im Himmel, du stehst zu deinem Wort. Wenn wir zu dir rufen, erhörst du uns durch Christus, unseren Herrn.
A.: Amen.

GABENGEBET

Herr, unser Gott,
nimm die Gaben deines Volkes an
und gib, daß wir im Geheimnis
der heiligen Eucharistie empfangen,
was wir im Glauben bekennen.
Darum bitten wir durch Christus, unseren Herrn.

Präfation von Erscheinung des Herrn, S. 1355
oder Weihnachten, S. 1354 f.

KOMMUNIONVERS   1 Joh 4, 9

Die Liebe Gottes wurde unter uns dadurch offenbar,
daß Gott seinen einzigen Sohn in die Welt gesandt hat,
damit wir durch ihn leben.

SCHLUSSGEBET

Barmherziger Gott,
du bist es,
der uns in diesem heiligen Sakrament begegnet.
Laß die Kraft dieser Speise in uns wirksam werden
und mache uns durch dieses große Geschenk bereit,
stets neu deine Gaben zu empfangen.
Darum bitten wir durch Christus, unseren Herrn.

„DU, DER ÜBER UNS IST,
Du, der einer von uns ist,
Du, der ist – auch in uns;
daß alle dich sehen – auch in mir,
daß ich den Weg bereite für dich,
daß ich danke für alles, was mir widerfuhr.
Daß ich dabei nicht vergesse der anderen Not.
Behalte mich in deiner Liebe,
so wie du willst, daß andere bleiben in der meinen.
Möchte sich alles in diesem meinem Wesen zu deiner Ehre wenden,
und möchte ich nie verzweifeln.
Denn ich bin unter deiner Hand,
und alle Kraft und Güte sind in dir" (Dag Hammarskjöld).

Wochen im Jahreskreis siehe S. 661 ff.

DIE FASTENZEIT

ÖSTERLICHE BUSSZEIT
ASCHERMITTWOCH

In der heutigen Messe wird die Asche gesegnet und ausgeteilt. Sie wird aus den gesegneten Palmzweigen des Vorjahres bereitet.

ERÖFFNUNG UND WORTGOTTESDIENST

ERÖFFNUNGSVERS Weish 11, 24–25.27
**Du erbarmst dich aller, o Herr,
und hast Nachsicht mit den Sünden der Menschen,
damit sie sich bekehren;
denn du bist der Herr, unser Gott.**

Das Allgemeine Schuldbekenntnis entfällt. Es wird durch die Austeilung der Asche ersetzt.

TAGESGEBET
**Getreuer Gott, im Vertrauen auf dich beginnen wir
die vierzig Tage der Umkehr und Buße.
Gib uns die Kraft zu christlicher Zucht,
damit wir dem Bösen absagen
und mit Entschiedenheit das Gute tun.
Darum bitten wir durch Jesus Christus.**

ZUR 1. LESUNG *Zur Zeit des Propheten Joel wurde das Land Juda so von Heuschrecken verwüstet, daß nichts zu essen übrigblieb; auch für die täglichen Opfer im Tempel war nichts mehr da (1, 1–12). Der Prophet sieht in den Heuschrecken die Vorboten eines noch größeren Strafgerichts (2, 1–2). Darum ruft er zur Buße auf. Nicht eine liturgische Bußfeier soll es sein, sondern eine wirkliche Bekehrung: eine Hinwendung des ganzen Menschen zum barmherzigen Gott. „Vielleicht" hat er Mitleid und wendet das Unheil ab. „Vielleicht": der schuldige Mensch hat keinen Anspruch, aber er darf hoffen. Zwei Gründe hat Gott, sein Volk zu verschonen: 1. seine erbarmende Liebe, 2. seine eigene Ehre; die Heiden würden ja spotten, wenn Jahwe sein Volk zugrunde gehen ließe. Das ist freilich eine volkstümliche Gottesvorstellung, die nicht auf der Höhe der großen Propheten steht.* – Dtn 4, 29–31; Ex 34, 6–7; Am 5, 14–15; Jona 3, 7–10; Ex 32, 11–14; Ps 42, 4.11; 79, 10; Mi 7, 8–10.

ERSTE LESUNG Joel 2, 12–18

Zerreißt eure Herzen, nicht eure Kleider

Lesung
aus dem Buch Joël.

¹² So spricht der Herr:
Kehrt um zu mir von ganzem Herzen
mit Fasten, Weinen und Klagen.
¹³ Zerreißt eure Herzen, nicht eure Kleider,
und kehrt um zum Herrn, eurem Gott!
Denn er ist gnädig und barmherzig,
langmütig und reich an Güte,
und es reut ihn, daß er das Unheil verhängt hat.
¹⁴ Vielleicht kehrt er um, und es reut ihn,
und er läßt Segen zurück,
so daß ihr Speise- und Trankopfer darbringen könnt
für den Herrn, euren Gott.
¹⁵ Auf dem Zion stoßt in das Horn,
ordnet ein heiliges Fasten an,
ruft einen Gottesdienst aus!
¹⁶ Versammelt das Volk,
heiligt die Gemeinde!
Versammelt die Alten,
holt die Kinder zusammen, auch die Säuglinge!
Der Bräutigam verlasse seine Kammer
und die Braut ihr Gemach.
¹⁷ Zwischen Vorhalle und Altar sollen die Priester klagen,
die Diener des Herrn sollen sprechen:
Hab Mitleid, Herr, mit deinem Volk,
und überlaß dein Erbe nicht der Schande,
damit die Völker nicht über uns spotten.
Warum soll man bei den Völkern sagen:
Wo ist denn ihr Gott?
¹⁸ Da erwachte im Herrn die Leidenschaft für sein Land,
und er hatte Erbarmen mit seinem Volk.

ANTWORTPSALM Ps 51 (50), 3–4.5–6b.12–13.14 u. 17 (R: vgl. 3)

R Erbarme dich unser, o Herr, (GL 172,3)
denn wir haben gesündigt. – **R**

3 Gott, sei mir gnädig nach deiner Huld, * I. Ton
tilge meine Frevel nach deinem reichen Erbarmen!

4 Wasch meine Schuld von mir ab, *
und mach mich rein von meiner Sünde! – (**R**)

5 Denn ich erkenne meine bösen Taten, *
meine Sünde steht mir immer vor Augen.

6ab Gegen dich allein habe ich gesündigt, *
ich habe getan, was dir mißfällt. – (**R**)

12 Erschaffe mir, Gott, ein reines Herz, *
und gib mir einen neuen, beständigen Geist!

13 Verwirf mich nicht von deinem Angesicht, *
und nimm deinen heiligen Geist nicht von mir! – (**R**)

14 Mach mich wieder froh mit deinem Heil; *
mit einem willigen Geist rüste mich aus!

17 Herr, öffne mir die Lippen, *
und mein Mund wird deinen Ruhm verkünden. – **R**

ZUR 2. LESUNG *Die Erlösung durch Christus bedeutet, daß Gott uns verziehen und uns zu neuen Menschen gemacht hat. Paulus hat das an sich selbst erfahren. Das „Wort der Versöhnung" hat die Situation des Menschen grundlegend verändert; Paulus spricht von Wiedergeburt und von neuer Schöpfung. Diese neue Schöpfung ist aber nicht abgeschlossen; sie ist im Werden bis zum Tag der Vollendung. Und bis dahin hat Gott das „Wort der Versöhnung" Menschen aufgetragen, die seine „Botschafter" sind. Sie sollen den Menschen immer neu sagen, was Gott für uns getan hat und was sich daraus an Möglichkeiten und auch an Forderungen ergibt. – Zu 5, 21; Jes 53, 5–12; Röm 8, 3; Gal 3, 13; 1 Joh 3, 5; 1 Petr 2, 24.*

ZWEITE LESUNG 2 Kor 5, 20 – 6, 2

Laßt euch mit Gott versöhnen! Jetzt ist sie da, die Zeit der Gnade

**Lesung
aus dem zweiten Brief des Apostels Paulus an die Korínther.**

Brüder!
20 Wir sind Gesandte an Christi Statt,
und Gott ist es, der durch uns mahnt.
Wir bitten an Christi Statt:
   Laßt euch mit Gott versöhnen!
21 Er hat den, der keine Sünde kannte,
für uns zur Sünde gemacht,
   damit wir in ihm Gerechtigkeit Gottes würden.

1 Als Mitarbeiter Gottes ermahnen wir euch,
   daß ihr seine Gnade nicht vergebens empfangt.
2 Denn es heißt:
Zur Zeit der Gnade erhöre ich dich,
am Tag der Rettung helfe ich dir.

Jetzt ist sie da, die Zeit der Gnade;
jetzt ist er da, der Tag der Rettung.

RUF VOR DEM EVANGELIUM Vers: Ps 95 (94), 7b.8a

Herr Jesus, dir sei Ruhm und Ehre!* – R

Wenn ihr heute seine Stimme hört,
verhärtet nicht euer Herz!

Herr Jesus, dir sei Ruhm und Ehre!

ZUM EVANGELIUM *Die „Gerechtigkeit", wie Jesus sie versteht (V. 1), hat nur die eine große Sorge, mit dem Willen Gottes übereinzustimmen. Almosengeben, Beten und Fasten sind drei Äußerungen der Frömmigkeit, in denen drei Grundhaltungen des Menschen zum Ausdruck kommen und sich in ihrer Echtheit bewähren müssen: im Fasten die Demut vor Gott, im Beten die Hoffnung und im Almosen die Liebe. Alle drei sind nichts wert, wenn der Mensch nicht in reiner Absicht Gott sucht. Der Heuchler hat im Endgericht nichts mehr zu erwarten, das wird eindring-*

---

* Die Zusammenstellung der Rufe, die in der Fastenzeit an die Stelle des Halleluja treten können, siehe Anhang II. S. 2227.

lich gesagt in dem dreimaligen „Amen, das sage ich euch ..." (6, 2.5.16).
– *Lk 16, 14–15; Ps 41, 1–4; Tob 4, 7–16; Spr 20, 6; Jak 4, 3; Dan 6, 11; 9, 3; Ex 34, 28; Lev 16, 19–31.*

EVANGELIUM
Mt 6, 1–6.16–18

Dein Vater, der das Verborgene sieht, wird es dir vergelten

☩ Aus dem heiligen Evangelium nach Matthäus.

In jener Zeit sprach Jesus zu seinen Jüngern:
1 Hütet euch,
eure Gerechtigkeit vor den Menschen zur Schau zu stellen;
sonst habt ihr keinen Lohn
von eurem Vater im Himmel zu erwarten.

2 Wenn du Almosen gibst,
laß es also nicht vor dir herposaunen,
wie es die Heuchler in den Synagogen und auf den Gassen tun,
um von den Leuten gelobt zu werden.
Amen, das sage ich euch:
Sie haben ihren Lohn bereits erhalten.

3 Wenn du Almosen gibst,
soll deine linke Hand nicht wissen, was deine rechte tut.

4 Dein Almosen soll verborgen bleiben,
und dein Vater, der auch das Verborgene sieht,
wird es dir vergelten.

5 Wenn ihr betet,
macht es nicht wie die Heuchler.
Sie stellen sich beim Gebet
gern in die Synagogen und an die Straßenecken,
damit sie von den Leuten gesehen werden.
Amen, das sage ich euch:
Sie haben ihren Lohn bereits erhalten.

6 Du aber geh in deine Kammer, wenn du betest,
und schließ die Tür zu;
dann bete zu deinem Vater, der im Verborgenen ist.
Dein Vater, der auch das Verborgene sieht,
wird es dir vergelten.

16 Wenn ihr fastet,
macht kein finsteres Gesicht wie die Heuchler.

Sie geben sich ein trübseliges Aussehen,
  damit die Leute merken, daß sie fasten.
Amen, das sage ich euch:
Sie haben ihren Lohn bereits erhalten.

17 Du aber salbe dein Haar, wenn du fastest,
und wasche dein Gesicht,
18 damit die Leute nicht merken, daß du fastest,
  sondern nur dein Vater, der auch das Verborgene sieht;
und dein Vater, der das Verborgene sieht,
  wird es dir vergelten.

SEGNUNG UND AUSTEILUNG DER ASCHE

Nach der Homilie lädt der Priester die Gläubigen zum Gebet ein:

Liebe Brüder und Schwestern,
wir wollen Gott, unseren Vater, bitten,
daß er diese Asche segne,
die wir als Zeichen der Buße empfangen.

Nach einer kurzen Gebetsstille betet der Priester, die Hände gefaltet:

Barmherziger Gott,
du bist den Demütigen nahe
und läßt dich durch Buße versöhnen.
Neige dein Ohr unseren Bitten
und segne ✢ alle, die gekommen sind,
um das Aschenkreuz zu empfangen.
Hilf uns, die vierzig Tage der Buße
in rechter Gesinnung zu begehen,
damit wir das heilige Osterfest
mit geläutertem Herzen feiern.
Darum bitten wir durch Christus, unseren Herrn.

Oder:

Gott, du willst nicht den Tod des Sünders,
du willst, daß er sich bekehrt und lebt.
Erhöre gnädig unsere Bitten:
Segne ✢ diese Asche,
mit der wir uns bezeichnen lassen,

weil wir wissen, daß wir Staub sind
und zum Staub zurückkehren.
Hilf uns, die vierzig Tage der Buße
in rechter Gesinnung zu begehen.
Verzeih uns unsere Sünden,
erneuere uns nach dem Bild deines Sohnes
und schenke uns durch seine Auferstehung
das unvergängliche Leben.
Darum bitten wir durch ihn, Christus, unseren Herrn.

Der Priester besprengt die Asche mit Weihwasser (ohne Begleitgebet). Danach legt er allen, die vor ihn hintreten, die Asche auf und spricht zu jedem einzelnen:

Bekehrt euch und glaubt an das Evangelium. Mk 1,15

Oder: Vgl. Gen 3,19
Bedenke, Mensch, daß du Staub bist
und wieder zum Staub zurückkehren wirst.

Während der Austeilung der Asche wird gesungen.

ANTIPHON Joel 2,13
Laßt uns umkehren zum Herrn, unserem Gott,
denn er ist gnädig und barmherzig und langmütig.
Groß ist seine Güte,
und es reut ihn, daß er Unheil verhängt hat.

Oder: Joel 2,17; Est 4,17
Zwischen Vorhalle und Altar sollen die Priester klagen,
die Diener des Herrn sollen sprechen:
Hab Mitleid, Herr, mit deinem Volk,
laß den Mund derer, die dich loben, nicht verstummen.

Oder: Ps 51 (50),3
Tilge, Herr, meine Frevel nach deinem reichen Erbarmen.

Diese Antiphon kann mit Psalm 51 (50) verbunden und nach jedem einzelnen Vers wiederholt werden.

RESPONSORIUM Vgl. Bar 3,2; Ps 79 (78),9
Wir wollen Buße tun für das, was wir gefehlt haben, und uns bessern,
damit wir nicht, plötzlich vom Tod überrascht, nach einer Gnadenfrist

suchen, die uns niemand geben kann. * Höre, Herr, und hab Erbarmen, denn wir haben gesündigt vor dir.
V Hilf uns, du Gott unseres Heils! Um der Ehre deines Namens willen reiß uns heraus! * Höre, Herr ...

Es kann auch ein anderer geeigneter Gesang genommen werden.

Wenn die Asche ausgeteilt ist, werden abschließend die Fürbitten gesprochen.

FÜRBITTEN

Jesus Christus ist unser Friede und unsere Versöhnung. Zu ihm wollen wir beten:

Läutere deine Gläubigen, daß sie umkehren und Buße tun.
A.: Wir bitten dich, erhöre uns.

Heile die Welt von Sünde und Haß.

Erbarme dich aller, die aus Not und Bedrängnis um deine Hilfe flehen.

Gedenke aller, die in der Hoffnung auf dich entschlafen sind.

Allmächtiger Vater, du bist gnädig und voll Erbarmen. Komm uns zu Hilfe in diesen Tagen des Heils. Darum bitten wir durch Christus, unseren Herrn.   A.: Amen.

EUCHARISTIEFEIER

GABENGEBET

Herr, unser Gott,
zu Beginn der heiligen vierzig Tage
bringen wir dieses Opfer dar
und bitten dich:
Hilf uns, umzukehren
und Taten der Buße und der Liebe zu vollbringen,
damit wir unseren bösen Neigungen nicht nachgeben.
Reinige uns von Sünden und mache uns fähig,
das Gedächtnis des Leidens
unseres Herrn Jesus Christus
mit ganzer Hingabe zu begehen,
der mit dir lebt und herrscht in alle Ewigkeit.

Fastenpräfation III oder IV, S. 1357.

KOMMUNIONVERS Ps 1, 2–3
Wer über die Weisung des Herrn nachsinnt bei Tag und Nacht,
bringt seine Frucht zur rechten Zeit.

SCHLUSSGEBET

Barmherziger Gott,
stärke uns durch dieses heilige Mahl,
damit wir fasten können, wie es dir gefällt,
und durch die Feier dieser Tage Heilung finden.
Darum bitten wir durch Christus, unseren Herrn.

Die Segnung und Austeilung der Asche kann auch außerhalb der Messe stattfinden.

Heute und an den anderen Wochentagen der Fastenzeit empfiehlt sich eines der Segensgebete über das Volk, S. 1345 ff.

„DIE RELIGIONSGESCHICHTE *weist die Asche als Bild der Vergänglichkeit und als Zeichen der Trauer und der Buße aus. Sich das Haupt mit Asche zu bestreuen galt nicht nur bei den Israeliten, sondern auch bei Ägyptern, Arabern und Griechen als ausdrucksvolle Gebärde der Klage. Von hier aus versteht man die altkirchliche Sitte, daß öffentliche Sünder im rauhen Gewand und mit Asche bestreut ihre Bußzeit antraten. Man konnte sich für diese Sitte auf Gewohnheiten berufen, die mehrfach im Alten und Neuen Testament geschildert sind: Ps 102, 10; Jes 58, 5; Mt 11, 21 u. a. Seit dem 7. Jahrhundert ist der Aschermittwoch als Tag der Bußeröffnung bezeugt. Von diesem Tag bis zum Gründonnerstag wurde von der eigentlichen Eucharistiefeier ausgeschlossen und mit schweren Bußleistungen belegt, wer eine Kapitalsünde begangen hatte. Damit waren wohl nicht nur Unzucht, Mord und Glaubensabfall gemeint, sondern alles, was heute noch beim Durchschnittsmenschen als auch subjektiv schweres Vergehen präsumiert werden kann ... Als die Einrichtung der öffentlichen Buße mehr und mehr an Bedeutung verlor und endlich ganz verschwand, blieb jene Zeremonie in ihrer Grundform als sinnvolle Einführung aller Gläubigen in die große Bußzeit der Kirche bestehen. Diese Übung hatte sich gewiß schon eine beträchtliche Zeit eingebürgert, als Papst Urban II. auf der Synode von Benevent 1091 es als eine Pflicht der Gläubigen bezeichnete, am Beginn der Fastenzeit sich in der Kirche mit Asche bestreuen zu lassen"* (Alfons Auer).

DONNERSTAG
nach Aschermittwoch

### ERÖFFNUNGSVERS	Vgl. Ps 55 (54), 17–20.23
Ich rufe zum Herrn, er hört mein Klagen.
Er befreit mich von denen, die gegen mich kämpfen.
Wirf deine Sorge auf den Herrn, er hält dich aufrecht.

TAGESGEBET
Herr, unser Gott,
komm unserem Beten und Arbeiten
mit deiner Gnade zuvor und begleite es,
damit alles, was wir beginnen,
bei dir seinen Anfang nehme
und durch dich vollendet werde.
Darum bitten wir durch Jesus Christus.

ZUR LESUNG   *Das Buch Deuteronomium ist seiner Form nach eine einzige Rede, die sich über dreißig Kapitel hin erstreckt. Die Rede des Mose beginnt in 1, 6 und endet mit dem Schluß der heutigen Lesung (30, 20). Angesprochen ist Israel; „höre, Israel" wird wenigstens fünfmal im Verlauf der Rede wiederholt. Israel steht als versammelte Gemeinde vor Mose, letzten Endes aber vor Gott. Innerhalb der Gemeinde aber ist jeder angesprochen und persönlich gemeint, jeder ist Israel; weil er zum Gottesvolk gehört, deshalb ist er in Reichweite der göttlichen Anrede und des göttlichen Anspruchs. „Auf die Stimme Gottes hören" bedeutet in der Sprache des Deuteronomiums „gehorchen". Zum erstenmal hat Israel am Sinai die Stimme Gottes gehört; durch den Bundesschluß ist Israel Jahwes Volk geworden, und seither steht es unter seinem Wort. „Leben und Tod" (V. 15) hängen davon ab, daß Israel sich für den rechten Weg entscheidet, d.h., daß es mit ausschließlicher Treue an seinem Gott festhält (Dtn 6, 4–6). – Dtn 11, 26–28; Ps 1; Sir 15, 16–17; Jer 21, 8; Röm 6, 20–23; Neh 9, 29; Spr 8, 34–35.*

ERSTE LESUNG

Dtn 30, 15–20

Leben und Tod lege ich dir heute vor, Segen und Fluch

Lesung
  aus dem Buch Deuteronómium.

Mose sagte zum Volk:
15 Hiermit lege ich dir heute das Leben und das Glück,
  den Tod und das Unglück vor.
16 Wenn du auf die Gebote des Herrn, deines Gottes,
  auf die ich dich heute verpflichte, hörst,
  indem du den Herrn, deinen Gott, liebst,
  auf seinen Wegen gehst
  und auf seine Gebote, Gesetze und Rechtsvorschriften achtest,
  dann wirst du leben und zahlreich werden,
und der Herr, dein Gott, wird dich in dem Land,
  in das du hineinziehst, um es in Besitz zu nehmen, segnen.
17 Wenn du aber dein Herz abwendest und nicht hörst,
  wenn du dich verführen läßt,
  dich vor anderen Göttern niederwirfst und ihnen dienst –
18 heute erkläre ich euch:
  Dann werdet ihr ausgetilgt werden;
ihr werdet nicht lange in dem Land leben,
  in das du jetzt über den Jordan hinüberziehst,
  um hineinzuziehen und es in Besitz zu nehmen.

19 Den Himmel und die Erde
  rufe ich heute als Zeugen gegen euch an.
Leben und Tod lege ich dir vor,
  Segen und Fluch.
Wähle also das Leben, damit du lebst,
  du und deine Nachkommen.
20 Liebe den Herrn, deinen Gott,
hör auf seine Stimme,
und halte dich an ihm fest;
denn er ist dein Leben.
Er ist die Länge deines Lebens,
  das du in dem Land verbringen darfst,
  von dem du weißt:
  Der Herr hat deinen Vätern Abraham, Ísaak und Jakob
  geschworen,
  es ihnen zu geben.

Fastenzeit: Donnerstag nach Aschermittwoch

ANTWORTPSALM Ps 1, 1–2.3.4 u. 6 (R: vgl. Jer 17, 7)

R Gesegnet, wer auf den Herrn sich verläßt. – R   (GL 708, 1)

1 Wohl dem Mann, der nicht dem Rat der Frevler folgt, † IV. Ton
nicht auf dem Weg der Sünder geht, *
nicht im Kreis der Spötter sitzt,

2 sondern Freude hat an der Weisung des Herrn, *
über seine Weisung nachsinnt bei Tag und bei Nacht. – (R)

3 Er ist wie ein Baum, der an Wasserbächen gepflanzt ist, †
der zur rechten Zeit seine Frucht bringt *
und dessen Blätter nicht welken.

Alles, was er tut, *
wird ihm gut gelingen. – (R)

4 Nicht so die Frevler: *
Sie sind wie Spreu, die der Wind verweht.

6 Denn der Herr kennt den Weg der Gerechten, *
der Weg der Frevler aber führt in den Abgrund. – R

RUF VOR DEM EVANGELIUM Vers: Mt 4, 17

Herr Jesus, dir sei Ruhm und Ehre! – R

(So spricht der Herr:) *
Kehrt um!
Denn das Himmelreich ist nahe.

Herr Jesus, dir sei Ruhm und Ehre!

ZUM EVANGELIUM *Auf das Messiasbekenntnis des Petrus (Lk 9, 18–21) folgen die erste Leidensansage (9, 22) und die Einladung zur Kreuzesnachfolge. Jesus weiß, was ihn, den Messias und Gottesknecht, in Jerusalem erwartet (vgl. Lk 2, 34), und er will seine Jünger darauf vorbereiten. Die Einladung zur Leidensnachfolge ist aber nicht nur an die Jünger gerichtet, sondern an „alle" (9, 23; vgl. Mk 8, 34). Jesus „nachfolgen" ist gleichbedeutend mit „sich verleugnen" und „das Kreuz auf sich nehmen". „Sich verleugnen" hat nicht den etwas muffigen Geruch von „sich verdemütigen"; es besagt: Ehre und Leben drangeben, um bei Jesus zu bleiben. Nur wenn der Jünger mit Jesus bis zum Ende solidarisch bleibt*

---
* Wenn der Vers gesungen wird, kann das So spricht der Herr entfallen.

und so „sein Leben verliert", wird er sein Leben wirklich retten, und er wird in der Gemeinschaft und Freude bleiben, die Jesus allein geben kann.
– Mt 16,21; Mk 8,31; Jes 53; Lk 24,26–27; Mt 16,24–26; Mk 8,34–37; Lk 14,27; Mt 10,38–39; Joh 12,25–26; Lk 17,33.

EVANGELIUM Lk 9,22–25

Wer sein Leben um meinetwillen verliert, der wird es retten

✢ Aus dem heiligen Evangelium nach Lukas.

In jener Zeit sprach Jesus zu seinen Jüngern:
²² Der Menschensohn muß vieles erleiden
und von den Ältesten,
   den Hohenpriestern und den Schriftgelehrten
   verworfen werden;
er wird getötet werden,
aber am dritten Tag wird er auferstehen.
²³ Zu allen sagte er:
   Wer mein Jünger sein will, der verleugne sich selbst,
nehme täglich sein Kreuz auf sich und folge mir nach.
²⁴ Denn wer sein Leben retten will,
   wird es verlieren;
wer aber sein Leben um meinetwillen verliert,
   der wird es retten.
²⁵ Was nützt es einem Menschen, wenn er die ganze Welt gewinnt,
   dabei aber sich selbst verliert und Schaden nimmt?

FÜRBITTEN

Zu Christus wollen wir beten, den die Menschen verwarfen und kreuzigten:

Für die Kirche: daß sie auf Gottes Stimme höre und an seinem Wort festhalte. (Stille) Christus, höre uns.
A.: Christus, erhöre uns.

Für die Völker der Erde: daß sie Gottes Gebot als Weg zum Leben erkennen. (Stille) Christus, höre uns.

Für alle ungerecht Verfolgten: daß sie in ihrem Leiden gestärkt werden. (Stille) Christus, höre uns.

Für unsere Gemeinde: daß sie vor dem Weg des Kreuzes nicht zurückschrecke. (Stille) Christus, höre uns.

Denn du bist uns vorangegangen. Dir sei Ruhm und Ehre in Ewigkeit. A.: Amen.

GABENGEBET

Herr, schau gnädig auf die Gaben,
die wir auf den Altar legen.
Das heilige Opfer bringe deinem Namen Ehre
und tilge unsere Sünden.
Darum bitten wir durch Christus, unseren Herrn.

Fastenpräfation, S. 1356 f.

KOMMUNIONVERS Ps 51 (50),12

Erschaffe mir, Gott, ein reines Herz
und gib mir einen neuen, beständigen Geist.

SCHLUSSGEBET

Allmächtiger Gott,
du hast uns das Brot des Himmels geschenkt
als Beweis deiner Liebe.
Es erwirke uns immer neu die Vergebung der Sünden
und schenke uns dein Heil.
Darum bitten wir durch Christus, unseren Herrn.

„NACHFOLGE JESU *und Verkündigung des nahenden Königtums ist lebensgefährlich; so bedrohlich sieht Jesus die Situation. Wer sich aber dieser Gefährlichkeit entziehen will, wird des Lebens in der kommenden Welt verlustig gehen und nicht hineingelangen ins Königtum. Wer sich vor dem Martyrium fürchtet, soll wissen, daß es das ewige Leben einbringt"* (Heinz Schürmann).

FREITAG
nach Aschermittwoch

ERÖFFNUNGSVERS Ps 30 (29), 11

Höre mich, Herr, und sei mir gnädig!
Herr, sei du mein Helfer!

TAGESGEBET

Allwissender Gott,
du siehst nicht auf unsere äußeren Werke,
sondern auf unser Herz.
Gib, daß wir mit reiner Gesinnung vollbringen,
was wir in diesen vierzig Tagen
an Buße und Verzicht auf uns nehmen.
Darum bitten wir durch Jesus Christus.

ZUR LESUNG *Die Lesung beginnt mit einer prophetischen Anklage, Antwort auf die Klagen des Volkes, weil sein Beten und Fasten nichts nützt. Die Antwort: Euer Fasten ist schlecht, weil ihr gleichzeitig mit brutaler Gewalt eure Geschäfte betreibt (V. 3–4). Rein körperliches Fasten („den Kopf hängen lassen wie eine Binse") interessiert Gott nicht (ähnliche Kritik in Am 2, 8 und Ps 50). Das richtige Fasten wird in V. 6–7 beschrieben, der eigentlichen Mitte dieser Lesung. Wirksame Hilfe, unter Verzicht auf eigenes Wohlbehagen, das ist das rechte Fasten vor Gott. Wer so fastet, stellt sich auf die Seite Gottes, und ihm gilt die Zusage des Heils (V. 8–9a). Das Heil besteht darin, daß der Mensch zu Gott ruft und daß Gott ihm antwortet. – Mal 3, 14; Joel 2, 13; Am 5, 21–24; Tob 4, 16; Ijob 31, 16–22; Jes 52, 12; Ps 145, 18.*

ERSTE LESUNG Jes 58, 1–9a

Das ist ein Fasten, wie ich es liebe

Lesung
  aus dem Buch Jesája.

So spricht Gott, der Herr:
1 Rufe aus voller Kehle, halte dich nicht zurück!
Laß deine Stimme ertönen wie eine Posaune!
Halt meinem Volk seine Vergehen vor
  und dem Haus Jakob seine Sünden!

Fastenzeit: Freitag nach Aschermittwoch

2 Sie suchen mich Tag für Tag;
   denn sie wollen meine Wege erkennen.
   Wie ein Volk, das Gerechtigkeit übt
   und das vom Recht seines Gottes nicht abläßt,
   so fordern sie von mir ein gerechtes Urteil
   und möchten, daß Gott ihnen nah ist.

3 Warum fasten wir, und du siehst es nicht?
   Warum tun wir Buße, und du merkst es nicht?

   Seht, an euren Fasttagen macht ihr Geschäfte
   und treibt alle eure Arbeiter zur Arbeit an.
4 Obwohl ihr fastet, gibt es Streit und Zank,
   und ihr schlagt zu mit roher Gewalt.
   So wie ihr jetzt fastet,
   verschafft ihr eurer Stimme droben kein Gehör.

5 Ist das ein Fasten, wie ich es liebe,
   ein Tag, an dem man sich der Buße unterzieht:
   wenn man den Kopf hängen läßt,
      so wie eine Binse sich neigt,
   wenn man sich mit Sack und Asche bedeckt?
   Nennst du das ein Fasten
      und einen Tag, der dem Herrn gefällt?

6 Nein, das ist ein Fasten, wie ich es liebe:
   die Fesseln des Unrechts zu lösen,
   die Stricke des Jochs zu entfernen,
   die Versklavten freizulassen,
   jedes Joch zu zerbrechen,
7 an die Hungrigen dein Brot auszuteilen,
   die obdachlosen Armen ins Haus aufzunehmen,
   wenn du einen Nackten siehst, ihn zu bekleiden
   und dich deinen Verwandten nicht zu entziehen.

8 Dann wird dein Licht hervorbrechen wie die Morgenröte,
   und deine Wunden werden schnell vernarben.
   Deine Gerechtigkeit geht dir voran,
      die Herrlichkeit des Herrn folgt dir nach.
9a Wenn du dann rufst,
      wird der Herr dir Antwort geben,
   und wenn du um Hilfe schreist,
      wird er sagen: Hier bin ich.

ANTWORTPSALM
Ps 51 (50), 3–4.5–6b.18–19 (R: 19b)

R Ein zerbrochenes und zerschlagenes Herz (GL 172, 3)
wirst du, Gott, nicht verschmähen. – **R**

3 Gott, sei mir gnädig nach deiner Huld, * I. Ton
tilge meine Frevel nach deinem reichen Erbarmen!

4 Wasch meine Schuld von mir ab, *
und mach mich rein von meiner Sünde! – (**R**)

5 Denn ich erkenne meine bösen Taten, *
meine Sünde steht mir immer vor Augen.

6ab Gegen dich allein habe ich gesündigt, *
ich habe getan, was dir mißfällt. – (**R**)

18 Schlachtopfer willst du nicht, ich würde sie dir geben; *
an Brandopfern hast du kein Gefallen.

19 Das Opfer, das Gott gefällt, ist ein zerknirschter Geist, *
ein zerbrochenes und zerschlagenes Herz
wirst du, Gott, nicht verschmähen. – **R**

RUF VOR DEM EVANGELIUM
Vers: vgl. Am 5, 14

Herr Jesus, dir sei Ruhm und Ehre! – **R**

Sucht das Gute, nicht das Böse;
dann werdet ihr leben, und der Herr wird mit euch sein.

Herr Jesus, dir sei Ruhm und Ehre!

ZUM EVANGELIUM
Von Hochzeitsgästen erwartet man nicht, daß sie trauern und fasten. Mit Hochzeitsgästen vergleicht aber Jesus seine Jünger: sie stehen bereits in der Freude der Heilszeit, während die Jünger des Johannes und die Pharisäer noch im dunkeln tappen und warten. Aus der Frage nach dem Fasten ergibt sich eine Aussage über die Heilszeit, die Zeit der Freude, die mit dem Kommen Jesu angebrochen ist. Zeit zum Trauern und Fasten wird sein, wenn der Bräutigam weggenommen ist: am heutigen Freitag wird unser Blick bereits auf den Karfreitag gelenkt. – Mk 2, 18–20; Lk 5, 33–35; Hos 2, 21; Mt 22, 2; 25, 1; Offb 19, 7.

Fastenzeit: Freitag nach Aschermittwoch

EVANGELIUM Mt 9, 14–15

Wenn ihnen der Bräutigam genommen sein wird, dann werden sie fasten

☩ Aus dem heiligen Evangelium nach Matthäus.

In jener Zeit
14 kamen die Jünger Johannes' des Täufers zu Jesus
und sagten:
   Warum fasten deine Jünger nicht,
   während wir und die Pharisäer fasten?
15 Jesus antwortete ihnen:
Können denn die Hochzeitsgäste trauern,
   solange der Bräutigam bei ihnen ist?
Es werden aber Tage kommen,
   da wird ihnen der Bräutigam genommen sein;
dann werden sie fasten.

FÜRBITTEN

Laßt uns beten zu Christus, der reich ist an Gnade und Erbarmen:

Stärke deine Kirche, daß sie sich für Recht und Gerechtigkeit einsetzt.

A.: Wir bitten dich, erhöre uns.

Befreie die Menschen von Selbstsucht und Habgier.

Mach uns sehend für das Elend in der Welt.

Nimm unsere Verstorbenen auf in dein Reich.

Herr, unser Gott, du willst, daß wir einander annehmen. Gib uns größeren Eifer zu Taten der Liebe. Darum bitten wir durch Christus, unseren Herrn. A.: Amen.

GABENGEBET

Herr, unser Gott,
wir feiern das heilige Opfer
in diesen Tagen der Buße.
Nimm in deinem Sohn auch uns an
und schenke uns größeren Eifer
zu einem Fasten, wie du es liebst.
Darum bitten wir durch Christus, unseren Herrn.

Fastenpräfation, S.1356f.

KOMMUNIONVERS Ps 25 (24), 4
Zeige mir, Herr, deine Wege, lehre mich deine Pfade!

SCHLUSSGEBET
Allmächtiger Gott,
du gibst uns Anteil
am Leib und Blut deines Sohnes.
Dieses Sakrament reinige uns von Schuld
und stärke uns in unserer Schwachheit.
Darum bitten wir durch Christus, unseren Herrn.

„DIE FASTENZEIT *ist eine Zeit der Einfachheit, keine Festzeit. Mit evangelischer Wachsamkeit und einer bestimmten unerbittlichen Ehrlichkeit gegenüber uns selbst versuchen wir, die Herrschaft Gottes in uns zu erneuern, solidarisch mit unserem Herrn, der seinem Leiden entgegengeht. Diese Erneuerung kann für jeden etwas anderes bedeuten, je nachdem es die Liebe ihm eingibt ... Einen besonderen Wert sollte man in dieser Zeit auch auf die stärkere Betonung des Gebetes legen. So wäre es vielleicht angebracht, das eigene Morgen- und Abendgebet einer gründlichen Revision zu unterziehen und das Tischgebet innerhalb der Familie mit besonderer Sorgfalt zu beten. Die Pfarrgemeinden bieten in dieser Zeit besondere liturgische Feiern an, an denen man teilnehmen könnte. Vor allem aber ist die Fastenzeit die Zeit einer ruhigen, ehrlichen Beichte"* (Holländischer Katechismus, *180–181*).

SAMSTAG
nach Aschermittwoch

ERÖFFNUNGSVERS Ps 69 (68), 17
Erhöre uns, Herr, in deiner Huld und Güte,
wende dich uns zu in deinem großen Erbarmen.

TAGESGEBET
Allmächtiger Gott,
übe Nachsicht mit unserer Schwäche,
und damit wir imstande sind,

Fastenzeit: Samstag nach Aschermittwoch

den Kampf mit den Mächten des Bösen zu bestehen,
strecke deine Hand aus und schütze uns.
Darum bitten wir durch Jesus Christus.

ZUR LESUNG   *Der Anfang dieser Lesung (9b–10) nimmt die Mahnung der vorausgehenden Verse auf (vgl. gestrige Lesung). Eine böse Tat muß verschwinden: Spott und Ungerechtigkeit; und eine gute Tat wird gefordert: Brot für die Hungrigen – „dein Brot", denn der Hungernde ist dein Bruder. An die Erfüllung dieser Bedingung werden die Verheißungen geknüpft (V. 10b–12; vgl. Ijob 11, 13–19): Licht, Leben, nie versiegendes Wasser. Das und noch mehr wird Gott dem geben, der ihn aufrichtig sucht. Und er wird eine sichere Heimat haben: die Mauern Jerusalems werden wiederaufgebaut, aber nur von einem Volk und für ein Volk, das in der Gemeinschaft mit Gott wohnt (V. 12). Die Schlußverse (13–14) legen noch besonderen Wert auf ein Einzelgebot: die Heilighaltung des Sabbats. – Spr 11, 25; Ps 37, 6; 112; Joh 8, 12; 4, 14; Jes 56, 2.*

ERSTE LESUNG   Jes 58, 9b–14

Wenn du dem Hungrigen dein Brot reichst, dann geht im Dunkel dein Licht auf

**Lesung
aus dem Buch Jesája.**

So spricht der Herr:
9b Wenn du der Unterdrückung bei dir ein Ende machst,
    auf keinen mit dem Finger zeigst und niemand verleumdest,
10 dem Hungrigen dein Brot reichst
und den Darbenden satt machst,
    dann geht im Dunkel dein Licht auf,
und deine Finsternis
    wird hell wie der Mittag.
11 Der Herr wird dich immer führen,
auch im dürren Land macht er dich satt
    und stärkt deine Glieder.
Du gleichst einem bewässerten Garten,
einer Quelle, deren Wasser niemals versiegt.
12 Deine Leute bauen die uralten Trümmerstätten wieder auf,
die Grundmauern aus der Zeit vergangener Generationen
    stellst du wieder her.

Man nennt dich den Maurer,
  der die Risse ausbessert,
  den, der die Ruinen wieder bewohnbar macht.

13 Wenn du am Sabbat nicht aus dem Haus gehst
    und an meinem heiligen Tag keine Geschäfte machst,
  wenn du den Sabbat den Tag der Wonne nennst,
    einen Ehrentag den heiligen Tag des Herrn,
  wenn du ihn ehrst, indem du keine Gänge machst,
    keine Geschäfte betreibst und keine Verhandlungen führst,
14 dann wirst du am Herrn deine Wonne haben,
  dann lasse ich dich über die Höhen der Erde dahinfahren
    und das Erbe deines Vaters Jakob genießen.
  Ja, der Mund des Herrn hat gesprochen.

ANTWORTPSALM   Ps 86 (85), 1–2.3–4.5–6 (R: 11a)

R Weise mir, Herr, deinen Weg;   (GL 170, 1)
  ich will ihn gehen in Treue zu dir. – R

1 Wende dein Ohr mir zu, erhöre mich, Herr! *   III. Ton
  Denn ich bin arm und gebeugt.

2 Beschütze mich, denn ich bin dir ergeben! *
  Hilf deinem Knecht, der dir vertraut! – (R)

3 Du bist mein Gott. Sei mir gnädig, o Herr! *
  Den ganzen Tag rufe ich zu dir.

4 Herr, erfreue deinen Knecht; *
  denn ich erhebe meine Seele zu dir. – (R)

5 Herr, du bist gütig und bereit zu verzeihen, *
  für alle, die zu dir rufen, reich an Gnade.

6 Herr, vernimm mein Beten, *
  achte auf mein lautes Flehen! – R

RUF VOR DEM EVANGELIUM   Vers: Ez 33, 11

Herr Jesus, dir sei Ruhm und Ehre! – R

(So spricht Gott, der Herr:)
Ich habe kein Gefallen am Tod des Schuldigen,
sondern daran, daß er umkehrt auf seinem Weg und am Leben bleibt.

Herr Jesus, dir sei Ruhm und Ehre!

Fastenzeit: Samstag nach Aschermittwoch

ZUM EVANGELIUM   *Die Armen und die Sünder sind für die Botschaft Jesu aufgeschlossen; bei den Reichen und vor allem bei den „Gerechten" hat es Jesus schwerer. Schon bei der Heilung des Gelähmten hat sich gegen die Sündenvergebung der Widerspruch der Schriftgelehrten und Pharisäer gemeldet (Lk 5,21: Montag der 1. Adventswoche). Nun ruft er einen Zöllner in seine Nachfolge (V. 27–28) und hat Tischgemeinschaft mit Zöllnern und Sündern (V. 29). Das ist skandalös, und die Frommen machen kein Hehl aus ihrem Abscheu. In Lk 15 antwortet Jesus diesen Leuten mit den Gleichnissen vom verlorenen Schaf, von der verlorenen Drachme und vom verlorenen Sohn. Im heutigen Evangelium stehen als Antwort nur zwei kurze Sätze; der eine kommt sozusagen von unten, vom Menschen her, der zweite kommt aus dem Geheimnis Gottes. Jesus verweist zuerst auf die Not dieser Menschen, dann auf den Zweck seines „Kommens": er ist Mensch geworden, um den Sündern die Umkehr möglich zu machen. – Mt 9,9–13; Mk 2,13–17; Lev 19,2; Hos 6,6; Lk 15,2.*

EVANGELIUM   Lk 5,27–32

Ich bin gekommen, um die Sünder zur Umkehr zu rufen, nicht die Gerechten

✢ Aus dem heiligen Evangelium nach Lukas.

In jener Zeit
7 sah Jesus einen Zöllner namens Levi am Zoll sitzen
und sagte zu ihm: Folge mir nach!
8 Da stand Levi auf, verließ alles und folgte ihm.
9 Und er gab für Jesus in seinem Haus ein großes Festmahl.
Viele Zöllner und andere Gäste waren mit ihnen bei Tisch.
10 Da sagten die Pharisäer und ihre Schriftgelehrten
voll Unwillen zu seinen Jüngern:
Wie könnt ihr
zusammen mit Zöllnern und Sündern essen und trinken?
11 Jesus antwortete ihnen:
Nicht die Gesunden brauchen den Arzt,
sondern die Kranken.
12 Ich bin gekommen,
um die Sünder zur Umkehr zu rufen,
nicht die Gerechten.

FÜRBITTEN

Zu unserem Herrn Jesus Christus, der sich der Sünder annahm, wollen wir beten:

Für deine Kirche: um den Geist der Liebe und des Erbarmens. – Lasset zum Herrn uns beten: Herr, erbarme dich.
A.: Christus, erbarme dich.

Für die verfeindeten Völker: um den Geist der Versöhnung. – Lasset zum Herrn uns beten: Herr, erbarme dich.

Für unsere Gemeinde: um Schutz gegen die Mächte des Bösen. – Lasset zum Herrn uns beten: Herr, erbarme dich.

Für unsere Verstorbenen: um das ewige Leben. – Lasset zum Herrn uns beten: Herr, erbarme dich.

Allmächtiger Gott, wende dich uns zu, und höre unser Rufen. Darum bitten wir dich durch Christus, unseren Herrn.   A.: Amen.

GABENGEBET

Nimm an, o Herr,
das Opfer des Lobes und der Versöhnung.
Löse uns aus aller Verstrickung in das Böse,
damit wir in freier Hingabe ganz dir gehören.
Darum bitten wir durch Christus, unseren Herrn.

Fastenpräfation, S. 1356 f.

KOMMUNIONVERS   Mt 9, 13

Barmherzigkeit will ich und nicht Opfer,
denn ich bin gekommen,
um die Sünder zu rufen, nicht die Gerechten.

SCHLUSSGEBET

Gütiger Gott,
du hast uns den Leib und das Blut
deines Sohnes geschenkt.
Was wir auf Erden im Geheimnis feiern,
sei uns Stärkung auf dem Weg zur Vollendung.
Darum bitten wir durch Christus, unseren Herrn.

„IM ANNEHMEN *des ungerecht erlittenen Leides, im Verzeihen wird die Sünde überwunden. Hierin liegt das Geheimnis des Kreuzes. Jesus hat wie niemand das Leid der Welt erfahren. Sein ganzes Leben stand unter dem Gesetz der Hinfälligkeit mit allem, was dazugehört: Versuchung, Anfechtung, Leiden, Tod ... Wenn die Sünde ihn auch persönlich nicht beflecken konnte, so war er doch in die letzten Tiefen unserer menschlichen Sündennot hinuntergestiegen, und sein Weg auf Erden war weniger ein Leben als ein tägliches Sterben. Aber dadurch hat er den Tod besiegt, daß er die Sünde der Welt getragen hat. Alle Schuld und alles Leid, das aus der Sünde erwuchs und erwächst, hat er getragen. Bis zum bittern Tod hat er es durchgelitten. Diesen Tod ist er für die Sünde der Welt gestorben. In diesem Tod hat er den Zugang zu einem neuen Leben eröffnet, in dem wir die Sünde besiegen und den Tod überwinden können"* (Herbert Haag).

1. WOCHE

MONTAG

ERÖFFNUNGSVERS Ps 123 (122), 2–3

Wie die Augen der Knechte auf die Hand ihres Herrn,
so schauen unsere Augen auf den Herrn, unseren Gott,
bis er uns gnädig ist.

TAGESGEBET

Gott, unser Heil,
gib uns die Gnade, umzukehren zu dir.
Erleuchte unseren Verstand
und stärke unseren Willen,
damit uns diese Zeit der Buße zum Segen wird.
Darum bitten wir durch Jesus Christus.

ZUR LESUNG *In Lev 19 sind religiöse und sittliche Vorschriften zusammengestellt, die für die „ganze Gemeinde der Israeliten" gelten (V. 2), für alle und für jeden. Die Grundaussage, zugleich die Grundforderung, steht am Anfang (V. 2): Jahwe ist heilig, und Israel ist sein Volk. Daraus ergibt sich alles übrige. Die Einzelvorschriften sind zum Teil dieselben wie in den „Zehn Geboten", gehen aber teilweise darüber hinaus. Stehlen, lügen und falsch schwören (V. 11–12): das alles entehrt den Namen Gottes, der beim Schwören ja ausdrücklich genannt und beim Falschschwören „zum Nichtigen aufgehoben" wird (Ex 20, 7). Die Verbote in den Versen 13–14 schützen das Recht des Schwächeren; man soll auf die Schwachen Rücksicht nehmen, wenn schon nicht aus Liebe, dann wenigstens aus Furcht vor der Strafe Gottes. Die Verse 15–18 beziehen sich mehr auf die Rechtspraxis; jede Parteilichkeit wird verworfen, selbst wenn sie zugunsten des Armen wäre. Den Abschluß bildet die Forderung der Liebe zum Nächsten; nicht Gefühle werden hier vorgeschrieben, sondern ein Verhalten, wie es sich aus der Tatsache ergibt, daß Israel Volk Gottes ist; Jesus wird sagen: aus der Tatsache, daß dein Nächster mein Bruder ist (Evangelium). – Lev 11,44–45; Ex 20,15–16; Dtn 24,14–15; Tob 4,14; Mt 20,8; Jak 5,4; Dtn 27,18; Ex 23,3; Dtn 1,17; Mt 5,43; 22,39; Röm 13,9; Gal 5,14; Jak 2,8.*

ERSTE LESUNG　　　　　　　　　　　　　　　Lev 19,1–2.11–18

Gerecht sollst du deinen Stammesgenossen richten

Lesung
　　aus dem Buch Levitikus.

1 **Der Herr sprach zu Mose:**
2 **Rede zur ganzen Gemeinde der Israeliten,**
　　und sag zu ihnen: Seid heilig,
　　　　denn ich, der Herr, euer Gott, bin heilig.
11 **Ihr sollt nicht stehlen,**
　　nicht täuschen und einander nicht betrügen.
12 **Ihr sollt nicht falsch bei meinem Namen schwören;**
　　du würdest sonst den Namen deines Gottes entweihen.
　　Ich bin der Herr.
13 **Du sollst deinen Nächsten nicht ausbeuten**
　　und ihn nicht um das Seine bringen.
　　Der Lohn des Tagelöhners
　　　　soll nicht über Nacht bis zum Morgen bei dir bleiben.
14 **Du sollst einen Tauben nicht verfluchen**
　　und einem Blinden kein Hindernis in den Weg stellen;
　　vielmehr sollst du deinen Gott fürchten.

Ich bin der Herr.
5 Ihr sollt in der Rechtsprechung kein Unrecht tun.
Du sollst weder für einen Geringen noch für einen Großen
   Partei nehmen;
gerecht sollst du deinen Stammesgenossen richten.
6 Du sollst deinen Stammesgenossen nicht verleumden
   und dich nicht hinstellen
   und das Leben deines Nächsten fordern.
Ich bin der Herr.
7 Du sollst in deinem Herzen
   keinen Haß gegen deinen Bruder tragen.
Weise deinen Stammesgenossen zurecht,
   so wirst du seinetwegen keine Schuld auf dich laden.
8 An den Kindern deines Volkes sollst du dich nicht rächen
   und ihnen nichts nachtragen.
Du sollst deinen Nächsten lieben wie dich selbst.
Ich bin der Herr.

ANTWORTPSALM   Ps 19 (18B), 8.9.10.11 u. 15 (R: vgl. Joh 6,63b)

R Deine Worte, Herr, sind Geist und Leben. – R   (GL 465)

Die Weisung des Herrn ist vollkommen, *   II. Ton
sie erquickt den Menschen.

Das Gesetz des Herrn ist verläßlich, *
den Unwissenden macht es weise. – (R)

Die Befehle des Herrn sind richtig, *
sie erfreuen das Herz;
das Gebot des Herrn ist lauter, *
es erleuchtet die Augen. – (R)

Die Furcht des Herrn ist rein, *
sie besteht für immer.

Die Urteile des Herrn sind wahr, *
gerecht sind sie alle. – (R)

Sie sind kostbarer als Gold, als Feingold in Menge. *
Sie sind süßer als Honig, als Honig aus Waben.

Die Worte meines Mundes mögen dir gefallen; †
was ich im Herzen erwäge, stehe dir vor Augen, *
Herr, mein Fels und mein Erlöser. – R

RUF VOR DEM EVANGELIUM   Vers: 2 Kor 6,2b

Herr Jesus, dir sei Ruhm und Ehre! – R

Jetzt ist sie da, die Zeit der Gnade;
jetzt ist er da, der Tag der Rettung.

Herr Jesus, dir sei Ruhm und Ehre!

ZUM EVANGELIUM   *Ob jemand zum Reich Gottes zugelassen wird, hängt davon ab, ob er den Willen Gottes getan hat. Das hat Jesus am Ende der Bergpredigt betont (7, 21–27). In der Schilderung des Jüngsten Gerichts, also am Abschluß der Mahnung zur Wachsamkeit, wird nochmals klar gesagt, worin der Wille Gottes besteht. Entscheidend ist das Verhalten zum Mitmenschen. Wer die Nächstenliebe übt, dem steht das Reich Gottes offen „seit der Erschaffung der Welt" (V. 34). Die Gerechten sagen ausdrücklich, daß sie Jesus in den Armen und Kranken nicht erkannt haben. Und doch sagt ihnen der Herr: „Das habt ihr mir getan"; ohne daß sie es wußten, haben sie ihm gedient. Sie werden vom Hirten auf die Seite der Schafe gestellt; und manch einer, der im Namen Jesu gepredigt und sogar Wunder gewirkt hat (Mt 7, 22), wird sich unter den Böcken befinden. – Ez 34, 17; Mt 7, 21–27; 13, 36–43; 16, 24–26.*

EVANGELIUM   Mt 25, 31–46

Was ihr für einen meiner geringsten Brüder getan habt, das habt ihr mir getan

✝ Aus dem heiligen Evangelium nach Matthäus.

In jener Zeit sprach Jesus zu seinen Jüngern:
³¹ Wenn der Menschensohn in seiner Herrlichkeit kommt
  und alle Engel mit ihm,
    dann wird er sich auf den Thron seiner Herrlichkeit setzen.
³² Und alle Völker werden vor ihm zusammengerufen werden,
  und er wird sie voneinander scheiden,
    wie der Hirt die Schafe von den Böcken scheidet.
³³ Er wird die Schafe zu seiner Rechten versammeln,
  die Böcke aber zur Linken.
³⁴ Dann wird der König denen auf der rechten Seite sagen:
  Kommt her, die ihr von meinem Vater gesegnet seid,
  nehmt das Reich in Besitz,
    das seit der Erschaffung der Welt für euch bestimmt ist.

³⁵ Denn ich war hungrig,
   und ihr habt mir zu essen gegeben;
ich war durstig,
   und ihr habt mir zu trinken gegeben;
ich war fremd und obdachlos,
   und ihr habt mich aufgenommen;
³⁶ ich war nackt,
   und ihr habt mir Kleidung gegeben;
ich war krank,
   und ihr habt mich besucht;
ich war im Gefängnis,
   und ihr seid zu mir gekommen.

³⁷ Dann werden ihm die Gerechten antworten:
Herr, wann haben wir dich hungrig gesehen
   und dir zu essen gegeben,
oder durstig
   und dir zu trinken gegeben?
³⁸ Und wann haben wir dich fremd und obdachlos gesehen
   und aufgenommen,
oder nackt
   und dir Kleidung gegeben?
³⁹ Und wann haben wir dich krank oder im Gefängnis gesehen
   und sind zu dir gekommen?

⁴⁰ Darauf wird der König ihnen antworten:
Amen, ich sage euch:
Was ihr für einen meiner geringsten Brüder getan habt,
   das habt ihr mir getan.

⁴¹ Dann wird er sich auch an die auf der linken Seite wenden
und zu ihnen sagen:
   Weg von mir, ihr Verfluchten,
in das ewige Feuer,
   das für den Teufel und seine Engel bestimmt ist!
⁴² Denn ich war hungrig,
   und ihr habt mir nichts zu essen gegeben;
ich war durstig,
   und ihr habt mir nichts zu trinken gegeben;
⁴³ ich war fremd und obdachlos,
   und ihr habt mich nicht aufgenommen;
ich war nackt,
   und ihr habt mir keine Kleidung gegeben;

ich war krank und im Gefängnis,
    und ihr habt mich nicht besucht.

⁴⁴ Dann werden auch sie antworten:
    Herr, wann haben wir dich hungrig oder durstig
    oder obdachlos oder nackt
    oder krank oder im Gefängnis gesehen
    und haben dir nicht geholfen?

⁴⁵ Darauf wird er ihnen antworten:
    Amen, ich sage euch:
Was ihr für einen dieser Geringsten nicht getan habt,
    das habt ihr auch mir nicht getan.

⁴⁶ Und sie werden weggehen
    und die ewige Strafe erhalten,
die Gerechten aber
    das ewige Leben.

FÜRBITTEN

Jesus Christus wird kommen, die Völker zu richten. Ihn wollen wir bitten:

Erhalte dein Volk auf dem Weg deiner Gebote.
A.: Wir bitten dich, erhöre uns.

Lehre die Völker, die Würde des Menschen zu achten und niemanden zu mißhandeln.

Treibe uns an, mit den Armen zu teilen.

Führe unsere Verstorbenen in deine Herrlichkeit.

Gott, du unser Heil, laß die Zeit der Buße uns zum Segen werden durch Christus, unseren Herrn.   A.: Amen.

GABENGEBET

Herr, unser Gott,
wir bringen diese Gaben dar
und weihen uns dir im Opfer deines Sohnes.
Nimm den Dienst deiner Kirche an.
Übe Nachsicht mit unserem Versagen
und heilige unser Leben.
Darum bitten wir durch Christus, unseren Herrn.

Fastenpräfation, S.1356f.

KOMMUNIONVERS Mt 25,40.34

Was ihr für einen meiner geringsten Brüder getan habt,
das habt ihr für mich getan.
Kommt her, ihr, die ihr von meinem Vater gesegnet seid,
nehmt das Reich in Besitz,
das seit Anfang der Welt für euch bestimmt ist – so spricht der Herr.

SCHLUSSGEBET

Allmächtiger Gott,
du hast uns Anteil gegeben am heiligen Mahl.
Laß uns an Leib und Seele gesunden.
Schenke uns durch dieses Sakrament deine Hilfe
und die ewige Vollendung.
Darum bitten wir durch Christus, unseren Herrn.

CHRISTUS WIRD KOMMEN, um die Geschichte der Menschen und der Völker zu richten. Dann wird der Sinn und der Wert all dessen, was sie getan haben, offenbar werden. Ohne das kommende Gericht würde die Gegenwart ihren entscheidenden Ernst und ihre Richtung verlieren. Und doch, so seltsam es klingen mag: Wichtig ist nicht eigentlich das Gericht, sondern die Gegenwart. Das Gericht wird nur bestätigen, was die Menschen gewollt und getan haben; es wird in der Welt keine andere Geschichte geben als die, die sie selbst gewollt hat.

DIENSTAG

ERÖFFNUNGSVERS Ps 90 (89), 1–2

Herr, du warst unsere Zuflucht von Geschlecht zu Geschlecht.
Von Ewigkeit zu Ewigkeit bist du, o Gott.

TAGESGEBET

Herr, unser Gott,
sieh gütig auf deine Gemeinde.
Da wir durch Mäßigung
den Leib in Zucht halten und Buße tun,
schenke unserem Geist
die wahre Sehnsucht nach dir.
Darum bitten wir durch Jesus Christus.

ZUR LESUNG   *Diese kurze Lesung ist eine abschließende Deutung und Begründung all dessen, was Gott im Lauf der Geschichte für sein Volk tut. Der Text steht am Schluß des zweiten Teils des Jesaja-Buches (Kap. 40–55) und greift auf das Thema zurück, das groß am Anfang stand: „Doch das Wort unseres Gottes bleibt in Ewigkeit" (40, 8). Das „Wort Gottes", das ist sein ewiger Gedanke und Wille, der zur bestimmten Zeit aus dem Schweigen Gottes hervortritt und mit unwiderstehlicher Macht „all das erreicht, wozu ich es ausgesandt habe" (55, 11). – Jes 9, 7; Dtn 32, 2; 1 Kön 8, 56; Ijob 23, 13; 2 Kor 9, 10; Jos 21, 45; Weish 18, 14–15; Sach 1, 5–6.*

ERSTE LESUNG   Jes 55, 10–11

Mein Wort bewirkt, was ich will

**Lesung
   aus dem Buch Jesája.**

So spricht der Herr:
10 Wie der Regen und der Schnee vom Himmel fällt
   und nicht dorthin zurückkehrt,
sondern die Erde tränkt
   und sie zum Keimen und Sprossen bringt,
wie er dem Sämann Samen gibt und Brot zum Essen,
11   so ist es auch mit dem Wort, das meinen Mund verläßt:
Es kehrt nicht leer zu mir zurück,
   sondern bewirkt, was ich will,
und erreicht all das, wozu ich es ausgesandt habe.

ANTWORTPSALM   Ps 34 (33), 4–5.6–7.16–17.18–19 (R: vgl. 18)

R Der Herr hört die Gerechten,   (GL 193, 1)
   er entreißt sie all ihren Ängsten. – **R**

4 Verherrlicht mit mir den Herrn, *   VI. Ton
   laßt uns gemeinsam seinen Namen rühmen.

5 Ich suchte den Herrn, und er hat mich erhört, *
   er hat mich all meinen Ängsten entrissen. – (**R**)

6 Blickt auf zu ihm, so wird euer Gesicht leuchten, *
   und ihr braucht nicht zu erröten.

7 Da ist ein Armer; er rief, und der Herr erhörte ihn. *
   Er half ihm aus all seinen Nöten. – (**R**)

6 Die Augen des Herrn blicken auf die Gerechten, *
seine Ohren hören ihr Schreien.

7 Das Antlitz des Herrn richtet sich gegen die Bösen, *
um ihr Andenken von der Erde zu tilgen. – (R)

8 Schreien die Gerechten, so hört sie der Herr; *
er entreißt sie all ihren Ängsten.

9 Nahe ist der Herr den zerbrochenen Herzen, *
er hilft denen auf, die zerknirscht sind. – R

RUF VOR DEM EVANGELIUM Vers: vgl. Mt 4,4b

Herr Jesus, dir sei Ruhm und Ehre! – R

Nicht nur von Brot lebt der Mensch,
sondern von jedem Wort aus Gottes Mund.

Herr Jesus, dir sei Ruhm und Ehre!

ZUM EVANGELIUM *Das Vaterunser ist uns an zwei Stellen des Neuen Testaments überliefert: Mt 6,9–13 und Lk 11,2–5. Die kürzere Form (Lukas) ist vermutlich die ursprünglichere. Alle Bestandteile dieses Gebets lassen sich von der alttestamentlichen und jüdischen Gebetsüberlieferung herleiten, und doch hat Jesus daraus etwas völlig Neues und Einmaliges gemacht. Der Inhalt des Vaterunsers und die Anordnung der Bitten zeigen uns nicht nur die Art und Ordnung, wie wir beten sollen; sie sagen uns auch alles über Gott und die Welt, und sie ordnen unser eigenes Leben in der Welt und vor Gott. Die drei ersten Bitten (dein Name, dein Reich, dein Wille) zielen auf das Offenbarwerden der Macht und Herrlichkeit Gottes (Offb 11,17). Auch die zwei folgenden Bitten (Brot und Vergebung) richten sich auf die Zukunft. Das tägliche Brot ist das Brot, das uns mit Leib und Seele den morgigen Tag erreichen läßt, den Tag des Gerichts und der endgültigen Rettung. Und schließlich die nüchterne, demütige Bitte um Bewahrung vor dem Bösen, vor dem wir nicht endgültig sicher sind, solange diese Zeit dauert. Das Vaterunser ist also das Gebet des Menschen, der nur eine Sorge hat: seinen Weg bis ans Ziel zu gehen, an dem Gott ihn erwartet. – Mt 14,36; Röm 8,15; Gal 4,6; Jak 1,13; Jes 63,15–16; Jer 31,20; Ez 36,23; Mal 1,6; Joh 17,6.26; Mt 26,39–42; Joh 6,32–35; Mt 18,21–35; Joh 17,11.15.*

EVANGELIUM   Mt 6,7–15

So sollt ihr beten

✝ Aus dem heiligen Evangelium nach Matthäus.

In jener Zeit sprach Jesus zu seinen Jüngern:
7 Wenn ihr betet,
  sollt ihr nicht plappern wie die Heiden,
  die meinen,
  sie werden nur erhört, wenn sie viele Worte machen.
8 Macht es nicht wie sie;
  denn euer Vater weiß, was ihr braucht,
    noch ehe ihr ihn bittet.
9 So sollt ihr beten:

  Unser Vater im Himmel,
  dein Name werde geheiligt,
10 dein Reich komme,
   dein Wille geschehe
     wie im Himmel, so auf der Erde.
11 Gib uns heute das Brot, das wir brauchen.
12 Und erlaß uns unsere Schulden,
     wie auch wir sie unseren Schuldnern erlassen haben.
13 Und führe uns nicht in Versuchung,
     sondern rette uns vor dem Bösen.
14 Denn wenn ihr den Menschen ihre Verfehlungen vergebt,
     dann wird euer himmlischer Vater auch euch vergeben.
15 Wenn ihr aber den Menschen nicht vergebt,
     dann wird euch euer Vater
     eure Verfehlungen auch nicht vergeben.

FÜRBITTEN

Zu Christus wollen wir rufen, der uns beten gelehrt hat:

Festige deine Diener in der Erwartung, daß Gottes Reich kommt.
(Stille) Christus, höre uns.
A.: Christus, erhöre uns.

Gib allen Menschen, was sie zum Leben nötig haben. (Stille) Christus, höre uns.

Laß uns jenen verzeihen, die uns Unrecht taten. (Stille) Christus, höre uns.

Rette uns aus der Macht des Bösen. (Stille) Christus, höre uns.

Denn du bist unser Mittler beim Vater. Dir sei Dank und Preis in Ewigkeit. A.: Amen.

GABENGEBET

Allmächtiger Gott,
du bist der Ursprung aller Dinge.
Du gibst uns Speise und Trank
als Hilfe für das irdische Leben.
Nimm entgegen,
was du uns in die Hände gelegt hast,
und erfülle diese Gaben mit göttlicher Kraft,
damit sie uns das ewige Leben schenken.
Darum bitten wir durch Christus, unseren Herrn.

Fastenpräfation, S. 1356 f.

KOMMUNIONVERS Ps 4, 2

Wenn ich rufe, erhöre mich, Gott, du mein Retter.
Du hast mir Raum geschaffen, als mir angst war;
sei mir gnädig und höre auf mein Flehen.

SCHLUSSGEBET

Herr, unser Gott,
du nährst uns mit der Speise der Unsterblichkeit.
Schenke uns die wahre Weisheit,
damit wir
das Verlangen nach irdischen Freuden mäßigen
und das Unvergängliche mehr lieben
als das Vergängliche.
Darum bitten wir durch Christus, unseren Herrn.

„VATER UNSER, *der du bist im Himmel meines Herzens, wenn es auch eine Hölle zu sein scheint;*
geheiligt werde dein Name, er werde angerufen in der tödlichen Stille meines ratlosen Verstummens;

dein Reich komme, wenn alles uns verläßt;
dein Wille geschehe, auch wenn er uns tötet, weil er das Leben ist und, was auf Erden wie ein Untergang aussieht, im Himmel der Aufgang deines Lebens ist;
unser tägliches Brot gib uns heute; laß uns auch darum bitten, damit wir ... wenigstens an unserem Hunger merken, daß wir arme und unwichtige Geschöpfe sind;
befreie uns von unserer Schuld und behüte uns in der Versuchung vor der Schuld und Anfechtung, die eigentlich nur eine ist: nicht zu glauben an dich und an die Unbegreiflichkeit deiner Liebe" (Karl Rahner).

MITTWOCH

ERÖFFNUNGSVERS
Ps 25 (24), 6.2.22

Denk an dein Erbarmen, Herr, und an die Taten deiner Huld,
denn sie bestehen von Ewigkeit.
Laß unsere Feinde nicht triumphieren!
Befreie uns, Gott Israels, aus all unseren Nöten.

TAGESGEBET

**Barmherziger Gott,
sieh gnädig auf die Hingabe deines Volkes.
Gib, daß wir unseren Leib in Zucht nehmen
und durch gute Werke im Geist neu werden.
Darum bitten wir durch Jesus Christus.**

ZUR LESUNG   *Der kleine Prophet Jona hat der großen Stadt Ninive das Strafgericht Gottes angesagt. Das Strafgericht kam aber nicht: „Gott reute das Unheil, das er ihnen angedroht hatte". Läßt Gott sich umstimmen durch die Bekehrung und Buße der Menschen? So mag es aussehen, die Wirklichkeit ist eher umgekehrt: daß die Menschen sich überhaupt wieder zu Gott hinwenden können, ist nur möglich, weil Gott sich ihnen zuwendet, um sie zu retten. Den Jona verdroß es, daß Gott zum Verzeihen bereit war (4, 2), als hätte er nicht selbst von dieser Verzeihung gelebt – falls er überhaupt gelebt hat. Denn das Buch Jona ist offenkundig nicht ein historischer Bericht, sondern eine Lehrerzählung im besten prophetischen Stil und Geist, eine Illustration etwa zu Jeremia 18, 7–8. Der Zorn*

Gottes ist nichts anderes als die Rückseite seiner erbarmenden und rettenden Liebe. – Mt 12,41; Ez 18,21–24; 26,16; 27,30–31; Jdt 4,10; Joel 2,14; Am 5,15; Gen 6,6; Jer 26,3.

ERSTE LESUNG Jona 3,1–10

Gott sah, daß sie umkehrten und sich von ihren bösen Taten abwandten

Lesung
   aus dem Buch Jona.

1 Das Wort des Herrn erging an Jona:
2 Mach dich auf den Weg,
   und geh nach Nínive, in die große Stadt,
und droh ihr all das an,
   was ich dir sagen werde.
3 Jona machte sich auf den Weg und ging nach Nínive,
   wie der Herr es ihm befohlen hatte.
Nínive war eine große Stadt vor Gott;
man brauchte drei Tage, um sie zu durchqueren.
4 Jona begann, in die Stadt hineinzugehen;
er ging einen Tag lang
   und rief: Noch vierzig Tage,
   und Nínive ist zerstört!
5 Und die Leute von Nínive glaubten Gott.
Sie riefen ein Fasten aus,
und alle, groß und klein,
   zogen Bußgewänder an.
6 Als die Nachricht davon den König von Nínive erreichte,
   stand er von seinem Thron auf,
   legte seinen Königsmantel ab,
   hüllte sich in ein Bußgewand und setzte sich in die Asche.
7 Er ließ in Nínive ausrufen:
   Befehl des Königs und seiner Großen:
Alle Menschen und Tiere, Rinder, Schafe und Ziegen,
   sollen nichts essen, nicht weiden und kein Wasser trinken.
8 Sie sollen sich in Bußgewänder hüllen, Menschen und Tiere.
Sie sollen laut zu Gott rufen,
und jeder soll umkehren
   und sich von seinen bösen Taten abwenden
   und von dem Unrecht, das an seinen Händen klebt.

9 Wer weiß, vielleicht reut es Gott wieder,
  und er läßt ab von seinem glühenden Zorn,
    so daß wir nicht zugrunde gehen.

10 Und Gott sah ihr Verhalten;
   er sah, daß sie umkehrten
     und sich von ihren bösen Taten abwandten.
   Da reute Gott das Unheil,
     das er ihnen angedroht hatte,
     und er führte die Drohung nicht aus.

ANTWORTPSALM Ps 51 (50), 3–4.12–13.18–19 (R: 19b)

R Ein zerbrochenes und zerschlagenes Herz (GL 172, 3)
wirst du, Gott, nicht verschmähen. – R

3 Gott, sei mir gnädig nach deiner Huld, *   I. Ton
  tilge meine Frevel nach deinem reichen Erbarmen!

4 Wasch meine Schuld von mir ab, *
  und mach mich rein von meiner Sünde! – (R)

12 Erschaffe mir, Gott, ein reines Herz, *
   und gib mir einen neuen, beständigen Geist!

13 Verwirf mich nicht von deinem Angesicht, *
   und nimm deinen heiligen Geist nicht von mir! – (R)

18 Schlachtopfer willst du nicht, ich würde sie dir geben; *
   an Brandopfern hast du kein Gefallen.

19 Das Opfer, das Gott gefällt, ist ein zerknirschter Geist, *
   ein zerbrochenes und zerschlagenes Herz
   wirst du, Gott, nicht verschmähen. – R

RUF VOR DEM EVANGELIUM Vers: vgl. Joel 2, 12.13

Lob dir, Christus, König und Erlöser! – R

Kehrt um zum Herrn von ganzem Herzen;
denn er ist gnädig und barmherzig, voll Langmut und reich an Güte.

Lob dir, Christus, König und Erlöser!

ZUM EVANGELIUM *Das Wort vom Zeichen des Jona ist bei Lukas kürzer überliefert als bei Matthäus (Mt 12, 38–42). Die Zuhörer Jesu haben ein Zeichen vom Himmel verlangt (Lk 11, 16), ein Zeichen, das jeder*

Diskussion und jedem Zweifel ein Ende macht. Die Forderung ist unsinnig, und Jesus weist sie ab. Die Bekehrung muß eine persönliche Entscheidung sein, die Gott dem Menschen nicht abnehmen kann. Das Zeichen ist in Wirklichkeit die Person Jesu selbst, so wie es für die Einwohner von Ninive kein anderes Zeichen gab als die Anwesenheit und die Botschaft des Propheten. Bei Matthäus ist der Hinweis auf Jona ausführlicher als bei Lukas, und der Akzent wird von der prophetischen Verkündigung mehr auf das prophetische Schicksal verlagert. Diese „böse Generation" wird Jesus verwerfen und töten, aber nach drei Tagen wird er auferstehen. Das wird das endgültige Zeichen sein. Aber wer nicht bereit ist, dem Wort Jesu zu glauben, dem wird auch das Zeichen nichts nützen. – Mk 8,11–12; Joh 6,30; Mt 16,1–4; 1 Kön 10,1–13.

EVANGELIUM Lk 11,29–32

Es wird dieser Generation kein anderes Zeichen gegeben werden als das Zeichen des Jona

✢ **Aus dem heiligen Evangelium nach Lukas.**

In jener Zeit,
29 **als immer mehr Menschen zu Jesus kamen,**
   sagte er: Diese Generation ist böse.
Sie fordert ein Zeichen;
aber es wird ihr kein anderes gegeben werden
   als das Zeichen des Jona.

30 **Denn wie Jona für die Einwohner von Nínive ein Zeichen war,**
   so wird es auch der Menschensohn für diese Generation sein.

31 **Die Königin des Südens**
   wird beim Gericht gegen die Männer dieser Generation auftreten
      und sie verurteilen;
   denn sie kam vom Ende der Erde,
      um die Weisheit Sálomos zu hören.
   Hier aber ist einer, der mehr ist als Sálomo.

32 **Die Männer von Nínive**
   werden beim Gericht gegen diese Generation auftreten
      und sie verurteilen;
   denn sie haben sich nach der Predigt des Jona bekehrt.
   Hier aber ist einer, der mehr ist als Jona.

FÜRBITTEN

Gott will nicht den Tod des Sünders, sondern daß er umkehre und lebe. Darum beten wir zu Christus, unserem Herrn:

Mehre den Eifer unserer Priester, die Sünder mit Gott zu versöhnen.
A.: Wir bitten dich, erhöre uns.

Mache den Mächtigen bewußt, daß sie dir verantwortlich sind.

Laß alle Notleidenden tatkräftige Helfer finden.

Ermutige uns, daß wir einander lieben.

Gütiger Vater, du bist um jeden Menschen besorgt. Wende dich uns zu, und steh uns bei durch Christus, unseren Herrn.
A.: Amen.

GABENGEBET

Herr, wir bringen die Gaben dar,
die du uns geschenkt hast,
damit wir sie dir weihen.
Mache sie zum Sakrament,
aus dem wir das ewige Heil empfangen.
Darum bitten wir durch Christus, unseren Herrn.

Fastenpräfation, S. 1356 f.

KOMMUNIONVERS   Ps 5, 12

Herr, alle, die dir vertrauen, sollen sich freuen
und sollen immerfort jubeln,
denn du bist mit ihnen.

SCHLUSSGEBET

Gütiger Gott,
du nährst uns immer wieder
mit dem heiligen Sakrament.
Stärke uns durch diese Speise
und schenke uns das unvergängliche Leben.
Darum bitten wir durch Christus, unseren Herrn.

„ES GIBT KEINE ANSPRÜCHE *gegenüber Gott: Wir haben uns immer seinem Spruch zu fügen!*
Es gibt keine Sicherungen diesem Gott gegenüber: Es gibt immer nur das herrliche Wagnis des ungesicherten Sich-ihm-Auslieferns auf Gnade und Ungnade. Er liebt die leeren Hände; er liebt die Menschen, die unrecht haben, die nicht recht haben wollen. Er hat eine Vorliebe für das, was die Menschen verachten, übersehen, für klein halten.
Vielleicht heißt Christsein nur, sich langsam, gegen alle inneren Widerstände, an das dauernde Anderssein Gottes zu gewöhnen, bis dieser ganz andere Gott in einer unfaßbaren und alle Menschenvorstellungen und Liebeserwartungen übersteigenden Art sich uns gibt, wie es unser von ihm und für ihn geschaffenes Herz im Tiefsten immer ersehnt hat" (Josef Eger).

DONNERSTAG

ERÖFFNUNGSVERS   Ps 5, 2–3
Vernimm mein lautes Schreien, mein König und mein Gott,
denn ich flehe zu dir.

TAGESGEBET
Allmächtiger Gott,
gib uns die Gnade,
daß wir stets auf das Rechte bedacht sind
und es auch entschlossen tun.
Da wir ohne dich nicht bestehen können,
hilf uns, nach deinem Willen zu leben.
Darum bitten wir durch Jesus Christus.

ZUR LESUNG   *Das Buch Ester hat einen historischen Kern, um den sich im Lauf der Zeit einiges Legendenhafte angesammelt hat. Später hinzugekommen sind zum Beispiel die Gebete des Mardochai und seiner Pflegetochter Ester (Kap. 14 bzw. Kap. 4). Ester war am persischen Hof zur Königin erhoben worden. Als die im Perserreich lebenden Juden in größter Gefahr waren, legte sie beim König Fürbitte ein, und es gelang ihr, die Angehörigen ihres Volkes zu retten. Bevor sie aber zum König geht, betet sie zu dem einen Gott, dem König Israels: sie bittet um Verzeihung und Hilfe für ihr Volk und beruft sich vor allem darauf, daß Gott dieses Volk für immer als sein besonderes Eigentum angenommen hat. –* Dtn 6, 20–25; 7, 6; 10, 17; Ps 95, 3; 136, 2; Dan 2, 47; 11, 36.

ERSTE LESUNG   Est 4, 17k.17l–m.17r–t (4, 17n.p–r.aa–bb.gg–hh)

Herr, unser König, ich habe keinen Helfer außer dir

Lesung
   aus dem Buch Ester.

In jenen Tagen
17k wurde die Königin Ester von Todesangst ergriffen
und suchte Zuflucht beim Herrn,
und sie betete zum Herrn, dem Gott Israels:

17l   Herr, unser König, du bist der einzige.
   Hilf mir!
      Denn ich bin allein und habe keinen Helfer außer dir;
   die Gefahr steht greifbar vor mir.

17m Von Kindheit an
   habe ich in meiner Familie und meinem Stamm gehört,
   daß du, Herr, Israel aus allen Völkern erwählt hast;
du hast dir unsere Väter
   aus allen ihren Vorfahren
   als deinen ewigen Erbbesitz ausgesucht
   und hast an ihnen gehandelt, wie du es versprochen hattest.

17r Denk an uns, Herr!
Offenbare dich in der Zeit unserer Not,
und gib mir Mut,
   König der Götter und Herrscher über alle Mächte!

17s Leg mir in Gegenwart des Löwen
   die passenden Worte in den Mund,
   und stimm sein Herz um,
      damit er unseren Feind haßt
      und ihn und seine Gesinnungsgenossen vernichtet.

17t Uns aber rette mit deiner Hand!
Hilf mir,
   denn ich bin allein und habe niemand außer dir, o Herr!

ANTWORTPSALM   Ps 138 (137), 1–2b.2c–3.7c–8 (R: 3a)

R Herr, du hast mich erhört an dem Tag, als ich rief. – **R**
(GL 172, 4 oder 698, 1)

1   Ich will dir danken aus ganzem Herzen, *   III. Ton
   dir vor den Engeln singen und spielen;

2ab ich will mich niederwerfen zu deinem heiligen Tempel hin *
   und deinem Namen danken für deine Huld und Treue. – **(R)**

2cd Denn du hast die Worte meines Mundes gehört, *
deinen Namen und dein Wort über alles verherrlicht.

3 Du hast mich erhört an dem Tag, als ich rief; *
du gabst meiner Seele große Kraft. – (R)

7cd Du streckst die Hand aus gegen meine wütenden Feinde, *
und deine Rechte hilft mir.

8 Der Herr nimmt sich meiner an. †
Herr, deine Huld währt ewig. *
Laß nicht ab vom Werk deiner Hände! – R

RUF VOR DEM EVANGELIUM
Vers: Ps 51 (50), 12a.14a

Lob dir, Christus, König und Erlöser! – R

Erschaffe mir, Gott, ein reines Herz,
mach mich wieder froh mit deinem Heil!

Lob dir, Christus, König und Erlöser!

ZUM EVANGELIUM *Die „goldene Regel" (7, 12 a) faßt die vorausgehenden Weisungen im Gebot der Nächstenliebe zusammen. Mit dem Zusatz „Darin besteht das Gesetz und die Propheten" wird auf 5, 17 zurückverwiesen. Was zwischen 5, 17 und 7, 12 gesagt wird, ist die von jetzt an gültige Auslegung des Alten Testaments (= Gesetz und Propheten). – Die Verse 7–11 (vgl. Lk 11, 9–13) sind eine eindringliche Mahnung zum Bittgebet. Aber ist es denn notwendig, Gott zu bitten? Er weiß doch, was wir brauchen (6, 8), und er ist gut (7, 11). Sicher ist es nicht notwendig, Gott zu informieren oder ihn irgendwie umzustimmen; das gibt es nicht. Aber notwendig ist es, daß wir ihn als den anerkennen, von dem alles Gute kommt. Dadurch werden wir fähig, seine Gaben zu empfangen. – Dtn 4, 29–31; Joh 14, 13; Mk 11, 24–25; Jak 1, 5–6; Lk 6, 31; Tob 4, 15; Spr 3, 27; Röm 13, 8–10.*

EVANGELIUM
Mt 7, 7–12

Wer bittet, der empfängt

✣ Aus dem heiligen Evangelium nach Matthäus.

In jener Zeit sprach Jesus zu seinen Jüngern:
Bittet, dann wird euch gegeben;
sucht, dann werdet ihr finden;
klopft an, dann wird euch geöffnet.

⁸ Denn wer bittet, der empfängt;
wer sucht, der findet;
und wer anklopft, dem wird geöffnet.

⁹ Oder ist einer unter euch,
der seinem Sohn einen Stein gibt, wenn er um Brot bittet,
¹⁰ oder eine Schlange, wenn er um einen Fisch bittet?

¹¹ Wenn nun schon ihr, die ihr böse seid,
euren Kindern gebt, was gut ist,
wieviel mehr wird euer Vater im Himmel
denen Gutes geben, die ihn bitten.

¹² Alles, was ihr also von anderen erwartet,
das tut auch ihnen!
Darin besteht das Gesetz und die Propheten.

FÜRBITTEN

Jesus Christus wollen wir anrufen, ohne den wir vor Gott nicht bestehen können:

Für unsere Bischöfe und Priester: um Mut, die Gewissen der Menschen wachzurütteln. – Lasset zum Herrn uns beten: Herr, erbarme dich.
A.: Christus, erbarme dich.

Für die Politiker: um Gelingen bei ihrem Einsatz für das Wohl ihrer Mitmenschen. – Lasset zum Herrn uns beten: Herr, erbarme dich.

Für alle Bedrängten: um Befreiung von ihrer Not. – Lasset zum Herrn uns beten: Herr, erbarme dich.

Für unsere Gemeinde: um den Geist inständigen Gebetes. – Lasset zum Herrn uns beten: Herr, erbarme dich.

Herr, unser Gott, du gibst Gutes denen, die dich darum bitten. Erhöre unser Gebet durch Christus, unseren Herrn.   A.: Amen.

GABENGEBET

Allmächtiger Gott,
höre gnädig auf unsere Bitten:
Nimm die Gebete und Gaben deines Volkes entgegen
und bekehre unsere Herzen zu dir.
Darum bitten wir durch Christus, unseren Herrn.

Fastenpräfation, S. 1356 f.

KOMMUNIONVERS   Mt 7, 8

Wer bittet, der erhält; wer sucht, der findet;
und wer anklopft, dem wird geöffnet.

SCHLUSSGEBET

Herr, unser Gott,
du hast uns diese heilige Feier geschenkt,
damit die Gnade der Erlösung
immer in uns wirksam bleibe.
Dein Sakrament sei uns ein Heilmittel
für heute und für unser ganzes Leben.
Darum bitten wir durch Christus, unseren Herrn.

„WER ES WEISS und vertrauend damit rechnet, daß höhere und liebende Gedanken über seinem Leben gedacht werden, der gewinnt zum Beispiel ein neues Verhältnis zur Zukunft: Vorher – unter dem Alpdruck des bösen Traums vom Nichts – war ich mißtrauisch, wenn ich den morgigen Tag bedachte; und die vier grauen Weiber ‚Mangel, Schuld, Sorge und Not', die Fausts Weg begleiten, lauerten auch an meiner Straße. Ich glaubte ja zu wissen, daß, ‚ohne Wahl der Strahl zuckt'. Und wer konnte wissen, was schon morgen oder übermorgen der unheimliche Schoß der Zukunft hervorbringen würde? Jetzt aber, wo ich den Stern kenne, auf den ich schauen darf, und um die Hand weiß, die mich führt, bin ich mit der bergenden Gewißheit beschenkt, daß ich einen Vater habe, der weiß, wessen ich bedarf, und der mir Brot und keine Steine, der mir Fische und keine Skorpione geben wird. Ich weiß auch, daß er bei allem dabeisein wird, was in Zukunft auf mich zukommt" (Helmut Thielicke).

FREITAG

ERÖFFNUNGSVERS   Ps 25 (24), 17b–18

Führe mich heraus aus der Bedrängnis, o Herr.
Sieh meine Not und Plage an
und vergib mir all meine Sünden.

TAGESGEBET

Allmächtiger Gott,
gib, daß deine Gläubigen
sich in rechter Weise auf Ostern vorbereiten,
und was wir dem Leib an Entsagung auferlegen,
das trage reiche Frucht und erneuere unseren Geist.
Darum bitten wir durch Jesus Christus.

ZUR LESUNG   *Der Prophet antwortet auf einen Einwand, der am Anfang dieses Kapitels ausgesprochen war: „Die Väter essen unreife Trauben, und den Söhnen werden die Zähne stumpf" (18, 2). Dieses Wort ging „in Israel" um (V. 3), wohl im Hinblick auf die Katastrophe Jerusalems (587); Ezechiel selbst befand sich im Exil und setzte sich von dort aus mit diesem Vorwurf der angeblichen Ungerechtigkeit Gottes auseinander (vgl. Jer 31, 29). Seine Antwort: Gott ist gerecht, und er will nicht den Tod, sondern das Leben. Er bestraft die Söhne nicht für die Schuld der Väter (V. 1–20); aber auch im Leben des einzelnen Menschen wirken weder Sünde noch Gerechtigkeit automatisch weiter. Gott richtet und begnadet den Menschen nach dem, was er ist, nicht nach dem, was er früher vielleicht war (V. 21–29). Die Absicht, die der Prophet mit dieser Darlegung verfolgt, steht in den Versen 30–32: „Kehrt um ... werft alle Vergehen von euch, die ihr verübt habt! ... Kehrt um, damit ihr am Leben bleibt!" – Jer 18, 8; Ez 33, 10–16; Weish 11, 26; Hos 11, 9; Lk 15, 7.10.32; Joh 8, 11; 2 Petr 3, 9.*

ERSTE LESUNG   Ez 18, 21–28

Habe ich etwa Gefallen am Tod des Schuldigen und nicht vielmehr daran, daß er seine bösen Wege verläßt und so am Leben bleibt?

Lesung
   aus dem Buch Ezéchiel.

So spricht Gott, der Herr:

²¹ Wenn der Schuldige
    sich von allen Sünden, die er getan hat, abwendet,
    auf alle meine Gesetze achtet
    und nach Recht und Gerechtigkeit handelt,
    dann wird er bestimmt am Leben bleiben und nicht sterben.
²² Keines der Vergehen, deren er sich schuldig gemacht hat,
    wird ihm angerechnet.
    Wegen seiner Gerechtigkeit wird er am Leben bleiben.
²³ Habe ich etwa Gefallen am Tod des Schuldigen
    – Spruch Gottes, des Herrn –
    und nicht vielmehr daran,
    daß er seine bösen Wege verläßt und so am Leben bleibt?
²⁴ Wenn jedoch ein Gerechter sein rechtschaffenes Leben aufgibt,
    wenn er Unrecht tut
    und all die Greueltaten begeht, die auch der Böse verübt,
    sollte er dann etwa am Leben bleiben?

Keines seiner gerechten Taten wird ihm angerechnet.
Wegen seiner Treulosigkeit
    und wegen der Sünde, die er begangen hat,
    ihretwegen muß er sterben.

²⁵ Ihr aber sagt: Das Verhalten des Herrn ist nicht richtig.
Hört doch, ihr vom Haus Israel:
Mein Verhalten soll nicht richtig sein?
    Nein, euer Verhalten ist nicht richtig.

²⁶ Wenn der Gerechte
    sein rechtschaffenes Leben aufgibt und Unrecht tut,
    muß er dafür sterben.
    Wegen des Unrechts, das er getan hat, wird er sterben.

²⁷ Wenn sich der Schuldige
    von dem Unrecht abwendet, das er begangen hat,
    und nach Recht und Gerechtigkeit handelt,
    wird er sein Leben bewahren.

²⁸ Wenn er alle Vergehen, deren er sich schuldig gemacht hat,
    einsieht und umkehrt,
    wird er bestimmt am Leben bleiben. Er wird nicht sterben.

ANTWORTPSALM Ps 130 (129), 1–2.3–4.5–6b.6c–7a u. 8 (R: 3)

R Würdest du, Herr, unsere Sünden beachten, (GL 191, 1)
Herr, wer könnte bestehen? – **R**

1 Aus der Tiefe rufe ich, Herr, zu dir: * VII. Ton
2 Herr, höre meine Stimme!

Wende dein Ohr mir zu, *
achte auf mein lautes Flehen! – (**R**)

3 Würdest du, Herr, unsere Sünden beachten, *
Herr, wer könnte bestehen?
4 Doch bei dir ist Vergebung, *
damit man in Ehrfurcht dir dient. – (**R**)

5 Ich hoffe auf den Herrn, es hofft meine Seele, *
ich warte voll Vertrauen auf sein Wort.

6ab Meine Seele wartet auf den Herrn *
mehr als die Wächter auf den Morgen. – (**R**)

6c Mehr als die Wächter auf den Morgen *
7a soll Israel harren auf den Herrn.

8 Ja, er wird Israel erlösen *
von all seinen Sünden. – **R**

RUF VOR DEM EVANGELIUM Vers: Ez 18, 31

Christus, du ewiges Wort des Vaters, Ehre sei dir! – **R**

(So spricht Gott, der Herr:)
Werft alle Vergehen von euch, die ihr verübt habt!
Schafft euch ein neues Herz und einen neuen Geist!

Christus, du ewiges Wort des Vaters, Ehre sei dir!

ZUM EVANGELIUM *Um „Gerechtigkeit", d. h. um das rechte Tun des Menschen vor Gott, ging es auch den Schriftgelehrten und Pharisäern; es war ihnen Ernst damit. Jesus fordert nicht mehr als sie, er fordert etwas völlig anderes. Sechs scharfe Gegenüberstellungen (V. 21–48) machen deutlich, worin die neue Gerechtigkeit sich von der alten unterscheidet. „Ich aber sage euch": Jesus sagt neu, was Gott einst durch Mose gesagt hat. Gott richtet nicht nach der äußeren Tat, sondern nach der Entscheidung des Herzens, des inneren Menschen. Im Fall des Mordes: Groll und Haß wiegen so schwer wie der ausgeführte Mord. Das ist zum Erschrecken, aber es kann nicht anders sein, wenn Gott die Liebe und wenn der Mitmensch mein Bruder, meine Schwester ist.* – Röm 10,3; Ex 20,13; Sir 10,6; Eph 4,26; Jak 1,19–20; 1 Joh 3,14–15; Sir 28,2; Mk 11,25; Spr 17,14; Lk 12,57–59.

EVANGELIUM Mt 5,20–26

Geh und versöhne dich zuerst mit deinem Bruder!

✚ Aus dem heiligen Evangelium nach Matthäus.

In jener Zeit sprach Jesus zu seinen Jüngern:
20 Wenn eure Gerechtigkeit nicht weit größer ist
    als die der Schriftgelehrten und der Pharisäer,
    werdet ihr nicht in das Himmelreich kommen.
21 Ihr habt gehört,
    daß zu den Alten gesagt worden ist: Du sollst nicht töten;
wer aber jemand tötet,
    soll dem Gericht verfallen sein.
22 Ich aber sage euch:
    Jeder, der seinem Bruder auch nur zürnt,
    soll dem Gericht verfallen sein;
und wer zu seinem Bruder sagt: Du Dummkopf!,
    soll dem Spruch des Hohen Rates verfallen sein;
wer aber zu ihm sagt: Du gottloser Narr!,
    soll dem Feuer der Hölle verfallen sein.
23 Wenn du deine Opfergabe zum Altar bringst
    und dir dabei einfällt, daß dein Bruder etwas gegen dich hat,
24   so laß deine Gabe dort vor dem Altar liegen;
    geh und versöhne dich zuerst mit deinem Bruder,
dann komm
    und opfere deine Gabe.
25 Schließ ohne Zögern Frieden mit deinem Gegner,
    solange du mit ihm noch auf dem Weg zum Gericht bist.
Sonst wird dich dein Gegner vor den Richter bringen,
    und der Richter wird dich dem Gerichtsdiener übergeben,
    und du wirst ins Gefängnis geworfen.
26 Amen, das sage ich dir:
    Du kommst von dort nicht heraus,
    bis du den letzten Pfennig bezahlt hast.

FÜRBITTEN

Durch Jesus Christus finden wir das Heil. Ihn bitten wir:

Versöhne alle miteinander, die an dich glauben.
A.: Wir bitten dich, erhöre uns.

Laß die Völker Wege finden, ihre Interessen auszugleichen und sich zu verständigen.

Erlaß jenen, die um Vergebung bitten, ihre Schuld.

Gewähre unseren Verstorbenen die Vollendung der Erlösung.

Denn du hast alle Schuld gesühnt. Dir sei Dank und Lobpreis in Ewigkeit.   A.: Amen.

GABENGEBET

Allmächtiger Gott,
nimm die Gaben an,
die wir für die Feier des Opfers darbringen.
Denn durch dieses Opfer
wolltest du uns mit dir versöhnen
und uns von neuem das Heil schenken.
Durch Christus, unseren Herrn.

Fastenpräfation, S. 1356 f.

KOMMUNIONVERS   Ez 33, 11

So wahr ich lebe – Wort Gottes des Herrn –,
ich habe kein Gefallen am Tod des Schuldigen,
sondern daran, daß er umkehrt und am Leben bleibt.

SCHLUSSGEBET

Herr, unser Gott,
das heilige Sakrament, das wir empfangen haben,
reinige uns von der alten Schuld.
Es richte uns wieder auf
und schenke uns die Gemeinschaft mit dir,
in der wir das Heil finden.
Darum bitten wir durch Christus, unseren Herrn.

WO RÄDER IN DIE RÄDER GREIFEN,
verändern Maschinen die Welt.
Nur der Mensch, der sie plant
und bedient, fragt noch immer,
ob es sich lohnt, ob es sich lohnt,
daß Hände nach Händen greifen.

Wenn Hände nach Händen greifen,
verändern wir Menschen die Welt.
Nur die Angst, die uns plagt
und beschleicht, fragt noch immer,
ob es sich lohnt, ob es sich lohnt,
daß Menschen für Menschen dienen.

Wenn Menschen für Menschen dienen,
verändern sie gottgleich die Welt.
Denn der Herr, der nicht herrscht,
sondern dient, fragte niemals,
ob es sich lohnt, ob es sich lohnt,
den andern die Hand zu reichen (D. Trautwein).

SAMSTAG

ERÖFFNUNGSVERS
Ps 19 (18), 8

**Die Weisung des Herrn ist vollkommen,
sie erquickt den Menschen.
Das Gesetz des Herrn ist verläßlich,
den Unwissenden macht es weise.**

TAGESGEBET

**Ewiger Vater,
wende unsere Herzen zu dir hin,
damit wir das eine Notwendige suchen
und dich in Werken der Liebe verherrlichen.
Darum bitten wir durch Jesus Christus.**

ZUR LESUNG *Der Bund zwischen Jahwe und seinem Volk wird in Dtn 26, 16–19 nach Art eines zweiseitigen Vertrags dargestellt. Jahwe erklärt, daß er Israels Gott sein will; Israel erklärt, daß es Jahwes Volk sein will. Diese Vertragsformel ist auch sonst im Alten Testament bekannt (z. B. Ex 6, 7; Jer 31, 33). Die Gleichberechtigung der Vertragschließenden ist aber nur eine scheinbare; denn in beiden Teilen des Bundesvertrags verpflichtet Israel sich zum Gehorsam gegen Gott. Nicht zum Ruhm und Preis Israels wird dieser Bund geschlossen, sondern allein zur Ehre Gottes. An dieser Ehre hat jedoch Israel insofern Anteil, als es ein heiliges Volk ist: ein Volk, das Gott gehört und ihm geweiht ist. – 2 Sam 7, 24.*

ERSTE LESUNG   Dtn 26, 16–19

Du hast erklärt, du möchtest ein Volk werden, das ihm, dem Herrn, deinem Gott, heilig ist

Lesung
  aus dem Buch Deuteronómium.

Mose sprach zum Volk:
16 Heute, an diesem Tag, verpflichtet dich der Herr, dein Gott,
   diese Gesetze und die Rechtsvorschriften zu halten.
Du sollst auf sie achten
   und sie halten mit ganzem Herzen und mit ganzer Seele.

17 Heute hast du der Erklärung des Herrn zugestimmt.
Er hat dir erklärt:
   Er will dein Gott werden,
und du sollst auf seinen Wegen gehen,
auf seine Gesetze, Gebote und Rechtsvorschriften achten
und auf seine Stimme hören.

18 Und der Herr hat heute deiner Erklärung zugestimmt.
Du hast ihm erklärt:
   Du möchtest das Volk werden,
   das ihm persönlich gehört,
   wie er es dir zugesagt hat.
Du willst auf alle seine Gebote achten;

19 er soll dich über alle Völker, die er geschaffen hat, erheben
   – zum Lob, zum Ruhm, zur Zierde –;
und du möchtest ein Volk werden,
   das ihm, dem Herrn, deinem Gott, heilig ist,
wie er es zugesagt hat.

ANTWORTPSALM Ps 119 (118), 1–2.4–5.7–8 (R: vgl. 1)

R Selig die Menschen, (GL 708, 1)
die leben nach der Weisung des Herrn. – R

1 Wohl denen, deren Weg ohne Tadel ist, * IV. Ton
die leben nach der Weisung des Herrn.

2 Wohl denen, die seine Vorschriften befolgen *
und ihn suchen von ganzem Herzen. – (R)

4 Du hast deine Befehle gegeben, *
damit man sie genau beachtet.

5 Wären doch meine Schritte fest darauf gerichtet, *
deinen Gesetzen zu folgen! – (R)

7 Mit lauterem Herzen will ich dir danken, *
wenn ich deine gerechten Urteile lerne.

8 Deinen Gesetzen will ich immer folgen. *
Laß mich doch niemals im Stich! – R

RUF VOR DEM EVANGELIUM Vers: 2 Kor 6, 2b

Christus, du ewiges Wort des Vaters, Ehre sei dir! – R

Jetzt ist sie da, die Zeit der Gnade;
jetzt ist er da, der Tag der Rettung.

Christus, du ewiges Wort des Vaters, Ehre sei dir!

ZUM EVANGELIUM *Das Wort „Ihr sollt also vollkommen sein, wie es auch euer himmlischer Vater ist" steht bei Matthäus als abschließende Forderung am Ende des Abschnitts über die neue Gerechtigkeit. Für den Jünger Jesu genügt nicht mehr die bisher übliche Deutung des alten Gesetzes (V. 43), erst recht nicht die Praxis der Zöllner und Heiden (V. 46 und 47). Nirgendwo ist der Unterschied deutlicher als in der Forderung: Liebt eure Feinde. Nichts Größeres kann der Mensch tun als Gott in dem nachahmen, was in ihm das Göttlichste ist: in seiner Liebe, die nicht rechnet, ob es sich etwa lohnt, sondern einfach dem schenkt, der es nötig hat, auch wenn er gar nicht liebenswürdig ist; vgl. Lk 6, 36. Diese Liebe ist nicht Mitgefühl, sie besteht im Wollen, im Tun und im Beten. Wer meint, es sei wenig, für seine Feinde zu beten, soll es einmal versuchen. – Lev 19, 18; Ijob 31, 29; Lk 6, 27–36; 23, 34; Apg 7, 60; Röm 12, 20–21; Spr 29, 13; 1 Petr 1, 13–16; 1 Joh 3, 3.*

EVANGELIUM

Mt 5, 43–48

Ihr sollt vollkommen sein, wie es auch euer himmlischer Vater ist

☩ Aus dem heiligen Evangelium nach Matthäus.

In jener Zeit sprach Jesus zu seinen Jüngern:
43 Ihr habt gehört,
daß gesagt worden ist: Du sollst deinen Nächsten lieben
und deinen Feind hassen.

44 Ich aber sage euch: Liebt eure Feinde
und betet für die, die euch verfolgen,

45 damit ihr Söhne eures Vaters im Himmel werdet;
denn er läßt seine Sonne aufgehen über Bösen und Guten,
und er läßt regnen über Gerechte und Ungerechte.

46 Wenn ihr nämlich nur die liebt, die euch lieben,
welchen Lohn könnt ihr dafür erwarten?
Tun das nicht auch die Zöllner?

47 Und wenn ihr nur eure Brüder grüßt,
was tut ihr damit Besonderes?
Tun das nicht auch die Heiden?

48 Ihr sollt also vollkommen sein,
wie es auch euer himmlischer Vater ist.

FÜRBITTEN

Jesus, unser Herr, ruft uns auf, vollkommen zu sein wie der Vater im Himmel. Ihn rufen wir an:

Für alle in den geistlichen Gemeinschaften und Orden: daß sie ihrer Berufung treu bleiben. – Lasset zum Herrn uns rufen: Herr, erbarme dich.
A.: Christus, erbarme dich.

Für alle, die Gott nicht kennen: daß sie nicht aufhören, ihn zu suchen. – Lasset zum Herrn uns rufen: Herr, erbarme dich.

Für alle, die Christen um ihres Glaubens willen verfolgen: daß sie ihr Unrecht einsehen. – Lasset zum Herrn uns rufen: Herr, erbarme dich.

Für unsere Gemeinde: daß sie vor Zwietracht bewahrt bleibt. – Lasset zum Herrn uns rufen: Herr, erbarme dich.

Denn du mahnst uns, von unserer Liebe niemanden auszuschließen. Dir sei Ehre in Ewigkeit.   A.: Amen.

GABENGEBET

Herr,
gib uns durch diese Opferfeier neue Kraft
und hilf uns zu einem Leben,
das dem Geschenk deiner Liebe entspricht.
Darum bitten wir durch Christus, unseren Herrn.

Fastenpräfation, S. 1356 f.

KOMMUNIONVERS   Mt 5, 48

**Ihr sollt vollkommen sein,
denn auch euer himmlischer Vater ist vollkommen.**

SCHLUSSGEBET

Herr, unser Gott,
du nährst uns im heiligen Sakrament
mit dem Brot des Lebens.
Erhalte uns in deiner Gnade
und tröste uns in jeder Not.
Darum bitten wir durch Christus, unseren Herrn.

„VOLLKOMMEN": das aramäische Wort besagt etwa „heil", „ganz", auf den Menschen angewandt auch: gerade, treu. Das Wort Jesu besagt also, „daß die Haltung des Menschen eine ganze, ungeteilte sein soll, kein Sowohl-Als-auch; treu und gerade, nicht schwankend, kein Hin und Her. Und diese Forderung wird begründet mit dem Hinweis auf Gottes Wesen, bei dem es auch nur ein Entweder-Oder gibt, kein Sowohl-Als-auch. Das Wort bringt also noch einmal das ganze Gewicht der Forderung Jesu zum Ausdruck: der Mensch steht in der Entscheidung, und diese Entscheidung ist für ihn nicht etwas Relatives, eine Stufe seiner Entwicklung, sondern das Entweder-Oder, das ihm von Gott gestellt ist, so daß die Entscheidung des Menschen definitiven Charakter hat; er wird in ihr zum Gerechten oder zum Sünder" (Rudolf Bultmann).

2. WOCHE

MONTAG

ERÖFFNUNGSVERS Ps 26 (25), 11–12
Erlöse mich, Herr, und sei mir gnädig.
Mein Fuß steht auf festem Grund.
Den Herrn will ich preisen in der Gemeinde.

TAGESGEBET

Ewiger Gott,
zum Heil unserer Seele verlangst du,
daß wir den Leib in Zucht nehmen und Buße tun.
Gib uns die Kraft,
daß wir uns von Sünden freihalten
und die Gebote erfüllen,
die uns deine Liebe gegeben hat.
Darum bitten wir durch Jesus Christus.

ZUR LESUNG *Immer hat es mit zur Aufgabe des Propheten gehört, vor Gott als Mittler und Fürbitter für sein Volk einzutreten. Unsere Lesung ist Teil eines langen Buß- und Bittgebets, das Daniel für sein Volk darbringt (V. 4 b–19). Die Gedankengänge sind ähnlich wie im Gebet des Asarja (Dan 3: 3. Fastenwoche – Dienstag). Hier wie dort wird anerkannt: „Du, Herr, bist im Recht, uns aber steht ... die Schamröte im Gesicht" (9, 7). Die Bitte um Verzeihung und Hilfe beruft sich erstens auf die Barmherzigkeit Gottes (V. 9), zweitens auf seine früheren Machterweise (V. 15). Der letzte Grund, zu helfen, liegt für Gott aber in der Ehre seines Namens: „Dein Name ist doch über deiner Stadt und deinem Volk ausgerufen" (V. 19). – Ex 34, 6–7; Dtn 7, 9.21; Neh 1, 5; 1 Kön 8, 46–51; Tob 3, 3; Bar 1, 15–22; Neh 9, 34; Jer 7, 25–26; Dtn 28, 64; Neh 9, 17; Dtn 28, 15; Jer 26, 4–6.*

ERSTE LESUNG

Dan 9,4b–10

Wir haben gesündigt und Unrecht getan

Lesung
  aus dem Buch Dániel.

4b Herr, du großer und furchterregender Gott,
  du bewahrst denen, die dich lieben und deine Gebote halten,
    deinen Bund und deine Gnade.
5 Wir haben gesündigt und Unrecht getan,
  wir sind treulos gewesen
  und haben uns gegen dich empört;
    von deinen Geboten und Gesetzen sind wir abgewichen.
6 Wir haben nicht auf deine Diener, die Propheten, gehört,
    die in deinem Namen zu unseren Königen und Vorstehern,
    zu unseren Vätern
    und zu allen Bürgern des Landes geredet haben.
7 Du, Herr, bist im Recht;
    uns aber steht bis heute die Schamröte im Gesicht,
  den Leuten von Juda, den Einwohnern Jerusalems
    und allen Israeliten, seien sie nah oder fern
    in all den Ländern, wohin du sie verstoßen hast;
  denn sie haben dir die Treue gebrochen.
8 Ja, Herr, uns steht die Schamröte im Gesicht,
  unseren Königen, Oberen und Vätern;
  denn wir haben uns gegen dich versündigt.
9 Aber der Herr, unser Gott, schenkt Erbarmen und Vergebung.
  Ja, wir haben uns gegen ihn empört.
10 Wir haben nicht auf die Stimme des Herrn, unseres Gottes, gehört
  und seine Befehle nicht befolgt,
    die er uns durch seine Diener, die Propheten, gegeben hat.

ANTWORTPSALM

Ps 79 (78), 5 u. 8.9.11 u. 13
(R: vgl. Ps 103 [102], 10a)

R Vergilt uns nicht nach unsern Sünden, o Herr! – R
(GL 190,1 oder 172,1)

5 Wie lange noch, Herr? Willst du auf ewig zürnen? *   IV. Ton
  Wie lange noch wird dein Eifer lodern wie Feuer?

8 Rechne uns die Schuld der Vorfahren nicht an! †
  Mit deinem Erbarmen komm uns eilends entgegen! *
  Denn wir sind sehr erniedrigt. – (R)

⁹ Um der Ehre deines Namens willen *
hilf uns, du Gott unsres Heils!

Um deines Namens willen reiß uns heraus *
und vergib uns die Sünden! – (R)

¹¹ Das Stöhnen der Gefangenen dringe zu dir. *
Befrei die Todgeweihten durch die Kraft deines Armes!

¹³ Wir, dein Volk, die Schafe deiner Weide, †
wollen dir ewig danken, *
deinen Ruhm verkünden von Geschlecht zu Geschlecht.

R Vergilt uns nicht nach unsern Sünden, o Herr!

RUF VOR DEM EVANGELIUM   Vers: vgl. Joh 6,63b.68c

Herr Jesus, dir sei Ruhm und Ehre! – R

Deine Worte, Herr, sind Geist und Leben.
Du hast Worte des ewigen Lebens.

Herr Jesus, dir sei Ruhm und Ehre!

ZUM EVANGELIUM   *Bei Matthäus lesen wir die Forderung: „Ihr sollt vollkommen sein, wie es auch euer himmlischer Vater ist" (Mt 5,48). Bei Lukas heißt es: „Seid barmherzig, wie es auch euer Vater ist" (6,36); das dürfte die ursprünglichere Form des Jesuswortes sein. Die Forderung „Seid barmherzig" steht im Anschluß an das Gebot der Feindesliebe (6,35) und bildet bei Lukas den Auftakt zu vier weiteren Forderungen: „Richtet nicht ... Verurteilt nicht ... Erlaßt einander (oder: Sprecht los) ... Gebt..." Das alles steht unter dem Motiv der Barmherzigkeit und der Nachahmung Gottes. Dem Verhalten des Menschen wird das Gericht Gottes entsprechen. Aber durch die Erweiterung von Vers 38 bei Lukas (im Vergleich zu Mt 7,2) verlagert sich der Akzent von der Strenge auf die Großmut Gottes, von der Furcht auf die Hoffnung. Gott ist immer der Größere, der Großmütigere. – Ex 34,6–7; Mt 7,1–2; Jak 2,13; Spr 12,14; Mk 4,24.*

EVANGELIUM   Lk 6,36–38

Erlaßt einander die Schuld, dann wird auch euch die Schuld erlassen werden

✣ Aus dem heiligen Evangelium nach Lukas.

In jener Zeit sprach Jesus zu seinen Jüngern:
³⁶ Seid barmherzig,
   wie es auch euer Vater ist!

Fastenzeit: 2. Woche – Montag

7 Richtet nicht,
   dann werdet auch ihr nicht gerichtet werden.
Verurteilt nicht,
   dann werdet auch ihr nicht verurteilt werden.
Erlaßt einander die Schuld,
   dann wird auch euch die Schuld erlassen werden.

8 Gebt,
   dann wird auch euch gegeben werden.
In reichem, vollem, gehäuftem, überfließendem Maß
   wird man euch beschenken;
denn nach dem Maß, mit dem ihr meßt und zuteilt,
   wird auch euch zugeteilt werden.

FÜRBITTEN

Zu Jesus Christus, der uns die Barmherzigkeit des Vaters offenbarte, wollen wir beten:

Laß die Glaubensboten zuversichtlich die frohe Botschaft verkünden. (Stille) Christus, höre uns.
A.: Christus, erhöre uns.

Tilge den Geist der Rache und Vergeltung aus den Völkern. (Stille) Christus, höre uns.

Tröste alle Leidenden und Bedrängten. (Stille) Christus, höre uns.

Schenke unseren Verstorbenen die Freude des Himmels. (Stille) Christus, höre uns.

Ewiger Vater, komm uns mit deinem Erbarmen entgegen. Darum bitten wir dich durch Christus, unseren Herrn.   A.: Amen.

GABENGEBET

Herr,
du hast uns
zur Feier der göttlichen Geheimnisse versammelt.
Nimm unser Gebet gnädig an
und stärke uns,
damit wir den Versuchungen dieser Welt
nicht erliegen.
Darum bitten wir durch Christus, unseren Herrn.

Fastenpräfation, S. 1356 f.

KOMMUNIONVERS
Lk 6, 36

Seid barmherzig, wie euer Vater barmherzig ist – so spricht der Herr.

SCHLUSSGEBET

Barmherziger Gott,
dieses heilige Mahl mache uns frei von Schuld
und gebe uns Anteil an der Freude des Himmels.
Darum bitten wir durch Christus, unseren Herrn.

„WUNDERE DICH NICHT, *daß ein Mensch Nachahmer Gottes werden kann. Er kann es, wenn er will. Denn nicht Beherrschung des Nächsten, nicht der Wille, vor dem Schwächeren im Vorteil zu sein, noch Reichtum und Gewalt über die Ärmeren bedeuten das Glück, und nicht kann jemand hierin Gott nachahmen; das liegt außerhalb seiner Größe. Sondern wer die Last des Nächsten trägt, wer dem andern, der geringer ist, mit dem, worin er besser gestellt ist, eine Wohltat erweist, wer das, was er von Gott erhalten hat, den Bedürftigen schenkt und so ein Gott der Empfangenden wird, der ist ein Nachahmer Gottes"* (Brief an Diognet, Kap. 10, 3. Jh.).

DIENSTAG

ERÖFFNUNGSVERS
Ps 13 (12), 4–5

Herr, mein Gott, mach hell meine Augen,
damit ich nicht entschlafe und sterbe,
damit mein Feind sich nicht rühmt:
Ich habe ihn überwältigt.

TAGESGEBET

Herr, unser Gott,
behüte deine Kirche und verlaß sie nicht.
Wir sind dem Tod verfallen
und gehen ohne dich zugrunde.
Hilf uns,
alles zu meiden, was uns schadet,
und zu suchen, was uns zum Heil dient.
Darum bitten wir durch Jesus Christus.

Fastenzeit: 2. Woche – Dienstag

ZUR LESUNG   Mitten in den feierlichen Gottesdienst hinein muß der Prophet seine harten Worte rufen. „Herrscher von Sodom", „Volk von Gomorra": das weckt düstere Erinnerungen. Sind wir denn so verkommen wie jene Städte? Die vielen Pilger, die zahlreichen Opfer, die Wolken von Weihrauch, die Hände, die sich zum Gebet erheben (1, 11–15): ist das alles nichts? Schlimmer als nichts, denn alles ist Lüge, solange es keine Gerechtigkeit gibt, solange die Waisen und Witwen unterdrückt werden. Das mußten die Propheten Israel immer wieder sagen, und immer war es umsonst. Die Frage nach der Gerechtigkeit, d. h. nach der Liebe, ist auch im Neuen Bund die Frage, die allem schönen Gottesdienst vorausgeht, ihn bestätigt oder verurteilt. – Jes 29, 13–14; Dtn 32, 32; Am 5, 14–15; Jes 10, 2; Sach 7, 9–10; Ex 22, 20–23; Ps 32, 1; 51, 9; Lev 26, 3–39; Dtn 28.

ERSTE LESUNG   Jes 1, 10.16–20

Lernt, Gutes zu tun! Sorgt für das Recht!

**Lesung
aus dem Buch Jesája.**

10 Hört das Wort des Herrn, ihr Herrscher von Sodom!
   Vernimm die Weisung unseres Gottes, du Volk von Gomórra!

16 Wascht euch, reinigt euch!
   Laßt ab von eurem üblen Treiben!
   Hört auf, vor meinen Augen Böses zu tun!

17 Lernt, Gutes zu tun!
   Sorgt für das Recht!
   Helft den Unterdrückten!
   Verschafft den Waisen Recht,
      tretet ein für die Witwen!

18 Kommt her, wir wollen sehen, wer von uns recht hat,
      spricht der Herr.
   Wären eure Sünden auch rot wie Scharlach,
      sie sollen weiß werden wie Schnee.
   Wären sie rot wie Purpur,
      sie sollen weiß werden wie Wolle.

19 Wenn ihr bereit seid zu hören,
      sollt ihr den Ertrag des Landes genießen.

20 Wenn ihr aber trotzig seid und euch weigert,
      werdet ihr vom Schwert gefressen.
   Ja, der Mund des Herrn hat gesprochen.

ANTWORTPSALM Ps 50 (49), 8–9.16b–17.21 u. 23 (R: 23b)

R Wer rechtschaffen lebt, dem zeig' ich mein Heil. – **R** (GL 529, 5)

8 „Nicht wegen deiner Opfer rüge ich dich, * IV. Ton
deine Brandopfer sind mir immer vor Augen.

9 Doch nehme ich von dir Stiere nicht an *
noch Böcke aus deinen Hürden. – (**R**)

16bc Was zählst du meine Gebote auf *
und nimmst meinen Bund in deinen Mund?

17 Dabei ist Zucht dir verhaßt, *
meine Worte wirfst du hinter dich. – (**R**)

21 Das hast du getan, und ich soll schweigen? †
Meinst du, ich bin wie du? *
Ich halte es dir vor Augen und rüge dich.

23 Wer Opfer des Lobes bringt, ehrt mich; *
wer rechtschaffen lebt, dem zeig' ich mein Heil." – **R**

RUF VOR DEM EVANGELIUM Vers: Ez 18, 31

Herr Jesus, dir sei Ruhm und Ehre! – **R**

(So spricht Gott, der Herr:)
Werft alle Vergehen von euch, die ihr verübt habt!
Schafft euch ein neues Herz und einen neuen Geist!

Herr Jesus, dir sei Ruhm und Ehre!

ZUM EVANGELIUM
Den Schriftgelehrten und Pharisäern gegenüber empfindet Jesus zugleich Hochachtung und Zorn. Hochachtung, weil sie auf dem „Stuhl des Mose" sitzen und als Ausleger des Gesetzes höchste Autorität haben; Zorn, weil ihr Verhalten nicht zu ihrer Rede paßt. Er nennt das Heuchelei. Wer Gottes Wort weitersagt und auslegt, bleibt immer hinter dem zurück, was er zu sagen hat; deswegen muß er noch kein Heuchler sein. Jesus macht den Jüngern klar – und der Evangelist sagt es der Gemeinde weiter –, daß die am meisten Grund zur Demut haben, die in der Gemeinde zum Lehren und Verkündigen berufen sind. Wir werden nicht so naiv sein, zu denken, die Warnung vor der Heuchelei, vor innerer Verlogenheit, gelte nur für die Zeitgenossen Jesu. – Jer 8, 8–9; Dtn 17, 8–13; Röm 2, 17–24; Lk 11, 46; Apg 15, 10; Mk 12, 38–40; Lk 11, 43; 20, 46; Mt 20, 26; 18, 4; Lk 1, 52–53; 14, 11; 18, 14.

EVANGELIUM Mt 23, 1–12

Sie reden nur, tun selbst aber nicht, was sie sagen

☩ Aus dem heiligen Evangelium nach Matthäus.

1 In jener Zeit
 wandte sich Jesus an das Volk und an seine Jünger
2 und sprach:
 Die Schriftgelehrten und die Pharisäer
 haben sich auf den Stuhl des Mose gesetzt.
3 Tut und befolgt also alles, was sie euch sagen,
 aber richtet euch nicht nach dem, was sie tun;
 denn sie reden nur,
 tun selbst aber nicht, was sie sagen.
4 Sie schnüren schwere Lasten zusammen
 und legen sie den Menschen auf die Schultern,
 wollen selber aber keinen Finger rühren,
 um die Lasten zu tragen.
5 Alles, was sie tun,
 tun sie nur, damit die Menschen es sehen:
 Sie machen ihre Gebetsriemen breit
 und die Quasten an ihren Gewändern lang,
6 bei jedem Festmahl möchten sie den Ehrenplatz
 und in der Synagoge die vordersten Sitze haben,
7 und auf den Straßen und Plätzen lassen sie sich gern grüßen
 und von den Leuten Rabbi – Meister – nennen.
8 Ihr aber sollt euch nicht Rabbi nennen lassen;
 denn nur einer ist euer Meister,
 ihr alle aber seid Brüder.
9 Auch sollt ihr niemand auf Erden euren Vater nennen;
 denn nur einer ist euer Vater,
 der im Himmel.
10 Auch sollt ihr euch nicht Lehrer nennen lassen;
 denn nur einer ist euer Lehrer,
 Christus.
11 Der Größte von euch soll euer Diener sein.
12 Denn wer sich selbst erhöht,
 wird erniedrigt,
 und wer sich selbst erniedrigt,
 wird erhöht werden.

FÜRBITTEN

Laßt uns beten zu Christus, unserem Herrn und Lehrer:

Für unseren Papst und unsere Bischöfe: daß die Gläubigen sie hören. – Lasset zum Herrn uns beten: Herr, erbarme dich.
A.: Christus, erbarme dich.

Für die Regierenden der Völker: daß sie sich sorgen um Recht und Gerechtigkeit. – Lasset zum Herrn uns beten: Herr, erbarme dich.

Für unsere alten Menschen: daß sie aufmerksame Helfer finden. – Lasset zum Herrn uns beten: Herr, erbarme dich.

Für unsere Gemeinde: daß wir einander beistehen. – Lasset zum Herrn uns beten: Herr, erbarme dich.

Denn du, unser Herr und Meister, bist ein Diener aller geworden. Dir sei Lob und Preis in Ewigkeit.   A.: Amen.

GABENGEBET

Barmherziger Gott,
heilige uns durch die Feier dieser Geheimnisse,
damit wir frei werden
von den verkehrten Bindungen an das Irdische
und empfänglich für die Gaben des Himmels.
Darum bitten wir durch Christus, unseren Herrn.

Fastenpräfation, S. 1356 f.

KOMMUNIONVERS   Ps 9, 2–3

All deine Wunder werde ich verkünden.
Ich will jauchzen und an dir mich freuen.
Für dich, du Höchster, will ich singen und spielen.

SCHLUSSGEBET

Gütiger Gott,
du hast uns am heiligen Tisch gestärkt,
damit wir bewußter in deiner Gegenwart leben.
Bleibe uns nahe
mit deinem Erbarmen und deiner Hilfe.
Darum bitten wir durch Christus, unseren Herrn.

„DIE WAHRHAFTIGE KIRCHE *ist nicht nur ein Programm. Sie ist Wirklichkeit, die Ungezählte leben. Von außen läßt sie sich nur bedingt erkennen. Daß es sie gibt, muß man denen glauben, die sie erfahren haben.*
Doch die Wahrhaftigkeit, die in der Kirche da ist, ruft nach der, die dasein könnte. Die wahrhaftige Kirche ruft nach der Bekehrung der unwahrhaftigen, was wir uns nicht so einfach vorstellen dürfen: denn wir selber, ich selber gehöre immer wieder zur wahrhaftigen und unwahrhaftigen Kirche, und von uns selber, von mir selber ist diese Bekehrung immer wieder gefordert. In der Kirche geht nichts ohne den Einzelnen und die Wahrhaftigkeit des Herzens" (Hans Küng).

MITTWOCH

ERÖFFNUNGSVERS Ps 38 (37), 22–23

Herr, verlaß mich nicht, bleib mir nicht fern, mein Gott!
Eile mir zu Hilfe, Herr, du mein Heil.

TAGESGEBET

Herr, unser Gott,
erhalte deiner Kirche die Bereitschaft,
das Gute zu tun.
Ermutige uns in diesem Leben durch deinen Schutz
und führe uns zu den ewigen Gütern.
Darum bitten wir durch Jesus Christus.

ZUR LESUNG *Jeremia spricht von seinem Prophetenschicksal, wie andere Propheten es nicht getan haben. Er tut es vor allem in einer Reihe von Texten, die man heute auch als „Bekenntnisse" des Jeremia bezeichnet (11, 18–23; Samstag der 4. Fastenwoche; 12, 1–6; 15, 10–11. 15–21; 17, 14–18; 18, 18–23; 20, 7–18; Freitag der 5. Fastenwoche). Der Prophet spricht zu Gott im Stil der Klagepsalmen, stellt seine Mißerfolge und Anfeindungen dar und bittet um das helfende und rächende Eingreifen Gottes. So ist es auch in 18, 18–23. Die Gegner (Priester,*

Weise und Propheten: V. 18) wollen den Propheten bei einem unvorsichtigen Wort fassen, um ihn dem Gericht auszuliefern (vgl. Mt 22, 15). Das schmerzt Jeremia um so mehr, als er sein Volk liebt und für seine Rettung betet. Die anschließenden Verwünschungen (V. 21–23, nicht mehr in unserer Lesung) sind elementarer Ausdruck eines verletzten Rechtsgefühls, vor allem V. 23: „Nimm für ihre Schuld keine Sühne an, lösch bei dir ihre Sünde nicht aus!", im Gegensatz zu Jesus am Kreuz (vgl. Lesung am Samstag der 4. Fastenwoche). – Mk 12, 13; Lk 20, 20; Ps 109, 4.

ERSTE LESUNG Jer 18, 18–20

Kommt, laßt uns gegen ihn Pläne schmieden

Lesung
  aus dem Buch Jeremia.

¹⁸ Meine Feinde sagten:
Kommt, laßt uns gegen Jeremia Pläne schmieden!
Denn nie wird dem Priester die Weisung ausgehen,
  dem Weisen der Rat und dem Propheten das Wort.
Kommt, wir wollen ihn mit seinen eigenen Worten schlagen
  und achtgeben auf alles, was er sagt.

¹⁹ Gib du, Herr, acht auf mich,
  und höre das Gerede meiner Widersacher!

²⁰ Darf man denn Gutes mit Bösem vergelten?
Denn sie haben mir eine Grube gegraben.
Denk daran, wie ich vor dir stand,
  um zu ihren Gunsten zu sprechen
  und deinen Zorn von ihnen abzuwenden.

ANTWORTPSALM Ps 31 (30), 5–6.12 u. 14.15–16 (R: 17b)

R In deiner Güte hilf mir, o Herr! – R (GL 716, 1)
III. Ton

⁵ Du wirst mich befreien aus dem Netz, das sie mir heimlich legten; *
denn du bist meine Zuflucht.

⁶ In deine Hände lege ich voll Vertrauen meinen Geist; *
du hast mich erlöst, Herr, du treuer Gott. – (R)

¹² Zum Spott geworden bin ich all meinen Feinden, †
ein Hohn den Nachbarn, ein Schrecken den Freunden; *
wer mich auf der Straße sieht, der flieht vor mir.

14 Ich höre das Zischeln der Menge – Grauen ringsum. †
Sie tun sich gegen mich zusammen; *
sie sinnen darauf, mir das Leben zu rauben. – (R)

15 Ich aber, Herr, ich vertraue dir, *
ich sage: „Du bist mein Gott."

16 In deiner Hand liegt mein Geschick; *
entreiß mich der Hand meiner Feinde und Verfolger! – R

RUF VOR DEM EVANGELIUM Vers: vgl. Joh 8, 12

Lob dir, Christus, König und Erlöser! – R

(So spricht der Herr:)
Ich bin das Licht der Welt.
Wer mir nachfolgt, hat das Licht des Lebens.

Lob dir, Christus, König und Erlöser!

ZUM EVANGELIUM *Auf die Ankündigung Jesu, er werde nach Jerusalem hinaufgehen, dort ausgeliefert und umgebracht werden (V. 17–19; 3. Leidensankündigung), reagieren die Jünger auf eine unerwartete Weise (V. 20–28). Lukas bemerkt auch, daß sie vom Gesagten nichts verstanden hatten (18, 34). Sie denken an die Verheißung Jesu, daß seine Jünger auf zwölf Thronen sitzen werden, um die zwölf Stämme Israels zu richten (Mt 19, 28), und so bitten die Zebedäus-Söhne darum, bei diesem Gericht die ersten Beisitzer zu sein. Die Antwort Jesu ist zugleich Abweisung und Einladung. Das Sitzen auf Thronen ist nicht aktuell; zuerst sollen die Jünger mit Jesus den Leidensweg gehen; sie sollen dienen, nicht herrschen. Jesus selbst versteht seinen Weg als Dienst des „Knechtes", der für die Vielen, d. h. für alle, sein Leben hingibt. – Mk 10, 32–40; Lk 18, 31–33; Jes 53; Dan 7, 9–27; Weish 2, 12–20; Lk 22, 24–27.*

EVANGELIUM Mt 20, 17–28

Sie werden ihn zum Tod verurteilen

✠ Aus dem heiligen Evangelium nach Matthäus.

In jener Zeit,
17 als Jesus nach Jerusalem hinaufzog,
   nahm er unterwegs die zwölf Jünger beiseite
und sagte zu ihnen:

¹⁸ Wir gehen jetzt nach Jerusalem hinauf;
dort wird der Menschensohn
den Hohenpriestern und Schriftgelehrten ausgeliefert;
sie werden ihn zum Tod verurteilen
¹⁹ und den Heiden übergeben,
damit er verspottet, gegeißelt und gekreuzigt wird;
aber am dritten Tag wird er auferstehen.

²⁰ Damals kam die Frau des Zebedäus mit ihren Söhnen zu Jesus
und fiel vor ihm nieder, weil sie ihn um etwas bitten wollte.

²¹ Er fragte sie: Was willst du?
Sie antwortete: Versprich, daß meine beiden Söhne
in deinem Reich rechts und links neben dir sitzen dürfen.

²² Jesus erwiderte: Ihr wißt nicht, um was ihr bittet.
Könnt ihr den Kelch trinken, den ich trinken werde?
Sie sagten zu ihm: Wir können es.

²³ Da antwortete er ihnen: Ihr werdet meinen Kelch trinken;
doch den Platz zu meiner Rechten und zu meiner Linken
habe nicht ich zu vergeben;
dort werden die sitzen,
für die mein Vater diese Plätze bestimmt hat.

²⁴ Als die zehn anderen Jünger das hörten,
wurden sie sehr ärgerlich über die beiden Brüder.

²⁵ Da rief Jesus sie zu sich
und sagte: Ihr wißt, daß die Herrscher ihre Völker unterdrücken
und die Mächtigen
ihre Macht über die Menschen mißbrauchen.

²⁶ Bei euch soll es nicht so sein,
sondern wer bei euch groß sein will,
der soll euer Diener sein,

²⁷ und wer bei euch der Erste sein will,
soll euer Sklave sein.

²⁸ Denn auch der Menschensohn ist nicht gekommen,
um sich dienen zu lassen,
sondern um zu dienen
und sein Leben hinzugeben als Lösegeld für viele.

FÜRBITTEN

Christus gab sein Leben als Lösegeld für viele. Zu ihm rufen wir:

Ermutige die Vorsteher der Gemeinden, sich aller anzunehmen.
A.: Wir bitten dich, erhöre uns.

Laß die Flüchtlinge und Vertriebenen eine neue Heimat finden.

Entreiße die verfolgten Christen der Hand ihrer Feinde.

Laß unsere Verstorbenen ewig bei dir wohnen.

Allmächtiger Gott, in deiner Hand liegt unser Geschick. Gewähre uns deinen Schutz. So bitten wir durch Christus, unseren Herrn. A.: Amen.

GABENGEBET

Herr, sieh gnädig auf die Gaben,
die wir darbringen,
und löse die Fesseln unserer Sünden
durch den heiligen Tausch,
der sich in dieser Feier vollzieht.
Darum bitten wir durch Christus, unseren Herrn.
Fastenpräfation, S. 1356 f.

KOMMUNIONVERS   Mt 20, 28

Der Menschensohn ist nicht gekommen,
um sich bedienen zu lassen,
sondern um zu dienen
und sein Leben hinzugeben als Lösegeld für viele.

SCHLUSSGEBET

Herr, unser Gott,
du hast uns
ein Unterpfand der Unsterblichkeit gegeben.
Laß uns nicht verlorengehen,
sondern führe uns durch den Empfang dieser Speise
zur ewigen Freude.
Darum bitten wir durch Christus, unseren Herrn.

„WAHRHAFTIGE KIRCHE *heißt nach Jesu Botschaft dienende Kirche. Ist die Kirche dieser Botschaft treu geblieben; versteht sich diese Kirche wirklich als eine dienende Kirche? ... Wie könnte sie dann in dieser Endzeit je zu den Methoden weltlicher Machtergreifung und Machtdurchsetzung, politischer Strategie und Intrige Zuflucht nehmen? Wie könnte sie weltlichen Glanz und Prunk ausstrahlen, wie Ehrenplätze zur Rechten und zur Linken verteilen, wie weltliche Würdetitel und Auszeichnungen vergeben wollen?"* Findet die Kirche nicht umgekehrt „*in ihrer Kleinheit ihre wahre Größe und so ihre wahrhaftige Existenz? Weil sie dann weiß, daß sie gerade ohne Macht und Prachtentfaltung groß ist, daß sie nur höchst bedingt und beschränkt mit der Zustimmung und Unterstützung der Mächtigen dieser Welt rechnen kann, daß ihr Wirken immer wieder belächelt, verdächtigt, mißbilligt und gehindert wird, daß aber trotzdem über allen anderen Herrschaften unangreifbar Gottes Herrschaft ist?"* (Hans Küng.)

DONNERSTAG

ERÖFFNUNGSVERS   Ps 139 (138), 23–24

Erforsche mich, Gott, und erkenne mein Herz.
Prüfe mich und erkenne mein Denken.
Sieh her, ob ich auf einem Weg bin, der dich kränkt,
und leite mich auf dem Weg, der zum ewigen Leben führt.

TAGESGEBET

Heiliger Gott,
du liebst die Unschuld
und schenkst sie dem Sünder zurück,
der reumütig zu dir heimkehrt.
Wende unser Herz zu dir
und schenke uns neuen Eifer im Heiligen Geist,
damit wir im Glauben standhaft bleiben
und stets bereit sind, das Gute zu tun.
Darum bitten wir durch Jesus Christus.

ZUR LESUNG   *Der größere Teil dieser Lesung gleicht einem Weisheitspsalm über das Schicksal der Guten und der Bösen (vgl. Ps 1). Es gibt* zwei Arten von Menschen; die einen (V. 5–6) verlassen sich auf „schwaches Fleisch", auf Menschen, die nicht einmal sich selber helfen können; das gilt in der großen Politik wie im einzelnen Menschenleben. Die andern (V. 7–8) vertrauen auf Gott; es wird ihnen nicht immer gut gehen, aber im Grunde sind sie ohne Sorge, weil ihre Existenz in Gott verwurzelt ist. – Die Verse 9–10 antworten auf den möglichen Einwand, daß es auch guten Menschen schlecht geht. Antwort: Wer ist denn gut? Gott allein kennt das Innere des Menschen. – Ps 40,5; 146,3–5; Mk 7,21; Jer 11,20; 32,19; Ps 62,13; Spr 17,3; 24,12; Mt 16,27; Offb 2,23.

ERSTE LESUNG Jer 17,5–10

Verflucht der Mann, der auf Menschen vertraut; gesegnet der Mann, der auf den Herrn sich verläßt

Lesung
aus dem Buch Jeremía.

5 So spricht der Herr:
Verflucht der Mann, der auf Menschen vertraut,
auf schwaches Fleisch sich stützt,
und dessen Herz sich abwendet vom Herrn.
6 Er ist wie ein kahler Strauch in der Steppe,
der nie einen Regen kommen sieht;
er bleibt auf dürrem Wüstenboden,
im salzigen Land, wo niemand wohnt.

7 Gesegnet der Mann, der auf den Herrn sich verläßt
und dessen Hoffnung der Herr ist.
8 Er ist wie ein Baum, der am Wasser gepflanzt ist
und am Bach seine Wurzeln ausstreckt:
Er hat nichts zu fürchten, wenn Hitze kommt;
seine Blätter bleiben grün;
auch in einem trockenen Jahr ist er ohne Sorge,
unablässig bringt er seine Früchte.

9 Arglistig ohnegleichen ist das Herz und unverbesserlich.
Wer kann es ergründen?
10 Ich, der Herr, erforsche das Herz
und prüfe die Nieren,
um jedem zu vergelten,
wie es sein Verhalten verdient,
entsprechend der Frucht seiner Taten.

ANTWORTPSALM Ps 1, 1–2.3.4 u. 6 (R: vgl. Jer 17,7)

R Gesegnet, wer auf den Herrn sich verläßt. – **R** (GL 708, 1)

1 Wohl dem Mann, der nicht dem Rat der Frevler folgt, † IV. Ton
nicht auf dem Weg der Sünder geht, *
nicht im Kreis der Spötter sitzt,

2 sondern Freude hat an der Weisung des Herrn, *
über seine Weisung nachsinnt bei Tag und bei Nacht. – (R)

3 Er ist wie ein Baum, der an Wasserbächen gepflanzt ist, †
der zur rechten Zeit seine Frucht bringt *
und dessen Blätter nicht welken.

Alles, was er tut, *
wird ihm gut gelingen. – (R)

4 Nicht so die Frevler: *
Sie sind wie Spreu, die der Wind verweht.

6 Denn der Herr kennt den Weg der Gerechten, *
der Weg der Frevler aber führt in den Abgrund. – **R**

RUF VOR DEM EVANGELIUM Vers: vgl. Lk 8, 15

Lob dir, Christus, König und Erlöser! – **R**

Selig, die das Wort mit aufrichtigem Herzen hören
und Frucht bringen in Geduld.

Lob dir, Christus, König und Erlöser!

ZUM EVANGELIUM *Nur bei Lukas ist dieses Gleichnis vom reichen Mann und dem armen Lazarus überliefert (vgl. auch Lk 12, 13–21: Evangelium am 18. Sonntag – Jahr C). Deutlicher als die anderen Evangelisten hat Lukas die Gefahr gesehen, die vom Besitz her droht und eine echte Jüngerschaft unmöglich macht; daher ist er den entsprechenden Jesusworten mit besonderem Interesse nachgegangen. Jesus hat keine Lehre über den Reichtum als solchen entwickelt. Ihm geht es um den Menschen, der an seinem Reichtum hängt und nichts als seinen Reichtum hat. Weder Mose noch die Propheten, noch einer, der von den Toten zurückkommt, kann den Panzer durchdringen, der Herz und Ohr eines solchen Menschen umschließt. Bei einer so pessimistischen Sicht stellt sich die Frage: Wie kann der arme Reiche denn gerettet werden? Eine Antwort steht bei Lk 18, 27: „Was für Menschen unmöglich ist, ist für Gott möglich." Für jeden Menschen, aber für den reichen ganz besonders, ist es Gabe und Tat Gottes, wenn er sein Herz für Gottes Anruf öffnet.* – Ps 37; 49; 73; 1 Sam 2,4–8; Weish 2–5; Mt 13,22; 19,16–26; Lk 1,51–53; 12,33–34; 19,8–9; Joh 5,46–47; Apg 4,32 – 5,11; 2 Kor 8,1–15; 9,6–15; 1 Tim 6,9–10.17–19; Jak 2,1–9; 1 Joh 3,17–18.

EVANGELIUM Lk 16,19–31

Du hast schon zu Lebzeiten deinen Anteil am Guten erhalten, Lazarus aber nur Schlechtes. Jetzt wird er dafür getröstet, du aber mußt leiden

✙ Aus dem heiligen Evangelium nach Lukas.

In jener Zeit sprach Jesus:
19 Es war einmal ein reicher Mann,
 der sich in Purpur und feines Leinen kleidete
 und Tag für Tag herrlich und in Freuden lebte.
20 Vor der Tür des Reichen aber
 lag ein armer Mann namens Lázarus,
 dessen Leib voller Geschwüre war.
21 Er hätte gern seinen Hunger mit dem gestillt,
 was vom Tisch des Reichen herunterfiel.
 Statt dessen kamen die Hunde
 und leckten an seinen Geschwüren.
22 Als nun der Arme starb,
 wurde er von den Engeln in Abrahams Schoß getragen.
 Auch der Reiche starb und wurde begraben.
23 In der Unterwelt,
 wo er qualvolle Schmerzen litt,
 blickte er auf und sah von weitem Abraham,
 und Lázarus in seinem Schoß.
24 Da rief er: Vater Abraham, hab Erbarmen mit mir,
 und schick Lázarus zu mir;
 er soll wenigstens die Spitze seines Fingers ins Wasser tauchen
 und mir die Zunge kühlen,
 denn ich leide große Qual in diesem Feuer.
25 Abraham erwiderte:
 Mein Kind, denk daran,
 daß du schon zu Lebzeiten
 deinen Anteil am Guten erhalten hast,
 Lázarus aber nur Schlechtes.

Jetzt wird er dafür getröstet,
    du aber mußt leiden.
26 Außerdem ist zwischen uns und euch
    ein tiefer, unüberwindlicher Abgrund,
  so daß niemand von hier zu euch
    oder von dort zu uns kommen kann,
  selbst wenn er wollte.
27 Da sagte der Reiche:
    Dann bitte ich dich, Vater,
    schick ihn in das Haus meines Vaters!
28 Denn ich habe noch fünf Brüder.
  Er soll sie warnen,
    damit nicht auch sie an diesen Ort der Qual kommen.
29 Abraham aber sagte:
    Sie haben Mose und die Propheten,
  auf die sollen sie hören.
30 Er erwiderte: Nein, Vater Abraham,
  nur wenn einer von den Toten zu ihnen kommt,
    werden sie umkehren.
31 Darauf sagte Abraham:
  Wenn sie auf Mose und die Propheten nicht hören,
  werden sie sich auch nicht überzeugen lassen,
    wenn einer von den Toten aufersteht.

FÜRBITTEN

Wir beten zu Jesus Christus, der uns vor Selbstsucht und Habgier warnte:

Erneuere im Volke Gottes die Liebe zur Armut. (Stille) Christus, höre uns.
A.: Christus, erhöre uns.

Fördere das Mühen um einen Ausgleich zwischen den reichen und den armen Völkern. (Stille) Christus, höre uns.

Mach uns hellsichtig für die Not der Hungernden. (Stille) Christus, höre uns.

Schenke uns neuen Eifer, dir und unseren Brüdern zu dienen. (Stille) Christus, höre uns.

Heiliger Gott, du kennst unsere Schwachheit. Lenke uns auf den Weg, der zum Leben führt durch Christus, unseren Herrn.
A.: Amen.

GABENGEBET

Herr, unser Gott,
im heiligen Opfer, das wir feiern,
nimm auch unsere Mühen an, damit der äußere Verzicht,
den wir in diesen vierzig Tagen auf uns nehmen,
uns durch deine Gnade innerlich erneuere.
Darum bitten wir durch Christus, unseren Herrn.

Fastenpräfation, S. 1356 f.

KOMMUNIONVERS   Ps 119 (118), 1

Selig, deren Weg ohne Tadel ist,
die leben nach der Weisung des Herrn.

SCHLUSSGEBET

Herr, unser Gott,
das heilige Opfer, das wir gefeiert haben,
bleibe in uns wirksam
und bestimme unser ganzes Leben.
Darum bitten wir durch Christus, unseren Herrn.

„FÜR UNS MENSCHEN ist die Lebensspanne zwischen Geburt und Tod der Zeitraum, in dem wir den Anruf Gottes hören und uns entscheiden müssen. Dieser Zeitraum ist die begrenzte Frist, innerhalb deren alles passieren muß, worauf es ankommt. Er ist die begrenzte Frist, in der wir – wie die fünf Brüder des Gleichnisses – am Kreuzweg stehen und wo wir alles gewinnen und alles verlieren können. Wir haben nicht die Verheißung, daß diese Frist verlängert werden könne und daß wir sie darum vertrödeln dürften, daß es also noch so etwas wie Nachholkurse im Jenseits gäbe.
Der reiche Mann hat gewußt, was er tat, als er aus der Hölle heraus Abraham anflehte, seinen fünf Brüdern zu sagen: ‚Eure Uhr läuft ab.‘ Es gibt keinen anderen Weg zu Gott, als daß wir seinen Ruf ernst nehmen: ‚Heute (heute!), wo ihr meine Stimme hört, verstockt eure Herzen nicht!‘ " (Helmut Thielicke.)

FREITAG

ERÖFFNUNGSVERS   Ps 31 (30), 2.5

Herr, ich suche Zuflucht bei dir.
Laß mich doch niemals scheitern.
Du wirst mich befreien aus dem Netz, das sie mir heimlich legten;
denn du bist meine Zuflucht.

TAGESGEBET

Allmächtiger Gott,
reinige uns in diesen Tagen,
in denen wir für unsere Sünden Buße tun,
damit wir mit lauterem Herzen das Osterfest erwarten.
Darum bitten wir durch Jesus Christus.

ZUR LESUNG   *Die Lesung über Josef, den Sohn Jakobs, wurde vom Evangelium her ausgewählt (vgl. Gen 37, 20 und Mt 21, 38). Der von seinen Brüdern verfolgte Josef war in mancher Hinsicht eine Vorausdarstellung Jesu; Jesus ist auch mit dem „Sohn" gemeint, der von den Winzern erschlagen wird (Mt 21, 38–39). Jesus ist der von seinem Vater in einzigartiger Weise geliebte Sohn wie Josef und wurde um den Preis verkauft, den man für einen Sklaven berechnete (Ex 21, 28–32; vgl. Sach 11, 12). Im übrigen sind die Unterschiede groß. Josef wurde von seinen Brüdern gehaßt, weil ihn sein Vater bevorzugt und verwöhnt hat und außerdem wegen der Überheblichkeit, die aus seinen Träumen zu sprechen schien. Sie waren empört über das, was diese Träume ankündigten, und erst viel später sollten sie einsehen, daß es der Plan Gottes war, gegen den sie sich empört hatten und an dessen Durchführung sie mitwirken mußten, ohne es zu wissen. – Apg 7, 9; Gen 42, 21–22.*

ERSTE LESUNG   Gen 37, 3–4.12–13a.17b–28

Sie sagten zueinander: Dort kommt ja der Träumer; auf, erschlagen wir ihn!

**Lesung
aus dem Buch Génesis.**

3 Israel liebte Josef unter allen seinen Söhnen am meisten,
   weil er ihm noch in hohem Alter geboren worden war.
   Er ließ ihm einen Ärmelrock machen.

Fastenzeit: 2. Woche – Freitag

⁴ Als seine Brüder sahen,
    daß ihr Vater ihn mehr liebte als alle seine Brüder,
      haßten sie ihn
und konnten mit ihm kein gutes Wort mehr reden.

¹² Als seine Brüder fortgezogen waren,
    um das Vieh ihres Vaters bei Sichem zu weiden,
¹³ᵃ sagte Israel zu Josef:
Deine Brüder weiden bei Sichem das Vieh.
Geh, ich will dich zu ihnen schicken.

¹⁷ᵇ Da ging Josef seinen Brüdern nach
    und fand sie in Dotan.

¹⁸ Sie sahen ihn von weitem.
Bevor er jedoch nahe an sie herangekommen war,
    faßten sie den Plan, ihn umzubringen.

¹⁹ Sie sagten zueinander: Dort kommt ja dieser Träumer.
²⁰ Jetzt aber auf,
    erschlagen wir ihn,
und werfen wir ihn in eine der Zisternen.
Sagen wir, ein wildes Tier habe ihn gefressen.
Dann werden wir ja sehen, was aus seinen Träumen wird.

²¹ Ruben hörte das
    und wollte ihn aus ihrer Hand retten.
Er sagte: Begehen wir doch keinen Mord.
²² Und Ruben sagte zu ihnen: Vergießt kein Blut!
Werft ihn in die Zisterne da in der Steppe,
    aber legt nicht Hand an ihn!
Er wollte ihn nämlich aus ihrer Hand retten
    und zu seinem Vater zurückbringen.

²³ Als Josef bei seinen Brüdern angekommen war,
    zogen sie ihm sein Gewand aus,
    den Ärmelrock, den er anhatte,
²⁴ packten ihn und warfen ihn in die Zisterne.
Die Zisterne war leer;
    es war kein Wasser darin.

²⁵ Als sie dann beim Essen saßen und aufblickten,
    sahen sie,
    daß gerade eine Karawane von Ismaelítern aus Gílead kam.
Ihre Kamele waren mit Tragakánt, Mástix und Ládanum beladen.
Sie waren unterwegs nach Ägypten.

²⁶ Da schlug Juda seinen Brüdern vor:
   Was haben wir davon,
     wenn wir unseren Bruder erschlagen und sein Blut zudecken?
²⁷ Kommt, verkaufen wir ihn den Ismaelítern.
   Wir wollen aber nicht Hand an ihn legen,
     denn er ist doch unser Bruder und unser Verwandter.
   Seine Brüder waren einverstanden.
²⁸ Midianítische Kaufleute kamen vorbei.
   Da zogen sie Josef aus der Zisterne heraus
     und verkauften ihn für zwanzig Silberstücke an die Ismaelíter.
   Diese brachten Josef nach Ägypten.

ANTWORTPSALM   Ps 105 (104),16–17.18–19.20–21 (R: vgl. 5a)

R Gedenkt der Wunder, die der Herr getan! – R   (GL 148,2)

¹⁶ Er rief den Hunger ins Land, *   IV. Ton
   entzog ihnen allen Vorrat an Brot.

¹⁷ Doch hatte er ihnen einen Mann vorausgesandt: *
   Josef wurde als Sklave verkauft. – (R)

¹⁸ Man spannte seine Füße in Fesseln *
   und zwängte seinen Hals in Eisen

¹⁹ bis zu der Zeit, als sein Wort sich erfüllte *
   und der Spruch des Herrn ihm recht gab. – (R)

²⁰ Da sandte der König einen Boten und ließ ihn frei, *
   der Herrscher der Völker ließ ihn heraus.

²¹ Er bestellte ihn zum Herrn über sein Haus, *
   zum Gebieter über seinen ganzen Besitz. – R

RUF VOR DEM EVANGELIUM   Vers: vgl. Joh 3,16a.15

Christus, du ewiges Wort des Vaters, Ehre sei dir! – R
So sehr hat Gott die Welt geliebt,
daß er seinen einzigen Sohn hingab,
damit jeder, der glaubt, in ihm das ewige Leben hat.
Christus, du ewiges Wort des Vaters, Ehre sei dir!

ZUM EVANGELIUM   *Das Gleichnis von den bösen Winzern ist eine Drohrede gegen die Hohenpriester und Pharisäer (V. 45). Die Anspielun-*

gen auf das Schicksal der Propheten („Knechte") und den Tod Jesu, des „Sohnes" (V. 37–38), sind deutlich. Kein Weinbergbesitzer wird so töricht handeln wie der des Gleichnisses. Es ist die „Torheit Gottes" (1 Kor 1,22–25), der seinen Sohn schickt und ihn am Kreuz sterben läßt. Die Warnung, die das Gleichnis enthält, gilt nicht allein den Hohenpriestern und Pharisäern. Auch die christlichen Völker stehen vor der Möglichkeit, daß ihnen das Reich Gottes weggenommen und einem Volk gegeben wird, das bessere Früchte erbringt (V. 43). – Mk 12, 1–12; Lk 20, 9–19; Jes 5, 1–7; 28, 16; Ps 118, 22–23; 1 Petr 2, 4–7; Röm 11, 11–15.

EVANGELIUM   Mt 21, 33–43.45–46

Das ist der Erbe; auf, wir wollen ihn töten

☩ **Aus dem heiligen Evangelium nach Matthäus.**

In jener Zeit
 sprach Jesus zu den Hohenpriestern
 und den Ältesten des Volkes:

33 **Hört noch ein anderes Gleichnis:**
 Es war ein Gutsbesitzer,
 der legte einen Weinberg an,
 zog ringsherum einen Zaun,
 hob eine Kelter aus
 und baute einen Turm.
 Dann verpachtete er den Weinberg an Winzer
 und reiste in ein anderes Land.

34 **Als nun die Erntezeit kam,**
 schickte er seine Knechte zu den Winzern,
 um seinen Anteil an den Früchten holen zu lassen.

35 **Die Winzer aber packten seine Knechte;**
 den einen prügelten sie,
 den andern brachten sie um,
 einen dritten steinigten sie.

36 **Darauf schickte er andere Knechte, mehr als das erstemal;**
 mit ihnen machten sie es genauso.

37 **Zuletzt sandte er seinen Sohn zu ihnen;**
 denn er dachte:
 Vor meinem Sohn werden sie Achtung haben.

38 **Als die Winzer den Sohn sahen,**
 sagten sie zueinander: Das ist der Erbe.

Auf, wir wollen ihn töten,
  damit wir seinen Besitz erben.
39 Und sie packten ihn,
warfen ihn aus dem Weinberg hinaus
und brachten ihn um.
40 Wenn nun der Besitzer des Weinbergs kommt:
  Was wird er mit solchen Winzern tun?
41 Sie sagten zu ihm:
  Er wird diesen bösen Menschen ein böses Ende bereiten
  und den Weinberg an andere Winzer verpachten,
  die ihm die Früchte abliefern, wenn es Zeit dafür ist.
42 Und Jesus sagte zu ihnen:
  Habt ihr nie in der Schrift gelesen:

Der Stein, den die Bauleute verworfen haben,
  er ist zum Eckstein geworden;
das hat der Herr vollbracht,
vor unseren Augen geschah dieses Wunder?
43 Darum sage ich euch:
  Das Reich Gottes wird euch weggenommen
  und einem Volk gegeben werden,
  das die erwarteten Früchte bringt.
45 Als die Hohenpriester und die Pharisäer seine Gleichnisse hörten,
  merkten sie, daß er von ihnen sprach.
46 Sie hätten ihn gern verhaften lassen;
aber sie fürchteten sich vor den Leuten,
  weil alle ihn für einen Propheten hielten.

FÜRBITTEN

Im Gebet wollen wir uns an Christus wenden, der von den Menschen verworfen und von Gott zum Eckstein erwählt wurde:

Erfülle deine Gläubigen mit Geduld und Mut, wenn sie verachtet und verfolgt werden.
A.: Wir bitten dich, erhöre uns.

Mach alle Menschen bereit, die Überzeugung Andersdenkender zu achten.

Tröste die Kranken und Sterbenden durch deine Verheißungen.

Geleite unsere Verstorbenen aus der Finsternis in das Licht.

Herr, unser Gott, du erwartest, daß wir Frucht bringen an guten Werken. Gib uns dazu deine Gnade, ohne die wir nichts vermögen, durch Christus, unseren Herrn.   A.: Amen.

GABENGEBET

Herr, unser Gott,
komm uns mit deiner Gnade zuvor
und hilf uns, nach deinem Willen zu leben,
damit wir dieses heilige Opfer würdig feiern.
Darum bitten wir durch Christus, unseren Herrn.

Fastenpräfation, S. 1356 f.

KOMMUNIONVERS 1 Joh 4, 10

Gott hat uns geliebt
und seinen Sohn gesandt als Sühne für unsere Sünden.

SCHLUSSGEBET

Herr, unser Gott,
die heilige Speise, die wir empfangen haben,
ist uns ein Unterpfand des ewigen Heils.
Gib, daß wir mit ganzer Bereitschaft
nach diesem Heil streben,
damit wir es einst in seiner Fülle empfangen.
Darum bitten wir durch Christus, unseren Herrn.

„DIE SENDUNGEN *des Alten und des Neuen Bundes sind, in all ihrer Verschiedenheit, Dienst am Weinberg. Zwischen beiden steht die Sendung Jesu, eine Sendung unvergleichlicher Art, und doch auch eine Sendung in den Weinberg. Eine Sendung sowohl, die Winzer zu mahnen, wie die ganze Frucht des Weinbergs zum Vater zurückzubringen. Er wird umgebracht, aber gerade aus seinem Tod erblühen neue Sendungen. Alle Gesendeten des Neuen Bundes arbeiten und wirken, was der Sohn ihnen durch seinen Tod an Wirkungsmöglichkeiten eröffnet hat, in Teilnahme an seiner sohnlichen Sendung"* (A. von Speyr).

SAMSTAG

ERÖFFNUNGSVERS Ps 145 (144), 8–9

Der Herr ist gnädig und barmherzig, langmütig und reich an Gnade.
Der Herr ist gütig zu allen;
sein Erbarmen waltet über all seinen Werken.

TAGESGEBET

Gütiger Gott,
durch das Wirken deiner Gnade
schenkst du uns schon auf Erden
den Anfang des ewigen Lebens.
Vollende, was du in uns begonnen hast,
und führe uns hin zu jenem Licht,
in dem du selber wohnst.
Darum bitten wir durch Jesus Christus.

ZUR LESUNG *Der Schluß des Buches Micha (7, 14–20) ist ein psalmähnliches Gebet um Vergebung und Wiederherstellung. Gottes große Taten in der Vergangenheit werden in Erinnerung gerufen (7, 14–15); wie die Vergangenheit, so besteht auch die Gegenwart und die Zukunft nur durch Gottes Treue und durch sein mächtiges Erbarmen. Daß er Sünden vergeben kann, darin zeigt sich die Größe Gottes mehr als in allen seinen anderen Taten. – Ps 23, 1–3; 95, 7; Ez 34; Ps 130, 4; Jer 50, 20; Ex 34, 6–7; Ps 103, 9; Tob 13, 9; Lk 1, 73; Gen 22, 16–18; 28, 13–15.*

ERSTE LESUNG Mi 7, 14–15.18–20

Du wirfst all unsere Sünden in die Tiefe des Meeres hinab

**Lesung
aus dem Buch Micha.**

¹⁴ Herr, führe mit deinem Stab dein Volk auf die Weide,
die Schafe, die dein Erbbesitz sind,
  die einsam lagern in einer Wildnis
  mitten im fruchtbaren Land.
Sie sollen wieder im Baschan und in Gilead weiden
  wie in den Tagen der Vorzeit.
¹⁵ Wie in den Tagen, als du aus Ägypten auszogst,
  laß uns deine Wunder schauen!

Fastenzeit: 2. Woche – Samstag

18 Wer ist ein Gott wie du,
   der du Schuld verzeihst
   und dem Rest deines Erbvolkes das Unrecht vergibst?
   Gott hält nicht für immer fest an seinem Zorn;
   denn er liebt es, gnädig zu sein.
19 Er wird wieder Erbarmen haben mit uns
   und unsere Schuld zertreten.

   Ja, du wirfst all unsere Sünden
   in die Tiefe des Meeres hinab.
20 Du wirst Jakob deine Treue beweisen
   und Abraham deine Huld,
   wie du unseren Vätern geschworen hast
   in den Tagen der Vorzeit.

ANTWORTPSALM Ps 103 (102), 1–2.3–4.9–10.11–12 (R: vgl. 8)

R Gnädig und barmherzig ist der Herr, (GL 527, 5)
voll Langmut und reich an Güte. – **R**

Lobe den Herrn, meine Seele, *   IV. Ton
und alles in mir seinen heiligen Namen!

Lobe den Herrn, meine Seele, *
und vergiß nicht, was er dir Gutes getan hat: – (R)

der dir all deine Schuld vergibt *
und all deine Gebrechen heilt,

der dein Leben vor dem Untergang rettet *
und dich mit Huld und Erbarmen krönt. – (R)

Er wird nicht immer zürnen, *
nicht ewig im Groll verharren.

10 Er handelt an uns nicht nach unsern Sünden *
und vergilt uns nicht nach unsrer Schuld. – (R)

11 Denn so hoch der Himmel über der Erde ist, *
so hoch ist seine Huld über denen, die ihn fürchten.

12 So weit der Aufgang entfernt ist vom Untergang, *
so weit entfernt er die Schuld von uns.

RUF VOR DEM EVANGELIUM Vers: Lk 15,18

Christus, du ewiges Wort des Vaters, Ehre sei dir! – R

Ich will zu meinem Vater gehen
und ihm sagen:
Vater, ich habe mich versündigt gegen den Himmel und gegen dich.

Christus, du ewiges Wort des Vaters, Ehre sei dir!

ZUM EVANGELIUM *Das verlorene Schaf, die verlorene Drachme, der verlorene Sohn: diese drei Gleichnisse stehen in Lk 15 als Antwort Jesu auf den Vorwurf: Er nimmt Sünder auf und ißt mit ihnen (15,2). Die letzte Antwort Gottes auf die Sünde ist nicht die Gerechtigkeit, sondern das Erbarmen. Der ältere Bruder des verlorenen Sohnes vertritt die Gerechtigkeit, wie er sie versteht (vgl. Lk 18,11–12). Er hat auf seine Weise recht, aber Gott ist größer: er kann verzeihen, und wenn er einem Sünder verzeihen kann, freut er sich darüber wie über die Werke seiner Schöpfung. „Gott ist die Liebe" heißt auch: „Gott ist die Freude". – Joh 6,32–33; 1 Joh 4,11–16.*

EVANGELIUM Lk 15,1–3.11–32

Dein Bruder war tot und lebt wieder

✚ Aus dem heiligen Evangelium nach Lukas.

In jener Zeit
1 kamen alle Zöllner und Sünder zu Jesus,
um ihn zu hören.

2 Die Pharisäer und die Schriftgelehrten empörten sich darüber
und sagten: Er gibt sich mit Sündern ab
und ißt sogar mit ihnen.

3 Da erzählte er ihnen ein Gleichnis
11 und sagte: Ein Mann hatte zwei Söhne.
12 Der jüngere von ihnen sagte zu seinem Vater:
Vater, gib mir das Erbteil, das mir zusteht.
Da teilte der Vater das Vermögen auf.
13 Nach wenigen Tagen packte der jüngere Sohn alles zusammen
und zog in ein fernes Land.
Dort führte er ein zügelloses Leben
und verschleuderte sein Vermögen.

Fastenzeit: 2. Woche – Samstag

14 Als er alles durchgebracht hatte,
   kam eine große Hungersnot über das Land,
   und es ging ihm sehr schlecht.

15 Da ging er zu einem Bürger des Landes und drängte sich ihm auf;
   der schickte ihn aufs Feld zum Schweinehüten.

16 Er hätte gern seinen Hunger mit den Futterschoten gestillt,
   die die Schweine fraßen;
   aber niemand gab ihm davon.

17 Da ging er in sich
   und sagte:
   Wie viele Tagelöhner meines Vaters
   haben mehr als genug zu essen,
   und ich komme hier vor Hunger um.

18 Ich will aufbrechen und zu meinem Vater gehen
   und zu ihm sagen: Vater,
   ich habe mich gegen den Himmel und gegen dich versündigt.

19 Ich bin nicht mehr wert, dein Sohn zu sein;
   mach mich zu einem deiner Tagelöhner.

20 Dann brach er auf und ging zu seinem Vater.
   Der Vater sah ihn schon von weitem kommen,
   und er hatte Mitleid mit ihm.
   Er lief dem Sohn entgegen,
   fiel ihm um den Hals und küßte ihn.

21 Da sagte der Sohn: Vater,
   ich habe mich gegen den Himmel und gegen dich versündigt;
   ich bin nicht mehr wert, dein Sohn zu sein.

22 Der Vater aber sagte zu seinen Knechten:
   Holt schnell das beste Gewand, und zieht es ihm an,
   steckt ihm einen Ring an die Hand, und zieht ihm Schuhe an.

23 Bringt das Mastkalb her, und schlachtet es;
   wir wollen essen und fröhlich sein.

24 Denn mein Sohn war tot und lebt wieder;
   er war verloren und ist wiedergefunden worden.
   Und sie begannen, ein fröhliches Fest zu feiern.

25 Sein älterer Sohn war unterdessen auf dem Feld.
   Als er heimging und in die Nähe des Hauses kam,
   hörte er Musik und Tanz.

26 Da rief er einen der Knechte
   und fragte, was das bedeuten solle.

27 Der Knecht antwortete:
   Dein Bruder ist gekommen,
   und dein Vater hat das Mastkalb schlachten lassen,
   weil er ihn heil und gesund wiederbekommen hat.
28 Da wurde er zornig und wollte nicht hineingehen.
   Sein Vater aber kam heraus
   und redete ihm gut zu.
29 Doch er erwiderte dem Vater:
   So viele Jahre schon diene ich dir,
   und nie habe ich gegen deinen Willen gehandelt;
mir aber hast du nie auch nur einen Ziegenbock geschenkt,
   damit ich mit meinen Freunden ein Fest feiern konnte.
30 Kaum aber ist der hier gekommen,
   dein Sohn, der dein Vermögen mit Dirnen durchgebracht hat,
   da hast du für ihn das Mastkalb geschlachtet.
31 Der Vater antwortete ihm:
   Mein Kind, du bist immer bei mir,
und alles, was mein ist, ist auch dein.
32 Aber jetzt müssen wir uns doch freuen und ein Fest feiern;
denn dein Bruder war tot
   und lebt wieder;
er war verloren
   und ist wiedergefunden worden.

FÜRBITTEN

Jesus Christus brachte den Sündern das Erbarmen des Vaters. Zu ihm wollen wir beten:

Für alle mit Schuld Beladenen: um die Vergebung durch Gott. – Lasset zum Herrn uns rufen: Herr, erbarme dich.
A.: Christus, erbarme dich.

Für alle Menschen mit verblendetem Herzen: um das Licht der Wahrheit. – Lasset zum Herrn uns rufen: Herr, erbarme dich.

Für unsere Gemeinde: um die Bereitschaft, zu verzeihen. – Lasset zum Herrn uns rufen: Herr, erbarme dich.

Für unsere Verstorbenen: um Vergebung ihrer Schuld. – Lasset zum Herrn uns rufen: Herr, erbarme dich.

Gütiger Gott, erfülle alle, denen du vergeben hast, mit deiner Freude. Darum bitten wir dich durch Christus, unseren Herrn.
A.: Amen.

GABENGEBET

Herr und Gott,
laß im Sakrament des Altares
die Erlösung an uns wirksam werden.
Halte uns zurück,
wenn uns falsche Freuden locken,
rufe uns heim,
wenn wir in die Irre gegangen sind,
und führe uns zum Festmahl deiner Liebe.
Darum bitten wir durch Christus, unseren Herrn.

Fastenpräfation, S. 1356 f.

KOMMUNIONVERS   Vgl. Lk 15, 32
Freue dich, mein Sohn, denn dein Bruder war tot und lebt wieder;
er war verloren und wurde wieder gefunden.

SCHLUSSGEBET

Gütiger Gott,
du schenkst uns Anteil an deinem Sakrament.
Gib, daß wir das heilige Brot
nicht nur mit dem Mund empfangen,
sondern ganz von seiner Kraft
durchdrungen werden,
so daß wir wahrhaft aus deiner Gnade leben.
Darum bitten wir durch Christus, unseren Herrn.

„SICH SICHERN *bedeutet: nicht vertrauen wollen, nicht abhängig sein wollen, nicht dankbar empfangen, sondern Ansprüche haben und fordern können, sich selbst beschenken können. Die Welt der Sicherungen ist der Widersacher der Welt der Liebe. In sie geht der verlorene Sohn ein, in dem Augenblick, da er spricht: ‚Gib mir den Anteil, der mir zusteht.' Sie ist die Fremde, fern vom Vater. Im Reich des Vaters gibt es keine*

Anteile, gibt es nichts Zustehendes. Denn die Liebe macht keine abgegrenzten Teile, sie gibt alles. Aber sowenig wie die Liebe ein Anteil ist, sondern das Ganze und alles zum Ganzen Führende, so wenig steht sie auch zu. Sie ist das Freie und Befreiende. Empfangen kann sie allein das Vertrauen, nicht der Anspruch" (H. Spaemann).

3. WOCHE

ZUR AUSWAHL

Die folgenden Lesungen können an jedem Tag dieser Woche genommen werden, vor allem, wenn am 3. Fastensonntag der Lesejahre B und C das Evangelium von der Samariterin nicht gelesen wurde.

ZUR LESUNG   „Ist der Herr in unserer Mitte oder nicht?", das war in der Wüste die Existenzfrage für Israel. Die Art aber, wie diese Frage gestellt wurde, war eine Herausforderung an Gott. Das Volk hat an Gott gezweifelt und ihn auf die Probe gestellt; es hat „mit Mose gestritten", seine Unzufriedenheit mit Gott laut ausgesprochen. Gott hat sich das alles gefallen lassen. Er hat sich als der treue Gott erwiesen, als der sichere Fels Israels und als die Quelle lebendigen Wassers (vgl. Evangelium). Gott verweigert seine Gabe dem nicht, der sich seiner Güte und Treue ausgeliefert hat. Die wesentliche Gabe ist er selbst; er gibt aber auch die kleineren Dinge, von denen wir leben, angefangen beim Wasser, das wir zum Trinken brauchen. – Num 20,1–13; Dtn 6,16; Ps 78,15–16; 95,1.8–9; 105,41; 106,32; Weish 11,4; Jes 43,20; Jer 2,13.

ERSTE LESUNG   Ex 17,1–7

Schlag auf den Felsen, es wird Wasser aus dem Felsen herauskommen, und das Volk kann trinken

**Lesung
aus dem Buch Éxodus.**

In jenen Tagen
1   **zog die ganze Gemeinde der Israeliten
von der Wüste Sin weiter,**

Fastenzeit: 3. Woche – Zur Auswahl

von einem Rastplatz zum andern,
    wie es der Herr jeweils bestimmte.
In Refídim schlugen sie ihr Lager auf.
Weil das Volk kein Wasser zu trinken hatte,
2   geriet es mit Mose in Streit
    und sagte: Gebt uns Wasser zu trinken!
Mose aber antwortete: Was streitet ihr mit mir?
Warum stellt ihr den Herrn auf die Probe?
3 Das Volk dürstete dort nach Wasser
und murrte gegen Mose.
Sie sagten:
    Warum hast du uns überhaupt aus Ägypten hierher geführt?
Um uns, unsere Söhne und unser Vieh verdursten zu lassen?
4 Mose schrie zum Herrn:
    Was soll ich mit diesem Volk anfangen?
Es fehlt nur wenig, und sie steinigen mich.

5 Der Herr antwortete Mose:
Geh am Volk vorbei,
    und nimm einige von den Ältesten Israels mit;
nimm auch den Stab in die Hand,
    mit dem du auf den Nil geschlagen hast,
und geh!
6 Dort drüben auf dem Felsen am Horeb werde ich vor dir stehen.
Dann schlag an den Felsen!
Es wird Wasser herauskommen,
    und das Volk kann trinken.

Das tat Mose vor den Augen der Ältesten Israels.

Den Ort nannte er Massa und Meríba – Probe und Streit –,
weil die Israeliten Streit begonnen
    und den Herrn auf die Probe gestellt hatten,
indem sie sagten: Ist der Herr in unserer Mitte oder nicht?

ANTWORTPSALM   Ps 95 (94), 1–2.6–7c.7d–9 (R: vgl. 7d.8a)

R Hört auf die Stimme des Herrn,   (GL 529, 5)
verhärtet nicht euer Herz! – R

Kommt, laßt uns jubeln vor dem Herrn *   IV. Ton
und zujauchzen dem Fels unsres Heiles!

Laßt uns mit Lob seinem Angesicht nahen, *
vor ihm jauchzen mit Liedern! – (R)

6 Kommt, laßt uns niederfallen, uns vor ihm verneigen, *
laßt uns niederknien vor dem Herrn, unserm Schöpfer!

7abc Denn er ist unser Gott, †
wir sind das Volk seiner Weide, *
die Herde, von seiner Hand geführt. – (R)

7d Ach, würdet ihr doch heute auf seine Stimme hören! †
8 „Verhärtet euer Herz nicht wie in Meríba, *
wie in der Wüste am Tag von Massa!

9 Dort haben eure Väter mich versucht, *
sie haben mich auf die Probe gestellt
und hatten doch mein Tun gesehen."

R Hört auf die Stimme des Herrn,
verhärtet nicht euer Herz!

RUF VOR DEM EVANGELIUM Vers: vgl. Joh 4,42.15

Herr Jesus, dir sei Ruhm und Ehre! – R
Herr, du bist der Retter der Welt.
Gib mir lebendiges Wasser, damit mich nie mehr dürstet.
Herr Jesus, dir sei Ruhm und Ehre!

ZUM EVANGELIUM   *„Ich bin es", sagt Jesus zur Frau aus Samarien. Das ist der Höhepunkt dieses Evangeliums. Müde und durstig kommt Jesus zum Jakobsbrunnen, und er verspricht „lebendiges Wasser", zum Erstaunen der Frau und zum Staunen der Welt bis heute. „Der Brunnen ist tief": tiefer, als die Frau dachte. Gott selbst ist die Quelle des lebendigen Wassers. Und Jesus verspricht, dieses Wasser zu geben, das in Ewigkeit nicht versiegt. Reinheit, Heiligkeit, Leben: das alles gibt Gott seinem Volk, das aus Wasser und Geist geboren wird. Und dieses Volk weiß, wo Gott angebetet wird: nicht an einem geographischen Ort, sondern „im Geist und in der Wahrheit", im Innersten der Seele, wo der Geist Gottes wohnt und uns beten lehrt. Damit ist das gemeinsame Beten nicht abgeschafft, es muß aber darauf geprüft werden, ob es „wahr" ist: ob das Herz mit dem Wort und Geist Gottes zusammenklingt. – Jes 41,17–20; Sach 13,1; 14,8; Joh 3,5; 19,34; Offb 7,14; 21,6.*

EVANGELIUM   Joh 4, 5–42

Das Wasser, das ich gebe, wird zur sprudelnden Quelle, deren Wasser ewiges Leben schenkt

✝ Aus dem heiligen Evangelium nach Johannes.

In jener Zeit
kam Jesus zu einem Ort in Samárien, der Sychar hieß
und nahe bei dem Grundstück lag,
das Jakob seinem Sohn Josef vermacht hatte.
Dort befand sich der Jakobsbrunnen.
Jesus war müde von der Reise
und setzte sich daher an den Brunnen;
es war um die sechste Stunde.

Da kam eine samaritische Frau, um Wasser zu schöpfen.
Jesus sagte zu ihr: Gib mir zu trinken!
Seine Jünger waren nämlich in den Ort gegangen,
um etwas zum Essen zu kaufen.

Die samaritische Frau sagte zu ihm:
Wie kannst du als Jude
mich, eine Samaríterin, um Wasser bitten?
Die Juden verkehren nämlich nicht mit den Samarítern.

Jesus antwortete ihr:
Wenn du wüßtest, worin die Gabe Gottes besteht
und wer es ist, der zu dir sagt: Gib mir zu trinken!,
dann hättest du ihn gebeten,
und er hätte dir lebendiges Wasser gegeben.

Sie sagte zu ihm: Herr, du hast kein Schöpfgefäß,
und der Brunnen ist tief;
woher hast du also das lebendige Wasser?
Bist du etwa größer als unser Vater Jakob,
der uns den Brunnen gegeben und selbst daraus getrunken hat,
wie seine Söhne und seine Herden?

Jesus antwortete ihr:
Wer von diesem Wasser trinkt, wird wieder Durst bekommen;
wer aber von dem Wasser trinkt, das ich ihm geben werde,
wird niemals mehr Durst haben;
vielmehr wird das Wasser, das ich ihm gebe,
in ihm zur sprudelnden Quelle werden,
deren Wasser ewiges Leben schenkt.

15 Da sagte die Frau zu ihm: Herr, gib mir dieses Wasser,
   damit ich keinen Durst mehr habe
   und nicht mehr hierher kommen muß, um Wasser zu schöpfen.
16 Er sagte zu ihr: Geh, ruf deinen Mann,
   und komm wieder her!
17 Die Frau antwortete: Ich habe keinen Mann.
   Jesus sagte zu ihr:
   Du hast richtig gesagt: Ich habe keinen Mann.
18 Denn fünf Männer hast du gehabt,
   und der, den du jetzt hast, ist nicht dein Mann.
   Damit hast du die Wahrheit gesagt.
19 Die Frau sagte zu ihm: Herr, ich sehe, daß du ein Prophet bist.
20 Unsere Väter haben auf diesem Berg Gott angebetet;
   ihr aber sagt, in Jerusalem sei die Stätte, wo man anbeten muß.
21 Jesus sprach zu ihr:
   Glaube mir, Frau, die Stunde kommt,
   zu der ihr weder auf diesem Berg
   noch in Jerusalem den Vater anbeten werdet.
22 Ihr betet an, was ihr nicht kennt,
   wir beten an, was wir kennen;
   denn das Heil kommt von den Juden.
23 Aber die Stunde kommt, und sie ist schon da,
   zu der die wahren Beter den Vater anbeten werden
   im Geist und in der Wahrheit;
   denn so will der Vater angebetet werden.
24 Gott ist Geist,
   und alle, die ihn anbeten,
   müssen im Geist und in der Wahrheit anbeten.
25 Die Frau sagte zu ihm:
   Ich weiß, daß der Messias kommt,
   das ist: der Gesalbte – Christus.
   Wenn er kommt,
   wird er uns alles verkünden.
26 Da sagte Jesus zu ihr:
   Ich bin es, ich, der mit dir spricht.
27 Inzwischen waren seine Jünger zurückgekommen.
   Sie wunderten sich, daß er mit einer Frau sprach,
   aber keiner sagte: Was willst du?,
   oder: Was redest du mit ihr?

²⁸ Da ließ die Frau ihren Wasserkrug stehen,
   eilte in den Ort
   und sagte zu den Leuten:
²⁹ Kommt her, seht, da ist ein Mann,
   der mir alles gesagt hat, was ich getan habe:
   Ist er vielleicht der Messias?
³⁰ Da liefen sie hinaus aus dem Ort und gingen zu Jesus.

³¹ Währenddessen drängten ihn seine Jünger: Rabbi, iß!
³² Er aber sagte zu ihnen:
   Ich lebe von einer Speise,
   die ihr nicht kennt.
³³ Da sagten die Jünger zueinander:
   Hat ihm jemand etwas zu essen gebracht?
³⁴ Jesus sprach zu ihnen:
   Meine Speise ist es,
   den Willen dessen zu tun, der mich gesandt hat,
   und sein Werk zu Ende zu führen.
³⁵ Sagt ihr nicht: Noch vier Monate dauert es bis zur Ernte?
   Ich aber sage euch: Blickt umher
   und seht, daß die Felder weiß sind, reif zur Ernte.
³⁶ Schon empfängt der Schnitter seinen Lohn
   und sammelt Frucht für das ewige Leben,
   so daß sich der Sämann und der Schnitter gemeinsam freuen.
³⁷ Denn hier hat das Sprichwort recht:
   Einer sät, und ein anderer erntet.
³⁸ Ich habe euch gesandt,
   zu ernten, wofür ihr nicht gearbeitet habt;
   andere haben gearbeitet,
   und ihr erntet die Frucht ihrer Arbeit.

³⁹ Viele Samariter aus jenem Ort kamen zum Glauben an Jesus
   auf das Wort der Frau hin,
   die bezeugt hatte: Er hat mir alles gesagt, was ich getan habe.

⁴⁰ Als die Samariter zu ihm kamen,
   baten sie ihn, bei ihnen zu bleiben;
   und er blieb dort zwei Tage.
⁴¹ Und noch viel mehr Leute kamen zum Glauben an ihn
   aufgrund seiner eigenen Worte.

⁴² Und zu der Frau sagten sie:
   Nicht mehr aufgrund deiner Aussage glauben wir,

sondern weil wir ihn selbst gehört haben
und nun wissen:
Er ist wirklich der Retter der Welt.

„SCHEINT ES NICHT alle Konventionen in Frage zu stellen, wenn der Jude den Nichtjuden ‚braucht', und ist es nicht für viele noch heute ein Skandalon, wenn der Christ vom Nichtchristen einen ‚Trunk' erbittet? Aber eben: seine erfrischende und belebende Wirkung erfährt man nur, wenn man davon gekostet hat. Die Glaubensunterschiede werden in diesem Gespräch nicht verdeckt oder verwischt, sondern beim Namen genannt; nicht um auf dem eigenen Recht zu bestehen, sondern um eine persönliche Not aufzuzeigen, einen Zweifel anzumelden, eine Lösung zu suchen. ‚Unsere Väter haben auf diesem Berg angebetet. Ihr aber sagt, in Jerusalem sei die Stätte, wo man anbeten müsse.' Die Antwort läßt an Klarheit nichts zu wünschen übrig, und für unser Empfinden mag sie allzu apodiktisch klingen, aber es ist ein Wort, das gesagt werden muß: ‚Ihr betet an, was ihr nicht kennt, wir beten an, was wir kennen; denn das Heil kommt von den Juden.' Damit ist die Gesprächsbasis auch für den Christen genau umrissen: Der Unterschied auch zwischen Christen und Nichtchristen liegt nicht darin, daß der eine anbetet und der andere nicht, daß der eine im Heil und der andere im Unheil steht, sondern der einzige (allerdings wesentliche) Unterschied liegt darin, daß der eine den kennt, durch den ihm das Heil zukommt, und der andere nicht" (Irmgard Ackermann).

MONTAG

ERÖFFNUNGSVERS Ps 84 (83), 3
Meine Seele verzehrt sich in Sehnsucht nach den Vorhöfen des Herrn,
mein Herz und mein Leib jauchzen ihm zu,
ihm, dem lebendigen Gott.

TAGESGEBET
Barmherziger Gott,
deine Kirche kann nicht bestehen ohne dich,
sie lebt allein von deiner Gnade.
Reinige und festige sie
und führe sie mit starker Hand.
Darum bitten wir durch Jesus Christus.

Fastenzeit: 3. Woche – Montag

ZUR LESUNG *Elischa war der Nachfolger des Elija und Meister einer Prophetengruppe, von der wir nur wenige Nachrichten haben. Diese Leute, mit einer Mönchsgemeinde vergleichbar, hatten eine große Bedeutung für die Erhaltung des reinen Gottesglaubens in Israel. Zwischen Religion und Politik haben sie nie säuberlich unterschieden; alles stand in Israel unter dem Gesetz Gottes. Elischa bewies aber eine erstaunliche Offenheit und Freiheit des Geistes gegenüber einem Heiden wie Naaman. Naaman wird von seinem Aussatz geheilt, aber nur weil er dem Wort des Propheten gehorcht. Er bekennt seinen Glauben an den Gott Israels (5, 15) und verschwindet dann wieder in seiner alten heidnischen Heimat. Jesus hat seinen jüdischen Landsleuten den Glauben dieses rechtschaffenen Heiden entgegengehalten. Die Gottesherrschaft verwirklicht sich überall da und nur da, wo es aufrichtige Menschen gibt. – Dtn 32, 39; 1 Sam 2, 6; Joh 5, 21; 9, 7.*

ERSTE LESUNG 2 Kön 5, 1–15a

In Israel gab es viele Aussätzige, aber keiner von ihnen wurde geheilt, nur der Syrer Naaman (Lk 4, 27)

**Lesung
aus dem zweiten Buch der Könige.**

**Náaman, der Feldherr des Königs von Aram,
galt viel bei seinem Herrn und war angesehen;
denn durch ihn
hatte der Herr den Aramäern den Sieg verliehen.
Der Mann war tapfer,
aber an Aussatz erkrankt.**

**Nun hatten die Aramäer bei einem Streifzug
ein junges Mädchen aus dem Land Israel verschleppt.
Es war in den Dienst der Frau Náamans gekommen.
Es sagte zu seiner Herrin:
Wäre mein Herr doch bei dem Propheten in Samária!
Er würde seinen Aussatz heilen.**

**Náaman ging zu seinem Herrn
und meldete ihm: Das und das hat das Mädchen aus Israel gesagt.**

**Der König von Aram antwortete: So geh doch hin;
ich werde dir ein Schreiben an den König von Israel mitgeben.**

Náaman machte sich auf den Weg.

Er nahm zehn Talente Silber,
sechstausend Schekel Gold und zehn Festkleider mit
6 und überbrachte dem König von Israel das Schreiben.
Es hatte folgenden Inhalt:
Wenn jetzt dieser Brief zu dir gelangt,
so wisse: Ich habe meinen Knecht Náaman zu dir geschickt,
damit du seinen Aussatz heilst.

7 Als der König von Israel den Brief gelesen hatte,
zerriß er seine Kleider
und rief: Bin ich denn ein Gott,
der töten und zum Leben erwecken kann?
Er schickt einen Mann zu mir,
damit ich ihn von seinem Aussatz heile.
Merkt doch und seht, daß er nur Streit mit mir sucht.

8 Als der Gottesmann Elíscha hörte,
der König von Israel habe seine Kleider zerrissen,
ließ er ihm sagen: Warum hast du deine Kleider zerrissen?
Náaman soll zu mir kommen;
dann wird er erfahren, daß es in Israel einen Propheten gibt.

9 So kam Náaman mit seinen Pferden und Wagen
und hielt vor dem Haus Elíschas.
10 Dieser schickte einen Boten zu ihm hinaus
und ließ ihm sagen: Geh und wasch dich siebenmal im Jordan!
Dann wird dein Leib wieder gesund, und du wirst rein.

11 Doch Náaman wurde zornig.
Er ging weg
und sagte: Ich dachte, er würde herauskommen,
vor mich hintreten,
den Namen Jahwes, seines Gottes, anrufen,
seine Hand über die kranke Stelle bewegen
und so den Aussatz heilen.
12 Sind nicht der Abána und der Parpar, die Flüsse von Damáskus,
besser als alle Gewässer Israels?
Kann ich nicht dort mich waschen, um rein zu werden?
Voll Zorn wandte er sich ab und ging weg.

13 Doch seine Diener traten an ihn heran
und redeten ihm zu:
Wenn der Prophet etwas Schweres von dir verlangt hätte,
würdest du es tun;

wieviel mehr jetzt,
 da er zu dir nur gesagt hat: Wasch dich, und du wirst rein.

14 So ging er also zum Jordan hinab
 und tauchte siebenmal unter,
 wie ihm der Gottesmann befohlen hatte.
Da wurde sein Leib gesund wie der Leib eines Kindes,
und er war rein.

15a Nun kehrte er mit seinem ganzen Gefolge zum Gottesmann zurück,
 trat vor ihn hin
und sagte: Jetzt weiß ich,
 daß es nirgends auf der Erde einen Gott gibt außer in Israel.

ANTWORTPSALM Ps 42 (41), 2–3; Ps 43 (42), 3.4
(R: vgl. Ps 42 [41], 3a)

R Meine Seele dürstet nach Gott, (GL 676, 1)
nach dem lebendigen Gott. – R

2 Wie der Hirsch lechzt nach frischem Wasser, * II. Ton
so lechzt meine Seele, Gott, nach dir.

3 Meine Seele dürstet nach Gott, nach dem lebendigen Gott. *
Wann darf ich kommen und Gottes Antlitz schauen? – (R)

3 Sende dein Licht und deine Wahrheit, *
damit sie mich leiten;

sie sollen mich führen zu deinem heiligen Berg *
und zu deiner Wohnung. – (R)

4 So will ich zum Altar Gottes treten, *
zum Gott meiner Freude.

Jauchzend will ich dich auf der Harfe loben, *
Gott, mein Gott. – R

RUF VOR DEM EVANGELIUM Vers: Ps 130 (129), 5.7

Herr Jesus, dir sei Ruhm und Ehre! – R

Ich hoffe auf den Herrn, ich warte voll Vertrauen auf sein Wort.
Denn beim Herrn ist die Huld, bei ihm ist Erlösung in Fülle.

Herr Jesus, dir sei Ruhm und Ehre!

ZUM EVANGELIUM *Jesus hat in der Synagoge seiner Heimatstadt Nazaret seine erste Predigt gehalten. Nach der anfänglichen Zustimmung gibt es heftigen Widerspruch. Jesus bietet die Gnade Gottes an, die bei Jesaja (61, 1–2) für die Endzeit verheißen ist. Würde er nur Buße predigen, so könnte man ihn im schlimmsten Fall ablehnen; aber daß er Gnade anbietet, ist eine Gotteslästerung, darauf steht die Strafe der Steinigung. Hier wird gleich zu Beginn deutlich, was Jesus von seinem Volk zu erwarten hat. Er selbst hat seine Sendung darin gesehen, das Heil anzubieten, und zwar dem jüdischen Volk zuerst. Von seinen Hörern verlangt er Glauben, ohne Beweise und ohne Vorbehalt. Wo er keinen Glauben findet, bleibt ihm nur übrig, „wegzugehen" (4, 30); dann wird die Gnade zum Gericht. – 1 Kön 17, 1.9; 18, 1; Jak 5, 17–18; Lk 2, 34–35; Joh 4, 44; 7, 30; 8, 59.*

EVANGELIUM Lk 4, 24–30

Wie Elija und Elischa ist Jesus nicht nur zu den Juden gesandt

✢ Aus dem heiligen Evangelium nach Lukas.

In jener Zeit
  begann Jesus in der Synagoge in Nazaret darzulegen:
24 Amen, das sage ich euch:
Kein Prophet wird in seiner Heimat anerkannt.
25 Wahrhaftig, das sage ich euch:
  In Israel gab es viele Witwen in den Tagen des Elíja,
  als der Himmel
  für drei Jahre und sechs Monate verschlossen war
  und eine große Hungersnot über das ganze Land kam.
26 Aber zu keiner von ihnen wurde Elíja gesandt,
  nur zu einer Witwe in Sarépta bei Sidon.
27 Und viele Aussätzige gab es in Israel
  zur Zeit des Propheten Elíscha.
Aber keiner von ihnen wurde geheilt,
  nur der Syrer Náaman.
28 Als die Leute in der Synagoge das hörten,
  gerieten sie alle in Wut.
29 Sie sprangen auf
und trieben Jesus zur Stadt hinaus;
sie brachten ihn an den Abhang des Berges,

auf dem ihre Stadt erbaut war,
und wollten ihn hinabstürzen.
30 Er aber schritt mitten durch die Menge hindurch
und ging weg.

FÜRBITTEN

Laßt uns beten zu Christus, der in der ganzen Welt Menschen zu seiner Nachfolge ruft:

Mehre den Eifer aller, die sich auf die Taufe vorbereiten. (Stille) Christus, höre uns.
A.: Christus, erhöre uns.

Gib Hoffnung denen, die sich nach Gerechtigkeit sehnen. (Stille) Christus, höre uns.

Offenbare dich allen, die nach dir verlangen. (Stille) Christus, höre uns.

Nimm die Verstorbenen auf in die Gemeinschaft der Heiligen. (Stille) Christus, höre uns.

Gott, unser Vater, du hast die Gläubigen zu einem heiligen Volk gemacht. Laß uns dir von Herzen dienen durch Christus, unseren Herrn. A.: Amen.

GABENGEBET

**Herr, unser Gott,
wir stehen als deine Diener vor dir
und bringen unsere Gaben dar.
Mache sie zum Sakrament,
das uns Heil und Leben spendet.
Darum bitten wir durch Christus, unseren Herrn.**

Fastenpräfation, S. 1356 f.

KOMMUNIONVERS Ps 117 (116), 1–2
Lobt den Herrn, alle Völker!
Denn mächtig waltet über uns seine Huld.

SCHLUSSGEBET

Gütiger Gott,
das Sakrament, das wir empfangen haben,
mache uns frei von Schuld
und schenke uns Einheit und Frieden.
Darum bitten wir durch Christus, unseren Herrn.

„DIE WUNDERGESCHICHTEN *fordern von uns nicht, daß wir an die Historizität des Erzählten ‚glauben'. Sofern die Wunder Jesu Ereignisse der Vergangenheit sind, unterstehen sie dem Urteil des Historikers, der den Berichten größere oder geringere Wahrscheinlichkeit zubilligen kann. Der Glaube hat es dagegen in erster Linie mit der Gegenwart zu tun; er konfrontiert uns hier und jetzt mit unserem eigenen Unvermögen und der in Jesus begegnenden Heilsmacht Gottes"* (F. J. Schierse).

„ICH LIEBE *unseren Herrn Jesus Christus, wenn auch mit einem Herzen, das mehr und besser lieben möchte, aber jedenfalls liebe ich ihn und kann es nicht ertragen, ein anderes Leben als das seine zu führen; war doch das seine das härteste und verachtetste, das es jemals gegeben hat"* (Charles de Foucauld. Aufzeichnung vom 24. April 1890).

DIENSTAG

ERÖFFNUNGSVERS   Ps 17 (16), 6.8

Ich rufe dich an, denn du, Gott, erhörst mich.
Wende dein Ohr mir zu, vernimm meine Rede!
Behüte mich wie den Augapfel, den Stern des Auges,
birg mich im Schatten deiner Flügel.

TAGESGEBET

Herr, unser Gott, verlaß uns nicht
in diesen Tagen der Buße.
Steh uns mit deiner Gnade bei,
damit wir mit ganzer Bereitschaft
den Dienst vollziehen,
den du uns aufgetragen hast.
Darum bitten wir durch Jesus Christus.

ZUR LESUNG *Die Verse 24–90 dieses Kapitels wurden erst nachträglich in das Danielbuch eingefügt; sie sind nur griechisch (nicht hebräisch oder aramäisch) erhalten. Das Gebet des Asarja (V. 26–45) ist im Stil eines Klagepsalms oder öffentlichen Bußgebetes gehalten. Voraus geht ein Bekenntnis: Gott hat gerecht gehandelt; das Strafgericht über Jerusalem war verdient (V. 26–31). Dann wird die gegenwärtige Not geschildert (V. 32–33), und schließlich folgt die Bitte um Hilfe (V. 34–43). Ob das Gebet sich ursprünglich auf die Zerstörung Jerusalems im Jahr 587 oder auf die Not der Makkabäerzeit (2. Jh. v. Chr.) bezog, bleibt unsicher; wahrscheinlich stammt es aus der Makkabäerzeit. Wichtiger ist, daß wir hier eine Art und Ordnung des Gebets haben, von der wir für unser eigenes Beten lernen können. – Ex 32, 11–14; Jes 41, 8; Gen 15, 5; 22, 17; 26, 4; 28, 13–14; Jer 42, 2; Hos 3, 4–5; 6, 6; Ps 51, 19; 25, 3.*

ERSTE LESUNG   Dan 3, 25.34–43

Nimm uns an! Wir kommen zu dir mit zerknirschtem Herzen und demütigem Sinn

Lesung
aus dem Buch Dániel.

In jenen Tagen
25 sprach Asárja mitten im Feuer folgendes Gebet:

34 Um deines Namens willen, Herr,
verwirf uns nicht für immer;
löse deinen Bund nicht auf!

35 Versag uns nicht dein Erbarmen,
deinem Freund Abraham zuliebe,
deinem Knecht Ísaak
und Israel, deinem Heiligen,

36 denen du Nachkommen verheißen hast
so zahlreich wie die Sterne am Himmel
und wie der Sand am Ufer des Meeres.

37 Ach, Herr, wir sind geringer geworden als alle Völker.
In aller Welt sind wir heute wegen unserer Sünden erniedrigt.

38 Wir haben in dieser Zeit weder Vorsteher noch Propheten
und keinen, der uns anführt,
weder Brandopfer noch Schlachtopfer,
weder Speiseopfer noch Räucherwerk,
noch einen Ort, um dir die Erstlingsgaben darzubringen
und um Erbarmen zu finden bei dir.

³⁹ Du aber nimm uns an!
Wir kommen mit zerknirschtem Herzen und demütigem Sinn.
⁴⁰ Wie Brandopfer von Widdern und Stieren,
    wie Tausende fetter Lämmer,
    so gelte heute unser Opfer vor dir
    und verschaffe uns bei dir Sühne.
Denn wer dir vertraut,
    wird nicht beschämt.
⁴¹ Wir folgen dir jetzt von ganzem Herzen,
fürchten dich und suchen dein Angesicht.
⁴² Überlaß uns nicht der Schande,
    sondern handle an uns nach deiner Milde,
    nach deinem überreichen Erbarmen!
⁴³ Errette uns, deinen wunderbaren Taten entsprechend;
verschaff deinem Namen Ruhm, Herr!

ANTWORTPSALM
Ps 25 (24), 4–5.6–7.8–9 (R: 6a)

R Denk an dein Erbarmen, o Herr! – **R**   (GL 172,3 oder 733,1)

⁴ Zeige mir, Herr, deine Wege, *
                                     I. Ton
lehre mich deine Pfade!
⁵ Führe mich in deiner Treue und lehre mich; †
denn du bist der Gott meines Heiles. *
Auf dich hoffe ich allezeit. – (**R**)
⁶ Denk an dein Erbarmen, Herr, †
und an die Taten deiner Huld; *
denn sie bestehen seit Ewigkeit.
⁷ Denk nicht an meine Jugendsünden und meine Frevel! *
In deiner Huld denk an mich, Herr, denn du bist gütig. – (**R**)
⁸ Gut und gerecht ist der Herr, *
darum weist er die Irrenden auf den rechten Weg.
⁹ Die Demütigen leitet er nach seinem Recht, *
die Gebeugten lehrt er seinen Weg. – **R**

RUF VOR DEM EVANGELIUM
Vers: vgl. Joel 2, 12.13

Herr Jesus, dir sei Ruhm und Ehre! – **R**
Kehrt um zum Herrn von ganzem Herzen;
denn er ist gnädig und barmherzig, voll Langmut und reich an Güte.
Herr Jesus, dir sei Ruhm und Ehre!

Fastenzeit: 3. Woche – Dienstag

ZUM EVANGELIUM *Im ganzen Kap. 18 geht es um das Gebot der erbarmenden Liebe. Was Menschen einander zu verzeihen haben, ist geradezu unfaßbar geringfügig im Vergleich zu dem, was Gott den Menschen verzeiht. Die empfangene Vergebung und das bevorstehende Gericht Gottes bestimmen das Verhalten des Jüngers. Unbedingte und unbegrenzte Versöhnlichkeit ist die Forderung der kleinen Petruserzählung (V. 21–22) und des Gleichnisses vom hartherzigen Schuldner (V. 23–35). – Mt 6,12; Lk 17,3–4; Kol 3,12; Sir 28,4; 1 Joh 4,11; Jak 2,13.*

EVANGELIUM   Mt 18,21–35

Einem jeden von euch, der seinem Bruder nicht vergibt, wird auch der himmlische Vater nicht vergeben

☩ Aus dem heiligen Evangelium nach Matthäus.

In jener Zeit
21 trat Petrus zu Jesus
und fragte: Herr, wie oft muß ich meinem Bruder vergeben,
wenn er sich gegen mich versündigt?
Siebenmal?
22 Jesus sagte zu ihm:
Nicht siebenmal, sondern siebenundsiebzigmal.
23 Mit dem Himmelreich
ist es deshalb wie mit einem König,
der beschloß, von seinen Dienern Rechenschaft zu verlangen.
24 Als er nun mit der Abrechnung begann,
brachte man einen zu ihm,
der ihm zehntausend Talente schuldig war.
25 Weil er aber das Geld nicht zurückzahlen konnte,
befahl der Herr,
ihn mit Frau und Kindern und allem, was er besaß,
zu verkaufen
und so die Schuld zu begleichen.
26 Da fiel der Diener vor ihm auf die Knie
und bat: Hab Geduld mit mir!
Ich werde dir alles zurückzahlen.
27 Der Herr hatte Mitleid mit dem Diener,
ließ ihn gehen
und schenkte ihm die Schuld.

²⁸ Als nun der Diener hinausging,
    traf er einen anderen Diener seines Herrn,
    der ihm hundert Denare schuldig war.
Er packte ihn,
würgte ihn
und rief: Bezahl, was du mir schuldig bist!
²⁹ Da fiel der andere vor ihm nieder
und flehte: Hab Geduld mit mir!
Ich werde es dir zurückzahlen.
³⁰ Er aber wollte nicht,
    sondern ging weg
    und ließ ihn ins Gefängnis werfen,
    bis er die Schuld bezahlt habe.
³¹ Als die übrigen Diener das sahen,
    waren sie sehr betrübt;
sie gingen zu ihrem Herrn
    und berichteten ihm alles, was geschehen war.
³² Da ließ ihn sein Herr rufen
und sagte zu ihm: Du elender Diener!
Deine ganze Schuld habe ich dir erlassen,
    weil du mich so angefleht hast.
³³ Hättest nicht auch du
    mit jenem, der gemeinsam mit dir in meinem Dienst steht,
    Erbarmen haben müssen,
    so wie ich mit dir Erbarmen hatte?
³⁴ Und in seinem Zorn übergab ihn der Herr den Folterknechten,
    bis er die ganze Schuld bezahlt habe.
³⁵ Ebenso wird mein himmlischer Vater jeden von euch behandeln,
    der seinem Bruder nicht von ganzem Herzen vergibt.

FÜRBITTEN

Zu Christus, der uns die Vergebung des Vaters schenkt, wollen wir rufen:

Ermutige deine Kirche, die Menschen mit Gott und miteinander zu versöhnen.

A.: Wir bitten dich, erhöre uns.

Wehre den Spannungen und der Kriegsgefahr unter den Völkern.

Laß uns denen vergeben, die an uns schuldig geworden sind.

Befreie uns von Selbstgerechtigkeit und Überheblichkeit.

Gott, unser Vater, du willst, daß alle Menschen untereinander in Frieden leben. Höre auf unsere Bitten durch Christus, unseren Herrn.   A.: Amen.

GABENGEBET

Allmächtiger Gott,
dieses heilige und heilbringende Opfer
tilge unsere Vergehen
und versöhne uns mit dir.
Darum bitten wir durch Christus, unseren Herrn.

Fastenpräfation, S. 1356 f.

KOMMUNIONVERS   Ps 15 (14), 1–2

Herr, wer darf Gast sein in deinem Zelt,
wer darf weilen auf deinem heiligen Berg?
Der makellos lebt und das Rechte tut.

SCHLUSSGEBET

Herr, unser Gott,
dieses heilige Sakrament tilge unsere Schuld
und gewähre uns deinen Schutz.
Es entreiße uns der Gleichgültigkeit
und erwecke in uns einen lebendigen Glauben.
Darum bitten wir durch Christus, unseren Herrn.

„WIE WENIG *die Bereitwilligkeit, zu verzeihen, einen Anspruch auf die Vergebung Gottes begründet, zeigt die Zurückweisung der Meinung, daß es genug sei, dem Bruder siebenmal zu vergeben (Mt 18, 21–22); das bedeutet: wo von Vergeben die Rede ist, handelt es sich überhaupt nicht um meßbare Leistungen, mit denen man rechnen kann und die einen Anspruch begründen, sondern es handelt sich um die Haltung des Menschen, die auf einen eigenen Anspruch überhaupt verzichtet"* (R. Bultmann).

MITTWOCH

ERÖFFNUNGSVERS
Ps 119 (118), 133

Festige meine Schritte, Herr, wie du es verheißen hast.
Laß kein Unrecht über mich herrschen.

TAGESGEBET

Barmherziger Gott,
erneuere uns im Geist
durch die Feier der heiligen vierzig Tage,
damit wir für dein Wort empfänglich werden,
bereit zu Gehorsam und Verzicht,
einmütig im Gebet
und eifrig in Werken der Liebe.
Darum bitten wir durch Jesus Christus.

ZUR LESUNG
Die Gesetzespredigt des Deuteronomiums wird uns als Rede berichtet, die Mose vor seinem Tod an ganz Israel gerichtet hat. Jahrhunderte später steht Israel noch immer zwischen Verheißung und Erfüllung, und im Grunde ist das heute noch die Situation des Gottesvolkes. Die Mahnungen „Höre ...", „Nimm dich in acht ...", „Vergiß nicht ..." haben nichts von ihrer Dringlichkeit eingebüßt. Israel soll die Weisungen Gottes hören; damit ehrt es Gott und zugleich sich selbst; damit hat es die Gewißheit seiner Erwählung und seines Bestandes. Nur wenn Israel aus seinen Ursprüngen lebt, hat es Zukunft. Die Ursprünge Israels: Gottes Eingreifen beim Auszug aus Ägypten und der Bundesschluß am Sinai. Damals empfing Israel das „Gesetz", die Weisung Gottes, die alle Weisheit der Völker übertrifft. – Dtn 5, 1; 6, 1; 8, 1; 11, 8–9; Tob 4, 19; Ps 19, 8; Ijob 28, 28; Lev 26, 11–12; 2 Sam 7, 23; Ps 145, 18; 147, 19–20; 148, 14.

ERSTE LESUNG
Dtn 4, 1.5–9

Ihr sollt auf die Gesetze achten und sollt sie halten

Lesung
  aus dem Buch Deuteronómium.

Mose sprach zum Volk:
1 Israel, höre die Gesetze und Rechtsvorschriften,
  die ich euch zu halten lehre.

Hört, und ihr werdet leben,
ihr werdet in das Land,
  das der Herr, der Gott eurer Väter, euch gibt, hineinziehen
  und es in Besitz nehmen.

5 Hiermit lehre ich euch,
  wie es mir der Herr, mein Gott, aufgetragen hat,
  Gesetze und Rechtsvorschriften.
Ihr sollt sie innerhalb des Landes halten,
  in das ihr hineinzieht, um es in Besitz zu nehmen.

6 Ihr sollt auf sie achten und sollt sie halten.
Denn darin besteht eure Weisheit und eure Bildung
  in den Augen der Völker.
Wenn sie dieses Gesetzeswerk kennenlernen,
  müssen sie sagen: In der Tat,
  diese große Nation ist ein weises und gebildetes Volk.

7 Denn welche große Nation hätte Götter,
  die ihr so nah sind, wie Jahwe, unser Gott, uns nah ist,
  wo immer wir ihn anrufen?

8 Oder welche große Nation besäße Gesetze und Rechtsvorschriften,
  die so gerecht sind wie alles in dieser Weisung,
  die ich euch heute vorlege?

9 Jedoch, nimm dich in acht,
achte gut auf dich!
Vergiß nicht die Ereignisse, die du mit eigenen Augen gesehen,
  und die Worte, die du gehört hast.
Laß sie dein ganzes Leben lang nicht aus dem Sinn!
Präge sie deinen Kindern und Kindeskindern ein!

ANTWORTPSALM Ps 147, 12–13.15–16.19–20 (R: 12a)

R Jerusalem, preise den Herrn! – R (GL 477)

V. Ton

12 Jerusalem, preise den Herrn, *
lobsinge, Zion, deinem Gott!

13 Denn er hat die Riegel deiner Tore festgemacht, *
die Kinder in deiner Mitte gesegnet. – (R)

15 Er sendet sein Wort zur Erde, *
rasch eilt sein Befehl dahin.

16 Er spendet Schnee wie Wolle, *
streut den Reif aus wie Asche. – (R)

¹⁹ Er verkündet Jakob sein Wort, *
  Israel seine Gesetze und Rechte.
²⁰ An keinem andern Volk hat er so gehandelt, *
  keinem sonst seine Rechte verkündet.

  ℟ Jerusalem, preise den Herrn!

RUF VOR DEM EVANGELIUM Vers: vgl. Joh 6,63b.68c

Lob dir, Christus, König und Erlöser! – ℟
Deine Worte, Herr, sind Geist und Leben.
Du hast Worte des ewigen Lebens.

Lob dir, Christus, König und Erlöser!

ZUM EVANGELIUM *Jesus stellt grundsätzlich klar, wie er zum Alten Testament steht. „Das Gesetz (= die fünf Bücher Mose) und die Propheten" werden als Einheit gefaßt und als Äußerung des Willens Gottes verstanden. Jesus will das, was im Alten Testament begonnen, vorbereitet und angedeutet war, „erfüllen", d. h. verwirklichen und vollenden. Gottes ursprünglicher, unverfälschter Wille soll ganz geschehen. Dabei ist, wie die Fortsetzung der Bergpredigt zeigt, nicht die äußere Tat das Entscheidende, sondern das „Herz" (vgl. zum Evangelium am 6. Sonntag – Jahr A). – Röm 3,31; 10,4; Lk 16,17; Jak 2,10.*

EVANGELIUM Mt 5,17–19

Wer die Gebote hält und halten lehrt, der wird groß sein im Himmelreich

✛ Aus dem heiligen Evangelium nach Matthäus.

In jener Zeit sprach Jesus zu seinen Jüngern:
¹⁷ Denkt nicht,
  ich sei gekommen,
  um das Gesetz und die Propheten aufzuheben.
Ich bin nicht gekommen, um aufzuheben,
  sondern um zu erfüllen.
¹⁸ Amen, das sage ich euch:
Bis Himmel und Erde vergehen,
  wird auch nicht der kleinste Buchstabe des Gesetzes vergehen,
  bevor nicht alles geschehen ist.

19 Wer auch nur eines von den kleinsten Geboten aufhebt
und die Menschen entsprechend lehrt,
   der wird im Himmelreich der Kleinste sein.
Wer sie aber hält und halten lehrt,
   der wird groß sein im Himmelreich.

FÜRBITTEN

Christus ist der Herr über Zeit und Ewigkeit. Ihn wollen wir bitten:

Für alle Ordensleute: daß sie dir und den Mitmenschen mit ganzer Hingabe dienen. – Lasset zum Herrn uns beten: Herr, erbarme dich.

A.: Christus, erbarme dich.

Für die Vereinten Nationen: daß sie die Spannungen zwischen den Völkern überwinden helfen. – Lasset zum Herrn uns beten: Herr, erbarme dich.

Für die Armen und Verachteten: daß sie tatkräftige Helfer finden. – Lasset zum Herrn uns beten: Herr, erbarme dich.

Für die Sterbenden: daß sie deinen Trost erfahren. – Lasset zum Herrn uns beten: Herr, erbarme dich.

Barmherziger Gott, mach uns einmütig im Gebet und eifrig in den Werken der Liebe. Darum bitten wir dich durch Christus, unseren Herrn.   A.: Amen.

GABENGEBET

Herr,
nimm die Gebete und Gaben deines Volkes an
und beschütze alle, die sich zur Feier
dieses heiligen Opfers versammelt haben,
vor jeder Gefahr.
Darum bitten wir durch Christus, unseren Herrn.

Fastenpräfation, S. 1356 f.

KOMMUNIONVERS
Ps 16 (15), 11

Herr, du zeigst mir den Pfad zum Leben,
vor deinem Angesicht herrscht Freude in Fülle.

SCHLUSSGEBET

Herr, unser Gott,
in diesem Mahl hast du uns
mit dem Brot des ewigen Lebens gespeist.
Befreie uns von Falschheit und Irrtum,
heilige uns und erfülle an uns deine Verheißungen.
Darum bitten wir durch Christus, unseren Herrn.

„GOTTES TÄTIGES WORT ist auch gebieterisches Wort. Beides gehört untrennbar zusammen, doch so, daß Gottes Werk immer das Erste, sein Gebot immer das Zweite ist. Die Initiative liegt immer bei Gott. Er allein wirkt aus absoluter Spontaneität und Freiheit. Des Menschen Wirken ist nur möglich als Antwort, als solche aber auch unbedingt geboten: Es ist in jedem Fall entweder Gehorsam oder Ungehorsam ...
Durch alle Gebote, so verschieden auch ihr Inhalt sei, will Gott im Grunde immer nur das eine vom Menschen, ihn selbst. Es kann für den Menschen nur das unbedingt geboten sein, worin sich seine totale Preisgabe an Gott Ausdruck geben kann und soll" (Bruno Schüller).

DONNERSTAG

ERÖFFNUNGSVERS

Das Heil des Volkes bin ich – so spricht der Herr.
In jeder Not, in der sie zu mir rufen, will ich sie erhören.
Ich will ihr Herr sein für alle Zeit.

TAGESGEBET

Allmächtiger Gott,
gib, daß wir dem Ruf deiner Gnade folgen
und uns mit um so größerem Eifer
auf die Feier der österlichen Geheimnisse vorbereiten,
je näher das Fest der Erlösung herankommt.
Darum bitten wir durch Jesus Christus.

Fastenzeit: 3. Woche – Donnerstag

ZUR LESUNG   *Oft genug haben die Propheten gegen den offiziellen Tempelkult mit seinem Opferdienst Stellung genommen. Jahwe, der Gott, der Israel aus Ägypten herausgeführt und mit ihm einen Bund geschlossen hat, will nicht Opfer, sondern Gehorsam, Treue und Gerechtigkeit (1 Sam 15, 22; Am 5, 21–25; Hos 6, 6; Mi 6, 6–8). In diesen Zusammenhang gehört auch die heutige Lesung. Jeremias Zeitgenossen meinten durch vermehrte Opfer die Hilfe Gottes erzwingen zu können, aber um Treue und Recht kümmerte sich niemand (vgl. 5, 1). Eigentliches Prophetenwort sind in unserer Lesung wohl nur der erste und der letzte Vers (23 und 28); die Verse 24–27 sind eine predigtartige Erweiterung.* – Bar 1, 22; Jer 25, 4; 26, 5; 29, 19; 44, 4; 2 Chr 36, 15; Dan 9, 6; Am 3, 7.

ERSTE LESUNG   Jer 7, 23–28

Dies ist das Volk, das nicht auf die Stimme des Herrn, seines Gottes, hörte

**Lesung
aus dem Buch Jeremia.**

So spricht der Herr:
23 Ich gab meinem Volk folgendes Gebot:
Hört auf meine Stimme,
    dann will ich euer Gott sein,
    und ihr sollt mein Volk sein.
Geht in allem den Weg, den ich euch befehle,
    damit es euch gut geht.

24 Sie aber hörten nicht
und neigten mir ihr Ohr nicht zu,
sondern folgten
    den Eingebungen und Trieben ihres bösen Herzens.
Sie zeigten mir den Rücken und nicht das Gesicht.

25 Von dem Tag an, als eure Väter aus Ägypten auszogen,
    bis auf den heutigen Tag
    sandte ich zu euch
    immer wieder alle meine Knechte, die Propheten.

26 Aber man hörte nicht auf mich
und neigte mir nicht das Ohr zu,
vielmehr blieben sie hartnäckig
    und trieben es noch schlimmer als ihre Väter.

27 Auch wenn du ihnen alle diese Worte sagst,
    werden sie nicht auf dich hören.

Wenn du sie rufst,
   werden sie dir nicht antworten.
28 Sag ihnen also:
   Dies ist das Volk,
   das nicht auf die Stimme des Herrn, seines Gottes, hörte
   und sich nicht erziehen ließ.
Die Treue ist dahin, aus ihrem Mund verschwunden.

ANTWORTPSALM   Ps 95 (94), 1–2.6–7c.7d–9 (R: vgl. 7d.8a)

R Hört auf die Stimme des Herrn,   (GL 529, 5)
verhärtet nicht euer Herz! – R

1 Kommt, laßt uns jubeln vor dem Herrn *   IV. Ton
und zujauchzen dem Fels unsres Heiles!

2 Laßt uns mit Lob seinem Angesicht nahen, *
vor ihm jauchzen mit Liedern! – (R)

6 Kommt, laßt uns niederfallen, uns vor ihm verneigen, *
laßt uns niederknien vor dem Herrn, unserm Schöpfer!

7abc Denn er ist unser Gott, †
wir sind das Volk seiner Weide, *
die Herde, von seiner Hand geführt. – (R)

7d Ach, würdet ihr doch heute auf seine Stimme hören! †
8 „Verhärtet euer Herz nicht wie in Meríba, *
wie in der Wüste am Tag von Massa!

9 Dort haben eure Väter mich versucht, *
sie haben mich auf die Probe gestellt
und hatten doch mein Tun gesehen." – R

RUF VOR DEM EVANGELIUM   Vers: vgl. Joel 2, 12.13

Lob dir, Christus, König und Erlöser! – R

Kehrt um zum Herrn von ganzem Herzen;
denn er ist gnädig und barmherzig, voll Langmut und reich an Güte.

Lob dir, Christus, König und Erlöser!

ZUM EVANGELIUM   *Den Kern dieses Abschnitts bildet die Auseinandersetzung über Beelzebul, eingeleitet durch die Austreibung des stummen Dämons (V. 14) und abgeschlossen durch ein Jesuswort, das klare Entscheidung fordert. Jesus ist auf dem Weg nach Jerusalem: der Gegen-*

satz zwischen ihm und seinen Gegnern spitzt sich immer mehr zu. Der Vorwurf, Jesus stehe mit dem Teufel im Bund, richtet sich direkt gegen seinen messianischen Anspruch. Wenn er wirklich Dämonen austreibt, dann ist mit seinem Kommen offenbar die Gottesherrschaft angebrochen (V. 20). Der Ausdruck „Finger Gottes" (Mt 12,28: „Geist Gottes") stammt aus Ex 8,15; dort setzt Mose sich mit den ägyptischen Zauberern auseinander, und diese müssen schließlich anerkennen: „Das ist der Finger Gottes." Jesus ist mehr als Mose; an ihm scheiden sich die Geister (V. 23). – Mt 12,22–30; Mk 3,22–27; Lk 9,50.

EVANGELIUM Lk 11,14–23

Wer nicht für mich ist, der ist gegen mich

✢ **Aus dem heiligen Evangelium nach Lukas.**

In jener Zeit
14 trieb Jesus einen Dämon aus, der stumm war.
Als der Dämon den Stummen verlassen hatte,
konnte der Mann reden.
Alle Leute staunten.
15 Einige von ihnen aber sagten:
Mit Hilfe von Beélzebul, dem Anführer der Dämonen,
treibt er die Dämonen aus.
16 Andere wollten ihn auf die Probe stellen
und forderten von ihm ein Zeichen vom Himmel.
17 Doch er wußte, was sie dachten,
und sagte zu ihnen:
Jedes Reich, das in sich gespalten ist, wird veröden,
und ein Haus ums andere stürzt ein.
18 Wenn also der Satan mit sich selbst im Streit liegt,
wie kann sein Reich dann Bestand haben?
Ihr sagt doch,
daß ich die Dämonen mit Hilfe von Beélzebul austreibe.
19 Wenn ich die Dämonen durch Beélzebul austreibe,
durch wen treiben dann eure Anhänger sie aus?
Sie selbst also sprechen euch das Urteil.
20 Wenn ich aber die Dämonen durch den Finger Gottes austreibe,
dann ist doch das Reich Gottes schon zu euch gekommen.
21 Solange ein bewaffneter starker Mann seinen Hof bewacht,
ist sein Besitz sicher;

22 wenn ihn aber ein Stärkerer angreift und besiegt,
dann nimmt ihm der Stärkere all seine Waffen weg,
auf die er sich verlassen hat,
und verteilt die Beute.
23 Wer nicht für mich ist,
der ist gegen mich;
wer nicht mit mir sammelt,
der zerstreut.

FÜRBITTEN

Lasset uns beten zu Christus, der dieser Welt das Reich Gottes brachte:

Sende allen Völkern Glaubensboten, daß sie von dir Zeugnis geben. (Stille) Christus, höre uns.
A.: Christus, erhöre uns.

Dämme ein die Macht des Bösen, die das Herz der Menschen verhärtet. (Stille) Christus, höre uns.

Stehe den Notleidenden bei, daß sie an ihrem Schicksal nicht zerbrechen. (Stille) Christus, höre uns.

Rüttle uns aus unserer Trägheit auf, daß wir dir treuer dienen. (Stille) Christus, höre uns.

Gütiger Vater, du bist das Heil deines Volkes und unsere Zuflucht. Erhöre unser Gebet durch Christus, unseren Herrn. A.: Amen.

GABENGEBET

Herr, unser Gott,
reinige uns von der Ansteckung des Bösen,
damit dir unsere Gaben gefallen.
Laß nicht zu,
daß wir trügerischen Freuden nachgehen,
sondern führe uns zum wahren Glück,
wie du es versprochen hast.
Darum bitten wir durch Christus, unseren Herrn.

Fastenpräfation, S. 1356 f.

KOMMUNIONVERS   Ps 119 (118), 4–5

Du hast deine Befehle gegeben, Herr, damit man sie genau beachtet.
Wären doch meine Schritte fest darauf gerichtet,
deinen Gesetzen zu folgen.

SCHLUSSGEBET

Herr,
du hast uns an deinem heiligen Tisch gestärkt.
Komm uns mit deiner Gnade zu Hilfe,
damit die Erlösung,
die uns im Sakrament zuteil wurde,
in unserem Leben sichtbar wird.
Darum bitten wir durch Christus, unseren Herrn.

DER DÄMON WAR STUMM, *der Besessene konnte nicht reden, „er war vom Wort ausgeschlossen, er hatte keinen Anteil am Wort – am menschlichen Wort sowohl wie am Wort Gottes. Das Nichtredenkönnen, also das Ausgeschlossensein vom Wort und von der Sprache, erscheint als eine äußerste Gefährdung menschlicher Existenz, als ein Dasein im Unheil, weil der Mensch vom Wort lebt und nicht vom Brot allein. Durch seine Dämonenaustreibung macht Jesus den Menschen wieder sprachfähig, das besagt, daß er ihm eine neue Lebensfähigkeit in der Gemeinschaft mit Gott und den Menschen schafft" (Josef Blank).*

FREITAG

ERÖFFNUNGSVERS   Ps 86 (85), 8.10

Herr, unter den Göttern ist keiner wie du.
Denn du bist groß und tust Wunder. Du allein bist Gott.

TAGESGEBET

Gütiger Gott,
laß deine Gnade mächtig werden
in unseren Herzen,
damit wir imstande sind,
unser eigenes Begehren zu meistern
und den Anregungen deines Geistes zu folgen.
Darum bitten wir durch Jesus Christus.

ZUR LESUNG *Israel hat sich von seinem Gott abgewandt; die Folge des Abfalls wird der Untergang sein (Fall von Samaria 721). An dieses verlorene Volk richten sich der Ruf zur Umkehr (V. 2–4) und die Heilsankündigung (V. 5–9). Vers 10 bildet den nachdenklichen Abschluß des ganzen Hosea-Buches. Die zentrale Aussage dieser Lesung finden wir in Vers 5: Israel ist unfähig, sich zu bekehren, es ist unheilbar krank. Aber Gott ist der liebevolle Arzt, der helfen kann und helfen will. Er ist der einzige (vgl. Evangelium), von dem Hilfe und Heilung kommen. Das wurde dem Nordreich Israel gesagt, als es vor seinem Untergang stand. Aber die Menschen haben seither nichts dazugelernt; immer noch sagen sie „unser Gott" (V. 4) zu ihren eigenen Werken und Zielvorstellungen. – Hos 5, 5; 7, 11; 12, 2; Jes 31, 1; Hos 2, 18–19; 9, 15–17; Ps 133; Mi 5, 6; Jes 27, 6; Am 9, 13–15; Hos 4, 17; 2 Kor 6, 14–18; Ps 107, 43; Dtn 32, 4.*

ERSTE LESUNG Hos 14, 2–10

Zum Machwerk unserer Hände sagen wir nie mehr: Unser Gott

Lesung
   aus dem Buch Hoséa.

So spricht der Herr:
2 Kehr um, Israel, zum Herrn, deinem Gott!
Denn du bist zu Fall gekommen durch deine Schuld.
3 Kehrt um zum Herrn,
nehmt Worte der Reue mit euch,
und sagt zu ihm:
   Nimm alle Schuld von uns,
   und laß uns Gutes erfahren!
Wir danken es dir mit der Frucht unserer Lippen.
4 Assur kann uns nicht retten.
Wir wollen nicht mehr auf Pferden reiten,
und zum Machwerk unserer Hände
   sagen wir nie mehr: Unser Gott.
Denn nur bei dir findet der Verwaiste Erbarmen.

So spricht der Herr:
5 Ich will ihre Untreue heilen
   und sie aus lauter Großmut wieder lieben.
Denn mein Zorn hat sich von Israel abgewandt.
6 Ich werde für Israel da sein wie der Tau,
   damit es aufblüht wie eine Lilie
   und Wurzeln schlägt wie der Líbanon.

Fastenzeit: 3. Woche – Freitag

⁷ Seine Zweige sollen sich ausbreiten,
   seine Pracht soll der Pracht des Ölbaums gleichen
   und sein Duft dem Duft des Líbanon.

⁸ Sie werden wieder in meinem Schatten wohnen;
   sie bauen Getreide an
   und gedeihen wie die Reben,
   deren Wein so berühmt ist wie der Wein vom Líbanon.

⁹ Was hat Éfraim noch mit den Götzen zu tun?
   Ich, ja, ich erhöre ihn, ich schaue nach ihm.
   Ich bin wie der grünende Wacholder,
   an mir findest du reiche Frucht.

¹⁰ Wer weise ist, begreife dies alles,
    wer klug ist, erkenne es.
    Ja, die Wege des Herrn sind gerade;
    die Gerechten gehen auf ihnen,
    die Treulosen aber kommen auf ihnen zu Fall.

ANTWORTPSALM   Ps 81(80), 6c–8b.8c–9.10–11b.14 u. 17
(R: vgl. 11a.9a)
(GL 529,5)

R Ich bin der Herr, dein Gott;
   höre auf meine Stimme! – R

IV. Ton

⁶ᶜ Eine Stimme höre ich, die ich noch nie vernahm: *
⁷ Seine Schulter hab' ich von der Bürde befreit,
   seine Hände kamen los vom Lastkorb. *
⁸ᵃᵇ Du riefst in der Not, und ich riß dich heraus. – (R)

⁸ᶜᵈ Ich habe dich aus dem Gewölk des Donners erhört, *
    an den Wassern von Meríba geprüft.

⁹ Höre, mein Volk, ich will dich mahnen! *
   Israel, wolltest du doch auf mich hören! – (R)

¹⁰ Für dich gibt es keinen andern Gott. *
    Du sollst keinen fremden Gott anbeten.

¹¹ᵃᵇ Ich bin der Herr, dein Gott, *
    der dich heraufgeführt hat aus Ägypten. – (R)

¹⁴ Ach daß doch mein Volk auf mich hörte, *
    daß Israel gehen wollte auf meinen Wegen!

¹⁷ Ich würde es nähren mit bestem Weizen *
    und mit Honig aus dem Felsen sättigen. – R

RUF VOR DEM EVANGELIUM
Vers: Mt 4, 17

Christus, du ewiges Wort des Vaters, Ehre sei dir! – R

(So spricht der Herr:)
Kehrt um!
Denn das Himmelreich ist nahe.

Christus, du ewiges Wort des Vaters, Ehre sei dir!

ZUM EVANGELIUM *Die Gesetzeslehrer zählten Gebote und Verbote, sie unterschieden leichte und schwere Gebote, und weil das alles so kompliziert war, fragten sie auch nach dem einen Gebot, das etwa alle anderen aufwog. Nach Mt 22, 35 fragten die Pharisäer Jesus, um ihn auf die Probe zu stellen. Dagegen scheint die Frage des Gesetzeslehrers im Markusevangelium aufrichtig zu sein (vgl. V. 34). Jesus antwortet auf die Frage nach dem ersten Gebot, indem er den ersten Glaubensartikel anführt (V. 29; Dtn 6, 4), der jedem Juden aus seinem täglichen Gebet bekannt ist. Auch das Gebot der Gottesliebe und das der Nächstenliebe stehen bereits im Alten Testament, wenn auch nicht ausdrücklich miteinander verbunden (Dtn 6, 5; Lev 19, 18). Ihren Ernst und ihr Gewicht bekommt die Antwort Jesu durch sein eigenes Handeln. Mit einer so radikalen Einfachheit schenkt er seine Liebe allen, auch den Verachteten, daß er alle Gesetzesparagraphen überholt. So setzt er das ursprüngliche Gottesrecht wieder in Kraft. Und er gewinnt den Schriftgelehrten lieb, der dieses neue Gesetz versteht und bejaht. – Mt 22, 34–40; Lk 10, 25–28; 1 Joh 4, 10; Röm 13, 8–10; 1 Sam 15, 22; Ps 40, 7–9; Am 5, 21–27; Mt 22, 46; Lk 20, 40.*

EVANGELIUM
Mk 12, 28b–34

Der Herr, unser Gott, ist der einzige Herr, ihn sollst du lieben

✝ Aus dem heiligen Evangelium nach Markus.

In jener Zeit
28b ging ein Schriftgelehrter zu Jesus hin
und fragte ihn: Welches Gebot ist das erste von allen?
29 Jesus antwortete:
Das erste ist: Höre, Israel,
der Herr, unser Gott, ist der einzige Herr.
30 Darum sollst du den Herrn, deinen Gott, lieben
mit ganzem Herzen und ganzer Seele,
mit all deinen Gedanken und all deiner Kraft.

Fastenzeit: 3. Woche – Freitag

31 Als zweites kommt hinzu:
   Du sollst deinen Nächsten lieben wie dich selbst.
   Kein anderes Gebot ist größer als diese beiden.

32 Da sagte der Schriftgelehrte zu ihm: Sehr gut, Meister!
   Ganz richtig hast du gesagt:
   Er allein ist der Herr,
   und es gibt keinen anderen außer ihm,

33 und ihn mit ganzem Herzen,
   ganzem Verstand und ganzer Kraft zu lieben
   und den Nächsten zu lieben wie sich selbst,
   ist weit mehr als alle Brandopfer und anderen Opfer.

34 Jesus sah, daß er mit Verständnis geantwortet hatte,
   und sagte zu ihm: Du bist nicht fern vom Reich Gottes.
   Und keiner wagte mehr, Jesus eine Frage zu stellen.

FÜRBITTEN

Jesus Christus zeigt uns, wie wir Gott und unseren Nächsten lieben sollen. Zu ihm wollen wir beten:

Dränge alle Seelsorger, sich um das Heil der Menschen zu mühen.
A.: Wir bitten dich, erhöre uns.

Bewege die Herzen der Sünder zur Umkehr.

Leite uns an, mit den Hungernden zu teilen.

Vollende unsere Verstorbenen in der Liebe.

Gütiger Vater, deine Liebe ist ohne Grenzen. Gewähre uns, was du von uns erwartest, durch Christus, unseren Herrn. A.: Amen.

GABENGEBET

Herr, unser Gott,
schau gnädig auf die Gaben, die wir dir weihen.
Nimm sie an
und gib, daß sie uns das Heil bringen.
Darum bitten wir durch Christus, unseren Herrn.

Fastenpräfation, S. 1356 f.

KOMMUNIONVERS

Vgl. Mk 12, 33

Gott lieben aus ganzem Herzen und den Nächsten wie sich selbst:
das ist mehr als alle Opfer.

SCHLUSSGEBET

Barmherziger Gott,
komm uns zu Hilfe mit deiner Kraft
und schütze uns an Leib und Seele,
damit wir die Erlösung,
die uns im Sakrament zuteil wird,
einst in ihrer Vollendung erlangen.
Darum bitten wir durch Christus, unseren Herrn.

„UNSERE FROMMEN *tun meist so, als sei alles irgendwie in Ordnung. Sie wagen es nicht einzugestehen, daß es zuweilen bis an die Wurzeln geht, daß das Haus ihres Glaubens bis in die Fundamente hinein brüchig ist, daß sie mit Gott nicht zurechtkommen. Das würde ja alles Bisherige ‚in Frage stellen'! Und das will man nicht, weil es zu viele schwere Konsequenzen hätte, vor allem die herrliche Konsequenz einer wirklichen Bekehrung, die durch nichts ersetzt werden kann! Gott darf man alles sagen. Bei den Menschen ist das nicht immer anzuraten ...*" (Josef Eger).

SAMSTAG

ERÖFFNUNGSVERS

Ps 103 (102), 2–3

Lobe den Herrn, meine Seele,
und vergiß nicht, was er dir Gutes getan hat:
der dir all deine Schuld vergibt und all deine Gebrechen heilt.

TAGESGEBET

Gütiger Gott,
in geistlicher Freude
begehen wir diese Tage der Buße.
Gib, daß wir aus dem österlichen Geheimnis leben,
damit uns sein voller Gnadenreichtum zuteil wird.
Darum bitten wir durch Jesus Christus.

ZUR LESUNG   *Um echte und falsche Buße geht es in den beiden Schriftlesungen dieses Tages. Die Lesung aus Hosea 6 enthält zunächst ein Bußlied (V. 1–3), das die Priester vielleicht beim Bußgottesdienst im Tempel vorgetragen haben. Von Schuldbekenntnis und Umkehr ist darin allerdings nur nebenbei die Rede (V. 1a und 3a). Nach Meinung der Beter genügte es, ein frommes Bußlied zu singen; dann konnte man von Gott Rettung und Heilung erwarten. Der Prophet macht solchen Illusionen ein Ende (V. 4–6). In der Form einer Gottesrede sagt er, worauf es ankommt. Sicher, Gott ist zum Verzeihen bereit. Aber eine liturgische Feier, bei der in Wirklichkeit nichts geschieht, nimmt er nicht an. Er braucht keine Opfer; er fordert Liebe, Treue zum Gottesbund. „Gotteserkenntnis" (V. 6) meint hier nicht Verstandeserkenntnis, sondern das lebendige Wissen um den hier und jetzt gegenwärtigen, fordernden und schenkenden Gott. – Hos 2,9; 8,2; 13,14; Ez 37; Dtn 11,13–14; Ps 72,6; 143,6; Hos 13,3; Weish 11,21–26; Jer 1,10; 5,14; Hos 2,21–22; 8,13; 1 Sam 15,22; Am 5,21–25; Mt 9,13; 12,7.*

ERSTE LESUNG   Hos 6,1–6

Liebe will ich, nicht Schlachtopfer

Lesung
   aus dem Buch Hoséa.

1 Kommt, wir kehren zum Herrn zurück!
Denn er hat Wunden gerissen,
   er wird uns auch heilen;
er hat verwundet, er wird auch verbinden.
2 Nach zwei Tagen gibt er uns das Leben zurück,
   am dritten Tag richtet er uns wieder auf,
und wir leben vor seinem Angesicht.
3 Laßt uns streben nach Erkenntnis,
nach der Erkenntnis des Herrn.
Er kommt so sicher wie das Morgenrot;
er kommt zu uns wie der Regen,
wie der Frühjahrsregen, der die Erde tränkt.

4 Was soll ich tun mit dir, Éfraim?
Was soll ich tun mit dir, Juda?
Eure Liebe ist wie eine Wolke am Morgen
   und wie der Tau, der bald vergeht.

5 Darum schlage ich drein durch die Propheten,
ich töte sie durch die Worte meines Mundes.
Dann leuchtet mein Recht auf wie das Licht.
6 Liebe will ich, nicht Schlachtopfer,
Gotteserkenntnis statt Brandopfer.

ANTWORTPSALM Ps 51 (50), 3–4.18–19.20–21 (R: vgl. Hos 6,6a)

R Barmherzigkeit will ich, nicht Opfer. – R   (GL 536,2)

3 Gott, sei mir gnädig nach deiner Huld, *   VII. Ton
tilge meine Frevel nach deinem reichen Erbarmen!

4 Wasch meine Schuld von mir ab, *
und mach mich rein von meiner Sünde! – (R)

18 Schlachtopfer willst du nicht, ich würde sie dir geben; *
an Brandopfern hast du kein Gefallen.

19 Das Opfer, das Gott gefällt, ist ein zerknirschter Geist, *
ein zerbrochenes und zerschlagenes Herz
wirst du, Gott, nicht verschmähen. – (R)

20 In deiner Huld tu Gutes an Zion; *
bau die Mauern Jerusalems wieder auf!

21 Dann hast du Freude an rechten Opfern, †
an Brandopfern und Ganzopfern, *
dann opfert man Stiere auf deinem Altar. – R

RUF VOR DEM EVANGELIUM   Vers: Ps 95 (94), 7d.8a

Christus, du ewiges Wort des Vaters, Ehre sei dir! – R
Wenn ihr heute seine Stimme hört,
verhärtet nicht euer Herz!
Christus, du ewiges Wort des Vaters, Ehre sei dir!

ZUM EVANGELIUM   *Das Gleichnis vom Pharisäer und vom Zöllner ist denen gesagt, die von ihrer eigenen Gerechtigkeit überzeugt sind, z. B. denen, die ihr Christentum – laut Statistik – praktizieren und deshalb geneigt sind, „alle anderen zu verachten" (18,9): den Frommen also, die Gott ihre frommen Werke vorrechnen möchten. Nur der wird von Gott angenommen („kehrt als Gerechter nach Hause zurück"), der alle Sicherung durch Werke, alles Vertrauen auf eigene Gerechtigkeit preisgegeben hat.*

Der Zöllner weiß von der Gerechtigkeit nur, daß er sie nicht hat, und er liefert sich der Gnade Gottes aus. Er gehört zu den Armen, zu denen, die Hunger und Durst haben nach der Gerechtigkeit, die von Gott kommt. – Mt 6, 1–6.16–18; Lk 16, 14–15; Röm 9, 30 – 10, 4.

EVANGELIUM Lk 18, 9–14

Der Zöllner kehrte als Gerechter nach Hause zurück, der Pharisäer nicht

✢ Aus dem heiligen Evangelium nach Lukas.

In jener Zeit
 erzählte Jesus einigen,
  die von ihrer eigenen Gerechtigkeit überzeugt waren
  und die anderen verachteten,
 dieses Beispiel:

Zwei Männer gingen zum Tempel hinauf, um zu beten;
der eine war ein Pharisäer,
 der andere ein Zöllner.

Der Pharisäer stellte sich hin und sprach leise dieses Gebet:
Gott, ich danke dir,
 daß ich nicht wie die anderen Menschen bin,
die Räuber, Betrüger, Ehebrecher
oder auch wie dieser Zöllner dort.

Ich faste zweimal in der Woche
und gebe dem Tempel
 den zehnten Teil meines ganzen Einkommens.

Der Zöllner aber blieb ganz hinten stehen
 und wagte nicht einmal, seine Augen zum Himmel zu erheben,
sondern schlug sich an die Brust
und betete: Gott, sei mir Sünder gnädig!

Ich sage euch:
Dieser kehrte als Gerechter nach Hause zurück,
 der andere nicht.
Denn wer sich selbst erhöht,
 wird erniedrigt,
wer sich aber selbst erniedrigt,
 wird erhöht werden.

FÜRBITTEN

Lasset uns beten zu Christus, unserem Herrn, der sich erniedrigte und der Diener aller wurde:

Laß die Hirten der Kirche um die größere Ehre Gottes besorgt sein. (Stille) Christus, höre uns.
A.: Christus, erhöre uns.

Setze dich ein für die Opfer ungerechter Gewalt. (Stille) Christus, höre uns.

Richte alle auf, die von Leid gebeugt sind. (Stille) Christus, höre uns.

Komm unserer Schwachheit zu Hilfe. (Stille) Christus, höre uns.

Heiliger Gott, vor deinem Licht kann kein Mensch bestehen. Erleuchte unsere Finsternis, und erhöre uns durch Christus, unseren Herrn.   A.: Amen.

GABENGEBET

Herr,
du allein kannst uns die Gnade schenken,
mit reinem Herzen
die heiligen Geheimnisse zu feiern.
Darum bitten wir:
Sei uns Sündern gnädig,
damit wir das Vermächtnis deines Sohnes
würdig begehen,
der mit dir lebt und herrscht in alle Ewigkeit.

Fastenpräfation, S. 1356 f.

KOMMUNIONVERS
Lk 18, 13

Der Zöllner blieb hinten stehen.
Er schlug sich an die Brust und betete:
Gott, sei mir Sünder gnädig!

SCHLUSSGEBET

Barmherziger Gott,
gib, daß wir das Heilige,
das wir immer wieder neu von dir empfangen,
auch heilig halten
und es immer mit gläubigem Herzen aufnehmen.
Darum bitten wir durch Christus, unseren Herrn.

„DARUM BITTE ICH DICH
Laß uns nicht allein,
wenn wir
von deinem Wege abweichen,
und laß das Gute,
das du
durch deine Propheten
an uns getan hast,
groß werden,
damit wir
zu dir umkehren.
Ich hebe meine Augen zum Himmel
und bete zu dir,
erhöre uns
und erbarme dich unser.
Wir sind
ohne deine Barmherzigkeit
verloren" (Diplom-Ingenieur – Ägypten/BRD).

4. WOCHE

ZUR AUSWAHL

Die folgenden Lesungen können an jedem Tag dieser Woche genommen werden, vor allem, wenn am 4. Fastensonntag der Lesejahre B und C das Evangelium vom Blindgeborenen nicht gelesen wurde.

ZUR LESUNG *Auf Recht und Treue unter den Menschen kann man sich nicht verlassen (V. 5–6). Der Beter, der das in der heutigen Lesung feststellt und sich dann an Gott wendet, ist nicht eine Privatperson, son-*

dern ein Prophet, der zur Gemeinde und im Namen der Gemeinde zu Gott spricht. Die Gemeinde bekennt, daß sie den Zorn Gottes verdient hat; sie flüchtet nicht von ihm weg, sondern zu ihm hin. In allem Dunkel der Gegenwart hofft sie auf Gottes „Gerechtigkeit", d. h. auf sein Eingreifen zugunsten seines Volkes. Die Gerechtigkeit Gottes zeigt sich größer im Vergeben und Helfen als im Strafen. Der Mensch muß es fertigbringen, sich dieser Gerechtigkeit ohne Vorbehalt auszuliefern, dann erfährt er auch die Barmherzigkeit. – Ps 62,6; Joh 8,12; Röm 1,18; Mi 6,5.

ERSTE LESUNG   Mi 7,7–9

Zwar liege ich am Boden, doch ich stehe wieder auf; zwar sitze ich in der Finsternis, aber der Herr ist mein Licht

Lesung
   aus dem Buch Micha.

7 Ich schaue aus nach dem Herrn,
ich warte voll Vertrauen auf Gott, meinen Retter.
Mein Gott wird mich erhören.

8 Freu dich nicht über mich, meine Feindin!
Zwar liege ich am Boden,
   doch ich stehe wieder auf.
Zwar sitze ich in der Finsternis,
   aber der Herr ist mein Licht.

9 Ich habe mich gegen den Herrn versündigt;
deshalb muß ich seinen Zorn ertragen,
   bis er meine Sache vertritt
   und mir Recht verschafft.
Er wird mich hinausführen ins Licht,
ich werde seine Heilstat erleben.

ANTWORTPSALM   Ps 27 (26), 1.7–8.9.13–14 (R: 1a)

R Der Herr ist mein Licht und mein Heil. – **R**   (GL 487)

1 Der Herr ist mein Licht und mein Heil: *
Vor wem sollte ich mich fürchten?

IV. Ton

Der Herr ist die Kraft meines Lebens: *
Vor wem sollte mir bangen? – (**R**)

Fastenzeit: 4. Woche – Zur Auswahl

7 Vernimm, o Herr, mein lautes Rufen; *
sei mir gnädig, und erhöre mich!

8 Mein Herz denkt an dein Wort: „Sucht mein Angesicht!" *
Dein Angesicht, Herr, will ich suchen. – (R)

9 Verbirg nicht dein Gesicht vor mir; †
weise deinen Knecht im Zorn nicht ab! *
Du wurdest meine Hilfe.

Verstoß mich nicht, verlaß mich nicht, *
du Gott meines Heiles! – (R)

13 Ich bin gewiß, zu schauen *
die Güte des Herrn im Land der Lebenden.

14 Hoffe auf den Herrn, und sei stark! *
Hab festen Mut, und hoffe auf den Herrn! – R

RUF VOR DEM EVANGELIUM Vers: Joh 8, 12

Lob dir, Christus, König und Erlöser! – R

(So spricht der Herr:)
Ich bin das Licht der Welt.
Wer mir nachfolgt, hat das Licht des Lebens.

Lob dir, Christus, König und Erlöser!

ZUM EVANGELIUM *Die Heilung des Blindgeborenen ist erst vollendet, als Jesus den Sehendgewordenen nochmals und auf neue Weise sehend macht. Wirklich sehend ist erst der Glaubende, der die Wahrheit und Wirklichkeit Gottes sieht und annimmt. Die zwei ersten Teile dieses Abschnitts (1–7: die Heilung; 8–34: das Verhör vor dem Hohen Rat) führen zum Höhepunkt: der Selbstoffenbarung Jesu (V. 35–39). „Ich bin das Licht der Welt", hat er in 8, 12 gesagt. Der Blinde hat dieses Licht gesehen und ist ein „Sohn des Lichts" geworden (V. 38; vgl. 12, 36). Die Pharisäer behaupten, sie seien sehend, weigern sich aber, das Licht zu sehen, das in die Welt gekommen ist. Sie sind die wirklich Blinden; das Licht wird ihnen zur Krise, zum Gericht. Sie sind nicht fähig zu sehen, weil sie nicht bereit sind anzubeten. Das ist das Geheimnis des Unglaubens. – Mt 13, 13–16; 23, 16–28; Lk 13, 1–5.*

EVANGELIUM Joh 9, 1–41

Der Blinde ging fort und wusch sich. Und als er zurückkam, konnte er sehen

✛ Aus dem heiligen Evangelium nach Johannes.

In jener Zeit
1   sah Jesus unterwegs einen Mann,
    der seit seiner Geburt blind war.
2   Da fragten ihn seine Jünger:
    Rabbi, wer hat gesündigt?
    Er selbst?
    Oder haben seine Eltern gesündigt,
    so daß er blind geboren wurde?
3   Jesus antwortete:
    Weder er noch seine Eltern haben gesündigt,
    sondern das Wirken Gottes soll an ihm offenbar werden.
4   Wir müssen, solange es Tag ist,
    die Werke dessen vollbringen, der mich gesandt hat;
    es kommt die Nacht, in der niemand mehr etwas tun kann.
5   Solange ich in der Welt bin,
    bin ich das Licht der Welt.
6   Als er dies gesagt hatte, spuckte er auf die Erde;
    dann machte er mit dem Speichel einen Teig,
    strich ihn dem Blinden auf die Augen
7   und sagte zu ihm: Geh und wasch dich in dem Teich Schilóach!
    Schilóach heißt übersetzt: Der Gesandte.
    Der Mann ging fort und wusch sich.
    Und als er zurückkam,
    konnte er sehen.
8   Die Nachbarn
    und andere, die ihn früher als Bettler gesehen hatten,
    sagten: Ist das nicht der Mann, der dasaß und bettelte?
9   Einige sagten: Er ist es.
    Andere meinten: Nein, er sieht ihm nur ähnlich.
    Er selbst aber sagte:
    Ich bin es.
10 Da fragten sie ihn:
    Wie sind deine Augen geöffnet worden?
11 Er antwortete: Der Mann, der Jesus heißt, machte einen Teig,
    bestrich damit meine Augen

und sagte zu mir: Geh zum Schilóach, und wasch dich!
Ich ging hin,
 wusch mich und konnte sehen.
12 Sie fragten ihn: Wo ist er?
Er sagte: Ich weiß es nicht.
13 Da brachten sie den Mann, der blind gewesen war,
 zu den Pharisäern.
14 Es war aber Sabbat an dem Tag, als Jesus den Teig gemacht
 und ihm die Augen geöffnet hatte.
15 Auch die Pharisäer fragten ihn, wie er sehend geworden sei.
Der Mann antwortete ihnen:
 Er legte mir einen Teig auf die Augen;
 dann wusch ich mich,
 und jetzt kann ich sehen.
16 Einige der Pharisäer meinten:
 Dieser Mensch kann nicht von Gott sein,
weil er den Sabbat nicht hält.
Andere aber sagten:
 Wie kann ein Sünder solche Zeichen tun?
So entstand eine Spaltung unter ihnen.
17 Da fragten sie den Blinden noch einmal:
 Was sagst du selbst über ihn?
 Er hat doch deine Augen geöffnet.
Der Mann antwortete:
 Er ist ein Prophet.
18 Die Juden aber wollten nicht glauben,
 daß er blind gewesen und sehend geworden war.
Daher riefen sie die Eltern des Geheilten
19 und fragten sie: Ist das euer Sohn,
 von dem ihr behauptet, daß er blind geboren wurde?
Wie kommt es, daß er jetzt sehen kann?
20 Seine Eltern antworteten:
 Wir wissen, daß er unser Sohn ist
 und daß er blind geboren wurde.
21 Wie es kommt, daß er jetzt sehen kann,
 das wissen wir nicht.
Und wer seine Augen geöffnet hat,
 das wissen wir auch nicht.
Fragt doch ihn selbst,
er ist alt genug und kann selbst für sich sprechen.

²² Das sagten seine Eltern,
 weil sie sich vor den Juden fürchteten;
denn die Juden hatten schon beschlossen,
 jeden, der ihn als den Messias bekenne,
 aus der Synagoge auszustoßen.
²³ Deswegen sagten seine Eltern: Er ist alt genug,
 fragt doch ihn selbst.
²⁴ Da riefen die Pharisäer den Mann, der blind gewesen war,
 zum zweitenmal
und sagten zu ihm: Gib Gott die Ehre!
Wir wissen, daß dieser Mensch ein Sünder ist.
²⁵ Er antwortete: Ob er ein Sünder ist, weiß ich nicht.
Nur das eine weiß ich,
 daß ich blind war und jetzt sehen kann.
²⁶ Sie fragten ihn: Was hat er mit dir gemacht?
Wie hat er deine Augen geöffnet?
²⁷ Er antwortete ihnen: Ich habe es euch bereits gesagt,
aber ihr habt nicht gehört.
Warum wollt ihr es noch einmal hören?
Wollt auch ihr seine Jünger werden?
²⁸ Da beschimpften sie ihn:
Du bist ein Jünger dieses Menschen;
wir aber sind Jünger des Mose.
²⁹ Wir wissen, daß zu Mose Gott gesprochen hat;
aber von dem da wissen wir nicht, woher er kommt.
³⁰ Der Mann antwortete ihnen:
 Darin liegt ja das Erstaunliche,
 daß ihr nicht wißt, woher er kommt;
dabei hat er doch meine Augen geöffnet.
³¹ Wir wissen, daß Gott einen Sünder nicht erhört;
wer aber Gott fürchtet und seinen Willen tut,
 den erhört er.
³² Noch nie hat man gehört,
 daß jemand die Augen eines Blindgeborenen geöffnet hat.
³³ Wenn dieser Mensch nicht von Gott wäre,
 dann hätte er gewiß nichts ausrichten können.
³⁴ Sie entgegneten ihm:
 Du bist ganz und gar in Sünden geboren,
 und du willst uns belehren?

Und sie stießen ihn hinaus.

35 Jesus hörte, daß sie ihn hinausgestoßen hatten,
und als er ihn traf,
> sagte er zu ihm: Glaubst du an den Menschensohn?

36 Der Mann antwortete: Wer ist das, Herr?
Sag es mir, damit ich an ihn glaube.

37 Jesus sagte zu ihm: Du siehst ihn vor dir;
er, der mit dir redet, ist es.

38 Er aber sagte: Ich glaube, Herr!
Und er warf sich vor ihm nieder.

39 Da sprach Jesus:
> Um zu richten, bin ich in diese Welt gekommen:
> damit die Blinden sehend und die Sehenden blind werden.

40 Einige Pharisäer, die bei ihm waren, hörten dies.
Und sie fragten ihn: Sind etwa auch wir blind?

41 Jesus antwortete ihnen:
> Wenn ihr blind wärt, hättet ihr keine Sünde.
> Jetzt aber sagt ihr: Wir sehen.
> Darum bleibt eure Sünde.

Oder:

KURZFASSUNG Joh 9, 1.6–9.13–17.34–38

Der Blinde ging fort und wusch sich. Und als er zurückkam, konnte er sehen

✠ Aus dem heiligen Evangelium nach Johannes.

In jener Zeit
1 sah Jesus unterwegs einen Mann,
der seit seiner Geburt blind war.

6 Jesus spuckte auf die Erde;
dann machte er mit dem Speichel einen Teig,
strich ihn dem Blinden auf die Augen

7 und sagte zu ihm: Geh und wasch dich in dem Teich Schilóach!
Schilóach heißt übersetzt: Der Gesandte.
Der Mann ging fort und wusch sich.
Und als er zurückkam,
> konnte er sehen.

8 Die Nachbarn
und andere, die ihn früher als Bettler gesehen hatten,
sagten: Ist das nicht der Mann, der dasaß und bettelte?

9 Einige sagten: Er ist es.
   Andere meinten: Nein, er sieht ihm nur ähnlich.
   Er selbst aber sagte:
     Ich bin es.

13 Da brachten sie den Mann, der blind gewesen war,
     zu den Pharisäern.
14 Es war aber Sabbat an dem Tag, als Jesus den Teig gemacht
     und ihm die Augen geöffnet hatte.
15 Die Pharisäer fragten ihn, wie er sehend geworden sei.
   Der Mann antwortete ihnen:
     Er legte mir einen Teig auf die Augen;
     dann wusch ich mich,
     und jetzt kann ich sehen.
16 Einige der Pharisäer meinten:
     Dieser Mensch kann nicht von Gott sein,
   weil er den Sabbat nicht hält.
   Andere aber sagten:
     Wie kann ein Sünder solche Zeichen tun?
   So entstand eine Spaltung unter ihnen.
17 Da fragten sie den Blinden noch einmal:
     Was sagst du selbst über ihn?
   Er hat doch deine Augen geöffnet.
   Der Mann antwortete:
     Er ist ein Prophet.

34 Sie entgegneten ihm:
     Du bist ganz und gar in Sünden geboren,
     und du willst uns belehren?
   Und sie stießen ihn hinaus.
35 Jesus hörte, daß sie ihn hinausgestoßen hatten,
   und als er ihn traf,
     sagte er zu ihm: Glaubst du an den Menschensohn?
36 Der Mann antwortete: Wer ist das, Herr?
     Sag es mir, damit ich an ihn glaube.
37 Jesus sagte zu ihm: Du siehst ihn vor dir;
     er, der mit dir redet, ist es.
38 Er aber sagte: Ich glaube, Herr!
   Und er warf sich vor ihm nieder.

„UNSER LEBENSTAG IST KURZ, ‚es kommt die Nacht, da niemand wirken kann', das macht den ungeheuren Ernst der Stunde aus, sie geht vorüber wie ein Hauch, wir können sie nur einmal leben: im Gehorsam gegen die Sendung, in der Offenheit für den Geist oder nach eigener Zielsetzung, als Vorbeigetriebene, als Zerstreute, nicht Gesammelte, es geht darin um Leben und Tod für immer" (H. Spaemann).

MONTAG

ERÖFFNUNGSVERS   Ps 31 (30), 7–8

Ich verlasse mich auf den Herrn.
Ich will jubeln und über deine Huld mich freuen;
denn du hast mein Elend angesehn,
du bist mit meiner Not vertraut.

TAGESGEBET

Allherrschender Gott,
du schenkst uns im österlichen Geheimnis
jenes wunderbare Leben,
das die Welt unablässig erneuert.
Laß das Werk deiner Gnade
in der Kirche mächtig werden
und gib ihr alles, was sie in dieser Zeit braucht.
Darum bitten wir durch Jesus Christus.

ZUR LESUNG   *In dieser Lesung häufen sich die Ausdrücke für „Freude" und „sich freuen". Die frühere und auch die gegenwärtige Not wird vorbei und vergessen sein (V. 16b). Gott schafft etwas ganz Neues, dem gegenüber die alte Schöpfung wie nichts erscheint. Gott hat sich über die erste Schöpfung gefreut, weil sie gut war (Gen 1, 31); er freut sich noch mehr über die von Grund auf erneuerte Schöpfung. Von „Himmel und Erde" ist die Rede, aber gemeint ist zunächst das neue Jerusalem und das Volk, dem Gott vergeben hat. Jetzt erst kann es leben. „Leben", gesichertes, ungeschmälertes Leben ist das Heilsgut der neugeschaffenen Welt, die Antwort Gottes auf die Sehnsucht der Menschen (vgl. Evangelium). – Jes 51, 6; 66, 22; 2 Petr 3, 13; Offb 21, 1; Jes 60, 14–22; 62, 5; Dtn 4, 40; Jes 62, 8–9; Dtn 28, 30–33; Jer 31, 5; Am 9, 14.*

ERSTE LESUNG
Jes 65, 17–21

Nie mehr hört man dort lautes Weinen und lautes Klagen

Lesung
  aus dem Buch Jesája.

So spricht der Herr:
¹⁷ Seht, ich erschaffe einen neuen Himmel
  und eine neue Erde.
Man wird nicht mehr an das Frühere denken,
  es kommt niemand mehr in den Sinn.

¹⁸ Nein, ihr sollt euch ohne Ende freuen und jubeln
  über das, was ich erschaffe.
Denn ich mache aus Jerusalem Jubel
  und aus seinen Einwohnern Freude.

¹⁹ Ich will über Jerusalem jubeln
  und mich freuen über mein Volk.
Nie mehr hört man dort lautes Weinen
  und lautes Klagen.

²⁰ Dort gibt es keinen Säugling mehr,
  der nur wenige Tage lebt,
und keinen Greis,
  der nicht das volle Alter erreicht;
wer als Hundertjähriger stirbt, gilt noch als jung,
und wer nicht hundert Jahre alt wird,
  gilt als verflucht.

²¹ Sie werden Häuser bauen und selbst darin wohnen,
sie werden Reben pflanzen
  und selbst ihre Früchte genießen.

ANTWORTPSALM
Ps 30 (29), 2 u. 4.5–6b.6cd u. 12a u. 13b
(R: vgl. 2ab)

R Herr, du zogst mich empor aus der Tiefe; (GL 528, 2)
ich will dich rühmen in Ewigkeit. – R

² Ich will dich rühmen, Herr, †   III. Ton
denn du hast mich aus der Tiefe gezogen *
und läßt meine Feinde nicht über mich triumphieren.

⁴ Herr, du hast mich herausgeholt aus dem Reich des Todes, *
aus der Schar der Todgeweihten mich zum Leben gerufen. – (R)

5 Singt und spielt dem Herrn, ihr seine Frommen, *
   preist seinen heiligen Namen!

6ab Denn sein Zorn dauert nur einen Augenblick, *
    doch seine Güte ein Leben lang. – (R)

6cd Wenn man am Abend auch weint, *
    am Morgen herrscht wieder Jubel.

12a Du hast mein Klagen in Tanzen verwandelt, *
13b Herr, mein Gott, ich will dir danken in Ewigkeit. – R

RUF VOR DEM EVANGELIUM
Vers: vgl. Am 5, 14

Herr Jesus, dir sei Ruhm und Ehre! – R

Sucht das Gute, nicht das Böse;
dann werdet ihr leben, und der Herr wird mit euch sein.

Herr Jesus, dir sei Ruhm und Ehre!

ZUM EVANGELIUM *Der „königliche Beamte, dessen Sohn krank war" in Kafarnaum, ist vermutlich derselbe wie der Hauptmann von Kafarnaum, von dem Matthäus und Lukas berichten (Mt 8, 5–13; Lk 7, 1–10). In beiden Darstellungen wird der Glaube dieses Mannes dem Unglauben der Landsleute Jesu gegenübergestellt. Die Abweisung durch Jesus in Vers 48 („Wenn ihr nicht Zeichen und Wunder seht...") steht nur bei Johannes und ist verwunderlich; denn dieser Mann glaubt ja an die heilende Macht Jesu, sonst wäre er nicht gekommen. Das Wort richtet sich mehr an die Leute, die dabeistehen, und an spätere Leser des Evangeliums. Wundersucht ist nicht Ausdruck des Glaubens, sondern des Unglaubens. Der königliche Beamte glaubt dem Wort Jesu. Die abschließende Bemerkung, daß er mit seiner ganzen Familie gläubig geworden sei, zeigt, daß sein anfänglicher Glaube noch unvollkommen gewesen war, eben aus der Not geboren, daß aber „das Zeichen", die wunderbare Heilung seines Kindes, ihn zum vollen Glauben an Jesus geführt hat (vgl. Joh 2, 11). – Mt 13, 57; Mk 6, 4; Lk 4, 24; Joh 2, 23; 2, 18; 20, 29; Mt 12, 38–39; Mk 8, 11–13; Lk 11, 29.*

EVANGELIUM Joh 4, 43–54

Geh, dein Sohn lebt!

✠ Aus dem heiligen Evangelium nach Johannes.

In jener Zeit
43 ging Jesus von Samária nach Galiläa.
44 Er selbst hatte bestätigt:
 Ein Prophet wird in seiner eigenen Heimat nicht geehrt.
45 Als er nun nach Galiläa kam,
 nahmen ihn die Galiläer auf,
 weil sie alles gesehen hatten,
 was er in Jerusalem während des Festes getan hatte;
 denn auch sie waren zum Fest gekommen.
46 Jesus kam wieder nach Kana in Galiläa,
 wo er das Wasser in Wein verwandelt hatte.
 In Kafárnaum lebte ein königlicher Beamter;
 dessen Sohn war krank.
47 Als er hörte, daß Jesus von Judäa nach Galiläa gekommen war,
 suchte er ihn auf
 und bat ihn, herabzukommen und seinen Sohn zu heilen;
 denn er lag im Sterben.
48 Da sagte Jesus zu ihm:
 Wenn ihr nicht Zeichen und Wunder seht,
 glaubt ihr nicht.
49 Der Beamte bat ihn:
 Herr, komm herab, ehe mein Kind stirbt.
50 Jesus erwiderte ihm: Geh, dein Sohn lebt!
 Der Mann glaubte dem Wort, das Jesus zu ihm gesagt hatte,
 und machte sich auf den Weg.
51 Noch während er unterwegs war,
 kamen ihm seine Diener entgegen
 und sagten: Dein Junge lebt.
52 Da fragte er sie genau nach der Stunde,
 in der die Besserung eingetreten war.
 Sie antworteten:
 Gestern in der siebten Stunde ist das Fieber von ihm gewichen.
53 Da erkannte der Vater,
 daß es genau zu der Stunde war,
 als Jesus zu ihm gesagt hatte: Dein Sohn lebt.

Und er wurde gläubig mit seinem ganzen Haus.
54 So tat Jesus sein zweites Zeichen,
und zwar nachdem er von Judäa nach Galiläa gekommen war.

FÜRBITTEN

Im fürbittenden Gebet wenden wir uns an Christus, der niemanden zurückweist, der zu ihm ruft:

Für die Kirche: um Festigkeit im Glauben. – Lasset zum Herrn uns rufen: Herr, erbarme dich.
A.: Christus, erbarme dich.

Für die Regierenden: um Verantwortungsbewußtsein bei ihren Entscheidungen. – Lasset zum Herrn uns rufen: Herr, erbarme dich.

Für die Notleidenden: um Gottvertrauen. – Lasset zum Herrn uns rufen: Herr, erbarme dich.

Für unsere Gemeinde: um Eifer im Gebet. – Lasset zum Herrn uns rufen: Herr, erbarme dich.

Allmächtiger Gott, du erneuerst unablässig die Welt. Schaue auf unser Ungenügen, und komme uns zu Hilfe durch Christus, unseren Herrn. A.: Amen.

GABENGEBET

Herr, unser Gott,
nimm die Gaben an, die wir darbringen,
und mache das heilige Opfer in uns wirksam.
Befreie uns
von der alten Anhänglichkeit an das Böse
und laß das neue Leben der Gnade in uns wachsen.
Darum bitten wir durch Christus, unseren Herrn.

Fastenpräfation, S. 1356 f.

KOMMUNIONVERS   Ez 36,27

Wort Gottes des Herrn:
Ich lege meinen Geist in euch hinein
und bewirke, daß ihr nach meinen Gesetzen lebt
und meine Gebote achtet und erfüllt.

SCHLUSSGEBET

Herr, unser Gott,
schenke uns neues Leben
durch das Sakrament, das wir empfangen haben.
Heilige uns und führe uns zur Vollendung.
Darum bitten wir durch Christus, unseren Herrn.

„DASS JESUS VON NAZARET der Christus, der Messiaskönig ist, der Sohn Gottes, und daß, wer an ihn glaubt, Leben hat, gerettet wird: das ist nach dem Evangelisten Johannes die schlichte und doch ungeheure Dimension, göttliche und menschlich-geschichtliche, umfassende Botschaft, die an uns ergeht. Dieser Christus ist der einzige Weg zu Gott. In diesem Christus ist radikal Neues geschehen: in ihm hat die Schöpfung, die gesamte Geschichtswelt einen neuen, ihren eigentlichen Herrn bekommen. Wer glaubt, sagt ja zu diesem Christusgeschehen, das in Tod und Auferstehung Jesu zusammengeballt ist. Wer glaubt, muß es auf diesen Christus hin wagen gegen allen Augenschein, gegen alle Einwände, gegen alle anderen „Messiasse" irgendwelcher Art, alte und neue, mit Namen und, gefährlicher und verführerischer, ohne Namen, individuelle und kollektive" (Josef Eger).

DIENSTAG

ERÖFFNUNGSVERS   Vgl. Jes 55,1

Ihr Durstigen, kommt alle zum Wasser!
Auch wer kein Geld hat, soll kommen.
Kommt und trinkt voll Freude!

TAGESGEBET

Barmherziger Gott,
diese heilige Zeit der Buße und des Gebetes
mache unsere Herzen bereit,
die Ostergnade zu empfangen

und das Lob des Erlösers zu verkünden,
der in der Einheit des Heiligen Geistes
mit dir lebt und herrscht in alle Ewigkeit.

ZUR LESUNG   *Der Prophet hatte in einer früheren Vision gesehen, wie Jahwe aus dem Tempel und aus Jerusalem fortzog (10, 18–22; 11, 22–23). Dann durfte er, wieder in einer Vision, die Rückkehr Jahwes in den neuerbauten Tempel schauen (43, 1–9; 44, 1–2). In der heutigen Lesung schildert der Prophet die heilbringende Wirkung dieser neuen Gegenwart Gottes bei seinem Volk. Dabei verbindet er geographische Erinnerungen an die Tempelquelle (vgl. Jes 8, 6–8; Ps 16) und die Vorstellung vom Wasserreichtum des Paradieses (Gen 2, 10–14) zu einem Bild, in dem aller Segen vom Heiligtum, d. h. von Gott selber, ausgeht. Das Neue Testament hat dieses Bild vor allem in Offb 22 aufgegriffen, aber auch im Johannesevangelium (Kap. 4 und 5). Wasser ist in der Bibel Symbol des Lebens, der Freude, des Heiligen Geistes (vgl. 7, 37–39). – Sach 13, 1; 14, 8; Joel 4, 18.*

ERSTE LESUNG   Ez 47, 1–9.12

Ich sah, wie Wasser vom Tempel hervorströmte; und alle, zu denen das Wasser kam, wurden gerettet (vgl. Meßbuch, Antiphon zum sonntäglichen Taufgedächtnis)

Lesung
  aus dem Buch Ezéchiel.

Der Mann, der mich begleitete,
  führte mich zum Eingang des Tempels,
und ich sah,
  wie unter der Tempelschwelle Wasser hervorströmte
  und nach Osten floß;
denn die vordere Seite des Tempels schaute nach Osten.
Das Wasser floß unterhalb der rechten Seite des Tempels herab,
  südlich vom Altar.
Dann führte er mich durch das Nordtor hinaus
  und ließ mich außen herum zum äußeren Osttor gehen.
Und ich sah das Wasser an der Südseite hervorrieseln.

Der Mann ging nach Osten hinaus,
  mit der Meßschnur in der Hand,
  maß tausend Ellen ab
  und ließ mich durch das Wasser gehen;

das Wasser reichte mir bis an die Knöchel.
⁴ Dann maß er wieder tausend Ellen ab
und ließ mich durch das Wasser gehen;
das Wasser reichte mir bis zu den Knien.
Darauf maß er wieder tausend Ellen ab
und ließ mich hindurchgehen;
das Wasser ging mir bis an die Hüften.
⁵ Und er maß noch einmal tausend Ellen ab.
Da war es ein Fluß,
den ich nicht mehr durchschreiten konnte;
denn das Wasser war tief,
ein Wasser, durch das man schwimmen mußte,
ein Fluß, den man nicht mehr durchschreiten konnte.
⁶ Dann fragte er mich:
Hast du es gesehen, Menschensohn?
Darauf führte er mich zurück, am Ufer des Flusses entlang.
⁷ Als ich zurückging,
sah ich an beiden Ufern des Flusses sehr viele Bäume.
⁸ Er sagte zu mir:
Dieses Wasser fließt in den östlichen Bezirk,
es strömt in die Araba hinab und läuft in das Meer,
in das Meer mit dem salzigen Wasser.
So wird das salzige Wasser gesund.
⁹ Wohin der Fluß gelangt,
da werden alle Lebewesen,
alles, was sich regt, leben können,
und sehr viele Fische wird es geben.
Weil dieses Wasser dort hinkommt,
werden die Fluten gesund;
wohin der Fluß kommt,
dort bleibt alles am Leben.
¹² An beiden Ufern des Flusses wachsen alle Arten von Obstbäumen.
Ihr Laub wird nicht welken,
und sie werden nie ohne Frucht sein.
Jeden Monat tragen sie frische Früchte;
denn das Wasser des Flusses kommt aus dem Heiligtum.
Die Früchte werden als Speise
und die Blätter als Heilmittel dienen.

ANTWORTPSALM

Ps 46 (45), 2–3.5–6.8–9 (R: 8)
(GL 535, 6)

R Der Herr der Heerscharen ist mit uns,
der Gott Jakobs ist unsre Burg. – R

VI. Ton

2 Gott ist uns Zuflucht und Stärke, *
ein bewährter Helfer in allen Nöten.

3 Darum fürchten wir uns nicht, wenn die Erde auch wankt, *
wenn Berge stürzen in die Tiefe des Meeres. – (R)

5 Die Wasser eines Stromes erquicken die Gottesstadt, *
des Höchsten heilige Wohnung.

6 Gott ist in ihrer Mitte, darum wird sie niemals wanken; *
Gott hilft ihr, wenn der Morgen anbricht. – (R)

8 Der Herr der Heerscharen ist mit uns, *
der Gott Jakobs ist unsre Burg.

9 Kommt und schaut die Taten des Herrn, *
der Furchtbares vollbringt auf der Erde. – R

RUF VOR DEM EVANGELIUM

Vers: Ps 51 (50), 12a.14a

Herr Jesus, dir sei Ruhm und Ehre! – R

Erschaffe mir, Gott, ein reines Herz,
mach mich wieder froh mit deinem Heil!

Herr Jesus, dir sei Ruhm und Ehre!

ZUM EVANGELIUM   *Während die Juden göttliche Zeichen fordern, vollbringt Jesus menschliche Taten. Der Kranke, der seit 38 Jahren gelähmt war, hatte wenig Hoffnung, denn er hatte keinen Menschen, der ihn zum Teich hinuntertrug, wenn die Quelle zu sprudeln begann. Jesus ist der Mensch, den er braucht und der für ihn da ist. Merkwürdig ist, daß vom Glauben dieses Mannes überhaupt nicht die Rede ist, weder vor der Heilung noch nachher. Jesus hat ihn geheilt, weil er ihn heilen wollte; weiter kommen wir mit unserer Klugheit nicht. Die Heilung selbst und die Auseinandersetzung mit den Juden wegen der Verletzung des Sabbats führen in das innere Geheimnis der Person Jesu: er ist der wahre Arzt, er ist die Quelle lebendigen Wassers, und er ist Herr über den Sabbat. – Mt 9, 6; Joh 9, 14; Ex 20, 8–11; Jer 17, 21–27; Joh 8, 11; Mt 12, 8.*

EVANGELIUM

Joh 5, 1–16

Sofort wurde der Mann gesund

✚ Aus dem heiligen Evangelium nach Johannes.

1 Es war ein Fest der Juden,
und Jesus ging hinauf nach Jerusalem.
2 In Jerusalem gibt es beim Schaftor einen Teich,
zu dem fünf Säulenhallen gehören;
dieser Teich heißt auf hebräisch Betesda.
3 In diesen Hallen lagen viele Kranke,
darunter Blinde, Lahme und Verkrüppelte.
5 Dort lag auch ein Mann,
der schon achtunddreißig Jahre krank war.
6 Als Jesus ihn dort liegen sah
und erkannte, daß er schon lange krank war,
fragte er ihn: Willst du gesund werden?
7 Der Kranke antwortete ihm:
Herr, ich habe keinen Menschen,
der mich, sobald das Wasser aufwallt, in den Teich trägt.
Während ich mich hinschleppe,
steigt schon ein anderer vor mir hinein.
8 Da sagte Jesus zu ihm:
Steh auf, nimm deine Bahre und geh!
9 Sofort wurde der Mann gesund,
nahm seine Bahre und ging.

Dieser Tag war aber ein Sabbat.
10 Da sagten die Juden zu dem Geheilten:
Es ist Sabbat, du darfst deine Bahre nicht tragen.
11 Er erwiderte:
Der Mann, der mich gesund gemacht hat,
sagte zu mir: Nimm deine Bahre und geh!
12 Sie fragten ihn: Wer ist das denn,
der zu dir gesagt hat: Nimm deine Bahre und geh?
13 Der Geheilte wußte aber nicht, wer es war.
Jesus war nämlich weggegangen,
weil sich dort eine große Menschenmenge angesammelt hatte.
14 Später traf ihn Jesus im Tempel
und sagte zu ihm: Jetzt bist du gesund;

sündige nicht mehr, damit dir nicht noch Schlimmeres zustößt.
15 Der Mann ging fort
und teilte den Juden mit,
daß es Jesus war, der ihn gesund gemacht hatte.
16 Daraufhin verfolgten die Juden Jesus,
weil er das an einem Sabbat getan hatte.

FÜRBITTEN

Zu Jesus Christus, der uns Wasser des Lebens spendet, wollen wir beten:

Schenke den Taufbewerbern unvergängliches Leben durch das Bad der Wiedergeburt. (Stille) Christus, höre uns.
A.: Christus, erhöre uns.

Lenke die Herzen derer, die noch nicht an dich glauben, zur Erkenntnis deiner Liebe. (Stille) Christus, höre uns.

Stille den inneren Durst jener, die nach dir verlangen. (Stille) Christus, höre uns.

Führe unsere Verstorbenen in das Land der Verheißung und des Friedens. (Stille) Christus, höre uns.

Denn du bist der gute Hirt und führst zum Ruheplatz am Wasser. Dir sei Dank und Lobpreis in Ewigkeit.   A.: Amen.

GABENGEBET

Herr, du trägst Sorge für uns,
du hast uns Brot und Wein geschenkt
als Nahrung für unser vergängliches Leben.
Wir bringen diese Gaben zum Altar;
reiche sie uns neu als Sakrament der Unsterblichkeit.
Darum bitten wir durch Christus, unseren Herrn.

Fastenpräfation, S. 1356 f.

KOMMUNIONVERS   Ps 23 (22), 1–2

Der Herr ist mein Hirte, nichts wird mir fehlen.
Er läßt mich lagern auf grünen Auen
und führt mich zum Ruheplatz am Wasser.

SCHLUSSGEBET

Gütiger Gott,
wir haben die heilige Speise empfangen,
das Brot für das Leben der Welt.
Tilge durch dieses Sakrament unsere Schuld
und komm der Schwachheit unseres Leibes zu Hilfe,
damit wir einst teilhaben
an der Verklärung deines Sohnes,
der mit dir lebt und herrscht in alle Ewigkeit.

„DER KRANKE *von Betesda hat recht mit allem, was er sagt, und es ist nicht schwer, sich in seiner Klage wiederzuerkennen. Es ist aber eine der hilfreichsten Übungen für den darniederliegenden Menschen, die Geschichte jenes Kranken an sich selbst durchzuerleben. Immer wieder die Frage zu hören und die Klage auszusprechen: Ich habe keinen Menschen. Ich kann nicht an die Quelle kommen. Ich erlebe keine Wunder. Ich bin zu unwichtig für Gott. Es geschieht ja doch nichts. Und dann die Anweisung Jesu zu hören: Steh auf! Nimm dein Bett und geh heim!*
Ihn ansehen, den Arzt der Leiber und der Herzen. Ihn ansehen, der von sich gesagt hat: Ich bin die Auferstehung und das Leben. Die ganze Geschichte vor dem erleben, dem man nicht zu klagen braucht, weil er weiß, und den man nicht bitten muß, weil er da ist, und der ein Bundesgenosse ist gegen den Tod" (Jörg Zink).

MITTWOCH

ERÖFFNUNGSVERS   Ps 69 (68), 14

Ich bete zu dir, Herr, zur Zeit der Gnade.
Erhöre mich in deiner großen Huld.
Gott, hilf mir in deiner Treue!

TAGESGEBET

Gütiger Gott,
du schenkst den Gerechten ihren Lohn
und verzeihst den Sündern ihre Schuld
um der Buße willen.
Wir bekennen dir unser Versagen;

hab Erbarmen mit unserer Schwachheit
und vergib uns, was wir gefehlt haben.
Darum bitten wir durch Jesus Christus.

ZUR LESUNG *Das Gotteswort am Beginn der Lesung (V. 8–9a) erinnert an ein ähnliches Wort, das in 42, 6 zum „Gottesknecht" gesagt war. Wer ist dieser Gottesknecht? Nicht einfachhin das Volk Israel; denn er soll ja den Bund Gottes mit Israel vermitteln oder verkörpern (V. 8). Aber der Gottesknecht gehört zu Israel; er soll die Gefangenen in die Freiheit führen und das Volk erneuern. Die Heimkehr Israels wird in den Versen 9b–13 mit Farben geschildert, die vom Auszug aus Ägypten hergenommen sind (vgl. 40, 3–4). Das Volk, das diese Botschaft hört, kann sie kaum glauben (V. 14; vgl. 40, 27). Da spricht Gott zu ihm die Sprache der Liebe, die es verstehen muß (vgl. Jes 54, 7–8; Hos 11, 8–9). Vergleiche auch die Einführung zur Lesung am Montag in der Karwoche. – Ps 69, 14; 2 Kor 6, 2; Ps 107, 1–15; 146, 7; Joh 10, 9; Offb 7, 16; Jes 4, 5–6; 25, 4–5; Jer 31, 20.*

ERSTE LESUNG   Jes 49, 8–15

Ich habe dich geschaffen und dazu bestimmt, der Bund zu sein für das Volk und aufzuhelfen dem Land

Lesung
   aus dem Buch Jesaja.

So spricht der Herr:
Zur Zeit der Gnade will ich dich erhören,
   am Tag der Rettung dir helfen.
Ich habe dich geschaffen
   und dazu bestimmt, der Bund zu sein für das Volk,
aufzuhelfen dem Land
   und das verödete Erbe neu zu verteilen,
den Gefangenen zu sagen: Kommt heraus!,
   und denen, die in der Finsternis sind: Kommt ans Licht!

Auf allen Bergen werden sie weiden,
auf allen kahlen Hügeln finden sie Nahrung.
Sie leiden weder Hunger noch Durst,
Hitze und Sonnenglut schaden ihnen nicht.
Denn er leitet sie voll Erbarmen
   und führt sie zu sprudelnden Quellen.

11 Alle Berge mache ich zu Wegen,
   und meine Straßen werden gebahnt sein.
12 Seht her: Sie kommen von fern,
   die einen von Norden und Westen,
   andere aus dem Land der Siniter.
13 Jubelt, ihr Himmel, jauchze, o Erde,
   freut euch, ihr Berge!
   Denn der Herr hat sein Volk getröstet
   und sich seiner Armen erbarmt.
14 Doch Zion sagt: Der Herr hat mich verlassen,
   Gott hat mich vergessen.
15 Kann denn eine Frau ihr Kindlein vergessen,
   eine Mutter ihren leiblichen Sohn?
   Und selbst wenn sie ihn vergessen würde:
   ich vergesse dich nicht
   – Spruch des Herrn.

ANTWORTPSALM   Ps 145 (144), 8–9.13c–14.17–18 (R: vgl. 8)

R Gnädig und barmherzig ist der Herr, (GL 233,7)
voll Langmut und reich an Gnade. – R

8 Der Herr ist gnädig und barmherzig, *
  langmütig und reich an Gnade.
9 Der Herr ist gütig zu allen, *
  sein Erbarmen waltet über all seinen Werken. – (R)
13cd Der Herr ist treu in all seinen Worten, *
  voll Huld in all seinen Taten.
14 Der Herr stützt alle, die fallen, *
  und richtet alle Gebeugten auf. – (R)
17 Gerecht ist der Herr in allem, was er tut, *
  voll Huld in all seinen Werken.
18 Der Herr ist allen, die ihn anrufen, nahe, *
  allen, die zu ihm aufrichtig rufen. – R

VI. Ton

RUF VOR DEM EVANGELIUM Vers: Joh 11,25a.26b

Lob dir, Christus, König und Erlöser! – R

(So spricht der Herr:)
Ich bin die Auferstehung und das Leben.
Jeder, der an mich glaubt, wird auf ewig nicht sterben.

Lob dir, Christus, König und Erlöser!

ZUM EVANGELIUM *Jesus beansprucht, über dem Gesetz zu stehen, und begründet diesen Anspruch mit seiner einzigartigen Beziehung zu Gott, seinem Vater. Der Erläuterung und Verteidigung dieses Anspruchs dient die Rede V. 19–47. Der Sohn sagt und tut, was der Vater ihm aufgetragen hat. Er heilt Kranke, er wird sogar Tote erwecken. Der Sohn ist das Wort und die Offenbarung des Vaters selbst. Das Wort hat Leben schaffende Macht. Wer es hört, kommt zum Leben, und zwar zur Stunde, die „schon da ist" (V. 25). Einmal wird er im Grab die Stimme des Menschensohnes hören und zum Leben auferstehen. Der Menschensohn ist der Weltenrichter und der Weltenretter. – Joh 9, 4; 7, 1.19.25; 11, 53; 10, 33; 8, 28–29; 18, 37; 3, 18; 11, 25–26; 8, 51; 6, 57; 1 Joh 5, 11; Dan 7, 13; 2 Kor 5, 10; Joh 11, 43–44; Mt 16, 27; 25, 46; Apg 24, 15; Joh 4, 34; 6, 38.*

EVANGELIUM Joh 5, 17–30

Wie der Vater die Toten auferweckt und lebendig macht, so macht auch der Sohn lebendig, wen er will

✠ **Aus dem heiligen Evangelium nach Johannes.**

In jener Zeit
17 entgegnete Jesus den Juden:
Mein Vater ist noch immer am Werk,
und auch ich bin am Werk.
18 Darum waren die Juden noch mehr darauf aus, ihn zu töten,
weil er nicht nur den Sabbat brach,
sondern auch Gott seinen Vater nannte
und sich damit Gott gleichstellte.
19 Jesus aber sagte zu ihnen:
Amen, amen, ich sage euch:
Der Sohn kann nichts von sich aus tun,
sondern nur, wenn er den Vater etwas tun sieht.

Was nämlich der Vater tut,
   das tut in gleicher Weise der Sohn.
20 Denn der Vater liebt den Sohn
   und zeigt ihm alles, was er tut,
und noch größere Werke wird er ihm zeigen,
   so daß ihr staunen werdet.

21 Denn wie der Vater die Toten auferweckt und lebendig macht,
   so macht auch der Sohn lebendig, wen er will.
22 Auch richtet der Vater niemand,
sondern er hat das Gericht ganz dem Sohn übertragen,
23   damit alle den Sohn ehren, wie sie den Vater ehren.
Wer den Sohn nicht ehrt,
   ehrt auch den Vater nicht, der ihn gesandt hat.

24 Amen, amen, ich sage euch:
Wer mein Wort hört
   und dem glaubt, der mich gesandt hat,
   hat das ewige Leben;
er kommt nicht ins Gericht,
   sondern ist aus dem Tod ins Leben hinübergegangen.
25 Amen, amen, ich sage euch:
Die Stunde kommt, und sie ist schon da,
   in der die Toten die Stimme des Sohnes Gottes hören werden;
und alle, die sie hören,
   werden leben.
26 Denn wie der Vater das Leben in sich hat,
   so hat er auch dem Sohn gegeben, das Leben in sich zu haben.
27 Und er hat ihm Vollmacht gegeben, Gericht zu halten,
   weil er der Menschensohn ist.

28 Wundert euch nicht darüber!
Die Stunde kommt,
   in der alle, die in den Gräbern sind,
   seine Stimme hören
29   und herauskommen werden:
Die das Gute getan haben,
   werden zum Leben auferstehen,
die das Böse getan haben,
   zum Gericht.

30 Von mir selbst aus kann ich nichts tun;
ich richte, wie ich es vom Vater höre,

und mein Gericht ist gerecht,
weil es mir nicht um meinen Willen geht,
sondern um den Willen dessen, der mich gesandt hat.

FÜRBITTEN

Laßt uns beten zu Christus, der Macht hat, lebendig zu machen, wen er will:

Sende deinen Gläubigen den Geist, der lebendig macht.
A.: Wir bitten dich, erhöre uns.

Überwinde Zwietracht unter den Menschen, und bringe ihnen Frieden.

Wende dich den Sündern zu, und schenke ihnen neues Leben.

Gib unseren Verstorbenen Anteil am Leben der Auferstehung.

Denn du bist gekommen, daß wir das Leben haben. Dir sei Dank und Ehre in Ewigkeit.   A.: Amen.

GABENGEBET

Herr, unser Gott,
dieses heilige Opfer helfe uns,
daß wir den alten Menschen ablegen
und den neuen anziehen,
der nach deinem Bild geschaffen ist.
Darum bitten wir durch Christus, unseren Herrn.

Fastenpräfation, S. 1356 f.

KOMMUNIONVERS   Joh 3,17
Gott hat seinen Sohn nicht in die Welt gesandt,
damit er die Welt richte,
sondern damit die Welt durch ihn gerettet werde.

SCHLUSSGEBET

Gütiger Gott,
du schenkst deinen Gläubigen die heilige Speise
für den Weg ihrer Pilgerschaft.

Gib, daß uns dieses Sakrament
nicht zum Gericht werde,
sondern zum Leben.
Darum bitten wir durch Christus, unseren Herrn.

IM WORT offenbart sich die Person. Gott offenbart sich im menschgewordenen Wort, in Jesus Christus. Auch das Wort des Menschensohnes ist göttliches Wort, rettendes Wort der Liebe oder schreckliches Wort des Gerichts. Gott spricht zu den Menschen in menschlichen Worten. Er gebraucht die Wörter, die wir aus unserer menschlichen Erfahrung kennen: Vater, Liebe, Leben, Tod. Nur in menschlichen Worten können wir das Wort Gottes weitersagen, die Botschaft Christi weitertragen. Wir müssen die „Sache Gottes" in die Sprache übersetzen, die wir selbst verstehen und die für andere ein Signal sein, ihnen eine Botschaft übermitteln kann.

DONNERSTAG

ERÖFFNUNGSVERS   Vgl. Ps 105 (104), 3–4

Freuen sollen sich alle, die den Herrn suchen.
Sucht den Herrn und seine Macht, sucht sein Antlitz allezeit!

TAGESGEBET

Gütiger Gott,
heilige uns in dieser Zeit der Buße.
Gib uns Kraft zu guten Werken
und Ausdauer in der Beobachtung deiner Gebote,
damit wir fähig werden,
das Osterfest mit reinem Herzen zu feiern.
Darum bitten wir durch Jesus Christus.

ZUR LESUNG   *Während Mose sich noch auf dem Berg Sinai aufhält, hat das Volk unten sich ein Gottesbild gemacht: das goldene Kalb (32, 1–6). Das Urteil Gottes ist hart (V. 7–10). Er will nicht mehr der Gott dieses Volkes sein; „dein Volk", sagt er zu Mose. Jetzt wird Mose, wie einst Abraham (Gen 18, 16–32), zum großen Fürbitter. Er wagt es, Gott an seinen Bund mit Abraham und seinen Nachkommen zu erinnern, wie einst Abraham ihn an seine Gerechtigkeit erinnert hat (Gen 18, 25). Und*

Gott läßt sich umstimmen. – Kann Gott zornig werden (V. 10)? Kann Gott bereuen (V. 14)? Die Bibel spricht von Gott so, wie man in ähnlicher Situation von einem Menschen sprechen würde. Nur in Menschensprache kann sie uns sagen, wie groß Gott ist – in seinem Zorn und in seiner erbarmenden Liebe. – Dtn 9,6–14; Jer 18,8–10; Jona 3,9–10; Sach 8,11–15; Ps 78,38.

ERSTE LESUNG Ex 32,7–14

Herr, laß dich das Böse reuen, das du deinem Volk antun wolltest

**Lesung
aus dem Buch Exodus.**

In jenen Tagen
7 sprach der Herr zu Mose:
Geh, steig hinunter,
denn dein Volk, das du aus Ägypten heraufgeführt hast,
läuft ins Verderben.
8 Schnell sind sie von dem Weg abgewichen,
den ich ihnen vorgeschrieben habe.
Sie haben sich ein Kalb aus Metall gegossen
und werfen sich vor ihm zu Boden.
Sie bringen ihm Schlachtopfer dar
und sagen: Das sind deine Götter, Israel,
die dich aus Ägypten heraufgeführt haben.

9 Weiter sprach der Herr zu Mose:
Ich habe dieses Volk durchschaut:
Ein störrisches Volk ist es.
10 Jetzt laß mich, damit mein Zorn gegen sie entbrennt
und sie verzehrt.
Dich aber will ich zu einem großen Volk machen.

11 Da versuchte Mose,
den Herrn, seinen Gott, zu besänftigen,
und sagte: Warum, Herr, ist dein Zorn gegen dein Volk entbrannt?
Du hast es doch mit großer Macht und starker Hand
aus Ägypten herausgeführt.
12 Sollen etwa die Ägypter sagen können:
In böser Absicht hat er sie herausgeführt,
um sie im Gebirge umzubringen
und sie vom Erdboden verschwinden zu lassen?

Laß ab von deinem glühenden Zorn,
und laß dich das Böse reuen,
 das du deinem Volk antun wolltest.
¹³ Denk an deine Knechte,
an Abraham, Ísaak und Israel,
denen du mit einem Eid
 bei deinem eigenen Namen zugesichert und gesagt hast:
 Ich will eure Nachkommen zahlreich machen
 wie die Sterne am Himmel,
und: Dieses ganze Land, von dem ich gesprochen habe,
 will ich euren Nachkommen geben,
und sie sollen es für immer besitzen.
¹⁴ Da ließ sich der Herr das Böse reuen,
 das er seinem Volk angedroht hatte.

ANTWORTPSALM   Ps 106 (105), 19–20.21–22.23–24 (R: vgl. 4a)

R Denk an uns, Herr, aus Liebe zu deinem Volk! – R   (GL 171,2)

¹⁹ Unsere Väter machten am Horeb ein Kalb *
und warfen sich vor dem Gußbild nieder.   IV. Ton

²⁰ Die Herrlichkeit Gottes tauschten sie ein *
gegen das Bild eines Stieres, der Gras frißt. – (R)

²¹ Sie vergaßen Gott, ihren Retter, *
der einst in Ägypten Großes vollbrachte,

²² Wunder im Lande Hams, *
furchterregende Taten am Schilfmeer. – (R)

²³ Da faßte er einen Plan, und er hätte sie vernichtet, †
wäre nicht Mose, sein Erwählter, für sie in die Bresche gesprungen, *
so daß Gott sie im Zorn nicht vertilgte.

²⁴ Sie verschmähten das köstliche Land; *
sie glaubten seinen Verheißungen nicht. – R

RUF VOR DEM EVANGELIUM   Vers: vgl. Joh 3,16a.15

Lob dir, Christus, König und Erlöser! – R
So sehr hat Gott die Welt geliebt,
daß er seinen einzigen Sohn hingab,
damit jeder, der glaubt, in ihm das ewige Leben hat.
Lob dir, Christus, König und Erlöser!

Fastenzeit: 4. Woche – Donnerstag

ZUM EVANGELIUM *Fortsetzung der Rede Jesu (vgl. gestriges Evangelium und Evangelium am Freitag der 3. Adventswoche). Mit der Heilung des Gelähmten am Sabbat hat Jesus den Anspruch erhoben, über dem Sabbat zu stehen, und er hat Gott seinen Vater genannt (5, 17–18). Kann er das beweisen? Nach dem Gesetz braucht jemand zwei bis drei Zeugen, wenn er vor Gericht eine Aussage glaubhaft machen will. Jesus nennt seine Zeugen: Johannes den Täufer, den himmlischen Vater und die Schriften des Alten Testaments. Entscheidend ist das Zeugnis des Vaters (V. 36–38). Es ist zu hören in den Worten des Sohnes, es ist zu sehen in seinen Taten. Jesus, der Angeklagte, übernimmt im Verlauf dieser Rede unmerklich die Rolle des Richters. Er selbst befindet über die Zeugen und die Richter. – Joh 8, 13–14; 1 Joh 5, 9; Joh 1, 19–28; 8, 18; 10, 25; 1 Joh 2, 14; Joh 8, 37; 7, 52; 12, 16.41; 19, 28; 20, 9; Apg 17, 10–12; Dtn 31, 26; 18, 15; Lk 16, 31.*

EVANGELIUM Joh 5, 31–47

Mose klagt euch an, auf den ihr eure Hoffnung gesetzt habt

✠ Aus dem heiligen Evangelium nach Johannes.

In jener Zeit sprach Jesus zu den Juden:
31 Wenn ich über mich selbst als Zeuge aussage,
   ist mein Zeugnis nicht gültig;
32 ein anderer ist es, der über mich als Zeuge aussagt,
und ich weiß:
   Das Zeugnis, das er über mich ablegt, ist gültig.
33 Ihr habt zu Johannes geschickt,
und er hat für die Wahrheit Zeugnis abgelegt.
34 Ich aber nehme von keinem Menschen ein Zeugnis an,
   sondern ich sage dies nur, damit ihr gerettet werdet.
35 Jener war die Lampe, die brennt und leuchtet,
   und ihr wolltet euch eine Zeitlang an seinem Licht erfreuen.
36 Ich aber habe ein gewichtigeres Zeugnis als das des Johannes:
Die Werke,
   die mein Vater mir übertragen hat, damit ich sie zu Ende führe,
   diese Werke, die ich vollbringe,
   legen Zeugnis dafür ab, daß mich der Vater gesandt hat.
37 Auch der Vater selbst, der mich gesandt hat,
   hat über mich Zeugnis abgelegt.

Ihr habt weder seine Stimme gehört
   noch seine Gestalt je gesehen,
38 und auch sein Wort bleibt nicht in euch,
   weil ihr dem nicht glaubt, den er gesandt hat.
39 Ihr erforscht die Schriften,
   weil ihr meint, in ihnen das ewige Leben zu haben;
   gerade sie legen Zeugnis über mich ab.
40 Und doch wollt ihr nicht zu mir kommen,
   um das Leben zu haben.
41 Meine Ehre empfange ich nicht von Menschen.
42 Ich habe erkannt, daß ihr die Liebe zu Gott nicht in euch habt.
43 Ich bin im Namen meines Vaters gekommen,
   und doch lehnt ihr mich ab.
   Wenn aber ein anderer in seinem eigenen Namen kommt,
   dann werdet ihr ihn anerkennen.
44 Wie könnt ihr zum Glauben kommen,
   wenn ihr eure Ehre voneinander empfangt,
   nicht aber die Ehre sucht, die von dem einen Gott kommt?
45 Denkt nicht, daß ich euch beim Vater anklagen werde;
   Mose klagt euch an, auf den ihr eure Hoffnung gesetzt habt.
46 Wenn ihr Mose glauben würdet,
   müßtet ihr auch mir glauben;
   denn über mich hat er geschrieben.
47 Wenn ihr aber seinen Schriften nicht glaubt,
   wie könnt ihr dann meinen Worten glauben?

FÜRBITTEN

Zu Jesus Christus, unserem Mittler beim Vater, wollen wir rufen:

Hilf deinem Volk, das Böse zu besiegen. (Stille) Christus, höre uns.
A.: Christus, erhöre uns.

Laß alle Menschen dich finden, die ohne dich verloren sind. (Stille) Christus, höre uns.

Sei allen, die leiden, eine rettende Zuflucht. (Stille) Christus, höre uns.

Gib unseren Verstorbenen die Fülle des Heils. (Stille) Christus, höre uns.

Denn wenn du für uns beim Vater eintrittst, werden unsere Gebete erhört. Dir sei Lob und Dank in Ewigkeit. A.: Amen.

GABENGEBET

Allmächtiger Gott,
hab Erbarmen mit unserer Gebrechlichkeit
und nimm diese Gaben an.
Das heilige Opfer reinige uns von allem Bösen
und festige uns im Guten.
Darum bitten wir durch Christus, unseren Herrn.

Fastenpräfation, S. 1356 f.

KOMMUNIONVERS Jer 31, 33

Wort Gottes des Herrn:
Ich lege mein Gesetz in sie hinein und schreibe es ihnen ins Herz.
Ich werde ihr Gott sein, und sie werden mein Volk sein.

SCHLUSSGEBET

Gütiger Gott,
du hast uns mit dem Leib
und dem Blut deines Sohnes gestärkt.
Tilge die Sünden, die unser Gewissen belasten,
damit wir die Fülle deines Heiles erlangen.
Darum bitten wir durch Christus, unseren Herrn.

ALLEIN *führt Jesus seine Verteidigung. Er wird damit keinen Erfolg haben. Er hat sich in die Reihe der Menschen gestellt, die allein gegen alle antreten müssen und daran zerbrechen. Aber im Zerbrechen wird er siegen. Seine letzte Tat, sein letztes Wunder, wird die Hingabe am Kreuz sein: die „Erhöhung", die Bestätigung aller seiner Worte und Taten. Nicht die Worte überzeugen. Nur die Tat der Liebe kann retten.*

FREITAG

ERÖFFNUNGSVERS   Ps 54 (53), 3–4

Hilf mir, Gott, durch deinen Namen.
Verschaff mir Recht mit deiner Kraft.
Gott, höre mein Flehen, vernimm meine Worte.

TAGESGEBET

Barmherziger Gott,
du kennst unsere Schwachheit und unsere Not.
Doch je hinfälliger wir sind,
um so mächtiger ist deine Hilfe.
Gib, daß wir das Geschenk dieser Gnadenzeit
freudig und dankbar annehmen
und dein Wirken in unserem Leben bezeugen.
Darum bitten wir durch Jesus Christus.

ZUR LESUNG   *Dieser Abschnitt aus dem Buch der Weisheit (1. Jh. v. Chr.) schildert mit verblüffender Genauigkeit die Situation Jesu, der von seinen Gegnern verfolgt und schließlich umgebracht wird. Jesus behauptet, der Sohn Gottes zu sein (V. 13.18; Joh 5, 16–18) und die Erkenntnis Gottes zu besitzen (V. 13; Joh 8, 55). Er ist ein lebendiger Vorwurf gegen seine Landsleute (V. 14; Joh 8, 12.34.46; 9, 41); er wird wegen seines Gottvertrauens verhöhnt (V. 18.20; Mt 27, 43). Und doch hat der Verfasser des Weisheitsbuches nicht an Jesus gedacht, sondern allgemein an den Frommen, der verhöhnt und verfolgt wird, wie es vor allem die Juden erfahren haben, die in der Diaspora lebten. Jesus hat das Leiden all derer getragen, die vor ihm und nach ihm wegen ihres Glaubens und ihrer Treue verfolgt wurden. – Jes 50, 6; 53, 7; Jer 11, 19; Mt 23; 26, 3–4; 11, 27; Lk 22, 70; Mt 5, 11; 26, 67–68; 27, 12–13; 2 Tim 3, 12.*

ERSTE LESUNG   Weish 2, 1a.12–22

Zu einem ehrlosen Tod wollen wir ihn verurteilen

Lesung
aus dem Buch der Weisheit.

1a Die Frevler tauschen ihre verkehrten Gedanken aus
und sagen:

Fastenzeit: 4. Woche – Freitag

¹² Laßt uns dem Gerechten auflauern!
Er ist uns unbequem und steht unserem Tun im Weg.
Er wirft uns Vergehen gegen das Gesetz vor
und beschuldigt uns des Verrats an unserer Erziehung.
¹³ Er rühmt sich, die Erkenntnis Gottes zu besitzen,
und nennt sich einen Knecht des Herrn.
¹⁴ Er ist unserer Gesinnung ein lebendiger Vorwurf,
schon sein Anblick ist uns lästig;
¹⁵ denn er führt ein Leben,
das dem der andern nicht gleicht,
und seine Wege sind grundverschieden.
¹⁶ Als falsche Münze gelten wir ihm;
von unseren Wegen hält er sich fern wie von Unrat.
Das Ende der Gerechten preist er glücklich
und prahlt, Gott sei sein Vater.
¹⁷ Wir wollen sehen, ob seine Worte wahr sind,
und prüfen, wie es mit ihm ausgeht.
¹⁸ Ist der Gerechte wirklich Sohn Gottes,
dann nimmt sich Gott seiner an
und entreißt ihn der Hand seiner Gegner.
¹⁹ Roh und grausam wollen wir mit ihm verfahren,
um seine Sanftmut kennenzulernen,
seine Geduld zu erproben.
²⁰ Zu einem ehrlosen Tod wollen wir ihn verurteilen;
er behauptet ja, es werde ihm Hilfe gewährt.
²¹ So denken sie, aber sie irren sich;
denn ihre Schlechtigkeit macht sie blind.
²² Sie verstehen von Gottes Geheimnissen nichts,
sie hoffen nicht auf Lohn für die Frömmigkeit
und erwarten keine Auszeichnung für untadelige Seelen.

ANTWORTPSALM   Ps 34 (33), 17–18.19–20.21 u. 23 (R: 19a)

℟ Nahe ist der Herr den zerbrochenen Herzen. – ℟   (GL 698,1)

Das Antlitz des Herrn richtet sich gegen die Bösen, *   II. Ton
um ihr Andenken von der Erde zu tilgen.

Schreien die Gerechten, so hört sie der Herr; *
er entreißt sie all ihren Ängsten. – (℟)

19 Nahe ist der Herr den zerbrochenen Herzen, *
    er hilft denen auf, die zerknirscht sind.

20 Der Gerechte muß viel leiden, *
    doch allem wird der Herr ihn entreißen. – (R)

21 Er behütet all seine Glieder, *
    nicht eines von ihnen wird zerbrochen.

23 Der Herr erlöst seine Knechte; *
    straflos bleibt, wer zu ihm sich flüchtet.

R Nahe ist der Herr den zerbrochenen Herzen.

RUF VOR DEM EVANGELIUM   Vers: vgl. Mt 4, 4b

Christus, du ewiges Wort des Vaters, Ehre sei dir! – R

Nicht nur von Brot lebt der Mensch,
sondern von jedem Wort aus Gottes Mund.

Christus, du ewiges Wort des Vaters, Ehre sei dir!

ZUM EVANGELIUM   *Wer ist dieser Jesus? Alle reden von ihm. „Die Juden", d.h. die religiös-politische Obrigkeit, wollen ihn töten (7, 1); er aber geht zum Fest nach Jerusalem. Das große Hindernis für den Glauben ist die einfache Menschlichkeit Jesu: „Von dem hier wissen wir, woher er stammt" (V. 27); er ist „nicht weit her". Den Messias stellt man sich anders vor. So sehr sind diese Menschen dem Vorurteil und ihrer Schriftauslegung verhaftet, daß sie unfähig sind, in Jesus Gottes Gegenwart und Anspruch wahrzunehmen. Im Aufruf Jesu (V. 28–29) hören wir seine Verzweiflung über diese Menschen und zugleich das unmittelbare Bewußtsein seiner Sendung und seiner Gemeinschaft mit dem Vater. – Joh 5, 18; 1, 26.46; 8, 19.20.26.55; 7, 44; Lk 4, 28–30.*

EVANGELIUM   Joh 7, 1–2.10.25–30

Sie wollten ihn festnehmen; doch seine Stunde war noch nicht gekommen

✛ Aus dem heiligen Evangelium nach Johannes.

In jener Zeit
1   zog Jesus in Galiläa umher;
    denn er wollte sich nicht in Judäa aufhalten,
        weil die Juden darauf aus waren, ihn zu töten.
2 Das Laubhüttenfest der Juden war nahe.

¹⁰ Als seine Brüder zum Fest hinaufgegangen waren,
  zog auch er hinauf,
jedoch nicht öffentlich, sondern heimlich.
²⁵ Da sagten einige Leute aus Jerusalem:
  Ist das nicht der, den sie töten wollen?
²⁶ Und doch redet er in aller Öffentlichkeit,
  und man läßt ihn gewähren.
Sollte der Hohe Rat wirklich erkannt haben,
  daß er der Messias ist?
²⁷ Aber von dem hier wissen wir, woher er stammt;
wenn jedoch der Messias kommt,
  weiß niemand, woher er stammt.
²⁸ Während Jesus im Tempel lehrte,
  rief er: Ihr kennt mich
  und wißt, woher ich bin;
aber ich bin nicht in meinem eigenen Namen gekommen,
  sondern er, der mich gesandt hat, bürgt für die Wahrheit.
Ihr kennt ihn nur nicht.
²⁹ Ich kenne ihn,
  weil ich von ihm komme und weil er mich gesandt hat.
³⁰ Da wollten sie ihn festnehmen;
aber keiner wagte ihn anzufassen,
  denn seine Stunde war noch nicht gekommen.

FÜRBITTEN

Wir beten zu Christus, der von den Menschen abgelehnt wurde:

Für alle, die um ihres Glaubens willen verfolgt werden. – Lasset zum Herrn uns beten: Herr, erbarme dich.
A.: Christus, erbarme dich.

Um Gerechtigkeit und Frieden in der Welt. – Lasset zum Herrn uns beten: Herr, erbarme dich.

Für unsere Kranken: um Geduld in ihren Leiden. – Lasset zum Herrn uns beten: Herr, erbarme dich.

Für unsere Verstorbenen: um das ewige Leben. – Lasset zum Herrn uns beten: Herr, erbarme dich.

Denn um unseres Heiles willen hast du den Tod auf dich genommen. Dir sei Lobpreis und Ehre in Ewigkeit.   A.: Amen.

GABENGEBET

Wir bitten dich, allmächtiger Gott,
das Opfer, das wir feiern, tilge unsere Schuld,
damit wir in Lauterkeit
den österlichen Tagen entgegengehen,
in denen der Ursprung dieses Opfers liegt.
Darum bitten wir durch Christus, unseren Herrn.

Fastenpräfation, S. 1356 f.

KOMMUNIONVERS   Eph 1,7

Durch das Blut Christi haben wir die Erlösung,
die Vergebung der Sünden nach seiner reichen Gnade.

SCHLUSSGEBET

Allmächtiger Gott,
du hast uns von den alten
zu den neuen Zeichen des Heils hinübergeführt.
Laß uns die Gewohnheiten des alten Menschen ablegen
und neu werden in Heiligkeit und Gerechtigkeit.
Darum bitten wir durch Christus, unseren Herrn.

WENN JESUS „SCHREIT" *(meistens wird statt „schreien" „rufen"
übersetzt), müssen wir aufhorchen. Denn er war kein Schreier. Aber wo
Jesus das Wesen seiner Existenz und Sendung aussagt, wählt der Evangelist das Wort „schreien"; es ist ein Sagen mit dem Aufgebot aller Kräfte
des Leibes und der Seele: Joh 7,28–29; 7,37; 12,44; Mt 27,50.*

SAMSTAG

ERÖFFNUNGSVERS   Ps 18 (17), 5–7

Mich umfingen die Fesseln des Todes.
Die Bande der Unterwelt umstrickten mich.
In meiner Not rief ich zum Herrn.
Aus seinem Heiligtum hörte er mein Rufen.

TAGESGEBET

Barmherziger Gott,
lenke du selbst unsere Herzen zu dir hin;
denn ohne deine Hilfe können wir dir nicht gefallen.
Darum bitten wir durch Jesus Christus.

ZUR LESUNG *Als Prophet auftreten, als Sprecher Gottes den Mitmenschen genau das sagen müssen, was sie nicht hören wollen, war immer eine schwere Aufgabe. Jeremia hat bittere Erfahrungen gemacht. Die Priester und Propheten von Jerusalem verfolgten ihn, seine eigenen Brüder wollten ihn beseitigen. Das war ums Jahr 609 v. Chr. Aber Jeremia wurde gewarnt: „Der Herr ließ es mich wissen" (V. 18). Nicht umsonst hatte er in der Stunde seiner Berufung zu ihm gesagt: „Fürchte dich nicht vor ihnen, denn ich bin mit dir, um dich zu retten" (1, 8). In vielem ist das, was Jeremia zu leiden hatte, ein Vorspiel der Leidensgeschichte Jesu (vgl. Evangelium). Das Gebet um Rache (V. 20) zeigt freilich, daß bis zum Gebet Jesu für seine Feinde (Lk 23, 34) noch ein weiter Weg war. – Jer 15, 10–11; Jes 53, 7; Weish 2, 12; Jer 17, 10; 20, 12; 1 Kön 8, 39; Ps 7, 10; 44, 22; Weish 1, 6; Apg 1, 24; Offb 2, 23.*

ERSTE LESUNG   Jer 11, 18–20

Ich war wie ein zutrauliches Lamm, das zum Schlachten geführt wird

**Lesung
aus dem Buch Jeremía.**

18 Der Herr ließ es mich wissen,
      und so wußte ich es;
    damals ließest du mich ihr Treiben durchschauen.

19 Ich selbst war wie ein zutrauliches Lamm,
      das zum Schlachten geführt wird,
    und ahnte nicht, daß sie gegen mich Böses planten:
    Wir wollen den Baum im Saft verderben;
    wir wollen ihn ausrotten aus dem Land der Lebenden,
      so daß man seinen Namen nicht mehr erwähnt.

20 Aber der Herr der Heere richtet gerecht,
    er prüft Herz und Nieren.
    Ich werde sehen, wie du Rache an ihnen nimmst;
    denn dir habe ich meine Sache anvertraut.

ANTWORTPSALM   Ps 7, 2–3.9–10.11–12 (R: vgl. 2a)

R Herr, mein Gott, ich hoffe auf dich. – R   (GL 527, 7)

2 Herr, mein Gott, ich flüchte mich zu dir; *   IV. Ton
   hilf mir vor allen Verfolgern und rette mich,

3 damit mir niemand wie ein Löwe das Leben raubt, *
   mich zerreißt, und keiner ist da, der mich rettet. – (R)

9 Herr, weil ich gerecht bin, verschaff mir Recht, *
   und tu an mir Gutes, weil ich schuldlos bin!

10 Die Bosheit der Frevler finde ein Ende, †
   doch gib dem Gerechten Bestand, *
   gerechter Gott, der du auf Herz und Nieren prüfst. – (R)

11 Ein Schild über mir ist Gott, *
   er rettet die Menschen mit redlichem Herzen.

12 Gott ist ein gerechter Richter, *
   ein Gott, der täglich strafen kann. – R

RUF VOR DEM EVANGELIUM   Vers: vgl. Lk 8, 15

Christus, du ewiges Wort des Vaters, Ehre sei dir! – R

Selig, die das Wort mit aufrichtigem Herzen hören
und Frucht bringen in Geduld.

Christus, du ewiges Wort des Vaters, Ehre sei dir!

ZUM EVANGELIUM   *Jesus ist zum Laubhüttenfest nach Jerusalem gegangen. Am 7. Tag der Woche, als man in einer goldenen Kanne das Wasser aus dem Teich Schiloach schöpfte, hat er sich als die Quelle lebendigen Wassers offenbart (7, 37–38), als die Erfüllung aller Heilserwartung (vgl. Joel 3, 1–2). Wasser ist Symbol des Lebens und des Gottesgeistes (Joh 1, 33). Das Wort Jesu machte Eindruck; es weckte Zustimmung und Widerspruch. Die Schriftgelehrten „beweisen", daß Jesus nicht der Messias sein kann. Aber nicht die exakte Wissenschaft, noch weniger die öffentliche Meinung kann wissen und sagen, wer Jesus wirklich ist. – 2 Sam 7, 1–17; Mt 9, 27; Röm 1, 3; Mi 5, 1; Mt 2, 5–6; Joh 7, 30; Mt 13, 54–56; Lk 4, 22; Mt 11, 25; Dtn 1, 16–17; Joh 1, 46; 5, 39; Mt 16, 14.*

Fastenzeit: 4. Woche – Samstag

EVANGELIUM
Joh 7,40–53

Kommt der Messias vielleicht aus Galiläa?

✝ Aus dem heiligen Evangelium nach Johannes.

In jener Zeit
40 sagten einige aus dem Volk, als sie die Worte Jesu hörten:
Er ist wahrhaftig der Prophet.
41 Andere sagten: Er ist der Messias.
Wieder andere sagten: Kommt denn der Messias aus Galiläa?
42 Sagt nicht die Schrift:
Der Messias kommt aus dem Geschlecht Davids
und aus dem Dorf Betlehem, wo David lebte?
43 So entstand seinetwegen eine Spaltung in der Menge.
44 Einige von ihnen wollten ihn festnehmen;
aber keiner wagte ihn anzufassen.
45 Als die Gerichtsdiener
zu den Hohenpriestern und den Pharisäern zurückkamen,
fragten diese: Warum habt ihr ihn nicht hergebracht?
46 Die Gerichtsdiener antworteten:
Noch nie hat ein Mensch so gesprochen.
47 Da entgegneten ihnen die Pharisäer:
Habt auch ihr euch in die Irre führen lassen?
48 Ist etwa einer vom Hohen Rat oder von den Pharisäern
zum Glauben an ihn gekommen?
49 Dieses Volk jedoch, das vom Gesetz nichts versteht,
verflucht ist es.
50 Nikodémus aber, einer aus ihren eigenen Reihen,
der früher einmal Jesus aufgesucht hatte,
sagte zu ihnen:
51 Verurteilt etwa unser Gesetz einen Menschen,
bevor man ihn verhört und festgestellt hat, was er tut?
52 Sie erwiderten ihm: Bist du vielleicht auch aus Galiläa?
Lies doch nach:
Der Prophet kommt nicht aus Galiläa.
53 Dann gingen alle nach Hause.

FÜRBITTEN

Im Gebet wollen wir uns an Christus wenden, der dem Vater gehorsam war bis zum Tod am Kreuz:

Laß deine Diener von dir lernen, ihr Kreuz zu tragen.
A.: Wir bitten dich, erhöre uns.

Zeige Wege auf, soziale Spannungen abzubauen und zu einem gerechten Ausgleich zu kommen.

Bewahre die Welt vor Hungersnot und Seuchen.

Ermuntere uns, mit den Armen zu teilen.

Denn du hast durch deinen Tod Frieden gestiftet. Dir gebührt Lobpreis und Ehre in Ewigkeit.   A.: Amen.

GABENGEBET

Herr und Gott,
nimm unsere Gaben an und sei uns gnädig.
Lenke unseren Willen, auch wenn er sich auflehnt,
und dränge ihn zu dir hin.
Darum bitten wir durch Christus, unseren Herrn.

Fastenpräfation, S. 1356f.

KOMMUNIONVERS   1 Petr 1, 19

Wir sind losgekauft durch das kostbare Blut Christi,
des Lammes ohne Fehl und Makel.

SCHLUSSGEBET

Herr, unser Gott,
befreie uns durch das heilige Sakrament
von jeder Schuld
und gib, daß unser Leben dir wohlgefällt.
Darum bitten wir durch Christus, unseren Herrn.

„ICH BIN DAS FEUER, *das brennt, und das Wasser, das umstürzt, die Liebe, die einweiht, und die Wahrheit, die vorübergeht. Alles, was sich aufdrängt, und alles, was erneuert, alles, was entfesselt, und alles, was vereint: Kraft, Erfahrung, Fortschritt ... das bin ich.*

Je nachdem wie man sich hineinbegibt, reißt der Wirbel in die dunklen Tiefen mit, oder er trägt bis in die Azurbläue der Himmel empor" (Teilhard de Chardin).

Der Brauch, die Kreuze und Bilder in den Kirchen zu verhüllen, soll beibehalten werden. In diesem Fall bleiben die Kreuze verhüllt bis zum Ende der Karfreitagsliturgie, die Bilder jedoch bis zum Beginn der Osternachtfeier.

5. WOCHE

ZUR AUSWAHL

Die folgenden Lesungen können an jedem Tag dieser Woche genommen werden, vor allem wenn am 5. Fastensonntag der Lesejahre B und C das Evangelium von der Auferweckung des Lazarus nicht gelesen wurde.

ZUR LESUNG   *Die Geschichte des Propheten Elischa beginnt schon in 1 Kön 19,16, wo Elija den Auftrag erhält, Elischa zu seinem Nachfolger im Prophetenamt zu salben. Als Elija dann entrückt wurde, ging sein Geist auf Elischa über. Die Wunder Elischas, zum Teil denen Elijas nachgebildet, sollen beweisen, daß der Jünger wirklich den Geist und die Macht des Meisters besitzt. Über die geschichtliche Wahrheit dieser Erzählungen läßt sich im einzelnen schwer etwas Genaues sagen. Der Verfasser will vor allem die Macht Gottes und seines Propheten zeigen. Kein Mensch kann Tote zum Leben erwecken, das wußten auch Elija und Elischa; nur durch inständiges Gebet können sie die Toten ins Leben zurückrufen. Man vergleiche dazu die Art und Weise, wie Jesus den toten Lazarus zum Leben erweckt (Evangelium). – 1 Kön 17,17–24; Apg 20,10–12; Mt 6,6; Hebr 11,35.*

ERSTE LESUNG   2 Kön 4,18b–21.32–37

Elischa erweckt den Sohn der Schunemiterin zum Leben

**Lesung
aus dem zweiten Buch der Könige.**

18b **Das Kind der Schunemiterin
ging eines Tages zu seinem Vater hinaus zu den Schnittern.**
19 **Dort klagte es ihm: Mein Kopf, mein Kopf!
Der Vater befahl seinem Knecht:
Trag das Kind heim zu seiner Mutter!**

²⁰ Der Knecht nahm es und brachte es zu ihr.
Es saß noch bis zum Mittag auf ihren Knien;
dann starb es.
²¹ Sie stieg nun in das obere Gemach hinauf,
legte das Kind auf das Bett des Gottesmannes Elíscha
und schloß die Tür hinter ihm ab.
³² Als Elíscha in das Haus kam,
lag das Kind tot auf seinem Bett.
³³ Er ging in das Gemach,
schloß die Tür hinter sich und dem Kind
und betete zum Herrn.
³⁴ Dann trat er an das Bett und warf sich über das Kind;
er legte seinen Mund auf dessen Mund,
seine Augen auf dessen Augen,
seine Hände auf dessen Hände.
Als er sich so über das Kind hinstreckte,
kam Wärme in dessen Leib.
³⁵ Dann stand er auf,
ging im Haus einmal hin und her,
trat wieder an das Bett
und warf sich über das Kind.
Da nieste es siebenmal
und öffnete die Augen.
³⁶ Nun rief Elíscha seinen Diener Géhasi
und befahl ihm, die Schunemíterin zu rufen.
Er rief sie,
und als sie kam,
sagte der Gottesmann zu ihr: Nimm deinen Sohn!
³⁷ Sie trat hinzu, fiel Elíscha zu Füßen
und verneigte sich bis zur Erde.
Dann nahm sie ihren Sohn und ging hinaus.

ANTWORTPSALM Ps 17 (16), 1–2.6–7.8 u. 15 (R: vgl. 15)

R Dein Angesicht werde ich schauen, wenn ich erwache. – R

(GL 528, 4)
VI. Ton

¹ Höre, Herr, die gerechte Sache, †
achte auf mein Flehen, *
vernimm mein Gebet von Lippen ohne Falsch!
² Von deinem Angesicht ergehe mein Urteil; *
denn deine Augen sehen, was recht ist. – (R)

Fastenzeit: 5. Woche – Zur Auswahl

6 Ich rufe dich an, denn du, Gott, erhörst mich. *
Wende dein Ohr mir zu, vernimm meine Rede!

7 Wunderbar erweise deine Huld! *
Du rettest alle, die sich an deiner Rechten vor den Feinden bergen. – R

8 Behüte mich wie den Augapfel, den Stern des Auges, *
birg mich im Schatten deiner Flügel.

15 Ich will in Gerechtigkeit dein Angesicht schauen, *
mich satt sehen an deiner Gestalt, wenn ich erwache. – R

RUF VOR DEM EVANGELIUM Vers: Joh 11, 25a. 26b

Herr Jesus, dir sei Ruhm und Ehre! – R

(So spricht der Herr:)
Ich bin die Auferstehung und das Leben.
Jeder, der an mich glaubt, wird auf ewig nicht sterben.

Herr Jesus, dir sei Ruhm und Ehre!

ZUM EVANGELIUM *Die Auferweckung des Lazarus ist das letzte und größte der sieben „Zeichen" Jesu, die das Johannesevangelium berichtet. Angesichts des toten Lazarus und seines eigenen Todes sagt Jesus das Wort: „Ich bin die Auferstehung und das Leben" (V. 25). Auferstehung und Leben sind also nicht, wie bei den Pharisäern und auch bei Marta, eine ferne Hoffnung; die Auferstehung ist da: „Ich bin es", sagt Jesus zu Marta, wie er zur Samariterin gesagt hat: „Ich bin es." Um die Offenbarung der Macht und Fülle und Herrlichkeit, die in Jesus wohnt, ging es bei allen seinen „Zeichen". Hinüber- und hineingehen in die göttliche Lebensfülle Christi kann jetzt schon, „wer mein Wort hört und dem glaubt, der mich gesandt hat" (5, 24; vgl. 11, 26). – Mt 22, 23–33; Joh 8, 51; 1 Joh 3, 14.*

EVANGELIUM Joh 11, 1–45

Ich bin die Auferstehung und das Leben; wer an mich glaubt, wird leben

✝ Aus dem heiligen Evangelium nach Johannes.

In jener Zeit
1 war ein Mann krank,
Lázarus aus Betánien,
dem Dorf, in dem Maria und ihre Schwester Marta wohnten.

² Maria ist die, die den Herrn mit Öl gesalbt
und seine Füße mit ihrem Haar abgetrocknet hat;
deren Bruder Lázarus war krank.
³ Daher sandten die Schwestern Jesus die Nachricht:
Herr, dein Freund ist krank.
⁴ Als Jesus das hörte,
sagte er: Diese Krankheit wird nicht zum Tod führen,
sondern dient der Verherrlichung Gottes:
Durch sie soll der Sohn Gottes verherrlicht werden.
⁵ Denn Jesus liebte Marta, ihre Schwester und Lázarus.
⁶ Als er hörte, daß Lázarus krank war,
blieb er noch zwei Tage an dem Ort, wo er sich aufhielt.
⁷ Danach sagte er zu den Jüngern:
Laßt uns wieder nach Judäa gehen.
⁸ Die Jünger entgegneten ihm:
Rabbi, eben noch wollten dich die Juden steinigen,
und du gehst wieder dorthin?
⁹ Jesus antwortete: Hat der Tag nicht zwölf Stunden?
Wenn jemand am Tag umhergeht, stößt er nicht an,
weil er das Licht dieser Welt sieht;
¹⁰ wenn aber jemand in der Nacht umhergeht, stößt er an,
weil das Licht nicht in ihm ist.
¹¹ So sprach er.

Dann sagte er zu ihnen: Lázarus, unser Freund, schläft;
aber ich gehe hin, um ihn aufzuwecken.
¹² Da sagten die Jünger zu ihm:
Herr, wenn er schläft, dann wird er gesund werden.
¹³ Jesus hatte aber von seinem Tod gesprochen,
während sie meinten, er spreche von dem gewöhnlichen Schlaf.
¹⁴ Darauf sagte ihnen Jesus unverhüllt:
Lázarus ist gestorben.
¹⁵ Und ich freue mich für euch, daß ich nicht dort war;
denn ich will, daß ihr glaubt.
Doch wir wollen zu ihm gehen.
¹⁶ Da sagte Thomas, genannt Dídymus – Zwilling –,
zu den anderen Jüngern:
Dann laßt uns mit ihm gehen, um mit ihm zu sterben.
¹⁷ Als Jesus ankam,
fand er Lázarus schon vier Tage im Grab liegen.

Fastenzeit: 5. Woche – Zur Auswahl

18 Betánien war nahe bei Jerusalem,
etwa fünfzehn Stadien entfernt.

19 Viele Juden waren zu Marta und Maria gekommen,
um sie wegen ihres Bruders zu trösten.

20 Als Marta hörte, daß Jesus komme,
ging sie ihm entgegen,
Maria aber blieb im Haus.

21 Marta sagte zu Jesus:
Herr, wärst du hier gewesen,
dann wäre mein Bruder nicht gestorben.

22 Aber auch jetzt weiß ich:
Alles, worum du Gott bittest,
wird Gott dir geben.

23 Jesus sagte zu ihr: Dein Bruder wird auferstehen.

24 Marta sagte zu ihm:
Ich weiß, daß er auferstehen wird
bei der Auferstehung am Letzten Tag.

25 Jesus erwiderte ihr:
Ich bin die Auferstehung und das Leben.
Wer an mich glaubt, wird leben,
auch wenn er stirbt,

26 und jeder, der lebt und an mich glaubt,
wird auf ewig nicht sterben.
Glaubst du das?

27 Marta antwortete ihm:
Ja, Herr, ich glaube, daß du der Messias bist,
der Sohn Gottes, der in die Welt kommen soll.

28 Nach diesen Worten ging sie weg,
rief heimlich ihre Schwester Maria
und sagte zu ihr: Der Meister ist da und läßt dich rufen.

29 Als Maria das hörte,
stand sie sofort auf und ging zu ihm.

30 Denn Jesus war noch nicht in das Dorf gekommen;
er war noch dort, wo ihn Marta getroffen hatte.

31 Die Juden, die bei Maria im Haus waren und sie trösteten,
sahen, daß sie plötzlich aufstand und hinausging.
Da folgten sie ihr,
weil sie meinten, sie gehe zum Grab,
um dort zu weinen.

⁣³² Als Maria dorthin kam, wo Jesus war,
und ihn sah,
fiel sie ihm zu Füßen
und sagte zu ihm:
Herr, wärst du hier gewesen,
dann wäre mein Bruder nicht gestorben.
³³ Als Jesus sah, wie sie weinte
und wie auch die Juden weinten, die mit ihr gekommen waren,
war er im Innersten erregt und erschüttert.
³⁴ Er sagte: Wo habt ihr ihn bestattet?
Sie antworteten ihm: Herr, komm und sieh!
³⁵ Da weinte Jesus.
³⁶ Die Juden sagten:
Seht, wie lieb er ihn hatte!
³⁷ Einige aber sagten:
Wenn er dem Blinden die Augen geöffnet hat,
hätte er dann nicht auch verhindern können,
daß dieser hier starb?
³⁸ Da wurde Jesus wiederum innerlich erregt,
und er ging zum Grab.
Es war eine Höhle, die mit einem Stein verschlossen war.
³⁹ Jesus sagte: Nehmt den Stein weg!
Marta, die Schwester des Verstorbenen,
entgegnete ihm: Herr, er riecht aber schon,
denn es ist bereits der vierte Tag.
⁴⁰ Jesus sagte zu ihr:
Habe ich dir nicht gesagt:
Wenn du glaubst, wirst du die Herrlichkeit Gottes sehen?
⁴¹ Da nahmen sie den Stein weg.

Jesus aber erhob seine Augen
und sprach: Vater, ich danke dir, daß du mich erhört hast.
⁴² Ich wußte, daß du mich immer erhörst;
aber wegen der Menge, die um mich herum steht,
habe ich es gesagt;
denn sie sollen glauben,
daß du mich gesandt hast.
⁴³ Nachdem er dies gesagt hatte,
rief er mit lauter Stimme: Lázarus, komm heraus!
⁴⁴ Da kam der Verstorbene heraus;

seine Füße und Hände waren mit Binden umwickelt,
und sein Gesicht war mit einem Schweißtuch verhüllt.
Jesus sagte zu ihnen:
  Löst ihm die Binden,
und laßt ihn weggehen!
45 Viele der Juden, die zu Maria gekommen waren
  und gesehen hatten, was Jesus getan hatte,
  kamen zum Glauben an ihn.

„GOTT IST AN DER WURZEL UNSERES SEINS, *er ist die Quelle, er ist das Leben. Aber um das zu entdecken, müssen wir zuerst erfahren, daß alle Stützen, auf die wir unsere Sicherheit gründeten, unsicher und völlig unzureichend sind. Gesundheit, körperliches und seelisches Gleichgewicht, soziale Stellung, Arbeitskraft und Hingabefähigkeit, Sicherheit einer sich ausbreitenden Zivilisation, Treue der Zuneigung, die uns umgibt: alles das ist gut und kostbar, und wir dürfen es mit dankbarem Herzen annehmen. Aber all das ist zerbrechlich; vor allem kann es nicht genügen, unserem Leben Halt zu geben, unseren Hunger nach einer bleibenden Nähe, nach einer vollkommenen Liebe, eben: nach Gott, zu stillen"* (J. Guillet).

MONTAG

ERÖFFNUNGSVERS   Ps 56 (55), 2
Sei mir gnädig, Gott, denn Menschen stellen mir nach;
meine Feinde bedrängen mich Tag für Tag.

TAGESGEBET
Barmherziger Gott,
in deinem Sohn
hast du uns die Fülle des Segens geschenkt.
Gib uns Kraft,
unsere sündhaften Gewohnheiten abzulegen
und in der neuen Wirklichkeit zu leben,
damit einst die Herrlichkeit deines Reiches
an uns offenbar wird.
Darum bitten wir durch Jesus Christus.

ZUR LESUNG *Die Geschichte von Susannas Rettung durch den weisen jungen Daniel ist ein später Zusatz zum Buch Daniel. Die Erzählung will zeigen (vgl. V. 60), daß Gott gerecht ist und Recht schafft (das ist auch die Bedeutung des Namens Daniel). Aber wahrscheinlich steht hinter dieser erbaulichen Geschichte noch ein anderer Sinn: Susanna stellt das Volk Israel dar: das treue Israel, das den Verlockungen der Heiden und der Abtrünnigen Widerstand leistet und um keinen Preis seinem Gott die Treue bricht. – Hos 2, 15; Jer 2, 20–25; Lev 20, 10; Dtn 22, 22; Joh 8, 4–5; Lev 24, 14; Ps 33, 13–15; Spr 15, 11; Hebr 4, 13; Dam 4, 5; 5, 11.14; Gen 41, 38.*

ERSTE LESUNG Dan 13, 1–9.15–17.19–30.33–62

Ich muß sterben, obwohl ich nichts von dem getan habe, was diese Menschen mir vorwerfen

Lesung
   aus dem Buch Dániel.

In jenen Tagen
1   wohnte in Bábylon ein Mann mit Namen Jójakim.
2   Er hatte Susánna, die Tochter Hilkíjas, zur Frau;
    sie war sehr schön und gottesfürchtig.
3   Auch ihre Eltern waren gerecht
    und hatten ihre Tochter nach dem Gesetz des Mose erzogen.
4   Jójakim war sehr reich;
    er besaß einen Garten nahe bei seinem Haus.
    Die Juden pflegten bei ihm zusammenzukommen,
    weil er der Angesehenste von allen war.
5   Als Richter amtierten in jenem Jahr zwei Älteste aus dem Volk,
    von denen galt, was der Herr gesagt hat:
    Ungerechtigkeit ging von Bábylon aus,
    von den Ältesten, von den Richtern,
    die als Leiter des Volkes galten.
6   Sie hielten sich regelmäßig im Haus Jójakims auf,
    und alle, die eine Rechtssache hatten, kamen zu ihnen.
7   Hatten sich nun die Leute um die Mittagszeit wieder entfernt,
    dann kam Susánna und ging im Garten ihres Mannes spazieren.
8   Die beiden Ältesten sahen sie täglich kommen und umhergehen;
    da regte sich in ihnen die Begierde nach ihr.
9   Ihre Gedanken gerieten auf Abwege,
    und ihre Augen gingen in die Irre;

sie sahen weder zum Himmel auf,
    noch dachten sie an die gerechten Strafen Gottes.

¹⁵ Während sie auf einen günstigen Tag warteten,
    kam Susánna eines Tages wie gewöhnlich in den Garten,
    nur von zwei Mädchen begleitet,
    und wollte baden; denn es war heiß.
¹⁶ Niemand war dort außer den beiden Ältesten,
    die sich versteckt hatten und ihr auflauerten.
¹⁷ Sie sagte zu den Mädchen: Holt mir Öl und Salben
    und verriegelt das Gartentor, damit ich baden kann.

¹⁹ Als die Mädchen weg waren,
    standen die beiden Ältesten auf,
liefen zu Susánna hin
²⁰ und sagten: Das Gartentor ist verschlossen,
    und niemand sieht uns;
wir brennen vor Verlangen nach dir:
    Sei uns zu Willen, und gib dich uns hin!
²¹ Weigerst du dich,
    dann bezeugen wir gegen dich, daß ein junger Mann bei dir war
    und daß du deshalb die Mädchen weggeschickt hast.

²² Da seufzte Susánna
    und sagte: Ich bin bedrängt von allen Seiten:
Wenn ich es tue, so droht mir der Tod;
    tue ich es aber nicht, so werde ich euch nicht entrinnen.
²³ Es ist besser für mich,
    es nicht zu tun und euch in die Hände zu fallen,
    als gegen den Herrn zu sündigen.
²⁴ Dann schrie Susánna, so laut sie konnte.
Aber zugleich mit ihr schrien auch die beiden Ältesten,
²⁵ und einer von ihnen lief zum Gartentor und öffnete es.

²⁶ Als die Leute im Haus das Geschrei im Garten hörten,
    eilten sie durch die Seitentür herbei,
    um zu sehen, was ihr zugestoßen sei.
²⁷ Als die Ältesten ihre Erklärung gaben,
    schämten sich die Diener sehr;
    denn noch nie war so etwas über Susánna gesagt worden.

²⁸ Als am nächsten Morgen
    das Volk bei Jójakim, ihrem Mann, zusammenkam,
    erschienen auch die beiden Ältesten.

Sie kamen mit der verbrecherischen Absicht,
    gegen Susánna die Todesstrafe zu erwirken.
Sie sagten vor dem Volk:

29   Schickt nach Susánna, der Tochter Hilkíjas, der Frau Jójakims!
Man schickte nach ihr.

30 Sie kam,
    begleitet von ihren Eltern, ihren Kindern und allen Verwandten.

33 Ihre Angehörigen weinten,
und alle, die sie sahen, begannen ebenfalls zu weinen.

34 Vor dem ganzen Volk standen nun die beiden Ältesten auf
    und legten die Hände auf den Kopf Susánnas.

35 Sie aber blickte weinend zum Himmel auf;
    denn ihr Herz vertraute dem Herrn.

36 Die Ältesten sagten:
    Während wir allein im Garten spazierengingen,
    kam diese Frau mit zwei Mägden herein.
Sie ließ das Gartentor verriegeln und schickte die Mägde fort.

37 Dann kam ein junger Mann zu ihr, der sich versteckt hatte,
    und legte sich zu ihr.

38 Wir waren gerade in einer abgelegenen Ecke des Gartens;
    als wir aber die Sünde sahen,
    eilten wir zu ihnen hin

39   und sahen, wie sie zusammen waren.
Den Mann konnten wir nicht festhalten;
    denn er war stärker als wir;
    er öffnete das Tor und entkam.

40 Aber diese da hielten wir fest
    und fragten sie, wer der junge Mann war.

41   Sie wollte es uns aber nicht verraten.
Das alles können wir bezeugen.

Die versammelte Gemeinde glaubte ihnen,
    weil sie Älteste des Volkes und Richter waren,
    und verurteilte Susánna zum Tod.

42 Da rief sie laut:
    Ewiger Gott, du kennst auch das Verborgene;
du weißt alles, noch bevor es geschieht.

43 Du weißt auch,
    daß sie eine falsche Aussage gegen mich gemacht haben.
Darum muß ich jetzt sterben,

obwohl ich nichts von dem getan habe,
was diese Menschen mir vorwerfen.

44 Der Herr erhörte ihr Rufen.
45 Als man sie zur Hinrichtung führte,
  erweckte Gott den heiligen Geist
  in einem jungen Mann namens Dániel.
46 Dieser rief laut:
  Ich bin unschuldig am Tod dieser Frau.
47 Da wandten sich alle Leute nach ihm um
  und fragten ihn: Was soll das heißen, was du da gesagt hast?
48 Er trat mitten unter sie
  und sagte: Seid ihr so töricht, ihr Söhne Israels?
  Ohne Verhör und ohne Prüfung der Beweise
  habt ihr eine Tochter Israels verurteilt.
49 Kehrt zurück zum Ort des Gerichts!
  Denn diese Ältesten
  haben eine falsche Aussage gegen Susánna gemacht.
50 Eilig kehrten alle Leute wieder um,
  und die Ältesten sagten zu Dániel:
  Setz dich hier mitten unter uns,
  und sag uns, was du zu sagen hast.
  Denn dir hat Gott den Vorsitz verliehen.
51 Dániel sagte zu ihnen: Trennt diese beiden Männer,
  bringt sie weit auseinander!
  Ich will sie verhören.
52 Als man sie voneinander getrennt hatte,
  rief er den einen von ihnen her
  und sagte zu ihm: In Schlechtigkeit bist du alt geworden;
  doch jetzt kommt die Strafe
  für die Sünden, die du bisher begangen hast.
53 Ungerechte Urteile hast du gefällt,
  Schuldlose verurteilt,
  aber Schuldige freigesprochen;
  und doch hat der Herr gesagt:
  Einen Schuldlosen und Gerechten sollst du nicht töten.
54 Wenn du also diese Frau wirklich gesehen hast,
  dann sag uns: Was für ein Baum war das,
  unter dem du die beiden zusammen gesehen hast?
  Er antwortete: Unter einer Zeder.
55 Da sagte Dániel:

Mit deiner Lüge hast du dein eigenes Haupt getroffen.
Der Engel Gottes wird dich zerspalten;
schon hat er von Gott den Befehl dazu erhalten.

56 Dann ließ er ihn wegbringen
 und befahl, den andern vorzuführen.
Zu ihm sagte er: Du Sohn Kánaans, nicht Judas,
dich hat die Schönheit verführt,
 die Leidenschaft hat dein Herz verdorben.

57 So konntet ihr an den Töchtern Israels handeln,
 sie fürchteten sich und waren euch zu Willen.
Aber die Tochter Judas hat eure Gemeinheit nicht geduldet.

58 Nun sag mir: Was für ein Baum war das,
 unter dem du die beiden ertappt hast?
Er antwortete: Unter einer Eiche.

59 Da sagte Dániel zu ihm:
 Mit deiner Lüge hast auch du dein eigenes Haupt getroffen.
Der Engel Gottes wartet schon mit dem Schwert in der Hand,
 um dich mitten entzweizuhauen.
So wird er euch beide vernichten.

60 Da schrie die ganze Gemeinde laut auf
 und pries Gott, der alle rettet, die auf ihn hoffen.

61 Dann erhoben sie sich gegen die beiden Ältesten,
 die Dániel durch ihre eigenen Worte
 als falsche Zeugen entlarvt hatte.
Das Böse, das sie ihrem Nächsten hatten antun wollen,
62 tat man nach dem Gesetz des Mose ihnen an:
Man tötete sie.
So wurde an jenem Tag unschuldiges Blut gerettet.

Oder:

KURZFASSUNG   Dan 13,41c–62

Ich muß sterben, obwohl ich nichts von dem getan habe, was diese Menschen mir vorwerfen

Lesung
 aus dem Buch Dániel.

In jenen Tagen
41c verurteilte die versammelte Gemeinde Susánna zum Tod.
42 Da rief sie laut:

Ewiger Gott, du kennst auch das Verborgene;
du weißt alles, noch bevor es geschieht.
⁴³ Du weißt auch,
daß sie eine falsche Aussage gegen mich gemacht haben.
Darum muß ich jetzt sterben,
obwohl ich nichts von dem getan habe,
was diese Menschen mir vorwerfen.
⁴⁴ Der Herr erhörte ihr Rufen.
⁴⁵ Als man sie zur Hinrichtung führte,
erweckte Gott den heiligen Geist
in einem jungen Mann namens Dániel.
⁴⁶ Dieser rief laut:
Ich bin unschuldig am Tod dieser Frau.
⁴⁷ Da wandten sich alle Leute nach ihm um
und fragten ihn: Was soll das heißen, was du da gesagt hast?
⁴⁸ Er trat mitten unter sie
und sagte: Seid ihr so töricht, ihr Söhne Israels?
Ohne Verhör und ohne Prüfung der Beweise
habt ihr eine Tochter Israels verurteilt.
⁴⁹ Kehrt zurück zum Ort des Gerichts!
Denn diese Ältesten
haben eine falsche Aussage gegen Susánna gemacht.
⁵⁰ Eilig kehrten alle Leute wieder um,
und die Ältesten sagten zu Dániel:
Setz dich hier mitten unter uns,
und sag uns, was du zu sagen hast.
Denn dir hat Gott den Vorsitz verliehen.
⁵¹ Dániel sagte zu ihnen: Trennt diese beiden Männer,
bringt sie weit auseinander!
Ich will sie verhören.
⁵² Als man sie voneinander getrennt hatte,
rief er den einen von ihnen her
und sagte zu ihm: In Schlechtigkeit bist du alt geworden;
doch jetzt kommt die Strafe
für die Sünden, die du bisher begangen hast.
⁵³ Ungerechte Urteile hast du gefällt,
Schuldlose verurteilt,
aber Schuldige freigesprochen;
und doch hat der Herr gesagt:
Einen Schuldlosen und Gerechten sollst du nicht töten.

⁵⁴ Wenn du also diese Frau wirklich gesehen hast,
  dann sag uns: Was für ein Baum war das,
   unter dem du die beiden zusammen gesehen hast?
 Er antwortete: Unter einer Zeder.
⁵⁵ Da sagte Dániel:
  Mit deiner Lüge hast du dein eigenes Haupt getroffen.
 Der Engel Gottes wird dich zerspalten;
 schon hat er von Gott den Befehl dazu erhalten.
⁵⁶ Dann ließ er ihn wegbringen
  und befahl, den andern vorzuführen.
 Zu ihm sagte er: Du Sohn Kánaans, nicht Judas,
 dich hat die Schönheit verführt,
  die Leidenschaft hat dein Herz verdorben.
⁵⁷ So konntet ihr an den Töchtern Israels handeln,
  sie fürchteten sich und waren euch zu Willen.
 Aber die Tochter Judas hat eure Gemeinheit nicht geduldet.
⁵⁸ Nun sag mir: Was für ein Baum war das,
  unter dem du die beiden ertappt hast?
 Er antwortete: Unter einer Eiche.
⁵⁹ Da sagte Dániel zu ihm:
  Mit deiner Lüge hast auch du dein eigenes Haupt getroffen.
 Der Engel Gottes wartet schon mit dem Schwert in der Hand,
  um dich mitten entzweizuhauen.
 So wird er euch beide vernichten.
⁶⁰ Da schrie die ganze Gemeinde laut auf
  und pries Gott, der alle rettet, die auf ihn hoffen.
⁶¹ Dann erhoben sie sich gegen die beiden Ältesten,
  die Dániel durch ihre eigenen Worte
  als falsche Zeugen entlarvt hatte.
 Das Böse, das sie ihrem Nächsten hatten antun wollen,
⁶² tat man nach dem Gesetz des Mose ihnen an:
 Man tötete sie.
 So wurde an jenem Tag unschuldiges Blut gerettet.

ANTWORTPSALM Ps 23 (22), 1–3.4.5.6 (R: 4abc)
(GL 172, 4)

R Muß ich auch wandern in finsterer Schlucht,
ich fürchte kein Unheil, denn du bist bei mir. – **R**

¹ Der Herr ist mein Hirte, nichts wird mir fehlen. † III. Ton
² Er läßt mich lagern auf grünen Auen *
 und führt mich zum Ruheplatz am Wasser.

Fastenzeit: 5. Woche – Montag

3 Er stills mein Verlangen; *
er leitet mich auf rechten Pfaden, treu seinem Namen. – (R)

4 Muß ich auch wandern in finsterer Schlucht, *
ich fürchte kein Unheil;

denn du bist bei mir, *
dein Stock und dein Stab geben mir Zuversicht. – (R)

5 Du deckst mir den Tisch *
vor den Augen meiner Feinde.

Du salbst mein Haupt mit Öl, *
du füllst mir reichlich den Becher. – (R)

6 Lauter Güte und Huld *
werden mir folgen mein Leben lang,

und im Haus des Herrn *
darf ich wohnen für lange Zeit. – R

RUF VOR DEM EVANGELIUM   Vers: Ez 33,11

Herr Jesus, dir sei Ruhm und Ehre! – R

(So spricht Gott, der Herr:)
Ich habe kein Gefallen am Tod des Schuldigen,
sondern daran, daß er umkehrt auf seinem Weg und am Leben bleibt.

Herr Jesus, dir sei Ruhm und Ehre!

ZUM EVANGELIUM   *Diesen Bericht von der Ehebrecherin würden wir nach Stil und Aussage eher bei Lukas als im Johannesevangelium suchen. Auch ist der Anklang an Dan 13 (Susanna) deutlich. Jesus ist mehr als Daniel: er verteidigt nicht nur die Schuldlose, er vergibt der Sünderin. Für ihn ist nicht mehr der äußere Gehorsam gegen das Gesetz entscheidend, sondern die Antwort des Herzens auf die Gabe und den Anspruch der Liebe. – Dtn 22,22–24; Dan 13.*

EVANGELIUM   Joh 8,1–11

Wer von euch ohne Sünde ist, werfe als erster einen Stein auf sie

✢ Aus dem heiligen Evangelium nach Johannes.

In jener Zeit
  ging Jesus zum Ölberg.
Am frühen Morgen begab er sich wieder in den Tempel.

Alles Volk kam zu ihm.
Er setzte sich und lehrte es.

3 Da brachten die Schriftgelehrten und die Pharisäer eine Frau,
die beim Ehebruch ertappt worden war.
Sie stellten sie in die Mitte
4 und sagten zu ihm: Meister,
diese Frau wurde beim Ehebruch auf frischer Tat ertappt.
5 Mose hat uns im Gesetz vorgeschrieben,
solche Frauen zu steinigen.
Nun, was sagst du?
6 Mit dieser Frage wollten sie ihn auf die Probe stellen,
um einen Grund zu haben, ihn zu verklagen.

Jesus aber bückte sich
und schrieb mit dem Finger auf die Erde.
7 Als sie hartnäckig weiterfragten,
richtete er sich auf
und sagte zu ihnen: Wer von euch ohne Sünde ist,
werfe als erster einen Stein auf sie.
8 Und er bückte sich wieder und schrieb auf die Erde.
9 Als sie seine Antwort gehört hatten,
ging einer nach dem andern fort,
zuerst die Ältesten.
Jesus blieb allein zurück
mit der Frau, die noch in der Mitte stand.

10 Er richtete sich auf
und sagte zu ihr: Frau, wo sind sie geblieben?
Hat dich keiner verurteilt?
11 Sie antwortete: Keiner, Herr.
Da sagte Jesus zu ihr: Auch ich verurteile dich nicht.
Geh und sündige von jetzt an nicht mehr!

Oder im Lesejahr C, in dem dieses Evangelium am voraufgehenden Sonntag gelesen wurde:

EVANGELIUM Joh 8, 12–20
Ich bin das Licht der Welt

✠ Aus dem heiligen Evangelium nach Johannes.

In jener Zeit redete Jesus zu den Pharisäern;
er sprach:
12 Ich bin das Licht der Welt.

Wer mir nachfolgt,
  wird nicht in der Finsternis umhergehen,
  sondern wird das Licht des Lebens haben.

13 Da sagten die Pharisäer zu ihm:
  Du legst über dich selbst Zeugnis ab;
  dein Zeugnis ist nicht gültig.

14 Jesus erwiderte ihnen:
  Auch wenn ich über mich selbst Zeugnis ablege,
    ist mein Zeugnis gültig.
  Denn ich weiß, woher ich gekommen bin
    und wohin ich gehe.
  Ihr aber wißt nicht, woher ich komme und wohin ich gehe.

15 Ihr urteilt, wie Menschen urteilen;
  ich urteile über keinen.

16 Wenn ich aber urteile,
    ist mein Urteil gültig;
  denn ich urteile nicht allein,
    sondern ich und der Vater, der mich gesandt hat.

17 Auch in eurem Gesetz heißt es:
  Erst das Zeugnis von zwei Menschen ist gültig.

18 Ich bin es, der über mich Zeugnis ablegt,
  und auch der Vater, der mich gesandt hat,
    legt über mich Zeugnis ab.

19 Da fragten sie ihn: Wo ist dein Vater?
  Jesus antwortete: Ihr kennt weder mich noch meinen Vater;
  würdet ihr mich kennen,
    dann würdet ihr auch meinen Vater kennen.

20 Diese Worte sagte er,
    als er im Tempel bei der Schatzkammer lehrte.
  Aber niemand nahm ihn fest;
  denn seine Stunde war noch nicht gekommen.

FÜRBITTEN

Zu Christus laßt uns beten, der uns den rechten Weg lehrt:

Hilf den Hirten deines Volkes, daß sie Frieden bringen, wo Streit
ist. (Stille) Christus, höre uns.
A.: Christus, erhöre uns.

Laß die Mächtigen einsehen, daß Gerechtigkeit der Weg zum Frieden ist. (Stille) Christus, höre uns.
A.: Christus erhöre uns.

Höre auf alle, die aus Not und Bedrängnis zu dir rufen. (Stille) Christus, höre uns.

Gib uns Entschlossenheit, unsere verkehrten Neigungen zu überwinden. (Stille) Christus, höre uns.

Heiliger Gott, du liebst das Recht und hassest das Unrecht. Leite unsere Schritte auf Wegen der Gerechtigkeit. Darum bitten wir durch Christus, unseren Herrn.   A.: Amen.

GABENGEBET

Herr, wir bringen die Gaben
für die Feier des heiligen Opfers.
**Nimm auch die Frucht unserer Entsagung an
und laß uns in der Freude eines geläuterten Herzens
an deinen Altar treten.
Darum bitten wir durch Christus, unseren Herrn.**

Präfation vom Leiden des Herrn I, S. 1357.

Wenn das Evangelium von der Ehebrecherin gelesen wurde:

KOMMUNIONVERS Joh 8, 10–11

**Frau, hat dich keiner verurteilt? – Keiner, Herr!
Auch ich verurteile dich nicht.
Geh und sündige von jetzt an nicht mehr!**

Wenn ein anderes Evangelium gelesen wurde: Joh 8, 12
**Ich bin das Licht der Welt – so spricht der Herr.
Wer mir nachfolgt, wird nicht in der Finsternis gehen,
sondern er wird das Licht des Lebens haben.**

SCHLUSSGEBET

Gütiger Gott,
du hast uns durch die Gnade des heiligen Sakramentes gestärkt.
**Befreie uns von unseren falschen Neigungen,
damit wir auf dem Weg der Nachfolge Christi
dir immer näher kommen.
Darum bitten wir durch ihn, Christus, unseren Herrn.**

„ES GIBT DIE VERHÄRTUNG *im Bösen, die ‚Verstockung'; es gibt als letzte Steigerung die ‚Sünde wider den Heiligen Geist', geheimnisumwitterten Zustand, da selbst Gott machtlos zu werden scheint im Umgang mit dem Menschen. Wir müssen es der Barmherzigkeit Gottes überlassen, wie sie damit zurechtkommt ... – Über der Verhärtung, der Verstockung im Bösen vergessen wir zu sehr, daß es auch eine Verhärtung der Guten gibt. Sonst gutwillige und gut handelnde Menschen haben Verhärtungen, Verkrustungen, Versteifungen, die erschreckend sind. Das Erschreckendste daran ist aber, daß diese ihnen gar nicht bewußt werden. Es sind übersehene Partien ihres Lebens, ausgesparte Bezirke ihres Handelns, an die keine Gnade rühren und kein Bekehrungsruf dringen kann.*
Noch mehr: es gibt auch eine Verhärtung im Guten selber, im wirklich Guten. Weil man sich versteift, wird das ursprünglich Gute weniger gut, und schließlich ist das starre Festhalten nicht nur ein Feind des Besseren, sondern wird zum Feind des Guten überhaupt" (Josef Eger).

DIENSTAG

ERÖFFNUNGSVERS Ps 27 (26), 14

**Hoffe auf den Herrn und sei stark!
Hab festen Mut und hoffe auf den Herrn.**

TAGESGEBET

**Gütiger Gott,
schenke uns Beharrlichkeit und Ausdauer
auf dem Weg deiner Gebote,
damit auch in unseren Tagen
viele Menschen zu dir finden
und deine Kirche dir immer eifriger dient.
Darum bitten wir durch Jesus Christus.**

ZUR LESUNG *Die Erzählung von der kupfernen Schlange geht vermutlich auf eine Schlangenplage während des Wüstenzugs zurück (V. 6). Die Hilfe kam nicht durch irgendeine Zauberei, sondern durch die Reue des Volkes, durch die Fürbitte des Mose (V. 7) und den Glauben derer, die zur kupfernen Schlange aufschauten. Mit jener Schlange muß irgendwie das Schlangenbildnis zu tun gehabt haben, das noch in viel späterer Zeit*

(2 Kön 18,4) vom Volk in Jerusalem verehrt wurde. Aberglaube ist jedoch keine Nebenform des Glaubens, sondern Zeichen und schlechter Ersatz eines nicht vorhandenen Glaubens. Der fromme König Hiskija hat schließlich jene bronzene Schlange zerstört. – Dtn 8,14–15; Jer 8,17; Weish 16,1–7; Joh 3,13–16; 1 Kor 10,9–10.

ERSTE LESUNG   Num 21,4–9

Wenn jemand von einer Schlange gebissen wurde und zu der Kupferschlange aufblickte, blieb er am Leben

Lesung
   aus dem Buch Númeri.

In jenen Tagen
⁴ brachen die Israeliten vom Berg Hor auf
   und schlugen die Richtung zum Schilfmeer ein,
   um Edom zu umgehen.

Unterwegs aber verlor das Volk den Mut,
⁵ es lehnte sich gegen Gott und gegen Mose auf
und sagte: Warum habt ihr uns aus Ägypten heraufgeführt?
Etwa damit wir in der Wüste sterben?
Es gibt weder Brot noch Wasser.
Dieser elenden Nahrung sind wir überdrüssig.

⁶ Da schickte der Herr Giftschlangen unter das Volk.
Sie bissen die Menschen,
   und viele Israeliten starben.
⁷ Die Leute kamen zu Mose
   und sagten: Wir haben gesündigt,
denn wir haben uns gegen den Herrn und gegen dich aufgelehnt.
Bete zum Herrn, daß er uns von den Schlangen befreit.
Da betete Mose für das Volk.

⁸ Der Herr antwortete Mose:
   Mach dir eine Schlange,
   und häng sie an einer Fahnenstange auf!
Jeder, der gebissen wird,
   wird am Leben bleiben, wenn er sie ansieht.

⁹ Mose machte also eine Schlange aus Kupfer
   und hängte sie an einer Fahnenstange auf.

Wenn nun jemand von einer Schlange gebissen wurde
und zu der Kupferschlange aufblickte,
blieb er am Leben.

ANTWORTPSALM Ps 102 (101), 2–3.16–17.18–19.20–21 (R: vgl. 2)

℟ Herr, erhöre mein Gebet, (GL 171, 1)
und laß mein Rufen zu dir kommen! – ℟

2 Herr, höre mein Gebet! * III. Ton
Mein Schreien dringe zu dir.

3 Verbirg dein Antlitz nicht vor mir! †
Wenn ich in Not bin, wende dein Ohr mir zu! *
Wenn ich dich anrufe, erhöre mich bald! – (℟)

16 Die Völker werden fürchten den Namen des Herrn *
und alle Könige der Erde deine Herrlichkeit.

17 Denn der Herr baut Zion wieder auf *
und erscheint in all seiner Herrlichkeit. – (℟)

18 Er wendet sich dem Gebet der Verlassenen zu, *
ihre Bitten verschmäht er nicht.

19 Dies sei aufgeschrieben für das kommende Geschlecht, *
damit das Volk, das noch erschaffen wird, den Herrn lobpreise. – (℟)

20 Der Herr schaut herab aus heiliger Höhe, *
vom Himmel blickt er auf die Erde nieder;

21 er will auf das Seufzen der Gefangenen hören *
und alle befreien, die dem Tod geweiht sind. – ℟

RUF VOR DEM EVANGELIUM

Herr Jesus, dir sei Ruhm und Ehre! – ℟

Der Samen ist das Wort Gottes, der Sämann ist Christus.
Wer Christus findet, der bleibt in Ewigkeit.

Herr Jesus, dir sei Ruhm und Ehre!

ZUM EVANGELIUM *Die Kluft zwischen Jesus und den Pharisäern
scheint unüberbrückbar. „Ihr kennt weder mich noch meinen Vater"
(8, 19). Die Diskussion wird immer schärfer; immer deutlicher sagt Jesus,
wer er ist („Ich bin": V. 12.24.28). Denen, die seine Offenbarung nicht an-*

nehmen, wird sie zum Gericht: „Ihr werdet in eurer Sünde (wegen eurer Sünde) sterben." Der Gegensatz von oben und unten, göttlicher und widergöttlicher Welt ist jedoch kein ewiger und endgültiger Gegensatz. Jesus ist ja gerade dazu in die Welt gekommen, um ihr das Licht zu bringen: die Wahrheit, das Leben, die Freude Gottes. Und er wird sein Leben hingeben, damit die Menschen wenigstens dann, wenn er erhöht ist, zu ihm aufschauen und ihn wirklich „suchen". – Ps 27; Hos 5,6; Am 5,4–6; Joh 1,9–10; 7,33–36; 3,31; 17,14; 3,14; 12,48–50.

EVANGELIUM Joh 8,21–30

Wenn ihr den Menschensohn erhöht habt, dann werdet ihr erkennen, daß Ich es bin

✢ Aus dem heiligen Evangelium nach Johannes.

In jener Zeit
21 sprach Jesus zu den Pharisäern:
Ich gehe fort, und ihr werdet mich suchen,
und ihr werdet in eurer Sünde sterben.
Wohin ich gehe, dorthin könnt ihr nicht gelangen.
22 Da sagten die Juden: Will er sich etwa umbringen?
Warum sagt er sonst:
Wohin ich gehe, dorthin könnt ihr nicht gelangen?
23 Er sagte zu ihnen:
Ihr stammt von unten, ich stamme von oben;
ihr seid aus dieser Welt,
ich bin nicht aus dieser Welt.
24 Ich habe euch gesagt: Ihr werdet in euren Sünden sterben;
denn wenn ihr nicht glaubt, daß Ich es bin,
werdet ihr in euren Sünden sterben.
25 Da fragten sie ihn: Wer bist du denn?
Jesus antwortete: Warum rede ich überhaupt noch mit euch?
26 Ich hätte noch viel über euch zu sagen und viel zu richten;
aber er, der mich gesandt hat, bürgt für die Wahrheit,
und was ich von ihm gehört habe, das sage ich der Welt.
27 Sie verstanden nicht, daß er damit den Vater meinte.
28 Da sagte Jesus zu ihnen:
Wenn ihr den Menschensohn erhöht habt,
dann werdet ihr erkennen, daß Ich es bin.

Ihr werdet erkennen, daß ich nichts im eigenen Namen tue,
  sondern nur das sage, was mich der Vater gelehrt hat.
Und er, der mich gesandt hat, ist bei mir;
er hat mich nicht allein gelassen,
  weil ich immer das tue, was ihm gefällt.

Als Jesus das sagte,
  kamen viele zum Glauben an ihn.

FÜRBITTEN

Laßt uns rufen zu Jesus Christus, der mit dem Vater lebt und wirkt:

Für alle Christen: daß sie dir mit Eifer dienen. – Lasset zum Herrn uns rufen: Herr, erbarme dich.
A.: Christus, erbarme dich.

Für jene Menschen, die sich von dir abgewandt haben: daß sie umkehren und leben. – Lasset zum Herrn uns rufen: Herr, erbarme dich.

Für die Hungernden: daß sie nicht verzweifeln. – Lasset zum Herrn uns rufen: Herr, erbarme dich.

Für die Sterbenden: daß du dich ihrer annimmst. – Lasset zum Herrn uns rufen: Herr, erbarme dich.

Denn du tust allezeit den Willen deines Vaters. Laß uns dir folgen auch in schweren Stunden. Dir sei Lob und Ehre in Ewigkeit.
A.: Amen.

GABENGEBET

Allmächtiger Gott,
wir bringen dir das Opfer der Versöhnung dar.
Tilge unsere Schuld
und gib unserem unbeständigen Sinn
Richtung und Halt.
Darum bitten wir durch Christus, unseren Herrn.

Präfation vom Leiden des Herrn I, S. 1357.

KOMMUNIONVERS   Joh 12, 32

Wenn ich von der Erde erhöht bin, werde ich alle an mich ziehen –
so spricht der Herr.

SCHLUSSGEBET

Allmächtiger Gott,
du hast uns das Brot des Himmels geschenkt.
Gib uns die Gnade,
die göttlichen Geheimnisse
mit solcher Ehrfurcht zu feiern,
daß wir dir immer näher kommen.
Darum bitten wir durch Christus, unseren Herrn.

„ES MÜSSTE ALLE *frommen Menschen, die ‚treu' festhalten an ihren gewohnten frommen Übungen, immer wieder heilsam erschrecken, daß die in Jesus Christus erschienene Barmherzigkeit Gottes wohl mit den Sündern fertig wurde, daß es aber nicht einmal dieser leibhaftig erschienenen Liebe und Güte Gottes gelang, die verhärteten Gletscherpartien einer in genauer Gesetzeserfüllung erstarrten Frömmigkeit aufzutauen und daß letztlich doch nicht die Sünder, sondern die ‚Frommen' Christus gekreuzigt haben. ‚Wir haben ein Gesetz, und nach diesem Gesetz muß er sterben!' " (Josef Eger.)*

MITTWOCH

ERÖFFNUNGSVERS   Ps 18 (17), 49

Du hast mich von meinen Feinden befreit, o Herr,
mich über meine Gegner erhoben,
dem Mann der Gewalt mich entrissen.

TAGESGEBET

Barmherziger Gott,
du selber weckst in uns das Verlangen,
dir zu dienen.
Heilige uns durch Werke der Buße,
erleuchte und stärke uns,
damit wir treu den Weg deiner Gebote gehen.
Darum bitten wir durch Jesus Christus.

Fastenzeit: 5. Woche – Mittwoch

ZUR LESUNG *Kapitel 3 des Danielbuches enthält die legendäre Geschichte der drei Männer im Feuerofen. Der König hat eine Götterstatue aufstellen lassen und bei Todesstrafe verlangt, daß alle sich vor ihr niederwerfen. Dem allmächtigen König stehen die drei Männer gegenüber, die nichts haben als ihren Gott und ihren Glauben. Berühmt ist ihre herrliche Antwort: Wenn unser Gott will, kann er uns retten; wenn nicht, „so sollst du, König, wissen: Auch dann verehren wir deine Götter nicht und beten das goldene Standbild nicht an, das du errichtet hast" (V. 17–18). Gott hat diese Männer aus dem Feuerofen gerettet, aber andere läßt er sterben; auch darin zeigt er, daß er Gott ist. – Etwas vom Glaubensstolz dieser Männer klingt noch im heutigen Evangelium nach: „Wir sind Nachkommen Abrahams und sind noch nie Sklaven gewesen ... Wir haben nur den einen Vater: Gott" (Joh 8,33.41). – Jdt 6,2; Offb 13,15; Ps 37,39–40.*

ERSTE LESUNG　　　　　　　　　　　Dan 3,14–21.49.91–92.95

Er hat seinen Engel gesandt und seine Diener gerettet

Lesung
　　aus dem Buch Dániel.

In jenen Tagen
　　sprach König Nebukadnézzar:
Ist es wahr, Schadrach, Meschach und Abed-Nego:
　　Ihr verehrt meine Götter nicht
　　und betet das goldene Standbild nicht an,
　　das ich errichtet habe?
Nun, wenn ihr bereit seid,
　　sobald ihr den Klang der Hörner, Pfeifen und Zithern,
　　der Harfen, Lauten und Sackpfeifen
　　und aller anderen Instrumente hört,
　　sofort niederzufallen
　　und das Standbild anzubeten, das ich habe machen lassen,
　　ist es gut;
betet ihr es aber nicht an,
　　dann werdet ihr noch zur selben Stunde
　　in den glühenden Feuerofen geworfen.
Welcher Gott kann euch dann aus meiner Gewalt erretten?

Schadrach, Meschach und Abed-Nego
　　erwiderten dem König Nebukadnézzar:

Wir haben es nicht nötig, dir darauf zu antworten:
¹⁷ Wenn überhaupt jemand,
 so kann nur unser Gott, den wir verehren, uns erretten;
auch aus dem glühenden Feuerofen
 und aus deiner Hand, König, kann er uns retten.
¹⁸ Tut er es aber nicht,
 so sollst du, König, wissen:
Auch dann verehren wir deine Götter nicht
 und beten das goldene Standbild nicht an, das du errichtet hast.
¹⁹ Da wurde Nebukadnézzar wütend;
sein Gesicht verzerrte sich vor Zorn
 über Schadrach, Meschach und Abed-Nego.
Er ließ den Ofen siebenmal stärker heizen,
 als man ihn gewöhnlich heizte.
²⁰ Dann befahl er,
 einige der stärksten Männer aus seinem Heer
 sollten Schadrach, Meschach und Abed-Nego fesseln
 und in den glühenden Feuerofen werfen.
²¹ Da wurden die Männer, wie sie waren, gefesselt
 und in den glühenden Feuerofen geworfen.
⁴⁹ Aber der Engel des Herrn
 war zusammen mit ihnen in den Ofen hinabgestiegen.
⁹¹ Der König Nebukadnézzar fragte seine Räte:
 Haben wir nicht drei Männer gefesselt ins Feuer geworfen?
Sie gaben dem König zur Antwort: Gewiß, König!
⁹² Er erwiderte:
 Ich sehe aber vier Männer frei im Feuer umhergehen.
Sie sind unversehrt, und der vierte sieht aus wie ein Göttersohn.
⁹⁵ Da rief Nebukadnézzar aus:
 Gepriesen sei der Gott Schadrachs, Meschachs und Abed-Negos.
Denn er hat seinen Engel gesandt und seine Diener gerettet.
Im Vertrauen auf ihn
 haben sie lieber den Befehl des Königs mißachtet
 und ihr Leben dahingegeben,
 als daß sie irgendeinen anderen als ihren eigenen Gott
 verehrten und anbeteten.

ANTWORTPSALM
Dan 3, 52.53.54.55.56 (R: vgl. 52b)

⁵² Gepriesen bist du, Herr, du Gott unserer Väter. * (GL 677, 2)
R Gerühmt und verherrlicht in Ewigkeit.

⁵³ Gepriesen bist du im Tempel deiner heiligen Herrlichkeit. *
R Gerühmt und verherrlicht in Ewigkeit.

⁵⁴ Gepriesen bist du, der in die Tiefen schaut und auf Kérubim thront. *
R Gerühmt und verherrlicht in Ewigkeit.

⁵⁵ Gepriesen bist du auf dem Thron deiner Herrschaft. *
R Gerühmt und verherrlicht in Ewigkeit.

⁵⁶ Gepriesen bist du am Gewölbe des Himmels.*
R Gerühmt und verherrlicht in Ewigkeit.

RUF VOR DEM EVANGELIUM
Vers: vgl. Lk 8, 15

Lob dir, Christus, König und Erlöser! – R

Selig, die das Wort mit aufrichtigem Herzen hören
und Frucht bringen in Geduld.

Lob dir, Christus, König und Erlöser!

ZUM EVANGELIUM *Wahrheit und Freiheit oder Lüge und Knechtschaft: die Menschen müssen sich entscheiden. Sie können Kinder Gottes sein, wenn sie Jesus „aufnehmen" (Joh 1, 12) und wenn sie in seinem Wort „bleiben", d. h. sich mit Vertrauen und Gehorsam in die Wahrheit Jesu hineinbegeben. Jesus lehrt nicht irgendeine Wahrheit wie die Philosophen; er selbst ist die Wahrheit; in ihm ist Gottes rettende, befreiende Wirklichkeit gegenwärtig, sichtbar und zugänglich geworden. Wenn aber ein Mensch gar nicht begreift, daß er unfrei ist, oder wenn er nicht fertigbringt, zuzugeben, daß er Befreiung nötig hat, dann findet das Wort Jesu in ihm „keine Aufnahme" (V. 37), der Sohn Gottes ist umsonst Mensch geworden. – Jes 42,7; Dan 9,13; Gal 4,25; Mt 3,9; Gal 3,6–29; Röm 6,17–19; Joh 14,2; Gen 21,10; Gal 4,30–31; Mt 21,33–46; Joh 7,19; 12,48; 1 Joh 5,1.*

EVANGELIUM Joh 8, 31–42

Wenn euch der Sohn befreit, dann seid ihr wirklich frei

✢ Aus dem heiligen Evangelium nach Johannes.

In jener Zeit
31 sprach Jesus zu den Juden, die an ihn glaubten:
Wenn ihr in meinem Wort bleibt,
 seid ihr wirklich meine Jünger.
32 Dann werdet ihr die Wahrheit erkennen,
 und die Wahrheit wird euch befreien.
33 Sie erwiderten ihm:
 Wir sind Nachkommen Abrahams
 und sind noch nie Sklaven gewesen.
Wie kannst du sagen: Ihr werdet frei werden?
34 Jesus antwortete ihnen: Amen, amen, das sage ich euch:
 Wer die Sünde tut, ist Sklave der Sünde.
35 Der Sklave aber bleibt nicht für immer im Haus;
 nur der Sohn bleibt für immer im Haus.
36 Wenn euch also der Sohn befreit,
 dann seid ihr wirklich frei.
37 Ich weiß, daß ihr Nachkommen Abrahams seid.
Aber ihr wollt mich töten,
 weil mein Wort in euch keine Aufnahme findet.
38 Ich sage, was ich beim Vater gesehen habe,
 und ihr tut, was ihr von eurem Vater gehört habt.
39 Sie antworteten ihm: Unser Vater ist Abraham.
Jesus sagte zu ihnen: Wenn ihr Kinder Abrahams wärt,
 würdet ihr so handeln wie Abraham.
40 Jetzt aber wollt ihr mich töten,
 einen Menschen, der euch die Wahrheit verkündet hat,
 die Wahrheit, die ich von Gott gehört habe.
So hat Abraham nicht gehandelt.
41 Ihr vollbringt die Werke eures Vaters.
Sie entgegneten ihm: Wir stammen nicht aus einem Ehebruch,
 sondern wir haben nur den einen Vater: Gott.
42 Jesus sagte zu ihnen: Wenn Gott euer Vater wäre,
 würdet ihr mich lieben;
 denn von Gott bin ich ausgegangen und gekommen.
Ich bin nicht in meinem eigenen Namen gekommen,
 sondern er hat mich gesandt.

Fastenzeit: 5. Woche – Mittwoch

FÜRBITTEN

Unser Herr Jesus Christus hat uns von der Herrschaft der Sünde und des Todes befreit. Ihn wollen wir bitten:

Laß dein Volk im Kampf gegen das Böse nicht erlahmen.
A.: Wir bitten dich, erhöre uns.

Lenke die Völker auf den Weg deiner Gebote.

Zerreiße die Fesseln der ungerecht Gefangenen.

Befreie unsere Verstorbenen aus der Finsternis des Todes.

Gott, unser Vater, wenn wir dir dienen, gelangen wir zur wahren Freiheit. Dazu hilf uns durch Christus, unseren Herrn.
A.: Amen.

GABENGEBET

Gott, unser Vater,
von dir kommen die Gaben,
die wir zu deiner Ehre darbringen.
Schenke sie uns wieder
als Speise zum ewigen Leben.
Darum bitten wir durch Christus, unseren Herrn.

Präfation vom Leiden des Herrn I, S. 1357.

KOMMUNIONVERS
Kol 1, 13–14

Der Vater hat uns in das Reich seines geliebten Sohnes aufgenommen. Durch ihn haben wir die Erlösung, die Vergebung der Sünden.

SCHLUSSGEBET

Herr, unser Gott,
das Sakrament, das wir empfangen haben,
sei uns Heilmittel gegen das Böse in unserem Herzen
und Schutz in jeder Gefahr.
Darum bitten wir durch Christus, unseren Herrn.

„VOM ANSTOSS DES HEILIGEN GEISTES *her wollen wir leben, um der Sohnschaft Gottes gewürdigt zu werden. ‚Denn die sich vom Geiste Gottes treiben lassen, sind Söhne Gottes.' Der Besitz des Christenna-*

mens nützt uns nichts, wenn nicht auch Wirkungen folgen. Nie sollte von euch gelten: ‚Wenn ihr Söhne Abrahams wärt, würdet ihr Abrahams Werke tun.' Wenn wir den Vater nennen, der ohne Ansehen der Person das Werk beurteilt, dann wollen wir unsere Zeit in der Fremde in heilsamer Furcht zubringen, nicht verliebt sein in die Welt und in das, was uns die Welt bietet. ‚Wenn jemand die Welt liebt, ist die Liebe des Vaters nicht in ihm'" (Cyrill von Jerusalem, 7. Katechese).

DONNERSTAG

ERÖFFNUNGSVERS
Vgl. Hebr 9, 15

Christus ist der Mittler des Neuen Bundes;
durch seinen Tod erhalten die Berufenen
die Verheißung des ewigen Lebens.

TAGESGEBET

Allmächtiger Gott,
erhöre unser Gebet und beschütze uns,
denn wir setzen unsere ganze Hoffnung auf dich.
Reinige uns von aller Sünde
und hilf uns, in deiner Gnade zu leben,
damit wir Erben deiner Verheißung werden.
Darum bitten wir durch Jesus Christus.

ZUR LESUNG *Abraham hört eine Forderung und empfängt eine Zusage. Gott verlangt von ihm rückhaltlosen Glauben und Gehorsam (V. 1) und sagt ihm einen ewigen „Bund" zu. Dieser Bund ist ein Gemeinschaftsverhältnis, das Gott gewährt („schließt", V. 7) und in dem Gott der Schenkende, Abraham der Empfangende ist. Zwei Dinge werden ihm verheißen: zahlreiche Nachkommenschaft und dauernder Besitz des Landes Kanaan. Der Bund wird also auch mit den Nachkommen Abrahams geschlossen. An ihn und seine Nachkommen richtet sich die Forderung des letzten Verses: „Du aber halte meinen Bund" (V. 9). – Dieser Bericht über den Bund Gottes mit Abraham ist erst in viel späterer Zeit verfaßt worden. Er soll dem Volk im babylonischen Exil und dem Rest, der aus der Gefangen-*

schaft zurückkehrt, die Gewißheit geben, daß Gott ihnen das Land geben wird. Aber es wird auch an die Bedingung erinnert, die in dem Befehl enthalten ist: Du aber halte meinen Bund, du und deine Nachkommen! – Sir 44, 19; Neh 9, 7; Röm 4, 17; Gen 12, 7; 15, 18; Ex 2, 23–24; 6, 4; Jes 41, 8; 51, 1–2; Lk 1, 54–55.73.

ERSTE LESUNG Gen 17, 1a.3–9

Du wirst Stammvater einer Menge von Völkern

Lesung
   aus dem Buch Génesis.

In jenen Tagen
1a erschien der Herr dem Abram.
3   Abram fiel auf sein Gesicht nieder;
   Gott redete mit ihm
   und sprach:
4   Das ist mein Bund mit dir:
   Du wirst Stammvater einer Menge von Völkern.
5   Man wird dich nicht mehr Abram nennen.
   Abraham – Vater der Menge – wirst du heißen;
   denn zum Stammvater einer Menge von Völkern
   habe ich dich bestimmt.
6   Ich mache dich sehr fruchtbar
   und lasse Völker aus dir entstehen;
   Könige werden von dir abstammen.
7   Ich schließe meinen Bund zwischen mir und dir
   samt deinen Nachkommen, Generation um Generation,
   einen ewigen Bund:
   Dir und deinen Nachkommen werde ich Gott sein.
8   Dir und deinen Nachkommen gebe ich ganz Kánaan,
   das Land, in dem du als Fremder weilst,
   für immer zu eigen,
   und ich will ihnen Gott sein.
9   Und Gott sprach zu Abraham:
   Du aber halte meinen Bund,
   du und deine Nachkommen, Generation um Generation.

ANTWORTPSALM   Ps 105 (104), 4–5.6–7.8–9 (R: 7a.8a)

R Der Herr ist unser Gott; (GL 233,7)
ewig denkt er an seinen Bund. – **R**

4 Fragt nach dem Herrn und seiner Macht; * VI. Ton
sucht sein Antlitz allezeit!

5 Denkt an die Wunder, die er getan hat, *
an seine Zeichen und die Beschlüsse aus seinem Mund. – (**R**)

6 Bedenkt es, ihr Nachkommen seines Knechtes Abraham, *
ihr Kinder Jakobs, die er erwählt hat.

7 Er, der Herr, ist unser Gott. *
Seine Herrschaft umgreift die Erde. – (**R**)

8 Ewig denkt er an seinen Bund, *
an das Wort, das er gegeben hat für tausend Geschlechter,

9 an den Bund, den er mit Abraham geschlossen, *
an den Eid, den er Isaak geschworen hat. – **R**

RUF VOR DEM EVANGELIUM   Vers: vgl. Ps 95 (94), 7d.8a

Lob dir, Christus, König und Erlöser! – **R**

Wenn ihr heute seine Stimme hört,
verhärtet nicht euer Herz!

Lob dir, Christus, König und Erlöser!

ZUM EVANGELIUM   „Jetzt wissen wir ...", sagen die Juden in dem
Augenblick, in dem sie Jesus endgültig ablehnen, „nach bestem Wissen
und Gewissen". Sie haben Gründe, sie berufen sich auf Abraham und
die Propheten; zu diesen hat Gott gesprochen. Auch Jesus beruft sich auf
Abraham als seinen Zeugen (V. 56); aber er stellt sich über Abraham. Er
zerschlägt die Autorität der Menschen, auch Abrahams, um die Autorität
Gottes aufzurichten. Erst wenn der Mensch die eigene Sicherheit und
Selbstbehauptung aufgibt, wird er fähig zu glauben. Und nur wenn er
glaubt, hat er das Leben. Wer aber nicht glaubt, der wird bald Steine finden, um sie auf Jesus zu werfen. Und Jesus wird sich vor ihm verbergen
(V. 59). – Joh 5, 25–29; 11, 25–26; 7, 20; 4, 12; 7, 28–29; 5, 39–40;
1, 1–3.30; Ez 10, 18–19; Ps 119, 22–23; Joh 10, 31.39; 11, 8.

EVANGELIUM

Joh 8, 51–59

Euer Vater Abraham jubelte, weil er meinen Tag sehen sollte

✛ Aus dem heiligen Evangelium nach Johannes.

In jener Zeit sprach Jesus zu den Juden:
51 Amen, amen, ich sage euch:
Wenn jemand an meinem Wort festhält,
wird er auf ewig den Tod nicht schauen.

52 Da sagten die Juden zu ihm:
Jetzt wissen wir, daß du von einem Dämon besessen bist.
Abraham und die Propheten sind gestorben,
du aber sagst:
Wenn jemand an meinem Wort festhält,
wird er auf ewig den Tod nicht erleiden.

53 Bist du etwa größer als unser Vater Abraham?
Er ist gestorben, und die Propheten sind gestorben.
Für wen gibst du dich aus?

54 Jesus antwortete: Wenn ich mich selbst ehre,
so gilt meine Ehre nichts.
Mein Vater ist es, der mich ehrt,
er, von dem ihr sagt: Er ist unser Gott.

55 Doch ihr habt ihn nicht erkannt.
Ich aber kenne ihn,
und wenn ich sagen würde: Ich kenne ihn nicht,
so wäre ich ein Lügner wie ihr.
Aber ich kenne ihn
und halte an seinem Wort fest.

56 Euer Vater Abraham jubelte,
weil er meinen Tag sehen sollte.
Er sah ihn und freute sich.

57 Die Juden entgegneten:
Du bist noch keine fünfzig Jahre alt
und willst Abraham gesehen haben?

58 Jesus erwiderte ihnen: Amen, amen, ich sage euch:
Noch ehe Abraham wurde, bin ich.

59 Da hoben sie Steine auf, um sie auf ihn zu werfen.
Jesus aber verbarg sich
und verließ den Tempel.

FÜRBITTEN

Zu Jesus Christus, dem Mittler des Neuen Bundes, wollen wir beten:

Für die Kirche: daß sie festhalte an deinem Wort. – Lasset zum Herrn uns rufen: Herr, erbarme dich.
A.: Christus, erbarme dich.

Für das Volk Israel: daß es auf Gottes Verheißungen vertraut. – Lasset zum Herrn uns rufen: Herr, erbarme dich.

Für alle Notleidenden: daß Hoffnung sie stärke. – Lasset zum Herrn uns rufen: Herr, erbarme dich.

Für unsere Verstorbenen: daß sie in dein Reich gelangen. – Lasset zum Herrn uns rufen: Herr, erbarme dich.

Du treuer Gott, du hältst, was du versprichst. Auf dich können wir uns verlassen. Höre unser Gebet durch Christus, unseren Herrn. A.: Amen.

GABENGEBET

Herr, sieh gnädig auf die Gaben,
die wir zu deinem Altar gebracht haben.
Gib, daß sie unserer Bekehrung dienen
und der ganzen Welt Heil bringen.
Darum bitten wir durch Christus, unseren Herrn.

Präfation vom Leiden des Herrn I, S. 1357.

KOMMUNIONVERS   Röm 8,32

Gott hat seinen eigenen Sohn nicht verschont,
sondern ihn für uns alle dahingegeben.
Mit ihm hat er uns alles geschenkt.

SCHLUSSGEBET

Barmherziger Gott,
du hast uns in diesem Mahl
die Gabe des Heiles geschenkt.
Dein Sakrament gebe uns Kraft in dieser Zeit
und in der kommenden Welt das ewige Leben.
Darum bitten wir durch Christus, unseren Herrn.

„DIE ÜBERTRIEBENE BEDEUTUNG, *die wir dem Urteil der Menschen über unser Tun und Lassen beimessen, ist ein Zeichen von Eitelkeit. In Wahrheit taugen wir nur so viel, wie wir vor Gott taugen – nicht mehr und nicht weniger! –, und das Urteil der Menschen ist oft das Gegenteil von Gottes Urteil"* (Kardinal Suhard).

FREITAG

ERÖFFNUNGSVERS Ps 31 (30), 10.16.18
Herr, sei mir gnädig, denn mir ist angst.
Entreiß mich der Hand meiner Feinde und Verfolger.
Herr, laß mich nicht scheitern, denn ich rufe zu dir.

TAGESGEBET
Barmherziger Gott,
wir haben aus menschlicher Schwachheit gefehlt
und können aus eigener Kraft
dem Netz der Sünde nicht entrinnen.
Komm uns in deiner Güte zu Hilfe
und befreie uns von aller Schuld.
Darum bitten wir durch Jesus Christus.

ZUR LESUNG *Im Leben Jeremias wurde es, wie im Leben seines Volkes, das der Katastrophe entgegenging, immer dunkler. Er mußte das Volk, das er doch liebte, ständig warnen und ihm das Gericht ansagen. Dafür erntete er Hohn und Feindschaft. Die heutige Lesung gehört zu den sogenannten „Bekenntnissen" des Jeremia (vgl. Einführung zur Lesung am Mittwoch der 2. Fastenwoche). Man müßte diesen ganzen Text lesen (20, 7–18), um die Bitterkeit zu spüren, die sich im Herzen des Propheten angesammelt hat. Auch die Bitte um Rache (V. 12) wird uns dann weniger befremden. Nicht Haß spricht daraus, sondern unbewältigter Schmerz und die Gewißheit des Propheten, daß Gott auf seiner Seite steht. – Ps 31, 14; 41, 6; Weish 2, 12; Ps 109, 29; Jer 11, 20; 1 Sam 16, 7.*

ERSTE LESUNG Jer 20,10–13

Der Herr steht mir bei wie ein gewaltiger Held

Lesung
  aus dem Buch Jeremía.

Jeremía sprach:
10 Ich hörte das Flüstern der Vielen:
Grauen ringsum! Zeigt ihn an!
Wir wollen ihn anzeigen.
Meine nächsten Bekannten
  warten alle darauf, daß ich stürze:
Vielleicht läßt er sich betören,
  daß wir ihm beikommen können und uns an ihm rächen.

11 Doch der Herr steht mir bei wie ein gewaltiger Held.
Darum straucheln meine Verfolger und kommen nicht auf.
Sie werden schmählich zuschanden,
  da sie nichts erreichen,
in ewiger, unvergeßlicher Schmach.

12 Aber der Herr der Heere prüft den Gerechten,
er sieht Herz und Nieren.
Ich werde deine Rache an ihnen erleben;
  denn dir habe ich meine Sache anvertraut.

13 Singt dem Herrn, rühmt den Herrn;
denn er rettet das Leben des Armen
  aus der Hand der Übeltäter.

ANTWORTPSALM Ps 18 (17), 2–3.4–5.6–7b.7cd u. 20 (R: vgl. 7)

R In meiner Not rief ich zum Herrn, (GL 698, 1)
und er hörte mein Rufen. – R

2 Ich will dich rühmen, Herr, meine Stärke, * II. Ton
3 Herr, du mein Fels, meine Burg, mein Retter,

mein Gott, meine Feste, in der ich mich berge, *
mein Schild und sicheres Heil, meine Zuflucht. – (R)

4 Ich rufe: Der Herr sei gepriesen!, *
und ich werde vor meinen Feinden gerettet.

5 Mich umfingen die Fesseln des Todes, *
mich erschreckten die Fluten des Verderbens. – (R)

Fastenzeit: 5. Woche – Freitag

6 Die Bande der Unterwelt umstrickten mich, *
über mich fielen die Schlingen des Todes.

7ab In meiner Not rief ich zum Herrn *
und schrie zu meinem Gott. – (R)

7cd Aus seinem Heiligtum hörte er mein Rufen, *
mein Hilfeschrei drang an sein Ohr.

20 Er führte mich hinaus ins Weite, *
er befreite mich, denn er hatte an mir Gefallen. – R

RUF VOR DEM EVANGELIUM
Vers: vgl. Joh 6,63b.68c

Christus, du ewiges Wort des Vaters, Ehre sei dir! – R

Deine Worte, Herr, sind Geist und Leben.
Du hast Worte des ewigen Lebens.
Christus, du ewiges Wort des Vaters, Ehre sei dir!

ZUM EVANGELIUM *Zum zweitenmal wollen die Juden Jesus steinigen (vgl. gestriges Evangelium). Den Grund hat er selbst geliefert: „Du bist nur ein Mensch und machst dich selbst zu Gott." Er hat sich freilich nicht als „Gott" bezeichnet, aber er hat Gott seinen Vater genannt und gesagt: „Ich und der Vater sind eins" (V. 30). Die Juden haben ihn richtig verstanden, und sie reagieren mit Haß. Auf Gotteslästerung steht nach dem Gesetz die Strafe der Steinigung; aber müssen die Worte Jesu (auch seine Wunder, die „Zeichen", sind Worte) als Gotteslästerung gewertet werden? – Mit dem Schriftbeweis aus Ps 82 „Ich habe gesagt: Ihr seid Götter" zeigt Jesus nur, daß sein Anspruch keine Gotteslästerung ist; über die Art seiner Gottessohnschaft gibt diese Psalmstelle natürlich keine Auskunft. – Lev 24,16; Joh 5,18; 8,59; Lk 22,70–71; Mt 9,3; Joh 6,67–69; 11,27; 17,18; 14,11.*

EVANGELIUM
Joh 10, 31–42

Sie wollten ihn festnehmen; er aber entzog sich ihrem Zugriff

✛ Aus dem heiligen Evangelium nach Johannes.

In jener Zeit
31 hoben die Juden Steine auf, um Jesus zu steinigen.
32 Jesus hielt ihnen entgegen:

>   Viele gute Werke
>   habe ich im Auftrag des Vaters vor euren Augen getan.
>   Für welches dieser Werke wollt ihr mich steinigen?
> 33 Die Juden antworteten ihm:
>   Wir steinigen dich nicht wegen eines guten Werkes,
>   sondern wegen Gotteslästerung;
>   denn du bist nur ein Mensch und machst dich selbst zu Gott.
> 34 Jesus erwiderte ihnen:
>   Heißt es nicht in eurem Gesetz:
>   Ich habe gesagt: Ihr seid Götter?
> 35 Wenn er jene Menschen Götter genannt hat,
>   an die das Wort Gottes ergangen ist,
>   und wenn die Schrift nicht aufgehoben werden kann,
> 36 dürft ihr dann von dem,
>   den der Vater geheiligt und in die Welt gesandt hat,
>   sagen: Du lästerst Gott
>   – weil ich gesagt habe: Ich bin Gottes Sohn?
> 37 Wenn ich nicht die Werke meines Vaters vollbringe,
>   dann glaubt mir nicht.
> 38 Aber wenn ich sie vollbringe,
>   dann glaubt wenigstens den Werken, wenn ihr mir nicht glaubt.
>   Dann werdet ihr erkennen und einsehen,
>   daß in mir der Vater ist und ich im Vater bin.
> 39 Wieder wollten sie ihn festnehmen;
>   er aber entzog sich ihrem Zugriff.
> 40 Dann ging Jesus wieder weg auf die andere Seite des Jordan,
>   an den Ort, wo Johannes zuerst getauft hatte;
>   und dort blieb er.
> 41 Viele kamen zu ihm:
>   Sie sagten: Johannes hat kein Zeichen getan;
>   aber alles, was Johannes über diesen Mann gesagt hat, ist wahr.
> 42 Und viele kamen dort zum Glauben an ihn.

FÜRBITTEN

Laßt uns beten zu Christus, der das Netz unserer Schuld zerrissen hat:

Heilige die Hirten deines Volkes, daß nicht menschliches Versagen ihren Dienst beeinträchtigt. (Stille) Christus, höre uns.
A.: Christus, erhöre uns.

Mache den Menschen bewußt, daß sie füreinander verantwortlich sind. (Stille) Christus, höre uns.

Steh den Bedrängten zur Seite, daß sie nicht verzweifeln. (Stille) Christus, höre uns.

Stärke unsere Bereitschaft, mit den Armen zu teilen. (Stille) Christus, höre uns.

Barmherziger Gott, du unser Heil und unsere Zuflucht, laß uns erlangen, um was wir gläubig bitten, durch Christus, unseren Herrn.   A.: Amen.

GABENGEBET

Barmherziger Gott,
gib, daß wir den Dienst an deinem Altar
würdig vollziehen
und durch die immer neue Teilnahme
am Opfer deines Sohnes
unser ewiges Heil erlangen.
Darum bitten wir durch Christus, unseren Herrn.

Präfation vom Leiden des Herrn I, S. 1357.

KOMMUNIONVERS   1 Petr 2,24

Jesus Christus hat unsere Sünden
mit seinem Leib auf das Kreuz hinaufgetragen,
damit wir für die Sünde tot seien und für die Gerechtigkeit leben.
Durch seine Striemen sind wir geheilt.

SCHLUSSGEBET

Gütiger Gott,
du hast uns im heiligen Opfermahl gestärkt.
Dieses Sakrament sei uns ein Schutz,
der uns nie verläßt
und alles Schädliche von uns fernhält.
Darum bitten wir durch Christus, unseren Herrn.

„DER MUT CHRISTI: *sich auf die exponierteste Stelle zu wagen, die es gibt: sich zwischen die Sünde und Gottes Zorn zu stellen, dorthin, wo der Blitz (und was für ein Blitz!) ihn unfehlbar treffen muß. Aber es mangelt ihm jeder Schein nicht nur der Furcht und Unsicherheit, sondern auch der Bravour: es ist vielmehr ganz einfache Geborgenheit. Was kann ihm zustoßen? Aus der Hand des Vaters kann er nicht fallen, weil er die schlechthinnige Abhängigkeit selbst gewählt hat, nein: von Ewigkeit ist"* (H. U. v. Balthasar).

SAMSTAG

ERÖFFNUNGSVERS   Ps 22 (21), 2 o. 7

Herr, halte dich nicht fern!
Du, meine Stärke, eile mir zu Hilfe.
Ich bin ein Wurm und kein Mensch,
der Leute Spott, vom Volk verachtet.

TAGESGEBET

Barmherziger Gott,
du wirkst das Heil der Menschen zu jeder Zeit;
in diesen Tagen aber bist du uns besonders nahe.
Trage Sorge für dein Volk,
schütze die Getauften
und alle, die sich auf die Taufe vorbereiten.
Darum bitten wir durch Jesus Christus.

ZUR LESUNG   *Gott wird das Volk, das sich schon verloren glaubt, wiederherstellen (1. Lesung am 5. Fastensonntag – Jahr A), er wird es zu einem einzigen Volk unter einem einzigen König machen und mit ihm einen neuen Bund schließen: „Sie werden mein Volk sein, und ich werde ihr Gott sein" (V. 2 3). Das wird im zweiten Teil der Lesung (V. 2 5–28) weiter ausgeführt. Hier liegt der Ton auf der ewigen Dauer, d. h. der Endgültigkeit, des neuen verheißenen Heils: dauerndes Wohnen im Land unter dem davidischen Herrscher, ewiger Bund (wie mit Noach: Gen 9, 16, und wie mit Abraham: Gen 17, 7), und als höchste Gabe: für immer die heiligende Gegenwart Gottes. – Jer 3, 18; Joh 10, 16; Ez 34, 23; 28, 26; Tob 14, 7; Jer 31, 31–34; Ez 43, 7; Lev 26, 11–12; Offb 21, 3.*

Fastenzeit: 5. Woche – Samstag

ERSTE LESUNG
Ez 37, 21–28

Ich mache sie zu einem einzigen Volk

Lesung
aus dem Buch Ezéchiel.

21 So spricht Gott, der Herr:
Ich hole die Israeliten aus den Völkern heraus,
zu denen sie gehen mußten;
ich sammle sie von allen Seiten
und bringe sie in ihr Land.

22 Ich mache sie in meinem Land, auf den Bergen Israels,
zu einem einzigen Volk.
Sie sollen alle einen einzigen König haben.
Sie werden nicht länger zwei Völker sein
und sich nie mehr in zwei Reiche teilen.

23 Sie werden sich nicht mehr unrein machen
durch ihre Götzen und Greuel und durch all ihre Untaten.
Ich befreie sie von aller Sünde,
die sie in ihrer Untreue begangen haben,
und ich mache sie rein.
Dann werden sie mein Volk sein,
und ich werde ihr Gott sein.

24 Mein Knecht David wird ihr König sein,
und sie werden alle einen einzigen Hirten haben.
Sie werden nach meinen Rechtsvorschriften leben
und auf meine Gesetze achten und sie erfüllen.

25 Sie werden in dem Land wohnen,
das ich meinem Knecht Jakob gegeben habe
und in dem ihre Väter gewohnt haben.
Sie und ihre Kinder und Kindeskinder
werden für immer darin wohnen,
und mein Knecht David wird für alle Zeit ihr Fürst sein.

26 Ich schließe mit ihnen einen Friedensbund;
es soll ein ewiger Bund sein.
Ich werde sie zahlreich machen.
Ich werde mitten unter ihnen für immer mein Heiligtum errichten,
27 und bei ihnen wird meine Wohnung sein.
Ich werde ihr Gott sein,
und sie werden mein Volk sein.

28 Wenn mein Heiligtum für alle Zeit in ihrer Mitte ist,
dann werden die Völker erkennen,
daß ich der Herr bin, der Israel heiligt.

ANTWORTPSALM Jer 31,10.11–12b.13 (R: vgl. 10d)

R Der Herr wird uns hüten wie ein Hirt seine Herde. – R (GL 646,4)

10 Hört, ihr Völker, das Wort des Herrn, *
verkündet es auf den fernsten Inseln und sagt: IV. Ton

Er, der Israel zerstreut hat, wird es auch sammeln *
und hüten wie ein Hirt seine Herde. – (R)

11 Denn der Herr wird Jakob erlösen *
und ihn befreien aus der Hand des Stärkeren.

12ab Sie kommen und jubeln auf Zions Höhe, *
sie strahlen vor Freude über die Gaben des Herrn. – (R)

13 Dann freut sich das Mädchen beim Reigentanz, *
jung und alt sind fröhlich.

Ich verwandle ihre Trauer in Jubel, *
tröste und erfreue sie nach ihrem Kummer. – R

RUF VOR DEM EVANGELIUM Vers: Ez 18,31

Christus, du ewiges Wort des Vaters, Ehre sei dir! – R
(So spricht Gott, der Herr:)
Werft alle Vergehen von euch, die ihr verübt habt!
Schafft euch ein neues Herz und einen neuen Geist!
Christus, du ewiges Wort des Vaters, Ehre sei dir!

ZUM EVANGELIUM *Die Auferweckung des Lazarus war das letzte und größte der Zeichen Jesu. Sie bildet den Abschluß seiner öffentlichen Wirksamkeit und den Übergang zur Leidensgeschichte. Auf das Wunder hin kommen viele zum Glauben an Jesus (V. 45), die führenden Kreise jedoch sind völlig verblendet. Sie beschließen den Tod Jesu, aber mit der Ausführung des Beschlusses müssen sie warten, bis seine Stunde gekommen ist. Der Hohepriester Kajaphas meint, kluge und realistische Politik zu machen. Er weiß, daß Jesus den Anspruch erhebt, der Messias zu sein; ein solcher Anspruch aber, so wie das Judentum ihn versteht, bedeutet po-*

litische Gefahr. Also muß Jesus sterben; im Interesse des Volkes, meint Kajaphas und weiß nicht, wie wahr das ist: für alle Völker wird Jesus sterben, um aus ihnen das eine Volk Gottes zu machen. – Mt 26, 3–5; Mk 14, 1–2; Lk 22, 1–2; Joh 12, 19; Gen 11, 9; Joh 5, 18; Mt 12, 14; Ps 22, 17; 140, 5–7.

EVANGELIUM Joh 11, 45–57

Er sollte nicht nur für das Volk sterben, sondern auch, um die versprengten Kinder Gottes wieder zu sammeln

☩ Aus dem heiligen Evangelium nach Johannes.

In jener Zeit
45 kamen viele der Juden,
die zu Maria, der Schwester des Lázarus, gekommen waren
und gesehen hatten, was Jesus getan hatte,
zum Glauben an ihn.
46 Aber einige von ihnen gingen zu den Pharisäern
und berichteten ihnen, was er getan hatte.
47 Da beriefen die Hohenpriester und die Pharisäer
eine Versammlung des Hohen Rates ein.
Sie sagten: Was sollen wir tun?
Dieser Mensch tut viele Zeichen.
48 Wenn wir ihn gewähren lassen,
werden alle an ihn glauben.
Dann werden die Römer kommen
und uns die heilige Stätte und das Volk nehmen.
49 Einer von ihnen, Kájaphas, der Hohepriester jenes Jahres,
sagte zu ihnen: Ihr versteht überhaupt nichts.
50 Ihr bedenkt nicht, daß es besser für euch ist,
wenn ein einziger Mensch für das Volk stirbt,
als wenn das ganze Volk zugrunde geht.
51 Das sagte er nicht aus sich selbst;
sondern weil er der Hohepriester jenes Jahres war,
sagte er aus prophetischer Eingebung,
daß Jesus für das Volk sterben werde.
52 Aber er sollte nicht nur für das Volk sterben,
sondern auch,
um die versprengten Kinder Gottes wieder zu sammeln.
53 Von diesem Tag an waren sie entschlossen, ihn zu töten.

⁵⁴ **Jesus bewegte sich von nun an**
  nicht mehr öffentlich unter den Juden,
 sondern zog sich von dort in die Gegend nahe der Wüste zurück,
  an einen Ort namens Éfraim.
 Dort blieb er mit seinen Jüngern.
⁵⁵ **Das Paschafest* der Juden war nahe,**
 und viele zogen schon vor dem Paschafest
  aus dem ganzen Land nach Jerusalem hinauf,
  um sich zu heiligen.
⁵⁶ **Sie fragten nach Jesus**
 und sagten zueinander,
  während sie im Tempel zusammenstanden:
  Was meint ihr?
  Er wird wohl kaum zum Fest kommen.
⁵⁷ **Die Hohenpriester und die Pharisäer**
  hatten nämlich, um ihn festnehmen zu können, angeordnet:
  Wenn jemand weiß, wo er sich aufhält, soll er es melden.

FÜRBITTEN

Zu Christus, der uns in dieser Zeit besonders nahe ist, wollen wir rufen:

Erleuchte die Taufbewerber, die du deinem Volk zuführen willst.
A.: Wir bitten dich, erhöre uns.

Ermutige alle, die zur Versöhnung und zum Frieden unter den Menschen beitragen.

Wandle Angst in Vertrauen und Traurigkeit in Freude.

Gedenke der Verstorbenen, die in der Hoffnung auf dich entschlafen sind.

Allmächtiger Gott, du weißt, was wir nötig haben. Erbarme dich unser, und mache uns heil durch Christus, unseren Herrn.
A.: Amen.

---

* Sprich: Pas-chafest.

GABENGEBET

Allmächtiger, ewiger Gott,
du gibst denen,
die glauben und sich taufen lassen,
das ewige Leben.
Nimm die Gebete und Gaben deiner Kirche an
und erfülle das Verlangen aller,
die auf dich vertrauen
und von dir die Vergebung ihrer Sünden erbitten.
Darum bitten wir durch Christus, unseren Herrn.

Präfation vom Leiden des Herrn I, S. 1357.

KOMMUNIONVERS   Vgl. Joh 11, 52

Christus ist nicht nur für das Volk gestorben,
sondern auch um die zerstreuten Gotteskinder zu sammeln.

SCHLUSSGEBET

Allmächtiger Gott,
in der heiligen Opferfeier nährst du deine Gläubigen
mit dem Leib und dem Blut deines Sohnes.
Gib uns durch dieses Sakrament
auch Anteil am göttlichen Leben.
Darum bitten wir durch Christus, unseren Herrn.

„WER IN JESU SENDUNG EINTRITT, ‚die zerstreuten Kinder Gottes in eins zu sammeln' (Joh 11, 52), wer bestellt ist, für die Einheit zu wirken, der muß aus der gelebten Einheit hervorgehen, anders fehlt ihm die innere Vollmacht und Glaubwürdigkeit.
Wer will den Christen ihr Christentum glauben, wenn sie innerlich und äußerlich das Bild der Uneinigkeit bieten? Das gilt für den kleinen Bereich unseres Wirkens wie für den großen der Gesamtkirche. Das ärgste Hindernis für die Mission ist die Spaltung unter den Christen. Darum betet Christus im Hohepriesterlichen Gebet: ‚... daß alle eins seien, wie du, Vater, in mir und ich in dir; so sollen auch sie in uns eins sein, damit die Welt glaube, daß du mich gesandt hast.' Dieses Verlangen Jesu zu teilen, dieses Gebet mitzubeten und aus seiner Kraft und Weisung zu leben, gehört zum Wichtigsten unseres Christenstandes. Eben darum nimmt ja auch jede Sendung in der Kirche ihren Ausgang in der Feier der Eucharistie, in der unsere Einigung mit Gott und untereinander immer neue Gabe und Aufgabe wird" (Heinrich Spaemann).

HEILIGE WOCHE – KARWOCHE

MONTAG

ERÖFFNUNGSVERS
Ps 35 (34), 1–2; 140 (139), 8

Streite, Herr, gegen alle, die gegen mich streiten,
bekämpfe alle, die mich bekämpfen!
Ergreife Schild und Waffen; steh auf, um mir zu helfen!
Herr, meine starke Hilfe.

TAGESGEBET
Allmächtiger Gott,
in unserer Schwachheit versagen wir
und sind anfällig für das Böse.
Schau hin auf das Leiden deines Sohnes,
richte uns wieder auf
und schenke uns neues Leben.
Darum bitten wir durch ihn, Jesus Christus.

ZUR LESUNG *Das Lied Jes 42, 1–9 spricht in der Form einer Gottesrede von der Berufung des „Knechts", einer geheimnisvollen prophetisch-königlichen Gestalt. Von ihm handeln auch Jes 49, 1–9; 50, 4–11; 52, 13 – 53, 12. Diese vier „Lieder" gehören unter sich zusammen. Manches deutet darauf hin, daß mit dem „Knecht" das Volk Israel gemeint ist, aber vor allem im vierten Lied (52, 13 – 53, 12) kann nicht mehr einfach Israel gemeint sein (siehe Einführung zur 1. Lesung am Karfreitag); hier ist die Rede von einem aus Israel, der in ganz besonderer Weise im Dienst der Heilsabsicht Gottes steht. Im ersten dieser Lieder (der heutigen Lesung) empfängt er den Auftrag, allen Völkern die Treue und Barmherzigkeit Gottes zu verkünden und überall Gottes Willen zur Geltung zu bringen. Das Neue Testament sieht die Aussagen über den „Knecht Gottes" in der Person Jesu erfüllt. Das Gotteswort bei der Taufe Jesu (Lk 3, 22) schließt sich eng an Jes 42, 1 an. – Mt 12, 18–21; Jes 11, 1–10; 44, 3; 61, 1; Ps 89, 22; Mt 3, 16–17; Joh 1, 31–34; 8, 45; Ps 107, 10; Lk 1, 79; 2, 29–32; Joh 8, 12.32; 9; Apg 26, 18.*

Fastenzeit: Montag in der Karwoche

ERSTE LESUNG Jes 42, 5a.1–7

Mein Knecht schreit nicht und läßt seine Stimme nicht auf der Straße erschallen (Erstes Lied vom Gottesknecht)

**Lesung
aus dem Buch Jesája.**

5a So spricht Gott, der Herr:
1 Seht, das ist mein Knecht, den ich stütze;
   das ist mein Erwählter, an ihm finde ich Gefallen.
   Ich habe meinen Geist auf ihn gelegt,
   er bringt den Völkern das Recht.
2 Er schreit nicht und lärmt nicht
   und läßt seine Stimme nicht auf der Straße erschallen.
3 Das geknickte Rohr zerbricht er nicht,
   und den glimmenden Docht löscht er nicht aus;
   ja, er bringt wirklich das Recht.
4 Er wird nicht müde und bricht nicht zusammen,
   bis er auf der Erde das Recht begründet hat.
   Auf sein Gesetz warten die Inseln.
5 So spricht Gott, der Herr,
   der den Himmel erschaffen und ausgespannt hat,
   der die Erde gemacht hat und alles, was auf ihr wächst,
   der den Menschen auf der Erde den Atem verleiht
   und allen, die auf ihr leben, den Geist:
6 Ich, der Herr, habe dich aus Gerechtigkeit gerufen,
   ich fasse dich an der Hand.
   Ich habe dich geschaffen
   und dazu bestimmt,
      der Bund für mein Volk
      und das Licht für die Völker zu sein:
7 blinde Augen zu öffnen,
      Gefangene aus dem Kerker zu holen
      und alle, die im Dunkel sitzen, aus ihrer Haft zu befreien.

ANTWORTPSALM Ps 27 (26), 1.2.3.13–14 (R: 1a)

R Der Herr ist mein Licht und mein Heil. – **R** (GL 487)

Der Herr ist mein Licht und mein Heil: * IV. Ton
Vor wem sollte ich mich fürchten?

Der Herr ist die Kraft meines Lebens: *
Vor wem sollte mir bangen? – (**R**)

2 Dringen Frevler <u>auf</u> mich ein, *
um <u>mich</u> zu verschlingen,

meine Bedrän<u>g</u>er und Feinde, *
sie müssen <u>strau</u>cheln und fallen. − (R)

3 Mag ein Heer <u>mich</u> belagern: *
Mein Herz <u>wird</u> nicht verzagen.

Mag Krieg <u>gegen</u> mich toben: *
Ich bleibe <u>dennoch</u> voll Zuversicht. − (R)

13 Ich bin ge<u>wiß</u>, zu schauen *
die Güte des Herrn <u>im</u> Land der Leben<u>den</u>.

14 Hoffe auf den Herrn, <u>und</u> sei stark! *
Hab festen Mut, <u>und</u> hoffe auf den Herrn!

R Der Herr ist mein Licht und mein Heil.

RUF VOR DEM EVANGELIUM

Lob sei dir, Herr, König der ewigen Herrlichkeit! − R
Sei gegrüßt, du unser König:
Als wir in die Irre gingen, nahmst du allein dich unser an.
Lob sei dir, Herr, König der ewigen Herrlichkeit!

ZUM EVANGELIUM *Die Salbung Jesu in Betanien hat bei Matthäus und Markus ihren Platz nach dem Einzug Jesu in Jerusalem. Nach der Darstellung des Johannesevangeliums geschieht sie vor dem Einzug, „sechs Tage vor dem Paschafest", das in jenem Jahr auf einen Freitag fiel. Johannes erwähnt auch Einzelheiten, die bei den anderen Evangelisten fehlen, so die Anwesenheit des Lazarus und den Namen der Frau, die Jesus die Füße gesalbt hat. Nach Johannes war es nur einer der Jünger, Judas Iskariot, der gegen die verschwenderische Tat der Liebe Einspruch erhob. Vom prophetischen Sinn ihrer Tat wird Maria selbst kaum ein klares Bewußtsein gehabt haben; wie der Hohepriester Kajaphas mehr gesagt hatte, als er wußte (Joh 11,49–50), so hat Maria mehr getan, als sie verstehen konnte: sie hat in spontaner Liebe Jesus als dem König gehuldigt, der in den Tod gehen wird, um sein Volk zu erlösen. − Mt 26,6–13; Mk 14,3–9; Lk 7,36–50; Joh 11,2; 13,29; 11,19.45.*

EVANGELIUM Joh 12, 1–11

Laß sie, damit sie es für den Tag meines Begräbnisses tue

✢ Aus dem heiligen Evangelium nach Johannes.

1 Sechs Tage vor dem Paschafest kam Jesus nach Betánien,
   wo Lázarus war, den er von den Toten auferweckt hatte.
2 Dort bereiteten sie ihm ein Mahl;
   Marta bediente,
   und Lázarus war unter denen, die mit Jesus bei Tisch waren.
3 Da nahm Maria ein Pfund echtes, kostbares Nardenöl,
   salbte Jesus die Füße
   und trocknete sie mit ihrem Haar.
   Das Haus wurde vom Duft des Öls erfüllt.
4 Doch einer von seinen Jüngern,
   Judas Iskáriot, der ihn später verriet, sagte:
5 Warum hat man dieses Öl
   nicht für dreihundert Denare verkauft
   und den Erlös den Armen gegeben?
6 Das sagte er aber nicht,
   weil er ein Herz für die Armen gehabt hätte,
   sondern weil er ein Dieb war;
   er hatte nämlich die Kasse
   und veruntreute die Einkünfte.
7 Jesus erwiderte:
   Laß sie, damit sie es für den Tag meines Begräbnisses tue.
8 Die Armen habt ihr immer bei euch,
   mich aber habt ihr nicht immer bei euch.
9 Viele Juden hatten erfahren, daß Jesus dort war,
   und sie kamen, jedoch nicht nur um Jesu willen,
   sondern auch um Lázarus zu sehen,
   den er von den Toten auferweckt hatte.
10 Die Hohenpriester aber beschlossen, auch Lázarus zu töten,
11   weil viele Juden seinetwegen hingingen und an Jesus glaubten.

FÜRBITTEN

Jesus Christus hat für uns das Kreuz auf sich genommen. Zu ihm beten wir:

Für die Kirche: um Befreiung vom Vertrauen auf Reichtum und Ansehen. – Lasset zum Herrn uns beten: Herr, erbarme dich.
A.: Christus, erbarme dich.

Für die Menschheit: um Frieden in der Welt. – Lasset zum Herrn uns beten: Herr, erbarme dich.
A.: Christus, erbarme dich.

Für unsere Gemeinde: um Mut, dir nachzufolgen. – Lasset zum Herrn uns beten: Herr, erbarme dich.

Für unsere Verstorbenen: um Vollendung ihres Lebens. – Lasset zum Herrn uns beten: Herr, erbarme dich.

Herr, unser Gott, du bist unser Licht und unsere Rettung. Gib uns alle Tage festen Mut und Zuversicht. Darum bitten wir durch Christus, unseren Herrn.   A.: Amen.

GABENGEBET

**Allmächtiger Gott,
schau gnädig auf das heilige Opfer,
das wir feiern.
Du hast deinen Sohn dahingegeben,
um unsere Verurteilung aufzuheben,
schenke uns als Frucht seines Leidens
das ewige Leben.
Darum bitten wir durch ihn, Christus, unseren Herrn.**

Präfation vom Leiden des Herrn II, S. 1358.

KOMMUNIONVERS   Ps 102 (101), 3

O Gott, verbirg dein Gesicht nicht vor mir!
Wenn ich in Not bin, wende dein Ohr mir zu!
Wenn ich dich anrufe, erhöre mich bald!

SCHLUSSGEBET

**Herr, unser Gott,
du bist bei deinem Volk eingekehrt
und hast durch die heiligen Geheimnisse
in uns Wohnung genommen.
Bleibe uns nahe und wache über uns,
damit wir die Heilsgabe bewahren,
die uns durch dein Erbarmen zuteil geworden ist.
Darum bitten wir durch Christus, unseren Herrn.**

„WAS MARIA HIER TUT, ist die Gebärde der absoluten Verschwendung. Sie braucht die ganze kostbare Salbe, sie verwendet sie allein für die Füße des Herrn, und sie verschwendet sie noch mehr dadurch, daß sie die gesalbten Füße wieder mit ihren Haaren trocknet und den Geruch sich in diesem gewöhnlichen Hause verbreiten läßt.
Die Kritik der Tat bleibt nicht aus; aber sie stammt von dem, der den Herrn verraten sollte. Judas ist schon jetzt der Verschwendung für den Herrn nicht mehr fähig, darum kann er sie auch an andern nicht mehr billigen. Wo Liebe nicht mehr lebt, da kann Liebe auch nicht mehr verstanden werden; da weiß man nicht mehr, daß der Beweggrund einer Tat die alleinige Liebe sein kann.
Man hätte das Geld den Armen geben können. Und will der Herr nicht selbst, daß wir ihn im Nächsten und gerade im armen Nächsten lieben und pflegen? Aber er will nicht, daß die Verschwendung der Liebe in der Kirche leide unter der Berechnung der tätigen Caritas. Und weiterhin ist es ganz schlicht so, wie er sagt: er muß gesalbt werden. Sein Weg in den Tod ist ein einmaliger Weg, der jetzt beschritten werden muß, während die Armen immer vorhanden und aktuell sein werden" (A. v. Speyr).

DIENSTAG

ERÖFFNUNGSVERS
Ps 27 (26), 12
Überlaß mich nicht meinen gierigen Gegnern;
denn falsche Zeugen stehen gegen mich auf und wüten.

TAGESGEBET
Allmächtiger, ewiger Gott,
hilf uns,
das Gedächtnis des Leidens Christi so zu begehen,
daß wir von dir Verzeihung erlangen.
Darum bitten wir durch Jesus Christus.

ZUR LESUNG   Die heutige Lesung, das zweite Lied vom „Gottesknecht", kann als Fortsetzung der gestrigen Lesung aus Jes 42 gelten. Der Anfang erinnert an die Berufung des Propheten Jeremia (Jer 1, 5). Wie ein „scharfes Schwert" (V. 2) sind die Worte, die er im Auftrag Gottes zu sprechen hat. Seine Aufgabe ist hart, der Erfolg gering (V. 4); er erleidet *die Entmutigung, die keinem Propheten und keinem Seelsorger erspart bleibt. Nicht vom Erfolg kann er leben, sondern allein vom Wort seines Gottes, vom Glauben an seinen Auftrag. Der Auftrag, der in Vers 6 erneuert wird (vgl. 42, 1–3), reicht über die Grenzen des eigenen Volkes hinaus; allen Völkern soll der „Knecht" die Wahrheit bringen und das Heil, das von Gott kommt (vgl. V. 7–9a). – Jesus hat in den prophetischen Worten über den Gottesknecht seinen eigenen Weg vorgezeichnet gesehen. Wie der Gottesknecht erfährt auch Jesus nicht Glanz und Erfolg, sondern Erniedrigung und Verrat (vgl. Joh 13, 21 und 13, 31–32). – Gal 1, 15; Hebr 4, 12; Offb 1, 16; 19, 15; Mt 3, 17; Jes 53, 10–12; Joh 17, 5; Phil 2, 5–11; Tob 13, 11; Ps 2, 8; Lk 2, 32; Apg 13, 47.*

ERSTE LESUNG   Jes 49, 1–6

Ich mache dich zum Licht für die Völker, damit mein Heil bis an das Ende der Erde reicht (Zweites Lied vom Gottesknecht)

**Lesung
aus dem Buch Jesája.**

1 Hört auf mich, ihr Inseln,
merkt auf, ihr Völker in der Ferne!
Der Herr hat mich schon im Mutterleib berufen;
als ich noch im Schoß meiner Mutter war,
  hat er meinen Namen genannt.

2 Er machte meinen Mund zu einem scharfen Schwert,
er verbarg mich im Schatten seiner Hand.
Er machte mich zum spitzen Pfeil
und steckte mich in seinen Köcher.

3 Er sagte zu mir: Du bist mein Knecht, Israel,
an dem ich meine Herrlichkeit zeigen will.

4 Ich aber sagte: Vergeblich habe ich mich bemüht,
habe meine Kraft umsonst und nutzlos vertan.
Aber mein Recht liegt beim Herrn
und mein Lohn bei meinem Gott.

5 Jetzt aber hat der Herr gesprochen,
  der mich schon im Mutterleib
  zu seinem Knecht gemacht hat,
  damit ich Jakob zu ihm heimführe
  und Israel bei ihm versammle.

So wurde ich in den Augen des Herrn geehrt,
    und mein Gott war meine Stärke.

6 Und er sagte:
Es ist zu wenig, daß du mein Knecht bist,
    nur um die Stämme Jakobs wieder aufzurichten
    und die Verschonten Israels heimzuführen.
Ich mache dich zum Licht für die Völker,
    damit mein Heil bis an das Ende der Erde reicht.

ANTWORTPSALM Ps 71 (70), 1–2.3.5–6.15 u. 17 (R: 15a)

R Mein Mund soll künden von deiner Gerechtigkeit. – R (GL 725,1 oder 496)

I. Ton

1 Herr, ich suche Zuflucht bei dir. *
Laß mich doch niemals scheitern!

2 Reiß mich heraus und rette mich in deiner Gerechtigkeit, *
wende dein Ohr mir zu und hilf mir! – (R)

3 Sei mir ein sicherer Hort, *
zu dem ich allzeit kommen darf.
Du hast mir versprochen zu helfen; *
denn du bist mein Fels und meine Burg. – (R)

5 Herr, mein Gott, du bist ja meine Zuversicht, *
meine Hoffnung von Jugend auf.

6 Vom Mutterleib an stütze ich mich auf dich, †
vom Mutterschoß an bist du mein Beschützer; *
dir gilt mein Lobpreis allezeit. – (R)

15 Mein Mund soll von deiner Gerechtigkeit künden †
und von deinen Wohltaten sprechen den ganzen Tag; *
denn ich kann sie nicht zählen.

17 Gott, du hast mich gelehrt von Jugend auf, *
und noch heute verkünde ich dein wunderbares Walten. – R

RUF VOR DEM EVANGELIUM

Lob sei dir, Herr, König der ewigen Herrlichkeit! – R

Sei gegrüßt, du unser König:
Dem Vater gehorsam, läßt du dich zum Kreuze führen
wie ein sanftes Lamm, das man zur Schlachtbank führt.

Lob sei dir, Herr, König der ewigen Herrlichkeit!

ZUM EVANGELIUM *Im gestrigen Evangelium wurde Judas als der bezeichnet, der Jesus verraten sollte. Das ist aus der späteren Sicht gesagt: die Jünger wußten bis dahin nichts davon, und noch beim Letzten Abendmahl saß Judas in ihrer Mitte und ließ sich von Jesus die Füße waschen. Jetzt erst, in prophetischer Erschütterung, lüftet Jesus das Geheimnis und macht dem Verräter ein weiteres Bleiben unmöglich. Jesus selbst schickt ihn hinaus; er bleibt der Herr, auch in seiner Passion. Und die übrigen Jünger? Sie sollten sich ihrer Treue zum Herrn nicht so sicher fühlen. Jeder, selbst Petrus, trägt in seinem Herzen auch die Untreue und den Verrat. – Mt 26,21–25; Mk 14,18–21; Lk 22,21–23; Joh 8,21; 21,18–19; Mt 26,30–35; Mk 14,29–31; Lk 22,31–34.*

EVANGELIUM   Joh 13,21–33.36–38
*Einer von euch wird mich verraten. –
Noch bevor der Hahn kräht, wirst du mich dreimal verleugnen*

✝ Aus dem heiligen Evangelium nach Johannes.

In jener Zeit,
21 als Jesus mit seinen Jüngern bei Tisch war,
 wurde er im Innersten erschüttert
und bekräftigte: Amen, amen, das sage ich euch:
 Einer von euch wird mich verraten.
22 Die Jünger blickten sich ratlos an,
 weil sie nicht wußten, wen er meinte.
23 Einer von den Jüngern lag an der Seite Jesu;
 es war der, den Jesus liebte.
24 Simon Petrus nickte ihm zu,
 er solle fragen, von wem Jesus spreche.
25 Da lehnte sich dieser zurück an die Brust Jesu
 und fragte ihn: Herr, wer ist es?
26 Jesus antwortete:
 Der ist es,
 dem ich den Bissen Brot, den ich eintauche, geben werde.
Dann tauchte er das Brot ein,
 nahm es und gab es Judas, dem Sohn des Simon Iskáriot.
27 Als Judas den Bissen Brot genommen hatte,
 fuhr der Satan in ihn.
Jesus sagte zu ihm: Was du tun willst, das tu bald!
28 Aber keiner der Anwesenden verstand,
 warum er ihm das sagte.

Fastenzeit: Dienstag in der Karwoche

²⁹ Weil Judas die Kasse hatte,
  meinten einige, Jesus wolle ihm sagen:
    Kaufe, was wir zum Fest brauchen!,
  oder Jesus trage ihm auf, den Armen etwas zu geben.
³⁰ Als Judas den Bissen Brot genommen hatte,
  ging er sofort hinaus.
  Es war aber Nacht.
³¹ Als Judas hinausgegangen war, sagte Jesus:
  Jetzt ist der Menschensohn verherrlicht,
  und Gott ist in ihm verherrlicht.
³² Wenn Gott in ihm verherrlicht ist,
  wird auch Gott ihn in sich verherrlichen,
  und er wird ihn bald verherrlichen.
³³ Meine Kinder, ich bin nur noch kurze Zeit bei euch.
  Ihr werdet mich suchen,
  und was ich den Juden gesagt habe,
  sage ich jetzt auch euch:
  Wohin ich gehe,
    dorthin könnt ihr nicht gelangen.
³⁶ Simon Petrus sagte zu ihm:
    Herr, wohin willst du gehen?
  Jesus antwortete:
  Wohin ich gehe, dorthin kannst du mir jetzt nicht folgen.
  Du wirst mir aber später folgen.
³⁷ Petrus sagte zu ihm:
    Herr, warum kann ich dir jetzt nicht folgen?
  Mein Leben will ich für dich hingeben.
³⁸ Jesus entgegnete: Du willst für mich dein Leben hingeben?
  Amen, amen, das sage ich dir:
    Noch bevor der Hahn kräht,
    wirst du mich dreimal verleugnen.

FÜRBITTEN

Jesus Christus, der dem Willen des Vaters gehorsam war, wollen wir anrufen:

Vermehre den Eifer deines Volkes, sich vom Wort Gottes leiten zu lassen. (Stille) Christus, höre uns.
A.: Christus, erhöre uns.

Laß alle Menschen erfahren, was du für sie getan hast. (Stille)
Christus, höre uns.
A.: Christus, erhöre uns.

Richte alle Leidenden auf durch das Gedächtnis deines Todes.
(Stille) Christus, höre uns.

Bewahre deine Gläubigen vor Menschenfurcht und Treulosigkeit.
(Stille) Christus, höre uns.

Denn du hast die Herrschaft des Bösen vernichtet. Dir sei Lob und
Dank in Ewigkeit.   A.: Amen.

GABENGEBET

Sei uns gnädig, Herr, unser Gott,
und sieh auf die Opfergaben deines Volkes.
In dieser Feier
schenkst du uns Anteil am heiligen Mahl;
führe uns auch zum Hochzeitsmahl
des ewigen Lebens.
Darum bitten wir durch Christus, unseren Herrn.

Präfation vom Leiden des Herrn II. S. 1358.

KOMMUNIONVERS   Röm 8, 32

Gott hat seinen eigenen Sohn nicht geschont,
sondern ihn für alle hingegeben.

SCHLUSSGEBET

Barmherziger Gott,
du hast uns in diesem Mahl
die Gabe des Heils geschenkt.
Dein Sakrament gebe uns Kraft in dieser Zeit
und in der kommenden Welt das ewige Leben.
Darum bitten wir durch Christus, unseren Herrn.

„DARAN DENKEN, *daß Christus allein das Heil ist und daß jedes
Bündnis mit dem Irrtum und dem Bösen tödlich wirkt" (Kardinal Suhard).*

„DIE GROSSE SCHULD *des Menschen ist, daß er in jedem Augenblick die Umkehr tun kann und nicht tut" (Martin Buber).*

MITTWOCH

ERÖFFNUNGSVERS   Phil 2, 10.8.11

Vor dem Namen Jesu sollen alle Mächte
im Himmel, auf der Erde und unter der Erde ihre Knie beugen;
denn der Herr erniedrigte sich und war gehorsam bis zum Tod,
bis zum Tod am Kreuz.
**Deshalb ist Jesus Christus der Herr
in der Herrlichkeit Gottes, des Vaters.**

TAGESGEBET

Heiliger Gott, du hast deinen Sohn
der Schmach des Kreuzes unterworfen,
um uns der Gewalt des Bösen zu entreißen.
Gib uns die Gnade,
daß auch wir deinem Willen gehorchen
und einst in Herrlichkeit auferstehen.
Darum bitten wir durch ihn, Jesus Christus.

ZUR LESUNG   *Das dritte Lied vom Gottesknecht (vgl. Palmsonntag, 1. Lesung). – Der Gottesknecht ist das Gegenbild seines Volkes, dem es so schwer fällt, auf das Wort Gottes zu hören. Der „Knecht" wird hier als der vollkommene Schüler oder Jünger vorgestellt. Zwei Verhaltensweisen kennzeichnen ihn: 1. er ist ganz Ohr für das Wort des Herrn, er hört mit dem Herzen; 2. er verkündet das, was ihm gesagt und aufgetragen wird, unbekümmert um die Feindschaft, die er sich zuzieht. Das kann er nur, weil er weiß, daß Gott ihm nahe ist und ihn stützt. – Wer ist dieser Knecht? Wir können an manche Prophetenschicksale denken, vor allem an Jeremia. Aber nicht er ist gemeint, sondern ein kommender Prophet. – Jesus steht zum Vater in einem vollkommenen Jüngerverhältnis (vgl. Joh 8, 26.28), und er erfährt Widerspruch und Verfolgung (vgl. Evangelium). – Joh 3, 11; Ps 40, 7; Jes 52, 13 – 53, 12; Klgl 3, 30; Mt 26, 67; 27, 30; Ez 3, 8–9; Ps 25, 3; Röm 8, 31–33.*

ERSTE LESUNG
Jes 50, 4–9a

Mein Gesicht verbarg ich nicht vor Schmähungen (Drittes Lied vom Gottesknecht)

Lesung
  aus dem Buch Jesája.

4 Gott, der Herr, gab mir die Zunge eines Jüngers,
damit ich verstehe,
  die Müden zu stärken durch ein aufmunterndes Wort.
Jeden Morgen weckt er mein Ohr,
  damit ich auf ihn höre wie ein Jünger.

5 Gott, der Herr, hat mir das Ohr geöffnet.
Ich aber wehrte mich nicht
  und wich nicht zurück.

6 Ich hielt meinen Rücken denen hin, die mich schlugen,
und denen, die mir den Bart ausrissen, meine Wangen.
Mein Gesicht verbarg ich nicht
  vor Schmähungen und Speichel.

7 Doch Gott, der Herr, wird mir helfen;
darum werde ich nicht in Schande enden.
Deshalb mache ich mein Gesicht hart wie einen Kiesel;
ich weiß, daß ich nicht in Schande gerate.

8 Er, der mich freispricht, ist nahe.
Wer wagt es, mit mir zu streiten?
Laßt uns zusammen vortreten!
Wer ist mein Gegner im Rechtsstreit?
Er trete zu mir heran.

9a Seht her,
  Gott, der Herr, wird mir helfen.
Wer kann mich für schuldig erklären?

ANTWORTPSALM
Ps 69 (68), 8–9.10 u. 12.21b–22.31 u. 33
(R: 14bc)

R Erhöre mich in deiner großen Huld, (GL 733, 1)
Gott, hilf mir in deiner Treue! – R

8 Deinetwegen erleide ich Schmach, * VI. Ton
und Schande bedeckt mein Gesicht.

9 Entfremdet bin ich den eigenen Brüdern, *
den Söhnen meiner Mutter wurde ich fremd. – (R)

10 Denn der Eifer für dein Haus hat mich verzehrt; *
die Schmähungen derer, die dich schmähen, haben mich getroffen.

12 Ich ging in Sack und Asche, *
doch sie riefen Spottverse hinter mir her. – R

21 Ganz krank bin ich vor Schmach; †
bcd umsonst habe ich auf Mitleid gewartet, *
auf einen Tröster, doch ich habe keinen gefunden.

22 Sie gaben mir Gift zu essen, *
für den Durst reichten sie mir Essig. – (R)

31 Ich will den Namen Gottes rühmen im Lied, *
in meinem Danklied ihn preisen.

33 Schaut her, ihr Gebeugten, und freut euch; *
ihr, die ihr Gott sucht: euer Herz lebe auf! – R

RUF VOR DEM EVANGELIUM

Lob sei dir, Herr, König der ewigen Herrlichkeit! – R

Sei gegrüßt, du unser König:
Als wir in die Irre gingen, nahmst du allein dich unser an.

Lob sei dir, Herr, König der ewigen Herrlichkeit!

Oder:

Lob sei dir, Herr, König der ewigen Herrlichkeit! – R

Sei gegrüßt, du unser König:
Dem Vater gehorsam, läßt du dich zum Kreuze führen
wie ein sanftes Lamm, das man zur Schlachtbank führt.

Lob sei dir, Herr, König der ewigen Herrlichkeit!

ZUM EVANGELIUM *Das letzte Mahl Jesu mit seinen Jüngern war nach Mt 26, 17–19 und den entsprechenden Stellen bei Markus und Lukas ein Paschamahl. Jesus hat aber durch die Wahl des Tages und die Art der Feier gezeigt, daß er nicht mehr das alte Pascha feiern wollte. „Meine Zeit ist nahe", läßt er sagen; das bedeutet, daß die alte Zeit zu Ende geht. Der Gastgeber Jesu (von dem wir nicht einmal den Namen wissen) konnte diese Botschaft kaum verstehen, aber die nachösterliche Gemeinde wußte: es war die von Gott bestimmte Stunde, die Stunde des Todes und der Auferstehung Jesu (vgl. Joh 12, 23.27). Im bewußten und freiwilligen Gehor-*

sam geht Jesus in diese Stunde hinein. Die Stunde des Abendmahls ist überschattet durch den Verrat des Judas. Aber Jesus geht den Weg zum Kreuz, nicht weil Judas ihn verraten hat, sondern weil es so vom Vater für ihn bestimmt ist. – Mk 14, 10–21; Lk 22, 3–14.21–23; Mt 27, 3–4; Gen 37, 28; Sach 11, 12; Joh 13, 21–30; Ps 55, 13–15; 41, 10; Joh 13, 18; 17, 12.

EVANGELIUM Mt 26, 14–25

Der Menschensohn muß zwar seinen Weg gehen, wie die Schrift über ihn sagt. Doch weh dem Menschen, durch den der Menschensohn verraten wird

☩ **Aus dem heiligen Evangelium nach Matthäus.**

In jener Zeit
14 ging einer der Zwölf namens Judas Iskáriot
 zu den Hohenpriestern
15 und sagte: Was wollt ihr mir geben,
 wenn ich euch Jesus ausliefere?
 Und sie zahlten ihm dreißig Silberstücke.
16 Von da an suchte er nach einer Gelegenheit, ihn auszuliefern.
17 Am ersten Tag des Festes der Ungesäuerten Brote
 gingen die Jünger zu Jesus
 und fragten:
 Wo sollen wir das Paschamahl* für dich vorbereiten?
18 Er antwortete:
 Geht in die Stadt zu dem und dem
 und sagt zu ihm: Der Meister läßt dir sagen:
 Meine Zeit ist da;
 bei dir will ich mit meinen Jüngern das Paschamahl feiern.
19 Die Jünger taten, was Jesus ihnen aufgetragen hatte,
 und bereiteten das Paschamahl vor.
20 Als es Abend wurde,
 begab er sich mit den zwölf Jüngern zu Tisch.
21 Und während sie aßen,
 sprach er: Amen, ich sage euch:
 Einer von euch wird mich verraten und ausliefern.
22 Da waren sie sehr betroffen,

---
* Sprich: Pas-chamahl.

und einer nach dem andern fragte ihn:
>Bin ich es etwa, Herr?

23 Er antwortete:
>Der, der die Hand mit mir in die Schüssel getaucht hat,
>wird mich verraten.

24 Der Menschensohn muß zwar seinen Weg gehen,
>wie die Schrift über ihn sagt.
>Doch weh dem Menschen,
>durch den der Menschensohn verraten wird.
>Für ihn wäre es besser, wenn er nie geboren wäre.

25 Da fragte Judas, der ihn verriet:
>Bin ich es etwa, Rabbi?
>Jesus sagte zu ihm: Du sagst es.

FÜRBITTEN

Jesus Christus ist der Herr in der Herrlichkeit Gottes, des Vaters. Zu ihm wollen wir beten:

Erneuere deine Kirche durch die Feier deines Todes und deiner Auferstehung.
A.: Wir bitten dich, erhöre uns.

Laß die Herrscher der Welt sich am Gesetz Gottes ausrichten.

Schenke allen, die sich von dir getrennt haben, Versöhnung durch die österlichen Sakramente.

Bereite unsere Herzen, damit wir die Osterfreude erfahren.

Denn du hast die Macht der Sünde und des Todes gebrochen und uns neues Leben geschenkt. Dir sei Lob und Ehre in Ewigkeit.   A.: Amen.

GABENGEBET

Gott, unser Vater,
nimm unsere Opfergaben gnädig an
und gib, daß wir mit gläubigem Herzen
das Leidensgeheimnis deines Sohnes feiern,
der mit dir lebt und herrscht in alle Ewigkeit.

Präfation vom Leiden des Herrn II, S. 1358.

KOMMUNIONVERS Mt 20, 28
Der Menschensohn ist nicht gekommen,
um sich bedienen zu lassen,
sondern um zu dienen
und sein Leben hinzugeben als Lösegeld für viele.

SCHLUSSGEBET

Allmächtiger Gott, diese heilige Feier
bezeugt uns das Geheimnis der Erlösung.
Erwecke in uns das feste Vertrauen,
daß uns durch den Tod deines Sohnes
ewiges Leben geschenkt ist.
Darum bitten wir durch ihn, Christus, unseren Herrn.

„IHR DÜRFT NICHT GLAUBEN, daß die Peiniger Jesu, von denen das Evangelium spricht, schlechter waren als wir. Sie hatten die beste Absicht. Sie verhielten sich wie wir ... Sie handelten im Interesse der Öffentlichkeit. Sie handelten mit gutem Gewissen. Sie töteten Christus mit gutem Gewissen ... wie wir.
Zwischen ihm und uns lastet der gleiche Nebel, die gleiche Schicht von Gleichgültigkeit, von verdrossener Feindseligkeit. Im tiefsten Innern eines jeden von uns lebt hemmungsloser Widerstand gegen das Göttliche. Mit all unserer Kraft stoßen wir diesen Gott zurück, der es wagte, so ganz anders zu sein, als wir ihn uns vorgestellt haben" (Louis Evely).

GRÜNDONNERSTAG
oder
HOHER DONNERSTAG
Chrisam-Messe

siehe Schott-Meßbuch für die Sonntage und Festtage

DIE OSTERZEIT

OSTEROKTAV

MONTAG
DER OSTEROKTAV

Wo der Ostermontag nicht als Feiertag begangen wird:

ERÖFFNUNGSVERS   Vgl. Ex 13, 5.9

Der Herr hat euch in das Land geführt,
wo Milch und Honig strömen.
Immer soll das Gesetz des Herrn in eurem Herzen sein.
Halleluja.

Oder:

Der Herr ist vom Tod auferstanden, wie er gesagt hat.
Freut euch und frohlockt, denn er herrscht in Ewigkeit. Halleluja.

Ehre sei Gott, S. 1280 f.

TAGESGEBET

Gott, du Herr allen Lebens,
durch die Taufe schenkst du deiner Kirche
Jahr für Jahr neue Söhne und Töchter.
Gib, daß alle Christen in ihrem Leben
dem Sakrament treu bleiben,
das sie im Glauben empfangen haben.
Darum bitten wir durch Jesus Christus.

ZUR LESUNG *Im Mittelpunkt der Pfingstrede des Petrus (Apg 2, 14–36) steht die Aussage über Tod und Auferstehung Jesu. Die Auferstehung ist nicht nur durch Zeugen verbürgt, die Jesus gesehen haben; Petrus gibt auch einen Schriftbeweis: er deutet Ps 16, 8–11 auf Christus. Psalm 16 war zunächst das vertrauensvolle Gebet eines Menschen, der sein Leben bedroht sah. Aber wie andere Psalmen, so ist auch dieser erst durch das Christusereignis in seinem Vollsinn deutlich geworden: Gott gibt den nicht der Vernichtung preis, der ihm treu ist. Der Tod ist überwunden durch das Leben. Auch wir können diesen Psalm jetzt beten als Ausdruck unserer Hoffnung auf Auferstehung und ewige Gemeinschaft mit Gott. – Lk 24, 19; Apg 10, 38; 1 Thess 2, 14–16.*

ERSTE LESUNG Apg 2, 14.22–33

Gott hat Jesus auferweckt, dafür sind wir alle Zeugen

Lesung
aus der Apostelgeschichte.

¹⁴ Am Pfingsttag trat Petrus auf,
zusammen mit den Elf;
er erhob seine Stimme und begann zu reden:
Ihr Juden und alle Bewohner von Jerusalem!
Dies sollt ihr wissen,
achtet auf meine Worte!

²² Jesus, den Nazoräer,
den Gott vor euch beglaubigt hat
durch machtvolle Taten, Wunder und Zeichen,
die er durch ihn in eurer Mitte getan hat, wie ihr selbst wißt
²³ – ihn, der nach Gottes beschlossenem Willen und Vorauswissen
hingegeben wurde,
habt ihr durch die Hand von Gesetzlosen
ans Kreuz geschlagen und umgebracht.

²⁴ Gott aber hat ihn von den Wehen des Todes befreit
und auferweckt;
denn es war unmöglich, daß er vom Tod festgehalten wurde.
²⁵ David nämlich sagt über ihn:

Ich habe den Herrn beständig vor Augen.
Er steht mir zur Rechten, ich wanke nicht.
²⁶ Darum freut sich mein Herz
und frohlockt meine Zunge,
und auch mein Leib wird in sicherer Hoffnung ruhen;
²⁷ denn du gibst mich nicht der Unterwelt preis,
noch läßt du deinen Frommen die Verwesung schauen.
²⁸ Du zeigst mir die Wege zum Leben,
du erfüllst mich mit Freude vor deinem Angesicht.

²⁹ Brüder,
ich darf freimütig zu euch über den Patriarchen David reden:
Er starb und wurde begraben,
und sein Grabmal ist bei uns erhalten bis auf den heutigen Tag.
³⁰ Da er ein Prophet war
und wußte, daß Gott ihm den Eid geschworen hatte,

einer von seinen Nachkommen werde auf seinem Thron sitzen,
31 sagte er vorausschauend über die Auferstehung des Christus:
Er gibt ihn nicht der Unterwelt preis,
und sein Leib schaut die Verwesung nicht.
32 Diesen Jesus hat Gott auferweckt,
dafür sind wir alle Zeugen.
33 Nachdem er durch die rechte Hand Gottes erhöht worden war
und vom Vater den verheißenen Heiligen Geist empfangen hatte,
hat er ihn ausgegossen,
wie ihr seht und hört.

ANTWORTPSALM Ps 16 (15), 2 u. 5.7–8.9–11a (R: vgl. 1)

R Behüte mich, Gott, denn ich vertraue auf dich. – R (GL 527,7)

Oder:
R Halleluja. – R

2 Ich sage zum Herrn: „Du bist mein Herr; * IV. Ton
mein ganzes Glück bist du allein."

5 Du, Herr, gibst mir das Erbe und reichst mir den Becher; *
du hältst mein Los in deinen Händen. – (R)

7 Ich preise den Herrn, der mich beraten hat. *
Auch mahnt mich mein Herz in der Nacht.

8 Ich habe den Herrn beständig vor Augen. *
Er steht mir zur Rechten, ich wanke nicht. – (R)

9 Darum freut sich mein Herz und frohlockt meine Seele; *
auch mein Leib wird wohnen in Sicherheit.

10 Denn du gibst mich nicht der Unterwelt preis; †
du läßt deinen Frommen das Grab nicht schauen. *
11a Du zeigst mir den Pfad zum Leben. – R

RUF VOR DEM EVANGELIUM Vers: vgl. Ps 118 (117), 24

Halleluja. Halleluja.
Das ist der Tag, den der Herr gemacht;
laßt uns jubeln und seiner uns freuen.
Halleluja.

ZUM EVANGELIUM *Ein helles und ein dunkles Bild wird uns im heutigen Evangelium gezeigt: die Frauen beten Jesus an und sprechen damit ihr Bekenntnis zum auferstandenen Herrn aus (V. 8–10). Die Hohenpriester und die Ältesten offenbaren noch über den Tod Jesu hinaus ihren Haß gegen ihn und ihre geheime Furcht vor ihm. Und so ist es geblieben „bis heute" (V. 15): Glaube und Anbetung oder Haß und Lüge, das sind die möglichen Weisen, dem Auferstandenen gegenüber Stellung zu beziehen. Freilich könnte man sagen, das sei eine unerlaubte Vereinfachung; es gibt doch zum mindesten auch die Möglichkeit, daß jemand die Schwierigkeiten nicht überwinden kann, die sich seinem Glauben an die Auferstehung Jesu entgegenstellen. Aber wer Glaubensschwierigkeiten hat, ist eben ein Glaubender, selbst wenn er mit den Schwierigkeiten nicht fertig wird. – Mt 4, 18–22; Mk 6, 17–20; Joh 20, 14–18; Lk 24, 9–11; Apg 1, 3; 1 Kor 15, 4.*

EVANGELIUM   Mt 28, 8–15

Sagt meinen Brüdern, sie sollen nach Galiläa gehen, und dort werden sie mich sehen

✚ Aus dem heiligen Evangelium nach Matthäus.

8 Nachdem die Frauen die Botschaft des Engels vernommen hatten,
verließen sie sogleich das Grab
und eilten voll Furcht und großer Freude zu den Jüngern,
   um ihnen die Botschaft zu verkünden.

9 Plötzlich kam ihnen Jesus entgegen
und sagte: Seid gegrüßt!
Sie gingen auf ihn zu,
warfen sich vor ihm nieder
und umfaßten seine Füße.

10 Da sagte Jesus zu ihnen:
   Fürchtet euch nicht!
Geht und sagt meinen Brüdern,
   sie sollen nach Galiläa gehen,
und dort werden sich mich sehen.

11 Noch während die Frauen unterwegs waren,
   kamen einige von den Wächtern in die Stadt
und berichteten den Hohenpriestern alles, was geschehen war.

12 Diese faßten gemeinsam mit den Ältesten den Beschluß,
   die Soldaten zu bestechen.

Osterzeit: Montag der Osteroktav

Sie gaben ihnen viel Geld
13 und sagten: Erzählt den Leuten:
    Seine Jünger sind bei Nacht gekommen
    und haben ihn gestohlen, während wir schliefen.
14 Falls der Statthalter davon hört,
    werden wir ihn beschwichtigen
und dafür sorgen, daß ihr nichts zu befürchten habt.
15 Die Soldaten nahmen das Geld
und machten alles so, wie man es ihnen gesagt hatte.
So kommt es,
    daß dieses Gerücht bei den Juden bis heute verbreitet ist.

FÜRBITTEN

In österlicher Freude beten wir zu Christus, der uns in seiner Auferstehung neues Leben erwarb:

Für alle an Ostern Getauften: daß sie das neue Leben treu bewahren. – Lasset zum Herrn uns beten: Herr, erbarme dich.
A.: Christus, erbarme dich.

Für alle, die im Dienst des Glaubens stehen: daß sie die Osterbotschaft mit Zuversicht verkünden. – Lasset zum Herrn uns beten: Herr, erbarme dich.

Für alle Leidenden: daß der Ostersieg in ihnen Hoffnung wecke. – Lasset zum Herrn uns beten: Herr, erbarme dich.

Für unsere Verstorbenen: daß sie zum Leben der Herrlichkeit gelangen. – Lasset zum Herrn uns beten: Herr, erbarme dich.

Allmächtiger Gott, durch die Auferstehung deines Sohnes hast du uns Zukunft und Hoffnung gegeben. Gib, daß sich unser Lebensweg bei dir vollende durch Christus, unseren Herrn.   A.: Amen.

GABENGEBET

Gott,
du hast deinem Volk
durch das Bekenntnis des Glaubens
und den Empfang der Taufe neues Leben geschenkt.

Nimm die Gaben (der Neugetauften und aller)
deiner Gläubigen gnädig an
und laß uns in dir
Seligkeit und ewiges Leben finden.
Darum bitten wir durch Christus, unseren Herrn.

Osterpräfation I, S. 1358.
In den Hochgebeten I–III eigene Einschübe.

KOMMUNIONVERS   Vgl. Röm 6, 9
**Christus ist vom Tod erstanden; er stirbt nicht mehr.
Gebrochen ist die Macht des Todes. Halleluja.**

SCHLUSSGEBET

Allmächtiger Gott,
du hast uns durch die österlichen Geheimnisse
auf den Weg des Lebens geführt.
Laß deine Gnade in uns mächtig werden,
damit wir uns deiner Gaben würdig erweisen
und unseren Weg zu dir vollenden.
Darum bitten wir durch Christus, unseren Herrn.

„DA IST JESUS CHRISTUS über die Erde gegangen, hat über Schuld, Leid und Tod sein Machtwort gesprochen; wir Menschen aber leben weiter dahin, als ob alles überhaupt nicht passiert wäre, quälen uns mit unserem verwundeten Gewissen, mit unbereinigter Schuld und mit Sorge gegenüber dem unbekannten X der Zukunft – und in Wirklichkeit ist alles doch von Gott her so ganz anders gedacht und besorgt worden. Es ist, wie wenn ein Mensch neben einem Stapel von Brotlaiben verhungerte und an einer rauschenden Quelle verdurstete.
Wir sollten unseren inneren Zustand einmal in diesem Lichte sehen lernen. Denn wir vertun und verschleudern ja gar nicht nur das, was Jesus für uns getan und gelitten hat, wenn wir seine Gaben nicht in Anspruch nehmen und einfach weiterleben, als ob er Luft wäre. Sondern wir verlieren ja auch den Schöpfer; wir verlieren schließlich auch die Freude an der Welt, an der Natur, an den Bäumen und an den Tieren" (H. Thielicke).

DIENSTAG
DER OSTEROKTAV

ERÖFFNUNGSVERS
Vgl. Sir 15, 3–4

Gott hat euch getränkt aus den Quellen der Weisheit.
In seiner Gnade werdet ihr stark.
Er wird euch krönen mit ewiger Herrlichkeit. Halleluja.

Ehre sei Gott, S. 1280 f.

TAGESGEBET

Allmächtiger Gott,
du hast dein Volk
durch die österlichen Geheimnisse
befreit und gestärkt.
Bleibe bei uns mit deiner Gnade
und führe uns zur vollkommenen Freiheit,
damit der Osterjubel, der uns heute erfüllt,
sich in der Freude des Himmels vollendet.
Darum bitten wir durch Jesus Christus.

ZUR LESUNG *Am Anfang dieser Lesung steht der abschließende Satz der Verteidigungsrede des Petrus; er faßt die apostolische Verkündigung in der Aussage zusammen, daß der gekreuzigte Jesus „der Herr" ist, der Christus, der verheißene Messias. Die anwesenden Juden sind zugleich betroffen und ratlos. Was sollen wir tun? Petrus antwortet mit der Aufforderung zur Bekehrung und Taufe. So hatte schon Johannes der Täufer gesprochen; aber durch all das, was inzwischen geschehen ist, erhält dieser Ruf zur Umkehr und Taufe ein ganz anderes Gewicht. Die Bekehrung wird durch die Taufe besiegelt; die Taufe aber bringt die Vergebung der Sünden und die Gabe des Heiligen Geistes; sie bedeutet also einen völlig neuen Anfang. Petrus hält daran fest, daß die Verheißung für Israel trotz allem in Kraft bleibt. Die Bekehrung ist dringend. Sie bedeutet Rettung „aus dieser verdorbenen Generation", die den Messias abgelehnt und getötet hat. – Apg 9, 22; 10, 42; Röm 10, 9; Phil 2, 9–11; Apg 16, 29–31; Lk 3, 10–14; Jes 57, 19; Joel 3, 5; 1 Kor 12, 3; Dtn 32, 5; Mt 17, 17; Lk 9, 41.*

ERSTE LESUNG   Apg 2,14a.36–41

Kehrt um, und jeder von euch lasse sich auf den Namen Jesu Christi taufen

Lesung
   aus der Apostelgeschichte.

^{14a} Am Pfingsttag trat Petrus auf,
zusammen mit den Elf;
   er erhob seine Stimme und begann zu reden:

³⁶ Mit Gewißheit erkenne das ganze Haus Israel:
Gott hat ihn zum Herrn und Messias gemacht,
   diesen Jesus, den ihr gekreuzigt habt.

³⁷ Als sie das hörten, traf es sie mitten ins Herz,
und sie sagten zu Petrus und den übrigen Aposteln:
   Was sollen wir tun, Brüder?

³⁸ Petrus antwortete ihnen: Kehrt um,
und jeder von euch
   lasse sich auf den Namen Jesu Christi taufen
   zur Vergebung seiner Sünden;
dann werdet ihr die Gabe des Heiligen Geistes empfangen.

³⁹ Denn euch und euren Kindern gilt die Verheißung
und all denen in der Ferne,
   die der Herr, unser Gott, herbeirufen wird.

⁴⁰ Mit noch vielen anderen Worten beschwor und ermahnte er sie:
Laßt euch retten aus dieser verdorbenen Generation!

⁴¹ Die nun, die sein Wort annahmen,
   ließen sich taufen.
An diesem Tag wurden ihrer Gemeinschaft
   etwa dreitausend Menschen hinzugefügt.

ANTWORTPSALM   Ps 33(32),4–5.18–19.20 u. 22 (R: vgl. 5b)

R Von deiner Huld, o Herr, ist die Erde erfüllt. – **R**   (GL 496
Oder: oder 745,1)
R Halleluja. – **R**

⁴ Das Wort des Herrn ist wahrhaftig, *
all sein Tun ist verläßlich.   VI. Ton

⁵ Er liebt Gerechtigkeit und Recht, *
die Erde ist erfüllt von der Huld des Herrn. – (R)

¹⁸ Das Auge des Herrn ruht auf allen, die ihn fürchten und ehren, *
die nach seiner Güte ausschaun;
¹⁹ denn er will sie dem Tod entreißen *
und in der Hungersnot ihr Leben erhalten. – (R)
²⁰ Unsre Seele hofft auf den Herrn; *
er ist für uns Schild und Hilfe.
²² Laß deine Güte über uns walten, o Herr, *
denn wir schauen aus nach dir. – R

RUF VOR DEM EVANGELIUM   Vers: vgl. Ps 118 (117), 24

Halleluja. Halleluja.
Das ist der Tag, den der Herr gemacht;
laßt uns jubeln und seiner uns freuen.
Halleluja.

ZUM EVANGELIUM   *Die Erscheinung des Auferstandenen vor Maria aus Magdala am Ostermorgen wird im Johannesevangelium anders dargestellt als bei Mt 28, 9–10. Dem vierten Evangelisten kommt es weniger darauf an, die Tatsache der Auferstehung zu betonen, als darauf, die neue Seinsweise des Auferstandenen zu zeigen: seine neue Gemeinschaft mit dem Vater und seine neue Gegenwart bei den Jüngern. Auferstehung und Himmelfahrt werden hier nicht getrennt gesehen; beide zusammen sind seine „Erhöhung" zum Vater. Etwas Fremdes, Geheimnisvolles umgibt den Auferstandenen, so daß Maria von Magdala ihn nicht sogleich erkennt; erst als Jesus sie mit ihrem Namen anredet, erkennt sie seine Stimme. Nur der Glaube wird von jetzt an seine Gegenwart wahrnehmen, so sehr ist seine Menschheit von der Gottheit aufgenommen und erfüllt. Der volle Osterglaube aber besteht darin, sich selbst in die mächtige Bewegung zum Vater hineinzubegeben, die das Ostergeheimnis Christi ausmacht. – Mk 16, 5–7.9–11; Lk 24, 16; Joh 10, 3; Lk 24, 9–11.*

Wo der Ostermontag nicht als Feiertag begangen wird:

EVANGELIUM Joh 20, 11–18

Ich habe den Herrn gesehen, und das hat er mir gesagt

✠ Aus dem heiligen Evangelium nach Johannes.

In jener Zeit
11 stand Maria draußen vor dem Grab und weinte.
Während sie weinte,
   beugte sie sich in die Grabkammer hinein.
12 Da sah sie zwei Engel in weißen Gewändern sitzen,
den einen dort, wo der Kopf,
   den anderen dort,
   wo die Füße des Leichnams Jesu gelegen hatten.
13 Die Engel sagten zu ihr: Frau, warum weinst du?
Sie antwortete ihnen: Man hat meinen Herrn weggenommen,
und ich weiß nicht, wohin man ihn gelegt hat.
14 Als sie das gesagt hatte, wandte sie sich um
   und sah Jesus dastehen,
   wußte aber nicht, daß es Jesus war.
15 Jesus sagte zu ihr: Frau, warum weinst du?
Wen suchst du?
Sie meinte, es sei der Gärtner,
und sagte zu ihm: Herr, wenn du ihn weggebracht hast,
   sag mir, wohin du ihn gelegt hast.
   Dann will ich ihn holen.
16 Jesus sagte zu ihr: Maria!
Da wandte sie sich ihm zu
   und sagte auf hebräisch zu ihm: Rabbúni!, das heißt: Meister.
17 Jesus sagte zu ihr: Halte mich nicht fest;
   denn ich bin noch nicht zum Vater hinaufgegangen.
Geh aber zu meinen Brüdern,
   und sag ihnen:
   Ich gehe hinauf zu meinem Vater und zu eurem Vater,
   zu meinem Gott und zu eurem Gott.
18 Maria von Mágdala ging zu den Jüngern
   und verkündete ihnen: Ich habe den Herrn gesehen.
Und sie richtete aus,
   was er ihr gesagt hatte.

Oder (wo der Ostermontag als Feiertag begangen wird und das Emmausevangelium [Lk 24, 13–35] an diesem Tag genommen wurde):

EINFÜHRUNG *siehe S. 434.*

EVANGELIUM Mt 28, 8–15
Sagt meinen Brüdern, sie sollen nach Galiläa gehen, und dort werden sie mich sehen

✢ Aus dem heiligen Evangelium nach Matthäus.

8 Nachdem die Frauen die Botschaft des Engels vernommen hatten,
verließen sie sogleich das Grab
und eilten voll Furcht und großer Freude zu seinen Jüngern,
    um ihnen die Botschaft zu verkünden.

9 Plötzlich kam ihnen Jesus entgegen
und sagte: Seid gegrüßt!
Sie gingen auf ihn zu,
warfen sich vor ihm nieder
und umfaßten seine Füße.

10 Da sagte Jesus zu ihnen:
    Fürchtet euch nicht!
Geht und sagt meinen Brüdern,
    sie sollen nach Galiläa gehen,
und dort werden sie mich sehen.

11 Noch während die Frauen unterwegs waren,
    kamen einige von den Wächtern in die Stadt
und berichteten den Hohenpriestern alles, was geschehen war.

12 Diese faßten gemeinsam mit den Ältesten den Beschluß,
    die Soldaten zu bestechen.
Sie gaben ihnen viel Geld

13 und sagten: Erzählt den Leuten:
    Seine Jünger sind bei Nacht gekommen
und haben ihn gestohlen, während wir schliefen.

14 Falls der Statthalter davon hört,
    werden wir ihn beschwichtigen
und dafür sorgen, daß ihr nichts zu befürchten habt.

15 Die Soldaten nahmen das Geld
und machten alles so, wie man es ihnen gesagt hatte.
So kommt es,
    daß dieses Gerücht bei den Juden bis heute verbreitet ist.

FÜRBITTEN

Zu Christus, der die Macht des Todes überwand, beten wir:

Erhalte deinem Volk die österliche Freude.
A.: Wir bitten dich, erhöre uns.

Erleuchte die Herzen der Zweifelnden, daß sie der Osterbotschaft zustimmen.

Richte alle auf, die durch Angst gelähmt sind.

Führe unsere Toten zur Freude des ewigen Lebens.

Denn du bist wahrhaft vom Tod erstanden und herrschst als Sieger und König. Dir sei Lob und Ehre in Ewigkeit. A.: Amen.

GABENGEBET

Gütiger Gott,
nimm unsere Gaben an
und gewähre uns deinen Schutz,
damit wir die Taufgnade,
die wir empfangen haben, nicht verlieren
und zur ewigen Freude gelangen,
die du für uns bereitet hast.
Darum bitten wir durch Christus, unseren Herrn.

Osterpräfation I, S. 1358.
In den Hochgebeten I–III eigene Einschübe.

KOMMUNIONVERS
Kol 3, 1–2

Ihr seid mit Christus auferstanden;
darum strebt nach dem, was im Himmel ist,
wo Christus zur Rechten Gottes sitzt.
Richtet euren Sinn auf das Himmlische und nicht auf das Irdische.
Halleluja.

SCHLUSSGEBET

Allmächtiger Gott,
in der Taufe hast du uns das Heil geschenkt.
Mache unsere Herzen würdig,
die Freude des kommenden Heils zu erlangen.
Darum bitten wir durch Christus, unseren Herrn.

„HERR JESUS CHRISTUS, du bist nicht in die Welt gekommen, um dir dienen zu lassen, und also auch nicht, um dich bewundern oder in diesem Sinne anbeten zu lassen. Du warst selber der Weg und das Leben – und du hast nichts anderes verlangt als ‚Nachfolger'. So wecke uns denn auf, wenn wir in dieser Betörung eingeschlummert sind, erlöse uns von dieser Verwirrung, daß wir dich bewundern oder anbetend bewundern wollten, statt dir nachfolgen und ähnlich werden zu wollen" (Sören Kierkegaard).

MITTWOCH
DER OSTEROKTAV

ERÖFFNUNGSVERS   Mt 25, 34

Kommt her, ihr, die ihr von meinem Vater gesegnet seid,
nehmt das Reich in Besitz,
das seit Anfang der Welt für euch bestimmt ist. Halleluja.

Ehre sei Gott, S. 1280 f.

TAGESGEBET

Gnädiger Gott,
du schenkst deinem Volk jedes Jahr
die österliche Freude
durch das hohe Fest der Auferstehung Christi.
Führe uns durch die Feier,
die wir auf Erden begehen,
zur unvergänglichen Freude im Himmel.
Darum bitten wir durch Jesus Christus.

ZUR LESUNG   *„Ihr werdet die Kraft des Heiligen Geistes empfangen", hatte der Herr gesagt (Apg 1, 8). In dieser Kraft vollbrachten die Apostel „viele Wunder und Zeichen", wie zusammenfassend am Ende des zweiten Kapitels gesagt ist (2, 43). Als führende Apostel erscheinen in Kap. 3 und 4 Petrus und Johannes. Sie gehen als fromme Juden zum Tempel hinauf, um dort zur Zeit des Abendopfers (15 Uhr) zu beten. Blinde und Lahme durften nach der alten Vorschrift den eigentlichen Tempelbezirk nicht betreten, sowenig wie die Heiden. Der Lahme an der „Schönen Pforte" aber wird in der Kraft des Geistes und im Namen Jesu geheilt. Nun kann er mit* *den Aposteln hineingehen und in das Gotteslob einstimmen. Damit ist der nächste Sinn dieses Wunders erfüllt. Darüber hinaus aber soll es Zeichen der angebrochenen messianischen Zeit sein, wie sich aus der nachfolgenden Petrusrede ergibt. – Lev 21,17–20; Jes 35,4.6; Mt 28,20; Mk 16,17–18; Lk 5,26; 7,22; Apg 14,8–10.*

ERSTE LESUNG Apg 3,1–10

Was ich habe, das gebe ich dir: Im Namen Jesu, geh umher!

**Lesung
    aus der Apostelgeschichte.**

In jenen Tagen
1   gingen Petrus und Johannes
    um die neunte Stunde zum Gebet in den Tempel hinauf.
2 Da wurde ein Mann herbeigetragen,
    der von Geburt an gelähmt war.
  Man setzte ihn täglich an das Tor des Tempels,
    das man die Schöne Pforte nennt;
  dort sollte er bei denen, die in den Tempel gingen,
    um Almosen betteln.
3 Als er nun Petrus und Johannes in den Tempel gehen sah,
    bat er sie um ein Almosen.
4 Petrus und Johannes blickten ihn an,
    und Petrus sagte: Sieh uns an!
5 Da wandte er sich ihnen zu
    und erwartete, etwas von ihnen zu bekommen.
6 Petrus aber sagte: Silber und Gold besitze ich nicht.
  Doch was ich habe, das gebe ich dir:
  Im Namen Jesu Christi, des Nazoräers, geh umher!
7 Und er faßte ihn an der rechten Hand
    und richtete ihn auf.
  Sogleich kam Kraft in seine Füße und Gelenke;
8 er sprang auf,
  konnte stehen und ging umher.
  Dann ging er mit ihnen in den Tempel,
  lief und sprang umher und lobte Gott.
9 Alle Leute sahen ihn umhergehen und Gott loben.
10 Sie erkannten ihn als den,

der gewöhnlich an der Schönen Pforte des Tempels saß
und bettelte.
Und sie waren voll Verwunderung und Staunen
über das, was mit ihm geschehen war.

ANTWORTPSALM   Ps 105 (104), 1–2.3–4.6–7.8–9 (R: 3b)

R Die den Herrn suchen, sollen sich von Herzen freuen. – **R**
Oder: (GL 233,7)
R Halleluja. – **R**

1 Dankt dem Herrn! Ruft seinen Namen an! * VI. Ton
  Macht unter den Völkern seine Taten bekannt!

2 Singt ihm und spielt ihm, *
  sinnt nach über all seine Wunder! – (R)

3 Rühmt euch seines heiligen Namens! *
  Alle, die den Herrn suchen, sollen sich von Herzen freuen.

4 Fragt nach dem Herrn und seiner Macht; *
  sucht sein Antlitz allezeit! – (R)

5 Bedenkt es, ihr Nachkommen seines Knechtes Abraham, *
  ihr Kinder Jakobs, die er erwählt hat.

7 Er, der Herr, ist unser Gott. *
  Seine Herrschaft umgreift die Erde. – (R)

8 Ewig denkt er an seinen Bund, *
  an das Wort, das er gegeben hat für tausend Geschlechter,

9 an den Bund, den er mit Abraham geschlossen, *
  an den Eid, den er Ísaak geschworen hat. – **R**

RUF VOR DEM EVANGELIUM   Vers: vgl. Ps 118 (117), 24

Halleluja. Halleluja.

Das ist der Tag, den der Herr gemacht;
laßt uns jubeln und seiner uns freuen.

Halleluja.

Wo der Ostermontag nicht als Feiertag begangen wird:

ZUM EVANGELIUM   *Der Auferstandene offenbart sich den Jüngern als der Prophet, der die Schriften kennt und sie mit Vollmacht auslegt. Beim Mahl sehen ihre Augen, was unterwegs ihr Herz geahnt hat. Nur*

Jesus kann so das Brot brechen und sagen: Nehmt und eßt! Also lebt er, der Gekreuzigte, der Begrabene. Er ist da, er hat sie gesucht. In der Kraft dieser Begegnung und dieses Mahls können sie hinausgehen und mit brennendem Herzen bezeugen: Jesus ist auferstanden, er lebt, er ist der Herr. – Lk 16,29–31; Apg 2,22; 1 Kor 15,5; 1 Petr 1,11.

EVANGELIUM   Lk 24,13–35

Sie erkannten ihn, als er das Brot brach

✛ Aus dem heiligen Evangelium nach Lukas.

13 Am ersten Tag der Woche
   waren zwei von den Jüngern Jesu
   auf dem Weg in ein Dorf namens Emmaus,
   das sechzig Stadien von Jerusalem entfernt ist.
14 Sie sprachen miteinander über all das, was sich ereignet hatte.
15 Während sie redeten und ihre Gedanken austauschten,
   kam Jesus hinzu und ging mit ihnen.
16 Doch sie waren wie mit Blindheit geschlagen,
   so daß sie ihn nicht erkannten.
17 Er fragte sie: Was sind das für Dinge,
   über die ihr auf eurem Weg miteinander redet?
   Da blieben sie traurig stehen,
18 und der eine von ihnen – er hieß Kleopas – antwortete ihm:
   Bist du so fremd in Jerusalem,
   daß du als einziger nicht weißt,
   was in diesen Tagen dort geschehen ist?
19 Er fragte sie: Was denn?
   Sie antworteten ihm: Das mit Jesus aus Nazaret.
   Er war ein Prophet,
   mächtig in Wort und Tat vor Gott und dem ganzen Volk.
20 Doch unsere Hohenpriester und Führer
   haben ihn zum Tod verurteilen und ans Kreuz schlagen lassen.
21 Wir aber hatten gehofft,
   daß er der sei, der Israel erlösen werde.
   Und dazu ist heute schon der dritte Tag,
   seitdem das alles geschehen ist.
22 Aber nicht nur das:
   Auch einige Frauen aus unserem Kreis
   haben uns in große Aufregung versetzt.

Sie waren in der Frühe beim Grab,
23   fanden aber seinen Leichnam nicht.
    Als sie zurückkamen,
       erzählten sie, es seien ihnen Engel erschienen
       und hätten gesagt, er lebe.
24 Einige von uns gingen dann zum Grab
       und fanden alles so, wie die Frauen gesagt hatten;
       ihn selbst aber sahen sie nicht.
25 Da sagte er zu ihnen: Begreift ihr denn nicht?
    Wie schwer fällt es euch,
       alles zu glauben, was die Propheten gesagt haben.
26 Mußte nicht der Messias all das erleiden,
       um so in seine Herrlichkeit zu gelangen?
27 Und er legte ihnen dar,
       ausgehend von Mose und allen Propheten,
       was in der gesamten Schrift über ihn geschrieben steht.
28 So erreichten sie das Dorf, zu dem sie unterwegs waren.
    Jesus tat, als wolle er weitergehen,
29 aber sie drängten ihn
    und sagten: Bleib doch bei uns;
       denn es wird bald Abend,
       der Tag hat sich schon geneigt.
    Da ging er mit hinein, um bei ihnen zu bleiben.
30 Und als er mit ihnen bei Tisch war,
       nahm er das Brot,
       sprach den Lobpreis,
       brach das Brot und gab es ihnen.
31 Da gingen ihnen die Augen auf,
       und sie erkannten ihn;
       dann sahen sie ihn nicht mehr.
32 Und sie sagten zueinander:
       Brannte uns nicht das Herz in der Brust,
       als er unterwegs mit uns redete
       und uns den Sinn der Schrift erschloß?
33 Noch in derselben Stunde brachen sie auf
       und kehrten nach Jerusalem zurück,
    und sie fanden die Elf und die anderen Jünger versammelt.
34 Diese sagten:
       Der Herr ist wirklich auferstanden
       und ist dem Simon erschienen.

35 Da erzählten auch sie,
　　was sie unterwegs erlebt
　　und wie sie ihn erkannt hatten,
　　als er das Brot brach.

Oder (wo der Ostermontag als Feiertag begangen wird und das Emmausevangelium [Lk 24, 13–35] genommen wurde):

EINFÜHRUNG *siehe S. 439.*

EVANGELIUM Joh 20, 11–18
Ich habe den Herrn gesehen, und das hat er mir gesagt

✠ Aus dem heiligen Evangelium nach Johannes.

In jener Zeit
11 stand Maria draußen vor dem Grab und weinte.
Während sie weinte,
　　beugte sie sich in die Grabkammer hinein.
12 Da sah sie zwei Engel in weißen Gewändern sitzen,
den einen dort, wo der Kopf,
　　den anderen dort,
　　wo die Füße des Leichnams Jesu gelegen hatten.
13 Die Engel sagten zu ihr: Frau, warum weinst du?
Sie antwortete ihnen:
　　Man hat meinen Herrn weggenommen,
　　und ich weiß nicht, wohin man ihn gelegt hat.
14 Als sie das gesagt hatte, wandte sie sich um
　　und sah Jesus dastehen,
　　wußte aber nicht, daß es Jesus war.
15 Jesus sagte zu ihr: Frau, warum weinst du?
Wen suchst du?
Sie meinte, es sei der Gärtner,
und sagte zu ihm: Herr, wenn du ihn weggebracht hast,
　　sag mir, wohin du ihn gelegt hast.
　　Dann will ich ihn holen.
16 Jesus sagte zu ihr: Maria!
Da wandte sie sich ihm zu
　　und sagte auf hebräisch zu ihm: Rabbúni!, das heißt: Meister.
17 Jesus sagte zu ihr: Halte mich nicht fest;
　　denn ich bin noch nicht zum Vater hinaufgegangen.
Geh aber zu meinen Brüdern,
　　und sag ihnen:

Ich gehe hinauf zu meinem Vater und zu eurem Vater,
zu meinem Gott und zu eurem Gott.

18 Maria von Mágdala ging zu den Jüngern
und verkündete ihnen: Ich habe den Herrn gesehen.
Und sie richtete aus,
was er ihr gesagt hatte.

FÜRBITTEN

Wir rufen zu Christus, der durch sein Leiden in die Herrlichkeit gelangte:

Bleib bei deinen Gläubigen auf dem Weg durch das Dunkel der Zeit. – (Stille) Christus, höre uns.
A.: Christus, erhöre uns.

Schenke allen Völkern Freiheit und Frieden. – (Stille) Christus, höre uns.

Gedenke der Kranken und tröste sie durch deinen Beistand. – (Stille) Christus, höre uns.

Gib dich uns zu erkennen, wenn wir in der Eucharistiefeier das Brot brechen. – (Stille) Christus, höre uns.

Allmächtiger Gott, du hast deinen Sohn dem Tod entrissen und zu neuem Leben erweckt. Mach auch uns zu einer neuen Schöpfung durch Christus, unseren Herrn.   A.: Amen.

GABENGEBET

Barmherziger Gott,
nimm die Opfergaben
für das Heil der Menschen gnädig an
und mache uns gesund an Leib und Seele.
Darum bitten wir durch Christus, unseren Herrn.

Osterpräfation I, S. 1358.
In den Hochgebeten I–III eigene Einschübe.

KOMMUNIONVERS   Vgl. Lk 24, 35

**Die Jünger erkannten den Herrn Jesus,
als er das Brot brach. Halleluja.**

SCHLUSSGEBET

Allmächtiger Gott,
das Sakrament, das wir empfangen haben,
tilge unsere alte Schuld
und mache uns zu einer neuen Schöpfung.
Darum bitten wir durch Christus, unseren Herrn.

"WEIL SIE IHN LIEBTEN und von ihm sprachen, kam er zu ihnen; weil sie aber zweifelten, verbarg er ihnen die Gestalt, an der sie ihn hätten erkennen können" (Gregor d. Gr.).

"BLEIB BEI UNS, denn es will Abend werden: Ist dieses Gebet nicht auch aus unserem Herzen gesprochen? Weil ja die gleiche Not in dieser Weltstunde auch uns bedrängt, die Sorge, daß der Herr von uns gehen, daß er unser Volk und Land und das Abendland verlassen könnte. Wir werden erprobt, ob wir ihn ziehen lassen, weil er uns, die wir das Irdische mehr suchen als das Himmlische, im Grunde ein Fremdling geworden ist, oder ob unser Heilsverlangen, unsere gläubige Liebe wahr und stark genug ist, ihn zum Bleiben zu nötigen" (H. Spaemann).

DONNERSTAG
DER OSTEROKTAV

ERÖFFNUNGSVERS   Vgl. Weish 10, 20–21

Deine siegreiche Hand rühmen sie alle, o Herr,
denn die Weisheit hat den Mund der Stummen geöffnet
und die Zunge der Unberedten gelöst. Halleluja.

Ehre sei Gott, S. 1280 f.

TAGESGEBET

Gott und Vater,
du hast die vielen Völker
im Bekenntnis deines Namens geeint.
Gib, daß alle,
die aus dem Wasser der Taufe wiedergeboren sind,
eins werden im Glauben und in Werken der Liebe.
Darum bitten wir durch Jesus Christus.

Osterzeit: Donnerstag der Osteroktav

ZUR LESUNG *Im Anschluß an die Heilung des Gelähmten (vgl. gestrige Lesung) berichtet die Apostelgeschichte eine zweite Rede des Petrus (3, 12–26). Das Wunder verlangt nach dem deutenden, offenbarenden Wort, sonst bleibt es stumm und unverständlich. Die Rede wendet sich an die „Israeliten" (V. 12). Immer noch sind sie das Volk des Gottes Abrahams, Isaaks und Jakobs (V. 13), der von jetzt an auch der Gott und Vater unseres Herrn Jesus Christus ist (Röm 15,6). Sie sind „die Söhne der Propheten und des Bundes", denen das Heil zuerst angeboten wird (V. 25–26). Der Apostel spricht ihre Sprache und wirbt um ihren Glauben, wie er es auch in der Pfingstpredigt getan hat. In der Botschaft von Jesus, dem Christus (V. 13–15), betont Petrus die Unschuld Jesu und die Schuld der Juden, die ihn verurteilt haben. Dann deutet er die jetzige Situation (von Vers 17 an): die Zeit zwischen der Himmelfahrt Jesu und seiner Wiederkunft ist Zeit der Bekehrung und Buße, Zeit des Aufatmens, Zeit der Wiederherstellung und des verheißenen Heils für alle, die an den Namen Jesu glauben. – Ex 3,6–15; Dtn 18,18–19; Lk 20,37–38; 23,18.34; 2 Petr 3,11–13; Röm 9,4; Gal 3,8–29.*

ERSTE LESUNG　　　　　　　　　　　Apg 3,11–26

Den Urheber des Lebens habt ihr getötet, aber Gott hat ihn von den Toten auferweckt

Lesung
　　aus der Apostelgeschichte.

Petrus und Johannes hatten im Tempel einen Gelähmten geheilt.

11 Da er sich Petrus und Johannes anschloß,
　　lief das ganze Volk
　　bei ihnen in der sogenannten Halle Sálomos zusammen,
　　außer sich vor Staunen.

12 Als Petrus das sah,
　　wandte er sich an das Volk:
　　Israeliten, was wundert ihr euch darüber?
　　Was starrt ihr uns an,
　　als hätten wir aus eigener Kraft oder Frömmigkeit bewirkt,
　　daß dieser gehen kann?

13 Der Gott Abrahams, Ísaaks und Jakobs,
　　der Gott unserer Väter, hat seinen Knecht Jesus verherrlicht,
　　den ihr verraten und vor Pilatus verleugnet habt,
　　obwohl dieser entschieden hatte, ihn freizulassen.

¹⁴ Ihr aber habt den Heiligen und Gerechten verleugnet
 und die Freilassung eines Mörders gefordert.
¹⁵ Den Urheber des Lebens habt ihr getötet,
 aber Gott hat ihn von den Toten auferweckt.
 Dafür sind wir Zeugen.
¹⁶ Und weil er an seinen Namen geglaubt hat,
 hat dieser Name den Mann hier, den ihr seht und kennt,
 zu Kräften gebracht;
 der Glaube, der durch ihn kommt,
 hat ihm vor euer aller Augen die volle Gesundheit geschenkt.

¹⁷ Nun, Brüder, ich weiß, ihr habt aus Unwissenheit gehandelt,
 ebenso wie eure Führer.
¹⁸ Gott aber hat auf diese Weise erfüllt,
 was er durch den Mund aller Propheten
 im voraus verkündigt hat:
 daß sein Messias leiden werde.

¹⁹ Also kehrt um,
 und tut Buße,
 damit eure Sünden getilgt werden
²⁰ und der Herr Zeiten des Aufatmens kommen läßt
 und Jesus sendet als den für euch bestimmten Messias.
²¹ Ihn muß freilich der Himmel aufnehmen
 bis zu den Zeiten der Wiederherstellung von allem,
 die Gott von jeher
 durch den Mund seiner heiligen Propheten verkündet hat.

²² Mose hat gesagt:
 Einen Propheten wie mich
 wird euch der Herr, euer Gott, aus euren Brüdern erwecken.
 Auf ihn sollt ihr hören in allem, was er zu euch sagt.
²³ Jeder, der auf jenen Propheten nicht hört,
 wird aus dem Volk ausgemerzt werden.
²⁴ Und auch alle Propheten von Sámuel an
 und alle, die später auftraten,
 haben diese Tage angekündigt.
²⁵ Ihr seid die Söhne der Propheten
 und des Bundes, den Gott mit euren Vätern geschlossen hat,
 als er zu Abraham sagte:
 Durch deinen Nachkommen
 sollen alle Geschlechter der Erde Segen erlangen.

Osterzeit: Donnerstag der Osteroktav

26 Für euch zuerst hat Gott seinen Knecht erweckt und gesandt,
damit er euch segnet und jeden von seiner Bosheit abbringt.

ANTWORTPSALM Ps 8, 2 u. 5.6–7.8–9 (R: 2ab)

R Herr, unser Herrscher, (GL 710, 1)
wie gewaltig ist dein Name auf der ganzen Erde! – R

Oder:
R Halleluja. – R

2 Herr, unser Herrscher, † VII. Ton
wie gewaltig ist dein Name auf der ganzen Erde; *
über den Himmel breitest du deine Hoheit aus.

5 Was ist der Mensch, daß du an ihn denkst, *
des Menschen Kind, daß du dich seiner annimmst? – (R)

6 Du hast ihn nur wenig geringer gemacht als Gott, *
hast ihn mit Herrlichkeit und Ehre gekrönt.

7 Du hast ihn als Herrscher eingesetzt über das Werk deiner Hände, *
hast ihm alles zu Füßen gelegt: – (R)

8 All die Schafe, Ziegen und Rinder *
und auch die wilden Tiere,

9 die Vögel des Himmels und die Fische im Meer, *
alles, was auf den Pfaden der Meere dahinzieht. – R

RUF VOR DEM EVANGELIUM Vers: vgl. Ps 118 (117), 24

Halleluja. Halleluja.

Das ist der Tag, den der Herr gemacht;
laßt uns jubeln und seiner uns freuen.

Halleluja.

ZUM EVANGELIUM *Noch beim letzten Zusammensein hat Jesus Mühe, die erschreckten und bestürzten Jünger zu überzeugen. Die Wundmale der Hände und Füße und schließlich das Essen erweisen ihn als den, der am Kreuz gestorben ist. Darüber hinaus sollen sie verstehen, daß in allem, was geschah, der Plan Gottes sich erfüllt hat; erst im Licht der Auferstehung Jesu wird der tiefere Sinn des Alten Testaments erkennbar. Mit der Auferstehung ist der Plan Gottes aber noch nicht voll verwirklicht. Jesus ist die Mitte der Zeit, nicht ihr Ende. Bis zu seiner Wiederkunft ver-*

künden die Jünger Jesu allen Völkern die Umkehr und Vergebung der
Sünden. –Joh 20, 19–23; 1 Joh 1, 1; Joh 21, 9–14; Lk 24, 25–27; Apg
10, 40; Mt 28, 19–20; Mk 16, 15–16.

EVANGELIUM Lk 24, 35–48

*So steht es in der Schrift: Der Messias wird leiden und am dritten Tag von den
Toten auferstehen*

✠ Aus dem heiligen Evangelium nach Lukas.

Die beiden Jünger, die von Emmaus zurückgekehrt waren,
35   erzählten den Elf und den anderen Jüngern,
  was sie unterwegs erlebt
  und wie sie Jesus erkannt hatten,
   als er das Brot brach.
36 Während sie noch darüber redeten,
   trat er selbst in ihre Mitte
  und sagte zu ihnen: Friede sei mit euch!
37 Sie erschraken und hatten große Angst,
  denn sie meinten, einen Geist zu sehen.
38 Da sagte er zu ihnen: Was seid ihr so bestürzt?
  Warum laßt ihr in eurem Herzen solche Zweifel aufkommen?
39 Seht meine Hände und meine Füße an:
   Ich bin es selbst.
  Faßt mich doch an,
   und begreift: Kein Geist hat Fleisch und Knochen,
   wie ihr es bei mir seht.
40 Bei diesen Worten zeigte er ihnen seine Hände und Füße.
41 Sie staunten,
   konnten es aber vor Freude immer noch nicht glauben.
  Da sagte er zu ihnen: Habt ihr etwas zu essen hier?
42 Sie gaben ihm ein Stück gebratenen Fisch;
43 er nahm es und aß es vor ihren Augen.
44 Dann sprach er zu ihnen:
  Das sind die Worte,
   die ich zu euch gesagt habe, als ich noch bei euch war:
  Alles muß in Erfüllung gehen,
   was im Gesetz des Mose,
    bei den Propheten und in den Psalmen über mich gesagt ist.

Osterzeit: Donnerstag der Osteroktav

⁴⁵ Darauf öffnete er ihnen die Augen
  für das Verständnis der Schrift.
⁴⁶ Er sagte zu ihnen: So steht es in der Schrift:
  Der Messias wird leiden
  und am dritten Tag von den Toten auferstehen,
⁴⁷ und in seinem Namen
  wird man allen Völkern, angefangen in Jerusalem, verkünden,
  sie sollen umkehren, damit ihre Sünden vergeben werden.
⁴⁸ Ihr seid Zeugen dafür.

FÜRBITTEN

Voll Vertrauen beten wir zu Christus, der zum Urheber unzerstörbaren Lebens wurde:

Für den Papst und die Bischöfe: daß sie der Welt voll Freude deine Auferstehung bezeugen. – (Stille) Herr, erbarme dich.
A.: Christus, erbarme dich.

Für die getrennten Christen: daß sie gemeinsam das eine Ostermahl halten können. – (Stille) Herr, erbarme dich.

Für alle, die zweifeln: daß sie der Osterbotschaft vertrauen. – (Stille) Herr, erbarme dich.

Für die Kinder, die sich auf die Erstkommunion vorbereiten: daß in ihnen das Verlangen nach dem Brot des Lebens wachse. – (Stille) Herr, erbarme dich.

Denn du bist der Lebendige, der nicht mehr stirbt. Dir sei Dank und Lob in Ewigkeit. A.: Amen.

GABENGEBET

Herr, unser Gott,
nimm die Gaben an,
die wir in Dankbarkeit
für die Neugetauften darbringen.
Schenke ihnen und uns allen
deine Hilfe zur rechten Zeit.
Darum bitten wir durch Christus, unseren Herrn.

Osterpräfation I, S. 1358.
In den Hochgebeten I–III eigene Einschübe.

KOMMUNIONVERS
Vgl. 1 Petr 2, 9

Volk Gottes, verkünde die großen Taten des Herrn.
Er hat euch aus der Finsternis herausgeführt
in sein wunderbares Licht. Halleluja.

SCHLUSSGEBET

Gütiger Gott,
durch das Werk der Erlösung
hast du unsere Schuld getilgt
und uns deine Gnade geschenkt.
Die Feier der Geheimnisse Christi
stärke uns in diesem Leben
und schenke uns die ewige Freude.
Darum bitten wir durch ihn, Christus, unseren Herrn.

„DASS IN CHRISTUS *das Ziel der Offenbarung und in ihm das Ziel der Menschheit erreicht ist, weil Gottsein und Menschsein in ihm sich berühren und vereinen, bedeutet zugleich, daß das erreichte Ziel nicht eine starre Grenze, sondern ein offener Raum ist. Denn die Vereinigung, die an dem einen Punkt Jesus von Nazaret geschehen ist, muß die ganze Menschheit, den ganzen einen ‚Adam' erreichen und ihn zum ‚Leib Christi' umwandeln ... Die Menschheit kann nicht weiter und höher kommen, als er ist, denn Gott ist das Weiteste und Höchste: jeder scheinbare Fortschritt über ihn hinaus ist ein Sturz ins Leere. Sie kann nicht über ihn hinauskommen – insofern ist Christus das Ende; aber sie muß in ihn hineinkommen – insofern ist er erst der wirkliche Anfang"* (J. Ratzinger).

FREITAG
DER OSTEROKTAV

ERÖFFNUNGSVERS
Vgl. Ps 78 (77), 53–54

Der Herr führte sein Volk aus dem Land der Knechtschaft,
er führte sie sicher, sie fürchteten nichts,
doch ihre Feinde bedeckte das Meer.
Er brachte sein Volk in sein heiliges Land. Halleluja.

Ehre sei Gott, S. 1280 f.

TAGESGEBET

Allmächtiger, ewiger Gott,
du hast den Bund der Versöhnung
mit der Menschheit geschlossen
und ihr die österlichen Geheimnisse geschenkt.
Gib uns die Gnade,
daß wir deine Heilstaten
nicht nur im Bekenntnis feiern,
sondern sie auch
durch unser Leben bezeugen.
Darum bitten wir durch Jesus Christus.

ZUR LESUNG *Die Botschaft von Jesus ist Botschaft von der Auferstehung der Toten (vgl. Apg 26, 23). Die Sadduzäer leugnen die Auferstehung und lehnen überhaupt den Messianismus der Propheten ab; die politische Ruhe und ihre eigene Machtstellung sind ihnen wichtiger. Deshalb werden die Apostel verhaftet (V. 1–4) und verhört (V. 5–7). Petrus benützt die Gelegenheit, um den Verantwortlichen in Jerusalem Jesus, den gekreuzigten und auferstandenen Messias, zu verkünden und ihnen eindringlich zu sagen, daß es auch für sie keine andere Rettung gibt als den Glauben an diesen Jesus, den Eckstein, den sie, die schlechten Bauleute, verworfen haben (V. 8–12). In allen Predigten der Apostelgeschichte werden wir immer wieder das gleiche hören. Die Wahrheit ist nur eine; die Lüge hat tausend Gesichter, kein Wunder, daß sie für viele Menschen interessanter ist. – Apg 23, 6–8; Lk 20, 2; Apg 1, 8; 3, 6.16; 2, 23–24; Ps 118, 22; Mt 21, 42; 1 Petr 2, 4–8; Apg 2, 21; Joel 3, 5.*

ERSTE LESUNG Apg 4, 1–12

In keinem anderen ist das Heil zu finden

**Lesung
aus der Apostelgeschichte.**

Petrus und Johannes hatten im Tempel einen Gelähmten geheilt.
Während sie zum Volk redeten,
traten die Priester,
der Tempelhauptmann
und die Sadduzäer zu ihnen.

² Sie waren aufgebracht,
   weil die Apostel das Volk lehrten
      und in Jesus die Auferstehung von den Toten verkündeten.
³ Sie nahmen sie fest
      und hielten sie bis zum nächsten Morgen in Haft.
   Es war nämlich schon Abend.
⁴ Viele aber, die das Wort gehört hatten,
      wurden gläubig;
   und die Zahl der Männer stieg auf etwa fünftausend.
⁵ Am anderen Morgen versammelten sich ihre Führer
      sowie die Ältesten und die Schriftgelehrten in Jerusalem,
⁶   dazu Hannas, der Hohepriester, Kájaphas, Johannes, Alexander
      und alle, die aus dem Geschlecht der Hohenpriester stammten.
⁷ Sie stellten die beiden in die Mitte
   und fragten sie: Mit welcher Kraft
      oder in wessen Namen habt ihr das getan?
⁸ Da sagte Petrus zu ihnen,
      erfüllt vom Heiligen Geist:
   Ihr Führer des Volkes und ihr Ältesten!
⁹ Wenn wir heute
      wegen einer guten Tat an einem kranken Menschen
      darüber vernommen werden, durch wen er geheilt worden ist,
¹⁰   so sollt ihr alle und das ganze Volk Israel wissen:
   im Namen Jesu Christi, des Nazoräers,
   den ihr gekreuzigt habt
      und den Gott von den Toten auferweckt hat.
   Durch ihn steht dieser Mann gesund vor euch.
¹¹ Er – Jesus – ist der Stein,
      der von euch Bauleuten verworfen wurde,
      der aber zum Eckstein geworden ist.
¹² Und in keinem anderen ist das Heil zu finden.
   Denn es ist uns Menschen
      kein anderer Name unter dem Himmel gegeben,
      durch den wir gerettet werden sollen.

ANTWORTPSALM Ps 118 (117), 1 u. 4.22–23.24 u. 26–27a (R: 22)

R Der Stein, den die Bauleute verwarfen, (GL 233,1 oder 232,6)
er ist zum Eckstein geworden. – R

Oder:

R Halleluja. – R

Osterzeit: Freitag der Osteroktav

1 Danket dem Herrn, denn er _ist_ gütig, *
denn sei_ne_ Huld währt ewig.

                                                                VI. Ton

4 So sollen alle sagen, die den Herrn fürchten _und_ ehren: *
Denn sei_ne_ Huld währt ewig. – (R)

22 Der Stein, den die Bauleute _verwarfen_, *
er ist zum _Eck_stein geworden.

23 Das hat der Herr _voll_bracht, *
vor unseren Augen ge_schah_ dieses Wunder. – (R)

24 Dies ist der Tag, den der Herr ge_macht_ hat; *
wir wollen jubeln und _uns_ an ihm freuen.

26 Gesegnet sei er, der kommt im Namen des Herrn. †
Wir segnen euch, vom Haus _des_ Herrn her. *

27a Gott, _der_ Herr, erleuchte _uns_. – R

RUF VOR DEM EVANGELIUM   Vers: vgl. Ps 118(117), 24

Halleluja. Halleluja.

Das ist der Tag, den der Herr gemacht;
laßt uns jubeln und seiner uns freuen.

Halleluja.

ZUM EVANGELIUM   *Die Auferstehung Jesu war nicht Produkt des Glaubens oder der Hoffnung seiner Jünger. Diese waren Realisten und gingen wieder ihrer Arbeit nach. Jesus erscheint ihnen als ein Fremder, der Hunger hat. Dann aber ist er es, der ihren Fischfang gelingen läßt, ihnen zu essen gibt und ihren Glauben neu begründet. Nicht den Glauben an einen wiederbelebten Leichnam, sondern den Glauben an „den Herrn" (V. 7.12). Sein Leib ist nur so weit irdisch, als er es sein muß, um mit den Jüngern Verbindung und Gemeinschaft zu haben. Er ist zugleich so göttlich-geistig, daß er unbegrenzte Möglichkeiten hat, sich denen mitzuteilen, die bereit sind, ihn aufzunehmen: im Wort und im heiligen Mahl. Beim wunderbaren Fischfang geht es dem Evangelisten offenbar weniger um historische Einzelheiten als darum, zu zeigen, wer Jesus ist: der Herr, in dessen Kirche Platz sein wird für alle; es werden viele und ungleiche „Fische" sein, aber das Netz wird nicht zerreißen. – Ez 47, 10; Lk 5, 1–11; 24, 41–43.*

EVANGELIUM

Joh 21, 1–14

Jesus trat heran, nahm das Brot und gab es ihnen, ebenso den Fisch

✛ Aus dem heiligen Evangelium nach Johannes.

In jener Zeit
1   offenbarte Jesus sich den Jüngern noch einmal.
    Es war am See von Tibérias,
    und er offenbarte sich in folgender Weise.
2   Simon Petrus, Thomas, genannt Dídymus – Zwilling –,
    Natánaël aus Kana in Galiläa,
    die Söhne des Zebedäus
    und zwei andere von seinen Jüngern waren zusammen.
3   Simon Petrus sagte zu ihnen: Ich gehe fischen.
    Sie sagten zu ihm: Wir kommen auch mit.
    Sie gingen hinaus und stiegen in das Boot.
    Aber in dieser Nacht fingen sie nichts.
4   Als es schon Morgen wurde, stand Jesus am Ufer.
    Doch die Jünger wußten nicht, daß es Jesus war.
5   Jesus sagte zu ihnen:
    Meine Kinder, habt ihr nicht etwas zu essen?
    Sie antworteten ihm: Nein.
6   Er aber sagte zu ihnen:
    Werft das Netz auf der rechten Seite des Bootes aus,
    und ihr werdet etwas fangen.
    Sie warfen das Netz aus
    und konnten es nicht wieder einholen,
    so voller Fische war es.
7   Da sagte der Jünger, den Jesus liebte, zu Petrus:
    Es ist der Herr!
    Als Simon Petrus hörte, daß es der Herr sei,
    gürtete er sich das Obergewand um, weil er nackt war,
    und sprang in den See.
8   Dann kamen die anderen Jünger mit dem Boot
    – sie waren nämlich nicht weit vom Land entfernt,
    nur etwa zweihundert Ellen –
    und zogen das Netz mit den Fischen hinter sich her.
9   Als sie an Land gingen,
    sahen sie am Boden ein Kohlenfeuer und darauf Fisch und Brot.
10   Jesus sagte zu ihnen:

Bringt von den Fischen, die ihr gerade gefangen habt.
11 Da ging Simon Petrus und zog das Netz an Land.
Es war mit hundertdreiundfünfzig großen Fischen gefüllt,
und obwohl es so viele waren,
zerriß das Netz nicht.
12 Jesus sagte zu ihnen: Kommt her und eßt!
Keiner von den Jüngern wagte ihn zu fragen: Wer bist du?
Denn sie wußten, daß es der Herr war.
13 Jesus trat heran,
nahm das Brot und gab es ihnen,
ebenso den Fisch.
14 Dies war schon das dritte Mal,
daß Jesus sich den Jüngern offenbarte,
seit er von den Toten auferstanden war.

FÜRBITTEN

Allein in Christus ist das Heil zu finden. Ihn bitten wir:

Steh allen bei, die sich im Dienst des Evangeliums abmühen.
A.: Herr, erhöre uns.

Laß die Völker Wege zum Frieden finden.

Gib allen, die um des Glaubens willen verfolgt werden, Standhaftigkeit und Zuversicht.

Führe unsere Verstorbenen zur Auferstehung und zum Leben.

Denn du bist der Eckstein, den die Bauleute verwarfen. Durch dich preisen wir den Vater in alle Ewigkeit. A.: Amen.

GABENGEBET

Herr, unser Gott,
in diesen österlichen Tagen
bringen wir unsere Gaben dar.
Heilige sie und schenke sie uns wieder als Sakrament des Lebens,
damit wir nicht am Irdischen haften,
sondern nach dem verlangen, was droben ist.
Darum bitten wir durch Christus, unseren Herrn.

Osterpräfation I, S. 1358.
In den Hochgebeten I–III eigene Einschübe.

KOMMUNIONVERS Vgl. Joh 21, 12–13

Jesus sprach zu seinen Jüngern: Kommt und eßt!
Und er nahm das Brot und gab es ihnen. Halleluja.

SCHLUSSGEBET

Gütiger Gott,
bewahre dem Volk der Erlösten
deine Liebe und Treue.
Das Leiden deines Sohnes hat uns gerettet,
seine Auferstehung erhalte uns in der Freude.
Darum bitten wir durch ihn, Christus, unseren Herrn.

„DA STAND JESUS AM UFER – *das ist eigentlich schon das ganze Evangelium: Jesus ist da. Das heißt: Gott läßt uns nicht allein. Er ist immer mit uns da. Und weil wir es nicht verstanden, hat er es sichtbar gemacht, sichtbarer als in der Morgenschönheit jener Stunde und der eindringlichen, überwältigenden Sprache, die die Schönheit der Schöpfung spricht: er hat in Jesus Christus unsere menschliche Gestalt angenommen und ist mitten unter uns getreten. In Jesus hat er getan und tut er bis heute, was er vor Zeiten tat, er trat herzu, wo ein Mensch es im Glauben auf ihn gewagt hatte und nun auf den Wegen seines Lebens allein zu bleiben drohte"* (Hanns Lilje).

SAMSTAG
DER OSTEROKTAV

ERÖFFNUNGSVERS Ps 105 (104), 43

Der Herr führte sein Volk heraus in Freude,
seine Erwählten in Jubel. Halleluja.

Ehre sei Gott, S. 1280 f.

TAGESGEBET

Gnädiger Gott,
in deiner übergroßen Liebe
schenkst du der Kirche neues Wachstum.
Wache über das Volk, das du dir erwählt hast,

bewahre alle Getauften in deiner Gnade
und bekleide sie einst
mit dem Gewand der Unsterblichkeit.
Darum bitten wir durch Jesus Christus.

ZUR LESUNG   *Weder das Wunder, das nicht zu leugnen ist, noch die Verteidigungsrede des Petrus kann die Männer des Hohen Rats dazu bewegen, Jesus als den Christus, den Messias, anzuerkennen. Sie wagen aber auch nicht gegen die Apostel vorzugehen. Sie versuchen es mit einer Politik der Zweckmäßigkeit und kommen sich sehr weise vor. Mit Verboten wird man noch öfter gegen die Kirche Christi vorgehen. Die Apostel haben für alle Zeiten Berufung bei der höheren Instanz eingelegt. Keine Macht der Welt kann sie daran hindern, das zu bezeugen, was sie wissen und was in ihnen brennt. – Lk 12,11–12; 21,12–15; Joh 7,15; Jer 20,9; 1 Kor 9,16; 2 Kor 13,8; 2 Tim 1,7–8.*

ERSTE LESUNG   Apg 4,13–21

Wir können unmöglich schweigen über das, was wir gesehen und gehört haben

**Lesung
aus der Apostelgeschichte.**

In jenen Tagen,
13   als die Führer sowie die Ältesten und die Schriftgelehrten
den Freimut des Petrus und des Johannes sahen
und merkten, daß es ungelehrte und einfache Leute waren,
wunderten sie sich.
Sie erkannten sie als Jünger Jesu,
14   sahen aber auch, daß der Geheilte bei ihnen stand;
so konnten sie nichts dagegen sagen.
15   Sie befahlen ihnen, den Hohen Rat zu verlassen;
dann berieten sie miteinander
16   und sagten: Was sollen wir mit diesen Leuten anfangen?
Daß offensichtlich ein Wunder durch sie geschehen ist,
ist allen Einwohnern von Jerusalem bekannt;
wir können es nicht abstreiten.
17   Damit aber die Sache nicht weiter im Volk verbreitet wird,
wollen wir ihnen bei Strafe verbieten,
je wieder in diesem Namen
zu irgendeinem Menschen zu sprechen.

¹⁸ Und sie riefen sie herein
und verboten ihnen,
jemals wieder im Namen Jesu zu predigen und zu lehren.
¹⁹ Doch Petrus und Johannes antworteten ihnen:
Ob es vor Gott recht ist, mehr auf euch zu hören als auf Gott,
das entscheidet selbst.
²⁰ Wir können unmöglich schweigen
über das, was wir gesehen und gehört haben.
²¹ Jene aber drohten ihnen noch mehr
und ließen sie dann gehen;
denn sie sahen keine Möglichkeit, sie zu bestrafen,
mit Rücksicht auf das Volk,
da alle Gott wegen des Geschehenen priesen.

ANTWORTPSALM   Ps 118 (117), 1–2.14–15.16–17.18–19.20–21
(R: 21a)

R Ich danke dir, Herr, daß du mich erhört hast. – **R** (GL 233,1
Oder: oder 232,6)
R Halleluja. – **R**

¹ Danket dem Herrn, denn er ist gütig, * VI. Ton
denn seine Huld währt ewig.
² So soll Israel sagen: *
Denn seine Huld währt ewig. – **(R)**

¹⁴ Meine Stärke und mein Lied ist der Herr; *
er ist für mich zum Retter geworden.
¹⁵ Frohlocken und Jubel erschallt in den Zelten der Gerechten: *
„Die Rechte des Herrn wirkt mit Macht! – **(R)**

¹⁶ Die Rechte des Herrn ist erhoben, *
die Rechte des Herrn wirkt mit Macht!"
¹⁷ Ich werde nicht sterben, sondern leben, *
um die Taten des Herrn zu verkünden. – **(R)**

¹⁸ Der Herr hat mich hart gezüchtigt, *
doch er hat mich nicht dem Tod übergeben.
¹⁹ Öffnet mir die Tore zur Gerechtigkeit, *
damit ich eintrete, um dem Herrn zu danken. – **(R)**

20 Das ist das Tor zum Herrn, *
nur Gerechte treten hier ein.
21 Ich danke dir, daß du mich erhört hast; *
du bist für mich zum Retter geworden. – R

RUF VOR DEM EVANGELIUM   Vers: vgl. Ps 118(117), 24

Halleluja. Halleluja.

Das ist der Tag, den der Herr gemacht;
laßt uns jubeln und seiner uns freuen.

Halleluja.

ZUM EVANGELIUM   *Es kann als sicher gelten, daß das Markusevangelium ursprünglich bei 16, 8 abbrach. 16, 9 kann nicht als Fortsetzung von Vers 8 verstanden werden, und der ganze Abschnitt Vers 9–20 fehlt in den ältesten Handschriften; er wurde nachträglich aus anderen Osterberichten zusammengestellt, wohl aus der Überzeugung heraus, daß ein Evangelium nicht schließen könne, ohne die Begegnung des Auferstandenen mit seinen Zeugen zu berichten. Wichtig sind in diesem Anhang zum Markusevangelium zwei Dinge: 1. Nochmals wird der hartnäckige Unglaube der Jünger erwähnt (V. 11.13.14); diese Menschen wird der Geist Gottes (nicht ihr eigener Geist) zu Zeugen der Auferstehung und Boten des Evangeliums machen, er wird ihren Unglauben dadurch überwinden, daß er sie in den Dienst des Glaubens stellt; 2. die Auferstehung und Erhöhung Jesu erreicht ihr Ziel erst darin, daß in der ganzen Welt das Evangelium verkündigt wird (vgl. V. 19–20). Nicht für sich selbst ist Jesus gestorben und auferweckt worden, sondern „für uns Menschen und zu unserem Heil". – Joh 20, 11–18; Lk 24, 13–35.36–49; Joh 20, 19–29; 1 Kor 15, 5; Jes 52, 7; Mt 28, 18–20.*

EVANGELIUM   Mk 16, 9–15

Geht hinaus in die ganze Welt, und verkündet das Evangelium allen Geschöpfen!

✢ **Aus dem heiligen Evangelium nach Markus.**

9 Als Jesus
am frühen Morgen des ersten Wochentages auferstanden war,
erschien er zuerst Maria aus Mágdala,
aus der er sieben Dämonen ausgetrieben hatte.

¹⁰ Sie ging und berichtete es denen,
    die mit ihm zusammengewesen waren
    und die nun klagten und weinten.
¹¹ Als sie hörten, er lebe und sei von ihr gesehen worden,
    glaubten sie es nicht.
¹² Darauf erschien er in einer anderen Gestalt
    zweien von ihnen,
    als sie unterwegs waren und aufs Land gehen wollten.
¹³ Auch sie gingen und berichteten es den anderen,
und auch ihnen glaubte man nicht.
¹⁴ Später erschien Jesus auch den Elf,
    als sie bei Tisch waren;
er tadelte ihren Unglauben und ihre Verstocktheit,
    weil sie denen nicht glaubten,
    die ihn nach seiner Auferstehung gesehen hatten.
¹⁵ Dann sagte er zu ihnen: Geht hinaus in die ganze Welt,
und verkündet das Evangelium allen Geschöpfen!

FÜRBITTEN

Zu Christus, dem Retter der todgeweihten Welt, wollen wir beten:

Breite deine Kirche aus über die ganze Erde.
A.: Erhöre uns, Christus.

Laß die Mächtigen davor zurückschrecken, Drohung und Gewalt zu gebrauchen.

Öffne den Sterbenden das Tor zum ewigen Leben.

Bewahre uns in der Gnade, die wir in der Taufe empfingen.

Gütiger Gott, durch den Dienst der Kirche setzt du das Werk der Erlösung fort. Hilf, daß wir die Heilstaten auch mit unserem Leben bezeugen. Darum bitten wir durch Christus, unseren Herrn.
A.: Amen.

GABENGEBET

Herr, unser Gott,
gib, daß wir dir allzeit danken
durch die Feier der österlichen Geheimnisse.
In ihnen führst du das Werk der Erlösung fort,

mache sie für uns
zur Quelle der unvergänglichen Freude.
Darum bitten wir durch Christus, unseren Herrn.

Osterpräfation I, S. 1358.
In den Hochgebeten I–III eigene Einschübe.

KOMMUNIONVERS   Gal 3,27

Ihr alle, die ihr auf Christus getauft worden seid,
habt Christus als Gewand angelegt. Halleluja.

SCHLUSSGEBET

Ewiger Gott,
du hast dein Volk
durch die Ostergeheimnisse erneuert.
Wende dich uns voll Güte zu
und bleibe bei uns mit deiner Huld,
bis wir mit verklärtem Leib
zum unvergänglichen Leben auferstehen.
Darum bitten wir durch Christus, unseren Herrn.

„AN CHRISTUS GLAUBEN: *das heißt in aller Unkompliziertheit, die Gottestat in Tod und Auferstehung Jesu anerkennen als Heilstat für uns, sie gelten lassen für uns. Dann ist das Gericht vorbei, dann sind wir gerettet! – Das ist wie Sonne und Licht, wie Morgen und Abend, wie Quelle und Geburt: einfach, ursprunghaft schön und klar! Und zugleich wie alles Einfache wahrhaft groß! Wollen wir diesem großen Gott danken, daß er uns nicht unterschätzt, daß er uns groß behandelt, daß er nicht simpel ist, sondern einfach; schwierig ja, aber nicht kompliziert. Wollen wir endlich Gott Gott sein lassen, der uns Menschen Menschen sein läßt"*
(J. Eger).

2. WOCHE

MONTAG

ERÖFFNUNGSVERS Vgl. Röm 6,9

Christus ist vom Tod erstanden; er stirbt nicht mehr.
Gebrochen ist die Macht des Todes. Halleluja.

TAGESGEBET

Allmächtiger, ewiger Gott,
wir dürfen dich Vater nennen,
denn du hast uns an Kindes Statt angenommen.
Gib, daß wir mehr und mehr
aus dem Geist der Kindschaft leben,
damit wir die wahre Freiheit finden
und das unvergängliche Erbe erlangen.
Darum bitten wir durch Jesus Christus.

ZUR LESUNG   *Der erste Angriff auf die Jüngergemeinde war kläglich und matt: ein Verbot, „jemals wieder im Namen Jesu zu predigen und zu lehren" (4,18). Die Gemeinde reagiert auf diese neue Situation nicht mit einer taktischen Lagebesprechung, sondern mit siegesgewissem Gebet, das zugleich Lobpreis und Bitte ist. Das Gebet hat die übliche Form jüdischer und altchristlicher Gebete: Anrufung Gottes, Erinnerung an die Macht des Schöpfers der ganzen Welt und des Herrn der Geschichte, Schilderung der gefährlichen Lage, Bitte um die Kraft des Geistes. In Vers 27 wird die Christenverfolgung durch die jüdische Obrigkeit mit den späteren Verfolgungen durch die heidnische Staatsgewalt zusammengesehen und in direkte Beziehung zum Leiden Jesu gesetzt. Auf das Leiden Jesu wird auch der messianische Psalm 2 bezogen. Jesus wird (wie in 3,13) der „heilige Knecht" Gottes genannt: der von den Menschen mißhandelte, aber von Gott verherrlichte „Knecht", von dem Jesaja gesprochen hat. – Jes 37,16–20; Apg 12,5; 14,15; Jes 52,13–15; Ps 2; Lk 23,12; Apg 18,9–10; 28,31; Eph 6,19–20; Apg 4,33; 3,16.*

Osterzeit: 2. Woche – Montag

ERSTE LESUNG
Apg 4, 23–31

Als sie gebetet hatten, wurden alle mit dem Heiligen Geist erfüllt, und sie verkündeten freimütig das Wort Gottes

Lesung
aus der Apostelgeschichte.

In jenen Tagen,
23 als Petrus und Johannes freigelassen waren,
 gingen sie zu den Ihren
und berichteten alles,
 was die Hohenpriester und die Ältesten zu ihnen gesagt hatten.

24 Als sie das hörten,
 erhoben sie einmütig ihre Stimme zu Gott
und sprachen: Herr,
 du hast den Himmel, die Erde und das Meer geschaffen
 und alles, was dazugehört;
25 du hast durch den Mund unseres Vaters David, deines Knechtes,
 durch den Heiligen Geist gesagt:

Warum toben die Völker,
 warum machen die Nationen vergebliche Pläne?
26 Die Könige der Erde stehen auf,
 und die Herrscher haben sich verbündet
 gegen den Herrn und seinen Gesalbten.

27 Wahrhaftig, verbündet haben sich in dieser Stadt
 gegen deinen heiligen Knecht Jesus, den du gesalbt hast,
 Herodes und Pontius Pilatus
 mit den Heiden und den Stämmen Israels,
28 um alles auszuführen,
 was deine Hand und dein Wille im voraus bestimmt haben.

29 Doch jetzt, Herr, sieh auf ihre Drohungen
und gib deinen Knechten die Kraft,
 mit allem Freimut dein Wort zu verkünden.
30 Streck deine Hand aus,
 damit Heilungen und Zeichen und Wunder geschehen
 durch den Namen deines heiligen Knechtes Jesus.

31 Als sie gebetet hatten,
 bebte der Ort, an dem sie versammelt waren,
 und alle wurden mit dem Heiligen Geist erfüllt,
 und sie verkündeten freimütig das Wort Gottes.

ANTWORTPSALM
Ps 2, 1–3.4–6.7–9 (R: vgl. 12d)

R Selig die Menschen, die auf dich vertrauen, o Herr. – **R** (GL 529,8)

Oder:
R Halleluja. – **R**

1 Warum toben die Völker, *
  warum machen die Nationen vergebliche Pläne?

2 Die Könige der Erde stehen auf, *
  die Großen haben sich verbündet
  gegen den Herrn und seinen Gesalbten.

3 „Laßt uns ihre Fesseln zerreißen *
  und von uns werfen ihre Stricke!" – (R)

4 Doch er, der im Himmel thront, lacht, *
  der Herr verspottet sie.

5 Dann aber spricht er zu ihnen im Zorn, *
  in seinem Grimm wird er sie erschrecken:

6 „Ich selber habe meinen König eingesetzt *
  auf Zion, meinem heiligen Berg." – (R)

7 Den Beschluß des Herrn will ich kundtun. †
  Er sprach zu mir: „Mein Sohn bist du. *
  Heute habe ich dich gezeugt.

8 Fordere von mir, und ich gebe dir die Völker zum Erbe, *
  die Enden der Erde zum Eigentum.

9 Du wirst sie zerschlagen mit eiserner Keule, *
  wie Krüge aus Ton wirst du sie zertrümmern." – **R**

RUF VOR DEM EVANGELIUM
Vers: Kol 3, 1

Halleluja. Halleluja.

Ihr seid mit Christus auferweckt;
darum strebt nach dem, was im Himmel ist,
wo Christus zur Rechten Gottes sitzt.

Halleluja.

ZUM EVANGELIUM
Die Frage, mit der Nikodemus zu Jesus kam, hätte wohl ähnlich gelautet wie die des Gesetzeslehrers in Lk 10,25: Was muß ich tun, um das ewige Leben zu gewinnen? Nikodemus kommt aber

gar nicht dazu, die Frage auszusprechen; Jesus überrascht ihn mit einer Antwort, die ihn geradezu umwirft. Statt „das ewige Leben gewinnen" sagt Jesus „das Reich Gottes sehen", und dazu, sagt er, ist keiner fähig, wenn er nicht von oben geboren wird. Wie soll Nikodemus das verstehen? Wie kann ein alter Mann von neuem geboren werden? Hat er das, als Sohn Abrahams und rechtschaffener Gesetzeslehrer, überhaupt nötig? Jesus nimmt nichts zurück. Es ist wirklich so: Wenn ein Mensch die Herrschaft Gottes erfahren, das Reich Gottes schauen, Gott erkennen und das ewige Leben haben will (alle diese Ausdrücke meinen dieselbe, im Grunde nicht aussprechbare Wirklichkeit), dann muß er ein neuer Mensch werden, er muß neu geschaffen, neu geboren werden. Zuallererst muß also der Mensch etwas mit sich geschehen lassen, er muß sich etwas schenken lassen. Das Wasser der Taufe und der Geist Gottes bewirken den neuen Anfang. – Jak 1,17; 1 Petr 1,23; Joh 1,33; Ez 36,25–27; Röm 8,9; Tit 3,5; Joh 6,63; 1 Kor 15,44–50.

EVANGELIUM Joh 3,1–8

Wenn jemand nicht von neuem geboren wird, kann er das Reich Gottes nicht sehen

✠ **Aus dem heiligen Evangelium nach Johannes.**

1 Es war ein Pharisäer namens Nikodémus,
    ein führender Mann unter den Juden.
2 Der suchte Jesus bei Nacht auf
und sagte zu ihm:
    Rabbi, wir wissen,
    du bist ein Lehrer, der von Gott gekommen ist;
denn niemand kann die Zeichen tun, die du tust,
    wenn nicht Gott mit ihm ist.
3 Jesus antwortete ihm: Amen, amen, ich sage dir:
Wenn jemand nicht von neuem geboren wird,
    kann er das Reich Gottes nicht sehen.
4 Nikodémus entgegnete ihm:
    Wie kann ein Mensch, der schon alt ist, geboren werden?
Er kann doch nicht in den Schoß seiner Mutter zurückkehren
    und ein zweites Mal geboren werden.
5 Jesus antwortete: Amen, amen, ich sage dir:
Wenn jemand nicht aus Wasser und Geist geboren wird,
    kann er nicht in das Reich Gottes kommen.

⁶ Was aus dem Fleisch geboren ist,
   das ist Fleisch;
 was aber aus dem Geist geboren ist,
   das ist Geist.
⁷ Wundere dich nicht,
   daß ich dir sagte: Ihr müßt von neuem geboren werden.
⁸ Der Wind weht, wo er will;
   du hörst sein Brausen,
   weißt aber nicht, woher er kommt und wohin er geht.
 So ist es mit jedem,
   der aus dem Geist geboren ist.

FÜRBITTEN

Im Gebet wenden wir uns an Christus, den Sieger über die Macht des Todes:

Für die Glaubensboten: um Freimut bei der Verkündigung des Evangeliums. – (Stille) Christus, höre uns.
A.: Christus, erhöre uns.

Für alle, die den Namen Christi tragen: um Einheit in Wahrheit und Liebe. – (Stille) Christus, höre uns.

Für alle Ängstlichen und Mißtrauischen: um die wahre Freiheit der Kinder Gottes. – (Stille) Christus, höre uns.

Für unsere Verstorbenen: um das unvergängliche Leben. – (Stille) Christus, höre uns.

Allmächtiger Gott, du hast uns als deine Kinder angenommen. Wende uns deine väterliche Güte zu. Darum bitten wir durch Christus, unseren Herrn.   A.: Amen.

GABENGEBET

Allmächtiger Gott,
nimm die Gaben an,
die deine Kirche dir in österlicher Freude darbringt.
Du hast ihr Grund gegeben zu solchem Jubel,
erhalte ihr die Freude bis zur Vollendung.
Darum bitten wir durch Christus, unseren Herrn.

Osterpräfation, S. 1358 ff.

KOMMUNIONVERS Joh 20,19
Jesus trat in die Mitte der Jünger
und sprach zu ihnen: Friede sei mit euch! Halleluja.

SCHLUSSGEBET

Ewiger Gott,
du hast uns durch die Ostergeheimnisse erneuert.
Wende dich uns voll Güte zu
und bleibe bei uns mit deiner Huld,
bis wir mit verklärtem Leib
zum unvergänglichen Leben auferstehen.
Darum bitten wir durch Christus, unseren Herrn.

„LIEBER ALFRED SEBASTIAN, es ist viel, was ein Mensch in seinem Leben leisten muß. Fleisch und Blut allein schaffen es nicht. Wenn ich jetzt in München wäre, würde ich Dich in diesen Tagen taufen, das heißt: ich würde Dich teilhaft machen der göttlichen Würde, zu der wir berufen sind. Die Liebe Gottes, einmal in uns, adelt und wandelt uns. Wir sind von da an mehr als Menschen; die Kraft Gottes steht uns zur Verfügung, Gott selbst lebt unser Leben mit, das soll so bleiben und immer mehr werden, Kind. Daran hängt es auch, ob ein Mensch einen endgültigen Wert hat oder nicht …
Das habe ich mit gefesselten Händen geschrieben; diese gefesselten Hände vermach' ich Dir nicht; aber die Freiheit, die die Fesseln trägt und in ihnen sich selbst treu bleibt, die sei Dir schöner und zarter und geborgener geschenkt" (Alfred Delp).

DIENSTAG

ERÖFFNUNGSVERS Offb 19,6–7
Der Herr ist König geworden, Gott, der Herrscher des Alls!
Wir wollen uns freuen und jubeln
und ihm allein die Ehre erweisen. Halleluja.

TAGESGEBET

Allmächtiger Gott,
du hast uns in den österlichen Sakramenten
das Unterpfand
der kommenden Herrlichkeit gegeben.

Hilf uns,
den Sieg des Auferstandenen zu verkünden,
und laß die Fülle seiner Herrlichkeit
an uns offenbar werden, wenn er wiederkommt.
Er, der in der Einheit des Heiligen Geistes
mit dir lebt und herrscht in alle Ewigkeit.

ZUR LESUNG   *Die Jüngergemeinde in Jerusalem wird die „Gemeinde der Gläubigen" genannt (4, 32): die Gemeinde derer, denen der Glaube an den auferstandenen Herrn zum großen Lebensinhalt geworden ist. Sie haben alles gemeinsam: den Glauben, das Gebet, die Freude und auch den Besitz. In dem Idealbild, das hier von der christlichen Gemeinde gezeichnet wird, gibt es keine Armen. Die Verheißung „Es sollte bei dir keine Armen geben" (Dtn 15,4) kann dort wahr werden, wo die Menschen „ein Herz und eine Seele" sind. Spaltung schafft Armut, und Reichtum schafft Spaltung. Die Spaltung aber macht es unmöglich, die Auferstehung Jesu glaubwürdig zu verkünden. Es ist kein Zufall, daß in der heutigen Lesung beides verbunden ist: die Gemeinsamkeit des Besitzes und die Kraft der apostolischen Verkündigung. – Apg 2,42-47; 5,12-16; Joh 17,11.21; Phil 1,27; Lk 12,33.*

ERSTE LESUNG Apg 4,32-37

Die Gemeinde der Gläubigen war ein Herz und eine Seele

Lesung
   aus der Apostelgeschichte.

³² Die Gemeinde der Gläubigen war ein Herz und eine Seele.
Keiner nannte etwas von dem, was er hatte, sein Eigentum,
   sondern sie hatten alles gemeinsam.
³³ Mit großer Kraft legten die Apostel Zeugnis ab
   von der Auferstehung Jesu, des Herrn,
   und reiche Gnade ruhte auf ihnen allen.
³⁴ Es gab auch keinen unter ihnen, der Not litt.
Denn alle, die Grundstücke oder Häuser besaßen,
   verkauften ihren Besitz,
   brachten den Erlös
³⁵ und legten ihn den Aposteln zu Füßen.
Jedem wurde davon so viel zugeteilt, wie er nötig hatte.

36 Auch Josef, ein Levit aus Zypern,
   der von den Aposteln Bárnabas,
   das heißt übersetzt Sohn des Trostes, genannt wurde,
37 verkaufte einen Acker, der ihm gehörte,
brachte das Geld
   und legte es den Aposteln zu Füßen.

ANTWORTPSALM Ps 93 (92), 1.2–3.4–5 (R: 1a)

R Der Herr ist König, bekleidet mit Hoheit. – R (GL 529,8)

Oder:

R Halleluja. – R

1 Der Herr ist König, bekleidet mit Hoheit; * VIII. Ton
der Herr hat sich bekleidet und mit Macht umgürtet.

Der Erdkreis ist fest gegründet, *
nie wird er wanken. – (R)

2 Dein Thron steht fest von Anbeginn, *
du bist seit Ewigkeit.

3 Fluten erheben sich, Herr, †
Fluten erheben ihr Brausen, *
Fluten erheben ihr Tosen. – (R)

4 Gewaltiger als das Tosen vieler Wasser, †
gewaltiger als die Brandung des Meeres *
ist der Herr in der Höhe.

5 Deine Gesetze sind fest und verläßlich; †
Herr, deinem Haus gebührt Heiligkeit *
für alle Zeiten. – R

RUF VOR DEM EVANGELIUM Vers: vgl. Joh 3, 14.15

Halleluja. Halleluja.
Der Menschensohn muß erhöht werden,
damit jeder, der glaubt, in ihm das ewige Leben hat.
Halleluja.

ZUM EVANGELIUM *Die schöpferische, lebenspendende Kraft der Taufe ist nicht das Wasser, sondern der Geist Gottes. Das Wort für „Geist" kann im Hebräischen und ebenso im Griechischen auch „Wind" bedeuten. So legt sich der Vergleich des Geistes mit dem Brausen des Windes auch von der Sprache her nahe. Wie der Sturmwind, so ist auch der Geist unberechenbar in seinen Wirkungen. Der Mensch, der sich seiner Führung überläßt, muß mit Überraschungen rechnen. Die Jünger haben das Wirken des Heiligen Geistes erfahren; deshalb geht Johannes in Vers 11 unvermerkt vom „Ich" der Jesusrede zum „Wir" der christlichen Gemeinde über. Die ganzen Ausführungen der Verse 13–21 sind nach heute allgemeiner Auffassung nicht als Fortsetzung der Rede Jesu anzusehen, sondern als Überlegung des Evangelisten. Nur scheinbar wird hier das Thema von der Wiedergeburt verlassen; tatsächlich erhält es hier eine wesentliche Ergänzung; auch der Mensch selbst hat zu der Wiedergeburt aus Wasser und Geist etwas Wesentliches beizutragen: den Glauben. – Koh 11,5; Apg 2, 1–4; Joh 6, 60–63; Weish 9, 16–17; Dan 7, 13; Eph 4, 8–10; Num 21, 8–9; Weish 16, 5–7.*

EVANGELIUM   Joh 3, 7–15

Niemand ist in den Himmel hinaufgestiegen außer dem, der vom Himmel herabgestiegen ist: der Menschensohn

✝ Aus dem heiligen Evangelium nach Johannes.

In jener Zeit sprach Jesus zu Nikodémus:
7 Wundere dich nicht,
    daß ich dir sagte: Ihr müßt von neuem geboren werden.
8 Der Wind weht, wo er will;
    du hörst sein Brausen,
    weißt aber nicht, woher er kommt und wohin er geht.
So ist es mit jedem,
    der aus dem Geist geboren ist.
9 Nikodémus erwiderte ihm: Wie kann das geschehen?
10 Jesus antwortete:
    Du bist der Lehrer Israels und verstehst das nicht?
11 Amen, amen, ich sage dir:
Was wir wissen, davon reden wir,
und was wir gesehen haben, das bezeugen wir,
und doch nehmt ihr unser Zeugnis nicht an.
12 Wenn ich zu euch über irdische Dinge gesprochen habe
    und ihr nicht glaubt,
    wie werdet ihr glauben,
    wenn ich zu euch über himmlische Dinge spreche?

Osterzeit: 2. Woche – Dienstag

13 Und niemand ist in den Himmel hinaufgestiegen
außer dem, der vom Himmel herabgestiegen ist:
der Menschensohn.
14 Und wie Mose die Schlange in der Wüste erhöht hat,
so muß der Menschensohn erhöht werden,
15 damit jeder, der glaubt,
in ihm das ewige Leben hat.

FÜRBITTEN

Wir beten zu Christus, der alle Menschen zu sich ruft:

Stärke unter deinen Gläubigen Eintracht und Brüderlichkeit.
A.: Wir bitten dich, erhöre uns.

Überwinde den Haß unter den Völkern, und laß sie Frieden finden.

Gib allen, die sich zerstritten haben, Bereitschaft zur Versöhnung.

Mach uns geduldig und nachsichtig mit den Schwächen unserer Brüder und Schwestern.

Denn du bist überreich an Erbarmen für alle, die zu dir rufen. Dir sei Dank und Lobpreis in Ewigkeit. A.: Amen.

GABENGEBET

Herr, unser Gott,
gib, daß wir dir allzeit danken
durch die Feier der österlichen Geheimnisse.
In ihnen führst du das Werk der Erlösung fort,
mache sie für uns
zur Quelle der unvergänglichen Freude.
Darum bitten wir durch Christus, unseren Herrn.

Osterpräfation, S. 1358 ff.

KOMMUNIONVERS   Vgl. Lk 24, 46.26

Christus mußte leiden und von den Toten auferstehen
und dadurch in seine Herrlichkeit eintreten. Halleluja.

SCHLUSSGEBET

Gütiger Gott,
durch das Werk der Erlösung
hast du unsere Schuld getilgt
und uns deine Gnade geschenkt.
Die Feier der Geheimnisse Christi
stärke uns in diesem Leben
und schenke uns die ewige Freude.
Darum bitten wir durch ihn, Christus, unseren Herrn.

„DER GEIST GOTTES *und der Geist des Menschen stehen nicht unbezogen nebeneinander. Gen 2, 7 berichtet, daß Gott dem Menschen seinen Geist einhauchte, daß also der Menschengeist aus dem Gottesgeist stammt. So ist Gott ‚der Herr aller Lebensgeister' (Num 16, 22), d. h. der Herr über Leben und Tod. Gott wirkt den Lebensgeist, hält ihn im Dasein und nimmt ihn wieder zu sich zurück (Jes 42, 5; Ez 37, 6; Ijob 10, 12; Ps 104, 29). Auch die Dynamik des Menschen zum Religiösen ist der von Gott gewirkte ‚Geist' des Menschen.*
Geist ist also das Innerste Gottes und ebenso das Innerste des Menschen in seiner allumfassenden Bezogenheit zu Gott, die Augustinus meinte, als er schrieb: Unruhig ist unser Herz, bis es ruht in dir" (Josef Sudbrack).

MITTWOCH

ERÖFFNUNGSVERS   Ps 18 (17), 50; 22 (21), 23

Ich will dir danken, Herr, vor den Völkern;
deinen Namen will ich meinen Brüdern verkünden. Halleluja.

TAGESGEBET

Allmächtiger Gott,
in den österlichen Geheimnissen,
die wir jedes Jahr feiern,
hast du dem Menschen
seine ursprüngliche Würde wiedergeschenkt
und uns die sichere Hoffnung gegeben,
daß wir auferstehen werden.

Gib, daß die Erlösung, die wir gläubig feiern,
in täglichen Werken der Liebe
an uns sichtbar wird.
Darum bitten wir durch Jesus Christus.

ZUR LESUNG   *Nach einem ersten Verhör vor dem Hohen Rat waren Petrus und Johannes mit einem strengen Redeverbot entlassen worden (Apg 4,18–21). Die Apostel kümmerten sich nicht darum, wie sich aus der zusammenfassenden Darstellung 5,12–16 ergibt. – Der Bericht über eine neuerliche Verhaftung der Apostel und das anschließende Verhör (5,17–42) ist auf drei Tageslesungen verteilt. Im heutigen ersten Teil steht das Wichtigste in den Versen 20–21a: die Christusbotschaft muß auf jeden Fall verkündet werden. Die Apostel wissen auch ohne langes Besinnen, wo sie „alle Worte dieses Lebens" zu verkünden haben: im Tempel. Dort finden sie schon am Morgen die Gemeinde zum Gebet versammelt. „Alle Worte dieses Lebens" (V. 20) bedeutet das gleiche wie „das Wort dieses Heils" in Apg 13,26; es ist die Botschaft vom Heil, das von Gott kommt und das in der Person des Auferstandenen und in der Kraft des Pfingstgeistes sichtbar geworden ist. Es kommt zu den Menschen durch das gesprochene Wort und das gelebte Zeugnis der Jünger. – Apg 12,6–11; 16,25–28; 13,46.*

ERSTE LESUNG   Apg 5,17–26

Die Männer, die ihr ins Gefängnis geworfen habt, stehen im Tempel und lehren das Volk

Lesung
  aus der Apostelgeschichte.

In jenen Tagen
7 erhoben sich voll Eifersucht der Hohepriester
   und alle, die auf seiner Seite standen,
   nämlich die Gruppe der Sadduzäer.
8 Sie ließen die Apostel verhaften
   und in das öffentliche Gefängnis werfen.
9 Ein Engel des Herrn aber öffnete nachts die Gefängnistore,
   führte sie heraus
   und sagte:
0   Geht, tretet im Tempel auf,
   und verkündet dem Volk alle Worte dieses Lebens!

²¹ Sie gehorchten
    und gingen bei Tagesanbruch in den Tempel und lehrten.

Währenddessen kam der Hohepriester mit seinen Begleitern.
Sie riefen den Hohen Rat
    und alle Ältesten der Söhne Israels zusammen;
man schickte Boten zum Gefängnis,
    um die Apostel vorführen zu lassen.

²² Die Diener gingen,
    fanden sie aber nicht im Gefängnis.
Sie kehrten zurück
und meldeten:

²³ Wir fanden das Gefängnis sorgfältig verschlossen
    und die Wachen vor den Toren stehen;
als wir aber öffneten,
    fanden wir niemand darin.

²⁴ Der Tempelhauptmann und die Hohenpriester
    waren ratlos, als sie das hörten,
und wußten nicht, was nun werden sollte.

²⁵ Da kam jemand und meldete ihnen:
    Die Männer, die ihr ins Gefängnis geworfen habt,
    stehen im Tempel und lehren das Volk.

²⁶ Da ging der Tempelhauptmann mit seinen Leuten hin
    und holte sie,
allerdings nicht mit Gewalt;
    denn sie fürchteten, vom Volk gesteinigt zu werden.

ANTWORTPSALM   Ps 34 (33), 2–3.4–5.6–7.8–9 (R: vgl. 7)

R Der Herr erhört den Armen,   (GL 477)
er hilft ihm aus all seiner Not. – R

Oder:
R Halleluja. – R

² Ich will den Herrn allezeit preisen; *
immer sei sein Lob in meinem Mund.   V. Ton

³ Meine Seele rühme sich des Herrn; *
die Armen sollen es hören und sich freuen. – (R)

⁴ Verherrlicht mit mir den Herrn, *
laßt uns gemeinsam seinen Namen rühmen.

5 Ich suchte den Herrn, und er hat mich erhört, *
er hat mich all meinen Ängsten entrissen. – (R)

6 Blickt auf zu ihm, so wird euer Gesicht leuchten, *
und ihr braucht nicht zu erröten.

7 Da ist ein Armer; er rief, und der Herr erhörte ihn. *
Er half ihm aus all seinen Nöten. – (R)

8 Der Engel des Herrn umschirmt alle, die ihn fürchten und ehren, *
und er befreit sie.

9 Kostet und seht, wie gütig der Herr ist; *
wohl dem, der zu ihm sich flüchtet! – R

RUF VOR DEM EVANGELIUM   Vers: vgl. Joh 3,16a.15

Halleluja. Halleluja.
So sehr hat Gott die Welt geliebt,
daß er seinen einzigen Sohn hingab,
damit jeder, der glaubt, in ihm das ewige Leben hat.
Halleluja.

ZUM EVANGELIUM   *In Gott selbst ist der Geist die einigende und treibende Kraft. Der Geist, d. h. die Liebe allein kann Gott dazu bewegen, seinen Sohn in die Welt zu senden: in eine Welt, die nicht die Liebe, sondern den Zorn Gottes verdient (soweit man darüber in menschlicher Denk- und Sprechweise überhaupt etwas aussagen kann). „Welt" ist ein Wort, das im Evangelium Verschiedenes bezeichnen kann: es kann die ganze von Gott geschaffene und geliebte Welt meinen (Joh 17,5.24) oder die Welt der Menschen, die bewohnte Erde (17,25; 16,21); häufig ist es die „Welt", die sich von Gott abgewandt hat, also die gottferne und verlorene Menschheit, die sich dem Licht verschließt und auch die Jünger Jesu haßt, weil er sie aus der Welt herausgenommen hat (17,14). Daß Gott diese Welt retten will und dafür das Höchste einsetzt, was er einsetzen kann, ist das Wunder seiner Liebe.* – Röm 8,32; 1 Joh 4,9–10; Joh 4,42; 12,47; 2 Kor 5,19; Apg 4,10–12; Joh 8,12; Eph 5,10–14; 1 Joh 1,6; Mt 5,14–16.

EVANGELIUM Joh 3, 16–21

Gott hat seinen Sohn in die Welt gesandt, damit die Welt durch ihn gerettet wird

✛ Aus dem heiligen Evangelium nach Johannes.

16 Gott hat die Welt so sehr geliebt,
  daß er seinen einzigen Sohn hingab,
 damit jeder, der an ihn glaubt, nicht zugrunde geht,
  sondern das ewige Leben hat.
17 Denn Gott hat seinen Sohn nicht in die Welt gesandt,
  damit er die Welt richtet,
  sondern damit die Welt durch ihn gerettet wird.
18 Wer an ihn glaubt,
  wird nicht gerichtet;
 wer nicht glaubt,
  ist schon gerichtet,
 weil er an den Namen des einzigen Sohnes Gottes
  nicht geglaubt hat.
19 Denn mit dem Gericht verhält es sich so:
 Das Licht kam in die Welt,
  und die Menschen liebten die Finsternis mehr als das Licht;
 denn ihre Taten waren böse.
20 Jeder, der Böses tut,
  haßt das Licht
 und kommt nicht zum Licht,
 damit seine Taten nicht aufgedeckt werden.
21 Wer aber die Wahrheit tut,
  kommt zum Licht,
 damit offenbar wird,
  daß seine Taten in Gott vollbracht sind.

FÜRBITTEN

Jesus Christus ist das Licht, das die Welt erleuchtet. Ihn wollen wir bitten:

Für alle Getauften: um Treue im Bekenntnis des Glaubens. –
(Stille) Herr, erbarme dich.
A.: Christus, erbarme dich.

Für alle, die Christus nicht kennen: um Erleuchtung ihrer Herzen.
– (Stille) Herr, erbarme dich.

Für alle ungerecht Gefangenen: um Lösung ihrer Fesseln. – (Stille)
Herr, erbarme dich.

Für unsere Gemeinde: um Eifer im Dienst Gottes. – (Stille) Herr, erbarme dich.

Denn zu dir gelangt, wer die Wahrheit tut. Nimm dich unserer Schwachheit an. Darum bitten wir dich, Christus, unseren Herrn.   A.: Amen.

GABENGEBET

Erhabener Gott,
durch die Feier des heiligen Opfers
gewährst du uns Anteil an deiner göttlichen Natur.
Gib, daß wir dich nicht nur
als den einen wahren Gott erkennen,
sondern unser ganzes Leben nach dir ausrichten.
Darum bitten wir durch Christus, unseren Herrn.

Osterpräfation, S. 1358 ff.

KOMMUNIONVERS   Vgl. Joh 15, 16.19

So spricht der Herr:
Ich habe euch aus der Welt erwählt und euch dazu bestimmt,
daß ihr hingeht und Frucht bringt
und daß eure Frucht bleibt. Halleluja.

SCHLUSSGEBET

Barmherziger Gott, höre unser Gebet.
Du hast uns im Sakrament
das Brot des Himmels gegeben,
damit wir an Leib und Seele gesunden.
Gib, daß wir
die Gewohnheiten des alten Menschen ablegen
und als neue Menschen leben.
Darum bitten wir durch Christus, unseren Herrn.

„OBWOHL DIE ALTE BIBEL uns sehr oft sagt, der Mensch müsse Gott lieben und Gott liebe den Menschen, enthält das Alte Testament nirgends den Satz: Gott ist Liebe. Warum? Weil in ihm nicht enthalten ist, was Johannes so schön ausdrückt: ‚So sehr hat Gott die Welt geliebt, daß er ihr seinen Sohn geschenkt hat.' Dieser letzte Erweis, diese Krönung der Offenbarung Gottes stand noch aus. Von Liebe ist im Alten Testament zu lesen, aber nicht von jener göttlichen Liebe, die jeden Sinn übersteigt und bis zur Torheit geht. Torheit Gottes! Alle Mystiker haben dieses Thema entfaltet: Gott hat die Menschen bis zur Torheit geliebt" (Jean Steinmann).

DONNERSTAG

ERÖFFNUNGSVERS
Vgl. Ps 68 (67), 8–9.20

Gott, du zogest vor deinem Volke einher;
wohnend in ihrer Mitte, bahntest du ihnen den Weg.
Da erbebte die Erde, Segen ergossen die Himmel. Halleluja.

TAGESGEBET

Barmherziger Gott,
gib, daß die Gnade,
die wir in der Feier der österlichen Geheimnisse
empfangen haben,
durch alle Tage unseres Lebens fruchtbar bleibt.
Darum bitten wir durch Jesus Christus.

ZUR LESUNG   Weder Polizeigewalt noch autoritäre Einschüchterungsversuche können die Apostel daran hindern, als freie Menschen aufzutreten und zu bezeugen, was sie gesehen und erlebt haben. Petrus wiederholt seine frühere Antwort: „Man muß Gott mehr gehorchen als den Menschen". Gott hat aber deutlich gesprochen, 1. durch die Ereignisse: er hat Jesus auferweckt und zum „Herrscher und Retter" gemacht; und 2. durch den Geist, der die Sicherheit des Glaubens und die Kraft des Wortes gibt. Es ist der „Gott unserer Väter": der Gott Abrahams, Isaaks und Jakobs, der auch jetzt noch Israel die Umkehr und Vergebung der Sünden schenken will. Im Glauben an diesen Gott weiß Petrus sich mit den Männern des Hohen Rates einig. Er kann sich nicht vorstellen, daß Israel das Angebot Gottes abweisen oder daß Gott sein Angebot zurückziehen *wird. – Apg 4,18–21; Dtn 21,22–23; Gal 3,13; 1 Petr 2,24; Ps 118,16–18; Joh 7,39.*

ERSTE LESUNG Apg 5,27–33

Zeugen dieser Ereignisse sind wir und der Heilige Geist

Lesung
   aus der Apostelgeschichte.

In jenen Tagen
²⁷ führten der Tempelhauptmann und seine Leute
   die Apostel herbei
   und stellten sie vor den Hohen Rat.
Der Hohepriester verhörte sie
²⁸ und sagte: Wir haben euch streng verboten,
   in diesem Namen zu lehren;
   ihr aber habt Jerusalem mit eurer Lehre erfüllt;
   ihr wollt das Blut dieses Menschen über uns bringen.
²⁹ Petrus und die Apostel antworteten:
   Man muß Gott mehr gehorchen als den Menschen.
³⁰ Der Gott unserer Väter hat Jesus auferweckt,
   den ihr ans Holz gehängt und ermordet habt.
³¹ Ihn hat Gott als Herrscher und Retter
   an seine rechte Seite erhoben,
   um Israel die Umkehr und Vergebung der Sünden zu schenken.
³² Zeugen dieser Ereignisse sind wir und der Heilige Geist,
   den Gott allen verliehen hat, die ihm gehorchen.
³³ Als sie das hörten, gerieten sie in Zorn
   und beschlossen, sie zu töten.

ANTWORTPSALM Ps 34 (33),2 u. 9.17–18.19–20 (R: vgl. 7)

R Der Herr erhört den Armen, (GL 172,2)
er hilft ihm aus all seiner Not. – R

Oder:

R Halleluja. – R

Ich will den Herrn all<u>ez</u>eit preisen; * VII. Ton
immer sei sein <u>Lob</u> in m<u>ei</u>nem Mund.

Kostet und seht, wie g<u>üt</u>ig der Herr ist; *
wohl dem, der zu <u>ihm</u> sich flüchtet! – (R)

17 Das Antlitz des Herrn richtet sich gegen die Bösen, *
um ihr Andenken von der Erde zu tilgen.

18 Schreien die Gerechten, so hört sie der Herr; *
er entreißt sie all ihren Ängsten. – (R)

19 Nahe ist der Herr den zerbrochenen Herzen, *
er hilft denen auf, die zerknirscht sind.

20 Der Gerechte muß viel leiden, *
doch allem wird der Herr ihn entreißen.

R Der Herr erhört den Armen,
er hilft ihm aus all seiner Not.

Oder:
R Halleluja.

RUF VOR DEM EVANGELIUM Vers: Joh 20, 29

Halleluja. Halleluja.

(So spricht der Herr:)
Weil du mich gesehen hast, Thomas, glaubst du.
Selig sind, die nicht sehen und doch glauben.

Halleluja.

ZUM EVANGELIUM *Wie die Verse 3, 13–21 im Anschluß an das Nikodemus-Gespräch, so sind die Verse 31–36 Überlegungen des Evangelisten im Anschluß an das Zeugnis des Täufers über Jesus (V. 27–30). Das ergibt sich aus sprachlichen wie inhaltlichen Beobachtungen. – Der Vorläufer Johannes ist bei aller Größe, die ihm zuerkannt wird, „irdisch und redet irdisch" (V. 31). Jesus aber kommt von oben, vom Himmel; was er sagt, ist wahr und gültig, er redet die Worte Gottes, er selbst ist das Wort, er ist die Wahrheit. Grundaussagen über Gott und über den Menschen stehen in diesem Abschnitt: In Gott gibt es Wahrheit, Liebe, Zorn (V. 33.35.36). Der Mensch, der Gottes Wort, die vom Sohn bezeugte Wahrheit Gottes hört, kann sie annehmen und glauben, oder er kann den Gehorsam verweigern; glauben heißt gehorchen (V. 36). Der Gehorsam des Glaubens entscheidet über das Leben des Menschen. – Joh 8, 23; 3, 11; 1 Joh 1, 1–3; 2, 27; 5, 10; Mt 3, 17; 17, 5; Joh 3, 15.*

EVANGELIUM Joh 3, 31–36

Der Vater liebt den Sohn und hat alles in seine Hand gegeben

✢ Aus dem heiligen Evangelium nach Johannes.

31 Er, der von oben kommt,
 steht über allen;
 wer von der Erde stammt,
 ist irdisch und redet irdisch.
 Er, der aus dem Himmel kommt,
 steht über allen.

32 Was er gesehen und gehört hat, bezeugt er,
 doch niemand nimmt sein Zeugnis an.

33 Wer sein Zeugnis annimmt,
 beglaubigt, daß Gott wahrhaftig ist.

34 Denn der, den Gott gesandt hat,
 verkündet die Worte Gottes;
 denn er gibt den Geist unbegrenzt.

35 Der Vater liebt den Sohn
 und hat alles in seine Hand gegeben.

36 Wer an den Sohn glaubt,
 hat das ewige Leben;
 wer aber dem Sohn nicht gehorcht, wird das Leben nicht sehen,
 sondern Gottes Zorn bleibt auf ihm.

FÜRBITTEN

Zu Jesus Christus, unserem Herrn, dem der Vater alles in die Hand gegeben hat, wollen wir beten:

Erhalte alle Priester in der Treue zu ihrer Sendung.
A.: Herr, erhöre uns.

Laß alle Menschen zum Glauben an dich und den Vater gelangen.

Entreiße die Gerechten, denen man nachstellt, der Bosheit ihrer Verfolger.

Gib uns den Heiligen Geist, der uns vor Menschenfurcht befreit.

Denn durch den Glauben an dich haben wir das ewige Leben. Dich loben wir in Ewigkeit.   A.: Amen.

GABENGEBET

Herr und Gott,
laß unser Gebet zu dir aufsteigen
und nimm unsere Gaben an.
Reinige uns durch deine Gnade,
damit wir fähig werden,
das Sakrament deiner großen Liebe zu empfangen.
Darum bitten wir durch Christus, unseren Herrn.

Osterpräfation, S. 1358 ff.

KOMMUNIONVERS
Mt 28, 20

Ich bin bei euch alle Tage bis zum Ende der Welt. Halleluja.

SCHLUSSGEBET

Allmächtiger Gott,
du hast uns durch die Auferstehung Christi
neu geschaffen für das ewige Leben.
Erfülle uns
mit der Kraft dieser heilbringenden Speise,
damit das österliche Geheimnis
in uns reiche Frucht bringt.
Darum bitten wir durch Christus, unseren Herrn.

„DER NEUTESTAMENTLICHE BEGRIFF DES GEHORCHENS *steht zumeist im Zusammenhang mit einer Entscheidung des Glaubens, hat also den Sinn von Glaubensgehorsam ... Damit ist aber ein bedingungsloser Gehorsam, ein Gehorchen, das nicht weiß und nicht danach fragt, wem es Gehorsam schuldet, für den Christen ausgeschlossen. Ebenso freilich auch das Nebeneinander von verschiedenen Gehorsamsmotiven. Gehorchen folgt aus dem Hören auf die Stimme des einen Herrn und ist im Neuen Testament auch Menschen gegenüber nur dort wirkliches Gehorchen, wo es auf d i e s e Stimme, auf das ‚Evangelium des Herrn' (2 Thess 1, 8) bezogen ist. Gehorsam im strengen Sinn geschieht gegenüber dem Zuspruch und Anspruch Gottes" (Ernst Wolf).*

FREITAG

ERÖFFNUNGSVERS
Offb 5, 9–10

Herr, du hast uns durch dein Blut erkauft
aus allen Stämmen und Sprachen, aus allen Völkern und Nationen,
und du hast uns für unseren Gott zu Königen und Priestern gemacht.
Halleluja.

TAGESGEBET

Heiliger Gott,
du hast deinen Sohn
der Schmach des Kreuzes unterworfen,
um uns der Gewalt des Bösen zu entreißen.
Gib uns die Gnade,
daß auch wir deinem Willen gehorchen
und einst in Herrlichkeit auferstehen.
Darum bitten wir durch ihn, Jesus Christus.

ZUR LESUNG *Der Pharisäer Gamaliel war ein angesehener Gesetzeslehrer; auch Saulus-Paulus gehörte zu seinen Schülern (Apg 22, 3). Dieser nachdenkliche, kritische und fromme Mann dachte mit Unbehagen an den Prozeß Jesu zurück (so wie heute manche Kirchenmänner an den Prozeß des Galilei). Er wollte neues Unrecht verhüten, und das gelang ihm auch. Wer vom Hohen Rat will es riskieren, als „Kämpfer gegen Gott" dazustehen? Vielleicht teilten diese Leute nicht Gamaliels gläubige Ehrfurcht vor dem Geschichtswalten Gottes, aber sie verstanden seine Sprache und ließen sich warnen. Die Zukunft aber gehört denen, die in der Freude und Kraft ihres Glaubens den Menschen die Botschaft von Jesus, dem Christus, bringen. – Joh 7, 50–52; Mt 15, 13; 2 Makk 7, 19; Mt 10, 17–20; 5, 10–11; Apg 18, 5.*

ERSTE LESUNG
Apg 5, 34–42

Sie freuten sich, daß sie gewürdigt worden waren, für seinen Namen Schmach zu erleiden

Lesung
  aus der Apostelgeschichte.

In jenen Tagen
  erhob sich im Hohen Rat ein Pharisäer namens Gamáliël,
ein beim ganzen Volk angesehener Gesetzeslehrer;
er ließ die Apostel für kurze Zeit hinausführen.

³⁵ Dann sagte er: Israeliten, überlegt euch gut,
was ihr mit diesen Leuten tun wollt.
³⁶ Vor einiger Zeit nämlich
trat Theudas auf und behauptete, er sei etwas Besonderes.
Ihm schlossen sich etwa vierhundert Männer an.
Aber er wurde getötet,
und sein ganzer Anhang wurde zerstreut und aufgerieben.
³⁷ Nach ihm
trat in den Tagen der Volkszählung Judas, der Galiläer, auf;
er brachte viel Volk hinter sich
und verleitete es zum Aufruhr.
Auch er kam um,
und alle seine Anhänger wurden zerstreut.
³⁸ Darum rate ich euch jetzt:
Laßt von diesen Männern ab,
und gebt sie frei;
denn wenn dieses Vorhaben oder dieses Werk
von Menschen stammt,
wird es zerstört werden;
³⁹ stammt es aber von Gott,
so könnt ihr sie nicht vernichten;
sonst werdet ihr noch als Kämpfer gegen Gott dastehen.
Sie stimmten ihm zu,
⁴⁰ riefen die Apostel herein
und ließen sie auspeitschen;
dann verboten sie ihnen, im Namen Jesu zu predigen,
und ließen sie frei.
⁴¹ Sie aber gingen weg vom Hohen Rat
und freuten sich, daß sie gewürdigt worden waren,
für seinen Namen Schmach zu erleiden.
⁴² Und Tag für Tag
lehrten sie unermüdlich im Tempel und in den Häusern
und verkündeten das Evangelium von Jesus, dem Christus.

ANTWORTPSALM Ps 27 (26), 1.4.13–14 (R: vgl. 4ab)
(GL 649, 1)
R Nur eines erbitte ich vom Herrn,
im Haus des Herrn zu wohnen. – **R**

Oder:
R Halleluja. – **R**

Osterzeit: 2. Woche – Freitag   491

V. Ton

1 Der Herr ist mein Licht und mein Heil: *
Vor wem sollte ich mich fürchten?

Der Herr ist die Kraft meines Lebens: *
Vor wem sollte mir bangen? – (R)

4 Nur eines erbitte ich vom Herrn, danach verlangt mich: *
Im Haus des Herrn zu wohnen alle Tage meines Lebens,

die Freundlichkeit des Herrn zu schauen *
und nachzusinnen in seinem Tempel. – (R)

13 Ich bin gewiß, zu schauen *
die Güte des Herrn im Land der Lebenden.

14 Hoffe auf den Herrn, und sei stark! *
Hab festen Mut, und hoffe auf den Herrn! – R

RUF VOR DEM EVANGELIUM   Vers: vgl. Mt 4, 4b

Halleluja. Halleluja.

Nicht nur von Brot lebt der Mensch,
sondern von jedem Wort aus Gottes Mund.

Halleluja.

ZUM EVANGELIUM   *Im 6. Kapitel hat Johannes Überlieferungen verarbeitet, die wir auch in den früheren Evangelien finden: die Brotvermehrung, das Gehen Jesu über den See, die Zeichenforderung, das Bekenntnis des Petrus. Johannes nennt die Brotvermehrung ausdrücklich ein „Zeichen" und verbindet aufs engste das Zeichen mit der nachfolgenden Offenbarungsrede; in der Brotrede wird das Zeichen theologisch als Hinweis auf die Eucharistie ausgedeutet. Diese Deutung beginnt schon im Bericht selbst mit der Erwähnung des Paschafestes: Pascha ist Hinweis auf den Auszug aus Ägypten und die Mannaspeisung in der Wüste, aber auch Andeutung des Letzten Abendmahles und der Passion. Die Menge des Volkes versteht das Zeichen nicht, es sieht in der Speisung eine messianische Machtdemonstration und hält Jesus für den „Propheten", den neuen Mose, der Israel befreien und aller Not ein Ende machen wird. Jesus rückt von solchen Erwartungen ab und geht in die Einsamkeit, „er allein": nur er selbst weiß um sein Geheimnis. – Mt 14, 13–21; Mk 6, 32–44; Lk 9, 10–17; Joh 21, 13; Dtn 18, 15.18; Lk 16. 31.*

EVANGELIUM

Joh 6, 1–15

Jesus teilte an die Leute aus, soviel sie wollten

✛ Aus dem heiligen Evangelium nach Johannes.

In jener Zeit
1 ging Jesus an das andere Ufer des Sees von Galiläa,
der auch See von Tibérias heißt.
2 Eine große Menschenmenge folgte ihm,
weil sie die Zeichen sahen, die er an den Kranken tat.
3 Jesus stieg auf den Berg
und setzte sich dort mit seinen Jüngern nieder.
4 Das Pascha*, das Fest der Juden, war nahe.
5 Als Jesus aufblickte
und sah, daß so viele Menschen zu ihm kamen,
fragte er Philippus: Wo sollen wir Brot kaufen,
damit diese Leute zu essen haben?
6 Das sagte er aber nur, um ihn auf die Probe zu stellen;
denn er selbst wußte, was er tun wollte.
7 Philippus antwortete ihm:
Brot für zweihundert Denare reicht nicht aus,
wenn jeder von ihnen
auch nur ein kleines Stück bekommen soll.
8 Einer seiner Jünger,
Andreas, der Bruder des Simon Petrus,
sagte zu ihm:
9 Hier ist ein kleiner Junge,
der hat fünf Gerstenbrote und zwei Fische;
doch was ist das für so viele!
10 Jesus sagte: Laßt die Leute sich setzen!
Es gab dort nämlich viel Gras.
Da setzten sie sich;
es waren etwa fünftausend Männer.
11 Dann nahm Jesus die Brote,
sprach das Dankgebet
und teilte an die Leute aus, soviel sie wollten;
ebenso machte er es mit den Fischen.
12 Als die Menge satt war,
sagte er zu seinen Jüngern:

---
* Sprich: Pas-cha.

Sammelt die übriggebliebenen Brotstücke,
damit nichts verdirbt.
13 Sie sammelten
und füllten zwölf Körbe mit den Stücken,
die von den fünf Gerstenbroten nach dem Essen übrig waren.
14 Als die Menschen das Zeichen sahen, das er getan hatte,
sagten sie: Das ist wirklich der Prophet,
der in die Welt kommen soll.
15 Da erkannte Jesus,
daß sie kommen würden, um ihn in ihre Gewalt zu bringen
und zum König zu machen.
Daher zog er sich wieder auf den Berg zurück,
er allein.

FÜRBITTEN

Wir beten zu Christus, der aus allen Völkern Menschen in seine Kirche ruft:

Versammle alle, die an dich glauben, um deinen Tisch, und gib ihnen das Brot des Lebens.
A.: Herr, erhöre unser Gebet.

Hilf, daß die Regierenden um das Wohlergehen aller Völker besorgt sind.

Gib den Hungernden ihren Anteil an den Gütern der Erde.

Geleite unsere Verstorbenen zum himmlischen Mahl.

Gott, unser Vater, laß uns erlangen, um was wir dich bitten, durch Christus, unseren Herrn. A.: Amen.

GABENGEBET

Gütiger Gott,
nimm unsere Gaben an
und gewähre uns deinen Schutz,
damit wir die Taufgnade,
die wir empfangen haben, nicht verlieren
und zur ewigen Freude gelangen,
die du für uns bereitet hast.
Darum bitten wir durch Christus, unseren Herrn.

Osterpräfation, S. 1358 ff.

KOMMUNIONVERS Röm 4,25

Wegen unserer Verfehlungen wurde Christus hingegeben,
wegen unserer Rechtfertigung wurde er auferweckt. Halleluja.

SCHLUSSGEBET

Gütiger Gott,
bewahre dem Volk der Erlösten
deine Liebe und Treue.
Das Leiden deines Sohnes hat uns gerettet,
seine Auferstehung erhalte uns in der Freude.
Darum bitten wir durch ihn, Christus, unseren Herrn.

„DIE MENSCHEN, *die zu uns kommen, erwarten Brot. Böten wir ihnen Steine zum Anschauen, hätten wir unsere ökumenische Berufung verfehlt. Sie suchen Menschen, die Gott ausstrahlen. Das setzt ein in Gott verborgenes Leben voraus, damit in uns die Präsenz Christi neu lebendig werde"* (Roger Schutz).

SAMSTAG

ERÖFFNUNGSVERS Vgl. 1 Petr 2,9

Volk Gottes, verkünde die großen Taten des Herrn.
Er hat euch aus der Finsternis herausgeführt
in sein wunderbares Licht. Halleluja.

TAGESGEBET

Gott, unser Vater,
du hast uns durch deinen Sohn erlöst
und als deine geliebten Kinder angenommen.
Sieh voll Güte auf alle, die an Christus glauben,
und schenke ihnen die wahre Freiheit
und das ewige Erbe.
Darum bitten wir durch Jesus Christus.

ZUR LESUNG *Die Gemeinde von Jerusalem wird allmählich größer. Außer den „Hebräern" gibt es „Hellenisten", Diasporajuden, die nach Jerusalem gezogen sind, vielleicht auch Leute nichtjüdischer Abstammung.*

die sich zuvor als Proselyten dem Judentum angeschlossen hatten. Während bisher in der Apostelgeschichte immer die Einheit der Gemeinde betont wurde, hören wir jetzt von Spannungen; die Witwen der Hellenisten wurden bei der Armenpflege übersehen, und zwar gewohnheitsmäßig. Vielleicht verweigerten überhaupt die Hebräer den Hellenisten die Tischgemeinschaft; damit aber war die Gefahr einer Spaltung gegeben. Den einheimischen Judenchristen fiel es schwer, die weltoffene Geisteshaltung der Hellenisten und ihre freiheitlichere Auffassung von Gesetz und Kult anzuerkennen. Die junge Kirche überwand diese Gefahr nicht durch Diskussion, also nicht theoretisch, sondern praktisch: die Apostel übertrugen gerade den Hellenisten das Amt der tätigen Liebe, und zwar für die Gesamtgemeinde. Die Aufteilung in Dienst des Tisches und Dienst des Wortes wurde sehr schnell durch die Entwicklung überholt, wie sich am Beispiel des Stephanus und des Philippus zeigt. – Ex 18, 17–23; Num 27, 16–18; Apg 1, 14; 2, 42; 1 Tim 4, 14.

ERSTE LESUNG Apg 6, 1–7

Sie wählten aus ihrer Mitte sieben Männer, voll Geist und Weisheit

Lesung
   aus der Apostelgeschichte.

1 In jenen Tagen, als die Zahl der Jünger zunahm,
   begehrten die Hellenisten gegen die Hebräer auf,
weil ihre Witwen bei der täglichen Versorgung übersehen wurden.

2 Da riefen die Zwölf die ganze Schar der Jünger zusammen
und erklärten:

   Es ist nicht recht, daß wir das Wort Gottes vernachlässigen
   und uns dem Dienst an den Tischen widmen.
Brüder, wählt aus eurer Mitte
   sieben Männer von gutem Ruf und voll Geist und Weisheit;
ihnen werden wir diese Aufgabe übertragen.
Wir aber wollen beim Gebet und beim Dienst am Wort bleiben.
Der Vorschlag fand den Beifall der ganzen Gemeinde,
und sie wählten Stéphanus,
   einen Mann, erfüllt vom Glauben und vom Heiligen Geist,
ferner Philíppus und Próchorus,
Nikánor und Timon,
Parménas
und Níkolaus, einen Proselýten aus Antióchia.

6 Sie ließen sie vor die Apostel hintreten,
und diese beteten und legten ihnen die Hände auf.

7 Und das Wort Gottes breitete sich aus,
und die Zahl der Jünger in Jerusalem wurde immer größer;
auch eine große Anzahl von den Priestern
   nahm gehorsam den Glauben an.

ANTWORTPSALM Ps 33 (32), 1–2.4–5.18–19 (R: 22)

R Laß deine Güte über uns walten, o Herr, (GL 646,1)
denn wir schauen aus nach dir. – R

Oder:
R Halleluja. – R

1 Ihr Gerechten, jubelt vor dem Herrn; * V. Ton
für die Frommen ziemt es sich, Gott zu loben.

2 Preist den Herrn mit der Zither, *
spielt für ihn auf der zehnsaitigen Harfe! – (R)

4 Denn das Wort des Herrn ist wahrhaftig, *
all sein Tun ist verläßlich.

5 Er liebt Gerechtigkeit und Recht, *
die Erde ist erfüllt von der Huld des Herrn. – (R)

18 Das Auge des Herrn ruht auf allen, die ihn fürchten und ehren, *
die nach seiner Güte ausschaun;

19 denn er will sie dem Tod entreißen *
und in der Hungersnot ihr Leben erhalten. – R

RUF VOR DEM EVANGELIUM

Halleluja. Halleluja.

Christus ist auferstanden:
Er, der Schöpfer des Alls,
hat sich aller Menschen erbarmt.

Halleluja.

ZUM EVANGELIUM *Die Brotvermehrung geschah am hellen Tag, aber der Tag war nicht hell genug, um der Menge das geschehene Zeichen sichtbar und verstehbar zu machen. In der Nacht fuhren die Jünger dann über den See, sie allein; sie gehören nicht zur Volksmenge, aber auch*

Jesus ist „noch nicht" bei ihnen (V. 17). Sie müssen allein abfahren, dann aber wird die Nacht hell: Jesus erscheint ihnen und sagt: „Ich bin es." Im Alten Bund hat Gott sich seinen Erwählten so vorgestellt: „Ich bin ...": jetzt ist Jesus der Ort, an dem Gott gegenwärtig ist und erfahren werden kann. – Mt 14,22–33; Mk 6,45–52.

EVANGELIUM Joh 6,16–21

Die Jünger sahen, wie Jesus über den See ging

✢ Aus dem heiligen Evangelium nach Johannes.

16 Als es spät geworden war,
 gingen die Jünger Jesu zum See hinab,
17 bestiegen ein Boot
 und fuhren über den See, auf Kafárnaum zu.
 Es war schon dunkel geworden,
 und Jesus war noch nicht zu ihnen gekommen.
18 Da wurde der See durch einen heftigen Sturm aufgewühlt.
19 Als sie etwa fünfundzwanzig oder dreißig Stadien gefahren waren,
 sahen sie, wie Jesus über den See ging
 und sich dem Boot näherte;
 und sie fürchteten sich.
20 Er aber rief ihnen zu: Ich bin es;
 fürchtet euch nicht!
21 Sie wollten ihn zu sich in das Boot nehmen,
 aber schon war das Boot am Ufer, das sie erreichen wollten.

FÜRBITTEN

Christus hat uns durch seinen Tod und seine Auferstehung Erlösung gebracht. Zu ihm rufen wir:

Für die Diakone: gib, daß durch ihren Dienst die Menschen deine Nähe erfahren. – Lasset zum Herrn uns beten: Herr, erbarme dich.
A.: Christus, erbarme dich.

Für die Völker der Erde: offenbare ihnen dein Heil. – Lasset zum Herrn uns beten: Herr, erbarme dich.

Für alle Leidenden: befreie sie aus ihren Schmerzen. – Lasset zum Herrn uns beten: Herr, erbarme dich.

Für unsere Gemeinde: nimm von ihr Zweifel und Kleinglauben. –
Lasset zum Herrn uns beten: Herr, erbarme dich.
A.: Christus, erbarme dich.

Denn du bist allen nahe, die zu dir rufen. Dir sei Ehre in Ewigkeit.   A.: Amen.

GABENGEBET
**Barmherziger Gott, heilige diese Gaben.
Nimm das Opfer an,
das dir im Heiligen Geist dargebracht wird,
und mache uns selbst zu einer Gabe,
die für immer dir gehört.
Darum bitten wir durch Christus, unseren Herrn.**

Osterpräfation, S. 1358 ff.

KOMMUNIONVERS   Joh 17, 24
Vater, ich will, daß alle, die du mir gegeben hast,
dort bei mir sind, wo ich bin;
sie sollen meine Herrlichkeit schauen, die du mir gegeben hast.

SCHLUSSGEBET
**Barmherziger Gott,
wir haben den Auftrag deines Sohnes erfüllt
und sein Gedächtnis begangen.
Die heilige Gabe,
die wir in dieser Feier empfangen haben,
helfe uns, daß wir in der Liebe zu dir und unseren Brüdern
Christus nachfolgen,
der mit dir lebt und herrscht in alle Ewigkeit.**

*„IM ZENTRUM UNSERES CHRISTLICHEN GLAUBENS steht
das neue Leben, das Christus uns gebracht hat und das er selber ist. Christentum ist doch nicht einfach trockene Theorie, ein dürres System, eine
Angelegenheit der Wissenschaft, eine klappernde Abstraktion. Nein, Christentum, das ist ein Mensch aus Fleisch und Blut, ein lebendiges, konkretes, handelndes Wesen, das ein Schicksal gehabt hat, ein Leben gelebt
hat, ein liebendes Herz in sich trug. Das Christentum ist Jesus, seine Person und sein Werk, sein Leben, seine Existenz und sein Wort und die Begegnung mit ihm" (Josef Bommer).*

3. WOCHE

MONTAG

ERÖFFNUNGSVERS

Auferstanden ist der Gute Hirt. Er gab sein Leben für die Schafe.
Er ist für seine Herde gestorben. Halleluja.

TAGESGEBET

Gott, du bist unser Ziel,
du zeigst den Irrenden das Licht der Wahrheit
und führst sie auf den rechten Weg zurück.
Gib allen, die sich Christen nennen,
die Kraft, zu meiden,
was diesem Namen widerspricht,
und zu tun, was unserem Glauben entspricht.
Darum bitten wir durch Jesus Christus.

ZUR LESUNG   *Die zum „Dienst an den Tischen" eingesetzten Diakone waren keine stummen Tischdiener. Sie waren Männer „voll Geist und Weisheit" (6, 3), „voll Gnade und Kraft" (6, 8). Ihr Auftreten mit Worten und Wundern ist dem der Apostel ähnlich. Die Diakone waren Hellenisten und hatten sich von den Kreisen, denen sie entstammten, nicht abgesondert. Dort war das Feld ihrer missionarischen Tätigkeit; sie warben für den „Weg", den sie selbst entdeckt haben, für den „Namen", der für sie alle Hoffnung in sich schloß. Aber gerade von den Diasporajuden kam der heftigste Widerstand. Dieses Gerede von Jesus, dem Messias, war ihnen unerträglich. Religiöse und nationale Gefühle wurden verwundet; was soll aus dem Gesetz des Mose, aus dem Tempel, überhaupt aus dem Judentum werden? Freilich, mit ihren Beweisen können sie diesen Stephanus nicht zum Schweigen bringen. Aber es gibt andere Waffen. – Lk 21, 15; Apg 21, 21; Mt 26, 59–61.*

ERSTE LESUNG Apg 6,8–15

Sie konnten der Weisheit und dem Geist, mit dem er sprach, nicht widerstehen

Lesung
aus der Apostelgeschichte.

In jenen Tagen
8 tat Stéphanus,
voll Gnade und Kraft,
Wunder und große Zeichen unter dem Volk.
9 Doch einige von der sogenannten Synagoge der Libertíner
und Zyrenäer und Alexandríner
und Leute aus Zilízien und der Provinz Asien
erhoben sich, um mit Stéphanus zu streiten;
10 aber sie konnten der Weisheit und dem Geist, mit dem er sprach,
nicht widerstehen.
11 Da stifteten sie Männer zu der Aussage an:
Wir haben gehört, wie er gegen Mose und Gott lästerte.
12 Sie hetzten das Volk, die Ältesten und die Schriftgelehrten auf,
drangen auf ihn ein,
packten ihn und schleppten ihn vor den Hohen Rat.
13 Und sie brachten falsche Zeugen bei,
die sagten: Dieser Mensch hört nicht auf,
gegen diesen heiligen Ort und das Gesetz zu reden.
14 Wir haben ihn nämlich sagen hören:
Dieser Jesus, der Nazoräer, wird diesen Ort zerstören
und die Bräuche ändern, die uns Mose überliefert hat.
15 Und als alle, die im Hohen Rat saßen, auf ihn blickten,
erschien ihnen sein Gesicht wie das Gesicht eines Engels.

ANTWORTPSALM Ps 119 (118), 23–24.26–27.29–30 (R: vgl. 1ab)

℟ Selig die Menschen, (GL 708, 1)
die leben nach der Weisung des Herrn. – ℟

Oder:
℟ Halleluja. – ℟

23 Wenn auch Fürsten gegen <u>mich</u> beraten: * IV. Ton
dein Knecht sinnt nach über <u>deine</u> Gesetze.
24 Deine Vorschriften ma<u>chen</u> mich froh; *
sie sind <u>meine</u> Berater. – (℟)

26 Ich habe dir mein Geschick erzählt, und du erhörtest mich. *
Lehre mich deine Gesetze!

27 Laß mich den Weg begreifen, den deine Befehle mir zeigen, *
dann will ich nachsinnen über deine Wunder. – (R)

29 Halte mich fern vom Weg der Lüge; *
begnade mich mit deiner Weisung!

30 Ich wählte den Weg der Wahrheit; *
nach deinen Urteilen hab' ich Verlangen. – R

RUF VOR DEM EVANGELIUM Vers: vgl. Mt 4,4b

Halleluja. Halleluja.

Nicht nur von Brot lebt der Mensch,
sondern von jedem Wort aus Gottes Mund.

Halleluja.

ZUM EVANGELIUM *Wie Jerusalem in Judäa, so ist Kafarnaum in Galiläa der Ort, wo die Entscheidungen fallen. Dort findet die Auseinandersetzung über die wunderbare Speisung und ihre Bedeutung statt. Die Verse 22–24 berichten umständlich, wie Jesus und die Volksmenge sich in Kafarnaum wieder getroffen haben. Die Menge „sucht" Jesus (V. 24) – aber was sucht sie eigentlich? Sie suchen den wundertätigen Propheten, der sie satt gemacht hat und wieder satt machen kann. Jesus aber will etwas ganz anderes geben: die Speise für das ewige Leben. Dazu hat Gott ihn, den Menschensohn, eingesetzt und „mit seinem Siegel beglaubigt" (V. 27). Gott verweist die Menschen an Jesus. Gott braucht nicht das Vielerlei von menschlichen Werken, Tugenden und Leistungen; die entscheidende Tat, die er vom Menschen verlangt, ist der Glaube an Jesus. Das wahre Leben kann man nur von ihm und nur als Geschenk empfangen. –*
Lk 10,25; Mk 10,17.

EVANGELIUM Joh 6,22–29

Müht euch nicht ab für die Speise, die verdirbt, sondern für die Speise, die für das ewige Leben bleibt

✠ Aus dem heiligen Evangelium nach Johannes.

In jener Zeit
2 sah die Menge, die am anderen Ufer des Sees geblieben war,
daß nur noch ein Boot dort lag,

und sie erfuhren,
> daß Jesus nicht mit seinen Jüngern ins Boot gestiegen war,
> sondern daß die Jünger allein abgefahren waren.

23 Von Tibérias her kamen andere Boote in die Nähe des Ortes,
> wo sie nach dem Dankgebet des Herrn das Brot gegessen hatten.

24 Als die Leute sahen,
> daß weder Jesus noch seine Jünger dort waren,
> stiegen sie in die Boote,

fuhren nach Kafárnaum
und suchten Jesus.

25 Als sie ihn am anderen Ufer des Sees fanden,
> fragten sie ihn: Rabbi, wann bist du hierher gekommen?

26 Jesus antwortete ihnen: Amen, amen, ich sage euch:
Ihr sucht mich nicht, weil ihr Zeichen gesehen habt,
> sondern weil ihr von den Broten gegessen habt
> und satt geworden seid.

27 Müht euch nicht ab für die Speise, die verdirbt,
> sondern für die Speise, die für das ewige Leben bleibt
> und die der Menschensohn euch geben wird.

Denn ihn hat Gott, der Vater, mit seinem Siegel beglaubigt.

28 Da fragten sie ihn:
Was müssen wir tun, um die Werke Gottes zu vollbringen?

29 Jesus antwortete ihnen:
Das ist das Werk Gottes,
> daß ihr an den glaubt, den er gesandt hat.

FÜRBITTEN

Wir beten zu Christus, der uns eine Speise gibt, die für das ewige Leben bleibt:

Wecke bei allen Christen das Verlangen nach dem Brot des Lebens.
A.: Wir bitten dich, erhöre uns.

Bewahre die Mächtigen vor dem Mißbrauch ihrer Macht.

Führe die Irrenden auf den rechten Weg.

Gib uns die Kraft, zu tun, was unserem Glauben entspricht.

Allmächtiger Gott, du hast uns neu geschaffen für das ewige Leben. Gib, daß wir auf dem Weg zu diesem Ziel beharrlich voranschreiten. Darum bitten wir durch Christus, unseren Herrn.
A.: Amen.

GABENGEBET

Herr und Gott,
laß unser Gebet zu dir aufsteigen
und nimm unsere Gaben an.
Reinige uns durch deine Gnade,
damit wir fähig werden,
das Sakrament deiner großen Liebe zu empfangen.
Darum bitten wir durch Christus, unseren Herrn.

Osterpräfation, S.1358ff.

KOMMUNIONVERS   Joh 14,27

So spricht der Herr:
Frieden hinterlasse ich euch, meinen Frieden gebe ich euch;
nicht wie die Welt ihn gibt, gebe ich ihn euch. Halleluja.

SCHLUSSGEBET

Allmächtiger Gott,
du hast uns durch die Auferstehung Christi
neu geschaffen für das ewige Leben.
Erfülle uns
mit der Kraft dieser heilbringenden Speise,
damit das österliche Geheimnis
in uns reiche Frucht bringt.
Darum bitten wir durch Christus, unseren Herrn.

„DIE MENSCHEN *sind in Verlegenheit, wenn man etwas Großes von ihnen verlangt, weil sie klein sind. Gott findet es unziemlich, wenn man etwas Kleines von ihm erbittet, weil er groß ist"* (J. B. Bossuet).

„BROT IST WICHTIG,
*die Freiheit ist wichtiger,
am wichtigsten ist die ungebrochene Treue
und die unverratene Anbetung"* (Alfred Delp).

DIENSTAG

ERÖFFNUNGSVERS
Vgl. Offb 19,5; 12,10

Preist unseren Gott,
alle, die ihn fürchten, klein und groß!
Denn gekommen ist die Rettung und die Macht
und die Herrschaft seines Gesalbten. Halleluja.

TAGESGEBET

Herr, unser Gott,
du öffnest dein Reich allen,
die aus dem Wasser und dem Heiligen Geist
wiedergeboren sind.
Stärke in uns das Leben der Gnade,
damit wir von Schuld frei bleiben
und die Herrlichkeit erlangen,
die du uns verheißen hast.
Darum bitten wir durch Jesus Christus.

ZUR LESUNG *Das Martyrium des Stephanus markiert eine Wende in der Geschichte des jungen Christentums, und die große Rede in Kap. 7 deutet den heilsgeschichtlichen Augenblick: den Übergang der Verkündigung von Jerusalem und Judäa nach „Samarien und bis an die Grenzen der Erde" (1,8). Das Christentum bleibt der Religion Israels verbunden, aber die Kirche distanziert sich vom Judentum. Lukas hat der Stephanusrede den Charakter einer grundsätzlichen und offiziellen Auseinandersetzung mit dem Judentum gegeben, den sie ursprünglich so kaum hatte. Sie war die Verteidigungsrede eines Angeklagten, wird aber in ihrem Schlußteil zur Anklage gegen Ankläger und Richter. Der wirkliche Richter in diesem Prozeß ist Jesus, der Menschensohn, der zur Rechten Gottes sitzt. Stephanus sieht ihn stehen: er ist aufgestanden, um das Urteil zu sprechen, aber auch um seiner Kirche den neuen Weg in die Zukunft zu weisen. – Ex 33,3; 2 Chr 30,7–8; 36,14–16; Jes 63,10; Jer 4,4; Mt 23,33–36; Joh 8,44; Mt 26,64; Dan 7,13; Lk 23,46.34.*

ERSTE LESUNG

Apg 7,51 – 8,1a

Herr Jesus, nimm meinen Geist auf!

Lesung
aus der Apostelgeschichte.

In jenen Tagen
sagte Stéphanus zu dem Volk,
den Ältesten und den Schriftgelehrten:

51 Ihr Halsstarrigen,
ihr, die ihr euch mit Herz und Ohr
immerzu dem Heiligen Geist widersetzt,
eure Väter schon und nun auch ihr.

52 Welchen der Propheten haben eure Väter nicht verfolgt?
Sie haben die getötet,
die die Ankunft des Gerechten geweissagt haben,
dessen Verräter und Mörder ihr jetzt geworden seid,

53 ihr, die ihr durch die Anordnung von Engeln
das Gesetz empfangen,
es aber nicht gehalten habt.

54 Als sie das hörten,
waren sie aufs äußerste über ihn empört
und knirschten mit den Zähnen.

55 Er aber, erfüllt vom Heiligen Geist,
blickte zum Himmel empor,
sah die Herrlichkeit Gottes
und Jesus zur Rechten Gottes stehen

56 und rief:
Ich sehe den Himmel offen
und den Menschensohn zur Rechten Gottes stehen.

57 Da erhoben sie ein lautes Geschrei,
hielten sich die Ohren zu,
stürmten gemeinsam auf ihn los,

58 trieben ihn zur Stadt hinaus und steinigten ihn.
Die Zeugen legten ihre Kleider
zu Füßen eines jungen Mannes nieder, der Saulus hieß.

59 So steinigten sie Stéphanus;
er aber betete
und rief: Herr Jesus, nimm meinen Geist auf!

⁶⁰ Dann sank er in die Knie
und schrie laut:
    Herr, rechne ihnen diese Sünde nicht an!
Nach diesen Worten starb er.

¹ᵃ Saulus aber war mit dem Mord einverstanden.

ANTWORTPSALM   Ps 31 (30), 3c–4.6 u. 7b–8a.17 u. 21ab
(R: vgl. 6a)

R Herr, in deine Hände lege ich meinen Geist. – R   (GL 203, 1)
Oder:
R Halleluja. – R

³ᶜᵈ Sei mir ein schützender Fels, *   IV. Ton
eine feste Burg, die mich rettet.

⁴ Denn du bist mein Fels und meine Burg; *
um deines Namens willen wirst du mich führen und leiten. – (R)

⁶ In deine Hände lege ich voll Vertrauen meinen Geist; *
du hast mich erlöst, Herr, du treuer Gott.

⁷ᵇ Ich verlasse mich auf den Herrn. *
⁸ᵃ Ich will jubeln und über deine Huld mich freuen. – (R)

¹⁷ Laß dein Angesicht leuchten über deinem Knecht, *
hilf mir in deiner Güte!

²¹ᵃᵇ Du beschirmst sie im Schutz deines Angesichts *
vor dem Toben der Menschen. – R

RUF VOR DEM EVANGELIUM   Vers: Joh 6, 35ab

Halleluja. Halleluja.
(So spricht der Herr:)
Ich bin das Brot des Lebens;
wer zu mir kommt, wird nie mehr hungern.
Halleluja.

ZUM EVANGELIUM   *„Ich bin es", hat Jesus in der Nacht zu den Jüngern gesagt (6, 20). Jetzt sagt er zu allen: „Ich bin das Brot des Lebens." Das ist die Antwort Jesu auf die Forderung nach einem Zeichen, das ihn bestätigen soll. Gott läßt sich nicht vorschreiben, auch nicht mit Berufung auf seine eigenen Gaben und Verheißungen, was er zu tun und wie er die*

Erwartungen der Menschen zu erfüllen hat. Das Manna war eine Verheißung, aber die Erfüllung, die wahre Gottesgabe, wird viel mehr sein: das wahre Brot vom Himmel. „Gib uns immer dieses Brot", sagen die Leute, wie die Samariterin gesagt hatte: „Gib mir dieses Wasser" (Joh 4, 15). Aber das wahre Brot ist nicht eine Sache, es ist eine Person: die wesentliche Gabe Gottes an die Menschen ist er selbst; er gibt sich in und durch Jesus. In ihm offenbart sich Gott, in ihm teilt er sich mit. – Ps 78, 24; Ex 16, 4.13–15; Offb 2, 17; Mt 6, 11; Joh 4, 10.14; Spr 9, 1–6; Sir 24, 19–22; Jes 55, 1–3.

EVANGELIUM Joh 6, 30–35

Nicht Mose, sondern mein Vater gibt euch das wahre Brot vom Himmel

✢ Aus dem heiligen Evangelium nach Johannes.

In jener Zeit sagte die Menge zu Jesus:
30 Welches Zeichen tust du, damit wir es sehen und dir glauben? Was tust du?
31 Unsere Väter haben das Manna in der Wüste gegessen, wie es in der Schrift heißt:
Brot vom Himmel gab er ihnen zu essen.
32 Jesus sagte zu ihnen: Amen, amen, ich sage euch:
Nicht Mose hat euch das Brot vom Himmel gegeben,
sondern mein Vater gibt euch das wahre Brot vom Himmel.
33 Denn das Brot, das Gott gibt,
kommt vom Himmel herab und gibt der Welt das Leben.
34 Da baten sie ihn:
Herr, gib uns immer dieses Brot!
35 Jesus antwortete ihnen:
Ich bin das Brot des Lebens;
wer zu mir kommt, wird nie mehr hungern,
und wer an mich glaubt,
wird nie mehr Durst haben.

FÜRBITTEN

Zu Christus, der uns den Zugang zum Gottesreich geöffnet hat, wollen wir beten:

Steh deinen Dienern bei, daß sie unerschrocken sich zu dir bekennen. – (Stille) Christus, höre uns.
A.: Christus, erhöre uns.

Heile die Menschen, die dich ablehnen, von ihrer Blindheit. –
(Stille) Christus, höre uns.
A.: Christus, erhöre uns.

Schenke den verfolgten Christen eine Liebe, die auch dem Feind verzeihen kann. – (Stille) Christus, höre uns.

Laß unsere Verstorbenen bei dir geborgen sein. – (Stille) Christus, höre uns.

Herr, unser Gott, du bist ein schützender Fels für alle, die auf dich vertrauen. Höre auf unser Gebet durch Christus, unseren Herrn.   A.: Amen.

GABENGEBET

Allmächtiger Gott,
nimm die Gaben an,
die deine Kirche dir in österlicher Freude darbringt.
Du hast ihr Grund gegeben zu solchem Jubel,
erhalte ihr die Freude bis zur Vollendung.
Darum bitten wir durch Christus, unseren Herrn.

Osterpräfation, S. 1358 ff.

KOMMUNIONVERS   Röm 6, 8

Sind wir mit Christus gestorben,
so glauben wir, daß wir auch mit ihm leben werden. Halleluja.

SCHLUSSGEBET

Ewiger Gott,
du hast uns durch die Ostergeheimnisse erneuert.
Wende dich uns voll Güte zu
und bleibe bei uns mit deiner Huld,
bis wir mit verklärtem Leib
zum unvergänglichen Leben auferstehen.
Darum bitten wir durch Christus, unseren Herrn.

„STEPHANUS WAR SO SEHR DIENER, daß Lukas die Überlieferung von seinem Martyrium ganz in den Dienst der Geschichte der Ausbreitung des Evangeliums stellen konnte.
Und was ist uns heute damit gesagt? Die wahren, die großen Heiligen der

Kirche sind die, deren Person ganz hinter ihrem Dienst zurücktritt (oder damit in eins fällt), hinter den Dienst, den sie in Gottes Auftrag den Menschen, der christlichen Gemeinde, der Welt in der gottgefügten Geschichte des Heiles leisten. So hat ja auch Jesus selbst den Auftrag seines Lebens begriffen: ‚Denn auch der Menschensohn ist nicht gekommen, damit ihm gedient werde, sondern damit er diene und sein Leben gebe' (Mk 10, 45). Und ist in diesem Dienst des Menschensohnes für die Vielen, für alle, nicht alles Heil beschlossen und jegliches Unheil und jegliches Gericht ‚aufgehoben'?" (Rudolf Pesch).

MITTWOCH

ERÖFFNUNGSVERS   Ps 71 (70), 8.23

Mein Mund ist erfüllt von deinem Lob,
von deinem Ruhm den ganzen Tag,
meine Lippen sollen jubeln,
denn dir will ich singen und spielen. Halleluja.

TAGESGEBET

Herr, unser Gott,
erhöre die Bitten deines Volkes
und komm uns zu Hilfe.
Du hast uns die Gnade des Glaubens geschenkt,
gib uns durch die Auferstehung deines Sohnes
auch Anteil am ewigen Leben.
Darum bitten wir durch Jesus Christus.

ZUR LESUNG   Nicht zufällig wurde bei der Steinigung des Stephanus der junge Saulus erwähnt, der mit dem Mord einverstanden war (8, 1a). Nach dem Tod des Stephanus breitete sich die Kirche in ganz Judäa und Samarien aus; Saulus-Paulus wird die dritte Etappe einleiten: „bis an die Grenzen der Erde" (Apg 1, 8). – Daß die Verfolgung der Gemeinde und ihre Zerstreuung über Judäa und Samarien hin direkt mit dem Tod des Stephanus zusammenhing, macht Lukas dadurch deutlich, daß er den Bericht über die Verfolgung noch vor die Bestattung des Stephanus einschiebt. Betroffen wurde durch die Verfolgung nicht die ganze Gemeinde, sondern nur die „Hellenisten", zu denen auch Stephanus gehört hatte. Die „Hebräer", und dazu gehörten die Zwölf, blieben unbehelligt; sie galten noch als fromme Juden, zumal sie eifrig den Tempel besuchten. Die Hellenisten aber mit ihrer größeren Beweglichkeit waren die berufenen Missionare. So trug der Sturmwind der Verfolgung die Samenkörner des Wortes weit über Jerusalem hinaus. – Lk 1,2; Joh 16,2; Apg 9,1–2; 22,4; 26,10–11; 1 Kor 15,8–9; Gal 1,13; Phil 3,6; 1 Tim 1,13; Apg 11,19; 6,5; 21,8.

ERSTE LESUNG Apg 8,1b–8

Sie zogen umher und verkündeten das Wort

Lesung
   aus der Apostelgeschichte.

¹ᵇ An jenem Tag
   brach eine schwere Verfolgung
   über die Kirche in Jerusalem herein.
Alle wurden in die Gegenden von Judäa und Samárien zerstreut,
   mit Ausnahme der Apostel.
² Fromme Männer bestatteten Stéphanus
   und hielten eine große Totenklage für ihn.
³ Saulus aber versuchte die Kirche zu vernichten;
   er drang in die Häuser ein,
   schleppte Männer und Frauen fort
   und lieferte sie ins Gefängnis ein.
⁴ Die Gläubigen, die zerstreut worden waren,
   zogen umher und verkündeten das Wort.
⁵ Philíppus aber kam in die Hauptstadt Samáriens hinab
   und verkündigte dort Christus.
⁶ Und die Menge achtete einmütig auf die Worte des Philíppus;
   sie hörten zu und sahen die Wunder, die er tat.
⁷ Denn aus vielen Besessenen
   fuhren unter lautem Geschrei die unreinen Geister aus;
   auch viele Lahme und Krüppel wurden geheilt.
⁸ So herrschte große Freude in jener Stadt.

ANTWORTPSALM Ps 66 (65), 1–3a.4–5.6–7b (R: 1)

R Jauchzt vor Gott, alle Länder der Erde! – **R** (GL 233,2 oder 232,6)

Oder:

R Halleluja. – **R**

VI. Ton

1 Jauchzt vor Gott, alle Länder der Erde! *
2 Spielt zum Ruhm seines Namens!

Verherrlicht ihn mit Lobpreis! *
3a Sagt zu Gott: „Wie ehrfurchtgebietend sind deine Taten." – (**R**)

4 Alle Welt bete dich an und singe dein Lob, *
sie lobsinge deinem Namen!

5 Kommt und seht die Taten Gottes! *
Staunenswert ist sein Tun an den Menschen. – (**R**)

6 Er verwandelte das Meer in trockenes Land, †
sie schritten zu Fuß durch den Strom; *
dort waren wir über ihn voll Freude.

7ab In seiner Kraft ist er Herrscher auf ewig; *
seine Augen prüfen die Völker. – **R**

RUF VOR DEM EVANGELIUM Vers: vgl. Joh 6, 40

Halleluja. Halleluja.

(So spricht der Herr:)
Jeder, der an den Sohn glaubt, hat das ewige Leben,
und ich werde ihn auferwecken am Letzten Tag.

Halleluja.

ZUM EVANGELIUM *Das Wunder ist ein Hinweis auf Jesus selbst; das „Sehen" des Zeichens vollendet sich erst im Glauben. Ohne den Glauben bleibt das Sehen „blind", und es wird zur Schuld (vgl. Joh 9, 41). Glauben heißt zu Jesus kommen, mit ihm Gemeinschaft haben, in ihm das Leben haben. Das ist das Ziel, für das Jesus „gekommen" ist: in ihm ist Gott den Menschen entgegengekommen. Die Absicht Gottes, der Wille Gottes, den Jesus erfüllt, ist die Rettung aller Menschen. Das Heil ist für den Glaubenden eine gegenwärtige Wirklichkeit, die sich aber erst mit der Auferweckung am Letzten Tag vollenden wird. Das Heil ist für alle bestimmt; wenn dennoch Menschen verlorengehen, so ist das gegen die Absicht Got-*

tes. – *Joh 4, 34; 5, 30; 12, 27; 14, 31; 15, 10; Mt 26, 39; Hebr 10, 9; Joh 3, 35; 10, 28–30; 17, 12; 18, 9; 1 Joh 2, 25.*

EVANGELIUM Joh 6, 35–40

Es ist der Wille meines Vaters, daß alle, die den Sohn sehen und an ihn glauben, das ewige Leben haben

✠ Aus dem heiligen Evangelium nach Johannes.

In jener Zeit sprach Jesus zu der Menge:
35 Ich bin das Brot des Lebens;
  wer zu mir kommt, wird nie mehr hungern,
    und wer an mich glaubt, wird nie mehr Durst haben.

36 Aber ich habe euch gesagt:
  Ihr habt gesehen, und doch glaubt ihr nicht.

37 Alles, was der Vater mir gibt, wird zu mir kommen,
  und wer zu mir kommt,
    den werde ich nicht abweisen;

38 denn ich bin nicht vom Himmel herabgekommen,
  um meinen Willen zu tun,
    sondern den Willen dessen, der mich gesandt hat.

39 Es ist aber der Wille dessen, der mich gesandt hat,
  daß ich keinen von denen, die er mir gegeben hat,
    zugrunde gehen lasse,
  sondern daß ich sie auferwecke am Letzten Tag.

40 Denn es ist der Wille meines Vaters,
  daß alle, die den Sohn sehen und an ihn glauben,
    das ewige Leben haben
  und daß ich sie auferwecke am Letzten Tag.

FÜRBITTEN

Jesus Christus kam, um den Willen dessen zu tun, der ihn gesandt hat. Ihn bitten wir voll Vertrauen:

Bestärke dein Volk im Glauben an dich, und führe es zum ewigen Leben.
A.: Herr, erhöre unser Gebet.

Breite unter den Völkern deine Herrschaft aus.

Tröste alle, die vom Leid niedergedrückt sind.

Laß uns zu dir kommen, und nimm uns unter deinen Schutz.

Vater im Himmel, schau auf deinen Sohn, der für uns bei dir eintritt, und erhöre unser Gebet durch ihn, der mit dir lebt und herrscht in Ewigkeit.   A.: Amen.

GABENGEBET

Herr, unser Gott,
gib, daß wir dir allzeit danken
durch die Feier der österlichen Geheimnisse.
In ihnen führst du das Werk der Erlösung fort,
mache sie für uns
zur Quelle der unvergänglichen Freude.
Darum bitten wir durch Christus, unseren Herrn.

Osterpräfation, S. 1358 ff.

KOMMUNIONVERS

Der Herr ist auferstanden, er hat uns erlöst durch sein Blut.
Er ist unser Licht und Heil. Halleluja.

SCHLUSSGEBET

Gütiger Gott,
durch das Werk der Erlösung
hast du unsere Schuld getilgt
und uns deine Gnade geschenkt.
Die Feier der Geheimnisse Christi
stärke uns in diesem Leben
und schenke uns die ewige Freude.
Darum bitten wir durch ihn, Christus, unseren Herrn.

„DER GEGENWÄRTIGE CHRIST *muß ein Christ des vollen Besitzes sein. Wir müssen in jeder Zeit stehen mit dem Bewußtsein, daß jede echte Wirklichkeit uns gehört, vom Herrn und Vater her, als Besitz und Auftrag. In einer Zeit gesteigerten Sinnes für die Wirklichkeit und gesteigerter Lebensfreudigkeit ist vom Christen gesteigerte christliche Vitalität gefordert. Wenn schon die Erde so begeistern kann, warum sollten da die größeren Kräfte, die uns über jene hinaus gegeben sind, uns weniger ergreifen und mitreißen zu letzter Willigkeit ... Wir sind die Menschen, die die ganze Wirklichkeit bejahen ... Man muß auch spüren, daß wir in der Zeit Träger der Verheißungen und der Gnade sind. Daß es uns gar nicht darauf ankommt, um jeden Preis ein paar Lebenstage länger dazusein, daß es uns aber wohl darauf ankommt, um jeden Preis so zu sein, wie wir sind"* (Alfred Delp).

DONNERSTAG

ERÖFFNUNGSVERS Ex 15, 1–2
Singt dem Herrn ein Lied, denn er ist hocherhaben.
Kraft und Stärke ist mir der Herr.
Er wurde mein Erretter. Halleluja.

TAGESGEBET
Ewiger Gott,
in dieser österlichen Zeit
erfahren wir deine Barmherzigkeit
in reicher Fülle,
denn du hast uns
aus der Finsternis des Irrtums herausgeführt.
Gib, daß wir deine Wahrheit gläubig erfassen
und in unserem Leben festhalten.
Darum bitten wir durch Jesus Christus.

ZUR LESUNG   *Mit der Bekehrung des äthiopischen Ministers beschließt Lukas den Abschnitt Apg 6–8. Die christliche Botschaft bleibt in Samarien nicht stehen. Der Engel (oder „der Geist") Gottes schickt den Philippus auf die Straße nach Gaza. Dort soll er den Minister der Königin von Äthiopien unterweisen und taufen. Es steht nicht fest, ob dieser Mann ein Jude war oder zu den „Gottesfürchtigen" gehörte, die sich dem Judentum angeschlossen hatten. Er hat die Wallfahrt nach Jerusalem gemacht; er war ein Gottsucher, er besaß auch eine Schriftrolle mit dem Text des Propheten Jesaja, aber wie soll er das alles verstehen, wenn es ihm niemand auslegt? Mit seiner Bekehrung ging es sehr schnell: Katechese, Glaube, Taufe; man hat den Eindruck, als wäre alles auf einmal geschehen, so als wenn der Geist Gottes und der Evangelist Philippus es eilig hätten. Es ist noch viel Arbeit zu tun. – Röm 10,14; 2 Kor 3,14–16; Jes 53,7–8; Lk 18,31; 24,27; Apg 10,47.*

Osterzeit: 3. Woche – Donnerstag

ERSTE LESUNG   Apg 8, 26–40

Hier ist Wasser. Was steht meiner Taufe noch im Weg?

**Lesung
aus der Apostelgeschichte.**

In jenen Tagen
26 sagte ein Engel des Herrn zu Philíppus:
Steh auf und zieh nach Süden
 auf der Straße, die von Jerusalem nach Gaza hinabführt.
Sie führt durch eine einsame Gegend.
27 Und er brach auf.
Nun war da ein Äthiópier, ein Kämmerer,
Hofbeamter der Kandáke, der Königin der Äthiópier,
 der ihren ganzen Schatz verwaltete.
Dieser war nach Jerusalem gekommen, um Gott anzubeten,
28 und fuhr jetzt heimwärts.
Er saß auf seinem Wagen
 und las den Propheten Jesája.
29 Und der Geist sagte zu Philíppus: Geh und folge diesem Wagen.
30 Philíppus lief hin
 und hörte ihn den Propheten Jesája lesen.
Da sagte er: Verstehst du auch, was du liest?
31 Jener antwortete:
 Wie könnte ich es, wenn mich niemand anleitet?
Und er bat den Philíppus, einzusteigen
 und neben ihm Platz zu nehmen.
32 Der Abschnitt der Schrift, den er las, lautete:

Wie ein Schaf wurde er zum Schlachten geführt;
 und wie ein Lamm, das verstummt, wenn man es schert,
 so tat er seinen Mund nicht auf.
33 In der Erniedrigung wurde seine Verurteilung aufgehoben.
Seine Nachkommen, wer kann sie zählen?
Denn sein Leben wurde von der Erde fortgenommen.

34 Der Kämmerer wandte sich an Philíppus
 und sagte: Ich bitte dich, von wem sagt der Prophet das?
Von sich selbst oder von einem anderen?
35 Da begann Philíppus zu reden,
und ausgehend von diesem Schriftwort
 verkündete er ihm das Evangelium von Jesus.

³⁶ Als sie nun weiterzogen, kamen sie zu einer Wasserstelle.
Da sagte der Kämmerer: Hier ist Wasser.
  Was steht meiner Taufe noch im Weg?
⁽³⁷⁾ Er ließ den Wagen halten,
³⁸
   und beide, Philippus und der Kämmerer,
   stiegen in das Wasser hinab,
   und er taufte ihn.

³⁹ Als sie aber aus dem Wasser stiegen,
   entführte der Geist des Herrn den Philippus.
Der Kämmerer sah ihn nicht mehr,
und er zog voll Freude weiter.
⁴⁰ Den Philippus aber sah man in Aschdod wieder.
Und er wanderte durch alle Städte
   und verkündete das Evangelium,
   bis er nach Cäsaréa kam.

ANTWORTPSALM   Ps 66 (65), 8–9.16–17.19–20 (R: 1)

R Jauchzt vor Gott, alle Länder der Erde! – R   (GL 233,2 oder 232,6)

Oder:
R Halleluja. – R

⁸ Preist unseren Gott, ihr Völker; *   VI. Ton
  laßt laut sein Lob erschallen!
⁹ Er erhielt uns am Leben *
  und ließ unseren Fuß nicht wanken. – (R)

¹⁶ Ihr alle, die ihr Gott fürchtet, kommt und hört; *
   ich will euch erzählen, was er mir Gutes getan hat.

¹⁷ Zu ihm hatte ich mit lauter Stimme gerufen, *
   und schon konnte mein Mund ihn preisen. – (R)

¹⁹ Gott hat mich erhört, *
   hat auf mein drängendes Beten geachtet.

²⁰ Gepriesen sei Gott; denn er hat mein Gebet nicht verworfen *
   und mir seine Huld nicht entzogen. – R

Osterzeit: 3. Woche – Donnerstag

RUF VOR DEM EVANGELIUM Vers: vgl. Joh 6,51

Halleluja. Halleluja.
(So spricht der Herr:)
Ich bin das lebendige Brot, das vom Himmel gekommen ist.
Wer dieses Brot ißt, wird in Ewigkeit leben.

Halleluja.

ZUM EVANGELIUM

Es bleibt ein logisch nicht lösbares Geheimnis, daß der Glaube eine vom Menschen geforderte Tat, aber zugleich auch Gottes Geschenk ist. Kein Mensch kann aus eigener Kraft an Jesus glauben. Gott selbst muß ihn in seine Nähe und Gemeinschaft hereinholen; Gott muß den Menschen „bewegen", der Mensch aber muß sich bewegen lassen, er muß sich Gott ausliefern, nur so kann er zu Jesus „kommen". Wie ein Kind müßte man blind glauben und den Mund auftun können, um das lebendige Brot zu empfangen. Die Juden von Kafarnaum aber sind erwachsene Leute, hart und schwer beweglich wie ihre Väter in der Wüste.
– Joh 5,37–38; Mt 16,17; Jes 54,13; Jer 31,33–34; 1 Thess 4,9; 1 Joh 2,20.27.

EVANGELIUM Joh 6,44–51

Ich bin das lebendige Brot, das vom Himmel herabgekommen ist

✣ Aus dem heiligen Evangelium nach Johannes.

In jener Zeit sprach Jesus zu der Menge:
⁴⁴ Niemand kann zu mir kommen,
  wenn nicht der Vater, der mich gesandt hat, ihn zu mir führt;
und ich werde ihn auferwecken am Letzten Tag.
⁴⁵ Bei den Propheten heißt es:
  Und alle werden Schüler Gottes sein.
Jeder, der auf den Vater hört und seine Lehre annimmt,
  wird zu mir kommen.
⁴⁶ Niemand hat den Vater gesehen
  außer dem, der von Gott ist;
nur er hat den Vater gesehen.
⁴⁷ Amen, amen, ich sage euch:
Wer glaubt, hat das ewige Leben.
⁴⁸ Ich bin das Brot des Lebens.

49 Eure Väter haben in der Wüste das Manna gegessen
und sind gestorben.
50 So aber ist es mit dem Brot, das vom Himmel herabkommt:
Wenn jemand davon ißt,
wird er nicht sterben.
51 Ich bin das lebendige Brot,
das vom Himmel herabgekommen ist.
Wer von diesem Brot ißt,
wird in Ewigkeit leben.
Das Brot, das ich geben werde,
ist mein Fleisch,
ich gebe es hin für das Leben der Welt.

FÜRBITTEN

Im Gebet wenden wir uns an Christus, durch den wir Gottes Barmherzigkeit erfahren:

Erfülle alle Glaubensboten mit dem Geist der Weisheit und des Rates.
A.: Wir bitten dich, erhöre uns.

Offenbare allen Völkern dein Heil.

Bewege die Gleichgültigen, Tischgemeinschaft mit dir zu suchen.

Hilf uns, im Leben das zu halten, was wir gläubig bekennen.

Gütiger Gott, du kennst uns und unser Versagen. Sei uns gnädig, und höre auf unser Beten durch Christus, unseren Herrn.
A.: Amen.

GABENGEBET

Erhabener Gott,
durch die Feier des heiligen Opfers
gewährst du uns Anteil an deiner göttlichen Natur.
Gib, daß wir dich nicht nur
als den einen wahren Gott erkennen,
sondern unser ganzes Leben nach dir ausrichten.
Darum bitten wir durch Christus, unseren Herrn.

Osterpräfation, S. 1358 ff.

KOMMUNIONVERS 2 Kor 5, 15
Christus ist für alle gestorben,
damit die Lebenden nicht mehr für sich leben,
sondern für den, der für sie gestorben und auferstanden ist.
Halleluja.

SCHLUSSGEBET

Barmherziger Gott,
höre unser Gebet.
Du hast uns im Sakrament
das Brot des Himmels gegeben,
damit wir an Leib und Seele gesunden.
Gib, daß wir
die Gewohnheiten des alten Menschen ablegen
und als neue Menschen leben.
Darum bitten wir durch Christus, unseren Herrn.

„DER HERR GIBT SEIN FLEISCH ZWEIMAL: *er gibt es erstmalig und einmalig am Ende seines irdischen Lebens. Er opfert sich in der Gestalt seines Fleisches vollständig auf, um die Welt als ganze zu retten. Aber er opfert sich weiter unzählige Male, er opfert gleichsam Stück für Stück, Parzelle um Parzelle seines Leibes in der Hostie, um auch jedem einzelnen das ewige Leben zu vermitteln. Er hat den Menschen ein für allemal erlöst und gerettet in der Taufe. Aber der Getaufte fällt in die Sünde und bedarf einer fortlaufenden, beständigen Erlösung. Er behält die Reinheit, die ihm die Taufe geschenkt hat, nicht. Der Herr gibt sie ihm in der Beichte wieder und erfüllt dieses Geschenk in der Kommunion, die ihm das ewige Leben wieder schenkt. Die Reinheit, die er durch die Beichte wiedergewinnt, ist nichts Abgeschlossenes, bei dem man stehenbleiben könnte, sondern vielmehr eine Bereitung, eine Bereitschaft, eine Öffnung für das neue Leben, die neue Liebe, und diese wird ihm vom Herrn in der Kommunion geschenkt*" (A. v. Speyr).

FREITAG

ERÖFFNUNGSVERS Offb 5, 12

Würdig ist das Lamm, das geschlachtet ist, Macht zu empfangen, Reichtum und Weisheit, Kraft und Ehre. Halleluja.

TAGESGEBET

Allmächtiger Gott,
wir glauben und bekennen,
daß unser Herr Jesus Christus
für uns gestorben und auferstanden ist.
Erwecke auch uns
durch die Kraft des Heiligen Geistes zum neuen Leben.
Darum bitten wir durch Jesus Christus.

ZUR LESUNG   *Die Bekehrung des Saulus ereignete sich wahrscheinlich im Jahr 36 nach Christus (vgl. Gal 2, 1 und Apg 15); sie wird in der Apostelgeschichte dreimal erzählt (9, 1–19; 22, 4–21; 26, 9–18). Schon dieser Umstand zeigt die große Bedeutung, die Lukas dem Ereignis beigemessen hat. Es ist offenkundig, daß er darüber nicht nur einen protokollarischen Bericht geben wollte; seine Erzählung ist zugleich Deutung des Geschehenen. Christus ist dem Verfolger erschienen; die Lichterscheinung und die Stimme vom Himmel haben dem Leben des Saulus eine andere Richtung gegeben und damit die weitere Entwicklung des Christentums entscheidend beeinflußt. Daß die Kirche zur Völkerkirche wurde, dankt sie dem Damaskusereignis. Die Aussendung des Paulus zu den Heidenvölkern wird in den drei Berichten immer deutlicher ausgesprochen, am deutlichsten im dritten Bericht (26, 17–18; vgl. 9, 15 und 22, 14–15). – Gal 1, 11–17; Mt 25, 40; Apg 28, 8; 1 Kor 9, 16–17; Apg 21, 13; 1 Kor 4, 9–13.*

Osterzeit: 3. Woche – Freitag

ERSTE LESUNG

Apg 9, 1–20

Dieser Mann ist mein auserwähltes Werkzeug: Er soll meinen Namen vor die Völker tragen

**Lesung
aus der Apostelgeschichte.**

In jenen Tagen

1 wütete Saulus immer noch mit Drohung und Mord
gegen die Jünger des Herrn.
Er ging zum Hohenpriester

2 und erbat sich von ihm
Briefe an die Synagogen in Damáskus,
um die Anhänger des neuen Weges,
Männer und Frauen, die er dort finde,
zu fesseln und nach Jerusalem zu bringen.

3 Unterwegs aber, als er sich bereits Damáskus näherte,
geschah es, daß ihn plötzlich ein Licht vom Himmel umstrahlte.

4 Er stürzte zu Boden
und hörte, wie eine Stimme zu ihm sagte:
Saul, Saul, warum verfolgst du mich?

5 Er antwortete: Wer bist du, Herr?

Dieser sagte: Ich bin Jesus, den du verfolgst.

6 Steh auf und geh in die Stadt;
dort wird dir gesagt werden, was du tun sollst.

7 Seine Begleiter standen sprachlos da;
sie hörten zwar die Stimme,
sahen aber niemand.

8 Saulus erhob sich vom Boden.
Als er aber die Augen öffnete, sah er nichts.
Sie nahmen ihn bei der Hand
und führten ihn nach Damáskus hinein.

9 Und er war drei Tage blind,
und er aß nicht und trank nicht.

10 In Damáskus lebte ein Jünger namens Hananías.
Zu ihm sagte der Herr in einer Vision: Hananías!
Er antwortete: Hier bin ich, Herr.

11 Der Herr sagte zu ihm:
Steh auf und geh zur sogenannten Geraden Straße,

und frag im Haus des Judas
nach einem Mann namens Saulus aus Tarsus.
Er betet gerade
¹² und hat in einer Vision gesehen,
wie ein Mann namens Hananías hereinkommt
und ihm die Hände auflegt, damit er wieder sieht.

¹³ Hananías antwortete:
Herr, ich habe von vielen gehört,
wieviel Böses dieser Mann
deinen Heiligen in Jerusalem angetan hat.
¹⁴ Auch hier hat er Vollmacht von den Hohenpriestern,
alle zu verhaften, die deinen Namen anrufen.
¹⁵ Der Herr aber sprach zu ihm: Geh nur!
Denn dieser Mann ist mein auserwähltes Werkzeug:
Er soll meinen Namen
vor Völker und Könige und die Söhne Israels tragen.
¹⁶ Ich werde ihm auch zeigen,
wie viel er für meinen Namen leiden muß.
¹⁷ Da ging Hananías hin
und trat in das Haus ein;
er legte Saulus die Hände auf
und sagte: Bruder Saul, der Herr hat mich gesandt,
Jesus, der dir auf dem Weg hierher erschienen ist;
du sollst wieder sehen
und mit dem Heiligen Geist erfüllt werden.
¹⁸ Sofort fiel es wie Schuppen von seinen Augen,
und er sah wieder;
er stand auf und ließ sich taufen.
¹⁹ Und nachdem er etwas gegessen hatte,
kam er wieder zu Kräften.

Einige Tage blieb er bei den Jüngern in Damáskus;
²⁰ und sogleich verkündete er Jesus in den Synagogen
und sagte: Er ist der Sohn Gottes.

ANTWORTPSALM Ps 117 (116), 1.2 (R: vgl. Mk 16, 15)
R Geht hinaus in die ganze Welt, (GL 646, 5)
und verkündet allen das Evangelium! – R
Oder:
R Halleluja. – R

Osterzeit: 3. Woche – Freitag

1 Lobet den Herrn, alle Völker, * VI. Ton
preist ihn, alle Nationen! – (R)

2 Denn mächtig waltet über uns seine Huld, *
die Treue des Herrn währt in Ewigkeit. – R

RUF VOR DEM EVANGELIUM
Vers: Joh 6, 56

Halleluja. Halleluja.

(So spricht der Herr:)
Wer mein Fleisch ißt und mein Blut trinkt,
der bleibt in mir, und ich bleibe in ihm.

Halleluja.

ZUM EVANGELIUM *In diesem Abschnitt erreicht die eucharistische Rede Jesu ihren entscheidenden Höhepunkt. Jesus verlangt nicht nur Glauben an seine Person, sondern wirkliches Essen des Brotes, das er selbst ist. Er sagt es noch härter: Man soll sein Fleisch essen und sein Blut trinken. Wie soll man das verstehen? „Der Geist ist es, der lebendig macht" (V. 63). Soll man es also rein geistig verstehen, etwa so wie das Mahl, zu dem die göttliche Weisheit einlädt (vgl. Spr 9, 1–6)? Die Zuhörer Jesu spüren, daß er mehr sagen will, deshalb ihre Erregung. Die ganze Tragweite des Gesagten werden die Jünger erst beim Letzten Abendmahl zu begreifen anfangen. Und nach dem Weggang Jesu werden sie zusammenkommen, um das Herrenmahl zu feiern, das Sakrament des Todes und der Auferstehung Jesu, „bis er wiederkommt". – Jes 25, 6; Joh 15, 4–5; 5, 26; 14, 19.*

EVANGELIUM
Joh 6, 52–59

Mein Fleisch ist wirklich eine Speise, und mein Blut ist wirklich ein Trank

✣ Aus dem heiligen Evangelium nach Johannes.

In jener Zeit
52   stritten sich die Juden
und sagten: Wie kann er uns sein Fleisch zu essen geben?

53 Jesus sagte zu ihnen: Amen, amen, das sage ich euch:
Wenn ihr das Fleisch des Menschensohnes nicht eßt
und sein Blut nicht trinkt,
habt ihr das Leben nicht in euch.

54 Wer mein Fleisch ißt und mein Blut trinkt,
   hat das ewige Leben,
und ich werde ihn auferwecken am Letzten Tag.
55 Denn mein Fleisch ist wirklich eine Speise,
und mein Blut ist wirklich ein Trank.
56 Wer mein Fleisch ißt und mein Blut trinkt,
   der bleibt in mir,
   und ich bleibe in ihm.
57 Wie mich der lebendige Vater gesandt hat
   und wie ich durch den Vater lebe,
   so wird jeder, der mich ißt, durch mich leben.
58 Dies ist das Brot, das vom Himmel herabgekommen ist.
Mit ihm ist es nicht
   wie mit dem Brot, das die Väter gegessen haben;
sie sind gestorben.
Wer aber dieses Brot ißt,
   wird leben in Ewigkeit.
59 Diese Worte sprach Jesus,
   als er in der Synagoge von Kafárnaum lehrte.

FÜRBITTEN

Zu Jesus Christus, der für uns gestorben und auferstanden ist, wollen wir beten:

Für den Papst und alle Bischöfe: daß sie deine Botschaft glaubwürdig auslegen. – (Stille) Herr, erbarme dich.
A.: Christus, erbarme dich.

Für alle, die nicht glauben: daß du sie erleuchtest und ihnen sagst, was sie tun sollen. – (Stille) Herr, erbarme dich.

Für alle Kranken und Behinderten: daß sie deine tröstende Nähe erfahren. – (Stille) Herr, erbarme dich.

Für alle, die in diesem Jahr zum erstenmal zum Tisch des Herrn geladen sind: daß du sie in deiner Freude erhältst. – (Stille) Herr, erbarme dich.

Allmächtiger Gott, in deinem Sohn hast du uns deine Liebe geschenkt. Laß uns sie nie verlieren. Darum bitten wir durch Christus, unseren Herrn.   A.: Amen.

GABENGEBET

Barmherziger Gott, heilige diese Gaben.
Nimm das Opfer an,
das dir im Heiligen Geist dargebracht wird,
und mache uns selbst zu einer Gabe,
die für immer dir gehört.
Darum bitten wir durch Christus, unseren Herrn.

Osterpräfation, S. 1358 ff.

KOMMUNIONVERS

Christus ist für uns am Kreuz gestorben
und von den Toten auferstanden: er hat uns erlöst. Halleluja.

SCHLUSSGEBET

Barmherziger Gott,
wir haben den Auftrag deines Sohnes erfüllt
und sein Gedächtnis begangen.
Die heilige Gabe,
die wir in dieser Feier empfangen haben,
helfe uns, daß wir
in der Liebe zu dir und unseren Brüdern
Christus nachfolgen,
der mit dir lebt und herrscht in alle Ewigkeit.

„WER DIESER JESUS IST, das war die Erkenntnis, aus der hernach Paulus seine ganze Theologie entfaltete. Die paulinische Theologie ist nicht zu begründen und abzuleiten aus menschlicher Denkarbeit. Solche Denkarbeit hatte einen Saulus nicht zum christlichen Theologen, sondern nur zum schriftgelehrten Pharisäer gemacht. Was Saulus nicht wußte und nicht lernen konnte, das mußte ihm offenbart werden: Jesus ist der Christus, der Sohn Gottes. Er ist es in durchaus anderem Verständnis, als sich jeder Jude als ‚Sohn Gottes‘ bezeichnen konnte (Dtn 14, 1). Er ist der unvergleichlich auf die Seite Gottes gehörende Sohn, gesandt, um die, die unter dem Gesetz verwahrt und verschlossen waren (Gal 3, 23), loszukaufen, daß sie die Kindschaft empfangen (Gal 4, 5). Er ist der Retter, in dessen Tod und Auferstehung nun die Gnade als ganze Errettung zur Herrschaft kommt (Röm 5, 20f.).
Aus dieser ‚überschwenglichen Erkenntnis Jesu Christi, seines Herrn‘, zerbricht dem Paulus sein bisheriges Verständnis des Gesetzes" (Otto Rodenberg).

SAMSTAG

ERÖFFNUNGSVERS   Kol 2, 12

Mit Christus wurdet ihr in der Taufe begraben,
mit ihm auch auferweckt,
weil ihr den Glauben an die Kraft Gottes angenommen habt,
der ihn von den Toten auferweckte. Halleluja.

TAGESGEBET

Allmächtiger Gott,
du hast uns
durch das Wasser der Taufe neu geschaffen.
Schütze dieses neue Leben,
damit alle, die an dich glauben,
dem Ansturm des Bösen standhalten
und das Geschenk deiner Gnade treu bewahren.
Darum bitten wir durch Jesus Christus.

ZUR LESUNG   *Der Sturm der Verfolgung hat sich beruhigt, Saulus ist nach Tarsus abgereist (9, 30) und entschwindet einstweilen unseren Blicken. Über dem nächsten neuen Abschnitt (9, 31 – 11, 18) steht das Wort „Friede". Die Gemeinden von Judäa, Galiläa und Samarien werden zusammenfassend „Kirche" genannt; der Heilige Geist gibt dieser Kirche Einheit, Festigkeit und Wachstum. Noch ist es im wesentlichen eine palästinensische Kirche; der große Schritt in die Heidenwelt ist noch nicht getan, aber er bereitet sich vor. Petrus wird das entscheidende Wort sprechen müssen. Zunächst sehen wir ihn, wie er die Gemeinden besucht und durch Wort und Wunder den Glauben festigt. Die Wunder des Petrus werden im Stil alttestamentlicher Wundererzählungen berichtet (vgl. 1 Kön 17, 17–24 und 2 Kön 4, 18–37). – Mk 5, 40–41; Lk 7, 15.*

ERSTE LESUNG   Apg 9, 31–42

Die Kirche wurde gefestigt und wuchs durch die Hilfe des Heiligen Geistes

**Lesung
aus der Apostelgeschichte.**

In jenen Tagen
31   hatte die Kirche in ganz Judäa, Galiläa und Samárien Frieden;
sie wurde gefestigt

und lebte in der Furcht vor dem Herrn.
Und sie wuchs durch die Hilfe des Heiligen Geistes.

32 Auf einer Reise zu den einzelnen Gemeinden
kam Petrus auch zu den Heiligen in Lydda.
33 Dort fand er einen Mann namens Änéas,
der seit acht Jahren lahm und bettlägerig war.
34 Petrus sagte zu ihm: Änéas,
Jesus Christus heilt dich.
Steh auf, und richte dir dein Bett!
Sogleich stand er auf.
35 Und alle Bewohner von Lydda und der Scharon-Ebene sahen ihn
und bekehrten sich zum Herrn.
36 In Joppe lebte eine Jüngerin namens Tabíta,
das heißt übersetzt: Gazelle.
Sie tat viele gute Werke
und gab reichlich Almosen.
37 In jenen Tagen aber wurde sie krank und starb.
Man wusch sie und bahrte sie im Obergemach auf.
38 Weil aber Lydda nahe bei Joppe liegt
und die Jünger hörten, daß Petrus dort war,
schickten sie zwei Männer zu ihm
und ließen ihn bitten: Komm zu uns, zögere nicht!
39 Da stand Petrus auf und ging mit ihnen.
Als er ankam, führten sie ihn in das Obergemach hinauf;
alle Witwen traten zu ihm,
sie weinten und zeigten ihm die Röcke und Mäntel,
die Gazelle gemacht hatte, als sie noch bei ihnen war.
40 Petrus aber schickte alle hinaus,
kniete nieder und betete.
Dann wandte er sich zu dem Leichnam
und sagte: Tabíta, steh auf!
Da öffnete sie ihre Augen,
sah Petrus an und setzte sich auf.
41 Er gab ihr die Hand und ließ sie aufstehen;
dann rief er die Heiligen und die Witwen
und zeigte ihnen, daß sie wieder lebte.
42 Das wurde in ganz Joppe bekannt,
und viele kamen zum Glauben an den Herrn.

ANTWORTPSALM Ps 116 (115), 12–13.14–15.16–17 (R: 12)

R Wie kann ich dem Herrn vergelten, (GL 737,1 oder 233,1)
was er mir Gutes getan hat? – **R**

Oder:
R Halleluja. – **R**

12 Wie kann ich dem Herrn all das vergelten, * I. Ton
was er mir Gutes getan hat?

13 Ich will den Kelch des Heils erheben *
und anrufen den Namen des Herrn. – (**R**)

14 Ich will dem Herrn meine Gelübde erfüllen *
offen vor seinem ganzen Volk.

15 Kostbar ist in den Augen des Herrn *
das Sterben seiner Frommen. – (**R**)

16 Ach Herr, ich bin doch dein Knecht, †
dein Knecht bin ich, der Sohn deiner Magd. *
Du hast meine Fesseln gelöst.

17 Ich will dir ein Opfer des Dankes bringen *
und anrufen den Namen des Herrn. – **R**

RUF VOR DEM EVANGELIUM Vers: vgl. Joh 6,63b.68c

Halleluja. Halleluja.

Deine Worte, Herr, sind Geist und Leben.
Du hast Worte des ewigen Lebens.

Halleluja.

ZUM EVANGELIUM *Die Rede Jesu ist auch für die Jünger „unerträglich", schwer zu begreifen und noch schwerer anzunehmen. Jesus nimmt nichts zurück, aber er versucht, ihnen die größeren Zusammenhänge des Gesagten deutlich zu machen. Er spricht von seinem Aufsteigen zum Vater, von seiner Verherrlichung. „Der Geist ist es, der lebendig macht": der Geist Gottes, der den Leib Jesu aus dem Grab erweckt hat, macht aus diesem Leib das Brot für das Leben der Welt. Menschwerdung, Kreuzesopfer und Himmelfahrt Jesu sind drei Stationen des einen Christusgeheimnisses, das im „Brot des Lebens" gegenwärtig ist: seine Menschheit, sein Opfer, seine göttliche Herrlichkeit. Unsere Glaubensentscheidung gilt nicht irgendeiner Lehre, sondern der Wahrheit und Wirklichkeit des auferstandenen Christus. – Joh 1,33; 3,6; Lk 22,28.*

EVANGELIUM Joh 6, 60–69

Herr, zu wem sollen wir gehen? Du hast Worte des ewigen Lebens

✣ Aus dem heiligen Evangelium nach Johannes.

In jener Zeit
60 sagten viele der Jünger Jesu, die ihm zuhörten:
Was er sagt, ist unerträglich.
Wer kann das anhören?

61 Jesus erkannte, daß seine Jünger darüber murrten,
und fragte sie: Daran nehmt ihr Anstoß?

62 Was werdet ihr sagen,
wenn ihr den Menschensohn hinaufsteigen seht,
dorthin, wo er vorher war?

63 Der Geist ist es, der lebendig macht;
das Fleisch nützt nichts.

Die Worte, die ich zu euch gesprochen habe,
sind Geist und sind Leben.

64 Aber es gibt unter euch einige, die nicht glauben.
Jesus wußte nämlich von Anfang an,
welche es waren, die nicht glaubten,
und wer ihn verraten würde.

65 Und er sagte: Deshalb habe ich zu euch gesagt:
Niemand kann zu mir kommen,
wenn es ihm nicht vom Vater gegeben ist.

66 Daraufhin zogen sich viele Jünger zurück
und wanderten nicht mehr mit ihm umher.

67 Da fragte Jesus die Zwölf: Wollt auch ihr weggehen?

68 Simon Petrus antwortete ihm: Herr, zu wem sollen wir gehen?
Du hast Worte des ewigen Lebens.

69 Wir sind zum Glauben gekommen
und haben erkannt: Du bist der Heilige Gottes.

FÜRBITTEN

Wir bitten unseren Herrn Jesus Christus, den König und Sieger über den Tod:

Für die Kirche: daß sie dem Ansturm des Bösen standhalte. –
(Stille) Christus, höre uns.
A.: Christus, erhöre uns.

Für die Regierenden: daß sie sich stets um Gerechtigkeit mühen. – (Stille) Christus, höre uns.
A.: Christus, erhöre uns.

Für alle, die um einen Verstorbenen trauern: daß du sie durch die Hoffnung aufrichtest. – (Stille) Christus, höre uns.

Für unsere Gemeinde: daß wir deine Gnade treu bewahren. – (Stille) Christus, höre uns.

Denn du hast Worte ewigen Lebens. Dir sei Dank und Ehre in Ewigkeit.   A.: Amen.

GABENGEBET

Gütiger Gott,
nimm unsere Gaben an
und gewähre uns deinen Schutz,
damit wir die Gnade,
die wir empfangen haben, nicht verlieren
und zur ewigen Freude gelangen,
die du für uns bereitet hast.
Darum bitten wir durch Christus, unseren Herrn.

Osterpräfation, S. 1358 ff.

KOMMUNIONVERS   Joh 17, 20–21

So spricht der Herr:
Ich bitte dich, Vater, für sie: Laß sie eins sein in uns,
damit die Welt glaubt, daß du mich gesandt hast. Halleluja.

SCHLUSSGEBET

Gütiger Gott,
bewahre dem Volk der Erlösten
deine Liebe und Treue.
Das Leiden deines Sohnes hat uns gerettet,
seine Auferstehung erhalte uns in der Freude.
Darum bitten wir durch ihn, Christus, unseren Herrn.

„DAS WICHTIGSTE IN DER KIRCHE, *das, was unverrückbar feststeht, das ist die Gegenwart und Macht des lebendigen Christus. Durch* seinen Heiligen Geist ist Jesus Christus die Seele dieser Gemeinschaft. Er ist der Eckstein dieses Tempels, der Führer dieses Volkes, das die Kirche bildet. Daran ist nicht zu rütteln. Untreue ist nicht möglich. Das steht auf ewig. Genausowenig wie er die Menschheit wieder von sich stoßen könnte, die er als Gott in seine Obhut nahm, genausowenig kann Jesus Christus seine Kirche fallenlassen.

Wenn man dich also fragt: Was ist unwandelbar in der Kirche?, kannst du antworten: Die Gegenwart Christi und seines Heiligen Geistes, die Heiligkeit, die den ganzen Leib der Christenheit mit Leben erfüllt. Mit dieser Antwort triffst du genau den Kern" (A. Liégé).

4. WOCHE

MONTAG

ERÖFFNUNGSVERS   Vgl. Röm 6, 9

Christus ist vom Tod erstanden; er stirbt nicht mehr.
Gebrochen ist die Macht des Todes. Halleluja.

TAGESGEBET

Erhabener Gott,
durch die Erniedrigung deines Sohnes
hast du die gefallene Welt wieder aufgerichtet
und aus der Knechtschaft der Sünde befreit.
Erfülle uns mit österlicher Freude
und schenke uns einst die ewige Seligkeit.
Darum bitten wir durch Jesus Christus.

ZUR LESUNG   In Apg 10–11 steht die ausführlichste Bekehrungsgeschichte des ganzen Neuen Testament. Die Ausführlichkeit hat ihren Grund: es handelt sich um die Aufnahme des ersten Heiden in die Kirche und damit um die offizielle Eröffnung der Heidenmission. Bis jetzt hat sich die Predigt der Apostel nur an Juden gerichtet; der Schritt in die Welt des Heidentums war schwieriger, als wir uns heute vorstellen können. Die Macht der jüdischen Überlieferung und auch der Vorurteile gegenüber den Nichtjuden war so stark, daß Gott selbst eingreifen mußte. Lukas legt Wert darauf, festzustellen, daß dieser Schritt nicht etwa von Paulus getan wurde, sondern von Petrus, und daß er von der Gemeinde in Jerusalem wenigstens nachträglich gebilligt wurde. „Gott hat also auch den Heiden die Umkehr zum Leben geschenkt" (11,18); denn „in jedem Volk ist der bei Gott willkommen, der ihn fürchtet und tut, was recht ist" (10,35). – Diese Botschaft ist heute auf neue Weise aktuell geworden. – Apg 8,14; 15,7–11; 10,28.44–48; 13,46–47; 14,27; 17,30; 26,20.

ERSTE LESUNG Apg 11,1–18

Gott hat also auch den Heiden die Umkehr zum Leben geschenkt

Lesung
   aus der Apostelgeschichte.

In jenen Tagen
1   erfuhren die Apostel und die Brüder in Judäa,
    daß auch die Heiden das Wort Gottes angenommen hatten.
2 Als nun Petrus nach Jerusalem hinaufkam,
   hielten ihm die gläubig gewordenen Juden vor:
3   Du hast das Haus von Unbeschnittenen betreten
    und hast mit ihnen gegessen.
4 Da begann Petrus, ihnen der Reihe nach zu berichten:
5 Ich war in der Stadt Joppe und betete;
   da hatte ich in einer Verzückung eine Vision:
   Eine Schale, die aussah wie ein großes Leinentuch,
    das an den vier Ecken gehalten wurde,
    senkte sich aus dem Himmel bis zu mir herab.
6 Als ich genauer hinschaute,
   sah ich darin die Vierfüßler der Erde,
   die wilden Tiere, die Kriechtiere und die Vögel des Himmels.
7 Ich hörte auch eine Stimme,
   die zu mir sagte: Steh auf, Petrus,
   schlachte, und iß!
8 Ich antwortete: Niemals, Herr!
   Noch nie ist etwas Unheiliges oder Unreines
    in meinen Mund gekommen.
9 *Doch zum zweitenmal kam eine Stimme vom Himmel;*
sie sagte: Was Gott für rein erklärt hat,
   nenne du nicht unrein!
10 Das geschah dreimal,
   dann wurde alles wieder in den Himmel hinaufgezogen.

Osterzeit: 4. Woche – Montag

¹¹ Da standen auf einmal drei Männer vor dem Haus,
  in dem ich wohnte;
sie waren aus Cäsaréa zu mir geschickt worden.
¹² Der Geist aber sagte mir,
  ich solle ohne Bedenken mit ihnen gehen.
Auch diese sechs Brüder zogen mit mir,
  und wir kamen in das Haus des Kornélius.
¹³ Er erzählte uns, wie er in seinem Haus den Engel stehen sah,
  der zu ihm sagte: Schick jemand nach Joppe,
  und laß Simon, der Petrus genannt wird, holen.
¹⁴ Er wird dir Worte sagen,
  durch die du mit deinem ganzen Haus gerettet werden wirst.
¹⁵ Während ich redete,
  kam der Heilige Geist auf sie herab, wie am Anfang auf uns.
¹⁶ Da erinnerte ich mich an das Wort des Herrn:
  Johannes hat mit Wasser getauft,
  ihr aber werdet mit dem Heiligen Geist getauft werden.
¹⁷ Wenn nun Gott ihnen,
  nachdem sie zum Glauben
  an Jesus Christus, den Herrn, gekommen sind,
  die gleiche Gabe verliehen hat wie uns:
  wer bin ich, daß ich Gott hindern könnte?
¹⁸ Als sie das hörten, beruhigten sie sich,
priesen Gott
und sagten:
  Gott hat also auch den Heiden
  die Umkehr zum Leben geschenkt.

ANTWORTPSALM

Ps 42 (41), 2–3; Ps 43 (42), 3.4 (R: Ps 42 [41], 3a)
(GL 676, 1)

R Meine Seele dürstet nach Gott,
nach dem lebendigen Gott. – **R**

Oder:
R Halleluja. – **R**

² Wie der Hirsch lechzt nach frischem Wasser, *   II. Ton
  so lechzt meine Seele, Gott, nach dir.

³ Meine Seele dürstet nach Gott, nach dem lebendigen Gott. *
  Wann darf ich kommen und Gottes Antlitz schauen? – **(R)**

3 Sende dein Licht und deine Wahrheit, *
damit sie mich leiten;

sie sollen mich führen zu deinem heiligen Berg *
und zu deiner Wohnung. – (R)

4 So will ich zum Altar Gottes treten, *
zum Gott meiner Freude.

Jauchzend will ich dich auf der Harfe loben, *
Gott, mein Gott.

R Meine Seele dürstet nach Gott,
nach dem lebendigen Gott

Oder:
R Halleluja.

RUF VOR DEM EVANGELIUM Vers: Joh 10, 14

Halleluja. Halleluja.

(So spricht der Herr:)
Ich bin der gute Hirt.
Ich kenne die Meinen, und die Meinen kennen mich.

Halleluja.

ZUM EVANGELIUM   *"Sind etwa auch wir blind?" war die herausfordernde Frage einiger Pharisäer (9, 40). An sie richtet Jesus die Hirtenrede (Joh 10). Die Verse 1–5 sind Bildrede, Gleichnisrede, die nicht verstanden wird (V. 6); die Verse 7–18 sind deutende Weiterführung. Jesus selbst ist die Tür (V. 7–10), und er ist der Hirt, der gute Hirt (V. 11–18). Hirt und Herde sind bei einem Hirtenvolk selbstverständliche Bezeichnungen für Herrscher und Volk oder auch für Lehrer und Gemeinde. Gott selbst wird der Hirt seines Volkes genannt (Ps 95, 7; 78, 70–72). Daß in unserem Abschnitt das Bild vom Hirten und das von der Tür ineinanderfließen, kann uns zunächst verwirren. Die Sache ist aber klar: es gibt keine Offenbarung, keine rettende Wahrheit und keinen Heilsweg außer Jesus. Ein ungeheurer Anspruch. Wo es Leben gibt, kommt es durch ihn; wo die Wahrheit Gottes den Menschen trifft, ist sie an der Stimme Christi zu erkennen. Wer in der Gemeinde und überhaupt vor den Menschen als Führer, Lehrer und Heilbringer auftritt, steht im Dienst und unter dem Gericht des „guten Hirten". – Ex 13, 21–22; Jer 23, 1–4; Mi 2, 12–13; Mt 7, 14.*

Osterzeit: 4. Woche – Montag

EVANGELIUM Joh 10, 1–10
Ich bin die Tür zu den Schafen

✠ Aus dem heiligen Evangelium nach Johannes.

In jener Zeit sprach Jesus:
1 Amen, amen, das sage ich euch:
Wer in den Schafstall nicht durch die Tür hineingeht,
  sondern anderswo einsteigt,
   der ist ein Dieb und ein Räuber.
2 Wer aber durch die Tür hineingeht,
  ist der Hirt der Schafe.
3 Ihm öffnet der Türhüter,
und die Schafe hören auf seine Stimme;
er ruft die Schafe, die ihm gehören, einzeln beim Namen
und führt sie hinaus.
4 Wenn er alle seine Schafe hinausgetrieben hat,
  geht er ihnen voraus,
und die Schafe folgen ihm;
  denn sie kennen seine Stimme.
5 Einem Fremden aber werden sie nicht folgen,
sondern sie werden vor ihm fliehen,
  weil sie die Stimme des Fremden nicht kennen.
6 Dieses Gleichnis erzählte ihnen Jesus;
aber sie verstanden nicht den Sinn
  dessen, was er ihnen gesagt hatte.
7 Weiter sagte Jesus zu ihnen:
  Amen, amen, ich sage euch:
Ich bin die Tür zu den Schafen.
8 Alle, die vor mir kamen,
  sind Diebe und Räuber;
aber die Schafe haben nicht auf sie gehört.
9 Ich bin die Tür;
wer durch mich hineingeht,
  wird gerettet werden;
er wird ein- und ausgehen und Weide finden.
10 Der Dieb
  kommt nur, um zu stehlen, zu schlachten und zu vernichten;
ich bin gekommen,
  damit sie das Leben haben
und es in Fülle haben.

Oder im Lesejahr A, in dem das vorhergehende Evangelium am Sonntag gelesen wird:

EINFÜHRUNG *"Hirten" nannten sich in der alten Welt die Könige und Führer des Volkes (vgl. Ez 34). Jesus ist "der gute Hirt", er hält den Seinen die Treue bis zum Opfer des Lebens. Erst im Licht des Osterereignisses (Tod und Auferstehung) offenbart das Bildwort vom guten Hirten seine Tiefe und Wahrheit: die Einheit zwischen Jesus und dem Vater und die Gemeinschaft, die ihn mit seiner Jüngergemeinde verbindet. Zwei ernste Mahnungen enthält das Wort vom guten Hirten: an alle die Mahnung zur Einheit im Glauben und in der Liebe; an die Hirten die Mahnung, es dem guten Hirten nachzutun und der anvertrauten "Herde" zu dienen: für sie dasein, arbeiten, leben, leiden. – Hebr 13,20–21; Jer 23,1–2; Ez 34,3–10; Joh 10,26–27; 15,9; Eph 2,14–18; Joh 11,52; 18,37; Phil 2,8–9.*

EVANGELIUM Joh 10,11–18

Der gute Hirt gibt sein Leben hin für die Schafe

☩ Aus dem heiligen Evangelium nach Johannes.

In jener Zeit sprach Jesus:
11 Ich bin der gute Hirt.
Der gute Hirt gibt sein Leben hin für die Schafe.
12 Der bezahlte Knecht aber,
   der nicht Hirt ist und dem die Schafe nicht gehören,
   läßt die Schafe im Stich
   und flieht, wenn er den Wolf kommen sieht;
und der Wolf reißt sie und jagt sie auseinander.
Er flieht,
13   weil er nur ein bezahlter Knecht ist
   und ihm an den Schafen nichts liegt.
14 Ich bin der gute Hirt;
ich kenne die Meinen,
   und die Meinen kennen mich,
15   wie mich der Vater kennt
   und ich den Vater kenne;
und ich gebe mein Leben hin für die Schafe.
16 Ich habe noch andere Schafe,
   die nicht aus diesem Stall sind;
auch sie muß ich führen,
und sie werden auf meine Stimme hören;

Osterzeit: 4. Woche – Montag

dann wird es nur eine Herde geben und einen Hirten.
17 Deshalb liebt mich der Vater,
    weil ich mein Leben hingebe, um es wieder zu nehmen.
18 Niemand entreißt es mir,
    sondern ich gebe es aus freiem Willen hin.
Ich habe Macht, es hinzugeben,
    und ich habe Macht, es wieder zu nehmen.
Diesen Auftrag habe ich von meinem Vater empfangen.

FÜRBITTEN

Jesus Christus, den guten Hirten seiner Herde, wollen wir bitten:

Steh den Hirten deines Volkes bei, damit sie es nach deinem Willen leiten.
A.: Wir bitten dich, erhöre uns.

Führe alle, die nach dir suchen, auf den rechten Weg.

Erbarme dich der Menschen, die in Elend und Unfreiheit leben müssen.

Laß uns auf deine Stimme hören und dir folgen.

Denn du bist gekommen, daß wir das Leben in Fülle haben. Dir sei Dank und Lobpreis in Ewigkeit.   A.: Amen.

GABENGEBET

Allmächtiger Gott, nimm die Gaben an,
die deine Kirche dir in österlicher Freude darbringt.
Du hast ihr Grund gegeben zu solchem Jubel,
erhalte ihr die Freude bis zur Vollendung.
Darum bitten wir durch Christus, unseren Herrn.

Osterpräfation, S. 1358 ff.

KOMMUNIONVERS   Joh 20, 19

Jesus trat in die Mitte der Jünger
und sprach zu ihnen: Friede sei mit euch! Halleluja.

SCHLUSSGEBET

Ewiger Gott,
du hast uns durch die Ostergeheimnisse erneuert.
Wende dich uns voll Güte zu und bleibe bei uns mit deiner Huld,

bis wir mit verklärtem Leib
zum unvergänglichen Leben auferstehen.
Darum bitten wir durch Christus, unseren Herrn.

„SIE KENNEN SEINE STIMME . . . : *es ist jenes Kennen der Liebenden, denen man nichts vormachen kann. Man kann das nicht näher erklären. Es sind jene Gründe des Herzens, die unwiderlegbar sind. In der Taufe wurde uns für die Stimme Christi, des Hirten und Königs, das Ohr aufgetan, damit wir unterscheiden können zwischen der Stimme der Wahrheit und den verführerischen Stimmen der Lüge und Halbwahrheit. – Bin ich aus der Wahrheit? Ich kann das ‚testen': wenn mir die Stimme Christi aus seinem heiligen Evangelium vertraut klingt, wenn ich gern auf seine Worte horche. Hören aber heißt, nicht nur schnell hinhören, sondern ganz und mit Konsequenz hören. Wie das Wort Gottes, die Wahrheit Gottes, die uns Christus bringt, wirkendes Wort ist, Tat-Wahrheit, schöpferische Wahrheit von Gott her, so kann sie auch vom Menschen nur als solche aufgenommen werden ins wirkliche Leben, in die Tat der Entscheidung"* (Josef Eger).

DIENSTAG

ERÖFFNUNGSVERS
Offb 19,6–7

Der Herr ist König geworden, Gott, der Herrscher des Alls!
Wir wollen uns freuen und jubeln
und ihm allein die Ehre erweisen. Halleluja.

TAGESGEBET

Allmächtiger Gott, in dieser österlichen Zeit
feiern wir voll Dankbarkeit die Auferstehung unseres Herrn.
Wir bitten dich:
Erfülle uns mit Freude darüber,
daß wir durch ihn erlöst sind,
der in der Einheit des Heiligen Geistes
mit dir lebt und herrscht in alle Ewigkeit.

ZUR LESUNG *Antiochia am Orontes war die drittgrößte Stadt des Römischen Reiches, Sitz des Legaten von Syrien, dem um diese Zeit auch Palästina unterstand. Dort entstand die erste Gemeinde, die aus Juden- und Heidenchristen zusammengesetzt war. Wie immer richtet sich die Botschaft zuerst an die Juden; aber die „Hellenisten" wenden sich auch an die Heiden und gewinnen Anhänger. Die Gemeinde von Jerusalem sah diese Entwicklung nicht ohne Sorge; hatte doch Petrus Mühe gehabt, den „Hebräern" zu erklären, daß Gott „auch den Heiden die Umkehr zum Leben schenkt" (11,18). Man sandte also Barnabas als „Visitator" nach Antiochia. Er war der rechte Mann am rechten Ort. Zwei wichtige Nachrichten stehen am Schluß dieser Lesung: 1. es gelingt Barnabas, den Saulus in die Missionsarbeit einzuschalten, 2. in Antiochia entsteht der Name „Christen" als Bezeichnung der Jünger Jesu. „Christen", weil sie glauben, daß Jesus der Christus, der Messias ist. – Apg 8,1.4; 4,36; 8,14; 14,22; 9,30; 1 Petr 4,16.*

ERSTE LESUNG   Apg 11,19–26

Sie verkündeten auch den Griechen das Evangelium von Jesus, dem Herrn

**Lesung
    aus der Apostelgeschichte.**

In jenen Tagen
19 kamen bei der Verfolgung,
    die wegen Stéphanus entstanden war,
    die Versprengten bis nach Phönízien, Zypern und Antióchia;
    doch verkündeten sie das Wort nur den Juden.
20 Einige aber von ihnen, die aus Zypern und Zyréne stammten,
    verkündeten, als sie nach Antióchia kamen,
    auch den Griechen das Evangelium von Jesus, dem Herrn.
21 Die Hand des Herrn war mit ihnen,
    und viele wurden gläubig und bekehrten sich zum Herrn.
22 Die Nachricht davon kam der Gemeinde von Jerusalem zu Ohren,
    und sie schickten Bárnabas nach Antióchia.
23 Als er ankam und die Gnade Gottes sah,
      freute er sich
    und ermahnte alle, dem Herrn treu zu bleiben,
      wie sie es sich vorgenommen hatten.
    Denn er war ein trefflicher Mann,
      erfüllt vom Heiligen Geist und von Glauben.
24 So wurde für den Herrn eine beträchtliche Zahl hinzugewonnen.
25 Bárnabas aber zog nach Tarsus, um Saulus aufzusuchen.
26 Er fand ihn und nahm ihn nach Antióchia mit.
    Dort wirkten sie miteinander ein volles Jahr in der Gemeinde
      und unterrichteten eine große Zahl von Menschen.
    In Antióchia nannte man die Jünger
      zum erstenmal Christen.

ANTWORTPSALM   Ps 87 (86), 2–3.4.5 u. 7 (R: Ps 117 [116], 1)

R Lobet den Herrn, alle Völker! – **R**   (GL 233, 2 oder 232, 6)

Oder:
R Halleluja. – **R**

2 Der Herr liebt Zion, seine Gründung auf heiligen Bergen; *   VI. Ton
mehr als all seine Stätten in Jakob liebt er die Tore Zions.

3 Herrliches sagt man von dir, *
du Stadt unseres Gottes. – (R)

4 Leute aus Ägypten und Babel *
zähle ich zu denen, die mich kennen;

auch von Leuten aus dem Philisterland, aus Tyrus und Kusch *
sagt man: Er ist dort geboren. – (R)

5 Von Zion wird man sagen: †
Jeder ist dort geboren. *
Er, der Höchste, hat Zion gegründet.

7 Und sie werden beim Reigentanz singen: *
All meine Quellen entspringen in dir. – **R**

RUF VOR DEM EVANGELIUM   Vers: Joh 10, 27

Halleluja. Halleluja.

(So spricht der Herr:)
Meine Schafe hören auf meine Stimme;
ich kenne sie, und sie folgen mir.

Halleluja.

ZUM EVANGELIUM   *Mit dem 10. Kap. schließt der erste Teil des Johannesevangeliums; Kap. 11 (Erweckung des Lazarus) leitet bereits zum zweiten Teil über: Passion und Auferstehung Jesu. Seit der Hirtenrede beim Laubhüttenfest (Joh 10, 1–18) sind etwa zwei Monate vergangen. Der Erinnerungstag an die Wiedereinweihung des Tempels und des neuerrichteten Brandopferaltars durch Judas Makkabäus (165 v.Chr.) wurde Mitte Dezember gefeiert. „Es war Winter": nicht nur die Jahreszeit war frostig; die Menschen, die Jesus bedrängen, er solle ihnen endlich sagen, ob er der Messias ist, sind nicht bereit, ihm zu glauben. Sie kennen seine Stimme nicht. „Ich und der Vater sind eins": das begreifen auch wir nur in dem Maß, als wir uns selbst in diese Einheit und Gemeinschaft von*

Vater und Sohn einbeziehen lassen. – 1 Makk 4, 36; Lk 22, 67; Joh 2, 11; 5, 36; 1 Kor 2, 14; Joh 10, 3–4.10.14; Röm 8, 33–39; Dtn 33, 3; 32, 39; Weish 3, 1; Jes 43, 13; 51, 16.

EVANGELIUM Joh 10, 22–30
Ich und der Vater sind eins

✛ Aus dem heiligen Evangelium nach Johannes.

22 In Jerusalem fand das Tempelweihfest statt.
Es war Winter,
23 und Jesus ging im Tempel in der Halle Sálomos auf und ab.
24 Da umringten ihn die Juden
und fragten ihn: Wie lange noch willst du uns hinhalten?
Wenn du der Messias bist, sag es uns offen!
25 Jesus antwortete ihnen: Ich habe es euch gesagt,
aber ihr glaubt nicht.
Die Werke, die ich im Namen meines Vaters vollbringe,
legen Zeugnis für mich ab;
26 ihr aber glaubt nicht,
weil ihr nicht zu meinen Schafen gehört.
27 Meine Schafe hören auf meine Stimme;
ich kenne sie,
und sie folgen mir.
28 Ich gebe ihnen ewiges Leben.
Sie werden niemals zugrunde gehen,
und niemand wird sie meiner Hand entreißen.
29 Mein Vater, der sie mir gab, ist größer als alle,
und niemand kann sie der Hand meines Vaters entreißen.
30 Ich und der Vater sind eins.

FÜRBITTEN

Wir beten zu Christus, der lebt und nicht mehr stirbt:

Erfülle alle, die deinen Namen tragen, mit Dankbarkeit und Freude. – (Stille) Christus, höre uns.
A.: Christus, erhöre uns.

Rufe auch heute Menschen in deinen Dienst, damit sie dir ein heiliges Volk bereiten. – (Stille) Christus, höre uns.

Schau auf die Menschen, die ohne Hoffnung sind, und laß sie
deine Liebe erfahren. – (Stille) Christus, höre uns.
A.: Christus, erhöre uns.

Laß jene, die auf deine Stimme hören, niemals zugrunde gehen. –
(Stille) Christus, höre uns.

Denn wer zu dir gehört, wird deiner Hand nicht entrissen. Dir sei
Lobpreis und Ehre in Ewigkeit. A.: Amen.

GABENGEBET

Herr, unser Gott,
gib, daß wir dir allzeit danken
durch die Feier der österlichen Geheimnisse.
In ihnen führst du das Werk der Erlösung fort,
mache sie für uns
zur Quelle der unvergänglichen Freude.
Darum bitten wir durch Christus, unseren Herrn.

Osterpräfation, S. 1358 ff.

KOMMUNIONVERS Vgl. Lk 24, 46.26
Christus mußte leiden und von den Toten auferstehen
und dadurch in seine Herrlichkeit eintreten. Halleluja.

SCHLUSSGEBET

Gütiger Gott,
durch das Werk der Erlösung
hast du unsere Schuld getilgt
und uns deine Gnade geschenkt.
Die Feier der Geheimnisse Christi
stärke uns in diesem Leben
und schenke uns die ewige Freude.
Darum bitten wir durch ihn, Christus, unseren Herrn.

„DIE LIEBE DES HERRN *ist beständig und ebenmäßig, sie ist treu,
sie ist ewig, ob wir sie spüren und erleben oder nicht. Persönlich bewußt
wird sie uns nur in den seltenen Momenten, in denen unsere Trägheit von
uns abfällt und wir ernstlich versuchen, dieser Liebe zu entsprechen.*

Dann überfällt uns eine Ahnung von etwas übermäßig Herrlichem, und wir behalten in uns die Erinnerung an diesen ahnungsvollen Augenblick. Es war eine Vorahnung des ewigen Lebens, das der Herr uns gibt. Wenn wir einmal im ewigen Leben sein werden, dann wird das ewige Leben in uns kein anderes sein als jetzt. Nur wir werden anders sein: von unserer Sünde nicht mehr gehindert, uns diesem Leben hinzugeben und aus unserem ganzen Herzen zu lieben, wie wir geliebt werden" (A. v. Speyr).

MITTWOCH

ERÖFFNUNGSVERS   Ps 18 (17), 50; 22 (21), 23

Ich will dir danken, Herr, vor den Völkern;
deinen Namen will ich meinen Brüdern verkünden. Halleluja.

TAGESGEBET

Gütiger Gott,
du bist das Leben der Gläubigen,
der Reichtum der Armen,
die Freude der Auserwählten.
Wir sehnen uns nach deinen Verheißungen.
Stärke unsere Hoffnung
und schenke uns überreiche Erfüllung.
Darum bitten wir durch Jesus Christus.

ZUR LESUNG   *Der zweite Teil der Apostelgeschichte berichtet über die Ausbreitung der christlichen Kirche in der Heidenwelt („bis an die Grenzen der Erde", 1, 8). Die beherrschende Gestalt ist Paulus (von 13, 9 an tritt dieser Name an die Stelle des hebräischen Namens Saul). Barnabas hat ihn nach Antiochia geholt (11, 26) und dort mit ihm gearbeitet. Beide sind auch zusammen nach Jerusalem gereist, um die Gaben der antiochenischen Gemeinde abzuliefern. Ihre erste Missionsreise traten Barnabas und Paulus aber nicht von Jerusalem, sondern von Antiochia aus an. Antiochia war neben Jerusalem zu einem Zentrum des christlichen Lebens geworden; die aus Diasporajuden und Heiden zusammengesetzte Gemeinde begriff schneller, daß es Zeit war, mit dem Missionsbefehl Jesu Ernst zu machen. Der Eingangsvers der heutigen Lesung (12, 24) blickt nach rückwärts und nach vorwärts, vor allem aber nach vorwärts: das Wort des Herrn wächst und breitet sich aus. – Apg 6, 7; 11, 29–30; Jes 19, 18–25; Mal 1, 11.*

ERSTE LESUNG Apg 12, 24 – 13, 5

Wählt mir Barnabas und Saulus aus!

Lesung
  aus der Apostelgeschichte.

  In jenen Tagen
24 **wuchs das Wort des Herrn und breitete sich aus.**
25 **Nachdem Bárnabas und Saulus**
    in Jerusalem ihre Aufgabe erfüllt hatten,
    kehrten sie zurück;
  Johannes mit dem Beinamen Markus nahmen sie mit.

1 **In der Gemeinde von Antióchia gab es Propheten und Lehrer:**
  Bárnabas und Símeon, genannt Niger,
  Lúzius von Zyréne,
  Mánaën, ein Jugendgefährte des Tetrárchen Heródes, und Saulus.

2 **Als sie zu Ehren des Herrn Gottesdienst feierten und fasteten,**
    sprach der Heilige Geist:
  Wählt mir Bárnabas und Saulus
    zu dem Werk aus, zu dem ich sie mir berufen habe.

3 **Da fasteten und beteten sie,**
  legten ihnen die Hände auf
  und ließen sie ziehen.

4 **Vom Heiligen Geist ausgesandt,**
    zogen sie nach Seléuzia hinab
    und segelten von da nach Zypern.

5 **Als sie in Sálamis angekommen waren,**
    verkündeten sie das Wort Gottes in den Synagogen der Juden.
  Johannes hatten sie als Helfer bei sich.

ANTWORTPSALM

Ps 67 (66), 2–3.5.7–8 (R: 4)
(GL 732, 1)

R Die Völker sollen dir danken, o Gott,
danken sollen dir die Völker alle. – **R**

Oder:
R Halleluja. – **R**

2 Gott sei uns gnädig und segne uns. *
Er lasse über uns sein Angesicht leuchten,

III. Ton

3 damit auf Erden sein Weg erkannt wird *
und unter allen Völkern sein Heil. – (R)

5 Die Nationen sollen sich freuen und jubeln. *
Denn du richtest den Erdkreis gerecht.

Du richtest die Völker nach Recht *
und regierst die Nationen auf Erden. – (R)

7 Das Land gab seinen Ertrag. *
Es segne uns Gott, unser Gott.

8 Es segne uns Gott. *
Alle Welt fürchte und ehre ihn. – **R**

RUF VOR DEM EVANGELIUM

Vers: Joh 8, 12

Halleluja. Halleluja.
(So spricht der Herr:)
Ich bin das Licht der Welt.
Wer mir nachfolgt, hat das Licht des Lebens.
Halleluja.

ZUM EVANGELIUM *In diesem Abschnitt faßt Johannes die großen Themen der Predigt Jesu zusammen: glauben und sehen, Licht und Finsternis, hören und bewahren, richten und retten. Nur der Glaubende kann sehen: er sieht in Jesus nicht nur einen außerordentlichen Menschen, sondern den, der vom Vater als das Licht in die Welt gekommen ist. Licht heißt im Johannesevangelium: Wahrheit, Leben, Freude, Heil. Den göttlichen Ursprung Jesu und das Ziel seiner Sendung erkennen, da ist Glaube. Wer glaubt, nimmt das Licht auf und wird vom Licht aufgenommen. Er hat sich für das Leben entschieden; die Auferstehung und das Gericht liegen hinter ihm. – Mt 10, 40; Joh 13, 20; 8, 19; 14, 7–9; 1, 9; 8, 12; Mt 13, 18–23; Lk 8, 21; 11, 28; Joh 3, 17; 8, 26–27.37.47; 14, 10; Dtn 18, 18–19.*

EVANGELIUM Joh 12,44–50

Ich bin das Licht, das in die Welt gekommen ist

✠ Aus dem heiligen Evangelium nach Johannes.

In jener Zeit
44 rief Jesus aus:
Wer an mich glaubt,
 glaubt nicht an mich,
 sondern an den, der mich gesandt hat,
45 und wer mich sieht,
 sieht den, der mich gesandt hat.
46 Ich bin das Licht, das in die Welt gekommen ist,
 damit jeder, der an mich glaubt,
 nicht in der Finsternis bleibt.
47 Wer meine Worte nur hört und sie nicht befolgt,
 den richte nicht ich;
 denn ich bin nicht gekommen, um die Welt zu richten,
 sondern um sie zu retten.
48 Wer mich verachtet und meine Worte nicht annimmt,
 der hat schon seinen Richter:
 Das Wort, das ich gesprochen habe,
 wird ihn richten am Letzten Tag.
49 Denn was ich gesagt habe, habe ich nicht aus mir selbst,
 sondern der Vater, der mich gesandt hat,
 hat mir aufgetragen, was ich sagen und reden soll.
50 Und ich weiß, daß sein Auftrag ewiges Leben ist.
 Was ich also sage,
 sage ich so, wie es mir der Vater gesagt hat.

FÜRBITTEN

Zu Jesus Christus wollen wir beten, der die Verheißungen Gottes erfüllt:

Gib, daß die Kirche dein Wort hört und treu bewahrt.
A.: Herr, erhöre uns.

Laß die Völker dein Heil schauen.

Schenke den Armen ihren Anteil an den Gütern der Erde.

Stärke unsere Hoffnung auf das ewige Leben.

Denn du bist nicht gekommen, um die Welt zu richten, sondern um sie zu retten. Dir sei Dank und Lobpreis in Ewigkeit.
A.: Amen.

GABENGEBET

Erhabener Gott,
durch die Feier des heiligen Opfers
gewährst du uns Anteil an deiner göttlichen Natur.
Gib, daß wir dich nicht nur
als den einen wahren Gott erkennen,
sondern unser ganzes Leben nach dir ausrichten.
Darum bitten wir durch Christus, unseren Herrn.

Osterpräfation, S. 1358 ff.

KOMMUNIONVERS   Vgl. Joh 15,16.19

So spricht der Herr:
Ich habe euch aus der Welt erwählt und euch dazu bestimmt,
daß ihr hingeht und Frucht bringt
und daß eure Frucht bleibt. Halleluja.

SCHLUSSGEBET

Barmherziger Gott, höre unser Gebet.
Du hast uns im Sakrament
das Brot des Himmels gegeben,
damit wir an Leib und Seele gesunden.
Gib, daß wir
die Gewohnheiten des alten Menschen ablegen
und als neue Menschen leben.
Darum bitten wir durch Christus, unseren Herrn.

„IM GLAUBEN AN CHRISTUS, *den Sohn, ergreift der Mensch das Heil, empfängt er das göttliche Leben (3, 16.36 u. ö.). Dieser Glaube ist eine personale Haltung und ein existentieller Vollzug. Im Glauben wendet sich der Mensch von allem Gottwidrigen, von der Finsternis, vom Tod ab und dem in Christus erschienenen göttlichen Heil, ihm selbst, dem Licht- und Lebensbringer, zu. Der Glaube schließt Gehorsam (3, 36), Annahme der Worte und Gebote Jesu (8, 51; 12, 47; 14, 21.23) ein. Durch den scharfen Kontrast, in den Johannes die von Licht und Leben erfüllte Welt*

Gottes zu dem finsteren Todeskosmos stellt, wird der völlige Umbruch der Existenz beim Glaubenden veranschaulicht: er ist aus dem Todesbereich in den Lebensbereich Gottes umgesiedelt (5, 24). Man kann nur wählen zwischen Glauben und Unglauben gegenüber Christus. Der Glaube bedeutet die Rettung; im Unglauben aber, hinter dem sich die Flucht des Bösen vor dem Licht des Guten verbirgt, ereignet sich das Gericht (3, 18–21)" (Rudolf Schnackenburg).

DONNERSTAG

ERÖFFNUNGSVERS Vgl. Ps 68 (67), 8–9.20

Gott, du zogest vor deinem Volke einher;
wohnend in ihrer Mitte, bahntest du ihnen den Weg.
Da erbebte die Erde, Segen ergossen die Himmel. Halleluja.

TAGESGEBET

Gott und Vater,
du erneuerst den Menschen
und schenkst ihm eine größere Würde,
als er sie im Anfang besaß.
Blicke auf das Werk deiner Liebe,
segne alle, die im Sakrament der Taufe
das neue Leben empfangen haben,
und erhalte sie in deiner Gnade.
Darum bitten wir durch Jesus Christus.

ZUR LESUNG   *Auf seiner ersten Missionsreise kommt Paulus mit seinen Begleitern zuerst nach Zypern (13, 4–12), der Heimat des Barnabas. Paulus, der allmählich die Führung der Gruppe übernimmt („Paulus mit seinen Begleitern", V. 13) will nicht lange auf der Insel bleiben, er drängt weiter, zum kleinasiatischen Festland hinüber. Den schwierigen Weg von der Küste nach dem pisidischen Antiochia macht Markus nicht mehr mit; es scheint eine Verstimmung gegeben zu haben, die mit Trennung endet. In Antiochia wendet sich Paulus zuerst an die Juden; er liebt dieses sein Volk, er ist von dessen Vorrangstellung überzeugt und will es zu Christus führen. Er hört dort in der Synagoge die Lesungen aus dem Gesetz und den Propheten, und er brennt darauf, den versammelten Juden und „Got-*

tesfürchtigen" den Sinn der Schrift zu erschließen. – Näheres zu seiner Rede siehe Einführung zur morgigen Lesung. – Lk 4, 14–30; Röm 9, 2–5; 2 Kor 3, 6; Apg 15, 36–40; Kol 4, 10.

ERSTE LESUNG Apg 13, 13–25

Aus dem Geschlecht Davids hat Gott Jesus als Retter geschickt

Lesung
  aus der Apostelgeschichte.

13 Von Paphos fuhr Paulus mit seinen Begleitern ab
  und kam nach Perge in Pamphýlien.
Johannes aber trennte sich von ihnen
  und kehrte nach Jerusalem zurück.

14 Sie selbst wanderten von Perge weiter
  und kamen nach Antióchia in Pisídien.
Dort gingen sie am Sabbat in die Synagoge und setzten sich.

15 Nach der Lesung aus dem Gesetz und den Propheten
  schickten die Synagogenvorsteher zu ihnen
  und ließen ihnen sagen:
Brüder, wenn ihr ein Wort des Trostes für das Volk habt,
so redet.

16 Da stand Paulus auf,
  gab mit der Hand ein Zeichen
und sagte:
  Ihr Israeliten und ihr Gottesfürchtigen, hört!

17 Der Gott dieses Volkes Israel hat unsere Väter erwählt
  und das Volk in der Fremde erhöht, in Ägypten;
er hat sie mit hoch erhobenem Arm von dort herausgeführt

18 und fast vierzig Jahre durch die Wüste getragen.

19 Sieben Völker hat er im Land Kánaan vernichtet
  und ihr Land ihnen zum Besitz gegeben,

20 für etwa vierhundertfünfzig Jahre.
Danach hat er ihnen Richter gegeben bis zum Propheten Sámuel.

21 Dann verlangten sie einen König,
und Gott gab ihnen Saul, den Sohn des Kisch,
  einen Mann aus dem Stamm Bénjamin, für vierzig Jahre.

22 Nachdem er ihn verworfen hatte, erhob er David zu ihrem König,
  von dem er bezeugte:

> Ich habe David, den Sohn des Ísai,
> als einen Mann nach meinem Herzen gefunden,
> der alles, was ich will, vollbringen wird.

23 Aus seinem Geschlecht
hat Gott dem Volk Israel,
der Verheißung gemäß, Jesus als Retter geschickt.
24 Vor dessen Auftreten hat Johannes
dem ganzen Volk Israel Umkehr und Taufe verkündigt.
25 Als Johannes aber seinen Lauf vollendet hatte,
sagte er: Ich bin nicht der, für den ihr mich haltet;
aber seht, nach mir kommt einer,
dem die Sandalen von den Füßen zu lösen ich nicht wert bin.

ANTWORTPSALM   Ps 89 (88), 2–3.20a u. 4–5.27 u. 29 (R: 2a)

R Von den Taten deiner Huld, o Herr, will ich ewig singen. – R
Oder: (GL 527, 2)
R Halleluja. – R

2 Von den Taten deiner Huld, Herr, will ich ewig singen, *   VIII. Ton
bis zum fernsten Geschlecht laut deine Treue verkünden.
3 Denn ich bekenne: Deine Huld besteht für immer und ewig; *
deine Treue steht fest im Himmel. – (R)

20a Einst hast du in einer Vision zu deinen Frommen gesprochen: †
4 „Ich habe einen Bund geschlossen mit meinem Erwählten *
und David, meinem Knecht, geschworen:
5 Deinem Haus gebe ich auf ewig Bestand, *
und von Geschlecht zu Geschlecht richte ich deinen Thron auf." – (R)

27 Er wird zu mir rufen: Mein Vater bist du, *
mein Gott, der Fels meines Heiles.
29 Auf ewig werde ich ihm meine Huld bewahren, *
mein Bund mit ihm bleibt allzeit bestehen. – R

RUF VOR DEM EVANGELIUM   Vers: vgl. Offb 1, 5ab

Halleluja. Halleluja.
Jesus Christus, du bist der treue Zeuge, der Erstgeborene der Toten.
Du liebst uns
und hast uns von unseren Sünden erlöst durch dein Blut.
Halleluja.

ZUM EVANGELIUM
Jesus hat seinen Jüngern die Füße gewaschen. Er hat ihnen erklärt, wie sie das verstehen sollen: „Ich habe euch ein Beispiel gegeben" (13, 15). Demütiger Dienst, dienende Liebe bis zur Preisgabe des eigenen Lebens, das ist sein Beispiel. Auch dem Verräter hat Jesus die Füße gewaschen; er hat dabei an die Klage des Psalms 41 gedacht und hat auch die bittere Erfahrung verratener Freundschaft in sein erlösendes Leiden mit hineingenommen (V. 18). Die übrigen Jünger sollen durch die Tat des einen nicht an der Größe ihrer Berufung und Sendung irre werden. – Joh 15,20; Mt 10,24–25; Lk 6,40; Jak 1,25; Joh 6,70–71; Ps 41,10; Joh 14,29; 16,4; Mt 10,40; Mk 9,37; Lk 9,48.

EVANGELIUM   Joh 13,16–20
Wer einen aufnimmt, den ich sende, nimmt mich auf

✙ Aus dem heiligen Evangelium nach Johannes.

Nachdem Jesus seinen Jüngern die Füße gewaschen hatte,
    sprach er zu ihnen:

16 Amen, amen, ich sage euch:
    Der Sklave ist nicht größer als sein Herr,
und der Abgesandte ist nicht größer als der, der ihn gesandt hat.

17 Selig seid ihr,
    wenn ihr das wißt und danach handelt.

18 Ich sage das nicht von euch allen.
Ich weiß wohl, welche ich erwählt habe,
aber das Schriftwort muß sich erfüllen:
    Einer, der mein Brot aß, hat mich hintergangen.

19 Ich sage es euch schon jetzt, ehe es geschieht,
    damit ihr, wenn es geschehen ist, glaubt: Ich bin es.

20 Amen, amen, ich sage euch:
    Wer einen aufnimmt, den ich sende,
    nimmt mich auf;
wer aber mich aufnimmt,
    nimmt den auf, der mich gesandt hat.

FÜRBITTEN

In der Auferstehung Jesu ist das Leben für alle erstanden. Zu unserem Herrn Jesus Christus wollen wir rufen:

Für alle Getauften: erhalte sie in deiner Gnade. – Lasset zum Herrn uns beten: Herr, erbarme dich.
A.: Christus, erbarme dich.

Für die Welt: schenke ihr Frieden und Wohlergehen. – Lasset zum Herrn uns beten: Herr, erbarme dich.
A.: Christus, erbarme dich.

Für alle Bedrängten: befreie sie aus ihrer Not. – Lasset zum Herrn uns beten: Herr, erbarme dich.

Für unsere Gemeinde: gib, daß die Liebe zu dir wächst. – Lasset zum Herrn uns beten: Herr, erbarme dich.

Gott, unser Vater, du hast den Menschen durch die Erlösung erneuert. Laß uns das neue Leben bewahren durch Christus, unseren Herrn.   A.: Amen.

GABENGEBET

Herr und Gott,
laß unser Gebet zu dir aufsteigen
und nimm unsere Gaben an.
Reinige uns durch deine Gnade,
damit wir fähig werden,
das Sakrament deiner großen Liebe zu empfangen.
Darum bitten wir durch Christus, unseren Herrn.

Osterpräfation, S. 1358 ff.

KOMMUNIONVERS   Mt 28, 20
Ich bin bei euch alle Tage bis zum Ende der Welt. Halleluja.

SCHLUSSGEBET

Allmächtiger Gott,
du hast uns durch die Auferstehung Christi
neu geschaffen für das ewige Leben.
Erfülle uns
mit der Kraft dieser heilbringenden Speise,
damit das österliche Geheimnis
in uns reiche Frucht bringt.
Darum bitten wir durch Christus, unseren Herrn.

„ZUR VÖLKERWELT VON GOTT GESANDT, *soll die Kirche das allumfassende Sakrament des Heils sein. So müht sie sich gemäß dem in-*

nersten Anspruch ihrer eigenen Katholizität und im Gehorsam gegen den
Auftrag ihres Stifters (vgl. Mk 16, 15f.), das Evangelium allen Menschen
zu verkünden. Denn auch die Apostel, auf die die Kirche gegründet worden ist, haben, den Spuren Christi folgend, das Wort der Wahrheit
verkündigt und Kirchen gegründet. Pflicht ihrer Nachfolger ist es, diesem
Werk Dauer zu verleihen, ‚damit das Wort Gottes seinen Lauf nimmt und
verherrlicht wird' (2 Thess 3, 1) und überall auf Erden die Herrschaft Gottes ausgerufen und aufgerichtet wird. In der gegenwärtigen Weltlage, aus
der für die Menschheit eine neue Situation entsteht, ist die Kirche mit ver-
stärkter Dringlichkeit gerufen, dem Heil und der Erneuerung aller Kreatur
zu dienen, damit alles in Christus zusammengefaßt werde und in ihm die
Menschen eine einzige Familie und ein einziges Gottesvolk bilden" (II. Vatikan. Konzil, Über die Missionstätigkeit der Kirche 1).*

FREITAG

ERÖFFNUNGSVERS
Offb 5, 9–10

**Herr, du hast uns durch dein Blut erkauft
aus allen Stämmen und Sprachen, aus allen Völkern und Nationen,
und du hast uns für unseren Gott zu Königen und Priestern gemacht.
Halleluja.**

TAGESGEBET

**Allmächtiger Gott,
dir verdanken wir unsere Freiheit und unser Heil,
denn du hast uns
durch das kostbare Blut deines Sohnes erlöst.
Laß uns aus deiner Kraft leben
und unter deinem beständigen Schutz geborgen sein.
Darum bitten wir durch Jesus Christus.**

ZUR LESUNG *Die Missionspredigt der apostolischen Zeit, wie sie in
der Apostelgeschichte überliefert wird, folgt einem gleichbleibenden
Grundschema, erhält aber durch die jeweilige Situation und die Person
des Redenden ihre besonderen Akzente (vgl. Pfingstpredigt des Petrus:
2, 14–36, und die Rede des Stephanus: 7, 2–53). Paulus geht in seiner
Rede von dem aus, was er mit seinen Zuhörern gemeinsam hat: er gibt
einen kurzen Abriß der Heilsgeschichte, von der Erwählung Abrahams*

und der Herausführung aus Ägypten bis auf Johannes den Täufer und Jesus, den verheißenen Retter (V. 16–25). Dann wendet er sich werbend und bittend an seine „Brüder" (V. 26), die Söhne Abrahams. Ihnen gilt hier und heute „das Wort des Heils" (vgl. 11,14): die Botschaft von Jesus, dem Christus, den Gott aus dem Grab auferweckt hat. In V. 27 deutet Paulus das Geheimnis an, das über der Geschichte Israels liegt: die Einwohner Jerusalems und ihre Führer haben Jesus verurteilt, sie haben aber damit die Worte der Propheten erfüllt. – Apg 5,20; 2,23; 3,17–18; Lk 18,31; 1 Kor 1,18–31; 15,3.

ERSTE LESUNG Apg 13,26–33

Gott hat die Verheißung erfüllt, indem er Jesus auferweckt hat

Lesung
   aus der Apostelgeschichte.

In jenen Tagen,
   als Paulus nach Antióchia in Pisídien gekommen war,
   sagte er in der Synagoge:
26 **Brüder,**
ihr Söhne aus Abrahams Geschlecht und ihr Gottesfürchtigen!
Uns wurde das Wort des Heils gesandt.

27 **Denn die Einwohner von Jerusalem und ihre Führer**
   haben Jesus nicht erkannt,
aber sie haben die Worte der Propheten,
   die an jedem Sabbat vorgelesen werden, erfüllt
   und haben ihn verurteilt.

28 **Obwohl sie nichts fanden, wofür er den Tod verdient hätte,**
   forderten sie von Pilatus seine Hinrichtung.

29 **Als sie alles vollbracht hatten,**
   was in der Schrift über ihn gesagt ist,
   nahmen sie ihn vom Kreuzesholz und legten ihn ins Grab.

30 **Gott aber hat ihn von den Toten auferweckt,**
31 **und er ist viele Tage hindurch denen erschienen,**
   die mit ihm zusammen
   von Galiläa nach Jerusalem hinaufgezogen waren
   und die jetzt vor dem Volk seine Zeugen sind.

32 **So verkünden wir euch das Evangelium:**

Gott hat die Verheißung, die an die Väter ergangen ist,
33 an uns, ihren Kindern, erfüllt,
indem er Jesus auferweckt hat,
wie es schon im zweiten Psalm heißt:
Mein Sohn bist du,
heute habe ich dich gezeugt.

ANTWORTPSALM Ps 2,6–7.8–9.10–11 (R: 7bc)

R Mein Sohn bist du. Heute habe ich dich gezeugt. – **R**   (GL 149,5)

Oder:
R Halleluja. – **R**

6 „Ich selber habe meinen König eingesetzt *   I. Ton
auf Zion, meinem heiligen Berg."

7 Den Beschluß des Herrn will ich kundtun. †
Er sprach zu mir: „Mein Sohn bist du. *
Heute habe ich dich gezeugt. – (**R**)

8 Fordere von mir, und ich gebe dir die Völker zum Erbe, *
die Enden der Erde zum Eigentum.

9 Du wirst sie zerschlagen mit eiserner Keule, *
wie Krüge aus Ton wirst du sie zertrümmern." – (**R**)

10 Nun denn, ihr Könige, kommt zur Einsicht, *
laßt euch warnen, ihr Gebieter der Erde!

11 Dient dem Herrn in Furcht, *
und küßt ihm mit Beben die Füße. – **R**

RUF VOR DEM EVANGELIUM Vers: Joh 14,6

Halleluja. Halleluja.
(So spricht der Herr:)
Ich bin der Weg und die Wahrheit und das Leben.
Niemand kommt zum Vater außer durch mich.
Halleluja.

ZUM EVANGELIUM   *Die Jünger haben Mühe, zu begreifen, was Jesus mit seinem Weggehen meint: „Wir wissen nicht, wohin du gehst" (V. 5). Sie haben Angst. Gegen die Angst gibt es nur ein Mittel: „Glaubt an Gott, und glaubt an mich!" (V. 1.) Der Glaube, den Jesus fordert, ist*

Vertrauen und Hoffnung. Die Trennung ist keine endgültige; im Haus des Vaters, d.h. im Reich Gottes, ist Platz für alle. Thomas möchte eine direkte, unverhüllte Auskunft über das Ziel und den Weg Jesu, der ja auch der Weg des Jüngers sein wird. Jesus nennt das Ziel nur nebenbei: „zum Vater", zur bleibenden Gemeinschaft mit Gott. Dorthin gibt es einen einzigen Weg: Ich bin der Weg. Jesus ist der Weg, weil er die Wahrheit ist. Der Weg ist nicht vom Ziel getrennt; wer ihn geht, wer die Wahrheit sucht, der hat, weil er Jesus hat, auch das Leben, jetzt schon. – Joh 10,28–30; 12,26; 8,31–32.40; 5,21; 11,25–26; Hebr 10,19–22; Joh 8,19; 12,45; 2 Kor 4,4.

EVANGELIUM Joh 14,1–6

Ich bin der Weg und die Wahrheit und das Leben

✛ Aus dem heiligen Evangelium nach Johannes.

In jener Zeit sprach Jesus zu seinen Jüngern:
1 Euer Herz lasse sich nicht verwirren.
Glaubt an Gott,
    und glaubt an mich!
2 Im Haus meines Vaters gibt es viele Wohnungen.
Wenn es nicht so wäre,
    hätte ich euch dann gesagt:
    Ich gehe, um einen Platz für euch vorzubereiten?

3 Wenn ich gegangen bin
    und einen Platz für euch vorbereitet habe,
    komme ich wieder
und werde euch zu mir holen,
    damit auch ihr dort seid, wo ich bin.
4 Und wohin ich gehe
    – den Weg dorthin kennt ihr.
5 Thomas sagte zu ihm:
    Herr, wir wissen nicht, wohin du gehst.
Wie sollen wir dann den Weg kennen?
6 Jesus sagte zu ihm:
    Ich bin der Weg und die Wahrheit und das Leben;
niemand kommt zum Vater
    außer durch mich.

FÜRBITTEN

Wir bitten Jesus Christus, unseren Herrn, der uns den Weg in das Haus des Vaters zeigt:

Befreie die Herzen der Gläubigen von Angst und Sorge.
A.: Wir bitten dich, erhöre uns.

Laß die Menschen dich suchen und bei dir Ruhe finden.

Neige dich allen zu, die deine Hilfe brauchen.

Gib, daß wir in deinem beständigen Schutz geborgen sind.

Denn du bist der Weg, die Wahrheit und das Leben. Auf dich setzen wir unsere Hoffnung. Dir sei Dank und Ehre in Ewigkeit.
A.: Amen.

GABENGEBET

Gütiger Gott,
nimm unsere Gaben an
und gewähre uns deinen Schutz,
damit wir die Taufgnade,
die wir empfangen haben, nicht verlieren
und zur ewigen Freude gelangen,
die du für uns bereitet hast.
Darum bitten wir durch Christus, unseren Herrn.

Osterpräfation, S. 1358 ff.

KOMMUNIONVERS   Röm 4, 25

Wegen unserer Verfehlungen wurde Christus hingegeben,
wegen unserer Rechtfertigung wurde er auferweckt. Halleluja.

SCHLUSSGEBET

Gütiger Gott,
bewahre dem Volk der Erlösten
deine Liebe und Treue.
**Das Leiden deines Sohnes hat uns gerettet,
seine Auferstehung erhalte uns in der Freude.
Darum bitten wir durch ihn, Christus, unseren Herrn.**

„DAS HAUS DES VATERS *ist der Vater selbst. In diesem Haus ist zunächst nur der Sohn daheim, der von Natur und daher ewig beim Vater ist. Er ist dort daheim, sonst niemand. Allen andern muß der Ort bereitet werden. Er kann nur bereitet werden durch den Sohn ..., der einer aus uns geworden ist und als einer aus uns nun ‚hingeht'. Er ist der erste Mensch, der so bei Gott sein kann, und er macht diesen Ort, diese Wohnung, dieses Haus prinzipiell allen Menschen zugänglich. Wer sich zu ihm hält, wer an ihn glaubt, für den ist der Weg offen. Sein Gehen ist also weniger ein Fortgehen als ein Vorausgehen. Er hört ja nicht auf, einer von uns zu sein. Er konnte es nur auf Erden werden, aber er bleibt es nun auch für immer im Himmel. Und so sehr ist er einer aus uns geworden, daß er nun auch ganz und gar für uns ist, alles, was er ist. Ist er beim Vater, in der Herrlichkeit des Vaters, so ist er es eben auch für uns: er zieht uns nach"* (Eugen Walter).

SAMSTAG

ERÖFFNUNGSVERS
Vgl. 1 Petr 2,9

Volk Gottes, verkünde die großen Taten des Herrn.
Er hat uns aus der Finsternis herausgeführt
in sein wunderbares Licht. Halleluja.

TAGESGEBET

Allmächtiger, ewiger Gott,
du hast uns im Sakrament der Taufe
neues Leben geschenkt.
Festige unsere Verbundenheit mit Christus,
damit wir Früchte bringen, die bleiben,
und die Freude des ewigen Lebens erlangen.
Darum bitten wir durch Jesus Christus.

ZUR LESUNG *Juden und Heiden interessierten sich in Pisidien für die Botschaft, die Paulus und Barnabas brachten. Aber die Freiheit, mit der die beiden von Mose und dem Gesetz sprachen, und ihre Erfolge bei der heidnischen Bevölkerung machten die leitenden Männer mißtrauisch. Das konnte Paulus selbst am wenigsten überraschen; er kannte ja seine Brüder und ihre rabbinisch-pharisäische Einstellung gegenüber der heidnischen Welt. Trotzdem wird er überall, wohin er kommt, das Wort Gottes*

zuerst den Juden verkünden (V. 46). „Für euch zuerst", hatte auch Petrus
auf dem Tempelplatz zu den Juden gesagt (3, 26). Paulus achtet das Vorrecht des Judentums, trotz aller bitteren Erfahrungen. Daß seine Volksgenossen sich dem Angebot beharrlich verschlossen und damit dem
Evangelium den Weg zu den Heiden wiesen (V. 46), bedeutet für Paulus
ein Problem, das ihn sein Leben lang belastet (vgl. Röm 9–11). Der
Schlußsatz dieser Lesung spricht von der Grunderfahrung des Jüngers,
d. h. des Menschen, dem Christus begegnet ist: von der Freude, die ebenso
wie der Glaube vom Geist Gottes kommt. – Apg 5, 17; 17, 5; 1 Thess
2, 14; Apg 13, 5; 18, 6; 28, 24–28; Jes 49, 6; Lk 9, 5; 1 Thess 1, 6.

ERSTE LESUNG   Apg 13, 44–52

Wir wenden uns jetzt an die Heiden

Lesung
   aus der Apostelgeschichte.

Am Sabbat nach der ersten Predigt des Paulus in Antióchia
44 versammelte sich fast die ganze Stadt,
   um das Wort des Herrn zu hören.
45 Als die Juden die Scharen sahen,
   wurden sie eifersüchtig,
   widersprachen den Worten des Paulus
   und stießen Lästerungen aus.
46 Paulus und Bárnabas aber erklärten freimütig:
   Euch mußte das Wort Gottes zuerst verkündet werden.
   Da ihr es aber zurückstoßt
   und euch des ewigen Lebens unwürdig zeigt,
   wenden wir uns jetzt an die Heiden.
47 Denn so hat uns der Herr aufgetragen:

   Ich habe dich zum Licht für die Völker gemacht,
   bis an das Ende der Erde sollst du das Heil sein.

48 Als die Heiden das hörten, freuten sie sich
   und priesen das Wort des Herrn;
   und alle wurden gläubig, die für das ewige Leben bestimmt waren.
49 Das Wort des Herrn aber
   verbreitete sich in der ganzen Gegend.
50 Die Juden jedoch
   hetzten die vornehmen gottesfürchtigen Frauen
   und die Ersten der Stadt auf,

veranlaßten eine Verfolgung gegen Paulus und Bárnabas
und vertrieben sie aus ihrem Gebiet.

51 Diese aber schüttelten gegen sie den Staub von ihren Füßen
und zogen nach Ikónion.

52 Und die Jünger waren voll Freude
und erfüllt vom Heiligen Geist.

ANTWORTPSALM   Ps 98 (97), 1.2–3b.3c–4 (R: vgl. 3cd)

R Alle Enden der Erde sehen das Heil unsres Gottes. – R (GL 149, 1)

Oder:
R Halleluja. – R

1 Singet dem Herrn ein neues Lied; *   VIII. Ton
   denn er hat wunderbare Taten vollbracht.

   Er hat mit seiner Rechten geholfen *
   und mit seinem heiligen Arm. – (R)

2 Der Herr hat sein Heil bekannt gemacht *
   und sein gerechtes Wirken enthüllt vor den Augen der Völker.

3ab Er dachte an seine Huld *
    und an seine Treue zum Hause Israel. – (R)

3cd Alle Enden der Erde *
    sahen das Heil unsres Gottes.

4 Jauchzt vor dem Herrn, alle Länder der Erde, *
   freut euch, jubelt und singt! – R

RUF VOR DEM EVANGELIUM   Vers: Joh 8, 31b–32

Halleluja. Halleluja.

(So spricht der Herr:)
Wenn ihr in meinem Wort bleibt, seid ihr wirklich meine Jünger.
Dann werdet ihr die Wahrheit erkennen.

Halleluja.

ZUM EVANGELIUM *In Jesus ist Gott sichtbar und faßbar geworden.*
Die Frage des Thomas und die Bitte des Philippus (V. 5 und 8) zeigen
aber, daß die Jünger, obwohl sie mit Jesus schon so lange zusammenle-
ben, Mühe haben, zu verstehen, was er ihnen in dieser Stunde sagt. Die
Jünger, das sind wir. Jesus wird nicht müde, es uns immer wieder neu zu

sagen: Ich bin im Vater, und der Vater ist in mir. Um es zu verstehen, brauchen wir die Ewigkeit. In der gegenwärtigen Zeit hilft uns der Glaube, der immer neu über unser kleines Ich und sein Fassungsvermögen hinaus in die Weite Gottes hineinwächst. Für diesen Glauben ist nichts unmöglich. – Joh 8,19; 12,44–45.49; 2 Kor 4,4; Ex 33,18; Joh 10,30; 19,49; 5,36; 10,38; 15,7; 16,24.26; Mt 7,7–11; Apg 3,6.16; 1 Joh 3,22.

EVANGELIUM Joh 14,7–14

Wer mich gesehen hat, hat den Vater gesehen

✠ Aus dem heiligen Evangelium nach Johannes.

In jener Zeit sprach Jesus zu seinen Jüngern:

7 Wenn ihr mich erkannt habt,
 werdet ihr auch meinen Vater erkennen.
Schon jetzt kennt ihr ihn
und habt ihn gesehen.

8 Philíppus sagte zu ihm: Herr, zeig uns den Vater;
das genügt uns.

9 Jesus antwortete ihm:
 Schon so lange bin ich bei euch,
 und du hast mich nicht erkannt, Philíppus?
Wer mich gesehen hat,
 hat den Vater gesehen.
Wie kannst du sagen: Zeig uns den Vater?

10 Glaubst du nicht, daß ich im Vater bin
 und daß der Vater in mir ist?
Die Worte, die ich zu euch sage,
 habe ich nicht aus mir selbst.
Der Vater, der in mir bleibt,
 vollbringt seine Werke.

11 Glaubt mir doch, daß ich im Vater bin
 und daß der Vater in mir ist;
wenn nicht, glaubt wenigstens aufgrund der Werke!

12 Amen, amen, ich sage euch:
Wer an mich glaubt,
 wird die Werke, die ich vollbringe, auch vollbringen,
und er wird noch größere vollbringen,
denn ich gehe zum Vater.

13 Alles, um was ihr in meinem Namen bittet,
　　werde ich tun,
　　damit der Vater im Sohn verherrlicht wird.
14 Wenn ihr mich um etwas in meinem Namen bittet,
　　werde ich es tun.

FÜRBITTEN

Im Gebet wollen wir uns an Jesus Christus wenden, der mit dem Vater eins ist und ihn offenbart:

Schenke deinen Boten den Heiligen Geist, damit sie freimütig das Wort Gottes verkünden. – (Stille) Christus, höre uns.
A.: Christus, erhöre uns.

Führe alle Völker zum Licht der Wahrheit, daß sie das Heil erlangen. – (Stille) Christus, höre uns.

Blicke auf die Verzagten, und richte sie auf. – (Stille) Christus, höre uns.

Nimm dich der Verstorbenen an, daß sie deine Herrlichkeit schauen. – (Stille) Christus, höre uns.

Allmächtiger, gütiger Gott, gib uns, um was wir im Namen deines Sohnes bitten, denn immer erhörst du ihn, unseren Herrn Jesus Christus, A.: Amen.

GABENGEBET

Barmherziger Gott, heilige diese Gaben.
Nimm das Opfer an,
das dir im Heiligen Geist dargebracht wird,
und mache uns selbst zu einer Gabe,
die für immer dir gehört.
Darum bitten wir durch Christus, unseren Herrn.

Osterpräfation, S. 1358 ff.

KOMMUNIONVERS　　　　　　　　　　　　　　　　Joh 17, 24

Vater, ich will, daß alle, die du mir gegeben hast,
dort bei mir sind, wo ich bin;
sie sollen meine Herrlichkeit schauen, die du mir gegeben hast.

SCHLUSSGEBET

Barmherziger Gott,
wir haben den Auftrag deines Sohnes erfüllt
und sein Gedächtnis begangen.
Die heilige Gabe,
die wir in dieser Feier empfangen haben,
helfe uns, daß wir
in der Liebe zu dir und unseren Brüdern
Christus nachfolgen,
der mit dir lebt und herrscht in alle Ewigkeit.

„HERR, ZEIGE UNS DEN VATER, *und es genügt uns!* (Joh 14, 8). – *Er läßt sie die Werke des Vaters sehen, und er läßt sie die Worte des Vaters hören. Er tut nur „was er den Vater tun sieht" (Joh 5, 19), er ist sein vollkommenes Ebenbild. So offenbart er ihnen den Vater. Und indem er, das Bild des Vaters, sich ihrem durch den Glauben geöffneten Auge schenkt, werden sie „umgestaltet in dasselbe Bild von Klarheit zu Klarheit durch den Geist, der von ihm ausgeht" (2 Kor 3, 18), werden auch sie Gottes Bild. Denn was ich im Auge habe, bildet mich. Wir werden, was wir schauen. „Den Götzen werden die ähnlich, die sich Götzen machen" (Ps 113). Wer aber Jesus im Auge behält, wird Jesus ähnlich und durch ihn Gott"* (Heinrich Spaemann).

5. WOCHE

MONTAG

ERÖFFNUNGSVERS

Auferstanden ist der Gute Hirt. Er gab sein Leben für die Schafe.
Er ist für seine Herde gestorben. Halleluja.

TAGESGEBET

Gott, unser Herr,
du verbindest alle, die an dich glauben,
zum gemeinsamen Streben.
Gib, daß wir lieben, was du befiehlst,
und ersehnen, was du uns verheißen hast,

**damit in der Unbeständigkeit dieses Lebens
unsere Herzen dort verankert seien,
wo die wahren Freuden sind.
Darum bitten wir durch Jesus Christus.**

ZUR LESUNG   *Ikonion und Lystra sind die Schauplätze dieses Abschnitts. – Immer wieder sorgt die Verfolgung dafür, daß die Boten des Evangeliums nicht zur Ruhe kommen. In Ikonion hatten die Missionare („Apostel") Paulus und Barnabas zwar bei Juden und Heiden Erfolg gehabt, Zeichen und Wunder hatten ihr Wort bestätigt (14, 3); aber auch hier stieß das Evangelium auf heftige Ablehnung, vor allem von seiten der Synagoge (vgl. 14, 19). Um der Steinigung zu entgehen, flohen sie nach dem weiter südlich gelegenen Lystra. Die Heilung des Gelähmten in Lystra erinnert an das Heilungswunder des Petrus in Apg 3, 1–10 (vgl. 9, 32–35). Lukas legt Wert darauf, zu zeigen, daß Gott den Paulus ebenso wie die Altapostel durch Wunder bestätigt hat. Der Gelähmte in Lystra „vertraute darauf, gerettet zu werden", deshalb konnte er geheilt und gerettet werden. Das Griechische kann mit demselben Wort beides bezeichnen: Heilung und Rettung, körperliche Gesundung und ewiges Heil. Daß man auf das Wunder hin Paulus und Barnabas als Götter verehren wollte, war ein fatales Mißverständnis. In den Versen 15–17 wird uns die erste Rede des Paulus vor einem rein heidnischen Publikum berichtet (vgl. die Rede des Petrus, Apg 10, 34–43). Wohl durch die eben gemachte Erfahrung ernüchtert, predigt Paulus in dieser Situation nicht das Evangelium von Jesus, dem Messias (vgl. aber V. 7); er knüpft ganz einfach an die religiöse Denkweise seiner heidnischen Zuhörer, an ihre naturhafte Gotteserfahrung an, um sie zum Glauben an den einen lebendigen Gott zu führen: an den Gott, von dem die Fülle des Lebens und der Freude kommt.
– Lk 10, 10–11; 2 Tim 3, 11; Apg 28, 6; 3, 12; 10, 25–26; Ex 20, 11; Ps 146, 6; Weish 13, 1–9; Jer 5, 24.*

ERSTE LESUNG   Apg 14, 5–18

Wir bringen euch das Evangelium, damit ihr euch von diesen nichtigen Götzen zu dem lebendigen Gott bekehrt

**Lesung
    aus der Apostelgeschichte.**

**In jenen Tagen,
    als die Apostel merkten,
    daß die Heiden und die Juden von Ikónion**

Osterzeit: 5. Woche – Montag

zusammen mit ihren Führern
entschlossen waren, sie zu mißhandeln und zu steinigen,
⁶ flohen sie in die Städte von Lykaónien, Lystra und Derbe,
und in deren Umgebung.
⁷ Dort verkündeten sie das Evangelium.

⁸ In Lystra war ein Mann, der von Geburt an gelähmt war;
er saß ohne Kraft in den Füßen da
und hatte nie gehen können.
⁹ Er hörte der Predigt des Paulus zu.
Dieser blickte ihm fest ins Auge;
und da er sah, daß der Mann darauf vertraute, gerettet zu werden,
¹⁰ rief er laut: Steh auf!
Stell dich aufrecht auf deine Füße!
Da sprang der Mann auf und ging umher.

¹¹ Als die Menge sah, was Paulus getan hatte,
fing sie an zu schreien
und rief auf lykánisch:
Die Götter sind in Menschengestalt zu uns herabgestiegen.
¹² Und sie nannten den Bárnabas Zeus,
den Paulus aber Hermes, weil er der Wortführer war.
¹³ Der Priester des „Zeus vor der Stadt"
brachte Stiere und Kränze an die Tore
und wollte zusammen mit der Volksmenge ein Opfer darbringen.

¹⁴ Als die Apostel Bárnabas und Paulus davon hörten,
zerrissen sie ihre Kleider,
sprangen unter das Volk
und riefen:
¹⁵ Männer, was tut ihr?
Auch wir sind nur Menschen, von gleicher Art wie ihr;
wir bringen euch das Evangelium,
damit ihr euch von diesen nichtigen Götzen
zu dem lebendigen Gott bekehrt,
der den Himmel, die Erde und das Meer geschaffen hat
und alles, was dazugehört.
¹⁶ Er ließ in den vergangenen Zeiten alle Völker ihre Wege gehen.
¹⁷ Und doch hat er sich nicht unbezeugt gelassen:
Er tat Gutes,
gab euch vom Himmel her Regen und fruchtbare Zeiten;
mit Nahrung und mit Freude erfüllte er euer Herz.

18 Doch selbst mit diesen Worten
 konnten sie die Volksmenge kaum davon abbringen,
 ihnen zu opfern.

ANTWORTPSALM Ps 115 (113 B), 1–2.3–4.15–16 (R: 1ab)

R Nicht uns, o Herr, bring zu Ehren, (GL 496)
nicht uns, sondern deinen Namen! – R

Oder:
R Halleluja. – R

1 Nicht uns, o Herr, bring zu Ehren, † VI. Ton
 nicht uns, sondern deinen Namen, *
 in deiner Huld und Treue!
2 Warum sollen die Völker sagen: *
 „Wo ist denn ihr Gott?" – (R)
3 Unser Gott ist im Himmel; *
 alles, was ihm gefällt, das vollbringt er.
4 Die Götzen der Völker sind nur Silber und Gold, *
 ein Machwerk von Menschenhand. – (R)
15 Seid gesegnet vom Herrn, *
 der Himmel und Erde gemacht hat.
16 Der Himmel ist der Himmel des Herrn, *
 die Erde aber gab er den Menschen. – R

RUF VOR DEM EVANGELIUM Vers: Joh 14, 26

Halleluja. Halleluja.

Der Heilige Geist wird euch alles lehren
und euch an alles erinnern, was ich euch gesagt habe.

Halleluja.

ZUM EVANGELIUM *In der Frage des Judas Thaddäus (V. 22) steckt zunächst das Erschrecken darüber, daß Jesus sich nicht, national-messianischen Erwartungen entsprechend, als König Israels machtvoll vor der Welt präsentieren („offenbaren") will. Nur die Jünger „sehen" ihn (vgl. V. 19). Jesus gibt auf die Frage des Judas keine direkte Antwort. Auch nicht auf die Frage, die der Evangelist selbst aus der Frage des Judas wohl herausgehört hat: Warum hat die Welt Jesus nicht als den Messias erkannt? Der Jünger soll zunächst seine eigene Situation begreifen. Von der „Welt" unterscheidet ihn die Tatsache, daß er das offenbarende Wort gehört und daß er geantwortet hat. Dadurch hat er Gemeinschaft mit Gott. Das Wort festhalten, in der Antwort bleiben und sich bewähren, das ist die Liebe, die Jesus vom Jünger verlangt. Wer so in der Liebe bleibt, der hat nicht nur seine Wohnung im Haus des Vaters (vgl. 14, 2); er selbst wird – jetzt schon – zur lebendigen Wohnung des dreifaltigen Gottes. – Joh 16, 27; 17, 26; Dtn 7, 12–13; Mt 16, 27; Apg 1, 6; Joh 1, 10; 1 Joh 1, 3–4; Joh 16, 13–15; 1 Kor 2, 10; Eph 3, 5.*

EVANGELIUM Joh 14, 21–26

Der Beistand, den der Vater senden wird, wird euch alles lehren

✢ Aus dem heiligen Evangelium nach Johannes.

In jener Zeit sprach Jesus zu seinen Jüngern:
21 Wer meine Gebote hat und sie hält,
 der ist es, der mich liebt;
wer mich aber liebt,
 wird von meinem Vater geliebt werden,
 und auch ich werde ihn lieben und mich ihm offenbaren.
22 Judas – nicht der Judas Iskáriot – fragte ihn:
 Herr, warum willst du dich nur uns offenbaren
 und nicht der Welt?
23 Jesus antwortete ihm:
 Wenn jemand mich liebt,
 wird er an meinem Wort festhalten;
 mein Vater wird ihn lieben,
 und wir werden zu ihm kommen und bei ihm wohnen.
24 Wer mich nicht liebt, hält an meinen Worten nicht fest.
Und das Wort, das ihr hört, stammt nicht von mir,
 sondern vom Vater, der mich gesandt hat.
25 Das habe ich zu euch gesagt, während ich noch bei euch bin.
26 Der Beistand aber, der Heilige Geist,
 den der Vater in meinem Namen senden wird,
 der wird euch alles lehren
und euch an alles erinnern, was ich euch gesagt habe.

FÜRBITTEN

Jesus Christus, der gute Hirt, ist für seine Herde gestorben und auferstanden. Ihn bitten wir:

Für das Volk Gottes: daß es am Wort Jesu festhält und sich an alles erinnert, was er gesagt hat. – Lasset zum Herrn uns rufen: Herr, erbarme dich.
A.: Christus, erbarme dich.

Für alle Menschen, die nicht an Gott glauben: daß sie sich hinwenden zu Gott, der Himmel und Erde geschaffen hat. – Lasset zum Herrn uns rufen: Herr, erbarme dich.

Für alle, die ihren Halt in irdischem Glück suchen: daß ihre Herzen dort verankert seien, wo die wahren Freuden sind. – Lasset zum Herrn uns rufen: Herr, erbarme dich.

Für unsere Gemeinde: daß wir ersehnen, was du verheißen hast. – Lasset zum Herrn uns rufen: Herr, erbarme dich.

Gott, unser Vater, laß uns lieben, was du befiehlst, und höre auf unser Gebet durch Christus, unseren Herrn. A.: Amen.

GABENGEBET

Herr und Gott,
laß unser Gebet zu dir aufsteigen
und nimm unsere Gaben an.
Reinige uns durch deine Gnade,
damit wir fähig werden,
das Sakrament deiner großen Liebe zu empfangen.
Darum bitten wir durch Christus, unseren Herrn.

Osterpräfation, S. 1358 ff.

KOMMUNIONVERS Joh 14, 27

So spricht der Herr:
Frieden hinterlasse ich euch, meinen Frieden gebe ich euch;
nicht wie die Welt ihn gibt, gebe ich ihn euch. Halleluja.

SCHLUSSGEBET

Allmächtiger Gott,
du hast uns durch die Auferstehung Christi
neu geschaffen für das ewige Leben.
Erfülle uns
mit der Kraft dieser heilbringenden Speise,
damit das österliche Geheimnis
in uns reiche Frucht bringt.
Darum bitten wir durch Christus, unseren Herrn.

„DIE GEMEINDE JESU *hat nicht ein ganzes Arsenal von Helfern und Beiständen, die ihr da und dort in allerlei Nöten zu Hilfe eilen, sie stützen, sichern und tragen müßten. Sondern sie hat im letzten und wesentlichen nur einen einzigen Beistand, auf den sie sich aber wirklich und hundertprozentig verlassen kann, einen Beistand, durch den Gott selbst seiner Gemeinde beisteht und hilft. In ihm hat sie ihre eigentümliche Sicherheit, die wahre Garantie ihres Bestandes; denn dieser Beistand sorgt dafür, daß sie ihrer Herkunft und ihrem Wesen als Gemeinde Jesu treu bleibt, daß sie von sich und ihrem Ursprung niemals wieder völlig abfallen kann, sondern stets mit sich identisch bleibt, auch im Wechsel von Zeit und Geschichte. Sie bleibt mit Jesus verbunden; von ihm kommt sie, zu ihrem Glück und Heil, nicht los"* (Josef Blank).

DIENSTAG

ERÖFFNUNGSVERS   Vgl. Offb 19, 5; 12, 10

Preist unseren Gott, alle, die ihn fürchten, klein und groß!
Denn gekommen ist die Rettung und die Macht
und die Herrschaft seines Gesalbten. Halleluja.

TAGESGEBET

Allmächtiger Gott,
durch die Auferstehung deines Sohnes
hast du uns neu geschaffen für das ewige Leben.
Festige uns im Glauben und in der Hoffnung,
damit wir die Erfüllung deiner Verheißung
voll Zuversicht erwarten.
Darum bitten wir durch Jesus Christus.

ZUR LESUNG   *Die Mission in Lystra hatte mit abgöttischer Verehrung begonnen und endigte mit Steinigung (V. 19). Das ist Apostelschicksal. Paulus-Saulus war mit der Steinigung des Stephanus einverstanden gewesen (Apg 8, 1); er war auch damit einverstanden, nun selbst die harten Steine zu spüren. Die Verse 20–27 sind ein abschließender Bericht über die erste Missionsreise; die Reise endet dort, wo sie begonnen hat, im syrischen Antiochia. Zunächst ist noch von einer erfolgreichen Tätigkeit in Derbe die Rede, dann von einer Art „Nachmission" bei den früher gegründeten Gemeinden. Wichtig ist in V. 23 die Notiz über eine beginnende Organisation der neuen Gemeinden. Die Gemeinde muß ja mit einer langen Zukunft, einem „langen Marsch" rechnen; dazu braucht sie außer Glauben und Geduld (V. 22) auch eine Verfassung. Die eingesetzten Leiter der Gemeinde werden (nach jüdischem Vorbild) „Älteste" genannt, griechisch „Presbyter" (davon „Priester"). Über die besonderen Vollmachten dieser Ältesten wird uns hier nichts mitgeteilt. Die Gemeinde ist wichtiger als das Amt; das Amt hat dem Glauben der Gemeinde zu dienen. – 1 Thess 2, 14; 2 Kor 11, 16–33; 2 Tim 3, 11; Apg 9, 16; 11, 23; 13, 43; Mt 10, 22; Röm 5, 3–4; 2 Thess 1, 4–5; 2 Tim 2, 12; 3, 12.*

ERSTE LESUNG   Apg 14, 19–28

Sie berichteten der Gemeinde alles, was Gott zusammen mit ihnen getan hatte

Lesung
   aus der Apostelgeschichte.

In jenen Tagen
19   **kamen Juden von Antióchia und Ikónion**
   und überredeten die Volksmenge.
   Und sie steinigten den Paulus und schleiften ihn zur Stadt hinaus,
   in der Meinung, er sei tot.
20 **Als aber die Jünger ihn umringten,**
   stand er auf und ging in die Stadt.
   Am anderen Tag zog er mit Bárnabas nach Derbe weiter.
21 **Als sie dieser Stadt das Evangelium verkündet**
   und viele Jünger gewonnen hatten,
   kehrten sie nach Lystra, Ikónion und Antióchia zurück.
22 **Sie sprachen den Jüngern Mut zu**
   und ermahnten sie, treu am Glauben festzuhalten;
sie sagten:

Durch viele Drangsale
    müssen wir in das Reich Gottes gelangen.
23 In jeder Gemeinde bestellten sie durch Handauflegung Älteste
    und empfahlen sie mit Gebet und Fasten dem Herrn,
        an den sie nun glaubten.
24 Nachdem sie durch Pisídien gezogen waren,
        kamen sie nach Pamphýlien,
25 verkündeten in Perge das Wort
    und gingen dann nach Attália hinab.
26 Von dort fuhren sie mit dem Schiff nach Antióchia,
        wo man sie für das Werk, das sie nun vollbracht hatten,
    der Gnade Gottes empfohlen hatte.
27 Als sie dort angekommen waren,
        riefen sie die Gemeinde zusammen
    und berichteten alles, was Gott mit ihnen zusammen getan
        und daß er den Heiden die Tür zum Glauben geöffnet hatte.
28 Und sie blieben noch längere Zeit bei den Jüngern.

ANTWORTPSALM Ps 145 (144), 10–11.12–13b.20–21 (R: vgl. 12a)

R Kündet den Menschen Gottes machtvolle Taten! – **R** (GL 529, 6)

Oder:
R Halleluja. – **R**

0 Danken sollen dir, Herr, all deine Werke * II. Ton
    und deine Frommen dich preisen.

1 Sie sollen von der Herrlichkeit deines Königtums reden, *
    sollen sprechen von deiner Macht. – (**R**)

2 Sie sollen den Menschen deine machtvollen Taten verkünden *
    und den herrlichen Glanz deines Königtums.

3ab Dein Königtum ist ein Königtum für ewige Zeiten, *
    deine Herrschaft währt von Geschlecht zu Geschlecht. – (**R**)

0 Alle, die ihn lieben, behütet der Herr, *
    doch alle Frevler vernichtet er.

1 Mein Mund verkünde das Lob des Herrn. *
    Alles, was lebt, preise seinen heiligen Namen immer und ewig! – **R**

RUF VOR DEM EVANGELIUM
Vers: vgl. Lk 24,46.26

Halleluja. Halleluja.

Christus mußte leiden und von den Toten auferstehen,
um so in seine Herrlichkeit zu gelangen.

Halleluja.

ZUM EVANGELIUM *Mit dem Abschnitt 14,25–31 endet die erste Abschiedsrede Jesu. Das Wort vom Helfer, dem Heiligen Geist, stand noch am Schluß des gestrigen Evangeliums. Daran schließen sich heute zwei weitere Zusagen an die Jünger: die Heilsgabe des Friedens (V. 27) und die Wiederkunft Jesu (V. 28). Die Welt hat keinen Frieden; sie hat Angst. Der Jünger Jesu bleibt davon nicht unberührt; das Leid in der Welt, die Angst vor dem nächsten Krieg (und dem nächsten „Frieden"), das Schweigen Gottes zum Weltgeschehen, von all dem ist auch der Glaubende betroffen. Aber die Gemeinschaft, die Gott ihm durch Christus geschenkt hat, überwindet die Angst. Das Weggehen Jesu ist die Voraussetzung für sein neues Kommen (nach der Auferstehung und bei der Wiederkunft am Ende der Zeit), also Grund zur Hoffnung. In den abschließenden Versen 30–31 nennt Jesus die innerste Triebkraft seines Lebens und im besonderen seines Kreuzestodes: die Liebe zum Vater. – Röm 5,1; Eph 2,14–18; 2 Thess 3,16; Joh 14,1–3; 13,19; 16,4; 13,2; 10,18; 16,33; 1 Joh 5,4; Joh 6,38.*

EVANGELIUM
Joh 14,27–31a

Meinen Frieden gebe ich euch

✝ Aus dem heiligen Evangelium nach Johannes.

In jener Zeit sprach Jesus zu seinen Jüngern:
27 Frieden hinterlasse ich euch,
meinen Frieden gebe ich euch;
nicht einen Frieden, wie die Welt ihn gibt, gebe ich euch.
Euer Herz beunruhige sich nicht und verzage nicht.
28 Ihr habt gehört,
    daß ich zu euch sagte:
    Ich gehe fort und komme wieder zu euch zurück.
Wenn ihr mich lieb hättet,
    würdet ihr euch freuen, daß ich zum Vater gehe;
denn der Vater ist größer als ich.

²⁹ Jetzt schon habe ich es euch gesagt, bevor es geschieht,
damit ihr, wenn es geschieht,
   zum Glauben kommt.
³⁰ Ich werde nicht mehr viel zu euch sagen;
denn es kommt der Herrscher der Welt.
Über mich hat er keine Macht,
³¹ᵃ aber die Welt soll erkennen,
   daß ich den Vater liebe
   und so handle, wie es mir der Vater aufgetragen hat.

FÜRBITTEN

Zu Christus, der uns seinen Frieden gibt, wollen wir beten:

Hilf allen Geweihten, zuversichtlich dem Auftrag zu dienen, den sie durch Handauflegung erhielten.
A.: Herr, erhöre unser Gebet.

Öffne den Glaubensboten eine Tür, damit das Wort des Herrn sich ausbreitet.

Gib allen, die um ihres Glaubens willen bedrängt werden, Mut, damit sie nicht verzagen und an dir irre werden.

Laß unsere Verstorbenen mit dir beim Vater leben.

Herr, unser Gott, du offenbarst dich durch machtvolle Taten. Steh allen bei, für die wir beten, durch Christus, unseren Herrn.
A.: Amen.

GABENGEBET

Allmächtiger Gott,
nimm die Gaben an,
die deine Kirche dir in österlicher Freude darbringt.
Du hast ihr Grund gegeben zu solchem Jubel,
erhalte ihr die Freude bis zur Vollendung.
Darum bitten wir durch Christus, unseren Herrn.

Osterpräfation, S. 1358 ff.

KOMMUNIONVERS   Röm 6, 8

Sind wir mit Christus gestorben,
so glauben wir, daß wir auch mit ihm leben werden. Halleluja.

SCHLUSSGEBET

Ewiger Gott,
du hast uns durch die Ostergeheimnisse erneuert.
Wende dich uns voll Güte zu
und bleibe bei uns mit deiner Huld,
bis wir mit verklärtem Leib
zum unvergänglichen Leben auferstehen.
Darum bitten wir durch Christus, unseren Herrn.

„DENNOCH STIRBT JESUS *den Tod des Verbrechers. Aber da es hier weder eine moralische noch eine juristische Handhabe gibt, die eine Verurteilung rechtfertigen würde, kann in diesem Tod etwas völlig anderes sichtbar werden: Jesu Liebe zum Vater. ‚Die Welt soll erkennen, daß ich den Vater liebe und so handle, wie mir der Vater gebot.' Jesu Tod soll für die Welt ein Zeichen werden der Liebe Jesu zum Vater, jener Liebe, die sich dem göttlichen Willen nicht entzieht, sondern im freien, diesen Willen innerlich bejahenden Gehorsam den Auftrag des Vaters erfüllt. So wird das Kreuz Jesu und also auch die Botschaft vom Kreuz zu einer letzten Frage an die Welt. Das Kreuz und die Welt stehen einander gegenüber; so wird es bis zum Ende bleiben. Wird die Welt dieses Zeichen erkennen und glauben? Wird sie das Heil, das hier für sie gewirkt wurde, sich schenken lassen? Es bleibt ihr angeboten. Die Gemeinde Jesu wird der Welt nichts anderes zu sagen haben"* (Josef Blank).

MITTWOCH

ERÖFFNUNGSVERS   Ps 71 (70), 8.23

Mein Mund ist erfüllt von deinem Lob,
von deinem Ruhm den ganzen Tag,
meine Lippen sollen jubeln,
denn dir will ich singen und spielen. Halleluja.

TAGESGEBET

Treuer Gott,
du liebst die Unschuld
und führst den Sünder zu dir zurück.
Darum hast du uns
aus der Finsternis des Unglaubens befreit

und in die Gemeinschaft mit dir aufgenommen.
Gib, daß wir dich mit ganzem Herzen suchen
und das Licht deiner Wahrheit nie verlieren.
Darum bitten wir durch Jesus Christus.

ZUR LESUNG   *Die erste Missionsreise des Paulus hat deutlich gemacht, wo die Zukunft der Kirche liegen wird: im weiten Raum der Heidenwelt (14,27). Aber wie muß diese Kirche aussehen, wie weit gilt für sie noch das jüdische Gesetz, im besonderen die Vorschrift der Beschneidung, die in Apg 15,1 als „Brauch des Mose" bezeichnet wird? Das war für die Zukunft des Christentums eine entscheidende Frage; nicht zufällig steht sie groß in der Mitte der Apostelgeschichte, im Kapitel über das „Apostelkonzil" in Jerusalem. Für jüdisches Denken hing die Zugehörigkeit zum Bund der Verheißung unlösbar mit der Beschneidung zusammen; für Nichtjuden war das eine fremde Sitte, die ihnen den Weg zum christlichen Glauben praktisch versperrt hätte. Aber wer konnte diese Frage entscheiden? Es ist erstaunlich, mit welcher Selbstverständlichkeit die vorwiegend heidenchristliche Gemeinde von Antiochia die Autorität der Apostel und Ältesten von Jerusalem anerkennt und von ihnen die Entscheidung erwartet. Wir lesen von harten Auseinandersetzungen und heftigem Streit, aber die Einheit wird nicht preisgegeben. – Gal 2,1–14; Apg 21,21.25; 15,23–29; Gen 17,9–11.*

ERSTE LESUNG   Apg 15,1–6

Man beschloß, sie sollten wegen dieser Streitfrage zu den Aposteln und den Ältesten nach Jerusalem hinaufgehen

Lesung
  aus der Apostelgeschichte.

In jenen Tagen
  kamen einige Leute von Judäa herab
und lehrten die Brüder:
  Wenn ihr euch nicht
  nach dem Brauch des Mose beschneiden laßt,
  könnt ihr nicht gerettet werden.
Nach großer Aufregung und heftigen Auseinandersetzungen,
  zwischen ihnen und Paulus und Bárnabas
  beschloß man, Paulus und Bárnabas und einige andere von ihnen

>   sollten wegen dieser Streitfrage
>   zu den Aposteln und den Ältesten
>   nach Jerusalem hinaufgehen.

3 Sie wurden von der Gemeinde feierlich verabschiedet
und zogen durch Phönízien und Samárien;
dabei berichteten sie den Brüdern von der Bekehrung der Heiden
und bereiteten damit allen große Freude.

4 Bei ihrer Ankunft in Jerusalem
>   wurden sie von der Gemeinde
>   und von den Aposteln und den Ältesten empfangen.

Sie erzählten alles, was Gott mit ihnen zusammen getan hatte.

5 Da erhoben sich einige aus dem Kreis der Pharisäer,
>   die gläubig geworden waren,

und sagten: Man muß sie beschneiden
und von ihnen fordern, am Gesetz des Mose festzuhalten.

6 Die Apostel und die Ältesten traten zusammen,
>   um die Frage zu prüfen.

ANTWORTPSALM   Ps 122 (121), 1–3.4–5 (R: 1b)

R Zum Haus des Herrn wollen wir pilgern. – **R**   (GL 526,1)

Oder:
R Halleluja. – **R**

1 Ich freute mich, als man mir sagte: *   VIII. Ton
„Zum Haus des Herrn wollen wir pilgern."

2 Schon stehen wir in deinen Toren, Jerusalem: †
3 Jerusalem, du starke Stadt, *
dicht gebaut und fest gefügt. – (R)

4 Dorthin ziehen die Stämme hinauf, die Stämme des Herrn, †
wie es Israel geboten ist, *
den Namen des Herrn zu preisen.

5 Denn dort stehen Throne bereit für das Gericht, *
die Throne des Hauses David. – **R**

RUF VOR DEM EVANGELIUM Vers: Joh 15,4a.5b

Halleluja. Halleluja.
(So spricht der Herr:)
Bleibt in mir, dann bleibe ich in euch.
Wer in mir bleibt, der bringt reiche Frucht.
Halleluja.

ZUM EVANGELIUM   *In der Bildrede vom Weinstock und den Reben gehen Gleichnis und Wirklichkeit ineinander über. Jesus gibt von diesem Wort keine Erklärung (weil es keine braucht), er schließt nur eine Mahnung an. Das Bild vom Weinstock (oder Weinberg) hat ebenso wie das vom Hirten tiefe Wurzeln im Alten Testament. Jesus vergleicht die lebensnotwendige Einheit von Weinstock und Rebe. Nur wer in der Einheit bleibt, kann Frucht bringen: was er tut, hat Sinn und Wert vor Gott und in der Gemeinde, in der Kirche. Jesus ist der w a h r e Weinstock, wie er das wahre Licht und der gute Hirt und das lebendige Brot ist: er ist die urbildliche Wirklichkeit, von der alles Geschaffene ein Gleichnis ist. – Dtn 32,32; Jes 5,1–7; Mt 20,1–16; Lk 22,17–18; Mt 15,13; Ps 127,1; Ez 15,1–8; Joh 14,13; 1 Joh 5,14.*

EVANGELIUM Joh 15,1–8

Wer in mir bleibt und in wem ich bleibe, der bringt reiche Frucht

✛ Aus dem heiligen Evangelium nach Johannes.

In jener Zeit sprach Jesus zu seinen Jüngern:
Ich bin der wahre Weinstock,
 und mein Vater ist der Winzer.
Jede Rebe an mir, die keine Frucht bringt,
 schneidet er ab,
und jede Rebe, die Frucht bringt,
 reinigt er, damit sie mehr Frucht bringt.
Ihr seid schon rein durch das Wort, das ich zu euch gesagt habe.
Bleibt in mir,
 dann bleibe ich in euch.
Wie die Rebe aus sich keine Frucht bringen kann,
 sondern nur, wenn sie am Weinstock bleibt,
 so könnt auch ihr keine Frucht bringen,
 wenn ihr nicht in mir bleibt.

5 Ich bin der Weinstock,
   ihr seid die Reben.
Wer in mir bleibt und in wem ich bleibe,
   der bringt reiche Frucht;
denn getrennt von mir könnt ihr nichts vollbringen.
6 Wer nicht in mir bleibt,
   wird wie die Rebe weggeworfen,
und er verdorrt.
Man sammelt die Reben,
   wirft sie ins Feuer,
   und sie verbrennen.
7 Wenn ihr in mir bleibt und wenn meine Worte in euch bleiben,
   dann bittet um alles, was ihr wollt:
Ihr werdet es erhalten.
8 Mein Vater wird dadurch verherrlicht,
   daß ihr reiche Frucht bringt und meine Jünger werdet.

FÜRBITTEN

Wir beten zu Christus, ohne den wir nichts vermögen:

Erhalte deine Diener im Glauben an dich, der uns das Heil schenkt.
A.: Erhöre uns, Christus.

Mehre unter den Völkern die Achtung vor der Würde jedes einzelnen Menschen.

Höre auf das Rufen der Unterdrückten und Verfolgten.

Laß uns in dir bleiben, damit wir reiche Frucht bringen.

Gütiger Gott, dein Sohn hat unserem Gebet Erhörung verheißen. Voll Vertrauen wenden wir uns an dich durch Christus, unseren Herrn.   A.: Amen.

GABENGEBET

Herr, unser Gott,
gib, daß wir dir allzeit danken
durch die Feier der österlichen Geheimnisse.
In ihnen führst du das Werk der Erlösung fort,

Osterzeit: 5. Woche – Mittwoch

mache sie für uns
zur Quelle der unvergänglichen Freude.
Darum bitten wir durch Christus, unseren Herrn.

Osterpräfation, S. 1358 ff.

KOMMUNIONVERS

Der Herr ist auferstanden, er hat uns erlöst durch sein Blut.
Er ist unser Licht und Heil. Halleluja.

SCHLUSSGEBET

Gütiger Gott,
durch das Werk der Erlösung
hast du unsere Schuld getilgt
und uns deine Gnade geschenkt.
Die Feier der Geheimnisse Christi
stärke uns in diesem Leben
und schenke uns die ewige Freude.
Darum bitten wir durch ihn, Christus, unseren Herrn.

„JEDESMAL, WENN DER HERR *bei Johannes anhebt: ‚Ich bin …',
fällt eine Hülle von seinem gottmenschlichen Geheimnis, und es leuchtet
die Herrlichkeit Gottes auf im Angesicht Jesu Christi (vgl. 2 Kor 4, 6). Das
Neue an der Selbstbezeugung Jesu hier im Bild vom Weinstock und den
Reben ist die Offenbarung unserer Zugehörigkeit zu seinem Geheimnis.
Auch wir sind mit einbezogen in seine gottmenschliche Herrlichkeit. Das
ist das Christusgeheimnis, wie Paulus es kennt und zu künden nie müde
wird: ‚Das Geheimnis Christi, das da ist: Christus in euch' (Kol 1, 27).
‚Diese Stelle des Evangeliums, meine Brüder, wo der Herr sich den Wein-
stock und seine Jünger die Reben nennt, besagt dies insofern, als er, der
Mensch Christus Jesus, das Haupt der Kirche ist und wir seine Glieder
(Augustinus)" (Bonaventura Rebstock).*

DONNERSTAG

ERÖFFNUNGSVERS
Ex 15, 1–2

Singt dem Herrn ein Lied, denn er ist hocherhaben.
Kraft und Stärke ist mir der Herr.
Er wurde mein Erretter. Halleluja.

TAGESGEBET

Heiliger Gott,
deine Gnade macht die Sünder gerecht
und führt sie aus dem Elend ins Glück.
Erhalte das Werk deines Erbarmens,
damit alle,
die durch den Glauben gerechtfertigt sind,
im Guten ausharren bis ans Ende.
Darum bitten wir durch Jesus Christus.

ZUR LESUNG *Paulus und Barnabas wurden in Jerusalem kühl aufgenommen (vgl. 15, 3 mit 15, 4). Offener Widerspruch gegen die Missionsmethode des Paulus kam von einigen Pharisäern, die gläubig geworden waren. Die Diskussion brachte keine schnelle Lösung, der Streit wurde immer heftiger. Was auf dieser ersten Synode geschah, kann für alle späteren als Modell gelten. Weder die Debatte noch die autoritäre Entscheidung führt zur Übereinstimmung, sondern allein Gottes Wort und Gottes Geist. Als Sprecher treten Petrus und Jakobus hervor. Petrus kann auf die Bekehrung des Heiden Kornelius hinweisen (Apg 10, 1 bis 11, 18); Gott gibt seinen heiligen Geist ohne Unterschied den Juden und den Heiden. Nicht die Beschneidung macht vor Gott rein, sondern der Glaube (V. 9); nicht durch das Gesetz werden wir gerettet, sondern „durch die Gnade Jesu, des Herrn" (V. 11). Petrus hat auf dieser Synode nicht dekretiert, aber er hat klar und entschieden seinen Glauben bekannt. Damit war die Atmosphäre für ein fruchtbares Gespräch geschaffen. Auch Paulus und Barnabas können auf Tatsachen verweisen. Gott selbst hat also die Heidenmission bestätigt: durch den Heiligen Geist (V. 8), durch Zeichen und Wunder (V. 12). Schließlich tritt auch der gesetzestreue Jakobus für eine gesetzesfreie Heidenmission ein (V. 14–20). Damit ist die Entscheidung klar. Den Heidenchristen soll grundsätzlich nicht die Last des mosaischen Gesetzes aufgeladen werden; niemals dürfen zeit- und kultur-*

bedingte Bräuche und Vorschriften den Weg zu Christus versperren. – Zu V. 20: Lev 17,10–15; 18,26; 20,2; Gen 9,4; Lev 18,6–18; Ex 22,30; Lev 7,24; Dtn 14,21; Gal 2,6–7.

ERSTE LESUNG Apg 15,7–21

Ich halte es für richtig, den Heiden, die sich zu Gott bekehren, keine Lasten aufzubürden

**Lesung
aus der Apostelgeschichte.**

In jenen Tagen,
⁷ als ein heftiger Streit entstand,
erhob sich Petrus
und sagte zu den Aposteln und den Ältesten:

Brüder, wie ihr wißt,
hat Gott schon längst hier bei euch die Entscheidung getroffen,
daß die Heiden
durch meinen Mund das Wort des Evangeliums hören
und zum Glauben gelangen sollen.

⁸ Und Gott, der die Herzen kennt, bestätigte dies,
indem er ihnen ebenso wie uns den Heiligen Geist gab.
⁹ Er machte keinerlei Unterschied zwischen uns und ihnen;
denn er hat ihre Herzen durch den Glauben gereinigt.

¹⁰ Warum stellt ihr also jetzt Gott auf die Probe
und legt den Jüngern ein Joch auf den Nacken,
das weder unsere Väter noch wir tragen konnten?
¹¹ Wir glauben im Gegenteil,
durch die Gnade Jesu, des Herrn, gerettet zu werden,
auf die gleiche Weise wie jene.

¹² Da schwieg die ganze Versammlung.
Und sie hörten Bárnabas und Paulus zu,
wie sie erzählten, welch große Zeichen und Wunder
Gott durch sie
unter den Heiden getan hatte.

¹³ Als sie geendet hatten,
nahm Jakobus das Wort
und sagte:

¹⁴ Brüder, hört mich an!

Simon hat berichtet,
  daß Gott selbst zuerst eingegriffen hat,
    um aus den Heiden ein Volk für seinen Namen zu gewinnen.
15 Damit stimmen die Worte der Propheten überein,
die geschrieben haben:
16   Danach werde ich mich umwenden
    und die zerfallene Hütte Davids wieder aufrichten;
ich werde sie aus ihren Trümmern wieder aufrichten
    und werde sie wiederherstellen,
17 damit die übrigen Menschen den Herrn suchen,
auch alle Völker, über denen mein Name ausgerufen ist
  – spricht der Herr,
18 der das ausführt, was ihm seit Ewigkeit bekannt ist.
19 Darum halte ich es für richtig,
  den Heiden, die sich zu Gott bekehren,
  keine Lasten aufzubürden;
20 man weise sie nur an,
  Verunreinigung durch Götzenopferfleisch und Unzucht
    zu meiden
  und weder Ersticktes noch Blut zu essen.
21 Denn Mose
  hat seit ältesten Zeiten in jeder Stadt seine Verkündiger,
  da er in den Synagogen an jedem Sabbat verlesen wird.

ANTWORTPSALM   Ps 96 (95), 1–2.3 u. 10 (R: vgl. 3a)

R Kündet den Völkern die Herrlichkeit des Herrn! – R   (GL 529, 6)

Oder:

R Halleluja. – R

1 Singet dem Herrn ein neues Lied, *   II. Ton
  singt dem Herrn, alle Länder der Erde!
2 Singt dem Herrn und preist seinen Namen, *
  verkündet sein Heil von Tag zu Tag! – (R)

3 Erzählt bei den Völkern von seiner Herrlichkeit, *
  bei allen Nationen von seinen Wundern!
10 Verkündet bei den Völkern: Der Herr ist König. †
  Den Erdkreis hat er gegründet, so daß er nicht wankt. *
  Er richtet die Nationen so, wie es recht ist. – R

RUF VOR DEM EVANGELIUM   Vers: Joh 10, 27

Halleluja. Halleluja.

(So spricht der Herr:)
Meine Schafe hören auf meine Stimme;
ich kenne sie, und sie folgen mir.
Halleluja.

ZUM EVANGELIUM   *„Bleibt in meiner Liebe!" lautet die Mahnung, die sich an das Bildwort vom Weinstock (15, 1–8) anschließt. Die Leitmotive der Rede vom Weinstock bleiben in dem ganzen Abschnitt 15, 9–17 wirksam, wenn auch das Bild selbst nicht mehr erwähnt wird. „Bleibt in meiner Liebe": bleibt durch eure Liebe so, daß ich euch lieben kann, so wie mich der Vater liebt. Ein und derselbe Strom des Lebens und der Liebe geht vom Vater zum Sohn und vom Sohn zu den Jüngern. Diese Gemeinschaft ist uns in der Taufe geschenkt worden, sie verwirklicht sich neu in der Eucharistie und wirkt sich aus in der Verbundenheit der Jünger untereinander, in einer Atmosphäre der Freude und des Vertrauens. – Joh 3, 35; 10, 14–15; 13, 1; 17, 23; 6, 38; 8, 29; 1 Joh 4, 8; Joh 16, 21.22; 17, 13; 1 Joh 1, 4.*

EVANGELIUM   Joh 15, 9–11

Bleibt in meiner Liebe, damit eure Freude vollkommen wird

☩ Aus dem heiligen Evangelium nach Johannes.

In jener Zeit sprach Jesus zu seinen Jüngern:
Wie mich der Vater geliebt hat,
 so habe auch ich euch geliebt.
Bleibt in meiner Liebe!
Wenn ihr meine Gebote haltet,
 werdet ihr in meiner Liebe bleiben,
so wie ich die Gebote meines Vaters gehalten habe
 und in seiner Liebe bleibe.

Dies habe ich euch gesagt,
 damit meine Freude in euch ist
 und damit eure Freude vollkommen wird.

FÜRBITTEN

Zu unserem Herrn Jesus Christus, der uns seine Freude schenkt, beten wir voll Vertrauen:

Erleuchte unsere Bischöfe bei ihren Beratungen, daß sie sich bei ihren Entscheidungen vom Willen Gottes leiten lassen.
A.: Wir bitten dich, erhöre uns.

Laß alle Menschen, die dich suchen, in dem einen Volk Gottes zusammenkommen.

Schenke deine Gnade den Sündern, und führe sie aus dem Elend ins wahre Glück.

Laß uns alle im Guten ausharren bis ans Ende.

Denn wer in dir bleibt, dessen Freude wird vollkommen werden. Dir sei Dank und Ehre in Ewigkeit.   A.: Amen.

GABENGEBET

Erhabener Gott,
durch die Feier des heiligen Opfers
gewährst du uns Anteil an deiner göttlichen Natur.
Gib, daß wir dich nicht nur
als den einen wahren Gott erkennen,
sondern unser ganzes Leben nach dir ausrichten.
Darum bitten wir durch Christus, unseren Herrn.

Osterpräfation, S. 1358 ff.

KOMMUNIONVERS   2 Kor 5, 15

Christus ist für alle gestorben,
damit die Lebenden nicht mehr für sich leben,
sondern für den, der für sie gestorben und auferstanden ist.
Halleluja.

SCHLUSSGEBET

Barmherziger Gott, höre unser Gebet.
Du hast uns im Sakrament
das Brot des Himmels gegeben,
damit wir an Leib und Seele gesunden.

Gib, daß wir
die Gewohnheiten des alten Menschen ablegen
und als neue Menschen leben.
Darum bitten wir durch Christus, unseren Herrn.

„LIEBE IST ES, daß der Vater dem Sohn den Auftrag zum Leiden gegeben hat und ihn, nachdem er gehorsam war bis zum Tod, ja bis zum Tod am Kreuz, erhöht und ihm einen Namen gegeben hat, der da ist über alle Namen, so daß im Namen Jesu alle Knie sich beugen im Himmel, auf der Erde und unter der Erde. Dieselbe Liebe ist es, wenn nun der Sohn seine Jünger in alle Welt sendet, damit sie das Evangelium aller Kreatur verkünden. Da sollen auch sie vor Könige und Richter geschleppt und getötet werden, um als lebendige Reben an der Süßigkeit desselben Geistes, von dem der Weinstock voll ist, teilzuhaben und die Frucht des ewigen Heiles wirken" (Rupert von Deutz).

FREITAG

ERÖFFNUNGSVERS   Offb 5, 12

**Würdig ist das Lamm, das geschlachtet ist, Macht zu empfangen.
Reichtum und Weisheit, Kraft und Ehre. Halleluja.**

TAGESGEBET

**Wir bitten dich, allmächtiger Gott,
präge und forme unser Leben
durch die österlichen Geheimnisse,
die wir in diesen Tagen feiern.
Heile und schütze uns durch die Macht
unseres auferstandenen Herrn Jesus Christus,
der in der Einheit des Heiligen Geistes
mit dir lebt und herrscht in alle Ewigkeit.**

ZUR LESUNG *Nicht die Beobachtung des mosaischen Gesetzes rettet den Menschen, sondern der Glaube und die Gnade Christi. Diese grundsätzliche Entscheidung war nach den Reden des Petrus und des Jakobus klar. Sie mußte aber auch der Gemeinde von Antiochia und den übrigen neuen Christengemeinden (Syrien und Zilizien) mitgeteilt werden. Diesem Zweck dient das Aposteldekret (15, 23–29), das Modell für alle späteren Dekrete und Verlautbarungen in der Kirche. „Der Heilige Geist und wir", das ist die Kirche. Sie lebt nicht aus eigenem Recht und eigenem Macht-*

anspruch, sondern aus der Kraft des Heiligen Geistes. Der Inhalt des Beschlusses steht in V. 29; er wiederholt die vier „notwendigen Dinge", die Jakobus in seiner Rede genannt hat (V. 19–20; vgl. 21,25). Wie weit alle vier gleicherweise als notwendig angesehen wurden, ist schwer zu sagen. Der wesentliche Teil des Apostoldekrets bestand nach der Auffassung des Lukas und des Paulus sicher in der Erklärung, daß die Heiden nicht dem mosaischen Gesetz unterworfen werden sollen. Daß Dekrete dieser Art mit abschwächenden (oder auch verschärfenden) Klauseln verabschiedet werden, ist auch in der späteren Kirchengeschichte mehr als bloße Diplomatie. Es geht um die Einheit der Kirche, und was im Augenblick noch nicht klar gesagt und angeordnet werden kann, das überläßt man der weiteren Entwicklung und der Führung des Heiligen Geistes. – Apg 16,4; 15,1; Gal 2,12; Apg 1,8; 5,32.

ERSTE LESUNG Apg 15,22–31

Der Heilige Geist und wir haben beschlossen, euch keine weitere Last aufzuerlegen als diese notwendigen Dinge

Lesung
   aus der Apostelgeschichte.

In jenen Tagen
²² beschlossen die Apostel und die Ältesten
   zusammen mit der ganzen Gemeinde,
   Männer aus ihrer Mitte auszuwählen
und sie zusammen mit Paulus und Bárnabas
   nach Antióchia zu senden,
nämlich Judas, genannt Barsábbas, und Silas,
   führende Männer unter den Brüdern.
²³ Sie gaben ihnen folgendes Schreiben mit:

Die Apostel und die Ältesten, eure Brüder,
   grüßen die Brüder aus dem Heidentum
   in Antióchia, in Sýrien und Zilízien.
²⁴ Wir haben gehört,
   daß einige von uns, denen wir keinen Auftrag erteilt haben,
   euch mit ihren Reden beunruhigt
   und eure Gemüter erregt haben.
²⁵ Deshalb haben wir uns geeinigt
und beschlossen, Männer auszuwählen

und zusammen mit unseren lieben Brüdern Bárnabas und Paulus
   zu euch zu schicken,
26 die beide für den Namen Jesu Christi, unseres Herrn,
   ihr Leben eingesetzt haben.
27 Wir haben Judas und Silas abgesandt,
   die euch das Gleiche auch mündlich mitteilen sollen.
28 Denn der Heilige Geist und wir haben beschlossen,
   euch keine weitere Last aufzuerlegen
   als diese notwendigen Dinge:
29 Götzenopferfleisch, Blut, Ersticktes und Unzucht zu meiden.
   Wenn ihr euch davor hütet,
   handelt ihr richtig.
   Lebt wohl!
30 Man verabschiedete die Abgesandten,
   und sie zogen hinab nach Antióchia,
   riefen die Gemeinde zusammen
   und übergaben ihr den Brief.
31 Die Brüder lasen ihn
   und freuten sich über die Ermunterung.

ANTWORTPSALM   Ps 57 (56), 8–9.10–11 (R: vgl. 10a)

R Vor den Völkern will ich dich preisen, o Herr. – R
                                              (GL 730,1 oder 527,1)
Oder:
R Halleluja. – R

8 Mein Herz ist bereit, o Gott, †   III. Ton
  mein Herz ist bereit, *
  ich will dir singen und spielen.
9 Wach auf, meine Seele! †
  Wacht auf, Harfe und Saitenspiel! *
  Ich will das Morgenrot wecken. – (R)
10 Ich will dich vor den Völkern preisen, Herr, *
   dir vor den Nationen lobsingen.
11 Denn deine Güte reicht, so weit der Himmel ist, *
   deine Treue, so weit die Wolken ziehn. – R

RUF VOR DEM EVANGELIUM Vers: Joh 15,15b

Halleluja. Halleluja.
(So spricht der Herr:)
Ich habe euch Freunde genannt;
denn ich habe euch alles mitgeteilt,
was ich gehört habe von meinem Vater.
Halleluja.

ZUM EVANGELIUM *„In der Liebe bleiben" heißt den Willen Gottes tun und die Freude Gottes erfahren. Der Wille Gottes ist es, daß wir einander Gutes wünschen und Gutes tun. „Wie ich euch geliebt habe": die Weite und Tiefe der Liebe wird vom Vorbild Christi her bestimmt. Er ist der wahre Weinstock; wir können auch sagen: er ist der wahre Freund, und er will, daß wir jedem Menschen als Freund begegnen, als Bruder. Das ist jedem Christen gesagt, aber in V. 15–16 spricht Jesus die Jünger auf ihre apostolische Berufung und Sendung an. Ihre Arbeit wird fruchtbar und gesegnet sein, wenn sie in Liebe getan wird. Die Liebe und das Gebet (V. 16) sind die Voraussetzungen gesegneter Arbeit. – Weish 7,25; Joh 13,34; 1 Joh 3,16; Röm 5,6–8; Gal 4,7; Lk 12,4; Gen 18,17; Dtn 7,6; Mt 18,19; 1 Joh 3,23.*

EVANGELIUM Joh 15,12–17

Dies trage ich euch auf: Liebt einander!

✠ Aus dem heiligen Evangelium nach Johannes.

In jener Zeit sprach Jesus zu seinen Jüngern:
12 Das ist mein Gebot:
 Liebt einander,
  so wie ich euch geliebt habe.
13 Es gibt keine größere Liebe,
  als wenn einer sein Leben für seine Freunde hingibt.
14 Ihr seid meine Freunde,
  wenn ihr tut, was ich euch auftrage.
15 Ich nenne euch nicht mehr Knechte;
 denn der Knecht weiß nicht, was sein Herr tut.
 Vielmehr habe ich euch Freunde genannt;
 denn ich habe euch alles mitgeteilt,
  was ich von meinem Vater gehört habe.

16 Nicht ihr habt mich erwählt,
   sondern ich habe euch erwählt
   und dazu bestimmt, daß ihr euch aufmacht und Frucht bringt
und daß eure Frucht bleibt.
Dann wird euch der Vater alles geben,
   um was ihr ihn in meinem Namen bittet.
17 **Dies trage ich euch auf:**
   Liebt einander!

FÜRBITTEN

Zu Christus rufen wir, der uns seine Freunde nennt:

Für die Kirche Gottes: bewahre sie vor Verwirrung und Zwietracht. – (Stille) Christus, höre uns.
A.: Christus, erhöre uns.

Für alle Getauften: erfülle sie mit dem Geist der Liebe. – (Stille) Christus, höre uns.

Für die Regierenden der Völker: gib, daß sie die Glaubensfreiheit achten. – (Stille) Christus, höre uns.

Für unsere Gemeinde: schütze uns vor allen Gefahren, die uns an Leib und Seele drohen. – (Stille) Christus, höre uns.

Allmächtiger Gott, deine Güte reicht, so weit der Himmel ist. Wende uns dein Erbarmen zu durch Christus, unseren Herrn.
A.: Amen.

GABENGEBET

Barmherziger Gott, heilige diese Gaben.
Nimm das Opfer an,
das dir im Heiligen Geist dargebracht wird,
und mache uns selbst zu einer Gabe,
die für immer dir gehört.
Darum bitten wir durch Christus, unseren Herrn.

Osterpräfation, S. 1358 ff.

KOMMUNIONVERS

Christus ist für uns am Kreuz gestorben
und von den Toten auferstanden: er hat uns erlöst. Halleluja.

SCHLUSSGEBET

Barmherziger Gott,
wir haben den Auftrag deines Sohnes erfüllt
und sein Gedächtnis begangen.
Die heilige Gabe,
die wir in dieser Feier empfangen haben,
helfe uns, daß wir
in der Liebe zu dir und unseren Brüdern
Christus nachfolgen,
der mit dir lebt und herrscht in alle Ewigkeit.

„ES GIBT MENSCHEN, die sich zu behaupten wissen, und andere, die sich in Hingabe verzehren. Wer sich durchsetzt, erringt seine Erfolge. Wer sich verzehrt, sieht unter Umständen seine Erfolge hinschwinden. Wer sich behauptet, steht aber gleichsam mit dem Gesicht in der falschen Richtung, er steht gegen die Richtung seines Lebens, denn das Leben des Erwachsenen ist auf das Abnehmen eingerichtet. Wer sich hingibt, steht in der Richtung, in der sein Leben sich vollzieht, und lebt im Einklang mit ihm. Wer sich behauptet, ist darum unglücklicher, als wer sich verbraucht, und hat weniger teil an der Wahrheit. Die Seligpreisungen, die in der Bergpredigt stehen, geben den Maßstab.
Leben und ewiges Leben sind dasselbe. Es fließt eins in das andere. Beider Geheimnis ist das Gewähren und Empfangen von Vergebung.
Darum steht die Taufe, die von Tod und Leben spricht und von Schuld und Vergebung, am Anfang. Wer seine Taufe versteht, weiß, daß er Gottes Kind ist und einen Vater hat. Er weiß, daß er geführt wird und daß der Tod ein Heimweg ist. Er wird sich ins Leben einüben und den Tod nicht mehr gar so wichtig nehmen" (Jörg Zink).

SAMSTAG

ERÖFFNUNGSVERS   Kol 2, 12

Mit Christus wurdet ihr in der Taufe begraben,
mit ihm auch auferweckt,
weil ihr den Glauben an die Kraft Gottes angenommen habt,
der ihn von den Toten auferweckte. Halleluja.

TAGESGEBET

Gott, du Ursprung unseres Heils,
durch die Wiedergeburt in der Taufe
hast du uns gerecht gemacht
und uns befähigt, ewiges Leben zu empfangen.
Schenke uns die Fülle dieses Lebens
in deiner Herrlichkeit.
Darum bitten wir durch Jesus Christus.

ZUR LESUNG *Bald nach dem Apostelkonzil geht Paulus von neuem auf Reisen. Es ist seine zweite Missionsreise (Apg 15, 36 – 18, 22). Er reist diesmal ohne Barnabas. Barnabas wollte den Johannes-Markus mitnehmen, das aber lehnte Paulus rundweg ab, da Markus auf der ersten Missionsreise versagt hatte (Apg 13, 13). Das Zerwürfnis hat die Missionstätigkeit nicht verhindert, sondern verdoppelt: Paulus reiste zu den neuen Gemeinden in Kleinasien, Barnabas fuhr mit seinem Neffen Markus nach Zypern (15, 36–41). Anstelle des Barnabas ist jetzt Silas der Begleiter des Paulus; als dritter kommt in Lystra der junge Timotheus hinzu; er war ein „Jünger", d. h. Christ, vermutlich von der ersten Missionsreise des Paulus her. Daß Paulus den bereits Getauften beschneiden läßt, muß auffallen. Er hat doch die Beschlüsse der Apostel und Ältesten bei sich, in denen die gesetzesfreie Heidenmission ausdrücklich bestätigt wird. Ob Lukas hier einer unzuverlässigen Überlieferung gefolgt ist? Andernfalls muß man an ein erstaunliches Zugeständnis denken, das Paulus der jüdischen Denkweise im Interesse der Missionsarbeit gemacht hat. – Die zusammenfassende Darstellung V. 6–7 berichtet eine teilweise gescheiterte Missionsreise. Der Heilige Geist (V. 6), „der Geist Jesu" (V. 7), drängt ihn auf ein anderes Missionsgebiet. Was in den Versen 9–10 berichtet wird, ist eine entscheidende Wende, die der Apostel Paulus und damit die christliche Mission vollzogen hat: die Botschaft wendet sich nicht zu den Völkern Asiens, sondern zuerst nach Europa. – 1 Tim 1, 2; 2 Tim 1, 5; 3, 15; Phlm 1; Hebr 13, 23; Apg 15, 23–29; 1 Kor 7, 18; Gal 2, 1–10; 4, 13–15; Apg 10, 9–23.*

ERSTE LESUNG Apg 16, 1–10

Komm herüber nach Mazedonien, und hilf uns!

Lesung
   aus der Apostelgeschichte.

In jenen Tagen
1 kam Paulus auch nach Derbe und nach Lystra.
   Dort war ein Jünger namens Timótheus,
      der Sohn einer gläubig gewordenen Jüdin und eines Griechen.
2 Er war Paulus von den Brüdern in Lystra und Ikónion
      empfohlen worden.
3 Paulus wollte ihn als Begleiter mitnehmen
   und ließ ihn
      mit Rücksicht auf die Juden, die in jenen Gegenden wohnten,
      beschneiden;
   denn alle wußten, daß sein Vater ein Grieche war.
4 Als sie nun durch die Städte zogen,
      überbrachten sie ihnen
      die von den Aposteln und den Ältesten
      in Jerusalem gefaßten Beschlüsse
   und trugen ihnen auf, sich daran zu halten.
5 So wurden die Gemeinden im Glauben gestärkt
      und wuchsen von Tag zu Tag.
6 Weil ihnen aber vom Heiligen Geist verwehrt wurde,
      das Wort in der Provinz Asien zu verkünden,
      reisten sie durch Phrýgien und das galátische Land.
7 Sie zogen an Mýsien entlang
      und versuchten, Bithýnien zu erreichen;
   doch auch das erlaubte ihnen der Geist Jesu nicht.
8 So durchwanderten sie Mýsien
      und kamen nach Tróas hinab.
9 Dort hatte Paulus in der Nacht eine Vision.
   Ein Mazedónier stand da
      und bat ihn: Komm herüber nach Mazedónien, und hilf uns!
10 Auf diese Vision hin
      wollten wir sofort nach Mazedónien abfahren;
   denn wir waren überzeugt,
      daß uns Gott dazu berufen hatte,
      dort das Evangelium zu verkünden.

ANTWORTPSALM Ps 100 (99), 2–3.4–5 (R: vgl. 1)

R Jauchzt vor Gott, alle Länder der Erde! – **R** (GL 232, 6 oder 233, 2)

Oder:

R Halleluja. – **R**

2 Dient dem Herrn mit Freude! * VI. Ton
Kommt vor sein Antlitz mit Jubel!

3 Erkennt: Der Herr allein ist Gott. †
Er hat uns geschaffen, wir sind sein Eigentum, *
sein Volk und die Herde seiner Weide. – (R)

4 Tretet mit Dank durch seine Tore ein! †
Kommt mit Lobgesang in die Vorhöfe seines Tempels! *
Dankt ihm, preist seinen Namen!

5 Denn der Herr ist gütig, †
ewig währt seine Huld, *
von Geschlecht zu Geschlecht seine Treue. – **R**

RUF VOR DEM EVANGELIUM Vers: Kol 3, 1

Halleluja. Halleluja.

Ihr seid mit Christus auferweckt;
darum strebt nach dem, was im Himmel ist,
wo Christus zur Rechten Gottes sitzt.

Halleluja.

ZUM EVANGELIUM *„Die Christen wohnen zwar in der Welt, aber sie sind nicht aus der Welt", heißt es in einem frühchristlichen Text (Diognetbrief 6, 3). Der Abschnitt Joh 15, 18 – 16, 4a spricht vom Haß der Welt gegen die Jünger Jesu. Die „Welt" ist zwangsläufig totalitär; sie erträgt es nicht, daß es Menschen gibt, die nicht nach ihrem Gesetz leben. Die Finsternis kann das Licht nicht ertragen. Außerdem: das Lebensgesetz des Meisters ist auch das des Jüngers. Der Haß der Welt gilt nicht eigentlich dem einzelnen Jünger; er gilt der geheimen Wirklichkeit, der unkontrollierbaren Kraft, die den Jünger treibt, ihn von der Welt unterscheidet und aus ihr herausnimmt; „um meines Namens willen": das ist der wahre Grund. Der Haß der Welt gilt Christus dem Herrn selbst und seinem Geist, der in den Jüngern am Werk ist. – Mt 10, 22; 1 Joh 3, 11–18; Joh 1, 10; 17, 14–16; 13, 16; Mt 10, 24–25; Lk 6, 40; 2 Tim 3, 12; Apg 5, 41; 9, 4; 1 Joh 3, 1.*

EVANGELIUM

Joh 15, 18–21

Ihr stammt nicht von der Welt, sondern ich habe euch aus der Welt erwählt

☩ Aus dem heiligen Evangelium nach Johannes.

In jener Zeit sprach Jesus zu seinen Jüngern:
18 Wenn die Welt euch haßt,
 dann wißt, daß sie mich schon vor euch gehaßt hat.
19 Wenn ihr von der Welt stammen würdet,
 würde die Welt euch als ihr Eigentum lieben.
Aber weil ihr nicht von der Welt stammt,
 sondern weil ich euch aus der Welt erwählt habe,
 darum haßt euch die Welt.
20 Denkt an das Wort, das ich euch gesagt habe:
Der Sklave ist nicht größer als sein Herr.
Wenn sie mich verfolgt haben,
 werden sie auch euch verfolgen;
wenn sie an meinem Wort festgehalten haben,
 werden sie auch an eurem Wort festhalten.
21 Das alles werden sie euch um meines Namens willen antun;
denn sie kennen den nicht,
 der mich gesandt hat.

FÜRBITTEN

Jesus Christus, einmal geopfert, stirbt nicht wieder, sondern lebt auf ewig. Ihn bitten wir:

Schenke allen Getauften die Fülle des Lebens in deiner Herrlichkeit.
A.: Herr, erhöre unser Gebet.

Überwinde unter den Menschen Haß und Verblendung.

Gib allen verfolgten Christen Standhaftigkeit und Glaubensmut.

Nimm unsere Verstorbenen auf in deine österliche Herrlichkeit.

Vater im Himmel, du hast uns geschaffen, wir sind dein eigen. Schau gütig auf uns, und erhöre uns durch Christus, unseren Herrn.   A.: Amen.

GABENGEBET

Gütiger Gott,
nimm unsere Gaben an
und gewähre uns deinen Schutz,
damit wir die Taufgnade,
die wir empfangen haben, nicht verlieren
und zur ewigen Freude gelangen,
die du für uns bereitet hast.
Darum bitten wir durch Christus, unseren Herrn.

Osterpräfation, S. 1358 ff.

KOMMUNIONVERS   Joh 17, 20–21

So spricht der Herr:
Ich bitte dich, Vater, für sie: Laß sie eins sein in uns,
damit die Welt glaubt, daß du mich gesandt hast. Halleluja.

SCHLUSSGEBET

Gütiger Gott,
bewahre dem Volk der Erlösten
deine Liebe und Treue.
Das Leiden deines Sohnes hat uns gerettet,
seine Auferstehung erhalte uns in der Freude.
Darum bitten wir durch ihn, Christus, unseren Herrn.

„EIN MANN IM TRAUM *ruft ‚Hilfe!' (= Rettung) – das gibt uns eine neue Sicht für die Botschaft. Christus den Völkern zu bringen ist mehr, als sie zu einer anderen Religion zu überreden, es ist soviel wie ‚Rettung' bringen" (Helga Rusche).*

„FÜRCHTE DICH NICHT, *weil dich der Mensch zertritt. Wein sollst du werden. Du wurdest Traube, um zertreten zu werden ... Glaubst du, du hättest keine Drangsale, so hast du noch nicht begonnen, ein Christ zu sein" (Augustinus).*

6. WOCHE

MONTAG

ERÖFFNUNGSVERS
Vgl. Röm 6, 9

Christus ist vom Tod erstanden; er stirbt nicht mehr.
Gebrochen ist die Macht des Todes. Halleluja.

TAGESGEBET

Barmherziger Gott,
gib, daß die Gnade,
die wir in der Feier der österlichen Geheimnisse
empfangen haben,
durch alle Tage unseres Lebens fruchtbar bleibt.
Darum bitten wir durch Jesus Christus.

ZUR LESUNG   *In 16, 10–17 haben wir den ersten der sogenannten „Wir-Berichte" der Apostelgeschichte (andere Wir-Berichte: 20, 5 bis 21, 18; 27, 1 – 28, 16). Man kann sie als Bruchstücke eines Reisetagebuchs ansehen oder auch als Erinnerungen eines Begleiters und Augenzeugen, der bestimmte Abschnitte der Paulusreisen selbst miterlebt hat. – Daß Paulus von Troas in Kleinasien nach Mazedonien hinüberfuhr, schrieb er selbst einer göttlichen Weisung zu: „Wir waren überzeugt, daß uns Gott dazu berufen hatte, dort das Evangelium zu verkünden" (16, 10). Philippi liegt von der Hafenstadt Neapolis (heute Kawalla) etwa 14 Kilometer landeinwärts. Wieder sucht Paulus zuerst die Juden auf, die am Fluß Gangites ihr Bethaus haben. Auffallend ist, daß dort anscheinend nur Frauen anwesend waren. Der Apostel läßt sich nicht entmutigen. Er spricht zu den Frauen, wie auch Jesus zu den Frauen über Gott gesprochen hat. Das Wort der Botschaft fällt auf guten Boden. Die Purpurhändlerin Lydia war eine „Gottesfürchtige" (V. 14), sie gehörte also zur Gruppe der nichtjüdischen Synagogenbesucher, die es überall in der jüdischen Diaspora gab. Eine aufgeschlossene, gastfreundliche Frau steht am Anfang der Geschichte des Christentums in Europa. – Phil 1, 6; 4, 1; 4, 13–15. – Gastfreundschaft: Lk 14, 23; Mt 10, 40; Röm 12, 13; 1 Tim 5, 10.*

Osterzeit: 6. Woche – Montag

ERSTE LESUNG Apg 16, 11–15

Der Herr öffnete ihr das Herz, so daß sie den Worten des Paulus aufmerksam lauschte

Lesung
  aus der Apostelgeschichte.

11 Wir brachen von Tróas auf
  und fuhren auf dem kürzesten Weg nach Samothráke
  und am folgenden Tag nach Neápolis.
12 Von dort gingen wir nach Philíppi,
  in eine Stadt im ersten Bezirk von Mazedónien, eine Kolonie.
  In dieser Stadt hielten wir uns einige Tage auf.
13 Am Sabbat gingen wir durch das Stadttor hinaus an den Fluß,
  wo wir eine Gebetsstätte vermuteten.
  Wir setzten uns
  und sprachen zu den Frauen, die sich eingefunden hatten.
14 Eine Frau namens Lýdia,
  eine Purpurhändlerin aus der Stadt Thyatíra,
  hörte zu;
  sie war eine Gottesfürchtige,
  und der Herr öffnete ihr das Herz,
  so daß sie den Worten des Paulus aufmerksam lauschte.
15 Als sie und alle, die zu ihrem Haus gehörten, getauft waren,
  bat sie:
  Wenn ihr überzeugt seid, daß ich fest an den Herrn glaube,
  kommt in mein Haus, und bleibt da.
  Und sie drängte uns.

ANTWORTPSALM Ps 149, 1–2.3–4.5–6a u. 9b (R: 4a)

R Der Herr hat an seinem Volk Gefallen. – R (GL 646, 1)

Oder:

R Halleluja. – R

1 Singet dem Herrn ein neues Lied! * V. Ton
  Sein Lob erschalle in der Gemeinde der Frommen.
2 Israel soll sich über seinen Schöpfer freuen, *
  die Kinder Zions über ihren König jauchzen. – (R)
3 Seinen Namen sollen sie loben beim Reigentanz, *
  ihm spielen auf Pauken und Harfen.

4 Der Herr hat an seinem Volk Gefallen, *
   die Gebeugten krönt er mit Sieg. – (R)

5 In festlichem Glanz sollen die Frommen frohlocken, *
   auf ihren Lagern jauchzen:

6a Loblieder auf Gott in ihrem Mund, *
9b herrlich ist das für all seine Frommen.

R Der Herr hat an seinem Volk Gefallen.

Oder:
R Halleluja.

RUF VOR DEM EVANGELIUM   Vers: vgl. Joh 15, 26b.27a

Halleluja. Halleluja.

(So spricht der Herr:)
Der Geist der Wahrheit wird Zeugnis geben für mich;
und auch ihr sollt Zeugen sein.

Halleluja.

ZUM EVANGELIUM   *In der Mitte dieses Abschnitts, der den Jüngern Haß und Verfolgung ankündigt (15, 18 – 16, 4a), steht das Wort vom „Beistand", dem „Geist der Wahrheit" (15, 26–27). Die Sendung des Geistes liegt, von der Situation der Abschiedsreden aus gesehen, in der Zukunft; sie setzt die Verherrlichung Jesu, seinen Hingang zum Vater voraus. Der Geist kommt wie der Sohn vom Vater her; er wird vom Sohn und vom Vater „gesandt", und zwar nicht nur in einem bestimmten Augenblick der Geschichte, sondern solange die Zeit der Kirche und der Verfolgungen dauert. Er ist der eigentliche Zeuge und Rechtsbeistand („Paraklet") in dem Prozeß, den die Welt den Jüngern macht. Die Jünger können nur bezeugen, was sie aus eigener Erfahrung wissen; die Christuserfahrung aber haben sie durch den Geist, der sie an alles „erinnert", was Jesus gesagt und getan hat. – Die Paraklet-Worte: Joh 14, 15–17; 14, 26–27; 15, 26–27; 16, 7–11; 16, 12–15. – Mt 10, 18–20; Apg 5, 32; 6, 5; 1 Joh 5, 6.11; Mt 10, 17; Lk 21, 12; Apg 26, 9–11.*

EVANGELIUM Joh 15, 26 – 16, 4a

Der Geist der Wahrheit wird Zeugnis für mich ablegen

✥ Aus dem heiligen Evangelium nach Johannes.

In jener Zeit sprach Jesus zu seinen Jüngern:
26 Wenn der Beistand kommt,
 den ich euch vom Vater aus senden werde,
 der Geist der Wahrheit, der vom Vater ausgeht,
 dann wird er Zeugnis für mich ablegen.
27 Und auch ihr sollt Zeugnis ablegen,
 weil ihr von Anfang an bei mir seid.
1 Das habe ich euch gesagt, damit ihr keinen Anstoß nehmt.
2 Sie werden euch aus der Synagoge ausstoßen,
ja es kommt die Stunde,
 in der jeder, der euch tötet,
 meint, Gott einen heiligen Dienst zu leisten.
3 Das werden sie tun,
 weil sie weder den Vater noch mich erkannt haben.
4a Ich habe es euch gesagt,
 damit ihr, wenn deren Stunde kommt,
 euch an meine Worte erinnert.

FÜRBITTEN

Wir beten zu Jesus Christus, dem Urheber neuen Lebens:

Für die Kirche: laß sie unbeirrt die Wahrheit Gottes bezeugen. – (Stille) Christus, höre uns.
A.: Christus, erhöre uns.
Für alle, die nicht glauben: öffne ihre Herzen für die Botschaft des Evangeliums. – (Stille) Christus, höre uns.

Für die Verfolger der Christen: laß sie ihr Unrecht einsehen. – (Stille) Christus, höre uns.

Für unsere Gemeinde: ermutige uns, unseren Glauben im Alltag zu bekennen. – (Stille) Christus, höre uns.

Denn du sendest den Geist der Wahrheit, der deinen Zeugen beisteht. Dir sei Dank und Lobpreis in Ewigkeit. A.: Amen.

GABENGEBET

Allmächtiger Gott,
nimm die Gaben an,
die deine Kirche dir in österlicher Freude darbringt.
Du hast ihr Grund gegeben zu solchem Jubel,
erhalte ihr die Freude bis zur Vollendung.
Darum bitten wir durch Christus, unseren Herrn.

Osterpräfation, S. 1358 ff.

KOMMUNIONVERS Joh 20, 19

Jesus trat in die Mitte der Jünger
und sprach zu ihnen: Friede sei mit euch! Halleluja.

SCHLUSSGEBET

Ewiger Gott,
du hast uns durch die Ostergeheimnisse erneuert.
Wende dich uns voll Güte zu
und bleibe bei uns mit deiner Huld,
bis wir mit verklärtem Leib
zum unvergänglichen Leben auferstehen.
Darum bitten wir durch Christus, unseren Herrn.

„KANN MAN ES DER WELT VERARGEN, *daß sie skeptisch bleibt gegenüber allem Gedruckten? Es gibt zuviel Ideologie, Phrase, Propaganda, Organisation. Durch nichts anderes kann bewiesen werden, daß das Christentum nicht eine Sache der Organisation ist, eigentlich schon überlebt, erhalten nur noch durch Gewohnheit, Konvention und staatlichen Apparat, als durch das persönliche Zeugnis der Christen.*
Wer ein Zeugnis geben will, kann es immer nur geben mit seinem eigenen Geist und Blut. Was er bezeugt, kann das Objektivste sein, aber Zeugnis wird es dadurch, daß es seine ganze Subjektivität eingefordert hat" (Eugen Walter).

DIENSTAG

ERÖFFNUNGSVERS
Offb 19, 6–7

Der Herr ist König geworden, Gott, der Herrscher des Alls!
Wir wollen uns freuen und jubeln
und ihm allein die Ehre erweisen. Halleluja.

TAGESGEBET

Allmächtiger Gott,
laß die österliche Freude in uns fortdauern,
denn du hast deiner Kirche
neue Lebenskraft geschenkt
und die Würde unserer Gotteskindschaft
in neuem Glanz erstrahlen lassen.
Gib, daß wir den Tag der Auferstehung
voll Zuversicht erwarten
als einen Tag des Jubels und des Dankes.
Darum bitten wir durch Jesus Christus.

ZUR LESUNG *In Philippi hatte Paulus eine Sklavin von dämonischer Besessenheit befreit. Ihre Herren hatten durch die Wahrsagerei ihrer Sklavin viel Geld verdient und fühlten sich durch ihre Heilung geschädigt. Es war nicht schwer, das Volk gegen die fremden Prediger aufzuhetzen (16, 16–21). Die Erzählung von ihrer wunderbaren Befreiung trägt legendäre Züge; sie klingt deutlich an die Befreiung des Petrus an (Apg 12, 3–19). Damit ist aber nicht gesagt, daß die Geschichte frei erfunden ist; immer wieder erfährt Paulus die Hilfe dessen, der ihn in seinen Dienst genommen hat. Und auch wenn er gefesselt ist, bleibt das Wort Gottes frei und nimmt seinen Weg. Der Erfolg der christlichen Mission hängt nicht von Machtpositionen ab, sondern ganz allein von der Kraft Gottes und vom Glaubensmut seiner Boten. Glaube weckt Glauben. Der Glaube aber fragt auch sogleich: „Was muß ich tun, um gerettet zu werden?" (16, 30; vgl. 9, 5–6). Der Glaube macht frei zur Freude und zur Tat der Liebe. – Phil 1, 30; 1 Thess 2, 2; 2 Kor 6, 4–10; 11, 25.*

ERSTE LESUNG

Apg 16, 22–34

Glaube an Jesus, den Herrn, und du wirst gerettet werden, du und dein Haus

Lesung
aus der Apostelgeschichte.

In jenen Tagen
22 erhob sich das Volk von Philippi gegen Paulus und Silas,
und die obersten Beamten
ließen ihnen die Kleider vom Leib reißen
und befahlen, sie mit Ruten zu schlagen.
23 Sie ließen ihnen viele Schläge geben
und sie ins Gefängnis bringen;
dem Gefängniswärter befahlen sie,
sie in sicherem Gewahrsam zu halten.
24 Auf diesen Befehl hin warf er sie in das innere Gefängnis
und schloß zur Sicherheit ihre Füße in den Block.
25 Um Mitternacht beteten Paulus und Silas
und sangen Loblieder;
und die Gefangenen hörten ihnen zu.
26 Plötzlich begann ein gewaltiges Erdbeben,
so daß die Grundmauern des Gefängnisses wankten.
Mit einem Schlag sprangen die Türen auf,
und allen fielen die Fesseln ab.
27 Als der Gefängniswärter aufwachte
und alle Türen des Gefängnisses offen sah,
zog er sein Schwert, um sich zu töten;
denn er meinte, die Gefangenen seien entflohen.
28 Da rief Paulus laut: Tu dir nichts an!
Wir sind alle noch da.
29 Jener rief nach Licht,
stürzte hinein
und fiel Paulus und Silas zitternd zu Füßen.
30 Er führte sie hinaus
und sagte: Ihr Herren, was muß ich tun, um gerettet zu werden?
31 Sie antworteten: Glaube an Jesus, den Herrn,
und du wirst gerettet werden, du und dein Haus.
32 Und sie verkündeten ihm und allen in seinem Haus
das Wort Gottes.
33 Er nahm sie in jener Nachtstunde bei sich auf,

wusch ihre Striemen
und ließ sich sogleich mit allen seinen Angehörigen taufen.
34 Dann führte er sie in seine Wohnung hinauf,
ließ ihnen den Tisch decken
und war mit seinem ganzen Haus voll Freude,
   weil er zum Glauben an Gott gekommen war.

ANTWORTPSALM   Ps 138 (137), 1–2b.2c–3.7c–8 (R: vgl. 7d)

R Herr, deine Rechte hat mir geholfen. – R   (GL 528, 1)

Oder:

R Halleluja. – R

1 Ich will dir danken aus ganzem Herzen, *   I. Ton
dir vor den Engeln singen und spielen;

2ab ich will mich niederwerfen zu deinem heiligen Tempel hin *
und deinem Namen danken für deine Huld und Treue. – (R)

2cd Denn du hast die Worte meines Mundes gehört, *
deinen Namen und dein Wort über alles verherrlicht.

3 Du hast mich erhört an dem Tag, als ich rief; *
du gabst meiner Seele große Kraft. – (R)

7cd Du streckst die Hand aus gegen meine wütenden Feinde, *
und deine Rechte hilft mir.

8 Der Herr nimmt sich meiner an. †
Herr, deine Huld währt ewig. *
Laß nicht ab vom Werk deiner Hände! – R

RUF VOR DEM EVANGELIUM   Vers: vgl. Joh 16, 7.13

Halleluja. Halleluja.

(So spricht der Herr:)
Ich werde den Geist der Wahrheit zu euch senden.
Er wird euch in die ganze Wahrheit führen.

Halleluja.

ZUM EVANGELIUM   *Die Aussagen von Joh 15, 26–27 über den Heiligen Geist, den „Beistand" (Paraklet), werden im zweiten Teil des heutigen Evangeliums weitergeführt (V. 8–11). „Er wird Zeugnis für mich ablegen", hörten wir in 15, 26: „er wird die Welt überführen", heißt es in*

16,8. Jesus weist auf ein Gericht hin, das in der Welt und über die Welt stattfinden wird: über die Welt, die Jesus abgelehnt und umgebracht hat, damals und immer. Der Prozeß Jesu scheint hoffnungslos verloren. Wie wird der Heilige Geist gegen diese Welt auftreten, um sie anzuklagen und ihre Schuld zu beweisen (das ist der Sinn von „überführen")? Er wird die Welt nicht überzeugen (dann wäre sie nicht mehr „Welt"); aber die Jünger werden durch das Kommen und Wirken des Heiligen Geistes begreifen, daß die Wahrheit und Gerechtigkeit Gottes auf der Seite Jesu stehen. Dann wird auch ihre Trauer über den Weggang Jesu (V. 5–7) vorbei sein; sein Weggehen ist ja die Voraussetzung für sein Kommen im Heiligen Geist. – Joh 13,33.36; 8,24; 1 Petr 2,23; Apg 2,32–33; Joh 7,39.

EVANGELIUM   Joh 16,5–11

Wenn ich nicht fortgehe, wird der Beistand nicht zu euch kommen

✠ Aus dem heiligen Evangelium nach Johannes.

In jener Zeit sprach Jesus zu seinen Jüngern:
5 Jetzt gehe ich zu dem, der mich gesandt hat,
und keiner von euch fragt mich: Wohin gehst du?
6 Vielmehr ist euer Herz von Trauer erfüllt,
weil ich euch das gesagt habe.
7 Doch ich sage euch die Wahrheit:
Es ist gut für euch, daß ich fortgehe.
Denn wenn ich nicht fortgehe,
wird der Beistand nicht zu euch kommen;
gehe ich aber,
so werde ich ihn zu euch senden.
8 Und wenn er kommt,
wird er die Welt überführen
und aufdecken, was Sünde, Gerechtigkeit und Gericht ist;
9 Sünde: daß sie nicht an mich glauben;
10 Gerechtigkeit: daß ich zum Vater gehe
und ihr mich nicht mehr seht;
11 Gericht: daß der Herrscher dieser Welt gerichtet ist.

FÜRBITTEN

Jesus Christus gelangte durch Leid und Tod in seine Herrlichkeit.
Zu ihm rufen wir:

Bewahre der Kirche die österliche Freude.
A.: Wir bitten dich, erhöre uns.

Führe die Regierenden zu gerechten Entscheidungen.

Laß die Trauernden deine Nähe erfahren.

Erneuere unsere Zuversicht, in deine Herrlichkeit zu gelangen.

Allmächtiger Gott, du erhörst uns, wenn wir zu dir rufen. Steh uns bei durch Christus, unseren Herrn.   A.: Amen.

GABENGEBET

Herr, unser Gott,
gib, daß wir dir allzeit danken
durch die Feier der österlichen Geheimnisse.
In ihnen führst du das Werk der Erlösung fort,
mache sie für uns
zur Quelle der unvergänglichen Freude.
Darum bitten wir durch Christus, unseren Herrn.

Osterpräfation, S. 1358 ff.

KOMMUNIONVERS   Vgl. Lk 24, 46.26

Christus mußte leiden und von den Toten auferstehen
und dadurch in seine Herrlichkeit eintreten. Halleluja.

SCHLUSSGEBET

Gütiger Gott,
durch das Werk der Erlösung
hast du unsere Schuld getilgt
und uns deine Gnade geschenkt.
Die Feier der Geheimnisse Christi
stärke uns in diesem Leben
und schenke uns die ewige Freude.
Darum bitten wir durch Christus, unseren Herrn.

„DIE KIRCHE, die bleibende Gemeinde der Jünger, ist sich dessen bewußt, daß sie von ihren ersten Jugendtagen an vom Geschenk des Geistes berührt ist. Mag auch dieses Geschenk und diese Jugend des Geistes durch die Geschichte hin oft getrübt worden sein, mag das von oben und

innen drängende Leben im spröden Stoff des irdisch-menschlichen Lebens oft in allzu einseitige Gestalten hineingedrängt worden sein, mag es selbst gekommen sein, daß Erfahrung und Leben des Geistes zuzeiten wie versiegt erschienen: die Kirche wäre doch überhaupt nicht mehr Kirche, wenn die Jugendkraft des Geistes in ihrem innersten Grunde nicht doch irgendwo lebendig geblieben wäre" (Bernhard Welte).

MITTWOCH

ERÖFFNUNGSVERS   Ps 18 (17), 50; 22 (21), 23

Ich will dir danken, Herr, vor den Völkern;
deinen Namen will ich meinen Brüdern verkünden. Halleluja.

TAGESGEBET

Herr, unser Gott,
sieh auf deine Gemeinde,
die in dieser österlichen Zeit
der Auferstehung deines Sohnes gedenkt.
Gib, daß wir mit allen Heiligen
die ewige Freude erlangen,
wenn er in Herrlichkeit wiederkommt,
der in der Einheit des Heiligen Geistes
mit dir lebt und herrscht in alle Ewigkeit.

ZUR LESUNG   *Von Philippi kam Paulus über Thessalonich und Beröa nach Athen. Diese Stadt der Touristen, Philosophen, Müßiggänger und Spötter war auch eine Stadt voll Götzenbilder (17, 16). Dort sieht man in Paulus einen „Verkünder fremder Gottheiten", weil er „Jesus und die Auferstehung" predigt (17, 18) – als wären das zwei Gottheiten. Auf dem Areopag (Areshügel) redet Paulus nicht bloß die Behörde von Athen an, sondern alle Athener. Er bestätigt ihnen einleitend, daß sie ein frommes Volk sind. Das ist ein Versuch, ihr Wohlwollen zu gewinnen. Für Paulus ist von den vielen Götteraltären Athens nur einer interessant; er trug die Aufschrift: „Einem unbekannten Gott". Diese Inschrift deutet Paulus auf den einen Gott, der alles erschaffen hat und regiert. Leben und Atem und alles hat der Mensch von ihm. Gott zu suchen ist seine hohe Aufgabe. Bis dahin (V. 28) sagt Paulus nur das, was auch die besten Denker der heidnischen Welt gewußt oder geahnt haben. Dann aber kommt das Neue:*

Dieser Gott, der über allem Geschaffenen steht, kümmert sich um die Menschen. Er überläßt sie nicht ihrer eigenen Weisheit oder Torheit. Er stellt dem Menschen ein Ziel und eine Grenze. Es gibt eine Auferstehung der Toten und einen Tag des Gerichts. Jesus als der Weltenrichter: damit schließt diese denkwürdige Predigt. Sie war ein glatter Mißerfolg. Paulus wird daraus die Lehre ziehen und in Zukunft nicht mehr die Weisheit der Menschen, sondern die Torheit des Kreuzes predigen. – 1 Kön 8, 27; 2 Makk 7, 22–23; Ps 50, 12; Dtn 32, 8; 4, 29; Ps 145, 18; Weish 13, 6; Röm 1, 18–32; 1 Kor 2, 6–7; Mt 11, 25–27.

ERSTE LESUNG   Apg 17, 15.22 – 18, 1

Was ihr verehrt, ohne es zu kennen, das verkünde ich euch

**Lesung
aus der Apostelgeschichte.**

In jenen Tagen
¹⁵ brachten die Begleiter des Paulus ihn nach Athen.
Mit dem Auftrag an Silas und Timótheus,
  Paulus möglichst rasch nachzukommen,
  kehrten sie zurück.

²² Paulus stellte sich in die Mitte des Areopágs
und sagte:

  Athener, nach allem, was ich sehe,
  seid ihr besonders fromme Menschen.
²³ Denn als ich umherging und mir eure Heiligtümer ansah,
  fand ich auch einen Altar
  mit der Aufschrift: EINEM UNBEKANNTEN GOTT.
Was ihr verehrt, ohne es zu kennen,
  das verkünde ich euch.

²⁴ Gott, der die Welt erschaffen hat und alles in ihr,
  er, der Herr über Himmel und Erde,
  wohnt nicht in Tempeln, die von Menschenhand gemacht sind.
²⁵ Er läßt sich auch nicht von Menschen bedienen,
  als brauche er etwas:
  er, der allen das Leben, den Atem und alles gibt.
²⁶ Er hat aus einem einzigen Menschen
  das ganze Menschengeschlecht erschaffen,
  damit es die ganze Erde bewohne.

Er hat für sie
   bestimmte Zeiten und die Grenzen ihrer Wohnsitze festgesetzt.
²⁷ Sie sollten Gott suchen,
   ob sie ihn ertasten und finden könnten;
   denn keinem von uns ist er fern.
²⁸ Denn in ihm leben wir, bewegen wir uns und sind wir,
   wie auch einige von euren Dichtern gesagt haben:
   Wir sind von seiner Art.
²⁹ Da wir also von Gottes Art sind,
   dürfen wir nicht meinen,
   das Göttliche
   sei wie ein goldenes oder silbernes oder steinernes Gebilde
   menschlicher Kunst und Erfindung.
³⁰ Gott, der über die Zeiten der Unwissenheit hinweggesehen hat,
   läßt jetzt den Menschen verkünden,
   daß überall alle umkehren sollen.
³¹ Denn er hat einen Tag festgesetzt,
   an dem er den Erdkreis in Gerechtigkeit richten wird,
   durch einen Mann,
   den er dazu bestimmt
   und vor allen Menschen dadurch ausgewiesen hat,
   daß er ihn von den Toten auferweckte.
³² Als sie von der Auferstehung der Toten hörten,
   spotteten die einen,
   andere aber sagten:
   Darüber wollen wir dich ein andermal hören.
³³ So ging Paulus aus ihrer Mitte weg.
³⁴ Einige Männer aber schlossen sich ihm an und wurden gläubig,
   unter ihnen auch Dionýsius, der Areopagít,
   außerdem eine Frau namens Dámaris und noch andere mit ihnen.
¹ Hierauf verließ Paulus Athen
   und ging nach Korínth.

ANTWORTPSALM   Ps 148, 1–2.11–12.13–14

R Erfüllt sind Himmel und Erde von deiner Herrlichkeit. – **R** (GL 761,1
Oder: oder 527,1)
R Halleluja. – **R**

¹ Lobet den Herrn vom Himmel her, *   II. Ton
   lobt ihn in den Höhen:

2 Lobt ihn, all seine Engel, *
lobt ihn, all seine Scharen. – (R)

11 Lobt ihn, ihr Könige der Erde und alle Völker, *
ihr Fürsten und alle Richter auf Erden,

12 ihr jungen Männer und auch ihr Mädchen, *
ihr Alten mit den Jungen! – (R)

13 Loben sollen sie den Namen des Herrn; †
denn sein Name allein ist erhaben, *
seine Hoheit strahlt über Erde und Himmel.

14 Seinem Volk verleiht er Macht, †
das ist ein Ruhm für all seine Frommen, *
für Israels Kinder, das Volk, das ihm nahen darf. – R

RUF VOR DEM EVANGELIUM Vers: Joh 14, 16

Halleluja. Halleluja.

Ich werde den Vater bitten,
und er wird euch einen anderen Beistand geben,
der für immer bei euch bleiben wird.

Halleluja.

ZUM EVANGELIUM *Jesus ist das Wort Gottes, die Wahrheit Gottes. Aber die Jünger sind noch nicht fähig, die ganze Wahrheit zu fassen (wann werden sie fähig sein?). Die „ganze Wahrheit", das ist nicht irgendeine Theorie, ein System, sondern die Offenbarung Gottes in der Person Jesu. Ihn „verherrlichen" heißt seine göttliche Sendung sichtbar machen und sein Werk vollenden. Der Heilige Geist wird kein neues Evangelium bringen; er wird aber auch nicht nur gedächtnismäßig die Jünger an das „erinnern" (Joh 14, 26), was Jesus gesagt und getan hat. Dieses Erinnern wird ein immer tieferes Hineinführen (V. 13) in das innere Heiligtum Gottes sein. Durch den Heiligen Geist wird Jesus „offen den Vater verkünden" (16, 13.15.25). Die Offenbarung ist also mit dem Weggang Jesu nicht einfach abgeschlossen, wie auch die Geistsendung nicht am Pfingstfest morgens um neun Uhr beendet war. Das war erst der Anfang. – Joh 16, 5–11; 17, 10.*

EVANGELIUM

Joh 16,12–15

Der Geist der Wahrheit wird euch in die ganze Wahrheit führen

☦ Aus dem heiligen Evangelium nach Johannes.

In jener Zeit sprach Jesus zu seinen Jüngern:
12 Noch vieles habe ich euch zu sagen,
aber ihr könnt es jetzt nicht tragen.
13 Wenn aber jener kommt, der Geist der Wahrheit,
wird er euch in die ganze Wahrheit führen.

Denn er wird nicht aus sich selbst heraus reden,
sondern er wird sagen, was er hört,
und euch verkünden, was kommen wird.
14 Er wird mich verherrlichen;
denn er wird von dem, was mein ist, nehmen
und es euch verkünden.
15 Alles, was der Vater hat, ist mein;
darum habe ich gesagt:
Er nimmt von dem, was mein ist, und wird es euch verkünden.

FÜRBITTEN

Zu Christus, den Gott von den Toten auferweckte, beten wir:

Führe dein Volk durch den Heiligen Geist in die ganze Wahrheit.
A.: Herr, erhöre unser Gebet.

Laß dich von allen finden, die dich suchen.

Erbarme dich der Sterbenden, und geleite sie in dein Licht.

Hilf, daß unser Leben deine Liebe verkündet.

Allmächtiger Vater, du bist allen Menschen nahe. Laß uns deine Nähe erfahren. Darum bitten wir durch Christus, unseren Herrn. A.: Amen.

GABENGEBET

Erhabener Gott,
durch die Feier des heiligen Opfers
gewährst du uns Anteil an deiner göttlichen Natur.
Gib, daß wir dich nicht nur

als den einen wahren Gott erkennen,
sondern unser ganzes Leben nach dir ausrichten.
Darum bitten wir durch Christus, unseren Herrn.
Osterpräfation, S. 1358 ff.

KOMMUNIONVERS Vgl. Joh 15, 16.19

So spricht der Herr:
Ich habe euch aus der Welt erwählt und euch dazu bestimmt,
daß ihr hingeht und Frucht bringt
und daß eure Frucht bleibt. Halleluja.

SCHLUSSGEBET

Barmherziger Gott, höre unser Gebet.
Du hast uns im Sakrament
das Brot des Himmels gegeben,
damit wir an Leib und Seele gesunden.
Gib, daß wir
die Gewohnheiten des alten Menschen ablegen
und als neue Menschen leben.
Darum bitten wir durch Christus, unseren Herrn.

„WIE CHRISTUS SELBST *das Herz der Menschen durchschaut und sie durch echt menschliches Gespräch zum göttlichen Licht geführt hat, so sollen auch seine Jünger die Menschen, unter denen sie leben und mit denen sie umgehen, kennen; in aufrichtigem und geduldigem Zwiegespräch sollen sie lernen, was für Reichtümer der freigebige Gott unter den Völkern verteilt hat; zugleich aber sollen sie sich bemühen, diese Reichtümer durch das Licht des Evangeliums zu erhellen, zu befreien und unter die Herrschaft Gottes, des Erlösers, zu bringen.*
Die Anwesenheit der Christen in den menschlichen Gemeinschaften muß von jener Liebe beseelt sein, mit der Gott uns geliebt hat (vgl. 1 Joh 4, 11). Die christliche Liebe erstreckt sich auf alle, ohne Unterschied von Rasse, gesellschaftlicher Stufe oder Religion; sie erwartet nicht Gewinn oder Dankbarkeit; denn wie Gott sich uns mit ungeschuldeter Liebe zugewandt hat, so sind auch die Gläubigen in ihrer Liebe auf den Menschen selbst bedacht und lieben ihn mit der gleichen Zuwendung, mit der Gott den Menschen gesucht hat" (II. Vatikan. Konzil, Über die Missionstätigkeit der Kirche 11 und 12).

DONNERSTAG

In den Gegenden, in denen das Hochfest der Himmelfahrt Christi auf den 7. Sonntag der Osterzeit verlegt wird, werden heute die folgenden Meßtexte genommen:

ERÖFFNUNGSVERS   Vgl. Ps 68 (67), 8–9.20

Gott, du zogest vor deinem Volke einher;
wohnend in ihrer Mitte, bahntest du ihnen den Weg.
Da erbebte die Erde, Segen ergossen die Himmel.
Halleluja.

TAGESGEBET

Herr, unser Gott,
durch den Tod
und die Auferstehung deines Sohnes
sind wir dein Volk geworden.
Laß die Freude über die Erlösung
in uns mächtig werden,
damit sie unser ganzes Leben bestimmt.
Darum bitten wir durch Jesus Christus.

ZUR LESUNG   *Athen war kein Erfolg gewesen. Die nächste Station ist Korinth, die Hauptstadt der römischen Provinz Achaia. Hier bekommen wir nebenbei Auskunft darüber, wie Paulus seine Reisen finanziert hat: nicht durch milde Gaben, sondern durch die Arbeit seiner Hände. Die Woche hindurch arbeitete er als Zeltmacher, am Sabbat predigte er in der Synagoge (18, 3; vgl. 20, 34). Paulus verzichtete grundsätzlich auf das apostolische Vorrecht, sich von seinen Gemeinden versorgen zu lassen (1 Kor 9, 6); nur von der Gemeinde in Philippi, der er sich besonders verbunden fühlte, nahm er gelegentlich Unterstützung an, die es ihm dann ermöglichten, seine ganze Zeit der Missionsarbeit zu widmen (18, 5; vgl. 2 Kor 11, 9). Man muß diese erschwerenden Umstände mitbedenken, wenn man der missionarischen Leistung des Paulus gerecht werden will. – Aquila und Priszilla waren, als Paulus sie in Korinth traf, vielleicht schon Christen. Dann wären sie es in Rom geworden, von wo Kaiser Klaudius im Jahre 49 oder 50 alle Juden ausgewiesen hatte. Später wird Paulus die beiden wieder in Rom antreffen (Röm 16, 3; Priska = Priszilla). Die*

Predigt des Paulus in Korinth wird in die kurzen Worte zusammengefaßt, „daß Jesus der Messias sei". Darin ist die ganze Wahrheit beschlossen.

ERSTE LESUNG Apg 18, 1—8

Paulus blieb bei ihnen und arbeitete dort; am Sabbat lehrte er in der Synagoge

Lesung
aus der Apostelgeschichte.

In jenen Tagen
1 verließ Paulus Athen und ging nach Korínth.
2 Dort traf er einen aus Pontus stammenden Juden namens Áquila,
der vor kurzem aus Italien gekommen war,
und dessen Frau Priszílla.
Kláudius hatte nämlich angeordnet,
daß alle Juden Rom verlassen müßten.
Diesen beiden schloß er sich an,
3 und da sie das gleiche Handwerk betrieben,
blieb er bei ihnen und arbeitete dort.
Sie waren Zeltmacher von Beruf.
4 An jedem Sabbat lehrte er in der Synagoge
und suchte Juden und Griechen zu überzeugen.
5 Als aber Silas und Timótheus
aus Mazedónien eingetroffen waren,
widmete sich Paulus ganz der Verkündigung
und bezeugte den Juden, daß Jesus der Messias sei.
6 Als sie sich dagegen auflehnten und Lästerungen ausstießen,
schüttelte er seine Kleider aus
und sagte zu ihnen:
Euer Blut komme über euer Haupt!
Ich bin daran unschuldig.
Von jetzt an werde ich zu den Heiden gehen.
7 Und er ging von da
in das Haus eines gewissen Títius Justus hinüber,
eines Gottesfürchtigen, dessen Haus an die Synagoge grenzte.
8 Krispus aber, der Synagogenvorsteher,
kam mit seinem ganzen Haus zum Glauben an den Herrn;
und viele Korínther, die Paulus hörten,
wurden gläubig und ließen sich taufen.

ANTWORTPSALM Ps 98 (97), 1.2–3b.3c–4 (R: vgl. 2)

R Der Herr hat sein Heil enthüllt (GL 149, 1)
vor den Augen der Völker. – **R**

Oder:

R Halleluja. – **R**

1 Singet dem Herrn ein neues Lied; * VIII. Ton
denn er hat wunderbare Taten vollbracht.

Er hat mit seiner Rechten geholfen *
und mit seinem heiligen Arm. – (**R**)

2 Der Herr hat sein Heil bekannt gemacht *
und sein gerechtes Wirken enthüllt vor den Augen der Völker.

3ab Er dachte an seine Huld *
und an seine Treue zum Hause Israel. – (**R**)

3cd Alle Enden der Erde *
sahen das Heil unsres Gottes.

4 Jauchzt vor dem Herrn, alle Länder der Erde, *
freut euch, jubelt und singt! – **R**

RUF VOR DEM EVANGELIUM Vers: vgl. Joh 14, 18; 16, 22b

Halleluja. Halleluja.

(So spricht der Herr:)
Ich lasse euch nicht als Waisen zurück.
Ich komme wieder zu euch. Dann wird euer Herz sich freuen.

Halleluja.

ZUM EVANGELIUM *Auf Wiedersehen! sagen wir beim Abschied, selbst wenn wir nicht daran glauben. Jesus sagt: Ihr werdet mich sehen (V. 16 und 22), und zwar bald. Nicht nur durch den Heiligen Geist wird er ihnen nahe sein; er selbst, der jetzt von ihnen fortgeht, wird wiederkommen. Jesus sieht seinen Tod und seine Auferstehung als Einheit: beides zusammen ist sein Weg zum Vater. Daß aus dem Tod das Leben, aus dem Schmerz die Freude geboren wird, hindert nicht, daß Schmerz und Tod bitter sind. Die Jünger sehen vorerst nur die dunkle Seite, und die Trauer könnte für sie zur gefährlichen Lähmung werden. Das gilt für die Zeit zwischen Tod und Auferstehung Jesu, es gilt aber auch für die Zeit der Kirche. Die Welt wird sagen: Jesus ist tot. Die Jünger werden es schwer haben in dieser „kurzen Zeit". Aber der Auferstandene ist bei ihnen, sie werden ihn „sehen". Die Welt wird sagen: Gott ist tot; die Jünger aber wissen, daß es der lebendige Gott ist, der Jesus von den Toten auferweckt hat. Dafür, daß Jesus lebt, gibt es keinen besseren Beweis als die Freude seiner Jünger. – Joh 7, 33; 13, 1; 14, 19; 16, 7; Röm 12, 12.*

EVANGELIUM   Joh 16, 16–20

Ihr werdet bekümmert sein, aber euer Kummer wird sich in Freude verwandeln

☩ Aus dem heiligen Evangelium nach Johannes.

In jener Zeit sprach Jesus zu seinen Jüngern:
16 Noch kurze Zeit,
dann seht ihr mich nicht mehr,
und wieder eine kurze Zeit,
dann werdet ihr mich sehen.
17 Da sagten einige von seinen Jüngern zueinander:
Was meint er damit, wenn er zu uns sagt:
Noch kurze Zeit, dann seht ihr mich nicht mehr,
und wieder eine kurze Zeit, dann werdet ihr mich sehen?
Und was bedeutet: Ich gehe zum Vater?
18 Sie sagten: Was heißt das: eine kurze Zeit?
Wir wissen nicht, wovon er redet.
19 Jesus erkannte, daß sie ihn fragen wollten,
und sagte zu ihnen:
Ihr macht euch Gedanken darüber,
daß ich euch gesagt habe:
Noch kurze Zeit, dann seht ihr mich nicht mehr,
und wieder eine kurze Zeit, dann werdet ihr mich sehen.
20 Amen, amen, ich sage euch:
Ihr werdet weinen und klagen,
aber die Welt wird sich freuen;
ihr werdet bekümmert sein,
aber euer Kummer wird sich in Freude verwandeln.

FÜRBITTEN

Zu Christus, der uns in sein Volk berief, wollen wir rufen:

Bewahre die Boten des Glaubens vor Mutlosigkeit, wenn sie keinen Erfolg sehen.
A.: Erhöre uns, Christus.

Laß die Regierenden auf das Wohl aller bedacht sein.
A.: Erhöre uns, Christus.

Wandle die Trauer der Leidenden in Hoffnung und Freude.

Schenke den Verstorbenen Anteil an deinem Ostersieg.

Herr, unser Gott, vor den Augen der Völker machst du dein Heil bekannt. Laß es uns zuteil werden durch Christus, unseren Herrn.   A.: Amen.

GABENGEBET

Herr und Gott,
laß unser Gebet zu dir aufsteigen
und nimm unsere Gaben an.
Reinige uns durch deine Gnade,
damit wir fähig werden,
das Sakrament deiner großen Liebe zu empfangen.
Darum bitten wir durch Christus, unseren Herrn.

Osterpräfation, S. 1358 ff.

KOMMUNIONVERS   Mt 28, 20

Ich bin bei euch alle Tage bis zum Ende der Welt. Halleluja.

SCHLUSSGEBET

Allmächtiger Gott,
du hast uns durch die Auferstehung Christi
neu geschaffen für das ewige Leben.
Erfülle uns
mit der Kraft dieser heilbringenden Speise,
damit das österliche Geheimnis
in uns reiche Frucht bringt.
Darum bitten wir durch Christus, unseren Herrn.

„DASS DU GOTT BRAUCHST *mehr als alles, weißt du allzeit in deinem Herzen; aber nicht auch, daß Gott dich braucht, in der Fülle seiner Ewigkeit dich? Wie gäbe es den Menschen, wenn Gott ihn nicht brauchte, und wie gäbe es dich? Du brauchst Gott, um zu sein, und Gott braucht dich – zu eben dem, was der Sinn deines Lebens ist ... Die Welt ist nicht göttliches Spiel, sie ist göttliches Schicksal. Daß es die Welt, daß es den*

Menschen, daß es die menschliche Person, dich und mich gibt, hat göttlichen Sinn" (Martin Buber).

„WOHIN IST GOTT? Manchmal wird die Versuchung groß, einfach negative Bilanz zu ziehen und zu glauben: es gibt keinen Gott ... Wenn wir die Natur in ihrer unerbittlichen Grausamkeit sehen, das Leben, das nach ewiger Dauer verlangt und doch zum Tode bestimmt ist, die Welt, in der unser heißes Verlangen nach Glück sich so häufig als ohnmächtiger und unerfüllbarer Wunsch erweist, dieses Meer von Leiden, Hunger und Krankheit, Haß und Grausamkeit, Verbrechen und Not, die Sinnlosigkeit des Übels, das uns niemand im Grunde erklären kann – wenn uns dies alles in die Seele gefallen ist, wenn das Wort Gottes selber – befragt nach dem Sinn dieser Leiden – keine Antwort gibt, dann fragen wir Mal um Mal dringlicher: Wohin ist Gott?
Und doch brauchen wir über dem Dunkel und der Verborgenheit Gottes nicht zu verzweifeln. Der Herr selber ist Weggefährte unserer Einsamkeit, weil er für uns gelitten hat und wir in Jesus Christus dieses äußerste Zeichen der Liebe Gottes erkannt haben. Ob wir nicht mehr darum beten müßten, damit Gott uns helfe, die Zeichen der Zeit besser zu verstehen, seine dunklen Spuren in dieser Welt deutlicher zu erkennen? Einzusehen, daß er in jedem von uns ankommen muß, wenn Friede werden soll auf unserer Erde? Dann würde diese kleine Weile auch für uns zu Ende sein" (Walter Benzig).

FREITAG

ERÖFFNUNGSVERS   Offb 5,9–10

Herr, du hast uns durch dein Blut erkauft
aus allen Stämmen und Sprachen, aus allen Völkern und Nationen,
und du hast uns für unseren Gott zu Königen und Priestern gemacht.
Halleluja.

TAGESGEBET

Allmächtiger Gott,
in der Auferstehung und Himmelfahrt
deines Sohnes
öffnest du uns das Tor zum ewigen Leben.

Lenke unser Herz, daß wir auf ihn schauen,
den Urheber unseres Heiles,
der zu deiner Rechten thront,
und schenke allen Getauften das unsterbliche Leben,
wenn er in Herrlichkeit wiederkommt,
der in der Einheit des Heiligen Geistes
mit dir lebt und herrscht in alle Ewigkeit.

Oder (in Gegenden, wo Christi Himmelfahrt am darauffolgenden Sonntag gefeiert wird):

TAGESGEBET

Allmächtiger Gott,
dein Sohn hat sich für uns geheiligt
und auch uns die Heiligung zugesagt.
Erfülle diese Verheißung
durch die Predigt des Evangeliums,
damit deine Kinder auf der ganzen Erde
die Heiligkeit erlangen,
die uns Christus, der treue und wahrhaftige Zeuge,
verheißen hat.
Er, der in der Einheit des Heiligen Geistes
mit dir lebt und herrscht in alle Ewigkeit.

ZUR LESUNG   *Die Nachricht über den römischen Prokonsul Gallio (V. 12) liefert uns die wichtigste und genaueste Zeitangabe, die wir über Paulus besitzen; mit Hilfe einer Inschrift in Delphi kann die Statthalterschaft des Gallio auf das Jahr 51/52 n. Chr. datiert werden. – Paulus blieb ein Jahr und sechs Monate in Korinth, für diesen ruhelosen Missionar eine ungewöhnlich lange Zeit. Die Bedeutung der korinthischen Gemeinde wird an diesem langen Aufenthalt deutlich, aber auch an der nächtlichen Christuserscheinung, die dem Apostel Mut macht; das war offenbar nötig. Die Apostelgeschichte berichtet uns wenig über die Gemütsverfassung des Paulus; aber seine Briefe geben darüber Auskunft. „Ich kam in Schwäche und in Furcht, zitternd und bebend zu euch ..." (1 Kor 2, 3). Die Arbeit war mühsam (vgl. 1 Kor 1, 26–29). Aber „viel Volk gehört mir in dieser Stadt", sagt ihm der Herr und vor allem: „Ich bin mit dir." So hatte Gott auch zu den Propheten der alten Zeit gesprochen (z. B. Ex 3, 12). – Der Zwischenfall vor dem Prokonsul Gallio ist historisch in-*

teressant. Die römische Behörde betrachtet das Christentum noch als eine innerjüdische Angelegenheit; die jüdische Religion aber ist gesetzlich erlaubt. Aus Korinth reist Paulus in Frieden ab, zusammen mit Priszilla und Aquila, die nach Ephesus übersiedeln. Damit geht die zweite Missionsreise zu Ende. – Apg 23,11; Jer 1,8; Apg 21,27–28.

ERSTE LESUNG   Apg 18,9–18

Viel Volk gehört mir in dieser Stadt

**Lesung
aus der Apostelgeschichte.**

9 **Als Paulus in Korínth war,
sagte der Herr nachts in einer Vision zu ihm:
Fürchte dich nicht!
Rede nur, schweige nicht!**
10 **Denn ich bin mit dir,
niemand wird dir etwas antun.
Viel Volk nämlich gehört mir in dieser Stadt.**
11 **So blieb Paulus ein Jahr und sechs Monate
und lehrte bei ihnen das Wort Gottes.**
12 **Als aber Gállio Prókonsul von Acháia war,
traten die Juden einmütig gegen Paulus auf,
brachten ihn vor den Richterstuhl**
13 **und sagten:
Dieser verführt die Menschen zu einer Gottesverehrung,
die gegen das Gesetz verstößt.**
14 **Als Paulus etwas erwidern wollte,
sagte Gállio zu den Juden:
Läge hier ein Vergehen oder Verbrechen vor, ihr Juden,
so würde ich eure Klage ordnungsgemäß behandeln.**
15 **Streitet ihr jedoch über Lehre und Namen und euer Gesetz,
dann seht selber zu!
Darüber will ich nicht Richter sein.**
16 **Und er wies sie vom Richterstuhl weg.**
17 **Da ergriffen alle den Synagogenvorsteher Sósthenes
und verprügelten ihn vor dem Richterstuhl.
Gállio aber kümmerte sich nicht darum.**
18 **Paulus blieb noch längere Zeit.**

Dann verabschiedete er sich von den Brüdern
   und segelte zusammen mit Priszílla und Áquila nach Sýrien ab.
In Kenchréä
   hatte er sich aufgrund eines Gelübdes
   den Kopf kahlscheren lassen.

ANTWORTPSALM Ps 47 (46), 2–3.4–5.6–7 (R: vgl. 8a)

R Herr, du bist König über alle Welt. – R (GL 529, 8)

Oder:

R Halleluja. – R

2 Ihr Völker alle, klatscht in die Hände; * VIII. Ton
    jauchzt Gott zu mit lautem Jubel!
3 Denn furchtgebietend ist der Herr, der Höchste, *
    ein großer König über die ganze Erde. – (R)
4 Er unterwirft uns Völker *
    und zwingt Nationen unter unsre Füße.
5 Er wählt unser Erbland für uns aus, *
    den Stolz Jakobs, den er liebt. – (R)
6 Gott stieg empor unter Jubel, *
    der Herr beim Schall der Hörner.
7 Singt unserm Gott, ja singt ihm! *
    Spielt unserm König, spielt ihm! – R

RUF VOR DEM EVANGELIUM Vers: vgl. Lk 24, 46.26

Halleluja. Halleluja.

Christus mußte leiden und von den Toten auferstehen,
   um so in seine Herrlichkeit zu gelangen.

Halleluja.

ZUM EVANGELIUM *Jesus sagt nicht, daß die Freude der Welt sich in Trauer verwandeln wird. In dieser Abschiedsstunde geht es ihm um die Jünger: ihre Traurigkeit wird sich in Freude verwandeln. Er nennt die Zeit und den Grund dieser Freude: Ich werde euch wiedersehen (V. 22). Die Osterfreude wird mit der Freude der Mutter verglichen, wenn sie das Kind geboren hat. Angst und Schmerzen sind vergessen, das Kind lebt. Jesus lebt; seine Auferstehung war auch für ihn selbst wie eine neue Geburt. Ein trauriger Jünger wäre ein schlechter Zeuge des Auferstandenen. Aber vollendet wird die Auferstehung Jesu erst dann sein, wenn es keinen Tod mehr gibt und wenn auch unser sterblicher Leib dem verklärten Leib Christi ähnlich geworden ist. Bis dahin werden wir Not haben in dieser Welt, aber es ist eine hoffende Not. – Joh 20,20; Röm 1,4; 8,29; Apg 2,23.46; 13,32–33; Gal 4,19; Offb 12,2.*

EVANGELIUM   Joh 16,20–23a

Niemand nimmt euch eure Freude

✢ Aus dem heiligen Evangelium nach Johannes.

In jener Zeit sprach Jesus zu seinen Jüngern:
20 Amen, amen, ich sage euch:
Ihr werdet weinen und klagen,
   aber die Welt wird sich freuen;
ihr werdet bekümmert sein,
   aber euer Kummer wird sich in Freude verwandeln.
21 Wenn die Frau gebären soll,
   ist sie bekümmert, weil ihre Stunde da ist;
aber wenn sie das Kind geboren hat,
   denkt sie nicht mehr an ihre Not
   über der Freude, daß ein Mensch zur Welt gekommen ist.
22 So seid auch ihr jetzt bekümmert,
   aber ich werde euch wiedersehen;
dann wird euer Herz sich freuen,
   und niemand nimmt euch eure Freude.
23a An jenem Tag werdet ihr mich nichts mehr fragen.

FÜRBITTEN

Wir beten zu Christus, der uns das Tor zum ewigen Leben geöffnet hat:

Lenke deine Kirche durch den Heiligen Geist, und breite sie über die ganze Erde aus. – (Stille) Christus, höre uns.
A.: Christus, erhöre uns.

Laß alle, die über andere entscheiden, gerechte Urteile fällen. – (Stille) Christus, höre uns.

Schau auf die Kranken und Leidenden, die keinen Helfer haben. –
(Stille) Christus, höre uns.
A.: Christus, erhöre uns.

Sende uns den Heiligen Geist, damit wir wissen, worum wir beten sollen. – (Stille) Christus, höre uns.

Denn du verläßt uns nicht bis zum Ende der Zeiten. Dir sei Lob und Ehre in Ewigkeit.   A.: Amen.

GABENGEBET

Gütiger Gott,
nimm unsere Gaben an
und gewähre uns deinen Schutz,
damit wir die Taufgnade,
die wir empfangen haben, nicht verlieren
und zur ewigen Freude gelangen,
die du für uns bereitet hast.
Darum bitten wir durch Christus, unseren Herrn.

Präfation von Christi Himmelfahrt, S. 1360 f., bzw. Ostern, S. 1358 ff.

KOMMUNIONVERS   Röm 4,25

Wegen unserer Verfehlungen wurde Christus hingegeben,
wegen unserer Rechtfertigung wurde er auferweckt. Halleluja.

SCHLUSSGEBET

Gütiger Gott,
bewahre dem Volk der Erlösten
deine Liebe und Treue.
Das Leiden deines Sohnes hat uns gerettet,
seine Auferstehung erhalte uns in der Freude.
Darum bitten wir durch ihn, Christus, unseren Herrn.

„BEI GOTT WOHNT DIE FREUDE, *und von ihm kommt sie herab und ergreift Geist, Seele und Leib, und wo diese Freude einen Menschen gefaßt hat, dort greift sie um sich, dort reißt sie mit, dort sprengt sie verschlossene Türen. Es gibt eine Freude, die von Schmerz, Not und Angst des Herzens gar nichts weiß; sie hat keinen Bestand, sie kann nur für Augenblicke betäuben. Die Freude Gottes ist durch die Armut der Krippe und die Not des Kreuzes gegangen; darum ist sie unüberwindlich, unwiderleglich. Sie leugnet nicht die Not, wo sie da ist, aber sie findet mitten in ihr, gerade in ihr, Gott; sie bestreitet nicht die ernste Sünde, aber sie findet gerade so die Vergebung; sie sieht dem Tod ins Auge, aber sie findet gerade in ihm das Leben. Um diese Freude, die überwunden hat, geht es. Sie allein ist glaubwürdig, sie allein hilft und heilt" (D. Bonhoeffer).*

SAMSTAG

ERÖFFNUNGSVERS Vgl. 1 Petr 2, 9

**Volk Gottes, verkünde die großen Taten des Herrn.
Er hat uns aus der Finsternis herausgeführt
in sein wunderbares Licht. Halleluja.**

TAGESGEBET

**Herr, unser Gott,
dein Sohn hat vor seiner Himmelfahrt
seinen Aposteln den Heiligen Geist verheißen.
Sie haben den Reichtum
der göttlichen Weisheit empfangen;
schenke auch uns die Gaben deines Geistes.
Darum bitten wir durch Jesus Christus.**

Oder (in Gegenden, wo Christi Himmelfahrt am darauffolgenden Sonntag gefeiert wird):

TAGESGEBET

**Gott, unser Heil,
du hast uns im österlichen Geheimnis
die Quelle der Gnade erschlossen.
Hilf uns, im Guten voranzuschreiten,
damit wir immer aus der Ostergnade leben.
Darum bitten wir durch Jesus Christus.**

ZUR LESUNG *Nach kurzem Aufenthalt in Antiochia tritt Paulus seine dritte und letzte Missionsreise an (Apg 18, 23 – 21, 14). Er sucht nochmals die Gemeinden im Innern Kleinasiens auf (Galatien, Phrygien), durchwandert dann das Hochland und kommt schließlich nach Ephesus*

(19, 1). In Ephesus, wo Priszilla und Aquila jetzt wohnen, tritt inzwischen ein Mann namens Apollos auf, der für Paulus einige Probleme schaffen wird, vor allem in Korinth. Was Lukas über Apollos berichtet, ist schwer auf einen Nenner zu bringen. Es handelt sich um einen hochgebildeten und schriftkundigen Mann, der ein glühender Anhänger Jesu ist, aber nur die Johannestaufe kennt. In Alexandrien wie in Ephesus muß es damals noch Anhänger Johannes' des Täufers gegeben haben, die nur langsam den vollen Glauben an Jesus, den Christus, fanden. In Ephesus, wo sich Paulus auf der Rückreise nach Antiochia kurz aufgehalten hatte (Apg 18, 19–21), gab es außer Priszilla und Aquila noch andere Christen. Die Zeltmacher Aquila und Priszilla waren vorzügliche Missionshelfer. Sie scheuten sich nicht, den gelehrten Apollos näher über den „Weg Gottes", d. h. die christliche Lehre, zu unterrichten. – 1 Kor 1, 12; 3, 4–6; 4, 6–7; 16, 12; Apg 9, 2; 19, 3–5.

ERSTE LESUNG   Apg 18, 23–28

Apollos wies öffentlich aus der Schrift nach, daß Jesus der Messias sei

Lesung
   aus der Apostelgeschichte.

23 Nachdem Paulus einige Zeit in Antióchia in Sýrien geblieben war,
   zog er weiter,
   durchwanderte zuerst das galátische Land, dann Phrýgien,
   und stärkte alle Jünger.

24 Ein Jude namens Apóllos kam nach Éphesus.
   Er stammte aus Alexándria,
   war redekundig und in der Schrift bewandert.

25 Er war unterwiesen im Weg des Herrn.
   Er sprach mit glühendem Geist
      und trug die Lehre von Jesus genau vor;
   doch kannte er nur die Taufe des Johannes.

26 Er begann, offen in der Synagoge zu sprechen.
   Priszílla und Áquila hörten ihn,
   nahmen ihn zu sich
   und legten ihm den Weg Gottes noch genauer dar.

27 Als er nach Acháia gehen wollte,
      ermunterten ihn die Brüder dazu
   und schrieben den Jüngern,
      sie möchten ihn freundlich aufnehmen.

Nach seiner Ankunft
  wurde er den Gläubigen durch die Gnade eine große Hilfe.
28 Denn mit Nachdruck widerlegte er die Juden,
  indem er öffentlich aus der Schrift nachwies,
  daß Jesus der Messias sei.

ANTWORTPSALM Ps 47 (46), 2–3.8–9.10 (R: vgl. 8a)

R Herr, du bist König über alle Welt. – R (GL 529, 8)

Oder:

R Halleluja. – R

2 Ihr Völker alle, klatscht in die Hände; * VIII. Ton
  jauchzt Gott zu mit lautem Jubel!

3 Denn furchtgebietend ist der Herr, der Höchste, *
  ein großer König über die ganze Erde. – (R)

3 Denn Gott ist König der ganzen Erde. *
  Spielt ihm ein Psalmenlied!

9 Gott wurde König über alle Völker, *
  Gott sitzt auf seinem heiligen Thron. – (R)

10 Die Fürsten der Völker sind versammelt *
  als Volk des Gottes Abrahams.

  Denn Gott gehören die Mächte der Erde; *
  er ist hoch erhaben. – R

RUF VOR DEM EVANGELIUM Vers: vgl. Joh 16, 28

Halleluja. Halleluja.
Ich bin ausgegangen vom Vater und in die Welt gekommen;
ich verlasse die Welt wieder und gehe zum Vater.
Halleluja.

ZUM EVANGELIUM *Jesus greift nochmals das Wort vom Bitten und Empfangen auf; er stellt es in den größeren Zusammenhang von Liebe und Glauben und in den noch größeren seines eigenen Weges: vom Vater ist er in die Welt gekommen, und er kehrt zum Vater zurück. Er verläßt die Welt, und verläßt sie doch nicht. Es bleibt die leuchtende Spur seiner Schritte; die Welt ist heller und wärmer geworden von der Klarheit seines Wortes und von der Glut seines Geistes. Gottes eigene Freude wird in der*

Welt erfahrbar, sooft ein Jünger „im Namen Jesu" betet: mit Berufung auf den Namen, in dem Gott sich der Welt offenbart und preisgegeben hat. Jede Bitte, die Gott uns erfüllt, ist Ehre und Freude für ihn und ist für uns die neue Gewißheit, daß Gott uns liebt. Darin wird unsere Freude vollkommen. – Joh 14, 13.23; 17, 14; Lk 11, 13; Hebr 10, 19–20; Apg 20, 35; Phil 2, 5–11.

EVANGELIUM Joh 16, 23b–28

Der Vater selbst liebt euch, weil ihr mich geliebt und weil ihr geglaubt habt

✠ Aus dem heiligen Evangelium nach Johannes.

In jener Zeit sprach Jesus zu seinen Jüngern:
23b Amen, amen, ich sage euch:
Was ihr vom Vater erbitten werdet,
 das wird er euch in meinem Namen geben.
24 Bis jetzt habt ihr noch nichts in meinem Namen erbeten.
Bittet, und ihr werdet empfangen,
 damit eure Freude vollkommen ist.
25 Dies habe ich in verhüllter Rede zu euch gesagt;
es kommt die Stunde,
 in der ich nicht mehr in verhüllter Rede zu euch spreche,
 sondern euch offen den Vater verkünden werde.
26 An jenem Tag werdet ihr in meinem Namen bitten,
und ich sage nicht, daß ich den Vater für euch bitten werde;
27 denn der Vater selbst liebt euch,
 weil ihr mich geliebt
 und weil ihr geglaubt habt, daß ich von Gott ausgegangen bin.
28 Vom Vater bin ich ausgegangen und in die Welt gekommen;
ich verlasse die Welt wieder und gehe zum Vater.

FÜRBITTEN

Zu Christus rufen wir, der den Aposteln den Heiligen Geist verheißen hat:

Sende deinen Geist über alle Priester, und gib ihnen Eifer in ihrem Dienst.
A.: Wir bitten dich, erhöre uns.

Steh den Regierenden bei, und laß sie Frieden schaffen durch Gerechtigkeit.

Nimm dich der Verlassenen an, und laß sie deine Liebe erfahren.

Ermutige uns, vertrauensvoller zum Vater zu beten.

Denn du hast uns aus der Finsternis herausgeführt in dein wunderbares Licht. Dir sei Dank und Lobpreis in Ewigkeit.   A.: Amen.

GABENGEBET

Barmherziger Gott, heilige diese Gaben.
Nimm das Opfer an,
das dir im Heiligen Geist dargebracht wird,
und mache uns selbst zu einer Gabe,
die für immer dir gehört.
Darum bitten wir durch Christus, unseren Herrn.

Präfation von Christi Himmelfahrt, S. 1360 f., bzw. Ostern, S. 1358 ff.

KOMMUNIONVERS   Joh 17, 24

Vater, ich will, daß alle, die du mir gegeben hast,
dort bei mir sind, wo ich bin;
sie sollen meine Herrlichkeit schauen, die du mir gegeben hast.

SCHLUSSGEBET

Barmherziger Gott,
wir haben den Auftrag deines Sohnes erfüllt
und sein Gedächtnis begangen.
Die heilige Gabe,
die wir in dieser Feier empfangen haben,
helfe uns, daß wir
in der Liebe zu dir und unseren Brüdern
Christus nachfolgen,
der mit dir lebt und herrscht in alle Ewigkeit.

„DAS GEBET IM NAMEN JESU *ist Gebet auf Grund der Tatsache, daß Gott uns erreicht hat, daß er durch Christus unsere Menschheit angenommen hat, daß er Wohnung bei uns gemacht hat, daß er uns seinen Geist gegeben hat. In unserem Gebet betet der, der hindurchgedrungen ist* durch den Tod zum Leben. „So ihr den Vater etwas bitten werdet, so wird er's euch geben in meinem Namen" (Joh 16, 23). Auch die Erhörung geschieht im Namen Jesu. Das Kommen Gottes, die Antwort auf unser Gebet, das Einströmen seines Lebens in unser Herz und Leben ist ein Vorgang, der in Christus vorgebildet ist, in ihm angefangen hat und in ihm sich vollendet, ist mit einem Wort Inkarnation, Menschwerdung. Der Logos, das ewige Wort, will immerfort Fleisch werden. Christus will in uns Gestalt gewinnen, er will zu unserem Leben werden, er will Geist, Seele und Leib ergreifen und durchdringen, durchwalten. Alles Gebet im Namen Jesu dient diesem Vorgang, diesem geheimnisvollen Prozeß der Wandlung der neuen Geburt aus dem Geist" (Karl Bernhard Ritter).

7. WOCHE

MONTAG

ERÖFFNUNGSVERS Apg 1, 8

Ihr werdet die Kraft des Heiligen Geistes empfangen,
der auf euch herabkommen wird,
und ihr werdet meine Zeugen sein bis an die Grenzen der Erde.
Halleluja.

TAGESGEBET

Herr, unser Gott,
sende uns die Kraft von oben, den Heiligen Geist,
damit wir deinen Willen gläubig bejahen
und in einem heiligen Leben erfüllen.
Darum bitten wir durch Jesus Christus.

ZUR LESUNG *Paulus hatte versprochen nach Ephesus zurückzukommen (18, 21). Dort gab es, in enger Verbindung mit der jüdischen Gemeinde, einige Christen und auch Anhänger Johannes' des Täufers. Diese werden in 19, 2 „Jünger" genannt, was sonst immer „Jünger Jesu" bedeutet. Die Situation bleibt für uns unklar, ähnlich wie im Fall des Apollos. Nach einem entsprechenden „Nachhilfeunterricht" (vgl. 18, 26) werden die zwölf Männer getauft. Von wem? Anscheinend nicht von Paulus; von ihm wird ausdrücklich nur gesagt, er habe ihnen die Hände aufgelegt. Ob*

Aquila der Taufende war? Welche Stellung hatte er in der Gemeinde? Und wie wurde die Taufe gespendet? „Auf den Namen des Herrn Jesus", das konnte die Spendeformel sein (vgl. Apg 2, 38); aber vielleicht ist es nur die Benennung der christlichen Taufe, um sie von anderen Taufen zu unterscheiden. Es gibt in der Frühgeschichte des Christentums viele Einzelfragen, auf die wir keine eindeutige Antwort bekommen. – Apg 8, 14–25; 1, 5; 13, 24–25; 2, 4; 1, 3; 20, 25.

ERSTE LESUNG

Apg 19, 1–8

Habt ihr den Heiligen Geist empfangen, als ihr gläubig wurdet?

Lesung
aus der Apostelgeschichte.

1 Während Apóllos sich in Korínth aufhielt,
   durchwanderte Paulus das Hochland
   und kam nach Éphesus hinab.
2 Er traf einige Jünger
   und fragte sie:
   Habt ihr den Heiligen Geist empfangen,
   als ihr gläubig wurdet?
Sie antworteten ihm:
   Wir haben noch nicht einmal gehört,
   daß es einen Heiligen Geist gibt.
3 Da fragte er:
   Mit welcher Taufe seid ihr denn getauft worden?
Sie antworteten: Mit der Taufe des Johannes.
4 Paulus sagte:
   Johannes hat mit der Taufe der Umkehr getauft
und das Volk gelehrt,
   sie sollten an den glauben, der nach ihm komme:
an Jesus.
Als sie das hörten,
   ließen sie sich auf den Namen Jesu, des Herrn, taufen.
Paulus legte ihnen die Hände auf,
   und der Heilige Geist kam auf sie herab;
sie redeten in Zungen
   und weissagten.
Es waren im ganzen ungefähr zwölf Männer.

⁸ Er ging in die Synagoge
  und lehrte drei Monate lang freimütig
  und suchte sie vom Reich Gottes zu überzeugen.

ANTWORTPSALM Ps 68 (67), 2–3.4 u. 5ad.6–7b (R: 33a.b)

R Singt für Gott, (GL 527,1 oder 732,1)
singt und spielt für den Herrn! – R

Oder:

R Halleluja. – R

² Gott steht auf, seine Feinde zerstieben; * III. Ton
  die ihn hassen, fliehen vor seinem Angesicht.

³ Sie verfliegen, wie Rauch verfliegt; †
  wie Wachs am Feuer zerfließt, *
  so vergehen die Frevler vor Gottes Angesicht. – (R)

⁴ Die Gerechten aber freuen sich und jubeln vor Gott; *
  sie jauchzen in heller Freude.

⁵ᵃᵈ Singt für Gott, spielt seinem Namen, *
  freut euch vor seinem Angesicht! – (R)

⁶ Ein Vater der Waisen, ein Anwalt der Witwen *
  ist Gott in seiner heiligen Wohnung.

⁷ᵃᵇ Gott bringt die Verlassenen heim, *
  führt die Gefangenen hinaus in das Glück. – R

RUF VOR DEM EVANGELIUM Vers: Kol 3,1

Halleluja. Halleluja.

Ihr seid mit Christus auferweckt;
darum strebt nach dem, was im Himmel ist,
wo Christus zur Rechten Gottes sitzt.

Halleluja.

ZUM EVANGELIUM *In vier kurzen Sätzen hat Jesus seinen göttlichen Ursprung, seine Sendung und die Erfüllung dieser Sendung ausgesagt (V. 28). Das schien so klar und durchsichtig, daß die Jünger spontan die Antwort des Glaubens fanden. Jesus weiß, wie unsicher dieser Glaube in Wirklichkeit noch ist. In den Versen 32–33 stellt er die Treue des Va-*

ters gegen die Untreue der Jünger und beschließt diese zweite Abschiedsrede mit einer letzten Zusage: Trotz Schwachheit, Not und Verfolgung werden die Jünger der Welt überlegen sein. Wie der Vater bei Jesus ist und ihn nicht allein läßt, so wird Jesus bei seinen Jüngern sein. Immer wird es so aussehen, als wären die Jünger Jesu ein verlorener Haufen in dieser Welt mit ihrer tausendfach schillernden Arroganz, aber „habt Mut: Ich habe die Welt besiegt". – Joh 17,6–8; Sach 13,7; Mt 26,31–35; Joh 8,29; 14,27; 1,10–11; 12,31; 14,30; 1 Joh 2,12–17.

EVANGELIUM Joh 16,29–33

Habt Mut: Ich habe die Welt besiegt

✞ Aus dem heiligen Evangelium nach Johannes.

In jener Zeit
29 sagten die Jünger zu Jesus:
Jetzt redest du offen
und sprichst nicht mehr in Gleichnissen.
30 Jetzt wissen wir,
daß du alles weißt
und von niemand gefragt zu werden brauchst.
Darum glauben wir,
daß du von Gott gekommen bist.
31 Jesus erwiderte ihnen: Glaubt ihr jetzt?
32 Die Stunde kommt,
und sie ist schon da,
in der ihr versprengt werdet, jeder in sein Haus,
und mich werdet ihr allein lassen.
Aber ich bin nicht allein,
denn der Vater ist bei mir.
33 Dies habe ich zu euch gesagt,
damit ihr in mir Frieden habt.
In der Welt seid ihr in Bedrängnis;
aber habt Mut:
Ich habe die Welt besiegt.

FÜRBITTEN

Im Gebet wenden wir uns an Christus, der seinen Jüngern den Heiligen Geist, die Kraft aus der Höhe, zugesagt hat:

Für unseren Papst und alle Bischöfe: erleuchte und stärke sie. – (Stille) Herr, erbarme dich.
A.: Christus, erbarme dich.

Für alle christlichen Kirchen: bewege sie, die Einheit im Glauben zu fördern. – (Stille) Herr, erbarme dich.

Für alle, die sich in Schuld verstrickt haben: löse sie aus ihren Fesseln, und heile ihre Wunden. – (Stille) Herr, erbarme dich.

Für unsere Gemeinde: sende uns den Heiligen Geist, damit wir deinen Willen erfüllen. – (Stille) Herr, erbarme dich.

Denn du willst uns nicht ohne Beistand zurücklassen. Dich loben und preisen wir mit dem Vater und dem Heiligen Geist jetzt und in Ewigkeit.   A.: Amen.

GABENGEBET

Herr, unser Gott,
das makellose Opfer läutere uns.
Es stärke uns mit der Kraft von oben
und schenke uns ewiges Leben.
Darum bitten wir durch Christus, unseren Herrn.

Osterpräfation, S. 1358 ff., oder Präfation von Christi Himmelfahrt, S. 1360 f.

KOMMUNIONVERS   Joh 14,18; 16,22

So spricht der Herr:
Ich werde euch nicht als Waisen zurücklassen,
ich komme wieder zu euch.
Dann wird euer Herz sich freuen. Halleluja.

SCHLUSSGEBET

Barmherziger Gott, höre unser Gebet.
Du hast uns im Sakrament
das Brot des Himmels gegeben,
damit wir an Leib und Seele gesunden.

Gib, daß wir
die Gewohnheiten des alten Menschen ablegen
und als neue Menschen leben.
Darum bitten wir durch Christus, unseren Herrn.

„AUF DER ANGST *ruht die Macht, das Reich des Bösen. Darum steigert und verbreitet der Böse die Angst, wo immer er sein Reich begründen, ausbreiten, erhalten will. Sein Reich ist das Reich der Angst; über die Angst hinaus vermag es seine Grenzen nicht auszudehnen. Vor dem Frieden dessen, in dem Christus lebt – der Herr selbst ist der Friede nach den Worten des Apostels (Eph 2, 14) –, zerfällt die Angst und mit ihr das Gewaltreich des Widersachers und seiner Knechte. Nun fallen auch die Ketten des Fluches und der Sünde von den Geschöpfen, und sie nähern sich dem Wesen, das sie von Anfang an hatten. Der allein, der furchtlos ist in Christus, kann der Welt zum Heil werden. Auf diesen Furchtlosen wartet die Welt"* (Reinhold Schneider).

DIENSTAG

ERÖFFNUNGSVERS   Offb 1, 17–18

Ich bin der Erste und der Letzte und der Lebendige.
Ich war tot, doch ich lebe in Ewigkeit. Halleluja.

TAGESGEBET

Allmächtiger und barmherziger Gott,
sende den Heiligen Geist auf uns herab.
Er wohne in uns
und mache uns zum Tempel seiner Herrlichkeit.
Darum bitten wir durch Jesus Christus.

ZUR LESUNG   *Drei Jahre hat sich Paulus in Ephesus aufgehalten (20, 31) und das Reich Gottes gepredigt (19, 8). Es war eine Arbeit „unter Tränen und vielen Prüfungen" (20, 19). Auch den Brief an die Galater hat er damals geschrieben. Dann kam der Aufstand der Silberschmiede (19, 21–40), und Paulus mußte gehen (20, 1–2). Er reiste nochmals nach Mazedonien und Griechenland, dann durch Mazedonien zurück nach Troas und von da zu Schiff an Ephesus vorbei nach Milet. – Von der Abschiedsrede an die Ältesten von Ephesus (20, 17–35) hören wir heute den ersten, morgen den zweiten Teil. Die Rede (in der Redaktion des Lukas) ist Rechenschaftsbericht des Apostels über seine bisherige Arbeit, sie ist aber zugleich sein Testament für alle Missionare und Seelsorger. Im ersten Teil der Rede (V. 18–27) spricht Paulus vor allem über sich selbst: Trotz aller Schwierigkeiten hat er vor Juden und Heiden das unverkürzte Evangelium verkündet (V. 18–21). Jetzt reist er nach Jerusalem; er ahnt Schlimmes, aber er gehorcht dem Geist, der ihn nach Jerusalem treibt. Der Apostel gehört nicht mehr sich selbst, sein Leben gehört dem Dienst, der ihm übertragen wurde (V. 22–24). – 1 Sam 12; 2 Kor 1,8–9; 11,23–31; Apg 21,4.11; Phil 2,16; 2 Tim 4,7; Apg 26,16–18.*

ERSTE LESUNG Apg 20,17–27

Ich vollende meinen Lauf und erfülle den Dienst, der mir von Jesus, dem Herrn, übertragen wurde

Lesung
   aus der Apostelgeschichte.

In jenen Tagen
17 schickte Paulus von Milét aus jemand nach Éphesus
und ließ die Ältesten der Gemeinde zu sich rufen.
18 Als sie bei ihm eingetroffen waren,
   sagte er: Ihr wißt, wie ich vom ersten Tag an,
   seit ich die Provinz Asien betreten habe,
   die ganze Zeit in eurer Mitte war
19 und wie ich dem Herrn in aller Demut diente
   unter Tränen und vielen Prüfungen,
   die ich durch die Nachstellungen der Juden erlitten habe,
20 wie ich nichts verschwiegen habe von dem, was heilsam ist.
Ich habe es euch verkündigt
   und habe euch gelehrt, öffentlich und in den Häusern.
21 Ich habe Juden und Griechen beschworen,
   sich zu Gott zu bekehren
   und an Jesus Christus, unseren Herrn, zu glauben.
22 Nun ziehe ich, gebunden durch den Geist, nach Jerusalem,
und ich weiß nicht, was dort mit mir geschehen wird.
23 Nur das bezeugt mir der Heilige Geist von Stadt zu Stadt,
   daß Fesseln und Drangsale auf mich warten.
24 Aber ich will mit keinem Wort mein Leben wichtig nehmen,

Osterzeit: 7. Woche – Dienstag

wenn ich nur meinen Lauf vollende
   und den Dienst erfülle,
   der mir von Jesus, dem Herrn, übertragen wurde:
das Evangelium von der Gnade Gottes zu bezeugen.

25 Nun aber weiß ich,
   daß ihr mich nicht mehr von Angesicht sehen werdet,
ihr alle, zu denen ich gekommen bin
   und denen ich das Reich verkündet habe.
26 Darum bezeuge ich euch am heutigen Tag:
Ich bin unschuldig,
   wenn einer von euch allen verlorengeht.
27 Denn ich habe mich der Pflicht nicht entzogen,
   euch den ganzen Willen Gottes zu verkünden.

ANTWORTPSALM

Ps 68 (67), 10–11.20–21 (R: 33a.b)
(GL 527,1 oder 732,1)

R Singt für Gott,
singt und spielt für den Herrn! – R

Oder:

R Halleluja. – R

10 Gott, du ließest Regen strömen in Fülle *   III. Ton
und erquicktest dein verschmachtendes Erbland.
11 Deine Geschöpfe finden dort Wohnung; *
Gott, in deiner Güte versorgst du den Armen. – (R)

20 Gepriesen sei der Herr, Tag für Tag! *
Gott trägt uns, er ist unsre Hilfe.
21 Gott ist ein Gott, der uns Rettung bringt, *
Gott, der Herr, führt uns heraus aus dem Tod. – R

RUF VOR DEM EVANGELIUM   Vers: Joh 14,16

Halleluja. Halleluja.
Ich werde den Vater bitten,
und er wird euch einen anderen Beistand geben,
der für immer bei euch bleiben wird.
Halleluja.

ZUM EVANGELIUM   Auf die Abschiedsreden Jesu folgt sein Abschiedsgebet, das „hohepriesterliche Gebet" (Joh 17, 1–26). Jetzt ist die „Stunde" gekommen, auf die das ganze Leben Jesu ausgerichtet war. Daß die Stunde ihren Sinn erfülle, daß das Kreuzesopfer Frucht bringe, ist das zentrale Anliegen dieses Gebets. Jesus bittet 1. um seine „Verherrlichung" (V. 1–5), 2. um die Bewahrung und Heiligung der Jünger (V. 6–19), 3. um die Einheit aller Glaubenden (V. 20–26). Er bittet, daß der Vater ihn – durch den Tod hindurch – verherrliche, d. h. ihn, den ewigen Sohn samt der angenommenen Menschennatur, in die Seinsweise Gottes aufnehme. Dadurch wird Gott selbst verherrlicht; die Menschen werden den Vater und den Sohn erkennen und ehren. Die Verherrlichung Jesu dient also der Verherrlichung des Vaters und der Rettung der Menschen. Ihnen gilt der Rest des Gebetes. Indem Jesus für sich betet, betet er für die Jünger; indem er für die Jünger betet, betet er für alle, die zum Glauben kommen werden. – Jer 31, 31–34; Joh 2, 4–5; 3, 35–36; Phil 2, 6–11; 1 Joh 5, 20–21.

EVANGELIUM   Joh 17, 1–11a

Vater, verherrliche deinen Sohn!

✛ Aus dem heiligen Evangelium nach Johannes.

In jener Zeit
1 erhob Jesus seine Augen zum Himmel
und sprach:
   Vater, die Stunde ist da.
Verherrliche deinen Sohn,
   damit der Sohn dich verherrlicht.
2 Denn du hast ihm Macht über alle Menschen gegeben,
damit er allen, die du ihm gegeben hast,
   ewiges Leben schenkt.
3 Das ist das ewige Leben:
dich, den einzigen wahren Gott, zu erkennen
und Jesus Christus, den du gesandt hast.
4 Ich habe dich auf der Erde verherrlicht
und das Werk zu Ende geführt, das du mir aufgetragen hast.
5 Vater, verherrliche du mich jetzt bei dir
   mit der Herrlichkeit, die ich bei dir hatte, bevor die Welt war.
6 Ich habe deinen Namen den Menschen offenbart,
die du mir aus der Welt gegeben hast.

Sie gehörten dir,
und du hast sie mir gegeben,
und sie haben an deinem Wort festgehalten.
7 Sie haben jetzt erkannt,
   daß alles, was du mir gegeben hast, von dir ist.
8 Denn die Worte, die du mir gegeben hast,
   gab ich ihnen,
und sie haben sie angenommen.
Sie haben wirklich erkannt, daß ich von dir ausgegangen bin,
und sie sind zu dem Glauben gekommen,
   daß du mich gesandt hast.
9 Für sie bitte ich;
nicht für die Welt bitte ich,
   sondern für alle, die du mir gegeben hast;
denn sie gehören dir.
10 Alles, was mein ist,
   ist dein,
und was dein ist,
   ist mein;
in ihnen bin ich verherrlicht.
11a Ich bin nicht mehr in der Welt,
aber sie sind in der Welt,
und ich gehe zu dir.

FÜRBITTEN

Zu unserem Herrn Jesus Christus wollen wir beten. Er erneuert die Welt in der Kraft des Heiligen Geistes:

Halte von deinem Volk alle Spaltung fern, und gib ihm den Geist der Einheit.
A.: Wir bitten dich, erhöre uns.

Schenke allen Völkern Freiheit und Frieden.

Heile alle Kranken, und tröste die Bedrängten.

Durchdringe unsere Herzen mit der Kraft des Heiligen Geistes.

Barmherziger Gott, durch deinen Sohn haben wir dich, den einzigen wahren Gott, erkannt. Erhalte uns in der Wahrheit durch Christus, unseren Herrn.   A.: Amen.

GABENGEBET

Herr und Gott,
nimm die Gebete und Opfergaben
deiner Gläubigen an.
Laß uns diese heilige Feier
mit ganzer Hingabe begehen,
damit wir einst das Leben
in der Herrlichkeit des Himmels erlangen.
Darum bitten wir durch Christus, unseren Herrn.

Osterpräfation, S. 1358 ff., oder Präfation von Christi Himmelfahrt, S. 1360 f.

KOMMUNIONVERS   Joh 14, 26

So spricht der Herr:
Der Heilige Geist, den der Vater in meinem Namen senden wird,
er wird euch alles lehren und euch an alles erinnern,
was ich euch gesagt habe.

SCHLUSSGEBET

Barmherziger Gott,
wir haben den Auftrag deines Sohnes erfüllt
und sein Gedächtnis begangen.
Die heilige Gabe,
die wir in dieser Feier empfangen haben,
helfe uns, daß wir
in der Liebe zu dir und unseren Brüdern
Christus nachfolgen,
der mit dir lebt und herrscht in alle Ewigkeit.

„VERBIRG DEIN ANGESICHT NICHT VOR MIR; *ich will sterben, damit ich nicht sterbe, sondern dein Antlitz sehe (Augustinus)*. – Seinen Gott zu erkennen ist das Leben und die Seligkeit des Menschen; aber das Seligste daran ist, daß Gott sich erkennen läßt, sich unserm Anschauen schenkt; das Seligste und Überselige daran ist, im Erkennen sich *erkannt zu sehen*: unerbittlich und restlos, aber darin heilend und rettend und heiligend in der schöpferischen Kraft unauslotbarer Güte.
Danach ist unser Herz auf der Suche im Drang seines Erkennenwollens, das vor keiner Schranke, keinem Dunkel innehält. Daher das süße Erschrecken, wenn immer seinem Blick ein Blick, ein Antlitz sich auftut,

Antlitz der Dinge, des Schönen, Antlitz des Menschen. Die Freude, die hier aufspringt, antwortet der Gegenwart sich gewährenden Ursprungs; aber sie reicht über die Gegenwart hinaus. Sie ist Zeugnis des Letzten, das in solchem Blick auf uns zukommt, Ansage jenes Tages, da wir das ewige Angesicht der Liebe selbst gefunden haben werden (und es uns): ein Menschenangesicht – uns irdisch-brüderlich vertraut –, doch gebildet aus fließendem Licht" (Jörg Splett).

MITTWOCH

ERÖFFNUNGSVERS   Ps 47 (46), 2

Ihr Völker alle, klatscht in die Hände;
jauchzt Gott zu mit lautem Jubel! Halleluja.

TAGESGEBET

Barmherziger Gott,
du versammelst deine Kirche im Heiligen Geist.
Gib, daß sie dir von ganzem Herzen dient
und in aufrichtiger Liebe die Einheit bewahrt.
Darum bitten wir durch Jesus Christus.

ZUR LESUNG   *Im ersten Teil seiner Abschiedsrede in Milet (20, 18–27) hat Paulus von sich selbst gesprochen. Der zweite Teil (V. 28–35) beginnt mit einem Imperativ an die Vorsteher (Episkopos – Bischof) der Gemeinde: „Gebt acht ...!" Die Gemeinden, die sie leiten, sind Gottes heiliges Volk, sein Eigentum geworden durch das Blut des Sohnes, geführt vom Heiligen Geist. Es ist das Werk des dreifaltigen Gottes, das den Hirten der Kirche anvertraut ist (V. 28). Wachsamkeit gegen Gefahren von außen und von innen wird notwendig sein (V. 29–31), aber es besteht kein Grund zu Pessimismus und Verzagtheit. „Gott und das Wort seiner Gnade": das ist das Fundament des Baues und die Kraft zum Bauen (V. 32). Zum Schluß verweist Paulus auf seine eigene Erfahrung: Wer sich restlos dem heiligen Dienst weiht, der erfährt etwas vom Glück Gottes: „Geben ist seliger als nehmen". – Joh 21, 15–17; 1 Tim 4, 16; 1 Petr 5, 1–3; Hebr 13, 17; Mt 7, 15; 2 Petr 2, 1–2; Dtn 33, 3–4; Eph 2, 19–22; 4, 28; 6, 18.*

ERSTE LESUNG

Apg 20, 28–38

Ich vertraue euch Gott an, der die Kraft hat, aufzubauen und das Erbe zu verleihen

Lesung
  aus der Apostelgeschichte.

In jenen Tagen
  sagte Paulus zu den Ältesten der Gemeinde von Éphesus:
28 Gebt acht auf euch
  und auf die ganze Herde,
    in der euch der Heilige Geist zu Bischöfen bestellt hat,
  damit ihr als Hirten für die Kirche Gottes sorgt,
    die er sich durch das Blut seines eigenen Sohnes erworben hat.
29 Ich weiß:
  Nach meinem Weggang
    werden reißende Wölfe bei euch eindringen
    und die Herde nicht schonen.
30 Und selbst aus eurer Mitte werden Männer auftreten,
    die mit ihren falschen Reden die Jünger auf ihre Seite ziehen.

31 Seid also wachsam,
  und denkt daran,
    daß ich drei Jahre lang Tag und Nacht nicht aufgehört habe,
    unter Tränen jeden einzelnen zu ermahnen.
32 Und jetzt vertraue ich euch Gott und dem Wort seiner Gnade an,
    das die Kraft hat, aufzubauen
    und das Erbe in der Gemeinschaft der Geheiligten zu verleihen.

33 Silber oder Gold oder Kleider habe ich von keinem verlangt;
34 ihr wißt selbst,
    daß für meinen Unterhalt und den meiner Begleiter
    diese Hände hier gearbeitet haben.
35 In allem habe ich euch gezeigt,
    daß man sich auf diese Weise abmühen
    und sich der Schwachen annehmen soll,
  in Erinnerung an die Worte Jesu, des Herrn,
    der selbst gesagt hat: Geben ist seliger als nehmen.

36 Nach diesen Worten kniete er nieder
    und betete mit ihnen allen.
37 Und alle brachen in lautes Weinen aus,
  fielen Paulus um den Hals und küßten ihn;

38 am meisten schmerzte sie sein Wort,
    sie würden ihn nicht mehr von Angesicht sehen.
   Dann begleiteten sie ihn zum Schiff.

ANTWORTPSALM   Ps 68 (67), 29–30a u. 30b u. 32b.33–34.35–36
(R: 33a.b)

R Singt für Gott, (GL 527,1 oder 732,1)
singt und spielt für den Herrn! – R

Oder:

R Halleluja. – R

29 Biete auf, o Gott, deine Macht, † III. Ton
   die Gottesmacht, die du an uns erwiesen hast *
30a von deinem Tempel aus, hoch über Jerusalem.

30b Könige kommen mit Gaben, *
32b Kusch erhebt zu Gott seine Hände. – (R)

33 Ihr Königreiche der Erde, singt für Gott, *
   singt und spielt für den Herrn,

34 der dahinfährt über den Himmel, den uralten Himmel, *
   der seine Stimme erhebt, seine machtvolle Stimme. – (R)

35 Preist Gottes Macht! †
   Über Israel ragt seine Hoheit empor, *
   seine Macht ragt bis zu den Wolken.

36 Gott in seinem Heiligtum ist voll Majestät, Israels Gott; *
   seinem Volk verleiht er Stärke und Kraft. Gepriesen sei Gott. – R

RUF VOR DEM EVANGELIUM   Vers: vgl. Joh 17,17

Halleluja. Halleluja.

**Dein Wort, o Herr, ist Wahrheit;
heilige uns in der Wahrheit!**

Halleluja.

ZUM EVANGELIUM   *Die Jünger Jesu leben in der Welt, sind aber nicht von der Welt; das heißt nicht, daß wir für die Welt untauglich sind oder daß uns die Welt nichts mehr angeht. Aber die Welt ist, seitdem sie das Wort Jesu gehört und Jesus ans Kreuz geschlagen hat, nicht mehr die Welt, die sie vorher war. Und wir selbst können, seit Gottes Wort uns er-*

reicht hat, nicht mehr Welt sein wie alle Welt. Wir sind Gottes Welt geworden, Anfang der neuen Schöpfung. Wir werden aus der Welt nicht herausgenommen, sondern erst recht in sie hineingesandt. Sie ist unser Arbeitsfeld, der Acker, auf den das Wort Gottes gestreut wird. Ob es Frucht bringen kann, dafür sind wir mitverantwortlich. Jesus hat für uns gebetet. – Joh 3,35; Apg 4,32; Joh 16,4; 18,9; 6,39; 10,28; 13,18–19; Ps 41,10; Joh 15,11.19; 1 Joh 2,14; Joh 8,23; 10,36; 4,38; 20,21; 1 Thess 4,7; Hebr 2,11; 5,9; 10,14.

EVANGELIUM Joh 17,6a.11b–19

Sie sollen eins sein, wie wir eins sind

✠ Aus dem heiligen Evangelium nach Johannes.

In jener Zeit erhob Jesus seine Augen zum Himmel und betete:

6a Vater, ich habe deinen Namen
  den Menschen offenbart,
  die du mir aus der Welt gegeben hast.

11b Heiliger Vater,
bewahre sie in deinem Namen, den du mir gegeben hast,
  damit sie eins sind wie wir.

12 Solange ich bei ihnen war,
  bewahrte ich sie in deinem Namen, den du mir gegeben hast.
Und ich habe sie behütet,
und keiner von ihnen ging verloren,
  außer dem Sohn des Verderbens,
  damit sich die Schrift erfüllt.

13 Aber jetzt gehe ich zu dir.
Doch dies rede ich noch in der Welt,
  damit sie meine Freude in Fülle in sich haben.

14 Ich habe ihnen dein Wort gegeben,
und die Welt hat sie gehaßt,
  weil sie nicht von der Welt sind,
  wie auch ich nicht von der Welt bin.

15 Ich bitte nicht, daß du sie aus der Welt nimmst,
  sondern daß du sie vor dem Bösen bewahrst.

16 Sie sind nicht von der Welt,
  wie auch ich nicht von der Welt bin.

17 Heilige sie in der Wahrheit;

dein Wort ist Wahrheit.
¹⁸ Wie du mich in die Welt gesandt hast,
  so habe auch ich sie in die Welt gesandt.
¹⁹ Und ich heilige mich für sie,
  damit auch sie in der Wahrheit geheiligt sind.

FÜRBITTEN

Wir beten zu Jesus Christus, der uns den Heiligen Geist als Beistand sendet:

Ermutige alle Seelsorger, ihre Gemeinden im Glauben zu bestärken.
A.: Herr, erhöre unser Gebet.

Bewahre alle Getauften vor dem Bösen, und vollende an ihnen die Erlösung.

Komm allen zu Hilfe, die aus ihrer Not zu dir rufen.

Festige unsere Bereitschaft, dir von Herzen zu dienen.

Denn durch das Wirken des Heiligen Geistes hast du uns in deiner Kirche versammelt. In diesem Geist sei dir und dem Vater Lobpreis und Ehre in Ewigkeit. A.: Amen.

GABENGEBET

Allmächtiger Gott, nimm die Gaben an,
die wir nach deinem Willen darbringen.
Vollende in uns das Werk der Erlösung
und der Heiligung durch die Geheimnisse,
die wir zu deiner Verherrlichung feiern.
Darum bitten wir durch Christus, unseren Herrn.

Osterpräfation, S. 1358 ff., oder Präfation von Christi Himmelfahrt, S. 1360 f.

KOMMUNIONVERS   Joh 15, 26–27
So spricht der Herr:
Wenn der Beistand kommt, den ich euch vom Vater senden werde,
der Geist der Wahrheit, der vom Vater herkommt,
dann wird er Zeugnis für mich ablegen,
und auch ihr werdet meine Zeugen sein. Halleluja.

SCHLUSSGEBET

Barmherziger Gott,
durch die Teilnahme
an den heiligen Geheimnissen
reinigst du uns von Schuld
und schenkst uns überreiche Gnade.
Mache uns fähig,
dieses große Geschenk immer neu zu empfangen.
Darum bitten wir durch Christus, unseren Herrn.

„WAS VERSÖHNUNG UND ERLÖSUNG, *was Wiedergeburt und heiliger Geist, was Feindesliebe, Kreuz und Auferstehung, was Leben in Christus und Nachfolge Christi heißt, das alles ist so schwer und so fern, daß wir es kaum mehr wagen, davon zu sprechen. In den überlieferten Worten und Handlungen ahnen wir etwas ganz Neues und Umwälzendes, ohne es noch fassen und aussprechen zu können" (D. Bonhoeffer).*

WELT UND SCHULD, *Gefahr und Tod sind wirklich. Aber noch wirklicher als sie ist ihre Erlösung.*

DONNERSTAG

ERÖFFNUNGSVERS   Hebr 4, 16
Mit Zuversicht laßt uns zum Thron der Gnade hintreten,
damit wir Erbarmen finden und Gnade empfangen,
Hilfe zur rechten Zeit. Halleluja.

TAGESGEBET

Wir bitten dich, Herr, unser Gott,
der Heilige Geist erfülle uns
mit dem Reichtum seiner Gaben.
Er schenke uns eine Gesinnung, die dir wohlgefällt,
damit wir deinem Willen immer mehr entsprechen.
Darum bitten wir durch Jesus Christus.

ZUR LESUNG   *Der römische Offizier hatte Paulus verhaften lassen, als die jüdische Menge ihn lynchen wollte (21, 33). Am folgenden Tag*

*veranstaltet er ein Verhör in Gegenwart der Hohenpriester und des ganzen Hohen Rates. Im Bericht über dieses Verhör sind, historisch gesehen, so viele Unstimmigkeiten, daß man die Aussageabsicht sicher nicht in der Feststellung historischer Tatsachen suchen darf. Es geht dem Verfasser Lukas vielmehr darum, das Verbindende zwischen Judentum und Christentum aufzuzeigen, wobei er als Vertreter des Judentums freilich nur die Pharisäer gelten läßt. Sie stehen ihrem Glaubensbekenntnis nach dem Christentum ungleich näher als die Sadduzäer, für die es „weder eine Auferstehung noch Engel noch Geister" gibt (23,8); mit dem Tod ist alles aus, so daß man sich logischerweise fragen müßte, was das Gesetz des Mose ihnen überhaupt bedeuten konnte. Die Pharisäer dagegen haben mit den Christen den Glauben an die Auferstehung gemeinsam. Für Paulus und das Christentum ist die Auferstehung Jesu der Grund für die eigene Hoffnung auf Auferstehung und die zentrale Glaubensaussage überhaupt.
– Apg 26,5; Phil 3,5–9; Apg 24,15; 26,6–7; 28,20; Mt 22,23; Apg 16,9; 18,9–10; 27,23–24; 19,21.*

ERSTE LESUNG Apg 22,30; 23,6–11

Du sollst auch in Rom Zeugnis ablegen

Lesung
   aus der Apostelgeschichte.

In jenen Tagen,
   als der römische Oberst genau wissen wollte,
   was die Juden Paulus vorwarfen,
   ließ er ihn aus dem Gefängnis holen
und befahl,
   die Hohenpriester und der ganze Hohe Rat
   sollten sich versammeln.
Und er ließ Paulus hinunterführen
   und ihnen gegenüberstellen.

Da Paulus aber wußte,
   daß der eine Teil zu den Sadduzäern,
   der andere zu den Pharisäern gehörte,
   rief er vor dem Hohen Rat aus:
Brüder, ich bin Pharisäer und ein Sohn von Pharisäern;
wegen der Hoffnung und wegen der Auferstehung der Toten
   stehe ich vor Gericht.

⁷ Als er das sagte,
   brach ein Streit
   zwischen den Pharisäern und den Sadduzäern aus,
und die Versammlung spaltete sich.
⁸ Die Sadduzäer behaupten nämlich,
   es gebe weder eine Auferstehung
   noch Engel noch Geister,
die Pharisäer dagegen bekennen sich zu all dem.
⁹ Es erhob sich ein lautes Geschrei,
und einige Schriftgelehrte aus dem Kreis der Pharisäer
   standen auf und verfochten ihre Ansicht.
Sie sagten: Wir finden nichts Schlimmes an diesem Menschen.
Vielleicht hat doch ein Geist oder ein Engel zu ihm gesprochen.
¹⁰ Als der Streit heftiger wurde,
   befürchtete der Oberst, sie könnten Paulus zerreißen.
Daher ließ er die Wachtruppe herabkommen,
   ihn mit Gewalt aus ihrer Mitte herausholen
   und in die Kaserne bringen.
¹¹ In der folgenden Nacht aber trat der Herr zu Paulus
und sagte: Hab Mut!
Denn so wie du in Jerusalem meine Sache bezeugt hast,
   sollst du auch in Rom Zeugnis ablegen.

ANTWORTPSALM   Ps 16 (15), 2 u. 5.7—8.9—11a (R: vgl. 1)

R Behüte mich, Gott, denn ich vertraue auf dich. — **R**   (GL 527,7)

Oder:

R Halleluja. — **R**

² Ich sage zum Herrn: „Du bist mein Herr; *   IV. Ton
mein ganzes Glück bist du allein."

⁵ Du, Herr, gibst mir das Erbe und reichst mir den Becher; *
du hältst mein Los in deinen Händen. — **(R)**

⁷ Ich preise den Herrn, der mich beraten hat. *
Auch mahnt mich mein Herz in der Nacht.

⁸ Ich habe den Herrn beständig vor Augen. *
Er steht mir zur Rechten, ich wanke nicht. — **(R)**

⁹ Darum freut sich mein Herz und frohlockt meine Seele; *
auch mein Leib wird wohnen in Sicherheit.

10 Denn du gibst mich nicht der Unterwelt preis; †
   du läßt deinen Frommen das Grab nicht schauen. *
11a Du zeigst mir den Pfad zum Leben. – R

RUF VOR DEM EVANGELIUM
Vers: Joh 17, 21

Halleluja. Halleluja.

(So spricht der Herr:)
Alle sollen eins sein:
Wie du, Vater, in mir bist und ich in dir bin,
   sollen auch sie in uns sein,
damit die Welt glaubt, daß du mich gesandt hast.

Halleluja.

ZUM EVANGELIUM *Jesus schaut in die Zukunft seiner Kirche. Er betet für die Einheit all derer, die im Lauf der Jahrhunderte an ihn glauben und sich zu ihm bekennen werden: „damit die Welt glaubt, daß du mich gesandt hast". Erst durch die Einheit im Glauben und in der Liebe werden die Jünger vor der Welt glaubwürdige Zeugen der Liebe Gottes und der Wahrheit Jesu Christi sein. Die zweimalige Anrede „Vater", „gerechter Vater" gibt den Schlußsätzen dieses Gebetes eine feierliche Eindringlichkeit. – „Ich will", sagt der heimkehrende Sohn: er will sich nicht von denen trennen, die der Vater ihm gegeben hat und denen er seine Liebe geschenkt hat „bis zur Vollendung" (13, 1). – Joh 10, 30; 1, 14; 17, 5; 15, 9; 12, 26; 14, 3; 1 Thess 4, 17; Mt 25, 23; Eph 1, 4; 1 Petr 1, 20; Joh 1, 10; 1 Joh 3, 1; Joh 14, 21.*

EVANGELIUM
Joh 17, 20–26

Sie sollen eins sein, wie wir eins sind; sie sollen vollendet sein in der Einheit

✟ Aus dem heiligen Evangelium nach Johannes.

In jener Zeit erhob Jesus seine Augen zum Himmel
   und betete:
20 Heiliger Vater, ich bitte nicht nur für diese hier,
   sondern auch für alle, die durch ihr Wort an mich glauben.

21 Alle sollen eins sein:
Wie du, Vater, in mir bist und ich in dir bin,
   sollen auch sie in uns sein,
damit die Welt glaubt, daß du mich gesandt hast.

²² Und ich habe ihnen die Herrlichkeit gegeben,
    die du mir gegeben hast;
  denn sie sollen eins sein, wie wir eins sind,
²³ ich in ihnen und du in mir.
  So sollen sie vollendet sein in der Einheit,
  damit die Welt erkennt,
    daß du mich gesandt hast
    und die Meinen ebenso geliebt hast wie mich.
²⁴ Vater, ich will, daß alle, die du mir gegeben hast,
    dort bei mir sind, wo ich bin.
  Sie sollen meine Herrlichkeit sehen,
    die du mir gegeben hast,
    weil du mich schon geliebt hast vor der Erschaffung der Welt.
²⁵ Gerechter Vater, die Welt hat dich nicht erkannt,
  ich aber habe dich erkannt,
  und sie haben erkannt, daß du mich gesandt hast.
²⁶ Ich habe ihnen deinen Namen bekannt gemacht
    und werde ihn bekannt machen,
  damit die Liebe, mit der du mich geliebt hast, in ihnen ist
  und damit ich in ihnen bin.

FÜRBITTEN

Jesus Christus, der uns mit den Gaben des Heiligen Geistes überreich beschenkt, bitten wir:

Gieße allen Gläubigen den Geist der Liebe ein, der sie mit dir und untereinander verbindet. – (Stille) Christus, höre uns.
A.: Christus, erhöre uns.

Führe zur Einheit zusammen, die im Glauben getrennt sind. – (Stille) Christus, höre uns.

Schenke allen Verlassenen und Einsamen den Trost des Heiligen Geistes. – (Stille) Christus, höre uns.

Laß unsere Verstorbenen deine Herrlichkeit schauen. – (Stille) *Christus, höre uns.*

Allmächtiger Gott, du willst, daß die Welt zur Einheit gelangt. Sende deinen Geist, damit alle Christen gemeinsam dein Erbarmen bezeugen durch Christus, unseren Herrn. A.: Amen.

GABENGEBET

Barmherziger Gott, heilige diese Gaben.
Nimm das Opfer an,
das dir im Heiligen Geist dargebracht wird,
und mache uns selbst zu einer Gabe,
die für immer dir gehört.
Darum bitten wir durch Christus, unseren Herrn.

Osterpräfation, S. 1358ff., oder Präfation von Christi Himmelfahrt, S. 1360f.

KOMMUNIONVERS   Joh 16,7

Ich sage euch die Wahrheit – spricht der Herr:
Es ist gut für euch, daß ich fortgehe;
denn wenn ich nicht fortgehe,
wird der Beistand nicht zu euch kommen. Halleluja.

SCHLUSSGEBET

Gütiger Gott,
in dieser Feier
hast du uns Anteil an deiner Gnade gegeben.
Sie mache uns fähig, dein Wort zu verstehen,
und bereit, die Gaben deines Geistes zu empfangen.
Darum bitten wir durch Christus, unseren Herrn.

„SOWEIT DAS JÜDISCHE VOLK *offenbarungsgläubig ist, lebt es in der Erwartung eines messianischen Reiches, wie die Propheten es in den leuchtenden Farben seines endgültigen Zustandes geschildert haben. Die Christen haben es sich allzu leicht gemacht, wenn sie darauf nur die Antwort hatten, der Ersehnte sei bereits gekommen. Das ist nur die eine Hälfte der Wahrheit, und gerade die andere Hälfte wäre es, die uns mit den Juden verbände, die Sehnsucht nach der Fülle der Erlösung, nach ihrem Offenbarwerden in einem neuen Himmel und einer neuen Erde ... In dem Maße, wie endzeitliche Hoffnung die Christen zu prägen beginnt, werden Juden und Christen sich in einer gemeinsamen Erwartungsdynamik verbunden wissen. Diese Verbundenheit kommt gewiß zu tieferer Erfahrung überall dort, wo sich beide durch ihre messianische Ausrichtung zu den Auffassungen und Praktiken einer rein materialistisch orientierten Welt gemeinsam in Gegensatz bringen. In Bereichen, die aus ihrem Daseinsverständnis jeden Offenbarungsanspruch ausklammern und ihren*

Bürgern die gleiche Denkweise als Existenzbedingung suggerieren oder sogar auferlegen, werden beide notwendig zu Pilgern und Fremdlingen und damit zu Weggefährten" (Heinrich Spaemann).

FREITAG

ERÖFFNUNGSVERS   Offb 1,5–6
Christus liebt uns
und hat uns durch sein Blut befreit von unseren Sünden;
er hat uns die Würde von Königen gegeben
und uns zu Priestern gemacht
für den Dienst vor seinem Gott und Vater. Halleluja.

TAGESGEBET

Allmächtiger Gott,
du hast deinen Sohn erhöht
und den Heiligen Geist gesandt,
um uns zum ewigen Leben zu führen.
Gib, daß wir
durch den Empfang dieser großen Gabe
im Glauben wachsen
und dir aus ganzem Herzen dienen.
Darum bitten wir durch Jesus Christus.

ZUR LESUNG *Paulus hat von seinem Recht als römischer Bürger Gebrauch gemacht und an den Kaiser appelliert (25,11). Immer wieder betont Lukas die Korrektheit der römischen Behörden gegenüber Paulus. Der neuernannte Statthalter Festus bemüht sich, in den für ihn unverständlichen Rechtsfall Klarheit zu bringen, und legt die Sache dem König Agrippa vor. Es handelt sich in Vers 13 um Agrippa II. (Urenkel Herodes' d. Gr.), der sich gut mit den Römern verstand; Berenike war seine Schwester. Diesem Gast, dem letzten jüdischen König, erzählt Festus von seinem Gefangenen. An dem Gespräch sind für Lukas zwei Punkte wichtig: 1. Der römische Statthalter erklärt nochmals, daß dem Paulus kein Verbrechen vorgeworfen werden kann; der römische Staat hat keinen Grund, gegen ihn (und gegen die Christen überhaupt) vorzugehen; 2. die Streitfrage ist eine rein religiöse (innerjüdische nach Auffassung des Festus): die Frage, ob Jesus lebt. Das ist tatsächlich die Frage. – Apg 9,15; 18,15; 23,29; 23,6; 26,6–7; 1 Kor 15,4.*

ERSTE LESUNG
Apg 25,13–21

Jesus, der gestorben ist, von dem Paulus aber behauptet, er lebe

Lesung
aus der Apostelgeschichte.

In jenen Tagen
13 trafen König Agrippa und seine Schwester Berenike
in Cäsarea ein,
um dem Statthalter Festus ihre Aufwartung zu machen.
14 Sie blieben mehrere Tage dort.

Da trug Festus dem König den Fall des Paulus vor und sagte:
Von Felix ist ein Mann als Gefangener zurückgelassen worden,
gegen den die Hohenpriester und die Ältesten der Juden,
15 als ich in Jerusalem war, vorstellig wurden.
Sie forderten seine Verurteilung,
16 ich aber erwiderte ihnen,
es sei bei den Römern nicht üblich,
einen Menschen auszuliefern,
bevor nicht der Angeklagte den Anklägern gegenübergestellt sei
und Gelegenheit erhalten habe,
sich gegen die Anschuldigungen zu verteidigen.

17 Als sie dann zusammen hierher kamen,
setzte ich mich gleich am nächsten Tag auf den Richterstuhl
und ließ den Mann vorführen.
18 Bei der Gegenüberstellung
brachten die Kläger keine Anklage
wegen solcher Verbrechen vor, die ich vermutet hatte;
19 sie führten nur einige Streitfragen gegen ihn ins Feld,
die ihre Religion und einen gewissen Jesus betreffen,
der gestorben ist, von dem Paulus aber behauptet, er lebe.

20 Da ich mich auf die Untersuchung dieser Dinge nicht verstand,
fragte ich, ob er nach Jerusalem gehen wolle,
um sich dort deswegen richten zu lassen.
21 Paulus jedoch legte Berufung ein;

er wollte bis zur Entscheidung der kaiserlichen Majestät
in Haft bleiben.
Daher gab ich Befehl,
ihn in Haft zu halten,
bis ich ihn zum Kaiser schicken kann.

ANTWORTPSALM　　　Ps 103 (102), 1–2.11–12.19–20b (R: 19a)

R Der Herr hat seinen Thron errichtet im Himmel. – R　　(GL 529,8)

Oder:

R Halleluja. – R

1　Lobe den Herrn, meine Seele, *　　　　　　　　　　VIII. Ton
　und alles in mir seinen heiligen Namen!

2　Lobe den Herrn, meine Seele, *
　und vergiß nicht, was er dir Gutes getan hat. – (R)

11　Denn so hoch der Himmel über der Erde ist, *
　so hoch ist seine Huld über denen, die ihn fürchten.

12　So weit der Aufgang entfernt ist vom Untergang, *
　so weit entfernt er die Schuld von uns. – (R)

19　Der Herr hat seinen Thron errichtet im Himmel, *
　seine königliche Macht beherrscht das All.

20ab Lobt den Herrn, ihr seine Engel, *
　ihr starken Helden, die seine Befehle vollstrecken. – R

RUF VOR DEM EVANGELIUM　　　　　　　Vers: Joh 14, 26

Halleluja. Halleluja.

Der Heilige Geist wird euch alles lehren
und euch an alles erinnern, was ich euch gesagt habe.

Halleluja.

ZUM EVANGELIUM　*Die dritte Erscheinung des Auferstandenen vor
den Jüngern gilt vor allem dem Petrus, der als Führer der Jüngergruppe
auftritt. Jesus bestätigt ihm seine Vorrangstellung, weist ihn aber auf die
Grundvoraussetzungen hin, die der Träger des Hirtenamtes erfüllen muß:
unbedingte Treue, Liebe. Erst als Jesus zum drittenmal fragt: Liebst du
mich?, begreift Petrus die Schwere der Verantwortung, die ihm aufgeladen*

wird, und seine eigene Unwürdigkeit. Das übervolle Netz, das doch nicht zerriß (21,11), war schon ein Hinweis auf die allumfassende Kirche. Petrus soll aber nicht nur Fischer sein; er ist auch der verantwortliche Hirt der ganzen großen Herde. Dem Apostel, der ihn dreimal verleugnet hat, und nicht etwa Johannes, dem Jünger der ungebrochenen Treue, hat Jesus das oberste Hirtenamt übertragen. – Lk 5,1–11; Joh 10; 15,14; Apg 20,28; 1 Petr 2,24–25; Joh 6,68–69; Mt 16,17–19; Lk 22,31–32; 2 Petr 1,14.

EVANGELIUM Joh 21,1.15–19

Weide meine Lämmer! Weide meine Schafe!

✞ Aus dem heiligen Evangelium nach Johannes.

In jener Zeit
1 offenbarte sich Jesus den Jüngern noch einmal.
Es war am See von Tibérias,
und er offenbarte sich in folgender Weise.

15 Als sie gegessen hatten, sagte Jesus zu Simon Petrus:
Simon, Sohn des Johannes, liebst du mich mehr als diese?
Er antwortete ihm: Ja, Herr, du weißt, daß ich dich liebe.
Jesus sagte zu ihm:
Weide meine Lämmer!

16 Zum zweitenmal fragte er ihn:
Simon, Sohn des Johannes, liebst du mich?
Er antwortete ihm: Ja, Herr, du weißt, daß ich dich liebe.
Jesus sagte zu ihm:
Weide meine Schafe!

17 Zum drittenmal fragte er ihn:
Simon, Sohn des Johannes, liebst du mich?
Da wurde Petrus traurig,
weil Jesus ihn zum drittenmal gefragt hatte: Hast du mich lieb?
Er gab ihm zur Antwort: Herr, du weißt alles;
du weißt, daß ich dich liebhabe.
Jesus sagte zu ihm:
Weide meine Schafe!

18 Amen, amen, das sage ich dir:
Als du noch jung warst, hast du dich selbst gegürtet
und konntest gehen, wohin du wolltest.

Wenn du aber alt geworden bist,
 wirst du deine Hände ausstrecken,
 und ein anderer wird dich gürten
und dich führen, wohin du nicht willst.

¹⁹ Das sagte Jesus,
 um anzudeuten,
 durch welchen Tod er Gott verherrlichen würde.
Nach diesen Worten sagte er zu ihm:
 Folge mir nach!

FÜRBITTEN

Zu Christus, der beim Vater für uns eintritt, wollen wir beten:

Für unseren Papst, den Nachfolger des heiligen Petrus: gib ihm die Kraft, deine Herde in Liebe zu leiten. – Lasset zum Herrn uns rufen: Herr, erbarme dich.
A.: Christus, erbarme dich.

Für alle Bischöfe auf dem Erdkreis: mach sie zu Boten des Friedens und der Versöhnung. – Lasset zum Herrn uns rufen: Herr, erbarme dich.

Für alle, die um deinetwillen leiden müssen: stärke sie in deiner Nachfolge. – Lasset zum Herrn uns rufen: Herr, erbarme dich.

Für unsere Gemeinde: sende deinen Geist, damit er uns auf dem Pilgerweg begleite. – Lasset zum Herrn uns rufen: Herr, erbarme dich.

Denn du bist heimgekehrt zum Vater und sendest den Lebensspender, den Heiligen Geist. Dir sei Lob und Dank in Ewigkeit. A.: Amen.

GABENGEBET

Barmherziger Gott,
schau gütig auf die Gaben deines Volkes
und sende uns den Heiligen Geist.
Er reinige unsere Herzen,
damit dir gefallen kann, was wir darbringen.
Darum bitten wir durch Christus, unseren Herrn.

Osterpräfation, S. 1358 ff., oder Präfation von Christi Himmelfahrt, S. 1360 f.

KOMMUNIONVERS   Joh 16, 13

Wenn der Geist der Wahrheit kommt,
wird er euch in die volle Wahrheit einführen. Halleluja.

SCHLUSSGEBET

Gütiger Gott,
durch die Teilnahme am heiligen Sakrament
tilgst du unsere Schuld
und gibst uns Nahrung
auf dem Weg unserer Pilgerschaft.
Laß uns in der Kraft dieser Speise
zum ewigen Leben gelangen.
Darum bitten wir durch Christus, unseren Herrn.

„ICH WÜNSCHE NICHT, *daß die Kirche vollkommen ist, sie ist lebendig. Gleich den niedrigsten, den ärmsten ihrer Kinder, schleppt sie sich aus dieser in die andere Welt. Sie macht Fehler, sie sühnt sie, und wer für einen Augenblick den Blick von ihrem Prunk abwendet, hört sie mit uns in der Finsternis beten und schluchzen"* (Georges Bernanos).

„BEJAHTE ENDLICHKEIT *ist das Ja dazu, geführt zu werden, wohin man (noch) nicht weiß und will,*
Wanderung, Reifen von Anruf zu Anruf, Lernen des eigenen Namens"
(Jörg Splett).

SAMSTAG

Messe am Vormittag

ERÖFFNUNGSVERS   Apg 1, 14

Die Jünger verharrten einmütig im Gebet,
zusammen mit den Frauen und mit Maria, der Mutter Jesu,
und mit seinen Brüdern. Halleluja.

TAGESGEBET

Allmächtiger Gott,
am Ende der heiligen fünfzig Tage
bitten wir dich:

Gib uns die Gnade,
daß wir in einem Leben aus dem Glauben
das Ostergeheimnis deines Sohnes bewahren,
der in der Einheit des Heiligen Geistes
mit dir lebt und herrscht in alle Ewigkeit.

ZUR LESUNG *Endlich ist Paulus in Rom. Dort gibt es bereits eine Christengemeinde; die „Brüder" kommen Paulus bis Forum Appii und Tres Tabernae entgegen. Aber die erste Sorge des Paulus gilt – so merkwürdig uns das berühren mag – den Juden. Er macht einen letzten Versuch, diese seine „Brüder" für Jesus zu gewinnen (V. 17 und 23). Denn „um der Hoffnung Israels willen trage ich diese Fesseln" (V. 20). Er hat wenig Erfolg; wie in Asien und dann in Griechenland (13, 46; 18, 6), so erklärt er jetzt auch in Rom, daß die Heilsbotschaft, weil sie von den Juden abgelehnt wird, sich den Heiden zuwendet: „und sie werden hören" (28, 28). Die Kirche aus Juden und Heiden: dieses Thema steht als Frage und als schmerzliches Problem am Ende der Apostelgeschichte. – Apg 1, 8; 4, 29; Röm 9–11.*

ERSTE LESUNG Apg 28, 16–20.30–31

Paulus blieb in Rom und verkündete das Reich Gottes

Lesung
   aus der Apostelgeschichte.

16 Nach unserer Ankunft in Rom
   erhielt Paulus die Erlaubnis, für sich allein zu wohnen,
   zusammen mit dem Soldaten, der ihn bewachte.

17 Drei Tage später
   rief er die führenden Männer der Juden zusammen.

Als sie versammelt waren,
   sagte er zu ihnen:
   Brüder, obwohl ich mich nicht gegen das Volk
   oder die Sitten der Väter vergangen habe,
   bin ich von Jerusalem aus
   als Gefangener den Römern ausgeliefert worden.

18 Diese haben mich verhört
   und wollten mich freilassen,
   da nichts gegen mich vorlag, worauf der Tod steht.

Osterzeit: 7. Woche – Samstag

¹⁹ Weil aber die Juden Einspruch erhoben,
  war ich gezwungen, Berufung beim Kaiser einzulegen,
jedoch nicht, um mein Volk anzuklagen.
²⁰ Aus diesem Grund habe ich darum gebeten,
  euch sehen und sprechen zu dürfen.
Denn um der Hoffnung Israels willen trage ich diese Fesseln.
³⁰ Er blieb zwei volle Jahre in seiner Mietwohnung
und empfing alle, die zu ihm kamen.
³¹ Er verkündete das Reich Gottes
und trug ungehindert und mit allem Freimut
  die Lehre über Jesus Christus, den Herrn, vor.

ANTWORTPSALM
Ps 11 (10), 4.5 u. 7 (R: vgl. 7b)

R Wer rechtschaffen ist, darf dein Angesicht schauen, Herr. – R

Oder: (GL 528, 4)

R Halleluja. – R

⁴ Der Herr weilt in seinem heiligen Tempel, * I. Ton
der Thron des Herrn ist im Himmel.

Seine Augen schauen herab, *
seine Blicke prüfen die Menschen. – (R)

⁵ Der Herr prüft Gerechte und Frevler; *
wer Gewalttat liebt, den haßt er aus tiefster Seele.

⁷ Denn der Herr ist gerecht, er liebt gerechte Taten; *
wer rechtschaffen ist, darf sein Angesicht schauen. – R

RUF VOR DEM EVANGELIUM
Vers: vgl. Joh 16, 7.13

Halleluja. Halleluja.
(So spricht der Herr:)
Den Geist der Wahrheit werde ich zu euch senden.
Er wird euch in die ganze Wahrheit führen.
Halleluja.

ZUM EVANGELIUM *Der auferstandene Herr hat dem Petrus Verantwortung und Vollmacht übertragen und ihn auf den Weg des Martyriums gewiesen. Zu der Zeit, als Joh 21 geschrieben wurde, war Petrus als Märtyrer gestorben (um 64–67 n. Chr.). Johannes aber lebte noch, und es gab wohl in der Gemeinde die Auffassung, der Lieblingsjünger werde nicht sterben. Mußte der letzte noch lebende Apostel nicht der bleibende Pfeiler sein, bis der Herr wiederkam? Alle Spekulationen dieser Art werden hier abgewiesen. Nicht um Rang und Vorrecht soll es in der Kirche Christi gehen, nicht um Petrus und nicht um Johannes, sondern um das Durchhalten in der treuen Nachfolge bis ans Ende. – Joh 13, 23–25.*

EVANGELIUM Joh 21, 20–25

Dieser Jünger ist es, der all das aufgeschrieben hat, und sein Zeugnis ist wahr

✢ Aus dem heiligen Evangelium nach Johannes.

In jener Zeit sprach Jesus zu Simon Petrus:
   Folge mir!
20 Petrus wandte sich um
und sah, wie der Jünger, den Jesus liebte, diesem folgte.
Es war der Jünger,
   der sich bei jenem Mahl an die Brust Jesu gelehnt
   und ihn gefragt hatte: Herr, wer ist es, der dich verraten wird?
21 Als Petrus diesen Jünger sah,
   fragte er Jesus: Herr, was wird denn mit ihm?
22 Jesus antwortete ihm:
   Wenn ich will, daß er bis zu meinem Kommen bleibt,
   was geht das dich an?
Du aber folge mir nach!
23 Da verbreitete sich unter den Brüdern die Meinung:
   Jener Jünger stirbt nicht.
Doch Jesus hatte zu Petrus nicht gesagt: Er stirbt nicht,
   sondern: Wenn ich will, daß er bis zu meinem Kommen bleibt,
   was geht das dich an?
24 Dieser Jünger ist es, der all das bezeugt
   und der es aufgeschrieben hat;
und wir wissen, daß sein Zeugnis wahr ist.
25 Es gibt aber noch vieles andere, was Jesus getan hat.
Wenn man alles aufschreiben wollte,
   so könnte, wie ich glaube,
   die ganze Welt die Bücher nicht fassen,
   die man schreiben müßte.

FÜRBITTEN

Wir beten zu unserem Herrn Jesus Christus, den der Heilige Geist verherrlicht hat:

Heilige die Kirche durch die Gaben des Heiligen Geistes.
A.: Wir bitten dich, erhöre uns.

Überwinde den Haß zwischen den Völkern, und gib ihnen Frieden.

Heile die Kranken, und erleuchte die Irrenden.

Nimm dich unserer Schwachheit an, damit wir in rechter Weise beten können.

Gott, allmächtiger Vater, du erneuerst die Welt durch die Sendung des Heiligen Geistes. Laß auch unser Leben neu werden in Gerechtigkeit und Heiligkeit durch Christus, unseren Herrn.   A.: Amen.

GABENGEBET

Herr und Gott,
dein Heiliger Geist komme auf uns herab.
Er mache uns bereit
für die Feier des heiligen Opfers,
denn er ist die Vergebung der Sünden.
Darum bitten wir durch Christus, unseren Herrn.

Osterpräfation, S. 1358 ff., oder Präfation von Christi Himmelfahrt, S. 1360 f.

KOMMUNIONVERS   Joh 16, 14

Der Heilige Geist wird mich verherrlichen – so spricht der Herr.
Denn von dem, was mein ist, wird er nehmen und euch verkünden.
Halleluja.

SCHLUSSGEBET

Allmächtiger Gott,
du hast uns von den alten
zu den neuen Zeichen des Heils hinübergeführt.
Laß uns die Gewohnheiten
des alten Menschen ablegen
und neu werden in Heiligkeit und Gerechtigkeit.
Darum bitten wir durch Christus, unseren Herrn.

„AN DER STELLE, wo wir noch nicht eins sind, da sind wir noch nicht heil. Die tiefste Wunde am Leib Christi, die Herzwunde, ist nach Eph 2, 16 die Gespaltenheit zwischen alt- und neubundlichem Gottesvolk. Schließen wird sie sich erst an dem Tag, da wir einander wieder als Brüder erkennen und lieben.
Israel hat versagt im Glauben an die inkarnierte Liebe. Wir, die aus den Heiden kamen, haben versagt im Zeugnis für sie. Wie wir nun – von Gott im Ungehorsam zusammengeschlossen – beide Gottes Erbarmen brauchen (Röm 11, 32), so werden wir auch die Fülle des Erbarmens finden, wenn wir uns von Gott im Gehorsam zusammenschließen lassen. Wir brauchen einander. Finden wir zueinander, dann – dann erst – sind die beiden verlorenen Söhne vollends vom Vater wiedergefunden. Es wird dann einen Austausch unserer Gaben geben. Dieser Austausch wird wie ein Strom von Herz zu Herz sein. – Und so erst wird das Antlitz der Kirche erneuert sein. Es wird das ihrer Urtage sein, das ihrer ersten Liebe, das einer Kirche aus Juden und Heiden" (Heinrich Spaemann).

„WIE DIE SCHRIFT BEZEUGT, hat Jerusalem die Zeit seiner Heimsuchung nicht erkannt, und ein großer Teil der Juden hat das Evangelium nicht angenommen, ja nicht wenige haben sich seiner Ausbreitung widersetzt. Nichtsdestoweniger sind die Juden nach dem Zeugnis der Apostel immer noch von Gott geliebt um der Väter willen; sind doch seine Gnadengaben und seine Berufung unwiderruflich. Mit den Propheten und mit demselben Apostel erwartet die Kirche den Tag, der nur Gott bekannt ist, an dem alle Völker mit einer Stimme den Herrn anrufen und ihm ‚einträchtig dienen' (Zefanja 3, 9)" (II. Vatikan. Konzil, Über das Verhältnis der Kirche zu den nichtchristlichen Religionen 4).

DIE ZEIT IM JAHRESKREIS

WAHLMÖGLICHKEITEN

An den Wochentagen im Jahreskreis kann das Tagesgebet genommen werden:
1. vom vorausgehenden Sonntag im Jahreskreis,
2. von jedem anderen Sonntag im Jahreskreis,
3. aus den „Wochentagsmessen zur Auswahl für die Zeit im Jahreskreis" (MB 275–304; Schott-Meßbuch für die Wochentage 1, S. 1218–1245).
4. von einem für diesen Tag vorgesehenen Heiligengedächtnis,
5. von einem der Heiligen, die für diesen Tag im Martyrologium eingetragen sind.
6. aus den Messen für besondere Anliegen (MB 1017–1089),
7. aus den Votivmessen (MB 1093–1119),
8. aus den Tagesgebeten zur Auswahl (MB 305–320; Schott-Meßbuch für die Wochentage 1, S. 1253–1264).
9. entsprechend den Grundsätzen, nach denen die „Wochentagsmessen zur Auswahl" ausgewählt sind, aus den Tagesgebeten der Geprägten Zeiten.

Im Folgenden ist an den Beginn jeder Woche das Meßformular des vorausgehenden Sonntags gestellt.

Die Tagesgebete, die bei den einzelnen Wochentagen abgedruckt sind, sind dem gesamten unter 1–9 genannten Angebot des Meßbuches entnommen. Es sind vor allem solche Gebete berücksichtigt, die erfahrungsgemäß seltener verwendet werden, nicht aber die Tagesgebete der Sonntage im Jahreskreis, da diese am Beginn der betreffenden Woche im Meßformular des Sonntags stehen.

Dabei handelt es sich nur um einen Vorschlag; es bleibt dem Zelebranten überlassen, aus den oben genannten Gebeten auszuwählen.

Für die Auswahl der Lesungen gelten folgende Grundsätze:
1. An den Wochentagen im Jahreskreis sollen nach Möglichkeit die für den betreffenden Tag angegebenen Lesungen genommen werden, außer an Hochfesten, Festen und Gedenktagen mit Eigenlesungen im strengen Sinn (das sind Lesungen, die unmittelbar von der Person des Heiligen oder vom betreffenden Heilsmysterium handeln).
2. Wird die Lesereihe während der Woche durch eine besondere Feier unterbrochen oder findet nicht an allen Tagen der Woche eine Meßfeier statt, so soll der Zelebrant unter Berücksichtigung der Perikopen der ganzen Woche Stücke von geringerer Bedeutung weglassen oder eine andere Verteilung vornehmen, wenn dies zur sinnvollen Darbietung des Lesungsstoffes beiträgt.
3. Die bei den Gedenktagen der Heiligen abgedruckten Lesungen soll man, sofern es sich nicht um Eigenlesungen im strengen Sinn handelt, nur dann verwenden, wenn der Heilige in besonderer Weise gefeiert wird oder andere wichtige seelsorgliche Gründe dies nahelegen.

Wählt man ein Meßformular aus den Messen für besondere Anliegen (MB 1017–1089) oder aus den Votivmessen (MB 1093–1119), so kann man aus einem pastoralen Grund auch die entsprechenden Lesungen verwenden.
Ebenso können bei den Messen zu bestimmten Feiern (bei der Spendung von Sakramenten und Sakramentalien) und bei Totenmessen die entsprechenden Lesungen genommen werden.
(vgl. AEM 316 319 320 323 334; Pastorale Einführung in das Meßlektionar 81–83.)

1. WOCHE

ERÖFFNUNGSVERS

Auf erhabenem Thron sah ich einen Mann,
den die Engel anbeten und lobpreisen.
Sein Reich wird bestehen in Ewigkeit.

TAGESGEBET

Herr, unser Gott,
wir haben uns im Namen deines Sohnes
versammelt und rufen zu dir:
Erhöre die Bitten deines Volkes,
mach uns hellhörig
für unseren Auftrag in dieser Zeit
und gib uns die Kraft, ihn zu erfüllen.
Darum bitten wir durch Jesus Christus.

Lesungen vom betreffenden Wochentag, S. 664–701.

GABENGEBET

Herr, unser Gott,
sieh auf die Gaben,
die deine Gemeinde zum Altar bringt.
Heilige uns in dieser Feier
und gewähre, was wir von dir erbitten.
Durch Christus, unseren Herrn.

Präfation, S. 1365 ff.

KOMMUNIONVERS Ps 36 (35), 10

Herr, bei dir ist die Quelle des Lebens,
in deinem Licht schauen wir das Licht.

Oder: Joh 10, 10

Ich bin gekommen,
damit sie das Leben haben und es in Fülle haben – so spricht der Herr.

SCHLUSSGEBET

Allmächtiger Gott,
durch dein Wort und das heilige Sakrament
haben wir neue Kraft empfangen.
Gib, daß wir in unserem Leben
dir und den Menschen dienen
und dein Gefallen finden.
Darum bitten wir durch Christus, unseren Herrn.

MONTAG

TAGESGEBET

Gott, unser Heil,
in deiner wunderbaren Vorsehung
hast du bestimmt, daß das Reich Christi
sich über die ganze Erde ausbreiten soll.
Du willst, daß alle Menschen
von ihrer Schuld erlöst und gerettet werden.
Laß deine Kirche leuchten
als Zeichen des allumfassenden Heiles.
Hilf ihr,
das Geheimnis deiner Liebe zu verkünden
und es an den Menschen wirksam zu machen.
Darum bitten wir durch Jesus Christus. (MB 1017)

Oder ein anderes Tagesgebet (vgl. S. 661).

Jahr I

ZUR LESUNG *Der Hebräerbrief versteht sich selbst als ein Wort der Unterweisung und Mahnung an Christen, die in Gefahr sind, an ihrem Glauben und ihrer Hoffnung irre zu werden. Der Brief will einer gefährli-*

chen Müdigkeit und Enttäuschung dieser Christen begegnen, indem er auf ihre wahre Situation am Ende der Zeiten hinweist. Vor allem zeigt er vom Alten Testament aus die überragende Bedeutung Jesu und seines Priestertums. Der Brief hat drei Hauptteile, von denen jeder mit einer Mahnung abschließt (1,1 – 6,20; 7,1 – 10,39; 11,1 – 13,21). – In den zwei ersten Versen ist die ganze Aussage des Hebräerbriefs zusammengedrängt. Alle früheren Offenbarungen Gottes haben ihren Höhepunkt und ihr Ziel erreicht in dem Wort, das er durch seinen Sohn gesprochen hat. Durch ihn hat Gott am Anfang die Welt erschaffen, durch ihn wollte er sie am Ende erlösen und vollenden. Seine einzigartige Größe wird durch zwei messianische Stellen des Alten Testaments verdeutlicht. – Gal 4,4; Joh 1,18; Weish 7,26; 2 Kor 4,6; Eph 1,7; Kol 1,14; Apg 2,33; Phil 2,9–11; Ps 2,7; 2 Sam 7,14; Ps 97,7.

ERSTE LESUNG   Hebr 1,1–6

Gott hat zu uns gesprochen durch den Sohn

Lesung
  aus dem Hebräerbrief.

1 **Viele Male und auf vielerlei Weise**
  hat Gott einst zu den Vätern gesprochen durch die Propheten;
2 **in dieser Endzeit aber**
  hat er zu uns gesprochen durch den Sohn,
  den er zum Erben des Alls eingesetzt
  und durch den er auch die Welt erschaffen hat;
3 **er ist der Abglanz seiner Herrlichkeit**
  und das Abbild seines Wesens;
  er trägt das All durch sein machtvolles Wort,
  hat die Reinigung von den Sünden bewirkt
  und sich dann zur Rechten der Majestät in der Höhe gesetzt;
4 **er ist um so viel erhabener geworden als die Engel,**
  wie der Name, den er geerbt hat, ihren Namen überragt.
5 **Denn zu welchem Engel hat er jemals gesagt:**

  Mein Sohn bist du,
heute habe ich dich gezeugt,

und weiter:

  Ich will für ihn Vater sein,
  und er wird für mich Sohn sein?

Zeit im Jahreskreis: 1. Woche – Montag

⁶ Wenn er aber den Erstgeborenen wieder in die Welt einführt,
sagt er:
Alle Engel Gottes sollen sich vor ihm niederwerfen.

ANTWORTPSALM Ps 97 (96), 1–2.6–7.9 u. 12 (R: vgl. Hebr 1,6)

R Alle Engel sollen sich niederwerfen vor ihm. – R

(GL 529,8 oder 149,5)

1 Der Herr ist König. Die Erde frohlocke. * III. oder I. Ton
Freuen sollen sich die vielen Inseln.

2 Rings um ihn her sind Wolken und Dunkel, *
Gerechtigkeit und Recht sind die Stützen seines Throns. – (R)

Seine Gerechtigkeit verkünden die Himmel, *
seine Herrlichkeit schauen alle Völker.

Alle, die Bildern dienen, werden zuschanden, †
alle, die sich der Götzen rühmen. *
Vor ihm werfen sich alle Götter nieder. – (R)

Denn du, Herr, bist der Höchste über der ganzen Erde, *
hoch erhaben über alle Götter.

2 Ihr Gerechten, freut euch am Herrn, *
und lobt seinen heiligen Namen! – R

Jahr II

ZUR LESUNG *Die zwei Samuelbücher haben ihren Namen von der ersten großen Gestalt, von der sie berichten (1 Sam 1–7). Sie sind ein Teil des umfassenden Geschichtswerks, das die Bücher Josua, Richter, 1–2 Samuel und 1–2 Könige umfaßt und das rückblickend die Geschichte Israels vom Tod des Mose bis zum babylonischen Exil deutend darstellt. Das erste Samuelbuch schließt sich an das Richterbuch an. Samuel selbst ist der letzte in der Reihe der „Richter"; er war Richter und Prophet in einer Person. Bei der Entstehung des israelitischen Königtums hat er eine wesentliche Rolle gespielt. Die Tatsache, daß die Geschichte seiner Kindheit ausführlich dargestellt wird, zeigt schon, daß er in Israel als einer der ganz Großen galt. Seine Geburt wird einem besonderen Eingreifen Gottes zugeschrieben. Die heutige Lesung deutet das menschliche Drama an, das seiner Geburt vorausging. Elkana liebt und ehrt seine Frau Hanna; aber letzten Endes versteht er sie nicht. – Dtn 12,13–19; Lk 1,7; Gen 16,4–5; Dtn 21,15–17.*

ERSTE LESUNG

1 Sam 1,1–8

Elkana hatte Hanna lieb, obwohl der Herr ihren Schoß verschlossen hatte; ihre Rivalin aber kränkte sie sehr

Lesung
aus dem ersten Buch Sámuel.

1 Einst lebte ein Mann aus Ramatájim,
   ein Zufíter vom Gebirge Éfraïm.
   Er hieß Elkána
   und war ein Sohn Jérohams, des Sohnes Elíhus,
   des Sohnes Tohus, des Sohnes Zufs,
   ein Efraïmíter.

2 Er hatte zwei Frauen.
   Die eine hieß Hanna,
   die andere Penínna.
   Penínna hatte Kinder,
   Hanna aber hatte keine Kinder.

3 Dieser Mann zog Jahr für Jahr
   von seiner Stadt nach Schilo hinauf,
   um den Herrn der Heere anzubeten und ihm zu opfern.
   Dort waren Hofni und Pinhas, die beiden Söhne Elis,
   Priester des Herrn.

4 An dem Tag, an dem Elkána das Opfer darbrachte,
   gab er seiner Frau Penínna und all ihren Söhnen und Töchtern
   ihre Anteile.

5 Hanna aber gab er einen doppelten Anteil;
   denn er hatte Hanna lieb,
   obwohl der Herr ihren Schoß verschlossen hatte.

6 Ihre Rivalin aber kränkte und demütigte sie sehr,
   weil der Herr ihren Schoß verschlossen hatte.

7 So machte es Elkána Jahr für Jahr.
   Sooft sie zum Haus des Herrn hinaufzogen, kränkte Penínna sie;
   und Hanna weinte und aß nichts.

8 Ihr Mann Elkána fragte sie:
   Hanna, warum weinst du,
   warum ißt du nichts,
   warum ist dein Herz betrübt?
   Bin ich dir nicht viel mehr wert als zehn Söhne?

Zeit im Jahreskreis: 1. Woche – Montag

ANTWORTPSALM Ps 116 (115), 12–13.14–15.18–19 (R: vgl. 17a)
R Ein Opfer des Dankes will ich dir bringen. – **R**   (GL 477)
(*Oder:* Halleluja.)

12 Wie kann ich dem Herrn all das vergelten, * V. Ton
  was er mir Gutes getan hat?

13 Ich will den Kelch des Heils erheben *
  und anrufen den Namen des Herrn. – (**R**)

4 Ich will dem Herrn meine Gelübde erfüllen *
  offen vor seinem ganzen Volk.

5 Kostbar ist in den Augen des Herrn *
  das Sterben seiner Frommen. – (**R**)

8 Ich will dem Herrn meine Gelübde erfüllen *
  offen vor seinem ganzen Volk,

9 in den Vorhöfen am Hause des Herrn, *
  in deiner Mitte, Jerusalem. – **R**

Jahr I und II

RUF VOR DEM EVANGELIUM   Vers: 1 Sam 3, 9; Joh 6, 68c
Halleluja. Halleluja.
Rede, Herr, dein Diener hört.
Du hast Worte des ewigen Lebens.
Halleluja.

ZUM EVANGELIUM *Nach der Zeit der Verheißung und Erwartung ist die Zeit der Erfüllung angebrochen. Jesus selbst ist die Fülle der Zeit; seine Worte und Taten verkünden die Nähe der Gottesherrschaft. In Vers 15 hat der Evangelist die Botschaft Jesu zusammengefaßt. Sie ist Botschaft vom Heil, das von Gott kommt (V. 14). Die Forderung: „Kehrt um, und glaubt an das Evangelium" (V. 15) nimmt für die berufenen Jünger eine konkretere Form an: „Kommt her, folgt mir nach!" (V. 17). Wer Jesus begegnet, der begegnet dem Anspruch Gottes; wen Jesus ruft, der muß sich entscheiden. – Mt 4, 12–22; Lk 4, 14–15; 5, 1–11; Röm 1, 1; Eph 1, 10; Mt 3, 2; 8, 10.*

EVANGELIUM Mk 1,14–20

Kehrt um, und glaubt an das Evangelium!

☩ Aus dem heiligen Evangelium nach Markus.

¹⁴ Nachdem man Johannes ins Gefängnis geworfen hatte,
 ging Jesus wieder nach Galiläa;
er verkündete das Evangelium Gottes
¹⁵ und sprach: Die Zeit ist erfüllt,
das Reich Gottes ist nahe.
Kehrt um,
 und glaubt an das Evangelium!
¹⁶ Als Jesus am See von Galiläa entlangging,
 sah er Simon und Andreas, den Bruder des Simon,
 die auf dem See ihr Netz auswarfen;
sie waren nämlich Fischer.
¹⁷ Da sagte er zu ihnen: Kommt her,
folgt mir nach!
Ich werde euch zu Menschenfischern machen.
¹⁸ Sogleich ließen sie ihre Netze liegen und folgten ihm.
¹⁹ Als er ein Stück weiterging,
 sah er Jakobus, den Sohn des Zebedäus,
 und seinen Bruder Johannes;
sie waren im Boot und richteten ihre Netze her.
²⁰ Sofort rief er sie,
und sie ließen ihren Vater Zebedäus
 mit seinen Tagelöhnern im Boot zurück
 und folgten Jesus nach.

FÜRBITTEN

Zu Christus, der bei uns bleibt bis zum Ende der Welt, beten wir:

Ermutige die Diener des Evangeliums, dir nachzufolgen.
A.: Wir bitten dich, erhöre uns.

Bewahre die Völker der Erde vor Krieg, Hunger und jeglichem Unheil.

Richte auf, die durch Krankheit und Not gebeugt sind.

Rufe junge Menschen zum priesterlichen Dienst in deiner Kirche.

Allmächtiger Gott, deine Güte ist ohne Grenzen. Erhöre unser Gebet durch Christus, unseren Herrn.   A.: Amen.

„OFFENBARUNG *im christlichen Verständnis des Begriffs ist Gottes Wort, das in göttlicher Majestät gesprochene Wort. Hier ruft uns der auf, gemeinsame Sache mit ihm zu machen, dem der Mensch gehört, dem darum Gehör zu geben er sich nicht entziehen kann, ohne sich selber in Frage zu stellen. Es gibt dem Wort Gottes gegenüber keine Neutralität, man kann hier nicht ja und nein und also jain sagen! Dem Wort Gottes Gehorsam zu leisten ist nicht eine von mehreren Möglichkeiten. Wir stehen diesem Wort nicht gegenüber wie Herkules am Scheideweg. Hier gibt es nur eine mögliche Möglichkeit, die Möglichkeit des Gehorsams. Die echte Freiheit des Menschen besteht nicht darin, daß er sich diesem Wort auch entziehen kann, sondern wenn er sich ihm nicht fügt, dann wählt er die unmögliche Möglichkeit, das Ausgeschlossene, das Nichts"* (Karl Barth).

DIENSTAG

TAGESGEBET

Gott, unser Vater.
Wir sind als deine Gemeinde versammelt
und rufen dich an:
Öffne unser Ohr,
damit wir hören und verstehen,
was du uns heute sagen willst.
Gib uns ein gläubiges Herz,
damit unser Beten dir gefällt
und unser Leben vor dir bestehen kann.
Darum bitten wir durch Jesus Christus. (MB 305, 1)

Oder ein anderes Tagesgebet (vgl. S. 661).

Wo Erscheinung des Herrn am Sonntag zwischen dem 2. und 8. Januar gefeiert wird, können in den Jahren, in denen das Fest Taufe des Herrn am Montag der ersten Woche im Jahreskreis gefeiert wird, die Lesungen, die für den Montag der Ersten Woche vorgesehen sind, mit denen vom heutigen Tag verbunden werden, so daß der Anfang des Hebräerbriefes bzw. des 1. Buches Samuel erhalten bleibt.

Jahr I

ZUR LESUNG *Der ewige Gottessohn steht über den Engeln; diese sind geschaffene und zum Dienen bestimmte Wesen (Kap. 1). Aber auch die Menschheit Jesu steht über den Engeln. Der Sohn ist Mensch geworden und hat den Tod erlitten, um die Menschen zu heiligen und zu vollenden. Psalm 8, von dem hier die Verse 5–7 zitiert werden, ist ein Hymnus auf die Herrlichkeit Gottes und auf die Hoheit, die Gott dem Menschen verliehen hat. Der Hebräerbrief deutet diesen Psalm auf Christus, den „Menschensohn". „Nur für kurze Zeit" hat Gott ihn unter die Engel gestellt: nur für die kurze Zeit seines irdischen Lebens. In dieser „kurzen Zeit" ist er unser Bruder geworden und hat uns Hoffnung gegeben, durch den Tod hindurch mit ihm in die Herrlichkeit seines und unseres Vaters einzutreten. – Ps 8,5–7; 1 Kor 15,25; Eph 1,20–23; Phil 3,21; 2,6–11; Röm 11,36; 1 Kor 8,6; Hebr 12,2; Jes 53,4; Hebr 5,9; Joh 17,19; Ps 22,23; Joh 17,6.*

ERSTE LESUNG Hebr 2,5–12

Es war angemessen, daß Gott den Urheber des Heils durch Leiden vollendete

Lesung
aus dem Hebräerbrief.

5 Nicht Engeln
hat Gott die zukünftige Welt unterworfen, von der wir reden,
6 vielmehr heißt es an einer Stelle ausdrücklich:

Was ist der Mensch, daß du an ihn denkst,
oder der Menschensohn, daß du dich seiner annimmst?
7 Du hast ihn nur für kurze Zeit unter die Engel erniedrigt.
Du hast ihn mit Herrlichkeit und Ehre gekrönt,
8 alles hast du ihm zu Füßen gelegt.

Denn als er ihm alles zu Füßen legte,
hat er nichts von der Unterwerfung ausgenommen.
Jetzt sehen wir noch nicht alles ihm zu Füßen gelegt;
9 aber den, der nur für kurze Zeit unter die Engel erniedrigt war,
Jesus,
ihn sehen wir um seines Todesleidens willen
mit Herrlichkeit und Ehre gekrönt;
es war nämlich Gottes gnädiger Wille,
daß er für alle den Tod erlitt.

10 Denn es war angemessen,
   daß Gott, für den und durch den das All ist
   und der viele Söhne zur Herrlichkeit führen wollte,
   den Urheber ihres Heils durch Leiden vollendete.

11 Denn er, der heiligt, und sie, die geheiligt werden,
   stammen alle von Einem ab;
   darum scheut er sich nicht, sie Brüder zu nennen
12 und zu sagen:

   Ich will deinen Namen meinen Brüdern verkünden,
   inmitten der Gemeinde dich preisen.

ANTWORTPSALM   Ps 8, 2 u. 5.6–7.8–9 (R: vgl. 7)

R Deinen Sohn hast du als Herrscher eingesetzt   (GL 710, 1)
über das Werk deiner Hände. – R

2 Herr, unser Herrscher, †   VII. Ton
  wie gewaltig ist dein Name auf der ganzen Erde; *
  über den Himmel breitest du deine Hoheit aus.

5 Was ist der Mensch, daß du an ihn denkst, *
  des Menschen Kind, daß du dich seiner annimmst? – (R)

6 Du hast ihn nur wenig geringer gemacht als Gott, *
  hast ihn mit Herrlichkeit und Ehre gekrönt.

7 Du hast ihn als Herrscher eingesetzt über das Werk deiner Hände, *
  hast ihm alles zu Füßen gelegt: – (R)

8 All die Schafe, Ziegen und Rinder *
  und auch die wilden Tiere,

9 die Vögel des Himmels und die Fische im Meer, *
  alles, was auf den Pfaden der Meere dahinzieht. – R

Jahr II

ZUR LESUNG   *„Der Herr macht tot und lebendig ... der Herr macht arm und macht reich" (1 Sam 2, 6.7). Von ihrer Rivalin konnte Hanna nur Spott, von ihrem Mann nur hilfloses Wohlwollen erwarten. Aber Gott nahm ihr Gebet und ihr Gelöbnis an. Gott „dachte" an Hanna. Wenn Gott „sich erinnert", wenn er an die Not der Menschen „denkt", dann heißt das in der Heiligen Schrift immer, daß er eingreift und hilft. Gottes Gedanke ist*

Wort und Tat. – Muß Gott daran „erinnert" werden, daß Menschen in Not sind? Eher müßte man sagen: Gott wartet darauf, daß der Mensch sich an ihn erinnert. Hanna „erinnert sich"; sie weiß auch, daß sie Gott nichts anbieten kann, als was er selbst ihr geben wird. Das aber bietet sie ihm an mit der Großzügigkeit, wie sie nur bei den wirklich Armen zu finden ist, bei denen, die Jesus seligpreist. Sie weiht das erwartete Kind dem Dienst Gottes und zweifelt nicht daran, damit auch ihrem Kind das Größte zu geben, was sie ihm nach der Geburt noch geben kann: das Leben in der Gegenwart des lebendigen Gottes. – Ex 2,24; Lk 1,48; Num 6,1–5; Ri 13,5; 16,17.

ERSTE LESUNG   1 Sam 1,9–20

Der Herr dachte an Hanna, sie gebar einen Sohn und nannte ihn Samuel

Lesung
  aus dem ersten Buch Sámuel.

In jenen Tagen,
9 nachdem man in Schilo gegessen und getrunken hatte,
   stand Hanna auf und trat vor den Herrn.
Der Priester Eli
   saß an den Türpfosten des Tempels des Herrn
   auf seinem Stuhl.
10 Hanna war verzweifelt,
   betete zum Herrn und weinte sehr.
11 Sie machte ein Gelübde
   und sagte:
      Herr der Heere,
   wenn du das Elend deiner Magd wirklich ansiehst,
      wenn du an mich denkst und deine Magd nicht vergißt
      und deiner Magd einen männlichen Nachkommen schenkst,
      dann will ich ihn für sein ganzes Leben dem Herrn überlassen;
   kein Schermesser soll an sein Haupt kommen.
12 So betete sie lange vor dem Herrn.

   Eli beobachtete ihren Mund;
13 denn Hanna redete nur still vor sich hin,
   ihre Lippen bewegten sich,
      doch ihre Stimme war nicht zu hören.
   Eli hielt sie deshalb für betrunken
14 und sagte zu ihr:

Wie lange willst du dich noch wie eine Betrunkene aufführen?
Sieh zu, daß du deinen Weinrausch los wirst!

15 Hanna gab zur Antwort: Nein, Herr!
Ich bin eine unglückliche Frau.
Ich habe weder Wein getrunken noch Bier;
 ich habe nur dem Herrn mein Herz ausgeschüttet.
16 Halte deine Magd nicht für eine nichtsnutzige Frau;
denn nur aus großem Kummer und aus Traurigkeit
 habe ich so lange geredet.
17 Eli erwiderte
 und sagte: Geh in Frieden!
Der Gott Israels wird dir die Bitte erfüllen,
 die du an ihn gerichtet hast.
18 Sie sagte: Möge deine Magd Gnade finden vor deinen Augen.
Dann ging sie weg;
sie aß wieder und hatte kein trauriges Gesicht mehr.
19 Am nächsten Morgen standen sie früh auf
 und beteten den Herrn an.
Dann machten sie sich auf den Heimweg
 und kehrten in ihr Haus nach Rama zurück.
Elkána erkannte seine Frau Hanna;
der Herr dachte an sie,
20 und Hanna wurde schwanger.
Als die Zeit abgelaufen war,
 gebar sie einen Sohn
 und nannte ihn Sámuel – „Gott erhört" –,
denn sie sagte:
 Ich habe ihn vom Herrn erbeten.

ANTWORTPSALM   1 Sam 2, 1bcde.4–5b.6–7.8abcd (R: vgl. 1b)

R Mein Herz ist voll Freude über den Herrn, meinen Retter. – R

(GL 597,2)

1bc Mein Herz ist voll Freude über den Herrn, *   VI. Ton
 große Kraft gibt mir der Herr.

1de Weit öffnet sich mein Mund gegen meine Feinde; *
 denn ich freue mich über deine Hilfe. – (R)

4 Der Bogen der Helden wird zerbrochen, *
 die Wankenden aber gürten sich mit Kraft.

⁵ᵃᵇ Die Satten verdingen sich um Brot, *
doch die Hungrigen können feiern für immer. – (R)

⁶ Der Herr macht tot und lebendig, *
er führt zum Totenreich hinab und führt auch herauf.

⁷ Der Herr macht arm und macht reich, *
er erniedrigt, und er erhöht. – (R)

⁸ᵃᵇ Den Schwachen hebt er empor aus dem Staub *
und erhöht den Armen, der im Schmutz liegt;

⁸ᶜᵈ er gibt ihm einen Sitz bei den Edlen, *
einen Ehrenplatz weist er ihm zu.

R Mein Herz ist voll Freude über den Herrn, meinen Retter.

Jahr I und II

RUF VOR DEM EVANGELIUM   Vers: vgl. 1 Thess 2, 13

Halleluja. Halleluja.

Nehmt das Wort Gottes an,
nicht als Menschenwort,
sondern – was es in Wahrheit ist –
als Gottes Wort.

Halleluja.

ZUM EVANGELIUM   *Das Wort Jesu ist Ereignis und Tat. Der Evangelist Markus sagt uns nichts über den Inhalt der Predigt Jesu in Kafarnaum, er beschreibt nur ihre Wirkung: Staunen und Bestürzung. Die Zuhörer spüren die Macht seiner Rede und sind „sehr betroffen", aber zum Glauben kommen sie nicht. Die Dämonen erkennen ihn als den Heiligen Gottes; sie gehorchen seinem Befehl, aber ihr Gehorsam ist Flucht in die Finsternis. Der Gehorsam des Glaubens ist Rückkehr zum Licht, Teilhabe an der Wahrheit und Heiligkeit Gottes. – Lk 4, 31–37; Mt 7, 28–29; 8, 29–30; Apg 3, 14; Mk 1, 34.*

EVANGELIUM   Mk 1, 21–28

Er lehrte wie einer, der göttliche Vollmacht hat

✝ Aus dem heiligen Evangelium nach Markus.

²¹ In Kafárnaum ging Jesus am Sabbat in die Synagoge
und lehrte.

Zeit im Jahreskreis: 1. Woche – Dienstag

22 Und die Menschen waren sehr betroffen von seiner Lehre;
denn er lehrte sie wie einer, der göttliche Vollmacht hat,
nicht wie die Schriftgelehrten.
23 In ihrer Synagoge saß ein Mann,
    der von einem unreinen Geist besessen war.
Der begann zu schreien:
24   Was haben wir mit dir zu tun, Jesus von Nazaret?
Bist du gekommen, um uns ins Verderben zu stürzen?
Ich weiß, wer du bist:
der Heilige Gottes.
25 Da befahl ihm Jesus: Schweig und verlaß ihn!
26 Der unreine Geist zerrte den Mann hin und her
    und verließ ihn mit lautem Geschrei.
27 Da erschraken alle,
und einer fragte den andern: Was hat das zu bedeuten?
Hier wird mit Vollmacht eine ganz neue Lehre verkündet.
Sogar die unreinen Geister gehorchen seinem Befehl.
28 Und sein Ruf
    verbreitete sich rasch im ganzen Gebiet von Galiläa.

FÜRBITTEN

Wir beten zu unserem Herrn Jesus Christus, der weiß, was wir nötig haben:

Erleuchte die Verkünder des Wortes, daß sie die Menschen für das Evangelium gewinnen.
A.: Herr, erhöre unser Gebet.

Fördere alle Vorhaben, die der Gerechtigkeit dienen.

Gib den leidenden Menschen Helfer, die ihnen beistehen.

Leite uns an, in der Unrast des Alltags im Gebet zu verweilen und bei dir Ruhe zu finden.

Gütiger Gott, du bist uns allzeit nahe, erhöre uns durch Christus, unseren Herrn. A.: Amen.

„JESUS CHRISTUS, *ohne Güter und ohne alles, was nach außen wie Wissenschaft erscheint, steht in seiner Ordnung der Heiligkeit. Er hat uns keine Erfindung geschenkt, er hat nicht geherrscht, aber er ist demütig ge-*

wesen, geduldig, heilig, heilig vor Gott, schrecklich den Dämonen, ohne jede Sünde. Oh, wie ist er gekommen in großer Pracht und in einer wunderbaren Herrlichkeit, für die Augen des Herzens, die die Weisheit schauen" (Blaise Pascal, Gedanken 793).

MITTWOCH

TAGESGEBET

**Barmherziger Gott,
du hast deinen Sohn in diese Welt gesandt,
um die Menschen
aus der alten Knechtschaft zu erlösen.
Schenke allen, die auf deine Hilfe warten,
die Freiheit des neuen Lebens.
Darum bitten wir durch ihn, Jesus Christus.** (MB 11)

Oder ein anderes Tagesgebet (vgl. S. 661).

Jahr I

ZUR LESUNG *In der heutigen Lesung wird der Abschnitt über die Erniedrigung und Erhöhung des Menschensohnes (2, 5–18) zu Ende geführt. In Vers 13 wurde ein Text aus Jesaja (8, 18) angeführt, wo der Prophet mit seiner eigenen Person und mit seinen Kindern für die Wahrheit seiner Worte eintritt. Der Verfasser des Hebräerbriefs versteht das, was der Prophet von sich gesagt hat, in messianischem Sinn und sieht es in Christus erfüllt: die „Kinder" (Kinder Gottes) sind Menschen von Fleisch und Blut. Weil sie infolge der Sünde dem Tod verfallen waren, hat der Sohn die Menschennatur angenommen, um als Mensch den Tod zu entmachten. Er hat all das, was versöhnt werden mußte, angenommen, um es an seinem eigenen Leib zu erlösen. In Vers 17 erscheint zum erstenmal das Wort vom „Hohenpriester", das im weiteren Verlauf des Briefes eine so große Rolle spielen wird. Der Hohepriester Jesus wird barmherzig und treu genannt: barmherzig zu seinen Brüdern und treu dem, der ihn eingesetzt hat (3, 2). – Joh 12, 31; Röm 6, 9; 5, 12–13; Jes 41, 8–9; Röm 8, 3.29; Phil 2, 7; Hebr 3, 1; 4, 15; 5, 7; Mt 4, 1; 1 Joh 2, 2; 4, 10.*

ERSTE LESUNG

Hebr 2,11–12.13c–18

Er mußte in allem seinen Brüdern gleich sein

Lesung
aus dem Hebräerbrief.

11 Er, der heiligt,
und sie, die geheiligt werden,
stammen alle von Einem ab;
darum scheut er sich nicht, sie Brüder zu nennen
12 und zu sagen:

Ich will deinen Namen meinen Brüdern verkünden,
inmitten der Gemeinde dich preisen;

13c und ferner:

Seht, ich und die Kinder, die Gott mir geschenkt hat.

14 Da nun die Kinder Menschen von Fleisch und Blut sind,
hat auch Jesus in gleicher Weise Fleisch und Blut angenommen,
um durch seinen Tod den zu entmachten,
der die Gewalt über den Tod hat, nämlich den Teufel,
15 und um die zu befreien,
die durch die Furcht vor dem Tod
ihr Leben lang der Knechtschaft verfallen waren.
16 Denn er nimmt sich keineswegs der Engel an,
sondern der Nachkommen Abrahams nimmt er sich an.
17 Darum mußte er in allem seinen Brüdern gleich sein,
um ein barmherziger und treuer Hoherpriester vor Gott zu sein
und die Sünden des Volkes zu sühnen.
18 Denn da er selbst in Versuchung geführt wurde und gelitten hat,
kann er denen helfen, die in Versuchung geführt werden.

ANTWORTPSALM

Ps 105 (104), 1–2.3–4.6–7.8–9 (R: 7a,8a)

R Der Herr ist unser Gott; (GL 233,7)
ewig denkt er an seinen Bund. – R

(*Oder:* Halleluja.)

Dankt dem Herrn! Ruft sei<u>nen</u> Namen <u>an</u>! *   VI. Ton
Macht unter den Völkern sei<u>ne</u> Taten bekannt!

Singt ihm <u>und</u> spielt ihm, *
sinnt nach über <u>all</u> seine Wunder! – (R)

3 Rühmt euch seines heiligen Namens! *
  Alle, die den Herrn suchen, sollen sich von Herzen freuen.
4 Fragt nach dem Herrn und seiner Macht; *
  sucht sein Antlitz allezeit! – (R)
6 Bedenkt es, ihr Nachkommen seines Knechtes Abraham, *
  ihr Kinder Jakobs, die er erwählt hat.
7 Er, der Herr, ist unser Gott. *
  Seine Herrschaft umgreift die Erde. – (R)
8 Ewig denkt er an seinen Bund, *
  an das Wort, das er gegeben hat für tausend Geschlechter,
9 an den Bund, den er mit Abraham geschlossen, *
  an den Eid, den er Isaak geschworen hat.

R Der Herr ist unser Gott;
ewig denkt er an seinen Bund.

(*Oder:* Halleluja.)

Jahr II

ZUR LESUNG *Es war ein entscheidender Wendepunkt im Leben des jungen Samuel, als er zum erstenmal die Stimme Gottes hörte. Von da an ist er ein Angerufener, der das Wort Gottes zu sagen hat. Priestertum und prophetische Berufung müssen nicht zusammengehen; aber Samuel hat beide Dienste ausgeübt. Nicht nur sein Mund, sondern sein ganzes Leben war von Gott in Anspruch genommen. Bei andern Propheten geschah die Berufung in einer Vision; Samuel hört nur das Wort. Er hat, wie später der „Gottesknecht", das Ohr und das Herz eines Jüngers; er nimmt das Wort, das er von Gott empfängt, an und gibt es weiter, auch wenn er selbst darunter leidet.* – Ex 3–4; Jes 6; Jer 1; Ex 27,20–21; Lev 24,1–4; Ex 25,22; Gen 22,1; 39,2.

ERSTE LESUNG   1 Sam 3,1–10.19–20

Rede, Herr; dein Diener hört

Lesung
  aus dem ersten Buch Sámuel.

In jenen Tagen
1 versah der junge Sámuel den Dienst des Herrn
   unter der Aufsicht Elis.

In jenen Tagen waren Worte des Herrn selten;
Visionen waren nicht häufig.
² Eines Tages geschah es:
Eli schlief auf seinem Platz;
seine Augen waren schwach geworden,
   und er konnte nicht mehr sehen.
³ Die Lampe Gottes war noch nicht erloschen,
und Sámuel schlief im Tempel des Herrn,
   wo die Lade Gottes stand.
⁴ Da rief der Herr den Sámuel,
und Sámuel antwortete: Hier bin ich.
⁵ Dann lief er zu Eli
   und sagte: Hier bin ich,
du hast mich gerufen.
Eli erwiderte: Ich habe dich gerufen.
Geh wieder schlafen!
Da ging er und legte sich wieder schlafen.

⁶ Der Herr rief noch einmal: Sámuel!
Sámuel stand auf und ging zu Eli
und sagte: Hier bin ich,
du hast mich gerufen.
Eli erwiderte: Ich habe dich nicht gerufen, mein Sohn.
Geh wieder schlafen!
⁷ Sámuel kannte den Herrn noch nicht,
und das Wort des Herrn war ihm noch nicht offenbart worden.

⁸ Da rief der Herr den Sámuel wieder,
zum drittenmal.
Er stand auf
   und ging zu Eli
und sagte: Hier bin ich,
du hast mich gerufen.
Da merkte Eli, daß der Herr den Knaben gerufen hatte.
Eli sagte zu Sámuel: Geh, leg dich schlafen!
Wenn er dich wieder ruft, dann antworte:
   Rede, Herr; denn dein Diener hört.
Sámuel ging und legte sich an seinem Platz nieder.

¹⁰ Da kam der Herr,
trat zu ihm heran und rief wie die vorigen Male: Sámuel, Sámuel!
Und Sámuel antwortete: Rede, denn dein Diener hört.

19 Sámuel wuchs heran,
   und der Herr war mit ihm
   und ließ keines von all seinen Worten unerfüllt.
20 Ganz Israel von Dan bis Beërschéba erkannte,
   daß Sámuel als Prophet des Herrn beglaubigt war.

ANTWORTPSALM   Ps 40 (39), 2 u. 4ab.7–8.9–10 (R: vgl. 8a.9a)

R Mein Gott, ich komme; (GL 170, 1)
deinen Willen zu tun macht mir Freude. – R

2 Ich hoffte, ja ich hoffte auf den Herrn. *   II. Ton
   Da neigte er sich mir zu und hörte mein Schreien.

4ab Er legte mir ein neues Lied in den Mund, *
    einen Lobgesang auf ihn, unsern Gott. – (R)

7 An Schlacht- und Speiseopfern hast du kein Gefallen, *
   Brand- und Sündopfer forderst du nicht.

   Doch das Gehör hast du mir eingepflanzt; †
8 darum sage ich: Ja, ich komme. *
   In dieser Schriftrolle steht, was an mir geschehen ist. – (R)

9 Deinen Willen zu tun, mein Gott, macht mir Freude, *
   deine Weisung trag' ich im Herzen.

10 Gerechtigkeit verkünde ich in großer Gemeinde, *
   meine Lippen verschließe ich nicht; Herr, du weißt es. – R

Jahr I und II

RUF VOR DEM EVANGELIUM   Vers: Joh 10, 27

Halleluja. Halleluja.

(So spricht der Herr:)
Meine Schafe hören auf meine Stimme;
ich kenne sie, und sie folgen mir.

Halleluja.

ZUM EVANGELIUM   *Auch die Taten Jesu sind Worte: sie sagen, wer Jesus ist und was er will. Die Schwiegermutter des Petrus (die erste Frau, die im Markusevangelium genannt wird) erfährt die heilende Kraft Jesu;*

darauf dient sie ihm und den Jüngern: Dienen ist die Form ihres Glaubens und ihrer Nachfolge. Am Abend heilt Jesus Kranke und treibt Dämonen aus. Die Dämonen erkennen ihn, aber Jesus will ihr Bekenntnis nicht. Ihn interessieren die Menschen, alle Menschen; zu ihnen ist er „gekommen" (V. 38). Und immer wieder geht er in die Stille: Der Mensch Jesus braucht die Stunden des einsamen Gebetes, der tiefen Gemeinschaft mit dem Vater. Dann kann er wieder zu den Menschen gehen. Die Jünger sollen das sehen und lernen. – Mt 8, 14–16; Lk 4, 38–44; Mk 3, 12; Mt 14, 23; Mk 6, 46; Joh 6, 15; Mt 4, 23; Lk 4, 14–15.

EVANGELIUM　　　　　　　　　　　　　　　　　　　　Mk 1, 29–39

Er heilte viele, die an allen möglichen Krankheiten litten

✢ Aus dem heiligen Evangelium nach Markus.

In jener Zeit
²⁹　ging Jesus zusammen mit Jakobus und Johannes
　　in das Haus des Simon und Andreas.
³⁰ Die Schwiegermutter des Simon lag mit Fieber im Bett.
　　Sie sprachen mit Jesus über sie,
³¹ und er ging zu ihr,
　　faßte sie an der Hand und richtete sie auf.
　　Da wich das Fieber von ihr, und sie sorgte für sie.

³² Am Abend, als die Sonne untergegangen war,
　　brachte man alle Kranken und Besessenen zu Jesus.
³³ Die ganze Stadt war vor der Haustür versammelt,
³⁴ und er heilte viele, die an allen möglichen Krankheiten litten,
　　und trieb viele Dämonen aus.
　　Und er verbot den Dämonen zu reden;
　　denn sie wußten, wer er war.

³⁵ In aller Frühe, als es noch dunkel war, stand er auf
　　und ging an einen einsamen Ort, um zu beten.
³⁶ Simon und seine Begleiter eilten ihm nach,
³⁷ und als sie ihn fanden,
　　sagten sie zu ihm: Alle suchen dich.
³⁸ Er antwortete: Laßt uns anderswohin gehen,
　　in die benachbarten Dörfer,
　　　damit ich auch dort predige;
　　denn dazu bin ich gekommen.

39 Und er zog durch ganz Galiläa,
predigte in den Synagogen
und trieb die Dämonen aus.

FÜRBITTEN

Vertrauensvoll beten wir zu Christus, der reich ist an Erbarmen:

Mache die Diener der Kirche zu Boten deiner grenzenlosen Liebe zu den Menschen. (Stille) Christus, höre uns.
A.: Christus, erhöre uns.

Öffne die verschlossenen Herzen durch die Erfahrung deiner Güte. (Stille) Christus, höre uns.

Lindere die Schmerzen der Kranken, und mach sie gesund. (Stille) Christus, höre uns.

Hilf uns, Mißverständnisse auszuräumen und Spannungen zu überwinden. (Stille) Christus, höre uns.

Herr, unser Gott, du bist der Vater der Erbarmungen und der Gott allen Trostes. Höre auf unser Gebet, und erhöre es durch Christus, unseren Herrn.   A.: Amen.

DASS WIR ERBARMEN NÖTIG HABEN, *wissen wir nicht nur durch Überlegungen und durch die Erfahrung unserer Not, wir wissen es vor allem durch die Tatsache, daß Gott uns sein Erbarmen geschenkt hat. Gott füllt das Leere aus, nicht das Volle. Weil wir verloren waren, hat Gott uns gesucht; weil wir schwach waren, ist er selbst schwach geworden. Durch das, was Jesus für uns getan und gelitten hat, wissen wir, was wir nötig haben. Wir leben nur vom Erbarmen Gottes, wir alle ohne Ausnahme, gleich wer und was wir sind. Was uns Christen von andern Menschen unterscheidet, ist allein der Umstand, daß wir deutlicher als andere das Erbarmen Gottes begriffen haben. Aber es gilt auch, was Karl Barth gesagt hat: „Die Tiefe unserer Erkenntnis verhält sich zur Tiefe des göttlichen Erbarmens wie eins zu unendlich."*

DONNERSTAG

TAGESGEBET

Allmächtiger Gott,
erhöre unser Gebet und beschütze uns,
denn wir setzen unsere ganze Hoffnung auf dich.
Reinige uns von aller Sünde
und hilf uns, in deiner Gnade zu leben,
damit wir Erben deiner Verheißung werden.
Darum bitten wir durch Jesus Christus. (MB 132)

Oder ein anderes Tagesgebet (vgl. S. 661).

Jahr I

ZUR LESUNG *Mose war der Vertraute Gottes und sein treuer Diener (Num 12,7); Christus ist mehr als Mose, seine Treue ist die des Sohnes (3,6), er ist der Herr. Mose sollte Israel in die Ruhe Gottes, d. h. in das verheißene Land, hineinführen, aber das Volk in der Wüste hat versagt, es hat immer wieder an Gottes Treue gezweifelt und sich gegen ihn aufgelehnt. In der gleichen Gefahr befindet sich das neue Volk. Gott spricht von neuem, und zwar jetzt durch den Sohn. Er bietet ein neues „Heute" an. Wird die neue Gemeinde die Stimme Gottes hören, wird sie auf dem Weg ausharren, auch wenn er lang und schwer ist? Noch ist „Heute". Die Glieder der Gemeinde werden zur Wachsamkeit aufgerufen und an die Verantwortung erinnert, die einer für den andern trägt. – Ps 95,7–11; Num 14,20–23; 2 Thess 2,3–12; Hebr 10,25.*

ERSTE LESUNG   Hebr 3,7–14

Ermahnt einander jeden Tag, solange es noch heißt: Heute

Lesung
   aus dem Hebräerbrief.

Brüder!
Beherzigt, was der Heilige Geist sagt:

Heute, wenn ihr seine Stimme hört,
   verhärtet euer Herz nicht wie beim Aufruhr,
   wie in der Wüste am Tag der Versuchung.
Dort haben eure Väter mich versucht,

sie haben mich auf die Probe gestellt
und hatten doch meine Taten gesehen,
10 vierzig Jahre lang.
Darum war mir diese Generation zuwider,
und ich sagte: Immer geht ihr Herz in die Irre.
Sie erkannten meine Wege nicht.
11 Darum habe ich in meinem Zorn geschworen:
Sie sollen nicht in das Land meiner Ruhe kommen.

12 Gebt acht, Brüder,
daß keiner von euch ein böses, ungläubiges Herz hat,
daß keiner vom lebendigen Gott abfällt,
13 sondern ermahnt einander jeden Tag,
solange es noch heißt: Heute,
damit niemand von euch
durch den Betrug der Sünde verhärtet wird;
14 denn an Christus haben wir nur Anteil,
wenn wir bis zum Ende an der Zuversicht festhalten,
die wir am Anfang hatten.

ANTWORTPSALM Ps 95 (94),6–7b.7c–9.10–11 (R: vgl. 7c.8a)

R Hört auf die Stimme des Herrn, (GL 529,5)
verhärtet nicht euer Herz! – R

6 Kommt, laßt uns niederfallen, uns vor ihm verneigen, * IV. Ton
laßt uns niederknien vor dem Herrn, unserm Schöpfer!

7ab Denn er ist unser Gott, †
wir sind das Volk seiner Weide, *
die Herde, von seiner Hand geführt. – (R)

7c Ach, würdet ihr doch heute auf seine Stimme hören! †
8 „Verhärtet euer Herz nicht wie in Meríba, *
wie in der Wüste am Tag von Massa!

9 Dort haben eure Väter mich versucht, †
sie haben mich auf die Probe gestellt *
und hatten doch mein Tun gesehen. – (R)

10 Vierzig Jahre war mir dies Geschlecht zuwider, †
und ich sagte: Sie sind ein Volk, dessen Herz in die Irre geht; *
denn meine Wege kennen sie nicht.

11 Darum habe ich in meinem Zorn geschworen: *
Sie sollen nicht kommen in das Land meiner Ruhe." – R

Jahr II

ZUR LESUNG *Die Philister waren die gefährlichsten Feinde der israelitischen Stämme in Kanaan. Nach der Schlacht von Afek (um 1050 v. Chr.) beherrschten sie einen großen Teil des Küstengebiets vom Mittelmeer bis zum Jordan. Erst König David konnte ihre Macht brechen. – Die Bundeslade war ein Schrein, der die zwei Steintafeln mit den Zehn Geboten enthielt. Sie galt als Symbol der Gegenwart Gottes, der sein Bundesvolk führte und schützte, der aber auch darüber wachte, daß die Bundessatzung, die in den Zehn Geboten niedergelegt war, erfüllt wurde. Deshalb war die Bundeslade so wenig wie später der Tempel eine absolute Garantie, so etwas wie ein magischer Schutz Israels. Gott läßt sich nicht zwingen und nicht binden. Er kann sein Volk auch den Feinden ausliefern; das zeigt die ganze Darstellung der Geschichte von der Richterzeit bis zur Zerstörung Jerusalems. – Num 10, 33–36; 2 Sam 11, 11; Jer 3, 16–17; Offb 11, 19; 1 Sam 2, 34; Ps 78, 60–62.*

ERSTE LESUNG   1 Sam 4, 1b–11 (1–11)

Israel wurde besiegt, und die Lade Gottes wurde von den Philistern erbeutet

**Lesung
aus dem ersten Buch Sámuel.**

In jenen Tagen
1b zog Israel gegen die Philister in den Krieg.
Sie schlugen ihr Lager bei Eben-Eser auf,
und die Philister hatten ihr Lager in Afek.

2 Die Philister rückten in Schlachtordnung gegen Israel vor,
und der Kampf wogte hin und her.
Israel wurde von den Philistern besiegt,
die von Israels Heer
auf dem Feld etwa viertausend Mann erschlugen.

3 Als das Volk ins Lager zurückkam, sagten die Ältesten Israels:
Warum hat der Herr
heute die Philister über uns siegen lassen?
Wir wollen die Bundeslade des Herrn aus Schilo zu uns holen;
er soll in unsere Mitte kommen
und uns aus der Gewalt unserer Feinde retten.

4 Das Volk schickte also Männer nach Schilo,
und sie holten von dort die Bundeslade des Herrn der Heere,
der über den Kérubim thront.

Hofni und Pinhas, die beiden Söhne Elis,
   begleiteten die Bundeslade Gottes.
5 Als nun die Bundeslade des Herrn ins Lager kam,
   erhob ganz Israel ein lautes Freudengeschrei,
      so daß die Erde dröhnte.
6 Die Philister hörten das laute Geschrei
   und sagten:
      Was ist das für ein lautes Geschrei im Lager der Hebräer?
   Als sie erfuhren, daß die Lade des Herrn ins Lager gekommen sei,
7   fürchteten sich die Philister;
   denn sie sagten: Gott ist zu ihnen ins Lager gekommen.
   Und sie riefen: Weh uns!
   Denn so etwas ist früher nie geschehen.
8 Weh uns! Wer rettet uns aus der Hand dieses mächtigen Gottes?
   Das ist der Gott, der Ägypten mit allerlei Plagen geschlagen hat.
9 Seid tapfer, Philister, und seid Männer,
   damit ihr nicht den Hebräern dienen müßt,
      wie sie euch gedient haben.
   Seid Männer und kämpft!
10 Da traten die Philister zum Kampf an,
   und Israel wurde besiegt,
      so daß alle zu ihren Zelten flohen.
   Es war eine sehr schwere Niederlage.
   Von Israel fielen dreißigtausend Mann Fußvolk.
11 Die Lade Gottes wurde erbeutet,
   und die beiden Söhne Elis, Hofni und Pinhas, fanden den Tod.

ANTWORTPSALM   Ps 44 (43), 10–11.14–15.24–25 (R: vgl. 27b)

R In deiner Huld erlöse uns, o Herr! – **R**   (GL 526, 5)

10 Du hast uns verstoßen und mit Schmach bedeckt, *   I. Ton
   du ziehst nicht mit unserm Heer in den Kampf.
11 Du läßt uns vor unsern Bedrängern fliehen, *
   und Menschen, die uns hassen, plündern uns aus. – (R)
14 Du machst uns zum Schimpf für die Nachbarn, *
   zu Spott und Hohn bei allen, die rings um uns wohnen.
15 Du machst uns zum Spottlied der Völker, *
   die Heiden zeigen uns nichts als Verachtung. – (R)

24 Wach auf! Warum schläfst du, Herr? *
   Erwache, verstoß nicht für immer!
25 Warum verbirgst du dein Gesicht, *
   vergißt unsere Not und Bedrängnis? – R

Jahr I und II

RUF VOR DEM EVANGELIUM Vers: Mt 4, 23b

Halleluja. Halleluja.

Jesus verkündete das Evangelium vom Reich
und heilte im Volk alle Krankheiten und Leiden.

Halleluja.

ZUM EVANGELIUM   *Markus erzählt die Heilung des Aussätzigen im Stil einer Wundergeschichte: Angabe der Situation, Heilung durch Wort und Gebärde, Feststellung der Heilung, Wirkung auf das Volk. Die Heilung eines Aussätzigen war nach Ansicht der Zeitgenossen soviel wie die Auferweckung eines Toten, also nur möglich in der Kraft Gottes. „Wenn du willst, kannst du", bekennt und bettelt der Aussätzige. In prophetischer Erregung antwortet ihm Jesus durch das Ausstrecken der Hand und das heilmächtige Wort. Trotz des strengen Schweigegebots (V. 43–44) wird der Geheilte sogleich zum Missionar. Der Eindruck des Wunders in Galiläa ist ungeheuer; von einem eigentlichen Glauben der Volksmenge ist freilich nichts gesagt. – Mt 8, 1–4; Lk 5, 12–16; 17, 14; Lev 13–14; 2 Kön 5, 7–8.*

EVANGELIUM Mk 1, 40–45

Der Aussatz verschwand, und der Mann war rein

✠ **Aus dem heiligen Evangelium nach Markus.**

In jener Zeit
   kam ein Aussätziger zu Jesus
   und bat ihn um Hilfe;
er fiel vor ihm auf die Knie
und sagte: Wenn du willst,
   kannst du machen, daß ich rein werde.

⁴¹ Jesus hatte Mitleid mit ihm;
er streckte die Hand aus,
berührte ihn
und sagte: Ich will es – werde rein!
⁴² Im gleichen Augenblick verschwand der Aussatz,
und der Mann war rein.
⁴³ Jesus schickte ihn weg
und schärfte ihm ein:
⁴⁴   Nimm dich in acht!
Erzähl niemand etwas davon,
sondern geh, zeig dich dem Priester
    und bring das Reinigungsopfer dar, das Mose angeordnet hat.
Das soll für sie ein Beweis meiner Gesetzestreue sein.
⁴⁵ Der Mann aber ging weg
    und erzählte bei jeder Gelegenheit, was geschehen war;
er verbreitete die ganze Geschichte,
    so daß sich Jesus in keiner Stadt mehr zeigen konnte;
er hielt sich nur noch außerhalb der Städte
    an einsamen Orten auf.
Dennoch kamen die Leute von überallher zu ihm.

FÜRBITTEN

Jesus Christus ist der gute Hirt. Zu ihm rufen wir:

Führe alle, die deinen Namen tragen, zur Einheit im Glauben, und versammle sie um deinen Tisch. (Stille) Herr, erbarme dich.
A.: Christus, erbarme dich.

Schenke den Völkern Freiheit und Frieden. (Stille) Herr, erbarme dich.

Stärke die Kranken durch das Brot des Lebens. (Stille) Herr, erbarme dich.

Reinige uns von unserer Schuld, und schenke uns dein Heil. (Stille) Herr, erbarme dich.

Denn du willst, daß wir mit dir eins sind, wie du mit dem Vater eins bist. Dir sei Lobpreis und Ehre in Ewigkeit. A.: Amen.

„IN FAST BEFREMDENDER WEISE *wird die Gegenwart der Macht Gottes in Jesus dargestellt: seine bloße Berührung heilt, und ihre Kraft läßt sich nicht verheimlichen. Zugleich wird aber deutlich, daß mit dem bloßen Wunderglauben noch gar nichts entschieden ist, solange man sich Jesu eigentliche Gabe, die alle Grenzen zwischen Rein und Unrein, Gottesvolk und Außenseitern durchbricht, nicht schenken läßt: daher der erschreckende Zorn Jesu und sein Schweigegebot. So fragt Markus den Leser, ob er sich wirklich dieser Begegnung mit Gott in Jesus ausliefern und althergebrachte Grenzen sich zerstören lassen will" (Eduard Schweizer).*

FREITAG

TAGESGEBET

Unser Herr Jesus Christus hat gesagt:
„Nicht Gesunde brauchen den Arzt,
sondern Kranke.
Nicht Gerechte zu rufen bin ich gekommen,
sondern die Sünder."
Darum beten wir:
Barmherziger Gott.
Zu Unrecht halten wir uns oft für gut
und glauben, gerecht vor dir zu sein.
Wecke uns aus unserer falschen Sicherheit,
befreie uns von unserer Selbstgerechtigkeit
und heile uns durch Jesus Christus,
den Arzt der Kranken, den Heiland der Sünder,
der in der Einheit des Heiligen Geistes
mit dir lebt und herrscht in alle Ewigkeit. (MB 319, 39)

Oder ein anderes Tagesgebet (vgl. S. 661).

Jahr I

ZUR LESUNG   *Das Wort „Ruhe" hat für uns heutige Menschen nicht den vollen Klang, den es für den biblischen Menschen hatte. „Ruhestand" oder „ewige Ruhe", das hat für unser Gefühl mehr mit Müdigkeit und mit Trauer zu tun als mit Vollendung und Freude. Für den Hebräer bedeutet*

„Ruhe" das sichere Wohnen im gottgeschenkten Land, in dem auch Gott selbst den Ort seiner „Ruhe", sein Heiligtum auf dem Zion hat. Der christlichen Gemeinde ist am Ende ihrer Wüstenwanderung die Ruhe und Freude Gottes verheißen, von der das Land Kanaan und selbst das Paradies nur schwache Vorzeichen waren. Die Verheißung ist an eine Bedingung geknüpft, wie für die Stammeltern der Besitz des Paradieses und für Israel der Besitz des Landes Kanaan an eine Bedingung geknüpft war. „Die Freudenbotschaft ist uns verkündet worden" (V. 2), aber sie wird zur Drohbotschaft für den, der das Wort der Freudenbotschaft nicht annimmt. – Ex 33, 14; Dtn 12, 9–10; 1 Kor 10, 1–3; Ps 95, 11; Gen 2, 2.

ERSTE LESUNG   Hebr 4, 1–5.11

Bemühen wir uns, in jenes Land der Ruhe zu kommen

Lesung
   aus dem Hebräerbrief.

Brüder!
1 Laßt uns ernsthaft besorgt sein,
      daß keiner von euch zurückbleibt,
      solange die Verheißung, in das Land seiner Ruhe zu kommen,
      noch gilt.
2 Denn uns
      ist die gleiche Freudenbotschaft verkündet worden wie jenen;
   doch hat ihnen das Wort, das sie hörten, nichts genützt,
      weil es sich nicht durch den Glauben mit den Hörern verband.
3 Denn wir, die wir gläubig geworden sind,
      kommen in das Land der Ruhe,
   wie er gesagt hat:

   Darum habe ich in meinem Zorn geschworen:
   Sie sollen nicht in das Land meiner Ruhe kommen.

   Zwar waren die Werke seit der Erschaffung der Welt vollendet;
4 denn vom siebten Tag heißt es an einer Stelle:
      Und Gott ruhte am siebten Tag aus von all seinen Werken;
5 hier aber heißt es:

   Sie sollen nicht in das Land meiner Ruhe kommen.

11 Bemühen wir uns also, in jenes Land der Ruhe zu kommen,
      damit niemand
      aufgrund des gleichen Ungehorsams zu Fall kommt.

Zeit im Jahreskreis: 1. Woche – Freitag

ANTWORTPSALM Ps 78 (77), 3 u. 4cd.6c–7.8 (R: vgl. 7b)
R Vergeßt die Taten Gottes nicht! – **R** (GL 753, 1)

3 Was wir hörten und erfuhren, * II. Ton
was uns die Väter erzählten:

4cd die ruhmreichen Taten und die Stärke des Herrn, *
die Wunder, die er getan hat. – (R)

6c Sie sollten aufstehen und es weitergeben an ihre Kinder, *
7 damit sie ihr Vertrauen auf Gott setzen,

die Taten Gottes nicht vergessen *
und seine Gebote bewahren. – (R)

8 Sie sollten nicht werden wie ihre Väter, *
jenes Geschlecht voll Trotz und Empörung,

das wankelmütige Geschlecht, *
dessen Geist nicht treu zu Gott hielt. – **R**

Jahr II

ZUR LESUNG *In der Beurteilung des Königtums in Israel schwankt das Alte Testament zwischen Ablehnung und Anerkennung. Beide Auffassungen haben denselben religiösen Hintergrund; immer geht es darum, daß Jahwe allein Israels König sein soll. Er kann aber die Geschichte Israels entweder durch seinen Gesalbten in die Hand nehmen, der als sein Stellvertreter regiert, oder er kann immer wieder einzelne Männer berufen, die in Notzeiten für Recht und Ordnung sorgen, wie er es in der Zeit der „Richter" getan hat. In der heutigen Lesung kommen die Bedenken gegen das Königtum zur Sprache, die vom späteren Verlauf der Geschichte her mehr als verständlich erscheinen. Die Bedenken sind religiöser und politischer Art (V. 5–7 und V. 11–17). Gott läßt dem Volk seinen Willen, aber auch so wird es, so gern es möchte, nie sein können wie alle Völker (V. 5 und V. 20). Denn Israels König ist Jahwe, „der Israel aus Ägypten herausgeführt hat". – Dtn 17,14–20; Hos 13,9–11; Apg 13,21; 1 Sam 12,12; Ri 8,22–23; 10,13; 1 Kön 9,9; 12; 2 Sam 15,1; 1 Kön 1,5; 1 Sam 22,7; 1 Kön 21,1–24; Spr 1,25–33; Mi 3,4.*

ERSTE LESUNG   1 Sam 8, 4–7.10–22a

Ihr werdet wegen eures Königs um Hilfe schreien, aber der Herr wird euch nicht antworten

Lesung
aus dem ersten Buch Sámuel.

In jenen Tagen
4 versammelten sich alle Ältesten Israels
und gingen zu Sámuel nach Rama.
5 Sie sagten zu ihm: Du bist nun alt,
und deine Söhne gehen nicht auf deinen Wegen.
Darum setze jetzt einen König bei uns ein,
der uns regieren soll, wie es bei allen Völkern der Fall ist.
6 Aber Sámuel mißfiel es,
daß sie sagten: Gib uns einen König, der uns regieren soll.
Sámuel betete deshalb zum Herrn,
7 und der Herr sagte zu Sámuel:
Hör auf die Stimme des Volkes in allem, was sie zu dir sagen.
Denn nicht dich haben sie verworfen,
sondern mich haben sie verworfen:
Ich soll nicht mehr ihr König sein.
10 Sámuel teilte dem Volk, das einen König von ihm verlangte,
alle Worte des Herrn mit.
11 Er sagte:
Das werden die Rechte des Königs sein,
der über euch herrschen wird:
Er wird eure Söhne holen
und sie für sich
bei seinen Wagen und seinen Pferden verwenden,
und sie werden vor seinem Wagen herlaufen.
12 Er wird sie zu Obersten über Abteilungen von Tausend
und zu Führern über Abteilungen von Fünfzig machen.
Sie müssen sein Ackerland pflügen und seine Ernte einbringen.
Sie müssen seine Kriegsgeräte
und die Ausrüstung seiner Streitwagen anfertigen.
13 Eure Töchter wird er holen,
damit sie ihm Salben zubereiten und kochen und backen.
14 Eure besten Felder, Weinberge und Ölbäume
wird er euch wegnehmen und seinen Beamten geben.

Zeit im Jahreskreis: 1. Woche – Freitag

¹⁵ Von euren Äckern und euren Weinbergen
   wird er den Zehnten erheben
   und ihn seinen Höflingen und Beamten geben.
¹⁶ Eure Knechte und Mägde,
   eure besten jungen Leute und eure Esel
   wird er holen und für sich arbeiten lassen.
¹⁷ Von euren Schafherden wird er den Zehnten erheben.
   Ihr selber werdet seine Sklaven sein.
¹⁸ An jenem Tag
   werdet ihr wegen des Königs, den ihr euch erwählt habt,
   um Hilfe schreien,
   aber der Herr wird euch an jenem Tag nicht antworten.
¹⁹ Doch das Volk wollte nicht auf Sámuel hören,
   sondern sagte: Nein, ein König soll über uns herrschen.
²⁰ Auch wir wollen wie alle anderen Völker sein.
   Unser König soll uns Recht sprechen,
   er soll vor uns herziehen und soll unsere Kriege führen.
²¹ Sámuel hörte alles an, was das Volk sagte,
   und trug es dem Herrn vor.
²²ᵃ Und der Herr sagte zu Sámuel:
   Hör auf ihre Stimme,
   und setz ihnen einen König ein!

ANTWORTPSALM   Ps 89 (88), 16–17.18–19 (R: 2a)

R Von den Taten deiner Huld, o Herr, will ich ewig singen. – **R**
                                             (GL 496)

¹⁶ Wohl dem Volk, das dich als König zu feiern weiß! *   VI. Ton
   Herr, sie gehen im Licht deines Angesichts.
¹⁷ Sie freuen sich über deinen Namen zu jeder Zeit, *
   über deine Gerechtigkeit jubeln sie. – (**R**)
¹⁸ Denn du bist ihre Schönheit und Stärke, *
   du erhöhst unsre Kraft in deiner Güte.
¹⁹ Ja, unser Schild gehört dem Herrn, *
   unser König dem heiligen Gott Israels. – **R**

Jahr I und II

RUF VOR DEM EVANGELIUM Vers: vgl. Lk 7, 16

Halleluja. Halleluja.

Ein großer Prophet trat unter uns auf:
Gott nahm sich seines Volkes an.
Halleluja.

ZUM EVANGELIUM *Gegen die Gottesherrschaft, die Jesus verkündet, steht vor allem und direkt die Macht der Sünde: das Nein zum Anspruch Gottes. Daß auch die Krankheit irgendwie mit Sünde und Schuld zusammenhängt, war den Zeitgenossen Jesu deutlicher bewußt als den Menschen unseres Jahrhunderts, die nur die nächsten, vordergründigen Ursachen sehen und zu behandeln versuchen. Die Sünde kann nur von Gott her aufgehoben werden: durch die größere Macht der Liebe, durch die Vergebung. Nur Gott kann Sünden vergeben, und es ist die größte seiner Taten. Die Schriftgelehrten täuschen sich nicht, wenn sie in der Sündenvergebung durch Jesus einen ungeheuerlichen Anspruch auf göttliche Vollmacht erblicken. Die Heilung des Gelähmten ist dem gegenüber das kleinere Wunder, aber sie ist das sichtbare Zeichen dafür, daß Jesus das Heil bringt. – Die Auseinandersetzungen über die Vollmacht Jesu bilden den Inhalt von Mk 2, 1 – 3, 6. – Mt 9, 1–8; Lk 5, 17–26; 1 Kor 15, 54–57; Mt 8, 10; 9, 33.*

EVANGELIUM Mk 2, 1–12

Der Menschensohn hat die Vollmacht, hier auf der Erde Sünden zu vergeben

☩ Aus dem heiligen Evangelium nach Markus.

1 Als Jesus nach Kafárnaum zurückkam,
  wurde bekannt, daß er wieder zu Hause war.
2 Und es versammelten sich so viele Menschen,
  daß nicht einmal mehr vor der Tür Platz war;
und er verkündete ihnen das Wort.
3 Da brachte man einen Gelähmten zu ihm;
  er wurde von vier Männern getragen.
4 Weil sie ihn aber wegen der vielen Leute
  nicht bis zu Jesus bringen konnten,
  deckten sie dort, wo Jesus war, das Dach ab,
schlugen die Decke durch

Zeit im Jahreskreis: 1. Woche – Freitag

und ließen den Gelähmten
  auf seiner Tragbahre durch die Öffnung hinab.
5 Als Jesus ihren Glauben sah,
  sagte er zu dem Gelähmten: Mein Sohn,
deine Sünden sind dir vergeben!

6 Einige Schriftgelehrte aber, die dort saßen, dachten im stillen:
7   Wie kann dieser Mensch so reden?
Er lästert Gott.
Wer kann Sünden vergeben außer dem einen Gott?

8 Jesus erkannte sofort, was sie dachten,
und sagte zu ihnen: Was für Gedanken habt ihr im Herzen?
9 Ist es leichter,
  zu dem Gelähmten zu sagen: Deine Sünden sind dir vergeben!,
  oder zu sagen:
  Steh auf, nimm deine Tragbahre, und geh umher?

10 Ihr sollt aber erkennen,
  daß der Menschensohn die Vollmacht hat,
  hier auf der Erde Sünden zu vergeben.
Und er sagte zu dem Gelähmten:
11 Ich sage dir:
Steh auf, nimm deine Tragbahre, und geh nach Hause!

12 Der Mann stand sofort auf,
  nahm seine Tragbahre
  und ging vor aller Augen weg.
Da gerieten alle außer sich;
sie priesen Gott
und sagten: So etwas haben wir noch nie gesehen.

FÜRBITTEN

Zu Jesus Christus, der uns durch seinen Tod erlöste, rufen wir:

Bestärke die Ordensgemeinschaften in deiner Nachfolge.
A.: Herr, erhöre uns.

Hindere die Mächtigen, Arme und Wehrlose auszunützen.

Steh allen bei, die um der Gerechtigkeit willen verfolgt werden.

Vergib unsere Schuld, und mach uns zu neuen Menschen.

Gütiger Vater, dein Sohn hat sein Leben für uns hingegeben. Sei uns gnädig durch ihn, Christus, unseren Herrn. A.: Amen.

„HÖR AUF SIE *und bestelle ihnen einen König"* (1 Sam 8, 22). *Wenn man fragt, wer der Gott sei, der da handelt, und als mögliche Antwort anbietet, entweder wolle Gott das Unglück nicht verhindern oder er könne es nicht verhindern, so hat man die Frage nicht beantwortet. Es trifft gar nicht zu, daß er das Unglück nicht verhindert. Gott ist eben doch größer und geheimnisvoller als das Bild, das sich die Exegeten unserer Zeit zumeist von ihm machen: dieser Gott, der die Weltgeschichte geschehen läßt, um die freigesetzte menschliche Kreatur zu erproben. Der Erzähler läßt Gott dem Volksbegehren zugleich willfahren und nicht willfahren; Gott hindert das Unglück nicht, und er hindert es. Aus diesem Ja und Nein erwächst die neue, höhere Gestalt der Probe (nach Martin Buber).*

SAMSTAG

TAGESGEBET

Gott.
Du kennst uns besser, als wir uns selber kennen.
Du weißt, wie sehr wir
der Änderung und Umkehr bedürfen.
Aber du trittst nicht mit Gewalt an uns heran
oder mit List.
Du kommst zu uns mit deinem Wort –
deinem offenen und guten,
deinem fordernden und heilenden Wort.
Gib, daß wir dir heute nicht ausweichen,
daß wir uns öffnen
und dein Wort annehmen:
Jesus Christus,
deinen Sohn, unseren Herrn und Gott,
der in der Einheit des Heiligen Geistes
mit dir lebt und herrscht in alle Ewigkeit. (MB 317, 33)

Oder ein anderes Tagesgebet (vgl. S. 661).

Jahr I

ZUR LESUNG *Das neue Volk Gottes hat wie das alte Gottes verheißendes Wort empfangen (4, 2). Von diesem Wort wird in V. 12 abschließend gesagt, es sei lebendig, kraftvoll, scharf, durchdringend und richtend. Wo es aufgenommen wird, erweckt es zum Leben; wer ihm begegnet, erfährt seine Kraft der Verwandlung; wen es trifft, der kann sich nichts mehr vormachen, alles ist klar. – Mit 4, 14 beginnt eine neue Überlegung: „Wir haben einen erhabenen Hohenpriester." Der Sohn Gottes, größer als die Engel (2, 1–18), größer als Mose (3, 1–19) und Josua (4, 1–11), ist auch größer als der Hohepriester Aaron (4, 14 – 5, 10). Das ganze Mittelstück des Hebräerbriefs handelt vom Hohepriestertum Jesu. Wir haben einen Hohenpriester, der Mitleid mit uns hat (4, 15; vgl. 2, 17), zugleich einen, der uns den Zugang zum Allerheiligsten des Himmels geöffnet hat. Das gibt uns Vertrauen und Hoffnung. – Ps 36, 10; Jes 49, 2; 1 Petr 1, 23–25; Eph 6, 17; Ijob 34, 21–22; Ps 139, 2–4; Weish 1, 6; Hebr 2, 17–18; 5, 7–10; Joh 8, 46; Röm 8, 3; 2 Kor 5, 21; Hebr 10, 19–22; Eph 3, 12.*

ERSTE LESUNG Hebr 4, 12–16

Laßt uns voll Zuversicht hingehen zum Thron der Gnade

**Lesung
aus dem Hebräerbrief.**

¹² **Lebendig ist das Wort Gottes,
kraftvoll und schärfer als jedes zweischneidige Schwert;
es dringt durch bis zur Scheidung von Seele und Geist,
von Gelenk und Mark;
es richtet über die Regungen und Gedanken des Herzens;**

¹³ **vor ihm bleibt kein Geschöpf verborgen,
sondern alles liegt nackt und bloß
vor den Augen dessen, dem wir Rechenschaft schulden.**

¹⁴ **Da wir nun einen erhabenen Hohenpriester haben,
der die Himmel durchschritten hat,
Jesus, den Sohn Gottes,
laßt uns an dem Bekenntnis festhalten.**

¹⁵ **Wir haben ja nicht einen Hohenpriester,
der nicht mitfühlen könnte mit unserer Schwäche,
sondern einen,
der in allem wie wir in Versuchung geführt worden ist,
aber nicht gesündigt hat.**

¹⁶ **Laßt uns also voll Zuversicht hingehen zum Thron der Gnade,
damit wir Erbarmen und Gnade finden
und so Hilfe erlangen zur rechten Zeit.**

ANTWORTPSALM Ps 19 (18B), 8.9.10.11 u. 15 (R: vgl. Joh 6,63b)

R Deine Worte, Herr, sind Geist und Leben. – **R** (GL 465)

II. Ton

8 Die Weisung des Herrn ist vollkommen, *
sie erquickt den Menschen.

Das Gesetz des Herrn ist verläßlich, *
den Unwissenden macht es weise. – (R)

9 Die Befehle des Herrn sind richtig, *
sie erfreuen das Herz;

das Gebot des Herrn ist lauter, *
es erleuchtet die Augen. – (R)

10 Die Furcht des Herrn ist rein, *
sie besteht für immer.

Die Urteile des Herrn sind wahr, *
gerecht sind sie alle. – (R)

11 Sie sind kostbarer als Gold, als Feingold in Menge. *
Sie sind süßer als Honig, als Honig aus Waben.

15 Die Worte meines Mundes mögen dir gefallen; †
was ich im Herzen erwäge, stehe dir vor Augen, *
Herr, mein Fels und mein Erlöser. – **R**

Jahr II

ZUR LESUNG *Saul suchte die Eselinnen seines Vaters und fand eine Königskrone: so könnte ein Journalist unserer Tage schreiben. Der Verfasser der Erzählung hat es aber andersherum gesehen: Gott suchte für sein Volk einen König und fand Saul. Gott, nicht das Volk hat ihn zum König gemacht und ihm befohlen, das Volk aus der Philisternot zu befreien. Das Volk soll, wie es gewollt hat, die Erfahrung des Königtums machen. Die Königsgeschlechter werden vorübergehen, das Volk wird bleiben, und Gott wird der König dieses Volkes bleiben. Israel wird begreifen müssen, daß es nicht dazu bestimmt ist, ein Reich zu gründen und zu „sein wie alle andern Völker" (8, 20), sondern dazu, eine Glaubensgemeinschaft zu sein. Mittler zwischen Gott und dem Volk und auch zwischen Gott und dem König ist der Prophet. Während seiner ganzen Dauer wird das israelitische Königtum unter dem Urteil Gottes und der Kritik der*

Propheten stehen. – 1 Sam 10,23; 16,7.12; 9,16–17; Ri 9,9; 1 Kön 1,39; Sir 46,13.

ERSTE LESUNG   1 Sam 9,1–4.17–19; 10,1 (1a)

Das ist der Mann, von dem ich dir gesagt habe: Der wird über mein Volk herrschen

Lesung
   aus dem ersten Buch Sámuel.

In jenen Tagen
   lebte in Bénjamin ein Mann namens Kisch,
ein Sohn Ábiëls,
   des Sohnes Zerors, des Sohnes Béchorats, des Sohnes Afiachs,
   ein wohlhabender Benjaminíter.
Er hatte einen Sohn namens Saul, der jung und schön war;
kein anderer unter den Israeliten war so schön wie er;
er überragte alle um Hauptesslänge.
Eines Tages verliefen sich die Eselinnen von Sauls Vater Kisch.
Da sagte Kisch zu seinem Sohn Saul:
   Nimm einen von den Knechten,
   mach dich mit ihm auf den Weg, und such die Eselinnen!
Sie durchquerten das Gebirge Éfraïm
   und durchstreiften das Gebiet von Schalíscha,
   fanden sie aber nicht.
Sie zogen durch das Gebiet von Scháalim – ohne Erfolg;
dann durchwanderten sie das Land Jémini,
   fanden sie aber wieder nicht.

7 Als Sámuel Saul sah,
   sagte der Herr zu ihm: Das ist der Mann,
   von dem ich dir gesagt habe:
   Der wird über mein Volk herrschen.
8 Saul trat mitten im Tor zu Sámuel
und fragte: Sag mir doch, wo das Haus des Sehers ist.
9 Sámuel antwortete Saul: Ich bin der Seher.
Geh vor mir her zur Kulthöhe hinauf!
Ihr sollt heute mit mir essen.
   Morgen früh will ich dich dann weiterziehen lassen.
Ich werde dir Auskunft über alles geben,
   was du auf dem Herzen hast.

1 Früh am Morgen nahm Sámuel den Ölkrug
und goß Saul das Öl auf das Haupt,
küßte ihn
und sagte:
Hiermit hat der Herr dich zum Fürsten über sein Erbe gesalbt.

ANTWORTPSALM Ps 21 (20), 2–3.4–5.6–7 (R: 2a)

R An deiner Macht, o Herr, freut sich der König. – R (GL 152,1)

2 An deiner Macht, Herr, freut sich der König; * VI. Ton
über deine Hilfe, wie jubelt er laut!

3 Du hast ihm den Wunsch seines Herzens erfüllt, *
ihm nicht versagt, was seine Lippen begehrten. – (R)

4 Du kamst ihm entgegen mit Segen und Glück, *
du kröntest ihn mit einer goldenen Krone.

5 Leben erbat er von dir, du gabst es ihm, *
viele Tage, für immer und ewig. – (R)

6 Groß ist sein Ruhm durch deine Hilfe, *
du hast ihn bekleidet mit Hoheit und Pracht.

7 Du machst ihn zum Segen für immer; *
wenn du ihn anblickst, schenkst du ihm große Freude. – R

Jahr I und II

RUF VOR DEM EVANGELIUM Vers: vgl. Jes 61,1 (Lk 4,18)

Halleluja. Halleluja.

Der Herr hat mich gesandt,
den Armen die Frohe Botschaft zu bringen
und den Gefangenen die Freiheit zu verkünden.

Halleluja.

ZUM EVANGELIUM *Jesus hat Vollmacht, Sünden zu vergeben. Vergebung heißt aber Wiederherstellung der Gemeinschaft; also ruft Jesus die Sünder und Zöllner in seine Nähe und hat Tischgemeinschaft mit ihnen. Diese Grundaussage verbindet das heutige Evangelium mit dem gestrigen, und sie verbindet die beiden Teile des heutigen Evangeliums miteinander: die Berufung des Zöllners Levi-Matthäus und das Festessen Jesu mit Zöllnern und Sündern im Haus des Levi. Auch dieses Evangelium gibt Ant-*

wort auf die Frage: Wer ist Jesus? Er ist der Arzt, der gekommen ist, um Kranke zu heilen und Sünder zu berufen. – Mt 9,9–13; Lk 5,27–32.

EVANGELIUM Mk 2,13–17

Nicht die Gesunden brauchen den Arzt, sondern die Kranken

☩ Aus dem heiligen Evangelium nach Markus.

In jener Zeit
13 ging Jesus wieder hinaus an den See.
Da kamen Scharen von Menschen zu ihm,
und er lehrte sie.
14 Als er weiterging,
sah er Levi, den Sohn des Alphäus, am Zoll sitzen
und sagte zu ihm: Folge mir nach!
Da stand Levi auf und folgte ihm.
15 Und als Jesus in seinem Haus beim Essen war,
aßen viele Zöllner und Sünder
zusammen mit ihm und seinen Jüngern;
denn es folgten ihm schon viele.
16 Als die Schriftgelehrten, die zur Partei der Pharisäer gehörten,
sahen, daß er mit Zöllnern und Sündern aß,
sagten sie zu seinen Jüngern:
Wie kann er zusammen mit Zöllnern und Sündern essen?
17 Jesus hörte es
und sagte zu ihnen: Nicht die Gesunden brauchen den Arzt,
sondern die Kranken.
Ich bin gekommen, um die Sünder zu rufen,
nicht die Gerechten.

FÜRBITTEN

Im Gebet wenden wir uns an Christus, der uns das Erbarmen Gottes offenbart:

Gib den Verkündern des Glaubens das rechte Wort, und laß sie lebendige Zeugen der Liebe sein.
A.: Wir bitten dich, erhöre uns.

Unterstütze alle Bemühungen, den Frieden zu erhalten oder wiederherzustellen.

Lade die Sünder ein, ihr Leben zu ändern.

Bewahre junge Menschen davor, das Suchen nach Gott und seiner
Wahrheit aufzugeben.
A.: Wir bitten dich, erhöre uns.

Ewiger Gott, durch deinen Sohn bist du uns nahegekommen.
Darum können wir auf dich vertrauen durch ihn, Christus, unseren Herrn.   A.: Amen.

DER RUF JESU *führt aus der sündigen Vergangenheit heraus, von der
Sünde weg, aber nicht von den Sündern weg. Das ist für die Pharisäer
das Unfaßbare. Sie betrachten sich als die Reinen und „Abgesonderten"
(das bedeutet ihr Name); sie betrachten die Sünder als die Unreinen und
deshalb in ganz anderem Sinn „Abgesonderten", als die Ausgeschlossenen. Jesus durchbricht die Absonderung; nur so kann er den Sündern die
Möglichkeit der Umkehr geben. Die Bekehrten aber, die Jünger Jesu, sollen sich nicht wieder absondern; sie sollen mit den Sündern solidarisch
bleiben, wie Jesus selbst mit ihnen solidarisch geblieben ist bis zur Hingabe seines Lebens in die Hände der Sünder (Mk 14, 41), zu ihrem Heil.*

2. WOCHE

ERÖFFNUNGSVERS   Ps 66 (65), 4
Alle Welt bete dich an, o Gott, und singe dein Lob,
sie lobsinge deinem Namen, du Allerhöchster.

TAGESGEBET

Allmächtiger Gott,
du gebietest über Himmel und Erde,
du hast Macht über die Herzen der Menschen.
Darum kommen wir voll Vertrauen zu dir;
stärke alle, die sich um die Gerechtigkeit mühen,
und schenke unserer Zeit deinen Frieden.
Darum bitten wir durch Jesus Christus.

Lesungen vom betreffenden Wochentag, S. 704–743.

GABENGEBET

Herr,
gib, daß wir das Geheimnis des Altares
ehrfürchtig feiern;
denn sooft wir die Gedächtnisfeier dieses Opfers begehen,

vollzieht sich an uns das Werk der Erlösung.
Darum bitten wir durch Christus, unseren Herrn.
Präfation, S. 1365 ff.

KOMMUNIONVERS Ps 23 (22), 5
Herr, du deckst mir den Tisch vor den Augen meiner Feinde.
Du füllst mir reichlich den Becher.

Oder: 1 Joh 4, 16
Wir haben die Liebe erkannt und an die Liebe geglaubt,
die Gott zu uns hat.

SCHLUSSGEBET
Barmherziger Gott,
du hast uns alle mit dem einen Brot des Himmels gestärkt.
Erfülle uns mit dem Geist deiner Liebe,
damit wir ein Herz und eine Seele werden.
Darum bitten wir durch Christus, unseren Herrn.

MONTAG

TAGESGEBET
Herr, unser Gott,
durch den Tod
und die Auferstehung deines Sohnes
sind wir dein Volk geworden.
Laß die Freude über die Erlösung
in uns mächtig werden,
damit sie unser ganzes Leben bestimmt.
Darum bitten wir durch Jesus Christus. (MB 187)

Oder ein anderes Tagesgebet (vgl. S. 661).

Jahr I

ZUR LESUNG *Jesus ist der Hohepriester, den wir brauchen: er kann Mitleid haben, weil er einer von uns ist (2, 17), und er kann Mittler sein zwischen uns und Gott, weil er von Gott selbst eingesetzt ist. Er ist Hoherpriester durch seine ewige Gottessohnschaft, und er ist es geworden durch seine Menschwerdung, seinen Gehorsam und sein Leiden. – Der Verfasser führt zwei Psalmtexte an, von denen der eine die Gottessohnschaft, der andere das Priestertum Jesu zeigen soll (Ps 2,7 und Ps 110,4). Psalm 2 spricht seinem Wortsinn nach von der Einsetzung des davidischen Königs; in Psalm 110,4 wird dem König und „Sohn" die priesterliche Würde zugesprochen. Der Hebräerbrief versteht beide Stellen als Worte, die Gott an Jesus richtet. – Hebr 7,26–28; Lev 9,7; 16,6; Joh 3,27; Ex 28,1; Jes 50,4–6; Mk 14,32–42; Joh 12,27; Phil 2,7–11; Hebr 2,10; Joh 17,19; Hebr 6,20.*

ERSTE LESUNG Hebr 5,1–10

Obwohl er der Sohn war, hat er durch Leiden den Gehorsam gelernt

Lesung
  aus dem Hebräerbrief.

1 Jeder Hohepriester wird aus den Menschen ausgewählt
  und für die Menschen eingesetzt zum Dienst vor Gott,
  um Gaben und Opfer für die Sünden darzubringen.

2 Er ist fähig,
  für die Unwissenden und Irrenden Verständnis aufzubringen,
  da auch er der Schwachheit unterworfen ist;

3 deshalb muß er für sich selbst
  ebenso wie für das Volk Sündopfer darbringen.

4 Und keiner nimmt sich eigenmächtig diese Würde,
  sondern er wird von Gott berufen, so wie Aaron.

5 So hat auch Christus
  sich nicht selbst die Würde eines Hohenpriesters verliehen,
  sondern der, der zu ihm gesprochen hat:

  Mein Sohn bist du.
  Heute habe ich dich gezeugt,

6 wie er auch an anderer Stelle sagt:

  Du bist Priester auf ewig
  nach der Ordnung Melchísedeks.

7 Als er auf Erden lebte,
  hat er mit lautem Schreien und unter Tränen
  Gebete und Bitten vor den gebracht,
  der ihn aus dem Tod retten konnte,
  und er ist erhört und aus seiner Angst befreit worden.

8 Obwohl er der Sohn war,
  hat er durch Leiden den Gehorsam gelernt;

⁹ zur Vollendung gelangt,
   ist er für alle, die ihm gehorchen,
   der Urheber des ewigen Heils geworden
¹⁰ und wurde von Gott angeredet
   als „Hoherpriester nach der Ordnung Melchísedeks".

ANTWORTPSALM Ps 110 (109), 1–2.3.4–5 (R: 4b)
R Du bist Priester auf ewig (GL 684, 1)
nach der Ordnung Melchísedeks. – R

1 So spricht der Herr zu meinem Herrn: † II. Ton
  Setze dich mir zur Rechten, *
  und ich lege dir deine Feinde als Schemel unter die Füße.

2 Vom Zion strecke der Herr das Zepter deiner Macht aus: *
  „Herrsche inmitten deiner Feinde!" – (R)

3 Dein ist die Herrschaft am Tage deiner Macht, *
  wenn du erscheinst in heiligem Schmuck;

  ich habe dich gezeugt noch vor dem Morgenstern, *
  wie den Tau in der Frühe. – (R)

4 Der Herr hat geschworen, und nie wird's ihn reuen: *
  „Du bist Priester auf ewig nach der Ordnung Melchísedeks."

5 Der Herr steht dir zur Seite; *
  er zerschmettert Könige am Tage seines Zornes. – R

Jahr II

ZUR LESUNG Über die Regierung Sauls haben wir einen zusammenfassenden Bericht in 1 Sam 14, 47–52. Es war ein ewiges Kriegführen nach allen Seiten, vor allem gegen die mächtigen Philister. Saul tat, was er konnte, aber glücklich war seine Regierung trotzdem nicht. Gescheitert ist er jedoch nicht an seinen Feinden, sondern an sich selbst. Ein erstes Wetterleuchten war schon in Kap. 13 zu sehen, wo es wegen Sauls Opfer in Gilgal zum Bruch mit Samuel kam. – Den Krieg gegen die Amalekiter (Kap. 15) unternahm Saul auf ausdrücklichen Befehl Jahwes. Als Israel von Ägypten heraufzog, hatten die Amalekiter, ein Beduinenstamm im Süden, ihm den Weg versperrt. Daher soll er jetzt „dem Untergang geweiht werden". Dieser Ausdruck gehört in die Sprache des sogenannten „heiligen Krieges", den Jahwe selbst gegen seine Feinde führt (und der uns *heutigen Menschen schwer verständlich ist). In diesem Krieg gibt es keine Beute, es gibt nur Vernichtung. Das wußte Saul, und weil er sich an Gottes Eigentum vergriff, wurde er verworfen. Wo Gott „Untergang" beschlossen hat, kann der Mensch nicht auf Opfer ausweichen. „Gehorsam ist besser als Opfer." – Ex 17,8–16; Spr 21,3; Hos 6,6; Am 5,21–25; Mt 12,7; Hebr 10,8–9.*

ERSTE LESUNG 1 Sam 15,16–23

Gehorsam ist besser als Opfer; weil du das Wort des Herrn verworfen hast, verwirft er dich als König

Lesung
    aus dem ersten Buch Sámuel.

In jenen Tagen
16 sagte Sámuel zu Saul:
Ich will dir verkünden, was der Herr mir heute nacht gesagt hat.
Saul antwortete: Sprich!
17 Sámuel sagte:
    Bist du nicht, obwohl du dir gering vorkommst,
        das Haupt der Stämme Israels?
Der Herr hat dich zum König von Israel gesalbt.
18 Dann hat dich der Herr auf den Weg geschickt
    und gesagt:
        Geh und weihe die Amalekíter, die Übeltäter, dem Untergang;
kämpfe gegen sie, bis du sie vernichtet hast.
19 Warum hast du nicht auf die Stimme des Herrn gehört,
sondern hast dich auf die Beute gestürzt
    und getan, was dem Herrn mißfällt?
20 Saul erwiderte Sámuel:
    Ich habe doch auf die Stimme des Herrn gehört;
ich bin den Weg gegangen, auf den der Herr mich geschickt hat;
ich habe Agag, den König von Ámalek, hergebracht
    und die Amalekíter dem Untergang geweiht.
21 Aber das Volk
    hat von der Beute einige Schafe und Rinder genommen,
    das Beste von dem, was dem Untergang geweiht war,
    um es dem Herrn, deinem Gott, in Gilgal zu opfern.
22 Sámuel aber sagte:

> Hat der Herr an Brandopfern und Schlachtopfern
> das gleiche Gefallen
> wie am Gehorsam gegenüber der Stimme des Herrn?
> Wahrhaftig, Gehorsam ist besser als Opfer,
> Hinhören besser als das Fett von Widdern.
> 23 Denn Trotz ist ebenso eine Sünde wie die Zauberei,
> Widerspenstigkeit ist ebenso schlimm
> wie Frevel und Götzendienst.
> Weil du das Wort des Herrn verworfen hast,
> verwirft er dich als König.

ANTWORTPSALM   Ps 50 (49), 8–9.16b–17.21 u. 23 (R: 23b)

R Wer rechtschaffen lebt, dem zeig' ich mein Heil. – **R**   (GL 170, 1)

8 Nicht wegen deiner Opfer rüge ich dich, *   II. Ton
deine Brandopfer sind mir immer vor Augen.

9 Doch nehme ich von dir Stiere nicht an *
noch Böcke aus deinen Hürden. – **(R)**

16bc „Was zählst du meine Gebote auf *
und nimmst meinen Bund in deinen Mund?

17 Dabei ist Zucht dir verhaßt, *
meine Worte wirfst du hinter dich. – **(R)**

21 Das hast du getan, und ich soll schweigen? †
Meinst du, ich bin wie du? *
Ich halte es dir vor Augen und rüge dich.

23 Wer Opfer des Lobes bringt, ehrt mich; *
wer rechtschaffen lebt, dem zeig' ich mein Heil." – **R**

Jahr I und II

RUF VOR DEM EVANGELIUM   Vers: vgl. Hebr 4, 12

Halleluja. Halleluja.

Lebendig ist das Wort Gottes und kraftvoll.
Es richtet über die Regungen und Gedanken der Herzen.

Halleluja.

ZUM EVANGELIUM *Nach der Frage der Sündenvergebung ist jetzt die Frage des Fastens Gegenstand der Auseinandersetzung; darauf folgt (Evangelium von morgen) die Frage des Sabbats. Die Pharisäer, aber auch die Johannesjünger stießen sich an der Unabhängigkeit der Jünger Jesu gegenüber den überlieferten Bräuchen. Jesus verteidigt das Verhalten seiner Jünger mit einer erstaunlichen Begründung. Das Fasten hat dort seinen Platz, wo man Vergangenes sühnen oder sich für Kommendes vorbereiten will. Für die Jünger Jesu aber gilt jetzt weder Vergangenheit noch Zukunft: die Gegenwart Jesu ist alles. Es ist Festzeit, nicht Zeit des Fastens. Das Bild von der Hochzeit stammt aus dem Alten Testament: Gott ist der Herr und „Gemahl" seines Volkes, das freilich den Bund hundertmal gebrochen hat. Wenn Jesus behauptet, jetzt seien die Tage der Hochzeit, so beansprucht er damit dasselbe, wie wenn er Sünden vergibt: nur Gott kann Sünden vergeben, und Gott ist auch der „Gemahl" des neuen Gottesvolkes. An das Wort von der Hochzeit schließen sich zwei weitere: das vom neuen Fleck auf dem alten Kleid und das vom jungen Wein in alten Schläuchen. Ein revolutionärer Optimismus spricht aus all dem: Jesus hält es für möglich, allerdings auch für notwendig, die Welt und die Menschen von Grund auf zu erneuern. — Mt 9, 14–17; Lk 5, 33–39.*

EVANGELIUM Mk 2, 18–22

Der Bräutigam ist bei ihnen

✝ Aus dem heiligen Evangelium nach Markus.

18 Da die Jünger des Johannes und die Pharisäer zu fasten pflegten,
    kamen Leute zu Jesus
und sagten: Warum fasten deine Jünger nicht,
    während die Jünger des Johannes
    und die Jünger der Pharisäer fasten?

19 Jesus antwortete ihnen:
    Können denn die Hochzeitsgäste fasten,
    solange der Bräutigam bei ihnen ist?
Solange der Bräutigam bei ihnen ist,
    können sie nicht fasten.

20 Es werden aber Tage kommen,
    da wird ihnen der Bräutigam genommen sein;
an jenem Tag werden sie fasten.

21 Niemand näht ein Stück neuen Stoff auf ein altes Kleid;

denn der neue Stoff reißt doch vom alten Kleid ab,
und es entsteht ein noch größerer Riß.
²² Auch füllt niemand neuen Wein in alte Schläuche.
Sonst zerreißt der Wein die Schläuche;
der Wein ist verloren,
und die Schläuche sind unbrauchbar.
Neuer Wein gehört in neue Schläuche.

FÜRBITTEN

Wir bitten Christus, der uns in sein Volk berufen hat:

Laß die Kirche unter den Völkern ein wirksames Zeichen deiner Wahrheit und Liebe sein.
A.: Herr, erhöre unser Gebet.

Überwinde Streit, und stifte Frieden unter Feinden.

Erhalte allen, die von einer Not bedrängt werden, Mut und Zuversicht.

Schenke uns die wahre Freiheit, damit wir dir in Freude dienen.

Allmächtiger Gott, du hast uns aus der Finsternis in dein Licht gerufen. Laß uns als Kinder des Lichtes leben durch Christus, unseren Herrn.   A.: Amen.

„KÖNIG IN ISRAEL *kann nur sein, ‚auf welchem der Geist des Herrn ruht' (Jes 11, 2). Der erste König ist wie ein Zeichen, aufgerichtet nach dem rechten Königsamt hin, aber eben darum auch ein Zeichen in dem Sinne, daß der Mensch, der dies Amt innehat, an ihm zerbrechen kann. König im Gottesvolk kann nur sein, der Gott ganz König sein läßt, der also ganz gehorsam ist. Dieser Maßstab wird in größter Strenge an den ersten König gelegt, und der erste König kann, an solchem Maßstab gemessen, nicht bestehen. Aber er bleibt dennoch Gesalbter und trägt das ihm übergebene Panier des Königtums weiter; auch als verworfener König bleibt er König, Eröffner der Linie, an deren Ende der einzig ganz Gehorsame steht" (H. W. Hertzberg).*

DIENSTAG

TAGESGEBET

Gott
Du bist uns nahe,
noch bevor wir zu dir kommen.
Du bist bei uns,
noch bevor wir uns aufmachen zu dir.
Sieh deine Gemeinde, die auf dich schaut:
Sieh unsere Sehnsucht nach Glück,
unseren Willen zum Guten
und unser Versagen.
Erbarme dich unserer Armut und Leere.
Fülle sie mit deinem Leben,
mit deinem Glück,
mit deiner Liebe.
Darum bitten wir durch Jesus Christus. (MB 314, 25)

Oder ein anderes Tagesgebet (vgl. S. 661).

Jahr I

ZUR LESUNG   *Noch lebt in der Gemeinde, an die sich dieser Brief richtet, der Funke des Glaubens. Das beweisen die Taten der Nächstenliebe. Aber ihr Nachlassen zeigt an, daß die Hoffnung müde geworden und der Glaube am Versanden ist. Deshalb hat der Verfasser nach 5, 10 (Ende der gestrigen Lesung) eine dringende Warnung und Mahnung eingeschoben, bevor er mit 7, 1 zur ausführlichen Darlegung des Priestertums Christi übergeht. Die Gemeinde soll das warnende Beispiel Israels vor Augen haben, das in der Prüfung versagt hat (3, 7–19). Sie soll anderseits auf das große Vorbild des Glaubens schauen: auf Abraham, der durch seine Ausdauer erlangt hat, was ihm verheißen war (6, 15). Gott hat für Abraham (und für uns, die Erben Abrahams) zwei unabänderliche Tatsachen geschaffen: die Verheißung und die Bekräftigung dieser Verheißung durch den Eid. Für die Christen gibt es eine weitere „unwiderrufliche Tat": Christus ist uns als Hoherpriester vorausgegangen und hat uns den Weg ins himmlische Heiligtum freigemacht. – Hebr 10, 32–36; 2 Thess 3, 7; Gal 3, 29; Gen 12, 1–2; 15, 5; 22, 15–18; Röm 4, 20; Num 23, 19; Hebr 10, 19–22; 5, 10; Ps 110, 4.*

ERSTE LESUNG

Hebr 6,10–20

In der Hoffnung haben wir einen sicheren und festen Anker

Lesung
  aus dem Hebräerbrief.

Brüder!
¹⁰ Gott ist nicht so ungerecht, euer Tun zu vergessen
  und die Liebe, die ihr seinem Namen bewiesen habt,
  indem ihr den Heiligen gedient habt und noch dient.
¹¹ Wir wünschen aber,
  daß jeder von euch
  im Blick auf den Reichtum unserer Hoffnung
  bis zum Ende den gleichen Eifer zeigt,
¹² damit ihr nicht müde werdet,
  sondern Nachahmer derer seid,
  die aufgrund ihres Glaubens und ihrer Ausdauer
  Erben der Verheißungen sind.
¹³ Als Gott dem Abraham die Verheißung gab,
  schwor er bei sich selbst,
  da er bei keinem Höheren schwören konnte,
¹⁴ und sprach: Fürwahr, ich will dir Segen schenken in Fülle
  und deine Nachkommen überaus zahlreich machen.
¹⁵ So erlangte Abraham durch seine Ausdauer das Verheißene.

¹⁶ Menschen nämlich schwören bei dem Höheren;
  der Eid dient ihnen zur Bekräftigung
  und schließt jeden weiteren Einwand aus;
¹⁷ deshalb hat Gott,
  weil er den Erben der Verheißung
  ausdrücklich zeigen wollte,
  wie unabänderlich sein Entschluß ist,
  sich mit einem Eid verbürgt.
¹⁸ So sollten wir durch zwei unwiderrufliche Taten,
  bei denen Gott unmöglich täuschen konnte,
  einen kräftigen Ansporn haben,
  wir, die wir unsere Zuflucht dazu genommen haben,
  die dargebotene Hoffnung zu ergreifen.
⁹ In ihr haben wir einen sicheren und festen Anker der Seele,
  der hineinreicht in das Innere hinter dem Vorhang;

20 dorthin ist Jesus für uns als unser Vorläufer hineingegangen,
er, der nach der Ordnung Melchísedeks
   Hoherpriester ist auf ewig.

ANTWORTPSALM   Ps 111 (110), 1–2.4–5.9 u. 10c
(R: Ps 105 [104], 7a.8a)
(GL 233,7)

R Der Herr ist unser Gott;
ewig denkt er an seinen Bund. – R

(*Oder:* Hallelúja.)

1 Den Herrn will ich preisen von ganzem Herzen * VI. Ton
im Kreis der Frommen, inmitten der Gemeinde.

2 Groß sind die Werke des Herrn, *
kostbar allen, die sich an ihnen freuen. – (R)

4 Er hat ein Gedächtnis an seine Wunder gestiftet, *
der Herr ist gnädig und barmherzig.

5 Er gibt denen Speise, die ihn fürchten, *
an seinen Bund denkt er auf ewig. – (R)

9 Er gewährte seinem Volk Erlösung *
und bestimmte seinen Bund für ewige Zeiten.

Furchtgebietend ist sein Name und heilig, *
10c sein Ruhm hat Bestand für immer. – R

Jahr II

ZUR LESUNG   *Saul war nicht der König nach dem Herzen Gottes. Nach seiner Verwerfung (Kap. 15) blieb er zwar noch eine Zeitlang „im Dienst", aber mit Kap. 16 beginnt sogleich die Geschichte vom Aufstieg Davids. Saul hatte Söhne, die seine Nachfolger sein konnten, aber es war anders bestimmt. Warum die Wahl auf David fiel, wird in Vers 7 gesagt: „Der Mensch sieht, was vor den Augen ist, der Herr aber sieht das Herz." Dabei bleibt uns die beunruhigende Frage nicht erspart, warum denn Gott vorher den Saul erwählt hatte (vgl. 9,16). Samuel wird also nach Betlehem zur Familie des Isai geschickt. Nicht der gutaussehende Erstgeborene Isais ist der Erwählte, sondern David, der junge Mann mit dem rotblonden Haar und den strahlenden Augen. In ihm wirkte vom Tag seiner Salbung an der Geist Gottes. Er sollte der Liebling Gottes und des Volkes werden. – 1 Chr 11,3; Ps 147,10–11; Spr 15,11; Sir 11,2; 1 Sam 10,6; Ri 3,10.*

ERSTE LESUNG

1 Sam 16, 1–13

Samuel salbte David mitten unter seinen Brüdern. Und der Geist des Herrn war über David von diesem Tag an

Lesung
aus dem ersten Buch Sámuel.

In jenen Tagen

1 sprach der Herr zu Sámuel:
Wie lange willst du noch um Saul trauern?
Ich habe ihn doch verworfen;
er soll nicht mehr als König über Israel herrschen.
Fülle dein Horn mit Öl,
und mach dich auf den Weg!
Ich schicke dich zu dem Betlehemíter Ísai;
denn ich habe mir einen von seinen Söhnen
als König ausersehen.

2 Sámuel erwiderte: Wie kann ich da hingehen?
Saul wird es erfahren und mich umbringen.
Der Herr sagte:
Nimm ein junges Rind mit,
und sag: Ich bin gekommen,
um dem Herrn ein Schlachtopfer darzubringen.

3 Lade Ísai zum Opfer ein!
Ich selbst
werde dich dann erkennen lassen, was du tun sollst:
Du sollst mir nur den salben,
den ich dir nennen werde.

4 Sámuel tat, was der Herr befohlen hatte.
Als er nach Betlehem kam,
gingen ihm die Ältesten der Stadt zitternd entgegen
und fragten: Bedeutet dein Kommen Frieden?
Er antwortete: Frieden.
Ich bin gekommen,
um dem Herrn ein Schlachtopfer darzubringen.
Heiligt euch, und kommt mit mir zum Opfer!
Dann heiligte er Ísai und seine Söhne
und lud sie zum Opfer ein.

Als sie kamen und er den Éliab sah,
dachte er: Gewiß steht nun vor dem Herrn sein Gesalbter.

7 Der Herr aber sagte zu Sámuel:
  Sieh nicht auf sein Aussehen und seine stattliche Gestalt,
  denn ich habe ihn verworfen;
  Gott sieht nämlich nicht auf das, worauf der Mensch sieht.
  Der Mensch sieht, was vor den Augen ist,
  der Herr aber sieht das Herz.
8 Nun rief Ísai den Abinádab
  und ließ ihn vor Sámuel treten.
  Dieser sagte: Auch ihn hat der Herr nicht erwählt.
9 Ísai ließ Schima kommen.
  Sámuel sagte: Auch ihn hat der Herr nicht erwählt.
10 So ließ Ísai sieben seiner Söhne vor Sámuel treten,
   aber Sámuel sagte zu Ísai: Diese hat der Herr nicht erwählt.
11 Und er fragte Ísai: Sind das alle deine Söhne?
   Er antwortete: Der Jüngste fehlt noch,
   aber der hütet gerade die Schafe.
   Sámuel sagte zu Ísai: Schick jemand hin,
   und laß ihn holen;
   wir wollen uns nicht zum Mahl hinsetzen,
   bevor er hergekommen ist.
12 Ísai schickte also jemand hin und ließ ihn kommen.
   David war blond,
   hatte schöne Augen und eine schöne Gestalt.
   Da sagte der Herr: Auf, salbe ihn!
   Denn er ist es.
13 Sámuel nahm das Horn mit dem Öl
   und salbte David mitten unter seinen Brüdern.
   Und der Geist des Herrn war über David von diesem Tag an.
   Sámuel aber brach auf und kehrte nach Rama zurück.

ANTWORTPSALM   Ps 89 (88), 20–21.22 u. 29,27–28 (R: 21a)

R Ich habe David, meinen Knecht, gefunden. – R   (GL 233,7)

20 Einst hast du in einer Vision zu deinen Frommen gesprochen: †
   „Einen Helden habe ich zum König gekrönt, *   VI. Ton
   einen jungen Mann aus dem Volk erhöht.
21 Ich habe David, meinen Knecht, gefunden *
   und ihn mit meinem heiligen Öl gesalbt. – (R)
22 Beständig wird meine Hand ihn halten *
   und mein Arm ihn stärken.

Zeit im Jahreskreis: 2. Woche – Dienstag

²⁹ Auf ewig werde ich ihm meine Huld bewahren, *
mein Bund mit ihm bleibt allzeit bestehen. – (R)

²⁷ Er wird zu mir rufen: Mein Vater bist du, *
mein Gott, der Fels meines Heiles.

²⁸ Ich mache ihn zum erstgeborenen Sohn, *
zum Höchsten unter den Herrschern der Erde." – R

Jahr I und II

RUF VOR DEM EVANGELIUM
Vers: vgl. Eph 1, 17–18

Halleluja. Halleluja.
Der Vater unseres Herrn Jesus Christus
erleuchte die Augen unseres Herzens,
damit wir verstehen, zu welcher Hoffnung wir berufen sind.
Halleluja.

ZUM EVANGELIUM *Schon dreimal ist Jesus mit den Pharisäern in Konflikt geraten: wegen der Sündenvergebung (2, 5–12), wegen der Gemeinschaft mit Zöllnern und Sündern (2, 13–17) und wegen des Fastens (2, 18–22). An das Ende dieses Abschnitts setzt Markus das doppelte Streitgespräch über den Sabbat (2, 23–28; 3, 1–6). Die Situation spitzt sich immer schärfer zu. Die Pharisäer fühlen sich bedroht durch die Art, wie Jesus sich über das hinwegsetzt, was ihnen heiliges Gesetz ist. Um das Gebot der Sabbatruhe hatten die Gesetzeslehrer einen Zaun kleinlicher Vorschriften gezogen und rechneten unter anderem auch das Ährenrupfen zu den am Sabbat verbotenen Arbeiten. Jesus aber stellt die Frage nach dem Sinn des Gebotes. Solches Fragen ist unbequem. Es ist leichter, sich an den Buchstaben zu halten, als ständig nach dem Sinn zu fragen und in eigener Verantwortung zu entscheiden. – Mt 12, 1–8; Lk 6, 1–5; 1 Sam 21, 2–7; Lev 24, 5–9; Dtn 5, 14–15; Gal 3, 23–29.*

EVANGELIUM
Mk 2, 23–28

Der Sabbat ist für den Menschen da, nicht der Mensch für den Sabbat

✠ Aus dem heiligen Evangelium nach Markus.

²³ An einem Sabbat ging Jesus durch die Kornfelder,
und unterwegs rissen seine Jünger Ähren ab.

24 Da sagten die Pharisäer zu ihm: Sieh dir an, was sie tun!
   Das ist doch am Sabbat verboten.
25 Er antwortete: Habt ihr nie gelesen, was David getan hat,
   als er und seine Begleiter hungrig waren
   und nichts zu essen hatten –
26 wie er zur Zeit des Hohenpriesters Abjatar
   in das Haus Gottes ging und die heiligen Brote aß,
   die außer den Priestern niemand essen darf,
   und auch seinen Begleitern davon gab?
27 Und Jesus fügte hinzu:
   Der Sabbat ist für den Menschen da,
   nicht der Mensch für den Sabbat.
28 Deshalb ist der Menschensohn Herr auch über den Sabbat.

FÜRBITTEN

Mit unseren Bitten wenden wir uns an Jesus Christus, der die Menschen in einer Familie zusammenführen will:

Ermutige alle, die deinen Namen tragen, die Glaubensspaltungen zu überwinden. (Stille) Christus, höre uns.
A.: Christus, erhöre uns.

Segne alle Bemühungen, mehr Gerechtigkeit zwischen den Menschen zu schaffen. (Stille) Christus, höre uns.

Laß einsame Menschen erleben, daß sie nicht verlassen sind. (Stille) Christus, höre uns.

Durchdringe uns mit dem Geist der Kindschaft Gottes, damit wir wahrhaft frei werden. (Stille) Christus, höre uns.

Herr, unser Gott, ohne deinen Beistand vermögen wir nichts. Erhöre unsere Bitten durch Christus, unseren Herrn.   A.: Amen.

„DAS GEBOT GOTTES IST ERLAUBNIS. *Darin unterscheidet es sich von allen menschlichen Gesetzen, daß es die Freiheit – gebietet. So hoch greift das Gebot Gottes, billiger ist es nicht. Erlaubnis, Freiheit bedeutet nicht, daß nun Gott dem Menschen ein Feld einräumt zur Betätigung nach eigener Wahl, frei von Gottes Gebot, sondern diese Erlaubnis entspringt ja gerade nur am Gebot Gottes und ist nur durch das*

Gebot und im Gebot Gottes möglich, sie ist niemals von Gott gelöst. Sie bleibt Gottes Erlaubnis, und nur als solche befreit sie von der quälenden Angst vor der jeweiligen Entscheidung und Tat zur Gewißheit der persönlichen Leitung und Führung durch das göttliche Gebot" (D. Bonhoeffer).

MITTWOCH

TAGESGEBET

Gott, unser Vater,
alles Gute kommt allein von dir.
Schenke uns deinen Geist,
damit wir erkennen, was recht ist,
und es mit deiner Hilfe auch tun.
Darum bitten wir durch Jesus Christus. (MB 272)

Oder ein anderes Tagesgebet (vgl. S. 661).

Jahr I

ZUR LESUNG „Wir haben einen erhabenen Hohenpriester: Jesus, den Sohn Gottes" (4, 14). Die Art dieses Priestertums versucht der Verfasser vom Alten Testament her klarzumachen. Dort gibt es den Hohenpriester Aaron, dem aber das Priestertum Jesu mehr unähnlich als ähnlich ist (vgl. 4, 15 – 5, 10). Dann gibt es noch eine andere priesterliche Gestalt im Alten Testament: „Melchisedek, König von Salem und Priester des höchsten Gottes" (7, 1), eine geheimnisvolle Gestalt, die im Buch Genesis einmal auftaucht und dann nur noch in Psalm 110 genannt wird. Die Tatsache, daß Abraham ihn anerkannt und ihm sogar den Zehnten entrichtet hat, zeigt die Größe Melchisedeks an. Der Umstand, daß weder von der Abstammung noch vom Tod Melchisedeks irgend etwas berichtet wird, deutet die Überlegenheit und die ewige Dauer seines Priestertums an und macht ihn zum Vorbild Christi. Das ist rabbinische Schrifterklärung. Wichtiger als die Beweisführung ist für uns die Aussage selbst, die sich weniger aus der Beweisführung als aus göttlicher Inspiration ergibt: das Priestertum Christi ist himmlischen Ursprungs und ist ewig wie das unzerstörbare Leben des Erhöhten selbst. Unzerstörbar ist deshalb auch unsere Hoffnung. – Gen 14, 17–20; Ps 110, 4; Röm 1, 4; Jer 33, 18; Hebr 10, 1; 11, 40; Röm 7, 7; Hebr 10, 19–22.

ERSTE LESUNG Hebr 7, 1–3.15–17

Du bist Priester auf ewig nach der Ordnung Melchisedeks

Lesung
aus dem Hebräerbrief.

Brüder!

1 Melchísedek, König von Salem
und Priester des höchsten Gottes;
er, der dem Abraham,
als dieser nach dem Sieg über die Könige zurückkam,
entgegenging und ihn segnete
2 und welchem Abraham den Zehnten von allem gab;
er, dessen Name „König der Gerechtigkeit" bedeutet
und der auch König von Salem ist,
das heißt „König des Friedens";
3 er, der ohne Vater, ohne Mutter und ohne Stammbaum ist,
ohne Anfang seiner Tage und ohne Ende seines Lebens,
ein Abbild des Sohnes Gottes:
dieser Melchísedek bleibt Priester für immer.

15 Das ist noch viel offenkundiger,
wenn nach dem Vorbild Melchísedeks
ein anderer Priester eingesetzt wird,
16 der nicht, wie das Gesetz es fordert,
aufgrund leiblicher Abstammung Priester geworden ist,
sondern durch die Kraft unzerstörbaren Lebens.
17 Denn es wird bezeugt:

Du bist Priester auf ewig
nach der Ordnung Melchísedeks.

ANTWORTPSALM Ps 110 (109), 1–2.3.4–5 (R: 4b)

R Du bist Priester auf ewig (GL 684, 1)
nach der Ordnung Melchísedeks. – R

1 So spricht der Herr zu meinem Herrn: † II. Ton
Setze dich mir zur Rechten, *
und ich lege dir deine Feinde als Schemel unter die Füße.

2 Vom Zion strecke der Herr das Zepter deiner Macht aus: *
„Herrsche inmitten deiner Feinde!" – (R)

3 Dein ist die Herrschaft am Tage deiner Macht, *
wenn du erscheinst in heiligem Schmuck;

ich habe dich gezeugt noch vor dem Morgenstern, *
wie den Tau in der Frühe. – (R)

4 Der Herr hat geschworen, und nie wird's ihn reuen: *
„Du bist Priester auf ewig nach der Ordnung Melchisedeks."

5 Der Herr steht dir zur Seite; *
er zerschmettert Könige am Tage seines Zornes. – R

Jahr II

ZUR LESUNG   *Der Philister Goliat hatte nicht damit gerechnet, daß irgendein Israelit es mit ihm, dem „Schwergewichtler", aufnehmen könne. Und der König Saul hatte die Hilfe in der Not sicher nicht von dem jungen David erwartet. Kennt er ihn überhaupt? Nach Kap. 16, 18–23 war David an Sauls Hof; aber die Überlieferung, die in Kap. 17 zu Wort kommt, scheint nichts davon gewußt zu haben (17, 15–16 ist offenbar späterer Zusatz, der die Unstimmigkeit ausgleichen sollte). David ist ins Lager gekommen, um seine Brüder mit Lebensmitteln zu versorgen. Die Brüder halten nicht viel von ihrem jüngsten Bruder (vgl. die Brüder Josefs); aber David kennt seine eigenen Fähigkeiten, und vor allem weiß er, daß der Gott Israels auf seiner Seite steht. Darauf kommt es ihm (und dem Erzähler) an: daß in der Schwachheit des Menschen die Kraft Gottes sichtbar wird. – 1 Kor 2, 3–5; 2 Kor 12, 10; Lev 26, 8; Jos 4, 24; 1 Sam 14, 6; 2 Kön 19, 34–35; Ps 33, 16–22; Hos 1, 7; 1 Sam 21, 10.*

ERSTE LESUNG   1 Sam 17, 32–33.37.40–51

David besiegte den Philister mit einer Schleuder und einem Stein

Lesung
   aus dem ersten Buch Sámuel.

In jenen Tagen
2   sagte David zu Saul:
   Niemand soll wegen des Philísters den Mut sinken lassen.
Dein Knecht wird hingehen und mit diesem Philíster kämpfen.
3 Saul erwiderte ihm:
   Du kannst nicht zu diesem Philíster hingehen,
   um mit ihm zu kämpfen;
du bist zu jung,
   er aber ist ein Krieger seit seiner Jugend.

³⁷ Und David sagte weiter:
  Der Herr,
    der mich aus der Gewalt des Löwen und des Bären gerettet hat,
    wird mich auch aus der Gewalt dieses Philisters retten.
  Da antwortete Saul David:
    Geh, der Herr sei mit dir.

⁴⁰ David nahm seinen Stock in die Hand,
  suchte sich fünf glatte Steine aus dem Bach
  und legte sie in die Hirtentasche,
    die er bei sich hatte
    und die ihm als Schleudersteintasche diente.
  Die Schleuder in der Hand, ging er auf den Philister zu.

⁴¹ Der Philister kam immer näher an David heran;
  sein Schildträger schritt vor ihm her.
⁴² Voll Verachtung blickte der Philister David an, als er ihn sah;
  denn David war noch sehr jung,
  er war blond und von schöner Gestalt.
⁴³ Der Philister sagte zu David:
  Bin ich denn ein Hund,
    daß du mit einem Stock zu mir kommst?
  Und er verfluchte David bei seinen Göttern.
⁴⁴ Er rief David zu: Komm nur her zu mir,
  ich werde dein Fleisch den Vögeln des Himmels
    und den wilden Tieren zum Fraß geben.

⁴⁵ David antwortete dem Philister:
  Du kommst zu mir mit Schwert, Speer und Sichelschwert,
  ich aber komme zu dir im Namen des Herrn der Heere,
    des Gottes der Schlachtreihen Israels, den du verhöhnt hast.
⁴⁶ Heute wird dich der Herr mir ausliefern.
  Ich werde dich erschlagen und dir den Kopf abhauen.
  Die Leichen des Heeres der Philister
    werde ich noch heute
      den Vögeln des Himmels und den wilden Tieren
      zum Fraß geben.
  Alle Welt soll erkennen, daß Israel einen Gott hat.
⁴⁷ Auch alle, die hier versammelt sind, sollen erkennen,
  daß der Herr
    nicht durch Schwert und Speer Rettung verschafft;
  denn es ist ein Krieg des Herrn,
  und er wird euch in unsere Gewalt geben.

⁴⁸ Als der Philíster weiter vorrückte
  und immer näher an David herankam,
    lief auch David von der Schlachtreihe der Israeliten aus
    schnell dem Philíster entgegen.
⁴⁹ Er griff in seine Hirtentasche,
  nahm einen Stein heraus,
  schleuderte ihn ab
    und traf den Philíster an der Stirn.
  Der Stein drang in die Stirn ein,
    und der Philíster fiel mit dem Gesicht zu Boden.
⁵⁰ So besiegte David den Philíster
    mit einer Schleuder und einem Stein;
  er traf den Philíster
  und tötete ihn, ohne ein Schwert in der Hand zu haben.
⁵¹ Dann lief David hin und trat neben den Philíster.
  Er ergriff sein Schwert,
  zog es aus der Scheide,
  schlug ihm den Kopf ab und tötete ihn.
  Als die Philíster sahen, daß ihr starker Mann tot war,
    flohen sie.

ANTWORTPSALM   Ps 144 (143), 1–2c.9–10 (R: 1a)

R Gelobt sei der Herr, der mein Fels ist. – R   (GL 496 oder 745,1)

¹ Gelobt sei der Herr, der mein Fels ist, *   VI. Ton
  der meine Hände den Kampf gelehrt hat, meine Finger den Krieg.

²ᵃᵇᶜ Du bist meine Huld und Burg, †
  meine Festung, mein Retter, *
  mein Schild, dem ich vertraue. – (R)

⁹ Ein neues Lied will ich, o Gott, dir singen, *
  auf der zehnsaitigen Harfe will ich dir spielen,

¹⁰ der du den Königen den Sieg verleihst! *
  und David, deinen Knecht, errettest. – R

Jahr I und II

RUF VOR DEM EVANGELIUM
Vers: Mt 4,23b

Halleluja. Halleluja.

Jesus verkündete das Evangelium vom Reich
und heilte im Volk alle Krankheiten und Leiden.

Halleluja.

ZUM EVANGELIUM *Die Heilung des Sabbats war neben der Beschneidung geradezu das Kennzeichen des gläubigen Juden. Die Strenge der Pharisäer in diesem Punkt war sicher der Ausdruck eines großen religiösen Ernstes. Dennoch hat Jesus die Vorschriften des Sabbats wiederholt durchbrochen, nicht um weniger zu tun, als vom Gesetz verlangt war, sondern um der Absicht des Gesetzes und dem Willen Gottes zu gehorchen. Das Sabbatgebot war ja ursprünglich als Zeichen und Gabe der Freiheit gegeben worden. – Das heutige Evangelium hat zwei Gipfel, einen hellen und einen dunklen: das Wort Jesu über die Freiheit, am Sabbat Gutes zu tun, und der Beschluß seiner Gegner, ihn zu vernichten. Damit beendet das Markusevangelium die Reihe der Streitgespräche mit den Schriftgelehrten und Pharisäern in Galiläa. – Mt 12,9–14; Lk 6,6–11; Dtn 5,14–15; 1 Makk 2,29–38; Lk 14,1–6; Eph 4,18.*

EVANGELIUM
Mk 3,1–6

Was ist am Sabbat erlaubt: Ein Leben zu retten oder es zu vernichten?

✛ Aus dem heiligen Evangelium nach Markus.

In jener Zeit,
1   als Jesus in eine Synagoge ging,
    saß dort ein Mann, dessen Hand verdorrt war.
2   Und sie gaben acht, ob Jesus ihn am Sabbat heilen werde;
    sie suchten nämlich einen Grund zur Anklage gegen ihn.
3   Da sagte er zu dem Mann mit der verdorrten Hand:
    Steh auf und stell dich in die Mitte!
4   Und zu den anderen sagte er:
    Was ist am Sabbat erlaubt:
    Gutes zu tun oder Böses,
    ein Leben zu retten oder es zu vernichten?
    Sie aber schwiegen.
5   Und er sah sie der Reihe nach an,

voll Zorn und Trauer über ihr verstocktes Herz,
und sagte zu dem Mann:
 Streck deine Hand aus!
Er streckte sie aus,
 und seine Hand war wieder gesund.
6 Da gingen die Pharisäer hinaus
und faßten zusammen mit den Anhängern des Herodes
 den Beschluß, Jesus umzubringen.

FÜRBITTEN

Wir beten zu Jesus Christus, der allen Gutes getan hat:

Ermutige die Christen, sich der Kranken und Behinderten anzunehmen. (Stille) Herr, erbarme dich.
A.: Christus, erbarme dich.

Laß die verfeindeten Völker ihre Streitigkeiten beilegen. (Stille) Herr, erbarme dich.

Lindere die Schmerzen der Kranken, und mach sie gesund. (Stille) Herr, erbarme dich.

Hilf uns, das bereitwillig zu tun, was du von uns erwartest. (Stille) Herr, erbarme dich.

Heiliger Gott, du kennst unsere Schwäche. Steh uns mit deiner Kraft zur Seite durch Christus, unseren Herrn.   A.: Amen.

„WO DER SOHN IST, *da ist auch der Vater: ‚Ich und der Vater sind eins'. ‚Wer mich sieht, der hat den Vater gesehen'. Warum das? Weil dieser Sohn sich ganz und gar an das hält, was der Vater ihm mitgibt: an den unermeßlichen, gnädigen, wunderbaren und doch kristallklaren Vorsprung Gottes vor allen Menschen, an die Fülle, die nicht aufhört, weil sie nicht aufhören kann, wenn sie einmal angefangen hat, auszugeben, an ihren unaufhaltsamen Weg der Liebe. Jawohl, Liebe ist das Stichwort des Evangeliums von Gottes Wort. Warum? Darum, weil allein die Liebe göttlich ist, klar, hell, herrlich. Weil die Liebe das Wunder aller Wunder ist und tut. Weil sie den Tod vertreibt und das Leben bringt. Weil sie allein von der Angst in die Freude führt. Weil die Liebe, sie allein, jenes ‚Und' zur Wahrheit macht, von dem es heißen muß: Gott u n d Mensch"* (Ernst Fuchs).

DONNERSTAG

TAGESGEBET

Gott.
In Jesus von Nazaret hast du der Welt
den neuen Menschen gegeben.
Wir danken dir,
daß wir ihn kennen dürfen;
daß sein Wort und Beispiel
in dieser Stunde unter uns lebendig wird.
Öffne uns für seine Gegenwart.
Rühre uns an mit seinem Geist.
Mach durch ihn auch uns zu neuen Menschen.
Darum bitten wir durch ihn, Jesus Christus. (MB 315, 29)

Oder ein anderes Tagesgebet (vgl. S. 661).

Jahr I

ZUR LESUNG *Jesus unterscheidet sich von den Priestern des Alten Bundes und überragt sie durch seine Sündenlosigkeit, das einmalige Opfer seines Lebens für die Sünden des Volkes, seine Erhöhung über die Himmel und seine immerwährende Fürbitte für uns. Damit wird in 7,25–26 die Größe des Priestertums Jesu beschrieben. Er ist der einzige, der sich selbst zum Opfer darbringen konnte und der dennoch lebt und alle retten kann, die an ihn glauben. Der „Ort", wo Jesus seinen Priesterdienst ausübt, ist kein irdischer Tempel, sondern das himmlische Heiligtum. Das irdische Heiligtum (Offenbarungszelt, Tempel) war nur ein Bild und Schatten des Himmlischen und hat in Zukunft keine Funktion mehr. Eine neue Heilsordnung tritt an die Stelle der alten. – Hebr 9,24; 10,19; Röm 8,34; 1 Joh 2,1; Ex 29,1; Hebr 5,3; Lev 9,7; Hebr 10,11–14; Röm 6,10; Ps 110,1; Hebr 9,23; 10,1; Apg 7,44; Ex 25,40; Hebr 7,12.22; 9,15; 12,24; 1 Tim 2,5.*

ERSTE LESUNG Hebr 7,25 – 8,6

Er hat ein für allemal sich selbst dargebracht

Lesung
  aus dem Hebräerbrief.

Brüder!
²⁵ Jesus kann die, die durch ihn vor Gott hintreten,
  für immer retten;
denn er lebt allezeit, um für sie einzutreten.

²⁶ Ein solcher Hoherpriester war für uns in der Tat notwendig:
  einer, der heilig ist,
  unschuldig, makellos,
  abgesondert von den Sündern und erhöht über die Himmel;
²⁷ einer, der es nicht Tag für Tag nötig hat,
  wie die Hohenpriester
  zuerst für die eigenen Sünden Opfer darzubringen
  und dann für die des Volkes;
denn das hat er ein für allemal getan,
  als er sich selbst dargebracht hat.

²⁸ Das Gesetz nämlich macht Menschen zu Hohenpriestern,
  die der Schwachheit unterworfen sind;
das Wort des Eides aber, der später als das Gesetz kam,
  setzt den Sohn ein, der auf ewig vollendet ist.

¹ Die Hauptsache dessen aber, was wir sagen wollen, ist:
  Wir haben einen Hohenpriester,
  der sich zur Rechten
  des Thrones der Majestät im Himmel gesetzt hat,
² als Diener des Heiligtums und des wahren Zeltes,
  das der Herr selbst aufgeschlagen hat, nicht etwa ein Mensch.

³ Denn jeder Hohepriester wird eingesetzt,
  um Gaben und Opfer darzubringen;
deshalb muß auch unser Hoherpriester etwas haben,
  was er darbringen kann.
⁴ Wäre er nun auf Erden,
  so wäre er nicht einmal Priester,
da es hier schon Priester gibt,
  die nach dem Gesetz die Gaben darbringen.
⁵ Sie dienen einem Abbild und Schatten der himmlischen Dinge,
  nach der Anweisung,
  die Mose erhielt, als er daranging, das Zelt zu errichten:

Sieh zu, heißt es,
    daß du alles nach dem Urbild ausführst,
    das dir auf dem Berg gezeigt wurde.

6 Jetzt aber ist ihm
    ein um so erhabenerer Priesterdienst übertragen worden,
weil er auch Mittler eines besseren Bundes ist,
    der auf bessere Verheißungen gegründet ist.

ANTWORTPSALM   Ps 40 (39), 2 u. 4ab.7–8.9–10 (R: vgl. 8a.9a)

R Mein Gott, ich komme;   (GL 170, 1)
deinen Willen zu tun macht mir Freude. – R

2 Ich hoffte, ja ich hoffte auf den Herrn. *   II. Ton
Da neigte er sich mir zu und hörte mein Schreien.

4ab Er legte mir ein neues Lied in den Mund, *
einen Lobgesang auf ihn, unsern Gott. – (R)

7 An Schlacht- und Speiseopfern hast du kein Gefallen, *
Brand- und Sündopfer forderst du nicht.

Doch das Gehör hast du mir eingepflanzt; †
8 darum sage ich: Ja, ich komme. *
In dieser Schriftrolle steht, was an mir geschehen ist. – (R)

9 Deinen Willen zu tun, mein Gott, macht mir Freude, *
deine Weisung trag' ich im Herzen.

10 Gerechtigkeit verkünde ich in großer Gemeinde, *
meine Lippen verschließe ich nicht; Herr, du weißt es. – R

Jahr II

ZUR LESUNG   *Davids kriegerische Erfolge machen Saul eifersüchtig. Daß David sich die Sympathie des Volkes und auch die Freundschaft Jonatans, des Sohnes Sauls, gewinnt, bringt den argwöhnischen Saul noch mehr gegen ihn auf. Es ist offenkundig, daß der Stern Davids zu steigen beginnt und daß Gott auf seiner Seite ist. Es gehört zur Schuld und Tragik Sauls, daß er versucht, gegen die Entscheidung Gottes anzukämpfen. Dagegen spricht es für die Seelengröße Jonatans, daß er seinem Freund David die Treue hält, obwohl es ihm klar sein muß, daß der Königsthron, der ihm zusteht, David zufallen wird. Die Lauterkeit seines Charakters*

Zeit im Jahreskreis: 2. Woche – Donnerstag

macht Jonatan fähig, die Qualitäten Davids neidlos zu sehen und die Führung Gottes anzuerkennen. – Ex 15,20–21; Ri 5; 11,34; Jdt 15,12; 1 Sam 21,12; 29,5; Sir 47,6; 1 Sam 18,1; 20,1–2.

ERSTE LESUNG 1 Sam 18,6–9; 19,1–7

Mein Vater Saul will dich töten

Lesung
  aus dem ersten Buch Sámuel.

In jenen Tagen,
6 als die Israeliten
  nach Davids Sieg über den Philister heimkehrten,
  zogen die Frauen aus allen Städten Israels
  König Saul singend und tanzend
  mit Handpauken, Freudenrufen und Zimbeln entgegen.
7 Die Frauen spielten
und riefen voll Freude:
  Saul hat Tausend erschlagen,
  David aber Zehntausend.
8 Saul wurde darüber sehr zornig.
Das Lied mißfiel ihm,
und er sagte: David geben sie Zehntausend,
  mir aber geben sie nur Tausend.
Jetzt fehlt ihm nur noch die Königswürde.
9 Von diesem Tag an war Saul gegen David voll Argwohn.

Saul redete vor seinem Sohn Jónatan
  und vor allen seinen Dienern
  davon, daß er David töten wolle.
Sauls Sohn Jónatan aber hatte David sehr gern;
deshalb berichtete er David davon
und sagte: Mein Vater Saul will dich töten.
Nimm dich also morgen früh in acht,
verbirg dich in einem Versteck!
Ich aber
  will zusammen mit meinem Vater auf das Feld hinausgehen;
dort, wo du dich versteckt hältst,
  werde ich stehenbleiben und mit meinem Vater über dich reden,
und wenn ich etwas erfahre, werde ich dir Bescheid geben.

Jónatan redete also zugunsten Davids mit seinem Vater
  und sagte zu ihm:

Der König
   möge sich doch nicht an seinem Knecht David versündigen;
denn er hat sich ja auch nicht an dir versündigt,
und seine Taten sind für dich sehr nützlich gewesen.
5 Er hat sein Leben aufs Spiel gesetzt
   und den Philister erschlagen.
Der Herr hat durch ihn ganz Israel viel Hilfe gebracht.
Du hast es selbst gesehen und dich darüber gefreut.
Warum willst du dich nun versündigen
   und unschuldiges Blut vergießen,
   indem du David ohne jeden Grund tötest?
6 Saul hörte auf Jónatan
und schwor: So wahr der Herr lebt:
   David soll nicht umgebracht werden.
7 Jónatan rief David und berichtete ihm alles.
Dann führte Jónatan David zu Saul,
   und David war wieder in Sauls Dienst wie vorher.

ANTWORTPSALM Ps 56 (55), 2–3.9–10a.10b–11.12–13 (R: 5bc)

R Ich vertraue auf Gott und fürchte mich nicht. (GL 625, 1 oder 698, 1)
Was können Menschen mir antun? – R

II. Ton

2 Sei mir gnädig, Gott, denn Menschen stellen mir nach; *
meine Feinde bedrängen mich Tag für Tag.

3 Täglich stellen meine Gegner mir nach; *
ja, es sind viele, die mich voll Hochmut bekämpfen. – (R)

9 Mein Elend ist aufgezeichnet bei dir. †
Sammle meine Tränen in einem Krug, *
zeichne sie auf in deinem Buch!

10a Dann weichen die Feinde zurück *
an dem Tag, da ich rufe. – (R)

10b Ich habe erkannt: *
Mir steht Gott zur Seite.

11 Ich preise Gottes Wort, *
ich preise das Wort des Herrn. – (R)

12 Ich vertraue auf Gott und fürchte mich nicht. *
Was können Menschen mir antun?

13 Ich schulde dir die Erfüllung meiner Gelübde, o Gott; *
ich will dir Dankopfer weihen. – R

Jahr I und II

RUF VOR DEM EVANGELIUM Vers: vgl. 2 Tim 1, 10

Halleluja. Halleluja.

Unser Retter Jesus Christus hat dem Tod die Macht genommen
und uns das Licht des Lebens gebracht durch das Evangelium.

Halleluja.

ZUM EVANGELIUM   *Der Abschnitt Mk 1, 14 – 3, 6 endete mit der Verwerfung Jesu durch die Pharisäer. Mit dem heutigen Evangelium beginnt ein neuer Abschnitt (3, 7 – 6, 29); er enthält vor allem Gleichnisreden und Zeichen (Wunder) Jesu. Am Anfang steht ein zusammenfassender Bericht über die Tätigkeit Jesu und die Berufung der Zwölf; den Abschluß bildet die Aussendung der Zwölf und die Hinrichtung des Täufers (Kap. 6). Markus legt Wert auf die Feststellung, daß eine große Volksmenge aus allen Richtungen bei Jesus zusammenströmt (V. 7–8). Aber sie kommen nur, um sich von ihren Krankheiten heilen zu lassen. Die einzigen, die Jesus erkennen, sind vorerst die unreinen Geister. „Sohn Gottes" (V. 11) ist hier als messianischer Titel zu verstehen. – Lk 6, 17–19; Mt 4, 23–25; 12, 15–16; Mk 5, 30–31; Mt 8, 29; Lk 4, 41; Mk 1, 34.*

EVANGELIUM Mk 3, 7–12

Die von unreinen Geistern Besessenen schrien: Du bist der Sohn Gottes! Er aber verbot ihnen, bekannt zu machen, wer er sei

✛ Aus dem heiligen Evangelium nach Markus.

In jener Zeit
  zog sich Jesus mit seinen Jüngern an den See zurück.
Viele Menschen aus Galiläa aber folgten ihm.
Auch aus Judäa,
aus Jerusalem und Idumäa,
  aus dem Gebiet jenseits des Jordan
  und aus der Gegend von Tyrus und Sidon
  kamen Scharen von Menschen zu ihm,
  als sie von all dem hörten, was er tat.
Da sagte er zu seinen Jüngern,
  sie sollten ein Boot für ihn bereithalten,
  damit er von der Menge nicht erdrückt werde.

¹⁰ Denn er heilte viele,
so daß alle, die ein Leiden hatten,
sich an ihn herandrängten, um ihn zu berühren.
¹¹ Wenn die von unreinen Geistern Besessenen ihn sahen,
fielen sie vor ihm nieder
und schrien: Du bist der Sohn Gottes!
¹² Er aber verbot ihnen streng,
bekannt zu machen, wer er sei.

FÜRBITTEN

Jesus Christus, der uns an seinen Tisch geladen hat, bitten wir:

Mache die Diener des Altares zu treuen Ausspendern der Geheimnisse Gottes.
A.: Wir bitten dich, erhöre uns.

Hilf, daß unter den Menschen Verständnis und Vertrauen wachsen.

Gib den Hungernden ihren Anteil an den Gütern der Erde.

Wecke unter uns das Verlangen nach dem Brot des Lebens.

Gütiger Gott, bei dir finden wir das Heil. Erhöre unser Gebet durch Christus, unseren Herrn. **A.:** Amen.

ES GIBT VERSCHIEDENE WEISEN, Jesus zu kennen; so gibt es auch verschiedene Weisen, ihn nicht zu kennen. Die verblendeten Pharisäer erkennen Jesus nicht, sie beschließen seinen Tod (Mk 3,6). Die Volksmenge erkennt ihn ebenfalls nicht. Hier liegt kein böser Wille vor; diese Menschen sind von ihren Nöten und Sorgen erfüllt und suchen Hilfe, wo sie zu finden ist. Sie könnten bei Jesus eine viel wesentlichere Hilfe finden, als sie suchen, aber es bleibt ihnen verborgen. Die Dämonen haben eine dumpfe Erkenntnis vom Wesen Jesu; sie spüren, daß er der Stärkere ist. Jesus gebietet ihnen Schweigen, denn seine Stunde ist noch nicht gekommen. Die wichtige Aufgabe, die er zunächst vor sich sieht, ist die Erziehung und Belehrung seiner Jünger.

FREITAG

TAGESGEBET

Gott, du willst,
daß alle Menschen gerettet werden
und zur Erkenntnis der Wahrheit kommen.
Sende Arbeiter in deine Ernte,
damit sie der ganzen Schöpfung
das Evangelium verkünden.
Sammle dein Volk durch das Wort des Lebens
und stärke es durch die Kraft des Sakramentes,
damit es auf dem Weg des Heiles voranschreitet.
Darum bitten wir durch Jesus Christus. (MB 1047)

Oder ein anderes Tagesgebet (vgl. S. 661).

Jahr I

ZUR LESUNG   *Der erste Bund, der am Sinai geschlossen wurde, war nicht vollkommen; sein Heiligtum war nur ein Abbild, sein Priestertum war zu schwach, um irgend etwas zu „vollenden" (7, 18–19; 9, 9). Die räumliche Vorstellung (irdisches und himmlisches Heiligtum) und die zeitliche (Alter und Neuer Bund) meinen sachlich das gleiche: unvollkommen und vollkommen, vergänglich und ewig. Aufgabe des priesterlichen Dienstes ist es, die Verheißungen Gottes wahr zu machen, das heißt im wesentlichen: Sündenvergebung und bleibende Gottesgemeinschaft zu bewirken. Der Alte Bund hat dieses Ziel nicht erreicht; Beweis dafür ist die Tatsache, daß Gott durch den Propheten Jeremia einen neuen Bund verheißen hat. Der Neue Bund ist „besser", weil er „bessere Verheißungen" (8, 6), einen besseren Priester und ein besseres Opfer hat. „Ich werde ihr Gott sein, und sie werden mein Volk sein": diese Bundeszusage wird nun endlich wahr. Die Erfahrung der erneuerten Gottesgemeinschaft ist möglich geworden durch den Priesterdienst Christi; sie wird da verwirklicht, wo Menschen die Gabe Gottes annehmen. – 1 Tim 2, 5; Jer 31, 31–34; Mt 26, 28; Mk 14, 24; Lk 22, 20; 1 Kor 11, 25; 2 Kor 3, 6–18; Hebr 10, 16–17; 2 Kor 5, 17; Offb 21, 4–5.*

ERSTE LESUNG

Hebr 8,6–13

Er ist der Mittler eines besseren Bundes

Lesung
   aus dem Hebräerbrief.

Brüder!
6 Jetzt ist unserem Hohenpriester
   ein um so erhabenerer Priesterdienst übertragen worden,
   weil er auch Mittler eines besseren Bundes ist,
   der auf bessere Verheißungen gegründet ist.
7 Wäre nämlich jener erste Bund ohne Tadel,
   so würde man nicht einen zweiten
   an seine Stelle zu setzen suchen.
8 Denn er tadelt sie, wenn er sagt:

Seht, es werden Tage kommen – spricht der Herr –,
   in denen ich mit dem Haus Israel und dem Haus Juda
   einen neuen Bund schließen werde,
9 nicht wie der Bund war,
   den ich mit ihren Vätern geschlossen habe,
   als ich sie bei der Hand nahm,
   um sie aus Ägypten herauszuführen.
Sie sind nicht bei meinem Bund geblieben,
und darum habe ich mich auch nicht mehr um sie gekümmert
   – spricht der Herr.

10 Das wird der Bund sein,
   den ich nach diesen Tagen mit dem Haus Israel schließe
   – spricht der Herr:
Ich lege meine Gesetze in ihr Inneres hinein
   und schreibe sie ihnen in ihr Herz.
Ich werde ihr Gott sein,
   und sie werden mein Volk sein.
11 Keiner wird mehr seinen Mitbürger
   und keiner seinen Bruder belehren
   und sagen: Erkenne den Herrn!
Denn sie alle, klein und groß, werden mich erkennen.
12 Denn ich verzeihe ihnen ihre Schuld,
   und an ihre Sünden denke ich nicht mehr.

13 Indem er von einem neuen Bund spricht,
   hat er den ersten für veraltet erklärt.

Was aber veraltet und überlebt ist,
  das ist dem Untergang nahe.

ANTWORTPSALM   Ps 85 (84), 8 u. 10.11–12.13–14 (R: 9b)
R Frieden verkündet der Herr seinem Volk. – **R**   (GL 233,7)

VI. Ton

8 Erweise uns, Herr, deine Huld, *
  und gewähre uns dein Heil!

10 Sein Heil ist denen nahe, die ihn fürchten. *
  Seine Herrlichkeit wohne in unserm Land. – (R)

11 Es begegnen einander Huld und Treue; *
  Gerechtigkeit und Friede küssen sich.

12 Treue sprößt aus der Erde hervor; *
  Gerechtigkeit blickt vom Himmel hernieder. – (R)

13 Auch spendet der Herr dann Segen, *
  und unser Land gibt seinen Ertrag.

14 Gerechtigkeit geht vor ihm her, *
  und Heil folgt der Spur seiner Schritte. – **R**

Jahr II

ZUR LESUNG *David ist bei Saul endgültig in Ungnade gefallen. Er muß fliehen und führt ein unstetes Leben als Anführer einer Söldnertruppe. Die Geschichte vom Zusammentreffen Sauls und Davids in der Höhle von En-Gedi ist eine volkstümliche Erzählung; sie zeigt die zunehmende Verblendung Sauls, auf der anderen Seite Davids vornehme Gesinnung. Doch handelt es sich für David nicht nur um Ritterlichkeit und Anständigkeit gegenüber einem hilflosen Gegner; für ihn ist die Person des gesalbten Königs heilig; auch im Unglück steht der König im Raum Gottes, und David hütet sich, in diesen Raum einzubrechen und sich eigenmächtig zu nehmen, was nur Gott selbst ihm geben kann. – 1 Sam 26; Ps 57, 1; 2 Sam 9, 8; Röm 12, 17–21.*

ERSTE LESUNG

1 Sam 24, 3–21

Ich will nicht die Hand an meinen Herrn legen; denn er ist der Gesalbte des Herrn

Lesung
aus dem ersten Buch Sámuel.

In jenen Tagen
³ nahm Saul dreitausend Mann,
ausgesuchte Leute aus ganz Israel,
und zog aus,
um David und seine Männer
bei den Steinbock-Felsen zu suchen.
⁴ Auf seinem Weg kam er zu einigen Schafhürden.
Dort war eine Höhle.
Saul ging hinein.
David aber und seine Männer saßen hinten in der Höhle.
⁵ Da sagten die Männer zu David:
Das ist der Tag, von dem der Herr zu dir gesagt hat:
Sieh her, ich gebe deinen Feind in deine Gewalt,
und du kannst mit ihm machen, was dir richtig erscheint.
Da stand David auf
und schnitt heimlich einen Zipfel von Sauls Mantel ab.
⁶ Hinterher aber schlug David das Gewissen,
weil er einen Zipfel vom Mantel Sauls abgeschnitten hatte.
⁷ Er sagte zu seinen Männern:
Der Herr bewahre mich davor,
meinem Gebieter, dem Gesalbten des Herrn, so etwas anzutun
und Hand an ihn zu legen;
denn er ist der Gesalbte des Herrn.
⁸ Und David fuhr seine Leute mit scharfen Worten an
und ließ nicht zu, daß sie sich an Saul vergriffen.

Als Saul die Höhle verlassen hatte und seinen Weg fortsetzte,
⁹ stand auch David auf,
verließ die Höhle
und rief Saul nach: Mein Herr und König!
Als Saul sich umblickte,
verneigte sich David bis zur Erde und warf sich vor ihm nieder.
¹⁰ Dann sagte David zu Saul:

Warum hörst du auf die Worte von Leuten,
 die sagen: Gib acht,
 David will dein Verderben.
¹¹ Doch heute kannst du mit eigenen Augen sehen,
 daß der Herr dich heute in der Höhle
 in meine Gewalt gegeben hat.
Man hat mir gesagt, ich solle dich töten;
aber ich habe dich geschont.
Ich sagte: Ich will nicht die Hand an meinen Herrn legen;
 denn er ist der Gesalbte des Herrn.

¹² Sieh her, mein Vater!
Hier, der Zipfel deines Mantels ist in meiner Hand.
Wenn ich einen Zipfel deines Mantels abgeschnitten
 und dich nicht getötet habe,
 dann kannst du erkennen und einsehen,
 daß ich weder Bosheit noch Aufruhr im Sinn habe
 und daß ich mich nicht gegen dich versündigt habe;
du aber stellst mir nach, um mir das Leben zu nehmen.
¹³ Der Herr soll zwischen mir und dir entscheiden.
Der Herr soll mich an dir rächen;
aber meine Hand wird dich nicht anrühren,
¹⁴ wie das alte Sprichwort sagt: Von den Frevlern geht Frevel aus;
 aber meine Hand soll dich nicht anrühren.
¹⁵ Hinter wem zieht der König von Israel her?
Wem jagst du nach?
Einem toten Hund, einem einzigen Floh!
¹⁶ Der Herr soll unser Richter sein
 und zwischen mir und dir entscheiden.
Er blicke her,
er soll meinen Rechtsstreit führen
und mir dir gegenüber Recht verschaffen.

¹⁷ Als David das zu Saul gesagt hatte,
 antwortete Saul: Ist das nicht deine Stimme, mein Sohn David?
Und Saul begann laut zu weinen
⁸ und sagte zu David: Du bist gerechter als ich;
denn du hast mir Gutes erwiesen,
 während ich böse an dir gehandelt habe.
⁹ Du hast heute bewiesen, daß du gut an mir gehandelt hast;
obwohl der Herr mich in deine Gewalt gegeben hatte,
 hast du mich nicht getötet.

²⁰ Wenn jemand auf seinen Feind trifft,
   läßt er ihn dann im guten seinen Weg weiterziehen?
   Der Herr möge dir mit Gutem vergelten,
   was du mir heute getan hast.

²¹ Jetzt weiß ich, daß du König werden wirst
   und daß das Königtum in deiner Hand Bestand haben wird.

ANTWORTPSALM Ps 57 (56), 2.3–4.6 u. 11 (R: 2a)

R Sei mir gnädig, o Gott, sei mir gnädig! – R (GL 716, 1)

² Sei mir gnädig, o Gott, sei mir gnädig; * III. Ton
  denn ich flüchte mich zu dir.

  Im Schatten deiner Flügel finde ich Zuflucht, *
  bis das Unheil vorübergeht. – (R)

³ Ich rufe zu Gott, dem Höchsten, *
  zu Gott, der mir beisteht.

⁴ Er sende mir Hilfe vom Himmel; †
  meine Feinde schmähen mich. *
  Gott sende seine Huld und Treue. – (R)

⁶ Erheb dich über die Himmel, o Gott! *
  Deine Herrlichkeit erscheine über der ganzen Erde.

¹¹ Deine Güte reicht, so weit der Himmel ist, *
   deine Treue, so weit die Wolken ziehn. – R

Jahr I und II

RUF VOR DEM EVANGELIUM Vers: vgl. 2 Kor 5, 19

Halleluja. Halleluja.

Gott hat in Christus die Welt mit sich versöhnt
und uns das Wort von der Versöhnung anvertraut.

Halleluja.

ZUM EVANGELIUM *Bisher hat Markus die Berufung von fünf Aposteln berichtet (1, 16–20; 2, 13–14). Nun stellt er alle Zwölf vor, und zwar im Rahmen einer feierlichen Berufungsszene. Der Berg, auf dem die Zwölf „eingesetzt" werden, soll an den Sinai erinnern, den Ort, an dem das Gottesvolk der zwölf Stämme ins Dasein gerufen wurde. Mit der Einsetzung der Zwölf legt Jesus den Grund für eine neue Heilsgemeinde. Er beruft sie, 1. weil er sie bei sich haben und unterweisen will, und 2. um sie auszusenden, damit sie sein Werk fortsetzen. So hat die Urgemeinde die Sendung der Apostel verstanden. Sie sollen durch ihre Verkündigung das neue Gottesvolk sammeln und es mit Vollmacht leiten. – Mt 10, 1–4; Lk 6, 12–16; Apg 1, 13.*

EVANGELIUM Mk 3, 13–19

Er rief die zu sich, die er erwählt hatte

✝ Aus dem heiligen Evangelium nach Markus.

In jener Zeit
13 stieg Jesus auf einen Berg
und rief die zu sich, die er erwählt hatte,
und sie kamen zu ihm.
14 Und er setzte zwölf ein,
die er bei sich haben und die er dann aussenden wollte,
damit sie predigten
15 und mit seiner Vollmacht Dämonen austrieben.
16 Die Zwölf, die er einsetzte, waren:
Petrus – diesen Beinamen gab er dem Simon –,
17 Jakóbus, der Sohn des Zebedäus,
und Johannes, der Bruder des Jakóbus
– ihnen gab er den Beinamen Boanérges,
das heißt Donnersöhne –,
18 dazu Andréas, Philíppus, Bartholomäus,
Matthäus, Thomas,
Jakóbus, der Sohn des Alphäus,
Thaddäus, Simon Kananäus
19 und Judas Iskáriot, der ihn dann verraten hat.

FÜRBITTEN

Zu Jesus Christus, der Hirten für seine Herde einsetzte, beten wir:

Behüte und stärke die Nachfolger der Apostel, unseren Papst und unsere Bischöfe.
A.: Herr, erhöre uns.

Öffne die Herzen der Menschen für die Botschaft, die die Apostel verkündet haben.
A.: Herr, erhöre uns.

Laß die Notleidenden durch den Dienst der Kirche deine Liebe erfahren.

Gib denen, die du erwählt hast, Großherzigkeit, deinem Ruf zu folgen.

Allmächtiger Gott, du lenkst dein Volk durch Hirten, die du ihm gibst. Erhöre unser Gebet durch Christus, unseren Herrn.
A.: Amen.

„VORAN STEHT DAS ‚BEI IHM SEIN‘, *die scheinbar zeitvergeudende, unnütze persönliche Beziehung zu Jesus, dieses zwecklose, absichtslose Einkehren bei ihm, ein Leben vor seinem Angesicht, im Gebet als der großen Möglichkeit, zu ihm zu gehen. Sieht es bei uns nicht oft ganz anders aus? Viele opfern sich in der Arbeit für Jesus Christus – oder werden aufgeopfert, aber sie sind nicht ‚bei ihm‘, sie gehen nicht mit ihm. Dann wird aus aufopferungsvoller Arbeit leicht Fruchtlosigkeit und Leerlauf"* (Otto Rodenberg).

SAMSTAG

TAGESGEBET

Gott.
Du suchst Menschen, die von dir sprechen
und der Welt deine gute Botschaft weitersagen.
Hilf uns,
Trägheit und Menschenfurcht zu überwinden
und deine Zeugen zu werden –
mit unserem ganzen Leben.
Darum bitten wir durch Jesus Christus. (MB 307, 7)

Oder ein anderes Tagesgebet (vgl. S. 661).

Zeit im Jahreskreis: 2. Woche – Samstag

Jahr I

ZUR LESUNG   *Die Aussagen des Hebräerbriefs über das Offenbarungszelt und den Opferkult des Alten Bundes werden im Hinblick auf das „erhabenere und vollkommenere Zelt" gemacht (9,11). Das Zelt des Alten Bundes war irdisch, es war vorläufig und vergänglich wie alles Irdische. Wenn der Hohepriester am Versöhnungstag in das Allerheiligste eintrat, so hatte das seinen großen Sinn. Es war ein Versuch, Vergebung der Sünde zu erwirken. Trotz allem Aufwand war es ein schwacher Versuch; sein Hauptzweck war, an die Sünde zu erinnern und auf den Opferdienst Jesu Christi hinzuweisen, der dem lebendigen Gott ein lebendiges und wirksames Opfer darbringen sollte. Durch dieses eine und einzige Opfer hat er uns mit Gott versöhnt; er hat „unser Gewissen" reingemacht. Der Leib gehört (im Rahmen dieser Aussagen) der irdischen Ordnung an, das Gewissen gehört zur himmlischen und bleibenden Ordnung. Auf das Gewissen kommt es an. – Lev 16; Sir 50,5–24; Hebr 4,14; 9,24; 10,20; Apg 7,48–50; Hebr 7,27; Mt 26,28; Num 19,1–10; 17–20; Ps 51,9; 1 Petr 1,18–19.*

ERSTE LESUNG   Hebr 9,2–3.11–14

Er ist ein für allemal in das Heiligtum mit seinem eigenen Blut hineingegangen

**Lesung
aus dem Hebräerbrief.**

Brüder!

2   Es wurde ein erstes Zelt errichtet,
      in dem sich der Leuchter,
      der Tisch und die heiligen Brote befanden;
   dieses Zelt wurde das Heilige genannt.

3   Hinter dem zweiten Vorhang aber war ein Zelt,
      das sogenannte Allerheiligste.

11 Christus aber ist gekommen
      als Hoherpriester der künftigen Güter;
   und durch das erhabenere und vollkommenere Zelt,
      das nicht von Menschenhand gemacht,
      das heißt nicht von dieser Welt ist,

12 ist er ein für allemal in das Heiligtum hineingegangen,
   nicht mit dem Blut von Böcken und jungen Stieren,
      sondern mit seinem eigenen Blut,
      und so hat er eine ewige Erlösung bewirkt.

¹³ Denn wenn schon das Blut von Böcken und Stieren
und die Asche einer Kuh
die Unreinen, die damit besprengt werden,
so heiligt, daß sie leiblich rein werden,
¹⁴ wieviel mehr wird das Blut Christi,
der sich selbst kraft ewigen Geistes
Gott als makelloses Opfer dargebracht hat,
unser Gewissen von toten Werken reinigen,
damit wir dem lebendigen Gott dienen.

ANTWORTPSALM   Ps 47 (46), 2–3.6–7.8–9 (R: 6)

R Gott stieg empor unter Jubel, (GL 232,5)
der Herr beim Schall der Posaunen. – R

² Ihr Völker alle, klatscht in die Hände; *   VI. Ton
jauchzt Gott zu mit lautem Jubel!
³ Denn furchtgebietend ist der Herr, der Höchste, *
ein großer König über die ganze Erde. – (R)

⁶ Gott stieg empor unter Jubel, *
der Herr beim Schall der Hörner.
⁷ Singt unserm Gott, ja singt ihm! *
Spielt unserm König, spielt ihm! – (R)

⁸ Denn Gott ist König der ganzen Erde. *
Spielt ihm ein Psalmenlied!
⁹ Gott wurde König über alle Völker, *
Gott sitzt auf seinem heiligen Thron. – R

Jahr II

ZUR LESUNG   *Der Anfang des 2. Samuelbuches schließt sich unmittelbar an das Ende von 1 Samuel an und bildet den Abschluß der Saul-David-Geschichten. In 1 Sam 31 wurde über das unglückliche Ende Sauls und Jonatans berichtet; beide fielen im Kampf gegen die Philister. Die menschliche Größe Davids zeigt sich darin, daß er nicht nur seinem Freund Jonatan, sondern auch dem unglücklichen Saul noch über den Tod hinaus die Treue hält. Für ihn war und blieb Saul der gesalbte König, und er war entsetzt darüber, daß den Erwählten Gottes ein solches Los getroffen hatte. – 1 Makk 9,21; 1 Sam 18,1.*

Zeit im Jahreskreis: 2. Woche – Samstag

ERSTE LESUNG   2 Sam 1, 1–4.11–12.17.19.23–27

Ach, die Helden sind gefallen mitten im Kampf

Lesung
aus dem zweiten Buch Sámuel.

1 Als David nach dem Tod Sauls
von seinem Sieg über die Amalekíter zurückgekehrt war
und sich zwei Tage lang in Ziklag aufgehalten hatte,
2 kam am dritten Tag ein Mann aus dem Lager Sauls,
mit zerrissenen Kleidern und Staub auf dem Haupt.
Als er bei David angelangt war,
warf er sich vor ihm auf den Boden nieder und huldigte ihm.
3 David fragte ihn: Woher kommst du?
Er antwortete ihm: Ich habe mich aus dem Lager Israels gerettet.
4 David sagte zu ihm: Wie stehen die Dinge?
Berichte mir!
Er erwiderte: Das Volk ist aus dem Kampf geflohen,
viele von den Männern sind gefallen und umgekommen;
auch Saul und sein Sohn Jónatan sind tot.
11 Da faßte David sein Gewand und zerriß es,
und ebenso machten es alle Männer, die bei ihm waren.
12 Sie klagten, weinten und fasteten bis zum Abend
wegen Saul, seines Sohnes Jónatan,
des Volkes des Herrn und des Hauses Israel,
die unter dem Schwert gefallen waren.
17 Und David sang die folgende Totenklage auf Saul
und seinen Sohn Jónatan:
19 Israel, dein Stolz
liegt erschlagen auf deinen Höhen.
Ach, die Helden sind gefallen!
23 Saul und Jónatan, die Geliebten und Teuren,
im Leben und Tod sind sie nicht getrennt.
Sie waren schneller als Adler,
waren stärker als Löwen.
24 Ihr Töchter Israels, um Saul müßt ihr weinen;
er hat euch in köstlichen Purpur gekleidet,
hat goldenen Schmuck auf eure Gewänder geheftet.
25 Ach, die Helden sind gefallen mitten im Kampf.
Jónatan liegt erschlagen auf deinen Höhen.

26 Weh ist mir um dich, mein Bruder Jónatan.
   Du warst mir sehr lieb.
   Wunderbarer war deine Liebe für mich
      als die Liebe der Frauen.
27 Ach, die Helden sind gefallen,
      die Waffen des Kampfes verloren.

ANTWORTPSALM   Ps 80 (79), 2 u. 3bc.4–5.6–7 (R: vgl. 4b)

R Laß dein Angesicht leuchten, o Herr,   (GL 529, 1)
und wir sind gerettet. – R

2 Du Hirte Israels, höre, *   II. Ton
   der du Josef weidest wie eine Herde!
   Der du auf den Kérubim thronst, erscheine! *
3bc Biete deine gewaltige Macht auf, und komm uns zu Hilfe! – (R)

4 Gott, richte uns wieder auf! *
   Laß dein Angesicht leuchten, dann ist uns geholfen.

5 Herr, Gott der Heerscharen, wie lange noch zürnst du, *
   während dein Volk zu dir betet? – (R)

6 Du hast sie gespeist mit Tränenbrot, *
   sie überreich getränkt mit Tränen.

7 Du machst uns zum Spielball der Nachbarn, *
   und unsere Feinde verspotten uns. – R

Jahr I und II

RUF VOR DEM EVANGELIUM   Vers: vgl. Apg 16, 14b

Halleluja. Halleluja.

Herr, öffne uns das Herz,
daß wir auf die Worte deines Sohnes hören.

Halleluja.

ZUM EVANGELIUM   *Man muß fragen, wie dieser Abschnitt ein
„Evangelium" sein kann. Die Verse 20–21 müßten mit den Versen 31–34
zusammen gelesen werden (Dienstag der 3. Woche im Jhkr.). „Seine Angehörigen" in Vers 21 sind doch wohl dieselben wie „seine Mutter und seine
Brüder" in V. 31. Unverstand und Unglauben erfährt Jesus sogar von sei-*

nen nächsten Angehörigen (womit nicht gesagt ist, daß Maria diesen Unglauben geteilt hat). Daß für seine Verwandtschaft (Brüder = nächste Verwandte) das Auftreten Jesu peinlich war, braucht nicht zu verwundern; das Gegenteil wäre erstaunlicher. Auch daß man einen Menschen, der etwas Neues zu sagen hat, für verrückt erklärt, ist nichts Neues. Jesus muß, mehr als jeder andere Berufene, seinen Weg in größter Einsamkeit gehen. – Mk 2,2; 6,31; Joh 10,20.

EVANGELIUM Mk 3,20–21

Seine Angehörigen sagten: Er ist von Sinnen

✝ **Aus dem heiligen Evangelium nach Markus.**

In jener Zeit
ging Jesus in ein Haus,
und wieder kamen so viele Menschen zusammen,
    daß er und die Jünger nicht einmal mehr essen konnten.
**Als seine Angehörigen davon hörten,
    machten sie sich auf den Weg,
    um ihn mit Gewalt zurückzuholen;
denn sie sagten: Er ist von Sinnen.**

FÜRBITTEN

Durch Jesus Christus gehen Gottes Verheißungen in Erfüllung. Ihn bitten wir:

Stärke unsere Hoffnung auf einen neuen Himmel und eine neue Erde. (Stille) Christus, höre uns.
A.: Christus, erhöre uns.

Segne die Bemühungen, Schranken der Vorurteile und des Hasses zwischen den Menschen zu beseitigen. (Stille) Christus, höre uns.

Steh den Sterbenden in ihrer Todesstunde zur Seite. (Stille) Christus, höre uns.

Vertiefe die Liebe der Ehepartner, und festige ihre Einheit. (Stille) Christus, höre uns.

Barmherziger Gott, du hast deinen Sohn zum Mittler des Neuen Bundes gemacht. Erhöre unsere Bitten durch ihn, Christus, unseren Herrn.   A.: Amen.

„BETEN über den Glauben hinaus, gegen den Glauben, gegen den Unglauben, gegen sich selbst; einen jeden Tag den verstohlenen Gang des schlechten Gewissens zur Kirche – wider sich selbst und wider eigenes Wissen –: solange dieses Muß empfunden wird, ist Gnade da; es gibt einen Unglauben, der in der Gnadenordnung steht. Es ist der Eingang in Jesu Christi kosmische und geschichtliche Verlassenheit, vielleicht sogar ein Anteil an ihr: der Ort vor dem Unüberwindlichen in der unüberwindlichen Nacht. Ist diese Erfahrung aus der Verzweiflung an Kosmos und Geschichte, die Verzweiflung vor dem Kreuz, das Christentum heute? (Ich habe nur Fragen, eine Ahnung des Leidens, des herrscherlichen, das alle Dimensionen übersteigt.) Und dieses Muß, dieses Dunkle, ohne Furcht vor dem Tod, eine Art ‚kleiner Passion', könnte noch eine Verheißung sein" (Reinhold Schneider).

3. WOCHE

ERÖFFNUNGSVERS   Ps 96 (95), 1.6

Singet dem Herrn ein neues Lied, singt dem Herrn, alle Lande!
Hoheit und Pracht sind vor seinem Angesicht,
Macht und Glanz in seinem Heiligtum!

TAGESGEBET

Allmächtiger, ewiger Gott,
lenke unser Tun nach deinem Willen
und gib,
daß wir im Namen deines geliebten Sohnes
reich werden an guten Werken.
Darum bitten wir durch ihn, Jesus Christus.

Lesungen vom betreffenden Wochentag, S. 746–785.

GABENGEBET

Herr,
nimm unsere Gaben an und heilige sie,
damit sie zum Sakrament der Erlösung werden,
das uns Heil und Segen bringt.
Darum bitten wir durch Christus, unseren Herrn.

Präfation, S. 1365 ff.

KOMMUNIONVERS   Ps 34 (33), 6

Blickt auf zum Herrn, so wird euer Gesicht leuchten,
und ihr braucht nicht zu erröten.

Oder: Joh 8, 12

Ich bin das Licht der Welt – so spricht der Herr.
Wer mir nachfolgt, wird nicht in der Finsternis gehen.
Er wird das Licht des Lebens haben.

SCHLUSSGEBET

Allmächtiger Gott,
in deinem Mahl
schenkst du uns göttliches Leben.
Gib, daß wir dieses Sakrament
immer neu als dein großes Geschenk empfangen
und aus seiner Kraft leben.
Darum bitten wir durch Christus, unseren Herrn.

MONTAG

TAGESGEBET

Barmherziger Gott.
Du nimmst die Sünde ernst,
aber du läßt uns die Möglichkeit zur Umkehr.
Du verurteilst unsere Verfehlungen,
aber du lädst uns ein zu einem neuen Anfang.
Wir danken dir, daß du barmherzig bist.
Gib uns den Mut umzukehren.
Gib uns die Kraft, neu anzufangen.
Darum bitten wir durch Jesus Christus. (MB 314, 26)

Oder ein anderes Tagesgebet (vgl. S. 661).

Jahr I

ZUR LESUNG   *Der Tod Jesu ist kein vorübergehendes Ereignis; er ist ein Geschehen, das mit seinen Wirkungen im Raum der Ewigkeit steht. Seine Wirkungen: die neue Heilsordnung (der Neue Bund) mit der in Ewig-*

keit gültigen Sühne für die Sünden. Galt früher die Folge: Sünde – Gericht, so gilt jetzt: Versöhnung – Heil. Durch sein einmaliges Opfer hat Jesus die Sünde aus der Welt geschafft. Wir können ein reines Gewissen haben und Gott so verehren, wie er verehrt werden will. Zwar wird uns der Tod nicht erspart, aber jetzt ist er für uns nur der Vorhang, durch den hindurch Christus uns vorausgegangen ist ins himmlische Heiligtum. – Hebr 8,6; Gal 4,1–7; Hebr 4,14; 9,11–12; Apg 7,48; Hebr 7,25.27; Joh 1,29; 1 Petr 3,18; Hebr 10,10; Jes 53,12; Apg 3,20–21; Phil 3,20–21; 1 Tim 6,14.

ERSTE LESUNG   Hebr 9,15.24–28

Er wurde ein einziges Mal geopfert, um die Sünden hinwegzunehmen; beim zweitenmal wird er erscheinen, um die zu retten, die ihn erwarten

**Lesung
aus dem Hebräerbrief.**

Brüder!
15 **Christus ist der Mittler eines neuen Bundes;
sein Tod hat die Erlösung
von den im ersten Bund begangenen Übertretungen bewirkt,
damit die Berufenen das verheißene ewige Erbe erhalten.**

24 **Denn Christus ist nicht
in ein von Menschenhand errichtetes Heiligtum hineingegangen,
in ein Abbild des wirklichen,
sondern in den Himmel selbst,
um jetzt für uns vor Gottes Angesicht zu erscheinen;**
25 **auch nicht, um sich selbst viele Male zu opfern,
denn er ist nicht wie der Hohepriester,
der jedes Jahr mit fremdem Blut in das Heiligtum hineingeht;**
26 **sonst hätte er viele Male
seit der Erschaffung der Welt leiden müssen.
Jetzt aber ist er am Ende der Zeiten
ein einziges Mal erschienen,
um durch sein Opfer die Sünde zu tilgen.**

27 **Und wie es dem Menschen bestimmt ist,
ein einziges Mal zu sterben,
worauf dann das Gericht folgt,**
28 **so wurde auch Christus ein einziges Mal geopfert,**

um die Sünden vieler hinwegzunehmen;
beim zweitenmal wird er nicht wegen der Sünde erscheinen,
sondern um die zu retten, die ihn erwarten.

ANTWORTPSALM Ps 98 (97), 1.2–3b.3c–4.5–6 (R: 1ab)
℟ Singet dem Herrn ein neues Lied; (GL 149,1 oder 231)
denn er hat wunderbare Taten vollbracht! – ℟

1 Singet dem Herrn ein neues Lied; * III. Ton oder I. Ton
denn er hat wunderbare Taten vollbracht.

Er hat mit seiner Rechten geholfen *
und mit seinem heiligen Arm. – (℟)

2 Der Herr hat sein Heil bekannt gemacht *
und sein gerechtes Wirken enthüllt vor den Augen der Völker.

3ab Er dachte an seine Huld *
und an seine Treue zum Hause Israel. – (℟)

3cd Alle Enden der Erde *
sahen das Heil unsres Gottes.

4 Jauchzt vor dem Herrn, alle Länder der Erde, *
freut euch, jubelt und singt! – (℟)

5 Spielt dem Herrn auf der Harfe, *
auf der Harfe zu lautem Gesang!

6 Zum Schall der Trompeten und Hörner *
jauchzt vor dem Herrn, dem König! – ℟

Jahr II

ZUR LESUNG *Nach dem Tod Sauls wird David zunächst König über seinen eigenen Stamm Juda (2 Sam 2, 1–4) und schließlich auch über die Nordstämme („alle Stämme Israels", 5, 1). Um die beiden Reichshälften zu regieren, braucht er eine Hauptstadt, die zentraler liegt als das südliche Hebron. Er wählt dafür die alte Kanaanäerstadt Jerusalem und erobert sie durch einen Handstreich seiner Leute. Zion war der Name der vorisraelitischen Burg; der Name ging dann auf den ganzen Osthügel über, der zur „Stadt Davids", zum königlichen Eigentum und bald auch zum zentralen Heiligtum wurde. So trat der König über Juda und ganz Israel die Nachfolge des kanaanäischen Priesterkönigtums an, als dessen ge-*

heimnisumwobener Vertreter uns Melchisedek bekannt ist. – Gen 14, 17–20; Ps 110, 4; 1 Chr 11, 1–9; Dtn 17, 15; 2 Sam 3, 10; 1 Sam 18, 16; 2 Sam 2, 11; 1 Chr 3, 4; Jos 15, 63.

ERSTE LESUNG 2 Sam 5, 1–7.10

Du sollst der Hirt meines Volkes Israel sein

Lesung
 aus dem zweiten Buch Sámuel.

In jenen Tagen
1 kamen alle Stämme Israels zu David nach Hebron
 und sagten: Wir sind doch dein Fleisch und Bein.
2 Schon früher,
 als noch Saul unser König war,
 bist du es gewesen, der Israel in den Kampf
 und wieder nach Hause geführt hat.
 Der Herr hat zu dir gesagt:
 Du sollst der Hirt meines Volkes Israel sein,
 du sollst Israels Fürst werden.
3 Alle Ältesten Israels kamen zum König nach Hebron;
 der König David
 schloß mit ihnen in Hebron einen Vertrag vor dem Herrn,
 und sie salbten David
 zum König von Israel.
4 David war dreißig Jahre alt, als er König wurde,
 und er regierte vierzig Jahre lang.
5 In Hebron war er sieben Jahre und sechs Monate König von Juda,
 und in Jerusalem
 war er dreiunddreißig Jahre König von ganz Israel und Juda.
6 Der König zog mit seinen Männern nach Jerusalem
 gegen die Jebusiter, die in dieser Gegend wohnten.
 Die Jebusiter aber sagten zu David:
 Du kommst hier nicht herein;
 die Blinden und Lahmen werden dich vertreiben.
 Das sollte besagen: David wird hier nicht eindringen.
7 Dennoch eroberte David die Burg Zion;
 sie wurde die Stadt Davids.
10 David wurde immer mächtiger,
 und der Herr, der Gott der Heere, war mit ihm.

ANTWORTPSALM   Ps 89 (88), 20–21.22 u. 25.26 u. 29 (R: 25a)

R Meine Treue und meine Huld begleiten ihn. – **R**   (GL 233,7)

20 Einst hast du in einer Vision zu deinen Frommen gesprochen: †
„Einen Helden habe ich zum König gekrönt, *   VI. Ton
einen jungen Mann aus dem Volk erhöht.

21 Ich habe David, meinen Knecht, gefunden *
und ihn mit meinem heiligen Öl gesalbt. – (R)

22 Beständig wird meine Hand ihn halten *
und mein Arm ihn stärken.

25 Meine Treue und meine Huld begleiten ihn, *
und in meinem Namen erhebt er sein Haupt. – (R)

26 Ich lege seine Hand auf das Meer, *
über die Ströme herrscht seine Rechte.

29 Auf ewig werde ich ihm meine Huld bewahren, *
mein Bund mit ihm bleibt allzeit bestehen. – **R**

Jahr I und II

RUF VOR DEM EVANGELIUM   Vers: vgl. 2 Tim 1, 10

Halleluja. Halleluja.
Unser Retter Jesus Christus hat dem Tod die Macht genommen
und uns das Licht des Lebens gebracht durch das Evangelium.
Halleluja.

ZUM EVANGELIUM   *„Er ist von Sinnen", sagten seine Angehörigen; „er ist von Beelzebul besessen", urteilten die Schriftgelehrten, die es wissen müssen. Jesus antwortet darauf mit einem Gleichnis, mit einer Bildrede, die nur dem verständlich ist, der bereit ist, zu lernen und den Weg Jesu mitzugehen. Die Behauptung der Schriftgelehrten, Jesus treibe durch Beelzebul die Teufel aus, nennt Jesus eine Beschimpfung des Heiligen Geistes. Wer den Heiligen Geist (der in Jesus am Werk ist) mit dem Satan gleichsetzt, der hat sich für den Geist Gottes, auch für die erbarmende Liebe Gottes, undurchdringlich gemacht; das ist der Grund, warum diese Sünde nicht vergeben werden kann. – Mt 12, 24–32; Lk 11, 15–23; 12, 10.*

EVANGELIUM

Mk 3,22–30

Das Reich des Satans hat keinen Bestand

✝ Aus dem heiligen Evangelium nach Markus.

In jener Zeit
²² sagten die Schriftgelehrten,
die von Jerusalem herabgekommen waren:
Er ist von Beélzebul besessen;
mit Hilfe des Anführers der Dämonen treibt er die Dämonen aus.

²³ Da rief Jesus sie zu sich
und belehrte sie in Form von Gleichnissen:
Wie kann der Satan den Satan austreiben?
²⁴ Wenn ein Reich in sich gespalten ist,
kann es keinen Bestand haben.
²⁵ Wenn eine Familie in sich gespalten ist,
kann sie keinen Bestand haben.
²⁶ Und wenn sich der Satan gegen sich selbst erhebt
und mit sich selbst im Streit liegt,
kann er keinen Bestand haben,
sondern es ist um ihn geschehen.
²⁷ Es kann aber auch keiner
in das Haus eines starken Mannes einbrechen
und ihm den Hausrat rauben,
wenn er den Mann nicht vorher fesselt;
erst dann kann er sein Haus plündern.
²⁸ Amen, das sage ich euch:
Alle Vergehen und Lästerungen
werden den Menschen vergeben werden,
so viel sie auch lästern mögen;
²⁹ wer aber den Heiligen Geist lästert,
der findet in Ewigkeit keine Vergebung,
sondern seine Sünde wird ewig an ihm haften.
³⁰ Sie hatten nämlich gesagt:
Er ist von einem unreinen Geist besessen.

FÜRBITTEN

Wir beten zu Christus, der um die Einheit der Jünger gebetet hat:

Bewahre deiner Kirche die Einheit im Glauben und in der Liebe.
(Stille) Herr, erbarme dich. A.: Christus, erbarme dich.

Bestärke alle, die sich für einen Ausgleich zwischen Arm und Reich einsetzen. (Stille) Herr, erbarme dich.

Ermutige die Menschen, die unter der Last des Lebens leiden. (Stille) Herr, erbarme dich.

Behüte unsere Gemeinde, und fördere ihren Zusammenhalt. (Stille) Herr, erbarme dich.

Herr, unser Gott, auf dich können wir uns verlassen. Erhöre unsere Bitten durch Christus, unseren Herrn.   A.: Amen.

„DAS BIBLISCHE WUNDER ist auf keinen Fall nur auf die Welt meines Auges, auf meinen Sehakt beschränkt, sondern es ist ein Ereignis, das draußen in der Welt von Gottes Schöpfermacht bewirkt wird. Es ‚passiert' etwas.
Damit hängt es auch zusammen, daß die Menschen, die zu Zeugen eines solchen Geschehens werden, sich nicht etwa religiös erhoben und innerlich erbaut fühlen (wie beim Alpenglühen), sondern daß sie erschreckt und schockiert sind, daß sie völlig verdattert fragen: Wieso kann er das? Und daß sie sogar meinen können, Jesus sei mit den dunklen Mächten der Magie im Bunde.
Nicht Erbauung also, sondern Schock folgt dem Wunder, nicht Einsicht in höhere Welten, sondern ein Anspruch Gottes, der festnagelt und zur Entscheidung zwingt. Das ist der Effekt des Wunders, den wir überall beobachten können" (H. Thielicke).

DIENSTAG

TAGESGEBET

Heiliger Gott.
Du hast deine Gemeinde zur Heiligkeit berufen.
Du befähigst uns schon in dieser Welt
zu einem neuen Leben.
Vergib uns,
wenn wir dennoch immer wieder versagen.

Sende uns deinen Geist
und laß uns erfahren,
daß du die Herzen der Menschen verwandelst.
Darum bitten wir durch Jesus Christus. (MB 308, 10)

Oder ein anderes Tagesgebet (vgl. S. 661).

Jahr I

ZUR LESUNG   *Der Opferwille und die Opfertat Christi sind die Urwirklichkeit, das Urbild, von dem die alttestamentlichen Opfer nur Schatten und Abbilder waren. Schon im Alten Testament war es klargeworden, daß Gott nicht an den blutigen Opfern interessiert ist, sondern an der Gesinnung des Gehorsams und der Liebe, an einem Gottesdienst „im Geist und in der Wahrheit". Das kommt in Psalm 40, 7–9 besonders schön zum Ausdruck. Der Psalm ist das Gebet eines Armen, der Gott für empfangene Hilfe dankt, nicht durch äußere Opfer, an denen Gott ja kein Interesse hat, sondern durch Gehorsam und Treue im konkreten menschlichen Leben. Dieses Psalmwort legt der Hebräerbrief Jesus in den Mund und deutet im Licht dieses Wortes das Opfer Jesu. Der Sohn hat die Menschennatur („einen Leib") angenommen, um durch seine Ganzhingabe die Menschennatur zu erlösen und zu verklären. – Hebr 8, 5; Kol 2, 17; Hebr 10, 19; 11, 40; 9, 13; 1 Sam 15, 22; Joh 6, 38; Mt 26, 39.42; Hebr 9, 14.28; 10, 12.14; Joh 10, 17–18; Eph 5, 2; Hebr 7, 27.*

ERSTE LESUNG   Hebr 10, 1–10

Ja, ich komme, um deinen Willen, Gott, zu tun

Lesung
  aus dem Hebräerbrief.

Brüder!
1 Das Gesetz enthält nur einen Schatten der künftigen Güter,
    nicht die Gestalt der Dinge selbst;
  darum kann es durch die immer gleichen,
    alljährlich dargebrachten Opfer
    die, die vor Gott treten,
    niemals für immer zur Vollendung führen.
2 Hätte man nicht aufgehört zu opfern,
    wenn die Opfernden ein für allemal gereinigt
    und sich keiner Sünde mehr bewußt gewesen wären?

3 Aber durch diese Opfer
   wird alljährlich nur an die Sünden erinnert,
4 denn das Blut von Stieren und Böcken
   kann unmöglich Sünden wegnehmen.
5 Darum spricht Christus bei seinem Eintritt in die Welt:

Schlacht- und Speiseopfer hast du nicht gefordert,
   doch einen Leib hast du mir geschaffen;
6 an Brand- und Sündopfern hast du kein Gefallen.
7 Da sagte ich: Ja, ich komme
   – so steht es über mich in der Schriftrolle –,
   um deinen Willen, Gott, zu tun.
8 Zunächst sagt er:
   Schlacht- und Speiseopfer,
   Brand- und Sündopfer forderst du nicht,
du hast daran kein Gefallen,
   obgleich sie doch nach dem Gesetz dargebracht werden;
9 dann aber hat er gesagt:
   Ja, ich komme, um deinen Willen zu tun.
So hebt Christus das erste auf,
   um das zweite in Kraft zu setzen.
10 Aufgrund dieses Willens
   sind wir durch die Opfergabe des Leibes Jesu Christi
   ein für allemal geheiligt.

ANTWORTPSALM   Ps 40 (39), 2 u. 4ab.7–8.9–10 (R: vgl. 8a.9a)

R Mein Gott, ich komme;   (GL 170, 1)
deinen Willen zu tun macht mir Freude. – R

Ich hoffte, ja ich hoffte auf den Herrn. *   II. Ton
Da neigte er sich mir zu und hörte mein Schreien.

Er legte mir ein neues Lied in den Mund, *
einen Lobgesang auf ihn, unsern Gott. – (R)

An Schlacht- und Speiseopfern hast du kein Gefallen, *
Brand- und Sündopfer forderst du nicht.

Doch das Gehör hast du mir eingepflanzt; †
darum sage ich: Ja, ich komme. *
In dieser Schriftrolle steht, was an mir geschehen ist. – (R)

Deinen Willen zu tun, mein Gott, macht mir Freude, *
deine Weisung trag' ich im Herzen.

10 Gerechtigkeit verkünde ich in großer Gemeinde, *
meine Lippen verschließe ich nicht; Herr, du weißt es.

R Mein Gott, ich komme;
deinen Willen zu tun macht mir Freude.

Jahr II

ZUR LESUNG *Frömmigkeit und politische Klugheit veranlassen David, die politische Hauptstadt seines Reiches auch zur religiösen Hauptstadt zu machen. Für die Stämme Israels war die Zeit der Wüstenwanderung schon lange vorbei; die Stadt war an die Stelle der Wüste getreten. Auch das Wanderheiligtum, die Bundeslade, sollte jetzt einen Ort der „Ruhe" finden. Der Bericht von der Übertragung der Bundeslade nach Jerusalem scheint bereits ein festes Zeremoniell vorauszusetzen: Versammlung („David und das ganze Haus Israel", V. 15), Prozession, Opfer, Segen: dieselben Elemente, die wir in 1 Kön 8 finden (Überführung der Lade in den Salomonischen Tempel) und die uns auch aus unserer christlichen Liturgie bekannt sind. – 1 Sam 6–7; 1 Chr 15, 1–29; 16, 1–3; Ps 24, 7–10; 132.*

ERSTE LESUNG 2 Sam 6, 12b–15.17–19

David und das ganze Haus Israel brachten die Lade des Herrn unter Jubelgeschrei in die Davidstadt hinauf

Lesung
aus dem zweiten Buch Sámuel.

In jenen Tagen
12b ging David hin
und brachte die Lade Gottes voll Freude
aus dem Haus Obed-Edoms
in die Davidstadt hinauf.
13 Sobald die Träger der Lade des Herrn
sechs Schritte gegangen waren,
opferte er einen Stier und ein Mastkalb.
14 Und David tanzte mit ganzer Hingabe vor dem Herrn her
und trug dabei das leinene Efod.
15 So brachten David und das ganze Haus Israel
die Lade des Herrn
unter Jubelgeschrei
und unter dem Klang des Widderhorns hinauf.

Zeit im Jahreskreis: 3. Woche – Dienstag

17 Man trug die Lade des Herrn in das Zelt,
  das David für sie aufgestellt hatte,
und setzte sie an ihren Platz in der Mitte des Zeltes,
und David brachte dem Herrn Brandopfer und Heilsopfer dar.
18 Als David
  mit dem Darbringen der Brandopfer und Heilsopfer fertig war,
  segnete er das Volk im Namen des Herrn der Heere
19 und ließ an das ganze Volk,
  an alle Israeliten, Männer und Frauen,
  je einen Laib Brot,
  einen Dattelkuchen und einen Traubenkuchen austeilen.
Dann gingen alle wieder nach Hause.

ANTWORTPSALM   Ps 24 (23),7–8.9–10 (R: vgl. 10b)

R Der Herr der Heere, (GL 122,1 oder 119,2)
er ist der König der Herrlichkeit. – R

7 Ihr Tore, hebt euch nach oben, † II. Ton
hebt euch, ihr uralten Pforten; *
denn es kommt der König der Herrlichkeit.

8 Wer ist der König der Herrlichkeit? *
Der Herr, stark und gewaltig, der Herr, mächtig im Kampf. – (R)

9 Ihr Tore, hebt euch nach oben, †
hebt euch, ihr uralten Pforten; *
denn es kommt der König der Herrlichkeit.

10 Wer ist der König der Herrlichkeit? *
Der Herr der Heerscharen, er ist der König der Herrlichkeit. – R

Jahr I und II

RUF VOR DEM EVANGELIUM   Vers: vgl. Mt 11,25

Halleluja. Halleluja.
Sei gepriesen, Vater, Herr des Himmels und der Erde;
du hast die Geheimnisse des Reiches den Unmündigen offenbart.
Halleluja.

ZUM EVANGELIUM   *Von den Verwandten Jesu war schon in 3,20–21 die Rede (Evangelium am Samstag der 2. Woche). Dort haben*

sie sich von ihm distanziert, jetzt aber distanziert er sich von ihnen. Nicht die Blutsverwandten, überhaupt nicht eine bestimmte Gruppe oder Klasse von Menschen, auch nicht nur die auserwählten Jünger, sondern das ganze gemischte Volk, das um Jesus herumsitzt, ihm zuhört und auf seine Hilfe wartet, ist von jetzt an die Familie Jesu. Wer in der Nähe Jesu ist, der ist auch nahe bei Gott; aber ebenso gilt: nur wer den Willen Gottes tut, ist nahe bei Jesus. – Mt 12, 46–50; Lk 8, 19–21; 11, 27–28; Joh 15, 14.

EVANGELIUM Mk 3, 31–35

Wer den Willen Gottes erfüllt, der ist für mich Bruder und Schwester und Mutter

✢ **Aus dem heiligen Evangelium nach Markus.**

In jener Zeit
31 **kamen die Mutter Jesu und seine Brüder;**
sie blieben vor dem Haus stehen
und ließen Jesus herausrufen.
32 **Es saßen viele Leute um ihn herum,**
und man sagte zu ihm:
Deine Mutter und deine Brüder stehen draußen
und fragen nach dir.
33 **Er erwiderte:**
Wer ist meine Mutter,
und wer sind meine Brüder?
34 **Und er blickte auf die Menschen,**
die im Kreis um ihn herumsaßen,
und sagte: Das hier sind meine Mutter und meine Brüder.
35 **Wer den Willen Gottes erfüllt,**
der ist für mich Bruder und Schwester und Mutter.

FÜRBITTEN

Zu Jesus Christus, unserem Herrn und Heiland, rufen wir:

Hilf den Gläubigen, nach dem Willen Gottes zu leben. (Stille) Christus, höre uns.
A.: Christus, erhöre uns.

Steh allen bei, die zu Gerechtigkeit zwischen den Völkern beitragen und Frieden stiften. (Stille) Christus, höre uns.

Tröste die Trauernden, und lindere das Leid der Bedrängten.
(Stille) Christus, höre uns.

Ermutige die Väter und Mütter zur christlichen Erziehung ihrer Kinder. (Stille) Christus, höre uns.

Denn du bist in unserer Mitte, wenn wir in deinem Namen versammelt sind. Dir sei Dank und Lobpreis in Ewigkeit.   A.: Amen.

„ICH STELLE MIR VOR, *daß die Umstehenden das Bewußtsein großer Freude hatten. Daß sie stolz waren und sich gegenseitig beglückwünscht haben: ‚Ich bin der Bruder, die Schwester, die Mutter des Messias!‘*
Maria, die offenkundig im Stich gelassen wurde, hat dieses Wort aufgenommen und in ihrem Herzen wohl überlegt.
Aber auf Kalvaria war nur jene da, der dieses Wort weh getan hatte, war nur jene, in die dieses Wort wie ein Schwert eingedrungen war, war nur sie allein da.
Und alle anderen waren verschwunden, die in diesem Wort ihren Ruhm gesucht hatten" (L. Evely).

MITTWOCH

TAGESGEBET

Gott.
Dein Wort bringt Licht und Freude in die Welt.
Es macht das Leben reich,
es stiftet Frieden und Versöhnung.
Gib, daß wir es nicht achtlos überhören.
Mach uns aufnahmebereit.
Bring dein Wort in uns zu hundertfältiger Frucht.
Darum bitten wir durch Jesus Christus. (MB 307, 6)

Oder ein anderes Tagesgebet (vgl. S. 661).

Jahr I

ZUR LESUNG   *Die vorausgehenden Kapitel des Hebräerbriefs haben das einzigartige Priestertum Jesu beschrieben, des ewigen Hohenpriesters, der durch sein einmaliges, vollkommenes Opfer die Versöhnung bewirkt und den Neuen Bund geschaffen hat, die neue Heilsordnung und Heilswirklichkeit. Damit hat die Geschichte Gottes mit den Menschen grundsätzlich ihr Ziel erreicht. Es wird nach dem Opfer Christi kein neues, kein anderes Opfer mehr geben; es wird auch kein anderes Priestertum mehr geben als das eine, vollkommene Priestertum Jesu Christi. Freilich, wir sind noch nicht wie er in die „Ruhe" Gottes eingetreten; wir haben das Heil noch nicht in voller, endgültiger Wirklichkeit. Dennoch haben wir mehr als nur die Hoffnung auf die Zukunft; schon als gegenwärtige Wirklichkeit haben wir die Vergebung der Sünden, das reine Gewissen und die Gemeinschaft mit Gott, der durch Jesus unser Gott geworden ist. Jetzt hängt alles davon ab, daß wir auf dem Weg nicht müde werden, daß wir im Glauben und in der Hoffnung ausharren. – Hebr 10,1–4; 7,27; 10,10; Ps 110,1; Joh 17,19; Hebr 8,10–12; Jer 31,33–34.*

ERSTE LESUNG   Hebr 10,11–18

Er hat die, die geheiligt werden, für immer zur Vollendung geführt

Lesung
aus dem Hebräerbrief.

11 Jeder Priester des Alten Bundes steht Tag für Tag da,
versieht seinen Dienst
und bringt viele Male die gleichen Opfer dar,
    die doch niemals Sünden wegnehmen können.
12 Jesus Christus aber
    hat nur ein einziges Opfer für die Sünden dargebracht
    und sich dann für immer zur Rechten Gottes gesetzt;
13 seitdem wartet er,
    bis seine Feinde ihm als Schemel unter die Füße gelegt werden.
14 Denn durch ein einziges Opfer
    hat er die, die geheiligt werden,
    für immer zur Vollendung geführt.
15 Das bezeugt uns auch der Heilige Geist;
denn zuerst sagt er:
16   Das wird der Bund sein,
    den ich nach diesen Tagen mit ihnen schließe – spricht der Herr:
Ich lege meine Gesetze in ihr Herz
    und schreibe sie in ihr Inneres;

¹⁷ dann aber:
>   An ihre Sünden und Übertretungen denke ich nicht mehr.
¹⁸ Wo aber die Sünden vergeben sind,
>   da gibt es kein Sündopfer mehr.

ANTWORTPSALM Ps 110 (109), 1–2.3.4–5 (R: 4b)

R Du bist Priester auf ewig (GL 684, 1)
nach der Ordnung Melchísedeks. – **R**

So spricht der Herr zu meinem Herrn: † II. Ton
Setze dich mir zur Rechten, *
und ich lege dir deine Feinde als Schemel unter die Füße.

Vom Zion strecke der Herr das Zepter deiner Macht aus: *
„Herrsche inmitten deiner Feinde!" – **(R)**

Dein ist die Herrschaft am Tage deiner Macht, *
wenn du erscheinst in heiligem Schmuck;

ich habe dich gezeugt noch vor dem Morgenstern, *
wie den Tau in der Frühe. – **(R)**

Der Herr hat geschworen, und nie wird's ihn reuen: *
„Du bist Priester auf ewig nach der Ordnung Melchísedeks."

Der Herr steht dir zur Seite, *
er zerschmettert Könige am Tage seines Zornes. – **R**

Jahr II

ZUR LESUNG *David hat Jerusalem zu seiner Residenz gemacht und auf dem Zion seinen Königspalast gebaut. Dennoch kann er über die Zukunft seiner Dynastie und seines Reiches nicht beruhigt sein. Er hat noch das Scheitern Sauls vor Augen, und er kennt die Spannungen in seinem Volk, vor allem zwischen den Nord- und Südstämmen. Wird das Haus David Bestand haben? David weiß, das hängt nicht nur von seiner eigenen Klugheit und Tüchtigkeit ab. Gott war ihm nahe gewesen in allem, was er unternommen hatte. Und diese Nähe Gottes will er auch für die Zukunft sichern, daher sein Plan, für die Bundeslade, die noch im Zelt untergebracht war, einen Tempel zu bauen. Der Prophet Natan bringt ihm die Antwort Gottes: Nicht auf einem Haus aus Stein wird die Zukunft des Hauses David und die Sicherheit Israels beruhen, sondern auf der Treue*

Gottes, der David erwählt hat und sich für den ewigen Bestand seines Hauses verbürgt. Gott lehnt den Bau eines Tempels nicht rundweg ab, aber es hat damit keine Eile; Salomo soll ihn bauen. – Von der übergroßen Erfüllung der Natanweissagung in Jesus, dem Sohn Davids, konnte damals weder Natan noch David eine Ahnung haben. – Ps 89,30–38; 132; Apg 2,30; 1 Kön 5,19; 8,19; 1 Chr 17,11–14; 22,10; 28,6; Jes 9,5–6; Joh 7,42; Hebr 1,5; 1 Sam 13,14; 15,28; 2 Sam 23,5; Lk 1,32–33.

ERSTE LESUNG 2 Sam 7,4–17

Ich werde deinen leiblichen Sohn als deinen Nachfolger einsetzen und seinem Königtum Bestand verleihen

Lesung
   aus dem zweiten Buch Sámuel.

In jenen Tagen
4   erging das Wort des Herrn an Natan:
5   Geh zu meinem Knecht David,
      und sag zu ihm: So spricht der Herr:
   Du willst mir ein Haus bauen, damit ich darin wohne?
6   Seit dem Tag,
      als ich die Israeliten aus Ägypten heraufgeführt habe,
      habe ich bis heute nie in einem Haus gewohnt,
      sondern bin in einer Zeltwohnung umhergezogen.
7   Habe ich in der Zeit,
      als ich bei den Israeliten von Ort zu Ort zog,
      jemals zu einem der Richter Israels,
      die ich als Hirten über mein Volk Israel eingesetzt hatte,
      ein Wort gesagt
   und sie gefragt:
      Warum habt ihr mir kein Haus aus Zedernholz gebaut?
8   Sag also jetzt meinem Knecht David:
      So spricht der Herr der Heere:
   Ich habe dich von der Weide und von der Herde weggeholt,
      damit du Fürst über mein Volk Israel wirst,
9   und ich bin überall mit dir gewesen,
      wohin du auch gegangen bist.
   Ich habe alle deine Feinde vor deinen Augen vernichtet,
   und ich will dir einen großen Namen machen,
      der dem Namen der Großen auf der Erde gleich ist.

10 Ich will meinem Volk Israel einen Platz zuweisen
    und es einpflanzen,
  damit es an seinem Ort sicher wohnen kann
  und sich nicht mehr ängstigen muß
  und schlechte Menschen es nicht mehr unterdrücken wie früher
11 und auch von dem Tag an,
    an dem ich Richter in meinem Volk Israel eingesetzt habe.
  Ich verschaffe dir Ruhe vor allen deinen Feinden.

  Nun verkündet dir der Herr,
    daß der Herr dir ein Haus bauen wird.
12 Wenn deine Tage erfüllt sind
    und du dich zu deinen Vätern legst,
    werde ich deinen leiblichen Sohn
    als deinen Nachfolger einsetzen
    und seinem Königtum Bestand verleihen.
3 Er wird für meinen Namen ein Haus bauen,
  und ich werde seinem Königsthron ewigen Bestand verleihen.
4 Ich will für ihn Vater sein,
    und er wird für mich Sohn sein.
  Wenn er sich verfehlt,
    werde ich ihn nach Menschenart
    mit Ruten und mit Schlägen züchtigen.
5 Meine Huld aber soll nicht von ihm weichen,
    wie sie von Saul gewichen ist,
    den ich vor deinen Augen verstoßen habe.
6 Dein Haus und dein Königtum
    sollen durch mich auf ewig bestehen bleiben;
  dein Thron soll auf ewig Bestand haben.
7 Natan sprach zu David genau so,
    wie es ihm gesagt und offenbart worden war.

ANTWORTPSALM   Ps 89 (88),4–5.27–28.29–30 (R: vgl. 29a)

R Auf ewig bewahre ich ihm meine Huld. – R   (GL 233,7)

„Ich habe einen Bund geschlossen mit meinem Erwählten *   VI. Ton
und David, meinem Knecht, geschworen:

Deinem Haus gebe ich auf ewig Bestand, *
und von Geschlecht zu Geschlecht richte ich deinen Thron auf. – (R)

Er wird zu mir rufen: Mein Vater bist du, *
mein Gott, der Fels meines Heiles.

28 Ich mache ihn zum erstgeborenen Sohn, *
zum Höchsten unter den Herrschern der Erde. – (R)

29 Auf ewig werde ich ihm meine Huld bewahren, *
mein Bund mit ihm bleibt allzeit bestehen.

30 Sein Geschlecht lasse ich dauern für immer *
und seinen Thron, solange der Himmel währt."

R Auf ewig bewahre ich ihm meine Huld.

Jahr I und II

RUF VOR DEM EVANGELIUM

Halleluja. Halleluja.
Der Samen ist das Wort Gottes, der Sämann ist Christus.
Wer Christus findet, der bleibt in Ewigkeit.
Halleluja.

ZUM EVANGELIUM   In Kap. 4 hat Markus Gleichnisreden Jesu zusammengestellt. Eingeleitet wird dieser Abschnitt durch die Verse 1–2, abgeschlossen durch die Verse 33–34. Die Frage nach dem Wesen und Sinn der Gleichnisrede überhaupt wird in dem wichtigen und schwierigen mittleren Teil des heutigen Evangeliums beantwortet (V. 10–12). Hier wird auch das Gleichnis vom Sämann (V. 3–9) grundsätzlich gedeutet; eine weitere Auslegung hat es in den Versen 13–20 gefunden. – Im Gleichnis vom Sämann geht es wie in den folgenden Gleichnissen um „das Geheimnis des Reiches Gottes" (V. 11), um die Art und Weise, wie sich die Gottesherrschaft verwirklicht: ganz anders, als die Menschen es sich denken. Man kann es sehen und hören (V. 12), es verwirklicht sich im Ereignis und im Wort. Das „Geheimnis" des Gottesreiches wird aber nur denen gegeben, die „drinnen" sind; die „draußen" sehen nicht und verstehen nicht. Daß es aber die Absicht Jesu gewesen sei, durch die Gleichnisrede denen „draußen" unverständlich zu bleiben, ist doch wohl eine verfehlte Deutung dieses schwierigen Textes (vgl. Mk 4,33–34; Mt 13,13). Jesus will verstanden werden, aber er kann nur von denen verstanden werden, die bei ihm sind (V. 10). Für die andern bleibt der Weg der Umkehr und Vergebung (V. 12). – Mt 13,1–23; Lk 8,4–15; Mk 2,13; Lk 5,1–3; Mk 7,17; Röm 16,25; Kol 4,3; Jes 6,9–10.

EVANGELIUM Mk 4, 1–20

Ein Sämann ging aufs Feld, um zu säen

✠ Aus dem heiligen Evangelium nach Markus.

In jener Zeit
1   lehrte Jesus wiederum einmal am Ufer des Sees,
und sehr viele Menschen versammelten sich um ihn.
Er stieg deshalb in ein Boot auf dem See und setzte sich;
die Leute aber standen am Ufer.
2   Und er sprach lange zu ihnen
    und lehrte sie in Form von Gleichnissen.
Bei dieser Belehrung sagte er zu ihnen:
3   Hört! Ein Sämann ging aufs Feld, um zu säen.
4   Als er säte, fiel ein Teil der Körner auf den Weg,
    und die Vögel kamen und fraßen sie.
5   Ein anderer Teil fiel auf felsigen Boden, wo es nur wenig Erde gab,
    und ging sofort auf, weil das Erdreich nicht tief war;
6   als aber die Sonne hochstieg,
    wurde die Saat versengt und verdorrte,
    weil sie keine Wurzeln hatte.
7   Wieder ein anderer Teil fiel in die Dornen,
    und die Dornen wuchsen und erstickten die Saat,
und sie brachte keine Frucht.
8   Ein anderer Teil schließlich fiel auf guten Boden
    und brachte Frucht;
die Saat ging auf und wuchs empor
und trug dreißigfach, ja sechzigfach und hundertfach.
9   Und Jesus sprach:
    Wer Ohren hat zum Hören, der höre!
10 Als er mit seinen Begleitern und den Zwölf allein war,
    fragten sie ihn nach dem Sinn seiner Gleichnisse.
11 Da sagte er zu ihnen:
    Euch ist das Geheimnis des Reiches Gottes anvertraut;
denen aber, die draußen sind, wird alles in Gleichnissen gesagt;
12 denn sehen sollen sie,
    sehen, aber nicht erkennen;
hören sollen sie,
    hören, aber nicht verstehen,

damit sie sich nicht bekehren
    und ihnen nicht vergeben wird.
13 Und er sagte zu ihnen:
Wenn ihr schon dieses Gleichnis nicht versteht,
    wie wollt ihr dann all die anderen Gleichnisse verstehen?
14 Der Sämann sät das Wort.
15 Auf den Weg fällt das Wort bei denen, die es zwar hören,
    aber sofort kommt der Satan
    und nimmt das Wort weg, das in sie gesät wurde.
16 Ähnlich ist es bei den Menschen,
    bei denen das Wort auf felsigen Boden fällt:
Sobald sie es hören, nehmen sie es freudig auf;
17 aber sie haben keine Wurzeln, sondern sind unbeständig,
und wenn sie dann
    um des Wortes willen bedrängt oder verfolgt werden,
    kommen sie sofort zu Fall.
18 Bei anderen fällt das Wort in die Dornen:
sie hören es zwar,
19   aber die Sorgen der Welt, der trügerische Reichtum
    und die Gier nach all den anderen Dingen
    machen sich breit und ersticken es,
und es bringt keine Frucht.
20 Auf guten Boden ist das Wort bei denen gesät,
    die es hören und aufnehmen und Frucht bringen,
dreißigfach, ja sechzigfach und hundertfach.

FÜRBITTEN

Jesus Christus wurde unser Bruder, damit wir Kinder Gottes werden. So beten wir zu ihm:

Für unseren Papst und alle Bischöfe: behüte und stärke sie in ihrem Dienst. (Stille) Herr, erbarme dich.
A.: Christus, erbarme dich.

Für alle, die ein öffentliches Amt haben: laß sie zum Wohl aller Menschen beitragen. (Stille) Herr, erbarme dich.

Für alle, die Not leiden: tröste sie, und gib ihnen Zuversicht. (Stille) Herr, erbarme dich.

Für alle in unserer Gemeinde: gib, daß wir Frucht bringen in guten Werken. (Stille) Herr, erbarme dich.

Herr, unser Vater, du hast deinen Sohn den Menschen gleichgemacht. Erhöre unser Gebet durch ihn, Christus, unseren Herrn.   A.: Amen.

„WIE DAS SAATKORN der Erde bedarf, um in ihrem fruchtbaren Schoß zum Samen, zum lebendigen Keim zu werden, so sucht Gott in der Menschenwelt die Seele, die bereit ist, sich ihm aufzutun und ihn zu empfangen. Wie die Erde durch das scharfe Eisen der Pflugschar aufgewühlt und umgebrochen werden muß, damit sie den Samen empfangen kann, so muß der Mensch ‚aufgebrochen' werden, damit der zeugende Same des göttlichen Lebens Eingang finden, in ihm wurzeln, an ihm und in ihm seine Wirkungsmacht bewähren und entfalten kann. Auch damit ist wieder das Mysterium jener geheimnisvollen Verbindung von Himmel und Erde beschrieben, das in der äußeren Natur sein ehrwürdiges Gleichnisbild hat" (Wilhelm Stählin).

DONNERSTAG

TAGESGEBET

Gott, du hast uns geboten,
auf deinen geliebten Sohn zu hören.
**Nähre uns mit deinem Wort
und reinige die Augen unseres Geistes,
damit wir fähig werden,
deine Herrlichkeit zu erkennen.
Darum bitten wir durch Jesus Christus.** (MB 95)

Oder ein anderes Tagesgebet (vgl. S. 661).

Jahr I

ZUR LESUNG   *Auf den 2. Teil des Hebräerbriefs, die Ausführungen über das Werk Jesu, folgt eine Mahnung zur Glaubenstreue (10, 19–39). Das ist nicht ein Anhang zu den vorausgehenden lehrhaften Darlegungen, im Gegenteil: die für uns heutigen Leser so umständlichen Ausfüh-*

rungen über das Hohepriestertum Jesu wollen nichts anderes sein als die Begründung für die nun folgenden Mahnungen und Warnungen. So war es auch im 1. Teil des Briefes, wo die Ausführungen über die Person Jesu (1, 1 – 5, 10) zu der ernsten Warnung vor dem Abfall hinführten (5, 11 bis 6, 20). – Die ersten Verse der heutigen Lesung (10, 19–21) sagen nochmals in kurzer Zusammenfassung, was wir „haben": Wir haben Zuversicht, wir haben einen Hohenpriester. Daraus ergibt sich ein vierfaches „Laßt uns ...": Laßt uns 1. den Weg des Glaubens gehen, 2. an der Hoffnung festhalten, 3. aufeinander achten und einander anspornen, 4. den Zusammenkünften, d. h. den gottesdienstlichen Versammlungen, nicht fernbleiben. Es braucht die gemeinsame Anstrengung aller und jedes einzelnen, um den Gefahren zu begegnen, die den Glauben der Gemeinde bedrohen. – Hebr 6, 19–20; 9, 8. 11–12; Joh 14, 6; Hebr 3, 1. 6; 4, 14; 1 Petr 3, 21; Hebr 3, 2; 4, 14; 11, 11; 1 Kor 1, 9; Hebr 3, 13.

ERSTE LESUNG Hebr 10, 19–25

Laßt uns in voller Gewißheit des Glaubens an dem Bekenntnis der Hoffnung festhalten, einander achten und uns zur Liebe anspornen

Lesung
  aus dem Hebräerbrief.

19 Wir haben die Zuversicht, Brüder,
  durch das Blut Jesu in das Heiligtum einzutreten.
20 Er hat uns den neuen und lebendigen Weg erschlossen
  durch den Vorhang hindurch, das heißt durch sein Fleisch.
21 Da wir einen Hohenpriester haben,
  der über das Haus Gottes gestellt ist,
22 laßt uns mit aufrichtigem Herzen
  und in voller Gewißheit des Glaubens hintreten,
 das Herz durch Besprengung gereinigt vom schlechten Gewissen
  und den Leib gewaschen mit reinem Wasser.
23 Laßt uns an dem unwandelbaren Bekenntnis der Hoffnung festhalten,
  denn er, der die Verheißung gegeben hat, ist treu.
24 Laßt uns aufeinander achten
  und uns zur Liebe und zu guten Taten anspornen.
25 Laßt uns nicht unseren Zusammenkünften fernbleiben,
  wie es einigen zur Gewohnheit geworden ist,

sondern ermuntert einander,
und das um so mehr,
    als ihr seht, daß der Tag naht.

ANTWORTPSALM Ps 24 (23), 1–2.3–4.5–6 (R: vgl. 6)

R Das sind die Menschen, (GL 122,1)
die dein Antlitz suchen, o Herr. – R

1 Dem Herrn gehört die Erde und was sie erfüllt, * VIII. Ton
der Erdkreis und seine Bewohner.

2 Denn er hat ihn auf Meere gegründet, *
ihn über Strömen befestigt. – (R)

3 Wer darf hinaufziehn zum Berg des Herrn, *
wer darf stehn an seiner heiligen Stätte?

4 Der reine Hände hat und ein lauteres Herz, *
der nicht betrügt und keinen Meineid schwört. – (R)

5 Er wird Segen empfangen vom Herrn *
und Heil von Gott, seinem Helfer.

6 Das sind die Menschen, die nach ihm fragen, *
die dein Antlitz suchen, Gott Jakobs. – R

Jahr II

ZUR LESUNG   *Mit einem wahrhaft königlichen Gebet antwortet David auf die Verheißung, die Gott ihm durch den Propheten Natan gegeben hat (siehe gestrige Lesung). Das Gebet ist „vor dem Herrn", d. h. vor der Bundeslade im heiligen Zelt, gesprochen. Es beginnt mit einer dankbaren Rühmung der Gnadenerweise Gottes. Auch die Zukunft des Hauses David und des Volkes Israel ruht in der Gnade und Treue Gottes. Freilich wird sie auch davon abhängen, ob König und Volk Gott die Treue halten werden. „Für immer", „für ewige Zeiten": diese Ausdrücke müssen nicht unbedingt im vollen Sinn der Worte verstanden werden, aber sie eröffnen den Ausblick in eine Zukunft, die „auf ewig" dem Sohn Davids gehören wird (Lk 1, 32–33). – 1 Chr 17, 16–27; Ex 6,7; Dtn 7,6; 26, 17; 29, 12; Num 23, 19; Joh 17, 17.*

ERSTE LESUNG 2 Sam 7,18–19.24–29

Wer bin ich, mein Herr und Gott, und was ist mein Haus, daß du mich bis hierher geführt hast?

Lesung
aus dem zweiten Buch Sámuel.

Nachdem Natan zum König David gesprochen hatte,
18 ging dieser hin und setzte sich vor dem Herrn nieder
und sagte: Wer bin ich, mein Herr und Gott,
und was ist mein Haus, daß du mich bis hierher geführt hast?
19 Weil das in deinen Augen noch zu wenig war, mein Herr und Gott,
hast du dem Haus deines Knechtes
sogar Zusagen für die ferne Zukunft gemacht.
Ist das eine Weisung,
wie sie einem schwachen Menschen zukommt,
mein Herr und Gott?
24 Du hast Israel auf ewig zu deinem Volk bestimmt,
und du, Herr, bist sein Gott geworden.
25 Doch nun, Herr und Gott,
verleih dem Wort,
das du über deinen Knecht
und über sein Haus gesprochen hast,
für immer Geltung,
und tu, was du gesagt hast.
26 Dann wird dein Name groß sein für ewige Zeiten,
und man wird sagen: Der Herr der Heere ist Israels Gott!,
und das Haus deines Knechtes David
wird vor deinen Augen Bestand haben.
27 Denn du, Herr der Heere, Gott Israels,
hast deinem Knecht offenbart: Ich will dir ein Haus bauen.
Darum fand dein Knecht den Mut, so zu dir zu beten:
28 Ja, mein Herr und Gott, du bist der einzige Gott,
und deine Worte sind wahr.
Du hast deinem Knecht ein solches Glück zugesagt.
29 So segne jetzt gnädig das Haus deines Knechtes,
damit es ewig vor deinen Augen Bestand hat.
Denn du, mein Herr und Gott, hast es versprochen,
und mit deinem Segen
wird das Haus deines Knechtes für immer gesegnet sein.

ANTWORTPSALM
Ps 132 (131), 1–2.3 u. 5.11.12.13–14
(R: Lk 1, 32b)

R Gott, der Herr, wird ihm den Thron seines Vaters David geben. – **R**
(GL 753, 1)

1 O Herr, denk an David, * II. Ton
denk an all seine Mühen,

2 wie er dem Herrn geschworen, *
dem starken Gott Jakobs gelobt hat: – (R)

3 „Nicht will ich mein Zelt betreten *
noch mich zur Ruhe betten,

5 bis ich eine Stätte finde für den Herrn, *
eine Wohnung für den starken Gott Jakobs." – (R)

11 Der Herr hat David geschworen, *
einen Eid, den er niemals brechen wird:

„Einen Sproß aus deinem Geschlecht *
will ich setzen auf deinen Thron. – (R)

12 Wenn deine Söhne meinen Bund bewahren, *
mein Zeugnis, das ich sie lehre,

dann sollen auch ihre Söhne *
auf deinem Thron sitzen für immer." –

13 Denn der Herr hat den Zion erwählt, *
ihn zu seinem Wohnsitz erkoren:

14 „Das ist für immer der Ort meiner Ruhe; *
hier will ich wohnen, ich hab' ihn erkoren." – R

Jahr I und II

RUF VOR DEM EVANGELIUM
Vers: Ps 119 (118), 105

Halleluja. Halleluja.

Dein Wort, o Herr, ist meinem Fuß eine Leuchte,
ein Licht für meine Pfade.

Halleluja.

ZUM EVANGELIUM *In diesem Abschnitt hat Markus Jesusworte zusammengestellt, die ursprünglich in anderen Zusammenhängen standen. Der Spruch von der Lampe schließt mit der Aufforderung zum Hören*

(V. 21–23); mit der gleichen Mahnung beginnt das Wort von dem „Maß, mit dem ihr meßt" (V. 24–25). Die Menschen sollen die Gleichnisse Jesu hören, das Geheimnis der Gottesherrschaft verstehen und den aufnehmen, durch dessen Wort und Gegenwart die Herrschaft Gottes sich verwirklicht. Er selbst ist das wahre, wirkliche Licht (V. 21); er ist auch das Maß. Wer auf ihn hört und wer von seinem Licht soviel aufnimmt, als er jetzt fassen kann, dessen innerer Raum wird sich weiten, und er wird mit überreicher Fülle beschenkt werden. – Mt 5,15; Lk 8,16–17; 11,33; Mt 10,26; Lk 12,2; 6,38; Mt 7,2; 13,12; Lk 8,18; 19,26.

EVANGELIUM Mk 4,21–25

Ein Licht stellt man auf den Leuchter. Nach dem Maß, mit dem ihr meßt und zuteilt, wird euch zugeteilt werden

✛ **Aus dem heiligen Evangelium nach Markus.**

In jener Zeit sprach Jesus:
21 Zündet man etwa ein Licht an und stülpt ein Gefäß darüber
 oder stellt es unter das Bett?
 Stellt man es nicht auf den Leuchter?
22 Es gibt nichts Verborgenes, das nicht offenbar wird,
 und nichts Geheimes, das nicht an den Tag kommt.
23 Wenn einer Ohren hat zum Hören, so höre er!
24 Weiter sagte er:
 Achtet auf das, was ihr hört!
 Nach dem Maß, mit dem ihr meßt und zuteilt,
 wird euch zugeteilt werden,
 ja, es wird euch noch mehr gegeben.
25 Denn wer hat, dem wird gegeben;
 wer aber nicht hat,
 dem wird auch noch weggenommen, was er hat.

FÜRBITTEN

Zu Jesus Christus, der mit uns Mahlgemeinschaft hält, beten wir voll Vertrauen:

Hilf der Kirche, dein Licht auszustrahlen.
A.: Wir bitten dich, erhöre uns.

Führe die Völker auf den Weg deiner Gebote.

Ermutige uns, Not zu wenden und Leid zu lindern.

Geleite unsere Verstorbenen in das Licht des ewigen Lebens.

Denn du bist gekommen, damit wir das Leben haben. Dir sei Dank und Ehre in Ewigkeit.   A.: Amen.

„DAVIDS FRÖMMIGKEIT *ist aufs stärkste bestimmt durch das Gefühl des ungeheuren Abstandes zwischen Gott und Mensch, wie es besonders in dem Motiv der Selbstdemütigung, dann in der dritten Person des Ergebenheitsstiles ('dein Knecht') Ausdruck findet. Das Bewußtsein der eigenen Nichtigkeit läßt die Freude über die Gnade einer göttlichen Offenbarung um so größer sein, verhindert es aber, daß sie in Vertraulichkeit umschlägt. Sonach haben wir hier ein Gebet tiefer Frömmigkeit vor uns, ein wundervolles Zeugnis für die Macht und Eigenart des religiösen Lebens der älteren Königszeit, ein königliches Gebet, würdig eines David"* (Leonhard Rost).

„DIE NICHTVERSTEHENDEN *sind die, die nicht glauben, nicht hindurchsehen können auf den Sinn des Gleichnisses und deshalb nicht einmal die Aneinanderreihung der Worte verstehen; denn die Worte des Gleichnisses gründen im Wort, das der Herr ist. Sie hören nur ein rein menschliches Wort, das, indem es aussagt, abschließt. Sie lassen das Wort des Herrn nicht sein, was es ist: Anfang, Auftakt, Wegbereiter zum unendlichen Vater. Um diesen Aufbruch zu lehren, ist der Sohn ja gekommen"* (A. von Speyr).

FREITAG

TAGESGEBET

Gott.
Du hast uns zu dieser Feier eingeladen.
Du sagst uns dein rettendes Wort
und reichst uns das lebenspendende Brot.
Mach uns fähig, weiterzugeben,
was wir in deinen Gaben empfangen.
Darum bitten wir durch Jesus Christus. (MB 306, 3)

Oder ein anderes Tagesgebet (vgl. S. 661).

Jahr I

ZUR LESUNG *Der Glaubensweg des Christen ist von außen und von innen her gefährdet. Von außen durch Spott und Verfolgung in vielerlei Form, von innen her durch die scheinbare Ferne des Ziels. Der Tag des Herrn, der Tag seiner Wiederkunft, „naht"; aber woran sollen wir es sehen (10,25)? Den Lesern des Briefes wird gesagt, sie sollen in die Vergangenheit und in die Zukunft schauen. Die Vergangenheit, ihre eigene Vergangenheit war gekennzeichnet durch harte Verfolgung, aber auch durch eine Glaubensfreudigkeit, die nicht umzubringen war. Die Zukunft aber heißt: Er wird kommen. Für den Beter des Alten Testaments konnte das Ausbleiben der Hilfe Gottes zu einer Anfechtung des Glaubens werden (Hab 1,12–17). Die Antwort, die die Propheten erhielten, war eine doppelte: 1. „nur noch eine kurze Zeit" (Jes 26,20), 2. der „Gerechte wird durch den Glauben leben" (Hab 2,3.4), d. h. durch seine Treue gerettet werden. – Mt 5,11–12.40; 6,20; Lk 21,19.25–28; Apg 14,22; Röm 1,17; 1 Thess 3,1–5; 1 Petr 1,8–9.*

ERSTE LESUNG   Hebr 10,32–39

Ihr habt manchen harten Lebenskampf bestanden. Werft also eure Zuversicht nicht weg!

Lesung
    aus dem Hebräerbrief.

Brüder!
32 Erinnert euch an die früheren Tage,
als ihr nach eurer Erleuchtung
    manchen harten Leidenskampf bestanden habt:
33 Ihr seid vor aller Welt beschimpft und gequält worden,
oder ihr seid mitbetroffen gewesen
    vom Geschick derer, denen es so erging;
34 denn ihr habt mit den Gefangenen gelitten
    und auch den Raub eures Vermögens freudig hingenommen,
da ihr wußtet,
    daß ihr einen besseren Besitz habt, der euch bleibt.
35 Werft also eure Zuversicht nicht weg,
    die großen Lohn mit sich bringt.
36 Was ihr braucht, ist Ausdauer,
    damit ihr den Willen Gottes erfüllen könnt
    und so das verheißene Gut erlangt.

⁳⁷ Denn nur noch eine kurze Zeit,
   dann wird der kommen, der kommen soll,
   und er bleibt nicht aus.
³⁸ Mein Gerechter aber wird durch den Glauben leben;
   doch wenn er zurückweicht,
      habe ich kein Gefallen an ihm.
³⁹ Wir aber gehören nicht zu denen,
      die zurückweichen und verlorengehen,
      sondern zu denen, die glauben und das Leben gewinnen.

ANTWORTPSALM Ps 37 (36), 3–4.5–6.23–24.39–40b (R: 39a)

R Die Rettung der Gerechten kommt vom Herrn. – **R**   (GL 745,1)

³ Vertrau auf den Herrn und tu das Gute, *   I. Ton
  bleib wohnen im Land und bewahre Treue!
⁴ Freu dich innig am Herrn! *
  Dann gibt er dir, was dein Herz begehrt. – (**R**)
⁵ Befiehl dem Herrn deinen Weg und vertrau ihm; *
  er wird es fügen.
⁶ Er bringt deine Gerechtigkeit heraus wie das Licht *
  und dein Recht so hell wie den Mittag. – (**R**)
²³ Der Herr festigt die Schritte des Mannes, *
   er hat Gefallen an seinem Weg.
²⁴ Auch wenn er strauchelt, stürzt er nicht hin; *
   denn der Herr hält ihn fest an der Hand. – (**R**)
³⁹ Die Rettung der Gerechten kommt vom Herrn, *
   er ist ihre Zuflucht in Zeiten der Not.
⁴⁰ᵃᵇ Der Herr hilft ihnen und rettet sie, *
   er rettet sie vor den Frevlern. – **R**

Jahr II

ZUR LESUNG *Die Schwere einer Sünde wird nicht nur an ihrem Gegenstand bemessen. David war nicht irgendeiner. Daß er, der fromme, von Gott und dem Volk geliebte König, mit Batseba Ehebruch beging und dann deren Mann Urija in den Tod schickte, mußte jeden Israeliten erschrecken. Die Bibel erzählt schonungslos das doppelte Verbrechen des*

Königs, der immer tiefer abgleitet. Was David oder Batseba oder Urija bei der Sache gedacht oder empfunden haben, davon wird keine Silbe gesagt. Wichtiger ist, was am Schluß des Kapitels steht (11,27): das Urteil Gottes über die Tat des Königs.

ERSTE LESUNG 2 Sam 11,1–4a.c.5–10a.13–17

Du hast mich verachtet und dir die Frau des Hetiters genommen, damit sie deine Frau werde (2 Sam 12,10)

Lesung
  aus dem zweiten Buch Sámuel.

1 Um die Jahreswende,
    zu der Zeit, in der die Könige in den Krieg ziehen,
    schickte David
    den Joab mit seinen Männern und ganz Israel aus,
  und sie verwüsteten das Land der Ammoníter
    und belagerten Rabba.
  David selbst aber blieb in Jerusalem.

2 Als David einmal zur Abendzeit von seinem Lager aufstand
    und auf dem Flachdach des Königspalastes hin- und herging,
    sah er von dort aus eine Frau, die badete.
  Die Frau war sehr schön anzusehen.

3 David schickte jemand hin und erkundigte sich nach ihr.
  Man sagte ihm: Das ist Batséba, die Tochter Ámmiëls,
  die Frau des Hetíters Uríja.

4a Darauf schickte David Boten zu ihr und ließ sie holen.
4c Dann kehrte sie in ihr Haus zurück.

5 Die Frau war aber schwanger geworden
  und schickte deshalb zu David
  und ließ ihm mitteilen: Ich bin schwanger.

6 Darauf sandte David einen Boten zu Joab
  und ließ ihm sagen: Schick den Hetíter Uríja zu mir!
  Und Joab schickte Uríja zu David.

7 Als Uríja zu ihm kam,
    fragte David, ob es Joab und dem Volk gut gehe
    und wie es mit dem Kampf stehe.

8 Dann sagte er zu Uríja:
    Geh in dein Haus hinab, und wasch dir die Füße!

Uríja verließ das Haus des Königs,
und es wurde ihm ein Geschenk des Königs nachgetragen.
9 Uríja aber legte sich am Tor des Königshauses
bei den Knechten seines Herrn nieder
und ging nicht in sein Haus hinab.
10a Man berichtete David:
Uríja ist nicht in sein Haus hinabgegangen.

13 David lud Uríja ein, bei ihm zu essen und zu trinken,
und machte ihn betrunken.
Am Abend aber ging Uríja weg,
um sich wieder auf seinem Lager
bei den Knechten seines Herrn niederzulegen;
er ging nicht in sein Haus hinab.

14 Am anderen Morgen schrieb David einen Brief an Joab
und ließ ihn durch Uríja überbringen.
15 Er schrieb in dem Brief:
Stellt Uríja nach vorn, wo der Kampf am heftigsten ist,
dann zieht euch von ihm zurück,
so daß er getroffen wird und den Tod findet.
16 Joab hatte die Stadt beobachtet,
und er stellte Uríja an einen Platz,
von dem er wußte, daß dort besonders tüchtige Krieger standen.
17 Als dann die Leute aus der Stadt einen Ausfall machten
und gegen Joab kämpften,
fielen einige vom Volk, das heißt von den Kriegern Davids;
auch der Hetíter Uríja fand den Tod.

ANTWORTPSALM   Ps 51 (50), 3–4.5–6b.6c–7.10–11 (R: vgl. 3)

(GL 172, 3)

R Erbarme dich unser, o Herr,
denn wir haben gesündigt. – **R**

Gott, sei mir gnädig nach deiner Huld, *   I. Ton
tilge meine Frevel nach deinem reichen Erbarmen!

Wasch meine Schuld von mir ab, *
und mach mich rein von meiner Sünde! – (**R**)

Denn ich erkenne meine bösen Taten, *
meine Sünde steht mir immer vor Augen.

ab Gegen dich allein habe ich gesündigt, *
ich habe getan, was dir mißfällt. – (**R**)

6cd So behältst du recht mit deinem Urteil, *
rein stehst du da als Richter.

7 Denn ich bin in Schuld geboren; *
in Sünde hat mich meine Mutter empfangen. – (R)

10 Sättige mich mit Entzücken und Freude! *
Jubeln sollen die Glieder, die du zerschlagen hast.

11 Verbirg dein Gesicht vor meinen Sünden, *
tilge all meine Frevel!

R Erbarme dich unser, o Herr,
denn wir haben gesündigt.

Jahr I und II

RUF VOR DEM EVANGELIUM Vers: vgl. Mt 11,25

Halleluja. Halleluja.

Sei gepriesen, Vater, Herr des Himmels und der Erde;
du hast die Geheimnisse des Reiches den Unmündigen offenbart.

Halleluja.

ZUM EVANGELIUM *Jesus verkündet „das Wort" in Gleichnissen (V. 33). Das entspricht der Wahrheit, die er zu verkünden hat, und der Fassungskraft der Menschen, zu denen er spricht. Die Jünger verstanden davon nicht viel mehr als die große Masse des Volkes, und Jesus mußte sie eigens unterrichten. Der heutige Mensch, der vielleicht weder eine wachsende Saat noch ein Senfkorn, noch einen Sauerteig gesehen hat, muß sich zudem erst einmal das Bild klarmachen, um dann vom Bild zur gemeinten Sache zu kommen. Aber die Sache steht nicht neben oder hinter dem Bild; wir müssen uns in das Gleichnis selbst hineinbegeben, um „das Geheimnis des Gottesreiches" zu verstehen und zu erfahren. Im Gleichnis von der wachsenden Saat ist der Blick auf die kommende Ernte gerichtet. So sicher wie nach der Saat die Ernte kommt, wird die Herrschaft Gottes anbrechen, „von selbst": sie kann nicht erzwungen, auch nicht beschleunigt werden. Ähnlichen Sinn hat das Gleichnis vom Senfkorn (V. 30–32); der Akzent liegt hier stärker auf der unwahrscheinlichen Kraft, mit der sich Gottes Herrschaft in der Welt verwirklicht, trotz armseliger Anfänge und unzureichender Mittel. – Jak 5,7; Joel 4,13; Offb 14,15–16; Mt 13,31–32; Lk 13,18–19; Mt 13,34–35.*

EVANGELIUM　　　　　　　　　　　　　　　　　Mk 4, 26–34

Das kleinste von allen Samenkörnern geht auf und wird größer als alle anderen Gewächse

✢ Aus dem heiligen Evangelium nach Markus.

In jener Zeit sprach Jesus:
26 Mit dem Reich Gottes ist es so,
   wie wenn ein Mann Samen auf seinen Acker sät;
27 dann schläft er und steht wieder auf,
   es wird Nacht und wird Tag,
   der Samen keimt und wächst,
   und der Mann weiß nicht, wie.
28 Die Erde bringt von selbst ihre Frucht,
   zuerst den Halm,
   dann die Ähre,
   dann das volle Korn in der Ähre.
29 Sobald aber die Frucht reif ist,
   legt er die Sichel an;
   denn die Zeit der Ernte ist da.
30 Er sagte:
   Womit sollen wir das Reich Gottes vergleichen,
   mit welchem Gleichnis sollen wir es beschreiben?
31 Es gleicht einem Senfkorn.
   Dieses ist das kleinste von allen Samenkörnern,
      die man in die Erde sät.
32 Ist es aber gesät,
      dann geht es auf
      und wird größer als alle anderen Gewächse
   und treibt große Zweige,
   so daß in seinem Schatten die Vögel des Himmels nisten können.
33 Durch viele solche Gleichnisse verkündete er ihnen das Wort,
      so wie sie es aufnehmen konnten.
34 Er redete nur in Gleichnissen zu ihnen;
   seinen Jüngern aber erklärte er alles,
      wenn er mit ihnen allein war.

FÜRBITTEN

Wir beten zu Christus, der auf dem Leidensweg zur Herrlichkeit gelangte:

Erhalte deine Kirche in der Hoffnung auf ihre Vollendung.
A.: Herr, erhöre unser Gebet.

Schenke allen Völkern Wohlergehen und Frieden.

Sei allen nahe, die aus ihrer Not keinen Ausweg finden.

Gib, daß wir in deiner Nachfolge ausharren bis zum Tag der Ernte.

Denn durch dein Kreuz hast du der Welt das Heil gebracht. Dir sei Dank und Lobpreis in Ewigkeit.   A.: Amen.

„WEIL GOTT GRÖSSER IST *als alles – gerade deshalb – kann er überall, selbst in unscheinbarsten Dingen, gefunden werden. Er kann einem entgegenkommen auf allen Straßen der Welt. Aus solcher Haltung erwächst eine dauernde Bereitschaft, den Ruf Gottes aus allen Situationen der Welt ‚herauszuhören', eine radikale Fähigkeit zum Dienst am Nächsten, eine Offenheit des Herzens allem gegenüber, das ist und lebt. Der Christ soll seinen großen Gott überall, selbst in den kleinsten Dingen suchen. Er muß zwar den Mut haben, unzufrieden zu sein. Er hat die Pflicht, nirgends eine bleibende Stätte zu haben als im ruhelosen Wandel zum ruhigen Gott. Nichts genügt ihm, was nicht Gott ist. Sein Leben ist – hier auf Erden und drüben in Ewigkeit – ein nie endendes Hineinschreiten ins Unbegrenzte. Jede Erfüllung ist nur Beginn eines weiteren Suchens. Das Größte, das Schönste, das Heiligste ist nicht groß, nicht schön und nicht heilig genug für ihn. Er läßt sich – um es einmal paradox auszudrücken – durch nichts Großes beengen. Seine Sehnsucht, seine Hoffnung ist immer größer als die größte Verwirklichung"* (L. Boros).

SAMSTAG

TAGESGEBET

**Heiliger Gott.
Du bist unsagbar größer,
als wir Menschen begreifen,
du wohnst im unzugänglichen Licht,**

und doch bist du uns nahe.
**Gib, daß wir heute mit Ehrfurcht vor dir stehen
und froh werden in deiner Nähe.
Darum bitten wir durch Jesus Christus.** (MB 306, 4)

Oder ein anderes Tagesgebet (vgl. S. 661).

Jahr I

ZUR LESUNG *Im ganzen Hebräerbrief geht es darum, den Glauben der Gemeinde zu vertiefen und zu festigen. Verfolgungen von außen und die Verzögerung der Wiederkunft des Herrn belasten diesen Glauben. Der ganze dritte Teil des Briefs (Kap. 11–13) spricht vom Weg des Glaubens. Das 11. Kapitel zeigt eine ganze „Wolke von Zeugen", von Abel bis zu den Propheten und den Frommen der Makkabäerzeit. Zuerst aber stellt der Verfasser klar, was er unter Glauben versteht (11, 1); es ist in der ganzen Bibel der einzige Versuch einer Begriffsbestimmung des Glaubens. Der Glaube schaut in die Zukunft, er sieht das, was noch nicht greifbar und sichtbar ist. Der Glaube ist nicht ein Wissen, sondern eine Gewißheit, die auf dem Wort der Verheißung ruht. Es ist die Antwort, die den ganzen Menschen fordert und über sich selbst hinaushebt. Die leuchtendste Gestalt des Glaubens im Alten Testament ist Abraham. Sein Glaube war absoluter Gehorsam in der Gewißheit, daß Gott sein Versprechen einlösen werde. Abraham hat gegen alle Hoffnung gehofft und über den Tod hinaus an das Leben geglaubt. – Gen 12, 1–4; 23, 4; 17, 19; 21, 2; 15, 5; 22, 17; Ex 32, 13; Dan 3, 35–36; Gen 22, 1–14; 21, 12; Röm 4, 16–22; 8, 24–25; 2 Kor 4, 18; Offb 21, 10–22; Hebr 13, 14; 10, 23; Joh 8, 56; Ps 39, 13; 119, 19; Phil 3, 20.*

ERSTE LESUNG   Hebr 11, 1–2.8–19

Er erwartete die Stadt, die Gott selbst geplant und gebaut hat

**Lesung
   aus dem Hebräerbrief.**

**Brüder!
Glaube ist: Feststehen in dem, was man erhofft,
Überzeugtsein von Dingen, die man nicht sieht.
Aufgrund dieses Glaubens
   haben die Alten ein ruhmvolles Zeugnis erhalten.**

8 Aufgrund des Glaubens gehorchte Abraham dem Ruf,
   wegzuziehen in ein Land, das er zum Erbe erhalten sollte;
und er zog weg,
   ohne zu wissen, wohin er kommen würde.

9 Aufgrund des Glaubens
   hielt er sich als Fremder im verheißenen Land
   wie in einem fremden Land auf
und wohnte mit Ísaak und Jakob,
   den Miterben derselben Verheißung, in Zelten;
10 denn er erwartete die Stadt mit den festen Grundmauern,
   die Gott selbst geplant und gebaut hat.

11 Aufgrund des Glaubens empfing selbst Sara die Kraft,
   trotz ihres Alters noch Mutter zu werden;
denn sie hielt den für treu,
   der die Verheißung gegeben hatte.

12 So stammen denn auch von einem einzigen Menschen,
   dessen Kraft bereits erstorben war,
   viele ab:
zahlreich wie die Sterne am Himmel
   und der Sand am Meeresstrand, den man nicht zählen kann.

13 Voll Glauben sind diese alle gestorben,
   ohne das Verheißene erlangt zu haben;
nur von fern haben sie es geschaut und gegrüßt
   und haben bekannt, daß sie Fremde und Gäste auf Erden sind.

14 Mit diesen Worten geben sie zu erkennen,
   daß sie eine Heimat suchen.

15 Hätten sie dabei an die Heimat gedacht,
   aus der sie weggezogen waren,
   so wäre ihnen Zeit geblieben zurückzukehren;

16 nun aber streben sie nach einer besseren Heimat,
nämlich der himmlischen.
Darum schämt sich Gott ihrer nicht,
er schämt sich nicht, ihr Gott genannt zu werden;
denn er hat für sie eine Stadt vorbereitet.

17 Aufgrund des Glaubens brachte Abraham den Ísaak dar,
   als er auf die Probe gestellt wurde,
und gab den einzigen Sohn dahin,
er, der die Verheißungen empfangen hatte
18 und zu dem gesagt worden war:
   Durch Ísaak wirst du Nachkommen haben.

19 Er verließ sich darauf,
  daß Gott sogar die Macht hat, Tote zum Leben zu erwecken;
darum erhielt er Ísaak auch zurück.
Das ist ein Sinnbild.

ANTWORTPSALM Lk 1,68–69.70–71.72–73.74–75 (R: 68)

R Gepriesen sei der Herr, der Gott Israels, (GL 693,1)
denn er hat sein Volk besucht. – **R**

68 Gepriesen sei der Herr, der Gott Israels! * IV. Ton
Denn er hat sein Volk besucht und ihm Erlösung geschaffen;

69 er hat uns einen starken Retter erweckt *
im Hause seines Knechtes David. – (R)

70 So hat er verheißen von alters her *
durch den Mund seiner heiligen Propheten.

71 Er hat uns errettet vor unseren Feinden *
und aus der Hand aller, die uns hassen. – (R)

72 Er hat das Erbarmen mit den Vätern an uns vollendet *
und an seinen heiligen Bund gedacht.

73 Er hat an den Eid gedacht, *
den er unserm Vater Abraham geschworen hat. – (R)

74 Er hat uns geschenkt, *
daß wir, aus Feindeshand befreit, ihm furchtlos dienen

75 in Heiligkeit und Gerechtigkeit *
vor seinem Angesicht all unsre Tage. – **R**

Jahr II

ZUR LESUNG *Durch eine Beispielerzählung (V. 1–4) macht der Prophet dem König deutlich, was für ein schreiendes Unrecht er begangen hat. „Der Mann, der das getan hat, verdient den Tod", sagt David (V. 5) und spricht sich damit selbst das Todesurteil. „Du selbst bist der Mann", sagt ihm Natan. Jetzt gehen David die Augen auf: er bekennt seine Sünde, und weil er sie bereut, wird ihm verziehen: „Du wirst nicht sterben" (V. 13). War das eine billige Vergebung? Darüber könnte nur urteilen, wer weiß, was in diesen Augenblicken zwischen Gott und David vorgegangen ist. In dem Bericht, wie er uns vorliegt, sieht es tatsächlich nicht so ein-*

fach aus. Der Verfasser dieser Geschichte lebt so stark in der Vorstellung von Sünde und Vergeltung, daß er alles Unglück, das später über David kam, als Strafe Gottes deutet, ohne zu bedenken, daß er damit irgendwie die Größe Gottes, die sich in der freien Vergebung offenbart, geschmälert hat. Die Sünde Davids wird in diesem Teil der Erzählung als Verachtung Gottes gekennzeichnet (V. 10), und für die Feinde des Herrn war sie ein Anlaß, den Herrn zu lästern (V. 14). Eine ganze Theologie von Sünde, Gericht und Vergebung liegt in dieser Erzählung. – 1 Kön 21,17–18; Ps 51; 2 Sam 14,1–24; Ex 21,37; Lk 19,8; 2 Sam 16,22; 1 Kön 21,27–29; Ps 32,5; Sir 47,11.

ERSTE LESUNG 2 Sam 12,1–7a.10–17

Ich habe gegen den Herrn gesündigt

Lesung
   aus dem zweiten Buch Sámuel.

In jenen Tagen
1   schickte der Herr den Natan zu David;
dieser ging zu David
   und sagte zu ihm: In einer Stadt lebten einst zwei Männer;
   der eine war reich, der andere arm.
2 Der Reiche besaß sehr viele Schafe und Rinder,
3 der Arme aber besaß nichts
   außer einem einzigen kleinen Lamm, das er gekauft hatte.
Er zog es auf,
   und es wurde bei ihm zusammen mit seinen Kindern groß.
Es aß von seinem Stück Brot,
   und es trank aus seinem Becher,
   in seinem Schoß lag es und war für ihn wie eine Tochter.
4 Da kam ein Besucher zu dem reichen Mann,
und er brachte es nicht über sich,
   eines von seinen Schafen oder Rindern zu nehmen,
   um es für den zuzubereiten, der zu ihm gekommen war.
Darum nahm er dem Armen das Lamm weg
   und bereitete es für den Mann zu, der zu ihm gekommen war.
5 Da geriet David in heftigen Zorn über den Mann
und sagte zu Natan:
   So wahr der Herr lebt:
   Der Mann, der das getan hat, verdient den Tod.

⁶ Das Lamm soll er vierfach ersetzen,
    weil er das getan und kein Mitleid gehabt hat.
⁷ᵃ Da sagte Natan zu David:
    Du selbst bist der Mann.
¹⁰ Darum soll jetzt das Schwert
    auf ewig nicht mehr von deinem Haus weichen;
  denn du hast mich verachtet
    und dir die Frau des Hetiters genommen,
    damit sie deine Frau werde.
¹¹ So spricht der Herr:
  Ich werde dafür sorgen,
    daß sich aus deinem eigenen Haus
    das Unheil gegen dich erhebt,
  und ich werde dir vor deinen Augen deine Frauen wegnehmen
    und sie einem andern geben;
  er wird am hellen Tag bei deinen Frauen liegen.
¹² Ja, du hast es heimlich getan,
    ich aber werde es vor ganz Israel und am hellen Tag tun.
¹³ Darauf sagte David zu Natan:
    Ich habe gegen den Herrn gesündigt.
  Natan antwortete David:
    Der Herr hat dir deine Sünde vergeben;
  du wirst nicht sterben.
¹⁴ Weil du aber die Feinde des Herrn
    durch diese Sache zum Lästern veranlaßt hast,
    muß der Sohn, der dir geboren wird, sterben.
¹⁵ Dann ging Natan nach Hause.
  Der Herr aber ließ das Kind,
    das die Frau des Urija dem David geboren hatte,
    schwer krank werden.
¹⁶ David suchte Gott wegen des Knaben auf und fastete streng;
  und wenn er heimkam,
    legte er sich bei Nacht auf die bloße Erde.
¹⁷ Die Ältesten seines Hauses kamen zu ihm,
    um ihn dazu zu bewegen, von der Erde aufzustehen.
  Er aber wollte nicht
    und aß auch nicht mit ihnen.

ANTWORTPSALM Ps 51 (50), 12–13.14–15.16–17 (R: vgl. 12a)

R Ein reines Herz erschaffe mir, Gott! – **R** (GL 172, 3)

12 Erschaffe mir, Gott, ein reines Herz, * I. Ton
und gib mir einen neuen, beständigen Geist!

13 Verwirf mich nicht von deinem Angesicht, *
und nimm deinen heiligen Geist nicht von mir! – (**R**)

14 Mach mich wieder froh mit deinem Heil; *
mit einem willigen Geist rüste mich aus!

15 Dann lehre ich Abtrünnige deine Wege, *
und die Sünder kehren um zu dir. – (**R**)

16 Befrei mich von Blutschuld, Herr, du Gott meines Heiles, *
dann wird meine Zunge jubeln über deine Gerechtigkeit.

17 Herr, öffne mir die Lippen, *
und mein Mund wird deinen Ruhm verkünden. – **R**

Jahr I und II

RUF VOR DEM EVANGELIUM Vers: vgl. Joh 3, 16a.15

Halleluja. Halleluja.
So sehr hat Gott die Welt geliebt,
daß er seinen einzigen Sohn hingab,
damit jeder, der glaubt, in ihm das ewige Leben hat.
Halleluja.

ZUM EVANGELIUM *Nach den Gleichnisreden des 4. Kapitels berichtet Markus vier Wunder Jesu (4, 35 – 5, 43). Daß Jesus Wunder gewirkt hat, steht außer Frage. Zwingende Beweise für die Gottheit Jesu sind diese Wunder nicht, weder für den kritisch und wissenschaftlich denkenden Menschen von heute noch für die Zeitgenossen Jesu. Das wesentliche am Wunder ist nicht, daß etwas Seltsames geschieht, vielleicht etwas nach den Naturgesetzen Unmögliches, sondern daß im geschehenen Zeichen Gott zum Menschen spricht. Es gibt aber kein wirkliches Sprechen, wo niemand hört; so kann es auch kein eigentliches Wunder geben, wo die Fähigkeit zum Glauben fehlt. Der Glaube der Jünger war noch schwach, daher ihre Angst (V. 40). Aber ein Anfang war da: er äußerte sich in der Furcht vor dem, der eine solche Macht hat, und in der Frage: Wer ist dieser Mensch? Das ist die Kernfrage. Glauben heißt, in Jesus dem machtvoll gegenwärtigen Gott begegnen. – Mt 8, 18.23–27; Lk 8, 22–25; Ps 106, 9; Ps 89, 9–11.*

EVANGELIUM Mk 4, 35–41

Was ist das für ein Mensch, daß ihm sogar der Wind und der See gehorchen?

☩ Aus dem heiligen Evangelium nach Markus.

35 An jenem Tag,
als es Abend geworden war,
sagte Jesus zu seinen Jüngern:
Wir wollen ans andere Ufer hinüberfahren.
36 Sie schickten die Leute fort
und fuhren mit ihm in dem Boot, in dem er saß, weg;
einige andere Boote begleiteten ihn.
37 Plötzlich erhob sich ein heftiger Wirbelsturm,
und die Wellen schlugen in das Boot,
so daß es sich mit Wasser zu füllen begann.
38 Er aber lag hinten im Boot auf einem Kissen und schlief.
Sie weckten ihn
und riefen:
Meister, kümmert es dich nicht, daß wir zugrunde gehen?
39 Da stand er auf,
drohte dem Wind
und sagte zu dem See: Schweig,
sei still!
Und der Wind legte sich,
und es trat völlige Stille ein.
40 Er sagte zu ihnen: Warum habt ihr solche Angst?
Habt ihr noch keinen Glauben?
41 Da ergriff sie große Furcht,
und sie sagten zueinander: Was ist das für ein Mensch,
daß ihm sogar der Wind und der See gehorchen?

FÜRBITTEN

Im Gebet wenden wir uns an Christus, den Mittler zwischen Gott und den Menschen:

Sende allen, die in der Kirche Verantwortung haben, deinen Geist, und gib ihnen Klugheit und Tatkraft. (Stille) Christus, höre uns.
A.: Christus, erhöre uns.

Ermutige die Völker, ihre sozialen Probleme gewaltlos zu lösen.
(Stille) Christus, höre uns.
A.: Christus, erhöre uns.

Gib allen Menschen, was sie zum Leben nötig haben. (Stille) Christus, höre uns.

Laß uns Hoffnung und Freude ausstrahlen. (Stille) Christus, höre uns.

Gütiger Gott, du hast uns für eine unvergängliche Freude erschaffen. Gib, daß wir mit frohem Herzen dir dienen durch Christus, unseren Herrn.   A.: Amen.

„DIE SÜNDE *als solche kann nur vom Wort Gottes her erkannt werden. Und zwar ereignet sich diese Erkenntnis durchgehend so, daß Gott sich in seinem Wort kundgibt als der Gott, der Licht ist und in dem keine Finsternis ist. Im Licht dieser Selbstoffenbarung Gottes werden wir der Finsternis unserer Sünde ansichtig"* (E. Thurneysen).

„ALS CHRISTUS SIEGTE, *hat er auch die Angst besiegt. Wo einer sich glaubend zu Christus stellt, verschwindet sie. Die Angst des neuzeitlichen Menschen ist ein Rückfall in den Zustand vor der Erlösung. Ja er ist schlimmer als dieser, weil er aus der Erlösung herausgefallen ist, während die erste Unerlöstheit ja die Hoffnung hatte. Die neuzeitliche Angst ist nicht nur furchtbar, sondern in einem bösen Sinn unnötig"* (R. Guardini).

4. WOCHE

ERÖFFNUNGSVERS   Ps 106 (105), 47

Hilf uns, Herr, unser Gott, führe uns aus den Völkern zusammen!
Wir wollen deinen heiligen Namen preisen,
uns rühmen, weil wir dich loben dürfen.

TAGESGEBET

Herr, unser Gott,
du hast uns erschaffen, damit wir dich preisen.
Gib, daß wir dich mit ungeteiltem Herzen anbeten

und die Menschen lieben, wie du sie liebst.
Darum bitten wir durch Jesus Christus.

Lesungen vom betreffenden Wochentag, S. 788–828.

GABENGEBET

Herr, unser Gott,
wir legen die Gaben
als Zeichen unserer Hingabe auf deinen Altar.
Nimm sie entgegen
und mach sie zum Sakrament unserer Erlösung.
Darum bitten wir durch Christus, unseren Herrn.

Präfation, S. 1365 ff.

KOMMUNIONVERS Ps 31 (30), 17–18

Laß dein Angesicht leuchten über deinem Knecht,
hilf mir in deiner Güte.
Herr, laß mich nicht scheitern, denn ich rufe zu dir.

Oder: Mt 5, 3.5

Selig, die vor Gott arm sind;
denn ihnen gehört das Himmelreich.
Selig, die keine Gewalt anwenden; denn sie werden das Land erben.

SCHLUSSGEBET

Barmherziger Gott,
das Sakrament der Erlösung,
das wir empfangen haben,
nähre uns auf dem Weg zu dir
und schenke dem wahren Glauben
beständiges Wachstum.
Darum bitten wir durch Christus, unseren Herrn.

MONTAG

TAGESGEBET

Gott, du hast der Welt das Evangelium geschenkt,
damit es sie wie ein Sauerteig durchdringe.
Sei allen Christen nahe, die du berufen hast,
ein Leben mitten in der Welt zu führen.
Schenke ihnen den wahren christlichen Geist,
damit sie durch die rechte Erfüllung
ihrer weltlichen Aufgaben
am Aufbau deines Reiches mitarbeiten.
Darum bitten wir durch Jesus Christus. (MB 1039)

Oder ein anderes Tagesgebet (vgl. S. 661).

Jahr I

ZUR LESUNG   *Der Glaube kann nie ein bloßes Festhalten von Wahrheiten sein. Immer handelt es sich um einen Weg, der gegangen werden muß: einen Weg, der durch das Dunkel und die Not des gegenwärtigen Lebens in die Klarheit der ewigen Vollendung führt. Das wird durch die angeführten Beispiele deutlicher als durch eine bloße Begriffsbestimmung. Der große Glaubende war Abraham (Lesung am Samstag der 3. Woche), aber er ist nicht der einzige. Die heutige Lesung führt eine Reihe von biblischen Namen auf und weist auf andere, nicht mit Namen genannte Gestalten des Alten Testaments hin. Jeder Mensch ist eine Welt für sich, und jeder dieser Glaubenden hat auf seine Weise gezeigt, wozu die Kraft Gottes den Menschen fähig macht. An ihnen hat sich auch gezeigt, daß der Glaube keine Garantie für Erfolg ist. In den Augen der Menschen sind diese Glaubenden oft genug elend zugrunde gegangen. Entscheidend ist das Urteil Gottes (vgl. Jes 55, 8–9). – Weish 10–16; Sir 44–50; Dan 6, 23; 3, 49–50; 1 Kön 17, 23; 2 Kön 4, 36; 2 Makk 6, 18 – 7, 42; Jer 37, 15–16; 1 Petr 1, 10–12.*

ERSTE LESUNG   Hebr 11, 32–40

*Aufgrund des Glaubens haben sie Königreiche besiegt.
Für uns hat Gott etwas Besseres vorgesehen*

Lesung
   aus dem Hebräerbrief.

Brüder!
32 Was soll ich noch aufzählen?
   Die Zeit würde mir nicht reichen,
      wollte ich von Gídeon reden,
         von Barak, Simson, Jiftach, David
         und von Sámuel und den Propheten;

33 sie haben aufgrund des Glaubens Königreiche besiegt,
   Gerechtigkeit geübt, Verheißungen erlangt,
      Löwen den Rachen gestopft,
34 Feuersglut gelöscht;
   sie sind scharfen Schwertern entgangen;
   sie sind stark geworden, als sie schwach waren;
   sie sind im Krieg zu Helden geworden
   und haben feindliche Heere in die Flucht geschlagen.

35 Frauen haben ihre Toten durch Auferstehung zurückerhalten.
   Einige nahmen die Freilassung nicht an
   und ließen sich foltern,
      um eine bessere Auferstehung zu erlangen.

36 Andere haben Spott und Schläge erduldet,
   ja sogar Ketten und Kerker.
37 Gesteinigt wurden sie,
   verbrannt, zersägt, mit dem Schwert umgebracht;
   sie zogen in Schafspelzen und Ziegenfellen umher,
   notleidend, bedrängt, mißhandelt.
38 Sie, deren die Welt nicht wert war,
      irrten umher in Wüsten und Gebirgen,
      in den Höhlen und Schluchten des Landes.

39 Doch sie alle,
   die aufgrund des Glaubens
   von Gott besonders anerkannt wurden,
   haben das Verheißene nicht erlangt,
40 weil Gott erst für uns etwas Besseres vorgesehen hatte;
   denn sie sollten nicht ohne uns vollendet werden.

ANTWORTPSALM   Ps 31 (30), 20.21.22–23b.23c–24 (R: 25)

R Euer Herz sei stark und unverzagt,   (GL 745,1)
ihr alle, die ihr wartet auf den Herrn. – R

20 Wie groß ist deine Güte, Herr, *   I. Ton
die du bereithältst für alle, die dich fürchten und ehren;

du erweist sie allen, *
die sich vor den Menschen zu dir flüchten. – (R)

21 Du beschirmst sie im Schutz deines Angesichts *
vor dem Toben der Menschen.

Wie unter einem Dach bewahrst du sie *
vor dem Gezänk der Zungen. – (R)

22 Gepriesen sei der Herr, der wunderbar an mir gehandelt *
und mir seine Güte erwiesen hat zur Zeit der Bedrängnis.

23ab Ich aber dachte in meiner Angst: *
Ich bin aus deiner Nähe verstoßen. – (R)

23cd Doch du hast mein lautes Flehen gehört, *
als ich zu dir um Hilfe rief.

24 Liebt den Herrn, all seine Frommen! †
Seine Getreuen behütet der Herr, *
doch den Hochmütigen vergilt er ihr Tun mit vollem Maß. – R

Jahr II

ZUR LESUNG *Als David älter wurde, bedrohten schwere Krisen den Bestand seines Reiches. vor allem die ungeklärte Frage der Nachfolge spaltete seine Familie und das Volk. Der schöne Abschalom war der Liebling des Volkes (15, 13), und er verstand sich aufs Intrigieren (15, 1–12). Schließlich drohte er seinem Vater mit offenem Aufstand. Mit wenigen Treuen muß David fliehen. Er trägt diesen Schlag mit bewundernswerter Seelengröße. Als Trauernder und Büßender nimmt er den Weg über den Ölberg nach Osten, dem Jordan zu. Ob sein Königtum und sein Lebenswerk überhaupt noch zu retten sind, das weiß in diesem Augenblick Gott allein. Spätere, schlechtere Könige auf dem Thron Davids haben so schwere Krisen nicht erlebt. Aber an David sollte deutlich werden, wie sehr die Geschichte dieses Königtums in der Hand Gottes liegt. – Ps 3, 1; 2 Sam 19, 5; Mi 1, 8; 1 Sam 24, 15; 2 Sam 19, 19–24.*

ERSTE LESUNG 2 Sam 15,13–14.30; 16,5–13a

Seht, mein leiblicher Sohn trachtet mir nach dem Leben. – Laßt Schimi fluchen! Sicherlich hat es ihm der Herr geboten

Lesung
aus dem zweiten Buch Sámuel.

In jenen Tagen
¹³ kam ein Bote
und meldete David:
Das Herz der Israeliten hat sich Ábschalom zugewandt!
¹⁴ Da sagte David zu allen seinen Dienern,
die noch bei ihm in Jerusalem waren:
Auf, wir müssen fliehen,
denn für uns gibt es keine Rettung vor Ábschalom.
Beeilt euch mit dem Aufbruch,
sonst kommt er und holt uns ein,
bringt Unglück über uns
und schlägt die Stadt mit scharfem Schwert.

³⁰ David stieg weinend und mit verhülltem Haupte
den Ölberg hinauf;
er ging barfuß,
und alle Leute, die bei ihm waren,
verhüllten ihr Haupt und zogen weinend hinauf.

⁵ Als König David nach Báhurim kam,
da kam plötzlich aus der Stadt ein Mann namens Schimi,
ein Sohn Geras aus der Sippe des Hauses Saul.
Er kam David mit Flüchen entgegen
und warf mit Steinen
nach ihm und allen Dienern des Königs David,
obwohl das ganze Volk und alle Krieger
rechts und links um ihn standen.
Schimi schrie und fluchte:
Verschwinde, verschwinde, du Mörder, du Niederträchtiger!
Der Herr hat all deine Blutschuld am Haus Sauls,
an dessen Stelle du König geworden bist,
auf dich zurückfallen lassen.
Der Herr hat das Königtum
in die Hand deines Sohnes Ábschalom gegeben.
Nun bist du ins Unglück geraten;
denn du bist ein Mörder.

⁹ Da sagte Ábischai, der Sohn der Zerúja, zum König:
   Warum flucht dieser tote Hund meinem Herrn, dem König?
Ich will hinübergehen und ihm den Kopf abschlagen.

¹⁰ Doch der König antwortete:
   Was habe ich mit euch zu schaffen, ihr Söhne der Zerúja?
Wenn er flucht
   und wenn der Herr ihm gesagt hat: Verfluch David!,
   wer darf dann fragen: Warum tust du das?

¹¹ Und weiter sagte David zu Ábischai und all seinen Dienern:
   Seht, mein leiblicher Sohn trachtet mir nach dem Leben,
wieviel mehr muß es dann dieser Benjaminíter tun.
Laßt ihn fluchen!
Sicherlich hat es ihm der Herr geboten.

¹² Vielleicht sieht der Herr mein Elend an
   und erweist mir Gutes für den Fluch, der mich heute trifft.

¹³ª David und seine Männer setzten ihren Weg fort.

ANTWORTPSALM   Ps 3, 2–3.4–5.6–7 (R: 8ab)
(GL 733, 1)

R Herr, erhebe dich,
mein Gott, bring mir Hilfe! – R

² Herr, wie zahlreich sind meine Bedränger; *
so viele stehen gegen mich auf.

VI. Ton

³ Viele gibt es, die von mir sagen: *
„Er findet keine Hilfe bei Gott." – (R)

⁴ Du aber, Herr, bist ein Schild für mich, *
du bist meine Ehre und richtest mich auf.

⁵ Ich habe laut zum Herrn gerufen; *
da erhörte er mich von seinem heiligen Berg. – (R)

⁶ Ich lege mich nieder und schlafe ein, *
ich wache wieder auf, denn der Herr beschützt mich.

⁷ Viele Tausende von Kriegern fürchte ich nicht, *
wenn sie mich ringsum belagern. – R

Jahr I und II

RUF VOR DEM EVANGELIUM
Vers: vgl. Lk 7, 16

Halleluja. Halleluja.
Ein großer Prophet trat unter uns auf:
Gott nahm sich seines Volkes an.
Halleluja.

ZUM EVANGELIUM *Die Überfahrt war stürmisch gewesen (4, 35–41), wie auch die „Überfahrt" des Evangeliums von den Juden zu den Heiden nicht ohne gefährliche Stürme verlaufen sollte. Die erste Begegnung Jesu mit der Heidenwelt hat etwas Unheimliches. Das Judentum dachte von den Heiden nicht sehr freundlich; man brachte sie mit Schweinen, Hunden und unreinen Geistern in Verbindung (Mk 5, 11; 7, 25.27f.) und betrachtete ihre Wohnungen als „unrein", ebenso wie die Gräber. Der Besessene von Gerasa kann als Vertreter dieser verlorenen Welt gelten, die durch das Kommen Jesu zugleich besiegt und gerettet wird. „Sohn des höchsten Gottes" nennen ihn die Dämonen. Jesus gebietet ihnen, wie er den Wogen des Meeres geboten hat. – Der befreite, erlöste Mensch hat den spontanen Wunsch, bei Jesus zu bleiben, sein Jünger zu werden (V. 18; vgl. 3, 14). Jesus sendet den Geheilten als Missionar in seine heidnische Heimat zurück. – Probleme der Heidenmission rücken hier ins Blickfeld. Die Jünger Jesu fürchten sich, die Heiden fürchten sich, der Bekehrte aber ist voll Friede und Freude. – Jes 65, 1–5; Mt 8, 28–34; Lk 8, 26–39; Mt 12, 45; Lk 8, 2; 11, 26.*

EVANGELIUM
Mk 5, 1–20

Verlaß diesen Mann, du unreiner Geist!

✠ Aus dem heiligen Evangelium nach Markus.

In jener Zeit
  kamen Jesus und seine Jünger an das andere Ufer des Sees,
  in das Gebiet von Gerása.
Als er aus dem Boot stieg,
  lief ihm ein Mann entgegen,
  der von einem unreinen Geist besessen war.
Er kam von den Grabhöhlen, in denen er lebte.
Man konnte ihn nicht bändigen,
nicht einmal mit Fesseln.

⁴ Schon oft hatte man ihn an Händen und Füßen gefesselt,
aber er hatte die Ketten gesprengt und die Fesseln zerrissen;
niemand konnte ihn bezwingen.
⁵ Bei Tag und Nacht
    schrie er unaufhörlich in den Grabhöhlen und auf den Bergen
    und schlug sich mit Steinen.
⁶ Als er Jesus von weitem sah,
    lief er zu ihm hin,
warf sich vor ihm nieder
⁷ und schrie laut:
    Was habe ich mit dir zu tun, Jesus, Sohn des höchsten Gottes?
Ich beschwöre dich bei Gott, quäle mich nicht!
⁸ Jesus hatte nämlich zu ihm gesagt:
    Verlaß diesen Mann, du unreiner Geist!
⁹ Jesus fragte ihn: Wie heißt du?
Er antwortete: Mein Name ist Legion;
    denn wir sind viele.
¹⁰ Und er flehte Jesus an,
    sie nicht aus dieser Gegend zu verbannen.
¹¹ Nun weidete dort an einem Berghang
    gerade eine große Schweineherde.
¹² Da baten ihn die Dämonen:
    Laß uns doch in die Schweine hineinfahren!
¹³ Jesus erlaubte es ihnen.
Darauf verließen die unreinen Geister den Menschen
    und fuhren in die Schweine,
    und die Herde stürzte sich den Abhang hinab in den See.
Es waren etwa zweitausend Tiere, und alle ertranken.
¹⁴ Die Hirten flohen
    und erzählten alles in der Stadt und in den Dörfern.
Darauf eilten die Leute herbei, um zu sehen, was geschehen war.
¹⁵ Sie kamen zu Jesus
    und sahen bei ihm den Mann,
    der von der Legion Dämonen besessen gewesen war.
Er saß ordentlich gekleidet da
    und war wieder bei Verstand.
Da fürchteten sie sich.
¹⁶ Die, die alles gesehen hatten,
    berichteten ihnen,
    was mit dem Besessenen und mit den Schweinen

geschehen war.
17 Darauf baten die Leute Jesus, ihr Gebiet zu verlassen.
18 Als er ins Boot stieg,
bat ihn der Mann, der zuvor von den Dämonen besessen war,
bei ihm bleiben zu dürfen.
19 Aber Jesus erlaubte es ihm nicht,
sondern sagte: Geh nach Hause,
und berichte deiner Familie alles, was der Herr für dich getan
und wie er Erbarmen mit dir gehabt hat.
20 Da ging der Mann weg
und verkündete in der ganzen Dekápolis,
was Jesus für ihn getan hatte,
und alle staunten.

FÜRBITTEN

Zu Christus, der unsere Hoffnung ist, wollen wir beten:

Erneuere die Kirche, daß sie wirksamer dem Heil der Menschen dienen kann. (Stille) Christus, höre uns.
A.: Christus, erhöre uns.

Leite die Irrenden auf den Weg der Wahrheit. (Stille) Christus, höre uns.

Sei alten Menschen eine Stütze, die ihnen Halt gibt. (Stille) Christus, höre uns.

Laß uns erlangen, was du verheißen hast. (Stille) Christus, höre uns.

Herr, unser Gott, unser Leben ruht in deiner Hand. Höre auf unsere Bitten, und erhöre uns durch Christus, unseren Herrn.
A.: Amen.

„WIR ERKENNEN GOTT *nur durch Jesus Christus, aber auch uns selbst erkennen wir nur durch Jesus Christus. Das Leben und den Tod erkennen wir nur durch Jesus Christus. Außer Jesus Christus wissen wir weder, was unser Leben noch was unser Tod noch was Gott ist noch was wir selber sind.*
So erkennen wir nichts ohne die Schrift, die nur Jesus Christus zum Gegenstand hat, und sehen ohne sie nur Dunkelheit und Verwirrung in der Natur Gottes und in der eigenen Natur" (Blaise Pascal, Gedanken 584).

DIENSTAG

TAGESGEBET

Gott des Lebens.
Durch die Auferstehung deines Sohnes wissen wir:
Der Tod ist überwunden,
der Weg zu dir steht offen,
unser Leben ist unvergänglich.
Hilf uns,
in dieser Gewißheit unser Leben anzunehmen
und daraus zu machen, was du von uns erwartest.
Darum bitten wir durch Jesus Christus. (MB 308, 9)

Oder ein anderes Tagesgebet (vgl. S. 661).

Jahr I

ZUR LESUNG *Der Glaube ist ein Weg: nicht ein schöner Spazierweg, sondern ein mühevoller Wanderweg durch die Wüste und bisweilen auch eine Rennbahn (12,1). Die Glaubenden des Alten Bundes schauen auf uns wie „eine Wolke von Zeugen" und wünschen, daß wir das Ziel erreichen. Wir aber schauen auf den, der uns auf dem Weg vorausgegangen ist. Ursprung und Ziel unseres Glaubens ist Jesus, der Gekreuzigte und in die Herrlichkeit Gottes Erhöhte. Er hat für die Zukunft gelebt und gelitten, für seine und unsere Zukunft. Sein Weg wird auch der unsere sein. Der Widerstand gegen unseren Glauben ist nicht immer ein blutiger Kampf; die eigene Trägheit oder Ungeduld und die kalte Gleichgültigkeit der Umwelt sind keine geringeren Gefahren. – Gal 5,7; Hebr 2,10; Mt 4,3–11; Joh 6,15; 2 Kor 8,9; Phil 2,6–8; Ps 110,1; Apg 2,33; Lk 2,34; Hebr 10,32–39.*

ERSTE LESUNG   Hebr 12,1–4

Laßt uns mit Ausdauer in dem Wettkampf laufen, der uns aufgetragen ist

Lesung
   aus dem Hebräerbrief.

Brüder!
1 Da uns eine solche Wolke von Zeugen umgibt,
   wollen auch wir alle Last und die Fesseln der Sünde abwerfen.

Laßt uns mit Ausdauer in dem Wettkampf laufen,
   der uns aufgetragen ist,
2 und dabei auf Jesus blicken,
   den Urheber und Vollender des Glaubens;
   er hat angesichts der vor ihm liegenden Freude
      das Kreuz auf sich genommen, ohne auf die Schande zu achten,
   und sich zur Rechten von Gottes Thron gesetzt.

3 Denkt an den,
   der von den Sündern
   solchen Widerstand gegen sich erduldet hat;
   dann werdet ihr nicht ermatten und den Mut nicht verlieren.

4 Ihr habt im Kampf gegen die Sünde
   noch nicht bis aufs Blut Widerstand geleistet.

ANTWORTPSALM   Ps 22 (21), 26–27.28 u. 30ab.30c–32 (R: 27b)

R Den Herrn sollen preisen, die ihn suchen. – R   (GL 496)

26 Deine Treue preise ich in großer Gemeinde; *   VI. Ton
   ich erfülle meine Gelübde vor denen, die Gott fürchten.

27 Die Armen sollen essen und sich sättigen; †
   den Herrn sollen preisen, die ihn suchen. *
   Aufleben soll euer Herz für immer. – (R)

28 Alle Enden der Erde sollen daran denken †
   und werden umkehren zum Herrn: *
   Vor ihm werfen sich alle Stämme der Völker nieder.

30ab Vor ihm allein sollen niederfallen die Mächtigen der Erde, *
   vor ihm sich alle niederwerfen, die in der Erde ruhen. – (R)

30c Meine Seele, sie lebt für ihn; *
31 mein Stamm wird ihm dienen.

   Vom Herrn wird man dem künftigen Geschlecht erzählen, †
32 seine Heilstat verkündet man dem kommenden Volk; *
   denn er hat das Werk getan. – R

Jahr II

ZUR LESUNG *Im Ostjordanland hat König David ein neues Heer zusammengestellt. Es war schwächer als das Heer des rebellischen Abschalom, aber Abschaloms Heer wurde geschlagen, und dieser selbst fand den*

Tod. David klagte über Abschalom, ähnlich wie er früher über Saul und Jonatan geklagt hatte. Der Siegestag war für ihn ein Trauertag, und es brauchte die ganze Energie des kommandierenden Joab, um David aus seiner lähmenden und gefährlichen Trauer herauszureißen. „Du zeigst denen deine Liebe, die dich hassen" (19, 7), das macht ihm Joab zum Vorwurf, von seinem Standpunkt aus nicht mit Unrecht. Und doch ist dies einer der vielen Züge im Bild Davids, die uns an Jesus, den Sohn Davids, erinnern.

ERSTE LESUNG   2 Sam 18, 6.9–10.14b.24–25b.30 – 19, 3

Mein Sohn Abschalom! Wäre ich doch an deiner Stelle gestorben!

Lesung
  aus dem zweiten Buch Sámuel.

In jenen Tagen
6   zogen die Leute Davids ins Feld, den Israeliten entgegen,
  und im Wald Éfraim kam es zur Schlacht.
9   Plötzlich kam Abschalom in das Blickfeld der Krieger Davids;
  er ritt auf einem Maultier.
  Als das Maultier
    unter den Ästen einer großen Eiche hindurchlief,
    blieb Abschalom mit dem Kopf fest an der Eiche hängen,
    so daß er zwischen Himmel und Erde schwebte
    und das Maultier unter ihm weglief.
10 Jemand sah es und meldete Joab:
  Ich habe gerade Abschalom an einer Eiche hängen sehen.
14b Joab nahm drei Spieße in die Hand
  und stieß sie Abschalom, der noch lebend an der Eiche hing,
    ins Herz.
24 David saß zwischen den beiden Toren.
  Der Späher aber
    war auf das Dach des Tores, auf die Mauer, gestiegen,
  und als er Ausschau hielt,
    sah er einen einzelnen Mann herbeilaufen.
25ab Der Späher rief dem König die Meldung zu.
  Der König sagte:
    Wenn er allein ist, dann bringt er eine gute Nachricht.
30 Der König befahl dem Späher:
    Tritt zur Seite, und stell dich hierher!

5 Herr, du bist gütig und bereit zu verzeihen, *
für alle, die zu dir rufen, reich an Gnade.
6 Herr, vernimm mein Beten, *
achte auf mein lautes Flehen.

R Wende dein Ohr mir zu, erhöre mich, Herr!

Jahr I und II

RUF VOR DEM EVANGELIUM Vers: vgl. Mt 8, 17

Halleluja. Halleluja.

Christus hat unsere Leiden auf sich genommen,
unsere Krankheiten hat er getragen.

Halleluja.

ZUM EVANGELIUM *Jesus ist Herr über die Natur und über die Dämonen (4, 35–41; 5, 1–20), er ist auch Herr über Krankheit und Tod; das zeigen die beiden Wunder des heutigen Evangeliums. Die Heilung der kranken Frau wird erst vollendet durch das Wort Jesu. Jetzt erst erfährt auch der Glaube dieser Frau die notwendige Klärung. Beim zweiten Wunder, der Auferweckung des toten Mädchens, sind die Leute entsetzt (V. 42). Es wird nicht berichtet, ob sie zum Glauben kamen. Sein Ziel hat dieses Wunder erst dann erreicht, wenn wir, heute, glauben, daß Gott uns durch Jesus seine erbarmende Liebe anbietet und das Leben, das über den Tod hinaus bleibt. – Mt 9, 18–26; Lk 8, 40–56; Mk 2, 13; Tob 2, 10; Mk 6, 56; Mt 8, 10; Apg 9, 40–42.*

EVANGELIUM Mk 5, 21–43

Mädchen, ich sage dir, steh auf!

✢ Aus dem heiligen Evangelium nach Markus.

In jener Zeit
21 fuhr Jesus im Boot
an das andere Ufer des Sees von Galiläa hinüber,
und eine große Menschenmenge versammelte sich um ihn.
Während er noch am See war,
22 kam ein Synagogenvorsteher namens Jaïrus zu ihm.
Als er Jesus sah,
fiel er ihm zu Füßen
23 und flehte ihn um Hilfe an;

Der trat zur Seite und blieb dort stehen.

³¹ Da kam ein Kuschíter
und sagte:
>   Mein Herr, der König, lasse sich die gute Nachricht bringen,
>   daß der Herr dir heute Recht verschafft hat
>   gegenüber allen, die sich gegen dich erhoben hatten.

³² Der König fragte den Kuschíter:
>   Geht es dem Jungen, Ábschalom, gut?
>   Der Kuschíter antwortete:
>   Wie dem jungen Mann
>   möge es allen Feinden meines Herrn, des Königs, ergehen,
allen, die sich in böser Absicht gegen dich erhoben haben.

¹ Da zuckte der König zusammen,
stieg in den oberen Raum des Tores hinauf
und weinte.
Während er hinaufging, rief er immer wieder:
>   Mein Sohn Ábschalom,
mein Sohn, mein Sohn Ábschalom!
Wäre ich doch an deiner Stelle gestorben,
>   Ábschalom, mein Sohn, mein Sohn!

Man meldete Joab:
>   Der König weint und trauert um Ábschalom.
So wurde der Tag der Rettung
für das ganze Volk zu einem Trauertag;
denn die Leute hörten an diesem Tag:
>   Der König ist voll Schmerz wegen seines Sohnes.

ANTWORTPSALM Ps 86 (85), 1–2.3–4.5–6 (R: 1a)

R Wende dein Ohr mir zu, erhöre mich, Herr! – **R** (GL 733, 1)

Wende dein Ohr mir zu, erhöre mich, Herr! * VI. Ton
Denn ich bin arm und gebeugt.

Beschütze mich, denn ich bin dir ergeben! *
Hilf deinem Knecht, der dir vertraut! – (R)

Du bist mein Gott. Sei mir gnädig, o Herr! *
Den ganzen Tag rufe ich zu dir.

Herr, erfreue deinen Knecht; *
denn ich erhebe meine Seele zu dir. – (R)

Warum bemühst du den Meister noch länger?
³⁶ Jesus, der diese Worte gehört hatte,
   sagte zu dem Synagogenvorsteher: Sei ohne Furcht;
glaube nur!
³⁷ Und er ließ keinen mitkommen
   außer Petrus, Jakobus und Johannes, den Bruder des Jakobus.
³⁸ Sie gingen zum Haus des Synagogenvorstehers.

Als Jesus den Lärm bemerkte
   und hörte, wie die Leute laut weinten und jammerten,
³⁹ trat er ein
und sagte zu ihnen: Warum schreit und weint ihr?
Das Kind ist nicht gestorben,
   es schläft nur.
⁴⁰ Da lachten sie ihn aus.

Er aber schickte alle hinaus
und nahm außer seinen Begleitern
   nur die Eltern mit in den Raum, in dem das Kind lag.
⁴¹ Er faßte das Kind an der Hand
und sagte zu ihm: Talita kum!,
das heißt übersetzt: Mädchen, ich sage dir, steh auf!
⁴² Sofort stand das Mädchen auf
   und ging umher.
Es war zwölf Jahre alt.
Die Leute gerieten außer sich vor Entsetzen.
⁴³ Doch er schärfte ihnen ein,
   niemand dürfe etwas davon erfahren;
dann sagte er,
   man solle dem Mädchen etwas zu essen geben.

FÜRBITTEN

Wir beten zu Christus, der das Licht der Welt ist:

Erfülle alle, die für das Evangelium arbeiten, mit deinem Geist.
A.: Wir bitten dich, erhöre uns.

Berühre die Herzen der Menschen, daß sie zum Glauben gelangen.

Stärke die Zuversicht der Kranken, und gib ihnen Vertrauen in ihre Helfer.

er sagte: Meine Tochter liegt im Sterben.
Komm und leg ihr die Hände auf,
damit sie wieder gesund wird und am Leben bleibt.
24 Da ging Jesus mit ihm.

Viele Menschen folgten ihm und drängten sich um ihn.
25 Darunter war eine Frau,
die schon zwölf Jahre an Blutungen litt.
26 Sie war von vielen Ärzten behandelt worden
und hatte dabei sehr zu leiden;
ihr ganzes Vermögen hatte sie ausgegeben,
aber es hatte ihr nichts genutzt,
sondern ihr Zustand war immer schlimmer geworden.
27 Sie hatte von Jesus gehört.

Nun drängte sie sich in der Menge von hinten an ihn heran
und berührte sein Gewand.
28 Denn sie sagte sich:
Wenn ich auch nur sein Gewand berühre, werde ich geheilt.
29 Sofort hörte die Blutung auf,
und sie spürte deutlich, daß sie von ihrem Leiden geheilt war.
30 Im selben Augenblick fühlte Jesus,
daß eine Kraft von ihm ausströmte,
und er wandte sich in dem Gedränge um
und fragte: Wer hat mein Gewand berührt?
31 Seine Jünger sagten zu ihm:
Du siehst doch, wie sich die Leute um dich drängen,
und da fragst du: Wer hat mich berührt?
32 Er blickte umher, um zu sehen, wer es getan hatte.
33 Da kam die Frau,
zitternd vor Furcht,
weil sie wußte, was mit ihr geschehen war;
sie fiel vor ihm nieder
und sagte ihm die ganze Wahrheit.
34 Er aber sagte zu ihr: Meine Tochter,
dein Glaube hat dir geholfen.
Geh in Frieden!
Du sollst von deinem Leiden geheilt sein.

35 Während Jesus noch redete,
kamen Leute, die zum Haus des Synagogenvorstehers gehörten,
und sagten zu Jaïrus: Deine Tochter ist gestorben.

Behüte unsere Kinder, und laß sie im Glauben wachsen.

Gott, unser Vater, du willst, daß alle Menschen in dein Reich gelangen. Darum bitten wir durch Christus, unseren Herrn.
A.: Amen.

„WER VOM MODERNEN MENSCHEN *einfach das Fürwahrhalten dieser Geschichte fordert, der verdeckt ihm, daß das eigentliche Wunder gerade dieser Geschichte das Entstehen des Glaubens ist, der Gott auch den Sieg über den Tod zutraut, und verführt ihn, in der Auferstehung von den Toten nur so etwas wie eine Rückkehr ins irdische Leben unter verbesserten Umständen zu sehen. Ebenso unsinnig wäre der gegenteilige Satz, daß Gott unter keinen Umständen ein solches, alle Erfahrung durchbrechendes Wunder tun könnte, als wüßten wir so über Gott Bescheid, daß wir ihm vorschreiben könnten, was ihm möglich ist und was ihm weise scheint, wann die Zeit für solche Zeichen ist, wann nicht. So weist diese Geschichte energisch von sich selbst weg und fragt den Leser, ob er in seinem Sterben, wo vermutlich kein ‚Wunder' zu erleben ist, Gott den Sieg auch über seinen Tod zutraut*" (Eduard Schweizer).

MITTWOCH

TAGESGEBET

Herr, du hast deinen Sohn
als das wahre Licht in die Welt gesandt.
Offenbare den Menschen deine Wahrheit
durch den Heiligen Geist, den er verheißen hat,
und öffne ihre Herzen für den Glauben.
Gib, daß alle
in der Taufe das neue Leben empfangen
und Glieder deines Volkes werden.
Darum bitten wir durch Jesus Christus. (MB 1048)

Oder ein anderes Tagesgebet (vgl. S. 661).

Jahr I

ZUR LESUNG *Gottes Sohn selbst ist durch Leiden zur Vollendung gelangt (Hebr 5, 8–9). Die Gemeinde Christi soll sich nicht wundern, wenn sie den gleichen Weg geführt wird, sie soll im Gegenteil den Kampf mit ganzer Entschiedenheit aufnehmen („bis aufs Blut", V. 4). Der Trost, der in dieser Lesung einer verfolgten und verzagten Gemeinde zugesprochen wird, beruft sich allerdings nicht direkt auf die Leidensgemeinschaft mit Christus, sondern auf die Weisheit des Alten Testaments: Das Leiden hat die Funktion einer harten und notwendigen Erziehung. Wer nichts gelitten hat, der hat auch nichts gelernt. Ohne klare Forderungen gibt es keine Erziehung im Sinn von Hilfe zu Wachstum und Reife. Eine doppelte Mahnung schließt sich an diese Überlegung: Haltet aus!, und: Helft einander! Vor allem die Verantwortlichen in der Gemeinde sollen sich zusammenraffen, um für die Schwächeren „die Wege zu ebnen" und zu verhindern, daß Mutlosigkeit und Verbitterung um sich greifen. – Spr 3, 11–12; Jes 35, 3–4; 2 Kor 7, 8–11; Jak 1, 2–4; 1 Petr 1, 6–7; Offb 3, 19.*

ERSTE LESUNG   Hebr 12, 4–7.11–15

Wen der Herr liebt, den züchtigt er

Lesung
   aus dem Hebräerbrief.

Brüder!
4 Ihr habt im Kampf gegen die Sünde
   noch nicht bis aufs Blut Widerstand geleistet,
5 und ihr habt die Mahnung vergessen,
   die euch als Söhne anredet:

Mein Sohn, verachte nicht die Zucht des Herrn,
verzage nicht, wenn er dich zurechtweist.
6 Denn wen der Herr liebt, den züchtigt er;
er schlägt mit der Rute jeden Sohn, den er gern hat.

7 Haltet aus, wenn ihr gezüchtigt werdet.
Gott behandelt euch wie Söhne.
Denn wo ist ein Sohn, den sein Vater nicht züchtigt?

11 Jede Züchtigung
   scheint zwar für den Augenblick nicht Freude zu bringen,
   sondern Schmerz;
später aber
   schenkt sie denen, die durch diese Schule gegangen sind,
   als Frucht den Frieden und die Gerechtigkeit.

12 Darum macht die erschlafften Hände wieder stark

Zeit im Jahreskreis: 4. Woche – Mittwoch

13 und die wankenden Knie wieder fest,
und ebnet die Wege für eure Füße,
damit die lahmen Glieder nicht ausgerenkt,
sondern geheilt werden.

14 Strebt voll Eifer nach Frieden mit allen
und nach der Heiligung, ohne die keiner den Herrn sehen wird.

15 Seht zu, daß niemand die Gnade Gottes verscherzt,
daß keine bittere Wurzel wächst und Schaden stiftet
und durch sie alle vergiftet werden.

ANTWORTPSALM   Ps 103 (102), 1–2.13–14.17–18a (R: 17a)

R Die Huld des Herrn währt immer und ewig. – R   (GL 496)

1 Lobe den Herrn, meine Seele, *   VI. Ton
und alles in mir seinen heiligen Namen!

2 Lobe den Herrn, meine Seele, *
und vergiß nicht, was er dir Gutes getan hat. – (R)

13 Wie ein Vater sich seiner Kinder erbarmt, *
so erbarmt sich der Herr über alle, die ihn fürchten.

14 Denn er weiß, was wir für Gebilde sind; *
er denkt daran: Wir sind nur Staub. – (R)

17 Doch die Huld des Herrn währt immer und ewig *
für alle, die ihn fürchten und ehren;

sein Heil erfahren noch Kinder und Enkel; *
18a alle, die seinen Bund bewahren. – R

Jahr II

ZUR LESUNG   *Es fällt uns schwer, eine Sünde darin zu erblicken, daß David eine Volkszählung durchführen ließ, zumal wenn nach 24, 1 Gott selbst dazu den Auftrag gab. Wir wissen nicht, warum der Zorn Jahwes „noch einmal gegen Israel entbrannte" (24, 1). Aber das Gewissen (das „Herz") Davids wußte es offenbar besser; sogar Joab, der sonst nicht zimperlich war, hatte von der Zählung abgeraten (24, 3). Im Sinn des Samuelbuches lag das Verwerfliche vermutlich darin, daß David aus dem Heer Jahwes ein Heer des Königs und des Staates machen wollte. Das war ein Bruch mit der heiligen alten Ordnung. David anerkennt seine Schuld; er flüchtet nicht von Gott weg, sondern zu Gott hin (V. 14), und Gott „be-*

reut" das beschlossene Unheil. Im weiteren Verlauf (V. 18–25) errichtet David einen Altar und bestimmt damit den Platz, an dem Salomo den Tempel bauen wird. So endet diese Geschichte (und das 2. Buch Samuel) nach dem Strafgericht mit einem Segen. – 1 Chr 21,1–17; Ex 30,12; 1 Sam 24,6; 2 Kön 19,35.

ERSTE LESUNG 2 Sam 24,2.9–17

Ich bin es, der gesündigt hat; ich bin es, der sich vergangen hat. Aber diese, die Herde, was haben denn sie getan?

**Lesung
aus dem zweiten Buch Sámuel.**

In jenen Tagen
2 befahl der König David
   Joab, dem Obersten des Heeres, der bei ihm war:
Durchstreift alle Stämme Israels von Dan bis Beërschéba,
und mustert das Volk,
   damit ich weiß, wie viele es sind.
9 Und Joab gab dem König das Ergebnis der Volkszählung bekannt:
Israel zählte achthunderttausend Krieger,
   die mit dem Schwert kämpfen konnten,
und Juda fünfhunderttausend.
10 Dann aber schlug David das Gewissen,
   weil er das Volk gezählt hatte,
und er sagte zum Herrn:
   Ich habe schwer gesündigt, weil ich das getan habe.
Doch vergib deinem Knecht seine Schuld, Herr;
denn ich habe sehr unvernünftig gehandelt.
11 Als David am Morgen aufstand,
   war bereits folgendes Wort des Herrn
   an den Propheten Gad, den Seher Davids, ergangen:
12 Geh und sag zu David:
So spricht der Herr:
   Dreierlei lege ich dir vor.
   Wähl dir eines davon!
   Das werde ich dir antun.
13 Gad kam zu David,
   teilte ihm das Wort mit
   und sagte: Was soll über dich kommen?

Sieben Jahre Hungersnot in deinem Land?
Oder drei Monate,
 in denen dich deine Feinde verfolgen
 und du vor ihnen fliehen mußt?
Oder soll drei Tage lang die Pest in deinem Land wüten?
Überleg dir sehr genau,
 was ich dem, der mich gesandt hat,
 als Antwort überbringen soll.

¹⁴ Da sagte David zu Gad:
 Ich habe große Angst.
Wir wollen lieber dem Herrn in die Hände fallen,
 denn seine Barmherzigkeit ist groß;
den Menschen aber möchte ich nicht in die Hände fallen.

¹⁵ Da ließ der Herr über Israel eine Pest kommen;
sie dauerte von jenem Morgen an
 bis zu dem festgesetzten Zeitpunkt,
und es starben zwischen Dan und Beërschéba
 siebzigtausend Menschen im Volk.

¹⁶ Als der Engel seine Hand gegen Jerusalem ausstreckte,
 um es ins Verderben zu stürzen,
reute den Herrn das Unheil,
 und er sagte zu dem Engel,
 der das Volk ins Verderben stürzte:
 Es ist jetzt genug, laß deine Hand sinken!
Der Engel war gerade bei der Tenne des Jebusíters Aráuna.

¹⁷ Als David den Engel sah, der das Volk schlug,
 sagte er zum Herrn: Ich bin es doch, der gesündigt hat;
ich bin es, der sich vergangen hat.
Aber diese, die Herde, was haben denn sie getan?
Erheb deine Hand gegen mich
 und gegen das Haus meines Vaters!

ANTWORTPSALM   Ps 32 (31), 1–2.5.6–7 (R: vgl. 5)
                                     (GL 527, 5)
R Herr, vergib mir meine Schuld,
verzeih mir meine Sünde! – R

Wohl dem, dessen Frevel vergeben *   IV. Ton
und dessen Sünde bedeckt ist.

Wohl dem Menschen, dem der Herr die Schuld nicht zur Last legt *
und dessen Herz keine Falschheit kennt. – (R)

5 Ich bekannte dir meine Sünde *
und verbarg nicht länger meine Schuld vor dir.

Ich sagte: Ich will dem Herrn meine Frevel bekennen. *
Und du hast mir die Schuld vergeben. – (R)

6 Darum soll jeder Fromme in der Not zu dir beten; *
fluten hohe Wasser heran, ihn werden sie nicht erreichen.

7 Du bist mein Schutz, bewahrst mich vor Not; *
du rettest mich und hüllst mich in Jubel.

R Herr, vergib mir meine Schuld,
verzeih mir meine Sünde!

Jahr I und II

RUF VOR DEM EVANGELIUM   Vers: Joh 10, 27

Halleluja. Halleluja.

(So spricht der Herr:)
Meine Schafe hören auf meine Stimme;
ich kenne sie, und sie folgen mir.

Halleluja.

ZUM EVANGELIUM   *Die Wunder Jesu erhalten ihren Sinn durch das Wort. Das Wort, die Lehre Jesu kann man aber nicht annehmen, ohne zu seiner Person ja zu sagen. Tatsächlich wird in der Synagoge von Nazaret die Frage: Woher hat er das? sehr bald zur Frage: Wer ist er denn? Das ist doch der Handwerker, den wir kennen; was fällt ihm ein? Von der Person her beurteilen sie auch die Lehre. Sie stoßen sich daran, daß Jesus einer von ihnen ist: daran, daß Gott sich nicht auf göttliche Weise offenbart. – Mt 13, 53–58; Lk 4, 16–30; Joh 6, 42.*

EVANGELIUM   Mk 6, 1b–6

Nirgends hat ein Prophet so wenig Ansehen wie in seiner Heimat

✝ Aus dem heiligen Evangelium nach Markus.

In jener Zeit
1b   kam Jesus in seine Heimatstadt;
seine Jünger begleiteten ihn.

2 Am Sabbat lehrte er in der Synagoge.
Und die vielen Menschen, die ihm zuhörten, staunten
und sagten: Woher hat er das alles?
Was ist das für eine Weisheit, die ihm gegeben ist!
Und was sind das für Wunder, die durch ihn geschehen!
3 Ist das nicht der Zimmermann,
der Sohn der Maria
  und der Bruder von Jakobus, Joses, Judas und Simon?
Leben nicht seine Schwestern hier unter uns?
Und sie nahmen Anstoß an ihm
und lehnten ihn ab.
4 Da sagte Jesus zu ihnen:
  Nirgends hat ein Prophet so wenig Ansehen
    wie in seiner Heimat,
      bei seinen Verwandten und in seiner Familie.
5 Und er konnte dort kein Wunder tun;
nur einigen Kranken legte er die Hände auf und heilte sie.
6 Und er wunderte sich über ihren Unglauben.
Jesus zog durch die benachbarten Dörfer
  und lehrte dort.

FÜRBITTEN

Jesus Christus ist gekommen, um zu dienen und sein Leben hinzugeben. Zu ihm rufen wir:

Leite alle Christen an, in brüderlicher Liebe den Menschen zu dienen. (Stille) Herr, erbarme dich.
A.: Christus, erbarme dich.

Ermutige alle, die sich um Frieden und Abrüstung mühen. (Stille) Herr, erbarme dich.

Vermehre die Anstrengungen der Menschen, Hunger und Seuchen zu besiegen. (Stille) Herr, erbarme dich.

Durchdringe unser Leben mit dem Geist der Liebe, daß die Wahrheit deiner Botschaft aufleuchtet. (Stille) Herr, erbarme dich.

Allmächtiger Gott, du hast uns den Geist der Liebe geschenkt. Laß uns in ihm erstarken durch Christus, unseren Herrn.   A.: Amen.

EIN GOTT, DER MENSCH WURDE, *ein Mensch, der beansprucht, Gott zu sein oder auch nur, von Gott gesandt zu sein: eine unerträgliche Zumutung. Den Anstoß, das Ärgernis an dieser Sache spüren wir vielleicht nur deshalb nicht, weil wir durch Gewöhnung blind und taub geworden sind. Den Widerwillen, den die griechische Welt verspüren mußte, wenn sie hörte: „Das Wort ist Fleisch geworden", können wir uns vielleicht bewußtmachen, wenn wir versuchsweise einmal sagen: „das Wort ist ein Mann (oder: eine Frau) geworden". Oder gar: der Herr Meier von nebenan, er ist es. Unerträglich, unmöglich; soweit kann Gott sich nicht herablassen, so kann er nicht „herunterkommen". – Er hat es aber getan.*

DONNERSTAG

TAGESGEBET

Allmächtiger Gott,
du sorgst für dein Volk
durch die Hirten, die du ihm gibst.
Erwecke in der Kirche
den Geist des Glaubens und der Bereitschaft
und berufe auch in unseren Tagen
Menschen, die dem Altar dienen
und die Frohe Botschaft
mit Festigkeit und Güte verkünden.
Darum bitten wir durch Jesus Christus. (MB 1035)
Oder ein anderes Tagesgebet (vgl. S. 661).

Jahr I

ZUR LESUNG *Der Hebräerbrief deutet die Gotteserscheinung am Sinai in verkürzter Darstellung als Gerichtsandrohung, nicht um das Alte Testament abzuwerten, sondern um die Christen zu warnen. Der Alte Bund war eine vorläufige Offenbarung, gegeben „bis zur Zeit einer besseren Ordnung" (Hebr 9, 10). Die Offenbarung des Neuen Bundes ist zugleich menschlicher und göttlicher; der Mittler ist der Gottmensch Jesus Christus. „Berg Zion", „Stadt des lebendigen Gottes", „himmlisches Jerusalem": das sind Bezeichnungen der unmittelbaren Gottesgegenwart, zu der die Christen bei der Taufe hinzugetreten sind (V. 18). Die Folgerungen werden in den Versen 25–29 gezogen (nicht mehr in der heutigen Lesung): „Gebt acht, daß ihr den nicht ablehnt, der redet ..." – Ex 19, 12–18; 20, 19; Dtn 4, 11; 9, 19; Gal 4, 24–26; Offb 14, 1; 21, 10; Röm 2, 6; Hebr 11, 40; 8, 6; 11, 4.*

ERSTE LESUNG Hebr 12, 18–19.21–24

Ihr seid zum Berg Zion hingetreten, zur Stadt des lebendigen Gottes

Lesung
  aus dem Hebräerbrief.

Brüder!
18 Ihr seid nicht zu einem sichtbaren, lodernden Feuer hingetreten,
zu dunklen Wolken, zu Finsternis und Sturmwind,
19 zum Klang der Posaunen und zum Schall der Worte,
  bei denen die Hörer flehten,
  diese Stimme solle nicht weiter zu ihnen reden.
21 Ja, so furchtbar war die Erscheinung,
  daß Mose rief: Ich bin voll Angst und Schrecken.
22 Ihr seid vielmehr zum Berg Zion hingetreten,
zur Stadt des lebendigen Gottes,
dem himmlischen Jerusalem,
zu Tausenden von Engeln,
zu einer festlichen Versammlung
23 und zur Gemeinschaft der Erstgeborenen,
  die im Himmel verzeichnet sind;
  zu Gott, dem Richter aller,
  zu den Geistern der schon vollendeten Gerechten,
24 zum Mittler eines neuen Bundes, Jesus,
und zum Blut der Besprengung,
  das mächtiger ruft als das Blut Abels.

ANTWORTPSALM Ps 48 (47), 2–3b.3c–4.9.10–11 (R: vgl. 10)

R Deiner Huld, o Gott, gedenken wir   (GL 647, 2)
in deinem heiligen Tempel. – R

Groß ist der Herr und <u>hoch</u> zu preisen *   III. Ton
in der Stadt un<u>se</u>res Gottes.

ab Sein heiliger Berg ragt <u>herr</u>lich empor; *
er ist die Freude der <u>gan</u>zen Welt. – (R)

3cd Der Berg Zion liegt weit im Norden; *
er ist die Stadt des großen Königs.

4 Gott ist in ihren Häusern bekannt *
als ein sicherer Schutz. – (R)

9 Wie wir's gehört hatten, so erlebten wir's jetzt *
in der Stadt des Herrn der Heere,

in der Stadt unseres Gottes; *
Gott läßt sie ewig bestehen. – (R)

10 Über deine Huld, o Gott, denken wir nach *
in deinem heiligen Tempel.

11 Wie dein Name, Gott, so reicht dein Ruhm bis an die Enden der Erde; *
deine rechte Hand ist voll von Gerechtigkeit.

R Deiner Huld, o Gott, gedenken wir
in deinem heiligen Tempel.

Jahr II

ZUR LESUNG   *Durch alle Stürme hindurch hat sich David als König von ganz Israel behauptet. Er hat Salomo, den Sohn der Batseba, zu seinem Nachfolger ernannt und ihn zum König über Israel salben lassen (1 Kön 1,28–40). Bevor David stirbt, übergibt er dem Nachfolger sein „Testament". Es enthält Mahnungen (V. 3–4) und drei konkrete Aufträge (V. 5–9, nicht in der heutigen Lesung). Die Aufträge passen nicht in das Bild eines David, der seinen Feinden verzeiht, und zeigen, wieviel Bitterkeit sich im Herzen des alternden Königs angesammelt hat. – Die Mahnungen entsprechen der Natan-Weissagung in 2 Sam 7. Der Bund, den Gott am Sinai mit dem Volk geschlossen hat, soll als Bund zwischen Gott und dem König von Israel bestehen. Der König ist für den Bund verantwortlich. Von der Treue oder Untreue des Königs wird Heil und Verderben des Volkes abhängen. – Weish 7,6; Dtn 17,18–20; 2 Sam 23,1–7; Dtn 29,8; 2 Sam 7,12–16; 1 Chr 29,26–27.*

ERSTE LESUNG 1 Kön 2,1–4.10–12

David ermahnte seinen Sohn Salomo: Ich gehe nun den Weg alles Irdischen. Sei also stark und mannhaft!

Lesung
aus dem ersten Buch der Könige.

1 Als die Zeit herankam, da David sterben sollte,
ermahnte er seinen Sohn Sálomo:
2 Ich gehe nun den Weg alles Irdischen.
Sei also stark und mannhaft!
3 Erfüll deine Pflicht gegen den Herrn, deinen Gott:
Geh auf seinen Wegen,
und befolg alle Gebote, Befehle, Satzungen und Anordnungen,
die im Gesetz des Mose niedergeschrieben sind.
Dann wirst du Erfolg haben bei allem, was du tust,
und in allem, was du unternimmst.
4 Und der Herr wird sein Wort wahr machen,
das er mir gegeben hat,
als er sagte: Wenn deine Söhne auf ihren Weg achten
und aufrichtig
mit ganzem Herzen und ganzer Seele vor mir leben,
wird es dir nie an Nachkommen auf dem Thron Israels fehlen.
10 David entschlief zu seinen Vätern
und wurde in der Davidstadt begraben.
11 Die Zeit, in der David über Israel König war,
betrug vierzig Jahre.
In Hebron regierte er sieben
und in Jerusalem dreiunddreißig Jahre.
12 Sálomo saß nun auf dem Thron seines Vaters David,
und seine Herrschaft festigte sich mehr und mehr.

ANTWORTPSALM 1 Chr 29,10b–11a.11b–12a.12b–13 (R: vgl. 12a)

R Du bist der Herrscher über das All. – R (GL 529,8)

10b Gepriesen bist du, Herr, † VIII. Ton
Gott unsres Vaters Israel, *
von Ewigkeit zu Ewigkeit.
11a Dein, Herr, sind Größe und Kraft, †
Ruhm und Glanz und Hoheit; *
dein ist alles im Himmel und auf Erden. – (R)

11b Herr, dein ist das Königtum. *
Du erhebst dich als Haupt über alles.

12a Reichtum und Ehre kommen von dir; *
du bist der Herrscher über die ganze Schöpfung. – (R)

12b In deiner Hand liegen Kraft und Stärke; *
von deiner Hand kommt alle Größe und Macht.

13 Darum danken wir dir, unser Gott, *
und rühmen deinen herrlichen Namen.

R Du bist der Herrscher über das All.

Jahr I und II

RUF VOR DEM EVANGELIUM Vers: Mk 1, 15

Halleluja. Halleluja.

Das Reich Gottes ist nahe.
Kehrt um, und glaubt an das Evangelium!

Halleluja.

ZUM EVANGELIUM *Jesus hat die Zwölf nicht berufen, um mit ihnen eine Schule aufzumachen oder ein Kloster zu gründen. Er sendet sie als Missionare hinaus, um so seine eigene Tätigkeit zu vervielfachen. Sie sollen Boten Gottes sein wie Jesus selbst. Er gibt ihnen Weisungen und Vollmacht: Macht des Wortes und der Tat. Die Regeln, die in dieser Aussendungsrede den Missionaren gegeben werden, gelten grundsätzlich auch heute und sind Voraussetzungen für den Erfolg: praktizierte Armut, Freiheit von Menschenfurcht und von Illusionen, Bewußtsein der empfangenen Sendung und Glaube an die göttliche Kraft der Botschaft. – Mt 10, 5–16; Mk 3, 13–19; Lk 9, 1–6; 10, 1–16; Jak 5, 14–15.*

EVANGELIUM Mk 6, 7–13

Er begann, die Zwölf auszusenden

✠ **Aus dem heiligen Evangelium nach Markus.**

In jener Zeit
7 rief Jesus die Zwölf zu sich
und sandte sie aus,
jeweils zwei zusammen.

Zeit im Jahreskreis: 4. Woche – Donnerstag

Er gab ihnen die Vollmacht, die unreinen Geister auszutreiben,
8 und er gebot ihnen,
  außer einem Wanderstab nichts auf den Weg mitzunehmen,
kein Brot, keine Vorratstasche, kein Geld im Gürtel,
9 kein zweites Hemd und an den Füßen nur Sandalen.
10 Und er sagte zu ihnen: Bleibt in dem Haus, in dem ihr einkehrt,
  bis ihr den Ort wieder verlaßt.
11 Wenn man euch aber in einem Ort nicht aufnimmt
  und euch nicht hören will,
  dann geht weiter,
und schüttelt den Staub von euren Füßen, zum Zeugnis gegen sie.
12 Die Zwölf machten sich auf den Weg
  und riefen die Menschen zur Umkehr auf.
13 Sie trieben viele Dämonen aus
und salbten viele Kranke mit Öl
  und heilten sie.

FÜRBITTEN

Zu Jesus Christus, der uns mit seinem Geist erfüllt, wollen wir beten:

Läutere die Kirche durch das Wirken des Heiligen Geistes.
A.: Wir bitten dich, erhöre uns.

Hilf, daß bei allen Völkern die Achtung vor der Würde jedes Menschen zunimmt.

Wecke die Gleichgültigen auf, und mach sie eifrig in guten Werken.

Rufe junge Menschen, daß sie dir großherzig nachfolgen.

Herr, unser Gott, du hast uns verschiedene Gaben verliehen. Gib, daß wir damit den Mitmenschen dienen durch Christus, unseren Herrn. **A.:** Amen.

„WAS IST EIN APOSTEL? Er ist Bote eines anderen. Dabei gilt auch von ihm im christlichen Bewußtsein der von den Rabbinen oft zitierte Satz: ‚Der Abgesandte eines Menschen ist wie dieser selbst.' Nun ist der Apostel aber Gesandter Christi, und über Christus geht seine Aussendung zurück auf den Vater (Mt 10, 40). Das ist die Würde und Ehre des Apo-

*stels. In dieser Würde steht er über der Gemeinde und ist weder ihrer Wahl
(Gal 1, 1) noch ihrem Gericht unterworfen (1 Kor 4, 3). Daß er Bote eines
andern ist, heißt aber auch, daß er an den Sendenden und dessen Auftrag
gebunden ist. Nicht sich selber hat er zu überbringen, sondern einen
Auftrag hat er auszurichten. Ein übergebenes Gut hat er zu verwalten.
Seine eigene Persönlichkeit ist ohne Wichtigkeit. Die wesenhafte Tugend,
die er üben muß, ist die Treue gegen seinen Auftrag (1 Kor 4, 2)" (K. H.
Schelkle).*

FREITAG

TAGESGEBET

Gott,
nach deinem geheimnisvollen Ratschluß
läßt du die Kirche
am Leiden deines Sohnes teilhaben.
Stärke unsere Brüder,
die wegen des Glaubens verfolgt werden.
Gib ihnen Geduld und Liebe,
damit sie in ihrer Bedrängnis auf dich vertrauen
und sich als deine Zeugen bewähren.
Darum bitten wir durch Jesus Christus. (MB 1050)

Oder ein anderes Tagesgebet (vgl. S. 661).

Jahr I

ZUR LESUNG *Im Schlußkapitel des Hebräerbriefs (Kap. 13) sind verschiedene Mahnungen zusammengefaßt: Bruderliebe, Gastfreundschaft, Verhalten in der Ehe und Verhalten gegenüber dem Geld (V. 1–6). Die Bruderliebe soll „bleiben": sie gehört zu den wesentlichen und unvergänglichen Gaben (vgl. 1 Kor 13, 13). Die Pflicht zur Gastfreundschaft wird aus den Glaubenserfahrungen des Alten Testaments begründet. Gäste, Gefangene, Mißhandelte: das alles gehört nicht der Vergangenheit an. Ehebruch und Habgier zerstören jede Gemeinschaft und widersprechen der Berufung des Christen zur Gemeinschaft mit Christus. Direkt auf das Verhalten der Gemeinde blicken die Verse 7–17. Eindringlich werden die Christen an die Lehre und das Beispiel ihrer Vorsteher verwiesen, der* *verstorbenen (V. 7) und der lebenden. Christus selbst steht hinter ihnen als lebendige und bleibende Mitte der Gemeinde; er ist immer gleich aktuell, „gestern" als der ewige Gottessohn, der Mensch wurde und für uns starb, „heute" als der Auferstandene, als der Hohepriester, auf den wir uns verlassen können, „und in Ewigkeit" als der wiederkommende Richter und Herr. – Röm 12,13; Gen 18,1–16; 19,1–3; Hebr 10,34; Mt 25,36; Weish 3,13; Eph 5,5–6; Phil 4,12; Dtn 31,6; Ps 27,1–3; 118,6; Röm 8,31–39; 2 Thess 3,7; Ps 102,27; Hebr 1,12; Offb 1,17–18.*

ERSTE LESUNG   Hebr 13,1–8

Jesus Christus ist derselbe gestern, heute und in Ewigkeit

**Lesung
aus dem Hebräerbrief.
Brüder!**

1 **Die Bruderliebe soll bleiben.**
2 **Vergeßt die Gastfreundschaft nicht;**
    denn durch sie haben einige, ohne es zu ahnen, Engel beherbergt.
3 **Denkt an die Gefangenen,**
    als wäret ihr mitgefangen;
  denkt an die Mißhandelten,
    denn auch ihr lebt noch in eurem irdischen Leib.

4 **Die Ehe soll von allen in Ehren gehalten werden,
und das Ehebett bleibe unbefleckt;
denn Unzüchtige und Ehebrecher wird Gott richten.**

5 **Euer Leben sei frei von Habgier;
seid zufrieden mit dem, was ihr habt;
denn Gott hat versprochen:**
    Ich lasse dich nicht fallen und verlasse dich nicht.
6 **Darum dürfen wir zuversichtlich sagen:**

**Der Herr ist mein Helfer, ich fürchte mich nicht.
Was können Menschen mir antun?**

7 **Denkt an eure Vorsteher,**
    die euch das Wort Gottes verkündet haben;
  schaut auf das Ende ihres Lebens,
    und ahmt ihren Glauben nach!

8 **Jesus Christus ist derselbe**
    gestern, heute und in Ewigkeit.

ANTWORTPSALM   Ps 27(26), 1.3.5.7–8 (R: 1a)

R Der Herr ist mein Licht und mein Heil. – **R**   (GL 487)

1 Der Herr ist mein Licht und mein Heil. *   IV. Ton
Vor wem sollte ich mich fürchten?

Der Herr ist die Kraft meines Lebens: *
Vor wem sollte mir bangen? – (**R**)

3 Mag ein Heer mich belagern: *
Mein Herz wird nicht verzagen.

Mag Krieg gegen mich toben: *
Ich bleibe dennoch voll Zuversicht. – (**R**)

5 Denn er birgt mich in seinem Haus *
am Tage des Unheils;

er beschirmt mich im Schutz seines Zeltes, *
er hebt mich auf einen Felsen empor. – (**R**)

7 Vernimm, o Herr, mein lautes Rufen; *
sei mir gnädig, und erhöre mich!

8 Mein Herz denkt an dein Wort: „Sucht mein Angesicht!" *
Dein Angesicht, Herr, will ich suchen. – **R**

Jahr II

ZUR LESUNG   *In der Erinnerung des Volkes lebt David als der Mann Gottes weiter. Im Buch Jesus Sirach, das von Kapitel 44 an die großen Gestalten von Henoch bis zum Hohenpriester Simon feiert, wird David wegen seiner Heldentaten und seiner Frömmigkeit gerühmt. Weil David die Hilfe Gottes anrief, konnte er den Riesen Goliat besiegen. Weil er seine Sünde bekannte, wurde ihm verziehen. Weil er seinen Schöpfer von ganzem Herzen liebte (V. 8), hat er ihm Lieder gesungen und den glanzvollen Tempelkult begründet. – Ben Sirach sagt seinen Zeitgenossen über David das, was für sie selbst Bedeutung hat: Vertrauen auf Gott, Demut vor Gott, Liebe zu Gott. Für das späte, politisch machtlose Judentum ist David ein Vorbild der Frömmigkeit und ein Zeichen der Hoffnung. – 1 Sam 17,34–37.40–54; 18,7; 2 Sam 5,1–3; 1 Chr 16; 2 Sam 12, 13. 24–25; 7,1.*

ERSTE LESUNG Sir 47, 2–11 (2–13)

David stimmte Loblieder an auf Gott, den Höchsten. Er liebte seinen Schöpfer von ganzem Herzen

Lesung
aus dem Buch Jesus Sirach.

2 Wie das Fett herausgehoben ist aus dem Opferfleisch,
  so David aus Israel.
3 Er spielte mit Löwen, als wären es Ziegen,
  mit Bären, als wären es Schafe.
4 In seiner Jugend erschlug er den Riesen
und befreite das Volk von der Schmach,
  indem er mit der Hand die Schleuder schwang
  und Góliats Hochmut zerbrach.
5 Denn er hatte Gott, den Höchsten, angerufen,
und dieser gab seiner rechten Hand Kraft,
  um den kampferprobten Mann niederzustrecken
  und die Macht seines Volkes zu mehren.
6 Darum haben ihn die Frauen besungen
  und ihm zugerufen: Zehntausend erschlug er!
7 Als er die Krone trug, führte er Krieg
  und demütigte ringsum die Feinde.
Er schlug die feindlichen Philíster
  und zerbrach ihre Macht bis heute.
8 Bei allen seinen Taten stimmte er Loblieder an
  auf Gott, den Höchsten, mit rühmenden Worten.
Er liebte seinen Schöpfer von ganzem Herzen,
alle Tage pries er ihn mit Liedern.
9 Vor dem Altar ließ er Saiteninstrumente aufstellen
  und schuf Psalmweisen für die Harfenbegleitung.
10 Den Festen verlieh er Glanz
  und verschönerte die Feiertage im Kreislauf des Jahres.
Vom Lobgesang auf Gottes heiligen Namen
  hallte das Heiligtum wider schon vor dem Morgen.
11 Der Herr verzieh ihm seine Sünde
  und begründete seine Macht für immer.
Er übergab ihm das Königsgesetz
  und festigte seinen Thron über Israel.

ANTWORTPSALM Ps 18 (17), 31 u. 47.48–49.50–51 (R: vgl. 47b)

℟ Gepriesen sei Gott, der mich rettet. – ℟ (GL 527, 1)

III. Ton

31 Vollkommen ist Gottes Weg, †
das Wort des Herrn ist im Feuer geläutert. *
Ein Schild ist er für alle, die sich bei ihm bergen.

47 Es lebt der Herr! Mein Fels sei gepriesen. *
Der Gott meines Heils sei hoch erhoben. – (℟)

48 Denn Gott verschaffte mir Vergeltung *
und unterwarf mir die Völker.

49 Du hast mich von meinen Feinden befreit, †
mich über meine Gegner erhoben, *
dem Mann der Gewalt mich entrissen. – (℟)

50 Darum will ich dir danken, Herr, vor den Völkern, *
ich will deinem Namen singen und spielen.

51 Seinem König verlieh er große Hilfe, †
Huld erwies er seinem Gesalbten, *
David und seinem Stamm auf ewig. – ℟

Jahr I und II

RUF VOR DEM EVANGELIUM Vers: vgl. Lk 8, 15

Halleluja. Halleluja.

Selig, die das Wort mit aufrichtigem Herzen hören
und Frucht bringen in Geduld.

Halleluja.

ZUM EVANGELIUM *Herodes hört von den Taten und Reden Jesu. Er ist beunruhigt; sein schlechtes Gewissen bringt ihn auf die Idee, Johannes der Täufer lebe in Jesus weiter. Herodes war nicht der einzige, der mit einer solchen Möglichkeit rechnete (vgl. Mk 8, 28). Aber Johannes ist tot, wirklich tot; man weiß auch, wo er begraben ist. Über die Umstände seines Todes berichtet Markus ausführlicher als Matthäus und Lukas. Er schiebt die Hauptschuld der Herodias zu und verstärkt dadurch die Ähnlichkeit zwischen Johannes dem Täufer und Elija, der ebenfalls von einer Königin verfolgt wurde. Johannes mußte sterben; Jesus geht den gleichen Weg. Und doch haben beide die Wahrheit und die Macht Gottes auf ihrer*

Seite. – Mt 14, 1–12; Lk 9, 7–9; 3, 19–20; 1 Kön 19, 1–2; 21; Mk 9, 11–13.

EVANGELIUM Mk 6, 14–29

Johannes, den ich enthaupten ließ, ist auferstanden

✠ Aus dem heiligen Evangelium nach Markus.

In jener Zeit
14 hörte der König Herodes von Jesus;
denn sein Name war bekannt geworden,
und man sagte:
Johannes der Täufer ist von den Toten auferstanden;
deshalb wirken solche Kräfte in ihm.
15 Andere sagten: Er ist Elíja.
Wieder andere: Er ist ein Prophet,
wie einer von den alten Propheten.
16 Als aber Herodes von ihm hörte,
sagte er: Johannes, den ich enthaupten ließ, ist auferstanden.
17 Herodes hatte nämlich Johannes festnehmen
und ins Gefängnis werfen lassen.
Schuld daran war Heródias, die Frau seines Bruders Philíppus,
die er geheiratet hatte.
18 Denn Johannes hatte zu Herodes gesagt:
Du hattest nicht das Recht,
die Frau deines Bruders zur Frau zu nehmen.
19 Heródias verzieh ihm das nicht
und wollte ihn töten lassen.
Sie konnte ihren Plan aber nicht durchsetzen,
20 denn Herodes fürchtete sich vor Johannes,
weil er wußte, daß dieser ein gerechter und heiliger Mann war.
Darum schützte er ihn.
Sooft er mit ihm sprach,
wurde er unruhig und ratlos,
und doch hörte er ihm gern zu.
21 Eines Tages ergab sich für Heródias eine günstige Gelegenheit.
An seinem Geburtstag
lud Herodes seine Hofbeamten und Offiziere
zusammen mit den vornehmsten Bürgern von Galiläa
zu einem Festmahl ein.

22 Da kam die Tochter der Heródias und tanzte,
und sie gefiel dem Herodes und seinen Gästen so sehr,
daß der König zu ihr sagte: Wünsch dir, was du willst;
ich werde es dir geben.
23 Er schwor ihr sogar:
Was du auch von mir verlangst,
ich will es dir geben,
und wenn es die Hälfte meines Reiches wäre.
24 Sie ging hinaus
und fragte ihre Mutter: Was soll ich mir wünschen?
Heródias antwortete: Den Kopf des Täufers Johannes.
25 Da lief das Mädchen zum König hinein
und sagte:
Ich will, daß du mir sofort auf einer Schale
den Kopf des Täufers Johannes bringen läßt.
26 Da wurde der König sehr traurig,
aber weil er vor allen Gästen einen Schwur geleistet hatte,
wollte er ihren Wunsch nicht ablehnen.
27 Deshalb befahl er einem Scharfrichter,
sofort ins Gefängnis zu gehen
und den Kopf des Täufers herzubringen.
Der Scharfrichter ging und enthauptete Johannes.
28 Dann brachte er den Kopf auf einer Schale,
gab ihn dem Mädchen,
und das Mädchen gab ihn seiner Mutter.
29 Als die Jünger des Johannes das hörten, kamen sie,
holten seinen Leichnam und legten ihn in ein Grab.

FÜRBITTEN

Wir beten zu Jesus Christus, der die Schmach des Kreuzes auf sich nahm:

Führe alle Christen durch das Dunkel der Zeit zur Herrlichkeit deines Lichtes. (Stille) Christus, höre uns.
A.: Christus, erhöre uns.

Bestärke die Menschen, ihre Gegensätze friedlich auszutragen. (Stille) Christus, höre uns.

Gib den Kranken Kraft, ihr Leiden anzunehmen und mit deinem Leiden zu vereinen. (Stille) Christus, höre uns.

Führe unsere Verstorbenen zur Auferstehung und zum Leben.
(Stille) Christus, höre uns.

Barmherziger Gott, durch das Leiden deines Sohnes hast du der Welt das Heil geschenkt. Schaue auf seine Hingabe, und erhöre unsere Bitten durch ihn, Christus, unseren Herrn.   A.: Amen.

OB HEUTE *der kirchenferne Mensch zu Jesus Christus hinfindet, hängt entscheidend davon ab, daß ihm dieser Jesus in einem seiner Jünger überzeugend begegnet. „Ein Christ überzeugt vor allem als der ‚Mensch für andere', überzeugt heute den Außenstehenden nur damit, daß er ehrlicher, selbstloser und tiefer am Menschen interessiert ist als jene Menschenbeglücker unserer Tage, für die das Glück des anderen zusammenfällt mit der Zugehörigkeit zu ihrer Gruppe und ihren Ansichten ... Es kann heute in weiten Bereichen wichtiger, vordringlicher und der christlichen Berufung entsprechender sein, durch schlichtes unscheinbares Eintauchen unter die Menschen dem Inkognito Jesu zur Verfügung zu stehen, als durch Predigten oder ein anderes offizielles kirchlichchristliches Tun dieses Inkognito zu beseitigen"* (H. Spaemann).

SAMSTAG

TAGESGEBET

Barmherziger Gott,
du hast deinen Sohn in diese Welt gesandt,
um die Menschen
aus der alten Knechtschaft zu erlösen.
Schenke allen, die auf deine Hilfe warten,
die Freiheit des neuen Lebens.
Darum bitten wir durch ihn, Jesus Christus. (MB 1₁)

Oder ein anderes Tagesgebet (vgl. S. 661).

Jahr I

ZUR LESUNG   *Daß der rechten Lehre auch das rechte Tun entspricht, ist am Schluß des Hebräerbriefs die Sorge des Verfassers. Er hat in den Versen, die unserer Lesung vorausgehen, stark die geistige Seite des Got-*

*tesdienstes betont. Ohne die Teilnahme an der Schmach Christi, am Kreuz
(V. 13), ist alles liturgische Tun unnütz. Wesentlich ist, daß das Lob Gottes aus einem aufrichtigen Herzen kommt, aus einem Herzen, das ohne
Vorbehalt Gottes Nähe und Gottes Willen sucht. Das wird hier weniger
dem einzelnen Christen als der Gemeinde gesagt, die für den einzelnen der
religiöse Lebensraum ist. Damit sie es sein kann, braucht es den Gehorsam, das Gebet und den Frieden. – Ps 50, 14.23; Hos 14, 2–3; Apg
2, 21; Röm 10, 9; Phil 4, 18; Ez 3, 18; 1 Kor 16, 15–16; 1 Thess
5, 12–13; Joh 10, 11; 1 Petr 2, 25; 5, 2–4; Phil 2, 13; Röm 16, 27.*

ERSTE LESUNG Hebr 13, 15–17.20–21

*Der Gott des Friedens, der den erhabenen Hirten von den Toten heraufgeführt
hat, mache euch tüchtig in allem Guten*

Lesung
   aus dem Hebräerbrief.

Brüder!
¹⁵ **Durch Jesus**
   laßt uns Gott allezeit das Opfer des Lobes darbringen,
nämlich die Frucht der Lippen, die seinen Namen preisen.
¹⁶ **Vergeßt nicht, Gutes zu tun und mit anderen zu teilen;**
denn an solchen Opfern hat Gott Gefallen.

¹⁷ **Gehorcht euren Vorstehern,**
und ordnet euch ihnen unter,
denn sie wachen über euch
   und müssen Rechenschaft darüber ablegen;
sie sollen das mit Freude tun können,
nicht mit Seufzen, denn das wäre zu eurem Schaden.

²⁰ **Der Gott des Friedens aber,**
   der Jesus, unseren Herrn, den erhabenen Hirten seiner Schafe,
   von den Toten heraufgeführt hat
   durch das Blut eines ewigen Bundes,
²¹   **er mache euch tüchtig in allem Guten,**
damit ihr seinen Willen tut.
Er bewirke in uns, was ihm gefällt,
durch Jesus Christus,
   dem die Ehre sei in alle Ewigkeit.
Amen.

ANTWORTPSALM

Ps 23 (22), 1–3.4.5.6 (R: 1)
(GL 535, 6)

R Der Herr ist mein Hirte,
nichts wird mir fehlen. – **R**

1 Der Herr ist mein Hirte, nichts wird mir fehlen. †   VI. Ton
2 Er läßt mich lagern auf grünen Auen *
und führt mich zum Ruheplatz am Wasser.

3 Er stillt mein Verlangen; *
er leitet mich auf rechten Pfaden, treu seinem Namen. – (R)

4 Muß ich auch wandern in finsterer Schlucht, *
ich fürchte kein Unheil;

denn du bist bei mir, *
dein Stock und dein Stab geben mir Zuversicht. – (R)

5 Du deckst mir den Tisch *
vor den Augen meiner Feinde.

Du salbst mein Haupt mit Öl, *
du füllst mir reichlich den Becher. – (R)

6 Lauter Güte und Huld *
werden mir folgen mein Leben lang,

und im Haus des Herrn *
darf ich wohnen für lange Zeit. – **R**

Jahr II

ZUR LESUNG   *Die Wallfahrt zur Kulthöhe von Gibeon ist eine der ersten Regierungshandlungen des neuen Königs. Saul und David waren durch einen Gottesentscheid Könige geworden; bei der Ernennung Salomos war es sehr viel menschlicher zugegangen, und es ist verständlich, daß der junge König sich unsicher fühlte. Aus dem Gebet, das ihm zugeschrieben wird, können wir seine Sorgen und seine Auffassung vom Königtum heraushören. Salomo fühlt sich klein für die große Aufgabe und bittet vor allem um Weisheit: um ein „hörendes Herz", mit dem er Gut und Böse unterscheiden und das Richteramt ausüben kann. Gott gewährt ihm die große Bitte und gibt ihm ein paar Kleinigkeiten dazu: Reichtum, Ehre, langes Leben (V. 10–14). Wieder ist die Zusage an eine Bedingung geknüpft: „Wenn du auf meinen Wegen gehst ..." (V. 14). – 2 Chr 1, 3–12; Weish 8, 17 – 9, 19; Sir 47, 14; Spr 2, 6–9; 1 Kön 5, 9; Koh 1, 16; Weish 7, 7.11; Mt 6, 33; Koh 2, 4–10; Dtn 5, 33; Spr 3, 1–2.*

ERSTE LESUNG

1 Kön 3,4–13

Verleih deinem Knecht ein hörendes Herz, damit er dein Volk zu regieren versteht

Lesung
aus dem ersten Buch der Könige.

In jenen Tagen
4 ging der König Sálomo nach Gíbeon, um dort zu opfern;
denn hier war die angesehenste Kulthöhe.
Tausend Brandopfer legte Sálomo auf ihren Altar.
5 In Gíbeon erschien der Herr dem Sálomo nachts im Traum
und forderte ihn auf:
Sprich eine Bitte aus, die ich dir gewähren soll.
6 Sálomo antwortete:
Du hast deinem Knecht David, meinem Vater,
große Huld erwiesen;
denn er lebte vor dir in Treue,
in Gerechtigkeit und mit aufrichtigem Herzen.
Du hast ihm diese große Huld bewahrt
und ihm einen Sohn geschenkt,
der heute auf seinem Thron sitzt.
7 So hast du jetzt, Herr, mein Gott,
deinen Knecht anstelle meines Vaters David
zum König gemacht.
Doch ich bin noch sehr jung
und weiß nicht, wie ich mich als König verhalten soll.
8 Dein Knecht steht aber mitten in deinem Volk,
das du erwählt hast:
einem großen Volk,
das man wegen seiner Menge nicht zählen
und nicht schätzen kann.
9 Verleih daher deinem Knecht ein hörendes Herz,
damit er dein Volk zu regieren
und das Gute vom Bösen zu unterscheiden versteht.
Wer könnte sonst dieses mächtige Volk regieren?
10 Es gefiel dem Herrn, daß Sálomo diese Bitte aussprach.
11 Daher antwortete ihm Gott:
Weil du gerade diese Bitte ausgesprochen hast
und nicht um langes Leben,
Reichtum oder um den Tod deiner Feinde,

sondern um Einsicht gebeten hast, um auf das Recht zu hören,
12 werde ich deine Bitte erfüllen.
Sieh, ich gebe dir ein so weises und verständiges Herz,
daß keiner vor dir war und keiner nach dir kommen wird,
der dir gleicht.
13 Aber auch das, was du nicht erbeten hast, will ich dir geben:
Reichtum und Ehre,
so daß zu deinen Lebzeiten keiner unter den Königen dir gleicht.

ANTWORTPSALM   Ps 119 (118), 9–10.11–12.13–14 (R: 12b)
R Herr, lehre mich deine Gesetze! – R   (GL 687, 1)

Wie geht ein junger Mann seinen Pfad ohne Tadel? *   VI. Ton
Wenn er sich hält an dein Wort.

10 Ich suche dich von ganzem Herzen. *
Laß mich nicht abirren von deinen Geboten! – (R)

11 Ich berge deinen Spruch im Herzen, *
damit ich gegen dich nicht sündige.

12 Gepriesen seist du, Herr. *
Lehre mich deine Gesetze! – (R)

13 Mit meinen Lippen verkünde ich *
alle Urteile deines Mundes.

14 Nach deinen Vorschriften zu leben *
freut mich mehr als großer Besitz. – R

Jahr I und II

RUF VOR DEM EVANGELIUM   Vers: Joh 10, 27
Halleluja. Halleluja.

(So spricht der Herr:)
Meine Schafe hören auf meine Stimme;
ich kenne sie, und sie folgen mir.

Halleluja.

ZUM EVANGELIUM   *Die Jünger kehren von ihrer ersten Missionsreise zurück (vgl. Evgl. am Donnerstag dieser Woche: Mk 6, 7–13). Sie sind erregt und erschöpft. Jetzt brauchen sie zuerst Abstand und Ruhe.*

Jesus und die Jünger auf der einen Seite, die Volksmenge auf der andern: dieses Bild finden wir öfters im Markusevangelium. – Die Verse 32–34 leiten zur Brotvermehrung über (V. 35–44). Jesus gibt dem verlorenen Haufen, der ihm nachfolgt, Brot für den Hunger des Leibes, aber vorher „lehrt er sie lange". Der Mensch lebt vom Wort nicht weniger als vom Brot. Die Jünger werden beides tun müssen: das Brot des Wortes (und des Sakraments) reichen, aber auch den leiblichen Hunger stillen. – „Brot" ist das wichtigste Stichwort in diesem Teil des Markusevangeliums (6, 30 bis 8, 26). Dazu kommen die Themen Rein und Unrein, Verstehen und Nicht-Verstehen. – Ez 34, 2–12.17–24; Mt 14, 13–14; Lk 9, 10–11; Mt 9, 36.

EVANGELIUM Mk 6, 30–34

Sie waren wie Schafe, die keinen Hirten haben

✠ Aus dem heiligen Evangelium nach Markus.

In jener Zeit
30 versammelten sich die Apostel, die Jesus ausgesandt hatte, wieder bei ihm
und berichteten ihm alles, was sie getan und gelehrt hatten.
31 Da sagte er zu ihnen:
Kommt mit an einen einsamen Ort, wo wir allein sind,
und ruht ein wenig aus.
Denn sie fanden nicht einmal Zeit zum Essen,
so zahlreich waren die Leute, die kamen und gingen.
32 Sie fuhren also mit dem Boot in eine einsame Gegend,
um allein zu sein.
33 Aber man sah sie abfahren,
und viele erfuhren davon;
sie liefen zu Fuß aus allen Städten dorthin
und kamen noch vor ihnen an.
34 Als er ausstieg und die vielen Menschen sah,
hatte er Mitleid mit ihnen;
denn sie waren wie Schafe,
die keinen Hirten haben.
Und er lehrte sie lange.

FÜRBITTEN

Im Gebet wenden wir uns an Christus, den Sohn der Jungfrau Maria:

Für alle, die in Ordensgemeinschaften leben: laß sie ungehindert dem Reich Gottes dienen. (Stille) Herr, erbarme dich.
A.: Christus, erbarme dich.

Für die Mächtigen dieser Welt: leite ihre Schritte zu Frieden und Versöhnung. (Stille) Herr, erbarme dich.

Für alle Schwachen: mach sie stark durch deine Kraft. (Stille) Herr, erbarme dich.

Für unsere Wohltäter: schenke ihnen das ewige Leben. (Stille) Herr, erbarme dich.

Barmherziger Gott, du hast die Jungfrau Maria erwählt, die Mutter deines Sohnes zu werden. Mit Maria preisen wir deine Güte und bitten dich um Erhörung durch ihn, Christus, unseren Herrn. A.: Amen.

„DER MENSCH WILL ZUHAUSE, *das bedeutet, im Bleibenden sein, will Halt. Er verlangt nach ‚Eigentlichem‘, nach Nicht-Verzichten, Nicht-enttäuscht-Sein, nach Heimat, die nicht endet, wo jede Enge des Raums, jede Kürze der Zeit schwand, jede Hast sinnlos wird, nicht mehr vergeblich ergriffen, erobert, festgehalten, verteidigt wird; wo das Sein nicht mehr dürftig, sondern erfüllt ist.*
Die letzte und tiefste Sehnsucht ..., verborgener Ursprung aller unserer tiefen Angst, ist die Sehnsucht nach Vollkommenheit, Erlösung aus Enge, Unzulänglichkeit, Enttäuschung, endgültige Befreiung von Tod und Verwandlung, vom drohenden Nichts. Dort, sagt uns die Sehnsucht, sei die Heimat“ (Friedrich Dessauer).

5. WOCHE

ERÖFFNUNGSVERS
Ps 95 (94), 6–7

Kommt, laßt uns niederfallen,
uns verneigen vor dem Herrn, unserem Schöpfer!
Denn er ist unser Gott.

TAGESGEBET

Gott, unser Vater,
wir sind dein Eigentum
und setzen unsere Hoffnung
allein auf deine Gnade.
Bleibe uns nahe in jeder Not und Gefahr
und schütze uns.
Darum bitten wir durch Jesus Christus.

Lesungen vom betreffenden Wochentag, S. 832–873.

GABENGEBET

Herr, unser Gott,
du hast Brot und Wein geschaffen,
um uns Menschen in diesem vergänglichen Leben
Nahrung und Freude zu schenken.
Mache diese Gaben zum Sakrament,
das uns ewiges Leben bringt.
Darum bitten wir durch Christus, unseren Herrn.

Präfation, S. 1365 ff.

KOMMUNIONVERS
Ps 107 (106), 8–9

Wir wollen dem Herrn danken für seine Huld,
für sein wunderbares Tun an den Menschen,
weil er die hungernde Seele mit seinen Gaben erfüllt hat.

Oder:
Mt 5, 4.6

Selig, die trauern; denn sie werden getröstet werden.
Selig, die hungern und dürsten nach der Gerechtigkeit;
denn sie werden satt werden.

SCHLUSSGEBET

Barmherziger Gott,
du hast uns teilhaben lassen
an dem einen Brot und dem einen Kelch.
Laß uns eins werden in Christus
und Diener der Freude sein für die Welt.
Darum bitten wir durch Christus, unseren Herrn.

MONTAG

TAGESGEBET

Gütiger Gott,
du bist das Leben der Gläubigen,
der Reichtum der Armen,
die Freude der Auserwählten,
Wir sehnen uns nach deinen Verheißungen.
Stärke unsere Hoffnung
und schenke uns überreiche Erfüllung.
Darum bitten wir durch Jesus Christus. (MB 166)

Oder ein anderes Tagesgebet (vgl. S. 661).

Jahr I

ZUR LESUNG *Das erste Buch der Bibel (1 Mose) heißt mit dem griechischen Namen „Genesis" = Entstehung. In der hebräischen Bibel heißt es „Bereschit" nach dem ersten Wort: „Im Anfang". Vom Anfang handelt dieses Buch; nicht von irgendwelchen Anfängen, sondern vom Anfang überhaupt. Wie hat alles begonnen: die Welt, der Mensch, die Geschichte? Der Anfang liegt, ebenso wie das Ende, jenseits der Geschichte und kann nicht eigentlich geschichtlich dargestellt werden. Das ist bei den drei ersten Kapiteln der Genesis ganz offenkundig, auch wenn es in früheren Jahrhunderten nicht immer gesehen wurde. – Im biblischen Bericht von der Erschaffung der Welt und des Menschen handelt es sich gewiß um Tatsachen, aber die Art, wie von diesen Tatsachen gesprochen wird, ist wesentlich von der religiösen Erfahrung Israels und von seiner Gottesvorstellung bestimmt. Schöpfungsordnung und Heilsordnung sind nicht zwei getrennte Ordnungen; der Heilsplan steht am Anfang der*

Schöpfung. Daß Gott der Schöpfer der Welt ist, daß er diese Welt geordnet, sinnvoll und gut geschaffen hat als den Raum, in dem sich die Geschichte Gottes mit den Menschen ereignen soll, ist die Grundaussage des ersten Schöpfungsberichts. Das vorausgesetzte Weltbild (Himmel oben, Erde unten) und die Erschaffung in sechs Tagen sind nicht Inhalt der Glaubensaussage, sondern deren zeitbedingte Form der Darstellung, die auch für den heutigen Menschen noch verständlich und sinnvoll ist. – Ps 8; 104; 148; Ijob 38–39; Hebr 11,3; Spr 8,22–31; Joh 1,1–18; Eph 1,3–14; Kol 1,15–17.

ERSTE LESUNG Gen 1,1–19

Gott sprach, und es geschah so

**Lesung
aus dem Buch Génesis.**

1 Im Anfang schuf Gott Himmel und Erde;
2 die Erde aber war wüst und wirr,
Finsternis lag über der Urflut,
und Gottes Geist schwebte über dem Wasser.
3 Gott sprach:
Es werde Licht.
Und es wurde Licht.
4 Gott sah, daß das Licht gut war.
Gott schied das Licht von der Finsternis,
5 und Gott nannte das Licht Tag,
und die Finsternis nannte er Nacht.
Es wurde Abend, und es wurde Morgen:
erster Tag.
6 Dann sprach Gott:
Ein Gewölbe entstehe mitten im Wasser
und scheide Wasser von Wasser.
7 Gott machte also das Gewölbe
und schied das Wasser unterhalb des Gewölbes
vom Wasser oberhalb des Gewölbes.
So geschah es,
8 und Gott nannte das Gewölbe Himmel.
Es wurde Abend, und es wurde Morgen:
zweiter Tag.
9 Dann sprach Gott:

Das Wasser unterhalb des Himmels sammle sich an einem Ort,
damit das Trockene sichtbar werde.
So geschah es.
¹⁰ Das Trockene nannte Gott Land,
und das angesammelte Wasser nannte er Meer.
Gott sah, daß es gut war.
¹¹ Dann sprach Gott:
Das Land lasse junges Grün wachsen,
alle Arten von Pflanzen, die Samen tragen,
und von Bäumen,
die auf der Erde Früchte bringen mit ihrem Samen darin.
So geschah es.
¹² Das Land brachte junges Grün hervor,
alle Arten von Pflanzen, die Samen tragen,
alle Arten von Bäumen,
die Früchte bringen mit ihrem Samen darin.
Gott sah, daß es gut war.
¹³ Es wurde Abend, und es wurde Morgen:
dritter Tag.

¹⁴ Dann sprach Gott:
Lichter sollen am Himmelsgewölbe sein,
um Tag und Nacht zu scheiden.
Sie sollen Zeichen sein
und zur Bestimmung von Festzeiten, von Tagen und Jahren dienen;
¹⁵ sie sollen Lichter am Himmelsgewölbe sein,
die über die Erde hin leuchten.
So geschah es.
¹⁶ Gott machte die beiden großen Lichter,
das größere, das über den Tag herrscht,
das kleinere, das über die Nacht herrscht,
auch die Sterne.
¹⁷ Gott setzte die Lichter an das Himmelsgewölbe,
damit sie über die Erde hin leuchten,
¹⁸ über Tag und Nacht herrschen
und das Licht von der Finsternis scheiden.
Gott sah, daß es gut war.
¹⁹ Es wurde Abend, und es wurde Morgen:
vierter Tag.

ANTWORTPSALM Ps 104 (103), 1–2a.5–6.10 u. 12.24 u. 35abc
(R: vgl. 31b)

R Der Herr freut sich an seinen Werken. – **R** (GL 710, 1)

1 Lobe den Herrn, meine Seele! * VII. Ton
Herr, mein Gott, wie groß bist du!

Du bist mit Hoheit und Pracht bekleidet. *
2a Du hüllst dich in Licht wie in ein Kleid. – (R)

5 Du hast die Erde auf Pfeiler gegründet; *
in alle Ewigkeit wird sie nicht wanken.

6 Einst hat die Urflut sie bedeckt wie ein Kleid, *
die Wasser standen über den Bergen. – (R)

10 Du läßt die Quellen hervorsprudeln in den Tälern, *
sie eilen zwischen den Bergen dahin.

12 An den Ufern wohnen die Vögel des Himmels, *
aus den Zweigen erklingt ihr Gesang. – (R)

24 Herr, wie zahlreich sind deine Werke! †
Mit Weisheit hast du sie alle gemacht, *
die Erde ist voll von deinen Geschöpfen.

35ab Doch die Sünder sollen von der Erde verschwinden, †
und es sollen keine Frevler mehr dasein. *
35c Lobe den Herrn, meine Seele! – **R**

Jahr II

ZUR LESUNG *Mit der Überführung der Bundeslade wird der Tempel, den Salomo gebaut hat, zum Heiligtum für ganz Israel. Termin der Tempelweihe ist das Laubhüttenfest im 7. Monat; es bildet den Abschluß der Weinlese und der Olivenernte, erinnert aber auch an den Aufenthalt Israels in der Wüste (Lev 23, 42–43). An die Stelle der Wüste ist die Stadt getreten, an die Stelle des Sinai tritt nun der Tempel auf dem Zionsberg. Zeichen der Gegenwart Gottes ist „die Wolke", die am Weihefest den Tempel erfüllt, wie sie in der Wüste die Wohnung des Offenbarungszeltes erfüllt hatte (Ex 40, 34–35). – In dem Weihespruch (V. 12–13) ist Jahwe selbst als Bauherr und Eigentümer des Tempels vorgestellt; Salomo ist der Baumeister, der das fertige Haus seinem Eigentümer übergibt. Der weise*

Salomo weiß, daß Gott auf dieses „fürstliche Haus" nicht angewiesen ist. Nicht Gott braucht den Tempel, sondern die Menschen brauchen ihn als den Ort, an dem sie ihre Gaben, Fragen und Nöte vor Gottes Gegenwart bringen und seine heilige, heilende Nähe erfahren können (vgl. Evangelium). – 2 Chr 5, 2 – 6, 2; Ex 25, 10–22; 2 Sam 6, 1–19; Dtn 10, 2–5; Ex 19, 16–19; 40, 34–38; Jes 6, 4; Ez 10, 4; Offb 15, 8; Ex 24, 16; Ez 43, 4–5; Ps 18, 12; 97, 2; Ex 15, 17; Ps 132, 13–14.

ERSTE LESUNG   1 Kön 8, 1–7.9–13

Sie stellten die Bundeslade in das Allerheiligste, und die Wolke erfüllte das Haus des Herrn

Lesung
    aus dem ersten Buch der Könige.

In jenen Tagen
1   versammelte Sálomo die Ältesten Israels,
    alle Stammesführer
    und die Häupter der israelitischen Großfamilien
    bei sich in Jerusalem,
um die Bundeslade des Herrn
    aus der Stadt Davids, das ist Zion, heraufzuholen.
2 Am Fest im Monat Étanim, das ist der siebte Monat,
    kamen alle Männer Israels bei König Sálomo zusammen.
3 In Gegenwart aller Ältesten Israels nahmen die Priester die Lade
4 und brachten sie zugleich mit dem Offenbarungszelt
    und den heiligen Geräten, die im Zelt waren, hinauf.
Die Priester und die Leviten übernahmen den Trägerdienst.

5 König Sálomo aber
    und die ganze Gemeinde Israels,
    die bei ihm vor der Lade versammelt war,
    schlachteten Schafe und Rinder,
    die man wegen ihrer Menge
    nicht zählen und nicht berechnen konnte.
6 Darauf stellten die Priester
    die Bundeslade des Herrn an ihren Platz,
    in die Gotteswohnung des Hauses, in das Allerheiligste,
    unter die Flügel der Kérubim.
Denn die Kérubim breiteten ihre Flügel
    über den Ort, wo die Lade stand,
und bedeckten sie und ihre Stangen von oben her.

⁹ In der Lade befanden sich nur die zwei steinernen Tafeln,
 die Mose am Horeb hineingelegt hatte,
die Tafeln des Bundes,
 den der Herr mit den Israeliten
 beim Auszug aus Ägypten geschlossen hatte.
¹⁰ Als dann die Priester aus dem Heiligtum traten,
 erfüllte die Wolke das Haus des Herrn.
¹¹ Sie konnten wegen der Wolke ihren Dienst nicht verrichten;
 denn die Herrlichkeit des Herrn erfüllte das Haus des Herrn.
¹² Damals sagte Sálomo:
 Der Herr hat die Sonne an den Himmel gesetzt;
er selbst wollte im Dunkel wohnen.
¹³ Ich habe ein fürstliches Haus für dich gebaut,
 eine Wohnstätte für ewige Zeiten.

ANTWORTPSALM Ps 132 (131), 6–7.8–9.10 u. 13 (R: 8a)

R Erhebe dich, Herr, komm an den Ort deiner Ruhe! – **R** (GL 649, 1)

⁶ Wir hörten von seiner Lade in Éfrata, * V. Ton
 fanden sie im Gefilde von Jáar.
⁷ Laßt uns hingehen zu seiner Wohnung *
 und niederfallen vor dem Schemel seiner Füße! – (R)
⁸ Erheb dich, Herr, komm an den Ort deiner Ruhe, *
 du und deine machtvolle Lade!
⁹ Deine Priester sollen sich bekleiden mit Gerechtigkeit, *
 und deine Frommen sollen jubeln. – (R)
¹⁰ Weil David dein Knecht ist, *
 weise deinen Gesalbten nicht ab!
¹³ Denn der Herr hat den Zion erwählt, *
 ihn zu seinem Wohnsitz erkoren. – R

Jahr I und II

RUF VOR DEM EVANGELIUM Vers: Mt 4, 23b
Halleluja. Halleluja.

Jesus verkündete das Evangelium vom Reich
und heilte im Volk alle Krankheiten und Leiden.

Halleluja.

ZUM EVANGELIUM

Die Brotvermehrung (6, 35–44) hat zwar die Leute satt gemacht, wurde aber weder von der Masse des Volkes noch von den Jüngern verstanden (6, 52). Auch in der zusammenfassenden Schilderung des heutigen Evangeliums ist von vielen Wundern, nicht aber vom Glauben der Geheilten die Rede. Die Menge rechnet mit der heilenden Kraft Jesu und begnügt sich damit, ohne nach dem Geheimnis seiner Person zu fragen. Jesus läßt sich das gefallen. Er fragt nicht nach dem Glauben, er hilft, ohne Bedingungen zu stellen. Auch das sollen die Jünger von ihm lernen. – Mt 14, 34–36; Mk 5, 27–28; Apg 5, 15.

EVANGELIUM Mk 6, 53–56

Alle, die ihn berührten, wurden geheilt

✛ Aus dem heiligen Evangelium nach Markus.

In jener Zeit
53 fuhren Jesus und seine Jünger auf das Ufer zu,
kamen nach Gennésaret
und legten dort an.

54 Als sie aus dem Boot stiegen,
erkannte man ihn sofort.

55 Die Menschen eilten durch die ganze Gegend
und brachten die Kranken auf Tragbahren zu ihm,
sobald sie hörten, wo er war.

56 Und immer,
wenn er in ein Dorf oder eine Stadt oder zu einem Gehöft kam,
trug man die Kranken auf die Straße hinaus
und bat ihn,
er möge sie wenigstens
den Saum seines Gewandes berühren lassen.

Und alle, die ihn berührten,
wurden geheilt.

FÜRBITTEN

Zu Christus, der bei uns bleibt bis zum Ende der Welt, beten wir:

Ermutige die Hirten der Kirche, die Gläubigen in deiner Nachfolge zu bestärken.
A.: Wir bitten dich, erhöre uns.

Bewahre die Völker der Erde vor Krieg, Hunger und jeglichem Unheil.
A.: Wir bitten dich, erhöre uns.

Richte auf, die durch Krankheit und Not gebeugt sind.

Gib uns eine feste Hoffnung, daß sich deine Verheißungen erfüllen.

Allmächtiger Gott, deine Güte ist ohne Grenzen. Erhöre unser Gebet durch Christus, unseren Herrn.   A.: Amen.

„CHRISTUS *ist bei der Weltschöpfung beteiligt; das Wort, durch das Gott mit dem Licht den ersten Schöpfungsmorgen heraufgerufen hat, ist das gleiche ‚Wort‘, das in der Wende der Zeiten im gesegneten Schoß der Jungfrau einen menschlichen Leib angenommen hat; der gleiche Geist, der als der göttliche Lebensodem das Haus seiner Kirche erfüllt, ist es, der im Urbeginn über den Wassern schwebte (Kol 1, 16 f.). Nur dieses streng trinitarische Verständnis der Schöpfung bewahrt den Christen vor der Furcht, das äußere Weltgeschehen vollziehe sich nach ‚ehernen Gesetzen‘, die mit dem Heil des Menschen nichts zu tun haben; der Mensch sei also wehrlos den Schicksalsmächten preisgegeben, in denen ein tieferer Sinn weder zu erkennen noch zu glauben ist, und es hafte also allem Christusglauben, der um das Heil der Seele besorgt ist, etwas schemenhaft Unwirkliches am Rande der wirklichen Welt an. Wenn wir an einen uranfänglichen Ratschluß Gottes glauben dürfen, der sich in unserer christlichen Existenz verwirklicht, dann ist alle schöpfungsmäßige Wirklichkeit ein von Gott selbst geformter Raum, der in allen seinen Teilen auf diese christliche Existenz als seinen eigentlichen Sinn und Inhalt bezogen ist"* (Wilhelm Stählin).

„GOTTES NATUR, IST
daß er aus nichts etwas macht.
Darum: Wer noch nicht nichts ist,
aus dem kann Gott auch nichts machen" (Martin Luther).

DIENSTAG

TAGESGEBET

Gott und Vater unseres Herrn Jesus Christus,
im Neuen Bund
berufst du Menschen aus allen Völkern
und führst sie
im Heiligen Geist zur Einheit zusammen.
Gib, daß deine Kirche ihrer Sendung treu bleibt,
daß sie ein Sauerteig ist für die Menschheit,
die du in Christus erneuern
und zu einer Familie umgestalten willst.
Darum bitten wir durch Jesus Christus. (MB 1018)

Oder ein anderes Tagesgebet (vgl. S. 661).

Jahr I

ZUR LESUNG   *Der Schöpfungsbericht Gen 1, 1 – 2, 4a schildert die Erschaffung der Welt als ein Werk von sechs Tagen, das am siebten Tag, dem Sabbat, als vollendet erklärt und gleichsam eingeweiht wird. Als Ziel und Spitze dieser Schöpfung erscheint am sechsten Tag der Mensch. Er wird „erschaffen"; Gott bespricht sich gleichsam mit sich selbst, mit seiner Weisheit, Macht und Liebe, ehe er dieses schwierigste aller Wesen ins Dasein ruft. „Als unser Abbild, uns ähnlich": gottähnlich wird der Mensch geschaffen; er ist es durch seine Geistnatur, die er mit Gott gemeinsam hat und die ihn fähig macht, die übrigen Geschöpfe zu beherrschen. Der Mensch allein ist der Ort, an dem sich Gott und Materie begegnen; er ist der geborene Priester der Schöpfung, in ihm findet die stumme Kreatur das Wort, die Ant-Wort, die sie ihrem Schöpfer schuldet. Der Mensch ist für die Zukunft der Schöpfung verantwortlich – ja er wird die Zukunft Gottes mitbestimmen, der sich mit dieser Schöpfung nun einmal eingelassen hat. – Ps 8; Weish 2, 23; 10, 1–2; Sir 17, 1–4; Eph 4, 24; Kol 1, 15–17; 3, 10; Gen 8, 17; 9, 1; Ps 115, 16; Jak 3, 7; Ex 20, 11; Hebr 4, 4.*

ERSTE LESUNG Gen 1, 20 – 2, 4a

Laßt uns Menschen machen als unser Abbild, uns ähnlich

**Lesung
aus dem Buch Génesis.**

20 Und Gott sprach:
   Das Wasser wimmle von lebendigen Wesen,
   und Vögel sollen über dem Land am Himmelsgewölbe dahinfliegen.
21 Gott schuf alle Arten von großen Seetieren
      und anderen Lebewesen, von denen das Wasser wimmelt,
      und alle Arten von gefiederten Vögeln.
   Gott sah, daß es gut war.
22 Gott segnete sie
   und sprach: Seid fruchtbar, und vermehrt euch,
   und bevölkert das Wasser im Meer,
   und die Vögel sollen sich auf dem Land vermehren.
23 Es wurde Abend, und es wurde Morgen:
   fünfter Tag.

24 Dann sprach Gott:
      Das Land bringe alle Arten von lebendigen Wesen hervor,
   von Vieh,
   von Kriechtieren
   und von Tieren des Feldes.
   So geschah es.
25 Gott machte alle Arten von Tieren des Feldes,
      alle Arten von Vieh
      und alle Arten von Kriechtieren auf dem Erdboden.
   Gott sah, daß es gut war.

26 Dann sprach Gott:
      Laßt uns Menschen machen
   als unser Abbild, uns ähnlich.
   Sie sollen herrschen über die Fische des Meeres,
   über die Vögel des Himmels,
   über das Vieh,
   über die ganze Erde
      und über alle Kriechtiere auf dem Land.
27 Gott schuf also den Menschen als sein Abbild;
   als Abbild Gottes schuf er ihn.
   Als Mann und Frau schuf er sie.

²⁸ Gott segnete sie,
und Gott sprach zu ihnen:
    Seid fruchtbar, und vermehrt euch,
bevölkert die Erde,
unterwerft sie euch,
und herrscht über die Fische des Meeres,
    über die Vögel des Himmels
    und über alle Tiere, die sich auf dem Land regen.
²⁹ Dann sprach Gott:
    Hiermit übergebe ich euch
    alle Pflanzen auf der ganzen Erde, die Samen tragen,
und alle Bäume mit samenhaltigen Früchten.
Euch sollen sie zur Nahrung dienen.
³⁰ Allen Tieren des Feldes,
    allen Vögeln des Himmels
    und allem, was sich auf der Erde regt,
    was Lebensatem in sich hat,
    gebe ich alle grünen Pflanzen zur Nahrung.
So geschah es.
¹ Gott sah alles an, was er gemacht hatte:
Es war sehr gut.
Es wurde Abend, und es wurde Morgen:
der sechste Tag.

So wurden Himmel und Erde vollendet und ihr ganzes Gefüge.
Am siebten Tag
    vollendete Gott das Werk, das er geschaffen hatte,
und er ruhte am siebten Tag,
    nachdem er sein ganzes Werk vollbracht hatte.
Und Gott segnete den siebten Tag und erklärte ihn für heilig;
denn an ihm ruhte Gott,
    nachdem er das ganze Werk der Schöpfung vollendet hatte.

Das ist die Entstehungsgeschichte von Himmel und Erde,
    als sie erschaffen wurden.

ANTWORTPSALM   Ps 8,4–5.6–7.8–9 (R: 2ab)

R Herr, unser Herrscher,   (GL 710,1)
wie gewaltig ist dein Name auf der ganzen Erde! – R

Seh' ich den Himmel, das Werk deiner Finger, *   VII. Ton
Mond und Sterne, die du befestigt:

5 Was ist der Mensch, daß du an ihn denkst, *
des Menschen Kind, daß du dich seiner annimmst? – (R)

6 Du hast ihn nur wenig geringer gemacht als Gott, *
hast ihn mit Herrlichkeit und Ehre gekrönt.

7 Du hast ihn als Herrscher eingesetzt über das Werk deiner Hände, *
hast ihm alles zu Füßen gelegt: – (R)

8 All die Schafe, Ziegen und Rinder *
und auch die wilden Tiere,

9 die Vögel des Himmels und die Fische im Meer, *
alles, was auf den Pfaden der Meere dahinzieht.

R Herr, unser Herrscher,
wie gewaltig ist dein Name auf der ganzen Erde!

Jahr II

ZUR LESUNG *Nach einer kurzen Erklärung für das versammelte Volk (8,14–21) spricht Salomo das große Tempelweihegebet (V. 22–53). Zu Anfang steht eine Bitte für das Königshaus (V. 22–26, davon in unserer Lesung nur die Verse 22–23). Das eigentliche Weihegebet beginnt (V. 27) mit dem ehrfürchtigen Staunen darüber, daß der unfaßbare Gott in einem Haus wohnen soll, das Menschen gebaut haben. Tatsächlich ist der Tempel nicht eigentlich seine Wohnung, sondern der Ort, an dem „sein Name wohnt", der Ort, wo man ihn anrufen und ihm begegnen kann, ein Gotteshaus für alle Menschen, auch für die Fremden, die nicht zu Israel gehören (V. 41–43). – Das Gebet Salomos wurde später erweitert; alle Nöte und Gefahren des Volkes wurden einbezogen in der Überzeugung, daß alle Menschen und alle Ereignisse im Herzen Gottes ihren wahren Ort haben. Als Ursache allen Unglücks wird die Sünde genannt, d. h. die Abwendung des Menschen von Gott, und es gibt keine Hilfe ohne Vergebung der Sünde und Rückkehr zu Gott. – 2 Chr 6,12–21; 2 Sam 7,11–16; Dtn 4,7; Joh 1,14; Ps 148,4; Jes 66,1–2; Jer 23,23–24; Apg 7,47–50; 17,24; Jes 56,6–7; Mt 21,13.*

Zeit im Jahreskreis: 5. Woche – Dienstag

ERSTE LESUNG 1 Kön 8,22–23.27–30

Herr, Gott Israels, du hast gesagt, daß dein Name hier wohnen soll. Achte auf das Flehen deines Volkes Israel!

**Lesung
aus dem ersten Buch der Könige.**

In jenen Tagen
²² trat Sálomo
in Gegenwart der ganzen Versammlung Israels
vor den Altar des Herrn,
breitete seine Hände zum Himmel aus
²³ und betete:
Herr, Gott Israels,
im Himmel oben und auf der Erde unten gibt es keinen Gott,
der so wie du Bund und Huld seinen Knechten bewahrt,
die mit ungeteiltem Herzen vor ihm leben.

²⁷ Wohnt denn Gott wirklich auf der Erde?
Siehe,
selbst der Himmel
und die Himmel der Himmel fassen dich nicht,
wieviel weniger dieses Haus, das ich gebaut habe.
²⁸ Wende dich, Herr, mein Gott,
dem Beten und Flehen deines Knechtes zu!
Höre auf das Rufen und auf das Gebet,
das dein Knecht heute vor dir verrichtet.
²⁹ Halte deine Augen offen über diesem Haus bei Nacht und bei Tag,
über der Stätte, von der du gesagt hast,
daß dein Name hier wohnen soll.
Höre auf das Gebet, das dein Knecht an dieser Stätte verrichtet.
³⁰ Achte auf das Flehen deines Knechtes und deines Volkes Israel,
wenn sie an dieser Stätte beten.
Höre sie im Himmel, dem Ort, wo du wohnst.
Höre sie,
und verzeih!

ANTWORTPSALM Ps 84 (83), 3.4.5 u. 10.11 (R: vgl. 2a)

R Wie lieb ist mir deine Wohnung, o Herr! – R (GL 649, 1)

³ Meine Seele verzehrt sich in <u>Sehn</u>sucht * V. Ton
nach dem <u>Tem</u>pel des Herrn.

Mein Herz und mein Leib jauchzen ihm zu, *
ihm, dem lebendigen Gott. – (R)

4 Auch der Sperling findet ein Haus *
und die Schwalbe ein Nest für ihre Jungen –

deine Altäre, Herr der Heerscharen, *
mein Gott und mein König. – (R)

5 Wohl denen, die wohnen in deinem Haus, *
die dich allezeit loben.

10 Gott, sieh her auf unsern Schild, *
schau auf das Antlitz deines Gesalbten! – (R)

11 Denn ein einziger Tag in den Vorhöfen deines Heiligtums *
ist besser als tausend andere.

Lieber an der Schwelle stehen im Haus meines Gottes *
als wohnen in den Zelten der Frevler.

R Wie lieb ist mir deine Wohnung, o Herr!

Jahr I und II

RUF VOR DEM EVANGELIUM   Vers: Ps 119 (118), 36a.29b

Halleluja. Halleluja.

Deinen Vorschriften neige mein Herz zu,
Herr, begnade mich mit deiner Weisung!
Halleluja.

ZUM EVANGELIUM *Wieder ist vom Essen die Rede, und zwar geht es jetzt um die pharisäische Auffassung von Rein und Unrein. Die pharisäische und allgemein jüdische Sitte, vor dem Essen die Hände zu waschen, hat nicht in erster Linie hygienische, sondern religiöse Gründe: die Gaben Gottes sollen in reinen Gefäßen dargereicht und mit reinen Händen entgegengenommen werden. Dagegen ist nichts zu sagen. Aber Jesus fragt nach dem Herzen, nicht danach, ob die Hände sauber sind und ob die Lippen fromme Worte sagen. Als Beispiel für vieles (V. 13) nimmt Jesus hier den Fall, daß jemand für Gott (für den Tempel) ein Gelübde macht und dabei die Liebe zu seinen Eltern verletzt: Gott hat kein Interesse an solchen Gaben. – Mt 15, 1–9; Lk 11, 37–44; Jes 29, 13; Ex 20, 12; 21, 17; Lev 20, 9; Dtn 5, 16.*

EVANGELIUM Mk 7, 1–13

Ihr gebt Gottes Gebot preis und haltet euch an die Überlieferung der Menschen

✢ Aus dem heiligen Evangelium nach Markus.

In jener Zeit
1 hielten sich die Pharisäer
und einige Schriftgelehrte, die aus Jerusalem gekommen waren,
bei Jesus auf.
2 Sie sahen, daß einige seiner Jünger ihr Brot
mit unreinen, das heißt mit ungewaschenen Händen aßen.
3 Die Pharisäer essen nämlich wie alle Juden nur,
wenn sie vorher mit einer Handvoll Wasser
die Hände gewaschen haben,
wie es die Überlieferung der Alten vorschreibt.
4 Auch wenn sie vom Markt kommen,
essen sie nicht, ohne sich vorher zu waschen.
Noch viele andere überlieferte Vorschriften halten sie ein,
wie das Abspülen von Bechern, Krügen und Kesseln.
5 Die Pharisäer und die Schriftgelehrten fragten ihn also:
Warum halten sich deine Jünger
nicht an die Überlieferung der Alten,
sondern essen ihr Brot mit unreinen Händen?
6 Er antwortete ihnen: Der Prophet Jesája hatte recht
mit dem, was er über euch Heuchler sagte:

Dieses Volk ehrt mich mit den Lippen,
sein Herz aber ist weit weg von mir.
Es ist sinnlos, wie sie mich verehren;
was sie lehren, sind Satzungen von Menschen.

8 Ihr gebt Gottes Gebot preis
und haltet euch an die Überlieferung der Menschen.
9 Und weiter sagte Jesus:
Sehr geschickt setzt ihr Gottes Gebot außer Kraft
und haltet euch an eure eigene Überlieferung.

10 Mose hat zum Beispiel gesagt:
Ehre deinen Vater und deine Mutter!,
und: Wer Vater oder Mutter verflucht,
soll mit dem Tod bestraft werden.

11 Ihr aber lehrt: Es ist erlaubt,
daß einer zu seinem Vater oder seiner Mutter sagt:

Was ich dir schulde, ist Korbán, das heißt: eine Opfergabe.
12 Damit hindert ihr ihn daran,
   noch etwas für Vater oder Mutter zu tun.
13 So setzt ihr durch eure eigene Überlieferung
   Gottes Wort außer Kraft.
   Und ähnlich handelt ihr in vielen Fällen.

FÜRBITTEN

Wir beten zu unserem Herrn Jesus Christus, der weiß, was wir nötig haben:

Bestärke alle Verkünder des Evangeliums im Dienst an deinem Wort.
A.: Herr, erhöre unser Gebet.

Hilf allen, die für das Schicksal der Völker Verantwortung tragen, sich für Gerechtigkeit einzusetzen.

Gib den leidenden Menschen Helfer, die ihnen beistehen.

Leite uns an, in der Unrast des Alltags im Gebet zu verweilen und bei dir Ruhe zu finden.

Gütiger Gott, du bist uns nahe. Erhöre uns durch Christus, unseren Herrn.   A.: Amen.

„LASS UNS IN ALLEN DINGEN,
die du erschaffst,
dich betrachten,
aber auch über allen erschaffenen Dingen suchen
und über alle deine Geschöpfe lieben.
Alles, was wahr ist,
was gut, was schön,
was lustbringend in deinen Geschöpfen,
soll uns an dich,
o Schöpfer, erinnern.
Für alle deine Geschenke
laß uns dir danken;
jeder, auch der kleinste Abglanz deiner Fülle
soll uns freuen.

*Laß uns aber auch nicht vergessen,
daß alles Schöne und Liebenswerte
in deiner Schöpfung
eine Vorahnung dessen ist,
was wir beim Anblick deines Wesens
in der Ewigkeit erfahren sollen"
(Theologe – Tschechoslowakei).*

MITTWOCH

TAGESGEBET

**Gütiger Gott,
laß deine Gnade mächtig werden
in unseren Herzen,
damit wir imstande sind,
unser eigenes Begehren zu meistern
und den Anregungen deines Geistes zu folgen.
Darum bitten wir durch Jesus Christus.** (MB 113)

Oder ein anderes Tagesgebet (vgl. S. 661).

Jahr I

ZUR LESUNG *Mit Gen 2, 4b setzt ein neuer Bericht ein; er ist nicht die Fortsetzung des vorausgehenden Schöpfungsberichts, sondern steht unabhängig neben ihm. In Kap. 1 haben wir es mit einer Lehre zu tun, die nicht eines Tages erdacht und niedergeschrieben wurde, sondern in Jahrhunderten des Nachdenkens und der religiösen Erfahrung gewachsen ist und erst in später Zeit, während des babylonischen Exils, ihre heutige Form erhalten hat. Die Kapitel 2 und 3, das heißt die Geschichte von Paradies und Sündenfall, sind ganz anderer Art. Hier wird alles anschaulich beschrieben und erzählt. Die Tatsachen aber, von denen hier berichtet wird, liegen nicht an der bildhaften Oberfläche. Wie im 1. Kapitel geht es auch hier nicht um Naturwissenschaft; es geht um Gott und den Menschen, um die Geschichte Gottes mit den Menschen. In Kap. 1 war alles problemlos klar und gut (1, 31); aber in der Welt, die wir heute vorfinden, ist nicht alles klar und gut. In Gen 2–3 ist die Grundfrage nicht: Woher kommt das alles?, sondern: Warum ist alles so, wie es ist? Woher kommt das Übel in der Welt, woher der Tod? Die Antwort auf diese Grundfrage wird am Ende der heutigen Lesung bereits angedeutet: „Sobald du davon ißt, wirst du sterben" (2, 17). – Ps 104, 29–30; Ijob 33, 4; 34, 14–15; 1 Kor 15, 45; Spr 3, 18; Offb 22, 1–2; 14; 2, 7.*

ERSTE LESUNG Gen 2, 4b–9.15–17

Gott, der Herr, nahm den Menschen und setzte ihn in den Garten von Eden

Lesung
  aus dem Buch Génesis.

4b Zur Zeit, als Gott, der Herr, Erde und Himmel machte,
5   gab es auf der Erde noch keine Feldsträucher
   und wuchsen noch keine Feldpflanzen;
denn Gott, der Herr,
   hatte es auf die Erde noch nicht regnen lassen,
und es gab noch keinen Menschen,
   der den Ackerboden bestellte;
6 aber Feuchtigkeit stieg aus der Erde auf
und tränkte die ganze Fläche des Ackerbodens.

7 Da formte Gott, der Herr, den Menschen aus Erde vom Ackerboden
und blies in seine Nase den Lebensatem.
So wurde der Mensch zu einem lebendigen Wesen.

8 Dann legte Gott, der Herr, in Eden, im Osten, einen Garten an
und setzte dorthin den Menschen, den er geformt hatte.
9 Gott, der Herr, ließ aus dem Ackerboden allerlei Bäume wachsen,
   verlockend anzusehen und mit köstlichen Früchten,
   in der Mitte des Gartens aber den Baum des Lebens
   und den Baum der Erkenntnis von Gut und Böse.

15 Gott, der Herr, nahm also den Menschen
und setzte ihn in den Garten von Eden,
   damit er ihn bebaue und hüte.
16 Dann gebot Gott, der Herr, dem Menschen:
Von allen Bäumen des Gartens darfst du essen,
17 doch vom Baum der Erkenntnis von Gut und Böse
   darfst du nicht essen;
denn sobald du davon ißt, wirst du sterben.

Zeit im Jahreskreis: 5. Woche – Mittwoch

ANTWORTPSALM Ps 104 (103), 1–2.27–28.29b–30 (R: 1ab)

R Lobe den Herrn, meine Seele! (GL 531, 4 oder 710, 1)
Herr, mein Gott, wie groß bist du! – **R**

1 Lobe den Herrn, meine Seele! † VII. Ton
   Herr, mein Gott, wie groß bist du! *
   Du bist mit Hoheit und Pracht bekleidet.

2 Du hüllst dich in Licht wie in ein Kleid, *
   du spannst den Himmel aus wie ein Zelt. – (**R**)

27 Alle warten auf dich, *
   daß du ihnen Speise gibst zur rechten Zeit.

28 Gibst du ihnen, dann sammeln sie ein; *
   öffnest du deine Hand, werden sie satt an Gutem. – (**R**)

29bc Nimmst du ihnen den Atem, so schwinden sie hin *
   und kehren zurück zum Staub der Erde.

30 Sendest du deinen Geist aus, so werden sie alle erschaffen, *
   und du erneuerst das Antlitz der Erde. – **R**

Jahr II

ZUR LESUNG *Salomo, der bei seinem Regierungsantritt ein unbeschriebenes Blatt gewesen war, ist zu Reichtum und Ansehen gekommen. In 1 Kön 9, 10 – 10, 29 werden eine Reihe Einzelheiten berichtet. Am ausführlichsten ist der Bericht über den Besuch der Königin von Saba (10, 1–13), deren Name merkwürdigerweise nicht überliefert ist; offenbar haben wir hier nicht ein amtliches Protokoll, sondern eine volkstümliche Erzählung vor uns, die aber einen geschichtlichen Kern hat. Daß es bei den Arabern der alten Zeit regierende Königinnen gab, wird durch assyrische Inschriften bestätigt. Die Königin kam mit Fragen, Geschenken und Wünschen. Salomo beantwortete alle Fragen, nahm die Geschenke an und erfüllte die Wünsche. Wahrscheinlich war die Königin auch an Handelsbeziehungen interessiert; aber die Erzählung ist zum Preis Salomos geschrieben, der sich zu einem orientalischen Sonnenkönig entwickelt hatte und dem auch das Opfer im Tempel dazu gut war, seinen Reichtum zur Schau zu stellen. Vom Gott Israels, der Salomo zum König eingesetzt hat, damit er Recht und Gerechtigkeit übe, spricht nur die heidnische Königin. – 2 Chr 9, 1–12; Koh 1, 16; 2, 8; Mt 12, 42; Lk 11, 31; Ps 72, 10; Weish 8, 9–16.*

ERSTE LESUNG

1 Kön 10, 1–10

Die Königin des Südens kam vom Ende der Erde, um die Weisheit Salomos zu hören (vgl. Mt 12, 42)

Lesung
    aus dem ersten Buch der Könige.

In jenen Tagen
1 hörte die Königin von Saba vom Ruf Sálomos
   und kam, um ihn mit Rätselfragen auf die Probe zu stellen.
2 Sie kam nach Jerusalem mit sehr großem Gefolge,
   mit Kamelen,
       die Balsam, eine gewaltige Menge Gold und Edelsteine trugen,
   trat bei Sálomo ein
   und redete mit ihm über alles, was sie sich vorgenommen hatte.
3 Sálomo gab ihr Antwort auf alle Fragen.
   Es gab nichts, was dem König verborgen war
   und was er ihr nicht hätte sagen können.
4 Als nun die Königin von Saba
       die ganze Weisheit Sálomos erkannte,
   als sie den Palast sah, den er gebaut hatte,
5 die Speisen auf seiner Tafel,
   die Sitzplätze seiner Beamten,
   das Aufwarten der Diener und ihre Gewänder,
   seine Getränke
   und sein Opfer, das er im Haus des Herrn darbrachte,
       da stockte ihr der Atem.
6 Sie sagte zum König:
   Was ich in meinem Land
       über dich und deine Weisheit gehört habe,
       ist wirklich wahr.
7 Ich wollte es nicht glauben,
       bis ich nun selbst gekommen bin
       und es mit eigenen Augen gesehen habe.
   Und wahrlich, nicht einmal die Hälfte hat man mir berichtet;
   deine Weisheit und deine Vorzüge
       übertreffen alles, was ich gehört habe.
8 Glücklich sind deine Männer,
   glücklich diese deine Diener,
       die allezeit vor dir stehen und deine Weisheit hören.

9 Gepriesen sei Jahwe, dein Gott,
  der an dir Gefallen fand und dich auf den Thron Israels setzte.
  Weil Jahwe Israel ewig liebt,
    hat er dich zum König bestellt,
    damit du Recht und Gerechtigkeit übst.

10 Sie gab dem König hundertzwanzig Talente Gold,
  dazu eine sehr große Menge Balsam und Edelsteine.
  Niemals mehr kam so viel Balsam in das Land,
    wie die Königin von Saba dem König Sálomo schenkte.

ANTWORTPSALM Ps 37 (36), 5–6.30–31.39–40b (R: vgl. 30a)

R Der Mund des Gerechten spricht Worte der Weisheit. – R (GL 745, 1)

5 Befiehl dem Herrn deinen Weg und vertrau ihm; * VI. Ton
  er wird es fügen.

6 Er bringt deine Gerechtigkeit heraus wie das Licht *
  und dein Recht so hell wie den Mittag. – (R)

30 Der Mund des Gerechten bewegt Worte der Weisheit, *
  und seine Zunge redet, was recht ist.

31 Er hat die Weisung seines Gottes im Herzen, *
  seine Schritte wanken nicht. – (R)

39 Die Rettung der Gerechten kommt vom Herrn, *
  er ist ihre Zuflucht in Zeiten der Not.

40ab Der Herr hilft ihnen und rettet sie, *
  er rettet sie vor den Frevlern. – R

Jahr I und II

RUF VOR DEM EVANGELIUM Vers: vgl. Joh 17, 17b.a

Halleluja. Halleluja.

Dein Wort, o Herr, ist Wahrheit;
heilige uns in der Wahrheit!

Halleluja.

ZUM EVANGELIUM *Das Streitgespräch über Rein und Unrein wird fortgesetzt. Wirklich „unrein" sind nicht die Dinge außerhalb des Menschen, sondern das Innere des Menschen selbst, wenn dort nicht Gott wohnt, sondern der Eigenwille des Menschen, der alles nur auf sich bezieht und alles für sich haben will. Haben-Wollen und Sich-selbst-behaupten-Wollen, das macht den Menschen unfähig für den Umgang mit Gott. Hier liegt die wesentliche „Unreinheit". – Mt 15, 10–20; Mk 4, 10.13; Apg 10, 9–16; Röm 14; Kol 2, 16–23; Jer 17, 9–10; Röm 1, 28–32.*

EVANGELIUM   Mk 7, 14–23

Was aus dem Menschen herauskommt, das macht ihn unrein

✝ Aus dem heiligen Evangelium nach Markus.

In jener Zeit
14 rief Jesus die Leute zu sich
und sagte: Hört mir alle zu
und begreift, was ich sage:
15 Nichts, was von außen in den Menschen hineinkommt,
kann ihn unrein machen,
sondern was aus dem Menschen herauskommt,
das macht ihn unrein.
16/17 Er verließ die Menge und ging in ein Haus.
Da fragten ihn seine Jünger
nach dem Sinn dieses rätselhaften Wortes.
18 Er antwortete ihnen: Begreift auch ihr nicht?
Seht ihr nicht ein,
daß das, was von außen in den Menschen hineinkommt,
ihn nicht unrein machen kann?
19 Denn es gelangt ja nicht in sein Herz,
sondern in den Magen
und wird wieder ausgeschieden.
Damit erklärte Jesus alle Speisen für rein.
20 Weiter sagte er: Was aus dem Menschen herauskommt,
das macht ihn unrein.
21 Denn von innen, aus dem Herzen der Menschen,
kommen die bösen Gedanken,
Unzucht, Diebstahl, Mord,
22 Ehebruch, Habgier, Bosheit,
Hinterlist, Ausschweifung,
Neid, Verleumdung, Hochmut und Unvernunft.
23 All dieses Böse kommt von innen
und macht den Menschen unrein.

FÜRBITTEN

Vertrauensvoll beten wir zu Christus, der reich ist an Erbarmen:

Mache die Diener der Kirche zu Boten deiner grenzenlosen Liebe zu den Menschen. (Stille) Christus, höre uns.
A.: Christus, erhöre uns.

Öffne die verschlossenen Herzen durch die Erfahrung deiner Güte. (Stille) Christus, höre uns.

Erleuchte die Verwirrten, und führe sie auf den rechten Weg. (Stille) Christus, höre uns.

Läutere das Verlangen unseres Herzens, damit wir den Lockungen des Bösen widerstehen. (Stille) Christus, höre uns. -

Herr, unser Gott, du bist der Vater der Erbarmungen und der Gott allen Trostes. Höre auf unser Gebet, und erhöre es durch Christus, unseren Herrn. A.: Amen.

„DIE WAHRHEIT, *jegliche Wahrheit, ist göttlichen Ursprungs. Es ist also grundsätzlich nicht möglich, daß Glaube und Wissenschaft einander widersprechen. Zwischen beiden kann kein wirklicher (sondern höchstens scheinbarer) Konflikt bestehen. Das schließt freilich keineswegs aus, daß zwischen Glaube und Wissenschaft Spannungen auftreten, deren Bereinigung nur durch ein langsames, langwieriges und in Einzelfällen tragisches Ringen um eine Wahrheit möglich ist. Sofern aber die Wissenschaft Wahrheit entdeckt, kann sie mit dem christlichen Glauben nicht in Widerspruch stehen. Dies scheint uns die einzig sachgerechte Haltung des Christentums den Wissenschaften gegenüber zu sein, die ja im Begriff sind, dem Menschen ein Universum von atemberaubender Größe zu erschließen. Gerade darin aber sehen wir eine Verheißung: Je größer die Welt wird, je mächtiger der menschliche Geist, desto größer können wir auch Gott denken"* (L. Boros).

DONNERSTAG

TAGESGEBET

Allmächtiger, ewiger Gott,
du erleuchtest alle, die an dich glauben.
Offenbare dich den Völkern der Erde,
damit alle Menschen
das Licht deiner Herrlichkeit schauen.
Darum bitten wir durch Jesus Christus. (MB 52)

Oder ein anderes Tagesgebet (vgl. S. 661).

Jahr I

ZUR LESUNG   *Das 2. Kapitel des Buches Genesis ist ganz mit dem Blick auf Kap. 3 geschrieben. Bevor das Drama des Sündenfalls beginnt, wird die Bühne geschildert, auf der sich alles abspielt, und es werden die Personen vorgestellt, denen die Hauptrollen zufallen. Nach der Erschaffung des Mannes (gestrige Lesung) wird nun die Erschaffung der Frau erzählt. Nach Kap. 1 wurden beide gleichzeitig geschaffen, und zwar durch das bloße Wort Gottes; es ist nicht die Rede von einem Vorrang des Mannes oder von der Erschaffung der Frau aus der Rippe des Mannes. Beiden wird die gleiche und gemeinsame Stellung in der Welt und vor Gott zugewiesen. Dadurch daß der Endredaktor des Buches Genesis dieses 1. Kapitel dem älteren 2. Kapitel vorausgestellt hat, weist er uns die Richtung zum rechten Verständnis von Kap. 2. Die Grundaussage ist in beiden Kapiteln dieselbe: Der Mensch ist ganz und gar Geschöpf Gottes, er ist das bevorzugte Geschöpf, auf das es Gott vor allem ankommt. Irdisches und Göttliches, Fleisch und Geist sind im Menschen zur Einheit verbunden. Darin liegt die Größe des Menschen, aber auch seine Gefährdung. In der heutigen Lesung ist die eigentliche Frage nicht: Woher kommt die Frau, sondern: Wie kommt es, daß Mann und Frau, die doch verschieden sind, mit solcher Naturgewalt die Einheit suchen? Antwort: Weil Gott selbst sie von Anfang an füreinander geschaffen hat. – Sir 36, 24; Tob 8, 6; 1 Kor 11, 8–12; Mt 19, 5; Eph 5, 25–33.*

Zeit im Jahreskreis: 5. Woche – Donnerstag 855

ERSTE LESUNG Gen 2,18–25

Gott, der Herr, führte die Frau dem Menschen zu.
Und der Mann bindet sich an seine Frau; und sie werden ein Fleisch

Lesung
aus dem Buch Génesis.

18 Gott, der Herr, sprach:
 Es ist nicht gut, daß der Mensch allein bleibt.
 Ich will ihm eine Hilfe machen, die ihm entspricht.

19 Gott, der Herr, formte aus dem Ackerboden
  alle Tiere des Feldes und alle Vögel des Himmels
 und führte sie dem Menschen zu,
  um zu sehen, wie er sie benennen würde.
 Und wie der Mensch jedes lebendige Wesen benannte,
  so sollte es heißen.

20 Der Mensch gab Namen allem Vieh,
 den Vögeln des Himmels und allen Tieren des Feldes.
 Aber eine Hilfe, die dem Menschen entsprach,
  fand er nicht.

21 Da ließ Gott, der Herr,
  einen tiefen Schlaf auf den Menschen fallen,
  so daß er einschlief,
 nahm eine seiner Rippen
  und verschloß ihre Stelle mit Fleisch.

22 Gott, der Herr,
  baute aus der Rippe, die er vom Menschen genommen hatte,
  eine Frau und führte sie dem Menschen zu.

23 Und der Mensch sprach:

 Das endlich ist Bein von meinem Bein
  und Fleisch von meinem Fleisch.
 Frau soll sie heißen;
  vom Mann ist sie genommen.

24 Darum verläßt der Mann Vater und Mutter
  und bindet sich an seine Frau,
 und sie werden ein Fleisch.

25 Beide, Adam und seine Frau, waren nackt,
  aber sie schämten sich nicht voreinander.

ANTWORTPSALM Ps 128 (127), 1–2.3.4–5 (R: vgl. 1)

R Selig die Menschen, die Gottes Wege gehen. – **R** (GL 708,1)

1 Wohl dem Mann, der den Herrn fürchtet und ehrt * IV. Ton
und der auf seinen Wegen geht!

2 Was deine Hände erwarben, kannst du genießen; *
wohl dir, es wird dir gut ergehn. – (R)

3 Wie ein fruchtbarer Weinstock ist deine Frau *
drinnen in deinem Haus.

Wie junge Ölbäume sind deine Kinder *
rings um deinen Tisch. – (R)

4 So wird der Mann gesegnet, *
der den Herrn fürchtet und ehrt.

5 Es segne dich der Herr vom Zion her. *
Du sollst dein Leben lang das Glück Jerusalems schauen. – **R**

Jahr II

ZUR LESUNG *Nach dem Tod Salomos wird das vereinigte Königreich Juda-Israel auseinanderfallen; nur Juda bleibt unter der Herrschaft der davidischen Könige. Salomo selbst hat diese Katastrophe nicht mehr erlebt, aber eindeutig wird ihm die Schuld am Zerfall zugeschrieben. Er hat genau das getan, was er als König auf dem Thron Davids nicht tun durfte: er hat, seinen ausländischen Frauen zulieb, Kultorte für fremde Götter errichten lassen. So legte er selbst den Keim für die Zerstörung des von ihm erbauten Jahwe-Tempels. Man kann nicht Jahwe verehren und zugleich anderen Göttern dienen (V. 9–10); die Zwiespältigkeit ist vor Gott ein Greuel. Auf eine gute Anfangszeit in der Regierung Salomos folgt also eine schlimme Endzeit, trotz warnender Stimmen, die sich immer wieder erhoben (vgl. 9,6–9). – Ex 34,14–16; Dtn 7,1–6; 2 Chr 11,23 bis 12,1; 1 Kön 21,25–26; Ri 2,13; Lev 20,5; 2 Kön 23,13–14; 1 Sam 15,26.*

Zeit im Jahreskreis: 5. Woche – Donnerstag 857

ERSTE LESUNG 1 Kön 11,4–13

*Weil du meinen Bund gebrochen hast, werde ich dir das Königreich entreißen,
doch ich lasse deinem Sohn noch einen Stamm wegen meines Knechtes David*

**Lesung
aus dem ersten Buch der Könige.**

Als Sálomo älter wurde,
verführten ihn seine Frauen zur Verehrung anderer Götter,
so daß er dem Herrn, seinem Gott,
nicht mehr ungeteilt ergeben war wie sein Vater David.
Er verehrte Astárte, die Göttin der Sidónier,
und Milkom, den Götzen der Ammoníter.
Er tat, was dem Herrn mißfiel,
und war ihm nicht so vollkommen ergeben wie sein Vater David.
Damals baute Sálomo auf dem Berg östlich von Jerusalem
   eine Kulthöhe für Kemosch, den Götzen der Moabíter,
   und für Milkom, den Götzen der Ammoníter.
Dasselbe tat er für alle seine ausländischen Frauen,
   die ihren Göttern Rauch- und Schlachtopfer darbrachten.

Der Herr aber wurde zornig über Sálomo,
weil sich sein Herz von ihm, dem Gott Israels, abgewandt hatte,
   der ihm zweimal erschienen war
   und ihm verboten hatte, fremden Göttern zu dienen.
Doch Sálomo
hielt sich nicht an das, was der Herr von ihm verlangt hatte.

Daher sprach der Herr zu ihm:
Weil es so mit dir steht,
   weil du meinen Bund gebrochen
   und die Gebote nicht befolgt hast, die ich dir gegeben habe,
   werde ich dir das Königreich entreißen
   und es deinem Knecht geben.
Nur deines Vaters David wegen
   werde ich es nicht schon zu deinen Lebzeiten tun;
erst deinem Sohn werde ich es entreißen.
Doch werde ich ihm das Königtum nicht ganz entreißen;
ich lasse deinem Sohn noch einen Stamm
wegen meines Knechtes David
   und wegen Jerusalem, der Stadt, die ich erwählt habe.

ANTWORTPSALM   Ps 106 (105), 3–4.35–36.37 u. 40 (R: vgl. 4a)

R Denk an uns, Herr, aus Liebe zu deinem Volk! – **R**   (GL 172,1)

3 Wohl denen, die das Recht bewahren, * IV. Ton
und zu jeder Zeit tun, was gerecht ist.

4 Denk an mich, Herr, aus Liebe zu deinem Volk, *
such mich auf und bring mir Hilfe! – (R)

35 Sie vermischten sich mit den Heiden *
und lernten von ihren Taten.

36 Sie dienten ihren Götzen; *
die wurden ihnen zur Falle. – (R)

37 Sie brachten ihre Söhne und Töchter dar *
als Opfer für die Dämonen.

40 Der Zorn des Herrn entbrannte gegen sein Volk, *
er empfand Abscheu gegen sein Erbe. – R

Jahr I und II

RUF VOR DEM EVANGELIUM   Vers: Jak 1,21bc

Halleluja. Halleluja.

Nehmt euch das Wort zu Herzen, das in euch eingepflanzt worden ist
und das die Macht hat, euch zu retten.

Halleluja.

ZUM EVANGELIUM   *Eine heidnische Frau bittet Jesus um die Heilung ihrer Tochter. Die Antwort Jesu ist hart, aber sie weckt im Herzen der Frau eine Erkenntnis, die alle Jünger und erst recht die Pharisäer beschämen kann. Das Heil wird zunächst den Juden angeboten; es ist das Brot für die Kinder, nicht für die Hunde. Demütig glaubend greift die Frau dieses Wort auf: der Tisch ist so reich gedeckt, daß auch für die Heiden etwas abfällt. – Vom „Brot" ist in diesem Evangelium ausdrücklich die Rede; indirekt aber auch von Rein und Unrein, von Glauben und Unglauben. Auch die Heiden haben Anteil am Brot des Lebens. Jesus ist der entschiedenste Gegner aller Diskriminierung. – Mt 15,21–28.*

EVANGELIUM Mk 7, 24–30

Auch für die Hunde unter dem Tisch fällt etwas von dem Brot ab, das die Kinder essen

✠ Aus dem heiligen Evangelium nach Markus.

In jener Zeit
24 brach Jesus auf und zog in das Gebiet von Tyrus.
Er ging in ein Haus,
wollte aber, daß niemand davon erfuhr;
doch es konnte nicht verborgen bleiben.
25 Eine Frau, deren Tochter von einem unreinen Geist besessen war,
hörte von ihm;
sie kam sogleich herbei
und fiel ihm zu Füßen.
26 Die Frau, von Geburt Syrophönizierin,
war eine Heidin.
Sie bat ihn, aus ihrer Tochter den Dämon auszutreiben.
27 Da sagte er zu ihr:
Laßt zuerst die Kinder satt werden;
denn es ist nicht recht,
das Brot den Kindern wegzunehmen
und den Hunden vorzuwerfen.
28 Sie erwiderte ihm: Ja, du hast recht, Herr!
Aber auch für die Hunde unter dem Tisch
fällt etwas von dem Brot ab, das die Kinder essen.
29 Er antwortete ihr:
Weil du das gesagt hast, sage ich dir:
Geh nach Hause,
der Dämon hat deine Tochter verlassen.
30 Und als sie nach Hause kam,
fand sie das Kind auf dem Bett liegen
und sah, daß der Dämon es verlassen hatte.

FÜRBITTEN

Jesus Christus ist der gute Hirt. Zu ihm rufen wir:

Führe alle, die deinen Namen tragen, zur Einheit im Glauben, und versammle sie um deinen Tisch. (Stille) Herr, erbarme dich.
A.: Christus, erbarme dich.

Berühre die Herzen der Menschen, damit sie zum Licht des Glaubens gelangen. (Stille) Herr, erbarme dich.
A.: Christus, erbarme dich.

Stärke die Kranken durch das Brot des Lebens. (Stille) Herr, erbarme dich.

Beschütze unsere Gemeinde, und fördere ihren Zusammenhalt. (Stille) Herr, erbarme dich.

Denn du willst, daß wir mit dir eins sind, wie du mit dem Vater eins bist. Dir sei Lobpreis und Ehre in Ewigkeit. A.: Amen.

AUCH DIE HUNDE UNTER DEM TISCH *bekommen zu fressen: Diese Frau gibt nicht nach. Sie vergißt Rassenstolz und Eigenliebe. Sie wird ganz arm und klein. Da hat Jesus sie angeschaut und gesagt: Dein Glaube ist groß. "Sie waren Freunde geworden, sie hatten miteinander gelächelt. Er hatte das Herz dieser Frau aufgewühlt, bis sie den tiefsten Aufschrei des Glaubens ausstieß, dessen sie fähig war. Zuerst wollte sie eine Gnade, eine Gnade, mit der sie weit weg von ihm geflohen wäre. Aber Jesus will eine Freundschaft; er schlägt ab, worum er gebeten wird, um unendlich mehr zu geben: sich selbst. Von nun an glaubte diese Frau an Christus, sie liebte ihn. Sie wurden Freunde für immer"* (Louis Evely).

FREITAG

TAGESGEBET

Herr,
Du kennst unser Elend:
Wir reden miteinander und verstehen uns nicht.
Wir schließen Verträge und vertragen uns nicht.
Wir sprechen vom Frieden und rüsten zum Krieg.
Zeig uns einen Ausweg.
Sende deinen Geist,
damit er den Kreis des Bösen durchbricht
und das Angesicht der Erde erneuert.
Darum bitten wir durch Jesus Christus. (MB 311, 18)

Oder ein anderes Tagesgebet (vgl. S. 661).

Jahr I

ZUR LESUNG *Es gibt in der Bibel keine ausführliche Beschreibung der paradiesischen Lebensweise. Die Paradiesgeschichte ist nicht für neugierige Menschen geschrieben, sondern für fragende, gequälte Menschen. Sie will Antwort geben auf das große Warum der Menschheitsgeschichte: Wenn Gott die Welt und den Menschen gut geschaffen hat, warum diese Zwiespältigkeit im Menschenleben, warum das Leiden, warum der Tod? Sicher ist es nicht die Absicht des biblischen Erzählers, alle Schuld auf die Schlange oder gar (wie Adam es versuchte) auf die Frau abzuschieben. Im Rahmen der Erzählung ist die Schlange zunächst nichts anderes als die Person gewordene Versuchung. Sie beginnt mit einer harmlos scheinenden, aber bereits den Sachverhalt verfälschenden Frage, sät dann den Zweifel und das Mißtrauen und zieht sich leise zurück; die Saat wird aufgehen. – Worin bestand die Sünde? Im Essen der verbotenen Frucht. Aber welches war die verbotene Frucht? Ob es ein Apfel oder eine Feige war (die Bibel sagt weder das eine noch das andere) oder ein Geschlechtsgenuß, der gegen die Ordnung Gottes verstieß, oder sonst etwas, ist unwichtig. Wesentlich ist, daß der Mensch Gott mißtraute, ihm den Gehorsam verweigerte und die Frucht an sich riß, von der er die Erkenntnis von Gut und Böse erhoffte: Wissen, Macht, Fülle des Lebens. Die Folgen werden in der heutigen Lesung kurz angedeutet: Die Menschen schämen sich voreinander und vor Gott. Trennung, Spaltung, Angst: das ist seither die Welt. Denn die Sünde geschah nicht nur einmal, sie geschieht immer wieder, ja sie wächst mit den Möglichkeiten, die dem Menschen im Lauf der Jahrtausende zuwachsen. – Ez 28, 11–19; Weish 2, 24; Sir 25, 24; Joh 8, 44; Röm 5, 12–21; Offb 12, 9; 20, 2; Gen 2, 17; 3, 22; Jes 14, 13–15; 2 Sam 5, 24; 1 Kön 19, 11–13; Ijob 13, 16.*

ERSTE LESUNG Gen 3, 1–8

Die Schlange sagte zur Frau: Ihr werdet wie Gott und erkennt Gut und Böse

**Lesung
aus dem Buch Génesis.**

**Die Schlange war schlauer als alle Tiere des Feldes,
die Gott, der Herr, gemacht hatte.
Sie sagte zu der Frau:
Hat Gott wirklich gesagt:
Ihr dürft von keinem Baum des Gartens essen?**

2 Die Frau entgegnete der Schlange:
   Von den Früchten der Bäume im Garten dürfen wir essen;
3 nur von den Früchten des Baumes,
   der in der Mitte des Gartens steht,
   hat Gott gesagt: Davon dürft ihr nicht essen,
und daran dürft ihr nicht rühren,
sonst werdet ihr sterben.
4 Darauf sagte die Schlange zur Frau:
   Nein, ihr werdet nicht sterben.
5 Gott weiß vielmehr:
   Sobald ihr davon eßt, gehen euch die Augen auf;
ihr werdet wie Gott
   und erkennt Gut und Böse.
6 Da sah die Frau, daß es köstlich wäre, von dem Baum zu essen,
   daß der Baum eine Augenweide war
   und dazu verlockte, klug zu werden.
Sie nahm von seinen Früchten und aß;
sie gab auch ihrem Mann, der bei ihr war,
und auch er aß.
7 Da gingen beiden die Augen auf,
und sie erkannten, daß sie nackt waren.
Sie hefteten Feigenblätter zusammen
   und machten sich einen Schurz.
8 Als sie Gott, den Herrn,
   im Garten gegen den Tagwind einherschreiten hörten,
   versteckten sich Adam und seine Frau vor Gott, dem Herrn,
   unter den Bäumen des Gartens.

ANTWORTPSALM

Ps 32 (31), 1–2.5.6–7 (R: 1)

R Wohl dem, dessen Frevel vergeben (GL 527, 5)
und dessen Sünde bedeckt ist. – R

1 Wohl dem, dessen Frevel vergeben *   IV. Ton
   und dessen Sünde bedeckt ist.
2 Wohl dem Menschen, dem der Herr die Schuld nicht zur Last legt *
   und dessen Herz keine Falschheit kennt. – (R)
5 Ich bekannte dir meine Sünde *
   und verbarg nicht länger meine Schuld vor dir.

Ich sagte: Ich will dem Herrn meine Frevel bekennen. *
Und du hast mir die Schuld vergeben. – (R)

6 Darum soll jeder Fromme in der Not zu dir beten; *
fluten hohe Wasser heran, ihn werden sie nicht erreichen.

7 Du bist mein Schutz, bewahrst mich vor Not; *
du rettest mich und hüllst mich in Jubel. – R

Jahr II

ZUR LESUNG *Gegen Ende der Regierung Salomos wuchs die Unzufriedenheit mit der politischen und sozialen Situation. Auch die Stellung, die der König im Tempelkult beanspruchte, und seine Nachgiebigkeit gegenüber fremden Kulten gaben Anlaß zu Kritik und Widerstand. Als Sprecher der religiösen Kreise trat der Prophet Ahija aus Schilo auf. Sein Mantel war neu, so neu wie das davidisch-salomonische Reich. Wenn er den neuen Mantel in 12 Fetzen zerriß und 10 davon dem Jerobeam zuteilte, so war das deutlich genug. Jerobeam gehörte nicht zur Familie des Königs; er war ein hoher Beamter in der Verwaltung (11, 26–28). Ihm werden 10 Stämme, also der größte Teil des Reiches, zufallen; dem davidischen König wird nur der Stamm Juda bleiben (der Stamm Levi hatte keinen Landbesitz). Gott wird das Haus David bestrafen, aber er wird es nicht ausrotten; er steht zu seiner Verheißung (2 Sam 7), kann sie aber wegen des Versagens der Menschen nicht voll verwirklichen. –* 1 Sam 15, 26–28; 2 Sam 19, 44; Sir 47, 12–22.

ERSTE LESUNG 1 Kön 11, 29–32; 12, 19

Israel fiel vom Haus David ab

**Lesung
aus dem ersten Buch der Könige.**

29 Als in jener Zeit Jeróbeam einmal aus Jerusalem herauskam,
   begegnete ihm auf dem Weg der Prophet Ahíja aus Schilo.
Dieser war mit einem neuen Mantel bekleidet.

Während nun beide allein auf freiem Feld waren,
30 faßte Ahíja den neuen Mantel, den er anhatte,
zerriß ihn in zwölf Stücke

31 und sagte zu Jeróbeam: Nimm dir zehn Stücke;
denn so spricht der Herr, der Gott Israels:

> Ich nehme Sálomo das Königtum weg
> und gebe dir zehn Stämme.
>
> 32 Nur ein Stamm soll ihm verbleiben wegen meines Knechtes David
> und wegen Jerusalem,
> der Stadt, die ich aus allen Stämmen Israels erwählt habe.
>
> 19 Und Israel fiel vom Haus David ab
> und ist abtrünnig bis zum heutigen Tag.

ANTWORTPSALM Ps 81 (80), 10–11b.12–13.14–15
(R: vgl. 11a.9a)

R Ich bin der Herr, dein Gott; (GL 529, 5)
höre auf meine Stimme! – R

10 Für dich gibt es keinen andern Gott. * IV. Ton
Du sollst keinen fremden Gott anbeten.

11ab Ich bin der Herr, dein Gott, *
der dich heraufgeführt hat aus Ägypten. – (R)

12 Doch mein Volk hat nicht auf meine Stimme gehört; *
Israel hat mich nicht gewollt.

13 Da überließ ich sie ihrem verstockten Herzen, *
und sie handelten nach ihren eigenen Plänen. – (R)

14 Ach daß doch mein Volk auf mich hörte, *
daß Israel gehen wollte auf meinen Wegen!

15 Wie bald würde ich seine Feinde beugen, *
meine Hand gegen seine Bedränger wenden. – R

Jahr I und II

RUF VOR DEM EVANGELIUM Vers: vgl. Apg 16, 14b

Halleluja. Halleluja.

Herr, öffne uns das Herz,
daß wir auf die Worte deines Sohnes hören.

Halleluja.

ZUM EVANGELIUM *In der Mitte dieses Evangeliums steht das aramäische Wort „Effata – Öffne dich!" Gottes Macht und Weisheit ist am Werk (vgl. Weish 10, 21), um wiederherzustellen, was am Anfang gut und heil geschaffen wurde. Daß der Mensch hören und sprechen kann, gehört zu seiner natürlichen Ganzheit. Die Gemeinschaft zwischen Gott und Mensch setzt voraus, daß der Mensch das Wort Gottes hört und versteht (vgl. Mk 7, 14) und daß er ihm antwortet. Auch unter uns Menschen gibt es keine Gemeinschaft, wenn wir nicht miteinander reden und aufeinander hören. – Mt 15, 29–31; Mk 6, 5; 8, 23; 1, 34; 9, 25; Mt 9, 33.*

EVANGELIUM Mk 7, 31–37

Er macht, daß die Tauben hören und die Stummen sprechen

☩ **Aus dem heiligen Evangelium nach Markus.**

In jener Zeit
31 verließ Jesus das Gebiet von Tyrus
und kam über Sidon an den See von Galiläa,
mitten in das Gebiet der Dekápolis.

32 Da brachte man einen Taubstummen zu Jesus
und bat ihn, er möge ihn berühren.
33 Er nahm ihn beiseite,
von der Menge weg,
legte ihm die Finger in die Ohren
und berührte dann die Zunge des Mannes mit Speichel;
34 danach blickte er zum Himmel auf,
seufzte
und sagte zu dem Taubstummen: Éffata!,
das heißt: Öffne dich!
35 Sogleich öffneten sich seine Ohren,
seine Zunge wurde von ihrer Fessel befreit,
und er konnte richtig reden.

36 Jesus verbot ihnen, jemand davon zu erzählen.
Doch je mehr er es ihnen verbot,
desto mehr machten sie es bekannt.
37 Außer sich vor Staunen
sagten sie: Er hat alles gut gemacht;
er macht, daß die Tauben hören und die Stummen sprechen.

FÜRBITTEN

Zu Jesus Christus, der uns durch seinen Tod erlöste, rufen wir:

Bestärke die Ordensgemeinschaften in deiner Nachfolge.
A.: Herr, erhöre uns.

Hindere die Mächtigen, Arme und Wehrlose auszunützen.

Steh allen bei, die um der Gerechtigkeit willen verfolgt werden.

Öffne unsere Ohren, daß wir dein Wort hören und ihm gehorchen können.

Gütiger Vater, dein Sohn hat sein Leben für uns hingegeben. Schenke uns dein Erbarmen durch ihn, Christus, unseren Herrn. A.: Amen.

"WENN DER STURM an die Wurzeln greift, wenn ein Mensch in jene Sphäre gerät, wo Gott keine Macht mehr zu haben scheint, in jenes Niemandsland zwischen Gott und den bösen Mächten, in den Bereich des Unbenennbaren, wo das Wort seine Bannkraft verliert ... Man darf nicht alles denken. Man darf nicht alles beschwören. Es ist naiv, zu meinen, der Mensch habe die Freiheit, alles und jedes zu denken. Es gibt Gedanken, die verbrennen. Es gibt Gefühle, die versehren. Es gibt Worte, die sind keine Worte mehr. Es gibt Bereiche, die gehören nicht zum Menschenreich. – Warum hat der Mensch d a s nicht wenigstens gelernt aus der kindlich-naiven und genial-tiefen Paradieserzählung, daß es Früchte gibt, die keine Früchte für den Menschen sind, sondern Gift; daß es Erkenntnisse gibt, die den Menschen verderben?" (Josef Eger).

SAMSTAG

TAGESGEBET

Ewiger Gott.
Du selber hast uns hier zusammengeführt,
um mit uns zu reden und mit uns Mahl zu halten.
Stärke in uns die Zuversicht,
daß diese Feier sich bei dir vollenden wird –

in dem Leben, das du uns heute versprichst
und dessen Speise du uns heute gibst.
Darum bitten wir durch Jesus Christus. (MB 318,36)

Oder ein anderes Tagesgebet (vgl. S. 661).

Jahr I

ZUR LESUNG *Die Geschichte vom verlorenen Paradies ist kein Märchen. Gott wollte (und will) dem Menschen seine Nähe und Freundschaft schenken; das ist der Sinn des „Gartens". Aber der Mensch wollte sein „wie Gott". Er griff nach dem, was ihm nicht zustand, und er wurde auf sich selbst zurückgeworfen, auf die Erde, den Ackerboden, von dem er stammte. Er ist aber nicht einfach in den Zustand zurückgefallen, in dem er sich befand, bevor Gott ihn ins Paradies versetzt hatte. Von jetzt an ist er der „gefallene" Mensch. Und mit ihm ist die ganze Schöpfung gefallen. Auch die Natur leidet, wenn der Mensch aus seiner Ordnung herausfällt. Das wissen wir in unserem Atomjahrhundert auch dann, wenn wir keine Dornen und Disteln mehr sehen. Für den Menschen ist die Arbeit zur Mühsal, die Mutterschaft zum Schmerz und der Tod zur großen Not geworden. Aber nicht das Gericht ist Gottes letztes Wort. Die Strafe ist dem Menschen zu seinem Heil gegeben. Die Schlange, dieses übermenschlich schlaue und bösartige Wesen, wird nicht endgültig triumphieren. Der Nachkomme der Frau wird die Schlange am Kopf (an ihrem so schlauen Kopf) treffen und ihrem Treiben ein Ende machen. – Ez 28,2–10; Phil 2,5–11; 2 Kor 11,3; 1 Joh 3,8; Offb 12; Gal 4,4; Hebr 6,7–8; Hos 4,1–3; Röm 8,18–25; Ps 90,3; 104,29; Weish 15,8; 2 Thess 3,12; Sir 37,3; Offb 22,1–2.14.*

ERSTE LESUNG Gen 3,9–24

Gott, der Herr, schickte den Menschen aus dem Garten von Eden weg, damit er den Ackerboden bestellte

**Lesung
aus dem Buch Génesis.**

**Gott, der Herr, rief Adam zu
und sprach: Wo bist du?
Er antwortete: Ich habe dich im Garten kommen hören;
da geriet ich in Furcht, weil ich nackt bin,
und versteckte mich.**

11 Darauf fragte er: Wer hat dir gesagt, daß du nackt bist?
Hast du von dem Baum gegessen,
   von dem zu essen ich dir verboten habe?
12 Adam antwortete:
   Die Frau, die du mir beigesellt hast,
   sie hat mir von dem Baum gegeben,
   und so habe ich gegessen.
13 Gott, der Herr, sprach zu der Frau:
   Was hast du da getan?
Die Frau antwortete:
   Die Schlange hat mich verführt,
   und so habe ich gegessen.
14 Da sprach Gott, der Herr, zur Schlange:
   Weil du das getan hast, bist du verflucht
     unter allem Vieh und allen Tieren des Feldes.
   Auf dem Bauch sollst du kriechen
   und Staub fressen alle Tage deines Lebens.
15 Feindschaft setze ich zwischen dich und die Frau,
   zwischen deinen Nachwuchs und ihren Nachwuchs.
   Er trifft dich am Kopf,
     und du triffst ihn an der Ferse.
16 Zur Frau sprach er:
   Viel Mühsal bereite ich dir, sooft du schwanger wirst.
   Unter Schmerzen gebierst du Kinder.
   Du hast Verlangen nach deinem Mann;
     er aber wird über dich herrschen.
17 Zu Adam sprach er:
   Weil du auf deine Frau gehört
     und von dem Baum gegessen hast,
     von dem zu essen ich dir verboten hatte:
   So ist verflucht der Ackerboden deinetwegen.
   Unter Mühsal wirst du von ihm essen
     alle Tage deines Lebens.
18 Dornen und Disteln läßt er dir wachsen,
   und die Pflanzen des Feldes mußt du essen.
19 Im Schweiße deines Angesichts
     sollst du dein Brot essen,
     bis du zurückkehrst zum Ackerboden;
   von ihm bist du ja genommen.

Denn Staub bist du, zum Staub mußt du zurück.

20 Adam nannte seine Frau Eva – Leben –,
denn sie wurde die Mutter aller Lebendigen.

21 Gott, der Herr, machte Adam und seiner Frau Röcke aus Fellen
und bekleidete sie damit.

22 Dann sprach Gott, der Herr:
Seht, der Mensch ist geworden wie wir;
er erkennt Gut und Böse.
Daß er jetzt nicht die Hand ausstreckt,
auch vom Baum des Lebens nimmt,
davon ißt und ewig lebt!

23 Gott, der Herr, schickte ihn aus dem Garten von Eden weg,
damit er den Ackerboden bestellte,
von dem er genommen war.

24 Er vertrieb den Menschen
und stellte östlich des Gartens von Eden die Kérubim auf
und das lodernde Flammenschwert,
damit sie den Weg zum Baum des Lebens bewachten.

ANTWORTPSALM Ps 90 (89), 1–2.3–4.5–6.12–13 (R: vgl. 1)

R Herr, du bist unsere Zuflucht (GL 630,1)
von Geschlecht zu Geschlecht. – R

1 Herr, du warst unsere Zuflucht * IV. Ton
von Geschlecht zu Geschlecht.

2 Ehe die Berge geboren wurden, †
die Erde entstand und das Weltall, *
bist du, o Gott, von Ewigkeit zu Ewigkeit. – (R)

3 Du läßt die Menschen zurückkehren zum Staub *
und sprichst: „Kommt wieder, ihr Menschen!"

4 Denn tausend Jahre sind für dich †
wie der Tag, der gestern vergangen ist, *
wie eine Wache in der Nacht. – (R)

5 Von Jahr zu Jahr säst du die Menschen aus;
sie gleichen dem sprossenden Gras.

5 Am Morgen grünt es und blüht, *
am Abend wird es geschnitten und welkt. – (R)

¹² Unsere Tage zu zählen, lehre uns! *
Dann gewinnen wir ein weises Herz.

¹³ Herr, wende dich uns doch endlich zu! *
Hab Mitleid mit deinen Knechten!

R Herr, du bist unsere Zuflucht
von Geschlecht zu Geschlecht.

Jahr II

ZUR LESUNG *Jerobeam ist König des abgetrennten Nordreichs Israel geworden und steht vor ähnlichen Problemen wie vor ihm David und Salomo. Die völkische und religiöse Einheit in seinem Herrschaftsgebiet muß erst noch geschaffen werden; außer den Stämmen Israels ist vor allem in den Städten noch die kanaanäische Bevölkerung da und muß berücksichtigt werden. Das Heiligtum in Jerusalem schien dem König eher gefährlich als nützlich zu sein. So richtete er die alten Heiligtümer in Bet-El und Dan wieder ein und ließ dort Standarten mit kleinen Stierfiguren aufstellen. Diese „Kälber" werden keineswegs als fremde Götter vorgestellt, sondern als Symbole des Gottes Israels und als Gegengewicht zur Bundeslade in Jerusalem. Aber das Stiersymbol selber bedeutete doch eine entscheidende Annäherung an die heidnischen Kulte Kanaans, und die Entwicklung blieb hier nicht stehen. Die Sünde Jerobeams ist sozusagen die Ursünde und Erbsünde der Nordstämme; sie wird von den Propheten heftig, aber ohne Erfolg bekämpft. – 2 Kön 17, 21; Tob 1, 5; Sir 47, 24–25; Ex 32, 1–6; 2 Kön 10, 29; 17, 16.32; Hos 8, 5; 13, 2; Am 3, 14; 7, 10–17.*

ERSTE LESUNG 1 Kön 12, 26–32; 13, 33–34

Jerobeam ließ zwei goldene Kälber anfertigen. Dies wurde Anlaß zur Sünde

Lesung
  aus dem ersten Buch der Könige.

In jenen Tagen
²⁶ dachte Jerobeam bei sich:
  Das Königtum könnte wieder an das Haus David fallen.
²⁷ Wenn dieses Volk hinaufgeht,
  um im Haus des Herrn in Jerusalem Opfer darzubringen,
  wird sich sein Herz wieder seinem Herrn,
  dem König Rehábeam von Juda, zuwenden.
Mich werden sie töten

und zu Rehábeam, dem König von Juda, zurückkehren.
⁸ So ging er mit sich zu Rate,
ließ zwei goldene Kälber anfertigen
und sagte zum Volk:
 Ihr seid schon zuviel nach Jerusalem hinaufgezogen.
Hier ist dein Gott, Israel,
 der dich aus Ägypten heraufgeführt hat.
⁹ Er stellte das eine Kalb in Bet-El auf,
 das andere brachte er nach Dan.

¹⁰ Dies wurde Anlaß zur Sünde.
Das Volk zog sogar bis nach Dan, vor das eine Kalb.
¹¹ Auch errichtete er Kulthöhen
und setzte Priester ein,
 die aus allen Teilen des Volkes stammten
 und nicht zu den Söhnen Levi gehörten.
¹² Für den fünfzehnten Tag des achten Monats
stiftete Jeróbeam ein Fest, das dem Fest in Juda entsprach.
Er stieg in Bet-El zum Altar hinauf,
 um den Kälbern zu opfern, die er hatte anfertigen lassen.
In Bet-El
 ließ er auch die Priester, die er für die Kulthöhen bestellt hatte,
 Dienst tun.

¹³ Jeróbeam kehrte von seinem bösen Weg nicht um.
Er bestellte weiterhin aus allen Teilen des Volkes
 Priester für die Kulthöhen;
jeden, der es wünschte,
 setzte er als Höhenpriester ein.
Das aber wurde dem Haus Jeróbeam als Sünde angerechnet,
so daß es vernichtet
 und vom Erdboden vertilgt wurde.

ANTWORTPSALM Ps 106 (105), 6–7b.19–20.21–22 (R: vgl. 4a)

R Denk an uns, Herr, aus Liebe zu deinem Volk! – **R**   (GL 172, 1)

Wir haben zusammen mit unsern Vätern gesündigt, *   IV. Ton
wir haben Unrecht getan und gefrevelt.

⁵ Unsre Väter in Ägypten begriffen deine Wunder nicht, *
dachten nicht an deine reiche Huld. – **(R)**

Sie machten am Horeb ein Kalb *
und warfen sich vor dem Gußbild nieder.

20 Die Herrlichkeit Gottes tauschten sie ein *
gegen das Bild eines Stieres, der Gras frißt. – (R)

21 Sie vergaßen Gott, ihren Retter, *
der einst in Ägypten Großes vollbrachte,

22 Wunder im Lande Hams, *
furchterregende Taten am Schilfmeer.

R Denk an uns, Herr, aus Liebe zu deinem Volk!

Jahr I und II

RUF VOR DEM EVANGELIUM Vers: vgl. Mt 4, 4b

Halleluja. Halleluja.

Nicht nur von Brot lebt der Mensch,
sondern von jedem Wort aus Gottes Mund.

Halleluja.

ZUM EVANGELIUM *Der zweite Bericht über die Brotvermehrung weicht in Einzelheiten vom ersten ab (6, 34–44; 8. Januar), womit aber nicht gesagt ist, daß es sich um zwei verschiedene Begebenheiten gehandelt hat. Der Evangelist hat diesen zweiten Bericht bereits in der Überlieferung vorgefunden und in sein Evangelium aufgenommen, um die Verständnislosigkeit der Jünger noch deutlicher zu zeigen. Diese wird in 8, 17–21 nochmals betont. Die Beschreibung des Brotbrechens und des Austeilens der Brote in Vers 6 entspricht genau der Liturgie des Abendmahls in 1 Kor 11, 24. Die Speisung in der Wüste ist Zeichen und Anfang eines viel größeren Wunders. Immer noch, mitten unter uns, bricht der Herr das Brot und teilt es durch seine Jünger an die Vielen aus, die Hunger haben. – Mt 15, 32–39.*

EVANGELIUM Mk 8, 1–10

Die Leute aßen und wurden satt

✛ Aus dem heiligen Evangelium nach Markus.

1 In jenen Tagen
   waren wieder einmal viele Menschen um Jesus versammelt.
Da sie nichts zu essen hatten,
   rief er die Jünger zu sich
und sagte:

² Ich habe Mitleid mit diesen Menschen;
sie sind schon drei Tage bei mir
und haben nichts mehr zu essen.
³ Wenn ich sie hungrig nach Hause schicke,
werden sie unterwegs zusammenbrechen;
denn einige von ihnen sind von weither gekommen.
⁴ Seine Jünger antworteten ihm:
Woher soll man in dieser unbewohnten Gegend
Brot bekommen, um sie alle satt zu machen?
⁵ Er fragte sie: Wie viele Brote habt ihr?
Sie antworteten: Sieben.
⁶ Da forderte er die Leute auf, sich auf den Boden zu setzen.
Dann nahm er die sieben Brote,
sprach das Dankgebet,
brach die Brote und gab sie seinen Jüngern zum Verteilen;
und die Jünger teilten sie an die Leute aus.
⁷ Sie hatten auch noch ein paar Fische bei sich.
Jesus segnete sie
und ließ auch sie austeilen.
⁸ Die Leute aßen
und wurden satt.
Dann sammelte man die übriggebliebenen Brotstücke ein,
sieben Körbe voll.
⁹ Es waren etwa viertausend Menschen beisammen.
Danach schickte er sie nach Hause.
¹⁰ Gleich darauf stieg er mit seinen Jüngern ins Boot
und fuhr in das Gebiet von Dalmanúta.

FÜRBITTEN

Im Gebet wenden wir uns an Christus, der uns die Gnade Gottes offenbarte:

Gib den Verkündern des Glaubens das rechte Wort, und laß sie lebendige Zeugen der Liebe sein.
A.: Wir bitten dich, erhöre uns.

Unterstütze alle Bemühungen, den Frieden zu erhalten oder wiederherzustellen.

Gib den Hungernden Anteil an den Gütern der Erde.

Wecke in uns das Verlangen nach dem Brot des Lebens.
A.: Wir bitten dich, erhöre uns.

Ewiger Gott, durch deinen Sohn bist du uns nahegekommen.
Darum können wir auf dich vertrauen durch ihn, Christus, unseren Herrn.   A.: Amen.

„ADAM *hat sich Gott entzogen; er wird mitsamt seiner Nachkommenschaft den Weg zu Gott zurück suchen müssen. Damit er seines Abstands bewußt werde, wird er ausgewiesen: die Entfernung dient zur Verdeutlichung seines Ungehorsams. Der Mensch steht jetzt anders zu Gott, aber Gott bleibt Vater, und im Himmel bleibt der Austausch der ewigen Liebe. Alles Menschenleben wird fortan ein Tasten nach der verlorenen Heimat der Liebe sein. Später wird der Sohn dieses blinde Tasten in ein Findenkönnen verwandeln, durch seine Bahn auf Erden, vom Vater her zum Vater hin. Wo der Sohn in Klarheit und Fülle schreitet, dort wankt der Sünder unwissend und strauchelnd voran"* (A. v. Speyr).

„ES IST UNMÖGLICH, *ein Wunder zu wirken, es ist unmöglich, die kümmerlichen Brote des Predigers zu vermehren, wenn niemand Glauben, wenn niemand Hunger hat, wenn niemand etwas erwartet, wenn niemand dieses Wunder an Gottvertrauen wirkt, sich in seine Hände zu geben und alles von ihm zu erwarten"* (Louis Evely).

6. WOCHE

ERÖFFNUNGSVERS   Ps 31 (30), 3–4
Sei mir ein schützender Fels, eine feste Burg, die mich rettet.
Denn du bist mein Fels und meine Burg;
um deines Namens willen wirst du mich führen und leiten.

TAGESGEBET
Gott, du liebst deine Geschöpfe,
und es ist deine Freude,
bei den Menschen zu wohnen.
Gib uns ein neues und reines Herz,
das bereit ist, dich aufzunehmen.
Darum bitten wir durch Jesus Christus.

Lesungen vom betreffenden Wochentag, S. 876–915.

GABENGEBET

Barmherziger Gott,
das heilige Opfer reinige uns von Sünden
und mache uns zu neuen Menschen.
Es helfe uns, nach deinem Willen zu leben,
damit wir den verheißenen Lohn erlangen.
Darum bitten wir durch Christus, unseren Herrn.

Präfation, S. 1365 ff.

KOMMUNIONVERS Vgl. Ps 78 (77), 29–30

Alle aßen und wurden satt; er gab ihnen, was sie begehrten.
Ihr Verlangen wurde erfüllt.

Oder: Joh 3, 16

Gott hat die Welt so geliebt, daß er seinen einzigen Sohn hingab,
damit jeder, der an ihn glaubt, nicht zugrunde geht,
sondern das ewige Leben hat.

SCHLUSSGEBET

Gott, du Spender alles Guten,
du hast uns das Brot des Himmels geschenkt.
Erhalte in uns das Verlangen nach dieser Speise,
die unser wahres Leben ist.
Darum bitten wir durch Christus, unseren Herrn.

MONTAG

TAGESGEBET

Heiliger Gott,
in Christus hast du den Völkern
deine ewige Herrlichkeit *geoffenbart.*
Gib uns die Gnade,
das Geheimnis unseres Erlösers
immer tiefer zu erfassen,
damit wir durch ihn
zum unvergänglichen Leben gelangen,
der in der Einheit des Heiligen Geistes
mit dir lebt und herrscht in alle Ewigkeit. (MB 59)

Oder ein anderes Tagesgebet (vgl. S. 661).

Jahr I

ZUR LESUNG   *Kain galt als der Stammvater der Keniter, die zwar Jahwe, den Gott Israels, verehrten, aber dennoch außerhalb des verheißenen Landes und außerhalb des Gottesbundes lebten. Wie eine Art Zigeuner lebten sie zwischen Wüste und Kulturland. Für den Israeliten hatte eine solche Existenz etwas Befremdliches, geradezu Unheimliches. Der biblische Erzähler zeigt nun am Stammvater dieses heimatlosen Stammes, welchen Weg die Menschheit nimmt, wenn sie einmal aus der Gottesgemeinschaft herausgefallen ist. Der zeitlich-räumlich begrenzte Horizont des Verfassers hindert ihn nicht daran, das grundsätzlich Gültige zu sagen. „Wo bist du?" hat Gott dem Adam zugerufen; „Was hast du getan?" fragt er Kain. Der Schmerz Gottes klingt aus dieser Frage. Wie nach der Sünde der Stammeltern, so ist auch nach der Sünde Kains Gottes Gericht barmherzig. Zwar wird Kain vom fruchtbaren Ackerboden weggeschickt (wie Adam aus dem Paradies) und muß sich „vor dem Angesicht Gottes verbergen"; nur aus der Ferne darf er ihn ehren. Aber er bleibt am Leben. Die Erde hat das Blut Abels getrunken; einmal wird sie das Blut des Gottmenschen trinken, das nicht um Rache ruft, sondern Versöhnung schafft.*
– Num 24,21; Sir 7,1–2; 37,3; Weish 10,3; Gen 37,26; Mt 23,35; 1 Joh 3,12; Hebr 11,4; Ex 33,19.

ERSTE LESUNG   Gen 4,1–15.25

Kain griff seinen Bruder Abel an und erschlug ihn

Lesung
  aus dem Buch Génesis.

1   **Adam erkannte Eva, seine Frau;**
      sie wurde schwanger und gebar Kain.
      Da sagte sie: Ich habe einen Mann vom Herrn erworben.
2   **Sie gebar ein zweites Mal,**
      nämlich Abel, seinen Bruder.
      Abel wurde Schafhirt
        und Kain Ackerbauer.
3   **Nach einiger Zeit brachte Kain**
      dem Herrn ein Opfer von den Früchten des Feldes dar;
4   **auch Abel brachte eines dar**
      von den Erstlingen seiner Herde und von ihrem Fett.
   Der Herr schaute auf Abel und sein Opfer,

aber auf Kain und sein Opfer schaute er nicht.
Da überlief es Kain ganz heiß,
und sein Blick senkte sich.
Der Herr sprach zu Kain:
  Warum überläuft es dich heiß,
  und warum senkt sich dein Blick?

Nicht wahr, wenn du recht tust,
  darfst du aufblicken;
wenn du nicht recht tust,
  lauert an der Tür die Sünde als Dämon.
Auf dich hat er es abgesehen,
  doch du werde Herr über ihn!

Hierauf sagte Kain zu seinem Bruder Abel:
  Gehen wir aufs Feld!
Als sie auf dem Feld waren,
  griff Kain seinen Bruder Abel an und erschlug ihn.

Da sprach der Herr zu Kain: Wo ist dein Bruder Abel?
Er entgegnete: Ich weiß es nicht.
Bin ich der Hüter meines Bruders?
Der Herr sprach:
  Was hast du getan?
Das Blut deines Bruders schreit zu mir vom Ackerboden.
So bist du verflucht,
  verbannt vom Ackerboden,
  der seinen Mund aufgesperrt hat,
  um aus deiner Hand das Blut deines Bruders aufzunehmen.
Wenn du den Ackerboden bestellst,
  wird er dir keinen Ertrag mehr bringen.
Rastlos und ruhelos wirst du auf der Erde sein.

Kain antwortete dem Herrn:
  Zu groß ist meine Schuld, als daß ich sie tragen könnte.
Du hast mich heute vom Ackerland verjagt,
und ich muß mich vor deinem Angesicht verbergen;
  rastlos und ruhelos werde ich auf der Erde sein,
und wer mich findet,
  wird mich erschlagen.

Der Herr aber sprach zu ihm:
Darum soll jeder, der Kain erschlägt,
  siebenfacher Rache verfallen.

Darauf machte der Herr dem Kain ein Zeichen,
damit ihn keiner erschlage, der ihn finde.

25 Adam erkannte noch einmal seine Frau.
Sie gebar einen Sohn und nannte ihn Set – Setzling –;
denn sie sagte:
Gott setzte mir anderen Nachwuchs ein für Abel,
   weil ihn Kain erschlug.

ANTWORTPSALM   Ps 50 (49), 1 u. 8.16b–17.20–21 (R: vgl. 14a)

R Bring Gott, dem Höchsten, als Opfer dein Lob! – R   (GL 529, 5)

1 Der Gott der Götter, der Herr, spricht, †   IV. Ton
er ruft der Erde zu *
vom Aufgang der Sonne bis zum Untergang.

8 Nicht wegen deiner Opfer rüge ich dich, *
deine Brandopfer sind mir immer vor Augen. – (R)

16bc „Was zählst du meine Gebote auf *
und nimmst meinen Bund in deinen Mund?

17 Dabei ist Zucht dir verhaßt, *
meine Worte wirfst du hinter dich. – (R)

20 Von deinem Bruder redest du schändlich, *
auf den Sohn deiner Mutter häufst du Verleumdung.

21 Das hast du getan, und ich soll schweigen? †
Meinst du, ich bin wie du? *
Ich halte es dir vor Augen und rüge dich." – R

Jahr II

ZUR LESUNG   *In dieser und der kommenden Woche wird im 2. Lesejahr der Jakobusbrief gelesen. Er ist der Form nach eine Art Rundschreiben „an die zwölf Stämme, die in der Zerstreuung leben" (1, 1). Damit sind zunächst die Judenchristen gemeint, die (von Jerusalem aus gesehen) in der Diaspora leben. Jakobus sieht in der christlichen Gemeinde die alte Hoffnung erfüllt, daß in der messianischen Heilszeit das Volk der zwölf Stämme wiederhergestellt werde. Dieses neue Israel hat seinen Daseinsgrund nicht mehr in der Abstammung, sondern in der Rettungstat Gottes und im Glauben der Berufenen (vgl. 1, 18). Der Glaube muß sich aber in der Prüfung bewähren und vollenden (V. 2–4). Dazu braucht es nicht nur guten Willen, sondern „Weisheit", d.h. eine tiefere Einsicht in Gottes Wesen und seine Wege. Gott schenkt die Weisheit dem, der „voll Glauben" darum bittet: als wahrhaft Armer, der sein ganzes Vertrauen auf Gott setzt (V. 5–8). Besser als der Reiche versteht der Arme die Größe seiner Berufung; er hat Grund zu Hoffnung und Freude (V. 9–11). – Apg 15, 16–18; Mt 5, 11–12; 1 Petr 4, 13–14; Röm 5, 3–5; 1 Petr 1, 6–7; Sir 4, 11–19; 20, 14–15; Jer 9, 22–23; Jes 40, 6–7.*

ERSTE LESUNG
Jak 1, 1–11

Die Prüfung eures Glaubens bewirkt Ausdauer; so werdet ihr vollendet und untadelig sein

Lesung
  aus dem Jakobusbrief.

1 Jakobus, Knecht Gottes und Jesu Christi, des Herrn,
  grüßt die zwölf Stämme, die in der Zerstreuung leben.

2 Seid voll Freude, meine Brüder,
  wenn ihr in mancherlei Versuchungen geratet.

3 Ihr wißt, daß die Prüfung eures Glaubens Ausdauer bewirkt.

4 Die Ausdauer aber soll zu einem vollendeten Werk führen;
  denn so werdet ihr vollendet und untadelig sein,
  es wird euch nichts mehr fehlen.

5 Fehlt es aber einem von euch an Weisheit,
  dann soll er sie von Gott erbitten;
  Gott wird sie ihm geben,
  denn er gibt allen gern
  und macht niemand einen Vorwurf.

6 Wer bittet, soll aber voll Glauben bitten
  und nicht zweifeln;
  denn wer zweifelt, ist wie eine Welle,
  die vom Wind im Meer hin und her getrieben wird.

7 Ein solcher Mensch bilde sich nicht ein,
  daß er vom Herrn etwas erhalten wird:

8 Er ist ein Mann mit zwei Seelen,
  unbeständig auf all seinen Wegen.

9 Der Bruder, der in niederem Stand lebt,
  rühme sich seiner hohen Würde,

10 der Reiche aber seiner Niedrigkeit;
  denn er wird dahinschwinden wie die Blume im Gras.

11 Die Sonne geht auf,
  und ihre Hitze versengt das Gras;
die Blume verwelkt,
  und ihre Pracht vergeht.
So wird auch der Reiche vergehen
  mit allem, was er unternimmt.

ANTWORTPSALM Ps 119 (118), 67–68.71–72.75–76 (R: 77a)

R Herr, dein Erbarmen komme über mich, damit ich lebe. – **R**
(GL 733, 1)

67 Ehe ich gedemütigt wurde, ging mein Weg in die Irre; * VI. Ton
nun aber halte ich mich an deine Verheißung.

68 Du bist gut und wirkst Gutes. *
Lehre mich deine Gesetze! – (**R**)

71 Daß ich gedemütigt wurde, war für mich gut; *
denn so lernte ich deine Gesetze.

72 Die Weisung deines Mundes ist mir lieb, *
mehr als große Mengen von Gold und Silber. – (**R**)

75 Herr, ich weiß, daß deine Entscheide gerecht sind; *
du hast mich gebeugt, weil du treu für mich sorgst.

76 Tröste mich in deiner Huld, *
wie du es deinem Knecht verheißen hast. – **R**

Jahr I und II

RUF VOR DEM EVANGELIUM Vers: Joh 14, 6

Halleluja. Halleluja.

(So spricht der Herr:)
Ich bin der Weg und die Wahrheit und das Leben.
Niemand kommt zum Vater, außer durch mich.

Halleluja.

ZUM EVANGELIUM *Wenn schon die Jünger so wenig Verständnis haben, kann der Unglaube der Pharisäer nicht überraschen. Sie fordern nicht ein Wunder, sondern „ein Zeichen vom Himmel", etwa eine unerhörte Naturerscheinung, als Bestätigung für die Sendung Jesu. Sie fordern es aber nicht etwa, um zu glauben, sondern um Jesus „auf die Probe zu stellen", natürlich in der Annahme, daß er die Probe nicht bestehen wird. Die Forderung ist unsinnig; ein solches Zeichen kann zwar geschenkt, aber es kann nicht gefordert werden. Der Glaube ist nicht eine exakte Gewißheit, in der man ausruhen kann; eher gleicht er einem Schiff, in das man mit Jesus einsteigen muß, um das andere Ufer zu erreichen (V. 13). – Mt 12,38–39; 16,1–4; Lk 11,16.*

EVANGELIUM Mk 8,11–13

Was fordert diese Generation ein Zeichen?

☩ **Aus dem heiligen Evangelium nach Markus.**

In jener Zeit
11 **kamen die Pharisäer**
und begannen ein Streitgespräch mit Jesus;
sie forderten von ihm ein Zeichen vom Himmel,
um ihn auf die Probe zu stellen.

12 **Da seufzte er tief auf**
und sagte:
Was fordert diese Generation ein Zeichen?
Amen, das sage ich euch:
Dieser Generation wird niemals ein Zeichen gegeben werden.

13 **Und er verließ sie,**
stieg in das Boot
und fuhr ans andere Ufer.

FÜRBITTEN

Wir bitten Christus, der uns in sein Volk berufen hat:

Laß die Kirche unter den Völkern ein wirksames Zeichen deiner Wahrheit und Liebe sein.
A.: Herr, erhöre unser Gebet.

Überwinde Streit, und stifte Frieden unter Feinden.

Erhalte allen, die von einer Not bedrängt werden, Mut und Zuversicht.

Gib uns Treue zu deiner Botschaft.

Allmächtiger Gott, du hast uns aus der Finsternis in dein Licht gerufen. Laß uns als Kinder des Lichtes leben durch Christus, unseren Herrn. A.: Amen.

„WIR WERDEN BEOBACHTET. *Beobachtet und gewogen. Nicht einmal so sehr unseres Wohlstandes wegen. Wohlstand ist nachweisbar. Was an uns scharf kontrolliert wird, ist das Maß der Brüderlichkeit, der Menschlichkeit.*
Es ist nicht bequem, einen Krankenwagen zu schieben, mit einem verkrüppelten hinfälligen Menschen kleine Schritte zu machen. Aber es ist wunderbar, daß man einem Menschen, der im Zimmer erstickt, die Sonne, den Garten, ein Vogelgezwitscher zum Geschenk machen kann. Unsere Zeit hat zu viele Statisten und zu wenige Menschen.
Wo ist dein Bruder? Diese Frage ist direkt an uns gerichtet. Die Glaubwürdigkeit, ein wahrer Mensch und Christ zu sein, wird total zerstört, wenn wir uns wie Kain aus unserer Verantwortung hinauszumogeln versuchten" (Egon Walter).

DIENSTAG

TAGESGEBET

Gott.
Du hast uns geschaffen –
doch wir kennen dich kaum.
Du liebst uns –
und doch bist du uns fremd.
Offenbare dich deiner Gemeinde.
Zeig uns dein Gesicht.
Sag uns, wer du bist
und was du für uns bedeutest.
Lehre uns
dich erkennen, dich verstehen, dich lieben.
Darum bitten wir durch Jesus Christus. (MB 305, 2)

Oder ein anderes Tagesgebet (vgl. S. 661).

Jahr I

ZUR LESUNG *Von Adam bis zur Sintflut geht es mit der Menschheit abwärts. Für die Deutung der Situation sind die Verse 6, 5–8 von besonderer Wichtigkeit. Bisher haben wir im Buch Genesis einzelne Berichte gelesen, aber noch keine solche grundsätzliche Überlegung. Hier steht nun eine harte grundsätzliche Aussage über das „Herz" des Menschen und eine zweite über das Herz Gottes. „Herz" im biblischen Sinn ist die tiefe Mitte des Menschen: Gefühl, Verstand und Wille; der Ort, wo die Entscheidungen fallen. Die Bibel spricht von Gott so, wie man von einer menschlichen Person spricht, nicht um Gott auf die Stufe des Menschen herabzuholen, sondern einfach um Gott für die Menschen überhaupt zugänglich und verständlich zu machen. Wir haben ja auch heute noch, wenn wir von Gott reden, keine andere Sprache als die menschliche. Und Gott ist ein lebendiger Gott, er ist nicht ein starres Prinzip oder eine ruhende Idee. Dieser Gott also ist bekümmert und enttäuscht. Um die Menschheit überhaupt zu retten, wird ein Gericht notwendig sein, das fast einer Vernichtung gleichkommt. Dennoch: Gott haßt seine Schöpfung nicht; ein Rest wird gerettet werden, und mit diesem Rest, mit Noach und seinen Söhnen, wird die Menschheitsgeschichte neu beginnen. – Weish 14,6–7; Mt 24,37–39; 1 Petr 3,18–21; Ps 14,2–3; 1 Sam 15,11.35; Sir 17,31; Jer 18,10; 26,3; Hebr 11,7; Weish 4,10; 2 Petr 2,5; 3,6.*

ERSTE LESUNG Gen 6,5–8; 7,1–5.10

Ich will den Menschen, den ich erschaffen habe, vom Erdboden vertilgen

Lesung
   aus dem Buch Génesis.

Der Herr sah,
   daß auf der Erde die Schlechtigkeit des Menschen zunahm
und daß alles Sinnen und Trachten seines Herzens
   immer nur böse war.
Da reute es den Herrn,
   auf der Erde den Menschen gemacht zu haben,
und es tat seinem Herzen weh.
Der Herr sagte:
   Ich will den Menschen, den ich erschaffen habe,
   vom Erdboden vertilgen,
mit ihm auch das Vieh,
   die Kriechtiere und die Vögel des Himmels,
denn es reut mich, sie gemacht zu haben.
Nur Noach fand Gnade in den Augen des Herrn.

Der Herr sprach zu Noach:
   Geh in die Arche, du und dein ganzes Haus,
denn ich habe gesehen,
   daß du unter deinen Zeitgenossen vor mir gerecht bist.

² Von allen reinen Tieren nimm dir je sieben Paare mit,
    und von allen unreinen Tieren je ein Paar,
³ auch von den Vögeln des Himmels
    je sieben Männchen und Weibchen,
    um Nachwuchs auf der ganzen Erde am Leben zu erhalten.
⁴ Denn noch sieben Tage dauert es,
    dann lasse ich es vierzig Tage und vierzig Nächte lang
    auf die Erde regnen
und tilge vom Erdboden alle Wesen, die ich gemacht habe.
⁵ Noach tat alles, was ihm der Herr aufgetragen hatte.
¹⁰ Als die sieben Tage vorbei waren,
    kam das Wasser der Flut über die Erde.

ANTWORTPSALM   Ps 29 (28), 1–2.3ac–4.3b u. 9b–10 (R: vgl. 11b)

R Der Herr schenkt seinem Volk den Frieden. – **R**   (GL 528,6)

1 Bringt dar dem Herrn, ihr Himmlischen, *   II. Ton
   bringt dar dem Herrn Lob und Ehre!
2 Bringt dar dem Herrn die Ehre seines Namens, *
   werft euch nieder vor dem Herrn in heiligem Schmuck! – (R)

3ac Die Stimme des Herrn erschallt über den Wassern, *
    der Herr über gewaltigen Wassern.
4 Die Stimme des Herrn ertönt mit Macht, *
   die Stimme des Herrn voll Majestät. – (R)

3b Der Gott der Herrlichkeit donnert. *
9b In seinem Palast rufen alle: O herrlicher Gott!
10 Der Herr thront über der Flut, *
    der Herr thront als König in Ewigkeit. – **R**

Jahr II

ZUR LESUNG   *Die Lesung beginnt mit einer Seligpreisung („Glücklich der Mann ..."), die inhaltlich auf Vers 2 zurückweist und einen Grundgedanken des Alten und Neuen Testaments ausspricht: der Glaube und die Treue des Menschen müssen sich in der Prüfung bewähren. Die Bewährung ist aber nur in der Liebe möglich. Denen, die Gott lieben, wird das Leben als Siegeskranz verheißen. Im Alten Testament ist es wiederholt Gott selbst, der die Menschen „prüft" (z. B. Abraham, Gen 22, 1). Ist also*

Gott dafür verantwortlich, wenn der Mensch versagt? Eine solche Vorstellung wird entschieden abgewiesen. Gott prüft zwar, aber er „versucht" nicht (vgl. V. 3 und V. 13): er gibt Gelegenheit zur Bewährung, aber er stellt keine Falle. Von Gott kommen nur gute Gaben; von ihm kommt das Licht, nicht die Finsternis; das Leben, nicht der Tod (V. 16–18). Versuchung, Sünde und Tod (V. 13–15) können nur aus dem Herzen des Menschen kommen, von der Begierde, die den Menschen lockt und fängt und verdirbt. Woher die Begierde letzten Endes kommt, wird hier nicht erklärt. Wichtig ist dem Verfasser, daß sie nicht von Gott kommt, und das weiß er aus seiner klaren und großen Gottesvorstellung. – Röm 8, 28; Weish 5, 15–16; Spr 19, 3; Sir 15, 11–20; Röm 7, 8–10. 23; 5, 12; 6, 23; Mt 7, 11; Joh 3, 3; 8, 12; 1 Joh 1, 5; Joh 1, 12–13; Eph 1, 13; 1 Petr 1, 23; Offb 14, 4.

ERSTE LESUNG   Jak 1, 12–18

Gott führt niemand in Versuchung

Lesung
 aus dem Jakobusbrief.

12 Glücklich der Mann, der in der Versuchung standhält.
 Denn wenn er sich bewährt,
  wird er den Kranz des Lebens erhalten,
  der denen verheißen ist, die Gott lieben.

13 Keiner, der in Versuchung gerät,
  soll sagen: Ich werde von Gott in Versuchung geführt.
 Denn Gott kann nicht in die Versuchung kommen, Böses zu tun,
 und er führt auch selbst niemand in Versuchung.

14 Jeder wird von seiner eigenen Begierde, die ihn lockt und fängt,
  in Versuchung geführt.

15 Wenn die Begierde dann schwanger geworden ist,
  bringt sie die Sünde zur Welt;
 ist die Sünde reif geworden,
  bringt sie den Tod hervor.

16 Laßt euch nicht irreführen, meine geliebten Brüder;
17 jede gute Gabe und jedes vollkommene Geschenk
  kommt von oben,
 vom Vater der Gestirne,
  bei dem es keine Veränderung und keine Verfinsterung gibt.

18 Aus freiem Willen
   hat er uns durch das Wort der Wahrheit geboren,
damit wir gleichsam die Erstlingsfrucht seiner Schöpfung seien.

ANTWORTPSALM   Ps 94 (93), 12–13.14–15.18–19 (R: vgl. 12a)

R Selig der Mensch, den du erziehst, o Herr. – R   (GL 528,2)

12 Wohl dem Mann, den du, Herr, erziehst, *   IV. Ton
den du mit deiner Weisung belehrst.

13 Du bewahrst ihn vor bösen Tagen *
bis man dem Frevler die Grube gräbt. – (R)

14 Ja, der Herr wird sein Volk nicht verstoßen *
und niemals sein Erbe verlassen.

15 Nun spricht man wieder Recht nach Gerechtigkeit; *
ihr folgen alle Menschen mit redlichem Herzen. – (R)

18 Wenn ich sage: „Mein Fuß gleitet aus", *
dann stützt mich, Herr, deine Huld.

19 Mehren sich die Sorgen des Herzens, *
so erquickt dein Trost meine Seele. – R

Jahr I und II

RUF VOR DEM EVANGELIUM   Vers: vgl. Joh 14,23

Halleluja. Halleluja.
(So spricht der Herr:)
Wer mich liebt, hält fest an meinem Wort.
Mein Vater wird ihn lieben, und wir werden bei ihm wohnen.
Halleluja.

ZUM EVANGELIUM   *Der Unglaube der Jünger ist von anderer Art als der der Pharisäer. „Sie hatten nur ein einziges Brot bei sich im Boot" und machen sich Sorge; sie wissen noch immer nicht, wen sie bei sich im Boot haben: den, der das lebendige Brot ist und der die Speise gibt für das ewige Leben (vgl. Joh 6,27.32–35). Den Unglauben dieser Jünger könnte man harmlos nennen, wenn nicht so viel geschehen wäre, was ihnen die Augen hätte öffnen müssen. „Ist denn euer Herz verstockt?" Die Frage gilt heute uns: haben wir begriffen, wen wir in unserer Mitte haben?*

Zeit im Jahreskreis: 6. Woche – Dienstag

Auch „der Sauerteig der Pharisäer" gehört keineswegs nur der Vergangenheit an. – Mt 16,5–12; Lk 12,1; Mk 4,13; Jer 5,21; Ez 12,2.

EVANGELIUM   Mk 8,14–21
Hütet euch vor dem Sauerteig der Pharisäer und dem Sauerteig des Herodes!

✛ Aus dem heiligen Evangelium nach Markus.

In jener Zeit
14 hatten die Jünger vergessen,
    bei der Abfahrt Brote mitzunehmen;
nur ein einziges hatten sie dabei.
15 Und Jesus warnte sie:
Gebt acht,
    hütet euch vor dem Sauerteig der Pharisäer
    und dem Sauerteig des Herodes!
16 Sie aber machten sich Gedanken,
    weil sie kein Brot bei sich hatten.
17 Als er das merkte, sagte er zu ihnen:
Was macht ihr euch darüber Gedanken, daß ihr kein Brot habt?
Begreift und versteht ihr immer noch nicht?
Ist denn euer Herz verstockt?
18 Habt ihr denn keine Augen, um zu sehen,
und keine Ohren, um zu hören?
Erinnert ihr euch nicht:
19 Als ich die fünf Brote für die Fünftausend brach,
    wie viele Körbe voll Brotstücke habt ihr da aufgesammelt?
Sie antworteten ihm: Zwölf.
20 Und als ich die sieben Brote für die Viertausend brach,
    wie viele Körbe voll habt ihr da aufgesammelt?
Sie antworteten: Sieben.
21 Da sagte er zu ihnen:
    Versteht ihr immer noch nicht?

FÜRBITTEN

Mit unseren Bitten wenden wir uns an Jesus Christus, der um die Einheit der Jünger gebetet hat:

Ermutige alle, die deinen Namen tragen, die Glaubensspaltungen zu überwinden. (Stille) Christus, höre uns.
A.: Christus, erhöre uns.

Segne alle Bemühungen, mehr Gerechtigkeit zwischen den Menschen zu schaffen. (Stille) Christus, höre uns.
A.: Christus, erhöre uns.

Laß einsame Menschen erleben, daß sie nicht verlassen sind. (Stille) Christus, höre uns.

Nimm von uns ängstliche Sorge, und festige unser Vertrauen in deine Güte. (Stille) Christus, höre uns.

Herr, unser Gott, ohne deinen Beistand vermögen wir nichts. Erhöre unsere Bitten durch Christus, unseren Herrn. A.: Amen.

„DER SCHWERPUNKT DES GESPRÄCHS *über die Speisewunder liegt auf den übriggebliebenen zwölf und sieben Körben voll Brotstücken, nicht etwa auf dem Faktum der wunderbaren Speisung einer so großen Menge. Das übriggebliebene Brot sollte die Jünger also an und für sich aufgeklärt haben ... Es weist darauf hin, daß Markus die eucharistische Deutung der Brotvermehrung im Sinn hat. Mit den Jüngern meint er seine Leser: das Brot, das Jesus für die Menge brach (offensichtlich eucharistischer Ausdruck), gehört nicht zu einem abgeschlossenen Ereignis der Vergangenheit. Das ‚übriggebliebene Brot' reicht als eucharistische Speise in die Gegenwart hinein und verbindet die Gemeinde mit dem auf geheimnisvolle Weise gegenwärtigen Christus"* (A. Heising).

MITTWOCH

TAGESGEBET

Gott, unser Vater,
sieh an unsere Not
und wende uns dein Erbarmen zu.
Stärke den Glauben deiner Kinder
und erleichtere ihre Bürde,
damit sie sich mit Zuversicht
deiner Vorsehung anvertrauen.
Darum bitten wir durch Jesus Christus. (MB 1078)

Oder ein anderes Tagesgebet (vgl. S. 661).

Jahr I

ZUR LESUNG *Sicherlich bestehen Zusammenhänge zwischen der biblischen Sintfluterzählung und entsprechenden assyrisch-babylonischen*

Überlieferungen aus der Zeit um 2000–1800 v. Chr. Die Ausgrabungen in Mesopotamien haben gezeigt, daß diese Überlieferungen auf eine oder mehrere Flutkatastrophen zurückgehen, deren Umfang allerdings begrenzt war. Auch im alten Mesopotamien wird die Urgeschichte in eine Periode vor und nach der Flut eingeteilt. Den biblischen Verfasser interessiert vor allem die theologisch-religiöse Frage: Was ist, von Gott her gesehen, der Sinn dieser Katastrophe gewesen? Darüber sagt er das Wesentliche am Anfang (gestrige Lesung) und am Ende seiner Erzählung. Am Anfang steht der Entschluß Gottes, die Erde zu säubern und durch ein Strafgericht die sündige Menschheit bis auf einen kleinen Rest zu vernichten. Am Schluß steht ein Gotteswort, das in keiner babylonischen Überlieferung zu finden ist und seinen Ursprung nur einer Inspiration des Verfassers verdanken kann. Gott sieht, daß die Menschen verderbt sind, aber dieser gleiche Befund, der am Anfang das Strafgericht Gottes begründet hat, dient jetzt dazu, Gottes Erbarmen zu offenbaren. Die Sünde der Menschen kann Gott nicht daran hindern, treu zu sein und die geschaffene Ordnung für alle Zukunft zu verbürgen. – Sir 17, 31; 44, 17–18.

ERSTE LESUNG   Gen 8,6–13.15–16a.18a.20–22
Noach blickte hinaus, und siehe: Die Erdoberfläche war trocken

**Lesung
aus dem Buch Génesis.**

6 **Nach vierzig Tagen
öffnete Noach das Fenster der Arche, das er gemacht hatte,**
7 **und ließ einen Raben hinaus.
Der flog aus und ein,
bis das Wasser auf der Erde vertrocknet war.**
8 **Dann ließ er eine Taube hinaus,
um zu sehen, ob das Wasser auf der Erde abgenommen habe.**
9 **Die Taube fand keinen Halt für ihre Füße
und kehrte zu ihm in die Arche zurück,
weil über der ganzen Erde noch Wasser stand.
Er streckte seine Hand aus
und nahm die Taube wieder zu sich in die Arche.**
10 **Dann wartete er noch weitere sieben Tage
und ließ wieder die Taube aus der Arche.**
11 **Gegen Abend kam die Taube zu ihm zurück,
und siehe da:
In ihrem Schnabel hatte sie einen frischen Olivenzweig.**

Jetzt wußte Noach,
  daß nur noch wenig Wasser auf der Erde stand.
12 Er wartete weitere sieben Tage
  und ließ die Taube noch einmal hinaus.
  Nun kehrte sie nicht mehr zu ihm zurück.
13 Im sechshundertersten Jahr Noachs,
    am ersten Tag des ersten Monats,
    hatte sich das Wasser verlaufen.
  Da entfernte Noach das Verdeck der Arche,
  blickte hinaus,
  und siehe: Die Erdoberfläche war trocken.
15 Da sprach Gott zu Noach:
16a Komm heraus aus der Arche!
18a Da kam Noach heraus.
20 Dann baute Noach dem Herrn einen Altar,
  nahm von allen reinen Tieren und von allen reinen Vögeln
    und brachte auf dem Altar Brandopfer dar.
21 Der Herr roch den beruhigenden Duft,
  und der Herr sprach bei sich:
    Ich will die Erde
      wegen des Menschen nicht noch einmal verfluchen;
  denn das Trachten des Menschen ist böse von Jugend an.
  Ich will künftig nicht mehr alles Lebendige vernichten,
    wie ich es getan habe.
22 So lange die Erde besteht,
    sollen nicht aufhören Aussaat und Ernte, Kälte und Hitze,
    Sommer und Winter, Tag und Nacht.

ANTWORTPSALM   Ps 116 (115), 12–13.14–15.18–19 (R: vgl. 17a)

R Ein Opfer des Dankes will ich dir bringen. – R   (GL 528, 6)
(*Oder:* Halleluja.)

12 Wie kann ich dem Herrn all das vergelten, *   II. Ton
  was er mir Gutes getan hat?
13 Ich will den Kelch des Heils erheben *
  und anrufen den Namen des Herrn. – (R)
14 Ich will dem Herrn meine Gelübde erfüllen *
  offen vor seinem ganzen Volk.
15 Kostbar ist in den Augen des Herrn *
  das Sterben seiner Frommen. – (R)

18 Ich will dem Herrn meine Gelübde erfüllen *
offen vor seinem ganzen Volk,
19 in den Vorhöfen am Hause des Herrn, *
in deiner Mitte, Jerusalem. – R

Jahr II

ZUR LESUNG *Vom „Wort der Wahrheit" war am Ende der gestrigen Lesung die Rede (1,18); gemeint war das schöpferische Wort Gottes, das als Wort des Evangeliums die neue Schöpfung hervorbringt. Daran schließt sich nun eine Spruchreihe an über das rechte Hören, Reden und Tun, über den rechten Umgang mit Gott und den Menschen. Der Mensch muß hören lernen. Das richtige Hören ist ein Empfangen, ein Sich-erfüllen- und -beglücken-Lassen, ja es ist auch schon ein Tun: das innere Tun des Lernens und Einübens, aus dem sich das äußere Tun des freigewordenen Menschen ergibt. Die Mahnungen dieses Abschnitts sind nicht in den leeren Raum hineingesprochen. Es sind Folgerungen, die sich für den Getauften daraus ergeben, daß Gott ihn angesprochen und angenommen hat. Mit dem, was der getaufte Mensch sagt und tut, ehrt er Gott – oder er beschimpft ihn. – Spr 14,17; Sir 5,11–15; Mt 5,22; 1 Petr 2,1–2; Mt 7,24–27; Lk 8,21; Röm 2,13; 1 Joh 3,17–18; Mt 5,17; Röm 8,2; Ex 22,21.*

ERSTE LESUNG   Jak 1,19–27

Hört das Wort nicht nur an, sondern handelt danach!

**Lesung
aus dem Jakobusbrief.**

19 Denkt daran, meine geliebten Brüder:
Jeder Mensch soll schnell bereit sein zu hören,
aber zurückhaltend im Reden
und nicht schnell zum Zorn bereit;
20 denn im Zorn tut der Mensch nicht das, was vor Gott recht ist.
21 Darum legt alles Schmutzige und Böse ab,
seid sanftmütig
und nehmt euch das Wort zu Herzen,
das in euch eingepflanzt worden ist
und das die Macht hat, euch zu retten.

²² Hört das Wort nicht nur an,
   sondern handelt danach;
 sonst betrügt ihr euch selbst.
²³ Wer das Wort nur hört, aber nicht danach handelt,
   ist wie ein Mensch,
   der sein eigenes Gesicht im Spiegel betrachtet:
²⁴ Er betrachtet sich,
   geht weg,
   und schon hat er vergessen, wie er aussah.
²⁵ Wer sich aber in das vollkommene Gesetz der Freiheit vertieft
   und an ihm festhält,
   wer es nicht nur hört, um es wieder zu vergessen,
   sondern danach handelt,
   der wird durch sein Tun selig sein.
²⁶ Wer meint, er diene Gott,
   aber seine Zunge nicht im Zaum hält,
   der betrügt sich selbst,
 und sein Gottesdienst ist wertlos.
²⁷ Ein reiner und makelloser Dienst vor Gott, dem Vater,
   besteht darin:
 für Waisen und Witwen zu sorgen, wenn sie in Not sind,
 und sich vor jeder Befleckung durch die Welt zu bewahren.

ANTWORTPSALM Ps 15 (14), 2–3.4.5 (R: 1b)

R Herr, wer darf weilen auf deinem heiligen Berg? – R   (GL 626, 3)

² Der makellos lebt und das Rechte tut; †   IV. Ton
 der von Herzen die Wahrheit sagt *
³ und mit seiner Zunge nicht verleumdet;

 der seinem Freund nichts Böses antut *
 und seinen Nächsten nicht schmäht; – (R)

⁴ der den Verworfenen verachtet, *
 doch alle, die den Herrn fürchten, in Ehren hält;

 der sein Versprechen nicht ändert, *
 das er seinem Nächsten geschworen hat; – (R)

⁵ der sein Geld nicht auf Wucher ausleiht *
 und nicht zum Nachteil des Schuldlosen Bestechung annimmt.

 Wer sich danach richtet, *
 der wird niemals wanken. – R

Jahr I und II

RUF VOR DEM EVANGELIUM Vers: vgl. Eph 1, 17–18

Halleluja. Halleluja.

Der Vater unseres Herrn Jesus Christus
erleuchte die Augen unseres Herzens,
damit wir verstehen, zu welcher Hoffnung wir berufen sind.

Halleluja.

ZUM EVANGELIUM *Markus berichtet die Heilung des Blinden in Betsaida im Anschluß an das vorwurfsvolle „Versteht ihr immer noch nicht?" (8, 21). Die Jünger sind blind für die Wirklichkeit, in die sie hineingestellt sind. Es ist mühsam, sie zum Sehen zu bringen, so mühsam, wie einen Blinden zu heilen. Vielleicht ist das der Grund, warum die Heilung dieses Blinden so ausführlich beschrieben wird. Auch im Ritus der Taufe werden symbolhaft die Sinne des Menschen „geöffnet"; er soll lernen, die Wirklichkeit Gottes zu sehen und zu hören, um darauf die Antwort des Glaubens zu geben. – Mk 5, 28–30; 7, 33; Joh 9, 6.*

EVANGELIUM Mk 8, 22–26

Er war geheilt und konnte alles genau sehen

✛ Aus dem heiligen Evangelium nach Markus.

In jener Zeit
² kamen Jesus und seine Jünger nach Betsáida.
Da brachte man einen Blinden zu Jesus
und bat ihn, er möge ihn berühren.
³ Er nahm den Blinden bei der Hand,
führte ihn vor das Dorf hinaus,
bestrich seine Augen mit Speichel,
legte ihm die Hände auf
und fragte ihn:
   Siehst du etwas?

Der Mann blickte auf
   und sagte: Ich sehe Menschen;
denn ich sehe etwas,
   das wie Bäume aussieht und umhergeht.

25 Da legte er ihm nochmals die Hände auf die Augen;
nun sah der Mann deutlich.
Er war geheilt
und konnte alles ganz genau sehen.

26 Jesus schickte ihn nach Hause
und sagte: Geh aber nicht in das Dorf hinein!

FÜRBITTEN

Wir beten zu Christus, der unsere Schuld vergibt:

Rufe alle Christen zur Umkehr, und versöhne sie mit dem Vater.
(Stille) Herr, erbarme dich.
A.: Christus, erbarme dich.

Laß verfeindete Völker ihre Streitigkeiten beilegen. (Stille) Herr, erbarme dich.

Lindere die Schmerzen der Kranken, und mach sie gesund. (Stille) Herr, erbarme dich.

Heile die Blindheit unseres Herzens, damit wir erkennen, was recht ist. (Stille) Herr, erbarme dich.

Heiliger Gott, schau nicht auf unsere Sünden, sondern höre auf unsere Bitten durch Christus, unseren Herrn.   A.: Amen.

„DAS EIGENTLICHE GESCHEHEN läßt sich auf die ganz schlichte Formel bringen: Gott gedachte Noachs – genau wie der Vater an seinen Sohn denkt, der in der Fremde umherirrt. Gott dachte an den einen Getreuen, der an der Gnade Gottes festhielt. Für diesen einen Getreuen hielt er die Arche als den Ort der Zuflucht und als Stätte der Bewahrung bereit. Der Bericht darüber, wie einer da an der ewigen Hand die Katastrophe überstand, wie ihm die Taube mit dem Ölzweig als Signal der Behütung geschickt wurde und wie er dann eine neue Welt empfing und noch einmal eine Zeit des Wiederbeginns und der Chance anbrechen sah, wie nämlich noch einmal das Wort gesprochen wurde: ‚Es werde' – das ist das wirkliche Thema dieser Geschichte. Denn auch dann, wenn von Katastrophen und Untergängen die Rede ist, kann Gott nie ein Gott des Endes sein. Er gewährt immer Anfänge. Gott ist positiv. Seine Barmherzigkeit ist alle Morgen neu (vgl. Klgl 3, 23). Man muß es nur sehen lernen: Und Glauben heißt letztlich gar nichts anderes, als daß man es sieht.

So kommt im Leben alles darauf an, diesen einen Blickpunkt festzuhalten, daß Gott etwas mit Noach, mit dir und mir vorhat, ganz gleich, in welches Kuvert von Schicksalen dieser Lebensplan auch hineingefaltet sein mag, ob in Sintfluten und Rückschläge oder in berufliche Erfolge und Liebesglück" (H. Thielicke).

DONNERSTAG

TAGESGEBET

Allmächtiger, ewiger Gott,
deinem Willen gehorsam,
hat unser Erlöser Fleisch angenommen,
er hat sich selbst erniedrigt
und sich unter die Schmach des Kreuzes gebeugt.
Hilf uns,
daß wir ihm auf dem Weg des Leidens nachfolgen
und an seiner Auferstehung Anteil erlangen.
Darum bitten wir durch ihn, Jesus Christus. (MB [8])

Oder ein anderes Tagesgebet (vgl. S. 661).

Jahr I

ZUR LESUNG   *In Gen 9, 1–17 hören wir eine andere Stimme als in den zwei vorausgehenden Lesungen über die Sintflut. Hier haben wir es nicht mit Erzählung, sondern mit theologischer Lehre zu tun. Gedankengang und Sprache erinnern an den ersten Schöpfungsbericht (Gen 1). Was in Kap. 1 bei der Erschaffung des Menschen gesagt war (1, 28), wird in 9, 1 aufgegriffen; aber die Situation von Kap. 1, wo alles „sehr gut" war (1, 31), hat sich gründlich verändert. Von Blut und Furcht und Schrecken ist jetzt die Rede. Mit dem Frieden ist es aus, das Leben muß geschützt werden. Der Mensch wird von jetzt an das Fleisch der Tiere essen; aus dem Früchtesammler ist der Jäger geworden. Aber die Scheu auch vor dem Leben der Tiere soll dem Menschen nicht verlorengehen; er soll das Blut der Tiere nicht trinken, denn das Blut ist nach alter Auffassung der Sitz des Lebens. Die gewichtigere Aussage aber steht im 2. Teil dieser Lesung (V. 8–13): Gott segnet Noach, den Stammvater der neuen Menschheit, wie er Adam gesegnet hat, und er schließt mit ihm einen „Bund". Hier steht zum erstenmal das zukunftsträchtige Wort vom „Bund" Gottes mit den Menschen. Dieser erste Bund ist nicht auf einen Teil der Mensch-*

heit beschränkt, er hat kosmische Weite wie das Zeichen dieses Bundes, der Regenbogen. Gegen alle Gewalt der Natur, ja selbst gegen die Macht seines eigenen Zorns stellt Gott sich auf die Seite des bedrohten Menschen und verpflichtet sich, ihn zu beschützen. Ein großer Optimismus spricht aus diesem Kapitel der Bibel. – Sir 17, 1–4; Jak 3, 7; Dtn 12, 15–16; Num 35, 33; Ex 20, 13; Gen 1, 26; 6, 18; Sir 44, 18; Jes 54, 9–10; Sir 43, 11–12; Ez 1, 28.

ERSTE LESUNG Gen 9, 1–13

Meinen Bogen setze ich in die Wolken; er soll das Bundeszeichen sein zwischen mir und der Erde

Lesung
 aus dem Buch Génesis.

1 Gott segnete Noach und seine Söhne
 und sprach zu ihnen:
  Seid fruchtbar, vermehrt euch, und bevölkert die Erde!
2 Furcht und Schrecken vor euch
  soll sich auf alle Tiere der Erde legen,
 auf alle Vögel des Himmels,
  auf alles, was sich auf der Erde regt,
  und auf alle Fische des Meeres;
 euch sind sie übergeben.
3 Alles Lebendige, das sich regt,
  soll euch zur Nahrung dienen.
 Alles übergebe ich euch wie die grünen Pflanzen.
4 Nur Fleisch, in dem noch Blut ist, dürft ihr nicht essen.
5 Wenn aber euer Blut vergossen wird,
  fordere ich Rechenschaft,
 und zwar für das Blut eines jeden von euch.
 Von jedem Tier fordere ich Rechenschaft und vom Menschen.
 Für das Leben des Menschen
  fordere ich Rechenschaft von jedem seiner Brüder.
6 Wer Menschenblut vergießt,
  dessen Blut wird durch Menschen vergossen.
 Denn: Als Abbild Gottes hat er den Menschen gemacht.
7 Seid fruchtbar, und vermehrt euch;
 bevölkert die Erde, und vermehrt euch auf ihr!
8 Dann sprach Gott
  zu Noach und seinen Söhnen, die bei ihm waren:

⁹ Hiermit schließe ich meinen Bund mit euch
   und mit euren Nachkommen
¹⁰ und mit allen Lebewesen bei euch,
mit den Vögeln, dem Vieh und allen Tieren des Feldes,
mit allen Tieren der Erde,
   die mit euch aus der Arche gekommen sind.
¹¹ Ich habe meinen Bund mit euch geschlossen:
Nie wieder sollen alle Wesen aus Fleisch
   vom Wasser der Flut ausgerottet werden;
nie wieder soll eine Flut kommen und die Erde verderben.
¹² Und Gott sprach:
   Das ist das Zeichen des Bundes,
   den ich stifte zwischen mir und euch
   und den lebendigen Wesen bei euch
   für alle kommenden Generationen:
¹³ Meinen Bogen setze ich in die Wolken;
er soll das Bundeszeichen sein zwischen mir und der Erde.

ANTWORTPSALM   Ps 102 (101),16–17.18–19.20–21.29 u. 22
                                       (R: vgl. 20b)

R Der Herr blickt vom Himmel auf die Erde nieder. – R   (GL 233,7)

16 Die Völker fürchten den Namen des Herrn *   VI. Ton
   und alle Könige der Erde deine Herrlichkeit.

17 Denn der Herr baut Zion wieder auf *
   und erscheint in all seiner Herrlichkeit. – (R)

18 Er wendet sich dem Gebet der Verlassenen zu, *
   ihre Bitten verschmäht er nicht.

19 Dies sei aufgeschrieben für das kommende Geschlecht, *
   damit das Volk, das noch erschaffen wird, den Herrn lobpreise. – (R)

20 Der Herr schaut herab aus heiliger Höhe, *
   vom Himmel blickt er auf die Erde nieder;

21 er will auf das Seufzen der Gefangenen hören *
   und alle befreien, die dem Tod geweiht sind. – (R)

29 Die Kinder deiner Knechte werden in Sicherheit wohnen, *
   ihre Nachkommen vor deinem Antlitz bestehen,

22 damit sie den Namen des Herrn auf dem Zion verkünden *
   und sein Lob in Jerusalem. – R

Jahr II

ZUR LESUNG Gottesdienst und Leben sind nicht zwei getrennte Gebiete, wenn auch viele Christen es so meinen und praktizieren. Die Sorge für die Notleidenden hat nicht nur mit Gottesdienst zu tun; sie i s t Dienst vor Gott (1, 27). „Meine Brüder", beginnt die heutige Lesung; wo im Jakobusbrief diese Anrede steht, müssen wir gut hinhören; da wird etwas gesagt, was uns angeht. Was hier folgt, hat nichts an Aktualität verloren: Arm und Reich, Personenkult und Gericht des barmherzigen Gottes über die Unbarmherzigen. Vom Personenkult („Ansehen der Person") spricht der erste und letzte Vers unserer Lesung. Es ist so verständlich, daß die Gemeinde sich freut, wenn in ihrer Versammlung ein reicher Mann (oder eine reiche Frau) in entsprechender Kleidung erscheint; die frühchristlichen Gemeinden waren ja überwiegend arm. Aber wie ist es möglich, daß die Gemeinde die Würde der Armut und der Armen vergißt? Welche „Herrlichkeit" gilt denn in der Gemeinde: die des Herrn Jesus Christus oder die des reichen Mannes? Und wo das „königliche Gesetz" mißachtet wird, wie kann da überhaupt noch von einem Gottesdienst die Rede sein? – 1 Kor 1, 26–29; Offb 2, 9; Jak 1, 12; Röm 13, 8–10; Lev 19, 18; Spr 14, 21; Sir 35, 15–17; Mt 22, 39; Spr 24, 23; Dtn 1, 17.

ERSTE LESUNG   Jak 2, 1–9

Hat Gott nicht die Armen in der Welt auserwählt? Ihr aber verachtet den Armen

Lesung
   aus dem Jakobusbrief.

1   Meine Brüder,
      haltet den Glauben an unseren Herrn Jesus Christus,
      den Herrn der Herrlichkeit,
      frei von jedem Ansehen der Person.

2   Wenn in eure Versammlung
      ein Mann mit goldenen Ringen
      und prächtiger Kleidung kommt,
      und zugleich kommt ein Armer in schmutziger Kleidung,

3   und ihr blickt auf den Mann in der prächtigen Kleidung
      und sagt: Setz dich hier auf den guten Platz!,
      und zu dem Armen sagt ihr: Du kannst dort stehen!,
      oder: Setz dich zu meinen Füßen! –

Zeit im Jahreskreis: 6. Woche – Donnerstag

4 macht ihr dann nicht untereinander Unterschiede
und fällt Urteile aufgrund verwerflicher Überlegungen?

5 Hört, meine geliebten Brüder:
Hat Gott nicht die Armen in der Welt auserwählt,
um sie durch den Glauben reich
und zu Erben des Königreichs zu machen,
das er denen verheißen hat, die ihn lieben?

6 Ihr aber verachtet den Armen.
Sind es nicht die Reichen,
die euch unterdrücken und euch vor die Gerichte schleppen?

7 Sind nicht sie es,
die den hohen Namen lästern,
der über euch ausgerufen worden ist?

8 Wenn ihr dagegen nach dem Wort der Schrift:
Du sollst deinen Nächsten lieben wie dich selbst!
das königliche Gesetz erfüllt,
dann handelt ihr recht.

9 Wenn ihr aber nach dem Ansehen der Person urteilt,
begeht ihr eine Sünde,
und aus dem Gesetz selbst wird offenbar,
daß ihr es übertreten habt.

ANTWORTPSALM   Ps 34 (33), 2–3.4–5.6–7 (R: vgl. 7)

R Der Herr erhört den Armen,   (GL 477)
er hilft ihm aus all seiner Not. – R

Ich will den Herrn allezeit preisen; *
immer sei sein Lob in meinem Mund.

Meine Seele rühme sich des Herrn; *
die Armen sollen es hören und sich freuen. – (R)

Verherrlicht mit mir den Herrn, *
laßt uns gemeinsam seinen Namen rühmen.

Ich suchte den Herrn, und er hat mich erhört, *
er hat mich all meinen Ängsten entrissen. – (R)

Blickt auf zu ihm, so wird euer Gesicht leuchten, *
und ihr braucht nicht zu erröten.

Da ist ein Armer; er rief, und der Herr erhörte ihn. *
Er half ihm aus all seinen Nöten. – R

Jahr I und II

RUF VOR DEM EVANGELIUM
Vers: vgl. Joh 6,63b.68c

Halleluja. Halleluja.
Deine Worte, Herr, sind Geist und Leben.
Du hast Worte des ewigen Lebens.
Halleluja.

ZUM EVANGELIUM *Von Mk 8,27 an spricht Jesus nicht mehr nur in Gleichnissen. Aber die Jünger verstehen nach wie vor nichts. Das Messiasbekenntnis des Petrus (8,29) erscheint wie ein einsamer Höhepunkt. Jesus selbst hat den Titel „Messias" (der Gesalbte) kaum auf sich angewendet; dieser Titel war von politisch-nationalen Vorstellungen belastet, von denen auch die Jünger nicht frei waren. Die Ankündigung, der Menschensohn werde leiden müssen, war eine notwendige Ergänzung und Richtigstellung des Petrusbekenntnisses. Jesus selbst sah seinen Weg in den Aussagen über den leidenden Gottesknecht bei Jesaja vorgezeichnet. Und wer sein Jünger sein will, muß ihm folgen auf diesem dunklen Weg (V. 31–33), auf dem der Glaube an Gottes Wort das einzige Licht ist. – Mt 16,13–23; Lk 9,18–22; Mk 9,9–10.31–32; 10,32–34.*

EVANGELIUM
Mk 8,27–33

Du bist der Messias. – Der Menschensohn muß vieles erleiden

☩ **Aus dem heiligen Evangelium nach Markus.**

In jener Zeit
27 ging Jesus mit seinen Jüngern
in die Dörfer bei Cäsaréa Philíppi.
Unterwegs fragte er die Jünger:
Für wen halten mich die Menschen?
28 Sie sagten zu ihm: Einige für Johannes den Täufer,
andere für Elíja,
wieder andere für sonst einen von den Propheten.
29 Da fragte er sie: Ihr aber,
für wen haltet ihr mich?
Simon Petrus antwortete ihm: Du bist der Messias!
30 Doch er verbot ihnen, mit jemand über ihn zu sprechen.
31 Dann begann er, sie darüber zu belehren,
der Menschensohn müsse vieles erleiden

und von den Ältesten,
: den Hohenpriestern und den Schriftgelehrten
: verworfen werden;
er werde getötet,
aber nach drei Tagen werde er auferstehen.

³² Und er redete ganz offen darüber.

Da nahm ihn Petrus beiseite
: und machte ihm Vorwürfe.

³³ Jesus wandte sich um,
sah seine Jünger an
und wies Petrus mit den Worten zurecht: Weg mit dir, Satan,
geh mir aus den Augen!
Denn du hast nicht das im Sinn, was Gott will,
: sondern was die Menschen wollen.

FÜRBITTEN

Wir bitten Jesus Christus, der uns an seinen Tisch geladen hat:

Festige die Kirche im Bekenntnis zu dir, unserem Herrn und Erlöser.
A.: Wir bitten dich, erhöre uns.

Hilf, daß unter den Menschen Verständnis und Vertrauen wachsen.

Gib den Hungernden ihren Anteil an den Gütern der Erde.

Lehre uns, in deiner Nachfolge das tägliche Kreuz zu tragen.

Vater im Himmel, du rufst die Menschen zu einer unvergänglichen Gemeinschaft mit dir. Erhöre unsere Bitten durch Christus, unseren Herrn.   A.: Amen.

„DER BUND MIT NOACH *ist der Anfang einer neuen Schöpfung. Die Entsprechung von irdischer Vergeltung und Gerechtigkeit, worauf die erste Heilsordnung gegründet war, ist gefallen. Sie ist mit der Sintflut zu Ende. Die Ordnung der Welt ist nicht mehr auf Gedeih und Verderben an die Sünde des Menschen gekettet. In der Heilsordnung, die jetzt beginnt, gibt Gott die Güter der Erde den Sündern ebenso wie den Heiligen. Der Gott des Bundes ist nicht ein Gott, der den Gerechten den Regen gibt und ihn den Ungerechten verweigert; er läßt seine Sonne aufgehen über Gute und Böse und läßt regnen über Gerechte und Ungerechte (Mt 5,45) ... Durch den Bund mit Noach hat die Verklammerung von Sünde und Strafe einen Riß bekommen, durch den das Heil eindringen kann. Und so ist der Bund ein Beweis der Liebe. Er offenbart uns etwas Neues über Gott. Denn er ist die erste Kundgebung der erlösenden Liebe, wohingegen die vorherige Heilsordnung nur die erschaffende Liebe erkennen ließ. Nun wird jene geduldige Barmherzigkeit Gottes sichtbar, mit der er die Sünde erträgt, um die Sünder zu erlösen ... Die neue Welt, in die uns der Bund mit Noach einführt, ist das Zeugnis für die Treue Gottes inmitten einer sündigen Welt"* (J. Daniélou).

FREITAG

TAGESGEBET

Gott, unser Vater.
Du gibst dich uns Menschen zu erkennen
im Schicksal Jesu von Nazaret.
Als er von allen verlassen war,
hast du ihn durch Leiden und Tod
hindurchgeführt zum Leben.
Laß uns glauben und vertrauen,
daß auch wir in aller Bedrängnis und Not
unterwegs sind zu dir
mit unserem Herrn Jesus Christus,
der in der Einheit des Heiligen Geistes
mit dir lebt und herrscht in alle Ewigkeit. (MB 316, 30)
Oder ein anderes Tagesgebet (vgl. S. 661).

Jahr I

ZUR LESUNG *Mit der heutigen Lesung schließt die erste Reihe der Genesis-Lesungen an den Wochentagen. Der zweite Teil, die Patriarchengeschichte, wird von der 12.–14. Woche gelesen. – Die Erzählung vom Turmbau und der Sprachverwirrung will auf verschiedene Fragen Antwort geben. Da war die mächtige Stadt Babel, deren Name für das hebräische Ohr nach „Verwirrung" klang. In Babel stand der Marduk-Tempel, genannt „das Haus mit dem hocherhobenen Haupt". Dort war auch der*

riesige Stufenturm zu sehen, der den Namen trug „Haus des Fundamentes
von Himmel und Erde". Das Völkergemisch, das in Babel ein und aus
ging, sprach viele und unverständliche Sprachen, so daß man denken
konnte, alle Verwirrung der Sprachen und Völker habe von dort ihren
Ausgang genommen. Der biblische Verfasser – derselbe, der in Kap. 3
den Sündenfall der Stammeltern berichtet hat – sieht in dieser Anhäufung
von Macht und Stolz, Wissen und Verwirrung gleichsam die verkörperte,
zum Dauerzustand gewordene Auflehnung der Menschen gegen Gott.
Gott aber hat diesem Tun der Menschen Grenzen gesetzt; der Turm wird
vielleicht die Wolken, aber nicht den Himmel ankratzen. Wie Adam aus
dem Paradies und wie Kain vom fruchtbaren Ackerboden weggeschickt
wurden, so werden die Menschen aus der Stadt, die sie bauen wollen, in
alle Himmelsrichtungen hinausgeschickt. Sie wollten sich mit Gott nicht
verstehen, so werden sie auch untereinander gespalten sein. – Wir können das eine verkürzte und einseitige Betrachtungsweise der Menschheitsgeschichte nennen. Auch das Mißtrauen gegen Technik und
Fortschritt, das im Hintergrund dieser Darstellung sichtbar wird, müssen
wir nicht unbedingt teilen. Aber die Warnung, die sich aus einer solchen
theologischen Betrachtung der Welt und Geschichte ergibt, sollen wir
nicht überhören. – Weish 10, 5; Apg 2, 5–12; Offb 7, 9–10; Gen 3, 6.22;
Jes 14, 12–15; Jer 51, 53; Joh 11, 52; 10, 16.

ERSTE LESUNG Gen 11, 1–9

*Man nannte die Stadt Babel; denn dort hat der Herr die Sprache aller Welt ver-
wirrt*

**Lesung
   aus dem Buch Génesis.**

Alle Menschen hatten die gleiche Sprache
   und gebrauchten die gleichen Worte.
Als sie von Osten aufbrachen,
   fanden sie eine Ebene im Land Schínar
und siedelten sich dort an.

Sie sagten zueinander: Auf, formen wir Lehmziegel,
   und brennen wir sie zu Backsteinen.
So dienten ihnen gebrannte Ziegel als Steine
   und Erdpech als Mörtel.
Dann sagten sie: Auf, bauen wir uns eine Stadt
   und einen Turm mit einer Spitze bis zum Himmel,

und machen wir uns damit einen Namen,
dann werden wir uns nicht über die ganze Erde zerstreuen.

5 Da stieg der Herr herab,
   um sich Stadt und Turm anzusehen,
   die die Menschenkinder bauten.
6 Er sprach: Seht nur, ein Volk sind sie,
und eine Sprache haben sie alle.
Und das ist erst der Anfang ihres Tuns.
Jetzt wird ihnen nichts mehr unerreichbar sein,
   was sie sich auch vornehmen.
7 Auf, steigen wir hinab,
und verwirren wir dort ihre Sprache,
   so daß keiner mehr die Sprache des anderen versteht.

8 Der Herr zerstreute sie von dort aus über die ganze Erde,
und sie hörten auf, an der Stadt zu bauen.
9 Darum nannte man die Stadt Babel – Wirrsal –,
denn dort hat der Herr die Sprache aller Welt verwirrt,
und von dort aus hat er die Menschen
   über die ganze Erde zerstreut.

ANTWORTPSALM   Ps 33 (32), 10–11.12–13.14–15 (R: vgl. 12b)

R Selig das Volk, das der Herr sich zum Erbteil erwählt hat. – **R**

(GL 646, 1)
V. Ton

10 Der Herr vereitelt die Beschlüsse der Heiden, *
er macht die Pläne der Völker zunichte.

11 Der Ratschluß des Herrn bleibt ewig bestehen, *
die Pläne seines Herzens überdauern die Zeiten. – (**R**)

12 Wohl dem Volk, dessen Gott der Herr ist, *
der Nation, die er sich zum Erbteil erwählt hat.

13 Der Herr blickt herab vom Himmel, *
er sieht auf alle Menschen. – (**R**)

14 Von seinem Thronsitz schaut er nieder *
auf alle Bewohner der Erde.

15 Der ihre Herzen gebildet hat, *
er achtet auf all ihre Taten. – **R**

Jahr II

ZUR LESUNG *In Jak 2, 14–26 haben manche Erklärer einen Widerspruch gegen die Lehre des Apostels Paulus gesehen, der in Röm 3, 28 sagt: „Wir sind der Überzeugung, daß der Mensch gerecht wird durch Glauben, unabhängig von Werken des Gesetzes." Dem gegenüber legt Jakobus den Akzent viel stärker auf das Tun des Menschen. Von einem eigentlichen Widerspruch kann aber nicht die Rede sein. Paulus mußte klarstellen, daß die vom mosaischen Gesetz geforderten „Werke" (Beschneidung, Reinigungsvorschriften u. a.) den Menschen vor Gott nicht gerecht machen können und in der neuen Heilsordnung keine Rolle mehr spielen. Darin hat ihm auch Jakobus, der „Bruder des Herrn", zugestimmt (vgl. Apg 15, 19–20). Anderseits hat schon Paulus selbst sich gegen Mißdeutungen seiner Lehre zur Wehr gesetzt (vgl. Röm 6, 1–23). Für Jakobus wie für Paulus muß der Glaube sich als lebendig und wirksam erweisen in den Taten der Liebe (vgl. 1, 21–27). Ohne sie wären Bekenntnis und Gottesdienst nutzlos, und der Entlassungsruf „Gehet hin in Frieden" würde sich als Lüge erweisen. – Gal 5, 6; Mt 25, 41–45; 1 Kor 13, 3; 1 Joh 3, 17; Mt 7, 21–23; Gen 22, 9–10; Hebr 11, 17; Gen 15, 6; Röm 4, 1–3; Gal 3, 6.*

ERSTE LESUNG   Jak 2, 14–24.26

Wie der Körper ohne Geist tot ist, so ist auch der Glaube tot ohne Werke

**Lesung
aus dem Jakobusbrief.**

4 Meine Brüder,
was nützt es, wenn einer sagt, er habe Glauben,
aber es fehlen die Werke?
Kann etwa der Glaube ihn retten?
5 Wenn ein Bruder oder eine Schwester ohne Kleidung ist
und ohne das tägliche Brot
6 und einer von euch zu ihnen sagt: Geht in Frieden,
wärmt und sättigt euch!,
ihr gebt ihnen aber nicht, was sie zum Leben brauchen
– was nützt das?
So ist auch der Glaube für sich allein tot,
wenn er nicht Werke vorzuweisen hat.

18 Nun könnte einer sagen: Du hast Glauben,
   und ich kann Werke vorweisen;
   zeig mir deinen Glauben ohne die Werke,
   und ich zeige dir meinen Glauben aufgrund der Werke.
19 Du glaubst: Es gibt nur den einen Gott.
   Damit hast du recht;
   das glauben auch die Dämonen,
   und sie zittern.
20 Willst du also einsehen, du unvernünftiger Mensch,
   daß der Glaube ohne Werke nutzlos ist?
21 Wurde unser Vater Abraham
   nicht aufgrund seiner Werke als gerecht anerkannt?
   Denn er hat seinen Sohn Ísaak als Opfer auf den Altar gelegt.
22 Du siehst,
   daß bei ihm der Glaube und die Werke zusammenwirkten
   und daß erst durch die Werke der Glaube vollendet wurde.
23 So hat sich das Wort der Schrift erfüllt:
   Abraham glaubte Gott,
   und das wurde ihm als Gerechtigkeit angerechnet,
   und er wurde Freund Gottes genannt.
24 Ihr seht, daß der Mensch aufgrund seiner Werke gerecht wird,
   nicht durch den Glauben allein.
26 Denn wie der Körper ohne den Geist tot ist,
   so ist auch der Glaube tot ohne Werke.

ANTWORTPSALM Ps 112 (111), 1–2.3–4.5–6 (R: vgl. 1a)

R Selig der Mensch, der den Herrn fürchtet und ehrt! – **R** (GL 708, 1)

1 Wohl dem Mann, der den Herrn fürchtet und ehrt * IV. Ton
  und sich herzlich freut an seinen Geboten.
2 Seine Nachkommen werden mächtig im Land, *
  das Geschlecht der Redlichen wird gesegnet. – (**R**)
3 Wohlstand und Reichtum füllen sein Haus, *
  sein Heil hat Bestand für immer.
4 Den Redlichen erstrahlt im Finstern ein Licht: *
  der Gnädige, Barmherzige und Gerechte. – (**R**)
5 Wohl dem Mann, der gütig und zum Helfen bereit ist, *
  der das Seine ordnet, wie es recht ist.

6 Niemals gerät er ins Wanken; *
ewig denkt man an den Gerechten. – R

Jahr I und II

RUF VOR DEM EVANGELIUM   Vers: Joh 15, 15b

Halleluja. Halleluja.

(So spricht der Herr:)
Ich habe euch Freunde genannt;
denn ich habe euch alles mitgeteilt,
was ich gehört habe von meinem Vater.

Halleluja.

ZUM EVANGELIUM   *Der Weg Jesu geht durch das Leiden hindurch (8, 31–32), und für den Jünger wird es nicht anders sein. Das hat Petrus gespürt, als er (auch im Namen der übrigen Jünger) Jesus von diesem Gedanken abbringen wollte (V. 32–33). Jesus sagt den Jüngern und dem Volk, daß sie zur Kreuzesnachfolge gerufen sind. Woher in jenem Augenblick das Volk überhaupt kommen konnte, darüber macht sich der Evangelist keine Gedanken. Wichtiger ist ihm, daß dieses Wort für alle gesagt ist: für die große Gemeinde der Jünger, von Ostern bis ans Ende der Zeiten. Kreuzesnachfolge heißt: durch das Bekenntnis und die Tat des Glaubens bei Jesus bleiben, mit ihm gehen, mag es auch das Leben kosten. Die christlichen Märtyrer haben mit diesem Wort Ernst gemacht. – Das Wort vom Kommen des Gottesreiches (9, 1) wird verschieden erklärt. Es kann damit kaum etwas anderes gemeint sein als im vorausgehenden Vers 38, also das Kommen Jesu zum Gericht. Andere deuten dieses Wort auf die Verklärung (9, 2–8). – Mt 10, 38–39; 16, 24–28; Lk 9, 23–27; 14, 25–27; Joh 12, 25; Mt 10, 33; Lk 12, 8–9; 21, 32.*

EVANGELIUM   Mk 8, 34 – 9, 1

Wer sein Leben um meinetwillen und um des Evangeliums willen verliert, wird es retten

✛ Aus dem heiligen Evangelium nach Markus.

In jener Zeit
34   rief Jesus die Volksmenge und seine Jünger zu sich
und sagte:

Wer mein Jünger sein will,
  der verleugne sich selbst,
nehme sein Kreuz auf sich
und folge mir nach.

35 Denn wer sein Leben retten will,
  wird es verlieren;
wer aber sein Leben um meinetwillen
  und um des Evangeliums willen verliert,
  wird es retten.

36 Was nützt es einem Menschen,
  wenn er die ganze Welt gewinnt,
  dabei aber sein Leben einbüßt?

37 Um welchen Preis könnte ein Mensch sein Leben zurückkaufen?

38 Denn wer sich vor dieser treulosen und sündigen Generation
  meiner und meiner Worte schämt,
  dessen wird sich auch der Menschensohn schämen,
  wenn er mit den heiligen Engeln
  in der Hoheit seines Vaters kommt.

1 Und er sagte zu ihnen: Amen, ich sage euch:
Von denen, die hier stehen,
  werden einige den Tod nicht erleiden,
  bis sie gesehen haben,
  daß das Reich Gottes in seiner ganzen Macht gekommen ist.

FÜRBITTEN

Zu Jesus Christus, der sein Leben für uns hingab, beten wir:

Leite alle Christen an, sich in Wort und Tat zu deinem Kreuz zu bekennen.
A.: Herr, erhöre uns.

Hilf allen, die über andere entscheiden, gerecht zu urteilen.

Schenke allen unheilbar Kranken Tapferkeit, ihr Leid als dein Kreuz anzunehmen.

Führe die Verstorbenen zur Herrlichkeit des neuen Lebens.

Denn du warst gehorsam bis zum Tod am Kreuz. Darum hat dich Gott über alle erhöht. Dir sei Ehre und Lobpreis in Ewigkeit.
A.: Amen.

„ES IST SEHR ZUM VERWUNDERN, aber es ist so: Wer in unserer zerrissenen Welt die Kräfte der Heilung entbinden will, muß bei sich selbst und seinem babylonischen Herzen beginnen. Dieser neue Anfang geschieht dort, wo ein Mensch heimfindet aus aller Irre zum Frieden, wo er plötzlich merkt: der Gott, den die Menschen in ihrem Wahn aus dem Himmel vertreiben wollten, um dieses Oben dann selbst zu besetzen, gerade dieser Gott hat mich lieb, er interessiert sich für mich, er hat mich unter Schmerzen gesucht, er hat am Kreuz Jesu die Last meines Lebens auf die eigenen Schultern genommen, und nun kann ich ganz schüchtern zu stammeln beginnen: ,Ich glaube, lieber Herr, hilf meinem Unglauben.' Wo das geschieht, da ist vom Hügel Golgota ein Stück Genesung in die Welt hineingekommen. Denn nun brechen Kettenreaktionen noch und noch in meinem Leben los: Dann ist Gott für mich nicht mehr etwas so Verblassenes wie eine ,höhere Macht' oder der Inhalt eines Angstkomplexes, sondern dann werde ich zur Liebe frei und muß die empfangene Liebe auch weitergeben; dann entdecke ich den Nächsten in meinen Leben, den Gott mir anvertrauen will. Nun ist die Angst weg und die Sorge und der Druck des Unheimlichen. Nun kann ich wieder atmen, und indem ich es kann, ist an einer Stelle die Frische der Ewigkeit und der Hauch des Lebens in die Welt gebrochen" (H. Thielicke).

SAMSTAG

TAGESGEBET

Allmächtiger, ewiger Gott,
du hast deinen eingeborenen Sohn
mit dem Heiligen Geiste gesalbt
und ihn zum Herrn und Christus gemacht.
Uns aber hast du Anteil an seiner Würde geschenkt.
Hilf uns, in der Welt Zeugen der Erlösung zu sein.
Darum bitten wir durch ihn, Jesus Christus. (MB [15])

Oder ein anderes Tagesgebet (vgl. S. 661).

Jahr I

ZUR LESUNG   *Hebr 11, 1 ist die einzige Stelle in der Bibel, wo der Versuch unternommen wird, den Glauben begrifflich zu umschreiben. Dem Wortlaut nach ist dieser Glaubensbegriff nicht ausgesprochen christ-*

lich bestimmt; auch der Glaube eines Nichtchristen, selbst ein gar nicht religiös sein wollender Glaube wie der kommunistische könnte dieser Beschreibung entsprechen: festhalten an dem, was man hofft; überzeugt sein von dem, was man nicht sieht. Der Zusammenhang des Hebräerbriefs fordert allerdings eine andere Deutung. Da ist die Rede vom Neuen Bund, der den Alten abgelöst hat, von der neuen Heilsordnung, die Christus, unser Hoherpriester, geschaffen hat, von der Gabe der Versöhnung und Gottesgemeinschaft; aber auch von einer gewissen Müdigkeit des Glaubens und der Hoffnung, von Glaubensverfolgungen und vom Ausbleiben der erwarteten Wiederkunft Christi. Wie soll man mit Überzeugung festhalten an dem, was durch die ständige bittere Erfahrung scheinbar widerlegt, als nicht vorhanden erwiesen wird? Man kann es nur, indem man durch den äußeren Schein des Weltgeschehens und auch der kirchlichen Wirklichkeit hindurchsieht, um in allen Menschen und Dingen dem unsichtbaren Gott zu begegnen (vgl. Lesung am Samstag der 3. Woche – Jahr I). – Röm 1, 16–17; 4, 20; 8, 24–25; 2 Kor 4, 18; Röm 1, 20; Sir 44, 16; Gen 5, 24; Ex 3, 14; Jer 29, 12–14.

ERSTE LESUNG   Hebr 11, 1–7

Aufgrund des Glaubens erkennen wir, daß die Welt durch Gottes Wort erschaffen worden ist

Lesung
  aus dem Hebräerbrief.

Brüder!

1 Glaube ist: Feststehen in dem, was man erhofft,
   Überzeugtsein von Dingen, die man nicht sieht.

2 Aufgrund dieses Glaubens
   haben die Alten ein ruhmvolles Zeugnis erhalten.

3 Aufgrund des Glaubens erkennen wir,
   daß die Welt durch Gottes Wort erschaffen worden
   und daß so aus Unsichtbarem das Sichtbare entstanden ist.

4 Aufgrund des Glaubens
   brachte Abel Gott ein besseres Opfer dar als Kain;
   durch diesen Glauben erhielt er das Zeugnis, daß er gerecht war,
   da Gott es bei seinen Opfergaben bezeugte,
   und durch den Glauben redet Abel noch, obwohl er tot ist.

5 Aufgrund des Glaubens

wurde Henoch entrückt und mußte nicht sterben;
er wurde nicht mehr gefunden, weil Gott ihn entrückt hatte;
vor der Entrückung erhielt er das Zeugnis, daß er Gott gefiel.
6 Ohne Glauben aber ist es unmöglich, Gott zu gefallen;
denn wer zu Gott kommen will,
muß glauben, daß er ist
und daß er denen, die ihn suchen, ihren Lohn geben wird.

7 Aufgrund des Glaubens
wurde Noach das offenbart, was noch nicht sichtbar war,
und er baute in frommem Gehorsam eine Arche
zur Rettung seiner Familie;
durch seinen Glauben
sprach er der Welt das Urteil
und wurde Erbe der Gerechtigkeit,
die aus dem Glauben kommt.

ANTWORTPSALM   Ps 145 (144), 2–3.4–5.10–11 (R: vgl. 2b)

R Herr, deinen Namen will ich loben immer und ewig. – R (GL 529,7)

2 Ich will dich preisen Tag für Tag *   VI. Ton
und deinen Namen loben immer und ewig.

3 Groß ist der Herr und hoch zu loben, *
seine Größe ist unerforschlich. – (R)

4 Ein Geschlecht verkünde dem andern den Ruhm deiner Werke *
und erzähle von deinen gewaltigen Taten.

5 Sie sollen vom herrlichen Glanz deiner Hoheit reden; *
ich will deine Wunder besingen. – (R)

10 Danken sollen dir, Herr, all deine Werke *
und deine Frommen dich preisen.

11 Sie sollen von der Herrlichkeit deines Königtums reden, *
sollen sprechen von deiner Macht. – R

Jahr II

ZUR LESUNG   *Vom Hören und Reden war schon im ersten Kapitel dieses Briefes die Rede (1, 19–26). Dort ging es aber mehr ums Hören als ums Reden: um das Hören auf das Wort, „das die Macht hat, euch zu retten" (1, 21). – In der heutigen Lesung geht es nicht um irgendwelches Re-*

den, sondern um das Reden vor der Gemeinde in Predigt und Lehre. Wie im Judentum, so gab es in der jungen Kirche einen Stand von Lehrern, zu denen sich auch Jakobus zählt („wir", 3, 1). Jakobus weiß, wie groß für den Redner und Lehrer die Gefahr ist, seine Person und seine Meinung in den Vordergrund zu spielen, und wieviel Schaden er in der Gemeinde anrichten kann. Und es kann fast nicht ausbleiben, daß er Schaden anrichtet, außer er wäre „ein vollkommener Mann", das Gegenteil des zwiespältigen, zweideutigen Menschen, der zwei Seelen hat (1, 8) und zwei Zungen und vielleicht auch zwei Gesichter, dadurch aber nicht ein doppelter, sondern ein halber Mensch ist. Was im folgenden über die Gefährlichkeit der Zunge gesagt ist, gilt nicht mehr nur dem Lehrer in der Gemeinde; es geht alle an und bedarf keiner Erklärung. – Mt 12, 36; 1 Kor 12, 28–29; Spr 10, 19; 13, 3; 19, 21; 16, 27; 26, 18–21; Sir 14, 1; 28, 13–26; Mt 15, 18; Ps 140, 4; Eph 4, 29.

ERSTE LESUNG Jak 3, 1–10

Die Zunge kann kein Mensch zähmen

Lesung
aus dem Jakobusbrief.

1 Nicht so viele von euch sollen Lehrer werden, meine Brüder.
Ihr wißt, daß wir im Gericht strenger beurteilt werden.
2 Denn wir alle verfehlen uns in vielen Dingen.

Wer sich in seinen Worten nicht verfehlt,
 ist ein vollkommener Mann
 und kann auch seinen Körper völlig im Zaum halten.
3 Wenn wir den Pferden
 den Zaum anlegen, damit sie uns gehorchen,
 lenken wir damit das ganze Tier.
4 Oder denkt an die Schiffe:
Sie sind groß und werden von starken Winden getrieben,
und doch lenkt sie der Steuermann
 mit einem ganz kleinen Steuer,
 wohin er will.
5 So ist auch die Zunge nur ein kleines Körperglied
und rühmt sich doch großer Dinge.
Und wie klein kann ein Feuer sein,
 das einen großen Wald in Brand steckt.

6 Auch die Zunge ist ein Feuer,
eine Welt voll Ungerechtigkeit.
Die Zunge ist der Teil, der den ganzen Menschen verdirbt
   und das Rad des Lebens in Brand setzt;
sie selbst aber ist von der Hölle in Brand gesetzt.

7 Denn jede Art von Tieren, auf dem Land und in der Luft,
   was am Boden kriecht und was im Meer schwimmt,
   läßt sich zähmen und ist vom Menschen auch gezähmt worden;
8 doch die Zunge kann kein Mensch zähmen,
dieses ruhelose Übel, voll von tödlichem Gift.
9 Mit ihr preisen wir den Herrn und Vater,
und mit ihr verfluchen wir die Menschen,
   die als Abbild Gottes erschaffen sind.
10 Aus ein und demselben Mund kommen Segen und Fluch.
Meine Brüder, so darf es nicht sein.

ANTWORTPSALM   Ps 12 (11), 2–3.4–5.7–8 (R: 8a)

R Du, Herr, wirst uns behüten. – R   (GL 711, 2)

2 Hilf doch, o Herr, die Frommen schwinden dahin, *   I. Ton
unter den Menschen gibt es keine Treue mehr.

Sie lügen einander an, einer den andern, *
mit falscher Zunge und zwiespältigem Herzen reden sie. – (R)

Der Herr vertilge alle falschen Zungen, *
jede Zunge, die vermessen redet.

Sie sagen: „Durch unsre Zunge sind wir mächtig; *
unsre Lippen sind unsre Stärke. Wer ist uns überlegen!" – (R)

Die Worte des Herrn sind lautere Worte, †
Silber, geschmolzen im Ofen, *
von Schlacken geschieden, geläutert siebenfach.

Du, Herr, wirst uns behüten *
und uns vor diesen Leuten für immer erretten. – R

Jahr I und II

RUF VOR DEM EVANGELIUM Vers: vgl. Mt 3, 16.17; Mk 9, 7

Halleluja. Halleluja.

**Der Himmel tat sich auf, und eine Stimme sprach:
Das ist mein geliebter Sohn; auf ihn sollt ihr hören.**

Halleluja.

ZUM EVANGELIUM *Die Verklärung Jesu auf dem Berg (9, 2–8) steht zwischen den Aussagen über seinen Leidensweg. Kreuz und Herrlichkeit, beides gehört zur Wirklichkeit des Menschensohnes wie auch des Jüngers. Der Glanz, der aus seinem Wesen hervorbricht, die Wolke und die Stimme des Vaters, alles soll den Jüngern sagen, wer Jesus ist: Gottes Sohn und Gottes Knecht (Jes 42, 1). Das nachfolgende Gespräch über das Kommen des Elija stellt klar, an welchem Punkt die Heilsgeschichte angelangt ist. Im Schicksal des Vorläufers hat sich das Schicksal Jesu abgezeichnet (vgl. Evangelium am 2. Fastensonntag). – Mt 17, 1–13; Lk 9, 28–36; Ex 24, 16–18; 34, 29–35; 2 Petr 1, 16–18; Mal 3, 23–24.*

EVANGELIUM Mk 9, 2–13

Er wurde vor ihren Augen verwandelt

✢ **Aus dem heiligen Evangelium nach Markus.**

In jener Zeit
2 **nahm Jesus Petrus, Jakobus und Johannes beiseite
und führte sie auf einen hohen Berg,
aber nur sie allein.**

Und er wurde vor ihren Augen verwandelt;
3 **seine Kleider wurden strahlend weiß,
so weiß, wie sie auf Erden kein Bleicher machen kann.**
4 **Da erschien vor ihren Augen Elíja und mit ihm Mose,
und sie redeten mit Jesus.**
5 **Petrus sagte zu Jesus: Rabbi, es ist gut, daß wir hier sind.**
Wir wollen drei Hütten bauen,
eine für dich, eine für Mose und eine für Elíja.
6 **Er wußte nämlich nicht, was er sagen sollte;
denn sie waren vor Furcht ganz benommen.**
7 **Da kam eine Wolke und warf ihren Schatten auf sie,**

und aus der Wolke rief eine Stimme:
  Das ist mein geliebter Sohn;
auf ihn sollt ihr hören.
8 Als sie dann um sich blickten,
  sahen sie auf einmal niemand mehr bei sich außer Jesus.
9 Während sie den Berg hinabstiegen,
  verbot er ihnen,
  irgend jemand zu erzählen, was sie gesehen hatten,
  bis der Menschensohn von den Toten auferstanden sei.
10 Dieses Wort beschäftigte sie,
und sie fragten einander, was das sei:
  von den Toten auferstehen.
11 Da fragten sie ihn:
  Warum sagen die Schriftgelehrten, zuerst müsse Elíja kommen?
12 Er antwortete:
  Ja, Elíja kommt zuerst und stellt alles wieder her.
Aber warum heißt es dann vom Menschensohn in der Schrift,
  er werde viel leiden müssen und verachtet werden?
13 Ich sage euch:
Elíja ist schon gekommen,
doch sie haben mit ihm gemacht, was sie wollten,
  wie es in der Schrift steht.

FÜRBITTEN

In Jesus Christus gehen Gottes Verheißungen in Erfüllung. Ihn bitten wir:

Stärke unsere Hoffnung auf einen neuen Himmel und eine neue Erde. (Stille) Christus, höre uns.
A.: Christus, erhöre uns.

Segne die Bemühungen, Schranken der Vorurteile und des Hasses zwischen den Menschen zu beseitigen. (Stille) Christus, höre uns.

Steh den Sterbenden in ihrer Todesstunde zur Seite. (Stille) Christus, höre uns.

Belebe unsere Hoffnung, daß wir auferstehen zur Fülle des Lebens. (Stille) Christus, höre uns.

Barmherziger Gott, du hast deinen Sohn zum Mittler des Neuen Bundes gemacht. Erhöre unsere Bitten durch ihn, Christus, unseren Herrn.   A.: Amen.

„‚DER GLAUBE', sagt Guardini, ‚ist die Fähigkeit, die eigenen Zweifel zu ertragen.' Der Glaube, das ist die Armut; er ist nicht das volle Licht, er besteht nicht darin, daß man alles weiß, er besteht darin, daß man genug Licht hat, seine Finsternis zu ertragen.
Und die Hoffnung! Solange im Verlauf eures Lebens das, was ihr euch von eurer Zukunft vorstellt, mit der Entwicklung der Ereignisse genau übereinstimmt, habt ihr nicht die wahre Hoffnung, sondern ein menschliches Hoffen. Ich weiß nicht, ob ihr auf Gott oder auf euch hofft. Erst wenn ihr an dem Tag, an dem ihr vernichtet, zerstört, zusammengeschlagen, tot hingestreckt und leer seid, noch alles für möglich haltet, dann seid ihr Menschen der Hoffnung. Wie die heilige Jungfrau: ‚Bei Gott ist alles möglich, das wundert mich nicht von dir.' Sie hatte allem entsagt, sie war ganz einfach und ganz arm. Daran halte ich unbedingt fest, Maria ist die Arme schlechthin" (Louis Evely).

7. WOCHE

ERÖFFNUNGSVERS
Ps 13 (12), 6

Herr, ich baue auf deine Huld,
mein Herz soll über deine Hilfe frohlocken.
Singen will ich dem Herrn, weil er mir Gutes getan hat.

TAGESGEBET

Barmherziger Gott,
du hast durch deinen Sohn zu uns gesprochen.
Laß uns immer wieder über dein Wort nachsinnen,
damit wir reden und tun, was dir gefällt.
Darum bitten wir durch Jesus Christus.

Lesungen vom betreffenden Wochentag. S. 918–953.

GABENGEBET

Allmächtiger Gott,
in der Feier der göttlichen Geheimnisse
erfüllen wir den Dienst, der uns aufgetragen ist.
Gib, daß wir deine Größe würdig loben und preisen
und aus diesem Opfer Heil empfangen.
Darum bitten wir durch Christus, unseren Herrn.

Präfation. S. 1365 ff.

KOMMUNIONVERS Ps 9, 2–3

Herr, verkünden will ich all deine Wunder.
Ich will jauchzen und an dir mich freuen,
für dich, du Höchster, will ich singen und spielen.

Oder: Joh 11, 27

Ja, Herr, ich glaube, daß du der Messias bist,
der Sohn Gottes, der in die Welt kommen soll.

SCHLUSSGEBET

Getreuer Gott,
du hast uns das heilige Sakrament
als Unterpfand der kommenden Herrlichkeit gegeben.
Schenke uns einst das Heil in seiner ganzen Fülle.
Darum bitten wir durch Christus, unseren Herrn.

MONTAG

TAGESGEBET

Gott, unser Vater,
alles Gute kommt allein von dir,
ohne dich vermögen wir nichts.
Erweise allen, die zu dir rufen, deine Liebe.
Halte fern, was uns schadet,
und gewähre, was uns zum Heile dient.
Darum bitten wir durch Jesus Christus. (MB 273)

Oder ein anderes Tagesgebet (vgl. S. 661).

Jahr I

ZUR LESUNG *Das Buch Jesus Sirach (oder einfach: Sirach) wurde um 180 v. Chr. in Jerusalem geschrieben. Sein Verfasser heißt Jesus Ben Eleazar Ben Sirach (auch kurz Ben Sirach oder Jesus Sirach genannt). Ein Enkel des Verfassers übersetzte das Buch um 130 ins Griechische. Es besteht, dem Lehrbetrieb der damaligen Zeit entsprechend, zum größeren Teil aus kurzen Weisheitssprüchen, die sich um verschiedene Themen gruppieren. Den Anfang des Buches bildet ein Lehrgedicht (V. 1–10), das in hymnischer Sprache die Weisheit rühmt. Die Weisheit ist ihrem Ursprung nach göttlich; der Mensch kann sie nicht fassen, er kann nur staunen über die Größe und Schönheit des Universums. In dem Maß, als er Gott liebt, seine Nähe und seinen Willen sucht, empfängt er auch die Weisheit; er beginnt Gottes Wege und Werke zu begreifen und in allen Geschöpfen den Schimmer seiner Schönheit zu sehen. – Sir 50,27; Weish 8,21; 9,4; Sir 24,8–9; Spr 8,22; Ijob 28,12–28; Joel 3,1–2; Apg 2,17–18.33; Koh 2,26.*

ERSTE LESUNG Sir 1,1–10

Früher als alles ist die Weisheit erschaffen

Lesung
  aus dem Buch Jesus Sirach.

1 Alle Weisheit stammt vom Herrn,
  und ewig ist sie bei ihm.

2 Den Sand des Meeres, die Tropfen des Regens
  und die Tage der Vorzeit,
  wer hat sie gezählt?

3 Die Höhe des Himmels, die Breite der Erde
  und die Tiefe des Meeres,
  wer hat sie gemessen?

4 Früher als sie alle ist die Weisheit erschaffen,
  von Ewigkeit her die verständige Einsicht.

5 Die Quelle der Weisheit ist das Wort Gottes in der Höhe;
  ihre Wege sind die ewigen Gebote.

6 Die Wurzel der Weisheit – wem wurde sie enthüllt,
  ihre Pläne – wer hat sie durchschaut?

7 Die Kenntnis der Weisheit – wem wurde sie offenbart?
  Ihre mannigfachen Wege – wer hat sie erkannt?

8 Nur einer ist weise, höchst ehrfurchtgebietend:
  der auf seinem Thron sitzt, der Herr.

9 Er hat sie geschaffen, geschaut und gezählt,
  sie ausgegossen über all seine Werke.

10 Den Menschen ist sie unterschiedlich zugeteilt;
  er spendet sie denen, die ihn fürchten.

ANTWORTPSALM Ps 93 (92), 1.2–3.4–5 (R: 1a)

R Der Herr ist König, bekleidet mit Hoheit. – **R** (GL 529, 8)

1 Der Herr ist König, bekleidet mit Hoheit; * VIII. Ton
der Herr hat sich bekleidet und mit Macht umgürtet.

Der Erdkreis ist fest gegründet, *
nie wird er wanken. – (R)

2 Dein Thron steht fest von Anbeginn, *
du bist seit Ewigkeit.

3 Fluten erheben sich, Herr, †
Fluten erheben ihr Brausen, *
Fluten erheben ihr Tosen. – (R)

4 Gewaltiger als das Tosen vieler Wasser, †
gewaltiger als die Brandung des Meeres *
ist der Herr in der Höhe.

5 Deine Gesetze sind fest und verläßlich; †
Herr, deinem Haus gebührt Heiligkeit *
für alle Zeiten. – **R**

Jahr II

ZUR LESUNG *An den Abschnitt über das Reden (3, 1–12) schließt sich die heutige Lesung über die Weisheit an. Es gibt eine irdische Weisheit und eine, die von oben, d. h. von Gott, stammt. Beide sind nicht zu verwechseln. Durch die Worte und das Verhalten eines Menschen weiß man, wovon sein Herz voll ist. Die Weisheit ist nicht nur eine Eigenschaft oder Gabe des Verstandes; weise ist, wer die Dinge und Menschen mit den Augen und dem Herzen Gottes sieht, so wie Jesus sie gesehen hat. Die Eigenschaften der Weisheit, die in Vers 17 aufgezählt werden, sind dem Vorbild und den Worten Jesu abgelesen (vgl. Mt 5, 5; 11, 29). Die Seele der Weisheit ist die Liebe, ihre Frucht ist der Friede. – Eph 4, 1–2; Jak 1, 5; Weish 7, 22–30; 1 Kor 13, 4–7; Mt 5, 9; Phil 1, 11; Hebr 12, 11.*

ERSTE LESUNG

Jak 3, 13–18

Wenn euer Herz voll ist von bitterer Eifersucht, dann prahlt nicht!

**Lesung
aus dem Jakobusbrief.**

Brüder!
13 Wer von euch ist weise und verständig?
Er soll in weiser Bescheidenheit
die Taten eines rechtschaffenen Lebens vorweisen.
14 Wenn aber euer Herz
voll ist von bitterer Eifersucht und von Ehrgeiz,
dann prahlt nicht, und verfälscht nicht die Wahrheit!
15 Das ist nicht die Weisheit, die von oben kommt,
sondern eine irdische, eigennützige, teuflische Weisheit.
16 Wo nämlich Eifersucht und Ehrgeiz herrschen,
da gibt es Unordnung und böse Taten jeder Art.
17 Doch die Weisheit von oben
ist erstens heilig,
sodann friedlich, freundlich, gehorsam,
voll Erbarmen und reich an guten Früchten,
sie ist unparteiisch, sie heuchelt nicht.
18 Wo Frieden herrscht,
wird von Gott für die Menschen, die Frieden stiften,
die Saat der Gerechtigkeit ausgestreut.

ANTWORTPSALM

Ps 19 (18B), 8.9.10.12 u. 15 (R: 9ab)

R Die Befehle des Herrn sind richtig, (GL 465)
sie erfreuen das Herz. – R

8 Die Weisung des Herrn ist voll<u>kom</u>men, *   II. Ton
sie er<u>quickt</u> den Menschen.

Das Gesetz des Herrn ist verläßlich, *
den Unwissenden <u>macht</u> es weise. – (R)

9 Die Befehle des Herrn sind <u>rich</u>tig, *
sie erfreuen das Herz;

das Gebot des Herrn ist <u>lau</u>ter, *
es erleuch<u>tet</u> die Augen. – (R)

10 Die Furcht des Herrn ist rein, *
sie besteht für immer.

Die Urteile des Herrn sind wahr, *
gerecht sind sie alle. – (R)

12 Auch dein Knecht läßt sich von ihnen warnen; *
wer sie beachtet, hat reichen Lohn.

15 Die Worte meines Mundes mögen dir gefallen; †
was ich im Herzen erwäge, stehe dir vor Augen, *
Herr, mein Fels und mein Erlöser. – R

Jahr I und II

RUF VOR DEM EVANGELIUM Vers: vgl. 2 Tim 1, 10

Halleluja. Halleluja.

Unser Retter Jesus Christus hat dem Tod die Macht genommen
und uns das Licht des Lebens gebracht durch das Evangelium.

Halleluja.

ZUM EVANGELIUM *Die Heilung des besessenen (oder epileptischen) Knaben wird in V. 27 fast wie eine Totenerweckung beschrieben. Ebenso wichtig wie die Tat Jesu erscheint in diesem Bericht die Frage nach Glauben oder Unglauben. Der Vater des Knaben ringt um den geforderten Glauben. „Hilf meinem Unglauben" kann heißen: Hilf mir, daß ich (wirklich) glauben kann, oder auch: Hilf mir, auch wenn ich nicht glaube; dann gehört dieser Mann zu den vielen, die sich selbst irrtümlich für ungläubig halten. – Im Wort Jesu an die Menge: „O du ungläubige Generation ..." ist etwas von der unendlichen Einsamkeit Jesu zu spüren; er wartet auf Glauben und stößt nur auf Unverstand. – Mt 17, 14–21; Lk 9, 37–43; Mt 8, 10; Mk 7, 37; 8, 23; Mt 8, 15.*

EVANGELIUM Mk 9, 14–29

Ich glaube; hilf meinem Unglauben!

✝ Aus dem heiligen Evangelium nach Markus.

In jener Zeit,
als Jesus mit Petrus, Jakobus und Johannes
von dem Berg herabgestiegen war

¹⁴ und sie zu den anderen Jüngern zurückkamen,
  sahen sie eine große Menschenmenge um sie versammelt
und Schriftgelehrte, die mit ihnen stritten.
¹⁵ Sobald die Leute Jesus sahen,
  liefen sie in großer Erregung auf ihn zu und begrüßten ihn.
¹⁶ Er fragte sie: Warum streitet ihr mit ihnen?
¹⁷ Einer aus der Menge antwortete ihm:
  Meister, ich habe meinen Sohn zu dir gebracht.
Er ist von einem stummen Geist besessen;
¹⁸ immer wenn der Geist ihn überfällt, wirft er ihn zu Boden,
und meinem Sohn tritt Schaum vor den Mund,
er knirscht mit den Zähnen und wird starr.
Ich habe schon deine Jünger gebeten, den Geist auszutreiben,
  aber sie hatten nicht die Kraft dazu.

¹⁹ Da sagte er zu ihnen:
  O du ungläubige Generation!
Wie lange muß ich noch bei euch sein?
Wie lange muß ich euch noch ertragen?
Bringt ihn zu mir!
²⁰ Und man führte ihn herbei.
Sobald der Geist Jesus sah,
  zerrte er den Jungen hin und her,
so daß er hinfiel
  und sich mit Schaum vor dem Mund auf dem Boden wälzte.

²¹ Jesus fragte den Vater: Wie lange hat er das schon?
Der Vater antwortete: Von Kind auf;
²² oft hat er ihn sogar ins Feuer oder ins Wasser geworfen,
  um ihn umzubringen.
Doch wenn du kannst, hilf uns;
hab Mitleid mit uns!
²³ Jesus sagte zu ihm: Wenn du kannst?
  Alles kann, wer glaubt.
²⁴ Da rief der Vater des Jungen: Ich glaube;
hilf meinem Unglauben!

²⁵ *Als Jesus sah, daß die Leute zusammenliefen,*
  drohte er dem unreinen Geist
und sagte: Ich befehle dir, du stummer und tauber Geist:
  Verlaß ihn,
und kehr nicht mehr in ihn zurück!

²⁶ Da zerrte der Geist den Jungen hin und her
 und verließ ihn mit lautem Geschrei.
 Der Junge lag da wie tot,
 so daß alle Leute sagten: Er ist gestorben.
²⁷ Jesus aber faßte ihn an der Hand und richtete ihn auf,
 und der Junge erhob sich.
²⁸ Als Jesus nach Hause kam und sie allein waren,
 fragten ihn seine Jünger:
 Warum konnten denn wir den Dämon nicht austreiben?
²⁹ Er antwortete ihnen:
 Diese Art kann nur durch Gebet ausgetrieben werden.

FÜRBITTEN

Wir beten zu Christus, der Quelle neuen Lebens:

Führe alle Gläubigen zur wahren Freiheit der Kinder Gottes.
(Stille) Herr, erbarme dich.
A.: Christus, erbarme dich.

Bestärke alle, die sich für einen Ausgleich zwischen Arm und Reich einsetzen. (Stille) Herr, erbarme dich.

Ermutige die Menschen, die unter der Last des Lebens leiden.
(Stille) Herr, erbarme dich.

Segne das Werk unserer Hände und die Arbeit des Geistes. (Stille)
Herr, erbarme dich.

Herr, unser Gott, auf dich können wir uns verlassen. Erhöre unsere Bitten durch Christus, unseren Herrn.   A.: Amen.

„DAS VERHÄLTNIS DES HERZENS ZU GOTT *ist zwiespältig. In ihm ist die Sehnsucht nach Gott, das Verlangen nach seiner heiligen Wirklichkeit – zugleich aber auch die Abneigung, das Mißtrauen, die Gereiztheit, die Revolte. Das ist es, was dem Glaubenszweifel seine letzte und eigentliche Gefährlichkeit gibt. Dessen innerster Antrieb ist die Feindseligkeit gegen Gott. Das müssen wir wissen. So gehört in jede Auseinandersetzung mit dem Zweifel das Gebet. Das wichtigste Gebet aber besteht darin, sich innerlich vor Gott zu stellen; die Auflehnung wegzutun; die verborgene Gereiztheit zu lösen; sich zur Wahrheit bereitzumachen; sich dem heiligen Geheimnis Gottes zu öffnen und immer wieder zu sprechen: ‚Ich will die Wahrheit. Ich bin zu ihr bereit; auch zu dieser, die mir zu schaffen macht, wenn sie wirklich Wahrheit ist. Gib mir Licht, daß ich erkenne, wie es mit ihr – und mit mir selbst zu ihr steht'" (R. Guardini).*

DIENSTAG

TAGESGEBET

**Gott.
Dein Sohn ist zu uns gekommen,
nicht um sich bedienen zu lassen,
sondern um zu dienen.
Gib, daß wir von ihm lernen,
wie wir leben sollen.
Darum bitten wir durch ihn, Jesus Christus.** (MB 307,8)

Oder ein anderes Tagesgebet (vgl. S. 661).

Jahr I

ZUR LESUNG *Das Problem des Leidens und der gerechten Vergeltung hat die hebräischen Weisheitslehrer immer schon beschäftigt. Das Problem war um so schwieriger, als die Lehre vom Weiterleben nach dem Tod noch in keiner Weise klar war. Für das gegenwärtige Leben ist die Behauptung, daß es den Guten gut und den Bösen schlecht gehe, kaum aufrechtzuhalten; tatsächlich wurde sie in den Büchern Ijob und Kohelet heftig angegriffen. Sirach sagt klar, daß auch die Guten („wer dem Herrn dient", 2,1) auf Heimsuchungen gefaßt sein müssen (V. 1–6). Trotzdem zweifelt er keinen Augenblick an der Gerechtigkeit Gottes. Im Leiden wird der Mensch geprüft und geläutert, wie das Gold im Feuer. Eine zweite Antwort steht in den Versen 7–9: Es gibt einen Lohn, es gibt „immerwährende Freude und Erbarmen". Woher weiß der Verfasser das? Er weiß es 1. aus der Geschichte seines Volkes (V. 10), 2. aus dem Wesen Gottes selbst (V. 11). Freilich, ohne den Glauben an ein Fortleben nach dem Tod kann die Antwort des Verfassers weder ihn selbst noch seine Leser befriedigen. – Jak 1,2–4; 1 Petr 4,12; Offb 2,10; 3,20; Röm 5,3; Spr 3,5–6; Ijob 4,7; Ps 22,5–6; 37,25; Ex 34,6–7; Ps 145,8–9.*

ERSTE LESUNG

Sir 2, 1–11 (1–13)

Mach dich auf Prüfung gefaßt!

Lesung
aus dem Buch Jesus Sirach.

1 Mein Sohn, wenn du dem Herrn dienen willst,
dann mach dich auf Prüfung gefaßt!
2 Sei tapfer und stark,
zur Zeit der Heimsuchung überstürze nichts!
3 Hänge am Herrn, und weiche nicht ab,
damit du am Ende erhöht wirst.
4 Nimm alles an, was über dich kommen mag,
halt aus in vielfacher Bedrängnis!
5 Denn im Feuer wird das Gold geprüft,
und jeder, der Gott gefällt, im Schmelzofen der Bedrängnis.
6 Vertrau auf Gott, er wird dir helfen,
hoffe auf ihn, er wird deine Wege ebnen.
7 Ihr, die ihr den Herrn fürchtet,
hofft auf sein Erbarmen,
weicht nicht ab, damit ihr nicht zu Fall kommt.
8 Ihr, die ihr den Herrn fürchtet, vertraut auf ihn,
und er wird euch den Lohn nicht vorenthalten.
9 Ihr, die ihr den Herrn fürchtet, hofft auf Heil,
auf immerwährende Freude und auf Erbarmen!
10 Schaut auf die früheren Generationen und seht:
Wer hat auf den Herrn vertraut
und ist dabei zuschanden geworden?
Wer hoffte auf ihn und wurde verlassen?
Wer rief ihn an, und er erhörte ihn nicht?
11 Denn gnädig und barmherzig ist der Herr;
er vergibt die Sünden
und hilft zur Zeit der Not.

ANTWORTPSALM

Ps 37 (36), 3–4.18–19.27–28b.39–40b (R: vgl. 5)

R Befiehl dem Herrn deinen Weg, (GL 745, 1)
er wird es fügen. – R

Vertrau auf den Herrn und tu das Gute, * VI. Ton
bleib wohnen im Land und bewahre Treue!

4 Freu dich innig am Herrn! *
Dann gibt er dir, was dein Herz begehrt. – (R)

18 Der Herr kennt die Tage der Bewährten, *
ihr Erbe hat ewig Bestand.

19 In bösen Zeiten werden sie nicht zuschanden, *
sie werden satt in den Tagen des Hungers. – (R)

27 Meide das Böse und tu das Gute, *
so bleibst du wohnen für immer.

28ab Denn der Herr liebt das Recht *
und verläßt seine Frommen nicht. – (R)

39 Die Rettung der Gerechten kommt vom Herrn, *
er ist ihre Zuflucht in Zeiten der Not.

40ab Der Herr hilft ihnen und rettet sie, *
er rettet sie vor den Frevlern.

R Befiehl dem Herrn deinen Weg,
er wird es fügen.

Jahr II

ZUR LESUNG *Daß es in christlichen Gemeinden Streitereien gibt, ist kein Ausnahmefall und ist doch alles andere als normal – sowenig es normal ist, daß christliche Völker gegeneinander Kriege führen. Jakobus fragt nach dem Woher des Unfriedens in der Gemeinde; der Umstand, daß es in der Gemeinde Reiche und Arme gibt, genügt als Erklärung nicht. Die Wurzel sitzt im Herzen der Menschen, in der Gier, zu haben. Gewiß soll jeder das Notwendige haben, das, was er braucht, um als Mensch leben und sich entfalten zu können. Aber Großtuerei und Verschwendung ist Abfall von Gott: „Ehebruch" (V. 4) nannten es die Propheten des Alten Bundes. „Freundschaft mit der Welt" ist dafür ein eleganteres Wort; die Sache ist die gleiche. Der „Mensch mit zwei Seelen" (V. 8), der zwiespältige Mensch, entfernt sich von Gott; er ist im Unfrieden mit sich selbst und mit den Menschen. – Hos 1–3; Röm 7, 23; Gal 5, 17; 1 Petr 2, 11; Mt 6, 24; 1 Joh 2, 15–17; 1 Petr 5, 5–9; Spr 3, 34; Eph 6, 11; Sach 1, 3; Mal 3, 7.*

Zeit im Jahreskreis: 7. Woche – Dienstag

ERSTE LESUNG
Jak 4, 1–10

Ihr bittet und empfangt doch nichts, weil ihr in böser Absicht bittet

**Lesung
aus dem Jakobusbrief.**

Brüder!

1 Woher kommen die Kriege bei euch,
woher die Streitigkeiten?
Doch nur vom Kampf der Leidenschaften in eurem Innern.

2 Ihr begehrt
und erhaltet doch nichts.
Ihr mordet und seid eifersüchtig
und könnt dennoch nichts erreichen.
Ihr streitet und führt Krieg.

Ihr erhaltet nichts, weil ihr nicht bittet.

3 Ihr bittet und empfangt doch nichts,
weil ihr in böser Absicht bittet,
um es in eurer Leidenschaft zu verschwenden.

4 Ihr Ehebrecher,
wißt ihr nicht, daß Freundschaft mit der Welt
Feindschaft mit Gott ist?
Wer also ein Freund der Welt sein will,
der wird zum Feind Gottes.

5 Oder meint ihr, die Schrift sage ohne Grund:
Eifersüchtig sehnt er sich nach dem Geist,
den er in uns wohnen ließ.

6 Doch er gibt noch größere Gnade;
darum heißt es auch:
Gott tritt den Stolzen entgegen,
den Demütigen aber schenkt er seine Gnade.

7 Ordnet euch also Gott unter,
leistet dem Teufel Widerstand;
dann wird er vor euch fliehen.

8 Sucht die Nähe Gottes;
dann wird er sich euch nähern.
Reinigt die Hände, ihr Sünder,
läutert euer Herz, ihr Menschen mit zwei Seelen!

9 Klagt und trauert und weint!
Euer Lachen verwandle sich in Trauer,
eure Freude in Betrübnis.

10 Demütigt euch vor dem Herrn;
dann wird er euch erhöhen.

ANTWORTPSALM   Ps 55 (54), 7–8.9–10.17 u. 23 (R: 23a)

R Wirf deine Sorge auf den Herrn, (GL 745, 1)
er hält dich aufrecht! – R

7 Ich dachte: „Hätte ich doch Flügel wie eine Taube, *   VI. Ton
dann flöge ich davon und käme zur Ruhe."

8 Weit fort möchte ich fliehen, *
die Nacht verbringen in der Wüste. – (R)

9 An einen sicheren Ort möchte ich eilen *
vor dem Wetter, vor dem tobenden Sturm.

10 Entzweie sie, Herr, verwirr ihre Sprache! *
Denn in der Stadt sehe ich Gewalttat und Hader. – (R)

17 Ich aber, zu Gott will ich rufen, *
der Herr wird mir helfen.

23 Wirf deine Sorge auf den Herrn, er hält dich aufrecht! *
Er läßt den Gerechten niemals wanken. – R

Jahr I und II

RUF VOR DEM EVANGELIUM   Vers: Gal 6, 14

Halleluja. Halleluja.

Ich will mich allein des Kreuzes unseres Herrn Jesus Christus rühmen,
durch das mir die Welt gekreuzigt ist und ich der Welt.

Halleluja.

ZUM EVANGELIUM   *Jesus beendet seine öffentliche Tätigkeit in Galiläa und widmet sich ganz der Belehrung der Jünger. Über den Erfolg läßt Markus keinen Zweifel: „Sie verstanden den Sinn seiner Worte nicht." Das bezieht sich auf die neue Leidensansage Jesu; aber wer dieses zentrale Geheimnis nicht versteht, der versteht Jesus nicht. Es gelingt den Jüngern noch nicht, ihre Vorstellungen vom Messias und vom Reich Gottes zu korrigieren. Sie streiten um die ersten Posten in diesem Reich (V. 34). Das gibt dem Evangelisten Anlaß, hier eine Reihe von Jesusworten zusammenzustellen (V. 35–50): Grundregeln für das Leben im Reich*

Gottes und in der Gemeinde. Vor Gott ist groß, wer wie Jesus zum Dienen bereit ist, nicht aber wer Macht beansprucht. Jesus steht auf der Seite der Kleinen; er offenbart seine Größe im Dienen bis zur Hingabe des eigenen Lebens. – Mt 17,22–23; 18,1–5; Lk 9,43–48; Jes 53; Joh 12,44; 13,20.

EVANGELIUM Mk 9,30–37

Der Menschensohn wird den Menschen ausgeliefert.
Wer der Erste sein will, soll der Letzte von allen sein

✠ Aus dem heiligen Evangelium nach Markus.

In jener Zeit
30 zogen Jesus und seine Jünger durch Galiläa.
Jesus wollte aber nicht, daß jemand davon erfuhr;
31 denn er wollte seine Jünger über etwas belehren.
Er sagte zu ihnen:
   Der Menschensohn wird den Menschen ausgeliefert,
   und sie werden ihn töten;
doch drei Tage nach seinem Tod wird er auferstehen.
32 Aber sie verstanden den Sinn seiner Worte nicht,
scheuten sich jedoch, ihn zu fragen.

33 Sie kamen nach Kafárnaum.
Als er dann im Haus war,
   fragte er sie: Worüber habt ihr unterwegs gesprochen?
34 Sie schwiegen,
denn sie hatten unterwegs miteinander darüber gesprochen,
   wer von ihnen der Größte sei.

35 Da setzte er sich,
rief die Zwölf
und sagte zu ihnen: Wer der Erste sein will,
   soll der Letzte von allen und der Diener aller sein.
36 Und er stellte ein Kind in ihre Mitte,
nahm es in seine Arme
und sagte zu ihnen:
37   Wer ein solches Kind um meinetwillen aufnimmt,
   der nimmt mich auf;
wer aber mich aufnimmt,
   der nimmt nicht nur mich auf,
   sondern den, der mich gesandt hat.

FÜRBITTEN

Zu Jesus Christus, unserem Herrn und Heiland, rufen wir:

Erfülle alle Christen mit dem Geist der Liebe, um den Menschen zu dienen. (Stille) Christus, höre uns.
A.: Christus, erhöre uns.

Steh allen bei, die zur Gerechtigkeit zwischen den Völkern beitragen und Frieden stiften. (Stille) Christus, höre uns.

Tröste die Trauernden, und lindere das Leid der Bedrängten. (Stille) Christus, höre uns.

Ermutige die Väter und Mütter zur christlichen Erziehung ihrer Kinder. (Stille) Christus, höre uns.

Denn du bist in unserer Mitte, wenn wir in deinem Namen versammelt sind. Dir sei Dank und Lobpreis in Ewigkeit. A.: Amen.

„DU WILLST, DASS ICH STERBE,
du hast es immer gewollt.
Dein ganzer Wille ist darauf gerichtet,
daß diese deine Schöpfung,
hingemäht, in deinen Arm zurücksinke ...
Und du – du sagst:
Ich liebe dich, mein Kind!
Welcher Vater schickt sein Kind ins Dunkel?
Du tust es. Du.
Ja, du lockst mich aus dem Dunkel:
Komm, komm, mein Kind!
Du ziehst mich, drängst mich,
strömst mich hin zu dir
und läßt mir keine Ruhe, bis ich dein bin.
Bis ich will, was du willst,
bis ich lasse, was du läßt,
bis ich sterbe, weil du stirbst,
bis ich habe, was du hast:
das ewige Leben" (Dichterin – Bundesrepublik Deutschland).

MITTWOCH

TAGESGEBET

Gott, unser Vater,
du hast uns durch deinen Sohn erlöst
und als deine geliebten Kinder angenommen.
Sieh voll Güte auf alle, die an Christus glauben,
und schenke ihnen die wahre Freiheit
und das ewige Erbe.
Darum bitten wir durch Jesus Christus. (MB 153)

Oder ein anderes Tagesgebet (vgl. S. 661).

Jahr I

ZUR LESUNG *Die Weisheit ist eine Gabe, die von Gott stammt. Der Mensch erwirbt sie, wenn er sie sucht, und das heißt fast soviel wie: wenn er Gott sucht. Die Weisheit hat große Verheißungen für den, der auf sie hört: Gottes Huld und Gottes Segen (V. 12.13). Von V. 15 an spricht die Weisheit selbst, nachdem sie schon in V. 11 als redende Person, als Lehrerin eingeführt wurde. In ihrer Rede ist zugleich Verheißung und Warnung. Sie läßt ihren Schüler nicht im Stich, wenn er zu ihr Vertrauen hat. Aber sie führt ihn durch harte Prüfungen; dann verbirgt sich die Weisheit vor ihm; er begreift nichts und kann nichts tun als in Treue aushalten. – Sir 6,27–28; Spr 3,16–18; Weish 8,17–18; Spr 3,35; Joh 14,21; Mt 7,14; Dan 2,20–22; Joh 15,15.*

ERSTE LESUNG   Sir 4,11–19 (12–22)

Wer die Weisheit liebt, den liebt der Herr

**Lesung
aus dem Buch Jesus Sirach.**

11 **Die Weisheit belehrt ihre Söhne,
sie mahnt eindringlich alle, die auf sie achten.**
12 **Wer sie liebt, liebt das Leben,
wer sie sucht, wird Gott gefallen.**
13 **Wer sie ergreift, findet Ehre beim Herrn
und wird unter Gottes Segen leben.**

14 Der Dienst an ihr ist Dienst am Heiligtum;
   wer sie liebt, den liebt der Herr.
15 Wer auf mich hört, wird gerecht richten,
   wer mir zuhört, wohnt in meinen innersten Kammern.
16 Hat er Vertrauen zu mir, wird er mich erlangen,
   auch seine Nachkommen werden mich besitzen.
17 Denn unerkannt gehe ich mit ihm
      und prüfe ihn durch Versuchungen.
   Furcht und Bangen lasse ich über ihn kommen,
      bis sein Herz von mir erfüllt ist.
18 Dann wende ich mich ihm zu,
   zeige ihm den geraden Weg
   und enthülle ihm meine Geheimnisse.
19 Weicht er ab, so verwerfe ich ihn
   und überlasse ihn denen, die ihn vernichten.

ANTWORTPSALM

Ps 119 (118), 165 u. 168.171–172.174–175 (R: vgl. 165a)

R Die deine Weisung lieben, Herr, empfangen Heil in Fülle. – R

(GL 687, 1)

165 Alle, die deine Weisung lieben, empfangen Heil in Fülle; * VI. Ton
    es trifft sie kein Unheil.
168 Ich folge deinen Vorschriften und Befehlen; *
    denn alle meine Wege liegen offen vor dir. – (R)
171 Meine Lippen sollen überströmen von Lobpreis; *
    denn du lehrst mich deine Gesetze.
172 Meine Zunge soll deine Verheißung besingen; *
    denn deine Gebote sind alle gerecht. – (R)
174 Ich sehne mich, Herr, nach deiner Hilfe, *
    und deine Weisung macht mich froh.
175 Laß meine Seele leben, damit sie dich preisen kann. *
    Deine Entscheidungen mögen mir helfen. – R

Jahr II

ZUR LESUNG *Die „Freundschaft mit der Welt" (4, 4) hat viele Formen. Bei den Armen kann sie sich äußern als Sucht nach Geld und Geltung (gestrige Lesung), bei den Reichen als Selbstsicherheit: sie meinen, die Welt gehöre ihnen, jetzt und für ewige Zeiten. Als Beispiel nennt Jakobus die Kaufleute. Er verurteilt nicht den Beruf, auch nicht den Unternehmungsgeist, der zu diesem Beruf gehört. Aber er weist sie darauf hin, wie unsicher doch alle Pläne und Geschäfte sind und wie wenig ihnen die Prahlerei ansteht. Er sagt ihnen (und uns allen) ganz nüchtern, daß es Sünde ist, zu wissen, was recht ist, und es doch nicht zu tun. Auch der Reichtum hat es mit Gott zu tun – und mit den Armen. – Spr 27, 1; Mt 6, 34; Lk 12, 16–21; Ijob 14, 1–2; Apg 18, 21; Röm 1, 10.*

ERSTE LESUNG   Jak 4, 13–17

Ihr wißt doch nicht, was morgen mit eurem Leben sein wird. Ihr solltet lieber sagen: Wenn der Herr will

Lesung
    aus dem Jakobusbrief.

Brüder!
13 Ihr, die ihr sagt:
    Heute oder morgen werden wir in diese oder jene Stadt reisen,
    dort werden wir ein Jahr bleiben,
    Handel treiben und Gewinne machen –,
14 ihr wißt doch nicht, was morgen mit eurem Leben sein wird.
    Rauch seid ihr, den man eine Weile sieht;
        dann verschwindet er.
15 Ihr solltet lieber sagen:
    Wenn der Herr will,
    werden wir noch leben und dies oder jenes tun.
16 Nun aber prahlt ihr voll Übermut;
    doch all dieses Prahlen ist schlecht.
17 Wer also das Gute tun kann und es nicht tut,
    der sündigt.

ANTWORTPSALM   Ps 49 (48), 2–3.6–7.8–9.11 u. 13a (R: Mt 5, 3)

R Selig, die arm sind vor Gott;   (GL 728, 1)
denn ihnen gehört das Himmelreich. – R

2 Hört dies an, ihr Völker alle, *   II. Ton
vernehmt es, alle Bewohner der Erde,

3 ihr Leute aus dem Volk und vom Adel, *
Reiche und Arme zusammen! – (R)

6 Warum soll ich mich in bösen Tagen fürchten, *
  wenn mich der Frevel tückischer Feinde umgibt?

7 Sie verlassen sich ganz auf ihren Besitz *
  und rühmen sich ihres großen Reichtums. – (R)

8 Loskaufen kann doch keiner den andern *
  noch an Gott für ihn ein Sühnegeld zahlen

9 – für das Leben ist jeder Kaufpreis zu hoch; *
  für immer muß man davon abstehn –. – (R)

11 Denn man sieht: Weise sterben; *
   genauso gehen Tor und Narr zugrunde,

sie müssen andern ihren Reichtum lassen; *
13a der Mensch bleibt nicht in seiner Pracht.

R Selig, die arm sind vor Gott;
  denn ihnen gehört das Himmelreich.

Jahr I und II

RUF VOR DEM EVANGELIUM   Vers: Joh 14, 6

Halleluja. Halleluja.

(So spricht der Herr:)
Ich bin der Weg und die Wahrheit und das Leben.
Niemand kommt zum Vater außer durch mich.

Halleluja.

ZUM EVANGELIUM   *Außenseiter hat es in der Kirche immer gegeben, schon die Urgemeinde hatte ihre Not mit ihnen. Soll man sie gewähren lassen, diese Menschen, die sich auf Jesus berufen und erstaunliche Dinge tun, ohne jedoch zur Gemeinde zu gehören? Die Antwort Jesu gibt keine eigentliche Lösung des Problems; sie gibt eine praktische Regel, die durch ihre Großzügigkeit überrascht. Wer sich auf den Namen Jesu beruft, ist ihm auf jeden Fall irgendwie verbunden und verpflichtet. Im Hintergrund steht vielleicht noch der andere Gedanke: die äußere Zugehörigkeit zur Gemeinde, zur Kirche, soll nicht zu einem allzu starken Selbstbewußtsein führen, als wäre man alleiniger Besitzer des Geistes und der Kraft Jesu. – Lk 9, 49–50; 1 Kor 12, 3; Mt 12, 30.*

EVANGELIUM

Mk 9, 38–40

Wer nicht gegen uns ist, der ist für uns

✢ Aus dem heiligen Evangelium nach Markus.

In jener Zeit
38 sagte Johannes, einer der Zwölf, zu Jesus:
Meister, wir haben gesehen,
   wie jemand in deinem Namen Dämonen austrieb;
und wir versuchten, ihn daran zu hindern,
   weil er uns nicht nachfolgt.
39 Jesus erwiderte: Hindert ihn nicht!
Keiner, der in meinem Namen Wunder tut,
   kann so leicht schlecht von mir reden.
40 Denn wer nicht gegen uns ist,
   der ist für uns.

FÜRBITTEN

Jesus Christus wurde unser Bruder, damit wir Kinder Gottes werden. So beten wir zu ihm:

Für unseren Papst und alle Bischöfe: behüte und stärke sie in ihrem Dienst. (Stille) Herr, erbarme dich.
A.: Christus, erbarme dich.

Für alle, die ein öffentliches Amt haben: laß sie zum Wohl aller Menschen beitragen. (Stille) Herr, erbarme dich.

Für alle, die Not leiden: tröste sie, und gib ihnen Zuversicht. (Stille) Herr, erbarme dich.

Für alle in unserer Gemeinde: gib, daß wir dem Willen Gottes immer mehr entsprechen. (Stille) Herr, erbarme dich.

Herr, unser Vater, du hast deinen Sohn den Menschen gleichgemacht. Erhöre unser Gebet durch ihn, Christus, unseren Herrn. A.: Amen.

„DAS REICH GOTTES *fordert unsere Mitarbeit; dennoch ist es voll und ganz Gottes Werk. Wir können es uns weder verschaffen noch es selber aufbauen; wir nehmen es entgegen, wir treten ein in dieses Reich. Wir mühen uns wohl, es anderen Menschen nahezubringen, es zu verbreiten, aber es bleibt seiner Natur nach Gottes Werk und nicht das unsrige; selbst da, wo unser eigenes Tun beginnt, sollen wir immer an die Worte Christi denken: ‚Wenn ihr alles getan habt, was ihr könnt, so sprecht: wir sind unnütze Knechte.' Auf der einen Seite wird also unser absoluter Dienst gefordert, auf der anderen Seite steht die klare Aussage, daß dieser Dienst dem Ziel, um das es geht, in keiner Weise angemessen ist ... Der Mensch kann, selbst da, wo er für dieses Reich arbeitet, nur warten, daß Gott sein Werk vollbringt"* (Yves de Montcheuil).

DONNERSTAG

TAGESGEBET

Heiliger Gott,
du liebst die Unschuld
und schenkst sie dem Sünder zurück,
der reumütig zu dir heimkehrt.
Wende unser Herz zu dir
und schenke uns neuen Eifer im Heiligen Geist,
damit wir im Glauben standhaft bleiben
und stets bereit sind, das Gute zu tun.
Darum bitten wir durch Jesus Christus. (MB 101)

Oder ein anderes Tagesgebet (vgl. S. 661).

Jahr I

ZUR LESUNG *Die Geduld Gottes läßt dem Menschen Zeit, sich zu bekehren. Aber für den törichten Menschen kann sie Anlaß zur Vermessenheit werden; er sündigt weiter und denkt: Gottes Barmherzigkeit ist groß. Das ist nicht mehr Vertrauen, sondern ganz einfach Frechheit und Unverstand. Ein solcher Mensch wird den Zorn des barmherzigen Gottes erfahren. Wenn wir lesen „Zeit der Vergeltung", „Tag des Zorns" (V. 7 und 8), dann denken wir leicht an das Endgericht, das über unsere Ewigkeit entscheidet. Der Weisheitslehrer des Alten Testaments denkt zunächst nur an das gegenwärtige Leben. Ein kurzes oder unglückliches Leben erscheint ihm schrecklich genug als Zeichen des göttlichen Zorns. Aber immer wieder stellt sich die Frage: Trifft das Unglück nur die Bösen? Trifft es sie immer? Hier kommt menschliche Weisheit nicht weiter. – Sir 11, 24; Lk*

Zeit im Jahreskreis: 7. Woche – Donnerstag

12, 15–21; Ps 12, 4–5; Weish 2, 11; Koh 8, 11–14; Röm 2, 4;
3, 21–26; Sir 16, 11; Ex 20, 5–6; Sir 7, 16–17; Jes 55, 6–7; Lk
12, 35–40; Spr 10, 2.

ERSTE LESUNG Sir 5, 1–8 (1–10)

Zögere nicht, dich zum Herrn zu bekehren!

Lesung
aus dem Buch Jesus Sirach.

1 Verlaß dich nicht auf deinen Reichtum,
und sag nicht: Ich kann es mir leisten.

2 Folg nicht deinem Herzen und deinen Augen,
um nach dem Begehren deiner Seele zu leben.

3 Sag nicht: Wer vermag etwas gegen meine Macht?
Denn der Herr rächt die Verfolgten.

4 Sag nicht: Ich habe gesündigt,
doch was ist mir geschehen?
Denn der Herr hat viel Geduld.

5 Verlaß dich nicht auf die Vergebung,
füge nicht Sünde an Sünde,

6 indem du sagst: Seine Barmherzigkeit ist groß,
er wird mir viele Sünden verzeihen.

Denn Erbarmen ist bei ihm, aber auch Zorn,
auf den Frevlern ruht sein Grimm.

7 Zögere nicht, dich zu ihm zu bekehren,
verschieb es nicht Tag um Tag!
Denn sein Zorn bricht plötzlich aus,
zur Zeit der Vergeltung wirst du dahingerafft.

8 Vertrau nicht auf trügerische Schätze;
sie nützen nichts am Tag des Zorns.

ANTWORTPSALM Ps 1, 1–2.3.4 u. 6 (R: vgl. Jer 17, 7)

R Gesegnet, wer auf den Herrn sich verläßt. – **R** (GL 708, 1)

Wohl dem Mann, der nicht dem Rat der Frevler folgt, † IV. Ton
nicht auf dem Weg der Sünder geht, *
nicht im Kreis der Spötter sitzt,

sondern Freude hat an der Weisung des Herrn, *
über seine Weisung nachsinnt bei Tag und bei Nacht. – (R)

3 Er ist wie ein Baum, der an Wasserbächen gepflanzt ist, †
der zur rechten Zeit seine Frucht bringt *
und dessen Blätter nicht welken.

Alles, was er tut, *
wird ihm gut gelingen. – (R)

4 Nicht so die Frevler: *
Sie sind wie Spreu, die der Wind verweht.

6 Denn der Herr kennt den Weg der Gerechten, *
der Weg der Frevler aber führt in den Abgrund.

R Gesegnet, wer auf den Herrn sich verläßt.

Jahr II

ZUR LESUNG *Von den Reichen und von den Arbeitern spricht diese Lesung. Die Arbeiter sind nach V. 6 die „Gerechten", die keinen Widerstand leisten; die Reichen wären demnach die Ungerechten. Von wem ist hier eigentlich die Rede? Daß die „Arbeiter" nicht einfachhin mit den heutigen „Arbeitnehmern" gleichgesetzt werden können, ist durch V. 6 wohl klar; folglich auch die Reichen nicht einfachhin mit den Arbeitgebern. Aber auf jeden Fall handelt es sich um die Mächtigen und die Schwachen, und den Mächtigen wird im Stil prophetischer Gerichtsrede mit unerhörter Schärfe ins Gewissen geredet. Die Selbstsicherheit der Reichen und die Hartherzigkeit dessen, der dem Arbeiter den gerechten Lohn nicht ausbezahlt, hängen auf jeden Fall zusammen. Den Hintergrund dieser Drohrede bildet das Wissen um die Nähe des göttlichen Gerichts. Nochmals: wer sind diese Reichen, die nicht einmal mehr zur Umkehr, sondern angesichts des kommenden Gerichts nur noch zum Wehklagen aufgefordert werden? Kaufleute, Großgrundbesitzer, Industriekapitäne ...? In Wirklichkeit jeder von uns, der seine kleine Machtposition ausnützt, um dem kleineren Mitbürger und Mitchristen ein Recht streitig zu machen, vielleicht nur ein kleines Recht, weil es zu einem größeren leider nicht reicht.
– Am 8,4–7; Lk 6,24–26; Sir 29,10–12; Mt 6,19–21; Spr 11,4.28; Lev 19,13; Dtn 24,14–15.*

Zeit im Jahreskreis: 7. Woche – Donnerstag

ERSTE LESUNG   Jak 5, 1–6

Der Lohn, den ihr den Arbeitern vorenthalten habt, schreit zum Himmel, und die Klagerufe dringen zu den Ohren des Herrn

**Lesung
aus dem Jakobusbrief.**

1 **Ihr Reichen,
weint nur und klagt über das Elend, das euch treffen wird.**
2 **Euer Reichtum verfault,
und eure Kleider werden von Motten zerfressen.**
3 **Euer Gold und Silber verrostet;
ihr Rost wird als Zeuge gegen euch auftreten
und euer Fleisch verzehren wie Feuer.**

   Noch in den letzten Tagen sammelt ihr Schätze.
4 **Aber der Lohn der Arbeiter, die eure Felder abgemäht haben,
   der Lohn, den ihr ihnen vorenthalten habt,
   schreit zum Himmel;
   die Klagerufe derer, die eure Ernte eingebracht haben,
   dringen zu den Ohren des Herrn der himmlischen Heere.**
5 **Ihr habt auf Erden
   ein üppiges und ausschweifendes Leben geführt,
   und noch am Schlachttag habt ihr euer Herz gemästet.**
6 **Ihr habt den Gerechten verurteilt und umgebracht,
   er aber leistete euch keinen Widerstand.**

ANTWORTPSALM   Ps 49 (48), 14–15b.15c–16.17–18.19–20
(R: Mt 5, 3)

R Selig, die arm sind vor Gott;   (GL 728, 1)
denn ihnen gehört das Himmelreich. – **R**

14 So geht es denen, die auf sich selbst vertrauen, *   II. Ton
und so ist das Ende derer, die sich in großen Worten gefallen.

15ab Der Tod führt sie auf seine Weide wie Schafe, *
sie stürzen hinab zur Unterwelt. – (**R**)

15cd Geradewegs sinken die Reichen hinab in das Grab; *
ihre Gestalt zerfällt, die Unterwelt wird ihre Wohnstatt.

16 Doch Gott wird mich loskaufen aus dem Reich des Todes, *
ja, er nimmt mich auf. – (**R**)

17 Laß dich nicht beirren, wenn einer reich wird *
   und die Pracht seines Hauses sich mehrt;
18 denn im Tod nimmt er das alles nicht mit, *
   seine Pracht steigt nicht mit ihm hinab. – (R)
19 Preist er sich im Leben auch glücklich *
   und sagt zu sich: „Man lobt dich, weil du dir's wohl sein läßt",
20 so muß er doch zur Schar seiner Väter hinab, *
   die das Licht nie mehr erblicken.

   R Selig, die arm sind vor Gott;
   denn ihnen gehört das Himmelreich.

Jahr I und II

RUF VOR DEM EVANGELIUM Vers: vgl. 1 Thess 2, 13

Halleluja. Halleluja.

**Nehmt das Wort Gottes an,
nicht als Menschenwort,
sondern – was es in Wahrheit ist –
als Gottes Wort.**

Halleluja.

ZUM EVANGELIUM *Vers 41 hat ursprünglich wohl gelautet: „Wer einem von diesen Kleinen auch nur einen Becher Wasser zu trinken gibt, weil er zu Christus gehört, ..." (vgl. Mt 10, 42). Dann schließt sich dieser Vers an Vers 37 an. Allerdings ist in Vers 42 nicht von „Kindern" die Rede, sondern von „einfachen Menschen": Christen, deren Glaubensleben davon abhängt, daß ihnen die rechte Lehre und Weisung geboten wird. „Ärgernis" ist jedes Wort und jede Tat, die den christlichen Glauben ins Wanken bringen kann. Der Ausdruck „zu Christus gehören" kann nicht gut von Jesus selbst stammen; wir haben hier ein Beispiel, wie Jesusworte sich in der Gemeinde weiterentwickeln konnten. In V. 43–48 folgen weitere, erschreckend ernste Warnungen vor dem Ärgernisgeben. – In Vers 49 kann mit „Feuer" nicht das Feuer der Hölle gemeint sein, von dem in Vers 48 die Rede ist; eher das Feuer der Prüfung und Verfolgung (vgl. 1 Petr 1, 7). Das Salz gibt Würze und bewahrt vor Fäulnis; das wird auch vom Wort und vom Leben der Jünger in dieser Welt verlangt. – Mt*

18,6–9; Lk 17,1–2; Jes 66,24; Sir 7,17; Mt 5,13; Lk 14,34; Röm 12,18; Kol 4,6.

EVANGELIUM
Mk 9,41–50

Es ist besser für dich, verstümmelt in das Leben zu gelangen, als mit zwei Händen in die Hölle zu kommen

☩ Aus dem heiligen Evangelium nach Markus.

In jener Zeit sprach Jesus zu seinen Jüngern:

⁴¹ Wer euch auch nur einen Becher Wasser zu trinken gibt,
 weil ihr zu Christus gehört –
 amen, ich sage euch: er wird nicht um seinen Lohn kommen.

⁴² Wer einen von diesen Kleinen, die an mich glauben,
 zum Bösen verführt,
 für den wäre es besser,
 wenn er mit einem Mühlstein um den Hals
 ins Meer geworfen würde.

⁴³ Wenn dich deine Hand zum Bösen verführt,
 dann hau sie ab;
 es ist besser für dich, verstümmelt in das Leben zu gelangen,
 als mit zwei Händen in die Hölle zu kommen,
 in das nie erlöschende Feuer.

^{44/45} Und wenn dich dein Fuß zum Bösen verführt,
 dann hau ihn ab;
 es ist besser für dich, verstümmelt in das Leben zu gelangen,
 als mit zwei Füßen in die Hölle geworfen zu werden.

^{46/47} Und wenn dich dein Auge zum Bösen verführt,
 dann reiß es aus;
 es ist besser für dich, einäugig in das Reich Gottes zu kommen,
 als mit zwei Augen in die Hölle geworfen zu werden,
⁴⁸ wo ihr Wurm nicht stirbt und das Feuer nicht erlischt.
⁴⁹ Denn jeder wird mit Feuer gesalzen werden.

⁵⁰ Das Salz ist etwas Gutes.
 Wenn das Salz die Kraft zum Salzen verliert,
 womit wollt ihr ihm seine Würze wiedergeben?
 Habt Salz in euch, und haltet Frieden untereinander!

FÜRBITTEN

Zu Jesus Christus, der mit uns Mahlgemeinschaft hält, beten wir voll Vertrauen:

Steh den Gläubigen bei, daß sie den Verlockungen des Bösen nicht erliegen.
A.: Wir bitten dich, erhöre uns.

Führe die Völker auf den Weg deiner Gebote.

Ermutige uns, Not zu wenden und Leid zu lindern.

Geleite unsere Verstorbenen zum Hochzeitsmahl des ewigen Lebens.

Denn du bist gekommen, damit wir das Leben haben. Dir sei Dank und Ehre in Ewigkeit. A.: Amen.

„EINE FEUERPROBE hat der Jünger zu bestehen, damit ihm widerfährt, was der Speise beim Salzen geschieht, nämlich daß sie so erst genießbar wird. So wird er mit seiner ganzen Person eine brauchbare Darbringung an Gott (Mk 9,49). Salz, das seine Salzkraft verliert, ist für immer verdorben. Und Jünger, die nicht wahrhaft in der Nachfolge bleiben, sind unbrauchbar geworden. Jünger sind durch das ‚Salz‘ der vollständigen Abhängigkeit von Jesus und auch durch die feste Gemeinschaft untereinander geprägt, die keinen Streit duldet (Mk 9,50). Es bedarf keiner besonderen Scharfsicht, um zu merken, daß diese Jesusworte heute so dringlich und lebensnah sind wie einst und daß Jesus mit ihnen Ohr, Gewissen und Nachdenken heutiger Jünger so sicher trifft wie einst bei den galiläischen Jüngern" (Karl Gutbrod).

FREITAG

TAGESGEBET

Gütiger Gott,
du hast die Familie zur Grundlage
der menschlichen Gemeinschaft gemacht.
Das Beispiel der Heiligen Familie
stärke in uns die Liebe und den Gehorsam,
auf denen jede Gemeinschaft ruht,

damit wir in der ewigen Freude
deine Hausgenossen werden.
Darum bitten wir durch Jesus Christus. (MB 1085)
Oder ein anderes Tagesgebet (vgl. S. 661).

Jahr I

ZUR LESUNG *„Wer den Herrn fürchtet, hält rechte Freundschaft"
(V. 17); er ist weise, um einen guten Freund zu finden und selbst ein guter
Freund zu sein. Ben Sirach behandelt das Thema Freundschaft mit sichtlichem Interesse. Er weiß darüber Bescheid aus Büchern und aus eigener
Erfahrung. Der erste Teil der heutigen Lesung (V. 5–13) gibt kluge Ratschläge für die Wahl eines Freundes und schließt mit dem fein gespitzten
Satz: „Von deinen Feinden halte dich fern, vor deinen Freunden sei auf
der Hut!" Daran schließt sich ein Lob der Freundschaft, das uns allerdings nüchtern vorkommen mag. Das Leben eines Menschen ist bei seinem Freund so sicher geborgen wie ein kostbares Kleinod im Beutel (vgl.
1 Sam 25, 29). – Sir 37, 1–15; 12, 8–9; Spr 17, 17; Ijob 19, 19; Spr
19, 4.7; 18, 19.24; Koh 4, 9–12.*

ERSTE LESUNG Sir 6, 5–17

Für einen treuen Freund gibt es keinen Preis; nichts wiegt seinen Wert auf

**Lesung
aus dem Buch Jesus Sirach.**

**Sanfte Rede erwirbt viele Freunde,
freundliche Lippen sind willkommen.
Viele seien es, die dich grüßen,**
   dein Vertrauter aber sei nur einer aus tausend.

Willst du einen Freund gewinnen,
   **gewinne ihn durch Erprobung,
schenk ihm nicht zu schnell dein Vertrauen!**

Mancher ist Freund je nach der Zeit,
   **am Tag der Not hält er nicht stand.
Mancher Freund wird zum Feind,**
   **unter Schmähungen deckt er den Streit mit dir auf.
Mancher ist Freund als Gast am Tisch,**
   am Tag des Unheils ist er nicht zu finden.

11 In deinem Glück ist er eins mit dir,
   in deinem Unglück trennt er sich von dir.
12 Trifft dich ein Unglück, wendet er sich gegen dich
   und hält sich vor dir verborgen.
13 Von deinen Feinden halte dich fern,
   vor deinen Freunden sei auf der Hut!
14 Ein treuer Freund ist wie ein festes Zelt;
   wer einen solchen findet, hat einen Schatz gefunden.
15 Für einen treuen Freund gibt es keinen Preis,
   nichts wiegt seinen Wert auf.
16 Das Leben ist geborgen bei einem treuen Freund,
   ihn findet, wer Gott fürchtet.
17 Wer den Herrn fürchtet, hält rechte Freundschaft,
   wie er selbst, so ist auch sein Freund.

ANTWORTPSALM Ps 119 (118), 12 u. 16.18 u. 27.34–35 (R: 35a)

R Führe mich auf dem Pfad deiner Gebote! – **R** (GL 687, 1)

12 Gepriesen seist du, Herr. * VI. Ton
   Lehre mich deine Gesetze!
16 Ich habe meine Freude an deinen Gesetzen, *
   dein Wort will ich nicht vergessen. – (R)
18 Öffne mir die Augen *
   für das Wunderbare an deiner Weisung!
27 Laß mich den Weg begreifen, den deine Befehle mir zeigen, *
   dann will ich nachsinnen über deine Wunder. – (R)
34 Gib mir Einsicht, damit ich deiner Weisung folge *
   und mich an sie halte aus ganzem Herzen.
35 Führe mich auf dem Pfad deiner Gebote! *
   Ich habe an ihm Gefallen. – **R**

Jahr II

ZUR LESUNG Die Gegenwart ist Zeit vor dem Gericht, kurze Zeit. Das sollen die Reichen (V. 1–6) und auf andere Weise die Armen bedenken. Für die Armen, die „Brüder" in Christus, ergibt sich die Haltung der Hoffnung (V. 7–8), der Leidensbereitschaft und Geduld (V. 9–11). Daran schließt Jakobus unvermittelt eine Warnung vor dem Schwören und die

Forderung unbedingter Wahrhaftigkeit, die jedes Schwören überflüssig macht. Wie hängt das mit dem kommenden Gericht zusammen? Das Schwören ist eine gefährliche Vorausnahme des Gottesgerichts; es birgt zudem die Gefahr der Leichtfertigkeit und des Meineids (vgl. Sir 23,11). – Mt 5,11–12; Jak 1,2–3.12; Ijob 42,10–17; Ps 103,8; Sir 5,10; 23,9; Mt 5,33–37.

ERSTE LESUNG Jak 5,9–12

Der Richter steht schon vor der Tür

**Lesung
aus dem Jakobusbrief.**

9 Klagt nicht übereinander, Brüder,
damit ihr nicht gerichtet werdet.
Seht, der Richter steht schon vor der Tür.

10 Brüder, im Leiden und in der Geduld
nehmt euch die Propheten zum Vorbild,
die im Namen des Herrn gesprochen haben.

11 Wer geduldig alles ertragen hat,
den preisen wir glücklich.
Ihr habt von der Ausdauer des Ijob gehört
und das Ende gesehen, das der Herr herbeigeführt hat.
Denn der Herr ist voll Erbarmen und Mitleid.

12 Vor allem, meine Brüder, schwört nicht,
weder beim Himmel
noch bei der Erde noch irgendeinen anderen Eid.
Euer Ja soll ein Ja sein
und euer Nein ein Nein,
damit ihr nicht dem Gericht verfallt.

ANTWORTPSALM Ps 103 (102), 1–2.3–4.8–9.11–12 (R: vgl. 8a)

R Gnädig und barmherzig ist der Herr. – **R** (GL 527,3 oder 496)

Lobe den Herrn, meine Seele, * VI. Ton
und alles in mir seinen heiligen Namen!

Lobe den Herrn, meine Seele, *
und vergiß nicht, was er dir Gutes getan hat: – (**R**)

der dir all deine Schuld vergibt *
und all deine Gebrechen heilt,

⁴ der dein Leben vor dem Untergang rettet *
und dich mit Huld und Erbarmen krönt. – (R)

⁸ Der Herr ist barmherzig und gnädig, *
langmütig und reich an Güte.

⁹ Er wird nicht immer zürnen, *
nicht ewig im Groll verharren. – (R)

¹¹ Denn so hoch der Himmel über der Erde ist, *
so hoch ist seine Huld über denen, die ihn fürchten.

¹² So weit der Aufgang entfernt ist vom Untergang, *
so weit entfernt er die Schuld von uns.

R Gnädig und barmherzig ist der Herr.

Jahr I und II

RUF VOR DEM EVANGELIUM Vers: vgl. Joh 17, 17b.a

Halleluja. Halleluja.

Dein Wort, o Herr, ist Wahrheit;
heilige uns in der Wahrheit!
Halleluja.

ZUM EVANGELIUM *Die Abschnitte von 10, 1–31 gehören unter sich enger zusammen; es geht darin 1. um die Nachfolge Jesu in der Ehe, 2. um das Annehmen der Gottesherrschaft nach Art der Kinder, 3. um die Stellung zum Reichtum. – Auch die Ehe gehört in die Nachfolge Jesu hinein. Im Alten Testament ist die Möglichkeit der Ehescheidung vorgesehen, als Zugeständnis, nicht aber als ursprünglicher Wille Gottes. Jesus fragt auch hier nach der ursprünglichen Gottesordnung, ohne auf „Härtefälle" einzugehen. – Lehrreich für die Weiterentwicklung von Jesusworten in der Gemeinde sind die Verse 11–12: von Jesus selbst kann, im Rahmen seiner Umwelt, nur V. 11 stammen; nur der Mann hatte in Israel die Möglichkeit, die Frau zu entlassen. Für die nichtjüdische Welt ist sinngemäß Vers 12 hinzugekommen; denn hier hat auch die Frau die Möglichkeit, sich vom Mann zu trennen. – Mt 19, 1–9; Gen 2, 24; Dtn 24, 1–4; Mt 5, 32; Lk 16, 18.*

EVANGELIUM Mk 10,1–12

Was Gott verbunden hat, das darf der Mensch nicht trennen

☩ Aus dem heiligen Evangelium nach Markus.

In jener Zeit
1 kam Jesus nach Judäa und in das Gebiet jenseits des Jordan.
Wieder versammelten sich viele Leute bei ihm,
und er lehrte sie, wie er es gewohnt war.
2 Da kamen Pharisäer zu ihm
und fragten: Darf ein Mann seine Frau aus der Ehe entlassen?
Damit wollten sie ihm eine Falle stellen.
3 Er antwortete ihnen: Was hat euch Mose vorgeschrieben?
4 Sie sagten:
Mose hat erlaubt, eine Scheidungsurkunde auszustellen
und die Frau aus der Ehe zu entlassen.
5 Jesus entgegnete ihnen:
Nur weil ihr so hartherzig seid, hat er euch dieses Gebot gegeben.
6 Am Anfang der Schöpfung aber
hat Gott sie als Mann und Frau geschaffen.
7 Darum wird der Mann Vater und Mutter verlassen,
8 und die zwei werden ein Fleisch sein.
Sie sind also nicht mehr zwei, sondern eins.
9 Was aber Gott verbunden hat,
das darf der Mensch nicht trennen.
10 Zu Hause befragten ihn die Jünger noch einmal darüber.
11 Er antwortete ihnen: Wer seine Frau aus der Ehe entläßt
und eine andere heiratet,
begeht ihr gegenüber Ehebruch.
12 Auch eine Frau begeht Ehebruch,
wenn sie ihren Mann aus der Ehe entläßt
und einen anderen heiratet.

FÜRBITTEN

Wir beten zu Christus, der gehorsam war bis zum Tod am Kreuz:

Lehre deine Gläubigen, das Kreuz, das ihnen auferlegt wird, als dein Kreuz zu erkennen.
A.: Herr, erhöre unser Gebet.

Schenke allen Völkern Wohlergehen und Frieden.
A.: Herr, erhöre unser Gebet.

Sei allen nahe, die aus ihrer Not keinen Ausweg finden.

Vertiefe die Liebe der Ehepartner, und festige ihre Einheit.

Herr, unser Gott, in der Nachfolge deines Sohnes führst du uns zum Licht des Lebens. Erhöre unsere Bitten durch Christus, unseren Herrn. A.: Amen.

„DER MENSCH SCHENKT SICH DEM MENSCHEN. Und er meint damit nicht nur Äußerliches. Er meint den ganzen Menschen. Der ganze Mensch soll dem anderen gehören ... Der Vergleich der Ehe mit der Liebe zwischen Christus und der Kirche stimmt erst, wenn in die Familie etwas von der Liebe einzieht, die Christus lehrte und in Gang setzte: die Liebe, die so stark ist wie die Selbstliebe, die Liebe, in der – und erst durch dieses Wort stehen wir ganz im Neuen Testament – das Kreuz seinen Ort hat. Liebe also trotz Enttäuschung; Treue trotz der menschlichen Ohnmacht, die sich darin erweist, daß man einander nicht ‚einholt', daß die Freude nicht voll wird, die Liebe nicht genug erfüllt. Treue und Liebe schließlich, wo es menschlich nicht mehr sinnvoll erscheint, wie auch das Kreuz Jesu menschlich ohne Hoffnung war und doch Heil und Güte brachte. Erst dieser Glaube macht die Ehe zu einer wirklichen Abbildung der Liebe Christi zu seiner Kirche. Erst dies ist ‚heiraten im Herrn' (1 Kor 7, 39). Mit ihm ist die Ehe nicht ein krampfhaftes Abenteuer zweier einsamer Menschen. Er ist bei ihnen" (Holländischer Katechismus, S. 436.437.438).

SAMSTAG

TAGESGEBET

Herr, unser Gott.
Junge und alte Menschen,
einfache und kluge,
erfolgreiche und solche, die sich schwertun,
hast du hier zusammengeführt als deine Gemeinde.
Gib einem jeden
etwas von deinem guten, heiligen Geist,

damit wir dich und uns selbst
und einander besser verstehen
und vorankommen auf dem Weg,
auf den du uns miteinander gestellt hast.
Darum bitten wir durch Jesus Christus. (MB 310,15)

Oder ein anderes Tagesgebet (vgl. S. 661).

Jahr I

ZUR LESUNG   *Dem Menschen, der aus Erde geschaffen ist und zur Erde zurückkehrt (16,30; 17,1), hat Gott Macht über alle Wesen verliehen. Und er hat ihm Mund und Zunge, Auge und Ohr gegeben: der Mensch allein sieht und versteht die Werke Gottes, er allein kann seinen Schöpfer loben. Das ist seine eigentliche Aufgabe, die er im Namen der ganzen Schöpfung erfüllen soll. – Was in den Versen 6–10 allgemein vom Menschen gesagt ist, hat für Israel einen noch volleren Klang (V. 11–15): Israel kennt Gott nicht nur aus der Natur; am Sinai hat Israel etwas Neues gesehen und gehört. Der Gott des Universums ist der Gott dieses Volkes geworden, er hat mit ihm einen „Bund" geschlossen, er hat ihm „das lebenspendende Gesetz" gegeben; wenn es seiner Weisung folgt, wird es weise und findet das Leben. – Gen 1,26–28; 2,7; 3,19; 6,3; 9,2; Ps 8,6–9; Koh 3,20; 12,7; Weish 9,1–3; 13,1; Röm 1,19–20; Dtn 30,15–20; Ex 34,10–11; Dtn 4,11–12.*

ERSTE LESUNG   Sir 17,1–4.6–15 (1–13)

Gott hat den Menschen nach seinem Abbild erschaffen

Lesung
   aus dem Buch Jesus Sirach.

1 Der Herr hat die Menschen aus Erde erschaffen
   und läßt sie wieder zu ihr zurückkehren.
2 Gezählte Tage und eine bestimmte Zeit wies er ihnen zu
   und gab ihnen Macht über alles auf der Erde.
3 Ihm selbst ähnlich hat er sie mit Kraft bekleidet
   und sie nach seinem Abbild erschaffen.
4 Auf alle Wesen legte er die Furcht vor ihnen,
   über Tiere und Vögel sollten sie herrschen.

⁶ Er bildete ihnen Mund und Zunge, Auge und Ohr,
und ein Herz zum Denken gab er ihnen.
⁷ Mit kluger Einsicht erfüllte er sie
und lehrte sie, Gutes und Böses zu erkennen.
⁸ Er zeigte ihnen die Größe seiner Werke,
um die Furcht vor ihm in ihr Herz zu pflanzen.
⁹ Sie sollten für immer seine Wunder rühmen
¹⁰ und seinen heiligen Namen loben.
¹¹ Er hat ihnen Weisheit geschenkt
und ihnen das lebenspendende Gesetz gegeben.
¹² Einen ewigen Bund hat er mit ihnen geschlossen
und ihnen seine Gebote mitgeteilt.
¹³ Ihre Augen sahen seine machtvolle Herrlichkeit,
ihr Ohr vernahm seine gewaltige Stimme.
¹⁴ Er sprach zu ihnen: Hütet euch vor allem Unrecht!
Er schrieb ihnen ihr Verhalten gegenüber dem Nächsten vor.
¹⁵ Ihre Wege liegen allezeit offen vor ihm,
sie sind nicht verborgen vor seinen Augen.

ANTWORTPSALM Ps 103 (102), 13–14.15–16.17–18a (R: 17a)

R Die Huld des Herrn währt immer und ewig. – R (GL 496)

¹³ Wie ein Vater sich seiner Kinder erbarmt, * VI. Ton
so erbarmt sich der Herr über alle, die ihn fürchten.

¹⁴ Denn er weiß, was wir für Gebilde sind; *
er denkt daran: Wir sind nur Staub. – (R)

¹⁵ Des Menschen Tage sind wie Gras, *
er blüht wie die Blume des Feldes.

¹⁶ Fährt der Wind darüber, ist sie dahin; *
der Ort, wo sie stand, weiß von ihr nichts mehr. – (R)

¹⁷ Doch die Huld des Herrn währt immer und ewig *
für alle, die ihn fürchten und ehren;

sein Heil erfahren noch Kinder und Enkel; *
¹⁸ᵃ alle, die seinen Bund bewahren. – R

Jahr II

ZUR LESUNG *Die Verse 13–15 enthalten Mahnungen für verschiedene Situationen: im Unglück und Glück, d. h. bei Trauer und Freude.*

soll der Mensch sich an Gott wenden, mit Bitte und mit Dank. Beides ehrt Gott. Bei schwerer Krankheit aber (V. 14–15) sollen auch die „Ältesten" der Gemeinde herbeigerufen werden, damit sie für den Kranken beten und ihn mit Öl salben. Hier ist die biblische Grundstelle für das Sakrament der Krankensalbung. Zwei Wirkungen hat das „gläubige Gebet" (V. 15): 1. körperliche und seelische Hilfe, 2. Verzeihung der Sünden. Ein Auftrag Jesu, die Kranken zu salben, kann wohl aus Mk 6, 13 erschlossen werden. – Die Verse 16–18 setzen voraus, daß der Kranke vor den „Ältesten" seine Sünden bekennt, mahnt aber ganz allgemein die Christen, einander ihre Sünden zu bekennen und füreinander zu beten. Diese Gebete werden erhört. – Gebet ist aber nicht das einzige; der Christ soll dem irrenden und fehlgegangenen Bruder auf jede Weise helfen, damit er den Weg zurückfindet. Was für ein Christentum: Gott und der Mensch werden ernst genommen. – Apg 3, 15–16; Spr 28, 13; Sir 4, 26; 1 Joh 1, 8–10; Ex 32, 11–14; 1 Kön 17, 1; 18, 1.42–45; Mt 18, 15; Gal 6, 1; 1 Petr 4, 8.

ERSTE LESUNG   Jak 5, 13–20

Viel vermag das inständige Gebet eines Gerechten

**Lesung
aus dem Jakobusbrief.**

Brüder!
Ist einer von euch bedrückt?
    Dann soll er beten.
Ist einer fröhlich?
    Dann soll er ein Loblied singen.
Ist einer von euch krank?
    Dann rufe er die Ältesten der Gemeinde zu sich;
sie sollen Gebete über ihn sprechen
    und ihn im Namen des Herrn mit Öl salben.
Das gläubige Gebet wird den Kranken retten,
    und der Herr wird ihn aufrichten;
wenn er Sünden begangen hat, werden sie ihm vergeben.

Darum bekennt einander eure Sünden,
    und betet füreinander, damit ihr geheilt werdet.
Viel vermag das inständige Gebet eines Gerechten.
Elija war ein Mensch wie wir;

er betete inständig, es solle nicht regnen,
und es regnete drei Jahre und sechs Monate nicht auf der Erde.
¹⁸ Und er betete wieder;
da gab der Himmel Regen,
und die Erde brachte ihre Früchte hervor.

¹⁹ Meine Brüder, wenn einer bei euch von der Wahrheit abirrt
und jemand ihn zur Umkehr bewegt,
²⁰ dann sollt ihr wissen:
Wer einen Sünder, der auf Irrwegen ist, zur Umkehr bewegt,
der rettet ihn vor dem Tod und deckt viele Sünden zu.

ANTWORTPSALM Ps 141 (140), 1–2.3 u. 8 (R: vgl. 2a)

R Mein Beten steige vor dir auf (GL 697,1 oder 698,1)
wie Weihrauch, Herr, vor deinem Angesicht. – R

1 Herr, ich rufe zu dir. Eile mir zu Hilfe; * VIII. oder II. Ton
höre auf meine Stimme, wenn ich zu dir rufe.

2 Wie ein Rauchopfer steige mein Gebet vor dir auf; *
als Abendopfer gelte vor dir, wenn ich meine Hände erhebe. – (R)

3 Herr, stell eine Wache vor meinen Mund, *
eine Wehr vor das Tor meiner Lippen!

8 Mein Herr und Gott, meine Augen richten sich auf dich; *
bei dir berge ich mich. Gieß mein Leben nicht aus! – R

Jahr I und II

RUF VOR DEM EVANGELIUM Vers: vgl. Mt 11,25

Halleluja. Halleluja.

Sei gepriesen, Vater, Herr des Himmels und der Erde;
du hast die Geheimnisse des Reiches den Unmündigen offenbart.

Halleluja.

ZUM EVANGELIUM Was haben die Kinder mit dem Reich Gottes zu tun? Sie verstehen nichts und können nichts tun. So denken die Jünger und weisen die „Leute", das heißt die Mütter mit ihren Kindern, ab. Jesus ist darüber ungehalten. Die Herrschaft Gottes hängt eben nicht von menschlichen Leistungen ab. Daß der Mensch arm ist und sich beschen-

ken lassen kann, daß er das Reich Gottes annehmen muß, „wie ein Kind", das sollen die Jünger begreifen. Aber was heißt „das Reich Gottes annehmen"? Das läßt sich kaum in eine exakte Formel fassen; so viel ist klar, daß kein Mensch es beanspruchen oder erzwingen kann, daß Gott ihn annimmt. Er kann nur seine leeren Hände hinhalten und erwarten, daß Gott sie füllt. – Mt 19, 13–15; Lk 18, 15–17; Mt 18, 3; Mk 9, 36.

EVANGELIUM Mk 10, 13–16

Wer das Reich Gottes nicht so annimmt, wie ein Kind, der wird nicht hineinkommen

✛ Aus dem heiligen Evangelium nach Markus.

In jener Zeit
3 brachte man Kinder zu Jesus,
damit er ihnen die Hände auflegte.
Die Jünger aber wiesen die Leute schroff ab.

4 Als Jesus das sah, wurde er unwillig
und sagte zu ihnen: Laßt die Kinder zu mir kommen;
hindert sie nicht daran!
Denn Menschen wie ihnen gehört das Reich Gottes.

5 Amen, das sage ich euch:
Wer das Reich Gottes nicht so annimmt, wie ein Kind,
der wird nicht hineinkommen.

6 Und er nahm die Kinder in seine Arme;
dann legte er ihnen die Hände auf und segnete sie.

FÜRBITTEN

Im Gebet wenden wir uns an Christus, den Mittler zwischen Gott und den Menschen:

Sende allen, die in der Kirche Verantwortung haben, deinen Geist, und gib ihnen Klugheit und Tatkraft. (Stille) Christus, höre uns.
A.: Christus, erhöre uns.

Ermutige die Völker, ihre sozialen Probleme gewaltlos zu lösen. (Stille) Christus, höre uns.

Gib allen Menschen, was sie zum Leben nötig haben. (Stille) Christus, höre uns.

Segne unsere Kinder, und behüte sie in allen Gefahren. (Stille)
Christus, höre uns.
A.: Christus, erhöre uns.

Gütiger Gott, du hast uns für eine unvergängliche Freude erschaffen. Gib, daß wir mit frohem Herzen dir dienen durch Christus, unseren Herrn.   A.: Amen.

„WELCHEN UNTERSCHIED *zwischen gefalteten, betenden Händen, die scheu und ehrfürchtig in die Richtung der Wahrheit zeigen, und Händen, die zugreifen, die ‚greifen' und begreifen wollen! Welch ein Unterschied zwischen den leeren Händen, die sich hinhalten, aufgetan, wartend, bis sie gefüllt werden, und den Händen, die untätig bleiben oder, was noch mehr Untätigkeit ist, die nur wühlen und graben! Die tätigsten Hände sind immer noch die betenden Hände. Nur solche Hände können auch unverkrampft, demütig und ehrfürchtig arbeiten, ohne daß solches Tätigsein losgelöst ist von der Urtat des Geschöpfes, vom Göttlichsten, was dem Menschen durch Gnade verstattet ist: vom Gebet"* (Josef Eger).

„LIEBT DOCH GOTT DIE LEEREN HÄNDE
*und der Mangel wird Gewinn.
Immerdar enthüllt das Ende
sich als strahlender Gewinn"* (W. Bergengruen).

8. WOCHE

ERÖFFNUNGSVERS   Ps 18 (17),19.20

Der Herr wurde mein Halt.
Er führte mich hinaus ins Weite,
er befreite mich, denn er hat an mir Gefallen.

TAGESGEBET

Allmächtiger Gott,
deine Vorsehung bestimmt den Lauf der Dinge
und das Schicksal der Menschen.
Lenke die Welt in den Bahnen deiner Ordnung,
damit die Kirche

in Frieden deinen Auftrag erfüllen kann.
Darum bitten wir durch Jesus Christus.

Lesungen vom betreffenden Wochentag, S. 956–992.

GABENGEBET

Gütiger Gott,
du selber hast uns die Gaben geschenkt,
die wir auf den Altar legen.
Nimm sie an als Zeichen unserer Hingabe
und gib uns die Kraft
zu einem Leben nach deinem Willen,
damit wir einst den ewigen Lohn empfangen.
Darum bitten wir durch Christus, unseren Herrn.

Präfation, S. 1365 ff.

KOMMUNIONVERS   Ps 13 (12), 6
Singen will ich dem Herrn, weil er mir Gutes getan hat,
den Namen des Höchsten will ich preisen.

Oder: Mt 28, 20
Ich bin bei euch alle Tage bis zum Ende der Welt –
so spricht der Herr.

SCHLUSSGEBET

Barmherziger Gott,
du hast uns in diesem Mahl
die Gabe des Heiles geschenkt.
Dein Sakrament gebe uns Kraft in dieser Zeit
und in der kommenden Welt das ewige Leben.
Darum bitten wir durch Christus, unseren Herrn.

MONTAG

TAGESGEBET

Gott, alles Gute, das wir wollen,
hast du uns eingegeben,
und du hilfst uns, es zu vollbringen.
**Du berufst Männer und Frauen,
alles zu verlassen, um Christus nachzufolgen.
Führe sie auf dem Weg des Heiles,
gib, daß sie sich um den Geist der Armut
und der Demut mühen
und dir und den Menschen dienen.
Darum bitten wir durch Jesus Christus.** (MB 1036)

Oder ein anderes Tagesgebet (vgl. S. 661).

Jahr I

ZUR LESUNG *Wer von Gott mehr empfangen hat, wird auch strenger gerichtet (17, 11–23). Aber Gott ist ein barmherziger Richter, das sagen der erste und der letzte Vers dieser Lesung. Dazwischen steht die Mahnung zur Umkehr. Solange der Mensch lebt, kann er zu Gott zurückkehren. Gott selbst hat sozusagen ein Interesse daran, daß der Mensch nicht wegen seiner Sünden vor der Zeit sterben muß. Hier stoßen wir auf ein Motiv, das in Klage- und Dankliedern des Alten Testaments öfter vorkommt: Gott will das Leben der Menschen, weil die Toten ihn ja nicht mehr loben können; in der Unterwelt gibt es keinen Lobgesang. Der Fromme aber will Gott loben, auch über den Tod hinaus, also kann der Tod nicht das Letzte sein. Diese Schlußfolgerung hat Ben Sirach selbst allerdings noch nicht gezogen. – Ps 34, 15; 6, 6; 88, 11–13; 115, 17–18; Jes 38, 18–19; Ps 111, 4.*

ERSTE LESUNG Sir 17, 24–29 (20–28)

Kehre zum Höchsten zurück, und wende dich ab vom Bösen!

**Lesung
aus dem Buch Jesus Sirach.**

24 Der Herr gewährt den Reumütigen Umkehr
und tröstet die Hoffnungslosen,
  er bestimmte sie für ein Leben in der Wahrheit.

Zeit im Jahreskreis: 8. Woche – Montag

25 Wende dich zum Herrn, laß ab von der Sünde,
bete vor ihm, und beseitige das Ärgernis!
26 Kehre zum Höchsten zurück, und wende dich ab vom Bösen,
hasse stets das Schlechte!
27 Wer wird in der Unterwelt den Höchsten loben
anstelle derer, die leben und ihn preisen?
28 Beim Toten, der nicht mehr ist,
verstummt der Lobgesang;
nur der Lebende und Gesunde preist den Herrn.
29 Wie groß ist das Erbarmen des Herrn
und seine Nachsicht gegen alle, die umkehren zu ihm.

ANTWORTPSALM   Ps 32 (31), 1–2.5.6–7 (R: vgl. 11a)

R Freut euch am Herrn und jubelt, ihr Gerechten! – R   (GL 527, 5)

Wohl dem, dessen Frevel vergeben *
und dessen Sünde bedeckt ist.   IV. Ton

Wohl dem Menschen, dem der Herr die Schuld nicht zur Last legt *
und dessen Herz keine Falschheit kennt. – (R)

Ich bekannte dir meine Sünde *
und verbarg nicht länger meine Schuld vor dir.

Ich sagte: Ich will dem Herrn meine Frevel bekennen. *
Und du hast mir die Schuld vergeben. – (R)

Darum soll jeder Fromme in der Not zu dir beten; *
fluten hohe Wasser heran, ihn werden sie nicht erreichen.

Du bist mein Schutz, bewahrst mich vor Not; *
du rettest mich und hüllst mich in Jubel. – R

Jahr II

ZUR LESUNG   *Der erste Petrusbrief richtet sich an die Christen der kleinasiatischen Provinzen (1, 1). Er ist ein Trost- und Mahnwort an Heidenchristen, die von Verfolgungen bedroht sind. Der Brief beginnt mit einem Lobpreis Gottes in hymnisch-liturgischer Sprache. Die bereits gewährten Heilsgaben Gottes sind Grund zur Hoffnung. In der Taufe hat uns Gott als seine Kinder angenommen („neu geboren", V. 3). Das neue Leben besitzen wir allerdings noch nicht als vollendete Wirklichkeit, sondern als „Hoffnung" (V. 3). Aber es ist nicht eine leere, tote, sondern eine*

„lebendige Hoffnung": eine begründete und wirksame Hoffnung. Begründet ist sie in der Auferstehung Jesu. Ihre Wirkung ist Freude und Sicherheit auch in Zeiten äußerer Gefahr und innerer Not. – Kol 1, 5.12; 3, 3–4; Hebr 10, 39; 12, 11; Jak 1, 2–3; 1 Petr 1, 23; 1 Joh 3, 2.

ERSTE LESUNG 1 Petr 1, 3–9

Ihr habt Jesus Christus nicht gesehen, und dennoch liebt ihr ihn; ihr glaubt an ihn und jubelt in unsagbarer Freude

Lesung
   aus dem ersten Brief des Apostels Petrus.

³ Gepriesen sei
   der Gott und Vater unseres Herrn Jesus Christus:
Er hat uns in seinem großen Erbarmen neu geboren,
damit wir durch die Auferstehung Jesu Christi von den Toten
   eine lebendige Hoffnung haben
⁴ und das unzerstörbare,
   makellose und unvergängliche Erbe empfangen,
   das im Himmel für euch aufbewahrt ist.
⁵ Gottes Macht behütet euch durch den Glauben,
damit ihr das Heil erlangt,
   das am Ende der Zeit offenbart werden soll.
⁶ Deshalb seid ihr voll Freude,
   obwohl ihr jetzt vielleicht kurze Zeit
   unter mancherlei Prüfungen leiden müßt.
⁷ Dadurch soll sich euer Glaube bewähren,
und es wird sich zeigen,
   daß er wertvoller ist als Gold, das im Feuer geprüft wurde
   und doch vergänglich ist.
So wird eurem Glauben Lob, Herrlichkeit und Ehre zuteil
   bei der Offenbarung Jesu Christi.
⁸ Ihn habt ihr nicht gesehen,
   und dennoch liebt ihr ihn;
ihr seht ihn auch jetzt nicht;
aber ihr glaubt an ihn und jubelt in unsagbarer,
   von himmlischer Herrlichkeit verklärter Freude,
⁹ da ihr das Ziel des Glaubens erreichen werdet:
   euer Heil.

Zeit im Jahreskreis: 8. Woche – Montag

ANTWORTPSALM   Ps 111 (110), 1–2.5–6.9 u. 10c
                                            (R: Ps 105 [104], 7a.8a)

R Der Herr ist unser Gott;   (GL 233,7)
ewig denkt er an seinen Bund. – **R**

(*Oder:* **Halleluja.**)

1 Den Herrn will ich preisen von ganzem Herzen *   VI. Ton
im Kreis der Frommen, inmitten der Gemeinde.

2 Groß sind die Werke des Herrn, *
kostbar allen, die sich an ihnen freuen. – (**R**)

5 Er gibt denen Speise, die ihn fürchten, *
an seinen Bund denkt er auf ewig.

6 Er hat seinem Volk seine machtvollen Taten kundgetan, *
um ihm das Erbe der Völker zu geben. – (**R**)

9 Er gewährte seinem Volk Erlösung *
und bestimmte seinen Bund für ewige Zeiten.

Furchtgebietend ist sein Name und heilig. *
10c Sein Ruhm hat Bestand für immer. – **R**

Jahr I und II

RUF VOR DEM EVANGELIUM   Vers: vgl. 2 Kor 8, 9

Halleluja. Halleluja.

Jesus Christus, der reich war, wurde aus Liebe arm.
Und durch seine Armut hat er uns reich gemacht.

Halleluja.

ZUM EVANGELIUM   *„Was muß ich tun?", die Frage ist auch dann möglich und notwendig, wenn ich weiß, daß es vor Gott kein Tun gibt, das mir Recht und Anspruch erwerben könnte. Aber die letzte Antwort Jesu sagt dem jungen Mann nicht, was er tun, sondern was er lassen muß: alles. Daß der Mann darüber erschrocken war, ist nur zu verstehen. Jedem wird es so gehen, den das Wort Jesu trifft. Ist also jeder von der Gemeinschaft Gottes ausgeschlossen, der nicht alles aufgeben, allem Besitz in jeder Form entsagen kann? Das wäre irgendwie logisch; aber Gott ist nicht logisch, sondern gütig und groß: „Für Gott ist alles möglich". –
Mt 19, 16–26; Lk 18, 18–27.*

EVANGELIUM

Mk 10, 17–27

Verkaufe, was du hast, und folge mir nach!

✛ Aus dem heiligen Evangelium nach Markus.

In jener Zeit
17 lief ein Mann auf Jesus zu,
fiel vor ihm auf die Knie
und fragte ihn: Guter Meister,
was muß ich tun, um das ewige Leben zu gewinnen?

18 Jesus antwortete: Warum nennst du mich gut?
Niemand ist gut außer Gott, dem Einen.
19 Du kennst doch die Gebote:
Du sollst nicht töten,
du sollst nicht die Ehe brechen,
du sollst nicht stehlen,
du sollst nicht falsch aussagen,
du sollst keinen Raub begehen;
ehre deinen Vater und deine Mutter!

20 Er erwiderte ihm: Meister,
alle diese Gebote habe ich von Jugend an befolgt.

21 Da sah ihn Jesus an,
und weil er ihn liebte,
sagte er: Eines fehlt dir noch:
Geh, verkaufe, was du hast,
gib das Geld den Armen,
und du wirst einen bleibenden Schatz im Himmel haben;
dann komm und folge mir nach!
22 Der Mann aber war betrübt, als er das hörte,
und ging traurig weg;
denn er hatte ein großes Vermögen.

23 Da sah Jesus seine Jünger an
und sagte zu ihnen:
Wie schwer ist es für Menschen, die viel besitzen,
in das Reich Gottes zu kommen!
24 *Die Jünger waren über seine Worte bestürzt.*
Jesus aber sagte noch einmal zu ihnen:
Meine Kinder, wie schwer ist es, in das Reich Gottes zu kommen!
25 Eher geht ein Kamel durch ein Nadelöhr,
als daß ein Reicher in das Reich Gottes gelangt.

²⁶ Sie aber erschraken noch mehr
und sagten zueinander: Wer kann dann noch gerettet werden?
²⁷ Jesus sah sie an
und sagte: Für Menschen ist das unmöglich,
aber nicht für Gott;
denn für Gott ist alles möglich.

FÜRBITTEN

Zu Christus, der unsere Hoffnung ist, wollen wir beten:

Hindere die Christen, daß sie ihre Hoffnung auf Reichtum und Ansehen setzen. (Stille) Christus, höre uns.
A.: Christus, erhöre uns.

Leite die Irrenden auf den Weg der Wahrheit. (Stille) Christus, höre uns.

Sei alten Menschen eine Stütze, die ihnen Halt gibt. (Stille) Christus, höre uns.

Rufe junge Menschen, daß sie dir großherzig nachfolgen. (Stille) Christus, höre uns.

Herr, unser Gott, unser Leben ruht in deiner Hand. Höre auf unsere Bitten, und erhöre uns durch Christus, unseren Herrn.
A.: Amen.

„BETROFFEN *ist einer, der aus irgendeinem Grund den nächsten Schritt nicht tun kann, wie er ihn ursprünglich tun wollte. Etwas machte ihn stutzig, sticht ihn ins Herz, läßt ihn erschrecken bis zum Außer-sich-Geraten ... Die Schrift ist voll von Betroffenen. Abraham, Mose am Dornbusch, Josua und David, Daniel und Jeremia ... Solange die Geschichte Gottes mit den Menschen dauert, ist sie eine Geschichte von Betroffenen. Immer wieder gibt es solche, denen ein Stich durch das Herz geht.
Was ist diesen Betroffenen allen gemeinsam? Daß ihnen der lebendige Gott widerfährt, und: daß sie sich an ihm entscheiden müssen"* (Corona Bamberg).

DIENSTAG

TAGESGEBET

Gott.
Deine Treue hat Jesus aus dem Tod gerettet.
Sie ruft auch uns
in die Herrlichkeit des neuen Lebens.
Laß diese Zuversicht in unser ganzes Leben dringen.
Laß diese Freude aus unseren Taten strahlen.
Darum bitten wir durch Jesus Christus. (MB 309, 12)

Oder ein anderes Tagesgebet (vgl. S. 661).

Jahr I

ZUR LESUNG   *Gegen einen veräußerlichten Opferkult haben von jeher die Propheten protestiert, ohne Erfolg. Dann zwangen die Zerstörung des Tempels (587) und das babylonische Exil zu einem geistigeren Verständnis des Kultes (Ps 40, 7–10; 51, 18–19). Im ersten Teil dieser Lesung (V. 1–3) treten die äußeren Opfer völlig zurück hinter der entsprechenden geistigen Haltung: Treue zum Gesetz, Nächstenliebe, Almosen. Um so mehr überrascht die Fortsetzung in den Versen 4–10, wo auf Opfer und Abgaben großer Wert gelegt wird. „Das alles muß geschehen, weil es angeordnet ist", es „wird nicht vergessen werden": solche Begründungen überzeugen uns wenig. Es zeigt sich hier (wie auch sonst) die Zeitgebundenheit des Verfassers, der ein Nachfahre des Alten Testaments war, ohne im ganzen gesehen ein Vorläufer des Neuen Testaments zu sein.*
– Am 5, 21–27; Jes 1, 11–17; Jer 7, 1–15; Hos 6, 5–6; Ex 29, 18; Lev 2, 1–3; 7, 11–15; 16; Dtn 12, 6; 14, 22–23; 26.

ERSTE LESUNG   Sir 35, 1–15

Heilsopfer spendet, wer die Gebote hält

Lesung
   aus dem Buch Jesus Sirach.

1 Viele Opfer bringt dar, wer das Gesetz befolgt;
2 Heilsopfer spendet, wer die Gebote hält;
3 Speiseopfer bringt dar, wer Liebe erweist;
4 Dankopfer spendet, wer Almosen gibt;

Zeit im Jahreskreis: 8. Woche – Dienstag

5 Abkehr vom Bösen findet das Gefallen des Herrn;
als Sühne gilt ihm die Abkehr vom Unrecht.

6 Erscheine nicht mit leeren Händen vor dem Herrn,
7 denn das alles muß geschehen, weil es angeordnet ist.
8 Die Opfergabe des Gerechten
macht den Altar glänzend von Fett,
und ihr Wohlgeruch steigt zum Höchsten auf.
9 Das Opfer des Gerechten ist angenehm,
sein Gedenkopfer wird nicht vergessen werden.
10 Freigebig ehre den Herrn,
nicht gering sei die Gabe in deinen Händen.
11 Bei all deinen guten Werken zeig ein frohes Gesicht,
und weihe deinen Zehnten mit Freude!
12 Wie Gott dir gegeben hat, so gib auch ihm,
freigebig und so gut, wie du kannst.
13 Denn er ist ein Gott, der vergilt,
siebenfach wird er es dir erstatten.
14 Versuche nicht, ihn zu bestechen,
denn er nimmt nichts an;
15 vertrau nicht auf Opfergaben,
die durch Unterdrückung erworben sind.
Er ist ja der Gott des Rechts,
bei ihm gibt es keine Begünstigung.

ANTWORTPSALM Ps 50 (49), 5–6.7–8.14 u. 23 (R: 23b)

R Wer rechtschaffen lebt, dem zeig' ich mein Heil. – R (GL 708, 1)

IV. Ton

5 „Versammelt mir all meine Frommen, *
die den Bund mit mir schlossen beim Opfer."
6 Die Himmel sollen seine Gerechtigkeit künden; *
Gott selbst wird Richter sein. – (R)
7 „Höre, mein Volk, ich rede. †
Israel, ich klage dich an, *
ich, der ich dein Gott bin.
8 Nicht wegen deiner Opfer rüge ich dich, *
deine Brandopfer sind mir immer vor Augen. – (R)
14 Bring Gott als Opfer dein Lob, *
und erfülle dem Höchsten deine Gelübde!

23 Wer Opfer des Lobes bringt, ehrt mich; *
   wer rechtschaffen lebt, <u>dem</u> zeig' ich mein Heil."

   R Wer rechtschaffen lebt, dem zeig' ich mein Heil.

Jahr II

ZUR LESUNG   *Die Lesung hat deutlich zwei Teile: Die Verse 10–12 bilden den Schluß des hymnischen Briefanfangs (gestrige Lesung); daran schließt sich, mit „Deshalb" eingeleitet, die Mahnung der Verse 13–16. – Das Heil verwirklicht sich in der Zeit, es ist der Sinn aller Geschichte, der früheren und der gegenwärtigen. Diesen Sinn zu deuten und auf das kommende Heil hinzuweisen war Aufgabe und Dienst der Propheten, so wie es jetzt Aufgabe der Evangelisten, der Boten des Evangeliums, ist, die geschehene Heilstat zu verkünden. Ziel unseres Glaubens und Gegenstand unserer Hoffnung ist die Vollendung des Heils bei der Offenbarung Jesu Christi. Die Zukunftshoffnung ist aber Verpflichtung für die Gegenwart, „deshalb" (V. 13) die Mahnung zur Nüchternheit, zum Gehorsam und zur Heiligkeit. – Dan 12, 6–13; Apg 1, 7–8; 2, 23; Jes 52, 13 – 53, 12; Lk 18, 31; Mt 13, 16–17; Eph 3, 10; Lk 12, 35–40; 1 Thess 5, 5–8; Röm 6, 19; Mt 5, 48; 1 Joh 3, 3; Lev 19, 2.*

ERSTE LESUNG   1 Petr 1, 10–16

Die Propheten haben über die Gnade geweissagt, die für euch bestimmt ist. Seid nüchtern, und setzt eure Hoffnung ganz auf die Gnade!

Lesung
  aus dem ersten Brief des Apostels Petrus.

Liebe Brüder!
10 Die Propheten haben nach dem Heil gesucht und geforscht,
  und sie haben über die Gnade geweissagt,
    die für euch bestimmt ist.
11 Sie haben nachgeforscht,
    auf welche Zeit und welche Umstände
  der in ihnen wirkende Geist Christi hindeute,
  der die Leiden Christi und die darauf folgende Herrlichkeit
    im voraus bezeugte.
12 Den Propheten wurde offenbart,
    daß sie damit nicht sich selbst, sondern euch dienten;

und jetzt ist euch dies alles von denen verkündet worden,
  die euch
  in der Kraft des vom Himmel gesandten Heiligen Geistes
  das Evangelium gebracht haben.
Das alles zu sehen ist sogar das Verlangen der Engel.

¹³ Deshalb umgürtet euch,
und macht euch bereit!
Seid nüchtern,
und setzt eure Hoffnung ganz auf die Gnade,
  die euch bei der Offenbarung Jesu Christi geschenkt wird.

¹⁴ Seid gehorsame Kinder,
und laßt euch nicht mehr von euren Begierden treiben
  wie früher, in der Zeit eurer Unwissenheit.

¹⁵ Wie er, der euch berufen hat, heilig ist,
  so soll auch euer ganzes Leben heilig werden.

¹⁶ Denn es heißt in der Schrift:
  Seid heilig, denn ich bin heilig.

ANTWORTPSALM   Ps 98 (97), 1.2–3b.3c–4 (R: vgl. 2)

R Der Herr hat sein Heil enthüllt (GL 149, 1)
vor den Augen der Völker. – R

¹ Singet dem Herrn ein neues Lied; *   VIII. Ton
denn er hat wunderbare Taten vollbracht.

Er hat mit seiner Rechten geholfen *
und mit seinem heiligen Arm. – (R)

² Der Herr hat sein Heil bekannt gemacht *
und sein gerechtes Wirken enthüllt vor den Augen der Völker.

³ᵃᵇ Er dachte an seine Huld *
und an seine Treue zum Hause Israel. – (R)

³ᶜᵈ Alle Enden der Erde *
sahen das Heil unsres Gottes.

⁴ Jauchzt vor dem Herrn, alle Länder der Erde, *
freut euch, jubelt und singt! – R

Jahr I und II

RUF VOR DEM EVANGELIUM   Vers: vgl. Mt 11, 25

Halleluja. Halleluja.
Sei gepriesen, Vater, Herr des Himmels und der Erde;
du hast die Geheimnisse des Reiches den Unmündigen offenbart.
Halleluja.

ZUM EVANGELIUM   *Die Frage des Petrus ist durch das Wort Jesu über den Reichtum und die Reichen veranlaßt (10, 24–25). Wie wird es den Jüngern gehen, die Besitz und Familie verlassen haben, um mit Jesus von Ort zu Ort zu wandern? Die Frage ist bei Markus nicht direkt ausgesprochen; und es muß nicht unbedingt die Frage nach dem Lohn sein (wie im Matthäusevangelium: Mt 19, 28). Es kann auch die Frage der betroffenen und erschreckten Jünger nach ihrer Rettung sein (vgl. 10, 26). Jesus antwortet mit einer feierlichen Verheißung in zwei Stufen: für „diese Zeit" und für die „kommende Welt". Das ewige Leben wird nicht als Ausgleich für ein verfehltes oder gescheitertes Leben in dieser Zeit verstanden, sondern als die Vollendung eines in der Freiheit des Verzichts geglückten Lebens. – Mt 19, 27–30; Lk 18, 28–30; 13, 30.*

EVANGELIUM   Mk 10, 28–31

Ihr werdet das Hundertfache empfangen jetzt in dieser Zeit, wenn auch unter Verfolgungen, und in der kommenden Welt das ewige Leben

✝ Aus dem heiligen Evangelium nach Markus.

In jener Zeit
28   sagte Petrus zu Jesus:
     Du weißt, wir haben alles verlassen und sind dir nachgefolgt.
29   Jesus antwortete: Amen, ich sage euch:
   Jeder, der um meinetwillen und um des Evangeliums willen
     Haus oder Brüder, Schwestern, Mutter, Vater,
     Kinder oder Äcker verlassen hat,
30   wird das Hundertfache dafür empfangen:
   Jetzt in dieser Zeit
     wird er Häuser, Brüder, Schwestern, Mütter,
     Kinder und Äcker erhalten,
     wenn auch unter Verfolgungen,
   und in der kommenden Welt das ewige Leben.

31 Viele aber, die jetzt die Ersten sind,
   werden dann die Letzten sein,
und die Letzten
   werden die Ersten sein.

FÜRBITTEN

Wir beten zu Christus, der das Licht der Welt ist:

Schenke allen Christen, die um deinetwillen alles verlassen haben, den verheißenen Lohn.
A.: Wir bitten dich, erhöre uns.

Berühre die Herzen der Menschen, daß sie zum Glauben gelangen.

Stärke die Zuversicht der Kranken, und gib ihnen Vertrauen in ihre Helfer.

Gib, daß wir in deiner Nachfolge ausharren.

Gott, unser Vater, du willst, daß alle Menschen in dein Reich gelangen. Darum bitten wir durch Christus, unseren Herrn.
A.: Amen.

„WIE HAST DU, HERR, *mein unruhvolles Leben*
Auf weiten Bahnen in dein Licht geführt!
Ich habe deinen Segen nicht gespürt,
Dem Eignen nur und Dunkeln hingegeben.

Ein Schicksal fühlt' ich meinen Weg umschweben,
Und einen Schmerz, der noch kein Herz gerührt,
Hab' ich in meiner Seele aufgeschürt,
In Traum und Wachen nur in ihm zu weben.

So ging ich blind die tiefverwirrten Kreise,
Von meinem Leid um deine Welt betrogen
Und um dein Bildnis, das im Leid entschwand,

Bis du mit deinen milden Händen leise
Von meinem Leid den Schleier fortgezogen
Und nur das Kreuz in meinem Leben stand"
(Reinhold Schneider).

MITTWOCH

TAGESGEBET

Gott.
Dein Sohn Jesus Christus
ist das Weizenkorn, das für uns starb.
Wir leben aus seinem Tod.
Nimm von uns die Angst,
für andere verbraucht zu werden.
Hilf uns, einander Gutes zu tun,
damit wir nicht vergeblich leben,
sondern Frucht bringen in Jesus Christus,
der in der Einheit des Heiligen Geistes
mit dir lebt und herrscht in alle Ewigkeit. (MB 311, 19)

Oder ein anderes Tagesgebet (vgl. S. 661).

Jahr I

ZUR LESUNG   *Sir 36, 1–17 (Vg. 1–19) ist ein Bittpsalm, das glühende Gebet eines Juden, der mit ansehen muß, wie sein Volk von Fremden unterdrückt und die heilige Stadt entweiht wird. Er richtet sein Gebet an den „Gott des Alls" (V. 1), der über die Heidenvölker ebenso gebietet wie über Israel. Gott hat sich als der „Heilige" bezeugt, indem er vor den Augen aller Völker sein eigenes Volk bestrafte. Aber die Völker haben das so wenig begriffen wie die Babylonier zur Zeit des zweiten Jesaja. Jetzt, meint der Beter, wäre es Zeit, daß die Völker Gottes Macht erkennen: dadurch daß sich der Zorn Gottes gegen sie wendet. Die Verse 4–5 könnten ein Gebet um die Bekehrung der Heiden sein (vgl. Sir 17, 8–10), aber der Gedanke der Rache und das Interesse des eigenen Volkes stehen doch stark im Vordergrund. Gott kann dieses Volk, das sein Eigentum ist und sein erstgeborener Sohn unter den Völkern, nicht im Stich lassen. – Ps 79; Neh 9, 32; Jer 10, 25; Dtn 32, 39; 1 Kön 8, 43; 1 Chr 17, 20; Jes 45, 14; Ex 4, 22; Dtn 7, 6.*

Zeit im Jahreskreis: 8. Woche – Mittwoch

ERSTE LESUNG   Sir 36,1–2.5–6.13.16–22 (1–2a.5–6.13–19)

Alle Völker sollen erkennen: Es gibt keinen Gott außer dir

Lesung
aus dem Buch Jesus Sirach.

1 Rette uns, du Gott des Alls,
2 und wirf deinen Schrecken auf alle Völker,
5 damit sie erkennen, wie wir es erkannten:
Es gibt keinen Gott außer dir.

6 Erneuere die Zeichen, wiederhole die Wunder.
13 Sammle alle Stämme Jakobs,
16 verteil den Erbbesitz wie in den Tagen der Vorzeit!

17 Hab Erbarmen mit dem Volk, das deinen Namen trägt,
mit Israel, den du deinen Erstgeborenen nanntest.
18 Hab Erbarmen mit deiner heiligen Stadt,
mit Jerusalem, dem Ort, wo du wohnst.
19 Erfülle Zion mit deinem Glanz
und deinen Tempel mit deiner Herrlichkeit!

20 Leg Zeugnis ab für das, was du ehedem verfügt hast;
erfülle die Weissagung,
die in deinem Namen ergangen ist.
21 Gib allen ihren Lohn, die auf dich hoffen,
und bestätige so deine Propheten!

22 Erhöre das Gebet deiner Diener;
du hast doch Gefallen an deinem Volk.
Alle Enden der Erde sollen erkennen:
Du bist der ewige Gott.

ANTWORTPSALM   Ps 79 (78), 5 u. 8.9.11 u. 13 (R: vgl. Sir 36,17)

R Hab Erbarmen mit uns, o Herr! – R   (GL 190,1)

Wie lange noch, Herr? Willst du auf ewig zürnen? *   IV. Ton
Wie lange noch wird dein Eifer lodern wie Feuer?

Rechne uns die Schuld der Vorfahren nicht an! †
Mit deinem Erbarmen komm uns eilends entgegen! *
Denn wir sind sehr erniedrigt. – (R)

Um der Ehre deines Namens willen *
hilf uns, du Gott unsres Heils!

Um deines Namens willen reiß uns heraus *
und vergib uns die Sünden! – (R)

11 Das Stöhnen der Gefangenen dringe zu dir. *
Befrei die Todgeweihten durch die Kraft deines Armes!

13 Wir, dein Volk, die Schafe deiner Weide, †
wollen dir ewig danken, *
deinen Ruhm verkünden von Geschlecht zu Geschlecht.

R Hab Erbarmen mit uns, o Herr!

Jahr II

ZUR LESUNG *Der Abschnitt 1, 17–25 ist in seinem ersten Teil (V. 17–21) Mahnung zur Gottesfurcht, im zweiten Teil (V. 22–25) Mahnung zur Bruderliebe. – Gott richtet „ohne Ansehen der Person": er schaut nicht auf die Person, er urteilt nach den Taten (V. 17). Die Furcht vor dem Gericht Gottes wird nicht aufgehoben, wohl aber verchristlicht durch das ehrfürchtige Wissen um das Sühneopfer Christi. Wer um einen so hohen Preis gerettet wurde, trägt größere Verantwortung. Die Erwähnung des Blutes Christi in V. 19 zieht das Christusbekenntnis der Verse 20–21 nach sich; es spannt den Bogen vom ewigen Heilsplan Gottes bis zur Auferweckung und Verherrlichung Jesu. Der richtende Gott ist zuvor der rettende Gott; nicht Furcht soll das Leben der Erlösten bestimmen, sondern Glaube und Hoffnung (V. 21). Die Liebe zum Bruder ergibt sich als notwendige Folgerung für den, den Gottes Wahrheit geheiligt und neugeschaffen hat (vgl. zur 2. Lesung am 3. Ostersonntag, Jahr A). – Jes 52, 3; Mk 10, 45; 1 Kor 6, 20; Offb 5, 9; Eph 4, 17; Joh 17, 24; Gal 4, 4; Röm 8, 11; 12, 9–13; Jak 1, 18; Jes 40, 6–8.*

ERSTE LESUNG   1 Petr 1, 18–25

Ihr wurdet losgekauft mit dem kostbaren Blut Christi, des Lammes ohne Fehl und Makel

Lesung
   aus dem ersten Brief des Apostels Petrus.

Liebe Brüder!
18 Ihr wißt,
   daß ihr aus eurer sinnlosen,
   von den Vätern ererbten Lebensweise
   nicht um einen vergänglichen Preis losgekauft wurdet,
   nicht um Silber oder Gold,

19 sondern mit dem kostbaren Blut Christi,
des Lammes ohne Fehl und Makel.
20 Er war schon vor der Erschaffung der Welt dazu ausersehen,
und euretwegen ist er am Ende der Zeiten erschienen.
21 Durch ihn seid ihr zum Glauben an Gott gekommen,
der ihn von den Toten auferweckt
und ihm die Herrlichkeit gegeben hat,
so daß ihr an Gott glauben und auf ihn hoffen könnt.
22 Der Wahrheit gehorsam,
habt ihr euer Herz rein gemacht
für eine aufrichtige Bruderliebe;
darum hört nicht auf, einander von Herzen zu lieben.
23 Ihr seid neu geboren worden,
nicht aus vergänglichem,
sondern aus unvergänglichem Samen:
aus Gottes Wort, das lebt und das bleibt.
24 Denn
alles Sterbliche ist wie Gras,
und all seine Schönheit ist wie die Blume im Gras.
Das Gras verdorrt, und die Blume verwelkt;
25 doch das Wort des Herrn bleibt in Ewigkeit.
Dieses Wort ist das Evangelium, das euch verkündet worden ist.

ANTWORTPSALM   Ps 147, 12–13.14–15.19–20 (R: 12a)

R Jerusalem, preise den Herrn! – **R**   (GL 646, 1 oder 477)
(*Oder:* Halleluja.)

12 Jerusalem, preise den Herrn, *   V. Ton
lobsinge, Zion, deinem Gott!
13 Denn er hat die Riegel deiner Tore festgemacht, *
die Kinder in deiner Mitte gesegnet. – (R)
14 Er verschafft deinen Grenzen Frieden, *
und sättigt dich mit bestem Weizen.
15 Er sendet sein Wort zur Erde, *
rasch eilt sein Befehl dahin. – (R)
19 Er verkündet Jakob sein Wort, *
Israel seine Gesetze und Rechte.
20 An keinem andern Volk hat er so gehandelt, *
keinem sonst seine Rechte verkündet. – **R**

Jahr I und II

RUF VOR DEM EVANGELIUM Vers: vgl. Mk 10, 45

Halleluja. Halleluja.

Der Menschensohn ist gekommen, um zu dienen
und sein Leben hinzugeben als Lösepreis für viele.

Halleluja.

ZUM EVANGELIUM *Mit Mk 10, 32 tritt Jerusalem in das Blickfeld. Jesus geht entschlossen voraus, die Jünger folgen ihm, aber sie haben Angst; sie spüren, daß es der Entscheidung entgegengeht. Hier fügt Markus die dritte und ausführlichste Leidensweissagung ein (V. 32–34). Man kann annehmen, daß der Evangelist die Leidensansage in der erweiterten Form wiedergibt, die sie in der nachösterlichen Gemeinde bekommen hat. Das Kreuz wird nicht ausdrücklich genannt (vgl. Mt 20, 19); für den nachösterlichen Leser versteht sich das von selbst. Zum erstenmal werden die Heiden genannt, an die Jesus ausgeliefert wird. – Wieder folgt auf die Leidensansage die Einladung zur Nachfolge (V. 35–40). Zum Dienen, nicht zum Herrschen wird der Jünger berufen. Jesus selbst hat seinen Weg in den Tod so verstanden: als Dienst bis zur Hingabe des Lebens „für viele", d.h. zur Sühne und Rettung für alle. – Mt 20, 17–28; Lk 18, 31–33; 22, 24–27; Joh 11, 16; Jes 50, 6; Lk 12, 50.*

EVANGELIUM Mk 10, 32–45

Wir gehen jetzt nach Jerusalem hinauf; dort wird der Menschensohn ausgeliefert

✢ Aus dem heiligen Evangelium nach Markus.

In jener Zeit,
32   als Jesus und seine Jünger
     auf dem Weg hinauf nach Jerusalem waren,
     ging Jesus voraus.
Die Leute wunderten sich über ihn,
die Jünger aber hatten Angst.
Da versammelte er die Zwölf wieder um sich
     und kündigte ihnen an, was ihm bevorstand.
33 Er sagte:
     Wir gehen jetzt nach Jerusalem hinauf;

dort wird der Menschensohn
> den Hohenpriestern und den Schriftgelehrten ausgeliefert;
sie werden ihn zum Tod verurteilen und den Heiden übergeben;
34 sie werden ihn verspotten, anspucken, geißeln und töten.
Aber nach drei Tagen
> wird er auferstehen.

35 Da traten Jakobus und Johannes, die Söhne des Zebedäus, zu ihm und sagten:
> Meister, wir möchten, daß du uns eine Bitte erfüllst.
36 Er antwortete: Was soll ich für euch tun?
37 Sie sagten zu ihm:
> Laß in deinem Reich einen von uns rechts
> und den andern links neben dir sitzen.
38 Jesus erwiderte: Ihr wißt nicht, um was ihr bittet.
Könnt ihr den Kelch trinken, den ich trinke,
oder die Taufe auf euch nehmen, mit der ich getauft werde?
39 Sie antworteten: Wir können es.
Da sagte Jesus zu ihnen:
> Ihr werdet den Kelch trinken, den ich trinke,
> und die Taufe empfangen, mit der ich getauft werde.
40 Doch den Platz zu meiner Rechten und zu meiner Linken
> habe nicht ich zu vergeben,
dort werden die sitzen, für die diese Plätze bestimmt sind.

41 Als die zehn anderen Jünger das hörten,
> wurden sie sehr ärgerlich über Jakobus und Johannes.
42 Da rief Jesus sie zu sich
und sagte: Ihr wißt, daß die, die als Herrscher gelten,
> ihre Völker unterdrücken
und die Mächtigen ihre Macht über die Menschen mißbrauchen.
43 Bei euch aber soll es nicht so sein,
sondern wer bei euch groß sein will,
> der soll euer Diener sein,
44 und wer bei euch der Erste sein will,
> soll der Sklave aller sein.
45 Denn auch der Menschensohn ist nicht gekommen,
> um sich dienen zu lassen,
sondern um zu dienen
> und sein Leben hinzugeben als Lösegeld für viele.

FÜRBITTEN

Jesus Christus ist gekommen, um zu dienen und sein Leben hinzugeben. Zu ihm rufen wir:

Leite alle Christen an, in brüderlicher Liebe Gott und den Menschen zu dienen. (Stille) Herr, erbarme dich.
A.: Christus, erbarme dich.

Ermutige alle, die sich um Frieden und Abrüstung mühen. (Stille) Herr, erbarme dich.

Vermehre die Anstrengungen der Menschen, Hunger und Seuchen zu besiegen. (Stille) Herr, erbarme dich.

Durchdringe unser Leben mit dem Geist der Liebe, daß die Wahrheit deiner Botschaft aufleuchtet. (Stille) Herr, erbarme dich.

Allmächtiger Gott, du hast uns den Geist der Liebe geschenkt. Laß uns in ihm erstarken durch Christus, unseren Herrn. A.: Amen.

„GERADE ALS DER GANZ GEHORSAME ist Jesus zugleich der freie Sohn, als der sich Erniedrigende der Erhöhte. So wird er zu einer neuen Daseinsmöglichkeit für die andern. Er eröffnet und begründet eine neue Freiheitsgeschichte, die jedem offen steht, der sich im Glauben einläßt auf die Grundbewegung seines Lebens: Gehorsam gegen Gott im Dienst für die andern. So wird Jesus in Person zum Dienst für die Vielen (Mk 10,45), zum Menschen für die andern. Seine Person ist als leibhaftig gewordener Gehorsam zugleich leibhaftig gewordener Dienst, man könnte auch sagen, leibhaftig gewordenes und Person gewordenes Amt. In Christus fallen Person und Amt schlechthin zusammen. Amt bedeutet hier nicht mehr Herrschaft, sondern Dienst, Sein für die andern, Stellvertretung. Das ist ebensosehr eine radikale Kritik an allem sonstigen Amtsverständnis wie eine völlig neuartige Begründung des Amtes, die nach einer ebenso neuen Weise der Amtsführung verlangt" (Walter Kasper).

DONNERSTAG

TAGESGEBET

Gütiger Gott,
wir gehen durch eine Welt
voll Zwielicht und Schatten.
Laß dein Licht in unseren Herzen aufstrahlen
und führe uns durch das Dunkel dieses Lebens
in deine unvergängliche Klarheit.
Darum bitten wir durch Jesus Christus. (MB 65)

Oder ein anderes Tagesgebet (vgl. S. 661).

Jahr I

ZUR LESUNG   *Die letzten Kapitel des Buches Sirach sind ein Lobpreis auf Gott, den Schöpfer der Welt und Herrn der Geschichte (42, 15 bis 43, 33; 44, 1 – 50, 24). Die heutige Lesung bringt davon den ersten Teil, in dem Gottes Macht und Weisheit mehr im allgemeinen gefeiert werden. Mit den „Heiligen Gottes" und „seinen Heerscharen" (V. 17) sind die Engel gemeint. Nicht einmal sie sind imstande, Gottes Werke zu preisen, ja auch nur vor ihm zu stehen und zu bestehen. – Einzelne Werke, die Gott in seiner Weisheit schafft und deren Wesen er allein durchschaut: die Sonne, die Meerestiefe und das Herz des Menschen (V. 16.18). Der Mensch kann vor all dem nur bewundernd und anbetend stehen. Das ist auch dem heutigen Menschen gesagt. Er erforscht zwar in einer bis jetzt unerhörten Weise die Gesetze der Natur; aber die Geheimnisse werden dadurch nicht kleiner, sondern größer (vgl. den Schluß dieses Hymnus, Sir 43, 27–33). – Ps 104–106; Gen 1, 3–4; Spr 15, 11; Ps 139, 1–4; Sir 18, 6; Koh 3, 14; Sir 16, 24–29; 33, 14–15; Koh 3, 1–8.*

ERSTE LESUNG   Sir 42, 15–25 (15–26)

Die Herrlichkeit des Herrn erfüllt alle seine Werke

Lesung
    aus dem Buch Jesus Sirach.

Ich will der Werke Gottes gedenken;
was ich gesehen habe, will ich erzählen:
Durch Gottes Wort entstanden seine Werke;
seine Lehre ist ein Ausfluß seiner Liebe.

16 Über allem strahlt die leuchtende Sonne,
die Herrlichkeit des Herrn erfüllt alle seine Werke.

17 Die Heiligen Gottes vermögen nicht,
alle seine Wunder zu erzählen.
Gott gibt seinen Heerscharen die Kraft,
vor seiner Herrlichkeit zu bestehen.

18 Meerestiefe und Menschenherz durchforscht er,
und er kennt alle ihre Geheimnisse.
Der Höchste hat Kenntnis von allem,
bis in die fernste Zeit sieht er das Kommende.

19 Vergangenheit und Zukunft macht er kund
und enthüllt die Rätsel des Verborgenen.

20 Es fehlt ihm keine Einsicht,
kein Ding entgeht ihm.

21 Seine machtvolle Weisheit hat er fest gegründet,
er ist der Einzige von Ewigkeit her.
Nichts ist hinzuzufügen, nichts wegzunehmen,
er braucht keinen Lehrmeister.

22 Alle seine Werke sind vortrefflich,
doch sehen wir nur einen Funken und ein Spiegelbild.

23 Alles lebt und besteht für immer,
für jeden Gebrauch ist alles bereit.

24 Jedes Ding ist vom andern verschieden,
keines von ihnen hat er vergeblich gemacht.

25 Eines ergänzt durch seinen Wert das andere.
Wer kann sich satt sehen an ihrer Pracht?

ANTWORTPSALM Ps 33 (32), 2–3.4–5.6–7.8–9 (R: vgl. 6a)

R Durch das Wort des Herrn sind die Himmel geschaffen. – **R**

(GL 529,7)
VII. Ton

2 Preist den Herrn mit der Zither, *
spielt für ihn auf der zehnsaitigen Harfe!

3 Singt ihm ein neues Lied, *
greift voll in die Saiten und jubelt laut! – (**R**)

4 Denn das Wort des Herrn ist wahrhaftig, *
all sein Tun ist verläßlich.

5 Er liebt Gerechtigkeit und Recht, *
die Erde ist erfüllt von der Huld des Herrn. – (**R**)

6 Durch das Wort des Herrn wurden die Himmel geschaffen, *
  ihr ganzes Heer durch den Hauch seines Mundes.
7 Wie in einem Schlauch faßt er das Wasser des Meeres, *
  verschließt die Urflut in Kammern. – (R)
8 Alle Welt fürchte den Herrn; *
  vor ihm sollen alle beben, die den Erdkreis bewohnen.
9 Denn der Herr sprach, und sogleich geschah es; *
  er gebot, und alles war da. – R

Jahr II

ZUR LESUNG   *Der erste Petrusbrief ist Trost und Mahnung für Christen, die in der Welt wie Fremde leben und von Verfolgung bedroht sind. Sie sollen eine klare Vorstellung von der Größe ihrer Berufung haben. Diesem Ziel dient der ganze erste Teil des Briefes (1, 3 – 2, 10), der in der heutigen Lesung seinen Höhepunkt erreicht. Von der Wiedergeburt durch die Taufe, von Glaube und Hoffnung, Heiligkeit und Bruderliebe war in Kap. 1 die Rede. Wiederholt wurde auf Christus als Anfang, Ziel und Mitte des Glaubensweges hingewiesen. Christus ist auch die Mitte, sozusagen der „Eckstein" der heutigen Lesung (V. 4–8). Auf ihm ruht der neue, geistige Tempel; durch ihn und in ihm bringt die neue Priesterschaft Gott das Opfer dar, das allein ihm gefällt. Er ist auch die Speise, durch die das neue Volk Gottes lebt und heranwächst. Die großen Titel des alten Gottesvolkes werden in V. 9 auf die Christengemeinde übertragen, die als Ganze in der Welt eine priesterliche Sendung hat: durch die Tatsache ihrer Existenz und die Form ihres Lebens soll sie die Größe und das Erbarmen Gottes bezeugen. – Ps 34, 9; Jes 28, 16; Ps 118, 22; Jes 8, 14–15; Ex 19, 6; 23, 22; Jes 43, 20–21; Hos 1, 6 – 2, 3.20–25.*

ERSTE LESUNG   1 Petr 2, 2–5.9–12

Ihr seid eine königliche Priesterschaft, ein heiliger Stamm; ihr sollt die großen Taten dessen verkünden, der euch gerufen hat

Lesung
  aus dem ersten Brief des Apostels Petrus.

Liebe Brüder!
2 Verlangt, gleichsam als neugeborene Kinder,
   nach der unverfälschten, geistigen Milch,
  damit ihr durch sie heranwachst und das Heil erlangt.

³ Denn ihr habt erfahren, wie gütig der Herr ist.

⁴ Kommt zu ihm, dem lebendigen Stein,
der von den Menschen verworfen,
   aber von Gott auserwählt und geehrt worden ist.

⁵ Laßt euch als lebendige Steine zu einem geistigen Haus aufbauen,
zu einer heiligen Priesterschaft,
um durch Jesus Christus geistige Opfer darzubringen,
   die Gott gefallen.

⁹ Ihr seid ein auserwähltes Geschlecht,
eine königliche Priesterschaft,
ein heiliger Stamm,
ein Volk, das sein besonderes Eigentum wurde,
damit ihr die großen Taten dessen verkündet,
   der euch aus der Finsternis
   in sein wunderbares Licht gerufen hat.

¹⁰ Einst wart ihr nicht sein Volk,
   jetzt aber seid ihr Gottes Volk;
einst gab es für euch kein Erbarmen,
   jetzt aber habt ihr Erbarmen gefunden.

¹¹ Liebe Brüder, da ihr Fremde und Gäste seid in dieser Welt,
   ermahne ich euch:
Gebt den irdischen Begierden nicht nach,
   die gegen die Seele kämpfen.

¹² Führt unter den Heiden ein rechtschaffenes Leben,
damit sie, die euch jetzt als Übeltäter verleumden,
   durch eure guten Taten zur Einsicht kommen
   und Gott preisen am Tag der Heimsuchung.

ANTWORTPSALM   Ps 100 (99), 2–3.4–5 (R: 2b)

R Kommt vor sein Antlitz mit Jubel! – R   (GL 646, 1)

² Dient dem Herrn mit Freude! *   V. Ton
Kommt vor sein Antlitz mit Jubel!

³ Erkennt: Der Herr allein ist Gott. †
Er hat uns geschaffen, wir sind sein Eigentum, *
sein Volk und die Herde seiner Weide. – (R)

⁴ Tretet mit Dank durch seine Tore ein! †
Kommt mit Lobgesang in die Vorhöfe seines Tempels! *
Dankt ihm, preist seinen Namen!

5 Denn der Herr ist gütig, †
ewig währt seine Huld, *
von Geschlecht zu Geschlecht seine Treue. – R

Jahr I und II

RUF VOR DEM EVANGELIUM   Vers: vgl. Joh 8, 12

Halleluja. Halleluja.

(So spricht der Herr:)
Ich bin das Licht der Welt.
Wer mir nachfolgt, hat das Licht des Lebens.

Halleluja.

ZUM EVANGELIUM *Die Heilung des Blinden in Jericho geht dem Einzug Jesu in Jerusalem voraus. Trotz des Einspruchs der Leute hat der Blinde laut und beharrlich den „Sohn Davids" um Erbarmen angefleht, und Jesus hat ihn sehend gemacht. Als Sehender und Glaubender folgt er Jesus auf seinem Weg (V. 52; vgl. V. 32). Damit schließt im Markusevangelium der Abschnitt der drei Leidensweissagungen, der bei Cäsarea Philippi mit dem Messiasbekenntnis des Petrus begonnen hat. „Messias" (8, 29) und „Sohn Davids": beide Titel bezeichnen den gottgesandten Retter der Endzeit. Er kommt nicht in königlichem Glanz, sondern als der demütige „Knecht", der bereit ist, sein Leben hinzugeben als Lösegeld für die Vielen (10, 45). – Mt 20, 29–34; 18, 35–43; 2 Sam 7; Jes 42, 6–7.*

EVANGELIUM   Mk 10, 46–52

Rabbuni, ich möchte wieder sehen können

✥ Aus dem heiligen Evangelium nach Markus.

In jener Zeit,
   als Jesus mit seinen Jüngern
   und einer großen Menschenmenge Jéricho verließ,
   saß an der Straße ein blinder Bettler,
Bartimäus, der Sohn des Timäus.
Sobald er hörte, daß es Jesus von Nazaret war,
   rief er laut: Sohn Davids, Jesus, hab Erbarmen mit mir!
Viele wurden ärgerlich
und befahlen ihm zu schweigen.
Er aber schrie noch viel lauter: Sohn Davids,
hab Erbarmen mit mir!

49 Jesus blieb stehen
und sagte: Ruft ihn her!
**Sie riefen den Blinden
und sagten zu ihm: Hab nur Mut,
steh auf, er ruft dich.**
50 Da warf er seinen Mantel weg,
sprang auf
und lief auf Jesus zu.
51 Und Jesus fragte ihn: Was soll ich dir tun?
Der Blinde antwortete: Rabbúni, ich möchte wieder sehen können.
52 Da sagte Jesus zu ihm: Geh!
Dein Glaube hat dir geholfen.
Im gleichen Augenblick
konnte er wieder sehen,
und er folgte Jesus auf seinem Weg.

FÜRBITTEN

Jesus Christus ist das Licht der Welt. Ihn bitten wir:

Für die Kirche: erleuchte sie durch das Wirken des Heiligen Geistes. (Stille) Christus, höre uns.
A.: Christus, erhöre uns.

Für alle Völker: laß die Achtung vor der Würde jedes Menschen zunehmen. (Stille) Christus, höre uns.

Für die gleichgültigen Christen: mach sie eifrig in guten Werken. (Stille) Christus, höre uns.

Für unsere Gemeinde: sende uns das Licht deiner Wahrheit. (Stille) Christus, höre uns.

Herr, unser Gott, du hast uns in dein wunderbares Licht berufen. Laß alle Menschen zu dir gelangen durch Christus, unseren Herrn.   A.: Amen.

*„CHRISTLICHE VERKÜNDIGUNG ist nicht zuerst ‚Seelenrettung'
und wortreiche Apologetik, sondern Zeugnisablegen davon, daß Gott
Wunderbares an den Menschen getan hat und weiterhin zu tun gedenkt,
Zeugnisgeben durch die lebendige Existenz des neutestamentlichen Gottesvolkes selbst.
Gerade in Zeiten der Verfolgung durch andere ‚Völker' wird der Volks-*

charakter, die soziale Verfaßtheit des christlichen Glaubens offenkundiger als sonst. Das individuelle Seelenheil, die private Frömmigkeit sind nur dann christlich, wenn sie als Momente am allgemeinen Heil und an der Heiligkeit des Gottesvolkes verstanden und gelebt werden. Denn nur als Volk kann das Christentum seine heilsgeschichtliche Aufgabe wahrnehmen und sich unter den Völkern nicht nur behaupten, sondern auch kritisch wirksam werden daraufhin, daß alle Völker mehr und mehr zum Volk Gottes werden: ‚Und statt sie zu heißen: Nicht-mein-Volk, wird man sie heißen: Söhne des lebendigen Gottes ... Zu eurem Bruder sagt: Mein Volk, und zu eurer Schwester: Erbarmen' (Hos 1,6 – 2,3)" (Günther Schiwy).

FREITAG

TAGESGEBET

Allmächtiger Gott,
sieh gnädig auf deine Kirche
und gib,
daß sie allezeit dein heiliges Volk bleibt,
dessen Einheit ihren Ursprung hat
in der Einheit des Vaters und des Sohnes
und des Heiligen Geistes.
Offenbare durch sie der Welt
das Geheimnis deiner Einheit und Heiligkeit
und vollende uns in deiner Liebe.
Darum bitten wir durch Jesus Christus. (MB 1019)

Oder ein anderes Tagesgebet (vgl. S. 661).

Jahr I

ZUR LESUNG *Gottes Weisheit und Macht zeigen sich in den Wundern der Natur (vgl. gestrige Lesung) und im Gang der Geschichte. Vom „Lob der Väter" (Kap. 44–50) enthält die heutige Lesung den Anfang, wo die ehrwürdigen Männer der jüdischen Vergangenheit den heidnischen Helden gegenübergestellt werden. „Manche" (V. 9), das ist die nüchterne Bezeichnung für all die Heldengestalten, von denen das Epos der Griechen und anderer Völker zu erzählen weiß. „Sie blieben ohne Nachruhm" ist stark übertrieben, denn jahrhundertelang hat man von ihnen erzählt und gesungen. Aber was sind Jahrhunderte? Dieselbe Frage wäre jedoch auch bei den „ehrwürdigen Männern" Israels zu stellen, denn auch ihr Ruhm scheint nur in der Erinnerung ihrer Nachkommen weiterzuleben. Ein eigentliches Fortleben (im Sinn von Unsterblichkeit oder Auferstehung) wird in den Versen 10 und 13 höchstens angedeutet. − 1 Makk 2,51−64; Hebr 11.*

ERSTE LESUNG Sir 44,1.9−13

Jene sind die ehrwürdigen Männer, deren Hoffnung nicht vergeht

Lesung
  aus dem Buch Jesus Sirach.

1 Die ehrwürdigen Männer will ich preisen,
  unsere Väter, wie sie aufeinander folgten.

9 Manche blieben ohne Nachruhm;
  sie sind erloschen, sobald sie starben.
  Sie sind, als wären sie nie gewesen,
  und ebenso auch ihre Kinder.

10 Jene aber sind die ehrwürdigen Männer,
  deren Hoffnung nicht vergeht.

11 Bei ihren Nachkommen bleibt ihr Gut,
  ihr Erbe bei ihren Enkeln.

12 Ihre Nachkommen halten fest an ihrem Bund,
  und ebenso ihre Kinder, um der Väter willen.

13 Ihre Nachkommen haben für immer Bestand,
  ihr Ruhm wird niemals ausgelöscht.

ANTWORTPSALM Ps 149,1−2.3−4.5−6a u. 9b (R: 4a)

R Der Herr hat an seinem Volk Gefallen. − **R** (GL 646,1)

(*Oder:* Halleluja.)

1 Singet dem Herrn ein neues Lied! * V. Ton
  Sein Lob erschalle in der Gemeinde der Frommen.

2 Israel soll sich über seinen Schöpfer freuen, *
  die Kinder Zions über ihren König jauchzen. − **(R)**

3 Seinen Namen sollen sie loben beim Reigentanz, *
  ihm spielen auf Pauken und Harfen.

4 Der Herr hat an seinem Volk Gefallen, *
  die Gebeugten krönt er mit Sieg. − **(R)**

5 In festlichem Glanz sollen die Frommen frohlocken, *
auf ihren Lagern jauchzen:

6a Loblieder auf Gott in ihrem Mund, *
9b herrlich ist das für all seine Frommen. – R

Jahr II

ZUR LESUNG *Das Priestertum, das allen Getauften gemeinsam ist, bedeutet Verantwortung für die Welt, d. h. für die „Heiden" (2, 12), die ungläubigen, unwissenden, unvernünftigen Menschen (2, 7.15). Die Verantwortung steigert sich durch das Wissen um die nahe Wiederkunft des Herrn und das Ende aller Dinge. Gott „hat die Herrlichkeit und die Macht"; das Geschöpf kann seiner Herrlichkeit nichts hinzufügen, auch der Christ nicht. Gott wird nur verherrlicht „durch Jesus Christus" (V. 11). In ihm sind Gottes Heiligkeit und Gottes Liebe sichtbar geworden. In der Gemeinde, deren lebendige Mitte Christus ist, soll Gottes vielfältige Gnade dadurch bezeugt werden, daß sie ausgeteilt wird: in vielfachem Dienst der Liebe, insbesondere in der Gastfreundschaft und im Ausrichten der Botschaft Gottes, im Wort der Lehre und Mahnung. – 2 Kor 6, 2; Spr 10, 12; Jak 5, 20; Röm 12, 6–8; 1 Kor 12, 4–11; 10, 31; Röm 9, 5; 16, 27; Joh 17, 4; 1 Petr 3, 14; Mt 5, 11–12; Röm 5, 3–5; Kol 3, 4.*

ERSTE LESUNG   1 Petr 4, 7–13

Dient einander als gute Verwalter der vielfältigen Gnade Gottes!

Lesung
   aus dem ersten Brief des Apostels Petrus.

Liebe Brüder!
Das Ende aller Dinge ist nahe.
Seid also besonnen und nüchtern, und betet!
Vor allem haltet fest an der Liebe zueinander;
   denn die Liebe deckt viele Sünden zu.
Seid untereinander gastfreundlich, ohne zu murren.

Dient einander als gute Verwalter der vielfältigen Gnade Gottes,
jeder mit der Gabe, die er empfangen hat.
Wer redet,
   der rede mit den Worten, die Gott ihm gibt;
wer dient,
   der diene aus der Kraft, die Gott verleiht.

So wird in allem Gott verherrlicht durch Jesus Christus.
Sein ist die Herrlichkeit und die Macht in alle Ewigkeit.
Amen.

12 Liebe Brüder,
laßt euch durch die Feuersglut,
die zu eurer Prüfung über euch gekommen ist,
nicht verwirren, als ob euch etwas Ungewöhnliches zustoße.

13 Statt dessen freut euch, daß ihr Anteil an den Leiden Christi habt;
denn so könnt ihr auch bei der Offenbarung seiner Herrlichkeit
voll Freude jubeln.

ANTWORTPSALM   Ps 96 (95), 10–11.12–13b (R: vgl. 13ab)

R Der Herr wird kommen, um die Erde zu richten. – R   (GL 646,1)

10 Verkündet bei den Völkern: Der Herr ist König. †   V. Ton
Den Erdkreis hat er gegründet, so daß er nicht wankt. *
Er richtet die Nationen so, wie es recht ist.

11 Der Himmel freue sich, die Erde frohlocke, *
es brause das Meer und alles, was es erfüllt. – (R)

12 Es jauchze die Flur und was auf ihr wächst. *
Jubeln sollen alle Bäume des Waldes

13ab vor dem Herrn, wenn er kommt, *
wenn er kommt, um die Erde zu richten. – R

Jahr I und II

RUF VOR DEM EVANGELIUM   Vers: vgl. Joh 15,16

Halleluja. Halleluja.

(So spricht der Herr:)
Ich habe euch erwählt und dazu bestimmt, daß ihr Frucht bringt
und daß eure Frucht bleibt.

Halleluja.

ZUM EVANGELIUM   *Jesus ist als Festpilger nach Jerusalem gekommen; er ist als Messias-König in die Stadt eingezogen, hat den Tempel betreten und ist schweigend von dort wieder weggegangen. Um den Tempel gruppieren sich die in Kap. 11 und 12 berichteten Ereignisse und Reden; die große Rede in Kap. 13 beginnt mit der Ankündigung, daß kein Stein des Tempels auf dem andern bleiben werde. – Die Verfluchung des Feigenbaums (11,12–14,20–21) bildet den Rahmen für die Erzählung von der Tempelreinigung (V. 15–19). Der Feigenbaum war unschuldig; daß Jesus ihn verdorren ließ, war eine symbolische Handlung, wie solche auch von alttestamentlichen Propheten berichtet werden: ein Bild des göttlichen Gerichts über den Tempel. Wie der Feigenbaum, so hat auch der Tempel zwar viele „Blätter" (Pilgerbetrieb und Geldgeschäfte), aber an Früchten ist nichts zu finden. Deshalb wird der Tempel zerstört werden. Die Mahnungen zum Glauben und Gebet (V. 22–25) gehören nicht direkt zur Verfluchung des Feigenbaums, sondern zu dem Wort über den Tempel als „Haus des Gebetes für alle Völker". – Mt 21,12–22; Lk 19,45–48; Joh 2,13–17; Jes 56,7; Jer 7,11; Mt 17,20–21; Lk 17,6; 1 Kor 13,2; Mt 7,7–8; 5,23–24; 6,14–15.*

EVANGELIUM

Mk 11,11–25

Mein Haus soll ein Haus des Gebetes für alle Völker sein.
Ihr müßt Glauben an Gott haben

✜ Aus dem heiligen Evangelium nach Markus.

In jener Zeit
1 zog Jesus nach Jerusalem hinein, in den Tempel;
nachdem er sich alles angesehen hatte,
ging er spät am Abend mit den Zwölf nach Betánien hinaus.

2 Als sie am nächsten Tag Betánien verließen, hatte er Hunger.
3 Da sah er von weitem einen Feigenbaum mit Blättern
und ging hin, um nach Früchten zu suchen.
Aber er fand an dem Baum nichts als Blätter;
denn es war nicht die Zeit der Feigenernte.
Da sagte er zu ihm:
In Ewigkeit soll niemand mehr eine Frucht von dir essen.
Und seine Jünger hörten es.

Dann kamen sie nach Jerusalem.
Jesus ging in den Tempel
und begann,
die Händler und Käufer aus dem Tempel hinauszutreiben;
er stieß die Tische der Geldwechsler
und die Stände der Taubenhändler um
und ließ nicht zu,
daß jemand irgend etwas durch den Tempelbezirk trug.

17 Er belehrte sie
   und sagte: Heißt es nicht in der Schrift:
      Mein Haus soll ein Haus des Gebetes für alle Völker sein?
   Ihr aber habt daraus eine Räuberhöhle gemacht.

18 Die Hohenpriester und die Schriftgelehrten hörten davon
   und suchten nach einer Möglichkeit, ihn umzubringen.
   Denn sie fürchteten ihn,
      weil alle Leute von seiner Lehre sehr beeindruckt waren.

19 Als es Abend wurde, verließ Jesus mit seinen Jüngern die Stadt.

20 Als sie am nächsten Morgen an dem Feigenbaum vorbeikamen,
   sahen sie, daß er bis zu den Wurzeln verdorrt war.

21 Da erinnerte sich Petrus
und sagte zu Jesus:
   Rabbi, sieh doch,
   der Feigenbaum, den du verflucht hast, ist verdorrt.

22 Jesus sagte zu ihnen: Ihr müßt Glauben an Gott haben.

23 Amen, das sage ich euch:
Wenn jemand zu diesem Berg sagt:
   Heb dich empor, und stürz dich ins Meer!,
   und wenn er in seinem Herzen nicht zweifelt,
   sondern glaubt, daß geschieht, was er sagt,
dann wird es geschehen.

24 Darum sage ich euch:
Alles, worum ihr betet und bittet
   – glaubt nur, daß ihr es schon erhalten habt,
   dann wird es euch zuteil.

25 Und wenn ihr beten wollt
   und ihr habt einem anderen etwas vorzuwerfen,
   dann vergebt ihm,
damit auch euer Vater im Himmel
   euch eure Verfehlungen vergibt.

FÜRBITTEN

Wir beten zu Jesus Christus, der die Schmach des Kreuzes auf sich nahm:

Führe alle Christen durch das Dunkel der Zeit zur Herrlichkeit deines Lichtes.
A.: Wir bitten dich, erhöre uns.

Bestärke die Menschen, ihre Gegensätze friedlich auszutragen.

Gib den Kranken Kraft, ihr Leiden anzunehmen und mit deinem Leiden zu vereinen.

Schenke uns alles, was zu unserem Heil dient.

Barmherziger Gott, durch deinen Sohn hast du uns den Reichtum deiner Güte offenbart. Laß uns erlangen, um was wir dich bitten durch ihn, Christus, unseren Herrn. A.: Amen.

„GRAMMATIK DER ERLÖSUNG
Ich bin erlöst
Bist Du erlöst?
Er hat erlöst
Wir sind erlöst
Ihr seid nicht erlöst
Sie sind unerlöst ...
Ich bin erlöst. Deshalb übervorteile ich Dich nicht. Sondern ich schenke Dir von dem, was ich habe. Ich schenke mich Dir.
Wir sind erlöst. Deshalb entsagen wir der Treibjagd des Fortschrittes und teilen mit Euch unser Brot, unser Wissen und Können.
Sie aber, die Unerlösten, die aus dem Kriegstopf essen, aus leeren Brunnen schöpfen, sich mit Nacktheit oder Verzweiflung kleiden oder mit Starrsinn und Resignation wappnen, rütteln mich auf. Ich gebe meine weltvergessene Erlösungszufriedenheit dran.
Ich biete ihnen das Du des Erlöstseins an, zum Zeichen dafür, daß Gott ihnen allen als Du entgegengeht" (Gonsalv Mainberger).

SAMSTAG

TAGESGEBET

Gott.
Wir danken dir,
daß du uns hier zusammengeführt hast.
Laß uns erkennen, was wir sind.
Laß uns glauben, was wir beten.
Laß uns tun, was du uns sagst.
Darum bitten wir durch Jesus Christus. (MB 309,13)

Oder ein anderes Tagesgebet (vgl. S. 661).

Jahr I

ZUR LESUNG *Vers 51,12 gehört zu einem vorausgehenden Danklied und hat mit dem Rest dieser Lesung nichts zu tun. – Die Verse 51,13–30 sind ein Gedicht, in dem der Verfasser seinen eigenen Weg zur Weisheit beschreibt und den Leser einlädt, die Lehre (das „Joch", V. 26) der Weisheit anzunehmen. Die Weisheit ist wie eine schöne Braut, nur durch Liebe kann man sie gewinnen. Wer sie beharrlich sucht, wird sie finden und glücklich sein. – Nur wenige werden wie Ben Sirach die Muße haben, um in der Schule und auf Reisen Kenntnisse zu erwerben und ein Leben lang nur für das Studium zu leben. Wichtiger als das alles ist ein waches Herz, das auf Gottes Wort hört. Man vergleiche die Einladung dieses Gedichts zum Studium der Weisheit und die Einladung Jesu in Mt 11,28–30: „Kommt alle zu mir …" – Sir 6,18; 14,20–27; 15,2–3; 34,9–12; Weish 8,1–18; Ps°25,5; 26,3.*

ERSTE LESUNG   Sir 51,12c–20 (17–28)

Ich richtete mein Verlangen auf die Weisheit

**Lesung
aus dem Buch Jesus Sirach.**

12cd Ich danke dem Herrn
und will seinen Namen loben und verherrlichen.

13 Als ich jung und noch nicht unstet war,
suchte ich eifrig die Weisheit.

14 Sie kam zu mir in ihrer Schönheit,
und bis zuletzt will ich sie erstreben.

15 Und wie nach dem Blühen die Trauben reifen,
die das Herz erfreuen,
so schritt mein Fuß auf geradem Weg;
denn schon von Jugend an habe ich sie erkannt.

16 Nur kurz hörte ich hin,
und schon fand ich Belehrung in Menge.

17 Sie ist für mich zur Amme geworden;
meinem Lehrer will ich danken.

18 Ich hatte im Sinn, Freude zu erleben,
ich strebte ohne Rast nach Glück.

19 Ich verlangte brennend nach ihr
und wandte von ihr meinen Blick nicht ab.

20 Ich richtete mein Verlangen auf sie,
und auf ihren Höhen wanke ich nicht.
Meine Hand öffnete ihre Tore,
und ich nahm sie leibhaftig wahr.
Ich habe ihretwegen meine Hände gereinigt,
und ich fand die Weisheit in ihrer Reinheit.
Einsicht erwarb ich durch sie von Anfang an,
darum lasse ich nicht von ihr.

ANTWORTPSALM Ps 19 (18B), 8.9.10 (R: 9a)

R Die Befehle des Herrn sind richtig, (GL 465)
sie erfreuen das Herz. – R

Die Weisung des Herrn ist vollkommen, * II. Ton
sie erquickt den Menschen.

Das Gesetz des Herrn ist verläßlich, *
den Unwissenden macht es weise. – (R)

Die Befehle des Herrn sind richtig, *
sie erfreuen das Herz;

das Gebot des Herrn ist lauter, *
es erleuchtet die Augen. – (R)

Die Furcht des Herrn ist rein, *
sie besteht für immer.

Die Urteile des Herrn sind wahr, *
gerecht sind sie alle. – R

Jahr II

ZUR LESUNG *Der Judasbrief umfaßt nur 25 Verse (keine Kapitelzählung). Er stammt nicht etwa vom Apostel Judas Thaddäus, sondern vermutlich von einem Verwandten Jesu und wurde um das Jahr 90 geschrieben. Der Brief richtet sich ganz allgemein „an die Berufenen, die von Gott, dem Vater, geliebt und für Jesus Christus bestimmt und bewahrt sind" (V. 1). Das können Juden- oder Heidenchristen sein. Es muß sich jedoch um Gemeinden handeln, in denen der erste Eifer erlahmt und der Glaube selbst durch aufkommende Irrlehren bedroht ist. Das soll die Christen nicht überraschen und nicht verwirren; denn es wurde von den Aposteln vorausgesagt (V. 17). Gegen die Lehre und den Spott der Irrlehrer stehen die Reinheit des Glaubens, die Kraft des Gebetes, die Liebe zu Gott und die Erwartung der Wiederkunft Christi; diese Erwartung ist nicht Furcht, sondern Hoffnung. Denn wer im Glauben ausharrt, kann von Christus Erbarmen und ewiges Leben erhoffen. Die Verse 22–23 regeln das Verhalten gegenüber den Zweifelnden und den Abgefallenen. Den Zweifelnden schuldet der Gläubige Mitleid und Hilfe; die Abgefallenen, die für die Gemeinde eine Gefahr sind, sollen ausgeschlossen werden. Es gibt extreme Fälle, wo kein Dialog mehr möglich ist. „Gott aber hat die Herrlichkeit, Hoheit, Macht...": fast erschrickt man bei diesem unvermittelten Briefschluß. – 2 Petr 3,2; 1 Kor 3,9–17; Eph 2,20–22; Mk 13,22; Apg 20,29–30; 2 Petr 3,14; Röm 16,25–27; Offb 5,13.*

ERSTE LESUNG

Jud 17.20b–25

Gott hat die Macht, euch vor jedem Fehltritt zu bewahren und euch untadelig vor seine Herrlichkeit treten zu lassen

Lesung
  aus dem Judasbrief.

17 Liebe Brüder,
denkt an die Worte,
  die von den Aposteln Jesu Christi, unseres Herrn,
  im voraus verkündet worden sind.
20b Gründet euch auf euren hochheiligen Glauben,
  und baut darauf weiter,
betet in der Kraft des Heiligen Geistes,
21 haltet fest an der Liebe Gottes,
und wartet auf das Erbarmen Jesu Christi, unseres Herrn,
  der euch das ewige Leben schenkt.
22 Erbarmt euch derer, die zweifeln;
23 rettet sie, entreißt sie dem Feuer!
Der anderen aber erbarmt euch voll Furcht;
verabscheut sogar das Gewand eines Menschen,
  der der Sünde verfallen ist.
24 *Dem einen Gott aber,*
  der die Macht hat, euch vor jedem Fehltritt zu bewahren
  und euch untadelig und voll Freude
  vor seine Herrlichkeit treten zu lassen,
25 ihm, der uns durch Jesus Christus, unseren Herrn, rettet,

gebührt die Herrlichkeit, Hoheit, Macht und Gewalt
vor aller Zeit und jetzt und für alle Zeiten. Amen.

ANTWORTPSALM Ps 63 (62), 2.3–4.5–6 (R: vgl. 2)

R Meine Seele dürstet nach dir, mein Gott. – R (GL 676,1)

2 Gott, du mein Gott, dich suche ich, * II. Ton
meine Seele dürstet nach dir.

Nach dir schmachtet mein Leib *
wie dürres, lechzendes Land ohne Wasser. – (R)

3 Darum halte ich Ausschau nach dir im Heiligtum, *
um deine Macht und Herrlichkeit zu sehen.

4 Denn deine Huld ist besser als das Leben; *
darum preisen dich meine Lippen. – (R)

5 Ich will dich rühmen mein Leben lang, *
in deinem Namen die Hände erheben.

6 Wie an Fett und Mark wird satt meine Seele, *
mit jubelnden Lippen soll mein Mund dich preisen. – R

Jahr I und II

RUF VOR DEM EVANGELIUM Vers: Kol 3, 16a.17c

Halleluja. Halleluja.
Das Wort Christi wohne mit seinem ganzen Reichtum bei euch;
durch Christus dankt Gott, dem Vater!
Halleluja.

ZUM EVANGELIUM *„Mit welchem Recht tust du das alles?" Die Frage der jüdischen Obrigkeit bezieht sich auf die Tempelreinigung und kommt verspätet (vgl. 11, 17–18; Joh 2, 18), anscheinend weil der Hohe Rat zuerst den Beschluß fassen mußte, in aller Form nach der Vollmacht Jesu zu fragen. Die Frage gilt natürlich dem Auftreten Jesu überhaupt. Jesus antwortet mit einer Gegenfrage. Er verweigert der jüdischen Behörde eine Antwort, so daß eine eigentliche Diskussion nicht zustande kommt. Sie kommt deshalb nicht zustande, weil die Fragenden nicht gewillt sind, eine etwaige Antwort Jesu überhaupt zu diskutieren. Ein Ge-*

spräch, auch ein Streitgespräch, setzt die Bereitschaft zum Hören voraus, in unserem Fall die Bereitschaft zum Glauben. – Mt 21,23–27; Lk 20,1–8; Mt 16,14.

EVANGELIUM Mk 11,27–33

Wer hat dir die Vollmacht gegeben, das zu tun?

✠ **Aus dem heiligen Evangelium nach Markus.**

In jener Zeit
27 kamen Jesus und seine Jünger wieder nach Jerusalem.
Als er im Tempel umherging,
kamen die Hohenpriester,
die Schriftgelehrten und die Ältesten zu ihm
28 und fragten ihn:
Mit welchem Recht tust du das alles?
Wer hat dir die Vollmacht gegeben, das zu tun?
29 Jesus sagte zu ihnen:
Zuerst will ich euch eine Frage vorlegen.
Antwortet mir,
dann werde ich euch sagen, mit welchem Recht ich das tue.
30 Stammte die Taufe des Johannes vom Himmel
oder von den Menschen?
Antwortet mir!
31 Da überlegten sie
und sagten zueinander: Wenn wir antworten: Vom Himmel!,
so wird er sagen: Warum habt ihr ihm dann nicht geglaubt?
32 Sollen wir also antworten: Von den Menschen?
Sie fürchteten sich aber vor den Leuten;
denn alle glaubten, daß Johannes wirklich ein Prophet war.
33 Darum antworteten sie Jesus: Wir wissen es nicht.

Jesus erwiderte:
Dann sage auch ich euch nicht,
mit welchem Recht ich das alles tue.

FÜRBITTEN

Im Gebet wenden wir uns an Christus, den Sohn der Jungfrau Maria:

Für alle, die in Ordensgemeinschaften leben: laß sie ungehindert dem Reich Gottes dienen. (Stille) Herr, erbarme dich.
A.: Christus, erbarme dich.

Für die Mächtigen dieser Welt: leite ihre Schritte zu Frieden und Versöhnung. (Stille) Herr, erbarme dich.

Für alle Schwachen: mache sie stark durch deine Kraft. (Stille) Herr, erbarme dich.

Für unsere Wohltäter: schenke ihnen das ewige Leben. (Stille) Herr, erbarme dich.

Barmherziger Gott, du hast die Jungfrau Maria erwählt, die Mutter deines Sohnes zu werden. Mit Maria preisen wir deine Güte und bitten dich um Erhörung durch ihn, Christus, unseren Herrn. A.: Amen.

„JESUS *trat weder als ausgewiesener Träger eines bestimmten Charismas noch als Inhaber eines Amtes unter sein Volk. Er erzählt von keiner Berufung, und er füllt auch keinen Beruf aus. Er hat keinen Titel, der seiner Person einen bestimmten Rang oder Platz einräumte. Die vieldeutige Bezeichnung als ‚Prophet‘ legen ihm andere bei, ohne ihn darauf festlegen zu können; die Anrede ‚Rabbi‘, Lehrer, scheint seiner Lehrtätigkeit und seiner Stellung im Jüngerkreis zu entsprechen, aber macht ihn nicht zum Vertreter eines bestimmten Standes mit feststehenden Rechten und begründeter Autorität. Hinter seinen Worten und Taten wird immer wieder nur er selbst und sein eigener Entschluß sichtbar, für die es keinen Namen und keinen Maßstab zu geben scheint. Dennoch tritt Jesus mit völliger Sicherheit und mit gebieterischer Bestimmtheit auf den Plan. Er lehrt ungeschützt und unmittelbar; er handelt gegenwärtig und unableitbar. Er ruft Männer in seine Nachfolge wie ein König und fordert die Schriftgelehrten zum Kampf heraus, als bedürfte er keiner rabbinischen Schulung … Er handelt völlig frei als der, der er ist, und in diesem umfassenden Sinne ‚in Vollmacht‘*" (Hans Freiherr von Campenhausen).

9. WOCHE

ERÖFFNUNGSVERS
Ps 25 (24), 16.18

Herr, wende dich mir zu und sei mir gnädig,
denn ich bin einsam und gebeugt.
Sieh meine Not und meine Plage an
und vergib mir all meine Sünden.

TAGESGEBET

Gott, unser Vater,
deine Vorsehung geht niemals fehl.
Halte von uns fern, was uns schadet,
und gewähre uns alles, was zum Heile dient.
Darum bitten wir durch Jesus Christus.

Lesungen vom betreffenden Wochentag. S. 996–1036.

GABENGEBET

Herr, unser Gott,
im Vertrauen auf deine Güte
kommen wir mit Gaben zu deinem Altar.
Tilge unsere Schuld
durch das Geheimnis des Glaubens,
das wir im Auftrag deines Sohnes feiern,
und schenke uns deine Gnade.
Darum bitten wir durch Christus, unseren Herrn.

Präfation. S. 1365 ff.

KOMMUNIONVERS
Ps 17 (16), 6

Ich rufe dich an, denn du, Gott, erhörst mich.
Wende dein Ohr mir zu, vernimm meine Rede.

Oder: Mk 11, 23.24

So spricht der Herr: Amen, ich sage euch:
Betet und bittet, um was ihr wollt;
glaubt nur, daß ihr es schon erhalten habt, dann wird es euch zuteil.

SCHLUSSGEBET

Herr, wir haben den Leib
und das Blut deines Sohnes empfangen.
Führe uns durch deinen Geist,
damit wir uns nicht nur mit Worten zu dir bekennen,
sondern dich auch durch unser Tun bezeugen
und den ewigen Lohn erhalten in deinem Reich.
Darum bitten wir durch Christus, unseren Herrn.

MONTAG

TAGESGEBET

Herr, unser Gott,
dein Sohn hat sich aus Liebe zur Welt
dem Tod überliefert.
Laß uns in seiner Liebe bleiben
und mit deiner Gnade aus ihr leben.
Darum bitten wir durch Jesus Christus. (MB 125)

Oder ein anderes Tagesgebet (vgl. S. 661).

Jahr I

ZUR LESUNG   *Das Buch Tobit, ursprünglich hebräisch oder aramäisch geschrieben, ist uns nur in griechischer und lateinischer Übersetzung erhalten. Die Handschriften weichen stark voneinander ab, was auch verschiedene Verszählungen in den verschiedenen Bibelausgaben zur Folge hat. Das Buch ist eine erbauliche Familiengeschichte und gehört eher zu den Weisheitsschriften als zu den geschichtlichen Büchern des Alten Testaments. Wie weit dieser Erzählung wirkliche Ereignisse zugrunde liegen, läßt sich nicht feststellen und ist für den religiösen Gehalt des Buches unerheblich. – Die Familie Tobits ist nach dem Fall Samarias (722) von den Assyrern nach Ninive verschleppt worden. Auch dort halten sie sich an die jüdischen Bräuche und Vorschriften. Wir haben in Tobit das Beispiel eines frommen Pharisäers; er erfüllt nicht nur den Buchstaben des Gesetzes, er ist auch von seinem Geist durchdrungen. Vor allem ist er um seine Volksgenossen besorgt, die das Schicksal der Verbannung härter zu spüren bekommen als er selbst. – Dtn 16,9–12; Am 8,10.*

ERSTE LESUNG

Tob 1, 3; 2, 1b–8

Tobit hat sich an den Weg der Wahrheit gehalten

Lesung
aus dem Buch Tobit.

Anfang der Geschichte Tobits.

³ Ich, Tobit,
habe mich mein ganzes Leben lang
an den Weg der Wahrheit und Gerechtigkeit gehalten,
und ich habe den Brüdern aus meinem Stamm und meinem Volk,
die mit mir zusammen
in das Land der Assýrer nach Nínive gekommen waren,
aus Barmherzigkeit viel geholfen.

¹ᵇ Man veranstaltete mir zu Ehren
am Pfingsttag – dem Fest der Sieben Wochen – ein Festmahl.
² Ich setzte mich zu Tisch;
als ich aber die vielen Speisen sah, sagte ich zu meinem Sohn:
Geh zu unseren Brüdern,
und wenn du einen Armen findest,
der dem Herrn treugeblieben ist,
bring ihn her;
ich warte auf dich.
³ Er kam zurück
und sagte: Auf dem Marktplatz liegt einer von unserem Volk,
den man erdrosselt hat.
⁴ Ich sprang auf, noch ehe ich etwas gegessen hatte,
und verbarg den Toten bis zum Sonnenuntergang in einer Hütte.
⁵ Nach meiner Rückkehr wusch ich mich
und aß voll Trauer mein Mahl.
⁶ Ich erinnerte mich an das Wort des Propheten Amos:
Eure Feste sollen sich in Trauer verwandeln
und alle eure Freudenlieder in Totenklage.
Und ich begann zu weinen.
⁷ Nach Sonnenuntergang ging ich hinaus, um ein Grab zu schaufeln,
und begrub den Toten.
⁸ Meine Nachbarn aber sagten hämisch:
Er hat schon gar keine Angst mehr,
wegen dieser Tat hingerichtet zu werden.
Eben erst hat er fliehen müssen,
und schon begräbt er wieder die Toten.

ANTWORTPSALM   Ps 112 (111), 1–2.3–4.5–6 (R: vgl. 1a)

R Selig der Mensch, der den Herrn fürchtet und ehrt. – **R** (GL 708, 1)

(*Oder:* Halleluja.)

1 Wohl dem Mann, der den Herrn fürchtet und ehrt *   IV. Ton
und sich herzlich freut an seinen Geboten.

2 Seine Nachkommen werden mächtig im Land, *
das Geschlecht der Redlichen wird gesegnet. – (R)

3 Wohlstand und Reichtum füllen sein Haus, *
sein Heil hat Bestand für immer.

4 Den Redlichen erstrahlt im Finstern ein Licht: *
der Gnädige, Barmherzige und Gerechte. – (R)

5 Wohl dem Mann, der gütig und zum Helfen bereit ist, *
der das Seine ordnet, wie es recht ist.

6 Niemals gerät er ins Wanken; *
ewig denkt man an den Gerechten. – **R**

Jahr II

ZUR LESUNG   *Der zweite Petrusbrief ist der Form nach ein Brief, dem Inhalt nach eher ein Mahnschreiben oder eine Predigt mit zwei Hauptpunkten: 1. die Notwendigkeit des Glaubens, 2. die Wiederkunft Christi; dazwischen stehen Warnungen vor Irrlehrern. Der Verfasser versucht, in einigen Punkten die Sprache des Christentums zu modernisieren, um das Wesentliche der christlichen Botschaft seinen griechisch sprechenden Lesern verständlicher zu machen. So ersetzt er den (auch für uns schwierigen) biblischen Begriff der „Gerechtigkeit" durch den der „Tugend", und er rückt den Glauben stark in die Nähe der Erkenntnis, ja er nennt ihn geradezu die „Erkenntnis Gottes und Jesu, unseres Herrn" (1, 2). Jesus als den Christus und Herrn erkennen, das ist tatsächlich der Kern des christlichen Glaubens und der Anfang unseres Heilsweges. Göttliche Gabe und menschliches Tun müssen zusammenwirken, damit die Verheißungen sich voll verwirklichen können. Die volle und endgültige Verwirklichung wird im Neuen Testament mit verschiedenen Namen benannt: „Anteil an der göttlichen Natur erhalten" ist ein Ausdruck, der sich auch bei griechischen Philosophen findet, dessen Tragweite aber erst durch das Christusereignis erkennbar geworden ist. Die Reihe der Tugenden in den Versen 5–7, die mit dem Glauben beginnt und mit der Liebe endet, kennzeichnet den Weg des Christen von der Taufe bis zur Vollendung. – Eph 3, 16–19;*

Weish 2, 23; Joh 1, 10. 12; Apg 17, 28; 2 Kor 3, 18; 1 Joh 2, 15–16;
5, 19; Gal 5, 22.

ERSTE LESUNG 2 Petr 1, 2–7

Uns wurden die kostbaren Verheißungen geschenkt, damit ihr Anteil an der göttlichen Natur erhaltet

Lesung
   aus dem zweiten Brief des Apostels Petrus.

Liebe Brüder!
2 Gnade sei mit euch und Friede in Fülle
   durch die Erkenntnis Gottes und Jesu, unseres Herrn.
3 Alles, was für unser Leben und unsere Frömmigkeit gut ist,
   hat seine göttliche Macht uns geschenkt;
sie hat uns den erkennen lassen,
   der uns durch seine Herrlichkeit und Kraft berufen hat.
4 Durch sie
   wurden uns die kostbaren
   und überaus großen Verheißungen geschenkt,
damit ihr der verderblichen Begierde, die in der Welt herrscht,
   entflieht
   und an der göttlichen Natur Anteil erhaltet.
5 Darum setzt allen Eifer daran,
   mit eurem Glauben die Tugend zu verbinden,
mit der Tugend die Erkenntnis,
6   mit der Erkenntnis die Selbstbeherrschung,
mit der Selbstbeherrschung die Ausdauer,
   mit der Ausdauer die Frömmigkeit,
7 mit der Frömmigkeit die Brüderlichkeit
   und mit der Brüderlichkeit die Liebe.

ANTWORTPSALM Ps 91 (90), 1–2. 14–15a. 15b–16 (R: vgl. 2b)

R Du bist mein Gott, dem ich vertraue. – R (GL 172, 4)

1 Wer im Schutz des Höchsten wohnt * VIII. Ton
und ruht im Schatten des Allmächtigen,
2 der sagt zum Herrn: „Du bist für mich Zuflucht und Burg, *
mein Gott, dem ich vertraue." – (R)

14 „Weil er an mir hängt, will ich ihn retten; *
ich will ihn schützen, denn er kennt meinen Namen.

15a Wenn er mich anruft, *
dann will ich ihn erhören. – (R)

15bc Ich bin bei ihm in der Not, *
befreie ihn und bringe ihn zu Ehren.

16 Ich sättige ihn mit langem Leben *
und lasse ihn schauen mein Heil." – R

Jahr I und II

RUF VOR DEM EVANGELIUM   Vers: vgl. Offb 1,5ab

Halleluja. Halleluja.

Jesus Christus, du bist der treue Zeuge, der Erstgeborene der Toten.
Du liebst uns
und hast uns von unseren Sünden erlöst durch dein Blut.

Halleluja.

ZUM EVANGELIUM   *Anstelle einer Antwort auf die Frage nach seiner Vollmacht erzählt Jesus ein Gleichnis. Man nennt es das Gleichnis von den bösen Winzern; man kann es ebensogut das Gleichnis von der Passion Jesu nennen. Es ist so deutlich, daß es keine Erklärung braucht. Sogar „die draußen" (Mk 4,11) verstehen, daß er mit dem Gleichnis sie meinte, denn es scheint, daß sie betroffen waren. Das Gleichnis (wenn man es überhaupt ein Gleichnis nennen will) zeigt das Schicksal Jesu im Zusammenhang mit dem Schicksal der Propheten und dem Unglauben Israels in der Geschichte. Es ist als Ruf zur Einsicht und Umkehr gemeint, hat aber bei den Angesprochenen die gegenteilige Wirkung: sie wenden sich ab und gehen weg (vgl. Mk 4,11–12). – Mt 21,33–46; Lk 20,9–19; Jes 5,1–7; Ps 118,22–23; Apg 4,11; Röm 9,33; 1 Petr 2,6–8.*

EVANGELIUM

Mk 12, 1–12

Die Winzer packten den geliebten Sohn, brachten ihn um und warfen ihn aus dem Weinberg hinaus

✛ Aus dem heiligen Evangelium nach Markus.

In jener Zeit
1 begann Jesus zu den Hohenpriestern,
den Schriftgelehrten und den Ältesten
in Form von Gleichnissen zu reden.

Er sagte:
Ein Mann legte einen Weinberg an,
zog ringsherum einen Zaun,
hob eine Kelter aus und baute einen Turm.
Dann verpachtete er den Weinberg an Winzer
und reiste in ein anderes Land.

2 Als nun die Zeit dafür gekommen war,
schickte er einen Knecht zu den Winzern,
um bei ihnen seinen Anteil an den Früchten des Weinbergs
holen zu lassen.
3 Sie aber packten und prügelten ihn
und jagten ihn mit leeren Händen fort.
4 Darauf schickte er einen anderen Knecht zu ihnen;
auch ihn mißhandelten und beschimpften sie.
5 Als er einen dritten schickte,
brachten sie ihn um.
Ähnlich ging es vielen anderen;
die einen wurden geprügelt, die andern umgebracht.
6 Schließlich blieb ihm nur noch einer: sein geliebter Sohn.
Ihn sandte er als letzten zu ihnen,
denn er dachte:
Vor meinem Sohn werden sie Achtung haben.
7 Die Winzer aber sagten zueinander: Das ist der Erbe.
Auf, wir wollen ihn töten,
dann gehört sein Erbgut uns.
8 Und sie packten ihn und brachten ihn um
und warfen ihn aus dem Weinberg hinaus.
9 Was wird nun der Besitzer des Weinbergs tun?
Er wird kommen
und die Winzer töten und den Weinberg anderen geben.

Zeit im Jahreskreis: 9. Woche – Montag

10 Habt ihr nicht das Schriftwort gelesen:

> Der Stein, den die Bauleute verworfen haben,
> er ist zum Eckstein geworden;

11 das hat der Herr vollbracht,
vor unseren Augen geschah dieses Wunder?

12 Daraufhin hätten sie Jesus gern verhaften lassen;
aber sie fürchteten die Menge.
Denn sie hatten gemerkt,
> daß er mit diesem Gleichnis sie meinte.
Da ließen sie ihn stehen und gingen weg.

FÜRBITTEN

Jesus Christus, der bei uns bleibt bis zum Ende der Welt, bitten wir:

Für die Hirten der Kirche: ermutige sie, die Gläubigen in deiner Nachfolge zu bestärken. (Stille) Herr, erbarme dich.
A.: Christus, erbarme dich.

Für die Völker der Erde: bewahre sie vor Krieg, Hunger und jeglichem Unheil. (Stille) Herr, erbarme dich.

Für alle durch Krankheit und Not Gebeugten: richte sie auf, und schenke ihnen Zuversicht. (Stille) Herr, erbarme dich.

Für unsere Gemeinde: gib, daß wir Frucht bringen in guten Werken. (Stille) Herr, erbarme dich.

Allmächtiger Gott, deine Güte hat keine Grenzen. Erhöre unser Gebet durch Christus, unseren Herrn.   A.: Amen.

„GOTT PFLANZTE DEN WEINBERG des Menschengeschlechts zuerst durch die Erschaffung Adams und die Erwählung der Patriarchen und übergab ihn den Weinbauern durch die Gesetzgebung des Mose. Dann umgab er ihn mit einem Zaun, d. h., er umgrenzte ihr Gebiet und baute einen Turm, indem er Jerusalem erwählte.
Dann grub er eine Kelter, indem er das Gefäß für den prophetischen Geist vorbereitete. Und so schickte er die Propheten bereits vor der babylonischen Gefangenschaft und andere nach ihr, und zwar um die Früchte des Weinbergs einzufordern.

Da sie aber den Propheten nicht glaubten, sandte der Herr zuletzt seinen Sohn, unseren Herrn Jesus Christus. Diesen schlugen die bösen Winzer und warfen ihn aus dem Weinberg hinaus. Nun aber umgab Gott seinen Weinberg nicht mit einem Wall, sondern er dehnte ihn über die ganze Welt aus und übergab ihn andern Weinbauern, welche die Frucht zur rechten Zeit abliefern, nachdem sein erwählter Turm an allen Orten mächtig erhöht worden ist.
Denn überall ist die Kirche, und überall ist die Kelter gegraben; überall wird der Geist gespendet und empfangen" (Irenäus von Lyon, Gegen die Häresien IV, 36).

DIENSTAG

TAGESGEBET

Herr, unser Gott.
Wir danken dir
für das Geschenk dieser Zusammenkunft.
Sie hält in uns lebendig,
was wir allein vergessen und verlieren würden.
Zeig uns heute neu den Sinn unseres Lebens.
Festige unsere Gemeinschaft mit dir
und miteinander.
Schenk uns den Geist deines Sohnes,
unseres Herrn Jesus Christus,
der in der Einheit des Heiligen Geistes
mit dir lebt und herrscht in alle Ewigkeit. (MB 312, 20)

Oder ein anderes Tagesgebet (vgl. S. 661).

Jahr I

ZUR LESUNG *Zwischen dem Buch Tobit und dem Buch Ijob besteht eine gewisse Ähnlichkeit in der Entwicklung des Gedankengangs. In beiden Büchern wird zunächst die Frömmigkeit des Helden geschildert, dann der unerwartete Einbruch der Katastrophe erzählt. Wie Ijob, so muß auch Tobit im Unglück harte Worte von seiner Frau hören (Tob 2, 14; Ijob 2, 9). Bei Tobit scheint alles viel harmloser. Da gibt es keine Beratung der Gottessöhne wie bei Ijob, kein Satan tritt auf, kein Feuer fällt vom Himmel; es genügt ein banaler Zufall: der Kot eines Sperlings fällt Tobit in die*

Augen, und er erblindet. Seine Frau sieht darin eine Strafe Gottes oder wenigstens einen Beweis für die Nutzlosigkeit der Gesetzestreue. Tobit ist kein Mann, der aufbegehrt wie Ijob; er nimmt sein Unglück an, im Bewußtsein, daß er auch für die Sünden seines Volkes mitbüßen muß (Tob 3, 2–6).

ERSTE LESUNG

Tob 2, 9–14

Tobit verliert das Augenlicht

**Lesung
aus dem Buch Tobit.**

9 Als ich, Tobit, am Pfingsttag einen Toten begraben hatte
 und in der Nacht nach Hause kam,
 legte ich mich an der Hofmauer zum Schlafen nieder,
 weil ich unrein geworden war.
Mein Gesicht ließ ich unbedeckt,
10 ohne auf die Sperlinge zu achten, die in der Mauer nisteten.
Da ließen die Sperlinge
 ihren warmen Kot in meine offenen Augen fallen,
und es bildeten sich weiße Flecke in meinen Augen.
Ich ging zu den Ärzten,
 doch sie konnten mir nicht helfen.
Achikar sorgte für meinen Unterhalt,
 bis er in die Provinz Elymáis zog.

11 Meine Frau Hanna fertigte zu Hause Webarbeiten an,
 wie sie Frauen zu machen pflegen,
12 und lieferte sie dann bei den Bestellern ab.
Einmal geschah es, daß sie ihr nicht nur den Lohn zahlten,
 sondern auch noch ein Ziegenböckchen dazuschenkten.
13 Als sie heimkam, fing das Tier an zu meckern.
Ich fragte sie: Wo hast du das Böckchen her?
Es ist doch nicht etwa gestohlen?
Dann gib es seinen Eigentümern zurück!
Denn was gestohlen ist, darf man nicht essen.
14 Sie erwiderte:
 Es wurde mir zusätzlich zu meinem Lohn geschenkt.
Aber ich glaubte ihr nicht
und verlangte, daß sie es seinen Eigentümern zurückbrachte,
und ich schämte mich ihretwegen.

Doch sie antwortete:
 Wo ist denn der Lohn
 für deine Barmherzigkeit und Gerechtigkeit?
Jeder weiß, was sie dir eingebracht haben.

ANTWORTPSALM　　　　　　Ps 112 (111), 1–2.6–7.8–9 (R: 7b)

R Sein Herz ist fest, er vertraut auf den Herrn. – **R**　　(GL 708, 1)
(*Oder:* Halleluja.)

1 Wohl dem Mann, der den Herrn fürchtet und ehrt *　　　　IV. Ton
 und sich herzlich freut an seinen Geboten.

2 Seine Nachkommen werden mächtig im Land, *
 das Geschlecht der Redlichen wird gesegnet. – (**R**)

6 Niemals gerät er ins Wanken; *
 ewig denkt man an den Gerechten.

7 Er fürchtet sich nicht vor Verleumdung; *
 sein Herz ist fest, er vertraut auf den Herrn. – (**R**)

8 Sein Herz ist getrost, er fürchtet sich nie; *
 denn bald wird er herabschauen auf seine Bedränger.

9 Reichlich gibt er den Armen, †
 sein Heil hat Bestand für immer; *
 er ist mächtig und hoch geehrt. – **R**

Jahr II

ZUR LESUNG　*Die Wiederkunft Christi läßt auf sich warten; wie ist das zu erklären, und was ergibt sich daraus für die Christen? Der zweite Petrusbrief gibt in 3, 8–9 eine doppelte Erklärung: 1. Das Zeitmaß Gottes ist nicht das der Menschen. 2. Gott wartet, weil er barmherzig ist, er läßt Zeit zur Bekehrung. Aber „einige" (V. 9) zogen (und ziehen) daraus einen anderen Schluß: Es hat noch keine Eile mit der Bekehrung. Doch der Tag des Herrn wird kommen, wann die Menschen es am wenigsten erwarten; er wird ein Ende und einen Anfang bedeuten. Die alte Welt wird vergehen, es wird einen neuen Himmel und eine neue Erde geben. „Neu": mit diesem Wort wird der unfaßbare und unsagbare Inhalt der christlichen Enderwartung angedeutet. Positive Angaben über die neue Schöpfung macht der Verfasser nur mit großer Zurückhaltung; er sagt, daß dort die Gerechtigkeit wohnen wird (V. 13): daß Gottes Wille vollkommen geschehen wird. Das ist das Ziel der Schöpfung. – Mk 14, 25; Offb 2, 17; 5, 9; Mt*

6, 10; Jes 34, 4; Hebr 12, 26–29; Jes 60, 21; 65, 17; 66, 22; Röm 8, 19–21; Offb 21, 1–2.27; Jud 24; 1 Tim 1, 15–16.

ERSTE LESUNG 2 Petr 3, 12–15a.17–18

Wir erwarten einen neuen Himmel und eine neue Erde

Lesung
  aus dem zweiten Brief des Apostels Petrus.

Liebe Brüder!
12 Ihr müßt den Tag Gottes erwarten
  und seine Ankunft beschleunigen!
  An jenem Tag wird sich der Himmel im Feuer auflösen,
  und die Elemente werden im Brand zerschmelzen.
13 Dann erwarten wir, seiner Verheißung gemäß,
  einen neuen Himmel und eine neue Erde,
  in denen die Gerechtigkeit wohnt.
14 Weil ihr das erwartet, liebe Brüder,
  bemüht euch darum, von ihm ohne Makel und Fehler
  und in Frieden angetroffen zu werden.
15a Seid überzeugt, daß die Geduld unseres Herrn eure Rettung ist.
17 Ihr aber, liebe Brüder, sollt das im voraus wissen
  und acht geben,
   daß ihr euch nicht
   von dem Irrtum der Gottesverächter mitreißen laßt,
  euren Halt verliert und zu Fall kommt.
18 Wachset in der Gnade und Erkenntnis
  unseres Herrn und Retters Jesus Christus!
  Ihm gebührt die Herrlichkeit,
  jetzt und bis zum Tag der Ewigkeit. Amen.

ANTWORTPSALM Ps 90 (89), 1–2.3–4.14 u. 16 (R: vgl. 1)

R Herr, du bist unsere Zuflucht (GL 711, 2)
von Geschlecht zu Geschlecht. – R

Herr, du warst unsere Zuflucht *
von Geschlecht zu Geschlecht.

Ehe die Berge geboren wurden, †
die Erde entstand und das Weltall, *
bist du, o Gott, von Ewigkeit zu Ewigkeit. – (R)

3 Du läßt die Menschen zurückkehren zum Staub *
   und sprichst: „Kommt wieder, ihr Menschen!"
4 Denn tausend Jahre sind für dich †
   wie der Tag, der gestern vergangen ist, *
   wie eine Wache in der Nacht. – (R)
14 Sättige uns am Morgen mit deiner Huld! *
   Dann wollen wir jubeln und uns freuen all unsre Tage.
16 Zeig deinen Knechten deine Taten *
   und ihren Kindern deine erhabene Macht!

R Herr, du bist unsere Zuflucht
von Geschlecht zu Geschlecht.

Jahr I und II

RUF VOR DEM EVANGELIUM   Vers: vgl. Eph 1, 17–18

Halleluja. Halleluja.
Der Vater unseres Herrn Jesus Christus
erleuchte die Augen unseres Herzens,
damit wir verstehen, zu welcher Hoffnung wir berufen sind.
Halleluja.

ZUM EVANGELIUM *Die scheinheilige Einleitung (V. 14) kann nicht über die Böswilligkeit der Frage hinwegtäuschen. Jesus wird als Meister angesprochen, der den Weg Gottes lehrt: was sagt er zu der Kopfsteuer, die seit dem Jahr 6 n. Chr. von der römischen Besatzungsmacht erhoben wird? Die Fragesteller kommen sich schlau vor: jetzt muß Jesus sich entweder mit den Römern oder mit der Masse des jüdischen Volkes verfeinden. Die Antwort Jesu ist nicht bloß geschickt formuliert; sie sagt mehr, als die Fragesteller wissen wollten. Sie zwingt die Hörer zum Nachdenken: Was gehört eigentlich dem Kaiser, und was gehört Gott? Das Schwergewicht liegt auf der zweiten Frage. Nicht der Anspruch des Kaisers ist interessant, sondern der Anspruch Gottes. – Mt 22, 15–22; Lk 20, 20–26; Röm 13, 7.*

EVANGELIUM   Mk 12, 13–17

Gebt dem Kaiser, was dem Kaiser gehört, und Gott, was Gott gehört

✠ **Aus dem heiligen Evangelium nach Markus.**

In jener Zeit
13 wurden einige Pharisäer und einige Anhänger des Herodes
zu Jesus geschickt,
um ihn mit einer Frage in eine Falle zu locken.
14 Sie kamen zu ihm
und sagten:
Meister, wir wissen, daß du immer die Wahrheit sagst
und dabei auf niemand Rücksicht nimmst;
denn du siehst nicht auf die Person,
sondern lehrst wirklich den Weg Gottes.
Ist es erlaubt, dem Kaiser Steuer zu zahlen, oder nicht?
Sollen wir sie zahlen oder nicht zahlen?
15 Er aber durchschaute ihre Heuchelei
und sagte zu ihnen: Warum stellt ihr mir eine Falle?
Bringt mir einen Denár, ich will ihn sehen.
16 Man brachte ihm einen.
Da fragte er sie: Wessen Bild und Aufschrift ist das?

Sie antworteten ihm: Des Kaisers.

17 Da sagte Jesus zu ihnen:
So gebt dem Kaiser, was dem Kaiser gehört,
und Gott, was Gott gehört!
Und sie waren sehr erstaunt über ihn.

FÜRBITTEN

Wir beten zu unserem Herrn Jesus Christus, der weiß, was wir nötig haben:

Ermutige die Verkünder des Evangeliums zum Dienst an deinem Wort.
A.: Herr, erhöre unser Gebet.

Verwehre den Mächtigen in der Welt, ihre Macht zu mißbrauchen und die Menschen zu unterdrücken.

Gib den leidenden Menschen Helfer, die ihnen beistehen.

Leite uns an, in der Unrast des Alltags im Gebet zu verweilen und bei dir Ruhe zu finden.
A.: Herr, erhöre unser Gebet.

Gütiger Gott, du bist uns nahe. Erhöre uns durch Christus, unseren Herrn.   A.: Amen.

„DER GEWALT GOTTES, das ist auch des Gottmenschen Christus, ist keine Grenze gezogen. Weder die ‚geistlichen' Angelegenheiten der Kirche noch die ‚weltlichen' des Staates sind in dem Sinne souverän, daß sie in irgendeinem Teilchen ihres Wesens, in irgendeiner Sekunde ihres Daseins sich der Oberherrschaft Gottes entziehen dürften. Auch der Staat steht in jeder einzelnen seiner Handlungen restlos unter der Souveränität Christi. Nie darf eine Regierung ein Gesetz ausfertigen, nie einen einzigen Staatsakt vollziehen, der von Christus nicht gutgeheißen werden könnte. Es gibt ein doppeltes Recht, ein staatliches und ein Kirchenrecht, aber es gibt keine doppelte Moral" (Franziskus Stratmann).

MITTWOCH

TAGESGEBET

Du,
der du uns deinen Namen genannt
und uns Mut gemacht hast, dich anzusprechen,
wir kommen zu dir und sagen:
Gott, unser Vater,
wir danken dir, daß du für uns da bist.
Hilf uns,
daß auch wir für dich leben –
und für die Menschen,
in denen du uns begegnest.
Darum bitten wir durch Jesus Christus. (MB 318, 35)

Oder ein anderes Tagesgebet (vgl. S. 661).

Jahr I

ZUR LESUNG   *Das Buch Tobit ist ein Buch seltsamer Zusammenhänge und Begegnungen. Es ist mit seinen sieben Gebeten auch eine Schule des richtigen und geordneten Betens. Die heutige Lesung ist dafür ein gutes Beispiel. Der erblindete und von seiner Frau beschimpfte Tobit betet in Ninive; zur gleichen Zeit betet die unglückliche Sara in Ekbatana, und beide werden erhört. Das Gebet Tobits beginnt nicht mit der Klage über sein Unglück; voran steht der Lobpreis Gottes: Gott ist gerecht, treu und barmherzig. Darauf folgt das Bekenntnis der Sünde, der eigenen Sünde und der des Volkes, mit dem der Beter sich solidarisch weiß. Dann erst kommt die Klage und Bitte. Tobit bittet darum, sterben zu dürfen, Sara spricht die gleiche Bitte aus, und von beiden heißt es, daß ihr Gebet erhört wurde. Wegen ihrer Ehrfurcht und Treue wurde ihnen mehr gegeben, als sie erbaten; nicht der Tod, sondern Leben, Gesundheit und Freude. Gott erhört das Gebet des Herzens, nicht das der Lippen. – Ps 119,137; Dan 3,27–32; Ps 25,10; Ex 34,7; Bar 1,17–18; Dan 9,5–6; Bar 2,4–5; 3,8; Tob 12,12–14.*

ERSTE LESUNG   Tob 3,1–11a.16–17a

Das Gebet Tobits und Saras fand Gehör

**Lesung
aus dem Buch Tobit.**

In jenen Tagen
1 wurde ich traurig und begann zu weinen.
   In meinem Schmerz betete ich:
2 Herr, du bist gerecht,
   alle deine Wege und Taten
       zeugen von deiner Barmherzigkeit und Wahrheit;
   wahr und gerecht ist dein Gericht in Ewigkeit.
3 Denk an mich, und blick auf mich herab!
   Straf mich nicht für die Sünden und Fehler,
       die ich und meine Väter dir gegenüber begangen haben.
4 Sie haben nicht auf deine Gebote gehört.
   Darum hast du uns der Plünderung,
       der Gefangenschaft und dem Tod preisgegeben;
   bei allen Völkern, unter die wir zerstreut worden sind,
       hast du uns zum Gespött gemacht.
5 Auch jetzt treffen mich zu Recht deine harten Strafen,
       die du über mich kommen läßt
       wegen meiner und meiner Väter Sünden.
   **Denn wir haben deine Gebote nicht gehalten
   und haben den Weg deiner Wahrheit verlassen.**

⁶ Tu also mit mir, was dir gefällt.
Laß meinen Geist von mir scheiden;
laß mich sterben und zu Staub werden!
Es ist besser für mich, tot zu sein als zu leben.
Denn ungerechte Vorwürfe mußte ich anhören,
und ich bin sehr betrübt.
Laß mich jetzt aus meiner Not zur ewigen Ruhestatt gelangen!
Wende deine Augen nicht von mir ab!

⁷ Am gleichen Tag geschah es,
daß in Ekbátana in Médien Sara, die Tochter Ráguëls,
von den Mägden ihres Vaters ebenfalls beschimpft wurde.
⁸ Sie war mit sieben Männern verheiratet gewesen;
doch der böse Dämon Áschmodai hatte sie alle getötet,
bevor sie mit ihr geschlafen hatten.
Die Mägde sagten zu ihr:
Begreifst du denn nicht,
daß du deine eigenen Männer erwürgst?
Sieben hast du gehabt, doch kein einziger ist dir geblieben.
⁹ Mit welchem Recht also behandelst du uns so hart?
Wenn sie schon sterben mußten,
dann verschwinde du doch mit ihnen!
Hoffentlich bekommen wir nie
einen Sohn oder eine Tochter von dir zu sehen.
¹⁰ Als Sara das hörte,
wurde sie so traurig, daß sie sich erhängen wollte.
Aber sie dachte: Ich bin die einzige Tochter meines Vaters.
Wenn ich das täte, wäre es eine große Schande für ihn,
und ich wäre schuld daran,
daß der alte Mann vor Kummer ins Grab sinkt.
¹¹ᵃ Darum trat sie ans Fenster und betete:
Gepriesen seist du, Herr, mein Gott.
Gepriesen sei dein heiliger und ehrwürdiger Name in Ewigkeit.

¹⁶ Das Gebet beider, Tobits und Saras,
fand Gehör bei der Majestät des großen Ráfael.
¹⁷ᵃ Er wurde gesandt, um beide zu heilen:
um Tobit *von den weißen* Flecken auf seinen Augen zu befreien
und um Sara, die Tochter Ráguëls,
mit Tobits Sohn Tobías zu vermählen
und den bösen Dämon Áschmodai zu fesseln.
Denn Tobías sollte Sara zur Frau haben.

ANTWORTPSALM

Ps 25 (24), 1–2.3–4.5–6.8–9 (R: 1)

R Zu dir, o Herr, erhebe ich meine Seele. – **R** (GL 529, 2)

I. Ton

1 Zu dir, Herr, erhebe ich meine Seele. *
2 Mein Gott, auf dich vertraue ich.

Laß mich nicht scheitern, *
laß meine Feinde nicht triumphieren! – (R)

3 Denn niemand, der auf dich hofft, wird zuschanden;
zuschanden wird, wer dir schnöde die Treue bricht.

4 Zeige mir, Herr, deine Wege, *
lehre mich deine Pfade! – (R)

5 Führe mich in deiner Treue und lehre mich; †
denn du bist der Gott meines Heiles. *
Auf dich hoffe ich allezeit.

6 Denk an dein Erbarmen, Herr, †
und an die Taten deiner Huld; *
denn sie bestehen seit Ewigkeit. – (R)

8 Gut und gerecht ist der Herr, *
darum weist er die Irrenden auf den rechten Weg.

9 Die Demütigen leitet er nach seinem Recht, *
die Gebeugten lehrt er seinen Weg. – **R**

Jahr II

ZUR LESUNG *Der zweite Timotheusbrief ist seiner Form nach ein Abschiedsbrief, das Vermächtnis des Apostels im Angesicht des nahen Todes (vgl. 4, 6–8). „Mit reinem Gewissen" (V. 3) hat er Gott gedient. Das sagt Paulus, nicht um sich zu rühmen, sondern um dem zu danken, der ihn berufen und ihm die Kraft der Treue gegeben hat. Paulus ist der Gefangene Jesu, nicht des römischen Kaisers. Er macht sich keine Sorge über die eigene Zukunft, wohl aber darüber, daß die Botschaft Jesu weitergegeben wird. Timotheus hat durch die Handauflegung des Apostels die „Gnade Gottes" (V. 6) empfangen: die Kraft zur Treue im Glauben, im Bekenntnis, im Leiden. – Apg 24, 14–16; 4, 20–21; Röm 8, 15; 1 Joh 4, 18; 2 Tim 1, 16; Lk 9, 26; Röm 1, 16; 5, 3–4; Eph 3, 13; Tit 3, 5; 2, 11; 3, 4; Röm 6, 9; 8, 2; Hebr 2, 14–15.*

ERSTE LESUNG

2 Tim 1,1–3.6–12

Entfache die Gnade Gottes wieder, die dir durch die Auflegung meiner Hände zuteil geworden ist

Lesung
aus dem zweiten Brief des Apostels Paulus an Timótheus.

1 Paulus,
  durch den Willen Gottes zum Apostel Christi Jesu berufen,
  um das Leben in Christus Jesus, das uns verheißen ist,
  zu verkündigen,
2 an Timótheus, seinen geliebten Sohn:
  Gnade, Erbarmen und Friede von Gott, dem Vater,
  und Christus Jesus, unserem Herrn.

3 Ich danke Gott,
  dem ich wie schon meine Vorfahren mit reinem Gewissen diene
  – ich danke ihm bei Tag und Nacht in meinen Gebeten,
  in denen ich unablässig an dich denke.

6 Darum rufe ich dir ins Gedächtnis:
  Entfache die Gnade Gottes wieder,
  die dir durch die Auflegung meiner Hände zuteil geworden ist.
7 Denn Gott hat uns nicht einen Geist der Verzagtheit gegeben,
  sondern den Geist der Kraft,
  der Liebe und der Besonnenheit.

8 Schäme dich also nicht,
  dich zu unserem Herrn zu bekennen;
  schäme dich auch meiner nicht,
  der ich seinetwegen im Gefängnis bin,
  sondern leide mit mir für das Evangelium.
  Gott gibt dazu die Kraft:
9 Er hat uns gerettet;
  mit einem heiligen Ruf hat er uns gerufen,
  nicht aufgrund unserer Werke,
  sondern aus eigenem Entschluß und aus Gnade,
  die uns schon vor ewigen Zeiten
  in Christus Jesus geschenkt wurde;
10 jetzt aber wurde sie
  durch das Erscheinen unseres Retters Christus Jesus offenbart.

Er hat dem Tod die Macht genommen
und uns das Licht des unvergänglichen Lebens gebracht

durch das Evangelium,
11 als dessen Verkünder, Apostel und Lehrer ich eingesetzt bin.
12 Darum muß ich auch dies alles erdulden;
aber ich schäme mich nicht,
denn ich weiß, wem ich Glauben geschenkt habe,
und ich bin überzeugt,
> daß er die Macht hat,
> das mir anvertraute Gut bis zu jenem Tag zu bewahren.

ANTWORTPSALM   Ps 123 (122), 2 (R: 1)

R Ich erhebe meine Augen zu dir,
der du hoch im Himmel thronst. – R   (GL 528, 4)

2 Wie die Augen der Knechte auf die Hand ihres Herrn, *   VII. Ton
wie die Augen der Magd auf die Hand ihrer Herrin,

so schauen unsre Augen auf den Herrn, unsern Gott, *
bis er uns gnädig ist. – R

Jahr I und II

RUF VOR DEM EVANGELIUM   Vers: Joh 11, 25a. 26b

Halleluja. Halleluja.

(So spricht der Herr:)
Ich bin die Auferstehung und das Leben.
Jeder, der an mich glaubt, wird auf ewig nicht sterben.

Halleluja.

ZUM EVANGELIUM   *Für den Glauben an die Auferstehung der Toten haben die Sadduzäer nur Spott übrig. Sie lassen nur die fünf Bücher Mose (Genesis – Deuteronomium) als Heilige Schrift gelten; dort aber steht nichts über die Auferstehung – meinen sie. „Ihr kennt weder die Schrift noch die Macht Gottes", sagt ihnen Jesus. Weil sie die Kraft Gottes nicht kennen, deshalb verstehen sie auch die Schrift nicht. Jesus selbst findet seinen Beweis zuerst im Wesen Gottes und von daher auch in der Schrift. Daß Gott ein Gott der Lebenden, nicht der Toten ist, braucht den damaligen Gegnern Jesu nicht bewiesen zu werden. Der Schriftbeweis aus Exodus 3, 6 mag einem kritischen Exegeten unseres Jahrhunderts nicht zwingend erscheinen. Letzten Endes ist hier auch nichts zu beweisen. Die*

Gewißheit kann nur von der „Macht Gottes" kommen: des lebendigen und treuen Gottes, der den nicht zugrunde gehen läßt, dem er seine Freundschaft geschenkt hat. – Mt 22,23-33; Lk 20,27-40; Dtn 25,5-6.

EVANGELIUM Mk 12,18–27
Er ist nicht ein Gott von Toten, sondern von Lebenden

☩ Aus dem heiligen Evangelium nach Markus.

In jener Zeit
18 kamen einige von den Sadduzäern,
 die behaupteten, es gebe keine Auferstehung, zu Jesus
und fragten ihn:
19 Meister, Mose hat uns vorgeschrieben:
 Wenn ein Mann, der einen Bruder hat, stirbt
 und eine Frau hinterläßt, aber kein Kind,
 dann soll sein Bruder die Frau heiraten
 und seinem Bruder Nachkommen verschaffen.
20 Es lebten einmal sieben Brüder.
 Der erste nahm sich eine Frau,
 und als er starb, hinterließ er keine Nachkommen.
21 Da nahm sie der zweite;
 auch er starb, ohne Nachkommen zu hinterlassen,
 und ebenso der dritte.
22 Keiner der sieben hatte Nachkommen.
 Als letzte von allen starb die Frau.
23 Wessen Frau wird sie nun bei der Auferstehung sein?
 Alle sieben haben sie doch zur Frau gehabt.
24 Jesus sagte zu ihnen: Ihr irrt euch,
 ihr kennt weder die Schrift noch die Macht Gottes.
25 Wenn nämlich die Menschen von den Toten auferstehen,
  werden sie nicht mehr heiraten,
  sondern sie werden sein wie die Engel im Himmel.
26 Daß aber die Toten auferstehen,
 habt ihr das nicht im Buch des Mose gelesen,
 in der Geschichte vom Dornbusch,
 in der Gott zu Mose spricht:
  Ich bin der Gott Abrahams,
  der Gott Isaaks und der Gott Jakobs?
27 Er ist doch nicht ein Gott von Toten, sondern von Lebenden.
 Ihr irrt euch sehr.

FÜRBITTEN

Vertrauensvoll beten wir zu Christus, der reich ist an Erbarmen:

Mache die Diener der Kirche zu Boten deiner grenzenlosen Liebe.
(Stille) Christus, höre uns.
A.: Christus, erhöre uns.

Öffne die verschlossenen Herzen durch die Erfahrung deiner Güte.
(Stille) Christus, höre uns.

Erleuchte die Verwirrten, und führe sie auf den rechten Weg.
(Stille) Christus, höre uns.

Stärke unsere Hoffnung, daß wir auferstehen und ewig bei dir leben. (Stille) Christus, höre uns.

Herr, unser Gott, du bist der Vater der Erbarmungen und der Gott allen Trostes. Höre auf unser Gebet, und erhöre es durch Christus, unseren Herrn.   A.: Amen.

„ES MUSS TAGE GEBEN, an denen wir nicht nur auf Gott hoffen, sondern an denen wir nur noch auf Gott hoffen. Dieser Sinn läßt sich auch aus Gandhis Ausspruch herauslesen: ‚Beten heißt, sich täglich seine Schwäche gestehen.' Noch tiefgründiger sagt es der heilige Paulus in seinem Geständnis: ‚Denn wenn ich schwach bin, dann bin ich stark' (2 Kor 12,9–10). – Müßte man die Echtheit unseres Betens nicht zum großen Teil daran messen, wie wir uns gegenüber unserer Schwachheit verhalten?" (Bernard Bro.)

„NACH DER AUFERSTEHUNG CHRISTI ist das Schicksal der Welt bereits entschieden. Wir gehen – indem wir bewußt oder unbewußt als Christen, das heißt ‚in Christus' existieren – unbeirrbar dem Himmel entgegen. In allen Vorläufigkeiten der Welt ist bereits das Endgültige am Werk. Kein Suchen stößt in die Leere. ‚Nichts kann uns trennen von der Liebe Christi.' Nichts, nur die Abweisung eben dieser Liebe. Wir sind endgültig ins Freie, Offene und Freudige gelangt. ‚Ich habe dir eine offene Tür gegeben, die niemand mehr schließen kann' – spricht Christus in der Geheimen Offenbarung. Wo eine noch so kleine Flamme der Hoffnung brennt, ist das Licht des Himmels bereits sichtbar. Keine Sehnsucht wird enttäuscht. Wir verlieren nichts, am wenigsten das, worauf wir in unserem Leben verzichteten. In einer solchen Welt gibt es keinen Grund zu Ver-

zweiflung und Kleinmut. Der Christ ist „geboren zur lebendigen Hoffnung". Daraus erwächst die christliche Forderung: Dein einmaliges Leben muß dir „gelingen", damit die Menschheit und die Welt durch dich mehr Helle und mehr Vollendung erlangen; du bist verantwortlich durch dein Leben für das Glück der Welt" (Ladislaus Boros).

DONNERSTAG

TAGESGEBET

Allmächtiger Gott,
sende uns den Heiligen Geist
und entzünde in unseren Herzen
das Feuer deiner Liebe,
damit unser Sinnen und Trachten suche,
was dir gefällt,
und wir dich aufrichtig lieben
in unseren Brüdern und Schwestern.
Darum bitten wir durch Jesus Christus. (MB 1083)

Oder ein anderes Tagesgebet (vgl. S. 661).

Jahr I

ZUR LESUNG *Tobit hat seinen Sohn Tobias von Ninive nach dem weiter östlich gelegenen Medien geschickt, wo er Geld hinterlegt hatte. Der Reisebegleiter des Tobias wird sich am Schluß der Erzählung als der Engel Rafael vorstellen (12, 15); Gott nimmt die Geschichte der Menschen in seine Hände; er selbst führt die zusammen, die er füreinander bestimmt hat. Der Gott Abrahams, Isaaks und Jakobs ist der lebendige Gott, nicht der Gott der Philosophen. Siebenmal ließ er Saras Liebe sterben; ein böser Dämon brachte in der Brautnacht jeden ihrer sieben Männer um. Das ist zeitbedingte Denk- und Redeweise. Daß aber das Gebet aus einem lauteren Herzen bei Gott viel vermag, ist eine Wahrheit für alle Zeiten. Nach gutem jüdischem Brauch ist es der Mann, der vorbetet; Sara schließt daran ihre kurze, ehrfürchtige Bitte. Von Liebe ist in diesem hochzeitlichen Buch sehr wenig die Rede. Was Tobias in seinem Gebet über die Ehe sagt, mag dem heutigen Menschen allzu vernünftig und vielleicht auch wirklichkeitsfremd erscheinen. Aber es wurde eine gesegnete und glückliche Ehe. – Gen 24, 33.50–51.54; Dan 3, 26; Gen 2, 18.*

ERSTE LESUNG   Tob 6, 10–11; 7, 1.8(9)–17; 8, 4–9 (9a)

Hab Erbarmen mit mir, und laß mich gemeinsam mit Sara ein hohes Alter erreichen

Lesung
aus dem Buch Tobit.

In jenen Tagen,
¹⁰ als sie in der Nähe von Ekbátana waren,
¹¹ sagte der Engel zu dem jungen Tobías:
Bruder, heute werden wir bei Ráguël übernachten.
Es ist ein Verwandter von dir.
Er hat nur ein einziges Kind, eine Tochter namens Sara.

¹ Als sie in Ekbátana beim Haus Ráguëls angelangt waren,
   kam ihnen Sara entgegen und hieß sie willkommen.
Sie erwiderten ihren Gruß,
   und Sara führte sie ins Haus.
⁸ Man schlachtete einen Widder
   und setzte ihnen ein reiches Mahl vor.
⁹ Da bat Tobías den Ráfael:
Asárja, mein Bruder, bring doch zur Sprache,
   worüber du unterwegs mit mir geredet hast,
damit die Sache zu einem glücklichen Ende kommt.
¹⁰ Ráfael teilte Ráguël alles mit.
Darauf sagte Ráguël zu Tobías:
   Iß und trink, und laß es dir gut gehen!
Du hast einen Anspruch darauf, mein Kind zu heiraten.
Ich muß dir aber die Wahrheit sagen:
¹¹ Ich habe meine Tochter schon sieben Männern zur Frau gegeben;
doch jeder, der zu ihr ins Brautgemach ging,
   ist noch in derselben Nacht gestorben.
Aber laß es dir jetzt trotzdem gut gehen!
¹² Tobías erwiderte:
   Ich will nichts essen,
   ehe ihr sie mir nicht feierlich zur Frau gegeben habt.
Da sagte Ráguël:
   Du sollst sie bekommen,
sie ist von jetzt an nach Recht und Gesetz deine Frau.
Du bist mit ihr verwandt;
sie gehört dir.
Der barmherzige Gott schenke euch viel Glück.

¹³ Und er ließ seine Tochter Sara rufen,
nahm sie bei der Hand und gab sie Tobías zur Frau;
er sagte:
   Hier, sie ist dein nach dem Gesetz des Mose.
Führ sie zu deinem Vater!
Und er segnete sie.
¹⁴ Dann rief er seine Frau Edna herbei,
nahm ein Blatt Papier,
schrieb den Ehevertrag,
und man setzte das Siegel darunter.
Darauf begannen sie mit dem Mahl.
¹⁵ Ráguël rief seine Frau Edna
und sagte zu ihr:
   Schwester, richte das andere Zimmer her,
   und führe Sara hinein.
¹⁶ Sie tat, was er sagte, und führte sie hinein.
Sara aber begann zu weinen.
Ihre Mutter trocknete ihr die Tränen und tröstete sie:
¹⁷ Hab Vertrauen, mein Kind!
Nach so viel Leid
   schenke dir der Herr des Himmels und der Erde endlich Freude.
Hab nur Vertrauen, meine Tochter!
⁴ Als Tobías und Sara in der Kammer allein waren,
   erhob sich Tobías vom Lager
und sagte:
   Steh auf, Schwester,
wir wollen beten, damit der Herr Erbarmen mit uns hat.
⁵ Und er begann zu beten:
   Sei gepriesen, Gott unserer Väter;
gepriesen sei dein heiliger und ruhmreicher Name in alle Ewigkeit.
Die Himmel und alle deine Geschöpfe müssen dich preisen.
⁶ Du hast Adam erschaffen und hast ihm Eva zur Frau gegeben,
   damit sie ihm hilft und ihn ergänzt.
Von ihnen stammen alle Menschen ab.
Du sagtest: Es ist nicht gut, daß der Mensch allein ist;
   wir wollen für ihn einen Menschen machen,
   der ihm hilft und zu ihm paßt.
⁷ Darum, Herr,
   nehme ich diese meine Schwester
   auch nicht aus reiner Lust zur Frau,

sondern aus wahrer Liebe.
Hab Erbarmen mit mir,
und laß mich gemeinsam mit ihr ein hohes Alter erreichen!
8 Und Sara sagte zusammen mit ihm: Amen.
9 Und beide schliefen die Nacht über miteinander.

ANTWORTPSALM Ps 128 (127), 1–2.3.4–5 (R: vgl. 1a)
R Selig der Mensch, der den Herrn fürchtet und ehrt! – R (GL 708, 1)

1 Wohl dem Mann, der den Herrn fürchtet und ehrt * IV. Ton
und der auf seinen Wegen geht!
2 Was deine Hände erwarben, kannst du genießen; *
wohl dir, es wird dir gut ergehn. – (R)
3 Wie ein fruchtbarer Weinstock ist deine Frau *
drinnen in deinem Haus.
Wie junge Ölbäume sind deine Kinder *
rings um deinen Tisch. – (R)
4 So wird der Mann gesegnet, *
der den Herrn fürchtet und ehrt.
5 Es segne dich der Herr vom Zion her. *
Du sollst dein Leben lang das Glück Jerusalems schauen. – R

Jahr II

ZUR LESUNG *„Denk daran!" – „Ruf ins Gedächtnis!": diese zwei Aufforderungen (V. 8 und 14) gliedern die heutige Lesung in zwei ungleiche Teile: der erste Teil gilt der Lehre, der zweite Teil der Mahnung an den, der im Dienst des Evangeliums und der Gemeinde steht. Die Lehre, das „Evangelium", heißt in kürzester Form: Jesus stammt aus dem Geschlecht Davids, und: Er wurde von den Toten auferweckt. Diese einfache Nebeneinanderstellung der zweifachen Geburt und zweifachen Existenzweise Jesu ist ältestes Glaubensgut der christlichen Gemeinde. — Weil Jesus von den Toten auferweckt wurde, deshalb wird auch der mit Jesus leben, der mit ihm gelitten hat und gestorben ist: der Märtyrer, der aus Liebe zu Christus und zu den „Auserwählten" standhaft geblieben ist. Die Verse 11–13 sind ein Lied, dessen Schluß überrascht. „Wenn wir untreu sind" – so wird auch er untreu sein, wäre die logische Fortsetzung. Aber* *hier zerbricht die Logik: Christus bleibt treu, sich selbst und seinen Verheißungen, auch da, wo unser Glaube und unsere Treue versagt haben. Das ist kein Freibrief; es ist ein Trost und eine Ermutigung. – Röm 1,3–4; Phil 1,13–18; Kol 1,24; Röm 6,5.8; Apg 14,22; Röm 8,17; Mt 10,33; Röm 3,3–4; Tit 1,2; 1 Tim 1,3–7; 4,6–7.*

ERSTE LESUNG 2 Tim 2,8–15

Das Wort Gottes ist nicht gefesselt.
Wenn wir mit Christus gestorben sind, werden wir auch mit ihm leben

Lesung
   aus dem zweiten Brief des Apostels Paulus an Timótheus.

8 **Denk daran, daß Jesus Christus, der Nachkomme Davids,**
   von den Toten auferstanden ist;
so lautet mein Evangelium,
9 **für das ich zu leiden habe**
   und sogar wie ein Verbrecher gefesselt bin;
aber das Wort Gottes ist nicht gefesselt.
10 **Das alles erdulde ich um der Auserwählten willen,**
   damit auch sie das Heil in Christus Jesus
   und die ewige Herrlichkeit erlangen.
11 **Das Wort ist glaubwürdig:**

Wenn wir mit Christus gestorben sind,
   werden wir auch mit ihm leben;
12 **wenn wir standhaft bleiben,**
   werden wir auch mit ihm herrschen;
wenn wir ihn verleugnen,
   wird auch er uns verleugnen.
13 **Wenn wir untreu sind,**
   bleibt er doch treu,
denn er kann sich selbst nicht verleugnen.

14 **Ruf ihnen das ins Gedächtnis**
und beschwöre sie bei Gott, sich nicht um Worte zu streiten;
das ist unnütz und führt die Zuhörer nur ins Verderben.
15 **Bemüh dich darum, dich vor Gott zu bewähren**
als ein Arbeiter, der sich nicht zu schämen braucht,
als ein Mann, der offen und klar die wahre Lehre vertritt.

ANTWORTPSALM
Ps 25 (24), 4–5.8–9.10 u. 14 (R: 4)

R Zeige mir, Herr, deine Wege, lehre mich deine Pfade! – **R**
(GL 233,7 oder 687,1)
VI. Ton

4 Zeige mir, Herr, deine Wege, *
lehre mich deine Pfade!

5 Führe mich in deiner Treue und lehre mich; †
denn du bist der Gott meines Heiles. *
Auf dich hoffe ich allezeit. – (R)

8 Gut und gerecht ist der Herr, *
darum weist er die Irrenden auf den rechten Weg.

9 Die Demütigen leitet er nach seinem Recht, *
die Gebeugten lehrt er seinen Weg. – (R)

10 Alle Pfade des Herrn sind Huld und Treue *
denen, die seinen Bund und seine Gebote bewahren.

14 Die sind Vertraute des Herrn, die ihn fürchten; *
er weiht sie ein in seinen Bund. – **R**

Jahr I und II

RUF VOR DEM EVANGELIUM
Vers: vgl. 2 Tim 1, 10

Halleluja. Halleluja.

Unser Retter Jesus Christus hat dem Tod die Macht genommen
und uns das Licht des Lebens gebracht durch das Evangelium.

Halleluja.

ZUM EVANGELIUM *Die Frage des Schriftgelehrten nach dem ersten, das heißt dem wichtigsten Gebot scheint ehrlich gewesen zu sein (vgl. V. 34), im Unterschied zu vielen anderen Fragen, die von den religiösen Führern des Judentums an Jesus gestellt wurden. Die Antwort Jesu ist uns so bekannt, daß wir Mühe haben, sie wirklich zu hören und ihr Gewicht zu spüren. Ihr erster Teil: Gott über alles lieben, ergibt sich unmittelbar aus dem Glaubensbekenntnis, das der Jude jeden Tag spricht. „Gott lieben" heißt: ihn als den Einzigen anerkennen, sich von seiner Glut so ergreifen lassen, daß man auch dem Nächsten, dem Mitmenschen, etwas von der Liebe und Freude Gottes mitteilen kann. Es geht nicht um Gefühle, sondern darum, daß Gottes Macht und Herrschaft den Menschen erfahrbar wird. – Mt 22, 34–40; Lk 10, 25–28; Dtn 6, 4–5; Lev 19, 18; Dtn 4, 35; 1 Sam 15, 22; Ps 40, 7–9; Am 5, 21–24.*

EVANGELIUM

Mk 12, 28b–34

Kein anderes Gebot ist größer als diese beiden

✠ Aus dem heiligen Evangelium nach Markus.

In jener Zeit
28b ging ein Schriftgelehrter zu Jesus hin
und fragte ihn: Welches Gebot ist das erste von allen?
29 Jesus antwortete:
Das erste ist: Höre, Israel,
der Herr, unser Gott, ist der einzige Herr.
30 Darum sollst du den Herrn, deinen Gott, lieben
mit ganzem Herzen und ganzer Seele,
mit all deinen Gedanken und all deiner Kraft.
31 Als zweites kommt hinzu:
Du sollst deinen Nächsten lieben wie dich selbst.
Kein anderes Gebot ist größer als diese beiden.
32 Da sagte der Schriftgelehrte zu ihm: Sehr gut, Meister!
Ganz richtig hast du gesagt:
Er allein ist der Herr,
und es gibt keinen anderen außer ihm,
33 und ihn mit ganzem Herzen,
ganzem Verstand und ganzer Kraft zu lieben
und den Nächsten zu lieben wie sich selbst,
ist weit mehr als alle Brandopfer und anderen Opfer.
34 Jesus sah, daß er mit Verständnis geantwortet hatte,
und sagte zu ihm: Du bist nicht fern vom Reich Gottes.
Und keiner wagte mehr, Jesus eine Frage zu stellen.

FÜRBITTEN

Jesus Christus kam, um zu dienen und sein Leben hinzugeben. Zu ihm rufen wir:

Dränge alle Christen, in brüderlicher Liebe Gott und den Menschen zu dienen.

A.: *Wir bitten dich, erhöre uns.*

Ermutige die Politiker, die sich um Frieden und Abrüstung mühen.

Vermehre die Anstrengungen der Menschen, Hunger und Seuchen zu besiegen.

Durchdringe unser Leben mit deiner Liebe, daß wir einmütig miteinander leben.

Allmächtiger Gott, du hast uns den Geist der Liebe geschenkt. Laß uns in ihm erstarken durch Christus, unseren Herrn.   A.: Amen.

ALLE GUTEN WORTE UND TATEN, *welche Menschen füreinander vollbringen, münden in den einen Dienst ein: sie machen sich gegenseitig Hoffnung, indem sie sich lieben. „Der Ehe ist es dabei eigentümlich, daß jeder der beiden Partner nicht nur für den anderen dasein will, sondern auch für sich auf ihn hofft. Gerade dadurch, daß er ihn braucht, bestätigt er ihn aber auch in seinem Sein. Jeder Mensch will ja im Grunde nicht nur für sich, sondern auch für andere dasein. Dem anderen zu sagen, ‚ich bin zwar für dich da, brauche dich aber meinerseits nicht‘, wäre ja eine eigene Art von Hochmut. Zur ehelichen Liebe gehört noch ein weiteres Moment. Es ist der Wille, für immer miteinander vereint zu sein. Diese Einheit drückt sich in den vielen Gemeinsamkeiten des alltäglichen Lebens, dem Schicksal, das die Ehepartner miteinander erfahren, in der gemeinsamen Aufgabe der Kindererziehung, aber auch in der Gemeinsamkeit von Interessen und einem gemeinsamen geistigen Besitz aus. Die Liebe zwischen Mann und Frau sucht ihrem innersten Verlangen nach das, worin das Miteinander der beiden Menschen geborgen ist und sie doch zugleich ins Grenzenlose übersteigt. Man kann das an zwei Urworten der Liebe deutlich machen. Das eine lautet: ‚Ich möchte dir alles schenken, ich wünsche dir die ganze, umfassende, unüberbietbare Vollendung deiner selbst, für die ich selber den Namen nicht weiß, weil sie alles Denken übersteigt.‘ Das zweite lautet: ‚Ich mit dir im Unendlichen – für immer.‘ In beiden Worten spricht sich das innerste Geheimnis der menschlichen Person aus, ihre Verwiesenheit auf Gott"* (Georg Scherer).

FREITAG

TAGESGEBET

Gott, unser Vater.
Um deinen Frieden zu bringen
in unsere Welt voll Spannung und Streit,
ist dein Sohn zu uns gekommen
und hat sein Leben eingesetzt.
Er lebte nicht für sich, sondern gab sich dahin.
Laß uns erfassen, was er getan hat.
Hilf uns,
mit ihm dem Frieden und der Versöhnung zu dienen,
der in der Einheit des Heiligen Geistes
mit dir lebt und herrscht in alle Ewigkeit. (MB 312, 21)

Oder ein anderes Tagesgebet (vgl. S. 661).

Jahr I

ZUR LESUNG   Der alte Tobit war blind, hinfällig und einsam geworden. Aber er wurde nicht verbittert; es scheint im Gegenteil, daß er durch das Leiden innerlich wissend und sehend geworden ist. „Nur mit dem Herzen sieht man gut": der blinde Tobit begreift das Elend des Menschen und die Größe Gottes. Einen solchen Menschen, der wirklich arm ist und seine Armut bejaht, kann Gott beschenken. Der geheilte Tobit sieht nicht nur seinen heimgekehrten Sohn und dessen glückliche Frau; er sieht vor allem und in allem die Wege Gottes, und er dankt für alles: für das Leid und für die neugeschenkte Freude. – Gen 33, 4; 45, 14; 46, 29–30; Lk 15, 20; Tob 13, 2; Dtn 32, 39; Offb 3, 18; Eph 1, 18; Mt 5, 8.

ERSTE LESUNG   Tob 11, 5–17

Sei gepriesen, Gott, denn nun darf ich meinen Sohn wieder sehen

Lesung
  aus dem Buch Tobit.

In jenen Tagen
5   saß Hanna am Weg
  und hielt nach ihrem Sohn Ausschau.

⁶ Als sie ihn kommen sah, rief sie seinem Vater zu:
Dein Sohn kommt zurück
und mit ihm der Mann, der ihn begleitet hat.

⁷ Ráfael aber sagte zu Tobías:
Ich weiß, dein Vater wird wieder sehen können.
⁸ Streich ihm die Galle auf die Augen!
Sie wird zwar brennen;
aber wenn er sich die Augen reibt,
wird er die weißen Flecken wegwischen
und wird dich wieder sehen können.

⁹ Hanna war inzwischen herbeigeeilt,
fiel ihrem Sohn um den Hals
und rief: Ich habe dich wiedergesehen, mein Sohn,
jetzt kann ich ruhig sterben.
Und beide brachen in Tränen aus.
¹⁰ Auch Tobit versuchte, ihm entgegenzugehen,
stolperte aber an der Tür.
Da lief ihm sein Sohn entgegen
¹¹ und fing ihn auf.
Und er strich seinem Vater die Galle auf die Augen
und sagte: Hab keine Angst, mein Vater!
¹² Tobit rieb sich die Augen, weil sie brannten:
da begannen die weißen Flecken
sich von den Augenwinkeln aus abzulösen.
¹³ Und er konnte seinen Sohn sehen,
fiel ihm um den Hals
und sagte unter Tränen:
¹⁴ Sei gepriesen, Gott,
gepriesen sei dein heiliger Name in Ewigkeit.
Gepriesen seien alle deine heiligen Engel.
Du hast mich gezüchtigt
und hast wieder Erbarmen mit mir gehabt.
Denn ich darf meinen Sohn Tobías wieder sehen.

¹⁵ Voll Freude ging der Sohn mit seinem Vater ins Haus
und erzählte ihm,
was für wunderbare Dinge er in Médien erlebt hatte.

¹⁶ Dann ging Tobit seiner Schwiegertochter
bis an das Tor von Nínive entgegen.
Er war voll Freude und pries Gott,

und alle, die ihn sahen, staunten, daß er wieder sehen konnte.
Tobit aber bezeugte ihnen,
> daß Gott Erbarmen mit ihm gehabt hatte.

17 Als Tobit seiner Schwiegertochter begegnete, segnete er sie und sagte:
> Sei willkommen, meine Tochter!
> Gepriesen sei Gott, der dich zu uns geführt hat,
> und gesegnet seien dein Vater und deine Mutter.

ANTWORTPSALM   Ps 146 (145), 1–2 u. 7.8–9b.9c–10 (R: 1)

R Lobe den Herrn, meine Seele! – R   (GL 527, 3)
(*Oder:* Halleluja.)

1 Lobe den Herrn, meine Seele! †   VII. Ton
2 Ich will den Herrn loben, solange ich lebe, *
meinem Gott singen und spielen, solange ich da bin.

7 Recht verschafft er den Unterdrückten, †
den Hungernden gibt er Brot; *
der Herr befreit die Gefangenen. – (R)

8 Der Herr öffnet den Blinden die Augen, *
er richtet die Gebeugten auf.

9ab Der Herr beschützt die Fremden *
und verhilft den Waisen und Witwen zu ihrem Recht. – (R)

9cd Der Herr liebt die Gerechten, *
doch die Schritte der Frevler leitet er in die Irre.

10 Der Herr ist König auf ewig, *
dein Gott, Zion, herrscht von Geschlecht zu Geschlecht. – R

Jahr II

ZUR LESUNG *Die Missionsstationen des Apostels waren auch seine Leidensstationen. Die Einheit von Lehre und Leben, auch die von Glauben und Leiden, hat Paulus beispielhaft verwirklicht. – „Ein frommes Leben führen", der Ausdruck klingt unseren Ohren etwas muffig; die Sache ist aber aufregend, der „normale" christliche Alltag ist beständig offen zum Außergewöhnlichen hin. Und die Wahrheit ist nie ein für allemal „gelernt" (V. 14); der „Mensch Gottes" (V. 17) muß ständig lernen, nicht nur um sich selbst zu vervollkommnen, sondern um anderen zu dienen, durch die Lehre und durch „jedes gute Werk". – 1 Kor 4,9; Apg 13,50; 14,5.22; 2 Kor 11,23–24; Röm 8,36; 1 Thess 3,4–5; Tit 1,10; 1 Tim 6,20; Apg 16,1; Röm 15,4; 2 Petr 1,20–21.*

ERSTE LESUNG 2 Tim 3,10–17

Alle, die in der Gemeinschaft mit Christus ein frommes Leben führen wollen, werden verfolgt werden

Lesung
   aus dem zweiten Brief des Apostels Paulus an Timótheus.

Mein Sohn!
¹⁰ Du bist mir gefolgt in der Lehre, im Leben und Streben,
   im Glauben, in der Langmut, der Liebe und der Ausdauer,
¹¹ in den Verfolgungen und Leiden,
   denen ich in Antióchia, Ikónion und Lystra ausgesetzt war.
Welche Verfolgungen habe ich erduldet!
Und aus allen hat der Herr mich errettet.

¹² So werden alle,
   die in der Gemeinschaft mit Christus Jesus
   ein frommes Leben führen wollen,
   verfolgt werden.
¹³ Böse Menschen und Schwindler dagegen
   werden immer mehr in das Böse hineingeraten;
sie sind betrogene Betrüger.
¹⁴ Du aber bleibe bei dem, was du gelernt
   und wovon du dich überzeugt hast.
Du weißt, von wem du es gelernt hast;
¹⁵ denn du kennst von Kindheit an die heiligen Schriften,
   die dir Weisheit verleihen können,
   damit du durch den Glauben an Christus Jesus gerettet wirst.
¹⁶ Jede von Gott eingegebene Schrift
   ist auch nützlich zur Belehrung, zur Widerlegung,
   zur Besserung, zur Erziehung in der Gerechtigkeit;
¹⁷ so wird der Mensch Gottes
   zu jedem guten Werk bereit und gerüstet sein.

ANTWORTPSALM

Ps 119 (118), 157 u. 160.161 u. 165.166 u. 168 (R: vgl. 165a)

R Die deine Weisung lieben, Herr, empfangen Heil in Fülle. – **R**
(GL 465)
II. Ton

157 Viele verfolgen und quälen mich, *
doch von deinen Vorschriften weich ich nicht ab.

160 Das Wesen deines Wortes ist Wahrheit, *
deine gerechten Urteile haben alle auf ewig Bestand. – (R)

161 Fürsten verfolgen mich ohne Grund, *
doch mein Herz fürchtet nur dein Wort.

165 Alle, die deine Weisung lieben, empfangen Heil in Fülle; *
es trifft sie kein Unheil. – (R)

166 Herr, ich hoffe auf deine Hilfe *
und befolge deine Gebote.

168 Ich folge deinen Vorschriften und Befehlen; *
denn alle meine Wege liegen offen vor dir. – **R**

Jahr I und II

RUF VOR DEM EVANGELIUM   Vers: vgl. Joh 14,23

Halleluja. Halleluja.

(So spricht der Herr:)
Wer mich liebt, hält fest an meinem Wort.
Mein Vater wird ihn lieben, und wir werden bei ihm wohnen.

Halleluja.

ZUM EVANGELIUM   *Nach der Schrift muß der Messias aus dem Haus David stammen, darüber sind sich die Schriftgelehrten einig. Nun verweist sie Jesus auf den Psalm 110; Verfasser dieses Psalmes ist nach Auffassung der Schriftgelehrten David, und zwar hat David ihn, „vom Heiligen Geist erfüllt", also in prophetischer Inspiration, gesprochen. Es ist ein messianischer Psalm, der über den angesprochenen König hinaus auf den König und Retter der Endzeit hinweist. Wie ist es aber möglich, fragt Jesus, daß David, der hier von seinem Nachkommen spricht, diesen senen „Herrn" nennt? Die Schriftgelehrten, die alles zu wissen meinen, haben darauf keine Antwort. Mit rein wissenschaftlicher Methode ist auch keine Antwort zu finden. Der Psalm kann nur in dem Geist verstanden* werden, in dem er gesprochen wurde, im „Heiligen Geist". Die christliche Gemeinde hat diesen Psalm besonders geliebt; kaum ein anderes Schriftwort wird im Neuen Testament so häufig angeführt wie Psalm 110 mit seinen Aussagen über den Sieg des Menschensohnes und seine Erhöhung in die Herrlichkeit Gottes. – Mt 22,41–46; Lk 20,41–44; Ps 89,4–5; Jes 11,1; Ps 110; Mt 9,27; 12,23; 15,22; 21,9; Lk 1,32.

EVANGELIUM Mk 12,35–37

Wie können die Schriftgelehrten behaupten, der Messias sei der Sohn Davids?

✛ **Aus dem heiligen Evangelium nach Markus.**

In jener Zeit,
35 **als Jesus im Tempel lehrte,**
sagte er:
Wie können die Schriftgelehrten behaupten,
der Messias sei der Sohn Davids?
36 **Denn David hat, vom Heiligen Geist erfüllt, selbst gesagt:**

Der Herr sprach zu meinem Herrn:
Setze dich mir zur Rechten,
und ich lege dir deine Feinde unter die Füße.
37 **David selbst also nennt ihn „Herr".**
Wie kann er dann Davids Sohn sein?

Es war eine große Menschenmenge versammelt
und hörte Jesus mit Freude zu.

FÜRBITTEN

Zu Jesus Christus, der uns durch seinen Tod erlöste, rufen wir:

Bestärke die Ordensgemeinschaften in deiner Nachfolge.
A.: Herr, erhöre uns.

Verwandle die Herzen der Mächtigen, daß sie deine Herrschaft anerkennen.

Steh allen bei, die verfolgt werden um der Gerechtigkeit willen.

Hilf uns, die Fehler und Schwächen anderer zu ertragen.

Gütiger Vater, dein Sohn hat sein Leben für uns hingegeben. Schenke uns dein Erbarmen durch ihn, Christus, unseren Herrn.   **A.:** Amen.

„UM DAS GERÜCHT AUS DER WELT ZU SCHAFFEN (*er habe die Stadt Rom angezündet*), schob Nero die Schuld auf andere und verhängte die ausgesuchtesten Strafen über die wegen ihrer Verbrechen Verhaßten, die das Volk ‚Chrestianer' nannte. Der Name leitet sich von Christus ab; dieser war unter der Regierung des Tiberius durch den Prokurator Pontius Pilatus hingerichtet worden. Für den Augenblick wurde der verderbliche Aberglaube unterdrückt. Aber er brach wieder aus, nicht nur in Judäa, dem Ursprungsort dieses Unheils, sondern auch in Rom, wo alles Scheußliche und Schandbare von überallher zusammenströmt und Anhang findet.

Man verhaftete also zuerst Leute, die bekannten, dann auf ihre Anzeige hin eine riesige Menge. Sie wurden nicht gerade der Brandstiftung, wohl aber des allgemeinen Menschenhasses überführt. Die Todgeweihten benützte man zum Schauspiel. Man steckte sie in Tierfelle und ließ sie von Hunden zerfleischen, man schlug sie ans Kreuz oder zündete sie an, man ließ sie nach Einbruch der Dunkelheit als Fackeln brennen. Nero hatte für diese Schauspiele seinen Park zur Verfügung gestellt und veranstaltete ein Zirkusspiel. Im Aufzug eines Wagenlenkers mischte er sich unter das Volk oder stand auf seinem Wagen. So regte sich das Mitleid, obwohl sie schuldig waren und die härtesten Strafen verdienten, weil sie nicht dem Allgemeinwohl, sondern der Grausamkeit eines einzigen zum Opfer fielen" (Tacitus, Annalen 15, 44, über den Brand von Rom im Jahr 64 n. Chr. und die anschließende Christenverfolgung).

SAMSTAG

TAGESGEBET

Herr, unser Gott,
sende uns den Geist der Einsicht,
der Wahrheit und des Friedens.
Laß uns erkennen, was du von uns verlangst,
und gib uns die Bereitschaft,
einmütig zu erfüllen,
was wir als deinen Auftrag erkannt haben.
Darum bitten wir durch Jesus Christus. (MB 1052)

Oder ein anderes Tagesgebet (vgl. S. 661).

Zeit im Jahreskreis: 9. Woche – Samstag

Jahr I

ZUR LESUNG   *Erst am Ende der Erzählung wird den Beteiligten ihr Sinn gedeutet. Der Bote Gottes, der den jungen Tobias begleitet, Sara von der Macht des Dämons befreit und Tobit von seiner Blindheit geheilt hat, offenbart nun das Geschehene als Taten Gottes und sich selbst als Gottes Engel. Sein Name Rafa-El („Gott hat geheilt") spricht das aus, was Gott ständig im Lauf der Geschichte tut: Wunden heilen, Verlorene retten. Am Ende dieses Buches verstehen wir, daß es auch ein geschichtlich wahres Buch ist; denn was hier als die Erfahrung einer Familie erzählt wird, geschieht immer wieder im Leben einzelner Menschen und im Leben der Menschheit. Auch eine verblendete und von allen Dämonen bedrohte Menschheit kann auf Heilung und Rettung hoffen, solange es gute Menschen gibt, die nicht nur beten, sondern auch helfen, nicht nur klagen, sondern auch hoffen, nicht nur bitten, sondern auch bekennen, daß Gott groß und heilig ist. – Spr 25,2; Tob 4,7–10; Spr 11,4; 16,8; Sir 29,9–13; 3,30; Dan 4,24; Ijob 33,23–24; Apg 10,4; Sach 4,10b; Lk 1,19; Offb 8,2.*

ERSTE LESUNG   Tob 12,1.5–15.20

Jetzt aber dankt Gott! Ich steige wieder auf zu dem, der mich gesandt hat

**Lesung
aus dem Buch Tobit.**

In jenen Tagen
rief Tobit seinen Sohn Tobías zu sich
und sagte:
   Mein Sohn, vergiß nicht den Lohn
   für den Mann, der dich begleitet hat.
Du mußt ihm aber mehr geben, als wir ihm versprochen haben.

Dann rief er den Engel zu sich
und sagte:
   Nimm die Hälfte von allem, was ihr mitgebracht habt.
Der Engel aber nahm die beiden beiseite
und sagte zu ihnen:
   Preist Gott, und lobt ihn!
Gebt ihm die Ehre,
   und bezeugt vor allen Menschen, was er für euch getan hat.

Es ist gut, Gott zu preisen und seinen Namen zu verherrlichen
    und voll Ehrfurcht seine Taten zu verkünden.
Hört nie auf, ihn zu preisen.

7 Es ist gut, das Geheimnis eines Königs zu wahren;
die Taten Gottes aber soll man offen rühmen.
Tut Gutes, dann wird euch kein Unglück treffen.

8 Es ist gut, zu beten und zu fasten,
    barmherzig und gerecht zu sein.
Lieber wenig, aber gerecht,
    als viel und ungerecht.
Besser, barmherzig sein,
    als Gold aufhäufen.

9 Denn Barmherzigkeit rettet vor dem Tod
    und reinigt von jeder Sünde.
Wer barmherzig und gerecht ist,
    wird lange leben.

10 Wer aber sündigt,
    ist der Feind seines eigenen Lebens.

11 Ich will euch nichts verheimlichen;
ich habe gesagt:
    Es ist gut, das Geheimnis eines Königs zu wahren;
    die Taten Gottes aber soll man offen rühmen.

12 Darum sollt ihr wissen:
    Als ihr zu Gott flehtet, du und deine Schwiegertochter Sara,
    da habe ich euer Gebet vor den heiligen Gott gebracht.
Und ebenso bin ich in deiner Nähe gewesen,
    als du die Toten begraben hast.

13 Auch als du ohne zu zögern vom Tisch aufgestanden bist
    und dein Essen stehengelassen hast,
    um einem Toten den letzten Dienst zu erweisen,
blieb mir deine gute Tat nicht verborgen,
    sondern ich war bei dir.

14 Nun hat mich Gott auch gesandt,
    um dich und deine Schwiegertochter Sara zu heilen.

15 Ich bin Ráfael,
einer von den sieben heiligen Engeln,
    die das Gebet der Heiligen emportragen
    und mit ihm vor die Majestät des heiligen Gottes treten.

20 Jetzt aber dankt Gott!

Ich steige wieder auf zu dem, der mich gesandt hat.
Doch ihr sollt alles, was geschehen ist,
  in einem Buch aufschreiben.

ANTWORTPSALM Tob 13, 2.6.7.8 (R: 2a)

R Gepriesen sei Gott, der in Ewigkeit lebt. – R (GL 477)

2 Gepriesen sei Gott, der in Ewigkeit lebt, † V. Ton
sein Königtum sei gepriesen. *
Er züchtigt und hat auch wieder Erbarmen;

er führt hinab in die Unterwelt †
und führt auch wieder zum Leben. *
Niemand kann seiner Macht entfliehen. – (R)

6 Wenn ihr zu ihm umkehrt, von ganzem Herzen und aus ganzer Seele, *
und euch an seine Wahrheit haltet,

dann kehrt er sich euch zu *
und verbirgt sein Angesicht nicht mehr vor euch. – (R)

7 Wenn ihr dann seht, was er für euch tut, *
bekennt euch laut und offen zu ihm!

Preist den Herrn der Gerechtigkeit, *
rühmt den ewigen König! – (R)

8 Ich bekenne mich zum Herrn im Land der Verbannung, *
ich bezeuge den Sündern seine Macht und erhabene Größe.

Kehrt um, ihr Sünder, tut, was recht ist in seinen Augen. *
Vielleicht ist er gnädig und hat mit euch Erbarmen. – R

Jahr II

ZUR LESUNG *Der Apostel Paulus kann auf ein großes und erfülltes Leben zurückblicken. Er hat dem die Treue gehalten, der ihn berufen hat und der sein Richter sein wird. Treue wird, mehr als alles andere, von dem erwartet, dem in der Kirche Führung und Verantwortung übertragen sind. Treu sein heißt aber nicht nur, das Überlieferte hüten; es verlangt, daß man zur rechten Zeit das rechte Wort sagt, daß man im Leiden standhält, die Gegenwart ernst nimmt und für die Zukunft lebt. Die Zukunft aber heißt Christus. Ob wir „sehnsüchtig auf sein Erscheinen warten", daran können wir messen, wie weit unser Glaube gereift ist. – In diesem*

Abschiedswort richtet sich der Apostel zunächst an den Amtsträger in der Kirche; es ist aber klar, daß das Gesagte für jeden Christen gilt. – 1 Tim 6, 11–12; Apg 10, 42; 1 Tim 6, 14; 1 Petr 4, 5; 1 Tim 4, 1; 1, 3–4; Phil 2, 17; Apg 20, 24.28–30; 1 Kor 9, 24–27.

ERSTE LESUNG 2 Tim 4, 1–8

Verkünde das Evangelium! Denn ich werde nunmehr geopfert, und der Herr wird mir den Kranz der Gerechtigkeit geben

Lesung
  aus dem zweiten Brief des Apostels Paulus an Timótheus.

Mein Sohn!
1 Ich beschwöre dich bei Gott und bei Christus Jesus,
  dem kommenden Richter der Lebenden und der Toten,
  bei seinem Erscheinen und bei seinem Reich:
2 Verkünde das Wort,
  tritt dafür ein, ob man es hören will oder nicht;
  weise zurecht, tadle, ermahne,
    in unermüdlicher und geduldiger Belehrung.
3 Denn es wird eine Zeit kommen,
  in der man die gesunde Lehre nicht erträgt,
  sondern sich nach eigenen Wünschen
    immer neue Lehrer sucht,
  die den Ohren schmeicheln;
4 und man wird der Wahrheit nicht mehr Gehör schenken,
  sondern sich Fabeleien zuwenden.
5 Du aber sei in allem nüchtern,
  ertrage das Leiden,
  verkünde das Evangelium,
  erfülle treu deinen Dienst!
6 Denn ich werde nunmehr geopfert,
  und die Zeit meines Aufbruchs ist nahe.
7 Ich habe den guten Kampf gekämpft,
  den Lauf vollendet,
  die Treue gehalten.
8 Schon jetzt liegt für mich der Kranz der Gerechtigkeit bereit,
    den mir der Herr, der gerechte Richter,
    an jenem Tag geben wird,
  aber nicht nur mir,
    sondern allen, die sehnsüchtig auf sein Erscheinen warten.

ANTWORTPSALM Ps 71 (70), 8–9.14–15b.16–17.22 (R: 15a)

R Mein Mund soll künden von deiner Gerechtigkeit. – **R** (GL 496)

8 Mein Mund ist erfüllt von deinem Lob, *
von deinem Ruhm den ganzen Tag. VI. Ton

9 Verwirf mich nicht, wenn ich alt bin, *
verlaß mich nicht, wenn meine Kräfte schwinden. – (R)

14 Ich aber will jederzeit hoffen, *
all deinen Ruhm noch mehren.

15ab Mein Mund soll von deiner Gerechtigkeit künden *
und von deinen Wohltaten sprechen den ganzen Tag. – (R)

16 Ich will kommen in den Tempel Gottes, des Herrn, *
deine großen und gerechten Taten allein will ich rühmen.

17 Gott, du hast mich gelehrt von Jugend auf, *
und noch heute verkünde ich dein wunderbares Walten. – (R)

22 Ich will dir danken mit Saitenspiel *
und deine Treue preisen;

mein Gott, du Heiliger Israels, *
ich will dir auf der Harfe spielen. – **R**

Jahr I und II

RUF VOR DEM EVANGELIUM Vers: Mt 5, 3

Halleluja. Halleluja.
Selig, die arm sind vor Gott;
denn ihnen gehört das Himmelreich.
Halleluja.

ZUM EVANGELIUM *Überall, wo ein Mensch Macht hat, ist er in Versuchung, sie zu mißbrauchen. Das gilt nicht nur von der weltlichen Macht. Wenn aber eine religiös begründete Vorrangstellung für Sonderinteressen ausgenützt wird, ist das vor Gott und den Menschen abscheulich. Da wurden schon die Propheten des Alten Bundes zu „Antiklerikalen", und Jesus stellt sich in ihre Reihe. – Die Beispielerzählung vom Scherflein der Witwe (V. 41–44) hat mit dem 1. Teil des Evangeliums nur das Wort „Witwe" gemeinsam. Mit ihren zwei Pfennigen hat die*

Witwe mehr gegeben als die reichen Spender. Vom Überfluß Geben ist nichts Besonderes. Aber das Lebensnotwendige hergeben kann nur, wer sich selbst in die Hände Gottes gegeben hat. – Mt 23,6–7; Lk 11,43; 20,45–47; 21,1–4.

EVANGELIUM Mk 12,38–44

Diese arme Witwe hat mehr in den Opferkasten hineingeworfen als alle andern

✢ Aus dem heiligen Evangelium nach **Markus.**

In jener Zeit
38 lehrte Jesus eine große Menschenmenge
und sagte: Nehmt euch in acht vor den Schriftgelehrten!
Sie gehen gern in langen Gewändern umher,
lieben es, wenn man sie auf den Straßen und Plätzen grüßt,
39 und sie wollen in der Synagoge die vordersten Sitze
und bei jedem Festmahl die Ehrenplätze haben.
40 Sie bringen die Witwen um ihre Häuser
und verrichten in ihrer Scheinheiligkeit lange Gebete.
Aber um so härter wird das Urteil sein, das sie erwartet.
41 Als Jesus einmal dem Opferkasten gegenübersaß,
sah er zu, wie die Leute Geld in den Kasten warfen.
Viele Reiche kamen und gaben viel.
42 Da kam auch eine arme Witwe
und warf zwei kleine Münzen hinein.
43 Er rief seine Jünger zu sich
und sagte: Amen, ich sage euch:
Diese arme Witwe
hat mehr in den Opferkasten hineingeworfen als alle andern.
44 Denn sie alle haben nur etwas von ihrem Überfluß hergegeben;
diese Frau aber, die kaum das Nötigste zum Leben hat,
sie hat alles gegeben, was sie besaß,
ihren ganzen Lebensunterhalt.

FÜRBITTEN

Im Gebet wenden wir uns an Christus, der uns die Gnade Gottes *offenbart:*

Gib den Verkündern des Glaubens das rechte Wort, und laß sie lebendige Zeugen der Liebe sein.
A.: Wir bitten dich, erhöre uns.

Unterstütze alle Bemühungen, den Frieden zu erhalten oder wiederherzustellen.

Hilf allen, die nur an sich denken, ihr Herz den Notleidenden zu öffnen.

Bestärke uns, selbstlos Gutes zu tun.

Ewiger Gott, durch deinen Sohn bist du uns nahegekommen. Darum können wir auf dich vertrauen durch ihn, Christus, unseren Herrn.   **A.:** Amen.

„WIE SIEHT DAS AUS, wenn man Christi Wiederkunft liebt? Die Heilige Schrift macht es uns in Bildern klar. Da ist die Braut, die sich schmückt für den Bräutigam; da sind die Jungfrauen, die aufgebrochen sind, um dem nächtlichen Hochzeitszug mit Lichtern festlichen Glanz zu geben und so mit einzugehen in die Freude des Bräutigams; die treuen Knechte, die sich, gegürtet und mit brennenden Lampen in den Händen, für die nächtliche Heimkehr ihres Herrn von der Hochzeit bereit halten ... Gemeinsam ist all diesen Gleichnissen eines: daß da Menschen sind, die auf eine kommende Wirklichkeit hin leben, an der ihr ganzes Dasein sich orientiert und um die beständig ihr Denken kreist. Noch ist das Ziel nicht in Sicht, aber dem inneren Auge ist es gewährt, es ist verbürgt durch einen, auf den sie Herz und Leben gesetzt haben und der nicht trügen kann – das Ziel ist identisch mit ihm; immer wieder neu tritt es hin vor die Seele, tröstend, aufrichtend, wegweisend, kräftigend, nährend wie das Leben selbst und Distanz gebend zum Gegenwärtigen, so daß seine Bewältigung möglich, Widriges in Geduld ertragen, Unwichtiges aus den Händen gelassen wird" (Heinrich Spaemann).

10. WOCHE

ERÖFFNUNGSVERS Ps 27 (26), 1–2

Der Herr ist mein Licht und mein Heil;
vor wem sollte ich mich fürchten?
Der Herr ist die Kraft meines Lebens;
vor wem sollte mir bangen?
Meine Bedränger und Feinde,
sie müssen straucheln und fallen.

TAGESGEBET

Gott, unser Vater,
alles Gute kommt allein von dir.
Schenke uns deinen Geist,
damit wir erkennen, was recht ist,
und es mit deiner Hilfe auch tun.
Darum bitten wir durch Jesus Christus.

Lesungen vom betreffenden Wochentag, S. 1040–1079.

GABENGEBET

Herr, sieh gütig auf dein Volk,
das sich zu deinem Lob versammelt hat.
Nimm an, was wir darbringen,
und mehre durch diese Feier unsere Liebe.
Darum bitten wir durch Christus, unseren Herrn.

Präfation, S. 1365 ff.

KOMMUNIONVERS   Ps 18 (17), 3

Herr, du bist mein Fels, meine Burg, mein Retter,
mein Gott, meine Zuflucht.

Oder: 1 Joh 4, 16

Gott ist Liebe, und wer in der Liebe bleibt, bleibt in Gott,
und Gott bleibt in ihm.

SCHLUSSGEBET

Barmherziger Gott,
die heilende Kraft dieses Sakramentes
befreie uns von allem verkehrten Streben
und führe uns auf den rechten Weg.
Darum bitten wir durch Christus, unseren Herrn.

MONTAG

TAGESGEBET

Unser Herr Jesus Christus hat gesagt:
"Selig, die vor Gott arm sind;
denn ihnen gehört das Himmelreich."
Darum bitten wir:
Gott, unser Vater.
Bewahre uns vor der Gier nach Reichtum und Macht.
Gib, daß wir alles, was uns anvertraut ist,
recht gebrauchen.
Lehre uns, daß die Liebe unser größter Reichtum ist –
die Liebe, die du uns schenkst
und die wir einander erweisen.
Das gewähre uns durch Jesus Christus. (MB 318, 37)

Oder ein anderes Tagesgebet (vgl. S. 661).

Jahr I

ZUR LESUNG   *Der zweite Korintherbrief mit seiner Fülle verschiedenartiger Aussagen hat eine bewegte Vorgeschichte. Nach dem ersten Aufenthalt des Paulus in Korinth hatten sich in der Gemeinde verschiedene Parteien gebildet. Paulus schrieb ums Jahr 55 von Ephesus aus den ersten (uns erhaltenen) Brief an diese Gemeinde und reiste von dort einmal kurz nach Korinth, aber die Situation blieb schwierig. Aus 2 Kor 2,4 wissen wir, daß Paulus "unter vielen Tränen" einen weiteren Brief geschrieben hat, der von der Gemeinde gut aufgenommen wurde. Bald nachdem Paulus diese Nachricht erhalten hatte, schrieb er den Brief, der uns als der zweite Korintherbrief bekannt ist. – Im Eingangsgruß nennt Paulus sich "Apostel Christi": als Bote Christi tritt er den Korinthern mit Auftrag und Vollmacht gegenüber. Diese Korinther, die ihm so viel Kummer gemacht haben, nennt er "Heilige" und "Kirche Gottes". Das sind Würdetitel, die dem Gottesvolk des Alten Bundes zukamen; in der christlichen Gemeinde (Ortsgemeinde und Gesamtkirche) sieht Paulus die endzeitliche Verwirklichung dessen, was im Alten Bund begonnen hatte. Durch Glauben und Taufe ist der Christ den Mächten der gegenwärtigen Welt gegenüber frei geworden; er steht auf der Seite Gottes und hat eben dadurch für diese Welt eine ganz neuartige Verantwortung. "Frieden und Gnade" emp-*

fängt er von Gott als Gabe und als Aufgabe. – Röm 1, 1; 1 Kor 1, 2; Phil 1, 20; Kol 1, 24.

ERSTE LESUNG 2 Kor 1, 1–7

Gott tröstet uns, damit auch wir die Kraft haben, die zu trösten, die in Not sind

Lesung
aus dem zweiten Brief des Apostels Paulus an die Korínther.

1 Paulus, durch Gottes Willen Apostel Christi Jesu,
und der Bruder Timótheus
an die Kirche Gottes, die in Korínth ist,
und an alle Heiligen in ganz Acháia.
2 Gnade sei mit euch und Friede
von Gott, unserem Vater,
und dem Herrn Jesus Christus.

3 Gepriesen sei der Gott und Vater Jesu Christi, unseres Herrn,
der Vater des Erbarmens und der Gott allen Trostes.
4 Er tröstet uns in all unserer Not,
damit auch wir die Kraft haben,
alle zu trösten, die in Not sind,
durch den Trost, mit dem auch wir von Gott getröstet werden.
5 Wie uns nämlich die Leiden Christi
überreich zuteil geworden sind,
so wird uns durch Christus auch überreicher Trost zuteil.

6 Sind wir aber in Not,
so ist es zu eurem Trost und Heil,
und werden wir getröstet,
so geschieht auch das zu eurem Trost;
er wird wirksam,
wenn ihr geduldig die gleichen Leiden ertragt,
die auch wir ertragen.
7 Unsere Hoffnung für euch ist unerschütterlich;
wir sind sicher,
daß ihr mit uns nicht nur an den Leiden teilhabt,
sondern auch am Trost.

Zeit im Jahreskreis: 10. Woche – Montag 1041

ANTWORTPSALM Ps 34 (33), 2–3.4–5.6–7.8–9 (R: 9a)

R Kostet und seht, wie gütig der Herr ist! – **R** (GL 471 oder 477)

2 Ich will den Herrn allezeit preisen; * VI. Ton
immer sei sein Lob in meinem Mund.

3 Meine Seele rühme sich des Herrn; *
die Armen sollen es hören und sich freuen. – (**R**)

4 Verherrlicht mit mir den Herrn, *
laßt uns gemeinsam seinen Namen rühmen.

5 Ich suchte den Herrn, und er hat mich erhört, *
er hat mich all meinen Ängsten entrissen. – (**R**)

6 Blickt auf zu ihm, so wird euer Gesicht leuchten, *
und ihr braucht nicht zu erröten.

7 Da ist ein Armer; er rief, und der Herr erhörte ihn. *
Er half ihm aus all seinen Nöten. – (**R**)

8 Der Engel des Herrn umschirmt alle, die ihn fürchten und ehren, *
und er befreit sie.

9 Kostet und seht, wie gütig der Herr ist; *
wohl dem, der zu ihm sich flüchtet! – **R**

Jahr II

ZUR LESUNG *König Ahab von Israel war der Sohn Omris, des Gründers von Samaria; er regierte etwa von 871–852 und war ein kluger, energischer Herrscher. Aber seine Gattin Isebel, eine Prinzessin aus Tyrus, förderte in Israel den Kult ihrer heimischen Gottheiten: des Baal und der Aschera, und da Ahab ihr freie Hand ließ, konnte der Konflikt mit dem Propheten Elija nicht ausbleiben. Elijas Name bedeutet „Mein Gott ist Jahwe"; Jahwe, der Gott Israels, neben dem es keinen andern geben kann, ist das Feuer im Herzen dieses leidenschaftlichen Mannes. Nicht nur am Hof des Königs, auch im Volk wurde neben Jahwe der vielgestaltige Baal verehrt, der Gott der Natur, der Fruchtbarkeit, des Wohlstands. Die Religion Israels war auf dem besten Weg zu versumpfen. Elija war es, der wie ein zweiter Mose sich dieser Entwicklung entgegenstemmte. Die heutige Lesung enthält von ihm ein prophetisches Drohwort an den König: Die dreijährige Dürre soll dem König ein mahnendes Zeichen sein. Nicht Baal, sondern Jahwe gibt Regen und Fruchtbarkeit, und Jahwe ist, anders als*

*Baal, ein Gott, der fordert. Götter, die nichts fordern, geben auch nichts.
– Ahab: 1 Kön 16,29 – 22,40. – Elija: 1 Kön 17–19; 21; 2 Kön 1–2. – Sir 48,1–3; Lk 4,25; Jak 5,17; Offb 11,6.*

ERSTE LESUNG   1 Kön 17,1–6

Der Herr, der Gott Israels, lebt, in dessen Dienst ich stehe

**Lesung
aus dem ersten Buch der Könige.**

In jenen Tagen
1 **sprach der Prophet Elíja aus Tischbe in Gílead
zu Ahab, dem König von Israel:
So wahr der Herr, der Gott Israels, lebt,
in dessen Dienst ich stehe:
in diesen Jahren sollen weder Tau noch Regen fallen,
es sei denn auf mein Wort hin.**
2 **Danach erging das Wort des Herrn an Elíja:**
3 **Geh weg von hier,
wende dich nach Osten,
und verbirg dich am Bach Kerit östlich des Jordan!**
4 **Aus dem Bach sollst du trinken,
und den Raben
habe ich befohlen, daß sie dich dort ernähren.**
5 **Elíja ging weg
und tat, was der Herr befohlen hatte;
er begab sich zum Bach Kerit östlich des Jordan
und ließ sich dort nieder.**
6 **Die Raben brachten ihm Brot und Fleisch am Morgen
und ebenso Brot und Fleisch am Abend,
und er trank aus dem Bach.**

ANTWORTPSALM   Ps 121 (120), 1–2.3–4.5–6.7–8 (R: vgl. 2)

**R Unsere Hilfe ist im Namen des Herrn,   (GL 733,1)
der Himmel und Erde geschaffen hat. – R**

1 *Ich hebe meine Augen auf zu den Bergen: *   I. Ton
Woher kommt mir Hilfe?*
2 *Meine Hilfe kommt vom Herrn, *
der Himmel und Erde gemacht hat. –* **(R)**

3 Er läßt deinen Fuß nicht wanken; *
  er, der dich behütet, schläft nicht.

4 Nein, der Hüter Israels *
  schläft und schlummert nicht. – (R)

5 Der Herr ist dein Hüter, der Herr gibt dir Schatten; *
  er steht dir zur Seite.

6 Bei Tag wird dir die Sonne nicht schaden *
  noch der Mond in der Nacht. – (R)

7 Der Herr behüte dich vor allem Bösen, *
  er behüte dein Leben.

8 Der Herr behüte dich, wenn du fortgehst und wiederkommst, *
  von nun an bis in Ewigkeit. – R

Jahr I und II

RUF VOR DEM EVANGELIUM   Vers: Mt 5, 12a

Halleluja. Halleluja.

Freut euch und jubelt:
Euer Lohn im Himmel wird groß sein.

Halleluja.

ZUM EVANGELIUM   *Die Tätigkeit Jesu war Wort und Tat, Lehre und Wunder. In der Bergpredigt tritt er als der neue Mose auf, der die neue „bessere" Gerechtigkeit verkündet. Die Seligpreisungen sind nicht so sehr Glückwünsche als vielmehr Einlaßbedingungen zur Gottesherrschaft; sie sind Zusage und Forderung zugleich. Es ist anzunehmen, daß die kürzere Form der Seligpreisungen bei Lukas (6, 20–23) die ursprünglichere ist; die Erweiterungen bei Matthäus sind also bereits Deutungen, in denen das besondere Anliegen dieses Evangelisten sichtbar wird. Die „Armen" und „Hungrigen" sind nicht nur eine wirtschaftlich-soziale Gruppe, es sind die Menschen, die („vor Gott") wissen und bejahen, daß sie nichts haben und nichts können und daß sie ganz auf Gott angewiesen sind. Aber nicht den Untätigen wird die Gottesgemeinschaft zugesagt, sondern denen, die sich aktiv für Gerechtigkeit und Frieden einsetzen. Das alles wird nicht nur den auserwählten Jüngern gesagt, sondern der Volksmenge (V. 1): dem Israel der Zukunft. – Spr 2, 21; Am 8, 11; Apg 5, 41; 1 Petr 3, 13–17.*

EVANGELIUM

Mt 5, 1–12

Selig, die arm sind vor Gott

☩ Aus dem heiligen Evangelium nach Matthäus.

In jener Zeit,
 1 als Jesus die vielen Menschen sah, die ihm folgten,
       stieg er auf einen Berg.
    Er setzte sich,
       und seine Jünger traten zu ihm.
 2 Dann begann er zu reden
       und lehrte sie.
 3 Er sagte:
    Selig, die arm sind vor Gott;
       denn ihnen gehört das Himmelreich.
 4 Selig die Trauernden;
       denn sie werden getröstet werden.
 5 Selig, die keine Gewalt anwenden;
       denn sie werden das Land erben.
 6 Selig, die hungern und dürsten nach der Gerechtigkeit;
       denn sie werden satt werden.
 7 Selig die Barmherzigen;
       denn sie werden Erbarmen finden.
 8 Selig, die ein reines Herz haben;
       denn sie werden Gott schauen.
 9 Selig, die Frieden stiften;
       denn sie werden Söhne Gottes genannt werden.
10 Selig, die um der Gerechtigkeit willen verfolgt werden;
       denn ihnen gehört das Himmelreich.
11 Selig seid ihr, wenn ihr um meinetwillen beschimpft und verfolgt
       und auf alle mögliche Weise verleumdet werdet.
12 Freut euch und jubelt:
    Euer Lohn im Himmel wird groß sein.
    Denn so wurden schon vor euch die Propheten verfolgt.

FÜRBITTEN

Wir wenden uns mit unseren Bitten an Jesus Christus, der uns in sein Volk berufen hat:

Laß das Wirken der Kirche vom Geist der Seligpreisungen geprägt sein.
A.: Herr, erhöre unser Gebet.

Ermutige die Völker, Zwietracht und Streitigkeiten beizulegen.

Erfülle alle, die wegen ihres Glaubens verfolgt werden, mit der Kraft des Heiligen Geistes.

Stärke unseren schwachen Willen, daß unser Leben besser deiner Botschaft entspricht.

Herr, unser Gott, ohne deinen Beistand vermögen wir nichts. Erhöre unsere Bitten durch Christus, unseren Herrn.   A.: Amen.

„MIT WELCHER VOLLMACHT hat Jesus diese ungeheure Zusage machen können? Hier läßt er ja den Horizont menschlicher Erfahrungen und Denkmöglichkeiten weit hinter sich und verlangt Unvorstellbares. Ja, das tut er: Er verlangt unser ungeteiltes Vertrauen zu ihm, daß er an der Stelle Gottes spricht und handelt; daß zu seinem Herrschaftsbereich diese unsere Erde gehört – kraft seiner Auferweckung von den Toten. Erst von da aus – von da aus aber ganz gewiß – erhalten die Seligpreisungen ihren Sinn und ihre Dynamik. Nur von daher erreicht uns durch sie die Kunde von der künftigen Gottesherrschaft als dem, was unserem Leben und Leiden Ziel und Kraft verleiht.
Aber eben nicht nur Kraft zum Aushalten – was schon sehr viel ist! Christen werden durch die Künftigkeit des Gottesreiches ermutigt, ja geradezu aufgefordert, barmherzig zu sein, Frieden zu stiften, sich um des Rechtes anderer willen verfolgen zu lassen – in wievielerlei Formen und Ausmaßen das alles auch heute geschehen mag und muß ..." (Wolfgang Hinker).

DIENSTAG

TAGESGEBET

Jesus hat gesagt:
„Ihr seid das Salz der Erde.
Wenn das Salz seinen Geschmack verliert,
taugt es zu nichts mehr."
Darum bitten wir:
Gott, unser Vater.
Laß uns nicht faul und gleichgültig werden.
Gib deiner Kirche Tatkraft und Phantasie,
die Sache deines Sohnes weiterzuführen,
damit die Menschen Stellung nehmen müssen
und in ihm den Weg zum Heil finden.
Das gewähre uns durch ihn, Jesus Christus. (MB 319, 38)

Oder ein anderes Tagesgebet (vgl. S. 661).

Jahr I

ZUR LESUNG *Paulus hatte den Korinthern seinen Besuch angekündigt, war aber dann nicht gekommen. Ist er unzuverlässig? Aus der Wucht, mit der er diesen Vorwurf zurückweist, können wir schließen, wie sehr er sich persönlich getroffen fühlte und seine apostolische Wirksamkeit bedroht sah. Ist der Glaubensbote in seinen eigenen Sachen unzuverlässig, wie soll man seiner Botschaft trauen? Paulus wird nachher die Gründe anführen, die ihn veranlaßt haben, seine Pläne zu ändern. Aber zunächst (heutige Lesung) macht er sich und seinen Lesern klar, warum er als Apostel Jesu Christi nicht zwiespältig sein, ja sagen und nein meinen kann: das kann er nicht, weil er es nicht darf. Ein solcher Beweis stimmt bekanntlich nicht. Er hat sein Gewicht nur da, wo ein Mensch sein Leben so restlos in den Dienst seiner Berufung stellt wie Paulus. Dann gilt das hier angewandte Schlußverfahren: In Jesus Christus, dem Sohn Gottes, gibt es nicht Ja und Nein; er ist das reine Ja Gottes zu allen seinen Zusagen (V. 19). Nun hat aber Gott uns Apostel (und euch alle) auf diesen festen Grund gestellt: auf Jesus Christus, ja uns gleichsam eingeschlossen in die göttliche Wahrheit und Treue, die in Christus verkörpert ist; Gott hat uns (in der Taufe) den Geist gegeben, der in uns bleibt und der uns in die Klarheit und Wahrhaftigkeit des Vaters und des Sohnes hineinstellt. Also ist es ausgeschlossen, daß wir ja sagen und nein denken, es ist beim Apo-*

stel so ausgeschlossen, wie es bei Gott selbst und seinem Sohn ausgeschlossen ist. Aus der letzten Tiefe und Höhe holt Paulus die Gründe, die seine Glaubwürdigkeit als Apostel Jesu Christi klarstellen sollen. − 1 Kor 1,9; Mt 5,37; 1 Kor 14,16; Offb 3,14; 1 Joh 2,20.27; Röm 5,5; 6,4; Eph 1,13−14.

ERSTE LESUNG 2 Kor 1,18−22

Jesus Christus ist nicht als Ja und Nein zugleich gekommen; in ihm ist das Ja verwirklicht

Lesung
aus dem zweiten Brief des Apostels Paulus an die Korínther.

Brüder!

18 Gott ist treu,
er bürgt dafür,
daß unser Wort euch gegenüber nicht Ja und Nein zugleich ist.

19 Denn Gottes Sohn Jesus Christus,
der euch durch uns verkündigt wurde
− durch mich, Silvánus und Timótheus −,
ist nicht als Ja und Nein zugleich gekommen;
in ihm ist das Ja verwirklicht.

20 Er ist das Ja zu allem, was Gott verheißen hat.
Darum rufen wir durch ihn zu Gottes Lobpreis auch das Amen.

21 Gott aber, der uns und euch in der Treue zu Christus festigt
und der uns alle gesalbt hat,

22 er ist es auch, der uns sein Siegel aufgedrückt
und als ersten Anteil am verheißenen Heil
den Geist in unser Herz gegeben hat.

ANTWORTPSALM Ps 119 (118), 129−130.131−132.133 u. 135
(R: 135a)

R Herr, laß dein Angesicht leuchten über deinem Knecht! − **R**

(GL 465)
II. Ton

129 Deine Vorschriften sind der Bewunderung wert; *
darum bewahrt sie mein Herz.

130 Die Erklärung deiner Worte bringt Erleuchtung, *
den Unerfahrenen schenkt sie Einsicht. − (**R**)

131 Weit öffne ich meinen Mund †
und lechze nach deinen Geboten; *
denn nach ihnen hab' ich Verlangen.

132 Wende dich mir zu, sei mir gnädig, *
wie es denen gebührt, die deinen Namen lieben. – (R)

133 Festige meine Schritte, wie du es verheißen hast. *
Laß kein Unrecht über mich herrschen!

135 Laß dein Angesicht leuchten über deinem Knecht, *
und lehre mich deine Gesetze!

R Herr, laß dein Angesicht leuchten über deinem Knecht!

Jahr II

ZUR LESUNG   *Es wird uns nichts darüber gesagt, wie Ahab auf die Drohung des Propheten (17, 1) reagiert hat. Aber die Tatsache, daß Elija sich am Bach Kerit verstecken muß (17, 3), sagt eigentlich genug. Die Könige jener Zeit waren nicht zimperlich, wenn sie einen Propheten zum Verstummen bringen wollten (vgl. 2 Chr 16, 10). – Gott verhindert nicht, daß der Bach, aus dem Elija trinkt, vertrocknet; nicht am Bach will er das Wunder tun und nicht allein für Elija. Sarepta liegt außerhalb Israels, in Phönizien. Dort, im heidnischen Land, lebt eine Witwe, und Gott denkt an diese Witwe ebenso wie an den Propheten Elija. Als Jesus in Nazaret predigte, hat er den Glauben dieser Witwe und des Syrers Naaman dem Unglauben seiner Landsleute gegenübergestellt. – 2 Kön 4, 1–7; Lk 4, 25–27.*

ERSTE LESUNG   1 Kön 17, 7–16

Der Mehltopf wurde nicht leer, wie der Herr durch Elija versprochen hatte

Lesung
  aus dem ersten Buch der Könige.

In jenen Tagen
7 vertrocknete der Bach, an dem sich Elija verborgen hielt;
denn es fiel kein Regen im Land.
8 Da erging das Wort des Herrn an Elija:
9 Mach dich auf, und geh nach Sarépta, das zu Sidon gehört,
und bleib dort!
Ich habe dort einer Witwe befohlen, dich zu versorgen.
10 Er machte sich auf
  und ging nach Sarépta.
Als er an das Stadttor kam,
  traf er dort eine Witwe, die Holz auflas.

Zeit im Jahreskreis: 10. Woche – Dienstag 1049

Er bat sie:
Bring mir in einem Gefäß ein wenig Wasser zum Trinken!
¹¹ Als sie wegging, um es zu holen,
rief er ihr nach: Bring mir auch einen Bissen Brot mit!

¹² Doch sie sagte: So wahr der Herr, dein Gott, lebt:
Ich habe nichts mehr vorrätig als eine Handvoll Mehl im Topf
und ein wenig Öl im Krug.
Ich lese hier ein paar Stücke Holz auf und gehe dann heim,
um für mich und meinen Sohn etwas zuzubereiten.
Das wollen wir noch essen und dann sterben.

¹³ Elíja entgegnete ihr: Fürchte dich nicht!
Geh heim, und tu, was du gesagt hast.
Nur mache zuerst für mich ein kleines Gebäck,
und bring es zu mir heraus!
Danach kannst du für dich und deinen Sohn etwas zubereiten;
¹⁴ denn so spricht der Herr, der Gott Israels:
Der Mehltopf wird nicht leer werden
und der Ölkrug nicht versiegen
bis zu dem Tag,
an dem der Herr wieder Regen auf den Erdboden sendet.

¹⁵ Sie ging
und tat, was Elíja gesagt hatte.
So hatte sie mit ihm und ihrem Sohn viele Tage zu essen.
¹⁶ Der Mehltopf wurde nicht leer,
und der Ölkrug versiegte nicht,
wie der Herr durch Elíja versprochen hatte.

ANTWORTPSALM   Ps 4, 2.3–4.7–8 (R: vgl. 7b)

R Laß dein Angesicht über uns leuchten, o Herr! – **R**   (GL 698, 1)

² Wenn ich rufe, erhöre mich, *   VIII. Ton
Gott, du mein Retter!

Du hast mir Raum geschaffen, als mir angst war. *
Sei mir gnädig, und hör auf mein Flehen! – (**R**)

³ Ihr Mächtigen, wie lange noch schmäht ihr meine Ehre, *
warum liebt ihr den Schein und sinnt auf Lügen?

⁴ Erkennt doch: Wunderbar handelt der Herr an den Frommen; *
der Herr erhört mich, wenn ich zu ihm rufe. – (**R**)

7 Viele sagen: „Wer läßt uns Gutes erleben?" *
Herr, laß dein Angesicht über uns leuchten!

8 Du legst mir größere Freude ins Herz, *
als andere haben bei Korn und Wein in Fülle.

R Laß dein Angesicht über uns leuchten, o Herr!

Jahr I und II

RUF VOR DEM EVANGELIUM   Vers: Mt 5, 16

Halleluja. Halleluja.

Euer Licht soll vor den Menschen leuchten,
damit sie eure guten Werke sehen
und euren Vater im Himmel preisen.
Halleluja.

ZUM EVANGELIUM   *Auf die Seligpreisungen (gestriges Evangelium) folgt in der Bergpredigt das Wort vom Salz der Erde und vom Licht der Welt; es verdeutlicht die Verantwortung der Jünger für die Welt. Das Licht soll leuchten, das Salz macht die Speise schmackhaft. Die Jünger haben Auftrag und Verantwortung für die Welt. Von ihnen wird es abhängen, ob sich die Gottesherrschaft durchsetzt. Das Bildwort vom „Licht" (V. 14–15) wird in eine Mahnung umgesetzt (V. 16). Daß die guten Werke der Christen den Menschen zum Anlaß werden, den Vater im Himmel zu preisen, ist freilich nur die eine Möglichkeit; die andere steht in V. 11–12: Spott und Verfolgung. Der Jünger teilt das Schicksal des Meisters, der das wahre Licht der Welt ist (Joh 8, 12). – Lev 2, 13; Mk 4, 21; 9, 50; Lk 8, 16; 11, 33; 14, 34–35; Joh 3, 21.*

EVANGELIUM   Mt 5, 13–16

Euer Licht soll vor den Menschen leuchten

✝ Aus dem heiligen Evangelium nach Matthäus.

In jener Zeit sprach Jesus zu seinen Jüngern:
13 Ihr seid *das Salz der Erde*.
Wenn das Salz seinen Geschmack verliert,
 womit kann man es wieder salzig machen?
Es taugt zu nichts mehr;
es wird weggeworfen und von den Leuten zertreten.

14 **Ihr seid das Licht der Welt.
Eine Stadt, die auf einem Berg liegt,
   kann nicht verborgen bleiben.**
15 **Man zündet auch nicht ein Licht an und stülpt ein Gefäß darüber,
sondern man stellt es auf den Leuchter;
dann leuchtet es allen im Haus.**
16 **So soll euer Licht vor den Menschen leuchten,
   damit sie eure guten Werke sehen
   und euren Vater im Himmel preisen.**

FÜRBITTEN

Wir beten zu Christus, der das Licht der Welt ist:

Erfülle alle, die für das Evangelium arbeiten, mit deinem Geist.
(Stille) Christus, höre uns.
A.: Christus, erhöre uns.

Erleuchte die Herzen der Menschen, daß sie zum Glauben gelangen. (Stille) Christus, höre uns.

Mache die Kranken zuversichtlich, und gib ihnen Vertrauen in ihre Helfer. (Stille) Christus, höre uns.

Gib, daß unser Leben ausstrahlt, was wir mit dem Herzen glauben.
(Stille) Christus, höre uns.

Allmächtiger Gott, du hast uns aus der Finsternis in dein Licht gerufen. Laß uns als Kinder des Lichtes leben durch Christus, unseren Herrn. A.: Amen.

„ALLES, WAS WIR MIT RECHT VON GOTT ERWARTEN, *erbitten dürfen, ist in Jesus Christus zu finden. Was ein Gott, so wie wir ihn uns denken, alles tun müßte und könnte, damit hat der Gott Jesu Christi nichts zu tun. Wir müssen uns immer wieder sehr lange und sehr ruhig in das Leben, Sprechen, Handeln, Leiden und Sterben Jesu versenken, um zu erkennen, was Gott verheißt und was er erfüllt. Gewiß ist, daß wir immer in der Nähe und unter der Gegenwart Gottes leben dürfen und daß dieses Leben für uns ein ganz neues Leben ist; daß es für uns nichts Unmögliches mehr gibt, weil es für Gott nichts Unmögliches gibt; daß keine irdische Macht uns anrühren kann ohne Gottes Willen und daß Gefahr und Not* uns nur näher zu Gott treiben; gewiß ist, daß wir nichts zu beanspruchen haben und doch alles erbitten dürfen; gewiß ist, daß im Leiden unsere Freude, im Sterben unser Leben verborgen ist; gewiß ist, daß wir in dem allen in einer Gemeinschaft stehen, die uns trägt. Zu all dem hat Gott in Jesus ja und amen gesagt. Dieses Ja und Amen ist der feste Boden, auf dem wir stehen" (D. Bonhoeffer).

MITTWOCH

TAGESGEBET

Herr, unser Gott,
sende uns den Geist der Einsicht,
der Wahrheit und des Friedens.
Laß uns erkennen, was du von uns verlangst,
und gib uns die Bereitschaft,
einmütig zu erfüllen,
was wir als deinen Auftrag erkannt haben.
Darum bitten wir durch Jesus Christus. (MB 270)

Oder ein anderes Tagesgebet (vgl. S. 661).

Jahr I

ZUR LESUNG   *Der Apostel steht im Dienst der neuen Heilsordnung, des „Neuen Bundes". Die neuen Wirklichkeiten dieses Bundes sind der Geist, die Gerechtigkeit und die Herrlichkeit. Nur durch den Geist gibt es wirkliches Heil: heiliges, ewiges Leben. Mit dem Geist ist die kommende Welt in die gegenwärtige eingebrochen; das Neue, das mit Christus begonnen hat, ist endgültig und bleibt. Im Vergleich damit war der Alte Bund nur „Buchstabe": eine geschriebene Mitteilung, die auf die zukünftige Wirklichkeit hinwies, aber nicht die Kraft besaß, diese Wirklichkeit herbeizuführen. Daraus folgert Paulus in den Versen 7–11 die ungleich größere Würde des apostolischen Dienstes im Vergleich mit dem Dienst des Mose. Der Unterschied liegt in der verschiedenen „Herrlichkeit". Paulus spricht zwar Mose und dem Alten Bund überhaupt den Anteil an der göttlichen Offenbarungsherrlichkeit nicht einfach ab; auch dort war Gottes Größe und Macht sichtbar, sie strahlte insbesondere auf dem Gesicht des Mose wider, wenn er von der Begegnung mit Gott zurückkam. Aber diese Herrlichkeit war vergänglich, sie verblaßte im helleren Schein des Neuen*

Bundes. Zur Überheblichkeit besteht deswegen kein Anlaß, weder für den Apostel noch für die Gemeinde. Gott allein macht uns fähig, die neue Wirklichkeit überhaupt zu erfassen und ihr zu dienen. Und wir haben „diesen Schatz" in irdenen Gefäßen (4, 7): Durch Not und Tod hindurch erweist innerhalb dieser Welt das Leben Jesu seine Kraft. – Joh 3, 27; Eph 3, 7; Kol 1, 23–25; Röm 2, 29; 7, 5–6; Ex 32, 16; 34, 29–35; Hebr 3, 3.

ERSTE LESUNG 2 Kor 3, 4–11

Gott hat uns zu Dienern des Neuen Bundes gemacht, nicht des Buchstabens, sondern des Geistes

Lesung
   aus dem zweiten Brief des Apostels Paulus an die Korinther.

Brüder!
4 Wir haben durch Christus so großes Vertrauen zu Gott.
5 Doch sind wir dazu nicht von uns aus fähig,
   als ob wir uns selbst etwas zuschreiben könnten;
unsere Befähigung stammt vielmehr von Gott.
6 Er hat uns fähig gemacht,
   Diener des Neuen Bundes zu sein,
nicht des Buchstabens,
   sondern des Geistes.
   Denn der Buchstabe tötet,
   der Geist aber macht lebendig.

7 Wenn aber schon der Dienst, der zum Tod führt
   und dessen Buchstaben in Stein gemeißelt waren,
   so herrlich war,
   daß die Israeliten
   das Gesicht des Mose nicht anschauen konnten,
   weil es eine Herrlichkeit ausstrahlte, die doch vergänglich war,
8 wie sollte da der Dienst des Geistes nicht viel herrlicher sein?
9 Wenn schon der Dienst, der zur Verurteilung führt, herrlich war,
   so wird der Dienst, der zur Gerechtigkeit führt,
   noch viel herrlicher sein.
10 Eigentlich kann von Herrlichkeit
   in jenem Fall gar nicht die Rede sein,
   wo das Verherrlichte vor der größeren Herrlichkeit verblaßt.
11 Wenn nämlich schon das Vergängliche in Herrlichkeit erschien:
   die Herrlichkeit des Bleibenden wird es überstrahlen.

ANTWORTPSALM Ps 99 (98), 4b–5.6–7.8–9 (R: vgl. 9c)

R Heilig bist du, Herr, unser Gott. – R (GL 233,7)

4bc Du hast die Weltordnung fest begründet, * VI. Ton
hast Recht und Gerechtigkeit in Jakob geschaffen.

5 Rühmt den Herrn, unsern Gott; †
werft euch am Schemel seiner Füße nieder! *
Denn er ist heilig. – (R)

6 Mose und Aaron sind unter seinen Priestern, †
Sámuel unter denen, die seinen Namen anrufen; *
sie riefen zum Herrn, und er hat sie erhört.

7 Aus der Wolkensäule sprach er zu ihnen; †
seine Gebote hielten sie, *
die Satzung, die er ihnen gab. – (R)

8 Herr, unser Gott, du hast sie erhört; †
du warst ihnen ein verzeihender Gott, *
aber du hast ihre Frevel vergolten.

9 Rühmt den Herrn, unsern Gott, †
werft euch nieder an seinem heiligen Berge! *
Denn heilig ist der Herr, unser Gott. – R

Jahr II

ZUR LESUNG *Der Berg Karmel mit seinen zwei Altären, einem für Baal und einem für Jahwe, macht die religiöse Situation des Volkes sichtbar, das nach beiden Seiten schwankt (V. 21). Wie lange noch? fragt der ungeduldige Prophet und zwingt die Entscheidung herbei. Für das Volk mag die Frage gelautet haben: Welches ist der mächtigere Gott, Baal oder Jahwe? Für Elija kann die Frage nur sein: Wer ist der wahre Gott, der einzige Gott? Antwort: Der Gott, der mit Feuer antwortet. Der Blitz, der auf das Opfer Elijas herabfährt, ist aber nur ein Teil der Antwort; das größere, göttlichere Wunder besteht darin, daß er das Herz des Volkes „zur Umkehr wendet" (V. 37). – Hos 11,7; Dan 9,21; Gen 32,29; Sir 48,3; Lev 9,24; Num 11,1; 16,35; Ri 6,21.*

Zeit im Jahreskreis: 10. Woche – Mittwoch

ERSTE LESUNG   1 Kön 18, 20–39

Dieses Volk soll erkennen, daß du, Herr, der wahre Gott bist und daß du sein Herz zur Umkehr wendest

**Lesung
aus dem ersten Buch der Könige.**

In jenen Tagen
schickte König Ahab in ganz Israel umher
und ließ die Propheten des Baal
auf dem Karmel zusammenkommen.

Und Elíja trat vor das ganze Volk
und rief:
Wie lange noch schwankt ihr nach zwei Seiten?
Wenn Jahwe der wahre Gott ist,
dann folgt ihm!
Wenn aber Baal es ist,
dann folgt diesem!
Doch das Volk gab ihm keine Antwort.

Da sagte Elíja zum Volk:
Ich allein bin als Prophet des Herrn übriggeblieben;
die Propheten des Baal aber sind vierhundertfünfzig.

Man gebe uns zwei Stiere.
Sie sollen sich einen auswählen,
ihn zerteilen und auf das Holz legen,
aber kein Feuer anzünden.
Ich werde den andern zubereiten,
auf das Holz legen
und kein Feuer anzünden.

Dann sollt ihr den Namen eures Gottes anrufen,
und ich werde den Namen des Herrn anrufen.
Der Gott, der mit Feuer antwortet,
ist der wahre Gott.
Da rief das ganze Volk:
Der Vorschlag ist gut.

Nun sagte Elíja zu den Propheten des Baal:
Wählt ihr zuerst den einen Stier aus, und bereitet ihn zu;
denn ihr seid die Mehrheit.
Ruft dann den Namen eures Gottes an,
entzündet aber kein Feuer!

²⁶ Sie nahmen den Stier, den er ihnen überließ,
  und bereiteten ihn zu.
Dann riefen sie vom Morgen bis zum Mittag
  den Namen des Baal an
und schrien: Baal, erhöre uns!
Doch es kam kein Laut,
  und niemand gab Antwort.
Sie tanzten hüpfend um den Altar, den sie gebaut hatten.

²⁷ Um die Mittagszeit verspottete sie Elíja
und sagte: Ruft lauter!
Er ist doch Gott.
Er könnte beschäftigt sein,
könnte beiseite gegangen oder verreist sein.
Vielleicht schläft er und wacht dann auf.

²⁸ Sie schrien nun mit lauter Stimme.
Nach ihrem Brauch
  ritzten sie sich mit Schwertern und Lanzen wund,
  bis das Blut an ihnen herabfloß.

²⁹ Als der Mittag vorüber war,
  verfielen sie in Raserei,
und das dauerte bis zu der Zeit,
  da man das Speiseopfer darzubringen pflegt.
Doch es kam kein Laut, keine Antwort, keine Erhörung.

³⁰ Nun forderte Elíja das ganze Volk auf:
  Tretet her zu mir!
Sie kamen,
und Elíja baute den zerstörten Altar Jahwes wieder auf.

³¹ Er nahm zwölf Steine,
nach der Zahl der Stämme der Söhne Jakobs,
  zu dem der Herr gesagt hatte: Israel soll dein Name sein.

³² Er fügte die Steine zu einem Altar für den Namen des Herrn,
zog rings um den Altar einen Graben
und grenzte eine Fläche ab,
  die zwei Sea Saat hätte aufnehmen können.

³³ Sodann schichtete er das Holz auf,
zerteilte den Stier
und legte ihn auf das Holz.

³⁴ Nun befahl er:
  Füllt vier Krüge mit Wasser,
  und gießt es über das Brandopfer und das Holz!

Hierauf sagte er: Tut es noch einmal!
Und sie wiederholten es.
Dann sagte er: Tut es zum drittenmal!
Und sie taten es zum drittenmal.

35 Das Wasser lief rings um den Altar.
Auch den Graben füllte er mit Wasser.

36 Zu der Zeit nun, da man das Speiseopfer darzubringen pflegt,
   trat der Prophet Elíja an den Altar
und rief:
   Herr, Gott Abrahams, Ísaaks und Israels,
   heute soll man erkennen, daß du Gott bist in Israel,
   daß ich dein Knecht bin und all das in deinem Auftrag tue.

37 Erhöre mich, Herr, erhöre mich!
Dieses Volk soll erkennen, daß du, Herr, der wahre Gott bist
und daß du sein Herz zur Umkehr wendest.

38 Da kam das Feuer des Herrn herab
und verzehrte das Brandopfer, das Holz, die Steine und die Erde.
Auch das Wasser im Graben leckte es auf.

39 Das ganze Volk sah es,
warf sich auf das Angesicht nieder
und rief: Jahwe ist Gott,
Jahwe ist Gott!

ANTWORTPSALM   Ps 16 (15), 1–2 u. 4.5 u. 8.9 u. 11 (R: vgl. 1)

R Behüte mich, Gott, denn ich vertraue auf dich. – **R**   (GL 527,7)

1 Behüte mich, Gott, denn ich vertraue dir. †   IV. Ton
2 Ich sage zum Herrn: „Du bist mein Herr; *
mein ganzes Glück bist du allein."

4 Viele Schmerzen leidet, wer fremden Göttern folgt. †
Ich will ihnen nicht opfern, *
ich nehme ihre Namen nicht auf meine Lippen. – (R)

5 Du, Herr, gibst mir das Erbe und reichst mir den Becher; *
du hältst mein Los in deinen Händen.

8 Ich habe den Herrn beständig vor Augen. *
Er steht mir zur Rechten, ich wanke nicht. – (R)

9 Darum freut sich mein Herz und frohlockt meine Seele; *
auch mein Leib wird wohnen in Sicherheit.

11 Du zeigst mir den Pfad zum Leben. †
Vor deinem Angesicht herrscht Freude in Fülle, *
zu deiner Rechten Wonne für alle Zeit.

R Behüte mich, Gott, denn ich vertraue auf dich.

Jahr I und II

RUF VOR DEM EVANGELIUM   Vers: Ps 25 (24), 4a. 5a

Halleluja. Halleluja.

Zeige mir, Herr, deine Wege,
führe mich in deiner Treue und lehre mich!

Halleluja.

ZUM EVANGELIUM   *Unter „Gesetz und Propheten" versteht Jesus die eine, einheitliche Äußerung des Gotteswillens, wie sie im Alten Testament vorliegt. Von diesem Gesetz versichert Jesus feierlich: Es bleibt bestehen und muß verwirklicht werden. Dieser „jüdischste" aller Sätze im Neuen Testament (V. 18) steht nicht zufällig an dieser Stelle der Bergpredigt; im nachfolgenden Abschnitt (V. 21–48) spricht Jesus in sechsmaliger Gegenüberstellung („... ich aber sage euch") von der neuen „Gerechtigkeit", die im Gegensatz steht zu dem, was „den Alten" gesagt wurde. Wenn das alles nicht Aufhebung, sondern Erfüllung des alttestamentlichen Gesetzes ist, dann wird von uns ein Verständnis des Alten Testamentes gefordert, das weit über das hinausgeht, was jüdische Gesetzesgelehrsamkeit zu sagen wußte. Jesus ist mehr als Mose; er verkündet den Gotteswillen neu und in Vollmacht; er selbst bringt durch sein Wort und seine Tat das Alte Testament zu seinem vollen Maß und gibt ihm seinen endgültigen Sinn. – Röm 3, 31; 10, 4; Lk 16, 17; Jak 2, 10.*

EVANGELIUM   Mt 5, 17–19

Ich bin nicht gekommen, um aufzuheben, sondern um zu erfüllen

✛ Aus dem heiligen Evangelium nach Matthäus.

In jener Zeit sprach Jesus zu seinen Jüngern:
17 *Denkt nicht, ich sei gekommen,
um das Gesetz und die Propheten aufzuheben.
Ich bin nicht gekommen, um aufzuheben,
sondern um zu erfüllen.*

¹⁸ Amen, das sage ich euch:
Bis Himmel und Erde vergehen,
 wird auch nicht der kleinste Buchstabe des Gesetzes vergehen,
 bevor nicht alles geschehen ist.
¹⁹ Wer auch nur eines von den kleinsten Geboten aufhebt
und die Menschen entsprechend lehrt,
 der wird im Himmelreich der Kleinste sein.
Wer sie aber hält und halten lehrt,
 der wird groß sein im Himmelreich.

FÜRBITTEN

Wir beten zu Christus, der unsere Schuld vergibt:

Rufe alle Christen zur Umkehr, und versöhne sie mit dem Vater. (Stille) Herr, erbarme dich.
A.: Christus, erbarme dich.

Laß verfeindete Völker ihre Streitigkeiten beilegen. (Stille) Herr, erbarme dich.

Lindere die Schmerzen der Kranken, und mach sie gesund. (Stille) Herr, erbarme dich.

Schenke uns unermüdliche Ausdauer auf dem Weg deiner Gebote. (Stille) Herr, erbarme dich.

Heiliger Gott, schau nicht auf unsere Sünden, sondern höre auf unsere Bitten durch Christus, unseren Herrn. A.: Amen.

„IMMER NOCH GLEICHT DAS EVANGELIUM einem vergrabenen Schatz, und dringender denn je warten auf seine Hebung Menschen, die der Druck der absoluten Gesetzessysteme verschiedenster, auch kirchlicher Provenienz entweder in Isolation, Gefängnis und Tod oder ins Chaos gebracht hat. Dieser Schatz ist die Einsicht, daß der menschgewordene Gott das Maß des Menschen, des Einzelnen wie der Gesellschaft, ist und daß die Menschwerdung Gottes nichts anderes bedeutet als den Herrschaftsverzicht, der allein Vermenschlichung bewirkt. Das Gesetz erfüllen heißt: Ernst machen mit der Erkenntnis, daß das Gesetz um des Menschen willen, nicht aber der Mensch um des Gesetzes willen da ist ... Diesen Sachverhalt erkennen wäre die erste Voraussetzung dafür, daß den Chri-

sten noch einmal die Aufgabe zufiele, zu der sie berufen wurden: das Salz der Erde zu sein, das heißt: alle sich die Welt unterwerfenden Mächte mit dem Gran Menschlichkeit zu durchdringen, das allein die Erde zu einer Wohnstatt von Menschen machen würde" (Gisela Uellenberg).

DONNERSTAG

TAGESGEBET

Gütiger Gott,
Bei dir ist Freude über jeden Menschen,
der umkehrt und Buße tut.
Denn du bist der Vater, der für alle ein Herz hat.
Laß uns darauf vertrauen
und deinem Ruf folgen.
Hilf uns,
daß auch wir einander vergeben,
wie du uns vergibst.
Darum bitten wir durch Jesus Christus. (MB 315, 27)

Oder ein anderes Tagesgebet (vgl. S. 661).

Jahr I

ZUR LESUNG *Weil Paulus um die größere und bleibende „Herrlichkeit" des Neuen Bundes weiß, kann er mit großer Sicherheit auftreten. Der Glanz des Alten Bundes ist verblaßt, aber die Israeliten (und manche Christen in Korinth und anderswo) haben das noch nicht begriffen. Die Absicht und das Ziel des Alten Bundes erkennt nur, wer auf Christus schaut. Nur wer ihm, dem „Herrn", begegnet, erfährt die Macht des Gottesgeistes und die Freiheit der Gotteskinder, die Unabhängigkeit von allen Mächten der gegenwärtigen Welt. Das ist nicht das Vorrecht einzelner geistbegabter Menschen; „wir alle", sagt Paulus, die wir uns bekehrt und Christus zugewandt haben, schauen die Herrlichkeit des Herrn, die einst Mose geschaut hat. In Christus sehen wir das Bild Gottes, die Herrlichkeit des Vaters, und wir selbst werden verwandelt in das Bild, das wir schauen. Aber: Was schauen wir denn wirklich? Vorerst nichts anderes als das Bild des gekreuzigten und auferstandenen Herrn, dem wir im Evangelium begegnen. Durch den Dienst des Apostels, das heißt durch die Verkündi-*

gung des Evangeliums, wird das Leben offenbar, das Leben durch den Tod hindurch. − Ex 34,29–35; Phil 3,21; Röm 8,21.28–30; Offb 21,23; 2 Thess 2,10; Joh 14,7; 1 Tim 1,11; Gen 1,3; Joh 8,12; 2 Kor 4,10–11; 13,4.

ERSTE LESUNG 2 Kor 3,15 – 4,1.3–6

Gott ist in unseren Herzen aufgeleuchtet, damit wir erleuchtet werden zur Erkenntnis des göttlichen Glanzes

Lesung
aus dem zweiten Brief des Apostels Paulus an die Korinther.

Brüder!
⁵ Bis heute liegt eine Hülle auf dem Herzen der Israeliten,
wenn Mose vorgelesen wird.
⁶ Sobald sich aber einer dem Herrn zuwendet,
wird die Hülle entfernt.
⁷ Der Herr aber ist der Geist,
und wo der Geist des Herrn wirkt, da ist Freiheit.

⁸ Wir alle
spiegeln mit enthülltem Angesicht
die Herrlichkeit des Herrn wider
und werden so in sein eigenes Bild verwandelt,
von Herrlichkeit zu Herrlichkeit, durch den Geist des Herrn.

Daher erlahmt unser Eifer nicht in dem Dienst,
der uns durch Gottes Erbarmen übertragen wurde.
Wenn unser Evangelium dennoch verhüllt ist,
ist es nur denen verhüllt, die verlorengehen;
denn der Gott dieser Weltzeit
hat das Denken der Ungläubigen verblendet.
So strahlt ihnen der Glanz der Heilsbotschaft nicht auf,
der Botschaft von der Herrlichkeit Christi, der Gottes Ebenbild ist.

Wir verkündigen nämlich nicht uns selbst,
sondern Jesus Christus als den Herrn,
uns aber als eure Knechte um Jesu willen.
Denn Gott, der sprach: Aus Finsternis soll Licht aufleuchten!,
er ist in unseren Herzen aufgeleuchtet,
damit wir erleuchtet werden
zur Erkenntnis des göttlichen Glanzes auf dem Antlitz Christi.

ANTWORTPSALM Ps 85 (84),9–10.11–12.13–14 (R: vgl. 10b)

R Die Herrlichkeit Gottes wohnt in unserm Land. – **R** (GL 528,6)

9 Ich will hören, was Gott redet: †
 Frieden verkündet der Herr seinem Volk *
 und seinen Frommen, den Menschen mit redlichem Herzen.

 II. Ton

10 Sein Heil ist denen nahe, die ihn fürchten. *
 Seine Herrlichkeit wohne in unserm Land. – (**R**)

11 Es begegnen einander Huld und Treue; *
 Gerechtigkeit und Friede küssen sich.

12 Treue sprößt aus der Erde hervor; *
 Gerechtigkeit blickt vom Himmel hernieder. – (**R**)

13 Auch spendet der Herr dann Segen, *
 und unser Land gibt seinen Ertrag.

14 Gerechtigkeit geht vor ihm her, *
 und Heil folgt der Spur seiner Schritte. – **R**

Jahr II

ZUR LESUNG *Jahwe hat mit Feuer geantwortet, der Baal ist stumm geblieben. Nun hat sich das Volk endlich entschieden: Jahwe ist Gott! Daß Elija daraufhin vierhundertfünfzig Baalspriester abschlachten ließ (V. 40), ohne daß der Baal oder der anwesende König eingriff, mußte dem Volk als ein weiterer Beweis für die Ohnmacht des Baal erscheinen. Mit unseren Vorstellungen von Gott und Religion ist eine solche Tat nicht vereinbar; auch in Israel hat nach Elija kein Prophet mehr mit solchen Waffen gekämpft. Elija war in der Hochspannung jener Stunde offenbar nicht imstande, ruhig zu denken und zu entscheiden. Er wußte nur: Jahwe ist Gott! Und jetzt, nachdem das Volk zu Jahwe zurückgekehrt ist, wird Jahwe auch wieder Regen spenden. – Gott als Rächer, Gott als Regenspender: Der heutige Mensch mit seinem wissenschaftlichen Weltbild hat Schwierigkeiten, solche Vorstellungen einfach zu übernehmen. Aber Gott spricht zu jedem Zeitalter in der Sprache, die es verstehen kann. – Jak 5, 18.*

ERSTE LESUNG 1 Kön 18, 41–46

Elíja betete inständig, da gab der Himmel Regen (Jak 5, 18)

**Lesung
aus dem ersten Buch der Könige.**

In jenen Tagen
⁴¹ sagte Elíja zu Ahab:
Geh hinauf, iß und trink;
denn ich höre das Rauschen des Regens.
⁴² Während Ahab wegging, um zu essen und zu trinken,
stieg Elíja zur Höhe des Karmel empor,
kauerte sich auf den Boden nieder
und legte seinen Kopf zwischen die Knie.
⁴³ Dann befahl er seinem Diener:
Geh hinauf, und schau auf das Meer hinaus!
Dieser ging hinauf,
schaute hinaus
und meldete: Es ist nichts zu sehen.
Elíja befahl: Geh noch einmal hinauf!
So geschah es siebenmal.
⁴⁴ Beim siebtenmal meldete der Diener:
Eine Wolke, klein wie eine Menschenhand,
steigt aus dem Meer herauf.
Darauf sagte Elíja: Geh hinauf,
und sag zu Ahab:
Spanne an, und fahr hinab,
damit der Regen dich nicht aufhält.
⁴⁵ Es dauerte nicht lange,
da verfinsterte sich der Himmel durch Sturm und Wolken,
und es fiel ein starker Regen.
Ahab bestieg den Wagen und fuhr nach Jésreel.
⁴⁶ Über Elíja aber kam die Hand des Herrn.
Er gürtete sich
und lief vor Ahab her bis dorthin,
wo der Weg nach Jésreel abzweigt.

ANTWORTPSALM Ps 65 (64), 10.11–12.13–14 (R: 2a)

R Dir gebührt Lobgesang, Gott, auf dem Zion. – R (GL 119,4)

10 Du sorgst für das Land und tränkst es; * IV. Ton
   du überschüttest es mit Reichtum.

   Der Bach Gottes ist reichlich gefüllt, *
   du schaffst ihnen Korn; so ordnest du alles. – (R)

11 Du tränkst die Furchen, ebnest die Schollen, *
   machst sie weich durch Regen, segnest ihre Gewächse.

12 Du krönst das Jahr mit deiner Güte, *
   deinen Spuren folgt Überfluß. – (R)

13 In der Steppe prangen die Auen, *
   die Höhen umgürten sich mit Jubel.

14 Die Weiden schmücken sich mit Herden, †
   die Täler hüllen sich in Korn. *
   Sie jauchzen und singen. – R

Jahr I und II

RUF VOR DEM EVANGELIUM Vers: Joh 13,34ac

Halleluja. Halleluja.

(So spricht der Herr:)
Ein neues Gebot gebe ich euch:
Wie ich euch geliebt habe, so sollt auch ihr einander lieben.

Halleluja.

ZUM EVANGELIUM *Um „Gerechtigkeit", d. h. um das rechte Tun des Menschen vor Gott, ging es auch den Schriftgelehrten und Pharisäern; es war ihnen Ernst damit. Jesus fordert nicht mehr als sie, er fordert etwas völlig anderes. Sechs scharfe Gegenüberstellungen (V. 21–48) machen deutlich, worin die neue Gerechtigkeit sich von der alten unterscheidet. „Ich aber sage euch": Jesus sagt neu, was Gott einst durch Mose gesagt hat. Gott richtet nicht nach der äußeren Tat, sondern nach der Entscheidung des Herzens, des inneren Menschen. Im Fall des Mordes: Groll und Haß wiegen so schwer wie der ausgeführte Mord. Das ist zum Erschrecken, aber es kann nicht anders sein, wenn Gott die Liebe und wenn der Mitmensch mein Bruder, meine Schwester ist. – Röm 10,3; Ex 20,13; Sir 10,6; Eph 4,26; Jak 1,19–20; 1 Joh 3,14–15; Sir 28,2; Mk 11,25; Spr 17,14; Lk 12,57–59.*

EVANGELIUM Mt 5,20–26

Jeder, der seinem Bruder auch nur zürnt, soll dem Gericht verfallen sein

✠ Aus dem heiligen Evangelium nach Matthäus.

In jener Zeit sprach Jesus zu seinen Jüngern:
20 Wenn eure Gerechtigkeit nicht weit größer ist
    als die der Schriftgelehrten und der Pharisäer,
    werdet ihr nicht in das Himmelreich kommen.
21 Ihr habt gehört,
    daß zu den Alten gesagt worden ist: Du sollst nicht töten;
wer aber jemand tötet,
    soll dem Gericht verfallen sein.
22 Ich aber sage euch:
    Jeder, der seinem Bruder auch nur zürnt,
    soll dem Gericht verfallen sein;
und wer zu seinem Bruder sagt: Du Dummkopf!,
    soll dem Spruch des Hohen Rates verfallen sein;
wer aber zu ihm sagt: Du gottloser Narr!,
    soll dem Feuer der Hölle verfallen sein.
23 Wenn du deine Opfergabe zum Altar bringst
    und dir dabei einfällt, daß dein Bruder etwas gegen dich hat,
24   so laß deine Gabe dort vor dem Altar liegen;
geh und versöhne dich zuerst mit deinem Bruder,
dann komm
    und opfere deine Gabe.
25 Schließ ohne Zögern Frieden mit deinem Gegner,
    solange du mit ihm noch auf dem Weg zum Gericht bist.
Sonst wird dich dein Gegner vor den Richter bringen,
und der Richter wird dich dem Gerichtsdiener übergeben,
und du wirst ins Gefängnis geworfen.
26 Amen, das sage ich dir:
    Du kommst von dort nicht heraus,
    bis du den letzten Pfennig bezahlt hast.

FÜRBITTEN

Wir bitten Jesus Christus, der uns an seinen Tisch geladen hat:

Ermutige die Hirten der Kirche, zwischen Menschen, die sich entzweit haben, zu vermitteln.
A.: Wir bitten dich, erhöre uns.

Hilf, daß unter den Menschen Verständnis und Vertrauen wachsen.

Gib den Hungernden ihren Anteil an den Gütern der Erde.

Dränge uns, Uneinigkeit und Feindschaft zu überwinden.

Vater im Himmel, du rufst die Menschen in ein Reich der Liebe und des Friedens. Erhöre unsere Bitten durch Christus, unseren Herrn. A.: Amen.

„GOTT AUFLEUCHTEND IM ANTLITZ CHRISTI JESU: *damit kann man allem standhalten. Man kann nicht allzulange ungestraft und ungefährdet den Blick von diesem heiligen Antlitz wenden"* (Josef Eger).

„SEIT MIR ALS KIND *einmal gesagt wurde, ich könnte beim Regen auch daran denken, wie Gottes Gnaden über die Erde strömen, geht mir dieser Vergleich nicht mehr aus dem Sinn. Sind wir doch unser ganzes Leben lang angewiesen auf die Fortsetzung und Entfaltung der schöpferischen Gabe Gottes, der wir unser Dasein verdanken. Wie ungezwungen findet man im Symbol des Regens dieses leise, doch unablässige Hervorströmen der Gnade aus dem himmlischen Ursprung in die vielfachen Bedürfnisse unseres irdischen Wachstums, um es zum Keimen und Gedeihen, zur Blüte und Frucht zu bringen. Nicht selten wie die Sternschnuppen treffen uns Gottes Gaben, sondern ungezählt wie die Tropfen des rauschenden Regens. Und wie Regen die Erde tränkt, das Wasser die Nährstoffe löst und das Ganze über die Wurzeln in die Pflanzen eindringt, so bleibt auch Gottes Gnade nicht äußerlich an uns haften, sondern verbindet sich unserer Natur und durchdringt sie ganz"* (Hermann Zeller).

FREITAG

TAGESGEBET

Gott, du unsere Hoffnung und unsere Kraft,
ohne dich vermögen wir nichts.
Steh uns mit deiner Gnade bei,
damit wir denken, reden und tun, was dir gefällt.
Darum bitten wir durch Jesus Christus. (MB 272)

Oder ein anderes Tagesgebet (vgl. S. 661).

Jahr I

ZUR LESUNG *Der Ort, wo Gottes Herrlichkeit in der Welt sichtbar wird, ist der menschgewordene Sohn, der gekreuzigte und auferstandene Herr. Tod, Auferstehung und Herrlichkeit: auf diesen Weg ist auch der Jünger gestellt, der das Evangelium verkündet. Die Wirkung des Evangeliums kommt nicht von dem Menschen, der es verkündet, nicht von dem „zerbrechlichen Gefäß"; mehr als andere hat Paulus die Not und Ohnmacht des christlichen Predigers erfahren; er sagt „wir" (V. 7): Es muß jedem so gehen, der wirklich Christus predigt. So wird klar, daß der Erfolg allein das Werk Gottes ist (V. 7); in der Todesgemeinschaft mit Christus dient der Apostel dem Leben. Nicht die machtvolle Persönlichkeit und die gute Methode sind wichtig, sondern die Ohnmacht: die Bereitschaft dieses „zerbrechlichen Gefäßes", zerbrochen zu werden, „euretwegen" (V. 15): in der Danksagung der Vielen erreicht der Dienst des Apostels sein Ziel. − 2 Kor 1,9; 12,9−10; 1 Kor 1,27; 2 Kor 6,4−10; 1 Kor 4,9−13; Kol 1,24; 1 Kor 15,31; Ps 116,10; Röm 1,4; 1 Kor 1,11.*

ERSTE LESUNG   2 Kor 4,7−15

Der, welcher Jesus, den Herrn, auferweckt hat, wird auch uns mit Jesus auferwecken und uns zusammen mit euch vor sein Angesicht stellen

Lesung
    aus dem zweiten Brief des Apostels Paulus an die Korínther.

Brüder!
Den Schatz der Erkenntnis des göttlichen Glanzes
    auf dem Antlitz Christi
    tragen wir in zerbrechlichen Gefäßen;

so wird deutlich,
      daß das Übermaß der Kraft von Gott und nicht von uns kommt.
8 Von allen Seiten werden wir in die Enge getrieben
      und finden doch noch Raum;
   wir wissen weder aus noch ein
      und verzweifeln dennoch nicht;
9 wir werden gehetzt
      und sind doch nicht verlassen;
   wir werden niedergestreckt
      und doch nicht vernichtet.
10 Wohin wir auch kommen,
      immer tragen wir das Todesleiden Jesu an unserem Leib,
   damit auch das Leben Jesu an unserem Leib sichtbar wird.
11 Denn immer werden wir, obgleich wir leben,
      um Jesu willen dem Tod ausgeliefert,
   damit auch das Leben Jesu
      an unserem sterblichen Fleisch offenbar wird.
12 So erweist an uns der Tod, an euch aber das Leben seine Macht.
13 Doch haben wir den gleichen Geist des Glaubens,
   von dem es in der Schrift heißt:
      Ich habe geglaubt, darum habe ich geredet.
   Auch wir glauben, und darum reden wir.
14 Denn wir wissen,
      daß der, welcher Jesus, den Herrn, auferweckt hat,
      auch uns mit Jesus auferwecken
      und uns zusammen mit euch vor sein Angesicht stellen wird.
15 Alles tun wir euretwegen,
   damit immer mehr Menschen
      aufgrund der überreich gewordenen Gnade
      den Dank vervielfachen,
      Gott zur Ehre.

ANTWORTPSALM   Ps 116 (115), 10–11.15–16.17–18 (R: vgl. 17a)

R Ein Opfer des Dankes will ich dir bringen. – R   (GL 233, 1)
(Oder: Halleluja.)

10 Voll Vertrauen war ich, auch wenn ich sagte: *   VI. Ton
   Ich bin so tief gebeugt.
11 In meiner Bestürzung sagte ich: *
   Die Menschen lügen alle. – (R)

Zeit im Jahreskreis: 10. Woche – Freitag

¹⁵ Kostbar ist in den Augen des Herrn *
das Sterben seiner Frommen.

¹⁶ Ach Herr, ich bin doch dein Knecht, †
dein Knecht bin ich, der Sohn deiner Magd. *
Du hast meine Fesseln gelöst. – (R)

¹⁷ Ich will dir ein Opfer des Dankes bringen *
und anrufen den Namen des Herrn.

¹⁸ Ich will dem Herrn meine Gelübde erfüllen *
offen vor seinem ganzen Volk. – R

Jahr II

ZUR LESUNG   *Das Gottesurteil auf dem Karmel war ein Höhepunkt im Leben des Propheten. Der König war von dort nach seiner Residenz Jesreel gefahren, und Elija war in ekstatischer Erregung 25 Kilometer weit vor dem Wagen des Königs hergerannt. Dann kam die Erschöpfung, die Drohung der Königin und die Flucht nach dem Süden. Die Flucht wurde zur Wallfahrt; am Horeb, wo Gott dem Mose erschienen war, soll der stürmische Elija begreifen, daß Gott nicht im verheerenden Sturm, nicht im Erdbeben und nicht im Feuer sein tiefstes Wesen offenbart. Sturm, Erdbeben und Feuer sind Mächte des Verderbens. Gott kann sie in seinen Dienst nehmen, aber er will das Leben, nicht den Tod. Ihm sind die 7000 in Israel, „deren Knie sich vor dem Baal nicht gebeugt und deren Mund ihn nicht geküßt hat" (V. 18), wichtiger als mächtige Könige und übereifrige Propheten. Das mußte Elija lernen. – Ex 33,18 – 34,9; 13,21–22; 19,16–24; Gen 3,8; Ijob 4,16; Ex 3,6.*

ERSTE LESUNG   1 Kön 19,9a.11–16

Stell dich auf den Berg vor den Herrn!

Lesung
   aus dem ersten Buch der Könige.

In jenen Tagen
   kam Elija zum Gottesberg Horeb.
^{9a} Dort ging er in eine Höhle,
   um darin zu übernachten.
Doch das Wort des Herrn erging an ihn:

¹¹ Komm heraus,
und stell dich auf den Berg vor den Herrn!

Da zog der Herr vorüber:
Ein starker, heftiger Sturm,
    der die Berge zerriß und die Felsen zerbrach,
    ging dem Herrn voraus.
Doch der Herr war nicht im Sturm.
Nach dem Sturm kam ein Erdbeben.
Doch der Herr war nicht im Erdbeben.
¹² Nach dem Beben kam ein Feuer.
Doch der Herr war nicht im Feuer.

Nach dem Feuer
    kam ein sanftes, leises Säuseln.
¹³ Als Elíja es hörte,
    hüllte er sein Gesicht in den Mantel,
trat hinaus
und stellte sich an den Eingang der Höhle.
Da vernahm er eine Stimme,
    die ihm zurief: Was willst du hier, Elíja?
¹⁴ Er antwortete:
Mit Leidenschaft
    bin ich für den Herrn, den Gott der Heere, eingetreten,
weil die Israeliten deinen Bund verlassen,
    deine Altäre zerstört
    und deine Propheten mit dem Schwert getötet haben.
Ich allein bin übriggeblieben,
und nun trachten sie auch mir nach dem Leben.

¹⁵ Der Herr antwortete ihm:
Geh deinen Weg durch die Wüste zurück,
und begib dich nach Damáskus!
Bist du dort angekommen,
    salbe Hasaël zum König über Aram!
¹⁶ Jehu, den Sohn Nimschis, sollst du zum König von Israel salben,
und Elíscha, den Sohn Schafats aus Abel-Mehóla,
    salbe zum Propheten an deiner Stelle.

ANTWORTPSALM Ps 27 (26), 7–8.9.13–14 (R: 8b)

R Dein Angesicht, Herr, will ich suchen. – R (GL 528, 4)

7 Vernimm, o Herr, mein lautes Rufen; * VII. Ton
sei mir gnädig, und erhöre mich!

8 Mein Herz denkt an dein Wort: „Sucht mein Angesicht!" *
Dein Angesicht, Herr, will ich suchen. – (R)

9 Verbirg nicht dein Gesicht vor mir; †
weise deinen Knecht im Zorn nicht ab! *
Du wurdest meine Hilfe.

Verstoß mich nicht, verlaß mich nicht, *
du Gott meines Heiles! – (R)

13 Ich bin gewiß, zu schauen *
die Güte des Herrn im Land der Lebenden.

14 Hoffe auf den Herrn, und sei stark! *
Hab festen Mut, und hoffe auf den Herrn! – R

Jahr I und II

RUF VOR DEM EVANGELIUM Vers: vgl. Phil 2, 16a.15d

Halleluja. Halleluja.

Haltet fest am Worte Christi,
dann leuchtet ihr als Lichter in der Welt.

Halleluja.

ZUM EVANGELIUM *Vom Ehebruch, vom Ärgernis und von der Ehescheidung ist in diesem Evangelium die Rede. Wo beginnt der Ehebruch? Nach dem alten Gesetz ebenso wie in der modernen Rechtsprechung zählt nur die äußerlich vollzogene Tat. Jesus fragt nach dem eigentlichen Willen Gottes, der hinter dem gesetzlichen Verbot steht. Die äußere Tat ist nur die sichtbare Auswirkung dessen, was schon vorher im Innern geschehen ist. – Das Wort vom Ärgernis (V. 29–30) steht im Anschluß an das Wort vom Ehebruch. Die „Sünde" muß aber nicht Ehebruch sein. Ärgernis geben heißt einem Menschen den klaren Blick trüben; ihn daran hindern, seinen geraden Weg zu gehen und sein Ziel zu erreichen. – Im Wort über die Ehescheidung stellt Jesus Mann und Frau unter das gleiche Gesetz. Er überläßt es nicht dem Belieben des Menschen, dieses Gesetz abzuändern.*

Daß es ein hartes Gesetz ist, wußte auch Jesus. Seinen Grund und seine Kraft hat es in der Liebe. – Ex 20, 14; Ijob 31, 1; Sir 9, 5; Mt 18, 8–9; Dtn 24, 1–4; Mal 2, 14–16; Mt 19, 9; Mk 10, 11–12; Lk 16, 18; 1 Kor 7, 10–11.

EVANGELIUM Mt 5, 27–32

Wer eine Frau auch nur lüstern ansieht, hat in seinem Herzen schon Ehebruch mit ihr begangen

✛ Aus dem heiligen Evangelium nach Matthäus.

In jener Zeit sprach Jesus zu seinen Jüngern:

27 Ihr habt gehört,
   daß gesagt worden ist: Du sollst nicht die Ehe brechen.
28 Ich aber sage euch:
   Wer eine Frau auch nur lüstern ansieht,
   hat in seinem Herzen schon Ehebruch mit ihr begangen.
29 Wenn dich dein rechtes Auge zum Bösen verführt,
   dann reiß es aus und wirf es weg!
   Denn es ist besser für dich,
      daß eines deiner Glieder verlorengeht,
      als daß dein ganzer Leib in die Hölle geworfen wird.
30 Und wenn dich deine rechte Hand zum Bösen verführt,
   dann hau sie ab und wirf sie weg!
   Denn es ist besser für dich,
      daß eines deiner Glieder verlorengeht,
      als daß dein ganzer Leib in die Hölle kommt.
31 Ferner ist gesagt worden: Wer seine Frau aus der Ehe entläßt,
   muß ihr eine Scheidungsurkunde geben.
32 Ich aber sage euch:
   Wer seine Frau entläßt,
   obwohl kein Fall von Unzucht vorliegt,
   liefert sie dem Ehebruch aus;
und wer eine Frau heiratet, die aus der Ehe entlassen worden ist,
begeht Ehebruch.

FÜRBITTEN

Jesus Christus offenbarte uns die Liebe Gottes. Zu ihm beten wir:

Festige die Treue der Ehegatten, und gib ihnen eine opferbereite Liebe.
A.: Herr, erhöre unser Gebet.

Versöhne alle, die sich zerstritten haben.

Ermutige die Kranken, ihr Leid als Ruf zu deiner Nachfolge zu erkennen.

Läutere das Verlangen unseres Herzens, damit wir den Versuchungen nicht erliegen.

Herr, unser Gott, dein Sohn hat sein Leben für uns hingegeben. Erfülle uns mit seiner Liebe durch ihn, Christus, unseren Herrn.   A.: Amen.

„DIE ERLÖSUNG geschieht nicht durch Lächeln. Sie ist eine so schwere Last für jene, die in ihrem Dienst stehen, sie ist dem Anschein nach so entmutigend, der Verlauf oft so irreführend, daß es nur ein Mittel gibt weiterzukommen: indem man von Zeit zu Zeit stehen bleibt, um sich zu erinnern, von wem man kommt, was man tut und warum man es tut" (Louis Evely).

„DIE HERRLICHKEIT DES WERKZEUGES wird erst beim Gebrauch sichtbar – beim Gebrauch, bei dem sich das Werkzeug verbraucht. Und dann ist die Abnutzung das, was sichtbar ist, die Herrlichkeit aber bleibt dem Auge verborgen.
Es gehört Mut dazu, Glaubensmut, diesen Weg zu gehen. Und das nicht nur, weil man selbst dabei in das Sterben hineingerissen wird. Es gehört vor allem Mut dazu, weil man doch sagen muß, daß dieser Weg einen anderen eigentlich nicht überzeugen kann. Und an dieser Stelle liegt vielleicht sogar die größere Versuchung – gerade wenn man dem anderen Christus bringen möchte. Es erscheint uns dann doch immer hilfreich, wenn man etwas vorzuzeigen hat. Aber wenn wir versuchen sollten, sichtbar zu machen, daß unsere Hingabe Herrlichkeit ist, dann sind wir schon auf dem falschen Weg" (Willi Marxsen).

SAMSTAG

TAGESGEBET

Barmherziger Gott.
Du bietest jedem Menschen deine Gnade an.
Auch uns hast du hierher gerufen,
obwohl du weißt, wie wir sind:
sündige Menschen, die ihr Gewissen anklagt,
Menschen mit schwachem Glauben.
Rede uns nun zu Herzen.
Tröste, ermahne und ermutige uns.
Heilige uns in deiner Gnade.
Darum bitten wir durch Jesus Christus. (MB 313, 24)

Oder ein anderes Tagesgebet (vgl. S. 661).

Jahr I

ZUR LESUNG *Im Neuen Bund findet der Alte seine Erfüllung und sein Ziel. Aber nicht nur der Alte Bund ist überholt: die Schöpfung selbst ist anders geworden, seit Jesus „für alle" gestorben ist; „von jetzt an" (V. 16) ist die Welt nicht mehr die alte. Im Tod Jesu ist Gottes Gericht über diese Welt ergangen, und durch das Gericht ist die Erneuerung geschehen. Wer jetzt lebt, kann nicht mehr für sich leben: „die Liebe Christi drängt uns" (V. 14); daraus, daß Jesus für alle gestorben ist, ergeben sich Folgerungen. – Gott hat 1. die Welt mit sich versöhnt, und er hat 2. unter uns das Wort der Versöhnung aufgerichtet (V. 18 und 19). Durch das Wort der Versöhnung, das den Aposteln aufgegeben ist, geschieht fortwährend neue Schöpfung mitten in dieser alten vergehenden Welt. Das Evangelium von der Versöhnung ist das neue Schöpfungswort, auf das hin schon das Wort der ersten Schöpfung gesprochen war. – Gal 6, 15; Röm 12, 2; 8, 32; Gal 2, 20; Röm 6, 4–11; 14, 9; 7, 5–6; Jes 43, 19; Mt 9, 16–17; Eph 2, 10; Hebr 8, 13; Röm 5, 10; Joh 3, 17; Jer 53, 5–8; Röm 8, 3–4; Gal 3, 13; 1 Petr 2, 24; 1 Joh 3, 5.*

ERSTE LESUNG

2 Kor 5,14–21

Er hat den, der keine Sünde hatte, für uns zur Sünde gemacht

Lesung
aus dem zweiten Brief des Apostels Paulus an die Korínther.

Brüder!
14 Die Liebe Christi drängt uns,
da wir erkannt haben: Einer ist für alle gestorben,
also sind alle gestorben.
15 Er ist aber für alle gestorben,
damit die Lebenden nicht mehr für sich leben,
sondern für den, der für sie starb und auferweckt wurde.
16 Also schätzen wir von jetzt an
niemand mehr nur nach menschlichen Maßstäben ein;
auch wenn wir früher
Christus nach menschlichen Maßstäben eingeschätzt haben,
jetzt schätzen wir ihn nicht mehr so ein.
17 Wenn also jemand in Christus ist,
dann ist er eine neue Schöpfung:
Das Alte ist vergangen,
Neues ist geworden.
18 Aber das alles kommt von Gott,
der uns durch Christus mit sich versöhnt
und uns den Dienst der Versöhnung aufgetragen hat.
19 Ja, Gott war es,
der in Christus die Welt mit sich versöhnt hat,
indem er den Menschen ihre Verfehlungen nicht anrechnete
und uns das Wort von der Versöhnung
zur Verkündigung anvertraute.
20 Wir sind also Gesandte an Christi Statt,
und *Gott* ist es, der durch uns mahnt.
Wir bitten an Christi *Statt*:
Laßt euch mit Gott versöhnen!
21 Er hat den, der keine Sünde kannte,
für uns zur Sünde gemacht,
damit wir in ihm Gerechtigkeit Gottes würden.

ANTWORTPSALM   Ps 103 (102), 1–2.3–4.8–9.11–12 (R: vgl. 8)

R Gnädig und barmherzig ist der Herr. – **R**   (GL 527, 5)

1   Lobe den Herrn, meine Seele, *   IV. Ton
    und alles in mir seinen heiligen Namen!

2   Lobe den Herrn, meine Seele, *
    und vergiß nicht, was er dir Gutes getan hat. – (R)

3   Der dir all deine Schuld vergibt *
    und all deine Gebrechen heilt,

4   der dein Leben vor dem Untergang rettet *
    und dich mit Huld und Erbarmen krönt. – (R)

8   Der Herr ist barmherzig und gnädig, *
    langmütig und reich an Güte.

9   Er wird nicht immer zürnen, *
    nicht ewig im Groll verharren. – (R)

11 Denn so hoch der Himmel über der Erde ist, *
    so hoch ist seine Huld über denen, die ihn fürchten.

12 So weit der Aufgang entfernt ist vom Untergang, *
    so weit entfernt er die Schuld von uns. – R

Jahr II

ZUR LESUNG   *Wie Mose einst auf Befehl Gottes den Josua zu seinem Nachfolger bestellte, so gibt Elija auf Befehl Gottes (19, 16) sein Prophetenamt an Elischa weiter, einen wohlhabenden Fellachen, der Felder und Vieh und Knechte hat. Das Überwerfen des Mantels hat die gleiche Bedeutung wie in Num 27, 18 das Auflegen der Hände. Elischa begreift sofort, um was es geht, und er läßt sich vom Geist Gottes ergreifen. Sein Abschied von Familie und Besitz ist radikal. Er schlachtet die zwei Rinder, mit denen er eben noch gepflügt hat, und nimmt das Joch der Tiere als Brennholz, um damit das Abschiedsmahl zu bereiten. Auch er weiß, daß der Gott, der ihn ruft, verzehrendes Feuer ist. – 2 Kön 2, 13–14; Lk 9, 59–62; 2 Sam 24, 22.*

ERSTE LESUNG   1 Kön 19, 19–21

Elischa stand auf, folgte Elija und trat in seinen Dienst

Lesung
aus dem ersten Buch der Könige.

In jenen Tagen,
19   als Elija vom Gottesberg Horeb weggegangen war,
traf er Elischa, den Sohn Schafats.
Er war gerade mit zwölf Gespannen am Pflügen,
und er selbst pflügte mit dem zwölften.

Im Vorbeigehen warf Elija seinen Mantel über ihn.
20   Sogleich verließ Elischa die Rinder,
eilte Elija nach
und bat ihn:
   Laß mich noch meinem Vater und meiner Mutter
   den Abschiedskuß geben;
dann werde ich dir folgen.
Elija antwortete: Geh,
aber komm dann zurück!
Bedenke, was ich an dir getan habe.

21   Elischa ging von ihm weg,
nahm seine zwei Rinder und schlachtete sie.
Mit dem Joch der Rinder kochte er das Fleisch
und setzte es den Leuten zum Essen vor.
Dann stand er auf,
folgte Elija und trat in seinen Dienst.

ANTWORTPSALM   Ps 16 (15), 1–2 u. 5.7–8.9–10 (R: vgl. 5a)

R Du, Herr, bist mein Anteil und Erbe. – **R**   (GL 528, 3 oder 528, 1)

Behüte mich, Gott, denn ich vertraue dir. †   VI. Ton
Ich sage zum Herrn: „Du bist mein Herr; *
mein ganzes Glück bist du allein."

Du, Herr, gibst mir das Erbe und reichst mir den Becher; *
du hältst mein Los in deinen Händen. – **(R)**

Ich preise den Herrn, der mich beraten hat. *
Auch mahnt mich mein Herz in der Nacht.

Ich habe den Herrn beständig vor Augen. *
Er steht mir zur Rechten, ich wanke nicht. – **(R)**

9 Darum freut sich mein Herz und frohlockt meine Seele; *
auch mein Leib wird wohnen in Sicherheit.

10 Denn du gibst mich nicht der Unterwelt preis; *
du läßt deinen Frommen das Grab nicht schauen.

R Du, Herr, bist mein Anteil und Erbe.

Jahr I und II

RUF VOR DEM EVANGELIUM Vers: Ps 119 (118), 36a.29b

Halleluja. Halleluja.

Deinen Vorschriften neige mein Herz zu,
Herr, begnade mich mit deiner Weisung.

Halleluja.

ZUM EVANGELIUM *Schwören heißt Gott zum Zeugen einer Aussage oder zum Bürgen und Garanten eines Versprechens machen. Das ist eine große und gefährliche Sache; darf man das überhaupt? Den „Alten", d. h. dem Volk, das am Sinai stand, wurde eingeschärft, Gott nicht zum Zeugen der Lüge zu machen, mag es sich um eine Aussage oder um ein Versprechen handeln. Das Judentum hat beim Schwören aus einer wohlbegründeten religiösen Scheu die Nennung Gottes vermieden; es gab eine Anzahl Umschreibungen; es gab auch den Eid in Form einer Selbstverwünschung („Bei meinem Haupt"). In all diesen Fällen bietet der Mensch jedoch ein Pfand an, über das er gar nicht verfügen kann: weder über Gott noch über sein Leben. Aber ist nicht das Schwören überhaupt ein Entwerten des Wortes und eine Entwürdigung Gottes? Es setzt die Lüge als den Normalfall voraus, mit dem man immer rechnen muß. Für den Jünger Jesu ist das Normale aber nicht die Lüge, sondern die Wahrhaftigkeit und die Treue. – Ex 20, 7; Lev 19, 12; Num 30, 3; Dtn 23, 22; Ps 11, 4; Sir 23, 9–11; Jes 66, 1; Ps 48, 2–3; Sir 5, 10; 2 Kor 1, 17–20; Jak 5, 12.*

EVANGELIUM Mt 5, 33–37

Ich aber sage euch: Schwört überhaupt nicht!

✠ Aus dem heiligen Evangelium nach Matthäus.

In jener Zeit sprach Jesus zu seinen Jüngern:
33 Ihr habt gehört,

daß zu den Alten gesagt worden ist:
Du sollst keinen Meineid schwören,
und: Du sollst halten, was du dem Herrn geschworen hast.

³⁴ Ich aber sage euch: Schwört überhaupt nicht,
weder beim Himmel,
denn er ist Gottes Thron,
³⁵ noch bei der Erde,
denn sie ist der Schemel für seine Füße,
noch bei Jerusalem,
denn es ist die Stadt des großen Königs.
³⁶ Auch bei deinem Haupt sollst du nicht schwören;
denn du kannst kein einziges Haar weiß oder schwarz machen.
³⁷ Euer Ja sei ein Ja,
euer Nein ein Nein;
alles andere stammt vom Bösen.

FÜRBITTEN

Jesus Christus ist der getreue Zeuge Gottes. Zu ihm rufen wir:

Für die Hirten der Kirche: laß sie freimütig die Wahrheit des Glaubens verkünden. (Stille) Christus, höre uns.
A.: Christus, erhöre uns.

Für die Menschen, die nicht glauben: leite sie zu deinem Licht.
(Stille) Christus, höre uns.

Für die verfolgten Christen: mach sie furchtlos im Bekenntnis der Wahrheit. (Stille) Christus, höre uns.

Für unsere Gemeinde: hilf, daß wir einander in Wort und Tat Gutes tun. (Stille) Christus, höre uns.

Denn du hast unerschrocken für die Wahrheit Zeugnis abgelegt.
Dir sei Lob und Ehre in Ewigkeit. A.: Amen.

„GOTT NIMMT DEN TOD, *der aus der Sünde kommt und mit dem die Sünde das Neue an Gott, sein Menschsein, auszulöschen gedachte, auf sich, um das neue Leben, das mit seiner Menschwerdung in die Welt kam, als ein Tod und Sünde Überwindendes offenbar zu machen.*
In seinem Tod, den er durch die Sünde, aber für die Sünder, seine Brüder, erleidet, an ihrer Statt und ihnen zugute, wird das Menschsein Gottes in

einem unüberbietbaren und unauslotbaren Maße als Mitmenschlichkeit offenbar. Das Neue an dem menschgewordenen Gott, das Mitmenschliche Gottes, wird in seinem Sterben um des Menschen willen auf eine Weise leuchtend, einleuchtend, anziehend, daß es uns jene Blindheit, jene Decke über den Augen nimmt, die uns bei uns selbst, beim alten verbleiben ließ, weil sie uns verhüllte, wie gut Gott ist und wie gut er es mit jedem von uns meint" (Heinrich Spaemann).

11. WOCHE

ERÖFFNUNGSVERS
Ps 27 (26), 7.9

**Vernimm, o Herr, mein lautes Rufen, sei mir gnädig und erhöre mich.
Du bist meine Hilfe: Verstoß mich nicht,
verlaß mich nicht, du Gott meines Heils!**

TAGESGEBET

**Gott, du unsere Hoffnung und unsere Kraft,
ohne dich vermögen wir nichts.
Steh uns mit deiner Gnade bei,
damit wir denken, reden und tun, was dir gefällt.
Darum bitten wir durch Jesus Christus.**

Lesungen vom betreffenden Wochentag, S. 1082–1124.

GABENGEBET

**Herr,
durch diese Gaben
nährst du den ganzen Menschen:
du gibst dem irdischen Leben Nahrung
und dem Leben der Gnade Wachstum.
Laß uns daraus immer neue Kraft schöpfen
für Seele und Leib.
Darum bitten wir durch Christus, unseren Herrn.**

Präfation, S. 1365 ff.

KOMMUNIONVERS
Ps 27 (26), 4

**Nur eines erbitte ich mir vom Herrn, danach verlangt mich:
im Haus des Herrn zu wohnen alle Tage meines Lebens.**

Oder: Joh 17, 11

Heiliger Vater, bewahre sie in deinem Namen, die du mir gegeben hast, damit sie eins sind wie wir.

SCHLUSSGEBET

Herr, unser Gott,
das heilige Mahl ist ein sichtbares Zeichen,
daß deine Gläubigen in dir eins sind.
Laß diese Feier wirksam werden
für die Einheit der Kirche.
Darum bitten wir durch Christus, unseren Herrn.

MONTAG

TAGESGEBET

Guter Gott.
Durch deinen Sohn Jesus Christus
hast du begonnen,
unter uns Menschen
dem Frieden und der Versöhnung Raum zu schaffen.
Mach uns
zu einer offenen und brüderlichen Gemeinde.
Hilf uns, daß wir um seinetwillen
einander annehmen und zu verstehen suchen,
auch wo wir verschiedener Meinung sind.
Darum bitten wir durch Jesus Christus. (MB 317, 34)

Oder ein anderes Tagesgebet (vgl. S. 661).

Jahr I

ZUR LESUNG *Immer noch (seit 2, 12) spricht Paulus vom apostolischen Dienst: Der Apostel ist Mitarbeiter Gottes im Werk der Versöhnung (6, 1). Von der Erfüllung dieses Dienstes hängt „jetzt" alles ab, für den Apostel ebenso wie für die Gemeinde. Von den Arbeitsbedingungen eines Mitarbeiters im Dienst Gottes spricht Paulus in den Versen 4–10; nur im Heiligen Geist, in der Kraft Gottes (V. 6 und 7) kann ein Mensch ein solches Leben bestehen, durchhalten in der Schwachheit, die ihn von innen her bedroht, und in den Gefahren und Nöten, die von außen an ihn heran-*

kommen. Aber die Reinheit der Absicht und die Kraft der Liebe machen ihn glücklicher als alle jene Menschen, die ihn hassen oder bemitleiden. – Jes 49, 8; 61; Lk 4, 17–19; 2 Kor 8, 21; 4, 8–10; 1 Kor 4, 9–13; Gal 5, 22; 2 Kor 10, 4–6; Eph 6, 11–13; Röm 8, 32.

ERSTE LESUNG 2 Kor 6, 1–10

Wir erweisen uns als Gottes Diener

Lesung
    aus dem zweiten Brief des Apostels Paulus an die Korínther.

Brüder!
1 Als Mitarbeiter Gottes ermahnen wir euch,
    daß ihr seine Gnade nicht vergebens empfangt.
2 Denn es heißt:

Zur Zeit der Gnade erhöre ich dich,
am Tag der Rettung helfe ich dir.

Jetzt ist sie da, die Zeit der Gnade;
jetzt ist er da, der Tag der Rettung.
3 Niemand geben wir auch nur den geringsten Anstoß,
    damit unser Dienst nicht getadelt werden kann.

4 In allem erweisen wir uns als Gottes Diener:
durch große Standhaftigkeit, in Bedrängnis, in Not, in Angst,
5 unter Schlägen, in Gefängnissen, in Zeiten der Unruhe,
unter der Last der Arbeit, in durchwachten Nächten,
6 durch Fasten, durch lautere Gesinnung, durch Erkenntnis,
durch Langmut, durch Güte,
durch den Heiligen Geist, durch ungeheuchelte Liebe,
7 durch das Wort der Wahrheit, in der Kraft Gottes,
mit den Waffen der Gerechtigkeit
    in der Rechten und in der Linken,
8 bei Ehrung und Schmähung, bei übler Nachrede und bei Lob.

Wir gelten als Betrüger
    und sind doch wahrhaftig;
9 wir *werden verkannt* und doch anerkannt;
wir sind wie Sterbende,
    und seht: wir leben;
wir werden gezüchtigt
    und doch nicht getötet;

10 uns wird Leid zugefügt,
   und doch sind wir jederzeit fröhlich;
wir sind arm
   und machen doch viele reich;
wir haben nichts
   und haben doch alles.

ANTWORTPSALM   Ps 98 (97), 1.2–3b.3c–4 (R: vgl. 2)

R Der Herr hat sein Heil enthüllt   (GL 149, 1)
vor den Augen der Völker. – **R**

1 Singet dem Herrn ein neues Lied; *   VIII. Ton
denn er hat wunderbare Taten vollbracht.

Er hat mit seiner Rechten geholfen *
und mit seinem heiligen Arm. – (**R**)

2 Der Herr hat sein Heil bekannt gemacht *
und sein gerechtes Wirken enthüllt vor den Augen der Völker.

3ab Er dachte an seine Huld *
und an seine Treue zum Hause Israel. – (**R**)

3cd Alle Enden der Erde *
sahen das Heil unsres Gottes.

Jauchzt vor dem Herrn, alle Länder der Erde, *
freut euch, jubelt und singt! – **R**

Jahr II

ZUR LESUNG   *Nabot hat einen Weinberg, der König möchte ihn als Gemüsegarten haben: ist das ein großes Problem? Ja, für Nabot, den altmodischen Mann, für den sein Weinberg ein Stück seiner Treue zu den Vätern und zu Jahwe selbst ist. Der Königin Isebel, der Ausländerin, schien eine solche Haltung ungerechtfertigt, außerdem respektlos gegenüber dem König, dem Herrn des Landes. Hemmungslos setzte sie gegen Nabots Recht Intrige und Gewalt ein. Aber der Gott Israels steht auf der Seite des Rechts, und er ist kein ohnmächtiger Gott wie die Götter der Heiden. Allerdings, er verhindert nicht, daß Nabot gesteinigt wird; Isebels Schlechtigkeit, die Erbärmlichkeit ihrer gefügigen Werkzeuge und die Charakterlosigkeit des Königs sollen nicht verborgen bleiben; sie kom-*

men ans Licht und werden gerichtet. – Ahab hatte vergessen, daß es in
Israel einen Propheten gab, den unerbittlichen Elija. Aber was vergessen
w i r nicht alles? – Jes 5, 8–10; 1 Sam 8, 14; Ex 22, 27; Lev 24, 10–16.

ERSTE LESUNG 1 Kön 21, 1–16

Nabot wurde gesteinigt, und Ahab nahm seinen Weinberg in Besitz

Lesung
  aus dem ersten Buch der Könige.

1 In jenen Tagen trug sich folgendes zu.
  Nabot aus Jésreel hatte einen Weinberg in Jésreel
    neben dem Palast Ahabs, des Königs von Samárien.
2 Ahab verhandelte mit Nabot
  und schlug ihm vor:
    Gib mir deinen Weinberg!
  Er soll mir als Gemüsegarten dienen;
  denn er liegt nahe bei meinem Haus.
  Ich will dir dafür einen besseren Weinberg geben.
  Wenn es dir aber lieber ist,
    bezahle ich dir den Kaufpreis in Geld.
3 Doch Nabot erwiderte:
    Der Herr bewahre mich davor,
    daß ich dir das Erbe meiner Väter überlasse.
4 Darauf kehrte Ahab in sein Haus zurück.
  Er war mißmutig und verdrossen,
    weil Nabot aus Jésreel zu ihm gesagt hatte:
    Ich werde dir das Erbe meiner Väter nicht überlassen.
  Er legte sich auf sein Bett,
  wandte das Gesicht zur Wand
  und wollte nicht essen.
5 Seine Frau Isébel kam zu ihm herein
  und fragte: Warum bist du mißmutig und willst nicht essen?
6 Er erzählte ihr:
    Ich habe mit Nabot aus Jésreel verhandelt
    und ihm gesagt: Verkauf mir deinen Weinberg für Geld,
    oder wenn es dir lieber ist, gebe ich dir einen anderen dafür.
  Doch er hat geantwortet:
    Ich werde dir meinen Weinberg nicht geben.

7 Da sagte seine Frau Isébel zu ihm:
   Du bist doch jetzt König in Israel.
   Steh auf, iß, und sei guter Dinge!
   Ich werde dir den Weinberg Nabots aus Jésreel verschaffen.
8 Sie schrieb Briefe im Namen Ahabs,
   versah sie mit seinem Siegel
   und schickte sie an die Ältesten und Vornehmen,
      die mit Nabot zusammen in der Stadt wohnten.
9 In den Briefen schrieb sie:
   Ruft ein Fasten aus,
   und laßt Nabot oben vor allem Volk Platz nehmen!
10 Setzt ihm aber zwei nichtswürdige Männer gegenüber!
   Sie sollen gegen ihn als Zeugen auftreten
   und sagen: Du hast Gott und den König gelästert.
   Führt ihn dann hinaus,
      und steinigt ihn zu Tode!
11 Die Männer der Stadt,
      die Ältesten und Vornehmen,
      die mit ihm zusammen in der Stadt wohnten,
   taten, was Isébel ihnen geboten hatte,
   was in den Briefen stand, die sie ihnen gesandt hatte.
12 Sie riefen ein Fasten aus
   und ließen Nabot oben vor allem Volk Platz nehmen.
13 Es kamen aber auch die beiden nichtswürdigen Männer
   und setzten sich ihm gegenüber.
   Sie standen vor dem Volk als Zeugen gegen Nabot auf
   und sagten: Nabot hat Gott und den König gelästert.
   Sogleich führte man ihn aus der Stadt hinaus
      und steinigte ihn zu Tode.
14 Darauf ließen sie Isébel melden:
   Nabot wurde gesteinigt und ist tot.
15 Sobald sie hörte, daß Nabot gesteinigt wurde und tot war,
   sagte sie zu Ahab:
   Auf, nimm den Weinberg Nabots aus Jésreel in Besitz,
   den er dir für Geld nicht verkaufen wollte;
   denn Nabot lebt nicht mehr;
   er ist tot.
16 Als Ahab hörte, daß Nabot tot war,
   stand er auf und ging zum Weinberg Nabots aus Jésreel hinab,
   um von ihm Besitz zu ergreifen.

ANTWORTPSALM

Ps 5, 3 u. 5.6–7 (R: 2)
(GL 172, 2)

R Höre meine Worte, Herr,
achte auf mein Seufzen! – **R**

3 Vernimm mein lautes Schreien, mein König und mein Gott, * VII. Ton
denn ich flehe zu dir.

5 Denn du bist kein Gott, dem das Unrecht gefällt; *
der Frevler darf nicht bei dir weilen. – (**R**)

6 Wer sich brüstet, besteht nicht vor deinen Augen; *
denn dein Haß trifft alle, die Böses tun.

7 Du läßt die Lügner zugrunde gehn, *
Mörder und Betrüger sind dem Herrn ein Greuel. – **R**

Jahr I und II

RUF VOR DEM EVANGELIUM

Vers: Ps 119 (118), 105

Halleluja. Halleluja.

Dein Wort, o Herr, ist meinem Fuß eine Leuchte,
ein Licht für meine Pfade.

Halleluja.

ZUM EVANGELIUM *Gleiches mit Gleichem vergelten (V. 38–39), das scheint so vernünftig und konnte in alten Zeiten durchaus als „gerecht" gelten. Ja es war einmal ein Fortschritt gewesen, gegenüber einer endlosen und maßlosen Rache. Aber dieser kleine Fortschritt genügt nicht mehr; er führt auch nicht heraus aus dem Teufelskreis der Vergeltung und Wiedervergeltung. Zudem zeigt die Erfahrung, daß dieses vernünftige Maß nicht beachtet wird, solange grundsätzlich nur nach dem Recht (nach welchem Recht?) gefragt wird. Dem Recht des Stärkeren setzt Jesus das Recht des Schwächeren entgegen mit seinen neuen Forderungen: „Laß … Geh mit … Gib … Weise nicht ab!" Wer das begreift und tut, ist auf dem Weg der neuen, größeren Gerechtigkeit. – Ex 21, 22–25; Klgl 3, 30; Lk 6, 29–30; Röm 12, 19–21.*

EVANGELIUM Mt 5, 38–42

Ich sage euch: Leistet dem, der euch etwas Böses antut, keinen Widerstand

✢ Aus dem heiligen Evangelium nach Matthäus.

In jener Zeit sprach Jesus zu seinen Jüngern:
38 Ihr habt gehört,
    daß gesagt worden ist: Auge für Auge und Zahn für Zahn.
39 Ich aber sage euch:
    Leistet dem, der euch etwas Böses antut, keinen Widerstand,
sondern wenn dich einer auf die rechte Wange schlägt,
    dann halt ihm auch die andere hin.
40 Und wenn dich einer vor Gericht bringen will,
    um dir das Hemd wegzunehmen,
    dann laß ihm auch den Mantel.
41 Und wenn dich einer zwingen will,
    eine Meile mit ihm zu gehen,
    dann geh zwei mit ihm.
42 Wer dich bittet, dem gib,
und wer von dir borgen will, den weise nicht ab.

FÜRBITTEN

Wir beten zu Christus, der Quelle neuen Lebens:

Führe alle Gläubigen zur wahren Freiheit der Kinder Gottes. (Stille) Herr, erbarme dich.
A.: Christus, erbarme dich.

Bestärke alle, die sich für einen Ausgleich zwischen Arm und Reich einsetzen. (Stille) Herr, erbarme dich.

Verschaffe denen Recht, die Unrecht erleiden. (Stille) Herr, erbarme dich.

Hilf uns, daß wir nicht Böses mit Bösem vergelten. (Stille) Herr, erbarme dich.

Herr, unser Gott, auf dich können wir uns verlassen. Erhöre unsere Bitten durch Christus, unseren Herrn. A.: Amen.

„DAS WIRKEN EINES MITARBEITERS GOTTES *unterscheidet sich vom Tun des Tätigen, des Vernünftigen oder auch des Gewalttäters oder Revolutionärs dadurch, daß es aus einem Menschen kommt, der mit ‚ganzem Herzen, ganzer Seele und mit allen Kräften' um ein leises Wort gesammelt lebt. Wirken im Auftrag Gottes ist nicht einfach geplante, erfolgreiche Arbeit. Es geschieht vielmehr häufig gerade mitten im Scheitern wohldurchdachter Pläne. Denn die Gefahr ist, daß wir unsere Einfälle, unsere Ideen und Gedanken weitergeben statt des Willens und der Gedanken Gottes. Gott hat uns eine Aufgabe gestellt, und nun fangen wir an, mit aller Kraft, Hingabe und Phantasie zu wirken. Wir geben, was wir haben. Wir geben uns selbst. Und eben dies ist zu wenig. Eben darin sind wir nicht mehr Mitarbeiter Gottes.*
Mitarbeit mit Gott fängt damit an, daß wir den Kreuzweg mitgehen, daß wir ähnlich werden der Gestalt des leidenden Christus, damit, wie Paulus sagen würde, an uns und unserer Arbeit nicht unsere Gedanken und nicht unser guter Wille, sondern die schaffende Kraft des auferstandenen Christus sichtbar sei" (Jörg Zink).

DIENSTAG

TAGESGEBET

Gott,
du willst, daß wir alle Menschen lieben
und auch denen Liebe erweisen,
die uns Böses tun.
Hilf uns,
das Gebot des Neuen Bundes so zu erfüllen,
daß wir Böses mit Gutem vergelten
und einer des anderen Last trägt.
Darum bitten wir durch Jesus Christus. (MB 1087)

Oder ein anderes Tagesgebet (vgl. S. 661).

Jahr I

ZUR LESUNG *In Kapitel 8 und 9 (dem zweiten Hauptteil dieses Briefes) kommt Paulus auf die Geldsammlung für die Gemeinde von Jerusalem zu sprechen, von der schon im ersten Korintherbrief die Rede war. Wegen der Zerwürfnisse in Korinth war die Sache nicht recht weitergegangen.*

Paulus spricht nicht viel davon, daß die Gemeinde von Jerusalem in Not ist; das ist den Korinthern offenbar bekannt. Er will in dieser Sache auch nicht befehlen (V. 8); er bittet vorsichtig und gibt eine umständliche Begründung. Zunächst weist er auf das Beispiel der Christen von Mazedonien hin; diese sind selbst arm, aber Gott hat ihnen die Gnade des Schenkens gegeben, die Freude des Schenkens, denn hochherziges Schenken macht den Geber selbst froh, es schafft Gemeinschaft: mit dem Beschenkten und mit Gott selbst, dem Geber aller Gaben. Das ist nun die zweite, tiefere Begründung: Christus selbst ist arm geworden, um uns durch seine Armut reich zu machen (V. 9). Was er, der Gottessohn, in seiner Menschwerdung getan hat, können die Menschen niemals nachahmen; aber sie können und sollen Folgerungen ziehen aus dem, was ihnen widerfahren ist: in die Welt hinein das fortsetzen, was Gott ihnen getan hat. – 1 Kor 16, 1–4; Röm 15, 26–28; Gal 2, 10; 1 Kor 9, 15; Mt 5, 3; 8, 20; 1 Kor 1, 5; Phil 2, 5–8; Hebr 12, 2.

ERSTE LESUNG 2 Kor 8, 1–9

Jesus Christus wurde euretwegen arm

Lesung
 aus dem zweiten Brief des Apostels Paulus an die Korinther.

Brüder,
wir wollen euch jetzt von der Gnade erzählen,
 die Gott den Gemeinden Mazedóniens erwiesen hat.
Während sie durch große Not geprüft wurden,
 verwandelten sich ihre übergroße Freude
 und ihre tiefe Armut in den Reichtum ihres selbstlosen Gebens.

Ich bezeuge,
 daß sie nach Kräften und sogar über ihre Kräfte spendeten,
 ganz von sich aus,
indem sie sich geradezu aufdrängten
 und uns um die Gunst baten,
 zur Hilfeleistung für die Heiligen beitragen zu dürfen.

Und über unsere Erwartung hinaus haben sie sich eingesetzt,
zunächst für den Herrn,
 aber auch für uns, wie es Gottes Wille war.

Daraufhin ermutigten wir Titus,
 dieses Liebeswerk, das er früher bei euch begonnen hatte,
 nun auch zu vollenden.

⁷ Wie ihr aber an allem reich seid,
  an Glauben, Rede und Erkenntnis,
  an jedem Eifer
  und an der Liebe, die wir in euch begründet haben,
  so sollt ihr euch auch an diesem Liebeswerk
  mit reichlichen Spenden beteiligen.

⁸ Ich meine das nicht als strenge Weisung,
  aber ich gebe euch Gelegenheit,
  angesichts des Eifers anderer
  auch eure Liebe als echt zu erweisen.

⁹ Denn ihr wißt,
  was Jesus Christus, unser Herr, in seiner Liebe getan hat:
  Er, der reich war,
    wurde euretwegen arm,
    um euch durch seine Armut reich zu machen.

ANTWORTPSALM   Ps 146 (145), 1–3.5–6.7–8.9 (R: 1)
R Lobe den Herrn, meine Seele! – **R**   (GL 527, 3)
(*Oder:* Halleluja.)

¹ Lobe den Herrn, meine Seele! †   VII. Ton
² Ich will den Herrn loben, solange ich lebe, *
  meinem Gott singen und spielen, solange ich da bin.

³ Verlaßt euch nicht auf Fürsten, *
  auf Menschen, bei denen es doch keine Hilfe gibt. – (**R**)

⁵ Wohl dem, dessen Halt der Gott Jakobs ist *
  und der seine Hoffnung auf den Herrn, seinen Gott, setzt.

⁶ Der Herr hat Himmel und Erde gemacht, †
  das Meer und alle Geschöpfe; *
  er hält ewig die Treue. – (**R**)

⁷ Recht verschafft er den Unterdrückten, †
  den Hungernden gibt er Brot; *
  der Herr befreit die Gefangenen.

⁸ Der Herr öffnet den Blinden die Augen, *
  er richtet die Gebeugten auf. – (**R**)

⁹ Der Herr beschützt die Fremden *
  und verhilft den Waisen und Witwen zu ihrem Recht.

  Der Herr liebt die Gerechten, *
  doch die Schritte der Frevler leitet er in die Irre. – **R**

Jahr II

ZUR LESUNG *Auch die Sünde der Mächtigen ist Sünde; auch der Mord, den ein König begeht (oder billigt), ist Mord. Dem König David hatte einst Natan die Wahrheit sagen müssen (2 Sam 12); zu Ahab wird Elija geschickt. Gegen beide Könige wurde nicht nur der Vorwurf des Mordes erhoben; die Wurzel des Mordes war in beiden Fällen die Gier, das zu haben, was einem andern gehörte, und die Mißachtung der menschlichen Person und Würde. Beide Könige haben ihre Tat bereut und dann erfahren, daß der unerbittlich richtende Gott auch der barmherzige Gott ist. Das Gesamturteil über Ahab ist jedoch härter als das über David. Der verhängnisvolle Einfluß seiner Frau enthebt den König nicht seiner eigenen Verantwortung. – 2 Kön 9,22–26; 1 Kön 14,10–11; 16,3–4; 2 Kön 9,8–10.36–37; 10,10–11; 1 Kön 16,30–34.*

ERSTE LESUNG   1 Kön 21,17–29

Elija sagte zu Ahab: Du hast Israel zur Sünde verführt

Lesung
   aus dem ersten Buch der Könige.

Als Nabot tot war,
17 erging das Wort des Herrn an Elija aus Tischbe:
18 Mach dich auf,
   und geh Ahab, dem König von Israel, entgegen,
   der in Samária seinen Wohnsitz hat.
   Er ist zum Weinberg Nabots hinabgegangen,
   um von ihm Besitz zu ergreifen.
19 Sag ihm: So spricht der Herr:
   Durch einen Mord bist du Erbe geworden?
   Weiter sag ihm: So spricht der Herr:
   An der Stelle, wo die Hunde das Blut Nabots geleckt haben,
   werden Hunde auch dein Blut lecken.
20 Ahab sagte zu Elija:
   Hast du mich gefunden, mein Feind?
   Er erwiderte: Ich habe dich gefunden.
   Weil du dich hergabst, das zu tun, was dem Herrn mißfällt,
21 werde ich Unheil über dich bringen.
   Ich werde dein Geschlecht hinwegfegen

und von Ahabs Geschlecht alles, was männlich ist,
   bis zum letzten Mann in Israel ausrotten.
²² Weil du mich zum Zorn gereizt
   und Israel zur Sünde verführt hast,
   werde ich mit deinem Haus verfahren
   wie mit dem Haus Jeróbeams, des Sohnes Nebats,
   und mit dem Haus Baschas, des Sohnes Ahíjas.
²³ Und über Isébel verkündet der Herr:
   Die Hunde werden Isébel an der Mauer von Jésreel auffressen.
²⁴ Wer von der Familie Ahabs in der Stadt stirbt,
   den werden die Hunde fressen,
   und wer auf dem freien Feld stirbt,
   den werden die Vögel des Himmels fressen.
²⁵ Es gab in der Tat niemand, der sich wie Ahab hergab
   zu tun, was dem Herrn mißfiel,
   da seine Frau Isébel ihn verführte.
²⁶ Sein Tun war überaus verwerflich;
   er lief den Götzen nach
   und folgte den Gebräuchen der Amoríter,
   die der Herr vor den Israeliten vertrieben hatte.
²⁷ Als Ahab diese Drohungen hörte,
   zerriß er seine Kleider,
   trug ein Bußgewand auf dem bloßen Leib,
   fastete, schlief im Bußgewand und ging bedrückt umher.
²⁸ Da erging das Wort des Herrn an Elíja aus Tischbe:
²⁹ Hast du gesehen, wie Ahab sich vor mir gedemütigt hat?
   Weil er sich vor mir gedemütigt hat,
   will ich das Unglück
   nicht schon in seinen Tagen kommen lassen.
   Erst in den Tagen seines Sohnes
   werde ich das Unheil über sein Haus bringen.

ANTWORTPSALM   Ps 51 (50), 3–4.5–6b.11 u. 16 (R: vgl. 3)

R Erbarme dich unser, o Herr,   (GL 172, 3)
   denn wir haben gesündigt. – **R**

³ Gott, sei mir gnädig nach deiner Huld, *   I. Ton
   tilge meine Frevel nach deinem reichen Erbarmen!
⁴ Wasch meine Schuld von mir ab, *
   und mach mich rein von meiner Sünde! – **(R)**

5 Denn ich erkenne meine bösen Taten, *
meine Sünde steht mir immer vor Augen.

6ab Gegen dich allein habe ich gesündigt, *
ich habe getan, was dir mißfällt. – (R)

11 Verbirg dein Gesicht vor meinen Sünden, *
tilge all meine Frevel!

16 Befrei mich von Blutschuld, Herr, du Gott meines Heiles, *
dann wird meine Zunge jubeln über deine Gerechtigkeit. – R

Jahr I und II

RUF VOR DEM EVANGELIUM Vers: Joh 13, 34ac

Halleluja. Halleluja.
(So spricht der Herr:)
Ein neues Gebot gebe ich euch:
Wie ich euch geliebt habe, so sollt auch ihr einander lieben.
Halleluja.

ZUM EVANGELIUM *Das Alte Testament kennt das Gebot, den Nächsten zu lieben wie sich selbst (Lev 19, 18.34), es enthält aber kein Gebot, den Feind zu hassen. Ein solches konnte sich freilich aus der Beschränkung der Nächstenliebe ergeben; tatsächlich schreibt die Regel der jüdischen Sekte von Qumram vor, „... alle Söhne der Finsternis zu hassen, jeden nach seiner Verschuldung in Gottes Rache". Solange ich frage: Wer ist mein Nächster? Wer ist mein Feind? Wer sind die Söhne der Finsternis?, und solange es von der Beantwortung dieser Frage abhängt, ob ich einen Menschen liebe oder nicht, habe ich die Absicht des mosaischen Gesetzes und erst recht die in Jesus offenbar gewordene neue Gerechtigkeit nicht verstanden. Der Haß beginnt ja nicht erst beim Mord, sondern bei den kleinen Lieblosigkeiten, die ich mir täglich erlaube, wenn der Mitmensch für mich eben nur der andere, nicht aber der Nächste ist. „Der andere, das ist die Hölle", wurde mit Recht gesagt. Und es muß hinzugefügt werden: Der Nächste, das ist der Himmel. Die Nächstenliebe ist das Band, das alle verbindet, die Gott nach seinem Bild und Gleichnis geschaffen und zur ewigen Liebe bestimmt hat. Der Feind, der geliebt wird, ist kein Feind mehr, deshalb hat Gott keine Feinde – wenn es auch Menschen gibt, die sich als solche gebärden. – Ijob 31, 29; Lk 6, 27–36; 23, 34; Apg 7, 60;*

Röm 12, 14–20; Spr 29, 13; Sir 12, 6; Lev 19, 2; Jak 1, 4; 1 Petr 1, 16; 1 Joh 3, 3.

EVANGELIUM
Mt 5, 43–48

Ich aber sage euch: Liebt eure Feinde!

✛ Aus dem heiligen Evangelium nach Matthäus.

In jener Zeit sprach Jesus zu seinen Jüngern:
43 Ihr habt gehört,
daß gesagt worden ist: Du sollst deinen Nächsten lieben
und deinen Feind hassen.
44 Ich aber sage euch: Liebt eure Feinde
und betet für die, die euch verfolgen,
45 damit ihr Söhne eures Vaters im Himmel werdet;
denn er läßt seine Sonne aufgehen über Bösen und Guten,
und er läßt regnen über Gerechte und Ungerechte.
46 Wenn ihr nämlich nur die liebt, die euch lieben,
welchen Lohn könnt ihr dafür erwarten?
Tun das nicht auch die Zöllner?
47 Und wenn ihr nur eure Brüder grüßt,
was tut ihr damit Besonderes?
Tun das nicht auch die Heiden?
48 Ihr sollt also vollkommen sein,
wie es auch euer himmlischer Vater ist.

FÜRBITTEN

Zu Jesus Christus, unserem Erlöser und Herrn, rufen wir:

Schenke der Kirche Freiheit, das Evangelium überall zu verkünden. (Stille) Christus, höre uns.
A.: Christus, erhöre uns.

Steh allen bei, die zur Gerechtigkeit zwischen den Völkern beitragen und Frieden stiften. (Stille) Christus, höre uns.

Tröste die Trauernden, und lindere das Leid der Bedrängten. (Stille) Christus, höre uns.

Laß uns allen verzeihen, die uns Unrecht tun. (Stille) Christus, höre uns.

Denn du forderst uns auf, niemanden von unserer Liebe auszuschließen. Dir sei Lobpreis und Ehre in Ewigkeit. A.: Amen.

„ALLES, WAS VON FUNDAMENTALER BEDEUTUNG FÜR EIN VOLK IST, *läßt sich nicht durch die Vernunft allein erreichen. Es muß durch Leiden erkauft werden. Vielleicht müssen Ströme von Blut fließen, bis wir frei werden, aber dann muß es unser Blut sein, nicht das Blut der anderen. Leiden ist eine viel stärkere Macht als das Gesetz des Dschungels, denn es kann auch unsere Gegner wandeln"* (Mahatma Gandhi).

„MACHT MIT UNS, WAS IHR WOLLT. *Wir werden euch dennoch lieben.*
Wenn wir dem Funken der Rachsucht in uns erlauben, zum Haß gegen unsere Feinde aufzuflammen, dann lehrt Jesus: ,Liebt eure Feinde; segnet die, die euch fluchen; tut wohl denen, die euch hassen; bittet für die, die euch beleidigen und verfolgen'. Das Gebot der Feindesliebe ist eine absolute Notwendigkeit, wenn wir überleben wollen. Liebe gegenüber dem Feind ist der Schlüssel zur Lösung der Probleme unserer Welt. Jesus wußte darum, daß jede echte Liebe nur aus beständiger und vollständiger Hingabe an Gott erwächst" (Martin Luther King).

MITTWOCH

TAGESGEBET

Ewiger Vater,
wende unsere Herzen zu dir hin,
damit wir das eine Notwendige suchen
und dich in Werken der Liebe verherrlichen.
Darum bitten wir durch Jesus Christus. (MB 94)

Oder ein anderes Tagesgebet (vgl. S. 661).

Jahr I

ZUR LESUNG „Gerechtigkeit" *im biblischen und jüdischen Verständnis bedeutet auch Hilfsbereitschaft, Freigebigkeit. In diesem Sinn ist Gott selbst ewig „gerecht" (V. 7); er gibt die Saat und die Ernte, und er gibt* dem reichlicher, der bereit ist, das Empfangene weiterzugeben. Der Mensch kann tatsächlich Gott Freude machen, und er kann Gott ehren: indem er sich, empfangend und schenkend, in den Kreislauf göttlicher Güte hineinziehen läßt, Gottes Liebe den Menschen erfahrbar macht und ihnen Grund gibt, Gott zu loben und ihm zu danken. – Man muß diesen Bettelbrief des Apostels in 2 Kor 8–9 mit Ruhe lesen, um zu begreifen, daß in dem Guten, das wir tun, Gott selbst der Handelnde ist. Seit Christus für uns arm geworden ist (8, 9), können wir den Reichtum Gottes austeilen. – Spr 11, 24–25; Tob 4, 16; Ps 112, 9; Jes 55, 10; Hos 10, 12.

ERSTE LESUNG 2 Kor 9, 6–11

Gott liebt einen fröhlichen Geber

Lesung
    aus dem zweiten Brief des Apostels Paulus an die Korínther.

Brüder!
6 **Denkt daran: Wer kärglich sät, wird auch kärglich ernten;
wer reichlich sät, wird reichlich ernten.**
7 **Jeder gebe, wie er es sich in seinem Herzen vorgenommen hat,
nicht verdrossen und nicht unter Zwang;
denn Gott liebt einen fröhlichen Geber.**
8 **In seiner Macht kann Gott alle Gaben über euch ausschütten,
so daß euch allezeit in allem
    alles Nötige ausreichend zur Verfügung steht
und ihr noch genug habt, um allen Gutes zu tun,**
9 **wie es in der Schrift heißt:**

    **Reichlich gibt er den Armen;
seine Gerechtigkeit hat Bestand für immer.**
10 **Gott, der Samen gibt für die Aussaat und Brot zur Nahrung,
    wird auch euch das Saatgut geben
    und die Saat aufgehen lassen;
er wird die Früchte eurer Gerechtigkeit wachsen lassen.**
11 **In allem werdet ihr reich genug sein,
    um selbstlos schenken zu können;
und wenn wir diese Gabe überbringen,
    wird sie Dank an Gott hervorrufen.**

ANTWORTPSALM   Ps 112 (111), 1–2.3–4.5 u. 9 (R: vgl. 1a)

R Selig der Mensch, der den Herrn fürchtet und ehrt. – R (GL 708, 1)
(*Oder:* **Halleluja.**)

1 **Wohl dem Mann, der den Herrn fürch_tet_ und ehrt ***   IV. Ton
und sich herzlich freut an _seinen_ Geboten.

2 **Seine Nachkommen werden mäch_tig_ im Land, ***
das Geschlecht der Red_lichen_ wird gesegnet. – (R)

3 **Wohlstand und Reichtum fül_len_ sein Haus, ***
sein Heil hat _Bestand_ für immer.

4 **Den Redlichen erstrahlt im Fins_tern_ ein Licht: ***
der Gnädige, Barmherzige und _Gerechte_. – (R)

5 **Wohl dem Mann, der gütig und zum Hel_fen_ bereit ist, ***
der das Seine ord_net_, wie es recht ist.

9 **Reichlich gibt er den Armen, †**
sein Heil hat Be_stand_ für immer; ***
er ist _mächtig_ und hoch geehrt. – R

Jahr II

ZUR LESUNG *Elija wünscht, allein zu sterben, aber es gelingt ihm nicht, Elischa abzuschütteln. Wie durch eine innere Mitteilung weiß Elischa, daß die letzte Stunde seines Meisters gekommen ist. Aber das ist kein gewöhnliches Sterben; es ist ein Entrücktwerden, ein Hinweggenommenwerden (V. 3.5.9), wie es ähnlich in Gen 5 von Henoch, dem Freund Gottes, berichtet wird. Nur scheinbar wissen wir über den Tod des Elija mehr als über den des Henoch; was wir über Elija lesen, ist nicht ein Bericht über seine „Himmelfahrt", sondern die Darstellung einer ekstatischen Vision des Prophetenschülers Elischa, die sich in den Vorstellungen der damaligen Zeit bewegt: Jahwe, der Gott der himmlischen Heere (Jahwe Zebaot), schickt einen seiner Wagen, um Elija an den himmlischen Hof zu holen. Auf diese Weise begreift Elischa die Größe und Gottesnähe seines Meisters. Er erbt von ihm den Mantel und „zwei Anteile" (zwei Drittel) seines Geistes. „Geist" ist die Gotteskraft, die den Propheten zu ungewöhnlichen Taten befähigt. Elischa wird, freilich in anderem Stil, die Mission Elijas weiterführen. Als „Israels Wagen und sein Lenker" wird Elija abschließend gekennzeichnet: Was in der damaligen Kriegführung Kampfwagen und Wagenkämpfer waren, das war Elija für Israels Kampf* um den Fortbestand des reinen Jahweglaubens. – Ex 14,16.22; Num 11,17.25; 1 Kön 22,19; 2 Kön 6,16–17; Gen 5,24; Apg 1,9–10; Sir 48,9.12; 2 Kön 13,14; 22; 11; 1 Kön 19,19.

ERSTE LESUNG 2 Kön 2,1.4b.6–14

Es erschien ein feuriger Wagen, und Elija fuhr im Wirbelsturm zum Himmel empor

Lesung
aus dem zweiten Buch der Könige.

1 An dem Tag,
da der Herr
Elija im Wirbelsturm in den Himmel aufnehmen wollte,
ging Elija mit Elischa von Gilgal weg.
4b So kamen sie nach Jericho.
6 Elija aber bat Elischa:
Bleib hier;
denn der Herr hat mich an den Jordan gesandt.
Elischa erwiderte:
So wahr der Herr lebt, und so wahr du lebst:
Ich verlasse dich nicht.

So gingen beide miteinander.
7 Fünfzig Prophetenjünger folgten ihnen
und blieben dann seitwärts in einiger Entfernung stehen.
Die beiden traten an den Jordan.
8 Hier nahm Elija seinen Mantel,
rollte ihn zusammen
und schlug mit ihm auf das Wasser.
Dieses teilte sich nach beiden Seiten,
und sie schritten trockenen Fußes hindurch.
9 Als sie drüben angekommen waren, sagte Elija zu Elischa:
Sprich eine Bitte aus,
die ich dir erfüllen soll, bevor ich von dir weggenommen werde.
Elischa antwortete:
Möchten mir doch zwei Anteile deines Geistes zufallen.
10 Elija entgegnete:
Du hast etwas Schweres erbeten.
Wenn du siehst, wie ich von dir weggenommen werde,
wird es dir zuteil werden.

Zeit im Jahreskreis: 11. Woche – Mittwoch

Sonst aber wird es nicht geschehen.

11 Während sie miteinander gingen und redeten,
   erschien ein feuriger Wagen mit feurigen Pferden
   und trennte beide voneinander.
Elija fuhr im Wirbelsturm zum Himmel empor.

12 Elischa sah es
und rief laut:
   Mein Vater, mein Vater!
Wagen Israels und sein Lenker!
Als er ihn nicht mehr sah,
   faßte er sein Gewand und riß es mitten entzwei.

13 Dann hob er den Mantel auf, der Elija entfallen war,
kehrte um
und trat an das Ufer des Jordan.

14 Er nahm den Mantel, der Elija entfallen war,
   schlug mit ihm auf das Wasser
   und rief: Wo ist der Herr, der Gott des Elija?
Als er auf das Wasser schlug,
   teilte es sich nach beiden Seiten,
und Elischa ging hinüber.

ANTWORTPSALM Ps 31 (30), 20.21.22 u. 24 (R: 25)
(GL 745, 1)

R Euer Herz sei stark und unverzagt,
ihr alle, die ihr wartet auf den Herrn. – **R**

20 Wie groß ist deine Güte, Herr, *   I. Ton
die du bereithältst für alle, die dich fürchten und ehren;

du erweist sie allen, *
die sich vor den Menschen zu dir flüchten. – (**R**)

21 Du beschirmst sie im Schutz deines Angesichts *
vor dem Toben der Menschen.

Wie unter einem Dach bewahrst du sie *
vor dem Gezänk der Zungen. – (**R**)

22 Gepriesen sei der Herr, der wunderbar an mir gehandelt *
und mir seine Güte erwiesen hat zur Zeit der Bedrängnis.

24 Liebt den Herrn, all seine Frommen! †
Seine Getreuen behütet der Herr, *
doch den Hochmütigen vergilt er ihr Tun mit vollem Maß. – **R**

Jahr I und II

RUF VOR DEM EVANGELIUM Vers: vgl. Joh 14,23

Halleluja. Halleluja.

(So spricht der Herr:)
Wer mich liebt, hält fest an meinem Wort.
Mein Vater wird ihn lieben, und wir werden bei ihm wohnen.
Halleluja.

ZUM EVANGELIUM *Der alten Gerechtigkeit, dem, was „zu den Alten gesagt worden ist", hat Jesus in Mt 5 die neue Gerechtigkeit gegenübergestellt: das, was Gott eigentlich meint und will. Nun ist aber die „alte Gerechtigkeit" keineswegs eine nur alttestamentlich-jüdische Angelegenheit; sie steckt uns allen bis heute in den Knochen: wir möchten unsere Rechte und Pflichten genau abgesteckt haben, Gott und den Menschen gegenüber. Niemand soll uns etwas vorwerfen können, weder Gott noch die Menschen. Man soll uns anerkennen, man soll uns ehren, man soll uns loben. „Man", das sind zunächst die Menschen. Vor ihnen spielen wir unsere Rolle wie der Schauspieler auf der Bühne. Die Versuchung ist groß, das Gute, das wir tun, „vor den Menschen" zu tun, oder wenigstens den Anschein zu erwecken, als ob wir es täten. Jesus nennt das Heuchelei. Fasten, Beten, Almosengeben, darin soll sich unsere Grundhaltung vor Gott bewähren: die Demut, das Vertrauen, die Liebe. Aber alles ist verdorben, von innen her zersetzt, wenn wir nicht in reiner Absicht Gott selbst meinen und suchen. – Mt 23,5; Lk 16,14–15; Joh 5,44; 12,43; Am 4,4–5; Ps 139,1–3; 2 Kön 4,33; Tob 3,10–11; Jes 26,20; Dan 6,11; Jes 58,1–8.*

EVANGELIUM Mt 6,1–6.16–18

Dein Vater, der das Verborgene sieht, wird es dir vergelten

✛ Aus dem heiligen Evangelium nach Matthäus.

In jener Zeit sprach Jesus zu seinen Jüngern:
1   Hütet euch,
   eure Gerechtigkeit vor den Menschen zur Schau zu stellen;
sonst habt ihr keinen Lohn
   von eurem Vater im Himmel zu erwarten.

² Wenn du Almosen gibst,
   laß es also nicht vor dir herposaunen,
   wie es die Heuchler in den Synagogen und auf den Gassen tun,
   um von den Leuten gelobt zu werden.
Amen, das sage ich euch:
Sie haben ihren Lohn bereits erhalten.

³ Wenn du Almosen gibst,
   soll deine linke Hand nicht wissen, was deine rechte tut.
⁴ Dein Almosen soll verborgen bleiben,
und dein Vater, der auch das Verborgene sieht,
   wird es dir vergelten.

⁵ Wenn ihr betet,
   macht es nicht wie die Heuchler.
Sie stellen sich beim Gebet
   gern in die Synagogen und an die Straßenecken,
   damit sie von den Leuten gesehen werden.
Amen, das sage ich euch:
Sie haben ihren Lohn bereits erhalten.

⁶ Du aber geh in deine Kammer, wenn du betest,
und schließ die Tür zu;
   dann bete zu deinem Vater, der im Verborgenen ist.
Dein Vater, der auch das Verborgene sieht,
   wird es dir vergelten.

¹⁶ Wenn ihr fastet,
   macht kein finsteres Gesicht wie die Heuchler.
   Sie geben sich ein trübseliges Aussehen,
   damit die Leute merken, daß sie fasten.
Amen, das sage ich euch:
Sie haben ihren Lohn bereits erhalten.

¹⁷ Du aber salbe dein Haar, wenn du fastest,
und wasche dein Gesicht,
¹⁸ damit die Leute nicht merken, daß du fastest,
   sondern nur dein Vater, der auch das Verborgene sieht;
und dein Vater, der das Verborgene sieht,
   wird es dir vergelten.

FÜRBITTEN

Jesus Christus wurde unser Bruder, damit wir Kinder Gottes werden. So beten wir zu ihm:

Für unseren Papst und alle Bischöfe: behüte und stärke sie in ihrem Dienst. (Stille) Herr, erbarme dich.
A.: Christus, erbarme dich.

Für alle, die ein öffentliches Amt haben: laß sie zum Wohl aller Menschen beitragen. (Stille) Herr, erbarme dich.

Für alle, die Not leiden: tröste sie, und gib ihnen Zuversicht. (Stille) Herr, erbarme dich.

Für unsere Gemeinde: hilf uns, unauffällig Gutes zu tun. (Stille) Herr, erbarme dich.

Gott, unser Vater, du siehst auch das Verborgene. Schau nicht auf unser Versagen, sondern höre auf unser Gebet durch Christus, unseren Herrn.   A.: Amen.

„JESUS, BRUDER DER NOTLEIDENDEN,
du hast nicht Rücksicht genommen auf dich selbst,
weil dir die Not der Welt wirklich ins Fleisch ging.
Befreie uns von der Selbstbespiegelung der eigenen Güte
und vom Pharisäismus unseres guten Herzens,
der sich in der Härte gegen die weniger Gütigen verrät.
Nicht eine Forderung stellst du uns,
sondern eine Einladung:
daß du uns hineinnimmst in die Not der Brüder,
so ganz und gar, daß wir aufhören zu fragen,
wie gut wir sind und wieviel Gutes wir tun,
ob wir Erfolg haben oder versagen.
Laß uns den Lohn empfangen, den du allein verheißest:
in deiner Nähe sein zu dürfen.
Denn du bist mitten in der Not der Welt"
(Theo Brüggemann).

DONNERSTAG

TAGESGEBET

Allmächtiger, ewiger Gott,
wir dürfen dich Vater nennen,
denn du hast uns an Kindes Statt angenommen.
**Gib, daß wir mehr und mehr
aus dem Geist der Kindschaft leben,
damit wir die wahre Freiheit finden
und das unvergängliche Erbe erlangen.
Darum bitten wir durch Jesus Christus.** (MB 146)

Oder ein anderes Tagesgebet (vgl. S. 661).

Jahr I

ZUR LESUNG *In den vier letzten Kapiteln des zweiten Korintherbriefs (Kap. 10–13) setzt sich Paulus so scharf mit seinen Gegnern auseinander, wie er es sonst nur noch im Galaterbrief getan hat. Er fühlt sich offenbar nicht sehr wohl bei dieser Art von Verteidigung und Angriff, von Selbstbehauptung und Selbstlob, wie sie ihm von seinen Gegnern aufgezwungen wird. Am Beginn dieses Abschnitts hat er sich selbst und die Leser an die Güte und Freundlichkeit Jesu Christi erinnert (10, 1). Dann hat er seine apostolische Autorität und die Art seines Auftretens verteidigt; seine Gegner nennt er in 11, 15 Diener („Diakone") Satans; die schärfsten Waffen sind ihm gerade gut genug, wenn die Einheit der Kirche und damit ihr Bestand selbst auf dem Spiel stehen. Aber nicht Haß oder Geltungsdrang ist die Triebfeder seines Handelns, sondern die Liebe. In der heutigen Lesung vergleicht er die Gemeinde von Korinth mit einer Braut, die Christus allein gehört und an der sich niemand vergreifen darf. Auch die Propheten des Alten Bundes haben das Volk Gottes die (meist untreue) Braut oder Gemahlin Jahwes genannt. Paulus geht noch weiter zurück: bis auf die allererste Braut: auf Eva, die sich vom Satan verführen ließ. Um jeden Preis will Paulus die Gemeinde von Korinth in der Reinheit des Glaubens und der Liebe erhalten. Er hat diese „Braut" für Christus geworben; er weiß sich als Apostel für diese Gemeinde verantwortlich, wenn der Herr wiederkommt.* – Dtn 4, 24; Mt 22, 1–10; Mk 2, 19; Eph 5, 25–27; Offb 19, 7; 21, 2.9; Gen 3, 1–6; Gal 1, 6–9; 2 Kor 12, 11; 1 Kor 2, 1–5; Apg 18, 1–4; 1 Kor 9, 18; 2 Kor 8, 1–2; Phil 4, 15.

ERSTE LESUNG 2 Kor 11, 1–11

Ich verkündete euch das Evangelium Gottes, ohne etwas dafür zu nehmen

Lesung
aus dem zweiten Brief des Apostels Paulus an die Korínther.

Brüder!
1 Laßt euch doch ein wenig Unverstand von mir gefallen!
Aber das tut ihr ja.
2 Denn ich liebe euch mit der Eifersucht Gottes;
ich habe euch einem einzigen Mann verlobt,
um euch als reine Jungfrau zu Christus zu führen.
3 Ich fürchte aber,
wie die Schlange einst durch ihre Falschheit Eva täuschte,
könntet auch ihr
in euren Gedanken
von der aufrichtigen und reinen Hingabe an Christus
abkommen.
4 Ihr nehmt es ja offenbar hin,
wenn irgendeiner daherkommt
und einen anderen Jesus verkündigt, als wir verkündigt haben,
wenn ihr einen anderen Geist empfangt, als ihr empfangen habt,
oder ein anderes Evangelium, als ihr angenommen habt.
5 Ich denke doch, ich stehe den Überaposteln keineswegs nach.
6 Im Reden mag ich ein Stümper sein,
aber nicht in der Erkenntnis;
wir haben sie euch in keiner Weise und in keinem Fall
vorenthalten.
7 Oder habe ich einen Fehler gemacht,
als ich, um euch zu erhöhen, mich selbst erniedrigte
und euch das Evangelium Gottes verkündete,
ohne etwas dafür zu nehmen?
8 Andere Gemeinden habe ich ausgeplündert
und Geld von ihnen genommen, um euch dienen zu können.
9 Aber als ich zu euch kam und in Schwierigkeiten geriet,
bin ich niemand zur Last gefallen;
was ich zu wenig hatte,
ergänzten die Brüder, die aus Mazedónien kamen.
Ich habe also darauf Wert gelegt,
euch in keiner Weise zur Last zu fallen,

und werde auch weiterhin darauf Wert legen.
10 So gewiß die Wahrheit Christi in mir ist:
 diesen Ruhm wird mir im Gebiet von Acháia niemand nehmen.
11 Warum?
 Liebe ich euch etwa nicht?
 Gott weiß es.

ANTWORTPSALM Ps 111 (110), 1–2.3–4.7–8 (R: vgl. 7a)

R Treu und gerecht ist der Herr. – R (GL 233,7)
(*Oder:* Halleluja.)

1 Den Herrn will ich preisen von ganzem Herzen * VI. Ton
 im Kreis der Frommen, inmitten der Gemeinde.
2 Groß sind die Werke des Herrn, *
 kostbar allen, die sich an ihnen freuen. – (R)
3 Er waltet in Hoheit und Pracht, *
 seine Gerechtigkeit hat Bestand für immer.
4 Er hat ein Gedächtnis an seine Wunder gestiftet, *
 der Herr ist gnädig und barmherzig. – (R)
7 Die Werke seiner Hände sind gerecht und beständig, *
 all seine Gebote sind verläßlich.
8 Sie stehen fest für immer und ewig, *
 geschaffen in Treue und Redlichkeit. – R

Jahr II

ZUR LESUNG *Auf vielfache Weise hat sich Gott in Israel offenbart; rettend und strafend hat er in die Geschichte eingegriffen, und jedem Zeitalter hat er „ehrwürdige Männer" (Sir 44, 1) als Wegweiser gegeben. Von diesen Männern sprechen in feierlichem Stil die Kapitel 44–50 des Buches Jesus Sirach. Elija und Elischa gehören zu den volkstümlichsten Gestalten der Vergangenheit. Das Symbol Elijas ist das Feuer, jenes Element, vor dem kein anderes standhält. Gott selbst wird in der Schrift ein verzehrendes Feuer genannt (Dtn 4, 24; 9, 3). Das Feuer prüft und richtet, es vernichtet und vollendet. Am Sinai, am Gottesberg Horeb, hat aber auch Elija – wie einst Mose – erfahren, daß Feuer und Sturm nicht das ganze Wesen Gottes sind. Im stillen Windhauch, im kleinsten Zeichen der Liebe ist Gott mehr und mächtiger gegenwärtig als in Blitz und Donner.* – Joh 5,35; 1 Kön 17,1; 19,10.14; 18,36–38; 2 Kön 1,10.12; 1 Kön 17,17–24; 21,17–24; 2 Kön 1,15–16; 2,1–11; Mt 17,9–13; Mal 3,24; Lk 1,17.

ERSTE LESUNG Sir 48,1–14 (1–15)

Elija ist im Wirbelsturm entschwunden, Elischa wurde mit seinem Geist erfüllt

Lesung
 aus dem Buch Jesus Sirach.

In jenen Tagen
1 stand Elíja auf, ein Prophet wie Feuer,
 seine Worte waren wie ein brennender Ofen.
2 Er entzog ihnen ihren Vorrat an Brot,
 durch sein Eifern verringerte er ihre Zahl.
3 Auf Gottes Wort hin verschloß er den Himmel,
 und dreimal ließ er Feuer herniederfallen.
4 Wie ehrfurchtgebietend warst du, Elíja,
 wer dir gleichkommt, kann sich rühmen.
5 Einen Verstorbenen hast du vom Tod erweckt,
 aus der Unterwelt, nach Gottes Willen.
6 Könige hast du ins Grab geschickt,
 Vornehme von ihren Lagern hinweg.
7 Am Sínai hast du Strafbefehle vernommen,
 am Horeb Urteile der Rache.
8 Könige hast du gesalbt für die Vergeltung
 und einen Propheten als deinen Nachfolger.
9 Du wurdest im Wirbelsturm nach oben entrückt,
 in Feuermassen himmelwärts.
10 Von dir sagt die Schrift,
  du stehst bereit für die Endzeit,
  um den Zorn zu beschwichtigen, bevor er entbrennt,
  um den Söhnen das Herz der Väter zuzuwenden
  und Jakobs Stämme wieder aufzurichten.
11 *Wohl dem, der dich sieht und stirbt;*
 denn auch er wird leben.
12 Elíja ist im Wirbelsturm entschwunden,
  Elíscha wurde mit seinem Geist erfüllt.
 Doppelt so viele Zeichen wirkte er,

zu Wundern wurden alle Worte aus seinem Mund.

Solange er lebte, hat er vor niemand gezittert,
kein Sterblicher hatte Macht über seinen Geist.

13 Nichts war für ihn unerreichbar,
noch im Grab zeigte sein Leichnam Prophetenkraft.

14 In seinem Leben vollbrachte er Wunder
und bei seinem Tod erstaunliche Taten.

ANTWORTPSALM   Ps 97 (96), 1–2.3–4.5–6.7–8 (R: 12a)

R Ihr Gerechten, freut euch am Herrn! – **R**   (GL 148, 2)

1 Der Herr ist König. Die Erde frohlocke. *   IV. Ton
Freuen sollen sich die vielen Inseln.

2 Rings um ihn her sind Wolken und Dunkel, *
Gerechtigkeit und Recht sind die Stützen seines Throns. – **(R)**

3 Verzehrendes Feuer läuft vor ihm her *
und frißt seine Gegner ringsum.

4 Seine Blitze erhellen den Erdkreis; *
die Erde sieht es und bebt. – **(R)**

5 Berge schmelzen wie Wachs vor dem Herrn, *
vor dem Antlitz des Herrschers aller Welt.

6 Seine Gerechtigkeit verkünden die Himmel, *
seine Herrlichkeit schauen alle Völker. – **(R)**

7 Alle, die Bildern dienen, werden zuschanden, †
alle, die sich der Götzen rühmen. *
Vor ihm werfen sich alle Götter nieder.

8 Zion hört es und freut sich, *
Judas Töchter jubeln, Herr, über deine Gerichte. – **R**

Jahr I und II

RUF VOR DEM EVANGELIUM   Vers: Röm 8, 15bc

Halleluja. Halleluja.
Ihr habt den Geist empfangen, der euch zu Söhnen macht,
den Geist, in dem wir rufen: Abba, Vater!
Halleluja.

ZUM EVANGELIUM *Das Vaterunser ist uns an zwei Stellen des Neuen Testaments überliefert: Mt 6,9–13 und Lk 11,2–5. Die kürzere Form (Lukas) ist vermutlich die ursprünglichere. Alle Bestandteile dieses Gebets lassen sich von der alttestamentlichen und jüdischen Gebetsüberlieferung herleiten, und doch hat Jesus daraus etwas völlig Neues und Einmaliges gemacht. Der Inhalt des Vaterunsers und die Anordnung der Bitten zeigen uns nicht nur die Art und Ordnung, wie wir beten sollen; sie sagen uns auch alles über Gott und die Welt, und sie ordnen unser eigenes Leben in der Welt und vor Gott. Die drei ersten Bitten (dein Name, dein Reich, dein Wille) zielen auf das Offenbarwerden der Macht und Herrlichkeit Gottes (Offb 11,17). Auch die zwei folgenden Bitten (Brot und Vergebung) richten sich auf die Zukunft. Das tägliche Brot ist das Brot, das uns mit Leib und Seele den morgigen Tag erreichen läßt, den Tag des Gerichts und der endgültigen Rettung. Und schließlich die nüchterne, demütige Bitte um Bewahrung vor dem Bösen, vor dem wir nicht endgültig sicher sind, solange diese Zeit dauert. Das Vaterunser ist also das Gebet des Menschen, der nur eine Sorge hat: seinen Weg bis ans Ziel zu gehen, an dem Gott ihn erwartet. – Mt 14,36; Röm 8,15; Gal 4,6; Jak 1,13; Jes 63,15–16; Jer 31,20; Ez 36,23; Mal 1,6; Joh 17,6.26; Mt 26,39–42; Joh 6,32–35; Mt 18,21–35; Joh 17,11.15.*

EVANGELIUM Mt 6,7–15

So sollt ihr beten

✢ Aus dem heiligen Evangelium nach Matthäus.

In jener Zeit sprach Jesus zu seinen Jüngern:
7 Wenn ihr betet,
    sollt ihr nicht plappern wie die Heiden,
    die meinen,
    sie werden nur erhört, wenn sie viele Worte machen.
8 Macht es nicht wie sie;
denn euer Vater weiß, was ihr braucht,
    noch ehe ihr ihn bittet.
9 So sollt ihr beten:

Unser Vater im Himmel,
dein Name werde geheiligt,
10 dein Reich komme,
dein Wille geschehe
    wie im Himmel, so auf der Erde.

Zeit im Jahreskreis: 11. Woche – Donnerstag

¹¹ Gib uns heute das Brot, das wir brauchen.
¹² Und erlaß uns unsere Schulden,
    wie auch wir sie unseren Schuldnern erlassen haben.
¹³ Und führe uns nicht in Versuchung,
    sondern rette uns vor dem Bösen.
¹⁴ Denn wenn ihr den Menschen ihre Verfehlungen vergebt,
    dann wird euer himmlischer Vater auch euch vergeben.
¹⁵ Wenn ihr aber den Menschen nicht vergebt,
    dann wird euch euer Vater
    eure Verfehlungen auch nicht vergeben.

FÜRBITTEN

Jesus Christus hat uns beten gelehrt. Ihn bitten wir:

Erfülle deine Kirche mit freudiger Erwartung, daß Gottes Reich kommt.
A.: Wir bitten dich, erhöre uns.

Erbarme dich der Hungernden.

Laß uns jenen verzeihen, die an uns schuldig wurden.

Rette uns aus der Macht des Bösen.

Denn du bist unser Mittler beim Vater und trittst für uns ein. Dir sei Dank und Ehre in Ewigkeit.   A.: Amen.

„WIR KÖNNEN DAS VATERUNSER NICHT BETEN, *solange wir uns von der brüderlichen Gemeinschaft fernhalten, nicht solidarisch sind. Es heißt ja: Gib uns u n s e r Brot, vergib uns u n s e r e Schuld. Gott wollte die Gemeinschaft des Brotes, ja selbst der Sünden.*
Gott hat uns somit gelehrt, daß ein Sohnesgebet notwendig brüderlich sei, daß man, um Sohn zu sein, Bruder sein muß. Trennt ein Sohn sich von den Brüdern, dann ist er nicht mehr Sohn. Entzieht er sich der Gemeinschaft, verschanzt er sich, so ist er kein Gotteskind mehr, weil er sich seiner Gottebenbildlichkeit begibt. In Gott sind es drei Personen, die sich lieben; Gott ist eine Gemeinschaft von Personen, Gott ist Ausströmen.
Und die Menschen sind nach dem Bild Gottes geschaffen worden. Man ist nicht Vater für sich allein, ebensowenig Sohn. Man ist nicht Geist des Austauschs und der Liebe für sich allein. In Gott sind mehrere. Hörten wir

auf, Brüder zu sein, blieben wir getrennt, so wären wir Ebenbild eines einsamen Gottes ...
Im Gebet des Vaterunsers vereinigt sich die Menschheit. Sie nimmt ihre Gestalt wieder an, indem sie jenem aufs neue ähnlich wird, der sie nach seinem Bild schuf. Man kann einem Wesen keinen größeren Dienst erweisen, als daß man ihm ein Antlitz vorhält, in dem es sich wiedererkennen und annehmen kann" (Louis Evely).

FREITAG

TAGESGEBET

Allmächtiger und barmherziger Gott,
deine Weisheit allein zeigt uns den rechten Weg.
Laß nicht zu,
daß irdische Aufgaben und Sorgen uns hindern,
deinem Sohn entgegenzugehen.
Führe uns durch dein Wort und deine Gnade
zur Gemeinschaft mit ihm,
der in der Einheit des Heiligen Geistes
mit dir lebt und herrscht in alle Ewigkeit. (MB 12)

Oder ein anderes Tagesgebet (vgl. S. 661).

Jahr I

ZUR LESUNG   *In 11,1 hat Paulus eine „Narrenrede" angekündigt; diese beginnt in 11,16 mit der Versicherung, daß er sehr wohl weiß, was er sagt: daß er Unsinn redet. Er steigt auf die Ebene seiner Gegner herab und fängt an zu prahlen – das ist es ja, was die Korinther hören wollen, fügt er bitter hinzu (V. 19). Wir erfahren bei dieser Gelegenheit eine Reihe von Einzelheiten aus dem Leben des Apostels. Es ist geradezu unwahrscheinlich, was dieser Mann alles getan und gelitten hat. Als Hebräer, als Nachkomme Abrahams, der er geblieben ist, steht er im Dienst Christi. Ihm gehört die ganze Zeit und Kraft des Apostels. Darin kann es keiner seiner Gegner und Rivalen mit ihm aufnehmen; sind sie überhaupt Diener („Diakone") Christi? (vgl. 11,15). – Das Bleibende an dieser Aufzählung des Apostels sind nicht die biographischen Einzelheiten; wichtig ist die Aussage über das apostolische Amt: nicht persönliche Fähigkeiten und* große Erfolge sind entscheidend, sondern die Bereitschaft zum Dienst, zum Leiden und Mißerfolg, zum ständigen, ruhmlosen Verbrauchtwerden. – Apg 22,3; Röm 11,1; Gal 1,13–14; Phil 3,4–6; 2 Kor 10,7; Apg 20,19; 1 Kor 15,10; 2 Tim 3,11; Dtn 25,1–3; Apg 16,22; 14,19; 1 Kor 4,11; 9,22; Röm 9,1–3.

ERSTE LESUNG 2 Kor 11,18.21b–30

Ich weise hin auf den Andrang zu mir und auf die Sorge für alle Gemeinden

Lesung
aus dem zweiten Brief des Apostels Paulus an die Korínther.

Brüder!
18 Da viele Menschen im Sinn dieser Welt prahlen,
will auch ich einmal prahlen.
21b Womit aber jemand prahlt – ich rede jetzt als Narr –,
damit kann auch ich prahlen.
22 Sie sind Hebräer – ich auch.
Sie sind Israeliten – ich auch.
Sie sind Nachkommen Abrahams – ich auch.
23 Sie sind Diener Christi – jetzt rede ich ganz unvernünftig –,
ich noch mehr:
Ich ertrug mehr Mühsal, war häufiger im Gefängnis,
wurde mehr geschlagen, war oft in Todesgefahr.
24 Fünfmal erhielt ich von Juden die neununddreißig Hiebe;
25 dreimal wurde ich ausgepeitscht, einmal gesteinigt,
dreimal erlitt ich Schiffbruch,
eine Nacht und einen Tag trieb ich auf hoher See.
26 Ich war oft auf Reisen,
gefährdet durch Flüsse, gefährdet durch Räuber,
gefährdet durch das eigene Volk, gefährdet durch Heiden,
gefährdet in der Stadt, gefährdet in der Wüste,
gefährdet auf dem Meer,
gefährdet durch falsche Brüder.
27 Ich erduldete Mühsal und Plage, durchwachte viele Nächte,
ertrug Hunger und Durst, häufiges Fasten, Kälte und Blöße.
28 Um von allem andern zu schweigen,
weise ich noch auf den täglichen Andrang zu mir
und die Sorge für alle Gemeinden hin.

29 Wer leidet unter seiner Schwachheit,
  ohne daß ich mit ihm leide?
  Wer kommt zu Fall,
  ohne daß ich von Sorge verzehrt werde?

30 Wenn schon geprahlt sein muß,
  will ich mit meiner Schwachheit prahlen.

ANTWORTPSALM Ps 34 (33), 2–3.4–5.6–7 (R: vgl. 18)

R Der Herr hört die Gerechten, (GL 477)
er entreißt sie all ihren Ängsten. – R

2 Ich will den Herrn allezeit preisen; * V. Ton
  immer sei sein Lob in meinem Mund.

3 Meine Seele rühme sich des Herrn; *
  die Armen sollen es hören und sich freuen. – (R)

4 Verherrlicht mit mir den Herrn, *
  laßt uns gemeinsam seinen Namen rühmen.

5 Ich suchte den Herrn, und er hat mich erhört, *
  er hat mich all meinen Ängsten entrissen. – (R)

6 Blickt auf zu ihm, so wird euer Gesicht leuchten, *
  und ihr braucht nicht zu erröten.

7 Da ist ein Armer; er rief, und der Herr erhörte ihn. *
  Er half ihm aus all seinen Nöten. – R

Jahr II

ZUR LESUNG *Durch das Eingreifen Elischas war im Nordreich (Samaria) Jehu König geworden. Jehu war ein gewalttätiger Mensch; er machte der Omri-Dynastie in Samaria ein Ende und ließ alle Baalspriester umbringen, ebenso den König Ahasja, und dessen Brüder. Nun übernahm in Jerusalem Atalja, die Mutter des Königs Ahasja, die Regierung. Sie war die Tochter Ahabs und Isebels. Atalja ließ alle Söhne des Königs umbringen, vielleicht weil sie sich bedroht fühlte. – Wer soll in diesem heillosen und blutigen Durcheinander noch „heilige Geschichte" erkennen? Die heutige Lesung gibt auf diese Frage nur teilweise eine Antwort. Es gelingt Atalja nicht, alle Nachkommen Davids zu töten, einer bleibt übrig; es soll David, gemäß der Verheißung, nicht an einem Nachkommen fehlen, der seinen Thron besteigt. Auch auf krummen Linien kann Gott gerade schreiben. Das Volk, das heißt wohl die Landbevölkerung, steht treu zum davidischen König und zur Jahwereligion. Aber die Geschichte der Könige von Juda und Israel wird ziemlich trostlos weitergehen. Der biblische Schriftsteller sieht diese ganze Geschichte im Licht der Endkatastrophe, des Untergangs der beiden Reiche. Wo Macht und Reichtum zum Selbstzweck werden, ruinieren sie Menschen und Völker.*

ERSTE LESUNG 2 Kön 11, 1–4.9–18.20

Sie machten Joasch zum König, salbten ihn und riefen: Es lebe der König!

Lesung
aus dem zweiten Buch der Könige.

In jenen Tagen,
1 als Atálja, die Mutter des Königs Ahásja,
sah, daß ihr Sohn tot war,
ging sie daran,
die ganze Nachkommenschaft der königlichen Familie
auszurotten.

2 Doch Joschéba,
die Tochter des Königs Joram und Schwester Ahásjas,
nahm Joasch, den Sohn Ahásjas,
aus dem Kreis der Königssöhne,
die ermordet werden sollten, weg
und brachte ihn heimlich mit seiner Amme in die Bettenkammer.
Dort versteckte sie ihn vor Atálja,
so daß er nicht getötet wurde.
3 Er blieb sechs Jahre bei ihr im Haus des Herrn verborgen,
während Atálja das Land regierte.

4 Im siebten Jahr
bestellte der Priester Jojáda
die Hundertschaftsführer der Karer und Läufer zu sich.
Er führte sie in das Haus des Herrn,
schloß mit ihnen ein Abkommen,
ließ sie im Haus des Herrn schwören
und zeigte ihnen den Sohn des Königs.

Die Führer der Hundertschaften
befolgten alle Weisungen des Priesters Jojáda.

Jeder holte seine Leute,
sowohl jene, die am Sabbat aufzogen,
  als auch jene, die am Sabbat abzogen.
Sie kamen zum Priester Jojáda,
ⁱ⁰ und dieser gab den Anführern der Hundertschaften
  die Lanzen und Schilde, die dem König David gehört hatten
  und sich jetzt im Haus des Herrn befanden.
¹¹ Die Läufer stellten sich mit der Waffe in der Hand
  von der Südseite des Tempels bis zur Nordseite
  vor dem Altar und dem Tempel rings um den König auf.
¹² Dann führte Jojáda den Königssohn heraus
  und überreichte ihm den Stirnreif und das Königsgesetz.
  So machten sie ihn zum König,
  salbten ihn,
  klatschten in die Hände
  und riefen: Es lebe der König!
¹³ Als Atálja das Geschrei des Volkes hörte,
  kam sie zu den Leuten in das Haus des Herrn.
¹⁴ Da sah sie den König am gewohnten Platz bei der Säule stehen;
  die Obersten und die Trompeter waren bei ihm,
  und alle Bürger des Landes waren voller Freude
  und bliesen die Trompeten.
  Atálja zerriß ihre Kleider
  und schrie: Verrat, Verrat!
¹⁵ Doch der Priester Jojáda befahl den Hundertschaftsführern,
  die das Kommando über die Truppen hatten:
  Führt sie durch die Reihen hinaus,
  und schlagt jeden mit dem Schwert nieder, der ihr folgen will;
  denn – so sagte der Priester –
  sie soll nicht im Haus des Herrn getötet werden.
¹⁶ Da legte man Hand an sie,
  und als sie an den Weg kam,
    auf dem man die Pferde zum Palast des Königs führt,
    wurde sie dort getötet.
¹⁷ Jojáda schloß nun den Bund des Herrn mit König und Volk.
  Sie versprachen, daß sie das Volk des Herrn sein wollten.
  Auch König und Volk ließ er einen Bund schließen.
¹⁸ Darauf zogen alle Bürger des Landes zum Baalstempel
  und rissen ihn nieder.

Sie zertrümmerten seine Altäre und Bilder vollständig
und erschlugen den Baalspriester Mattan vor den Altären.
Auch stellte Jojáda Posten vor das Haus des Herrn.

20 Alle Bürger des Landes waren voll Freude,
und die Stadt blieb ruhig.
Atálja aber
   hatte man vor dem Palast des Königs
   mit dem Schwert umgebracht.

ANTWORTPSALM   Ps 132 (131), 11.12.13–14.17–18 (R: vgl. 13)

R Der Herr hat den Zion erwählt,   (GL 753, 1)
ihn zum Wohnsitz erkoren. – R

11 Der Herr hat David geschworen, *   III. Ton
einen Eid, den er niemals brechen wird:

„Einen Sproß aus deinem Geschlecht *
will ich setzen auf deinen Thron. – (R)

12 Wenn deine Söhne meinen Bund bewahren, *
mein Zeugnis, das ich sie lehre,

dann sollen auch ihre Söhne *
auf deinem Thron sitzen für immer." – (R)

13 Der Herr hat den Zion erwählt, *
ihn zu seinem Wohnsitz erkoren:

14 „Das ist für immer der Ort meiner Ruhe; *
hier will ich wohnen, ich hab' ihn erkoren. – (R)

17 Dort lasse ich Davids Macht erstarken *
und stelle für meinen Gesalbten ein Licht auf.

18 Ich bedecke seine Feinde mit Schande; *
doch auf ihm erglänzt seine Krone." – R

Jahr I und II

RUF VOR DEM EVANGELIUM   Vers: Mt 5, 3

Halleluja. Halleluja.

Selig, die arm sind vor Gott;
denn ihnen gehört das Himmelreich.

Halleluja.

ZUM EVANGELIUM   Im Wort vom Schätzesammeln und einer Reihe weiterer Jesusworte (6, 19 – 7, 12) wird das Thema von der wahren „Gerechtigkeit" auseinandergefaltet, die eine Umwertung aller Werte und das Ende aller Selbsttäuschung bedeutet. Da steht zuerst das Wort vom Schätzesammeln (V. 19–21). Ein „Schatz" ist nicht nur ein Besitz, über den man verfügt; es ist ein kostbares Gut, von dessen Besitz geradezu das Glück und der Sinn eines Lebens abhängt. Für den „Schatz" ist nicht der Verstand, sondern das „Herz" zuständig (V. 21). Aber gibt es einen Schatz, der uns bleibt, endgültig? „Im Himmel", sagt Jesus: in der Gemeinschaft mit Gott, die den ganzen Menschen beansprucht und ausfüllt. – Zwischen das Wort vom Schätzesammeln und das vom ungeteilten Gottesdienst (6, 24) hat Matthäus das Wort vom leuchtenden Auge eingefügt (6, 22–23). Von Licht und Finsternis ist hier die Rede. Durch das Auge lebt der Mensch im Licht – wenn das Auge gesund ist. Nicht ausdrücklich gesagt, aber offenbar gemeint ist, daß der Mensch ein gesundes Auge, d. h. ein ganzes und aufrichtiges Herz, haben muß, wenn er das Licht fassen will, in das Gott ihn stellt, oder: das Gott in ihm aufgehen lassen will. Auch für den Jünger besteht die Gefahr, daß das Herz träge und zwiespältig wird. Dann ist das Auge krank, und bald wird es nicht mehr leuchten.
– Lk 12, 33–34; Mt 19, 21; Ps 62, 11; Sir 29, 8–13; Jak 5, 1–6; Tob 4, 7–11; Lk 11, 34–36; Spr 20, 27; 2 Kor 4, 6.

EVANGELIUM   Mt 6, 19–23

Wo dein Schatz ist, da ist auch dein Herz

✢ Aus dem heiligen Evangelium nach Matthäus.

In jener Zeit sprach Jesus zu seinen Jüngern:
19 Sammelt euch nicht Schätze hier auf der Erde,
   wo Motte und Wurm sie zerstören
   und wo Diebe einbrechen und sie stehlen,
20 sondern sammelt euch Schätze im Himmel,
   wo weder Motte noch Wurm sie zerstören
   und keine Diebe einbrechen und sie stehlen.
21 Denn wo dein Schatz ist,
   da ist auch dein Herz.
22 Das Auge gibt dem Körper Licht.
   Wenn dein Auge gesund ist,
   dann wird dein ganzer Körper hell sein.

23 Wenn aber dein Auge krank ist,
dann wird dein ganzer Körper finster sein.
Wenn nun das Licht in dir Finsternis ist,
wie groß muß dann die Finsternis sein!

FÜRBITTEN

Wir beten zu Christus, der uns durch seine Armut reich machte:

Lehre deine Gläubigen, reich zu werden durch selbstloses Geben.
A.: Herr, erhöre unser Gebet.

Schenke allen Völkern Wohlergehen und Frieden.

Sei allen nahe, die aus ihrer Not keinen Ausweg finden.

Mache uns reich an guten Werken.

Denn durch deine Erniedrigung hast du uns die Fülle des Heils geschenkt. Dir sei Dank und Lobpreis in Ewigkeit. A.: Amen.

„DAZU SIND DIE GÜTER GEGEBEN, daß sie gebraucht werden; aber nicht dazu, daß sie gesammelt werden. Wie Israel in der Wüste das Manna täglich von Gott empfing und nicht zu sorgen hatte um Essen und Trinken, und wie das Manna, das von einem Tag für den anderen aufbewahrt wurde, alsbald faulig wurde, so soll der Jünger Jesu täglich das Seine von Gott empfangen; aber indem er es anhäuft zu bleibendem Besitz, verdirbt er die Gabe und sich selbst. Am angesammelten Schatz hängt sein Herz. Das angestaute Gut tritt zwischen mich und Gott. Wo mein Schatz ist, da ist mein Vertrauen, meine Sicherheit, mein Trost, mein Gott" (Dietrich Bonhoeffer).

*„DU SAGST, ES SEI SCHWER,
das Leben, das wir kennen, hinter uns zu lassen.
Aber es gibt keinen anderen Weg.
Und nun liegt es an dir.
Liebe ist der Schlüssel, den wir benützen müssen,
Wahrheit die Flamme, die wir entfachen müssen.
Verstehst du, was ich meine?
Haben es deine Augen wirklich gesehen?"* (Gospel Song)

SAMSTAG

TAGESGEBET

Jesus Christus hat gesagt:
„Sorgt euch nicht um euer Leben!
Ängstigt euch nicht!
Euch soll es um das Reich Gottes gehen;
dann wird euch das andere dazugegeben."
Darum beten wir:
Gott.
Wir fürchten,
wenn wir uns auf dich einlassen,
wird unser Leben noch schwerer;
wenn wir uns für deine Sache mühn,
kommen wir selber zu kurz.
Mach uns frei von der Angst.
Gib uns Freude an deinem Reich
und laß uns erfahren,
daß dir allein die Zukunft gehört.
Das gewähre uns durch Jesus Christus. (MB 320, 40)

Oder ein anderes Tagesgebet (vgl. S. 661).

Jahr I

ZUR LESUNG   *Die heutige Lesung setzt die gestrige fort und bringt eine zweite Reihe von Ruhmestiteln, die Paulus in Anspruch nehmen kann und die er glaubt, hier nennen zu müssen, um nicht seinen Gegnern das Feld zu räumen. Der außergewöhnlichen Berufung dieses Apostels entsprechen außergewöhnliche Gnaden. Er nennt vor allem eine geheimnisvolle Gotteserfahrung, die er freilich nur andeuten kann, da sie ihrer Natur nach in menschlicher Sprache nicht sagbar ist. Hier ist die Quelle, aus der er getrunken hat, um auf der langen Durststrecke nicht zugrunde zu gehen. Aber kann ein Mensch das alles erleben und aussprechen, ohne sich zu überheben? Offenbar hatte Paulus ein starkes Selbstbewußtsein, war oft unbequem und vielleicht auch unsympathisch, und er litt an einer Krankheit, die ihn sein Leben lang quälte. Über die Art dieser Krankheit gibt es Vermutungen, aber keine Gewißheit. Für Paulus – und für jeden Christen – ist nur wichtig, daß Gott durch ihn ungehindert wirken kann.*

– Mt 26,39.42.44; 2 Kor 4,7; Jes 40,29; Röm 5,3; Kol 1,24; Phil 4,13.

ERSTE LESUNG 2 Kor 12,1–10

Viel lieber will ich mich meiner Schwachheit rühmen

Lesung
aus dem zweiten Brief des Apostels Paulus an die Korínther.

Brüder!

1 Ich muß mich rühmen;
zwar nützt es nichts,
trotzdem will ich jetzt
von Erscheinungen und Offenbarungen sprechen,
die mir der Herr geschenkt hat.

2 Ich kenne jemand, einen Diener Christi,
der vor vierzehn Jahren
bis in den dritten Himmel entrückt wurde;
ich weiß allerdings nicht,
ob es mit dem Leib oder ohne den Leib geschah,
nur Gott weiß es.

3/4 Und ich weiß,
daß dieser Mensch in das Paradies entrückt wurde;
ob es mit dem Leib oder ohne den Leib geschah,
weiß ich nicht,
nur Gott weiß es.
Er hörte unsagbare Worte,
die ein Mensch nicht aussprechen kann.

5 Diesen Mann will ich rühmen;
was mich selbst angeht, will ich mich nicht rühmen,
höchstens meiner Schwachheit.
Wenn ich mich dennoch rühmen wollte,
wäre ich zwar kein Narr, sondern würde die Wahrheit sagen.
Aber ich verzichte darauf;
denn jeder soll mich nur nach dem beurteilen,
was er an mir sieht oder aus meinem Mund hört.

Damit ich mich wegen der einzigartigen Offenbarungen
nicht überhebe,
wurde mir ein Stachel ins Fleisch gestoßen:
ein Bote Satans,

der mich mit Fäusten schlagen soll,
   damit ich mich nicht überhebe.
8 Dreimal habe ich den Herrn angefleht,
   daß dieser Bote Satans von mir ablasse.
9 Er aber antwortete mir: Meine Gnade genügt dir;
   denn sie erweist ihre Kraft in der Schwachheit.

Viel lieber also will ich mich meiner Schwachheit rühmen,
   damit die Kraft Christi auf mich herabkommt.
10 Deswegen bejahe ich meine Ohnmacht,
   alle Mißhandlungen und Nöte,
   Verfolgungen und Ängste, die ich für Christus ertrage;
   denn wenn ich schwach bin,
      dann bin ich stark.

ANTWORTPSALM Ps 34 (33), 8–9.10–11.12–13 (R: 9a)

R Kostet und seht, wie gütig der Herr ist! – R (GL 471)
VI. Ton

8 Der Engel des Herrn umschirmt alle, die ihn fürchten und ehren, *
   und er befreit sie.

9 Kostet und seht, wie gütig der Herr ist; *
   wohl dem, der zu ihm sich flüchtet! – (R)

10 Fürchtet den Herrn, ihr seine Heiligen; *
   denn wer ihn fürchtet, leidet keinen Mangel.

11 Reiche müssen darben und hungern; *
   wer aber den Herrn sucht, braucht kein Gut zu entbehren. – (R)

12 Kommt, ihr Kinder, hört mir zu! *
   Ich will euch in der Furcht des Herrn unterweisen.

13 Wer ist der Mensch, der das Leben liebt *
   und gute Tage zu sehen wünscht? – R

Jahr II

ZUR LESUNG *Der König Joasch war dem Blutbad entgangen, das Atalja in Jerusalem unter den Söhnen des Königs Ahasja angerichtet hatte (gestrige Lesung). Mit sieben Jahren war Joasch König geworden, und solange der Hohepriester Jojada lebte, ging es gut; dann begann von neuem der Abfall zum Baalskult. Secharja, der Sohn des Jojada, erhebt zwar prophetisch warnend seine Stimme, er wird aber im Vorhof des Tempels,*

„zwischen Tempel und Altar", gesteinigt. Jesus nennt diesen Secharja als den letzten der unschuldig Ermordeten, deren lange Reihe mit Abel beginnt und in die auch Jesus selbst eintreten wird. Erst sein Tod wird dieser Unheilsgeschichte ein Ende machen; er wird nicht (wie Secharja) mit einem Gebet um Rache sterben, sondern mit der Bitte: Vater, vergib ihnen! – Mt 23,35; 2 Kön 12,18–22; Dtn 32,30.

ERSTE LESUNG 2 Chr 24,17–25

Sie taten sich gegen Secharja zusammen und steinigten ihn im Hof des Hauses des Herrn

Lesung
aus dem zweiten Buch der Chronik.

17 Nach dem Tod des Priesters Jojáda
 kamen die führenden Männer Judas zum König
 und warfen sich vor ihm nieder.
 Dieser hörte damals auf sie,
18 so daß sie den Bund des Herrn, des Gottes ihrer Väter, verließen
 und die Kultpfähle und Götzenbilder verehrten.
 Wegen dieser Schuld
 kam ein Zorngericht über Juda und Jerusalem.
19 Der Herr schickte Propheten zu ihnen,
 um sie zur Umkehr zum Herrn zu bewegen,
 aber man hörte nicht auf ihre Warnung.
20 Da kam der Geist Gottes über Secharja,
 den Sohn des Priesters Jojáda.
 Er trat vor das Volk und hielt ihm vor:
 So spricht Gott: Warum übertretet ihr die Gebote des Herrn?
 So könnt ihr kein Glück mehr haben.
 Weil ihr den Herrn verlassen habt,
 wird er euch verlassen.
21 Sie aber taten sich gegen ihn zusammen
 und steinigten ihn auf Befehl des Königs
 im Hof des Hauses des Herrn.
22 König Joasch dachte nicht mehr an die Treue,
 mit der ihm Jojáda, der Vater Secharjas, gedient hatte,
 sondern ließ dessen Sohn töten.
 Dieser aber rief sterbend aus:
 Der Herr möge es sehen und vergelten.

²³ Um die Jahreswende zog das Heer der Aramäer gegen Joasch.
Sie drangen nach Juda und Jerusalem vor
und machten alle führenden Männer des Volkes nieder.
Ihre gesamte Beute brachte man zum König von Damáskus.
²⁴ Mit nur wenig Kriegern war das Heer der Aramäer gekommen;
aber der Herr gab ein sehr großes Heer in ihre Gewalt,
   weil die Israeliten den Herrn, den Gott ihrer Väter,
   verlassen hatten.
So vollzogen die Aramäer an Joasch das Strafgericht.
²⁵ Als sie abzogen und ihn schwerkrank zurückließen,
   verschworen sich seine Diener gegen ihn
   wegen der Blutschuld am Sohn des Priesters Jojáda
und erschlugen ihn auf seinem Bett.
Man begrub ihn in der Davidstadt,
   aber nicht in den Gräbern der Könige.

ANTWORTPSALM   Ps 89 (88), 4–5.29–30.31–32.33–34
                                                      (R: vgl. 29a)

R Auf ewig bewahre ich ihm meine Huld. – **R**   (GL 233,7)

⁴ „Ich habe einen Bund geschlossen mit meinem Erwählten *   VI. Ton
und David, meinem Knecht, geschworen:

⁵ Deinem Haus gebe ich auf ewig Bestand, *
und von Geschlecht zu Geschlecht richte ich deinen Thron auf. – (**R**)

²⁹ Auf ewig werde ich ihm meine Huld bewahren, *
mein Bund mit ihm bleibt allzeit bestehen.

³⁰ Sein Geschlecht lasse ich dauern für immer *
und seinen Thron, solange der Himmel währt. – (**R**)

³¹ Wenn seine Söhne meine Weisung verlassen, *
nicht mehr leben nach meiner Ordnung,

³² wenn sie meine Gesetze entweihen, *
meine Gebote nicht mehr halten, – (**R**)

³³ dann werde ich ihr Vergehen mit der Rute strafen *
und ihre Sünde mit Schlägen.

³⁴ Doch ich entziehe ihm nicht meine Huld, *
breche ihm nicht die Treue". – **R**

Jahr I und II

RUF VOR DEM EVANGELIUM
Vers: vgl. 2 Kor 8, 9

Halleluja. Halleluja.
Jesus Christus, der reich war, wurde aus Liebe arm.
Und durch seine Armut hat er uns reich gemacht.
Halleluja.

ZUM EVANGELIUM *Auf das Wort vom gesunden Auge, das den Menschen in die Welt des Lichts hineinstellt (6, 22–23), folgt das Wort von den zwei Herren, Gott und dem Mammon (V. 24), und die Spruchreihe von den Vögeln des Himmels und den Lilien des Feldes (V. 25–34). Mammon ist das Geld, das zum Götzen (zum „Schatz") geworden ist. Man kann nicht Gott und dem Mammon dienen: die Wahrheit dieses Wortes ist heute wie damals mit Händen zu greifen. Gott und der Mammon beanspruchen den ganzen Menschen, allerdings auf sehr verschiedene Weise: der Mammon macht ihn zum Sklaven, Gott macht ihn frei – auch dazu, daß er vom Geld den richtigen Gebrauch macht. Um die Freiheit des Menschen und die neue Gerechtigkeit geht es auch in den Versen 25–34. Die Vögel des Himmels und die Lilien des Feldes lehren den Jünger Jesu nicht eine gedankenlose Sorglosigkeit, sondern die Wahrheit von Gottes Herrschaft und seiner Gerechtigkeit (V. 33). Es braucht aber das „gesunde Auge" des aufrichtigen Menschen, um in den geschaffenen Dingen Gottes Nähe zu erkennen, nicht als eine allgemeine Weisheit, sondern als täglich neues Ereignis und Wunder. – Mt 19, 21–26; Lk 16, 13; Ijob 31, 24; Ps 62, 11; Eph 5, 5; Lk 12, 22–31; Ps 145, 15–16; Phil 4, 6; Ps 147, 9; 1 Kön 10, 1–29; 3, 13; Weish 1, 1; Jak 4, 13–14.*

EVANGELIUM
Mt 6, 24–34

Sorgt euch nicht um morgen!

✛ **Aus dem heiligen Evangelium nach Matthäus.**

**In jener Zeit sprach Jesus zu seinen Jüngern:
Niemand kann zwei Herren dienen;**
er wird entweder den einen hassen und den andern lieben,
 oder er wird zu dem einen halten und den andern verachten.
Ihr könnt nicht beiden dienen,
 Gott und dem Mammon.

²⁵ Deswegen sage ich euch:
Sorgt euch nicht um euer Leben
 und darum, daß ihr etwas zu essen habt,
noch um euren Leib
 und darum, daß ihr etwas anzuziehen habt.
Ist nicht das Leben wichtiger als die Nahrung
 und der Leib wichtiger als die Kleidung?
²⁶ Seht euch die Vögel des Himmels an:
Sie säen nicht,
sie ernten nicht und sammeln keine Vorräte in Scheunen;
euer himmlischer Vater ernährt sie.
Seid ihr nicht viel mehr wert als sie?
²⁷ Wer von euch kann mit all seiner Sorge
 sein Leben auch nur um eine kleine Zeitspanne verlängern?
²⁸ Und was sorgt ihr euch um eure Kleidung?
Lernt von den Lilien, die auf dem Feld wachsen:
Sie arbeiten nicht und spinnen nicht.
²⁹ Doch ich sage euch:
 Selbst Sálomo war in all seiner Pracht
 nicht gekleidet wie eine von ihnen.
³⁰ Wenn aber Gott schon das Gras so prächtig kleidet,
 das heute auf dem Feld steht
 und morgen ins Feuer geworfen wird,
 wieviel mehr dann euch, ihr Kleingläubigen!
³¹ Macht euch also keine Sorgen
und fragt nicht: Was sollen wir essen?
Was sollen wir trinken?
Was sollen wir anziehen?
³² Denn um all das geht es den Heiden.
Euer himmlischer Vater weiß, daß ihr das alles braucht.
³³ Euch aber
 muß es zuerst um sein Reich
 und um seine Gerechtigkeit gehen;
dann wird euch alles andere dazugegeben.
³⁴ *Sorgt euch also nicht um morgen;*
denn der morgige Tag wird für sich selbst sorgen.
Jeder Tag hat genug eigene Plage.

FÜRBITTEN

Im Gebet wenden wir uns an Christus, den Mittler zwischen Gott und den Menschen.

Sende allen, die in der Kirche Verantwortung haben, deinen Geist, und befreie sie von ängstlicher Sorge. (Stille) Christus, höre uns.
A.: Christus, erhöre uns.

Ermutige die Völker, ihre sozialen Probleme gewaltlos zu lösen. (Stille) Christus, höre uns.

Gib allen Menschen, was sie zum Leben nötig haben. (Stille) Christus, höre uns.

Laß uns Vertrauen und Freude ausstrahlen. (Stille) Christus, höre uns.

Gütiger Gott, du hast uns für eine unvergängliche Freude erschaffen. Gib, daß wir mit frohem Herzen dir dienen durch Christus, unseren Herrn.   A.: Amen.

„ZWEI WEGE GIBT ES, *einen zum Leben und einen zum Tod. Wer auf dem einen wandert, geht nicht auf dem andern; wer aber auf beiden geht, der ist noch keinem zugezählt, weder dem Himmelreich noch der Strafe. Stirbt er in diesem Zustand, so steht das Urteil bei Gott, bei dem auch die Barmherzigkeit ist. Wer aber in das Reich eingehen will, der wacht über seine Werke; denn das Reich ist die Vernichtung aller Sünde. Die Feinde säen zwar aus, doch die Saat ihrer Pläne kann nicht gedeihen. Denn wenn der Geist dahin gelangt, die Süßigkeit Gottes zu schauen, dann können die Geschosse der Feinde ihm nichts mehr anhaben; er trägt die Waffenrüstung der Tugenden, die ihn beschützt und verteidigt und ihn vor Verwirrung bewahrt. Er ist frei, sich seiner Betrachtung zu widmen, um die beiden Wege zu unterscheiden und den einen zu fliehen, den andern zu erwählen.*
Wenn jemand die Herrlichkeit Gottes kennt, der kennt auch die Bitterkeit des Feindes. Wenn jemand das Reich kennt, der kennt auch die Hölle. Wer die Liebe kennt, der weiß, was der Haß ist" (Abt Isaias, gest. 488 in Ägypten).

12. WOCHE

ERÖFFNUNGSVERS
Ps 28 (27), 8–9

Der Herr ist die Stärke seines Volkes,
er ist Schutz und Heil für seinen Gesalbten.
Herr, hilf deinem Volk und segne dein Erbe,
führe und trage es in Ewigkeit.

TAGESGEBET

Heiliger Gott,
gib, daß wir deinen Namen allezeit
fürchten und lieben.
Denn du entziehst keinem deine väterliche Hand,
der fest in deiner Liebe verwurzelt ist.
Darum bitten wir durch Jesus Christus.

Lesungen vom betreffenden Wochentag, S. 1128–1171.

GABENGEBET

Barmherziger Gott,
nimm das Opfer des Lobes
und der Versöhnung an.
Löse uns durch diese Feier aus aller Verstrickung,
damit wir in freier Hingabe ganz dir angehören.
Darum bitten wir durch Christus, unseren Herrn.

Präfation, S. 1365 ff.

KOMMUNIONVERS
Ps 145 (144), 15

Aller Augen warten auf dich, o Herr,
und du gibst ihnen Speise zur rechten Zeit.

Oder: Joh 10, 11.15

Ich bin der gute Hirt.
Ich gebe mein Leben für meine Schafe – so spricht der Herr.

SCHLUSSGEBET

Gütiger Gott,
du hast uns
durch den Leib und das Blut Christi gestärkt.

Gib, daß wir niemals verlieren,
was wir in jeder Feier der Eucharistie empfangen.
Darum bitten wir durch Christus, unseren Herrn.

MONTAG

TAGESGEBET

Verborgener Gott.
Du läßt uns Menschen gewähren,
du wartest und greifst nicht ein.
Du gibst uns Zeit,
du öffnest uns Wege,
du redest zu uns in Langmut und Liebe.
Wir danken dir für deine Geduld.
Bring uns heute zur Besinnung.
Mach uns offen für dich.
Laß die ganze verlorene Menschheit hinfinden zu dir.
Darum bitten wir durch Jesus Christus. (MB 313, 22)

Oder ein anderes Tagesgebet (vgl. S. 661).

Jahr I

ZUR LESUNG *Im Kapitel 12 beschreibt das Buch Genesis einen neuen Anfang, den Gott mit der Menschheit macht. Notwendig wurde dieser Neubeginn deshalb, weil das ursprüngliche Verhältnis zwischen Gott und Mensch von Grund auf gestört war. Ein dreifaches Gericht liegt vor Gen 12: die Vertreibung aus dem Paradies, die Sintflut und die Zerstreuung der Menschen nach dem Turmbau von Babel. Die Absicht all dieser Erzählungen liegt weniger im historischen Bericht als in der theologischen Aussage. Im Berufungswort an Abraham kommt fünfmal das Wort Segen (segnen) vor; das entspricht dem fünffachen Vorkommen des Fluchwortes in der vorausgehenden Urgeschichte. „Segen" ist also das entscheidende Wort am Anfang der Heilsgeschichte, die der vorausgegangenen Unheilsgeschichte ein Ende macht. Abraham hört den Ruf Gottes und gehorcht, ohne Frage und ohne Widerspruch. Er konnte die Tragweite seiner Entscheidung nicht absehen, wie auch Maria in der großen Stunde ihrer Berufung die Größe dessen, was ihr geschah, nur ahnen konnte. –*

Weish 10,5; Apg 7,2–4; Hebr 11,8–9; Gen 22,18; Num 24,9; Ps 72,17; Sir 44,21; Jes 19,23–25; Jer 4,2; Apg 3,25; Gal 3,8–9; Gen 13,15; 15,18; 17,8; 26,4; Apg 7,5.

ERSTE LESUNG   Gen 12,1–9

Abram zog weg, wie der Herr ihm gesagt hatte

Lesung
   aus dem Buch Génesis.

In jenen Tagen
1   sprach der Herr zu Abram:
Zieh weg aus deinem Land,
von deiner Verwandtschaft und aus deinem Vaterhaus
   in das Land, das ich dir zeigen werde.
2   Ich werde dich zu einem großen Volk machen,
dich segnen
   und deinen Namen groß machen.
Ein Segen sollst du sein.
3   Ich will segnen, die dich segnen;
wer dich verwünscht, den will ich verfluchen.
Durch dich sollen alle Geschlechter der Erde Segen erlangen.
4   Da zog Abram weg,
   wie der Herr ihm gesagt hatte,
und mit ihm ging auch Lot.
Abram war fünfundsiebzig Jahre alt, als er aus Haran fortzog.
5   Abram nahm seine Frau Sarai mit, seinen Neffen Lot
   und alle ihre Habe, die sie erworben hatten,
   und die Knechte und Mägde, die sie in Haran gewonnen hatten.
Sie wanderten nach Kánaan aus und kamen dort an.
6   Abram zog durch das Land bis zur Stätte von Sichem,
   bis zur Orakeleiche.
Die Kanaaníter waren damals im Land.
7   Der Herr erschien Abram
   und sprach: Deinen Nachkommen gebe ich dieses Land.
Dort baute er dem Herrn, der ihm erschienen war, einen Altar.
8   Von da brach er auf zum Bergland östlich von Bet-El
und schlug sein Zelt so auf,
   daß er Bet-El im Westen und Ai im Osten hatte.

Dort baute er dem Herrn einen Altar
und rief den Namen des Herrn an.
9 Dann zog Abram immer weiter, dem Negeb zu.

ANTWORTPSALM   Ps 33 (32), 12–13.18–19.20 u. 22 (R: vgl. 12b)

R Selig das Volk, das der Herr sich zum Erbteil erwählt hat. – R

(GL 646, 1)
V. Ton

12 Wohl dem Volk, dessen Gott der Herr ist, *
der Nation, die er sich zum Erbteil erwählt hat.

13 Der Herr blickt herab vom Himmel, *
er sieht auf alle Menschen. – (R)

18 Doch das Auge des Herrn ruht auf allen, die ihn fürchten und ehren, *
die nach seiner Güte ausschaun;

19 denn er will sie dem Tod entreißen *
und in der Hungersnot ihr Leben erhalten. – (R)

20 Unsre Seele hofft auf den Herrn; *
er ist für uns Schild und Hilfe.

22 Laß deine Güte über uns walten, o Herr, *
denn wir schauen aus nach dir. – R

Jahr II

ZUR LESUNG   *Der Untergang des Nordreichs Israel (Fall Samarias 721 v. Chr.) wird in zwei nüchternen Sätzen berichtet. Dann stellt der Verfasser theologische Überlegungen über die Gründe der Katastrophe an: „Das geschah, weil ..." Israels Abfall von seinem Gott hatte bereits mit der Reichstrennung nach Salomos Tod begonnen, „als sich Israel vom Haus David losriß und sie Jerobeam als König eingesetzt hatten" (17, 21). „Die Sünde Jerobeams": der Widerstand gegen Gesetz und Tempel von Jerusalem und die Verehrung der Stierbilder, hatte sich die ganze Zeit hindurch fortgesetzt und der Vermischung von Jahwe- und Baalsreligion Vorschub geleistet. – „Der Herr wurde über Israel sehr zornig": damit wird in das Gottesbild wieder einmal eine menschliche Verhaltensweise hineingetragen. Es ist schon „Zorn" Gottes genug, wenn er Menschen oder Völker einfach ihrem eigenen Willen und Schicksal überläßt. – 2 Kön 18, 9–11; Dtn 4, 25–28; 9, 13; 1 Kön 12, 20.*

ERSTE LESUNG

2 Kön 17, 5–8.13–15a.18

Der Herr verstieß Israel von seinem Angesicht, so daß der Stamm Juda allein übrigblieb

**Lesung
aus dem zweiten Buch der Könige.**

In jenen Tagen
⁵ fiel der König von Assur über das ganze Land her,
rückte gegen Samária vor
und belagerte es drei Jahre lang.
⁶ Im neunten Jahr Hoschéas eroberte er die Stadt,
verschleppte die Israeliten nach Assur
und siedelte sie in Halach, am Habor, einem Fluß von Gosan,
und in den Städten der Meder an.
⁷ Das geschah,
weil die Israeliten
sich gegen den Herrn, ihren Gott, versündigten,
der sie aus Ägypten,
aus der Gewalt des Pharao, des Königs von Ägypten,
heraufgeführt hatte.
Sie verehrten fremde Götter,
⁸ ahmten die Bräuche der Völker nach,
die der Herr vor den Israeliten vertrieben hatte,
und folgten dem Beispiel, das die Könige von Israel gaben.
¹³ Der Herr warnte Israel und Juda
durch alle seine Propheten, durch alle Seher:
Kehrt um von euren bösen Wegen,
achtet auf meine Befehle und meine Gebote
genau nach dem Gesetz, das ich euren Vätern gegeben
und euch durch meine Knechte, die Propheten, verkündet habe.
¹⁴ Doch sie wollten nicht hören,
sondern versteiften ihre Nacken
wie ihre Väter, die nicht auf den Herrn, ihren Gott, vertrauten.
¹⁵ᵃ Sie verwarfen seine Gebote
und den Bund, den er mit ihren Vätern geschlossen hatte,
und verschmähten die Warnungen, die er an sie richtete.
¹⁸ Darum wurde der Herr über Israel sehr zornig.
Er verstieß es von seinem Angesicht,
so daß der Stamm Juda allein übrigblieb.

ANTWORTPSALM Ps 60 (59), 3–4.5 u. 12.13–14 (R: vgl. 7a)

R Hilf uns mit deiner Rechten, und erhöre uns! – **R** (GL 526, 5)

3 Du hast uns verworfen, o Gott, und zerschlagen. * I. Ton
   Du hast uns gezürnt. Richte uns wieder auf!

4 Erschüttert hast du das Land und gespalten. *
   Heile seine Risse! Denn es kam ins Wanken. – (**R**)

5 Du hast dein Volk hart geprüft, *
   du gabst uns betäubenden Wein zu trinken.

12 Gott, hast denn du uns verworfen? *
   Du ziehst ja nicht aus, o Gott, mit unseren Heeren. – (**R**)

13 Bring uns doch Hilfe im Kampf mit dem Feind! *
   Denn die Hilfe von Menschen ist nutzlos.

14 Mit Gott werden wir Großes vollbringen; *
   er selbst wird unsere Feinde zertreten. – **R**

Jahr I und II

RUF VOR DEM EVANGELIUM Vers: vgl. Hebr 4, 12

Halleluja. Halleluja.

Lebendig ist das Wort Gottes und kraftvoll.
Es richtet über die Regungen und Gedanken der Herzen.

Halleluja.

ZUM EVANGELIUM *Vom Richten und vom Zurechtweisen (V. 1–2.3–5) handelt das heutige Evangelium. Mit welchem Recht und nach welchem Maß kann ein Mensch den anderen richten, über ihn urteilen, ihn verurteilen? Was weiß er von ihm in Wirklichkeit? Er kennt nicht einmal sich selbst; weiß er, wie das Gericht über ihn selbst ausfallen wird – nicht das Gericht der Menschen, sondern das Gericht Gottes? Vor Gott sind wir alle schuldig, aber er gibt uns eine Chance: er richtet uns nach dem Maß, mit dem wir selbst den Mitmenschen, den Bruder gemessen haben. Aber gibt es nicht objektive Normen und Maßstäbe, z. B. das Evangelium selbst? Ganz sicher. Doch das Evangelium verstehen wir genau so weit, als wir es leben; im gleichen Maß werden wir auch begreifen, was die Sünde ist: die eigene und die fremde. Dann aber vergeht uns die Lust, zu richten und zu verurteilen, und wir begreifen, daß wir etwas ganz an-*

*deres zu tun haben: uns selbst nach dem Evangelium „richten" (in der doppelten Bedeutung dieses Wortes) und dem Bruder in seiner Not helfen.
– Lk 6,37–38.41–42; Mt 18,23–35; Röm 2,1–2; 1 Kor 4,5; Jak 2,13; Spr 17,5; 11,25; Weish 12,22; Mk 4,24; Joh 8,7.*

EVANGELIUM Mt 7,1–5

Zieh zuerst den Balken aus deinem Auge!

✙ Aus dem heiligen Evangelium nach Matthäus.

In jener Zeit sprach Jesus zu seinen Jüngern:
1 Richtet nicht, damit ihr nicht gerichtet werdet!
2 Denn wie ihr richtet, so werdet ihr gerichtet werden,
und nach dem Maß, mit dem ihr meßt und zuteilt,
  wird euch zugeteilt werden.
3 Warum siehst du den Splitter im Auge deines Bruders,
  aber den Balken in deinem Auge bemerkst du nicht?
4 Wie kannst du zu deinem Bruder sagen:
  Laß mich den Splitter aus deinem Auge herausziehen!
  – und dabei steckt in deinem Auge ein Balken?
5 Du Heuchler!
Zieh zuerst den Balken aus deinem Auge,
dann kannst du versuchen,
  den Splitter aus dem Auge deines Bruders herauszuziehen.

FÜRBITTEN

Zu Christus, der unsere Hoffnung ist, wollen wir beten:

Erneuere die Kirche, daß sie wirksamer dem Heil der Menschen dienen kann. (Stille) Christus, höre uns.
A.: Christus, erhöre uns.

Leite die Irrenden auf den Weg der Wahrheit. (Stille) Christus, höre uns.

Sei alten Menschen eine Stütze, die ihnen Halt gibt. (Stille) Christus, höre uns.

Bewahre uns davor, über andere selbstgerecht zu urteilen. (Stille) Christus, höre uns.

Herr, unser Gott, unser Leben ruht in deiner Hand. Höre auf unsere Bitten, und erhöre uns durch Christus, unseren Herrn.
A.: Amen.

„DER GOTTESBEFEHL *geht – sich dreimal steigernd – auf die Loslösung Abrahams von der Heimat, von der schützenden und bergenden Sippe, von Eltern und Geschwistern. Dies bedeutet das Aufgeben hoher Lebensgüter, welche für die meisten Menschen die Grundlage und fast den Inhalt des Lebens bedeuten ... Leicht konnte die geforderte Loslösung ihm nicht fallen. Darum gibt Gott in seinem Wort zugleich eine Gabe, die gewichtiger ist als die Aufgabe, die bisherigen Sicherungen aufzugeben. Das ‚Heraus‘ wird unter Gottes Zuspruch zu einem ‚Hin zu‘, zu einem ‚Hin‘ auf einen Weg des Wanderns mit Gott und damit zum ‚Hin‘ auf ein großes Ziel. Die Weite, die sich vor Abraham auftut, ist die Weite Gottes. In ihr kommt gleichsam ein anderes Ufer in Sicht: Kanaan, das Land im Schnittkreis aller drei damals bekannten Kontinente (Asien, Afrika und Europa). Dort soll die Heimat des Gottesvolkes liegen, das als ‚Samen‘ Abraham verheißen wird. Über diese seine Nachkommenschaft soll Abraham ein Segen werden für die ganze Menschheit (vgl. auch Gen 22, 18). Damit wird die Horizontlinie unseres Textes ausgezogen ins Allumfassende, von dem auch wir umfaßt sind"* (Alfons Deissler).

DIENSTAG

TAGESGEBET

Gott und Vater aller Menschen.
Du willst, daß wir in deinem Namen
Frieden bringen, wo Zwietracht herrscht,
Glauben wecken, wo Zweifel um sich greift,
die Hoffnung beleben,
wo Traurigkeit die Menschen lähmt.
Hilf uns, daß wir deine Liebe bekannt machen.
Darum bitten wir durch Jesus Christus. (MB 310, 17)

Oder ein anderes Tagesgebet (vgl. S. 661).

Jahr I

ZUR LESUNG *Das Land, in das Abraham kam, hatte schon seine Herren: fremde Völker, fremde Götter. Weil Abraham dem Wort Gottes glaubt, ist er frei, um seinem Neffen Lot den besseren Teil des Landes zu überlassen, soweit er überhaupt darüber verfügen konnte. Lot erhebt seine Augen und sieht die fruchtbare Jordangegend (V. 10); Abraham erhebt seine Augen und sieht das ganze weite Land im Norden und Süden, im Osten und Westen. Land und Nachkommenschaft sind ihm verheißen (12, 1–2). Jetzt, nachdem er den besten Teil des Landes an Lot abgetreten hat, werden beide Verheißungen erneuert. Sie werden ihn für den Rest seines Lebens begleiten, und er wird lernen müssen, gegen den Augenschein zu glauben, gegen alle Hoffnung zu hoffen. – Gen 36,6–8; Ps 107,33–34; Gen 12,7; 15,1; Lk 1,54–55; Num 23,10.*

ERSTE LESUNG Gen 13, 2.5–18

Zwischen mir und dir soll es keinen Streit geben; wir sind doch Brüder

Lesung
   aus dem Buch Génesis.

2 Abram hatte einen sehr ansehnlichen Besitz
   an Vieh, Silber und Gold.
5 Auch Lot, der mit Abram gezogen war,
   besaß Schafe und Ziegen, Rinder und Zelte.
6 Das Land war aber zu klein,
   als daß sich beide nebeneinander hätten ansiedeln können;
denn ihr Besitz war zu groß,
und so konnten sie sich nicht miteinander niederlassen.
7 Zwischen den Hirten Abrams und den Hirten Lots
   kam es zum Streit;
auch siedelten damals noch
   die Kanaaníter und die Perisíter im Land.
8 Da sagte Abram zu Lot:
   Zwischen mir und dir,
   zwischen meinen und deinen Hirten soll es keinen Streit geben;
wir sind doch Brüder.
9 Liegt nicht das ganze Land vor dir?
Trenn dich also von mir!
Wenn du nach links willst, gehe ich nach rechts;
wenn du nach rechts willst, gehe ich nach links.

Zeit im Jahreskreis: 12. Woche – Dienstag

¹⁰ Lot blickte auf
und sah, daß die ganze Jordangegend bewässert war.
Bevor der Herr Sodom und Gomórra vernichtete,
    war sie bis Zoar hin wie der Garten des Herrn,
wie das Land Ägypten.

¹¹ Da wählte sich Lot die ganze Jordangegend aus.
Lot brach nach Osten auf,
und sie trennten sich voneinander.

¹² Abram ließ sich in Kánaan nieder,
    während Lot sich in den Städten jener Gegend niederließ
    und seine Zelte bis Sodom hin aufschlug.

¹³ Die Leute von Sodom aber waren sehr böse
und sündigten schwer gegen den Herrn.

¹⁴ Nachdem sich Lot von Abram getrennt hatte,
    sprach der Herr zu Abram:
Blick auf
und schau von der Stelle, an der du stehst,
    nach Norden und Süden, nach Osten und Westen.

¹⁵ Das ganze Land nämlich, das du siehst,
    will ich dir und deinen Nachkommen für immer geben.

¹⁶ Ich mache deine Nachkommen zahlreich
    wie den Staub auf der Erde.
Nur wer den Staub auf der Erde zählen kann,
    wird auch deine Nachkommen zählen können.

¹⁷ Mach dich auf,
    durchzieh das Land in seiner Länge und Breite;
denn dir werde ich es geben.

¹⁸ Da zog Abram mit seinen Zelten weiter
und ließ sich bei den Eichen von Mamre in Hebron nieder.
Dort baute er dem Herrn einen Altar.

ANTWORTPSALM   Ps 15 (14), 2–3.4.5 (R: 1b)

R Herr, wer darf weilen auf deinem heiligen Berg? – **R**   (GL 626, 3)

² Der makellos lebt und das Rechte tut; †   **IV. Ton**
der von Herzen die Wahrheit sagt *
und mit seiner Zunge nicht verleumdet;

der seinem Freund nichts Böses antut *
und seinen Nächsten nicht schmäht; – **(R)**

4 der den Verworfenen verachtet, *
doch alle, die den Herrn fürchten, in Ehren hält;

der sein Versprechen nicht ändert, *
das er seinem Nächsten geschworen hat; – (R)

5 der sein Geld nicht auf Wucher ausleiht *
und nicht zum Nachteil des Schuldlosen Bestechung annimmt.

Wer sich danach richtet, *
der wird niemals wanken.

R Herr, wer darf weilen auf deinem heiligen Berg?

Jahr II

ZUR LESUNG *Der König von Assur hat die kleinen Königreiche des Westens unterworfen, nur Jerusalem leistet noch Widerstand, einen aussichtslosen Widerstand, wenn man die Machtverhältnisse betrachtet. Aber der König Hiskija, gestützt vom Propheten Jesaja, kapituliert nicht. Er verläßt sich auf Jahwe, den lebendigen Gott, der helfen kann. Tatsächlich wird Jerusalem gerettet. Der biblische Bericht schreibt die Rettung dem „Engel des Herrn" zu; der griechische Schriftsteller Herodot weiß von einer Epidemie, die im Lager der Assyrer ausbrach. Beide Darstellungen schließen sich nicht aus; die Frage ist, von welcher Seite man die Ereignisse betrachtet. – Zu bedenken ist, daß es keine geschichtliche Situation gibt, in der Gott durch ein Wunder eingreifen müßte, er kann auch zulassen, daß Jerusalem zerstört wird. Gott hat viele Weisen, die Geschichte der Welt und des einzelnen Menschen zu regieren. – 2 Chr 32,17; Jes 37,9b–38; 2 Chr 32,20; Weish 13,10; 1 Sam 17,47; 2 Sam 7,12–17; Hos 1,7; 2 Chr 32,21–22; 2 Makk 8,18–19; Sir 48,17–21.*

ERSTE LESUNG 2 Kön 19,9b–11.14–21.31–35a.36

Ich werde diese Stadt beschützen und retten, um meinetwillen und um meines Knechtes David willen

Lesung
 aus dem zweiten Buch der Könige.

In jenen Tagen
9b schickte Sanherib, der König von Assur,
 Boten zu Hiskija, dem König von Juda,
mit dem Auftrag:

¹⁰ So sollt ihr zu Hiskíja, dem König von Juda, sagen:
Laß dir nicht von deinem Gott, auf den du vertraust, einreden,
    Jerusalem werde dem König von Assur
    nicht in die Hände fallen.
¹¹ Du hast doch gehört,
    was die Könige von Assur
    mit allen anderen Ländern gemacht haben.
Sie haben sie dem Untergang geweiht.
Und du meinst, du wirst gerettet?

¹⁴ Hiskíja nahm das Schreiben von den Boten in Empfang
    und las es.
Dann ging er zum Haus des Herrn hinauf,
breitete das Schreiben vor dem Herrn aus
¹⁵ und betete vor dem Herrn;
er sagte:

Herr, Gott Israels, der über den Kérubim thront,
du allein bist der Gott aller Reiche der Erde.
Du hast den Himmel und die Erde gemacht.
¹⁶ Wende mir dein Ohr zu, Herr, und höre!
Öffne, Herr, deine Augen, und sieh her!
Hör alles, was Sánherib sagt,
    der seinen Boten hergesandt hat,
    um den lebendigen Gott zu verhöhnen.

¹⁷ Es ist wahr, Herr,
die Könige von Assur haben die Völker vernichtet,
ihre Länder verwüstet
¹⁸ und ihre Götter ins Feuer geworfen.
Aber das waren keine Götter,
    sondern Werke von Menschenhand,
    aus Holz und Stein;
darum konnte man sie vernichten.

¹⁹ Nun aber, Herr, unser Gott,
    rette uns aus seiner Hand,
damit alle Reiche der Erde erkennen,
    daß du, Jahwe, Gott bist, du allein.

²⁰ Der Prophet Jesája, der Sohn des Amoz,
    schickte zu Hiskíja einen Boten
und ließ ihm sagen:
    So spricht der Herr, der Gott Israels:

Ich habe gehört,
    wie du wegen des Königs Sánherib von Assur
    zu mir gebetet hast.

21 Das ist das Wort des Herrn gegen ihn:

Dich verachtet, dich verspottet
    die Jungfrau, die Tochter Zion.
Die Tochter Jerusalem
    schüttelt spöttisch den Kopf über dich.

31 Von Jerusalem wird ein Rest ausziehen,
vom Berg Zion ziehen die Geretteten hinaus.
Der leidenschaftliche Eifer des Herrn wird das vollbringen.

32 Darum – so spricht der Herr über den König von Assur:
    Er wird nicht in diese Stadt eindringen;
er wird keinen einzigen Pfeil hineinschießen,
er wird nicht
    unter dem Schutz seines Schildes gegen sie anrennen
und keinen Damm gegen sie aufschütten.

33 Auf dem Weg, auf dem er gekommen ist,
    wird er wieder zurückkehren.
Aber in diese Stadt wird er nicht eindringen – Spruch des Herrn.

34 Ich werde diese Stadt beschützen und retten,
um meinetwillen und um meines Knechtes David willen.

35a In jener Nacht zog der Engel des Herrn aus
    und erschlug im Lager der Assýrer
hundertfünfundachtzigtausend Mann.

36 Da brach Sánherib, der König von Assur, auf
    und kehrte in sein Land zurück.
Er blieb in Nínive.

ANTWORTPSALM   Ps 48 (47), 2–3b.3c–4.10–11 (R: vgl. 9d)

R Gott läßt seine Stadt für immer bestehen. – R   (GL 647, 2)

2 Groß ist der Herr und hoch zu preisen *
in der Stadt unseres Gottes.

3ab Sein heiliger Berg ragt herrlich empor; *
er ist die Freude der ganzen Welt. – (R)

3cd Der Berg Zion liegt weit im Norden; *
er ist die Stadt des großen Königs.

4 Gott ist in ihren Häusern bekannt *
als ein sicherer Schutz. – (R)

10 Über deine Huld, o Gott, denken wir nach *
in deinem heiligen Tempel.

11 Wie dein Name, Gott, so reicht dein Ruhm bis an die Enden der Erde; *
deine rechte Hand ist voll von Gerechtigkeit. – **R**

Jahr I und II

RUF VOR DEM EVANGELIUM Vers: vgl. Joh 8, 12

Halleluja. Halleluja.
(So spricht der Herr:)
Ich bin das Licht der Welt.
Wer mir nachfolgt, hat das Licht des Lebens.

Halleluja.

ZUM EVANGELIUM *Das heutige Evangelium enthält drei Weisungen, die unter sich nur lose zusammenhängen. a) Vers 6: „Gebt das Heilige nicht den Hunden!" Das ist den Jüngern gesagt, den Boten des Evangeliums; sie sollen unterscheiden, ob es in einer bestimmten Situation angebracht ist, von Christus und von der Gottesherrschaft überhaupt zu sprechen. Seltsam hart und lieblos mag es uns scheinen, daß die Nicht-Hörer der Botschaft mit Schweinen und Hunden verglichen werden; aber mit dem drastischen Bild soll nur anschaulich gemacht werden, wie sinnlos es ist, Menschen zur Annahme des Glaubens nötigen zu wollen, denen dafür alle Voraussetzungen fehlen.*
b) Vers 12: Die „goldene Regel" schließt zusammenfassend die vorhergehenden Weisungen ab und stellt sie nochmals (vgl. 5, 48) unter das große Gebot der Liebe. Die Liebe ist die Mitte und das geheime Ziel auch von „Gesetz und Propheten".
c) Vers 13–14: Mit 7, 13 beginnen die Schlußmahnungen der Bergpredigt (7, 13–27). Das Bild von den zwei Wegen ist weit verbreitet in den Psalmen, bei den Propheten und auch außerhalb der Heiligen Schrift. Das Leben des Menschen ist eine Wanderschaft, es kann sein Ziel erreichen oder verfehlen. Am Tor wird es sich entscheiden; das Tor bedeutet Ende, Durchgang, neuen Anfang. Warum ist das Tor eng, das zum Leben, zum Glück der Vollendung führt? Warum werden nur wenige gerettet (Lk

13,23)? Statt einer Antwort hören wir wieder einmal eine Forderung, einen Imperativ: Sorg, daß du den rechten Weg gehst und durch das rechte Tor eintrittst. – Spr 23,9; Sir 22,9–10; Lk 6,31; Tob 4,15; Spr 3,27; Röm 3,8–10; Dtn 30,15–16; Ps 1; Lk 13,24; Sir 21,10; Mt 19,24; Mk 10,25; Lk 18,25; Joh 10,9–10.

EVANGELIUM   Mt 7,6.12–14

Alles, was ihr von anderen erwartet, das tut auch ihnen!

✛ **Aus dem heiligen Evangelium nach Matthäus.**

In jener Zeit sprach Jesus zu seinen Jüngern:
6 **Gebt das Heilige nicht den Hunden,**
und werft eure Perlen nicht den Schweinen vor,
denn sie könnten sie mit ihren Füßen zertreten
  und sich umwenden und euch zerreißen.

12 **Alles, was ihr von anderen erwartet,**
   das tut auch ihnen!
Darin besteht das Gesetz und die Propheten.

13 **Geht durch das enge Tor!**
Denn das Tor ist weit, das ins Verderben führt,
und der Weg dahin ist breit,
und viele gehen auf ihm.

14 **Aber das Tor, das zum Leben führt, ist eng,**
und der Weg dahin ist schmal,
und nur wenige finden ihn.

FÜRBITTEN

Wir beten zu Christus, der das Licht der Welt ist:

Erfülle alle, die für das Evangelium arbeiten, mit deinem Geist.
A.: Wir bitten dich, erhöre uns.

Berühre die Herzen der Menschen, daß sie zum Glauben gelangen.

Stärke die Zuversicht der Kranken, und gib ihnen Vertrauen in ihre Helfer.

Schenke uns durch deinen Beistand, was du von uns verlangst.

Gott, unser Vater, du willst, daß alle Menschen in dein Reich gelangen. Darum bitten wir durch Christus, unseren Herrn.
A.: Amen.

„DER MENSCH GEWINNT *die höhere Daseinsebene nur, indem er sich durch eine Krise der gesamten Existenz aus dem Bereich des bis dahin Erlebten und Verwirklichten hinausdrängen läßt, indem er sich entscheidet und „seine Seele" wagt. Das wahrhaft gelebte menschliche Dasein gliedert sich also nach existentiellen Ebenen und nach Wagnissen, die vor jeder Ebene liegen"* (Ladislaus Boros).

„HERR, ICH VERTRAUE,
*daß auch heute noch gilt –
und ich habe es wirklich erfahren
und will nicht müde werden, es zu versuchen:
Wer sich selber losläßt und alles,
was ihn sichert und festhält,
wer den Bruder annimmt
und anhört und aushält,
der gewinnt Freude in aller Mühsal
und ahnt deine Nähe –
Vater der Zukunft und Gott allen Trostes"
(Hausfrau / Publizistin – BRD).*

MITTWOCH

TAGESGEBET

Gott.
**Dein Sohn Jesus Christus
ist das Weizenkorn, das für uns starb.
Wir leben aus seinem Tod.
Nimm von uns die Angst,
für andere verbraucht zu werden.
Hilf uns, einander Gutes zu tun,
damit wir nicht vergeblich leben,
sondern Frucht bringen in Jesus Christus,
der in der Einheit des Heiligen Geistes
mit dir lebt und herrscht in alle Ewigkeit.** (MB 311, 19)

Oder ein anderes Tagesgebet (vgl. S. 661).

Jahr I

ZUR LESUNG Zum erstenmal in der Bibel kommt im Genesis 15,6 das Wort vor, das wir mit „glauben" übersetzen. Es ist das einzige Mal, daß in der Geschichte Abrahams ausdrücklich von seinem Glauben die Rede ist. Dieser Glaube hat es nicht leicht. „Du hast mir ja keine Nachkommen gegeben": ohne Kinder lebt Abraham in einem Land, das ihm nicht gehört. Unter dem funkelnden Sternenhimmel erneuert ihm Gott die Verheißung; im Herzen Abrahams wird es wieder hell, er glaubt. Theologisch wichtig und folgenreich ist der Satz: „Abram glaubte dem Herrn (= Jahwe), und der Herr rechnete es ihm als Gerechtigkeit an." Der Glaube Abrahams gilt nicht irgendeinem Ereignis der Vergangenheit; er ist ganz in die Zukunft gerichtet. Weil Abraham sich und seine Zukunft ganz Gott anheimgibt, deshalb ist er vor Gott „gerecht": anerkannt und angenommen. – Der Bericht über den Bundesschluß (V. 17–18) ist nach Herkunft und Art grundverschieden vom ersten Teil dieser Lesung; der biblische Verfasser hat hier eine sehr alte Überlieferung eingefügt. Durch eine Art Vertrag verpflichtet sich Gott feierlich, die Verheißung zu erfüllen. Das Ritual des Bundesschlusses ist für uns höchst sonderbar, ist aber auch sonst im Alten Testament bekannt. Gott läßt sich auf die menschlichen Ausdrucksformen jener Zeit ein, um Abraham die Gewißheit zu geben, daß er nicht umsonst hofft. – Gen 17,1–22; 13,16; 22,17; Ex 2,24; 32,13; Röm 4; Gal 3,6–7; Jak 2,23.

ERSTE LESUNG   Gen 15,1–12.17–18

Abraham glaubte Gott, und das wurde ihm als Gerechtigkeit angerechnet (Röm 4,3b). Der Herr schloß mit ihm einen Bund

Lesung
   aus dem Buch Génesis.

In jenen Tagen
1   erging das Wort des Herrn in einer Vision an Abram:
Fürchte dich nicht, Abram,
ich bin dein Schild;
dein Lohn wird sehr groß sein.
2   **Abram antwortete: Herr, mein Herr,**
was willst du mir schon geben?
Ich gehe doch kinderlos dahin,
und Erbe meines Hauses ist Eliéser aus Damáskus.

3 Und Abram sagte:
   Du hast mir ja keine Nachkommen gegeben;
also wird mich mein Haussklave beerben.
4 Da erging das Wort des Herrn an ihn:
   Nicht er wird dich beerben,
   sondern dein leiblicher Sohn wird dein Erbe sein.
5 Er führte ihn hinaus
und sprach: Sieh doch zum Himmel hinauf,
und zähl die Sterne,
   wenn du sie zählen kannst.
Und er sprach zu ihm:
   So zahlreich werden deine Nachkommen sein.
6 Abram glaubte dem Herrn,
und der Herr rechnete es ihm als Gerechtigkeit an.
7 Er sprach zu ihm:
   Ich bin der Herr, der dich aus Ur in Chaldäa herausgeführt hat,
   um dir dieses Land zu eigen zu geben.
8 Da sagte Abram:
   Herr, mein Herr,
   woran soll ich erkennen, daß ich es zu eigen bekomme?
9 Der Herr antwortete ihm:
   Hol mir ein dreijähriges Rind,
eine dreijährige Ziege,
einen dreijährigen Widder,
eine Turteltaube und eine Haustaube!
10 Abram brachte ihm alle diese Tiere,
zerteilte sie
und legte je eine Hälfte der andern gegenüber;
die Vögel aber zerteilte er nicht.
11 Da stießen Raubvögel auf die Fleischstücke herab,
   doch Abram verscheuchte sie.
12 Bei Sonnenuntergang fiel auf Abram ein tiefer Schlaf;
große, unheimliche Angst überfiel ihn.
17 Die Sonne war untergegangen,
   und es war dunkel geworden.
Auf einmal
   waren ein rauchender Ofen und eine lodernde Fackel da;
sie fuhren zwischen jenen Fleischstücken hindurch.
18 An diesem Tag schloß der Herr mit Abram folgenden Bund:

Deinen Nachkommen gebe ich dieses Land
  vom Grenzbach Ägyptens bis zum großen Strom, dem Eufrat.

ANTWORTPSALM Ps 105 (104), 1–2.3–4.6–7.8–9 (R: 7a.8a)
R Der Herr ist unser Gott; (GL 233,7)
ewig denkt er an seinen Bund. – **R**
(*Oder:* Halleluja.)

1 Dankt dem Herrn! Ruft seinen Namen an! * VI. Ton
  Macht unter den Völkern seine Taten bekannt!

2 Singt ihm und spielt ihm, *
  sinnt nach über all seine Wunder! – (**R**)

3 Rühmt euch seines heiligen Namens! *
  Alle, die den Herrn suchen, sollen sich von Herzen freuen.

4 Fragt nach dem Herrn und seiner Macht; *
  sucht sein Antlitz allezeit! – (**R**)

6 Bedenkt es, ihr Nachkommen seines Knechtes Abraham, *
  ihr Kinder Jakobs, die er erwählt hat.

7 Er, der Herr, ist unser Gott. *
  Seine Herrschaft umgreift die Erde. – (**R**)

8 Ewig denkt er an seinen Bund, *
  an das Wort, das er gegeben hat für tausend Geschlechter,

9 an den Bund, den er mit Abraham geschlossen, *
  an den Eid, den er Isaak geschworen hat. – **R**

Jahr II

ZUR LESUNG *Joschija war einer der wenigen Könige auf dem Thron Davids, die taten, „was dem Herrn gefiel" (22, 2). Das Gesetzbuch, das im Jahr 621 im Tempel gefunden wurde, war vermutlich der Grundbestand des jetzigen Buchs Deuteronomium. Der Inhalt des Buchs verursachte bei König und Volk eine Erschütterung, wie sie selten in der Geschichte Israels vorkam. Erneuerung des Gottesbundes und eine strenge Kultreform waren die Folgen. Doch konnte sich die Reform nur teilweise durchsetzen und hatte keinen dauernden Bestand. Auch das Reich Juda ging seinem Ende zu. – Nicht wenige Forscher haben vermutet, die Auffindung des Gesetzbuches unter Joschija sei ein Betrug der Tempelpriester gewesen. Das läßt sich nicht beweisen, es wurde im Gegenteil durch eine ernste Sachkritik als sehr unwahrscheinlich erwiesen. – Daß die Erinnerung an heilige*

Gesetze und Überlieferungen verlorengehen kann, ist uns nach den Erfahrungen unseres eigenen Jahrhunderts immerhin vorstellbar. — 2 Chr 34, 14–33; Sir 49, 1–3; Dtn 31, 9–13.

ERSTE LESUNG 2 Kön 22, 8–13; 23, 1–3

Der König ließ alle Worte des Bundesbuches vorlesen und schloß vor dem Herrn diesen Bund: er wolle dem Herrn folgen. Das ganze Volk trat diesem Bund bei

Lesung aus dem zweiten Buch der Könige.

In jenen Tagen
8 teilte der Hohepriester Hilkíja
   dem Staatsschreiber Schafan mit:
Ich habe im Haus des Herrn das Gesetzbuch gefunden.
Hilkíja übergab Schafan das Buch,
   und dieser las es.
9 Darauf begab sich der Staatsschreiber Schafan
   zum König Joschíja
und meldete ihm:
   Deine Knechte haben das Geld ausgeschüttet,
   das sich im Haus vorfand,
   und es den Werkmeistern übergeben,
   die im Haus des Herrn angestellt sind.
10 Dann sagte der Staatsschreiber Schafan zum König:
   Der Priester Hilkíja hat mir ein Buch gegeben.
Schafan las es dem König vor.
11 Als der König die Worte des Gesetzbuches hörte,
   zerriß er seine Kleider
12 und befahl dem Priester Hilkíja
   sowie Áhikam, dem Sohn Schafans,
   Achbor, dem Sohn Michas,
   dem Staatsschreiber Schafan
   und Asája, dem Diener des Königs:
13 Geht und befragt den Herrn
   für mich, für das Volk und für ganz Juda
   wegen dieses Buches, das aufgefunden wurde.
Der Zorn des Herrn muß heftig gegen uns entbrannt sein,
weil unsere Väter auf die Worte dieses Buches nicht gehört
und weil sie nicht getan haben, was in ihm niedergeschrieben ist.
1 Der König ließ alle Ältesten Judas und Jerusalems
   bei sich zusammenkommen.

² Er ging zum Haus des Herrn hinauf
mit allen Männern Judas und allen Einwohnern Jerusalems,
den Priestern und Propheten und allem Volk, jung und alt.
Er ließ ihnen alle Worte des Bundesbuches vorlesen,
  das im Haus des Herrn gefunden worden war.
³ Dann trat der König an die Säule
und schloß vor dem Herrn diesen Bund:
Er wolle dem Herrn folgen,
auf seine Gebote, Satzungen und Gesetze
  von ganzem Herzen und ganzer Seele achten
und die Vorschriften des Bundes einhalten,
  die in diesem Buch niedergeschrieben sind.
Das ganze Volk trat dem Bund bei.

ANTWORTPSALM Ps 119 (118), 33–34.35–36.37 u. 40 (R: 33a)

R Herr, weise mir den Weg deiner Gesetze! – **R** (GL 465)

³³ Herr, weise mir den Weg deiner Gesetze! * II. Ton
Ich will ihn einhalten bis ans Ende.

³⁴ Gib mir Einsicht, damit ich deiner Weisung folge *
und mich an sie halte aus ganzem Herzen. – (**R**)

³⁵ Führe mich auf dem Pfad deiner Gebote! *
Ich habe an ihm Gefallen.

³⁶ Deinen Vorschriften neige mein Herz zu, *
doch nicht der Habgier! – (**R**)

³⁷ Wende meine Augen ab von eitlen Dingen; *
durch dein Wort belebe mich!

⁴⁰ Nach deinen Befehlen hab' ich Verlangen. *
Gib mir neue Kraft durch deine Gerechtigkeit! – **R**

Jahr I und II

RUF VOR DEM EVANGELIUM Vers: Joh 15, 4a.5b

Halleluja. Halleluja.
(So spricht der Herr:)
Bleibt in mir, dann bleibe ich in euch.
Wer in mir bleibt, der bringt reiche Frucht.
Halleluja.

Zeit im Jahreskreis: 12. Woche – Mittwoch

ZUM EVANGELIUM *Wahre und falsche Propheten gab es schon im Alten Testament; Amos und Jeremia hatten sich mit falschen Propheten auseinanderzusetzen. In der christlichen Gemeinde sind sie um so gefährlicher, je besser sie es verstehen, „wie Schafe" aufzutreten: als harmlose, rechtschaffene Christen, denen es nur um die gute Sache zu tun ist. Jesus warnt vor ihnen und gibt eine Hilfe zur Unterscheidung: An ihren Früchten sollt ihr sie erkennen. Das Bild vom Baum und seiner Frucht kommt in der Bibel öfter vor. Die Frucht des Menschenlebens ist zuerst der Mensch selbst; es ist aber auch die Spur, die er hinterläßt. Wer in der Gemeinde den Glauben verwirrt oder Spaltung hervorruft, entpuppt sich damit als „Wolf", als schlechter Baum, als falscher Prophet. „Hütet euch!" Das kann nur heißen: Schützt euch selbst und die Gemeinde vor Schaden! – Falsche Propheten: Dtn 13, 2–6; 18, 21–22; Jer 28; Mt 24, 24; 2 Petr 2, 1–3. „Früchte": Jes 5, 1–7; Ez 19, 10–14; Lk 6, 43–44; Jak 3, 12; Gal 5, 19–24; Mt 3, 10; Joh 15, 1–17.*

EVANGELIUM   Mt 7, 15–20

An ihren Früchten werdet ihr sie erkennen

✝ Aus dem heiligen Evangelium nach Matthäus.

In jener Zeit sprach Jesus zu seinen Jüngern:
15 Hütet euch vor den falschen Propheten;
sie kommen zu euch wie Schafe,
in Wirklichkeit aber sind sie reißende Wölfe.
16 An ihren Früchten werdet ihr sie erkennen.
Erntet man etwa von Dornen Trauben
   oder von Disteln Feigen?
17 Jeder gute Baum bringt gute Früchte hervor,
ein schlechter Baum aber schlechte.
18 Ein guter Baum kann keine schlechten Früchte hervorbringen
und ein schlechter Baum keine guten.
19 Jeder Baum, der keine guten Früchte hervorbringt,
   wird umgehauen und ins Feuer geworfen.
20 An ihren Früchten also werdet ihr sie erkennen.

FÜRBITTEN

Jesus Christus ist gekommen, um zu dienen und sein Leben hinzugeben. Zu ihm rufen wir:

Dränge alle Christen, in brüderlicher Liebe den Menschen zu dienen. (Stille) Herr, erbarme dich.
A.: Christus, erbarme dich.

Ermutige alle, die sich um Frieden und Abrüstung mühen. (Stille) Herr, erbarme dich.

Vermehre die Anstrengungen der Menschen, Hunger und Seuchen zu besiegen. (Stille) Herr, erbarme dich.

Steh uns bei, daß wir Frucht bringen in guten Werken. (Stille) Herr, erbarme dich.

Allmächtiger Gott, du hast uns den Geist der Liebe geschenkt. Laß uns in ihm erstarken durch Christus, unseren Herrn.   A.: Amen.

„VIELES ist im katholischen Raum fragwürdig geworden; mancherorts besteht Unsicherheit, Unbehagen, Verwirrung. Gibt es nicht auch in der Kirche Wahres und Falsches nebeneinander? Wie können wir die richtigen von den falschen Glaubenslehren, gute von verderblichen Forderungen unterscheiden? Wir sehen ein – und das Konzil bestärkt uns darin –, daß das Alte allein nicht genügt. Das Wort der Schrift gibt uns zu denken, daß der gute Hausvater Altes und Neues aus seinem Schatz hervorholen muß ... In der komplizierten Welt von heute kann das kirchliche Hirtenamt nicht für jede Situation eine Anweisung geben. Mündige Christen brauchen nicht bevormundet zu werden. Vieles muß in eigenständiger Verantwortung der einzelne selbst beurteilen und entsprechend handeln. Das ist schwerer, als äußere Normen zu befolgen, und setzt eigene Gewissensbildung, lebendiges Glaubensleben in der Gemeinschaft der Gläubigen voraus und kompromißlose Bereitschaft, Gottes Willen zu tun und nicht eigenem Begehren, eigener Ehre und Bequemlichkeit zu folgen" (Hans Joachim Degenhardt).

DONNERSTAG

TAGESGEBET

Gütiger Gott,
durch das Wirken deiner Gnade
schenkst du uns schon auf Erden
den Anfang des ewigen Lebens.
Vollende, was du in uns begonnen hast,
und führe uns hin zu jenem Licht,
in dem du selber wohnst.
Darum bitten wir durch Jesus Christus. (MB 103)

Oder ein anderes Tagesgebet (vgl. S. 661).

Jahr I

ZUR LESUNG   *Keine Kinder zu haben war für eine Frau im alten Orient der größte Kummer. Das alte Eherecht gab ihr die Möglichkeit, auf dem Umweg über ihre leibeigene Magd von ihrem Mann Kinder zu bekommen. Sara macht von diesem Recht Gebrauch, und Abraham ist einverstanden. Daran war nichts Unrechtes. Aber Abraham war nicht irgendeiner, und der Sohn der Magd wird von Gott nicht als der verheißene Erbe anerkannt werden. Davon wird in einer späteren Lesung die Rede sein. Im Mittelpunkt der heutigen Lesung steht Hagar, die Magd, die sich im Bewußtsein ihrer neuen Stellung gegen ihre Herrin auflehnt und ihr schließlich davonläuft. Abraham läßt sie gehen, aber Gott kümmert sich um sie, er nimmt auch sie und ihr Kind in seinen Schutz. Sie wird die Mutter der arabischen Wüstenstämme, die sich bis heute als Söhne Ismaels betrachten. Sie sind Söhne Abrahams, wie auch die Juden und auf andere Weise die Christen. Die heutigen Araber nennen Abraham den „Freund", nämlich den Freund Gottes, und sehen in ihm den ersten Muslim: den, der an Gott (Allah) glaubte und ihm ganz vertraute. – Spr 30, 21–23; 1 Sam 1, 4–8; Gen 21, 11–12; 25, 12–18; Gal 4, 22.*

ERSTE LESUNG   Gen 16, 1–12.15–16

Hagar gebar dem Abram einen Sohn, und Abram nannte ihn Ismael

**Lesung
aus dem Buch Génesis.**

1 Sárai, Abrams Frau, hatte ihm keine Kinder geboren.
Sie hatte aber eine ägyptische Magd namens Hagar.

² Sárai sagte zu Abram: Der Herr hat mir Kinder versagt.
Geh zu meiner Magd!
Vielleicht komme ich durch sie zu einem Sohn.

Abram hörte auf sie.
³ Sárai, Abrams Frau, nahm also die Ägypterin Hagar, ihre Magd
– zehn Jahre,
   nachdem sich Abram in Kánaan niedergelassen hatte –,
und gab sie ihrem Mann Abram zur Frau.
⁴ Er ging zu Hagar,
   und sie wurde schwanger.
Als sie merkte, daß sie schwanger war,
   verlor die Herrin bei ihr an Achtung.

⁵ Da sagte Sárai zu Abram:
Das Unrecht, das ich erfahre, komme auf dich.
Ich habe dir meine Magd überlassen.
Kaum merkt sie, daß sie schwanger ist,
   so verliere ich schon an Achtung bei ihr.
Der Herr entscheide zwischen mir und dir.
⁶ Abram entgegnete Sárai:
   Hier ist deine Magd;
sie ist in deiner Hand.
Tu mit ihr, was du willst.

Da behandelte Sárai sie so hart, daß ihr Hagar davonlief.

⁷ Der Engel des Herrn fand Hagar an einer Quelle in der Wüste,
an der Quelle auf dem Weg nach Schur.
⁸ Er sprach:
   Hagar, Magd Sárais, woher kommst du, und wohin gehst du?
Sie antwortete: Ich bin meiner Herrin Sárai davongelaufen.
⁹ Da sprach der Engel des Herrn zu ihr:
   Geh zurück zu deiner Herrin,
und ertrag ihre harte Behandlung!
¹⁰ Der Engel des Herrn sprach zu ihr:
   Deine Nachkommen will ich so zahlreich machen,
      daß man sie nicht zählen kann.

¹¹ *Weiter sprach der Engel des Herrn zu ihr:*
   Du bist schwanger,
du wirst einen Sohn gebären
   und ihn Ísmaël – Gott hört – nennen;
denn der Herr hat auf dich gehört in deinem Leid.

Zeit im Jahreskreis: 12. Woche – Donnerstag

¹² Er wird ein Mensch sein wie ein Wildesel.
Seine Hand gegen alle, die Hände aller gegen ihn!
Allen seinen Brüdern setzt er sich vors Gesicht.

¹⁵ Hagar gebar dem Abram einen Sohn,
und Abram nannte den Sohn, den ihm Hagar gebar, Ísmaël.
¹⁶ Abram war sechsundachtzig Jahre alt,
als Hagar ihm Ísmaël gebar.

Oder:
KURZFASSUNG
Gen 16,6b–12.15–16

Hagar gebar dem Abram einen Sohn, und Abram nannte ihn Ismael

Lesung
aus dem Buch Génesis.

In jenen Tagen
^{6b} behandelte Sárai Hagar so hart, daß diese ihr davonlief.
⁷ Der Engel des Herrn fand Hagar an einer Quelle in der Wüste,
an der Quelle auf dem Weg nach Schur.
⁸ Er sprach:
Hagar, Magd Sárais, woher kommst du, und wohin gehst du?
Sie antwortete: Ich bin meiner Herrin Sárai davongelaufen.
⁹ Da sprach der Engel des Herrn zu ihr:
Geh zurück zu deiner Herrin,
und ertrag ihre harte Behandlung!
¹⁰ Der Engel des Herrn sprach zu ihr:
Deine Nachkommen will ich so zahlreich machen,
daß man sie nicht zählen kann.

¹¹ Weiter sprach der Engel des Herrn zu ihr:
Du bist schwanger,
du wirst einen Sohn gebären
und ihn Ísmaël – Gott hört – nennen;
denn der Herr hat auf dich gehört in deinem Leid.
¹² Er wird ein Mensch sein wie ein Wildesel.
Seine Hand gegen alle, die Hände aller gegen ihn!
Allen seinen Brüdern setzt er sich vors Gesicht.

¹⁵ Hagar gebar dem Abram einen Sohn,
und Abram nannte den Sohn, den ihm Hagar gebar, Ísmaël.
¹⁶ Abram war sechsundachtzig Jahre alt,
als Hagar ihm Ísmaël gebar.

ANTWORTPSALM Ps 106 (105), 1–2.3–4.5 (R: 1a)

R Danket dem Herrn; denn er ist gütig. – R (GL 233, 1)
(*Oder:* **Halleluja.**)

VI. Ton

1 Danket dem Herrn; denn er ist gütig, *
   denn seine Huld währt ewig.

2 Wer kann die großen Taten des Herrn erzählen, *
   all seinen Ruhm verkünden? – (R)

3 Wohl denen, die das Recht bewahren *
   und zu jeder Zeit tun, was gerecht ist.

4 Denk an mich, Herr, aus Liebe zu deinem Volk, *
   such mich auf und bring mir Hilfe! – (R)

5 Laß mich das Glück deiner Erwählten schauen, *
   an der Freude deines Volkes mich freuen,
   damit ich gemeinsam *
   mit deinem Erbe mich rühmen kann. – **R**

Jahr II

ZUR LESUNG   *Unter den Nachfolgern Joschijas ging das Reich Juda rasch seinem Ende entgegen. Im Osten war nach dem Fall von Ninive das neubabylonische Reich an die Stelle des assyrischen getreten. Nebukadnezzar II. unternahm im Jahr 602 seinen ersten, 598 den zweiten Feldzug nach Palästina; damals plünderte er Stadt und Tempel von Jerusalem und führte die ganze Oberschicht in die Gefangenschaft. Auch der Prophet Ezechiel wurde damals weggeführt. Jeremia konnte mit den kümmerlichen Resten in Jerusalem bleiben; auch ein davidischer König blieb dort. Dieser Rest hätte die Möglichkeit gehabt, als Volk zu überleben, hätte nicht der neue König Zidkija sich in politische Abenteuer gestürzt. Aber alles kam, „wie der Herr durch seine Diener, die Propheten, angedroht hatte" (24, 2; vgl. 17, 23). An dieser Bemerkung wird sichtbar, wie der biblische Verfasser den ganzen Verlauf dieser Geschichte beurteilt: seit der Zeit des Mose haben die Propheten immer wieder warnend auf die religiösen und sozialen Mißstände im Land hingewiesen. Man hörte nicht auf sie, nun kam das Gericht. – Dtn 4, 25–28; 2 Chr 36, 9–10; Jer 27, 19–20; Ez 17, 12–18; Jer 24; 37, 1–2.*

ERSTE LESUNG
2 Kön 24, 8–17

Der babylonische König verschleppte Jojachin und die einflußreichsten Männer des Landes nach Babel

Lesung
aus dem zweiten Buch der Könige.

⁸ Jójachin war achtzehn Jahre alt, als er König wurde,
und regierte drei Monate in Jerusalem.
Seine Mutter hieß Nehúschta
und war eine Tochter Élnatans aus Jerusalem.
⁹ Wie sein Vater tat er, was dem Herrn mißfiel.
¹⁰ In jener Zeit
zogen die Truppen Nebukadnézzars, des Königs von Babel,
gegen Jerusalem
und belagerten die Stadt.
¹¹ Als dann König Nebukadnézzar von Babel
selbst vor der Stadt erschien,
während seine Krieger sie belagerten,
¹² ging Jójachin, der König von Juda,
mit seiner Mutter, seinen Dienern, Fürsten und Kämmerern
zum König von Babel hinaus,
und dieser nahm ihn im achten Jahr seiner Regierung fest.
¹³ Wie der Herr angedroht hatte,
nahm Nebukadnézzar auch alle Schätze des Hauses des Herrn
und die Schätze des königlichen Palastes weg
und zerbrach alle goldenen Geräte,
die Sálomo, der König von Israel,
im Haus des Herrn hatte anfertigen lassen.
¹⁴ Von ganz Jerusalem
verschleppte er alle Vornehmen und alle wehrfähigen Männer,
insgesamt zehntausend Mann,
auch alle Schmiede und Schlosser.
Von den Bürgern des Landes
blieben nur die geringen Leute zurück.
¹⁵ Jójachin verschleppte er nach Babel.
Auch die Mutter des Königs,
die königlichen Frauen und Kämmerer
sowie die einflußreichen Männer des Landes
verschleppte er von Jerusalem nach Babel,
¹⁶ dazu alle Wehrfähigen, siebentausend Mann,

die Schmiede und Schlosser, tausend an der Zahl,
lauter kriegstüchtige Männer.
Sie alle verschleppte der babylonische König nach Babel.

17 Dann machte der König von Babel
den Mattánja, den Onkel Jójachins, an dessen Stelle zum König
und änderte seinen Namen in Zidkíja.

ANTWORTPSALM Ps 79 (78), 1–2.3–4.5 u. 8.9 (R: vgl. 9b)

R Um deines Namens willen, Herr, befreie uns! – **R** (GL 529, 1)

1 Gott, die Heiden sind eingedrungen in dein Erbe, † II. Ton
sie haben deinen heiligen Tempel entweiht *
und Jerusalem in Trümmer gelegt.

2 Die Leichen deiner Knechte haben sie zum Fraß gegeben
den Vögeln des Himmels, *
die Leiber deiner Frommen den Tieren des Feldes. – **(R)**

3 Ihr Blut haben sie wie Wasser vergossen rings um Jerusalem, *
und keiner hat sie begraben.

4 Zum Schimpf sind wir geworden in den Augen der Nachbarn, *
zu Spott und Hohn bei allen, die rings um uns wohnen. – **(R)**

5 Wie lange noch, Herr! Willst du auf ewig zürnen? *
Wie lange noch wird dein Eifer lodern wie Feuer?

8 Rechne uns die Schuld der Vorfahren nicht an! †
Mit deinem Erbarmen komm uns eilends entgegen! *
Denn wir sind sehr erniedrigt. – **(R)**

9 Um der Ehre deines Namens willen *
hilf uns, du Gott unsres Heils!

Um deines Namens willen reiß uns heraus *
und vergib uns die Sünden! – **R**

Jahr I und II

RUF VOR DEM EVANGELIUM Vers: vgl. Joh 14, 23

Halleluja. Halleluja.

(So spricht der Herr:)
Wer mich liebt, hält fest an meinem Wort.
Mein Vater wird ihn lieben, und wir werden bei ihm wohnen.

Halleluja.

Zeit im Jahreskreis: 12. Woche – Donnerstag

ZUM EVANGELIUM *Die Bergpredigt, die mit den Seligpreisungen begonnen hat, endet mit einer ernsten Warnung. Es genügt nicht, den Willen Gottes zu studieren, davon zu reden oder reden zu hören. „Klug" ist in dieser entscheidenden Zeit, die mit dem Auftreten Jesu angebrochen ist, wer die Situation begreift und danach handelt. Wer ahnungslos vor sich hin lebt, vertut die Zeit und hat am Ende umsonst gelebt. Jesus spricht wie ein Prophet, und er ist mehr als ein Prophet. Er bringt nicht nur eine Allerweltsmoral für anständige Menschen. Seine Botschaft ist Anspruch, sie verlangt Entscheidung vor der Tatsache, daß Gott seine Königsherrschaft geltend macht. – Lk 6,46–49; Jes 29,13–14; Am 5,21–24; Jak 1,22; 2,14–17; Mt 25,11–12; Lk 13,26–27; Spr 10,25; 12,3–7; 1 Joh 3,18; 2,17; Ez 33,31; 13,10–14.*

EVANGELIUM   Mt 7,21–29

Auf Fels gebaut – auf Sand gebaut

✢ Aus dem heiligen Evangelium nach Matthäus.

In jener Zeit sprach Jesus zu seinen Jüngern:
1 Nicht jeder, der zu mir sagt: Herr! Herr!,
   wird in das Himmelreich kommen,
sondern nur, wer den Willen meines Vaters im Himmel erfüllt.

2 Viele werden an jenem Tag zu mir sagen: Herr, Herr,
   sind wir nicht in deinem Namen als Propheten aufgetreten,
   und haben wir nicht mit deinem Namen Dämonen ausgetrieben
   und mit deinem Namen viele Wunder vollbracht?

3 Dann werde ich ihnen antworten: Ich kenne euch nicht.
Weg von mir, ihr Übertreter des Gesetzes!

4 Wer diese meine Worte hört und danach handelt,
   ist wie ein kluger Mann, der sein Haus auf Fels baute.

5 Als nun ein Wolkenbruch kam
und die Wassermassen heranfluteten,
als die Stürme tobten und an dem Haus rüttelten,
da stürzte es nicht ein;
denn es war auf Fels gebaut.

Wer aber meine Worte hört
   und nicht danach handelt,
   ist wie ein unvernünftiger Mann, der sein Haus auf Sand baute.
Als nun ein Wolkenbruch kam
und die Wassermassen heranfluteten,

als die Stürme tobten und an dem Haus rüttelten,
da stürzte es ein
und wurde völlig zerstört.

28 Als Jesus diese Rede beendet hatte,
war die Menge sehr betroffen von seiner Lehre;
29 denn er lehrte sie wie einer, der göttliche Vollmacht hat,
und nicht wie ihre Schriftgelehrten.

FÜRBITTEN

Zu Jesus Christus, der den Willen Gottes verkündet, wollen wir beten:

Hilf den Christen, den Willen des Vaters im Himmel zu tun.
A.: Wir bitten dich, erhöre uns.

Hilf, daß bei allen Völkern die Achtung vor der Würde jedes Menschen zunimmt.

Wecke die Gleichgültigen auf, und mach sie eifrig in guten Werken.

Öffne unsere Ohren und Herzen für dein Wort.

Herr, unser Gott, du bist unsere Zuflucht, ein fester Fels. Erhöre unser Gebet durch Christus, unseren Herrn.   A.: Amen.

„DIE MENSCHEN REDEN in einer allgemeinen Art und Weise von der Güte Gottes, seinem Wohlwollen, seinem Erbarmen und seiner Langmut; aber sie stellen sich das als eine Art Flut vor, die sich über die ganze Welt ergießt, nicht als das ununterbrochen wiederholte Handeln eines verständigen und lebendigen Geistes, der überlegt, wen er heimsucht, und der beabsichtigt, was er wirkt. Folglich können sie, wenn sie in Schwierigkeiten kommen, nur sagen: ‚Es gereicht alles zum besten – Gott ist gut' und dergleichen; und das alles fällt wie ein kalter Trost über sie und verringert ihr Leid nicht, weil ihre Gemüter nicht gewohnt sind, zu fühlen, daß er ein barmherziger Gott ist, der sie persönlich ansieht, und nicht eine bloß allumfassende Vorsehung, die nach allgemeinen Gesetzen handelt. Und dann bricht vielleicht mit aller Plötzlichkeit die wahre Vorstellung über sie herein, wie über Hagar. Mitten in ihrer Prüfung dringt ein besonderes Zeichen der Vorsehung zutiefst in ihr Herz und bringt ihnen in einer Weise, die sie nie zuvor erfahren haben, zum Bewußtsein, daß Gott sie sieht" (John Henry Newman).

„IM NAMEN ALLAHS, des Gnädigen, des Barmherzigen.
Preis sei Allah, dem Herrn der Welten,
dem Gnädigen, dem Barmherzigen,
dem Herrscher am Tag des Gerichts.
Dir allein dienen wir,
und zu dir allein flehen wir um Beistand.
Führe uns auf den rechten Weg,
den Weg derer, denen du deinen Segen gewährt hast,
die nicht dein Mißfallen erregt haben
und die nicht irregegangen sind" (Koran, Sure 1).

FREITAG

TAGESGEBET

Barmherziger Gott,
deine Kirche kann nicht bestehen ohne dich,
sie lebt allein von deiner Gnade.
Reinige und festige sie
und führe sie mit starker Hand.
Darum bitten wir durch Jesus Christus. (MB 108)

Oder ein anderes Tagesgebet (vgl. S. 661).

Jahr I

ZUR LESUNG In Genesis 15 war die Rede von der Verheißung Gottes an Abraham und von dem Bund, den er dem Abraham gewährte. Von Verheißung und Bund spricht auch der erste Teil der heutigen Lesung (17, 1–14). Gott stellt sich hier als „Gott, der Allmächtige" (El Schaddai), vor; das ist der biblischen Überlieferung zufolge sein Name auf einer frühen Stufe der Offenbarung; später wird er sich „Gott Abrahams, Isaaks und Jakobs" nennen. Der Bund bedeutet für Abraham Verheißung und Verpflichtung. Das Zeichen der Zugehörigkeit und Treue zu diesem Bund soll für Abraham und seine Nachkommen die Beschneidung sein. – Dieser Bericht über den Bund Gottes mit Abraham ist jüngeren Datums als der Bericht in Kap. 15; er soll dem Volk im babylonischen Exil und dem Rest des Volkes, der aus der Gefangenschaft heimkehrt, aufs neue sagen, daß Gott ihnen das Land geben wird. Als Gabe sollen sie es empfangen, nicht mit Gewalt (vgl. Mt 5, 5). – Gen 5, 22.24; 6, 9; Ex 6, 3; Gal 4, 23; Joh 8, 56; Röm 4, 18–22.

ERSTE LESUNG

Gen 17, 1.9–10.15–22

Das ist mein Bund, den ihr halten sollt: Alles, was männlich ist, muß beschnitten werden
Sara wird dir einen Sohn gebären

Lesung
aus dem Buch Génesis.

¹ Als Abram neunundneunzig Jahre alt war,
erschien ihm der Herr
und sprach zu ihm:

Ich bin Gott, der Allmächtige.
Geh deinen Weg vor mir, und sei rechtschaffen!
⁹ Halte meinen Bund, du und deine Nachkommen,
Generation um Generation.
¹⁰ Das ist mein Bund zwischen mir und euch
samt deinen Nachkommen,
den ihr halten sollt:
Alles, was männlich ist unter euch,
muß beschnitten werden.

¹⁵ Weiter sprach Gott zu Abraham:
Deine Frau Sárai sollst du nicht mehr Sárai nennen,
sondern Sara – Herrin – soll sie heißen.
¹⁶ Ich will sie segnen und dir auch von ihr einen Sohn geben.
Ich segne sie, so daß Völker aus ihr hervorgehen;
Könige über Völker sollen ihr entstammen.
¹⁷ Da fiel Abraham auf sein Gesicht nieder und lachte.
Er dachte:

Können einem Hundertjährigen noch Kinder geboren werden,
und kann Sara als Neunzigjährige noch gebären?
¹⁸ Dann sagte Abraham zu Gott:
Wenn nur Ísmaël vor dir am Leben bleibt!
¹⁹ Gott entgegnete:
Nein, deine Frau Sara wird dir einen Sohn gebären,
und du sollst ihn Ísaak nennen.
Ich werde meinen Bund mit ihm schließen
als einen ewigen Bund für seine Nachkommen.

²⁰ Auch was Ísmaël angeht, erhöre ich dich.
Ja, ich segne ihn,
ich lasse ihn fruchtbar und sehr zahlreich werden.

Zwölf Fürsten wird er zeugen,
und ich mache ihn zu einem großen Volk.

21 Meinen Bund aber schließe ich mit Isaak,
den dir Sara im nächsten Jahr um diese Zeit gebären wird.

22 Als Gott das Gespräch beendet hatte,
verließ er Abraham und fuhr zur Höhe auf.

ANTWORTPSALM   Ps 128 (127), 1–2.3.4–5 (R: 4)

R So wird der Mann gesegnet, (GL 708, 1)
der den Herrn fürchtet und ehrt. – R

1 Wohl dem Mann, der den Herrn fürchtet und ehrt * IV. Ton
und der auf seinen Wegen geht!

2 Was deine Hände erwarben, kannst du genießen; *
wohl dir, es wird dir gut ergehn. – (R)

3 Wie ein fruchtbarer Weinstock ist deine Frau *
drinnen in deinem Haus.
Wie junge Ölbäume sind deine Kinder *
rings um deinen Tisch. – (R)

4 So wird der Mann gesegnet, *
der den Herrn fürchtet und ehrt.

5 Es segne dich der Herr vom Zion her. *
Du sollst dein Leben lang das Glück Jerusalems schauen. – R

Jahr II

ZUR LESUNG   *Die Geschichte der Reiche Juda und Israel endet in einer völligen Katastrophe. Mit der Zerstörung Jerusalems im Jahr 587 hat das jüdische Staatswesen zu bestehen aufgehört. Von da an gab es das jüdische Volk nur mehr als eine religiöse Gemeinde, die sich nach dem Ende des babylonischen Exils wieder um den Tempel als ihren Mittelpunkt zu sammeln begann. – Man hat gefragt, was den Geschichtsschreiber, der die Samuel- und Königsbücher verfaßt hat, zu dieser Riesenarbeit veranlaßt haben konnte. Die Antwort muß davon ausgehen, daß diese Bücher in der Zeit des babylonischen Exils geschrieben wurden. Der Verfasser betrachtet das Exil als ein Gericht Gottes, und er will zeigen, daß dieses Gericht gerecht war. Darüber hinaus wird in dieser Geschichtsdarstellung, die ja schon in der Richterzeit einsetzt und vom Geist des Deute-*

ronomiums geprägt ist, etwas anderes deutlich: Israel wurde immer dann von Gott gezüchtigt, wenn es dem Gottesbund untreu geworden war. Wenn es sich bekehrte und zu Gott schrie, wurde ihm immer wieder geholfen. Aus dieser Erfahrung soll das Volk jetzt die Lehre ziehen. Vielleicht gibt es dann Hoffnung und Zukunft. – 2 Chr 36, 11–13; Jer 39, 1–10; 52, 12–16; 2 Chr 36, 19; Dtn 28, 36–37.

ERSTE LESUNG 2 Kön 25, 1b–12 (1–12)

Die Bevölkerung von Jerusalem und Juda wurde nach Babel weggeführt (vgl. 25, 21)

Lesung
   aus dem zweiten Buch der Könige.

1b **Im neunten Regierungsjahr des Königs Zidkíja,**
   am zehnten Tag des zehnten Monats,
   rückte Nebukadnézzar, der König von Babel,
   mit seiner ganzen Streitmacht vor Jerusalem und belagerte es.
Man errichtete ringsherum einen Belagerungswall.

2 **Bis zum elften Jahr des Königs Zidkíja wurde die Stadt belagert.**
3 **Am neunten Tag des vierten Monats**
   war in der Stadt die Hungersnot groß geworden,
und die Bürger des Landes hatten kein Brot mehr.

4 **Damals wurden Breschen in die Stadtmauer geschlagen.**
Der König und alle Krieger verließen die Stadt bei Nacht
   auf dem Weg durch das Tor zwischen den beiden Mauern,
   das zum königlichen Garten hinausführt,
obwohl die Chaldäer rings um die Stadt lagen.
Sie schlugen die Richtung nach der Áraba ein.

5 **Aber die chaldäischen Truppen setzten dem König nach**
   und holten ihn in den Niederungen von Jéricho ein,
   nachdem alle seine Truppen ihn verlassen
   und sich zerstreut hatten.

6 **Man ergriff den König**
   und brachte ihn nach Ribla, zum König von Babel,
und dieser sprach über ihn das Urteil.
7 **Die Söhne Zidkíjas machte man vor dessen Augen nieder.**
Zidkíja ließ er blenden,
   in Fesseln legen und nach Babel bringen.

⁸ Am siebten Tag des fünften Monats
– das ist im neunzehnten Jahr des Königs Nebukadnézzar,
des Königs von Babel –
rückte Nebusáradan, der Kommandant der Leibwache
und Diener des Königs von Babel,
in Jerusalem ein
⁹ und steckte das Haus des Herrn,
den königlichen Palast und alle Häuser Jerusalems in Brand.
Jedes große Haus ließ er in Flammen aufgehen.
¹⁰ Auch die Umfassungsmauern Jerusalems
rissen die chaldäischen Truppen,
die dem Kommandanten der Leibwache unterstanden, nieder.
¹¹ Den Rest der Bevölkerung, der noch in der Stadt geblieben war,
sowie alle, die zum König von Babel übergelaufen waren,
und den Rest der Handwerker
schleppte Nebusáradan, der Kommandant der Leibwache,
in die Verbannung.
¹² Nur von den armen Leuten im Land
ließ der Kommandant der Leibwache
einen Teil als Wein- und Ackerbauern zurück.

ANTWORTPSALM Ps 137 (136), 1–2.3–4.5–6 (R: vgl. 5a)

R Wie könnte ich dich je vergessen, Jerusalem! – **R** (GL 529, 1)

1 An den Strömen von Babel, † II. Ton
da saßen wir und weinten, *
wenn wir an Zion dachten.

2 Wir hängten unsere Harfen *
an die Weiden in jenem Land. – (**R**)

3 Dort verlangten von uns die Zwingherren Lieder, †
unsere Peiniger forderten Jubel: *
„Singt uns Lieder vom Zion!"

4 Wie könnten wir singen die Lieder des Herrn, *
fern, auf fremder Erde? – (**R**)

5 Wenn ich dich je vergesse, Jerusalem, *
dann soll mir die rechte Hand verdorren.

6 Die Zunge soll mir am Gaumen kleben, †
wenn ich an dich nicht mehr denke, *
wenn ich Jerusalem nicht zu meiner höchsten Freude erhebe. – **R**

Jahr I und II

RUF VOR DEM EVANGELIUM   Vers: vgl. Mt 8, 17

Halleluja. Halleluja.

**Christus hat unsere Leiden auf sich genommen,
unsere Krankheiten hat er getragen.**

Halleluja.

ZUM EVANGELIUM   *Mit 8, 1 leitet Matthäus von der Bergpredigt zu den Wunderberichten der Kapitel 8–9 über. Die „vielen Menschen", die seine Rede gehört haben, sollen jetzt Zeugen seines vollmächtigen Handelns sein. Daß Aussätzige rein werden, gehört nach Mt 11, 5 zu den Zeichen der messianischen Erfüllung. Der Aussätzige begrüßt Jesus als „Herrn"; das versteht der Evangelist nicht als höfliche Formel, sondern als göttlichen Hoheitsnamen, und die Bitte des Aussätzigen als Gebetsruf, in dem bereits der Kyrie-Ruf der christlichen Gemeinde aufklingt. Auf dem Berg hatte Jesus sechsmal wiederholt: Ich aber sage euch; jetzt sagt er: Ich will. Das Ich, das hier spricht, ist das des Menschensohnes, der Macht hat, um zu heilen und zu retten. Jesus will keine laute Propaganda (vgl. Mt 12, 18–21), deshalb befiehlt er dem Geheilten, zu schweigen. Den Priestern in Jerusalem aber soll das Opfer des Geheilten nicht nur ein Beweis seiner Heilung sein (wie die Übersetzung sagt), sondern ein Zeichen und Beweis dafür, daß Jesus gekommen ist, um die kranke Welt mit göttlicher Vollmacht zu heilen. – Mk 1, 40–45; Lk 5, 12–16; Mt 9, 25; 14, 14; Lev 14, 1–31; Lk 17, 11–19.*

EVANGELIUM   Mt 8, 1–4

Wenn du willst, kannst du machen, daß ich rein werde

✠ **Aus dem heiligen Evangelium nach Matthäus.**

1 **Als Jesus von dem Berg herabstieg,
    folgten ihm viele Menschen.**
2 **Da kam ein Aussätziger,
    fiel vor ihm nieder
    und sagte: Herr, wenn du willst,
        kannst du machen, daß ich rein werde.**
3 **Jesus streckte die Hand aus,
    berührte ihn**

und sagte: Ich will es – werde rein!
Im gleichen Augenblick wurde der Aussätzige rein.

4 Jesus aber sagte zu ihm: Nimm dich in acht!
Erzähl niemand davon,
sondern geh,
> zeig dich dem Priester,
> und bring das Opfer dar, das Mose angeordnet hat.
Das soll für sie ein Beweis deiner Heilung sein.

FÜRBITTEN

Wir beten zu Jesus Christus, der die Schmach des Kreuzes auf sich nahm:

Führe alle Christen durch das Dunkel der Zeit zur Herrlichkeit deines Lichtes. (Stille) Christus, höre uns.
A.: Christus, erhöre uns.

Bestärke die Menschen, ihre Gegensätze gewaltlos auszutragen. (Stille) Christus, höre uns.

Gib den Kranken Kraft, ihr Leiden anzunehmen und mit deinem Leiden zu vereinen. (Stille) Christus, höre uns.

Reinige uns von unserer Schuld, und schenk uns neues Leben. (Stille) Christus, höre uns.

Barmherziger Gott, durch das Leiden deines Sohnes hast du der Welt das Heil geschenkt. Schau auf seine Hingabe, und erhöre unsere Bitten durch ihn, Christus, unseren Herrn.   A.: Amen.

„MIT SEINEM RECHT setzt Gott seine Gerechtigkeit auf Erden durch. Man wird dann von einer Polarität zwischen Gnade und Recht sprechen müssen. Die Gnade ist die Macht Gottes, die Heil schafft, und das doch so, daß Gott Herr und Richter bleibt und Recht behält. Das Recht ist die Macht dessen, der sein Reich unter Rebellen aufrichtet, und Ausdruck dessen, daß Gott nicht Heil schafft, ohne eben damit seine Herrschaft zu verwirklichen ... Doch sein Gericht steht im Dienst seiner Gnade. Denn daß Gott Herr ist und werden will, läßt sich nicht davon trennen, daß er uns in die Kindschaft ruft. Auch sein Zorn bekundet den Willen dessen, der uns nicht aufgegeben hat" (Ernst Käsemann).

SAMSTAG

TAGESGEBET

Jesus hat gesagt:
„Nicht nur vom Brot lebt der Mensch,
sondern von jedem Wort,
das aus Gottes Mund kommt."
Darum bitten wir:
Gott, unser Vater.
Verwirrt vom Geschwätz unserer Tage,
erschöpft von Arbeit und Sorgen,
suchen wir dich und rufen:
Komm uns entgegen.
Rede uns an.
Gib uns ein Wort,
das uns ändert und heilt,
das uns nährt und befreit.
Darum bitten wir durch Jesus Christus. (MB 320, 41)

Oder ein anderes Tagesgebet (vgl. S. 661).

Jahr I

ZUR LESUNG   *Der „Gott, der Allmächtige" (gestrige Lesung), der in den Höhen wohnt, ist auch der nahe Gott, der bei seinen Freunden Einkehr hält. Die heutige Lesung gehört im Buch Genesis zu der gleichen Schicht, zu der auch die Paradieserzählung gehört. Aber nicht einmal im Paradies hat Gott sich an den Tisch der Menschen gesetzt und sich von ihnen bewirten lassen. Diese im Alten Testament einmalige Aussage soll Abraham als den Freund zeigen, der in die Pläne Gottes eingeweiht wird. Er ist auch das große Vorbild der Gastfreundschaft. Er nimmt die Fremden nicht auf, weil sie hohe Herren, sondern weil sie hungrig und durstig und müde sind. Wieder erhält er die Zusage, daß er von Sara einen Sohn haben wird (vgl. 17, 16). Diesmal ist es Sara, die lacht (in 17, 17 war es Abraham). Es war wohl ein bitteres und ungläubiges Lachen, und Sara wird zurechtgewiesen. Sie soll Mutter werden, aber nicht, ohne sich dem Glauben Abrahams anzuschließen. – Man beachte die Freiheit, mit der die biblischen Verfasser den überlieferten Stoff behandeln. Das Motiv des „Lachens", durch den Namen Isaak („Er wird lachen") veranlaßt, wird unbedenklich zweimal aufgenommen, in zwei verschiedenen Zusammenhän-*

gen. *Die Erzählung vom Gottesbesuch bei Abraham ist wahrscheinlich von außerbiblischen Legenden beeinflußt, die von der Einkehr göttlicher Wesen bei frommen Menschen erzählen. – Hebr 13,2; Röm 9,9; Lk 1,37.*

ERSTE LESUNG Gen 18,1–15

Ist beim Herrn etwas unmöglich? Nächstes Jahr um diese Zeit wird Sara einen Sohn haben

**Lesung
aus dem Buch Génesis.**

In jenen Tagen
1 erschien der Herr Abraham
bei den Eichen von Mamre.
Abraham saß zur Zeit der Mittagshitze am Zelteingang.
2 Er blickte auf und sah vor sich drei Männer stehen.
Als er sie sah,
lief er ihnen vom Zelteingang aus entgegen,
warf sich zur Erde nieder
3 und sagte: Mein Herr, wenn ich dein Wohlwollen gefunden habe,
geh doch an deinem Knecht nicht vorbei!
4 Man wird etwas Wasser holen;
dann könnt ihr euch die Füße waschen
und euch unter dem Baum ausruhen.
5 Ich will einen Bissen Brot holen,
und ihr könnt dann nach einer kleinen Stärkung weitergehen;
denn deshalb seid ihr doch bei eurem Knecht vorbeigekommen.
Sie erwiderten: Tu, wie du gesagt hast.
6 Da lief Abraham eiligst ins Zelt zu Sara
und rief: Schnell drei Sea feines Mehl!
Rühr es an, und backe Brotfladen!
7 Er lief weiter zum Vieh,
nahm ein zartes, prächtiges Kalb
und übergab es dem Jungknecht, der es schnell zubereitete.
8 Dann nahm Abraham Butter,
Milch
und das Kalb, das er hatte zubereiten lassen,
und setzte es ihnen vor.
Er wartete ihnen unter dem Baum auf, während sie aßen.

9 Sie fragten ihn: Wo ist deine Frau Sara?
Dort im Zelt, sagte er.
10 Da sprach der Herr:
In einem Jahr komme ich wieder zu dir,
dann wird deine Frau Sara einen Sohn haben.

Sara hörte am Zelteingang hinter seinem Rücken zu.
11 Abraham und Sara waren schon alt;
sie waren in die Jahre gekommen.
Sara erging es längst nicht mehr, wie es Frauen zu ergehen pflegt.
12 Sara lachte daher still in sich hinein
und dachte: Ich bin doch schon alt und verbraucht
und soll noch das Glück der Liebe erfahren?
Auch ist mein Herr doch schon ein alter Mann.
13 Da sprach der Herr zu Abraham: Warum lacht Sara
und sagt: Soll ich wirklich noch Kinder bekommen,
obwohl ich so alt bin?
14 Ist beim Herrn etwas unmöglich?
Nächstes Jahr um diese Zeit werde ich wieder zu dir kommen;
dann wird Sara einen Sohn haben.
15 Sara leugnete: Ich habe nicht gelacht.
Sie hatte nämlich Angst.
Er aber sagte:
Doch, du hast gelacht.

ANTWORTPSALM Lk 1,46b–48.49–50.51 u. 53.54–55
(R: vgl. 54b)

R Der Herr denkt an sein Erbarmen. – **R** (GL 597,1)

46b Meine Seele preist die Größe des Herrn, * I. Ton
47 und mein Geist jubelt über Gott, meinen Retter.
48 Denn auf die Niedrigkeit seiner Magd hat er geschaut. *
Siehe, von nun an preisen mich selig alle Geschlechter. – (R)

49 Denn der Mächtige hat Großes an mir getan, *
und sein Name ist heilig.
50 Er erbarmt sich von Geschlecht zu Geschlecht *
über alle, die ihn fürchten. – (R)

51 Er vollbringt mit seinem Arm machtvolle Taten: *
Er zerstreut, die im Herzen voll Hochmut sind.

⁵³ Die Hungernden beschenkt er mit seinen Gaben *
 und läßt die Reichen leer ausgehn. – (R)

⁵⁴ Er nimmt sich seines Knechtes Israel an *
 und denkt an sein Erbarmen,

⁵⁵ das er unsern Vätern verheißen hat, *
 Abraham und seinen Nachkommen auf ewig. – R

Jahr II

ZUR LESUNG   *Im Jahr 587 ist der salomonische Tempel von den Soldaten Nebukadnezzars zerstört worden. Mit dem Opferkult ist es aus, ebenso mit dem Reich Juda und der davidischen Dynastie. Eine ganze Welt ist untergegangen. Israel hatte seine Aufgabe, vor den Völkern Zeuge des heiligen und lebendigen Gottes zu sein, in den Tagen seines Glanzes nicht erfüllt; wird es sie jetzt erfüllen, da es unter Gottes Gericht steht? In den Klageliedern (die früher dem Propheten Jeremia zugeschrieben wurden) wird die trostlose Lage geschildert, in der die Reste des Volkes dahinleben. Es wird auch nach den Ursachen des Unglücks gefragt und zur Umkehr gerufen. Vielleicht wird Gott sich dann seinem Volk wieder zuwenden und mit ihm einen neuen Bund schließen.* – Dtn 28,52; Jer 6,26; 30,12; 5,31; 29,8; Ez 13,10.

ERSTE LESUNG   Klgl 2,2.10–14.18–19

Schrei laut zum Herrn, stöhne, Tochter Zion!

Lesung
  aus dem Buch der Klagelieder.

² Schonungslos hat der Herr vernichtet
   alle Fluren Jakobs,
 niedergerissen in seinem Grimm
   die Bollwerke der Tochter Juda,
 zu Boden gestreckt, entweiht
   das Königtum und seine Fürsten.

¹⁰ Am Boden sitzen, verstummt,
   die Ältesten der Tochter Zion,
 streuen sich Staub aufs Haupt,
   legen Trauerkleider an.
 Zu Boden senken den Kopf
   die Mädchen von Jerusalem.

11 Meine Augen ermatten vor Tränen,
mein Inneres glüht.
Ausgeschüttet auf die Erde ist mein Herz
über den Zusammenbruch
der Tochter, meines Volkes.
Kind und Säugling verschmachten
auf den Plätzen der Stadt.

12 Sie sagen zu ihren Müttern:
Wo ist Brot und Wein?,
da sie erschöpft verschmachten
auf den Plätzen der Stadt,
da sie ihr Leben aushauchen
auf dem Schoß ihrer Mütter.

13 Wie soll ich dir zureden, was dir gleichsetzen,
du Tochter Jerusalem?
Womit kann ich dich vergleichen, wie dich trösten,
Jungfrau, Tochter Zion?
Dein Zusammenbruch ist groß wie das Meer,
wer kann dich heilen?

14 Deine Propheten schauten dir Lug und Trug.
Deine Schuld haben sie nicht aufgedeckt,
um dein Schicksal zu wenden.
Sie schauten dir als Prophetenworte
nur Trug und Verführung.

18 Schrei laut zum Herrn,
stöhne, Tochter Zion!
Wie einen Bach laß fließen die Tränen
Tag und Nacht!
Niemals gewähre dir Ruhe,
nie laß dein Auge rasten!

19 Steh auf, klage bei Nacht,
zu jeder Nachtwache Anfang!
Schütte aus wie Wasser dein Herz
vor dem Angesicht des Herrn!
Erhebe zu ihm die Hände
für deiner Kinder Leben,
die vor Hunger verschmachten
an den Ecken aller Straßen.

ANTWORTPSALM   Ps 74 (73), 1–2.3–4.5–7.20–21 (R: vgl. 19b)

R Vergiß nicht für immer das Leben deiner Armen! – **R**   (GL 529, 1)

1 Warum, Gott, hast du uns für immer verstoßen? *   II. Ton
Warum ist dein Zorn gegen die Herde deiner Weide entbrannt?

2 Denk an deine Gemeinde, die du vorzeiten erworben, †
als Stamm dir zu eigen erkauft, *
an den Berg Zion, den du zur Wohnung erwählt hast. – (R)

3 Erheb deine Schritte zu den uralten Trümmern! *
Der Feind hat im Heiligtum alles verwüstet.

4 Deine Widersacher lärmten an deiner heiligen Stätte, *
stellten ihre Banner auf als Zeichen des Sieges. – (R)

5 Wie einer die Axt schwingt im Dickicht des Waldes, *
6 so zerschlugen sie all das Schnitzwerk mit Beil und Hammer.

7 Sie legten an dein Heiligtum Feuer, *
entweihten die Wohnung deines Namens bis auf den Grund. – (R)

20 Blick hin auf deinen Bund! *
Denn voll von Schlupfwinkeln der Gewalt ist unser Land.

21 Laß den Bedrückten nicht beschämt von dir weggehn! *
Arme und Gebeugte sollen deinen Namen rühmen. – **R**

Jahr I und II

RUF VOR DEM EVANGELIUM   Vers: vgl. Mt 8, 17

Halleluja. Halleluja.

Christus hat unsere Leiden auf sich genommen,
unsere Krankheiten hat er getragen.

Halleluja.

ZUM EVANGELIUM   *Auf die Bedeutung der Wunder Jesu weist Matthäus im Schlußvers des heutigen Evangeliums hin (V. 17): Jesus erweist sich als der bei Jesaja angekündigte „Gottesknecht", der unsere Leiden wegnimmt und unsere Krankheiten heilt. Der Glaube des heidnischen Hauptmanns und die Heilung seines Dieners deuten außerdem die Erfüllung von Verheißungen an, nach denen in der messianischen Heilszeit auch die Heiden das Erbarmen Gottes erfahren werden. Die Kirche aus Ju-*

den und Heiden wird bereits sichtbar. „Herr, ich bin es nicht wert, daß du mein Haus betrittst", sagt der heidnische Hauptmann. Der Glaube, den Jesus hier rühmt, ist nicht ein bloßes Fürwahrhalten; er ist wesentlich auch ein tiefes Erschrecken bei der Begegnung mit dem lebendigen Gott und ein unbegrenztes Vertrauen auf sein Erbarmen. – Zusammenfassend berichtet Matthäus in Vers 16 von weiteren Wundern (vgl. 4, 23–25); aber das Evangelium sagt nichts über den Glauben all der Leute, die an jenem Abend geheilt wurden. Trotzdem hilft ihnen Jesus, soweit sie sich helfen lassen; er will den glimmenden Docht nicht auslöschen. – Lk 7, 1–10; Joh 4, 46–53; Lk 5, 8; Mt 9, 2.22.28; Lk 1, 20; 5, 5.20; 7, 50; Ps 107, 3; Jes 25, 6; Lk 13, 28–29; Röm 11, 12; Mt 13, 42.50; 22, 13; 24, 51; 25, 30; Mk 1, 29–34; Lk 4, 38–41; Jes 53, 4; Joh 1, 29.

EVANGELIUM Mt 8, 5–17

Viele werden von Osten und Westen kommen und mit Abraham, Isaak und Jakob zu Tisch sitzen

☩ **Aus dem heiligen Evangelium nach Matthäus.**

In jener Zeit,
5 **als Jesus nach Kafárnaum kam,**
   trat ein Hauptmann an ihn heran
   und bat ihn:
6 **Herr, mein Diener liegt gelähmt zu Hause**
   und hat große Schmerzen.
7 **Jesus sagte zu ihm:**
   Ich will kommen und ihn gesund machen.

8 **Da antwortete der Hauptmann:**
   Herr, ich bin es nicht wert, daß du mein Haus betrittst;
   sprich nur ein Wort,
   dann wird mein Diener gesund.
9 **Auch ich muß Befehlen gehorchen,**
   und ich habe selber Soldaten unter mir;
   sage ich nun zu einem: Geh!, so geht er,
   und zu einem andern: Komm!, so kommt er,
   und zu meinem Diener: Tu das!, so tut er es.

10 **Jesus war erstaunt, als er das hörte,**
   und sagte zu denen, die ihm nachfolgten:
   Amen, das sage ich euch:
   Einen solchen Glauben
   habe ich in Israel noch bei niemand gefunden.

11 Ich sage euch:
Viele werden von Osten und Westen kommen
und mit Abraham, Isaak und Jakob
im Himmelreich zu Tisch sitzen;
12 die aber, für die das Reich bestimmt war,
werden hinausgeworfen in die äußerste Finsternis;
dort werden sie heulen und mit den Zähnen knirschen.
13 Und zum Hauptmann sagte Jesus:
Geh! Es soll geschehen, wie du geglaubt hast.
Und in derselben Stunde wurde der Diener gesund.
14 Jesus ging in das Haus des Petrus
und sah,
daß dessen Schwiegermutter im Bett lag und Fieber hatte.
15 Da berührte er ihre Hand,
und das Fieber wich von ihr.
Und sie stand auf und sorgte für ihn.
16 Am Abend brachte man viele Besessene zu ihm.
Er trieb mit seinem Wort die Geister aus und heilte alle Kranken.
17 Dadurch sollte sich erfüllen,
was durch den Propheten Jesája gesagt worden ist:
Er hat unsere Leiden auf sich genommen
und unsere Krankheiten getragen.

FÜRBITTEN

Im Gebet wenden wir uns an Christus, den Sohn der Jungfrau Maria:

Für alle Christen: gib ihnen Vertrauen und Hoffnung auf dein Erbarmen. (Stille) Herr, erbarme dich.
A.: Christus, erbarme dich.

Für die Mächtigen dieser Welt: leite ihre Schritte zu Frieden und Versöhnung. (Stille) Herr, erbarme dich.

Für alle Schwachen: mache sie stark durch deine Kraft. (Stille) Herr, erbarme dich.

Für unsere Wohltäter: schenke ihnen das ewige Leben. (Stille) Herr, erbarme dich.

Barmherziger Gott, du hast die Jungfrau Maria erwählt, die Mutter deines Sohnes zu werden. Mit Maria preisen wir deine Güte und bitten dich um Erhörung durch ihn, Christus, unseren Herrn.   A.: Amen.

„DAS CHRISTENTUM *ruht in dieser Zeit,*
da alte Ordnungen untergehen
und in der Verwandlung stehen,
altgefügte Gemeinschaften zerbrechen
und neue noch nicht gewachsen sind,
da das Böse als eine eschatologische Möglichkeit
des Endes aller Geschichte
als von innen, aus der Welt selber entspringend,
in Erwägung gezogen werden muß –
das Christentum und seine Kirche
ruht da auf den Kniescheiben
glaubhafter Christen" (Edzard Schaper).

13. WOCHE

ERÖFFNUNGSVERS   Ps 47 (46), 2
Ihr Völker alle, klatscht in die Hände;
jauchzt Gott zu mit lautem Jubel.

TAGESGEBET
Gott, unser Vater,
du hast uns in der Taufe
zu Kindern des Lichtes gemacht.
Laß nicht zu, daß die Finsternis des Irrtums
über uns Macht gewinnt,
sondern hilf uns,
im Licht deiner Wahrheit zu bleiben.
Darum bitten wir durch Jesus Christus.

Lesungen vom betreffenden Wochentag, S. 1174–1216.

GABENGEBET
Herr, unser Gott,
in den Geheimnissen, die wir feiern,
wirkst du unser Heil.

Gib, daß wir den Dienst an diesem Altar
würdig vollziehen,
von dem wir deine Gaben empfangen.
Darum bitten wir durch Christus, unseren Herrn.

Präfation, S. 1365 ff.

KOMMUNIONVERS Ps 103 (102), 1
Lobe den Herrn, meine Seele!
Alles in mir lobe seinen heiligen Namen.

Oder: Joh 17, 20–21
Vater, ich bitte für sie, daß sie in uns eins seien,
damit die Welt glaubt, daß du mich gesandt hast – so spricht der Herr.

SCHLUSSGEBET
Gütiger Gott, die heilige Opfergabe,
die wir dargebracht und empfangen haben,
schenke uns neues Leben.
Laß uns Frucht bringen in Beharrlichkeit
und dir auf immer verbunden bleiben.
Darum bitten wir durch Christus, unseren Herrn.

MONTAG

TAGESGEBET
Ewiger Gott.
Die Tage zerrinnen uns zwischen den Händen.
Unser Leben schwindet dahin.
Du aber bleibst.
Gestern und heute und morgen
bist du derselbe.
Von Ewigkeit her kennst du uns.
Unsere Zukunft liegt in deiner Hand.
Mach uns bereit für alles,
was du mit uns tun wirst.
Darum bitten wir durch Jesus Christus. (MB 316, 31)

Oder ein anderes Tagesgebet (vgl. S. 661).

Jahr I

ZUR LESUNG *Das Schwergewicht dieser Lesung liegt in dem Zwiegespräch zwischen Gott und Abraham (V. 20–33). Dieses Gespräch wie auch das Selbstgespräch Gottes in V. 17–19 ist kaum als alte Überlieferung, eher als eigene Inspiration des biblischen Verfassers anzusehen. Hier wird nicht erzählt, sondern gelehrt. Abraham, der für die weitere Geschichte Gottes mit den Menschen eine so einmalige Bedeutung hat, soll den Plan Gottes kennen und seine Absicht verstehen. Er ist der Vertraute Gottes. Als solcher ist er auch Mittler und Fürsprecher bei Gott, wie es später die Propheten sind. In dem Gespräch taucht ein Problem auf, das für das spätere Israel brennend war: Wodurch wird das Gericht Gottes bestimmt? Durch die Schuld der Vielen oder die Unschuld der Wenigen? Oder hat jeder einzelne sein eigenes Gericht? Es geht hier nicht um ein naives Feilschen mit Gott; es geht um die Frage der Gerechtigkeit Gottes. Der „Richter über die ganze Erde" ist gerecht und barmherzig zugleich. Und er läßt eine Solidarität der Menschen gelten: wenige „Gerechte" genügen, um viele Gottlose zu retten. Am Ende wird es ein einziger Gerechter sein, der durch sein Opfer am Kreuz die Vielen rettet. – Am 3,7; Ex 32,11–14; Jer 7,16; 5,1; Ez 22,30.*

ERSTE LESUNG Gen 18,16–33

Willst du auch den Gerechten mit den Ruchlosen wegraffen?

Lesung
 aus dem Buch Génesis.

16 Als die Männer,
 die Abraham bei den Eichen von Mamre erschienen waren,
 sich von ihrem Platz erhoben,
 schauten sie gegen Sodom.
 Abraham wollte mitgehen, um sie zu verabschieden.

17 Da sagte sich der Herr:
 Soll ich Abraham verheimlichen, was ich vorhabe?

18 Abraham soll doch zu einem großen, mächtigen Volk werden,
 durch ihn sollen alle Völker der Erde Segen erlangen.

19 Denn ich habe ihn dazu auserwählt,
 daß er seinen Söhnen und seinem Haus nach ihm aufträgt,
 den Weg des Herrn einzuhalten
 und zu tun, was gut und recht ist,

damit der Herr seine Zusagen an Abraham erfüllen kann.
²⁰ Der Herr sprach also:
Das Klagegeschrei über Sodom und Gomorra,
   ja, das ist laut geworden,
und ihre Sünde, ja, die ist schwer.
²¹ Ich will hinabgehen
   und sehen, ob ihr Tun wirklich dem Klagegeschrei entspricht,
   das zu mir gedrungen ist.
Ich will es wissen.
²² Die Männer wandten sich von dort ab und gingen auf Sodom zu.
Abraham aber stand noch immer vor dem Herrn.
²³ Abraham trat näher
und sagte:
   Willst du auch den Gerechten mit den Ruchlosen wegraffen?
²⁴ Vielleicht gibt es fünfzig Gerechte in der Stadt:
Willst du auch sie wegraffen
   und nicht doch dem Ort vergeben
   wegen der fünfzig Gerechten dort?
²⁵ Das kannst du doch nicht tun,
die Gerechten zusammen mit den Ruchlosen umbringen.
Dann ginge es ja dem Gerechten genauso wie dem Ruchlosen.
Das kannst du doch nicht tun.
Sollte sich der Richter über die ganze Erde
   nicht an das Recht halten?
²⁶ Da sprach der Herr:
Wenn ich in Sodom, in der Stadt, fünfzig Gerechte finde,
   werde ich ihretwegen dem ganzen Ort vergeben.
²⁷ Abraham antwortete
und sprach: Ich habe es nun einmal unternommen,
   mit meinem Herrn zu reden, obwohl ich Staub und Asche bin.
²⁸ Vielleicht fehlen an den fünfzig Gerechten fünf.
Wirst du wegen der fünf die ganze Stadt vernichten?
Nein, sagte er,
ich werde sie nicht vernichten,
   wenn ich dort fünfundvierzig finde.
²⁹ Abraham fuhr fort, zu ihm zu reden:
Vielleicht finden sich dort nur vierzig.
Da sprach er:
   Ich werde es der vierzig wegen nicht tun.

30 Und weiter sagte Abraham:
   Mein Herr zürne nicht, wenn ich weiterrede.
Vielleicht finden sich dort nur dreißig.
Er entgegnete:
   Ich werde es nicht tun, wenn ich dort dreißig finde.

31 Darauf sagte Abraham:
   Ich habe es nun einmal unternommen,
   mit meinem Herrn zu reden.
Vielleicht finden sich dort nur zwanzig.
Er antwortete:
   Ich werde sie um der zwanzig willen nicht vernichten.

32 Und nochmals sagte Abraham:
   Mein Herr zürne nicht,
   wenn ich nur noch einmal das Wort ergreife.
Vielleicht finden sich dort nur zehn.
Und wiederum sprach er:
   Ich werde sie um der zehn willen nicht vernichten.

33 Nachdem der Herr das Gespräch mit Abraham beendet hatte,
   ging er weg,
und Abraham kehrte heim.

ANTWORTPSALM   Ps 103 (102), 1–2.3–4.8–9.10–11 (R: vgl. 8a)

R Gnädig und barmherzig ist der Herr. – R   (GL 527, 5)

1 Lobe den Herrn, meine Seele, *   IV. Ton
   und alles in mir seinen heiligen Namen!

2 Lobe den Herrn, meine Seele, *
   und vergiß nicht, was er dir Gutes getan hat. – (R)

3 Der dir all deine Schuld vergibt *
   und all deine Gebrechen heilt,

4 der dein Leben vor dem Untergang rettet *
   und dich mit Huld und Erbarmen krönt. – (R)

8 Der Herr ist barmherzig und gnädig, *
   langmütig und reich an Güte.

9 Er wird nicht immer zürnen, *
   nicht ewig im Groll verharren. – (R)

10 Er handelt an uns nicht nach unsern Sünden *
   und vergilt uns nicht nach unsrer Schuld.
11 Denn so hoch der Himmel über der Erde ist, *
   so hoch ist seine Huld über denen, die ihn fürchten. – **R**

Jahr II

ZUR LESUNG *Das Buch Amos ist die älteste Schrift des Zwölf-Propheten-Buches und geht in seinem Grundbestand auf den Propheten selbst zurück. Amos lebte in der ersten Hälfte des 8. Jahrhunderts; er stammte aus dem Südreich Juda, mußte aber als Prophet im Nordreich Israel auftreten und dort in einer Zeit des Friedens und des Wohlstands das Gericht Gottes ansagen. – Die Verse 2, 6–16 sind eine Drohrede gegen Israel. Zunächst werden in der „Scheltrede" (V. 6–8) religiöse und soziale Mißstände angeprangert, dieselben, die schon Elija gerügt hatte. Die wirtschaftlich Schwachen werden von der mächtigen Oberschicht um ihr Recht geprellt und mit Verachtung behandelt; der Gottesdienst ist ein unwürdiges Theater. Bevor die Gerichtsdrohung (V. 13–16) einsetzt, erinnert Gott dieses Volk daran, daß es alles ihm verdankt: Freiheit, Land, Wohlstand. Gott hat diesem Volk mehr gegeben als anderen Völkern, darum fordert er auch mehr von ihm. – Am 8, 4; Jes 3, 15; Dtn 24, 12–13; Hos 4, 18; Dtn 7, 1–6; 9, 1–6; Jer 46, 5; Am 6, 9; 9, 1.*

ERSTE LESUNG   Am 2, 6–10. 13–16

Sie treten die Kleinen in den Staub und beugen das Recht der Schwachen

Lesung
  aus dem Buch Amos.

6 So spricht der Herr:
  Wegen der drei Verbrechen, die Israel beging,
    wegen der vier nehme ich es nicht zurück:
  Weil sie den Unschuldigen für Geld verkaufen
    und den Armen für ein Paar Sandalen,
7 weil sie die Kleinen in den Staub treten
    und das Recht der Schwachen beugen.
  Sohn und Vater gehen zum selben Mädchen,
    um meinen heiligen Namen zu entweihen.
8 Sie strecken sich auf gepfändeten Kleidern aus
    neben jedem Altar,

von Bußgeldern kaufen sie Wein
      und trinken ihn im Haus ihres Gottes.

9 Dabei bin ich es gewesen,
      der vor ihren Augen die Amoríter vernichtete,
   die groß waren wie die Zedern
      und stark wie die Eichen;
   ich habe oben ihre Frucht vernichtet
      und unten ihre Wurzeln.

10 Ich bin es gewesen,
      der euch aus Ägypten heraufgeführt
      und euch vierzig Jahre lang
      durch die Wüste geleitet hat,
   damit ihr das Land der Amoríter
      in Besitz nehmen konntet.

13 Seht, ich lasse den Boden unter euch schwanken,
      wie ein Wagen schwankt, der voll ist von Garben.

14 Dann gibt es auch für den Schnellsten keine Flucht mehr,
      dem Starken versagen die Kräfte,
   auch der Held kann sein Leben nicht retten.

15 Kein Bogenschütze hält stand,
      dem schnellen Läufer helfen seine Beine nichts,
      noch rettet den Reiter sein Pferd.

16 Selbst der Tapferste unter den Kämpfern,
      nackt muß er fliehen an jenem Tag
   – Spruch des Herrn.

ANTWORTPSALM   Ps 50 (49), 16–17.18–19.20–21.22–23
(R: vgl. 22a)
R Ihr, die ihr Gott vergeßt, begreift doch! – R   (GL 529, 5)

16 Zum Frevler spricht Gott: †   IV. Ton
   „Was zählst du meine Gebote auf *
   und nimmst meinen Bund in deinen Mund?

17 Dabei ist Zucht dir verhaßt, *
   meine Worte wirfst du hinter dich. – (R)

18 Siehst du einen Dieb, so läufst du mit, *
   du machst dich mit Ehebrechern gemein.

19 Dein Mund redet böse Worte, *
   und deine Zunge stiftet Betrug an. – (R)

Zeit im Jahreskreis: 13. Woche – Montag

20 Von deinem Bruder redest du schändlich, *
auf den Sohn deiner Mutter häufst du Verleumdung.

21 Das hast du getan, und ich soll schweigen? †
Meinst du, ich bin wie du? *
Ich halte es dir vor Augen und rüge dich. – (R)

22 Begreift es doch, ihr, die ihr Gott vergeßt! *
Sonst zerreiße ich euch, und niemand kann euch retten.

23 Wer Opfer des Lobes bringt, ehrt mich; *
wer rechtschaffen lebt, dem zeig' ich mein Heil." – R

Jahr I und II

RUF VOR DEM EVANGELIUM   Vers: vgl. Ps 95 (94), 7d.8a

Halleluja. Halleluja.
Wenn ihr heute seine Stimme hört,
verhärtet nicht euer Herz!
Halleluja.

ZUM EVANGELIUM   *Aus den vielen Menschen, die Jesus umdrängen, treten zwei heraus, ein Schriftgelehrter und ein einfacher Mann. Sie nennen Jesus „Meister" und „Herr" und wollen mit ihm gehen, ihm nachfolgen. Wissen sie, was das heißt? Niemand weiß es im voraus, man erfährt es erst unterwegs. Immer ist der Menschensohn unterwegs „ans andere Ufer" (V. 18), und genau dazu muß auch der Jünger bereit sein. Besitz, Familie, ein warmes Nest, wo man ausruhen kann: danach sehnt sich jeder Mensch. Aber das alles wird unwichtig, wenn die Wirklichkeit Gottes in das Leben eines Menschen einbricht. Jesus verlangt nicht Verzicht um des Verzichts willen, als asketische Leistung; aber wer in seinen Dienst tritt, muß frei und verfügbar sein. – Lk 9, 57–60; Ps 84, 4; 2 Kor 8, 9; Mt 4, 18–20; 10, 37.*

EVANGELIUM   Mt 8, 18–22

Folge mir nach!

☩ Aus dem heiligen Evangelium nach Matthäus.

In jener Zeit,
18   als Jesus die vielen Menschen sah, die um ihn waren,
befahl er, ans andere Ufer zu fahren.

19 Da kam ein Schriftgelehrter zu ihm
und sagte:
    Meister, ich will dir folgen, wohin du auch gehst.
20 Jesus antwortete ihm:
Die Füchse haben ihre Höhlen und die Vögel ihre Nester;
der Menschensohn aber hat keinen Ort,
    wo er sein Haupt hinlegen kann.
21 Ein anderer aber, einer seiner Jünger, sagte zu ihm:
    Herr, laß mich zuerst heimgehen und meinen Vater begraben!
22 Jesus erwiderte:
    Folge mir nach;
    laß die Toten ihre Toten begraben!

FÜRBITTEN

Zu Christus, der bei uns bleibt bis zum Ende der Welt, beten wir:

Schenke den Hirten der Kirche deinen Geist, daß sie die Gläubigen in deiner Nachfolge bestärken.
A.: Wir bitten dich, erhöre uns.

Bewahre die Völker der Erde vor Krieg, Hunger und jeglichem Unheil.

Richte auf, die durch Krankheit und Not gebeugt sind.

Gib uns eine feste Hoffnung, daß sich deine Verheißungen erfüllen.

Allmächtiger Gott, deine Güte ist ohne Grenzen. Erhöre unser Gebet durch Christus, unseren Herrn. A.: Amen.

„WARUM *forderst du,*
daß wir immer wieder das Vorläufige aushalten,
daß wir unsere unstillbare Sehnsucht
ansiedeln in dem Haus, das wir bauen,
und daß wir dieses Haus wieder verlassen
wie ein Zelt, das man abschlägt?
Bist du wirklich
die offene Möglichkeit des Verzweifelten,
der Funke Hoffnung in der Existenzbedrohung,
der Friede in einem Meer von Haß?

*Bist du Grund genug,
sich annageln zu lassen, weil man liebt
und dafür keine Rechtfertigung mehr findet?
Herr, ich möchte Brücken schlagen
über viele Abgründe,
weil ich von dir etwas erwarte.
Herr, ich möchte lieben,
weil auch du dich annageln ließest.
Meinst du, so dürfte ich zu leben wagen?"
(Theologin / BRD – Israel).*

DIENSTAG

TAGESGEBET

Gott, du bist da.
Deine Gegenwart umhüllt und durchdringt uns
wie die Luft, die wir atmen,
ohne die wir nicht leben können.
Gib, daß wir dir ganz vertrauen
und leben ohne Angst.
Darum bitten wir durch Jesus Christus. (MB 306,5)

Oder ein anderes Tagesgebet (vgl. S. 661).

Jahr I

ZUR LESUNG   *Die Städte Sodom und Gomorra leben in der Erinnerung Israels als warnendes Beispiel eines totalen Gottesgerichts. Nur Lot und seine Angehörigen wurden in letzter Stunde gerettet, und zwar weil Gott an Abraham dachte (V. 29): an Abrahams Sorge um das Schicksal der wenigen Gerechten in der sündigen Stadt. Lot selbst, der Stammvater der Ammoniter und Moabiter, wird als unklarer, unentschlossener Charakter dargestellt. – Rettung durch Flucht gilt für einen Soldaten nicht als rühmlich, aber Flucht aus einer verkommenen und verlorenen Welt kann zur Pflicht werden. War nicht Abraham selbst, dem Anruf Gottes folgend, aus der Welt des Götzendienstes geflohen? Später mußte Israel aus Ägypten ausziehen. Jahrhunderte später aus Babel, der verderbten Stadt. Es bleibt die Frage, was der Jünger Jesu in der heutigen Welt zu tun hat: aus der „Welt" fliehen, um sich selbst zu retten, oder in die Welt hineinfliehen, um ihr zu helfen. – Jes 1,9–10; 13,9; Mt 24,15–16.*

ERSTE LESUNG

Gen 19, 15–29

Der Herr ließ auf Sodom und Gomorra Schwefel und Feuer regnen

Lesung
aus dem Buch Génesis.

In jenen Tagen
15 drängten die Engel Lot zur Eile:
Auf, nimm deine Frau und deine beiden Töchter, die hier sind,
damit du nicht wegen der Schuld Sodoms hinweggerafft wirst.
16 Da er noch zögerte,
faßten die Männer ihn,
seine Frau und seine beiden Töchter an der Hand,
weil der Herr mit ihm Mitleid hatte,
führten ihn hinaus
und ließen ihn erst draußen vor der Stadt los.
17 Während er sie hinaus ins Freie führte,
sagte er: Bring dich in Sicherheit,
es geht um dein Leben.
Sieh dich nicht um,
und bleib in der ganzen Gegend nicht stehen!
Rette dich ins Gebirge,
sonst wirst du auch weggerafft.
18 Lot aber sagte zu ihnen: Nein, mein Herr,
19 dein Knecht hat doch dein Wohlwollen gefunden.
Du hast mir große Gunst erwiesen und mich am Leben gelassen.
Ich kann aber nicht ins Gebirge fliehen,
sonst läßt mich das Unglück nicht mehr los,
und ich muß sterben.
20 Da, die Stadt in der Nähe,
dorthin könnte man fliehen.
Sie ist doch klein;
dorthin will ich mich retten.
Ist sie nicht klein?
So könnte ich am Leben bleiben.
21 Er antwortete ihm: Gut, auch das will ich dir gewähren
und die Stadt, von der du sprichst, nicht zerstören.
22 Schnell flieh dorthin;
denn ich kann nichts unternehmen,
bevor du dort angekommen bist.

Deshalb nannte er die Stadt Zoar – Kleine.
²³ Als die Sonne über dem Land aufgegangen
   und Lot in Zoar angekommen war,
²⁴ ließ der Herr auf Sodom und Gomórra
   Schwefel und Feuer regnen,
vom Herrn, vom Himmel herab.
²⁵ Er vernichtete von Grund auf jene Städte und die ganze Gegend,
   auch alle Einwohner der Städte
   und alles, was auf den Feldern wuchs.
²⁶ Als Lots Frau zurückblickte,
   wurde sie zu einer Salzsäule.
²⁷ Am frühen Morgen begab sich Abraham an den Ort,
   an dem er dem Herrn gegenübergestanden hatte.
²⁸ Er schaute gegen Sodom und Gomórra
   und auf das ganze Gebiet im Umkreis
und sah:
   Qualm stieg von der Erde auf
   wie der Qualm aus einem Schmelzofen.
²⁹ Als Gott die Städte der Gegend vernichtete,
   dachte er an Abraham
und ließ Lot mitten aus der Zerstörung fortgeleiten,
während er die Städte, in denen Lot gewohnt hatte,
   von Grund auf zerstörte.

ANTWORTPSALM   Ps 26 (25), 2–3.9–10.11–12 (R: vgl. 3a)

R Deine Huld steht mir allezeit vor Augen. – R   (GL 172,2)

² Erprobe mich, Herr, und durchforsche mich, *   VII. Ton
   prüfe mich auf Herz und Nieren!
³ Denn mir stand deine Huld vor Augen, *
   ich ging meinen Weg in Treue zu dir. – (R)
⁹ Raff mich nicht hinweg mit den Sündern, *
   nimm mir nicht das Leben zusammen mit dem der Mörder!
¹⁰ An ihren Händen klebt Schandtat, *
    ihre Rechte ist voll von Bestechung. – (R)
¹¹ Ich aber gehe meinen Weg ohne Schuld. *
    Erlöse mich, und sei mir gnädig!
¹² Mein Fuß steht auf festem Grund. *
    Den Herrn will ich preisen in der Gemeinde. – R

Jahr II

ZUR LESUNG *Amos war kein gefälliger Vortragsredner; er war ein Prophet, der sagte, was er sagen mußte. Nicht um der Eitelkeit dieses Volkes zu schmeicheln, redet er von der Auserwählung Israels. Wen Gott erwählt hat, der ist zu Heiligkeit und Größe verpflichtet. So ergibt sich die überraschende Logik: Euch habe ich „erwählt", darum strafe ich an euch all eure Vergehen (3, 2). – Die Verse 3, 2–8 sind von den Versen 6 und 8 her zu verstehen: Derselbe Gott, der Israel erwählt hat, hat auch Amos zum Propheten gemacht. Jahwe, der lebendige und mächtig gegenwärtige Gott, sendet den Judäer Amos in das Nordreich Israel. Der Prophet sagt Jahwes Wort, nicht sein eigenes, und er tritt da auf, wohin er geschickt wird. – Der dritte Teil dieser Lesung (4, 11–12) bildet den abschließenden Höhepunkt einer Spruchreihe (4, 6–12). Verschiedene Heimsuchungen, zuletzt eine Erdbebenkatastrophe, haben Israel nicht zufällig getroffen (vgl. 3, 6); Jahwe steht hinter all dem, und die letzte Begegnung mit ihm steht Israel noch bevor. Das ist hier keine Verheißung, sondern eine Warnung: Mach dich bereit! – Dtn 7, 6; Hos 9, 7; Mt 11, 20–24; Joel 2, 1; Jes 45, 7; Am 4, 13; Gen 18, 17; Jer 7, 25; Am 7, 14–15; Jer 20, 7–9; 1 Kor 9, 16.*

ERSTE LESUNG Am 3, 1–8; 4, 11–12

Gott, der Herr, spricht – wer wird da nicht zum Propheten?

**Lesung
aus dem Buch Amos.**

1 **Hört dieses Wort, das der Herr gesprochen hat
über euch, ihr Söhne Israels,
über den ganzen Stamm,
den ich aus Ägypten heraufgeführt habe.**

2 **Nur euch habe ich erwählt
aus allen Stämmen der Erde;
darum ziehe ich euch zur Rechenschaft
für alle eure Vergehen.**

3 **Gehen zwei den gleichen Weg,
ohne daß sie sich verabredet haben?**

4 **Brüllt der Löwe im Wald,
und er hat keine Beute?
Gibt der junge Löwe Laut in seinem Versteck,
ohne daß er einen Fang getan hat?**

Zeit im Jahreskreis: 13. Woche – Dienstag

5 Fällt ein Vogel zur Erde,
   wenn niemand nach ihm geworfen hat?
   Springt die Klappfalle vom Boden auf,
   wenn sie nichts gefangen hat?

6 Bläst in der Stadt jemand ins Horn,
   ohne daß das Volk erschrickt?
   Geschieht ein Unglück in einer Stadt,
   ohne daß der Herr es bewirkt hat?

7 Nichts tut Gott, der Herr,
   ohne daß er seinen Knechten, den Propheten,
   zuvor seinen Ratschluß offenbart hat.

8 Der Löwe brüllt – wer fürchtet sich nicht?
   Gott, der Herr, spricht
   – wer wird da nicht zum Propheten?

11 Ich brachte über euch eine gewaltige Zerstörung
   wie die, die Gott einst über Sodom und Gomórra verhängte;
   ihr wart wie ein Holzscheit,
   das man aus dem Feuer herausholt.
   Und dennoch seid ihr nicht umgekehrt zu mir
   – Spruch des Herrn.

12 Darum will ich dir all das antun, Israel,
   und weil ich dir all das antun werde,
   mach dich bereit, deinem Gott gegenüberzutreten.

ANTWORTPSALM

Ps 5, 5–6.7–8a.8b u. 9ac (R: 9a)

℟ Leite mich, Herr, in deiner Gerechtigkeit! – ℟ (GL 172,2)

5 Du bist kein Gott, dem das Unrecht gefällt; * VII. Ton
   der Frevler darf nicht bei dir weilen.

6 Wer sich brüstet, besteht nicht vor deinen Augen; *
   denn dein Haß trifft alle, die Böses tun. – (℟)

7 Du läßt die Lügner zugrunde gehn, *
   Mörder und Betrüger sind dem Herrn ein Greuel.

8a Ich aber darf dein Haus betreten *
   dank deiner großen Güte. – (℟)

8b Ich werfe mich nieder in Ehrfurcht *
   vor deinem heiligen Tempel.

9ac Leite mich, Herr, in deiner Gerechtigkeit, *
   ebne deinen Weg vor mir! – ℟

Jahr I und II

RUF VOR DEM EVANGELIUM
Vers: Ps 130 (129), 5

Halleluja. Halleluja.
Ich hoffe auf den Herrn;
ich warte voll Vertrauen auf sein Wort.
Halleluja.

ZUM EVANGELIUM *Die Geschichte vom Sturm auf dem See hat Matthäus eng an das Gespräch über die Nachfolge angeschlossen: Jesus steigt als erster ins Boot, die Jünger folgen ihm. „Ihr Kleingläubigen", sagt Jesus zu ihnen; so nennt er nur seine Jünger, also glaubende Menschen, sogar solche, die in der äußersten Not von ihm allein ihre Rettung erwarten. Wenn das „kleiner Glaube" ist, was ist dann großer Glaube? Offenbar der Glaube, der alle Furcht vertreibt, weil er den ganzen Menschen mit Gott erfüllt. Die Schlußfrage: „Was ist das für ein Mensch . . .?" wird von den „Menschen", nicht von den Jüngern gestellt; die Jünger wissen, daß er der Herr ist. „Menschen" nennt Matthäus im Unterschied zu den Jüngern nur die ungläubigen Menschen, die zwar im besten Fall staunen und fragen, aber nicht zum Glauben kommen. Sie möchten Beweise haben; Wunder sind ihnen keine Beweise, sie sind ja nie eindeutig. – Kleingläubige: Mt 14, 31; 16, 8; großer Glaube: Mt 8, 10; 15, 28. – Mk 4, 35–41; Lk 8, 22–25.*

EVANGELIUM
Mt 8, 23–27

Er stand auf, drohte den Winden und dem See, und es trat völlige Stille ein

✠ Aus dem heiligen Evangelium nach Matthäus.

In jener Zeit
23   stieg Jesus in das Boot,
und seine Jünger folgten ihm.
24 Plötzlich brach auf dem See ein gewaltiger Sturm los,
so daß das Boot von den Wellen überflutet wurde.
Jesus aber schlief.
25 Da traten die Jünger zu ihm und weckten ihn;
sie riefen: Herr, rette uns, wir gehen zugrunde!
26 Er sagte zu ihnen:
Warum habt ihr solche Angst, ihr Kleingläubigen?

Dann stand er auf,
drohte den Winden und dem See,
und es trat völlige Stille ein.

27 Die Leute aber staunten
und sagten:
> Was ist das für ein Mensch,
> daß ihm sogar die Winde und der See gehorchen?

FÜRBITTEN

Wir beten zu unserem Herrn Jesus Christus, der weiß, was wir nötig haben:

Ermutige die Verkünder des Evangeliums zum Dienst an deinem Wort.
A.: Herr, erhöre unser Gebet.

Hilf allen, die für das Schicksal der Völker Verantwortung tragen, sich für Gerechtigkeit einzusetzen.

Komm allen zu Hilfe, die in ihrer Angst zu dir rufen.

Leite uns an, in der Unrast des Alltags im Gebet zu verweilen und bei dir Ruhe zu finden.

Gütiger Gott, du bist uns allezeit nahe. Erhöre uns durch Christus, unseren Herrn.   A.: Amen.

„DU, O HERR, hast an uns alle den Ruf erlassen,
daß unsere Füße zum Abmarsch bereit sind,
zum Abschied von unserer Heimat Ur in Chaldäa,
zum Auszug aus dem reichen Land Ägypten,
das versklavt. –
Und wenn wir einmal die Hand auf den Pflug legen,
den Staub von den Schuhen schütteln,
kann unser Weg nur vorwärts führen,
wenn wir uns nicht wie Lots Frau
in eine Salzsäule verwandeln wollen.
In deinem Sohn ist für immer
das Schicksal unserer Lebensführung besiegelt
und die Gewißheit gegeben,

daß der, der ist,
wiederkommen wird,
daß er schon unterwegs ist mit uns,
wie damals mit den ängstlichen Jüngern in Emmaus,
um uns vor den Toren von Damaskus niederzuwerfen,
oder wie in der schönen Legende,
immer wieder zuzurufen:
Quo vadis?! – Wohin gehst du?" (Theologe / Jugoslawien).

MITTWOCH

TAGESGEBET

Herr,
du hast uns
zur Feier der göttlichen Geheimnisse versammelt.
Nimm unser Gebet gnädig an
und stärke uns,
damit wir den Versuchungen dieser Welt
nicht erliegen.
Darum bitten wir durch Christus, unseren Herrn. (MB 98)

Oder ein anderes Tagesgebet (vgl. S. 661).

Jahr I

ZUR LESUNG *In Genesis 16 wird erzählt, wie Hagar der harten Behandlung von seiten Saras entfloh und dann wieder zu ihr zurückkehrte. Jetzt, nachdem Isaak, der verheißene Sohn und Erbe, geboren ist, muß Abraham selbst auf Verlangen Saras die Magd und ihr Kind verstoßen. Es ist nicht schwer, sich die Aufsässigkeit Hagars und die Eifersucht Saras vorzustellen. Abraham leidet darunter, denn er liebt seine beiden Söhne, aber er erkennt den Fingerzeig Gottes. Ismael und Isaak werden verschiedene Wege gehen. Auf Isaak und seiner Nachkommenschaft ruht der Segen und die große Verheißung; er soll nicht unter dem Einfluß des vielleicht stärkeren Ismael stehen. Aber auch um Ismael kümmert sich Gott. Für die Zukunft der Völker heißt das: Gottes Schutz und Führung begleiten nicht nur das Volk Israel, die Nachkommen Isaaks; der Gott Abrahams ist auch der Gott der arabischen Beduinen, der Söhne des Bogenschützen Ismael, des Wildesels, der sich allen seinen Brüdern vor die*

Nase setzt (16,12). – Ri 11,2; Röm 9,6–8; Hebr 11,18; 1 Kön 19,3–8; Gen 16,7.

ERSTE LESUNG
Gen 21,5.8–20

Der Sohn der Magd soll nicht zusammen mit meinem Sohn Isaak Erbe sein

Lesung
  aus dem Buch Génesis.

5 Abraham war hundert Jahre alt,
  als sein Sohn Isaak zur Welt kam.
8 Das Kind wuchs heran und wurde entwöhnt.
  Als Isaak entwöhnt wurde,
  veranstaltete Abraham ein großes Festmahl.
9 Eines Tages beobachtete Sara,
  wie der Sohn, den die Ägypterin Hagar Abraham geboren hatte,
  umhertollte.
10 Da sagte sie zu Abraham:
  Verstoß diese Magd und ihren Sohn!
  Denn der Sohn dieser Magd
  soll nicht zusammen mit meinem Sohn Isaak Erbe sein.
11 Dieses Wort verdroß Abraham sehr,
  denn es ging doch um seinen Sohn.
12 Gott sprach aber zu Abraham:
  Sei wegen des Knaben und deiner Magd nicht verdrossen!
  Hör auf alles, was dir Sara sagt!
  Denn nach Isaak sollen deine Nachkommen benannt werden.
13 Aber auch den Sohn der Magd
  will ich zu einem großen Volk machen,
  weil auch er dein Nachkomme ist.
14 Am Morgen stand Abraham auf,
  nahm Brot und einen Schlauch mit Wasser,
  übergab beides Hagar,
  legte es ihr auf die Schulter,
  übergab ihr das Kind
    und entließ sie.
  Sie zog fort und irrte in der Wüste von Beërschéba umher.
15 Als das Wasser im Schlauch zu Ende war,
  warf sie das Kind unter einen Strauch,
16 ging weg

und setzte sich in der Nähe hin,
   etwa einen Bogenschuß weit entfernt;
denn sie sagte:
   Ich kann nicht mit ansehen, wie das Kind stirbt.
Sie saß in der Nähe und weinte laut.

¹⁷ Gott hörte den Knaben schreien;
da rief der Engel Gottes vom Himmel her Hagar zu
und sprach: Was hast du, Hagar?
Fürchte dich nicht,
Gott hat den Knaben dort schreien gehört, wo er liegt.

¹⁸ Steh auf, nimm den Knaben, und halt ihn fest an deiner Hand;
denn zu einem großen Volk will ich ihn machen.

¹⁹ Gott öffnete ihr die Augen,
   und sie erblickte einen Brunnen.
Sie ging hin,
   füllte den Schlauch mit Wasser
   und gab dem Knaben zu trinken.

²⁰ Gott war mit dem Knaben.
Er wuchs heran,
   ließ sich in der Wüste nieder
   und wurde ein Bogenschütze.

ANTWORTPSALM   Ps 34 (33),7–8.10–11.12–13 (R: vgl. 7)

R Der Herr erhört den Armen,   (GL 471 oder 477)
er hilft ihm aus all seiner Not. – **R**

⁷ Da ist ein Armer; er rief, und der Herr erhörte ihn. *   VI. Ton
Er half ihm aus all seinen Nöten.

⁸ Der Engel des Herrn umschirmt alle, die ihn fürchten und ehren, *
und er befreit sie. – (**R**)

¹⁰ Fürchtet den Herrn, ihr seine Heiligen; *
denn wer ihn fürchtet, leidet keinen Mangel.

¹¹ Reiche müssen darben und hungern; *
wer aber den Herrn sucht, braucht kein Gut zu entbehren. – (**R**)

¹² Kommt, ihr Kinder, hört mir zu! *
Ich will euch in der Furcht des Herrn unterweisen.

¹³ Wer ist der Mensch, der das Leben liebt *
und gute Tage zu sehen wünscht? – **R**

Jahr II

ZUR LESUNG *Feste und Opfer, Musik und Psalmengesang: das nennt man in Israel Gottesdienst. Jahwe aber läßt sagen: Ich hasse eure Feste. Er braucht keinen Beifall wie die Götzen, die Idole. Wo es keine Gerechtigkeit und keine Bruderliebe gibt, da gibt es keinen Gottesdienst. Solche antiliturgische Äußerungen, wie sie im zweiten Teil der heutigen Lesung stehen, finden wir auch bei anderen Propheten. Statt sie zu verharmlosen, müssen wir sie in ihrer ganzen Schärfe auf uns wirken lassen und uns fragen, wie weit sie unseren christlichen Gottesdienst treffen, nicht den Gottesdienst im allgemeinen, sondern den unseren: in unserer Kirche, in unserer Gemeinschaft. – Der Schlußsatz der Lesung weist auf den Anfang zurück. Nicht das Nein ist Gottes letztes Wort. Der vorausgegangenen Gerichtsdrohung (V. 11–12a) stellt der Prophet sein „Vielleicht" entgegen: Vielleicht wird Jahwe Zebaot euch gnädig sein; er will ja, daß ihr lebt, er will, daß ihr glückliche Menschen seid; aber lebt so, daß man – daß er – es bei euch aushalten kann. – Am 5, 4; Ps 34, 13–15; 37, 27; Joel 2, 13–14; Jona 3, 8–9; Jes 1, 11; Jer 6, 20; Mt 23, 23; Mk 12, 33; Hos 8, 13; Mi 6, 8.*

ERSTE LESUNG   Am 5, 14–15.21–24

Weg mit dem Lärm deiner Lieder! Die Gerechtigkeit ströme wie ein nie versiegender Bach

Lesung
   aus dem Buch Amos.

4 Sucht das Gute, nicht das Böse;
dann werdet ihr leben,
und dann wird, wie ihr sagt,
   der Herr, der Gott der Heere, bei euch sein.
5 Haßt das Böse, liebt das Gute,
und bringt bei Gericht das Recht zur Geltung!
Vielleicht ist der Herr, der Gott der Heere,
   dem Rest Josefs dann gnädig.
1 Ich hasse eure Feste – so spricht der Herr –,
ich verabscheue sie
und kann eure Feiern nicht riechen.
2 Wenn ihr mir Brandopfer darbringt,
   ich habe kein Gefallen an euren Gaben,
   und eure fetten Heilsopfer will ich nicht sehen.

23 Weg mit dem Lärm deiner Lieder!
  Dein Harfenspiel will ich nicht hören,
24 sondern das Recht ströme wie Wasser,
   die Gerechtigkeit wie ein nie versiegender Bach.

ANTWORTPSALM   Ps 50 (49),7b–9.10–11.12–13.16b–17 (R: 23b)

R Wer rechtschaffen lebt, (GL 708,1)
dem zeig' ich mein Heil. – R

7bc „Israel, ich klage dich an, ich, der ich dein Gott bin. † IV. Ton
8 Nicht wegen deiner Opfer rüge ich dich, *
  deine Brandopfer sind mir immer vor Augen.

9 Doch nehme ich von dir Stiere nicht an *
  noch Böcke aus deinen Hürden. – (R)

10 Denn mir gehört alles Getier des Waldes, *
   das Wild auf den Bergen zu Tausenden.

11 Ich kenne alle Vögel des Himmels, *
   was sich regt auf dem Feld, ist mein eigen. – (R)

12 Hätte ich Hunger, ich brauchte es dir nicht zu sagen, *
   denn mein ist die Welt und was sie erfüllt.

13 Soll ich denn das Fleisch von Stieren essen *
   und das Blut von Böcken trinken? – (R)

16bc Was zählst du meine Gebote auf *
   und nimmst meinen Bund in deinen Mund?

17 Dabei ist Zucht dir verhaßt, *
   meine Worte wirfst du hinter dich." – R

Jahr I und II

RUF VOR DEM EVANGELIUM   Vers: vgl. Jak 1,18

Halleluja. Halleluja.

Durch das Wort der Wahrheit hat uns der Vater das Leben geschenkt
und uns zu Erstlingen seiner Schöpfung gemacht.

Halleluja.

ZUM EVANGELIUM

Die Jünger haben einen schwachen Glauben, die „Menschen" überhaupt keinen (vgl. Einführung zum gestrigen Evangelium); die Dämonen wittern in Jesus den, der zum Gericht kommt. „Sohn Gottes" nennen sie ihn, lange bevor Petrus ihn als den Sohn des lebendigen Gottes bekennt. Nur ein einziges Wort sagt Jesus zu den Dämonen von Gadara: „Geht!" Widerwillen und Ekel muß auch er empfunden haben, und ein tiefes Mitleid mit den Menschen. – Der heutige Mensch kann mit „Dämonen" nicht viel anfangen, er hat für alles Böse und Kranke in der Welt andere, „wissenschaftlichere" Erklärungen. Jesus weiß, wieviel „Dämonisches" im Menschen selbst wohnt, ohne daß man dafür den Teufel bemühen müßte. Von innen her, aus dem „Herzen", kommt das Böse, nicht von außen. Dennoch nimmt er die Dämonen als solche ernst, und die heutige Welt hat Grund genug, es auch zu tun. Jesus ist gekommen, um den Menschen von innen her zu heilen und den Dämonen zu sagen: Geht! – Mk 5, 1–20; Lk 8, 26–39; Mt 4, 3; 9, 33; 10, 1; 12, 23.28; 15, 22; 17, 18; Lk 4, 33–36; 8, 2; Apg 8, 7; 10, 38; 16, 16–18; Jak 2, 19.

EVANGELIUM   Mt 8, 28–34

Bist du hergekommen, um die Dämonen schon vor der Zeit zu quälen?

☩ **Aus dem heiligen Evangelium nach Matthäus.**

In jener Zeit,
28   als Jesus an das andere Ufer kam,
   in das Gebiet von Gádara,
   liefen ihm aus den Grabhöhlen zwei Besessene entgegen.
   Sie waren so gefährlich,
     daß niemand den Weg benutzen konnte, der dort vorbeiführte.
29 Sofort begannen sie zu schreien:
   Was haben wir mit dir zu tun, Sohn Gottes?
   Bist du hergekommen, um uns schon vor der Zeit zu quälen?
30 In einiger Entfernung weidete gerade eine große Schweineherde.
31 Da baten ihn die Dämonen:
     Wenn du uns austreibst, dann schick uns in die Schweineherde!
32 Er sagte zu ihnen: Geht!
   Da verließen sie die beiden und fuhren in die Schweine.
   Und die ganze Herde stürzte sich den Abhang hinab in den See
     und kam in den Fluten um.
33 Die Hirten flohen,

liefen in die Stadt und erzählten dort alles,
auch das, was mit den Besessenen geschehen war.
³⁴ Und die ganze Stadt zog zu Jesus hinaus;
als sie ihn trafen,
   baten sie ihn, ihr Gebiet zu verlassen.

FÜRBITTEN

Vertrauensvoll beten wir zu Jesus Christus, der reich ist an Erbarmen:

Mache die Diener der Kirche zu Boten deiner grenzenlosen Liebe zu den Menschen. (Stille) Christus, höre uns.
A.: Christus, erhöre uns.

Öffne die verschlossenen Herzen durch die Erfahrung deiner Güte. (Stille) Christus, höre uns.

Erleuchte die Verwirrten, und führe sie auf den rechten Weg. (Stille) Christus, höre uns.

Hilf uns, Mißverständnisse auszuräumen und Spannungen zu überwinden. (Stille) Christus, höre uns.

Herr, unser Gott, du bist der Vater der Erbarmungen und der Gott allen Trostes. Erhöre unser Gebet durch Christus, unseren Herrn. A.: Amen.

„IN DER HEILIGEN LITURGIE erschöpft sich nicht das ganze Tun der Kirche; denn ehe die Menschen zur Liturgie hintreten können, müssen sie zum Glauben und zur Bekehrung gerufen werden. ‚Wie sollen sie den anrufen, an den sie nicht glauben? Wie sollen sie an den glauben, von dem sie nichts gehört haben? Wie sollen sie aber hören, wenn niemand verkündigt? Und wie soll jemand verkündigen, wenn er nicht gesandt wird?' (Röm 10, 14–15.)
Darum verkündet die Kirche denen, die nicht glauben, die Botschaft vom Heil. Alle Menschen sollen den allein wahren Gott erkennen und Jesus Christus, den er gesandt hat. Sie sollen von ihren verkehrten Wegen ablassen, sich bekehren und Buße tun. Denen aber, die schon glauben, muß sie immer wieder den Glauben und die Buße predigen, sie für die Sakramente bereit machen und sie lehren, alles zu tun, was Christus befohlen hat. Sie muß die Menschen zu allen Werken der Liebe, der Frömmigkeit und des Apostolates aufrufen" (II. Vatikan. Konzil, Über die Liturgie 9).

DONNERSTAG

TAGESGEBET

Gott, unser Vater.
Bedrückt vom Elend unserer Zeit,
kommen wir zu dir.
Sieh auf die Not und Hilflosigkeit so vieler Menschen.
Laß sie an ihrem Schicksal nicht zerbrechen.
Stärke unter uns
das Bewußtsein der Verantwortung füreinander,
damit wir anfangen,
brüderlich zu teilen und einander beizustehn.
Darum bitten wir durch Jesus Christus. (MB 310,16)

Oder ein anderes Tagesgebet (vgl. S. 661).

Jahr I

ZUR LESUNG   *Nur ein einziges Mal kommt in den Abraham-Erzählungen das Wort „glauben" vor (Gen 15,6). Aber um den Glauben Abrahams geht es von der Stunde seiner Berufung an bis zu seinem Tod. Glauben heißt im Hebräischen „sich in Gott festmachen" (zu Gott amen sagen). Weil Abraham an die Zukunft glaubt, die Gott ihm eröffnet, kann er die Brücken hinter sich abbrechen. Er muß lange warten, bis ihm der verheißene Erbe geschenkt wird, dann aber kommt für seinen Glauben die große Stunde. Er hat, als er aus Chaldäa auszog, die Bindung an die Vergangenheit preisgegeben, jetzt wird ihm auch die Zukunft abgefordert: „Nimm deinen Sohn, deinen einzigen ... und bring ihn ... als Brandopfer dar." Der Leser weiß, daß Gott Abraham auf die Probe stellen will, aber Abraham hört nur die Forderung, und er gehorcht. „Er verließ sich darauf, daß Gott sogar die Macht hat, Tote zum Leben zu erwecken" (Hebr 11,19). – Hat Gott es nötig, einen Menschen so zu prüfen? Gott nicht, aber der Mensch. „Wer nicht versucht wird, was weiß der?" (Sir 34,9 Vulg.). Und wir sollen am Beispiel Abrahams lernen, wer Gott ist und was Gottesfurcht heißt. – Weish 10,5; Sir 44,20; Hebr 11,17–18; Jak 2,21–22; Gen 31,11; 46,2; Ex 3,4; 1 Sam 3,4–5; 2 Chr 3,1; Apg 9,10; Joh 19,17; 3,16; Röm 8,32.*

ERSTE LESUNG

Gen 22, 1–19

Das Opfer unseres Vaters Abraham (Meßbuch: Erstes Hochgebet)

Lesung
aus dem Buch Génesis.

In jenen Tagen
1 stellte Gott Abraham auf die Probe.
Er sprach zu ihm: Abraham!
Er antwortete: Hier bin ich.
2 Gott sprach: Nimm deinen Sohn,
deinen einzigen, den du liebst, Ísaak,
geh in das Land Moríja,
und bring ihn dort auf einem der Berge, den ich dir nenne,
als Brandopfer dar.
3 Frühmorgens stand Abraham auf,
sattelte seinen Esel,
holte seine beiden Jungknechte und seinen Sohn Ísaak,
spaltete Holz zum Opfer
und machte sich auf den Weg
zu dem Ort, den ihm Gott genannt hatte.
4 Als Abraham am dritten Tag aufblickte,
sah er den Ort von weitem.
5 Da sagte Abraham zu seinen Jungknechten:
Bleibt mit dem Esel hier!
Ich will mit dem Knaben hingehen und anbeten;
dann kommen wir zu euch zurück.
6 Abraham nahm das Holz für das Brandopfer
und lud es seinem Sohn Ísaak auf.
Er selbst nahm das Feuer und das Messer in die Hand.
So gingen beide miteinander.
7 Nach einer Weile sagte Ísaak zu seinem Vater Abraham: Vater!
Er antwortete: Ja, mein Sohn!
Dann sagte Ísaak:
Hier ist Feuer und Holz.
Wo aber ist das Lamm für das Brandopfer?
8 Abraham entgegnete:
Gott wird sich das Opferlamm aussuchen, mein Sohn.
Und beide gingen miteinander weiter.
9 Als sie an den Ort kamen, den ihm Gott genannt hatte,

baute Abraham den Altar,
schichtete das Holz auf,
fesselte seinen Sohn Ísaak
und legte ihn auf den Altar, oben auf das Holz.
¹⁰ Schon streckte Abraham seine Hand aus
und nahm das Messer, um seinen Sohn zu schlachten.
¹¹ Da rief ihm der Engel des Herrn vom Himmel her zu:
   Abraham, Abraham!
Er antwortete: Hier bin ich.
¹² Jener sprach: Streck deine Hand nicht gegen den Knaben aus,
und tu ihm nichts zuleide!
Denn jetzt weiß ich, daß du Gott fürchtest;
du hast mir deinen einzigen Sohn nicht vorenthalten.
¹³ Als Abraham aufschaute,
   sah er: Ein Widder hatte sich hinter ihm
   mit seinen Hörnern im Gestrüpp verfangen.
Abraham ging hin,
   nahm den Widder
   und brachte ihn statt seines Sohnes als Brandopfer dar.
¹⁴ Abraham nannte jenen Ort Jahwe-Jire
– Der Herr sieht –,
wie man noch heute sagt:
   Auf dem Berg läßt sich der Herr sehen.
¹⁵ Der Engel des Herrn
   rief Abraham zum zweitenmal vom Himmel her zu
¹⁶ und sprach:
   Ich habe bei mir geschworen – Spruch des Herrn:
   Weil du das getan hast
   und deinen einzigen Sohn mir nicht vorenthalten hast,
¹⁷ will ich dir Segen schenken in Fülle
   und deine Nachkommen zahlreich machen
   wie die Sterne am Himmel
   und den Sand am Meeresstrand.
Deine Nachkommen sollen das Tor ihrer Feinde einnehmen.
¹⁸ Segnen sollen sich mit deinen Nachkommen alle Völker der Erde,
   weil du auf meine Stimme gehört hast.
¹⁹ Darauf kehrte Abraham zu seinen Jungknechten zurück.
Sie machten sich auf und gingen miteinander nach Beërschéba.
Abraham blieb in Beërschéba wohnen.

ANTWORTPSALM   Ps 116 (114), 1–2.3–4.5–6.8–9 (R: vgl. 9)

R Ich gehe meinen Weg vor Gott
im Land der Lebenden. – **R**   (GL 528, 3)
(*Oder:* Halleluja.)

VI. Ton

1 Ich liebe den Herrn; *
  denn er hat mein lautes Flehen gehört

2 und sein Ohr mir zugeneigt *
  an dem Tag, als ich zu ihm rief. – (R)

3 Mich umfingen die Fesseln des Todes, †
  mich befielen die Ängste der Unterwelt, *
  mich trafen Bedrängnis und Kummer.

4 Da rief ich den Namen des Herrn an: *
  „Ach Herr, rette mein Leben!" – (R)

5 Der Herr ist gnädig und gerecht, *
  unser Gott ist barmherzig.

6 Der Herr behütet die schlichten Herzen; *
  ich war in Not, und er brachte mir Hilfe. – (R)

8 Ja, du hast mein Leben dem Tod entrissen, †
  meine Tränen getrocknet, *
  meinen Fuß bewahrt vor dem Gleiten.

9 So gehe ich meinen Weg vor dem Herrn *
  im Land der Lebenden. – **R**

Jahr II

ZUR LESUNG   *Der Oberpriester am Jahweheiligtum in Bet-El ist Beamter des Königs von Israel. Er spürt in den Worten des Propheten Amos eine öffentliche Gefahr; das religiöse und wirtschaftliche Leben des Landes müßte sich völlig ändern, wenn man diese Reden ernst nähme. Die Auseinandersetzung zwischen Amazja und Amos endet mit einem Drohwort des Propheten gegen den Priester von Bet-El. Amos ist der erste Prophet, der von einer kommenden Wegführung ins Exil spricht. – Im mittleren Teil der Lesung stehen wichtige Aussagen über Amt und Sendung des Propheten. Gott läßt das Gericht nicht hereinbrechen, ohne vorher zu warnen. Amos ist kein Berufsprophet, er gehört zu keiner Gilde und zu keinem Tempel. Er hat keinen anderen Ausweis als das klare und unwiderstehliche Wissen, daß Jahwe ihn beauftragt hat: Geh und rede zu meinem Volk! Die Drohworte aller Propheten in der Zeit der Könige von*

Zeit im Jahreskreis: 13. Woche – Donnerstag 1199

Juda und Israel sind ebenso viele Versuche Gottes, sein Volk zur Umkehr zu bewegen, um es retten zu können. – Am 5, 27; 6, 7; 7, 9; 9, 4; 2, 12; Dtn 28, 30–33; Hos 9, 3.

ERSTE LESUNG
Am 7, 10–17

Geh und rede als Prophet zu meinem Volk Israel!

Lesung
   aus dem Buch Amos.

In jenen Tagen
10 ließ Amázja, der Priester von Bet-El,
   Jeróbeam, dem König von Israel, melden:
Mitten im Haus Israel ruft Amos zum Aufruhr gegen dich auf;
seine Worte sind unerträglich für das Land.
11 Denn so sagt Amos:
Jeróbeam stirbt durch das Schwert,
und Israel muß sein Land verlassen
   und in die Verbannung ziehen.
12 Zu Amos aber sagte Amázja:
Geh, Seher, flüchte ins Land Juda!
Iß dort dein Brot,
   und tritt dort als Prophet auf!
13 In Bet-El darfst du nicht mehr als Prophet reden;
denn das hier ist ein Heiligtum des Königs und ein Reichstempel.
14 Amos antwortete Amázja:
   Ich bin kein Prophet und kein Prophetenschüler,
sondern ich bin ein Viehzüchter,
und ich ziehe Maulbeerfeigen.
15 Aber der Herr hat mich von meiner Herde weggeholt
und zu mir gesagt: Geh
   und rede als Prophet zu meinem Volk Israel!
16 Darum höre jetzt das Wort des Herrn!
Du sagst: Tritt nicht als Prophet gegen Israel auf,
   und prophezei nicht gegen das Haus Ísaak!
17 Darum – so spricht der Herr:
   Deine Frau wird in der Stadt als Dirne leben,
deine Söhne und Töchter fallen unter dem Schwert,
dein Ackerland wird mit der Meßschnur verteilt,
du selbst aber stirbst in einem unreinen Land,

und Israel muß sein Land verlassen
und in die Verbannung ziehen.

ANTWORTPSALM Ps 19 (18 B), 8.9.10.11–12 (R: 10b)

R Die Urteile des Herrn sind wahr, (GL 465)
gerecht sind sie alle. – **R**

8 Die Weisung des Herrn ist vollkommen, * II. Ton
sie erquickt den Menschen.

Das Gesetz des Herrn ist verläßlich, *
den Unwissenden macht es weise. – (**R**)

9 Die Befehle des Herrn sind richtig, *
sie erfreuen das Herz;

das Gebot des Herrn ist lauter, *
es erleuchtet die Augen. – (**R**)

10 Die Furcht des Herrn ist rein, *
sie besteht für immer.

Die Urteile des Herrn sind wahr, *
gerecht sind sie alle. – (**R**)

11 Sie sind kostbarer als Gold, als Feingold in Menge. *
Sie sind süßer als Honig, als Honig aus Waben.

12 Auch dein Knecht läßt sich von ihnen warnen; *
wer sie beachtet, hat reichen Lohn. – **R**

Jahr I und II

RUF VOR DEM EVANGELIUM Vers: vgl. 2 Kor 5, 19

Halleluja. Halleluja.

Gott hat in Christus die Welt mit sich versöhnt
und uns das Wort von der Versöhnung anvertraut.

Halleluja.

ZUM EVANGELIUM *Jesus hat Macht über die Natur und über die Dämonen. Er hat auch Vollmacht, Sünden zu vergeben; das ist die zentrale Aussage im Evangelium von der Heilung des Gelähmten. Die Überlegung der Schriftgelehrten ist durchaus richtig: Nur Gott kann Sünden vergeben, und ein Mensch, der es sich anmaßt, lästert Gott. Dennoch sagt ihnen Jesus, daß sie schlecht denken. Und weil sie schlecht denken, darum danken sie auch nicht. Sie haben keine Antwort, als Jesus beweist, daß er auf der Erde Macht hat. Die Menge erschrickt und preist Gott wegen des sichtbaren Wunders, aber sie rechnet nur mit dem Menschen Jesus. Und der Geheilte selbst? Durch das Wort Jesu wird ihm bewußt, was er vorher nicht wußte: daß er ein Sünder ist. Er läßt es sich sagen, und so kann Jesus ihn heilen an Seele und Leib. – Mk 2, 1–12; Lk 5, 17–26; 7, 48; Joh 5, 14; 10, 33–36.*

EVANGELIUM Mt 9, 1–8

Sie priesen Gott, der den Menschen solche Vollmacht gegeben hat

✝ Aus dem heiligen Evangelium nach Matthäus.

In jener Zeit
   stieg Jesus in das Boot,
fuhr über den See und kam in seine Stadt.
Da brachte man auf einer Tragbahre einen Gelähmten zu ihm.
Als Jesus ihren Glauben sah,
   sagte er zu dem Gelähmten:
Hab Vertrauen, mein Sohn,
deine Sünden sind dir vergeben!

Da dachten einige Schriftgelehrte: Er lästert Gott.

Jesus wußte, was sie dachten,
und sagte: Warum habt ihr so böse Gedanken im Herzen?
Was ist leichter,
zu sagen: Deine Sünden sind dir vergeben!,
   oder zu sagen: Steh auf und geh umher?

Ihr sollt aber erkennen,
   daß der Menschensohn die Vollmacht hat,
   hier auf der Erde Sünden zu vergeben.
Darauf sagte er zu dem Gelähmten:
   Steh auf,
nimm deine Tragbahre,
und geh nach Hause!

Und der Mann stand auf und ging heim.

Als die Leute das sahen, erschraken sie
und priesen Gott,
   der den Menschen solche Vollmacht gegeben hat.

FÜRBITTEN

Zu Jesus Christus, unserem Herrn und Heiland, rufen wir:

Für die Kirche: erneuere sie durch deine versöhnende und heilende Liebe. (Stille) Herr, erbarme dich.
A.: Christus, erbarme dich.

Für alle Völker: schenke ihnen Freiheit und Frieden. (Stille) Herr, erbarme dich.

Für unsere Kranken: gib ihnen Zuversicht, und mach sie gesund. (Stille) Herr, erbarme dich.

Für unsere Gemeinde: vergib unsere Schuld, und schenk uns neues Leben. (Stille) Herr, erbarme dich.

Gütiger Gott, du hast der Welt dein Heil zugesagt. Laß unser Rufen zu dir gelangen durch Christus, unseren Herrn.   A.: Amen.

„ZU EINEM CHRISTENLEBEN *gehört die Bereitschaft, die eigenen Leitbilder ebenso völlig an Gott hinzugeben und auszuliefern, wie Abraham auf dem Berg Morija bereit war, den einzigen geliebten Sohn auf dem Altar Gott zum Opfer zu bringen. Es kann dabei auch uns widerfahren, daß uns gleich einem Abraham das schon Geopferte von Gott wieder zurückgegeben wird zu neuem Leben. Aber wir müssen es der Freiheit Gottes überlassen, wieviel er uns von dem ausgelieferten Gut abermals schenkt. Wer grundsätzlich bereit ist zur Hingabe seines Lebens an Gott mit allem, was er hat, der braucht nicht zu zerbrechen, wenn Gott andere Wege mit uns geht als die, die wir als Leitbilder der Seele in uns getragen haben"* (Adolf Köberle).

FREITAG

TAGESGEBET

Gott, unser Schöpfer.
Die Gegensätze in der Welt klagen uns an:
Reichtum und Not,
Hunger und Überfluß,
Sorglosigkeit und Leid stehen gegeneinander.

Hilf du uns allen,
daß wir aufhören, die Gegensätze zu verschärfen,
und anfangen,
einander Brüder und Schwestern zu sein.
Darum bitten wir durch Jesus Christus. (MB 313, 23)

Oder ein anderes Tagesgebet (vgl. S. 661).

Jahr I

ZUR LESUNG   Im Bericht über Saras Tod spielt der Kauf des Erbbegräbnisses eine große Rolle. Die Höhle bei Hebron ist das erste Stück kanaanäischen Landes, das Abraham erwirbt. Um teures Geld muß er es kaufen. So nüchtern und so fragmentarisch beginnt die große Landverheißung sich zu erfüllen. Abraham selbst wohnt bis zu seinem Tod als geduldeter Fremder in diesem Land (Gen 17, 8), ebenso Isaak und Jakob. Aber sie wurden in der Gruft von Hebron begraben: sie mußten in dieses Land hineinsterben, um es zu besitzen – eine Vorausdarstellung des Verhältnisses, das wir als Christen zu dem uns verheißenen Heilsgut haben. – Auch die verheißene Nachkommenschaft bleibt weiterhin Abrahams Sorge. Die schöne Geschichte von der Brautwerbung für Isaak schließt mit einer Notiz, die aufschlußreich ist für das Eheverständnis des Alten Testaments: Isaak nahm Rebekka zu sich – sie wurde seine Frau – er gewann sie lieb: diese Reihenfolge, bei der die Liebe am Ende, nicht am Anfang steht, ist nicht die, die wir aus Romanen kennen. – Gen 49, 29–32; Hebr 10, 1; 11, 9.13; Ri 14, 3; Tob 4, 12; Gen 26, 34–35; 28, 1–2; 12, 7; Ex 6, 8; Tob 5, 17.

ERSTE LESUNG   Gen 23, 1–4.19; 24, 1–8.62–67

Isaak gewann Rebekka lieb und tröstete sich so über den Verlust seiner Mutter

**Lesung
aus dem Buch Génesis.**

**Die Lebenszeit Saras betrug hundertsiebenundzwanzig Jahre;
so lange lebte Sara.
Sie starb in Kirjat-Arba, das jetzt Hebron heißt, in Kánaan.
Abraham kam,
   um die Totenklage über sie zu halten und sie zu beweinen.**

3 Danach stand Abraham auf,
  ging von seiner Toten weg und redete mit den Hetítern.
  Er sagte:
4 Fremder und Halbbürger bin ich unter euch.
  Gebt mir ein Grab bei euch als Eigentum,
  damit ich meine Tote hinausbringen und begraben kann.

19 Dann begrub Abraham seine Frau Sara
  in der Höhle des Grundstücks von Machpéla bei Mamre,
  das jetzt Hebron heißt, in Kánaan.

1 Abraham war alt und hochbetagt;
  der Herr hatte ihn mit allem gesegnet.
2 Eines Tages sagte er zum Großknecht seines Hauses,
  der seinen ganzen Besitz verwaltete:
  Leg deine Hand unter meine Hüfte!
3 Ich will dir einen Eid
  beim Herrn, dem Gott des Himmels und der Erde, abnehmen,
  daß du meinem Sohn
  keine Frau von den Töchtern der Kanaaníter nimmst,
  unter denen ich wohne.
4 Du sollst vielmehr
  in meine Heimat zu meiner Verwandtschaft reisen
  und eine Frau für meinen Sohn Ísaak holen.
5 Der Knecht entgegnete ihm:
  Vielleicht will aber die Frau
  mir gar nicht hierher in dieses Land folgen.
  Soll ich dann deinen Sohn in das Land zurückbringen,
  aus dem du ausgewandert bist?
6 Hüte dich, antwortete ihm Abraham,
  meinen Sohn dorthin zurückzubringen!
7 Der Herr, der Gott des Himmels,
  der mich weggeholt hat aus dem Haus meines Vaters
  und aus meinem Heimatland,
  der zu mir gesagt und mir geschworen hat:
  Deinen Nachkommen gebe ich dieses Land!,
  er wird seinen Engel vor dir hersenden,
  und so wirst du von dort eine Frau für meinen Sohn mitbringen.
8 Wenn dir aber die Frau nicht folgen will,
  dann bist du von dem Eid, den du mir geleistet hast, entbunden.
  Meinen Sohn darfst du auf keinen Fall dorthin zurückbringen.

⁶² Lange Zeit danach
    war Ísaak in die Gegend des Brunnens von Laháï-Roï gekommen
    und hatte sich im Negeb niedergelassen.
⁶³ Eines Tages ging Ísaak gegen Abend hinaus,
    um sich auf dem Feld zu beschäftigen.
Als er aufblickte, sah er:
    Kamele kamen daher.
⁶⁴ Auch Rebékka blickte auf und sah Ísaak.
Sie ließ sich vom Kamel herunter
⁶⁵ und fragte den Knecht:
    Wer ist der Mann dort, der uns auf dem Feld entgegenkommt?
Der Knecht erwiderte: Das ist mein Herr.
Da nahm sie den Schleier und verhüllte sich.
⁶⁶ Der Knecht erzählte Ísaak alles, was er ausgerichtet hatte.
⁶⁷ Ísaak führte Rebékka in das Zelt seiner Mutter Sara.
Er nahm sie zu sich,
    und sie wurde seine Frau.
Ísaak gewann sie lieb
    und tröstete sich so über den Verlust seiner Mutter.

ANTWORTPSALM   Ps 106 (105), 1–2.3–4.5 (R: 1a)

R Danket dem Herrn; denn er ist gütig. – **R**   (GL 233, 1)

(*Oder:* Halleluja.)

Danket dem Herrn; denn er ist gütig, *   VI. Ton
denn seine Huld währt ewig.

Wer kann die großen Taten des Herrn erzählen, *
all seinen Ruhm verkünden? – (**R**)

Wohl denen, die das Recht bewahren *
und zu jeder Zeit tun, was gerecht ist.

Denk an mich, Herr, aus Liebe zu deinem Volk, *
such mich auf und bring mir Hilfe! – (**R**)

Laß mich das Glück deiner Erwählten schauen, *
an der Freude deines Volkes mich freuen,

damit ich gemeinsam *
mit deinem Erbe mich rühmen kann. – **R**

Jahr II

ZUR LESUNG *Man kann Amos einen der ersten uns bekannten Sozialkritiker nennen. Unterdrückung und Betrug hat es immer und überall gegeben, aber die eigentliche Anklage des Propheten geht weiter: Israel hat nicht nur in sozialen Fragen versagt; seine eigentliche Schuld ist das Versagen gegenüber Gottes Offenbarung und Anspruch, die Gleichgültigkeit gegenüber Gottes Führung und seinen Gaben (vgl. Am 2,6–8 und 2,9–12). So wird die Erwählung für Israel zum Gericht. „An jenem Tag", „Seht, es kommen Tage": mit diesen Wendungen führen die Propheten Drohweissagungen ein, deren Erfüllung geradezu das Ende der gegenwärtigen Geschichte bedeuten wird. „Das Ende wird sein wie der bittere Tag des Todes" (V. 10). Dann ist keine Zeit mehr zur Umkehr; dann nützt es auch nichts mehr, ein Wort des Herrn, ein Prophetenwort herbeizuwünschen (V. 11–12). Gott sendet seine Propheten, wann er will; das Wort Gottes steht nicht in der Verfügungsgewalt der Menschen. Es ist das tägliche Brot, von dem wir leben sollen, nicht nur ein Heilmittel in der letzten Verzweiflung. – Am 4,1; Lev 19,35–36; Dtn 25,13–16; Spr 11,1; Hos 12,8–9; Mi 6,10–11; Tob 2,6; Hos 2,13; Jes 3,24; Ez 7,18; Jer 6,26; Sach 12,10; Dtn 8,3; Hos 5,6.*

ERSTE LESUNG Am 8,4–6.9–12

Ich schicke den Hunger ins Land, nicht den Hunger nach Brot, sondern nach einem Wort des Herrn

**Lesung
aus dem Buch Amos.**

4 Hört dieses Wort,
 die ihr die Schwachen verfolgt
 und die Armen im Land unterdrückt.
5 Ihr sagt: Wann ist das Neumondfest vorbei?
 Wir wollen Getreide verkaufen.
 Und wann ist der Sabbat vorbei?
 Wir wollen den Kornspeicher öffnen,
 das Maß kleiner und den Preis größer machen
 und die Gewichte fälschen.
6 Wir wollen mit Geld die Hilflosen kaufen,
 für ein Paar Sandalen die Armen.
 Sogar den Abfall des Getreides machen wir zu Geld.
9 An jenem Tag – Spruch Gottes, des Herrn –

lasse ich am Mittag die Sonne untergehen
und breite am hellichten Tag
über die Erde Finsternis aus.

10 Ich verwandle eure Feste in Trauer
und all eure Lieder in Totenklage.
Ich lege allen ein Trauergewand um
und schere alle Köpfe kahl.

Ich bringe Trauer über das Land
wie die Trauer um den einzigen Sohn,
und das Ende wird sein
wie der bittere Tag des Todes.

11 Seht, es kommen Tage – Spruch Gottes, des Herrn –,
da schicke ich den Hunger ins Land,
nicht den Hunger nach Brot, nicht Durst nach Wasser,
sondern nach einem Wort des Herrn.

12 Dann wanken die Menschen von Meer zu Meer,
sie ziehen von Norden nach Osten,
um das Wort des Herrn zu suchen;
doch sie finden es nicht.

ANTWORTPSALM   Ps 119 (118), 2 u. 10.20 u. 30.40 u. 131
(R: vgl. Mt 4, 4)
R Nicht nur von Brot lebt der Mensch,   (GL 465)
sondern von jedem Wort aus Gottes Mund. – R

Wohl denen, die seine Vorschriften befolgen *
und ihn suchen von ganzem Herzen.

10 Ich suche dich von ganzem Herzen. *
Laß mich nicht abirren von deinen Geboten! – (R)

In Sehnsucht nach deinem Urteil *
verzehrt sich allezeit meine Seele.

Ich wählte den Weg der Wahrheit; *
nach deinen Urteilen hab' ich Verlangen. – (R)

Nach deinen Befehlen hab' ich Verlangen. *
Gib mir neue Kraft durch deine Gerechtigkeit!

1 Weit öffne ich meinen Mund †
und lechze nach deinen Geboten; *
denn nach ihnen hab' ich Verlangen. – R

Jahr I und II

RUF VOR DEM EVANGELIUM
Vers: Mt 11, 28

Halleluja. Halleluja.
(So spricht der Herr:)
Kommt alle zu mir,
die ihr euch plagt und schwere Lasten zu tragen habt.
Ich werde euch Ruhe verschaffen.
Halleluja.

ZUM EVANGELIUM *Jesus beruft in seine Nachfolge nicht nur fromme und angesehene Leute. Er beruft den Zöllner Matthäus und hält Tischgemeinschaft mit Zöllnern und Sündern. Für die gesetzestreuen Pharisäer ist das ein Ärger und ein Ärgernis. Die Rechtfertigung Jesu ist in den drei Wortpaaren enthalten: Gesunde und Kranke, Gerechte und Sünder, Barmherzigkeit und Opfer. Jesus ist als Arzt für die Kranken und als Erlöser für die Sünder gekommen; diese zwei Erklärungen stehen auch bei Mk 2, 17; darüber hinaus weist bei Matthäus Jesus die Pharisäer auf ein Wort beim Propheten Hosea hin: Liebe und Treue sind wichtiger als die Erfüllung von Gesetzesvorschriften. Durch sein Handeln wie durch sein Wort deutet Jesus mit Vollmacht den Willen Gottes und bringt ihn zur Geltung. – Mk 2, 13–17; Lk 5, 27–32; Mt 11, 19; Lk 15, 1–32; 19, 1–10; 1 Tim 1, 15. – Zu Vers 13: Mt 12, 7; Hos 6, 6.*

EVANGELIUM
Mt 9, 9–13

Nicht die Gesunden brauchen den Arzt.
Barmherzigkeit will ich, nicht Opfer

✝ Aus dem heiligen Evangelium nach Matthäus.

In jener Zeit
9   sah Jesus einen Mann namens Matthäus am Zoll sitzen
und sagte zu ihm: Folge mir nach!
Da stand Matthäus auf
und folgte ihm.
10 Und als Jesus in seinem Haus beim Essen war,
kamen viele Zöllner und Sünder
und aßen zusammen mit ihm und seinen Jüngern.
11 Als die Pharisäer das sahen,

sagten sie zu seinen Jüngern: Wie kann euer Meister zusammen mit Zöllnern und Sündern essen?

12 Er hörte es
und sagte: Nicht die Gesunden brauchen den Arzt, sondern die Kranken.
13 Darum lernt,
was es heißt: Barmherzigkeit will ich, nicht Opfer. Denn ich bin gekommen, um die Sünder zu rufen, nicht die Gerechten.

FÜRBITTEN

Zu Jesus Christus, unserem Herrn und Erlöser, rufen wir:

Bestärke alle Christen in deiner Nachfolge.
A.: Herr, erhöre uns.

Hindere die Mächtigen, Arme und Wehrlose auszunutzen.

Lade die Sünder ein, ihr Leben zu ändern.

Hilf uns, die Fehler und Schwächen anderer zu ertragen.

Gütiger Vater, dein Sohn hat wegen unserer Sünden sein Leben hingegeben. Sei uns gnädig durch ihn, Christus, unseren Herrn. A.: Amen.

„GOTT WILL KEINE ‚OPFER‘, keine korrekte Frömmigkeit, keinen intakten Kult, er will Barmherzigkeit. Der Evangelist läßt Jesus dieses kritische Prophetenwort zweimal (vgl. noch Mt 12,7 im Sabbatgespräch zu Mk 2,23–28) zitieren, verleiht ihm also besonderen Nachdruck. Er sagt damit: Die Frömmigkeit und das religiöse Handeln des Menschen darf nicht dazu führen, daß er sich von anderen Menschen abriegelt, daß er andere Menschen in die Sonderung und Einsamkeit treibt. Gott will Barmherzigkeit, Vergebung aller Schuld; dafür ist Jesus da, um dies in seinem Verhalten anzuzeigen. Von ihm kann man lernen, was Gottes (durch die Propheten gesprochenes) Wort heißt; er heißt somit auch zu Recht ‚Lehrer‘. Der Evangelist interpretiert diese Wahrheit noch, wenn er Jesu Einladung zitiert: ‚Nehmt mein Joch auf euch und lernt von mir, denn ich bin mild und demütig von Herzen, und ihr werdet Erquickung finden für eure Seele. Denn mein Joch ist sanft, und meine Last ist leicht‘ (Mt 11,29f.)" (Rudolf Pesch).

SAMSTAG

TAGESGEBET

Herr, unser Gott,
durch den Tod
und die Auferstehung deines Sohnes
sind wir dein Volk geworden.
Laß die Freude über die Erlösung
in uns mächtig werden,
damit sie unser ganzes Leben bestimmt.
Darum bitten wir durch Jesus Christus. (MB 187)

Oder ein anderes Tagesgebet (vgl. S. 661).

Jahr I

ZUR LESUNG *Von den drei Patriarchen Abraham, Isaak und Jakob ist Isaak die blasseste Gestalt. Er ist der Mann, der Wasserstellen für seine Herden sucht und dankbar ist, wenn er Lebensraum findet in dem Land, in dem er sich als Fremder aufhält wie sein Vater Abraham (vgl. 26, 22). Die Geschichte Isaaks ist in der Hauptsache entweder Abraham-Geschichte oder Jakob-Esau-Geschichte. Esau ist der Ältere, aber Jakob empfängt schließlich das Erstgeburtsrecht und den Segen. Ähnlich war es schon bei Ismael und Isaak gewesen; damals hatte Sara „mitgemischt", jetzt ist es Rebekka, die den jüngeren Jakob bevorzugt. Hinter allem aber steht das Wissen des biblischen Verfassers, daß die Verheißung nicht einfach auf dem Weg der Abstammung weitergegeben wird. Es besteht kein natürliches Recht auf die Verheißung; Gott gibt sie dem, den er dafür bestimmt hat. Das hat – nach der Aussage des Hebräerbriefs – auch Isaak gewußt: „Aufgrund des Glaubens segnete Isaak Jakob und Esau im Hinblick auf das Kommende" (Hebr 11, 20). – Ps 105, 8–11; Sir 44, 22–23; Hos 12, 4; Röm 9, 10–13; Gen 25, 23; 49, 8; Num 24, 9.*

ERSTE LESUNG Gen 27, 1–5.15–29

Mein Erstgeburtsrecht hat er mir genommen, jetzt nimmt er mir auch noch den Segen (27, 36)

**Lesung
aus dem Buch Génesis.**

1 Als Ísaak alt geworden

Zeit im Jahreskreis: 13. Woche – Samstag

und seine Augen erloschen waren,
so daß er nicht mehr sehen konnte,
rief er seinen älteren Sohn Ésau
und sagte zu ihm: Mein Sohn!
Er antwortete: Hier bin ich.

2 Da sagte Ísaak: Du siehst, ich bin alt geworden.
Ich weiß nicht, wann ich sterbe.
3 Nimm jetzt dein Jagdgerät, deinen Köcher und deinen Bogen,
geh aufs Feld, und jag mir ein Wild!
4 Bereite mir dann ein leckeres Mahl, wie ich es gern mag,
und bring es mir zum Essen,
   damit ich dich segne, bevor ich sterbe.
5 Rebékka hatte das Gespräch
   zwischen Ísaak und seinem Sohn Ésau mit angehört.
Als Ésau zur Jagd aufs Feld gegangen war,
um ein Wild herbeizuschaffen,
15 holte Rebékka die Feiertagskleider ihres älteren Sohnes Ésau,
die sie bei sich im Haus hatte,
und zog sie ihrem jüngeren Sohn Jakob an.
16 Die Felle der Ziegenböckchen
legte sie um seine Hände und um seinen glatten Hals.
17 Dann übergab sie das leckere Essen
und das Brot, das sie zubereitet hatte, ihrem Sohn Jakob.
18 Er ging zu seinem Vater hinein
und sagte: Mein Vater!
Ja, antwortete er,
wer bist du, mein Sohn?
19 Jakob entgegnete seinem Vater:
Ich bin Ésau, dein Erstgeborener.
Ich habe getan, wie du mir gesagt hast.
Setz dich auf, iß von meinem Wildbret,
und dann segne mich!
20 Da sagte Ísaak zu seinem Sohn:
Wie hast du nur so schnell etwas finden können, mein Sohn?
Er antwortete:
Der Herr, dein Gott, hat es mir entgegenlaufen lassen.
1 Da sagte Ísaak zu Jakob: Komm näher heran!
Ich will dich betasten, mein Sohn,
ob du wirklich mein Sohn Ésau bist oder nicht.

22 Jakob trat zu seinem Vater Ísaak hin.
Ísaak betastete ihn
und sagte: Die Stimme ist zwar Jakobs Stimme,
 die Hände aber sind Ésaus Hände.
23 Er erkannte ihn nicht,
denn Jakobs Hände waren behaart wie die seines Bruders Ésau,
und so segnete er ihn.
24 Er fragte:
 Bist du es, mein Sohn Ésau?
Ja, entgegnete er.
25 Da sagte Ísaak: Bring es mir!
Ich will von dem Wildbret meines Sohnes essen
 und dich dann segnen.
Jakob brachte es ihm,
 und Ísaak aß.
Dann reichte er ihm auch Wein,
 und Ísaak trank.
26 Nun sagte sein Vater Ísaak zu ihm:
 Komm näher, und küß mich, mein Sohn!
27 Er trat näher und küßte ihn.
Ísaak roch den Duft seiner Kleider,
er segnete ihn
und sagte:
 Ja, mein Sohn duftet wie das Feld,
 das der Herr gesegnet hat.
28 Gott gebe dir vom Tau des Himmels,
 vom Fett der Erde, viel Korn und Most.
29 Dienen sollen dir die Völker,
Stämme sich vor dir niederwerfen,
Herr sollst du über deine Brüder sein.
Die Söhne deiner Mutter sollen dir huldigen.
Verflucht, wer dich verflucht.
Gesegnet, wer dich segnet.

ANTWORTPSALM   Ps 135 (134), 1–2.3–4.5–6 (R: 3a)

R Lobet den Herrn, denn der Herr ist gütig. – **R**   (GL 496)
(*Oder:* Halleluja.)

1 Lobet den Namen des Herrn, *
lobt ihn, ihr Knechte des Herrn,   VI. Ton

2 die ihr steht im Hause des Herrn, *
in den Vorhöfen am Haus unsres Gottes. – (**R**)

3 Lobt den Herrn, denn der Herr ist gütig. *
Singt und spielt seinem Namen, denn er ist freundlich.

4 Der Herr hat sich Jakob erwählt, *
Israel wurde sein Eigentum. – (**R**)

5 Ja, das weiß ich: Groß ist der Herr, *
unser Herr ist größer als alle Götter.

6 Alles, was dem Herrn gefällt, vollbringt er, *
im Himmel, auf der Erde, in den Meeren, in allen Tiefen. – **R**

Jahr II

ZUR LESUNG   *Viele Forscher sind der Meinung, Amos 9, 7–15 könne nicht aus dem 8. Jahrhundert stammen, es handle sich vielmehr um eine spätere Hinzufügung, die den Fall des davidischen Reiches und das babylonische Exil als Tatsachen voraussetzt. Zudem sei Amos ein Gerichtsprophet, nicht ein Heilsprophet, man könne daher bei ihm eine Heilsweissagung dieser Art nicht erwarten. Das sind aber keine zwingenden Gründe. Von der „zerfallenen Hütte Davids" konnte auch Amos sprechen, denn das ehemalige davidische Großreich (Juda und Israel) hatte gerade in seiner Zeit durch die Assyrer schwere Schläge erlitten. Zudem ist Gott glücklicherweise weder an die Logik des Propheten selbst noch an die seiner modernen Kritiker gebunden. Der Gott, der durch seine Propheten das Gericht androht, als wäre es schon endgültig verfügt, kann dennoch auch die Rettung bereithalten, und sei es eine Rettung durch das Gericht hindurch. Das entscheidende Wort des ganzen Amos-Buches steht am Ende des letzten Verses: „der Herr, dein Gott". – Apg 15, 16–17; Num 24, 18; Lev 26, 3–5; Joel 4, 18; Dtn 30, 3–5; Jes 65, 21–22; Jer 31, 5; Hos 14, 8.*

ERSTE LESUNG Am 9,11–15

Ich wende das Geschick meines Volkes Israel und pflanze sie ein in ihrem Land

Lesung
  aus dem Buch Amos.

So spricht der Herr:
11 An jenem Tag
     richte ich die zerfallene Hütte Davids wieder auf
     und bessere ihre Risse aus,
   ich richte ihre Trümmer auf
   und stelle alles wieder her
     wie in den Tagen der Vorzeit,
12 damit sie den Rest von Edom unterwerfen
   und alle Völker,
     über denen mein Name ausgerufen ist –
   Spruch des Herrn, der das alles bewirkt.
13 Seht, es kommen Tage – Spruch des Herrn –,
     da folgt der Pflüger dem Schnitter auf dem Fuß
     und der Keltertreter dem Sämann;
   da triefen die Berge von Wein,
     und alle Hügel fließen über.
14 Dann wende ich das Geschick meines Volkes Israel.
   Sie bauen die verwüsteten Städte wieder auf
     und wohnen darin;
   sie pflanzen Weinberge und trinken den Wein,
   sie legen Gärten an und essen die Früchte.
15 Und ich pflanze sie ein in ihrem Land,
   und nie mehr werden sie ausgerissen
   aus ihrem Land, das ich ihnen gegeben habe,
     spricht der Herr, dein Gott.

ANTWORTPSALM Ps 85 (84), 9.11–12.13–14 (R: 9b)

R Frieden verkündet der Herr seinem Volk. – **R**   (GL 528, 6)

9 Ich will hören, was Gott <u>red</u>et: *   II. Ton
  Frieden verkündet der <u>Herr</u> seinem Volk

  und seinen <u>From</u>men, *
  den Menschen mit red<u>lich</u>em Herzen. – (R)

11 Es begegnen einander Huld und Treue; *
   Gerechtigkeit und Friede küssen sich.
12 Treue sprießt aus der Erde hervor; *
   Gerechtigkeit blickt vom Himmel hernieder. – (R)
13 Auch spendet der Herr dann Segen, *
   und unser Land gibt seinen Ertrag.
14 Gerechtigkeit geht vor ihm her, *
   und Heil folgt der Spur seiner Schritte. – R

Jahr I und II

RUF VOR DEM EVANGELIUM   Vers: Joh 10,27

Halleluja. Halleluja.

(So spricht der Herr:)
Meine Schafe hören auf meine Stimme;
ich kenne sie, und sie folgen mir.

Halleluja.

ZUM EVANGELIUM   *Das Fasten hat dort seinen Platz, wo man Vergangenes sühnen oder sich auf Kommendes vorbereiten will. Für die Jünger Jesu aber zählt jetzt weder die Vergangenheit noch die Zukunft, sie stehen in der Freude des gegenwärtigen Heils. Solange Jesus da ist, ist Festzeit, nicht Zeit des Fastens. Von Hochzeitsgästen erwartet man nicht, daß sie fasten. Das Bild von der Hochzeit stammt aus dem Alten Testament: Gott ist der Herr und Gemahl seines Volkes, das freilich den Bund hundertmal gebrochen hat. Wenn Jesus sagt, jetzt seien die Tage der Hochzeit, so beansprucht er damit dasselbe, wie wenn er Sünden vergibt. – An das Wort von der Hochzeit schließen sich zwei weitere, das vom Flikken auf dem alten Kleid und das vom neuen Wein in alten Schläuchen. Jesus hält nichts von Flickarbeit; es ist notwendig, die Welt d. h. die Menschen, von Grund auf zu erneuern. – Mk 2,18–22; Lk 5,33–39; Hos 2,18–25; Joh 3,29; Röm 7,6; 2 Kor 5,17; Offb 21,5.*

EVANGELIUM

Mt 9, 14–17

Können denn die Hochzeitsgäste trauern, solange der Bräutigam bei ihnen ist?

✣ Aus dem heiligen Evangelium nach Matthäus.

In jener Zeit
14 kamen die Jünger Johannes' des Täufers zu Jesus
und sagten:
> Warum fasten deine Jünger nicht,
> während wir und die Pharisäer fasten?

15 Jesus antwortete ihnen:
Können denn die Hochzeitsgäste trauern,
  solange der Bräutigam bei ihnen ist?
Es werden aber Tage kommen,
  da wird ihnen der Bräutigam genommen sein;
  dann werden sie fasten.
16 Niemand setzt ein Stück neuen Stoff auf ein altes Kleid;
denn der neue Stoff reißt doch wieder ab,
  und es entsteht ein noch größerer Riß.
17 Auch füllt man nicht neuen Wein in alte Schläuche.
Sonst reißen die Schläuche,
der Wein läuft aus,
und die Schläuche sind unbrauchbar.
Neuen Wein füllt man in neue Schläuche,
dann bleibt beides erhalten.

FÜRBITTEN

Im Gebet wenden wir uns an Christus, der uns die Gnade Gottes offenbarte:

Gib den Verkündern des Glaubens das rechte Wort, und laß sie lebendige Zeugen der Liebe sein.
A.: Wir bitten dich, erhöre uns.

Unterstütze alle Bemühungen, den Frieden zu erhalten oder wiederherzustellen.

Tröste die Trauernden, und ermutige die Verzweifelten.

Schenke uns die wahre Freiheit, damit wir dir mit frohem Herzen dienen.

Ewiger Gott, durch deinen Sohn bist du uns nahegekommen. Darum können wir auf dich vertrauen durch ihn, Christus, unseren Herrn.   A.: Amen.

ALLE MENSCHEN *werden mit einem verwundeten Herzen und einem unstillbaren Durst geboren. „Wie lechzendes Land dürstet meine Seele nach dir" (Psalm 143). Dieser Durst nach Gott spiegelt sich als innere Unruhe auf den Gesichtern der Menschen, die die Straße, Läden, Kinos und Bars bevölkern. Alle tragen einen Wunsch mit sich, viele Wünsche, eine Unendlichkeit von Wünschen: noch ein Gläschen, noch ein Stück Kuchen ... Alle Gesichter verwundet von Unruhe und von Wünschen.*
Platon hat einmal gesagt, der Mensch sei wie ein zerbrochenes Gefäß, das sich nie füllen läßt. Die Sinne mögen sich an Genüssen überessen, die Seele bleibt doch immer unbefriedigt. Es ist, als wollten wir uns mit einer Nahrung satt essen, die nichts hergibt, oder uns mit einem Wein betrinken, der nicht trunken macht.
Weil Gott auf dem Grund jeder Seele wohnt, ist die Seele unendlich und kann mit nichts gefüllt werden als mit Gott. Der Mensch ist nicht zum Genießen dieser Erde, sondern zum Genießen Gottes erschaffen. Und darum sind wir nur mit Gott glücklich (nach Ernesto Cardenal).

WOCHENTAGSMESSEN ZUR AUSWAHL
FÜR DIE ZEIT IM JAHRESKREIS

1. WOCHE

MONTAG

ERÖFFNUNGSVERS

Gepriesen sei der dreieine Gott:
der Vater und sein eingeborener Sohn
und der Heilige Geist;
denn er hat uns sein Erbarmen geschenkt.

TAGESGEBET

Allmächtiger Gott,
wir bekennen, daß unser Erlöser
bei dir in deiner Herrlichkeit ist.
Erhöre unser Rufen
und laß uns erfahren,
daß er alle Tage bis zum Ende der Welt
bei uns bleibt,
wie er uns verheißen hat.
Er, der in der Einheit des Heiligen Geistes
mit dir lebt und herrscht in alle Ewigkeit.

Lesungen vom betreffenden Wochentag.

GABENGEBET

Herr, unser Gott,
schau gütig auf die Gaben,
die wir auf deinen Altar legen.
Wir schwache Menschen bringen sie dar;
heilige du sie durch deine Kraft.
Darum bitten wir durch Christus, unseren Herrn.

Präfation für Wochentage, S. 1365 ff.,
oder für Sonntage VIII, S. 1365.

KOMMUNIONVERS Vgl. Hebr 6,4

Freut euch alle im Herrn, die ihr erleuchtet worden seid
und die himmlische Gabe gekostet habt,
ihr habt Anteil am Heiligen Geist empfangen.

SCHLUSSGEBET

Allmächtiger Gott,
in deinem Mahl
schenkst du uns göttliches Leben.
Gib, daß wir dieses Sakrament immer neu
als dein großes Geschenk empfangen
und aus seiner Kraft leben.
Darum bitten wir durch Christus, unseren Herrn.

DIEDSTAG

ERÖFFNUNGSVERS Vgl. Weish 10,20–21

Deine siegreiche Hand rühmen wir, o Herr,
denn die Weisheit hat den Mund der Stummen geöffnet
und die Zunge der Unberedten gelöst.

TAGESGEBET

Gott, unser Vater,
alles Gute kommt allein von dir.
Schenke uns deinen Geist,
damit wir erkennen, was recht ist,
und es mit deiner Hilfe auch tun.
Darum bitten wir durch Jesus Christus.

Lesungen vom betreffenden Wochentag.

GABENGEBET

Herr,
nimm die Gebete und Gaben deiner Kirche an;
und was jeder einzelne
zur Ehre deines Namens darbringt,
das werde allen zum Heil.
Darum bitten wir durch Christus, unseren Herrn.

Präfation für Wochentage, S. 1365 ff.,
oder für Sonntage VI, S. 1364.

KOMMUNIONVERS Joh 7, 37–38

So spricht der Herr:
Wer Durst hat, komme zu mir, und es trinke, wer an mich glaubt!
Wie die Schrift sagt:
Aus seinem Inneren werden Ströme von lebendigem Wasser fließen.

SCHLUSSGEBET

Herr und Gott,
du hast uns mit dem Brot des Himmels gesättigt
und uns in dieser Speise
ein Unterpfand dessen gegeben,
was unseren Augen noch verborgen ist.
Laß in unserem Leben sichtbar werden,
was wir im Sakrament empfangen haben.
Darum bitten wir durch Christus, unseren Herrn.

MITTWOCH

ERÖFFNUNGSVERS Vgl. Weish 11, 24–25.27

Du erbarmst dich aller, o Herr,
und hast Nachsicht mit den Sünden der Menschen,
damit sie sich bekehren;
denn du bist der Herr, unser Gott.

TAGESGEBET

Gott, du bist unser Ziel,
du zeigst den Irrenden das Licht der Wahrheit
und führst sie auf den rechten Weg zurück.
Gib allen, die sich Christen nennen,
die Kraft, zu meiden,
was diesem Namen widerspricht,
und das zu tun, was unserem Glauben entspricht.
Darum bitten wir durch Jesus Christus.

Lesungen vom betreffenden Wochentag.

GABENGEBET

Barmherziger Gott,
heilige uns durch die Feier dieser Geheimnisse,
damit wir frei werden
von den verkehrten Bindungen an das Irdische
und empfänglich für die Gaben des Himmels.
Darum bitten wir durch Christus, unseren Herrn.

Präfation für Wochentage, S. 1365 ff. (z. B. III, S. 1366).

KOMMUNIONVERS   Offb 3, 20

So spricht der Herr:
Ich stehe an der Tür und klopfe.
Wenn einer meine Stimme hört und die Tür öffnet,
werde ich bei ihm eintreten
und mit ihm Mahl halten, und er mit mir.

SCHLUSSGEBET

Barmherziger Gott, höre unser Gebet.
Du hast uns im Sakrament
das Brot des Himmels gegeben,
damit wir an Leib und Seele gesunden.
Gib, daß wir
die Gewohnheiten des alten Menschen ablegen
und als neue Menschen leben.
Darum bitten wir durch Christus, unseren Herrn.

DONNERSTAG

ERÖFFNUNGSVERS   Ps 17 (16), 6.8

Ich rufe dich an, denn du, Gott, erhörst mich.
Wende dein Ohr mir zu, vernimm meine Rede.
Behüte mich wie den Augapfel, den Stern des Auges,
birg mich im Schatten deiner Flügel.

TAGESGEBET

Gott, unser Herr,
du verbindest alle, die an dich glauben,
zum gemeinsamen Streben.
Gib, daß wir lieben, was du befiehlst,
und ersehnen, was du uns verheißen hast,
damit in der Unbeständigkeit dieses Lebens
unsere Herzen dort verankert seien,
wo die wahren Freuden sind.
Darum bitten wir durch Jesus Christus.

Lesungen vom betreffenden Wochentag.

GABENGEBET

Gott, unser Vater,
von dir kommen die Gaben,
die wir zu deiner Ehre darbringen.
Schenke sie uns wieder
als Speise zum ewigen Leben.
Darum bitten wir durch Christus, unseren Herrn.

Präfation für Wochentage, S. 1365 ff. (z. B. V, S. 1363).

KOMMUNIONVERS   Ps 84 (83), 4–5

Der Sperling findet ein Haus
und die Schwalbe ein Nest für ihre Jungen –
deine Altäre, Herr der Heere, mein Gott und mein König!
Selig, die wohnen in deinem Haus, die dich allezeit loben!

SCHLUSSGEBET

Gütiger Gott,
du hast uns im heiligen Opfermahl gestärkt.
Dieses Sakrament sei uns ein Schutz,
der uns nie verläßt
und alles Schädliche von uns fernhält.
Darum bitten wir durch Christus, unseren Herrn.

FREITAG

ERÖFFNUNGSVERS
Ps 25 (24),16.18

Herr, wende dich mir zu und sei mir gnädig,
denn ich bin einsam und gebeugt.
Sieh meine Not und meine Plage an
und vergib mir all meine Sünden.

TAGESGEBET

Barmherziger Gott,
durch die Erniedrigung deines Sohnes
hast du die gefallene Menschheit
wieder aufgerichtet
und aus der Knechtschaft der Sünde befreit.
Erfülle uns mit Freude über die Erlösung
und führe uns zur ewigen Seligkeit.
Darum bitten wir durch Jesus Christus.

Lesungen vom betreffenden Wochentag.

GABENGEBET

Herr, unser Gott,
wir legen die Gaben
als Zeichen unserer Hingabe auf deinen Altar.
Nimm sie entgegen
und mach sie zum Sakrament unserer Erlösung.
Darum bitten wir durch Christus, unseren Herrn.

Präfation für Wochentage, S. 1365 ff.,
oder vom Leiden Christi I, S. 1357.

KOMMUNIONVERS
Ps 130 (129),7

Der Herr ist voll Huld, bei ihm ist Erlösung in Fülle.

SCHLUSSGEBET

Barmherziger Gott,
das Sakrament der Erlösung,
das wir empfangen haben,
nähre uns auf dem Weg zu dir
und schenke dem wahren Glauben
beständiges Wachstum.
Darum bitten wir durch Christus, unseren Herrn.

SAMSTAG

ERÖFFNUNGSVERS
Ps 66 (65), 13–14

Herr, ich komme mit meinem Opfer in dein Haus
und erfülle dir meine Gelübde,
die dir mein Mund gelobt hat.

TAGESGEBET

Gott, dein Name ist heilig,
und dein Erbarmen wird besungen
von Geschlecht zu Geschlecht;
nimm dein Volk, das zu dir fleht, in Gnaden auf,
damit es dich preise in nie endendem Lobgesang.
Darum bitten wir durch Jesus Christus.

Lesungen vom betreffenden Wochentag.

GABENGEBET

Herr, du trägst Sorge für uns,
du hast uns Brot und Wein geschenkt
als Nahrung für unser vergängliches Leben.
Wir bringen diese Gaben zum Altar;
reiche sie uns neu als Sakrament der Unsterblichkeit.
Darum bitten wir durch Christus, unseren Herrn.

Präfation für Wochentage, S. 1365 ff. (z. B. II, S. 1366).

KOMMUNIONVERS
Ps 42 (41), 2–3

Wie der Hirsch lechzt nach frischem Wasser,
so lechzt meine Seele, Gott, nach dir.
Meine Seele dürstet nach Gott, nach dem lebendigen Gott.

SCHLUSSGEBET

Allmächtiger Gott,
du hast uns von den alten zu den neuen
Zeichen des Heils hinübergeführt.
Laß uns die Gewohnheiten
des alten Menschen ablegen
und neu werden in Heiligkeit und Gerechtigkeit.
Darum bitten wir durch Christus, unseren Herrn.

2. WOCHE

MONTAG

Leitgedanke: Kirche

ERÖFFNUNGSVERS
Ps 48 (47), 10—11

Deiner Huld, o Gott, gedenken wir in deinem heiligen Tempel.
Wie dein Name, Gott, so reicht dein Ruhm bis an die Enden der Erde;
deine rechte Hand ist voll von Gerechtigkeit.

TAGESGEBET

Gott und Vater unseres Herrn Jesus Christus,
im Neuen Bund
berufst du aus allen Völkern dein Volk
und führst es zusammen im Heiligen Geist.
Gib, daß deine Kirche ihrer Sendung treu bleibt,
daß sie ein Sauerteig ist für die Menschheit,
die du in Christus erneuern
und zu deiner Familie umgestalten willst.
Darum bitten wir durch ihn,
der in der Einheit des Heiligen Geistes
mit dir lebt und herrscht in alle Ewigkeit.

Lesungen vom betreffenden Wochentag.

GABENGEBET

Gott, unser Vater,
deine Kirche bringt dir diese Gaben dar
und feiert den Tod deines Sohnes,
aus dessen Seitenwunde sie hervorgegangen ist.
Laß sie ihren Ursprung nie vergessen,
sondern in dieser Feier
Leben und Heiligkeit empfangen.
Darum bitten wir durch Christus, unseren Herrn.

Präfation für Wochentage, S. 1365 ff.,
oder von den Aposteln, S. 1377 f., oder vom Heiligen Geist II, S. 1373.

KOMMUNIONVERS Ps 27 (26), 4

Nur eines erbitte ich mir vom Herrn, danach verlangt mich:
im Haus des Herrn zu wohnen alle Tage meines Lebens.

SCHLUSSGEBET

Herr, unser Gott,
du hast uns durch das heilige Sakrament gestärkt.
Gib, daß wir im Brotbrechen
und in der Lehre der Apostel verharren
und in deiner Liebe ein Herz und eine Seele werden.
Darum bitten wir durch Christus, unseren Herrn.

DIENSTAG

Leitgedanke: Einheit

ERÖFFNUNGSVERS Joh 17, 20–21

Ich bitte dich, Vater, für sie: Laß sie eins sein in uns,
damit die Welt glaubt, daß du mich gesandt hast – so spricht der Herr.

TAGESGEBET

Gott und Vater,
du hast die vielen Völker
im Bekenntnis deines Namens geeint.
Gib, daß alle,
die aus dem Wasser der Taufe wiedergeboren sind,
eins werden im Glauben und in Werken der Liebe.
Darum bitten wir durch Jesus Christus.

Lesungen vom betreffenden Wochentag.

GABENGEBET

Herr, unser Gott,
du schenkst uns den Frieden
und gibst uns die Kraft, dir aufrichtig zu dienen.
Laß uns dich mit unseren Gaben ehren
und durch die Teilnahme
an dem einen Brot und dem einen Kelch

eines Sinnes werden.
Darum bitten wir durch Christus, unseren Herrn.

Präfation für Wochentage, S. 1365 ff.,
oder von der Einheit der Christen, S. 1380.

KOMMUNIONVERS   Vgl. 1 Kor 10, 17

Ein Brot ist es, darum sind wir viele ein Leib.
Denn wir alle haben teil an dem einen Brot und dem einen Kelch.

SCHLUSSGEBET

Herr, unser Gott,
das heilige Mahl ist ein sichtbares Zeichen,
daß deine Gläubigen in dir eins sind.
Laß diese Feier wirksam werden
für die Einheit der Kirche.
Darum bitten wir durch Christus, unseren Herrn.

MITTWOCH

Leitgedanke: Umkehr und Heiligung

ERÖFFNUNGSVERS   Ps 130 (129), 3–4

Würdest du, Herr, unsere Sünden beachten,
Herr, wer könnte bestehen?
Doch bei dir ist Vergebung, Gott Israels.

TAGESGEBET

Treuer Gott,
du liebst die Unschuld
und führst den Sünder zu dir zurück.
Darum hast du uns aus der Finsternis des Unglaubens befreit
und in die Gemeinschaft mit dir aufgenommen.
Gib, daß wir dich mit ganzem Herzen suchen
und das Licht deiner Wahrheit nie verlieren.
Darum bitten wir durch Jesus Christus.

Lesungen vom betreffenden Wochentag.

GABENGEBET

Allmächtiger Gott,
nimm die Gaben an,
die wir nach deinem Willen darbringen.
Vollende in uns das Werk der Erlösung
und der Heiligung durch die Geheimnisse,
die wir zu deiner Verherrlichung feiern.
Darum bitten wir durch Christus, unseren Herrn.

Präfation für Wochentage, S. 1365 ff. (z. B. II, S. 1366).

KOMMUNIONVERS   Ps 34 (33), 9

Kostet und seht, wie gütig der Herr ist;
selig der Mensch, der bei ihm seine Zuflucht nimmt.

SCHLUSSGEBET

Gütiger Gott,
du schenkst uns Anteil an deinem Sakrament.
Gib, daß wir das heilige Brot
nicht nur mit dem Mund empfangen,
sondern ganz von seiner Kraft durchdrungen werden,
so daß wir wahrhaft aus deiner Gnade leben.
Darum bitten wir durch Christus, unseren Herrn.

DONNERSTAG

Leitgedanke: Am Tisch des Herrn

ERÖFFNUNGSVERS   Joh 6, 35

So spricht der Herr:
Ich bin das Brot des Lebens,
wer zu mir kommt, wird nie mehr hungern,
und wer an mich glaubt, wird nie mehr Durst haben.

TAGESGEBET

Gott, du liebst deine Geschöpfe,
und es ist deine Freude,
bei den Menschen zu wohnen.

Gib uns ein neues und reines Herz,
das bereit ist, dich aufzunehmen.
Darum bitten wir durch Jesus Christus.

Lesungen vom betreffenden Wochentag.

GABENGEBET

Herr und Gott,
laß unser Gebet zu dir aufsteigen
und nimm unsere Gaben an.
Reinige uns durch deine Gnade,
damit wir fähig werden,
das Sakrament deiner großen Liebe zu empfangen.
Darum bitten wir durch Christus, unseren Herrn.

Präfation für Wochentage, S. 1365 ff.,
oder von der hl. Eucharistie II, S. 1369.

KOMMUNIONVERS   Joh 6,56

Wer mein Fleisch ißt und mein Blut trinkt,
der bleibt in mir, und ich bleibe in ihm – so spricht der Herr.

SCHLUSSGEBET

Gütiger Gott,
du hast uns das Brot des Himmels gegeben,
damit Glaube, Hoffnung und Liebe in uns wachsen.
Erhalte in uns
das Verlangen nach diesem wahren Brot,
das der Welt das Leben gibt,
und stärke uns mit jedem Wort,
das aus deinem Mund hervorgeht.
Darum bitten wir durch Christus, unseren Herrn.

FREITAG

Leitgedanke: Christus leidet zu unserem Heil

ERÖFFNUNGSVERS   Ps 38 (37), 22–23

Herr, verlaß mich nicht. Bleib mir nicht fern, mein Gott.
Eile mir zu Hilfe, Herr, du mein Heil.

TAGESGEBET

Heiliger Gott,
du hast deinen Sohn
der Schmach des Kreuzes unterworfen,
um uns der Gewalt des Bösen zu entreißen.
Gib uns die Gnade,
daß auch wir deinem Willen gehorchen
und einst in Herrlichkeit auferstehen.
Darum bitten wir durch Jesus Christus.

Lesungen vom betreffenden Wochentag.

GABENGEBET

Herr, unser Gott,
wir bringen die Gaben zum Altar,
die du selbst uns geschenkt hast.
Nimm sie von deiner Kirche entgegen
und mache sie für uns zum Sakrament des Heiles.
Darum bitten wir durch Christus, unseren Herrn.

Präfation für Wochentage, S. 1365 ff. (z. B. I, S. 1365).
oder vom Leiden des Herrn I, S. 1357.

KOMMUNIONVERS   Gal 2, 20

Ich lebe im Glauben an den Sohn Gottes,
der mich geliebt und sich für mich hingegeben hat.

SCHLUSSGEBET

Allmächtiger Gott,
in der Feier der Eucharistie
haben wir den Tod des Herrn verkündet.
Dieses Sakrament stärke uns an Leib und Seele
und mache uns bereit, mit Christus zu leiden,
damit wir mit ihm auch zur Herrlichkeit gelangen,
der mit dir lebt und herrscht in alle Ewigkeit.

SAMSTAG

Leitgedanke: Gottes neuer und ewiger Bund mit seinem Volk

ERÖFFNUNGSVERS Ps 28 (27), 8–9

Der Herr ist die Stärke seines Volkes,
er ist Schutz und Heil für seinen Gesalbten.
Hilf deinem Volk und segne dein Erbe,
führe und trage es in Ewigkeit.

TAGESGEBET

Barmherziger Gott,
was kein Auge geschaut und kein Ohr gehört hat,
das hast du denen bereitet, die dich lieben.
Gib uns ein Herz,
das dich in allem und über alles liebt,
damit wir
den Reichtum deiner Verheißungen erlangen,
der alles übersteigt, was wir ersehnen.
Darum bitten wir durch Jesus Christus.

Lesungen vom betreffenden Wochentag.

GABENGEBET

Herr, du hast die vielen Opfer,
die dir je von Menschen dargebracht werden,
in dem einen Opfer des Neuen Bundes vollendet.
Nimm die Gaben deiner Gläubigen an
und heilige sie,
wie du einst das Opfer Abels angenommen hast;
und was jeder einzelne zu deiner Ehre darbringt,
das werde allen zum Heil.
Darum bitten wir durch Christus, unseren Herrn.

Präfation für Wochentage, S. 1365 ff. (z. B. I, S. 1365).

KOMMUNIONVERS 1 Joh 3, 2

Liebe Brüder, jetzt sind wir Kinder Gottes,
aber was wir sein werden, ist noch nicht offenbar geworden.

SCHLUSSGEBET

Erhöre uns, Gott, unser Heil,
und schenke uns die feste Zuversicht,
daß durch die Feier der heiligen Geheimnisse
die ganze Kirche jene Vollendung erlangen wird,
die Christus, ihr Haupt,
in deiner Herrlichkeit schon besitzt,
der mit dir lebt und herrscht in alle Ewigkeit.

3. WOCHE

MONTAG

ERÖFFNUNGSVERS Ps 105 (104), 4–5

Sucht den Herrn und seine Macht,
sucht sein Antlitz allezeit!
Denkt an die Wunder, die er getan hat.

TAGESGEBET

Gott, unser Vater,
du hast uns durch deinen Sohn erlöst
und als deine geliebten Kinder angenommen.
Sieh voll Güte auf alle, die an Christus glauben,
und schenke ihnen die wahre Freiheit
und das ewige Erbe.
Darum bitten wir durch Jesus Christus.

Lesungen vom betreffenden Wochentag.

GABENGEBET

Barmherziger Gott,
gib, daß wir den Dienst an deinem Altar
würdig vollziehen
und durch die immer neue Teilnahme
am Opfer deines Sohnes
unser ewiges Heil erlangen.
Darum bitten wir durch Christus, unseren Herrn.

Präfation für Wochentage, S. 1365 ff. (z. B. IV, S. 1366).

KOMMUNIONVERS Ps 36 (35), 10

Herr, bei dir ist die Quelle des Lebens,
in deinem Licht schauen wir das Licht.

SCHLUSSGEBET

Herr, unser Gott,
im heiligen Mahl
hast du uns mit deinem Geist erfüllt.
Lehre uns durch die Teilnahme an diesem Geheimnis,
die Welt im Licht deiner Weisheit zu sehen,
damit wir das Unvergängliche mehr lieben
als das Vergängliche.
Darum bitten wir durch Christus, unseren Herrn.

DIENSTAG

ERÖFFNUNGSVERS Mt 18, 20

So spricht der Herr:
Wo zwei oder drei in meinem Namen versammelt sind,
da bin ich mitten unter ihnen.

TAGESGEBET

Allmächtiger Gott,
deine Vorsehung bestimmt den Lauf der Dinge
und das Schicksal der Menschen.
Lenke die Welt in den Bahnen deiner Ordnung,
damit die Kirche
in Frieden deinen Auftrag erfüllen kann.
Darum bitten wir durch Jesus Christus.

Lesungen vom betreffenden Wochentag.

GABENGEBET

Herr, sieh gütig auf dein Volk,
das sich zu deinem Lob versammelt hat.
Nimm an, was wir darbringen,
und mehre durch diese Feier unsere Liebe.
Darum bitten wir durch Christus, unseren Herrn.

Präfation für Wochentage, S. 1365 ff.
oder für Sonntage III, S. 1362.

KOMMUNIONVERS Ps 33 (32), 18–19

Das Auge des Herrn ruht auf allen, die ihn fürchten und ehren,
die nach seiner Güte ausschauen.
Denn er will sie dem Tod entreißen
und in der Hungersnot ihr Leben erhalten.

SCHLUSSGEBET

Gott und Vater,
du reichst uns das Brot des Lebens
und den Kelch der Freude.
Gestalte uns nach dem Bild deines Sohnes,
der im Sakrament unsere Speise geworden ist.
Darum bitten wir durch ihn, Christus, unseren Herrn.

MITTWOCH

ERÖFFNUNGSVERS Ps 31 (30), 3–4

Sei mir ein schützender Fels,
eine feste Burg, die mich rettet.
Denn du bist mein Fels und meine Burg;
um deines Namens willen wirst du mich führen und leiten.

TAGESGEBET

Herr, unser Gott,
wir haben uns im Namen deines Sohnes
versammelt und rufen zu dir:
Erhöre die Bitten deines Volkes,
mach uns hellhörig
für unseren Auftrag in dieser Zeit
und gib uns die Kraft, ihn zu erfüllen.
Darum bitten wir durch Jesus Christus.

Lesungen vom betreffenden Wochentag.

GABENGEBET

Erhabener Gott,
durch die Feier des heiligen Opfers
gewährst du uns Anteil an deiner göttlichen Natur.

Gib, daß wir dich nicht nur
als den einen wahren Gott erkennen,
sondern unser ganzes Leben nach dir ausrichten.
Darum bitten wir durch Christus, unseren Herrn.

Präfation für Wochentage, S. 1365 ff. (z. B. I, S. 1365).

KOMMUNIONVERS Vgl. 1 Kor 10, 16

Der Kelch des Segens, über den wir den Segen sprechen,
ist Teilhabe am Blut Christi.
Das Brot, das wir brechen, ist Teilhabe am Leib Christi.

SCHLUSSGEBET

Herr, unser Gott,
dieses heilige Sakrament tilge unsere Schuld
und gewähre uns deinen Schutz.
Es entreiße uns der Gleichgültigkeit
und erwecke in uns einen lebendigen Glauben.
Darum bitten wir durch Christus, unseren Herrn.

DONNERSTAG

ERÖFFNUNGSVERS Vgl. Ps 68 (67), 6–7.36

Gott ist hier, an heiliger Stätte.
Gott versammelt sein Volk in seinem Haus,
er schenkt ihm Stärke und Kraft.

TAGESGEBET

Herr, unser Gott,
komm unserem Beten und Arbeiten
mit deiner Gnade zuvor
und begleite es,
damit alles, was wir beginnen,
bei dir seinen Anfang nehme
und durch dich vollendet werde.
Darum bitten wir durch Jesus Christus.

Lesungen vom betreffenden Wochentag.

GABENGEBET

Barmherziger Gott, heilige diese Gaben.
Nimm das Opfer an,
das dir im Heiligen Geist dargebracht wird,
und mache uns selbst zu einer Gabe,
die für immer dir gehört.
Darum bitten wir durch Christus, unseren Herrn.

Präfation für Wochentage, S. 1365 ff.
oder von der hl. Eucharistie II, S. 1369.

KOMMUNIONVERS   Vgl. Joh 6, 50

Dieses ist das Brot, das vom Himmel herabkommt;
wer von diesem Brot ißt, wird nicht sterben in Ewigkeit.

SCHLUSSGEBET

Herr, unser Gott,
wir haben
das Gedächtnis des Leidens Christi gefeiert
und das heilige Sakrament empfangen.
Was uns dein Sohn
in unergründlicher Liebe geschenkt hat,
das werde uns nicht zum Gericht,
sondern bringe uns das ewige Heil.
Darum bitten wir durch Christus, unseren Herrn.

FREITAG

ERÖFFNUNGSVERS   Ps 27 (26), 1–2

Der Herr ist mein Licht und mein Heil;
vor wem sollte ich mich fürchten?
Der Herr ist die Kraft meines Lebens;
vor wem sollte mir bangen?
Meine Bedränger und Feinde, sie müssen straucheln und fallen.

TAGESGEBET

Allmächtiger und barmherziger Gott,
leite und stärke uns durch deinen Geist,
damit wir immer das Leiden Jesu

an unserem Leibe tragen,
dann wird auch sein Leben an uns offenbar werden.
Darum bitten wir durch Jesus Christus.

Lesungen vom betreffenden Wochentag.

GABENGEBET

Herr, unser Gott,
nimm die Gaben an, die wir darbringen,
und mache das heilige Opfer in uns wirksam.
Befreie uns
von der alten Anhänglichkeit an das Böse
und laß das neue Leben der Gnade in uns wachsen.
Darum bitten wir durch Christus, unseren Herrn.

Präfation für Wochentage, S. 1365 ff.,
oder vom Leiden des Herrn I, S. 1357.

KOMMUNIONVERS Ps 111 (110), 4–5

Ein Gedächtnis seiner Wunder hat der Herr gestiftet,
gnädig und barmherzig ist der Herr.
Er gibt Speise denen, die ihn fürchten.

SCHLUSSGEBET

Gütiger Gott,
bewahre dem Volk der Erlösten
deine Liebe und Treue.
Das Leiden deines Sohnes hat uns gerettet,
seine Auferstehung erhalte uns in der Freude.
Darum bitten wir durch Christus, unseren Herrn.

SAMSTAG

ERÖFFNUNGSVERS Ps 65 (64), 12

Herr, du krönst das Jahr mit deiner Güte,
deinen Spuren folgt Überfluß.

TAGESGEBET

Heiliger Gott,
deine Gnade macht die Sünder gerecht
und führt sie aus dem Elend ins Glück.
Erhalte das Werk deines Erbarmens,
damit alle, die durch den Glauben gerechtfertigt sind,
im Guten ausharren bis ans Ende.
Darum bitten wir durch Jesus Christus.

Lesungen vom betreffenden Wochentag.

GABENGEBET

Allmächtiger Gott,
du bist der Ursprung aller Dinge.
Du gibst uns Speise und Trank
als Hilfe für das irdische Leben.
Nimm entgegen,
was du uns in die Hände gelegt hast,
und erfülle diese Gaben mit göttlicher Kraft,
damit sie uns das ewige Leben schenken.
Darum bitten wir durch Christus, unseren Herrn.

Präfation für Wochentage, S. 1365 ff.,
oder für Sonntage II, S. 1362.

KOMMUNIONVERS Ps 31 (30), 2

Wie groß ist deine Güte, o Herr,
die du bereithältst für alle, die dich fürchten und ehren.

SCHLUSSGEBET

Herr, unser Gott,
du hast uns an deinem Tisch
mit neuer Kraft gestärkt.
Zeige uns den rechten Weg
durch diese vergängliche Welt
und lenke unseren Blick auf das Unvergängliche,
damit wir in allem dein Reich suchen.
Darum bitten wir durch Christus, unseren Herrn.

4. WOCHE

MONTAG
Leitgedanke: Ewige Vollendung

ERÖFFNUNGSVERS

Der Herr hat das Tor zum Leben aufgetan,
zur Heimkehr in das Land, wo kein Tod mehr ist,
in das Land der ewigen Freude.

TAGESGEBET

Gütiger Gott,
durch das Wirken deiner Gnade
schenkst du uns schon auf Erden
den Anfang des ewigen Lebens.
Stärke dieses Leben,
vollende, was du in uns begonnen hast,
und führe uns hin zu jenem Licht,
in dem du selber wohnst.
Darum bitten wir durch Jesus Christus.

Lesungen vom betreffenden Wochentag.

GABENGEBET

Allmächtiger Gott,
alles, was wir haben, kommt von dir.
Nimm die Gaben an, die wir darbringen.
Mache sie für uns in diesem Leben
zum Sakrament der Erlösung
und rufe uns an deinen Tisch im kommenden Reich.
Darum bitten wir durch Christus, unseren Herrn.

Präfation für Wochentage, S. 1365 ff.
oder Adventspräfation I, S. 1352.

KOMMUNIONVERS　　　　　　　　　　　　　　　　Joh 6, 51–52

So spricht der Herr:
Ich bin das lebendige Brot, das vom Himmel herabgekommen ist.
Wer von diesem Brote ißt, wird leben in Ewigkeit.

SCHLUSSGEBET

Allmächtiger, ewiger Gott,
du hast uns, die wir noch auf Erden leben,
deine göttlichen Geheimnisse anvertraut.
Lenke unser Sehnen und Verlangen zum Himmel,
wo Christus als Erster der Menschen bei dir ist,
der mit dir lebt und herrscht in alle Ewigkeit.

DIENSTAG

Leitgedanke: Glaubensverbreitung

ERÖFFNUNGSVERS Ps 67 (66), 2–3

Gott sei uns gnädig und segne uns.
Er lasse sein Angesicht über uns leuchten,
damit auf Erden sein Weg erkannt wird,
unter allen Völkern sein Heil.

TAGESGEBET

Gütiger Gott,
schenke uns Beharrlichkeit und Ausdauer
auf dem Weg deiner Gebote,
damit auch in unseren Tagen
viele Menschen zu dir finden
und dein Volk dir immer eifriger dient.
Darum bitten wir durch Jesus Christus.

Lesungen vom betreffenden Wochentag.

GABENGEBET

Herr, unser Gott,
in dieser Feier
erfüllen wir den Auftrag deines Sohnes.
Nimm unsere Gaben an
und gib deiner Kirche die Gnade,
immer und überall sein Opfer zu feiern.
Schenke uns durch dieses Geheimnis dein Heil,
das du der Welt bereitet hast.
Darum bitten wir durch Christus, unseren Herrn.

Präfation für Wochentage, S. 1365 ff,
oder für Sonntage I, S. 1361.

KOMMUNIONVERS　　　　　　　　　　　　　　　　　　Joh 8, 12

So spricht der Herr:
Ich bin das Licht der Welt.
Wer mir nachfolgt, wird nicht in der Finsternis gehen.
Er wird das Licht des Lebens haben.

SCHLUSSGEBET

Barmherziger Gott,
du hast uns teilhaben lassen
an dem einen Brot und dem einen Kelch.
Laß uns eins werden in Christus
und Diener der Freude sein für die Welt.
Darum bitten wir durch Christus, unseren Herrn.

MITTWOCH

Leitgedanke: Nächstenliebe

ERÖFFNUNGSVERS　　　　　　　　　　　　　　　　Mt 25, 40.34

So spricht der Herr:
Was ihr für einen meiner geringsten Brüder getan habt,
das habt ihr für mich getan.
Kommt her, ihr, die ihr von meinem Vater gesegnet seid,
nehmt das Reich in Besitz,
das seit Anfang der Welt für euch bestimmt ist.

TAGESGEBET

Heiliger Gott,
du hast uns das Gebot der Liebe
zu dir und zu unserem Nächsten aufgetragen
als die Erfüllung des ganzen Gesetzes.
Gib uns die Kraft,
dieses Gebot treu zu befolgen,
damit wir das ewige Leben erlangen.
Darum bitten wir durch Jesus Christus.

Lesungen vom betreffenden Wochentag.

GABENGEBET

Herr, unser Gott,
am Altar gedenken wir
der unermeßlichen Liebe deines Sohnes.
Laß sein Erlösungswerk
durch den Dienst der Kirche
für die ganze Welt fruchtbar werden.
Darum bitten wir durch Christus, unseren Herrn.

Präfation für Wochentage, S. 1365 ff.
oder für Sonntage VII, S. 1364.

KOMMUNIONVERS   Lk 6, 36

Seid barmherzig, wie euer Vater barmherzig ist.

SCHLUSSGEBET

Barmherziger Gott,
wir haben den Auftrag deines Sohnes erfüllt
und sein Gedächtnis begangen.
Die heilige Gabe,
die wir in dieser Feier empfangen haben,
helfe uns, daß wir
in der Liebe zu dir und unseren Brüdern
Christus nachfolgen,
der mit dir lebt und herrscht in alle Ewigkeit.

DONNERSTAG

Leitgedanke: Der Heilige Geist im Leben der Gläubigen

ERÖFFNUNGSVERS   Ez 36, 27

Wort Gottes des Herrn:
Ich lege meinen Geist in euch hinein
und bewirke, daß ihr nach meinen Gesetzen lebt
und meine Gebote achtet und erfüllt.

TAGESGEBET

Allmächtiger Gott,
du hast deinen Sohn erhöht
und den Heiligen Geist gesandt,
um uns zum ewigen Leben zu führen.

Gib, daß wir
durch den Empfang dieser großen Gabe
im Glauben wachsen
und dir mit ganzem Herzen dienen.
Darum bitten wir durch Jesus Christus.

Lesungen vom betreffenden Wochentag.

GABENGEBET

Barmherziger Gott, heilige diese Gaben.
Nimm das Opfer an,
das dir im Heiligen Geist dargebracht wird,
und mache uns selbst zu einer Gabe,
die für immer dir gehört.
Darum bitten wir durch Christus, unseren Herrn.

Präfation für Wochentage, S. 1365 ff.
oder vom Heiligen Geist I, S. 1373.

KOMMUNIONVERS Vgl. Gal 4,6

Weil ihr Söhne seid,
sandte Gott den Geist seines Sohnes in eure Herzen,
den Geist, der ruft: Abba, Vater.

SCHLUSSGEBET

Allmächtiger Gott,
du hast uns mit dem Brot des Himmels gespeist
und durch deinen Geist erleuchtet.
Gib, daß wir in der Erwartung deines Sohnes
das Licht verbreiten, das wir empfangen haben.
Darum bitten wir durch Christus, unseren Herrn.

FREITAG

Leitgedanke: Erlösung durch Christus

ERÖFFNUNGSVERS Mk 10,45

Der Menschensohn ist gekommen,
um sein Leben als Lösegeld hinzugeben für viele.

TAGESGEBET

Allmächtiger Gott,
dir verdanken wir unsere Freiheit und unser Heil,
denn du hast uns
durch das kostbare Blut deines Sohnes erlöst.
Stärke uns, daß wir aus deiner Kraft leben,
und laß uns
unter deinem beständigen Schutz geborgen sein.
Darum bitten wir durch Jesus Christus.

Lesungen vom betreffenden Wochentag.

GABENGEBET

Herr,
gib, daß wir das Geheimnis des Altars
ehrfürchtig feiern;
denn sooft wir
die Gedächtnisfeier dieses Opfers begehen,
vollzieht sich an uns das Werk der Erlösung.
Darum bitten wir durch Christus, unseren Herrn.

Präfation für Wochentage, S. 1365 ff.,
oder vom hl. Herzen Jesu, S. 1369.

KOMMUNIONVERS   Mt 11, 28

Kommt alle zu mir,
die ihr euch plagt und unter Lasten stöhnt!
Ich will euch Ruhe verschaffen – so spricht der Herr.

SCHLUSSGEBET

Gütiger Gott,
bewahre dem Volk der Erlösten
deine Liebe und Treue.
Das Leiden deines Sohnes hat uns gerettet;
sein Geist, der von dir ausgeht,
führe uns den rechten *Weg*.
Darum bitten wir durch Christus, unseren Herrn.

SAMSTAG

Leitgedanke: Marianisches Leben als Gottesnähe

ERÖFFNUNGSVERS Apg 1, 14

Die Jünger verharrten einmütig im Gebet,
zusammen mit den Frauen und mit Maria, der Mutter Jesu,
und mit seinen Brüdern. Halleluja.

TAGESGEBET

Allmächtiger Gott,
du hast die Jungfrau Maria auserwählt,
als reines Gefäß dein erhabenes Wort zu empfangen.
Sende auch uns die Kraft des Heiligen Geistes,
damit das Licht des Erlösers
immer mehr in unseren Herzen erstrahle.
Darum bitten wir durch Jesus Christus.

Lesungen vom betreffenden Wochentag.

GABENGEBET

Barmherziger Gott,
nimm unsere Gaben an
und öffne uns in dieser Feier
die Quelle, aus der aller Segen strömt.
Darum bitten wir durch Christus, unseren Herrn.

Präfation für Wochentage, S. 1365 ff.,
oder Marienpräfation II, S. 1374.

KOMMUNIONVERS Ps 73 (72), 28

Gott nahe zu sein ist mein Glück.
Ich setze mein Vertrauen auf Gott, den Herrn.

SCHLUSSGEBET

Gütiger Gott,
in dieser Feier
hast du uns Anteil an deiner Gnade gegeben.
Sie mache uns fähig, dein Wort zu verstehen,
und bereit, die Gaben deines Geistes zu empfangen.
Darum bitten wir durch Christus, unseren Herrn.

DIE QUATEMBERMESSEN

IM ADVENT

ERÖFFNUNGSVERS
Jes 45, 8

Tauet, ihr Himmel, von oben!
Ihr Wolken, regnet herab den Gerechten!
Tu dich auf, o Erde,
und sprosse den Heiland hervor!

Oder: Tit 2, 12–13

Laßt uns besonnen, gerecht und fromm in dieser Welt leben
und auf die selige Erfüllung unserer Hoffnung warten,
auf das Erscheinen der Herrlichkeit
unseres großen Gottes und Retters Christus Jesus.

TAGESGEBET

Gott, unser Vater,
wir bereiten uns in diesen Tagen darauf vor,
die Menschwerdung deines Sohnes würdig zu feiern.
Laß unser Gebet zu dir dringen
und segne unser Bemühen,
damit unser Leben sich erneuert
und die ursprüngliche Reinheit wiedergewinnt.
Darum bitten wir durch Jesus Christus.

Oder:

Rüttle unsere Herzen auf, allmächtiger Gott,
damit wir deinem Sohn den Weg bereiten
und durch seine Ankunft fähig werden,
dir in aufrichtiger Gesinnung zu dienen.
Darum bitten wir durch ihn,
der in der Einheit des Heiligen Geistes
mit dir lebt und herrscht in alle Ewigkeit.

GABENGEBET

Heiliger Gott,
du hast uns diese Opferfeier geschenkt
als höchsten Lobpreis,

den wir dir darbringen können.
Sie versöhne uns mit dir
und reinige uns von unseren Sünden,
damit wir mit lauterem Herzen
das Geburtsfest unseres Erlösers begehen,
der mit dir lebt und herrscht in alle Ewigkeit.

KOMMUNIONVERS
Offb 22,12

Siehe, ich komme bald, und mit mir kommt mein Lohn;
und ich werde jedem nach seinem Tun vergelten.

SCHLUSSGEBET

Herr, unser Gott,
stärke uns durch die Kraft deines Sakramentes.
Laß uns durch deine Gnade
reich werden an guten Werken
und bei der Wiederkunft deines Sohnes
den verheißenen Lohn empfangen: die ewige Freude.
Darum bitten wir durch ihn, Christus, unseren Herrn.

IN DER FASTENZEIT

ERÖFFNUNGSVERS
Ps 139 (138), 23–24

Erforsche mich, Gott, und erkenne mein Herz,
Prüfe mich und erkenne mein Denken.
Sieh her, ob ich auf einem Weg bin, der dich kränkt,
und leite mich auf dem Weg, der zum ewigen Leben führt.

TAGESGEBET

Barmherziger Gott,
erneuere uns im Geist
durch die Feier der heiligen vierzig Tage,
damit wir für dein Wort empfänglich werden,
bereit zu Gehorsam und Verzicht,
einmütig im Gebet
und eifrig in Werken der Liebe.
Darum bitten wir durch Jesus Christus.

GABENGEBET

Herr, unser Gott,
dieses heilige Opfer helfe uns,
daß wir den alten Menschen ablegen
und den neuen anziehen,
der nach deinem Bild geschaffen ist.
Darum bitten wir durch Christus, unseren Herrn.

KOMMUNIONVERS   Ps 36 (35), 10

Herr, bei dir ist die Quelle des Lebens,
in deinem Licht schauen wir das Licht.

SCHLUSSGEBET

Herr, unser Gott,
dieses heilige Sakrament tilge unsere Schuld
und gewähre uns deinen Schutz.
Es entreiße uns der Gleichgültigkeit
und erwecke in uns einen lebendigen Glauben.
Darum bitten wir durch Christus, unseren Herrn.

IN DER WOCHE VOR PFINGSTEN

ERÖFFNUNGSVERS   Apg 1, 8

Ihr werdet die Kraft des Heiligen Geistes empfangen,
der auf euch herabkommen wird,
und ihr werdet meine Zeugen sein bis an die Grenzen der Erde.
Halleluja.

TAGESGEBET

Allmächtiger Gott,
du hast deinen Sohn erhöht
und den Heiligen Geist gesandt,
um uns zum ewigen Leben zu führen.
Gib, daß wir durch den Empfang dieser großen Gabe
im Glauben wachsen
und dir mit ganzer Hingabe dienen.
Darum bitten wir durch Jesus Christus.

GABENGEBET

Barmherziger Gott, heilige diese Gaben.
Nimm das Opfer an,
das dir im Heiligen Geist dargebracht wird,
und mache uns selbst zu einer Gabe,
die für immer dir gehört.
Darum bitten wir durch Christus, unseren Herrn.

Oder:

Erhabener Gott,
durch die Feier des heiligen Opfers,
das wir dir im Heiligen Geist darbringen,
gewährst du uns Anteil an deiner göttlichen Natur.
Gib, daß wir dich nicht nur
als den einen wahren Gott erkennen,
sondern unser ganzes Leben nach dir ausrichten.
Darum bitten wir durch Christus, unseren Herrn.

Oder:

Allmächtiger Gott,
sieh gnädig auf die Gaben, die wir darbringen,
und laß uns im Heiligen Geist dieses Opfer so feiern,
daß es dir zur Ehre gereicht.
Darum bitten wir durch Christus, unseren Herrn.

Oder:

Allmächtiger Gott,
hab Erbarmen mit unserer Gebrechlichkeit
und nimm diese Gaben an.
Das Opfer, das wir im Heiligen Geist feiern,
reinige uns von *allem Bösen*
und festige uns im Guten.
Darum bitten wir durch Christus, unseren Herrn.

KOMMUNIONVERS   Joh 14, 26

So spricht der Herr:
Der Heilige Geist, den der Vater in meinem Namen senden wird,
er wird euch alles lehren und euch an alles erinnern,
was ich euch gesagt habe.

SCHLUSSGEBET

Gütiger Gott,
in dieser Feier
hast du uns Anteil an deiner Gnade gegeben.
Sie mache uns fähig, dein Wort zu verstehen,
und bereit, die Gaben deines Geistes zu empfangen.
Darum bitten wir durch Christus, unseren Herrn.

DIE BITTMESSE

ERÖFFNUNGSVERS Lk 11,9–10

Bittet, dann wird euch gegeben;
sucht, dann werdet ihr finden;
klopft an, dann wird euch geöffnet.
Denn wer bittet, der erhält;
wer sucht, der findet;
und wer anklopft, dem wird geöffnet.

Oder:

Das Heil des Volkes bin ich – so spricht der Herr.
In jeder Not, aus der sie zu mir rufen, will ich sie erhören.
Ich will ihr Herr sein für alle Zeit.

TAGESGEBET

Gott, unser Vater,
alles Gute kommt allein von dir.
Schenke uns deinen Geist,
damit wir erkennen, was recht ist,
und es mit deiner Hilfe auch tun.
Darum bitten wir durch Jesus Christus.

Oder:

Gott, du unsere Hoffnung und unsere Kraft,
ohne dich vermögen wir nichts.
Steh uns mit deiner Gnade bei,
damit wir denken, reden und tun, was dir gefällt.
Darum bitten wir durch Jesus Christus.

Oder:

Gott, unser Vater,
steh deinen Dienern bei
und erweise allen, die zu dir rufen,
Tag für Tag deine Liebe.
Du bist unser Schöpfer
und der Lenker unseres Lebens.
Erneuere deine Gnade in uns, damit wir dir gefallen,
und erhalte, was du erneuert hast.
Darum bitten wir durch Jesus Christus.

Oder:

Gott, unser Vater,
alles Gute kommt allein von dir,
ohne dich vermögen wir nichts.
Erweise allen, die zu dir rufen, deine Liebe.
Halte fern, was uns schadet,
und gewähre, was uns zum Heile dient.
Darum bitten wir durch Jesus Christus.

GABENGEBET

Herr, du trägst Sorge für uns,
du hast uns Brot und Wein geschenkt
als Nahrung für unser vergängliches Leben.
Wir bringen diese Gaben zum Altar;
reiche sie uns neu
als Sakrament der Unsterblichkeit.
Darum bitten wir durch Christus, unseren Herrn.

Oder:

Herr, unser Gott, nimm die Gaben an,
die deine Kirche dir darbringt.
Du selbst hast sie uns geschenkt;
mache sie uns zum Sakrament des Lebens.
Darum bitten wir durch Christus, unseren Herrn.

Oder:

Allmächtiger Gott,
du bist der Ursprung aller Dinge.
Du gibst uns Speise und Trank
als Hilfe für das irdische Leben.
Nimm entgegen,
was du uns in die Hände gelegt hast,
und erfülle diese Gaben mit göttlicher Kraft,
damit sie uns das ewige Leben schenken.
Darum bitten wir durch Christus, unseren Herrn.

KOMMUNIONVERS Ps 145 (144), 15–16

Aller Augen warten auf dich, o Herr,
und du gibst ihnen Speise zur rechten Zeit.
Du öffnest deine Hand
und sättigst alles, was lebt, nach deinem Gefallen.

Oder: Ps 84 (83), 4–5

Der Sperling findet ein Haus
und die Schwalbe ein Nest für ihre Jungen –
deine Altäre, Herr der Heere, mein Gott und mein König!
Selig, die wohnen in deinem Haus, die dich allezeit loben!

SCHLUSSGEBET

Allmächtiger Gott,
gib, daß die heiligen Geheimnisse,
die wir gefeiert haben, in uns Frucht bringen.
Schenke uns Tag für Tag,
was wir zum Leben brauchen,
und führe uns zur ewigen Vollendung.
Darum bitten wir durch Christus, unseren Herrn.

TAGESGEBETE ZUR AUSWAHL

1. Gott, unser Vater.
Wir sind als deine Gemeinde versammelt
und rufen dich an:
Öffne unser Ohr,
damit wir hören und verstehen,
was du uns heute sagen willst.
Gib uns ein gläubiges Herz,
damit unser Beten dir gefällt
und unser Leben vor dir bestehen kann.
Darum bitten wir durch Jesus Christus.

2. Gott.
Du hast uns geschaffen –
doch wir kennen dich kaum.
Du liebst uns –
und doch bist du uns fremd.
Offenbare dich deiner Gemeinde.
Zeig uns dein Gesicht.
Sag uns, wer du bist
und was du für uns bedeutest.
Lehre uns
dich erkennen, dich verstehen, dich lieben.
Darum bitten wir durch Jesus Christus.

3. Gott.
Du hast uns zu dieser Feier geladen.
Du sagst uns dein rettendes Wort
und reichst uns das lebenspendende Brot.
Mach uns fähig, weiterzugeben,
was wir in deinen Gaben empfangen.
Darum bitten wir durch Jesus Christus.

4. Heiliger Gott.
Du bist unsagbar größer,
als wir Menschen begreifen,
du wohnst im unzugänglichen Licht,
und doch bist du uns nahe.

Gib, daß wir heute mit Ehrfurcht vor dir stehen
und froh werden in deiner Nähe.
Darum bitten wir durch Jesus Christus.

5. Gott, du bist da.
Deine Gegenwart umhüllt und durchdringt uns
wie die Luft, die wir atmen,
ohne die wir nicht leben können.
Gib, daß wir dir ganz vertrauen
und leben ohne Angst.
Darum bitten wir durch Jesus Christus.

6. Gott.
Dein Wort bringt Licht und Freude in die Welt.
Es macht das Leben reich,
es stiftet Frieden und Versöhnung.
Gib, daß wir es nicht achtlos überhören.
Mach uns aufnahmebereit.
Bring dein Wort in uns zu hundertfältiger Frucht.
Darum bitten wir durch Jesus Christus.

7. Gott.
Du suchst Menschen, die von dir sprechen
und der Welt deine gute Botschaft weitersagen.
Hilf uns,
Trägheit und Menschenfurcht zu überwinden
und deine Zeugen zu werden –
mit unserem ganzen Leben.
Darum bitten wir durch Jesus Christus.

8. Gott.
Dein Sohn ist zu uns gekommen,
nicht um sich bedienen zu lassen,
sondern um zu dienen.
Gib, daß wir von ihm lernen,
wie wir leben sollen.
Darum bitten wir durch ihn, Jesus Christus.

9. Gott des Lebens.
Durch die Auferstehung deines Sohnes wissen wir:

Der Tod ist überwunden,
der Weg zu dir steht offen,
unser Leben ist unvergänglich.
Hilf uns,
in dieser Gewißheit unser Leben anzunehmen
und daraus zu machen, was du von uns erwartest.
Darum bitten wir durch Jesus Christus.

10. Heiliger Gott.
Du hast deine Gemeinde zur Heiligkeit berufen.
Du befähigst uns schon in dieser Welt
zu einem neuen Leben.
Vergib uns, wenn wir dennoch immer wieder versagen.
Sende uns deinen Geist
und laß uns erfahren,
daß du die Herzen der Menschen verwandelst.
Darum bitten wir durch Jesus Christus.

11. Ewiger Gott.
Dein Sohn hat unser Leben geteilt,
hat Freude erfahren und Leid ertragen – wie wir.
Gib, daß wir in guten und in bösen Tagen
mit ihm verbunden bleiben.
Darum bitten wir durch ihn, Jesus Christus.

12. Gott.
Deine Treue hat Jesus aus dem Tod gerettet.
Sie ruft auch uns
in die Herrlichkeit des neuen Lebens.
Laß diese Zuversicht in unser ganzes Leben dringen.
Laß diese Freude aus unseren Taten strahlen.
Darum bitten wir durch Jesus Christus.

13. Gott.
Wir danken dir,
daß du uns hier zusammengeführt hast.
Laß uns erkennen, was wir sind.
Laß uns glauben, was wir beten.
Laß uns tun, was du uns sagst.
Darum bitten wir durch Jesus Christus.

14. **Gott.**
    Du hast uns verschiedene Gaben geschenkt.
    Keinem gabst du alles – und keinem nichts.
    Jedem gibst du einen Teil.
    Hilf uns,
    daß wir uns nicht zerstreiten,
    sondern einander dienen mit dem,
    was du einem jeden zum Nutzen aller gibst.
    Darum bitten wir durch Jesus Christus.

15. **Herr, unser Gott.**
    Junge und alte Menschen,
    einfache und kluge,
    erfolgreiche und solche, die sich schwertun,
    hast du hier zusammengeführt als deine Gemeinde.
    Gib einem jeden
    etwas von deinem guten, heiligen Geist,
    damit wir dich und uns selbst
    und einander besser verstehen
    und vorankommen auf dem Weg,
    auf den du uns miteinander gestellt hast.
    Darum bitten wir durch Jesus Christus.

16. **Gott, unser Vater.**
    Bedrückt vom Elend unserer Zeit,
    kommen wir zu dir.
    Sieh auf die Not und Hilflosigkeit so vieler Menschen.
    Laß sie an ihrem Schicksal nicht zerbrechen.
    Stärke unter uns
    das Bewußtsein der Verantwortung füreinander,
    damit wir anfangen,
    brüderlich zu teilen und einander beizustehn.
    Darum bitten wir durch Jesus Christus.

17. **Gott und Vater aller Menschen.**
    Du willst,
    daß wir in deinem Namen
    Frieden bringen, wo Zwietracht herrscht,

Glauben wecken, wo Zweifel um sich greift,
die Hoffnung beleben,
wo Traurigkeit die Menschen lähmt.
Hilf uns, daß wir deine Liebe bekannt machen.
Darum bitten wir durch Jesus Christus.

18. **Herr.**
Du kennst unser Elend:
Wir reden miteinander und verstehen uns nicht.
Wir schließen Verträge und vertragen uns nicht.
Wir sprechen vom Frieden und rüsten zum Krieg.
Zeig uns einen Ausweg.
Sende deinen Geist,
damit er den Kreis des Bösen durchbricht
und das Angesicht der Erde erneuert.
Darum bitten wir durch Jesus Christus.

19. **Gott.**
Dein Sohn Jesus Christus
ist das Weizenkorn, das für uns starb.
Wir leben aus seinem Tod.
Nimm von uns die Angst,
für andere verbraucht zu werden.
Hilf uns, einander Gutes zu tun,
damit wir nicht vergeblich leben,
sondern Frucht bringen in Jesus Christus,
der in der Einheit des Heiligen Geistes
mit dir lebt und herrscht in alle Ewigkeit.

20. **Herr, unser Gott.**
Wir danken dir
für das Geschenk dieser Zusammenkunft.
Sie hält in uns lebendig,
was wir allein vergessen und verlieren würden.
Zeig uns heute neu den Sinn unseres Lebens.
Festige unsere Gemeinschaft mit dir und miteinander.
Schenk uns den Geist deines Sohnes,
unseres Herrn Jesus Christus,
der in der Einheit des Heiligen Geistes
mit dir lebt und herrscht in alle Ewigkeit.

21. **G**ott, unser Vater.
    Um deinen Frieden zu bringen
    in unsere Welt voll Spannung und Streit,
    ist dein Sohn zu uns gekommen
    und hat sein Leben eingesetzt.
    Er lebte nicht für sich, sondern gab sich dahin.
    Laß uns erfassen, was er getan hat.
    Hilf uns,
    mit ihm dem Frieden und der Versöhnung zu dienen,
    der in der Einheit des Heiligen Geistes
    mit dir lebt und herrscht in alle Ewigkeit.

22. **V**erborgener Gott.
    Du läßt uns Menschen gewähren,
    du wartest und greifst nicht ein.
    Du gibst uns Zeit,
    du öffnest uns Wege,
    du redest zu uns in Langmut und Liebe.
    Wir danken dir für deine Geduld.
    Bring uns heute zur Besinnung.
    Mach uns offen für dich.
    Laß die ganze verlorene Menschheit hinfinden zu dir.
    Darum bitten wir durch Jesus Christus.

23. **G**ott, unser Schöpfer.
    Die Gegensätze in der Welt klagen uns an:
    Reichtum und Not,
    Hunger und Überfluß,
    Sorglosigkeit und Leid stehen gegeneinander.
    Hilf du uns allen,
    daß wir aufhören, die Gegensätze zu verschärfen,
    und anfangen,
    einander Brüder und Schwestern zu sein.
    Darum bitten wir durch Jesus Christus.

24. **B**armherziger Gott.
    Du bietest jedem Menschen deine Gnade an.
    Auch uns hast du hierher gerufen,
    obwohl du weißt, wie wir sind:
    sündige Menschen, die ihr Gewissen anklagt,

Menschen mit schwachem Glauben.
Rede uns nun zu Herzen.
Tröste, ermahne und ermutige uns.
Heilige uns in deiner Gnade.
Darum bitten wir durch Jesus Christus.

25. Gott.
Du bist uns nahe, noch bevor wir zu dir kommen.
Du bist bei uns, noch bevor wir uns aufmachen zu dir.
Sieh deine Gemeinde, die auf dich schaut.
Sieh unsere Sehnsucht nach Glück,
unseren Willen zum Guten
und unser Versagen.
Erbarme dich unserer Armut und Leere.
Fülle sie mit deinem Leben,
mit deinem Glück,
mit deiner Liebe.
Darum bitten wir durch Jesus Christus.

26. Barmherziger Gott,
Du nimmst die Sünde ernst,
aber du läßt uns die Möglichkeit zur Umkehr.
Du verurteilst unsere Verfehlungen,
aber du lädst uns ein zu einem neuen Anfang.
Wir danken dir, daß du barmherzig bist.
Gib uns den Mut umzukehren.
Gib uns die Kraft, neu anzufangen.
Darum bitten wir durch Jesus Christus.

27. Gütiger Gott.
Bei dir ist Freude über jeden Menschen,
der umkehrt und Buße tut.
Denn du bist der Vater, der für alle ein Herz hat.
Laß uns darauf vertrauen
und deinem Ruf folgen.
Hilf uns,
daß auch wir einander vergeben, wie du uns vergibst.
Darum bitten wir durch Jesus Christus.

28. **Gott, unser Vater.**
Du hast uns für die Freude erschaffen.
Dennoch begleiten Enttäuschung und Leid unser Leben.
Hilf, daß wir dir glauben
und auch in Stunden der Not dir vertrauen.
Mach uns durch die Schmerzen reifer
und hellhörig für die Not der anderen.
Darum bitten wir durch Jesus Christus.

29. **Gott.**
In Jesus von Nazaret hast du der Welt
den neuen Menschen gegeben.
Wir danken dir,
daß wir ihn kennen dürfen;
daß sein Wort und Beispiel
in dieser Stunde unter uns lebendig wird.
Öffne uns für seine Gegenwart.
Rühre uns an mit seinem Geist.
Mach durch ihn auch uns zu neuen Menschen.
Darum bitten wir durch ihn, Jesus Christus.

30. **Gott, unser Vater.**
Du gibst dich uns Menschen zu erkennen
im Schicksal Jesu von Nazaret.
Als er von allen verlassen war,
hast du ihn
durch Leiden und Tod hindurchgeführt zum Leben.
Laß uns glauben und vertrauen,
daß auch wir in aller Bedrängnis und Not
unterwegs sind zu dir
mit unserem Herrn Jesus Christus,
der in der Einheit des Heiligen Geistes
mit dir lebt und herrscht in alle Ewigkeit.

31. **Ewiger Gott.**
Die Tage zerrinnen uns zwischen den Händen.
Unser Leben schwindet dahin.
Du aber bleibst.

Gestern und heute und morgen bist du derselbe.
Von Ewigkeit her kennst du uns.
Unsere Zukunft liegt in deiner Hand.
Mach uns bereit für alles,
was du mit uns tun wirst.
Darum bitten wir durch Jesus Christus.

32. Barmherziger Gott.
Du hast auf uns gewartet,
als wir noch fern von dir waren.
Nimm uns auf,
da wir nun zu dir zurückkommen,
und gib uns wieder einen Platz an deinem Tisch.
Darum bitten wir durch Jesus Christus.

33. Gott.
Du kennst uns besser, als wir uns selber kennen.
Du weißt,
wie sehr wir der Änderung und Umkehr bedürfen.
Aber du trittst nicht mit Gewalt an uns heran
oder mit List.
Du kommst zu uns mit deinem Wort –
deinem offenen und guten,
deinem fordernden und heilenden Wort.
Gib, daß wir dir heute nicht ausweichen,
daß wir uns öffnen
und dein Wort annehmen:
Jesus Christus, deinen Sohn, unseren Herrn und Gott,
der in der Einheit des Heiligen Geistes
mit dir lebt und herrscht in alle Ewigkeit.

34. Guter Gott.
Durch deinen Sohn Jesus Christus
hast du begonnen,
unter uns Menschen
dem Frieden und der Versöhnung Raum zu schaffen.
Mach uns
zu einer offenen und brüderlichen Gemeinde.

35. Hilf uns, daß wir um seinetwillen
einander annehmen und zu verstehen suchen,
auch wo wir verschiedener Meinung sind.
Darum bitten wir durch Jesus Christus.

35. Du,
der du uns deinen Namen genannt
und uns Mut gemacht hast, dich anzusprechen,
wir kommen zu dir und sagen:
Gott, unser Vater,
wir danken dir, daß du für uns da bist.
Hilf uns,
daß auch wir für dich leben –
und für die Menschen,
in denen du uns begegnest.
Darum bitten wir durch Jesus Christus.

36. Ewiger Gott.
Du selber hast uns hier zusammengeführt,
um mit uns zu reden und mit uns Mahl zu halten.
Stärke in uns die Zuversicht,
daß diese Feier sich bei dir vollenden wird –
in dem Leben, das du uns heute versprichst
und dessen Speise du uns heute gibst.
Darum bitten wir durch Jesus Christus.

37. Unser Herr Jesus Christus hat gesagt:
„Selig, die vor Gott arm sind;
denn ihnen gehört das Himmelreich."

Darum bitten wir:
Gott, unser Vater.
Bewahre uns vor der Gier nach Reichtum und Macht.
Gib, daß wir alles, was uns anvertraut ist,
recht gebrauchen.
Lehre uns, daß die Liebe unser größter Reichtum ist –
die Liebe, die du uns schenkst
und die wir einander erweisen.
Das gewähre uns durch Jesus Christus.

38. Jesus hat gesagt:
„Ihr seid das Salz der Erde.
Wenn das Salz seinen Geschmack verliert,
taugt es zu nichts mehr."

Darum bitten wir:
Gott, unser Vater.
Laß uns nicht faul und gleichgültig werden.
Gib deiner Kirche Tatkraft und Phantasie,
die Sache deines Sohnes weiterzuführen,
damit die Menschen Stellung nehmen müssen
und in ihm den Weg zum Heil finden.
Das gewähre uns durch ihn, Jesus Christus.

39. Unser Herr Jesus Christus hat gesagt:
„Nicht Gesunde brauchen den Arzt,
sondern Kranke.
Nicht Gerechte zu rufen bin ich gekommen,
sondern die Sünder."

Darum beten wir:
Barmherziger Gott.
Zu Unrecht halten wir uns oft für gut
und glauben, gerecht vor dir zu sein.
Wecke uns aus unserer falschen Sicherheit,
befreie uns von unserer Selbstgerechtigkeit
und heile uns durch Jesus Christus,
den Arzt der Kranken, den Heiland der Sünder,
der in der Einheit des Heiligen Geistes
mit dir lebt und herrscht in alle Ewigkeit.

40. Jesus Christus hat gesagt:
„Sorgt euch nicht um euer Leben!
Ängstigt euch nicht!
Euch soll es um das Reich Gottes gehen;
dann wird euch das andere dazugegeben."

Darum beten wir:
Gott.
Wir fürchten,
wenn wir uns auf dich einlassen,

wird unser Leben noch schwerer;
wenn wir uns für deine Sache mühn,
kommen wir selber zu kurz.
Mach uns frei von der Angst.
Gib uns Freude an deinem Reich
und laß uns erfahren,
daß dir allein die Zukunft gehört.
Das gewähre uns durch Jesus Christus.

41. Jesus hat gesagt:
„Nicht nur vom Brot lebt der Mensch,
sondern von jedem Wort, das aus Gottes Mund kommt."

Darum bitten wir:
Gott, unser Vater.
Verwirrt vom Geschwätz unserer Tage,
erschöpft von Arbeit und Sorgen,
suchen wir dich und rufen:
Komm uns entgegen.
Rede uns an.
Gib uns ein Wort,
das uns ändert und heilt,
das uns nährt und befreit.
Das gewähre uns durch Jesus Christus.

GABENGEBETE ZUR AUSWAHL

1. Gewähre uns, Herr, unser Gott,
daß wir mit der Hingabe des Herzens
und des Geistes dich verehren,
da wir in deinem Hause wohnen dürfen.
Wir haben den Tisch bereitet.
Laß uns durch dieses heilige Mahl
hingelangen zum Mahl der Vollendung.
Darum bitten wir durch Christus, unseren Herrn.

2. Gott, unser Vater,
wir treten mit dem Opfer des Lobes
vor dein Angesicht.
Gewähre, daß ER, der bei uns sein wird
mit dem Geheimnis seines Todes,
unser träges Herz ergreife
und uns löse von unserer Selbstbefangenheit.
Darum bitten wir durch ihn, Christus, unseren Herrn.

3. Gott, unser Vater,
da wir das Mahl unseres Herrn bereiten,
laß uns begreifen, was die Speise seines Lebens war:
deinen Willen zu tun.
Gib uns den Mut, in sein Opfer einzugehen,
auf daß auch uns aus der Hingabe an dich
die Kraft zum Leben komme.
Darum bitten wir durch ihn, Christus, unseren Herrn.

4. Herr, unser Gott,
dein Sohn hat uns versprochen,
er werde in unserer Mitte sein,
wann immer wir in seinem Namen versammelt sind.
Er selber erfülle das Lobgebet,
das wir über Brot und Wein sagen,
mit seiner Hingabe und Liebe,
damit dir gegeben werde,
was dir gebührt, heiliger Gott.
Darum bitten wir durch ihn, Christus, unseren Herrn.

5. **Herr und Vater,**
   was wir für dieses heilige Mahl bereitet haben,
   das nimm gnädig in das Geheimnis deines Sohnes auf.
   Er ist schuldlos um der Schuldigen willen
   in den Tod gegangen.
   Erlöse uns von aller Bosheit
   und reinige uns durch seine Reinheit.
   Darum bitten wir durch ihn, Christus, unseren Herrn.

6. **Herr, unser Gott,**
   die Gaben, die wir bereitet haben,
   sind Zeichen unserer Hingabe an dich.
   Darum bitten wir:
   Wie Brot und Wein
   in der Kraft des Geistes geheiligt werden,
   so heilige auch uns selbst immer mehr
   nach dem Bilde unseres Herrn Jesus Christus,
   der mit dir lebt und herrscht in alle Ewigkeit.

7. **Vater im Himmel,**
   in deinem Sohn ist der Welt das Licht aufgeleuchtet,
   das unserem irdischen Leben den Weg weist.
   Laß uns in der Feier seines Opfers
   das göttliche Leben empfangen,
   damit wir selbst Licht werden für die Welt.
   Darum bitten wir durch ihn, Christus, unseren Herrn.

8. **Vater, du bist die Quelle jenes Lebens,**
   das uns dein Sohn Jesus Christus
   in seinem Sterben und seiner Auferstehung erwirkt hat.
   Nimm uns und alle Menschen hinein
   in das Opfer der Erlösung
   und heilige uns im Blute deines Sohnes,
   der mit dir lebt und herrscht in alle Ewigkeit.

9. **Vater im Himmel,**
   lege deinen Geist in unser Herz,
   damit er uns belebe und heilige
   und zu einer wahren Opfergabe mache für dich.
   Darum bitten wir durch Christus, unseren Herrn.

Gabengebete zur Auswahl

An Heiligengedenktagen:

10. Vater im Himmel,
dein Sohn hat seinen Jüngern und uns allen
die Gedächtnisfeier seines Erlösungswerkes anvertraut.
Laß uns aus dem Opfer,
für das wir die Gaben bereitet haben,
lebenspendende Kraft erlangen.
Darum bitten wir durch Christus, unseren Herrn.

11. Herr, nimm unsere Gaben an
und mache sie uns zum Sakrament der Erlösung.
Reinige uns von allen Sünden,
damit wir besonnen und gerecht
in dieser Welt leben
und die Ankunft
unseres Retters Jesus Christus erwarten,
der mit dir lebt und herrscht in alle Ewigkeit.

12. Herr und Gott,
sieh mit Wohlgefallen auf die Gaben,
die wir dir im Namen deiner Kirche bereitet haben.
Wie der (die) Heilige(n),
dessen (deren) Gedächtnis wir feiern,
in einem Leben der Hingabe deinen Auftrag erfüllte(n),
so hilf auch uns durch die Kraft dieses Opfers,
in deiner Gegenwart zu wandeln
und Zeugen deiner Liebe zu sein.
Darum bitten wir durch Christus, unseren Herrn.

SCHLUSSGEBETE ZUR AUSWAHL

1. Herr, unser Gott,
   was kein Auge gesehen und kein Ohr vernommen,
   was keines Menschen Sinn erfahren hat,
   das hast du denen bereitet, die dich lieben.
   Die heilige Speise, die wir empfangen haben,
   mehre in uns die Kraft des Herzens.
   Gib uns, Herr, die wahre Weisheit:
   Mach uns demütig vor dir
   und brüderlich unter den Menschen.
   Darum bitten wir durch Christus, unseren Herrn.

2. Gott, unser Vater.
   Du hast uns gesättigt mit der Speise,
   die du allein zu geben hast.
   Laß uns von ihr leben und uns freuen
   an deiner Huld und Gnade,
   und laß unsere Freude fruchtbar werden
   in guten Taten.
   Darum bitten wir durch Christus, unseren Herrn.

3. Allmächtiger, gütiger Gott,
   wir waren Gäste am Tisch deines Sohnes,
   und er war der Herr unseres Mahles.
   Laß uns dereinst zu ihm gelangen,
   der uns auf dem Weg durch den Tod
   in die Herrlichkeit vorausgegangen ist,
   unser Herr Jesus Christus,
   der mit dir lebt und herrscht in alle Ewigkeit.

4. Allmächtiger Gott und Vater,
   du hast deinen gekreuzigten Sohn auferweckt
   und ihm, dem Lebendigen,
   die Macht des lebenspendenden Geistes gegeben.
   Nimm dich deiner Kirche an, o Herr,
   und erneuere ihre Jugend.
   Laß sie aufleben durch den Geist,
   dessen Zeichen das Feuer ist.
   Darum bitten wir durch Christus, unseren Herrn.

5. Gott, unser Vater,
dein Sohn hat uns von dir Kunde gebracht.
Er hat uns erkennen lassen, wie du bist:
groß in deiner Huld für deine Geschöpfe,
gewaltig in deiner Hoheit,
wehrlos in deiner Liebe.
Vater, wir sagen Dank durch deinen Sohn,
der sich uns im heiligen Mahl geschenkt hat,
der mit dir lebt und herrscht in alle Ewigkeit.

6. Herr, unser Gott,
du hast gewollt,
daß sich das Bild deines Sohnes auspräge
im Wesen der Getauften,
die du zu deinem Tisch geladen hast.
Ermutige uns, dem Evangelium zu folgen
und deinem Heiligen Geist Raum zu geben.
Darum bitten wir durch Christus, unseren Herrn.

7. Unser Gott und Vater, wir danken dir.
Du hast uns genährt mit der Speise,
die uns stärkt, nur deinem Willen zu folgen.
Ist unser Glaube auch schwach und unsere Liebe gering,
nimm sie barmherzig an um deines Sohnes willen,
der uns zugelassen hat an seinen Tisch,
unser Herr Jesus Christus,
der mit dir lebt und herrscht in alle Ewigkeit.

8. Ewiger Gott,
in dieser Opferfeier hast du uns gestärkt
mit dem Fleisch und Blut deines Sohnes.
Laß uns in der Kraft dieser Speise
unseren Weg zuversichtlich gehen
und mit allen Menschen, die du uns anvertraut hast,
zur Vollendung in deiner Liebe gelangen.
Darum bitten wir durch Christus, unseren Herrn.

9. Gütiger Vater,
du hast Wohlgefallen am Opfer deines Sohnes
für das Heil der Welt,
dessen Gedächtnis wir gefeiert haben.
Mache unsere Herzen bereit,
im Geist und der Gesinnung Christi
unseren Brüdern und Schwestern zu dienen,
da du uns neue Kraft geschenkt hast
im Empfang der heiligen Speise.
Darum bitten wir durch Christus, unseren Herrn.

10. Gütiger Gott,
die heilige Speise, die wir empfangen haben,
durchdringe uns mit ihrer Kraft.
Sie vertiefe unseren Glauben,
mache stark unsere Hoffnung
und entzünde unsere Herzen zu Werken der Liebe.
Laß das göttliche Leben, das du uns geschenkt hast,
sich entfalten und Frucht bringen für das ewige Leben.
Darum bitten wir durch Christus, unseren Herrn.

11. Gott, du Hirte und Schützer deines Volkes,
blicke auf uns,
die wir erkauft sind durch das Blut deines Sohnes.
Im heiligen Opfermahl
hast du das göttliche Leben in uns gestärkt.
Behüte es auch in den Gefahren, die uns drohen,
und vollende es am Tage Christi, deines Sohnes,
der mit dir lebt und herrscht in alle Ewigkeit.

12. Himmlischer Vater,
dein Sohn hat verheißen,
daß wir sein göttliches Leben in uns tragen,
wenn wir ihn empfangen in der heiligen Speise.
Wir danken *dir für sein Er*lösungsopfer
und bitten dich:
Laß uns stets
in der Freude dieses neuen Lebens wandeln,
bis wir zur ewigen Vollendung gelangen

in ihm, unserem Herrn Jesus Christus,
der mit dir lebt und herrscht in alle Ewigkeit.

13. Gütiger Gott,
das Opfer deines Sohnes
ist die Sühne für die Schuld der Welt
und Heilskraft für das neue göttliche Leben in uns.
Wir danken dir,
daß wir ihn empfangen durften im heiligen Mahle.
Gib, daß wir nun selber Boten seiner Liebe werden,
damit die Welt immer mehr das Heil finde in ihm,
unserem Herrn Jesus Christus,
der mit dir lebt und herrscht in alle Ewigkeit.

14. Gott und Vater,
im heiligen Mahle, das wir empfangen durften,
hat sich auf neue Weise das Wort des Apostels erfüllt:
Jesus, dein Sohn, lebt in uns.
Wir danken dir, daß du ihn uns geschenkt hast.
Steh uns bei, damit wir ganz für ihn leben
und einst ewig vollendet werden in ihm,
der mit dir lebt und herrscht in alle Ewigkeit.

15. Allmächtiger Gott,
in dieser Feier hast du uns
an deinem göttlichen Leben Anteil geschenkt.
Laß uns niemals von dir getrennt werden,
sondern bewahre uns in deiner Liebe.
Darum bitten wir durch Christus, unseren Herrn.

DIE FEIER DER GEMEINDEMESSE

ERÖFFNUNG

Eröffnungsvers (oder ein entsprechendes Lied) 1275
Begrüßung (und kurze Einführung) 1275
Allgemeines Schuldbekenntnis und Bitte um Vergebung 1277
Kyrie (entfällt, wenn Kyrie-Litanei vorausgegangen) . . 1280
Ehre sei Gott (Gloria) 1280
Tagesgebet (an Wochentagen nach freier Wahl) . . . 1282

WORTGOTTESDIENST

1. Lesung und Antwortpsalm 1282
2. Lesung 1283
Ruf vor dem Evangelium 1283
Evangelium 1283
Das Große od. Apostolische Glaubensbekenntnis (Credo) 1284
Fürbitten (Allgemeines Gebet), nach freier Wahl . . . 1290

EUCHARISTIEFEIER

Gabenbereitung 1290
  Abschließendes Gabengebet 1292

Das Eucharistische Hochgebet 1292
  Präfationen 1352
  Erstes Hochgebet (Dich, gütiger Vater) 1294
  Zweites Hochgebet (Ja, du bist heilig, großer Gott, du bist
    der Quell aller Heiligkeit) 1303
  Drittes Hochgebet (Ja, du bist heilig, großer Gott, und alle
    deine Werke verkünden dein Lob) 1312
  Viertes Hochgebet (Wir preisen dich, heiliger Vater) . . 1319

Kommunion 1325
  Gebet des Herrn (Vater unser) 1325
  Friedensgebet 1327
  Brechung des Brotes – Agnus Dei 1329
  Gebete vor der Kommunion – Kommunionempfang . . 1330
  Schlußgebet 1332

ENTLASSUNG 1333

Feierlicher Schlußsegen 1334
Segensgebete über das Volk 1344

ERÖFFNUNG

EINZUG — GESANG ZUR ERÖFFNUNG

Während der Priester einzieht, kann der Gesang zur Eröffnung gesungen werden*.

VEREHRUNG DES ALTARES

BEGRÜSSUNG DER GEMEINDE

Nachdem der Priester den Altar begrüßt hat und an seinen Platz gegangen ist, spricht er (während alle stehen):

Pr.: ✠ Im Namen des Vaters und des Sohnes und des Heiligen Geistes. Amen.

Der Herr sei mit euch.
A.: Und mit deinem Geiste.

Oder:
Die Gnade unseres Herrn Jesus Christus,
die Liebe Gottes des Vaters
und die Gemeinschaft des Heiligen Geistes
sei mit euch.

Oder:
Gnade und Friede von Gott, unserem Vater,
und dem Herrn Jesus Christus
sei mit euch.

* Die hier und im folgenden abgedruckten Rubriken sind ein Auszug aus der authentischen Ausgabe des Meßbuchs für den liturgischen Gebrauch, in der weitere Gestaltungsmöglichkeiten der Meßfeier näherhin beschrieben werden.

Oder:
Gnade und Friede von dem,
der ist und der war und der kommen wird,
sei mit euch.

Oder:
Gnade und Friede
in der heiligen Versammlung der Kirche Gottes
sei mit euch.

Oder:
Der Herr der Herrlichkeit
und Spender jeder Gnade
sei mit euch.

Oder:
Die Gnade des Herrn Jesus,
der für uns Mensch geworden ist
(gelitten hat, gestorben ist . . .),
sei mit euch.

Oder:
Die Gnade unseres Herrn Jesus Christus
sei mit euch.

A.:   Und mit deinem Geiste.

Darauf kann der Priester, der Diakon oder ein anderer dazu Beauftragter eine knappe Einführung in die Feier geben.
Wenn zur Eröffnung nicht gesungen wurde, empfiehlt es sich, in die Einführung den Eröffnungsvers einzubeziehen, da dieser häufig einen Leitgedanken der Meßfeier angibt.

ALLGEMEINES SCHULDBEKENNTNIS

An Sonntagen kann an die Stelle des Allgemeinen Schuldbekenntnisses das sonntägliche Taufgedächtnis (Besprengung mit Weihwasser) treten.

Einladung (Form A und B)

Brüder und Schwestern,
damit wir die heiligen Geheimnisse in rechter Weise feiern können, wollen wir bekennen, daß wir gesündigt haben.

Oder:
Bevor wir das Gedächtnis des Herrn begehen, wollen wir uns besinnen und bekennen, daß wir sündige Menschen sind.

Oder:
Brüder und Schwestern,
bevor wir das Wort Gottes hören und das Opfer Christi feiern, wollen wir uns bereiten und Gott um Vergebung unserer Sünden bitten.

Oder:
Damit wir das Gedächtnis des Herrn recht begehen, prüfen wir uns selbst und bekennen unsere Schuld vor Gott und der Kirche.

Einladung (Form B und C)
Zu Beginn dieser Meßfeier wollen wir uns besinnen und das Erbarmen des Herrn auf uns herabrufen.

Oder ein ähnlicher passender Text.

Es folgt eine kurze Stille für die Besinnung; danach das

Bekenntnis:

Form A
Pr.: Wir sprechen das Schuldbekenntnis:
A.:   Ich bekenne Gott, dem Allmächtigen,
und allen Brüdern und Schwestern,
daß ich Gutes unterlassen und Böses getan habe
— ich habe gesündigt
in Gedanken, Worten und Werken —
durch meine Schuld, durch meine Schuld,
durch meine große Schuld.
Darum bitte ich die selige Jungfrau Maria,
alle Engel und Heiligen
und euch, Brüder und Schwestern,
für mich zu beten bei Gott, unserem Herrn.

Oder: Form B
Pr.: Erbarme dich, Herr, unser Gott,
erbarme dich.
A.:   Denn wir haben vor dir gesündigt.
Pr.: Erweise, Herr, uns deine Huld.
A.:   Und schenke uns dein Heil.

Die Formen A und B können durch ein Bußlied ersetzt werden.

Oder: Form C
mit den hier folgenden oder anderen Anrufungen.
Kyrie-Litanei
V.:   Herr Jesus Christus,
du bist vom Vater gesandt,
zu heilen, was verwundet ist:

Eröffnung

Kýrie, eléison *oder:* Herr, erbarme dich (unser).
A.: Kýrie, eléison *oder:* Herr, erbarme dich (unser).

V.: Du bist gekommen, die Sünder zu berufen:
Christe, eléison *oder:* Christus, erbarme dich (unser).
A.: Christe, eléison
  oder: Christus, erbarme dich (unser).

V.: Du bist zum Vater heimgekehrt,
um für uns einzutreten:
Kýrie, eléison *oder:* Herr, erbarme dich (unser).
A.: Kýrie, eléison *oder:* Herr, erbarme dich (unser).

Jede dieser drei Formen wird abgeschlossen durch die
Vergebungsbitte:
Pr.: Der allmächtige Gott erbarme sich unser.
Er lasse uns die Sünden nach
und führe uns zum ewigen Leben.
A.: Amen.

Oder:
Pr.: Nachlaß, Vergebung und Verzeihung unserer Sünden gewähre uns der allmächtige und barmherzige Herr.
A.: Amen.

Oder (besonders bei Form C):
Pr.: Der Herr erbarme sich unser, er nehme von uns Sünde und Schuld, damit wir mit reinem Herzen diese Feier begehen.
A.: Amen.

KYRIE
Es folgen die Kyrie-Rufe (falls sie nicht schon vorausgegangen sind).

V.: Herr, erbarme dich (unser).
A.: Herr, erbarme dich (unser).
V.: Christus, erbarme dich (unser).
A.: Christus, erbarme dich (unser).
V.: Herr, erbarme dich (unser).
A.: Herr, erbarme dich (unser).

Oder:

V.: Kýrie, eléison.
A.: Kýrie, eléison.
V.: Christe, eléison.
A.: Christe, eléison.
V.: Kýrie, eléison.
A.: Kýrie, eléison.

GLORIA
An den Sonntagen außerhalb der Advents- und Fastenzeit, an Hochfesten, Festen und bei anderen festlichen Gottesdiensten folgt das Gloria:

Ehre sei Gott in der Höhe
und Friede auf Erden den Menschen seiner Gnade.
Wir loben dich,
wir preisen dich,
wir beten dich an,
wir rühmen dich und danken dir,
denn groß ist deine Herrlichkeit:
Herr und Gott, König des Himmels,

Eröffnung

Gott und Vater, Herrscher über das All,
Herr, eingeborener Sohn, Jesus Christus.
Herr und Gott, Lamm Gottes, Sohn des Vaters,
du nimmst hinweg die Sünde der Welt:
erbarme dich unser;
du nimmst hinweg die Sünde der Welt:
nimm an unser Gebet;
du sitzest zur Rechten des Vaters:
erbarme dich unser.
Denn du allein bist der Heilige,
du allein der Herr,
du allein der Höchste:
Jesus Christus,
mit dem Heiligen Geist,
zur Ehre Gottes des Vaters. Amen.

Oder:
Glória in excélsis Deo
et in terra pax homínibus bonæ voluntátis.
Laudámus te,
benedícimus te,
adorámus te,
glorificámus te, grátias ágimus tibi
propter magnam glóriam tuam,
Dómine Deus, Rex cæléstis,
Deus Pater omnípotens.
Dómine Fili unigénite, Iesu Christe,
Dómine Deus, Agnus Dei, Fílius Patris,
qui tollis peccáta mundi,
miserére nobis;

qui tollis peccáta mundi,
súscipe deprecatiónem nostram.
Qui sedes ad déxteram Patris,
miserére nobis.
Quóniam tu solus Sanctus,
tu solus Dóminus,
tu solus Altíssimus,
Iesu Christe,
cum Sancto Spíritu:
in glória Dei Patris. Amen.

Das Gloria darf durch ein Gloria-Lied ersetzt werden.

TAGESGEBET
Der Priester lädt zum Gebet ein. Er singt oder spricht:

Lasset uns beten.

Nach einer kurzen Stille spricht der Priester das Tagesgebet.
Die Gemeinde beschließt das Gebet mit dem Ruf:

Amen.

WORTGOTTESDIENST

1. LESUNG UND ANTWORTPSALM
Der Lektor geht zum Ambo und trägt die erste Lesung vor. Alle hören sitzend zu. Wo nach der Lesung ein Zuruf der Gemeinde üblich ist, fügt der Lektor an:

Wort des lebendigen Gottes.
A.:   Dank sei Gott.

Danach kann eine kurze Stille folgen.
Dann trägt der Kantor (Psalmist) den Antwortpsalm vor. Die Gemeinde übernimmt den Kehrvers.

2. LESUNG UND RUF VOR DEM EVANGELIUM

Auf die zweite Lesung folgt das Halleluja bzw. der an dessen Stelle vorgesehene Ruf vor dem Evangelium.

EVANGELIUM

D. (Pr.): Der Herr sei mit euch.
A.: Und mit deinem Geiste.

D. (Pr.): ✛ Aus dem heiligen Evangelium nach N.
Oder: Aus dem Evangelium Jesu Christi nach N.
Oder: Aus dem Evangelium nach N.

Dabei bezeichnet er das Buch und sich selbst (auf Stirn, Mund und Brust) mit dem Kreuzzeichen.

A.: Ehre sei dir, o Herr.

Wo nach dem Evangelium ein Zuruf der Gemeinde üblich ist, fügt der Diakon (Priester) an:

Evangelium unseres Herrn Jesus Christus.

Die Gemeinde antwortet:

Lob sei dir, Christus.

Danach küßt der Diakon (Priester) das Buch und spricht leise:

Herr, durch dein Evangelium
nimm hinweg unsere Sünden.

HOMILIE

Die Homilie ist ein Teil der Liturgie. Sie ist an allen Sonntagen und gebotenen Feiertagen vorgeschrieben, sonst empfohlen.

CREDO

An Sonntagen, an Hochfesten und bei anderen festlichen Gottesdiensten folgt das Credo:

Das Große Glaubensbekenntnis

(Pr.: Wir sprechen das Große Glaubensbekenntnis.)

A.: Wir glauben an den einen Gott,
den Vater, den Allmächtigen,
der alles geschaffen hat, Himmel und Erde,
die sichtbare und die unsichtbare Welt.

Und an den einen Herrn Jesus Christus,
Gottes eingeborenen Sohn,
aus dem Vater geboren vor aller Zeit:
Gott von Gott, Licht vom Licht,
wahrer Gott vom wahren Gott,
gezeugt, nicht geschaffen,
eines Wesens mit dem Vater;
durch ihn ist alles geschaffen.

Für uns Menschen und zu unserem Heil
ist er vom Himmel gekommen,

Zu den folgenden Worten (bis zu Mensch geworden) verbeugen sich alle (an Weihnachten und am Hochfest der Verkündigung des Herrn kniet man nieder).

hat Fleisch angenommen
durch den Heiligen Geist
von der Jungfrau Maria
und ist Mensch geworden.

Oder:

Credo in unum Deum,
Patrem omnipoténtem,
factórem cæli et terræ,
visibílium ómnium et invisibílium.

Et in unum Dóminum Iesum Christum,
Fílium Dei unigénitum,
et ex Patre natum ante ómnia sǽcula.
Deum de Deo, lumen de lúmine,
Deum verum de Deo vero,
génitum, non factum,
consubstantiálem Patri:
per quem ómnia facta sunt.

Qui propter nos hómines et propter nostram salútem descéndit de cælis.

Ad verba quæ sequuntur, usque ad factus est omnes se inclinant.

Et incarnátus est
de Spíritu Sancto
ex María Vírgine,
et homo factus est.

Er wurde für uns gekreuzigt
unter Pontius Pilatus,
hat gelitten und ist begraben worden,
ist am dritten Tage auferstanden
nach der Schrift
und aufgefahren in den Himmel.

Er sitzt zur Rechten des Vaters
und wird wiederkommen in Herrlichkeit,
zu richten die Lebenden und die Toten;
seiner Herrschaft wird kein Ende sein.

Wir glauben an den Heiligen Geist,
der Herr ist und lebendig macht,
der aus dem Vater und dem Sohn hervorgeht,
der mit dem Vater und dem Sohn
angebetet und verherrlicht wird,
der gesprochen hat durch die Propheten;
und die eine, heilige, katholische
und apostolische Kirche.

Wir bekennen die eine Taufe
zur Vergebung der Sünden.
Wir erwarten die Auferstehung der Toten
und das Leben der kommenden Welt.
Amen.

Crucifíxus étiam pro nobis
sub Póntio Piláto;
passus et sepúltus est,
et resurréxit tértia die,
secúndum Scriptúras,
et ascéndit in cælum,
sedet ad déxteram Patris.

Et íterum ventúrus est cum glória,
iudicáre vivos et mórtuos,
cuius regni non erit finis.

Et in Spíritum Sanctum,
Dóminum et vivificántem:
qui ex Patre Filióque procédit.
Qui cum Patre et Fílio
simul adorátur et conglorificátur:
qui locútus est per prophétas.
Et unam, sanctam, cathólicam
et apostólicam Ecclésiam.

Confíteor unum baptísma
in remissiónem peccatórum.
Et exspécto resurrectiónem mortuórum,
et vitam ventúri sǽculi.
Amen.

An Stelle des Großen Glaubensbekenntnisses kann das Apostolische Glaubensbekenntnis gebetet werden.

(Pr.: Wir sprechen das Apostolische Glaubensbekenntnis.)
A.: Ich glaube an Gott,
den Vater, den Allmächtigen,
den Schöpfer des Himmels und der Erde,
und an Jesus Christus,
seinen eingeborenen Sohn, unsern Herrn,

Zu den folgenden Worten (bis zu Jungfrau Maria) verbeugen sich alle (an Weihnachten und am Hochfest der Verkündigung des Herrn kniet man nieder).

empfangen durch den Heiligen Geist,
geboren von der Jungfrau Maria,
gelitten unter Pontius Pilatus,
gekreuzigt, gestorben und begraben,
hinabgestiegen in das Reich des Todes,
am dritten Tage auferstanden von den Toten,
aufgefahren in den Himmel;
er sitzt zur Rechten Gottes, des allmächtigen Vaters:
von dort wird er kommen,
zu richten die Lebenden und die Toten.
Ich glaube an den Heiligen Geist,
die heilige katholische Kirche,
Gemeinschaft der Heiligen,
Vergebung der Sünden,
Auferstehung der Toten
und das ewige Leben. Amen.

Oder:

Credo in Deum,
Patrem omnipoténtem,
Creatórem cæli et terræ.
Et in Iesum Christum,
Fílium eius únicum, Dóminum nostrum:
qui concéptus est de Spíritu Sancto,
natus ex María Vírgine,
passus sub Póntio Piláto,
crucifíxus, mórtuus, et sepúltus:
descéndit ad ínferos:
tértia die resurréxit a mórtuis;
ascéndit ad cælos;
sedet ad déxteram Dei
Patris omnipoténtis:
inde ventúrus est
iudicáre vivos et mórtuos.
Credo in Spíritum Sanctum,
sanctam Ecclésiam cathólicam,
Sanctórum communiónem,
remissiónem peccatórum,
carnis resurrectiónem,
vitam ætérnam. Amen.

FÜRBITTEN (ALLGEMEINES GEBET)

Die Fürbitten werden vom Priester eingeleitet und abgeschlossen. Die einzelnen Anliegen können vom Diakon, Lektor, Kantor oder anderen vorgetragen werden.

EUCHARISTIEFEIER
Gabenbereitung

GESANG ZUR GABENBEREITUNG

Das Herbeibringen und die Bereitung der Gaben können von einem geeigneten Gesang oder von Orgelspiel begleitet werden oder auch in der Stille geschehen.

Es empfiehlt sich, daß die Gläubigen ihre Teilnahme durch eine Gabe bekunden. Sie können durch Vertreter Brot und Wein für die Eucharistie oder selber andere Gaben herbeibringen, die für die Bedürfnisse der Kirche und der Armen bestimmt sind. Auch die Geldkollekte ist eine solche Gabe.

BEGLEITGEBETE ZUR GABENBEREITUNG

Über das Brot:

Gepriesen bist du, Herr, unser Gott, Schöpfer der Welt.
Du schenkst uns das Brot,
die Frucht der Erde und der menschlichen Arbeit.
Wir bringen dieses Brot vor dein Angesicht,
damit es uns das Brot des Lebens werde.

(Gepriesen bist du in Ewigkeit, Herr, unser Gott.)

Der Priester gießt Wein und ein wenig Wasser in den Kelch und spricht leise:

Wie das Wasser sich mit dem Wein verbindet zum heiligen Zeichen, so lasse uns dieser Kelch teilhaben an der Gottheit Christi, der unsere Menschennatur angenommen hat.

Gabenbereitung

Über den Kelch:
Gepriesen bist du, Herr, unser Gott, Schöpfer der Welt. Du schenkst uns den Wein, die Frucht des Weinstocks und der menschlichen Arbeit. Wir bringen diesen Kelch vor dein Angesicht, damit er uns der Kelch des Heiles werde.

(Gepriesen bist du in Ewigkeit, Herr, unser Gott.)

Der Priester verneigt sich und spricht leise:
Herr, wir kommen zu dir mit reumütigem Herzen und mit demütigem Sinn. Nimm uns an und gib, daß unser Opfer dir gefalle.

Der Priester kann die Gaben und den Altar inzensieren; anschließend können der Priester und die Gemeinde inzensiert werden.

ZUR HÄNDEWASCHUNG
Herr, wasche ab meine Schuld,
von meinen Sünden mach mich rein.

EINLADUNG ZUM GABENGEBET

Form A
Pr.: Lasset uns beten zu Gott, dem allmächtigen Vater,
daß er die Gaben der Kirche annehme
zu seinem Lob und zum Heil der ganzen Welt.

Oder Form B
Pr.: Lasset uns beten.

Oder eine andere geeignete Gebetseinladung.
Alle verharren eine kurze Zeit in stillem Gebet.

Oder: Form C
Pr.: Betet, Brüder und Schwestern,
daß mein und euer Opfer
Gott, dem allmächtigen Vater, gefalle.
A.: Der Herr nehme das Opfer an aus deinen Händen
zum Lob und Ruhm seines Namens,
zum Segen für uns und seine ganze heilige Kirche.

GABENGEBET
Durch das Gabengebet wird die Bereitung der Opfergaben abgeschlossen. Die Gemeinde beschließt das Gebet mit dem Ruf:
Amen.

Das Eucharistische Hochgebet

Das Eucharistische Hochgebet beginnt mit der Präfation und wird von der Gemeinde mit dem Zuruf Amen (vor dem Vaterunser) abgeschlossen.

Pr.: Der Herr sei mit euch.
A.: Und mit deinem Geiste.
Pr.: Erhebet die Herzen.
A.: Wir haben sie beim Herrn.
Pr.: Lasset uns danken dem Herrn, unserm Gott.
A.: Das ist würdig und recht.

Oder:
Pr.: Dóminus vobíscum.
A.: Et cum spíritu tuo.
Pr.: Sursum corda.
A.: Habémus ad Dóminum.
Pr.: Grátias agámus Dómino Deo nostro.
A.: Dignum et iustum est.

Präfationen, S. 1352–1382.
Zum Schluß der Präfation singt oder spricht der Priester zusammen mit der Gemeinde:

Heilig, heilig, heilig
Gott, Herr aller Mächte und Gewalten.
Erfüllt sind Himmel und Erde
von deiner Herrlichkeit.
Hosanna in der Höhe.
Hochgelobt sei,
der da kommt im Namen des Herrn.
Hosanna in der Höhe.

Oder:
Sanctus, Sanctus, Sanctus
Dóminus Deus Sábaoth.
Pleni sunt cæli et terra
glória tua.
Hosánna in excélsis.
Benedíctus
qui venit in nómine Dómini.
Hosánna in excélsis.

Das Sanctus darf nur durch ein Lied ersetzt werden, das mit dem dreimaligen Heilig-Ruf beginnt und dem Inhalt des Sanctus entspricht.

ERSTES HOCHGEBET
DER RÖMISCHE MESS-KANON

Dich, gütiger Vater, bitten wir durch deinen Sohn, unseren Herrn Jesus Christus: Nimm diese heiligen, makellosen Opfergaben an und segne ✚ sie.

Für die Kirche und ihre Hirten

Wir bringen sie dar vor allem für deine heilige katholische Kirche in Gemeinschaft mit deinem Diener, unserem Papst N., mit unserem Bischof N. und mit allen, die Sorge tragen für den rechten, katholischen und apostolischen Glauben. Schenke deiner Kirche Frieden und Einheit, behüte und leite sie auf der ganzen Erde.

Für anwesende und abwesende Gläubige

Gedenke deiner Diener und Dienerinnen (für die wir heute besonders beten) und aller, die hier versammelt sind.

Stilles Gedenken

Herr, du kennst ihren Glauben und ihre Hingabe; für sie bringen wir dieses Opfer des Lobes dar, und sie selber weihen es dir für sich und für alle, die ihnen verbunden sind, für ihre Erlösung und für ihre Hoffnung auf das unverlierbare Heil. Vor dich, den ewigen, lebendigen und wahren Gott, bringen sie ihre Gebete und Gaben.

Gedächtnis der Heiligen

In Gemeinschaft mit der ganzen Kirche gedenken wir deiner Heiligen. Wir ehren vor allem Maria, die glorreiche, allzeit jungfräuliche Mutter unseres Herrn und Gottes Jesus Christus.

* Wir ehren ihren Bräutigam, den heiligen Josef, deine heiligen Apostel und Märtyrer: Petrus und Paulus, Andreas (Jakobus, Johannes, Thomas, Jakobus, Philippus, Bartholomäus, Matthäus, Simon und Thaddäus, Linus, Kletus, Klemens, Xystus, Kornelius, Cyprianus, Laurentius, Chrysogonus, Johannes und Paulus, Kosmas und Damianus) und alle deine Heiligen; blicke auf ihr heiliges Leben und Sterben und gewähre uns auf ihre Fürsprache in allem deine Hilfe und deinen Schutz.

Das Gedächtnis der Heiligen kann auch beginnen:

An Sonntagen:

In Gemeinschaft mit der ganzen Kirche feiern wir den ersten Tag der Woche als den Tag, an dem Christus von den Toten erstanden ist, und gedenken deiner Heiligen: Wir ehren vor allem Maria, die glorreiche, allzeit jungfräuliche Mutter unseres Herrn und Gottes Jesus Christus.*

Von Weihnachten bis Neujahr:

In Gemeinschaft mit der ganzen Kirche feiern wir (die hochheilige Nacht) den hochheiligen Tag, (in der) an dem Maria in unversehrter Jungfräulichkeit der Welt den Erlöser geboren hat. Wir ehren vor allen Heiligen sie, die glorreiche, allzeit jungfräuliche Mutter unseres Herrn und Gottes Jesus Christus.*

An Erscheinung des Herrn:

In Gemeinschaft mit der ganzen Kirche feiern wir den hochheiligen Tag, an dem dein eingeborener Sohn, dir gleich in ewiger Herrlichkeit, als wahrer Mensch leibhaft und sichtbar erschienen ist. Wir gedenken deiner Heiligen und ehren vor allem Maria, die glorreiche, allzeit jungfräuliche Mutter unseres Herrn und Gottes Jesus Christus. *

Von der Osternacht bis zum Weißen Sonntag:

In Gemeinschaft mit der ganzen Kirche feiern wir (die hochheilige Nacht) das Hochfest der Auferstehung unseres Herrn Jesus Christus. Wir gedenken deiner Heiligen und ehren vor allem Maria, die glorreiche, allzeit jungfräuliche Mutter unseres Herrn und Gottes Jesus Christus. *

An Christi Himmelfahrt:

In Gemeinschaft mit der ganzen Kirche feiern wir den Tag, an dem unser Herr Jesus Christus, dein eingeborener Sohn, unsere schwache, mit seiner Gottheit vereinte Menschennatur zu deiner Rechten erhoben hat. Wir gedenken deiner Heiligen und ehren vor allem Maria, die glorreiche, allzeit jungfräuliche Mutter unseres Herrn und Gottes Jesus Christus. *

Am Pfingsttag:

In Gemeinschaft mit der ganzen Kirche feiern wir das hohe Pfingstfest, an dem der Heilige Geist in Feuerzungen auf die Jünger herabkam. Wir gedenken deiner Heiligen und ehren vor allem Maria, die glorreiche, allzeit jungfräuliche Mutter unseres Herrn und Gottes Jesus Christus. *

Erstes Hochgebet

Am eigenen Kirchweihfest:

In Gemeinschaft mit der ganzen Kirche feiern wir den Weihetag dieses Hauses, an dem du es zu eigen genommen und mit deiner Gegenwart erfüllt hast. Wir gedenken deiner Heiligen und ehren vor allem Maria, die glorreiche, allzeit jungfräuliche Mutter unseres Herrn und Gottes Jesus Christus. *

An Lichtmeß (2. Februar):

In Gemeinschaft mit der ganzen Kirche feiern wir den Tag, an dem dein eingeborener Sohn im Tempel dargestellt wurde. Wir gedenken deiner Heiligen und ehren vor allem Maria, die glorreiche, allzeit jungfräuliche Mutter unseres Herrn und Gottes Jesus Christus. *

An Verkündigung des Herrn (25. März):

In Gemeinschaft mit der ganzen Kirche feiern wir den Tag, an dem Maria deinen ewigen Sohn durch den Heiligen Geist empfangen hat. Wir ehren vor allen Heiligen sie, die glorreiche, allzeit jungfräuliche Mutter unseres Herrn und Gottes Jesus Christus. *

An Johannes' Geburt (24. Juni):

In Gemeinschaft mit der ganzen Kirche feiern wir den Tag, an dem Johannes geboren wurde, der Christus voranging, um ihm den Weg zu bereiten, dem Erlöser der Welt. Wir gedenken deiner Heiligen und ehren vor allem Maria, die glorreiche, allzeit jungfräuliche Mutter unseres Herrn und Gottes Jesus Christus. *

An Mariä Himmelfahrt (15. August):
In Gemeinschaft mit der ganzen Kirche feiern wir den Tag, an dem die jungfräuliche Gottesmutter in den Himmel aufgenommen wurde. Wir ehren vor allen Heiligen sie, die glorreiche, allzeit jungfräuliche Mutter unseres Herrn und Gottes Jesus Christus.*

An Mariä Geburt (8. September):
In Gemeinschaft mit der ganzen Kirche feiern wir den Tag, an dem Maria geboren wurde, die von Ewigkeit her auserwählte Mutter des Erlösers. Wir ehren vor allen Heiligen sie, die glorreiche, allzeit jungfräuliche Mutter unseres Herrn und Gottes Jesus Christus.*

An Allerheiligen (1. November):
In Gemeinschaft mit der ganzen Kirche feiern wir den Tag, der dem Gedächtnis aller Heiligen geweiht ist, die im Leben Christus nachfolgten und im Sterben von ihm die Krone der Herrlichkeit empfingen. Wir ehren vor allen Heiligen Maria, die glorreiche, allzeit jungfräuliche Mutter unseres Herrn und Gottes Jesus Christus.*

An Mariä Empfängnis (8. Dezember):
In Gemeinschaft mit der ganzen Kirche feiern wir den Tag, an dem Maria ohne Erbschuld empfangen wurde, da sie auserwählt war, die Mutter des Erlösers zu werden. Wir ehren vor allen Heiligen sie, die glorreiche, allzeit jungfräuliche Mutter unseres Herrn und Gottes Jesus Christus.*

Für die Ortsgemeinde

Nimm gnädig an, o Gott, diese Gaben deiner Diener und deiner ganzen Gemeinde; ordne unsere Tage in deinem Frieden, rette uns vor dem ewigen Verderben und nimm uns auf in die Schar deiner Erwählten.

Von der Osternacht bis zum Weißen Sonntag:

Nimm gnädig an, o Gott, diese Gaben deiner Diener und deiner ganzen Gemeinde. Wir bringen sie dar auch für jene, die an diesem Osterfest aus dem Wasser und dem Heiligen Geist zum neuen Leben geboren wurden, denen du alle Sünden vergeben hast. Ordne unsere Tage in deinem Frieden, rette uns vor dem ewigen Verderben und nimm uns auf in die Schar deiner Erwählten.

Bei einer Brautmesse:

Nimm gnädig an, o Gott, dieses Opfer deiner Diener, die Gaben der Neuvermählten N. und N. und die Opfergaben deiner ganzen Gemeinde. Sie bittet dich für diese Brautleute, die du zum Traualtar geführt hast: Erhalte sie bis ins hohe Alter in Glück und Frieden (und segne ihren Bund mit Kindern, die sie von deiner Güte erhoffen).

Bitte um Heiligung der Gaben

Schenke, o Gott, diesen Gaben Segen in Fülle und nimm sie zu eigen an. Mache sie uns zum wahren Opfer im Geiste, das dir wohlgefällt: zum Leib und Blut deines geliebten Sohnes, unseres Herrn Jesus Christus.

Einsetzungsbericht – Wandlung

Am Abend vor seinem Leiden nahm er das Brot in seine heiligen und ehrwürdigen Hände, erhob die Augen zum Himmel, zu dir, seinem Vater, dem allmächtigen Gott, sagte dir Lob und Dank, brach das Brot, reichte es seinen Jüngern und sprach:
Nehmet und esset alle davon:
Das ist mein Leib,
der für euch hingegeben wird.

Ebenso nahm er nach dem Mahl diesen erhabenen Kelch in seine heiligen und ehrwürdigen Hände, sagte dir Lob und Dank, reichte den Kelch seinen Jüngern und sprach:
Nehmet und trinket alle daraus:
Das ist der Kelch
des neuen und ewigen Bundes,
mein Blut, das für euch
und für alle vergossen wird
zur Vergebung der Sünden.
Tut dies zu meinem Gedächtnis.

Priester:
Geheimnis des Glaubens.

Zuruf der Gemeinde
**Deinen Tod, o Herr, verkünden wir,
und deine Auferstehung preisen wir,
bis du kommst in Herrlichkeit.**

Oder:
Mystérium fídei.

Mortem tuam annuntiámus, Dómine,
et tuam resurrectiónem confitémur,
donec vénias.

Darum, gütiger Vater, feiern wir, deine Diener und dein heiliges Volk, das Gedächtnis deines Sohnes, unseres Herrn Jesus Christus. Wir verkünden sein heilbringendes Leiden, seine Auferstehung von den Toten und seine glorreiche Himmelfahrt. So bringen wir aus den Gaben, die du uns geschenkt hast, dir, dem erhabenen Gott, die reine, heilige und makellose Opfergabe dar: das Brot des Lebens und den Kelch des ewigen Heiles.

Blicke versöhnt und gütig darauf nieder und nimm sie an wie einst die Gaben deines gerechten Dieners Abel, wie das Opfer unseres Vaters Abraham, wie die heilige Gabe, das reine Opfer deines Hohenpriesters Melchísedek.

Wir bitten dich, allmächtiger Gott: Dein heiliger Engel trage diese Opfergabe auf deinen himmlischen Altar vor deine göttliche Herrlichkeit; und wenn wir durch unsere Teilnahme am Altar den heiligen Leib und das Blut deines Sohnes empfangen, erfülle uns mit aller Gnade und allem Segen des Himmels.

Für die Verstorbenen

Gedenke auch deiner Diener und Dienerinnen, die uns vorangegangen sind, bezeichnet mit dem Siegel des Glaubens, und die nun ruhen in Frieden.

(Stilles Gedenken)

Wir bitten dich: Führe sie und alle, die in Christus entschlafen sind, in das Land der Verheißung, des Lichtes und des Friedens.

Weitere Bitten

Auch uns, deinen sündigen Dienern, die auf deine reiche Barmherzigkeit hoffen, gib Anteil und Gemeinschaft mit deinen heiligen Aposteln und Märtyrern: Johannes, Stephanus, Matthias, Barnabas (Ignatius, Alexander, Marzellinus, Petrus, Felizitas, Perpetua, Agatha, Luzia, Agnes, Cäcilia, Anastasia) und mit allen deinen Heiligen; wäge nicht unser Verdienst, sondern schenke gnädig Verzeihung und gib uns mit ihnen das Erbe des Himmels. Darum bitten wir dich durch unseren Herrn Jesus Christus.

Denn durch ihn erschaffst du immerfort all diese guten Gaben, gibst ihnen Leben und Weihe und spendest sie uns.

Abschließender Lobpreis

Durch ihn und mit ihm und in ihm
ist dir, Gott, allmächtiger Vater,
in der Einheit des Heiligen Geistes
alle Herrlichkeit und Ehre
jetzt und in Ewigkeit.

Alle: Amen.

Fortsetzung S. 1325.

ZWEITES HOCHGEBET

Pr.: Der Herr sei mit euch.
A.: Und mit deinem Geiste.
Pr.: Erhebet die Herzen.
A.: Wir haben sie beim Herrn.
Pr.: Lasset uns danken dem Herrn, unserm Gott.
A.: Das ist würdig und recht.

Oder:

Pr.: Dóminus vobíscum.
A.: Et cum spíritu tuo.
Pr.: Sursum corda.
A.: Habémus ad Dóminum.
Pr.: Grátias *agámus Dómino* Deo nostro.
A.: Dignum et iustum est.

In Wahrheit ist es würdig und recht, dir, Herr, heiliger Vater, immer und überall zu danken durch deinen geliebten Sohn Jesus Christus. Er ist dein Wort, durch ihn hast du alles erschaffen. Ihn hast du gesandt als unseren Erlöser und Heiland: Er ist Mensch geworden durch den Heiligen Geist, geboren von der Jungfrau Maria. Um deinen Ratschluß zu erfüllen und dir ein heiliges Volk zu erwerben, hat er sterbend die Arme ausgebreitet am Holze des Kreuzes. Er hat die Macht des Todes gebrochen und die Auferstehung kundgetan. Darum preisen wir dich mit allen Engeln und Heiligen und singen vereint mit ihnen das Lob deiner Herrlichkeit:

Heilig, heilig, heilig
Gott, Herr aller Mächte und Gewalten.
Erfüllt sind Himmel und Erde
von deiner Herrlichkeit.
Hosanna in der Höhe.
Hochgelobt sei,
der da kommt im Namen des Herrn.
Hosanna in der Höhe.

Oder:
Sanctus, Sanctus, Sanctus
Dóminus Deus Sábaoth.
Pleni sunt cæli et terra
glória tua.
Hosánna in excélsis.
Benedíctus
qui venit in nómine Dómini.
Hosánna in excélsis.

Zweites Hochgebet

Bitte um Heiligung der Gaben

Ja, du bist heilig, großer Gott, du bist der Quell aller Heiligkeit. Darum bitten wir dich: *

(Fortsetzung S. 1308.)

Hier kann an bestimmten Tagen das Festgeheimnis erwähnt werden (S. 1305–1307).

An Sonntagen:
Darum kommen wir vor dein Angesicht und feiern in Gemeinschaft mit der ganzen Kirche den ersten Tag der Woche als den Tag, an dem Christus von den Toten erstanden ist. Durch ihn, den du zu deiner Rechten erhöht hast, bitten wir dich: *

Von Weihnachten bis Neujahr:
Darum kommen wir vor dein Angesicht und feiern in Gemeinschaft mit der ganzen Kirche (die hochheilige Nacht) den hochheiligen Tag, (in der) an dem Maria in unversehrter Jungfräulichkeit der Welt den Erlöser geboren hat. Durch ihn, unseren Retter und Herrn, bitten wir dich: *

An Erscheinung des Herrn:
Darum kommen wir vor dein Angesicht und feiern in Gemeinschaft mit der ganzen Kirche den hochheiligen Tag, an dem dein eingeborener Sohn, dir gleich in ewiger Herrlichkeit, als wahrer Mensch leibhaft und sichtbar erschienen ist. Durch ihn, unseren Erlöser und Heiland, bitten wir dich: *

Von der Osternacht bis zum Weißen Sonntag:
Darum kommen wir vor dein Angesicht und feiern in Gemeinschaft mit der ganzen Kirche (die hochheilige Nacht) das Hochfest der Auferstehung unseres Herrn Jesus Christus. Durch ihn, der zu deiner Rechten erhöht ist, bitten wir dich: *

An Christi Himmelfahrt:

Darum kommen wir vor dein Angesicht und feiern in Gemeinschaft mit der ganzen Kirche den Tag, an dem unser Herr Jesus Christus, dein eingeborener Sohn, unsere schwache, mit seiner Gottheit vereinte Menschennatur zu deiner Rechten erhoben hat. Durch ihn bitten wir dich:*

Am Pfingsttag:

Darum kommen wir vor dein Angesicht und feiern in Gemeinschaft mit der ganzen Kirche das hohe Pfingstfest, an dem der Heilige Geist in Feuerzungen auf die Jünger herabkam. Und wir bitten dich:*

Am eigenen Kirchweihfest:

Darum kommen wir vor dein Angesicht und feiern in Gemeinschaft mit der ganzen Kirche den Weihetag dieses Hauses, an dem du es zu eigen genommen und mit deiner Gegenwart erfüllt hast. Durch Christus, den Herrn und das Haupt der Kirche, bitten wir dich:*

An Lichtmeß (2. Februar):

Darum kommen wir vor dein Angesicht und feiern in Gemeinschaft mit der ganzen Kirche den Tag, an dem dein eingeborener Sohn im Tempel dargestellt wurde. Durch ihn, das Licht von deinem Licht, bitten wir dich:*

An Verkündigung des Herrn (25. März):

Darum kommen wir vor dein Angesicht und feiern in Gemeinschaft mit der ganzen Kirche den Tag, an dem Maria deinen ewigen Sohn durch den Heiligen Geist empfangen hat. Durch ihn, der zu unserem Heil Mensch geworden ist, bitten wir dich:*

An Johannes' Geburt (24. Juni):
Darum kommen wir vor dein Angesicht und feiern in Gemeinschaft mit der ganzen Kirche den Tag, an dem Johannes geboren wurde, der Christus voranging, um ihm den Weg zu bereiten, dem Erlöser der Welt. Durch ihn, der nach Johannes kam und doch vor ihm war, bitten wir dich:*

An Mariä Himmelfahrt (15. August):
Darum kommen wir vor dein Angesicht und feiern in Gemeinschaft mit der ganzen Kirche den Tag, an die jungfräuliche Gottesmutter in den Himmel aufgenommen wurde von unserem Herrn Jesus Christus. Durch ihn, den Urheber und Vollender unseres Glaubens, bitten wir dich:*

An Mariä Geburt (8. September):
Darum kommen wir vor dein Angesicht und feiern in Gemeinschaft mit der ganzen Kirche den Tag, an dem Maria geboren wurde, die von Ewigkeit her auserwählte Mutter des Erlösers. Durch ihn, unseren Heiland, bitten wir dich:*

An Allerheiligen (1. November):
Darum kommen wir vor dein Angesicht und feiern in Gemeinschaft mit der ganzen Kirche den Tag, der dem Gedächtnis aller Heiligen geweiht ist, die im Leben Christus nachfolgten und im Sterben von ihm die Krone der Herrlichkeit empfingen. Durch ihn, den Urheber und Vollender unseres Glaubens, bitten wir dich:*

An Mariä Empfängnis (8. Dezember):
Darum kommen wir vor dein Angesicht und feiern in Gemeinschaft mit der ganzen Kirche den Tag, an dem Maria ohne Erbschuld empfangen wurde, da sie auserwählt war, die Mutter des Erlösers zu werden. Durch ihn, der unsere Sünden hinwegnimmt, bitten wir dich:*

* Sende deinen Geist auf diese Gaben herab und heilige sie, damit sie uns werden Leib ✝ und Blut deines Sohnes, unseres Herrn Jesus Christus.

Einsetzungsbericht — Wandlung

Denn am Abend, an dem er ausgeliefert wurde und sich aus freiem Willen dem Leiden unterwarf, nahm er das Brot und sagte Dank, brach es, reichte es seinen Jüngern und sprach:
Nehmet und esset alle davon:
Das ist mein Leib,
der für euch hingegeben wird.

Ebenso nahm er nach dem Mahl den Kelch, dankte wiederum, reichte ihn seinen Jüngern und sprach:
Nehmet und trinket alle daraus:
Das ist der Kelch
des neuen und ewigen Bundes,
mein Blut, das für euch
und für alle vergossen wird
zur Vergebung der Sünden.
Tut dies zu meinem Gedächtnis.

Priester:
Geheimnis des Glaubens.

Zuruf der Gemeinde
Deinen Tod, o Herr, verkünden wir, und deine Auferstehung preisen wir, bis du kommst in Herrlichkeit.

Oder:
Mystérium fidei.

Mortem tuam annuntiámus, Dómine,
et tuam resurrectiónem confitémur,
donec vénias.

Erinnerung — Darbringung — Dank und Bitte

Darum, gütiger Vater, feiern wir das Gedächtnis des Todes und der Auferstehung deines Sohnes und bringen dir so das Brot des Lebens und den Kelch des Heiles dar. Wir danken dir, daß du uns berufen hast, vor dir zu stehen und dir zu dienen.

Wir bitten dich: Schenke uns Anteil an Christi Leib und Blut und laß uns eins werden durch den Heiligen Geist.

Fürbitten für die Kirche und ihre Hirten

Gedenke deiner Kirche auf der ganzen Erde und vollende dein Volk in der Liebe, vereint mit unserem Papst N., unserem Bischof N. und allen Bischöfen, unseren Priestern und Diakonen und mit allen, die zum Dienst in der Kirche bestellt sind.

An bestimmten Tagen und bei verschiedenen Anlässen kann hier eine besondere Bitte angefügt werden.

Von der Osternacht bis zum Weißen Sonntag:

Gedenke auch jener, die an diesem Osterfest aus dem Wasser und dem Heiligen Geist zum neuen Leben geboren wurden, denen du alle Sünden vergeben hast.

Bei einer Brautmesse:

Gedenke auch der Neuvermählten N. und N. Du hast sie zusammengeführt und ihren Bund gesegnet. Darum erhalte sie bis ins hohe Alter in Glück und Frieden (und schenke ihnen die Kinder, die sie von deiner Güte erhoffen).

Für die Verstorbenen

In Messen für Verstorbene:

Erbarme dich unseres Bruders N. (unserer Schwester N.), den (die) du aus dieser Welt zu dir gerufen hast. Durch die Taufe gehört er (sie) Christus an, ihm ist er (sie) gleichgeworden im Tod: laß ihn (sie) mit Christus zum Leben auferstehen.

Gedenke (aller) unserer Brüder und Schwestern, die entschlafen sind in der Hoffnung, daß sie auferstehen. Nimm sie und alle, die in deiner Gnade aus dieser Welt geschieden sind, in dein Reich auf, wo sie dich schauen von Angesicht zu Angesicht.

Für alle

Vater, erbarme dich über uns alle, damit uns das ewige Leben zuteil wird in der Gemeinschaft mit der seligen Jungfrau und Gottesmutter Maria, mit deinen Aposteln und mit allen, die bei dir Gnade gefunden haben von Anbeginn der Welt, daß wir dich loben und preisen durch deinen Sohn Jesus Christus.

Abschließender Lobpreis

Durch ihn und mit ihm und in ihm
ist dir, Gott, allmächtiger Vater,
in der Einheit des Heiligen Geistes
alle Herrlichkeit und Ehre
jetzt und in Ewigkeit.

Alle: Amen.

Fortsetzung S. 1325.

DRITTES HOCHGEBET

Lobpreis
Ja, du bist heilig, großer Gott, und alle deine Werke verkünden dein Lob. Denn durch deinen Sohn, unseren Herrn Jesus Christus, und in der Kraft des Heiligen Geistes erfüllst du die ganze Schöpfung mit Leben und Gnade. Bis ans Ende der Zeiten versammelst du dir ein Volk, damit deinem Namen das reine Opfer dargebracht werde vom Aufgang der Sonne bis zum Untergang.

Bitte um Heiligung der Gaben
Darum bitten wir dich, allmächtiger Gott:*

(Fortsetzung S. 1315).

Hier kann an bestimmten Tagen das Festgeheimnis erwähnt werden (S. 1312–1315).

An Sonntagen:
Darum kommen wir vor dein Angesicht und feiern in Gemeinschaft mit der ganzen Kirche den ersten Tag der Woche als den Tag, an dem Christus von den Toten erstanden ist. Durch ihn, den du zu deiner Rechten erhöht hast, bitten wir dich, allmächtiger Gott:*

Von Weihnachten bis Neujahr:
Darum kommen wir vor dein Angesicht und feiern in Gemeinschaft mit der ganzen Kirche (die hochheilige Nacht) den hochheiligen Tag, (in der) an dem Maria in unversehrter Jungfräulichkeit der Welt den Erlöser geboren hat. Durch ihn, unseren Retter und Herrn, bitten wir dich, allmächtiger Gott:*

An Erscheinung des Herrn:
Darum kommen wir vor dein Angesicht und feiern in Gemeinschaft mit der ganzen Kirche den hochheiligen Tag, an dem dein eingeborener Sohn, dir gleich in ewiger Herrlichkeit, als wahrer Mensch leibhaft und sichtbar erschienen ist. Durch ihn, unseren Erlöser und Heiland, bitten wir dich, allmächtiger Gott:*

Von der Osternacht bis zum Weißen Sonntag:
Darum kommen wir vor dein Angesicht und feiern in Gemeinschaft mit der ganzen Kirche (die hochheilige Nacht) das Hochfest der Auferstehung unseres Herrn Jesus Christus. Durch ihn, der zu deiner Rechten erhöht ist, bitten wir dich, allmächtiger Gott:*

An Christi Himmelfahrt:
Darum kommen wir vor dein Angesicht und feiern in Gemeinschaft mit der ganzen Kirche den Tag, an dem unser Herr Jesus Christus, dein eingeborener Sohn, unsere schwache, mit seiner Gottheit vereinte Menschennatur zu deiner Rechten erhoben hat. Durch ihn bitten wir dich, allmächtiger Gott:*

Am Pfingsttag:
Darum kommen wir vor dein Angesicht und feiern in Gemeinschaft mit der ganzen Kirche das hohe Pfingstfest, an dem der Heilige Geist in Feuerzungen auf die Jünger herabkam. Und wir bitten dich, allmächtiger Gott:*

Am eigenen Kirchweihfest:
Darum kommen wir vor dein Angesicht und feiern in Gemeinschaft mit der ganzen Kirche den Weihetag dieses Hauses, an dem du es zu eigen genommen und mit deiner Gegenwart erfüllt hast. Durch Christus, den Herrn und das Haupt der Kirche, bitten wir dich, allmächtiger Gott:*

An Lichtmeß (2. Februar):
Darum kommen wir vor dein Angesicht und feiern in Gemeinschaft mit der ganzen Kirche den Tag, an dem dein eingeborener Sohn im Tempel dargestellt wurde. Durch ihn, das Licht von deinem Licht, bitten wir dich, allmächtiger Gott:*

An Verkündigung des Herrn (25. März):
Darum kommen wir vor dein Angesicht und feiern in Gemeinschaft mit der ganzen Kirche den Tag, an dem Maria deinen ewigen Sohn durch den Heiligen Geist empfangen hat. Durch ihn, der zu unserem Heil Mensch geworden ist, bitten wir dich, allmächtiger Gott:*

An Johannes' Geburt (24. Juni):
Darum kommen wir vor dein Angesicht und feiern in Gemeinschaft mit der ganzen Kirche den Tag, an dem Johannes geboren wurde, der Christus voranging, um ihm den Weg zu bereiten, dem Erlöser der Welt. Durch ihn, der nach Johannes kam und doch vor ihm war, bitten wir dich, allmächtiger Gott:*

An Mariä Himmelfahrt (15. August):
Darum kommen wir vor dein Angesicht und feiern in Gemeinschaft mit der ganzen Kirche den Tag, an dem die jungfräuliche Gottesmutter in den Himmel aufgenommen wurde von unserem Herrn Jesus Christus. Durch ihn, den Urheber und Vollender unseres Glaubens, bitten wir dich, allmächtiger Gott:*

An Mariä Geburt (8. September):
Darum kommen wir vor dein Angesicht und feiern in Gemeinschaft mit der ganzen Kirche den Tag, an dem Maria geboren wurde, die von Ewigkeit her auserwählte Mutter des Erlösers. Durch ihn, unseren Heiland, bitten wir dich, allmächtiger Gott:*

Drittes Hochgebet 1315

An Allerheiligen (1. November):
Darum kommen wir vor dein Angesicht und feiern in Gemeinschaft mit der ganzen Kirche den Tag, der dem Gedächtnis aller Heiligen geweiht ist, die im Leben Christus nachfolgten und im Sterben von ihm die Krone der Herrlichkeit empfingen. Durch ihn, den Urheber und Vollender unseres Glaubens, bitten wir dich, allmächtiger Gott:*

An Mariä Empfängnis (8. Dezember):
Darum kommen wir vor dein Angesicht und feiern in Gemeinschaft mit der ganzen Kirche den Tag, an dem Maria ohne Erbschuld empfangen wurde, da sie auserwählt war, die Mutter des Erlösers zu werden. Durch ihn, der unsere Sünden hinwegnimmt, bitten wir dich, allmächtiger Gott:*

* Heilige unsere Gaben durch deinen Geist, damit sie uns werden Leib + und Blut deines Sohnes, unseres Herrn Jesus Christus, der uns aufgetragen hat, dieses Geheimnis zu feiern.

Einsetzungsbericht — Wandlung
Denn in der Nacht, da er verraten wurde, nahm er das Brot und sagte Dank, brach es, reichte es seinen Jüngern und sprach:
Nehmet und esset alle davon:
Das ist mein Leib,
der für euch hingegeben wird.

Ebenso nahm er nach dem Mahl den Kelch,
dankte wiederum, reichte ihn seinen Jüngern
und sprach:
Nehmet und trinket alle daraus:
Das ist der Kelch
des neuen und ewigen Bundes,
mein Blut, das für euch
und für alle vergossen wird
zur Vergebung der Sünden.
Tut dies zu meinem Gedächtnis.

<small>Priester:</small>
Geheimnis des Glaubens.

<small>Zuruf der Gemeinde</small>
Deinen Tod, o Herr, verkünden wir,
und deine Auferstehung preisen wir,
bis du kommst in Herrlichkeit.

Oder:
Mystérium fidei.

Mortem tuam annuntiámus, Dómine,
et tuam resurrectiónem confitémur,
donec vénias.

<small>Erinnerung — Darbringung — Bitte</small>
Darum, gütiger Vater, feiern wir das Gedächtnis deines Sohnes. Wir verkünden sein heilbringendes Leiden, seine glorreiche Auferstehung und Himmelfahrt und erwarten seine Wiederkunft. So bringen wir dir mit Lob und Dank dieses heilige und lebendige Opfer dar.

Drittes Hochgebet

Schau gütig auf die Gabe deiner Kirche. Denn sie stellt dir das Lamm vor Augen, das geopfert wurde und uns nach deinem Willen mit dir versöhnt hat. Stärke uns durch den Leib und das Blut deines Sohnes und erfülle uns mit seinem Heiligen Geist, damit wir ein Leib und ein Geist werden in Christus.

Er mache uns auf immer zu einer Gabe, die dir wohlgefällt, damit wir das verheißene Erbe erlangen mit deinen Auserwählten, mit der seligen Jungfrau und Gottesmutter Maria, mit deinen Aposteln und Märtyrern (mit dem – der – heiligen N.: *Tagesheiliger oder Patron*) und mit allen Heiligen, auf deren Fürsprache wir vertrauen.

Fürbitten für die Welt, die Kirche und ihre Hirten

Barmherziger Gott, wir bitten dich: Dieses Opfer unserer Versöhnung bringe der ganzen Welt Frieden und Heil. Beschütze deine Kirche auf ihrem Weg durch die Zeit und stärke sie im Glauben und in der Liebe: deinen Diener, unseren Papst N., unseren Bischof N. und die Gemeinschaft der Bischöfe, unsere Priester und Diakone, alle, die zum Dienst in der Kirche bestellt sind, und das ganze Volk deiner Erlösten.

Von der Osternacht bis zum Weißen Sonntag, S. 1310.
Bei einer Brautmesse, S. 1310.

Für die anwesende Gemeinde und für alle

Erhöre, gütiger Vater, die Gebete der hier versammelten Gemeinde und führe zu dir auch alle deine Söhne und Töchter, die noch fern sind von dir.

Für die Verstorbenen

In einer Messe für bestimmte Verstorbene:

Erbarme dich unseres Bruders N. (unserer Schwester N.), den (die) du aus dieser Welt zu dir gerufen hast. Durch die Taufe gehört er (sie) Christus an, ihm ist er (sie) gleichgeworden im Tod: gib ihm (ihr) auch Anteil an der Auferstehung, wenn Christus die Toten auferweckt und unseren irdischen Leib seinem verklärten Leib ähnlich macht.

Erbarme dich (aller) unserer verstorbenen Brüder und Schwestern und aller, die in deiner Gnade aus dieser Welt geschieden sind. Nimm sie auf in deine Herrlichkeit. Und mit ihnen laß auch uns, wie du verheißen hast, zu Tische sitzen in deinem Reich.

In einer Messe für bestimmte Verstorbene:

Dann wirst du alle Tränen trocknen. Wir werden dich, unseren Gott, schauen, wie du bist, dir ähnlich sein auf ewig und dein Lob singen ohne Ende.

Darum bitten wir dich durch unseren Herrn Jesus Christus. Denn durch ihn schenkst du der Welt alle guten Gaben.

Abschließender Lobpreis

Durch ihn und mit ihm und in ihm
ist dir, Gott, allmächtiger Vater,
in der Einheit des Heiligen Geistes
alle Herrlichkeit und Ehre
jetzt und in Ewigkeit.

Alle: Amen.

Fortsetzung S. 1325.

VIERTES HOCHGEBET

Pr.: Der Herr sei mit euch.
A.: Und mit deinem Geiste.
Pr.: Erhebet die Herzen.
A.: Wir haben sie beim Herrn.
Pr.: Lasset uns danken dem Herrn, unserm Gott.
A.: Das ist würdig und recht.

Oder:
Pr.: Dóminus vobíscum.
A.: Et cum spíritu tuo.
Pr.: Sursum corda.
A.: Habémus ad Dóminum.
Pr.: Grátias agámus Dómino Deo nostro.
A.: Dignum et iustum est.

In Wahrheit ist es würdig, dir zu danken, heiliger Vater. Es ist recht, dich zu preisen. Denn du allein bist der lebendige und wahre Gott. Du bist vor den Zeiten und lebst in Ewigkeit. Du wohnst in unzugänglichem Lichte. Alles hast du erschaffen, denn du bist die Liebe und der Ursprung des Lebens. Du erfüllst deine Geschöpfe mit Segen und erfreust sie alle mit dem Glanz deines Lichtes. Vor dir stehen die Scharen der Engel und schauen dein Angesicht. Sie dienen dir Tag und Nacht, nie endet ihr Lobgesang. Mit ihnen preisen auch wir deinen Namen, durch unseren Mund rühmen dich alle Geschöpfe und künden voll Freude das Lob deiner Herrlichkeit:

Heilig, heilig, heilig
Gott, Herr aller Mächte und Gewalten.
Erfüllt sind Himmel und Erde
von deiner Herrlichkeit.
Hosanna in der Höhe.
Hochgelobt sei,
der da kommt im Namen des Herrn.
Hosanna in der Höhe.

Oder:
Sanctus, Sanctus, Sanctus
Dóminus Deus Sábaoth.
Pleni sunt cæli et terra
glória tua.
Hosánna in excélsis.
Benedíctus
qui venit in nómine Dómini.
Hosánna in excélsis.

Viertes Hochgebet

Dank für das Werk der Schöpfung und der Erlösung

Wir preisen dich, heiliger Vater, denn groß bist du, und alle deine Werke künden deine Weisheit und Liebe.

Den Menschen hast du nach deinem Bild geschaffen und ihm die Sorge für die ganze Welt anvertraut. Über alle Geschöpfe sollte er herrschen und allein dir, seinem Schöpfer, dienen.

Als er im Ungehorsam deine Freundschaft verlor und der Macht des Todes verfiel, hast du ihn dennoch nicht verlassen, sondern voll Erbarmen allen geholfen, dich zu suchen und zu finden.

Immer wieder hast du den Menschen deinen Bund angeboten und sie durch die Propheten gelehrt, das Heil zu erwarten.

So sehr hast du die Welt geliebt, heiliger Vater, daß du deinen eingeborenen Sohn als Retter gesandt hast, nachdem die Fülle der Zeiten gekommen war. Er ist Mensch geworden durch den Heiligen Geist, geboren von der Jungfrau Maria. Er hat wie wir als Mensch gelebt, in allem uns gleich außer der Sünde.

Den Armen verkündete er die Botschaft vom Heil, den Gefangenen Freiheit, den Trauernden Freude.

Um deinen Ratschluß zu erfüllen, hat er sich dem Tod überliefert, durch seine Auferstehung den Tod bezwungen und das Leben neu geschaffen.

Damit wir nicht mehr uns selber leben, sondern ihm, der für uns gestorben und auferstanden ist, hat er von dir, Vater, als erste Gabe für alle, die glauben, den Heiligen Geist gesandt, der das Werk deines Sohnes auf Erden weiterführt und alle Heiligung vollendet.

Bitte um Heiligung der Gaben
So bitten wir dich, Vater: der Geist heilige diese Gaben, damit sie uns werden Leib + und Blut unseres Herrn Jesus Christus, der uns die Feier dieses Geheimnisses aufgetragen hat als Zeichen des ewigen Bundes.

Einsetzungsbericht — Wandlung
Da er die Seinen liebte, die in der Welt waren, liebte er sie bis zur Vollendung. Und als die Stunde kam, da er von dir verherrlicht werden sollte, nahm er beim Mahl das Brot und sagte Dank, brach das Brot, reichte es seinen Jüngern und sprach:
Nehmet und esset alle davon:
Das ist mein Leib,
der für euch hingegeben wird.

Ebenso nahm er den Kelch mit Wein, dankte wiederum, reichte den Kelch seinen Jüngern und sprach:

**Nehmet und trinket alle daraus:
Das ist der Kelch
des neuen und ewigen Bundes,
mein Blut, das für euch
und für alle vergossen wird
zur Vergebung der Sünden.
Tut dies zu meinem Gedächtnis.**

Priester:
Geheimnis des Glaubens.

Zuruf der Gemeinde
**Deinen Tod, o Herr, verkünden wir,
und deine Auferstehung preisen wir,
bis du kommst in Herrlichkeit.**

Oder:
Mystérium fidei.

**Mortem tuam annuntiámus, Dómine,
et tuam resurrectiónem confitémur,
donec vénias.**

Erinnerung — Darbringung — Bitte

Darum, gütiger Vater, feiern wir das Gedächtnis unserer Erlösung. Wir verkünden den Tod deines Sohnes und sein Hinabsteigen zu den Vätern, bekennen seine Auferstehung und Himmelfahrt und erwarten sein Kommen in Herrlichkeit. So bringen wir dir seinen Leib und sein Blut dar, das Opfer, das dir wohlgefällt und der ganzen Welt Heil bringt.

Sieh her auf die Opfergabe, die du selber deiner Kirche bereitet hast, und gib, daß alle, die Anteil erhalten an dem einen Brot und dem einen Kelch, ein Leib werden im Heiligen Geist, eine lebendige Opfergabe in Christus zum Lob deiner Herrlichkeit.

Fürbitten für die Kirche und ihre Hirten, für die anwesende Gemeinde und für alle

Herr, gedenke aller, für deren Heil wir das Opfer darbringen. Wir bitten dich für unseren Papst N., unseren Bischof N. und die Gemeinschaft der Bischöfe, für unsere Priester und Diakone und für alle, die zum Dienst in der Kirche bestellt sind, für alle, die ihre Gaben spenden, für die hier versammelte Gemeinde, für dein ganzes Volk und für alle Menschen, die mit lauterem Herzen dich suchen.

Für die Verstorbenen

Wir empfehlen dir auch jene, die im Frieden Christi heimgegangen sind, und alle Verstorbenen, um deren Glauben niemand weiß als du. Gütiger Vater, gedenke, daß wir deine Kinder sind, und schenke uns allen das Erbe des Himmels in Gemeinschaft mit der seligen Jungfrau und Gottesmutter Maria, mit deinen Aposteln und mit allen Heiligen. Und wenn die ganze Schöpfung von der Verderbnis der Sünde und des Todes befreit ist, laß uns zusammen mit ihr dich verherrlichen in deinem Reich durch unseren Herrn Jesus Christus. Denn durch ihn schenkst du der Welt alle guten Gaben.

Abschließender Lobpreis

Durch ihn und mit ihm und in ihm
ist dir, Gott, allmächtiger Vater,
in der Einheit des Heiligen Geistes
alle Herrlichkeit und Ehre
jetzt und in Ewigkeit.
Alle: **Amen.**

KOMMUNION

GEBET DES HERRN
Dem Wort unseres Herrn und Erlösers gehorsam und getreu seiner göttlichen Weisung wagen wir zu sprechen:

Oder:
Lasset uns beten, wie der Herr uns zu beten gelehrt hat:

Oder:
Wir heißen Kinder Gottes und sind es. Darum beten wir voll Vertrauen:

Oder:
Wir haben den Geist empfangen, der uns zu Kindern Gottes macht. Darum wagen wir zu sprechen:

Oder eine andere geeignete Einladung. Diese kann auch der Zeit des Kirchenjahres angepaßt werden.

A.: Vater unser im Himmel,
Geheiligt werde dein Name.
Dein Reich komme.
Dein Wille geschehe, wie im Himmel so auf Erden.
Unser tägliches Brot gib uns heute.
Und vergib uns unsere Schuld,
wie auch wir vergeben unsern Schuldigern.
Und führe uns nicht in Versuchung,
sondern erlöse uns von dem Bösen.

Oder:

Pater noster, qui es in cælis:
sanctificétur nomen tuum;
advéniat regnum tuum;
fiat volúntas tua, sicut in cælo, et in terra.
Panem nostrum cotidiánum da nobis hódie;
et dimítte nobis débita nostra,
sicut et nos dimíttimus debitóribus nostris;
et ne nos indúcas in tentatiónem;
sed líbera nos a malo.

Pr.: Erlöse uns, Herr, allmächtiger Vater, von allem Bösen und gib Frieden in unseren Tagen. Komm uns zu Hilfe mit deinem Erbarmen und bewahre uns vor Verwirrung und Sünde, damit wir voll Zuversicht das Kommen unseres Erlösers Jesus Christus erwarten.

A.: Denn dein ist das Reich und die Kraft
und die Herrlichkeit in Ewigkeit. Amen.

Oder:

Quia tuum est regnum, et potéstas,
et glória in sǽcula.

FRIEDENSGEBET

Der Priester lädt nun mit folgenden oder ähnlichen Worten zum Friedensgebet ein:

Der Herr hat zu seinen Aposteln gesagt:
Frieden hinterlasse ich euch,
meinen Frieden gebe ich euch.
Deshalb bitten wir:
Herr Jesus Christus, schau nicht auf unsere Sünden,
sondern auf den Glauben deiner Kirche
und schenke ihr nach deinem Willen
Einheit und Frieden.

Gebetseinladung und Christusanrede können der Zeit des Kirchenjahres oder dem Anlaß angepaßt werden. Etwa:

In der Weihnachtszeit:

Als Christus geboren wurde,
verkündeten Engel den Frieden auf Erden.
Deshalb bitten wir:
Herr Jesus Christus, starker Gott, Friedensfürst,*

In der Fastenzeit:

Christus ist unser Friede und unsere Versöhnung.
Deshalb bitten wir:
Herr Jesus Christus,*

* schau nicht auf unsere Sünden,
sondern auf den Glauben deiner Kirche
und schenke ihr nach deinem Willen
Einheit und Frieden.

In der Osterzeit:
Am Ostertag trat Jesus in die Mitte seiner Jünger
und sprach den Friedensgruß.
Deshalb bitten wir:
Herr Jesus Christus, du Sieger über Sünde und Tod,*

An Pfingsten:
Unser Herr Jesus Christus hat den Heiligen Geist gesandt,
damit er die Kirche aus allen Völkern
in Einheit und Liebe zusammenfüge.
Deshalb bitten wir:
Herr Jesus Christus,*

* schau nicht auf unsere Sünden,
sondern auf den Glauben deiner Kirche
und schenke ihr nach deinem Willen
Einheit und Frieden.

Der Gemeinde zugewandt, breitet der Priester die Hände aus und singt oder spricht:

Der Friede des Herrn sei allezeit mit euch.

Die Gemeinde antwortet:
Und mit deinem Geiste.

(Priester oder Diakon:
Gebt einander ein Zeichen des Friedens und der Versöhnung.)

Kommunion

BRECHUNG DES BROTES

Der Priester bricht die Hostie in mehrere Teile zum Zeichen, daß alle an dem einen Leib Christi teilhaben. Ein kleines Fragment der Hostie senkt er in den Kelch. Dabei spricht er leise:

Das Sakrament des Leibes und Blutes Christi schenke uns ewiges Leben.

Inzwischen wird der Gesang zur Brotbrechung (Agnus Dei) gesungen bzw. gesprochen:

Lamm Gottes,
du nimmst hinweg die Sünde der Welt:
erbarme dich unser.

Lamm Gottes,
du nimmst hinweg die Sünde der Welt:
erbarme dich unser.

Lamm Gottes,
du nimmst hinweg die Sünde der Welt:
gib uns deinen Frieden.

Oder:
Agnus Dei,
qui tollis peccáta mundi:
miserére nobis.

Agnus Dei,
qui tollis peccáta mundi:
miserére nobis.

Agnus Dei,
qui tollis peccáta mundi:
dona nobis pacem.

Es kann auch ein Agnus-Dei-Lied gesungen werden.

STILLES GEBET VOR DER KOMMUNION

Der Priester spricht leise:

Herr Jesus Christus, Sohn des lebendigen Gottes,
dem Willen des Vaters gehorsam,
hast du im Heiligen Geist durch deinen Tod
der Welt das Leben geschenkt.
Erlöse mich durch deinen Leib und dein Blut
von allen Sünden und allem Bösen.
Hilf mir, daß ich deine Gebote treu erfülle,
und laß nicht zu,
daß ich jemals von dir getrennt werde.

Oder:

Herr Jesus Christus,
der Empfang deines Leibes und Blutes
bringe mir nicht Gericht und Verdammnis,
sondern Segen und Heil.

EINLADUNG ZUR KOMMUNION

Der Priester hält ein Stück der Hostie über der Schale und spricht, zur Gemeinde gewandt, laut:

Seht das Lamm Gottes, das hinwegnimmt die Sünde der Welt.

Gemeinsam mit der Gemeinde spricht er einmal:

Herr, ich bin nicht würdig, daß du eingehst unter mein Dach, aber sprich nur ein Wort, so wird meine Seele gesund.

Der Priester kann hinzufügen:
Selig, die zum Hochzeitsmahl des Lammes geladen sind.

Oder:
Kostet und seht, wie gut der Herr ist.

Oder:
Wer von diesem Brot ißt, wird in Ewigkeit leben.

Oder einen Kommunionvers aus dem Meßbuch.

KOMMUNIONSPENDUNG

Kommunion des Priesters:
Der Leib Christi schenke mir das ewige Leben.
Das Blut Christi schenke mir das ewige Leben.

Kommunion der Gläubigen
Der Priester zeigt dem, der die Kommunion empfängt, die Hostie, indem er sagt:

Der Leib Christi.

Der Kommunikant antwortet:
Amen.

Wird die Kommunion unter beiden Gestalten gereicht, so sagt der Kommunionspender beim Reichen des Kelches:

Das Blut Christi.

Der Kommunikant antwortet:
Amen.

KOMMUNIONVERS
Während oder nach der Kommunion: Kommunionvers oder ein entsprechendes Lied.

Nach der Kommunionausteilung betet der Priester still:
Was wir mit dem Munde empfangen haben, Herr, das laß uns mit reinem Herzen aufnehmen, und diese zeitliche Speise werde uns zur Arznei der Unsterblichkeit.

BESINNUNG UND DANK
Nach der Kommunionausteilung kann der Priester an seinen Sitz zurückkehren. Auch kann man einige Zeit in stillem Gebet verweilen. Es empfiehlt sich, einen Dankpsalm oder ein Loblied zu singen.

SCHLUSSGEBET
Der Priester singt oder spricht das Schlußgebet.
Die Gemeinde beschließt das Gebet mit dem Ruf:
Amen.

ENTLASSUNG

Wenn noch kurze Verlautbarungen für die Gemeinde zu machen sind, werden sie hier eingefügt. Darauf folgt die Entlassung:

Pr.: Der Herr sei mit euch.
A.: Und mit deinem Geiste.
Pr.: Es segne euch der **allmächtige Gott,**
der Vater und der Sohn + und der Heilige Geist.
A.: Amen.

Oder:

Pr.: Dóminus vobíscum.
A.: Et cum spíritu tuo.
Pr.: Benedícat vos omnípotens Deus,
Pater, et Fílius, + et Spíritus Sanctus.
A.: Amen.

Statt des einfachen Segens kann der Priester eine feierliche Segensformel oder das Gebet über die Gläubigen sprechen (siehe S. 1334 ff. oder S. 1344 ff.).

Dann singt oder spricht der Diakon (oder der Priester selbst):

Gehet hin in Frieden.

Die Gemeinde:

Dank sei Gott, dem Herrn.

In der Osterwoche bis zum Weißen Sonntag:

Gehet hin in Frieden. Halleluja, halleluja.
Dank sei Gott, dem Herrn. Halleluja, halleluja.

Das doppelte Halleluja kann in der ganzen Osterzeit hinzugefügt werden.

Folgt unmittelbar auf die Meßfeier eine andere liturgische Feier, so endet die Meßfeier mit dem Schlußgebet, ohne den Schlußsegen und die Entlassung.

FEIERLICHE SCHLUSS-SEGEN

Die folgenden Schlußsegen kann der Priester am Ende der Messe, eines Wortgottesdienstes, einer Tagzeit des Stundengebetes oder zum Abschluß einer Sakramentenspendung gebrauchen.

I. IM HERRENJAHR

Im Advent

Der barmherzige Gott hat uns den Glauben an das Kommen seines Sohnes geschenkt; er segne und heilige euch durch das Licht seiner Gnade. (A.: Amen.)
Er mache euch standhaft im Glauben, froh in der Hoffnung und eifrig in Werken der Liebe. (A.: Amen.)
Die erste Ankunft des Erlösers sei euch Unterpfand der ewigen Herrlichkeit, die er uns schenken wird, wenn er wiederkommt auf den Wolken des Himmels. (A.: Amen.)
Das gewähre euch der dreieinige Gott, der Vater und der Sohn + und der Heilige Geist. A.: Amen.
V.: Gehet hin in Frieden.
A.: Dank sei Gott, dem Herrn.

An Weihnachten

Der barmherzige Gott hat durch die Geburt seines Sohnes die *Finsternis* vertrieben und (diese Nacht) diesen Tag erleuchtet mit dem Glanz seines Lichtes; er mache eure Herzen hell mit dem Licht seiner Gnade. (A.: Amen.)
Den Hirten ließ er durch den Engel die große Freude verkünden; mit dieser Freude erfülle er euer ganzes Leben. (A.: Amen.)

Feierliche Schlußsegen

In Christus hat Gott Himmel und Erde verbunden; durch ihn schenke er allen Menschen guten Willens seinen Frieden, durch ihn vereine er euch mit der Kirche des Himmels.
(A.: Amen.)
Das gewähre euch der dreieinige Gott, der Vater und der Sohn + und der Heilige Geist. A.: Amen.
V.: Gehet hin in Frieden.
A.: Dank sei Gott, dem Herrn.

Nach Erscheinung des Herrn

Gott, unser Vater, hat uns aus der Finsternis in sein wunderbares Licht gerufen; er segne euch und stärke euch im Glauben, in der Hoffnung und in der Liebe. (A.: Amen.)
Und Christus, der (heute) der Welt erschienen ist als Licht in der Finsternis, leuchte auf in euren Herzen und mache euer Leben zum Licht für eure Brüder. (A.: Amen.)
Die Weisen sind dem Stern gefolgt und haben Christus gefunden; Gott führe auch euch auf dem Weg der irdischen Pilgerschaft zur Anschauung seiner Herrlichkeit. (A.: Amen.)
Das gewähre euch der dreieinige Gott, der Vater und der Sohn + und der Heilige Geist. A.: Amen.
V.: Gehet hin in Frieden.
A.: Dank sei Gott, dem Herrn.

Vom Leiden des Herrn

Der barmherzige Gott, der seinen Sohn für uns dahingegeben und uns in ihm ein Beispiel der Liebe geschenkt hat, segne euch und mache euch bereit, Gott und den Menschen zu dienen. (A.: Amen.)
Und Christus, der Herr, der uns durch sein Sterben dem ewigen Tode entrissen hat, stärke euren Glauben und führe euch zur unvergänglichen Herrlichkeit. (A.: Amen.)
Und allen, die ihm folgen auf dem Weg der Entäußerung, gebe er Anteil an seiner Auferstehung und an seiner Herrlichkeit. (A.: Amen.)
Das gewähre euch der dreieinige Gott, der Vater und der Sohn ✛ und der Heilige Geist. A.: Amen.
V.: Gehet hin in Frieden.
A.: Dank sei Gott, dem Herrn.

In der Osterzeit

Der allmächtige Gott hat uns durch die Auferstehung seines Sohnes aus Sünde und Tod befreit; er segne euch und schenke euch seine Freude. (A.: Amen.)
Und Christus, mit dem wir auferstanden sind durch den Glauben, bewahre in euch die Gabe der Erlösung. (A.: Amen.)
Gott hat uns in der Taufe angenommen als Kinder seiner Gnade; er schenke euch das verheißene Erbe. (A.: Amen.)
Das gewähre euch der dreieinige Gott, der Vater und der Sohn ✛ und der Heilige Geist. A.: Amen.
V.: Gehet hin in Frieden.
A.: Dank sei Gott, dem Herrn.

Nach Christi Himmelfahrt

Der allherrschende Gott, der (heute) Christus zu seiner Rechten erhöht und uns den Zugang zum Leben erschlossen hat, gewähre euch die Fülle seines Segens. (A.: Amen.)
Vor den Augen seiner Jünger wurde Christus zum Himmel erhoben; er sei euch ein gnädiger Richter, wenn er wiederkommt. (A.: Amen.)
Er thront in der Herrlichkeit des Vaters und bleibt dennoch inmitten seiner Kirche; er schenke euch den Trost seiner Gegenwart. (A.: Amen.)
Das gewähre euch der dreieinige Gott, der Vater und der Sohn + und der Heilige Geist. A.: Amen.
V.: Gehet hin in Frieden.
A.: Dank sei Gott, dem Herrn.

Vom Heiligen Geist

Der gütige Gott hat (am heutigen Tag) die Jünger durch die Eingießung des Heiligen Geistes erleuchtet; er segne euch und schenke euch den Reichtum seiner Gaben. (A.: Amen.)
Jenes Feuer, das in vielen Zungen auf die Jünger herabkam, reinige eure Herzen und entzünde in euch die göttliche Liebe. (A.: Amen.)
Der Heilige Geist, der die vielen Sprachen im Bekenntnis des *Glaubens* geeint hat, festige euch in der Wahrheit und führe euch vom Glauben zum Schauen. (A.: Amen.)
Das gewähre euch der dreieinige Gott, der Vater und der Sohn + und der Heilige Geist. A.: Amen.
V.: Gehet hin in Frieden.
A.: Dank sei Gott, dem Herrn.

Im Jahreskreis I

Num 6, 24–26

Der Herr segne euch und behüte euch; der Herr lasse sein Angesicht über euch leuchten und sei euch gnädig; er wende euch sein Antlitz zu und schenke euch seinen Frieden! (A.: Amen.)
Das gewähre euch der dreieinige Gott, der Vater und der Sohn † und der Heilige Geist. A.: Amen.
V.: Gehet hin in Frieden.
A.: Dank sei Gott, dem Herrn.

Im Jahreskreis II

Phil 4, 7

Der Friede Gottes, der alles Begreifen übersteigt, bewahre eure Herzen und eure Gedanken in der Gemeinschaft mit Christus Jesus. (A.: Amen.)
Das gewähre euch der dreieinige Gott, der Vater und der Sohn † und der Heilige Geist. A.: Amen.
V.: Gehet hin in Frieden.
A.: Dank sei Gott, dem Herrn.

Im Jahreskreis III

Der allmächtige Gott gewähre euch Segen und Heil; er offenbare euch die Wege seiner Weisheit. (A.: Amen.)
Er stärke euren Glauben durch sein Wort und schenke euch die Gnade, nach seinen Geboten zu leben, damit in allem sein Wille geschehe. (A.: Amen.)
Er lenke eure Schritte auf den Weg des Friedens; er mache euch beharrlich im Guten und vollende euch in der Liebe.
(A.: Amen.)
Das gewähre euch der dreieinige Gott, der Vater und der Sohn † und der Heilige Geist. A.: Amen.
V.: Gehet hin in Frieden.
A.: Dank sei Gott, dem Herrn.

Im Jahreskreis IV

Der Gott und Vater unseres Herrn Jesus Christus, der uns tröstet in jeder Not, segne euch und lenke eure Tage in seinem Frieden. (A.: Amen.)
Er bewahre euch vor aller Verwirrung und festige eure Herzen in seiner Liebe. (A.: Amen.)
In diesem Leben mache er euch reich an guten Werken; und im künftigen sei er selbst euer unvergänglicher Lohn. (A.: Amen.)
Das gewähre euch der dreieinige Gott, der Vater und der Sohn † und der Heilige Geist. (A.: Amen.)
V.: Gehet hin in Frieden.
A.: Dank sei Gott, dem Herrn.

Im Jahreskreis V

Gott, der allmächtige Vater, segne euch; er bewahre euch vor Unheil und Schaden. (A.: Amen.)
Er öffne eure Herzen für sein göttliches Wort und bereite sie für die unvergänglichen Freuden. (A.: Amen.)
Er lasse euch erkennen, was zum Heile dient, und führe euch auf dem Weg seiner Gebote zur Gemeinschaft der Heiligen. (A.: Amen.)
Das gewähre euch der dreieinige Gott, der Vater und der Sohn † und der Heilige Geist. (A.: Amen.)
V.: Gehet hin in Frieden.
A.: Dank sei Gott, dem Herrn.

Im Jahreskreis VI

Oratio super populum 20

Gott, unser Vater, segne euch mit allem Segen des Himmels, damit ihr rein und heilig lebt vor seinem Angesicht.
(A.: Amen.)

Er lehre euch durch das Wort der Wahrheit; er bilde euer Herz nach dem Evangelium Christi und gebe euch Anteil an seiner Herrlichkeit. (A.: Amen.)

Er schenke euch jene brüderliche Liebe, an der die Welt die Jünger Christi erkennen soll. (A.: Amen.)

Das gewähre euch der dreieinige Gott, der Vater und der Sohn + und der Heilige Geist. A.: Amen.

V.: Gehet hin in Frieden.
A.: Dank sei Gott, dem Herrn.

II. BEI FEIERN VON DEN HEILIGEN

Von der seligen Jungfrau Maria

Gott, der allmächtige Vater, segne euch durch den Erlöser der Welt, unseren Herrn Jesus Christus, den Sohn der jungfräulichen Mutter Maria. (A.: Amen.)

Sie hat den Urheber des Lebens geboren; ihre mütterliche Fürsprache erwirke euch Gottes Hilfe. (A.: Amen.)

Euch und allen, die (heute) das Fest ihrer (ihres) ... begehen, schenke Gott die wahre Freude und den ewigen Lohn.
(A.: Amen.)

Oder:

Euch und allen, die heute ihr Gedächtnis begehen, schenke Gott die wahre Freude und den ewigen Lohn. (A.: Amen.)

Das gewähre euch der dreieinige Gott, der Vater und der Sohn
✝ und der Heilige Geist. A.: Amen.
V.: Gehet hin in Frieden.
A.: Dank sei Gott, dem Herrn.

Von den Aposteln Petrus und Paulus

Seinen Segen gewähre euch der allmächtige Gott, der auf das Bekenntnis des Petrus die Kirche gegründet und durch ihn die Brüder im Glauben gestärkt hat. (A.: Amen.)
Durch Paulus hat er die Heidenvölker zum Glauben geführt; das Beispiel dieses Apostels lehre euch, Menschen für Christus zu gewinnen. (A.: Amen.)
Beide bezeugten den Herrn bis zum Tod: Petrus am Kreuz, Paulus unter dem Schwert; ihre Fürsprache geleite euch zur ewigen Heimat. (A.: Amen.)
Das gewähre euch der dreieinige Gott, der Vater und der Sohn
✝ und der Heilige Geist. A.: Amen.
V.: Gehet hin in Frieden.
A.: Dank sei Gott, dem Herrn.

Von den Aposteln

Der allmächtige Gott segne euch durch unseren Herrn Jesus Christus, der seine Kirche auf das Fundament der Apostel gegründet hat. (A.: Amen.)
Der (Die) heilige(n) Apostel N. (und N.) hat (haben) mit Freimut das Evangelium Christi verkündet; Gott stärke euch durch seine (ihre) Botschaft zum Zeugnis für die Wahrheit.
(A.: Amen.)
Das Beispiel der Apostel festige euch im Glauben, ihre Fürsprache geleite euch zur ewigen Heimat. (A.: Amen.)
Das gewähre euch der dreieinige Gott, der Vater und der Sohn
✝ und der Heilige Geist. A.: Amen.
V.: Gehet hin in Frieden.
A.: Dank sei Gott, dem Herrn.

Von den Heiligen

Der gütige Gott, der die Heiligen zur Vollendung geführt hat, segne euch und bewahre euch vor allem Unheil. (A.: Amen.)
Das Vorbild des (der) heiligen N. (der Heiligen N. und N.) lehre euch, und seine (ihre) Fürsprache helfe euch, Gott und den Menschen zu dienen. (A.: Amen.)
Das gewähre euch der dreieinige Gott, der Vater und der Sohn † und der Heilige Geist. A.: Amen.
V.: Gehet hin in Frieden.
A.: Dank sei Gott, dem Herrn.

III. ANDERE FEIERN

In Messen für Verstorbene

Die Gnade seines Segens schenke euch der Gott allen Trostes, der uns aus Liebe erschaffen und uns in Christus die Hoffnung auf die selige Auferstehung geschenkt hat. (A.: Amen.)
Den Lebenden gewähre er die Verzeihung der Sünden, die Verstorbenen führe er in sein Licht und seinen Frieden. (A.: Amen.)
Der Lebenden und der Toten erbarme sich Christus, der wahrhaft aus dem Grabe erstanden ist. (A.: Amen.)
Das gewähre euch der dreieinige Gott, der Vater und der Sohn † und der Heilige Geist. A.: Amen.
V.: Gehet hin in Frieden.
A.: Dank sei Gott, dem Herrn.

Wettersegen
(Benedictio sollemnis)

Gott, der allmächtige Vater, segne euch und schenke euch gedeihliches Wetter; er halte Blitz, Hagel und jedes Unheil von euch fern. (A.: Amen.)

Er segne die Felder, die Gärten und den Wald und schenke euch die Früchte der Erde. (A.: Amen.)

Er begleite eure Arbeit, damit ihr in Dankbarkeit und Freude gebrauchet, was durch die Kräfte der Natur und die Mühe des Menschen gewachsen ist. (A.: Amen.)

Der folgende abschließende Segen kann auch mit der Kreuzpartikel gegeben werden:

Das gewähre euch der dreieinige Gott, der Vater und der Sohn ✛ und der Heilige Geist. A.: Amen.

Oder:

Und der Segen des allmächtigen Gottes, des Vaters und des Sohnes ✛ und des Heiligen Geistes, komme über euch und unser Land, über eure Arbeit und die Früchte der Erde und bleibe bei uns allezeit. A.: Amen.

SEGENSGEBETE ÜBER DAS VOLK

Die folgenden Segensgebete kann der Priester am Ende der Messe, eines Wortgottesdienstes, einer Tagzeit des Stundengebetes oder zum Abschluß einer Sakramentenspendung gebrauchen.
Der Diakon oder, wenn kein solcher mitwirkt, der Priester selbst spricht zuerst die Einladung: Wir knien nieder zum Segensgebet *oder einen anderen passenden Text. Dann breitet der Priester die Hände über das Volk aus und spricht das Segensgebet, das alle am Schluß mit* Amen *beantworten. Nach dem Segensgebet fügt der Priester immer hinzu:*

Der Segen des allmächtigen Gottes, des Vaters und des Sohnes ✠ und des Heiligen Geistes, komme auf euch herab und bleibe bei euch allezeit. A.: Amen.

Wettersegen

1. Gott, du Schöpfer aller Dinge,
du hast uns Menschen die Welt anvertraut
und willst, daß wir ihre Kräfte nützen.
Aus dem Reichtum deiner Liebe
schenkst du uns die Früchte der Erde:
den Ertrag aus Garten und Acker,
Weinberg und Wald,
damit wir mit frohem und dankbarem Herzen
dir dienen.
Erhöre unser Gebet:
Halte Ungewitter und Hagel,
Überschwemmung und Dürre,
Frost und alles, was uns schaden mag,
von uns fern.
Schenke uns alles, was wir zum Leben brauchen.
Darum bitten wir durch Christus, unseren Herrn.

2. Sei deinem Volk gnädig, Herr, unser Gott,
und versage uns auf Erden nicht deinen Trost,
da du uns zum ewigen Leben berufen hast.
Darum bitten wir durch Christus, unseren Herrn.

3. Allmächtiger Gott,
gewähre deinen Dienern, die zu dir rufen,
deinen Schutz und deine Gnade.
Schenke uns die Gesundheit des Leibes
und das Heil der Seele.
Gib uns herzliche Liebe zueinander
und die ständige Bereitschaft, dir zu dienen.
Darum bitten wir durch Christus, unseren Herrn.

4. Gott, unser Vater,
gib dem christlichen Volk die Gnade,
den Glauben, den es bekennt,
immer tiefer zu erfassen
und Christus, den wir als das Brot des Himmels
empfangen haben, wahrhaft zu lieben,
der mit dir lebt und herrscht in alle Ewigkeit.

5. Schenke uns deinen Segen, allmächtiger Vater,
denn wir sind dein Volk.
Hilf uns, das Böse zu meiden
und zu erlangen, was uns zum Heil ist.
Darum bitten wir durch Christus, unseren Herrn.

Der Segen des allmächtigen Gottes,
des Vaters und des Sohnes
+ und des Heiligen Geistes,
komme auf euch herab
und bleibe bei euch allezeit. A.: Amen.

6. Segne deine Gläubigen, allmächtiger Gott,
stärke sie im Glauben,
hilf ihnen, deinen Willen zu tun,
und bewahre sie in deiner Gnade,
damit sie sich immer deiner Huld erfreuen.
Darum bitten wir durch Christus, unseren Herrn.

7. Herr, unser Gott,
bekehre dein Volk,
daß es sich von ganzem Herzen zu dir wende.
Du bleibst unser Helfer,
auch wenn wir gefehlt haben,
denn deine Liebe ist größer als unser Versagen.
Beschütze uns
und hilf uns, dir treu zu dienen.
Darum bitten wir durch Christus, unseren Herrn.

8. Herr, unser Gott,
erleuchte deine Familie
mit dem Licht der Wahrheit.
Laß uns immer suchen, was dir gefällt,
und tun, was vor dir recht ist.
Darum bitten wir durch Christus, unseren Herrn.

9. Steh uns bei, Herr, unser Gott,
und laß uns deine Hilfe erfahren.
Wir rühmen dich als unseren Schöpfer
und als den Lenker unseres Lebens.
Erneuere in uns, was du geschaffen,
und erhalte, was du erneuert hast.
Darum bitten wir durch Christus, unseren Herrn.

10. Wir rufen zu dir, barmherziger Gott:
Schau gnädig auf dein Volk, das an dich glaubt.
Laß alle, die auf deine Güte vertrauen,

Segensgebete über das Volk

deine Hilfe erfahren
und überall die Großtaten deiner Liebe verkünden.
Darum bitten wir durch Christus, unseren Herrn.

11. Segne dein Volk, allmächtiger Gott.
Es erwartet voll Sehnsucht
dein Erbarmen und deine Hilfe.
Gewähre ihm als gütiger Vater,
was es auf deine Eingebung hin erbittet.
Durch Christus, unseren Herrn.

12. Gütiger Gott,
schenke dem Volk, das dein Eigentum ist,
den Reichtum der Gnade
und hilf ihm, stets deine Gebote zu erfüllen.
Darum bitten wir durch Christus, unseren Herrn.

13. Sei deinem Volk gnädig, Gott, unser Vater.
Befreie es von allem Bösen,
hilf ihm, dir aufrichtig zu dienen,
und mache es stark unter deinem Schutz.
Darum bitten wir durch Christus, unseren Herrn.

14. Strecke aus deine Rechte, Herr, unser Gott,
und hilf deinen Gläubigen,
damit sie dich von ganzem Herzen suchen
und von dir alles erlangen,
was sie im Einklang mit deinem Willen erbitten.
Darum bitten wir durch Christus, unseren Herrn.

Der Segen des allmächtigen Gottes,
des Vaters und des Sohnes
✝ und des Heiligen Geistes,
komme auf euch herab
und bleibe bei euch allezeit. A.: Amen.

15. Gott, unser Vater,
deine Gemeinde
hat die Geheimnisse der Erlösung gefeiert.
Erhalte sie in der Freude über das Heil.
Hilf uns allen,
in Geduld den rechten Weg zu gehen
und so zur unvergänglichen Freude zu gelangen.
Darum bitten wir durch Christus, unseren Herrn.

16. Sei uns gnädig, Herr, unser Gott,
denn wir sind dein Volk.
Hilf uns, dir Tag um Tag besser zu dienen,
gib uns Abscheu vor dem, was dir mißfällt,
und Freude an deinen Geboten.
Darum bitten wir durch Christus, unseren Herrn.

17. Deine starke Rechte schütze dein Volk,
allmächtiger Gott.
Läutere deine Gläubigen, lehre sie dein Wort,
gib ihnen deinen Trost in diesem Leben
und das unverlierbare Glück im kommenden.
Darum bitten wir durch Christus, unseren Herrn.

18. (besonders am Freitag und in der Passionszeit)
Gott, unser Vater,
schau gnädig herab auf deine Familie,
für die unser Herr Jesus Christus
sich freiwillig in die Hände der Sünder überliefert
und die Marter des Kreuzes erduldet hat,
der mit dir lebt und herrscht in alle Ewigkeit.

19. (besonders in der österlichen Zeit)
Gott, unser Retter,
gib deinen Gläubigen die Gnade,
die österlichen Geheimnisse

immer wieder zu empfangen
und die Heilsgüter der kommenden Welt
zu erwarten.
Laß sie feststehen in der Gnade der Taufe
und führe sie durch diese Feier zur ewigen Freude.
Darum bitten wir durch Christus, unseren Herrn.

20. Großer Gott, du bist reich an Erbarmen.
Schenke deinen Dienern die Fülle der Liebe,
gib ihnen Sicherheit durch deine Hilfe
und stärke sie durch deinen Segen,
damit sie dir allzeit danken
und dich in Ewigkeit preisen.
Darum bitten wir durch Christus, unseren Herrn.

21. Segne uns, Vater im Himmel,
und mache uns rein und heilig
vor deinem Angesicht.
Offenbare uns deine Herrlichkeit und deine Gnade
und lehre uns das Wort der Wahrheit,
das Evangelium des Heiles,
damit wir erfüllt werden mit der brüderlichen Liebe,
die du allen deinen Kindern geboten hast.
Darum bitten wir durch Christus, unseren Herrn.

Der Segen des allmächtigen Gottes,
des Vaters und des Sohnes
+ und des Heiligen Geistes,
komme auf euch herab
und bleibe bei euch allezeit. A.: Amen.

22. Herr, unser Gott,
sende deinen Gläubigen den Heiligen Geist.
Sein Feuer läutere sie,
damit sie dir mit Leib und Seele gefallen.
Seine Kraft stärke sie,
die Lockungen des Bösen zu überwinden,
und schenke ihnen Freude
an deiner göttlichen Liebe.
Darum bitten wir durch Christus, unseren Herrn.

23. Herr, unser Gott,
gib dieser Gemeinde deinen Segen.
Sende ihr die Kraft des Heiligen Geistes,
damit ihr geistliches Leben blühe und wachse
und die Glut deiner Liebe
sie zum rechten Tun stärke.
Darum bitten wir durch Christus, unseren Herrn.

24. Herr, unser Gott,
erfülle die Herzen deiner Gläubigen
mit deiner Kraft und Gnade,
damit sie im Gebet dich ehren
und in lauterer Liebe einander dienen.
Darum bitten wir durch Christus, unseren Herrn.

25. Allmächtiger Gott,
du bist der Beschützer aller, die auf dich hoffen.
Segne dein Volk,
bewahre, lenke und schütze es,
damit wir frei bleiben von Sünde,
sicher vor dem Feind
und beharrlich in deiner Liebe.
Darum bitten wir durch Christus, unseren Herrn.

26. An Heiligenfesten:
Gott, unser Vater,
stärke das christliche Volk durch die Freude
über die Herrlichkeit der Heiligen.
Wir feiern sie zur Ehre deines Sohnes
als die verklärten Glieder seines mystischen Leibes.
Gib auch uns Anteil am Erbe der Heiligen.
Darum bitten wir durch Christus, unseren Herrn.

27. Gott, du gibst deiner Kirche die Heiligen
als Helfer und Fürsprecher.
Gewähre uns auf ihre Fürsprache
stets deine Führung und deinen Schutz
und wende unsere Herzen allzeit zu dir.
Darum bitten wir durch Christus, unseren Herrn.

Und der Segen des allmächtigen Gottes,
des Vaters und des Sohnes
☩ und des Heiligen Geistes,
komme auf euch herab
und bleibe bei euch allzeit. **A.:** Amen.

PRÄFATIONEN

Präfation vom Advent I

Das zweimalige Kommen Christi

In Wahrheit ist es würdig und recht, dir, allmächtiger Vater, zu danken durch unseren Herrn Jesus Christus. Denn in seinem ersten Kommen hat er sich entäußert und ist Mensch geworden. So hat er die alte Verheißung erfüllt und den Weg des Heiles erschlossen. Wenn er wiederkommt im Glanz seiner Herrlichkeit, werden wir sichtbar empfangen, was wir jetzt mit wachem Herzen gläubig erwarten. Darum preisen wir dich mit allen Engeln und Heiligen und singen vereint mit ihnen das Lob deiner Herrlichkeit: Heilig ...

Präfation vom Advent II

Das Warten auf den Herrn einst und heute

In Wahrheit ist es würdig und recht, dir, Herr, heiliger Vater, allmächtiger, ewiger Gott, immer und überall zu danken durch unseren Herrn Jesus Christus. Von ihm redet die Botschaft aller Propheten, die jungfräuliche Mutter trug ihn voll Liebe in ihrem Schoß, seine Ankunft verkündete Johannes der Täufer und zeigte auf ihn, der unerkannt mitten unter den Menschen war. Er schenkt uns in diesen Tagen die Freude, uns für das Fest seiner Geburt zu bereiten, damit wir ihn wachend und betend erwarten und bei seinem Kommen mit Liedern des Lobes empfangen. Darum singen wir mit den Engeln und Erzengeln, den Thronen und Mächten und mit all den Scharen des himmlischen Heeres den Hochgesang von deiner göttlichen Herrlichkeit: Heilig ...

Weitere Präfationen für die Adventszeit
(für den deutschen Sprachraum)

Präfation vom Advent III
Die Geschenke des kommenden Herrn

Wir danken dir, Vater im Himmel, und rühmen dich durch unseren Herrn Jesus Christus. Ihn hast du der verlorenen Menschheit als Erlöser verheißen. Seine Wahrheit leuchtet den Suchenden, seine Kraft stärkt die Schwachen, seine Heiligkeit bringt den Sündern Vergebung. Denn er ist der Heiland der Welt, den du gesandt hast, weil du getreu bist. Darum preisen wir dich mit den Kerubim und Serafim und singen mit allen Chören der Engel das Lob deiner Herrlichkeit: Heilig . . .

Präfation vom Advent IV
Adams Sünde und Christi Gnade

In Wahrheit ist es würdig und recht, dir, Herr, heiliger Vater, allmächtiger, ewiger Gott, immer und überall zu danken und dein Erbarmen zu preisen. Denn was durch Adams Sünde verlorenging, bringt uns Christus zurück, unser Retter und Heiland. Was du durch sein erstes Kommen begonnen hast, wirst du bei seiner Wiederkunft an uns vollenden. Darum dienen dir alle Geschöpfe, ehren dich die Erlösten, rühmt dich die Schar deiner Heiligen. Auch wir preisen dich mit den Chören der Engel und singen vereint mit ihnen das Lob deiner Herrlichkeit: Heilig . . .

Präfation vom Advent V
Der Herr ist nahe

In Wahrheit ist es würdig und recht, dir, Vater im Himmel, zu danken und dein Erbarmen zu preisen. Denn schon leuchtet auf der Tag der Erlösung, und nahe ist die Zeit unsres Heiles, da der Retter kommt, unser Herr Jesus Christus. Durch ihn rühmen wir das Werk deiner Liebe und vereinen uns mit den Chören der Engel zum Hochgesang von deiner göttlichen Herrlichkeit: Heilig . . .

Präfation von Weihnachten I
Christus, das Licht

In Wahrheit ist es würdig und recht, dir, Herr, heiliger Vater, allmächtiger, ewiger Gott, immer und überall zu danken. Denn Fleisch geworden ist das Wort, und in diesem Geheimnis erstrahlt dem Auge unseres Geistes das neue Licht deiner Herrlichkeit. In der sichtbaren Gestalt des Erlösers läßt du uns den unsichtbaren Gott erkennen, um in uns die Liebe zu entflammen zu dem, was kein Auge geschaut hat. Darum singen wir mit den Engeln und Erzengeln, den Thronen und Mächten und mit all den Scharen des himmlischen Heeres den Hochgesang von deiner göttlichen Herrlichkeit: Heilig . . .

Präfation von Weihnachten II
Die Erneuerung der Welt durch den menschgewordenen Sohn Gottes

In Wahrheit ist es würdig und recht, dir, Vater im Himmel, zu danken durch unseren Herrn Jesus Christus. Denn groß ist das Geheimnis seiner Geburt: Er, der unsichtbare Gott, ist (heute) sichtbar als Mensch erschienen. Vor aller Zeit aus dir geboren, hat er sich den Gesetzen der Zeit unterworfen. In ihm ist alles neu geschaffen. Er heilt die Wunden der ganzen Schöpfung, richtet auf, was darniederliegt, und ruft den verlorenen Menschen ins Reich deines Friedens. Darum rühmen dich Himmel und Erde, Engel und Menschen und singen das Lob deiner Herrlichkeit: Heilig . . .

Präfation von Weihnachten III

Der wunderbare Tausch

In Wahrheit ist es würdig und recht, dir, allmächtiger Vater, zu danken und dein Erbarmen zu rühmen durch unseren Herrn Jesus Christus. Durch ihn schaffst du den Menschen neu und schenkst ihm ewige Ehre. Denn einen wunderbaren Tausch hast du vollzogen: dein göttliches Wort wurde ein sterblicher Mensch, und wir sterbliche Menschen empfangen in Christus dein göttliches Leben. Darum preisen wir dich mit allen Chören der Engel und singen vereint mit ihnen das Lob deiner Herrlichkeit: Heilig . . .

Präfation von Erscheinung des Herrn

Christus als Licht der Völker

In Wahrheit ist es würdig und recht, dir, Herr, heiliger Vater, allmächtiger, ewiger Gott, immer und überall zu danken. Denn heute enthüllst du das Geheimnis unseres Heiles, heute offenbarst du das Licht der Völker, deinen Sohn Jesus Christus. Er ist als sterblicher Mensch auf Erden erschienen und hat uns neu geschaffen im Glanz seines göttlichen Lebens. Darum singen wir mit den Engeln und Erzengeln, den Thronen und Mächten und mit all den Scharen des himmlischen Heeres den Hochgesang von deiner göttlichen Herrlichkeit: Heilig . . .

Präfation für die Fastenzeit I

Der geistliche Sinn der Fastenzeit

In Wahrheit ist es würdig und recht, dir, Vater im Himmel, zu danken und dein Erbarmen zu preisen. Denn jedes Jahr schenkst du deinen Gläubigen die Gnade, das Osterfest in der Freude des Heiligen Geistes zu erwarten. Du mahnst uns in dieser Zeit der Buße zum Gebet und zu Werken der Liebe, du rufst uns zur Feier der Geheimnisse, die in uns die Gnade der Kindschaft erneuern. So führst du uns mit geläutertem Herzen zur österlichen Freude und zur Fülle des Lebens durch unseren Herrn Jesus Christus. Durch ihn rühmen wir deine Größe und vereinen uns mit den Chören der Engel zum Hochgesang von deiner göttlichen Herrlichkeit: Heilig . . .

Präfation für die Fastenzeit II

Innere Erneuerung durch Buße

Wir danken dir, Vater im Himmel, und rühmen deinen heiligen Namen. Denn jetzt ist die Zeit der Gnade, jetzt sind die Tage des Heiles. Du hilfst uns, das Böse zu überwinden, du schenkst uns von neuem die Reinheit des Herzens. Du gibst deinen Kindern die Kraft, in dieser vergänglichen Welt das unvergängliche Heil zu wirken durch unseren Herrn Jesus Christus. Durch ihn preisen wir dich in deiner Kirche und vereinen uns mit den Engeln und Heiligen zum Hochgesang von deiner göttlichen Herrlichkeit: Heilig . . .

Präfation für die Fastenzeit III

Die Früchte der Entsagung

In Wahrheit ist es würdig und recht, dir, allmächtiger Vater, zu danken und dich in dieser Zeit der Buße durch Entsagung zu ehren. Die Entsagung mindert in uns die Selbstsucht und öffnet unser Herz für die Armen. Denn deine Barmherzigkeit drängt uns, das Brot mit ihnen zu teilen in der Liebe deines Sohnes, unseres Herrn Jesus Christus. Durch ihn preisen wir deine Größe und singen mit den Chören der Engel das Lob deiner Herrlichkeit: Heilig . . .

Präfation für die Fastenzeit IV

Das Fasten als Sieg

In Wahrheit ist es würdig und recht, dir, Herr, heiliger Vater, allmächtiger, ewiger Gott, immer und überall zu danken. Durch das Fasten des Leibes hältst du die Sünde nieder, erhebst du den Geist, gibst du uns die Kraft und den Sieg durch unseren Herrn Jesus Christus. Durch ihn preisen wir dein Erbarmen und singen mit den Chören der Engel das Lob deiner Herrlichkeit: Heilig . . .

Präfation vom Leiden des Herrn I

Die Macht des gekreuzigten Herrn

In Wahrheit ist es würdig und recht, dir, allmächtiger Vater, zu danken und das Werk deiner Gnade zu rühmen. Denn das Leiden deines Sohnes wurde zum Heil für die Welt. Seine Erlösungstat bewegt uns, deine Größe zu preisen. Im Kreuz enthüllt sich dein Gericht, im Kreuz erstrahlt die Macht des Retters, der sich für uns dahingab, unseres Herrn Jesus Christus. Durch ihn loben dich deine Erlösten und vereinen sich mit den Chören der Engel zum Hochgesang von deiner göttlichen Herrlichkeit: Heilig . . .

Präfation vom Leiden des Herrn II

Der Sieg Christi in seinem Leiden

In Wahrheit ist es würdig und recht, dir, allmächtiger Vater, zu danken und das Werk deines Erbarmens zu rühmen durch unseren Herrn Jesus Christus. Denn wiederum kommen die Tage, die seinem heilbringenden Leiden und seiner glorreichen Auferstehung geweiht sind. Es kommt der Tag des Triumphes über den alten Feind, es naht das Fest der Erlösung. Darum preisen wir dich mit allen Chören der Engel und singen vereint mit ihnen das Lob deiner Herrlichkeit: Heilig ...

Präfation für die Osterzeit I

Das wahre Osterlamm

In Wahrheit ist es würdig und recht, dir, Vater, immer und überall zu danken, diese Nacht (diesen Tag, diese Tage) aber aufs höchste zu feiern, da unser Osterlamm geopfert ist, Jesus Christus. Denn er ist das wahre Lamm, das die Sünde der Welt hinwegnimmt. Durch seinen Tod hat er unseren Tod vernichtet und durch seine Auferstehung das Leben neu geschaffen. Darum jubelt in dieser Nacht (heute) der ganze Erdkreis in österlicher Freude, darum preisen dich die himmlischen Mächte und die Chöre der Engel und singen das Lob deiner Herrlichkeit: Heilig ...

Präfation für die Osterzeit II

Das neue Leben in Christus

Wir danken dir, Vater im Himmel, und rühmen dich durch unseren Herrn Jesus Christus. Durch ihn erstehen die Kinder des Lichtes zum ewigen Leben, durch ihn wird den Gläubigen das

Tor des himmlischen Reiches geöffnet. Denn unser Tod ist durch seinen Tod überwunden, in seiner Auferstehung ist das Leben für alle erstanden. Durch ihn preisen wir dich in österlicher Freude und singen mit den Chören der Engel das Lob deiner Herrlichkeit: Heilig ...

Präfation für die Osterzeit III

Christus lebt und tritt beim Vater für uns ein

In Wahrheit ist es würdig und recht, dir, Vater, in diesen Tagen freudig zu danken, da unser Osterlamm geopfert ist, Jesus Christus. Er bringt sich dir allzeit für uns dar und steht vor dir als unser Anwalt. Denn einmal geopfert, stirbt er nicht wieder, sondern lebt auf ewig als das Lamm, das geschlachtet ist. Durch ihn preisen wir dich in österlicher Freude und singen mit den Chören der Engel das Lob deiner Herrlichkeit: Heilig ...

Präfation für die Osterzeit IV

Die Erneuerung der ganzen Schöpfung durch das Ostergeheimnis

In Wahrheit ist es würdig und recht, dir, Vater, in diesen Tagen freudig zu danken, da unser Osterlamm geopfert ist, Jesus Christus. Das Alte ist vergangen, die gefallene Welt erlöst, das Leben in Christus erneuert. Darum preisen wir dich in österlicher Freude und singen mit den Chören der Engel das Lob deiner Herrlichkeit: Heilig ...

Präfation für die Osterzeit V

Christus als Priester und Opferlamm

In Wahrheit ist es würdig und recht, dir, Vater, in diesen Tagen freudig zu danken, da unser Osterlamm geopfert ist, Jesus Christus. Als er seinen Leib am Kreuz dahingab, hat er die Opfer der Vorzeit vollendet. Er hat sich dir dargebracht zu unserem Heil, er selbst ist der Priester, der Altar und das Opferlamm. Durch ihn preisen wir dich in österlicher Freude und singen mit den Chören der Engel das Lob deiner Herrlichkeit: Heilig . . .

Präfation von Christi Himmelfahrt I

Das Geheimnis der Himmelfahrt

In Wahrheit ist es würdig und recht, dir, allmächtiger Vater, zu danken durch unseren Herrn Jesus Christus, den König der Herrlichkeit. Denn er ist (heute) als Sieger über Sünde und Tod aufgefahren in den Himmel. Die Engel schauen den Mittler zwischen Gott und den Menschen, den Richter der Welt, den Herrn der ganzen Schöpfung. Er kehrt zu dir heim, nicht um uns Menschen zu verlassen, er gibt den Gliedern seines Leibes die Hoffnung, ihm dorthin zu folgen, wohin er als erster vorausging.

Am Fest:
Darum jubelt heute der ganze Erdkreis in österlicher Freude, darum preisen dich die himmlischen Mächte und die Chöre der Engel und singen das Lob deiner Herrlichkeit: Heilig . . .

An den Tagen bis Pfingsten:
Darum preisen wir dich in österlicher Freude und singen mit den Chören der Engel das Lob deiner Herrlichkeit: Heilig . . .

Präfation von Christi Himmelfahrt II

Erscheinung und Himmelfahrt des Auferstandenen

In Wahrheit ist es würdig und recht, dir, Herr, heiliger Vater, allmächtiger, ewiger Gott, immer und überall zu danken durch unseren Herrn Jesus Christus. Denn nach seiner Auferstehung ist er den Jüngern leibhaft erschienen; vor ihren Augen wurde er zum Himmel erhoben, damit er uns Anteil gebe an seinem göttlichen Leben.

Am Fest:

Darum jubelt heute der ganze Erdkreis in österlicher Freude, darum preisen dich die himmlischen Mächte und die Chöre der Engel und singen das Lob deiner Herrlichkeit: Heilig . . .

An den Tagen bis Pfingsten:

Darum preisen wir dich in österlicher Freude und singen mit den Chören der Engel das Lob deiner Herrlichkeit: Heilig . . .

Präfation für die Sonntage im Jahreskreis I

Ostergeheimnis und Gottesvolk

In Wahrheit ist es würdig und recht, dir, Herr, heiliger Vater, allmächtiger, ewiger Gott, immer und überall zu danken durch unseren Herrn Jesus Christus. Denn er hat Großes an uns getan: durch seinen Tod und seine Auferstehung hat er uns von der Sünde und von der Knechtschaft des Todes befreit und zur Herrlichkeit des neuen Lebens berufen. In ihm sind wir ein auserwähltes Geschlecht, dein heiliges Volk, dein königliches Priestertum. So verkünden wir die Werke deiner Macht, denn du hast uns aus der Finsternis in dein wunderbares Licht gerufen. Darum singen wir mit den Engeln und Erzengeln, den Thronen und Mächten und mit all den Scharen des himmlischen Heeres den Hochgesang von deiner göttlichen Herrlichkeit: Heilig . . .

Präfation für die Sonntage im Jahreskreis II

Das Heilsgeschehen in Christus

In Wahrheit ist es würdig und recht, dir, allmächtiger Vater, zu danken und das Werk deiner Gnade zu rühmen durch unseren Herrn Jesus Christus. Denn aus Erbarmen mit uns sündigen Menschen ist er Mensch geworden aus Maria, der Jungfrau. Durch sein Leiden am Kreuz hat er uns vom ewigen Tod befreit und durch seine Auferstehung uns das unvergängliche Leben erworben. Darum preisen dich deine Erlösten und singen mit den Chören der Engel das Lob deiner Herrlichkeit: Heilig ...

Präfation für die Sonntage im Jahreskreis III

Die Rettung des Menschen durch den Menschen Jesus Christus

In Wahrheit ist es würdig und recht, dir, Herr, heiliger Vater, allmächtiger, ewiger Gott, immer und überall zu danken. Denn wir erkennen deine Herrlichkeit in dem, was du an uns getan hast: Du bist uns mit der Macht deiner Gottheit zu Hilfe gekommen und hast uns durch deinen menschgewordenen Sohn Rettung und Heil gebracht aus unserer menschlichen Sterblichkeit. So kam uns aus unserer Vergänglichkeit das unvergängliche Leben durch unseren Herrn Jesus Christus. Durch ihn preisen wir jetzt und in Ewigkeit dein Erbarmen und singen mit den Chören der Engel das Lob deiner Herrlichkeit: Heilig ...

Präfation für die Sonntage im Jahreskreis IV

Das Heilsgeschehen in Christus

Wir danken dir, Vater im Himmel, und rühmen dich durch unseren Herrn Jesus Christus. Denn durch seine Geburt hat er den Menschen erneuert, durch sein Leiden unsere Sünden getilgt, in seiner Auferstehung den Weg zum Leben erschlossen und in seiner Auffahrt zu dir das Tor des Himmels geöffnet. Durch ihn rühmen dich deine Erlösten und singen mit den Chören der Engel das Lob deiner Herrlichkeit: Heilig ...

Präfation für die Sonntage im Jahreskreis V

Das Ziel der Schöpfung

In Wahrheit ist es würdig und recht, dir, allmächtiger Vater, zu danken und dich mit der ganzen Schöpfung zu loben. Denn du hast die Welt mit all ihren Kräften ins Dasein gerufen und sie dem Wechsel der Zeit unterworfen. Den Menschen aber hast du auf dein Bild hin geschaffen und ihm das Werk deiner Allmacht übergeben. Du hast ihn bestimmt, über die Erde zu herrschen, dir, seinem Herrn und Schöpfer, zu dienen und das Lob deiner großen Taten zu verkünden durch unseren Herrn Jesus Christus. Darum singen wir mit den Engeln und Erzengeln, den Thronen und Mächten und mit all den Scharen des himmlischen Heeres den Hochgesang von deiner göttlichen Herrlichkeit: Heilig ...

Präfation für die Sonntage im Jahreskreis VI

Der Heilige Geist, Anfang der ewigen Osterfreude

In Wahrheit ist es würdig und recht, dir, Vater im Himmel, zu danken und dich mit der ganzen Schöpfung zu loben. Denn in dir leben wir, in dir bewegen wir uns und sind wir. Jeden Tag erfahren wir aufs neue das Wirken deiner Güte. Schon in diesem Leben besitzen wir den Heiligen Geist, das Unterpfand ewiger Herrlichkeit. Durch ihn hast du Jesus auferweckt von den Toten und uns die sichere Hoffnung gegeben, daß sich an uns das österliche Geheimnis vollendet. Darum preisen wir dich mit allen Chören der Engel und singen vereint mit ihnen das Lob deiner Herrlichkeit: Heilig ...

Präfation für die Sonntage im Jahreskreis VII

Der Gehorsam Christi und unsere Versöhnung mit Gott

In Wahrheit ist es würdig und recht, dir, Vater im Himmel, zu danken und deine Gnade zu rühmen. So sehr hast du die Welt geliebt, daß du deinen Sohn als Erlöser gesandt hast. Er ist uns Menschen gleichgeworden in allem, außer der Sünde, damit du in uns lieben kannst, was du in deinem eigenen Sohne geliebt hast. Durch den Ungehorsam der Sünde haben wir deinen Bund gebrochen, durch den Gehorsam deines Sohnes hast du ihn erneuert. Darum preisen wir das Werk deiner Liebe und vereinen uns mit den Chören der Engel zum Hochgesang von deiner göttlichen Herrlichkeit: Heilig ...

Präfation für die Sonntage im Jahreskreis VIII

Einheit der Dreifaltigkeit und Einheit der Kirche

In Wahrheit ist es würdig und recht, dir, allmächtiger Vater, zu danken und dein Erbarmen zu rühmen. Die Sünde hatte die Menschen von dir getrennt, du aber hast sie zu dir zurückgeführt durch das Blut deines Sohnes und die Kraft deines Geistes. Wie du eins bist mit dem Sohn und dem Heiligen Geist, so ist deine Kirche geeint nach dem Bild des dreieinigen Gottes. Sie ist dein heiliges Volk, der Leib Christi und der Tempel des Heiligen Geistes zum Lob deiner Weisheit und Liebe. Darum preisen wir dich in deiner Kirche und vereinen uns mit den Engeln und Heiligen zum Hochgesang von deiner göttlichen Herrlichkeit: Heilig ...

An den Wochentagen der Zeit im Jahreskreis können auch die Sonntagspräfationen, S. 1361–1365, genommen werden.

Präfation für Wochentage I

Die Erneuerung der Welt durch Christus

Wir danken dir, Vater im Himmel, und rühmen dich durch unseren Herrn Jesus Christus. Denn ihn hast du zum Haupt der neuen Schöpfung gemacht, aus seiner Fülle haben wir alle empfangen. Obwohl er dir gleich war an Herrlichkeit, hat er sich selbst erniedrigt und der Welt den Frieden gebracht durch sein Blut, das er am Stamm des Kreuzes vergossen hat. Deshalb hast du ihn über alle Geschöpfe erhöht, so wurde er für jene, die auf ihn hören, zum Urheber des ewigen Heiles. Durch ihn preisen wir jetzt und in Ewigkeit dein Erbarmen und singen mit den Chören der Engel das Lob deiner Herrlichkeit: Heilig ...

Präfation für Wochentage II

Schöpfung, Sünde und Erlösung

In Wahrheit ist es würdig und recht, dir, Herr, heiliger Vater, immer und überall zu danken für deine Liebe, die du uns niemals entzogen hast. Du hast den Menschen in deiner Güte erschaffen und ihn, als er der gerechten Strafe verfallen war, in deiner großen Barmherzigkeit erlöst durch unseren Herrn Jesus Christus. Durch ihn preisen wir das Werk deiner Gnade und singen mit den Chören der Engel das Lob deiner Herrlichkeit: Heilig ...

Präfation für Wochentage III

Gott als unser Schöpfer und Erlöser

In Wahrheit ist es würdig und recht, dir, Herr, heiliger Vater, allmächtiger, ewiger Gott, immer und überall zu danken. Denn du bist der Schöpfer der Welt, du bist der Erlöser aller Menschen durch deinen geliebten Sohn, unseren Herrn Jesus Christus. Durch ihn loben die Engel deine Herrlichkeit, beten dich an die Mächte, erbeben die Gewalten. Die Himmel und die himmlischen Kräfte und die seligen Serafim feiern dich jubelnd im Chore. Mit ihrem Lobgesang laß auch unsere Stimmen sich vereinen und voll Ehrfurcht rufen: Heilig ...

Präfation für Wochentage IV

Gotteslob als Gottesgeschenk

In Wahrheit ist es würdig und recht, dir, allmächtiger Vater, zu danken und deine Größe zu preisen. Du bedarfst nicht unseres Lobes, es ist ein Geschenk deiner Gnade, daß wir dir danken. Unser Lobpreis kann deine Größe nicht mehren, doch uns bringt er Segen und Heil durch unseren Herrn Jesus Christus. Durch ihn rühmen wir jetzt und in Ewigkeit dein Erbarmen und singen mit den Chören der Engel das Lob deiner Herrlichkeit: Heilig ...

Präfation für Wochentage V

Wir verkünden das Geheimnis Christi

In Wahrheit ist es würdig und recht, dir, Vater im Himmel, zu danken und dich mit der ganzen Schöpfung zu loben durch unseren Herrn Jesus Christus. In dankbarer Liebe gedenken wir seines Todes, bekennen seine Auferstehung in lebendigem Glauben und erwarten voll Hoffnung und Zuversicht sein Kommen in Herrlichkeit. Darum preisen wir jetzt und in Ewigkeit dein Erbarmen und singen mit den Chören der Engel das Lob deiner Herrlichkeit: Heilig ...

Präfation für Wochentage VI

Christus bringt uns das Heil

In Wahrheit ist es würdig und recht, dir, Herr, heiliger Vater, immer und überall zu danken durch deinen geliebten Sohn Jesus Christus. Er ist dein Wort, durch ihn hast du alles erschaffen. Ihn hast du gesandt als unseren Erlöser und Heiland. Er ist Mensch geworden durch den Heiligen Geist, geboren von der Jungfrau Maria. Um deinen Ratschluß zu erfüllen und dir ein heiliges Volk zu erwerben, hat er sterbend die Arme ausgebreitet am Holze des Kreuzes. Er hat die Macht des Todes gebrochen und die Auferstehung kundgetan. Darum preisen wir dich mit allen Engeln und Heiligen und singen vereint mit ihnen das Lob deiner Herrlichkeit: Heilig ...

FESTE UND GEHEIMNISSE DES HERRN

Präfation von der Heiligsten Dreifaltigkeit

Das Geheimnis des einen Gottes in drei Personen

In Wahrheit ist es würdig und recht, dir, Herr, heiliger Vater, allmächtiger, ewiger Gott, immer und überall zu danken. Mit deinem eingeborenen Sohn und dem Heiligen Geist bist du der eine Gott und der eine Herr, nicht in der Einzigkeit einer Person, sondern in den drei Personen des einen göttlichen Wesens. Was wir auf deine Offenbarung hin von deiner Herrlichkeit glauben, das bekennen wir ohne Unterschied von deinem Sohn, das bekennen wir vom Heiligen Geiste. So beten wir an im Lobpreis des wahren und ewigen Gottes die Sonderheit in den Personen, die Einheit im Wesen und die gleiche Fülle in der Herrlichkeit. Dich loben die Engel und Erzengel, die Kerubim und Serafim. Wie aus einem Mund preisen sie dich Tag um Tag und singen auf ewig das Lob deiner Herrlichkeit: Heilig ...

Präfation von der heiligen Eucharistie I

Die Eucharistie als Opfer Christi und Opfer der Kirche

In Wahrheit ist es würdig und recht, dir, Herr, heiliger Vater, allmächtiger, ewiger Gott, immer und überall zu danken durch unseren Herrn Jesus Christus. Als der wahre und ewige Hohepriester hat er die Feier eines immerwährenden Opfers gestiftet. Er hat sich selbst als Opfergabe dargebracht für das Heil der Welt und uns geboten, daß auch wir diese Gabe darbringen zu seinem Gedächtnis. Er stärkt uns, wenn wir seinen Leib empfangen, den er für uns geopfert hat. Er heiligt uns, wenn wir sein Blut trinken, das er für uns vergossen hat. Darum singen wir mit den Engeln und Erzengeln, den Thronen und Mächten und mit all den Scharen des himmlischen Heeres den Hochgesang von deiner göttlichen Herrlichkeit: Heilig ...

Präfation von der heiligen Eucharistie II

Abendmahl Christi und Eucharistiefeier der Gläubigen

In Wahrheit ist es würdig und recht, dir, Herr, heiliger Vater, allmächtiger, ewiger Gott, immer und überall zu danken durch unseren Herrn Jesus Christus. Denn er hat beim Letzten Abendmahl das Gedächtnis des Kreuzesopfers gestiftet zum Heil der Menschen bis ans Ende der Zeiten. Er hat sich dargebracht als Lamm ohne Makel, als Gabe, die dir gefällt, als Opfer des Lobes. Dieses erhabene Geheimnis heiligt und stärkt deine Gläubigen, damit der eine Glaube die Menschen der einen Erde erleuchte, die eine Liebe sie alle verbinde. So kommen wir zu deinem heiligen Tisch, empfangen von dir Gnade um Gnade und werden neu gestaltet nach dem Bild deines Sohnes. Durch ihn rühmen dich Himmel und Erde, Engel und Menschen und singen wie aus einem Munde das Lob deiner Herrlichkeit: Heilig . . .

Präfation vom heiligsten Herzen Jesu

Das Herz des Erlösers und die Gläubigen

In Wahrheit ist es würdig und recht, dir, allmächtiger Vater, zu danken und dich mit der ganzen Schöpfung zu loben durch unseren Herrn Jesus Christus. Am Kreuz erhöht, hat er sich für uns dahingegeben aus unendlicher Liebe und alle an sich gezogen. Aus seiner geöffneten Seite strömen Blut und Wasser, aus seinem durchbohrten Herzen entspringen die Sakramente der Kirche. Das Herz des Erlösers steht offen für alle, damit sie freudig schöpfen aus den Quellen des Heiles. Durch ihn rühmen dich deine Erlösten und singen mit den Chören der Engel das Lob deiner Herrlichkeit: Heilig . . .

Präfation vom Königtum Christi

Christus als Priester und König

In Wahrheit ist es würdig und recht, dir, Herr, heiliger Vater, immer und überall zu danken. Du hast deinen eingeborenen Sohn, unseren Herrn Jesus Christus, mit dem Öl der Freude gesalbt zum ewigen Priester und zum König der ganzen Schöpfung. Als makelloses Lamm und friedenstiftendes Opfer hat er sich dargebracht auf dem Altar des Kreuzes, um das Werk der Erlösung zu vollziehen. Wenn einst die ganze Schöpfung seiner Herrschaft unterworfen ist, wird er dir, seinem Vater, das ewige, alles umfassende Reich übergeben: das Reich der Wahrheit und des Lebens, das Reich der Heiligkeit und der Gnade, das Reich der Gerechtigkeit, der Liebe und des Friedens. Durch ihn rühmen dich Himmel und Erde, Engel und Menschen und singen das Lob deiner Herrlichkeit: Heilig ...

Präfation am Fest der Darstellung des Herrn

Christus kommt in seinen Tempel

In Wahrheit ist es würdig und recht, dir, Herr, heiliger Vater, allmächtiger, ewiger Gott, immer und überall zu danken. Denn heute hat die jungfräuliche Mutter deinen ewigen Sohn zum Tempel getragen; Simeon, vom Geist erleuchtet, preist ihn als Ruhm deines Volkes Israel, als Licht zur Erleuchtung der Heiden. Darum gehen auch wir dem Erlöser freudig entgegen und singen mit den Engeln und Heiligen das Lob deiner Herrlichkeit: Heilig ...

Präfation am Fest der Verkündigung des Herrn

Maria empfängt das ewige Wort

In Wahrheit ist es würdig und recht, dir, Vater im Himmel, zu danken und das Werk deiner Liebe zu rühmen. Denn heute brachte der Engel Maria die Botschaft, und deine Magd nahm sie auf mit gläubigem Herzen. Durch die Kraft des Heiligen Geistes empfing die Jungfrau dein ewiges Wort, und das Wort wurde Mensch in ihrem Schoß, um unter uns Menschen zu wohnen. So hast du an Israel deine Verheißung erfüllt und den gesandt, den die Völker erwarten, deinen Sohn, unseren Herrn Jesus Christus. Durch ihn preisen wir dein Erbarmen und singen mit den Chören der Engel das Lob deiner Herrlichkeit: Heilig . . .

Präfation am Fest der Verklärung Christi

Die Verklärung Christi als Verheißung

In Wahrheit ist es würdig und recht, dir, Herr, heiliger Vater, allmächtiger, ewiger Gott, immer und überall zu danken durch unseren Herrn Jesus Christus. Denn er enthüllte auf dem Berg der Verklärung seine verborgene Herrlichkeit, er ließ vor auserwählten Zeugen seinen sterblichen Leib im Lichtglanz erstrahlen und gab den Jüngern die Kraft, das Ärgernis des Kreuzes zu tragen. So schenkte er der ganzen Kirche die Hoffnung, vereint mit ihrem Haupt die ewige Verklärung zu empfangen. Darum preisen wir deine Größe und vereinen uns mit den Chören der Engel zum Hochgesang von deiner göttlichen Herrlichkeit: Heilig . . .

Am Jahrestag der Kirchweihe
A: Jahrestag der eigenen Kirche

Die Kirche als Tempel Gottes

In Wahrheit ist es würdig und recht, dir, Herr, heiliger Vater, allmächtiger, ewiger Gott, immer und überall zu danken. Zu deiner Ehre wurde dieses Haus errichtet, in dem du deine pilgernde Kirche versammelst, um ihr darin ein Bild deiner Gegenwart zu zeigen und ihr die Gnade deiner Gemeinschaft zu schenken. Denn du selbst erbaust dir einen Tempel aus lebendigen Steinen. Von allen Orten rufst du deine Kinder zusammen und fügst sie ein in den geheimnisvollen Leib deines Sohnes. Hier lenkst du unseren Blick auf das himmlische Jerusalem und gibst uns die Hoffnung, dort deinen Frieden zu schauen. Darum preisen wir dich in deiner Kirche und vereinen uns mit allen Engeln und Heiligen zum Hochgesang von deiner göttlichen Herrlichkeit: Heilig . . .

B: Jahrestag einer andern Kirche

Die Kirche als Braut Christi und Tempel des Heiligen Geistes

In Wahrheit ist es würdig und recht, dir, Vater im Himmel, zu danken und deine Größe zu rühmen. In jedem Haus des Gebetes wohnst du als Spender der Gnade, als Geber alles Guten: Denn du erbaust uns zum Tempel des Heiligen Geistes, dessen Glanz im Leben der Gläubigen aufstrahlt. Im sichtbaren Bau erkennen wir das Bild deiner Kirche, die du zur Braut deines Sohnes erwählt hast. Du heiligst sie Tag für Tag, bis du sie, unsere Mutter, in die Herrlichkeit aufnimmst mit der unzählbaren Schar ihrer Kinder. Darum preisen wir dich in deiner Kirche und vereinen uns mit allen Engeln und Heiligen zum Hochgesang von deiner göttlichen Herrlichkeit: Heilig . . .

Präfation vom Heiligen Geist I

Der Heilige Geist als Geschenk des erhöhten Christus

In Wahrheit ist es würdig und recht, dir, Herr, heiliger Vater, allmächtiger, ewiger Gott, immer und überall zu danken durch unseren Herrn Jesus Christus. Denn er hat das Werk der Erlösung vollbracht, er ist aufgefahren über alle Himmel und thront zu deiner Rechten. Er hat den Heiligen Geist, wie er den Jüngern versprochen, ausgegossen über alle, die du zu deinen Kindern erwählt hast. Darum preisen wir jetzt und in Ewigkeit dein Erbarmen und singen mit den Chören der Engel das Lob deiner Herrlichkeit: Heilig . . .

Präfation vom Heiligen Geist II

Durch den Heiligen Geist führt Gott die Kirche

In Wahrheit ist es würdig und recht, dir, Vater im Himmel, zu danken und dich mit der ganzen Schöpfung zu loben. Denn deine Vorsehung waltet über jeder Zeit; in deiner Weisheit und Allmacht führst du das Steuer der Kirche und stärkst sie durch die Kraft des Heiligen Geistes. In ihm kann sie allezeit auf deine Hilfe vertrauen, in Not und Bedrängnis zu dir rufen und in Tagen der Freude dir danken durch unseren Herrn Jesus Christus. Durch ihn preisen wir dein Erbarmen und singen mit den Chören der Engel das Lob deiner Herrlichkeit: Heilig . . .

GEDENKTAGE DER HEILIGEN

Präfation von der seligen Jungfrau Maria I

Maria, die Mutter des Erlösers

In Wahrheit ist es würdig und recht, dir, Herr, heiliger Vater, immer und überall zu danken und dich am Fest (Gedenktag) der seligen Jungfrau Maria zu preisen.

(In Votivmessen:

In Wahrheit ist es würdig und recht, dir, Herr, heiliger Vater, immer und überall zu danken, weil du Großes getan hast an der seligen Jungfrau Maria.)

Vom Heiligen Geist überschattet, hat sie deinen eingeborenen Sohn empfangen und im Glanz unversehrter Jungfräulichkeit der Welt das ewige Licht geboren, unseren Herrn Jesus Christus. Durch ihn loben die Engel deine Herrlichkeit, beten dich an die Mächte, erbeben die Gewalten. Die Himmel und die himmlischen Kräfte und die seligen Serafim feiern dich jubelnd im Chore. Mit ihrem Lobgesang laß auch unsere Stimmen sich vereinen und voll Ehrfurcht rufen: Heilig ...

Präfation von der seligen Jungfrau Maria II

Das Magnificat der Kirche

In Wahrheit ist es würdig und recht, dir, Vater, für die Erwählung der seligen Jungfrau Maria zu danken und mit ihr das Werk deiner Gnade zu rühmen. Du hast an der ganzen Schöpfung Großes getan und allen Menschen Barmherzigkeit erwiesen. Denn du hast geschaut auf die Niedrigkeit deiner Magd und durch sie der Welt den Heiland geschenkt, deinen Sohn, unseren Herrn Jesus Christus. Durch ihn preisen wir jetzt und in Ewigkeit dein Erbarmen und singen mit den Chören der Engel das Lob deiner Herrlichkeit: Heilig ...

Präfation am Hochfest
der ohne Erbsünde empfangenen Jungfrau Maria

Maria, das Urbild der Kirche

In Wahrheit ist es würdig und recht, dir, Vater im Himmel, zu danken und das Werk deiner Liebe zu rühmen. Denn du hast Maria vor der Erbschuld bewahrt, du hast sie mit der Fülle der Gnade beschenkt, da sie erwählt war, die Mutter deines Sohnes zu werden. In unversehrter Jungfräulichkeit hat sie Christus geboren, der als schuldloses Lamm die Sünde der Welt hinwegnimmt. Sie ist Urbild und Anfang der Kirche, der makellosen Braut deines Sohnes. Vor allen Heiligen ist sie ein Vorbild der Heiligkeit, ihre Fürsprache erfleht uns deine Gnade durch unseren Herrn Jesus Christus. Durch ihn preisen dich Himmel und Erde, Engel und Menschen und singen wie aus einem Munde das Lob deiner Herrlichkeit: Heilig . . .

Präfation von den Engeln

Lob Gottes durch die Verehrung der Engel

In Wahrheit ist es würdig und recht, dir, allmächtiger Vater, zu danken und in der Herrlichkeit der Engel deine Macht und Größe zu preisen. Denn dir gereicht es zur Verherrlichung und zum Lob, wenn wir sie ehren, die du erschaffen hast. An ihrem Glanz und ihrer Würde erkennen wir, wie groß und über alle Geschöpfe erhaben du selber bist. Dich, den ewigen Gott, rühmen sie ohne Ende durch unseren Herrn Jesus Christus. Mit ihrem Lobgesang laß auch unsere Stimmen sich vereinen und voll Ehrfurcht rufen: Heilig . . .

Präfation von Johannes dem Täufer

Johannes als Vorläufer Christi

In Wahrheit ist es würdig und recht, dir, allmächtiger Vater, zu danken und am Fest des heiligen Johannes das Werk deiner Gnade zu rühmen. Du hast ihn geehrt vor allen, die je eine Frau geboren hat, schon im Mutterschoß erfuhr er das kommende Heil, seine Geburt erfüllte viele mit Freude. Als einziger der Propheten schaute er den Erlöser und zeigte hin auf das Lamm, das die Sünde der Welt hinwegnimmt. Im Jordan taufte er Christus, der seiner Kirche die Taufe geschenkt hat, so wurde das Wasser zum heiligen Quell des ewigen Lebens. Bis an sein Ende gab Johannes Zeugnis für das Licht und besiegelte mit dem Blut seine Treue. Darum preisen wir dich mit allen Engeln und Heiligen und singen vereint mit ihnen das Lob deiner Herrlichkeit: Heilig . . .

Präfation vom heiligen Josef

Josef in der Heilsgeschichte

In Wahrheit ist es würdig und recht, dir, allmächtiger Vater, zu danken und am Fest (bei der Verehrung) des heiligen Josef die Wege deiner Weisheit zu rühmen. Denn ihm, dem Gerechten, hast du die jungfräuliche Gottesmutter anvertraut, ihn, deinen treuen und klugen Knecht, bestellt zum Haupt der Heiligen Familie. An Vaters Statt sollte er deinen eingeborenen Sohn beschützen, der durch die Überschattung des Heiligen Geistes empfangen war, unseren Herrn Jesus Christus. Durch ihn loben die Engel deine Herrlichkeit, beten dich an die Mächte, erbeben die Gewalten. Die Himmel und die himmlischen Kräfte und die seligen Serafim feiern dich jubelnd im Chore. Mit ihrem Lobgesang laß auch unsere Stimmen sich vereinen und voll Ehrfurcht rufen: Heilig . . .

Präfation von den Aposteln Petrus und Paulus

Die verschiedene Sendung der Apostel Petrus und Paulus

In Wahrheit ist es würdig und recht, dich, allmächtiger Vater, in deinen Heiligen zu preisen und am Fest der Apostel Petrus und Paulus das Werk deiner Gnade zu rühmen. Petrus hat als erster den Glauben an Christus bekannt und aus Israels heiligem Rest die erste Kirche gesammelt. Paulus empfing die Gnade tieferer Einsicht und die Berufung zum Lehrer der Heiden. Auf verschiedene Weise dienten beide Apostel der einen Kirche, gemeinsam empfingen sie die Krone des Lebens. Darum ehren wir beide in gemeinsamer Feier und vereinen uns mit allen Engeln und Heiligen zum Hochgesang von deiner göttlichen Herrlichkeit: Heilig ...

Präfation von den Aposteln I

Die Apostel als Hirten des Gottesvolkes

In Wahrheit ist es würdig und recht, dir, Herr, heiliger Vater, allmächtiger, ewiger Gott, immer und überall zu danken. Denn du bist der ewige Hirt, der seine Herde nicht verläßt, du hütest sie allezeit durch deine heiligen Apostel. Du hast sie der Kirche als Hirten gegeben, damit sie ihr vorstehn als Stellvertreter deines Sohnes. Darum singen wir mit den Engeln und Erzengeln, den Thronen und Mächten und mit all den Scharen des himmlischen Heeres den Hochgesang von deiner göttlichen Herrlichkeit: Heilig ...

Präfation von den Aposteln II

Das apostolische Fundament und Zeugnis der Kirche

In Wahrheit ist es würdig und recht, dir, allmächtiger Vater, zu danken durch unseren Herrn Jesus Christus. Durch ihn hast du die Kirche auf das Fundament der Apostel gegründet, damit sie bis ans Ende der Tage fortbestehe als Zeichen deiner Heiligkeit und allen Menschen die Botschaft des Heiles verkünde. Darum preisen wir das Werk deiner Liebe und singen mit den Chören der Engel das Lob deiner Herrlichkeit: Heilig ...

Präfation von den Heiligen I

Die Glorie der Heiligen und die Gläubigen

In Wahrheit ist es würdig und recht, dir, Herr, heiliger Vater, allmächtiger, ewiger Gott, immer und überall zu danken. Die Schar der Heiligen verkündet deine Größe, denn in der Krönung ihrer Verdienste krönst du das Werk deiner Gnade. Du schenkst uns in ihrem Leben ein Vorbild, auf ihre Fürsprache gewährst du uns Hilfe und gibst uns in ihrer Gemeinschaft das verheißene Erbe. Ihr Zeugnis verleiht uns die Kraft, im Kampf gegen das Böse zu siegen und mit ihnen die Krone der Herrlichkeit zu empfangen durch unseren Herrn Jesus Christus. Darum preisen wir dich mit allen Engeln und Heiligen und singen vereint mit ihnen das Lob deiner Herrlichkeit: Heilig ...

Präfation von den Heiligen II

Die Heiligen und wir

In Wahrheit ist es würdig und recht, dir, Vater im Himmel, zu danken und das Werk deiner Gnade zu preisen. Denn in den Heiligen schenkst du der Kirche leuchtende Zeichen deiner Liebe. Durch das Zeugnis ihres Glaubens verleihst du uns immer neu die Kraft, nach der Fülle des Heiles zu streben. Durch ihre Fürsprache und ihr heiliges Leben gibst du uns Hoffnung und Zuversicht. Darum rühmen dich Himmel und Erde, Engel und Menschen und singen wie aus einem Munde das Lob deiner Herrlichkeit: Heilig ...

Präfation von den Märtyrern

Der Märtyrer als Zeuge der Kraft Gottes

In Wahrheit ist es würdig und recht, dir, allmächtiger Vater, zu danken und in den Heiligen deine Größe zu rühmen. Im Martyrium des (der) heiligen N. (der Heiligen N. und N.) offenbarst du das Wunder deiner Gnade, denn in der menschlichen Schwachheit bringst du deine göttliche Kraft zur Vollendung. Er (Sie) ist (sind) Christus nachgefolgt auf dem Weg des Leidens und hat (haben) sein (ihr) Blut vergossen als Zeuge(n) des Glaubens. Darum preisen wir dich in deiner Kirche und vereinen uns mit den Engeln und Heiligen zum Hochgesang von deiner göttlichen Herrlichkeit: Heilig ...

Präfation von den Hirten der Kirche

Das Wirken der heiligen Hirten für uns

In Wahrheit ist es würdig und recht, dir, Vater im Himmel, zu danken und am Fest des heiligen N. (der Heiligen N. und N.) deine Größe zu rühmen. Sein (Ihr) Leben aus dem Glauben ist uns ein Vorbild, die Botschaft seiner (ihrer) Predigt belehrt uns, seine (ihre) Fürbitte erwirkt uns Schutz und Hilfe durch unseren Herrn Jesus Christus. Durch ihn preisen wir dich in deiner Kirche und vereinen uns mit den Engeln und Heiligen zum Hochgesang von deiner göttlichen Herrlichkeit: Heilig ...

Präfation von den heiligen Jungfrauen und Ordensleuten

Die Zeichenhaftigkeit des gottgeweihten Lebens

In Wahrheit ist es würdig und recht, dir, allmächtiger Vater, zu danken und in den Heiligen deine Gnade zu rühmen. Inmitten der Kirche berufst du Menschen, sich Christus zu weihen und mit ganzer Hingabe das Himmelreich zu suchen. In ihnen offenbarst du deinen Ratschluß, uns Menschen die ursprüngliche Heiligkeit neu zu schenken und uns schon jetzt mit Freude an den Gütern der kommenden Welt zu erfüllen durch unseren Herrn Jesus Christus. Durch ihn preisen dich Himmel und Erde, Engel und Menschen und singen wie aus einem Munde das Lob deiner Herrlichkeit: Heilig ...

In Messen für die Einheit der Christen

Die Einheit als Werk Gottes durch Christus und den Heiligen Geist

In Wahrheit ist es würdig und recht, dir, Herr, heiliger Vater, allmächtiger, ewiger Gott, immer und überall zu danken durch unseren Herrn Jesus Christus. In ihm hast du uns zur Erkenntnis der Wahrheit geführt und uns zu Gliedern seines Leibes gemacht durch den einen Glauben und die eine Taufe. Durch ihn hast du deinen Heiligen Geist ausgegossen über alle Völker, damit er Großes wirke mit seinen Gaben. Er wohnt in den Herzen der Glaubenden, er durchdringt und leitet die ganze Kirche und schafft ihre Einheit in Christus. Darum preisen wir jetzt und in Ewigkeit dein Erbarmen und singen mit den Chören der Engel das Lob deiner Herrlichkeit: Heilig ...

Präfation von den Verstorbenen I

Die Hoffnung der Gläubigen

In Wahrheit ist es würdig und recht, dir, Herr, heiliger Vater, allmächtiger, ewiger Gott, immer und überall zu danken durch unseren Herrn Jesus Christus. In ihm erstrahlt uns die Hoffnung, daß wir zur Seligkeit auferstehn. Bedrückt uns auch das Los des sicheren Todes, so tröstet uns doch die Verheißung der künftigen Unsterblichkeit. Denn deinen Gläubigen, o Herr, wird das Leben gewandelt, nicht genommen. Und wenn die Herberge der irdischen Pilgerschaft zerfällt, ist uns im Himmel eine ewige Wohnung bereitet. Darum singen wir mit den Engeln und Erzengeln, den Thronen und Mächten und mit all den Scharen des himmlischen Heeres den Hochgesang von deiner göttlichen Herrlichkeit: Heilig ...

Präfation von den Verstorbenen II

Der Eine, der für alle starb

Wir danken dir, Vater im Himmel, und rühmen dich durch unseren Herrn Jesus Christus. Denn er ist der Eine, der den Tod auf sich nahm für uns alle, damit wir im Tode nicht untergehn. Er ist der Eine, der für uns alle gestorben ist, damit wir bei dir in Ewigkeit leben. Durch ihn preisen dich deine Erlösten und singen mit den Chören der Engel das Lob deiner Herrlichkeit: Heilig ...

Präfation von den Verstorbenen III

Christus, die Auferstehung und das Leben

In Wahrheit ist es würdig und recht, dir, allmächtiger Vater, zu danken durch unseren Herrn Jesus Christus. Denn er ist das Heil der Welt, das Leben der Menschen, die Auferstehung der Toten. Durch ihn rühmen dich Himmel und Erde, Engel und Menschen und singen wie aus einem Munde das Lob deiner Herrlichkeit: Heilig ...

Präfation von den Verstorbenen IV

Der Mensch in Gottes Hand

In Wahrheit ist es würdig und recht, dir, Herr, heiliger Vater, allmächtiger, ewiger Gott, immer und überall zu danken. Denn in deinen Händen ruht unser Leben: nach deinem Willen werden wir geboren und durch deine Führung geleitet. Nach deiner Verfügung empfangen wir den Sold der Sünde und kehren zurück zur Erde, von der wir genommen sind. Doch du hast uns erlöst durch das Kreuz deines Sohnes, darum erweckt uns einst dein Befehl zur Herrlichkeit der Auferstehung mit Christus. Durch ihn preisen wir jetzt und in Ewigkeit dein Erbarmen und singen mit den Chören der Engel das Lob deiner Herrlichkeit: Heilig ...

Präfation von den Verstorbenen V

Der Tod als Sold der Sünde und das neue Leben als Geschenk Gottes

In Wahrheit ist es würdig und recht, dir, Herr, heiliger Vater, allmächtiger, ewiger Gott, immer und überall zu danken. Durch die Sünde kam der Tod in die Welt, und niemand kann ihm entrinnen. Doch deine Liebe hat die Macht des Todes gebrochen und uns gerettet durch den Sieg unseres Herrn Jesus Christus, der uns aus der Vergänglichkeit hinüberführt in das ewige Leben. Durch ihn rühmen dich Himmel und Erde, Engel und Menschen und singen wie aus einem Munde das Lob deiner Herrlichkeit: Heilig ...

DIE GEDENKTAGE
DER HEILIGEN

DIE GEDENKTAGE
DER HEILIGEN

Der jeweilige Rang: Hochfest, Fest oder Gedenktag, ist bei den einzelnen Tagen angegeben. Findet sich keine Angabe, so handelt es sich um einen nichtgebotenen Gedenktag. Formulare für diese Tage können aus der reichen Auswahl der Commune-Texte zusammengestellt werden.

NOVEMBER

30. November
HL. ANDREAS
Apostel
Fest

Andreas stammte aus Betsaida und war Fischer. Er war zuerst Jünger Johannes' des Täufers, trat dann, als er das Zeugnis des Täufers über Jesus, „das Lamm Gottes", hörte, in dessen Gefolgschaft über (Joh 1, 35–40) und gehörte zur Gruppe der Zwölf. Er gewann auch seinen Bruder Petrus für Jesus (Joh 1, 40–42). Er trat bei der Speisung der Fünftausend hervor (Joh 6, 8–9), und an ihn wandten sich die Griechen, die nach dem Einzug in Jerusalem mit Jesus sprechen wollten (Joh 12, 23). Später hat Andreas, der Überlieferung zufolge, am Schwarzen Meer und in Griechenland das Evangelium gepredigt und ist in Patras in Achaia den Martertod am Kreuz gestorben.

ERÖFFNUNGSVERS   Vgl. Mt 4, 18–19

Als Jesus am See von Galiläa entlangging,
sah er zwei Brüder, Petrus und Andreas.
Er sagte zu ihnen: Kommt her, folgt mir nach!
Ich werde euch zu Menschenfischern machen.

Ehre sei Gott, S. 1280 f.

TAGESGEBET

Allmächtiger Gott,
du hast deiner Kirche
den heiligen Apostel Andreas
als Boten des Glaubens und als Hirten gegeben.
Erhöre unser Gebet
und gib, daß auch die Kirche unserer Tage
die Macht seiner Fürsprache erfahre.
Darum bitten wir durch Jesus Christus.

ZUR LESUNG   *Seit Christus und durch ihn wissen wir, daß das Gesetz des Alten Bundes nicht zum Ziel geführt hat. Christus hat uns einen neuen Weg gezeigt; er selbst ist der Weg für jeden, der an ihn glaubt und sich zu ihm bekennt. Das Bekennen des Glaubens hat eine Reihe von Vorausset-*

zungen: *Das Bekenntnis des Mundes kommt aus der Erfahrung des Herzens, ins Herz aber kommt der Glaube durch das Hören des Wortes, d. h. durch die Verkündigung. Verkündigung gibt es, weil es Menschen gibt, die dazu den Auftrag, die Sendung erhalten haben. So steht der Glaube eines Menschen immer wieder am Anfang einer neuen Bewegung. Durch Menschen kommt der Glaube zu den Menschen. Die Mission ist eine wesentliche Lebensäußerung des Glaubens. – Im zweiten Teil der Lesung (10, 16–18) stellt Paulus die schwere Frage, warum die Botschaft, die im Wort Christi gründet, nicht bei allen Menschen Glauben findet, warum sie nicht „ankommt". Er stellt diese Frage vor allem mit dem Blick auf den Unglauben des jüdischen Volkes. Israel müßte auf das Wort der Botschaft hören, das heißt aber, es müßte auf die eigene Gerechtigkeit, die es durch die Erfüllung des Gesetzes zu haben meint, verzichten. Die Gemeinschaft mit Gott kann nicht verdient werden; sie kann nur als Geschenk angenommen, nur im Gehorsam des Glaubens empfangen werden. – Zu 10, 11–13: Jes 28, 16; Röm 9, 33; Apg 10, 34–35; Joel 2, 32 (3, 5). – Zu 10, 15: Jes 52, 7; Eph 6, 15. – Zu 10, 16–18: Jes 53, 1; Joh 12, 38; Ps 19, 5.*

ERSTE LESUNG Röm 10, 9–18
Der Glaube gründet in der Botschaft, die Botschaft im Wort Christi

Lesung
aus dem Brief des Apostels Paulus an die Römer.

9 Wenn du mit deinem Mund bekennst:
„Jesus ist der Herr"
und in deinem Herzen glaubst:
„Gott hat ihn von den Toten auferweckt",
so wirst du gerettet werden.

10 Wer mit dem Herzen glaubt und mit dem Mund bekennt,
wird Gerechtigkeit und Heil erlangen.

11 Denn die Schrift sagt:
Wer an ihn glaubt, wird nicht zugrunde gehen.

12 Darin gibt es keinen Unterschied zwischen Juden und Griechen.
Alle haben denselben Herrn;
aus seinem Reichtum
beschenkt er alle, die ihn anrufen.

13 Denn jeder, der den Namen des Herrn anruft,
wird gerettet werden.

14 Wie sollen sie nun den anrufen,
an den sie nicht glauben?

30. November. Hl. Andreas

Wie sollen sie an den glauben,
von dem sie nichts gehört haben?
Wie sollen sie hören, wenn niemand verkündigt?
15 Wie soll aber jemand verkündigen,
wenn er nicht gesandt ist?
Darum heißt es in der Schrift:
Wie sind die Freudenboten willkommen, die Gutes verkündigen!

16 Doch nicht alle sind dem Evangelium gehorsam geworden.
Denn Jesája sagt:
Herr, wer hat unserer Botschaft geglaubt?
17 So gründet der Glaube in der Botschaft,
die Botschaft im Wort Christi.
18 Aber, so frage ich,
haben sie die Boten etwa nicht gehört?
Doch, sie haben sie gehört;
denn ihre Stimme war in der ganzen Welt zu hören
und ihr Wort bis an die Enden der Erde.

ANTWORTPSALM Ps 19 (18A), 2–3.4–5b (R: 5a)

R Ihre Botschaft geht hinaus in die ganze Welt. – **R** (GL 529,6)

II. Ton

Die Himmel rühmen die Herrlichkeit Gottes, *
vom Werk seiner Hände kündet das Firmament.

Ein Tag sagt es dem andern, *
eine Nacht tut es der andern kund, – (**R**)

ohne Worte und ohne Reden, *
unhörbar bleibt ihre Stimme.

ab Doch ihre Botschaft geht in die ganze Welt hinaus, *
ihre Kunde bis zu den Enden der Erde. – **R**

RUF VOR DEM EVANGELIUM Vers: Mk 1,17b

Halleluja. Halleluja.
(So spricht der Herr:) *
Folgt mir nach!
Ich werde euch zu Menschenfischern machen.

Halleluja.

---
* Wenn der Vers gesungen wird, kann die Einleitung So spricht der Herr entfallen.

ZUM EVANGELIUM *Die Berufung der Jünger war gewiß nicht die erste Tat Jesu bei seinem Auftreten in Galiläa. Aber sie wird vom Evangelisten betont an den Anfang gestellt. Die Jünger sollen dabeisein, wenn Jesus lehrt und die Kranken heilt. Sie sollen das alles sehen und hören, um es später bezeugen zu können. Und jetzt soll ihre Nachfolge ein Zeichen dafür sein, daß zwischen Gott und den Menschen etwas Neues geschieht; die Herrschaft Gottes („das Himmelreich"), die Jesus ausruft, beginnt Wirklichkeit zu werden. In der Person Jesu begegnen die Jünger dem Anspruch Gottes, der in das Leben des Menschen eingreift und es in seinen Dienst nimmt. Die Berufung wird denkbar einfach erzählt: Jesus „sieht" diese Männer, er ruft sie, und sie gehen mit ihm, und zwar „sogleich" (Mt 4, 20.22). Nichts von Gründen oder Schwierigkeiten. Wer dieser Jesus eigentlich ist und was es bedeutet, ihm nachzufolgen, das begreifen sie mit dem Herzen früher als mit dem Verstand. – Mk 1, 16–20; Lk 5, 1–11; Joh 1, 40–41.*

EVANGELIUM Mt 4, 18–22

Sofort ließen sie ihre Netze liegen und folgten ihm

✢ **Aus dem heiligen Evangelium nach Matthäus.**

In jener Zeit,
18 **als Jesus am See von Galiläa entlangging,**
   sah er zwei Brüder,
Simon, genannt Petrus,
   und seinen Bruder Andreas;
sie warfen gerade ihr Netz in den See,
denn sie waren Fischer.

19 **Da sagte er zu ihnen: Kommt her, folgt mir nach!**
Ich werde euch zu Menschenfischern machen.
20 **Sofort ließen sie ihre Netze liegen und folgten ihm.**

21 **Als er weiterging, sah er zwei andere Brüder,**
Jakobus, den Sohn des Zebedäus,
   und seinen Bruder Johannes;
sie waren mit ihrem Vater Zebedäus im Boot
   und richteten ihre Netze her.

Er rief sie,
22 **und sogleich verließen sie das Boot und ihren Vater**
   und folgten Jesus.

30. November. Hl. Andreas

FÜRBITTEN

Zu Jesus Christus beten wir, der den heiligen Andreas in seine Nachfolge rief:

Steh deinen Glaubensboten bei, damit sie die Menschen zu dir führen können.
A.: Wir bitten dich, erhöre uns.

Bewahre die Ostkirchen und ihre Bischöfe in der Treue zum Evangelium.

Stärke alle Leidenden, daß sie dir auf dem Kreuzweg nachfolgen.

Berufe aus unserer Mitte Menschen, die dir als Glaubensboten dienen.

Denn auf dem Fundament der Apostel hast du deine Kirche erbaut. Dir sei Ehre und Lobpreis in Ewigkeit.   A.: Amen.

GABENGEBET

Allmächtiger Gott,
am Fest des heiligen Andreas
kommen wir mit unseren Gaben zu deinem Altar.
Nimm in diesem Opfer auch uns an
und schenke uns Leben aus dir.
Darum bitten wir durch Christus, unseren Herrn.

Apostelpräfation, S. 1377 f.

KOMMUNIONVERS   Joh 1, 41–42

Andreas sagte zu seinem Bruder Simon:
Wir haben den Messias gefunden, das heißt übersetzt: Christus.
Und er führte ihn zu Jesus.

SCHLUSSGEBET

Herr, unser Gott,
stärke uns durch das Sakrament,
das wir empfangen haben,
damit wir nach dem Beispiel des heiligen Andreas
Christus, dem Gekreuzigten, nachfolgen
und mit ihm
zur Herrlichkeit der Auferstehung gelangen.
Darum bitten wir durch Christus, unseren Herrn.

DEZEMBER

2. Dezember
HL. LUZIUS
Bischof, Märtyrer

Luzius, der Patron von Stadt und Bistum Chur, war nach der Überlieferung der erste Bischof von Chur. Er stammte wahrscheinlich aus dem nördlichen Teil von Churrätien und missionierte im 5. oder 6. Jahrhundert in der Gegend von Chur. Einzelheiten über sein Leben sind schwer mit Sicherheit festzustellen, da er in der Überlieferung vielfach mit einem gleichnamigen britischen König Luzius verwechselt wird, der ein Zeitgenosse des Papstes Eleutherus (174–189) gewesen sein und als Glaubensbote in Chur den Märtyrertod gefunden haben soll. – Die Reliquien des Bischofs Luzius ruhen in St. Luzi in Chur.

Commune-Texte:
A Meßformulare für Märtyrer, S. 2048 ff.
B Schriftlesungen für Hirten der Kirche, S. 2101 ff.
oder für Märtyrer, S. 2098 ff.

TAGESGEBET

Gott, du Licht unseres Glaubens,
du hast den heiligen Bischof Luzius berufen,
der Kirche von Chur
durch Wort und Beispiel zu dienen.
Seine Fürsprache helfe uns,
den Glauben zu bewahren,
den er in seiner Predigt gelehrt,
und den Weg zu gehen,
den er uns durch sein Leben gewiesen hat.
Darum bitten wir durch Jesus Christus.

ZUR LESUNG *Die Seligpreisung in Jak 1,12 („Glücklich der Mann ...") weist inhaltlich auf 1,2 zurück und spricht einen Grundgedanken des Alten und des Neuen Testaments aus: der Glaube und die Treue des Menschen müssen sich in der Prüfung bewähren. Die Bewährung ist aber nur in der Liebe möglich. Denen, die Gott lieben, wird das Leben als Sie-*

geskranz verheißen. Im Alten Testament ist es wiederholt Gott selbst, der die Menschen „prüft" (z. B. Abraham, Gen 22, 1). Ist also Gott dafür verantwortlich, wenn der Mensch versagt? Eine solche Vorstellung wird entschieden abgewiesen. Gott prüft zwar, aber er „versucht" nicht (vgl. V. 3 und V. 13): er gibt Gelegenheit zur Bewährung, aber er stellt keine Falle. Von Gott kommen nur gute Gaben; von ihm kommt das Licht, nicht die Finsternis; das Leben, nicht der Tod (V. 16–18). Versuchung, Sünde und Tod (V. 13–15) können nur aus dem Herzen des Menschen kommen, von der Begierde, die den Menschen lockt und fängt und verdirbt. Woher die Begierde letzten Endes kommt, wird hier nicht erklärt. Wichtig ist dem Verfasser, daß sie nicht von Gott kommt, und das weiß er aus seiner klaren und großen Gottesvorstellung. – Röm 8, 28; Weish 5, 15–16; Spr 19, 3; Sir 15, 11–20; Röm 7, 8–10.23; 5, 12; 6, 23; Mt 7, 11; Joh 3, 3; 8, 12; 1 Joh 1, 5; Joh 1, 12–13; Eph 1, 13; 1 Petr 1, 23; Offb 14, 4.

ERSTE LESUNG Jak 1, 12–18

Glücklich der Mann, der in der Versuchung standhält

Lesung
aus dem Jakobusbrief.

2 **Glücklich der Mann, der in der Versuchung standhält.**
Denn wenn er sich bewährt,
  wird er den Kranz des Lebens erhalten,
  der denen verheißen ist, die Gott lieben.
3 **Keiner, der in Versuchung gerät,**
  soll sagen: Ich werde von Gott in Versuchung geführt.
Denn Gott kann nicht in die Versuchung kommen, Böses zu tun,
und er führt auch selbst niemand in Versuchung.
4 **Jeder wird von seiner eigenen Begierde, die ihn lockt und fängt,**
  in Versuchung geführt.
5 **Wenn die Begierde dann schwanger geworden ist,**
  bringt sie die Sünde zur Welt;
  ist die Sünde reif geworden,
  bringt sie den Tod hervor.
6 **Laßt euch nicht irreführen, meine geliebten Brüder;**
jede gute Gabe und jedes vollkommene Geschenk
  kommt von oben,
  vom Vater der Gestirne,
  bei dem es keine Veränderung und keine Verfinsterung gibt.

¹⁸ Aus freiem Willen
   hat er uns durch das Wort der Wahrheit geboren,
   damit wir gleichsam die Erstlingsfrucht seiner Schöpfung seien.

ANTWORTPSALM Ps 89 (88), 2–3.20a u. 4–5.21–22.25 u. 27

(R: 2a)

R Von den Taten deiner Huld, o Herr, will ich ewig singen. – **R**

(GL 527, 2)

² Von den Taten deiner Huld, Herr, will ich ewig singen, *
   bis zum fernsten Geschlecht laut deine Treue verkünden.   VIII. Ton

³ Denn ich bekenne: Deine Huld besteht für immer und ewig; *
   deine Treue steht fest im Himmel. – (**R**)

^{20a} Einst hast du in einer Vision zu deinen Frommen gesprochen: †
⁴ „Ich habe einen Bund geschlossen mit meinem Erwählten *
   und David, meinem Knecht, geschworen:

⁵ Deinem Haus gebe ich auf ewig Bestand, *
   und von Geschlecht zu Geschlecht richte ich deinen Thron auf. – (**R**)

²¹ Ich habe David, meinen Knecht, gefunden *
   und ihn mit meinem heiligen Öl gesalbt.

²² Beständig wird meine Hand ihn halten *
   und mein Arm ihn stärken. – (**R**)

²⁵ Meine Treue und meine Huld begleiten ihn, *
   und in meinem Namen erhebt er sein Haupt.

²⁷ Er wird zu mir rufen: Mein Vater bist du, *
   mein Gott, der Fels meines Heiles." – **R**

RUF VOR DEM EVANGELIUM Vers: Joh 10, 14

Halleluja. Halleluja.

(So spricht der Herr:)
Ich bin der gute Hirt.
Ich kenne die Meinen, und die Meinen kennen mich.

Halleluja.

ZUM EVANGELIUM   *„Hirten" nannten sich in der alten Welt die Könige und Führer des Volkes (vgl. Ez 34). Jesus ist der wahre, der „gute Hirt", er hält den Seinen die Treue bis zum Opfer des Lebens. Erst im Licht des Osterereignisses (Tod und Auferstehung) offenbart das Bildwort vom*

2. Dezember. Hl. Luzius

guten Hirten seine tiefe Wahrheit: die Einheit zwischen Jesus und dem Vater und die Gemeinschaft, die ihn mit seiner Jüngergemeinde verbindet. Zwei ernste Mahnungen enthält das Wort vom guten Hirten: an alle die Mahnung zur Einheit im Glauben und in der Liebe; an die Hirten, die Verantwortlichen in der Gemeinde, die Mahnung, es dem guten Hirten nachzutun und der anvertrauten „Herde" zu dienen, nicht sie beherrschen zu wollen. Dienen heißt: für die anderen dasein, arbeiten, leben, leiden. – Hebr 13,20–21; Jer 23,1–2; Ez 34,3–10; Joh 10,26–27; Eph 2,14–18.

EVANGELIUM Joh 10,11–16

Der gute Hirt gibt sein Leben hin für die Schafe

✝ **Aus dem heiligen Evangelium nach Johannes.**

In jener Zeit sprach Jesus:
1 Ich bin der gute Hirt.
Der gute Hirt gibt sein Leben hin für die Schafe.
2 Der bezahlte Knecht aber,
    der nicht Hirt ist und dem die Schafe nicht gehören,
    läßt die Schafe im Stich und flieht,
    wenn er den Wolf kommen sieht;
und der Wolf reißt sie und jagt sie auseinander.
Er flieht,
3   weil er nur ein bezahlter Knecht ist
    und ihm an den Schafen nichts liegt.

4 Ich bin der gute Hirt;
ich kenne die Meinen,
    und die Meinen kennen mich,
wie mich der Vater kennt
    und ich den Vater kenne;
und ich gebe mein Leben hin für die Schafe.

Ich habe noch andere Schafe,
    die nicht aus diesem Stall sind;
auch sie muß ich führen,
und sie werden auf meine Stimme hören;
dann wird es nur eine Herde geben und einen Hirten.

FÜRBITTEN

Wir rufen zu Jesus Christus, dem guten Hirten, der sein Leben für seine Schafe gab:

Für die Kirche von Chur und alle Gläubigen in der Schweiz: um Treue zu Gottes Gebot. (Stille) Herr, erbarme dich.
A.: Christus, erbarme dich.

Für die Mächtigen in der Welt: um Achtung der Religionsfreiheit. (Stille) Herr, erbarme dich.

Für alle, die wegen ihres Glaubens verfolgt werden: um Mut und Zuversicht. (Stille) Herr, erbarme dich.

Für unsere Gemeinde: um Wachstum im Glauben. (Stille) Herr, erbarme dich.

Allmächtiger Gott, von dir kommt jede gute Gabe. Höre auf unser Gebet und erhöre uns durch Christus, unseren Herrn. A.: Amen.

3. Dezember
HL. FRANZ XAVER
Ordenspriester, Glaubensbote
Gedenktag

Franz Xaver (Francisco Javier) wurde 1506 auf dem Schloß Javier (Navarra) geboren. Er kam 1525 zum Studium nach Paris, wo er sich 1533 dem hl. Ignatius von Loyola anschloß. 1537 wurde er in Venedig zum Priester geweiht und half in Rom bei der Abfassung der ersten Ordenssatzung mit. 1542 landete er als Missionar und päpstlicher Legat im portugiesischen Goa (Ostindien). Er wirkte mit apostolischem Eifer unter Portugiesen und Heiden. Er versuchte, die christlichen Portugiesen Gerechtigkeit und Menschlichkeit zu lehren; von den Heiden soll er etwa 30 000 getauft haben. 1549 brach er mit zwei Jesuiten und drei getauften Japanern zur Mission nach Japan auf und gründete auch dort eine Christengemeinde. 1552 kehrte er nach Goa zurück. Bei einem Versuch, das Evangelium auch nach China zu bringen, starb er 1552 auf einer Insel bei Kanton (Südchina). – Franz ist einer der größten christlichen Missionare gewesen, der Bahnbrecher der neuzeitli-

3. Dezember. Hl. Franz Xaver

chen Mission überhaupt. Er paßte sich dem Volk an, bei dem er wirkte, lebte mit den Armen in größter Armut, zog einheimische Kräfte für die Missionsarbeit heran und weckte in der alten Heimat das Interesse für das Missionswerk. Tausende sind seinem begeisternden Vorbild gefolgt.

„Wir alle, die wir hier (in Japan) sind, haben geglaubt, wir seien es, die Gott einige Dienste erweisen, weil wir in diese Länder kommen, um den heiligen Glauben zu verkünden. Doch in seiner Güte läßt uns der Herr erkennen und zuinnerst erfühlen, daß Er es ist, der uns eine Gnade erweist: die unermeßliche Gunst, uns nach Japan zu rufen und uns frei zu machen von dem zähen Sichanklammern an die Geschöpfe, die uns hindern würden, immer tiefer an Gott zu glauben, auf ihn zu hoffen und ihm zu vertrauen." (Franz Xaver, Brief aus Japan an die Väter in Goa)
„Ich werde Ihnen niemals beschreiben können, was ich den Japanern verdanke; denn unser Herr gab mir um ihretwillen eine tiefe Einsicht in die Abgründe meines Innern." (Franz Xaver, Brief an Ignatius von Loyola)

Commune-Texte:
A Meßformulare für Glaubensboten, S. 2067 ff.
B Schriftlesungen für Hirten der Kirche (Glaubensboten), S. 2101 ff.

ERÖFFNUNGSVERS   Ps 96 (95), 3–4
Erzählt bei den Völkern von der Herrlichkeit des Herrn,
bei allen Nationen von seinen Wundern;
denn groß ist der Herr und hoch zu preisen. (MB 929)

TAGESGEBET

Gott, du Heil aller Menschen,
du hast durch das Wirken
des heiligen Franz Xaver
vielen Völkern den Weg zu dir gewiesen.
Wecke in deinen Gläubigen
den Sinn für die missionarische Arbeit
und schenke ihnen Eifer
für die Ausbreitung des Glaubens,
damit die Kirche
überall auf der Welt erstarke und wachse.
Darum bitten wir durch Jesus Christus.

ZUR LESUNG *Die christliche Freiheit ist nur dann christlich, wenn sie sich in der Liebe verwirklicht, d. h. näherhin: wenn sie mit Rücksicht auf den Bruder bereit ist, auf ihr Recht zu verzichten. Das braucht nicht eigentlich bewiesen zu werden: wer es nicht einsieht, dem werden auch Beweise nicht viel nützen. Aber es kann anschaulich gemacht werden, und das versucht Paulus, indem er auf seine eigene Situation verweist. Er ist Apostel und hat als solcher gewisse „Rechte": er könnte, wie andere Apostel, eine Frau haben; er könnte (für sich und seine Familie) seinen Unterhalt von der Gemeinde beziehen. Er macht von seinem Recht aber keinen Gebrauch, „um dem Evangelium Christi kein Hindernis in den Weg zu legen" (1 Kor 9, 12). Zudem steht er mit Gott in keinem Vertragsverhältnis, er ist kein Angestellter, der Rechte geltend machen kann. Er steht völlig in der Verfügung dessen, der ihn berufen hat. Er ist von Gott in Dienst genommen, um allen Menschen zu dienen und wenigstens einige zu retten. Nur so rettet er auch sich selbst. Retten kann nur die Liebe, nicht das Recht, auch nicht die „Erkenntnis", die hochmütig macht und den schwachen Bruder zugrunde gehen läßt. – Apg 4, 18–20; 9, 15–16; 22, 14–15; 26, 16–18; 2 Kor 11, 7.*

ERSTE LESUNG 1 Kor 9, 16–19.22–23

Weh mir, wenn ich das Evangelium nicht verkünde!

Lesung
   aus dem ersten Brief des Apostels Paulus an die Korínther.

Brüder!
16 **Wenn ich das Evangelium verkünde,**
   kann ich mich deswegen nicht rühmen;
denn ein Zwang liegt auf mir.
Weh mir, wenn ich das Evangelium nicht verkünde!
17 **Wäre es mein freier Entschluß, so erhielte ich Lohn.**
Wenn es mir aber nicht freisteht,
   so ist es ein Auftrag, der mir anvertraut wurde.
18 **Was ist nun mein Lohn?**
Daß ich das Evangelium unentgeltlich verkünde
   und so auf mein Recht verzichte.
19 **Da ich also von niemand abhängig war,**
   habe ich mich für alle zum Sklaven gemacht,
   um möglichst viele zu gewinnen.

²² Den Schwachen wurde ich ein Schwacher,
  um die Schwachen zu gewinnen.
  Allen bin ich alles geworden,
  um auf jeden Fall einige zu retten.
²³ Alles aber tue ich um des Evangeliums willen,
  um an seiner Verheißung teilzuhaben.

ANTWORTPSALM Ps 117 (116), 1.2 (R: vgl. Mk 16, 15)

R Geht hinaus in die ganze Welt, (GL 646, 5)
und verkündet allen das Evangelium! – R

Lobet den Herrn, alle Völker, * VI. Ton
preist ihn, alle Nationen! – (R)

Denn mächtig waltet über uns seine Huld, *
die Treue des Herrn währt in Ewigkeit. – R

RUF VOR DEM EVANGELIUM Vers: Mt 28, 19a.20b

Halleluja. Halleluja.

(So spricht der Herr:)
Geht zu allen Völkern,
und macht alle Menschen zu meinen Jüngern!
Ich bin bei euch alle Tage bis zum Ende der Welt.

Halleluja.

ZUM EVANGELIUM *Der jetzige Schluß des Markusevangeliums (16, 9–20) wurde nachträglich aus den Osterberichten der drei anderen Evangelien zusammengestellt. – Mit der Auferstehung und Himmelfahrt Jesu ist die Geschichte des Evangeliums nicht zu Ende, im Gegenteil: jetzt weitet sich der Horizont; der „ganzen Welt", „allen Geschöpfen" (16, 15; vgl. 13, 10; 14, 9) sollen die Jünger die gute Nachricht bringen, daß Jesus, der Christus, durch seinen Tod und seine Auferstehung der Welt wieder Hoffnung gegeben hat. Der Auftrag Jesu richtet sich zunächst an die Apostel, ist aber nicht auf diese beschränkt. Christus selbst hat den Saulus-Paulus berufen, und die Apostel haben diese Berufung anerkannt. Im Lauf der Jahrhunderte wird es die Aufgabe des Bischofskollegiums sein, immer wieder Männern und Frauen, die Gott dazu beruft, die Sorge für die Ausbreitung des Evangeliums zu übertragen. – Mt 28, 16–20; 1 Tim 3, 16; 4, 10; Apg 9, 33–35; 14, 8–10; 16, 16–18; 28, 3–6.*

EVANGELIUM

Mk 16,15–20

Geht hinaus in die ganze Welt, und verkündet das Evangelium!

✣ Aus dem heiligen Evangelium nach Markus.

¹⁵ In jener Zeit erschien Jesus den Elf
und sprach zu ihnen:
  Geht hinaus in die ganze Welt,
  und verkündet das Evangelium allen Geschöpfen!
¹⁶ Wer glaubt und sich taufen läßt,
  wird gerettet;
wer aber nicht glaubt,
  wird verdammt werden.
¹⁷ Und durch die, die zum Glauben gekommen sind,
  werden folgende Zeichen geschehen:
In meinem Namen werden sie Dämonen austreiben;
sie werden in neuen Sprachen reden;
¹⁸ wenn sie Schlangen anfassen oder tödliches Gift trinken,
  wird es ihnen nicht schaden;
und die Kranken, denen sie die Hände auflegen,
  werden gesund werden.
¹⁹ Nachdem Jesus, der Herr, dies zu ihnen gesagt hatte,
  wurde er in den Himmel aufgenommen
  und setzte sich zur Rechten Gottes.
²⁰ Sie aber zogen aus und predigten überall.
Der Herr stand ihnen bei
und bekräftigte die Verkündigung
  durch die Zeichen, die er geschehen ließ.

FÜRBITTEN

Wir beten zu Christus, durch den alle Menschen das Heil erlangen:

Für die Missionare im Fernen Osten: um glaubwürdige Verkündigung des Evangeliums. (Stille) Christus, höre uns.
A.: Christus, erhöre uns.

Für die Regierenden: um Verständnis für den Auftrag der Kirche. (Stille) Christus, höre uns.

Für alle Menschen, die nicht glauben: um Erleuchtung ihrer Herzen. (Stille) Christus, höre uns.

Für unsere Gemeinde: um Eifer für die Ausbreitung des Glaubens. (Stille) Christus, höre uns.

Herr, unser Gott, du Vater aller Menschen. Führe alle zum Licht der Wahrheit durch Christus, unseren Herrn.   A.: Amen.

GABENGEBET

Gott, du Herr aller Völker,
nimm die Gaben an,
die wir dir am Gedenktag
des heiligen Franz Xaver weihen.
Er ist in die Länder des fernen Ostens gezogen,
um vielen Menschen das Heil zu verkünden.
Hilf, daß auch wir
für das Evangelium Zeugnis ablegen
und in der Gemeinschaft der Glaubenden zu dir gelangen.
Darum bitten wir durch Christus, unseren Herrn.

KOMMUNIONVERS   Vgl. Lk 10, 1.9

Der Herr sandte seine Jünger aus und trug ihnen auf, zu verkünden: Das Reich Gottes ist nahe. (MB 930)

SCHLUSSGEBET

Gütiger Gott,
das Opfer deines Sohnes entzünde in uns
die Glut der Liebe,
die den heiligen Franz Xaver ergriffen hat,
so daß er sich für das Heil der Seelen verzehrte.
Gib, daß auch wir unserer Berufung entsprechen
und einst den Lohn erhalten,
der den Arbeitern in deinem Weinberg verheißen ist.
Darum bitten wir durch Christus, unseren Herrn.

4. Dezember

HL. BARBARA

Märtyrin

Barbara lebte vermutlich im 3. oder 4. Jahrhundert in Nikomedien (in Bithynien, Kleinasien). Nach der Legende soll sie um 306 unter Maximinus Daja hingerichtet worden sein. Aber die Legende über das Leben und Martyrium der hl. Barbara stammt erst aus dem 7. Jahrhundert und ist wenig glaubwürdig. Die Verehrung der hl. Barbara hat sich im Osten und im Westen verbreitet. Sie zählt zu den Vierzehn Nothelfern und ist im besonderen die Patronin der Artillerie und der Bergleute.

Commune-Texte:
A Meßformulare für Märtyrer, S. 2048 ff.
B Schriftlesungen für Märtyrer, S. 2098 ff.

TAGESGEBET

Allmächtiger Gott,
du hast der heiligen Märtyrin Barbara
die Kraft gegeben, bis in den Tod dir treu zu bleiben.
Im Vertrauen auf ihre Fürsprache bitten wir dich:
Steh uns bei in jeder Not und Gefahr
und stärke uns in der Todesstunde
mit dem Leib und Blut deines Sohnes,
unseres Herrn Jesus Christus,
der in der Einheit des Heiligen Geistes
mit dir lebt und herrscht in alle Ewigkeit.

ZUR LESUNG *Eine große Sicherheit und Geborgenheit spricht aus diesem Abschnitt. Vier Fragen dienen dazu, diese Sicherheit abschließend nochmals zu begründen: Wer ist gegen uns? Wer kann uns anklagen? Wer kann uns verurteilen? Wer kann uns von der Liebe Christi trennen? Diese letzte, entscheidende Frage braucht eine längere Antwort, denn hier könnte es eine Unsicherheit geben. Es gibt Mächte der Höhe und der Tiefe, die uns von Christus und von Gott trennen möchten und vielleicht auch könnten. Sie können es nicht, weil Gott auf unserer Seite steht und weil die Liebe Christi größer ist als unsere Schwachheit. Er ist der Herr (8, 39). Auch der letzte Feind, der Tod, hat keine Macht mehr über uns. Das Wesentliche an unserem Leben, die Liebe, mit der uns Gott liebt und*

4. Dezember. Hl. Barbara

mit der wir ihm antworten, überdauert den Tod; ja sie gelangt durch den Tod hindurch zu ihrer Vollendung. – Zu 8, 31–32: Ps 118, 6–7; Röm 6, 8–11; Joh 3, 16; 2 Kor 5, 18–21. – Zu 8, 34: Ps 110, 1; Hebr 7, 25. – Zu 8, 36–37: Ps 44, 23; 2 Kor 4, 11; Joh 16, 33.

ERSTE LESUNG Röm 8, 31b–39

Weder Tod noch Leben können uns scheiden von der Liebe Gottes

Lesung
aus dem Brief des Apostels Paulus an die Römer.

Brüder!
31b Ist Gott für uns,
wer ist dann gegen uns?
32 Er hat seinen eigenen Sohn nicht verschont,
sondern ihn für uns alle hingegeben
– wie sollte er uns mit ihm nicht alles schenken?

33 Wer kann die Auserwählten Gottes anklagen?
Gott ist es, der gerecht macht.
34 Wer kann sie verurteilen?
Christus Jesus, der gestorben ist,
mehr noch: der auferweckt worden ist,
sitzt zur Rechten Gottes
und tritt für uns ein.

35 Was kann uns scheiden von der Liebe Christi?
Bedrängnis oder Not oder Verfolgung,
Hunger oder Kälte, Gefahr oder Schwert?
36 In der Schrift steht:
Um deinetwillen sind wir den ganzen Tag dem Tod ausgesetzt;
wir werden behandelt wie Schafe,
die man zum Schlachten bestimmt hat.
37 Doch all das überwinden wir
durch den, der uns geliebt hat.

38 Denn ich bin gewiß:
Weder Tod noch Leben,
weder Engel noch Mächte,
weder Gegenwärtiges noch Zukünftiges,
39 weder Gewalten der Höhe oder Tiefe
noch irgendeine andere Kreatur
können uns scheiden von der Liebe Gottes,
die in Christus Jesus ist, unserem Herrn.

ANTWORTPSALM   Ps 34 (33), 2–3.4–5.6–7.8–9 (R: vgl. 5b)

R All meinen Ängsten hat mich der Herr entrissen. – **R**   (GL 477)

2 Ich will den Herrn allezeit preisen; *   V. Ton
   immer sei sein Lob in meinem Mund.

3 Meine Seele rühme sich des Herrn; *
   die Armen sollen es hören und sich freuen. – (R)

4 Verherrlicht mit mir den Herrn, *
   laßt uns gemeinsam seinen Namen rühmen.

5 Ich suchte den Herrn, und er hat mich erhört, *
   er hat mich all meinen Ängsten entrissen. – (R)

6 Blickt auf zu ihm, so wird euer Gesicht leuchten, *
   und ihr braucht nicht zu erröten.

7 Da ist ein Armer; er rief, und der Herr erhörte ihn. *
   Er half ihm aus all seinen Nöten. – (R)

8 Der Engel des Herrn umschirmt alle, die ihn fürchten und ehren, *
   und er befreit sie.

9 Kostet und seht, wie gütig der Herr ist; *
   wohl dem, der zu ihm sich flüchtet! – **R**

RUF VOR DEM EVANGELIUM   Vers: vgl. Mt 5, 10

Halleluja. Halleluja.

Selig, die um der Gerechtigkeit willen Verfolgung leiden;
denn ihnen gehört das Himmelreich.

Halleluja.

ZUM EVANGELIUM   *Mit dem Wort vom Schwert (Mt 10, 34) empfiehlt Jesus sicher nicht den Krieg für die Sache des Glaubens; er stellt aber fest, daß die Verkündigung des Evangeliums die Menschen vor eine Entscheidung stellen und Zwietracht hervorrufen wird. Und er bereitet die Jünger auf die Verfolgung vor. Nicht von jedem Jünger wird das Martyrium, die Hingabe des Lebens um des Glaubens willen, verlangt; aber grundsätzlich schließt die Entscheidung für Jesus – die Entscheidung für Gott – die Bereitschaft in sich, auch das Leben preiszugeben. Und immer ist die Nachfolge Jesu, wo sie ernst genommen wird, ein beständiges Abschiednehmen, ein Leben wie durch den Tod hindurch. – Zu 10, 34–36;*

4. Dezember. Hl. Barbara

Lk 12,51–53; Mi 7,6. – Zu 10,37–39; Lk 14,26–27; 17,33; Mk 8,34–35; Joh 12,25.

EVANGELIUM Mt 10,34–39

Ich bin nicht gekommen, um Frieden zu bringen, sondern das Schwert

✞ **Aus dem heiligen Evangelium nach Matthäus.**

In jener Zeit sprach Jesus zu seinen Aposteln:

34 Denkt nicht,
   ich sei gekommen, um Frieden auf die Erde zu bringen.
   Ich bin nicht gekommen, um Frieden zu bringen,
   sondern das Schwert.

35 Denn ich bin gekommen,
   um den Sohn mit seinem Vater zu entzweien
   und die Tochter mit ihrer Mutter
   und die Schwiegertochter mit ihrer Schwiegermutter;

36 und die Hausgenossen eines Menschen
   werden seine Feinde sein.

37 Wer Vater oder Mutter mehr liebt als mich,
   ist meiner nicht würdig,
   und wer Sohn oder Tochter mehr liebt als mich,
   ist meiner nicht würdig.

38 Und wer nicht sein Kreuz auf sich nimmt und mir nachfolgt,
   ist meiner nicht würdig.

39 Wer das Leben gewinnen will,
   wird es verlieren;
   wer aber das Leben um meinetwillen verliert,
   wird es gewinnen.

FÜRBITTEN

Zu Christus, von dessen Liebe uns nichts scheiden kann, wollen wir beten:

Ermutige alle Christen, unerschrocken ihren Glauben zu bekennen.

A.: Herr, erhöre unser Gebet.

Laß die Regierenden aufrichtig dem Frieden dienen.

Entreiß die Bedrängten all ihren Ängsten.

Sei allen, die heute sterben, nahe durch das Brot des Lebens.
A.: Herr, erhöre unser Gebet.

Allmächtiger Gott, du bist die Kraft der Schwachen. Erhöre alle, die zu dir rufen, durch Christus, unseren Herrn.   A.: Amen.

4. Dezember
HL. JOHANNES VON DAMASKUS
Priester, Kirchenlehrer

Johannes von Damaskus gilt als der letzte griechische Kirchenvater, der klassische Dogmatiker der griechischen Kirche; er hat in seinen Schriften das zusammengefaßt, was die christlichen Schriftsteller vor ihm gesagt haben. Sein Werk „Über den orthodoxen Glauben" ist in der griechischen Kirche, was theologische Autorität angeht, etwa das, was bei den Lateinern die „Theologische Summe" des Thomas ist. Als Johannes um 650 geboren wurde, stand seine Heimat Damaskus unter islamischer Herrschaft. Sein christlicher Vater war Beamter bei den arabischen Herren. Der Sohn, als Kind getauft, trat ebenfalls in den Dienst des Kalifen, ging aber dann nach Jerusalem und wurde Mönch im Sabaskloster. Er benützte seine Zeit und sein umfassendes Wissen, um Bücher zu schreiben und Hymnen zu dichten. Zwischendurch – wenn die Legende recht hat – verkaufte er im Auftrag des Klosters Körbe in den Straßen der Stadt. Im Bilderstreit, der um diese Zeit seinen Höhepunkt erreichte, trat Johannes entschieden für die Verehrung der heiligen Bilder ein; vom griechischen Kaiser, der ein Gegner der Bilderverehrung war, hatte er, da er unter arabischer Herrschaft lebte, wenig zu fürchten. Johannes starb wahrscheinlich 749. Papst Leo XIII. erhob ihn 1890 zum Kirchenlehrer.

Gottes Ort
„Gott ist an keinem Ort, denn er ist immateriell und unbegrenzt. Er selbst ist sein Ort, da er alles erfüllt und über allem ist und alles zusammenhält. Man sagt aber auch, er sei an einem Ort. Ort Gottes heißt der Ort, wo seine Wirksamkeit sich offenbart. Er selbst durchdringt ja alles und teilt allem von seiner eigenen Wirksamkeit mit, so wie es der Empfänglichkeit des einzelnen und seiner Aufnahmefähigkeit entspricht, ich will sagen: der Reinheit seiner Natur und seines Willens." (Johannes von Damaskus, Über den orthodoxen Glauben I 13)

4. Dezember. Hl. Johannes von Damaskus

Commune-Texte:
A Meßformulare für Hirten der Kirche, S. 2061 f.,
oder für Kirchenlehrer, S. 2071 ff.
B Schriftlesungen für Hirten der Kirche, S. 2101 ff.,
oder für Kirchenlehrer, S. 2106 ff.

TAGESGEBET

Herr und Gott,
du hast dem heiligen Johannes von Damaskus
die Fähigkeit geschenkt,
den rechten Glauben überzeugend zu verkünden.
Hilf uns auf seine Fürsprache,
aus diesem Glauben Licht und Kraft zu schöpfen.
Darum bitten wir durch Jesus Christus.

ZUR LESUNG *Das „kostbare Gut", das dem Lehrer und Hirten in der Kirche Christi anvertraut wurde (2 Tim 1, 14), ist die überlieferte Wahrheit von Jesus Christus, der erschienen ist, um alle Menschen zu retten (vgl. 1, 9–10). Es ist die „gesunde Lehre" (1, 13), im Gegensatz zur „kranken", „verdorbenen" Lehre der Häretiker (1 Tim 6, 4–5). Zu dieser Lehre gehören außer den Glaubensaussagen auch sittliche Normen. „Gesund" ist die Lehre, wenn sie mit dem übereinstimmt, was die Apostel gelehrt haben. Der Lehrer in der Kirche, sei er Theologe oder Bischof, Pfarrer oder Katechet, kann über diese Lehre nicht verfügen; er soll sie „bewahren", treu verwalten und in ihrem vollen Bestand weitergeben. Von den Aposteln und ihren Schülern an muß diese Überlieferung weitergehen „bis zu jenem Tag" (2 Tim 1, 12), dem Tag der zweiten Ankunft Christi. Von jedem Berufenen wird verlangt, daß er zum selbstlosen Dienen und auch zum Leiden bereit ist wie der Apostel (2, 1.3). – Zu 1, 13–14: 2 Tim 4, 3; Tit 1, 9.13; 2 Tim 1, 6–7; 1 Tim 6, 20. – Zu 2, 1–3: 2 Tim 3, 14; 1 Tim 4, 14; 2 Tim 4, 8.*

ERSTE LESUNG   2 Tim 1, 13–14; 2, 1–3

Bewahre das dir anvertraute kostbare Gut durch die Kraft des Heiligen Geistes

Lesung
   aus dem zweiten Brief des Apostels Paulus an Timótheus.

Mein Sohn!
13 Halte dich an die gesunde Lehre,
   die du von mir gehört hast;

nimm sie dir zum Vorbild,
und bleibe beim Glauben und bei der Liebe,
   die uns in Christus Jesus geschenkt ist.
14 Bewahre das dir anvertraute kostbare Gut
   durch die Kraft des Heiligen Geistes, der in uns wohnt.

1 Du, mein Sohn,
   sei stark in der Gnade, die dir in Christus Jesus geschenkt ist.
2 Was du vor vielen Zeugen von mir gehört hast,
   das vertrau zuverlässigen Menschen an,
   die fähig sind, auch andere zu lehren.

3 Leide mit mir als guter Soldat Christi Jesu.

ANTWORTPSALM
   Ps 19 (18B), 8.9.10.11–12 (R: 10b oder vgl. Joh 6,63b)

R Die Urteile des Herrn sind wahr,   (GL 465)
gerecht sind sie alle. – **R**

Oder:

R Deine Worte, Herr, sind Geist und Leben. – **R**

8 Die Weisung des Herrn ist voll<u>ko</u>mmen, *   II. Ton
sie er<u>quickt</u> den Menschen.

Das Gesetz des Herrn ist verläßlich, *
den Unwissenden <u>macht</u> es weise. – (**R**)

9 Die Befehle des Herrn sind <u>rich</u>tig, *
sie er<u>freuen</u> das Herz;

das Gebot des Herrn ist <u>lau</u>ter, *
es erleuch<u>tet</u> die Augen. – (**R**)

10 Die Furcht des Herrn ist <u>rein</u>, *
sie be<u>steht</u> für immer.

Die Urteile des Herrn sind <u>wahr</u>, *
gerecht <u>sind</u> sie alle. – (**R**)

11 Sie sind kostbarer als Gold, als Feingold in <u>Men</u>ge. *
Sie sind süßer als Honig, als Ho<u>nig</u> aus Waben.

12 Auch dein Knecht läßt sich von ihnen <u>war</u>nen; *
wer sie beach<u>tet</u>, hat <u>rei</u>chen Lohn. – **R**

4. Dezember. Hl. Johannes von Damaskus

RUF VOR DEM EVANGELIUM Vers: vgl. Joh 14, 23

Halleluja. Halleluja.

(So spricht der Herr:)
Wer mich liebt, hält fest an meinem Wort.
Mein Vater wird ihn lieben, und wir werden bei ihm wohnen.

Halleluja.

ZUM EVANGELIUM *Jeder Mensch hat seine eigenen Gaben und Aufgaben, jeder muß seinen eigenen Weg suchen. Die „Diener" im Evangelium haben entsprechend ihren Fähigkeiten mehr oder weniger Geld anvertraut bekommen (ein Talent: etwa 40000 Mark). Der Herr kommt erst nach langer Zeit zurück (25, 19); plötzlich ist er da und richtet jeden nach seinen Taten. Nicht nach den empfangenen Talenten richtet sich der Lohn, sondern nach der Treue, mit der jeder gearbeitet hat. „Tüchtig und treu" ist der Knecht, der nicht müde wird, auf das Kommen des Herrn zu warten; der aber auch nicht nur von der Zukunft träumt, sondern in der Gegenwart lebt und, gerade weil er mit dem Kommen des Herrn rechnet, die Zeit ausnützt, die ihm gegeben ist. Von einem Verdienst ist auf keinen Fall die Rede; immer bleiben wir „unnütze Sklaven" (Lk 17, 10). Gott belohnt, weil er gut ist. Der Lohn ist er selbst, sein Festmahl, seine Gemeinschaft, seine Freude. – Lk 19, 12–27; Mk 13, 34; Mt 25, 45–47; Lk 16, 10; 2 Kor 5, 10; 1 Thess 5, 23.*

EVANGELIUM Mt 25, 14–30

Du bist im Kleinen ein treuer Verwalter gewesen; komm, nimm teil an der Freude deines Herrn!

✝ Aus dem heiligen Evangelium nach Matthäus.

In jener Zeit
   erzählte Jesus seinen Jüngern das folgende Gleichnis:
14 Mit dem Himmelreich
   ist es wie mit einem Mann, der auf Reisen ging:
Er rief seine Diener
   und vertraute ihnen sein Vermögen an.
15 Dem einen gab er fünf Talente Silbergeld,
einem anderen zwei,
wieder einem anderen eines,
jedem nach seinen Fähigkeiten.
Dann reiste er ab.

16 Sofort begann der Diener, der fünf Talente erhalten hatte,
   mit ihnen zu wirtschaften,
und er gewann noch fünf dazu.
17 Ebenso gewann der, der zwei erhalten hatte,
   noch zwei dazu.
18 Der aber, der das eine Talent erhalten hatte,
   ging und grub ein Loch in die Erde
und versteckte das Geld seines Herrn.
19 Nach langer Zeit kehrte der Herr zurück,
   um von den Dienern Rechenschaft zu verlangen.
20 Da kam der, der die fünf Talente erhalten hatte,
brachte fünf weitere
und sagte: Herr, fünf Talente hast du mir gegeben;
sieh her, ich habe noch fünf dazugewonnen.
21 Sein Herr sagte zu ihm:
   Sehr gut,
du bist ein tüchtiger und treuer Diener.
Du bist im Kleinen ein treuer Verwalter gewesen,
   ich will dir eine große Aufgabe übertragen.
Komm, nimm teil an der Freude deines Herrn!
22 Dann kam der Diener, der zwei Talente erhalten hatte,
und sagte: Herr, du hast mir zwei Talente gegeben;
sieh her, ich habe noch zwei dazugewonnen.
23 Sein Herr sagte zu ihm:
   Sehr gut,
du bist ein tüchtiger und treuer Diener.
Du bist im Kleinen ein treuer Verwalter gewesen,
   ich will dir eine große Aufgabe übertragen.
Komm, nimm teil an der Freude deines Herrn!
24 Zuletzt kam auch der Diener, der das eine Talent erhalten hatte,
und sagte: Herr, ich wußte, daß du ein strenger Mann bist;
du erntest, wo du nicht gesät hast,
   und sammelst, wo du nicht ausgestreut hast;
25 weil ich Angst hatte, habe ich dein Geld in der Erde versteckt.
Hier hast du es wieder.
26 Sein Herr antwortete ihm:
   Du bist ein schlechter und fauler Diener!
Du hast doch gewußt, daß ich ernte, wo ich nicht gesät habe,
   und sammle, wo ich nicht ausgestreut habe.

5. Dezember. Hl. Anno

²⁷ Hättest du mein Geld wenigstens auf die Bank gebracht,
dann hätte ich es bei meiner Rückkehr
mit Zinsen zurückerhalten.
²⁸ Darum nehmt ihm das Talent weg
und gebt es dem, der die zehn Talente hat!
²⁹ Denn wer hat,
dem wird gegeben,
und er wird im Überfluß haben;
wer aber nicht hat,
dem wird auch noch weggenommen, was er hat.
³⁰ Werft den nichtsnutzigen Diener hinaus in die äußerste Finsternis!
Dort wird er heulen und mit den Zähnen knirschen.

FÜRBITTEN

Laßt uns beten zu Jesus Christus, der uns durch den Heiligen Geist in alle Wahrheit einführt:

Erleuchte alle Lehrer der Theologie, daß sie dem Glauben der Kirche dienen.
A.: Herr, erhöre uns.

Gedenke der Muslime, die den alleinigen Gott verehren und sich seinem Willen unterwerfen.

Dränge alle Menschen, ihrem Gewissen zu folgen.

Gib, daß unser Leben die Wahrheit des Glaubens bezeugt.

Gütiger Vater, du hast den Menschen verschiedene Gaben anvertraut. Laß sie uns für das Wohl aller gebrauchen durch Christus, unseren Herrn.   A.: Amen.

5. Dezember
HL. ANNO
Bischof

Anno II. war 1056–75 Erzbischof von Köln. Er stammte aus dem schwäbischen Land (aus Pfullingen), seine Ausbildung erhielt er in Bamberg. Als Erzbischof von Köln benützte er seinen Einfluß auf die

Regierung des Reiches, um die Simonie (Kauf geistlicher Ämter) und die Habgier des Klerus zu bekämpfen. Er selbst lebte und starb in großer Armut. Er gründete mehrere Klöster, darunter die Abtei Siegburg, wo er auch begraben wurde.

Commune-Texte:
A Meßformulare für Bischöfe, S. 2056 ff.
B Schriftlesungen für Hirten der Kirche, S. 2101 ff.

TAGESGEBET

**Allmächtiger Gott,
erhöre unser Gebet
am Gedenktag des heiligen Bischofs Anno,
der allen, für die er Verantwortung trug,
ein Helfer und ein leuchtendes Vorbild war.
Gib, daß auch wir
seine Fürsprache und seine Hilfe erfahren.
Darum bitten wir durch Jesus Christus.**

ZUR LESUNG *Weil die Kirche der eine Leib Christi ist und von dem einen Geist Christi lebt, ist die Einheit geradezu ihr Wesensgesetz. Die Einheit setzt den Frieden voraus und ist dessen Vollendung. Frieden aber kann es nur geben, wo die Menschen bereit sind, einander zu dienen und einander in Liebe zu ertragen (Eph 4, 2). In den Versen 4, 4–6 sind zweimal drei Rufe zur Einheit aneinandergereiht: 1. Ein Leib – ein Geist – eine Hoffnung: das ist die Kirche; 2. ein Herr – ein Glaube – eine Taufe: das ist der Ursprung, aus dem die eine Kirche ständig neu geboren wird. Dazu kommt in 4, 6 die alles übergreifende Aussage von dem einen Gott und Vater aller. – Im zweiten Teil dieser Lesung (4, 7.11–13) wird deutlich, daß Einheit nicht dasselbe ist wie Einerleiheit, im Gegenteil: nur die Vielheit der Dienste macht das Leben des einen Leibes überhaupt möglich. Jeder hat in der Gemeinde – im Gottesdienst und im Alltag – seine besondere Gnade: es gibt Apostel, Evangelisten, Hirten und Lehrer (Bischöfe und Diakone werden noch nicht erwähnt). Es ist der eine Christus, der alle diese Ämter und Dienste „gibt"; er, der erhöhte Herr, ist auch „das Haupt" (4, 15), das den Leib, die Kirche, zusammenhält und beherrscht. – Zu 4, 1–3: Eph 3, 1; Röm 12, 1.16; Kol 3, 12–14. – Zu 4, 4–6: Röm 12, 5; Eph 2, 16.18; 1 Kor 8, 6. – Zu 4, 7.11–13: Röm 12, 3–8; 1 Kor 12, 11.28; Kol 1, 25.28.*

5. Dezember. Hl. Anno

ERSTE LESUNG Eph 4, 1–7.11–13

Die Heiligen für die Erfüllung ihres Dienstes rüsten, für den Aufbau des Leibes Christi

**Lesung
aus dem Brief des Apostels Paulus an die Épheser.**

Brüder!
1 Ich, der ich um des Herrn willen im Gefängnis bin,
 ermahne euch, ein Leben zu führen,
 das des Rufes würdig ist, der an euch erging.
2 Seid demütig, friedfertig und geduldig,
 ertragt einander in Liebe,
3 und bemüht euch, die Einheit des Geistes zu wahren
 durch den Frieden, der euch zusammenhält.
4 Ein Leib und ein Geist,
 wie euch durch eure Berufung
 auch eine gemeinsame Hoffnung gegeben ist;
5 ein Herr, ein Glaube, eine Taufe,
6 ein Gott und Vater aller,
 der über allem und durch alles und in allem ist.
7 Aber jeder von uns empfing die Gnade
 in dem Maß, wie Christus sie ihm geschenkt hat.
11 Und er gab den einen das Apostelamt,
 andere setzte er als Propheten ein,
 andere als Evangelisten,
 andere als Hirten und Lehrer,
12 um die Heiligen für die Erfüllung ihres Dienstes zu rüsten,
 für den Aufbau des Leibes Christi.
13 So sollen wir alle
 zur Einheit im Glauben
 und in der Erkenntnis des Sohnes Gottes gelangen,
 damit wir zum vollkommenen Menschen werden
 und Christus in seiner vollendeten Gestalt darstellen.

ANTWORTPSALM Ps 16 (15), 1–2 u. 5.7–8.9 u. 11 (R: vgl. 5a)

R Du, Herr, bist mein Anteil und Erbe. – R (GL 119, 2)

Behüte mich, Gott, denn ich vertraue dir. † III. Ton
Ich sage zum Herrn: „Du bist mein Herr; *
mein ganzes Glück bist du allein."

5 Du, Herr, gibst mir das Erbe und reichst mir den Becher; *
du hältst mein Los in deinen Händen. – (R)

7 Ich preise den Herrn, der mich beraten hat. *
Auch mahnt mich mein Herz in der Nacht.

8 Ich habe den Herrn beständig vor Augen. *
Er steht mir zur Rechten, ich wanke nicht. – (R)

9 Darum freut sich mein Herz und frohlockt meine Seele; *
auch mein Leib wird wohnen in Sicherheit.

11 Du zeigst mir den Pfad zum Leben. †
Vor deinem Angesicht herrscht Freude in Fülle, *
zu deiner Rechten Wonne für alle Zeit.

R Du, Herr, bist mein Anteil und Erbe.

RUF VOR DEM EVANGELIUM   Vers: Mt 23,9b.10b

Halleluja. Halleluja.

Einer ist euer Vater, der im Himmel.
Einer ist euer Lehrer, Christus.

Halleluja.

ZUM EVANGELIUM   *Wer in der Gemeinde zum Lehren und Verkündigen berufen ist, hat am meisten Grund zur Demut. Er weiß ja, daß er selbst immer hinter dem zurückbleibt, was er anderen als Wort Gottes sagt und auslegt. Mit dem Blick auf die Schriftgelehrten und Pharisäer warnt Jesus seine Jünger vor jeder Form von Heuchelei und Anmaßung. „Der Größte von euch soll euer Diener sein" (V. 11). Alle Titel und Würden („Rabbi", „Vater", „Lehrer"...) machen den Menschen vor Gott nicht besser und nicht größer. Gott bedient sich mit Vorliebe unscheinbarer Mittel, um seine großen Werke zu tun. – Zu 23,11: Mt 20,26–27; Mk 9,35; Lk 9,48. – Zu 23,12: Ijob 22,29; Spr 29,23; Lk 18,14.*

EVANGELIUM   Mt 23,8–12

Der Größte von euch soll euer Diener sein

✠ Aus dem heiligen Evangelium nach Matthäus.

In jener Zeit sprach Jesus zu seinen Jüngern:
8 Ihr sollt euch nicht Rabbi nennen lassen;

denn nur einer ist euer Meister,
  ihr alle aber seid Brüder.

9 Auch sollt ihr niemand auf Erden euren Vater nennen;
denn nur einer ist euer Vater,
  der im Himmel.

10 Auch sollt ihr euch nicht Lehrer nennen lassen;
denn nur einer ist euer Lehrer,
  Christus.

11 Der Größte von euch soll euer Diener sein.
12 Denn wer sich selbst erhöht,
  wird erniedrigt,
und wer sich selbst erniedrigt,
  wird erhöht werden.

FÜRBITTEN

Zu unserem Herrn Jesus Christus, der seine Jünger als Brüder bezeichnete, wollen wir beten:

Für die Kirche: laß sie nicht auf Besitz und Reichtum ihre Hoffnung setzen. (Stille) Herr, erbarme dich.
A.: Christus, erbarme dich.

Für die Ordensgemeinschaften: laß sie ihrer besonderen Berufung treu bleiben. (Stille) Herr, erbarme dich.

Für die Notleidenden: gib ihnen behutsame Helfer. (Stille) Herr, erbarme dich.

Für unsere Gemeinde: bewahre uns vor Eifersucht und Zwietracht. (Stille) Herr, erbarme dich.

Denn du allein bist der Herr. Dir gebührt Ehre und Lobpreis in Ewigkeit. A.: Amen.

6. Dezember

HL. NIKOLAUS
Bischof

Nikolaus, der Bischof von Myra (Kleinasien), im Osten und im Westen viel verehrt, lebte wahrscheinlich im 4. Jahrhundert. Der Mangel an geschichtlichen Nachrichten wird durch einen reichen Kranz von Legenden wettgemacht. Im 6. Jahrhundert baute Kaiser Justinian zu seiner Ehre eine Kirche in Konstantinopel. 1082 kamen seine Reliquien durch Kaufleute, die sie in Myra gestohlen hatten, nach Bari (Apulien).

Commune-Texte:
A Meßformulare für Bischöfe, S. 2056 ff.
B Schriftlesungen für Hirten der Kirche, S. 2101 ff.

TAGESGEBET

Gott, du Spender alles Guten,
hilf uns auf die Fürsprache des heiligen Nikolaus
in aller Not
und steh uns bei in jeder Gefahr.
Gib uns ein großmütiges Herz,
damit wir anderen schenken,
was wir empfangen,
und den Weg des Heiles ungehindert gehen.
Darum bitten wir durch Jesus Christus.

ZUR LESUNG   *In Kapitel 6, 1–11 berichtet Jesaja von seiner Berufung zum Propheten. Der heilige Gott Israels selbst hat ihn beauftragt. In drei Stufen geschieht die Berufung: 1. Jesaja erfährt Gott als den Heiligen, Unnahbaren (6, 1–4); 2. in der Gegenwart Gottes erkennt er seine eigene Sündhaftigkeit und wird gereinigt (6, 5–7); 3. er wird gesendet, um das Wort Gottes auszurichten (6, 8–11). In großer Einfachheit wird hier von einer einzigartigen Gotteserfahrung gesprochen. Gott ist für Jesaja nicht eine Idee, sondern eine Wirklichkeit. Von jetzt an weiß er sich in Dienst genommen von diesem unfaßbaren, unnahbaren Gott. Zugleich aber weiß er sich solidarisch mit seinem Volk, das er liebt und dem er doch im Namen Gottes harte Worte sagen muß. – 1 Kön 22, 19; Ez 1, 11;*

6. Dezember. Hl. Nikolaus

10, 21; Offb 4, 8; Num 14, 21; Ex 19, 16; 1 Kön 8, 10–12; Joh 12, 41;
Offb 15, 8; Ex 33, 20; Jer 1, 9; Dan 10, 16; Ex 4, 10–13; Jer 1, 6.

ERSTE LESUNG   Jes 6, 1–8

Wen soll ich senden? Wer wird für uns gehen?

Lesung
  aus dem Buch Jesája.

1 Im Todesjahr des Königs Usija sah ich den Herrn.
  Er saß auf einem hohen und erhabenen Thron.
  Der Saum seines Gewandes füllte den Tempel aus.
2 Sérafim standen über ihm.
  Jeder hatte sechs Flügel:
    Mit zwei Flügeln bedeckten sie ihr Gesicht,
    mit zwei bedeckten sie ihre Füße,
    und mit zwei flogen sie.
3 Sie riefen einander zu:
    Heilig, heilig, heilig ist der Herr der Heere.
  Von seiner Herrlichkeit ist die ganze Erde erfüllt.
4 Die Türschwellen bebten bei ihrem lauten Ruf,
  und der Tempel füllte sich mit Rauch.
5 Da sagte ich: Weh mir, ich bin verloren.
  Denn ich bin ein Mann mit unreinen Lippen
  und lebe mitten in einem Volk mit unreinen Lippen,
  und meine Augen haben den König, den Herrn der Heere, gesehen.
6 Da flog einer der Sérafim zu mir;
  er trug in seiner Hand eine glühende Kohle,
    die er mit einer Zange vom Altar genommen hatte.
7 Er berührte damit meinen Mund
  und sagte:
    Das hier hat deine Lippen berührt:
  Deine Schuld ist getilgt,
  deine Sünde gesühnt.
8 Danach hörte ich die Stimme des Herrn,
    der sagte: Wen soll ich senden?
  Wer wird für uns gehen?
  Ich antwortete: Hier bin ich, sende mich!

ANTWORTPSALM   Ps 40 (39), 2 u. 4ab.7–8.9–10 (R: vgl. 8a.9a)

R Mein Gott, ich komme; (GL 528, 1)
deinen Willen zu tun macht mir Freude. – **R**

2 Ich hoffte, ja ich hoffte auf den Herrn. *   I. Ton
Da neigte er sich mir zu und hörte mein Schreien.

4ab Er legte mir ein neues Lied in den Mund, *
einen Lobgesang auf ihn, unsern Gott. – (**R**)

7 An Schlacht- und Speiseopfern hast du kein Gefallen, *
Brand- und Sündopfer forderst du nicht.

Doch das Gehör hast du mir eingepflanzt; †
8 darum sage ich: Ja, ich komme. *
In dieser Schriftrolle steht, was an mir geschehen ist. – (**R**)

9 Deinen Willen zu tun, mein Gott, macht mir Freude, *
deine Weisung trag' ich im Herzen.

10 Gerechtigkeit verkünde ich in großer Gemeinde, *
meine Lippen verschließe ich nicht; Herr, du weißt es. – **R**

RUF VOR DEM EVANGELIUM   Vers: vgl. Lk 4, 18

Halleluja. Halleluja.

Der Herr hat mich gesandt,
den Armen die Frohe Botschaft zu bringen
und den Gefangenen die Freiheit zu verkünden.

Halleluja.

ZUM EVANGELIUM   *In Kapitel 9, 1–6 hat Lukas von der Aussendung der Zwölf berichtet. Inzwischen hat Jesus seine Tätigkeit in Galiläa abgeschlossen und ist auf dem Weg nach Jerusalem. Die Zeit drängt, und die Ernte ist groß (10, 2). „Ernte" ist in der Sprache der Bibel ein Bild für das endzeitliche Gericht Gottes über die Völker. Daß sich die Mission auf alle Völker ausdehnt, darauf weist die Zahl 70 hin; ihr liegt wohl die Vorstellung zugrunde, daß es in der Welt 70 nichtjüdische Völker gibt (vgl. Gen 10). Jesus, der den Weg des Gottesknechtes geht, weiß sich zu allen Völkern gesandt (vgl. Jes 42, 6; 49, 6). Die Aussendungsrede (Lk 10, 2–11) gibt Anweisungen über die Ausrüstung der Missionare und über ihr Verhalten in den Häusern und Ortschaften. Eine doppelte Tätigkeit wird den Jüngern aufgetragen: die Tat und das Wort (Wunder und*

Verkündigung). Beide sind Fortsetzung der Tätigkeit Jesu selbst. Zeichen, die nicht übersehen werden können. Daher am Schluß das Drohwort gegen die ungläubigen Städte. – Zu 10,2 („Ernte"): Joel 4,12–13; Jes 9,1–2; Hos 6,11; Mt 9,37–38; Joh 4,35–36. – Zu 10,3–9: Mt 10,7–16; Lk 9,3–5; 22,35; 2 Kön 4,29; Mk 6,8–11; 1 Tim 5,18; Apg 13,51.

EVANGELIUM Lk 10,1–9

Die Ernte ist groß, aber es gibt nur wenig Arbeiter

☩ **Aus dem heiligen Evangelium nach Lukas.**

1 In jener Zeit suchte der Herr zweiundsiebzig andere Jünger aus
und sandte sie zu zweit voraus in alle Städte und Ortschaften,
   in die er selbst gehen wollte.

2 Er sagte zu ihnen: Die Ernte ist groß,
   aber es gibt nur wenig Arbeiter.
Bittet also den Herrn der Ernte,
   Arbeiter für seine Ernte auszusenden.

3 Geht!
Ich sende euch wie Schafe mitten unter die Wölfe.

4 Nehmt keinen Geldbeutel mit,
keine Vorratstasche und keine Schuhe!
Grüßt niemand unterwegs!

5 Wenn ihr in ein Haus kommt,
   so sagt als erstes: Friede diesem Haus!

6 Und wenn dort ein Mann des Friedens wohnt,
   wird der Friede, den ihr ihm wünscht, auf ihm ruhen;
andernfalls wird er zu euch zurückkehren.

7 Bleibt in diesem Haus,
eßt und trinkt, was man euch anbietet;
denn wer arbeitet, hat ein Recht auf seinen Lohn.
Zieht nicht von einem Haus in ein anderes!

8 Wenn ihr in eine Stadt kommt und man euch aufnimmt,
   so eßt, was man euch vorsetzt.

9 Heilt die Kranken, die dort sind,
und sagt den Leuten:
   Das Reich Gottes ist euch nahe.

FÜRBITTEN

Wir bitten Christus, der seine Jünger als Boten des Friedens aussandte:

Für alle, die du zum Dienst in der Kirche berufst: gib ihnen Großmut, sich senden zu lassen. (Stille) Christus, höre uns.
A.: Christus, erhöre uns.

Für alle, die im Überfluß leben: gib ihnen ein mitfühlendes Herz, mit den Armen zu teilen. (Stille) Christus, höre uns.

Für alle Verzagten: laß sie wieder Hoffnung schöpfen. (Stille) Christus, höre uns.

Für unsere Gemeinde: laß uns gütig und großzügig miteinander umgehen. (Stille) Christus, höre uns.

Barmherziger Gott, von dir kommt alles Gute. Mach uns froh, wenn wir weitergeben, was wir empfangen haben durch Christus, unseren Herrn. A.: Amen.

7. Dezember
HL. AMBROSIUS
Bischof, Kirchenlehrer
Gedenktag

Ambrosius, Sohn eines hohen römischen Verwaltungsbeamten, wurde 339 (oder 333) in Trier geboren. Er trat in den Staatsdienst und wurde Provinzstatthalter von Ligurien und Ämilien. 374 durch Akklamation zum Bischof von Mailand gewählt, stellte er seine ganze Kraft in den Dienst dieses Amtes. Durch das Studium vor allem der griechischen Kirchenväter erwarb er sich ein theologisches Wissen, das sich harmonisch mit seiner antik-römischen Bildung verband. Er verteidigte die Kirche von Mailand gegen die Ansprüche der arianischen Kaiserin Justina, wehrte staatliche Übergriffe auf kirchliche Bereiche ab („Der Kaiser steht innerhalb der Kirche, nicht über ihr"), diente durch Predigten und Schrifterklärungen dem Glaubenssinn seiner Zuhörer (unter denen sich Augustinus befand), dichtete Hymnen und führte sie nach östlichem Vorbild in die lateinische Liturgie ein. Er

7. Dezember. Hl. Ambrosius

war ein Vertreter und Förderer des asketischen Lebens; er zeigte Maria als das Vorbild der gottgeweihten Jungfrauen und war selbst ein großer Marienverehrer. Ambrosius starb am 4. April 397; der 7. Dezember ist der Tag seiner Bischofsweihe. Mit Recht gilt er als der führende Mann seines Jahrhunderts und wird neben die großen Kirchenlehrer Augustinus, Hieronymus und Leo d. Gr. gestellt.

Die Worte prüfen
„Ist einer im Reden behutsam, so wird er milde, sanft und bescheiden. Wenn er nämlich den Mund hält und seine Zunge beherrscht und nicht redet, bevor er seine Worte geprüft und abgewogen hat und überlegt hat, ob dies zu sagen sei, ob es diesem Menschen gegenüber zu sagen sei, so übt er in der Tat Bescheidenheit, Sanftmut und Geduld." (Ambrosius von Mailand)

Commune-Texte:
A Meßformulare für Bischöfe, S. 2056 ff.,
oder für Kirchenlehrer, S. 2071 ff.
B Schriftlesungen für Hirten der Kirche, S. 2101 ff.,
oder für Kirchenlehrer, S. 2106 ff.

ERÖFFNUNGSVERS   Vgl. Sir 44, 15.14
**Die Menschen erfahren von der Weisheit der Heiligen,
die Kirche lobt sie.
Sie werden leben in Ewigkeit.** (MB 932)

TAGESGEBET

**Gott,
du hast uns im heiligen Bischof Ambrosius
einen hervorragenden Lehrer
des katholischen Glaubens
und ein Beispiel apostolischen Freimutes gegeben.
Höre auf seine Fürsprache
und berufe in deiner Kirche Bischöfe,
die deinem Willen gehorsam sind
und dein Volk mit Kraft und Weisheit leiten.
Darum bitten wir durch Jesus Christus.**

ZUR LESUNG   *Christus hat seine Kirche auf das Fundament der Apostel und der Propheten gestellt (Eph 2,20). In Eph 3,2–13 schreibt Paulus von seinem besonderen Auftrag im Dienst des Evangeliums. Über zwei Dinge muß er unaufhörlich staunen: 1. darüber, daß gerade er, der Unwürdigste von allen, dazu berufen wurde, die Botschaft zu den Heidenvölkern zu tragen; 2. über den Inhalt dieser Botschaft, die bisher weder den Menschen noch den Engeln bekannt war, daß nämlich alle Menschen, auch die Heiden, an den Verheißungen Anteil haben, die doch nur für Israel gegeben waren. Jetzt erst wird Gottes ewiger Plan sichtbar, und er verwirklicht sich durch die Mitarbeit von Menschen, die wissen, daß sie nichts sind und nichts können. – Zu 3,8–9: 1 Kor 15,9–10; 2 Kor 12,1; Eph 1,7.9; Röm 16,25; Kol 1,16.26. – Zu 3,10–12: 1 Petr 1,12; Röm 11,33; Eph 1,11; Hebr 4,16.*

ERSTE LESUNG   Eph 3,8–12

Den Heiden als Evangelium den unergründlichen Reichtum Christi verkündigen

**Lesung
aus dem Brief des Apostels Paulus an die Épheser.**

Brüder!
8 **Mir, dem Geringsten unter allen Heiligen,
wurde diese Gnade geschenkt:
Ich soll den Heiden
als Evangelium
den unergründlichen Reichtum Christi verkündigen**
9 **und enthüllen, wie jenes Geheimnis Wirklichkeit geworden ist,
das von Ewigkeit her
in Gott, dem Schöpfer des Alls, verborgen war.**
10 **So sollen jetzt
die Fürsten und Gewalten des himmlischen Bereichs
durch die Kirche Kenntnis erhalten
von der vielfältigen Weisheit Gottes,**
11 **nach seinem ewigen Plan,
den er durch Christus Jesus, unseren Herrn, ausgeführt hat.**
12 **In ihm haben wir den freien Zugang
durch das Vertrauen, das der Glaube an ihn schenkt.**

7. Dezember. Hl. Ambrosius

ANTWORTPSALM
Ps 89 (88), 2–3.20a u. 4–5.21–22.25 u. 27
(R: 2a)

R Von den Taten deiner Huld, o Herr, will ich ewig singen. – **R**
(GL 496)

2 Von den Taten deiner Huld, Herr, will ich ewig singen, *
bis zum fernsten Geschlecht laut deine Treue verkünden. VI. Ton

3 Denn ich bekenne: Deine Huld besteht für immer und ewig; *
deine Treue steht fest im Himmel. – (**R**)

20a Einst hast du in einer Vision zu deinen Frommen gesprochen: †

4 „Ich habe einen Bund geschlossen mit meinem Erwählten *
und David, meinem Knecht, geschworen:

5 Deinem Haus gebe ich auf ewig Bestand, *
und von Geschlecht zu Geschlecht richte ich deinen Thron auf. – (**R**)

21 Ich habe David, meinen Knecht, gefunden *
und ihn mit meinem heiligen Öl gesalbt.

22 Beständig wird meine Hand ihn halten *
und mein Arm ihn stärken. – (**R**)

25 Meine Treue und meine Huld begleiten ihn, *
und in meinem Namen erhebt er sein Haupt.

27 Er wird zu mir rufen: Mein Vater bist du, *
mein Gott, der Fels meines Heiles." – **R**

RUF VOR DEM EVANGELIUM
Vers: Joh 10, 14

Halleluja. Halleluja.

(So spricht der Herr:)
Ich bin der gute Hirt.
Ich kenne die Meinen, und die Meinen kennen mich.

Halleluja.

ZUM EVANGELIUM   *„Hirten" nannten sich in der Alten Welt die Könige und Führer des Volkes (vgl. Ez 34). Jesus ist der wahre, der „gute Hirt", er hält den Seinen die Treue bis zum Opfer des Lebens. Erst im Licht des Osterereignisses (Tod und Auferstehung) offenbart das Bildwort vom guten Hirten seine tiefe Wahrheit: die Einheit zwischen Jesus und dem Vater und die Gemeinschaft, die ihn mit seiner Jüngergemeinde verbindet. Zwei ernste Mahnungen enthält das Wort vom guten Hirten: an alle die*

Mahnung zur Einheit im Glauben und in der Liebe; an die Hirten, die Verantwortlichen in der Gemeinde, die Mahnung, es dem guten Hirten nachzutun und der anvertrauten „Herde" zu dienen, nicht sie beherrschen zu wollen. Dienen heißt: für die anderen dasein, arbeiten, leben, leiden. – Hebr 13,20–21; Jer 23,1–2; Ez 34,3–10; Joh 10,26–27; Eph 2,14–18.

EVANGELIUM   Joh 10,11–16

Der gute Hirt gibt sein Leben hin für die Schafe

✝ Aus dem heiligen Evangelium nach Johannes.

In jener Zeit sprach Jesus:
11 Ich bin der gute Hirt.
Der gute Hirt gibt sein Leben hin für die Schafe.
12 Der bezahlte Knecht aber,
    der nicht Hirt ist und dem die Schafe nicht gehören,
    läßt die Schafe im Stich und flieht,
    wenn er den Wolf kommen sieht;
und der Wolf reißt sie und jagt sie auseinander.
Er flieht,
13   weil er nur ein bezahlter Knecht ist
    und ihm an den Schafen nichts liegt.

14 Ich bin der gute Hirt;
ich kenne die Meinen,
    und die Meinen kennen mich,
15 wie mich der Vater kennt
    und ich den Vater kenne;
und ich gebe mein Leben hin für die Schafe.

16 Ich habe noch andere Schafe,
    die nicht aus diesem Stall sind;
auch sie muß ich führen,
und sie werden auf meine Stimme hören;
dann wird es nur eine Herde geben und einen Hirten.

FÜRBITTEN

Im Gebet wenden wir uns an unseren Herrn Jesus Christus, den Hirten seines Volkes:

Bestelle Bischöfe, die die Kirche mit Weisheit und Kraft leiten.
A.: Wir bitten dich, erhöre uns.

7. Dezember. Hl. Ambrosius

Bewahre dein Volk vor Übergriffen weltlicher Mächte.

Ermutige uns, den Hilflosen beizustehen.

Laß uns in Gebet und Lied dich wie aus einem Munde dankbar preisen.

Herr, unser Gott, du erleuchtest die Menschen durch den Geist der Wahrheit. Laß uns ihm in unserem Leben gehorchen durch Christus, unseren Herrn. A.: Amen.

GABENGEBET

Allmächtiger Gott,
der Heilige Geist
schenke uns in dieser Opferfeier
das Licht des Glaubens,
das den heiligen Ambrosius befähigt hat,
deine Herrlichkeit zu verkünden.
Laß auch uns in diesem Licht
deine Wahrheit tiefer erfassen.
Darum bitten wir durch Christus, unseren Herrn.

KOMMUNIONVERS 1 Kor 1, 23–24

Wir verkündigen Christus als Gekreuzigten;
Christus, Gottes Kraft und Gottes Weisheit. (MB 933)

SCHLUSSGEBET

Barmherziger Gott,
du hast uns mit dem Brot des Himmels gestärkt.
Erleuchte uns
durch die Lehre des heiligen Ambrosius,
damit wir entschlossen den Weg deiner Gebote gehen
und zum ewigen Hochzeitsmahl
unseres Herrn Jesus Christus gelangen,
der mit dir lebt und herrscht in alle Ewigkeit.

8. Dezember

HOCHFEST DER OHNE ERBSÜNDE EMPFANGENEN JUNGFRAU UND GOTTESMUTTER MARIA

Die Glaubenslehre, daß Maria vom ersten Augenblick ihres Lebens an von der Erbschuld frei war, hat sich erst im Lauf der Jahrhunderte allmählich geklärt. Sie wird ausdrücklich in der Heiligen Schrift nicht ausgesprochen, doch wurden die Aussagen der Schrift schon früh in dem Sinn verstanden, daß Maria das reinste und, wenn man will, „gelungenste" Geschöpf Gottes war, die neue Eva, die ohne Sünde blieb und so wahrhaft zur „Mutter aller Lebenden" werden konnte. Dabei muß klar bleiben, 1. daß Maria auf dem natürlichen Weg als Kind ihrer Eltern geboren wurde und 2. daß auch sie alle Gnade durch Jesus Christus, durch seinen Kreuzestod, empfangen hat. – Die liturgische Feier der Empfängnis Mariä kam im 9. Jahrhundert von Konstantinopel nach Süditalien und Sizilien; aber durchgesetzt hat sich das Fest von England her, wo der hl. Anselm von Canterbury es in seiner Diözese einführte. 1476 wurde es durch den Franziskanerpapst Sixtus IV. von der römischen Kirche übernommen. Am 8. Dezember 1854 hat Pius IX. die Lehre von der Unbefleckten Empfängnis Mariä verbindlich definiert und als Glaubenssatz erklärt.

Das Dogma

„Zu Ehren der Heiligen und Ungeteilten Dreifaltigkeit, zu Schmuck und Zierde der jungfräulichen Gottesmutter, zur Erhöhung des katholischen Glaubens und zur Mehrung der christlichen Religion, in der Autorität unseres Herrn Jesus Christus, der seligen Apostel Petrus und Paulus und der Unseren erklären, verkünden und definieren Wir: Die Lehre, daß die seligste Jungfrau Maria im ersten Augenblick ihrer Empfängnis durch ein einzigartiges Gnadenprivileg des allmächtigen Gottes, im Hinblick auf die Verdienste Jesu Christi, des Erretters des Menschengeschlechtes, von jedem Schaden der Erbsünde unversehrt bewahrt wurde, ist von Gott geoffenbart und darum von allen Gläubigen fest und beständig zu glauben."
(Pius IX., Apostolisches Schreiben „Ineffabilis Deus", verkündet am 8. Dezember 1854)

ERÖFFNUNGSVERS Jes 61,10

Von Herzen will ich mich freuen über den Herrn.
Meine Seele soll jubeln über meinen Gott.
Denn er kleidet mich in Gewänder des Heils,
er hüllt mich in den Mantel der Rettung
und schmückt mich köstlich wie eine Braut.

Ehre sei Gott. S. 1280f.

TAGESGEBET

Großer und heiliger Gott,
im Hinblick auf den Erlösertod Christi
hast du die selige Jungfrau Maria
schon im ersten Augenblick ihres Daseins
vor jeder Sünde bewahrt,
um deinem Sohn eine würdige Wohnung zu bereiten.
Höre auf ihre Fürsprache:
Mache uns frei von Sünden
und erhalte uns in deiner Gnade,
damit wir mit reinem Herzen zu dir gelangen.
Darum bitten wir durch Jesus Christus.

ZUR 1. LESUNG *Die Geschichte vom verlorenen Paradies ist wahr. Gott will dem Menschen seine Nähe und Freundschaft schenken; das ist der Sinn des „Gartens". Aber Gott kann nur dem etwas schenken, der fähig ist, es zu empfangen. Der Mensch mit der gierig raffenden Hand oder mit der trotzig geballten Faust ist dazu nicht fähig. Er bekommt vielleicht das, was er wollte, aber nur, um dann zu sehen, daß er arm und „nackt" ist. Er wird auf sich selbst zurückgeworfen, und die ganze Natur leidet darunter, daß die Ordnung gestört ist. Das wissen wir in unserem Jahrhundert der Verwüstung auch dann, wenn wir keine Dornen und Disteln mehr zu sehen bekommen. Aber nicht das Gericht ist Gottes letztes Wort. Die Rückkehr zu Gott, zum Leben, zum Glück ist dem Menschen verheißen und aufgetragen. Die Schlange, dieses geheimnisvolle, übermenschlich schlaue und bösartige Wesen, wird vom Nachkommen der Frau besiegt werden: einer wird kommen und den Kopf der Schlange treffen (Gen 3, 15); er wird dem tödlichen Unsinn ein Ende machen und den Menschen eine neue Zukunft geben. – Röm 5, 12–20; Hos 4, 1–3; 1 Joh 3, 8; Röm 8, 18–25; Offb 12.*

ERSTE LESUNG

Gen 3, 9–15.20

Feindschaft setze ich zwischen dich und die Frau, zwischen deinen Nachwuchs und den Nachwuchs der Frau

Lesung
aus dem Buch Génesis.

Nachdem Adam vom Baum gegessen hatte,
⁹ rief Gott, der Herr, ihm zu
und sprach: Wo bist du?
¹⁰ Er antwortete: Ich habe dich im Garten kommen hören;
da geriet ich in Furcht, weil ich nackt bin,
und versteckte mich.
¹¹ Darauf fragte er: Wer hat dir gesagt, daß du nackt bist?
Hast du von dem Baum gegessen,
von dem zu essen ich dir verboten habe?
¹² Adam antwortete:
Die Frau, die du mir beigesellt hast,
sie hat mir von dem Baum gegeben,
und so habe ich gegessen.
¹³ Gott, der Herr, sprach zu der Frau:
Was hast du da getan?
Die Frau antwortete:
Die Schlange hat mich verführt,
und so habe ich gegessen.
¹⁴ Da sprach Gott, der Herr, zur Schlange:
Weil du das getan hast, bist du verflucht
unter allem Vieh und allen Tieren des Feldes.
Auf dem Bauch sollst du kriechen
und Staub fressen alle Tage deines Lebens.
¹⁵ Feindschaft setze ich zwischen dich und die Frau,
zwischen deinen Nachwuchs und ihren Nachwuchs.
Er trifft dich am Kopf,
und du triffst ihn an der Ferse.
²⁰ Adam nannte seine Frau Eva – Leben –,
denn sie wurde die Mutter aller Lebendigen.

ANTWORTPSALM

Ps 98 (97), 1.2–3b.3c–4 (R: 1ab)

R Singet dem Herrn ein neues Lied; (GL 600, 1)
denn er hat wunderbare Taten vollbracht. – **R**

8. Dezember. Hochfest der Jungfrau und Gottesmutter Maria

1 Singet dem Herrn ein neues Lied; *   I. Ton
denn er hat wunderbare Taten vollbracht.

Er hat mit seiner Rechten geholfen *
und mit seinem heiligen Arm. – (R)

2 Der Herr hat sein Heil bekannt gemacht *
und sein gerechtes Wirken enthüllt vor den Augen der Völker.

3ab Er dachte an seine Huld *
und an seine Treue zum Hause Israel. – (R)

3cd Alle Enden der Erde*
sahen das Heil unsres Gottes.

4 Jauchzt vor dem Herrn, alle Länder der Erde, *
freut euch, jubelt und singt! – R

ZUR 2. LESUNG *Am Anfang des Epheserbriefs steht ein hymnischer Lobpreis, der alles Handeln Gottes in dem Wort „Segen" zusammenfaßt (1, 3–14). Von Ewigkeit her hat Gott uns erkannt und geliebt. Das Offenbarwerden seiner ewigen Größe („Herrlichkeit") und seiner Gnade ist das Ziel der Schöpfung und der Sinn der Menschheitsgeschichte, auch der Sinn jedes Menschenlebens. Von sich aus kann die Schöpfung dieses Ziel nicht erreichen. Hier greift Gottes Erbarmen ein: er macht Christus zum Haupt und zur Mitte einer neuen Schöpfung, zu ihrem Retter. Von Sünde ist in diesem Abschnitt nur in Vers 7 die Rede und nur indirekt: durch das Blut Jesu haben wir die Erlösung, die Vergebung der Sünden. Er gibt uns als Siegel der Gottesgemeinschaft den Heiligen Geist. Durch ihn haben wir Hoffnung; wir wissen, daß Gott uns angenommen hat. – Zu 1, 3–4: Eph 2, 6–7; Joh 15, 16; 17, 24; Eph 5, 27. – Zu 1, 5–6: Joh 1, 12; Röm 8, 29. – Zu 1, 11–12: Kol 1, 12.*

ZWEITE LESUNG   Eph 1, 3–6.11–12

In Christus hat Gott uns erwählt vor der Erschaffung der Welt, zum Lob seiner herrlichen Gnade

Lesung
    aus dem Brief des Apostels Paulus an die Épheser.

Gepriesen sei Gott,
der Gott und Vater unseres Herrn Jesus Christus.
Er hat uns mit allem Segen seines Geistes gesegnet
    durch unsere Gemeinschaft mit Christus im Himmel.

4 Denn in ihm hat er uns erwählt vor der Erschaffung der Welt,
damit wir heilig und untadelig leben vor Gott;
5 er hat uns aus Liebe im voraus dazu bestimmt,
seine Söhne zu werden durch Jesus Christus
und zu ihm zu gelangen nach seinem gnädigen Willen,
6 zum Lob seiner herrlichen Gnade.
Er hat sie uns geschenkt in seinem geliebten Sohn.
11 Durch ihn sind wir auch als Erben vorherbestimmt und eingesetzt
nach dem Plan dessen, der alles so verwirklicht,
wie er es in seinem Willen beschließt;
12 wir sind zum Lob seiner Herrlichkeit bestimmt,
die wir schon früher auf Christus gehofft haben.

RUF VOR DEM EVANGELIUM   Vers: vgl. Lk 1, 28

Halleluja. Halleluja.

**Gegrüßet seist du, Maria, voll der Gnade,
der Herr ist mit dir,
du bist gebenedeit unter den Frauen.**

Halleluja.

ZUM EVANGELIUM   *Maria wird vom Engel als die Frau begrüßt, die mehr als alle anderen von Gott geliebt und begnadet ist. Sie steht in der Reihe der großen Erwählten (Abraham, David) und überragt sie alle. Sie ist der neue Zion, das wahre Jerusalem, dem Gottes besondere Liebe und Gegenwart gilt (vgl. Zef 3, 14–16; Sach 9, 9). Was zu Maria über Jesus gesagt wird (Lk 1, 31–33), übertrifft bei weitem das über Johannes Gesagte (1, 15–17). Seine Titel und sein Name kennzeichnen ihn als den verheißenen Messias der Endzeit, der die Einheit von Juda und Israel wiederherstellen und über alle Völker in Ewigkeit herrschen wird. Er ist der Sohn der Jungfrau, ist wahrer Mensch und gehört doch zur Welt Gottes (1, 35). Anders als Zacharias (1, 18) antwortet Maria auf die Botschaft des Engels mit dem einfachen und großen: „Mir geschehe, wie du es gesagt hast." – Jes 7, 14; Mt 1, 21–23; Jes 9, 5–6; Dan 7, 14; Ex 40, 34–35.*

EVANGELIUM

Lk 1, 26–38

Sei gegrüßt, du Begnadete, der Herr ist mit dir

✣ Aus dem heiligen Evangelium nach Lukas.

26 In jener Zeit wurde der Engel Gábriel
   von Gott in eine Stadt in Galiläa namens Nazaret
27 zu einer Jungfrau gesandt.
Sie war mit einem Mann namens Josef verlobt,
   der aus dem Haus David stammte.
Der Name der Jungfrau war Maria.
28 Der Engel trat bei ihr ein
und sagte: Sei gegrüßt, du Begnadete,
   der Herr ist mit dir.
29 Sie erschrak über die Anrede
und überlegte, was dieser Gruß zu bedeuten habe.
30 Da sagte der Engel zu ihr: Fürchte dich nicht, Maria;
denn du hast bei Gott Gnade gefunden.
31 Du wirst ein Kind empfangen,
einen Sohn wirst du gebären:
   dem sollst du den Namen Jesus geben.
32 Er wird groß sein
und Sohn des Höchsten genannt werden.
Gott, der Herr, wird ihm den Thron seines Vaters David geben.
33 Er wird über das Haus Jakob in Ewigkeit herrschen,
   und seine Herrschaft wird kein Ende haben.
34 Maria sagte zu dem Engel:
   Wie soll das geschehen, da ich keinen Mann erkenne?
35 Der Engel antwortete ihr:
   Der Heilige Geist wird über dich kommen,
und die Kraft des Höchsten wird dich überschatten.
Deshalb wird auch das Kind heilig
   und Sohn Gottes genannt werden.
36 Auch Elisabet, deine Verwandte,
   hat noch in ihrem Alter einen Sohn empfangen;
obwohl sie als unfruchtbar galt,
   ist sie jetzt schon im sechsten Monat.
37 Denn für Gott ist nichts unmöglich.
38 Da sagte Maria:
   Ich bin die Magd des Herrn;

mir geschehe, wie du es gesagt hast.
Danach verließ sie der Engel.

Glaubensbekenntnis, S. 1284 ff.

FÜRBITTEN

Wir beten zu Jesus Christus, der Maria zu seiner Mutter erwählte:

Heilige deine Kirche, und bewahre sie vor der Verderbnis der Sünde.
A.: Herr, erhöre unser Gebet.

Höre auf die Fürsprache der Gottesmutter, und schenke allen Menschen Frieden.

Tilge auf ihre Fürbitte die Schuld der Menschen.

Laß in unserer Gemeinde das Lob deiner Mutter nie verstummen.

Allmächtiger Gott, du hast die allerseligste Jungfrau Maria mit der Fülle der Gnaden beschenkt. Auf ihre Fürsprache erhöre unser Gebet durch Christus, unseren Herrn. A.: Amen.

GABENGEBET

Herr, unser Gott,
in deiner Gnade
hast du die selige Jungfrau Maria auserwählt
und vor jeder Sünde bewahrt.
An ihrem Fest feiern wir das Opfer,
das alle Schuld der Menschen tilgt.
Befreie uns auf ihre Fürsprache
aus der Verstrickung in das Böse,
damit auch wir heilig und makellos vor dir stehen.
Darum bitten wir durch Christus, unseren Herrn.

Präfation, S. 1375.

KOMMUNIONVERS

Großes hat man von dir gesagt, Maria,
denn aus dir ging hervor die Sonne der Gerechtigkeit,
Christus, unser Gott.

SCHLUSSGEBET

Herr und Gott,
das Sakrament, das wir empfangen haben,
heile in uns die Wunden jener Schuld,
vor der du die allerseligste Jungfrau Maria
vom ersten Augenblick ihres Daseins an
auf einzigartige Weise bewahrt hast.
Darum bitten wir durch Christus, unseren Herrn.

11. Dezember
HL. DAMASUS I.
Papst

Damasus, um 305 geboren, war Papst von 366–384 Sein Pontifikat war überschattet durch die Auseinandersetzungen mit dem Gegenpapst Ursinus. Damasus hat besondere Verdienste um die Feststellung und Ehrung der römischen Märtyrergräber; er verfaßte auch viele Grabinschriften, von denen noch etwa 60 mit Sicherheit echte erhalten sind. Im Jahr 382 beauftragte er den hl. Hieronymus mit der Revision des lateinischen Bibeltextes (Vulgata). Hieronymus bestätigt, daß Damasus selbst ein guter Kenner der Heiligen Schrift war. Damasus glich nicht den auf Geld und Ehren versessenen Klerikern jener Zeit, wie sie von Hieronymus geschildert werden. Er dachte auf andere Weise an seine Zukunft: er hat selbst seine Grabinschrift verfaßt und darin seinen Glauben an die Auferstehung Jesu und die Hoffnung auf seine eigene Auferstehung ausgesprochen.

Commune-Texte:
A Meßformulare für Päpste, S. 2056 ff.
B Schriftlesungen für Hirten der Kirche (Päpste), S. 2101 ff.

TAGESGEBET

Herr und Gott,
der heilige Papst Damasus
hat den Sieg der Märtyrer gepriesen,
er hat sie geliebt
und ihr Andenken geehrt.

Gib, daß auch wir das Leben und Sterben
deiner Blutzeugen ehren,
und ermutige uns zu einem Leben aus dem Glauben.
Darum bitten wir durch Jesus Christus.

ZUR LESUNG   *Im ersten Teil seiner Abschiedsrede in Milet (Apg 20, 18–27) hat Paulus von sich selbst gesprochen. Der zweite Teil (20, 28–35) beginnt mit einem Imperativ an die Vorsteher (Episkopos – Bischof) der Gemeinde: „Gebt acht …!" Die Gemeinden, die sie leiten, sind Gottes heiliges Volk, sein Eigentum geworden durch das Blut des Sohnes, geführt vom Heiligen Geist. Es ist das Werk des dreifaltigen Gottes, das den Hirten der Kirche anvertraut ist (20, 28). Wachsamkeit gegen Gefahren von außen und von innen wird notwendig sein (20, 29–31), aber es besteht kein Grund zu Pessimismus und Verzagtheit. „Gott und das Wort seiner Gnade": das ist das Fundament des Baues und die Kraft zum Bauen (20, 32). Zum Schluß verweist Paulus auf seine eigene Erfahrung: Wer sich restlos dem heiligen Dienst weiht, der erfährt etwas vom Glück Gottes: „Geben ist seliger als nehmen". – Joh 21, 15–17; 1 Tim 4, 16; 1 Petr 5, 1–3; Hebr 13, 17; Mt 7, 15; 2 Petr 2, 1–2; Dtn 33, 3–4; Eph 2, 19–22; 4, 28; 6, 18.*

ERSTE LESUNG   Apg 20, 17–18a.28–32.36

Gebt acht auf euch und auf die ganze Herde, in der euch der Heilige Geist zu Bischöfen bestellt hat, damit ihr als Hirten für die Kirche Gottes sorgt

Lesung
   aus der Apostelgeschichte.

In jenen Tagen
17   schickte Paulus von Milét aus jemand nach Éphesus
und ließ die Ältesten der Gemeinde zu sich rufen.

18a   Als sie bei ihm eingetroffen waren,
28   sagte er: Gebt acht auf euch
   und auf die ganze Herde,
   in der euch der Heilige Geist zu Bischöfen bestellt hat,
damit ihr als Hirten für die Kirche Gottes sorgt,
   die er sich durch das Blut seines eigenen Sohnes erworben hat.
29   Ich weiß:
   Nach meinem Weggang
   werden reißende Wölfe bei euch eindringen
   und die Herde nicht schonen.

11. Dezember. Hl. Damasus I.

³⁰ Und selbst aus eurer Mitte werden Männer auftreten,
die mit ihren falschen Reden die Jünger auf ihre Seite ziehen.
³¹ Seid also wachsam,
und denkt daran,
daß ich drei Jahre lang Tag und Nacht nicht aufgehört habe,
unter Tränen jeden einzelnen zu ermahnen.
³² Und jetzt vertraue ich euch Gott und dem Wort seiner Gnade an,
das die Kraft hat, aufzubauen
und das Erbe in der Gemeinschaft der Geheiligten zu verleihen.
³⁶ Nach diesen Worten kniete er nieder
und betete mit ihnen allen.

ANTWORTPSALM   Ps 110 (109), 1–2.3.4–5 (R: 4b)

R Du bist Priester auf ewig   (GL 563, 1)
nach der Ordnung Melchísedeks. – R

¹ So spricht der Herr zu meinem Herrn: †   IV. Ton
Setze dich mir zur Rechten, *
und ich lege dir deine Feinde als Schemel unter die Füße.

² Vom Zion strecke der Herr das Zepter deiner Macht aus: *
„Herrsche inmitten deiner Feinde!" – (R)

³ Dein ist die Herrschaft am Tage deiner Macht, *
wenn du erscheinst in heiligem Schmuck;

ich habe dich gezeugt noch vor dem Morgenstern, *
wie den Tau in der Frühe. – (R)

⁴ Der Herr hat geschworen, und nie wird's ihn reuen: *
„Du bist Priester auf ewig nach der Ordnung Melchísedeks."

⁵ Der Herr steht dir zur Seite; *
er zerschmettert Könige am Tage seines Zornes. – R

RUF VOR DEM EVANGELIUM   Vers: Joh 15, 15b

Halleluja. Halleluja.

(So spricht der Herr:)
Ich habe euch Freunde genannt;
denn ich habe euch alles mitgeteilt,
was ich gehört habe von meinem Vater.

Halleluja.

ZUM EVANGELIUM *Die Liebe, von der Jesus spricht und die er uns zum Gebot macht, hat ihren Ursprung in der Liebe, mit der Gott seinen eigenen Sohn liebt, und sie hat ihr Vorbild in der Innigkeit, mit der sich der Sohn dem Vater zuwendet. Der Sohn war „am Anfang" bei Gott (Joh 1, 2), er „ruht am Herzen des Vaters" (1, 18), er bleibt in der Liebe des Vaters (15, 10) auch als der Menschgewordene. Den Willen des Vaters zu tun ist sein Leben und auch sein Sterben. Das Gegenteil von „bleiben" wäre: sich trennen, sich entfernen, treulos werden, den Gehorsam aufkündigen. – Wir sind „in ihm", seit er uns angenommen, geliebt hat, konkret: seitdem wir durch die Taufe in seinen Tod und in sein Leben hineingenommen wurden. Wir bleiben in ihm durch den Glauben und die Treue: dadurch, daß wir immer neu sein Wort aufnehmen, festhalten und tun. Frucht dieser Liebe ist die Freude, die Freundschaft, das Vertrauen. – Zu 15, 9: Joh 3, 35; 10, 14–15; 13, 1; 17, 23. – Zu 15, 10: Joh 6, 38; 8, 29. – Zu 15, 11: Joh 17, 13; 1 Joh 1, 4. – Zu 15, 12: Joh 13, 34. – Zu 15, 13: 1 Joh 3, 16; Röm 5, 6–8. – Zu 15, 15: Röm 8, 15; Lk 12, 4.*

EVANGELIUM Joh 15, 9–17

Ich nenne euch nicht mehr Knechte; vielmehr habe ich euch Freunde genannt

✣ Aus dem heiligen Evangelium nach Johannes.

In jener Zeit sprach Jesus zu seinen Jüngern:
9 Wie mich der Vater geliebt hat,
   so habe auch ich euch geliebt.
Bleibt in meiner Liebe!
10 Wenn ihr meine Gebote haltet,
   werdet ihr in meiner Liebe bleiben,
so wie ich die Gebote meines Vaters gehalten habe
   und in seiner Liebe bleibe.
11 Dies habe ich euch gesagt,
   damit meine Freude in euch ist
   und damit eure Freude vollkommen wird.
12 Das ist mein Gebot:
Liebt einander,
   so wie ich euch geliebt habe.
13 Es gibt keine größere Liebe,
   als wenn einer sein Leben für seine Freunde hingibt.
14 Ihr seid meine Freunde,
   wenn ihr tut, was ich euch auftrage.

¹⁵ Ich nenne euch nicht mehr Knechte;
denn der Knecht weiß nicht, was sein Herr tut.
Vielmehr habe ich euch Freunde genannt;
denn ich habe euch alles mitgeteilt,
    was ich von meinem Vater gehört habe.

¹⁶ Nicht ihr habt mich erwählt,
sondern ich habe euch erwählt
    und dazu bestimmt, daß ihr euch aufmacht und Frucht bringt
und daß eure Frucht bleibt.
Dann wird euch der Vater alles geben,
    um was ihr ihn in meinem Namen bittet.

¹⁷ **Dies trage ich euch auf:**
    Liebt einander!

FÜRBITTEN

Jesus Christus hat den Apostel Petrus und seine Nachfolger zu Hirten der ganzen Kirche eingesetzt. Ihn wollen wir bitten:

Für unseren Papst und alle Bischöfe: um deinen Schutz. (Stille) Christus, höre uns.
A.: Christus, erhöre uns.

Für alle Menschen, die für andere Verantwortung tragen: um Selbstlosigkeit. (Stille) Christus, höre uns.

Für alle Kranken und Notleidenden: um deine Hilfe. (Stille) Christus, höre uns.

Für die Kinder und Jugendlichen: um deine Wegweisung. (Stille) Christus, höre uns.

Denn durch deine Liebe gabst du uns ein Beispiel. Dir sei Lob und Ehre in Ewigkeit. A.: Amen.

12. Dezember
HL. JOHANNA FRANZISKA VON CHANTAL
Ordensgründerin

Johannas Vater, der Baron von Frémyot, war Präsident des burgundischen Parlaments. Er hat, da er früh seine Frau verlor, sich selbst um die Erziehung seiner Kinder angenommen. Johanna erhielt bei der Firmung den zweiten Namen Franziska. 1592 heiratete sie, zwanzigjährig, den Baron Christoph von Chantal, mit dem sie acht Jahre in glücklicher Ehe lebte. Als er infolge eines Jagdunfalls starb, stand Johanna Franziska mit ihren vier Kindern, einem großen Hauswesen und einem unmöglichen Schwiegervater allein da. Die verzweifelte Witwe mußte von ihrem Vater an ihre Pflichten erinnert werden. Ihr Gebet um Führung auf ihrem inneren Weg wurde erhört: 1604 begegnete sie dem Bischof Franz von Sales, als er in Dijon die Fastenpredigten hielt. Er lehrte sie, die Heiligkeit nicht in asketischen Übungen, sondern in der Erfüllung ihrer täglichen Pflichten zu suchen. Als ihre Kinder herangewachsen waren, gründete sie gemeinsam mit Franz von Sales den Orden von der Heimsuchung Mariens (Salesianerinnen), der 1618 bestätigt wurde. Die Ordensfrauen sollten ohne Klausur leben und mit dem Leben in Gemeinschaft und Gebet das „aktive" Leben verbinden, vor allem sich der Mädchenerziehung widmen. Dieser Plan war seiner Zeit zu weit voraus und mußte abgeändert werden. Franziskas nächste Jahre waren dem Aufbau des neuen Ordens und auch noch der Sorge um ihre Familie gewidmet. In den Leiden der letzten Lebensjahre gelangte sie zu ihrer letzten Freiheit und Reife. Sie starb am 13. Dezember 1641.

Einfache Einheit
„Ich glaube, daß ich nichts mehr denken, wünschen und verlangen soll, außer was unser Herr mich denken, lieben und wollen läßt ... Ich fühle kein anderes Verlangen in der Spitze meines Geistes als das, den heiligen Willen Gottes in allen Dingen zu erfüllen. Mein Geist ist in seiner feinen Spitze in einer einfachen Einheit. Meine Seele möchte bei allem nur in dieser sehr einfachen Einheit des Geistes mit Gott bleiben, ohne ihren Blick anderswohin zu wenden, nur zuweilen ein Vaterunser laut beten für alle, für einzelne, für sich selbst ..." (Johanna Franziska von Chantal, Brief an Franz von Sales)

12. Dezember. Hl. Johanna Franziska von Chantal

Commune-Texte:
A Meßformulare für Ordensleute, S. 2084 ff.
B Schriftlesungen für heilige Frauen (Ordensleute), S. 2110 ff.

TAGESGEBET

Gott,
du hast die heilige Johanna Franziska
auf den verschiedenen Wegen ihres Lebens
zu großen Taten befähigt.
Höre auf ihre Fürsprache.
Hilf jedem von uns, seine Berufung zu erkennen
und deinen Auftrag zu erfüllen,
damit wir Zeugen deines Lichtes werden.
Darum bitten wir durch Jesus Christus.

ZUR LESUNG   *Am Ende des Buches der Sprichwörter steht das Idealbild der Frau; sie wird geradezu als menschliche Verwirklichung der Frau Weisheit dargestellt, von der in früheren Kapiteln die Rede war. Eine solche Frau ist liebende Gattin, sorgende Hausfrau, ein wirklicher „Schatz", das Glück ihres Hauses. Sie besitzt die wahre Weisheit, wie sie im Buch der Sprichwörter verstanden wird: die Gottesfurcht, d. h. das ehrfürchtige Wissen um Gottes Größe und Nähe, bestimmt ihr ganzes Leben. Sie arbeitet nicht nur für sich und ihre Familie, sie hat auch eine offene Hand für die Armen. Ihr Glück besteht im Schenken und Helfen; darin ist sie Gott selbst ähnlich. – Spr 9, 1–6; 12, 4; Sir 26, 1–18.*

ERSTE LESUNG   Spr 31, 10–13.19–20.30–31

Eine gottesfürchtige Frau verdient Lob

**Lesung
aus dem Buch der Sprichwörter.**

10 Eine tüchtige Frau, wer findet sie?
   Sie übertrifft alle Perlen an Wert.
11 Das Herz ihres Mannes vertraut auf sie,
   und es fehlt ihm nicht an Gewinn.
12 Sie tut ihm Gutes und nichts Böses
   alle Tage ihres Lebens.

13 Sie sorgt für Wolle und Flachs
  und schafft mit emsigen Händen.
19 Nach dem Spinnrocken greift ihre Hand,
  ihre Finger fassen die Spindel.
20 Sie öffnet ihre Hand für den Bedürftigen
  und reicht ihre Hände dem Armen.
30 Trügerisch ist Anmut,
  vergänglich die Schönheit;
  nur eine gottesfürchtige Frau verdient Lob.
31 Preist sie für den Ertrag ihrer Hände,
  ihre Werke soll man am Stadttor loben.

ANTWORTPSALM Ps 131 (130), 1.2–3

R Herr, bewahre meine Seele in deinem Frieden! – R (GL 755, 1)

1 Herr, mein Herz ist nicht stolz, * IV. Ton
  nicht hochmütig blicken meine Augen.

  Ich gehe nicht um mit Dingen, *
  die mir zu wunderbar und zu hoch sind. – (R)

2 Ich ließ meine Seele ruhig werden und still; *
  wie ein kleines Kind bei der Mutter ist meine Seele still in mir.

3 Israel, harre auf den Herrn *
  von nun an bis in Ewigkeit! – R

RUF VOR DEM EVANGELIUM Vers: Joh 8, 31b–32a

Halleluja. Halleluja.

(So spricht der Herr:)
Wenn ihr in meinem Wort bleibt, seid ihr wirklich meine Jünger.
Dann werdet ihr die Wahrheit erkennen.

Halleluja.

ZUM EVANGELIUM *Wer zu Jesus gehört, darüber entscheidet nicht Blutsverwandtschaft, überhaupt nicht die Zugehörigkeit zu einer bestimmten Gruppe oder Klasse von Menschen. Die wahre Familie Jesu, seine Brüder und Schwestern, sind die Menschen, die bei ihm sind, seine Taten sehen und auf sein Wort hören. Das gemischte Volk, das um Jesus herumsaß, als seine Verwandten ihn suchten, spürte seinen liebevollen Blick und wußte, ohne es recht zu begreifen: Hier sind wir richtig. So hat*

12. Dezember. Hl. Johanna Franziska von Chantal

auch Petrus auf dem Berg der Verklärung gerufen: Herr, es ist gut, daß wir hier sind. Wer aber nahe bei Jesus ist, „der ist nahe beim Feuer" (alt-überliefertes Jesuswort). Wirklich bei Jesus ist, „wer den Willen Gottes erfüllt", wie Jesus ihn getan hat. Vom Willen Gottes ist im Markusevangelium noch einmal die Rede, und dort wird sichtbar, was es für den Jünger bedeuten kann, bei Jesus zu sein: Am Ölberg hat Jesus gebetet: „Vater, nicht, was ich will, sondern was du willst, soll geschehen" (Mk 14, 36). – Mt 12, 46–50; Lk 8, 19–21.

EVANGELIUM Mk 3, 31–35

Wer den Willen Gottes erfüllt, der ist für mich Bruder und Schwester und Mutter

✣ Aus dem heiligen Evangelium nach Markus.

In jener Zeit
³¹ kamen die Mutter Jesu und seine Brüder;
sie blieben vor dem Haus stehen
und ließen Jesus herausrufen.
³² Es saßen viele Leute um ihn herum,
und man sagte zu ihm:
Deine Mutter und deine Brüder stehen draußen
und fragen nach dir.
³³ Er erwiderte:
Wer ist meine Mutter,
und wer sind meine Brüder?
³⁴ Und er blickte auf die Menschen,
die im Kreis um ihn herumsaßen,
und sagte: Das hier sind meine Mutter und meine Brüder.
³⁵ Wer den Willen Gottes erfüllt,
der ist für mich Bruder und Schwester und Mutter.

FÜRBITTEN

Zu Jesus Christus, der den Willen Gottes über die Ansprüche seiner Verwandtschaft stellte, wollen wir beten:

Steh den Ordensfrauen bei, die sich in der Erziehung junger Menschen mühen. (Stille) Herr, erbarme dich.
A.: Christus, erbarme dich.

Versöhne alle Menschen, die sich verfeindet haben. (Stille) Herr, erbarme dich.

Gib den Verzweifelten Hoffnung. (Stille) Herr, erbarme dich.
A.: Christus, erbarme dich.

Zeige jungen Menschen den Weg zu dir. (Stille) Herr, erbarme dich.

Allmächtiger Gott, du läßt uns im Alltag deinen Willen erkennen. Gib uns Treue im Kleinen durch Christus, unseren Herrn.
A.: Amen.

13. Dezember

HL. ODILIA
Äbtissin

Odilia (Ottilia), geboren um 660, war die Tochter des Herzogs Attich oder Adalrich, der im Elsaß große Besitzungen hatte. Sie gründete die Klöster Hohenburg (später Odilienberg genannt) und Niedermünster (am Fuß des Odilienberges). Beide Klöster wurden im 16. Jahrhundert aufgegeben. Odilia starb um 720 und wurde auf dem Odilienberg begraben. Ihre Verehrung ist vor allem in Südwestdeutschland verbreitet. Sie wird gegen Augenleiden angerufen, weil sie nach der Legende blind geboren war und bei der Taufe das Augenlicht empfing.

Commune-Texte:
A Meßformulare für Ordensleute, S. 2084 ff.
B Schriftlesungen für heilige Frauen (Ordensleute), S. 2110 ff.

TAGESGEBET

Gott, du wahres Licht,
**du hast den Blinden und Augenkranken
in der heiligen Odilia
eine himmlische Patronin gegeben.
Öffne uns auf ihre Fürsprache die Augen,
damit wir in der geschaffenen Schönheit
deine Größe erahnen
und dich einst schauen in deinem himmlischen Licht.
Darum bitten wir durch Jesus Christus.**

ZUR LESUNG   *Wie die Kapitel Jes 24–27 sind auch die Kapitel 34–35 späte apokalyptische Texte. Die rettende Ankunft Gottes wird aus der Wüste ein Paradies machen. Dornen und Disteln, Not und Krankheit, der ganze Fluch der Sünde Adams (Gen 3) ist überwunden. Freiheit, Freude, Glück: wir sind heute mißtrauisch gegenüber solchen Worten; wir möchten sehen, um zu glauben. Und tatsächlich wird (V. 5–6) gesagt, daß Gott ein neues Sehen und Hören, Sprechen und Gehen schenken wird (vgl. Evangelium). Neue Möglichkeiten, die Wahrheit und die Wirklichkeit Gottes zu erfassen. Und das ist das Wesentliche. – Ps 67; 85; 126; Jes 41, 19; 60, 13; Hebr 12, 12.*

ERSTE LESUNG   Jes 35, 1–4a.5–6.10

Dann werden die Augen der Blinden geöffnet

Lesung
   aus dem Buch Jesája.

1 Die Wüste und das trockene Land sollen sich freuen,
   die Steppe soll jubeln und blühen.
2 Sie soll prächtig blühen wie eine Lilie,
   jubeln soll sie, jubeln und jauchzen.
   Die Herrlichkeit des Líbanon wird ihr geschenkt,
   die Pracht des Karmel und der Ebene Scharon.
   Man wird die Herrlichkeit des Herrn sehen,
   die Pracht unseres Gottes.

3 Macht die erschlafften Hände wieder stark
   und die wankenden Knie wieder fest!
4a Sagt den Verzagten: Habt Mut,
   fürchtet euch nicht!
   Seht, hier ist euer Gott!

5 Dann werden die Augen der Blinden geöffnet,
   auch die Ohren der Tauben sind wieder offen.
   Dann springt der Lahme wie ein Hirsch,
   die Zunge des Stummen jauchzt auf.
   In der Wüste brechen Quellen hervor,
   und Bäche fließen in der Steppe.

10 Die vom Herrn Befreiten kehren zurück
   und kommen voll Jubel nach Zion.
   Ewige Freude ruht auf ihren Häuptern.
   Wonne und Freude stellen sich ein,
   Kummer und Seufzen entfliehen.

ANTWORTPSALM Ps 45 (44), 11–12.14–15.16–17 (R: vgl. 18a)

R Den Namen des Herrn will ich preisen (GL 119, 2)
von Geschlecht zu Geschlecht. – **R**

11 Höre, Tochter, sieh her und neige dein Ohr, * II. Ton
vergiß dein Volk und dein Vaterhaus!

12 Der König verlangt nach deiner Schönheit; *
er ist ja dein Herr, verneig dich vor ihm! – (**R**)

14 Die Königstochter ist herrlich geschmückt, *
ihr Gewand ist durchwirkt mit Gold und Perlen.

15 Man geleitet sie in buntgestickten Kleidern zum König, †
Jungfrauen sind ihr Gefolge, *
ihre Freundinnen führt man zu dir. – (**R**)

16 Man geleitet sie mit Freude und Jubel, *
sie ziehen ein in den Palast des Königs.

17 An die Stelle deiner Väter treten einst deine Söhne; *
du bestellst sie zu Fürsten im ganzen Land. – **R**

RUF VOR DEM EVANGELIUM Vers: Lk 11, 35

Halleluja. Halleluja.

(So spricht der Herr:)
Achte darauf,
daß in dir statt Licht nicht Finsternis ist!

Halleluja.

ZUM EVANGELIUM *Nach der Legende war die hl. Odilia blind und erhielt bei ihrer Taufe das Augenlicht. Dazu wird gesagt, es handle sich vielleicht um ein Mißverständnis: es handle sich nicht um das körperliche Augenlicht, sondern um das Licht des Glaubens. In der Legende liegt aber mehr als nur ein Mißverständnis. Der Mensch ist ja eine wundervolle Einheit von Leib und Seele. Im Leib verwirklicht sich die Seele, im Leib ist sie da und wird sichtbar. Durch das Auge tritt das Licht nicht nur in den Körper, sondern in den ganzen Menschen ein, und der ganze Mensch schaut mit dem Auge und wird im Auge sichtbar. Das heutige Evangelium unterscheidet zwischen dem Licht, das sich dem Körper durch das Auge mitteilt, und dem „Licht in dir". Unterscheiden heißt aber nicht trennen. Der innerlich klare, leuchtende Mensch hat ein leuchtendes Auge. „Der gute Mensch hat kein finsteres Auge", heißt es in einem alten jüdischen Text.*

13. Dezember. Hl. Odilia

Daher die Mahnung im Evangelium: „Achte darauf, daß in dir statt Licht nicht Finsternis ist" (Lk 11,35). Der gute Mensch ist auch der sehende Mensch; er ist imstande, Christus zu sehen, das Licht auf dem Leuchter – überall, wo er ihm begegnet. – Zu Lk 11,33: Mt 5,15; Mk 4,21; Lk 8,16. – Zu 11,34–35: Mt 6,22–23; Joh 8,12; Mt 5,16.

EVANGELIUM   Lk 11,33–36
Dein Auge gibt dem Körper Licht

✛ **Aus dem heiligen Evangelium nach Lukas.**

In jener Zeit sprach Jesus:

33 Niemand zündet ein Licht an
und stellt es in einen versteckten Winkel
oder stülpt ein Gefäß darüber,
sondern man stellt es auf einen Leuchter,
damit alle, die eintreten, es leuchten sehen.

34 Dein Auge gibt dem Körper Licht.
Wenn dein Auge gesund ist,
dann wird auch dein ganzer Körper hell sein.
Wenn es aber krank ist,
dann wird dein Körper finster sein.

35 Achte also darauf,
daß in dir statt Licht nicht Finsternis ist.

36 Wenn dein ganzer Körper von Licht erfüllt
und nichts Finsteres in ihm ist,
dann wird er so hell sein,
wie wenn die Lampe dich mit ihrem Schein beleuchtet.

FÜRBITTEN

Wir beten zu Jesus Christus, der das wahre Licht ist:

Steh deiner Kirche bei, daß sie Licht der Welt sein kann.
A.: Wir bitten dich, erhöre uns.

Leite die Irrenden zur Erkenntnis der Wahrheit.

Schenke den Blinden das Augenlicht.

Laß unsere Verstorbenen deine Herrlichkeit schauen.

Denn du hast uns aus der Finsternis in dein wunderbares Licht berufen. Dir sei Dank und Lobpreis in Ewigkeit.   A.: Amen.

13. Dezember
HL. LUZIA
Jungfrau, Märtyrin

Die hl. Luzia, neben der hl. Agatha die berühmteste Märtyrin von Sizilien, erlitt wahrscheinlich am 13. Dezember 304 in der Verfolgung des Diokletian das Martyrium. Ihr Leben und Martyrium wurden von der Legende ausgeschmückt, doch ist ihre Geschichtlichkeit durch die Wiederentdeckung ihres Grabes in der Luzia-Katakombe in Syrakus gesichert. Ihre Verehrung hat sich vor allem in Italien (Rom, Ravenna, Venedig) ausgebreitet.

Commune-Texte:
A Meßformulare für Märtyrer, S. 2041 ff.,
oder für Jungfrauen, S. 2073 ff.
B Schriftlesungen für Märtyrer, S. 2098 ff.,
oder für Jungfrauen, S. 2108 ff.

TAGESGEBET

Herr, unser Gott,
wir feiern den Gedenktag
der heiligen Jungfrau und Märtyrin Luzia,
die du uns als Fürsprecherin gegeben hast.
Gib, daß wir nach ihrem Beispiel
als Kinder des Lichtes leben
und einst in der Gemeinschaft der Heiligen
den Glanz deiner Herrlichkeit schauen.
Darum bitten wir durch Jesus Christus.

ZUR LESUNG *Im zweiten Korintherbrief setzt sich Paulus mit seinen Gegnern in Korinth auseinander (2 Kor 10–13). In Verteidigung und Angriff behauptet er seine apostolische Autorität. Dabei geht es ihm nicht um Eigenlob und Selbstbehauptung, sondern um die Bewahrung der Kirche von Korinth in der Einheit des Glaubens und der Liebe. Sein Selbstruhm ist in Wirklichkeit eine Selbstpreisgabe im Ruhm Gottes. Denn der wirkliche Ruhm des Apostels ist die Gemeinde von Korinth selbst. Daß es diese Gemeinde überhaupt gibt, ist für Paulus eine Bestätigung seiner apostolischen Berufung. Diese Gemeinde vergleicht er in 11, 1–2 mit einer Braut, die Christus allein gehört und an der sich niemand vergreifen darf. Auch die Propheten des Alten Bundes haben das Volk Gottes als die*

13. Dezember. Hl. Luzia

(meist untreue) Braut oder Gattin Gottes bezeichnet. Für die Gemeinde von Korinth weiß Paulus sich in besonderer Weise verantwortlich, da er selbst diese „Braut" für Christus geworben hat. Er will sie als „reine Jungfrau" Christus zuführen, wenn er wiederkommt in Herrlichkeit. – Zu 10, 17–18: Jer 9, 22–23; 1 Kor 1, 29–31; Gal 6, 13–14. – Zu 11, 1–2: Dtn 4, 24; 5, 9; Mt 22, 1–10; 1 Kor 1, 8; Phil 1, 10; Eph 5, 27.

ERSTE LESUNG 2 Kor 10, 17 – 11, 2
Ich habe euch einem einzigen Mann verlobt, um euch als reine Jungfrau zu Christus zu führen

Lesung
   aus dem zweiten Brief des Apostels Paulus an die Korínther.

Brüder!
17 Wer sich rühmen will, der rühme sich des Herrn.
18 Denn nicht, wer sich selbst empfiehlt, ist anerkannt,
   sondern der, den der Herr empfiehlt.
1 Laßt euch doch ein wenig Unverstand von mir gefallen!
   Aber das tut ihr ja.
2 Denn ich liebe euch mit der Eifersucht Gottes;
   ich habe euch einem einzigen Mann verlobt,
      um euch als reine Jungfrau zu Christus zu führen.

ANTWORTPSALM Ps 31 (30), 3b–4.6 u. 8.16–17 (R: vgl. 6a)

R Herr, in deine Hände lege ich meinen Geist. – **R** (GL 699, 1)

3b Sei mir ein schützender Fels, * I. Ton
   eine feste Burg, die mich rettet.

4 Denn du bist mein Fels und meine Burg; *
   um deines Namens willen wirst du mich führen und leiten. – (**R**)

5 In deine Hände lege ich voll Vertrauen meinen Geist; *
   du hast mich erlöst, Herr, du treuer Gott.

3 Ich will jubeln und über deine Huld mich freuen; †
   denn du hast mein Elend angesehn, *
   du bist mit meiner Not vertraut. – (**R**)

16 In deiner Hand liegt mein Geschick; *
   entreiß mich der Hand meiner Feinde und Verfolger!

17 Laß dein Angesicht leuchten über deinem Knecht, *
   hilf mir in deiner Güte! – **R**

RUF VOR DEM EVANGELIUM

Halleluja. Halleluja.

Sie ist die kluge Jungfrau,
die der Herr wachend antraf, als er kam;
sie trat mit ihm ein in den Hochzeitssaal.

Halleluja.

ZUM EVANGELIUM *Nicht von Jungfrauen (oder Mädchen) ist in diesem Evangelium die Rede, sondern vom Kommen des Menschensohnes und von der Wachsamkeit. Die wachenden Menschen werden klug, die schlafenden töricht oder einfältig genannt. Im Gleichnis von den zehn Jungfrauen schlafen allerdings auch die klugen ein; für die einen wie für die anderen kommt der Herr plötzlich und unerwartet. Aber während die Einfältigen mit leeren Lampen und leeren Händen dastehen, haben die Klugen ihre Lampen voll Öl: sie haben das Evangelium gehört und verstanden, sie haben danach gelebt, ihr Herz ist wach. Den Einfältigen nützt es nichts, mit leeren Herzen Kyrie („Herr, Herr") zu rufen. – Lk 12,35–38; Mt 7,22; Lk 13,25; Mt 24,42; Mk 13,33–37.*

EVANGELIUM   Mt 25,1–13

Sie nahmen ihre Lampen und gingen dem Bräutigam entgegen

✠ Aus dem heiligen Evangelium nach Matthäus.

In jener Zeit
   erzählte Jesus seinen Jüngern das folgende Gleichnis:
1 Mit dem Himmelreich
   wird es sein wie mit zehn Jungfrauen,
   die ihre Lampen nahmen und dem Bräutigam entgegengingen.
2 Fünf von ihnen waren töricht,
   und fünf waren klug.
3 Die törichten nahmen ihre Lampen mit,
   aber kein Öl,
4 die klugen aber nahmen außer den Lampen
   noch Öl in Krügen mit.
5 Als nun der Bräutigam lange nicht kam,
   wurden sie alle müde und schliefen ein.
6 Mitten in der Nacht aber hörte man plötzlich laute Rufe:
   Der Bräutigam kommt!
   Geht ihm entgegen!

13. Dezember. Hl. Luzia

⁷ Da standen die Jungfrauen alle auf
   und machten ihre Lampen zurecht.
⁸ Die törichten aber sagten zu den klugen:
   Gebt uns von eurem Öl,
sonst gehen unsere Lampen aus.
⁹ Die klugen erwiderten ihnen:
   Dann reicht es weder für uns noch für euch;
geht doch zu den Händlern
und kauft, was ihr braucht.
¹⁰ Während sie noch unterwegs waren, um das Öl zu kaufen,
   kam der Bräutigam;
die Jungfrauen, die bereit waren,
   gingen mit ihm in den Hochzeitssaal,
und die Tür wurde zugeschlossen.
¹¹ Später kamen auch die anderen Jungfrauen
und riefen: Herr, Herr, mach uns auf!
¹² Er aber antwortete ihnen: Amen, ich sage euch:
Ich kenne euch nicht.
¹³ Seid also wachsam!
Denn ihr wißt weder den Tag noch die Stunde.

FÜRBITTEN

Wir beten zu Christus, der das Licht der Welt ist:

Erfülle deine Kirche mit deinem Licht und deiner Wahrheit.
A.: Herr, erhöre unser Gebet.

Mehre Frieden und Eintracht unter den Völkern.

Hilf denen, die um des Glaubens willen leiden müssen, standhaft zu bleiben.

Laß uns als Kinder des Lichtes leben.

Vater im Himmel, du bist Licht, und keine Finsternis ist in dir. Gib uns Anteil am Los der Heiligen, die im Licht sind, durch Christus, unseren Herrn.   A.: Amen.

14. Dezember
HL. JOHANNES VOM KREUZ
Ordenspriester, Kirchenlehrer

Gedenktag

Johannes (Juan de Yepes) wurde 1542 in Fontivera (Provinz Ávila, Spanien) geboren. Nach dem Tod seines Vaters zog seine Mutter mit ihren drei Kindern nach Medina del Campo, wo Johannes bei den Jesuiten in die Schule ging, nebenbei aber im Krankenhaus arbeitete, um seinen Unterhalt zu verdienen. 1563 trat er in das dortige Karmelitenkloster ein, studierte dann Philosophie und Theologie in Salamanca. 1568, nicht lange nach seiner Priesterweihe, begegnete er der hl. Theresia von Ávila, die glücklich war, in ihm einen hervorragenden Mitarbeiter für die Reform des Karmel gefunden zu haben. Die Reformarbeit brachte ihm Leiden und Verfolgungen ein; er wurde sogar eingesperrt und geschlagen. In dieser harten Schule lernte er, von sich selbst zu lassen und in der Welt Gottes heimisch zu werden. Die hl. Theresia nennt ihn „einen großen Geistesmann mit viel Erfahrung und Bildung" (Brief 219). Seine geistlichen Schriften bestätigen dieses Urteil. Sie gehören zur großen Literatur. Von seinen Oberen nicht verstanden und schlecht behandelt, starb Johannes am 14. Dezember 1591 in Ubeda. Er wurde 1726 heiliggesprochen und 1926 zum Kirchenlehrer erhoben.

Spuren Gottes
„Die Geschöpfe sind gleichsam eine Spur der Fußstapfen Gottes, an der man seine Größe, Macht und Weisheit sehen kann."

„Die Weisheit hält ihren Einzug durch die Liebe, das Stillschweigen und die Abtötung. Große Weisheit ist es, schweigen und leiden zu können und auf die Worte und Taten und das Leben anderer gar nicht zu achten."

„Gott liebt an dir den geringsten Grad der Gewissensreinheit weit mehr als alle Taten, die du vollbringen kannst."

„Am Abend unseres Lebens werden wir nach der Liebe gerichtet werden."
(Sätze von Johannes vom Kreuz)

Schriftlesungen für Kirchenlehrer, S. 2106 ff.,
oder für heilige Männer (Ordensleute), S. 2110 ff.

14. Dezember. Hl. Johannes vom Kreuz

ERÖFFNUNGSVERS   Gal 6, 14
Ich will mich allein des Kreuzes
unseres Herrn Jesus Christus rühmen,
durch das die Welt mir gekreuzigt ist und ich der Welt.

TAGESGEBET
Allmächtiger Gott,
du hast dem heiligen Johannes vom Kreuz
ein großes Verlangen geschenkt,
sich selbst zu verleugnen
und Christus nachzufolgen.
Gib, daß auch wir im Kreuz unser Heil erkennen
und durch das Kreuz die Gnade erlangen,
deine Herrlichkeit zu schauen.
Darum bitten wir durch Jesus Christus.

ZUR LESUNG   *Das Evangelium ist die Botschaft vom Kreuz. Nicht in Macht und Glanz, sondern in Schwachheit und Armut ist Jesus seinen Weg gegangen. Auch weiterhin arbeitet Gott mit armen Mitteln. Nicht der technische Aufwand, nicht die glänzende Begabung oder das eindrucksvolle Auftreten eines Predigers machen das Evangelium glaubwürdig, sondern Gottes Geist und Gottes Kraft. Das gilt heute ebenso wie einst in Korinth. Dem entspricht auch der Inhalt der Predigt. Da gibt es allerdings Stufen der Erkenntnis und Erfahrung; sittliches Handeln und geistige Einsicht bedingen sich gegenseitig. Im extrem negativen Fall wird Christus ans Kreuz geschlagen, damals und immer; im positiven Fall wird das Kreuz als Offenbarung der Weisheit und Macht Gottes erkannt und angenommen. – Zu 2, 1–5: 1 Kor 1, 17; Gal 6, 14; Apg 18, 9; 1 Thess 1, 5; Röm 1, 16. – Zu 2, 7: Röm 16, 25; Kol 1, 26. – Zu 2, 9–10: Dtn 29, 28; Jes 64, 3; 52, 15; Mt 13, 11.*

ERSTE LESUNG   1 Kor 2, 1–10a
Ich habe euch das Zeugnis Gottes verkündigt: Jesus Christus, den Gekreuzigten

**Lesung
aus dem ersten Brief des Apostels Paulus an die Korínther.**

1 Als ich zu euch kam, Brüder,
 kam ich nicht, um glänzende Reden
 oder gelehrte Weisheit vorzutragen,
sondern um euch das Zeugnis Gottes zu verkündigen.

2 Denn ich hatte mich entschlossen,
   bei euch nichts zu wissen außer Jesus Christus,
   und zwar als den Gekreuzigten.
3 Zudem kam ich in Schwäche und in Furcht,
   zitternd und bebend zu euch.
4 Meine Botschaft und Verkündigung war nicht Überredung
   durch gewandte und kluge Worte,
   sondern war mit dem Erweis von Geist und Kraft verbunden,
5 damit sich euer Glaube nicht auf Menschenweisheit stützte,
   sondern auf die Kraft Gottes.
6 Und doch verkündigen wir Weisheit unter den Vollkommenen,
   aber nicht Weisheit dieser Welt
   oder der Machthaber dieser Welt,
   die einst entmachtet werden.
7 Vielmehr verkündigen wir
   das Geheimnis der verborgenen Weisheit Gottes,
   die Gott vor allen Zeiten vorausbestimmt hat
   zu unserer Verherrlichung.
8 Keiner der Machthaber dieser Welt hat sie erkannt;
   denn hätten sie die Weisheit Gottes erkannt,
   so hätten sie den Herrn der Herrlichkeit nicht gekreuzigt.
9 Nein, wir verkündigen, wie es in der Schrift heißt,
   was kein Auge gesehen und kein Ohr gehört hat,
   was keinem Menschen in den Sinn gekommen ist:
   das Große, das Gott denen bereitet hat, die ihn lieben.
10a Denn uns hat es Gott enthüllt durch den Geist.

ANTWORTPSALM Ps 37 (36), 3–4.5–6.30–31 (R: vgl. 30a)

R Der Mund des Gerechten spricht Worte der Weisheit. – R

(GL 708, 1)

3 Vertrau auf den Herrn und tu das Gute, *
   bleib wohnen im Land und bewahre Treue!

IV. Ton

4 Freu dich innig am Herrn! *
   Dann gibt er dir, was dein Herz begehrt. – (R)
5 Befiehl dem Herrn deinen Weg und vertrau ihm; *
   er wird es fügen.
6 Er bringt deine Gerechtigkeit heraus wie das Licht *
   und dein Recht so hell wie den Mittag. – (R)

14. Dezember. Hl. Johannes vom Kreuz

30 Der Mund des Gerechten bewegt Worte der Weisheit, *
und seine Zunge redet, was recht ist.

31 Er hat die Weisung seines Gottes im Herzen, *
seine Schritte wanken nicht. – R

RUF VOR DEM EVANGELIUM Vers: Mt 5, 3

Halleluja. Halleluja.

Selig, die arm sind vor Gott;
denn ihnen gehört das Himmelreich.

Halleluja.

ZUM EVANGELIUM   *Viele Menschen folgen Jesus auf dem Weg nach Jerusalem, werden sie auch bis nach Golgota mitgehen? Jesus nennt ihnen die Bedingungen der Nachfolge: Bereitschaft zum Verzicht auf Familie und Freunde, auf Ehre und Besitz, ja auf das eigene Leben. Wer sich zur Nachfolge entschließt, muß wissen, was er wagt. Er muß seine Kräfte und Möglichkeiten prüfen wie jemand, der einen Bau ausführen oder einen Krieg unternehmen will. Besagen diese Gleichnisse auch, daß die Nachfolge jedem freigestellt ist? Das vorausgegangene Gleichnis vom Gastmahl empfiehlt eine solche Deutung nicht. Aber Jesus verlangt nicht von jedem die gleiche Art und Weise der Nachfolge. Er ruft jeden auf seinen ihm eigenen Weg. Die Forderung zu größerem Verzicht hat als Voraussetzung und als Ziel die größere Liebe. Wer angefangen hat, die Größe Gottes zu begreifen, dem werden alle geschaffenen Dinge klein. – Zu 14, 25–27: Mt 10, 37–38; Lk 22, 26–28; Dtn 33, 9–10; Lk 18, 24–30; Joh 12, 26. – Zu 14, 28–31: Spr 24, 6; Lk 9, 61–62.*

EVANGELIUM   Lk 14, 25–33

Keiner von euch kann mein Jünger sein, wenn er nicht auf seinen ganzen Besitz verzichtet

☩ Aus dem heiligen Evangelium nach Lukas.

In jener Zeit,
25   als viele Menschen Jesus begleiteten,
   wandte er sich an sie
26 und sagte: Wenn jemand zu mir kommt
   und nicht Vater und Mutter,
   Frau und Kinder, Brüder und Schwestern,

ja sogar sein Leben gering achtet,
dann kann er nicht mein Jünger sein.

27 Wer nicht sein Kreuz trägt und mir nachfolgt,
der kann nicht mein Jünger sein.
28 Wenn einer von euch einen Turm bauen will,
setzt er sich dann nicht zuerst hin
und rechnet,
ob seine Mittel für das ganze Vorhaben ausreichen?
29 Sonst könnte es geschehen,
daß er das Fundament gelegt hat,
dann aber den Bau nicht fertigstellen kann.
Und alle, die es sehen, würden ihn verspotten
30 und sagen: Der da hat einen Bau begonnen
und konnte ihn nicht zu Ende führen.
31 Oder wenn ein König gegen einen anderen in den Krieg zieht,
setzt er sich dann nicht zuerst hin
und überlegt, ob er sich mit seinen zehntausend Mann
dem entgegenstellen kann,
der mit zwanzigtausend gegen ihn anrückt?
32 Kann er es nicht,
dann schickt er eine Gesandtschaft,
solange der andere noch weit weg ist,
und bittet um Frieden.
33 Darum kann keiner von euch mein Jünger sein,
wenn er nicht auf seinen ganzen Besitz verzichtet.

FÜRBITTEN

Jesus Christus, der für uns am Kreuz starb, wollen wir bitten:

Mach allen Gläubigen bewußt, daß sie in deiner Nachfolge ihr Kreuz tragen sollen. (Stille) Herr, erbarme dich.
A.: Christus, erbarme dich.

Laß die Völker Europas im Zeichen des Kreuzes zueinander finden. (Stille) Herr, erbarme dich.

Gib allen Mut, die von anderen grundlos abgelehnt werden. (Stille) Herr, erbarme dich.

Lehre uns, im Schweigen deine Stimme zu hören. (Stille) Herr, erbarme dich.

Herr, unser Gott, zu unserem Heil hat dein Sohn das Kreuz getragen. Gib, daß wir in seiner Nachfolge ausharren, durch ihn, Christus, unseren Herrn.   A.: Amen.

GABENGEBET

Allmächtiger Gott,
nimm die Gaben an,
die wir dir am Gedenktag
des heiligen Johannes vom Kreuz darbringen.
Hilf uns,
das Leiden des Herrn, das wir am Altar verkünden,
auch in unserem Leben auf uns zu nehmen.
Darum bitten wir durch Christus, unseren Herrn.

KOMMUNIONVERS   Mt 16, 24

So spricht der Herr:
Wer mir nachfolgen will, verleugne sich selbst
und nehme sein Kreuz auf sich; so folge er mir nach.

SCHLUSSGEBET

Herr, unser Gott,
du hast im Leben des heiligen Johannes
das Geheimnis des Kreuzes aufleuchten lassen.
Stärke uns durch das Opfer, das wir gefeiert haben,
damit wir in der Nachfolge Christi ausharren
und in deiner Kirche zum Heil der Menschen wirken.
Darum bitten wir durch Christus, unseren Herrn.

23. Dezember

HL. JOHANNES VON KRAKAU

Priester

In dem Dorf Kety bei Krakau 1390 geboren, wurde Johannes Priester und Theologieprofessor in Krakau. Später übernahm er eine Pfarrei. Er war ein Mann von tiefer Frömmigkeit und großer Liebe zu den Armen. Er soll auch Wallfahrten nach Jerusalem und nach Rom gemacht haben. Er starb am 24. Dezember 1473 in Krakau und wurde 1767 heiliggesprochen.

Commune-Texte:
A Meßformulare für Hirten der Kirche, S. 2061 f.,
oder für Heilige der Nächstenliebe, S. 2087 f.
B Schriftlesungen für Hirten der Kirche, S. 2101 ff.,
oder für heilige Männer (Heilige der Nächstenliebe), S. 2110 ff.

TAGESGEBET

Barmherziger Gott,
das Beispiel des heiligen Johannes von Krakau
helfe uns, immer tiefer einzudringen
in die Weisheit der Heiligen:
dich über alles lieben
und den Menschen Gutes tun.
Seine Fürsprache erwirke uns deine Verzeihung.
Darum bitten wir durch Jesus Christus.

ZUR LESUNG *Der richtige Glaube ist noch kein Garantieschein für den Himmel. Wenn ihm keine Taten entsprechen, ist er tot und kann nicht retten. Daher dringt der Jakobusbrief auf ein tätiges Christentum. Erst in der Tat der Liebe erweist sich der Glaube als wahr und wirksam (vgl. Jak 1,22–25). Bekenntnis und Gottesdienst wären ohne die Liebe nutzlos, und der Entlassungsruf „Gehet hin in Frieden!" am Ende der Liturgie würde sich als grausame Lüge erweisen. – Gal 5,6; Mt 7,21–23; 1 Kor 13,3.*

ERSTE LESUNG   Jak 2,14–17

Der Glaube für sich allein ist tot, wenn er nicht Werke vorzuweisen hat

Lesung
  aus dem Jakobusbrief.

14 Meine Brüder, was nützt es,
     wenn einer sagt, er habe Glauben,
     aber es fehlen die Werke?
   Kann etwa der Glaube ihn retten?
15 Wenn ein Bruder oder eine Schwester ohne Kleidung ist
     und ohne das tägliche Brot
16   und einer von euch zu ihnen sagt: Geht in Frieden,
   wärmt und sättigt euch!,

23. Dezember. Hl. Johannes von Krakau

ihr gebt ihnen aber nicht, was sie zum Leben brauchen
— was nützt das?

17 So ist auch der Glaube für sich allein tot,
wenn er nicht Werke vorzuweisen hat.

ANTWORTPSALM   Ps 112 (111), 1–2.3–4.5–6.7 u. 9 (R: vgl. 1a)

R Selig der Mensch, der den Herrn fürchtet und ehrt. — **R** (GL 708, 1)

(*Oder:* Halleluja.)

1 Wohl dem Mann, der den Herrn fürchtet und ehrt *   IV. Ton
und sich herzlich freut an seinen Geboten.

2 Seine Nachkommen werden mächtig im Land, *
das Geschlecht der Redlichen wird gesegnet. — (**R**)

3 Wohlstand und Reichtum füllen sein Haus, *
sein Heil hat Bestand für immer.

Den Redlichen erstrahlt im Finstern ein Licht: *
der Gnädige, Barmherzige und Gerechte. — (**R**)

Wohl dem Mann, der gütig und zum Helfen bereit ist, *
der das Seine ordnet, wie es recht ist.

Niemals gerät er ins Wanken; *
ewig denkt man an den Gerechten. — (**R**)

Er fürchtet sich nicht vor Verleumdung; *
sein Herz ist fest, er vertraut auf den Herrn.

Reichlich gibt er den Armen, †
sein Heil hat Bestand für immer; *
er ist mächtig und hoch geehrt. — **R**

RUF VOR DEM EVANGELIUM   Vers: Joh 13, 34ac

Halleluja. Halleluja.

(So spricht der Herr:)
Ein neues Gebot gebe ich euch:
Wie ich euch geliebt habe, so sollt auch ihr einander lieben.

Halleluja.

ZUM EVANGELIUM *Es wird deutlich, daß die Seligkeiten (Lk 6, 17–26) zugleich Zusagen und Forderungen sind. Was Jesus verlangt, geht über normale sittliche Forderungen weit hinaus, ja es scheint unmöglich und unvernünftig. Und doch sagt Jesus es nicht einzelnen Auserwählten, sondern allen Jüngern, allen, die sich „Christen" nennen. Die Begründung, die er gibt: Gottes eigenes Wesen, im Alten Testament durch „Gerechtigkeit und Treue" gekennzeichnet, jetzt aber als grundlose Liebe offenbart. Was wir gewöhnlich Nächstenliebe nennen, ist doch oft nur natürliche Liebe, oder auch Geschäft. Gott gibt alles umsonst. – Ex 34, 6–9; 2 Kön 13, 23; Jes 30, 18; 54, 8–10; 55, 7; Jer 12, 15; 31, 20; Hos 14, 4; Mi 7, 19; Sach 10, 6; Mt 9, 10–13; 18, 21–22; Lk 10, 33–37; Röm 5, 8–11; 12, 9–21; 13, 8–10; 1 Petr 3, 8–17.*

EVANGELIUM Lk 6, 27–38

Seid barmherzig, wie es auch euer Vater ist!

✣ Aus dem heiligen Evangelium nach Lukas.

In jener Zeit sprach Jesus zu seinen Jüngern:
27 Euch, die ihr mir zuhört, sage ich:
Liebt eure Feinde;
tut denen Gutes, die euch hassen.
28 Segnet die, die euch verfluchen;
betet für die, die euch mißhandeln.
29 Dem, der dich auf die eine Wange schlägt,
halt auch die andere hin,
und dem, der dir den Mantel wegnimmt,
laß auch das Hemd.
30 Gib jedem, der dich bittet;
und wenn dir jemand etwas wegnimmt,
verlang es nicht zurück.
31 Was ihr von anderen erwartet,
das tut ebenso auch ihnen.
32 Wenn ihr nur die liebt, die euch lieben,
welchen Dank erwartet ihr dafür?
Auch die Sünder lieben die, von denen sie geliebt werden.
33 Und wenn ihr nur denen Gutes tut, die euch Gutes tun,
welchen Dank erwartet ihr dafür?
Das tun auch die Sünder.

23. Dezember. Hl. Johannes von Krakau

34 Und wenn ihr nur denen etwas leiht,
   von denen ihr es zurückzubekommen hofft,
   welchen Dank erwartet ihr dafür?
Auch die Sünder leihen Sündern
   in der Hoffnung, alles zurückzubekommen.

35 Ihr aber sollt eure Feinde lieben
   und sollt Gutes tun und leihen,
   auch wo ihr nichts dafür erhoffen könnt.
Dann wird euer Lohn groß sein,
   und ihr werdet Söhne des Höchsten sein;
   denn auch er ist gütig gegen die Undankbaren und Bösen.

36 Seid barmherzig,
   wie es auch euer Vater ist!

37 Richtet nicht,
   dann werdet auch ihr nicht gerichtet werden.
Verurteilt nicht,
   dann werdet auch ihr nicht verurteilt werden.
Erlaßt einander die Schuld,
   dann wird auch euch die Schuld erlassen werden.

38 Gebt,
   dann wird auch euch gegeben werden.
In reichem, vollem, gehäuftem, überfließendem Maß
   wird man euch beschenken;
denn nach dem Maß, mit dem ihr meßt und zuteilt,
   wird auch euch zugeteilt werden.

FÜRBITTEN

Jesus Christus, der die Seinen liebte bis zur Vollendung, bitten wir:

Für alle Pfarrer und Seelsorger: um Eifer für das Heil der Menschen. (Stille) Christus, höre uns.
A.: Christus, erhöre uns.

Für die Regierenden der Völker: um unermüdlichen Einsatz für Gerechtigkeit. (Stille) Christus, höre uns.

Für die Helfer der Notleidenden: um Güte und Geduld. (Stille) Christus, höre uns.

Für alle aus unserer Gemeinde: um tätige Nächstenliebe. (Stille)
Christus, höre uns.
A.: Christus, erhöre uns.

Gott, unser Vater, du kümmerst dich gütig um jeden Menschen.
Laß uns allen Gutes tun durch Christus, unseren Herrn.
A.: Amen.

26. Dezember

HL. STEPHANUS

erster Märtyrer

Fest

Unter den sieben Diakonen der Gemeinde von Jerusalem (Apg 6, 5)
spielte Stephanus eine besondere Rolle. Er wird geschildert als ein
Mann voll Gnade und Kraft, voll des Heiligen Geistes. Er tat sich in der
Auseinandersetzung mit Wortführern des hellenistischen Judentums
hervor. Die Auseinandersetzung wurde zum Streit und endete schließlich damit, daß Stephanus vor den Hohen Rat geschleppt und zum Tod
verurteilt wurde. Stephanus ist das Urbild des christlichen Märtyrers;
er hat Jesus als den gekreuzigten und in die Herrlichkeit Gottes erhöhten Messias verkündet, er hat „den Menschensohn an der rechten
Seite Gottes" gesehen und für ihn Zeugnis abgelegt durch sein Wort
und mit seinem Blut.

ERÖFFNUNGSVERS

Das Tor des Himmels öffnete sich für Stephanus.
Er zog als erster der Blutzeugen ein
und empfing die Krone der Herrlichkeit.
Ehre sei Gott, S. 1280 f.

TAGESGEBET

Allmächtiger Gott,
wir ehren am heutigen Fest
den ersten Märtyrer deiner Kirche.
Gib, daß auch wir unsere Feinde lieben
und so das Beispiel
des heiligen Stephanus nachahmen,
der sterbend für seine Verfolger gebetet hat.
Darum bitten wir durch Jesus Christus.

26. Dezember. Hl. Stephanus

ZUR LESUNG *Die zum Dienst „an den Tischen" eingesetzten Diakone waren keine stummen Tischdiener. Es waren Männer „voll Gnade und Kraft", voll „Weisheit und Geist" (Apg 6, 8.10). Ihr Auftreten war dem der Apostel ähnlich; durch Wort und Tat warben sie für den „Weg", den sie entdeckt hatten, für den „Namen", der für sie alle Hoffnung in sich schloß. Der bedeutendste dieser Diakone war Stephanus, und er stieß auf den heftigsten Widerstand bei den Leuten seiner Synagoge. Das waren Griechisch sprechende Juden aus der Diaspora. In dem Prozeß, den sie gegen Stephanus führen, wiederholt sich manches aus dem Prozeß Jesu. Zuerst wird das Volk aufgehetzt, die Sache wird vor den Hohen Rat gebracht, falsche Zeugen werden vorgeschickt (6, 13–14). Die Rede des Stephanus vor dem Hohen Rat (Apg 7, 2–53) hat programmatische Bedeutung. Sein Martyrium ist das Signal zur ersten größeren Verfolgung, es markiert eine Wende in der Geschichte des jungen Christentums. Bei der Steinigung des Stephanus taucht zum erstenmal Saulus, der spätere Paulus, auf. – Zu 6, 8–10: Lk 21, 15; Apg 21, 21; Mt 26, 59–61. – Zu 7, 54–59: Apg 4, 8; 9, 17; Mt 22, 44; Lk 20, 42; 22, 69; Apg 2, 34–36; 22, 20; Lk 23, 46.34.*

ERSTE LESUNG   Apg 6, 8–10; 7, 54–60

Ich sehe den Himmel offen

Lesung
   aus der Apostelgeschichte.

In jenen Tagen
   tat Stephanus,
   voll Gnade und Kraft,
   Wunder und große Zeichen unter dem Volk.
Doch einige von der sogenannten Synagoge der Libertíner
   und Zyrenäer und Alexandríner
   und Leute aus Zilízien und der Provinz Asien
   erhoben sich, um mit Stephanus zu streiten;
aber sie konnten der Weisheit und dem Geist, mit dem er sprach,
   nicht widerstehen.

Als sie seine Rede hörten,
   waren sie aufs äußerste über ihn empört
und knirschten mit den Zähnen.

Er aber, erfüllt vom Heiligen Geist,
   blickte zum Himmel empor,

sah die Herrlichkeit Gottes und Jesus zur Rechten Gottes stehen
56 und rief:
> Ich sehe den Himmel offen
> und den Menschensohn zur Rechten Gottes stehen.

57 Da erhoben sie ein lautes Geschrei,
hielten sich die Ohren zu,
stürmten gemeinsam auf ihn los,
58 trieben ihn zur Stadt hinaus und steinigten ihn.
Die Zeugen legten ihre Kleider
> zu Füßen eines jungen Mannes nieder, der Saulus hieß.

59 So steinigten sie Stephanus;
er aber betete
und rief: Herr Jesus, nimm meinen Geist auf!

60 Dann sank er in die Knie
und schrie laut:
> Herr, rechne ihnen diese Sünde nicht an!

Nach diesen Worten starb er.

ANTWORTPSALM   Ps 31 (30), 3b–4.6 u. 8.16–17 (R: vgl. 6a)

R Herr, in deine Hände lege ich meinen Geist. – **R**   (GL 203,1)

3b Sei mir ein schützender Fels, *   IV. Ton
eine feste Burg, die mich rettet.

4   Denn du bist mein Fels und meine Burg; *
um deines Namens willen wirst du mich führen und leiten. – (**R**)

6   In deine Hände lege ich voll Vertrauen meinen Geist; *
du hast mich erlöst, Herr, du treuer Gott.

8   Ich will jubeln und über deine Huld mich freuen; †
denn du hast mein Elend angesehn, *
du bist mit meiner Not vertraut. – (**R**)

16 In deiner Hand liegt mein Geschick; *
entreiß mich der Hand meiner Feinde und Verfolger!

17 Laß dein Angesicht leuchten über deinem Knecht, *
hilf mir in deiner Güte! – **R**

26. Dezember. Hl. Stephanus

RUF VOR DEM EVANGELIUM   Vers: Ps 118 (117), 26a.27a

Halleluja. Halleluja.
Gesegnet sei, der kommt im Namen des Herrn!
Gott, der Herr, erleuchte uns.
Halleluja.

ZUM EVANGELIUM   *Bereits in der Bergpredigt steht der Hinweis auf Verfolgungen, mit denen der Jünger Jesu zu rechnen hat (Mt 5, 10–12). Die Ankündigung in Mt 10, 17–22 steht im Zusammenhang mit der Jüngeraussendung; sie kehrt wieder in der Rede Jesu über die Ereignisse der Endzeit (Mt 24, 9–14). Wir werden also nachdrücklich darauf aufmerksam gemacht, was wir von den „Menschen" zu erwarten haben. „Menschen" werden hier die genannt, die von den Wegen Gottes nichts wissen wollen und es außerdem für nötig halten, diesen ganzen christlichen „Aberglauben" aus der Welt zu schaffen. Dafür setzen sie verschiedene Mittel ein: gleichgültige Duldung, Verächtlichmachung, Verleumdung, Benachteiligung, brutale Gewalt – viele Formen und Möglichkeiten hat der Haß. Aber die Verfolger sind schlechter daran als die Verfolgten. Die Verfolger wissen nicht, was sie tun; der Jünger weiß, wofür er leidet. „Um meinetwillen ... damit ihr ... Zeugnis ablegt" (10, 18). Der Glaube der Verfolgten ist für die Verfolger ein „Zeugnis", das sie anklagt, beschämt, beunruhigt. Gottes Kraft wird in der Treue und Liebe schwacher Menschen sichtbar. – Mk 13, 9–13; Lk 21, 12–19. – Joh 16, 1–4; Lk 12, 11–12; Joh 15, 18–23.*

EVANGELIUM   Mt 10, 17–22

Nicht ihr werdet dann reden, sondern der Geist eures Vaters wird durch euch reden

☩ Aus dem heiligen Evangelium nach Matthäus.

In jener Zeit sprach Jesus zu seinen Jüngern:
7 Nehmt euch vor den Menschen in acht!
Denn sie werden euch vor die Gerichte bringen
und in ihren Synagogen auspeitschen.
8 Ihr werdet um meinetwillen vor Statthalter und Könige geführt,
    damit ihr vor ihnen und den Heiden Zeugnis ablegt.
9 Wenn man euch vor Gericht stellt,
    macht euch keine Sorgen, wie und was ihr reden sollt;

denn es wird euch in jener Stunde eingegeben,
  was ihr sagen sollt.
20 Nicht ihr werdet dann reden,
  sondern der Geist eures Vaters wird durch euch reden.
21 Brüder werden einander dem Tod ausliefern
  und Väter ihre Kinder,
  und die Kinder werden sich gegen ihre Eltern auflehnen
  und sie in den Tod schicken.
22 Und ihr werdet um meines Namens willen
  von allen gehaßt werden;
  wer aber bis zum Ende standhaft bleibt,
  der wird gerettet.

FÜRBITTEN

Zu Jesus Christus, der die Verfolgung seiner Jünger voraussah, beten wir:

Ermutige alle Gläubigen, dich offen und unerschrocken zu bezeugen.
A.: Wir bitten dich, erhöre uns.

Offenbare dich dem Volk Israel, daß es in dir den Messias erkennt.

Gib allen Verfolgten die Kraft, für ihre Feinde zu beten.

Nimm unsere Verstorbenen auf in deine Herrlichkeit.

Denn du rettest alle, die standhaft bleiben bis zum Ende. Dir sei Dank und Lobpreis in Ewigkeit.   A.: Amen.

GABENGEBET

Herr, unser Gott, schau gütig auf dein Volk,
das mit Freude und Hingabe
den Festtag des heiligen Stephanus feiert,
und nimm unsere Gaben an.
Darum bitten wir durch Christus, unseren Herrn.

Weihnachtspräfation, S. 1354f.

KOMMUNIONVERS Apg 7,59

**Die Menge steinigte den Stephanus.
Er aber betete und rief: Herr Jesus, nimm meinen Geist auf!**

SCHLUSSGEBET

Herr, unser Gott,
wir danken dir
für die Gnade dieser festlichen Tage.
In der Geburt deines Sohnes
schenkst du uns das Heil;
im Sterben des heiligen Stephanus
zeigst du uns das Beispiel
eines unerschrockenen Glaubenszeugen.
Wir bitten dich:
Stärke unsere Bereitschaft,
deinen Sohn, unseren Herrn Jesus Christus,
standhaft zu bekennen,
der mit dir lebt und herrscht in alle Ewigkeit.

27. Dezember

HL. JOHANNES

Apostel, Evangelist

Fest

Der Apostel Johannes, nach der Überlieferung Verfasser des vierten Evangeliums und dreier Briefe, war ein Bruder Jakobus' des Älteren und stammte aus Betsaida, wo sein Vater Zebedäus die Fischerei betrieb. Johannes war kaum jener sanfte Jüngling, den uns die christliche Kunst gemalt hat; er hatte wie sein Bruder ein heftiges Temperament, Jesus nannte die beiden „Donnersöhne". Johannes war zuerst Jünger des Täufers gewesen, dann folgte er Jesus. Das besondere Vertrauen, das Jesus zu ihm hatte, zeigte sich darin, daß er ihm sterbend seine Mutter anvertraute (Joh 19, 26–27). Über das spätere Schicksal des Johannes ist wenig Sicheres bekannt. Über die Zeit, in der das Evangelium und die Briefe abgefaßt wurden, gehen die Meinungen auseinander. Jesus ist für das Johannesevangelium Gottes ewiges Wort, das der Welt das Leben gibt: durch seine Menschwerdung, durch seine Taten und seine Worte, durch seinen Tod und seine Auferstehung und durch die Sendung der Jünger.

ERÖFFNUNGSVERS

Johannes ruhte beim Abendmahl an der Brust des Herrn.
Ihm wurden die Geheimnisse des Himmels enthüllt.
Die Worte des Lebens hat er dem ganzen Erdkreis verkündet.

Oder: Vgl. Sir 15, 5

Inmitten der Gemeinde öffnete der Herr ihm den Mund
und erfüllte ihn mit dem Geist der Weisheit und der Einsicht.
Das Kleid der Herrlichkeit zog er ihm an.

Ehre sei Gott. S. 1280 f.

TAGESGEBET

Allmächtiger Gott,
du hast uns durch den Evangelisten Johannes
einen Zugang eröffnet
zum Geheimnis deines ewigen Wortes.
Laß uns mit erleuchtetem Verstand
und liebendem Herzen erfassen,
was er in gewaltiger Sprache verkündet hat.
Darum bitten wir durch Jesus Christus.

ZUR LESUNG *Der erste Johannesbrief richtet sich gegen Irrlehren, die um die Wende vom ersten zum zweiten Jahrhundert die christliche Kirche bedrohten. Ihnen gegenüber stehen die zwei großen Anliegen dieses Briefs: 1. der rechte Glaube an Jesus Christus als Sohn Gottes und wahren Menschen, 2. die Verwirklichung dieses Glaubens in einem Leben, das von der Liebe bestimmt wird. Der Verfasser stellt sich selbst als Zeugen vor, der das, was er verkündet, gesehen und gehört, ja mit seinen eigenen Händen berührt hat: „das ewige Leben, das beim Vater war und uns offenbart wurde" in der Person Jesu. Johannes wirbt für die Botschaft von Christus; es drängt ihn, das weiterzugeben, was er selbst empfangen hat: den Glauben, die Freude. Diese Freude ist nicht ein fertiger Zustand; sie ist ebenso wie der Glaube ein immer neues Ereignis, Gabe und Aufgabe zugleich. – Zu 1, 1–2: Joh 1, 1.14. – Zu 1, 3–4: Joh 5, 23; 15, 23; 14, 9; 12, 45; 15, 11; 6, 24.*

27. Dezember. Hl. Johannes

ERSTE LESUNG
1 Joh 1, 1–4

Was wir gesehen und gehört haben, das verkünden wir auch euch

**Lesung
aus dem ersten Johannesbrief.**

Brüder!

1 Was von Anfang an war,
was wir gehört haben,
was wir mit unseren Augen gesehen,
was wir geschaut und was unsere Hände angefaßt haben,
   das verkünden wir:
das Wort des Lebens.

2 Denn das Leben wurde offenbart;
wir haben gesehen und bezeugen
   und verkünden euch das ewige Leben,
   das beim Vater war und uns offenbart wurde.

3 Was wir gesehen und gehört haben,
   das verkünden wir auch euch,
damit auch ihr Gemeinschaft mit uns habt.
Wir aber haben Gemeinschaft mit dem Vater
   und mit seinem Sohn Jesus Christus.

4 Wir schreiben dies,
   damit unsere Freude vollkommen ist.

ANTWORTPSALM
Ps 97 (96), 1–2.5–6.11–12 (R: 12a)

R Ihr Gerechten, freut euch am Herrn! – **R** (GL 149, 3)

1 Der Herr ist König. Die Erde frohlocke. *
Freuen sollen sich die vielen Inseln.   V. Ton

2 Rings um ihn her sind Wolken und Dunkel, *
Gerechtigkeit und Recht sind die Stützen seines Throns. – (**R**)

5 Berge schmelzen wie Wachs vor dem Herrn, *
vor dem Antlitz des Herrschers aller Welt.

6 Seine Gerechtigkeit verkünden die Himmel, *
seine Herrlichkeit schauen alle Völker. – (**R**)

11 Ein Licht erstrahlt den Gerechten *
und Freude den Menschen mit redlichem Herzen.

12 Ihr Gerechten, freut euch am Herrn, *
und lobt seinen heiligen Namen! – **R**

RUF VOR DEM EVANGELIUM

Halleluja. Halleluja.

Dich, Gott, loben wir, dich, Herr, preisen wir.
Dich preist der glorreiche Chor der Apostel.

Halleluja.

ZUM EVANGELIUM *Der Jünger „den Jesus liebte" (Joh 20, 2), ist nach Joh 21, 20 der Jünger, der sich beim Abendmahl an die Brust Jesu gelehnt und gefragt hatte: Herr, wer ist es, der verrät? Er wird im Evangelium nie mit Namen genannt, nicht ausdrücklich mit Johannes, dem Sohn des Zebedäus, gleichgesetzt. Aber diese Gleichsetzung wurde in der christlichen Kirche schon früh vollzogen, und der Wettlauf der beiden Jünger zum Grab Jesu wurde als Wettlauf zwischen Amt und Geist, zwischen Recht und Liebe gedeutet: Petrus als Vertreter der Amtskirche, Johannes, der Lieblingsjünger, als Vertreter der vom Geist getragenen Liebeskirche. Oder auch: Petrus als Vertreter des Judenchristentums, dessen Vorrangstellung anerkannt wird, und Johannes als Vertreter des Heidenchristentums, das eine größere Bereitschaft zum Glauben bewiesen hat. Der Abschnitt Joh 20, 1–8 zeigt aber, daß solche Gegenüberstellungen in Wirklichkeit nicht viel bedeuten. Beide Jünger liefen zum Grab, so schnell sie konnten; beide sahen zunächst nur das leere Grab. Von Johannes wird gesagt: „Er sah und glaubte"; aber er konnte ebenso wie Petrus nur durch göttliche Erleuchtung zum Glauben an die Auferstehung Jesu kommen. – Zu 20, 2: Joh 13, 23; 19, 26; 21, 7.20; 20, 13. – Zu 20, 6–7: Joh 11, 44.*

EVANGELIUM Joh 20, 2–8

Auch der andere Jünger, der zuerst an das Grab gekommen war, ging hinein; er sah und glaubte

✢ Aus dem heiligen Evangelium nach Johannes.

2 Am ersten Tag der Woche
    lief Maria von Mágdala schnell zu Simon Petrus
    und dem Jünger, den Jesus liebte,
und sagte zu ihnen:
    Man hat den Herrn aus dem Grab weggenommen,
und wir wissen nicht, wohin man ihn gelegt hat.

3 Da gingen Petrus und der andere Jünger hinaus
    und kamen zum Grab;
4 sie liefen beide zusammen dorthin,

27. Dezember. Hl. Johannes

    aber weil der andere Jünger schneller war als Petrus,
        kam er als erster ans Grab.
5 Er beugte sich vor
        und sah die Leinenbinden liegen,
    ging aber nicht hinein.
6 Da kam auch Simon Petrus, der ihm gefolgt war,
        und ging in das Grab hinein.
    Er sah die Leinenbinden liegen
7 und das Schweißtuch, das auf dem Kopf Jesu gelegen hatte;
    es lag aber nicht bei den Leinenbinden,
        sondern zusammengebunden daneben
        an einer besonderen Stelle.
8 Da ging auch der andere Jünger,
        der zuerst an das Grab gekommen war, hinein;
    er sah und glaubte.

FÜRBITTEN

Jesus Christus brachte der Welt Licht und Leben. Ihn bitten wir:

Erfülle die Kirche mit deinem Licht, daß sie das Evangelium nach Johannes in seiner Tiefe erfassen kann.
A.: Wir bitten dich, erhöre uns.

Schenke allen Menschen deine Gnade, daß sie durch den Glauben das Leben haben.

Tröste alle, die an ihrer Schwäche leiden, durch deine Menschwerdung.

Führe alle Verstorbenen zur Vollendung des ewigen Lebens.

Denn du hast unter uns gewohnt, der einzige Sohn vom Vater, voll Gnade und Wahrheit. Dich preisen wir in Ewigkeit.   A.: Amen.

GABENGEBET

Allmächtiger Gott,
heilige die Gaben, die wir darbringen,
und laß uns im heiligen Mahl
das Geheimnis deines ewigen Wortes erfassen,
das du dem Evangelisten Johannes
in dieser Feier erschlossen hast.
Darum bitten wir durch Christus, unseren Herrn.

Weihnachtspräfation, S. 1354 f.

KOMMUNIONVERS Joh 1, 14.16

Das Wort ist Fleisch geworden und hat unter uns gewohnt.
Aus seiner Fülle haben wir alle empfangen.

SCHLUSSGEBET

Allmächtiger Gott,
der heilige Apostel Johannes
hat deinen Sohn verkündet
als das Wort, das Fleisch geworden ist.
Gib, daß Christus durch diese Feier
immer unter uns wohne,
damit wir die Fülle deiner Gnade empfangen.
Darum bitten wir durch Christus, unseren Herrn.

28. Dezember
UNSCHULDIGE KINDER
Fest

Die Erzählung vom Kindermord in Betlehem steht bei Mt 2, 16–18; Matthäus sieht in diesem schrecklichen Vorgang das Prophetenwort Jeremia 31, 15 erfüllt. Einen liturgischen Gedenktag dieser kindlichen „Blutzeugen" im Anschluß an Weihnachten gibt es seit dem 5. Jahrhundert. Cäsarius von Arles, Augustinus und andere Kirchenväter haben die kindlichen Märtyrer gerühmt, denen es vergönnt war, nicht nur als Zeugen für Jesus, sondern stellvertretend für ihn zu sterben.

ERÖFFNUNGSVERS

Die Unschuldigen Kinder erlitten für Christus den Tod.
Nun folgen sie dem Lamm und singen sein Lob.

Ehre sei Gott, S. 1280 f.

TAGESGEBET

Vater im Himmel,
nicht mit Worten
haben die Unschuldigen Kinder dich gepriesen,

28. Dezember. Unschuldige Kinder

sie haben dich verherrlicht durch ihr Sterben.
Gib uns die Gnade,
daß wir in Worten und Taten
unseren Glauben an dich bekennen.
Darum bitten wir durch Jesus Christus.

ZUR LESUNG   „Gott ist Licht", er ist die Helligkeit, die wir brauchen, um als Menschen und als Christen leben zu können. Das geschaffene Licht ist von ihm ein Gleichnis. Licht und Leben gehören ebenso zusammen wie Finsternis und Tod. Das gilt im physischen Leben und erst recht in der geistigen Wirklichkeit. Seitdem Christus, das wahre Licht, in die Welt gekommen ist, steht der Mensch eindeutiger als bisher vor der Entscheidung: er kann „im Licht leben" (1 Joh 1,7) d.h. sich nach der offenbar gewordenen Wahrheit Gottes richten, oder er kann in der Finsternis bleiben und aus seinem Leben eine Lüge machen. „Im Licht" lebt, wer glaubt und bekennt: „Jesus Christus ist im Fleisch gekommen" (4,2; vgl. 2,22), er ist wahrer Mensch geworden; wer den Bruder liebt (2,9–10); wer weiß und anerkennt, daß er ein Sünder ist (1,9). Für den, der sich als Sünder bekennt, gibt es Rettung: das Licht ist stärker als die Finsternis. – Zu 1,5–10: Joh 1,9; 1 Tim 6,16; Jak 1,17; Joh 3,19–21; 8,12; Jes 2,5; Röm 3,24–25; Hebr 9,14; Offb 1,5. – Zu 2,1–2: Röm 8,34; Hebr 7,25; 9,24; Kol 1,20.

ERSTE LESUNG   1 Joh 1,5 – 2,2

Das Blut Jesu reinigt uns von aller Sünde

Lesung
   aus dem ersten Johannesbrief.

Brüder!
5 Das ist die Botschaft,
   die wir von Jesus Christus gehört haben und euch verkünden:
Gott ist Licht, und keine Finsternis ist in ihm.
6 Wenn wir sagen, daß wir Gemeinschaft mit ihm haben,
   und doch in der Finsternis leben,
   lügen wir und tun nicht die Wahrheit.
7 Wenn wir aber im Licht leben, wie er im Licht ist,
   haben wir Gemeinschaft miteinander,
und das Blut seines Sohnes Jesus reinigt uns von aller Sünde.

8 Wenn wir sagen, daß wir keine Sünde haben,
   führen wir uns selbst in die Irre,
und die Wahrheit ist nicht in uns.
9 Wenn wir unsere Sünden bekennen,
   ist er treu und gerecht;
er vergibt uns die Sünden und reinigt uns von allem Unrecht.
10 Wenn wir sagen, daß wir nicht gesündigt haben,
   machen wir ihn zum Lügner,
und sein Wort ist nicht in uns.

1 Meine Kinder, ich schreibe euch dies, damit ihr nicht sündigt.
Wenn aber einer sündigt,
   haben wir einen Beistand beim Vater:
Jesus Christus, den Gerechten.
2 Er ist die Sühne für unsere Sünden,
aber nicht nur für unsere Sünden,
   sondern auch für die der ganzen Welt.

ANTWORTPSALM Ps 124 (123), 2–3.4–5.7–8 (R: 7 a)

R Unsre Seele ist wie ein Vogel dem Netz des Jägers entkommen. – R

(GL 528, 2)
IV. Ton

2 Hätte sich nicht der Herr für uns eingesetzt, *
als sich gegen uns Menschen erhoben,
3 dann hätten sie uns lebendig verschlungen, *
als gegen uns ihr Zorn entbrannt war. – (R)

4 Dann hätten die Wasser uns weggespült, *
hätte sich über uns ein Wildbach ergossen.
5 Dann hätten sich über uns die Wasser ergossen, *
die wilden und wogenden Wasser. – (R)

7 Unsre Seele ist wie ein Vogel dem Netz des Jägers entkommen; *
das Netz ist zerrissen, und wir sind frei.
8 Unsre Hilfe steht im Namen des Herrn, *
der Himmel und Erde gemacht hat. – R

RUF VOR DEM EVANGELIUM

Halleluja. Halleluja.

Dich, Gott, loben wir, dich, Herr, preisen wir.
Dich preist der Märtyrer leuchtendes Heer.

Halleluja.

28. Dezember. Unschuldige Kinder

ZUM EVANGELIUM *Neben Verehrung und Anbetung stehen an der Wiege des Messiaskindes Haß und Verfolgung. Der „neugeborene König der Juden" war unerwünscht. Als Herodes von ihm hörte, „erschrak er und mit ihm ganz Jerusalem" (Mt 2, 3). So war nach der jüdischen Legende auch der Pharao erschrocken, als ihm die Geburt des Mose berichtet wurde. Aber hier ist mehr als Mose; hier ist der Befreier, der sein Volk von seinen Sünden erlösen soll (Mt 1, 21). Das Geschick des Kindes läßt bereits die Zukunft ahnen: Jesus wird von seinem Volk verworfen. Die Geschichte von dem grausamen Kindermord kann nicht als unmöglich gelten; sie entspricht dem Charakter des Herodes, wie er uns auch aus anderen Quellen bekannt ist. Es kann aber auch nicht bezweifelt werden, daß dieser Teil der Kindheitsgeschichte Jesu von anderen Überlieferungen beeinflußt ist, vor allem von der Kindheitsgeschichte des Mose. Vom Alten Bund her deutet der Evangelist die Person Jesu, seine Sendung und sein Schicksal. – Zu 2, 15: Hos 11, 1. – Zu 2, 18: Jer 31, 15.*

EVANGELIUM Mt 2, 13–18

Herodes ließ in Betlehem alle Knaben töten

✠ **Aus dem heiligen Evangelium nach Matthäus.**

¹³ Als die Sterndeuter wieder gegangen waren,
  erschien dem Josef im Traum ein Engel des Herrn
und sagte: Steh auf,
nimm das Kind und seine Mutter,
  und flieh nach Ägypten;
dort bleibe, bis ich dir etwas anderes auftrage;
denn Herodes wird das Kind suchen,
  um es zu töten.

¹⁴ Da stand Josef in der Nacht auf
  und floh mit dem Kind und dessen Mutter nach Ägypten.
¹⁵ Dort blieb er bis zum Tod des Herodes.
Denn es sollte sich erfüllen,
  was der Herr durch den Propheten gesagt hat:
Aus Ägypten habe ich meinen Sohn gerufen.

¹⁶ Als Herodes merkte, daß ihn die Sterndeuter getäuscht hatten,
  wurde er sehr zornig,
und er ließ in Betlehem und der ganzen Umgebung
  alle Knaben bis zum Alter von zwei Jahren töten,
genau der Zeit entsprechend,
  die er von den Sterndeutern erfahren hatte.

17 Damals erfüllte sich,
   was durch den Propheten Jeremía gesagt worden ist:
18 Ein Geschrei war in Rama zu hören,
   lautes Weinen und Klagen:
   Rahel weinte um ihre Kinder
   und wollte sich nicht trösten lassen,
      denn sie waren dahin.

FÜRBITTEN

Zu Jesus Christus, dem Heiland der Welt, dem die Menschen widersprochen haben, wollen wir beten:

Steh deiner Kirche bei, wenn ihre Botschaft unterdrückt und ihre Glieder verfolgt werden.
A.: Herr, erhöre unser Gebet.

Segne alle, die sich um den Schutz der Kinder und des ungeborenen Lebens mühen.

Erbarme dich aller Kinder, die man mißhandelt und ermordet.

Laß unsere Kinder zum Glauben an dich gelangen.

Herr, unser Gott, du hast die ermordeten Kinder von Betlehem aufgenommen in deine Herrlichkeit. Laß auch uns zu dir gelangen durch Christus, unseren Herrn.   A.: Amen.

GABENGEBET

Herr, unser Gott,
nimm diese Gaben an
und heilige uns
durch die Erlösungstat deines Sohnes,
der auch die Unschuldigen Kinder gerechtfertigt
und zu seinen Zeugen erwählt hat,
der mit dir lebt und herrscht in alle Ewigkeit.

Weihnachtspräfation, S. 1354f.

KOMMUNIONVERS   Offb 14,4

Sie sind es, die aus den Menschen losgekauft wurden
als Weihegabe für Gott und das Lamm.
Sie folgen dem Lamm, wohin immer es geht.

SCHLUSSGEBET

Herr, unser Gott,
du hast den Unschuldigen Kindern
die Krone der Märtyrer geschenkt,
obwohl sie noch nicht fähig waren,
deinen Sohn mit dem Munde zu bekennen.
Christus, für den sie gestorben sind,
schenke auch uns im Sakrament die Fülle des Heiles.
Er, der mit dir lebt und herrscht in alle Ewigkeit.

29. Dezember
HL. THOMAS BECKET
Bischof, Märtyrer

Thomas Becket wurde am Tag des hl. Thomas, 21. Dezember 1118, in London geboren. Um 1141 trat er als Kleriker in den Dienst des Erzbischofs Theobald von Canterbury, der ihn zum Studium des Kirchenrechts nach Bologna und Auxerre schickte. 1154 wurde Becket Archidiakon von Canterbury, 1155 Kanzler des Königs Heinrich II. Als 1161 Erzbischof Theobald starb, wurde, auf Drängen des Königs, Thomas Becket sein Nachfolger (1162). Aber dem Erzbischof war die Freiheit der Kirche wichtiger als die Freundschaft des Königs, mit dem er bis dahin ein Herz und eine Seele gewesen war. Es gab heftige Auseinandersetzungen, und 1164 wich Thomas nach Frankreich aus. Er kehrte erst 1170 nach Canterbury zurück, nachdem die strittigen Fragen geregelt waren. Aber bald gab es wieder Schwierigkeiten. Während der Vesper am 29. Dezember 1170 wurde Thomas in seiner Kathedrale von vier Edelleuten ermordet, die meinten, damit dem König einen Gefallen zu tun. Schon 1173 wurde er heiliggesprochen. Sein Grab wurde einer der großen Wallfahrtsorte in England.

Kein Zufall

„Ein christliches Martyrium ist kein Zufall; Heilige werden nicht durch Zufall. Noch weniger ist ein christliches Martyrium das Ziel eines menschlichen Willens, der sich vorgenommen hat, ein Heiliger zu werden – sowenig als ein Mensch durch Wille und Vorhaben Beherrscher der Menschen werden kann. Ein Martyrium liegt stets im Plan Gottes, der in seiner Liebe die Menschen warnen und auf den rechten Weg zurückführen will. Der

wahre Märtyrer ist jener, der Gottes Werkzeug geworden ist, jener, der seinen eigenen Willen im Willen Gottes verloren hat, jener, der nichts mehr für sich selbst begehrt, nicht einmal den Glorienschein des Martyriums."
(Thomas Becket, Predigt an Weihnachten 1170)

Commune-Texte:
A Meßformulare für Märtyrer, S. 2041 ff.,
oder für Bischöfe, S. 2056 ff.
B Schriftlesungen für Märtyrer, S. 2098 ff.,
oder für Hirten der Kirche, S. 2101 ff.

TAGESGEBET

Allmächtiger Gott,
du hast dem heiligen Thomas Becket
Starkmut und Tapferkeit geschenkt,
so daß er sein Leben
für Recht und Gerechtigkeit hingab.
Gib auch uns die Bereitschaft,
unser Leben in dieser Welt
um Christi willen zu verlieren,
damit wir es wiederfinden im Himmel.
Darum bitten wir durch Jesus Christus.

ZUR LESUNG   *Wer in die Spuren Jesu und der Apostel tritt, übernimmt ein gefährliches Leben. Das ist schon sichtbar an dem Weg, den Jesus selbst gegangen ist. In 2 Tim 2,8 ist von der zweifachen Geburt Jesu die Rede: „als Nachkomme Davids" wurde er zum irdischen Leben geboren; durch die Auferweckung aus dem Tod ist er in die ewige Herrlichkeit eingetreten (vgl. 2,11). Leiden, Tod und Grab, Auferstehung und Herrlichkeit: das war sein Weg. Es ist auch der Weg des Jüngers, wie es schon das Beispiel des Paulus zeigt (2,10; 3,10–12). – Die Verse 2,11–13 klingen wie ein altes Bekennerlied. Da werden nochmals und neu die zwei Möglichkeiten, die zwei Wege genannt: entweder mit Christus sterben (Martyrium), um auch mit ihm zu leben, oder ihn verleugnen, ihm untreu werden. Aber der zweite Weg ist kein Weg; er ist ein Abgrund. Von den vier Wenn-Sätzen überrascht der letzte: „Wenn wir untreu sind, bleibt er doch treu ..." Die Logik der vorausgehenden Sätze würde verlangen: Wenn wir untreu werden, ihn verleugnen, dann wird auch er uns verleugnen. Aber hier zerbricht die Logik. Christus bleibt treu, er ist das Siegel der Treue Gottes. Das ist kein Freibrief für Leichtfertigkeit oder*

29. Dezember. Hl. Thomas Becket

Feigheit, aber es ist ein Trost für die Schwachheit. – Zu 2,8–10: 1 Kor 15,4.20; Röm 1,3–4; 1 Tim 3,16; Phil 1,12–14. – Zu 2,11–13: Röm 6,5.8; 8,17; Mt 10,33; Lk 12,9; Röm 3,3–4. – Zu 3,10–12: Apg 14,5.19; Mt 16,24; Joh 15,20.

ERSTE LESUNG 2 Tim 2,8–13; 3,10–12

Alle, die in Christus Jesus ein frommes Leben führen wollen, werden verfolgt werden

Lesung
  aus dem zweiten Brief des Apostels Paulus an Timótheus.

Mein Sohn!
Denk daran, daß Jesus Christus, der Nachkomme Davids,
  von den Toten auferstanden ist;
so lautet mein Evangelium,
  für das ich zu leiden habe
  und sogar wie ein Verbrecher gefesselt bin;
aber das Wort Gottes ist nicht gefesselt.

Das alles erdulde ich um der Auserwählten willen,
  damit auch sie das Heil in Christus Jesus
  und die ewige Herrlichkeit erlangen.
Das Wort ist glaubwürdig:

Wenn wir mit Christus gestorben sind,
  werden wir auch mit ihm leben;
wenn wir standhaft bleiben,
  werden wir auch mit ihm herrschen;
wenn wir ihn verleugnen,
  wird auch er uns verleugnen.
Wenn wir untreu sind,
  bleibt er doch treu,
denn er kann sich selbst nicht verleugnen.

Du aber bist mir gefolgt in der Lehre,
im Leben und Streben,
im Glauben, in der Langmut, der Liebe und der Ausdauer,
in den Verfolgungen und Leiden,
  denen ich in Antióchia, Ikónion und Lystra ausgesetzt war.
Welche Verfolgungen habe ich erduldet!
Und aus allen hat der Herr mich errettet.

¹² So werden alle,
 die in Christus Jesus ein frommes Leben führen wollen,
 verfolgt werden.

ANTWORTPSALM Ps 34 (33), 2–3.4–5.6–7.8–9 (R: vgl. 5b)

R All meinen Ängsten hat mich der Herr entrissen. – **R** (GL 528,2)

² Ich will den Herrn allezeit preisen; * IV. Ton
 immer sei sein Lob in meinem Mund.

³ Meine Seele rühme sich des Herrn; *
 die Armen sollen es hören und sich freuen. – (**R**)

⁴ Verherrlicht mit mir den Herrn, *
 laßt uns gemeinsam seinen Namen rühmen.

⁵ Ich suchte den Herrn, und er hat mich erhört, *
 er hat mich all meinen Ängsten entrissen. – (**R**)

⁶ Blickt auf zu ihm, so wird euer Gesicht leuchten, *
 und ihr braucht nicht zu erröten.

⁷ Da ist ein Armer; er rief, und der Herr erhörte ihn. *
 Er half ihm aus all seinen Nöten. – (**R**)

⁸ Der Engel des Herrn umschirmt alle, die ihn fürchten und ehren, *
 und er befreit sie.

⁹ Kostet und seht, wie gütig der Herr ist; *
 wohl dem, der zu ihm sich flüchtet! – **R**

RUF VOR DEM EVANGELIUM Vers: Mt 5,6

Halleluja. Halleluja.

Selig, die hungern und dürsten nach der Gerechtigkeit;
denn sie werden gesättigt.

Halleluja.

ZUM EVANGELIUM *Jesus, der Messias und Gottessohn, ist den Weg des Leidens gegangen. Er hat seine Jünger eingeladen, ihm auf diesem Weg zu folgen. Bis zu seiner Wiederkunft steht die Kirche unter dem Lebensgesetz des Menschen Jesus, d.h. dem Gesetz des Leidens. Jesusnachfolge bedeutet sich selbst aufgeben und zum Kreuz bereit sein. Beide Ausdrücke meinen das gleiche: das Kreuz auf sich nehmen heißt auf jeden*

29. Dezember, Hl. Thomas Becket

eigenen Anspruch, auf jede Selbstbehauptung verzichten, im Dienst der Gottesherrschaft leben und nötigenfalls auch sterben. Dieses Sterben aber ist der Weg zum Leben. Nur wer sein Leben drangibt, wird es gewinnen. So ist es schon auf der Ebene des natürlichen Lebens; wer nur darauf bedacht ist, ängstlich das zu bewahren, was er hat, wird sicher alles verlieren. Der Jünger Jesu aber ist durch die Taufe in das Geheimnis des Leidens und Sterbens Jesu und seiner Auferstehung eingetreten. – Mk 8,34–38; Lk 9,23–26; Mt 10,38–39; Joh 12,24–26.

EVANGELIUM   Mt 16,24–27

Wer sein Leben um meinetwillen verliert, wird es gewinnen

✠ Aus dem heiligen Evangelium nach Matthäus.

In jener Zeit sprach Jesus zu seinen Jüngern:
24 Wer mein Jünger sein will,
   der verleugne sich selbst,
nehme sein Kreuz auf sich
und folge mir nach.
25 Denn wer sein Leben retten will,
   wird es verlieren;
wer aber sein Leben um meinetwillen verliert,
   wird es gewinnen.
26 Was nützt es einem Menschen, wenn er die ganze Welt gewinnt,
dabei aber sein Leben einbüßt?
Um welchen Preis kann ein Mensch sein Leben zurückkaufen?
27 Der Menschensohn
   wird mit seinen Engeln in der Hoheit seines Vaters kommen
und jedem Menschen vergelten, wie es seine Taten verdienen.

FÜRBITTEN

Wir beten zu Christus, der die staatliche Macht in ihre Grenzen wies:

Gib allen Bischöfen Festigkeit, dem Druck der Interessen weltlicher Mächte zu widerstehen. (Stille) Christus, höre uns.
A.: Christus, erhöre uns.

Ermutige alle, sich unerschrocken für Recht und Gerechtigkeit einzusetzen. (Stille) Christus, höre uns.

Laß die Verfolgten nicht verzagen. (Stille) Christus, höre uns.
A.: Christus, erhöre uns.

Mehre in uns die Bereitschaft zum Bekenntnis unseres Glaubens.
(Stille) Christus, höre uns.

Denn wer sein Leben verliert um deinetwillen, wird es gewinnen.
Dir sei Dank und Lobpreis in Ewigkeit.   A.: Amen.

31. Dezember

HL. SILVESTER I.
Papst

Silvester, geborener Römer, war Papst von 314–335. In seiner Regierungszeit vollzog sich die grundlegende Veränderung im Verhältnis des Christentums zum römischen Staat. Die große Figur in diesem Geschehen war allerdings nicht Silvester, sondern Kaiser Konstantin. In die Zeit dieses Papstes fällt das Konzil von Nizäa, auf dem die Irrlehre des Arius verurteilt und die Gottheit Christi im Sinne der Wesensgleichheit mit dem Vater definiert wurde. Die großen römischen Basiliken: St. Johann im Lateran, St. Peter im Vatikan, St. Paul vor den Mauern, wurden damals gebaut und vom Papst eingeweiht. Seine Volkstümlichkeit verdankt Silvester weniger der Geschichte als der Legende sowie dem Umstand, daß sein Gedenktag mit dem letzten Tag des bürgerlichen Jahres zusammenfällt.

Ende und Anfang
„Es ist das Zeichen des lebendigen Menschen, daß er sich stets von neuem als Anfänger bekennt. Immer wieder glaubt er am Ziel zu sein. Und kaum hat er erreicht, was er erstrebte, da entdeckt er in dem vermeintlichen Ende wieder einen neuen Anfang. Das Leben ist ein ständig neues Beginnen. Niemand soll glauben, daß ihm etwas gelingen oder auf lange Sicht bestehen könne, ohne daß täglich neu damit begonnen und ohne daß es täglich neu begründet wird. Es liegt etwas Großes und Vorwärtstreibendes in der Bereitschaft zu immer neuem Beginnen." (Georg Werthmann)

Commune-Texte:
A Meßformulare für Päpste, S. 2056 ff.
B Schriftlesungen für Hirten der Kirche (Päpste), S. 2101 ff.

31. Dezember. Hl. Silvester I.

TAGESGEBET

Gott, du Herr der Zeiten,
höre auf die Fürsprache
des heiligen Papstes Silvester
und komme deinem Volk zu Hilfe.
Führe es in diesem vergänglichen Leben,
damit es einst zum unvergänglichen gelange
und bei dir das ewige Glück finde.
Darum bitten wir durch Jesus Christus.

ZUR LESUNG *Die Hirten Israels, d. h. seine Könige und die Führungsschicht, haben versagt. Sie haben ihre Macht mißbraucht, für die Schwachen und Armen nicht gesorgt und nur sich selbst gemästet (Ez 34, 1–6). Darum (Vers 7) ist über sie der Gerichtstag gekommen, „der dunkle, düstere Tag" (V. 12) der Zerstörung Jerusalems (587 v. Chr.). Jetzt aber will Gott selbst der Hirt seines Volkes sein, er will das Volk wieder in sein Land zurückführen und vor allem für die Schwachen und Verlorenen sorgen. In der Fortsetzung wird noch gesagt, daß Gott einen einzigen Hirten für sein Volk bestellen und einen neuen Bund mit ihm schließen wird (34, 23–25). Das Wann und Wie dieses rettenden Eingreifens bleibt beim Propheten unbestimmt; in der Person Jesu hat die Verheißung ihre letzte Deutung und Erfüllung gefunden (vgl. Lk 15; Joh 10). – Jes 54, 7–10; Jer 23, 1–6; Mi 7, 18–20; Sach 11, 4–17; Lk 19, 10.*

ERSTE LESUNG Ez 34, 11–16

Wie ein Hirt sich um die Tiere seiner Herde kümmert, so kümmere ich mich um meine Schafe

Lesung
   aus dem Buch Ezéchiel.

1 So spricht Gott, der Herr:
Jetzt will ich meine Schafe selber suchen
und mich selber um sie kümmern.
2 Wie ein Hirt sich um die Tiere seiner Herde kümmert
   an dem Tag,
   an dem er mitten unter den Schafen ist, die sich verirrt haben,
   so kümmere ich mich um meine Schafe
und hole sie zurück von all den Orten,
   wohin sie sich am dunklen, düsteren Tag zerstreut haben.

¹³ Ich führe sie aus den Völkern heraus,
   ich hole sie aus den Ländern zusammen
      und bringe sie in ihr Land.
   Ich führe sie in den Bergen Israels auf die Weide,
   in den Tälern und an allen bewohnten Orten des Landes.

¹⁴ Auf gute Weide will ich sie führen,
   im Bergland Israels werden ihre Weideplätze sein.
   Dort sollen sie auf guten Weideplätzen lagern,
   auf den Bergen Israels sollen sie fette Weide finden.

¹⁵ Ich werde meine Schafe auf die Weide führen,
   ich werde sie ruhen lassen – Spruch Gottes, des Herrn.

¹⁶ Die verlorengegangenen Tiere will ich suchen,
   die vertriebenen zurückbringen,
   die verletzten verbinden,
   die schwachen kräftigen, die fetten und starken behüten.
   Ich will ihr Hirt sein
      und für sie sorgen, wie es recht ist.

ANTWORTPSALM Ps 23 (22), 1–3.4.5.6 (R: 1)

R Der Herr ist mein Hirte, (GL 535, 6)
nichts wird mir fehlen. – R

1 Der Herr ist mein Hirte, nichts wird mir fehlen. †   VI. Ton
2 Er läßt mich lagern auf grünen Auen *
   und führt mich zum Ruheplatz am Wasser.

3 Er stillt mein Verlangen; *
   er leitet mich auf rechten Pfaden, treu seinem Namen. – (R)

4 Muß ich auch wandern in finsterer Schlucht, *
   ich fürchte kein Unheil;

   denn du bist bei mir, *
   dein Stock und dein Stab geben mir Zuversicht. – (R)

5 Du deckst mir den Tisch *
   vor den Augen meiner Feinde.

   Du salbst mein Haupt mit Öl, *
   du füllst mir reichlich den Becher. – (R)

6 Lauter Güte und Huld *
   werden mir folgen mein Leben lang,

und im Haus des Herrn *
darf ich wohnen für lange Zeit. – R

RUF VOR DEM EVANGELIUM   Vers: Mk 1, 17 b

Halleluja. Halleluja.
(So spricht der Herr:)
Folgt mir nach!
Ich werde euch zu Menschenfischern machen.
Halleluja.

ZUM EVANGELIUM *Für die Jünger Jesu ist es wesentlich, seine Lehre zu verstehen, und dazu ist es auch notwendig, Klarheit über seine Person zu haben. Diese Klarheit zu schaffen ist der Zweck der Frage Jesu: Für wen halten die Leute den Menschensohn? „Die Leute" – „ihr aber" – „Simon Petrus": das sind drei Stufen des Glaubens und des Erkennens. Im Markusevangelium lautet die Antwort des Petrus: „Du bist der Messias" (Mk 8, 29); bei Matthäus fügt er hinzu: „der Sohn des lebendigen Gottes". Diese Antwort ist schon in Mt 14, 33 vorbereitet, wo die Jünger in einer plötzlichen Helligkeit sagten: „Wahrhaftig, du bist Gottes Sohn". Auf Petrus und seinen Glauben baut Jesus seine Kirche; sie wird dem Ansturm der Todesmächte, den Nöten, die der Ankunft des Menschensohnes vorausgehen, nicht unterliegen. Aber es ist keine triumphierende Kirche, die Jesus gründet. Er selbst, der Menschensohn, muß „vieles erleiden und getötet werden" (16, 21); auch Petrus wird lernen müssen, nicht das zu denken, „was die Menschen wollen", sondern „das, was Gott will" (16, 23). – Mk 8, 27–29; Lk 9, 18–20.*

EVANGELIUM   Mt 16, 13–19

Du bist Petrus – der Fels –, und auf diesen Felsen werde ich meine Kirche bauen

✠ Aus dem heiligen Evangelium nach Matthäus.

In jener Zeit,
13   als Jesus in das Gebiet von Cäsaréa Philíppi kam,
   fragte er seine Jünger:
Für wen halten die Leute den Menschensohn?
14 Sie sagten: Die einen für Johannes den Täufer,
andere für Elíja,
wieder andere für Jeremía oder sonst einen Propheten.

¹⁵ Da sagte er zu ihnen: Ihr aber,
für wen haltet ihr mich?
¹⁶ Simon Petrus antwortete:
Du bist der Messias,
der Sohn des lebendigen Gottes!
¹⁷ Jesus sagte zu ihm:
Selig bist du, Simon Barjóna;
denn nicht Fleisch und Blut haben dir das offenbart,
sondern mein Vater im Himmel.
¹⁸ Ich aber sage dir:
Du bist Petrus – der Fels –,
und auf diesen Felsen werde ich meine Kirche bauen,
und die Mächte der Unterwelt werden sie nicht überwältigen.
¹⁹ Ich werde dir die Schlüssel des Himmelreichs geben;
was du auf Erden binden wirst,
das wird auch im Himmel gebunden sein,
und was du auf Erden lösen wirst,
das wird auch im Himmel gelöst sein.

FÜRBITTEN

Zu Christus, der Simon Petrus zum Felsenfundament der Kirche machte, wollen wir beten:

Für unseren Papst: behüte und stärke ihn in seinem Dienst für die ganze Kirche. (Stille) Herr, erbarme dich.
A.: Christus, erbarme dich.

Für die Völker der Erde: mehre Gerechtigkeit, und schenke Frieden. (Stille) Herr, erbarme dich.

Für die Notleidenden: komm ihnen zu Hilfe und tröste sie. (Stille) Herr, erbarme dich.

Für unsere Wohltäter: vergilt ihnen mit den ewigen Gütern, was sie im vergangenen Jahr Gutes an uns taten. (Stille) Herr, erbarme dich.

Gott, unser Vater, in deinen Händen liegt unser Geschick. Auf dich setzen wir unsere Hoffnung durch Christus, unseren Herrn.
A.: Amen.

JANUAR

2. Januar
HL. BASILIUS DER GROSSE
und
HL. GREGOR VON NAZIANZ
Bischöfe, Kirchenlehrer
Gedenktag

Basilius, schon von seinen Zeitgenossen „der Große" genannt, wurde nur 49 Jahre alt. Er stammte aus angesehener christlicher Familie, studierte an mehreren Hochschulen. Erst in reifem Alter getauft, ist er nach seinen eigenen Worten damals „wie aus tiefem Schlaf erwacht, um das wunderbare Licht der Wahrheit des Evangeliums zu betrachten". Er wurde Mönch und schrieb zwei Regeln für Mönche. 364 wurde er Priester, 370 Erzbischof von Cäsarea in Kappadozien. In seinen Schriften verteidigte er die Gottheit Christi und des Heiligen Geistes. „Tausend Sorgen um die Kirche" bedrängten ihn: kirchliche Organisation, Ordnung der Liturgie, Reinheit des Glaubens, Hebung des Klerus und des Mönchtums, soziale Probleme. Basilius starb am 1. Januar 379.

Gregor Nazianz war Sohn des gleichnamigen Bischofs von Nazianz in Kleinasien. Er war Studienfreund des heiligen Basilius, wurde Mönch und (362) Priester. Kurze Zeit war er Erzbischof von Konstantinopel. Aber glücklicher fühlte er sich, wenn er aus der Verwaltungsarbeit und dem Treiben der Politik (auch der Kirchenpolitik) zu sich selbst zurückkehren und mit Gott stille Zwiesprache halten konnte. Er war ein leidenschaftlicher Gottsucher und Verfechter der Gottheit Christi; deshalb auch „der Theologe" genannt. Er starb 390.

Das Vergängliche und das Ewige
„Häng dich nicht an das Vergängliche, als wäre es ewig, und verachte nicht das Ewige, als wäre es vergänglich." – „Das Verlangen, Gottes Größe zu preisen, ist allen vernunftbegabten Wesen von der Natur gegeben. Aber würdig über Gott zu reden, dazu sind alle in gleicher Weise unfähig." (Basilius, Reden)

Was schadet

„Wären nur alle darin mit mir einig, daß die unruhige Geschäftigkeit den Gemeinden nur schadet. Der Glaube geht in die Brüche, wenn er als Deckmantel für die ehrgeizige Rechthaberei der einzelnen dienen muß." (Gregor von Nazianz, Brief an Basilius)

Commune-Texte:
A Meßformulare für Bischöfe, S. 2056 ff.,
oder für Kirchenlehrer, S. 2071 ff.
B Schriftlesungen für Hirten der Kirche, S. 2101 ff.,
oder für Kirchenlehrer, S. 2106 ff.

TAGESGEBET

Gott, unser Vater,
du hast deiner Kirche
in den Bischöfen Basilius und Gregor
heilige Hirten gegeben,
die uns durch ihre Lehre und ihr Leben
den Weg der Wahrheit zeigen.
Hilf uns auf ihre Fürsprache,
dein Wort in Demut aufzunehmen
und in Werken der Liebe zu bezeugen.
Darum bitten wir durch Jesus Christus.

ZUR LESUNG *Weil die Kirche der eine Leib Christi ist und von dem einen Geist Christi lebt, ist die Einheit geradezu ihr Wesensgesetz. Die Einheit setzt den Frieden voraus und ist dessen Vollendung. Frieden aber kann es nur geben, wo die Menschen bereit sind, einander zu dienen und einander in Liebe zu ertragen (Eph 4, 2). In den Versen 4, 4–6 sind zweimal drei Rufe zur Einheit aneinandergereiht: 1. Ein Leib – ein Geist – eine Hoffnung: das ist die Kirche; 2. ein Herr – ein Glaube – eine Taufe: das ist der Ursprung, aus dem die eine Kirche ständig neu geboren wird. Dazu kommt in 4, 6 die alles übergreifende Aussage von dem einen Gott und Vater aller. – Im zweiten Teil dieser Lesung (4, 7.11–13) wird deutlich, daß Einheit nicht dasselbe ist wie Einerleiheit, im Gegenteil: nur die Vielheit der Dienste macht das Leben des einen Leibes überhaupt möglich. Jeder hat in der Gemeinde – im Gottesdienst und im Alltag – seine besondere Gnade: es gibt Apostel, Evangelisten, Hirten und Lehrer (Bischöfe und Diakone werden noch nicht erwähnt). Es ist der eine Christus, der*

2. Januar. Hl. Basilius d. Gr. und hl. Gregor von Nazianz

alle diese Ämter und Dienste „gibt"; er, der erhöhte Herr, ist auch „das Haupt" (4, 15), das den Leib, die Kirche, zusammenhält und beherrscht. – Zu 4, 1–3: Eph 3, 1; Röm 12, 1.16; Kol 3, 12–14. – Zu 4, 4–6: Röm 12, 5; Eph 2, 16.18; 1 Kor 8, 6. – Zu 4, 7.11–13: Röm 12, 3–8; 1 Kor 12, 11.28; Kol 1, 25.28.

ERSTE LESUNG   Eph 4, 1–7.11–13

Die Heiligen für die Erfüllung ihres Dienstes rüsten, für den Aufbau des Leibes Christi

Lesung
   aus dem Brief des Apostels Paulus an die Épheser.

Brüder!
1 Ich, der ich um des Herrn willen im Gefängnis bin,
   ermahne euch, ein Leben zu führen,
   das des Rufes würdig ist, der an euch erging.
2 Seid demütig, friedfertig und geduldig,
   ertragt einander in Liebe,
3 und bemüht euch, die Einheit des Geistes zu wahren
   durch den Frieden, der euch zusammenhält.
4 Ein Leib und ein Geist,
   wie euch durch eure Berufung
   auch eine gemeinsame Hoffnung gegeben ist;
5 ein Herr, ein Glaube, eine Taufe,
6 ein Gott und Vater aller,
   der über allem und durch alles und in allem ist.
7 Aber jeder von uns empfing die Gnade
   in dem Maß, wie Christus sie ihm geschenkt hat.
11 Und er gab den einen das Apostelamt,
   andere setzte er als Propheten ein,
   andere als Evangelisten,
   andere als Hirten und Lehrer,
12 um die Heiligen für die Erfüllung ihres Dienstes zu rüsten,
   für den Aufbau des Leibes Christi.
13 So sollen wir alle
   zur Einheit im Glauben
   und in der Erkenntnis des Sohnes Gottes gelangen,
   damit wir zum vollkommenen Menschen werden
   und Christus in seiner vollendeten Gestalt darstellen.

ANTWORTPSALM Ps 23 (22), 1–3.4.5.6 (R: 1)

R Der Herr ist mein Hirte, (GL 527, 4)
nichts wird mir fehlen. – R

1 Der Herr ist mein Hirte, nichts wird mir fehlen. † III. Ton
2 Er läßt mich lagern auf grünen Auen *
und führt mich zum Ruheplatz am Wasser.

3 Er stillt mein Verlangen; *
er leitet mich auf rechten Pfaden, treu seinem Namen. – (R)

4 Muß ich auch wandern in finsterer Schlucht, *
ich fürchte kein Unheil;

denn du bist bei mir, *
dein Stock und dein Stab geben mir Zuversicht. – (R)

5 Du deckst mir den Tisch *
vor den Augen meiner Feinde.

Du salbst mein Haupt mit Öl, *
du füllst mir reichlich den Becher. – (R)

6 Lauter Güte und Huld *
werden mir folgen mein Leben lang,

und im Haus des Herrn *
darf ich wohnen für lange Zeit. – R

RUF VOR DEM EVANGELIUM Vers: Mt 23, 9b. 10b

Halleluja. Halleluja.

Einer ist euer Vater, der im Himmel.
Einer ist euer Lehrer, Christus.

Halleluja.

ZUM EVANGELIUM *Wer in der Gemeinde zum Lehren und Verkündigen berufen ist, hat am meisten Grund zur Demut. Er weiß ja, daß er selbst immer hinter dem zurückbleibt, was er anderen als Wort Gottes sagt und auslegt. Mit dem Blick auf die Schriftgelehrten und Pharisäer warnt Jesus seine Jünger vor jeder Form von Heuchelei und Anmaßung. „Der Größte von euch soll euer Diener sein" (23, 11). Alle Titel und Würden („Rabbi", „Vater", „Lehrer" . . .) machen den Menschen vor Gott nicht besser und nicht größer. Gott bedient sich mit Vorliebe unscheinbarer*

2. Januar. Hl. Basilius d. Gr. und hl. Gregor von Nazianz 1487

Mittel, um seine großen Werke zu tun. – Zu 23,11: Mt 20,26–27; Mk 9,35; Lk 9,48. – Zu 23,12: Ijob 22,29; Spr 29,23; Lk 18,14.

EVANGELIUM Mt 23,8–12

Der Größte von euch soll euer Diener sein

✛ Aus dem heiligen Evangelium nach Matthäus.

In jener Zeit sprach Jesus zu seinen Jüngern:
8 Ihr sollt euch nicht Rabbi nennen lassen;
denn nur einer ist euer Meister,
ihr alle aber seid Brüder.

9 Auch sollt ihr niemand auf Erden euren Vater nennen;
denn nur einer ist euer Vater,
der im Himmel.

10 Auch sollt ihr euch nicht Lehrer nennen lassen;
denn nur einer ist euer Lehrer,
Christus.

11 Der Größte von euch soll euer Diener sein.
12 Denn wer sich selbst erhöht,
wird erniedrigt,
und wer sich selbst erniedrigt,
wird erhöht werden.

FÜRBITTEN

Voll Vertrauen rufen wir zu Christus, der uns den Vater offenbarte:

Laß nicht zu, daß der Glaube an deine Gottheit sich verdunkle.
A.: Wir bitten dich, erhöre uns.

Ermutige alle, die sich für die Versöhnung der Völker einsetzen.

Gib den Armen den gerechten Anteil an den Gütern der Erde.

Führe die Verstorbenen in dein Reich.

Herr, unser Gott, durch die Lehre und das Leben deiner Heiligen hast du uns den Weg der Wahrheit gezeigt. Hilf uns auf diesem Weg voranzuschreiten durch Christus, unseren Herrn.
A.: Amen.

7. Januar
HL. VALENTIN
Bischof

Valentin, einer der ersten Bischöfe von Passau und nicht zu verwechseln mit dem Märtyrer Valentin (14. Februar), lebte im 5. Jahrhundert, in der Zeit der Völkerwanderung. Er stammte aus den Niederlanden und kam um 435 nach Passau. Dort fand er ein verwildertes, mit Heidentum vermischtes und zum Teil arianisches Christentum vor. Seine Missionsversuche hatten keinen Erfolg, auch nicht, nachdem Papst Leo d. Gr. ihn zum Bischof geweiht hatte. Schließlich wurde Valentin aus Passau verjagt. Als wandernder Missionar kam er bis nach Südtirol und leistete mühevolle Vorarbeit für spätere Missionare. Er starb um 475 in einer Klause auf der Zenoburg in Mais bei Meran.

„Liebe Brüder: Bewahrt den Glauben und den Frieden, die Einheit und die Hoffnung, die Liebe und die katholische Religion. Dann wird der Gott der Liebe und des Friedens bei euch sein bis ans Ende." (Hl. Valentin)

Commune-Texte:
A Meßformulare für Bischöfe, S. 2056 ff.
B Schriftlesungen für Hirten der Kirche, S. 2101 ff.

TAGESGEBET
**Allmächtiger Gott,
du hast den heiligen Valentin befähigt,
als Missionar und Bischof
unseren Vorfahren** (den Menschen seiner Zeit)
**ein treuer Helfer zu sein.
Wecke in uns das Bewußtsein,
daß wir füreinander verantwortlich sind,
und hilf uns, einander im Glauben zu stützen.
Darum bitten wir durch Jesus Christus.**

ZUR LESUNG Die Könige Israels haben ihrem Volk nicht Heil, sondern Unheil gebracht. Aber Gott verläßt sein Volk nicht; er befreit es, führt es heim und baut das zerstörte Jerusalem wieder auf. „Dein Gott ist König", lautet nun die frohe Botschaft. Er ist König über alle Völker der Erde; er ist der Hirt, der für sie Sorge trägt, der immer wieder tröstet und

7. Januar. Hl. Valentin

hilft. Und er nimmt auch heute Menschen in seinen Dienst, die sein Königtum ausrufen, in der Welt die Hoheit Gottes und den Frieden Gottes ansagen und bringen. – Zu 52,7: Ps 92; Apg 10,36; Röm 10,15; 2 Kor 5,20; Eph 2,17; 6,15. – Zu 52,10: Lk 2,30–31.

ERSTE LESUNG Jes 52,7–10

Alle Enden der Erde sehen das Heil unseres Gottes

Lesung
 aus dem Buch Jesája.

7 Wie willkommen sind auf den Bergen
 die Schritte des Freudenboten, der Frieden ankündigt,
der eine frohe Botschaft bringt und Rettung verheißt,
der zu Zion sagt: Dein Gott ist König.

8 Horch, deine Wächter erheben die Stimme,
sie beginnen alle zu jubeln.
Denn sie sehen mit eigenen Augen,
 wie der Herr nach Zion zurückkehrt.

9 Brecht in Jubel aus,
jauchzt alle zusammen,
 ihr Trümmer Jerusalems!
Denn der Herr tröstet sein Volk,
er erlöst Jerusalem.

10 Der Herr macht seinen heiligen Arm frei
 vor den Augen aller Völker.
Alle Enden der Erde
 sehen das Heil unseres Gottes.

ANTWORTPSALM Ps 96 (95), 1–2.3 u. 7.8 u. 10 (R: vgl. 3 a)

R Kündet den Völkern die Herrlichkeit des Herrn! – R (GL 529,6)

Singet dem Herrn ein neues Lied, * II. Ton
singt dem Herrn, alle Länder der Erde!

Singet dem Herrn und preist seinen Namen, *
verkündet sein Heil von Tag zu Tag! – (R)

Erzählt bei den Völkern von seiner Herrlichkeit, *
bei allen Nationen von seinen Wundern!

Bringt dar dem Herrn, ihr Stämme der Völker, *
bringt dar dem Herrn Lob und Ehre! – (R)

8 Bringt dar dem Herrn die Ehre seines Namens, *
spendet Opfergaben, und tretet ein in sein Heiligtum!

10 Verkündet bei den Völkern: Der Herr ist König. †
Den Erdkreis hat er gegründet, so daß er nicht wankt. *
Er richtet die Nationen so, wie es recht ist.

R Kündet den Völkern die Herrlichkeit des Herrn!

RUF VOR DEM EVANGELIUM Vers: Mt 28, 19 a. 20 b

Halleluja. Halleluja.

(So spricht der Herr:)
Geht zu allen Völkern,
und macht alle Menschen zu meinen Jüngern!
Ich bin bei euch alle Tage bis zum Ende der Welt.

Halleluja.

ZUM EVANGELIUM   *Auch vor seiner Auferstehung hat Jesus in Wort und Tat die Vollmacht des Menschensohnes ausgeübt; er hat Kranke geheilt, Sünden vergeben und Dämonen ausgetrieben (Mt 8, 16; 9, 6). Seit seiner Auferstehung aber ist er im Himmel und auf der Erde „als Sohn Gottes eingesetzt in Macht" (Röm 1, 4). Bis ans Ende der Zeit und bis an die Grenzen der Welt hat er Macht, zu richten und zu retten. Israel hat seinen König verworfen, nun richtet sich die Heilsbotschaft an die Heiden. Jesus hat die Jünger nach Galiläa bestellt; die Tatsache, daß er ihnen dort, im „Bezirk der Heiden" (Mt 4, 15–16), den Befehl gibt, die ganze Welt zu missionieren, entspricht der universalen Weite dieses Auftrags. Alle Menschen sollen Jünger Jesu werden. Man wird Jünger Jesu durch die Begegnung mit ihm: durch den Glauben, dessen Besiegelung die Taufe ist. Man bleibt Jünger Jesu dadurch, daß man sich nach seinem Wort richtet und dieses Wort anderen weitersagt. – Zu 28, 16–18: Lk 24, 25; Dan 7, 14. – Zu 28, 19–20: Mt 10, 5; 22, 8–10; 24, 14; Joh 14, 18–21.*

EVANGELIUM Mt 28, 16–20

Geht zu allen Völkern, und macht alle Menschen zu meinen Jüngern!

† Aus dem heiligen Evangelium nach Matthäus.

In jener Zeit
16 gingen die elf Jünger nach Galiläa
auf den Berg, den Jesus ihnen genannt hatte.

7. Januar. Hl. Valentin

17 Und als sie Jesus sahen,
   fielen sie vor ihm nieder.
   Einige aber hatten Zweifel.
18 Da trat Jesus auf sie zu
   und sagte zu ihnen:
      Mir ist alle Macht gegeben im Himmel und auf der Erde.
19 Darum geht zu allen Völkern,
      und macht alle Menschen zu meinen Jüngern;
   tauft sie
      auf den Namen des Vaters und des Sohnes
      und des Heiligen Geistes,
20 und lehrt sie,
      alles zu befolgen, was ich euch geboten habe.
   Seid gewiß: Ich bin bei euch
      alle Tage bis zum Ende der Welt.

FÜRBITTEN

Jesus Christus sandte seine Apostel in alle Welt. Zu ihm wollen wir beten:

Für das Bistum Passau und alle bayerischen Diözesen: um einen lebendigen Glauben. (Stille) Christus, höre uns.
A.: Christus, erhöre uns.

Für alle Missionare, deren Mühen ohne sichtbaren Erfolg bleibt: um Ausdauer in Zeiten der Enttäuschung. (Stille) Christus, höre uns.

Für alle, die im Dunkel des Irrtums leben: um das Licht der Wahrheit. (Stille) Christus, höre uns.

Für unsere Jugend: um Bereitschaft, in deinen Dienst zu treten. (Stille) Christus, höre uns.

Allmächtiger Gott, erhalte unserem Volk den Glauben, den der heilige Valentin verkündet hat, durch Christus, unseren Herrn.
A.: Amen.

7. Januar
HL. RAIMUND VON PENYAFORT
Ordensgründer

Raimund wurde 1175 auf Schloß Penyafort bei Barcelona geboren. Er machte seine Studien in Barcelona und Bologna. 1222 gründete er zusammen mit Petrus Nolaskus den Merzedarierorden, dessen Hauptaufgabe es war, christliche Sklaven aus muslimischer Gefangenschaft zu befreien. Er selbst schloß sich dem Predigerorden des heiligen Dominikus an und war 1238–1240 der dritte General dieses Ordens. Seine große Liebe galt den Armen und den Missionen. Der Mission dienten die Schulen, die er für das Studium der hebräischen und der arabischen Sprache gründete. Auch regte er Thomas von Aquin zur Abfassung seiner „Summe gegen die Heiden" an. Er selbst war Lehrer des kanonischen Rechts, gab eine Sammlung von päpstlichen Dekreten und ein Handbuch für Beichtväter heraus.

Commune-Texte:
A Meßformulare für Hirten der Kirche, S. 2061f.
B Schriftlesungen für Hirten der Kirche, S. 2101ff.,
oder für heilige Männer (Ordensleute), S. 2110ff.

TAGESGEBET

Barmherziger Gott,
du hast dem heiligen Raimund
die Kraft deiner Liebe geschenkt
und ihn den Gefangenen als Helfer gesandt.
Höre auf seine Fürsprache
und befreie uns von der Gefangenschaft der Sünde,
damit wir als wahrhaft freie Menschen
das Gebot der Liebe erfüllen.
Darum bitten wir durch Jesus Christus.

ZUR LESUNG *Die Liebe Christi, die den Apostel drängt, ist die Liebe dessen, der für uns alle gestorben ist (2 Kor 5, 14). Dieses „für alle" eröffnet für die Menschen „von jetzt an" (5, 16) neue Möglichkeiten, ihr Leben zu verstehen und zu leben. Die bisherige Situation der Welt und des Menschen kann als Entfremdung bezeichnet werden; die Lesung spricht von „Verfehlungen" (5, 19), die nichts anderes sind als Erscheinungsformen der Selbstüberhebung des Menschen, seiner Selbstbehauptung und Ichbe-*

zogenheit. Gott hat diese in sich selbst verlorene Menschheit nicht aufgegeben: „einer ist für alle gestorben": im Tod Jesu hat Gott die Welt gerichtet, und zugleich hat er uns „durch Christus mit sich versöhnt". Aber die Versöhnung erreicht die einzelnen Menschen nur durch Menschen, die wie Christus nicht mehr für sich leben. Die Berufung zur Nachfolge und zum Apostolat hat ihr Ziel nicht im Berufenen, sondern im Dienst der Versöhnung (V. 19). Das Evangelium von der Versöhnung ist das not-wendige Wort, durch das fortwährend neue Schöpfung geschieht mitten in dieser vergehenden Welt. – Zu 5, 14–15: Röm 6, 10; 7, 4–6; 14, 7–9. – Zu 5, 17–20: Röm 8, 10–11; Gal 6, 15; Offb 21, 5; Röm 5, 10–11; 3, 25; Kol 1, 19–20; Eph 6, 20.

ERSTE LESUNG 2 Kor 5, 14–20

Gott hat uns den Dienst der Versöhnung aufgetragen

Lesung
aus dem zweiten Brief des Apostels Paulus an die Korinther.

Brüder!
4 Die Liebe Christi drängt uns,
da wir erkannt haben: Einer ist für alle gestorben,
also sind alle gestorben.

5 Er ist aber für alle gestorben,
damit die Lebenden nicht mehr für sich leben,
sondern für den, der für sie starb und auferweckt wurde.

6 Also schätzen wir von jetzt an
niemand mehr nur nach menschlichen Maßstäben ein;
auch wenn wir früher
Christus nach menschlichen Maßstäben eingeschätzt haben,
jetzt schätzen wir ihn nicht mehr so ein.

7 Wenn also jemand in Christus ist,
dann ist er eine neue Schöpfung:
Das Alte ist vergangen,
Neues ist geworden.

8 Aber das alles kommt von Gott,
der uns durch Christus mit sich versöhnt
und uns den Dienst der Versöhnung aufgetragen hat.

9 Ja, Gott war es,
der in Christus die Welt mit sich versöhnt hat,

indem er den Menschen ihre Verfehlungen nicht anrechnete
und uns das Wort von der Versöhnung
zur Verkündigung anvertraute.
20 Wir sind also Gesandte an Christi Statt,
und Gott ist es, der durch uns mahnt.
Wir bitten an Christi Statt:
  Laßt euch mit Gott versöhnen!

ANTWORTPSALM Ps 103 (102), 1−2.3−4.8−9.13−14.17−18a (R: 1a)

R Lobe den Herrn, meine Seele! – R (GL 527, 3)

1 Lobe den Herrn, meine Seele, *   VI. Ton
und alles in mir seinen heiligen Namen!

2 Lobe den Herrn, meine Seele, *
und vergiß nicht, was er dir Gutes getan hat. – (R)

3 Der dir all deine Schuld vergibt, *
und all deine Gebrechen heilt,

4 der dein Leben vor dem Untergang rettet *
und dich mit Huld und Erbarmen krönt. – (R)

8 Der Herr ist barmherzig und gnädig, *
langmütig und reich an Güte.

9 Er wird nicht immer zürnen, *
nicht ewig im Groll verharren. – (R)

13 Wie ein Vater sich seiner Kinder erbarmt, *
so erbarmt sich der Herr über alle, die ihn fürchten.

14 Denn er weiß, was wir für Gebilde sind; *
er denkt daran: Wir sind nur Staub. – (R)

17 Doch die Huld des Herrn währt immer und ewig *
für alle, die ihn fürchten und ehren;

sein Heil erfahren noch Kinder und Enkel; *
18a alle, die seinen Bund bewahren. – R

RUF VOR DEM EVANGELIUM Vers: vgl. Lk 21, 36

Halleluja. Halleluja.

Wacht und betet allezeit,
damit ihr hintreten könnt vor den Menschensohn.
Halleluja.

7. Januar. Hl. Raimund von Penyafort

ZUM EVANGELIUM   *Wir wissen nicht, wann die Zeit dieser Welt zu Ende gehen wird, und es ist besser, wir wissen es nicht. Das Lukasevangelium rechnet mit einer langen Wartezeit; vielleicht kommt er erst in der zweiten oder dritten Nachtwache (12, 38). Wichtig ist für uns zu wissen, daß dieses Ereignis am Ende (oder vielleicht richtiger: nach dem Ende) der gegenwärtigen Geschichte nicht (nur) eine Katastrophe sein wird, sondern die entscheidende Offenbarung Jesu als Menschensohn und Weltenrichter. Nicht es kommt, sondern er kommt. Das Bildwort in 12, 35 vom Gürtel, den man nicht ablegen soll, und von der brennenden Lampe mahnt uns zur Wachsamkeit. Der Zeitpunkt ist ungewiß; in jedem Augenblick kann der Herr kommen und bei uns anklopfen. Die Mahnung gilt der ganzen Jüngergemeinde, sie gilt aber auch jedem einzelnen. Sie gilt, wenn wir die Fortsetzung bei Lk hinzunehmen (Lk 12, 41–44), vor allem denen, die in der Gemeinde und in der Welt Verantwortung tragen. – 1 Petr 1, 13; Mt 24, 42–44; Mk 13, 33–36; Offb 3, 20; Lk 22, 27; Joh 13, 4–5.*

EVANGELIUM   Lk 12, 35–40

Haltet auch ihr euch bereit!

✠ Aus dem heiligen Evangelium nach Lukas.

In jener Zeit sprach Jesus zu seinen Jüngern:
35 **Legt euren Gürtel nicht ab,**
    und laßt eure Lampen brennen!
36 **Seid wie Menschen,**
    die auf die Rückkehr ihres Herrn warten,
    der auf einer Hochzeit ist,
und die ihm öffnen,
    sobald er kommt und anklopft.
37 *Selig die Knechte,*
    die der Herr wach findet, wenn er kommt.
Amen, ich sage euch:
Er wird sich gürten,
sie am Tisch Platz nehmen lassen
und sie der Reihe nach bedienen.
38 **Und kommt er erst in der zweiten oder dritten Nachtwache**
    und findet sie wach –
        selig sind sie.
39 **Bedenkt:**

Wenn der Herr des Hauses wüßte,
  in welcher Stunde der Dieb kommt,
  so würde er verhindern, daß man in sein Haus einbricht.
40 Haltet auch ihr euch bereit!
  Denn der Menschensohn kommt zu einer Stunde,
  in der ihr es nicht erwartet.

FÜRBITTEN

Zu Jesus Christus, der uns aus der Knechtschaft der Sünde loskaufte, wollen wir beten:

Bestärke alle Männer und Frauen, die in einem Orden den Menschen dienen, in der Treue zu ihrer Berufung.
A.: Herr, erhöre unser Gebet.

Erfülle die Beichtväter mit deinem Erbarmen für die Sünder.

Gib allen, die ungerecht in Gefangenschaft leben, die Freiheit wieder.

Befreie uns aus der Verstrickung der Sünde.

Denn du schenkst uns die Freiheit der Kinder Gottes, damit wir dir ungehindert dienen können. Dir sei Dank und Preis in Ewigkeit. **A.:** Amen.

8. Januar

HL. SEVERIN

Laien-Mönch

Als das Römerreich vor 1500 Jahren zusammenbrach, herrschten entlang der Donau Terror und Krieg, Armut und Hungersnöte. Damals sammelte dieser tiefreligiöse Mann Nahrungsmittel und Kleider, befreite Gefangene und machte den Menschen Mut. Von den Betroffenen forderte er dabei stets einen not-wendigen, eigenständigen Beitrag: „Faste, bete, sei barmherzig" war sein zentraler Hinweis. Befolgten ihn die gequälten Menschen, so überstanden sie erstaunlicherweise alle Probleme ohne größeren Schaden. Severin starb am 8. 1. 482 im Großraum Wien und wurde später nach Neapel übergeführt.

8. Januar. Hl. Severin

Commune-Texte:
A Meßformulare für Glaubensboten, S. 2067 ff.
B Schriftlesungen für heilige Männer (Ordensleute), S. 2110 ff..

TAGESGEBET

Gütiger Gott,
du hast den Mönch Severin
zu seinen Glaubensbrüdern gesandt,
damit er in den Wirren der Zeit
ihr Ratgeber und Führer sei.
Mache auch uns bereit, Verantwortung zu tragen,
und hilf uns, denen beizustehen, die in Not sind.
Darum bitten wir durch Jesus Christus.

ZUR LESUNG   *Der richtige Glaube ist noch kein Garantieschein für den Himmel. Wenn ihm keine Taten entsprechen, ist er tot und kann nicht retten. Daher dringt der Jakobusbrief auf ein tätiges Christentum. Erst in der Tat der Liebe erweist sich der Glaube als wahr und wirksam (vgl. Jak 1,22–25). Bekenntnis und Gottesdienst wären ohne die Liebe nutzlos, und der Entlassungsruf „Gehet hin in Frieden!" am Ende der Liturgie würde sich als grausame Lüge erweisen. – Gal 5,6; Mt 7,21–23; 1 Kor 13,3.*

ERSTE LESUNG   Jak 2,14–17

Der Glaube für sich allein ist tot, wenn er nicht Werke vorzuweisen hat

Lesung
   aus dem Jakobusbrief.

14 Meine Brüder, was nützt es,
   wenn einer sagt, er habe Glauben,
   aber es fehlen die Werke?
Kann etwa der Glaube ihn retten?

15 Wenn ein Bruder oder eine Schwester ohne Kleidung ist
   und ohne das tägliche Brot

16 und einer von euch zu ihnen sagt: Geht in Frieden,
wärmt und sättigt euch!,
ihr gebt ihnen aber nicht, was sie zum Leben brauchen
   – was nützt das?

17 So ist auch der Glaube für sich allein tot,
   wenn er nicht Werke vorzuweisen hat.

ANTWORTPSALM

Ps 107 (106), 1–2a u. 3.4–5.6–7.8–9 (R: vgl. Spr 31, 20)

R Er öffnet seine Hand für den Bedürftigen (GL 645, 3)
und reicht seine Hände dem Armen. – **R**

1 Danket dem Herrn, denn er ist gütig, † VIII. Ton
denn seine Huld währt ewig. *
2a So sollen alle sprechen, die vom Herrn erlöst sind.
3 Denn er hat sie aus den Ländern gesammelt, *
vom Aufgang und Niedergang, vom Norden und Süden. – (R)

4 Sie, die umherirrten in der Wüste, im Ödland, *
und den Weg zur wohnlichen Stadt nicht fanden,
5 die Hunger litten und Durst, *
denen das Leben dahinschwand, – (R)

6 die dann in ihrer Bedrängnis schrien zum Herrn, *
die er ihren Ängsten entriß
7 und die er führte auf geraden Wegen, *
so daß sie zur wohnlichen Stadt gelangten: – (R)

8 sie alle sollen dem Herrn danken für seine Huld, *
für sein wunderbares Tun an den Menschen,
9 weil er die lechzende Seele gesättigt, *
die hungernde Seele mit seinen Gaben erfüllt hat. – **R**

RUF VOR DEM EVANGELIUM Vers: Joh 15, 9b.5b

Halleluja. Halleluja.

(So spricht der Herr:)
Bleibt in meiner Liebe!
Wer in mir bleibt und in wem ich bleibe, der bringt reiche Frucht.

Halleluja.

ZUM EVANGELIUM *Der Menschensohn wird als König, Hirt und Richter erscheinen und die Völker der Erde versammeln. Das Gericht wird die Guten ebenso überraschen wie die Bösen. Quer durch alle Völker und Gruppierungen hindurch geht die Scheidung. Nicht nach dem Glauben, auch nicht nach der Zugehörigkeit zu einer Kirche wird gefragt. Die Gerechten sagen ausdrücklich, daß sie in den Armen und Kranken Jesus nicht erkannt haben. Erstaunt fragen sie: „Herr, wann haben wir dich hungrig gesehen ...?" Und doch sagt ihnen der Herr: „... das habt ihr mir getan", und stellt sie auf die rechte Seite. Er belohnt den Dienst derer, die nicht um des Lohnes willen gedient haben und die gerade mit ihrer Ahnungslosigkeit die Lauterkeit ihres Tuns beweisen. – Manch einer, der fromme Reden geführt und vielleicht sogar Wunder getan hat, wird sich unter den Böcken wiederfinden. Wie viele auf der einen und wie viele auf der anderen Seite stehen, darüber wird uns nichts gesagt. – Zu 25,34–36: Jes 58,6–8; Eph 1,4; Tob 4,16; Ez 18,7; Hebr 13,3. – Zu 25,40: Mt 10,40; 18,5; Spr 19,17; Lk 10,16; Apg 9,5. – Zu 25,41–45: Jak 2,14–17.*

EVANGELIUM

Mt 25,31–46

Was ihr für einen meiner geringsten Brüder getan habt, das habt ihr mir getan

✠ Aus dem heiligen Evangelium nach Matthäus.

In jener Zeit sprach Jesus zu seinen Jüngern:
31 Wenn der Menschensohn in seiner Herrlichkeit kommt
    und alle Engel mit ihm,
        dann wird er sich auf den Thron seiner Herrlichkeit setzen.
32 Und alle Völker werden vor ihm zusammengerufen werden,
   und er wird sie voneinander scheiden,
      wie der Hirt die Schafe von den Böcken scheidet.
33 Er wird die Schafe zu seiner Rechten versammeln,
    die Böcke aber zur Linken.
34 Dann wird der König denen auf der rechten Seite sagen:
    Kommt her, die ihr von meinem Vater gesegnet seid,
  nehmt das Reich in Besitz,
    das seit der Erschaffung der Welt für euch bestimmt ist.
35 Denn ich war hungrig,
    und ihr habt mir zu essen gegeben;
ich war durstig,
    und ihr habt mir zu trinken gegeben;
ich war fremd und obdachlos,
    und ihr habt mich aufgenommen;
36 ich war nackt,
    und ihr habt mir Kleidung gegeben;
ich war krank,
    und ihr habt mich besucht;

ich war im Gefängnis,
    und ihr seid zu mir gekommen.

37 Dann werden ihm die Gerechten antworten:
Herr, wann haben wir dich hungrig gesehen
    und dir zu essen gegeben,
oder durstig
    und dir zu trinken gegeben?

38 Und wann haben wir dich fremd und obdachlos gesehen
    und aufgenommen,
oder nackt
    und dir Kleidung gegeben?

39 Und wann haben wir dich krank oder im Gefängnis gesehen
    und sind zu dir gekommen?

40 Darauf wird der König ihnen antworten:
    Amen, ich sage euch:
Was ihr für einen meiner geringsten Brüder getan habt,
    das habt ihr mir getan.

41 Dann wird er sich auch an die auf der linken Seite wenden
und zu ihnen sagen:
    Weg von mir, ihr Verfluchten,
in das ewige Feuer,
    das für den Teufel und seine Engel bestimmt ist!

42 Denn ich war hungrig,
    und ihr habt mir nichts zu essen gegeben;
ich war durstig,
    und ihr habt mir nichts zu trinken gegeben;

43 ich war fremd und obdachlos,
    und ihr habt mich nicht aufgenommen;
ich war nackt,
    und ihr habt mir keine Kleidung gegeben;
ich war krank und im Gefängnis,
    und ihr habt mich nicht besucht.

44 Dann werden auch sie antworten:
Herr, wann haben wir dich hungrig oder durstig
    oder obdachlos oder nackt
    oder krank oder im Gefängnis gesehen
    und haben dir nicht geholfen?

45 Darauf wird er ihnen antworten:
    Amen, ich sage euch:

8. Januar. Hl. Severin

Was ihr für einen dieser Geringsten nicht getan habt,
> das habt ihr auch mir nicht getan.

46 Und sie werden weggehen
> und die ewige Strafe erhalten,
die Gerechten aber
> das ewige Leben.

Oder:

KURZFASSUNG Mt 25, 31–40

Was ihr für einen meiner geringsten Brüder getan habt, das habt ihr mir getan

✣ Aus dem heiligen Evangelium nach Matthäus.

In jener Zeit sprach Jesus zu seinen Jüngern:
31 Wenn der Menschensohn in seiner Herrlichkeit kommt
> und alle Engel mit ihm,
>> dann wird er sich auf den Thron seiner Herrlichkeit setzen.
32 Und alle Völker werden vor ihm zusammengerufen werden,
> und er wird sie voneinander scheiden,
>> wie der Hirt die Schafe von den Böcken scheidet.
33 Er wird die Schafe zu seiner Rechten versammeln,
> die Böcke aber zur Linken.

34 Dann wird der König denen auf der rechten Seite sagen:
> Kommt her, die ihr von meinem Vater gesegnet seid,
nehmt das Reich in Besitz,
> das seit der Erschaffung der Welt für euch bestimmt ist.
35 Denn ich war hungrig,
> und ihr habt mir zu essen gegeben;
ich war durstig,
> und ihr habt mir zu trinken gegeben;
ich war fremd und obdachlos,
> und ihr habt mich aufgenommen;
36 ich war nackt,
> und ihr habt mir Kleidung gegeben;
ich war krank,
> und ihr habt mich besucht;
ich war im Gefängnis,
> und ihr seid zu mir gekommen.

37 Dann werden ihm die Gerechten antworten:
Herr, wann haben wir dich hungrig gesehen
> und dir zu essen gegeben,

oder durstig
  und dir zu trinken gegeben?
38 Und wann haben wir dich fremd und obdachlos gesehen
  und aufgenommen,
oder nackt
  und dir Kleidung gegeben?
39 Und wann haben wir dich krank oder im Gefängnis gesehen
  und sind zu dir gekommen?
40 Darauf wird der König ihnen antworten:
  Amen, ich sage euch:
Was ihr für einen meiner geringsten Brüder getan habt,
  das habt ihr mir getan.

FÜRBITTEN

Jesus Christus, der sich der Menschen erbarmte, bitten wir:

Gib deinen Gläubigen eifrige Seelsorger.
A.: Wir bitten dich, erhöre uns.

Laß die Menschen Zwietracht überwinden und Frieden schließen.

Schenke denen gute Ratgeber, die keinen Ausweg wissen.

Öffne unsere Herzen für die Not unserer Mitmenschen.

Denn dir begegnen wir im Geringsten unserer Brüder und Schwestern. Laß uns an dir nicht vorübergehen, der du lebst und herrschst in Ewigkeit.   A.: Amen.

13. Januar

HL. HILARIUS

Bischof, Kirchenlehrer

Hilarius, in Poitiers um 315 geboren, im Mannesalter getauft, wurde um 350 Bischof in seiner Heimatstadt. Er kämpfte gegen die arianische Irrlehre (Leugnung der Gottheit Christi), darin dem hl. Athanasius vergleichbar (2. Mai). Von Kaiser Konstantius wurde er nach dem Osten des Reiches verbannt. Dort schrieb er sein Hauptwerk „Über die Dreifaltigkeit". Nach dem Tod des Konstantius konnte Hilarius wieder nach Poitiers zurückkehren, wo er um 367 starb. Er war ein Kenner der Heiligen Schrift (Erklärungen zu den Psalmen und zum Matthäusevangelium) und verfaßte auch lateinische Hymnen.

Das Unsagbare

„Es blieb mir nichts anderes übrig: Mit meinen ungeschickten Worten versuchte ich, die unaussprechlichen Mysterien zu erklären. An die Zufälligkeiten der menschlichen Sprache lieferte ich die Geheimnisse aus, die eigentlich in der gläubigen und ehrfürchtigen Seele verwahrt bleiben müßten." (Hilarius, Über den Glauben, an die Arianer)

Commune-Texte:
A Meßformulare für Bischöfe, S. 2056 ff.,
oder für Kirchenlehrer, S. 2071 ff.
B Schriftlesungen für Hirten der Kirche, S. 2101 ff.,
oder für Kirchenlehrer, S. 2106 ff.

TAGESGEBET

Allmächtiger Gott,
erhöre unser Gebet
am Gedenktag des heiligen Bischofs Hilarius,
der unermüdlich die Lehre
von der Gottheit deines Sohnes verteidigt hat.
Gib uns Weisheit und Kraft,
damit wir die Größe dieses Geheimnisses erkennen
und deinen Sohn glaubwürdig bezeugen,
der in der Einheit des Heiligen Geistes
mit dir lebt und herrscht in alle Ewigkeit.

ZUR LESUNG   *„Letzte Stunde" (1 Joh 2, 18) ist die Zeit, die der Wiederkunft Christi vorausgeht, eine Zeit der Krise und der Entscheidung. Der „Antichrist", in der urchristlichen Überlieferung eher als politische Macht verstanden, wird in den Johannesbriefen mit den Irrlehrern gleichgesetzt, die den Kern der christlichen Lehre angreifen, nämlich die Person Jesu Christi. Im Namen eines höheren „Wissens" (Gnosis) bestreiten sie, daß Jesus der Christus ist, der Messias und Gottessohn. Dagegen appelliert Johannes an das Glaubensbewußtsein der Gemeinde: „Ihr alle wißt es" (2, 20). Von Christus selbst (dem „Heiligen") haben die Gläubigen den Geist und die Erkenntnis der Wahrheit empfangen. Dadurch ist die Gemeinde fähig, die Lüge von der Wahrheit zu unterscheiden. Die Wahrheit* *ist das, „was ihr von Anfang an gehört habt" (2, 24). Und diese Wahrheit ist nicht teilbar. Wer leugnet, daß Jesus der Sohn Gottes ist, leugnet auch den Vater. Es gibt keinen anderen Gott als den, der sich durch Jesus Christus den Menschen offenbart hat. – Zu 2, 18–21: Mk 13, 5–13; 1 Tim 4, 1; 2 Thess 2, 4; Joh 14, 26. – Zu 2, 22–25: Joh 14, 7–11; 16, 3; 17, 11; 5, 24–25.*

ERSTE LESUNG 1 Joh 2, 18–25

Wer bekennt, daß Jesus der Sohn ist, hat auch den Vater

Lesung
   aus dem ersten Johannesbrief.

18 Meine Kinder, es ist die letzte Stunde.
Ihr habt gehört, daß der Antichrist kommt,
und jetzt sind viele Antichriste gekommen.
Daran erkennen wir, daß es die letzte Stunde ist.

19 Sie sind aus unserer Mitte gekommen,
   aber sie gehörten nicht zu uns;
denn wenn sie zu uns gehört hätten,
   wären sie bei uns geblieben.
Es sollte aber offenbar werden,
   daß sie alle nicht zu uns gehörten.

20 Ihr habt die Salbung von dem, der heilig ist,
   und ihr alle wißt es.

21 Ich schreibe euch nicht, daß ihr die Wahrheit nicht wißt,
   sondern ich schreibe euch, daß ihr sie wißt
   und daß keine Lüge von der Wahrheit stammt.

22 Wer ist der Lügner
   – wenn nicht der, der leugnet, daß Jesus der Christus ist?
Das ist der Antichrist:
wer den Vater und den Sohn leugnet.

23 Wer leugnet, daß Jesus der Sohn ist,
   hat auch den Vater nicht;
wer bekennt, daß er der Sohn ist,
   hat auch den Vater.

24 Für euch gilt:
   Was ihr von Anfang an gehört habt,
   soll in euch bleiben;

wenn das, was ihr von Anfang an gehört habt, in euch bleibt,
  dann bleibt ihr im Sohn und im Vater.
25 Und seine Verheißung an uns ist das ewige Leben.

ANTWORTPSALM Ps 110 (109), 1–2.3.4–5 (R: 4b)

R Du bist Priester auf ewig (GL 684,1 oder 529,8)
nach der Ordnung Melchísedeks. – R

1 So spricht der Herr zu meinem Herrn: † II. oder VIII. Ton
Setze dich mir zur Rechten, *
und ich lege dir deine Feinde als Schemel unter die Füße.

2 Vom Zion strecke der Herr das Zepter deiner Macht aus: *
„Herrsche inmitten deiner Feinde!" – (R)

3 Dein ist die Herrschaft am Tage deiner Macht, *
wenn du erscheinst in heiligem Schmuck;

ich habe dich gezeugt noch vor dem Morgenstern, *
wie den Tau in der Frühe. – (R)

4 Der Herr hat geschworen, und nie wird's ihn reuen: *
„Du bist Priester auf ewig nach der Ordnung Melchísedeks."

5 Der Herr steht dir zur Seite; *
er zerschmettert Könige am Tage seines Zornes. – R

RUF VOR DEM EVANGELIUM Vers: Mt 5, 16

Halleluja. Halleluja.

Euer Licht soll vor den Menschen leuchten,
damit sie eure guten Werke sehen
und euren Vater im Himmel preisen.

Halleluja.

ZUM EVANGELIUM *Die Jünger Jesu leben in dieser gegenwärtigen
Welt, die – mag sie selbst auch das Gegenteil meinen – eine fade und
dunkle Welt ist, eine verlorene Welt, wäre Christus nicht gekommen. Er
will die Menschen durch Menschen retten: „Ihr seid das Salz der Erde, ihr
seid das Licht der Welt", sagt er zu seinen Jüngern. Das heißt: Ihr seid für
diese Welt verantwortlich. Das Salz erhält die Speise frisch und macht sie
schmackhaft; es kann seinen Geschmack nicht verlieren, oder es hat aufgehört, Salz zu sein. Der Jünger Jesu, der seine Aufgabe in der Welt nicht*

erfüllt, ist wie das Salz, das seine Kraft verloren hat. Das Bildwort vom Licht (Mt 5,14–15) wird ausdrücklich in eine Mahnung umgesetzt (5,16): Euer Licht soll vor den Menschen leuchten. Ob die Menschen wirklich den Vater im Himmel preisen werden, wenn sie die guten Werke der Jünger Jesu sehen, das braucht nicht unsere Sorge zu sein; in den vorausgehenden Versen 11–12 ist die andere Möglichkeit genannt: Spott und Verfolgung. – Zu 5,13: Mk 9,50; Lk 14,34–35. – Zu 5,14: Joh 8,12. – Zu 5,15: Mk 4,21; Lk 8,16; 11,33.

EVANGELIUM Mt 5,13–19

Ihr seid das Licht der Welt

✢ Aus dem heiligen Evangelium nach Matthäus.

In jener Zeit sprach Jesus zu seinen Jüngern:

13 Ihr seid das Salz der Erde.
Wenn das Salz seinen Geschmack verliert,
   womit kann man es wieder salzig machen?
Es taugt zu nichts mehr;
es wird weggeworfen und von den Leuten zertreten.

14 Ihr seid das Licht der Welt.
Eine Stadt, die auf einem Berg liegt,
   kann nicht verborgen bleiben.

15 Man zündet auch nicht ein Licht an und stülpt ein Gefäß darüber,
sondern man stellt es auf den Leuchter;
dann leuchtet es allen im Haus.

16 So soll euer Licht vor den Menschen leuchten,
   damit sie eure guten Werke sehen
   und euren Vater im Himmel preisen.

17 Denkt nicht,
   ich sei gekommen,
   um das Gesetz und die Propheten aufzuheben.
Ich bin nicht gekommen, um aufzuheben,
   sondern um zu erfüllen.

18 Amen, das sage ich euch:
Bis Himmel und Erde vergehen,
   wird auch nicht der kleinste Buchstabe des Gesetzes vergehen,
   bevor nicht alles geschehen ist.

19 Wer auch nur eines von den kleinsten Geboten aufhebt
   und die Menschen entsprechend lehrt,

der wird im Himmelreich der Kleinste sein.
Wer sie aber hält und halten lehrt,
der wird groß sein im Himmelreich.

FÜRBITTEN

Wir beten zu Jesus Christus, der mit dem Vater eines Wesens ist:

Steh allen Christen bei, daß sie nicht wanken im Bekenntnis deiner wahren Gottheit. (Stille) Christus, höre uns.
A.: Christus, erhöre uns.

Gib den Glaubensboten überall Freiheit, um ungehindert das Evangelium zu verkünden. (Stille) Christus, höre uns.

Führe alle, die dich suchen, zur Erkenntnis der Wahrheit. (Stille) Christus, höre uns.

Laß unser Leben bezeugen, was wir glauben. (Stille) Christus, höre uns.

Denn du lebst und herrschst in der Einheit mit dem Vater und dem Heiligen Geist in Ewigkeit.   A.: Amen.

17. Januar

HL. ANTONIUS

Mönchsvater

Gedenktag

Der Einsiedler Antonius ist der berühmteste Mönch des Altertums. Bischof Athanasius von Alexandrien, der Freund, schrieb sein Leben: das Idealbild eines Mönchs, wie ihn die Kirche wünscht. Beim sonntäglichen Gottesdienst hörte Antonius das Evangelium vom reichen Jüngling (Mt 19) und den Bericht der Apostelgeschichte über die arme Gemeinde in Jerusalem (Apg 4, 35). Er verstand den Ruf Gottes, verließ Elternhaus und Besitz und ging in die Wüste. Er wurde der vollkommene „Gottesmann", der von vielen aufgesuchte „Geistträger", der „Vater der Mönche", der „Arzt von Ägypten". Weder Dämonen noch Irrlehrer konnten ihn besiegen. Antonius starb um 356, 105 Jahre alt. Unter seinem Namen werden achtunddreißig „Worte" überliefert.

Zwei Weisungen des Abtes Antonius
„Ich sah alle Schlingen des bösen Feindes über die Erde ausgebreitet. Da seufzte ich und sagte: Wer kann ihnen entgehen? Da hörte ich eine Stimme, die zu mir sagte: Die Demut."
„Vom Mitmenschen her kommen uns Leben und Tod. Gewinnen wir einen Bruder, so gewinnen wir Gott. Geben wir einem Bruder Ärgernis, so sündigen wir gegen Christus."

Schriftlesungen für heilige Männer (Ordensleute), S. 2110 ff.

ERÖFFNUNGSVERS   Ps 92 (91), 1 3–14

Der Gerechte gedeiht wie die Palme.
Er wächst wie die Zedern des Libanon.
Gepflanzt im Hause des Herrn,
gedeihen sie in den Vorhöfen unseres Gottes.

TAGESGEBET

Herr, unser Gott,
du hast den heiligen Mönchsvater Antonius
aus der Welt herausgerufen
und ihm die Kraft gegeben,
in der Einsamkeit der Wüste vor dir zu leben.
Hilf uns auf seine Fürbitte,
uns selbst zu überwinden
und dich über alles zu lieben.
Darum bitten wir durch Jesus Christus.

ZUR LESUNG   *Der Abschnitt Eph 6, 10–20 spricht vom Kampf, den der Christ bestehen muß. Was ist das für ein Kampf? Vers 12 spricht von „Fürsten und Gewalten", die diese finstere Welt beherrschen, und von „bösen Geistern des himmlischen Bereichs": was soll man sich darunter vorstellen? Sicher ist es nicht nur ein Kampf gegen Menschen. Der Christ muß mit Feinden rechnen, die kaum faßbar und daher auch schwer angreifbar sind, Erscheinungsformen und Helfer jener Macht, die in der Heiligen Schrift den Namen Teufel oder Satan hat. Die Waffen dieses Kampfes werden in den Versen 6, 14–17 aufgezählt (nicht in dieser Lesung); letzten Endes ist es „die Kraft und Macht des Herrn" (6, 10), die es dem Christen möglich macht standzuhalten. Von Sieg und Triumph ist hier nicht die Rede. Am Schluß (6, 18) steht die eindringliche Mahnung zum Gebet und zur Wachsamkeit. „Jederzeit beten" bedeutet: Es gibt für den Menschen*

17. Januar. Hl. Antonius

keine gebetslose, profane Zeit; das wäre aufs äußerste gefährdete und im Grunde schon verlorene Zeit. – Zu 6,10–13: Röm 13,12; 2 Kor 10,4; Joh 14,30; 1 Petr 5,8–9. – Zu 6,18: Lk 18,1; Kol 4,2–3; 1 Thess 5,17.

ERSTE LESUNG Eph 6,10–13.18

Zieht die Rüstung Gottes an!

Lesung
   aus dem Brief des Apostels Paulus an die Épheser.

Brüder!
10 Werdet stark durch die Kraft und Macht des Herrn!
11 Zieht die Rüstung Gottes an,
   damit ihr den listigen Anschlägen des Teufels
   widerstehen könnt.
12 Denn wir haben nicht
   gegen Menschen aus Fleisch und Blut zu kämpfen,
   sondern gegen die Fürsten und Gewalten,
gegen die Beherrscher dieser finsteren Welt,
gegen die bösen Geister des himmlischen Bereichs.
13 Darum legt die Rüstung Gottes an,
   damit ihr am Tag des Unheils standhalten,
   alles vollbringen und den Kampf bestehen könnt.
18 Hört nicht auf, zu beten und zu flehen!
Betet jederzeit im Geist;
seid wachsam, harrt aus und bittet für alle Heiligen.

ANTWORTPSALM Ps 16(15),1–2 u. 5.7–8.9 u. 11 (R: vgl. 5a)

R Du, Herr, bist mein Anteil und Erbe. – R (GL 528,3)

Behüte mich, Gott, denn ich vertraue dir. † VI. Ton
Ich sage zum Herrn: „Du bist mein Herr; *
mein ganzes Glück bist du allein."

Du, Herr, gibst mir das Erbe und reichst mir den Becher; *
du hältst mein Los in deinen Händen. – (R)

Ich preise den Herrn, der mich beraten hat. *
Auch mahnt mich mein Herz in der Nacht.

Ich habe den Herrn beständig vor Augen. *
Er steht mir zur Rechten, ich wanke nicht. – (R)

9 Darum freut sich mein Herz und frohlockt meine Seele; *
auch mein Leib wird wohnen in Sicherheit.
11 Du zeigst mir den Pfad zum Leben. †
Vor deinem Angesicht herrscht Freude in Fülle, *
zu deiner Rechten Wonne für alle Zeit.

R Du, Herr, bist mein Anteil und Erbe.

RUF VOR DEM EVANGELIUM   Vers: Joh 8, 31 b–32

Halleluja. Halleluja.

(So spricht der Herr:)
Wenn ihr in meinem Wort bleibt, seid ihr wirklich meine Jünger.
Dann werdet ihr die Wahrheit erkennen,
und die Wahrheit wird euch befreien.

Halleluja.

ZUM EVANGELIUM   *Auf die Frage: „Was kann ich außerdem noch tun?" antwortet Jesus dem jungen Mann: „Wenn du vollkommen sein willst …" Man hat aus der doppelten Antwort Jesu eine Unterscheidung zwischen Geboten und „evangelischen Räten" abgeleitet: Das ewige Leben erreicht man durch die Erfüllung der Gebote (19, 17); wer aber vollkommen sein will, wer einen Schatz im Himmel haben will (19, 21), für den gibt es außerdem noch die „Räte". Die Gebote verlangen tatsächlich nicht den Verzicht auf allen Besitz; das Evangelium nennt diesen Verzicht aber auch nicht einen Rat, sondern eine Forderung der Nachfolge, die sich dann freilich verschieden gestaltet, je nach dem Ruf, der an den einzelnen ergangen ist. Die Fortsetzung des Evangeliums (19, 23–30) zeigt noch eine andere Seite der Armutsforderung: hier geht es nicht mehr um den (etwas überheblichen) Anspruch, vollkommen zu sein, sondern ganz einfach um die Sorge, gerettet zu werden, was soviel heißt wie „das ewige Leben gewinnen" (19, 16). So hat der heilige Antonius dieses Evangelium verstanden und es ohne Zögern in die Tat umgesetzt. – Zu 19, 16–22: Mk 10, 17–22; Lk 18, 18–23; 10, 25–28; Mt 5, 43–48; 6, 19–21; 13, 44–46.*

17. Januar. Hl. Antonius

EVANGELIUM Mt 19, 16–26

Wenn du vollkommen sein willst, geh, verkauf deinen Besitz; so wirst du einen Schatz im Himmel haben

✢ Aus dem heiligen Evangelium nach Matthäus.

In jener Zeit
16 kam ein Mann zu Jesus
und fragte:
Meister,
was muß ich Gutes tun, um das ewige Leben zu gewinnen?
17 Er antwortete: Was fragst du mich nach dem Guten?
Nur einer ist „der Gute".
Wenn du aber das Leben erlangen willst,
halte die Gebote!
18 Darauf fragte er ihn: Welche?
Jesus antwortete: Du sollst nicht töten,
du sollst nicht die Ehe brechen,
du sollst nicht stehlen,
du sollst nicht falsch aussagen;
19 ehre Vater und Mutter!
Und: Du sollst deinen Nächsten lieben wie dich selbst!
20 Der junge Mann erwiderte ihm:
Alle diese Gebote habe ich befolgt.
Was fehlt mir jetzt noch?
21 Jesus antwortete ihm:
Wenn du vollkommen sein willst,
geh, verkauf deinen Besitz und gib das Geld den Armen;
so wirst du einen bleibenden Schatz im Himmel haben;
dann komm und folge mir nach.
22 Als der junge Mann das hörte,
ging er traurig weg;
denn er hatte ein großes Vermögen.
23 Da sagte Jesus zu seinen Jüngern:
Amen, das sage ich euch:
Ein Reicher wird nur schwer in das Himmelreich kommen.
24 Nochmals sage ich euch:
Eher geht ein Kamel durch ein Nadelöhr,
als daß ein Reicher in das Reich Gottes gelangt.
25 Als die Jünger das hörten, erschraken sie sehr

und sagten: Wer kann dann noch gerettet werden?
²⁶ Jesus sah sie an
und sagte zu ihnen: Für Menschen ist das unmöglich,
für Gott aber ist alles möglich.

FÜRBITTEN

Zu Jesus Christus, den der Heilige Geist nach seiner Taufe in die Wüste führte, wollen wir beten:

Laß deine Gläubigen in der Unrast des Lebens deine Stimme nicht überhören. (Stille) Herr, erbarme dich.
A.: Christus, erbarme dich.

Gib, daß die Ordensgemeinschaften im Geist ihrer Gründer sich erneuern. (Stille) Herr, erbarme dich.

Sende den Notleidenden Helfer, die sich ihrer annehmen. (Stille) Herr, erbarme dich.

Mach junge Menschen hellhörig für den Ruf Gottes. (Stille) Herr, erbarme dich.

Herr, unser Gott, du hast den heiligen Antonius aus der Welt in die Nachfolge deines Sohnes gerufen. Laß uns täglich fragen, was du von uns willst. Darum bitten wir durch Christus, unseren Herrn.   A.: Amen.

GABENGEBET

Herr,
im Gedenken an die Hingabe des heiligen Antonius
bringen wir mit diesen Gaben uns selber dar.
Nimm uns alles, was uns von dir trennt,
damit du allein unser Reichtum bist.
Darum bitten wir durch Christus, unseren Herrn.

KOMMUNIONVERS   Mt 19,21

Wenn du vollkommen sein willst,
geh, verkauf deinen Besitz und gib das Geld den Armen;
dann komm und folge mir nach – so spricht der Herr.

SCHLUSSGEBET

Allmächtiger Gott,
mit deiner Hilfe hat der heilige Antonius
die Mächte der Finsternis besiegt.
Stärke uns durch die heilbringende Speise,
die wir empfangen haben,
damit auch wir die Angriffe des Bösen überwinden.
Darum bitten wir durch Christus, unseren Herrn.

20. Januar

HL. FABIAN

Papst, Märtyrer

Fabian war 236–250 Bischof von Rom. Es gelang ihm, nach den vorausgegangenen Wirren die Kirche von Rom zu ordnen und zu festigen. Er teilte Rom in sieben Seelsorgsbezirke ein, die den sieben Diakonen anvertraut wurden, und sorgte auch für die Begräbnisstätten der Christen (Zömeterien). Fabian starb im Gefängnis als einer der ersten Märtyrer der Verfolgung unter Decius. Cyprian von Karthago schreibt über Fabian: „Ich freute mich herzlich, daß ihm, seiner tadellosen Amtsführung entsprechend, nun auch ein ehrenvoller Heimgang beschieden war."

Commune-Texte:
A Meßformulare für Märtyrer, S. 2041 ff.,
oder für Päpste, S. 2056 ff.
B Schriftlesungen für Märtyrer, S. 2098 ff.,
oder für Hirten der Kirche (Päpste), S. 2101 ff.

TAGESGEBET

Gott, du bist der Ruhm deiner Kirche
und die Kraft ihrer Hirten.
Du stärkst die Märtyrer zum Zeugnis
und belohnst sie mit ewiger Herrlichkeit.
Höre auf die Fürsprache des heiligen Papstes Fabian,
mit dem uns der Glaube an Christus verbindet,
und hilf auch uns,
dir bis in den Tod die Treue zu bewahren.
Darum bitten wir durch Jesus Christus.

ZUR LESUNG   *Der Verfasser des ersten Petrusbriefs stellt sich zu Beginn seiner Mahnung an die Vorsteher der Gemeinden mit drei Titeln vor: 1. als „Ältester wie sie", wörtlich „Mit-Ältester": er wendet sich an die Brüder, denen wie ihm selbst in der Gemeinde Dienst und Verantwortung aufgetragen sind. Er bezeichnet sich 2. als „Zeugen der Leiden Christi": er hat an sich selbst die Kraft des Leidens Christi erfahren, daher ist er fähig, andere im Glauben und in der Treue zu bestärken. Er betrachtet sich 3. als einen, der an der kommenden Herrlichkeit teilhaben soll; diese gemeinsame Hoffnung verbindet ihn mit den Hirten der Kirche und mit allen, die an den Tod und die Auferstehung Jesu glauben. Von den Hirten, den Vorstehern der Gemeinden, verlangt er, daß sie ihrer Herde nach dem Vorbild des guten Hirten dienen: in freudigem Einsatz; selbstlos, nicht aus Gewinnsucht; mit Verzicht auf jede Art von Machtstreben und Machtanspruch. Die „Herde", die sie leiten, ist das Volk Gottes. Gott selbst ist der wahre Hirt und das Vorbild für alle, die als Hirten eingesetzt sind (Ez 34, 11–16; Dtn 32, 9–12). – Joh 10, 11–18; 21, 15–17; Apg 20, 28; 2 Kor 1, 24; 1 Kor 9, 25.*

ERSTE LESUNG   1 Petr 5, 1–4

Sorgt als Hirten für die euch anvertraute Herde Gottes!

Lesung
aus dem ersten Brief des Apostels Petrus.

Brüder!
1 Eure Ältesten ermahne ich,
   da ich ein Ältester bin wie sie und ein Zeuge der Leiden Christi
   und auch an der Herrlichkeit teilhaben soll,
   die sich offenbaren wird:
2 Sorgt als Hirten für die euch anvertraute Herde Gottes,
nicht aus Zwang,
   sondern freiwillig, wie Gott es will;
auch nicht aus Gewinnsucht,
   sondern aus Neigung;
3 seid nicht Beherrscher eurer Gemeinden,
   sondern Vorbilder für die Herde!
4 Wenn dann der oberste Hirt erscheint,
   werdet ihr
   den nie verwelkenden Kranz der Herrlichkeit empfangen.

20. Januar. Hl. Fabian

ANTWORTPSALM   Ps 40 (39), 2 u. 4ab.7–8.9–10 (R: vgl. 8a.9a)

R Mein Gott, ich komme; (GL 528, 1)
deinen Willen zu tun macht mir Freude. – R

2 Ich hoffte, ja ich hoffte auf den Herrn. * I. Ton
Da neigte er sich mir zu und hörte mein Schreien.

4ab Er legte mir ein neues Lied in den Mund, *
einen Lobgesang auf ihn, unsern Gott. – (R)

7 An Schlacht- und Speiseopfern hast du kein Gefallen, *
Brand- und Sündopfer forderst du nicht.

Doch das Gehör hast du mir eingepflanzt; †
8 darum sage ich: Ja, ich komme. *
In dieser Schriftrolle steht, was an mir geschehen ist. – (R)

9 Deinen Willen zu tun, mein Gott, macht mir Freude, *
deine Weisung trag' ich im Herzen.

10 Gerechtigkeit verkünde ich in großer Gemeinde, *
meine Lippen verschließe ich nicht; Herr, du weißt es. – R

RUF VOR DEM EVANGELIUM   Vers: Joh 10, 14

Halleluja. Halleluja.

(So spricht der Herr:)
Ich bin der gute Hirt.
Ich kenne die Meinen, und die Meinen kennen mich.

Halleluja.

ZUM EVANGELIUM   *Die dritte Erscheinung des Auferstandenen vor den Jüngern gilt vor allem dem Petrus, der als Führer der Jüngergruppe auftritt. Jesus bestätigt ihn in seiner Vorrangstellung, weist ihn aber auf die Grundvoraussetzungen hin, die der Träger des Hirtenamts erfüllen muß: unbedingte Treue, Liebe. Erst als Jesus zum drittenmal fragt: Liebst du mich?, begreift Petrus die Schwere der Verantwortung, die ihm aufgeladen wird, und seine eigene Unwürdigkeit. Das übervolle Netz, das doch nicht zerriß (21, 11), war schon ein Hinweis auf die allumfassende Kirche. Petrus soll aber nicht nur Fischer sein; er ist auch der verantwortliche Hirt der ganzen großen Herde. Dem Apostel, der ihn dreimal verleugnet hat, und nicht etwa Johannes, dem Jünger der ungebrochenen Treue, hat Jesus das oberste Hirtenamt übertragen. – Lk 5, 1–11; Joh 10; 15, 14;*

Apg 20,28; 1 Petr 2,24–25; Joh 6,68–69; Mt 16,17–19; Lk 22,31–32; 2 Petr 1,14.

EVANGELIUM Joh 21,1.15–17

Weide meine Lämmer! Weide meine Schafe!

✠ Aus dem heiligen Evangelium nach Johannes.

In jener Zeit
1 offenbarte sich Jesus den Jüngern noch einmal.
Es war am See von Tibérias,
und er offenbarte sich in folgender Weise.

15 Als sie gegessen hatten, sagte Jesus zu Simon Petrus:
    Simon, Sohn des Johannes, liebst du mich mehr als diese?
Er antwortete ihm: Ja, Herr, du weißt, daß ich dich liebe.
Jesus sagte zu ihm:
    Weide meine Lämmer!

16 Zum zweitenmal fragte er ihn:
    Simon, Sohn des Johannes, liebst du mich?
Er antwortete ihm: Ja, Herr, du weißt, daß ich dich liebe.
Jesus sagte zu ihm:
    Weide meine Schafe!

17 Zum drittenmal fragte er ihn:
    Simon, Sohn des Johannes, liebst du mich?

Da wurde Petrus traurig,
weil Jesus ihn zum drittenmal gefragt hatte: Hast du mich lieb?
Er gab ihm zur Antwort: Herr, du weißt alles;
du weißt, daß ich dich liebhabe.

Jesus sagte zu ihm:
    Weide meine Schafe!

FÜRBITTEN

Zu Christus, der Simon Petrus zum Hirten seiner Herde bestellte, beten wir:

Erleuchte und beschütze unseren Papst N.
A.: Wir bitten dich, erhöre uns.

Mach alle Christen zu treuen Zeugen ihres Glaubens.

Stärke, die um ihres Glaubens willen leiden müssen.

Laß uns dir Treue wahren bis zum Tod.

Denn wer sich zu dir bekennt, den führst du in deine Herrlichkeit.
Dich preisen wir in Ewigkeit.   A.: Amen.

20. Januar
HL. SEBASTIAN
Märtyrer

Sebastian starb als Märtyrer in Rom zu Beginn der Diokletianischen Verfolgung (um 303). Nach der Legende stammte er aus Mailand und war Offizier der kaiserlichen Leibgarde. Wegen seines christlichen Glaubens wurde er zum Tod durch Erschießen verurteilt. Der Totgeglaubte erholte sich jedoch wieder und machte dem Kaiser Vorwürfe wegen seiner Grausamkeit. Darauf wurde er zu Tode geprügelt. Seit dem 4. Jahrhundert wird an der Via Appia sein Grab verehrt und am 20. Januar sein Gedenktag gefeiert.

Commune-Texte:
A Meßformulare für Märtyrer, S. 2041 ff.
B Schriftlesungen für Märtyrer, S. 2098 ff.

TAGESGEBET

Herr, unser Gott,
wir schauen heute
auf das Beispiel der Standhaftigkeit,
das der heilige Märtyrer Sebastian
durch sein mutiges Bekenntnis gegeben hat.
Schenke auch uns den Geist der Stärke,
damit wir dir mehr gehorchen als den Menschen.
Darum bitten wir durch Jesus Christus.

ZUR LESUNG   *Die Lesung aus dem ersten Petrusbrief ist eine Mahnung zum Bekenntnis des Glaubens und zur Geduld im Leiden. Der christliche Glaube wird in 3,15 „Hoffnung" genannt. Der heidnischen Umgebung muß es aufgefallen sein, daß die Christen Menschen waren, die eine Hoffnung hatten und wegen dieser Hoffnung bereit waren, Un-*

glaubliches zu tun und zu erleiden. Aber auf was hofft denn der Christ, was erhofft er? Letzten Endes das Leben, das ihm durch die Auferstehung Christi sichtbar und sicher geworden ist, vorausgesetzt, daß auch er mit Christus den Weg durch das Leiden geht. – Mt 5,44; 1 Petr 2,20; Jes 8,12–13.

ERSTE LESUNG 1 Petr 3,14–17

Fürchtet euch nicht vor ihnen, und laßt euch nicht erschrecken!

Lesung
 aus dem ersten Brief des Apostels Petrus.

Liebe Brüder!

¹⁴ Wenn ihr um der Gerechtigkeit willen leiden müßt,
 seid ihr seligzupreisen.
 Fürchtet euch nicht vor ihnen,
 und laßt euch nicht erschrecken,
¹⁵ sondern haltet in eurem Herzen Christus, den Herrn, heilig!

 Seid stets bereit, jedem Rede und Antwort zu stehen,
 der nach der Hoffnung fragt, die euch erfüllt;
¹⁶ aber antwortet bescheiden und ehrfürchtig,
 denn ihr habt ein reines Gewissen.

 Dann werden die, die euch beschimpfen,
 weil ihr in Christus ein rechtschaffenes Leben führt,
 sich wegen ihrer Verleumdungen schämen müssen.
¹⁷ Es ist besser, für gute Taten zu leiden,
 wenn es Gottes Wille ist,
 als für böse.

ANTWORTPSALM Ps 34 (33), 2–3.4–5.6–7.8–9 (R: vgl. 5b)

R All meinen Ängsten hat mich der Herr entrissen. – **R**   (GL 528,2)

IV. Ton

² Ich will den Herrn allezeit preisen; *
 immer sei sein Lob in meinem Mund.
³ Meine Seele rühme sich des Herrn; *
 die Armen sollen es hören und sich freuen. – (**R**)

⁴ Verherrlicht mit mir den Herrn, *
 laßt uns gemeinsam seinen Namen rühmen.
⁵ Ich suchte den Herrn, und er hat mich erhört, *
 er hat mich all meinen Ängsten entrissen. – (**R**)

20. Januar. Hl. Sebastian

6 Blickt auf zu ihm, so wird euer G<u>e</u>sicht leuchten, *
und ihr braucht n<u>ich</u>t zu erröten.

7 Da ist ein Armer; er rief, und der H<u>err</u> erhörte <u>ih</u>n. *
Er half ihm aus <u>all</u> seinen Nöten. – (R)

8 Der Engel des Herrn umschirmt alle, die ihn fürch<u>ten</u> und ehren, *
<u>und</u> er befreit sie.

9 Kostet und seht, wie gütig der Herr ist; *
wohl dem, der z<u>u</u> ihm sich flüchtet! – R

RUF VOR DEM EVANGELIUM Vers: Jak 1, 12

Halleluja. Halleluja.

Selig der Mann, der in der Versuchung stand<u>hä</u>lt.
Denn wenn er sich bewährt,
wird er den Kranz des Lebens erhalten.

Halleluja.

ZUM EVANGELIUM   *Wer sich zu Jesus bekennt, nimmt an seinem Schicksal teil. Er muß in der gegenwärtigen Welt mit Widerstand und Verfolgung rechnen (Mt 10, 24–25). Auf diese Ankündigung folgt ein dreimal wiederholtes „Fürchtet euch nicht!" (10, 26.28.31). Der Christ soll sich nicht fürchten, den Menschen am hellen Tag die Wahrheit Gottes zu sagen, die in Jesus offenbar geworden ist. Vielleicht trifft er Menschen, die das Wort aufnehmen; aber er riskiert auch, daß er abgewiesen und angefeindet wird. Das Evangelium spricht hier nicht vom hochgemuten Menschen, den Verfolgung und Tod nicht schrecken. Christen sind Menschen, und der normale Mensch fürchtet sich. Aber die Furcht vor den Menschen wird aufgehoben von der Furcht vor Gott: vor dem, der allein die Macht über das Menschenleben hat. Muß der Christ Gott fürchten? Das Neue Testament sagt das an vielen Stellen, wenn auch die Furcht vor Gott nicht das letzte Wort ist. Wie soll ich einen Gott lieben, den ich nicht fürchte? Die Furcht vor Gott, die zugleich Liebe ist, macht frei von jeder anderen Furcht; sie macht zur Treue fähig. – Zu 10, 26–31: Lk 12, 4–7; Jak 4, 12; Röm 8, 15; 1 Joh 4, 17–18; Mt 6, 26; 12, 12. – Zu 10, 32–33: Lk 12, 8–9; Röm 10, 8–10; Offb 3, 5; Lk 9, 26; 2 Tim 2, 12.*

EVANGELIUM
Mt 10, 28–33

Fürchtet euch nicht vor denen, die den Leib töten

✢ Aus dem heiligen Evangelium nach Matthäus.

In jener Zeit sprach Jesus zu seinen Aposteln:
28 Fürchtet euch nicht vor denen,
  die den Leib töten, die Seele aber nicht töten können,
sondern fürchtet euch vor dem,
  der Seele und Leib ins Verderben der Hölle stürzen kann.
29 Verkauft man nicht zwei Spatzen für ein paar Pfennig?
Und doch fällt keiner von ihnen zur Erde
  ohne den Willen eures Vaters.
30 Bei euch aber sind sogar die Haare auf dem Kopf alle gezählt.
31 Fürchtet euch also nicht!
Ihr seid mehr wert als viele Spatzen.
32 Wer sich nun vor den Menschen zu mir bekennt,
  zu dem werde auch ich mich
  vor meinem Vater im Himmel bekennen.
33 Wer mich aber vor den Menschen verleugnet,
  den werde auch ich vor meinem Vater im Himmel verleugnen.

FÜRBITTEN

Jesus Christus, der sein Leben hingab, bitten wir:

Bewahre die Kirche vor lähmender Furcht, wenn ihr Verfolgung droht.
A.: Herr, erhöre unser Gebet.

Steh allen bei, die von den Gegnern ihres Glaubens zur Rede gestellt werden.

Richte die Kranken und Verwundeten auf.

Verleihe uns jene Standhaftigkeit, die den heiligen Sebastian auszeichnete.

Herr, unser Gott, gib allen, die sich in der Prüfung bewährt haben, die Krone des Lebens durch Christus, unseren Herrn.   A.: Amen.

21. Januar

HL. MEINRAD
Mönch, Einsiedler, Märtyrer

Ende des 8. Jahrhunderts im Sülichgau (Württemberg) geboren, wurde Meinrad im Kloster Reichenau erzogen und wurde dort Priester und Mönch. Seit etwa 835 lebte er in einer Einsiedelei im „Finstern Wald" (heute Kloster Einsiedeln). Er wurde am 21. Januar 861 von zwei Räubern getötet, die er als Gäste aufgenommen hatte. Man begrub ihn auf der Insel Reichenau; 1039 wurde sein Leib nach Einsiedeln übertragen.

Commune-Texte:
A Meßformulare für Ordensleute, S. 2084 ff.,
oder für Märtyrer, S. 2041 ff.
B Schriftlesungen für Märtyrer, S. 2098 ff.,
oder für heilige Männer (Ordensleute), S. 2110 ff.

TAGESGEBET

Allmächtiger Gott,
du hast das Lebensopfer
des heiligen Meinrad reich belohnt
und seine Zelle (im „Finstern Wald")
zu einer Stätte des Segens gemacht.
Gib, daß auch wir
in der Stille über dein Wort nachsinnen
und Frucht bringen in Werken der Liebe.
Darum bitten wir durch Jesus Christus.

ZUR LESUNG *Die Schlußmahnungen des ersten Petrusbriefs fassen früher Gesagtes nochmals zusammen. Das Wissen um die Vergänglichkeit der gegenwärtigen Welt und die Erwartung der kommenden machen aus dem Christen einen Realisten (4,7), der die Dinge nach ihrem Wert beurteilt. Das Ende der Dinge steht nahe bevor und bedeutet zugleich die Offenbarung der Herrlichkeit, d.h. der Macht und Größe Christi. In der Gegenwart aber wird die Macht Gottes und die Herrlichkeit Christi in den Menschen sichtbar, die in der Kraft des Geistes, den sie empfangen haben, für Christus zu leiden bereit sind. – Zu 4,12–13: 1 Petr 1,7; 3,14; Apg 5,41. – Zu 4,14: Jes 11,2. – Zu 4,17–18: Jer 5,29; Ez 9,6; Spr 11,31 (Gr.).*

ERSTE LESUNG 1 Petr 4, 12–19

Freut euch, daß ihr Anteil an den Leiden Christi habt

Lesung
  aus dem ersten Brief des Apostels Petrus.

¹² Liebe Brüder,
  laßt euch durch die Feuersglut,
  die zu eurer Prüfung über euch gekommen ist,
  nicht verwirren, als ob euch etwas Ungewöhnliches zustoße.
¹³ Statt dessen freut euch, daß ihr Anteil an den Leiden Christi habt;
  denn so könnt ihr auch bei der Offenbarung seiner Herrlichkeit
    voll Freude jubeln.
¹⁴ Wenn ihr wegen des Namens Christi beschimpft werdet,
    seid ihr seligzupreisen;
  denn der Geist der Herrlichkeit, der Geist Gottes,
    ruht auf euch.
¹⁵ Wenn einer von euch leiden muß,
    soll es nicht deswegen sein,
    weil er ein Mörder oder ein Dieb ist,
  weil er Böses tut oder sich in fremde Angelegenheiten einmischt.
¹⁶ Wenn er aber leidet, weil er Christ ist,
    dann soll er sich nicht schämen,
  sondern Gott verherrlichen,
    indem er sich zu diesem Namen bekennt.
¹⁷ Denn jetzt ist die Zeit,
    in der das Gericht beim Haus Gottes beginnt;
  wenn es aber bei uns anfängt,
    wie wird dann das Ende derer sein,
    die dem Evangelium Gottes nicht gehorchen?
¹⁸ Und wenn der Gerechte kaum gerettet wird,
    wo wird man dann die Frevler und Sünder finden?
¹⁹ Darum sollen alle, die nach dem Willen Gottes leiden müssen,
    Gutes tun
  und dadurch ihr Leben dem treuen Schöpfer anbefehlen.

ANTWORTPSALM Ps 71 (70), 1–2.3b–4.20–21.22–23 (R: 22a)

R Deine Treue will ich preisen, mein Gott. – **R** (GL 496)

1 Herr, ich suche Zuflucht bei dir. * VI. Ton
  Laß mich doch niemals scheitern!

21. Januar. Hl. Meinrad

² Reiß mich heraus und rette mich in deiner Gerechtigkeit, *
wende dein Ohr mir zu und hilf mir! – (R)

³ᵇ Du hast mir versprochen zu helfen; *
denn du bist mein Fels und meine Burg.

⁴ Mein Gott, rette mich aus der Hand des Frevlers, *
aus der Faust des Bedrückers und Schurken! – (R)

²⁰ Du ließest mich viel Angst und Not erfahren. *
Belebe mich neu, führe mich herauf aus den Tiefen der Erde!

²¹ Bring mich wieder zu Ehren! *
Du wirst mich wiederum trösten. – (R)

²² Dann will ich dir danken mit Saitenspiel und deine Treue preisen; *
mein Gott, du Heiliger Israels, ich will dir auf der Harfe spielen.

²³ Meine Lippen sollen jubeln, †
denn dir will ich singen und spielen, *
meine Seele, die du erlöst hast, soll jubeln. – R

RUF VOR DEM EVANGELIUM Vers: Mt 16, 24

Halleluja. Halleluja.

(So spricht der Herr:)
Wer mein Jünger sein will, der verleugne sich selbst,
er nehme sein Kreuz auf sich und folge mir nach.
Halleluja.

ZUM EVANGELIUM *Jesus, der Messias und Gottessohn, ist den Weg des Leidens gegangen. Er hat seine Jünger eingeladen, ihm auf diesem Weg zu folgen. Bis zu seiner Wiederkunft steht die Kirche unter dem Lebensgesetz des Menschen Jesus, d. h. dem Gesetz des Leidens. Jesusnachfolge bedeutet sich selbst aufgeben und zum Kreuz bereit sein. Beide Ausdrücke meinen das gleiche: das Kreuz auf sich nehmen heißt auf jeden eigenen Anspruch, auf jede Selbstbehauptung verzichten, im Dienst der Gottesherrschaft leben und nötigenfalls auch sterben. Dieses Sterben aber ist der Weg zum Leben. Nur wer sein Leben drangibt, wird es gewinnen. So ist es schon auf der Ebene des natürlichen Lebens; wer nur darauf bedacht ist, ängstlich das zu bewahren, was er hat, wird sicher alles verlieren. Der Jünger Jesu aber ist durch die Taufe in das Geheimnis des Leidens und Sterbens Jesu und seiner Auferstehung eingetreten. – Mk 8, 34–38; Lk 9, 23–26; Mt 10, 38–39; Joh 12, 24–26.*

EVANGELIUM Mt 16, 24–27

Wer sein Leben um meinetwillen verliert, wird es gewinnen

☩ Aus dem heiligen Evangelium nach Matthäus.

In jener Zeit sprach Jesus zu seinen Jüngern:
24 Wer mein Jünger sein will,
 der verleugne sich selbst,
nehme sein Kreuz auf sich
und folge mir nach.
25 Denn wer sein Leben retten will,
 wird es verlieren;
wer aber sein Leben um meinetwillen verliert,
 wird es gewinnen.
26 Was nützt es einem Menschen, wenn er die ganze Welt gewinnt,
dabei aber sein Leben einbüßt?
Um welchen Preis kann ein Mensch sein Leben zurückkaufen?
27 Der Menschensohn
 wird mit seinen Engeln in der Hoheit seines Vaters kommen
und jedem Menschen vergelten, wie es seine Taten verdienen.

FÜRBITTEN

Wir beten zu Jesus Christus, der bei den Menschen auf Unverständnis stieß:

Gib, daß alle, die ihr Leben dem Dienst Gottes geweiht haben, ihrem Entschluß treu bleiben.
A.: Herr, erhöre uns.

Ermutige alle, die sich um Gerechtigkeit und Frieden mühen.

Bewahre die Mitarbeiter der Caritas vor Kleinmut, wenn man ihnen mißtrauisch begegnet.

Mehre unsere Bereitschaft, dir vorbehaltlos nachzufolgen.

Herr, unser Gott, du hast den heiligen Meinrad in dein Reich aufgenommen. Erhöre auf seine Fürbitte unser Gebet durch Christus, unseren Herrn.   A.: Amen.

21. Januar

HL. AGNES
Jungfrau, Märtyrin

Die Jungfrau und Märtyrin Agnes („Die Reine") wird in Rom seit dem 4. Jahrhundert verehrt. Die Basilika an ihrem Grab (Sant'Agnese fuori le mura) geht bis in die Zeit Konstantins zurück. Ambrosius und Papst Damasus haben die Heilige gefeiert. Dennoch sind über das Leben und das Martyrium der hl. Agnes nur wenige sichere Nachrichten vorhanden. Im Alter von zwölf oder dreizehn Jahren gab sie ihr Leben für Christus hin; es ist unsicher, ob sie enthauptet oder verbrannt wurde; ob unter Kaiser Valerian (um 258) oder unter Diokletian (um 304) bleibt ebenfalls ungewiß.

Commune-Texte:
A Meßformulare für Märtyrer, S. 2041 ff.,
oder für Jungfrauen, S. 2073 ff.
B Schriftlesungen für Märtyrer, S. 2098 ff.,
oder für Jungfrauen, S. 2108 ff.

TAGESGEBET

Ewiger Gott,
du berufst, was schwach ist in dieser Welt,
um das, was stark ist, zu beschämen.
Höre auf die Fürsprache der heiligen Agnes.
Komm uns zu Hilfe,
damit auch wir unbeirrt den Glauben bekennen.
Darum bitten wir durch Jesus Christus.

ZUR LESUNG   *Mit der „Kirche Gottes, die in Korinth ist" (1, 2), ist es wie mit dem Volk Gottes im Alten Bund: Gott schafft sich sein Volk aus nichts (1, 28); er bevorzugt („erwählt") das Schwache und Verachtete. Beweis dafür ist nicht nur die Tatsache des Kreuzes; was am Kreuz geschah, setzt sich fort in der Verkündigung des gekreuzigten Christus: nicht mit Macht und Weisheit wird Christus verkündigt, und nicht die Mächtigen und Weisen sind es, bei denen die Botschaft ankommt. Die Korinther brauchen sich in ihrer Gemeinde nur umzusehen, um das zu wissen. „Seht auf eure Berufung", sagt ihnen Paulus: Wie ging es denn damals zu, als sich eure Gemeinde bildete? Das war doch ein erbärmlicher Haufen: unge-*

bildete, wirtschaftlich schwache Leute, wohl auch asoziale Elemente fanden sich zusammen. Mit diesem Vorgehen verfolgt Gott ein bestimmtes Ziel: der Mensch soll seine Armut begreifen und vor Gott als der Empfangende stehen. – Dtn 7,7–8; Ri 7,2; 1 Sam 16,7; 2 Kor 4,7; Jak 2,5; Dtn 8,17–18; Eph 2,8–9; Jer 9,22–23; 2 Kor 10,17.

ERSTE LESUNG 1 Kor 1,26–31

Das Schwache in der Welt hat Gott erwählt

Lesung
    aus dem ersten Brief des Apostels Paulus an die Korinther.

26 **Seht auf eure Berufung, Brüder!**

**Da sind nicht viele Weise im irdischen Sinn,
nicht viele Mächtige, nicht viele Vornehme,**
27 **sondern das Törichte in der Welt hat Gott erwählt,**
    um die Weisen zuschanden zu machen,
und das Schwache in der Welt hat Gott erwählt,
    um das Starke zuschanden zu machen.
28 **Und das Niedrige in der Welt und das Verachtete hat Gott erwählt:
das, was nichts ist,**
    um das, was etwas ist, zu vernichten,
29 **damit kein Mensch sich rühmen kann vor Gott.**

30 **Von ihm her seid ihr in Christus Jesus,**
    den Gott für uns zur Weisheit gemacht hat,
zur Gerechtigkeit, Heiligung und Erlösung.
31 **Wer sich also rühmen will,**
    der rühme sich des Herrn;
so heißt es schon in der Schrift.

ANTWORTPSALM Ps 23(22),1–3.4.5.6 (R: 1)

R Der Herr ist mein Hirte, (GL 527,4)
nichts wird mir fehlen. – R

1 Der Herr ist mein Hirte, nichts wird mir fehlen. † VIII. Ton
2 Er läßt mich lagern auf grünen Auen *
und führt mich zum Ruheplatz am Wasser.
3 Er stillt mein Verlangen; *
er leitet mich auf rechten Pfaden, treu seinem Namen. – (R)

4 Muß ich auch wandern in finsterer Schlucht, *
ich fürchte kein Unheil;

denn du bist bei mir, *
dein Stock und dein Stab geben mir Zuversicht. – (R)

5 Du deckst mir den Tisch *
vor den Augen meiner Feinde.

Du salbst mein Haupt mit Öl, *
du füllst mir reichlich den Becher. – (R)

6 Lauter Güte und Huld *
werden mir folgen mein Leben lang,

und im Haus des Herrn *
darf ich wohnen für lange Zeit. – R

RUF VOR DEM EVANGELIUM   Vers: Joh 15,9 b.5 b

Halleluja. Halleluja.
(So spricht der Herr:)
Bleibt in meiner Liebe!
Wer in mir bleibt und in wem ich bleibe, der bringt reiche Frucht.
Halleluja.

ZUM EVANGELIUM   *Die zwei kurzen Gleichnisse vom Schatz im Akker und von der kostbaren Perle könnten zu dem Mißverständnis Anlaß geben, als würde Gott mit dem Schatz im Acker und mit der schönen Perle verglichen. Gott ist aber keine Sache, kein Ding, das wir erwerben und besitzen können. Gott ist Person, sofern wir mit Person das lebendige Du meinen, dem wir begegnen, mit dem wir Gemeinschaft haben können. Diese Begegnung drängt sich nicht auf, sie läßt sich auch nicht erzwingen, aber sie wird dem geschenkt, der sie aufrichtig sucht. Sie ist dann für den Menschen die große Überraschung, vor der alle anderen Werte zurücktreten. Mit Freude wird er arm; er versteht die Botschaft vom Gottesreich und den Ruf zur Umkehr als die große Einladung zur Freude, die man bei Gott findet. – Spr 2,4–5; 4,7; Mt 19,21.*

EVANGELIUM Mt 13,44–46

Er verkaufte alles, was er besaß, und kaufte jenen Acker

✢ Aus dem heiligen Evangelium nach Matthäus.

In jener Zeit sprach Jesus zu der Menge:
⁴⁴ Mit dem Himmelreich
   ist es wie mit einem Schatz, der in einem Acker vergraben war.
Ein Mann entdeckte ihn,
   grub ihn aber wieder ein.
Und in seiner Freude verkaufte er alles, was er besaß,
   und kaufte den Acker.
⁴⁵ Auch ist es mit dem Himmelreich
   wie mit einem Kaufmann, der schöne Perlen suchte.
⁴⁶ Als er eine besonders wertvolle Perle fand,
   verkaufte er alles, was er besaß, und kaufte sie.

FÜRBITTEN

Zu Jesus Christus, der das Schwache erwählte, wollen wir beten:

Für die Kirche: um Vertrauen auf deinen Beistand. (Stille) Herr, erbarme dich.
A.: Christus, erbarme dich.

Für die Politiker: um Treue zu ihrem Gewissen. (Stille) Herr, erbarme dich.

Für alle verfolgten Christen: um Mut und Geduld. (Stille) Herr, erbarme dich.

Für unsere Kinder und Jugendlichen: um Wachstum im Glauben. (Stille) Herr, erbarme dich.

Allmächtiger Gott, du hast der heiligen Agnes einen unbeirrbaren Glauben geschenkt. Auf ihre Fürbitte steh uns bei durch Christus, unseren Herrn. A.: Amen.

22. Januar

HL. VINZENZ

Diakon, Märtyrer

Vinzenz, der spanische Märtyrer, war Diakon der Kirche von Saragossa. Er bildet mit Stephanus und Laurentius das berühmte Diakonen-Dreigestirn der Alten Kirche. Der Bericht über das Martyrium des Vinzenz (um 304) wurde bald romanhaft ausgeschmückt und trug zu seiner Verehrung in Spanien und Gallien, aber auch in Rom und in Afrika bei. Augustinus (gest. 430) konnte über ihn sagen: „Wo gibt es eine Gegend, eine Provinz des Römischen Reiches oder der Kirche, wo nicht der Jahrestag des Vinzenz freudig gefeiert wird?"

Commune-Texte:
A Meßformulare für Märtyrer, S. 2041 ff.
B Schriftlesungen für Märtyrer, S. 2098 ff.

TAGESGEBET

Allmächtiger, ewiger Gott,
im Vertrauen auf deine Barmherzigkeit
rufen wir zu dir:
Erfülle uns mit deinem Geist und gib uns jene Liebe,
die den heiligen Diakon Vinzenz fähig machte,
die Qualen des Martyriums zu bestehen.
Darum bitten wir durch Jesus Christus.

ZUR LESUNG   *Der Ort, wo Gottes Herrlichkeit in der Welt sichtbar wird, ist der menschgewordene Sohn, der gekreuzigte und auferstandene Herr. Tod, Auferstehung und Herrlichkeit: auf diesen Weg ist auch der Jünger gestellt, der das Evangelium verkündet. Die Wirkung des Evangeliums kommt nicht von dem Menschen, der es verkündet, nicht von dem „zerbrechlichen Gefäß"; mehr als andere hat Paulus die Not und Ohnmacht des christlichen Predigers erfahren; er sagt „wir" (V. 7): Es muß jedem so gehen, der wirklich Christus predigt. So wird klar, daß der Erfolg allein das Werk Gottes ist (V. 7); in der Todesgemeinschaft mit Christus dient der Apostel dem Leben. Nicht die machtvolle Persönlichkeit und die gute Methode sind wichtig, sondern die Ohnmacht: die Bereitschaft dieses „zerbrechlichen Gefäßes", zerbrochen zu werden, „euretwegen" (V. 15): in der Danksagung der Vielen erreicht der Dienst des Apostels sein*

Ziel. – 2 Kor 1,9; 12,9–10; 1 Kor 1,27; 2 Kor 6,4–10; 1 Kor 4,9–13; Kol 1,24; 1 Kor 15,31; Ps 116,10; Röm 1,4; 1 Kor 1,11.

ERSTE LESUNG 2 Kor 4,7–15

Wir tragen das Todesleiden Jesu an unserem Leib

Lesung
 aus dem zweiten Brief des Apostels Paulus an die Korinther.

Brüder!
7 Den Schatz der Erkenntnis des göttlichen Glanzes
 auf dem Antlitz Christi
 tragen wir in zerbrechlichen Gefäßen;
so wird deutlich,
 daß das Übermaß der Kraft von Gott und nicht von uns kommt.
8 Von allen Seiten werden wir in die Enge getrieben
 und finden doch noch Raum;
wir wissen weder aus noch ein
 und verzweifeln dennoch nicht;
9 wir werden gehetzt
 und sind doch nicht verlassen;
wir werden niedergestreckt
 und doch nicht vernichtet.
10 Wohin wir auch kommen,
 immer tragen wir das Todesleiden Jesu an unserem Leib,
damit auch das Leben Jesu an unserem Leib sichtbar wird.
11 Denn immer werden wir, obgleich wir leben,
 um Jesu willen dem Tod ausgeliefert,
damit auch das Leben Jesu
 an unserem sterblichen Fleisch offenbar wird.
12 So erweist an uns der Tod,
 an euch aber das Leben seine Macht.
13 Doch haben wir den gleichen Geist des Glaubens,
von dem es in der Schrift heißt:
 Ich habe geglaubt, darum habe ich geredet.
Auch wir glauben, und darum reden wir.
14 Denn wir wissen,
 daß der, welcher Jesus, den Herrn, auferweckt hat,
 auch uns mit Jesus auferwecken
 und uns zusammen mit euch vor sein Angesicht stellen wird.

15 Alles tun wir euretwegen,
damit immer mehr Menschen
   aufgrund der überreich gewordenen Gnade
   den Dank vervielfachen,
   Gott zur Ehre.

ANTWORTPSALM Ps 34 (33), 2–3.4–5.6–7.8–9 (R: vgl. 5b)

R All meinen Ängsten hat mich der Herr entrissen. – R   (GL 528, 2)

2 Ich will den Herrn allezeit preisen; *   IV. Ton
  immer sei sein Lob in meinem Mund.

3 Meine Seele rühme sich des Herrn; *
  die Armen sollen es hören und sich freuen. – (R)

4 Verherrlicht mit mir den Herrn, *
  laßt uns gemeinsam seinen Namen rühmen.

5 Ich suchte den Herrn, und er hat mich erhört, *
  er hat mich all meinen Ängsten entrissen. – (R)

6 Blickt auf zu ihm, so wird euer Gesicht leuchten, *
  und ihr braucht nicht zu erröten.

7 Da ist ein Armer; er rief, und der Herr erhörte ihn. *
  Er half ihm aus all seinen Nöten. – (R)

8 Der Engel des Herrn umschirmt alle, die ihn fürchten und ehren, *
  und er befreit sie.

9 Kostet und seht, wie gütig der Herr ist; *
  wohl dem, der zu ihm sich flüchtet! – R

RUF VOR DEM EVANGELIUM   Vers: vgl. Mt 5,10

Halleluja. Halleluja.

Selig, die um der Gerechtigkeit willen Verfolgung leiden;
denn ihnen gehört das Himmelreich.

Halleluja.

ZUM EVANGELIUM   *Bereits in der Bergpredigt steht der Hinweis auf Verfolgungen, mit denen der Jünger Jesu zu rechnen hat (Mt 5, 10–12). Die Ankündigung bei Mt 10, 17–22 steht im Zusammenhang mit der Jüngeraussendung; sie kehrt wieder in der Rede Jesu über die Ereignisse der Endzeit (Mt 24, 9–14). Wir werden also nachdrücklich darauf aufmerk-*

sam gemacht, was wir von den „Menschen" zu erwarten haben. „Menschen" werden hier die genannt, die von Gottes Wegen nichts verstehen und nichts wissen wollen und die es für nötig halten, diesen ganzen christlichen „Aberglauben" aus der Welt zu schaffen. Die Mittel, die dafür eingesetzt werden, sind verschiedener Art: gleichgültige Duldung, Verächtlichmachung, Verleumdung, Benachteiligung, brutale Gewalt – viele Formen und Möglichkeiten hat der Haß. Aber die Verfolger sind schlechter daran als die Verfolgten. Die Verfolger wissen nicht, was sie tun; der Jünger weiß, warum und wozu er leidet. „Um meinetwillen ... damit ihr Zeugnis ablegt" (10, 18). Der Glaube der Verfolgten ist für die Verfolger ein „Zeugnis", das sie anklagt, beschämt, beunruhigt. Gottes Kraft wird in der Treue und Liebe schwacher Menschen sichtbar. – Mt 24, 9–14; Mk 13, 9–13; Lk 21, 12–19. – Mt 16, 23; Joh 16, 1–4; Lk 12, 11–12; 1 Tim 6, 12–16; 2 Tim 4, 16–17; Joh 15, 18–25.

EVANGELIUM Mt 10, 17–22

Ihr werdet um meinetwillen vor Statthalter und Könige geführt, damit ihr vor ihnen und den Heiden Zeugnis ablegt

✣ **Aus dem heiligen Evangelium nach Matthäus.**

In jener Zeit sprach Jesus zu seinen Aposteln:
17 **Nehmt euch vor den Menschen in acht!**
Denn sie werden euch vor die Gerichte bringen
und in ihren Synagogen auspeitschen.

18 **Ihr werdet um meinetwillen vor Statthalter und Könige geführt,**
    damit ihr vor ihnen und den Heiden Zeugnis ablegt.

19 **Wenn man euch vor Gericht stellt,**
    macht euch keine Sorgen, wie und was ihr reden sollt;
denn es wird euch in jener Stunde eingegeben,
    was ihr sagen sollt.

20 **Nicht ihr werdet dann reden,**
    sondern der Geist eures Vaters wird durch euch reden.

21 **Brüder werden einander dem Tod ausliefern**
    und Väter ihre Kinder,
und die Kinder werden sich gegen ihre Eltern auflehnen
    und sie in den Tod schicken.

22 **Und ihr werdet um meines Namens willen**
    von allen gehaßt werden;

wer aber bis zum Ende standhaft bleibt,
  der wird gerettet.

FÜRBITTEN

Jesus Christus, der seine Kirche nicht verläßt, bitten wir:

Gib, daß der Dienst der Diakone deine Liebe glaubwürdig bezeugt.
(Stille) Herr, erbarme dich.
A.: Christus, erbarme dich.

Fördere unter den Völkern Vertrauen und Zusammenarbeit. (Stille) Herr, erbarme dich.

Verleihe allen, die um deines Namens willen verfolgt werden, Beharrlichkeit bis zum Ende. (Stille) Herr, erbarme dich.

Ermutige alle, die sich auf den Dienst im Diakonat vorbereiten. (Stille) Herr, erbarme dich.

Denn das Himmelreich gehört denen, die um der Gerechtigkeit willen Verfolgung leiden. Dir sei Ehre und Ruhm in Ewigkeit.
A.: Amen.

23. Januar
SEL. HEINRICH SEUSE
Ordenspriester, Mystiker

Heinrich Seuse (Suso) wurde um 1295 in Konstanz oder Überlingen geboren. 1308 wurde er in Konstanz Dominikaner. Er kam 1322 nach Köln, wo er Schüler von Meister Ekkehart war. Nach 1326 ist er wieder in Konstanz. Heinrich Seuse war ein begnadeter Mystiker, Seelenführer und Prediger; seine Tätigkeit reichte von der Schweiz bis zu den Niederlanden. Er verteidigte auch die Mystik seines Lehrers Ekkehart gegen dessen Gegner. Seuses „Büchlein der Ewigen Weisheit" ist bis in die Neuzeit herein ein vielgelesenes Gebets- und Betrachtungsbuch. Seuse starb am 25. Januar 1366 in Ulm. Er wurde erst 1831 seliggesprochen.

Der gute Hirt
"Christus speiset und weidet seine Schafe
mit seiner Gnade und Liebe,
mit den heiligen Sakramenten,
mit der Heiligen Schrift und mit vielen anderen Wohltaten,
und nachmals mit derselbigen Seligkeit, die er hat und ist."
(Heinrich Seuse)

Commune-Texte:
A Meßformulare für Ordensleute, S. 2084 ff.
B Schriftlesungen für heilige Männer (Ordensleute), S. 2110 ff.

TAGESGEBET

**Gott, du Quell der Weisheit,
du hast den seligen Heinrich Seuse
in deine Nähe gerufen
und ihn zu einem Leben der Buße ermutigt.
Laß auch uns
in der Nachfolge deines gekreuzigten Sohnes
den Trost deiner Gegenwart erfahren.
Darum bitten wir durch Jesus Christus.**

ZUR LESUNG   *Wer die Weisheit sucht, findet sie ganz sicher, denn „die Weisheit ist ein menschenfreundlicher Geist" (Weish 1,6). Wer nach ihr verlangt und suchend nach ihr ausschaut, dem kommt sie entgegen und schenkt sich ihm. Bei allem, was der Mensch denkt, ersinnt und entdeckt, folgt er der Spur der göttlichen Weisheit; sie steht am Anfang aller Schöpfung. Schon das Suchen nach Weisheit ist Weisheit. Freilich, man kann sie nicht erzwingen, und man kann sie auch nicht allein mit dem Verstand suchen. Nur das liebende Herz wird sie finden. – Im Johannesevangelium wird die „Weisheit" mit dem „Wort" gleichgesetzt, durch das alles geworden ist. Dieses Wort „ist Fleisch geworden": so weit ist uns die Weisheit Gottes entgegengekommen. – Jer 29,13–14; Spr 8,17; Sir 6,27; Spr 1,20–21; 8,2–3; Joh 6,44–46; 10,26–27; 1 Kor 1,30; Kol 2,3.*

23. Januar. Sel. Heinrich Seuse

ERSTE LESUNG Weish 6,12–19

Wer die Weisheit sucht, findet sie

Lesung
  aus dem Buch der Weisheit.

12 Strahlend und unvergänglich ist die Weisheit;
  wer sie liebt, erblickt sie schnell,
  und wer sie sucht, findet sie.
13 Denen, die nach ihr verlangen,
  gibt sie sich sogleich zu erkennen.
14 Wer sie am frühen Morgen sucht,
  braucht keine Mühe,
  er findet sie vor seiner Türe sitzen.
15 Über sie nachzusinnen ist vollkommene Klugheit;
  wer ihretwegen wacht,
  wird schnell von Sorge frei.
16 Sie geht selbst umher,
  um die zu suchen, die ihrer würdig sind;
  freundlich erscheint sie ihnen auf allen Wegen
  und kommt jenen entgegen, die an sie denken.
17 Ihr Anfang ist aufrichtiges Verlangen nach Bildung;
  das eifrige Bemühen um Bildung aber ist Liebe.
18 Liebe ist Halten ihrer Gebote;
  Erfüllen der Gebote sichert Unvergänglichkeit,
19 und Unvergänglichkeit bringt in Gottes Nähe.

ANTWORTPSALM Ps 34 (33), 2–3.4–5.6–7.8–9.10–11
(R: vgl. 2a oder 9a)

℟ Den Herrn will ich preisen alle Zeit. – ℟ (GL 477)

Oder:

℟ Kostet und seht, wie gütig der Herr ist! – ℟

2 Ich will den Herrn allezeit preisen; * V. Ton
  immer sei sein Lob in meinem Mund.
3 Meine Seele rühme sich des Herrn; *
  die Armen sollen es hören und sich freuen. – (℟)
4 Verherrlicht mit mir den Herrn, *
  laßt uns gemeinsam seinen Namen rühmen.

⁵ Ich suchte den Herrn, und er hat mich erhört, *
er hat mich all meinen Ängsten entrissen. – (R)

⁶ Blickt auf zu ihm, so wird euer Gesicht leuchten, *
und ihr braucht nicht zu erröten.

⁷ Da ist ein Armer; er rief, und der Herr erhörte ihn. *
Er half ihm aus all seinen Nöten. – (R)

⁸ Der Engel des Herrn umschirmt alle, die ihn fürchten und ehren, *
und er befreit sie.

⁹ Kostet und seht, wie gütig der Herr ist; *
wohl dem, der zu ihm sich flüchtet! – (R)

¹⁰ Fürchtet den Herrn, ihr seine Heiligen; *
denn wer ihn fürchtet, leidet keinen Mangel.

¹¹ Reiche müssen darben und hungern; *
wer aber den Herrn sucht, braucht kein Gut zu entbehren.

R Den Herrn will ich preisen alle Zeit.

Oder:

R Kostet und seht, wie gütig der Herr ist!

RUF VOR DEM EVANGELIUM   Vers: Mt 5, 16

Halleluja. Halleluja.

Euer Licht soll vor den Menschen leuchten,
damit sie eure guten Werke sehen
und euren Vater im Himmel preisen.

Halleluja.

ZUM EVANGELIUM   *Die Jünger Jesu leben in dieser gegenwärtigen Welt, die – mag sie selbst auch das Gegenteil meinen – eine fade und dunkle Welt ist, eine verlorene Welt, wäre Christus nicht gekommen. Er will die Menschen durch Menschen retten: „Ihr seid das Salz der Erde, ihr seid das Licht der Welt", sagt er zu seinen Jüngern. Das heißt: Seid für diese Welt verantwortlich. Das Salz erhält die Speise frisch und macht sie schmackhaft; es kann seinen Geschmack nicht verlieren, oder es hat aufgehört Salz zu sein. Der Jünger Jesu, der seine Aufgabe in der Welt nicht erfüllt, ist wie das Salz, das seine Kraft verloren hat. Das Bildwort vom Licht (Mt 5, 14–15) wird ausdrücklich in eine Mahnung umgesetzt (5, 16): Euer Licht soll vor den Menschen leuchten. Ob die Menschen*

FÜRBITTEN

Mit unseren Bitten wenden wir uns an Jesus Christus, unseren Herrn und Erlöser:

Schenke allen Gläubigen eine tiefe Erfahrung von Gottes Weisheit und Kraft.
A.: Wir bitten dich, erhöre uns.

Erleuchte alle, die in ihrem Glauben unsicher geworden sind.

Tröste die Kranken durch die Erinnerung an dein Leiden und Sterben.

Schenke uns Gelassenheit durch deine Gegenwart.

Herr, unser Gott, du bist denen nahe, die nach dir suchen. Auf die Fürbitte des seligen Heinrich Seuse schenke uns deine Gnade durch Christus, unseren Herrn.   A.: Amen.

24. Januar

HL. FRANZ VON SALES
Bischof, Kirchenlehrer

Gedenktag

Franz, auf dem Schloß Sales in Savoyen 1567 geboren, studierte in Paris und Padua. 1594 wurde er Priester. Er missionierte unter großen Anstrengungen und mit Erfolg bei den Kalvinisten südlich des Genfer Sees. 1602 wurde er Bischof von Genf mit dem Sitz in Annecy. Er war ein unermüdlicher Seelsorger und Prediger, ein Lehrer des geistlichen Lebens durch Wort und Schrift. Seine berühmtesten Werke sind „Philothea" und „Theotimus"; man kann sie auch heute noch mit Nutzen lesen. Zusammen mit der hl. Johanna Franziska von Chantal gründete er den Orden von der Heimsuchung Mariens, die „Salesianerinnen" (die Genossenschaft der Salesianer wurde vom hl. Johannes Bosco gegründet). Er starb 1622 in Lyon, wurde 1665 heiliggesprochen, 1877 zum Kirchenlehrer ernannt. Patron der katholischen Presse und der Schriftsteller.

wirklich den Vater im Himmel preisen werden, wenn sie die guten Werke der Jünger Jesu sehen, das braucht nicht unsere Sorge zu sein; in den vorausgehenden Versen 11–12 ist die andere Möglichkeit genannt: Spott und Verfolgung. – Zu 5,13: Mk 9,50; Lk 14,34–35. – Zu 5,14: Joh 8,12. – Zu 5,15: Mk 4,21; Lk 8,16; 11,33.

EVANGELIUM   Mt 5,13–19

Ihr seid das Licht der Welt

✢ Aus dem heiligen Evangelium nach Matthäus.

In jener Zeit sprach Jesus zu seinen Jüngern:

13 Ihr seid das Salz der Erde.
Wenn das Salz seinen Geschmack verliert,
   womit kann man es wieder salzig machen?
Es taugt zu nichts mehr;
es wird weggeworfen und von den Leuten zertreten.

14 Ihr seid das Licht der Welt.
Eine Stadt, die auf einem Berg liegt,
   kann nicht verborgen bleiben.

15 Man zündet auch nicht ein Licht an und stülpt ein Gefäß darüber,
sondern man stellt es auf den Leuchter;
dann leuchtet es allen im Haus.

16 So soll euer Licht vor den Menschen leuchten,
   damit sie eure guten Werke sehen
   und euren Vater im Himmel preisen.

17 Denkt nicht,
   ich sei gekommen,
   um das Gesetz und die Propheten aufzuheben.
Ich bin nicht gekommen, um aufzuheben,
   sondern um zu erfüllen.

18 Amen, das sage ich euch:
Bis Himmel und Erde vergehen,
   wird auch nicht der kleinste Buchstabe des Gesetzes vergehen,
   bevor nicht alles geschehen ist.

19 Wer auch nur eines von den kleinsten Geboten aufhebt
   und die Menschen entsprechend lehrt,
   der wird im Himmelreich der Kleinste sein.
Wer sie aber hält und halten lehrt,
   der wird groß sein im Himmelreich.

24. Januar. Hl. Franz von Sales

Die Mitte
„Zuviel und zuwenig nachsichtig sein, beides ist gefehlt. Es ist für uns Menschen hart, die Mitte zu halten; doch wenn ich fehle, will ich lieber durch die große Milde als durch zu große Strenge fehlen."
„So sehr verlangen wir manchmal, Engel zu werden, daß wir vergessen, gute Menschen zu sein."
„Ich will keine absonderliche, unruhige, traurige und verdrossene Frömmigkeit, sondern eine milde, sanfte, angenehme und friedliche, mit einem Wort: eine freie und fröhliche Frömmigkeit, die liebenswürdig ist vor Gott und den Menschen." (Franz von Sales)

Commune-Texte:
A Meßformulare für Bischöfe, S. 2056 ff.,
oder für Kirchenlehrer, S. 2071 ff.
B Schriftlesungen für Hirten der Kirche, S. 2101 ff.,
oder für Kirchenlehrer, S. 2106 ff.

ERÖFFNUNGSVERS   Vgl. Sir 45, 24

Der Herr machte ihn zum Vorsteher seiner Gemeinde,
zum Diener seines Bundes, daß er Priester sei in Ewigkeit. (MB 916)

TAGESGEBET

Gütiger Gott,
du hast den heiligen Franz von Sales
dazu berufen,
als Bischof und Lehrer allen alles zu werden.
Hilf uns, sein Beispiel nachzuahmen
und den Brüdern zu dienen,
damit durch uns
deine Menschenfreundlichkeit sichtbar wird.
Darum bitten wir durch Jesus Christus.

ZUR LESUNG *Christus hat seine Kirche auf das Fundament der Apostel und der Propheten gestellt (Eph 2, 20). In Eph 3, 2–13 schreibt Paulus von seinem besonderen Auftrag im Dienst des Evangeliums. Über zwei Dinge muß er unaufhörlich staunen: 1. darüber, daß gerade er, der Unwürdigste von allen, dazu berufen wurde, die Botschaft zu den Heidenvölkern zu tragen; 2. über den Inhalt dieser Botschaft, die bisher weder den Menschen noch den Engeln bekannt war, daß nämlich alle Men-*

schen, auch die Heiden, an den Verheißungen Anteil haben, die doch nur für Israel gegeben waren. Jetzt erst wird Gottes ewiger Plan sichtbar, und er verwirklicht sich durch die Mitarbeit von Menschen, die wissen, daß sie nichts sind und nichts können. – Zu 3,8–9; 1 Kor 15,9–10; 2 Kor 12,1; Eph 1,7.9; Röm 16,25; Kol 1,16.26. – Zu 3,10–12: 1 Petr 1,12; Röm 11,33; Eph 1,11; Hebr 4,16.

ERSTE LESUNG Eph 3,8–12

Den Heiden als Evangelium den unergründlichen Reichtum Christi verkündigen

Lesung
  aus dem Brief des Apostels Paulus an die Épheser.

Brüder!
8 Mir, dem Geringsten unter allen Heiligen,
  wurde diese Gnade geschenkt:
Ich soll den Heiden
  als Evangelium
  den unergründlichen Reichtum Christi verkünden
9 und enthüllen, wie jenes Geheimnis Wirklichkeit geworden ist,
  das von Ewigkeit her
  in Gott, dem Schöpfer des Alls, verborgen war.
10 So sollen jetzt
  die Fürsten und Gewalten des himmlischen Bereichs
  durch die Kirche Kenntnis erhalten
  von der vielfältigen Weisheit Gottes,
11 nach seinem ewigen Plan,
  den er durch Christus Jesus, unseren Herrn, ausgeführt hat.
12 In ihm haben wir den freien Zugang
  durch das Vertrauen, das der Glaube an ihn schenkt.

ANTWORTPSALM Ps 37 (36), 3–4.5–6.30–31 (R: vgl. 30a)

R Der Mund des Gerechten spricht Worte der Weisheit. – R

(GL 708,1)

IV. Ton

3 Vertrau auf den Herrn und <u>tu</u> das Gute, *
  bleib wohnen im Land und be<u>wah</u>re Treue!
4 Freu dich inn<u>ig</u> am Herrn! *
  Dann gibt er <u>dir</u>, was dein <u>Herz</u> be<u>geh</u>rt. – (R)
5 Befiehl dem Herrn deinen Weg <u>und</u> vertrau ihm; *
  <u>er</u> wird es fügen.

24. Januar. Hl. Franz von Sales

6 Er bringt deine Gerechtigkeit heraus wie das Licht *
und dein Recht so hell wie den Mittag. − (R)

30 Der Mund des Gerechten bewegt Worte der Weisheit, *
und seine Zunge redet, was recht ist.

31 Er hat die Weisung seines Gottes im Herzen, *
seine Schritte wanken nicht. − R

RUF VOR DEM EVANGELIUM   Vers: Joh 13,34ac

Halleluja. Halleluja.

(So spricht der Herr:)
Ein neues Gebot gebe ich euch:
Wie ich euch geliebt habe, so sollt auch ihr einander lieben.

Halleluja.

ZUM EVANGELIUM   *Die Liebe, von der Jesus spricht und die er uns zum Gebot macht, hat ihren Ursprung in der Liebe, mit der Gott seinen eigenen Sohn liebt, und sie hat ihr Vorbild in der Innigkeit, mit der sich der Sohn dem Vater zuwendet. Der Sohn war „am Anfang" bei Gott (Joh 1,2), er „ruht am Herzen des Vaters" (1,18), er bleibt in der Liebe des Vaters (15,10) auch als der Menschgewordene. Den Willen des Vaters zu tun ist sein Leben und auch sein Sterben. Das Gegenteil von „bleiben" wäre sich trennen, sich entfernen, treulos werden, den Gehorsam aufkündigen. − Wir sind „in ihm", seit er uns angenommen, geliebt hat, konkret: seitdem wir durch die Taufe in seinen Tod und in sein Leben hineingenommen wurden. Wir bleiben in ihm durch den Glauben und die Treue: dadurch, daß wir immer neu sein Wort aufnehmen, festhalten und tun. Frucht dieser Liebe ist die Freude, die Freundschaft, das Vertrauen. − Zu 15,9: Joh 3,35; 10,14−15; 13,1; 17,23. − Zu 15,10: Joh 6,38; 8,29. − Zu 15,11: Joh 17,13; 1 Joh 1,4. − Zu 15,12: Joh 13,34. − Zu 15,13: 1 Joh 3,16; Röm 5,6−8. − Zu 15,15: Röm 8,15; Lk 12,4.*

EVANGELIUM   Joh 15,9−17

Ich nenne euch nicht mehr Knechte; vielmehr habe ich euch Freunde genannt

✠ Aus dem heiligen Evangelium nach Johannes.

In jener Zeit sprach Jesus zu seinen Jüngern:
9 Wie mich der Vater geliebt hat,
   so habe auch ich euch geliebt.

Bleibt in meiner Liebe!
10 Wenn ihr meine Gebote haltet,
    werdet ihr in meiner Liebe bleiben,
so wie ich die Gebote meines Vaters gehalten habe
    und in seiner Liebe bleibe.
11 Dies habe ich euch gesagt,
    damit meine Freude in euch ist
    und damit eure Freude vollkommen wird.
12 Das ist mein Gebot:
Liebt einander,
    so wie ich euch geliebt habe.
13 Es gibt keine größere Liebe,
    als wenn einer sein Leben für seine Freunde hingibt.
14 Ihr seid meine Freunde,
    wenn ihr tut, was ich euch auftrage.
15 Ich nenne euch nicht mehr Knechte;
denn der Knecht weiß nicht, was sein Herr tut.
Vielmehr habe ich euch Freunde genannt;
denn ich habe euch alles mitgeteilt,
    was ich von meinem Vater gehört habe.
16 Nicht ihr habt mich erwählt,
sondern ich habe euch erwählt
    und dazu bestimmt, daß ihr euch aufmacht und Frucht bringt
und daß eure Frucht bleibt.
Dann wird euch der Vater alles geben,
    um was ihr ihn in meinem Namen bittet.
17 Dies trage ich euch auf:
    Liebt einander!

FÜRBITTEN

Jesus Christus hat uns die Güte und Menschenliebe Gottes offenbart. Zu ihm beten wir:

Schenke deinen Gläubigen die menschenfreundliche Liebe, die den heiligen Franz von Sales auszeichnete. (Stille) Christus, höre uns.
A.: Christus, erhöre uns.

Hilf den getrennten Christen, zur Einheit im Glauben zu gelangen. (Stille) Christus, höre uns.

Erleuchte alle, die dem Glauben durch das geschriebene Wort dienen. (Stille) Christus, höre uns.

Gib, daß wir deinen Willen in den alltäglichen Aufgaben erkennen. (Stille) Christus, höre uns.

Allmächtiger Gott, der heilige Franz von Sales hat durch seine Güte die Herzen der Menschen gewonnen. Laß auch in uns diese Güte wachsen durch Christus, unseren Herrn.   A.: Amen.

GABENGEBET

Herr, unser Gott,
das Opfer, das wir darbringen,
entzünde in unseren Herzen
das Feuer des Heiligen Geistes.
Laß in uns jene Güte wachsen,
die den heiligen Franz von Sales
so liebenswert gemacht hat.
Darum bitten wir durch Christus, unseren Herrn.

KOMMUNIONVERS   Joh 21, 17

Herr, du weißt alles; du weißt, daß ich dich liebe. (MB 917)

SCHLUSSGEBET

Allmächtiger Gott,
hilf uns durch das Sakrament,
das wir empfangen haben,
die Freundlichkeit und Liebe
des heiligen Franz von Sales nachzuahmen,
und führe uns mit ihm zur Vollendung in dir.
Darum bitten wir durch Christus, unseren Herrn.

25. Januar
BEKEHRUNG DES HL. APOSTELS PAULUS
Fest

Während Petrus zum Fels der Kirche bestimmt war (Mt 16,18), wurde Paulus zum „Lehrer der Heidenvölker" berufen (1 Tim 2,7). Das war für ihn selbst, den Pharisäersohn, ein unbegreifliches Geheimnis. Er verabscheute die Christen, die einen gekreuzigten Messias verehrten. Das Erlebnis vor den Toren von Damaskus bedeutete für ihn eine völlige Wende. Derselbe Gott, dem Paulus hatte als Jude dienen wollen, hat ihn zum Verkünder des Evangeliums von Jesus, dem Christus, gemacht (Gal 1,11–16). – Ein Fest der Bekehrung des Apostels Paulus ist seit dem 8. Jahrhundert in Gallien bezeugt.

ERÖFFNUNGSVERS   2 Tim 1,12; 4,8

Ich weiß, auf wen ich mein Vertrauen gesetzt habe,
und bin überzeugt, daß er die Macht hat,
das mir anvertraute Gut bis zu seinem Tag zu bewahren,
er, der Herr, der gerechte Richter.

Ehre sei Gott, S. 1280f.

TAGESGEBET

Gott, du Heil aller Völker,
du hast den Apostel Paulus auserwählt,
den Heiden die Frohe Botschaft zu verkünden.
Gib uns, die wir das Fest seiner Bekehrung feiern,
die Gnade, uns deinem Anruf zu stellen
und vor der Welt deine Wahrheit zu bezeugen.
Darum bitten wir durch Jesus Christus.

Die hier angegebenen Perikopen werden auch in der Votivmesse des hl. Paulus genommen.

ZU DEN LESUNGEN *(Apg 22,1a.3–16 und Apg 9,1–22) Die Bekehrung des Apostels Paulus ereignete sich wahrscheinlich im Jahr 36 n. Chr. (vgl. Gal 2,1; Apg 15). Sie wird in der Apostelgeschichte dreimal erzählt (9,1–19; 22,4–21; 26,9–18). Schon dieser Umstand zeigt die Bedeutung, die Lukas dem Ereignis beigemessen hat. Im ersten Bericht*

(9, 1–19) erzählt Lukas die Bekehrung des Saulus mit eigenen Worten; im zweiten und im dritten Bericht ist es Paulus, der vor jeweils verschiedenen Zuhörern darüber berichtet, aber auch diese Berichte stammen, so wie sie uns vorliegen, von der Feder des Lukas. Es ist deutlich, daß Lukas nicht einfach einen protokollarischen Bericht geben wollte; seine Erzählung ist zugleich Deutung des Geschehenen. – Alle drei Texte sprechen von einer Vision des Saulus. Die Lichterscheinung und die Stimme vom Himmel haben dem Leben des Saulus-Paulus eine andere Richtung gegeben und die weitere Entwicklung des Christentums entscheidend bestimmt. Daß die Kirche zur Völkerkirche wurde, verdankt sie der Berufung des Paulus zum Apostolat. Von seiner Sendung zu den Heiden sprechen alle drei Berichte (9, 15; 22, 15; 26, 16–17), am deutlichsten der dritte, der eine geradezu programmatische Aussage über Sinn und Ziel der Heidenmission macht. Im zweiten Bericht (Apg 22) wird stärker die anfängliche Verbindung des Paulus mit dem gesetzestreuen Judentum betont (22, 3: Schüler Gamaliels; 22, 12: Hananias ein frommer, angesehener Jude). – Gal 1, 12–17; Phil 3, 5; Apg 7, 58–60; 8, 3; Lk 2, 9; 10, 16; 1 Kor 9, 16–17.

ERSTE LESUNG Apg 22, 1a.3–16

Steh auf, laß dich taufen und deine Sünden abwaschen, und rufe den Namen Jesu an!

Lesung
   aus der Apostelgeschichte.

In jenen Tagen sagte Paulus zum Volk:
1a **Brüder und Väter!**
3 **Ich bin ein Jude, geboren in Tarsus in Zilízien,**
hier in dieser Stadt erzogen,
   zu Füßen Gamáliëls genau nach dem Gesetz der Väter ausgebildet,
ein Eiferer für Gott, wie ihr alle es heute seid.
4 **Ich habe den neuen Weg bis auf den Tod verfolgt,**
habe Männer und Frauen gefesselt
   und in die Gefängnisse eingeliefert.
5 **Das bezeugen mir der Hohepriester und der ganze Rat der Ältesten.**
Von ihnen erhielt ich auch Briefe an die Brüder
und zog nach Damáskus,
   um dort ebenfalls die Anhänger der neuen Lehre zu fesseln
   und zur Bestrafung nach Jerusalem zu bringen.

⁶ Als ich nun unterwegs war und mich Damáskus näherte,
  da geschah es, daß mich um die Mittagszeit
  plötzlich vom Himmel her ein helles Licht umstrahlte.
⁷ Ich stürzte zu Boden
  und hörte eine Stimme zu mir sagen:
    Saul, Saul, warum verfolgst du mich?
⁸ Ich antwortete: Wer bist du, Herr?
  Er sagte zu mir: Ich bin Jesus, der Nazoräer, den du verfolgst.
⁹ Meine Begleiter sahen zwar das Licht,
  die Stimme dessen aber, der zu mir sprach, hörten sie nicht.
¹⁰ Ich sagte: Herr, was soll ich tun?
   Der Herr antwortete: Steh auf, und geh nach Damaskus,
   dort wird dir alles gesagt werden,
     was du nach Gottes Willen tun sollst.
¹¹ Da ich aber vom Glanz jenes Lichtes geblendet war,
   so daß ich nicht mehr sehen konnte,
     wurde ich von meinen Begleitern an der Hand geführt
   und gelangte so nach Damáskus.
¹² Ein gewisser Hananías, ein frommer und gesetzestreuer Mann,
   der bei allen Juden dort in gutem Ruf stand,
¹³ kam zu mir,
   trat vor mich und sagte:
     Bruder Saul, du sollst wieder sehen!
   Und im gleichen Augenblick konnte ich ihn sehen.
¹⁴ Er sagte: Der Gott unserer Väter hat dich dazu erwählt,
   seinen Willen zu erkennen,
     den Gerechten zu sehen
   und die Stimme seines Mundes zu hören;
¹⁵ denn du sollst vor allen Menschen sein Zeuge werden
   für das, was du gesehen und gehört hast.
¹⁶ Was zögerst du noch?
   Steh auf,
   laß dich taufen und deine Sünden abwaschen,
   und rufe seinen Namen an!

Oder:

ERSTE LESUNG Apg 9, 1-22

Es wird dir gesagt werden, was du tun sollst

Lesung
aus der Apostelgeschichte.

In jenen Tagen
1   wütete Saulus immer noch mit Drohung und Mord
    gegen die Jünger des Herrn.
    Er ging zum Hohenpriester
2   und erbat sich von ihm Briefe an die Synagogen in Damáskus,
    um die Anhänger des neuen Weges,
    Männer und Frauen, die er dort finde,
    zu fesseln und nach Jerusalem zu bringen.
3   Unterwegs aber, als er sich bereits Damáskus näherte,
    geschah es, daß ihn plötzlich ein Licht vom Himmel umstrahlte.
4   Er stürzte zu Boden
    und hörte, wie eine Stimme zu ihm sagte:
    Saul, Saul, warum verfolgst du mich?
5   Er antwortete: Wer bist du, Herr?
    Dieser sagte: Ich bin Jesus, den du verfolgst.
6   Steh auf und geh in die Stadt;
    dort wird dir gesagt werden, was du tun sollst.
7   Seine Begleiter standen sprachlos da;
    sie hörten zwar die Stimme,
    sahen aber niemand.
8   Saulus erhob sich vom Boden.
    Als er aber die Augen öffnete, sah er nichts.
    Sie nahmen ihn bei der Hand
    und führten ihn nach Damáskus hinein.
9   Und er war drei Tage blind,
    und er aß nicht und trank nicht.
10 In Damáskus lebte ein Jünger namens Hananías.
    Zu ihm sagte der Herr in einer Vision: Hananías!
    Er antwortete: Hier bin ich, Herr.
11 Der Herr sagte zu ihm:
    Steh auf und geh zur sogenannten Geraden Straße,

und frag im Haus des Judas
nach einem Mann namens Saulus aus Tarsus.
Er betet gerade
¹² und hat in einer Vision gesehen,
wie ein Mann namens Hananías hereinkommt
und ihm die Hände auflegt, damit er wieder sieht.
¹³ Hananías antwortete:
Herr, ich habe von vielen gehört,
wieviel Böses dieser Mann
deinen Heiligen in Jerusalem angetan hat.
¹⁴ Auch hier hat er Vollmacht von den Hohenpriestern,
alle zu verhaften, die deinen Namen anrufen.
¹⁵ Der Herr aber sprach zu ihm: Geh nur!
Denn dieser Mann ist mein auserwähltes Werkzeug:
Er soll meinen Namen
vor Völker und Könige und die Söhne Israels tragen.
¹⁶ Ich werde ihm auch zeigen,
wie viel er für meinen Namen leiden muß.
¹⁷ Da ging Hananías hin
und trat in das Haus ein;
er legte Saulus die Hände auf
und sagte: Bruder Saul, der Herr hat mich gesandt,
Jesus, der dir auf dem Weg hierher erschienen ist;
du sollst wieder sehen
und mit dem Heiligen Geist erfüllt werden.
¹⁸ Sofort fiel es wie Schuppen von seinen Augen,
und er sah wieder;
er stand auf und ließ sich taufen.
¹⁹ Und nachdem er etwas gegessen hatte,
kam er wieder zu Kräften.
Einige Tage blieb er bei den Jüngern in Damáskus;
²⁰ und sogleich verkündete er Jesus in den Synagogen
und sagte: Er ist der Sohn Gottes.
²¹ Alle, die es hörten, gerieten in Aufregung
und sagten: Ist das nicht der Mann,
der in Jerusalem alle vernichten wollte,
die diesen Namen anrufen?
Und ist er nicht auch hierher gekommen,
um sie zu fesseln und vor die Hohenpriester zu führen?
²² Saulus aber trat um so kraftvoller auf

und brachte die Juden in Damáskus in Verwirrung,
weil er ihnen bewies, daß Jesus der Messias ist.

ANTWORTPSALM Ps 117 (116), 1.2 (R: vgl. Mk 16, 15)
(GL 646, 5)

R Geht hinaus in die ganze Welt,
und verkündet allen das Evangelium! – R

1 Lobet den Herrn, alle Völker, * VI. Ton
preist ihn, alle Nationen! – (R)

2 Denn mächtig waltet über uns seine Huld, *
die Treue des Herrn währt in Ewigkeit. – R

RUF VOR DEM EVANGELIUM Vers: vgl. Joh 15, 16

Halleluja. Halleluja.

(So spricht der Herr:)
Ich habe euch erwählt und dazu bestimmt, daß ihr Frucht bringt
und daß eure Frucht bleibt.

Halleluja.

ZUM EVANGELIUM *Der jetzige Schluß des Markusevangeliums (16, 9–20) wurde nachträglich aus den Osterberichten der drei anderen Evangelien zusammengestellt. – Mit der Auferstehung und Himmelfahrt Jesu ist die Geschichte des Evangeliums nicht zu Ende, im Gegenteil: jetzt weitet sich der Horizont; der „ganzen Welt", „allen Geschöpfen" (16, 15; vgl. 13, 10; 14, 9) sollen die Jünger die gute Nachricht bringen, daß Jesus, der Christus, durch seinen Tod und seine Auferstehung der Welt wieder Hoffnung gegeben hat. Der Auftrag Jesu richtet sich zunächst an die Apostel, ist aber nicht auf diese beschränkt. Christus selbst hat den Saulus-Paulus berufen, und die Apostel haben diese Berufung anerkannt. Im Lauf der Jahrhunderte wird es die Aufgabe des Bischofskollegiums sein, immer wieder Männern und Frauen, die Gott dazu beruft, die Sorge für die Ausbreitung des Evangeliums zu übertragen. – Mt 28, 16–20; 1 Tim 3, 16; 4, 10; Apg 9, 33–35; 14, 8–10; 16, 16–18; 28, 3–6.*

EVANGELIUM Mk 16, 15–18

Geht hinaus in die ganze Welt, und verkündet das Evangelium!

✛ Aus dem heiligen Evangelium nach Markus.

In jener Zeit erschien Jesus den Elf
und sprach zu ihnen:
15 Geht hinaus in die ganze Welt,
und verkündet das Evangelium allen Geschöpfen!
16 Wer glaubt und sich taufen läßt,
   wird gerettet;
wer aber nicht glaubt,
   wird verdammt werden.
17 Und durch die, die zum Glauben gekommen sind,
   werden folgende Zeichen geschehen:
In meinem Namen werden sie Dämonen austreiben;
sie werden in neuen Sprachen reden;
18 wenn sie Schlangen anfassen oder tödliches Gift trinken,
   wird es ihnen nicht schaden;
und die Kranken, denen sie die Hände auflegen,
   werden gesund werden.

FÜRBITTEN

Zu Jesus Christus, der den heiligen Paulus zu seinem Apostel berief, wollen wir beten:

Mach die Kirche zum Zeichen und Werkzeug des Heils unter den Völkern.
A.: Wir bitten dich, erhöre uns.

Führe alle, die dich nicht kennen, zum Licht der Wahrheit.

Sei eine Stütze und Trost für alle Kranken.

Erwähle auch aus unserer Mitte Menschen, die das Evangelium verkünden.

Gott, unser Vater, durch den heiligen Paulus wurde den Heiden die Frohbotschaft verkündet. Hilf uns, deine Wahrheit vor der Welt zu bezeugen durch Christus, unseren Herrn.   A.: Amen.

GABENGEBET

Gott und Vater aller Menschen,
erhelle unsere Herzen mit dem Licht des Glaubens
und erfülle sie in dieser Opferfeier
mit dem Heiligen Geist,
der den Apostel Paulus gedrängt hat,
deine Herrlichkeit
unter den Völkern zu verkünden.
Darum bitten wir durch Christus, unseren Herrn.

Apostelpräfation I. S. 1377.

KOMMUNIONVERS   Gal 2,20

Ich lebe im Glauben an den Sohn Gottes,
der mich geliebt und sich für mich hingegeben hat.

SCHLUSSGEBET

Herr, unser Gott,
das Sakrament, das wir empfangen haben,
erwecke in uns den apostolischen Eifer,
der den heiligen Paulus dazu bereit gemacht hat,
unermüdlich für alle Gemeinden zu sorgen.
Darum bitten wir durch Christus, unseren Herrn.

---

26. Januar

HL. TIMOTHEUS

und

HL. TITUS

Bischöfe

Gedenktag

Timotheus und Titus sind die bekanntesten Schüler des Apostels Paulus und werden deshalb gemeinsam am Tag nach Pauli Bekehrung gefeiert.
Timotheus, Sohn eines heidnischen Vaters und einer jüdischen Mutter, stammte aus Lystra (in der heutigen Türkei). Er wurde von

Paulus auf der ersten Missionsreise für den christlichen Glauben gewonnen und war sein treuester Begleiter und Mitarbeiter. Auch während der römischen Gefangenschaft war er bei Paulus. Nach alter Überlieferung war Timotheus der erste Bischof von Ephesus. Zwei von den paulinischen Briefen sind an ihn gerichtet.

Titus ist geborener Heide. In der Apostelgeschichte wird er merkwürdigerweise nicht erwähnt, dagegen in den Paulusbriefen oft als Mitarbeiter des Paulus genannt. Paulus hat ihn für das Christentum gewonnen, ihn zum sog. Apostelkonzil nach Jerusalem mitgenommen und ihm wichtige Aufgaben anvertraut. Einer der Paulusbriefe ist an Titus gerichtet. Nach der Überlieferung wurde er von Paulus zum ersten Bischof von Kreta bestellt.

Paulus an Timotheus:
„Es wird eine Zeit kommen, in der man die gesunde Lehre nicht erträgt, sondern sich nach eigenen Wünschen zahlreiche Lehrer sucht, die den Ohren schmeicheln ... Du aber sei in allem nüchtern, ertrag das Leiden, verkünde das Evangelium, erfülle deine Aufgabe!" (2 Tim 4, 3–5)

Commune-Texte:
A Meßformulare für Bischöfe, S. 2056 ff.
B Schriftlesungen für Hirten der Kirche, S. 2101 ff.

TAGESGEBET

**Gott, unser Vater,
du hast die Apostelschüler Timotheus und Titus
mit den Gaben des Heiligen Geistes beschenkt
und sie deiner Kirche als Hirten gegeben.
Höre auf ihre Fürsprache und hilf uns,
daß wir gerecht und fromm in dieser Welt leben
und so zur Gemeinschaft mit deinen Heiligen gelangen.
Darum bitten wir durch Jesus Christus.**

Die 1. Lesung ist Eigentext dieses Gedenktages.

ZUR LESUNG *Der zweite Timotheusbrief ist seiner Form nach ein Abschiedsbrief, eine letztwillige Verfügung des Apostels (vgl. 4, 1–8). Seine Hauptsorge ist, daß die Botschaft vom „Leben in Christus Jesus, das uns verheißen ist" (1, 1), unverfälscht weitergegeben wird, bis zur Wiederkunft Christi. Das wird nach dem Tod der Apostel die Aufgabe der Apostelschüler sein. „Wir sind Gottes Mitarbeiter", sagt Paulus in 1 Kor 3, 9;*

26. Januar. Hl. Timotheus und hl. Titus

seine Schüler und Helfer betrachtet er als seine „Mitarbeiter in Christus Jesus" (Röm 16,3; 2 Kor 8,23). Die Apostel, als deren Vertreter „Paulus" spricht, geben ihren Schülern das Evangelium nicht nur im Wort der Lehre weiter; auch ihr persönliches Vorbild und ihr Schicksal sollen für die späteren Generationen als Norm dienen. Die persönliche Beziehung zwischen Apostel und Apostelschüler kommt im zweiten Timotheusbrief besonders schön zum Ausdruck. Timotheus steht, ähnlich wie Paulus selbst, von seiner Familie her in einer Überlieferung, die ihn anscheinend ohne Bruch vom jüdischen zum christlichen Glauben geführt hat. Die Spannung zwischen Judentum und Christentum spielt demnach zur Zeit dieses Briefes keine große Rolle mehr. Wichtig ist nur, daß Timotheus „den Geist der Kraft, der Liebe und der Besonnenheit" (V. 7) bewahrt, den er durch die Handauflegung des Apostels empfangen hat. Im unerschrockenen Bekenntnis des Glaubens und in der Bereitschaft zum Leiden wird sich dieser Geist bewähren. – Zu 1,1–2: 1 Tim 1,1–2; Tit 1,1–4; Apg 16,1. – Zu 1,3–5: Phil 3,5; Apg 24,14–16; Röm 1,8–9; 2 Tim 3,15. – Zu 1,6–8: 1 Tim 4,14; 2 Tim 4,2; Röm 8,15; Eph 3,13; Mk 8,38.

ERSTE LESUNG 2 Tim 1,1–8

Ich denke an deinen aufrichtigen Glauben

Lesung
    aus dem zweiten Brief des Apostels Paulus an Timótheus.

Paulus,
    durch den Willen Gottes zum Apostel Christi Jesu berufen,
    um das Leben in Christus Jesus, das uns verheißen ist,
  zu verkündigen,
    an Timótheus, seinen geliebten Sohn:
Gnade, Erbarmen und Friede von Gott, dem Vater,
    und Christus Jesus, unserem Herrn.

Ich danke Gott,
    dem ich wie schon meine Vorfahren mit reinem Gewissen diene
– ich danke ihm bei Tag und Nacht in meinen Gebeten,
    in denen ich unablässig an dich denke.
Wenn ich mich an deine Tränen erinnere,
    habe ich Sehnsucht, dich zu sehen,
    um mich wieder von Herzen freuen zu können;
denn ich denke an deinen aufrichtigen Glauben,
    der schon in deiner Großmutter Loïs

und in deiner Mutter Euníke lebendig war
   und der nun, wie ich weiß,
   auch in dir lebt.
6 Darum rufe ich dir ins Gedächtnis:
   Entfache die Gnade Gottes wieder,
      die dir durch die Auflegung meiner Hände zuteil geworden ist.
7 Denn Gott hat uns nicht einen Geist der Verzagtheit gegeben,
   sondern den Geist der Kraft, der Liebe und der Besonnenheit.
8 Schäme dich also nicht,
   dich zu unserem Herrn zu bekennen;
   schäme dich auch meiner nicht,
   der ich seinetwegen im Gefängnis bin,
   sondern leide mit mir für das Evangelium.
   Gott gibt dazu die Kraft.

Oder:

ERSTE LESUNG

Tit 1,1–5

EINFÜHRUNG *Wie die Briefe an Timotheus, so gibt auch der Titusbrief Anweisungen darüber, was nach dem Tod des Apostels in der Kirche zu tun ist (1,5): „... damit du das, was noch zu tun ist, zu Ende führst"). Es geht einmal um die Weitergabe der unverfälschten Lehre (vgl. Tit 1,9: „das wahre Wort der Lehre", „die gesunde Lehre"), dann aber auch um den Ausbau der kirchlichen Ordnung und Organisation; dazu dient die Bestellung von „Ältesten" (Presbytern). Wenn Titus „in den einzelnen Städten" Älteste einsetzen soll (1,5), muß er Befugnisse haben, die über eine bestimmte Einzelgemeinde hinausgehen. Die einleitenden Sätze des Briefs (1,1–3) betonen den apostolischen Rang des Paulus und gleichzeitig die Bedeutung des apostolischen Amtes im Leben der Kirche: der „Glaube der Auserwählten Gottes", die „Erkenntnis der wahren Gottesverehrung" und die „Hoffnung auf das ewige Leben" (1,1–2), das alles ist nur durch die echte apostolische Überlieferung gewährleistet. Aufgrund des gemeinsamen Glaubens ist Titus das „echte Kind" des Apostels (1,4) und ein zuverlässiger Verkünder der wahren Lehre. – Zu 1,1–4: Röm 1,1; 1 Tim 1,1–2; 2 Tim 1,1–2; 2 Kor 2,13. – Zu 1,5: Apg 14,23; 1 Tim 4,14; 5,17.*

26. Januar. Hl. Timotheus und hl. Titus

An Titus, seinen echten Sohn aufgrund des gemeinsamen Glaubens

Lesung
aus dem Brief des Apostels Paulus an Titus.

1 Paulus, Knecht Gottes und Apostel Jesu Christi,
berufen, um die Auserwählten Gottes
zum Glauben
und zur Erkenntnis der wahren Gottesverehrung zu führen,
2 in der Hoffnung auf das ewige Leben,
das der wahrhaftige Gott
schon vor ewigen Zeiten verheißen hat;
3 jetzt aber
hat er zur vorherbestimmten Zeit sein Wort offenbart
in der Verkündigung,
die mir durch den Auftrag Gottes, unseres Retters,
anvertraut ist.

An Titus, seinen echten Sohn
aufgrund des gemeinsamen Glaubens:
Gnade und Friede von Gott, dem Vater,
und Christus Jesus, unserem Retter.

Ich habe dich in Kreta deswegen zurückgelassen,
damit du das, was noch zu tun ist,
zu Ende führst
und in den einzelnen Städten Älteste einsetzt,
wie ich dir aufgetragen habe.

ANTWORTPSALM Ps 96 (95), 1–2.3 u. 7.8 u. 10 (R: vgl. 3 a)

R Kündet den Völkern die Herrlichkeit des Herrn! – **R**   (GL 529, 6)

Singet dem Herrn ein neues Lied, *   VIII. Ton
singt dem Herrn, alle Länder der Erde!

Singet dem Herrn und preist seinen Namen, *
verkündet sein Heil von Tag zu Tag! – (R)

Erzählt bei den Völkern von seiner Herrlichkeit, *
bei allen Nationen von seinen Wundern!
Bringt dar dem Herrn, ihr Stämme der Völker, *
bringt dar dem Herrn Lob und Ehre! – (R)

Bringt dar dem Herrn die Ehre seines Namens, *
spendet Opfergaben, und tretet ein in sein Heiligtum!

10 Verkündet bei den Völkern: Der Herr ist König. †
Den Erdkreis hat er gegründet, so daß er nicht wankt. *
Er richtet die Nationen so, wie es recht ist.

R Kündet den Völkern die Herrlichkeit des Herrn!

RUF VOR DEM EVANGELIUM
Vers: vgl. Lk 4, 18

Halleluja. Halleluja.
Der Herr hat mich gesandt,
den Armen die Frohe Botschaft zu bringen
und den Gefangenen die Freiheit zu verkünden.
Halleluja.

ZUM EVANGELIUM *In Kapitel 9, 1–6 hat Lukas von der Aussendung der Zwölf berichtet. Inzwischen hat Jesus seine Tätigkeit in Galiläa abgeschlossen und ist auf dem Weg nach Jerusalem. Die Zeit drängt, und die Ernte ist groß (10, 2). „Ernte" ist in der Sprache der Bibel ein Bild für das endzeitliche Gericht Gottes über die Völker. Daß sich die Mission auf alle Völker ausdehnt, darauf weist die Zahl 70 hin; ihr liegt wohl die Vorstellung zugrunde, daß es in der Welt 70 nichtjüdische Völker gibt (vgl. Gen 10). Jesus, der den Weg des Gottesknechtes geht, weiß sich zu allen Völkern gesandt (vgl. Jes 42, 6; 49, 6). Die Aussendungsrede (Lk 10, 2–11) gibt Anweisungen über die Ausrüstung der Missionare und über ihr Verhalten in den Häusern und Ortschaften. Eine doppelte Tätigkeit wird den Jüngern aufgetragen: die Tat und das Wort (Wunder und Verkündigung). Beide sind Fortsetzung der Tätigkeit Jesu selbst, Zeichen, die nicht übersehen werden können. Daher am Schluß das Drohwort gegen die ungläubigen Städte. – Zu 10, 2 („Ernte"): Joel 4, 12–13; Jes 9, 1–2; Hos 6, 11; Mt 9, 37–38; Joh 4, 35–36. – Zu 10, 3–9: Mt 10, 7–16; Lk 9, 3–5; 22, 35; 2 Kön 4, 29; Mk 6, 8–11; 1 Tim 5, 18; Apg 13, 51.*

EVANGELIUM
Lk 10, 1–9

Die Ernte ist groß, aber es gibt nur wenig Arbeiter

✛ Aus dem heiligen Evangelium nach Lukas.

1 In jener Zeit suchte der Herr zweiundsiebzig andere Jünger aus
und sandte sie zu zweit voraus in alle Städte und Ortschaften,
in die er selbst gehen wollte.

2 Er sagte zu ihnen: Die Ernte ist groß,
aber es gibt nur wenig Arbeiter.

27. Januar

HL. ANGELA MERICI

Ordensgründerin

Angela Merici, bei Desenzano am Gardasee geboren, lebte seit 1516 in Brescia und gründete am 25. November 1535 die „Genossenschaft der heiligen Ursula" (Ursulinen), die als erstes „Säkularinstitut" gelten kann. Die Mitglieder dieses Ordens sollten in ihrer Familie und ohne Ordenstracht leben, die evangelischen Räte befolgen und sich vor allem der Erziehung der weiblichen Jugend widmen. In einer Zeit des Luxus und der sittlichen Verwahrlosung galt ihre Sorge vor allem den Mädchen aus den armen Volksschichten. Die große Erzieherin, die ihrer Zeit weit voraus war, starb am 27. Januar 1540. Sie wurde 1807 heiliggesprochen.

Mit Liebe
„Ich bitte euch sehr, bemüht euch, eure Mädchen mit Liebe an euch zu ziehen. Führt sie mit sanfter und milder Hand, nicht gebieterisch oder mit Härte. Das heißt Seelen befreien: wenn man den Schwachen und Schüchternen Mut macht, sie mit Liebe zurechtweist, allen durch das Beispiel predigt und ihnen die große Freude verkündet, die dort oben für sie bereitet ist." (Angela Merici)

Commune-Texte:
A Meßformulare für Jungfrauen, S. 2073 ff.,
oder für Erzieher, S. 2088 f.
B Schriftlesungen für Jungfrauen, S. 2108 ff.,
oder für heilige Frauen (Erzieher), S. 2110 ff.

TAGESGEBET

Gütiger Gott,
höre auf die Fürsprache der heiligen Angela.
Öffne unsere Augen
für das Beispiel der Liebe und der Klugheit,
das sie als christliche Erzieherin gegeben hat.
Hilf uns, an der wahren Lehre festzuhalten
und sie im Leben zu bezeugen.
Darum bitten wir durch Jesus Christus.

26. Januar. Hl. Timotheus und hl. Titus

Bittet also den Herrn der Ernte,
   Arbeiter für seine Ernte auszusenden.
3 Geht!
Ich sende euch wie Schafe mitten unter die Wölfe.
4 Nehmt keinen Geldbeutel mit,
keine Vorratstasche und keine Schuhe!
Grüßt niemand unterwegs!
5 Wenn ihr in ein Haus kommt,
   so sagt als erstes: Friede diesem Haus!
6 Und wenn dort ein Mann des Friedens wohnt,
   wird der Friede, den ihr ihm wünscht, auf ihm ruhen;
andernfalls wird er zu euch zurückkehren.
7 Bleibt in diesem Haus,
eßt und trinkt, was man euch anbietet;
denn wer arbeitet, hat ein Recht auf seinen Lohn.
Zieht nicht von einem Haus in ein anderes!
8 Wenn ihr in eine Stadt kommt und man euch aufnimmt,
   so eßt, was man euch vorsetzt.
9 Heilt die Kranken, die dort sind,
und sagt den Leuten:
   Das Reich Gottes ist euch nahe.

FÜRBITTEN

Zu Christus, der seine Jünger zu Boten des Evangeliums berief, beten wir:

Für unseren Papst und die Bischöfe: um Erleuchtung durch den Heiligen Geist. (Stille) Christus, höre uns.
A.: Christus, erhöre uns.

Für alle Seelsorger: um Eifer in ihrem Dienst. (Stille) Christus, höre uns.

Für die Suchenden: um das Licht der Wahrheit. (Stille) Christus, höre uns.

Für unsere Gemeinde: um Treue im Glauben. (Stille) Christus, höre uns.

Herr, unser Gott, auf die Fürsprache der heiligen Bischöfe Timotheus und Titus laß uns stets deine Hilfe erfahren durch Christus, unseren Herrn.   A.: Amen.

27. Januar. Hl. Angela Merici

ZUR LESUNG *Die Mahnungen dieser Lesung erhalten ihre Dringlichkeit durch den Blick auf das nahe „Ende aller Dinge" (4, 7a). Das „Ende" ist die Offenbarung der Herrlichkeit Christi (4, 13). Das Leben des Christen ist also in die Weite Gottes hineingestellt. Es verwirklicht sich in einer zweifachen Dimension: Zuerst und wesentlich ist es auf Gott ausgerichtet. Diese Ausrichtung des ganzen Menschen auf die Wirklichkeit Gottes hin äußert sich im Gebet (4, 7). Der Mensch, der beten will, muß „besonnen und nüchtern" werden; ein waches und bereites Herz ist Voraussetzung des Gebets, aber auch seine Wirkung und Gabe. Die andere, ebenso wesentliche Dimension der christlichen Existenz: der Mitmensch, der Bruder, oder richtiger: die Gemeinde in ihrer Ganzheit und Einheit. Dienst der Liebe heißt: Geben und Helfen, Reden und Tun, Empfangen und Danken. Auch der liturgische Dienst (Wort und Sakrament) ist Dienst der Liebe. Nur so, durch diesen vielfachen Dienst in der Einheit der Liebe, wird Gott „verherrlicht": als Gott erkannt und geehrt. – Zu 4, 7–9: 1 Petr 1, 13; 5, 8; 1 Thess 5, 6; Tob 12, 9; Jak 5, 20; Röm 12, 13. – Zu 4, 10–11: Röm 12, 6–8; 1 Kor 12, 4–11; Lk 12, 42; 1 Kor 14, 2–19.*

ERSTE LESUNG   1 Petr 4, 7b–11

Dient einander, jeder mit der Gabe, die er empfangen hat

Lesung
   aus dem ersten Brief des Apostels Petrus.

Brüder!
7b Seid besonnen und nüchtern, und betet!
8 Vor allem haltet fest an der Liebe zueinander;
denn die Liebe deckt viele Sünden zu.
9 Seid untereinander gastfreundlich, ohne zu murren.
10 Dient einander als gute Verwalter der vielfältigen Gnade Gottes,
jeder mit der Gabe, die er empfangen hat.
11 Wer redet,
   der rede mit den Worten, die Gott ihm gibt;
wer dient,
   der diene aus der Kraft, die Gott verleiht.
So wird in allem Gott verherrlicht durch Jesus Christus.
Sein ist die Herrlichkeit und die Macht in alle Ewigkeit.
Amen.

ANTWORTPSALM Ps 148,1–2.11–12.13–14 (R: vgl. 12a.13a)

R Ihr jungen Männer und auch ihr Mädchen, (GL 527,1)
lobt den Namen des Herrn! – **R**

(*Oder:* Halleluja.)

1 Lobet den Herrn vom Himmel her, * II. Ton
 lobt ihn in den Höhen!
2 Lobt ihn, all seine Engel, *
 lobt ihn, all seine Scharen! – (**R**)

11 Lobt ihn, ihr Könige der Erde und alle Völker, *
 ihr Fürsten und alle Richter auf Erden,
12 ihr jungen Männer und auch ihr Mädchen, *
 ihr Alten mit den Jungen! – (**R**)

13 Loben sollen sie den Namen des Herrn; †
 denn sein Name allein ist erhaben, *
 seine Hoheit strahlt über Erde und Himmel.
14 Seinem Volk verleiht er Macht, †
 das ist ein Ruhm für all seine Frommen, *
 für Israels Kinder, das Volk, das ihm nahen darf. – **R**

RUF VOR DEM EVANGELIUM Vers: vgl. Mt 11,25

Halleluja. Halleluja.

Sei gepriesen, Vater, Herr des Himmels und der Erde;
du hast die Geheimnisse des Reiches den Unmündigen offenbart.

Halleluja.

ZUM EVANGELIUM *Zum zweitenmal hat Jesus den Jüngern von seinem bevorstehenden Leiden gesprochen: „aber sie verstanden den Sinn seiner Worte nicht" (Mk 9,32). Es gelang ihnen nicht, ihre Vorstellungen vom Messias und der Gottesherrschaft zu korrigieren. Sie streiten um die ersten Posten im messianischen Reich (9,34). Das gibt dem Evangelisten Anlaß, hier verschiedene Jesusworte zusammenzustellen (9,35–50): Grundregeln für das Leben im Reich Gottes und in der Gemeinde. Vor Gott ist groß, wer wie Jesus zum Dienen bereit ist, nicht wer Macht und Ehre beansprucht. Jesus steht auf der Seite der Kleinen. Dienen bis zur Hingabe des eigenen Lebens: darin zeigt sich die Größe Jesu und seiner wah-*

27. Januar. Hl. Angela Merici

ren Jünger. – Mt 18,1–5; Lk 9,46–48. – Zu 9,33–35: Lk 22,24–26; Mk 10,43; Mt 20,26–27. – Zu 9,36–37: Mt 10,40; Lk 10,16; Joh 12,44; 13,20.

EVANGELIUM Mk 9,34–37

Wer ein Kind um meinetwillen aufnimmt, der nimmt mich auf

✢ Aus dem heiligen Evangelium nach Markus.

In jener Zeit
34 hatten die Jünger unterwegs miteinander darüber gesprochen, wer von ihnen der Größte sei.

35 Da setzte sich Jesus,
rief die Zwölf
und sagte zu ihnen: Wer der Erste sein will,
soll der Letzte von allen und der Diener aller sein.

36 Und er stellte ein Kind in ihre Mitte,
nahm es in seine Arme
und sagte zu ihnen:
37 Wer ein solches Kind um meinetwillen aufnimmt,
der nimmt mich auf;
wer aber mich aufnimmt,
der nimmt nicht nur mich auf,
sondern den, der mich gesandt hat.

FÜRBITTEN

Wir rufen zu Jesus Christus, der sich zum Diener aller machte:

Steh den Ursulinen bei, die sich in der christlichen Erziehung der Jugend mühen.
A.: Herr, erhöre unser Gebet.

Ermutige die Politiker, die Ausbildung aller jungen Menschen zu fördern.

Bewahre die Jugendlichen vor Selbstsucht und Verführung.

Zeige jungen Menschen den Weg zu einer klaren Glaubensentscheidung.

Allmächtiger Gott, auf die Fürsprache der heiligen Angela hilf uns, anderen auf dem Weg zu dir beizustehen, durch Christus, unseren Herrn.   A.: Amen.

28. Januar

HL. THOMAS VON AQUIN
Ordenspriester, Kirchenlehrer
Gedenktag

Thomas, um 1225 in der Grafschaft und Diözese Aquino geboren, kam fünfjährig zur Erziehung in das nahe Kloster Monte Cassino, studierte dann in Neapel und wurde Dominikaner. In Köln war er 1248–52 Schüler Alberts d. Gr., dann Schüler und bald Lehrer in Paris. 1260 wurde er nach Italien zurückgerufen; 1269–72 war er wieder in Paris. Er starb am 7. März 1274 auf der Reise zum zweiten Konzil von Lyon. Am 28. Januar 1369 wurde sein Leib in den Dom von Toulouse übertragen. – Thomas, der bedeutendste Vertreter der scholastischen Philosophie und Theologie, verwirklichte das dominikanische Ideal: Contemplata aliis tradere: An andere weitergeben, was man durch Betrachtung und Studium gelernt hat. Seine Hauptwerke: Die theologische Summe (Summa theologica) und die Summe gegen die Heiden (Summa contra Gentiles). Thomas war auch religiöser Dichter; er schuf die Liturgie des Fronleichnamsfestes.

Gut und Böse
„Es hat mit Dummheit zu tun, wenn der Mensch an Gott und seinen Gaben Überdruß empfindet."
„Es ist unmöglich, daß ein Mensch gut ist, außer er stehe in der rechten Beziehung zum allgemeinen Wohl." (Thomas von Aquin)

Commune-Texte:
A Meßformulare für Kirchenlehrer, S. 2071 ff.,
oder für Hirten der Kirche, S. 2061 f.
B Schriftlesungen für Kirchenlehrer, S. 2106 ff.,
oder für Hirten der Kirche, S. 2101 ff.

TAGESGEBET

Gott, du Quell der Weisheit,
du hast dem heiligen Thomas von Aquin
ein leidenschaftliches Verlangen geschenkt,
nach Heiligkeit zu streben
und deine Wahrheit zu erfassen.

28. Januar. Hl. Thomas von Aquin

Hilf uns verstehen, was er gelehrt,
und nachahmen, was er uns vorgelebt hat.
Darum bitten wir durch Jesus Christus.

ZUR LESUNG *Das Lob der Weisheit in Weish 7 wird ebenso wie das Gebet um Weisheit in Kapitel 9 dem König Salomo in den Mund gelegt. Der Verfasser weiß Macht, Reichtum, Gesundheit und Schönheit zu schätzen, aber er weiß, das alles hat keinen Bestand, und es ist nichts wert ohne die Weisheit. Die Sonne scheint nur am Tag, die Weisheit aber bleibt dem Menschen als „ewiges Licht", denn sie ist letzten Endes nichts anderes als die Erkenntnis Gottes und die Gemeinschaft mit Gott. Diese aber kann der Mensch sich nicht selbst geben; er kann sie nur als kostbares Geschenk empfangen. – Zu 7,8–11: Spr 3,14–15; Ijob 28,15–19; 1 Kön 3,7–13.*

ERSTE LESUNG Weish 7,7–10.15–16

Ich liebte die Weisheit mehr als Gesundheit und Schönheit

Lesung
  aus dem Buch der Weisheit.

7 Ich betete, und es wurde mir Klugheit gegeben;
  ich flehte, und der Geist der Weisheit kam zu mir.
8 Ich zog sie Zeptern und Thronen vor,
  Reichtum achtete ich für nichts im Vergleich mit ihr.
9 Keinen Edelstein stellte ich ihr gleich;
  denn alles Gold erscheint neben ihr wie ein wenig Sand,
    und Silber gilt ihr gegenüber soviel wie Lehm.
10 Ich liebte sie mehr als Gesundheit und Schönheit
    und zog ihren Besitz dem Lichte vor;
  denn niemals erlischt der Glanz, der von ihr ausstrahlt.
15 Mir aber gewähre Gott, nach meiner Einsicht zu sprechen
    und zu denken, wie die empfangenen Gaben es wert sind;
  denn er ist der Führer der Weisheit
    und hält die Weisen auf dem rechten Weg.
16 Wir und unsere Worte sind in seiner Hand,
  auch alle Klugheit und praktische Erfahrung.

ANTWORTPSALM Ps 119 (118),9–10.11–12.13–14 (R: 12b)

R Herr, lehre mich deine Gesetze! – **R** (GL 465)

9 Wie geht ein junger Mann seinen Pfad ohne Tadel? *   II. Ton
    Wenn er sich hält an dein Wort.

10 Ich suche dich von ganzem Herzen. *
     Laß mich nicht abirren von deinen Geboten! – (R)

11 Ich berge deinen Spruch im Herzen, *
     damit ich gegen dich nicht sündige.

12 Gepriesen seist du, Herr. *
     Lehre mich deine Gesetze! – (R)

13 Mit meinen Lippen verkünde ich *
     alle Urteile deines Mundes.

14 Nach deinen Vorschriften zu leben *
     freut mich mehr als großer Besitz. – **R**

RUF VOR DEM EVANGELIUM   Vers: Mt 23,9b.10b

Halleluja. Halleluja.

Einer ist euer Vater, der im Himmel.
Einer ist euer Lehrer, Christus.

Halleluja.

ZUM EVANGELIUM

Wer in der Gemeinde zum Lehren und Verkündigen berufen ist, hat am meisten Grund zur Demut. Er weiß ja, daß er selbst immer hinter dem zurückbleibt, was er anderen als Wort Gottes sagt und auslegt. Mit dem Blick auf die Schriftgelehrten und Pharisäer warnt Jesus seine Jünger vor jeder Form von Heuchelei und Anmaßung. „Der Größte von euch soll euer Diener sein" (23,11). Alle Titel und Würden („Rabbi", „Vater", „Lehrer" …) machen den Menschen vor Gott nicht besser und nicht größer. Gott bedient sich mit Vorliebe unscheinbarer Mittel, um seine großen Werke zu tun. – Zu 23,11: Mt 20,26–27; Mk 9,35; Lk 9,48. – Zu 23,12: Ijob 22,29; Spr 29,23; Lk 18,14.

28. Januar. Hl. Thomas von Aquin

EVANGELIUM Mt 23,8–12

Ihr sollt euch nicht Lehrer nennen lassen; denn nur einer ist euer Lehrer, Christus

✢ Aus dem heiligen Evangelium nach Matthäus.

In jener Zeit sprach Jesus zu seinen Jüngern:
8 Ihr sollt euch nicht Rabbi nennen lassen;
denn nur einer ist euer Meister,
ihr alle aber seid Brüder.

9 Auch sollt ihr niemand auf Erden euren Vater nennen;
denn nur einer ist euer Vater,
der im Himmel.

10 Auch sollt ihr euch nicht Lehrer nennen lassen;
denn nur einer ist euer Lehrer,
Christus.

11 Der Größte von euch soll euer Diener sein.
12 Denn wer sich selbst erhöht,
wird erniedrigt,
und wer sich selbst erniedrigt,
wird erhöht werden.

FÜRBITTEN

Zu Jesus Christus, der uns durch den Heiligen Geist an alles erinnert, was er gesagt hat, beten wir:

Erleuchte die Lehrer der Theologie, damit sie den inneren Bezug von Glauben und Wissen überzeugend darlegen.
A.: Wir bitten dich, erhöre uns.

Verhindere, daß die Ergebnisse der Forschung mißbraucht werden.

Erfülle alle Wissenschaftler mit Liebe zur Wahrheit.

Hilf uns, daß wir unsere Hoffnung nicht nur auf menschliche Weisheit setzen, sondern auf dich und deine Güte.

Großer Gott, du hast den heiligen Thomas von Aquin zu einem leuchtenden Lehrer der Kirche gemacht. Erhöre auf seine Fürsprache unsere Gebete durch Christus, unseren Herrn.   A.: Amen.

31. Januar

HL. JOHANNES BOSCO
Priester, Ordensgründer
Gedenktag

Johannes Bosco, 1815 als Sohn armer Bauersleute geboren, wurde unter großen Schwierigkeiten Priester (1841). „Ich werde mein Leben der Jugend weihen", das stand für ihn fest. Seine große Liebe galt der Arbeiterjugend von Turin. Er gründete die „Fromme Gesellschaft vom heiligen Franz von Sales" (Salesianer) und zusammen mit der hl. Maria Domenica Mazzarello die Kongregation der Mariahilf-Schwestern. Er hat entscheidend auf die Erneuerung des Bildungswesens in Italien und (seit 1875) in Südamerika eingewirkt. Seine Erziehungskunst beruhte auf charismatischer Begabung und Einfühlungskraft, verbunden mit einer klaren Erkenntnis der Not seiner Zeit und einer aus tiefem Glauben erwachsenen Liebe zur Jugend. Er starb am 31. Januar 1888 in Turin und wurde 1934 heiliggesprochen. „In seinem Leben war das Übernatürliche fast natürlich und das Außergewöhnliche gewöhnlich" (Pius XI.).

„Das Beste
was wir auf der Welt tun können, ist:
Gutes tun, fröhlich sein
und die Spatzen pfeifen lassen." (Johannes Bosco)

Commune-Texte:
A Meßformulare für Hirten der Kirche, S. 2061 f.,
oder für Erzieher, S. 2088 f.
B Schriftlesungen für Hirten der Kirche, S. 2101 ff.,
oder für heilige Männer (Erzieher), S. 2110 ff.

TAGESGEBET

Gott, du Quell der Freude,
du hast den heiligen Johannes Bosco berufen,
der Jugend ein Vater und Lehrer zu sein.
Gib auch uns die Liebe, die ihn erfüllt hat,
damit wir fähig werden,
Menschen für dich zu gewinnen
und dir allein zu dienen.
Darum bitten wir durch Jesus Christus.

31. Januar. Hl. Johannes Bosco

ZUR LESUNG *Die Freude ist ein wesentliches Kennzeichen der Gemeinde Christi, die um die Nähe des Herrn und seines Tages weiß. Freude als Grundhaltung (nicht nur als Stimmung) bezeugt auch vor allen Menschen (4, 5), daß hier der Friede lebt, der Gottes Geschenk und Geheimnis ist. Aber hat der Christ denn keine Sorgen? Er hat die gleichen wie alle Menschen, und darüber hinaus die große Sorge, wie er in der Welt als Berufener Gottes bestehen kann; wie er den Menschen irgendwie das große Geheimnis spürbar machen kann, das lautet: „Der Herr ist nahe." Er wird es nicht zuletzt dadurch tun müssen, daß er auch die natürlichen Werte und Tugenden ernst nimmt (V. 6.8), sich täglich um sie bemüht und doch weiß, daß alle seine Anstrengung zu nichts führt, wenn nicht der Geist Christi alles erfüllt und verwandelt. – Zu 4, 4–5: Ps 16, 7–11; Phil 3, 1; Hebr 10, 37; Jak 5, 8–9. – Zu 4, 6–7: Mt 6, 25; 1 Petr 5, 7; Kol 4, 2; 3, 15. – Zu 4, 9: 1 Kor 11, 1; Röm 15, 33; 16, 20.*

ERSTE LESUNG

Phil 4, 4–9

Was immer Tugend heißt, darauf seid bedacht!

Lesung
    aus dem Brief des Apostels Paulus an die Philipper.
Brüder!
⁴ Freut euch im Herrn zu jeder Zeit!
Noch einmal sage ich: Freut euch!
⁵ Eure Güte werde allen Menschen bekannt.
Der Herr ist nahe.
⁶ Sorgt euch um nichts,
    sondern bringt in jeder Lage
        betend und flehend eure Bitten mit Dank vor Gott!
⁷ Und der Friede Gottes, der alles Verstehen übersteigt,
    wird eure Herzen und eure Gedanken
    in der Gemeinschaft mit Christus Jesus bewahren.
⁸ Schließlich, Brüder:
    Was immer wahrhaft, edel, recht,
    was lauter, liebenswert, ansprechend ist,
    was Tugend heißt und lobenswert ist,
    darauf seid bedacht!
Was ihr gelernt und angenommen,
    gehört und an mir gesehen habt,
    das tut!
Und der Gott des Friedens wird mit euch sein.

ANTWORTPSALM   Ps 103 (102), 1–2.3–4.8–9.13–14.17–18a (R: 1a)

R Lobe den Herrn, meine Seele! – **R**   (GL 742, 2)

IV. Ton

1 Lobe den Herrn, meine Seele, *
und alles in mir seinen heiligen Namen!

2 Lobe den Herrn, meine Seele, *
und vergiß nicht, was er dir Gutes getan hat: – (**R**)

3 der dir all deine Schuld vergibt, *
und all deine Gebrechen heilt,

4 der dein Leben vor dem Untergang rettet *
und dich mit Huld und Erbarmen krönt. – (**R**)

8 Der Herr ist barmherzig und gnädig, *
langmütig und reich an Güte.

9 Er wird nicht immer zürnen, *
nicht ewig im Groll verharren. – (**R**)

13 Wie ein Vater sich seiner Kinder erbarmt, *
so erbarmt sich der Herr über alle, die ihn fürchten.

14 Denn er weiß, was wir für Gebilde sind; *
er denkt daran: Wir sind nur Staub. – (**R**)

17 Doch die Huld des Herrn währt immer und ewig *
für alle, die ihn fürchten und ehren;

sein Heil erfahren noch Kinder und Enkel; *
18a alle, die seinen Bund bewahren. – **R**

RUF VOR DEM EVANGELIUM   Vers: Mt 23, 11.12b

Halleluja. Halleluja.
(So spricht der Herr:)
Der Größte von euch soll euer Diener sein.
Und wer sich selbst erniedrigt, der wird erhöht werden.

Halleluja.

ZUM EVANGELIUM   *Die Reden und Weisungen Jesu, die Matthäus in Kap. 18 zusammengefaßt hat, hat man als „Gemeindeordnung" oder als „Hausordnung Gottes" bezeichnet. Die Rede ist an die Jünger gerichtet. Mit „Jünger" sind hier aber nicht nur die Wenigen gemeint, die da-*

Gib, daß alle Lehrer und Erzieher jungen Menschen aufgeschlossen begegnen. (Stille) Christus, höre uns.
A.: Christus, erhöre uns.

Laß junge Menschen, die keinen Halt haben, Seelsorger finden, denen sie vertrauen. (Stille) Christus, höre uns.

Verbreite unter uns die Fröhlichkeit, die du dem heiligen Johannes Bosco geschenkt hast. (Stille) Christus, höre uns.

Gütiger Gott, auf die Fürsprache des heiligen Johannes Bosco erfülle uns mit jener Freude, die uns niemand nehmen kann. Darum bitten wir durch Christus, unseren Herrn. A.: Amen.

FEBRUAR

2. Februar

DARSTELLUNG DES HERRN

Fest

Das Fest am 40. Tag nach der Geburt des Herrn wurde in Jerusalem mindestens seit Anfang des 5. Jahrhunderts gefeiert und „mit gleicher Freude wie Ostern begangen" (Bericht der Pilgerin Aetheria). In Rom wurde es um 650 eingeführt. Der Festinhalt ist vom Evangelium her gegeben (Lk 2, 22–40). Im Osten wurde es als „Fest der Begegnung des Herrn" verstanden: der Messias kommt in seinen Tempel und begegnet dem Gottesvolk des Alten Bundes, vertreten durch Simeon und Hanna. Im Westen wurde es mehr ein Marienfest: „Reinigung Marias" nach dem jüdischen Gesetz (Lev 12). Kerzenweihe und Lichterprozession kamen erst später dazu. Seit der Liturgiereform 1960 wird „Maria Lichtmeß" auch in der römischen Kirche wieder als Fest des Herrn gefeiert: Fest der „Darstellung des Herrn".

KERZENWEIHE

Seht, Christus, der Herr, kommt in Macht und Herrlichkeit, er wird die Augen seiner Diener erleuchten. Halleluja.

Oder ein anderer passender Gesang.
Der Priester segnet die Kerzen und spricht:

mals in der unmittelbaren Nachfolge Jesu standen; der Evangelist hat die Jüngergemeinde seiner eigenen Zeit, die nachösterliche Kirche, im Blick. In jeder Zeit muß neu an das Grundgesetz erinnert werden, das Jesus für seine Jünger aufgestellt hat. Immer ist eine tiefgreifende Bekehrung notwendig, ein neues Denken und Verhalten, wenn ein Mensch dem Gesetz Christi entsprechen will. Die Forderung, wir sollen wie die Kinder werden, verlangt von uns eine absolute Wahrhaftigkeit vor Gott und vor uns selbst. Das Kind weiß, daß es klein und schwach ist, daß es völlig von der Liebe und Gunst der Großen abhängt. Aber gerade in dieser Schwachheit des Kindes liegt seine unwiderstehliche Macht. Wer es fertigbringt, zu werden wie ein Kind, der hat alles gewonnen. – Zu 18,1–5: Mk 9,33–37; Lk 9,46–48. – Zu 18,3: Mk 10,15; Lk 18,17. – Zu 18,4: Mt 23,12; Lk 14,11. – Zu 18,5: Mt 10,40; Joh 13,20.

EVANGELIUM   Mt 18,1–5

Wenn ihr nicht wie die Kinder werdet, könnt ihr nicht in das Himmelreich kommen

✝ **Aus dem heiligen Evangelium nach Matthäus.**

**In jener Stunde kamen die Jünger zu Jesus
und fragten: Wer ist im Himmelreich der Größte?**

**Da rief er ein Kind herbei,
stellte es in ihre Mitte
und sagte: Amen, das sage ich euch:
Wenn ihr nicht umkehrt und wie die Kinder werdet,
   könnt ihr nicht in das Himmelreich kommen.
Wer so klein sein kann wie dieses Kind,
   der ist im Himmelreich der Größte.
Und wer ein solches Kind um meinetwillen aufnimmt,
   der nimmt mich auf.**

FÜRBITTEN

Im Gebet wenden wir uns an Christus, der Freude in die Welt gebracht hat:

Erfülle deine Gläubigen mit Freundlichkeit im Umgang mit den Menschen. (Stille) Christus, höre uns.
A.: Christus, erhöre uns.

2. Februar. Darstellung des Herrn

Lasset uns beten.
Gott, du Quell und Ursprung allen Lichtes,
du hast am heutigen Tag
dem greisen Simeon Christus geoffenbart
als das Licht zur Erleuchtung der Heiden.
Segne ✚ die Kerzen,
die wir in unseren Händen tragen
und zu deinem Lob entzünden.
Führe uns auf dem Weg des Glaubens und der Liebe
zu jenem Licht, das nie erlöschen wird.
Darum bitten wir durch Christus, unseren Herrn.

Oder:

Lasset uns beten.
Gott, du bist das wahre Licht,
das die Welt mit seinem Glanz hell macht.
Erleuchte auch unsere Herzen,
damit alle, die heute mit brennenden Kerzen
in deinem heiligen Haus vor dich hintreten,
einst das ewige Licht deiner Herrlichkeit schauen.
Darum bitten wir durch Christus, unseren Herrn.

Nun lädt der Priester die Gemeinde zur Prozession ein:

Laßt uns ziehen in Frieden,
Christus, dem Herrn, entgegen!

Während der Prozession wird gesungen: man verwendet dazu den Lobgesang des Simeon oder einen anderen passenden Gesang.

Der Lobgesang des Simeon   Lk 2, 29–32

Kehrvers:

R Ein Licht, das die Heiden erleuchtet,
und Herrlichkeit für dein Volk Israel.

Nun läßt du, Herr, deinen Knecht,
wie du gesagt hast, in Frieden scheiden. – (R)

Meine Augen haben das Heil gesehen,
das du vor allen Völkern bereitet hast. – R

MESSFEIER

ERÖFFNUNGSVERS Vgl. Ps 48 (47), 10–11

Wir haben dein Heil empfangen, o Gott, inmitten deines Tempels.
Wie dein Name, Gott, so reicht dein Ruhm bis an die Enden der Erde;
deine rechte Hand ist voll von Gerechtigkeit.

Ehre sei Gott, S. 1280 f.

TAGESGEBET

Allmächtiger, ewiger Gott,
dein eingeborener Sohn
hat unsere menschliche Natur angenommen
und wurde am heutigen Tag im Tempel dargestellt.
Läutere unser Leben und Denken,
damit wir mit reinem Herzen vor dein Antlitz treten.
Darum bitten wir durch Jesus Christus.

ZUR 1. LESUNG *Nach der Rückkehr aus dem babylonischen Exil hat das jüdische Volk keine Selbständigkeit mehr erlangt. Mittelpunkt und einziger Halt der Heimgekehrten war der wiederaufgebaute Tempel. Aber mit dem Tempelkult stand es in der Zeit Maleachis (um 450 v. Chr.) ebenso schlecht wie mit den sittlichen und sozialen Verhältnissen im Volk. Der Prophet ruft die Priesterschaft und das Volk zur Umkehr auf, muß sich aber sagen lassen, es lohne sich nicht, Jahwe die Treue zu halten, er sei ja kein gerechter Gott, er lasse es den Schlechten gut gehen (Mal 2, 17). Demgegenüber richtet der Prophet den Blick auf das bevorstehende Kommen Gottes zum Gericht. Vorher aber muß der Tempel gereinigt und die Priesterschaft geläutert werden; ein „Bote" wird dem Herrn vorausgehen und ihm den Weg bereiten. Das Neue Testament hat diese Ankündigung in Johannes dem Täufer erfüllt gesehen (Mt 17, 10–13). Der „Größere", der nach ihm kommt, ist Jesus; er ist „der Herr". – Jes 40, 3–5; Mk 1, 2; Lk 1, 76; 7, 24–30; Joh 2, 15; Mal 3, 23–24.*

2. Februar. Darstellung des Herrn

ERSTE LESUNG — Mal 3, 1–4

Dann kommt zu seinem Tempel der Herr, den ihr sucht

**Lesung
aus dem Buch Maleáchi.**

So spricht Gott, der Herr:
Seht, ich sende meinen Boten;
er soll den Weg für mich bahnen.
Dann kommt plötzlich zu seinem Tempel
    der Herr, den ihr sucht,
    und der Bote des Bundes, den ihr herbeiwünscht.
Seht, er kommt!,
    spricht der Herr der Heere.
Doch wer erträgt den Tag, an dem er kommt?
Wer kann bestehen, wenn er erscheint?
Denn er ist wie das Feuer im Schmelzofen
    und wie die Lauge im Waschtrog.
Er setzt sich, um das Silber zu schmelzen und zu reinigen:
Er reinigt die Söhne Levis,
    er läutert sie wie Gold und Silber.
Dann werden sie dem Herrn die richtigen Opfer darbringen.
Und dem Herrn
    wird das Opfer Judas und Jerusalems angenehm sein
wie in den Tagen der Vorzeit,
    wie in längst vergangenen Jahren.

Oder:

ERSTE LESUNG — Hebr 2, 11–12.13c–18

EINFÜHRUNG *Durch seine Erniedrigung in der Menschwerdung und im Todesleiden hat der Sohn Gottes den Willen des Vaters erfüllt, der auf diese Weise „viele Söhne zur Herrlichkeit führen" wollte (Hebr 2, 10). Der Sohn wurde uns, seinen Brüdern, gleich (2, 17); er nahm Fleisch und Blut an, er erlitt die Versuchung und den Tod (2, 18), so ist er „ein barmherziger und treuer Hoherpriester vor Gott" geworden und hat unsere Sünden gesühnt. Durch ihn sind wir auf eine neue Weise Söhne Gottes geworden. Wir waren es immer schon, insofern wir von Gott unser Dasein empfangen haben; wir sind es neu geworden, weil er, der Sohn, der ganz Heilige, uns geheiligt und in seine eigene Gemeinschaft mit dem Vater ein-*

bezogen hat. – Zu 2, 14–15: Joh 12, 31; 1 Joh 3, 8; Offb 12, 10. – Zu 2, 16–18: Jes 41, 8–9; Phil 2, 7; 1 Joh 2, 2; 4, 10; Hebr 4, 15.

Er mußte in allem seinen Brüdern gleich sein

Lesung
aus dem Hebräerbrief.

¹¹ Er, der heiligt,
und sie, die geheiligt werden,
stammen alle von Einem ab;
darum scheut er sich nicht, sie Brüder zu nennen
¹² und zu sagen:

Ich will deinen Namen meinen Brüdern verkünden,
inmitten der Gemeinde dich preisen;

^{13c} und ferner:

Seht, ich und die Kinder, die Gott mir geschenkt hat.

¹⁴ Da nun die Kinder Menschen von Fleisch und Blut sind,
hat auch Jesus in gleicher Weise Fleisch und Blut angenommen,
um durch seinen Tod den zu entmachten,
der die Gewalt über den Tod hat, nämlich den Teufel,
¹⁵ und um die zu befreien,
die durch die Furcht vor dem Tod
ihr Leben lang der Knechtschaft verfallen waren.
¹⁶ Denn er nimmt sich keineswegs der Engel an,
sondern der Nachkommen Abrahams nimmt er sich an.
¹⁷ Darum mußte er in allem seinen Brüdern gleich sein,
um ein barmherziger und treuer Hoherpriester vor Gott zu sein
und die Sünden des Volkes zu sühnen.
¹⁸ Denn da er selbst in Versuchung geführt wurde und gelitten hat,
kann er denen helfen, die in Versuchung geführt werden.

ANTWORTPSALM Ps 24 (23), 7–8.9–10 (R: vgl. 10b)

R Der Herr der Heere, (GL 122, 1)
er ist der König der Herrlichkeit. – **R**

⁷ Ihr Tore, hebt euch nach oben, † VIII. Ton
hebt euch, ihr uralten Pforten; *
denn es kommt der König der Herrlichkeit.

2. Februar. Darstellung des Herrn

8 Wer ist der König der Herrlichkeit? †
Der Herr, stark und gewaltig, *
der Herr, mächtig im Kampf. – (**R**)

9 Ihr Tore, hebt euch nach oben, †
hebt euch, ihr uralten Pforten; *
denn es kommt der König der Herrlichkeit.

10 Wer ist der König der Herrlichkeit? †
Der Herr der Heerscharen, *
er ist der König der Herrlichkeit. – **R**

RUF VOR DEM EVANGELIUM   Vers: Lk 2, 32

Halleluja. Halleluja.

Ein Licht, das die Heiden erleuchtet,
und Herrlichkeit für das Volk Israel.

Halleluja.

ZUM EVANGELIUM   *Jesus wird von seinen Eltern in den Tempel gebracht, wie es das Gesetz des Alten Bundes verlangt. Ebenso hält sich Maria an die Vorschriften, die für jede jüdische Mutter gelten. Aber nicht nur um die Vorschrift zu erfüllen, kommt Jesus in den Tempel; er ist der Herr des Tempels (Mal 3, 1). Der greise Simeon erkennt in dem Kind den Heilbringer für Israel und die Heiden, den Messias. Aber an das Loblied (Lk 2, 29–32) schließt sich eine düstere Weissagung, wie auch schon im Alten Testament vom Gottesknecht zugleich Leiden und Verherrlichung vorausgesagt waren. Mit der Ankunft Jesu setzt die Krise ein. An ihm entscheidet sich das Schicksal Israels und aller Völker. Maria aber erfährt, daß sie als Mutter des Messias seinen Leidensweg mitgehen wird. Sie bewahrt die Worte Simeons in ihrem Herzen, wie sie die Worte der Hirten bewahrt hat (Lk 2, 19). Auch sie braucht Zeit, um das Geschehene zu verstehen und die Tragweite des Gehörten zu ermessen.* – Ex 13,11–16; Lev 12, 1–8; Jes 8, 14–15; 42, 6; 49, 6; Mal 3.

EVANGELIUM   Lk 2, 22–40

Meine Augen haben das Heil gesehen

✠ **Aus dem heiligen Evangelium nach Lukas.**

2 Es kam für die Eltern Jesu
der Tag der vom Gesetz des Mose vorgeschriebenen Reinigung.
Sie brachten das Kind nach Jerusalem hinauf,
um es dem Herrn zu weihen,

²³ gemäß dem Gesetz des Herrn,
   in dem es heißt:
   Jede männliche Erstgeburt soll dem Herrn geweiht sein.
²⁴ Auch wollten sie ihr Opfer darbringen,
   wie es das Gesetz des Herrn vorschreibt:
ein Paar Turteltauben oder zwei junge Tauben.

²⁵ In Jerusalem lebte damals ein Mann namens Símeon.
Er war gerecht und fromm
   und wartete auf die Rettung Israels,
und der Heilige Geist ruhte auf ihm.
²⁶ Vom Heiligen Geist war ihm offenbart worden,
   er werde den Tod nicht schauen,
   ehe er den Messias des Herrn gesehen habe.
²⁷ Jetzt wurde er vom Geist in den Tempel geführt;
und als die Eltern Jesus hereinbrachten,
   um zu erfüllen, was nach dem Gesetz üblich war,
   ²⁸ nahm Símeon das Kind in seine Arme
und pries Gott mit den Worten:
²⁹ Nun läßt du, Herr,
   deinen Knecht, wie du gesagt hast, in Frieden scheiden.
³⁰ Denn meine Augen haben das Heil gesehen,
³¹ das du vor allen Völkern bereitet hast,
³² ein Licht, das die Heiden erleuchtet,
   und Herrlichkeit für dein Volk Israel.

³³ Sein Vater und seine Mutter
   staunten über die Worte, die über Jesus gesagt wurden.
³⁴ Und Símeon segnete sie
und sagte zu Maria, der Mutter Jesu:
   Dieser ist dazu bestimmt,
   daß in Israel viele durch ihn zu Fall kommen
   und viele aufgerichtet werden,
und er wird ein Zeichen sein, dem widersprochen wird.
³⁵ Dadurch sollen die Gedanken vieler Menschen offenbar werden.
Dir selbst aber
   wird ein Schwert durch die Seele dringen.

³⁶ Damals lebte auch eine Prophetin namens Hanna,
eine Tochter Pénuëls, aus dem Stamm Ascher.
Sie war schon hochbetagt.
Als junges Mädchen hatte sie geheiratet
   und sieben Jahre mit ihrem Mann gelebt;

2. Februar. Darstellung des Herrn

⁣37 nun war sie eine Witwe von vierundachtzig Jahren.
   Sie hielt sich ständig im Tempel auf
      und diente Gott Tag und Nacht mit Fasten und Beten.
⁣38 In diesem Augenblick nun trat sie hinzu,
   pries Gott
   und sprach über das Kind
      zu allen, die auf die Erlösung Jerusalems warteten.
⁣39 Als seine Eltern alles getan hatten,
   was das Gesetz des Herrn vorschreibt,
      kehrten sie nach Galiläa in ihre Stadt Nazaret zurück.
⁣40 Das Kind wuchs heran und wurde kräftig;
   Gott erfüllte es mit Weisheit,
      und seine Gnade ruhte auf ihm.

Oder:

KURZFASSUNG Lk 2,22–32

Meine Augen haben das Heil gesehen

✠ Aus dem heiligen Evangelium nach Lukas.

⁣22 Es kam für die Eltern Jesu
   der Tag der vom Gesetz des Mose vorgeschriebenen Reinigung.
   Sie brachten das Kind nach Jerusalem hinauf,
      um es dem Herrn zu weihen,
⁣23 gemäß dem Gesetz des Herrn,
   in dem es heißt:
   Jede männliche Erstgeburt soll dem Herrn geweiht sein.
⁣24 Auch wollten sie ihr Opfer darbringen,
   wie es das Gesetz des Herrn vorschreibt:
   ein Paar Turteltauben oder zwei junge Tauben.
⁣25 In Jerusalem lebte damals ein Mann namens Símeon.
   Er war gerecht und fromm
      und wartete auf die Rettung Israels,
   und der Heilige Geist ruhte auf ihm.
⁣26 Vom Heiligen Geist war ihm offenbart worden,
   er werde den Tod nicht schauen,
      ehe er den Messias des Herrn gesehen habe.
⁣27 Jetzt wurde er vom Geist in den Tempel geführt;
   und als die Eltern Jesus hereinbrachten,
      um zu erfüllen, was nach dem Gesetz üblich war,

²⁸ nahm Símeon das Kind in seine Arme
und pries Gott mit den Worten:
²⁹ **Nun läßt du, Herr,**
   deinen Knecht, wie du gesagt hast, in Frieden scheiden.
³⁰ **Denn meine Augen haben das Heil gesehen,**
³¹ **das du vor allen Völkern bereitet hast,**
³² **ein Licht, das die Heiden erleuchtet,**
   und Herrlichkeit für dein Volk Israel.

FÜRBITTEN

Wir beten zu Jesus Christus, der auf den Armen seiner Mutter in den Tempel gebracht wurde:

Mache die Kirche zu einem hellen Licht, das den Menschen den Weg zu dir weist.
A.: Wir bitten dich, erhöre uns.

Führe die Frommen aus dem Volk Israel zur Erkenntnis des Heils.

Gib, daß die alten Menschen deine tröstende Nähe erfahren.

Laß die Sterbenden in Frieden aus dieser Welt scheiden.

Allmächtiger Gott, du bist das wahre Licht. Führe uns zu dir in deine Herrlichkeit durch Christus, unseren Herrn.   A.: Amen.

GABENGEBET

Allmächtiger Gott,
nach deinem Ratschluß hat dein eigener Sohn
sich als makelloses Lamm
für das Leben der Welt geopfert.
Nimm die Gabe an,
die deine Kirche in festlicher Freude darbringt.
Darum bitten wir durch Christus, unseren Herrn.

Präfation, S. 1370.

KOMMUNIONVERS
Lk 2, 30–31

Meine Augen haben das Heil gesehen,
das du vor allen Völkern bereitet hast.

SCHLUSSGEBET

Barmherziger Gott,
stärke unsere Hoffnung
durch das Sakrament, das wir empfangen haben,
und vollende in uns das Werk deiner Gnade.
Du hast die Erwartung Simeons erfüllt
und ihn Christus schauen lassen.
Erfülle auch unser Verlangen:
Laß uns Christus entgegengehen
und in ihm das ewige Leben finden,
der mit dir lebt und herrscht in alle Ewigkeit.

Feierlicher Schlußsegen, S. 1338 (Im Jahreskreis I).

3. Februar

HL. ANSGAR

Bischof, Glaubensbote

Ansgar, um 801 bei Corbie an der Somme geboren, wurde Benediktiner in Corbie; 823 kam er als Lehrer an die Klosterschule von Korvey an der Weser. Er missionierte bei den Dänen und Schweden und gewann den König Olaf für den christlichen Glauben. 831 wurde er erster Bischof von Hamburg-Bremen. Obwohl er wenig Erfolg hatte, gilt er als der Apostel des Nordens. Er starb 865 in Bremen. Sein Nachfolger Rimbert zeichnete in liebevoller Verehrung das Leben und die Persönlichkeit Ansgars, der in seinem Herzen ein Mönch, in seiner Tätigkeit ein Apostel war. „Er wollte den Blinden Auge, den Lahmen Fuß, den Armen ein wahrer Vater sein."

Commune-Texte:
A Meßformulare für Bischöfe, S. 2056 ff., oder für Glaubensboten, S. 2067 ff.
B Schriftlesungen für Hirten der Kirche (Glaubensboten), S. 2101 ff.

TAGESGEBET

Gott, du Heil der Menschen,
du hast den heiligen Bischof Ansgar gesandt,
den Völkern des Nordens das Evangelium zu verkünden.
Höre auf seine Fürsprache
und erhalte auch den Menschen unserer Zeit
das Licht deiner Wahrheit.
Darum bitten wir durch Jesus Christus.

ZUR LESUNG *Die Könige Israels haben ihrem Volk nicht Heil, sondern Unheil gebracht. Aber Gott verläßt sein Volk nicht; er befreit es, führt es heim und baut das zerstörte Jerusalem wieder auf. „Dein Gott ist König", lautet nun die frohe Botschaft. Er ist König über alle Völker der Erde; er ist der Hirt, der für sie Sorge trägt, der immer wieder tröstet und hilft. Und er nimmt auch heute Menschen in seinen Dienst, die sein Königtum ausrufen, in der Welt die Hoheit Gottes und den Frieden Gottes ansagen und bringen. – Zu 52,7: Ps 92; Apg 10,36; Röm 10,15; 2 Kor 5,20; Eph 2,17; 6,15. – Zu 52,10: Lk 2,30–31.*

ERSTE LESUNG Jes 52,7–10

Alle Enden der Erde sehen das Heil unseres Gottes

Lesung
   aus dem Buch Jesája.

7 Wie willkommen sind auf den Bergen
   die Schritte des Freudenboten, der Frieden ankündigt,
   der eine frohe Botschaft bringt und Rettung verheißt,
   der zu Zion sagt: Dein Gott ist König.
8 Horch, deine Wächter erheben die Stimme,
   sie beginnen alle zu jubeln.
   Denn sie sehen mit eigenen Augen,
   wie der Herr nach Zion zurückkehrt.
9 Brecht in Jubel aus,
   jauchzt alle zusammen,
   ihr Trümmer Jerusalems!
   Denn der Herr tröstet sein Volk,
   er erlöst Jerusalem.
10 Der Herr macht seinen heiligen Arm frei
   vor den Augen aller Völker.
   Alle Enden der Erde
   sehen das Heil unseres Gottes.

ANTWORTPSALM Ps 96 (95), 1–2.3 u. 7.8 u. 10 (R: vgl. 3 a)

R Kündet den Völkern die Herrlichkeit des Herrn! – R (GL 529,6)

1 Singet dem Herrn ein neues Lied, * VIII. Ton
   singt dem Herrn, alle Länder der Erde!

3. Februar. Hl. Ansgar

2 Singt dem Herrn und preist seinen Namen, *
verkündet sein Heil von Tag zu Tag! – (R)

3 Erzählt bei den Völkern von seiner Herrlichkeit, *
bei allen Nationen von seinen Wundern!

7 Bringt dar dem Herrn, ihr Stämme der Völker, *
bringt dar dem Herrn Lob und Ehre! – (R)

8 Bringt dar dem Herrn die Ehre seines Namens, *
spendet Opfergaben, und tretet ein in sein Heiligtum!

10 Verkündet bei den Völkern: Der Herr ist König. †
Den Erdkreis hat er gegründet, so daß er nicht wankt. *
Er richtet die Nationen so, wie es recht ist. – R

RUF VOR DEM EVANGELIUM Vers: Mk 1, 17b

Halleluja. Halleluja.

(So spricht der Herr:)
Folgt mir nach!
Ich werde euch zu Menschenfischern machen.

Halleluja.

ZUM EVANGELIUM *Nach der Zeit der Verheißung und Erwartung ist die Zeit der Erfüllung angebrochen. Jesus selbst ist die Fülle der Zeit; seine Worte und Taten verkünden die Nähe der Gottesherrschaft. In 1, 15 hat Markus die Botschaft Jesu zusammengefaßt. Sie ist Botschaft vom Heil, das von Gott kommt (1, 14). Die Forderung: „Kehrt um, und glaubt an das Evangelium", nimmt für die berufenen Jünger eine konkretere Form an: „Kommt her, folgt mir nach!" (1, 17). Wer Jesus begegnet, der begegnet dem Anspruch Gottes; wen Jesus ruft, der muß sich entscheiden. – Mt 4, 12–22; Lk 4, 14–15; 5, 1–11; Röm 1, 1; Eph 1, 10; Mt 3, 2; 8, 10.*

EVANGELIUM Mk 1, 14–20

Ich werde euch zu Menschenfischern machen

✢ Aus dem heiligen Evangelium nach Markus.

Nachdem man Johannes den Täufer ins Gefängnis geworfen hatte,
  ging Jesus wieder nach Galiláa;
er verkündete das Evangelium Gottes

¹⁵ und sprach: Die Zeit ist erfüllt,
das Reich Gottes ist nahe.
Kehrt um,
    und glaubt an das Evangelium!
¹⁶ Als Jesus am See von Galiläa entlangging,
    sah er Simon und Andreas, den Bruder des Simon,
    die auf dem See ihr Netz auswarfen;
sie waren nämlich Fischer.
¹⁷ Da sagte er zu ihnen: Kommt her,
folgt mir nach!
Ich werde euch zu Menschenfischern machen.
¹⁸ Sogleich ließen sie ihre Netze liegen und folgten ihm.
¹⁹ Als er ein Stück weiterging,
    sah er Jakobus, den Sohn des Zebedäus,
    und seinen Bruder Johannes;
sie waren im Boot und richteten ihre Netze her.
²⁰ Sofort rief er sie,
und sie ließen ihren Vater Zebedäus
    mit seinen Tagelöhnern im Boot zurück
    und folgten Jesus nach.

FÜRBITTEN

Zu Jesus Christus, dem Urheber unseres Heils, rufen wir:

Entfache in den Völkern Skandinaviens den Glauben an das Evangelium.
A.: Herr, erhöre unser Gebet.

Führe alle, die an dich glauben, in einer Kirche zusammen.

Zeige allen Suchenden den Weg zu dir.

Stärke alle Christen, deren Glaube von einer unchristlichen Umgebung bedroht ist.

Herr, unser Gott, dein Heil ist allen nahe, die dich fürchten. Auf die Fürsprache des heiligen Ansgar erhöre unser Gebet durch Christus, unseren Herrn.   A.: Amen.

3. Februar

HL. BLASIUS
Bischof, Märtyrer

Blasius war Bischof von Sebaste in Armenien. Nach der Legende erlitt er unter Kaiser Licinius um 316 einen grausamen Märtyrertod. Im Gefängnis soll er einem Knaben, der eine Fischgräte verschluckt hatte, das Leben gerettet haben; deshalb wird er im Osten und Westen gegen Halsleiden angerufen (Blasius-Segen seit dem 16. Jahrhundert). Seit dem späten Mittelalter gilt er als einer der Vierzehn Nothelfer.

Commune-Texte:
A Meßformulare für Märtyrer, S. 2041 ff.,
oder für Bischöfe, S. 2056 ff.
B Schriftlesungen für Märtyrer, S. 2098 ff.,
oder für Hirten der Kirche, S. 2101 ff.

TAGESGEBET

Herr, unser Gott,
erhöre dein Volk, das am Tag des heiligen
Bischofs und Märtyrers Blasius zu dir ruft.
Bewahre uns vor Krankheit und Schaden
in diesem zeitlichen Leben
und hilf uns in aller Not,
damit wir das ewige Heil erlangen.
Darum bitten wir durch Jesus Christus.

ZUR LESUNG *Wir glauben, daß Gott uns angenommen, daß er zu uns ja gesagt hat. Er hat für unsere Schuld seinen Sohn hingegeben, und er hat ihn von den Toten auferweckt (Röm 4, 24–25), weil er will, daß wir leben („um uns gerecht zu machen", Röm 4, 25). Die Folgerungen, die sich daraus für die Gegenwart und die Zukunft ergeben, zeigt Paulus in Röm 5–8. Als erste Heilsgabe nennt er den Frieden (5, 1); wir haben ihn, weil uns durch den Tod Jesu die Vergebung geschenkt wurde (vgl. 5, 10–11). Das ist auch der Grund unserer Hoffnung: wir glauben, daß wir durch alle Not hindurch „der Herrlichkeit Gottes" entgegengehen (5, 2). Die Erfahrung der Gegenwart heißt freilich nicht „Herrlichkeit", sondern: Bedrängnis, Not, Tod. Zusätzlich zu den Nöten, die jeden Menschen treffen, erfährt der Christ die Not der eigenen Ohnmacht, seine Unfähigkeit, das, was er glaubt und weiß, zu leben und zu bezeugen, und er spürt in vielfacher Form den Haß der Welt, die von der Botschaft Christi nichts wissen will. Weil wir die Hoffnung haben, können wir aushalten, und im Aushalten wächst uns neue Hoffnung zu, nicht als Selbsttäuschung, sondern als vertrauendes Ja zu dem Gott, der uns liebt. – Zu 5,1-2: Röm 3,24-25.28; Eph 2,18; 3,12-13. – Zu 5,3-5: Jak 1,2-4; 1 Petr 1,5-7; Ps 22,5-6; 25,2-3; 1 Joh 3,16; 4,7.*

ERSTE LESUNG Röm 5,1-5

Wir rühmen uns unserer Bedrängnis

Lesung
   aus dem Brief des Apostels Paulus an die Römer.

Brüder!
1 Gerecht gemacht aus Glauben,
   haben wir Frieden mit Gott
   durch Jesus Christus, unseren Herrn.
2 Durch ihn haben wir auch den Zugang zu der Gnade erhalten,
   in der wir stehen,
   und rühmen uns unserer Hoffnung auf die Herrlichkeit Gottes.
3 Mehr noch,
   wir rühmen uns ebenso unserer Bedrängnis;
   denn wir wissen: Bedrängnis bewirkt Geduld,
4 Geduld aber Bewährung,
   Bewährung Hoffnung.
5 Die Hoffnung aber läßt nicht zugrunde gehen;
   denn die Liebe Gottes ist ausgegossen in unsere Herzen
   durch den Heiligen Geist, der uns gegeben ist.

ANTWORTPSALM Ps 117 (116), 1.2 (R: vgl. Mk 16,15)

R Geht hinaus in die ganze Welt, (GL 646,5)
und verkündet allen das Evangelium! – R

1 Lobet den Herrn, alle Völker, * VI. Ton
preist ihn, alle Nationen! – (R)

2 Denn mächtig waltet über uns seine Huld, *
die Treue des Herrn währt in Ewigkeit. – R

RUF VOR DEM EVANGELIUM

Vers: Mt 28, 19a.20b

Halleluja. Halleluja.

(So spricht der Herr:)
Geht zu allen Völkern,
und macht alle Menschen zu meinen Jüngern!
Ich bin bei euch alle Tage bis zum Ende der Welt.

Halleluja.

ZUM EVANGELIUM *Der jetzige Schluß des Markusevangeliums (16, 9–20) wurde nachträglich aus den Osterberichten der drei anderen Evangelien zusammengestellt. – Mit der Auferstehung und Himmelfahrt Jesu ist die Geschichte des Evangeliums nicht zu Ende, im Gegenteil: jetzt weitet sich der Horizont; der „ganzen Welt", „allen Geschöpfen" (16, 15; vgl. 13, 10; 14, 9) sollen die Jünger die gute Nachricht bringen, daß Jesus, der Christus, durch seinen Tod und seine Auferstehung der Welt wieder Hoffnung gegeben hat. Der Auftrag Jesu richtet sich zunächst an die Apostel, ist aber nicht auf diese beschränkt. Christus selbst hat den Saulus-Paulus berufen, und die Apostel haben diese Berufung anerkannt. Im Lauf der Jahrhunderte wird es die Aufgabe des Bischofskollegiums sein, immer wieder Männern und Frauen, die Gott dazu beruft, die Sorge für die Ausbreitung des Evangeliums zu übertragen. – Mt 28, 16–20; 1 Tim 3, 16; 4, 10; Apg 9, 33–35; 14, 8–10; 16, 16–18; 28, 3–6.*

EVANGELIUM

Mk 16, 15–20

Geht hinaus in die ganze Welt, und verkündet das Evangelium!

✛ **Aus dem heiligen Evangelium nach Markus.**

5 In jener Zeit erschien Jesus den Elf
und sprach zu ihnen:
> Geht hinaus in die ganze Welt,
> und verkündet das Evangelium allen Geschöpfen!

6 Wer glaubt und sich taufen läßt,
> wird gerettet;
wer aber nicht glaubt,
> wird verdammt werden.

7 Und durch die, die zum Glauben gekommen sind,
> werden folgende Zeichen geschehen:
In meinem Namen werden sie Dämonen austreiben;
sie werden in neuen Sprachen reden;

¹⁸ wenn sie Schlangen anfassen oder tödliches Gift trinken,
   wird es ihnen nicht schaden;
   und die Kranken, denen sie die Hände auflegen,
   werden gesund werden.

¹⁹ Nachdem Jesus, der Herr, dies zu ihnen gesagt hatte,
   wurde er in den Himmel aufgenommen
   und setzte sich zur Rechten Gottes.

²⁰ Sie aber zogen aus und predigten überall.
   Der Herr stand ihnen bei
   und bekräftigte die Verkündigung
       durch die Zeichen, die er geschehen ließ.

FÜRBITTEN

Wir bitten Christus, der seinen Jüngern den Beistand verheißen hat:

Beschütze und leite die Kirche durch deinen Geist.
A.: Herr, erhöre uns.

Schenke und erhalte uns den Frieden.

Heile die Kranken, und richte die Gebeugten auf.

Bewahre uns vor allem, was Leib und Seele bedrohen kann.

Barmherziger Gott, durch den heiligen Bischof Blasius hast du deine Güte sichtbar gemacht. Steh uns auf seine Fürsprache hin bei durch Christus, unseren Herrn. A.: Amen.

4. Februar
HL. RABANUS MAURUS
Bischof

Rabanus, 780 in Mainz geboren, legte mit fünfzehn Jahren im Kloster Fulda die Mönchsgelübde ab. Zur weiteren Ausbildung kam er nach Tours in Frankreich, wo Abt Alkuin sein Lehrer war. Dieser gab ihm auch den Namen Maurus, den Rabanus dann als zweiten Namen beibehielt. Nach Fulda zurückgekehrt, wurde er Lehrer an der Klosterschule, dann Leiter der Schule und 822 Abt des Klosters. 847 wurde er

4. Februar. Hl. Rabanus Maurus

als Erzbischof nach Mainz gerufen. Er war ein Mann von universaler Bildung, ein großer Förderer des Bildungswesens in der Zeit Karls des Großen, daher sein Ehrenname „Lehrer Germaniens" (Praeceptor Germaniae). Der gelehrte Theologe und Schriftsteller war auch ein bedeutender Dichter; der Pfingsthymnus „Veni, Creator Spiritus" (Komm, Schöpfer Geist) wird ihm zugeschrieben. Seine Heiligkeit bestand nicht in außerordentlichen Dingen, sondern darin, daß er seine Zeit bis zum äußersten ausnützte, in der Gegenwart lebte und anderen den Weg zu Gott zeigte.

Weg zur Weisheit
„Wer den Gipfel der Weisheit erreichen will, muß zum Gipfel der Liebe gelangen. Denn niemand ist vollkommen im Wissen, der nicht vollkommen ist in der Liebe." (Rabanus Maurus)

Commune-Texte:
A Meßformulare für Bischöfe, S. 2056 ff.
B Schriftlesungen für Hirten der Kirche, S. 2101 ff.

TAGESGEBET

Allmächtiger Gott,
du hast dem heiligen Rabanus Maurus
die Gabe der Weisheit und des Wortes verliehen:
du hast ihn gelehrt,
den Menschen deine Wahrheit nahezubringen.
Öffne unser Herz für das Licht deines Geistes,
damit wir dich erkennen
und deinen Sohn, unseren Herrn Jesus Christus,
der in der Einheit des Heiligen Geistes
mit dir lebt und herrscht in alle Ewigkeit.

ZUR LESUNG *Gott hat die Welt geschaffen und den Menschen beauftragt, über die Geschöpfe zu herrschen. Dazu hat er ihn mit dem ausgerüstet, was er am nötigsten braucht: mit der Weisheit. Weisheit ist hier verstanden als die Gabe, zwischen Gut und Böse, Recht und Unrecht zu unterscheiden. Ohne diese Gabe würde dem Menschen seine Macht zum Verhängnis. Ein Mensch aber, der andere Menschen führen und regieren soll, braucht, da er selbst nur ein schwacher Mensch ist, Gottes eigene Weisheit, wenn er in allem das Rechte tun soll. Deshalb hat König Salomo, als er die Regierung antrat, um nichts anderes gebeten als um Weis-*

heit. Auch der Verfasser des Weisheitsbuches betet um Weisheit (9, 1–19). Die Klarheit des Geistes und die Kraft der Entscheidung sind Tugenden, die gelernt und geübt werden können, aber vor allem müssen sie von Gott erbeten werden. – Zu 9, 1–4: Gen 1, 26–27; Ps 8, 6–9; Sir 17, 2–4. – Zu 9, 9: Spr 8, 22–31.

ERSTE LESUNG   Weish 9, 1–6.9–10.12a

Ein Mensch wird kein Ansehen genießen, wenn ihm deine Weisheit fehlt

Lesung
   aus dem Buch der Weisheit.

1 Gott der Väter und Herr des Erbarmens,
   du hast das All durch dein Wort gemacht.
2 Den Menschen hast du durch deine Weisheit erschaffen,
   damit er über deine Geschöpfe herrscht.
3 Er soll die Welt in Heiligkeit und Gerechtigkeit leiten
   und Gericht halten in rechter Gesinnung.
4 Gib mir die Weisheit, die an deiner Seite thront,
   und verstoß mich nicht aus der Schar deiner Kinder!
5 Ich bin ja dein Knecht, der Sohn deiner Magd,
   ein schwacher Mensch, dessen Leben nur kurz ist,
   und gering ist meine Einsicht in Recht und Gesetz.
6 Wäre einer auch vollkommen unter den Menschen,
   er wird kein Ansehen genießen, wenn ihm deine Weisheit fehlt.
9 Mit dir ist die Weisheit, die deine Werke kennt
   und die zugegen war, als du die Welt erschufst.
   Sie weiß, was dir gefällt
   und was recht ist nach deinen Geboten.
10 Sende sie vom heiligen Himmel
   und schick sie vom Thron deiner Herrlichkeit,
   damit sie bei mir sei und alle Mühe mit mir teile
   und damit ich erkenne, was dir gefällt.
12a Dann wird dir mein Handeln gefallen;
   ich werde dein Volk gerecht regieren.

ANTWORTPSALM

Ps 19 (18B), 8.9.10.11–12 (R: 10b oder vgl. Joh 6,63b)

R Die Urteile des Herrn sind wahr, (GL 465)
gerecht sind sie alle. – **R**

Oder:
R Deine Worte, Herr, sind Geist und Leben. – **R**

8 Die Weisung des Herrn ist vollkommen, *   II. Ton
sie erquickt den Menschen.

Das Gesetz des Herrn ist verläßlich, *
den Unwissenden macht es weise. – (R)

9 Die Befehle des Herrn sind richtig, *
sie erfreuen das Herz;

das Gebot des Herrn ist lauter, *
es erleuchtet die Augen. – (R)

10 Die Furcht des Herrn ist rein, *
sie besteht für immer.

Die Urteile des Herrn sind wahr, *
gerecht sind sie alle. – (R)

11 Sie sind kostbarer als Gold, als Feingold in Menge. *
Sie sind süßer als Honig, als Honig aus Waben.

12 Auch dein Knecht läßt sich von ihnen warnen; *
wer sie beachtet, hat reichen Lohn. – **R**

RUF VOR DEM EVANGELIUM   Vers: vgl. Joh 8,12

Halleluja. Halleluja.

(So spricht der Herr:)
Ich bin das Licht der Welt.
Wer mir nachfolgt, hat das Licht des Lebens.

Halleluja.

ZUM EVANGELIUM   *Die Jünger Jesu leben in dieser gegenwärtigen Welt, die – mag sie selbst auch das Gegenteil meinen – eine fade und dunkle Welt ist, eine verlorene Welt, wäre Christus nicht gekommen. Er will die Menschen durch Menschen retten: „Ihr seid das Salz der Erde, ihr seid das Licht der Welt", sagt er zu seinen Jüngern. Das heißt: Ihr seid für diese Welt verantwortlich. Das Salz erhält die Speise frisch und macht sie schmackhaft; es kann seinen Geschmack nicht verlieren, oder es hat aufgehört, Salz zu sein. Der Jünger Jesu, der seine Aufgabe in der Welt nicht erfüllt, ist wie das Salz, das seine Kraft verloren hat. Das Bildwort vom Licht (Mt 5,14–15) wird ausdrücklich in eine Mahnung umgesetzt (5,16): Euer Licht soll vor den Menschen leuchten. Ob die Menschen wirklich den Vater im Himmel preisen werden, wenn sie die guten Werke der Jünger Jesu sehen, das braucht nicht unsere Sorge zu sein; in den vorausgehenden Versen 11–12 ist die andere Möglichkeit genannt: Spott und Verfolgung. – Zu 5,13: Mk 9,50; Lk 14,34–35. – Zu 5,14: Joh 8,12. – Zu 5,15: Mk 4,21; Lk 8,16; 11,33.*

EVANGELIUM   Mt 5,13–16

Ihr seid das Licht der Welt

✝ Aus dem heiligen Evangelium nach Matthäus.

In jener Zeit sprach Jesus zu seinen Jüngern:
13 Ihr seid das Salz der Erde.
Wenn das Salz seinen Geschmack verliert,
   womit kann man es wieder salzig machen?
Es taugt zu nichts mehr;
es wird weggeworfen und von den Leuten zertreten.

14 Ihr seid das Licht der Welt.
Eine Stadt, die auf einem Berg liegt,
kann nicht verborgen bleiben.
15 Man zündet auch nicht ein Licht an und stülpt ein Gefäß darüber,
sondern man stellt es auf den Leuchter;
dann leuchtet es allen im Haus.

16 So soll euer Licht vor den Menschen leuchten,
   damit sie eure guten Werke sehen
   und euren Vater im Himmel preisen.

FÜRBITTEN

Zu Christus, der Weg, Wahrheit und Leben ist, wollen wir beten:

Erfülle die Hirten der Kirche mit dem Geist der Weisheit, und gib ihnen das rechte Wort. (Stille) Herr, erbarme dich.
A.: Christus, erbarme dich.

Schenke den Politikern Klugheit, Wege für das Wohl aller zu finden. (Stille) Herr, erbarme dich.

Ermutige die jungen Menschen, die sich vor einer ungewissen Zukunft fürchten. (Stille) Herr, erbarme dich.

Gib unserer Jugend gläubige Lehrer und Erzieher. (Stille) Herr, erbarme dich.

Allmächtiger Gott, steh uns auf die Fürsprache des heiligen Rabanus Maurus bei, und schütze uns durch Christus, unseren Herrn. A.: Amen.

5. Februar
HL. AGATHA
Jungfrau, Märtyrin
Gedenktag

Agatha stammte aus Catania in Sizilien und erlitt den Märtyrertod wahrscheinlich unter Kaiser Decius (249–251). Ihre Verehrung hat sich früh ausgebreitet. Um 500 baute Papst Symmachus eine Kirche an der Aurelischen Straße. Papst Gregor d. Gr. weihte 592 eine Kirche neu, die um 460 der Gote Ricimer, ein Arianer, gebaut hatte und die heute noch Santa Agata de' Goti heißt. – Am heutigen Tag wird in vielen Gegenden das Agatha-Brot gesegnet.

Commune-Texte:
A Meßformulare für Märtyrer, S. 2041 ff.,
oder für Jungfrauen, S. 2073 ff.
B Schriftlesungen für Märtyrer, S. 2098 ff.,
oder für Jungfrauen, S. 2108 ff.

TAGESGEBET

Allmächtiger Gott,
du hast die heilige Agatha
zur Jungfräulichkeit um Christi willen berufen
und ihr die Gnade des Martyriums geschenkt.
Höre auf ihre Fürsprache
und hilf uns, in aller Bedrängnis auszuharren
und dir in Lauterkeit und Treue zu dienen.
Darum bitten wir durch Jesus Christus.

ZUR LESUNG   *Mit der „Kirche Gottes, die in Korinth ist" (1, 2), ist es wie mit dem Volk Gottes im Alten Bund: Gott schafft sich sein Volk aus nichts (1, 28); er bevorzugt („erwählt") das Schwache und Verachtete. Beweis dafür ist nicht nur die Tatsache des Kreuzes; was am Kreuz geschah, setzt sich fort in der Verkündigung des gekreuzigten Christus: nicht mit Macht und Weisheit wird Christus verkündigt, und nicht die Mächtigen und Weisen sind es, bei denen die Botschaft ankommt. Die Korinther brauchen sich in ihrer Gemeinde nur umzusehen, um das zu wissen. „Seht auf eure Berufung", sagt ihnen Paulus: Wie ging es denn damals zu, als sich eure Gemeinde bildete? Das war doch ein erbärmlicher Haufen: ungebildete, wirtschaftlich schwache Leute, wohl auch asoziale Elemente fanden sich zusammen. Mit diesem Vorgehen verfolgt Gott ein bestimmtes Ziel: der Mensch soll seine Armut begreifen und vor Gott als der Empfangende stehen. – Dtn 7, 7–8; Ri 7, 2; 1 Sam 16, 7; 2 Kor 4, 7; Jak 2, 5; Dtn 8, 17–18; Eph 2, 8–9; Jer 9, 22–23; 2 Kor 10, 17.*

ZWEITE LESUNG   1 Kor 1, 26–31

Das Schwache in der Welt hat Gott erwählt

**Lesung
aus dem ersten Brief des Apostels Paulus an die Korínther.**

26 **Seht auf eure Berufung, Brüder!**

**Da sind nicht viele Weise im irdischen Sinn,
nicht viele Mächtige, nicht viele Vornehme,**
27 **sondern das Törichte in der Welt hat Gott erwählt,
um die Weisen zuschanden zu machen,
und das Schwache in der Welt hat Gott erwählt,
um das Starke zuschanden zu machen.**
28 **Und das Niedrige in der Welt und das Verachtete hat Gott erwählt:
das, was nichts ist,
um das, was etwas ist, zu vernichten,**
29 **damit kein Mensch sich rühmen kann vor Gott.**
30 **Von ihm her seid ihr in Christus Jesus,
den Gott für uns zur Weisheit gemacht hat,
zur Gerechtigkeit, Heiligung und Erlösung.**
31 **Wer sich also rühmen will,
der rühme sich des Herrn;
so heißt es schon in der Schrift.**

5. Februar. Hl. Agatha

ANTWORTPSALM Ps 31 (30), 3b–4.6 u. 8.16–17 (R: vgl. 6a)

℟ Herr, in deine Hände lege ich meinen Geist. – ℟ (GL 699, 1)

VI. Ton

3b Sei mir ein schützender Fels, *
eine feste Burg, die mich rettet.

4 Denn du bist mein Fels und meine Burg; *
um deines Namens willen wirst du mich führen und leiten. – (℟)

6 In deine Hände lege ich voll Vertrauen meinen Geist; *
du hast mich erlöst, Herr, du treuer Gott.

8 Ich will jubeln und über deine Huld mich freuen; †
denn du hast mein Elend angesehn, *
du bist mit meiner Not vertraut. – (℟)

16 In deiner Hand liegt mein Geschick; *
entreiß mich der Hand meiner Feinde und Verfolger!

17 Laß dein Angesicht leuchten über deinem Knecht, *
hilf mir in deiner Güte! – ℟

RUF VOR DEM EVANGELIUM Vers: vgl. 1 Petr 4, 14

Halleluja. Halleluja.

Wenn man euch um des Namens Christi willen beschimpft,
seid ihr seligzupreisen;
denn der Geist Gottes ruht auf euch.

Halleluja.

ZUM EVANGELIUM *Auf das Messiasbekenntnis des Petrus (Lk 9, 18–21) folgen die erste Leidensansage (9, 22) und die Einladung zur Kreuzesnachfolge. Jesus weiß, was ihn, den Messias und Gottesknecht, in Jerusalem erwartet (vgl. Lk 2, 34), und er will seine Jünger darauf vorbereiten. Die Einladung zur Leidensnachfolge ist aber nicht nur an die Jünger gerichtet, sondern an „alle" (9, 23; vgl. Mk 8, 34). Jesus „nachfolgen" ist gleichbedeutend mit „sich verleugnen" und „das Kreuz auf sich nehmen". „Sich verleugnen" hat nicht den etwas muffigen Geruch von „sich verdemütigen"; es besagt: Ehre und Leben drangeben, um bei Jesus zu bleiben. Nur wenn der Jünger mit Jesus bis zum Ende solidarisch bleibt und so „sein Leben verliert", wird er sein Leben wirklich retten, und er wird in der Gemeinschaft und Freude bleiben, die Jesus allein geben kann.
– Mt 16, 21; Mk 8, 31; Jes 53; Lk 24, 26–27; Mt 16, 24–26; Mk 8, 34–37; Lk 14, 27; Mt 10, 38–39; Joh 12, 25–26; Lk 17, 33.*

EVANGELIUM Lk 9, 23–26

Wer sein Leben um meinetwillen verliert, der wird es retten

✝ Aus dem heiligen Evangelium nach Lukas.

In jener Zeit sprach Jesus zu der Menge:
23 Wer mein Jünger sein will, der verleugne sich selbst,
nehme täglich sein Kreuz auf sich und folge mir nach.
24 Denn wer sein Leben retten will,
 wird es verlieren;
wer aber sein Leben um meinetwillen verliert,
 der wird es retten.
25 Was nützt es einem Menschen, wenn er die ganze Welt gewinnt,
 dabei aber sich selbst verliert und Schaden nimmt?
26 Denn wer sich meiner und meiner Worte schämt,
 dessen wird sich der Menschensohn schämen,
 wenn er in seiner Hoheit kommt
 und in der Hoheit des Vaters und der heiligen Engel.

FÜRBITTEN

Zu Jesus Christus, der um die Liebe der Menschen wirbt, wollen wir beten:

Heilige die Jungfrauen, die sich dir geweiht haben.
A.: Herr, erhöre unser Gebet.

Mehre Frieden und Eintracht unter den Völkern.

Mach alle mutig, die um ihres Glaubens willen bedrängt werden.

Steh allen bei, die auf deine Hilfe vertrauen.

Allmächtiger Gott, auf die Fürsprache der heiligen Agatha vermehre in uns den Glauben, für den sie das Leben hingab, durch Christus, unseren Herrn. A.: Amen.

6. Februar
HL. PAUL MIKI UND GEFÄHRTEN
Märtyrer

Gedenktag

In den furchtbaren Verfolgungen, denen die Christen Japans seit 1587 ausgesetzt waren, erlitten am 6. Februar 1597 sechsundzwanzig Christen in Nagasaki das Martyrium: außer dem japanischen Jesuiten Paul Miki zwei weitere japanische Jesuiten, sechs spanische Franziskaner und siebzehn Franziskaner-Terziaren. Sie wurden auf einem Hügel außerhalb der Stadt gekreuzigt und verbrannt. Noch vom Kreuz herab predigte Paul Miki den Heiden und ermutigte die Christen zum Aushalten. Er dankte Gott für die Gnade, daß er im gleichen Alter wie sein Erlöser und wie er am Kreuz sterben durfte. Diese Märtyrer wurden 1862 heiliggesprochen.

Commune-Texte:
A Meßformulare für Märtyrer, S. 2041 ff.
B Schriftlesungen für Märtyrer, S. 2098 ff.

TAGESGEBET

Starker Gott,
du bist die Kraft der Heiligen,
du hast den heiligen Paul Miki und seine Gefährten
durch das Martyrium am Kreuz
zur ewigen Herrlichkeit geführt.
Hilf uns auf die Fürbitte dieser Heiligen,
Christus, dem Gekreuzigten, nachzufolgen
und ihn bis zum Tode gläubig zu bekennen,
der in der Einheit des Heiligen Geistes
mit dir lebt und herrscht in alle Ewigkeit.

ZUR LESUNG *Keine eigene Leistung, und wäre es die Erfüllung aller göttlichen Gebote, kann den Menschen vor Gott gerecht machen, sondern allein die Gnade Christi. Der Getaufte ist mit Christus gestorben (Röm 6, 6–7); er ist frei geworden vom Gesetz, vom Zwang zur Leistung und zur Werkgerechtigkeit. Christsein heißt sich selbst aufgeben und an die Liebe glauben, die im gekreuzigten Sohn Gottes sichtbar geworden ist. „Durch die Worte ‚So lebe nun nicht mehr ich, Christus lebt in mir' gibt der Apostel zu verstehen: das Leben, das er lebte, war nicht mehr sein eigenes Leben, denn es war umgestaltet in Christus, so daß sein Leben mehr göttlich als menschlich war … Sein Leben und das Leben Christi waren ganz und gar ein einziges Leben geworden. Das wird im Himmel vollkommen in Erfüllung gehen an allen, die Gott schauen dürfen … Sie leben nicht mehr ihr eigenes Leben, sondern das Leben Gottes, und doch auch wieder ihr eigenes, denn das göttliche Leben wird das ihre sein" (Johannes vom Kreuz, Geistlicher Gesang). – Joh 13, 1; 17, 23; 1 Joh 3, 16; Gal 1, 4.*

ERSTE LESUNG Gal 2, 19–20

Mit Christus gekreuzigt

Lesung
   aus dem Brief des Apostels Paulus an die Galater.

Brüder!
¹⁹ Ich bin durch das Gesetz dem Gesetz gestorben,
   damit ich für Gott lebe.
Ich bin mit Christus gekreuzigt worden;
²⁰ nicht mehr ich lebe,
   sondern Christus lebt in mir.

Soweit ich aber jetzt noch in dieser Welt lebe,
   lebe ich im Glauben an den Sohn Gottes,
   der mich geliebt und sich für mich hingegeben hat.

ANTWORTPSALM Ps 126 (125), 1–2b.2c–3.4–5.6 (R: 5)

R Die mit Tränen säen, werden mit Jubel ernten. – **R** (GL 528, 2)

1 Als der Herr das Los der Gefangenschaft <u>Zi</u>ons wende<u>te</u>, * IV. Ton
   da waren wir <u>a</u>lle wie Träumende.

2ab Da war unser <u>Mund</u> voll Lachen *
   und unsere <u>Zun</u>ge voll Jubel. – (**R**)

2cd Da sagte man unter den <u>an</u>dern Völkern: *
   „Der Herr hat an <u>ih</u>nen Großes getan."

3 Ja, Großes hat der Herr an <u>uns</u> getan. *
   Da <u>wa</u>ren wir fröhlich. – (**R**)

4 Wende doch, Herr, <u>un</u>ser Geschick, *
   wie du versiegte Bäche <u>wie</u>der füllst im Südland.

6. Februar. Hl. Paul Miki und Gefährten

5 Die mit Tränen säen, *
werden mit Jubel ernten. – (R)

6 Sie gehen hin unter Tränen *
und tragen den Samen zur Aussaat.

Sie kommen wieder mit Jubel *
und bringen ihre Garben ein. – R

RUF VOR DEM EVANGELIUM   Vers: Mt 28, 19a.20b

Halleluja. Halleluja.

(So spricht der Herr:)
Geht zu allen Völkern,
und macht alle Menschen zu meinen Jüngern!
Ich bin bei euch alle Tage bis zum Ende der Welt.

Halleluja.

ZUM EVANGELIUM *Auch vor seiner Auferstehung hat Jesus in Wort und Tat die Vollmacht des Menschensohnes ausgeübt; er hat Kranke geheilt, Sünden vergeben und Dämonen ausgetrieben (Mt 8, 16; 9, 6). Seit seiner Auferstehung aber ist er im Himmel und auf der Erde „als Sohn Gottes eingesetzt in Macht" (Röm 1, 4). Bis ans Ende der Zeit und bis an die Grenzen der Welt hat er Macht, zu richten und zu retten. Israel hat seinen König verworfen, nun richtet sich die Heilsbotschaft an die Heiden. Jesus hat die Jünger nach Galiläa bestellt; die Tatsache, daß er ihnen dort, im „Bezirk der Heiden" (Mt 4, 15–16), den Befehl gibt, die ganze Welt zu missionieren, entspricht der universalen Weite dieses Auftrags. Alle Menschen sollen Jünger Jesu werden. Man wird Jünger Jesu durch die Begegnung mit ihm: durch den Glauben, dessen Besiegelung die Taufe ist. Man bleibt Jünger Jesu dadurch, daß man sich nach seinem Wort richtet und dieses Wort anderen weitersagt. – Zu 28, 16–18: Lk 24, 25; Dan 7, 14. – Zu 28, 19–20: Mt 10, 5; 22, 8–10; 24, 14; Joh 14, 18–21.*

EVANGELIUM   Mt 28, 16–20

Geht zu allen Völkern, und macht alle Menschen zu meinen Jüngern!

✛ Aus dem heiligen Evangelium nach Matthäus.

In jener Zeit
16 gingen die elf Jünger nach Galiläa
auf den Berg, den Jesus ihnen genannt hatte.

17 Und als sie Jesus sahen,
    fielen sie vor ihm nieder.
  Einige aber hatten Zweifel.
18 Da trat Jesus auf sie zu
  und sagte zu ihnen:
    Mir ist alle Macht gegeben im Himmel und auf der Erde.
19 Darum geht zu allen Völkern,
    und macht alle Menschen zu meinen Jüngern;
  tauft sie
    auf den Namen des Vaters und des Sohnes
    und des Heiligen Geistes,
20 und lehrt sie,
    alles zu befolgen, was ich euch geboten habe.
  Seid gewiß: Ich bin bei euch
    alle Tage bis zum Ende der Welt.

FÜRBITTEN

Wir bitten Christus, durch den alle Menschen das Heil erlangen:

Für die Kirche in Japan: gib ihr Wachstum und Treue im Glauben.
(Stille) Herr, erbarme dich.
A.: Christus, erbarme dich.

Für die Missionare im Fernen Osten: öffne die Herzen der Menschen für ihre Botschaft. (Stille) Herr, erbarme dich.

Für die verfolgten Christen: stärke sie durch die Erinnerung an dein Leiden und Sterben. (Stille) Herr, erbarme dich.

Für unsere Gemeinde: erfülle uns mit größerem Eifer für die Ausbreitung des Glaubens. (Stille) Herr, erbarme dich.

Herr, unser Gott, gib, daß auf die Fürsprache deiner heiligen Blutzeugen unser Glaube wachse und sich bewähre durch Christus, unseren Herrn.   A.: Amen.

8. Februar
HL. HIERONYMUS ÄMILIANI
Ordensgründer

Hieronymus stammte aus einer venezianischen Patrizierfamilie. Nach einem abenteuerlichen Soldatenleben bekehrte er sich, während er als Kriegsgefangener in Ketten lag, und begann ein neues Leben. Er stellte sich ganz in den Dienst der Waisen, Armen und Kranken. 1532 gründete er eine Genossenschaft von Regularklerikern, die nach dem Mutterhaus in Somasca bei Bergamo „Somasker" genannt wurden. 1537 steckte er sich bei der Pflege der Pestkranken an und starb am 8. Februar in Somasca. Er wurde 1767 heiliggesprochen.

Commune-Texte:
A Meßformulare für Erzieher, S. 2088 f.
B Schriftlesungen für heilige Männer (Erzieher), S. 2110 ff.

TAGESGEBET

Gott, du Quelle der Barmherzigkeit,
im heiligen Hieronymus Ämiliani
hast du den Waisenkindern
einen Helfer und Vater gegeben.
Schenke allen, die in Not sind,
deine sorgende Liebe
und gib uns die Bereitschaft, ihnen zu helfen.
Darum bitten wir durch Jesus Christus.

ZUR LESUNG *Der Bote Gottes, der den jungen Tobias auf der Reise begleitet, Sara von der Macht des Dämons befreit und den alten Tobit von seiner Blindheit geheilt hat, gibt am Schluß das Geschehene als Taten Gottes und sich selbst als Gottes Engel zu erkennen. Der Engel fordert zum Lob Gottes auf, nicht weil Gott dieses Lob nötig hätte, sondern damit „alle Menschen" (12,6) den lebendigen Gott erkennen, der mächtig ist und helfen kann. – Die Juden in der Diaspora hatten keinen Tempel und keinen Opferdienst; so mußten sie lernen, was der eigentliche Sinn des Gottesdienstes ist: nicht das Schlachten von Opfertieren, sondern die Treue im Gebet und die wirksame Liebe zu den Notleidenden. Beten und fasten, barmherzig und gerecht sein: das sind die Tugenden eines frommen Israeliten, das ist auch der wahre Gottesdienst. – Zu 12,8 (Gebet – Fasten – Almosen): Tob 4,7–11; Dan 4,24; 9,3; Sir 4,1–6; 29,8–13.*

ERSTE LESUNG   Tob 12,6–13

Es ist gut, zu beten und zu fasten, barmherzig und gerecht zu sein

Lesung
  aus dem Buch Tobit.

In jenen Tagen
6 sagte der Engel zu Tobit und dessen Sohn:
     Preist Gott, und lobt ihn!
Gebt ihm die Ehre,
  und bezeugt vor allen Menschen, was er für euch getan hat.

Es ist gut, Gott zu preisen und seinen Namen zu verherrlichen
  und voll Ehrfurcht seine Taten zu verkünden.
Hört nie auf, ihn zu preisen.
7 Es ist gut, das Geheimnis eines Königs zu wahren;
die Taten Gottes aber soll man offen rühmen.
Tut Gutes, dann wird euch kein Unglück treffen.

8 Es ist gut, zu beten und zu fasten,
     barmherzig und gerecht zu sein.
Lieber wenig, aber gerecht,
  als viel und ungerecht.
Besser, barmherzig sein,
  als Gold aufhäufen.
9 Denn Barmherzigkeit rettet vor dem Tod
  und reinigt von jeder Sünde.
Wer barmherzig und gerecht ist,
  wird lange leben.
10 Wer aber sündigt,
  ist der Feind seines eigenen Lebens.

11 Ich will euch nichts verheimlichen;
ich habe gesagt:
   Es ist gut, das Geheimnis eines Königs zu wahren;
die Taten Gottes aber soll man offen rühmen.
12 Darum sollt ihr wissen:
   Als ihr zu Gott flehtet, du und deine Schwiegertochter Sara,
   da habe ich euer Gebet vor den heiligen Gott gebracht.
Und ebenso bin ich in deiner Nähe gewesen,
  als du die Toten begraben hast.
13 Auch als du ohne zu zögern vom Tisch aufgestanden bist
  und dein Essen stehengelassen hast,

8. Februar. Hl. Hieronymus Ämiliani

um einem Toten den letzten Dienst zu erweisen,
blieb mir deine gute Tat nicht verborgen,
sondern ich war bei dir.

ANTWORTPSALM　　　　　　Ps 34 (33), 2–3.4–5.6–7.8–9.10–11
　　　　　　　　　　　　　　(R: vgl. 2a oder 9a)

R Den Herrn will ich preisen alle Zeit. – **R**　　　　(GL 477)

Oder:

R Kostet und seht, wie gütig der Herr ist! – **R**

2　Ich will den Herrn allezeit preisen; *　　　　　　　V. Ton
　immer sei sein Lob in meinem Mund.

3　Meine Seele rühme sich des Herrn; *
　die Armen sollen es hören und sich freuen. – (**R**)

4　Verherrlicht mit mir den Herrn, *
　laßt uns gemeinsam seinen Namen rühmen.

5　Ich suchte den Herrn, und er hat mich erhört, *
　er hat mich all meinen Ängsten entrissen. – (**R**)

　Blickt auf zu ihm, so wird euer Gesicht leuchten, *
　und ihr braucht nicht zu erröten.

　Da ist ein Armer; er rief, und der Herr erhörte ihn. *
　Er half ihm aus all seinen Nöten. – (**R**)

　Der Engel des Herrn umschirmt alle, die ihn fürchten und ehren, *
　und er befreit sie.

　Kostet und seht, wie gütig der Herr ist; *
　wohl dem, der zu ihm sich flüchtet! – (**R**)

10　Fürchtet den Herrn, ihr seine Heiligen; *
　denn wer ihn fürchtet, leidet keinen Mangel.

11　Reiche müssen darben und hungern; *
　wer aber den Herrn sucht, braucht kein Gut zu entbehren. – **R**

RUF VOR DEM EVANGELIUM Vers: Mt 5, 3

(Halleluja. Halleluja.)¹

Selig, die arm sind vor Gott;
denn ihnen gehört das Himmelreich.

(Halleluja.)

ZUM EVANGELIUM *Der junge Mann, der Jesus fragte: „Was muß ich tun?", hatte schon erstaunlich viel getan: „Alle diese Gebote habe ich von Jugend an befolgt." Jetzt aber sagt ihm Jesus nicht, was er außerdem noch tun, sondern was er lassen, verlassen muß: alles. Die Forderung, arm zu werden, meint nicht ein zusätzliches „gutes Werk", das dem Menschen irgendwie einen Anspruch auf das ewige Leben (Mk 10, 17) geben könnte. Dieses Leben kann überhaupt nur als Geschenk empfangen werden. Es wird dem Menschen nicht erst nach dem Tod gegeben, sondern jetzt: überall da, wo ein Mensch den Ruf zur Nachfolge hört und begreift. In diesem Ruf „geht es immer um das Ganze, um eine Erwählung, die schenkt, indem sie fordert; um die Frage, ob sich der Mensch das künftige Leben nicht schon hier in einer Ganzheit, die alles in sich schließt, schenken lassen will" (E. Schweizer). – Mt 19, 16–26; Lk 18, 18–27; Ps 15.*

EVANGELIUM Mk 10, 17–30

Verkaufe, was du hast, und gib das Geld den Armen; dann komm und folge mir nach!

✛ Aus dem heiligen Evangelium nach Markus.

In jener Zeit
17 lief ein Mann auf Jesus zu,
fiel vor ihm auf die Knie
 und fragte ihn: Guter Meister,
 was muß ich tun, um das ewige Leben zu gewinnen?
18 Jesus antwortete: Warum nennst du mich gut?
Niemand ist gut außer Gott, dem Einen.
19 Du kennst doch die Gebote:
Du sollst nicht töten,
du sollst nicht die Ehe brechen,

---

¹ In der Fastenzeit tritt an die Stelle des Halleluja einer der Rufe, die zusammengestellt sind auf S. 2227.

du sollst nicht stehlen,
du sollst nicht falsch aussagen,
du sollst keinen Raub begehen;
ehre deinen Vater und deine Mutter!

²⁰ Er erwiderte ihm: Meister,
alle diese Gebote habe ich von Jugend an befolgt.

²¹ Da sah ihn Jesus an,
und weil er ihn liebte,
   sagte er: Eines fehlt dir noch:
Geh, verkaufe, was du hast,
gib das Geld den Armen,
und du wirst einen bleibenden Schatz im Himmel haben;
dann komm und folge mir nach!

²² Der Mann aber war betrübt, als er das hörte,
und ging traurig weg;
denn er hatte ein großes Vermögen.

³ Da sah Jesus seine Jünger an
und sagte zu ihnen:
   Wie schwer ist es für Menschen, die viel besitzen,
   in das Reich Gottes zu kommen!

⁴ Die Jünger waren über seine Worte bestürzt.
Jesus aber sagte noch einmal zu ihnen:
Meine Kinder, wie schwer ist es, in das Reich Gottes zu kommen!

⁵ Eher geht ein Kamel durch ein Nadelöhr,
   als daß ein Reicher in das Reich Gottes gelangt.

⁶ Sie aber erschraken noch mehr
und sagten zueinander: Wer kann dann noch gerettet werden?

⁷ Jesus sah sie an
und sagte: Für Menschen ist das unmöglich,
aber nicht für Gott;
denn für Gott ist alles möglich.

³ Da sagte Petrus zu ihm:
   Du weißt, wir haben alles verlassen und sind dir nachgefolgt.

⁹ Jesus antwortete: Amen, ich sage euch:
Jeder, der um meinetwillen und um des Evangeliums willen
   Haus oder Brüder, Schwestern, Mutter, Vater,
   Kinder oder Äcker verlassen hat,
   wird das Hundertfache dafür empfangen:
Jetzt in dieser Zeit

wird er Häuser, Brüder, Schwestern,
Mütter, Kinder und Äcker erhalten,
wenn auch unter Verfolgungen,
und in der kommenden Welt das ewige Leben.

Oder:

KURZFASSUNG Mk 10, 17–27

Verkaufe, was du hast, und gib das Geld den Armen; dann komm und folge mir nach!

✢ Aus dem heiligen Evangelium nach Markus.

In jener Zeit
17 lief ein Mann auf Jesus zu,
fiel vor ihm auf die Knie
und fragte ihn: Guter Meister,
was muß ich tun, um das ewige Leben zu gewinnen?

18 Jesus antwortete: Warum nennst du mich gut?
Niemand ist gut außer Gott, dem Einen.

19 Du kennst doch die Gebote:
Du sollst nicht töten,
du sollst nicht die Ehe brechen,
du sollst nicht stehlen,
du sollst nicht falsch aussagen,
du sollst keinen Raub begehen;
ehre deinen Vater und deine Mutter!

20 Er erwiderte ihm: Meister,
alle diese Gebote habe ich von Jugend an befolgt.

21 Da sah ihn Jesus an,
und weil er ihn liebte,
sagte er: Eines fehlt dir noch:
Geh, verkaufe, was du hast,
gib das Geld den Armen,
und du wirst einen bleibenden Schatz im Himmel haben;
dann komm und folge mir nach!

22 Der Mann aber war betrübt, als er das hörte,
und ging traurig weg;
denn er hatte ein großes Vermögen.

23 Da sah Jesus seine Jünger an
und sagte zu ihnen:

> Wie schwer ist es für Menschen, die viel besitzen,
> in das Reich Gottes zu kommen!

24 Die Jünger waren über seine Worte bestürzt.

> Jesus aber sagte noch einmal zu ihnen:
> Meine Kinder, wie schwer ist es, in das Reich Gottes zu kommen!

25 Eher geht ein Kamel durch ein Nadelöhr,
> als daß ein Reicher in das Reich Gottes gelangt.

26 Sie aber erschraken noch mehr
> und sagten zueinander: Wer kann dann noch gerettet werden?

27 Jesus sah sie an
> und sagte: Für Menschen ist das unmöglich,
> aber nicht für Gott;
> denn für Gott ist alles möglich.

FÜRBITTEN

Im Gebet wenden wir uns an Jesus Christus, der sich der Menschen erbarmte:

Rege alle Christen an, sich der Hilflosen anzunehmen. (Stille) Christus, höre uns.
A.: Christus, erhöre uns.

Ermutige alle Helfer, die in den Einrichtungen der Nächstenliebe ihren Dienst tun. (Stille) Christus, höre uns.

Erbarme dich der Ausgestoßenen und Verachteten. (Stille) Christus, höre uns.

Öffne unsere Augen und Herzen für die Not unserer Mitmenschen. (Stille) Christus, höre uns.

Denn alle, die barmherzig sind, dürfen auf dein Erbarmen hoffen. Dir sei Lob und Ehre in Ewigkeit.   A.: Amen.

10. Februar
HL. SCHOLASTIKA
Jungfrau
Gedenktag

Über Scholastika haben wir Nachrichten nur durch den legendären Bericht des Papstes Gregor d. Gr. Scholastika war eine Schwester des hl. Benedikt und wohnte als gottgeweihte Jungfrau nicht weit vom Kloster Monte Cassino. Einmal im Jahr besuchte sie ihren Bruder zu einem geistlichen Gespräch. Das letzte dieser Gespräche ist dadurch bemerkenswert, daß es bis in die Nacht hinein verlängert wurde; Scholastika hat den Bruder dazu gezwungen, indem sie durch ihr Gebet ein plötzliches Gewitter bewirkte, das ein Verlassen des Hauses unmöglich machte. Scholastika „war mächtiger, weil sie die größere Liebe hatte", sagt Gregor. Drei Tage später sah Benedikt die Seele seiner Schwester in Gestalt einer Taube zum Himmel aufsteigen. Ihren Leib ließ er in dem Grab beisetzen, das für ihn selbst bestimmt war.

Commune-Texte:
A Meßformulare für Jungfrauen, S. 2073 ff.,
oder für Ordensleute, S. 2084 ff.
B Schriftlesungen für Jungfrauen, S. 2108 ff.,
oder für heilige Frauen (Ordensleute), S. 2110 ff.

TAGESGEBET

Erhabener Gott,
wir begehen
das Gedächtnis der heiligen Jungfrau Scholastika.
Laß uns nach ihrem Beispiel
dir stets in aufrichtiger Liebe dienen
und gewähre uns in deiner Güte
einst einen seligen Heimgang zu dir.
Darum bitten wir durch Jesus Christus.

ZUR LESUNG *Das Siegel ist ein kostbarer persönlicher Besitz, den man auf keinen Fall preisgibt. In alter Zeit trug man das Siegel an einer Schnur um den Hals oder als Ring am Finger oder auch als Armspange. Auf ähnliche Weise möchte auch die Liebende, die in diesem Lied spricht, ganz und endgültig das Eigentum des Geliebten sein. Würde man sie nach*

10. Februar. Hl. Scholastika

dem Warum ihrer Liebe fragen, so käme, vielleicht nach einigen vorläufigen und hilflosen Antworten, zuletzt doch wohl diese Antwort: Weil er mich liebt. Auch für den Menschen, der an Christus glaubt und seine Nähe sucht, gibt es keinen stärkeren Beweggrund als diesen: Weil er mich liebt; weil er mich zuerst geliebt hat, als ich noch gar nicht liebens-würdig war (vgl. 1 Joh 4,10; Röm 5,5; Offb 1,5). – „Nimm mich an, Herr ... und ich werde leben": dieser Psalmvers, der seit alter Zeit bei der Jungfrauenweihe gesungen wird, bittet im Grunde um das gleiche wie die Braut im Hohenlied: „Leg mich wie ein Siegel auf dein Herz, wie ein Siegel an deinen Arm!" – Dtn 11,18; Spr 3,3; Jer 31,33; Mt 13,44–46.

ERSTE LESUNG   Hld 8,6–7

Stark wie der Tod ist die Liebe

Lesung
aus dem Hohenlied.

Leg mich wie ein Siegel auf dein Herz,
    wie ein Siegel an deinen Arm!
Stark wie der Tod ist die Liebe,
    die Leidenschaft ist hart wie die Unterwelt.
Ihre Gluten sind Feuergluten,
    gewaltige Flammen.

Auch mächtige Wasser können die Liebe nicht löschen;
    auch Ströme schwemmen sie nicht weg.
Böte einer für die Liebe den ganzen Reichtum seines Hauses,
    nur verachten würde man ihn.

ANTWORTPSALM   Ps 148,1–2.11–12.13–14 (R: vgl. 12a.13a)

R Ihr jungen Männer und auch ihr Mädchen, (GL 527,1)
lobt den Namen des Herrn! – **R**

Im Jahreskreis:

(*Oder:* **Halleluja.**)

Lobet den Herrn vom Himmel her, *   II. Ton
lobt ihn in den Höhen!

Lobt ihn, all seine Engel, *
lobt ihn, all seine Scharen! – (**R**)

11 Lobt ihn, ihr Könige der Erde und alle Völker, *
ihr Fürsten und alle Richter auf Erden,

12 ihr jungen Männer und auch ihr Mädchen, *
ihr Alten mit den Jungen! – (R)

13 Loben sollen sie den Namen des Herrn; †
denn sein Name allein ist erhaben, *
seine Hoheit strahlt über Erde und Himmel.

14 Seinem Volk verleiht er Macht, †
das ist ein Ruhm für all seine Frommen, *
für Israels Kinder, das Volk, das ihm nahen darf.

R Ihr jungen Männer und auch ihr Mädchen,
lobt den Namen des Herrn!

Im Jahreskreis:
(*Oder:* Halleluja.)

RUF VOR DEM EVANGELIUM

Vers: vgl. Joh 14, 23

(Halleluja. Halleluja.)

(So spricht der Herr:)
Wer mich liebt, hält fest an meinem Wort.
Mein Vater wird ihn lieben, und wir werden bei ihm wohnen.

(Halleluja.)

ZUM EVANGELIUM *Wer einen Gast in sein Haus aufnimmt, scheint zunächst der Gebende zu sein, in Wirklichkeit aber ist er der Empfangende, der Beschenkte. Das war schon bei Abraham deutlich (Gen 18) und erscheint in der Lehrerzählung von Maria und Marta noch klarer. Jesus läßt sich bewirten, aber „nur eines ist notwendig": die Gabe, die er bringt und die er selber ist. Jesus ist nicht gekommen, um sich bedienen zu lassen, sondern um zu dienen (Mt 20, 28); er dient uns mit seinem Wort und mit seinem Leben, das er für uns als Lösepreis gibt. Sein Wort hören und aufnehmen, das ist das eine Notwendige, und das hat auch Marta getan. In der christlichen Überlieferung gilt Marta, die gastliche Hausfrau, als Vertreterin des tätigen Menschen im Gegensatz zum kontemplativen, „beschaulichen" Menschen, den Maria darstellt. Es wäre aber kaum im Sinn des Evangeliums, wollte man die beiden Lebensformen als Gegensätze gegeneinander ausspielen. Jesus, der müde Wanderer,*

10. Februar. Hl. Scholastika

kam gern in das Haus der beiden Schwestern; er ist auch heute auf den Dienst beider angewiesen. – Joh 11, 1; 12, 1–3; 1 Tim 5, 10.

EVANGELIUM Lk 10, 38–42

Marta nahm ihn freundlich auf. – Maria hat das Bessere gewählt

☩ Aus dem heiligen Evangelium nach Lukas.

In jener Zeit
38 kam Jesus in ein Dorf,
und eine Frau namens Marta nahm ihn freundlich auf.
39 Sie hatte eine Schwester, die Maria hieß.
Maria setzte sich dem Herrn zu Füßen,
 und hörte seinen Worten zu.
40 Marta aber war ganz davon in Anspruch genommen,
 für ihn zu sorgen.
Sie kam zu ihm
 und sagte: Herr, kümmert es dich nicht,
 daß meine Schwester die ganze Arbeit mir allein überläßt?
Sag ihr doch, sie soll mir helfen!
41 Der Herr antwortete:
 Marta, Marta, du machst dir viele Sorgen und Mühen.
42 Aber nur eines ist notwendig.
Maria hat das Bessere gewählt,
das soll ihr nicht genommen werden.

FÜRBITTEN

Zu Jesus Christus, der die Menschen in die vollkommene Nachfolge ruft, wollen wir beten:

Lehre die Christen, Gebet und Arbeit miteinander zu verbinden.
A.: Wir bitten dich, erhöre uns.

Dränge die Regierenden, das Wohlergehen aller Völker zu fördern.

Tröste die Trauernden, und weise den Irrenden den rechten Weg.

Leite uns an, die Stille zu suchen, damit wir deine Nähe erfahren können.

Gütiger Gott, du läßt dich von denen finden, die nach dir suchen. Erhöre unser Gebet durch Christus, unseren Herrn. A.: Amen.

11. Februar
GEDENKTAG UNSERER LIEBEN FRAU IN LOURDES

Am 11. Februar 1858 sah das vierzehnjährige Hirtenmädchen Bernadette Soubirous in einer Felsgrotte bei Lourdes zum erstenmal die „Dame", die sich als „die Unbefleckte Empfängnis" vorstellte. Die Erscheinung wiederholte sich bis zum 16. Juli an weiteren siebzehn Tagen. Dabei lud Maria die Menschen zur Wallfahrt an diesen Ort, vor allem aber zu Gebet und Buße ein. Zu der Grotte, in der auch eine Quelle entsprang, sind seither Millionen von Pilgern mit ihren leiblichen und seelischen Nöten gekommen. Die Zahl der kirchlich anerkannten Wunder ist zwar nicht sehr groß (bis 1959 waren es 58), aber der Glaube der Pilger weiß viel mehr. Der heutige Gedenktag wurde 1891 von Papst Leo XIII. genehmigt und 1907 von Pius X. auf die ganze Kirche ausgedehnt.

Commune-Texte:
A Meßformulare für Marienmessen, S. 2032 ff.
B Schriftlesungen für Marienmessen, S. 2093 ff.

TAGESGEBET

Barmherziger Gott,
in unserer Schwachheit
suchen wir bei dir Hilfe und Schutz.
Höre auf die Fürsprache
der jungfräulichen Gottesmutter Maria,
die du vor der Erbschuld bewahrt hast,
und heile uns von aller Krankheit
des Leibes und der Seele.
Darum bitten wir durch Jesus Christus.

ZUR LESUNG   *Nach der Rückkehr des jüdischen Volkes aus dem babylonischen Exil ging der Wiederaufbau der Stadt und des Tempels (zwischen 520 und 515 v. Chr.) nur mühsam voran. Noch schwieriger war das, was Gott eigentlich wollte: die innere Erneuerung des Volkes in der Einheit des Glaubens und in der Kraft der Hoffnung. Die Propheten dieser Zeit, Nachfahren des großen Jesaja, mahnten und trösteten. Die heutige Lesung ist ein Trostwort. Einem gespaltenen und entmutigten Volk wird gesagt, daß es Hoffnung gibt. Nicht Menschen werden die neue Zukunft*

11. Februar. Gedenktag Unserer Lieben Frau in Lourdes

schaffen; Gott allein hat die Macht, Leben, Frieden und Freude zu schenken. Und alle Völker werden daran teilhaben. Das versteht der Prophet – hierin ein Kind seiner Zeit – in dem Sinn, daß die Völker ihren Reichtum nach Jerusalem tragen werden. Aber das neue Jerusalem ist da, wo Menschen an Gott glauben und seine helfende Nähe erfahren. – Ps 86,9–13; 122,6–9; Jes 52,7–10.

ERSTE LESUNG Jes 66,10–14c

Wie einen Strom leite ich den Frieden zu ihr

**Lesung
aus dem Buch Jesája.**

¹⁰ Freut euch mit Jerusalem!
 Jubelt in der Stadt, alle, die ihr sie liebt.
 Seid fröhlich mit ihr,
  alle, die ihr über sie traurig wart.

¹¹ Saugt euch satt an ihrer tröstenden Brust,
 trinkt und labt euch an ihrem mütterlichen Reichtum!

¹² Denn so spricht der Herr:
 Seht her: Wie einen Strom leite ich den Frieden zu ihr
 und den Reichtum der Völker wie einen rauschenden Bach.
 Ihre Kinder wird man auf den Armen tragen
 und auf den Knien schaukeln.

¹³ Wie eine Mutter ihren Sohn tröstet,
  so tröste ich euch;
 in Jerusalem findet ihr Trost.

¹⁴ᵃᵇᶜ Wenn ihr das seht, wird euer Herz sich freuen,
 und ihr werdet aufblühen wie frisches Gras.
 So offenbart sich die Hand des Herrn an seinen Knechten.

ANTWORTPSALM Jdt 13,18bc.19 u. 20bc (R: vgl. 15,9b)

R Du bist der Ruhm Jerusalems, du die Freude Israels (GL 600,1)
 und der Stolz unseres Volkes. – **R**

⁸ᵇ Gesegnet bist du, meine Tochter, von Gott, dem Allerhöchsten, *
 mehr als alle anderen Frauen auf der Erde. I. Ton

⁸ᶜ Gepriesen sei der Herr, unser Gott, *
 der Himmel und Erde geschaffen hat. – (**R**)

19 Die Erinnerung an dein Vertrauen †
soll in Ewigkeit nicht aus den Herzen der Menschen entschwinden, *
die sich an die Macht Gottes erinnern.

20bc In der Not unseres Volkes hast du dein Leben nicht geschont, *
du bist vor unserem Gott auf geradem Weg gegangen.

R Du bist der Ruhm Jerusalems, du die Freude Israels
und der Stolz unseres Volkes.

RUF VOR DEM EVANGELIUM   Vers: vgl. Lk 1,45

(Halleluja. Halleluja.)

Selig bist du, Jungfrau Maria;
du hast geglaubt,
daß sich erfüllt, was der Herr dir sagen ließ.

(Halleluja.)

ZUM EVANGELIUM   *Das Wunder bei der Hochzeit von Kana ist das erste der großen „Zeichen" Jesu, die im Johannesevangelium berichtet werden. In ihnen leuchtet Gottes Herrlichkeit auf, Gottes Macht, die in der Person des Jesus von Nazaret gegenwärtig ist. Den Anstoß zu diesem ersten Zeichen gab Maria, die Mutter Jesu. Sie wird auch beim Kreuz Jesu stehen (Joh 19,25–27), wenn seine „Stunde" gekommen ist (2,4; vgl. 13,1). Die „Stunde" Jesu ist seine Erhöhung am Kreuz und sein Hinübergehen von dieser Welt in die Herrlichkeit des Vaters. – Mt 22,1–14; Joh 17,1; Offb 21,2–7.*

EVANGELIUM   Joh 2,1–11

Die Mutter Jesu war dabei

☩ Aus dem heiligen Evangelium nach Johannes.

In jener Zeit
1 fand in Kana in Galiläa eine Hochzeit statt,
und die Mutter Jesu war dabei.
2 Auch Jesus und seine Jünger waren zur Hochzeit eingeladen.
3 Als der Wein ausging,
sagte die Mutter Jesu zu ihm: Sie haben keinen Wein mehr.
4 Jesus erwiderte ihr: Was willst du von mir, Frau?
Meine Stunde ist noch nicht gekommen.
5 Seine Mutter sagte zu den Dienern:
Was er euch sagt, das tut!

11. Februar. Gedenktag Unserer Lieben Frau in Lourdes

6 Es standen dort sechs steinerne Wasserkrüge,
 wie es der Reinigungsvorschrift der Juden entsprach;
 jeder faßte ungefähr hundert Liter.
7 Jesus sagte zu den Dienern: Füllt die Krüge mit Wasser!
 Und sie füllten sie bis zum Rand.
8 Er sagte zu ihnen: Schöpft jetzt,
 und bringt es dem, der für das Festmahl verantwortlich ist.
 Sie brachten es ihm.
9 Er kostete das Wasser,
 das zu Wein geworden war.
 Er wußte nicht, woher der Wein kam;
 die Diener aber, die das Wasser geschöpft hatten, wußten es.
 Da ließ er den Bräutigam rufen
10 und sagte zu ihm: Jeder setzt zuerst den guten Wein vor
 und erst, wenn die Gäste zuviel getrunken haben,
 den weniger guten.
 Du jedoch
 hast den guten Wein bis jetzt zurückgehalten.
11 So tat Jesus sein erstes Zeichen,
 in Kana in Galiläa,
 und offenbarte seine Herrlichkeit,
 und seine Jünger glaubten an ihn.

FÜRBITTEN

Jesus Christus, der seine Mutter Maria auch zu unserer Mutter bestimmte, bitten wir:

Sende deinen Geist allen Christen, die Maria um ihre Fürbitte anrufen. (Stille) Herr, erbarme dich.
 A.: Christus, erbarme dich.

Schenke Frieden einer friedlosen Welt. (Stille) Herr, erbarme dich.

Schau gütig auf die Kranken, und mache sie auf die Fürsprache deiner Mutter wieder gesund. (Stille) Herr, erbarme dich.

Schütze uns auf die Fürbitte der seligen Jungfrau Maria in allen Gefahren. (Stille) Herr, erbarme dich.

Allmächtiger Gott, du hast uns in der Mutter deines Sohnes eine mächtige Fürsprecherin gegeben. Laß uns an Leib und Seele gesunden durch ihn, Christus, unseren Herrn.   A.: Amen.

14. Februar
HL. CYRILL
Mönch

und

HL. METHODIUS
Bischof

Schutzpatrone Europas

Fest

Cyrill und Methodius waren Brüder und stammten aus Thessalonike (Saloniki). Seit 863 wirkten sie gemeinsam als Missionare bei den slawischen Völkerschaften von Mähren und Ungarn. Cyrill übersetzte biblische und liturgische Texte in die Volkssprache (Altslawisch), für die er auch eine eigene Schrift schuf. Die Verwendung der slawischen Sprache in der Liturgie stieß bei den westlichen Bischöfen auf harten Widerstand, wurde aber von Papst Hadrian II. gebilligt. Cyrill starb am 14. Februar 869 in Rom, Methodius am 6. April 885. Die beiden vom byzantinischen Kaiser und dem Patriarchen Photius ausgesandten Missionare brachten den Slawen mit dem Glauben auch die Kultur und die Verbindung mit der römischen Kirche.

In allen Sprachen
Als Johannes VIII. im Jahr 880 die slawische Liturgie guthieß, schrieb er: „Derselbe Gott, der die drei hauptsächlichen Sprachen, nämlich die hebräische, griechische und lateinische, geschaffen hat, er hat auch alle anderen Sprachen zu seinem Lob und seiner Ehre geschaffen."

ERÖFFNUNGSVERS   Ps 96 (95), 3–4
Erzählt bei den Völkern von der Herrlichkeit des Herrn, bei allen Nationen von seinen Wundern; denn groß ist der Herr und hoch zu preisen.

Ehre sei Gott, S. 1280 f.

TAGESGEBET

Gott, du Heil aller Menschen,
du hast durch die Brüder Cyrill und Methodius
den slawischen Völkern

14. Februar. Hl. Cyrill und hl. Methodius

das Licht deiner Wahrheit geschenkt.
Gib, daß wir deine Lehre
mit bereitem Herzen aufnehmen
und zu einem Volk werden,
das im wahren Glauben
und im rechten Bekenntnis geeint ist.
Darum bitten wir durch Jesus Christus.

ZUR LESUNG *Juden und Heiden interessierten sich in Pisidien für die Botschaft, die Paulus und Barnabas brachten. Aber die Freiheit, mit der die beiden von Mose und dem Gesetz sprachen, und ihre Erfolge bei der heidnischen Bevölkerung machten die führenden Männer der jüdischen Gemeinde mißtrauisch. Paulus konnte darüber nicht überrascht sein; er hatte ja selbst die rabbinisch-pharisäische Einstellung gegenüber der heidnischen Welt geteilt. Trotzdem verkündete er überall, wohin er kam, das Wort Gottes zuerst den Juden (13,46). „Für euch zuerst", hatte auch Petrus auf dem Tempelplatz zu den Juden gesagt (Apg 3,26). Paulus achtet das Vorrecht des Judentums, trotz aller bitteren Erfahrungen. Daß seine Volksgenossen sich der Botschaft beharrlich verschlossen und dadurch dem Evangelium den Weg zu den Heiden wiesen, bedeutet für Paulus ein Problem, das ihn sein Leben lang belastet (vgl. Röm 9–11). In Apg 13,52 ist die Grunderfahrung des Jüngers ausgesprochen, das heißt des Menschen, dem Christus begegnet ist: die Freude, die ebenso wie der Glaube vom Geist Gottes kommt. – Lk 10,10–11; Joh 10,10.28; 2 Kor 2,15–17; Lk 9,5; Apg 13,5; 18,6; 28,24–28; Jes 49,6.*

ERSTE LESUNG   Apg 13,46–49

Wir wenden uns jetzt an die Heiden

Lesung
   aus der Apostelgeschichte.

In jenen Tagen
   sagten Paulus und Bárnabas zu den Juden:
Euch mußte das Wort Gottes zuerst verkündet werden.
Da ihr es aber zurückstoßt
   und euch des ewigen Lebens unwürdig zeigt,
   wenden wir uns jetzt an die Heiden.

47 Denn so hat uns der Herr aufgetragen:

Ich habe dich zum Licht für die Völker gemacht,
bis an das Ende der Erde sollst du das Heil sein.

48 Als die Heiden das hörten,
freuten sie sich
und priesen das Wort des Herrn;
und alle wurden gläubig, die für das ewige Leben bestimmt waren.

49 Das Wort des Herrn aber
verbreitete sich in der ganzen Gegend.

ANTWORTPSALM Ps 117 (116), 1.2 (R: vgl. Mk 16, 15)

R Geht hinaus in die ganze Welt, (GL 646, 5)
und verkündet allen das Evangelium! – **R**

Im Jahreskreis:

(*Oder:* Halleluja.)

1 Lobet den Herrn, alle Völker, *   VI. Ton
preist ihn, alle Nationen! – (**R**)

2 Denn mächtig waltet über uns seine Huld, *
die Treue des Herrn währt in Ewigkeit. – **R**

RUF VOR DEM EVANGELIUM   Vers: vgl. Lk 4, 18

(Halleluja. Halleluja.)

Der Herr hat mich gesandt,
den Armen die Frohe Botschaft zu bringen
und den Gefangenen die Freiheit zu verkünden.

(Halleluja.)

ZUM EVANGELIUM   *In Kapitel 9, 1–6 hat Lukas von der Aussendung der Zwölf berichtet. Inzwischen hat Jesus seine Tätigkeit in Galiläa abgeschlossen und ist auf dem Weg nach Jerusalem. Die Zeit drängt, und die Ernte ist groß (10, 2). „Ernte" ist in der Sprache der Bibel ein Bild für das endzeitliche Gericht Gottes über die Völker. Daß sich die Mission auf alle Völker ausdehnt, darauf weist die Zahl 70 hin; ihr liegt wohl die Vorstellung zugrunde, daß es in der Welt 70 nichtjüdische Völker gibt (vgl. Gen 10). Jesus, der den Weg des Gottesknechtes geht, weiß sich zu allen Völkern gesandt (vgl. Jes 42, 6; 49, 6). Die Aussendungsrede (Lk 10, 2–11) gibt Anweisungen über die Ausrüstung der Missionare und*

14. Februar. Hl. Cyrill und hl. Methodius

über ihr Verhalten in den Häusern und Ortschaften. Eine doppelte Tätigkeit wird den Jüngern aufgetragen: die Tat und das Wort (Wunder und Verkündigung). Beide sind Fortsetzung der Tätigkeit Jesu selbst, Zeichen, die nicht übersehen werden können. Daher am Schluß das Drohwort gegen die ungläubigen Städte. – Zu 10,2 („Ernte"): Joel 4,12–13; Jes 9,1–2; Hos 6,11; Mt 9,37–38; Joh 4,35–36. – Zu 10,3–9: Mt 10,7–16; Lk 9,3–5; 22,35; 2 Kön 4,29; Mk 6,8–11; 1 Tim 5,18; Apg 13,51.

EVANGELIUM Lk 10,1–9

Die Ernte ist groß, aber es gibt nur wenig Arbeiter

✛ Aus dem heiligen Evangelium nach Lukas.

In jener Zeit suchte der Herr zweiundsiebzig andere Jünger aus und sandte sie zu zweit voraus in alle Städte und Ortschaften,
    in die er selbst gehen wollte.

Er sagte zu ihnen: Die Ernte ist groß,
    aber es gibt nur wenig Arbeiter.
Bittet also den Herrn der Ernte,
    Arbeiter für seine Ernte auszusenden.

Geht!
Ich sende euch wie Schafe mitten unter die Wölfe.
Nehmt keinen Geldbeutel mit,
keine Vorratstasche und keine Schuhe!
Grüßt niemand unterwegs!

Wenn ihr in ein Haus kommt,
    so sagt als erstes: Friede diesem Haus!
Und wenn dort ein Mann des Friedens wohnt,
    wird der Friede, den ihr ihm wünscht, auf ihm ruhen;
andernfalls wird er zu euch zurückkehren.
Bleibt in diesem Haus,
eßt und trinkt, was man euch anbietet;
denn wer arbeitet, hat ein Recht auf seinen Lohn.
Zieht nicht von einem Haus in ein anderes!

Wenn ihr in eine Stadt kommt und man euch aufnimmt,
    so eßt, was man euch vorsetzt.
Heilt die Kranken, die dort sind,
und sagt den Leuten:
    Das Reich Gottes ist euch nahe.

FÜRBITTEN

Wir beten zu Christus, der seine Jünger zu allen Völkern sandte:

Erleuchte die Verkünder der Frohbotschaft, daß sie nach dem Beispiel der heiligen Brüder Cyrill und Methodius das rechte Wort finden.
A.: Herr, erhöre unser Gebet.

Überbrücke die Gegensätze zwischen den Völkern Europas im Geist des Evangeliums.

Bestärke im Glauben alle, die in einer unchristlichen Umgebung leben müssen.

Fördere, was einem würdigen Vollzug der heiligen Geheimnisse dient.

Ewiger Gott, durch die Kirche wird unablässig das Gedächtnis deines Sohnes gefeiert. Dieses Opfer des Lobes bringe uns Heil durch ihn, Christus, unseren Herrn. A.: Amen.

GABENGEBET

Allmächtiger Gott,
am Fest der Heiligen Cyrill und Methodius
bringen wir unsere Gaben vor dein Angesicht.
Nimm sie entgegen auf deinem himmlischen Altar
und schenke sie uns wieder als Sakrament des Heils.
Darum bitten wir durch Christus, unseren Herrn.

Präfation von den Hirten der Kirche, S. 1379, oder von den Heiligen, S. 1378 f.

KOMMUNIONVERS Mk 16, 15; Mt 28, 20

Geht hinaus in die ganze Welt und verkündet das Evangelium.
Ich bin alle Tage bei euch bis zum Ende der Welt.

SCHLUSSGEBET

Ewiger Gott,
schenke uns
neues Leben und neue Glaubensfreude durch das Sakrament,
das wir am Fest der Heiligen Cyrill und Methodius
empfangen haben,

damit wir nach ihrem Vorbild
deine Botschaft mutig verkünden.
Darum bitten wir durch Christus, unseren Herrn.

Feierlicher Schlußsegen, S. 1342 (Von den Heiligen).

17. Februar
DIE HEILIGEN GRÜNDER DES SERVITENORDENS

Sieben angesehene Kaufleute verließen zwischen 1225 und 1227 ihre Geschäfte in Florenz. Es war eine Zeit religiöser und politischer Kämpfe und sittlicher Verwilderung. Über die Anfänge der kleinen Gemeinschaft fehlt es an genauen Nachrichten. Zunächst führten sie ein sehr strenges Leben in der Einsamkeit des Monte Senario, nicht weit von Florenz. Sie übernahmen dann die Regel des hl. Augustinus und wurden als „Orden der Diener Mariens" (Serviten) 1256 anerkannt, aber erst 1304 durch Papst Benedikt XI. endgültig bestätigt. Damals lebte noch der letzte von den Sieben, Alessio Falconieri (gest. 17. Febr. 1310). Er bezeichnete es als Aufgabe der Serviten, heilig zu werden und allen Menschen den Weg zur Heiligkeit zu zeigen. Das bevorzugte Mittel dazu: die Betrachtung der Schmerzen Mariens und ihres göttlichen Sohnes.

Commune-Texte:
A Meßformulare für Ordensleute, S. 2084 ff.
B Schriftlesungen für heilige Männer (Ordensleute). S. 2110 ff.

TAGESGEBET

Gütiger Gott,
du hast den heiligen Gründern des Servitenordens
eine kindliche Liebe zur Mutter Christi geschenkt
und sie befähigt,
dein Volk näher zu dir zu führen.
Gib auch uns den Geist der Frömmigkeit
und die Bereitschaft, zu dienen.
Darum bitten wir durch Jesus Christus.

ZUR LESUNG   *Daß die Leiden der gegenwärtigen Zeit in keinem Verhältnis zur kommenden Herrlichkeit stehen, war die Behauptung des Apostels in 8,18. Eine solche Behauptung kann nicht eigentlich bewiesen, wohl aber verdeutlicht werden. Zunächst hat Paulus gesagt (V. 19–25), daß diese Leiden, den Geburtswehen vergleichbar, das sichere Zeichen dafür sind, daß etwas Neues im Kommen ist, und es wird bald kommen: er wird bald kommen und unsere Erlösung vollenden. – Paulus findet das bestätigt in einer religiösen Erfahrung, die gar nicht selbstverständlich ist (V. 26–27): daß wir überhaupt beten können, „wie Gott es will". Von uns aus können wir das nicht. Auch damit, daß der Herr uns beten gelehrt hat, ist es nicht getan. Beten, wie Gott es will, kann nur der Geist in uns, der uns zu Söhnen Gottes macht; er selbst, der Geist Gottes, „seufzt" in uns und mit uns – und gewiß auch über uns. So findet unser Gebet den Weg von unserem Herzen bis zum Herzen Gottes. Und noch etwas „wissen wir" (V. 28–30): Gott will für uns das „Gute". Eine goldene Kette verbindet Anfang und Ende unseres Heilsweges: Gott hat uns im voraus erkannt (d. h. erwählt) – vorausbestimmt – berufen – gerechtgemacht – verherrlicht. Das Ziel ist die Verherrlichung, d. h. die vollkommene Gemeinschaft des Menschen mit Gott; sie ist „denen, die ihn lieben" (V. 28), so sicher, daß geradezu gesagt werden kann: Gott h a t uns verherrlicht. – Zu 8, 26: Joh 14, 17.26; Gal 4, 6; 1 Kor 2, 10–13. – Zu 8, 29: Kol 1, 15; Röm 8, 16–17. – Zu 8, 30: 2 Thess 2, 13–14; Eph 1, 11–13.*

ERSTE LESUNG Röm 8, 26–30

Die er gerecht gemacht hat, die hat er auch verherrlicht

Lesung
aus dem Brief des Apostels Paulus an die Römer.

Brüder!
26 Der Geist nimmt sich unserer Schwachheit an.
Denn wir wissen nicht, worum wir in rechter Weise beten sollen;
der Geist selber tritt jedoch für uns ein
mit Seufzen, das wir nicht in Worte fassen können.
27 Und Gott, der die Herzen erforscht,
weiß, was die Absicht des Geistes ist:
Er tritt so, wie Gott es will,
für die Heiligen ein.
28 Wir wissen, daß Gott bei denen, die ihn lieben,
alles zum Guten führt,
bei denen, die nach seinem ewigen Plan berufen sind;
29 denn alle, die er im voraus erkannt hat,
hat er auch im voraus dazu bestimmt,

17. Februar. Die heiligen Gründer des Servitenordens

an Wesen und Gestalt seines Sohnes teilzuhaben,
damit dieser der Erstgeborene von vielen Brüdern sei.

30 Die aber, die er vorausbestimmt hat,
  hat er auch berufen,
und die er berufen hat,
  hat er auch gerecht gemacht;
die er aber gerecht gemacht hat,
  die hat er auch verherrlicht.

ANTWORTPSALM   Ps 34 (33), 2–3.4–5.6–7.8–9.10–11
(R: vgl. 2a oder 9a)

R Den Herrn will ich preisen alle Zeit. – R   (GL 477)

Oder:

R Kostet und seht, wie gütig der Herr ist! – R

Ich will den Herrn allezeit preisen; *   V. Ton
immer sei sein Lob in meinem Mund.

Meine Seele rühme sich des Herrn; *
die Armen sollen es hören und sich freuen. – (R)

Verherrlicht mit mir den Herrn, *
laßt uns gemeinsam seinen Namen rühmen.

Ich suchte den Herrn, und er hat mich erhört, *
er hat mich all meinen Ängsten entrissen. – (R)

Blickt auf zu ihm, so wird euer Gesicht leuchten, *
und ihr braucht nicht zu erröten.

Da ist ein Armer; er rief, und der Herr erhörte ihn. *
Er half ihm aus all seinen Nöten. – (R)

Der Engel des Herrn umschirmt alle, die ihn fürchten und ehren, *
und er befreit sie.

Kostet und seht, wie gütig der Herr ist; *
wohl dem, der zu ihm sich flüchtet! – (R)

Fürchtet den Herrn, ihr seine Heiligen; *
denn wer ihn fürchtet, leidet keinen Mangel.

Reiche müssen darben und hungern; *
wer aber den Herrn sucht, braucht kein Gut zu entbehren. – R

RUF VOR DEM EVANGELIUM Vers: Mt 5, 3

(Halleluja. Halleluja.)

**Selig, die arm sind vor Gott;
denn ihnen gehört das Himmelreich.**

(Halleluja.)

ZUM EVANGELIUM *Von der Gefahr des Reichtums hat Jesus schon in der Bergpredigt gesprochen: der Mammon mit seinem Anspruch steht in direktem Gegensatz zum Anspruch Gottes (Mt 6, 24). Jesus verdammt die Reichen nicht, er will sie retten. Wie schwierig das ist, sagt das Bild vom Kamel und vom Nadelöhr; die Aussicht hindurchzukommen ist gleich Null. Mit Recht erschrecken die Jünger, ähnlich wie sie beim Wort von der Unauflöslichkeit der Ehe erschrocken sind (Mt 19, 10). Jesus antwortet ihnen auf zwei Fragen: 1. „Wer kann dann noch gerettet werden?" (19, 25), 2. „... was werden wir dafür bekommen?" (19, 27). Gerettet wird nur, wen Gott rettet; darin sind Arme und Reiche gleich, nur hat Gott es mit den Reichen schwerer: er muß sie zuerst arm machen, und sie müssen sich seiner Hand überlassen. Die zweite, von Petrus ausgesprochene Frage erhält eine doppelte Antwort: Wer Jesus nachfolgt in Armut, Niedrigkeit und Tod, der wird auch bei ihm sein in der kommenden Herrlichkeit; wer alles verläßt, wird alles gewinnen. Nur durch den Tod hindurch gibt es Wiedergeburt und Welterneuerung. — Mk 10, 23–31; Lk 18, 24–30; 22, 28–30; 1 Kor 6, 2; Offb 20, 4; Lk 14, 26; Mt 20, 16; Lk 13, 30.*

EVANGELIUM Mt 19, 27–29

Ihr, die ihr alles verlassen habt und mir nachgefolgt seid, werdet das Hundertfache erhalten

✛ Aus dem heiligen Evangelium nach Matthäus.

27 In jener Zeit sagte Petrus zu Jesus:
Du weißt, wir haben alles verlassen und sind dir nachgefolgt.
Was werden wir dafür bekommen?

28 Jesus erwiderte ihnen: Amen, ich sage euch:
Wenn die Welt neu geschaffen wird
und der Menschensohn
sich auf den Thron der Herrlichkeit setzt,
werdet ihr, die ihr mir nachgefolgt seid,
auf zwölf Thronen sitzen und die zwölf Stämme Israels richten.

29 Und jeder,
   der um meines Namens willen Häuser
   oder Brüder, Schwestern, Vater, Mutter, Kinder
   oder Äcker verlassen hat,
   wird dafür das Hundertfache erhalten
   und das ewige Leben gewinnen.

FÜRBITTEN

Zu Jesus Christus, unserem Herrn, der sich zum Diener aller machte, rufen wir:

Gib allen, die in einem Orden leben, den Geist selbstloser Liebe.
A.: Herr, erhöre unser Gebet.

Hindere die Erfolgreichen, andere hochmütig geringzuschätzen.

Erwecke den im Leben Gescheiterten tatkräftige Helfer.

Rege uns an, Maria, unsere himmlische Mutter, von Herzen zu verehren.

Barmherziger Gott, du hast den Gründern des Servitenordens eine großmütige Liebe geschenkt. Laß uns ihr Beispiel nachahmen durch Christus, unseren Herrn. A.: Amen.

21. Februar
HL. PETRUS DAMIANI
Bischof, Kirchenlehrer

In Ravenna 1007 geboren, wurde Petrus 1035 Mönch in Fonte Avellana bei Gubbio (Mittelitalien), 1043 Prior in Gubbio, 1057 Kardinal. Er war ein energischer Reformer der Klöster und des Klerus, stand als Verteidiger der Freiheit der Kirche an der Seite Hildebrands, des nachmaligen Papstes Gregor VII. Er starb am 22. Februar 1072 auf einer der vielen Reisen, die er als päpstlicher Legat unternehmen mußte. Immer stand sein Leben in der Spannung zwischen der Liebe zur Einsamkeit und der Teilnahme an den großen Auseinandersetzungen seiner Zeit. Er hinterließ ein umfangreiches Schrifttum und wurde 1828 zum Kirchenlehrer erhoben. Er hat sich selbst die Grabinschrift aufgesetzt: „Was du bist, das war ich; was ich bin, das wirst du sein; bitte, denk an mich."

Mysterium der Einheit
„Mag auch die heilige Kirche durch die Verschiedenartigkeit der Menschen auseinanderstreben, so ist sie doch durch das Feuer des Heiligen Geistes zu einer Einheit zusammengeschweißt. Und mag sie auch wegen der räumlichen Entfernungen in Teile zerfallen, so kann doch das Mysterium ihrer innersten Einheit in seiner Unversehrtheit in keiner Weise verletzt werden." (Petrus Damiani)

Commune-Texte:
A Meßformulare für Kirchenlehrer, S. 2071 ff.,
oder für Bischöfe, S. 2056 ff.
B Schriftlesungen für Hirten der Kirche, S. 2101 ff.,
oder für Kirchenlehrer, S. 2106 ff.,
oder für heilige Männer (Ordensleute), S. 2110 ff.

TAGESGEBET

Allmächtiger Gott,
lehre uns,
nach der Weisung des heiligen Petrus Damiani
Christus über alles zu lieben
und für deine Kirche einzutreten,
damit wir zur ewigen Freude gelangen.
Darum bitten wir durch Jesus Christus.

ZUR LESUNG *In 2 Tim 4, 1–8 wird der mahnende Teil dieses Briefes abgeschlossen mit dem Hinweis auf die bevorstehende Rechenschaft. Der Apostel selbst kann auf ein großes und erfülltes Leben zurückblicken; er hat dem die Treue gehalten, der ihn berufen hat und der sein Richter sein wird. Treue wird, mehr als alles andere, von dem erwartet, dem in der Kirche Führung und Verantwortung übertragen sind. Treu sein heißt aber nicht nur, unbeweglich auf dem Überlieferten (oder dem, was man dafür hält) beharren; es verlangt, daß man zur rechten Zeit das rechte Wort sagt, nüchtern für die „gesunde Lehre" eintritt, gleich ob sie gern oder ungern gehört wird; daß man die Gegenwart ernst nimmt und für die Zukunft lebt. Die Zukunft aber heißt Christus. Ob wir „sehnsüchtig auf sein Erscheinen warten" (4, 8), daran können wir ermessen, wie es um unseren Glauben und unsere Treue steht. – In diesem Abschiedswort richtet sich der Apostel zunächst an die Amtsträger in der Kirche; es ist aber klar, daß das Gesagte von jedem Christen gilt. – Zu 4, 1–2: Apg 10, 42; Röm 14, 9–10; 1 Petr 4, 5; Apg 20, 31. – Zu 4, 3–5: 1 Tim 4, 1.7; Tit 1, 14; 2 Tim 1, 8.12; 2, 8–13.*

21. Februar. Hl. Petrus Damiani

ERSTE LESUNG
2 Tim 4, 1–5

Verkünde das Evangelium, erfülle treu deinen Dienst!

Lesung
aus dem zweiten Brief des Apostels Paulus an Timótheus.

Mein Sohn!
1 Ich beschwöre dich bei Gott und bei Christus Jesus,
dem kommenden Richter der Lebenden und der Toten,
bei seinem Erscheinen und bei seinem Reich:
2 Verkünde das Wort,
tritt dafür ein, ob man es hören will oder nicht;
weise zurecht, tadle, ermahne,
in unermüdlicher und geduldiger Belehrung.
3 Denn es wird eine Zeit kommen,
in der man die gesunde Lehre nicht erträgt,
sondern sich nach eigenen Wünschen
immer neue Lehrer sucht, die den Ohren schmeicheln;
4 und man wird der Wahrheit nicht mehr Gehör schenken,
sondern sich Fabeleien zuwenden.
5 Du aber sei in allem nüchtern,
ertrage das Leiden,
verkünde das Evangelium,
erfülle treu deinen Dienst!

ANTWORTPSALM
Ps 16 (15), 1–2 u. 5.7–8.9 u. 11 (R: vgl. 5a)

R Du, Herr, bist mein Anteil und Erbe. – R (GL 527,7)

Behüte mich, Gott, denn ich vertraue dir. † IV. Ton
Ich sage zum Herrn: „Du bist mein Herr; *
mein ganzes Glück bist du allein."

Du, Herr, gibst mir das Erbe und reichst mir den Becher; *
du hältst mein Los in deinen Händen. – (R)

Ich preise den Herrn, der mich beraten hat. *
Auch mahnt mich mein Herz in der Nacht.

Ich habe den Herrn beständig vor Augen. *
Er steht mir zur Rechten, ich wanke nicht. – (R)

Darum freut sich mein Herz und frohlockt meine Seele; *
auch mein Leib wird wohnen in Sicherheit.

11 Du zeigst mir den Pfad zum Leben. †
Vor deinem Angesicht herrscht Freude in Fülle, *
zu deiner Rechten Wonne für alle Zeit.

R Du, Herr, bist mein Anteil und Erbe.

RUF VOR DEM EVANGELIUM Vers: Joh 15, 9b.5b

(Halleluja. Halleluja.)
(So spricht der Herr:)
Bleibt in meiner Liebe!
Wer in mir bleibt und in wem ich bleibe, der bringt reiche Frucht.
(Halleluja.)

ZUM EVANGELIUM *Jesus ist der wahre Weinstock, wie er das wahre Licht ist und der gute Hirt und das lebendige Brot. Er ist die urbildliche Wirklichkeit, von der alles Geschaffene ein Gleichnis ist. In der Rede Jesu vom Weinstock gehen Gleichnis und Wirklichkeit ineinander über. Die gemeinte Wirklichkeit ist die lebensnotwendige Verbindung: der Rebzweig ist nichts ohne die lebendige Einheit mit dem Weinstock. Nur wer in der Einheit bleibt, hat das Leben. Die Mahnung „Bleibt in mir!" (15, 4) wird in 15, 9 ergänzt und verdeutlicht durch das Wort: „Bleibt in meiner Liebe!"; in 15, 17 heißt es dafür: „Liebt einander!" Die Liebe, die hier gemeint ist, ist die Treue des Glaubens; nur der liebende Glaube ist fruchtbar. Der Glaube kommt vom Hören und Aufnehmen des Wortes; in Jesus spricht uns Gott selbst an und fordert uns. Das Wort macht uns rein (15, 3): nicht dadurch, daß wir es auseinandernehmen und untersuchen, sondern dadurch, daß wir unser zwiespältiges Leben von der Kraft des Wortes Jesu sammeln und verwandeln lassen. Und nicht nur das gesprochene Wort ist Wort; auf vielfache Weise nimmt Gott den Menschen in seine Schule, um ihn rein und reif zu machen. – Jes 5, 1–7; Jer 2, 21; Mt 15, 13; 1 Joh 3, 21–24.*

EVANGELIUM Joh 15, 1–8

Wer in mir bleibt und in wem ich bleibe, der bringt reiche Frucht

☩ Aus dem heiligen Evangelium nach Johannes.

In jener Zeit sprach Jesus zu seinen Jüngern:
1 Ich bin der wahre Weinstock,
  und mein Vater ist der Winzer.

21. Februar. Hl. Petrus Damiani

2 Jede Rebe an mir, die keine Frucht bringt,
   schneidet er ab,
und jede Rebe, die Frucht bringt,
   reinigt er, damit sie mehr Frucht bringt.
3 Ihr seid schon rein durch das Wort, das ich zu euch gesagt habe.
4 Bleibt in mir,
   dann bleibe ich in euch.
Wie die Rebe aus sich keine Frucht bringen kann,
   sondern nur, wenn sie am Weinstock bleibt,
   so könnt auch ihr keine Frucht bringen,
   wenn ihr nicht in mir bleibt.

5 Ich bin der Weinstock,
   ihr seid die Reben.
Wer in mir bleibt und in wem ich bleibe,
   der bringt reiche Frucht;
denn getrennt von mir könnt ihr nichts vollbringen.
6 Wer nicht in mir bleibt,
   wird wie die Rebe weggeworfen,
und er verdorrt.
Man sammelt die Reben,
   wirft sie ins Feuer,
   und sie verbrennen.

7 Wenn ihr in mir bleibt und wenn meine Worte in euch bleiben,
   dann bittet um alles, was ihr wollt:
Ihr werdet es erhalten.
8 Mein Vater wird dadurch verherrlicht,
   daß ihr reiche Frucht bringt und meine Jünger werdet.

FÜRBITTEN

Wir beten zu Christus, der uns in seine Kirche berufen hat:

Für den Papst und die Bischöfe: gib ihnen Weisheit und Tatkraft.
(Stille) Herr, erbarme dich.
A.: Christus, erbarme dich.

Für alle Völker: laß sie Frieden schaffen durch Gerechtigkeit.
(Stille) Herr, erbarme dich.

Für alle zu Unrecht Angeklagten: hilf ihnen, mutige Verteidiger zu finden. (Stille) Herr, erbarme dich.

Für unsere Gemeinde: führe uns alle in dein Reich. (Stille) Herr, erbarme dich.
A.: Christus, erbarme dich.

Heiliger Gott, du liebst Gerechtigkeit und hassest das Unrecht. Erhöre auf die Fürsprache des heiligen Petrus Damiani unser Gebet durch Christus, unseren Herrn.   A.: Amen.

22. Februar

KATHEDRA PETRI

Fest

Die Zeit vom 13. bis 23. Februar war im heidnischen Rom der Erinnerung an die verstorbenen Angehörigen geweiht. Bei der Feier wurden für die Toten Speisen und ein Stuhl (cathedra) bereitgestellt. Die Christengemeinde gedachte in dieser Zeit des Apostels Petrus, des Vaters ihres Glaubens. Die kirchliche Ablehnung des Totenmahls seit dem 4. Jahrhundert hatte zur Folge, daß man den Stuhl des Petrus nunmehr als Lehrstuhl, als Symbol des Lehramts verstand. Gegenstand des christlichen Festes war aber nicht der Stuhl, sondern die Übernahme des römischen Bischofsstuhls durch den hl. Petrus, oder richtiger: die Berufung des Petrus zum Lehramt in der Kirche. Ein zweites Fest der Kathedra des Petrus wurde seit dem 6. oder 7. Jahrhundert in Gallien am 18. Januar gefeiert. Es wurde dann auch von der römischen Kirche übernommen, aber Papst Johannes XXIII. hat aus beiden Festen wieder ein einziges gemacht und es auf den heutigen Tag festgelegt.

ERÖFFNUNGSVERS   Lk 22, 32

Der Herr sprach zu Simon Petrus:
Ich habe für dich gebetet, damit dein Glaube nicht erlischt.
Und wenn du wieder zurückgefunden hast,
dann stärke deine Brüder.

Ehre sei Gott, S. 1280 f.

TAGESGEBET

Allmächtiger Gott,
das gläubige Bekenntnis des Apostels Petrus
ist der Felsen,

22. Februar. Kathedra Petri

**auf den du deine Kirche gegründet hast.
Laß nicht zu,
daß Verwirrung und Stürme
unseren Glauben erschüttern.
Darum bitten wir durch Jesus Christus.**

Die hier angegebenen Perikopen werden auch in der Votivmesse des hl. Petrus genommen.

ZUR LESUNG *Der Verfasser des ersten Petrusbriefs stellt sich zu Beginn seiner Mahnung an die Vorsteher der Gemeinden mit drei Titeln vor: 1. als „Ältester wie sie", wörtlich „Mit-Ältester": er wendet sich an die Brüder, denen wie ihm selbst in der Gemeinde Dienst und Verantwortung aufgetragen sind. Er bezeichnet sich 2. als Zeugen der Leiden Christi; er hat an sich selbst die Kraft des Leidens Christi erfahren, daher ist er fähig, andere im Glauben und in der Treue zu bestärken. Er betrachtet sich 3. als einen, der an der kommenden Herrlichkeit teilhaben soll; diese gemeinsame Hoffnung verbindet ihn mit den Hirten der Kirche und mit allen, die an den Tod und die Auferstehung Jesu glauben. Von den Hirten, den Vorstehern der Gemeinden, verlangt er, daß sie ihrer Herde nach dem Vorbild des guten Hirten dienen: in freudigem Einsatz; selbstlos, nicht aus Gewinnsucht; mit Verzicht auf jede Art von Machtstreben und Machtanspruch. Die „Herde", die sie leiten, ist das Volk Gottes. Gott selbst ist der wahre Hirt und das Vorbild für alle, die als Hirten eingesetzt sind (Ez 34, 11–16; Dtn 32, 9–12). – Joh 10, 11–18; 21, 15–17; Apg 20, 28; 2 Kor 1, 24; 1 Kor 9, 25.*

ERSTE LESUNG 1 Petr 5, 1–4

Ältester und Zeuge der Leiden Christi

Lesung
   aus dem ersten Brief des Apostels Petrus.

**Brüder!
Eure Ältesten ermahne ich,**
   **da ich ein Ältester bin wie sie und ein Zeuge der Leiden Christi
   und auch an der Herrlichkeit teilhaben soll,**
      die sich offenbaren wird:
**Sorgt als Hirten für die euch anvertraute Herde Gottes,
nicht aus Zwang,**
   sondern freiwillig, wie Gott es will;

auch nicht aus Gewinnsucht,
   sondern aus Neigung;
3 seid nicht Beherrscher eurer Gemeinden,
   sondern Vorbilder für die Herde!
4 Wenn dann der oberste Hirt erscheint,
   werdet ihr
      den nie verwelkenden Kranz der Herrlichkeit empfangen.

ANTWORTPSALM Ps 23 (22), 1–3.4.5.6 (R: 1)

R Der Herr ist mein Hirte, (GL 535, 6)
nichts wird mir fehlen. – **R**

1 Der Herr ist mein Hirte, nichts wird mir fehlen. † VI. Ton
2 Er läßt mich lagern auf grünen Auen *
   und führt mich zum Ruheplatz am Wasser.

3 Er stillt mein Verlangen; *
   er leitet mich auf rechten Pfaden, treu seinem Namen. – (**R**)

4 Muß ich auch wandern in finsterer Schlucht, *
   ich fürchte kein Unheil;

   denn du bist bei mir, *
   dein Stock und dein Stab geben mir Zuversicht. – (**R**)

5 Du deckst mir den Tisch *
   vor den Augen meiner Feinde.

   Du salbst mein Haupt mit Öl, *
   du füllst mir reichlich den Becher. – (**R**)

6 Lauter Güte und Huld *
   werden mir folgen mein Leben lang,

   und im Haus des Herrn *
   darf ich wohnen für lange Zeit. – **R**

RUF VOR DEM EVANGELIUM Vers: Mt 16, 18

(Halleluja. Halleluja.)

Du bist Petrus – der Fels –,
und auf diesen Felsen werde ich meine Kirche bauen,
und die Mächte der Unterwelt werden sie nicht überwältigen.

(Halleluja.)

22. Februar. Kathedra Petri

ZUM EVANGELIUM *Für die Jünger Jesu ist es wesentlich, seine Lehre zu verstehen, und dazu ist es auch notwendig, Klarheit über seine Person zu haben. Diese Klarheit zu schaffen ist der Zweck der Frage Jesu: Für wen halten die Leute den Menschensohn? „Die Leute" – „ihr aber" – „Simon Petrus": das sind drei Stufen des Glaubens und des Erkennens. Im Markusevangelium lautet die Antwort des Petrus: „Du bist der Messias" (Mk 8, 29); bei Matthäus fügt er hinzu: „der Sohn des lebendigen Gottes". Diese Antwort ist schon in Mt 14, 33 vorbereitet, wo die Jünger in einer plötzlichen Helligkeit sagten: „Wahrhaftig, du bist Gottes Sohn". Auf Petrus und seinen Glauben baut Jesus seine Kirche; sie wird dem Ansturm der Todesmächte, den Nöten, die der Ankunft des Menschensohnes vorausgehen, nicht unterliegen. Aber es ist keine triumphierende Kirche, die Jesus gründet. Er selbst, der Menschensohn, muß „vieles erleiden und getötet werden" (16, 21); auch Petrus wird lernen müssen, nicht das zu denken, „was die Menschen wollen", sondern „das, was Gott will" (16, 23). – Mk 8, 27–29; Lk 9, 18–20.*

EVANGELIUM
Mt 16, 13–19

Du bist Petrus, ich werde dir die Schlüssel des Himmelreiches geben

✢ Aus dem heiligen Evangelium nach Matthäus.

In jener Zeit,
13 als Jesus in das Gebiet von Cäsaréa Philíppi kam,
fragte er seine Jünger:
Für wen halten die Leute den Menschensohn?

14 Sie sagten: Die einen für Johannes den Täufer,
andere für Elíja,
wieder andere für Jeremía oder sonst einen Propheten.

15 Da sagte er zu ihnen: Ihr aber,
für wen haltet ihr mich?

16 Simon Petrus antwortete:
Du bist der Messias,
der Sohn des lebendigen Gottes!

17 Jesus sagte zu ihm:
Selig bist du, Simon Barjóna;
denn nicht Fleisch und Blut haben dir das offenbart,
sondern mein Vater im Himmel.

18 Ich aber sage dir:

Du bist Petrus – der Fels –,
und auf diesen Felsen werde ich meine Kirche bauen,
und die Mächte der Unterwelt werden sie nicht überwältigen.
¹⁹ Ich werde dir die Schlüssel des Himmelreichs geben;
was du auf Erden binden wirst,
  das wird auch im Himmel gebunden sein,
und was du auf Erden lösen wirst,
  das wird auch im Himmel gelöst sein.

FÜRBITTEN

Wir beten zu Jesus Christus, der dem Simon Petrus die Schlüssel des Himmelreiches anvertraut hat:

Für den Nachfolger des heiligen Petrus: festige durch ihn die Einheit der Kirche. (Stille) Christus, höre uns.
A.: Christus, erhöre uns.

Für die Regierenden: bewirke, daß sie die Freiheit der Religion und der Kirche achten. (Stille) Christus, höre uns.

Für alle verunsicherten Menschen: führe die Zweifelnden und Verwirrten zum Licht der Wahrheit. (Stille) Christus, höre uns.

Für unsere Gemeinde: gib, daß wir der Lehre der Apostel treu bleiben. (Stille) Christus, höre uns.

Herr, unser Gott, du hast unserem Papst die Sorge für die Einheit der Kirche anvertraut. Hilf, daß wir uns seiner Führung anvertrauen durch Christus, unseren Herrn.   A.: Amen.

GABENGEBET

Herr, unser Gott,
nimm die Gebete und Gaben
deiner Kirche an.
Hilf uns, unter der Führung des Apostels Petrus
am unverfälschten Glauben festzuhalten,
damit wir das ewige Erbe deiner Kinder erlangen.
Darum bitten wir durch Christus, unseren Herrn.

Apostelpräfation, S. 1377 f.

KOMMUNIONVERS   Mt 16, 16.18
Petrus sagte zu Jesus:
Du bist der Messias, der Sohn des lebendigen Gottes.
Jesus antwortete ihm:
Du bist Petrus, und auf diesen Felsen werde ich meine Kirche bauen.

SCHLUSSGEBET
Herr, unser Gott,
du hast dem heiligen Petrus aufgetragen,
seine Brüder im Glauben zu stärken.
An seinem Fest haben wir den Leib
und das Blut Christi empfangen.
Gib uns durch diese Speise die Kraft,
in der Einheit der Kirche zu bleiben
und in brüderlicher Liebe miteinander zu leben.
Darum bitten wir durch Christus, unseren Herrn.

Feierlicher Schlußsegen, S. 1341 (Von den Aposteln).

23. Februar
HL. POLYKARP
Bischof, Märtyrer
Gedenktag

Polykarp kannte noch den Apostel Johannes und wurde von ihm zum Bischof von Smyrna bestellt (vgl. Offb 2,8–11). Als Sprecher der Kirchen von Kleinasien verhandelte er 155 mit Papst Anicet über den Termin des Osterfestes. In Kleinasien muß er großen Einfluß gehabt haben; die Heiden nannten ihn „den Lehrer Asiens, den Vater der Christen, den Zerstörer der Götter". Als der römische Statthalter ihm befahl, Christus zu verfluchen, antwortete er: „Sechsundachtzig Jahre diene ich ihm, und er hat mir nie ein Leid getan; wie könnte ich meinen König lästern, der mich erlöst hat?" Er wurde zum Tod auf dem Scheiterhaufen verurteilt, und als das Feuer ihn nicht tötete, mit einem Dolch durchbohrt. Über sein Martyrium ist ein zuverlässiger Bericht erhalten. Polykarp ist der letzte Zeuge aus dem apostolischen Zeitalter.

Commune-Texte:
A Meßformulare für Märtyrer, S. 2041 ff.,
oder für Bischöfe, S. 2056 ff.
B Schriftlesungen für Märtyrer, S. 2098 ff.,
oder für Hirten der Kirche, S. 2101 ff.

TAGESGEBET

Gott, du Herr der ganzen Schöpfung,
du hast den heiligen Bischof Polykarp
zum standhaften Bekenntnis des Glaubens gestärkt
und in die Schar deiner Märtyrer aufgenommen.
Gib auch uns deine Kraft,
wenn wir am Kelch des Leidens Christi teilhaben,
damit wir auferstehen zum ewigen Leben.
Darum bitten wir durch Jesus Christus.

ZUR LESUNG   *Die sieben Sendschreiben in Offb 2 und 3 richten sich an einzelne Gemeinden Kleinasiens, zugleich aber an die ganze Kirche. Sie enthalten Lob und Tadel, Verheißung, Mahnung und Warnung. Der Tadel fehlt nur in den Briefen an die Gemeinden von Smyrna (2, 8–11) und Philadelphia (3, 7–13). Die Gemeinde von Smyrna ist in „Bedrängnis und Armut" und „doch reich". Sie hat Verfolgungen hinter sich, andere stehen ihr bevor. Zwischen Tod und Leben verläuft ihre Geschichte – die Geschichte der Kirche überhaupt; wie Christus selbst geht sie durch den Tod hindurch den Weg zum Leben. – Als der heilige Polykarp im Jahr 156 n. Chr. der Verfolgung zum Opfer fiel, hatte er nach seinen eigenen Worten 86 Jahre lang Christus gedient; vermutlich hat er schon gelebt, als dieser „Brief" an die Gemeinde von Smyrna geschrieben wurde. – Jes 44, 6; 48, 12; Offb 1, 17–18; Lk 6, 20; Jak 2, 5; Gal 6, 15–16; Röm 2, 28–29; Dan 1, 12. 14.*

ERSTE LESUNG   Offb 2, 8–11

An den Engel der Gemeinde in Smyrna schreibe: Sei treu bis in den Tod!

Lesung
   aus der Offenbarung des Johannes.

Ich, Johannes, hörte eine Stimme, die sprach:
8 **An den Engel der Gemeinde in Smyrna schreibe:**

23. Februar. Hl. Polykarp

So spricht Er, der Erste und der Letzte,
 der tot war und wieder lebendig wurde:

9 Ich kenne deine Bedrängnis und deine Armut;
 und doch bist du reich.
Und ich weiß,
 daß du von solchen geschmäht wirst,
 die sich als Juden ausgeben;
sie sind es aber nicht,
sondern sind eine Synagoge des Satans.

10 Fürchte dich nicht vor dem, was du noch erleiden mußt.
Der Teufel wird einige von euch ins Gefängnis werfen,
 um euch auf die Probe zu stellen,
und ihr werdet in Bedrängnis sein, zehn Tage lang.
Sei treu bis in den Tod;
dann werde ich dir den Kranz des Lebens geben.

11 Wer Ohren hat, der höre, was der Geist den Gemeinden sagt:
Wer siegt,
 dem kann der zweite Tod nichts anhaben.

ANTWORTPSALM   Ps 31 (30), 3b–4.6 u. 8.16–17 (R: vgl. 6a)
R Herr, in deine Hände lege ich meinen Geist. – R   (GL 699, 1)

3b Sei mir ein schützender Fels, *   VI. Ton
 eine feste Burg, die mich rettet.

4 Denn du bist mein Fels und meine Burg; *
 um deines Namens willen wirst du mich führen und leiten. – (R)

6 In deine Hände lege ich voll Vertrauen meinen Geist; *
 du hast mich erlöst, Herr, du treuer Gott.

8 Ich will jubeln und über deine Huld mich freuen; †
denn du hast mein Elend angesehn, *
du bist mit meiner Not vertraut. – (R)

16 In deiner Hand liegt mein Geschick; *
 entreiß mich der Hand meiner Feinde und Verfolger!

17 Laß dein Angesicht leuchten über deinem Knecht, *
hilf mir in deiner Güte! – R

RUF VOR DEM EVANGELIUM

(Halleluja. Halleluja.)

Dich, Gott, loben wir, dich, Herr, preisen wir.
Dich preist der Märtyrer leuchtendes Heer.

(Halleluja.)

ZUM EVANGELIUM   *„Die Christen wohnen zwar in der Welt, aber sie sind nicht aus der Welt", heißt es in einem frühchristlichen Text (Diognetbrief 6, 3). Der Abschnitt Joh 15, 18 – 16, 4a spricht vom Haß der Welt gegen die Jünger Jesu. Die „Welt" ist zwangsläufig totalitär; sie erträgt es nicht, daß es Menschen gibt, die nicht nach ihrem Gesetz leben. Die Finsternis kann das Licht nicht ertragen. Außerdem: das Lebensgesetz des Meisters ist auch das des Jüngers. Der Haß der Welt gilt nicht eigentlich dem einzelnen Jünger; er gilt der geheimen Wirklichkeit, der unkontrollierbaren Kraft, die den Jünger treibt, ihn von der Welt unterscheidet und aus ihr herausnimmt; „um meines Namens willen": das ist der wahre Grund. Der Haß der Welt gilt Christus dem Herrn selbst und seinem Geist, der in den Jüngern am Werk ist. – Mt 10, 22; 1 Joh 3, 11–18; Joh 1, 10; 17, 14–16; 13, 16; Mt 10, 24–25; Lk 6, 40; 2 Tim 3, 12; Apg 5, 41; 9, 4; 1 Joh 3, 1.*

EVANGELIUM   Joh 15, 18–21

Wenn sie mich verfolgt haben, werden sie auch euch verfolgen

✠ Aus dem heiligen Evangelium nach Johannes.

In jener Zeit sprach Jesus zu seinen Jüngern:

18 Wenn die Welt euch haßt,
    dann wißt, daß sie mich schon vor euch gehaßt hat.
19 Wenn ihr von der Welt stammen würdet,
    würde die Welt euch als ihr Eigentum lieben.
   Aber weil ihr nicht von der Welt stammt,
    sondern weil ich euch aus der Welt erwählt habe,
    darum haßt euch die Welt.
20 Denkt an das Wort, das ich euch gesagt habe:
   Der Sklave ist nicht größer als sein Herr.
   Wenn sie mich verfolgt haben,
    werden sie auch euch verfolgen;
   wenn sie an meinem Wort festgehalten haben,
    werden sie auch an eurem Wort festhalten.

21 **Das alles werden sie euch um meines Namens willen antun;
denn sie kennen den nicht,**
  der mich gesandt hat.

FÜRBITTEN

Zu Jesus Christus, der seinen Jüngern Verfolgungen ankündigte, wollen wir beten:

Für die Kirche: um Vertrauen in deinen Beistand. (Stille) Herr, erbarme dich.
A.: Christus, erbarme dich.

Für die Mächtigen: um Achtung der Rechte jedes Menschen. (Stille) Herr, erbarme dich.

Für die verfolgten Christen: um Standhaftigkeit im Bekenntnis des Glaubens. (Stille) Herr, erbarme dich.

Für unsere Verstorbenen: um das ewige Leben. (Stille) Herr, erbarme dich.

Denn du verleihst den Kranz des Lebens dem, der treu bleibt bis in den Tod. Dir sei Ehre und Lobpreis in Ewigkeit.   A.: Amen.

24. Februar
HL. MATTHIAS
Apostel
Fest

Über das Leben des Apostels Matthias wissen wir nur, was in der Apostelgeschichte steht (Apg 1,15–25): daß er anstelle des Judas Iskariot zum Apostelkollegium hinzugewählt wurde. Aus der Rede des Petrus ergibt sich auch, daß Matthias zu den Männern gehörte, „die die ganze Zeit mit uns zusammen waren, als Jesus, der Herr, bei uns ein und aus ging, angefangen von der Taufe durch Johannes bis zu dem Tag, an dem er von uns ging und aufgenommen wurde" (Apg 1,21–22). Nach der Legende soll Matthias in Äthiopien gewirkt und das Martyrium erlitten haben. Seine Reliquien wurden im Auftrag der

Kaiserin Helena nach Trier gebracht; dort werden sie in der Abteikirche St. Matthias verehrt, die im Mittelalter das Ziel vieler Wallfahrten war.

ERÖFFNUNGSVERS Joh 15, 16

Nicht ihr habt mich erwählt, sondern ich habe euch erwählt,
und ich habe euch dazu bestimmt,
daß ihr hingeht und Frucht bringt
und daß eure Frucht bleibt – so spricht der Herr.

Ehre sei Gott, S. 1280 f.

TAGESGEBET

Gott, du kennst die Herzen aller Menschen;
du hast es gefügt, daß der heilige Matthias
zum Kollegium der Apostel hinzugewählt wurde.
Deine Liebe lenke auch unseren Weg
und reihe uns ein
in die Schar deiner Auserwählten.
Darum bitten wir durch Jesus Christus.

ZUR LESUNG *Jesus hatte zwölf Apostel bestellt; durch den Verrat des Judas war eine Lücke entstanden, und diese Lücke mußte wieder ausgefüllt werden. Der neu zu Wählende soll vor allem „zusammen mit uns Zeuge seiner – Jesu – Auferstehung sein", erklärt Petrus im Namen der Jüngergemeinde. Er muß also den irdischen Jesus gekannt haben, seine Person, seine Worte und Taten, und er muß den Auferstandenen gesehen haben. Er muß aber auch von den übrigen Aposteln anerkannt werden als einer, der den Auferstandenen gesehen hat und das Evangelium verkünden kann. Die Wahl fiel auf Matthias, über den wir nur wissen, daß er diese Voraussetzungen erfüllt hat, und das ist nicht wenig. – Ps 41, 10; Joh 13, 11; Ps 69, 26; 109, 8.*

ERSTE LESUNG Apg 1, 15–17.20ac–26

Einer von diesen muß zusammen mit uns Zeuge seiner Auferstehung sein

Lesung
   aus der Apostelgeschichte.

15 **In jenen Tagen erhob sich Petrus im Kreis der Brüder
– etwa hundertzwanzig waren zusammengekommen –
und sagte:**

24. Februar. Hl. Matthias

¹⁶ Brüder!
Es mußte sich das Schriftwort erfüllen,
das der Heilige Geist durch den Mund Davids
im voraus über Judas gesprochen hat.
Judas wurde zum Anführer derer, die Jesus gefangennahmen.
¹⁷ Er wurde zu uns gezählt
und hatte Anteil am gleichen Dienst.
^{20ac} Es steht im Buch der Psalmen:
Sein Amt soll ein anderer erhalten!
²¹ Einer von den Männern,
die die ganze Zeit mit uns zusammen waren,
als Jesus, der Herr, bei uns ein und aus ging,
²² angefangen von der Taufe durch Johannes
bis zu dem Tag,
an dem er von uns ging
und in den Himmel aufgenommen wurde,
– einer von diesen muß nun zusammen mit uns
Zeuge seiner Auferstehung sein.
²³ Und sie stellten zwei Männer auf:
Josef, genannt Barsábbas, mit dem Beinamen Justus,
und Matthías.
²⁴ Dann beteten sie:
Herr, du kennst die Herzen aller;
zeige, wen von diesen beiden du erwählt hast,
²⁵ diesen Dienst und dieses Apostelamt zu übernehmen.
Denn Judas hat es verlassen
und ist an den Ort gegangen, der ihm bestimmt war.
²⁶ Dann gaben sie ihnen Lose;
das Los fiel auf Matthías,
und er wurde den elf Aposteln zugerechnet.

ANTWORTPSALM   Ps 113 (112), 1–2.3–4.5a u. 6–7 (R: 2)

R Der Name des Herrn sei gepriesen   (GL 693, 1)
von nun an bis in Ewigkeit. – **R**

Im Jahreskreis: (*Oder:* Halleluja.)

¹ Lobet, ihr Knechte des Herrn, *   IV. Ton
lobt den Namen des Herrn!
² Der Name des Herrn sei gepriesen *
von nun an bis in Ewigkeit. – (**R**)

3 Vom Aufgang der Sonne bis zum Untergang *
   sei der Name des Herrn gelobt.

4 Der Herr ist erhaben über alle Völker, *
   seine Herrlichkeit überragt die Himmel. – (R)

5a Wer gleicht dem Herrn, unserm Gott, †
6 ihm, der in der Höhe thront, *
   der hinabschaut in die Tiefe,

7 der den Schwachen aus dem Staub emporhebt *
   und den Armen erhöht, der im Schmutz liegt?

   R Der Name des Herrn sei gepriesen
   von nun an bis in Ewigkeit.

Im Jahreskreis: (Oder: Halleluja.)

RUF VOR DEM EVANGELIUM   Vers: vgl. Joh 15, 16

(Halleluja. Halleluja.)

(So spricht der Herr:)
Ich habe euch erwählt und dazu bestimmt, daß ihr Frucht bringt
und daß eure Frucht bleibt.

(Halleluja.)

ZUM EVANGELIUM   *Die Liebe, von der Jesus spricht und die er uns zum Gebot macht, hat ihren Ursprung in der Liebe, mit der Gott seinen einzigen Sohn liebt, und sie hat ihr Vorbild in der Innigkeit, mit der sich der Sohn dem Vater zuwendet. Der Sohn war „am Anfang" bei Gott (Joh 1, 2), er „ruht am Herzen des Vaters" (1, 18), er bleibt in der Liebe des Vaters (15, 10) auch als der Menschgewordene. Den Willen des Vaters zu tun ist sein Leben und auch sein Sterben. Das Gegenteil von „bleiben" wäre sich trennen, sich entfernen, treulos werden, den Gehorsam aufkündigen. – Wir sind „in ihm", seit er uns angenommen, geliebt hat, konkret: seitdem wir durch die Taufe in seinen Tod und in sein Leben hineingenommen wurden. Wir bleiben in ihm durch den Glauben und die Treue: dadurch, daß wir immer neu sein Wort aufnehmen, festhalten und tun. Frucht dieser Liebe ist die Freude, die Freundschaft, das Vertrauen. – Zu 15, 9: Joh 3, 35; 10, 14–15; 13, 1; 17, 23. – Zu 15, 10: Joh 6, 38; 8, 29. – Zu 15, 11: Joh 17, 13; 1 Joh 1, 4. – Zu 15, 12: Joh 13, 34. – Zu 15, 13: 1 Joh 3, 16; Röm 5, 6–8. – Zu 15, 15: Röm 8, 15; Lk 12, 4.*

24. Februar. Hl. Matthias

EVANGELIUM Joh 15,9–17

Nicht ihr habt mich erwählt, sondern ich habe euch erwählt

✠ Aus dem heiligen Evangelium nach Johannes.

In jener Zeit sprach Jesus zu seinen Jüngern:
9 Wie mich der Vater geliebt hat,
    so habe auch ich euch geliebt.
  Bleibt in meiner Liebe!
10 Wenn ihr meine Gebote haltet,
    werdet ihr in meiner Liebe bleiben,
  so wie ich die Gebote meines Vaters gehalten habe
    und in seiner Liebe bleibe.
11 Dies habe ich euch gesagt,
    damit meine Freude in euch ist
    und damit eure Freude vollkommen wird.
12 Das ist mein Gebot:
  Liebt einander,
    so wie ich euch geliebt habe.
13 Es gibt keine größere Liebe,
    als wenn einer sein Leben für seine Freunde hingibt.
14 Ihr seid meine Freunde,
    wenn ihr tut, was ich euch auftrage.
15 Ich nenne euch nicht mehr Knechte;
  denn der Knecht weiß nicht, was sein Herr tut.
  Vielmehr habe ich euch Freunde genannt;
  denn ich habe euch alles mitgeteilt,
    was ich von meinem Vater gehört habe.
16 Nicht ihr habt mich erwählt,
  sondern ich habe euch erwählt
    und dazu bestimmt, daß ihr euch aufmacht und Frucht bringt
  und daß eure Frucht bleibt.
  Dann wird euch der Vater alles geben,
    um was ihr ihn in meinem Namen bittet.
17 Dies trage ich euch auf:
    Liebt einander!

FÜRBITTEN

Jesus Christus, der die Apostel zum Fundament der Kirche bestimmte, rufen wir an:

Stärke alle Christen im Zeugnis für deine Auferstehung.
A.: Wir bitten dich, erhöre uns.

Lenke die Herzen, daß bei Wahlen für wichtige Ämter geeignete Frauen und Männer bestimmt werden.

Tröste die Sterbenden durch die Hoffnung auf die Auferstehung.

Überwinde alle Angst durch deinen Sieg über den Tod.

Allmächtiger Gott, du hast deinen Sohn von den Toten erweckt. Laß auch uns an seiner Auferstehung teilhaben durch ihn, Christus, unseren Herrn. A.: Amen.

GABENGEBET

Allmächtiger Gott, nimm diese Gaben an,
die deine Kirche
dir am Fest des heiligen Matthias darbringt,
und stärke uns in dieser Feier mit deiner Gnade.
Darum bitten wir durch Christus, unseren Herrn.

Apostelpräfation I, S. 1377.

KOMMUNIONVERS   Joh 15, 12

Das ist mein Gebot:
Liebt einander, wie ich euch geliebt habe – so spricht der Herr.

SCHLUSSGEBET

Barmherziger Gott,
schenke deiner Familie
immer neu die Fülle deiner Gaben
und laß uns
auf die Fürsprache des heiligen Matthias
Anteil erhalten am Los deiner Heiligen im Lichte.
Darum bitten wir durch Christus, unseren Herrn.

Feierlicher Schlußsegen, S. 1341 (Von den Aposteln).

25. Februar

HL. WALBURGA
Äbtissin

Walburga war die Tochter des angelsächsischen Königs Richard und Schwester des hl. Willibald, Bischofs von Eichstätt, und des hl. Wunibald. Sie kam zusammen mit Lioba und Thekla als Missionshelferin von England nach dem Festland. Zuerst war sie in Tauberbischofsheim, dann als Äbtissin in Heidenheim, wo sie nach dem Tod Wunibalds (761) die Leitung des Doppelklosters übernahm. Das Kloster wurde ein Zentrum der christlichen Mission, der Kultur und der Wohltätigkeit. Walburga starb am 25. Februar 779; ihre Reliquien kamen 870 nach Eichstätt (St. Walburg).

Commune-Texte:
A Meßformulare für Ordensleute, S. 2084 ff.
B Schriftlesungen für heilige Frauen (Ordensleute), S. 2110 ff.,
oder für Jungfrauen, S. 2108 ff.

TAGESGEBET

Barmherziger Gott,
du hast der heiligen Äbtissin Walburga
einen starken Glauben
und ein mütterliches Herz gegeben.
Hilf uns auf ihre Fürsprache
an deinem Wort festzuhalten
und in der Welt deine Güte sichtbar zu machen.
Darum bitten wir durch Jesus Christus.

ZUR LESUNG *Der Schlußakt der Weltgeschichte, das Gericht über „Babylon" – die „große Hure" (19, 2), Symbol der widergöttlichen Macht, des Reichtums und des Hochmuts – wird in der Welt Gottes mit einer großen Liturgie gefeiert (Offb 19, 1–8). Nun – endlich – erklingt das Halleluja, das im ganzen übrigen Neuen Testament nicht vorkam, in Offb 19 dagegen gleich viermal (19, 1.3.4.6); in 19, 5 wird es übersetzt: „Preist unsern Gott". Zum Preis Gottes werden aufgerufen „seine Knechte", d. h. „alle, die ihn fürchten, Kleine und Große", alle, die durch ihre Taten (19, 8) Gott die Treue gehalten haben. Der Grund des Jubels ist ein zweifacher: 1. der Herr ist König geworden (19, 6), er hat endgültig sein Königtum aufgerichtet; 2. „gekommen ist die Hochzeit des Lammes"*

(19,7). Die Vollendung des ganzen Heilsgeschehens erscheint im Bild von der Hochzeit des Lammes mit dem bewahrten, geretteten Gottesvolk. Die Einladung zum Festmahl ergeht im abschließenden Vers 19,9 an die Gläubigen, die noch in der Not des Kampfes stehen. – Zu 19,1: Tob 13,18. – Zu 19,5: Ps 134,1; 115,13; Lk 1,48–49. – Zu 19,6–7: Ps 93,1; Dan 7,14; Ps 118,24.

ERSTE LESUNG Offb 19,1.5–9a

Selig, wer zum Hochzeitsmahl des Lammes eingeladen ist

Lesung
  aus der Offenbarung des Johannes.

1 Ich, Johannes, hörte etwas
  wie den lauten Ruf einer großen Schar im Himmel:

  Halleluja!
  Das Heil und die Herrlichkeit und die Macht
  ist bei unserm Gott.

5 Und eine Stimme kam vom Thron her:
  Preist unsern Gott, all seine Knechte
  und alle, die ihn fürchten, Kleine und Große!

6 Da hörte ich etwas wie den Ruf einer großen Schar
  und wie das Rauschen gewaltiger Wassermassen
  und wie das Rollen mächtiger Donner:

  Halleluja!
  Denn König geworden ist der Herr, unser Gott,
  der Herrscher über die ganze Schöpfung.

7 **Wir wollen uns freuen und jubeln**
  und ihm die Ehre erweisen.
  Denn gekommen ist die Hochzeit des Lammes,
  und seine Frau hat sich bereit gemacht.

8 **Sie durfte sich kleiden in strahlend reines Leinen.**
  Das Leinen bedeutet die gerechten Taten der Heiligen.

9a Jemand sagte zu mir: Schreib auf:
  Selig, wer zum Hochzeitsmahl des Lammes eingeladen ist.

25. Februar. Hl. Walburga

ANTWORTPSALM
Ps 45 (44), 11–12.14–15.16–17 (R: 11a oder Mt 25,6b)

R Höre, Tochter, sieh her und neige dein Ohr! – **R** (GL 119,2)

Oder:

R Der Bräutigam kommt!
Geht Christus, dem Herrn, entgegen! – **R**

11 Höre, Tochter, sieh her und neige dein Ohr, * II. Ton
vergiß dein Volk und dein Vaterhaus!

12 Der König verlangt nach deiner Schönheit; *
er ist ja dein Herr, verneig dich vor ihm! – (**R**)

14 Die Königstochter ist herrlich geschmückt, *
ihr Gewand ist durchwirkt mit Gold und Perlen.

15 Man geleitet sie in buntgestickten Kleidern zum König, †
Jungfrauen sind ihr Gefolge, *
ihre Freundinnen führt man zu dir. – (**R**)

16 Man geleitet sie mit Freude und Jubel, *
sie ziehen ein in den Palast des Königs.

17 An die Stelle deiner Väter treten einst deine Söhne; *
du bestellst sie zu Fürsten im ganzen Land. – **R**

RUF VOR DEM EVANGELIUM
Vers: vgl. Mt 24,42a.44

(Halleluja. Halleluja.)

Seid wachsam und haltet euch bereit!
Denn der Bräutigam kommt
zu einer Stunde, in der ihr es nicht erwartet.

(Halleluja.)

ZUM EVANGELIUM *Nicht von Jungfrauen (oder Mädchen) ist in diesem Evangelium die Rede, sondern vom Kommen des Menschensohnes und von der Wachsamkeit. Die wachenden Menschen werden klug, die schlafenden töricht oder einfältig genannt. Im Gleichnis von den zehn Jungfrauen schlafen allerdings auch die klugen ein; für die einen wie für die anderen kommt der Herr plötzlich und unerwartet. Aber während die Einfältigen mit leeren Lampen und leeren Händen dastehen, haben die Klugen ihre Lampen voll Öl: sie haben das Evangelium gehört und ver-*

standen, sie haben danach gelebt, ihr Herz ist wach. Den Einfältigen nützt es nichts, mit leeren Herzen Kyrie („Herr, Herr") zu rufen. – Lk 12, 35–38; Mt 7, 22; Lk 13, 25; Mt 24, 42; Mk 13, 33–37.

EVANGELIUM Mt 25, 1–13

Der Bräutigam kommt! Geht ihm entgegen!

✠ Aus dem heiligen Evangelium nach Matthäus.

In jener Zeit
   erzählte Jesus seinen Jüngern das folgende Gleichnis:
1 Mit dem Himmelreich
   wird es sein wie mit zehn Jungfrauen,
   die ihre Lampen nahmen und dem Bräutigam entgegengingen.
2 Fünf von ihnen waren töricht,
   und fünf waren klug.
3 Die törichten nahmen ihre Lampen mit,
   aber kein Öl,
4 die klugen aber nahmen außer den Lampen
   noch Öl in Krügen mit.
5 Als nun der Bräutigam lange nicht kam,
   wurden sie alle müde und schliefen ein.
6 Mitten in der Nacht aber hörte man plötzlich laute Rufe:
Der Bräutigam kommt!
Geht ihm entgegen!
7 Da standen die Jungfrauen alle auf
   und machten ihre Lampen zurecht.
8 Die törichten aber sagten zu den klugen:
   Gebt uns von eurem Öl,
sonst gehen unsere Lampen aus.
9 Die klugen erwiderten ihnen:
   Dann reicht es weder für uns noch für euch;
geht doch zu den Händlern
und kauft, was ihr braucht.
10 Während sie noch unterwegs waren, um das Öl zu kaufen,
   kam der Bräutigam;
die Jungfrauen, die bereit waren,
   gingen mit ihm in den Hochzeitssaal,
und die Tür wurde zugeschlossen.
11 Später kamen auch die anderen Jungfrauen

und riefen: Herr, Herr, mach uns auf!
12 Er aber antwortete ihnen: Amen, ich sage euch: Ich kenne euch nicht.
13 **Seid also wachsam! Denn ihr wißt weder den Tag noch die Stunde.**

FÜRBITTEN

Zu Jesus Christus, der seine Jünger aussandte, beten wir:

Für alle Frauen, die im Dienst der Glaubensverkündigung stehen: erleuchte sie durch deinen Geist. (Stille) Christus, höre uns.
A.: Christus, erhöre uns.

Für alle, die Helfer für die Seelsorge ausbilden: steh ihnen bei mit deinem Rat. (Stille) Christus, höre uns.

Für unsere jungen Menschen: bewahre sie vor Verführung, und entfalte in ihnen den Glauben. (Stille) Christus, höre uns.

Für unsere Gemeinde: laß dein Wort ein Licht sein auf unserem Lebensweg. (Stille) Christus, höre uns.

Denn du bist der Weg, die Wahrheit und das Leben. Dir sei Ehre und Lobpreis in Ewigkeit. A.: Amen.

MÄRZ

4. März

HL. KASIMIR

Kasimir wurde 1458 als Sohn des Königs Kasimir IV. von Polen und der Habsburgerin Elisabeth geboren. Er wurde 1471 zum König von Ungarn gewählt, konnte sich aber dort nicht durchsetzen. Lauterkeit des Charakters und eine große Marienverehrung zeichneten ihn aus. Er starb am 4. März 1484 in Wilna an Schwindsucht. Er wird als Patron von Polen und Litauen verehrt.

Commune-Texte:
A Meßformulare für heilige Männer, S. 2078 ff.
B Schriftlesungen für heilige Männer, S. 2110 ff.

TAGESGEBET

Allmächtiger Gott,
dir dienen heißt herrschen.
Hilf uns auf die Fürbitte des heiligen Kasimir,
deinen Weisungen zu gehorchen
und in Heiligkeit und Gerechtigkeit
vor dir zu leben.
Darum bitten wir durch Jesus Christus.

ZUR LESUNG   *Paulus hat bei seiner Bekehrung viel hinter sich gelassen, vor allem das Bewußtsein eigener Gerechtigkeit und Vollkommenheit. Was hat er gewonnen? Die Erkenntnis Christi, des Gekreuzigten und Auferstandenen. Dagegen ist alles andere „Unrat". Auch die Treue zum Gesetz des Mose und zu den heiligen Überlieferungen seines Volkes gehören zu dem, „was hinter mir liegt" (Phil 3, 13). Christus erkennen und von ihm erkannt und angenommen werden, das ist alles. Hier geht es nicht um eine reine Verstandeserkenntnis; es ist ein lebendiges Wissen des Herzens, des ganzen Menschen, eine Erfahrung tiefer Gemeinschaft mit Christus. Der Apostel fühlt sich noch weit vom Ziel entfernt; christliche Vollendung ist nie etwas Erreichtes, Fertiges, sie besteht vielmehr darin, sich immer neu von der Wahrheit und Kraft Christi ergreifen zu lassen. – Zu 3, 8–11: Röm 1, 16; 10, 3; Gal 2, 16; Röm 1, 4; 9, 1–5. – Zu 3, 12–14: Gal 5, 7; 1 Kor 9, 24–27; Phil 2, 16.*

ERSTE LESUNG   Phil 3, 8–14

Das Ziel vor Augen, jage ich nach dem Siegespreis: der himmlischen Berufung, die Gott uns in Christus Jesus schenkt

**Lesung
aus dem Brief des Apostels Paulus an die Philipper.**

Brüder!
8 **Ich sehe alles als Verlust an,
weil die Erkenntnis Christi Jesu, meines Herrn,**
   alles übertrifft.
**Seinetwegen habe ich alles aufgegeben
und halte es für Unrat,**
   um Christus zu gewinnen
9 **und in ihm zu sein.**

4. März. Hl. Kasimir

Nicht meine eigene Gerechtigkeit suche ich,
   die aus dem Gesetz hervorgeht,
sondern jene, die durch den Glauben an Christus kommt,
die Gerechtigkeit, die Gott aufgrund des Glaubens schenkt.

10 Christus will ich erkennen
und die Macht seiner Auferstehung
und die Gemeinschaft mit seinen Leiden;
sein Tod soll mich prägen.

11 So hoffe ich, auch zur Auferstehung von den Toten zu gelangen.

12 Nicht daß ich es schon erreicht hätte
oder daß ich schon vollendet wäre.
Aber ich strebe danach, es zu ergreifen,
weil auch ich von Christus Jesus ergriffen worden bin.

3 Brüder, ich bilde mir nicht ein,
   daß ich es schon ergriffen hätte.
Eines aber tue ich:
Ich vergesse, was hinter mir liegt,
   und strecke mich nach dem aus, was vor mir ist.

4 Das Ziel vor Augen, jage ich nach dem Siegespreis:
der himmlischen Berufung,
   die Gott uns in Christus Jesus schenkt.

ANTWORTPSALM Ps 15 (14), 2–3.4.5 (R: vgl. 1b)

R Der Gerechte darf weilen auf deinem heiligen Berg, o Herr. – **R**
(GL 626, 3)

Der makellos lebt und das Rechte tut; †
der von Herzen die Wahrheit sagt * IV. Ton
und mit seiner Zunge nicht verleumdet;

der seinem Freund nichts Böses antut *
und seinen Nächsten nicht schmäht; – (**R**)

der den Verworfenen verachtet, *
doch alle, die den Herrn fürchten, in Ehren hält;

der sein Versprechen nicht ändert, *
das er seinem Nächsten geschworen hat; – (**R**)

der sein Geld nicht auf Wucher ausleiht *
und nicht zum Nachteil des Schuldlosen Bestechung annimmt.

Wer sich danach richtet, *
der wird niemals wanken. – **R**

RUF VOR DEM EVANGELIUM Vers: Joh 13,34ac

(Halleluja. Halleluja.)
(So spricht der Herr:)
Ein neues Gebot gebe ich euch:
Wie ich euch geliebt habe, so sollt auch ihr einander lieben.

(Halleluja.)

ZUM EVANGELIUM *Die Liebe, von der Jesus spricht und die er uns zum Gebot macht, hat ihren Ursprung in der Liebe, mit der Gott seinen eigenen Sohn liebt, und sie hat ihr Vorbild in der Innigkeit, mit der sich der Sohn dem Vater zuwendet. Der Sohn war „am Anfang" bei Gott (Joh 1,2), er „ruht am Herzen des Vaters" (1,18), er bleibt in der Liebe des Vaters (15,10) auch als der Menschgewordene. Den Willen des Vaters zu tun ist sein Leben und auch sein Sterben. Das Gegenteil von „bleiben" wäre sich trennen, sich entfernen, treulos werden, den Gehorsam aufkündigen. – Wir sind „in ihm", seit er uns angenommen, geliebt hat, konkret: seitdem wir durch die Taufe in seinen Tod und in sein Leben hineingenommen wurden. Wir bleiben in ihm durch den Glauben und die Treue: dadurch, daß wir immer neu sein Wort aufnehmen, festhalten und tun. Frucht dieser Liebe ist die Freude, die Freundschaft, das Vertrauen. – Zu 15,9: Joh 3,35; 10,14–15; 13,1; 17,23. – Zu 15,10: Joh 6,38; 8,29. – Zu 15,11: Joh 17,13; 1 Joh 1,4. – Zu 15,12: Joh 13,34. – Zu 15,13: 1 Joh 3,16; Röm 5,6–8. – Zu 15,15: Röm 8,15; Lk 12,4.*

EVANGELIUM Joh 15,9–17

Ihr seid meine Freunde, wenn ihr tut, was ich euch auftrage

☩ Aus dem heiligen Evangelium nach Johannes.

In jener Zeit sprach Jesus zu seinen Jüngern:
9 Wie mich der Vater geliebt hat,
   so habe auch ich euch geliebt.
   Bleibt in meiner Liebe!
10 Wenn ihr meine Gebote haltet,
   werdet ihr in meiner Liebe bleiben,
   so wie ich die Gebote meines Vaters gehalten habe
   und in seiner Liebe bleibe.
11 Dies habe ich euch gesagt,
   damit meine Freude in euch ist
   und damit eure Freude vollkommen wird.

4. März. Hl. Kasimir

¹² Das ist mein Gebot:
Liebt einander,
  so wie ich euch geliebt habe.
¹³ Es gibt keine größere Liebe,
  als wenn einer sein Leben für seine Freunde hingibt.
¹⁴ Ihr seid meine Freunde,
  wenn ihr tut, was ich euch auftrage.
¹⁵ Ich nenne euch nicht mehr Knechte;
denn der Knecht weiß nicht, was sein Herr tut.
Vielmehr habe ich euch Freunde genannt;
denn ich habe euch alles mitgeteilt,
  was ich von meinem Vater gehört habe.
⁶ Nicht ihr habt mich erwählt,
sondern ich habe euch erwählt
  und dazu bestimmt, daß ihr euch aufmacht und Frucht bringt
und daß eure Frucht bleibt.
Dann wird euch der Vater alles geben,
  um was ihr ihn in meinem Namen bittet.
⁷ Dies trage ich euch auf:
  Liebt einander!

FÜRBITTEN

Wir beten zu Jesus Christus, der gekommen ist, um zu dienen:

Schenke den Christen in Polen und Litauen die Freiheit, nach ihrem Glauben leben zu können.
A.: Herr, erhöre unser Gebet.

Steh allen bei, die sich um einen Ausgleich zwischen Reich und Arm bemühen.

Gib den Leidenden Helfer, auf die sie sich verlassen können.

Leite uns an, deine Nähe im Gebet zu suchen und bei dir Ruhe zu finden.

Gütiger Gott, du hast durch das Wirken des heiligen Kasimir den Notleidenden beigestanden. Öffne auch unser Herz für die Bedrängten durch Christus, unseren Herrn. A.: Amen.

6. März
HL. FRIDOLIN VON SÄCKINGEN
Mönch, Glaubensbote

Fridolin von Säckingen war aus Irland gebürtig. Er kam als missionierender Wandermönch nach Gallien, baute in Poitiers, Straßburg, Konstanz und Chur Kirchen zu Ehren des hl. Hilarius. In Säckingen baute er ein Männer- und ein Frauenkloster. Die Klosterschule wurde ein lebendiger Mittelpunkt der Kultur und des Christentums im oberrheinischen Gebiet. Fridolin starb um 540, an einem 6. März.

Commune-Texte:
A Meßformulare für Ordensleute, S. 2084 ff.,
oder für Glaubensboten, S. 2067 ff.
B Schriftlesungen für Hirten der Kirche (Glaubensboten), S. 2101 ff.

TAGESGEBET

Herr, unser Gott,
du hast den heiligen Fridolin als Glaubensboten
in das Gebiet der Alemannen gesandt.
Wir bitten dich:
Erhalte das Werk, das er begonnen hat,
und vollende es
am Tag unseres Herrn Jesus Christus,
der in der Einheit des Heiligen Geistes
mit dir lebt und herrscht in alle Ewigkeit.

ZUR LESUNG *Gleich am Anfang des ersten Briefs an die Korinther stößt Paulus in die Mitte des Evangeliums vor: die Botschaft vom Kreuz, die „Predigt vom Galgen", also genau das, was die Welt nicht hören will. Das Wort vom Kreuz rettet und richtet. Es rettet den, der darin die Kraft Gottes erkennt, und es richtet den, der es als Torheit zurückweist. Am Kreuz entscheiden sich Tod und Leben, Gericht und Heil. – Die wirkliche, tötende Torheit ist auf der Seite „dieser Welt" (1 Kor 1, 20), die nicht gewillt und vielleicht schon nicht mehr fähig ist, Gott zu erkennen. Diese Torheit ist nach Röm 1, 21–22 Sünde und Strafe zugleich; sie kommt nicht vom fehlenden Verstand, sie ist Oberflächlichkeit und Überheblichkeit des Herzens. Das Wort vom Kreuz ist Gericht und Heil, aber nicht beides in gleicher Weise; es ist zuerst Angebot des Heils, denn Gott will die*

6. März. Hl. Fridolin von Säckingen

Menschen retten; zum Gericht wird es da, wo es verworfen wird. – Röm 1, 16; Jes 29, 14; Ps 33, 10; Röm 1, 18–20; Mt 12, 38; Joh 2, 18; Apg 17, 19–23; Joh 12, 32–34; 2 Kor 12, 10; 13, 4.

ERSTE LESUNG   1 Kor 1, 18–25

Gott beschloß, alle, die glauben, durch die Torheit der Verkündigung zu retten

Lesung
  aus dem ersten Brief des Apostels Paulus an die Korinther.

Brüder!
18 Das Wort vom Kreuz
  ist denen, die verlorengehen, Torheit;
uns aber, die gerettet werden,
  ist es Gottes Kraft.
19 Es heißt nämlich in der Schrift:

Ich lasse die Weisheit der Weisen vergehen
  und die Klugheit der Klugen verschwinden.

20 Wo ist ein Weiser?
Wo ein Schriftgelehrter?
Wo ein Wortführer in dieser Welt?
Hat Gott nicht die Weisheit der Welt als Torheit entlarvt?
21 Denn da die Welt
  angesichts der Weisheit Gottes
  auf dem Weg ihrer Weisheit Gott nicht erkannte,
  beschloß Gott,
  alle, die glauben, durch die Torheit der Verkündigung zu retten.

22 Die Juden fordern Zeichen,
  die Griechen suchen Weisheit.
23 Wir dagegen
  verkündigen Christus als den Gekreuzigten:
  für Juden ein empörendes Ärgernis,
  für Heiden eine Torheit,
24 für die Berufenen aber, Juden wie Griechen,
  Christus, Gottes Kraft und Gottes Weisheit.

25 Denn das Törichte an Gott
  ist weiser als die Menschen,
und das Schwache an Gott
  ist stärker als die Menschen.

ANTWORTPSALM   Ps 119 (118), 17–18.19–20.21–22.23–24
(R: 19a)

R Herr, ich bin nur Gast auf Erden. – **R**   (GL 465)

17 Tu deinem Knecht Gutes, erhalt mich am Leben! *   II. Ton
   Dann will ich dein Wort befolgen.

18 Öffne mir die Augen *
   für das Wunderbare an deiner Weisung! – (R)

19 Ich bin nur Gast auf Erden. *
   Verbirg mir nicht deine Gebote!

20 In Sehnsucht nach deinem Urteil *
   verzehrt sich allezeit meine Seele. – (R)

21 Du drohst den Stolzen. *
   Verflucht sei, wer abirrt von deinen Geboten.

22 Nimm von mir Schmach und Verachtung! *
   Denn was du vorschreibst, befolge ich. – (R)

23 Wenn auch Fürsten gegen mich beraten: *
   dein Knecht sinnt nach über deine Gesetze.

24 Deine Vorschriften machen mich froh; *
   sie sind meine Berater. – **R**

RUF VOR DEM EVANGELIUM   Vers: Sir 48, 1

(Halleluja. Halleluja.)

Es stand ein Prophet auf wie Feuer,
seine Worte waren wie ein brennender Ofen.

(Halleluja.)

ZUM EVANGELIUM   *Der zusammenfassende Bericht Mt 9, 35 verweist auf 4, 23 zurück; zwischen diesen beiden Versen steht die Selbstoffenbarung Jesu durch Wort und Tat: die Bergpredigt (Kap. 5–7) und die Wunder (Kap. 8–9). Für beides, die Verkündigung der Botschaft von der Gottesherrschaft und die Tätigkeit des Helfens und Heilens, braucht Jesus Mitarbeiter. Die Verse 9, 36–38 leiten zur Aussendungsrede (Kap. 10) über. Die ganze Tätigkeit Jesu und auch die Aussendung der Jünger stehen unter dem Motiv des Mitleids mit dem führerlosen Volk. Das Bild von der Herde („Schafe, die keinen Hirten haben") wird dann abgelöst durch das Wort von der Ernte. „Ernte" ist Bild für das kommende Gericht, bei*

6. März. Hl. Fridolin von Säckingen

dem Gott den Weizen in seine Scheune einbringt (Mt 3, 12). Mitarbeiter bei dieser Ernte sind die Jünger. Überall, wo Gottes Wort verkündet wird, da wird dem Menschen Rettung und Heil angeboten, da ist aber auch schon Zeit der Ernte: Das Wort fordert Entscheidung und Antwort. – Num 27, 15–20; Sach 11, 15–17; 1 Kor 3, 5–9; Offb 14, 14–16.

EVANGELIUM
Mt 9, 35–38

Die Ernte ist groß, aber es gibt nur wenig Arbeiter

☩ Aus dem heiligen Evangelium nach Matthäus.

In jener Zeit
35 zog Jesus durch alle Städte und Dörfer,
lehrte in ihren Synagogen,
verkündete das Evangelium vom Reich
und heilte alle Krankheiten und Leiden.
36 Als er die vielen Menschen sah, hatte er Mitleid mit ihnen;
denn sie waren müde und erschöpft
    wie Schafe, die keinen Hirten haben.
37 Da sagte er zu seinen Jüngern:
    Die Ernte ist groß,
    aber es gibt nur wenig Arbeiter.
38 Bittet also den Herrn der Ernte,
    Arbeiter für seine Ernte auszusenden.

FÜRBITTEN

Jesus Christus, der seine Jünger in die Welt sandte, bitten wir:

Rufe Menschen zum Dienst am Evangelium, und gib ihnen das rechte Wort.
A.: Wir bitten dich, erhöre uns.

Bewege die Mächtigen, sich für Gerechtigkeit und Frieden einzusetzen.

Erbarme dich aller, die sich von dir abgewandt haben.

Erneuere unser Leben aus dem Glauben, den der heilige Fridolin verkündet hat.

Denn du bist der Erlöser aller Menschen. Dir sei Lobpreis und Ehre in Ewigkeit.   A.: Amen.

7. März
HL. PERPETUA
und
HL. FELIZITAS
Märtyrinnen

Gedenktag

In der Christenverfolgung des Kaisers Septimius Severus wurden Perpetua und Felizitas am 7. März 203 den wilden Tieren vorgeworfen, dann mit dem Dolch getötet. Perpetua war eine jungverheiratete Patrizierin aus Karthago. Ihr alter Vater besuchte sie im Gefängnis und wollte sie mit dem Hinweis auf ihr einjähriges Kind zum Abfall bewegen. Felizitas war eine Sklavin und hatte im Gefängnis kurz vor der Hinrichtung eine Tochter geboren. Über das Martyrium der beiden haben wir Nachrichten aus erster Hand, teils von Perpetua selbst, teils von Augenzeugen. Eine jugendliche Glaubensfreude spricht aus diesen Berichten.

Commune-Texte:
A Meßformulare für Märtyrer, S. 2041 ff.,
oder für heilige Frauen, S. 2078 ff.
B Schriftlesungen für Märtyrer, S. 2098 ff.

TAGESGEBET

Herr, unser Gott,
die Liebe zu dir hat den heiligen Frauen
Perpetua und Felizitas die Kraft gegeben,
ihre Verfolger nicht zu fürchten
und die Qualen des Martyriums zu bestehen.
Schenke auch uns jene Liebe,
die alle Furcht überwindet.
Darum bitten wir durch Jesus Christus.

ZUR LESUNG *Eine große Sicherheit und Geborgenheit spricht aus diesem Abschnitt. Vier Fragen dienen dazu, diese Sicherheit abschließend nochmals zu begründen: Wer ist gegen uns? Wer kann uns anklagen? Wer kann uns verurteilen? Wer kann uns von der Liebe Christi trennen? Diese letzte, entscheidende Frage braucht eine längere Antwort, denn hier*

7. März. Hl. Perpetua und hl. Felizitas

könnte es eine Unsicherheit geben. Es gibt Mächte der Höhe und der Tiefe, die uns von Christus und von Gott trennen möchten und vielleicht auch könnten. Sie können es nicht, weil Gott auf unserer Seite steht und weil die Liebe Christi größer ist als unsere Schwachheit. Er ist der Herr (8, 39). Auch der letzte Feind, der Tod, hat keine Macht mehr über uns. Das Wesentliche an unserem Leben, die Liebe, mit der uns Gott liebt und mit der wir ihm antworten, überdauert den Tod; ja sie gelangt durch den Tod hindurch zu ihrer Vollendung. – Zu 8, 31–32: Ps 118, 6–7; Röm 6, 8–11; Joh 3, 16; 2 Kor 5, 18–21. – Zu 8, 34: Ps 110, 1; Hebr 7, 25. – Zu 8, 36–37: Ps 44, 23; 2 Kor 4, 11; Joh 16, 33.

ERSTE LESUNG
Röm 8, 31b–39

Weder Tod noch Leben können uns scheiden von der Liebe Gottes

Lesung
aus dem Brief des Apostels Paulus an die Römer.

Brüder!
31b Ist Gott für uns,
wer ist dann gegen uns?
32 Er hat seinen eigenen Sohn nicht verschont,
sondern ihn für uns alle hingegeben
– wie sollte er uns mit ihm nicht alles schenken?

33 Wer kann die Auserwählten Gottes anklagen?
Gott ist es, der gerecht macht.
34 Wer kann sie verurteilen?
Christus Jesus, der gestorben ist,
mehr noch: der auferweckt worden ist,
sitzt zur Rechten Gottes
und tritt für uns ein.

35 Was kann uns scheiden von der Liebe Christi?
Bedrängnis oder Not oder Verfolgung,
Hunger oder Kälte, Gefahr oder Schwert?
36 In der Schrift steht:
Um deinetwillen sind wir den ganzen Tag dem Tod ausgesetzt;
wir werden behandelt wie Schafe,
die man zum Schlachten bestimmt hat.
37 Doch all das überwinden wir
durch den, der uns geliebt hat.
38 Denn ich bin gewiß:

Weder Tod noch Leben,
  weder Engel noch Mächte,
  weder Gegenwärtiges noch Zukünftiges,
39 weder Gewalten der Höhe oder Tiefe
  noch irgendeine andere Kreatur
  können uns scheiden von der Liebe Gottes,
  die in Christus Jesus ist, unserem Herrn.

ANTWORTPSALM   Ps 124 (123), 2–3.4–5.7–8 (R: 7a)

R Unsre Seele ist wie ein Vogel dem Netz des Jägers entkommen. – R
(GL 528, 2)

2 Hätte sich nicht der Herr für uns eingesetzt, *
  als sich gegen uns Menschen erhoben,

IV. Ton

3 dann hätten sie uns lebendig verschlungen, *
  als gegen uns ihr Zorn entbrannt war. – (R)

4 Dann hätten die Wasser uns weggespült, *
  hätte sich über uns ein Wildbach ergossen.

5 Dann hätten sich über uns die Wasser ergossen, *
  die wilden und wogenden Wasser. – (R)

7 Unsre Seele ist wie ein Vogel dem Netz des Jägers entkommen; *
  das Netz ist zerrissen, und wir sind frei.

8 Unsre Hilfe steht im Namen des Herrn, *
  der Himmel und Erde gemacht hat. – R

RUF VOR DEM EVANGELIUM   Vers: vgl. Mt 5, 10

Lob sei dir, Herr, König der ewigen Herrlichkeit!

Selig, die um der Gerechtigkeit willen Verfolgung leiden;
denn ihnen gehört das Himmelreich.

Lob sei dir, Herr, König der ewigen Herrlichkeit!

ZUM EVANGELIUM   *Mit dem Wort vom Schwert (Mt 10, 34) empfiehlt Jesus sicher nicht den Krieg für die Sache des Glaubens; er stellt aber fest, daß die Verkündigung des Evangeliums die Menschen vor eine Entscheidung stellen und Zwietracht hervorrufen wird. Und er bereitet die Jünger auf die Verfolgung vor. Nicht von jedem Jünger wird das Martyrium, die Hingabe des Lebens um des Glaubens willen, verlangt; aber grundsätzlich schließt die Entscheidung für Jesus – die Entscheidung für*

7. März. Hl. Perpetua und hl. Felizitas

Gott – die Bereitschaft in sich, auch das Leben preiszugeben. Und immer ist die Nachfolge Jesu, wo sie ernst genommen wird, ein beständiges Abschiednehmen, ein Leben wie durch den Tod hindurch. – Zu 10,34–36: Lk 12,51–53; Mi 7,6. – Zu 10,37–39: Lk 14,26–27; 17,33; Mk 8,34–35; Joh 12,25.

EVANGELIUM
Mt 10,34–39

Ich bin nicht gekommen, um Frieden zu bringen, sondern das Schwert

✠ Aus dem heiligen Evangelium nach Matthäus.

In jener Zeit sprach Jesus zu seinen Aposteln:
34 Denkt nicht,
 ich sei gekommen, um Frieden auf die Erde zu bringen.
Ich bin nicht gekommen, um Frieden zu bringen,
 sondern das Schwert.
35 Denn ich bin gekommen,
 um den Sohn mit seinem Vater zu entzweien
 und die Tochter mit ihrer Mutter
 und die Schwiegertochter mit ihrer Schwiegermutter;
36 und die Hausgenossen eines Menschen
 werden seine Feinde sein.
37 Wer Vater oder Mutter mehr liebt als mich,
 ist meiner nicht würdig,
und wer Sohn oder Tochter mehr liebt als mich,
 ist meiner nicht würdig.
38 Und wer nicht sein Kreuz auf sich nimmt und mir nachfolgt,
 ist meiner nicht würdig.
39 Wer das Leben gewinnen will,
 wird es verlieren;
wer aber das Leben um meinetwillen verliert,
 wird es gewinnen.

FÜRBITTEN

Zu Jesus Christus, der dem Tod den Schrecken genommen hat, beten wir:

Für alle Christen: mach sie bereit, für ihren Glauben einzustehen.
(Stille) Christus, höre uns.
A.: Christus, erhöre uns.

Für alle Völker: laß Vertrauen und Verständnis zwischen ihnen wachsen. (Stille) Christus, höre uns.
A.: Christus, erhöre uns.

Für alle, die wegen ihres Glaubens verfolgt werden: sei ihnen eine Zuflucht, und rette sie. (Stille) Christus, höre uns.

Für unsere Gemeinde: schenke uns deine Liebe, die alle Angst vertreibt. (Stille) Christus, höre uns.

Denn du machst stark, die vor der Welt als schwach gelten. Dir sei Dank und Lob in Ewigkeit.   A.: Amen.

8. März
HL. JOHANNES VON GOTT
Ordensgründer

Johannes wurde 1495 in Portugal geboren. Als Achtjähriger lief er von zu Hause fort (oder wurde entführt) und führte in Spanien ein abenteuerliches Leben. Abwechselnd war er Schafhirt, Soldat gegen Franzosen und Türken, Handlanger in Afrika und Devotionalienhändler in Gibraltar und Granada. Eine Predigt des seligen Johannes von Ávila erschütterte ihn so, daß er von da an (1539) sein Leben ganz in den Dienst der Armen und Kranken stellte. In der Krankenpflege und vor allem durch seine Art, die Geistesgestörten zu behandeln, war Johannes seiner Zeit weit voraus. Er gründete den Orden der Barmherzigen Brüder. Er starb 1550 in Granada und wurde 1690 heiliggesprochen.

Commune-Texte:
A Meßformulare für Ordensleute, S. 2084 ff.,
oder für Heilige der Nächstenliebe, S. 2087 f.
B Schriftlesungen für heilige Männer (Ordensleute
oder Heilige der Nächstenliebe), S. 2110 ff.

TAGESGEBET

Barmherziger Gott, die Liebe zu dir
hat den heiligen Johannes gedrängt,
an den Leiden der Kranken Anteil zu nehmen
und ihnen zu helfen.

8. März. Hl. Johannes von Gott 1661

**Dränge auch uns zu Werken der Barmherzigkeit
und laß uns zu denen gehören,
die dein Reich besitzen.
Darum bitten wir durch Jesus Christus.**

ZUR LESUNG *Als wir Christen wurden, sind wir „aus dem Tod in das Leben hinübergegangen" (1 Joh 3, 14). Woher „wissen wir" das? Es ist nicht ohne weiteres sichtbar nach außen, auch nicht ohne weiteres im Innern erfahrbar. Zunächst weiß der Christ es nur, weil es ihm von Gott her gesagt wird, also durch den Glauben. Aber wie es ein Erkennungszeichen des Todes gibt, nämlich den Haß (3, 12.13.15), so gibt es ein Kennzeichen des Lebens: die Liebe. Wer den Bruder liebt, durch die Tat, nicht nur in schönen Worten, in dem ist die Liebe Christi. Christus hat seine Liebe durch die Tat bewiesen, er ist der absolute Gegensatz zu Kain, der seinen Bruder erschlug (3, 12). Den Mitmenschen nicht zu hassen, das ist noch keine Liebe; Gleichgültigkeit und Härte sind bereits Formen des Hasses. Jesus hat nicht nur sein Leben hingegeben für die Sünde der Welt; er hat auch die kleinen Nöte der Menschen gesehen. Für die Liebe, die von Gott kommt, ist auch das Kleine groß. – Zu 3, 14–15: 1 Joh 4, 7; 5, 13; Gen 4, 8. – Zu 3, 16–18: Joh 10, 11.15; 15, 13; Röm 5, 6–8; 1 Kor 8, 11; Lk 10, 30–37.*

ERSTE LESUNG 1 Joh 3, 14–18

Auch wir müssen für die Brüder das Leben hingeben

Lesung
 aus dem ersten Johannesbrief.

Liebe Brüder!
14 Wir wissen,
 daß wir aus dem Tod in das Leben hinübergegangen sind,
 weil wir die Brüder lieben.

Wer nicht liebt, bleibt im Tod.
15 Jeder, der seinen Bruder haßt, ist ein Mörder,
und ihr wißt:
 Kein Mörder hat ewiges Leben, das in ihm bleibt.

16 Daran haben wir die Liebe erkannt,
 daß Er sein Leben für uns hingegeben hat.
So müssen auch wir für die Brüder das Leben hingeben.

17 Wenn jemand Vermögen hat
   und sein Herz vor dem Bruder verschließt, den er in Not sieht,
   wie kann die Gottesliebe in ihm bleiben?

18 Meine Kinder, wir wollen nicht mit Wort und Zunge lieben,
   sondern in Tat und Wahrheit.

ANTWORTPSALM   Ps 112 (111), 1–2.3–4.5–6.7 u. 9 (R: vgl. 1a)

R Selig der Mensch, der den Herrn fürchtet und ehrt. – R (GL 645, 3)

1 Wohl dem Mann, der den Herrn fürchtet und ehrt *   III. Ton
  und sich herzlich freut an seinen Geboten.

2 Seine Nachkommen werden mächtig im Land, *
  das Geschlecht der Redlichen wird gesegnet. – (R)

3 Wohlstand und Reichtum füllen sein Haus, *
  sein Heil hat Bestand für immer.

4 Den Redlichen erstrahlt im Finstern ein Licht: *
  der Gnädige, Barmherzige und Gerechte. – (R)

5 Wohl dem Mann, der gütig und zum Helfen bereit ist, *
  der das Seine ordnet, wie es recht ist.

6 Niemals gerät er ins Wanken; *
  ewig denkt man an den Gerechten. – (R)

7 Er fürchtet sich nicht vor Verleumdung; *
  sein Herz ist fest, er vertraut auf den Herrn.

9 Reichlich gibt er den Armen, †
  sein Heil hat Bestand für immer; *
  er ist mächtig und hoch geehrt. – R

RUF VOR DEM EVANGELIUM   Vers: Joh 13, 34ac

Lob sei dir, Herr, König der ewigen Herrlichkeit! – R

(So spricht der Herr:)
Ein neues Gebot gebe ich euch:
Wie ich euch geliebt habe, so sollt auch ihr einander lieben.

Lob sei dir, Herr, König der ewigen Herrlichkeit!

ZUM EVANGELIUM   *Der Menschensohn wird als König, Hirt und Richter erscheinen und die Völker der Erde versammeln. Das Gericht wird*

8. März. Hl. Johannes von Gott

die Guten ebenso überraschen wie die Bösen. Quer durch alle Völker und Gruppierungen hindurch geht die Scheidung. Nicht nach dem Glauben, auch nicht nach der Zugehörigkeit zu einer Kirche wird gefragt. Die Gerechten sagen ausdrücklich, daß sie in den Armen und Kranken Jesus nicht erkannt haben. Erstaunt fragen sie: „Herr, wann haben wir dich hungrig gesehen ...?" Und doch sagt ihnen der Herr: „... das habt ihr mir getan", und stellt sie auf die rechte Seite. Er belohnt den Dienst derer, die nicht um des Lohnes willen gedient haben und die gerade mit ihrer Ahnungslosigkeit die Lauterkeit ihres Tuns beweisen. – Manch einer, der fromme Reden geführt und vielleicht sogar Wunder getan hat, wird sich unter den Böcken wiederfinden. Wie viele auf der einen und wie viele auf der anderen Seite stehen, darüber wird uns nichts gesagt. – Zu 25, 34–36: Jes 58, 6–8; Eph 1, 4; Tob 4, 16; Ez 18, 7; Hebr 13, 3. – Zu 25, 40: Mt 10, 40; 18, 5; Spr 19, 17; Lk 10, 16; Apg 9, 5.

EVANGELIUM
Mt 25, 31–40

Was ihr für einen meiner geringsten Brüder getan habt, das habt ihr mir getan

✣ Aus dem heiligen Evangelium nach Matthäus.

In jener Zeit sprach Jesus zu seinen Jüngern:
31 Wenn der Menschensohn in seiner Herrlichkeit kommt
und alle Engel mit ihm,
dann wird er sich auf den Thron seiner Herrlichkeit setzen.
32 Und alle Völker werden vor ihm zusammengerufen werden,
und er wird sie voneinander scheiden,
wie der Hirt die Schafe von den Böcken scheidet.
33 Er wird die Schafe zu seiner Rechten versammeln,
die Böcke aber zur Linken.
34 Dann wird der König denen auf der rechten Seite sagen:
Kommt her, die ihr von meinem Vater gesegnet seid,
nehmt das Reich in Besitz,
das seit der Erschaffung der Welt für euch bestimmt ist.
35 Denn ich war hungrig,
und ihr habt mir zu essen gegeben;
ich war durstig,
und ihr habt mir zu trinken gegeben;
ich war fremd und obdachlos,
und ihr habt mich aufgenommen;

⁳⁶ ich war nackt,
   und ihr habt mir Kleidung gegeben;
ich war krank,
   und ihr habt mich besucht;
ich war im Gefängnis,
   und ihr seid zu mir gekommen.

³⁷ Dann werden ihm die Gerechten antworten:
Herr, wann haben wir dich hungrig gesehen
   und dir zu essen gegeben,
oder durstig
   und dir zu trinken gegeben?

³⁸ Und wann haben wir dich fremd und obdachlos gesehen
   und aufgenommen,
oder nackt
   und dir Kleidung gegeben?

³⁹ Und wann haben wir dich krank oder im Gefängnis gesehen
   und sind zu dir gekommen?

⁴⁰ Darauf wird der König ihnen antworten:
   Amen, ich sage euch:
Was ihr für einen meiner geringsten Brüder getan habt,
   das habt ihr mir getan.

FÜRBITTEN

Im Gebet wenden wir uns an Christus, der sich der Verlorenen annahm:

Mache die Kirche zu einer glaubwürdigen Zeugin deiner Güte.
A.: Herr, erhöre uns.

Trage dazu bei, daß die Würde eines jeden Menschen geachtet wird.

Gib den Kranken und Behinderten tatkräftige Helfer.

Rege junge Menschen an, ihr Leben in den Dienst am Nächsten zu stellen.

Barmherziger Gott, durch den heiligen Johannes von Gott haben die Menschen deine Liebe erfahren. Mach auch uns zu barmherzigen Menschen durch Christus, unseren Herrn.   A.: Amen.

9. März
HL. BRUNO VON QUERFURT
Bischof, Glaubensbote, Märtyrer

Bruno stammte aus dem sächsischen Hochadel. Er war Domschüler und dann Kanoniker in Magdeburg. 996 zog er als Hofkaplan im Gefolge Kaiser Ottos III. nach Rom. Dort entschloß er sich, Einsiedler zu werden. Papst Silvester II. beauftragte ihn mit der Missionierung der Slawen und ernannte ihn zum Erzbischof. Die Missionsarbeit war sehr schwierig wegen der Kriege zwischen dem deutschen König Heinrich II. und dem Polenherzog Boleslaw. Bruno versuchte zu vermitteln, hatte aber wenig Erfolg. Er missionierte auch bei den Ungarn, in Südrußland und in Ostpreußen. Bei Braunsberg wurde er 1009 mit achtzehn Begleitern von den heidnischen Preußen erschlagen. – „Es geschehe, wie Gott will und wie du willst", hatte er an Heinrich II. geschrieben.

Commune-Texte:
A Meßformulare für Märtyrer, S. 2041 ff.,
oder für Glaubensboten, S. 2067 ff.
B Schriftlesungen für Hirten der Kirche (Glaubensboten), S. 2101 ff.,
oder für Märtyrer, S. 2098 ff.

TAGESGEBET

Herr, unser Gott,
dein heiliger Märtyrer und Bischof Bruno
hat für die Ausbreitung des Evangeliums
sein Leben eingesetzt.
Erhalte uns treu im Glauben,
damit wir nicht verlieren,
was du uns durch deine Boten geschenkt hast.
Darum bitten wir durch Jesus Christus.

ZUR LESUNG *Eine große Sicherheit und Geborgenheit spricht aus diesem Abschnitt. Vier Fragen dienen dazu, diese Sicherheit abschließend nochmals zu begründen: Wer ist gegen uns? Wer kann uns anklagen? Wer kann uns verurteilen? Wer kann uns von der Liebe Christi trennen? Diese letzte, entscheidende Frage braucht eine längere Antwort, denn hier könnte es eine Unsicherheit geben. Es gibt Mächte der Höhe und der Tiefe, die uns von Christus und von Gott trennen möchten und vielleicht auch könnten. Sie können es nicht, weil Gott auf unserer Seite steht und weil die Liebe Christi größer ist als unsere Schwachheit. Er ist der Herr (8, 39). Auch der letzte Feind, der Tod, hat keine Macht mehr über uns. Das Wesentliche an unserem Leben, die Liebe, mit der uns Gott liebt und mit der wir ihm antworten, überdauert den Tod; ja sie gelangt durch den Tod hindurch zu ihrer Vollendung. – Zu 8, 31–32: Ps 118, 6–7; Röm 6, 8–11; Joh 3, 16; 2 Kor 5, 18–21. – Zu 8, 34: Ps 110, 1; Hebr 7, 25. – Zu 8, 36–37: Ps 44, 23; 2 Kor 4, 11; Joh 16, 33.*

ERSTE LESUNG Röm 8, 31b–39
Weder Tod noch Leben können uns scheiden von der Liebe Gottes

Lesung
   aus dem Brief des Apostels Paulus an die Römer.

Brüder!
31b Ist Gott für uns,
   wer ist dann gegen uns?
32 Er hat seinen eigenen Sohn nicht verschont,
   sondern ihn für uns alle hingegeben
   – wie sollte er uns mit ihm nicht alles schenken?

33 Wer kann die Auserwählten Gottes anklagen?
   Gott ist es, der gerecht macht.
34 Wer kann sie verurteilen?
   Christus Jesus, der gestorben ist,
      mehr noch: der auferweckt worden ist,
      sitzt zur Rechten Gottes
      und tritt für uns ein.

35 Was kann uns scheiden von der Liebe Christi?
   Bedrängnis oder Not oder Verfolgung,
      Hunger oder Kälte, Gefahr oder Schwert?
36 In der Schrift steht:
   Um deinetwillen sind wir den ganzen Tag dem Tod ausgesetzt;
   wir werden behandelt wie Schafe,
      die man zum Schlachten bestimmt hat.
37 Doch all das überwinden wir
   durch den, der uns geliebt hat.
38 Denn ich bin gewiß:
   Weder Tod noch Leben,
      weder Engel noch Mächte,

9. März. Hl. Bruno von Querfurt

39
weder Gegenwärtiges noch Zukünftiges,
weder Gewalten der Höhe oder Tiefe
noch irgendeine andere Kreatur
können uns scheiden von der Liebe Gottes,
die in Christus Jesus ist, unserem Herrn.

ANTWORTPSALM
Ps 117 (116), 1.2 (R: vgl. Mk 16, 15)
(GL 646, 5)

R Geht hinaus in die ganze Welt,
und verkündet allen das Evangelium! – R

1 Lobet den Herrn, alle Völker, *
preist ihn, alle Nationen! – (R)

VI. Ton

2 Denn mächtig waltet über uns seine Huld, *
die Treue des Herrn währt in Ewigkeit. – R

RUF VOR DEM EVANGELIUM
Vers: Joh 15, 15b

Lob dir, Christus, König und Erlöser. – R

(So spricht der Herr:)
Ich habe euch Freunde genannt;
denn ich habe euch alles mitgeteilt,
was ich gehört habe von meinem Vater.

Lob dir, Christus, König und Erlöser!

ZUM EVANGELIUM *Die Liebe, von der Jesus spricht und die er uns zum Gebot macht, hat ihren Ursprung in der Liebe, mit der Gott seinen eigenen Sohn liebt, und sie hat ihr Vorbild in der Innigkeit, mit der sich der Sohn dem Vater zuwendet. Der Sohn war „am Anfang" bei Gott (Joh 1, 2), er „ruht am Herzen des Vaters" (1, 18), er bleibt in der Liebe des Vaters (15, 10) auch als der Menschgewordene. Den Willen des Vaters zu tun ist sein Leben und auch sein Sterben. Das Gegenteil von „bleiben" wäre sich trennen, sich entfernen, treulos werden, den Gehorsam aufkündigen. – Wir sind „in ihm", seit er uns angenommen, geliebt hat, konkret: seitdem wir durch die Taufe in seinen Tod und in sein Leben hineingenommen wurden. Wir bleiben in ihm durch den Glauben und die Treue: dadurch, daß wir immer neu sein Wort aufnehmen, festhalten und tun. Frucht dieser Liebe ist die Freude, die Freundschaft, das Vertrauen. – Zu 15, 9: Joh 3, 35; 10, 14–15; 13, 1; 17, 23. – Zu 15, 10: Joh 6, 38; 8, 29. – Zu 15, 11: Joh 17, 13; 1 Joh 1, 4. – Zu 15, 12: Joh 13, 34. – Zu 15, 13: 1 Joh 3, 16; Röm 5, 6–8. – Zu 15, 15: Röm 8, 15; Lk 12, 4.*

EVANGELIUM

Joh 15, 9–17

Ich nenne euch nicht mehr Knechte; vielmehr habe ich euch Freunde genannt

✠ Aus dem heiligen Evangelium nach Johannes.

In jener Zeit sprach Jesus zu seinen Jüngern:
9 Wie mich der Vater geliebt hat,
    so habe auch ich euch geliebt.
  Bleibt in meiner Liebe!
10 Wenn ihr meine Gebote haltet,
    werdet ihr in meiner Liebe bleiben,
  so wie ich die Gebote meines Vaters gehalten habe
    und in seiner Liebe bleibe.
11 Dies habe ich euch gesagt,
    damit meine Freude in euch ist
    und damit eure Freude vollkommen wird.
12 Das ist mein Gebot:
  Liebt einander,
    so wie ich euch geliebt habe.
13 Es gibt keine größere Liebe,
    als wenn einer sein Leben für seine Freunde hingibt.
14 Ihr seid meine Freunde,
    wenn ihr tut, was ich euch auftrage.
15 Ich nenne euch nicht mehr Knechte;
  denn der Knecht weiß nicht, was sein Herr tut.
  Vielmehr habe ich euch Freunde genannt;
  denn ich habe euch alles mitgeteilt,
    was ich von meinem Vater gehört habe.
16 Nicht ihr habt mich erwählt,
  sondern ich habe euch erwählt
    und dazu bestimmt, daß ihr euch aufmacht und Frucht bringt
  und daß eure Frucht bleibt.
  Dann wird euch der Vater alles geben,
    um was ihr ihn in meinem Namen bittet.
17 Dies trage ich euch auf:
    Liebt einander!

FÜRBITTEN

Jesus Christus, der sich um das Heil aller Menschen sorgt, rufen wir an:

Für die Kirche im östlichen Europa: gib ihr Freiheit und Glaubenstreue. (Stille) Christus, höre uns.
A.: Christus, erhöre uns.

Für die Machthaber der Völker: wehre ihnen, die Gläubigen zu unterdrücken. (Stille) Christus, höre uns.

Für die Notleidenden: richte sie auf durch deine Kraft. (Stille) Christus, höre uns.

Für unsere Gemeinde: mache uns froh in der Gemeinschaft mit dir. (Stille) Christus, höre uns.

Heiliger Gott, du hast den heiligen Bruno von Querfurt zum Zeugnis des Wortes und des Lebens gerufen. Gib, daß auch wir für unseren Glauben eintreten durch Christus, unseren Herrn.
A.: Amen.

9. März

HL. FRANZISKA VON ROM
Witwe, Ordensgründerin

Franziska wollte als junges Mädchen in ein Kloster eintreten, heiratete aber nach dem Willen ihrer Eltern den Römer Lorenzo de' Ponziani. Mit ihm lebte sie vierzig Jahre als glückliche Gattin und liebevolle Mutter ihrer Kinder. Mit unermüdlichem Eifer sorgte sie für die Angehörigen des Hauses und für die Armen von Rom. Nach Lorenzos Tod (1436) bat sie um Aufnahme in dem von ihr gestifteten Kloster der Benediktineroblatinnen von Tor de' Specchi. Sie mußte das Amt einer Oberin übernehmen, starb aber schon am 9. März 1440. Sie wird mit einem Engel dargestellt, weil sie oft ihren Schutzengel sah, der sie überall begleitete.

Commune-Texte:
A Meßformulare für Ordensleute, S. 2084 ff.
B Schriftlesungen für heilige Frauen (Ordensleute), S. 2110 ff.

TAGESGEBET

Allmächtiger Gott,
die heilige Franziska von Rom hat uns
in der Ehe wie auch im Ordensstand
ein Beispiel christlichen Lebens gegeben.

Gib deinen Gläubigen die Gnade,
in jedem Stand und Beruf dir treu zu dienen,
stets auf dich zu schauen
und deiner Führung zu folgen.
Darum bitten wir durch Jesus Christus.

ZUR LESUNG *Am Ende des Buches der Sprichwörter steht das Idealbild der Frau; sie wird geradezu als menschliche Verwirklichung der Frau Weisheit dargestellt, von der in früheren Kapiteln die Rede war. Eine solche Frau ist liebende Gattin, sorgende Hausfrau, ein wirklicher „Schatz", das Glück ihres Hauses. Sie besitzt die wahre Weisheit, wie sie im Buch der Sprichwörter verstanden wird: die Gottesfurcht, d. h. das ehrfürchtige Wissen um Gottes Größe und Nähe, bestimmt ihr ganzes Leben. Sie arbeitet nicht nur für sich und ihre Familie, sie hat auch eine offene Hand für die Armen. Ihr Glück besteht im Schenken und Helfen; darin ist sie Gott selbst ähnlich. – Spr 9, 1–6; 12, 4; Sir 26, 1–18.*

ERSTE LESUNG Spr 31, 10–13.19–20.30–31

Eine gottesfürchtige Frau verdient Lob

**Lesung
aus dem Buch der Sprichwörter.**

10 Eine tüchtige Frau, wer findet sie?
   Sie übertrifft alle Perlen an Wert.
11 Das Herz ihres Mannes vertraut auf sie,
   und es fehlt ihm nicht an Gewinn.
12 Sie tut ihm Gutes und nichts Böses
   alle Tage ihres Lebens.
13 Sie sorgt für Wolle und Flachs
   und schafft mit emsigen Händen.
19 Nach dem Spinnrocken greift ihre Hand,
   ihre Finger fassen die Spindel.
20 Sie öffnet ihre Hand für den Bedürftigen
   und reicht ihre Hände dem Armen.
30 Trügerisch ist Anmut,
   vergänglich die Schönheit;
   nur eine gottesfürchtige Frau verdient Lob.
31 Preist sie für den Ertrag ihrer Hände,
   ihre Werke soll man am Stadttor loben.

9. März. Hl. Franziska von Rom

ANTWORTPSALM
Ps 34 (33), 2–3.4–5.6–7.8–9.10–11
(R: vgl. 2a oder 9a)

R Den Herrn will ich preisen alle Zeit. – **R** (GL 477)

Oder:

R Kostet und seht, wie gütig der Herr ist! – **R**

2 Ich will den Herrn allezeit preisen; * V. Ton
immer sei sein Lob in meinem Mund.

3 Meine Seele rühme sich des Herrn; *
die Armen sollen es hören und sich freuen. – (R)

4 Verherrlicht mit mir den Herrn, *
laßt uns gemeinsam seinen Namen rühmen.

5 Ich suchte den Herrn, und er hat mich erhört, *
er hat mich all meinen Ängsten entrissen. – (R)

6 Blickt auf zu ihm, so wird euer Gesicht leuchten, *
und ihr braucht nicht zu erröten.

7 Da ist ein Armer; er rief, und der Herr erhörte ihn. *
Er half ihm aus all seinen Nöten. – (R)

8 Der Engel des Herrn umschirmt alle, die ihn fürchten und ehren, *
und er befreit sie.

9 Kostet und seht, wie gütig der Herr ist; *
wohl dem, der zu ihm sich flüchtet! – (R)

10 Fürchtet den Herrn, ihr seine Heiligen; *
denn wer ihn fürchtet, leidet keinen Mangel.

11 Reiche müssen darben und hungern; *
wer aber den Herrn sucht, braucht kein Gut zu entbehren. – **R**

RUF VOR DEM EVANGELIUM
Vers: Joh 13, 34ac

Christus Sieger, Christus König, Christus Herr in Ewigkeit! – **R**

(So spricht der Herr:)
Ein neues Gebot gebe ich euch:
Wie ich euch geliebt habe, so sollt auch ihr einander lieben.

Christus Sieger, Christus König, Christus Herr in Ewigkeit!

ZUM EVANGELIUM   *Die jüdischen Rabbinen zählten im mosaischen Gesetz 248 Gebote und 365 Verbote. Gelten sie alle gleich, oder gibt es ein Gebot, das von allen das wichtigste ist, vielleicht sogar alle anderen in sich schließt? Jesus nimmt die Antwort aus dem Gesetz selbst. Jeder Israelit weiß die Stelle (Dtn 6, 5) auswendig, denn er spricht sie jeden Morgen und jeden Abend in seinem Gebet. Das Gebot, Gott aus ganzer Seele und mit allen Kräften zu lieben, ist so sehr das wichtigste von allen, daß ohne dieses keins von allen wirklich erfüllt werden kann. Ohne die Liebe bleibt alles leer. Im Gesetz stand das Gebot der Nächstenliebe weit weg vom Gebot der Gottesliebe. Jesus hat sie für immer zur Einheit verbunden. Er hat nicht gesagt, die Nächstenliebe sei ohne weiteres schon Gottesliebe. Aber beide sind gleich wichtig (V. 39), sie müssen also in innerem Zusammenhang stehen. Die Gottesliebe allein könnte eine große Selbsttäuschung sein; sie erweist ihre Wahrheit und Kraft darin, daß ich dem Nächsten mit der Liebe begegne, die ich Gott schuldig bin. Der Nächste: das ist der, den Gott mir in den Weg schickt. Wie ich ihm begegnen soll, hat mir Jesus durch sein Beispiel gezeigt. – Mk 12,28–31; Lk 10,25–28; Joh 13,34–35. – Zu 22,39: Lev 19,18; Jak 2,8. – Zu 22,40: Röm 13,8–10; Gal 5,14.*

EVANGELIUM Mt 22, 34–40

Du sollst den Herrn, deinen Gott, lieben; du sollst deinen Nächsten lieben wie dich selbst

✢ Aus dem heiligen Evangelium nach Matthäus.

In jener Zeit,
34 als die Pharisäer hörten,
daß Jesus die Sadduzäer zum Schweigen gebracht hatte,
kamen sie bei ihm zusammen.
35 Einer von ihnen, ein Gesetzeslehrer,
wollte ihn auf die Probe stellen
und fragte ihn:
36 Meister,
welches Gebot im Gesetz ist das wichtigste?
37 Er antwortete ihm:
Du sollst den Herrn, deinen Gott, lieben
mit ganzem Herzen,
mit ganzer Seele
und mit all deinen Gedanken.
38 Das ist das wichtigste und erste Gebot.
39 Ebenso wichtig ist das zweite:

Du sollst deinen Nächsten lieben wie dich selbst.
40 An diesen beiden Geboten
hängt das ganze Gesetz samt den Propheten.

FÜRBITTEN

Zu Jesus Christus, der uns zu einem Leben aus der Liebe ruft, wollen wir beten:

Sende deinen Geist allen Frauen, die dir und deiner Sendung dienen.
A.: Wir bitten dich, erhöre uns.

Mach alle Familien zu einer Heimstätte gegenseitiger Liebe.

Bewahre die Notleidenden vor Mutlosigkeit.

Lehre uns, im arbeitsreichen Alltag deine Nähe zu suchen.

Herr, unser Gott, du hast der heiligen Franziska von Rom eine tiefe Liebe zu dir und den Menschen geschenkt. Gib, daß auch unser Leben von dieser Liebe erfüllt ist. Darum bitten wir durch Christus, unseren Herrn. A.: Amen.

14. März

HL. MATHILDE

Königin

Mathildes Vater war der Sachsenherzog Dieterich, ein Urenkel des Sachsenherzogs Widukind, des Feindes Karls d. Gr. und seiner Politik. Mathilde wurde im Stift Herford erzogen. 913 wurde sie mit dem Sachsenherzog Heinrich vermählt, der 919 deutscher Kaiser wurde. Der älteste ihrer drei Söhne war Otto (als Kaiser: Otto I.), der zweite der *heilige Bruno*, Bischof von Köln. Mathilde hat ihrem Gatten oft nützlichen Rat gegeben und seinen Zorn besänftigt, wofür er ihr auf seinem Sterbelager dankte. Im Streit ihrer Söhne Otto und Heinrich stand sie zunächst auf der Seite Heinrichs, söhnte sich dann aber mit beiden aus. Ihr Leben war ausgefüllt mit Gebet, Arbeit und Taten der Nächstenliebe. Sie starb am 14. März 968 und wurde in Quedlinburg neben ihrem Gatten beigesetzt.

Commune-Texte:
A Meßformulare für heilige Frauen, S. 2089 ff.
B Schriftlesungen für heilige Frauen, S. 2110 ff.

TAGESGEBET

Gott, du liebst die Menschen,
die Frieden stiften und barmherzig sind.
Mit deiner Hilfe
hat die heilige Königin Mathilde
Streitende versöhnt und den Notleidenden geholfen.
Schenke auch uns Güte und Geduld
und mache uns zum Werkzeug deines Friedens.
Darum bitten wir durch Jesus Christus.

ZUR LESUNG *Der erste Teil dieser Lesung (16, 1–9) enthält Sätze allgemeinen Charakters über Gottes Führung und Anspruch. „Der Mensch denkt, und Gott lenkt" (vgl. 16, 1.9). Gott urteilt auch über das Tun der Menschen. Nur was vor ihm bestehen kann, hat ewiges Gewicht. – Die Sätze 16, 10–12 (10–15) zeichnen das Idealbild eines Herrschers. Der König ist nach der alten Auffassung der Statthalter Gottes. Deshalb leuchtet in allem, was er sagt und tut, etwas vom Glanz Gottes. Vor allem die Gerechtigkeit Gottes soll im Walten des Königs sichtbar werden. – Zu 16, 1–9: Mt 10, 19–20; 1 Petr 5, 7; Spr 19, 21; 20, 24; Jer 10, 23; Tob 4, 19. – Zu 16, 10–12: Mi 6, 11; Sir 42, 4.*

ERSTE LESUNG Spr 16, 1–12

Ein Thron steht fest durch Gerechtigkeit

Lesung
   aus dem Buch der Sprichwörter.

1 Der Mensch entwirft die Pläne im Herzen,
   doch vom Herrn kommt die Antwort auf der Zunge.
2 Jeder meint, sein Verhalten sei fehlerlos,
   doch der Herr prüft die Geister.
3 Befiehl dem Herrn dein Tun an,
   so werden deine Pläne gelingen.
4 Alles hat der Herr für seinen Zweck erschaffen,
   so auch den Frevler für den Tag des Unheils.
5 Ein Greuel ist dem Herrn jeder Hochmütige;
   er bleibt gewiß nicht ungestraft.
6 Durch Liebe und Treue wird Schuld gesühnt,
   durch Gottesfurcht weicht man dem Bösen aus.
7 Gefallen dem Herrn die Wege eines Menschen,
   so versöhnt er auch seine Feinde mit ihm.

14. März. Hl. Mathilde

8 Besser wenig und gerecht
  als viel Besitz und Unrecht.
9 Des Menschen Herz plant seinen Weg,
  doch der Herr lenkt seinen Schritt.
10 Gottesentscheid kommt von den Lippen des Königs,
   sein Mund verfehlt sich nicht, wenn er ein Urteil fällt.
11 Rechte Waage und Waagschalen sind Sache des Herrn,
   sein Werk sind alle Gewichtssteine im Beutel.
12 Frevlerisches Tun ist Königen ein Greuel;
   denn ein Thron steht fest durch Gerechtigkeit.

ANTWORTPSALM   Spr 31, 10–11.15 u. 20.26–27.28–29 (R: 29)

R Viele Frauen erwiesen sich tüchtig,   (GL 645, 3)
doch du übertriffst sie alle. – R

10 Eine tüchtige Frau, wer findet sie? *   II. Ton
   Sie übertrifft alle Perlen an Wert.
11 Das Herz ihres Mannes vertraut auf sie, *
   und es fehlt ihm nicht an Gewinn. – (R)
15 Noch bei Nacht steht sie auf, *
   um ihrem Haus Speise zu geben.
20 Sie öffnet ihre Hand für den Bedürftigen *
   und reicht ihre Hände dem Armen. – (R)
26 Öffnet sie ihren Mund, dann redet sie klug, *
   und gütige Lehre ist auf ihrer Zunge.
27 Sie achtet auf das, was vorgeht im Haus, *
   und ißt nicht träge ihr Brot. – (R)
28 Ihre Söhne stehen auf und preisen sie glücklich, *
   auch ihr Mann erhebt sich und rühmt sie:
29 Viele Frauen erwiesen sich tüchtig, *
   doch du übertriffst sie alle. – R

RUF VOR DEM EVANGELIUM   Vers: Ps 26 (25), 8

Lob sei dir, Herr, König der ewigen Herrlichkeit! – R

Herr, ich liebe den Ort, wo dein Tempel steht,
die Stätte, wo deine Herrlichkeit wohnt.

Lob sei dir, Herr, König der ewigen Herrlichkeit!

ZUM EVANGELIUM *Um „Gerechtigkeit", d. h. um das rechte Tun des Menschen vor Gott, ging es auch den Schriftgelehrten und den Pharisäern; es war ihnen Ernst damit. Jesus fordert nicht mehr als sie; er fordert etwas völlig anderes. Sechs scharfe Gegenüberstellungen (Mt 5, 21–48) machen deutlich, worin sich die neue Gerechtigkeit von der alten unterscheidet. „Ich aber sage euch": Jesus sagt neu, was Gott einst durch Mose gesagt hat. Gott richtet nicht nach der äußeren Tat, sondern nach der Entscheidung des Herzens, des inneren Menschen. Im Fall des Mordes: Groll und Haß wiegen so schwer wie der ausgeführte Mord. Auch die in Geschichte und Gegenwart geführten Kriege haben letzten Endes ihre Wurzel in diesem Haß; der Krieg beginnt also lange vor der Kriegserklärung. Das ist zum Erschrecken. Aber wenn Gott die Liebe und wenn der Mitmensch mein Bruder, meine Schwester ist, kann es im Bereich des Hasses ebenso wie in dem der Liebe keine privaten Harmlosigkeiten geben. Was der einzelne tut, und auch schon was er denkt und will, betrifft alle, im Guten wie im Bösen. – Röm 8, 4; 10, 3; Jak 2, 10–13; Ex 20, 13; Lev 19, 18; Sir 10, 6; 1 Joh 3, 14–15; Eph 4, 26; Jak 1, 19–20; 4, 1; Lk 12, 57–59.*

EVANGELIUM Mt 5, 21–24
Geh und versöhne dich zuerst mit deinem Bruder!

✠ **Aus dem heiligen Evangelium nach Matthäus.**

In jener Zeit sprach Jesus zu seinen Jüngern:

21 Ihr habt gehört,
 daß zu den Alten gesagt worden ist: Du sollst nicht töten;
wer aber jemand tötet,
 soll dem Gericht verfallen sein.

22 Ich aber sage euch:
 Jeder, der seinem Bruder auch nur zürnt,
 soll dem Gericht verfallen sein;
und wer zu seinem Bruder sagt: Du Dummkopf!,
 soll dem Spruch des Hohen Rates verfallen sein;
wer aber zu ihm sagt: Du gottloser Narr!,
 soll dem Feuer der Hölle verfallen sein.

23 Wenn du deine Opfergabe zum Altar bringst
 und dir dabei einfällt, daß dein Bruder etwas gegen dich hat,
24 so laß deine Gabe dort vor dem Altar liegen;
 geh und versöhne dich zuerst mit deinem Bruder,
dann komm
 und opfere deine Gabe.

FÜRBITTEN

Jesus Christus, der uns zu tatkräftiger Liebe aufruft, bitten wir:

Für alle Christen: rufe sie zur Versöhnung mit Gott und untereinander. (Stille) Herr, erbarme dich.
A.: Christus, erbarme dich.

Für unser Volk: gib ihm Einigkeit und Frieden. (Stille) Herr, erbarme dich.

Für die Wohlhabenden: öffne ihre Herzen für die Nöte der Bedürftigen. (Stille) Herr, erbarme dich.

Für unsere Mütter: laß sie nicht verzagen, wenn die Kinder ihre eigenen Wege gehen. (Stille) Herr, erbarme dich.

Herr, unser Gott, auf die Fürbitte der heiligen Mathilde laß auch uns Streit schlichten und Frieden stiften durch Christus, unseren Herrn. A.: Amen.

15. März
HL. KLEMENS MARIA HOFBAUER
Ordenspriester

Klemens wurde am Stephanstag 1751 in Taßwitz bei Znaim (Mähren) als neuntes Kind armer Leute geboren. Er war zuerst Bäcker, dann Einsiedler, schließlich Student und wurde mit 34 Jahren in Rom zum Priester geweiht. Er war der erste deutsche Redemptorist und seit 1788 Generalvikar dieser Kongregation im Norden. Der tief innerliche Mann „mit dem Apostelkopf" und einem fröhlichen, gelegentlich auch heftigen Temperament arbeitete in Warschau, dann in Wien, wo er als Prediger und Beichtvater großen Einfluß hatte. Er war Seelsorger der Armen und der Reichen, der einfachen Leute und der Gebildeten, der Erwachsenen und der Kinder. Er starb am 15. März 1820 an Typhus. Sein Leib wurde 1862 in die Kirche Maria Stiegen in Wien übertragen.

„Die Zeit
ist soviel wert wie Gott selbst, weil man in einem Augenblick verlorengehen und in einem Augenblick Gott selbst gewinnen kann. Zieht also Nutzen aus dem Augenblick, der in eurer Gewalt steht. Wenn man auch die vergangene Zeit nicht mehr zurückrufen kann, so kann man sie doch dadurch zurückbe-

kommen, daß man den Eifer im Gutestun verdoppelt." *(Klemens Maria Hofbauer)*

Commune-Texte:
A Meßformulare für Ordensleute, S. 2084 ff.
B Schriftlesungen für heilige Männer (Ordensleute), S. 2110 ff.

TAGESGEBET

**Gütiger Gott,
in der Sorge für dein Volk
hast du den heiligen Klemens Maria Hofbauer
mit besonderem Eifer für die Seelen erfüllt
und durch ihn
den Reichtum deiner Gnade verkündet.
Hilf uns auf seine Fürsprache,
den Glauben zu bewahren, den er gelehrt,
und den Weg zu gehen,
den er uns durch sein Leben gewiesen hat.
Darum bitten wir durch Jesus Christus.**

ZUR LESUNG   *Der Apostel weiß seinen Dienst in das geschichtliche Handeln Gottes hineingestellt (4, 1). Auch die Gemeinde hat es mit Gott, nicht mit Menschen zu tun. Nicht der Apostel, sondern Gott läßt die Gemeinde wachsen (3, 7); was sie hat, das hat sie von ihm empfangen (4, 7). Also gibt es kein Rühmen, weder für „uns Apostel" (4, 9) noch für irgend jemand in der Gemeinde (4, 7). Paulus und Apollos haben in Korinth einträchtig ihren apostolisch-missionarischen Dienst getan, im Gegensatz zu anderen Leuten, die in der Gemeinde Spaltungen verursacht haben. „Lernt an uns", kann Paulus sagen, und in Vers 16 noch stärker zugespitzt: „Haltet euch an mein Vorbild!" – Die Einheit in der Gemeinde muß in der Eintracht derer, die „als Verwalter göttlicher Geheimnisse" aufgestellt sind, ihr Beispiel haben. – Zu 4, 9–13: 2 Kor 4, 8–9; 6, 4–10; 11, 23–27.*

ERSTE LESUNG   1 Kor 4, 9–14

Gott hat uns auf den letzten Platz gestellt

**Lesung
 aus dem ersten Brief des Apostels Paulus an die Korinther.**

Brüder!
9 **Ich glaube,
 Gott hat uns Apostel auf den letzten Platz gestellt,**

15. März. Hl. Klemens Maria Hofbauer 1679

wie Todgeweihte;
denn wir sind zum Schauspiel geworden
   für die Welt, für Engel und Menschen.
10 Wir stehen als Toren da um Christi willen,
   ihr dagegen seid kluge Leute in Christus.
Wir sind schwach,
   ihr seid stark;
ihr seid angesehen,
   wir sind verachtet.
11 Bis zur Stunde hungern und dürsten wir,
gehen in Lumpen,
werden mit Fäusten geschlagen und sind heimatlos.
12 Wir plagen uns ab und arbeiten mit eigenen Händen;
wir werden beschimpft
   und segnen;
wir werden verfolgt
   und halten stand;
13 wir werden geschmäht
   und trösten.
Wir sind sozusagen der Abschaum der Welt geworden,
verstoßen von allen bis heute.
14 Nicht um euch bloßzustellen, schreibe ich das,
   sondern um euch als meine geliebten Kinder zu ermahnen.

ANTWORTPSALM   Ps 1, 1–2.3.4 u. 6 (R: 2a oder vgl. Jer 17,7)

R Selig der Mann, der Freude hat an der Weisung des Herrn. – **R**

Oder: (GL 708,1)

R Gesegnet, wer auf den Herrn sich verläßt. – **R**

1 Wohl dem Mann, der nicht dem Rat der Frevler folgt, †   IV. Ton
nicht auf dem Weg der Sünder geht, *
nicht im Kreis der Spötter sitzt,

2 sondern Freude hat an der Weisung des Herrn, *
über seine Weisung nachsinnt bei Tag und bei Nacht. – (**R**)

3 Er ist wie ein Baum, der an Wasserbächen gepflanzt ist, †
der zur rechten Zeit seine Frucht bringt *
und dessen Blätter nicht welken.

Alles, was er tut, *
wird ihm gut gelingen. – (**R**)

4 Nicht so die Frevler: *
Sie sind wie Spreu, die der Wind verweht.
6 Denn der Herr kennt den Weg der Gerechten, *
der Weg der Frevler aber führt in den Abgrund.

R Selig der Mann, der Freude hat an der Weisung des Herrn.

Oder:
R Gesegnet, wer auf den Herrn sich verläßt.

RUF VOR DEM EVANGELIUM Vers: Mt 5, 3

Lob sei dir, Herr, König der ewigen Herrlichkeit! – R
Selig, die arm sind vor Gott;
denn ihnen gehört das Himmelreich.
Lob sei dir, Herr, König der ewigen Herrlichkeit!

ZUM EVANGELIUM *Das Trostwort für die „kleine Herde" ist nur im Lukasevangelium überliefert (12, 32). Die Gemeinde der Jünger ist in der Welt eine machtlose Minderheit, vom Anfang bis zum Ende ihrer Geschichte. Es gab Zeiten, wo sie das vergessen konnte; heute wird sie daran erinnert, nicht nur durch das Wort des Evangeliums, sondern durch die Situation, in der zu leben ihr aufgegeben ist. Dieser kleinen Herde wird gesagt, was sie nicht tun und was sie tun soll. Sie soll sich nicht fürchten, denn ihr gehört die Zukunft, das, was bleibt, das „Reich". Und sie soll sich frei machen, sich nicht an die Gegenwart klammern, die doch keinen Bestand hat. Der Sinn der Armut ist die Freiheit, und diese ist ein Zeichen der angebrochenen Gottesherrschaft. – Mt 6, 19–21.34; Lk 21, 15–17; 22, 28–30; 18, 22; Joh 10.*

EVANGELIUM Lk 12, 32–34

Euer Vater hat beschlossen, euch das Reich zu geben

✠ Aus dem heiligen Evangelium nach Lukas.

In jener Zeit sprach Jesus zu seinen Jüngern:
32 Fürchte dich nicht, du kleine Herde!
Denn euer Vater hat beschlossen,
  euch das Reich zu geben.
33 Verkauft eure Habe,
  und gebt den Erlös den Armen!
Macht euch Geldbeutel, die nicht zerreißen.

Verschafft euch einen Schatz, der nicht abnimmt,
  droben im Himmel, wo kein Dieb ihn findet
  und keine Motte ihn frißt.
34 **Denn wo euer Schatz ist,**
  da ist auch euer Herz.

FÜRBITTEN

Zu Jesus Christus, der vollkommen den Willen Gottes erfüllte, beten wir:

Für die Seelsorger: laß sie in ihrem Dienst nicht ermüden. (Stille) Christus, höre uns.
A.: Christus, erhöre uns.

Für die Christen in den Großstädten: erhalte ihnen die Glaubensfreude in einer gleichgültigen Umgebung. (Stille) Christus, höre uns.

Für alle Ratlosen und Verzweifelten: zeige ihnen einen Ausweg aus ihrer Not. (Stille) Christus, höre uns.

Für unsere Meßdiener: rufe sie zum priesterlichen Dienst, um für das Heil der Menschen zu arbeiten. (Stille) Christus, höre uns.

Barmherziger Gott, durch deine Heiligen hältst du die Sehnsucht nach dem ewigen Heil unter den Menschen wach. Erhöre unser Gebet durch Christus, unseren Herrn. A.: Amen.

17. März

HL. GERTRUD VON NIVELLES
Äbtissin

Gertrud wurde 626 als Tochter Pippins des Älteren geboren. Sie trat in das von ihrer Mutter Iduberga (Ida) gestiftete Kloster von Nivelles ein und wurde dort Äbtissin. Sie war aber nicht nur eine große Dame; ihr Leben war ausgefüllt mit dem Studium der Heiligen Schrift und der tätigen Liebe zu den Notleidenden. Gegen sich selbst war sie sehr streng. Mit dreißig Jahren war sie völlig aufgebraucht und mußte ihr Amt abgeben. Sie starb mit dreiunddreißig Jahren. Sie gilt als Patronin der Pilger und der Handwerksburschen.

Commune-Texte:
A Meßformulare für Ordensleute, S. 2084 ff.
B Schriftlesungen für heilige Frauen (Ordensleute), S. 2110 ff.

TAGESGEBET

Herr, unser Gott,
du hast im Herzen der heiligen Gertrud
das Verlangen geweckt,
das Wort der Schrift zu verstehen
und deine Weisung zu erkennen.
Lehre auch uns,
aus der Kraft deines Wortes zu leben
und Werke der Liebe zu tun.
Darum bitten wir durch Jesus Christus.

ZUR LESUNG *Mit der „Kirche Gottes, die in Korinth ist" (1, 2), ist es wie mit dem Volk Gottes im Alten Bund: Gott schafft sich sein Volk aus nichts (1, 28); er bevorzugt („erwählt") das Schwache und Verachtete. Beweis dafür ist nicht nur die Tatsache des Kreuzes; was am Kreuz geschah, setzt sich fort in der Verkündigung des gekreuzigten Christus: nicht mit Macht und Weisheit wird Christus verkündigt, und nicht die Mächtigen und Weisen sind es, bei denen die Botschaft ankommt. Die Korinther brauchen sich in ihrer Gemeinde nur umzusehen, um das zu wissen. „Seht auf eure Berufung", sagt ihnen Paulus: Wie ging es denn damals zu, als sich eure Gemeinde bildete? Das war doch ein erbärmlicher Haufen: ungebildete, wirtschaftlich schwache Leute, wohl auch asoziale Elemente fanden sich zusammen. Mit diesem Vorgehen verfolgt Gott ein bestimmtes Ziel: der Mensch soll seine Armut begreifen und vor Gott als der Empfangende stehen. – Dtn 7, 7–8; Ri 7, 2; 1 Sam 16, 7; 2 Kor 4, 7; Jak 2, 5; Dtn 8, 17–18; Eph 2, 8–9; Jer 9, 22–23; 2 Kor 10, 17.*

ERSTE LESUNG 1 Kor 1, 26–31

Das Schwache in der Welt hat Gott erwählt

**Lesung
aus dem ersten Brief des Apostels Paulus an die Korínther.**

26 **Seht auf eure Berufung, Brüder!
Da sind nicht viele Weise im irdischen Sinn,
nicht viele Mächtige, nicht viele Vornehme,**

17. März. Hl. Gertrud von Nivelles

²⁷ sondern das Törichte in der Welt hat Gott erwählt,
  um die Weisen zuschanden zu machen,
und das Schwache in der Welt hat Gott erwählt,
  um das Starke zuschanden zu machen.
²⁸ Und das Niedrige in der Welt und das Verachtete hat Gott erwählt:
das, was nichts ist,
  um das, was etwas ist, zu vernichten,
²⁹ damit kein Mensch sich rühmen kann vor Gott.
³⁰ Von ihm her seid ihr in Christus Jesus,
  den Gott für uns zur Weisheit gemacht hat,
zur Gerechtigkeit, Heiligung und Erlösung.
³¹ Wer sich also rühmen will,
  der rühme sich des Herrn;
so heißt es schon in der Schrift.

ANTWORTPSALM   Ps 132 (131), 13–14.15–16.17–18
(R: 1 Kor 1, 31a)

R Wer sich rühmen will, der rühme sich des Herrn. – **R**   (GL 649, 1)

³ Der Herr hat den Zion erwählt, *   V. Ton
ihn zu seinem Wohnsitz erkoren:

⁴ „Das ist für immer der Ort meiner Ruhe; *
hier will ich wohnen, ich hab' ihn erkoren. – **(R)**

⁵ Zions Nahrung will ich reichlich segnen, *
mit Brot seine Armen sättigen.

⁶ Seine Priester will ich bekleiden mit Heil, *
seine Frommen sollen jauchzen und jubeln. – **(R)**

⁷ Dort lasse ich Davids Macht erstarken *
und stelle für meinen Gesalbten ein Licht auf.

⁸ Ich bedecke seine Feinde mit Schande; *
doch auf ihm erglänzt seine Krone." – **R**

RUF VOR DEM EVANGELIUM   Vers: Joh 15, 5

Christus Sieger, Christus König, Christus Herr in Ewigkeit! – **R**

(So spricht der Herr:)
Ich bin der Weinstock, ihr seid die Reben.
Wer in mir bleibt und in wem ich bleibe, der bringt reiche Frucht.

Christus Sieger, Christus König, Christus Herr in Ewigkeit!

ZUM EVANGELIUM *„Bleibt in meiner Liebe!" lautet die Mahnung, die sich an das Bildwort vom Weinstock (15, 1–8) anschließt. Die Leitmotive der Rede vom Weinstock bleiben in dem ganzen Abschnitt 15,9–17 wirksam, wenn auch das Bild selbst nicht mehr erwähnt wird. „Bleibt in meiner Liebe": bleibt durch eure Liebe so, daß ich euch lieben kann, so wie mich der Vater liebt. Ein und derselbe Strom des Lebens und der Liebe geht vom Vater zum Sohn und vom Sohn zu den Jüngern. Diese Gemeinschaft ist uns in der Taufe geschenkt worden, sie verwirklicht sich neu in der Eucharistie und wirkt sich aus in der Verbundenheit der Jünger untereinander, in einer Atmosphäre der Freude und des Vertrauens – Zu 15,7–8: Mk 11,24; Joh 14,13; 16,23; Mt 5,16. – Zu 15,9–11: Joh 3,35; 1,14–15; 13,1; 17,23; 6,38; 8,29; 1 Joh 4,8; Joh 16,21.22; 17,13; 1 Joh 1,4.*

EVANGELIUM Joh 15,7–11

Bleibt in meiner Liebe!

✢ **Aus dem heiligen Evangelium nach Johannes.**

In jener Zeit sprach Jesus zu seinen Jüngern:
7 Wenn ihr in mir bleibt
  und wenn meine Worte in euch bleiben,
  dann bittet um alles, was ihr wollt:
Ihr werdet es erhalten.
8 Mein Vater wird dadurch verherrlicht,
  daß ihr reiche Frucht bringt und meine Jünger werdet.
9 Wie mich der Vater geliebt hat,
  so habe auch ich euch geliebt.
Bleibt in meiner Liebe!
10 Wenn ihr meine Gebote haltet,
   werdet ihr in meiner Liebe bleiben,
so wie ich die Gebote meines Vaters gehalten habe
   und in seiner Liebe bleibe.
11 Dies habe ich euch gesagt,
   damit meine Freude in euch ist
   und damit eure Freude vollkommen wird.

FÜRBITTEN

Zu Jesus Christus, dessen Wort den Gläubigen Licht und Leben schenkt, wollen wir beten:

Erneuere deine Kirche aus der frohen Botschaft der Heiligen Schrift.
A.: Wir bitten dich, erhöre uns.

Führe die Völker auf den Weg deiner Gebote.

Erleuchte die Irrenden, und laß sie zur Wahrheit gelangen.

Gib, daß wir dein Wort bewahren und uns von ihm im Leben leiten lassen.

Allmächtiger Gott, du hast deine Wahrheit menschlichen Worten anvertraut. Laß uns auf die Fürbitte der heiligen Gertrud von Nivelles deine Botschaft besser verstehen durch Christus, unseren Herrn. A.: Amen.

17. März

HL. PATRICK
Bischof, Glaubensbote

Patrick (Patricius) wurde um 385 im römischen Britannien geboren. Im Alter von sechzehn Jahren wurde er von irischen Piraten nach Irland verschleppt und dort als Sklave verkauft. Nach sechs Jahren entfloh er in seine Heimat, kehrte aber 432 nach Irland zurück und wurde der große Apostel dieses Landes. Trotz großer Schwierigkeiten bekehrte er das ganze Land zum Christentum und teilte es in kirchliche Sprengel ein. Um 444 gründete er den Bischofssitz Armagh bei Belfast. Er starb 461 in Nordirland. Patrick ist der Patron von Irland und Island.

Lebendiges Opfer
Gegen Ende seines Lebens schrieb Patrick ein „Bekenntnis" nieder, in dem er, staunend und dankbar, über die Berufung und göttliche Führung berichtet, die er erfahren hat. „Ich bezeuge in Wahrheit und im Jubel meines Herzens, vor Gott und seinen heiligen Engeln, daß ich außer dem Evangelium und seinen Verheißungen niemals irgendeinen Grund hatte, zu dem Volk zurückzukehren, dem ich vorher nur mit Mühe entkommen war." –

„Ich danke meinem Gott, der mich am Tag meiner Versuchung bewahrt hat, so daß ich heute vertrauensvoll meine Seele ihm als lebendiges Opfer darbringe, Christus, meinem Herrn, der mich aus allen Nöten gerettet hat."

Commune-Texte:
A Meßformulare für Glaubensboten, S. 2067 ff.,
oder für Bischöfe, S. 2056 ff.
B Schriftlesungen für Hirten der Kirche (Glaubensboten), S. 2101 ff.

TAGESGEBET

Ewiger Gott,
du hast den heiligen Bischof Patrick gesandt,
den Bewohnern Irlands
deine Allmacht und Größe zu verkünden.
Höre auf seine Fürsprache
und hilf allen, die sich Christen nennen,
deine großen Werke zu bezeugen.
Darum bitten wir durch Jesus Christus.

ZUR LESUNG   *Die Mahnungen dieser Lesung erhalten ihre Dringlichkeit durch den Blick auf das nahe „Ende aller Dinge" (4, 7a). Das „Ende" ist die Offenbarung der Herrlichkeit Christi (4, 13). Das Leben des Christen ist also in die Weite Gottes hineingestellt. Es verwirklicht sich in einer zweifachen Dimension: Zuerst und wesentlich ist es auf Gott ausgerichtet. Diese Ausrichtung des ganzen Menschen auf die Wirklichkeit Gottes hin äußert sich im Gebet (4, 7). Der Mensch, der beten will, muß „besonnen und nüchtern" werden; ein waches und bereites Herz ist Voraussetzung des Gebets, aber auch seine Wirkung und Gabe. Die andere, ebenso wesentliche Dimension der christlichen Existenz: der Mitmensch, der Bruder, oder richtiger: die Gemeinde in ihrer Ganzheit und Einheit. Dienst der Liebe heißt: Geben und Helfen, Reden und Tun, Empfangen und Danken. Auch der liturgische Dienst (Wort und Sakrament) ist Dienst der Liebe. Nur so, durch diesen vielfachen Dienst in der Einheit der Liebe, wird Gott „verherrlicht": als Gott erkannt und geehrt. – Zu 4, 7–9: 1 Petr 1, 13; 5, 8; 1 Thess 5, 6; Tob 12, 9; Jak 5, 20; Röm 12, 13. – Zu 4, 10–11: Röm 12, 6–8; 1 Kor 12, 4–11; Lk 12, 42; 1 Kor 14, 2–19.*

17. März. Hl. Patrick

ERSTE LESUNG
1 Petr 4,7b–11

Dient einander, jeder mit der Gabe, die er empfangen hat

Lesung
aus dem ersten Brief des Apostels Petrus.

Brüder!
⁷ᵇ Seid besonnen und nüchtern, und betet!

⁸ Vor allem haltet fest an der Liebe zueinander;
denn die Liebe deckt viele Sünden zu.

⁹ Seid untereinander gastfreundlich, ohne zu murren.

¹⁰ Dient einander als gute Verwalter der vielfältigen Gnade Gottes,
jeder mit der Gabe, die er empfangen hat.

¹¹ Wer redet,
der rede mit den Worten, die Gott ihm gibt;
wer dient,
der diene aus der Kraft, die Gott verleiht.
So wird in allem Gott verherrlicht durch Jesus Christus.
Sein ist die Herrlichkeit und die Macht in alle Ewigkeit.
Amen.

ANTWORTPSALM
Ps 96 (95), 1–2.3 u. 7.8 u. 10 (R: vgl. 3 a)

R Kündet den Völkern die Herrlichkeit des Herrn! – **R**   (GL 529,6)

II. Ton

1 Singet dem Herrn ein neues Lied, *
singt dem Herrn, alle Länder der Erde!

2 Singt dem Herrn und preist seinen Namen, *
verkündet sein Heil von Tag zu Tag! – (R)

3 Erzählt bei den Völkern von seiner Herrlichkeit, *
bei allen Nationen von seinen Wundern!

7 Bringt dar dem Herrn, ihr Stämme der Völker, *
bringt dar dem Herrn Lob und Ehre! – (R)

8 Bringt dar dem Herrn die Ehre seines Namens, *
spendet Opfergaben, und tretet ein in sein Heiligtum!

10 Verkündet bei den Völkern: Der Herr ist König. †
Den Erdkreis hat er gegründet, so daß er nicht wankt. *
Er richtet die Nationen so, wie es recht ist. – **R**

RUF VOR DEM EVANGELIUM Vers: Mk 1, 17b

Lob sei dir, Herr, König der ewigen Herrlichkeit! – R

(So spricht der Herr:)
Folgt mir nach!
Ich werde euch zu Menschenfischern machen.

Lob sei dir, Herr, König der ewigen Herrlichkeit!

ZUM EVANGELIUM *Mit Lk 5 tritt Jesus vor die breite Öffentlichkeit. Der Abschnitt 5, 1–11 berichtet von der Predigt Jesu, dann vom reichen Fischfang und schließlich von der Berufung der ersten Jünger. In der Darstellung des Lukas tritt Simon Petrus stärker hervor als bei Markus; vom Schiff des Simon aus lehrt Jesus die Volksmenge, in der Lukas bereits das neue Gottesvolk vorgebildet sieht; Simon erhält den Auftrag, auf den See hinauszufahren; er faßt auch in Worte, was nach dem Fischfang die anderen Jünger „ebenso" spürten (5, 10): den Schrecken vor der heiligen Gottesgegenwart. Petrus erhält auch die Zusage: „Von jetzt an wirst du Menschen fangen." Eine ausdrückliche Berufung zur Jüngerschaft und Nachfolge wird hier bei Lukas nicht berichtet, aber sie ist in Vers 11 deutlich vorausgesetzt. Etwas Entscheidendes ist an diesem Tag im Leben des Petrus und seiner Gefährten geschehen. – Mk 1, 16–20; Joh 21, 1–8.15–19; Mt 4, 18–22.*

EVANGELIUM Lk 5, 1–11

Wenn du es sagst, werde ich die Netze auswerfen

✠ Aus dem heiligen Evangelium nach Lukas.

In jener Zeit,
1   als Jesus am Ufer des Sees Gennésaret stand,
    drängte sich das Volk um ihn und wollte das Wort Gottes hören.
2   Da sah er zwei Boote am Ufer liegen.
    Die Fischer waren ausgestiegen und wuschen ihre Netze.
3   Jesus stieg in das Boot, das dem Simon gehörte,
    und bat ihn, ein Stück weit vom Land wegzufahren.
    Dann setzte er sich
    und lehrte das Volk vom Boot aus.
4   Als er seine Rede beendet hatte,
    sagte er zu Simon: Fahr hinaus auf den See!
    Dort werft eure Netze zum Fang aus!

17. März. Hl. Patrick 1689

5 Simon antwortete ihm:
   Meister, wir haben die ganze Nacht gearbeitet
   und nichts gefangen.
   Doch wenn du es sagst,
   werde ich die Netze auswerfen.

6 **Das taten sie,**
   und sie fingen eine so große Menge Fische,
   daß ihre Netze zu reißen drohten.

7 Deshalb winkten sie ihren Gefährten im anderen Boot,
   sie sollten kommen und ihnen helfen.
   Sie kamen, und gemeinsam füllten sie beide Boote bis zum Rand,
   so daß sie fast untergingen.

8 **Als Simon Petrus das sah,**
   fiel er Jesus zu Füßen
   und sagte: Herr, geh weg von mir;
   ich bin ein Sünder.

9 Denn er und alle seine Begleiter waren erstaunt und erschrocken,
   weil sie so viele Fische gefangen hatten;

10 ebenso ging es Jakobus und Johannes,
   den Söhnen des Zebedäus, die mit Simon zusammenarbeiteten.

   Da sagte Jesus zu Simon:
   Fürchte dich nicht!
   Von jetzt an wirst du Menschen fangen.

11 **Und sie zogen die Boote an Land,**
   ließen alles zurück
   und folgten ihm nach.

FÜRBITTEN

Jesus Christus hat seinen Zeugen den Heiligen Geist verheißen.
Ihn bitten wir:

Für alle Missionare: daß ihre Botschaft Glauben findet. (Stille)
Christus, höre uns.
A.: Christus, erhöre uns.

Für die Menschen in Irland: daß sie sich versöhnen und Frieden
finden. (Stille) Christus, höre uns.

Für alle, die unter Gewalttaten leiden: daß sie vor Haß bewahrt
bleiben. (Stille) Christus, höre uns.

Für unsere Gemeinde: daß wir Anteil nehmen am Auftrag der Weltkirche. (Stille) Christus, höre uns.
A.: Christus, erhöre uns.

Ewiger Gott, öffne auf die Fürsprache des heiligen Patrick die Herzen der Menschen, daß sie zum Glauben gelangen, durch Christus, unseren Herrn.   A.: Amen.

18. März
HL. CYRILL VON JERUSALEM
Bischof, Kirchenlehrer

Um 313 geboren, war Cyrill seit 348 Bischof seiner Heimatstadt Jerusalem. In den arianischen Auseinandersetzungen (Streit um die Lehre von der wahren Gottheit Christi) wurde Cyrill dreimal von den Arianern abgesetzt und in die Verbannung geschickt. 381 nahm er am dritten allgemeinen Konzil in Konstantinopel teil. Er starb 386. Berühmt sind seine 24 Unterweisungen (Katechesen), die er um 348 (oder 350) in der Heilig-Grab-Kirche gehalten hat, davon neunzehn in der Fastenzeit für die Katechumenen, fünf in der Osterwoche für die Neugetauften; es sind wichtige Zeugnisse des Glaubens und der Liturgie jener Zeit.

Ein Thron für den König

„... Dann hört ihr den Psalmensänger, der euch zur Teilnahme an den göttlichen Mysterien einlädt, sagen: Kostet und seht, wie gütig der Herr ist (Ps 34, 9). – Wenn du vortrittst, sollst du die Hände nicht flach ausstrecken und nicht die Finger spreizen, sondern lege die linke Hand unter die rechte; mach gleichsam einen Thron, um den König zu empfangen, nimm mit der hohlen Hand den Leib Christi auf und antworte: Amen. Heilige behutsam die Augen durch die Berührung mit dem heiligen Leib und gib acht, daß dir nichts verlorengeht. Wenn dir jemand Goldkörner gäbe, würdest du dann nicht mit größter Sorgfalt darauf achten, daß dir nichts verlorengeht? Wirst du also nicht noch viel mehr achtgeben, daß dir auch nicht ein einziges Krümlein herunterfällt von dem, was viel kostbarer ist als Gold und Edelstein?" (Cyrill, 5. mystagogische Rede)

Commune-Texte:
A Meßformulare für Bischöfe, S. 2056 ff., oder für Kirchenlehrer, S. 2071 ff.
B Schriftlesungen für Hirten der Kirche, S. 2101 ff.,
oder für Kirchenlehrer, S. 2106 ff.

18. März. Hl. Cyrill von Jerusalem

TAGESGEBET

Gott, du Quelle der Wahrheit,
durch den heiligen Bischof Cyrill von Jerusalem
hast du deine Kirche gelehrt,
das Geheimnis der Erlösung tiefer zu verstehen.
Höre auf seine Fürsprache und hilf uns,
deinen Sohn Jesus Christus zu erkennen
und in ihm die Fülle des Lebens zu finden,
der in der Einheit des Heiligen Geistes
mit dir lebt und herrscht in alle Ewigkeit.

ZUR LESUNG   In 1 Joh 4,7 heißt es: „Jeder, der liebt, stammt von Gott und erkennt Gott." Was hier von der Liebe gesagt war, wird in 5,1 vom Glauben gesagt: „Jeder, der glaubt ... stammt von Gott." Der Glaube ist ebenso wie die Liebe von Gott geschenkt, und beide sind voneinander nicht zu trennen. Der Inhalt des christlichen Glaubens wird in 5,1 auf die kürzeste Formel gebracht: „daß Jesus der Christus ist": dazu verdeutlichend 5,5: „daß Jesus der Sohn Gottes ist". Das sagt Johannes gegen Irrlehrer, mit denen die Kirche auch später noch zu tun hatte (und irgendwie immer zu tun hat); diese behaupten genau das Gegenteil: Jesus sei nicht der Christus, nicht der Sohn Gottes; Gottheit und Menschheit seien in ihm nie zu einer wirklichen Einheit verbunden gewesen. Die Tragweite und Gefährlichkeit einer solchen Lehre liegt auf der Hand: Jesus ist dann ein bloßer Mensch, das ganze Werk der Erlösung ist in Frage gestellt. Das Bekenntnis zu Jesus als dem Christus ist das unterscheidende Kennzeichen derer, die „aus Gott stammen und ihn erkennen". Das Bekenntnis aber muß sich durch die Liebe als wahr erweisen. Dieser Glaube, der zugleich Liebe und Treue ist, kann von keiner Macht der Welt besiegt werden. – *1 Joh 3,23; 4,15; 2,22; 1 Petr 1,22–23; Joh 14,15.21.*

ERSTE LESUNG   1 Joh 5,1–5

Das ist der Sieg, der die Welt besiegt hat: unser Glaube

**Lesung
aus dem ersten Johannesbrief.**

Brüder!
1 Jeder, der glaubt, daß Jesus der Christus ist,
    stammt von Gott,

und jeder, der den Vater liebt,
    liebt auch den, der von ihm stammt.
2 Wir erkennen, daß wir die Kinder Gottes lieben,
    wenn wir Gott lieben und seine Gebote erfüllen.
3 Denn die Liebe zu Gott besteht darin,
    daß wir seine Gebote halten.
  Seine Gebote sind nicht schwer.
4 Denn alles, was von Gott stammt, besiegt die Welt.
  Und das ist der Sieg, der die Welt besiegt hat:
    unser Glaube.
5 Wer sonst besiegt die Welt
    außer dem, der glaubt, daß Jesus der Sohn Gottes ist?

ANTWORTPSALM
Ps 19 (18B), 8.9.10.11–12 (R: 10b oder vgl. Joh 6,63b)

R Die Urteile des Herrn sind wahr,   (GL 465)
gerecht sind sie alle. – R

Oder:

R Deine Worte, Herr, sind Geist und Leben. – R

8 Die Weisung des Herrn ist vollkommen, *   II. Ton
sie erquickt den Menschen.

  Das Gesetz des Herrn ist verläßlich, *
  den Unwissenden macht es weise. – (R)

9 Die Befehle des Herrn sind richtig, *
sie erfreuen das Herz;

  das Gebot des Herrn ist lauter, *
  es erleuchtet die Augen. – (R)

10 Die Furcht des Herrn ist rein, *
sie besteht für immer.

  Die Urteile des Herrn sind wahr, *
  gerecht sind sie alle. – (R)

11 Sie sind kostbarer als Gold, als Feingold in Menge. *
Sie sind süßer als Honig, als Honig aus Waben.

12 Auch dein Knecht läßt sich von ihnen warnen; *
wer sie beachtet, hat reichen Lohn. – R

18. März. Hl. Cyrill von Jerusalem

RUF VOR DEM EVANGELIUM Vers: Joh 15,9b.5b

Lob dir, Christus, König und Erlöser! – R

(So spricht der Herr:)
Bleibt in meiner Liebe!
Wer in mir bleibt und in wem ich bleibe, der bringt reiche Frucht.

Lob dir, Christus, König und Erlöser!

ZUM EVANGELIUM *Jesus ist der wahre Weinstock, wie er das wahre Licht ist und der gute Hirt und das lebendige Brot. Er ist die urbildliche Wirklichkeit, von der alles Geschaffene ein Gleichnis ist. In der Rede Jesu vom Weinstock gehen Gleichnis und Wirklichkeit ineinander über. Die gemeinte Wirklichkeit ist die lebensnotwendige Verbindung: der Rebzweig ist nichts ohne die lebendige Einheit mit dem Weinstock. Nur wer in der Einheit bleibt, hat das Leben. Die Mahnung „Bleibt in mir!" (15,4) wird in 15,9 ergänzt und verdeutlicht durch das Wort: „Bleibt in meiner Liebe!"; in 15,17 heißt es dafür: „Liebt einander!" Die Liebe, die hier gemeint ist, ist die Treue des Glaubens; nur der liebende Glaube ist fruchtbar. Der Glaube kommt vom Hören und Aufnehmen des Wortes: in Jesus spricht uns Gott selbst an und fordert uns. Das Wort macht uns rein (15,3): nicht dadurch, daß wir es auseinandernehmen und untersuchen, sondern dadurch, daß wir unser zwiespältiges Leben von der Kraft des Wortes Jesu sammeln und verwandeln lassen. Und nicht nur das gesprochene Wort ist Wort; auf vielfache Weise nimmt Gott den Menschen in seine Schule, um ihn rein und reif zu machen. – Jes 5,1–7; Jer 2,21; Mt 15,13; 1 Joh 3,21–24.*

EVANGELIUM Joh 15,1–8

Wer in mir bleibt und in wem ich bleibe, der bringt reiche Frucht

✛ Aus dem heiligen Evangelium nach Johannes.

In jener Zeit sprach Jesus zu seinen Jüngern:

1 Ich bin der wahre Weinstock,
  und mein Vater ist der Winzer.
2 Jede Rebe an mir, die keine Frucht bringt,
  schneidet er ab,
  und jede Rebe, die Frucht bringt,
  reinigt er, damit sie mehr Frucht bringt.
3 Ihr seid schon rein durch das Wort, das ich zu euch gesagt habe.

4 Bleibt in mir,
    dann bleibe ich in euch.
  Wie die Rebe aus sich keine Frucht bringen kann,
    sondern nur, wenn sie am Weinstock bleibt,
    so könnt auch ihr keine Frucht bringen,
    wenn ihr nicht in mir bleibt.
5 Ich bin der Weinstock,
    ihr seid die Reben.
  Wer in mir bleibt und in wem ich bleibe,
    der bringt reiche Frucht;
  denn getrennt von mir könnt ihr nichts vollbringen.
6 Wer nicht in mir bleibt,
    wird wie die Rebe weggeworfen,
  und er verdorrt.
  Man sammelt die Reben,
    wirft sie ins Feuer,
    und sie verbrennen.
7 Wenn ihr in mir bleibt und wenn meine Worte in euch bleiben,
    dann bittet um alles, was ihr wollt:
  Ihr werdet es erhalten.
8 Mein Vater wird dadurch verherrlicht,
    daß ihr reiche Frucht bringt und meine Jünger werdet.

FÜRBITTEN

Im Gebet wenden wir uns an Jesus Christus, Gottes Sohn und unseren Erlöser:

Schenke der Kirche den Heiligen Geist, damit sie das Werk der Erlösung weiterführen kann.
A.: Herr, erhöre uns.

Mache Jerusalem zu einer Stadt des Friedens für alle ihre Bewohner.

Laß die Leidenden erkennen, daß sie dir ähnlich werden sollen.

Erleuchte unsere Herzen, daß wir das Geheimnis deines Todes tiefer verstehen.

Allmächtiger Gott, führe uns auf die Fürbitte des heiligen Cyrill von Jerusalem durch die Leiden dieser Zeit zur Herrlichkeit der Auferstehung durch Christus, unseren Herrn.   A.: Amen.

19. März

HL. JOSEF
Bräutigam der Gottesmutter Maria

Hochfest

Der hl. Josef wird nur von den Evangelisten Matthäus und Lukas erwähnt. Nach beiden Evangelien war Josef davidischer Abstammung: das Bindeglied zwischen dem davidischen Königshaus und dem Messias. Die Stationen seines Lebens sind bekannt. Er war ein Mann des Glaubens und des Vertrauens, Mitwisser göttlicher Geheimnisse, ein großer Schweiger. Als liebevoller Gatte der Jungfrau Maria hat er an Jesus die Stelle des Vaters vertreten. Wie lange Josef gelebt hat, wissen wir nicht; das letztemal wird er bei der Osterwallfahrt mit dem zwölfjährigen Jesus erwähnt. Die öffentliche Verehrung des hl. Josef begann im Abendland erst im 14./15. Jahrhundert. Im römischen Kalender steht sein Fest seit 1621. Pius IX. erklärte ihn zum Schutzpatron der ganzen Kirche.

Der Mann, der dient

„Josef – er ist der Mann am Rande, im Schatten. Der Mann der schweigenden Hilfe. Der Mann, in dessen Leben Gott dauernd eingreift mit neuen Weisungen und Sendungen.
Immer neue Weisungen und neue Sendungen, neuer Aufbruch und neue Ausfahrt ... Er ist der Mann, der ging. Das ist sein Gesetz: der dienstwillige Gehorsam. Er ist der Mann, der dient. Daß ein Wort Gottes bindet und sendet, ist ihm selbstverständlich. Die dienstwillige Bereitschaft, das ist sein Geheimnis." (A. Delp)

ERÖFFNUNGSVERS Vgl. Lk 12,42

Seht, das ist der treue und kluge Hausvater,
dem der Herr seine Familie anvertraut,
damit er für sie sorge.

Ehre sei Gott, S. 1280 f.

TAGESGEBET

Allmächtiger Gott,
du hast Jesus, unseren Heiland,
und seine Mutter Maria
der treuen Sorge des heiligen Josef anvertraut.
Höre auf seine Fürsprache
und hilf deiner Kirche,
die Geheimnisse der Erlösung treu zu verwalten,
bis das Werk des Heiles vollendet ist.
Darum bitten wir durch Jesus Christus.

ZUR 1. LESUNG *König David will für die Lade Gottes ein Haus bauen, einen Tempel. Gott verwehrt es ihm durch den Propheten Natan. Gott braucht keinen Tempel aus Stein, und er will nicht nur an einem Ort verehrt werden. Wichtiger als der Bau eines Tempels ist der Fortbestand des Hauses David. David erhält die Verheißung, daß Gott ihm ein „Haus" bauen, d. h. seinem Königtum ewigen Bestand geben wird. Die Verheißung geht zunächst auf Salomo, den Sohn und Nachfolger Davids, wurde aber schon früh in messianischem Sinn gedeutet. Wenn die Zeit erfüllt ist, wird aus der Jungfrau Maria, der Tochter Davids, der wahre Erbe des Thrones geboren werden. – 1 Chr 17; Ps 132; 89; Lk 1,32–33.*

ERSTE LESUNG 2 Sam 7,4–5a.12–14a.16

Der Herr wird ihm den Thron seines Vaters David geben (Lk 1,32)

**Lesung
aus dem zweiten Buch Sámuel.**

⁴ Das Wort des Herrn erging an Natan:
⁵ᵃ Geh zu meinem Knecht David,
und sag zu ihm: So spricht der Herr:
¹² Wenn deine Tage erfüllt sind
und du dich zu deinen Vätern legst,
werde ich deinen leiblichen Sohn
als deinen Nachfolger einsetzen
und seinem Königtum Bestand verleihen.
¹³ Er wird für meinen Namen ein Haus bauen,
und ich werde seinem Königsthron ewigen Bestand verleihen.
¹⁴ᵃ Ich will für ihn Vater sein,
und er wird für mich Sohn sein.

16 Dein Haus und dein Königtum
 sollen durch mich auf ewig bestehen bleiben;
dein Thron soll auf ewig Bestand haben.

ANTWORTPSALM Ps 89 (88), 2–3.4–5.27 u. 29 (R: Lk 1, 32b)

R Gott, der Herr, wird ihm den Thron seines Vaters David geben. – **R**
(GL 233,7)

2 Von den Taten deiner Huld, Herr, will ich ewig singen, *
bis zum fernsten Geschlecht laut deine Treue verkünden.   VI. Ton

3 Denn ich bekenne: Deine Huld besteht für immer und ewig; *
deine Treue steht fest im Himmel. – (**R**)

4 „Ich habe einen Bund geschlossen mit meinem Erwählten *
und David, meinem Knecht, geschworen:

5 Deinem Haus gebe ich auf ewig Bestand, *
und von Geschlecht zu Geschlecht richte ich deinen Thron auf. – (**R**)

27 Er wird zu mir rufen: Mein Vater bist du, *
mein Gott, der Fels meines Heiles.

29 Auf ewig werde ich ihm meine Huld bewahren, *
mein Bund mit ihm bleibt allzeit bestehen." – **R**

ZUR 2. LESUNG *Paulus unterscheidet zwei Seiten des Alten Testaments: das Gesetz und die Verheißung. Die Verheißung ist älter als das Gesetz, und sie allein gibt dem Menschen Hoffnung. Denn es gibt keinen Menschen, der das Gesetz vollkommen erfüllen und dadurch vor Gott „gerecht" sein kann. Für die Erfüllung der Verheißung aber bürgt das Wort Gottes. Im Geschehen zwischen Gott und dem Menschen gibt es diese zwei Möglichkeiten, zwei Linien: 1. Gesetz – Übertretung – Zorn Gottes, und 2. Verheißung – Glaube – Gnade. Abraham hat der Verheißung geglaubt, nicht weil diese alle Wahrscheinlichkeit für sich gehabt hätte – das hatte sie ganz und gar nicht –, sondern weil er sich auf Gottes Macht und Treue verließ. Glauben gibt es nur als Glauben an den Gott, „der die Toten lebendig macht und das, was nicht ist, ins Dasein ruft" (V. 17). Mit einem solchen Glauben wird Gott als Gott geehrt. – Gen 15, 5–6; 17, 4–8; 22, 17–18; Gal 3, 29; Jes 48, 13; Ps 33, 9.*

ZWEITE LESUNG Röm 4, 13.16–18.22

Gegen alle Hoffnung hat er voll Hoffnung geglaubt

Lesung
  aus dem Brief des Apostels Paulus an die Römer.

Brüder!
13 Abraham und seine Nachkommen
    erhielten nicht aufgrund des Gesetzes
    die Verheißung, Erben der Welt zu sein,
  sondern aufgrund der Glaubensgerechtigkeit.

16 Deshalb gilt: „aus Glauben",
    damit auch gilt: „aus Gnade".
  Nur so bleibt die Verheißung für alle Nachkommen gültig,
  nicht nur für die, welche das Gesetz haben,
    sondern auch für die, welche wie Abraham den Glauben haben.

17 Nach dem Schriftwort:
    Ich habe dich zum Vater vieler Völker bestimmt,
    ist er unser aller Vater vor Gott, dem er geglaubt hat,
  dem Gott, der die Toten lebendig macht
    und das, was nicht ist, ins Dasein ruft.

18 Gegen alle Hoffnung hat er voll Hoffnung geglaubt,
    daß er der Vater vieler Völker werde,
  nach dem Wort:
    So zahlreich werden deine Nachkommen sein.

22 Darum wurde der Glaube ihm als Gerechtigkeit angerechnet.

RUF VOR DEM EVANGELIUM

In der Fastenzeit: Vers: vgl. Ps 84 (83), 5

Dein ist die Ehre, dein ist die Macht, Christus, Herr und Erlöser. – R

Selig, die in deinem Hause wohnen, Herr,
die dich loben allezeit.

Dein ist die Ehre, dein ist die Macht, Christus, Herr und Erlöser.

In der Osterzeit: Vers: vgl. Ps 84 (83), 5

Halleluja. Halleluja.

Selig, die in deinem Hause wohnen, Herr,
die dich loben allezeit.

Halleluja.

19. März. Hl. Josef

ZUM EVANGELIUM   *Der Stammbaum am Anfang des Matthäusevangeliums ist nicht als Beitrag zur Ahnenforschung gemeint, sondern als theologische Aussage über Jesus und über den Sinn der Geschichte Israels. Jesus ist der Christus, der Messias, und seine Geschichte ist es, die durch alle Geschlechterfolgen hindurch das eigentlich Bewegende war. Er ist der Verheißene, seit David und seit Abraham. In ihm hat die Geschichte Israels ihr Ziel erreicht, an ihm wird sich der weitere Weg Israels und aller Völker entscheiden. – Der Abschnitt Mt 1,18–23 steht unter der zentralen Aussage: „Gott ist mit uns" (1,23; vgl. dazu Mt 28,20). Der Evangelist zitiert die Weissagung Jes 7,14, um das Geheimnis der Menschwerdung als schöpferisches, rettendes Eingreifen Gottes zu kennzeichnen. – Josef war „gerecht", das heißt in der Sprache der Bibel auch: er war gütig. Deshalb wollte er Maria, deren Geheimnis er nicht verstand, im Frieden entlassen. Aber nun wird er selbst zum Mitwisser und Gehilfen des göttlichen Werkes. Im Gegensatz zu Ahas (Jes 7,12) nimmt Josef das Zeichen und den Auftrag Gottes an; er wird der gesetzliche Vater Jesu und gibt ihm als solcher auch den Namen Jesus, der bedeutet: Jahwe rettet. – Lk 1,27.35; Ps 130,7–8.*

EVANGELIUM   Mt 1,16.18–21.24a

Josef tat, was der Engel des Herrn ihm befohlen hatte

✠ **Aus dem heiligen Evangelium nach Matthäus.**

6 Jakob war der Vater von Josef, dem Mann Marias;
von ihr wurde Jesus geboren,
   der der Christus – der Messias – genannt wird.

8 Mit der Geburt Jesu Christi war es so:
Maria, seine Mutter, war mit Josef verlobt;
noch bevor sie zusammengekommen waren,
   zeigte sich, daß sie ein Kind erwartete
– durch das Wirken des Heiligen Geistes.

9 Josef, ihr Mann,
   der gerecht war und sie nicht bloßstellen wollte,
   beschloß, sich in aller Stille von ihr zu trennen.

Während er noch darüber nachdachte,
   erschien ihm ein Engel des Herrn im Traum
und sagte: Josef, Sohn Davids,
fürchte dich nicht, Maria als deine Frau zu dir zu nehmen;

denn das Kind, das sie erwartet,
   ist vom Heiligen Geist.

21 Sie wird einen Sohn gebären;
ihm sollst du den Namen Jesus geben;
denn er wird sein Volk von seinen Sünden erlösen.

24a Als Josef erwachte,
   tat er, was der Engel des Herrn ihm befohlen hatte.

Oder:

EVANGELIUM   Lk 2,41–51a

Einführung   *Mit der Erzählung vom zwölfjährigen Jesus im Tempel beschließt Lukas die Kindheitsgeschichte Jesu. Während Johannes, „der Vorläufer", sich in der Wüste auf seine Mission vorbereitet (Lk 1, 80), offenbart Jesus bereits seine „Weisheit". Der Zwölfjährige hat sich mit seinen Eltern auf den Weg nach Jerusalem, zum Tempel Gottes, gemacht; aber dann hat er in eigener Verantwortung den Weg des Selbstverständlichen verlassen. Drei Tage ist er im „Haus seines Vaters" geblieben, mitten unter den Lehrern im Tempel, hörend und fragend, und zwar kritisch fragend, so daß die Gesetzeslehrer beunruhigt waren (vgl. 2, 46–47). Der Zwölfjährige beginnt, über seine Eltern, seine Lehrer und auch seine angestammte Religion hinauszuwachsen. Aber noch ist seine Zeit nicht gekommen. Er kehrt nach Nazaret zurück und übt im Gehorsam gegen seinen irdischen Vater den größeren Gehorsam ein, der ihn bis zur Hingabe seines Lebens führen wird. – Ex 12, 24–27a; Dtn 16, 1–8.*

Dein Vater und ich haben dich voll Angst gesucht

✢ Aus dem heiligen Evangelium nach Lukas.

41 Die Eltern Jesu
   gingen jedes Jahr zum Paschafest* nach Jerusalem.
42 Als er zwölf Jahre alt geworden war,
   zogen sie wieder hinauf, wie es dem Festbrauch entsprach.
43 Nachdem die Festtage zu Ende waren,
   machten sie sich auf den Heimweg.
Der junge Jesus aber blieb in Jerusalem,
   ohne daß seine Eltern es merkten.
44 Sie meinten, er sei irgendwo in der Pilgergruppe,
   und reisten eine Tagesstrecke weit;
dann suchten sie ihn bei den Verwandten und Bekannten.

---

* Sprich: Pas-chafest.

19. März. Hl. Josef

⁴⁵ Als sie ihn nicht fanden,
  kehrten sie nach Jerusalem zurück und suchten ihn dort.
⁴⁶ Nach drei Tagen fanden sie ihn im Tempel;
  er saß mitten unter den Lehrern,
  hörte ihnen zu
  und stellte Fragen.
⁴⁷ Alle, die ihn hörten, waren erstaunt
  über sein Verständnis und über seine Antworten.
⁴⁸ Als seine Eltern ihn sahen, waren sie sehr betroffen,
  und seine Mutter sagte zu ihm:
    Kind, wie konntest du uns das antun?
  Dein Vater und ich haben dich voll Angst gesucht.
⁴⁹ Da sagte er zu ihnen:
    Warum habt ihr mich gesucht?
  Wußtet ihr nicht,
    daß ich in dem sein muß, was meinem Vater gehört?
⁵⁰ Doch sie verstanden nicht, was er damit sagen wollte.
⁵¹ᵃ Dann kehrte er mit ihnen nach Nazaret zurück
  und war ihnen gehorsam.

Glaubensbekenntnis, S. 1284 ff.

FÜRBITTEN

Zu Jesus Christus, der aus dem Geschlechte Davids stammt, rufen wir voll Vertrauen:

Für die heilige Kirche Gottes: laß sie dein Wort in Treue bewahren. – Lasset zum Herrn uns beten: Herr, erbarme dich.
A.: Christus, erbarme dich. Herr, erbarme dich.

Für alle, die für andere verantwortlich sind: laß sie uneigennützig für sie sorgen. – Lasset zum Herrn uns beten: Herr, erbarme dich.

Für die Sterbenden: laß sie heimgehen in Frieden. – Lasset zum Herrn uns beten: Herr, erbarme dich.

Für unsere Kinder: laß ihre Eltern gütig und umsichtig sein. – Lasset zum Herrn uns beten: Herr, erbarme dich.

Herr, unser Gott, auf die Fürsprache des heiligen Josef nimm uns unter deinen beständigen Schutz durch Christus, unseren Herrn.   A.: Amen.

GABENGEBET

Herr, unser Gott,
der heilige Josef hat deinem ewigen Sohn,
den die Jungfrau Maria geboren hat,
in Treue gedient.
Laß auch uns Christus dienen
und dieses Opfer mit reinem Herzen feiern.
Darum bitten wir durch Christus, unseren Herrn.

Präfation vom hl. Josef, S. 1376.

KOMMUNIONVERS   Mt 25, 21

Komm, du guter und getreuer Knecht;
nimm teil am Festmahl deines Herrn.

SCHLUSSGEBET

Herr, unser Gott,
du hast uns am Fest des heiligen Josef
um deinen Altar versammelt
und mit dem Brot des Lebens gestärkt.
Schütze deine Familie und erhalte in ihr deine Gaben.
Darum bitten wir durch Christus, unseren Herrn.

Feierlicher Schlußsegen, S. 1342 (Von den Heiligen).

23. März
HL. TURIBIO VON MONGROVEJO
Bischof

Turibio wurde 1538 in der spanischen Provinz León geboren. Nach seinen Studien in Valladolid, Salamanca und Coimbra wurde er Großinquisitor in Granada, 1579 Erzbischof von Lima in Perú. Unermüdlich und gegen viele Widerstände arbeitete er, vor allem durch Synoden und Visitationen, für die kirchliche Organisation und die religiös-sittliche Erneuerung der Kirche von Perú. Seine größte Sorge galt den Indios; er erlernte rasch deren Sprache und verlangte dasselbe auch von Geistlichen, die mit der Sorge für die Indios betraut waren. Die Synode von Lima 1582/83 war von grundlegender Bedeutung für die Kirche von ganz Lateinamerika. Turibio starb am 25. März 1606.

23. März. Hl. Turibio von Mongrovejo

Commune-Texte:
A Meßformulare für Bischöfe, S. 2056 ff.
B Schriftlesungen für Hirten der Kirche, S. 2101 ff.

TAGESGEBET

Barmherziger Gott,
durch die apostolische Arbeit
des heiligen Bischofs Turibio
und seinen Eifer für die wahre Lehre
hast du in Lateinamerika
die Kirche im Glauben gefestigt.
Gib auch den Christen unserer Zeit
neue Glaubenskraft
und den Mut zu einem heiligen Leben.
Darum bitten wir durch Jesus Christus.

ZUR LESUNG   *Das „kostbare Gut", das dem Lehrer und Hirten in der Kirche Christi anvertraut wurde (2 Tim 1, 14), ist die überlieferte Wahrheit von Jesus Christus, der erschienen ist, um alle Menschen zu retten (vgl. 1, 9–10). Es ist die „gesunde Lehre" (1, 13), im Gegensatz zur „kranken", „verdorbenen" Lehre der Häretiker (1 Tim 6, 4–5). Zu dieser Lehre gehören außer den Glaubensaussagen auch sittliche Normen. „Gesund" ist die Lehre, wenn sie mit dem übereinstimmt, was die Apostel gelehrt haben. Der Lehrer in der Kirche, sei er Theologe oder Bischof, Pfarrer oder Katechet, kann über diese Lehre nicht verfügen; er soll sie „bewahren", treu verwalten und in ihrem vollen Bestand weitergeben. Von den Aposteln und ihren Schülern an muß diese Überlieferung weitergehen „bis zu jenem Tag" (2 Tim 1, 12), dem Tag der zweiten Ankunft Christi. Von jedem Berufenen wird verlangt, daß er zum selbstlosen Dienen und auch zum Leiden bereit ist wie der Apostel (2, 1.3). – Zu 1, 13–14: 2 Tim 4, 3; Tit 1, 9.13; 2 Tim 1, 6–7; 1 Tim 6, 20. – Zu 2, 1–3: 2 Tim 3, 14; 1 Tim 4, 14; 2 Tim 4, 8.*

ERSTE LESUNG   2 Tim 1, 13–14; 2, 1–3

Bewahre das dir anvertraute kostbare Gut durch die Kraft des Heiligen Geistes

Lesung
  aus dem zweiten Brief des Apostels Paulus an Timótheus.

Mein Sohn!
3 Halte dich an die gesunde Lehre,
   die du von mir gehört hast;

nimm sie dir zum Vorbild,
und bleibe beim Glauben und bei der Liebe,
   die uns in Christus Jesus geschenkt ist.
14 Bewahre das dir anvertraute kostbare Gut
   durch die Kraft des Heiligen Geistes, der in uns wohnt.
1 Du, mein Sohn,
   sei stark in der Gnade, die dir in Christus Jesus geschenkt ist.
2 Was du vor vielen Zeugen von mir gehört hast,
   das vertrau zuverlässigen Menschen an,
   die fähig sind, auch andere zu lehren.
3 Leide mit mir als guter Soldat Christi Jesu.

ANTWORTPSALM   Ps 96 (95), 1–2.3 u. 7.8 u. 10 (R: vgl. 3 a)

R Kündet den Völkern die Herrlichkeit des Herrn! – R   (GL 529,6)

1 Singet dem Herrn ein neues Lied, *   II. Ton
   singt dem Herrn, alle Länder der Erde!
2 Singt dem Herrn und preist seinen Namen, *
   verkündet sein Heil von Tag zu Tag! – (R)
3 Erzählt bei den Völkern von seiner Herrlichkeit, *
   bei allen Nationen von seinen Wundern!
7 Bringt dar dem Herrn, ihr Stämme der Völker, *
   bringt dar dem Herrn Lob und Ehre! – (R)
8 Bringt dar dem Herrn die Ehre seines Namens, *
   spendet Opfergaben, und tretet ein in sein Heiligtum!
10 Verkündet bei den Völkern: Der Herr ist König. †
   Den Erdkreis hat er gegründet, so daß er nicht wankt. *
   Er richtet die Nationen so, wie es recht ist. – R

RUF VOR DEM EVANGELIUM   Vers: Joh 10, 14

Christus Sieger, Christus König, Christus Herr in Ewigkeit! – R

(So spricht der Herr:)
Ich bin der gute Hirt.
Ich kenne die Meinen, und die Meinen kennen mich.

Christus Sieger, Christus König, Christus Herr in Ewigkeit!

ZUM EVANGELIUM   *Der zusammenfassende Bericht Mt 9, 35 verweist auf 4, 23 zurück; zwischen diesen beiden Versen steht die Selbstof-*

23. März. Hl. Turibio von Mongrovejo 1705

fenbarung Jesu durch Wort und Tat: die Bergpredigt (Kap. 5–7) und die Wunder (Kap. 8–9). Für beides, die Verkündigung der Botschaft von der Gottesherrschaft und die Tätigkeit des Helfens und Heilens, braucht Jesus Mitarbeiter. Die Verse 9,36–38 leiten zur Aussendungsrede (Kap. 10) über. Die ganze Tätigkeit Jesu und auch die Aussendung der Jünger stehen unter dem Motiv des Mitleids mit dem führerlosen Volk. Das Bild von der Herde („Schafe, die keinen Hirten haben") wird dann abgelöst durch das Wort von der Ernte. „Ernte" ist Bild für das kommende Gericht, bei dem Gott den Weizen in seine Scheune einbringt (Mt 3,12). Mitarbeiter bei dieser Ernte sind die Jünger. Überall, wo Gottes Wort verkündet wird, da wird dem Menschen Rettung und Heil angeboten, da ist aber auch schon Zeit der Ernte: das Wort fordert Entscheidung und Antwort. – Num 27,15–20; Sach 11,15–17; 1 Kor 3,5–9; Offb 14,14–16.

EVANGELIUM Mt 9,35–38

Die Ernte ist groß, aber es gibt nur wenig Arbeiter

✢ Aus dem heiligen Evangelium nach Matthäus.

In jener Zeit
35 zog Jesus durch alle Städte und Dörfer,
lehrte in ihren Synagogen,
verkündete das Evangelium vom Reich
und heilte alle Krankheiten und Leiden.
36 Als er die vielen Menschen sah, hatte er Mitleid mit ihnen;
denn sie waren müde und erschöpft
wie Schafe, die keinen Hirten haben.
37 Da sagte er zu seinen Jüngern:
Die Ernte ist groß,
aber es gibt nur wenig Arbeiter.
38 Bittet also den Herrn der Ernte,
Arbeiter für seine Ernte auszusenden.

FÜRBITTEN

Wir bitten Jesus Christus, den Erlöser aller Menschen:

Für die Kirche in Lateinamerika: mach sie zum Anwalt der Armen und zum Zeichen des Heils. (Stille) Christus, höre uns.
A.: Christus, erhöre uns.

Für die Völker der Erde: zeige ihnen Wege zur Gerechtigkeit und zu sozialem Frieden. (Stille) Christus, höre uns.
A.: Christus, erhöre uns.

Für die Notleidenden: gib ihnen tatkräftige Helfer. (Stille) Christus, höre uns.

Für die Verstorbenen: nimm sie auf in das ewige Leben. (Stille) Christus, höre uns.

Herr, unser Gott, du erbarmst dich der Menschen, die aus ihrer Not zu dir rufen. Erhöre unser Gebet durch Christus, unseren Herrn. A.: Amen.

25. März

VERKÜNDIGUNG DES HERRN

Hochfest

Neun Monate vor dem Fest der Geburt des Herrn wird das Fest der Verkündigung gefeiert: der Tag, an dem der Engel zu Maria gesandt wurde und ihr verkündete, daß sie zur Mutter des Messias, des Gottessohnes, erwählt war. Maria, Vertreterin ihres Volkes und der Menschheit, hat mit ihrem einfachen Ja geantwortet. Die Gottesmutterschaft ist das zentrale Geheimnis im Leben Marias; alles andere zielt darauf hin oder hat dort seinen Urspsrung und seine Erklärung. – Ein Fest der „Verkündigung der Geburt des Herrn" wurde in der Ostkirche bereits um 550 am 25. März gefeiert; in Rom wurde es im 7. Jahrhundert eingeführt.

ERÖFFNUNGSVERS   Vgl. Hebr 10, 5-7

Als Christus in diese Welt eintrat, sprach er zu seinem Vater: Siehe, ich komme, um deinen Willen zu erfüllen.

Ehre sei Gott, S. 1280 f.

TAGESGEBET

Gott, du bist groß und unbegreiflich. Nach deinem Willen ist dein ewiges Wort im Schoß der Jungfrau Maria Mensch geworden.

25. März. Verkündigung des Herrn

Gläubig bekennen wir,
daß unser Erlöser wahrer Gott und wahrer Mensch ist.
Mache uns würdig,
Anteil zu erhalten an seinem göttlichen Leben.
Darum bitten wir durch ihn, Jesus Christus.

ZUR 1. LESUNG *Der Bestand des davidischen Königshauses und damit die Verheißungen Gottes selbst waren in Gefahr, als der Prophet Jesaja im Jahr 735 zum König Ahas geschickt wurde. Im Auftrag Gottes bietet er dem König ein Zeichen der Rettung an. Der König glaubt weder Gott noch dem Propheten; er will seine eigene Politik machen. Aber Gott gibt dem Haus David ein Zeichen, auch wenn der König es nicht haben und nicht sehen will: Es wird einen Sohn Davids geben, in dem der symbolische Name Immanu-El („Mit uns ist Gott") volle Wahrheit sein wird. Dafür ist die Voraussetzung, daß das Königshaus weiterbesteht, daß also dem König ein Sohn und Erbe geboren wird. Der Sohn der Jungfrau weist auf den hin, dessen Geburt im Evangelium (Lk 1, 31) angekündigt wird. – Jes 9, 5–6; Mi 5, 2; Mt 1, 23.*

ERSTE LESUNG
Jes 7, 10–14

*Seht, die Jungfrau wird ein Kind empfangen;
sie wird ihm den Namen Immanuel – Gott mit uns – geben*

Lesung
    aus dem Buch Jesája.

In jenen Tagen
10   sprach der Herr zu Ahas – dem König von Juda;
er sagte:
11   Erbitte dir vom Herrn, deinem Gott, ein Zeichen,
sei es von unten, aus der Unterwelt,
    oder von oben, aus der Höhe.
12 Ahas antwortete:
    Ich will um nichts bitten
und den Herrn nicht auf die Probe stellen.
13 Da sagte Jesája:
    Hört her, ihr vom Haus David!
    Genügt es euch nicht, Menschen zu belästigen?
Müßt ihr auch noch meinen Gott belästigen?
14 Darum wird euch der Herr von sich aus ein Zeichen geben:

Seht, die Jungfrau wird ein Kind empfangen,
sie wird einen Sohn gebären,
und sie wird ihm den Namen Immánuel
 – Gott mit uns – geben.

ANTWORTPSALM   Ps 40 (39), 7–8.9–10.11 (R: vgl. 8a.9a)
R Mein Gott, ich komme;   (GL 601, 1)
deinen Willen zu tun macht mir Freude. – R

7 An Schlacht- und Speiseopfern hast du <u>kein</u> Gefallen, *   III. Ton
Brand- und Sündopfer <u>for</u>derst du nicht.

Doch das Gehör hast du mir einge<u>pflanzt</u>; †
8 darum sage ich: <u>Ja</u>, ich komme. *
In dieser Schriftrolle steht, was an <u>mir</u> ge<u>schehen</u> ist. – (R)

9 Deinen Willen zu tun, mein Gott, <u>macht</u> mir Freude, *
deine Weisung trag' <u>ich</u> im Herzen.

10 Gerechtigkeit verkünde ich in <u>gro</u>ßer Gemeinde, *
meine Lippen verschließe ich nicht; <u>Herr</u>, du weißt es. – (R)

11 Deine Gerechtigkeit verberge ich <u>nicht</u> im Herzen, *
ich spreche von deiner Tre<u>ue</u> und Hilfe,

ich schweige nicht über deine <u>Huld</u> und Wahrheit *
vor der gro<u>ßen</u> Gemeinde. – R

ZUR 2. LESUNG *„Mir geschehe, wie du es gesagt hast", war die Antwort Marias in der Stunde ihrer Berufung (Lk 1, 38). „Ich komme, um deinen Willen zu tun" (Hebr 10, 7.9): dieses Wort aus Psalm 40 steht nach der Deutung des Hebräerbriefs als Wort Christi am Ende eines göttlichen Zwiegesprächs und am Anfang der neuen Heilsordnung. Die Ordnung des Alten Bundes war unzureichend; sie ist durch das Christusereignis überholt. Rettung und Heil gibt es für die Menschen nicht durch einen Opferkult, der nur als äußere Leistung verstanden wird; auch die Frommen des Alten Bundes haben ihn nicht so verstanden. Der Sohn Gottes ist „gekommen", um uns durch die Hingabe seines Leibes, durch das Opfer seines Lebens mit Gott zu versöhnen. Er hat uns den Weg zum inneren Heiligtum Gottes gezeigt, er selbst ist uns vorangegangen. Er hat uns gleichsam die Antwort vorgesprochen, die unser Leben ordnen und retten kann: Ich komme, um deinen Willen zu erfüllen. – Lev 17, 11; Ps 40, 7–9; Joh 4, 34.*

25. März. Verkündigung des Herrn

ZWEITE LESUNG   Hebr 10, 4–10

Ja, ich komme – so steht es über mich in der Schriftrolle –, um deinen Willen, Gott, zu tun

Lesung
   aus dem Hebräerbrief.

Brüder!
4 Das Blut von Stieren und Böcken
   kann unmöglich Sünden wegnehmen.
5 Darum spricht Christus bei seinem Eintritt in die Welt:

Schlacht- und Speiseopfer hast du nicht gefordert,
   doch einen Leib hast du mir geschaffen;
6 an Brand- und Sündopfern hast du kein Gefallen.
7 Da sagte ich: Ja, ich komme
   – so steht es über mich in der Schriftrolle –,
   um deinen Willen, Gott, zu tun.

8 Zunächst sagt er:
   Schlacht- und Speiseopfer,
   Brand- und Sündopfer forderst du nicht,
du hast daran kein Gefallen,
   obgleich sie doch nach dem Gesetz dargebracht werden;
9 dann aber hat er gesagt:
   Ja, ich komme, um deinen Willen zu tun.
So hebt Christus das erste auf,
   um das zweite in Kraft zu setzen.

10 Aufgrund dieses Willens
   sind wir durch die Opfergabe des Leibes Jesu Christi
   ein für allemal geheiligt.

RUF VOR DEM EVANGELIUM

In der Fastenzeit: Vers: vgl. Joh 1, 14ab

Christus, du ewiges Wort des Vaters, Ehre sei dir! – **R**

Das Wort ist Fleisch geworden und hat unter uns gewohnt,
und wir haben seine Herrlichkeit geschaut.

Christus, du ewiges Wort des Vaters, Ehre sei dir!

In der Osterzeit: Vers: vgl. Joh 1, 14ab

Halleluja. Halleluja.

Das Wort ist Fleisch geworden und hat unter uns gewohnt,
und wir haben seine Herrlichkeit geschaut.

Halleluja.

ZUM EVANGELIUM *Maria wird vom Engel als die Frau begrüßt, die mehr als alle anderen von Gott geliebt und begnadet ist. Sie steht in der Reihe der großen Erwählten (Abraham, David) und überragt sie alle. Sie ist der neue Zion, das wahre Jerusalem, dem Gottes besondere Liebe und Gegenwart gilt (vgl. Zef 3, 14–16; Sach 9, 9). Was zu Maria über Jesus gesagt wird (Lk 1, 31–33), übertrifft bei weitem das über Johannes Gesagte (1, 15–17). Seine Titel und sein Name kennzeichnen ihn als den verheißenen Messias der Endzeit, der die Einheit von Juda und Israel wiederherstellen und über alle Völker in Ewigkeit herrschen wird. Er ist der Sohn der Jungfrau, ist wahrer Mensch und gehört doch zur Welt Gottes (1, 35). Anders als Zacharias (1, 18) antwortet Maria auf die Botschaft des Engels mit dem einfachen und großen: Mir geschehe, wie du es gesagt hast. – Jes 7, 14; Mt 1, 21–23; Jes 9, 5–6; Dan 7, 14; Ex 40, 34–35.*

EVANGELIUM Lk 1, 26–38

Du hast bei Gott Gnade gefunden, Maria; du wirst ein Kind empfangen, einen Sohn wirst du gebären

✢ **Aus dem heiligen Evangelium nach Lukas.**

26 In jener Zeit wurde der Engel Gábriel
von Gott in eine Stadt in Galiläa namens Nazaret
27 zu einer Jungfrau gesandt.
Sie war mit einem Mann namens Josef verlobt,
der aus dem Haus David stammte.
Der Name der Jungfrau war Maria.
28 Der Engel trat bei ihr ein
und sagte: Sei gegrüßt, du Begnadete,
der Herr ist mit dir.
29 Sie erschrak über die Anrede
und überlegte, was dieser Gruß zu bedeuten habe.

25. März. Verkündigung des Herrn

30 Da sagte der Engel zu ihr: Fürchte dich nicht, Maria;
   denn du hast bei Gott Gnade gefunden.
31 Du wirst ein Kind empfangen,
   einen Sohn wirst du gebären:
      dem sollst du den Namen Jesus geben.
32 Er wird groß sein
   und Sohn des Höchsten genannt werden.
   Gott, der Herr, wird ihm den Thron seines Vaters David geben.
33 Er wird über das Haus Jakob in Ewigkeit herrschen,
   und seine Herrschaft wird kein Ende haben.
34 Maria sagte zu dem Engel:
   Wie soll das geschehen, da ich keinen Mann erkenne?
35 Der Engel antwortete ihr:
   Der Heilige Geist wird über dich kommen,
   und die Kraft des Höchsten wird dich überschatten.
   Deshalb wird auch das Kind heilig
   und Sohn Gottes genannt werden.
36 Auch Elisabet, deine Verwandte,
   hat noch in ihrem Alter einen Sohn empfangen;
   obwohl sie als unfruchtbar galt,
   ist sie jetzt schon im sechsten Monat.
37 Denn für Gott ist nichts unmöglich.
38 Da sagte Maria:
   Ich bin die Magd des Herrn;
   mir geschehe, wie du es gesagt hast.

   Danach verließ sie der Engel.

Glaubensbekenntnis, S. 1284 ff.
Zu den Worten hat Fleisch angenommen bzw. empfangen durch den Heiligen Geist knien alle nieder.

FÜRBITTEN

Zu Jesus Christus, der die Jungfrau Maria zu seiner Mutter erwählte, wollen wir beten:

Für die Kirche: gib, daß sie wie die Jungfrau Maria dem Wort Gottes gehorcht. – Lasset zum Herrn uns rufen: Herr, erbarme dich.
A.: Christus, erbarme dich. Herr, erbarme dich.

Für alle Menschen: erfülle ihre Sehnsucht nach Glück und Heil. –
Lasset zum Herrn uns rufen: Herr, erbarme dich.
A.: Christus, erbarme dich. Herr, erbarme dich.

Für alle, die hungern und dürsten nach Gerechtigkeit: beschenke sie mit deinen Gaben. – Lasset zum Herrn uns rufen: Herr, erbarme dich.

Für unsere Gemeinde: laß uns dankbar deine Menschwerdung preisen. – Lasset zum Herrn uns rufen: Herr, erbarme dich.

Barmherziger Gott, die selige Jungfrau Maria hat deinen ewigen Sohn geboren, damit wir Kinder Gottes werden. Laß uns auf ihre Fürbitte als deine Kinder leben durch ihn, Christus, unseren Herrn.   A.: Amen.

GABENGEBET

Allmächtiger Gott,
nimm die Gaben deiner Kirche gütig an.
Sie erkennt in der Menschwerdung deines Sohnes
ihren eigenen Ursprung;
laß uns heute
in der Feier dieses Geheimnisses seine Liebe erfahren.
Darum bitten wir durch Christus, unseren Herrn.

Präfation, S. 1371.

KOMMUNIONVERS   Jes 7,14

Seht, die Jungfrau wird empfangen und einen Sohn gebären.
Sein Name ist: Immanuel – Gott mit uns.

SCHLUSSGEBET

Ewiger Gott,
bewahre, was du uns
im Sakrament des Glaubens geschenkt hast.
Laß uns festhalten am Bekenntnis,
daß dein Sohn, den die Jungfrau empfangen hat,
wahrer Gott und wahrer Mensch ist,
und führe uns in der Kraft seiner Auferstehung
zur ewigen Freude.
Darum bitten wir durch ihn, Christus, unseren Herrn.

Feierlicher Schlußsegen, S. 1340 (Von der seligen Jungfrau Maria).

26. März

HL. LIUDGER
Bischof

Um 742 in Friesland geboren, war Liudger in York (England) Schüler Alkuins. Er wurde 777 zum Priester geweiht, 792 mit der Mission bei den Friesen und Sachsen beauftragt. „Er rottete das Dorngestrüpp des Götzendienstes aus und säte allerorten in eifriger Hirtensorge das Wort Gottes", heißt es in der alten Lebensbeschreibung. Liudger war der erste Bischof von Münster. Er baute den Dom und gründete die Domschule. In seiner Diözese errichtete er Kirchen, Klöster und Schulen. Er starb am 26. März 809 in Billerbeck und wurde im Kloster Werden begraben.

Commune-Texte:
A Meßformulare für Bischöfe, S. 2056 ff.
B Schriftlesungen für Hirten der Kirche (Glaubensboten), S. 2101 ff.

TAGESGEBET

Allmächtiger Gott,
du hast den heiligen Bischof Liudger gesandt,
die Friesen und die Sachsen
zum christlichen Glauben zu führen.
Gib auch uns unermüdlichen Eifer
und jene Zuversicht,
mit der er sich in den Dienst der Kirche gestellt hat.
Darum bitten wir durch Jesus Christus.

ZUR LESUNG *Paulus und die anderen christlichen Glaubensboten waren damals nicht die einzigen, die als Prediger durch die Welt zogen. Es gab Wanderprediger aller Schattierungen, die ihre Weisheit zu verkaufen suchten. Paulus denkt mit Schrecken daran, er könnte vielleicht mit solchen Leuten verwechselt werden; das wäre der Tod seiner ganzen Anstrengung. Aber im Grunde ist er nicht verwechselbar, weder vom Inhalt seiner Predigt noch von der Art seines Auftretens her. Was er verkündet, ist das „Evangelium Gottes", die Botschaft von der Gottesherrschaft, die mit dem Kommen Jesu angebrochen ist. Und was ihn dazu bewegt, diese Botschaft zu verkünden, ist nicht das Streben nach Geld und Ehre (2, 3–7); es ist die Liebe Christi, die ihn dazu drängt: die Liebe zu Chri-*

stus und die Liebe zu den Menschen, denen er Anteil gibt am „Evangelium Gottes", ja an seinem eigenen Leben. Wer Christus predigt, ist nicht nur ein Redner; er ist ein Zeuge der Wahrheit, die sich in ihm selbst und in seinen Zuhörern verkörpern will. – Apg 20, 34; 1 Kor 4, 12; Eph 4, 1; Phil 1, 27; 2 Thess 1, 5.

ERSTE LESUNG 1 Thess 2, 8–13

Ihr habt das Wort Gottes durch unsere Verkündigung empfangen

Lesung
    aus dem ersten Brief des Apostels Paulus an die Thessalónicher.

Brüder!
8 Wir waren euch zugetan
und wollten euch
    nicht nur am Evangelium Gottes teilhaben lassen,
    sondern auch an unserem eigenen Leben;
denn ihr wart uns sehr lieb geworden.

9 Ihr erinnert euch, Brüder,
    wie wir uns gemüht und geplagt haben.
Bei Tag und Nacht haben wir gearbeitet,
    um keinem von euch zur Last zu fallen,
und haben euch so das Evangelium Gottes verkündet.

10 Ihr seid Zeugen, und auch Gott ist Zeuge,
    wie gottgefällig, gerecht und untadelig
    wir uns euch, den Gläubigen, gegenüber verhalten haben.

11 Ihr wißt auch, daß wir, wie ein Vater seine Kinder,
    jeden einzelnen von euch
12 ermahnt, ermutigt und beschworen haben
    zu leben, wie es Gottes würdig ist,
    der euch zu seinem Reich und zu seiner Herrlichkeit beruft.

13 Darum danken wir Gott unablässig dafür,
    daß ihr das Wort Gottes,
    das ihr durch unsere Verkündigung empfangen habt,
    nicht als Menschenwort,
    sondern – was es in Wahrheit ist –
    als Gottes Wort angenommen habt;
und jetzt ist es in euch, den Gläubigen, wirksam.

26. März. Hl. Liudger

ANTWORTPSALM   Ps 44 (43), 2.3.4 (R: Joh 12, 36b)

R Glaubt an das Licht, (GL 753, 1)
damit ihr Söhne des Lichtes werdet. – **R**

2 Gott, wir hörten es mit eigenen Ohren, *   II. Ton
unsere Väter erzählten uns

von dem Werk, das du in ihren Tagen vollbracht hast, *
in den Tagen der Vorzeit. – (R)

3 Mit eigener Hand hast du Völker vertrieben, *
sie aber eingepflanzt.

Du hast Nationen zerschlagen, *
sie aber ausgesät. – (R)

4 Denn sie gewannen das Land nicht mit ihrem Schwert, *
noch verschaffte ihr Arm ihnen den Sieg;

nein, deine Rechte war es, †
dein Arm und dein leuchtendes Angesicht; *
denn du hattest an ihnen Gefallen. – **R**

RUF VOR DEM EVANGELIUM   Vers: Mt 28, 19a.20b

Lob sei dir, Herr, König der ewigen Herrlichkeit! – **R**

(So spricht der Herr:)
Geht zu allen Völkern,
und macht alle Menschen zu meinen Jüngern!
Ich bin bei euch alle Tage bis zum Ende der Welt.

Lob sei dir, Herr, König der ewigen Herrlichkeit!

ZUM EVANGELIUM   *Das öffentliche Wirken Jesu beginnt nach der Darstellung des Lukasevangeliums beim Gottesdienst in der Synagoge. Dort wurde am Sabbat zuerst ein Abschnitt aus dem „Gesetz" (= fünf Bücher Mose) und dann ein prophetischer Text vorgelesen. Jeder Jude hatte, wenn er dreißig Jahre alt war, das Recht, die zweite Lesung vorzutragen und zu erklären. Von der Erklärung, die Jesus dem Prophetentext gab, faßt Lukas das Wesentliche kurz zusammen: „Heute hat sich das Schriftwort ... erfüllt". Dieses „Heute" ist wesentlich für jedes tiefere Verständnis der Heiligen Schrift: immer kommt hier und heute Gottes Wort und Gottes Wille auf uns zu. In der Prophetenlesung, die Jesus an jenem Sabbat vortrug, sind zwei Dinge wichtig: 1. der Geist des Herrn, 2. die Heilsbotschaft für die Armen. Vom Anfang bis zum Ende des Lukasevange-*

liums wird immer wieder auf den Heiligen Geist verwiesen, der im Leben Jesu die bestimmende Kraft ist, wie er es später im Leben der Kirche sein wird. Auch betont das Lukasevangelium stärker als die andern Evangelien, daß die frohe Botschaft den Armen gilt, denen, die in der Welt und vor Gott nichts haben und nichts sind. – Mt 4,12–17.23; Mk 1,14–15.39; Jes 61,1–2; Lk 1,35; 3,22; 44,1; 6,20–23; 24,49.

EVANGELIUM Lk 4,16–21

Der Geist des Herrn ruht auf mir; denn der Herr hat mich gesalbt

✛ Aus dem heiligen Evangelium nach Lukas.

In jener Zeit
16 kam Jesus nach Nazaret, wo er aufgewachsen war,
und ging, wie gewohnt, am Sabbat in die Synagoge.
Als er aufstand, um aus der Schrift vorzulesen,
17 reichte man ihm das Buch des Propheten Jesája.
Er schlug das Buch auf
und fand die Stelle, wo es heißt:
18 Der Geist des Herrn ruht auf mir;
denn der Herr hat mich gesalbt.
Er hat mich gesandt,
damit ich den Armen eine gute Nachricht bringe;
damit ich den Gefangenen die Entlassung verkünde
und den Blinden das Augenlicht;
damit ich die Zerschlagenen in Freiheit setze
19 und ein Gnadenjahr des Herrn ausrufe.
20 Dann schloß er das Buch,
gab es dem Synagogendiener
und setzte sich.
Die Augen aller in der Synagoge waren auf ihn gerichtet.
21 Da begann er, ihnen darzulegen:
Heute hat sich das Schriftwort, das ihr eben gehört habt, erfüllt.

FÜRBITTEN

Unseren Herrn Jesus Christus, der das Evangelium Gottes verkündete, wollen wir bitten:

Für alle Christen in Norddeutschland: hilf ihnen, einander brüderlich zu begegnen. (Stille) Christus, höre uns.
A.: Christus, erhöre uns.

Für alle, die in den Verwaltungen tätig sind: laß sie nach Recht und Gerechtigkeit entscheiden. (Stille) Christus, höre uns.

Für die Menschen, die durch Zweifel bedrängt werden: erleuchte sie durch deine Wahrheit. (Stille) Christus, höre uns.

Für unsere Gemeinde: gib, daß wir dein Wort als Gottes Kraft erfahren. (Stille) Christus, höre uns.

Herr, unser Gott, auf die Fürsprache des heiligen Liudger vermehre unseren Glauben durch Christus, unseren Herrn.   A.: Amen.

APRIL

2. April

HL. FRANZ VON PAOLA
Einsiedler, Ordensgründer

Franz, 1436 in Paola (Kalabrien) geboren, wurde mit vierzehn Jahren Franziskaner, mit sechzehn zog er sich in die Einsamkeit zurück und lebte in strengster Askese. Für die Schüler, die sich um ihn sammelten, gründete er ein Kloster in Cosenza, aus dem sich der „Orden der Mindesten Brüder" (Minimi), auch Paulaner genannt, entwickelte. Die Regel wurde 1474 bestätigt, und die Kongregation breitete sich noch bei Lebzeiten des Gründers rasch aus. 1482 reiste Franz im Auftrag des Papstes nach Frankreich und half König Ludwig XI., einen christlichen Tod zu sterben. Er selbst starb am Karfreitag, 2. April 1507. Er wurde 1519 heiliggesprochen.

Schweigend
„Die Einsiedler lehren nicht und predigen nicht: sie schweigen, und schweigend öffnen sie sich der Stimme Gottes." (Franz von Paola)

Commune-Texte:
A Meßformulare für Ordensleute, S. 2084 ff.
B Schriftlesungen für heilige Männer (Ordensleute), S. 2110 ff.

TAGESGEBET

Gott, du erhöhst die Niedrigen;
du hast das verborgene Leben
des Einsiedlers Franz von Paola belohnt
und ihn in die Schar deiner Heiligen aufgenommen.
Laß uns durch seine Verdienste
und in seiner Nachfolge die Gaben erlangen,
welche du den Demütigen versprochen hast.
Darum bitten wir durch Jesus Christus.

ZUR LESUNG *Paulus hat bei seiner Bekehrung viel hinter sich gelassen, vor allem das Bewußtsein eigener Gerechtigkeit und Vollkommenheit. Was hat er gewonnen? Die Erkenntnis Christi, des Gekreuzigten und Auferstandenen. Dagegen ist alles andere „Unrat". Auch die Treue zum Gesetz des Mose und zu den heiligen Überlieferungen seines Volkes gehören zu dem, „was hinter mir liegt" (Phil 3, 13). Christus erkennen und von ihm erkannt und angenommen werden, das ist alles. Hier geht es nicht um eine reine Verstandeserkenntnis; es ist ein lebendiges Wissen des Herzens, des ganzen Menschen, eine Erfahrung tiefer Gemeinschaft mit Christus. Der Apostel fühlt sich noch weit vom Ziel entfernt; christliche Vollendung ist nie etwas Erreichtes, Fertiges, sie besteht vielmehr darin, sich immer neu von der Wahrheit und Kraft Christi ergreifen zu lassen. – Zu 3, 8–11: Röm 1, 16; 10, 3; Gal 2, 16; Röm 1, 4; 9, 1–5. – Zu 3, 12–14; Gal 5, 7; 1 Kor 9, 24–27; Phil 2, 16.*

ERSTE LESUNG   Phil 3, 8–14

Das Ziel vor Augen, jage ich nach dem Siegespreis: der himmlischen Berufung, die Gott uns in Christus Jesus schenkt

Lesung
    aus dem Brief des Apostels Paulus an die Philipper.

Brüder!
8 Ich sehe alles als Verlust an,
weil die Erkenntnis Christi Jesu, meines Herrn,
    alles übertrifft.
Seinetwegen habe ich alles aufgegeben
und halte es für Unrat,
    um Christus zu gewinnen
9   und in ihm zu sein.
Nicht meine eigene Gerechtigkeit suche ich,

2. April. Hl. Franz von Paola

    die aus dem Gesetz hervorgeht,
sondern jene, die durch den Glauben an Christus kommt,
die Gerechtigkeit, die Gott aufgrund des Glaubens schenkt.

10 Christus will ich erkennen
und die Macht seiner Auferstehung
und die Gemeinschaft mit seinen Leiden;
sein Tod soll mich prägen.

11 So hoffe ich, auch zur Auferstehung von den Toten zu gelangen.

12 Nicht daß ich es schon erreicht hätte
oder daß ich schon vollendet wäre.
Aber ich strebe danach, es zu ergreifen,
weil auch ich von Christus Jesus ergriffen worden bin.

13 Brüder, ich bilde mir nicht ein,
    daß ich es schon ergriffen hätte.
Eines aber tue ich:
Ich vergesse, was hinter mir liegt,
    und strecke mich nach dem aus, was vor mir ist.

14 Das Ziel vor Augen, jage ich nach dem Siegespreis:
der himmlischen Berufung,
    die Gott uns in Christus Jesus schenkt.

ANTWORTPSALM   Ps 16 (15), 1–2 u. 5.7–8.9 u. 11 (R: vgl. 5a)

R Du, Herr, bist mein Anteil und Erbe. – **R**   (GL 528, 3)

1 Behüte mich, Gott, denn ich vertraue dir. †   VI. Ton
2 Ich sage zum Herrn: „Du bist mein Herr; *
mein ganzes Glück bist du allein."

5 Du, Herr, gibst mir das Erbe und reichst mir den Becher; *
du hältst mein Los in deinen Händen. – (**R**)

7 Ich preise den Herrn, der mich beraten hat. *
Auch mahnt mich mein Herz in der Nacht.

8 Ich habe den Herrn beständig vor Augen. *
Er steht mir zur Rechten, ich wanke nicht. – (**R**)

9 Darum freut sich mein Herz und frohlockt meine Seele; *
auch mein Leib wird wohnen in Sicherheit.

11 Du zeigst mir den Pfad zum Leben. †
Vor deinem Angesicht herrscht Freude in Fülle, *
zu deiner Rechten Wonne für alle Zeit. – **R**

RUF VOR DEM EVANGELIUM Vers: Mt 5,3

(Halleluja. Halleluja.)[1]

Selig, die arm sind vor Gott;
denn ihnen gehört das Himmelreich.

(Halleluja.)

ZUM EVANGELIUM *Das Trostwort für die „kleine Herde" ist nur im Lukasevangelium überliefert (12, 32). Die Gemeinde der Jünger ist in der Welt eine machtlose Minderheit, vom Anfang bis zum Ende ihrer Geschichte. Es gab Zeiten, wo sie das vergessen konnte; heute wird sie daran erinnert, nicht nur durch das Wort des Evangeliums, sondern durch die Situation, in der zu leben ihr aufgegeben ist. Dieser kleinen Herde wird gesagt, was sie nicht tun und was sie tun soll. Sie soll sich nicht fürchten, denn ihr gehört die Zukunft, das, was bleibt, das „Reich". Und sie soll sich frei machen, sich nicht an die Gegenwart klammern, die doch keinen Bestand hat. Der Sinn der Armut ist die Freiheit, und diese ist ein Zeichen der angebrochenen Gottesherrschaft. – Mt 6, 19–21.34; Lk 21, 15–17; 22, 28–30; 18, 22; Joh 10.*

EVANGELIUM Lk 12, 32–34

Euer Vater hat beschlossen, euch das Reich zu geben

✚ Aus dem heiligen Evangelium nach Lukas.

In jener Zeit sprach Jesus zu seinen Jüngern:
³² Fürchte dich nicht, du kleine Herde!
Denn euer Vater hat beschlossen,
  euch das Reich zu geben.

³³ Verkauft eure Habe,
  und gebt den Erlös den Armen!
Macht euch Geldbeutel, die nicht zerreißen.
Verschafft euch einen Schatz, der nicht abnimmt,
  droben im Himmel, wo kein Dieb ihn findet
  und keine Motte ihn frißt.

³⁴ Denn wo euer Schatz ist,
  da ist auch euer Herz.

---

[1] In der Fastenzeit: siehe die Zusammenstellung der Rufe, die an die Stelle des Halleluja treten, auf S. 2227.

FÜRBITTEN

Zu Jesus Christus, der wegen unserer Sünden Leiden und Tod auf sich nahm, wollen wir beten:

Für alle, die sich zu einem Leben der Sühne entschließen: mach sie froh durch deine Gegenwart. (Stille) Herr, erbarme dich.
A.: Christus, erbarme dich.

Für die Wohlhabenden: verhindere, daß sie ihre ganze Hoffnung auf Geld und Besitz setzen. (Stille) Herr, erbarme dich.

Für die Einsamen und Verlassenen: gib ihnen bei dir Schutz und Geborgenheit. (Stille) Herr, erbarme dich.

Für unsere Verstorbenen: vollende ihren Lebensweg in deiner Herrlichkeit. (Stille) Herr, erbarme dich.

Allmächtiger Gott, mach uns auf die Fürbitte des heiligen Franz von Paola fähig, dem Ruf zur Buße und Sühne zu folgen durch Christus, unseren Herrn.   A.: Amen.

4. April

HL. ISIDOR

Bischof, Kirchenlehrer

Isidor war der jüngere Bruder des Erzbischofs Leander von Sevilla, der nach dem Tod des Vaters auch seine Erziehung übernahm. Isidor war vielseitig interessiert und hatte eine leidenschaftliche Liebe zu den Büchern. Das Amt des Bischofs, das er kurz vor 600 übernehmen mußte, *war für ihn eine große Last. Er bemühte sich vor allem um die wissenschaftliche Bildung der Priester. Er selbst schrieb zahlreiche Bücher, in denen er das ganze Wissen des Altertums zusammenfassen wollte, um es der kommenden Zeit weiterzugeben. Vor allem sein Hauptwerk, die zwanzig Bücher der „Etymologien" oder „Ursprünge", wurde im Mittelalter oft abgeschrieben und viel benützt, zum Teil auch ins Althochdeutsche übersetzt. Man bezeichnet Isidor als den letzten abendländischen Kirchenvater. Er starb 636.

Arbeit und Heiligkeit

"Die bischöfliche Würde bedeutet Arbeit, nicht Ehre, und deshalb ist derjenige kein Bischof, der den Bischofsstab führt, um eine Rolle zu spielen, und nicht, um für die anderen nützlich zu sein." – "Vor allem muß er die hervorragendste aller Gaben, die Liebe, erwerben, ohne die jede Tugend Lüge ist. Der Schutz jeder Heiligkeit ist die Liebe, und die Demut ist der Ort, an dem sie wohnt." (Isidor von Sevilla)

Commune-Texte:
A Meßformulare für Bischöfe, S. 2056 ff.,
oder für Kirchenlehrer, S. 2071 ff.
B Schriftlesungen für Hirten der Kirche, S. 2101 ff.,
oder für Kirchenlehrer, S. 2106 ff.

TAGESGEBET

**Gott, du Quelle der Weisheit,
du hast deiner Kirche den heiligen Isidor
als geistlichen Lehrer gegeben.
Höre auf seine Fürbitte.
Schenke deiner Kirche auch in unseren Tagen
Treue zur überlieferten Wahrheit
und führe sie zur Einheit in deiner Liebe.
Darum bitten wir durch Jesus Christus.**

ZUR LESUNG   *Das Wissen um die größere und bleibende Herrlichkeit des Neuen Bundes gibt dem Apostel Mut, überall, auch bei den skeptischen Korinthern, mit großer Sicherheit aufzutreten (2 Kor 3, 12–13). Es verpflichtet ihn aber auch zu unermüdlichem Einsatz (4, 1), zu einer absoluten Wahrhaftigkeit und Aufrichtigkeit in seinem Auftreten und in seiner Lehre. Das Licht Christi schafft im Herzen des Apostels, aber auch im Herzen aller Glaubenden, eine neue Helligkeit, geradezu ein Übermaß von Klarheit. Daß die Menschen so viel Licht überhaupt ertragen können, daß sie nicht daran zerbrechen, aber auch sich nicht dagegen abdichten, ist Gabe des barmherzigen Gottes. – Röm 1, 16 ; 1 Thess 2, 4–5; Gen 1, 3; Joh 8, 12.*

4. April. Hl. Isidor

ERSTE LESUNG 2 Kor 4, 1–2.5–7

Wir verkündigen Jesus Christus als den Herrn, uns aber als eure Knechte um Jesu willen

Lesung
   aus dem zweiten Brief des Apostels Paulus an die Korínther.

Brüder!
1 Unser Eifer erlahmt nicht in dem Dienst,
   der uns durch Gottes Erbarmen übertragen wurde.
2 Wir haben uns von aller schimpflichen Arglist losgesagt;
   wir handeln nicht hinterhältig
      und verfälschen das Wort Gottes nicht,
      sondern lehren offen die Wahrheit.
   So empfehlen wir uns vor dem Angesicht Gottes
      jedem menschlichen Gewissen.
5 Wir verkündigen nämlich nicht uns selbst,
      sondern Jesus Christus als den Herrn,
      uns aber als eure Knechte um Jesu willen.
6 Denn Gott, der sprach: Aus Finsternis soll Licht aufleuchten!,
      er ist in unseren Herzen aufgeleuchtet,
   damit wir erleuchtet werden
      zur Erkenntnis des göttlichen Glanzes auf dem Antlitz Christi.
7 Diesen Schatz tragen wir in zerbrechlichen Gefäßen;
   so wird deutlich,
      daß das Übermaß der Kraft von Gott und nicht von uns kommt.

ANTWORTPSALM Ps 37 (36), 3–4.5–6.30–31 (R: vgl. 30a)

R Der Mund des Gerechten spricht Worte der Weisheit. – **R**
(GL 687, 1)
VI. Ton

3 Vertrau auf den Herrn und tu <u>das</u> Gute, *
   bleib wohnen im Land und <u>be</u>wahre Treue!
4 Freu dich innig <u>am</u> Herrn! *
   Dann gibt er <u>dir</u>, was dein Herz be<u>gehrt</u>. – **(R)**
5 Befiehl dem Herrn deinen Weg und ver<u>trau</u> ihm; *
   <u>er</u> wird es fügen.
6 Er bringt deine Gerechtigkeit heraus wie <u>das</u> Licht *
   und dein Recht so <u>hell</u> wie den Mittag. – **(R)**
30 Der Mund des Gerechten bewegt Worte <u>der</u> Weisheit, *
   und seine Zunge <u>re</u>det, was recht ist.

31 Er hat die Weisung seines Gottes im Herzen, *
seine Schritte wanken nicht.

R Der Mund des Gerechten spricht Worte der Weisheit.

RUF VOR DEM EVANGELIUM   Vers: Joh 15, 5

(Halleluja, Halleluja.)
(So spricht der Herr:)
Ich bin der Weinstock, ihr seid die Reben.
Wer in mir bleibt und in wem ich bleibe, der bringt reiche Frucht.
(Halleluja.)

ZUM EVANGELIUM   *Das Gleichnis vom guten und vom schlechten Baum steht auch bei Matthäus in der Bergpredigt: An ihren Taten soll man echte und falsche Propheten unterscheiden. Die Regel gilt für die christlichen Lehrer ebenso wie für die pharisäischen Schriftgelehrten; sie gilt allgemein für die Beurteilung eines Menschen. Seine Taten zeigen besser als seine Reden, was wirklich in ihm steckt. Alles, was der Mensch tut, hat seinen Ursprung in der personalen Mitte, im „Herzen". Das Evangelium will aber nicht nur eine Regel für kluge Menschenkenntnis geben; Gott selbst beurteilt den Menschen nach dem, was er inwendig ist und was er an „Früchten" hervorbringt. – Zu 6, 43–46: Mt 12, 33–35; 7, 16–20.21–23; 3, 10; Jak 3, 12.*

EVANGELIUM   Lk 6, 43–45

Wovon das Herz voll ist, davon spricht der Mund

✢ Aus dem heiligen Evangelium nach Lukas.

In jener Zeit sprach Jesus zu seinen Jüngern:
43 Es gibt keinen guten Baum,
   der schlechte Früchte hervorbringt,
noch einen schlechten Baum,
   der gute Früchte hervorbringt.
44 Jeden Baum erkennt man an seinen Früchten:
Von den Disteln pflückt man keine Feigen,
   und vom Dornstrauch erntet man keine Trauben.
45 Ein guter Mensch bringt Gutes hervor,
   weil in seinem Herzen Gutes ist;

und ein böser Mensch bringt Böses hervor,
  weil in seinem Herzen Böses ist.
Wovon das Herz voll ist,
  davon spricht der Mund.

FÜRBITTEN

Wir beten zu Christus, der in unserer Mitte gegenwärtig ist:

Hilf der Kirche, dein Wort unverfälscht zu bewahren und zu verkünden.
A.: Wir bitten dich, erhöre uns.

Schenke den Regierenden Entschlossenheit, dem Wohlergehen aller Menschen zu dienen.

Gib allen, die keinen Ausweg wissen, kluge Ratgeber.

Sende uns eifrige Seelsorger, die den rechten Weg zu unserem Heil weisen.

Ewiger Gott, auf die Fürsprache des heiligen Isidor laß uns auf dich vertrauen und Gutes tun durch Christus, unseren Herrn.
A.: Amen.

5. April
HL. VINZENZ FERRER
Ordenspriester, Bußprediger

Vinzenz, geboren um 1350 in Valencia, wurde Dominikaner, Lehrer der Philosophie und Theologie und ein großer Bußprediger. In der damaligen abendländischen Kirchenspaltung stand Vinzenz seit 1379 auf seiten der Päpste von Avignon (Klemens VII., Benedikt XIII.). Von 1399 bis 1409 reiste er als Bußprediger durch Spanien, Südfrankreich, die Schweiz und Oberitalien. Von 1414 an (Konzil von Konstanz) rückte er von dem Gegenpapst Benedikt XIII. ab und arbeitete für die Einheit der Kirche. Auf einer neuen Predigtreise durch Frankreich starb er am 5. April 1419 in Vannes in der Bretagne. – Vinzenz war ein Gottesmann, für den nichts unmöglich schien. Nach einer Lebensbeschreibung soll er sogar die Damen von Ligurien dazu bewogen haben, auf ihre verrückten Haarfrisuren zu verzichten. Das sei „das größte seiner Wunder" gewesen, heißt es in der Lebensbeschreibung.

Commune-Texte:
A Meßformulare für Glaubensboten, S. 2067 ff.
B Schriftlesungen für Hirten der Kirche (Glaubensboten), S. 2101 ff.
oder für heilige Männer (Ordensleute), S. 2110 ff.

TAGESGEBET

Herr, unser Gott,
du hast deiner Kirche
im heiligen Vinzenz Ferrer
einen machtvollen Prediger geschenkt,
der Jesus Christus
als den kommenden Richter verkündet hat.
Gib, daß wir deinem Sohn freudig entgegengehen
und ihn als unseren König schauen,
wenn er in Herrlichkeit wiederkommt,
der in der Einheit des Heiligen Geistes
mit dir lebt und herrscht in alle Ewigkeit.

ZUR LESUNG   *In 2 Tim 4, 1–8 wird der mahnende Teil dieses Briefes abgeschlossen mit dem Hinweis auf die bevorstehende Rechenschaft. Der Apostel selbst kann auf ein großes und erfülltes Leben zurückblicken; er hat dem die Treue gehalten, der ihn berufen hat und der sein Richter sein wird. Treue wird, mehr als alles andere, von dem erwartet, dem in der Kirche Führung und Verantwortung übertragen sind. Treu sein heißt aber nicht nur, unbeweglich auf dem Überlieferten (oder dem, was man dafür hält) beharren; es verlangt, daß man zur rechten Zeit das rechte Wort sagt, nüchtern für die „gesunde Lehre" eintritt, gleich ob sie gern oder ungern gehört wird; daß man die Gegenwart ernst nimmt und für die Zukunft lebt. Die Zukunft aber heißt Christus. Ob wir „sehnsüchtig auf sein Erscheinen warten" (4, 8), daran können wir ermessen, wie es um unseren Glauben und unsere Treue steht. – In diesem Abschiedswort richtet sich der Apostel zunächst an die Amtsträger in der Kirche; es ist aber klar, daß das Gesagte von jedem Christen gilt. – Zu 4, 1–2: Apg 10, 42; Röm 14, 9–10; 1 Petr 4, 5; Apg 20, 31. – Zu 4, 3–5: 1 Tim 4, 1.7; Tit 1, 14; 2 Tim 1, 8.12; 2, 8–13.*

ERSTE LESUNG 2 Tim 4, 1–5

Verkünde das Evangelium, erfülle treu deinen Dienst!

Lesung
aus dem zweiten Brief des Apostels Paulus an Timótheus.

Mein Sohn!
1 Ich beschwöre dich bei Gott und bei Christus Jesus,
dem kommenden Richter der Lebenden und der Toten,
bei seinem Erscheinen und bei seinem Reich:
2 Verkünde das Wort,
tritt dafür ein, ob man es hören will oder nicht;
weise zurecht, tadle, ermahne,
in unermüdlicher und geduldiger Belehrung.
3 Denn es wird eine Zeit kommen,
in der man die gesunde Lehre nicht erträgt,
sondern sich nach eigenen Wünschen
immer neue Lehrer sucht, die den Ohren schmeicheln;
4 und man wird der Wahrheit nicht mehr Gehör schenken,
sondern sich Fabeleien zuwenden.
5 Du aber sei in allem nüchtern,
ertrage das Leiden,
verkünde das Evangelium,
erfülle treu deinen Dienst!

ANTWORTPSALM Ps 40 (39), 2 u. 4ab.7–8.9–10 (R: vgl. 8a.9a)

R Mein Gott, ich komme; (GL 170, 1)
deinen Willen zu tun macht mir Freude. – **R**

Ich hoffte, ja ich hoffte auf den Herrn. * II. Ton
Da neigte er sich mir zu und hörte mein Schreien.

ab Er *legte* mir ein neues Lied in den Mund, *
einen Lobgesang auf ihn, unsern Gott. – (R)

An Schlacht- und Speiseopfern hast du kein Gefallen, *
Brand- und Sündopfer forderst du nicht.

Doch das Gehör hast du mir eingepflanzt; †
darum sage ich: Ja, ich komme. *
In dieser Schriftrolle steht, was an mir geschehen ist. – (R)

Deinen Willen zu tun, mein Gott, macht mir Freude,
deine Weisung trag' ich im Herzen.

10 Gerechtigkeit verkünde ich in großer Gemeinde, *
meine Lippen verschließe ich nicht; Herr, du weißt es.

R Mein Gott, ich komme;
deinen Willen zu tun macht mir Freude.

RUF VOR DEM EVANGELIUM   Vers: vgl. Lk 21, 36

(Halleluja. Halleluja.)
Wacht und betet allezeit,
damit ihr hintreten könnt vor den Menschensohn.
(Halleluja.)

ZUM EVANGELIUM   *Wir wissen nicht, wann die Zeit dieser Welt zu Ende gehen wird, und es ist besser, wir wissen es nicht. Das Lukasevangelium rechnet mit einer langen Wartezeit; vielleicht kommt er erst in der zweiten oder dritten Nachtwache (12, 38). Wichtig ist für uns zu wissen, daß dieses Ereignis am Ende (oder vielleicht richtiger: nach dem Ende) der gegenwärtigen Geschichte nicht (nur) eine Katastrophe sein wird, sondern die entscheidende Offenbarung Jesu als Menschensohn und Weltenrichter. Nicht es kommt, sondern er kommt. Das Bildwort in 12, 35 vom Gürtel, den man nicht ablegen soll, und von der brennenden Lampe mahnt uns zur Wachsamkeit. Der Zeitpunkt ist ungewiß; in jedem Augenblick kann der Herr kommen und bei uns anklopfen. Die Mahnung gilt der ganzen Jüngergemeinde, sie gilt aber auch jedem einzelnen. Sie gilt, wenn wir die Fortsetzung bei Lk hinzunehmen (Lk 12, 41–44), vor allem denen, die in der Gemeinde und in der Welt Verantwortung tragen. – 1 Petr 1, 13; Mt 24, 42–44; Mk 13, 33–36; Offb 3, 20; Lk 22, 27; Joh 13, 4–5.*

EVANGELIUM   Lk 12, 35–40

Haltet auch ihr euch bereit!

✠ Aus dem heiligen Evangelium nach Lukas.

In jener Zeit sprach Jesus zu seinen Jüngern:
35 Legt euren Gürtel nicht ab,
und laßt eure Lampen brennen!
36 Seid wie Menschen,
die auf die Rückkehr ihres Herrn warten,
der auf einer Hochzeit ist,

und die ihm öffnen,
  sobald er kommt und anklopft.
37 Selig die Knechte,
  die der Herr wach findet, wenn er kommt.
Amen, ich sage euch:
Er wird sich gürten,
sie am Tisch Platz nehmen lassen
und sie der Reihe nach bedienen.
38 Und kommt er erst in der zweiten oder dritten Nachtwache
  und findet sie wach –
  selig sind sie.

39 Bedenkt:
Wenn der Herr des Hauses wüßte,
  in welcher Stunde der Dieb kommt,
  so würde er verhindern, daß man in sein Haus einbricht.

40 Haltet auch ihr euch bereit!
Denn der Menschensohn kommt zu einer Stunde,
  in der ihr es nicht erwartet.

FÜRBITTEN

Jesus Christus hat für die Einheit seiner Jünger gebetet. Ihn bitten wir voll Vertrauen:

Behüte unseren Papst, und segne sein Wirken für die Einheit der Kirche.
A.: Herr, erhöre unser Gebet.

Hilf uns, Spannungen zu überwinden und Streitigkeiten beizulegen.

Rufe alle Christen zur Umkehr, und versöhne sie mit dem Vater.

Mach uns bereit, nach deinem Willen zu leben.

Heiliger Gott, auf die Fürbitte des heiligen Vinzenz Ferrer ermutige uns, den Versuchungen zum Bösen zu widerstehen durch Christus, unseren Herrn.   A.: Amen.

7. April
HL. JOHANNES BAPTIST DE LA SALLE
Priester, Ordensgründer
Gedenktag

Johann de la Salle war ein Bahnbrecher der modernen Erziehung. Unterricht in der Muttersprache statt in Latein, Verbot der Prügelstrafe, Schulung der Arbeiter in ihren Berufen: das waren vor dreihundert Jahren große Neuerungen, die vor allem in kirchlichen Kreisen auf Widerstand stießen. Für Johannes Baptist de la Salle, geboren 1651 in Reims, war die Notwendigkeit solcher Reformen völlig klar. Er hat den Glanz und das Elend der Zeit Ludwigs XIV. gesehen und sich vor allem der ärmeren Volksschicht verpflichtet gewußt. So gründete er Volksschulen, Fortbildungsschulen für Berufstätige, Lehrerseminare. Er starb am Karfreitag 1719; 1900 wurde er heiliggesprochen. Sein Werk wird durch die von ihm gegründete Genossenschaft der Christlichen Schulbrüder fortgesetzt.

Commune-Texte:
A Meßformulare für Hirten der Kirche, S. 2056 ff.,
oder für Erzieher, S. 2088 f.
B Schriftlesungen für Hirten der Kirche, S. 2101 ff.,
oder für heilige Männer (Erzieher), S. 2110 ff.

TAGESGEBET

Gott,
du hast den heiligen
Johannes Baptist de la Salle berufen,
jungen Menschen den Weg des Heils zu zeigen.
Erwecke in deiner Kirche
verantwortungsbewußte Erzieher
voll schöpferischen Geistes,
die sich mit aller Kraft dafür einsetzen,
gute Menschen und wahre Christen heranzubilden.
Darum bitten wir durch Jesus Christus.

ZUR LESUNG   *Das „kostbare Gut", das dem Lehrer und Hirten in der Kirche Christi anvertraut wurde (2 Tim 1, 14), ist die überlieferte Wahr-*

heit von Jesus Christus, der erschienen ist, um alle Menschen zu retten (vgl. 1, 9–10). Es ist die „gesunde Lehre" (1, 13), im Gegensatz zur „kranken", „verdorbenen" Lehre der Häretiker (1 Tim 6, 4–5). Zu dieser Lehre gehören außer den Glaubensaussagen auch sittliche Normen. „Gesund" ist die Lehre, wenn sie mit dem übereinstimmt, was die Apostel gelehrt haben. Der Lehrer in der Kirche, sei er Theologe oder Bischof, Pfarrer oder Katechet, kann über diese Lehre nicht verfügen; er soll sie „bewahren", treu verwalten und in ihrem vollen Bestand weitergeben. Von den Aposteln und ihren Schülern an muß diese Überlieferung weitergehen „bis zu jenem Tag" (2 Tim 1, 12), dem Tag der zweiten Ankunft Christi. Von jedem Berufenen wird verlangt, daß er zum selbstlosen Dienen und auch zum Leiden bereit ist wie der Apostel (2, 1.3). – Zu 1, 13–14: 2 Tim 4, 3; Tit 1, 9.13; 2 Tim 1, 6–7; 1 Tim 6, 20. – Zu 2, 1–3: 2 Tim 3, 14; 1 Tim 4, 14; 2 Tim 4, 8.

ERSTE LESUNG 2 Tim 1, 13–14; 2, 1–3

Bewahre das dir anvertraute kostbare Gut durch die Kraft des Heiligen Geistes

Lesung
    aus dem zweiten Brief des Apostels Paulus an Timótheus.

Mein Sohn!
3 **Halte dich an die gesunde Lehre,**
    die du von mir gehört hast;
nimm sie dir zum Vorbild,
    und bleibe beim Glauben und bei der Liebe,
die uns in Christus Jesus geschenkt ist.
4 **Bewahre das dir anvertraute kostbare Gut**
    durch die Kraft des Heiligen Geistes, der in uns wohnt.

Du, mein Sohn,
    sei stark in der Gnade, die dir in Christus Jesus geschenkt ist.
Was du vor vielen Zeugen von mir gehört hast,
    das vertrau zuverlässigen Menschen an,
    die fähig sind, auch andere zu lehren.

Leide mit mir als guter Soldat Christi Jesu.

ANTWORTPSALM   Ps 1, 1–2.3.4 u. 6
(R: 2a oder vgl. Jer 17, 7 oder Ps 92 [91], 13.14)

R Selig der Mann, der Freude hat an der Weisung des Herrn. – **R**

Oder: (GL 708, 1)

R Gesegnet, wer auf den Herrn sich verläßt. – **R**

Oder:

R Der Gerechte gedeiht wie die Palme
in den Vorhöfen unseres Gottes. – **R**

1 Wohl dem Mann, der nicht dem Rat der Frevler folgt, †   IV. Ton
nicht auf dem Weg der Sünder geht, *
nicht im Kreis der Spötter sitzt,

2 sondern Freude hat an der Weisung des Herrn, *
über seine Weisung nachsinnt bei Tag und bei Nacht. – (R)

3 Er ist wie ein Baum, der an Wasserbächen gepflanzt ist, †
der zur rechten Zeit seine Frucht bringt *
und dessen Blätter nicht welken.

Alles, was er tut, *
wird ihm gut gelingen. – (R)

4 Nicht so die Frevler: *
Sie sind wie Spreu, die der Wind verweht.

6 Denn der Herr kennt den Weg der Gerechten, *
der Weg der Frevler aber führt in den Abgrund. – R

RUF VOR DEM EVANGELIUM   Vers: Mt 23, 11.12b

(Halleluja. Halleluja.)

(So spricht der Herr:)
Der Größte von euch soll euer Diener sein.
Und wer sich selbst erniedrigt, der wird erhöht werden.

(Halleluja.)

ZUM EVANGELIUM   *Die Reden und Weisungen Jesu, die Matthäus in Kap. 18 zusammengefaßt hat, hat man als „Gemeindeordnung" oder als „Hausordnung Gottes" bezeichnet. Die Rede ist an die Jünger gerichtet. Mit „Jünger" sind hier aber nicht nur die Wenigen gemeint, die damals in der unmittelbaren Nachfolge Jesu standen; der Evangelist hat die*

7. April. Hl. Johannes Baptist de la Salle 1733

Jüngergemeinde seiner eigenen Zeit, die nachösterliche Kirche, im Blick. In jeder Zeit muß neu an das Grundgesetz erinnert werden, das Jesus für seine Jünger aufgestellt hat. Immer ist eine tiefgreifende Bekehrung notwendig, ein neues Denken und Verhalten, wenn ein Mensch dem Gesetz Christi entsprechen will. Die Forderung, wir sollen wie die Kinder werden, verlangt von uns eine absolute Wahrhaftigkeit vor Gott und vor uns selbst. Das Kind weiß, daß es klein und schwach ist, daß es völlig von der Liebe und Gunst der Großen abhängt. Aber gerade in dieser Schwachheit des Kindes liegt seine unwiderstehliche Macht. Wer es fertigbringt, zu werden wie ein Kind, der hat alles gewonnen. – Zu 18,1–5: Mk 9,33–37; Lk 9,46–48. – Zu 18,3: Mk 10,15; Lk 18,17. – Zu 18,4: Mt 23,12; Lk 14,11. – Zu 18,5: Mt 10,40; Joh 13,20.

EVANGELIUM Mt 18,1–5

Wenn ihr nicht wie die Kinder werdet, könnt ihr nicht in das Himmelreich kommen

☩ Aus dem heiligen Evangelium nach Matthäus.

In jener Stunde kamen die Jünger zu Jesus
und fragten: Wer ist im Himmelreich der Größte?

Da rief er ein Kind herbei,
stellte es in ihre Mitte
und sagte: Amen, das sage ich euch:
Wenn ihr nicht umkehrt und wie die Kinder werdet,
  könnt ihr nicht in das Himmelreich kommen.
Wer so klein sein kann wie dieses Kind,
  der ist im Himmelreich der Größte.
Und wer ein solches Kind um meinetwillen aufnimmt,
  der nimmt mich auf.

FÜRBITTEN

Wir beten zu Jesus Christus, der die Wahrheit Gottes bezeugte:

Schenke allen, die in einem Lehrorden sich der christlichen Erziehung der Jugend widmen, deinen Geist.
A.: Herr, erhöre uns.

Gib den Politikern Einsicht, die Arbeit in den katholischen Schulen anzuerkennen und nicht zu erschweren.

Rege junge Menschen an, nach dir und deiner Wahrheit zu suchen.
A.: Herr, erhöre uns.

Gib, daß unsere Jugendlichen am Beispiel der Erwachsenen die Lebenskraft des Glaubens erkennen.

Allmächtiger Gott, auf die Fürbitte des heiligen Johannes Baptist de la Salle hilf uns, den christlichen Glauben an die junge Generation weiterzugeben, durch Christus, unseren Herrn. A.: Amen.

11. April

HL. STANISLAUS
Bischof, Märtyrer
Gedenktag

Stanislaus, um 1030 bei Krakau geboren, studierte in Gnesen und Paris, war dann zuerst Dorfpfarrer, seit 1072 Bischof von Krakau. Er lebte in strenger Armut; nach dem Tod seiner Eltern verteilte er sein Erbteil an die Armen. Er zog sich den Zorn des Königs Boleslaw II. zu, den er wegen seines anstößigen Lebens zurechtgewiesen und mit der Exkommunikation bedroht hatte. Am 11. April 1079 erschlug ihn der König während der Messe in der vor Krakau gelegenen Michaelskirche. Stanislaus wurde im Dom von Krakau bestattet. Er wurde 1253 heiliggesprochen.

Commune-Texte:
A Meßformulare für Märtyrer, S. 2041 ff.,
oder für Bischöfe, S. 2056 ff.
B Schriftlesungen für Märtyrer, S. 2098 ff.,
oder für Hirten der Kirche, S. 2101 ff.

TAGESGEBET

Gott und Herr,
der heilige Bischof Stanislaus
hat sich unerschrocken für deine Ehre eingesetzt
und *ist unter dem Schwert der Verfolger gefallen*.
Gib auch uns die Kraft,
bis zu unserem Tode
im Glauben standhaft zu bleiben.
Darum bitten wir durch Jesus Christus.

11. April. Hl. Stanislaus

ZUR LESUNG   *Was uns in der Offenbarung des Johannes geschildert wird, ist nicht eine historische Abfolge von Ereignissen; es wird uns vielmehr gesagt, was in dem ganzen Zeitraum zwischen der Geburt Jesu und seinem Kommen in Herrlichkeit in jedem Zeitabschnitt immer wieder geschieht. Der Böse, in Offb 12,9 Teufel und Satan genannt, der im Himmel „keinen Platz mehr hat", bietet seine ganze Macht auf, um den ganzen Erdkreis zu verführen (12,9); seine Wut ist auch deshalb groß, weil er weiß, daß seine Frist kurz ist (12,12). Im Grunde ist, allem Anschein zum Trotz, seine Gewalt bereits gebrochen. Was im Himmel geschah, wo der Satan gestürzt wurde, geschieht auch auf der Erde, und zwar erstens „durch das Blut des Lammes" (12,11), d.h. durch den Kreuzestod Jesu, und zweitens durch das Wort des Zeugnisses derer, die an ihrem Leben nicht festhalten, sondern es in den Tod geben. Das Böse in der Welt ist auch in dieser letzten Zeit noch eine Größe, die ernst genommen werden muß; aber es kann besiegt werden: durch das „Zeugnis" (Martyrium), das von der Macht Christi getragen ist und durch die Gemeinschaft mit seinem Tod besiegelt wird. – Zu 12,10–11: Offb 11,15; Lk 10,18; Joh 12,31. – Zu 12,12a; Jes 44,23.*

ERSTE LESUNG   Offb 12,10–12a

Sie hielten ihr Leben nicht fest, bis hinein in den Tod

**Lesung
aus der Offenbarung des Johannes.**

10 Ich, Johannes, hörte eine laute Stimme im Himmel rufen:

Jetzt ist er da, der rettende Sieg,
die Macht und die Herrschaft unseres Gottes
und die Vollmacht seines Gesalbten;
denn gestürzt wurde der Ankläger unserer Brüder,
der sie bei Tag und bei Nacht vor unserem Gott verklagte.
11 Sie haben ihn besiegt durch das Blut des Lammes
und durch ihr Wort und Zeugnis;
sie hielten ihr Leben nicht fest,
bis hinein in den Tod.
12a Darum jubelt, ihr Himmel
und alle, die darin wohnen.

ANTWORTPSALM Ps 34 (33), 2–3.4–5.6–7.8–9 (R: vgl. 5b)

R All meinen Ängsten hat mich der Herr entrissen. – R (GL 528, 2)

2 Ich will den Herrn allezeit preisen; * IV. Ton
immer sei sein Lob in meinem Mund.

3 Meine Seele rühme sich des Herrn; *
die Armen sollen es hören und sich freuen. – (R)

4 Verherrlicht mit mir den Herrn, *
laßt uns gemeinsam seinen Namen rühmen.

5 Ich suchte den Herrn, und er hat mich erhört, *
er hat mich all meinen Ängsten entrissen. – (R)

6 Blickt auf zu ihm, so wird euer Gesicht leuchten, *
und ihr braucht nicht zu erröten.

7 Da ist ein Armer; er rief, und der Herr erhörte ihn. *
Er half ihm aus all seinen Nöten. – (R)

8 Der Engel des Herrn umschirmt alle, die ihn fürchten und ehren, *
und er befreit sie.

9 Kostet und seht, wie gütig der Herr ist; *
wohl dem, der zu ihm sich flüchtet! – R

RUF VOR DEM EVANGELIUM Vers: 2 Kor 1, 3b–4a

(Halleluja. Halleluja.)

Gepriesen sei der Vater des Erbarmens und der Gott allen Trostes.
Er tröstet uns in all unserer Not.

(Halleluja.)

ZUM EVANGELIUM *Die Jünger Jesu leben in der Welt, sind aber nicht von der Welt. Das heißt nicht, daß sie für die Welt untauglich sind oder daß die Welt sie nichts angeht. Aber die Welt ist, seitdem sie das Wort Jesu gehört und Jesus ans Kreuz geschlagen hat, nicht mehr einfachhin die Welt, wie sie von Gott geschaffen wurde. Sie hat Jesus abgewiesen, und es ist nur logisch, daß sie auch seinen Jüngern mit Argwohn, Ablehnung und Feindseligkeit begegnet. Dennoch ist der Jünger Jesu in die Welt hineingestellt, hineingesandt. Sie ist das Ackerfeld, auf dem das Wort Gottes ausgestreut wird. Ob es Frucht bringen kann, dafür sind wir mitverantwortlich. Jesus hat für uns alle gebetet.* – Joh 3, 35; Apg 4, 32; Joh

11. April. Hl. Stanislaus

16,4; 18,9; 6,39; 10,28; 13,18–19; Ps 41,10; Joh 15,11.19; 1 Joh 2,14; Joh 8,23; 10,36; 4,38; 20,21; 1 Thess 4,7; Hebr 2,11; 5,9; 10,14.

EVANGELIUM Joh 17,6a.11b–19

Die Welt hat sie gehaßt

✢ Aus dem heiligen Evangelium nach Johannes.

In jener Zeit erhob Jesus seine Augen zum Himmel
und betete:

6a Vater, ich habe deinen Namen
    den Menschen offenbart,
    die du mir aus der Welt gegeben hast.

11b Heiliger Vater,
bewahre sie in deinem Namen, den du mir gegeben hast,
    damit sie eins sind wie wir.

12 Solange ich bei ihnen war,
    bewahrte ich sie in deinem Namen, den du mir gegeben hast.
Und ich habe sie behütet,
und keiner von ihnen ging verloren,
    außer dem Sohn des Verderbens,
    damit sich die Schrift erfüllt.

13 Aber jetzt gehe ich zu dir.
Doch dies rede ich noch in der Welt,
    damit sie meine Freude in Fülle in sich haben.

4 Ich habe ihnen dein Wort gegeben,
und die Welt hat sie gehaßt,
    weil sie nicht von der Welt sind,
    wie auch ich nicht von der Welt bin.

5 Ich bitte nicht, daß du sie aus der Welt nimmst,
    sondern daß du sie vor dem Bösen bewahrst.

6 Sie sind nicht von der Welt,
    wie auch ich nicht von der Welt bin.

7 Heilige sie in der Wahrheit;
dein Wort ist Wahrheit.

8 Wie du mich in die Welt gesandt hast,
    so habe auch ich sie in die Welt gesandt.

9 Und ich heilige mich für sie,
    damit auch sie in der Wahrheit geheiligt sind.

FÜRBITTEN

Zu Jesus Christus, der sich mutig zu seiner Sendung bekannte, wollen wir beten:

Für die Hirten der Kirche: daß sie unerschrocken für Gottes Gebot eintreten. (Stille) Christus, höre uns.
A.: Christus, erhöre uns.

Für die Staatsmänner: daß sie nicht durch Unrecht ihre Macht sichern. (Stille) Christus, höre uns.

Für die verfolgten Christen: daß sie aus der Hand ihrer Feinde gerettet werden. (Stille) Christus, höre uns.

Für unsere Gemeinde: daß wir nicht aus Menschenfurcht unseren Glauben verleugnen. (Stille) Christus, höre uns.

Herr, unser Gott, hilf uns auf die Fürsprache des heiligen Stanislaus, treu den Weg deiner Gebote zu gehen durch Christus, unseren Herrn. A.: Amen.

13. April

HL. MARTIN I.

Papst, Märtyrer

Er stammte aus Umbrien und war Papst von 649 bis 653. Auf der Lateransynode 649 verurteilte er die Irrlehre der Monotheleten, d. h. die Lehre, nach der es in der Person Jesu nur einen einzigen, nämlich den göttlichen, Willen, nicht aber einen menschlichen Willen gegeben hätte; damit aber wäre die wahre und volle Menschheit Jesu in Frage gestellt gewesen. Kaiser Konstans II., der auf der Seite der Irrlehrer stand, ließ den Papst 653 nach Konstantinopel bringen. Dort wurde Martin I. wegen Hochverrats zum Tode verurteilt; dann wurde er auf die Krim verbracht, wo er 655 starb. Noch zu seinen Lebzeiten wurde in Rom sein Nachfolger gewählt.

Commune-Texte:
A Meßformulare für Märtyrer, S. 2041 ff.,
oder für Päpste, S. 2056 ff.
B Schriftlesungen für Märtyrer, S. 2098 ff.,
oder für Hirten der Kirche (Päpste), S. 2101 ff.

13. April. Hl. Martin I.

TAGESGEBET

Allmächtiger Gott,
in deiner Kraft
hat der heilige Papst Martin
den Drohungen ungerechter Gewalt widerstanden
und Mißhandlungen standhaft erduldet.
Hilf auch uns,
alle Schwierigkeiten
mit ungebrochenem Mut zu überwinden.
Darum bitten wir durch Jesus Christus.

ZUR LESUNG *Wer in die Spuren Jesu und der Apostel tritt, übernimmt ein gefährliches Leben. Das ist schon sichtbar an dem Weg, den Jesus selbst gegangen ist. In 2 Tim 2,8 ist von der zweifachen Geburt Jesu die Rede: als „Nachkomme Davids" wurde er zum irdischen Leben geboren; durch die Auferweckung aus dem Tod ist er in die ewige Herrlichkeit eingetreten (vgl. 2,11). Leiden, Tod und Grab, Auferstehung und Herrlichkeit: das war sein Weg. Es ist auch der Weg des Jüngers, wie es schon das Beispiel des Paulus zeigt (2,10; 3,10–12). – Die Verse 2,11–13 klingen wie ein altes Bekennerlied. Da werden nochmals und neu die zwei Möglichkeiten, die zwei Wege genannt: entweder mit Christus sterben (Martyrium), um auch mit ihm zu leben, oder ihn verleugnen, ihm untreu werden. Aber der zweite Weg ist kein Weg; er ist ein Abgrund. Von den vier Wenn-Sätzen überrascht der letzte: „Wenn wir untreu werden, bleibt er doch treu ..." Die Logik der vorausgehenden Sätze würde verlangen: Wenn wir untreu werden, ihn verleugnen, dann wird auch er uns verleugnen. Aber hier zerbricht die Logik. Christus bleibt treu, er ist das Siegel der Treue Gottes. Das ist kein Freibrief für Leichtfertigkeit oder Feigheit, aber es ist ein Trost für die Schwachheit. – Zu 2,8–10: 1 Kor 15,4.20; Röm 1,3–4; 1 Tim 3,16; Phil 1,12–14. – Zu 2,11–13: Röm 6,5.8; 8,17; Mt 10,33; Lk 12,9; Röm 3,3–4. – Zu 3,10–12: Apg 14,5.19; Mt 16,24; Joh 15,20.*

ERSTE LESUNG
2 Tim 2,8–13; 3,10–12

Alle, die in Christus Jesus ein frommes Leben führen wollen, werden verfolgt werden

Lesung
aus dem zweiten Brief des Apostels Paulus an Timótheus.

Mein Sohn!
8 Denk daran, daß Jesus Christus, der Nachkomme Davids,
  von den Toten auferstanden ist;
so lautet mein Evangelium,
9   für das ich zu leiden habe
  und sogar wie ein Verbrecher gefesselt bin;
aber das Wort Gottes ist nicht gefesselt.
10 Das alles erdulde ich um der Auserwählten willen,
  damit auch sie das Heil in Christus Jesus
  und die ewige Herrlichkeit erlangen.
11 Das Wort ist glaubwürdig:
Wenn wir mit Christus gestorben sind,
  werden wir auch mit ihm leben;
12 wenn wir standhaft bleiben,
  werden wir auch mit ihm herrschen;
wenn wir ihn verleugnen,
  wird auch er uns verleugnen.
13 Wenn wir untreu sind,
  bleibt er doch treu,
denn er kann sich selbst nicht verleugnen.
10 Du aber bist mir gefolgt in der Lehre,
  im Leben und Streben,
  im Glauben, in der Langmut, der Liebe und der Ausdauer,
11 in den Verfolgungen und Leiden,
  denen ich in Antióchia, Ikónion und Lystra ausgesetzt war.
Welche Verfolgungen habe ich erduldet!
Und aus allen hat der Herr mich errettet.
12 So werden alle,
  die in Christus Jesus ein frommes Leben führen wollen,
  verfolgt werden.

ANTWORTPSALM
Ps 126 (125), 1–2b.2c–3.4–5.6 (R: 5)

R Die mit Tränen säen, werden mit Jubel ernten. – **R**   (GL 528,2)

1 Als der Herr das Los der Gefangenschaft Zions wendete, *   IV. Ton
da waren wir alle wie Träumende.

13. April. Hl. Martin I.

²ᵃᵇ Da war unser Mund voll Lachen *
und unsere Zunge voll Jubel. – (R)

²ᶜᵈ Da sagte man unter den andern Völkern: *
„Der Herr hat an ihnen Großes getan."

³ Ja, Großes hat der Herr an uns getan. *
Da waren wir fröhlich. – (R)

⁴ Wende doch, Herr, unser Geschick, *
wie du versiegte Bäche wieder füllst im Südland.

⁵ Die mit Tränen säen, *
werden mit Jubel ernten. – (R)

⁶ Sie gehen hin unter Tränen *
und tragen den Samen zur Aussaat.

Sie kommen wieder mit Jubel *
und bringen ihre Garben ein. – R

RUF VOR DEM EVANGELIUM

(Halleluja. Halleluja.)

Dich, Gott, loben wir, dich, Herr, preisen wir.
Dich preist der Märtyrer leuchtendes Heer.

(Halleluja.)

ZUM EVANGELIUM „*Die Christen wohnen zwar in der Welt, aber sie sind nicht aus der Welt*", *heißt es in einem frühchristlichen Text (Diognetbrief 6, 3). Der Abschnitt Joh 15, 18 – 16, 4a spricht vom Haß der Welt gegen die Jünger Jesu. Die „Welt" ist zwangsläufig totalitär; sie erträgt es nicht, daß es Menschen gibt, die nicht nach ihrem Gesetz leben. Die Finsternis kann das Licht nicht ertragen. Außerdem: das Lebensgesetz des Meisters ist auch das des Jüngers. Der Haß der Welt gilt nicht eigentlich dem einzelnen Jünger; er gilt der geheimen Wirklichkeit, der unkontrollierbaren Kraft, die den Jünger treibt, ihn von der Welt unterscheidet und aus ihr herausnimmt; „um meines Namens willen": das ist der wahre Grund. Der Haß der Welt gilt Christus dem Herrn selbst und seinem Geist, der in den Jüngern am Werk ist. – Mt 10, 22; 1 Joh 3, 11–18; Joh 1, 10; 17, 14–16; 13, 16; Mt 10, 24–25; Lk 6, 40; 2 Tim 3, 12; Apg 5, 41; 9, 4; 1 Joh 3, 1.*

EVANGELIUM Joh 15, 18–21

Wenn sie mich verfolgt haben, werden sie auch euch verfolgen

✢ Aus dem heiligen Evangelium nach Johannes.

In jener Zeit sprach Jesus zu seinen Jüngern:
18 Wenn die Welt euch haßt,
dann wißt, daß sie mich schon vor euch gehaßt hat.
19 Wenn ihr von der Welt stammen würdet,
würde die Welt euch als ihr Eigentum lieben.
Aber weil ihr nicht von der Welt stammt,
sondern weil ich euch aus der Welt erwählt habe,
darum haßt euch die Welt.
20 Denkt an das Wort, das ich euch gesagt habe:
Der Sklave ist nicht größer als sein Herr.
Wenn sie mich verfolgt haben,
werden sie auch euch verfolgen;
wenn sie an meinem Wort festgehalten haben,
werden sie auch an eurem Wort festhalten.
21 Das alles werden sie euch um meines Namens willen antun;
denn sie kennen den nicht,
der mich gesandt hat.

FÜRBITTEN

Wir bitten Christus, der seinen Zeugen beisteht:

Bestärke unseren Papst, unermüdlich für deine Botschaft einzutreten.
A.: Wir bitten dich, erhöre uns.

Verwehre den Mächtigen, sich in die Aufgaben der Kirche einzumischen.

Gib allen, die wegen ihres Glaubens verfolgt werden, Mut und Ausdauer.

Schenke allen, die uns im Glauben an dich vorangegangen sind, das ewige Leben.

Ewiger Gott, auf die Fürsprache des heiligen Papstes Martin befestige uns in der Treue zu deinem Wort durch Christus, unseren Herrn.   A.: Amen.

19. April

HL. LEO IX.
Papst

Leo IX. hieß, bevor er Papst wurde, Bruno. Er wurde 1002 als Sohn der elsässischen Grafenfamilie von Egisheim und Dagsburg geboren. 1026 wurde er Bischof von Toul. Er reformierte das Ordensleben in seiner Diözese, indem er in vielen Klöstern die Bräuche von Cluny einführte. Als er 1049 Papst wurde, berief er ausgezeichnete Männer an die römische Kurie, hielt viele Synoden ab, bemühte sich um die Befreiung der Kirche von der politischen Gewalt und bereitete so den Weg für die Reformen des Papstes Gregor VII. Während seiner Amtszeit kam es zur großen Kirchenspaltung zwischen Osten und Westen. Leo starb schon 1054. Er war der bedeutendste der wenigen deutschen Päpste.

Güte heißt Opfer
Papst Leos IX. Wahlspruch hieß: „Die Erde ist voll von der Güte des Herrn" (Psalm 33, 5). Dieses Wort wollte er wahrmachen. „Aber Güte, das war nicht ein Gehenlassen, ein energieloses Zugestehen; Güte hieß: opfernde Hingabe für die innere Not der Kirche." (H. Tüchle)

Commune-Texte:
A Meßformulare für Päpste, S. 2056 ff.
B Schriftlesungen für Hirten der Kirche (Päpste), S. 2101 ff.

TAGESGEBET

Ewiger und treuer Gott,
du hast deinem Volk im heiligen Papst Leo
einen Hirten gegeben,
der von tiefem Glauben erfüllt war
und sein Leben
ganz im Dienst für die Kirche einsetzte.
Auf seine Fürsprache
gib deinem Volk die Gnade, sich zu erneuern.
Hilf uns, Spaltung und Trennung zu überwinden,
damit alle, die sich Christen nennen,
im Glauben und in der Liebe eins werden.
Darum bitten wir durch Jesus Christus.

ZUR LESUNG *Die Hirten Israels, d. h. seine Könige und die Führungsschicht, haben versagt. Sie haben ihre Macht mißbraucht, für die Schwachen und Armen nicht gesorgt und nur sich selbst gemästet (Ez 34, 1–6). Darum (Vers 7) ist über sie der Gerichtstag gekommen, „der dunkle, düstere Tag" der Zerstörung Jerusalems (587 v. Chr.). Jetzt aber will Gott selbst der Hirt seines Volkes sein, er will das Volk wieder in sein Land zurückführen und vor allem für die Schwachen und Verlorenen sorgen. In der Fortsetzung wird noch gesagt, daß Gott einen einzigen Hirten für sein Volk bestellen und einen neuen Bund mit ihm schließen wird (34, 23–25). Das Wann und Wie dieses rettenden Eingreifens bleibt beim Propheten unbestimmt; in der Person Jesu hat die Verheißung ihre letzte Deutung und Erfüllung gefunden (vgl. Lk 15; Joh 10). – Jes 54, 7–10; Jer 23, 1–6; Mi 7, 18–20; Sach 11, 4–17; Lk 19, 10.*

ERSTE LESUNG Ez 34, 11–16

Wie ein Hirt sich um die Tiere seiner Herde kümmert, so kümmere ich mich um meine Schafe

**Lesung
aus dem Buch Ezéchiel.**

11 **So spricht Gott, der Herr:
Jetzt will ich meine Schafe selber suchen
und mich selber um sie kümmern.**
12 **Wie ein Hirt sich um die Tiere seiner Herde kümmert**
   an dem Tag,
   an dem er mitten unter den Schafen ist, die sich verirrt haben,
   so kümmere ich mich um meine Schafe
und hole sie zurück von all den Orten,
   wohin sie sich am dunklen, düsteren Tag zerstreut haben.
13 **Ich führe sie aus den Völkern heraus,
ich hole sie aus den Ländern zusammen**
   und bringe sie in ihr Land.
**Ich führe sie in den Bergen Israels auf die Weide,
in den Tälern und *an allen bewohnten Orten des Landes*.**
14 **Auf gute Weide will ich sie führen,
im Bergland Israels werden ihre Weideplätze sein.
Dort sollen sie auf guten Weideplätzen lagern,
auf den Bergen Israels sollen sie fette Weide finden.**

19. April. Hl. Leo IX.

¹⁵ Ich werde meine Schafe auf die Weide führen,
ich werde sie ruhen lassen – Spruch Gottes, des Herrn.
¹⁶ Die verlorengegangenen Tiere will ich suchen,
die vertriebenen zurückbringen,
die verletzten verbinden,
die schwachen kräftigen, die fetten und starken behüten.
Ich will ihr Hirt sein
  und für sie sorgen, wie es recht ist.

ANTWORTPSALM Ps 89(88), 2–3.20a u. 4–5.21–22.25 u. 27
(R: 2a)

R Von den Taten deiner Huld, o Herr, will ich ewig singen. – R
(GL 496 oder 233,7)

² Von den Taten deiner Huld, Herr, will ich ewig singen, *
bis zum fernsten Geschlecht laut deine Treue verkünden.   VI. Ton

³ Denn ich bekenne: Deine Huld besteht für immer und ewig; *
deine Treue steht fest im Himmel. – (R)

²⁰ᵃ Einst hast du in einer Vision zu deinen Frommen gesprochen: †
⁴ „Ich habe einen Bund geschlossen mit meinem Erwählten *
und David, meinem Knecht, geschworen:

⁵ Deinem Haus gebe ich auf ewig Bestand, *
und von Geschlecht zu Geschlecht richte ich deinen Thron auf. – (R)

²¹ Ich habe David, meinen Knecht, gefunden *
und ihn mit meinem heiligen Öl gesalbt.

²² Beständig wird meine Hand ihn halten *
und mein Arm ihn stärken. – (R)

²⁵ Meine Treue und meine Huld begleiten ihn, *
und in meinem Namen erhebt er sein Haupt.

²⁷ Er wird zu mir rufen: Mein Vater bist du, *
mein Gott, der Fels meines Heiles." – R

RUF VOR DEM EVANGELIUM Vers: Joh 15, 15b

(Halleluja. Halleluja.)

(So spricht der Herr:)
Ich habe euch Freunde genannt;
denn ich habe euch alles mitgeteilt,
was ich gehört habe von meinem Vater.

(Halleluja.)

ZUM EVANGELIUM *Die Liebe, von der Jesus spricht und die er uns zum Gebot macht, hat ihren Ursprung in der Liebe, mit der Gott seinen eigenen Sohn liebt, und sie hat ihr Vorbild in der Innigkeit, mit der sich der Sohn dem Vater zuwendet. Der Sohn war „am Anfang" bei Gott (Joh 1, 2), er „ruht am Herzen des Vaters" (1, 18), er bleibt in der Liebe des Vaters (15, 10) auch als der Menschgewordene. Den Willen des Vaters zu tun ist sein Leben und auch sein Sterben. Das Gegenteil von „bleiben" wäre sich trennen, sich entfernen, treulos werden, den Gehorsam aufkündigen. – Wir sind „in ihm", seit er uns angenommen, geliebt hat, konkret: seitdem wir durch die Taufe in seinen Tod und in sein Leben hineingenommen wurden. Wir bleiben in ihm durch den Glauben und die Treue: dadurch, daß wir immer neu sein Wort aufnehmen, festhalten und tun. Frucht dieser Liebe ist die Freude, die Freundschaft, das Vertrauen. – Zu 15, 9: Joh 3, 35; 10, 14–15; 13, 1; 17, 23. – Zu 15, 10: Joh 6, 38; 8, 29. – Zu 15, 11: Joh 17, 13; 1 Joh 1, 4. – Zu 15, 12: Joh 13, 34. – Zu 15, 13: 1 Joh 3, 16; Röm 5, 6–8. – Zu 15, 15: Röm 8, 15; Lk 12, 4.*

EVANGELIUM Joh 15, 9–17

Ich nenne euch nicht mehr Knechte; vielmehr habe ich euch Freunde genannt

✠ **Aus dem heiligen Evangelium nach Johannes.**

In jener Zeit sprach Jesus zu seinen Jüngern:
9 **Wie mich der Vater geliebt hat,**
  so habe auch ich euch geliebt.
Bleibt in meiner Liebe!
10 **Wenn ihr meine Gebote haltet,**
  werdet ihr in meiner Liebe bleiben,
so wie ich die Gebote meines Vaters gehalten habe
  und in seiner Liebe bleibe.
11 **Dies habe ich euch gesagt,**
  damit meine Freude in euch ist
  und damit eure Freude vollkommen wird.
12 **Das ist mein Gebot:**
Liebt einander,
  so wie ich euch geliebt habe.
13 *Es gibt keine größere Liebe,*
  als wenn einer sein Leben für seine Freunde hingibt.
14 **Ihr seid meine Freunde,**
  wenn ihr tut, was ich euch auftrage.

19. April. Hl. Leo IX.

15 Ich nenne euch nicht mehr Knechte;
denn der Knecht weiß nicht, was sein Herr tut.
Vielmehr habe ich euch Freunde genannt;
denn ich habe euch alles mitgeteilt,
    was ich von meinem Vater gehört habe.

16 Nicht ihr habt mich erwählt,
sondern ich habe euch erwählt
    und dazu bestimmt, daß ihr euch aufmacht und Frucht bringt
und daß eure Frucht bleibt.
Dann wird euch der Vater alles geben,
    um was ihr ihn in meinem Namen bittet.

17 Dies trage ich euch auf:
    Liebt einander!

FÜRBITTEN

Im Gebet wenden wir uns an Christus, der Simon Petrus zum Fundament seiner Kirche bestimmte:

Segne die Bemühungen des Papstes, die Einheit im Glauben wiederzugewinnen.
A.: Herr, erhöre unser Gebet.

Bewirke, daß die Regierenden die Freiheit des Glaubens achten.

Führe die Zweifelnden und Irrenden zum Licht der Wahrheit.

Gib, daß unser Leben dem entspricht, was wir im Glauben bekennen.

Herr, unser Gott, gib auf die Fürbitte des heiligen Papstes Leo der Kirche die Einheit, für die dein Sohn, unser Herr Jesus Christus, gebetet hat, der in der Einheit des Heiligen Geistes mit dir lebt und herrscht in Ewigkeit. A.: Amen.

21. April
HL. KONRAD VON PARZHAM
Ordensbruder

Konrad wurde 1818 geboren und stammte aus einer Bauernfamilie in Parzham bei Griesbach, Diözese Passau. In reifem Alter wurde er Kapuzinerbruder (1849) in Altötting, wo er einundvierzig Jahre das Amt des Pförtners versah. An dem großen Wallfahrtsort hat er Pilgern, Wanderern und Armen viel Gutes getan. „In Gottes Namen", sagte er immer wieder. Er war ein Ausspender der Liebe Gottes. Konrad starb am 21. April 1894.

Große Taten
„Bei Konrad, diesem Helden des Glaubens, treuer Pflichterfüllung und christlicher Nächstenliebe, sucht ihr vergebens nach den wunderbaren Großtaten anderer Heiliger, die selbst die Welt staunend aufhorchen lassen. Aber ihr seht bei ihm neben der Frömmigkeit der heiligen Einsiedler einen Tugendheroismus, der dem tätigen Leben der großen Heiligen in nichts nachsteht." (Kardinal Pacelli)

Commune-Texte:
A Meßformulare für Ordensleute, S. 2084 ff.
B Schriftlesungen für heilige Männer (Ordensleute), S. 2110 ff.

TAGESGEBET
Gott,
du hast den heiligen Bruder Konrad
zum Dienst an den Wallfahrern
und Notleidenden berufen.
Mache auch uns bereit,
in Geduld und Güte denen zu begegnen,
die auf unsere Hilfe warten.
Darum bitten wir durch Jesus Christus.

ZUR LESUNG *Die Mahnungen dieser Lesung erhalten ihre Dringlichkeit durch den Blick auf das nahe „Ende aller Dinge" (4, 7a). Das „Ende" ist die Offenbarung der Herrlichkeit Christi (4, 13). Das Leben des Christen ist also in die Weite Gottes hineingestellt. Es verwirklicht sich in einer zweifachen Dimension: Zuerst und wesentlich ist es auf Gott ausgerichtet.*

21. April. Hl. Konrad von Parzham

Diese Ausrichtung des ganzen Menschen auf die Wirklichkeit Gottes hin äußert sich im Gebet (4,7). Der Mensch, der beten will, muß „besonnen und nüchtern" werden; ein waches und bereites Herz ist Voraussetzung des Gebets, aber auch seine Wirkung und Gabe. Die andere, ebenso wesentliche Dimension der christlichen Existenz: der Mitmensch, der Bruder, oder richtiger: die Gemeinde in ihrer Ganzheit und Einheit. Dienst der Liebe heißt: Geben und Helfen, Reden und Tun, Empfangen und Danken. Auch der liturgische Dienst (Wort und Sakrament) ist Dienst der Liebe. Nur so, durch diesen vielfachen Dienst in der Einheit der Liebe, wird Gott „verherrlicht": als Gott erkannt und geehrt. – Zu 4,7–9: 1 Petr 1,13; 5,8; 1 Thess 5,6; Tob 12,9; Jak 5,20; Röm 12,13. – Zu 4,10–11: Röm 12,6–8; 1 Kor 12,4–11; Lk 12,42; 1 Kor 14,2–19.

ERSTE LESUNG 1 Petr 4,7b–11
Dient einander, jeder mit der Gabe, die er empfangen hat

Lesung
aus dem ersten Brief des Apostels Petrus.

Brüder!
7b Seid besonnen und nüchtern, und betet!

8 Vor allem haltet fest an der Liebe zueinander;
denn die Liebe deckt viele Sünden zu.

9 Seid untereinander gastfreundlich, ohne zu murren.

10 Dient einander als gute Verwalter der vielfältigen Gnade Gottes,
jeder mit der Gabe, die er empfangen hat.

11 Wer redet,
der rede mit den Worten, die Gott ihm gibt;
wer dient,
der diene aus der Kraft, die Gott verleiht.
So wird in allem Gott verherrlicht durch Jesus Christus.
Sein ist die Herrlichkeit und die Macht in alle Ewigkeit.
Amen.

ANTWORTPSALM Ps 112 (111), 1–2.3–4.5–6.7 u. 9 (R: vgl. 1a)

R Selig der Mensch, der den Herrn fürchtet und ehrt! – **R** (GL 708,1)

Wohl dem Mann, der den Herrn fürchtet und ehrt * IV. Ton
und sich herzlich freut an seinen Geboten.

Seine Nachkommen werden mächtig im Land, *
das Geschlecht der Redlichen wird gesegnet. – (R)

3 Wohlstand und Reichtum füllen sein Haus, *
sein Heil hat Bestand für immer.

4 Den Redlichen erstrahlt im Finstern ein Licht: *
der Gnädige, Barmherzige und Gerechte. – (R)

5 Wohl dem Mann, der gütig und zum Helfen bereit ist, *
der das Seine ordnet, wie es recht ist.

6 Niemals gerät er ins Wanken; *
ewig denkt man an den Gerechten. – (R)

7 Er fürchtet sich nicht vor Verleumdung; *
sein Herz ist fest, er vertraut auf den Herrn.

9 Reichlich gibt er den Armen, †
sein Heil hat Bestand für immer; *
er ist mächtig und hoch geehrt.

R Selig der Mensch, der den Herrn fürchtet und ehrt!

RUF VOR DEM EVANGELIUM Vers: Jak 1,12

Halleluja. Halleluja.

Selig der Mann, der in der Versuchung standhält.
Denn wenn er sich bewährt,
wird er den Kranz des Lebens erhalten.

Halleluja.

ZUM EVANGELIUM *Wir wissen nicht, wann die Zeit dieser Welt zu Ende gehen wird, und es ist besser, wir wissen es nicht. Das Lukasevangelium rechnet mit einer langen Wartezeit; vielleicht kommt er erst in der zweiten oder dritten Nachtwache (12, 38). Wichtig ist für uns zu wissen, daß dieses Ereignis am Ende (oder vielleicht richtiger: nach dem Ende) der gegenwärtigen Geschichte nicht (nur) eine Katastrophe sein wird, sondern die entscheidende Offenbarung Jesu als Menschensohn und Weltenrichter. Nicht es kommt, sondern er kommt. Das Bildwort in 12, 35 vom Gürtel, den man nicht ablegen soll, und von der brennenden Lampe mahnt uns zur Wachsamkeit. Der Zeitpunkt ist ungewiß; in jedem Augenblick kann der Herr kommen und bei uns anklopfen. Die Mahnung gilt der ganzen Jüngergemeinde, sie gilt aber auch jedem einzelnen. Sie gilt, wenn wir die Fortsetzung im Lukasevangelium hinzunehmen (Lk 12, 41–44), vor allem denen, die in der Gemeinde und in der Welt Verantwortung tra-*

21. April. Hl. Konrad von Parzham

gen. – 1 Petr 1,13; Mt 24,42–44; Mk 13,33–36; Offb 3,20; Lk 22,27; Joh 13,4–5.

EVANGELIUM Lk 12,35–40

Haltet auch ihr euch bereit!

☩ Aus dem heiligen Evangelium nach Lukas.

In jener Zeit sprach Jesus zu seinen Jüngern:
35 Legt euren Gürtel nicht ab,
und laßt eure Lampen brennen!
36 Seid wie Menschen,
    die auf die Rückkehr ihres Herrn warten,
    der auf einer Hochzeit ist,
und die ihm öffnen,
    sobald er kommt und anklopft.
37 Selig die Knechte,
    die der Herr wach findet, wenn er kommt.
Amen, ich sage euch:
Er wird sich gürten,
sie am Tisch Platz nehmen lassen
und sie der Reihe nach bedienen.
38 Und kommt er erst in der zweiten oder dritten Nachtwache
    und findet sie wach
    – selig sind sie.
39 Bedenkt:
Wenn der Herr des Hauses wüßte,
    in welcher Stunde der Dieb kommt,
    so würde er verhindern, daß man in sein Haus einbricht.
40 Haltet auch ihr euch bereit!
Denn der Menschensohn kommt zu einer Stunde,
    in der ihr es nicht erwartet.

FÜRBITTEN

Jesus Christus, der sich der verstoßenen Menschen annahm, bitten wir:

Für alle Christen: schenke ihnen deine Liebe. (Stille) Herr, erbarme dich.
A.: Christus, erbarme dich.

Für die Politiker: hilf, daß ihre Maßnahmen auch den Notleidenden zugute kommen. (Stille) Herr, erbarme dich.
A.: Christus, erbarme dich.

Für die im Leben Gescheiterten: laß sie geduldige und gütige Helfer finden. (Stille) Herr, erbarme dich.

Für unsere Gemeinde: bewahre uns davor, Notleidenden gleichgültig zu begegnen. (Stille) Herr, erbarme dich.

Barmherziger Gott, durch den heiligen Konrad von Parzham haben die Armen deine Liebe erfahren. Laß auch uns nicht müde werden, allen Gutes zu tun durch Christus, unseren Herrn.
A.: Amen.

21. April
HL. ANSELM
Bischof, Kirchenlehrer

Anselm war ein europäischer Mensch. Er wurde um 1033 in Aosta (Italien) geboren; wurde Mönch und Abt in der Abtei Bec in der Normandie (Frankreich), und schließlich war er 1093–1109 Erzbischof von Canterbury und Primas von England. Als solcher war er ein Vorkämpfer der kirchlichen Freiheit, im gleichen Sinn wie später Papst Gregor VII. Zweimal mußte er in die Verbannung gehen. Er war ein philosophischer und theologischer Denker von ungewöhnlichem Format und gilt als Vater der scholastischen Theologie. Er versuchte, die traditionsgebundene Theologie seiner Zeit auf eine neue Grundlage zu stellen; nicht mehr mit Berufung auf Autoritäten und Bibelstellen will er seine theologischen Beweise führen, sondern in strenger vernünftiger Logik. Der Glaube soll für die Vernunft einsichtig werden. Damit steht Anselm in der Mitte zwischen Augustinus und Thomas von Aquin. Er starb am 21. April 1109 in Canterbury.

„Herr, ich versuche nicht, in deine Höhe vorzudringen; mein Verstand kann dich ja auf keine Weise erreichen. Ich wünsche nur, einigermaßen deine Wahrheit zu begreifen, die mein Herz glaubt und liebt. Denn ich suche nicht zu begreifen, um zu glauben, sondern ich glaube, um zu begreifen." (Anselm)

21. April. Hl. Anselm

Commune-Texte:
A Meßformulare für Bischöfe, S. 2056 ff.,
oder für Kirchenlehrer, S. 2071 ff.
B Schriftlesungen für Hirten der Kirche, S. 2101 ff.,
oder für Kirchenlehrer, S. 2106 ff.,
oder für heilige Männer (Ordensleute), S. 2110 ff.

TAGESGEBET

Gott, du bist unerforschlich in deinem Wesen,
und doch offenbarst du dich den Menschen.
Du hast den heiligen Anselm gedrängt,
die Tiefe deiner Weisheit zu erforschen
und zu verkünden.
Gib, daß der Glaube
unserem Verstand zu Hilfe komme,
damit unser Herz liebgewinnt,
was du uns zu glauben befiehlst.
Darum bitten wir durch Jesus Christus.

ZUR LESUNG *Der ganze Epheserbrief ist in einer Atmosphäre des Gebets geschrieben. Mit einem feierlichen Gebet (Eph 3, 14–21) schließt der lehrhafte Teil dieses Briefs. Die Ausführungen über Gottes ewigen Geschichtsplan und dessen Verwirklichung in Christus und in der Kirche münden in den Wunsch, daß die Gemeinde in der Erkenntnis Gottes wachse und daß sie wenigstens eine Ahnung bekomme von der Größe Gottes und von der Liebe Christi. Das Ziel der geschaffenen Welt ist ja „das Lob seiner Herrlichkeit" (Eph 1, 6.12.14). Man lobt aber sinnvollerweise nur das, was man kennt. Durch die Gotteserkenntnis, die Glaube und Liebe zugleich ist, wohnt Christus im Herzen der Menschen, in jener tiefen Mitte, aus der alles Erkennen und Lieben hervorquillt. Mit der Erkenntnis wächst die Liebe und mit der Liebe die Erkenntnis. Nur eine Gemeinde, die ständig im Glauben und in der Liebe wächst, kann Gott „verherrlichen" (3, 21) und der Welt die frohe Botschaft weitergeben. – Zu 3, 14–15: Jes 45, 23; Röm 14, 11. – Zu 3, 16–19: Kol 1, 11; Joh 14, 23; Kol 1, 23; 2, 7.10; Phil 4, 7.*

ERSTE LESUNG Eph 3,14–19
Die Liebe Christi verstehen, die alle Erkenntnis übersteigt

Lesung
aus dem Brief des Apostels Paulus an die Épheser.

Brüder!
¹⁴ Ich beuge meine Knie vor dem Vater,
¹⁵   nach dessen Namen
   jedes Geschlecht im Himmel und auf der Erde benannt wird,
¹⁶ und bitte,
   er möge euch aufgrund des Reichtums seiner Herrlichkeit
      schenken,
   daß ihr in eurem Innern
   durch seinen Geist an Kraft und Stärke zunehmt.
¹⁷ Durch den Glauben wohne Christus in eurem Herzen.
   In der Liebe verwurzelt und auf sie gegründet,
¹⁸   sollt ihr zusammen mit allen Heiligen dazu fähig sein,
   die Länge und Breite, die Höhe und Tiefe zu ermessen
¹⁹ und die Liebe Christi zu verstehen,
   die alle Erkenntnis übersteigt.
   So werdet ihr mehr und mehr
      von der ganzen Fülle Gottes erfüllt.

ANTWORTPSALM Ps 34 (33), 2–3.4–5.6–7.8–9.10–11
(R: vgl. 2a oder 9a)

R Den Herrn will ich preisen alle Zeit. – **R** (GL 477)

Oder:

R Kostet und seht, wie gütig der Herr ist! – **R**

² Ich will den Herrn allezeit <u>prei</u>sen; * V. Ton
   immer sei sein <u>Lob</u> in mei<u>nem</u> Mund.

³ Meine Seele rühme sich des <u>Herrn</u>; *
   die Armen sollen es <u>hö</u>ren und <u>sich</u> freuen. – (**R**)

⁴ Verherrlicht mit mir den <u>Herrn</u>, *
   laßt uns gemeinsam seinen <u>Na</u>men rühmen.

⁵ Ich suchte den Herrn, und er hat mich er<u>hört</u>, *
   er hat mich all meinen <u>Äng</u>sten ent<u>ris</u>sen. – (**R**)

⁶ Blickt auf zu ihm, so wird euer Gesicht <u>leuch</u>ten, *
   und ihr braucht <u>nicht</u> zu erröten.

21. April. Hl. Anselm

7 Da ist ein Armer; er rief, und der Herr erhörte ihn. *
  Er half ihm aus all seinen Nöten. – (R)

8 Der Engel des Herrn umschirmt alle, die ihn fürchten und ehren, *
  und er befreit sie.

9 Kostet und seht, wie gütig der Herr ist; *
  wohl dem, der zu ihm sich flüchtet! – (R)

10 Fürchtet den Herrn, ihr seine Heiligen; *
   denn wer ihn fürchtet, leidet keinen Mangel.

11 Reiche müssen darben und hungern; *
   wer aber den Herrn sucht, braucht kein Gut zu entbehren. – R

RUF VOR DEM EVANGELIUM Vers: vgl. Joh 6,63b.68c

Halleluja. Halleluja.

Deine Worte, Herr, sind Geist und Leben.
Du hast Worte des ewigen Lebens.

Halleluja.

ZUM EVANGELIUM Die Bergpredigt, die mit den Seligpreisungen begonnen hat, endet mit einer ernsten Warnung. Es genügt nicht, den Willen Gottes zu studieren, davon zu reden oder reden zu hören. „Klug" ist in dieser entscheidenden Zeit, die mit dem Auftreten Jesu angebrochen ist, wer die Situation begreift und danach handelt. Wer ahnungslos vor sich hin lebt, vertut die Zeit und hat am Ende umsonst gelebt. Jesus spricht wie ein Prophet, und er ist mehr als ein Prophet. Er bringt nicht nur eine Allerweltsmoral für anständige Menschen. Seine Botschaft ist Anspruch, sie verlangt Entscheidung vor der Tatsache, daß Gott seine Königsherrschaft geltend macht. – Lk 6,46–49; Jes 29,13–14; Am 5,21–24; Jak 1,22; 2,14–17; Mt 25,11–12; Lk 13,26–27; Spr 10,25; 12,3–7; 1 Joh 3,18; 2,17; Ez 33,31; 13,10–14.

EVANGELIUM Mt 7,21–29
Jesus lehrte wie einer, der göttliche Vollmacht hat

✛ Aus dem heiligen Evangelium nach Matthäus.

In jener Zeit sprach Jesus zu seinen Jüngern:

21 Nicht jeder, der zu mir sagt: Herr! Herr!,
   wird in das Himmelreich kommen,
   sondern nur, wer den Willen meines Vaters im Himmel erfüllt.

22 Viele werden an jenem Tag zu mir sagen: Herr, Herr,
sind wir nicht in deinem Namen als Propheten aufgetreten,
und haben wir nicht mit deinem Namen Dämonen ausgetrieben
und mit deinem Namen viele Wunder vollbracht?

23 Dann werde ich ihnen antworten: Ich kenne euch nicht.
Weg von mir, ihr Übertreter des Gesetzes!

24 Wer diese meine Worte hört und danach handelt,
ist wie ein kluger Mann, der sein Haus auf Fels baute.

25 Als nun ein Wolkenbruch kam
und die Wassermassen heranfluteten,
als die Stürme tobten und an dem Haus rüttelten,
da stürzte es nicht ein;
denn es war auf Fels gebaut.

26 Wer aber meine Worte hört
und nicht danach handelt,
ist wie ein unvernünftiger Mann, der sein Haus auf Sand baute.

27 Als nun ein Wolkenbruch kam
und die Wassermassen heranfluteten,
als die Stürme tobten und an dem Haus rüttelten,
da stürzte es ein
und wurde völlig zerstört.

28 Als Jesus diese Rede beendet hatte,
war die Menge sehr betroffen von seiner Lehre;
29 denn er lehrte sie wie einer, der göttliche Vollmacht hat,
und nicht wie ihre Schriftgelehrten.

FÜRBITTEN

Zu Christus, der uns die unbegreifliche Größe und Liebe Gottes offenbart hat, wollen wir beten:

Für die Hirten der Kirche: daß sie überall ungehindert ihren Auftrag erfüllen können. (Stille) Christus, höre uns.
A.: Christus, erhöre uns.

Für die Wissenschaftler: daß ihre Arbeit dem Wohl der Menschen dient. (Stille) Christus, höre uns.

Für alle, die sich von dir abgewandt haben: daß sie von ihrer Herzensblindheit befreit werden. (Stille) Christus, höre uns.

Für unsere Gemeinde: daß wir Gottes Wort besser verstehen. (Stille) Christus, höre uns.

Ewiger Gott, dein Heiliger Geist hat den heiligen Anselm das Geheimnis unserer Erlösung tiefer erfassen lassen. Durch diesen Geist erleuchte auch unser Herz durch Christus, unseren Herrn.   A.: Amen.

23. April
HL. ADALBERT
Bischof, Glaubensbote, Märtyrer

Adalbert wird der Apostel der Preußen genannt, obwohl seine Missionstätigkeit wenig Erfolg hatte und damit endete, daß er 997 von sieben Preußen mit Spießen erstochen wurde. Er stammte aus dem böhmischen Adelsgeschlecht der Slavnik und wurde an der Magdeburger Domschule erzogen. 983 wurde er, noch sehr jung, zweiter Bischof von Prag. Zu seiner Diözese gehörten außer Böhmen auch Schlesien, das südliche Polen und die heutige Slowakei. In der Ausübung seines Bischofsamtes stieß er auf heftigen Widerstand beim Adel und beim Volk. Das Land war zwar offiziell christlich geworden, aber man hielt noch an heidnischen Gebräuchen fest. Nach wenigen Jahren bat Adalbert um Enthebung von seinem Amt und trat in ein römisches Benediktinerkloster ein. Aber 992 mußte er nach Prag zurück, konnte jedoch wieder nichts ausrichten. Deshalb ging er als Missionar nach Ungarn, später nach Polen und Preußen. Adalbert hat in seinem Leben nicht viel erreicht. Aber er hat das Gute gewollt und das Große erstrebt.

Commune-Texte:
A Meßformulare für Bischöfe, S. 2056 ff.,
oder für Glaubensboten, S. 2067 ff.,
oder für Märtyrer, S. 2041 ff.
B Schriftlesungen für Hirten der Kirche (Glaubensboten), S. 2101 ff.,
oder für Märtyrer, S. 2098 ff.

TAGESGEBET

Gott, in deinem Auftrag
hat der heilige Bischof Adalbert
den Samen des Evangeliums ausgesät
und ihn mit seinem Blut getränkt.
Gib allen, die du zum Glauben berufen hast,
die Kraft unbeirrbarer Treue.
Darum bitten wir durch Jesus Christus.

ZUR LESUNG   *Die Gefangenschaft des Apostels bedeutet für die Christusbotschaft keinen Nachteil, sondern größeren Erfolg. Christus wird verkündigt (Phil 1, 18), und darauf allein kommt es an. Wie es dabei dem Apostel geht, ob sein Prozeß mit Leben oder mit Tod endet, ist demgegenüber unwichtig. Der Tod, hier von Paulus zum erstenmal offen genannt, ist für ihn eine letzte Möglichkeit, Christus zu verherrlichen, d. h. seine Macht und Größe sichtbar zu machen. Christus wird nicht nur durch das Wort verkündigt, sondern durch den vorbehaltlosen Einsatz von Person und Leben. Das wirkliche Leben ist für den Apostel die Gemeinschaft mit Christus; deshalb wäre es für ihn selbst besser, „aufzubrechen und bei Christus zu sein" (1, 23). Aber die Gemeinde braucht ihn noch, und das ist entscheidend. Nicht in der Flucht, sondern im Einsatz findet der Apostel die Gemeinschaft mit seinem Herrn. Für Christus dasein, an ihn glauben und für ihn leiden (1, 29) ist auch die „Gnade", die jeder Christ empfangen hat: es ist ihm gegeben und aufgegeben. – Zu 1, 21–26: Gal 2, 20; Röm 1, 13; 2 Kor 5, 8. – Zu 1, 27–30: Eph 4, 1; Kol 1, 10; 1 Thess 2, 12; Phil 4, 3.*

ERSTE LESUNG   Phil 1, 21 – 2, 2

Ich werde bei euch allen ausharren, um euch im Glauben zu fördern

Lesung
   aus dem Brief des Apostels Paulus an die Philipper.

Brüder!
21 Für mich ist Christus das Leben,
   und Sterben Gewinn.
22 Wenn ich aber weiterleben *soll,*
       bedeutet das für mich fruchtbare Arbeit.
   Was soll ich wählen?
   Ich weiß es nicht.
23 Es zieht mich nach beiden Seiten:

23. April. Hl. Adalbert

Ich sehne mich danach, aufzubrechen und bei Christus zu sein
– um wieviel besser wäre das!
24 Aber euretwegen
 ist es notwendiger, daß ich am Leben bleibe.
25 Im Vertrauen darauf
 weiß ich, daß ich bleiben und bei euch allen ausharren werde,
 um euch im Glauben zu fördern und zu erfreuen,
26 damit ihr euch in Christus Jesus
 um so mehr meiner rühmen könnt,
 wenn ich wieder zu euch komme.
27 Vor allem:
 lebt als Gemeinde so,
 wie es dem Evangelium Christi entspricht.
Ob ich komme und euch sehe oder ob ich fern bin,
 ich möchte hören, daß ihr in dem einen Geist feststeht,
einmütig für den Glauben an das Evangelium kämpft
28 und euch in keinem Fall von euren Gegnern einschüchtern laßt.
Das wird für sie ein Zeichen dafür sein,
 daß sie verloren sind und ihr gerettet werdet,
ein Zeichen, das von Gott kommt.
29 Denn euch wurde die Gnade zuteil, für Christus dazusein,
 also nicht nur an ihn zu glauben,
 sondern auch seinetwegen zu leiden.
30 Denn ihr habt den gleichen Kampf zu bestehen,
 den ihr früher an mir gesehen habt
 und von dem ihr auch jetzt hört.

Wenn es also Ermahnung in Christus gibt,
Zuspruch aus Liebe,
eine Gemeinschaft des Geistes,
herzliche Zuneigung und Erbarmen,
dann macht meine Freude dadurch vollkommen,
 daß ihr eines Sinnes seid,
einander in Liebe verbunden,
einmütig und einträchtig.

ANTWORTPSALM   Ps 96 (95), 1–2.3 u. 7.8 u. 10 (R: vgl. 3 a)

R Kündet den Völkern die Herrlichkeit des Herrn! – **R**   (GL 528, 6)

Singet dem Herrn ein neues Lied, *   II. Ton
singt dem Herrn, alle Länder der Erde!

2 Singt dem Herrn und preist seinen Namen, *
verkündet sein Heil von Tag zu Tag! – (R)

3 Erzählt bei den Völkern von seiner Herrlichkeit, *
bei allen Nationen von seinen Wundern!

7 Bringt dar dem Herrn, ihr Stämme der Völker, *
bringt dar dem Herrn Lob und Ehre! – (R)

8 Bringt dar dem Herrn die Ehre seines Namens, *
spendet Opfergaben, und tretet ein in sein Heiligtum!

10 Verkündet bei den Völkern: Der Herr ist König. †
Den Erdkreis hat er gegründet, so daß er nicht wankt. *
Er richtet die Nationen so, wie es recht ist. – R

RUF VOR DEM EVANGELIUM   Vers: Jak 1, 12

Halleluja. Halleluja.

Selig der Mann, der in der Versuchung standhält.
Denn wenn er sich bewährt,
wird er den Kranz des Lebens erhalten.

Halleluja.

ZUM EVANGELIUM   *Zwischen dem Einzug Jesu in Jerusalem und dem Letzten Abendmahl berichtet das Johannesevangelium (12, 20–36) eine Rede, in der Jesus von seiner bevorstehenden „Erhöhung" spricht. Die Stunde seines Leidens und seines Todes am Kreuz wird die Stunde seiner Verherrlichung sein (12, 23). Das Weizenkorn bringt nur Frucht, wenn es in die Erde fällt und stirbt: In diesem Bild deutet Jesus sein eigenes Sterben als die notwendige Voraussetzung für das Gelingen seines Erlösungswerkes. Und es ist nicht nur die Voraussetzung; es ist die Weise, wie die Erlösung selbst geschieht, und es ist das Lebensgesetz auch für seine Jünger. Nur wer bereit ist, alles zu verlieren, kann sein Jünger sein und ihm nachfolgen – durch den Tod hindurch ins Leben, in die Herrlichkeit beim Vater: „Ihn wird der Vater ehren." – 1 Kor 15, 36–37; Mk 8, 35; Mt 16, 25; Lk 9, 24; 17, 33.*

EVANGELIUM Joh 12,24–26

Wenn das Weizenkorn stirbt, bringt es reiche Frucht

✠ **Aus dem heiligen Evangelium nach Johannes.**

24 In jener Zeit sprach Jesus zu seinen Jüngern:
Amen, amen, ich sage euch:
Wenn das Weizenkorn nicht in die Erde fällt und stirbt,
bleibt es allein;
wenn es aber stirbt,
bringt es reiche Frucht.
25 Wer an seinem Leben hängt,
verliert es;
wer aber sein Leben in dieser Welt gering achtet,
wird es bewahren bis ins ewige Leben.
26 Wenn einer mir dienen will,
folge er mir nach;
und wo ich bin,
dort wird auch mein Diener sein.
Wenn einer mir dient,
wird der Vater ihn ehren.

FÜRBITTEN

Wir beten zu Jesus Christus, der durch den Tod zur Herrlichkeit gelangte:

Steh den Dienern des Evangeliums bei, daß sie bei Mißerfolgen nicht verzagen.

A.: Wir bitten dich, erhöre uns.

Bewirke, daß die Mächtigen dieser Welt die Freiheit der Kirche achten.

Richte auf und tröste, die keine Hoffnung mehr haben.

Mach uns dankbar, daß du uns zum Glauben gerufen hast.

Heiliger Gott, der heilige Adalbert hat sein apostolisches Wirken mit dem Tod besiegelt. Auf seine Fürbitte gib uns einen festen Glauben durch Christus, unseren Herrn.   A.: Amen.

23. April

HL. GEORG
Märtyrer

Seit dem 4. Jahrhundert ist in Lydda (Palästina) die Verehrung des Märtyrers Georg bezeugt. Er stammte aus Kappadozien und war römischer Offizier. Unter Kaiser Diokletian erlitt er 303 einen grausamen Tod. In der späteren, reichlich ausgeschmückten Legende erscheint Georg als der Held, der glorreich den Kampf mit dem höllischen Drachen besteht. Der unbesiegbare Glaubensheld wurde zum großen Soldatenpatron. Das Land zwischen dem Kleinen und dem Großen Kaukasus heißt nach ihm Georgien. Im Osten und im Westen wurde Georg viel verehrt.

Commune-Texte:
A Meßformulare für Märtyrer, S. 2041 ff.
B Schriftlesungen für Märtyrer, S. 2098 ff.

TAGESGEBET

Starker Gott,
am Gedenktag des heiligen Georg
preisen wir deine Macht.
Auf seine Fürsprache hin
stehe uns in jeder Not bei.
Hilf uns, deinem Sohn im Leiden nachzufolgen
und in der Kraft des Kreuzes das Böse zu besiegen.
Darum bitten wir durch Jesus Christus.

ZUR LESUNG Am Ende der Zeit wird „ein neuer Himmel und eine neue Erde" stehen (Offb 21,1). Fragen wir, was denn neu sein wird, so hören wir die Antwort: „alles" (21,5). Und was heißt neu? Darüber kann in der Sprache der Menschen nur andeutend gesprochen werden. Die Welt der Zeichen und Gleichnisse wird verblassen vor der Wirklichkeit einer von Gott erfüllten Welt; die Falschheit wird der Wahrheit, die Not der Freude weichen. Am Ende von Kampf und Not wartet als Gabe des Sieges das „Wasser des Lebens" (21,6). Das ist nichts anders als die volle und bleibende Gemeinschaft mit Gott, der neue Bund, angedeutet in der „Bundesformel": „Ich werde sein Gott sein, und er wird mein Sohn sein."

23. April. Hl. Georg

ERSTE LESUNG   Offb 21, 5–7
Wer siegt, wird dies als Anteil erhalten

Lesung
    aus der Offenbarung des Johannes.

5 Er, der auf dem Thron saß, sprach:
    Seht, ich mache alles neu.
Und er sagte: Schreib es auf,
    denn diese Worte sind zuverlässig und wahr.

6 Er sagte zu mir:
    Sie sind in Erfüllung gegangen.
Ich bin das Alpha und das Ómega,
der Anfang und das Ende.
Wer durstig ist,
    den werde ich umsonst aus der Quelle trinken lassen,
    aus der das Wasser des Lebens strömt.

7 Wer siegt, wird dies als Anteil erhalten:
Ich werde sein Gott sein,
    und er wird mein Sohn sein.

ANTWORTPSALM   Ps 126 (125), 1–2b.2c–3.4–5.6 (R: 5)

R Die mit Tränen säen, werden mit Jubel ernten. – **R**   (GL 753, 1)

1 Als der Herr das Los der Gefangenschaft Zions wendete, *   II. Ton
    da waren wir alle wie Träumende.

2ab Da war unser Mund voll Lachen *
    und unsere Zunge voll Jubel. – (**R**)

2cd Da sagte man unter den andern Völkern: *
    „Der Herr hat an ihnen Großes getan."

3 Ja, Großes hat der Herr an uns getan. *
    Da waren wir fröhlich. – (**R**)

Wende doch, *Herr*, unser Geschick, *
    wie du versiegte Bäche wieder füllst im Südland.

Die mit Tränen säen, *
    werden mit Jubel ernten. – (**R**)

Sie gehen hin unter Tränen *
    und tragen den Samen zur Aussaat.

Sie kommen wieder mit Jubel *
    und bringen ihre Garben ein. – **R**

RUF VOR DEM EVANGELIUM Vers: vgl. 1 Petr 4, 14

Halleluja. Halleluja.

Wenn man euch um des Namens Christi willen beschimpft,
seid ihr seligzupreisen;
denn der Geist Gottes ruht auf euch.

Halleluja.

ZUM EVANGELIUM *In der Bildrede vom Weinstock und den Reben gehen Gleichnis und Wirklichkeit ineinander über. Jesus gibt von diesem Wort keine Erklärung (weil es keine braucht), er schließt nur eine Mahnung an. Das Bild vom Weinstock (oder Weinberg) hat ebenso wie das vom Hirten tiefe Wurzeln im Alten Testament. Jesus vergleicht die lebensnotwendige Einheit von Weinstock und Rebe. Nur wer in der Einheit bleibt, kann Frucht bringen: was er tut, hat Sinn und Wert vor Gott und in der Gemeinde, in der Kirche. Jesus ist der w a h r e Weinstock, wie er das wahre Licht und der gute Hirt und das lebendige Brot ist: er ist die urbildliche Wirklichkeit, von der alles Geschaffene ein Gleichnis ist. – Dtn 32, 32; Jes 5, 1–7; Mt 20, 1–16; Lk 22, 17–18; Mt 15, 13; Ps 127, 1; Ez 15, 1–8; Joh 14, 13; 1 Joh 5, 14.*

EVANGELIUM Joh 15, 1–8

Wer in mir bleibt und in wem ich bleibe, der bringt reiche Frucht

✥ Aus dem heiligen Evangelium nach Johannes.

In jener Zeit sprach Jesus zu seinen Jüngern:
1 Ich bin der wahre Weinstock,
 und mein Vater ist der Winzer.
2 Jede Rebe an mir, die keine Frucht bringt,
 schneidet er ab,
 und jede Rebe, die Frucht bringt,
 reinigt er, damit sie mehr Frucht bringt.
3 Ihr seid schon rein durch das Wort, das ich zu euch gesagt habe.
4 Bleibt in mir,
 dann bleibe ich in euch.
 Wie die Rebe aus sich keine Frucht bringen kann,
 sondern nur, wenn sie am Weinstock bleibt,
 so könnt auch ihr keine Frucht bringen,
 wenn ihr nicht in mir bleibt.

23. April. Hl. Georg

⁵ Ich bin der Weinstock,
　　ihr seid die Reben.
Wer in mir bleibt und in wem ich bleibe,
　　der bringt reiche Frucht;
denn getrennt von mir könnt ihr nichts vollbringen.
⁶ Wer nicht in mir bleibt,
　　wird wie die Rebe weggeworfen,
und er verdorrt.
Man sammelt die Reben,
　　wirft sie ins Feuer,
　　und sie verbrennen.
⁷ Wenn ihr in mir bleibt und wenn meine Worte in euch bleiben,
　　dann bittet um alles, was ihr wollt:
Ihr werdet es erhalten.
⁸ Mein Vater wird dadurch verherrlicht,
　　daß ihr reiche Frucht bringt und meine Jünger werdet.

FÜRBITTEN

Zu Jesus Christus, der dem Tod nicht ausgewichen ist, beten wir:

Stärke den Papst und alle Bischöfe, unerschrocken für das Evangelium einzutreten.
A.: Herr, erhöre unser Gebet.

Steh allen bei, nicht Böses mit Bösem zu vergelten.

Schenke allen verfolgten Christen Geduld und Mut.

Gib, daß wir mannhaft dem Bösen widerstehen.

Großer Gott, durch den heiligen Georg gabst du der Kirche das Beispiel *eines tapferen Glaubens. Hilf* uns, daß auch wir ihm treu bleiben bis zum Tod, durch Christus, unseren Herrn.　A.: Amen.

24. April
HL. FIDELIS VON SIGMARINGEN
Ordenspriester, Märtyrer

Markus wurde 1578 in Sigmaringen als Sohn des Adlerwirts und Bürgermeisters Roy geboren. Er studierte in Freiburg i. Br. und wurde Doktor in Philosophie und Rechtswissenschaften. 1612 wurde er Priester und trat mit dem Namen Fidelis in den Kapuzinerorden ein. Er war Prediger und Guardian in der Schweiz und in Vorarlberg (Feldkirch). 1622 wurde ihm die rätische Mission, d. h. die Bekehrung der Kalviner Graubündens, aufgetragen. Schon am 24. April 1622 wurde Fidelis von kalvinistischen Bauern erschlagen. Er ist Patron der Juristen und des früheren Landes Hohenzollern.

Gebet
„Gütigster Jesus, bewahre mich davor, daß ich je einen Menschen, und mag er mich noch so hassen und verfolgen, verachte, geringschätze, ihn herabsetze oder mich von ihm abwende. Laß in mir niemals Haß oder auch nur eine bittere Empfindung gegen ihn aufkommen, und laß nicht zu, daß ich an seiner Besserung verzweifle, solange er lebt."

(Aus den Aufzeichnungen des hl. Fidelis)

Commune-Texte:
A Meßformulare für Ordensleute, S. 2084 ff.,
oder für Märtyrer, S. 2041 ff.
B Schriftlesungen für Märtyrer, S. 2098 ff.,
oder für Hirten der Kirche, S. 2101 ff.

TAGESGEBET
Treuer Gott,
aus Liebe zu dir hat der heilige Fidelis
für den Glauben sein Leben hingegeben.
Im Vertrauen auf seine Fürsprache bitten wir dich:
Gib, daß auch wir in der Liebe fest verwurzelt
und auf sie gegründet seien,
damit wir ohne Menschenfurcht
für die Wahrheit einstehen
und die Kraft
der Auferstehung deines Sohnes erfahren,

unseres Herrn Jesus Christus,
der in der Einheit des Heiligen Geistes
mit dir lebt und herrscht in alle Ewigkeit.

ZUR LESUNG   Am Anfang der Offenbarung des Johannes stehen sieben Sendschreiben an die Gemeinden von Kleinasien (2, 1 – 3, 22). Zweck dieser Schreiben ist es, die Gemeinden zu ermutigen und sie für das nahe bevorstehende Kommen des Herrn bereit zu machen. Das Schreiben an die Gemeinde von Philadelphia (3, 7–13) stellt das Bild Christi, des Auferstandenen, vor die Augen der Leser (3, 7); er ist der Herr, er entscheidet darüber, wer in das Reich Gottes aufgenommen wird. Die Situation der Gemeinde wird als schwierig und gefährdet geschildert, aber zugleich wird ihre Glaubenstreue gerühmt (3, 8–10). Noch ist Zeit der Prüfung, und nichts ist endgültig gewonnen bis zum Tag Christi. Daher steht neben dem Lob die Mahnung zum Ausharren. Festhalten (3, 11) heißt aber nicht konservieren, sondern treu sein bis zum Ende, mag es auch das Leben kosten. – Zu 3, 7: Joh 6, 69; Jes 22, 22; Offb 1, 18. – Zu 3, 11: 2 Kor 6, 2; Offb 2, 25. – Zu 3, 12: Gal 2, 9; Ez 48, 35; Jes 62, 2; Lk 10, 20.

ERSTE LESUNG   Offb 3, 7b–8.11–12

Wer siegt, den werde ich zu einer Säule im Tempel meines Gottes machen

Lesung
   aus der Offenbarung des Johannes.

⁷ᵇ So spricht der Heilige, der Wahrhaftige,
der den Schlüssel Davids hat,
   der öffnet, so daß niemand mehr schließen kann,
   der schließt, so daß niemand mehr öffnen kann:

⁸ Ich kenne deine Werke,
und ich habe vor dir eine Tür geöffnet,
   die niemand mehr schließen kann.
Du hast nur geringe Kraft,
und dennoch hast du an meinem Wort festgehalten
   und meinen Namen nicht verleugnet.

¹¹ Ich komme bald.
Halte fest, was du hast,
damit kein anderer deinen Kranz bekommt.

¹² Wer siegt,
   den werde ich zu einer Säule im Tempel meines Gottes machen,
   und er wird immer darin bleiben.

Und ich werde auf ihn den Namen meines Gottes schreiben
und den Namen der Stadt meines Gottes, des neuen Jerusalem,
   das aus dem Himmel herabkommt von meinem Gott,
und ich werde auf ihn auch meinen neuen Namen schreiben.

ANTWORTPSALM   Ps 116 (114), 1–2.3–4.5–6.8–9 (R: 8a)

R Herr, du hast mein Leben dem Tod entrissen. – R   (GL 528, 3)

1 Ich liebe den Herrn; *   VI. Ton
denn er hat mein lautes Flehen gehört

2 und sein Ohr mir zugeneigt *
an dem Tag, als ich zu ihm rief. – (R)

3 Mich umfingen die Fesseln des Todes, †
mich befielen die Ängste der Unterwelt, *
mich trafen Bedrängnis und Kummer.

4 Da rief ich den Namen des Herrn an: *
„Ach Herr, rette mein Leben!" – (R)

5 Der Herr ist gnädig und gerecht, *
unser Gott ist barmherzig.

6 Der Herr behütet die schlichten Herzen; *
ich war in Not, und er brachte mir Hilfe. – (R)

8 Ja, du hast mein Leben dem Tod entrissen, †
meine Tränen getrocknet, *
meinen Fuß bewahrt vor dem Gleiten.

9 So gehe ich meinen Weg vor dem Herrn *
im Land der Lebenden. – R

RUF VOR DEM EVANGELIUM   Vers: vgl. Joh 10, 11

Halleluja. Halleluja.

Der gute Hirt ist vom Tod erstanden.
Er gab sein Leben hin für seine Schafe;
er nahm den Tod auf sich, damit die Herde lebt.

Halleluja.

ZUM EVANGELIUM   *„Hirten" nannten sich in der alten Welt die Könige und Führer des Volkes (vgl. Ez 34). Jesus ist der wahre, der „gute*

24. April. Hl. Fidelis von Sigmaringen

Hirt", er hält den Seinen die Treue bis zum Opfer des Lebens. Erst im Licht des Osterereignisses (Tod und Auferstehung) offenbart das Bildwort vom guten Hirten seine tiefe Wahrheit: die Einheit zwischen Jesus und dem Vater und die Gemeinschaft, die ihn mit seiner Jüngergemeinde verbindet. Zwei ernste Mahnungen enthält das Wort vom guten Hirten: an alle die Mahnung zur Einheit im Glauben und in der Liebe; an die Hirten, die Verantwortlichen in der Gemeinde, die Mahnung, es dem guten Hirten nachzutun und der anvertrauten „Herde" zu dienen, nicht sie beherrschen zu wollen. Dienen heißt: für die anderen dasein, arbeiten, leben, leiden. – Hebr 13, 20–21; Jer 23, 1–2; Ez 34, 3–10; Joh 10, 26–27; Eph 2, 14–18.

EVANGELIUM Joh 10, 11–16

Der gute Hirt gibt sein Leben hin für die Schafe

✛ Aus dem heiligen Evangelium nach Johannes.

In jener Zeit sprach Jesus:
11 Ich bin der gute Hirt.
Der gute Hirt gibt sein Leben hin für die Schafe.
12 Der bezahlte Knecht aber,
  der nicht Hirt ist und dem die Schafe nicht gehören,
  läßt die Schafe im Stich und flieht,
  wenn er den Wolf kommen sieht;
und der Wolf reißt sie und jagt sie auseinander.
Er flieht,
13 weil er nur ein bezahlter Knecht ist
  und ihm an den Schafen nichts liegt.
14 Ich bin der gute Hirt;
ich kenne die Meinen,
  und die Meinen kennen mich,
15 wie mich der Vater kennt
  und ich den Vater kenne;
und ich gebe mein Leben hin für die Schafe.
16 Ich habe noch andere Schafe,
  die nicht aus diesem Stall sind;
auch sie muß ich führen,
und sie werden auf meine Stimme hören;
dann wird es nur eine Herde geben und einen Hirten.

FÜRBITTEN

Wir rufen zu Jesus Christus, der die Wahrheit und das Leben ist:

Für alle Diener des Evangeliums: um eine glaubwürdige Verkündigung der Heilsbotschaft. (Stille) Christus, höre uns.
A.: Christus, erhöre uns.

Für die getrennten Christen: um gegenseitige Achtung und Streben nach Einheit im Glauben. (Stille) Christus, höre uns.

Für alle, die sich von dir abgewandt haben: um Bekehrung ihrer Herzen. (Stille) Christus, höre uns.

Für unsere Gemeinde: um Bereitschaft, für den Glauben einzustehen. (Stille) Christus, höre uns.

Herr, unser Gott, der heilige Fidelis ist mit großem Eifer für die Einheit im Glauben eingetreten. Laß auch uns zu dieser Einheit beitragen durch Christus, unseren Herrn. A.: Amen.

25. April
HL. MARKUS
Evangelist
Fest

Johannes mit dem Beinamen Markus (Apg 12, 12) war der Sohn der Maria, in deren Haus sich die Urgemeinde von Jerusalem versammelte. Er begleitete seinen Verwandten Barnabas und den Apostel Paulus auf der ersten Missionsreise, kehrte aber, als sie in Perge in Pamphylien ankamen, allein nach Jerusalem zurück (Apg 13, 13). Es scheint, daß er den Mut verloren hatte. Auf die zweite Missionsreise wollte Paulus ihn nicht mehr mitnehmen. Später finden wir ihn wieder bei Paulus (Phlm 24; Kol 4, 10; 2 Tim 4, 11). Dann war er Begleiter des Petrus in Rom. Petrus-Erinnerungen sind auch in dem nach Markus benannten Evangelium zu erkennen, das sicher vor der Zerstörung Jerusalems (70 n. Chr.) geschrieben wurde. – Nach der Überlieferung soll Markus die Kirche von Alexandrien gegründet und geleitet haben und dort als Märtyrer gestorben sein. Seine Reliquien kamen im 9. Jahrhundert auf abenteuerliche Weise nach Venedig, wo ihm die Hauptkirche (Markus-Dom) geweiht ist.

25. April. Hl. Markus

ERÖFFNUNGSVERS Mt 16, 15
Geht hinaus in die ganze Welt
und verkündet der gesamten Schöpfung das Evangelium. Halleluja.

Ehre sei Gott S. 1280 f.

TAGESGEBET

Herr, unser Gott,
du hast den heiligen Markus auserwählt,
durch das Wort des Evangeliums
dein Heil zu verkünden.
Gib, daß wir gläubig auf die Botschaft hören
und unserem Herrn Jesus Christus
in Treue nachfolgen,
der in der Einheit des Heiligen Geistes
mit dir lebt und herrscht in alle Ewigkeit.

ZUR LESUNG *Der erste Teil dieser Lesung mahnt zu demütigem Vertrauen und zur Wachsamkeit. Die „Sorge" des Christen und der christlichen Gemeinde geht weit über die Alltagssorgen der Menschen hinaus. Von den Anfängen an hat das Christentum mit der Feindschaft von Mächten zu rechnen, denen es nur mit sehr ungleichen Waffen entgegentreten kann. Die letzte, entscheidende innere Festung ist die „Kraft des Glaubens" (V. 9). Der Glaube, das unbedingte Vertrauen, ruft die Hilfe Gottes herbei. – Der Briefschluß (5, 12–14) kennzeichnet den ganzen Brief als Wort der Mahnung und Bezeugung (5, 12: „ermahnt und bezeugt"). Alle apostolischen Briefe geben „Zeugnis" von dem, was Gott durch Jesus Christus getan hat. Daraus ergibt sich die Mahnung: der Glaubende weiß jetzt, was er zu tun hat und was er hoffen darf. Vers 13 enthält Grüße von der Kirche von Babylon, d. h. Rom, und von Markus. Petrus nennt seinen Gehilfen Markus seinen Sohn, vermutlich weil Markus durch ihn zum Glauben an Christus gekommen ist. – Zu 5, 5–11: Spr 3, 34; Phil 2, 3; Jak 4, 10; Ps 55, 23; Mt 6, 25–34; 1 Petr 4, 7; 1 Thess 5, 6; Lk 12, 37; Eph 6, 11–13; 1 Thess 2, 12. – Zu 5, 12–14: Offb 14, 8; Kol 4, 10; Phlm 24; 2 Tim 4, 11.*

ERSTE LESUNG

1 Petr 5, 5b–14

Es grüßt euch mein Sohn Markus

**Lesung
aus dem ersten Brief des Apostels Petrus.**

Brüder!
5b **Begegnet einander in Demut!
Denn Gott tritt den Stolzen entgegen,
den Demütigen aber schenkt er seine Gnade.**
6 **Beugt euch also in Demut unter die mächtige Hand Gottes,
damit er euch erhöht, wenn die Zeit gekommen ist.**
7 **Werft alle eure Sorge auf ihn,
denn er kümmert sich um euch.**
8 **Seid nüchtern und wachsam!
Euer Widersacher, der Teufel,
geht wie ein brüllender Löwe umher
und sucht, wen er verschlingen kann.**
9 **Leistet ihm Widerstand in der Kraft des Glaubens!
Wißt, daß eure Brüder in der ganzen Welt
die gleichen Leiden ertragen müssen!**
10 **Der Gott aller Gnade aber,
der euch in Christus zu seiner ewigen Herrlichkeit berufen hat,
wird euch, die ihr kurze Zeit leiden müßt,
wiederaufrichten,
stärken, kräftigen und auf festen Grund stellen.**
11 **Sein ist die Macht in Ewigkeit. Amen.**
12 **Durch den Bruder Silvánus, den ich für treu halte,
habe ich euch kurz geschrieben;
ich habe euch ermahnt
und habe bezeugt, daß dies die wahre Gnade Gottes ist,
in der ihr stehen sollt.**
13 **Es grüßen euch die Mitauserwählten in Bábylon
und mein Sohn Markus.**
14 **Grüßt einander mit dem Kuß der Liebe!
Friede sei mit euch allen, die ihr in Christus seid.**

25. April. Hl. Markus

ANTWORTPSALM Ps 89 (88), 2–3.6–7.16–17 (R: 2a)

R Von den Taten deiner Huld, o Herr, will ich ewig singen. – **R**
(GL 496)

Oder:

R Halleluja. – **R**

2 Von den Taten deiner Huld, Herr, will ich ewig singen, * VI. Ton
bis zum fernsten Geschlecht laut deine Treue verkünden.

3 Denn ich bekenne: Deine Huld besteht für immer und ewig; *
deine Treue steht fest im Himmel. – (R)

6 Die Himmel preisen, Herr, deine Wunder *
und die Gemeinde der Heiligen deine Treue.

7 Denn wer über den Wolken ist wie der Herr, *
wer von den Göttern ist dem Herrn gleich? – (R)

16 Wohl dem Volk, das dich als König zu feiern weiß! *
Herr, sie gehen im Licht deines Angesichts.

17 Sie freuen sich über deinen Namen zu jeder Zeit, *
über deine Gerechtigkeit jubeln sie. – **R**

RUF VOR DEM EVANGELIUM Vers: 1 Kor 1, 23a.24b

Halleluja. Halleluja.

Wir verkünden Christus als den Gekreuzigten:
Gottes Kraft und Gottes Weisheit.

Halleluja.

ZUM EVANGELIUM *Der jetzige Schluß des Markusevangeliums (16, 9–20) wurde nachträglich aus den Osterberichten der drei anderen Evangelien zusammengestellt. – Mit der Auferstehung und Himmelfahrt Jesu ist die Geschichte des Evangeliums nicht zu Ende, im Gegenteil: jetzt weitet sich der Horizont; der „ganzen Welt", „allen Geschöpfen" (16, 15; vgl. 13, 10; 14, 9) sollen die Jünger die gute Nachricht bringen, daß Jesus, der Christus, durch seinen Tod und seine Auferstehung der Welt wieder Hoffnung gegeben hat. Der Auftrag Jesu richtet sich zunächst an die Apostel, ist aber nicht auf diese beschränkt. Christus selbst hat den Saulus-Paulus berufen, und die Apostel haben diese Berufung anerkannt. Im Lauf der Jahrhunderte wird es die Aufgabe des Bischofskollegiums sein, immer wieder Männern und Frauen, die Gott dazu beruft, die Sorge für die Ausbreitung des Evangeliums zu übertragen. – Mt 28, 16–20; 1 Tim 3, 16; 4, 10; Apg 9, 33–35; 14, 8–10; 16, 16–18; 28, 3–6.*

EVANGELIUM Mk 16, 15–20

Geht hinaus in die ganze Welt, und verkündet das Evangelium!

☩ Aus dem heiligen Evangelium nach Markus.

15 In jener Zeit erschien Jesus den Elf
und sprach zu ihnen:
> Geht hinaus in die ganze Welt,
> und verkündet das Evangelium allen Geschöpfen!
16 Wer glaubt und sich taufen läßt,
> wird gerettet;
wer aber nicht glaubt,
> wird verdammt werden.
17 Und durch die, die zum Glauben gekommen sind,
> werden folgende Zeichen geschehen:
In meinem Namen werden sie Dämonen austreiben;
sie werden in neuen Sprachen reden;
18 wenn sie Schlangen anfassen oder tödliches Gift trinken,
> wird es ihnen nicht schaden;
> und die Kranken, denen sie die Hände auflegen,
> werden gesund werden.
19 Nachdem Jesus, der Herr, dies zu ihnen gesagt hatte,
> wurde er in den Himmel aufgenommen
> und setzte sich zur Rechten Gottes.
20 Sie aber zogen aus und predigten überall.
Der Herr stand ihnen bei
und bekräftigte die Verkündigung
> durch die Zeichen, die er geschehen ließ.

FÜRBITTEN

Jesus Christus, der das Evangelium Gottes verkündete, bitten wir:

Steh den Glaubensboten bei, daß sie kraftvoll das Evangelium vom Frieden verkünden.
A.: Wir bitten dich, erhöre uns.

Laß nicht zu, daß der Predigt des Evangeliums ein Hindernis in den Weg gelegt wird.

Erleuchte die Leidenden, daß sie aus dem Evangelium neue Kraft schöpfen.

Hilf uns, daß wir auf das Evangelium hören und ihm gehorchen.

Barmherziger Gott, du hast den heiligen Markus zu einem einzigartigen Dienst am Evangelium gerufen. Durchdringe mit dem Geist dieser Botschaft unser Leben durch Christus, unseren Herrn. A.: Amen.

GABENGEBET

Herr, unser Gott,
am Fest des heiligen Evangelisten Markus,
den du in deine Herrlichkeit aufgenommen,
bringen wir das Opfer des Lobes dar.
Laß in deiner Kirche
die Verkündigung des Evangeliums nie verstummen.
Darum bitten wir durch Christus, unseren Herrn.

Apostelpräfation II, S. 1378.

KOMMUNIONVERS Mt 28, 20

So spricht der Herr:
Ich bin bei euch alle Tage bis zum Ende der Welt. Halleluja.

SCHLUSSGEBET

Allmächtiger Gott,
das Brot des Lebens,
das wir von deinem Altar empfangen haben,
heilige uns.
Es festige uns im Glauben an die Frohe Botschaft,
die der heilige Markus verkündet hat.
Darum bitten wir durch Christus, unseren Herrn.

Feierlicher Schlußsegen, S. 1341 (Von den Aposteln).

27. April

HL. PETRUS KANISIUS
Ordenspriester, Kirchenlehrer

Petrus Kanisius ist der erste und bedeutendste deutsche Jesuit. Geboren am 8. Mai 1521 in Nijmegen, wuchs er in den Jahren auf, als sich der Protestantismus in Norddeutschland ausbreitete. Er studierte zwischen 1536 und 1546 in Köln; 1543 schloß er sich dem Jesuitenorden an. Durch die Kartäuser in Köln war er auch mit den deutschen Mystikern in Berührung gekommen, deren Einfluß in seinem Leben wirksam blieb. 1549 ließ Ignatius ihn als achten Jesuiten zur feierlichen Profeß zu. Die nächsten dreißig Jahre sind der Wiedergewinnung Deutschlands für den katholischen Glauben geweiht. Er arbeitete in Ingolstadt, Wien, Prag, Augsburg, Innsbruck und München. 1556–1569 war er erster Oberer der oberdeutschen Ordensprovinz. Er nahm an Reichstagen und Religionsgesprächen teil. Wichtig sind seine drei Katechismen: der Große Katechismus, für Geistliche und gebildete Laien (1555); der Kleine Katechismus, mit 59 Fragen und „kurzen Gebeten für die Einfältigen": die weiteste Verbreitung fand der für die Lateinschulen bestimmte Mittlere Katechismus. Kanisius schrieb auch ein „Manuale für Katholiken", von dem Historiker Jedin als der „Sonntags-Schott der deutschen Katholiken des 16. und 17. Jahrhunderts" bezeichnet. 1580 wurde Kanisius nach Freiburg in die Schweiz geschickt; dort starb er 1597.

Vertrauen
„Ich weiß oft nicht, was für ein Wind mich vorantreibt, wohin mein Schifflein segelt, wo ich festsitze und wie ich meinen Kurs richtig steuere." –
„Ich vertraue auf Gott, meinen Herrn, der mir alles zum Besten schickt. Des Ewigen, nicht des Zeitlichen wegen bin ich erschaffen und erlöst worden." (Petrus Kanisius)

Commune-Texte:
A Meßformulare für Hirten der Kirche, S. 2061 f.,
oder für Kirchenlehrer, S. 2071 ff.
B Schriftlesungen für Hirten der Kirche, S. 2101 ff.,
oder für Kirchenlehrer, S. 2106 ff.

TAGESGEBET

Herr, unser Gott,
du hast den heiligen Petrus Kanisius berufen,
in Wort und Schrift
den katholischen Glauben kraftvoll zu verteidigen.
Höre auf seine Fürsprache.
Laß alle, die nach der Wahrheit suchen,
dich finden
und erhalte deine Gläubigen im Bekenntnis zu dir.
Darum bitten wir durch Jesus Christus.

ZUR LESUNG *Das Evangelium ist die Botschaft vom Kreuz. Nicht in Macht und Glanz, sondern in Schwachheit und Armut ist Jesus seinen Weg gegangen. Auch weiterhin arbeitet Gott mit armen Mitteln. Nicht der technische Aufwand, nicht die glänzende Begabung oder das eindrucksvolle Auftreten eines Predigers machen das Evangelium glaubwürdig, sondern Gottes Geist und Gottes Kraft. Das gilt heute ebenso wie einst in Korinth. Dem entspricht auch der Inhalt der Predigt. Da gibt es allerdings Stufen der Erkenntnis und Erfahrung; sittliches Handeln und geistige Einsicht bedingen sich gegenseitig. Im extrem negativen Fall wird Christus ans Kreuz geschlagen, damals und immer; im positiven Fall wird das Kreuz als Offenbarung der Weisheit und Macht Gottes erkannt und angenommen. – Zu 2, 1–5: 1 Kor 1, 17; Gal 6, 14; Apg 18, 9; 1 Thess 1, 5; Röm 1, 16. – Zu 2, 7: Röm 16, 25; Kol 1, 26. – Zu 2, 9–10: Dtn 29, 28; Jes 64, 3; 52, 15; Mt 13, 11.*

ERSTE LESUNG   1 Kor 2, 1–10a

Wir verkündigen das Geheimnis der verborgenen Weisheit Gottes

**Lesung
aus dem ersten Brief des Apostels Paulus an die Korinther.**

Als ich zu euch kam, Brüder,
  kam ich nicht, um glänzende Reden
  oder gelehrte Weisheit vorzutragen,
sondern um euch das Zeugnis Gottes zu verkündigen.
Denn ich hatte mich entschlossen,
  bei euch nichts zu wissen außer Jesus Christus,
und zwar als den Gekreuzigten.
Zudem kam ich in Schwäche und in Furcht,
  zitternd und bebend zu euch.

⁴ Meine Botschaft und Verkündigung war nicht Überredung
  durch gewandte und kluge Worte,
  sondern war mit dem Erweis von Geist und Kraft verbunden,
⁵ damit sich euer Glaube nicht auf Menschenweisheit stützte,
  sondern auf die Kraft Gottes.
⁶ Und doch verkündigen wir Weisheit unter den Vollkommenen,
  aber nicht Weisheit dieser Welt
  oder der Machthaber dieser Welt,
  die einst entmachtet werden.
⁷ Vielmehr verkündigen wir
  das Geheimnis der verborgenen Weisheit Gottes,
  die Gott vor allen Zeiten vorausbestimmt hat
  zu unserer Verherrlichung.
⁸ Keiner der Machthaber dieser Welt hat sie erkannt;
  denn hätten sie die Weisheit Gottes erkannt,
  so hätten sie den Herrn der Herrlichkeit nicht gekreuzigt.
⁹ Nein, wir verkündigen, wie es in der Schrift heißt,
  was kein Auge gesehen und kein Ohr gehört hat,
  was keinem Menschen in den Sinn gekommen ist:
  das Große, das Gott denen bereitet hat, die ihn lieben.
¹⁰ᵃ Denn uns hat es Gott enthüllt durch den Geist.

ANTWORTPSALM   Ps 37 (36), 3–4.5–6.30–31 (R: vgl. 30a)

R Der Mund des Gerechten spricht Worte der Weisheit. – **R**   (GL 487)

³ Vertrau auf den Herrn und tu das Gute, *   IV. Ton
  bleib wohnen im Land und bewahre Treue!
⁴ Freu dich innig am Herrn! *
  Dann gibt er dir, was dein Herz begehrt. – (R)
⁵ Befiehl dem Herrn deinen Weg und vertrau ihm; *
  er wird es fügen.
⁶ Er bringt deine Gerechtigkeit heraus wie das Licht *
  und dein Recht so hell wie den Mittag. – (R)
³⁰ Der Mund des Gerechten bewegt Worte der Weisheit, *
  und seine Zunge redet, was recht ist.
³¹ Er hat die Weisung seines Gottes im Herzen, *
  seine Schritte wanken nicht. – R

27. April. Hl. Petrus Kanisius 1779

RUF VOR DEM EVANGELIUM Vers: Mt 5, 16

Halleluja. Halleluja.
Euer Licht soll vor den Menschen leuchten,
damit sie eure guten Werke sehen
und euren Vater im Himmel preisen.
Halleluja.

ZUM EVANGELIUM *Die Jünger Jesu leben in dieser gegenwärtigen Welt, die – mag sie selbst auch das Gegenteil meinen – eine fade und dunkle Welt ist, eine verlorene Welt, wäre Christus nicht gekommen. Er will die Menschen durch Menschen retten: „Ihr seid das Salz der Erde, ihr seid das Licht der Welt", sagt er zu seinen Jüngern. Das heißt: Ihr seid für diese Welt verantwortlich. Das Salz erhält die Speise frisch und macht sie schmackhaft; es kann seinen Geschmack nicht verlieren, oder es hat aufgehört, Salz zu sein. Der Jünger Jesu, der seine Aufgabe in der Welt nicht erfüllt, ist wie das Salz, das seine Kraft verloren hat. Das Bildwort vom Licht (Mt 5, 14–15) wird ausdrücklich in eine Mahnung umgesetzt (5, 16): Euer Licht soll vor den Menschen leuchten. Ob die Menschen wirklich den Vater im Himmel preisen werden, wenn sie die guten Werke der Jünger Jesu sehen, das braucht nicht unsere Sorge zu sein; in den vorausgehenden Versen 11–12 ist die andere Möglichkeit genannt: Spott und Verfolgung. – Zu 5, 13: Mk 9, 50; Lk 14, 34–35. – Zu 5, 14: Joh 8, 12. – Zu 5, 15: Mk 4, 21; Lk 8, 16; 11, 33.*

EVANGELIUM Mt 5, 13–19

Ihr seid das Licht der Welt

☩ Aus dem heiligen Evangelium nach Matthäus.

In jener Zeit sprach Jesus zu seinen Jüngern:
3 Ihr seid das Salz der Erde.
Wenn das Salz seinen Geschmack verliert,
 womit kann man es wieder salzig machen?
Es taugt zu nichts mehr;
es wird weggeworfen und von den Leuten zertreten.

4 Ihr seid das Licht der Welt.
Eine Stadt, die auf einem Berg liegt,
 kann nicht verborgen bleiben.

¹⁵ Man zündet auch nicht ein Licht an und stülpt ein Gefäß darüber,
sondern man stellt es auf den Leuchter;
dann leuchtet es allen im Haus.

¹⁶ So soll euer Licht vor den Menschen leuchten,
damit sie eure guten Werke sehen
und euren Vater im Himmel preisen.

¹⁷ Denkt nicht,
ich sei gekommen,
um das Gesetz und die Propheten aufzuheben.
Ich bin nicht gekommen, um aufzuheben,
sondern um zu erfüllen.

¹⁸ Amen, das sage ich euch:
Bis Himmel und Erde vergehen,
wird auch nicht der kleinste Buchstabe des Gesetzes vergehen,
bevor nicht alles geschehen ist.

¹⁹ Wer auch nur eines von den kleinsten Geboten aufhebt
und die Menschen entsprechend lehrt,
der wird im Himmelreich der Kleinste sein.
Wer sie aber hält und halten lehrt,
der wird groß sein im Himmelreich.

FÜRBITTEN

Zu Christus, der durch seine Heiligen die Kirche erneuert, wollen wir beten:

Für die Kirche in Deutschland: schenke ihr einen lebendigen Glauben. (Stille) Herr, erbarme dich.
A.: Christus, erbarme dich.

Für alle Religionslehrer: mache sie zu verläßlichen Vermittlern deiner Botschaft. (Stille) Herr, erbarme dich.

Für alle, die durch Irrtum und Schuld verblendet sind: erleuchte sie durch deinen Geist. (Stille) Herr, erbarme dich.

Für unsere Kinder und Jugendlichen: führe sie auf den Weg zu dir. (Stille) Herr, erbarme dich.

Heiliger Gott, auf die Fürbitte des heiligen Petrus Kanisius stärke unsere Bereitschaft, aus dem Glauben zu handeln durch Christus, unseren Herrn.   A.: Amen.

28. April

HL. PETER CHANEL
Priester, Märtyrer

Peter Chanel, der erste Märtyrer Ozeaniens, wurde 1803 in Frankreich geboren. Drei Jahre nach seiner Priesterweihe trat er bei den Maristen ein (1831) und wirkte seit 1837 auf der Insel Futuna (Ozeanien). Trotz großer Mühe sah er so gut wie keinen Erfolg. 1841 ließ ihn der König der Insel aus Zorn über die Bekehrung seines Sohnes und aus Angst um seine Herrschaft ermorden. Wenige Monate nach dem Tod des Missionars wurde die ganze Insel katholisch, und sie ist es geblieben bis heute.

Der Erfolg

„Zwanzig Taufen – vier von Erwachsenen, die übrigen von Kindern, und alle in Todesgefahr – sind die ganze Ernte, die ich in achtzehn Monaten eingebracht habe." (Peter Chanel, Brief vom Jahr 1839)

Commune-Texte:
A Meßformulare für Märtyrer, S. 2041 ff.,
oder für Glaubensboten, S. 2067 ff.
B Schriftlesungen für Märtyrer, S. 2098 ff.,
oder für Hirten der Kirche (Glaubensboten), S. 2101 ff.

TAGESGEBET

Starker Gott,
du hast durch den Märtyrertod
des heiligen Peter Chanel
den Glauben
auf den Inseln der Südsee eingepflanzt.
Laß uns in diesen österlichen Tagen
die Geheimnisse des Todes
und der Auferstehung Christi so feiern,
daß wir Zeugen des neuen Lebens sein können.
Darum bitten wir durch ihn, Jesus Christus.

ZUR LESUNG   *Gleich am Anfang des ersten Korintherbriefs stößt Paulus in die Mitte des Evangeliums vor: die Botschaft vom Kreuz, die „Predigt vom Galgen", also genau das, was die Welt nicht hören will. Das*

Wort vom Kreuz rettet den, der darin die Kraft Gottes erkennt, und es richtet den, der es als Torheit zurückweist. Am Kreuz entscheiden sich Tod und Leben, Gericht und Heil. – Die wirkliche, tötende Torheit ist auf der Seite „dieser Welt" (1,20), die nicht gewillt und vielleicht schon nicht mehr fähig ist, Gott zu erkennen. Diese Torheit ist nach Röm 1,21–22 Sünde und Strafe zugleich; sie kommt nicht vom fehlenden Verstand, sie ist Oberflächlichkeit und Überheblichkeit des Herzens. Das Wort vom Kreuz ist Gericht und Heil, aber nicht beides in gleicher Weise; es ist zuerst Angebot des Heils, denn Gott will die Menschen retten; zum Gericht wird es da, wo es verworfen wird. – Zu 1,18–20: 1 Kor 2,1–2; Röm 1,16; 2 Kor 4,3. – Zu 1,21–25: Röm 1,18–20; Mt 12,38; Apg 17,18.32; Röm 9,32; 1 Kor 2,14; Kol 2,3; 2 Kor 13,4.

ERSTE LESUNG 1 Kor 1,18–25

Gott beschloß, alle, die glauben, durch die Torheit der Verkündigung zu retten

Lesung
    aus dem ersten Brief des Apostels Paulus an die Korínther.

Brüder!
18 Das Wort vom Kreuz
    ist denen, die verlorengehen, Torheit;
uns aber, die gerettet werden,
    ist es Gottes Kraft.
19 Es heißt nämlich in der Schrift:

Ich lasse die Weisheit der Weisen vergehen
    und die Klugheit der Klugen verschwinden.

20 Wo ist ein Weiser?
Wo ein Schriftgelehrter?
Wo ein Wortführer in dieser Welt?
Hat Gott nicht die Weisheit der Welt als Torheit entlarvt?
21 Denn da die Welt
    angesichts der Weisheit Gottes
    auf dem Weg ihrer Weisheit Gott nicht erkannte,
    beschloß Gott,
    alle, die glauben, durch die Torheit der Verkündigung zu retten.

22 Die Juden fordern Zeichen,
    die Griechen suchen Weisheit.
23 Wir dagegen

28. April. Hl. Peter Chanel

verkündigen Christus als den Gekreuzigten:
für Juden ein empörendes Ärgernis,
für Heiden eine Torheit,
24 für die Berufenen aber, Juden wie Griechen,
Christus, Gottes Kraft und Gottes Weisheit.
25 Denn das Törichte an Gott
ist weiser als die Menschen,
und das Schwache an Gott
ist stärker als die Menschen.

ANTWORTPSALM   Ps 117 (116), 1.2 (R: vgl. Mk 16, 15)
(GL 646, 5)

R Geht hinaus in die ganze Welt,
und verkündet allen das Evangelium! – R

1 Lobet den Herrn, alle Völker, *   VI. Ton
preist ihn, alle Nationen! – (R)

2 Denn mächtig waltet über uns seine Huld, *
die Treue des Herrn währt in Ewigkeit. – R

RUF VOR DEM EVANGELIUM   Vers: Mk 1, 17 b

Halleluja. Halleluja.
(So spricht der Herr:)
Folgt mir nach!
Ich werde euch zu Menschenfischern machen.
Halleluja.

ZUM EVANGELIUM   *Nach der Zeit der Verheißung und Erwartung ist die Zeit der Erfüllung angebrochen. Jesus selbst ist die Fülle der Zeit; seine Worte und Taten verkünden die Nähe der Gottesherrschaft. In 1, 15 hat Markus die Botschaft Jesu zusammengefaßt. Sie ist Botschaft vom Heil, das von Gott kommt (1, 14). Die Forderung: „Kehrt um, und glaubt an das Evangelium", nimmt für die berufenen Jünger eine konkretere Form an: „Kommt her, und folgt mir nach!" (1, 17). Wer Jesus begegnet, der begegnet dem Anspruch Gottes; wen Jesus ruft, der muß sich entscheiden. – Mt 4, 12–22; Lk 4, 14–15; 5, 1–11; Röm 1, 1; Eph 1, 10; Mt 3, 2; 8, 10.*

EVANGELIUM

Mk 1, 14–20

Ich werde euch zu Menschenfischern machen

☩ Aus dem heiligen Evangelium nach Markus.

14 Nachdem man Johannes den Täufer ins Gefängnis geworfen hatte,
   ging Jesus wieder nach Galiläa;
   er verkündete das Evangelium Gottes
15 und sprach: Die Zeit ist erfüllt,
   das Reich Gottes ist nahe.
   Kehrt um,
   und glaubt an das Evangelium!
16 Als Jesus am See von Galiläa entlangging,
   sah er Simon und Andreas, den Bruder des Simon,
   die auf dem See ihr Netz auswarfen;
   sie waren nämlich Fischer.
17 Da sagte er zu ihnen: Kommt her,
   folgt mir nach!
   Ich werde euch zu Menschenfischern machen.
18 Sogleich ließen sie ihre Netze liegen und folgten ihm.
19 Als er ein Stück weiterging,
   sah er Jakobus, den Sohn des Zebedäus,
   und seinen Bruder Johannes;
   sie waren im Boot und richteten ihre Netze her.
20 Sofort rief er sie,
   und sie ließen ihren Vater Zebedäus
   mit seinen Tagelöhnern im Boot zurück
   und folgten Jesus nach.

FÜRBITTEN

Zu Jesus Christus, der durch seinen Tod das Tor zum Leben öffnete, rufen wir:

Für die Christen auf den Inseln der Südsee: schenke ihnen die Gaben des Heiligen Geistes.
A.: Herr, erhöre unser Gebet.

Für alle Völker: mach ihnen deine Weisungen bekannt.

Für die verfolgten Christen: laß ihr Leiden fruchtbar werden für die Ausbreitung des Glaubens.

Für unsere Gemeinde: laß uns ersehen, was du verheißen hast.

Allmächtiger Gott, du hast durch das Beispiel des heiligen Petrus Chanel viele zum Glauben geführt. Erneuere auf seine Fürbitte die Hingabe unserer Herzen an dich durch Christus, unseren Herrn.   A.: Amen.

29. April
HL. KATHARINA VON SIENA
Ordensfrau, Kirchenlehrerin
Gedenktag

Katharina ist eine aufregende und rätselhafte Heiligengestalt (was im Grunde von allen Heiligen zu sagen wäre). Sie wurde 1347 als das 23. Kind eines Wollfärbers in Siena geboren. Mit sieben Jahren hatte sie ihre erste mystische Christusbegegnung. Da ihr von den Angehörigen die ersehnte Stille und Einsamkeit zunächst verweigert wurde, lernt sie, in das Heiligtum ihres eigenen Inneren zu fliehen, wo niemand sie stören konnte. 1365 trat sie dem Dritten Orden der Dominikaner bei. Sie lebte in harter Buße, diente den Armen und Kranken, arbeitete in einer zerstrittenen Welt für den Frieden und wurde allmählich zur einflußreichen Beraterin von weltlichen und kirchlichen Großen, zu einer Macht, mit der man rechnen mußte. Sie betrieb vor allem die Rückkehr des Papstes aus Avignon (1377) und die innere Reform der Kirche. Ihre Briefe und ihr „Buch von der göttlichen Vorsehung" (Der Dialog) haben großen Einfluß ausgeübt und gehören zur klassischen italienischen Literatur. Katharina starb am 29. April 1380 und wurde 1461 heiliggesprochen. Papst Paul VI. erhob sie zur Kirchenlehrerin.

Feuer
„Mein Wesen ist Feuer." – „Seid versichert: wenn ich sterbe, ist die einzige Ursache meines Todes die Liebe zur Kirche."   (Katharina von Siana)

Schriftlesungen für Jungfrauen, S. 2108 ff.,
oder für Kirchenlehrer, S. 2106 ff.

ERÖFFNUNGSVERS
**Seht, das ist eine der klugen Jungfrauen,
die dem Herrn mit brennenden Lampen entgegengehen. Halleluja.**

TAGESGEBET

Allmächtiger, ewiger Gott,
du hast der heiligen Katharina von Siena
das Leiden Christi und die Wunden seiner Kirche
vor Augen gestellt.
Im Dienst an der Kirche
wurde ihre Liebe zu einem lodernden Feuer.
Mache auch uns, die wir zu Christus gehören,
bereit, die Leiden seiner Kirche mitzutragen,
damit einst
seine Herrlichkeit an uns offenbar wird.
Darum bitten wir durch Jesus Christus.

ZUR LESUNG „Gott ist Licht", er ist die Helligkeit, die wir brauchen, um als Menschen und als Christen leben zu können. Das geschaffene Licht ist von ihm ein Gleichnis. Licht und Leben gehören ebenso zusammen wie Finsternis und Tod. Das gilt im physischen Leben und erst recht in der geistigen Wirklichkeit. Seitdem Christus, das wahre Licht, in die Welt gekommen ist, steht der Mensch eindeutiger als bisher vor der Entscheidung; er kann „im Licht leben" (1 Joh 1, 7), d. h. sich nach der offenbar gewordenen Wahrheit Gottes richten, oder er kann in der Finsternis bleiben und aus seinem Leben eine Lüge machen. „Im Licht" lebt, wer glaubt und bekennt: „Jesus Christus ist im Fleisch gekommen" (4, 2; vgl. 2, 22), er ist wahrer Mensch geworden; wer den Bruder liebt (2, 9–10); wer weiß und anerkennt, daß er ein Sünder ist (1, 9). Für den, der sich als Sünder bekennt, gibt es Rettung: das Licht ist stärker als die Finsternis. – Zu 1, 5–10: Joh 1, 9; 1 Tim 6, 16; Jak 1, 17; Joh 3, 19–21; 8, 12; Jes 2, 5; Röm 3, 24–25; Hebr 9, 14; Offb 1, 5. – Zu 2, 1–2: Röm 8, 34; Hebr 7, 25; 9, 24; Kol 1, 20.

ERSTE LESUNG   1 Joh 1, 5 – 2, 2

Das Blut Jesu reinigt uns von aller Sünde

Lesung
   aus dem ersten Johannesbrief.

Brüder!
5 Das ist die Botschaft,
   die wir von Jesus Christus gehört haben und euch verkünden:
Gott ist Licht, und keine Finsternis ist in ihm.

29. April. Hl. Katharina von Siena

6 Wenn wir sagen, daß wir Gemeinschaft mit ihm haben,
   und doch in der Finsternis leben,
   lügen wir und tun nicht die Wahrheit.
7 Wenn wir aber im Licht leben, wie er im Licht ist,
   haben wir Gemeinschaft miteinander,
   und das Blut seines Sohnes Jesus reinigt uns von aller Sünde.
8 Wenn wir sagen, daß wir keine Sünde haben,
   führen wir uns selbst in die Irre,
   und die Wahrheit ist nicht in uns.
9 Wenn wir unsere Sünden bekennen,
   ist er treu und gerecht;
   er vergibt uns die Sünden und reinigt uns von allem Unrecht.
10 Wenn wir sagen, daß wir nicht gesündigt haben,
   machen wir ihn zum Lügner,
   und sein Wort ist nicht in uns.

1 Meine Kinder, ich schreibe euch dies, damit ihr nicht sündigt.
   Wenn aber einer sündigt,
      haben wir einen Beistand beim Vater:
   Jesus Christus, den Gerechten.
2 Er ist die Sühne für unsere Sünden,
   aber nicht nur für unsere Sünden,
      sondern auch für die der ganzen Welt.

ANTWORTPSALM Ps 103 (102), 1–2.3–4.8–9.13–14.17–18a (R: 1a)

R Lobe den Herrn, meine Seele! – **R** (GL 527, 5)

1 Lobe den Herrn, meine Seele, * IV. Ton
   und alles in mir seinen heiligen Namen!
2 Lobe den Herrn, meine Seele, *
   und vergiß nicht, was er dir Gutes getan hat: – (**R**)

3 der dir all deine Schuld vergibt, *
   und all deine Gebrechen heilt,
4 der dein Leben vor dem Untergang rettet *
   und dich mit Huld und Erbarmen krönt. – (**R**)

8 Der Herr ist barmherzig und gnädig, *
   langmütig und reich an Güte.
9 Er wird nicht immer zürnen, *
   nicht ewig im Groll verharren. – (**R**)

13 Wie ein Vater sich seiner Kin_der_ erbarmt, *
so erbarmt sich der Herr über al_le_, die ihn fürchten.

14 Denn er weiß, was wir für Gebilde sin_d_; *
er denkt dar_an_: Wir sind nur Staub. – (R)

17 Doch die Huld des Herrn währt im_mer_ und ewig *
für alle, die ihn _fürchten_ und ehren;

sein Heil erfahren noch Kin_der_ und Enkel; *
18a alle, die sei_nen_ Bund bewahren.

R Lobe den Herrn, meine Seele!

RUF VOR DEM EVANGELIUM   Vers: vgl. Mt 11, 25

Halleluja. Halleluja.

Sei gepriesen, Vater, Herr des Himmels und der Erde;
du hast die Geheimnisse des Reiches den Unmündigen offenbart.

Halleluja.

ZUM EVANGELIUM   *Der Jubelruf Jesu (11, 25–26) mit der Erklärung und Begründung in 11, 27 ist eine der großen Offenbarungen im Matthäusevangelium. Der irdische Jesus steht zu Gott in der Unmittelbarkeit des Sohnes; er hat vom Vater „alles" empfangen: Sohnschaft, Erkenntnis, Vollmacht. Er kennt das Geheimnis des Vaters, er allein, und er gibt es denen weiter, die es fassen können. Das sind nicht „die Weisen und die Klugen", das heißt die Gesetzeskundigen in Israel; es sind die „Unmündigen" (11, 25), die Jünger, die nachher als die Geplagten und Beladenen angesprochen werden. Damit sind nicht die mit Sünde Beladenen gemeint, sondern die von den Anforderungen der pharisäischen Gesetzesauslegung bedrückten Menschen. Jesus lädt sie ein, sein Joch auf sich zu nehmen, und verheißt ihnen, daß sie Ruhe finden werden. Das Gesetz Jesu ist zwar nicht leichter als das alte Gesetz; Jesus hat es sogar verschärft (Bergpredigt); aber dieses Gesetz ist nicht mehr drückend für den, der es auf sich nimmt. Der Jünger Jesu ist nicht auf seine eigenen Leistungen angewiesen; Jesus selbst trägt die Last dieses Joches und läßt den Menschen, der hinter ihm hergeht, erleichtert aufatmen. Die „Ruhe", die man bei Jesus findet, ist Fülle des Lebens, es ist die große Heilsgabe, mit der Gott seine Schöpfung vollendet. Diese Ruhe zu verfehlen würde für den Menschen Heillosigkeit in dieser Welt und in der kommenden bedeuten. – Zu 11, 25–27: Lk 10, 21–22; Joh 7, 48–49; 1 Kor 1, 26; Joh*

29. April. Hl. Katharina von Siena

1, 18; 3, 35; 10, 15. – Zu 11, 28–30; Sir 24, 19; Hos 10, 11; Jer 6, 16; Apg 15, 10; Gal 5, 1.

EVANGELIUM
Mt 11, 25–30

Du hast all das den Weisen und Klugen verborgen, den Unmündigen aber hast du es offenbart

✢ Aus dem heiligen Evangelium nach Matthäus.

25 In jener Zeit sprach Jesus:
Ich preise dich, Vater, Herr des Himmels und der Erde,
weil du all das den Weisen und Klugen verborgen,
   den Unmündigen aber offenbart hast.
26 Ja, Vater, so hat es dir gefallen.
27 Mir ist von meinem Vater alles übergeben worden;
niemand kennt den Sohn,
   nur der Vater,
und niemand kennt den Vater,
   nur der Sohn
   und der, dem es der Sohn offenbaren will.
28 Kommt alle zu mir,
   die ihr euch plagt und schwere Lasten zu tragen habt.
Ich werde euch Ruhe verschaffen.
29 Nehmt mein Joch auf euch
   und lernt von mir;
denn ich bin gütig und von Herzen demütig;
so werdet ihr Ruhe finden für eure Seele.
30 Denn mein Joch drückt nicht,
   und meine Last ist leicht.

FÜRBITTEN

Voll Vertrauen wenden wir uns im Gebet an Christus, der der heiligen Katharina von Siena eine leidenschaftliche Liebe zur Kirche eingab:

Ermutige unseren Papst, sich beharrlich um die Einheit der Kirche zu mühen.
A.: Wir bitten dich, erhöre uns.

Steh allen bei, die für den Frieden arbeiten.

Laß uns nach dem Vorbild der heiligen Katharina mit den Armen
teilen und den Kranken helfen.
A.: Wir bitten dich, erhöre uns.

Bewahre uns die Treue zur Kirche, auch wenn wir an ihren Schwächen leiden.

Allmächtiger Gott, durch das Wirken der heiligen Katharina hast
du die Kirche erneuert. Hilf uns, in der Kirche allen zu dienen
durch Christus, unseren Herrn.   A.: Amen.

GABENGEBET

Barmherziger Gott,
nimm die Opfergabe an,
die wir am Gedenktag der heiligen Katharina darbringen.
Ihr Wort und ihr Beispiel lehre uns,
dir, dem wahren Gott, zu dienen
und dich aus ganzem Herzen zu preisen.
Darum bitten wir durch Christus, unseren Herrn.

KOMMUNIONVERS   1 Joh 1,7

Wenn wir im Licht leben, wie Gott im Licht ist,
dann haben wir Gemeinschaft miteinander,
und das Blut seines Sohnes Jesus reinigt uns von jeder Sünde.
Halleluja.

SCHLUSSGEBET

Herr, unser Gott,
das Brot des Himmels, das wir empfangen haben,
hat auf wunderbare Weise auch das irdische Leben
der heiligen Katharina genährt;
uns sei dieses Sakrament
die Speise für das ewige Leben.
Darum bitten wir durch Christus, unseren Herrn.

30. April

HL. PIUS V.

Papst

Der große Reformpapst Pius V. (Michele Ghislieri), geb. 1504, war mit vierzehn Jahren bei den Dominikanern eingetreten, 1556 Bischof und im folgenden Jahr Kardinal geworden. Als Papst (seit 1566) setzte er sich für die Durchführung der Reformen ein, die das Konzil von Trient angeordnet hatte. Er gab die liturgischen Bücher neu heraus (Missale Romanum, 1570), ordnete Synoden und Visitationen an und bemühte sich um die sittliche und geistige Hebung von Klerus und Volk. In seine Zeit fällt der Sieg über die Türken in der Seeschlacht von Lepanto (1571). Er starb 1572, aufgebraucht durch seine strenge Lebensweise und durch die Mühen und Sorgen seines Amtes.

Commune-Texte:
A Meßformulare für Päpste, S. 2056 ff.
B Schriftlesungen für Hirten der Kirche (Päpste), S. 2101 ff.

TAGESGEBET

Herr, unser Gott,
du hast den heiligen Papst Pius berufen,
in deiner Kirche den Glauben zu schützen
und die Liturgie zu erneuern.
Auf seine Fürsprache gewähre uns,
daß wir die Mysterien des Heiles
in lebendigem Glauben feiern
und Frucht bringen in Werken der Liebe.
Darum bitten wir durch Jesus Christus.

ZUR LESUNG   Nicht Herren der Gemeinde sind die Apostel und ihre Mitarbeiter, sondern Diener; sie geben das weiter, was sie selbst empfangen haben: Gottes Wahrheit und Gottes Liebe. Paulus hat sein Amt nie anders verstanden! Trotzdem, das letzte und gültige Urteil über seinen Dienst steht weder ihm selbst noch anderen Menschen zu. Erst im Gericht wird offenbar, wer seinen Dienst mit lauterer Absicht getan hat. Auffallend ist die Zurückhaltung, mit der Paulus dem Freispruch seines eigenen Gewissens gegenübersteht. – Mt 13, 11; 25, 21; Lk 12, 42–44; 1 Kor 2, 7; 2 Kor 5, 10–11; Röm 2, 16; Joh 5, 44.

ERSTE LESUNG

1 Kor 4, 1–5

Diener Christi und Verwalter von Geheimnissen Gottes

Lesung
aus dem ersten Brief des Apostels Paulus an die Korínther.

Brüder!
1 Als Diener Christi soll man uns betrachten
und als Verwalter von Geheimnissen Gottes.
2 Von Verwaltern aber verlangt man,
daß sie sich treu erweisen.
3 Mir macht es allerdings nichts aus,
wenn ihr oder ein menschliches Gericht
mich zur Verantwortung zieht;
ich urteile auch nicht über mich selbst.
4 Ich bin mir zwar keiner Schuld bewußt,
doch bin ich dadurch noch nicht gerecht gesprochen;
der Herr ist es, der mich zur Rechenschaft zieht.
5 Richtet also nicht vor der Zeit;
wartet, bis der Herr kommt,
der das im Dunkeln Verborgene ans Licht bringen
und die Absichten der Herzen aufdecken wird.
Dann wird jeder sein Lob von Gott erhalten.

ANTWORTPSALM

Ps 110 (109), 1–2.3.4–5 (R: 4b)

R Du bist Priester auf ewig (GL 684, 1)
nach der Ordnung Melchísedeks. – R

1 So spricht der Herr zu meinem Herrn: † II. Ton
Setze dich mir zur Rechten, *
und ich lege dir deine Feinde als Schemel unter die Füße.

2 Vom Zion strecke der Herr das Zepter deiner Macht aus: *
„Herrsche inmitten deiner Feinde!" – (R)

3 Dein ist die Herrschaft am Tage deiner Macht, *
wenn du erscheinst in heiligem Schmuck;

ich habe dich gezeugt noch vor dem Morgenstern, *
wie den Tau in der Frühe. – (R)

4 Der Herr hat geschworen, und nie wird's ihn reuen: *
„Du bist Priester auf ewig nach der Ordnung Melchísedeks."

30. April. Hl. Pius V.   1793

5 Der Herr steht dir zur S<u>ei</u>te; *
   er zerschmettert Könige am Tage s<u>ei</u>nes Zornes. – R

RUF VOR DEM EVANGELIUM   Vers: Joh 10, 14

Halleluja. Halleluja.

(So spricht der Herr:)
Ich bin der gute Hirt.
Ich kenne die Meinen, und die Meinen kennen mich.
Halleluja.

ZUM EVANGELIUM   *Die dritte Erscheinung des Auferstandenen vor den Jüngern gilt vor allem dem Petrus, der als Führer der Jüngergruppe auftritt. Jesus bestätigt ihn in seiner Vorrangstellung, weist ihn aber auf die Grundvoraussetzungen hin, die der Träger des Hirtenamts erfüllen muß: unbedingte Treue, Liebe. Erst als Jesus zum drittenmal fragt: Liebst du mich?, begreift Petrus die Schwere der Verantwortung, die ihm aufgeladen wird, und seine eigene Unwürdigkeit. Das übervolle Netz, das doch nicht zerriß (21, 11), war schon ein Hinweis auf die allumfassende Kirche. Petrus soll aber nicht nur Fischer sein; er ist auch der verantwortliche Hirt der ganzen großen Herde. Dem Apostel, der ihn dreimal verleugnet hat, und nicht etwa Johannes, dem Jünger der ungebrochenen Treue, hat Jesus das oberste Hirtenamt übertragen. – Lk 5, 1–11; Joh 10; 15, 14; Apg 20, 28; 1 Petr 2, 24–25; Joh 6, 68–69; Mt 16, 17–19; Lk 22, 31–32; 2 Petr 1, 14.*

EVANGELIUM   Joh 21, 1.15–17

Weide meine Lämmer! Weide meine Schafe!

✢ Aus dem heiligen Evangelium nach Johannes.

In *jener Zeit*
   offenbarte sich Jesus den Jüngern noch einmal.
Es war am See von Tibérias,
und er offenbarte sich in folgender Weise.

5 Als sie gegessen hatten, sagte Jesus zu Simon Petrus:
      Simon, Sohn des Johannes, liebst du mich mehr als diese?
   Er antwortete ihm: Ja, Herr, du weißt, daß ich dich liebe.
   Jesus sagte zu ihm:
      Weide meine Lämmer!

16 Zum zweitenmal fragte er ihn:
   Simon, Sohn des Johannes, liebst du mich?
Er antwortete ihm: Ja, Herr, du weißt, daß ich dich liebe.
Jesus sagte zu ihm:
   Weide meine Schafe!
17 Zum drittenmal fragte er ihn:
   Simon, Sohn des Johannes, liebst du mich?
Da wurde Petrus traurig,
weil Jesus ihn zum drittenmal gefragt hatte: Hast du mich lieb?
Er gab ihm zur Antwort: Herr, du weißt alles;
du weißt, daß ich dich liebhabe.
Jesus sagte zu ihm:
   Weide meine Schafe!

FÜRBITTEN

Jesus Christus, den Hohenpriester der künftigen Güter, wollen wir bitten:

Für die Hirten der Kirchen: daß sie dir und dem Heil der Menschen von Herzen dienen. (Stille) Christus, höre uns.
A.: Christus, erhöre uns.

Für die Regierungen der Völker: daß sie durch Gerechtigkeit zu einem wahren Frieden beitragen. (Stille) Christus, höre uns.

Für die Kranken: daß sie durch die heiligen Sakramente deine Nähe erfahren. (Stille) Christus, höre uns.

Für unsere Gemeinde: daß wir die heilige Liturgie würdig feiern. (Stille) Christus, höre uns.

Heiliger Gott, der heilige Pius V. hat die Feier des Gottesdienstes geordnet und zur Erneuerung der Kirche beigetragen. Gib, daß die heiligen Geheimnisse in unserem Leben fruchtbar werden durch Christus, unseren Herrn.   A.: Amen.

MAI

1. Mai

HEILIGER JOSEF, DER ARBEITER

Den 1. Mai, der überall in der heutigen Welt als Tag der Arbeit begangen wird, hat Pius XII. zum Fest des heiligen Josef des Arbeiters bestimmt. Damit soll der heilige Josef geehrt, aber auch die Würde der menschlichen Arbeit bewußtgemacht werden. Josef hat als Handwerker gearbeitet und für seine Familie das Brot verdient. Die Arbeit, wie sie heute von der Masse der Arbeiter getan und auch erlitten wird, ist sehr verschieden von der Arbeit in der alten Welt. Aber immer geht es darum, daß der Mensch, indem er die Kraft seines Körpers und seines Geistes einsetzt, sein eigenes Leben verwirklicht, seine Persönlichkeit entfaltet und das Leben in dieser Welt lebenswert oder doch erträglicher macht. Der Christ weiß außerdem, daß er seine Arbeit von Gott her und zu Gott hin tut.

Frömmigkeit
„Es gibt im Grunde nur Gebete,
so sind die Hände uns geweiht,
daß sie nichts schufen, was nicht flehte;
ob einer malte oder mähte,
schon aus dem Ringen der Geräte
entfaltete sich Frömmigkeit." (Rainer Maria Rilke)

ERÖFFNUNGSVERS   Ps 128 (127), 1–2

Wohl dem Mann, der den Herrn fürchtet und ehrt
und der auf seinen Wegen geht!
Was deine Hände erwarben, kannst du genießen;
wohl dir, es wird dir gut ergehen. Halleluja.

TAGESGEBET

Gott, du Schöpfer der Welt,
du hast den Menschen
zum Schaffen und Wirken bestimmt.
Auf die Fürsprache unseres Schutzpatrons,
des heiligen Josef,

der mit seiner Hände Arbeit
die Heilige Familie ernährte,
gib uns Kraft und Ausdauer,
damit wir deinen Auftrag auf Erden erfüllen
und so den verheißenen Lohn empfangen.
Darum bitten wir durch Jesus Christus.

ZUR LESUNG *Der Schöpfungsbericht Gen 1, 1 – 2, 4 a schildert die Erschaffung der Welt als ein Werk von sechs Tagen, das am siebten Tag, dem Sabbat, von Gott als vollendet erklärt, gleichsam eingeweiht wird. Es ist klar, daß hier nicht ein geschichtlicher (oder vorgeschichtlicher) Vorgang berichtet, sondern eine theologische Aussage gemacht wird: die Lehre über das Verhältnis Gottes zur Welt und über die Stellung des Menschen in der Welt und vor Gott wird hier in so verdichteter Form dargestellt wie kaum irgendwo sonst in der Bibel. – „Himmel und Erde", das Weltall mit seinen Geheimnissen und die Erde mit ihrem Reichtum, wurden vor dem Menschen und für ihn geschaffen. Der Mensch soll diese Erde bewohnen und über sie herrschen. Als Abbild Gottes wurde der Mensch geschaffen; wie kein anderes Geschöpf kann er über sich selbst und über die Dinge verfügen. Der Auftrag, über die Erde zu herrschen, ist Auftrag, ihr zu dienen. Der Mensch ist für diese Erde verantwortlich, vor den Menschen, die neben ihm und nach ihm leben, letzten Endes aber vor Gott selbst, der ihm die Erde anvertraut hat. – Ps 8; 104; Weish 10, 1–2; Sir 17, 1–14; Kol 1, 15–17; Jak 3, 7; Hebr 4, 4.*

ERSTE LESUNG Gen 1, 26 – 2, 3

Unterwerft euch die Erde!

**Lesung
aus dem Buch Génesis.**

26 **Und Gott sprach:
Laßt uns Menschen machen
als unser Abbild, uns ähnlich.
Sie sollen herrschen über die Fische des Meeres,
über die Vögel des Himmels,
über das Vieh,
über die ganze Erde
und über alle Kriechtiere auf dem Land.**
27 **Gott schuf also den Menschen als sein Abbild;**

als Abbild Gottes schuf er ihn.
Als Mann und Frau schuf er sie.

28 Gott segnete sie,
und Gott sprach zu ihnen:
   Seid fruchtbar, und vermehrt euch,
bevölkert die Erde,
unterwerft sie euch,
und herrscht über die Fische des Meeres,
   über die Vögel des Himmels
   und über alle Tiere, die sich auf dem Land regen.
29 Dann sprach Gott:
   Hiermit übergebe ich euch
   alle Pflanzen auf der ganzen Erde, die Samen tragen,
und alle Bäume mit samenhaltigen Früchten.
Euch sollen sie zur Nahrung dienen.
30 Allen Tieren des Feldes,
   allen Vögeln des Himmels
und allem, was sich auf der Erde regt,
was Lebensatem in sich hat,
gebe ich alle grünen Pflanzen zur Nahrung.
So geschah es.
31 Gott sah alles an, was er gemacht hatte:
Es war sehr gut.
Es wurde Abend, und es wurde Morgen:
der sechste Tag.

1 So wurden Himmel und Erde vollendet und ihr ganzes Gefüge.
2 Am siebten Tag
   vollendete Gott das Werk, das er geschaffen hatte,
und er ruhte am siebten Tag,
   nachdem er sein ganzes Werk vollbracht hatte.
3 Und Gott segnete den siebten Tag
   und erklärte ihn für heilig;
denn an ihm ruhte Gott,
   nachdem er das ganze Werk der Schöpfung vollendet hatte.

Oder:

ERSTE LESUNG   Kol 3, 14–15.17.23–24

EINFÜHRUNG *Die Lesung nennt kurz die Pflichten von Frauen und Männern, Kindern und Eltern. Norm aller christlichen Ethik ist Christus selbst. Er macht die Menschen auch fähig, miteinander in Frieden zu le-*

ben. *Das gilt für die Familie wie für die Gemeinde. Wo der Friede wohnt, wird das Wort Christi gehört und dankbar aufgenommen; da wird auch die Freude spürbar, im gemeinsamen Beten und Singen und in der mühsamen täglichen Arbeit. – Ps 128; 133.*

Tut eure Arbeit gern, als wäre sie für den Herrn und nicht für Menschen

Lesung
aus dem Brief des Apostels Paulus an die Kolósser.

Brüder!
14 Vor allem liebt einander,
denn die Liebe ist das Band,
das alles zusammenhält und vollkommen macht.

15 In eurem Herzen herrsche der Friede Christi;
dazu seid ihr berufen als Glieder des einen Leibes.
Seid dankbar!

17 Alles, was ihr in Worten und Werken tut,
geschehe im Namen Jesu, des Herrn.
Durch ihn dankt Gott, dem Vater!

23 Tut eure Arbeit gern,
als wäre sie für den Herrn und nicht für Menschen;
24 ihr wißt,
daß ihr vom Herrn euer Erbe als Lohn empfanget werdet.
Dient Christus, dem Herrn!

ANTWORTPSALM Ps 90 (89), 3–4.5–6.12–13.14 u. 17 (R: 17c)

R Herr, laß gedeihen das Werk unsrer Hände! – R (GL 708, 1)

Oder:
R Halleluja. – R

3 Du läßt die Menschen zurückkehren zum Staub * IV. Ton
und sprichst: „Kommt wieder, ihr Menschen!"

4 Denn tausend Jahre sind für dich wie der Tag,
der gestern vergangen ist, *
wie eine Wache in der Nacht. – (R)

5 Von Jahr zu Jahr säst du die Menschen aus; *
sie gleichen dem sprossenden Gras.

1. Mai. Hl. Josef der Arbeiter

6 Am Morgen grünt es und blüht, *
am Abend wird es geschnitten und welkt. – (R)

12 Unsere Tage zu zählen, lehre uns! *
Dann gewinnen wir ein weises Herz.

13 Herr, wende dich uns doch endlich zu! *
Hab Mitleid mit deinen Knechten! – (R)

14 Sättige uns am Morgen mit deiner Huld! *
Dann wollen wir jubeln und uns freuen all unsre Tage.

17 Es komme über uns die Güte des Herrn, unsres Gottes! †
Laß das Werk unsrer Hände gedeihen, *
ja, laß gedeihen das Werk unsrer Hände! – R

RUF VOR DEM EVANGELIUM Vers: Ps 68 (67), 20

Halleluja. Halleluja.

Gepriesen sei der Herr, Tag für Tag!
Gott trägt uns, er ist unsre Hilfe.

Halleluja.

Das Evangelium ist Eigentext dieses Gedenktages.

ZUM EVANGELIUM *In seiner Heimatstadt Nazaret begegnet Jesus einer abweisenden Skepsis. Dort kennt man ihn und seine Familie, und gerade dieser Umstand erschwert das richtige Hinhören. Woher hat er das alles? fragen sie und meinen damit: Wer ist er denn? Was bildet er sich ein, daß er so zu uns spricht? Ist er denn mehr als wir? Ähnlich fragen auch heute nicht wenige Gelehrte; sie wollen wissen, woher er das hat, um dann sagen zu können, wer er ist. Mit einer solchen Fragestellung kann man zu interessanten Ergebnissen kommen und selber interessant werden, zum Glauben kommt man damit schwerlich. Man wird sich, wie die Leute von Nazaret, daran stoßen, daß Jesus einer von uns ist, ein Mensch wie die anderen, der Sohn des Zimmermanns, und daß Gott sich nicht auf göttliche Weise offenbart hat. – Mk 6, 1–6a; Lk 4, 16–30; Joh 7, 15; 6, 42; Lk 3, 23; Mt 12, 46; 11, 6.*

EVANGELIUM

Mt 13,54–58

Ist das nicht der Sohn des Zimmermanns?

✣ Aus dem heiligen Evangelium nach Matthäus.

In jener Zeit
54 kam Jesus in seine Heimatstadt
und lehrte die Menschen dort in der Synagoge.

Da staunten alle
und sagten: Woher hat er diese Weisheit
und die Kraft, Wunder zu tun?
55 Ist das nicht der Sohn des Zimmermanns?
Heißt nicht seine Mutter Maria,
und sind nicht Jakobus, Josef, Simon und Judas seine Brüder?
56 Leben nicht alle seine Schwestern unter uns?
Woher also hat er das alles?
57 Und sie nahmen Anstoß an ihm und lehnten ihn ab.

Da sagte Jesus zu ihnen:
Nirgends hat ein Prophet so wenig Ansehen
wie in seiner Heimat und in seiner Familie.
58 Und wegen ihres Unglaubens
tat er dort nur wenige Wunder.

FÜRBITTEN

Wir beten zu Jesus Christus, der sich der väterlichen Fürsorge des heiligen Josef anvertraute:

Verteidige durch die Kirche die Rechte des arbeitenden Menschen.
A.: Herr, erhöre uns.

Gib, daß die Arbeit allen Menschen Segen bringt.

Bewahre die Arbeitslosen vor Elend, und laß sie ihre Zeit sinnvoll nützen.

Steh uns bei, damit unsere Arbeit deinem Plan mit der Schöpfung entspricht.

Allmächtiger Gott, auf die Fürbitte des heiligen Josef laß das Werk unserer Hände gelingen durch Christus, unseren Herrn.
A.: Amen.

GABENGEBET

Gott, du Quelle aller Barmherzigkeit,
nimm die Gaben entgegen,
die wir am Gedenktag des heiligen Josef darbringen.
Schütze uns durch die Kraft dieses Opfers,
da wir in all unseren Nöten auf dein Erbarmen vertrauen.
Darum bitten wir durch Christus, unseren Herrn.

Präfation vom hl. Josef, S. 1376.

KOMMUNIONVERS   Kol 3, 17

Alles, was ihr in Worten und Werken tut,
geschehe im Namen Jesu, des Herrn;
durch ihn dankt Gott, dem Vater. Halleluja.

SCHLUSSGEBET

Herr, unser Gott,
du hast uns zu diesem Mahl der Freude geladen.
Laß uns nach dem Vorbild des heiligen Josef
Zeugnis geben von der Liebe,
die du uns erwiesen hast,
und schenke uns
den Segen eines beständigen Friedens.
Darum bitten wir durch Christus, unseren Herrn.

2. Mai

HL. ATHANASIUS
Bischof, Kirchenlehrer
Gedenktag

Athanasius mit dem Beinamen „der Große" ist einer der bedeutendsten Kirchenlehrer der alten Zeit. Er wurde um 295 in Alexandrien geboren. 325 nahm er als Diakon seines Bischofs am Konzil von Nizäa teil. Gegen die arianische Irrlehre war er ein unermüdlicher Verteidiger der Lehre von der wahren Gottheit Christi, wie sie vom Konzil von Nizäa definiert worden war: Christus ist der Sohn Gottes, „gezeugt, nicht geschaffen, eines Wesens mit dem Vater". Da auch die Staatsgewalt auf seiten der Irrlehrer stand, mußte Athanasius wiederholt aus Alexandrien fliehen; siebzehn Jahre seines Lebens verbrachte er im Exil. Seine zahlreichen Schriften dienen vor allem der Erklärung und Verteidigung des wahren Glaubens. Athanasius hat auch das berühmte Leben des heiligen Abtes Antonius geschrieben. Er starb 373 in Alexandrien.

Die Unerschrockenen
„Er überredete, er mahnte, er griff zur Gewalt. Wenn er angegriffen wurde, verteidigte er sich. Wenn er der Stärkere war, dann erlebte sein Gegner eine böse Stunde. Es ist die Schwäche der Unerschrockenen, ihre Kraft nicht zu messen und so bisweilen das rechte Maß zu verfehlen."
(Epiphanius)

Commune-Texte:
A Meßformulare für Bischöfe, S. 2056 ff.,
oder für Kirchenlehrer, S. 2071 ff.
B Schriftlesungen für Hirten der Kirche, S. 2101 ff.,
oder für Kirchenlehrer, S. 2106 ff.

ERÖFFNUNGSVERS 1 Sam 2, 35

**So spricht Gott der Herr:
Ich werde mir einen zuverlässigen Priester einsetzen,
der nach meinem Willen handelt.** (MB 919)

TAGESGEBET

**Allmächtiger, ewiger Gott,
du hast dem heiligen Bischof Athanasius
den Geist der Kraft und der Stärke verliehen,
so daß er die Lehre von der wahren Gottheit
deines Sohnes unerschrocken verteidigte.
Höre auf die Fürsprache dieses heiligen Bekenners.
Hilf uns, an der Botschaft festzuhalten,
die er verkündet hat,
und gib, daß wir unter seinem Schutz
dich tiefer erkennen und inniger lieben.
Darum bitten wir durch Jesus Christus.**

ZUR LESUNG *In 1 Joh 4, 7 heißt es: „Jeder, der liebt, stammt von Gott und erkennt Gott." Was hier von der Liebe gesagt war, wird in 5, 1*

vom Glauben gesagt: "Jeder, der glaubt ... stammt von Gott." Der Glaube
ist ebenso wie die Liebe von Gott geschenkt, und beide sind voneinander
nicht zu trennen. Der Inhalt des christlichen Glaubens wird in 5,1 auf die
kürzeste Formel gebracht: "daß Jesus der Christus ist"; dazu verdeutlichend 5,5: "daß Jesus der Sohn Gottes ist". Das sagt Johannes gegen Irrlehrer, mit denen die Kirche auch später noch zu tun hatte (und irgendwie
immer zu tun hat); diese behaupten genau das Gegenteil: Jesus sei nicht
der Christus, nicht der Sohn Gottes; Gottheit und Menschheit seien in ihm
nie zu einer wirklichen Einheit verbunden gewesen. Die Tragweite und
Gefährlichkeit einer solchen Lehre liegt auf der Hand; Jesus ist dann ein
bloßer Mensch, das ganze Werk der Erlösung ist in Frage gestellt. Das
Bekenntnis zu Jesus als dem Christus ist das unterscheidende Kennzeichen derer, die "aus Gott stammen und ihn erkennen". Das Bekenntnis
aber muß sich durch die Liebe als wahr erweisen. Dieser Glaube, der zugleich Liebe und Treue ist, kann von keiner Macht der Welt besiegt werden. – 1 Joh 3,23; 4,15; 2,22; 1 Petr 1,22–23; Joh 14,15.21.

ERSTE LESUNG 1 Joh 5,1–5

Das ist der Sieg, der die Welt besiegt hat: unser Glaube

**Lesung
aus dem ersten Johannesbrief.**

Brüder!
1 Jeder, der glaubt, daß Jesus der Christus ist,
stammt von Gott,
und jeder, der den Vater liebt,
liebt auch den, der von ihm stammt.
2 Wir erkennen, daß wir die Kinder Gottes lieben,
wenn wir Gott lieben und seine Gebote erfüllen.
3 *Denn die Liebe zu Gott besteht darin,
daß wir seine Gebote halten.*
Seine Gebote sind nicht schwer.
4 Denn alles, was von Gott stammt, besiegt die Welt.
Und das ist der Sieg, der die Welt besiegt hat:
unser Glaube.
5 Wer sonst besiegt die Welt
außer dem, der glaubt, daß Jesus der Sohn Gottes ist?

ANTWORTPSALM
Ps 37 (36), 3–4.5–6.30–31 (R: vgl. 30a)

R Der Mund des Gerechten spricht Worte der Weisheit. – **R**

(GL 496 oder 687, 1)

VI. Ton

3 Vertrau auf den Herrn und tu das Gute, *
bleib wohnen im Land und bewahre Treue!

4 Freu dich innig am Herrn! *
Dann gibt er dir, was dein Herz begehrt. – (R)

5 Befiehl dem Herrn deinen Weg und vertrau ihm; *
er wird es fügen.

6 Er bringt deine Gerechtigkeit heraus wie das Licht *
und dein Recht so hell wie den Mittag. – (R)

30 Der Mund des Gerechten bewegt Worte der Weisheit, *
und seine Zunge redet, was recht ist.

31 Er hat die Weisung seines Gottes im Herzen, *
seine Schritte wanken nicht. – R

RUF VOR DEM EVANGELIUM
Vers: vgl. Mt 5, 10

Halleluja. Halleluja.

Selig, die um der Gerechtigkeit willen Verfolgung leiden;
denn ihnen gehört das Himmelreich.

Halleluja.

ZUM EVANGELIUM *Die Jünger Jesu erleiden das Schicksal dessen, der sie sendet: man wird sie hassen und verfolgen. „Man", das sind „die Menschen" (10, 17); nach 10, 22 sind es „alle": alle, die sich der Botschaft Jesu verschließen, die Nichtchristen also, Juden und Heiden. In der Geschichte des Christentums ist allerdings auch der Fall eingetreten, daß Christen von Christen um ihres Glaubens willen verfolgt wurden, und das ist bitter. Auch hier gilt: Ein Jünger steht nicht über seinem Meister. Für die Zeit der Verfolgung werden dem Jünger zwei Verhaltensweisen aufgetragen, die freilich nicht auf einer Ebene stehen: die Standhaftigkeit und die Flucht (10, 22.23). Die Flucht kann in einer konkreten Situation ein Gebot der Klugheit sein, vielleicht sogar eine Form der Standhaftigkeit. Standhaftigkeit aber bedeutet, unter dem Kreuz auszuharren „bis ans Ende"; ihr gilt die Verheißung Jesu. – Mk 13, 13; Mt 24, 13; Joh 15, 18; Mt 16, 28; Mk 9, 1; Lk 6, 40; Joh 13, 16.*

2. Mai. Hl. Athanasius

EVANGELIUM Mt 10,22–25a

Wenn man euch in der einen Stadt verfolgt, so flieht in eine andere

✥ Aus dem heiligen Evangelium nach Matthäus.

In jener Zeit sprach Jesus zu seinen Jüngern:
22 Ihr werdet um meines Namens willen von allen gehaßt werden;
wer aber bis zum Ende standhaft bleibt,
   der wird gerettet.
23 Wenn man euch in der einen Stadt verfolgt,
   so flieht in eine andere.
Amen, ich sage euch:
Ihr werdet nicht zu Ende kommen mit den Städten Israels,
   bis der Menschensohn kommt.
24 Ein Jünger steht nicht über seinem Meister
und ein Sklave nicht über seinem Herrn.
25a Der Jünger muß sich damit begnügen,
   daß es ihm geht wie seinem Meister,
und der Sklave,
   daß es ihm geht wie seinem Herrn.

FÜRBITTEN

Zu Christus, der durch den Heiligen Geist in die ganze Wahrheit führt, wollen wir beten:

Für alle Christen: daß sie feststehen im Bekenntnis deiner Gottheit. (Stille) Herr, erbarme dich.
A.: Christus, erbarme dich.

Für die Theologen: daß sie den Glauben der Kirche verteidigen. *(Stille) Herr, erbarme dich.*

Für alle, die von der Wahrheit abgewichen sind: daß sie ihren Irrweg erkennen. (Stille) Herr, erbarme dich.

Für unsere Gemeinde: daß wir das Geheimnis deiner Menschwerdung tiefer erfassen. (Stille) Herr, erbarme dich.

Barmherziger Gott, erhalte uns den wahren Glauben, für den sich der heilige Athanasius leidenschaftlich einsetzte, durch Christus, unseren Herrn. A.: Amen.

GABENGEBET

Allmächtiger Gott,
schau gütig auf die Gaben,
die wir am Gedenktag
des heiligen Athanasius darbringen.
Gib, daß wir wie er
den Glauben unversehrt bewahren
und durch unser Zeugnis für deine Wahrheit
zum Heil gelangen.
Darum bitten wir durch Christus, unseren Herrn.

KOMMUNIONVERS   Joh 10, 10

Ich bin gekommen, damit sie das Leben haben
und es in Fülle haben – so spricht der Herr. (MB 919)

SCHLUSSGEBET

Allmächtiger Gott,
mit dem heiligen Athanasius
bekennen wir die wahre Gottheit
deines menschgewordenen Sohnes.
Schütze uns durch den Empfang dieses Sakramentes
und schenke uns Anteil am göttlichen Leben
unseres Herrn Jesus Christus,
der mit dir lebt und herrscht in alle Ewigkeit.

3. Mai

HL. PHILIPPUS
und
HL. JAKOBUS
Apostel

Fest

Philippus, wie Petrus und Jakobus in Betsaida geboren, gehörte zum Kreis um Johannes den Täufer und wurde einer der ersten Jünger Jesu. In den Apostelverzeichnissen steht er immer an fünfter Stelle. Er soll in Hierapolis (Kleinasien) gestorben sein.

3. Mai. Hl. Philippus und hl. Jakobus

Jakobus, der Sohn des Alphäus (Mk 3,18), war ebenfalls einer der Zwölf. Ob er derselbe ist wie der „Bruder des Herrn" (Gal 1,19) und der Verfasser des Jakobusbriefs, wird von der heutigen Forschung mit guten Gründen bezweifelt. Die römische Liturgie scheint jedoch bei dieser Gleichsetzung zu bleiben. Jakobus, „der Bruder des Herrn", d.h. ein Verwandter Jesu, hat in der Kirche von Jerusalem eine führende Rolle gespielt und beim sog. Apostelkonzil in Jerusalem ein wichtiges Wort zur Frage der Aufnahme der Heiden gesprochen (Apg 15, 13–21). Nach der Überlieferung starb er im Jahr 62 als Märtyrer.

ERÖFFNUNGSVERS

**Das sind die heiligen Männer, die der Herr in Liebe erwählt hat.
Ewige Herrlichkeit gab er ihnen. Halleluja.**

Ehre sei Gott, S. 1280f.

TAGESGEBET

**Gütiger Gott,
wir feiern heute das Fest
deiner Apostel Philippus und Jakobus,
die für Christus ihr Blut vergossen haben.
Schenke auch uns Gemeinschaft mit deinem Sohn
in seinem Leiden und seiner Auferstehung,
damit wir in ewiger Freude
dein Angesicht schauen dürfen.
Darum bitten wir durch Jesus Christus.**

ZUR LESUNG *Der Glaube an die Auferstehung Jesu beruht nicht auf leeren Behauptungen, auch nicht allein auf dem Damaskuserlebnis des Paulus. Paulus selbst verkündet die Botschaft von der Auferstehung als „unsere Botschaft" (1 Kor 15, 1.11): die Botschaft aller Apostel. Christus ist gestorben, und er ist auferstanden: das sind die zwei Grundaussagen im Glaubensbekenntnis der Urgemeinde (15,3–5). Zu ihnen treten ergänzend und bestätigend zwei andere: Er wurde begraben, und: Er wurde gesehen (er ist erschienen). Die Auferstehung Jesu kann nicht bewiesen, wohl aber bezeugt werden: von denen, die den Auferstandenen gesehen haben: Kephas, die Zwölf, Jakobus ... Paulus. Warum Paulus zu den Korinthern so ausführlich von der Auferstehung Jesu spricht, wird in der Fortsetzung dieses Kapitels klar: Nur von der Tatsache der Auferstehung Jesu her kann der Christ seine eigene Existenz in der Gegenwart begreifen und Hoffnung für die Zukunft haben. – Zu 15,3–4: Jes 53,8–12; Ps 16,10; Hos 6,2; Apg 2,24–32. – Zu 15,5–8: Lk 24,34; Mt 28,16–20; Joh 20,19; Lk 24,50; Apg 9,3–6; 1 Kor 9,1.*

ERSTE LESUNG   1 Kor 15,1–8

Der Herr erschien dem Jakobus, dann allen Aposteln

**Lesung
aus dem ersten Brief des Apostels Paulus an die Korinther.**

1 Ich erinnere euch, Brüder,
  an das Evangelium, das ich euch verkündet habe.
  Ihr habt es angenommen;
  es ist der Grund, auf dem ihr steht.
2 Durch dieses Evangelium werdet ihr gerettet,
  wenn ihr an dem Wortlaut festhaltet,
  den ich euch verkündet habe.
  Oder habt ihr den Glauben vielleicht unüberlegt angenommen?
3 Denn vor allem habe ich euch überliefert,
  was auch ich empfangen habe:
  Christus ist für unsere Sünden gestorben, gemäß der Schrift,
4 und ist begraben worden.
  Er ist am dritten Tag auferweckt worden, gemäß der Schrift,
5 und erschien dem Kephas, dann den Zwölf.
6 Danach erschien er mehr als fünfhundert Brüdern zugleich;
  die meisten von ihnen sind noch am Leben,
  einige sind entschlafen.
7 Danach erschien er dem Jakobus,
  dann allen Aposteln.
8 Als letztem von allen erschien er auch mir,
  dem Unerwarteten, der „Mißgeburt".

ANTWORTPSALM   Ps 19 (18A),2–3.4–5b (R: 5a)

R Ihre Botschaft geht hinaus in die ganze Welt. – R   (GL 529,6)

Oder:

R Halleluja. – R

2 Die Himmel rühmen die Herrlichkeit Gottes, *   II. Ton
  vom Werk seiner Hände kündet das Firmament.

3 Ein Tag sagt es dem andern, *
eine Nacht tut es der andern kund, – (R)

4 ohne Worte und ohne Reden, *
unhörbar bleibt ihre Stimme.

5ab Doch ihre Botschaft geht in die ganze Welt hinaus, *
ihre Kunde bis zu den Enden der Erde. – R

RUF VOR DEM EVANGELIUM Vers: Joh 14,6a.9c

Halleluja. Halleluja.

(So spricht der Herr:)
Ich bin der Weg und die Wahrheit und das Leben.
Philippus, wer mich gesehen hat, hat den Vater gesehen.

Halleluja.

ZUM EVANGELIUM *In Jesus ist Gott sichtbar und greifbar geworden. Die Frage des Thomas und die Bitte des Philippus zeigen aber, daß die Jünger, die schon so lange mit Jesus zusammenleben, Mühe haben, ihn zu verstehen. Die Jünger, das sind wir. Jesus wird nicht müde, es uns immer neu zu sagen: Ich bin im Vater, und der Vater ist in mir. Jesus ist sozusagen das uns zugewandte Gesicht Gottes. Der Vater tut alles durch ihn, in der Ordnung der Schöpfung und in der Ordnung der Erlösung. Im Sohn wird der Vater verherrlicht, weil in ihm seine Größe und seine Liebe sichtbar werden. Durch den Sohn gelangen unsere Gebete zum Vater: unser Lob und unsere Bitte. „Im Namen Jesu beten" heißt geradezu in der Person Jesu beten, mit seiner Gesinnung, nach seiner Weisung. „Wir haben ihm gegenüber die Zuversicht, daß er uns hört, wenn wir etwas erbitten, das seinem Willen entspricht" (1 Joh 5,14). – Zu 14,6: Hebr 10,19–22; Joh 8,19; 12,45; 2 Kor 4,4. – Zu 14,9: Joh 1,18; 10,30; 17,6.*

EVANGELIUM Joh 14,6–14

So lange bin ich bei euch, und du hast mich nicht erkannt, Philippus?

✝ **Aus dem heiligen Evangelium nach Johannes.**

**In jener Zeit sprach Jesus zu seinen Jüngern:
Ich bin der Weg und die Wahrheit und das Leben;
niemand kommt zum Vater außer durch mich.**

7 Wenn ihr mich erkannt habt,
   werdet ihr auch meinen Vater erkennen.
   Schon jetzt kennt ihr ihn
   und habt ihn gesehen.
8 Philíppus sagte zu ihm:
   Herr, zeig uns den Vater;
   das genügt uns.
9 Jesus antwortete ihm:
   Schon so lange bin ich bei euch,
   und du hast mich nicht erkannt, Philíppus?
   Wer mich gesehen hat,
   hat den Vater gesehen.
   Wie kannst du sagen: Zeig uns den Vater?
10 Glaubst du nicht, daß ich im Vater bin
   und daß der Vater in mir ist?
   Die Worte, die ich zu euch sage,
   habe ich nicht aus mir selbst.
   Der Vater, der in mir bleibt,
   vollbringt seine Werke.
11 Glaubt mir doch, daß ich im Vater bin
   und daß der Vater in mir ist;
   wenn nicht, glaubt wenigstens aufgrund der Werke!
12 Amen, amen, ich sage euch:
   Wer an mich glaubt,
   wird die Werke, die ich vollbringe, auch vollbringen,
   und er wird noch größere vollbringen,
   denn ich gehe zum Vater.
13 Alles, um was ihr in meinem Namen bittet,
   werde ich tun,
   damit der Vater im Sohn verherrlicht wird.
14 Wenn ihr mich um etwas in meinem Namen bittet,
   werde ich es tun.

FÜRBITTEN

Im Gebet wenden wir uns an Jesus Christus, in dem uns Gott sichtbar *erschienen ist*:

Mache die Hirten der Kirche zu treuen Zeugen deines Wortes und Werkes.
A.: Wir bitten dich, erhöre uns.

Öffne die Herzen der Menschen für deine Botschaft.

Schenke den Notleidenden durch den Dienst der Kirche deine Liebe.

Erhalte uns in der Wahrheit, die die Apostel verkündet haben.

Barmherziger Gott, durch deinen Sohn bist du der Welt nahegekommen. Hilf uns, zu dir zu gelangen durch Christus, unseren Herrn. — A.: Amen.

GABENGEBET

Herr, unser Gott,
nimm die Gaben an,
die wir am Fest
der Apostel Philippus und Jakobus darbringen,
und schenke uns die Kraft,
dir in unseren notleidenden Brüdern
rein und makellos zu dienen.
Darum bitten wir durch Christus, unseren Herrn.

Apostelpräfation, S. 1377 f.

KOMMUNIONVERS   Joh 14, 8–9

Herr, zeige uns den Vater, und es genügt uns.
Philippus, wer mich sieht, der sieht auch den Vater. Halleluja.

SCHLUSSGEBET

Herr, unser Gott,
reinige unsere Herzen
durch die heilige Kommunion,
die wir empfangen haben,
damit wir mit den Aposteln Philippus und Jakobus
dich erkennen in der Gestalt deines Sohnes
und das ewige Leben haben.
Darum bitten wir durch ihn, Christus, unseren Herrn.

Feierlicher Schlußsegen, S. 1341 (Von den Aposteln).

4. Mai

HL. FLORIAN

Märtyrer

und

HLL. MÄRTYRER VON LORCH

Florian stammte aus Norikum (im Gebiet des heutigen Österreich). Als Kanzleivorstand des römischen Statthalters setzte er sich in Lorch an der Enns für die verfolgten Christen ein. Darauf wurde er selbst verhaftet und mit einem Stein um den Hals in der Enns ertränkt (4. Mai 304). Über seinem Grab erhob sich später das Chorherrenstift St. Florian bei Linz. Die Verehrung des hl. Florian war in Österreich, Süddeutschland und Polen verbreitet. Man rief ihn gegen Wasser- und Feuersgefahr an.

Commune-Texte:
A Meßformulare für Märtyrer, S. 2041 ff.
B Schriftlesungen für Märtyrer, S. 2098 ff.

TAGESGEBET

Großer und starker Gott,
du hast dem heiligen Florian
und seinen Gefährten
die Gnade geschenkt,
den Glauben an Christus
durch ihr Sterben zu bezeugen.
Gewähre uns auf ihre Fürsprache Schutz und Hilfe
und gib auch uns den Mut,
den Glauben unerschrocken zu bekennen.
Darum bitten wir durch Jesus Christus.

ZUR LESUNG *Was uns in der Offenbarung des Johannes geschildert wird, ist nicht eine historische Abfolge von Ereignissen; es wird uns vielmehr gesagt, was in dem ganzen Zeitraum zwischen der Geburt Jesu und seinem Kommen in Herrlichkeit in jedem Zeitabschnitt immer wieder geschieht. Der Böse, in Offb 12, 9 Teufel und Satan genannt, der im Himmel „keinen Platz mehr hat", bietet seine ganze Macht auf, um den ganzen Erdkreis zu verführen (12, 9); seine Wut ist auch deshalb groß, weil er weiß, daß seine Frist kurz ist (12, 12). Im Grunde ist, allem Anschein zum*

4. Mai: Hl. Florian und heilige Märtyrer von Lorch

Trotz, seine Gewalt bereits gebrochen. Was im Himmel geschah, wo der Satan gestürzt wurde, geschieht auch auf der Erde, und zwar erstens „durch das Blut des Lammes" (12, 11), d.h. durch den Kreuzestod Jesu, und zweitens durch das Wort des Zeugnisses derer, die an ihrem Leben nicht festhalten, sondern es in den Tod geben. Das Böse in der Welt ist auch in dieser letzten Zeit noch eine Größe, die ernst genommen werden muß; aber es kann besiegt werden: durch das „Zeugnis" (Martyrium), das von der Macht Christi getragen ist und durch die Gemeinschaft mit seinem Tod besiegelt wird. – Zu 12, 10–11: Offb 11, 15; Lk 10, 18; Joh 12, 31. – Zu 12, 12 a: Jes 44, 23.

ERSTE LESUNG   Offb 12, 10–12a

Sie hielten ihr Leben nicht fest, bis hinein in den Tod

Lesung
   aus der Offenbarung des Johannes.

10 **Ich, Johannes, hörte eine laute Stimme im Himmel rufen:**

Jetzt ist er da, der rettende Sieg,
die Macht und die Herrschaft unseres Gottes
   und die Vollmacht seines Gesalbten;
denn gestürzt wurde der Ankläger unserer Brüder,
   der sie bei Tag und bei Nacht vor unserem Gott verklagte.

11 **Sie haben ihn besiegt durch das Blut des Lammes**
   und durch ihr Wort und Zeugnis;
sie hielten ihr Leben nicht fest,
   bis hinein in den Tod.

12a **Darum jubelt, ihr Himmel**
   und alle, die darin wohnen.

ANTWORTPSALM   Ps 126 (125), 1–2b.2c–3.4–5.6 (R: 5)

R Die mit Tränen säen, werden mit Jubel ernten. – **R**   (GL 753, 1)

1 **Als der Herr das Los der Gefangenschaft Zions wendete,** *   II. Ton
da waren wir alle wie Träumende.

2ab **Da war unser Mund voll Lachen** *
und unsere Zunge voll Jubel. – (**R**)

2cd **Da sagte man unter den andern Völkern:** *
„Der Herr hat an ihnen Großes getan."

3 Ja, Großes hat der Herr an uns getan. *
  Da waren wir fröhlich. – (R)

4 Wende doch, Herr, unser Geschick, *
  wie du versiegte Bäche wieder füllst im Südland.

5 Die mit Tränen säen, *
  werden mit Jubel ernten. – (R)

6 Sie gehen hin unter Tränen *
  und tragen den Samen zur Aussaat.

  Sie kommen wieder mit Jubel *
  und bringen ihre Garben ein.

  R Die mit Tränen säen, werden mit Jubel ernten.

RUF VOR DEM EVANGELIUM Vers: vgl. Mt 5, 10

Halleluja. Halleluja.

Selig, die um der Gerechtigkeit willen Verfolgung leiden;
denn ihnen gehört das Himmelreich.

Halleluja.

ZUM EVANGELIUM Bereits in der Bergpredigt steht der Hinweis auf Verfolgungen, mit denen der Jünger Jesu zu rechnen hat (Mt 5, 10–12). Die Ankündigung bei Mt 10, 17–22 steht im Zusammenhang mit der Jüngeraussendung; sie kehrt wieder in der Rede Jesu über die Ereignisse der Endzeit (Mt 24, 9–14). Wir werden also nachdrücklich darauf aufmerksam gemacht, was wir von den „Menschen" zu erwarten haben. „Menschen" werden hier die genannt, die von Gottes Wegen nichts verstehen und nichts wissen wollen und die es für nötig halten, diesen ganzen christlichen „Aberglauben" aus der Welt zu schaffen. Die Mittel, die dafür eingesetzt werden, sind verschiedener Art: gleichgültige Duldung, Verächtlichmachung, Verleumdung, Benachteiligung, brutale Gewalt – viele Formen und Möglichkeiten hat der Haß. Aber die Verfolger sind schlechter daran als die Verfolgten. Die Verfolger wissen nicht, was sie tun; der Jünger weiß, warum und wozu er leidet. „Um meinetwillen ... damit ihr ... Zeugnis ablegt" (10, 18). Der Glaube der Verfolgten ist für die Verfolger ein „Zeugnis", das sie anklagt, beschämt, beunruhigt. Gottes Kraft wird in der Treue und Liebe schwacher Menschen sichtbar. – Mt

4. Mai. Hl. Florian und heilige Märtyrer von Lorch

24, 9–14; Mk 13, 9–13; Lk 21, 12–19. – Mt 16, 23; Joh 16, 1–4; Lk 12, 11–12; 1 Tim 6, 12–16; 2 Tim 4, 16–17; Joh 15, 18–25.

EVANGELIUM   Mt 10, 17–22

Ihr werdet um meinetwillen vor Statthalter und Könige geführt, damit ihr vor ihnen und den Heiden Zeugnis ablegt

✛ Aus dem heiligen Evangelium nach Matthäus.

In jener Zeit sprach Jesus zu seinen Aposteln:
17 Nehmt euch vor den Menschen in acht!
Denn sie werden euch vor die Gerichte bringen
und in ihren Synagogen auspeitschen.
18 Ihr werdet um meinetwillen vor Statthalter und Könige geführt,
    damit ihr vor ihnen und den Heiden Zeugnis ablegt.

19 Wenn man euch vor Gericht stellt,
    macht euch keine Sorgen, wie und was ihr reden sollt;
denn es wird euch in jener Stunde eingegeben,
    was ihr sagen sollt.
20 Nicht ihr werdet dann reden,
    sondern der Geist eures Vaters wird durch euch reden.
21 Brüder werden einander dem Tod ausliefern
und Väter ihre Kinder,
und die Kinder werden sich gegen ihre Eltern auflehnen
    und sie in den Tod schicken.
22 Und ihr werdet um meines Namens willen
    von allen gehaßt werden;
wer aber bis zum Ende standhaft bleibt,
    der wird gerettet.

FÜRBITTEN

Jesus Christus, der für uns beim Vater eintritt, bitten wir:

Für die Kirche: leite sie an, sich der Armen und Wehrlosen anzunehmen. (Stille) Herr, erbarme dich.
A.: Christus, erbarme dich.

Für die Mächtigen: hindere sie, ihre Macht zu mißbrauchen. (Stille) Herr, erbarme dich.

Für die ungerecht Verfolgten: gib ihnen mutige Verteidiger. (Stille)
Herr, erbarme dich.
A.: Christus, erbarme dich.

Für unsere Gemeinde: hilf uns, durch unser Leben den Glauben zu bekennen. (Stille) Herr, erbarme dich.

Denn du hast dich vor den Mächtigen dieser Welt nicht gefürchtet. Dir sei Lobpreis und Ehre in Ewigkeit. A.: Amen.

5. Mai
HL. GODEHARD
Bischof

Godehard (Gotthart) war ein Bayer, geboren 960 in der Nähe von Niederaltaich. 990 wurde er Mönch in Niederaltaich und schon 996 Abt dieses Klosters. Später wirkte er als Reformabt in Hersfeld und Tegernsee. Seit 1022 war er, als Nachfolger Bernwards, Bischof von Hildesheim. Er tat viel für den Kirchenbau, die kirchliche Kunst und das Bildungswesen, und er war ein großer Kinderfreund. Er starb am 5. Mai 1038.

Commune-Texte:
A Meßformulare für Bischöfe, S. 2056 ff.
B Schriftlesungen für Hirten der Kirche, S. 2101 ff.

TAGESGEBET

Herr und Gott,
du hast den heiligen Godehard berufen,
das klösterliche Leben zu erneuern
und den Gläubigen seines Bistums
ein weiser und gütiger Bischof zu sein.
Erhalte in uns den Willen,
unser Leben auf dich hin auszurichten
und dem Nächsten in Liebe zu begegnen.
Darum bitten wir durch Jesus Christus.

ZUR LESUNG *„Der wahre und angemessene Gottesdienst" (Röm 12, 1) ist die Antwort des erlösten Menschen auf das, was Gott durch*

Jesus Christus getan hat. Worin besteht dieser Gottesdienst? Nicht darin, daß der Mensch irgend etwas von seinem Besitz weggibt, irgendein „Opfer" bringt. Sich selbst mit Leib und Seele soll er Gott zum Opfer weihen. Die ganze Schöpfung erfüllt in diesem Opfer des Lobes und des Dankes ihren Sinn und findet darin ihr Heil. Der wahre Gottesdienst vollendet sich in der Verwandlung der dargebrachten Gabe (12, 2); der Kern des Menschenwesens, sein Denken und Wollen wird erneuert, dem Denken und Wollen Christi gleichgestaltet. – Die Fortsetzung der Lesung ergänzt das in den Versen 1–2 Gesagte. Es wird uns gesagt, was wir sind: der eine Leib Christi (12, 5), und was sich daraus konkret ergibt: die gegenseitige Liebe und Achtung (12, 10). – Zu 12, 2: Röm 8, 26–27; Eph 4, 23. – Zu 12, 5: 1 Kor 12, 12–13; Eph 4, 7; 1 Petr 4, 10. – Zu 12, 9–10: 1 Petr 1, 22; Joh 13, 34; Phil 2, 3.

ERSTE LESUNG   Röm 12, 1–6a.9–11

Gleicht euch nicht dieser Welt an!

Lesung
  aus dem Brief des Apostels Paulus an die Römer.

1 **Angesichts des Erbarmens Gottes**
  ermahne ich euch, meine Brüder,
  euch selbst als lebendiges und heiliges Opfer darzubringen,
  das Gott gefällt;
  das ist für euch der wahre und angemessene Gottesdienst.

2 **Gleicht euch nicht dieser Welt an,**
  sondern wandelt euch
    und erneuert euer Denken,
  damit ihr prüfen und erkennen könnt,
    was der Wille Gottes ist:
  was ihm gefällt,
  was gut und vollkommen ist.

3 Aufgrund der Gnade, die mir gegeben ist,
    sage ich einem jeden von euch:
  Strebt nicht über das hinaus, was euch zukommt,
  sondern strebt danach, besonnen zu sein,
  jeder nach dem Maß des Glaubens,
    das Gott ihm zugeteilt hat.

4 Denn wie wir an dem einen Leib viele Glieder haben,
  aber nicht alle Glieder denselben Dienst leisten,

⁵ so sind wir, die vielen, ein Leib in Christus,
    als einzelne aber sind wir Glieder, die zueinander gehören.
⁶ᵃ Wir haben unterschiedliche Gaben,
    je nach der uns verliehenen Gnade.
⁹ Eure Liebe sei ohne Heuchelei.
    Verabscheut das Böse,
    haltet fest am Guten!
¹⁰ Seid einander in brüderlicher Liebe zugetan,
    übertrefft euch in gegenseitiger Achtung!
¹¹ Laßt nicht nach in eurem Eifer,
    laßt euch vom Geist entflammen und dient dem Herrn!

ANTWORTPSALM   Ps 122 (121), 1–3.4–5.6–7.8–9 (R: 1b)

R Zum Haus des Herrn wollen wir pilgern. – R   (GL 526, 1)

¹ Ich freute mich, als man mir sagte: *   VIII. Ton
  „Zum Haus des Herrn wollen wir pilgern."

² Schon stehen wir in deinen Toren, Jerusalem: †
³ Jerusalem, du starke Stadt, *
  dicht gebaut und fest gefügt. – (R)

⁴ Dorthin ziehen die Stämme hinauf, die Stämme des Herrn, †
  wie es Israel geboten ist, *
  den Namen des Herrn zu preisen.

⁵ Denn dort stehen Throne bereit für das Gericht, *
  die Throne des Hauses David. – (R)

⁶ Erbittet für Jerusalem Frieden! *
  Wer dich liebt, sei in dir geborgen.

⁷ Friede wohne in deinen Mauern, *
  in deinen Häusern Geborgenheit. – (R)

⁸ Wegen meiner Brüder und Freunde *
  will ich sagen: In dir sei Friede.

⁹ Wegen des Hauses des Herrn, unseres Gottes, *
  will ich dir Glück erflehen. – R

5. Mai. Hl. Godehard

RUF VOR DEM EVANGELIUM
Vers: Ps 27 (26), 4

Halleluja. Halleluja.
Nur eines erbitte ich vom Herrn, danach verlangt mich:
Im Haus des Herrn zu wohnen alle Tage meines Lebens.
Halleluja.

ZUM EVANGELIUM *Drei kurze Gespräche über die Nachfolge stehen in diesem Abschnitt; das letzte (Lk 9, 61–62) steht nur bei Lukas, die anderen auch bei Matthäus. Es geht bei der Nachfolge Jesu nicht um eine Reisebegleitung, es geht um die Teilnahme am Leben Jesu und an seiner Aufgabe. Jesus ist auf dem Weg nach Jerusalem, seine Aufgabe drängt. Wer mit ihm gehen will, muß wissen, was er tut. Nachfolge Jesu heißt Exodus, „Auszug" aus Ruhe und Geborgenheit, und heißt Abschied von menschlichen Bindungen, letzten Endes Abschied vom Ich, und das alles jetzt und ganz. So hat kein Rabbi mit seinen Schülern gesprochen. Die Forderungen werfen Licht auf den, der fordert; von ihm, dem Menschensohn her, der die Gottesherrschaft herbeiführt, werden sie erst verständlich. – Mt 8, 19–22; Lk 14, 26–33; 1 Kön 19, 19–21; Phil 3, 13.*

EVANGELIUM
Lk 9, 57–62

Ich will dir folgen, wohin du auch gehst

✠ Aus dem heiligen Evangelium nach Lukas.

In jener Zeit,
57   als Jesus und seine Jünger
    auf ihrem Weg nach Jerusalem weiterzogen,
    redete ein Mann Jesus an
und sagte: Ich will dir folgen, wohin du auch gehst.
58 Jesus antwortete ihm:
Die Füchse haben ihre Höhlen und die Vögel ihre Nester;
der Menschensohn aber hat keinen Ort,
    wo er sein Haupt hinlegen kann.
59 Zu einem anderen sagte er: Folge mir nach!
Der erwiderte:
    Laß mich zuerst heimgehen und meinen Vater begraben.
60 Jesus sagte zu ihm:
    Laß die Toten ihre Toten begraben;
du aber geh und verkünde das Reich Gottes!

61 **Wieder ein anderer sagte:**
   Ich will dir nachfolgen, Herr.
   Zuvor aber laß mich von meiner Familie Abschied nehmen.
62 **Jesus erwiderte ihm:**
   Keiner, der die Hand an den Pflug gelegt hat
   und nochmals zurückblickt,
   taugt für das Reich Gottes.

FÜRBITTEN

Wir beten zu Christus, der uns in seine Kirche gerufen hat:

Erfülle die Orden mit deinem Geist, daß sie zur Erneuerung des christlichen Lebens beitragen.
A.: Herr, erhöre unser Gebet.

Fördere alles, was zu einer christlichen Erziehung und einer guten Ausbildung der Kinder beiträgt.

Laß einsame Menschen erfahren, daß sie nicht verlassen sind.

Gib, daß die würdige Feier der Liturgie und der Schmuck des Gotteshauses unsere Herzen Gott näher bringen.

Allmächtiger Gott, höre auf das Gebet deines Volkes, und erhöre es durch Christus, unseren Herrn.   A.: Amen.

12. Mai
HL. NEREUS
und
HL. ACHILLEUS
Märtyrer

Über das Leben der beiden Märtyrer wissen wir wenig. Wahrscheinlich haben sie *in der Dioklethianischen Verfolgung* um 304 das Martyrium erlitten. Nach einer Grabinschrift, die von Papst Damasus stammt, waren sie Soldaten, die sich zum Christentum bekehrten. Papst Gregor d. Gr. hielt an ihrem Grab in Rom 592 eine Predigt (28. Homilie).

12. Mai. Hl. Nereus und hl. Achilleus

Commune-Texte:
A Meßformulare für Märtyrer, S. 2041 ff. oder S. 2050 ff.
B Schriftlesungen für Märtyrer, S. 2098 ff.

TAGESGEBET

Allmächtiger Gott,
deine heiligen Märtyrer Nereus und Achilleus
haben dich bis in den Tod mutig bekannt.
Auf ihre Fürsprache hin
stärke unseren Glauben und unsere Treue,
damit auch wir ausharren bis ans Ende.
Darum bitten wir durch Jesus Christus.

ZUR LESUNG   *Die Welt ist nicht so dunkel, wie es dem Blick der Menschen oft scheinen möchte. „Die Rettung kommt von unserem Gott ... und von dem Lamm" (7, 10). Zwischen einer Reihe von Visionen über die Katastrophen der Weltgeschichte steht die Vision von der glanzvollen Versammlung der Geretteten vor dem Thron Gottes. Durch den Opfertod und die Erhöhung des Lammes ist der Tod überwunden, das Leben ist in diese vergängliche Welt und ihre Ordnungen eingedrungen. Zwar konnte der Drache die Märtyrer töten (7, 14), noch ist der leibliche Tod nicht aus der Welt geschafft; aber für alle, die „ihre Gewänder gewaschen und im Blut des Lammes weiß gemacht haben", ist der Tod das, was er auch für das geopferte Lamm war: ein Hinübergehen aus Not und Verfolgung in die Welt Gottes, wo es keine Not und keinen Tod mehr gibt. Vom Kreuz Jesu Christi her empfängt der Glaubende die Kraft, in das Leben hineinzusterben. – Zu 7, 10: Jes 6, 1. – Zu 7, 14: Dan 12, 1; Mk 13, 19.*

ERSTE LESUNG   Offb 7, 9–17

Das sind die, die aus der großen Bedrängnis kommen

Lesung
   aus der Offenbarung des Johannes.

Ich, Johannes, sah: eine große Schar
   aus allen Nationen und Stämmen, Völkern und Sprachen;
niemand konnte sie zählen.
Sie standen in weißen Gewändern
   vor dem Thron und vor dem Lamm
   und trugen Palmzweige in den Händen.

¹⁰ Sie riefen mit lauter Stimme:
Die Rettung kommt von unserem Gott, der auf dem Thron sitzt,
und von dem Lamm.

¹¹ Und alle Engel standen rings um den Thron,
um die Ältesten und die vier Lebewesen.
Sie warfen sich vor dem Thron nieder,
beteten Gott an
¹² und sprachen:

Amen, Lob und Herrlichkeit,
Weisheit und Dank,
Ehre und Macht und Stärke
unserem Gott in alle Ewigkeit. Amen.

¹³ Da fragte mich einer der Ältesten:
Wer sind diese, die weiße Gewänder tragen,
und woher sind sie gekommen?
¹⁴ Ich erwiderte ihm: Mein Herr, das mußt du wissen.
Und er sagte zu mir:
Es sind die, die aus der großen Bedrängnis kommen;
sie haben ihre Gewänder gewaschen
und im Blut des Lammes weiß gemacht.

¹⁵ Deshalb stehen sie vor dem Thron Gottes
und dienen ihm bei Tag und Nacht in seinem Tempel;
und der, der auf dem Thron sitzt,
wird sein Zelt über ihnen aufschlagen.
¹⁶ Sie werden keinen Hunger und keinen Durst mehr leiden,
und weder Sonnenglut noch irgendeine sengende Hitze
wird auf ihnen lasten.
¹⁷ Denn das Lamm in der Mitte vor dem Thron wird sie weiden
und zu den Quellen führen,
aus denen das Wasser des Lebens strömt,
und Gott wird alle Tränen von ihren Augen abwischen.

ANTWORTPSALM   Ps 124 (123), 2–3.4–5.7–8 (R: 7a)

R Unsre Seele ist wie ein Vogel dem Netz des Jägers entkommen. – **R**
(GL 528, 2)
² Hätte sich nicht der Herr für uns eingesetzt, *
als sich gegen uns Menschen erhoben,

IV. Ton

³ dann hätten sie uns lebendig verschlungen, *
als gegen uns ihr Zorn entbrannt war. – (**R**)

12. Mai. Hl. Nereus und hl. Achilleus

4 Dann hätten die Wasser uns weggespült, *
hätte sich über uns ein Wildbach ergossen.

5 Dann hätten sich über uns die Wasser ergossen, *
die wilden und wogenden Wasser. – (R)

7 Unsre Seele ist wie ein Vogel dem Netz des Jägers entkommen; *
das Netz ist zerrissen, und wir sind frei.

8 Unsre Hilfe steht im Namen des Herrn,
der Himmel und Erde gemacht hat. – R

RUF VOR DEM EVANGELIUM Vers: vgl. Mt 5, 10

Halleluja. Halleluja.

**Selig, die um der Gerechtigkeit willen Verfolgung leiden;
denn ihnen gehört das Himmelreich.**

Halleluja.

ZUM EVANGELIUM Bereits in der Bergpredigt steht der Hinweis auf Verfolgungen, mit denen der Jünger Jesu zu rechnen hat (Mt 5, 10–12). Die Ankündigung bei Mt 10, 17–22 steht im Zusammenhang mit der Jüngeraussendung; sie kehrt wieder in der Rede Jesu über die Ereignisse der Endzeit (Mt 24, 9–14). Wir werden also nachdrücklich darauf aufmerksam gemacht, was wir von den „Menschen" zu erwarten haben. „Menschen" werden hier die genannt, die von Gottes Wegen nichts verstehen und nichts wissen wollen und die es für nötig halten, diesen ganzen christlichen „Aberglauben" aus der Welt zu schaffen. Die Mittel, die dafür eingesetzt werden, sind verschiedener Art: gleichgültige Duldung, Verächtlichmachung, Verleumdung, Benachteiligung, brutale Gewalt – viele Formen und Möglichkeiten hat der Haß. Aber die Verfolger sind schlechter daran als die Verfolgten. Die Verfolger wissen nicht, was sie tun; der Jünger weiß, warum und wozu er leidet. „Um meinetwillen ... damit ihr ... Zeugnis ablegt" (10, 18). Der Glaube der Verfolgten ist für die Verfolger ein „Zeugnis", das sie anklagt, beschämt, beunruhigt. Gottes Kraft wird in der Treue und Liebe schwacher Menschen sichtbar. – Mt 24, 9–14; Mk 13, 9–13; Lk 21, 12–19. – Mt 16, 23; Joh 16, 1–4; Lk 12, 11–12; 1 Tim 6, 12–16; 2 Tim 4, 16–17; Joh 15, 18–25.

EVANGELIUM Mt 10, 17–22

Ihr werdet um meinetwillen vor Statthalter und Könige geführt, damit ihr vor ihnen und den Heiden Zeugnis ablegt

✠ Aus dem heiligen Evangelium nach Matthäus.

In jener Zeit sprach Jesus zu seinen Aposteln:
¹⁷ Nehmt euch vor den Menschen in acht!
Denn sie werden euch vor die Gerichte bringen
und in ihren Synagogen auspeitschen.
¹⁸ Ihr werdet um meinetwillen vor Statthalter und Könige geführt,
damit ihr vor ihnen und den Heiden Zeugnis ablegt.
¹⁹ Wenn man euch vor Gericht stellt,
macht euch keine Sorgen, wie und was ihr reden sollt;
denn es wird euch in jener Stunde eingegeben,
was ihr sagen sollt.
²⁰ Nicht ihr werdet dann reden,
sondern der Geist eures Vaters wird durch euch reden.
²¹ Brüder werden einander dem Tod ausliefern
und Väter ihre Kinder,
und die Kinder werden sich gegen ihre Eltern auflehnen
und sie in den Tod schicken.
²² Und ihr werdet um meines Namens willen
von allen gehaßt werden;
wer aber bis zum Ende standhaft bleibt,
der wird gerettet.

FÜRBITTEN

Zu Jesus Christus, der für uns sein Leben hingab, rufen wir:

Steh allen Christen bei, daß sie auch in Bedrängnis dem Glauben treu bleiben.
A.: Herr, erhöre uns.

Gib den Politikern Verständnis für die Aufgaben der Kirche.

Schütze alle, die in ihrem Beruf Gefahren für Gesundheit und Leben auf sich nehmen.

Nimm unsere Verstorbenen auf in dein Reich.

Herr, unser Gott, laß uns in allen Bedrängnissen standhalten, und schenke uns die Krone des Lebens durch Christus, unseren Herrn. A.: Amen.

12. Mai
HL. PANKRATIUS
Märtyrer

Die Nachrichten über den hl. Pankratius stammen aus später Zeit und sind unsicher. Im Alter von vierzehn Jahren soll er in der Diokletianischen Verfolgung wegen seines Glaubens enthauptet worden sein. Über seinem Grab an der Via Aurelia in Rom baute Papst Symmachus um 500 eine Kirche.

Commune-Texte:
A Meßformulare für Märtyrer, S. 2041 ff. oder S. 2050 ff.
B Schriftlesungen für Märtyrer, S. 2098 ff.

TAGESGEBET

Herr, unser Gott,
höre auf die Fürsprache
des heiligen Märtyrers Pankratius,
dessen Gedenktag wir in Freude feiern.
Schenke deiner Kirche
Zuversicht und Gelassenheit,
damit sie sich in der Bedrängnis nicht fürchte,
sondern ausharre im Vertrauen
auf Christus Jesus, unseren Herrn und Gott,
der in der Einheit des Heiligen Geistes
mit dir lebt und herrscht in alle Ewigkeit.

ZUR LESUNG *Der Schlußakt der Weltgeschichte, das Gericht über „Babylon" – die „große Hure" (19, 2), Symbol der widergöttlichen Macht, des Reichtums und des Hochmuts –, wird in der Welt Gottes mit einer großen Liturgie gefeiert (Offb 19, 1–8). Nun – endlich – erklingt das Halleluja, das im ganzen übrigen Neuen Testament nicht vorkam, in Offb 19 dagegen gleich viermal (19, 1.3.4.6); in 19, 5 wird es übersetzt: „Preist unsern Gott". Zum Preis Gottes werden aufgerufen „seine Knechte", d. h. „alle, die ihn fürchten, Kleine und Große", alle, die durch ihre Taten (19, 8) Gott die Treue gehalten haben. Der Grund des Jubels ist ein zweifacher: 1. der Herr ist König geworden (19, 6), er hat endgültig sein Königtum aufgerichtet; 2. „gekommen ist die Hochzeit des Lammes" (19, 7). Die Vollendung des ganzen Heilsgeschehens erscheint im Bild von der Hochzeit des Lammes mit dem bewahrten, geretteten Gottesvolk. Die Einladung zum Festmahl ergeht im abschließenden Vers 19,9 an die Gläubigen, die noch in der Not des Kampfes stehen. – Zu 19,1: Tob 13,18. – Zu 19,5: Ps 134,1; 115,13; Lk 1,48–49. – Zu 19,6–7: Ps 93,1; Dan 7,14; Ps 118,24.*

ERSTE LESUNG   Offb 19,1.5–9a

Selig, wer zum Hochzeitsmahl des Lammes eingeladen ist

Lesung
   aus der Offenbarung des Johannes.

1   Ich, Johannes, hörte etwas
   wie den lauten Ruf einer großen Schar im Himmel:

Halleluja!
Das Heil und die Herrlichkeit und die Macht
   ist bei unserm Gott.

5   Und eine Stimme kam vom Thron her:
   Preist unsern Gott, all seine Knechte
   und alle, die ihn fürchten, Kleine und Große!

6   Da hörte ich etwas wie den Ruf einer großen Schar
   und wie das Rauschen gewaltiger Wassermassen
   und wie das Rollen mächtiger Donner:

Halleluja!
Denn König geworden ist der Herr, unser Gott,
   der Herrscher über die ganze Schöpfung.

7   Wir wollen uns freuen und jubeln
   und ihm die Ehre erweisen.
Denn gekommen ist die Hochzeit des Lammes,
   und seine Frau hat sich bereit gemacht.

8   Sie durfte sich kleiden in strahlend reines Leinen.
Das Leinen bedeutet die gerechten Taten der Heiligen.

9a Jemand sagte zu mir: Schreib auf:
   Selig, wer zum Hochzeitsmahl des Lammes eingeladen ist.

ANTWORTPSALM   Ps 103 (102),1–2.3–4.8–9.13–14.17–18a (R: 1a)

R Lobe den Herrn, meine Seele! – R   (GL 496)

1   Lobe den Herrn, meine Seele, *   VI. Ton
   und alles in mir seinen heiligen Namen!

12. Mai. Hl. Pankratius

2 Lobe den Herrn, meine Seele, *
und vergiß nicht, was er dir Gutes getan hat: – (R)

3 der dir all deine Schuld vergibt, *
und all deine Gebrechen heilt,

4 der dein Leben vor dem Untergang rettet *
und dich mit Huld und Erbarmen krönt. – (R)

8 Der Herr ist barmherzig und gnädig, *
langmütig und reich an Güte.

9 Er wird nicht immer zürnen, *
nicht ewig im Groll verharren. – (R)

3 Wie ein Vater sich seiner Kinder erbarmt, *
so erbarmt sich der Herr über alle, die ihn fürchten.

4 Denn er weiß, was wir für Gebilde sind; *
er denkt daran: Wir sind nur Staub. – (R)

7 Doch die Huld des Herrn währt immer und ewig *
für alle, die ihn fürchten und ehren;

sein Heil erfahren noch Kinder und Enkel; *
8a alle, die seinen Bund bewahren. – R

RUF VOR DEM EVANGELIUM Vers: vgl. Mt 11, 25

Halleluja. Halleluja.

Sei gepriesen, Vater, Herr des Himmels und der Erde;
du hast die Geheimnisse des Reiches den Unmündigen offenbart.

Halleluja.

ZUM EVANGELIUM *Der Jubelruf Jesu (11, 25–26) mit der Erklärung und Begründung in 11, 27 ist eine der großen Offenbarungen im Matthäusevangelium. Der irdische Jesus steht zu Gott in der Unmittelbarkeit des Sohnes; er hat vom Vater „alles" empfangen: Sohnschaft, Erkenntnis, Vollmacht. Er kennt das Geheimnis des Vaters, er allein, und er gibt es denen weiter, die es fassen können. Das sind nicht „die Weisen und die Klugen", das heißt die Gesetzeskundigen in Israel; es sind die „Unmündigen" (11, 25), die Jünger, die nachher als die Geplagten und Beladenen angesprochen werden. Damit sind nicht die mit Sünde Beladenen gemeint, sondern die von den Anforderungen der pharisäischen Gesetzesauslegung bedrückten Menschen. Jesus lädt sie ein, sein Joch auf sich zu nehmen, und verheißt ihnen, daß sie Ruhe finden werden. Das Gesetz Jesu ist zwar nicht leichter als das alte Gesetz; Jesus hat es sogar verschärft (Bergpredigt); aber dieses Gesetz ist nicht mehr drückend für den, der es auf sich nimmt. Der Jünger Jesu ist nicht auf seine eigenen Leistungen angewiesen; Jesus selbst trägt die Last dieses Joches und läßt den Menschen, der hinter ihm hergeht, erleichtert aufatmen. Die „Ruhe", die man bei Jesus findet, ist Fülle des Lebens, es ist die große Heilsgabe, mit der Gott seine Schöpfung vollendet. Diese Ruhe zu verfehlen würde für den Menschen Heillosigkeit in dieser Welt und in der kommenden bedeuten. – Zu 11, 25–27: Lk 10, 21–22; Joh 7, 48–49; 1 Kor 1, 26; Joh 1, 18; 3, 35; 10, 15. – Zu 11, 28–30: Sir 24, 19; Hos 10, 11; Jer 6, 16; Apg 15, 10; Gal 5, 1.*

EVANGELIUM   Mt 11, 25–30

Du hast all das den Weisen und Klugen verborgen, den Unmündigen aber hast du es offenbart

✛ Aus dem heiligen Evangelium nach Matthäus.

25 In jener Zeit sprach Jesus:
Ich preise dich, Vater, Herr des Himmels und der Erde,
weil du all das den Weisen und Klugen verborgen,
    den Unmündigen aber offenbart hast.
26 Ja, Vater, so hat es dir gefallen.
27 Mir ist von meinem Vater alles übergeben worden;
niemand kennt den Sohn,
    nur der Vater,
und niemand kennt den Vater,
    nur der Sohn
und der, dem es der Sohn offenbaren will.
28 Kommt alle zu mir,
    die ihr euch plagt und schwere Lasten zu tragen habt.
Ich werde euch Ruhe verschaffen.
29 Nehmt mein Joch auf euch
    und lernt von mir;
denn ich bin gütig und von Herzen demütig;
so werdet ihr Ruhe finden für eure Seele.
30 Denn mein Joch drückt nicht,
    und meine Last ist leicht.

FÜRBITTEN

Wir bitten Jesus Christus, der die Schwachen erwählt:

Für die Kirche: um Gelassenheit in den Stürmen der Zeit. (Stille) Herr, erbarme dich.
A.: Christus, erbarme dich.

Für die Machthaber der Völker: um Achtung der Menschenrechte. (Stille) Herr, erbarme dich.

Für die verfolgten Christen: um Rettung aus ihrer Not. (Stille) Herr, erbarme dich.

Für unsere Kinder und Jugendlichen: um Wachstum im Glauben. (Stille) Herr, erbarme dich.

Denn du läßt keinen im Stich, der auf dich vertraut. Dir sei Dank und Lob in Ewigkeit.   A.: Amen.

16. Mai
HL. JOHANNES NEPOMUK
Priester, Märtyrer

Er stammte aus Nepomuk (ältere Namensform: Pomuk) in Böhmen, studierte in Prag, war seit 1370 Kleriker von Prag und später Generalvikar. Daß er Beichtvater der Königin war und als Opfer des Beichtgeheimnisses starb, ergibt sich aus den zeitgenössischen Dokumenten nicht. Sein grausamer Tod gehört vielmehr in die Geschichte der Streitigkeiten zwischen König Wenzel und dem Erzbischof von Prag. Daß sich der Generalvikar mit einem Rat oder einer Bitte an die Königin gewandt hat, kann man vermuten. Sicher ist, daß er einen Günstling des Königs exkommuniziert hat. Er wurde gefoltert und, sterbend oder schon tot, am 20. März 1393 in die Moldau geworfen. Später wurde er im Veitsdom in Prag beigesetzt. Er wurde 1729 heiliggesprochen.

Commune-Texte:
A Meßformulare für Hirten der Kirche, S. 2061 f.,
oder für Märtyrer, S. 2041 ff.
B Schriftlesungen für Hirten der Kirche, S. 2101 ff.,
oder für Märtyrer, S. 2098 ff.

TAGESGEBET

Allmächtiger, ewiger Gott,
du hast dem heiligen Johannes Nepomuk geholfen,
bis zur Hingabe seines Lebens
die Rechte der Kirche zu verteidigen.
Auf seine Fürbitte hin gib uns den Mut,
für Gerechtigkeit und Wahrheit einzutreten.
Darum bitten wir durch Jesus Christus.

ZUR LESUNG *Vom ersten Satz an (Weish 1, 1) will das Buch der Weisheit die „Gerechtigkeit" lehren, diese Grundtugend, durch die der Mensch vor Gott und gegenüber den Menschen „recht" ist. Die Gerechtigkeit wird praktisch gleichgesetzt mit der „Weisheit". Der Mensch empfängt die Weisheit und mit ihr alles, was er braucht, als Geschenk von Gott, wenn er bereit ist, der Weisung Gottes zu folgen. Das Gegenteil des Weisen ist der „Tor" oder der „Frevler". Ihm ist der Gerechte ein Dorn im Auge, er kann nicht anders als ihn hassen und verfolgen. Und der Erfolg scheint den Toren recht zu geben. Erst im Endgericht wird offenbar, wer den Weg Gottes gegangen ist und wer sich in der Finsternis verloren hat (5, 6; vgl. Ps 1, 6). Die Reue der Gottlosen kommt dann zu spät (5, 4–5; der ganze Text: 5, 2–14). Ein Teil ihrer Strafe besteht darin, daß sie das Glück der Gerechten sehen: sie leben im Licht Gottes, unter den Söhnen Gottes, unter den Heiligen (5, 5). – Zu 5, 2–3: Weish 2, 1–20; 3, 1–6. – Zu 5, 5: „Söhne Gottes" Weish 2, 13.16.18; 18, 4.13; 19, 6; Mt 5, 9–11.*

ERSTE LESUNG Weish 5, 1–5

Der Gerechte wird voll Zuversicht dastehen vor denen, die ihn bedrängt haben

**Lesung
aus dem Buch der Weisheit.**

1 **Der Gerechte wird voll Zuversicht dastehen
vor denen, die ihn bedrängt
und seine Mühen verachtet haben.**
2 **Wenn sie ihn sehen, packt sie entsetzliche Furcht,
und sie geraten außer sich
über seine unerwartete Rettung.**
3 **Jetzt denken sie anders;
seufzend und voll Angst sagen sie zueinander:**

16. Mai: Hl. Johannes Nepomuk

Dieser war es, den wir einst verlachten,
    verspotteten und verhöhnten, wir Toren.
Sein Leben hielten wir für Wahnsinn
    und sein Ende für ehrlos.
Jetzt zählt er zu den Söhnen Gottes,
    bei den Heiligen hat er sein Erbteil.

ANTWORTPSALM Ps 124 (123), 2–3.4–5.7–8 (R: 7a)

R Unsre Seele ist wie ein Vogel dem Netz des Jägers entkommen. – R
(GL 528, 2)

Hätte sich nicht der Herr für uns eingesetzt, *
als sich gegen uns Menschen erhoben, IV. Ton
dann hätten sie uns lebendig verschlungen, *
als gegen uns ihr Zorn entbrannt war. – (R)

Dann hätten die Wasser uns weggespült, *
hätte sich über uns ein Wildbach ergossen.
Dann hätten sich über uns die Wasser ergossen, *
die wilden und wogenden Wasser. – (R)

Unsre Seele ist wie ein Vogel dem Netz des Jägers entkommen; *
das Netz ist zerrissen, und wir sind frei.
Unsre Hilfe steht im Namen des Herrn, *
der Himmel und Erde gemacht hat. – R

RUF VOR DEM EVANGELIUM Vers: Jak 1, 12

Halleluja. Halleluja.
Selig der Mann, der in der Versuchung standhält.
Denn wenn er sich bewährt,
wird er den Kranz des Lebens erhalten.
Halleluja.

ZUM EVANGELIUM *Wer sich zu Jesus bekennt, nimmt an seinem Schicksal teil. Er muß in der gegenwärtigen Welt mit Widerstand und Verfolgung rechnen (Mt 10, 24–25). Auf diese Ankündigung folgt ein dreimal wiederholtes „Fürchtet euch nicht!" (10, 26.28.31). Der Christ soll sich nicht fürchten, den Menschen am hellen Tag die Wahrheit Gottes zu sagen, die in Jesus offenbar geworden ist. Vielleicht trifft er Menschen, die das Wort aufnehmen; aber er riskiert auch, daß er abgewiesen und angefeindet wird. Das Evangelium spricht hier nicht vom hochgemuten*

Menschen, den Verfolgung und Tod nicht schrecken. Christen sind Menschen, und der normale Mensch fürchtet sich. Aber die Furcht vor den Menschen wird aufgehoben von der Furcht vor Gott: vor dem, der allein die Macht über das Menschenleben hat. Muß der Christ Gott fürchten? Das Neue Testament sagt das an vielen Stellen, wenn auch die Furcht vor Gott nicht das letzte Wort ist. Wie soll ich einen Gott lieben, den ich nicht fürchte? Die Furcht vor Gott, die zugleich Liebe ist, macht frei von jeder anderen Furcht; sie macht zur Treue fähig. – Zu 10, 26–31: Lk 12, 4–7; Jak 4, 12; Röm 8, 15; 1 Joh 4, 17–18; Mt 6, 26; 12, 12. – Zu 10, 32–33: Lk 12, 8–9; Röm 10, 8–10; Offb 3, 5; Lk 9, 26; 2 Tim 2, 12.

EVANGELIUM Mt 10, 28–33

Fürchtet euch nicht vor denen, die den Leib töten

✢ Aus dem heiligen Evangelium nach Matthäus.

In jener Zeit sprach Jesus zu seinen Aposteln:
28 Fürchtet euch nicht vor denen,
   die den Leib töten, die Seele aber nicht töten können,
sondern fürchtet euch vor dem,
   der Seele und Leib ins Verderben der Hölle stürzen kann.

29 Verkauft man nicht zwei Spatzen für ein paar Pfennig?
Und doch fällt keiner von ihnen zur Erde
   ohne den Willen eures Vaters.

30 Bei euch aber sind sogar die Haare auf dem Kopf alle gezählt.
31 Fürchtet euch also nicht!
Ihr seid mehr wert als viele Spatzen.

32 Wer sich nun vor den Menschen zu mir bekennt,
   zu dem werde auch ich mich
   vor meinem Vater im Himmel bekennen.
33 Wer mich aber vor den Menschen verleugnet,
   den werde auch ich vor meinem Vater im Himmel verleugnen.

FÜRBITTEN

Jesus Christus, der die staatliche Macht in ihre Grenzen wies, wollen wir bitten:

Schenke der Kirche Freiheit, ihren Auftrag zu erfüllen.
A.: Wir bitten dich, erhöre uns.

Hilf allen, die sich für Wahrheit und Gerechtigkeit einsetzen.
Bewahre alle, die ungerecht verfolgt werden, vor Mutlosigkeit.
Mehre unsere Bereitschaft, dir nachzufolgen.

Denn wer sein Leben verliert um deinetwillen, wird es gewinnen.
Dir sei Dank und Ehre in Ewigkeit.   A.: Amen.

18. Mai
HL. JOHANNES I.
Papst, Märtyrer

Johannes war 523–526 Bischof von Rom. Italien wurde damals vom arianischen Ostgotenkönig Theoderich beherrscht, der die Katholiken im allgemeinen nicht schlecht behandelte. Als aber im oströmischen Reich Kaiser Justin I. streng gegen die Arianer vorging, versuchte Theoderich ihnen zu helfen und sandte zu diesem Zweck eine Abordnung an den Kaiser. Papst Johannes mußte gegen seinen Willen die Abordnung anführen. In Konstantinopel erreichte er nicht viel. Bei seiner Rückkehr wurde er von dem mißtrauischen Theoderich in Ravenna festgehalten und starb dort nach wenigen Tagen. Sein Leib wurde 530 nach Rom überführt.

Commune-Texte:
A Meßformulare für Märtyrer, S. 2041 ff.,
oder für Päpste, S. 2056 ff.
B Schriftlesungen für Märtyrer, S. 2098 ff.,
oder für Hirten der Kirche (Päpste), S. 2101 ff.

TAGESGEBET

Gott,
du selbst bist der Lohn deiner getreuen Knechte;
wir ehren die Verdienste des Bekennerpapstes Johannes,
den du am heutigen Tag zu dir heimgerufen hast.
Auf seine Fürsprache
gib auch uns einen festen Glauben
und Geduld in aller Bedrängnis.
Darum bitten wir durch Jesus Christus.

ZUR LESUNG *Die Gemeinde von Laodizea (in Kleinasien), an die dieses Sendschreiben (Offb 3,14–22) gerichtet ist, wird wegen ihrer Gleichgültigkeit und Lauheit gerügt. „Du bist weder kalt noch heiß. Wärest du doch kalt oder heiß ..." (3,15–16). Das sagt „der treue und zuverlässige Zeuge" (3,14); er redet keine leeren Worte; was er sagt, ist wahr und geschieht. Er steht vor der Tür: er wird kommen als der Herr, der Richter und Retter. Bis dahin ist Zeit der Umkehr. Wie lange diese Zeit dauern wird, weiß niemand; er kommt „bald" (22,7.12). Seine Stimme hören und ihm die Tür öffnen (3,20) heißt zu seinem Kommen ja sagen und sich darauf einstellen. Das geschieht am Anfang vielleicht zögernd, mühsam und nicht ohne Furcht. Aber wenn die Gegenwart des Herrn den Raum unseres Lebens zu füllen und zu weiten beginnt, begreifen wir mehr und mehr, daß wir nichts verloren haben mit dem, was wir preisgaben. Das Gesetz der Liebe und des Lebens lautet: Alles für alles. – Offb 1,5; Jes 65,16; Joh 1,3; Kol 1,15; Joh 14,23; Lk 12,36; Jak 5,9.*

ERSTE LESUNG Offb 3,14b.20–22

Wir werden Mahl halten, ich mit ihm und er mit mir

**Lesung
aus der Offenbarung des Johannes.**

14b So spricht Er, der „Amen" heißt,
   der treue und zuverlässige Zeuge,
   der Anfang der Schöpfung Gottes:

20 Ich stehe vor der Tür und klopfe an.
   Wer meine Stimme hört und die Tür öffnet,
      bei dem werde ich eintreten,
      und wir werden Mahl halten,
      ich mit ihm und er mit mir.

21 Wer siegt,
   der darf mit mir auf meinem Thron sitzen,
   so wie auch ich gesiegt habe
   und mich mit meinem Vater auf seinen Thron gesetzt habe.

22 Wer Ohren hat,
   der höre, was der Geist den Gemeinden sagt.

18. Mai. Hl. Johannes I. 1835

ANTWORTPSALM Ps 23 (22), 1–3.4.5.6 (R: 1)

R Der Herr ist mein Hirte, (GL 527, 4)
nichts wird mir fehlen. – **R**

1 Der Herr ist mein Hirte, nichts wird mir fehlen. † VIII. Ton
2 Er läßt mich lagern auf grünen Auen *
und führt mich zum Ruheplatz am Wasser.

3 Er stillt mein Verlangen; *
er leitet mich auf rechten Pfaden, treu seinem Namen. – (**R**)

4 Muß ich auch wandern in finsterer Schlucht, *
ich fürchte kein Unheil;

denn du bist bei mir, *
dein Stock und dein Stab geben mir Zuversicht. – (**R**)

5 Du deckst mir den Tisch *
vor den Augen meiner Feinde.

Du salbst mein Haupt mit Öl, *
du füllst mir reichlich den Becher. – (**R**)

6 Lauter Güte und Huld *
werden mir folgen mein Leben lang,

und im Haus des Herrn *
darf ich wohnen für lange Zeit. – **R**

RUF VOR DEM EVANGELIUM Vers: Joh 15, 15 b

Halleluja. Halleluja.

(So spricht der Herr:)
Ich habe euch Freunde genannt;
denn ich habe euch alles mitgeteilt,
was ich gehört habe von meinem Vater.

Halleluja.

ZUM EVANGELIUM *Jesus hat jedes Streben nach irdischer Macht zurückgewiesen. Er hat sein Leben und auch sein Todesleiden als Dienst verstanden. Lukas berichtet nicht die Fußwaschung (vgl. Joh 13, 1–11), wohl aber das Wort Jesu: „Ich bin unter euch wie der, der bedient" (Lk 22, 27). Die Tischgemeinschaft mit dem zum Kreuz gehenden Jesus, Vorausnahme der künftigen Gemeinschaft mit ihm (22, 30), verpflichtet den Jünger, ihm ähnlich zu sein. Lehre, Leitung, Hilfeleistung: jede Ausübung* *von Amtsgewalt in der Kirche ist Dienst der Liebe; anders hätte das alles nichts mit Christus zu tun. – Zum Dienst für die Gemeinde kommt als weiteres Merkmal des Christlichen hinzu, was in 22,28 angedeutet wird: bei Jesus bleiben in allen Prüfungen: im Dunkel des Widerspruchs, der Ungewißheit, des Mißerfolgs. – Zu 22,25–27: Mt 20,20–28; Mk 10,41–45; Lk 12,35–38; Joh 13,4–16; Mt 23,11. – Zu 22,28–30: Mt 19,28; Offb 3,21.*

EVANGELIUM   Lk 22,24–30

Ich vermache euch das Reich, wie es mein Vater mir vermacht hat

✚ Aus dem heiligen Evangelium nach Lukas.

In jener Zeit
24 entstand unter den Jüngern ein Streit darüber,
 wer von ihnen wohl der Größte sei.
25 Da sagte Jesus:
 Die Könige herrschen über ihre Völker,
 und die Mächtigen lassen sich Wohltäter nennen.
26 Bei euch aber soll es nicht so sein,
 sondern der Größte unter euch soll werden wie der Kleinste,
 und der Führende soll werden wie der Dienende.
27 Welcher von beiden ist größer:
 wer bei Tisch sitzt
 oder wer bedient?
 Natürlich der, der bei Tisch sitzt.
 Ich aber bin unter euch wie der, der bedient.
28 In allen meinen Prüfungen habt ihr bei mir ausgeharrt.
29 Darum vermache ich euch das Reich,
 wie es mein Vater mir vermacht hat:
30 Ihr sollt in meinem Reich
 mit mir an meinem Tisch essen und trinken,
 und ihr sollt auf Thronen sitzen
 und die zwölf Stämme Israels richten.

FÜRBITTEN

Wir beten zu Christus, der Simon Petrus die Schlüssel des Gottesreiches verheißen hat:

Für unseren Papst: behüte und bestärke ihn in seinem Dienst für die Einheit der Kirche. (Stille) Christus, höre uns.
A.: Christus, erhöre uns.

Für alle, die ein öffentliches Amt haben: laß sie zum Wohl aller Menschen beitragen. (Stille) Christus, höre uns.

Für alle, die unter der Glaubensspaltung leiden: zeige ihnen Wege zu Verständnis und Brüderlichkeit. (Stille) Christus, höre uns.

Für unsere Gemeinde: erneuere unser Vertrauen auf deine Verheißungen. (Stille) Christus, höre uns.

Herr, unser Gott, unser Leben ruht in deiner Hand. Erhöre unser Gebet durch Christus, unseren Herrn. A.: Amen.

20. Mai
HL. BERNHARDIN VON SIENA
Ordenspriester, Volksprediger

Bernhardin wurde im Todesjahr der hl. Katharina von Siena (1380) in Massa Marittima (Toscana) geboren. Er trat 1402 in den Franziskanerorden ein und wirkte nach Jahren stiller Vorbereitung als großer Volksprediger in ganz Italien. Er verbreitete die Verehrung des Namens Jesus, förderte die Marienverehrung und die Verehrung des hl. Josef. Seine Predigten dauerten bis zu fünf Stunden. Dabei war er immer kränklich, da er sich als junger Student bei der Pflege der Pestkranken im Jahr 1400 zu viel zugemutet hatte. 1438–1442 war er Generalvikar seines Ordens und nahm als solcher am Konzil von Florenz teil. Er starb am 20. Mai 1444 in Aquila und wurde schon wenige Jahre nach seinem Tod heiliggesprochen.

Die Armen
„Wer seine Hände nicht den Armen entgegenstreckt, um ihnen eine Gabe zu reichen, streckt sie umsonst zu Gott aus, um die Verzeihung seiner Sünden zu erlangen." (Bernhardin v. Siena)

Commune-Texte:
A Meßformulare für Glaubensboten, S. 2067 ff.
B Schriftlesungen für Hirten der Kirche (Glaubensboten), S. 2101 ff., oder für heilige Männer (Ordensleute), S. 2110 ff.

TAGESGEBET

Gott und Vater unseres Herrn Jesus Christus,
du hast im heiligen Bernhardin von Siena
der Kirche einen großen Prediger geschenkt
und ihm eine besondere Liebe
zum Namen Jesu gegeben.
Blicke auf sein heiliges Wirken
und schenke uns auf seine Fürsprache
die Liebe zu diesem Namen,
der über allen Namen ist.
Darum bitten wir durch Jesus Christus.

ZUR LESUNG   *Petrus hat den gelähmten Mann auf dem Tempelplatz gesund gemacht (vgl. Apg 3, 1–10). Am nächsten Morgen werden die Apostel von der obersten jüdischen Behörde verhört: „Mit welcher Kraft oder in wessen Namen habt ihr das getan?" (4, 7). Die Antwort des Petrus ist ein Bekenntnis und eine Missionspredigt: „Im Namen Jesu Christi, des Nazoräers, den ihr gekreuzigt habt und den Gott von den Toten auferweckt hat ..." (4, 10). Immer wieder ist in diesen Kapiteln der Apostelgeschichte vom Namen Jesu die Rede. Diesen Namen fürchteten die Leute des Hohen Rats ebenso, wie die gläubigen Jünger ihn verehren und lieben. Wo der Name Jesu genannt wird, da ist er selbst mit seiner Macht und Liebe denen nahe, die diesen Namen ehren und anrufen. „Durch keinen anderen Namen werden wir gerettet", das will besagen: Jesus lebt, deshalb gibt es Rettung, ewiges Leben auch für die Menschen, aber nur durch ihn und in der Gemeinschaft mit ihm. Er allein ist ganz das, was sein Name sagt: Rettung, Leben, das von Gott kommt. – Apg 1, 8; 3, 6.16; 2,36; 5, 30; Ps 118, 22; Mt 21,42; 1 Petr 2, 4–8; Joel 3, 5.*

ERSTE LESUNG   Apg 4, 8–12

In keinem anderen ist das Heil zu finden

**Lesung
aus der Apostelgeschichte.**

In jenen Tagen
8   sagte Petrus,
     erfüllt vom Heiligen Geist:
Ihr Führer des Volkes und ihr Ältesten!
9 Wenn wir heute

20. Mai. Hl. Bernhardin von Siena

wegen einer guten Tat an einem kranken Menschen
darüber vernommen werden, durch wen er geheilt worden ist,
¹⁰ so sollt ihr alle und das ganze Volk Israel wissen:
im Namen Jesu Christi, des Nazoräers,
den ihr gekreuzigt habt
und den Gott von den Toten auferweckt hat.
Durch ihn steht dieser Mann gesund vor euch.

¹¹ Er – Jesus – ist der Stein, der von euch Bauleuten verworfen wurde,
der aber zum Eckstein geworden ist.

¹² Und in keinem anderen ist das Heil zu finden.
Denn es ist uns Menschen
kein anderer Name unter dem Himmel gegeben,
durch den wir gerettet werden sollen.

ANTWORTPSALM Ps 40 (39), 2 u. 4ab.7–8.9–10 (R: vgl. 8a.9a)

R Mein Gott, ich komme; (GL 528, 1)
deinen Willen zu tun macht mir Freude. – **R**

² Ich hoffte, ja ich hoffte auf den Herrn. * I. Ton
Da neigte er sich mir zu und hörte mein Schreien.

⁴ᵃᵇ Er legte mir ein neues Lied in den Mund, *
einen Lobgesang auf ihn, unsern Gott. – **(R)**

⁷ An Schlacht- und Speiseopfern hast du kein Gefallen, *
Brand- und Sündopfer forderst du nicht.

Doch das Gehör hast du mir eingepflanzt; †
⁸ darum sage ich: Ja, ich komme. *
In dieser Schriftrolle steht, was an mir geschehen ist. – **(R)**

⁹ Deinen Willen zu tun, mein Gott, macht mir Freude, *
deine Weisung trag' ich im Herzen.

¹⁰ Gerechtigkeit verkünde ich in großer Gemeinde, *
meine Lippen verschließe ich nicht; Herr, du weißt es. – **R**

RUF VOR DEM EVANGELIUM Vers: Joh 8, 12

Halleluja. Halleluja.
(So spricht der Herr:)
Ich bin das Licht der Welt.
Wer mir nachfolgt, hat das Licht des Lebens.
Halleluja.

ZUM EVANGELIUM   *Drei kurze Gespräche über die Nachfolge stehen in diesem Abschnitt; das letzte (Lk 9, 61–62) steht nur bei Lukas, die anderen auch bei Matthäus. Es geht bei der Nachfolge Jesu nicht um eine Reisebegleitung, es geht um die Teilnahme am Leben Jesu und an seiner Aufgabe. Jesus ist auf dem Weg nach Jerusalem, seine Aufgabe drängt. Wer mit ihm gehen will, muß wissen, was er tut. Nachfolge Jesu heißt Exodus, „Auszug" aus Ruhe und Geborgenheit, und heißt Abschied von menschlichen Bindungen, letzten Endes Abschied vom Ich, und das alles jetzt und ganz. So hat kein Rabbi mit seinen Schülern gesprochen. Die Forderungen werfen Licht auf den, der fordert; von ihm, dem Menschensohn her, der die Gottesherrschaft herbeiführt, werden sie erst verständlich. – Mt 8, 19–22; Lk 14, 26–33; 1 Kön 19, 19–21; Phil 3, 13.*

EVANGELIUM   Lk 9, 57–62

Ich will dir folgen, wohin du auch gehst

✛ Aus dem heiligen Evangelium nach Lukas.

In jener Zeit,
⁵⁷ als Jesus und seine Jünger
auf ihrem Weg nach Jerusalem weiterzogen,
redete ein Mann Jesus an
und sagte: Ich will dir folgen, wohin du auch gehst.
⁵⁸ Jesus antwortete ihm:
Die Füchse haben ihre Höhlen und die Vögel ihre Nester;
der Menschensohn aber hat keinen Ort,
wo er sein Haupt hinlegen kann.
⁵⁹ Zu einem anderen sagte er: Folge mir nach!
Der erwiderte:
Laß mich zuerst heimgehen und meinen Vater begraben.
⁶⁰ Jesus sagte zu ihm:
Laß die Toten ihre Toten begraben;
du aber geh und verkünde das Reich Gottes!
⁶¹ Wieder ein anderer sagte:
Ich will dir nachfolgen, Herr.
Zuvor aber laß mich von meiner Familie Abschied nehmen.
⁶² Jesus erwiderte ihm:
Keiner, der die Hand an den Pflug gelegt hat
und nochmals zurückblickt,
taugt für das Reich Gottes.

21. Mai. Hl. Hermann Josef — 1841

FÜRBITTEN

Zu Jesus Christus, in dessen Namen die Menschen zum Heil gelangen, wollen wir beten:

Für alle, die das Wort Gottes verkünden: laß ihr Wort den Menschen zu Herzen gehen. (Stille) Herr, erbarme dich.
A.: Christus, erbarme dich.

Für die Regierenden: mache ihnen bewußt, daß sie dir verantwortlich sind. (Stille) Herr, erbarme dich.

Für die leidenden Menschen: richte sie auf durch deine Gegenwart. (Stille) Herr, erbarme dich.

Für unsere Gemeinde: schenke uns Ehrfurcht vor deinem heiligen Namen. (Stille) Herr, erbarme dich.

Denn in deinem Namen hast du uns geheiligt. Dir sei Ehre und Lobpreis in Ewigkeit. A.: Amen.

21. Mai
HL. HERMANN JOSEF
Ordenspriester, Mystiker

Hermann, geboren um 1150, stammte aus einer armen Familie in Köln. Von seinem siebten Lebensjahr an bis zu seinem Tod hatte er einen verblüffend selbstverständlichen Umgang mit den Heiligen des Himmels. Mit zwölf Jahren kam er als Schüler zu den Prämonstratensern in Steinfeld in der Eifel. Später trat er in diesen Orden ein und wurde ein vielbegehrter Prediger und Seelenführer. Groß war seine Verehrung der Mutter Gottes und des hl. Josef, dessen Namen er schließlich zu seinem Taufnamen Hermann hinzufügte. Er starb 1241 (oder 1225) im Zisterzienserinnenkloster Hoven bei Zülpich, wohin er zur Feier der Karwoche und des Osterfestes geschickt worden war. Sein Grab ist in Steinfeld.

Commune-Texte:
A Meßformulare für Ordensleute, S. 2084 ff.
B Schriftlesungen für heilige Männer (Ordensleute), S. 2110 ff.

TAGESGEBET

Herr, unser Gott,
du hast dem heiligen Hermann Josef
die Gabe geschenkt,
im betrachtenden Gebet
deine Geheimnisse zu erfahren
und durch seinen Rat
viele Menschen in ihrer Not aufzurichten.
Hilf uns auf seine Fürsprache,
den rechten Weg zu erkennen,
und führe uns zur Offenbarung deiner Herrlichkeit.
Darum bitten wir durch Jesus Christus.

ZUR LESUNG *Die letzten Kapitel des Buches Sirach sind ein Lobpreis auf Gott, den Schöpfer der Welt und Herrn der Geschichte (42, 15 bis 43, 33; 44, 1 – 50, 24). Die heutige Lesung bringt davon den ersten Teil, in dem Gottes Macht und Weisheit mehr im allgemeinen gefeiert werden. Mit den „Heiligen Gottes" und „seinen Heerscharen" (42, 17) sind die Engel gemeint. Nicht einmal sie sind imstande, Gottes Werke zu preisen, ja auch nur vor ihm zu stehen und zu bestehen. – Einzelne Werke, die Gott in seiner Weisheit schafft und deren Wesen er allein durchschaut: die Sonne, die Meerestiefe und das Herz des Menschen (42, 16.18). Der Mensch kann vor all dem nur bewundernd und anbetend stehen. Das ist auch dem heutigen Menschen gesagt. Er erforscht zwar in einer bis jetzt unerhörten Weise die Gesetze der Natur; aber die Geheimnisse werden dadurch nicht kleiner, sondern größer (vgl. den Schluß dieses Hymnus, Sir 43, 27–33). – Ps 104–106; Gen 1, 3–4; Spr 15, 11; Ps 139, 1–4; Sir 18, 6; Koh 3, 14; Sir 16, 24–29; 33, 14–15; Koh 3, 1–8.*

ERSTE LESUNG Sir 42, 15–21b

Ich will der Werke Gottes gedenken; was ich gesehen habe, will ich erzählen

**Lesung
aus dem Buch Jesus Sirach.**

15 Ich will der Werke Gottes gedenken;
was ich gesehen habe, will ich erzählen:
Durch Gottes Wort entstanden seine Werke;
seine Lehre ist ein Ausfluß seiner Liebe.
16 Über allem strahlt die leuchtende Sonne,

21. Mai. Hl. Hermann Josef

die Herrlichkeit des Herrn erfüllt alle seine Werke.

17 Die Heiligen Gottes vermögen nicht,
   alle seine Wunder zu erzählen.
   Gott gibt seinen Heerscharen die Kraft,
   vor seiner Herrlichkeit zu bestehen.

18 Meerestiefe und Menschenherz durchforscht er,
   und er kennt alle ihre Geheimnisse.
   Der Höchste hat Kenntnis von allem,
   bis in die fernste Zeit sieht er das Kommende.

19 Vergangenheit und Zukunft macht er kund
   und enthüllt die Rätsel des Verborgenen.

20 Es fehlt ihm keine Einsicht,
   kein Ding entgeht ihm.

21ab Seine machtvolle Weisheit hat er fest gegründet,
   er ist der Einzige von Ewigkeit her.

ANTWORTPSALM Ps 19 (18A.B), 2–3.4–5b.8 (R: 15b)

R Was ich im Herzen erwäge, stehe dir vor Augen, Herr. – R

(GL 465)
II. Ton

2 Die Himmel rühmen die Herrlichkeit Gottes, *
  vom Werk seiner Hände kündet das Firmament.

3 Ein Tag sagt es dem andern, *
  eine Nacht tut es der andern kund, – (R)

4 ohne Worte und ohne Reden, *
  unhörbar bleibt ihre Stimme.

5ab Doch ihre Botschaft geht in die ganze Welt hinaus, *
  ihre Kunde bis zu den Enden der Erde. – (R)

8 Die Weisung des Herrn ist vollkommen, *
  sie erquickt den Menschen.

Das Gesetz des Herrn ist verläßlich, *
den Unwissenden macht es weise. – R

RUF VOR DEM EVANGELIUM Vers: Mt 11, 27b

Halleluja. Halleluja.

(So spricht der Herr:)
Niemand kennt den Vater, nur der Sohn
und der, dem es der Sohn offenbaren will.

Halleluja.

ZUM EVANGELIUM   *Der Jubelruf Jesu (11,25–26) mit der Erklärung und Begründung in 11,27 ist eine der großen Offenbarungen im Matthäusevangelium. Der irdische Jesus steht zu Gott in der Unmittelbarkeit des Sohnes; er hat vom Vater „alles" empfangen: Sohnschaft, Erkenntnis, Vollmacht. Er kennt das Geheimnis des Vaters, er allein, und gibt es denen weiter, die es fassen können. Das sind nicht „die Weisen und die Klugen", d. h. die Gesetzeskundigen in Israel; es sind die „Unmündigen" (11,25), die Jünger, die nachher als die Geplagten und Beladenen angesprochen werden. Damit sind nicht die mit Sünde Beladenen gemeint, sondern die von den Anforderungen der pharisäischen Gesetzesauslegung bedrückten Menschen. Jesus lädt sie ein, s e i n Joch auf sich zu nehmen, und verheißt ihnen, daß sie Ruhe finden werden. Das Gesetz Jesu ist zwar nicht leichter als das alte Gesetz; Jesus hat es sogar verschärft (Bergpredigt); aber dieses Gesetz ist nicht mehr drückend für den, der es auf sich nimmt. Der Jünger Jesu ist nicht auf seine eigenen Leistungen angewiesen; Jesus selbst trägt die Last dieses Joches und läßt den Menschen, der hinter ihm hergeht, erleichtert aufatmen. Die „Ruhe", die man bei Jesus findet, ist Fülle des Lebens, es ist die große Heilsgabe, mit der Gott seine Schöpfung vollendet. Diese Ruhe zu verfehlen würde für den Menschen Heillosigkeit in dieser Welt und in der kommenden bedeuten. – Zu 11,25–27: Lk 10,21–22; Joh 7,48–49; 1 Kor 1,26; Joh 1,18; 3,35; 10,15. – Zu 11,28–30: Sir 24,19; Hos 10,11; Jer 6,16; Apg 15,10; Gal 5,1.*

EVANGELIUM   Mt 11,25–30

Du hast all das den Weisen und Klugen verborgen, den Unmündigen aber hast du es offenbart

✛ **Aus dem heiligen Evangelium nach Matthäus.**

25 In jener Zeit sprach Jesus:
Ich preise dich, Vater, Herr des Himmels und der Erde,
weil du all das den Weisen und Klugen verborgen,
   den Unmündigen aber offenbart hast.
26 Ja, Vater, so hat es dir gefallen.
27 Mir ist von meinem Vater alles übergeben worden;
niemand kennt den Sohn,
   nur der Vater,
und niemand kennt den Vater,

nur der Sohn
und der, dem es der Sohn offenbaren will.

²⁸ Kommt alle zu mir,
die ihr euch plagt und schwere Lasten zu tragen habt.
Ich werde euch Ruhe verschaffen.

²⁹ Nehmt mein Joch auf euch
und lernt von mir;
denn ich bin gütig und von Herzen demütig;
so werdet ihr Ruhe finden für eure Seele.

³⁰ Denn mein Joch drückt nicht,
und meine Last ist leicht.

FÜRBITTEN

Jesus Christus, der eins ist mit seinem Vater, bitten wir:

Wecke in allen Christen nach dem Vorbild des heiligen Hermann Josef eine innige Liebe zu deiner Mutter.
A.: Wir bitten dich, erhöre uns.

Bestärke alle Ordensgemeinschaften, dir und den Menschen von Herzen zu dienen.

Erbarme dich der Menschen, die keinen Ausweg wissen, und gib ihnen kluge Ratgeber.

Leite uns an, im Gebet bei dir Ruhe zu finden.

Allmächtiger Gott, du hast den heiligen Hermann Josef deine Nähe erfahren lassen. Laß auch uns in deiner Gegenwart leben durch Christus, unseren Herrn. **A.:** Amen.

25. Mai
HL. BEDA DER EHRWÜRDIGE
Ordenspriester, Kirchenlehrer

Beda wurde um 672 in Nordengland geboren. Er kam zur Erziehung in das Benediktinerkloster Wearmouth, wurde dann Mönch in dem neugegründeten Kloster Jarrow. Er selbst schreibt: „Seitdem habe ich mein ganzes Leben in diesem Kloster zugebracht und alle Mühe auf das Studium der Heiligen Schrift verwandt. In der Zeit, die mir zwischen den klösterlichen Übungen und dem Chorgebet der Kirche blieb, hatte ich die süße Gewohnheit, immer zu lernen oder zu lehren oder zu schreiben..." Er schrieb, teils lateinisch, teils angelsächsisch, über fast alle Gebiete der damaligen Wissenschaft. Wichtig ist seine Geschichte der Kirche von England. Er starb am 26. Mai 735; 1900 wurde er zum Kirchenlehrer erhoben.

Commune-Texte:
A Meßformulare für Kirchenlehrer, S. 2071 ff.,
oder für Ordensleute, S. 2084 ff.
B Schriftlesungen für Kirchenlehrer, S. 2106 ff.,
oder für heilige Männer (Ordensleute), S. 2110 ff.

TAGESGEBET

Herr, unser Gott,
du hast deine Kirche
durch die fromme Gelehrsamkeit
des heiligen Beda erleuchtet.
Sein Fleiß sei uns ein Beispiel,
seine Weisheit Licht,
sein Leben ein steter Ansporn.
Darum bitten wir durch Jesus Christus.

ZUR LESUNG *Gegen die Weisheit der Welt hat Paulus so heftig gekämpft wie gegen die Gerechtigkeit, die der Mensch durch sein eigenes Tun erreichen will. Beide sind Ausdruck der Selbstbehauptung, der Gott durch das Kreuz Jesu ein Ende gemacht hat. Gott hat uns das Geheimnis seiner verborgenen Weisheit durch „den Geist" offenbart. Von welchem Geist ist die Rede? Nicht ohne weiteres von dem des Menschen; Vers 10 meint den ewigen Gottesgeist: Gott kann nur durch Gott erkannt werden; was der Mensch von den Tiefen Gottes weiß, das kann er nur durch den göttlichen Geist wissen. Diesen Geist haben wir empfangen (1 Kor 2, 12), und was wir empfangen haben, das geben wir weiter (Verse 13–16). „Wir": das ist Paulus, und das sind alle, denen es aufgetragen ist, die Weisheit Gottes zu verkünden. Aber nur vom „geisterfüllten", nicht vom „irdisch gesinnten" Menschen kann die Offenbarung verstanden werden. „Der Geisterfüllte" ist der, dessen Erkenntnisvermögen (Vernunft) so vom Geist Gottes emporgehoben wird, daß er alles, selbst die Tiefen Gottes durchdringen kann. Der Apostel beansprucht, diesen Geist zu haben, und*

25. Mai. Hl. Beda der Ehrwürdige

er bestreitet den Korinthern den Geistbesitz, solange sie die Torheit des Kreuzes nicht begreifen. – Jdt 8,14; Spr 20,27; Röm 11,33; 1 Kor 15,44; Spr 28,5; Mt 16,23; Weish 9,13; Jes 40,13; Röm 11,34.

ERSTE LESUNG   1 Kor 2,10b–16

Wir aber haben den Geist Christi

Lesung
aus dem ersten Brief des Apostels Paulus an die Korínther.

Brüder!
10b Der Geist ergründet alles,
 auch die Tiefen Gottes.
11 Wer von den Menschen kennt den Menschen,
 wenn nicht der Geist des Menschen, der in ihm ist?
So erkennt auch keiner Gott
 – nur der Geist Gottes.
12 Wir aber haben nicht den Geist der Welt empfangen,
 sondern den Geist, der aus Gott stammt,
damit wir das erkennen, was uns von Gott geschenkt worden ist.
13 Davon reden wir auch,
 nicht mit Worten, wie menschliche Weisheit sie lehrt,
 sondern wie der Geist sie lehrt,
 indem wir den Geisterfüllten das Wirken des Geistes deuten.
14 Der irdisch gesinnte Mensch aber
 läßt sich nicht auf das ein, was vom Geist Gottes kommt.
Torheit ist es für ihn,
und er kann es nicht verstehen,
 weil es nur mit Hilfe des Geistes beurteilt werden kann.
15 Der geisterfüllte Mensch urteilt über alles,
 ihn aber vermag niemand zu beurteilen.
16 Denn wer begreift den Geist des Herrn?
Wer kann ihn belehren?
Wir aber haben den Geist Christi.

ANTWORTPSALM Ps 119 (118),9–10.11–12.13–14 (R: 12b)

R Herr, lehre mich deine Gesetze! – **R**   (GL 465)

9 Wie geht ein junger Mann seinen Pfad ohne Tadel? * II. Ton
 Wenn er sich hält an dein Wort.

10 Ich suche dich von ganzem Herzen. *
   Laß mich nicht abirren von deinen Geboten! – (R)

11 Ich berge deinen Spruch im Herzen, *
   damit ich gegen dich nicht sündige.

12 Gepriesen seist du, Herr. *
   Lehre mich deine Gesetze! – (R)

13 Mit meinen Lippen verkünde ich *
   alle Urteile deines Mundes.

14 Nach deinen Vorschriften zu leben *
   freut mich mehr als großer Besitz.

   R Herr, lehre mich deine Gesetze

RUF VOR DEM EVANGELIUM Vers: vgl. Joh 6,63b.68c

Halleluja. Halleluja.

Deine Worte, Herr, sind Geist und Leben.
Du hast Worte des ewigen Lebens.

Halleluja.

ZUM EVANGELIUM *Die Bergpredigt, die mit den Seligpreisungen begonnen hat, endet mit einer ernsten Warnung. Es genügt nicht, den Willen Gottes zu studieren, davon zu reden oder reden zu hören. „Klug" ist in dieser entscheidenden Zeit, die mit dem Auftreten Jesu angebrochen ist, wer die Situation begreift und danach handelt. Wer ahnungslos vor sich hin lebt, vertut die Zeit und hat am Ende umsonst gelebt. Jesus spricht wie ein Prophet, und er ist mehr als ein Prophet. Er bringt nicht nur eine Allerweltsmoral für anständige Menschen. Seine Botschaft ist Anspruch, sie verlangt Entscheidung vor der Tatsache, daß Gott seine Königsherrschaft geltend macht. – Lk 6,46–49; Jes 29,13–14; Am 5,21–24; Jak 1,22; 2,14–17; Mt 25,11–12; Lk 13,26–27; Spr 10,25; 12,3–7; 1 Joh 3,18; 2,17; Ez 33,31; 13,10–14.*

EVANGELIUM Mt 7,21–29

Jesus lehrte wie einer, der göttliche Vollmacht hat

✠ Aus dem heiligen Evangelium nach Matthäus.

In jener Zeit sprach Jesus zu seinen Jüngern:
21 Nicht jeder, der zu mir sagt: Herr! Herr!,

wird in das Himmelreich kommen,
sondern nur, wer den Willen meines Vaters im Himmel erfüllt.

²² Viele werden an jenem Tag zu mir sagen: Herr, Herr,
sind wir nicht in deinem Namen als Propheten aufgetreten,
und haben wir nicht mit deinem Namen Dämonen ausgetrieben
und mit deinem Namen viele Wunder vollbracht?

²³ Dann werde ich ihnen antworten: Ich kenne euch nicht.
Weg von mir, ihr Übertreter des Gesetzes!

²⁴ Wer diese meine Worte hört und danach handelt,
ist wie ein kluger Mann, der sein Haus auf Fels baute.

²⁵ Als nun ein Wolkenbruch kam
und die Wassermassen heranfluteten,
als die Stürme tobten und an dem Haus rüttelten,
da stürzte es nicht ein;
denn es war auf Fels gebaut.

²⁶ Wer aber meine Worte hört
und nicht danach handelt,
ist wie ein unvernünftiger Mann, der sein Haus auf Sand baute.

²⁷ Als nun ein Wolkenbruch kam
und die Wassermassen heranfluteten,
als die Stürme tobten und an dem Haus rüttelten,
da stürzte es ein
und wurde völlig zerstört.

²⁸ Als Jesus diese Rede beendet hatte,
war die Menge sehr betroffen von seiner Lehre;
²⁹ denn er lehrte sie wie einer, der göttliche Vollmacht hat,
und nicht wie ihre Schriftgelehrten.

FÜRBITTEN

Im Gebet wenden wir uns an Christus, der die Menschen mit göttlicher Vollmacht lehrte:

Für die Theologen: erleuchte sie, damit ihre Arbeit der Vertiefung des Glaubens dient. (Stille) Christus, höre uns.
A.: Christus, erhöre uns.

Für die Wissenschaftler: zeige ihnen Wege, ihre Forschungen dem Wohl der Menschen nutzbar zu machen. (Stille) Christus, höre uns.

Für alle, die sich von dir abgewandt haben: führe sie zurück zum Glauben an dich und deine Güte. (Stille) Christus, höre uns.
A.: Christus, erhöre uns.

Für unsere Gemeinde: gib, daß wir den Wert des Glaubens neu schätzen lernen. (Stille) Christus, höre uns.

Heiliger Gott, mach unser Leben hell, denn in deinem Licht finden wir zum Licht durch Christus, unseren Herrn. — A.: Amen.

25. Mai
HL. GREGOR VII.
Papst

Sein Taufname war Hildebrand. Er stammte aus der Toscana, kam zum Studium nach Rom und wurde dort Sekretär seines früheren Lehrers, des Papstes Gregor VI. Nach dessen Tod wurde Hildebrand Benediktiner in Cluny; aber 1049 nahm ihn der deutsche Papst Leo IX. wieder mit nach Rom, wo er allmählich großen Einfluß gewann. 1073 wurde er zum Papst gewählt und nannte sich Gregor VII. Er kämpfte für die Reform der Kirche und die Rechte des Papsttums. Dabei stieß er auf starke Widerstände. Er exkommunizierte 1076 Kaiser Heinrich IV., der nicht auf sein Recht, kirchliche Ämter zu besetzen, verzichten wollte. Der Kaiser ging 1077 nach Canossa und tat Buße. Er erhielt die Lossprechung, aber der Streit war damit nicht beendet. Der Papst sprach über den Kaiser zum zweitenmal den Bann aus, worauf dieser mit einem Heer gegen Rom zog und die Stadt 1084 eroberte. Gregor starb 1085 im Exil in Salerno. Seine Reformidee hat sich weitgehend durchgesetzt.

Commune-Texte:
A Meßformulare für Päpste, S. 2056 ff.
B Schriftlesungen für Hirten der Kirche (Bischöfe), S. 2101 ff.

TAGESGEBET

Herr, unser Gott,
du hast den heiligen Papst Gregor ausgezeichnet
durch Starkmut und Eifer für die Gerechtigkeit.
Gib auch heute deiner Kirche den Mut,

dem Unrecht entgegenzutreten
und das Rechte mit Freimut und Liebe zu tun.
Darum bitten wir durch Jesus Christus.

ZUR LESUNG   *Im ersten Teil seiner Abschiedsrede in Milet (Apg 20, 18–27) hat Paulus von sich selbst gesprochen. Der zweite Teil (20, 28–35) beginnt mit einem Imperativ an die Vorsteher (Episkopos – Bischof) der Gemeinde: „Gebt acht . . . !" Die Gemeinden, die sie leiten, sind Gottes heiliges Volk, sein Eigentum geworden durch das Blut des Sohnes, geführt vom Heiligen Geist. Es ist das Werk des dreifaltigen Gottes, das den Hirten der Kirche anvertraut ist (20, 28). Wachsamkeit gegen Gefahren von außen und von innen wird notwendig sein (20, 29–31), aber es besteht kein Grund zu Pessimismus und Verzagtheit. „Gott und das Wort seiner Gnade": das ist das Fundament des Baues und die Kraft zum Bauen (20, 32). Zum Schluß verweist Paulus auf seine eigene Erfahrung: Wer sich restlos dem heiligen Dienst weiht, der erfährt etwas vom Glück Gottes: „Geben ist seliger als nehmen". – Joh 21, 15–17; 1 Tim 4, 16; 1 Petr 5, 1–3; Hebr 13, 17; Mt 7, 15; 2 Petr 2, 1–2; Dtn 33, 3–4; Eph 2, 19–22; 4, 28; 6, 18.*

ERSTE LESUNG   Apg 20, 17–18a.28–32.36

Gebt acht auf euch und auf die ganze Herde, in der euch der Heilige Geist zu Bischöfen bestellt hat, damit ihr als Hirten für die Kirche Gottes sorgt

Lesung
    aus der Apostelgeschichte.

In jenen Tagen
17   schickte Paulus von Milét aus jemand nach Éphesus
und ließ die Ältesten der Gemeinde zu sich rufen.

18a Als sie bei ihm eingetroffen waren,
28   sagte er: Gebt acht auf euch
und auf die ganze Herde,
    in der euch der Heilige Geist zu Bischöfen bestellt hat,
damit ihr als Hirten für die Kirche Gottes sorgt,
    die er sich durch das Blut seines eigenen Sohnes erworben hat.
29   Ich weiß:
    Nach meinem Weggang
    werden reißende Wölfe bei euch eindringen
    und die Herde nicht schonen.

30 Und selbst aus eurer Mitte werden Männer auftreten,
    die mit ihren falschen Reden die Jünger auf ihre Seite ziehen.
31 Seid also wachsam,
und denkt daran,
    daß ich drei Jahre lang Tag und Nacht nicht aufgehört habe,
    unter Tränen jeden einzelnen zu ermahnen.
32 Und jetzt vertraue ich euch Gott und dem Wort seiner Gnade an,
    das die Kraft hat, aufzubauen
    und das Erbe in der Gemeinschaft der Geheiligten zu verleihen.
36 Nach diesen Worten kniete er nieder
    und betete mit ihnen allen.

ANTWORTPSALM   Ps 110 (109), 1–2.3.4–5 (R: 4b)

R Du bist Priester auf ewig   (GL 684, 1)
nach der Ordnung Melchísedeks. – **R**

1 So spricht der Herr zu meinem Herrn: †   II. Ton
Setze dich mir zur Rechten, *
und ich lege dir deine Feinde als Schemel unter die Füße.

2 Vom Zion strecke der Herr das Zepter deiner Macht aus: *
„Herrsche inmitten deiner Feinde!" – (R)

3 Dein ist die Herrschaft am Tage deiner Macht, *
wenn du erscheinst in heiligem Schmuck;

ich habe dich gezeugt noch vor dem Morgenstern, *
wie den Tau in der Frühe. – (R)

4 Der Herr hat geschworen, und nie wird's ihn reuen: *
„Du bist Priester auf ewig nach der Ordnung Melchísedeks."

5 Der Herr steht dir zur Seite; *
er zerschmettert Könige am Tage seines Zornes. – **R**

RUF VOR DEM EVANGELIUM   Vers: Mk 1, 17b

Halleluja. Halleluja.
(So spricht der Herr:)
Folgt mir nach!
Ich werde euch zu Menschenfischern machen.
Halleluja.

25. Mai. Hl. Gregor VII.

ZUM EVANGELIUM *Für die Jünger Jesu ist es wesentlich, seine Lehre zu verstehen, und dazu ist es auch notwendig, Klarheit über seine Person zu haben. Diese Klarheit zu schaffen ist der Zweck der Frage Jesu: Für wen halten die Leute den Menschensohn? „Die Leute" – „ihr aber" – „Simon Petrus": das sind drei Stufen des Glaubens und des Erkennens. Im Markusevangelium lautet die Antwort des Petrus: „Du bist der Messias" (Mk 8, 29); bei Matthäus fügt er hinzu: „der Sohn des lebendigen Gottes". Diese Antwort ist schon in Mt 14, 33 vorbereitet, wo die Jünger in einer plötzlichen Helligkeit sagten: „Wahrhaftig, du bist Gottes Sohn." Auf Petrus und seinen Glauben baut Jesus seine Kirche; sie wird dem Ansturm der Todesmächte, den Nöten, die der Ankunft des Menschensohnes vorausgehen, nicht unterliegen. Aber es ist keine triumphierende Kirche, die Jesus gründet. Er selbst, der Menschensohn, muß „vieles erleiden und getötet werden" (16, 21); auch Petrus wird lernen müssen, nicht das zu denken, „was die Menschen wollen", sondern „das, was Gott will" (16, 23). – Mk 8, 27–29; Lk 9, 18–20.*

EVANGELIUM Mt 16, 13–19

Du bist Petrus – der Fels –, und auf diesen Felsen werde ich meine Kirche bauen

✠ Aus dem heiligen Evangelium nach Matthäus.

In jener Zeit,
13 als Jesus in das Gebiet von Cäsaréa Philíppi kam,
      fragte er seine Jünger:
   Für wen halten die Leute den Menschensohn?
14 Sie sagten: Die einen für Johannes den Täufer,
   andere für Elíja,
   wieder andere für Jeremía oder sonst einen Propheten.
15 Da sagte er zu ihnen: Ihr aber,
      für wen haltet ihr mich?
16 Simon Petrus antwortete:
      Du bist der Messias,
   der Sohn des lebendigen Gottes!
17 Jesus sagte zu ihm:
      Selig bist du, Simon Barjóna;
   denn nicht Fleisch und Blut haben dir das offenbart,
      sondern mein Vater im Himmel.
18 Ich aber sage dir:

Du bist Petrus – der Fels –,
und auf diesen Felsen werde ich meine Kirche bauen,
und die Mächte der Unterwelt werden sie nicht überwältigen.
19 Ich werde dir die Schlüssel des Himmelreichs geben;
was du auf Erden binden wirst,
  das wird auch im Himmel gebunden sein,
und was du auf Erden lösen wirst,
  das wird auch im Himmel gelöst sein.

FÜRBITTEN

Zu Jesus Christus, der sich von keinem einschüchtern ließ, wollen wir beten:

Für den Papst und unsere Bischöfe: gib ihnen Eifer und Tatkraft, dem Heil der Menschen zu dienen. (Stille) Herr, erbarme dich.
A.: Christus, erbarme dich.

Für die Staatsmänner: hindere sie, die Religion zu ihren Zwecken zu mißbrauchen. (Stille) Herr, erbarme dich.

Für alle, die wegen ihres Glaubens benachteiligt werden: mach sie standhaft durch deine Kraft. (Stille) Herr, erbarme dich.

Für unsere Gemeinde: hilf uns, aus deinem Wort unser Leben zu erneuern. (Stille) Herr, erbarme dich.

Starker Gott, der heilige Gregor hat unerschrocken die Rechte der Kirche verteidigt. Laß auch uns für die Kirche eintreten durch Christus, unseren Herrn. A.: Amen.

25. Mai

HL. MARIA MAGDALENA VON PAZZI

Ordensfrau

Caterina, wie sie ursprünglich hieß, wurde 1566 in Florenz geboren. Schon in früher Jugend war sie zu einem Leben der ungeteilten Hingabe an Christus entschlossen. 1582 trat sie als Schwester Maria Magdalena in den Karmel ein. Sie wurde durch körperliche und seelische Leiden geläutert und zur mystischen Gottesvereinigung geführt. Ihre Äußerungen während der Visionen wurden von den Mitschwe-

25. Mai. Hl. Maria Magdalena von Pazzi

stern aufgeschrieben; sie beziehen sich vor allem auf die Geheimnisse der Dreifaltigkeit und der Menschwerdung. „Leiden, nicht sterben": dieses Wort kennzeichnet ihre Seelenhaltung auch in den Qualen ihrer letzten Krankheit, eines Todeskampfes, der drei Jahre dauerte. Sie starb am 25. Mai 1607. Sie wird dargestellt mit brennenden Kerzen und einer Dornenkrone in der Hand.

Commune-Texte:
A Meßformulare für Jungfrauen, S. 2073 ff.,
oder für Ordensleute, S. 2084 ff.
B Schriftlesungen für Jungfrauen, S. 2108 ff.,
oder für heilige Frauen (Ordensleute), S. 2110 ff.

TAGESGEBET

Gott,
immer wieder berufst du Menschen
zur ungeteilten Hingabe an dich
in einem jungfräulichen Leben.
Du hast die heilige Maria Magdalena von Pazzi
mit deiner Liebe erfüllt,
so daß sie sich als Ordensfrau in Werken der Buße
und im Dienst an den Menschen verzehrte.
Hilf uns, ihr Beispiel zu begreifen
und die Lauterkeit ihrer Liebe nachzuahmen.
Darum bitten wir durch Jesus Christus.

ZUR LESUNG *Über die Berufung zur Ehelosigkeit hat der Apostel Paulus keine Abhandlung geschrieben, er hat nur auf konkrete Fragen geantwortet, die aus der Gemeinde von Korinth an ihn gelangt waren. Wenn er die Ehe zwar grundsätzlich bejaht (7, 1–7), sie aber doch nur als Zugeständnis, nicht als Gebot betrachtet wissen will (7, 6), so hat das seinen Grund nicht in der Ehe selbst, sondern in der Situation der Christen, die zwischen der ersten Ankunft Christi und seiner Wiederkunft leben. „Die Zeit ist kurz." In unserem Jahrhundert spüren wir aufs neue das Gewicht dieses Wortes. Ehe und Ehelosigkeit, Trauer und Freude, Besitz und Besitzlosigkeit: alles ist relativ geworden. Paulus selbst hat nicht geheiratet; seine Gründe werden die gleichen gewesen sein, die er hier nennt: die bevorstehende Not, die Kürze der noch verbleibenden Zeit, die Vergänglichkeit dieser Welt. Mit der „bevorstehenden Not" (7, 26) sind nicht die Nöte des Ehestandes gemeint, sondern die Bedrängnisse der hereinbrechenden*

Endzeit. Dabei geht es dem Apostel aber nicht um einen Rückzug in die eigene Sicherheit; christliche Ehelosigkeit (sofern sie christlich ist) ist beunruhigendes Zeichen der angebrochenen Endzeit und der freien Verfügbarkeit für die Sache Christi (7, 32). – Zu 7, 31: 1 Joh 2, 17.

ERSTE LESUNG 1 Kor 7, 25–35

Die Jungfrau sorgt sich um die Sache des Herrn

Lesung
    aus dem ersten Brief des Apostels Paulus an die Korinther.

Brüder!
²⁵ Was die Frage der Ehelosigkeit angeht,
    so habe ich kein Gebot vom Herrn.
Ich gebe euch nur einen Rat
    als einer, den der Herr durch sein Erbarmen
    vertrauenswürdig gemacht hat.
²⁶ Ich meine, es ist gut wegen der bevorstehenden Not,
ja, es ist gut für den Menschen, so zu sein.

²⁷ Bist du an eine Frau gebunden,
    suche dich nicht zu lösen;
bist du ohne Frau,
    dann suche keine.
²⁸ Heiratest du aber,
    so sündigst du nicht;
und heiratet eine Jungfrau,
    sündigt auch sie nicht.
Freilich werden solche Leute irdischen Nöten nicht entgehen;
ich aber möchte sie euch ersparen.

²⁹ Denn ich sage euch, Brüder:
    Die Zeit ist kurz.
Daher soll, wer eine Frau hat,
    sich in Zukunft so verhalten, als habe er keine,
³⁰ wer weint, als weine er nicht,
wer sich freut, als freue er sich nicht,
wer kauft, als würde er nicht Eigentümer,
³¹ wer sich die Welt zunutze macht, als nutze er sie nicht;
denn die Gestalt dieser Welt vergeht.

³² Ich wünschte aber, ihr wäret ohne Sorgen.
Der Unverheiratete sorgt sich um die Sache des Herrn;

25. Mai, Hl. Maria Magdalena von Pazzi

er will dem Herrn gefallen.
33 Der Verheiratete sorgt sich um die Dinge der Welt;
er will seiner Frau gefallen.
34 So ist er geteilt.

Die unverheiratete Frau aber und die Jungfrau
   sorgen sich um die Sache des Herrn,
   um heilig zu sein an Leib und Geist.
Die Verheiratete sorgt sich um die Dinge der Welt;
sie will ihrem Mann gefallen.
35 Das sage ich zu eurem Nutzen:
nicht um euch eine Fessel anzulegen,
vielmehr, damit ihr in rechter Weise und ungestört
   immer dem Herrn dienen könnt.

ANTWORTPSALM   Ps 148, 1–2.11–12.13–14 (R: vgl. 12a.13a)

R Halleluja. – R

Oder:

R Ihr jungen Männer und auch ihr Mädchen,   (GL 527, 1)
lobt den Namen des Herrn! – R

Lobet den Herrn vom Himmel her, *   II. Ton
lobt ihn in den Höhen!

Lobt ihn, all seine Engel, *
lobt ihn, all seine Scharen! – (R)

11 Lobt ihn, ihr Könige der Erde und alle Völker, *
ihr Fürsten und alle Richter auf Erden,

12 ihr jungen Männer und auch ihr Mädchen, *
ihr Alten mit den Jungen! – (R)

13 Loben sollen sie den Namen des Herrn; †
denn sein Name allein ist erhaben, *
seine Hoheit strahlt über Erde und Himmel.

14 Seinem Volk verleiht er Macht, †
das ist ein Ruhm für all seine Frommen, *
für Israels Kinder, das Volk, das ihm nahen darf. – R

RUF VOR DEM EVANGELIUM Vers: Joh 8, 31b–32a

Halleluja. Halleluja.

(So spricht der Herr:)
Wenn ihr in meinem Wort bleibt, seid ihr wirklich meine Jünger.
Dann werdet ihr die Wahrheit erkennen.

Halleluja.

ZUM EVANGELIUM *Wer zu Jesus gehört, darüber entscheidet nicht Blutsverwandtschaft, überhaupt nicht die Zugehörigkeit zu einer bestimmten Gruppe oder Klasse von Menschen. Die wahre Familie Jesu, seine Brüder und Schwestern, sind die Menschen, die bei ihm sind, seine Taten sehen und auf sein Wort hören. Das gemischte Volk, das um Jesus herumsaß, als seine Verwandten ihn suchten, spürte seinen liebevollen Blick und wußte, ohne es recht zu begreifen: Hier sind wir richtig. So hat auch Petrus auf dem Berg der Verklärung gerufen: Herr, es ist gut, daß wir hier sind. Wer aber nahe bei Jesus ist, „der ist nahe beim Feuer" (altüberliefertes Jesuswort). Wirklich bei Jesus ist, „wer den Willen Gottes erfüllt", wie Jesus ihn erfüllt hat. Vom Willen Gottes ist im Markusevangelium noch einmal die Rede, und dort wird sichtbar, was es für den Jünger bedeuten kann, bei Jesus zu sein: Am Ölberg hat Jesus gebetet: „Vater, nicht, was ich will, sondern was du willst, soll geschehen" (Mk 14,36). – Mt 12,46–50; Lk 8,19–21.*

EVANGELIUM Mk 3, 31–35

Wer den Willen Gottes erfüllt, der ist für mich Bruder und Schwester und Mutter

✝ Aus dem heiligen Evangelium nach Markus.

In jener Zeit
31 kamen die Mutter Jesu und seine Brüder;
sie blieben vor dem Haus stehen
und ließen Jesus herausrufen.
32 Es saßen viele Leute um ihn herum,
und man sagte zu ihm:
Deine Mutter und deine Brüder stehen draußen
und fragen nach dir.
33 Er erwiderte:
Wer ist meine Mutter,
und wer sind meine Brüder?

34 Und er blickte auf die Menschen,
   die im Kreis um ihn herumsaßen,
und sagte: Das hier sind meine Mutter und meine Brüder.
35 Wer den Willen Gottes erfüllt,
   der ist für mich Bruder und Schwester und Mutter.

FÜRBITTEN

Wir bitten Jesus Christus, der auf dem Leidensweg zur Herrlichkeit gelangte:

Lehre alle Christen, nach Gott und seinem Reich zu suchen.
A.: Herr, erhöre unser Gebet.

Zeige den Völkern, wie sie durch Gerechtigkeit Frieden schaffen können.

Gib den Kranken Kraft, ihr Leiden anzunehmen und mit deinem Leiden zu vereinen.

Steh uns bei, wenn wir auf einem Kreuzweg dir nachfolgen sollen.

Denn dein Kreuz hat der Welt Heil und Leben gebracht. Dir sei Dank und Lobpreis in Ewigkeit.   A.: Amen.

26. Mai

HL. PHILIPP NERI

Priester

Gedenktag

Philipp Neri ist wie Don Bosco ein typisch italienischer Heiliger. Er wurde 1515 in Florenz geboren, im gleichen Jahr wie die hl. Theresia von Ávila. Mit 21 Jahren kam er nach Rom und lebte dort bis zu seinem Tod in äußerster Bedürfnislosigkeit. Sein Leben war Gebet, Nächstenliebe, Seelsorge, Buße. Der sittlichen Erneuerung Roms galt seine Hauptsorge. Durch seine neuen Methoden der Seelsorge und seinen gewinnenden Humor gewann er großen Einfluß. Der „lachende Heilige" war mit Päpsten, Kardinälen und Heiligen befreundet. Er war einer der großen Seelenführer und Erneuerer. Zur Verbreitung und Verwirklichung seiner Ideen gründete er eine Vereinigung von Weltpriestern, die nach dem Betsaal, in dem der Heilige sie versammelte, Oratorium genannt wurde. Philipp sah fünfzehn Päpste kommen und gehen. Er starb als Achtzigjähriger am 26. Mai 1595 in Rom.

Ich suche dich
„Ich möchte dir dienen, und ich finde den Weg nicht. Ich möchte das Gute tun, und ich finde den Weg nicht. Ich möchte dich lieben, und ich finde den Weg nicht. Ich kenne dich noch nicht, mein Jesus, weil ich dich nicht suche.
Ich suche dich, und ich finde dich nicht; komm zu mir, mein Jesus. Ich werde dich niemals lieben, wenn du mir nicht hilfst, mein Jesus. Zerschneide meine Fesseln, wenn du mich haben willst, mein Jesus. Jesus, sei mir Jesus." (Philipp Neri)

Commune-Texte:
A Meßformulare für Hirten der Kirche, S. 2061 f.,
oder für Ordensleute, S. 2084 ff.
B Schriftlesungen für Hirten der Kirche, S. 2101 ff.,
oder für heilige Männer (Ordensleute), S. 2110 ff.

ERÖFFNUNGSVERS   Lk 4, 18
Der Geist Gottes des Herrn ruht auf mir,
denn der Herr hat mich gesalbt.
Er hat mich gesandt,
damit ich den Armen eine gute Nachricht bringe
und alle heile, deren Herz bedrückt ist. (MB 920)

TAGESGEBET

Gott,
du hast im Leben deines Dieners Philipp Neri
den Glanz deiner Heiligkeit aufleuchten lassen.
Gib uns eine brennende Liebe, wie er sie im Herzen trug,
und die Heiterkeit des Geistes,
die ihn zum Boten deiner Freude gemacht hat.
Darum bitten wir durch Jesus Christus.

ZUR LESUNG   *Die Freude ist ein wesentliches Kennzeichen der Gemeinde Christi, die um die Nähe des Herrn und seines Tages weiß. Freude als Grundhaltung (nicht nur als Stimmung) bezeugt auch vor allen Men-*

schen (4, 5), daß hier der Friede lebt, der Gottes Geschenk und Geheimnis ist. Aber hat der Christ denn keine Sorgen? Er hat die gleichen wie alle Menschen, und darüber hinaus die große Sorge, wie er in der Welt als Berufener Gottes bestehen kann; wie er den Menschen irgendwie das große Geheimnis spürbar machen kann, das lautet: „Der Herr ist nahe." Er wird es nicht zuletzt dadurch tun müssen, daß er auch die natürlichen Werte und Tugenden ernst nimmt (6, 8), sich täglich um sie bemüht und doch weiß, daß alle seine Anstrengung zu nichts führt, wenn nicht der Geist Christi alles erfüllt und verwandelt. – Zu 4, 4–5: Ps 16, 7–11; Phil 3, 1; Hebr 10, 37; Jak 5, 8–9. – Zu 4, 6–7: Mt 6, 25; 1 Petr 5, 7; Kol 4, 2; 3, 15. – Zu 4, 9: 1 Kor 11, 1; Röm 15, 33; 16, 20.

ERSTE LESUNG

Phil 4, 4–9

Was immer Tugend heißt, darauf seid bedacht!

Lesung
    aus dem Brief des Apostels Paulus an die Philipper.

Brüder!
Freut euch im Herrn zu jeder Zeit!
Noch einmal sage ich: Freut euch!
Eure Güte werde allen Menschen bekannt.
Der Herr ist nahe.
Sorgt euch um nichts,
sondern bringt in jeder Lage
    betend und flehend eure Bitten mit Dank vor Gott!

Und der Friede Gottes, der alles Verstehen übersteigt,
    wird eure Herzen und eure Gedanken
    in der Gemeinschaft mit Christus Jesus bewahren.

Schließlich, Brüder:
    Was immer wahrhaft, edel, recht,
    was lauter, liebenswert, ansprechend ist,
    was Tugend heißt und lobenswert ist,
    darauf seid bedacht!
Was ihr gelernt und angenommen,
    gehört und an mir gesehen habt,
    das tut!
Und der Gott des Friedens wird mit euch sein.

ANTWORTPSALM Ps 34 (33), 2–3.4–5.6–7.8–9.10–11
(R: vgl. 2a oder 9a)

R Den Herrn will ich preisen alle Zeit. – **R** (GL 477)

Oder:
R Kostet und seht, wie gütig der Herr ist! – **R**

2 Ich will den Herrn allezeit preisen; * V. Ton
immer sei sein Lob in meinem Mund.

3 Meine Seele rühme sich des Herrn; *
die Armen sollen es hören und sich freuen. – (R)

4 Verherrlicht mit mir den Herrn, *
laßt uns gemeinsam seinen Namen rühmen.

5 Ich suchte den Herrn, und er hat mich erhört, *
er hat mich all meinen Ängsten entrissen. – (R)

6 Blickt auf zu ihm, so wird euer Gesicht leuchten, *
und ihr braucht nicht zu erröten.

7 Da ist ein Armer; er rief, und der Herr erhörte ihn. *
Er half ihm aus all seinen Nöten. – (R)

8 Der Engel des Herrn umschirmt alle, die ihn fürchten und ehren, *
und er befreit sie.

9 Kostet und seht, wie gütig der Herr ist; *
wohl dem, der zu ihm sich flüchtet! – (R)

10 Fürchtet den Herrn, ihr seine Heiligen; *
denn wer ihn fürchtet, leidet keinen Mangel.

11 Reiche müssen darben und hungern; *
wer aber den Herrn sucht, braucht kein Gut zu entbehren. – **R**

RUF VOR DEM EVANGELIUM Vers: Joh 15,9b.5b

Halleluja. Halleluja.
(So spricht der Herr:)
Bleibt in meiner Liebe!
Wer in mir bleibt und in wem ich bleibe, der bringt reiche Frucht.
Halleluja.

26. Mai. Hl. Philipp Neri

ZUM EVANGELIUM *Am Schluß seines großen Abschiedsgebetes hat Jesus um die Einheit all derer gebetet, die im Lauf der Jahrhunderte an ihn glauben und sich zu ihm bekennen werden: „damit die Welt erkennt, daß du mich gesandt hast". Erst durch die Einheit im Glauben und in der Liebe werden die Jünger vor der Welt glaubwürdige Zeugen der Liebe Gottes und der Wahrheit Jesu Christi. In der Einheit der Christen spiegelt sich die Einheit wider, durch die Christus im Vater und der Vater in ihm ist. Eine zerrissene und gespaltene Christenheit verzerrt das Bild Gottes bis zur Unkenntlichkeit. Der Unglaube in der heutigen Welt und das Stagnieren der missionarischen Bemühungen ist zum guten Teil die Schuld derer, die vorgeben, Jünger Jesu zu sein, aber in Wirklichkeit sich weit von ihm entfernt haben, vielleicht ohne sich darüber im klaren zu sein. Man kann nicht Gemeinschaft mit Christus haben und gleichzeitig in Spaltung und Feindschaft leben. Die Einheit der Christen kann aber nicht gemacht werden, etwa durch Vereinbarungen über Lehre und Organisation. Sie kann nur als Geschenk erbeten werden. Hinter der Bitte Jesu um die Einheit der Jünger steht sein Wille (17, 24), daß die Jünger seine Herrlichkeit schauen sollen, die Herrlichkeit des geliebten Sohnes beim Vater. Das Schauen und Teilhaben in der Ewigkeit wird die Fortsetzung und Vollendung des Glaubens sein, durch den schon auf der Erde die Jünger eins sind mit Christus und untereinander. – Zu 17, 20–23: Joh 10, 30; 4, 34; Apg 1, 8. – Zu 17, 24–26: Joh 1, 14; 1 Thess 4, 17; 2 Thess 1, 12; Joh 1, 10; 1 Joh 3, 1; 4, 6; Joh 14, 21.*

EVANGELIUM Joh 17, 20–26

Ich will, daß sie dort bei mir sind, wo ich bin

✠ **Aus dem heiligen Evangelium nach Johannes.**

In jener Zeit erhob Jesus seine Augen zum Himmel und betete:

20 **Heiliger Vater, ich bitte nicht nur für diese hier,**
    sondern auch für alle, die durch ihr Wort an mich glauben.
21 **Alle sollen eins sein:**
    Wie du, Vater, in mir bist und ich in dir bin,
        sollen auch sie in uns sein,
    damit die Welt glaubt, daß du mich gesandt hast.
22 **Und ich habe ihnen die Herrlichkeit gegeben,**
        die du mir gegeben hast;
    denn sie sollen eins sein, wie wir eins sind,

23 ich in ihnen und du in mir.
So sollen sie vollendet sein in der Einheit,
damit die Welt erkennt,
    daß du mich gesandt hast
    und die Meinen ebenso geliebt hast wie mich.

24 Vater, ich will, daß alle, die du mir gegeben hast,
    dort bei mir sind, wo ich bin.
Sie sollen meine Herrlichkeit sehen,
    die du mir gegeben hast,
    weil du mich schon geliebt hast vor der Erschaffung der Welt.

25 Gerechter Vater, die Welt hat dich nicht erkannt,
ich aber habe dich erkannt,
und sie haben erkannt, daß du mich gesandt hast.

26 Ich habe ihnen deinen Namen bekannt gemacht
    und werde ihn bekannt machen,
damit die Liebe, mit der du mich geliebt hast, in ihnen ist
und damit ich in ihnen bin.

FÜRBITTEN

Jesus Christus, der Trauer in Freude verwandeln kann, bitten wir:

Schenke allen Gläubigen Friede und Freude im Heiligen Geist.
A.: Herr, erhöre uns.

Erfülle alle Seelsorger auf die Fürbitte des heiligen Philipp Neri mit deiner Menschenfreundlichkeit.

Tröste die Betrübten, und gib ihnen Zuversicht.

Laß uns nach dem Vorbild des heiligen Philipp Neri mit frohem Herzen allen Gutes tun.

Gütiger Gott, gib, daß wir auf die Fürbitte des heiligen Philipp Neri mit lauterem Herzen dir dienen durch Christus, unseren Herrn. A.: Amen.

GABENGEBET

Gütiger Gott,
am Fest des heiligen Philipp Neri
bringen wir dir das Opfer des Lobes dar.

Wie du ihm ein fröhliches Herz geschenkt hast,
so mache auch uns froh in deinem Dienst,
damit wir deinen Namen preisen und die Menschen lieben.
Darum bitten wir durch Christus, unseren Herrn.

KOMMUNIONVERS Mt 28, 20

Ich bin alle Tage bei euch bis zum Ende der Welt –
so spricht der Herr. (MB 920)

SCHLUSSGEBET

Herr, unser Gott,
durch die Teilnahme an diesem Mahl
schenke uns jene Freude,
durch die der heilige Philipp Neri
deine Liebe zu den Menschen bezeugt hat.
Laß uns immer nach dieser Speise hungern,
die das wahre Leben gibt.
Darum bitten wir durch Christus, unseren Herrn.

27. Mai
HL. AUGUSTINUS VON CANTERBURY
Bischof, Glaubensbote

Augustinus war Prior des St.-Andreas-Klosters in Rom, als Papst Gregor d. Gr. ihn 596 mit etwa 40 Mönchen zur Mission nach England sandte. Auf der Hinreise wurde die Gruppe durch Nachrichten über die Wildheit der Angelsachsen so entmutigt, daß sie nach Rom zurückkehrte. Der Papst schickte sie ein zweites Mal, und die Mission wurde zu einem großen Erfolg, wozu auch die Königin Bertha, eine fränkische Prinzessin, mithalf. Der einheimische Klerus war dem Fremden gegenüber allerdings mißtrauisch, so daß es nicht zu einer guten Zusammenarbeit kam. Papst Gregor ernannte Augustinus zum Erzbischof und schickte ihm weitere Missionare und alles, was an Geräten und Gewändern für den Kult nötig war. Er gab ihm auch Richtlinien für die missionarische Arbeit: „Wer einen hohen Berg ersteigen will, muß schrittweise gehen, nicht sprungweise." Augustinus starb am 26. Mai 604 oder 605.

Commune-Texte:
A Meßformulare für Glaubensboten, S. 2067 ff.,
oder für Bischöfe, S. 2056 ff.
B Schriftlesungen für Hirten der Kirche (Glaubensboten), S. 2101 ff.

TAGESGEBET

Gott, du Herr aller Völker,
durch die Predigt des heiligen Bischofs
Augustinus von Canterbury
hast du den Bewohnern von England
das Licht des Evangeliums gebracht.
Gib, daß sein apostolisches Werk
immer neue Frucht bringt in deiner Kirche.
Darum bitten wir durch Jesus Christus.

ZUR LESUNG   *„Mit Macht und mit dem Heiligen Geist und mit voller Gewißheit" (1 Thess 1,5) hat Paulus in Thessalonich das Evangelium verkündet, noch mit den Striemen von Philippi am Leib (vgl. Apg 16,20–24). In der Verkündigung des Evangeliums ist Gottes Macht am Werk; er ist es in Wirklichkeit, der spricht und der auch das Hören gibt. Aber Gott spricht in die Welt hinein durch Menschen, die sich ihm zur Verfügung stellen. Wie einst Jeremia, so weiß sich auch Paulus von Gott geprüft und angenommen (1 Thess 2,4), für gut befunden, um die Botschaft auszurichten. Gott hat ihm das Evangelium anvertraut: sein eigenes Wort, letzten Endes sich selbst als die Gabe des Heils. Daraus ergibt sich für Paulus die doppelte Forderung: Verantwortung vor Gott, der ihn berufen hat, und Liebe zu den Menschen, denen er das Evangelium schuldet. – Zu 2,4: Jer 1,5; 11,20; 12,3; Eph 3,7–13; 1 Tim 1,11. – Zu 2,5: 2 Kor 4,2; 5,9; Gal 1,10.*

ERSTE LESUNG   1 Thess 2, 2b–8

Wir wollten euch nicht nur am Evangelium Gottes teilhaben lassen, sondern auch an unserem eigenen Leben

Lesung
   aus dem ersten Brief des Apostels Paulus an die Thessalónicher.

Brüder!
2b Wir haben im Vertrauen auf unseren Gott
   das Evangelium Gottes trotz harter Kämpfe
   freimütig und furchtlos bei euch verkündet.

27. Mai. Hl. Augustinus von Canterbury

3 Denn wir predigen nicht, um euch irrezuführen,
   in schmutziger Weise auszunutzen oder zu betrügen,
4 sondern wir tun es, weil Gott uns geprüft
   und uns das Evangelium anvertraut hat,
   nicht also um den Menschen,
   sondern um Gott zu gefallen, der unsere Herzen prüft.
5 Nie haben wir mit unseren Worten zu schmeicheln versucht,
   das wißt ihr,
   und nie haben wir aus versteckter Habgier gehandelt,
   dafür ist Gott Zeuge.
6 Wir haben auch keine Ehre bei den Menschen gesucht,
   weder bei euch noch bei anderen,
7 obwohl wir als Apostel Christi
   unser Ansehen hätten geltend machen können.

Im Gegenteil, wir sind euch freundlich begegnet:
Wie eine Mutter für ihre Kinder sorgt,
   so waren wir euch zugetan
8 und wollten euch nicht nur
   am Evangelium Gottes teilhaben lassen,
   sondern auch an unserem eigenen Leben;
denn ihr wart uns sehr lieb geworden.

ANTWORTPSALM   Ps 96 (95), 1–2.3 u. 7.8 u. 10 (R: vgl. 3 a)

R Kündet den Völkern die Herrlichkeit des Herrn! – **R**   (GL 529, 6)

Singet dem Herrn ein neues Lied, *   II. Ton
singt dem Herrn, alle Länder der Erde!

Singt dem Herrn und preist seinen Namen, *
verkündet sein Heil von Tag zu Tag! – (**R**)

Erzählt bei den Völkern von seiner Herrlichkeit, *
bei allen Nationen von seinen Wundern!

Bringt dar dem Herrn, ihr Stämme der Völker, *
bringt dar dem Herrn Lob und Ehre! – (**R**)

Bringt dar dem Herrn die Ehre seines Namens, *
spendet Opfergaben, und tretet ein in sein Heiligtum!

Verkündet bei den Völkern: Der Herr ist König. †
Den Erdkreis hat er gegründet, so daß er nicht wankt. *
Er richtet die Nationen so, wie es recht ist. – **R**

RUF VOR DEM EVANGELIUM Vers: Joh 10, 14

Halleluja. Halleluja.

(So spricht der Herr:)
Ich bin der gute Hirt.
Ich kenne die Meinen, und die Meinen kennen mich.

Halleluja.

ZUM EVANGELIUM *Der zusammenfassende Bericht Mt 9, 35 verweist auf 4, 23 zurück; zwischen diesen beiden Versen steht die Selbstoffenbarung Jesu durch Wort und Tat: die Bergpredigt (Kap. 5–7) und die Wunder (Kap. 8–9). Für beides, die Verkündigung der Botschaft von der Gottesherrschaft und die Tätigkeit des Helfens und Heilens, braucht Jesus Mitarbeiter. Die Verse 9, 36–38 leiten zur Aussendungsrede (Kap. 10) über. Die ganze Tätigkeit Jesu und auch die Aussendung der Jünger stehen unter dem Motiv des Mitleids mit dem führerlosen Volk. Das Bild von der Herde („Schafe, die keinen Hirten haben") wird dann abgelöst durch das Wort von der Ernte. „Ernte" ist Bild für das kommende Gericht, bei dem Gott den Weizen in seine Scheune einbringt (Mt 3, 12). Mitarbeiter bei dieser Ernte sind die Jünger. Überall, wo Gottes Wort verkündet wird, da wird dem Menschen Rettung und Heil angeboten, da ist aber auch schon Zeit der Ernte: das Wort fordert Entscheidung und Antwort. – Num 27, 15–20; Sach 11, 15–17; 1 Kor 3, 5–9; Offb 14, 14–16.*

EVANGELIUM Mt 9, 35–38

Die Ernte ist groß, aber es gibt nur wenig Arbeiter

✚ Aus dem heiligen Evangelium nach Matthäus.

In jener Zeit
35 zog Jesus durch alle Städte und Dörfer,
lehrte in ihren Synagogen,
verkündete das Evangelium vom Reich
und heilte alle Krankheiten und Leiden.
36 Als er die vielen Menschen sah, hatte er Mitleid mit ihnen;
denn sie waren müde und erschöpft
wie Schafe, die keinen Hirten haben.
37 Da sagte er zu seinen Jüngern:
Die Ernte ist groß,
aber es gibt nur wenig Arbeiter.

38 **Bittet also den Herrn der Ernte,**
 Arbeiter für seine Ernte auszusenden.

FÜRBITTEN

Wir beten zu Jesus Christus, der das Licht der Welt ist:

Für die Kirche in England: daß sie festhalte an deinem Wort. (Stille) Christus, höre uns.
A.: Christus, erhöre uns.

Für die getrennten Kirchen: daß sie mit Geduld und Eifer Wege zur Einheit suchen. (Stille) Christus, höre uns.

Für alle, denen der Glaube gleichgültig ist: daß du ihre Herzen aufrüttelst. (Stille) Christus, höre uns.

Für unsere Verstorbenen: daß du ihr Leben in deiner Liebe vollendest. (Stille) Christus, höre uns.

Barmherziger Gott, du bist das Heil deines Volkes. Lenke uns auf den Weg, der zu deinem Licht führt durch Christus, unseren Herrn. A.: Amen.

Samstag nach dem zweiten Sonntag nach Pfingsten
UNBEFLECKTES HERZ MARIÄ

Das Fest wurde bis zur Liturgiereform am 22. August gefeiert; im Römischen Missale von 1970 ist es auf den heutigen Samstag festgelegt, den Tag nach dem Herz-Jesu-Fest. Schon der hl. Johannes Eudes hatte die Verehrung des Herzens Mariä in enger Beziehung mit der Verehrung des Herzens Jesu gesehen. Papst Pius VII. hat die liturgische Verehrung des Herzens Mariä gutgeheißen; Papst Pius XII. schrieb 1944 das Fest für die ganze Kirche vor, nachdem er am 31. Oktober 1942 aus Anlaß der Fátima-Feierlichkeiten die ganze Menschheit dem Unbefleckten Herzen Mariä geweiht hatte. – Unter dem Symbol des Herzens verehrt die Kirche die einzigartige Liebe der Mutter Jesu zu Gott und zu ihrem Sohn und ihre mütterliche Liebe zu allen Menschen. In der Botschaft von Fátima wird diese Liebe besonders als die durch die Sünden der Welt verwundete Liebe gezeigt.

Schriftlesungen für Marienmessen, S. 2093 ff.

ERÖFFNUNGSVERS Ps 13 (12), 6

Herr, ich baue auf deine Huld;
mein Herz soll über deine Hilfe frohlocken.

TAGESGEBET

Gott,
du hast dem Heiligen Geist
im Herzen der seligen Jungfrau Maria
eine würdige Wohnung bereitet.
Auf ihre Fürbitte hin
erfülle auch unser Leben mit deiner Gegenwart
und mache uns
zu einem Tempel deiner Herrlichkeit.
Darum bitten wir durch Jesus Christus.

ZUR LESUNG *Nach dem Strafgericht über das untreue Volk schließt Gott mit ihm einen neuen Bund und verheißt ihm „Segen": sicheren Bestand und bleibende Gottesgemeinschaft. Die Verse Jes 61, 10–11 kann man das Magnificat des Alten Bundes nennen; es ist der Lobgesang von Menschen, die Gottes erbarmende Liebe erfahren haben und deren Sprecherin am Anfang des Neuen Bundes Maria geworden ist. Gott rettet, wo es sonst keine Hilfe gibt, und die Rettung, die er bringt, ist nicht, wie oft bei den Menschen, eine kümmerliche Notlösung, sondern übergroßes Glück. Zwei Bilder machen die Größe der Tat Gottes deutlich: in Vers 10 das Bild der Braut, die sich von der Liebe Gottes umfangen und eingehüllt weiß wie von einem Hochzeitskleid, und in Vers 11 das Bild von der Erde, die reiche Frucht hervorbringt. Der Mensch, der Gottes Liebe begriffen hat, braucht sein ganzes Leben und verbraucht es, um zu danken. – Zu 61, 10: 1 Sam 2, 1; Lk 1, 46–47; Ps 132, 16; Bar 5, 2; Offb 19, 8; 21, 2. – Zu 61, 11: Jes 45, 8.*

ERSTE LESUNG Jes 61, 9–11

Von Herzen will ich mich freuen über den Herrn

**Lesung
aus dem Buch Jesája.**

**So spricht der Herr:
Die Nachkommen meines Volkes**

Unbeflecktes Herz Mariä　　　　　　　　　　　　　　　　　　　　1871

　　　werden bei allen Nationen bekannt sein
　　　und ihre Kinder in allen Völkern.
　　　Jeder, der sie sieht, wird erkennen:
　　　　Das sind die Nachkommen, die der Herr gesegnet hat.
10　Von Herzen will ich mich freuen über den Herrn.
　　　Meine Seele soll jubeln über meinen Gott.
　　　Denn er kleidet mich in Gewänder des Heils,
　　　　er hüllt mich in den Mantel der Gerechtigkeit,
　　　wie ein Bräutigam sich festlich schmückt
　　　und wie eine Braut ihr Geschmeide anlegt.
11　Denn wie die Erde die Saat wachsen läßt
　　　und der Garten die Pflanzen hervorbringt,
　　　　so bringt Gott, der Herr, Gerechtigkeit hervor
　　　　und Ruhm vor allen Völkern.

ANTWORTPSALM　　　1 Sam 2,1bcde.4–5b.6–7.8abcd (R: vgl. 1b)

R Mein Herz ist voll Freude über den Herrn, meinen Retter. – **R**
　　　　　　　　　　　　　　　　　　　　　　　　　　　(GL 597,2)
bc　Mein Herz ist voll Freude über den Herrn, *
　　große Kraft gibt mir der Herr.　　　　　　　　　　　　V. Ton

de　Weit öffnet sich mein Mund gegen meine Feinde; *
　　denn ich freue mich über deine Hilfe. – **(R)**

　　Der Bogen der Helden wird zerbrochen, *
　　die Wankenden aber gürten sich mit Kraft.

ab　Die Satten verdingen sich um Brot, *
　　doch die Hungrigen können feiern für immer. – **(R)**

　　Der Herr macht tot und lebendig, *
　　er führt zum Totenreich hinab und führt auch herauf.

　　Der Herr macht arm und macht reich, *
　　er erniedrigt, und er erhöht. – **(R)**

ab　Den Schwachen hebt er empor aus dem Staub *
　　und erhöht den Armen, der im Schmutz liegt;

cd　er gibt ihm einen Sitz bei den Edlen, *
　　einen Ehrenplatz weist er ihm zu. – **R**

RUF VOR DEM EVANGELIUM   Vers: vgl. Lk 2, 19

Halleluja. Halleluja.

Selig bist du, Jungfrau Maria;
du hast das Wort Gottes bewahrt und in deinem Herzen erwogen.

Halleluja.

ZUM EVANGELIUM   *Der zwölfjährige Jesus hat sich mit seinen Eltern auf den Weg nach Jerusalem gemacht. Dort aber hat er in eigener Verantwortung den Weg des Selbstverständlichen verlassen; drei Tage ist er „im Haus seines Vaters" geblieben, mitten unter den Lehrern im Tempel, hörend und fragend, und zwar kritisch fragend, so daß die Gesetzeslehrer beunruhigt waren (vgl. 2, 46–47). Der Zwölfjährige beginnt, über seine Eltern, seine Lehrer und auch seine angestammte Religion hinauszuwachsen. Aber noch ist seine Zeit nicht gekommen. Er kehrt nach Nazaret zurück und übt im Gehorsam gegen seine Eltern den größeren Gehorsam ein, der ihn bis zur Hingabe seines Lebens führen wird. Von Maria und Josef heißt es, daß sie die Worte Jesu damals nicht verstanden (2, 50); sie haben die Worte und das Geschehen nicht eigentlich durchschauen können, jedenfalls nicht mit der Klarheit des begrifflichen Erkennens; aber in ihrem Herzen (nicht nur in ihrem „Gedächtnis") hat Maria das alles „bewahrt" und reifen lassen, bis die anderen „drei Tage" kamen und die neue Begegnung am Ostermorgen. – Ex 12, 24–27a; Dtn 16, 1–8; Lk 2, 19.*

EVANGELIUM   Lk 2, 41–51

Maria bewahrte alles, was geschehen war, in ihrem Herzen

✠ Aus dem heiligen Evangelium nach Lukas.

41 Die Eltern Jesu
   gingen jedes Jahr zum Paschafest* nach Jerusalem.

42 Als er zwölf Jahre alt geworden war,
   zogen sie wieder hinauf, wie es dem Festbrauch entsprach.

43 Nachdem die Festtage zu Ende waren,
   machten sie sich auf den Heimweg.
   Der junge Jesus aber blieb in Jerusalem,
   ohne daß seine Eltern es merkten.

44 Sie meinten, er sei irgendwo in der Pilgergruppe,
   und reisten eine Tagesstrecke weit;

---
* Sprich: Pas-chafest.

Unbeflecktes Herz Mariä

dann suchten sie ihn bei den Verwandten und Bekannten.
45 Als sie ihn nicht fanden,
kehrten sie nach Jerusalem zurück und suchten ihn dort.
46 Nach drei Tagen fanden sie ihn im Tempel;
er saß mitten unter den Lehrern,
hörte ihnen zu
und stellte Fragen.
47 Alle, die ihn hörten, waren erstaunt
über sein Verständnis und über seine Antworten.
48 Als seine Eltern ihn sahen, waren sie sehr betroffen,
und seine Mutter sagte zu ihm:
Kind, wie konntest du uns das antun?
Dein Vater und ich haben dich voll Angst gesucht.
49 Da sagte er zu ihnen:
Warum habt ihr mich gesucht?
Wußtet ihr nicht,
daß ich in dem sein muß, was meinem Vater gehört?
50 Doch sie verstanden nicht, was er damit sagen wollte.
51 Dann kehrte er mit ihnen nach Nazaret zurück
und war ihnen gehorsam.
Seine Mutter bewahrte alles, was geschehen war, in ihrem Herzen.

FÜRBITTEN

Zu Jesus Christus, der Maria vor jedem Makel der Sünde bewahrte, beten wir:

Steh allen Christen, die Maria als ihre Mutter verehren, bei, damit sie auf dein Wort hören und es bewahren.
A.: Wir bitten dich, erhöre uns.

Erhalte auf die Fürbitte der seligen Jungfrau Maria der Welt den Frieden.

Schenke auf die Fürsprache deiner Mutter denen dein Erbarmen, die es besonders bedürfen.

Erwecke Eifer zu Gebet und Sühne für die Sünden.

Gütiger Gott, du erbarmst dich aller Menschen. Schenke auf die Fürsprache der seligen Jungfrau Maria auch uns deine Gnade durch Christus, unseren Herrn. A.: Amen.

GABENGEBET

Herr, blicke auf deine Gläubigen,
die in dieser Feier
der seligen Jungfrau Maria gedenken.
Nimm unsere Gaben und Gebete an
und schenke uns durch dieses Opfer
deine Versöhnung.
Darum bitten wir durch Christus, unseren Herrn.

Marienpräfation, S. 1374.

KOMMUNIONVERS   Lk 2, 19

Maria bewahrte alles, was geschehen war, in ihrem Herzen
und dachte darüber nach.

SCHLUSSGEBET

Barmherziger Gott,
wir haben Anteil erhalten
an den Gaben der Erlösung.
Gib, daß auch wir
gleich der seligen Jungfrau Maria
den Reichtum deiner Gnade preisen
und daß sich das göttliche Leben in uns entfaltet.
Darum bitten wir durch Christus, unseren Herrn.

JUNI

1. Juni

HL. JUSTIN

Märtyrer

Gedenktag

Justin stammte aus einer griechisch-heidnischen Familie; er wurde um 100 in Nablus, dem biblischen Sichem, in Samarien geboren. Bei allen Philosophen suchte er die Wahrheit, wurde aber von allen enttäuscht. Schließlich fand er in der christlichen Lehre „die allein zuverlässige und wahre Philosophie". Nach seiner Bekehrung arbeitete er

1. Juni. Hl. Justin

unermüdlich als Lehrer des christlichen Glaubens, aber auch als Vermittler zwischen der griechischen Philosophie und dem Christentum. Von Justin haben wir einen Bericht über den Verlauf des sonntäglichen Gottesdienstes, wie er in Rom ums Jahr 165 gefeiert wurde. Unter Mark Aurel erlitt er um 165 in Rom das Martyrium.

Jesus der Kyrios
Justin: „Ich folge der Lehre der Christen mit fester Überzeugung." Der Stadtpräfekt: „Was ist denn das für eine Überzeugung?" Justin: „Wir verehren den Gott der Christen und beten ihn an. Wir sind überzeugt, daß da ein einziger Gott ist, der am Uranfang die sichtbare und die unsichtbare Welt geschaffen und gestaltet hat. Wir glauben an Jesus als den Kyrios (den Herrn); wir glauben, daß er von den Propheten im voraus verkündet wurde als der kommende Bringer der Heilsbotschaft und als Lehrer der seligmachenden Wahrheit." (Aus dem Gerichtsverhör des Märtyrers Justin)

Schriftlesungen für Märtyrer, S. 2098 ff.

ERÖFFNUNGSVERS Ps 119 (118), 46.51

Deine Gebote will ich vor Königen bezeugen
und mich vor ihnen nicht schämen.
Frech verhöhnen mich die Stolzen,
ich aber weiche nicht ab von deiner Weisung.

TAGESGEBET

Gott,
du hast den heiligen Märtyrer Justin
in der Torheit des Kreuzes
die erhabene Weisheit Jesu Christi erkennen lassen.
Hilf uns auf seine Fürsprache,
daß wir nicht falschen Lehren folgen,
sondern im wahren Glauben feststehen.
Darum bitten wir durch Jesus Christus.

ZUR LESUNG *Gleich am Anfang des ersten Korintherbriefs stößt Paulus in die Mitte des Evangeliums vor: die Botschaft vom Kreuz, die „Predigt vom Galgen", also genau das, was die Welt nicht hören will. Das Wort vom Kreuz rettet den, der darin die Kraft Gottes erkennt, und es richtet den, der es als Torheit zurückweist. Am Kreuz entscheiden sich Tod und Leben, Gericht und Heil. – Die wirkliche, tötende Torheit ist auf der Seite „dieser Welt" (1, 20), die nicht gewillt und vielleicht schon nicht mehr fähig ist, Gott zu erkennen. Diese Torheit ist nach Röm 1, 21–22 Sünde und Strafe zugleich; sie kommt nicht vom fehlenden Verstand, sie ist Oberflächlichkeit und Überheblichkeit des Herzens. Das Wort vom Kreuz ist Gericht und Heil, aber nicht beides in gleicher Weise; es ist zuerst Angebot des Heils, denn Gott will die Menschen retten; zum Gericht wird es da, wo es verworfen wird. – Zu 1, 18–20: 1 Kor 2, 1–2; Röm 1, 16; 2 Kor 4, 3. – Zu 1, 21–25: Röm 1, 18–20; Mt 12, 38; Apg 17, 18. 32; Röm 9, 32; 1 Kor 2, 14; Kol 2, 3; 2 Kor 13, 4.*

ERSTE LESUNG 1 Kor 1, 18–25

Gott beschloß, alle, die glauben, durch die Torheit der Verkündigung zu retten

Lesung
    aus dem ersten Brief des Apostels Paulus an die Korínther.

Brüder!
18 Das Wort vom Kreuz
    ist denen, die verlorengehen, Torheit;
uns aber, die gerettet werden,
    ist es Gottes Kraft.
19 Es heißt nämlich in der Schrift:

Ich lasse die Weisheit der Weisen vergehen
    und die Klugheit der Klugen verschwinden.

20 Wo ist ein Weiser?
Wo ein Schriftgelehrter?
Wo ein Wortführer in dieser Welt?
Hat Gott nicht die Weisheit der Welt als Torheit entlarvt?
21 Denn da die Welt
    angesichts der Weisheit Gottes
    auf dem Weg ihrer Weisheit Gott nicht erkannte,
    beschloß Gott,
    alle, die glauben, durch die Torheit der Verkündigung zu retten.

22 Die Juden fordern Zeichen,
    die Griechen suchen Weisheit.
23 Wir dagegen
    verkündigen Christus als den Gekreuzigten:
für Juden ein empörendes Ärgernis,

für Heiden eine Torheit,
24 für die Berufenen aber, Juden wie Griechen,
Christus, Gottes Kraft und Gottes Weisheit.

25 Denn das Törichte an Gott
 ist weiser als die Menschen,
und das Schwache an Gott
 ist stärker als die Menschen.

ANTWORTPSALM Ps 34 (33), 2–3.4–5.6–7.8–9 (R: vgl. 5b)

R All meinen Ängsten hat mich der Herr entrissen. – R (GL 176, 1)

2 Ich will den Herrn allezeit preisen; * VI. Ton
immer sei sein Lob in meinem Mund.

3 Meine Seele rühme sich des Herrn; *
die Armen sollen es hören und sich freuen. – (R)

4 Verherrlicht mit mir den Herrn, *
laßt uns gemeinsam seinen Namen rühmen.

5 Ich suchte den Herrn, und er hat mich erhört, *
er hat mich all meinen Ängsten entrissen. – (R)

6 Blickt auf zu ihm, so wird euer Gesicht leuchten, *
und ihr braucht nicht zu erröten.

7 Da ist ein Armer; er rief, und der Herr erhörte ihn. *
Er half ihm aus all seinen Nöten. – (R)

Der Engel des Herrn umschirmt alle, die ihn fürchten und ehren, *
und er befreit sie.

Kostet und seht, wie gütig der Herr ist; *
wohl dem, der zu ihm sich flüchtet! – R

RUF VOR DEM EVANGELIUM Vers: Mt 5, 16

Halleluja. Halleluja.

Euer Licht soll vor den Menschen leuchten,
damit sie eure guten Werke sehen
und euren Vater im Himmel preisen.

Halleluja.

ZUM EVANGELIUM *Die Jünger Jesu leben in dieser gegenwärtigen Welt, die – mag sie selbst auch das Gegenteil meinen – eine fade und dunkle Welt ist, eine verlorene Welt, wäre Christus nicht gekommen. Er will die Menschen durch Menschen retten: „Ihr seid das Salz der Erde, ihr seid das Licht der Welt", sagt er zu seinen Jüngern. Das heißt: Ihr seid für diese Welt verantwortlich. Das Salz erhält die Speise frisch und macht sie schmackhaft; es kann seinen Geschmack nicht verlieren, oder es hat aufgehört, Salz zu sein. Der Jünger Jesu, der seine Aufgabe in der Welt nicht erfüllt, ist wie das Salz, das seine Kraft verloren hat. Das Bildwort vom Licht (Mt 5, 14–15) wird ausdrücklich in eine Mahnung umgesetzt (5, 16): Euer Licht soll vor den Menschen leuchten. Ob die Menschen wirklich den Vater im Himmel preisen werden, wenn sie die guten Werke der Jünger Jesu sehen, das braucht nicht unsere Sorge zu sein; in den vorausgehenden Versen 11–12 ist die andere Möglichkeit genannt: Spott und Verfolgung. – Zu 5, 13: Mk 9, 50; Lk 14, 34–35. – Zu 5, 14: Joh 8, 12. – Zu 5, 15: Mk 4, 21; Lk 8, 16; 11, 33.*

EVANGELIUM   Mt 5, 13–19

Ihr seid das Licht der Welt

✚ Aus dem heiligen Evangelium nach Matthäus.

In jener Zeit sprach Jesus zu seinen Jüngern:
13 Ihr seid das Salz der Erde.
Wenn das Salz seinen Geschmack verliert,
   womit kann man es wieder salzig machen?
Es taugt zu nichts mehr;
es wird weggeworfen und von den Leuten zertreten.

14 Ihr seid das Licht der Welt.
Eine Stadt, die auf einem Berg liegt,
   kann nicht verborgen bleiben.

15 Man zündet auch nicht ein Licht an und stülpt ein Gefäß darüber,
sondern man stellt es auf den Leuchter;
dann leuchtet es allen im Haus.

16 So soll euer Licht vor den Menschen leuchten,
   damit sie eure guten Werke sehen
   und euren Vater im Himmel preisen.

17 Denkt nicht,
   ich sei gekommen,
   um das Gesetz und die Propheten aufzuheben.

1. Juni. Hl. Justin

Ich bin nicht gekommen, um aufzuheben,
   sondern um zu erfüllen.
¹⁸ Amen, das sage ich euch:
Bis Himmel und Erde vergehen,
   wird auch nicht der kleinste Buchstabe des Gesetzes vergehen,
   bevor nicht alles geschehen ist.
¹⁹ Wer auch nur eines von den kleinsten Geboten aufhebt
   und die Menschen entsprechend lehrt,
   der wird im Himmelreich der Kleinste sein.
Wer sie aber hält und halten lehrt,
   der wird groß sein im Himmelreich.

FÜRBITTEN

Wir bitten Christus, dessen Tod am Kreuz Gottes Kraft und Weisheit offenbarte:

Für alle Christen: gib ihnen deinen Geist, wenn sie von Gegnern des Glaubens zur Rede gestellt werden. (Stille) Herr, erbarme dich. A.: Christus, erbarme dich.

Für alle Menschen: hilf ihnen, ihre Gegensätze friedlich auszutragen. (Stille) Herr, erbarme dich.

Für alle Suchenden: gib, daß sie am Leben der Christen keinen Anstoß nehmen. (Stille) Herr, erbarme dich.

Für unsere Gemeinde: sei du unser Licht im Dunkel der Zeit. (Stille) Herr, erbarme dich.

Großer Gott, du hast dem heiligen Justin Mut und Weisheit geschenkt, den Glauben zu verteidigen. Laß uns im wahren Glauben verharren durch Christus, unseren Herrn.   A.: Amen.

GABENGEBET

Herr, unser Gott,
gib, daß wir
das Geheimnis der Eucharistie ehrfürchtig feiern,
das der heilige Justin
gegen die Schmähungen der Ungläubigen verteidigt hat.
Darum bitten wir durch Christus, unseren Herrn.

KOMMUNIONVERS
Vgl. 1 Kor 2,2

Ich will nichts anderes kennen als Jesus Christus,
und zwar als Gekreuzigten.

SCHLUSSGEBET

Herr, unser Gott,
du hast uns mit dem Brot des Lebens gespeist.
Gib, daß wir den Mahnungen des heiligen Justin folgen
und dir allezeit für diese Gaben danken.
Darum bitten wir durch Christus, unseren Herrn.

2. Juni

HL. MARCELLINUS
und
HL. PETRUS
Märtyrer

Beide haben in der Diokletianischen Verfolgung das Martyrium erlitten (um 303). Papst Damasus († 384) hat ihnen eine Grabinschrift gewidmet. Nach der späteren Legende soll Marcellinus (zu unterscheiden vom hl. Papst Marcellinus) Priester, Petrus Exorzist gewesen sein. Die Verehrung der beiden ist früh bezeugt. Eine Basilika an der Via Merulana, zwischen S. Maria Maggiore und dem Lateran, trägt den Namen der beiden Märtyrer.

Commune-Texte:
A Meßformulare für Märtyrer, S. 2041 ff. oder 2050 ff.
B Schriftlesungen für Märtyrer, S. 2098 ff.

TAGESGEBET

Gott,
du gibst deiner Kirche Kraft und Halt
durch das mutige Glaubensbekenntnis der Heiligen.
Hilf uns auf die Fürsprache
der Märtyrer Marcellinus und Petrus,
daß auch wir aus dem Glauben leben
und dich standhaft bekennen.
Darum bitten wir durch Jesus Christus.

2. Juni. Hl. Marcellinus und hl. Petrus

ZUR LESUNG *Der Apostel ist Mitarbeiter Gottes im Werk der Versöhnung (2 Kor 6, 1). Von der Erfüllung dieses Dienstes hängt „jetzt" alles ab, für den Apostel ebenso wie für die Gemeinde. Von den Arbeitsbedingungen eines Mitarbeiters im Dienst Gottes spricht Paulus in den Versen 4–10; nur im Heiligen Geist, in der Kraft Gottes (6, 6 und 7) kann ein Mensch ein solches Leben bestehen, durchhalten in der Schwachheit, die ihn von innen her bedroht, und in den Gefahren und Nöten, die von außen an ihn herankommen. Aber die Reinheit der Absicht und die Kraft der Liebe machen ihn glücklicher als alle jene Menschen, die ihn hassen oder bemitleiden. – Jes 49, 8; 61; Lk 4, 17–19; 2 Kor 8, 21; 4, 8–10; 1 Kor 4, 9–13; Gal 5, 22; 2 Kor 10, 4–6; Eph 6, 11–13; Röm 8, 32.*

ERSTE LESUNG 2 Kor 6, 4–10

Wir sind wie Sterbende, und seht: wir leben

Lesung
 aus dem zweiten Brief des Apostels Paulus an die Korinther.

Brüder!
4 In allem erweisen wir uns als Gottes Diener:
durch große Standhaftigkeit, in Bedrängnis, in Not, in Angst,
5 unter Schlägen, in Gefängnissen, in Zeiten der Unruhe,
unter der Last der Arbeit, in durchwachten Nächten,
6 durch Fasten, durch lautere Gesinnung, durch Erkenntnis,
durch Langmut, durch Güte,
durch den Heiligen Geist, durch ungeheuchelte Liebe,
7 durch das Wort der Wahrheit, in der Kraft Gottes,
mit den Waffen der Gerechtigkeit
 in der Rechten und in der Linken,
8 bei Ehrung und Schmähung, bei übler Nachrede und bei Lob.

Wir gelten als Betrüger
 und sind doch wahrhaftig;
9 wir werden verkannt
 und doch anerkannt;
wir sind wie Sterbende,
 und seht: wir leben;
wir werden gezüchtigt
 und doch nicht getötet;
10 uns wird Leid zugefügt,
 und doch sind wir jederzeit fröhlich;

wir sind arm
   und machen doch viele reich;
wir haben nichts
   und haben doch alles.

ANTWORTPSALM   Ps 124 (123), 2–3.4–5.7–8 (R: 7a)

R Unsre Seele ist wie ein Vogel dem Netz des Jägers entkommen. – **R**
(GL 528, 2)

2 Hätte sich nicht der Herr für uns eingesetzt, *
   als sich gegen uns Menschen erhoben,

IV. Ton

3 dann hätten sie uns lebendig verschlungen, *
   als gegen uns ihr Zorn entbrannt war. – (R)

4 Dann hätten die Wasser uns weggespült, *
   hätte sich über uns ein Wildbach ergossen,

5 Dann hätten sich über uns die Wasser ergossen, *
   die wilden und wogenden Wasser. – (R)

7 Unsre Seele ist wie ein Vogel dem Netz des Jägers entkommen; *
   das Netz ist zerrissen, und wir sind frei.

8 Unsre Hilfe steht im Namen des Herrn, *
   der Himmel und Erde gemacht hat. – **R**

RUF VOR DEM EVANGELIUM   Vers: 2 Kor 1, 3b–4a

Halleluja. Halleluja.

Gepriesen sei der Vater des Erbarmens und der Gott allen Trostes.
Er tröstet uns in all unserer Not.

Halleluja.

ZUM EVANGELIUM   *Die Jünger Jesu leben in der Welt, sind aber nicht von der Welt. Das heißt nicht, daß sie für die Welt untauglich sind oder daß die Welt sie nichts angeht. Aber die Welt ist, seitdem sie das Wort Jesu gehört und Jesus ans Kreuz geschlagen hat, nicht mehr einfachhin die Welt, wie sie von Gott geschaffen wurde. Sie hat Jesus abgewiesen, und es ist nur logisch, daß sie auch seinen Jüngern mit Argwohn, Ablehnung und Feindseligkeit begegnet. Dennoch ist der Jünger Jesu in die Welt hineingestellt, hineingesandt. Sie ist das Ackerfeld, auf dem das Wort Gottes ausgestreut wird. Ob es Frucht bringen kann, dafür sind wir mitverantwortlich. Jesus hat für uns alle gebetet. – Joh 3, 35; Apg 4, 32; Joh*

2. Juni. Hl. Marcellinus und hl. Petrus

16, 4; 18, 9; 6, 39; 10, 28; 13, 18–19; Ps 41, 10; Joh 15, 11.19; 1 Joh 2, 14; Joh 8, 23; 10, 36; 4, 38; 20, 21; 1 Thess 4, 7; Hebr 2, 11; 5, 9; 10, 14.

EVANGELIUM   Joh 17, 6a.11b–19

Die Welt hat sie gehaßt

✝ Aus dem heiligen Evangelium nach Johannes.

In jener Zeit erhob Jesus seine Augen zum Himmel
und betete:

6a Vater, ich habe deinen Namen
   den Menschen offenbart,
   die du mir aus der Welt gegeben hast.

11b Heiliger Vater,
bewahre sie in deinem Namen, den du mir gegeben hast,
   damit sie eins sind wie wir.

12 Solange ich bei ihnen war,
   bewahrte ich sie in deinem Namen, den du mir gegeben hast.
Und ich habe sie behütet,
und keiner von ihnen ging verloren,
   außer dem Sohn des Verderbens,
   damit sich die Schrift erfüllt.

13 Aber jetzt gehe ich zu dir.
Doch dies rede ich noch in der Welt,
   damit sie meine Freude in Fülle in sich haben.

14 Ich habe ihnen dein Wort gegeben,
und die Welt hat sie gehaßt,
   weil sie nicht von der Welt sind,
   wie auch ich nicht von der Welt bin.

15 Ich bitte nicht, daß du sie aus der Welt nimmst,
   sondern daß du sie vor dem Bösen bewahrst.

16 Sie sind nicht von der Welt,
   wie auch ich nicht von der Welt bin.

17 Heilige sie in der Wahrheit;
dein Wort ist Wahrheit.

18 Wie du mich in die Welt gesandt hast,
   so habe auch ich sie in die Welt gesandt.

19 Und ich heilige mich für sie,
   damit auch sie in der Wahrheit geheiligt sind.

FÜRBITTEN

Jesus Christus, der sich den Sündern auslieferte, bitten wir:

Festige in deinen Gläubigen die Erwartung, daß dein Reich kommt.
A.: Herr, erhöre unser Gebet.

Sende allen Menschen deinen Geist, daß sie Gottes Gebot als Weg zum Leben erkennen.

Ermutige die verfolgten Christen, daß sie nicht verzagen.

Rufe zu dir, die in der Hoffnung auf dich entschlafen sind.

Herr, unser Gott, auf die Fürbitte der heiligen Marcellinus und Petrus erhöre unser Gebet durch Christus, unseren Herrn.
A.: Amen.

3. Juni

HL. KARL LWANGA UND GEFÄHRTEN

Märtyrer

Gedenktag

Karl wurde 1865 in Bulimu (Uganda) geboren, 1885 getauft. In der Christenverfolgung des Königs Mwanga wurden er und zwölf seiner Freunde, Pagen am Königshof, lebendig verbrannt, weil sie sich den perversen Wünschen des Königs widersetzten. Karl wurde 1934 zum Patron der Katholischen Aktion der Jugend Afrikas erklärt, 1964 wurde er zusammen mit seinen zwölf Freunden und weiteren afrikanischen Märtyrern heiliggesprochen.

Commune-Texte:
A Meßformulare für Märtyrer, S. 2041 ff. bzw. S. 2050 ff.
B Schriftlesungen für Märtyrer, S. 2098 ff.

ERÖFFNUNGSVERS   Mt 25, 34

**Kommt her, ihr, die ihr von meinem Vater gesegnet seid,
nehmt das Reich in Besitz,
das seit Anfang der Welt für euch bestimmt ist. Halleluja.** (MB 907)

TAGESGEBET

Gott,
du läßt das Blut der Märtyrer
zum Samen werden für neue Christen.
Erhöre unser Gebet für die Kirche in Afrika.
Laß den Acker, der vom Blut
des heiligen Karl Lwanga und seiner Freunde
getränkt ist,
reiche Ernte tragen.
Darum bitten wir durch Jesus Christus.

ZUR LESUNG *Der Bericht über das Martyrium der Makkabäischen Brüder ist vor allem dadurch wichtig, daß hier deutlich der Glaube an die Unsterblichkeit und die Auferstehung ausgesprochen wird. Die Menschen können Leben vernichten, Gott aber hat die Macht, auch Tote „zu einem neuen, ewigen Leben" zu erwecken (7, 9). Nach biblischer Auffassung bildet der Mensch eine untrennbare Einheit; deshalb ist nicht nur von Unsterblichkeit der Seele die Rede, vielmehr ist es der ganze Mensch mit Leib und Seele, dem Gott die Hoffnung auf ewiges Leben gibt (7, 14). Für die Bösen gibt es keine „Auferstehung zum Leben"; das muß nicht heißen, daß es für sie nur den Tod, also keine Ewigkeit gibt. Nach Dan 12, 2 gibt es für sie eine Auferstehung „zur Schmach, zu ewigem Abscheu". Erst das Neue Testament, vor allem die Auferstehung Jesu selbst, hat in diese schwierige Frage mehr Licht gebracht (vgl. Evangelium). – Ps 16, 10–11; 73, 23–26; Weish 3, 1–10; Jes 26, 19; Röm 12, 1.*

ERSTE LESUNG 2 Makk 7, 1–2.7a.9–14

Eher sterben wir, als daß wir die Gesetze unserer Väter übertreten

**Lesung
aus dem zweiten Buch der Makkabäer.**

In jenen Tagen
geschah es,
daß man sieben Brüder mit ihrer Mutter festnahm.
Der König Antiochus wollte sie zwingen,
entgegen dem göttlichen Gesetz Schweinefleisch zu essen,
und ließ sie darum mit Geißeln und Riemen peitschen.

Einer von ihnen ergriff für die andern das Wort
und sagte: Was willst du uns fragen und von uns wissen?

Eher sterben wir,
  als daß wir die Gesetze unserer Väter übertreten.

7a Als der erste der Brüder gestorben war,
  führten sie den zweiten zur Folterung.
9 Als der zweite in den letzten Zügen lag,
  sagte er: Du Unmensch!
Du nimmst uns dieses Leben;
aber der König der Welt
  wird uns zu einem neuen, ewigen Leben auferwecken,
weil wir für seine Gesetze gestorben sind.

10 Nach ihm folterten sie den dritten.
Als sie seine Zunge forderten,
  streckte er sie sofort heraus
  und hielt mutig die Hände hin.
11 Dabei sagte er gefaßt:
Vom Himmel habe ich sie bekommen,
  und wegen seiner Gesetze achte ich nicht auf sie.
Von ihm hoffe ich sie wiederzuerlangen.
12 Sogar der König und seine Leute
  staunten über den Mut des jungen Mannes,
  dem die Schmerzen nichts bedeuteten.

13 Als er tot war,
  quälten und mißhandelten sie den vierten genauso.
14 Dieser sagte, als er dem Ende nahe war:
Gott hat uns die Hoffnung gegeben,
  daß er uns wieder auferweckt.
Darauf warten wir gern,
  wenn wir von Menschenhand sterben.
Für dich aber
  gibt es keine Auferstehung zum Leben.

ANTWORTPSALM   Ps 124 (123), 2–3.4–5.7–8 (R: 7a)
R Unsre Seele ist wie ein Vogel dem Netz des Jägers entkommen. – R
                                                              (GL 528, 2)
2 Hätte sich nicht der Herr für uns eingesetzt, *
  als sich gegen uns Menschen erhoben,   IV. Ton
3 dann hätten sie uns lebendig verschlungen, *
  als gegen uns ihr Zorn entbrannt war. – (R)

3. Juni. Hl. Karl Lwanga und Gefährten

4 **Dann hätten die Wasser uns weggespült,** *
hätte sich über uns ein Wildbach ergossen.

5 **Dann hätten sich über uns die Wasser ergossen,** *
die wilden und wogenden Wasser. – (R)

7 **Unsre Seele ist wie ein Vogel dem Netz des Jägers entkommen;** *
das Netz ist zerrissen, und wir sind frei.

8 **Unsre Hilfe steht im Namen des Herrn,** *
der Himmel und Erde gemacht hat. – R

RUF VOR DEM EVANGELIUM   Vers: vgl. Mt 5, 10

Halleluja. Halleluja.

Selig, die um der Gerechtigkeit willen Verfolgung leiden;
denn ihnen gehört das Himmelreich.

Halleluja.

ZUM EVANGELIUM   *Die Seligpreisungen der Bergpredigt sind der Form nach Glückwünsche („Selig, die ..."), der Sache nach Bedingungen für den Einlaß in das Reich Gottes. Sie sind zu allen Menschen gesagt, nicht etwa nur zu den besonders Frommen. Sie sind Zusage und Forderung zugleich. Es ist anzunehmen, daß die kürzere Form der Seligpreisungen bei Lk (6, 20–23) die ursprünglichere ist; in den Erweiterungen bei Matthäus liegen bereits Deutungen vor, in denen die Situation und Denkweise dieses Evangelisten (oder seiner Vorlage) sichtbar werden. Die Teilhabe an der Gottesherrschaft, der Eintritt in die neue Welt Gottes, wird den Armen, den Trauernden, den Hungernden zugesagt. Damit sind nicht nur wirtschaftlich-soziale Gruppen gemeint; es sind die Menschen, die („vor Gott") wissen und bejahen, daß sie nichts haben und nichts können, daß sie ganz auf Gott angewiesen sind. Nach den Armen wird das Himmelreich denen zugesprochen, die um Jesu willen beschimpft, verleumdet und verfolgt werden. Nicht weil er arm ist, wird der Arme glücklich gepriesen, und der Verfolgte nicht, weil er verfolgt wird; glücklich ist, wer zu Armut und Verfolgung ja sagen und sich darüber sogar freuen kann, weil er so Christus ähnlicher wird und in seiner eigenen Schwachheit die Kraft Gottes erfährt. – Zu 5, 5–9: Zef 3, 11–13; Jes 55, 1–3; 57, 15; 61, 1–2; Ps 34; Joh 15, 3; Lk 10, 5–6. – Zu 5, 10–12: Mt 23, 34; Joh 9, 22; 16, 2–4; Apg 5, 41; 1 Petr 3, 13–17.*

EVANGELIUM

Mt 5,1–12a

Freut euch und jubelt: Euer Lohn im Himmel wird groß sein

☩ Aus dem heiligen Evangelium nach Matthäus.

In jener Zeit,
1 als Jesus die vielen Menschen sah, die ihm folgten,
stieg er auf einen Berg.
Er setzte sich,
und seine Jünger traten zu ihm.
2 Dann begann er zu reden
und lehrte sie.
3 Er sagte:
Selig, die arm sind vor Gott;
denn ihnen gehört das Himmelreich.
4 Selig die Trauernden;
denn sie werden getröstet werden.
5 Selig, die keine Gewalt anwenden;
denn sie werden das Land erben.
6 Selig, die hungern und dürsten nach der Gerechtigkeit;
denn sie werden satt werden.
7 Selig die Barmherzigen;
denn sie werden Erbarmen finden.
8 Selig, die ein reines Herz haben;
denn sie werden Gott schauen.
9 Selig, die Frieden stiften;
denn sie werden Söhne Gottes genannt werden.
10 Selig, die um der Gerechtigkeit willen verfolgt werden;
denn ihnen gehört das Himmelreich.
11 Selig seid ihr, wenn ihr um meinetwillen beschimpft und verfolgt
und auf alle mögliche Weise verleumdet werdet.
12a Freut euch und jubelt:
Euer Lohn im Himmel wird groß sein.

FÜRBITTEN

Zu Jesus Christus, dessen Botschaft im Herzen Afrikas freudige Aufnahme fand, wollen wir beten:

Erfülle alle Priester und Laien, die in Afrika das Evangelium verkünden, mit Eifer und Ausdauer.
A.: Wir bitten dich, erhöre uns.

3. Juni. Hl. Karl Lwanga und Gefährten

Festige die junge Kirche in Uganda im Glauben an dich und in der Liebe zu deinen Geboten.

Gib allen verfolgten Christen Kraft, für dich zu leiden.

Schenke jungen Christen Mut, nach dem Beispiel des heiligen Karl Lwanga den Glauben freimütig zu bekennen.

Allmächtiger Gott, du hast dem heiligen Karl Lwanga und seinen Gefährten einen unerschrockenen Glauben verliehen. Bewirke, daß auf die Fürbitte der heiligen Märtyrer der Glaube in allen Ländern Afrikas wachse durch Christus, unseren Herrn. A.: Amen.

GABENGEBET

Herr, unser Gott,
du hast den Märtyrern von Uganda
die Bereitschaft geschenkt,
lieber zu sterben als zu sündigen.
Nimm unseren Dienst am Altar gnädig an
und gib auch uns die Kraft,
dir allein zu gehören.
Darum bitten wir durch Christus, unseren Herrn.

KOMMUNIONVERS   Offb 2,7

Allen, die siegen, werde ich zu essen geben
vom Baum des Lebens, der im Paradies Gottes steht. (MB 908)

SCHLUSSGEBET

Herr, unser Gott,
aus diesem Sakrament
empfangen deine Zeugen den Mut,
Marter und Tod zu bestehen.
Diese heilige Speise stärke auch uns,
damit wir den Glauben und die Liebe bewahren
und alle Menschenfurcht überwinden.
Darum bitten wir durch Christus, unseren Herrn.

5. Juni

HL. BONIFATIUS
Bischof, Glaubensbote, Märtyrer
Gedenktag

Bonifatius, ursprünglich Winfrid, um 673 im Königreich Wessex in England geboren, wurde in den Klöstern Exeter und Nursling erzogen. Mit dreißig Jahren wurde er zum Priester geweiht, mit vierzig reiste er zum erstenmal als Missionar nach Germanien. Dreimal machte er die Reise nach Rom. Von Papst Gregor II. erhielt er 719 den Missionsauftrag und den Namen Bonifatius. 722 die Bischofsweihe. Von Gregor III. wurde er 732 zum Erzbischof ernannt. Er organisierte die Kirche in Bayern, Hessen und Thüringen durch Gründung von Bistümern und versuchte, die fränkische Kirche durch Synoden zu reformieren. Wo er missionierte, errichtete er auch Klöster als Mittelpunkte der Missionsarbeit, Orte des Gebets und Pflanzstätten der Kultur. Seine Lieblingsgründung war das Kloster Fulda (744), wo er auch begraben ist und wo sich seit 1869 die deutschen Bischöfe zu ihren jährlichen Konferenzen versammeln. Am 5. Juni 754 wurde Bonifatius mit 52 Begleitern bei Dokkum von den Friesen erschlagen. Er wird der Apostel Deutschlands und auch der Apostel der abendländischen Kultur genannt.

In goldenen Buchstaben
Schon oft hat Deine Nächstenliebe meine Traurigkeit gelindert, sei es durch Vermittlung von Büchern oder durch Unterstüzung mit Kleidern. So bitte ich auch jetzt noch zu mehren, was Du begonnen hast, d. h., mir in Goldbuchstaben die Briefe meines Herrn, des heiligen Apostels Petrus, abzuschreiben, zur Achtung und Ehrfurcht vor der Heiligen Schrift in den Augen der Fleischesmenschen bei der Predigt, und weil ich die Worte gerade dessen, der mich auf diese Fahrt ausgesandt hat, allezeit vor Augen haben möchte. Das für die erbetene Abschrift erforderliche (Gold) schicke ich durch den Priester Eoba. (Bonifatius, Brief an die Äbtissin Eadburg)

Schriftlesungen für Märtyrer, S. 2098 ff.,
oder für *Hirten der Kirche* (Glaubensboten), S. 2101 ff.

ERÖFFNUNGSVERS   Jes 52, 7
**Willkommen ist der Freudenbote, der den Frieden ankündigt,
der gute Nachricht bringt und die Rettung verheißt. (O: Halleluja.)**

5. Juni. Hl. Bonifatius

TAGESGEBET

Herr, unser Gott,
erhöre die Bitten deiner Gemeinde,
die heute das Fest des heiligen Bonifatius feiert.
Auf seine Fürsprache schenke uns deine Hilfe,
damit wir den Glauben treu bewahren,
den er unseren Vätern gepredigt
und mit seinem Blut besiegelt hat.
Darum bitten wir durch Jesus Christus.

ZUR LESUNG *Paulus, im palästinensischen Cäsarea gefangengehalten, verteidigt sich vor dem König Agrippa gegen die Anschuldigungen seiner jüdischen Gegner. Er sagt, was ihn zu seiner rastlosen Missionstätigkeit angetrieben hat; er erklärt, welches der Inhalt und das Ziel seiner Predigt ist. Getrieben hat ihn ganz einfach der Gehorsam; es war ihm unmöglich, dem Befehl der himmlischen Stimme Widerstand zu leisten (Apg 26, 19). Als Inhalt seiner Predigt nennt Paulus in 26, 6–7 die „Hoffnung" Israels, daß Gott seine alte Verheißung erfüllen und den Messias senden wird, „nach dem Wort der Propheten und des Mose" (26, 22). Jetzt geht die Hoffnung in Erfüllung (26, 23): Jesus, der Christus, hat den Tod erlitten, er ist von den Toten auferstanden, und er bringt dem Volk Israel und allen Völkern das „Licht": die rettende Wahrheit Gottes. In seinem Dienst steht der Apostel. – Zu 26, 19–21: Gal 1, 15–16; Lk 3, 8; Apg 2, 38; 9, 19–20.28–29; 22, 17–21. – Zu 26, 23: Lk 24, 26; Apg 13, 47; Lk 2, 32.*

ERSTE LESUNG Apg 26, 19–23

Christus wird dem Volk und den Heiden ein Licht verkünden

Lesung
   aus der Apostelgeschichte.

In jenen Tagen sagte Paulus:
   König Agrippa,
   ich habe mich der himmlischen Erscheinung nicht widersetzt,
sondern zuerst denen in Damaskus und in Jerusalem,
   dann im ganzen Land Judäa und bei den Heiden verkündet,
sie sollten umkehren,
sich Gott zuwenden
und der Umkehr entsprechend handeln.

21 Aus diesem Grund haben mich einige Juden im Tempel ergriffen
und versucht, mich umzubringen.

22 Doch ich habe Gottes Hilfe erfahren bis zum heutigen Tag;
so stehe ich da als Zeuge für groß und klein
und sage nichts anderes als das,
was nach dem Wort der Propheten und des Mose
geschehen soll:
23 daß der Christus leiden müsse
und daß er, als erster von den Toten auferstanden,
dem Volk und den Heiden ein Licht verkünden werde.

ANTWORTPSALM   Ps 117 (116), 1.2 (R: vgl. Mk 16, 15)

R Geht hinaus in die ganze Welt, (GL 646, 5)
und verkündet allen das Evangelium! – R

1 Lobet den Herrn, alle Völker, * VI. Ton
preist ihn, alle Nationen! – (R)

2 Denn mächtig waltet über uns seine Huld, *
die Treue des Herrn währt in Ewigkeit. – R

RUF VOR DEM EVANGELIUM   Vers: Joh 10, 14

Halleluja. Halleluja.

(So spricht der Herr:)
Ich bin der gute Hirt.
Ich kenne die Meinen, und die Meinen kennen mich.

Halleluja.

ZUM EVANGELIUM *Jesus ist der wahre Weinstock (Joh 15, 1–8), er ist auch der wahre Freund. Seine Jünger sollen ihn zwar als ihren Herrn, nicht aber als ihren Vorgesetzten ansehen. Er hat sie in seine Nähe gerufen, er hat zu ihnen von sich und vom Vater und vom ewigen Leben gesprochen. Durch sie will er von jetzt an zu den Menschen sprechen. Die „Welt", zu der Jesus die Jünger sendet, will den ganzen Menschen beherrschen; sie wird die Jünger Jesu ablehnen. Der Haß der Welt gilt nicht so sehr dem einzelnen Jünger (den man „als Menschen" vielleicht ganz annehmbar findet); er gilt der geheimen Wirklichkeit, der unkontrollierbaren Kraft, die den Jünger aus der Welt herausnimmt; er gilt Christus, dem Herrn, selbst und seinem Geist, der in den Jüngern am Werk ist. – Zu 15, 14–16a: Lk 12, 4; Gen 18, 17; Ex 33, 11; Joh 15, 2; Mt 18, 19. – Zu 15, 18–20: Mt 10, 22; 1 Joh 3, 11–18; Joh 13, 16; Mt 10, 24–25.*

5. Juni. Hl. Bonifatius

EVANGELIUM Joh 15, 14–16a. 18–20

Ich habe euch erwählt und dazu bestimmt, daß ihr Frucht bringt

☩ Aus dem heiligen Evangelium nach Johannes.

In jener Zeit sprach Jesus zu seinen Jüngern:
4 Ihr seid meine Freunde,
   wenn ihr tut, was ich euch auftrage.
5 Ich nenne euch nicht mehr Knechte;
   denn der Knecht weiß nicht, was sein Herr tut.
   Vielmehr habe ich euch Freunde genannt;
   denn ich habe euch alles mitgeteilt,
   was ich von meinem Vater gehört habe.
6a Nicht ihr habt mich erwählt,
   sondern ich habe euch erwählt
   und dazu bestimmt, daß ihr euch aufmacht und Frucht bringt
   und daß eure Frucht bleibt.
8 Wenn die Welt euch haßt,
   dann wißt, daß sie mich schon vor euch gehaßt hat.
9 Wenn ihr von der Welt stammen würdet,
   würde die Welt euch als ihr Eigentum lieben.
   Aber weil ihr nicht von der Welt stammt,
   sondern weil ich euch aus der Welt erwählt habe,
   darum haßt euch die Welt.
0 Denkt an das Wort, das ich euch gesagt habe:
   Der Sklave ist nicht größer als sein Herr.
   Wenn sie mich verfolgt haben,
   werden sie auch euch verfolgen;
   wenn sie an meinem Wort festgehalten haben,
   werden sie auch an eurem Wort festhalten.

FÜRBITTEN

Wir beten zu Jesus Christus, dem Herrn und Erlöser aller Menschen:

Für alle Bischöfe in Deutschland: sende ihnen deinen Geist, daß sie mit Klugheit und Eifer die anvertraute Herde leiten. (Stille)
Christus, höre uns.
A.: Christus, erhöre uns.

Für die Politiker: fördere durch ihre Arbeit das friedliche Zusammenleben der Menschen. (Stille) Christus, höre uns.
A.: Christus, erhöre uns.

Für alle, die sich dem christlichen Glauben entfremdet haben: wende dich ihnen zu, daß sie das Heil erlangen. (Stille) Christus, höre uns.

Für unsere Gemeinde: schenke uns Priester, die uns zur Gemeinschaft mit dir führen. (Stille) Christus, höre uns.

Barmherziger Gott, im heiligen Bonifatius verehren wir den Apostel Deutschlands. Laß das Ackerfeld, das er als Missionar einst bestellte, auch heute reiche Frucht tragen durch Christus, unseren Herrn.   A.: Amen.

GABENGEBET

Allmächtiger Gott,
um den Martertod
des heiligen Bonifatius zu ehren,
feiern wir das Opfer deines Sohnes und bekennen,
daß jedes Martyrium seinen Ursprung hat
in diesem einen Opfer Jesu Christi,
der mit dir lebt und herrscht in alle Ewigkeit.

PRÄFATION

Verkündiger des christlichen Glaubens durch Wort, Tat und Sterben

V Der Herr sei mit euch.   R Und mit deinem Geiste.
V Erhebet die Herzen.   R Wir haben sie beim Herrn.
V Lasset uns danken dem Herrn, unserm Gott.
R Das ist würdig und recht.

In Wahrheit ist es würdig und recht, dir, Herr, heiliger Vater, immer und überall zu danken und am Fest (bei der Verehrung) des heiligen Bonifatius das Werk deines Erbarmens zu rühmen. Vom Eifer für das Evangelium erfüllt, verließ er seine Heimat aus Liebe zu Christus und wurde zum unermüdlichen Sämann deines Wortes, um unzählige Menschen für dich zu gewinnen. Er verkündete vielen Völkern die Frohe Botschaft, er führte sie auf den Weg des Heiles und wurde so ihr Vater in Christus. Als guter Hirt gab er für sie sein Leben dahin, bis zum Tode standhaft im Bekenntnis deines Namens. Mit reicher Ernte trat er ein in die Freude des Himmels und empfing die Krone des ewigen Lebens durch unseren Herrn Jesus Christus. Durch ihn preisen wir dich mit allen Engeln und Heiligen und singen vereint mit ihnen das Lob deiner Herrlichkeit: Heilig ...

KOMMUNIONVERS Joh 12, 24–25

So spricht der Herr:
Wenn das Weizenkorn nicht in die Erde fällt und stirbt,
bleibt es allein;
wenn es aber stirbt, bringt es reiche Frucht. (O: Halleluja.)

SCHLUSSGEBET

Barmherziger Gott,
durch diese heilige Speise
stärke in uns den Glauben,
für den der heilige Bonifatius sich abgemüht
und sein Leben hingegeben hat.
Festige uns in deinem Dienst,
damit wir in Wort und Tat
das Kommen deines Reiches verkünden.
Darum bitten wir durch Christus, unseren Herrn.

6. Juni
HL. NORBERT VON XANTEN
Ordensgründer, Bischof

Norbert stammte aus Xanten am Niederrhein, wo er um 1082 geboren wurde. Wegen seiner adligen Herkunft machte er als Kleriker schnelle Karriere (Kanoniker in Xanten, Domherr in Köln, Hofkaplan Kaiser Heinrichs V.). Um 1115 begann er, einer jähen Todesgefahr entronnen, ein Leben der Buße, des Gebets und der Arbeit im Geist der kirchlichen Reform. Seine Rednergabe und der Ruf eines Propheten und Wundertäters brachten ihm viel Erfolg, verschafften ihm aber auch Gegner. 1120 begann er mit dreizehn Schülern das gemeinsame

Leben im Tal von Prémontré; 1121 legte die inzwischen auf vierzig Personen angewachsene Gemeinschaft die Gelübde auf die Augustinusregel ab. Aus dieser Gründung entwickelte sich der Prämonstratenserorden, der sich rasch ausbreitete und neben den Zisterziensern großen Einfluß gewann. Norbert selbst nahm nach der Gründung von Prémontré seine Predigttätigkeit wieder auf und zog durch Frankreich, Belgien und Deutschland. 1126 erhielt er in Rom die Bestätigung seines Ordens und wurde zum Bischof von Magdeburg ernannt. Er starb 1134.

„Er trug die Welt in die Einsamkeit, um sie da dem Herrn zu opfern. Und er trug seine Einsamkeit in die Welt, um sich zu schützen gegen Zerstreuung und Störung." (Alter Schriftsteller über Norbert von Xanten)

Commune-Texte:
A Meßformulare für Bischöfe, S. 2056 ff.,
oder für Ordensleute, S. 2084 ff.
B Schriftlesungen für Hirten der Kirche, S. 2101 ff.,
oder für heilige Männer (Ordensleute), S. 2110 ff.

TAGESGEBET

Gott, du Herr deiner Kirche,
der heilige Norbert
ist durch sein Beten und Sorgen
ein Hirte nach deinem Herzen geworden.
Höre auf seine Fürsprache
und gib deinem Volk auch heute
Bischöfe und Priester,
die ihm die Botschaft des Heiles verkünden
und es nach deinem Willen leiten.
Darum bitten wir durch Jesus Christus.

ZUR LESUNG *Die Hirten Israels, d. h. seine Könige und die Führungsschicht, haben versagt. Sie haben ihre Macht mißbraucht, für die Schwachen und Armen nicht gesorgt und nur sich selbst gemästet (Ez 34, 1–6). Darum (Vers 7) ist über sie der Gerichtstag gekommen, „der dunkle, düstere Tag" der Zerstörung Jerusalems (587 v. Chr.). Jetzt aber will Gott selbst der Hirt seines Volkes sein, er will das Volk wieder in sein Land zurückführen und vor allem für die Schwachen und Verlorenen sorgen. In der Fortsetzung wird noch gesagt, daß Gott einen einzigen Hirten für sein Volk bestellen und einen neuen Bund mit ihm schließen wird (34, 23–25). Das Wann und Wie dieses rettenden Eingreifens bleibt beim Propheten unbestimmt; in der Person Jesu hat die Verheißung ihre letzte Deutung und Erfüllung gefunden (vgl. Lk 15; Joh 10). – Jes 54, 7–10; Jer 23, 1–6; Mi 7, 18–20; Sach 11, 4–17; Lk 19, 10.*

ERSTE LESUNG Ez 34, 11–16

Wie ein Hirt sich um die Tiere seiner Herde kümmert, so kümmere ich mich um meine Schafe

Lesung
 aus dem Buch Ezéchiel.

11 So spricht Gott, der Herr:
 Jetzt will ich meine Schafe selber suchen
 und mich selber um sie kümmern.
12 Wie ein Hirt sich um die Tiere seiner Herde kümmert
  an dem Tag,
  an dem er mitten unter den Schafen ist, die sich verirrt haben,
  so kümmere ich mich um meine Schafe
 und hole sie zurück von all den Orten,
  wohin sie sich am dunklen, düsteren Tag zerstreut haben.
13 Ich führe sie aus den Völkern heraus,
 ich hole sie aus den Ländern zusammen
  und bringe sie in ihr Land.
 Ich führe sie in den Bergen Israels auf die Weide,
 in den Tälern und an allen bewohnten Orten des Landes.
14 Auf gute Weide will ich sie führen,
 im Bergland Israels werden ihre Weideplätze sein.
 Dort sollen sie auf guten Weideplätzen lagern,
 auf den Bergen Israels sollen sie fette Weide finden.
15 Ich werde meine Schafe auf die Weide führen,
 ich werde sie ruhen lassen – Spruch Gottes, des Herrn.
16 Die verlorengegangenen Tiere will ich suchen,
 die vertriebenen zurückbringen,
 die verletzten verbinden,
 die schwachen kräftigen, die fetten und starken behüten.
 Ich will ihr Hirt sein
  und für sie sorgen, wie es recht ist.

ANTWORTPSALM

Ps 23 (22), 1–3.4.5.6 (R: 1)

R Der Herr ist mein Hirte,
nichts wird mir fehlen. – **R**
(GL 535, 6)

1 Der Herr ist mein Hirte, nichts wird mir fehlen. † VI. Ton
2 Er läßt mich lagern auf grünen Auen *
und führt mich zum Ruheplatz am Wasser.

3 Er stillt mein Verlangen; *
er leitet mich auf rechten Pfaden, treu seinem Namen. – (R)

4 Muß ich auch wandern in finsterer Schlucht, *
ich fürchte kein Unheil;

denn du bist bei mir, *
dein Stock und dein Stab geben mir Zuversicht. – (R)

5 Du deckst mir den Tisch *
vor den Augen meiner Feinde.

Du salbst mein Haupt mit Öl, *
du füllst mir reichlich den Becher. – (R)

6 Lauter Güte und Huld *
werden mir folgen mein Leben lang,

und im Haus des Herrn *
darf ich wohnen für lange Zeit. – **R**

RUF VOR DEM EVANGELIUM

Vers: Mt 5, 3

Halleluja. Halleluja.
Selig, die arm sind vor Gott;
denn ihnen gehört das Himmelreich.
Halleluja.

ZUM EVANGELIUM *Viele Menschen folgen Jesus auf dem Weg nach Jerusalem, werden sie auch bis nach Golgota mitgehen? Jesus nennt ihnen die Bedingungen der Nachfolge: Bereitschaft zum Verzicht auf Familie und Freunde, auf Ehre und Besitz, ja auf das eigene Leben. Wer sich zur Nachfolge entschließt, muß wissen, was er wagt. Er muß seine Kräfte und Möglichkeiten prüfen wie jemand, der einen Bau ausführen oder einen Krieg unternehmen will. Besagen diese Gleichnisse auch, daß die Nachfolge jedem freigestellt ist? Das vorausgegangene Gleichnis vom Gastmahl*

6. Juni. Hl. Norbert von Xanten

empfiehlt eine solche Deutung nicht. Aber Jesus verlangt nicht von jedem die gleiche Art und Weise der Nachfolge. Er ruft jeden auf seinen ihm eigenen Weg. Die Forderung zu größerem Verzicht hat als Voraussetzung und als Ziel die größere Liebe. Wer angefangen hat, die Größe Gottes zu begreifen, dem werden alle geschaffenen Dinge klein. – Zu 14, 25–27: Mt 10, 37–38; Lk 22, 26–28; Dtn 33, 9–10; Lk 18, 24–30; Joh 12, 26. – Zu 14, 28–31: Spr 24, 6; Lk 9, 61–62.

EVANGELIUM   Lk 14, 25–33

Keiner von euch kann mein Jünger sein, wenn er nicht auf seinen ganzen Besitz verzichtet

✢ Aus dem heiligen Evangelium nach Lukas.

In jener Zeit,
25 als viele Menschen Jesus begleiteten,
    wandte er sich an sie
26 und sagte: Wenn jemand zu mir kommt
    und nicht Vater und Mutter,
    Frau und Kinder, Brüder und Schwestern,
    ja sogar sein Leben gering achtet,
    dann kann er nicht mein Jünger sein.
27 Wer nicht sein Kreuz trägt und mir nachfolgt,
    der kann nicht mein Jünger sein.
28 Wenn einer von euch einen Turm bauen will,
    setzt er sich dann nicht zuerst hin
    und rechnet,
    ob seine Mittel für das ganze Vorhaben ausreichen?
29 Sonst könnte es geschehen,
    daß er das Fundament gelegt hat,
    dann aber den Bau nicht fertigstellen kann.
    Und alle, die es sehen, würden ihn verspotten
30 und sagen: Der da hat einen Bau begonnen
    und konnte ihn nicht zu Ende führen.
31 Oder wenn ein König gegen einen anderen in den Krieg zieht,
    setzt er sich dann nicht zuerst hin
    und überlegt, ob er sich mit seinen zehntausend Mann
    dem entgegenstellen kann,
    der mit zwanzigtausend gegen ihn anrückt?
32 Kann er es nicht,
    dann schickt er eine Gesandtschaft,

33 **Darum kann keiner von euch mein Jünger sein,
wenn er nicht auf seinen ganzen Besitz verzichtet.**

FÜRBITTEN

Zu Jesus Christus, der das Wort Gottes verkündete, wollen wir beten:

Schenke allen, die Gottes Heilsbotschaft verkünden, unermüdliche Schaffenskraft.
A.: Wir bitten dich, erhöre uns.

Fördere unter den Menschen Vertrauen und Zusammenarbeit.

Erinnere die Wohlhabenden, daß sie im Umgang mit ihrem Besitz dir verantwortlich sind.

Bewahre uns davor, nur das irdische Glück zu suchen.

Allmächtiger Gott, du hast den heiligen Norbert dazu bewogen, sein Leben ganz in den Dienst der Verkündigung zu stellen. Laß auch unser Leben das Evangelium bezeugen durch Christus, unseren Herrn. A.: Amen.

9. Juni
HL. EPHRÄM
Diakon, Kirchenlehrer

Ephräm (Afrem) wurde um 306 in Nisibis in Mesopotamien geboren, das damals noch unter römischer Herrschaft stand. Unter dem Bischof Jakob und seinen drei Nachfolgern war der Diakon Ephräm Lehrer an der Schule von Nisibis. Als die Stadt 363 an die Perser fiel, zog er nach Edessa und lebte dort noch zehn Jahre als Asket in einer *Höhle oberhalb der Stadt.* Auch hier war er Lehrer und Prediger für die Menschen, die zu ihm kamen. Wir besitzen von ihm ein reiches Schrifttum in syrischer Sprache und in griechischen Übersetzungen: Schrifterklärungen, Predigten und Hymnen. Durch seine Hymnen, die beim Gottesdienst gesungen wurden, gelang es ihm, die gnostische

9. Juni. Hl. Ephräm

Häresie des Bardaisan zurückzudrängen. Ephräm ist der bedeutendste Schriftsteller der syrischen Kirche. Noch heute nehmen seine Hymnen in der syrischen Liturgie einen breiten Raum ein; sie haben auch die Hymnendichtung des Abendlandes beeinflußt. Ephräm wurde 1920 zum Kirchenlehrer erklärt.

„Durch die Seele lebt der Mensch, und durch den Leib sieht und hört er. Aber erst durch den Glauben, die Liebe und die Weisheit wird er mit der Gottheit vereint und nach ihrem Bild gestaltet. Dieses wunderbare Gefüge dürfen wir nicht zerstören; der Glaube darf nicht herausgerissen werden aus unserer Seele. Sonst wären wir die heimlich Toten, von denen das Leben gesagt hat: Laßt die Toten ihre Toten begraben."

(Ephräm der Syrer)

Commune-Texte:
A Meßformulare für Kirchenlehrer, S. 2071 ff.
B Schriftlesungen für Kirchenlehrer, S. 2106 ff.

TAGESGEBET

**Erhabener Gott,
wir begehen
den Gedächtnistag des heiligen Diakons Ephräm.
Erfüllt vom Heiligen Geist,
hat er in Hymnen und Liedern
deine Größe besungen.
Gib auch uns deinen Geist,
damit wir dich loben
und dir mit ganzer Hingabe dienen,
Darum bitten wir durch Jesus Christus.**

ZUR LESUNG *Als Getaufte sollen die Christen wissen, daß Gott sie liebt, daß er auf sie geschaut und sie „auserwählt" hat. Nun sind sie „Heilige"; sie stehen auf der Seite Gottes gegen Götzen, Dämonen und Laster (3, 5.8). Ihr seid von Gott geliebt – liebt einander; Gott hat euch vergeben – vergebt auch ihr einander (3, 12–14); das nennt Paulus dankbar sein (3, 15). Danksagung (eucharistia) ist die liturgische Feier der Christen: Auf die Gegenwart Christi in Wort und Sakrament antwortet Gottes Geist (Röm 8, 15.26) in uns mit Psalmen, Hymnen und Liedern (3, 16). Gottesdienst kann nur in der Freude gefeiert werden. Danksagung ist aber auch das tägliche Leben des Christen: „Alles, was ihr in Worten und Werken tut" (3, 17). Hier geht es nicht um Einzelvorschriften und Einzelleistun-*

gen, sondern darum, daß „im Namen Jesu" unser ganzes Sein und Tun
und Erleiden als Dank zu Gott dem Vater gelangt. – Zu Vers 12a: Jes
4, 3; Dtn 7, 6. – Eph 4, 1–2.32; 1 Thess 5, 15; Mt 6, 14; 18, 21–35;
2 Kor 2, 7; Röm 13, 8–10; 1 Kor 13; Phil 4, 7; Eph 2, 16; 4, 3–4;
5, 19–20.

ERSTE LESUNG Kol 3, 12–17

Vor allem liebt einander, denn die Liebe ist das Band, das alles vollkommen macht

Lesung
  aus dem Brief des Apostels Paulus an die Kolósser.

Brüder!
12 Ihr seid von Gott geliebt,
  seid seine auserwählten Heiligen.
  Darum bekleidet euch mit aufrichtigem Erbarmen,
  mit Güte, Demut, Milde, Geduld!
13 Ertragt euch gegenseitig,
  und vergebt einander,
    wenn einer dem andern etwas vorzuwerfen hat.
  Wie der Herr euch vergeben hat,
    so vergebt auch ihr!
14 Vor allem aber liebt einander,
  denn die Liebe ist das Band,
    das alles zusammenhält und vollkommen macht.

15 In eurem Herzen herrsche der Friede Christi;
  dazu seid ihr berufen als Glieder des einen Leibes.
  Seid dankbar!

16 Das Wort Christi wohne mit seinem ganzen Reichtum bei euch.
  Belehrt und ermahnt einander in aller Weisheit!
  Singt Gott in eurem Herzen Psalmen, Hymnen und Lieder,
    wie sie der Geist eingibt,
  denn ihr seid in Gottes Gnade.

17 Alles, was ihr in Worten und Werken tut,
    geschehe im Namen Jesu, des Herrn.
  Durch ihn dankt Gott, dem Vater!

9. Juni. Hl. Ephräm

ANTWORTPSALM Ps 37 (36), 3–4.5–6.30–31 (R: vgl. 30a)

R Der Mund des Gerechten spricht Worte der Weisheit. – R

(GL 687, 1)

VI. Ton

3 Vertrau auf den Herrn und tu das Gute, *
bleib wohnen im Land und bewahre Treue!

4 Freu dich innig am Herrn! *
Dann gibt er dir, was dein Herz begehrt. – (R)

5 Befiehl dem Herrn deinen Weg und vertrau ihm; *
er wird es fügen.

6 Er bringt deine Gerechtigkeit heraus wie das Licht *
und dein Recht so hell wie den Mittag. – (R)

30 Der Mund des Gerechten bewegt Worte der Weisheit, *
und seine Zunge redet, was recht ist.

31 Er hat die Weisung seines Gottes im Herzen, *
seine Schritte wanken nicht. – R

RUF VOR DEM EVANGELIUM Vers: Joh 15, 5

Halleluja. Halleluja.

(So spricht der Herr:)
Ich bin der Weinstock, ihr seid die Reben.
Wer in mir bleibt und in wem ich bleibe, der bringt reiche Frucht.
Halleluja.

ZUM EVANGELIUM *Das Gleichnis vom guten und vom schlechten Baum steht auch bei Matthäus in der Bergpredigt: An ihren Taten soll man echte und falsche Propheten unterscheiden. Die Regel gilt für die christlichen Lehrer ebenso wie für die pharisäischen Schriftgelehrten; sie gilt allgemein für die Beurteilung eines Menschen. Seine Taten zeigen besser als seine Reden, was wirklich in ihm steckt. Alles, was der Mensch tut, hat seinen Ursprung in der personalen Mitte, im „Herzen". Das Evangelium will aber nicht nur eine Regel für kluge Menschenkenntnis geben; Gott selbst beurteilt den Menschen nach dem, was er inwendig ist und was er an „Früchten" hervorbringt. – Zu 6, 43–46: Mt 12, 33–35; 7, 16–20.21–23; 3, 10; Jak 3, 12.*

EVANGELIUM Lk 6,43–45

Wovon das Herz voll ist, davon spricht der Mund

✠ **Aus dem heiligen Evangelium nach Lukas.**

In jener Zeit sprach Jesus zu seinen Jüngern:
43 **Es gibt keinen guten Baum,**
   der schlechte Früchte hervorbringt,
noch einen schlechten Baum,
   der gute Früchte hervorbringt.
44 **Jeden Baum erkennt man an seinen Früchten:**
Von den Disteln pflückt man keine Feigen,
   und vom Dornstrauch erntet man keine Trauben.
45 **Ein guter Mensch bringt Gutes hervor,**
   weil in seinem Herzen Gutes ist;
und ein böser Mensch bringt Böses hervor,
   weil in seinem Herzen Böses ist.
Wovon das Herz voll ist,
   davon spricht der Mund.

FÜRBITTEN

Jesus Christus, der nur Gottes Ehre suchte, wollen wir bitten:

Für alle Christen, daß ihr Leben zur größeren Ehre Gottes beiträgt. (Stille) Herr, erbarme dich.
A.: Christus, erbarme dich.

Für alle Menschen, daß sie Selbstsucht und Habgier überwinden. (Stille) Herr, erbarme dich.

Für die Armen und Verachteten, daß sie aus ihrem Elend befreit werden. (Stille) Herr, erbarme dich.

Für unsere Gemeinde: daß wir im Gottesdienst dich würdig loben und preisen. (Stille) Herr, erbarme dich.

Herr, unser Gott, durch die Hymnen und Lieder des heiligen Diakons Ephräm hast du den Ruhm deiner Herrlichkeit gemehrt. Laß uns ohne Unterlaß dein Lob verkünden durch Christus, unseren Herrn. A.: Amen.

11. Juni

HL. BARNABAS

Apostel

Gedenktag

Barnabas, „ein trefflicher Mann, erfüllt vom Heiligen Geist und Glauben" (Apg 11,23), wird in der Apostelgeschichte (14,4) als Apostel bezeichnet, obwohl er nicht zum Kreis der Zwölf gehörte. Er war Diasporajude aus Zypern, gehörte zum Stamm Levi und hieß ursprünglich Josef. Wann und wie er Christ wurde, wissen wir nicht. In Apg 4,36–37 wird seine Hochherzigkeit gerühmt. Er war es, der den neubekehrten Saulus bei den verängstigten und mißtrauischen Jüngern in Jerusalem einführte (Apg 9,26–27), ihn später (um 42) aus Tarsus nach Antiochia holte und als Mitarbeiter gewann. Zusammen gingen sie auf die erste Missionsreise nach Zypern und dem südlichen Kleinasien; zusammen traten sie auf dem sog. Apostelkonzil in Jerusalem dafür ein, daß man den Heiden, die Christen werden wollen, nicht das jüdische Gesetz auferlegen solle. Später kam es zwischen den beiden zu einer Auseinandersetzung, weil Paulus den Markus, einen Verwandten des Barnabas, nicht auf die zweite Missionsreise mitnehmen wollte. Barnabas fuhr dann mit Markus allein nach Zypern (Apg 15,39). Nach einer späteren Überlieferung soll er in Salamis gesteinigt worden sein.

ERÖFFNUNGSVERS　　　　　　　　　　　　　　　　Vgl. Apg 11,23

Barnabas war ein trefflicher Mann,
voll des Heiligen Geistes und des Glaubens.
Ihn preisen wir selig, denn er wurde den Aposteln beigezählt.

(**O:** Halleluja.)

TAGESGEBET

Gott, du hast den heiligen Barnabas,
einen Mann voll des Glaubens und des Heiligen Geistes,
als Boten des Evangeliums zu den Heiden gesandt.
Berufe auch heute Männer und Frauen,
die in Wort und Tat
die Botschaft Jesu Christi verkünden,
der in der Einheit des Heiligen Geistes
mit dir lebt und herrscht in alle Ewigkeit.

Die Lesung ist Eigentext dieses Gedenktages.

ZUR LESUNG   Antiochia am Orontes war die drittgrößte Stadt des Römischen Reiches, Sitz des Legaten von Syrien, der um die Zeit Jesu auch für Palästina zuständig war. Dort entstand die erste Gemeinde, die aus Juden- und Heidenchristen zusammengesetzt war. Die jüdischen Christen hatten sich mit ihrer Botschaft zuerst an die Juden gewandt, dann aber gewannen die „Hellenisten" (griechisch sprechende Christen) auch bei den Heiden Anhänger. Die Gemeinde von Jerusalem sah diese Entwicklung nicht ohne Sorge; schon Petrus hatte dort Mühe gehabt, den „Hebräern" klarzumachen, daß Gott auch den Heiden die Umkehr und das Leben schenken will (Apg 11,1–18). Man sandte also Barnabas als Visitator nach Antiochia. Er war der rechte Mann am rechten Platz, „ein trefflicher Mann, erfüllt vom Heiligen Geist und von Glauben" (11,23). Zwei weitere wichtige Nachrichten stehen in dieser Lesung: 1. Es gelingt Barnabas, Paulus in die Missionsarbeit einzuschalten; 2. in Antiochia entsteht der Name „Christen", weil sie glauben und bezeugen, daß Jesus der Christus ist, der verheißene Messias und Retter. – Zu 11,21–26: Apg 4,36; 13,43; 6,5; 9,30. – Zu 13,1–3: Apg 11,27; 15,32; 9,15; Gal 1,15–16.

ERSTE LESUNG   Apg 11,21b–26; 13,1–3

Er war ein trefflicher Mann, erfüllt vom Heiligen Geist und von Glauben

Lesung
   aus der Apostelgeschichte.

In jenen Tagen
21b   wurden viele gläubig und bekehrten sich zum Herrn.
22   Die Nachricht davon kam der Gemeinde von Jerusalem zu Ohren, und sie schickten Bárnabas nach Antióchia.
23   Als er ankam und die Gnade Gottes sah,
   freute er sich
und ermahnte alle, dem Herrn treu zu bleiben,
   wie sie es sich vorgenommen hatten.
Denn er war ein trefflicher Mann,
   erfüllt vom Heiligen Geist und von Glauben.
24   So wurde für den Herrn eine beträchtliche Zahl hinzugewonnen.
25   Bárnabas aber zog nach Tarsus, um Saulus aufzusuchen.
26   Er fand ihn und nahm ihn nach Antióchia mit.

11. Juni. Hl. Barnabas

Dort wirkten sie miteinander ein volles Jahr in der Gemeinde
   und unterrichteten eine große Zahl von Menschen.
In Antióchia nannte man die Jünger
   zum erstenmal Christen.

1 In der Gemeinde von Antióchia gab es Propheten und Lehrer:
Bárnabas und Símeon, genannt Niger,
Lúzius von Zyréne,
Mánaën, ein Jugendgefährte des Tetrárchen Heródes, und Saulus.

2 Als sie zu Ehren des Herrn Gottesdienst feierten und fasteten,
   sprach der Heilige Geist:
Wählt mir Bárnabas und Saulus
   zu dem Werk aus, zu dem ich sie mir berufen habe.

3 Da fasteten und beteten sie,
legten ihnen die Hände auf
und ließen sie ziehen.

ANTWORTPSALM   Ps 98 (97), 1.2—3b.3c—4.5—6 (R: vgl. 2)

R Der Herr hat sein Heil enthüllt   (GL 149, 1)
vor den Augen der Völker – **R**

1 Singet dem Herrn ein neues Lied; *   VIII. Ton
denn er hat wunderbare Taten vollbracht.

Er hat mit seiner Rechten geholfen *
und mit seinem heiligen Arm. – (**R**)

2 Der Herr hat sein Heil bekannt gemacht *
und sein gerechtes Wirken enthüllt vor den Augen der Völker.

3ab Er dachte an seine Huld *
und an seine Treue zum Hause Israel. – (**R**)

3cd Alle Enden der Erde *
sahen das Heil unsres Gottes.

4 Jauchzt vor dem Herrn, alle Länder der Erde, *
freut euch, jubelt und singt! – (**R**)

5 Spielt dem Herrn auf der Harfe, *
auf der Harfe zu lautem Gesang!

6 Zum Schall der Trompeten und Hörner *
jauchzt vor dem Herrn, dem König! – **R**

RUF VOR DEM EVANGELIUM

Vers: Mt 28, 19a.20b

Halleluja. Halleluja.

(So spricht der Herr:)
Geht zu allen Völkern,
und macht alle Menschen zu meinen Jüngern!
Ich bin bei euch alle Tage bis zum Ende der Welt.

Halleluja.

ZUM EVANGELIUM *Jesus sendet die Jünger mit seiner eigenen Vollmacht (vgl. Mt 4, 23). Sie sollen auch seine Art des Auftretens zum Vorbild nehmen. Das Mitleid mit den notleidenden Menschen soll ihr Tun ebenso bestimmen wie das seine (vgl. 9, 36–38). Wie er sollen sie ihren Dienst in radikaler Armut tun. Gleichzeitig werden die Gemeinden an ihre Pflicht erinnert, für den Lebensunterhalt derer zu sorgen, die im Dienst des Evangeliums stehen. – Das Evangelium ist ein Angebot Gottes. Wer die Boten Jesu aufnimmt, empfängt die Gottesgabe des Friedens; der Friedensgruß des Missionars ist mehr als eine bloße Höflichkeit. Die Glaubensboten abweisen ist dasselbe wie Jesus selbst abweisen (vgl. 11, 22–24). – Bei alldem wird vorausgesetzt, daß die Glaubensboten als solche erkennbar sind – wodurch? Kaum durch ihre bloße Behauptung. Zeichen ihrer Sendung ist neben der Wundergabe die Klarheit ihres Wortes und die Art ihres Auftretens. Die Verantwortung dafür, ob die Botschaft ankommt, liegt auf beiden Seiten: beim Verkündiger und beim Hörer. – Mk 6, 8–11; Lk 9, 2–5; 10, 4–12; Jes 55, 1; Apg 8, 20; 13, 51; 18, 6.*

EVANGELIUM

Mt 10, 7–13

Umsonst habt ihr empfangen, umsonst sollt ihr geben

✢ Aus dem heiligen Evangelium nach Matthäus.

In jener Zeit sprach Jesus zu seinen Aposteln:
7 Geht und verkündet:
   Das Himmelreich ist nahe.
8 Heilt Kranke, weckt Tote auf,
macht Aussätzige rein, treibt Dämonen aus!
Umsonst habt ihr empfangen,
   umsonst sollt ihr geben.

11. Juni. Hl. Barnabas

9 Steckt nicht Gold, Silber und Kupfermünzen in euren Gürtel.
10 Nehmt keine Vorratstasche mit auf den Weg,
kein zweites Hemd, keine Schuhe, keinen Wanderstab;
denn wer arbeitet,
> hat ein Recht auf seinen Unterhalt.
11 Wenn ihr in eine Stadt oder in ein Dorf kommt,
> erkundigt euch, wer es wert ist, euch aufzunehmen;
bei ihm bleibt,
> bis ihr den Ort wieder verlaßt.
12 Wenn ihr in ein Haus kommt,
> dann wünscht ihm Frieden.
13 Wenn das Haus es wert ist,
> soll der Friede, den ihr ihm wünscht, bei ihm einkehren.
Ist das Haus es aber nicht wert,
> dann soll der Friede zu euch zurückkehren.

FÜRBITTEN

Zu Jesus Christus, der den heiligen Barnabas zum apostolischen Dienst berief, wollen wir rufen:

Für alle, die dem Wort Gottes dienen: gib ihnen deinen Geist, daß sie ihrer Sendung treu bleiben. (Stille) Christus, höre uns.
A.: Christus, erhöre uns.

Für die Verantwortlichen in den Regierungen: hilf ihnen, das Wohl der Menschen zu fördern. (Stille) Christus, höre uns.

Für die Ausländer, die unter uns leben: laß sie Menschen finden, denen sie vertrauen können. (Stille) Christus, höre uns.

Für unsere Gemeinde: bewirke, daß wir einander aufrichtig und freundlich begegnen. (Stille) Christus, höre uns.

Allmächtiger Gott, mach uns auf die Fürbitte des heiligen Barnabas deinem Sohn ähnlich, damit wir mit Recht Christen heißen, durch ihn, Christus, unseren Herrn. A.: Amen.

GABENGEBET

Herr, unser Gott,
segne und heilige diese Gaben
und erfülle uns durch dieses Opfer mit der Liebe,
die den heiligen Barnabas getrieben hat,
den Heidenvölkern das Licht deiner Botschaft zu bringen.
Darum bitten wir durch Christus, unseren Herrn.

Apostelpräfation, S. 1377 f.

KOMMUNIONVERS
Joh 15, 15

Ich nenne euch nicht mehr Knechte;
denn der Knecht weiß nicht, was sein Herr tut.
Ich habe euch Freunde genannt,
weil ich euch alles geoffenbart habe,
was ich von meinem Vater gehört habe. (O: Halleluja.)

SCHLUSSGEBET

Herr, unser Gott, am Festtag des Apostels Barnabas
hast du uns die heilige Speise
als Unterpfand ewigen Lebens geschenkt.
Laß uns am Ende unseres Weges unverhüllt schauen,
was wir jetzt im Zeichen begehen.
Darum bitten wir durch Christus, unseren Herrn.

13. Juni

HL. ANTONIUS VON PADUA
Ordenspriester, Kirchenlehrer
Gedenktag

Antonius von Padua war Portugiese, geboren in Lissabon 1195. Mit fünfzehn Jahren trat er bei den Augustinerchorherren ein. Als aber 1220 die ersten Märtyrer des Franziskanerordens von Marokko nach Portugal überführt und in Coimbra bestattet wurden, machte das einen so tiefen Eindruck auf Antonius, daß er Franziskaner wurde. Sein Wunsch, in Marokko zu wirken, ging aber nicht in Erfüllung: nach einem kurzen Aufenthalt dort wurde er krank, und auf der Rückreise verschlug es ihn nach Italien. Franz von Assisi ernannte ihn zum Lehrer der Theologie für die Minderbrüder in Bologna. Aber das eigentliche Feld seiner Tätigkeit wurde die Predigt. In Norditalien, Südfrankreich und zuletzt in Padua strömten ihm die Volksmassen zu. Er trat gegen den Wucher auf und setzte sich überhaupt für die Rechte der Armen ein. Schon 1231 starb er, erschöpft von seinen übermenschlichen Anstrengungen. Pius XII. erklärte ihn zum Kirchenlehrer.

Theologie und Gebet
„Ich will, daß du den Brüdern die heilige Theologie darlegst, jedoch so, daß weder in Dir noch in ihnen der Geist des Gebets ausgelöscht wird, gemäß der Regel, die wir versprochen haben." (Der hl. Franz von Assisi an Antonius von Padua)

Commune-Texte:
A Meßformulare für Hirten der Kirche, S. 2056 ff.,
oder für Kirchenlehrer, S. 2071 ff.
oder für Ordensleute, S. 2084 ff.
B Schriftlesungen für Hirten der Kirche, S. 2101 ff.,
oder für Kirchenlehrer, S. 2106 ff.,
oder für heilige Männer (Ordensleute), S. 2110 ff.

TAGESGEBET

Allmächtiger, ewiger Gott, du hast deiner Kirche
im heiligen Antonius von Padua
einen machtvollen Verkünder des wahren Glaubens
und einen Helfer in der Not geschenkt.
Gib, daß wir nach seinem Vorbild
ein christliches Leben führen
und in allen Nöten deine Hilfe erfahren.
Darum bitten wir durch Jesus Christus.

ZUR LESUNG   *In Jerusalem herrscht nach der Rückkehr aus dem babylonischen Exil große Mutlosigkeit. Die Anfänge waren schwierig, und die Aussichten auf ein Gelingen des Wiederaufbaus waren gering. Damals berief Gott einen Propheten und erfüllte ihn mit seinem Geist, damit sein Wort die Kraft hatte, zu trösten und Mut zu wecken. Jesus hat die Worte des Propheten „Der Geist Gottes, des Herrn, ruht auf mir..." auf sich bezogen, als er in der Synagoge von Nazaret die Stelle aus Jesaja 61 vorlas (Lk 4, 16–21). Die Jünger und Boten Jesu haben von ihrem Herrn nicht nur den Namen „Christen" = „Gesalbte"; sie haben von ihm auch den*

Geist empfangen und den Auftrag, seine Sendung weiterzuführen. – Jes 11, 2; 42, 1; Lk 4, 18–19; Apg 10, 38; 2 Kor 1, 21–22; 1 Joh 2, 20.27.

ERSTE LESUNG   Jes 61, 1–3a

Der Herr hat mich gesalbt; er hat mich gesandt, damit ich den Armen eine gute Nachricht bringe (Lk 4, 18bc)

Lesung
aus dem Buch Jesája.

1 Der Geist Gottes, des Herrn, ruht auf mir;
denn der Herr hat mich gesalbt.
Er hat mich gesandt,
damit ich den Armen eine frohe Botschaft bringe
und alle heile, deren Herz zerbrochen ist,
damit ich den Gefangenen die Entlassung verkünde
und den Gefesselten die Befreiung,
2 damit ich ein Gnadenjahr des Herrn ausrufe,
einen Tag der Vergeltung unseres Gottes,
damit ich alle Trauernden tröste,
3a die Trauernden Zions erfreue,
ihnen Schmuck bringe anstelle von Schmutz,
Freudenöl statt Trauergewand,
Jubel statt der Verzweiflung.

ANTWORTPSALM   Ps 89 (88), 2–3.20a u. 4–5.21–22.25 u. 27

(R: 2a)
R Von den Taten deiner Huld, o Herr, will ich ewig singen. – R
(GL 496)
2 Von den Taten deiner Huld, Herr, will ich ewig singen, *
bis zum fernsten Geschlecht laut deine Treue verkünden.   VI. Ton

3 Denn ich bekenne: Deine Huld besteht für immer und ewig; *
deine Treue steht fest im Himmel. – (R)

20a Einst hast du in einer Vision zu deinen Frommen gesprochen: †
4 „Ich habe einen Bund geschlossen mit meinem Erwählten *
und David, meinem Knecht, geschworen:

5 Deinem Haus gebe ich auf ewig Bestand, *
und von Geschlecht zu Geschlecht richte ich deinen Thron auf. – (R)

21 Ich habe David, meinen Knecht, gefunden *
und ihn mit meinem heiligen Öl gesalbt.

22 Beständig wird meine Hand ihn halten *
und mein Arm ihn stärken. – (R)

25 Meine Treue und meine Huld begleiten ihn, *
und in meinem Namen erhebt er sein Haupt.

27 Er wird zu mir rufen: Mein Vater bist du, *
mein Gott, der Fels meines Heiles." – R

RUF VOR DEM EVANGELIUM Vers: vgl. Lk 4, 18

Halleluja. Halleluja.

Der Herr hat mich gesandt,
den Armen die Frohe Botschaft zu bringen
und den Gefangenen die Freiheit zu verkünden.

Halleluja.

ZUM EVANGELIUM *In Kapitel 9, 1–6 hat Lukas von der Aussendung der Zwölf berichtet. Inzwischen hat Jesus seine Tätigkeit in Galiläa abgeschlossen und ist auf dem Weg nach Jerusalem. Die Zeit drängt, und die Ernte ist groß (10, 2). „Ernte" ist in der Sprache der Bibel ein Bild für das endzeitliche Gericht Gottes über die Völker. Daß sich die Mission auf alle Völker ausdehnt, darauf weist die Zahl 70 hin; ihr liegt wohl die Vorstellung zugrunde, daß es in der Welt 70 nichtjüdische Völker gibt (vgl. Gen 10). Jesus, der den Weg des Gottesknechtes geht, weiß sich zu allen Völkern gesandt (vgl. Jes 42, 6; 49, 6). Die Aussendungsrede (Lk 10, 2–11) gibt Anweisungen über die Ausrüstung der Missionare und über ihr Verhalten in den Häusern und Ortschaften. Eine doppelte Tätigkeit wird den Jüngern aufgetragen: die Tat und das Wort (Wunder und Verkündigung). Beide sind Fortsetzung der Tätigkeit Jesu selbst, Zeichen, die nicht übersehen werden können. Daher am Schluß das Drohwort gegen die ungläubigen Städte. – Zu 10, 2 („Ernte"): Joel 4, 12–13; Jes 9, 1–2; Hos 6, 11; Mt 9, 37–38; Joh 4, 35–36. – Zu 10, 3–9: Mt 10, 7–16; Lk 9, 3–5; 22, 35; 2 Kön 4, 29; Mk 6, 8–11; 1 Tim 5, 18; Apg 13, 51.*

EVANGELIUM
Lk 10, 1–9

Die Ernte ist groß, aber es gibt nur wenig Arbeiter

☩ Aus dem heiligen Evangelium nach Lukas.

1 In jener Zeit suchte der Herr zweiundsiebzig andere Jünger aus und sandte sie zu zweit voraus in alle Städte und Ortschaften,
    in die er selbst gehen wollte.
2 Er sagte zu ihnen: Die Ernte ist groß,
    aber es gibt nur wenig Arbeiter.
  Bittet also den Herrn der Ernte,
    Arbeiter für seine Ernte auszusenden.
3 Geht!
  Ich sende euch wie Schafe mitten unter die Wölfe.
4 Nehmt keinen Geldbeutel mit,
  keine Vorratstasche und keine Schuhe!
  Grüßt niemand unterwegs!
5 Wenn ihr in ein Haus kommt,
    so sagt als erstes: Friede diesem Haus!
6 Und wenn dort ein Mann des Friedens wohnt,
    wird der Friede, den ihr ihm wünscht, auf ihm ruhen;
  andernfalls wird er zu euch zurückkehren.
7 Bleibt in diesem Haus,
  eßt und trinkt, was man euch anbietet;
  denn wer arbeitet, hat ein Recht auf seinen Lohn.
  Zieht nicht von einem Haus in ein anderes!
8 Wenn ihr in eine Stadt kommt und man euch aufnimmt,
    so eßt, was man euch vorsetzt.
9 Heilt die Kranken, die dort sind,
  und sagt den Leuten:
    Das Reich Gottes ist euch nahe.

FÜRBITTEN

Im fürbittenden Gebet wollen wir uns an Christus wenden, der allen Gottes Liebe verkündete:

Für alle Gemeinschaften, die auf den heiligen Franziskus zurückgehen: erneuere in ihnen die Liebe zur Demut und Armut ihres Gründers. (Stille) Herr, erbarme dich.
A.: Christus, erbarme dich.

Für alle, die im Glauben unsicher geworden sind: erleuchte und stärke sie durch deinen Geist. (Stille) Herr, erbarme dich.

Für alle Menschen in Bedrängnis und Elend: gib ihnen nach dem Beispiel des heiligen Antonius tatkräftige Helfer. (Stille) Herr, erbarme dich.

Für unsere Verstorbenen: laß sie bei dir geborgen sein. (Stille) Herr, erbarme dich.

Gütiger Gott, auf die Fürsprache des heiligen Antonius von Padua schenke uns in jeder Not deine Hilfe durch Christus, unseren Herrn. A.: Amen.

15. Juni
HL. VITUS (VEIT)
Märtyrer

Über sein Leben ist wenig Sicheres bekannt. Er stammte aus Sizilien und erlitt das Martyrium in der Diokletianischen Verfolgung (um 304). Der Legende zufolge wurde er in einen Kessel mit siedendem Öl geworfen. Seine Verehrung ist seit Ende des 5. Jahrhunderts bezeugt. Die Reliquien wurden 836 nach dem Kloster Korvey an der Weser übertragen. Von dort verbreitete sich sein Kult im ganzen deutschen Sprachgebiet. Im 14. Jahrhundert kam ein Teil seiner Reliquien nach Prag, wo im 10. Jahrhundert zu seiner Ehre der Veitsdom erbaut worden war.

Commune-Texte:
A Meßformulare für Märtyrer, S. 2041 ff.
B Schriftlesungen für Märtyrer, S. 2098 ff.

TAGESGEBET
Barmherziger Gott,
mit deiner Kraft hat der heilige Vitus
in jugendlichem Alter
die Qualen des Martyriums bestanden.
Wir ehren sein Andenken
und empfehlen dir alle, deren Glaube bedroht ist.
Stärke sie in der Hoffnung
und festige sie in der Liebe.
Darum bitten wir durch Jesus Christus.

ZUR LESUNG   *Der zweite Teil des Weisheitsbuches rühmt das Walten Gottes in der Geschichte von Adam bis zum Auszug Israels aus Ägypten. Im Abschnitt 10, 10–14 ist zuerst vom Patriarchen Jakob die Rede (10, 10–12), dann vom ägyptischen Josef. Die Namen der beiden werden aber nicht genannt; es wird einfach vom „Gerechten" gesprochen und so auf die allgemeine Gültigkeit des Gesagten hingewiesen. In unserer Sprache würden wir statt von „Weisheit" eher von „Vorsehung" sprechen. Diese Vorsehung ist nicht irgendein Schicksal; es ist der wissende und liebevoll sorgende Gott, von dem die Rede ist. Er beschützte Jakob, als dieser vor seinem Bruder Esau fliehen mußte, und er verließ Josef nicht, als er in Ägypten ins Gefängnis geworfen wurde. Gott kümmert sich um alle Menschen, aber er wacht in besonderer Weise über den Weg derer, denen er eine besondere Sendung zugedacht hat. – Zu 10, 10–12: Gen 27, 41–45; 28, 5–6.10–22; 31, 23–29; Gen 32–33; Hos 12, 4–5. – Zu 10, 13–14: Gen 37–39; Ps 105, 17–22; Gen 41, 40–44.*

ERSTE LESUNG   Weish 10, 10–14

In einem harten Kampf verlieh ihm die Weisheit den Siegespreis

**Lesung
aus dem Buch der Weisheit.**

10 **Einen Gerechten, der vor dem Zorn des Bruders floh,
  geleitete die Weisheit auf geraden Wegen,
zeigte ihm das Reich Gottes
und enthüllte ihm heilige Geheimnisse.
Sie machte ihn reich bei seiner harten Arbeit
und vermehrte den Ertrag seiner Mühen.**

11 **Sie half ihm gegen die Habsucht seiner Unterdrücker
und verschaffte ihm Wohlstand.**

12 **Sie beschützte ihn vor seinen Feinden
und gab ihm Sicherheit vor seinen Verfolgern.
In einem harten Kampf verlieh sie ihm den Siegespreis,
damit er erkannte,
  daß Gottesfurcht stärker als alles andere ist.**

13 **Einen Gerechten, der verkauft worden war,
  ließ sie nicht im Stich,
sondern bewahrte ihn vor der Sünde.**

14 **Sie stieg mit ihm in den Kerker hinab**

15. Juni. Hl. Vitus

und verließ ihn während seiner Gefangenschaft nicht,
    bis sie ihm das königliche Zepter brachte
    und Gewalt über seine Bedrücker.
Sie überführte alle, die ihn beschuldigt hatten, als Lügner
und verlieh ihm ewigen Ruhm.

ANTWORTPSALM   Ps 112 (111), 1–2.3–4.5–6.7 u. 9 (R: vgl. 1a)

R Selig der Mensch, der den Herrn fürchtet und ehrt. – R

(GL 708, 1)

(*Oder:* Halleluja.)

1 Wohl dem Mann, der den Herrn fürchtet und ehrt * IV. Ton
   und sich herzlich freut an seinen Geboten.

2 Seine Nachkommen werden mächtig im Land, *
   das Geschlecht der Redlichen wird gesegnet. – (R)

3 Wohlstand und Reichtum füllen sein Haus, *
   sein Heil hat Bestand für immer.

4 Den Redlichen erstrahlt im Finstern ein Licht: *
   der Gnädige, Barmherzige und Gerechte. – (R)

5 Wohl dem Mann, der gütig und zum Helfen bereit ist, *
   der das Seine ordnet, wie es recht ist.

6 Niemals gerät er ins Wanken; *
   ewig denkt man an den Gerechten. – (R)

7 Er fürchtet sich nicht vor Verleumdung; *
   sein Herz ist fest, er vertraut auf den Herrn.

9 Reichlich gibt er den Armen, †
   sein Heil hat Bestand für immer; *
   er ist mächtig und hoch geehrt. – R

RUF VOR DEM EVANGELIUM

Halleluja. Halleluja.

Dich, Gott, loben wir, dich, Herr, preisen wir.
Dich preist der Märtyrer leuchtendes Heer.

Halleluja.

ZUM EVANGELIUM „Die Christen wohnen zwar in der Welt, aber sie sind nicht aus der Welt", heißt es in einem frühchristlichen Text (Diognetbrief 6, 3). Der Abschnitt Joh 15, 18 – 16, 4a spricht vom Haß der Welt gegen die Jünger Jesu. Die „Welt" ist zwangsläufig totalitär; sie erträgt es nicht, daß es Menschen gibt, die nicht nach ihrem Gesetz leben. Die Finsternis kann das Licht nicht ertragen. Außerdem: das Lebensgesetz des Meisters ist auch das des Jüngers. Der Haß der Welt gilt nicht eigentlich dem einzelnen Jünger; er gilt der geheimen Wirklichkeit, der unkontrollierbaren Kraft, die den Jünger treibt, ihn von der Welt unterscheidet und aus ihr herausnimmt; „um meines Namens willen": das ist der wahre Grund. Der Haß der Welt gilt Christus dem Herrn selbst und seinem Geist, der in den Jüngern am Werk ist. – Mt 10, 22; 1 Joh 3, 11–18; Joh 1, 10; 17, 14–16; 13, 16; Mt 10, 24–25; Lk 6, 40; 2 Tim 3, 12; Apg 5, 41; 9, 4; 1 Joh 3, 1.

EVANGELIUM Joh 15, 18–21

Wenn sie mich verfolgt haben, werden sie auch euch verfolgen

✠ Aus dem heiligen Evangelium nach Johannes.

In jener Zeit sprach Jesus zu seinen Jüngern:
18 Wenn die Welt euch haßt,
   dann wißt, daß sie mich schon vor euch gehaßt hat.
19 Wenn ihr von der Welt stammen würdet,
   würde die Welt euch als ihr Eigentum lieben.
Aber weil ihr nicht von der Welt stammt,
   sondern weil ich euch aus der Welt erwählt habe,
   darum haßt euch die Welt.
20 Denkt an das Wort, das ich euch gesagt habe:
Der Sklave ist nicht größer als sein Herr.
Wenn sie mich verfolgt haben,
   werden sie auch euch verfolgen;
wenn sie an meinem Wort festgehalten haben,
   werden sie auch an eurem Wort festhalten.
21 Das alles werden sie euch um meines Namens willen antun;
denn sie kennen den nicht,
   der mich gesandt hat.

FÜRBITTEN

Jesus Christus, der sich der Kranken erbarmte, bitten wir:

Für alle Christen in einer glaubensfeindlichen Umgebung: laß sie nicht an dir irre werden. (Stille) Christus, höre uns.
A.: Christus, erhöre uns.

Für alle, die den Glauben bekämpfen: befreie sie von der Blindheit ihrer Herzen. (Stille) Christus, höre uns.

Für die Kranken und Gebrechlichen: richte sie auf, und tröste sie. (Stille) Christus, höre uns.

Für unsere Jugendlichen: wecke in ihnen die Sehnsucht nach dir und deiner Wahrheit. (Stille) Christus, höre uns.

Allmächtiger Gott, gib uns die Kraft, daß auf die Fürbitte des heiligen Vitus unser Glaube sich auch in Prüfungen bewähre durch Christus, unseren Herrn.   A.: Amen.

16. Juni

HL. BENNO

Bischof

Er stammte aus einem sächsischen Adelsgeschlecht, wurde Kanoniker in Goslar und war 1066–1106 Bischof von Meißen. Weil er Heinrich IV. nicht unterstützte, wurde er von diesem 1085 abgesetzt, konnte aber drei Jahre später wieder die Leitung des Bistums übernehmen. Er gilt als Apostel der Wenden. Gestorben 1106; heiliggesprochen 1523. Seine Reliquien befinden sich seit 1576 im Liebfrauendom in München.

Commune-Texte:
A Meßformulare für Bischöfe, S. 2056ff.
B Schriftlesungen für Hirten der Kirche, S. 2101ff.

TAGESGEBET

Treuer Gott,
du hast dem heiligen Bischof Benno
den Mut gegeben, in den Wirren seiner Zeit
unbeirrt den Weg des Glaubens zu gehen.
Zeige auch uns deine Wege
und stärke unser Vertrauen auf deine Hilfe.
Darum bitten wir durch Jesus Christus.

ZUR LESUNG   *Immer noch (seit 2, 12) spricht Paulus vom apostolischen Dienst: Der Apostel ist Mitarbeiter Gottes im Werk der Versöhnung (6, 1). Von der Erfüllung dieses Dienstes hängt „jetzt" alles ab, für den Apostel ebenso wie für die Gemeinde. Von den Arbeitsbedingungen eines Mitarbeiters im Dienst Gottes spricht Paulus in den Versen 4–10; nur im Heiligen Geist, in der Kraft Gottes (V. 6 und 7) kann ein Mensch ein solches Leben bestehen, durchhalten in der Schwachheit, die ihn von innen her bedroht, und in den Gefahren und Nöten, die von außen an ihn herankommen. Aber die Reinheit der Absicht und die Kraft der Liebe machen ihn glücklicher als alle jene Menschen, die ihn hassen oder bemitleiden. – Jes 49, 8; 61; Lk 4, 17–19; 2 Kor 8, 21; 4, 8–10; 1 Kor 4, 9–13; Gal 5, 22; 2 Kor 10, 4–6; Eph 6, 11–13; Röm 8, 32.*

ERSTE LESUNG 2 Kor 6, 1–10

Wir erweisen uns als Gottes Diener

Lesung
aus dem zweiten Brief des Apostels Paulus an die Korínther.

Brüder!
1 Als Mitarbeiter Gottes ermahnen wir euch,
daß ihr seine Gnade nicht vergebens empfangt.
2 Denn es heißt:

Zur Zeit der Gnade erhöre ich dich,
am Tag der Rettung helfe ich dir.

Jetzt ist sie da, die Zeit der Gnade;
jetzt ist er da, der Tag der Rettung.
3 Niemand geben wir auch nur den geringsten Anstoß,
damit unser Dienst nicht getadelt werden kann.

4 In allem erweisen wir uns als Gottes Diener:
durch große Standhaftigkeit,
in Bedrängnis, in Not, in Angst,
5 unter Schlägen, in Gefängnissen, in Zeiten der Unruhe,
unter der Last der Arbeit, in durchwachten Nächten,
6 durch Fasten, durch lautere Gesinnung, durch Erkenntnis,
durch Langmut, durch Güte,
durch den Heiligen Geist, durch ungeheuchelte Liebe,
7 durch das Wort der Wahrheit, in der Kraft Gottes,
mit den Waffen der Gerechtigkeit in der Rechten und in der Linken,
8 bei Ehrung und Schmähung, bei übler Nachrede und bei Lob.

16. Juni. Hl. Benno

Wir gelten als Betrüger
 und sind doch wahrhaftig;
wir werden verkannt und doch anerkannt;
wir sind wie Sterbende,
 und seht: wir leben;
wir werden gezüchtigt
 und doch nicht getötet;
uns wird Leid zugefügt,
 und doch sind wir jederzeit fröhlich;
wir sind arm
 und machen doch viele reich;
wir haben nichts
 und haben doch alles.

ANTWORTPSALM   Ps 119 (118), 1–2.3–4 (R: 1b)

R Selig die Menschen,   (GL 708, 1)
die leben nach der Weisung des Herrn. – R

Wohl denen, deren Weg ohne Tadel ist, *   IV. Ton
die leben nach der Weisung des Herrn.

Wohl denen, die seine Vorschriften befolgen *
und ihn suchen von ganzem Herzen. – (R)

Die kein Unrecht tun *
und auf seinen Wegen gehen.

Du hast deine Befehle gegeben, *
damit man sie genau beachtet. – R

RUF VOR DEM EVANGELIUM   Vers: Joh 10,14

Halleluja. Halleluja.

(So spricht der Herr:)
Ich bin der gute Hirt.
Ich kenne die Meinen, und die Meinen kennen mich.

Halleluja.

ZUM EVANGELIUM   *Die Jünger haben Mühe, zu begreifen, was Jesus mit seinem Weggehen meint: „Wir wissen nicht, wohin du gehst" (V. 5). Sie haben Angst. Gegen die Angst gibt es nur ein Mittel: „Glaubt an Gott, und glaubt an mich!" (V. 1). Der Glaube, den Jesus fordert, ist*

Vertrauen und Hoffnung. Die Trennung ist keine endgültige; im Haus des Vaters, d.h. im Reich Gottes, ist Platz für alle. Thomas möchte eine direkte, unverhüllte Auskunft über das Ziel und den Weg Jesu, der ja auch der Weg des Jüngers sein wird. Jesus nennt das Ziel nur nebenbei: „zum Vater", zur bleibenden Gemeinschaft mit Gott. Dorthin gibt es einen einzigen Weg: Ich bin der Weg. Jesus ist der Weg, weil er die Wahrheit ist. Der Weg ist nicht vom Ziel getrennt; wer ihn geht, wer die Wahrheit sucht, der hat, weil er Jesus hat, auch das Leben, jetzt schon. – Joh 10,28–30; 12,26; 8,31–32.40; 5,21; 11,25–26; Hebr 10,19–22; Joh 8,19; 12,45; 2 Kor 4,4.

EVANGELIUM   Joh 14,1–6

Ich bin der Weg und die Wahrheit und das Leben

☩ Aus dem heiligen Evangelium nach Johannes.

In jener Zeit sprach Jesus zu seinen Jüngern:
1 Euer Herz lasse sich nicht verwirren.
 Glaubt an Gott,
  und glaubt an mich!
2 Im Haus meines Vaters gibt es viele Wohnungen.
 Wenn es nicht so wäre,
  hätte ich euch dann gesagt:
  Ich gehe, um einen Platz für euch vorzubereiten?
3 Wenn ich gegangen bin
  und einen Platz für euch vorbereitet habe,
  komme ich wieder
 und werde euch zu mir holen,
  damit auch ihr dort seid, wo ich bin.
4 Und wohin ich gehe
  – den Weg dorthin kennt ihr.

5 Thomas sagte zu ihm:
  Herr, wir wissen nicht, wohin du gehst.
 Wie sollen wir dann den Weg kennen?
6 Jesus sagte zu ihm:
  Ich bin der Weg und die Wahrheit und das Leben;
 niemand kommt zum Vater außer durch mich.

FÜRBITTEN

Wir beten zu Christus, der bei den Menschen Ablehnung und Feindschaft erfahren hat:

Gib den Christen in Mitteldeutschland Glaubensfreude und Bekennermut.
A.: Wir bitten dich, erhöre uns.

Bewahre die Politiker vor der Versuchung, ihre Macht zu mißbrauchen.

Richte alle Menschen auf, die unter der Last des Lebens zu zerbrechen drohen.

Erweise an unseren Verstorbenen deine rettende Macht.

Denn bei dir finden wir Schutz und Hilfe. Dir sei Lob und Dank in Ewigkeit.   A.: Amen.

19. Juni

HL. ROMUALD

Abt

Romuald soll der langobardischen Herzogsfamilie der Onesti entstammen; er wurde 952 in Ravenna geboren. Mit zwanzig Jahren war er Zeuge, wie sein Vater bei einer Fehde einen Adeligen erschlug. Darauf trat er als Mönch in S. Apollinare in Classe bei Ravenna ein. Dieses Kloster war aber seinem Bußeifer nicht streng genug, deshalb schloß er sich um 974 dem Eremiten Marinus an und zog 978 mit diesem und dem Dogen Pietro I. Orseolo in die französischen Pyrenäen, wo er im Kloster St.-Michel seine eigentliche monastische Bildung erhielt. 988 kehrte Romuald nach Italien zurück. Predigend zog er von einem Ort zum andern. Er kam auch nach Monte Cassino, wo er aber mit seinem harten Reformeifer wenig Anklang fand. Schließlich gründete er in Mittelitalien das Kloster Camaldoli (1012), das Stammkloster des Kamaldulenserordens. Der strenge Mann übte eine erstaunliche Anziehungskraft aus. In seiner Gründung versuchte er eine Verbindung des Einsiedlerlebens mit dem Gemeinschaftsleben, wie sie auch in der Regel Benedikts vorgesehen ist. Romuald starb 1027. Der hl. Petrus Damiani hat sein Leben beschrieben.

Zur Freude geschaffen
"Wenn ich das Leben der Heiligen lese, geht es mir durch Mark und Bein; und wenn ich sehe, was ich tue, möchte ich vor Scham und Schmerz vergehen."
"Gott hat den Menschen nicht zum Elend und zur Qual geschaffen, sondern zur Freude, aber zu einer Freude, die aus christlicher Gesinnung und Tugend quillt." (Romuald)

Commune-Texte:
A Meßformulare für Ordensleute, S. 2084 ff.
B Schriftlesungen für heilige Männer (Ordensleute), S. 2110 ff.

TAGESGEBET

Gott, du Freund der Heiligen,
du hast den Abt Romuald berufen,
einen Orden für Mönche zu gründen,
die in strenger Einsamkeit leben.
Schenke uns die Gnade,
uns selbst zu verleugnen und Christus nachzufolgen,
damit wir mit ihm
in die Herrlichkeit des Himmels gelangen,
der in der Einheit des Heiligen Geistes
mit dir lebt und herrscht in alle Ewigkeit.

ZUR LESUNG *Paulus hat bei seiner Bekehrung viel hinter sich gelassen, vor allem das Bewußtsein eigener Gerechtigkeit und Vollkommenheit. Was hat er gewonnen? Die Erkenntnis Christi, des Gekreuzigten und Auferstandenen. Dagegen ist alles andere „Unrat". Auch die Treue zum Gesetz des Mose und zu den heiligen Überlieferungen seines Volkes gehören zu dem, „was hinter mir liegt" (V. 13). Christus erkennen und von ihm erkannt und angenommen werden, das ist alles. Hier geht es nicht um eine reine Verstandeserkenntnis; es ist ein lebendiges Wissen des Herzens, des ganzen Menschen, eine Erfahrung tiefer Gemeinschaft mit Christus. Der Apostel fühlt sich noch weit vom Ziel entfernt; christliche Vollendung ist nie etwas Erreichtes, Fertiges, sie besteht vielmehr darin, sich immer neu von der Wahrheit und Kraft Christi ergreifen zu lassen. – Zu 3, 8–11: Röm 1, 16; 10, 3; Gal 2, 16; Röm 1, 4; 9, 1–5. – Zu 3, 12–14: Gal 5, 7; 1 Kor 9, 24–27; Phil 2, 16.*

19. Juni. Hl. Romuald

ERSTE LESUNG
Phil 3, 8–14

*Das Ziel vor Augen, jage ich nach dem Siegespreis: der himmlischen Berufung,
die Gott uns in Christus Jesus schenkt*

**Lesung
aus dem Brief des Apostels Paulus an die Philipper.**

Brüder!
Ich sehe alles als Verlust an,
weil die Erkenntnis Christi Jesu, meines Herrn,
  alles übertrifft.
Seinetwegen habe ich alles aufgegeben
und halte es für Unrat,
  um Christus zu gewinnen
  und in ihm zu sein.

Nicht meine eigene Gerechtigkeit suche ich,
  die aus dem Gesetz hervorgeht,
sondern jene, die durch den Glauben an Christus kommt,
die Gerechtigkeit, die Gott aufgrund des Glaubens schenkt.

10 Christus will ich erkennen
und die Macht seiner Auferstehung
und die Gemeinschaft mit seinen Leiden;
sein Tod soll mich prägen.

11 So hoffe ich, auch zur Auferstehung von den Toten zu gelangen.

12 Nicht daß ich es schon erreicht hätte
oder daß ich schon vollendet wäre.
Aber ich strebe danach, es zu ergreifen,
weil auch ich von Christus Jesus ergriffen worden bin.

13 Brüder, ich bilde mir nicht ein,
  daß ich es schon ergriffen hätte.
Eines aber tue ich:
Ich vergesse, was hinter mir liegt,
  und strecke mich nach dem aus, was vor mir ist.

14 Das Ziel vor Augen, jage ich nach dem Siegespreis:
der himmlischen Berufung,
  die Gott uns in Christus Jesus schenkt.

ANTWORTPSALM
Ps 131 (130), 1.2–3

R Herr, bewahre meine Seele in deinem Frieden! – **R**   (GL 755, 1)

Herr, mein Herz <u>ist</u> nicht stolz, *   IV. Ton
nicht hochmütig <u>blick</u>en meine Augen.

Ich gehe nicht um mit Dingen, *
die mir zu wunderbar und zu hoch sind. – (R)

2 Ich ließ meine Seele ruhig werden und still; *
wie ein kleines Kind bei der Mutter ist meine Seele still in mir.

3 Israel, harre auf den Herrn *
von nun an bis in Ewigkeit!

R Herr, bewahre meine Seele in deinem Frieden!

RUF VOR DEM EVANGELIUM   Vers: Mt 5, 3

Halleluja. Halleluja.

Selig, die arm sind vor Gott;
denn ihnen gehört das Himmelreich.

Halleluja.

ZUM EVANGELIUM *Viele Menschen folgen Jesus auf dem Weg nach Jerusalem, werden sie auch bis nach Golgota mitgehen? Jesus nennt ihnen die Bedingungen der Nachfolge: Bereitschaft zum Verzicht auf Familie und Freunde, auf Ehre und Besitz, ja auf das eigene Leben. Wer sich zur Nachfolge entschließt, muß wissen, was er wagt. Er muß seine Kräfte und Möglichkeiten prüfen wie jemand, der einen Bau ausführen oder einen Krieg unternehmen will. Besagen diese Gleichnisse auch, daß die Nachfolge jedem freigestellt ist? Das vorausgegangene Gleichnis vom Gastmahl empfiehlt eine solche Deutung nicht. Aber Jesus verlangt nicht von jedem die gleiche Art und Weise der Nachfolge. Er ruft jeden auf seinen ihm eigenen Weg. Die Forderung zu größerem Verzicht hat als Voraussetzung und als Ziel die größere Liebe. Wer angefangen hat, die Größe Gottes zu begreifen, dem werden alle geschaffenen Dinge klein. – Zu 14, 25–27: Mt 10, 37–38; Lk 22, 26–28; Dtn 33, 9–10; Lk 18, 24–30; Joh 12, 26. – Zu 14, 28–31: Spr 24, 6; Lk 9, 61–62.*

EVANGELIUM   Lk 14, 25–33

Keiner von euch kann mein Jünger sein, wenn er nicht auf seinen ganzen Besitz verzichtet

☩ Aus dem heiligen Evangelium nach Lukas.

In jener Zeit,
25 als viele Menschen Jesus begleiteten,
wandte er sich an sie

26 und sagte: Wenn jemand zu mir kommt
   und nicht Vater und Mutter,
   Frau und Kinder, Brüder und Schwestern,
   ja sogar sein Leben gering achtet,
   dann kann er nicht mein Jünger sein.
27 Wer nicht sein Kreuz trägt und mir nachfolgt,
   der kann nicht mein Jünger sein.
28 Wenn einer von euch einen Turm bauen will,
   setzt er sich dann nicht zuerst hin
   und rechnet,
   ob seine Mittel für das ganze Vorhaben ausreichen?
29 Sonst könnte es geschehen,
   daß er das Fundament gelegt hat,
   dann aber den Bau nicht fertigstellen kann.
   Und alle, die es sehen, würden ihn verspotten
30 und sagen: Der da hat einen Bau begonnen
   und konnte ihn nicht zu Ende führen.
31 Oder wenn ein König gegen einen anderen in den Krieg zieht,
   setzt er sich dann nicht zuerst hin
   und überlegt, ob er sich mit seinen zehntausend Mann
   dem entgegenstellen kann,
   der mit zwanzigtausend gegen ihn anrückt?
32 Kann er es nicht,
   dann schickt er eine Gesandtschaft,
   solange der andere noch weit weg ist,
   und bittet um Frieden.
33 Darum kann keiner von euch mein Jünger sein,
   wenn er nicht auf seinen ganzen Besitz verzichtet.

FÜRBITTEN

Jesus Christus, den Gottes Geist in die Einsamkeit führte, bitten wir:

Entfache in der Kirche den Geist des Gebetes und der Buße.
A.: Herr, erhöre unser Gebet.

Weise den Menschen Wege, Frieden zu stiften.

Tröste die Verlassenen und Vereinsamten mit deiner Gegenwart.

Lehre uns, die Stille zu lieben, um deine Nähe zu erfahren.

Allmächtiger Gott, auf die Fürbitte des heiligen Romuald laß nicht zu, daß wir in der Unruhe des Alltags deine Stimme überhören und den Weg zum Leben verfehlen, durch Christus, unseren Herrn. A.: Amen.

21. Juni

HL. ALOISIUS GONZAGA

Ordensmann

Gedenktag

Aloisius (Luigi) wurde 1568 als ältester Sohn des Markgrafen von Gonzaga in Castiglione bei Mantua geboren. Er lernte früh, sein heftiges Temperament zu beherrschen, und fiel als Page am florentinischen Hof und später am Hof Philipps II. in Madrid durch seinen Lebensernst und seine Frömmigkeit auf. Mit siebzehn Jahren erhielt er von seinem Vater nach hartem Ringen die Erlaubnis, in die Gesellschaft Jesu einzutreten. Bei einer Pestepidemie in Rom steckte er sich an, da er sich ohne Schonung und ohne Vorsicht der Pflege der Kranken widmete, und starb drei Monate später (1591). Er wurde 1726 heiliggesprochen, 1729 zum Patron der studierenden Jugend erklärt. Die Lebensbeschreibungen des Heiligen haben seine männlich-herbe Gestalt oft verzeichnet.

Schriftlesungen für heilige Männer (Ordensleute), S. 2110 ff.

ERÖFFNUNGSVERS   Vgl. Ps 24 (23), 4.3

Wer reine Hände hat und ein lauteres Herz,
der darf hinaufziehen zum Berg des Herrn
und stehen an seiner heiligen Stätte.

TAGESGEBET

Gott, du Spender aller Gnaden,
mit deiner Hilfe hat der heilige Aloisius
ein Leben der Unschuld und der Buße geführt.
Höre auf seine Fürsprache
und gib uns,
auch wenn wir ihm in der Heiligkeit nicht gefolgt sind,
durch Buße und Umkehr die Reinheit des Herzens.
Darum bitten wir durch Jesus Christus.

21. Juni. Hl. Aloisius Gonzaga

ZUR LESUNG In 1 Joh 4, 7 heißt es: „Jeder, der liebt, stammt von Gott und erkennt Gott." Was hier von der Liebe gesagt war, wird in 5, 1 vom Glauben gesagt: „Jeder, der glaubt ... stammt von Gott." Der Glaube ist ebenso wie die Liebe von Gott geschenkt, und beide sind voneinander nicht zu trennen. Der Inhalt des christlichen Glaubens wird in 5, 1 auf die kürzeste Formel gebracht: „daß Jesus der Christus ist"; dazu verdeutlichend 5, 5: „daß Jesus der Sohn Gottes ist". Das sagt Johannes gegen Irrlehrer, mit denen die Kirche auch später noch zu tun hatte (und irgendwie immer zu tun hat); diese behaupten genau das Gegenteil: Jesus sei nicht der Christus, nicht der Sohn Gottes; Gottheit und Menschheit seien in ihm nie zu einer wirklichen Einheit verbunden gewesen. Die Tragweite und Gefährlichkeit einer solchen Lehre liegt auf der Hand; Jesus ist dann ein bloßer Mensch, das ganze Werk der Erlösung ist in Frage gestellt. Das Bekenntnis zu Jesus als dem Christus ist das unterscheidende Kennzeichen derer, die „aus Gott stammen und ihn erkennen". Das Bekenntnis aber muß sich durch die Liebe als wahr erweisen. Dieser Glaube, der zugleich Liebe und Treue ist, kann von keiner Macht der Welt besiegt werden. – 1 Joh 3, 23; 4, 15; 2, 22; 1 Petr 1, 22–23; Joh 14, 15. 21.

ERSTE LESUNG   1 Joh 5, 1–5

Das ist der Sieg, der die Welt besiegt hat: unser Glaube

Lesung
    aus dem ersten Johannesbrief.

Brüder!
Jeder, der glaubt, daß Jesus der Christus ist,
    stammt von Gott,
und jeder, der den Vater liebt,
    liebt auch den, der von ihm stammt.
Wir erkennen, daß wir die Kinder Gottes lieben,
    wenn wir Gott lieben und seine Gebote erfüllen.
Denn die Liebe zu Gott besteht darin,
    daß wir seine Gebote halten.
Seine Gebote sind nicht schwer.
Denn alles, was von Gott stammt, besiegt die Welt.
Und das ist der Sieg, der die Welt besiegt hat:
    unser Glaube.
Wer sonst besiegt die Welt,
    außer dem, der glaubt, daß Jesus der Sohn Gottes ist?

ANTWORTPSALM   Ps 16 (15), 1–2 u. 5.7–8.9 u. 11 (R: vgl. 5a)

R Du, Herr, bist mein Anteil und Erbe. – **R**   (GL 645, 3)

II. Ton

1 Behüte mich, Gott, denn ich vertraue dir. †
2 Ich sage zum Herrn: „Du bist mein Herr; *
mein ganzes Glück bist du allein."

5 Du, Herr, gibst mir das Erbe und reichst mir den Becher; *
du hältst mein Los in deinen Händen. – **(R)**

7 Ich preise den Herrn, der mich beraten hat. *
Auch mahnt mich mein Herz in der Nacht.

8 Ich habe den Herrn beständig vor Augen. *
Er steht mir zur Rechten, ich wanke nicht. – **(R)**

9 Darum freut sich mein Herz und frohlockt meine Seele; *
auch mein Leib wird wohnen in Sicherheit.

11 Du zeigst mir den Pfad zum Leben. †
Vor deinem Angesicht herrscht Freude in Fülle, *
zu deiner Rechten Wonne für alle Zeit. – **R**

RUF VOR DEM EVANGELIUM   Vers: Joh 13, 34ac

Halleluja. Halleluja.

(So spricht der Herr:)
Ein neues Gebot gebe ich euch:
Wie ich euch geliebt habe, so sollt auch ihr einander lieben.

Halleluja.

ZUM EVANGELIUM   *Die jüdischen Rabbinen zählten im mosaischen Gesetz 248 Gebote und 365 Verbote. Gelten sie alle gleich, oder gibt es ein Gebot, das von allen das wichtigste ist, vielleicht sogar alle anderen in sich schließt? Jesus nimmt die Antwort aus dem Gesetz selbst. Jeder Israelit weiß die Stelle (Dtn 6, 5) auswendig, denn er spricht sie jeden Morgen und jeden Abend in seinem Gebet. Das Gebot, Gott aus ganzer Seele und mit allen Kräften zu lieben, ist so sehr das wichtigste von allen, daß ohne dieses keins von allen wirklich erfüllt werden kann. Ohne die Liebe bleibt alles leer. Im Gesetz stand das Gebot der Nächstenliebe weit weg vom Gebot der Gottesliebe. Jesus hat sie für immer zur Einheit verbunden. Er hat nicht gesagt, die Nächstenliebe sei ohne weiteres schon Gottesliebe. Aber beide sind gleich wichtig (V. 39), sie müssen also in innerem Zusammenhang stehen. Die Gottesliebe allein könnte eine große Selbsttäuschung sein; sie erweist ihre Wahrheit und Kraft darin, daß ich dem Nächsten mit der Liebe begegne, die ich Gott schuldig bin. Der Nächste: das ist der, den Gott mir in den Weg schickt. Wie ich ihm begegnen soll, hat mir Jesus durch sein Beispiel gezeigt. – Mk 12,28–31; Lk 10,25–28; Joh 13,34–35. – Zu 22,39: Lev 19,18; Jak 2,8. – Zu 22,40: Röm 13,8–10; Gal 5,14.*

EVANGELIUM Mt 22,34–40

Du sollst den Herrn, deinen Gott, lieben; du sollst deinen Nächsten lieben wie dich selbst

✢ Aus dem heiligen Evangelium nach Matthäus.

In jener Zeit,
34 als die Pharisäer hörten,
  daß Jesus die Sadduzäer zum Schweigen gebracht hatte,
  kamen sie bei ihm zusammen.
35 Einer von ihnen, ein Gesetzeslehrer,
  wollte ihn auf die Probe stellen
und fragte ihn:
36 Meister,
welches Gebot im Gesetz ist das wichtigste?
37 Er antwortete ihm:
  Du sollst den Herrn, deinen Gott, lieben
mit ganzem Herzen,
mit ganzer Seele
und mit all deinen Gedanken.
38 Das ist das wichtigste und erste Gebot.
39 Ebenso wichtig ist das zweite:
  Du sollst deinen Nächsten lieben wie dich selbst.
40 An diesen beiden Geboten
  hängt das ganze Gesetz samt den Propheten.

FÜRBITTEN

Jesus Christus hat seliggepriesen, die ein reines Herz haben. Ihn wollen wir bitten:

Für die Orden der Kirche: bestärke sie in der Hingabe an deinen Willen und im selbstlosen Dienst am Mitmenschen. (Stille) Christus, höre uns.
A.: Christus, erhöre uns.

Für alle, die sich um eine bessere Betreuung der Kranken und Hinfälligen bemühen: segne ihre Arbeit, und vergilt ihre Liebe. (Stille)
Christus, höre uns.
A.: Christus, erhöre uns.

Für die unheilbar Kranken: hilf ihnen, ihr Kreuz in Geduld zu tragen. (Stille) Christus, höre uns.

Für unsere Jugendlichen: gib ihnen Großmut, nach dem Beispiel des heiligen Aloisius deinem Ruf zur Nachfolge zu gehorchen. (Stille) Christus, höre uns.

Barmherziger Gott, auf die Fürsprache des heiligen Aloisius reinige uns von unserer Schuld, daß wir dir ungeteilt dienen durch Christus, unseren Herrn.   A.: Amen.

GABENGEBET

Herr, unser Gott,
laß uns gleich dem heiligen Aloisius
stets im hochzeitlichen Gewand der Gnade
am heiligen Mahl teilnehmen
und schenke uns reichen Segen
in der Feier dieses Opfers.
Darum bitten wir durch Christus, unseren Herrn.

KOMMUNIONVERS   Ps 78 (77), 24–25

Brot vom Himmel gab ihnen der Herr,
das Brot der Engel aß der Mensch.

SCHLUSSGEBET

Barmherziger Gott,
du hast uns das Brot der Engel geschenkt.
Gib,
daß wir nach dem Vorbild des heiligen Aloisius
dir mit reinem Herzen dienen
und dir allezeit Dank sagen.
Darum bitten wir durch Christus, unseren Herrn.

22. Juni
HL. PAULINUS VON NOLA
Bischof

Paulinus wurde um 353 in der Nähe von Bordeaux als Sohn eines hohen römischen Beamten geboren. Von seinen christlichen Eltern und ausgezeichneten Erziehern erhielt er die Bildung des Geistes und des Herzens, die alle Zeitgenossen an ihm rühmen. Früh übernahm er hohe Staatsämter. Um 385 heiratete er eine spanische Christin; er selbst wurde bald darauf in Bordeaux getauft und zog dann mit seiner Frau nach Spanien. Als ihr einziges Kind starb, beschlossen sie, ein einfaches und strenges Leben zu führen, und verteilten ihren dortigen Besitz an die Armen. 394 wurde Paulinus in Barcelona zum Priester geweiht, siedelte aber dann nach Nola (bei Neapel) über. Als der dortige Bischof starb, wurde Paulinus zum Bischof gewählt (409 oder 411). Über seine bischöfliche Tätigkeit ist wenig bekannt. Es war die Zeit, als die Westgoten Rom erstürmten und auf ihrem Weg nach Nordafrika Nola besetzten. Es war auch die Zeit der theologischen Auseinandersetzungen über die menschliche Freiheit und ihr Verhältnis zur göttlichen Gnade. Paulinus stand in Briefwechsel mit den führenden Männern seiner Zeit. Er starb 431, zehn Monate später als Augustinus.

Commune-Texte:
A Meßformulare für Bischöfe, S. 2056 ff.
B Schriftlesungen für Hirten der Kirche, S. 2101 ff.

TAGESGEBET

Gott,
du hast dem heiligen Bischof Paulinus von Nola
Liebe zu den Armen geschenkt
und ihn zu einem großen Seelsorger gemacht.
Blicke auf sein heiliges Leben.
Hilf uns,
dem Beispiel seiner tätigen Liebe zu folgen
und allen gut zu sein, denen wir begegnen.
Darum bitten wir durch Jesus Christus.

ZUR LESUNG *In 2 Kor 8–9 kommt Paulus nochmals auf die Geldsammlung für die arme Gemeinde von Jerusalem zu sprechen (vgl. 1 Kor*

16, 1–4). Er weist in 8, 1 auf das Beispiel der Christen von Mazedonien hin; diese sind selbst arm, aber Gott hat ihnen die Gnade des Schenkens verliehen. In 8, 9 gibt er eine tiefere Begründung: Christus selbst ist arm geworden, um uns durch seine Armut reich zu machen. Was er für uns getan hat, das sollen wir in die Welt hinein fortsetzen. Auch heute sollten wir Sammlungen dieser Art nicht als lästige Störung empfinden, sondern als die Gelegenheit, in den wunderbaren Kreislauf von Geben und Nehmen einzutreten, der in Gott selbst seinen Ursprung hat. Wer gibt, wird Gott selbst ähnlich, dessen Wesen schenkende Liebe ist. – Phil 2, 6–7; Mt 5, 3; 8, 20; Mk 12, 43; 2 Kor 9, 6–12; Ex 16, 18.

ERSTE LESUNG 2 Kor 8, 9–15

Er, der reich war, wurde euretwegen arm, um euch durch seine Armut reich zu machen.

Lesung
aus dem zweiten Brief des Apostels Paulus an die Korinther.

Brüder!
9 Ihr wißt,
was Jesus Christus, unser Herr, in seiner Liebe getan hat:
Er, der reich war,
wurde euretwegen arm,
um euch durch seine Armut reich zu machen.

10 Ich gebe euch nur einen Rat, der euch helfen soll;
ihr habt ja schon voriges Jahr angefangen, etwas zu unternehmen,
und zwar aus eigenem Entschluß.

11 Jetzt sollt ihr das Begonnene zu Ende führen,
damit das Ergebnis dem guten Willen entspricht
– je nach eurem Besitz.

12 Wenn nämlich der gute Wille da ist,
dann ist jeder willkommen mit dem, was er hat,
und man fragt nicht nach dem, was er nicht hat.

13 Denn es geht nicht darum,
daß ihr in Not geratet, indem ihr anderen helft;
es geht um einen Ausgleich.

14 Im Augenblick soll euer Überfluß ihrem Mangel abhelfen,
damit auch ihr Überfluß einmal eurem Mangel abhilft.
So soll ein Ausgleich entstehen,

22. Juni. Hl. Paulinus von Nola

15 wie es in der Schrift heißt:
  Wer viel gesammelt hatte, hatte nicht zu viel,
  und wer wenig, hatte nicht zu wenig.

ANTWORTPSALM Ps 40 (39), 2 u. 4ab.7–8.9–10 (R: vgl. 8a.9a)

R Mein Gott, ich komme; (GL 528, 1)
deinen Willen zu tun macht mir Freude. – **R**

2 Ich hoffte, ja ich hoffte auf den Herrn. * I. Ton
Da neigte er sich mir zu und hörte mein Schreien.

4ab Er legte mir ein neues Lied in den Mund, *
einen Lobgesang auf ihn, unsern Gott. – (R)

7 An Schlacht- und Speiseopfern hast du kein Gefallen, *
Brand- und Sündopfer forderst du nicht.

Doch das Gehör hast du mir eingepflanzt; †
8 darum sage ich: Ja, ich komme. *
In dieser Schriftrolle steht, was an mir geschehen ist. – (R)

9 Deinen Willen zu tun, mein Gott, macht mir Freude, *
deine Weisung trag' ich im Herzen.

10 Gerechtigkeit verkünde ich in großer Gemeinde, *
meine Lippen verschließe ich nicht; Herr, du weißt es. – **R**

RUF VOR DEM EVANGELIUM Vers: Mt 5, 3

Halleluja. Halleluja.

Selig, die arm sind vor Gott;
denn ihnen gehört das Himmelreich.

Halleluja.

ZUM EVANGELIUM *Das Trostwort für die „kleine Herde" ist nur im Lukasevangelium überliefert (12, 32). Die Gemeinde der Jünger ist in der Welt eine machtlose Minderheit, vom Anfang bis zum Ende ihrer Geschichte. Es gab Zeiten, wo sie das vergessen konnte; heute wird sie daran erinnert, nicht nur durch das Wort des Evangeliums, sondern durch die Situation, in der zu leben ihr aufgegeben ist. Dieser kleinen Herde wird gesagt, was sie nicht tun und was sie tun soll. Sie soll sich nicht fürchten, denn ihr gehört die Zukunft, das, was bleibt, das „Reich". Und sie soll sich frei machen, sich nicht an die Gegenwart klammern, die doch keinen Bestand hat. Der Sinn der Armut ist die Freiheit, und diese ist ein Zeichen der angebrochenen Gottesherrschaft. – Mt 6, 19–21.34; Lk 21, 15–17; 22, 28–30; 18, 22; Joh 10.*

EVANGELIUM Lk 12, 32–34

Euer Vater hat beschlossen, euch das Reich zu geben

☩ **Aus dem heiligen Evangelium nach Lukas.**

In jener Zeit sprach Jesus zu seinen Jüngern:
32 **Fürchte dich nicht, du kleine Herde!**
 Denn euer Vater hat beschlossen,
  euch das Reich zu geben.

33 **Verkauft eure Habe,**
  und gebt den Erlös den Armen!
 Macht euch Geldbeutel, die nicht zerreißen.
 Verschafft euch einen Schatz, der nicht abnimmt,
  droben im Himmel, wo kein Dieb ihn findet
  und keine Motte ihn frißt.

34 **Denn wo euer Schatz ist,**
  da ist auch euer Herz.

FÜRBITTEN

Zu Jesus Christus, der uns durch seine Armut reich machte, beten wir:

Schenke der Kirche glaubensstarke Bischöfe und Seelsorger, durch deren Wirken sie den Weg des Heiles geht.
A.: Herr, erhöre uns.

Unterstütze alle Maßnahmen der Politiker, die Not und Elend in der Welt lindern.

Erbarme dich aller, die aus einem bedrängten Herzen um deine Hilfe flehen.

Führe unsere Verstorbenen, die auf dich vertrauten, in dein Reich.

Allmächtiger Gott, leite uns an, nach dem Vorbild des heiligen Paulinus von Nola mit dem, was wir nicht zum Leben brauchen, anderen zu helfen durch Christus, unseren Herrn. **A.:** Amen.

22. Juni

HL. JOHN FISHER
Bischof und Märtyrer,

und

HL. THOMAS MORUS
Märtyrer

Beide starben unter König Heinrich VIII. von England als Märtyrer des Gewissens, das sich vor keiner menschlichen Anmaßung beugt.
John Fisher, geboren um 1469, war Professor der Theologie und wurde 1504 Bischof von Rochester. Predigt, Seelsorge, insbesondere die Sorge für die Armen, und schriftstellerische Tätigkeit füllten sein Leben aus. Er widersetzte sich der Ehescheidung des Königs und weigerte sich, ihn als Haupt der Kirche von England anzuerkennen. Er wurde am 22. Juni 1535 hingerichtet.
Thomas Morus, 1478 in London geboren, studierte Rechtswissenschaft in Oxford. Er stieg unter Heinrich VIII. bis zum höchsten Amt des Lordkanzlers auf. Er führte ein glückliches Familienleben, hatte vier Kinder; er verband überragende Geistesschärfe mit tiefer Frömmigkeit und einem Humor, der nicht zu erschüttern war. 1532 legte er sein Amt aus Gewissensgründen nieder; 1535 wurde er, zwei Wochen nach John Fisher, wegen angeblichen Hochverrats hingerichtet. Auf dem Schafott sagte er: „Ich sterbe als des Königs treuer Diener, aber zuerst als Diener Gottes."

Man kam zu Thomas Morus, der wegen angeblichen Hochverrats im Gefängnis saß, und fragte ihn, ob er sich jetzt eines anderen besonnen habe. „Ja", antwortete er, „ich habe mich jetzt eines anderen besonnen." – „Gut, so unterschreibt!" – „Nein, nein, so war es nicht gemeint. Ich wollte mir nur ursprünglich den Bart abnehmen lassen, bevor ich geköpft werde. Ich habe mich nun aber anders besonnen und lasse ihn doch stehen."
„Viele Menschen erkaufen sich die Hölle mit so großer und schwerer Arbeit, daß sie mit der Hälfte davon den Himmel hätten erkaufen können." (Thomas Morus)

Commune-Texte:
A Meßformulare für Märtyrer, S. 2041 ff.
B Schriftlesungen für Märtyrer, S. 2098 ff.

TAGESGEBET

Heiliger Gott,
du hast die Glaubenstreue des Bischofs John Fisher
und des Kanzlers Thomas Morus
im Martyrium erprobt und zur Vollendung geführt.
Höre auf ihre Fürsprache und hilf uns,
den Glauben, den wir mit Worten bekennen,
in den Prüfungen des Lebens zu bezeugen.
Darum bitten wir durch Jesus Christus.

ZUR LESUNG *Die Schlußmahnungen des ersten Petrusbriefs fassen früher Gesagtes nochmals zusammen. Das Wissen um die Vergänglichkeit der gegenwärtigen Welt und die Erwartung der kommenden machen aus dem Christen einen Realisten (4, 7), der die Dinge nach ihrem Wert beurteilt. Das Ende der Dinge steht nahe bevor und bedeutet zugleich die Offenbarung der Herrlichkeit, d. h. der Macht und Größe Christi. In der Gegenwart aber wird die Macht Gottes und die Herrlichkeit Christi in den Menschen sichtbar, die in der Kraft des Geistes, den sie empfangen haben, für Christus zu leiden bereit sind. – Zu 4, 12–13: 1 Petr 1, 7; 3, 14; Apg 5, 41. – Zu 4, 14: Jes 11, 2. – Zu 4, 17–18: Jer 5, 29; Ez 9, 6; Spr 11, 31 (Gr.).*

ERSTE LESUNG 1 Petr 4, 12–19

Freut euch, daß ihr Anteil an den Leiden Christi habt

Lesung
aus dem ersten Brief des Apostels Petrus.

¹² Liebe Brüder,
laßt euch durch die Feuersglut,
die zu eurer Prüfung über euch gekommen ist,
nicht verwirren, als ob euch etwas Ungewöhnliches zustoße.

¹³ Statt dessen freut euch, daß ihr Anteil an den Leiden Christi habt;
denn so könnt ihr auch bei der Offenbarung seiner Herrlichkeit
voll Freude jubeln.

¹⁴ Wenn ihr wegen des Namens Christi beschimpft werdet,
seid ihr seligzupreisen;
denn der Geist der Herrlichkeit, der Geist Gottes,
ruht auf euch.

22. Juni. Hl. John Fisher und hl. Thomas Morus

¹⁵ Wenn einer von euch leiden muß,
   soll es nicht deswegen sein,
   weil er ein Mörder oder ein Dieb ist,
weil er Böses tut oder sich in fremde Angelegenheiten einmischt.
¹⁶ Wenn er aber leidet, weil er Christ ist,
   dann soll er sich nicht schämen,
sondern Gott verherrlichen,
   indem er sich zu diesem Namen bekennt.
¹⁷ Denn jetzt ist die Zeit,
   in der das Gericht beim Haus Gottes beginnt;
wenn es aber bei uns anfängt,
   wie wird dann das Ende derer sein,
   die dem Evangelium Gottes nicht gehorchen?
¹⁸ Und wenn der Gerechte kaum gerettet wird,
   wo wird man dann die Frevler und Sünder finden?
¹⁹ Darum sollen alle, die nach dem Willen Gottes leiden müssen,
   Gutes tun
   und dadurch ihr Leben dem treuen Schöpfer anbefehlen.

ANTWORTPSALM   Ps 126 (125), 1–2b.2c-3.4–5.6 (R: 5)

R Die mit Tränen säen, werden mit Jubel ernten. – **R** (GL 528, 2)

1 Als der Herr das Los der Gefangenschaft Zions wendete, *   II. Ton
  da waren wir alle wie Träumende.

2ab Da war unser Mund voll Lachen *
   und unsere Zunge voll Jubel. – (R)

2cd Da sagte man unter den andern Völkern: *
   „Der Herr hat an ihnen Großes getan."

3 Ja, Großes hat der Herr an uns getan. *
  Da waren wir fröhlich. – (R)

4 Wende doch, Herr, unser Geschick, *
  wie du versiegte Bäche wieder füllst im Südland.

5 Die mit Tränen säen, *
  werden mit Jubel ernten. – (R)

6 Sie gehen hin unter Tränen *
  und tragen den Samen zur Aussaat.

  Sie kommen wieder mit Jubel *
  und bringen ihre Garben ein. – R

RUF VOR DEM EVANGELIUM
Vers: vgl. Mt 5, 10

Halleluja. Halleluja.

Selig, die um der Gerechtigkeit willen Verfolgung leiden;
denn ihnen gehört das Himmelreich.

Halleluja.

ZUM EVANGELIUM *Mit dem Wort vom Schwert (Mt 10, 34) empfiehlt Jesus sicher nicht den Krieg für die Sache des Glaubens; er stellt aber fest, daß die Verkündigung des Evangeliums die Menschen vor eine Entscheidung stellen und Zwietracht hervorrufen wird. Und er bereitet die Jünger auf die Verfolgung vor. Nicht von jedem Jünger wird das Martyrium, die Hingabe des Lebens um des Glaubens willen, verlangt; aber grundsätzlich schließt die Entscheidung für Jesus – die Entscheidung für Gott – die Bereitschaft in sich, auch das Leben preiszugeben. Und immer ist die Nachfolge Jesu, wo sie ernst genommen wird, ein beständiges Abschiednehmen, ein Leben wie durch den Tod hindurch. – Zu 10, 34–36: Lk 12, 51–53; Mi 7, 6. – Zu 10, 37–39: Lk 14, 26–27; 17, 33; Mk 8, 34–35; Joh 12, 25.*

EVANGELIUM
Mt 10, 34–39

Ich bin nicht gekommen, um Frieden zu bringen, sondern das Schwert

✛ Aus dem heiligen Evangelium nach Matthäus.

In jener Zeit sprach Jesus zu seinen Aposteln:

34 Denkt nicht,
  ich sei gekommen, um Frieden auf die Erde zu bringen.
Ich bin nicht gekommen, um Frieden zu bringen,
  sondern das Schwert.

35 Denn ich bin gekommen,
  um den Sohn mit seinem Vater zu entzweien
  und die Tochter mit ihrer Mutter
  und die Schwiegertochter mit ihrer Schwiegermutter;

36 und die Hausgenossen eines Menschen
  werden seine Feinde sein.

37 Wer Vater oder Mutter mehr liebt als mich,
  ist meiner nicht würdig,
und wer Sohn oder Tochter mehr liebt als mich,
  ist meiner nicht würdig.

38 Und wer nicht sein Kreuz auf sich nimmt und mir nachfolgt,
ist meiner nicht würdig.
39 Wer das Leben gewinnen will,
wird es verlieren;
wer aber das Leben um meinetwillen verliert,
wird es gewinnen.

FÜRBITTEN

Wir beten zu Jesus Christus, der vorbehaltlos dem Willen seines Vaters im Himmel gehorchte:

Für die Kirche in England: daß sie in der Treue zu Gottes Gebot verharre und die Einheit im Glauben fördere. (Stille) Herr, erbarme dich.
A.: Christus, erbarme dich.

Für die Staatsmänner, daß sie sich von ihrem Gewissen leiten lassen. (Stille) Herr, erbarme dich.

Für alle ungerecht Verurteilten: daß sie nicht mutlos werden und verzagen. (Stille) Herr, erbarme dich.

Für die Ehegatten: daß ihre Treue erstarke und sich ihre Liebe vertiefe. (Stille) Herr, erbarme dich.

Herr, unser Gott, die heiligen Märtyrer John Fisher und Thomas Morus haben ihre Treue zum Glauben der Kirche mit ihrem Blut besiegelt. Laß auch uns deinen Geboten gehorchen durch Christus, unseren Herrn.   A.: Amen.

24. Juni
GEBURT DES HL. JOHANNES DES TÄUFERS

Hochfest

Johannes der Täufer ist außer Maria der einzige Heilige, dessen leibliche Geburt in der Liturgie gefeiert wird, und zwar seit dem 5. Jahrhundert am 24. Juni, sechs Monate vor der Geburt Jesu. Aus dem Bericht des Lukasevangeliums (Lk 1) wird entnommen, daß Johannes schon vor seiner Geburt geheiligt wurde, damals, als Maria zu Elisabet kam. Die ungewöhnlichen Ereignisse bei dieser Geburt weisen auf die Bedeutung des Johannes in der Heilsgeschichte hin. Er steht an der Schwelle vom Alten zum Neuen Bund; er war dazu berufen, durch seine Predigt von der Gottesherrschaft und seinen Ruf zur Umkehr das Volk auf das Kommen Jesu vorzubereiten. Jesus selbst empfing von ihm die Bußtaufe. Die ersten Jünger Jesu kamen aus dem Kreis der Johannesjünger. Johannes selbst verstand sich als den Rufer in der Wüste, den Vorläufer des Größeren, der nach ihm kommen sollte. Jesus aber nennt ihn den Größten unter allen Menschen, gleichsam den wiedergekommenen Elija (Mt 11, 8.11.14).

Am Vorabend

Aus pastoralen Gründen ist es erlaubt, die Texte der Messe „Am Tag", S. 1948 ff., zu nehmen.

ERÖFFNUNGSVERS   Lk 1, 15.14

**Johannes wird groß sein vor Gott,
und schon im Mutterleib wird er vom Heiligen Geist erfüllt sein;
viele werden sich über seine Geburt freuen.**

Ehre sei Gott, S. 1280 f.

TAGESGEBET

**Allmächtiger Gott,
führe deine Kirche auf dem Weg des Heiles
und gib uns die Gnade,
den Weisungen Johannes' des Täufers zu folgen,
damit wir zu dem gelangen,
den er vorausverkündet hat,
zu unserem Herrn Jesus Christus, deinem Sohn,
der in der Einheit des Heiligen Geistes
mit dir lebt und herrscht in alle Ewigkeit.**

ZUR 1. LESUNG *Die Berufung Jeremias zum Propheten erfolgte im dreizehnten Jahr des Königs Joschija, also um das Jahr 626 v. Chr. Wie bei keinem andern Propheten ist bei Jeremia das persönliche Leben aufs engste mit der prophetischen Verkündigung verbunden. Das zeigt sich schon im Bericht über seine Berufung. Jesaja hatte gerufen: Sende mich!*

(Jes 6, 8). Jeremia hatte Bedenken und Einwände, ähnlich wie Mose sie gehabt hatte. Jeremia war jung und schüchtern, und im Verlauf der nächsten vierzig Jahre wurde ihm das Prophetenamt nicht leichter, sondern immer noch schwerer. Aber Jahwe nimmt die Sendung nicht zurück; sie ist beschlossen, noch ehe Jeremia geboren wurde. Ich sende dich – du wirst gehen – du wirst verkünden: das sind Befehle. Zum Befehl kommt die Zusage: „Ich bin mit dir, um dich zu retten." Mit diesem Wort als einziger Ausrüstung betritt der Prophet seinen Weg. – Jes 49, 1.5; Gal 1, 15; Ex 3, 11–12; Dtn 18, 18; Ez 2, 6; 2 Sam 23, 2; Jes 59, 21; Jer 18, 7–10; 31, 28.

ERSTE LESUNG Jer 1, 4–10

Noch ehe ich dich im Mutterleib formte, habe ich dich ausersehen

**Lesung
aus dem Buch Jeremía.**

In den Tagen Joschíjas, des Königs von Juda,
4 erging das Wort des Herrn an mich:
5 Noch ehe ich dich im Mutterleib formte,
   habe ich dich ausersehen,
noch ehe du aus dem Mutterschoß hervorkamst,
   habe ich dich geheiligt,
zum Propheten für die Völker habe ich dich bestimmt.

6 Da sagte ich: Ach, mein Gott und Herr,
   ich kann doch nicht reden,
ich bin ja noch so jung.

7 Aber der Herr erwiderte mir:
   Sag nicht: Ich bin noch so jung.
Wohin ich dich auch sende, dahin sollst du gehen,
und was ich dir auftrage, das sollst du verkünden.
8 Fürchte dich nicht vor ihnen;
denn ich bin mit dir, um dich zu retten
– Spruch des Herrn.

9 Dann streckte der Herr seine Hand aus,
berührte meinen Mund
und sagte zu mir:
   Hiermit lege ich meine Worte in deinen Mund.
10 Sieh her!

Am heutigen Tag setze ich dich über Völker und Reiche;
du sollst ausreißen und niederreißen,
  vernichten und einreißen,
  aufbauen und einpflanzen.

ANTWORTPSALM   Ps 71 (70), 5–6.7–8.15 u. 17 (R: vgl. 6ab)

R Vom Mutterleib an bist du mein Beschützer, o Gott;   (GL 629, 1)
dir gilt mein Lobpreis allezeit. – **R**

5 Herr, mein Gott, du bist meine Zuversicht, *   VII. Ton
meine Hoffnung von Jugend auf.

6 Vom Mutterleib an stütze ich mich auf dich, †
vom Mutterschoß an bist du mein Beschützer; *
dir gilt mein Lobpreis allezeit. – (R)

7 Für viele bin ich wie ein Gezeichneter, *
du aber bist meine starke Zuflucht.

8 Mein Mund ist erfüllt von deinem Lob, *
von deinem Ruhm den ganzen Tag. – (R)

15 Mein Mund soll von deiner Gerechtigkeit künden †
und von deinen Wohltaten sprechen den ganzen Tag; *
denn ich kann sie nicht zählen.

17 Gott, du hast mich gelehrt von Jugend auf, *
und noch heute verkünde ich dein wunderbares Walten. – **R**

ZUR 2. LESUNG *Die Situation des Christen umfaßt seltsame Gegensätze: Wir haben den geschichtlichen Jesus nicht gesehen, und dennoch lieben wir ihn; wir sehen den verherrlichten Christus jetzt noch nicht, und doch glauben wir an ihn; wir leben in Not und Gefahr, aber unser Leben ist voll von „unsagbarer Freude" (1 Petr 1, 8). Der Glaube, aus dem diese Freude kommt, ist mehr als ein Vorgang in unserem Denken; Ziel dieses Glaubens ist nicht eine philosophische Wahrheit, sondern das „Heil": die Rettung des ganzen Menschen, die volle Gemeinschaft mit Christus. Er ist Anfang und Mitte der Geschichte, er ist auch ihr Ziel. – Von den Propheten des Alten Bundes hat als letzter Johannes der Täufer auf Christus hingewiesen. Johannes brauchte nicht mehr, wie etwa Daniel (Dan 9, 4), darüber zu grübeln, zu welchem Zeitpunkt der Messias kommen würde; er konnte mit dem Finger auf den Gekommenen zeigen. Die ganze Größe Christi und seiner Erlösungstat konnte freilich auch Johannes nur un-*

24. Juni. Geburt des hl. Johannes des Täufers

deutlich erkennen. Da sind wir, die wir in der Zeit „nach Christus" leben, die Glücklicheren (vgl. Mt 11,11). – Zu 1,8–9: Joh 20,29; 2 Kor 4,8–10. – Zu 1,10–12: Ps 22; Jes 53; Eph 3,10.

ZWEITE LESUNG 1 Petr 1,8–12

Nach diesem Heil haben die Propheten gesucht und geforscht

Lesung
    aus dem ersten Brief des Apostels Petrus.

Brüder!
8 Ihr habt Jesus Christus nicht gesehen,
    und dennoch liebt ihr ihn;
ihr seht ihn auch jetzt nicht;
aber ihr glaubt an ihn und jubelt
    in unsagbarer, von himmlischer Herrlichkeit verklärter Freude,
9 da ihr das Ziel des Glaubens erreichen werdet: euer Heil.

10 Nach diesem Heil haben die Propheten gesucht und geforscht,
und sie haben über die Gnade geweissagt,
    die für euch bestimmt ist.
11 Sie haben nachgeforscht,
    auf welche Zeit und welche Umstände
der in ihnen wirkende Geist Christi hindeute,
der die Leiden Christi und die darauf folgende Herrlichkeit
    im voraus bezeugte.

12 Den Propheten wurde offenbart,
    daß sie damit nicht sich selbst,
sondern euch dienten;
und jetzt ist euch dies alles von denen verkündet worden,
    die euch in der Kraft des vom Himmel gesandten Heiligen Geistes
    das Evangelium gebracht haben.

Das alles zu sehen
    ist sogar das Verlangen der Engel.

RUF VOR DEM EVANGELIUM Vers: vgl. Joh 1,7; Lk 1,17

Halleluja. Halleluja.

Er kam als Zeuge,
um Zeugnis abzulegen für das Licht
und das Volk für den Herrn zu bereiten.

Halleluja.

Die Gedenktage der Heiligen

ZUM EVANGELIUM *Der Evangelist Lukas berichtet, wie die anderen Evangelisten, über das Auftreten Johannes' des Täufers (Lk 3); er erzählt aber auch, als einziger Evangelist, die Kindheitsgeschichte des Johannes, und zwar als einen Teil der Kindheitsgeschichte Jesu. Zwischen dem Vorläufer und Wegbereiter Johannes und dem Größeren, der nach ihm kommt, besteht – das will Lukas verdeutlichen – keine Rivalität, sondern von Anfang an eine enge Verbundenheit, ja sogar Blutsverwandtschaft. In der Darstellungsweise schließt sich Lukas an alttestamentliche Modelle an; auch im Alten Testament wird von der Ankündigung außerordentlicher Geburten berichtet. Im Licht von Mal 3,23–24 erscheint Johannes als der Bote und Prophet, der dem kommenden Herrn die Wege bereitet. Sein Name „Johannes" bedeutet „Gott ist gnädig". – 1 Chr 24,19; 1 Sam 1; Num 6,2–3; Lk 7,33; Mt 17,13.*

EVANGELIUM   Lk 1,5–17
Sie wird dir einen Sohn gebären; dem sollst du den Namen Johannes geben

✠ Aus dem heiligen Evangelium nach Lukas.

5 Zur Zeit des Herodes, des Königs von Judäa,
   lebte ein Priester namens Zacharías,
   der zur Priesterklasse Abíja gehörte.
   Seine Frau stammte aus dem Geschlecht Aarons;
   sie hieß Elisabet.

6 Beide lebten so, wie es in den Augen Gottes recht ist,
   und hielten sich in allem
   streng an die Gebote und Vorschriften des Herrn.

7 Sie hatten keine Kinder,
   denn Elisabet war unfruchtbar,
   und beide waren schon im vorgerückten Alter.

8 Eines Tages, als seine Priesterklasse wieder an der Reihe war
   und er beim Gottesdienst mitzuwirken hatte,

9 wurde, wie nach der Priesterordnung üblich, das Los geworfen,
   und Zacharías fiel die Aufgabe zu,
   im Tempel des Herrn das Rauchopfer darzubringen.

10 Während er nun zur festgelegten Zeit das Opfer darbrachte,
   stand das ganze Volk draußen und betete.

11 Da erschien dem Zacharías ein Engel des Herrn;
   er stand auf der rechten Seite des Rauchopferaltars.

12 Als Zacharías ihn sah, erschrak er,
   und es befiel ihn Furcht.

24. Juni. Geburt des hl. Johannes des Täufers

13 Der Engel aber sagte zu ihm: Fürchte dich nicht, Zacharias!
Dein Gebet ist erhört worden.
Deine Frau Elisabet wird dir einen Sohn gebären;
  dem sollst du den Namen Johannes geben.
14 Große Freude wird dich erfüllen,
und auch viele andere werden sich über seine Geburt freuen.
15 Denn er wird groß sein vor dem Herrn.
Wein und andere berauschende Getränke wird er nicht trinken,
und schon im Mutterleib wird er vom Heiligen Geist erfüllt sein.
16 Viele Israeliten wird er zum Herrn, ihrem Gott, bekehren.
17 Er wird mit dem Geist und mit der Kraft des Elija
  dem Herrn vorangehen,
  um das Herz der Väter wieder den Kindern zuzuwenden
und die Ungehorsamen zur Gerechtigkeit zu führen
und so das Volk für den Herrn bereit zu machen.

Glaubensbekenntnis, S. 1284 ff.
Fürbitten, S. 1953.

GABENGEBET

Herr und Gott,
zum Fest des heiligen Johannes
bringen wir unsere Gaben dar.
Hilf uns, im täglichen Leben zu verwirklichen,
was wir am Altar in heiligen Zeichen begehen.
Darum bitten wir durch Christus, unseren Herrn.

Präfation, S. 1376.

KOMMUNIONVERS
Lk 1, 68

Gepriesen sei der Herr, der Gott Israels!
Denn er hat sein Volk besucht und ihm Erlösung geschaffen.

SCHLUSSGEBET

Herr, unser Gott,
du hast uns gestärkt mit dem Brot des Lebens.
Die mächtige Fürsprache des heiligen Johannes
begleite unser ganzes Leben.
Sie erwirke uns einst
das Erbarmen des Weltenrichters,

den er als das Opferlamm für unsere Sünden
vorausverkündet hat,
unseres Herrn Jesus Christus,
der mit dir lebt und herrscht in alle Ewigkeit.

Feierlicher Schlußsegen, S. 1342 (Von den Heiligen).

Am Tag

ERÖFFNUNGSVERS Joh 1, 6–7; Lk 1, 17

Ein Mensch trat auf, der von Gott gesandt war;
sein Name war Johannes.
Er kam als Zeuge, um Zeugnis abzulegen für das Licht
und das Volk für den Herrn bereitzumachen.

Ehre sei Gott, S. 1280 f.

TAGESGEBET

Gott,
du hast den heiligen Johannes den Täufer berufen,
das Volk des Alten Bundes
Christus, seinem Erlöser, entgegenzuführen.
Schenke deiner Kirche die Freude im Heiligen Geist
und führe alle, die an dich glauben,
auf dem Weg des Heiles und des Friedens.
Darum bitten wir durch Jesus Christus.

ZUR 1. LESUNG *In der Lesung aus Jes 49 spricht der „Knecht Gottes", eine prophetische Gestalt, von der im zweiten Teil des Buches Jesaja wiederholt die Rede ist. Wer damit gemeint war, ist schwer zu sagen. Der Anfang der heutigen Lesung erinnert an den Propheten Jeremia (Jer 1, 5; vgl. gestrige Lesung). Wie ein scharfes Schwert (Jes 49, 2) sind die Worte, die er im Auftrag Gottes zu sprechen hat. Seine Aufgabe ist hart, der Erfolg gering (49, 4). Er erleidet die Entmutigung, die keinem Propheten und keinem Seelsorger erspart bleibt. Nicht vom Erfolg kann er leben, sondern allein vom Wort seines Gottes, vom Glauben an seine Berufung. Der Auftrag, der in 49, 6 erneuert wird, reicht über die Grenzen des eigenen Volkes hinaus; allen Völkern soll der „Knecht" die Wahrheit bringen und das Heil, das von Gott kommt (vgl. 49, 7–9a). – Es liegt nahe, diesen Text wenigstens teilweise auf Johannes den Täufer zu beziehen, der nach Lk 1*

24. Juni. Geburt des hl. Johannes des Täufers

schon vor seiner Geburt berufen und geheiligt wurde. Auch Jesus selbst hat in den prophetischen Worten über den Knecht seinen eigenen Weg vorgezeichnet gesehen. – Gal 1, 15; Hebr 4, 12; Offb 1, 16; Lk 1, 76–77; Jes 53, 10–12; Joh 17, 4.

ERSTE LESUNG   Jes 49, 1–6

Ich mache dich zum Licht für die Völker

Lesung
    aus dem Buch Jesája.

1   Hört auf mich, ihr Inseln,
    merkt auf, ihr Völker in der Ferne!
    Der Herr hat mich schon im Mutterleib berufen;
    als ich noch im Schoß meiner Mutter war,
        hat er meinen Namen genannt.

2   Er machte meinen Mund zu einem scharfen Schwert,
    er verbarg mich im Schatten seiner Hand.
    Er machte mich zum spitzen Pfeil
        und steckte mich in seinen Köcher.

3   Er sagte zu mir: Du bist mein Knecht, Israel,
        an dem ich meine Herrlichkeit zeigen will.

4   Ich aber sagte: Vergeblich habe ich mich bemüht,
    habe meine Kraft umsonst und nutzlos vertan.
    Aber mein Recht liegt beim Herrn
        und mein Lohn bei meinem Gott.

5   Jetzt aber hat der Herr gesprochen,
        der mich schon im Mutterleib
        zu seinem Knecht gemacht hat,
        damit ich Jakob zu ihm heimführe
        und Israel bei ihm versammle.
    So wurde ich in den Augen des Herrn geehrt,
        und mein Gott war meine Stärke.

6   Und er sagte:
    Es ist zu wenig, daß du mein Knecht bist,
        nur um die Stämme Jakobs wieder aufzurichten
        und die Verschonten Israels heimzuführen.
    Ich mache dich zum Licht für die Völker,
        damit mein Heil bis an das Ende der Erde reicht.

ANTWORTPSALM Ps 139 (138), 1–3.13–14.15–16 (R: vgl. 14a)

R Ich danke dir, Herr: (GL 755, 1)
du hast mich wunderbar gestaltet. – R

1 Herr, du hast mich erforscht, und du kennst mich. †   IV. Ton
2 Ob ich sitze oder stehe, du weißt von mir. *
   Von fern erkennst du meine Gedanken.
3 Ob ich gehe oder ruhe, es ist dir bekannt; *
   du bist vertraut mit all meinen Wegen. – (R)

13 Du hast mein Inneres geschaffen, *
   mich gewoben im Schoß meiner Mutter.
14 Ich danke dir, daß du mich so wunderbar gestaltet hast. *
   Ich weiß: Staunenswert sind deine Werke. – (R)
15 Als ich geformt wurde im Dunkeln, †
   kunstvoll gewirkt in den Tiefen der Erde, *
   waren meine Glieder dir nicht verborgen.
16 Deine Augen sahen, wie ich entstand, *
   in deinem Buch war schon alles verzeichnet. – R

ZUR 2. LESUNG *In allen Städten, in die Paulus auf seinen Missionsreisen kam, wandte er sich zuerst an die dortigen Juden. Er will dieses Volk, an dessen besondere Berufung er glaubt, zum Christus führen. Er besucht die Synagoge, wo das Gesetz des Mose und die Propheten gelesen werden, und versucht, den versammelten Juden und „Gottesfürchtigen" den Sinn der Schrift zu erschließen. Er geht dabei von dem aus, was er mit seinen Zuhörern gemeinsam hat, und das ist nicht wenig. Er spricht von der Herausführung Israels aus Ägypten und der Erwählung des Königs David, dann von Johannes dem Täufer und von Jesus, dem verheißenen Retter aus dem Hause Davids. Johannes, der Freund (Joh 3, 29) und Wegbereiter, hat seine Zuhörer nie darüber im unklaren gelassen, daß Jesus der Größere war. – Ps 89, 21; 1 Sam 13, 14; Jes 44, 28; Mal 3, 1–2; Lk 3, 16.*

ZWEITE LESUNG Apg 13, 16.22–26

Vor dem Auftreten Jesu hat Johannes Umkehr und Taufe verkündigt

Lesung
 aus der Apostelgeschichte.

16 In der Synagoge von Antióchia in Pisídien stand Paulus auf,

gab mit der Hand ein Zeichen
und sagte:

>
> Ihr Israeliten und ihr Gottesfürchtigen, hört!
>
> 22 Gott erhob David zum König,
> von dem er bezeugte:
> Ich habe David, den Sohn des Ísai,
> als einen Mann nach meinem Herzen gefunden,
> der alles, was ich will, vollbringen wird.
> 23 Aus seinem Geschlecht
> hat Gott dem Volk Israel, der Verheißung gemäß,
> Jesus als Retter geschickt.
> 24 Vor dessen Auftreten hat Johannes
> dem ganzen Volk Israel Umkehr und Taufe verkündigt.
> 25 Als Johannes aber seinen Lauf vollendet hatte,
> sagte er: Ich bin nicht der, für den ihr mich haltet;
> aber seht, nach mir kommt einer,
> dem die Sandalen von den Füßen zu lösen ich nicht wert bin.
>
> 26 Brüder,
> ihr Söhne aus Abrahams Geschlecht und ihr Gottesfürchtigen!
> Uns wurde das Wort dieses Heils gesandt.

RUF VOR DEM EVANGELIUM   Vers: vgl. Lk 1, 76

Halleluja. Halleluja.

Du wirst Prophet des Höchsten heißen;
denn du wirst dem Herrn vorausgehen und ihm den Weg bereiten.

Halleluja.

ZUM EVANGELIUM   *Die Erzählung von der Geburt und der Beschneidung des Vorläufers gipfelt in der Namengebung (vgl. Lk 1, 13). „Gott ist gnädig" bedeutet dieser Name, oder genauer: „Gott hat sich als gnädig erwiesen". Die Eltern und Verwandten des Johannes betrachten seine Geburt als Geschenk der Gnade Gottes. Sie wissen noch nicht, was Gott mit diesem Kind vorhat; aber sie spüren, daß etwas Großes in Gang gekommen ist. Staunende Freude erfüllt die Menschen, die in dem kleinen menschlichen Ereignis die Nähe Gottes erfahren. – Gen 17, 12; Lk 2, 21; Jes 32, 3; Lk 2, 40; Mt 3, 1.*

EVANGELIUM　　　　　　　　　　　　　　Lk 1,57–66.80

Sein Name ist Johannes

✝ Aus dem heiligen Evangelium nach Lukas.

57 Für Elisabet kam die Zeit der Niederkunft,
und sie brachte einen Sohn zur Welt.
58 Ihre Nachbarn und Verwandten hörten,
welch großes Erbarmen der Herr ihr erwiesen hatte,
und freuten sich mit ihr.
59 Am achten Tag kamen sie zur Beschneidung des Kindes
und wollten ihm den Namen seines Vaters Zacharías geben.
60 Seine Mutter aber widersprach ihnen
und sagte: Nein, er soll Johannes heißen.
61 Sie antworteten ihr:
Es gibt doch niemand in deiner Verwandtschaft, der so heißt.
62 Da fragten sie seinen Vater durch Zeichen,
welchen Namen das Kind haben solle.
63 Er verlangte ein Schreibtäfelchen
und schrieb zum Erstaunen aller darauf:
Sein Name ist Johannes.
64 Im gleichen Augenblick
konnte er Mund und Zunge wieder gebrauchen,
und er redete und pries Gott.
65 Und alle, die in jener Gegend wohnten, erschraken,
und man sprach von all diesen Dingen
im ganzen Bergland von Judäa.
66 Alle, die davon hörten, machten sich Gedanken darüber
und sagten: Was wird wohl aus diesem Kind werden?
Denn es war deutlich,
daß die Hand des Herrn mit ihm war.
80 Das Kind wuchs heran,
und sein Geist wurde stark.
Und Johannes lebte in der Wüste
bis zu dem Tag,
an dem er den Auftrag erhielt, in Israel aufzutreten.

Glaubensbekenntnis, S. 1284 ff.

24. Juni. Geburt des hl. Johannes des Täufers

FÜRBITTEN

Im fürbittenden Gebet rufen wir zu Jesus Christus, dessen Kommen der heilige Johannes der Täufer dem Volk Israel verkündete:

Für die ganze Kirche: mache sie bereit, den Weg der Buße zu gehen. – Lasset zum Herrn uns beten: Herr, erbarme dich.
A.: Christus, erbarme dich. Herr, erbarme dich.

Für alle, die über andere Macht haben: laß sie Gottes Gebot achten. – Lasset zum Herrn uns beten: Herr, erbarme dich.

Für die verfolgten Christen: bewahre sie vor Zweifel und Mutlosigkeit. – Lasset zum Herrn uns beten: Herr, erbarme dich.

Für unsere Gemeinde: gib, daß wir freimütig unseren Glauben bekennen. – Lasset zum Herrn uns beten: Herr, erbarme dich.

Herr, unser Gott, auf die Fürsprache des heiligen Johannes des Täufers wecke in uns die Erwartung auf das Kommen deines Sohnes, unseres Herrn Jesus Christus, der in der Einheit des Heiligen Geistes mit dir lebt und herrscht in Ewigkeit. A.: Amen.

GABENGEBET

Herr, unser Gott,
in Freude legen wir unsere Gaben auf deinen Altar
am Geburtsfest des heiligen Vorläufers Johannes.
Er hat angekündigt, daß der Erlöser kommt,
und als er gekommen war, auf ihn gezeigt,
auf Jesus Christus, deinen Sohn,
der mit dir lebt und herrscht in alle Ewigkeit.

Präfation, S. 1376.

KOMMUNIONVERS   Lk 1,78
Durch die barmherzige Liebe unseres Gottes
hat uns besucht das aufstrahlende Licht aus der Höhe.

SCHLUSSGEBET

Herr, unser Gott,
am Geburtstag Johannes' des Täufers
hast du deine Kirche zum Festmahl des Lammes geladen
und sie mit Freude erfüllt.

Gib, daß wir Christus,
den Johannes vorausverkündigt hat,
als den erkennen,
der uns das ewige Leben erworben hat,
der mit dir lebt und herrscht in alle Ewigkeit.

Feierlicher Schlußsegen, S. 1342 (Von den Heiligen).

27. Juni

HL. HEMMA VON GURK

Hemma (Emma), Gräfin von Friesach-Zeltschach, geboren um 980, mit dem Grafen Wilhelm von der Sann verheiratet, schien zu Glück und Ehre berufen. Aber durch unglückliche Umstände verlor sie früh ihren Mann und ihre zwei Söhne. Sie nahm ihr hartes Geschick als Fügung Gottes an und benützte ihr Vermögen und den Rest ihres Lebens, um Gutes zu tun. Sie wurde dem Volk von Kärnten eine sorgende Mutter. Auf ihrem Besitz stiftete sie das Doppelkloster Gurk; auch das Kloster Admont verehrt sie als Stifterin. Sie starb 1045 in Gurk. Ihre Verehrung wurde 1938 kirchlich bestätigt.

Commune-Texte:
A Meßformulare für heilige Frauen, S. 2089 ff.
B Schriftlesungen für heilige Frauen, S. 2110 ff.

TAGESGEBET

Barmherziger Gott, du lenkst unsere Wege.
In schwerer Zeit hat die heilige Hemma
(als Landesmutter von Kärnten)
für die Bedrückten und Armen gesorgt.
Gib auch uns die Kraft,
in der Not nicht zu verzweifeln,
sondern auf dich zu schauen und Gutes zu tun.
Darum bitten wir durch Jesus Christus.

ZUR LESUNG *Der Witwenstand als kirchliche Einrichtung hat in der nachapostolischen Zeit seine Bedeutung gehabt, später gibt es darüber keine Nachrichten mehr. Der Abschnitt 1 Tim 5, 3–16 handelt von den Voraussetzungen für die Aufnahme in diesen Stand und von der besonderen Aufgabe der Witwen. Grundvoraussetzung ist, daß sie „wirklich Witwen sind" (5, 3.5), und dazu gehören zwei Dinge: Erstens, daß die verwitwete Frau niemand hat, der für sie sorgt, keine Kinder und keine Enkel (eine öffentliche Fürsorge gab es in der antiken Gesellschaft nicht). Außerdem soll die bisherige Lebensart der Witwe ein Zeugnis für den christlichen Glauben und die christliche Hoffnung sein. Sie wird ja dadurch, daß sie in den Witwenstand aufgenommen wird, nicht nur Empfängerin der Gemeindefürsorge; sie ist eben dadurch, daß sie von materiellen Sorgen befreit wird, in der Lage, der Gemeinde einen wichtigen Dienst zu erweisen: das beharrliche und inständige Gebet. Ob man aus 5, 10 auf einen aktiven karitativen Dienst dieser Witwen schließen kann, ist nicht sicher. Eine Witwe, die ihr Leben lang „bemüht war, Gutes zu tun" (5, 10), wird dies auch im Alter zu tun versuchen. Im übrigen wird die Vollendung ihres christlichen Lebens darin bestehen, daß sie ihre Armut und Hilflosigkeit bejaht und ihre ganze Hoffnung auf Gott setzt (5, 5). – Lk 2, 37; 18, 7; Hebr 13, 2; Joh 13, 14.*

ERSTE LESUNG   1 Tim 5, 3–10

Eine Frau, die wahrhaft eine Witwe ist und allein steht, setzt ihre Hoffnung auf Gott

Lesung
   aus dem ersten Brief des Apostels Paulus an Timótheus.

Mein Sohn!
Ehre die Witwen, wenn sie wirklich Witwen sind.
Hat eine Witwe aber Kinder oder Enkel,
   dann sollen diese lernen,
   zuerst selbst ihren Angehörigen Ehrfurcht zu erweisen
   und dankbar für ihre Mutter oder Großmutter zu sorgen;
denn das gefällt Gott.

Eine Frau aber, die wirklich eine Witwe ist und allein steht,
   setzt ihre Hoffnung auf Gott
   und betet beharrlich und inständig bei Tag und Nacht.
Wenn eine jedoch ein ausschweifendes Leben führt,
   ist sie schon bei Lebzeiten tot.
Das sollst du ihnen einprägen;
   dann wird man ihnen nichts vorwerfen können.

Wer aber für seine Verwandten,
   besonders für die eigenen Hausgenossen, nicht sorgt,
   der verleugnet damit den Glauben
   und ist schlimmer als ein Ungläubiger.

9 Eine Frau soll nur dann
   in die Liste der Witwen aufgenommen werden,
   wenn sie mindestens sechzig Jahre alt ist,
   nur einmal verheiratet war,
10 wenn bekannt ist, daß sie Gutes getan hat,
   wenn sie Kinder aufgezogen hat,
   gastfreundlich gewesen ist
   und den Heiligen die Füße gewaschen hat,
   wenn sie denen, die in Not waren, geholfen hat
   und überhaupt bemüht war, Gutes zu tun.

ANTWORTPSALM Ps 16(15), 1–2 u. 5.7–8.9 u. 11 (R: vgl. 5a)

R Du, Herr, bist mein Anteil und Erbe. – R (GL 645, 3)

1 Behüte mich, Gott, denn ich vertraue dir. † II. Ton
2 Ich sage zum Herrn: „Du bist mein Herr; *
   mein ganzes Glück bist du allein."

5 Du, Herr, gibst mir das Erbe und reichst mir den Becher; *
   du hältst mein Los in deinen Händen. – (R)

7 Ich preise den Herrn, der mich beraten hat. *
   Auch mahnt mich mein Herz in der Nacht.

8 Ich habe den Herrn beständig vor Augen. *
   Er steht mir zur Rechten, ich wanke nicht. – (R)

9 Darum freut sich mein Herz und frohlockt meine Seele; *
   auch mein Leib wird wohnen in Sicherheit.

11 Du zeigst mir den Pfad zum Leben. †
   Vor deinem Angesicht herrscht Freude in Fülle, *
   zu deiner Rechten Wonne für alle Zeit. – R

RUF VOR DEM EVANGELIUM Vers: Mt 19, 21

Halleluja. Halleluja.

(So spricht der Herr:)
Wenn du vollkommen sein willst,
geh, verkauf deinen Besitz und gib das Geld den Armen.

Halleluja.

ZUM EVANGELIUM *Die Erfüllung der Gebote ist der Weg zum Leben: „Wenn du das Leben erlangen willst ..." (19, 17). Das Wesentliche*

27. Juni. Hl. Hemma von Gurk

in den aufgezählten Geboten wird (nur bei Matthäus) im Hauptgebot zusammengefaßt: „Deinen Nächsten lieben wie dich selbst" (19,19). Kann man noch mehr tun? Auf diese zweite Frage antwortet Jesus: „Wenn du vollkommen sein willst..." (19,21). Man hat aus der doppelten Antwort Jesu eine Unterscheidung zwischen allgemein verpflichtenden Geboten und „evangelischen Räten" abgeleitet: das ewige Leben erreicht man durch die Erfüllung der Gebote; wer aber „vollkommen" sein will, wer einen Schatz im Himmel haben will (19,21), für den gibt es außerdem noch die „Räte". Diese Unterscheidung ist insofern begründet, als die Gebote tatsächlich nicht den Verzicht auf allen Besitz verlangen. Aber der Verzicht auf allen Besitz, der von den „Vollkommenen" (d.h. von denen, die vollkommen sein wollen) verlangt wird, ist nicht ein anderer Weg als der Weg der Gebote; es ist nur die radikale Verwirklichung der Nächstenliebe, und diese gehört zu den Geboten, die Jesus in den Versen 18–19 aufgezählt hat. Auch aus Mt 5,43–48 ergibt sich, daß die Vollkommenheit der Jünger sich in der Nächstenliebe verwirklicht. Nach Lk 6,36 ist die Nachahmung der Vollkommenheit Gottes nichts anderes als Nachahmung seiner Barmherzigkeit. – Die Fortsetzung des Evangeliums (Mt 19,23–30) zeigt aber noch eine andere Seite der evangelischen Armutsforderung: hier geht es nicht mehr darum, „vollkommen" zu sein, sondern ganz einfach darum, gerettet zu werden. Nur der Arme ist frei, er kann mit wachem Herzen das Wort Gottes hören und es befolgen. – Zu 19,16–22: Mk 10,17–22; Lk 18,18–23; 10,25–28; Mt 6,19–21; 13,44–46. – Zu 19,23–26: Mk 10,23–27; Lk 18,24–27; Mt 7,14; 1 Kor 1,26.

EVANGELIUM   Mt 19,16–26

Verkauf deinen Besitz und gib das Geld den Armen

✠ Aus dem heiligen Evangelium nach Matthäus.

In jener Zeit
   kam ein Mann zu Jesus
und fragte:
Meister,
was muß ich Gutes tun, um das ewige Leben zu gewinnen?
Er antwortete: Was fragst du mich nach dem Guten?
Nur einer ist „der Gute".
Wenn du aber das Leben erlangen willst,
   halte die Gebote!
Darauf fragte er ihn: Welche?

Jesus antwortete: Du sollst nicht töten,
du sollst nicht die Ehe brechen,
du sollst nicht stehlen,
du sollst nicht falsch aussagen;
19 ehre Vater und Mutter!
Und: Du sollst deinen Nächsten lieben wie dich selbst!
20 Der junge Mann erwiderte ihm:
 Alle diese Gebote habe ich befolgt.
Was fehlt mir jetzt noch?
21 Jesus antwortete ihm:
 Wenn du vollkommen sein willst,
 geh, verkauf deinen Besitz und gib das Geld den Armen;
so wirst du einen bleibenden Schatz im Himmel haben;
dann komm und folge mir nach.
22 Als der junge Mann das hörte,
 ging er traurig weg;
denn er hatte ein großes Vermögen.
23 Da sagte Jesus zu seinen Jüngern:
Amen, das sage ich euch:
 Ein Reicher wird nur schwer in das Himmelreich kommen.
24 Nochmals sage ich euch:
 Eher geht ein Kamel durch ein Nadelöhr,
 als daß ein Reicher in das Reich Gottes gelangt.
25 Als die Jünger das hörten, erschraken sie sehr
und sagten: Wer kann dann noch gerettet werden?
26 Jesus sah sie an
und sagte zu ihnen: Für Menschen ist das unmöglich,
für Gott aber ist alles möglich.

FÜRBITTEN

Wir beten zu Jesus Christus, den freigebige Frauen unterstützt haben:

Für alle Christen in Kärnten: um einen Glauben, der sich in tatkräftiger Liebe bewährt. (Stille) Christus, höre uns.
A.: Christus, erhöre uns.

Für die Wohlhabenden: um die selbstlose Förderung der Werke der Nächstenliebe. (Stille) Christus, höre uns.

Für die Leidenden: um Rettung aus ihrer Not. (Stille) Christus, höre uns.

Für die Frauen in unserer Gemeinde: um ihre Mitarbeit im Dienst am Glauben. (Stille) Christus, höre uns.

Allmächtiger Gott, auf die Fürsprache der heiligen Hemma von Gurk laß uns mit unseren Gaben einander beistehen durch Christus, unseren Herrn.   A.: Amen.

27. Juni
HL. CYRILL VON ALEXANDRIEN
Bischof, Kirchenlehrer

Cyrill wurde 412 Bischof von Alexandrien. Er war eine leidenschaftliche und zielbewußte Persönlichkeit und ein bedeutender Theologe. Sein Name ist untrennbar mit dem Konzil von Ephesus (431) verknüpft, auf dem die Irrlehre des Nestorius verurteilt wurde. Nestorius, der Bischof von Konstantinopel, wollte für Maria nur den Titel „Mutter Christi" (Christotókos), nicht aber den Titel „Mutter Gottes" (Theotókos) gelten lassen. Dahinter stand eine Irrlehre über die Person Christi: zwar leugnete Nestorius nicht die Gottheit Christi, aber die Einheit zwischen Gottheit und Menschheit wurde nicht klar gesehen. Wie schwierig es war, diese Frage zu klären, sieht man daran, daß auch die Lehre des Cyrill später Anlaß zu falschen Deutungen gab. Aber es bleibt sein großes Verdienst, die Irrlehre des Nestorius zurückgewiesen und für Maria den Titel „Mutter Gottes" verteidigt zu haben. Er starb 444; 1882 wurde er zum Kirchenlehrer erklärt.

Mutter und Jungfrau
„Sei uns gegrüßt, Maria, Gottesgebärerin, ehrwürdiges Kleinod des ganzen Erdkreises, nie erlöschende Lampe, Zepter der Rechtgläubigkeit, unzerstörbarer Tempel, Gefäß des Unfaßbaren: Mutter und Jungfrau!"
(Cyrill von Alexandrien)

Commune-Texte:
A Meßformulare für Bischöfe, S. 2056 ff.,
oder für Kirchenlehrer, S. 2071 ff.
B Schriftlesungen für Hirten der Kirche, S. 2101 ff.,
oder für Kirchenlehrer, S. 2106 ff.

TAGESGEBET

Vater unseres Herrn Jesus Christus,
durch deine Gnade
ist der heilige Bischof Cyrill von Alexandrien
unerschrocken eingetreten für den Glauben,
daß Maria deinen ewigen Sohn geboren hat.
Auch wir bekennen sie als wahre Gottesmutter
und bitten dich:
Rette uns durch die Menschwerdung
deines Sohnes Jesus Christus,
der in der Einheit des Heiligen Geistes
mit dir lebt und herrscht in alle Ewigkeit.

ZUR LESUNG *In 2 Tim 4, 1–8 wird der mahnende Teil dieses Briefes abgeschlossen mit dem Hinweis auf die bevorstehende Rechenschaft. Der Apostel selbst kann auf ein großes und erfülltes Leben zurückblicken; er hat dem die Treue gehalten, der ihn berufen hat und der sein Richter sein wird. Treue wird, mehr als alles andere, von dem erwartet, dem in der Kirche Führung und Verantwortung übertragen sind. Treu sein heißt aber nicht nur, unbeweglich auf dem Überlieferten (oder dem, was man dafür hält) beharren; es verlangt, daß man zur rechten Zeit das rechte Wort sagt, nüchtern für die „gesunde Lehre" eintritt, gleich ob sie gern oder ungern gehört wird; daß man die Gegenwart ernst nimmt und für die Zukunft lebt. Die Zukunft aber heißt Christus. Ob wir „sehnsüchtig auf sein Erscheinen warten" (4, 8), daran können wir ermessen, wie es um unseren Glauben und unsere Treue steht. – In diesem Abschiedswort richtet sich der Apostel zunächst an die Amtsträger in der Kirche; es ist aber klar, daß das Gesagte von jedem Christen gilt. – Zu 4, 1–2: Apg 10, 42; Röm 14, 9–10; 1 Petr 4, 5; Apg 20, 31. – Zu 4, 3–5: 1 Tim 4, 1.7; Tit 1, 14; 2 Tim 1, 8.12; 2, 8–13.*

ERSTE LESUNG   2 Tim 4, 1–5
Verkünde das Evangelium, erfülle treu deinen Dienst!

Lesung
  aus dem zweiten Brief des Apostels Paulus an Timótheus.

Mein Sohn!
1 Ich beschwöre dich bei Gott und bei Christus Jesus,
   dem kommenden Richter der Lebenden und der Toten,
   bei seinem Erscheinen und bei seinem Reich:

27. Juni. Hl. Cyrill von Alexandrien

2 Verkünde das Wort,
tritt dafür ein, ob man es hören will oder nicht;
weise zurecht, tadle, ermahne,
  in unermüdlicher und geduldiger Belehrung.

3 Denn es wird eine Zeit kommen,
  in der man die gesunde Lehre nicht erträgt,
  sondern sich nach eigenen Wünschen
  immer neue Lehrer sucht, die den Ohren schmeicheln;
4 und man wird der Wahrheit nicht mehr Gehör schenken,
  sondern sich Fabeleien zuwenden.

5 Du aber sei in allem nüchtern,
ertrage das Leiden,
verkünde das Evangelium,
erfülle treu deinen Dienst!

ANTWORTPSALM   Ps 89 (88), 2–3.20a u. 4–5.21–22.25 u. 27
(R: 2a)

R Von den Taten deiner Huld, o Herr, will ich ewig singen. – R (GL 496)

2 Von den Taten deiner Huld, Herr, will ich ewig singen, *   VI. Ton
bis zum fernsten Geschlecht laut deine Treue verkünden.

3 Denn ich bekenne: Deine Huld besteht für immer und ewig; *
deine Treue steht fest im Himmel. – (R)

20a Einst hast du in einer Vision zu deinen Frommen gesprochen: †
4 „Ich habe einen Bund geschlossen mit meinem Erwählten *
und David, meinem Knecht, geschworen:

5 Deinem Haus gebe ich auf ewig Bestand, *
und von Geschlecht zu Geschlecht richte ich deinen Thron auf. – (R)

21 Ich habe David, meinen Knecht, gefunden *
und ihn mit meinem heiligen Öl gesalbt.

22 Beständig wird meine Hand ihn halten *
und mein Arm ihn stärken. – (R)

25 Meine Treue und meine Huld begleiten ihn, *
und in meinem Namen erhebt er sein Haupt.

27 Er wird zu mir rufen: Mein Vater bist du, *
mein Gott, der Fels meines Heiles." – R

RUF VOR DEM EVANGELIUM
Vers: Mt 5, 16

Halleluja. Halleluja.

Euer Licht soll vor den Menschen leuchten,
damit sie eure guten Werke sehen
und euren Vater im Himmel preisen.
Halleluja.

ZUM EVANGELIUM
Die Jünger Jesu leben in dieser gegenwärtigen Welt, die – mag sie selbst auch das Gegenteil meinen – eine fade und dunkle Welt ist, eine verlorene Welt, wäre Christus nicht gekommen. Er will die Menschen durch Menschen retten: „Ihr seid das Salz der Erde, ihr seid das Licht der Welt", sagt er zu seinen Jüngern. Das heißt: Ihr seid für diese Welt verantwortlich. Das Salz erhält die Speise frisch und macht sie schmackhaft; es kann seinen Geschmack nicht verlieren, oder es hat aufgehört, Salz zu sein. Der Jünger Jesu, der seine Aufgabe in der Welt nicht erfüllt, ist wie das Salz, das seine Kraft verloren hat. Das Bildwort vom Licht (Mt 5, 14–15) wird ausdrücklich in eine Mahnung umgesetzt (5, 16): Euer Licht soll vor den Menschen leuchten. Ob die Menschen wirklich den Vater im Himmel preisen werden, wenn sie die guten Werke der Jünger Jesu sehen, das braucht nicht unsere Sorge zu sein; in den vorausgehenden Versen 11–12 ist die andere Möglichkeit genannt: Spott und Verfolgung. – Zu 5, 13: Mk 9, 50; Lk 14, 34–35. – Zu 5, 14: Joh 8, 12. – Zu 5, 15: Mk 4, 21; Lk 8, 16; 11, 33.

EVANGELIUM
Mt 5, 13–19

Ihr seid das Licht der Welt

✣ Aus dem heiligen Evangelium nach Matthäus.

In jener Zeit sprach Jesus zu seinen Jüngern:
13 Ihr seid das Salz der Erde.
Wenn das Salz seinen Geschmack verliert,
   womit kann man es wieder salzig machen?
Es taugt zu nichts mehr;
es wird weggeworfen und von den Leuten zertreten.

14 Ihr seid das Licht der Welt.
Eine Stadt, die auf einem Berg liegt,
   kann nicht verborgen bleiben.

15 Man zündet auch nicht ein Licht an und stülpt ein Gefäß darüber,

27. Juni. Hl. Cyrill von Alexandrien 1963

sondern man stellt es auf den Leuchter;
dann leuchtet es allen im Haus.
16 So soll euer Licht vor den Menschen leuchten,
   damit sie eure guten Werke sehen
   und euren Vater im Himmel preisen.

17 Denkt nicht,
   ich sei gekommen,
   um das Gesetz und die Propheten aufzuheben.
   Ich bin nicht gekommen, um aufzuheben,
   sondern um zu erfüllen.

18 Amen, das sage ich euch:
   Bis Himmel und Erde vergehen,
   wird auch nicht der kleinste Buchstabe des Gesetzes vergehen,
   bevor nicht alles geschehen ist.

19 Wer auch nur eines von den kleinsten Geboten aufhebt
   und die Menschen entsprechend lehrt,
   der wird im Himmelreich der Kleinste sein.
   Wer sie aber hält und halten lehrt,
   der wird groß sein im Himmelreich.

FÜRBITTEN

Zu Jesus Christus, der aus Maria, der Jungfrau, geboren wurde, rufen wir:

Bestärke alle Gläubigen im Bekenntnis zur seligen Jungfrau Maria, die du zu deiner Mutter erwählt hast.
A.: Wir bitten dich, erhöre uns.

Bewahre auf die Fürsprache der Gottesmutter die Menschheit vor allem Unheil, das sie bedroht.

Schenke den Kranken Gesundheit, und vergib den Sündern ihre Schuld.

Laß uns allezeit die Hilfe der seligen Jungfrau Maria erfahren, die wir als deine Mutter verehren.

Herr, unser Gott, durch den heiligen Cyrill von Alexandrien wurde die Gottesmutterschaft der seligen Jungfrau Maria entschlossen verteidigt. Erhöre unser Gebet auf die Fürsprache unserer himmlischen Mutter durch Jesus Christus, unseren Herrn. A.: Amen.

28. Juni
HL. IRENÄUS
Bischof, Märtyrer

Gedenktag

Irenäus ist wichtig als Theologe und als Zeuge der ältesten kirchlichen Überlieferung. In Smyrna war er Schüler des Bischofs Polykarp (vgl. 23. Februar), der noch den Apostel Johannes gekannt hatte. Später kam Irenäus nach Gallien und wurde um 177 Nachfolger des Märtyrerbischofs Pothinus. 25 Jahre hindurch leitete er nun die Mission in Gallien. In dieser Zeit schrieb er auch sein großes Werk „Gegen die Irrlehren", nämlich gegen die Gnostiker, die den christlichen Glauben in „Erkenntnis" (Gnosis), d.h. in geistreiche Spekulation, auflösen wollten. Ihnen gegenüber betont Irenäus den katholischen Grundsatz von der „Überlieferung" (Tradition): Zu glauben ist das, was in allen katholischen Gemeinden unvermindert und unverändert seit der Zeit der Apostel als christliche Lehre von einer Generation an die andere weitergegeben wird. „Wo die Kirche ist, da ist der Geist Gottes", sagt Irenäus. Als einer der ersten Kirchenväter spricht Irenäus auch von der Vorrangstellung der römischen Kirche.

„Mensch, du bist ein Werk Gottes. Erwarte also die Hand deines Künstlers, die alles zur rechten Zeit macht: zur rechten Zeit für dich, der du gemacht wirst.
Bring ihm ein weiches und williges Herz entgegen und bewahre die Gestalt, die dir der Künstler gegeben hat. Halte dich formbar, damit du nicht verhärtest und die Spur seiner Finger verlierst. Wenn du den Abdruck seiner Finger in dir bewahrst, wirst du zur Vollkommenheit emporsteigen."
(Irenäus)

Commune-Texte:
A Meßformulare für Märtyrer, S. 2041 ff.,
oder für Bischöfe, S. 2056 ff.
B Schriftlesungen für Märtyrer, S. 2098 ff.,
oder für Kirchenlehrer, S. 2106 ff.

ERÖFFNUNGSVERS Vgl. Sir 45, 24

Der Herr machte ihn zum Vorsteher seiner Gemeinde, zum Diener seines Bundes, daß er Priester sei in Ewigkeit. (MB 916)

28. Juni. Hl. Irenäus

TAGESGEBET

Gott der Wahrheit und des Friedens,
in deiner Kraft hat der heilige Irenäus
die wahre Lehre verteidigt und der Kirche den Frieden erhalten.
Auf seine Fürsprache
erneuere in uns den Glauben und die Liebe
und mache uns bereit, Frieden und Eintracht zu fördern.
Darum bitten wir durch Jesus Christus.

ZUR LESUNG *Der christliche Glaube ist von außen her durch die Verfolgung gefährdet, von innen her durch die Mutlosigkeit angesichts der scheinbaren Nutzlosigkeit aller Mühe, und immer auch durch die Irrlehre. Vom Verhalten gegenüber den Irrlehrern ist in den Timotheusbriefen und im Brief an Titus wiederholt die Rede. Der Verfasser hält nicht viel von Diskussionen, bei denen ja nicht immer die bessere Sache, sondern oft eben der bessere Redner sich durchsetzt: „du weißt, daß sie nur zu Streit führen" (2 Tim 2,23). Man kann in Diskussionen zwar Argumente widerlegen, aber kaum je einen Menschen überzeugen. Im Fall eines Irrlehrers ist das, was not tut, die „Umkehr" (2,25); diese aber kann nur als Geschenk Gottes erhofft, nicht von Menschen erzwungen werden. In 2,26 wird vom Ketzer ein ziemlich düsteres Bild gezeichnet; er ist von sich aus geradezu unfähig, zur Wahrheit zurückzukehren. Was kann der Leiter einer Gemeinde (ein „Knecht des Herrn", 2,24) also tun? Er soll erstens in der Gemeinde („mit denen, die den Herrn aus reinem Herzen anrufen") für eine Atmosphäre des Glaubens und der Liebe sorgen (2,22), und zweitens als fähiger und geduldiger Lehrer allen mit Güte begegnen (2,24). – Zu 2,22–23: 1 Tim 4,12; 6,11; 2 Tim 3,10. – Zu 2,24–26: 2 Tim 2,16; 1 Tim 4,7; 3,2–3; 2,4.*

ERSTE LESUNG   2 Tim 2,22b–26
Ein Knecht des Herrn soll zu allen freundlich sein und sie mit Güte zurechtweisen

**Lesung
aus dem zweiten Brief des Apostels Paulus an Timótheus.**

Mein Sohn!
2b Strebe unermüdlich
nach Gerechtigkeit, Glauben, Liebe und Frieden,
zusammen mit all denen,
die den Herrn aus reinem Herzen anrufen.

²³ Laß dich nicht auf törichte
   und unsinnige Auseinandersetzungen ein;
   du weißt, daß sie nur zu Streit führen.
²⁴ Ein Knecht des Herrn soll nicht streiten,
   sondern zu allen freundlich sein,
   ein geschickter und geduldiger Lehrer,
²⁵ der auch die mit Güte zurechtweist,
   die sich hartnäckig widersetzen.
   Vielleicht schenkt Gott ihnen dann die Umkehr,
   damit sie die Wahrheit erkennen,
²⁶ wieder zur Besinnung kommen
   und aus dem Netz des Teufels befreit werden,
   der sie eingefangen und sich gefügig gemacht hat.

ANTWORTPSALM   Ps 37 (36), 3–4.5–6.30–31 (R: vgl. 30a)

R Der Mund des Gerechten spricht Worte der Weisheit. – R

(GL 708, 1)

³ Vertrau auf den Herrn und tu das Gute, *
  bleib wohnen im Land und bewahre Treue!   IV. Ton
⁴ Freu dich innig am Herrn! *
  Dann gibt er dir, was dein Herz begehrt. – (R)
⁵ Befiehl dem Herrn deinen Weg und vertrau ihm; *
  er wird es fügen.
⁶ Er bringt deine Gerechtigkeit heraus wie das Licht *
  und dein Recht so hell wie den Mittag. – (R)
³⁰ Der Mund des Gerechten bewegt Worte der Weisheit, *
   und seine Zunge redet, was recht ist.
³¹ Er hat die Weisung seines Gottes im Herzen, *
   seine Schritte wanken nicht. – R

RUF VOR DEM EVANGELIUM   Vers: Joh 15, 9b.5b

Halleluja. Halleluja.

(So spricht der Herr:)
Bleibt in meiner Liebe!
Wer in mir bleibt und in wem ich bleibe, der bringt reiche Frucht.

Halleluja.

28. Juni. Hl. Irenäus

ZUM EVANGELIUM *Am Schluß seines großen Abschiedsgebetes hat Jesus um die Einheit all derer gebetet, die im Lauf der Jahrhunderte an ihn glauben und sich zu ihm bekennen werden: „damit die Welt glaubt, daß du mich gesandt hast". Erst durch die Einheit im Glauben und in der Liebe werden die Jünger vor der Welt glaubwürdige Zeugen der Liebe Gottes und der Wahrheit Jesu Christi. In der Einheit der Christen spiegelt sich die Einheit wider, durch die Christus im Vater und der Vater in ihm ist. Eine zerrissene und gespaltene Christenheit verzerrt das Bild Gottes bis zur Unkenntlichkeit. Der Unglaube in der heutigen Welt und das Stagnieren der missionarischen Bemühungen ist zum guten Teil die Schuld derer, die vorgeben, Jünger Jesu zu sein, aber in Wirklichkeit sich weit von ihm entfernt haben, vielleicht ohne sich darüber im klaren zu sein. Man kann nicht Gemeinschaft mit Christus haben und gleichzeitig in Spaltung und Feindschaft leben. Die Einheit der Christen kann aber nicht gemacht werden, etwa durch Vereinbarungen über Lehre und Organisation. Sie kann nur als Geschenk erbeten werden. Hinter der Bitte Jesu um die Einheit der Jünger steht sein Wille (17,24), daß die Jünger seine Herrlichkeit schauen sollen, die Herrlichkeit des geliebten Sohnes beim Vater. Das Schauen und Teilhaben in der Ewigkeit wird die Fortsetzung und Vollendung des Glaubens sein, durch den schon auf der Erde die Jünger eins sind mit Christus und untereinander. – Zu 17,20–23: Joh 10,30; 4,34; Apg 1,8. – Zu 17,24–26: Joh 1,14; 1 Thess 4,17; 2 Thess 1,12; Joh 1,10; 1 Joh 3,1; 4,6; Joh 14,21.*

EVANGELIUM Joh 17,20–26

Ich will, daß sie dort bei mir sind, wo ich bin

✛ **Aus dem heiligen Evangelium nach Johannes.**

**In jener Zeit erhob Jesus seine Augen zum Himmel
und betete:**

20 Heiliger Vater, ich bitte nicht nur für diese hier,
  sondern auch für alle, die durch ihr Wort an mich glauben.

21 Alle sollen eins sein:
Wie du, Vater, in mir bist und ich in dir bin,
  sollen auch sie in uns sein,
damit die Welt glaubt, daß du mich gesandt hast.

22 Und ich habe ihnen die Herrlichkeit gegeben,
  die du mir gegeben hast;
denn sie sollen eins sein, wie wir eins sind,

²³ ich in ihnen und du in mir.
So sollen sie vollendet sein in der Einheit,
damit die Welt erkennt,
  daß du mich gesandt hast
  und die Meinen ebenso geliebt hast wie mich.

²⁴ Vater, ich will, daß alle, die du mir gegeben hast,
  dort bei mir sind, wo ich bin.
Sie sollen meine Herrlichkeit sehen,
  die du mir gegeben hast,
  weil du mich schon geliebt hast vor der Erschaffung der Welt.

²⁵ Gerechter Vater, die Welt hat dich nicht erkannt,
ich aber habe dich erkannt,
und sie haben erkannt, daß du mich gesandt hast.

²⁶ Ich habe ihnen deinen Namen bekannt gemacht
  und werde ihn bekannt machen,
damit die Liebe, mit der du mich geliebt hast, in ihnen ist
und damit ich in ihnen bin.

FÜRBITTEN

Zu Christus, der die Kirche zur Säule und zum Fundament der Wahrheit machte, wollen wir beten:

Für die Lehrer der christlichen Botschaft: gib ihnen Weisheit und Treue zu deinem Wort (Stille) Christus, höre uns.
A.: Christus, erhöre uns.

Für alle, die nur an sich selbst denken: bewege sie, daß sie sich dir zuwenden. (Stille) Christus, höre uns.

Für alle, die sich von der Kirche losgesagt haben: führe sie zurück in die Gemeinschaft deines Volkes. (Stille) Christus, höre uns.

Für unsere Gemeinde: laß uns in Liebe und Frieden zusammenstehen. (Stille) Christus, höre uns.

Allmächtiger Gott, der heilige Irenäus hat sich nachdrücklich für die Wahrheit des Glaubens und die Einheit der Kirche eingesetzt. Laß uns auf seine Fürsprache in der Gemeinde der Gläubigen zu dir gelangen durch Christus, unseren Herrn.   A.: Amen.

GABENGEBET

Allmächtiger Gott,
nimm zu deinem Lob das Opfer an,
das wir am Gedenktag des heiligen Irenäus dir weihen.
Es schenke uns den Mut zur Wahrheit,
so daß wir den Glauben der Kirche
unversehrt bewahren
und an ihrer Einheit unerschütterlich festhalten.
Darum bitten wir durch Christus, unseren Herrn.

KOMMUNIONVERS   Joh 21, 17

Herr, du weißt alles; du weißt, daß ich dich liebe. (MB 917)

SCHLUSSGEBET

Herr, unser Gott,
durch die Feier dieser heiligen Geheimnisse
mehre in uns den Glauben,
den der heilige Irenäus bis zum Tode festgehalten hat.
Gib, daß auch wir aus diesem Glauben leben
und so die wahre Gerechtigkeit erlangen.
Darum bitten wir durch Christus, unseren Herrn.

29. Juni

HL. PETRUS UND HL. PAULUS, APOSTEL

Hochfest

Nicht der Todestag der beiden Apostel wird heute gefeiert, sondern die vermutliche Übertragung ihrer Reliquien in die Katakombe an der Via Appia, nahe bei der heutigen Kirche San Sebastiano. Das heutige Fest wird zum erstenmal im römischen Staatskalender von 354 erwähnt. Simon, Bruder des Andreas, stammte aus Betsaida in Galiläa, war verheiratet, von Beruf Fischer. Das war alles sehr normal und gewöhnlich, bis eines Tages Jesus von Nazaret diesen Fischer in seine Nachfolge und seinen Dienst berief. Er gab ihm den Namen Kephas = „Fels" (woraus lat. Petrus wurde). In diesem Namen ist die künftige Sendung des Petrus ausgesprochen (vgl. Mt 16, 13–20). Petrus wird in allen Apostelverzeichnissen als erster genannt. Nach dem Weggang

Jesu übernahm er die Führung der Gemeinde in Jerusalem. Er nahm auch den ersten Heiden in die Kirche auf (Apg 10, 11). Sein Aufenthalt in Rom und sein Märtyrertod unter Kaiser Nero (zw. 64 und 67) können als historisch gesichert gelten.

Als Todesjahr des Paulus wird 67 genannt. Früher gab es am 30. Juni noch einen besonderen Gedenktag des heiligen Paulus; er steht nicht mehr im neuen römischen Kalender (1970), dafür hat das Fest der Bekehrung des hl. Paulus (25. Januar) einen höheren Rang erhalten.

Am Vorabend

Aus pastoralen Gründen ist es erlaubt, die Texte der Messe „Am Tag", S. 1976 ff., zu nehmen.

ERÖFFNUNGSVERS

Petrus, der Apostel,
und Paulus, der Lehrer der Völker,
sie haben uns dein Gesetz gelehrt, o Herr.

Ehre sei Gott, S. 1280 f.

TAGESGEBET

Herr, unser Gott,
durch die Apostel Petrus und Paulus
hast du in der Kirche den Grund des Glaubens gelegt.
Auf ihre Fürsprache hin erhalte und vollende diesen Glauben,
der uns zum ewigen Heil führt.
Darum bitten wir durch Jesus Christus.

ZUR 1. LESUNG *Petrus und Johannes erscheinen in Apg 3 und 4 als die führenden Apostel. Als fromme Juden gehen sie zur Zeit des Abendopfers (15 Uhr) zum Tempel hinauf, um zu beten. Der Gelähmte, der an der sogenannten Schönen Pforte saß, war auf dem Tempelplatz offenbar eine bekannte Gestalt. Den eigentlichen Tempelbezirk durften nach Lev 21, 17–20 Blinde, Lahme und sonstwie körperlich Entstellte nicht betreten, sowenig wie die Heiden. Die Apostel haben kein Geld, aber sie besitzen die Kraft des Heiligen Geistes, um durch Wort und Tat zu bezeugen, daß Jesus lebt (Apg 1, 8; 2, 43; 5, 12). Im Namen Jesu, des Nazoräers, heilen sie den Gelähmten. Das ist kein Zauber, keine Magie; es ist das Vertrauen auf Jesus, der Glaube an die machtvolle Gegenwart dessen, den*

Gott „zum Herrn und Messias gemacht hat" (Apg 2, 36). Nur wer daran glaubt, kann „im Namen Jesu" auftreten, reden und beten (vgl. Apg 4, 7–12). – Jes 35, 4.6; Lk 7, 21–22; Apg 14, 8–10.

ERSTE LESUNG Apg 3, 1–10

Was ich habe, das gebe ich dir: Im Namen Jesu, geh umher!

**Lesung
aus der Apostelgeschichte.**

In jenen Tagen
1 gingen Petrus und Johannes
um die neunte Stunde zum Gebet in den Tempel hinauf.
2 Da wurde ein Mann herbeigetragen,
der von Geburt an gelähmt war.
Man setzte ihn täglich an das Tor des Tempels,
das man die Schöne Pforte nennt;
dort sollte er bei denen, die in den Tempel gingen,
um Almosen betteln.
3 Als er nun Petrus und Johannes in den Tempel gehen sah,
bat er sie um ein Almosen.
4 Petrus und Johannes blickten ihn an,
und Petrus sagte: Sieh uns an!
5 Da wandte er sich ihnen zu
und erwartete, etwas von ihnen zu bekommen.
6 Petrus aber sagte: Silber und Gold besitze ich nicht.
Doch was ich habe, das gebe ich dir:
Im Namen Jesu Christi, des Nazoräers, geh umher!
7 Und er faßte ihn an der rechten Hand
und richtete ihn auf.
Sogleich kam Kraft in seine Füße und Gelenke;
8 er sprang auf,
konnte stehen und ging umher.
Dann ging er mit ihnen in den Tempel,
lief und sprang umher und lobte Gott.
9 Alle Leute sahen ihn umhergehen und Gott loben.
10 Sie erkannten ihn als den,
der gewöhnlich an der Schönen Pforte des Tempels saß
und bettelte.
Und sie waren voll Verwunderung und Staunen
über das, was mit ihm geschehen war.

ANTWORTPSALM   Ps 19 (18), 2–3.4–5b (R: 5a)

R Ihre Botschaft geht hinaus in die ganze Welt. – R   (GL 529, 6)

2 Die Himmel rühmen die Herrlichkeit Gottes, *   II. Ton
vom Werk seiner Hände kündet das Firmament.

3 Ein Tag sagt es dem andern, *
eine Nacht tut es der andern kund. – (R)

4 Ohne Worte und ohne Reden, *
unhörbar bleibt ihre Stimme.

5ab Doch ihre Botschaft geht in die ganze Welt hinaus, *
ihre Kunde bis zu den Enden der Erde. – R

ZUR 2. LESUNG *Den Gemeinden von Galatien hat Paulus selbst das Evangelium gebracht. Nach ihm sind andere Missionare gekommen und haben die apostolische Autorität des Paulus in Frage gestellt. Paulus aber ist überzeugt, daß seine Sendung und Lehre ihren Ursprung in Jesus Christus hat, letzten Endes in der ewigen Absicht Gottes selbst. Aber wie kann er das seinen Gegnern beweisen? Er weist sie auf seine Vergangenheit hin: er war ein fanatischer Verfechter der jüdischen Religion und ein Verfolger der Christen gewesen. Ihn konnte nur Gott selbst bekehren (vgl. Apg 22, 3–16), der ihn von Ewigkeit her zum Apostel der Heiden bestimmt hatte (vgl. Jer 1, 5; Jes 49, 1). Auf dem Weg nach Damaskus hat Christus ihn angerufen und ihn mit seinem Licht zugleich geblendet und erleuchtet.*

ZWEITE LESUNG   Gal 1, 11–20

Gott hat mich schon im Mutterleib auserwählt und durch seine Gnade berufen

Lesung
aus dem Brief des Apostels Paulus an die Galater.

11 Ich erkläre euch, Brüder:
Das Evangelium, das ich verkündigt habe,
stammt nicht von Menschen;

12 ich habe es ja nicht von einem Menschen übernommen
oder gelernt,
sondern durch die Offenbarung Jesu Christi empfangen.

29. Juni. Hl. Petrus und hl. Paulus

13 Ihr habt doch gehört,
>   wie ich früher als gesetzestreuer Jude gelebt habe,
> und wißt, wie maßlos ich die Kirche Gottes verfolgte
>   und zu vernichten suchte.
14 In der Treue zum jüdischen Gesetz
>   übertraf ich die meisten Altersgenossen in meinem Volk,
> und mit dem größten Eifer
>   setzte ich mich für die Überlieferungen meiner Väter ein.

15 Als aber Gott,
>   der mich schon im Mutterleib auserwählt
>   und durch seine Gnade berufen hat,
16 mir in seiner Güte seinen Sohn offenbarte,
>   damit ich ihn unter den Heiden verkündige,
> da zog ich keinen Menschen zu Rate.
17 Ich ging auch nicht sogleich nach Jerusalem hinauf
>   zu denen, die vor mir Apostel waren,
> sondern zog nach Arábien
> und kehrte dann wieder nach Damáskus zurück.
18 Drei Jahre später ging ich nach Jerusalem hinauf,
>   um Kephas kennenzulernen,
> und blieb fünfzehn Tage bei ihm.
19 Von den anderen Aposteln habe ich keinen gesehen,
>   nur Jakobus, den Bruder des Herrn.
20 Was ich euch hier schreibe
>   – Gott weiß, daß ich nicht lüge.

RUF VOR DEM EVANGELIUM Vers: vgl. Joh 21,17

Halleluja. Halleluja.

Herr, du weißt alles;
du weißt, daß ich dich liebe.

Halleluja.

ZUM EVANGELIUM *Die dritte Erscheinung des Auferstandenen vor den Jüngern gilt vor allem dem Petrus, der als Führer der Jüngergruppe auftritt. Jesus bestätigt ihn in seiner Vorrangstellung, weist ihn aber auf die Grundvoraussetzungen hin, die der Träger des Hirtenamtes erfüllen muß: unbedingte Treue, Liebe. Erst als Jesus zum drittenmal fragt: Liebst du mich?, begreift Petrus die Schwere der Verantwortung, die ihm aufgeladen wird, und seine eigene Unwürdigkeit. Das übervolle Netz, das doch nicht zerriß (21,11), war schon ein Hinweis auf die allumfassende Kirche. Petrus soll aber nicht nur Fischer sein; er ist auch der verantwortliche Hirt der ganzen großen Herde. Dem Apostel, der ihn dreimal verleugnet hat, und nicht etwa Johannes, dem Jünger der ungebrochenen Treue, hat Jesus das oberste Hirtenamt übertragen. – Lk 5,1–11; Joh 10; 15,14; Apg 20,28; 1 Petr 2,24–25; Joh 6,68–69; Mt 16,17–19; Lk 22,31–32; 2 Petr 1,14.*

EVANGELIUM Joh 21,1.15–19

Weide meine Lämmer! Weide meine Schafe!

✢ Aus dem heiligen Evangelium nach Johannes.

In jener Zeit
1 offenbarte sich Jesus den Jüngern noch einmal.
Es war am See von Tibérias,
und er offenbarte sich in folgender Weise.

15 Als sie gegessen hatten, sagte Jesus zu Simon Petrus:
Simon, Sohn des Johannes,
liebst du mich mehr als diese?
Er antwortete ihm: Ja, Herr, du weißt, daß ich dich liebe.
Jesus sagte zu ihm:
Weide meine Lämmer!

16 Zum zweitenmal fragte er ihn:
Simon, Sohn des Johannes, liebst du mich?
Er antwortete ihm: Ja, Herr, du weißt, daß ich dich liebe.
Jesus sagte zu ihm:
Weide meine Schafe!

17 Zum drittenmal fragte er ihn:
Simon, Sohn des Johannes, liebst du mich?

Da wurde Petrus traurig,
weil Jesus ihn zum drittenmal gefragt hatte: Hast du mich lieb?
Er gab ihm zur Antwort: Herr, du weißt alles;
du weißt, daß ich dich liebhabe.

Jesus sagte zu ihm:
Weide meine Schafe!

18 Amen, amen, das sage ich dir:
Als du noch jung warst, hast du dich selbst gegürtet
und konntest gehen, wohin du wolltest.

Wenn du aber alt geworden bist,
  wirst du deine Hände ausstrecken,
  und ein anderer wird dich gürten
und dich führen, wohin du nicht willst.

¹⁹ Das sagte Jesus,
  um anzudeuten,
  durch welchen Tod er Gott verherrlichen würde.
Nach diesen Worten sagte er zu ihm:
  Folge mir nach!

Glaubensbekenntnis, S. 1284 ff.
Fürbitten, S. 1981 f.

GABENGEBET

Allmächtiger Gott,
das Martyrium der Apostel Petrus und Paulus
ist der Ruhm deiner Kirche.
An diesem festlichen Tag
bringen wir unsere Gaben zu deinem Altar.
Wenn wir auf unsere eigene Leistung schauen
und den Mut verlieren,
dann laß uns auf dein Erbarmen hoffen,
das sich an den Aposteln machtvoll erwiesen hat.
Darum bitten wir durch Christus, unseren Herrn.

Präfation, S. 1377.

KOMMUNIONVERS   Joh 21, 15.17

Simon, Sohn des Johannes,
liebst du mich mehr, als diese mich lieben?
Herr, du weißt alles: du weißt, daß ich dich liebe.

SCHLUSSGEBET

Allmächtiger Gott,
stärke uns durch die heiligen Geheimnisse
und erleuchte deine Kirche allezeit
durch das Wort der Apostel.
Darum bitten wir durch Christus, unseren Herrn.

Diese Messe wird auch als Votivmesse genommen.

Am Tag

ERÖFFNUNGSVERS

Die Apostel Petrus und Paulus haben die Kirche begründet;
sie haben den Kelch des Herrn getrunken,
nun sind sie Gottes Freunde.
Ehre sei Gott, S. 1280 f.

TAGESGEBET

Herr, unser Gott,
am Hochfest der Apostel Petrus und Paulus
haben wir uns in Freude versammelt.
Hilf deiner Kirche,
in allem der Weisung deiner Boten zu folgen,
durch die sie den Glauben
und das Leben in Christus empfangen hat,
der in der Einheit des Heiligen Geistes
mit dir lebt und herrscht in alle Ewigkeit.

ZUR 1. LESUNG *Dem charakterlosen König Herodes Agrippa I. ging es nicht um die Religion, weder die jüdische noch die christliche, sondern darum, sein Ansehen bei den führenden Juden aufzubessern. In Jerusalem waren Jakobus, Kephas (Petrus) und Johannes die „Säulen" der christlichen Gemeinde (Gal 2, 9). Über die Hinrichtung des Jakobus berichtet die Apostelgeschichte nur ganz kurz (12, 2). Dagegen wird die Gefangennahme und Befreiung des Petrus ausführlich erzählt. Petrus wurde während der Osterwoche verhaftet und sollte nach den Festtagen abgeurteilt werden. Das war zwischen den Jahren 41 und 44 n. Chr. In ihrer äußersten Not hat die Gemeinde keine andere Waffe als das Gebet. (Heute würden wir es vielleicht mit guten Beziehungen oder mit dem Druck der öffentlichen Meinung versuchen.) Die Befreiung ist allein Gottes Werk. Durch die Art der Darstellung rückt der Verfasser sie in die Reihe der großen Rettungstaten Gottes im Alten Bund. – Ex 18, 10; Ps 106, 10; Dan 3, 95; Lk 1, 68.71.74.*

29. Juni. Hl. Petrus und hl. Paulus

ERSTE LESUNG Apg 12, 1–11

Nun weiß ich, daß der Herr mich der Hand des Herodes entrissen hat

Lesung
aus der Apostelgeschichte.

In jenen Tagen
1 ließ der König Herodes
einige aus der Gemeinde verhaften und mißhandeln.
2 Jakobus, den Bruder des Johannes,
ließ er mit dem Schwert hinrichten.
3 Als er sah, daß es den Juden gefiel,
ließ er auch Petrus festnehmen.
Das geschah in den Tagen der Ungesäuerten Brote.
4 Er nahm ihn also fest
und warf ihn ins Gefängnis.
Die Bewachung übertrug er vier Abteilungen von je vier Soldaten.
Er beabsichtigte,
ihn nach dem Paschafest* dem Volk vorführen zu lassen.
5 Petrus wurde also im Gefängnis bewacht.
Die Gemeinde aber betete inständig für ihn zu Gott.
6 In der Nacht, ehe Herodes ihn vorführen lassen wollte,
schlief Petrus, mit zwei Ketten gefesselt, zwischen zwei Soldaten;
vor der Tür aber bewachten Posten den Kerker.
7 Plötzlich trat ein Engel des Herrn ein,
und ein helles Licht strahlte in den Raum.
Er stieß Petrus in die Seite,
weckte ihn
und sagte: Schnell, steh auf!
Da fielen die Ketten von seinen Händen.
8 Der Engel aber sagte zu ihm:
Gürte dich, und zieh deine Sandalen an!
Er tat es.
Und der Engel sagte zu ihm:
Wirf deinen Mantel um, und folge mir!
9 Dann ging er hinaus,
und Petrus folgte ihm,
ohne zu wissen, daß es Wirklichkeit war,
was durch den Engel geschah;

---

* Sprich: Pas-chafest.

es kam ihm vor,
  als habe er eine Vision.
10 Sie gingen an der ersten und an der zweiten Wache vorbei
  und kamen an das eiserne Tor, das in die Stadt führt;
  es öffnete sich ihnen von selbst.
  Sie traten hinaus
  und gingen eine Gasse weit;
  und auf einmal verließ ihn der Engel.
11 Da kam Petrus zu sich
  und sagte: Nun weiß ich wahrhaftig,
    daß der Herr seinen Engel gesandt
    und mich der Hand des Herodes entrissen hat
    und all dem, was das Volk der Juden erhofft hat.

ANTWORTPSALM   Ps 34 (33), 2–3.4–5.6–7.8–9 (R: vgl. 5 b)
R All meinen Ängsten hat mich der Herr entrissen. – R   (GL 148, 2)

2 Ich will den Herrn allezeit preisen; *   IV. Ton
  immer sei sein Lob in meinem Mund.
3 Meine Seele rühme sich des Herrn; *
  die Armen sollen es hören und sich freuen. – (R)
4 Verherrlicht mit mir den Herrn, *
  laßt uns gemeinsam seinen Namen rühmen.
5 Ich suchte den Herrn, und er hat mich erhört, *
  er hat mich all meinen Ängsten entrissen. – (R)
6 Blickt auf zu ihm, so wird euer Gesicht leuchten, *
  und ihr braucht nicht zu erröten.
7 Da ist ein Armer; er rief, und der Herr erhörte ihn. *
  Er half ihm aus all seinen Nöten. – (R)
8 Der Engel des Herrn umschirmt alle, die ihn fürchten und ehren, *
  und er befreit sie.
9 Kostet und seht, wie gütig der Herr ist; *
  wohl dem, der zu ihm sich flüchtet! – R

ZUR 2. LESUNG *Der Apostel Paulus hat nicht nur geredet und Briefe
geschrieben. Er hat mit seinen Händen gearbeitet, er hat keine Anstren-*

gung gescheut und keine Gefahr gefürchtet. Am Ende seines Lebens sind ihm die Hände gebunden; andere schreiben ihm vor, was er tun und nicht tun darf. Ein einsamer alter Mann, von allen im Stich gelassen. Und doch kennt er keine Bitterkeit, im Gegenteil: er ist voll Dank und voll Hoffnung. Er hat seinem Herrn die Treue gehalten, nun wartet er auf sein Kommen. Die Liebe war das Geheimnis dieses Apostellebens; sie ist das Geheimnis jedes fruchtbaren Lebens. Und die Liebe hat kein Ende (1 Kor 13, 8). Das Opfer des eigenen Lebens wird der letzte Gottesdienst des Apostels sein (vgl. Röm 1, 9 und 12, 1). – Phil 3, 4–16.

ZWEITE LESUNG 2 Tim 4, 6–8.17–18

Schon jetzt liegt für mich der Kranz der Gerechtigkeit bereit

Lesung
aus dem zweiten Brief des Apostels Paulus an Timótheus.

Mein Sohn!

6 Ich werde nunmehr geopfert,
und die Zeit meines Aufbruchs ist nahe.

7 Ich habe den guten Kampf gekämpft,
den Lauf vollendet,
die Treue gehalten.

8 Schon jetzt liegt für mich der Kranz der Gerechtigkeit bereit,
    den mir der Herr, der gerechte Richter,
  an jenem Tag geben wird,
aber nicht nur mir,
    sondern allen, die sehnsüchtig auf sein Erscheinen warten.

17 Der Herr stand mir zur Seite und gab mir Kraft,
damit durch mich die Verkündigung vollendet wird
    und alle Heiden sie hören;
und so wurde ich dem Rachen des Löwen entrissen.

18 Der Herr wird mich allem Bösen entreißen,
er wird mich retten
    und in sein himmlisches Reich führen.
Ihm sei die Ehre in alle Ewigkeit.
Amen.

RUF VOR DEM EVANGELIUM Vers: Mt 16, 18

Halleluja. Halleluja.

(So spricht der Herr:)
Du bist Petrus – der Fels –,
und auf diesen Felsen werde ich meine Kirche bauen,
und die Mächte der Unterwelt werden sie nicht überwältigen.
Halleluja.

ZUM EVANGELIUM *Für die Jünger Jesu ist es wesentlich, seine Lehre zu verstehen, und dazu ist es auch notwendig, Klarheit über seine Person zu haben. Diese Klarheit zu schaffen ist der Zweck der Frage Jesu: Für wen halten die Leute den Menschensohn? „Die Leute" – „ihr aber" – „Simon Petrus": das sind drei Stufen des Glaubens und des Erkennens. Im Markusevangelium lautet die Antwort des Petrus: „Du bist der Messias" (Mk 8, 29); bei Matthäus fügt er hinzu: „der Sohn des lebendigen Gottes". Diese Antwort ist schon in Mt 14, 33 vorbereitet, wo die Jünger in einer plötzlichen Helligkeit sagten: „Wahrhaftig, du bist Gottes Sohn". Auf Petrus und seinen Glauben baut Jesus seine Kirche; sie wird dem Ansturm der Todesmächte, den Nöten, die der Ankunft des Menschensohnes vorausgehen, nicht unterliegen. Aber es ist keine triumphierende Kirche, die Jesus gründet. Er selbst, der Menschensohn, muß „vieles erleiden und getötet werden" (16, 21); auch Petrus wird lernen müssen, nicht das zu denken, „was die Menschen wollen", sondern „das, was Gott will" (16, 23). – Mk 8, 27–29; Lk 9, 18–20.*

EVANGELIUM Mt 16, 13–19

Du bist Petrus, ich werde dir die Schlüssel des Himmelreichs geben

☩ Aus dem heiligen Evangelium nach Matthäus.

In jener Zeit,
13 als Jesus in das Gebiet von Cäsaréa Philíppi kam,
fragte er seine Jünger:
Für wen halten die Leute den Menschensohn?

14 Sie sagten: Die einen für Johannes den Täufer,
andere für Elíja,
wieder andere für Jeremía oder sonst einen Propheten.

15 Da sagte er zu ihnen: Ihr aber,
für wen haltet ihr mich?

29. Juni. Hl. Petrus und hl. Paulus

¹⁶ Simon Petrus antwortete:
  **Du bist der Messias,
der Sohn des lebendigen Gottes!**
¹⁷ Jesus sagte zu ihm:
  **Selig bist du, Simon Barjóna;
denn nicht Fleisch und Blut haben dir das offenbart,
  sondern mein Vater im Himmel.**
¹⁸ Ich aber sage dir:
**Du bist Petrus – der Fels –,
und auf diesen Felsen werde ich meine Kirche bauen,
und die Mächte der Unterwelt werden sie nicht überwältigen.**
¹⁹ Ich werde dir die Schlüssel des Himmelreichs geben;
was du auf Erden binden wirst,
  das wird auch im Himmel gebunden sein,
und was du auf Erden lösen wirst,
  das wird auch im Himmel gelöst sein.

Für die Votivmesse zu Ehren des hl. Petrus werden die Lesungen vom 22. Februar, S. 1629 ff., genommen.
Für die Votivmesse zu Ehren des hl. Paulus werden die Lesungen vom 25. Januar, S. 1545 ff., genommen.

Glaubensbekenntnis, S. 1284 ff.

FÜRBITTEN

Jesus Christus erbaute seine Kirche auf dem Fundament der Apostel. Zu ihm rufen wir:

Für unseren Papst und alle Bischöfe: mach sie nach dem Vorbild des heiligen Apostels Petrus zu treuen Hirten deines Volkes. – Lasset zum Herrn uns rufen: Herr, erbarme dich.
A.: Christus, erbarme dich. Herr, erbarme dich.

Für alle, die das Evangelium verkünden: gib ihnen den unermüdlichen Eifer des heiligen Apostels Paulus. – Lasset zum Herrn uns rufen: Herr, erbarme dich.

Für die Völker der Erde: erleuchte sie, daß sie deine Wahrheit erkennen. – Lasset zum Herrn uns rufen: Herr, erbarme dich.

Für unsere Gemeinde: hilf uns, an der Lehre der Apostel festzuhalten. – Lasset zum Herrn uns rufen: Herr, erbarme dich.

Herr, unser Gott, auf die Fürbitte der heiligen Apostel Petrus und Paulus laß uns dir nachfolgen und zur Vollendung des Lebens gelangen durch Christus, unseren Herrn. A.: Amen.

GABENGEBET

Herr und Gott,
in Gemeinschaft mit den Aposteln Petrus und Paulus
bitten wir dich:
Heilige unsere Gaben
und laß uns mit Bereitschaft und Hingabe
das Opfer deines Sohnes feiern,
der mit dir lebt und herrscht in alle Ewigkeit.

Präfation, S. 1377.

KOMMUNIONVERS   Mt 16, 16.18

Petrus sagte zu Jesus:
Du bist der Messias, der Sohn des lebendigen Gottes.
Jesus erwiderte ihm:
Du bist Petrus, und auf diesen Felsen werde ich meine Kirche bauen.

SCHLUSSGEBET

Herr, unser Gott,
du hast uns durch das heilige Sakrament gestärkt.
Gib, daß wir im Brotbrechen
und in der Lehre der Apostel verharren
und in deiner Liebe ein Herz und eine Seele werden.
Darum bitten wir durch Christus, unseren Herrn.

Feierlicher Schlußsegen, S. 1341 (Von den Aposteln Petrus und Paulus).

30. Juni

HL. OTTO

Bischof, Glaubensbote

Otto, geboren um 1062, stammte aus dem schwäbischen (oder fränkischen) Adel. Er wurde Hofkaplan und 1101 Kanzler Kaiser Heinrichs IV. 1102 wurde er zum Bischof von Bamberg ernannt, 1106 von Papst Paschalis II. geweiht. Im Streit zwischen Heinrich V. und dem Papst (Investiturstreit) versuchte er zu vermitteln. Von 1124 an über-

30. Juni. Hl. Otto

nahm er es, in Pommern zu missionieren; er soll mehr als 20 000 Menschen getauft haben. Seine zweite Missionsreise (1128) konnte das Christentum in Pommern endgültig sichern. Otto starb 1139 in Bamberg und wurde im Kloster Michelsberg, einer seiner vielen Gründungen, begraben.

Commune-Texte:
A Meßformulare für Bischöfe, S. 2056 ff.,
oder für Glaubensboten, S. 2067 ff.
B Schriftlesungen für Hirten der Kirche (Glaubensboten), S. 2101 ff.

TAGESGEBET

Allmächtiger Gott,
in der Kraft deines Geistes
hat der heilige Bischof Otto
ungezählte Menschen
zum christlichen Glauben geführt
und ihnen die Sakramente des Lebens gespendet.
Hilf uns, den Glauben dankbar zu bewahren,
den auch wir
durch deine Vorsehung empfangen haben.
Darum bitten wir durch Jesus Christus.

ZUR LESUNG *Die Hirten Israels, d.h. seine Könige und die Führungsschicht, haben versagt. Sie haben ihre Macht mißbraucht, für die Schwachen und Armen nicht gesorgt und nur sich selbst gemästet (Ez 34, 1–6). Darum (Vers 7) ist über sie der Gerichtstag gekommen, „der dunkle, düstere Tag" der Zerstörung Jerusalems (587 v. Chr.). Jetzt aber will Gott selbst der Hirt seines Volkes sein, er will das Volk wieder in sein Land zurückführen und vor allem für die Schwachen und Verlorenen sorgen. In der Fortsetzung wird noch gesagt, daß Gott einen einzigen Hirten für sein Volk bestellen und einen neuen Bund mit ihm schließen wird (34, 23–25). Das Wann und Wie dieses rettenden Eingreifens bleibt beim Propheten unbestimmt; in der Person Jesu hat die Verheißung ihre letzte Deutung und Erfüllung gefunden (vgl. Lk 15; Joh 10). – Jes 54, 7–10; Jer 23, 1–6; Mi 7, 18–20; Sach 11, 4–17; Lk 19, 10.*

ERSTE LESUNG Ez 34, 11–16

Wie ein Hirt sich um die Tiere seiner Herde kümmert, so kümmere ich mich um meine Schafe

Lesung
  aus dem Buch Ezéchiel.

11 So spricht Gott, der Herr:
  Jetzt will ich meine Schafe selber suchen
  und mich selber um sie kümmern.
12 Wie ein Hirt sich um die Tiere seiner Herde kümmert
    an dem Tag,
    an dem er mitten unter den Schafen ist, die sich verirrt haben,
    so kümmere ich mich um meine Schafe
  und hole sie zurück von all den Orten,
    wohin sie sich am dunklen, düsteren Tag zerstreut haben.
13 Ich führe sie aus den Völkern heraus,
  ich hole sie aus den Ländern zusammen
    und bringe sie in ihr Land.
  Ich führe sie in den Bergen Israels auf die Weide,
  in den Tälern und an allen bewohnten Orten des Landes.
14 Auf gute Weide will ich sie führen,
  im Bergland Israels werden ihre Weideplätze sein.
  Dort sollen sie auf guten Weideplätzen lagern,
  auf den Bergen Israels sollen sie fette Weide finden.
15 Ich werde meine Schafe auf die Weide führen,
  ich werde sie ruhen lassen – Spruch Gottes, des Herrn.
16 Die verlorengegangenen Tiere will ich suchen,
  die vertriebenen zurückbringen,
  die verletzten verbinden,
  die schwachen kräftigen, die fetten und starken behüten.
  Ich will ihr Hirt sein
    und für sie sorgen, wie es recht ist.

ANTWORTPSALM Ps 23 (22), 1–3.4.5.6 (R: 1)

R Der Herr ist mein Hirte, (GL 527, 4)
nichts wird mir fehlen. – R

1 Der Herr ist mein Hirte, nichts wird mir fehlen. † VIII. Ton
2 Er läßt mich lagern auf grünen <u>Au</u>en *
  und führt mich zum Ruhe<u>platz</u> am Wasser.

30. Juni. Hl. Otto   1985

3   Er stillt mein Verlangen; *
    er leitet mich auf rechten Pfaden, treu seinem Namen. – (R)

4   Muß ich auch wandern in finsterer Schlucht, *
    ich fürchte kein Unheil;

    denn du bist bei mir, *
    dein Stock und dein Stab geben mir Zuversicht. – (R)

5   Du deckst mir den Tisch *
    vor den Augen meiner Feinde.

    Du salbst mein Haupt mit Öl, *
    du füllst mir reichlich den Becher. – (R)

6   Lauter Güte und Huld *
    werden mir folgen mein Leben lang,

    und im Haus des Herrn *
    darf ich wohnen für lange Zeit. – R

RUF VOR DEM EVANGELIUM   Vers: Joh 10,14

Halleluja. Halleluja.

(So spricht der Herr:)
Ich bin der gute Hirt.
Ich kenne die Meinen, und die Meinen kennen mich.

Halleluja.

ZUM EVANGELIUM   *„Hirten" nannten sich in der alten Welt die Könige und Führer des Volkes (vgl. Ez 34). Jesus ist der wahre, der „gute Hirt", er hält den Seinen die Treue bis zum Opfer des Lebens. Erst im Licht des Osterereignisses (Tod und Auferstehung) offenbart das Bildwort vom guten Hirten seine tiefe Wahrheit: die Einheit zwischen Jesus und dem Vater und die Gemeinschaft, die ihn mit seiner Jüngergemeinde verbindet. Zwei ernste Mahnungen enthält das Wort vom guten Hirten: an alle die Mahnung zur Einheit im Glauben und in der Liebe; an die Hirten, die Verantwortlichen in der Gemeinde, die Mahnung, es dem guten Hirten nachzutun und der anvertrauten „Herde" zu dienen, nicht sie beherrschen zu wollen. Dienen heißt: für die anderen dasein, arbeiten, leben, leiden. – Hebr 13,20–21; Jer 23,1–2; Ez 34,3–10; Joh 10,26–27; Eph 2,14–18.*

EVANGELIUM

Joh 10, 11–16

Der gute Hirt gibt sein Leben hin für die Schafe

☩ **Aus dem heiligen Evangelium nach Johannes.**

In jener Zeit sprach Jesus:
11 Ich bin der gute Hirt.
Der gute Hirt gibt sein Leben hin für die Schafe.
12 Der bezahlte Knecht aber,
  der nicht Hirt ist und dem die Schafe nicht gehören,
  läßt die Schafe im Stich und flieht,
  wenn er den Wolf kommen sieht;
und der Wolf reißt sie und jagt sie auseinander.
Er flieht,
13 weil er nur ein bezahlter Knecht ist
  und ihm an den Schafen nichts liegt.

14 Ich bin der gute Hirt;
ich kenne die Meinen,
  und die Meinen kennen mich,
15 wie mich der Vater kennt
  und ich den Vater kenne;
und ich gebe mein Leben hin für die Schafe.

16 Ich habe noch andere Schafe,
  die nicht aus diesem Stall sind;
auch sie muß ich führen,
und sie werden auf meine Stimme hören;
dann wird es nur eine Herde geben und einen Hirten.

FÜRBITTEN

Wir beten zu Christus, der seinen Jüngern die Frohbotschaft anvertraute:

Gib allen, die das Evangelium verkünden, Liebenswürdigkeit und Überzeugungskraft.
A.: Herr, erhöre unser Gebet.

Fördere die Zusammenarbeit der Völker Europas, und erhalte ihnen den Frieden.

Offenbare dich allen, die nach dir verlangen.

Rüttle uns aus unserer Trägheit auf, daß wir dir treuer dienen.

Allmächtiger Gott, auf die Fürbitte des heiligen Bischofs Otto von Bamberg hilf auch uns, anderen Menschen den Glauben nahezubringen durch Christus, unseren Herrn. A.: Amen.

30. Juni
DIE ERSTEN HEILIGEN MÄRTYRER DER STADT ROM

Ein Fest aller Märtyrer, die in der Verfolgung Neros ihr Blut vergossen, wurde in Rom seit 1923 gefeiert; der neue römische Kalender hat diesen Gedenktag, der sich an das Fest der Apostel Petrus und Paulus anschließt, auf die ganze Kirche ausgedehnt. – Um das Gerücht aus der Welt zu schaffen, er selbst habe die Stadt Rom angezündet, „schob Nero die Schuld auf andere und verhängte die ausgesuchtesten Strafen über die wegen ihrer Verbrechen verhaßten Menschen, die das Volk Christianer nannte. Der Name leitet sich von Christus ab; dieser war unter der Regierung des Tiberius durch den Prokurator Pontius Pilatus hingerichtet worden ... Man verhaftete also zuerst die Leute, die bekannten, daß sie Christen waren, dann auf ihre Anzeige hin eine ganze Menge. Sie wurden nicht gerade der Brandstiftung, wohl aber des allgemeinen Menschenhasses überführt. Die Todgeweihten benützte man zum Schauspiel. Man steckte sie in Tierfelle und ließ sie von Hunden zerfleischen, man schlug sie ans Kreuz oder zündete sie an, man ließ sie nach Einbruch der Dunkelheit als Fackeln brennen. Nero hatte für diese Schauspiele seinen Park zur Verfügung gestellt und veranstaltete ein Zirkusspiel. Im Aufzug eines Wagenlenkers mischte er sich unter das Volk oder stand auf seinem Wagen ..." Das schreibt der (heidnische) römische Geschichtsschreiber Tacitus im 15. Buch seiner Annalen.

Commune-Texte:
A Meßformulare für Märtyrer, S. 2041 ff.
B Schriftlesungen für Märtyrer, S. 2098 ff.

TAGESGEBET

Allmächtiger, ewiger Gott,
du hast die Anfänge der Kirche von Rom
durch das Blut vieler Märtyrer geheiligt.
Das Opfer ihres Lebens werde uns zum Segen,
ihr herrlicher Sieg stärke deine Kirche.
Darum bitten wir durch Jesus Christus.

ZUR LESUNG *Eine große Sicherheit und Geborgenheit spricht aus diesem Abschnitt. Vier Fragen dienen dazu, diese Sicherheit abschließend nochmals zu begründen: Wer ist gegen uns? Wer kann uns anklagen? Wer kann uns verurteilen? Wer kann uns von der Liebe Christi trennen? Diese letzte, entscheidende Frage braucht eine längere Antwort, denn hier könnte es eine Unsicherheit geben. Es gibt Mächte der Höhe und der Tiefe, die uns von Christus und von Gott trennen möchten und vielleicht auch könnten. Sie können es nicht, weil Gott auf unserer Seite steht und weil die Liebe Gottes größer ist als unsere Schwachheit. Er ist der Herr (8, 39). Auch der letzte Feind, der Tod, hat keine Macht mehr über uns. Das Wesentliche an unserem Leben, die Liebe, mit der uns Gott liebt und mit der wir ihm antworten, überdauert den Tod; ja sie gelangt durch den Tod hindurch zu ihrer Vollendung. – Zu 8, 31–32: Ps 118, 6–7; Röm 6, 8–11; Joh 3, 16; 2 Kor 5, 18–21. – Zu 8, 34: Ps 110, 1; Hebr 7, 25. – Zu 8, 36–37: Ps 44, 23; 2 Kor 4, 11; Joh 16, 33.*

ERSTE LESUNG Röm 8, 31b–39
Weder Tod noch Leben können uns scheiden von der Liebe Gottes

Lesung
  aus dem Brief des Apostels Paulus an die Römer.

Brüder!
31b Ist Gott für uns,
  wer ist dann gegen uns?
32 Er hat seinen eigenen Sohn nicht verschont,
  sondern ihn für uns alle hingegeben
  – wie sollte er uns mit ihm nicht alles schenken?

33 Wer kann die Auserwählten Gottes anklagen?
  Gott ist es, der gerecht macht.
34 Wer kann sie verurteilen?
  Christus Jesus, der gestorben ist,
    mehr noch: der auferweckt worden ist,
    sitzt zur Rechten Gottes
    und tritt für uns ein.

35 Was kann uns scheiden von der Liebe Christi?
  Bedrängnis oder Not oder Verfolgung,
    Hunger oder Kälte, Gefahr oder Schwert?
36 In der Schrift steht:
  Um deinetwillen sind wir den ganzen Tag dem Tod ausgesetzt;

30. Juni. Die ersten heiligen Märtyrer der Stadt Rom

wir werden behandelt wie Schafe,
  die man zum Schlachten bestimmt hat.
Doch all das überwinden wir
  durch den, der uns geliebt hat.

Denn ich bin gewiß:
Weder Tod noch Leben,
  weder Engel noch Mächte,
  weder Gegenwärtiges noch Zukünftiges,
  weder Gewalten der Höhe oder Tiefe
  noch irgendeine andere Kreatur
  können uns scheiden von der Liebe Gottes,
  die in Christus Jesus ist, unserem Herrn.

ANTWORTPSALM Ps 124 (123), 2–3.4–5.7–8 (R: 7a)

R Unsre Seele ist wie ein Vogel dem Netz des Jägers entkommen. – R

(GL 528, 2)

Hätte sich nicht der Herr für uns eingesetzt, *
als sich gegen uns Menschen erhoben,

IV. Ton

dann hätten sie uns lebendig verschlungen, *
als gegen uns ihr Zorn entbrannt war. – (R)

Dann hätten die Wasser uns weggespült, *
hätte sich über uns ein Wildbach ergossen.

Dann hätten sich über uns die Wasser ergossen, *
die wilden und wogenden Wasser. – (R)

Unsre Seele ist wie ein Vogel dem Netz des Jägers entkommen; *
das Netz ist zerrissen, und wir sind frei.

Unsre Hilfe steht im Namen des Herrn, *
der Himmel und Erde gemacht hat. – R

RUF VOR DEM EVANGELIUM Vers: vgl. Mt 5, 10

Halleluja. Halleluja.

Selig, die um der Gerechtigkeit willen Verfolgung leiden;
denn ihnen gehört das Himmelreich.

Halleluja.

ZUM EVANGELIUM *Die Rede Jesu über die Ereignisse der Endzeit*
(Mt 24–25) ist eine Warn- und Mahnrede. Ein Vergleich mit Mk 13 und

Lk 21 zeigt, daß von einer wörtlichen Wiedergabe der Rede Jesu hier nicht die Rede sein kann. Matthäus hat die in Mk 13 vorliegende Überlieferung gekannt und sie für die Situation seiner eigenen Zeit gedeutet. – „Gebt acht, daß euch niemand irreführt!", damit beginnt die Antwort Jesu auf die Frage der Jünger nach dem Zeitpunkt des Endes und der Wiederkunft Jesu und nach den Zeichen, die diesen Ereignissen vorausgehen. Das Ende steht noch nicht vor der Tür (24,6). Es werden noch viele schreckliche Dinge geschehen: politische, militärische und kosmische Katastrophen; Verfolgung der Jünger „um meines Namens willen" (24,9); innerhalb der Gemeinde selbst wird es Verwirrung, Haß und Verrat geben, und die Liebe wird erkalten. Aber es wird auch Menschen geben, die den Glauben bewahren und sich in der Liebe bewähren; ihnen wird die Rettung verheißen. – Zu 24,4–8: Mk 13,5–8; Lk 21,7–11; Jes 19,2. – Zu 24,9–13: Mk 13,9–13; Lk 21,12–19; Mt 10,17–22; Joh 15,18.

EVANGELIUM Mt 24,4–13

Ihr werdet von allen Völkern um meines Namens willen gehaßt

✢ Aus dem heiligen Evangelium nach Matthäus.

In jener Zeit sprach Jesus zu seinen Jüngern:
4 Gebt acht, daß euch niemand irreführt!
5 Denn viele werden unter meinem Namen auftreten
und sagen: Ich bin der Messias!,
und sie werden viele irreführen.
6 Ihr werdet von Kriegen hören,
und Nachrichten über Kriege werden euch beunruhigen.
Gebt acht, laßt euch nicht erschrecken!
Das muß geschehen.
Es ist aber noch nicht das Ende.
7 Denn ein Volk wird sich gegen das andere erheben
und ein Reich gegen das andere,
und an vielen Orten wird es Hungersnöte und Erdbeben geben.
8 Doch das alles ist erst der Anfang der Wehen.
9 Dann wird man euch in große Not bringen und euch töten,
und ihr werdet von allen Völkern
um meines Namens willen gehaßt.
10 Dann werden viele zu Fall kommen
und einander hassen und verraten.
11 Viele falsche Propheten werden auftreten,

und sie werden viele irreführen.
12 Und weil die Mißachtung von Gottes Gesetz überhandnimmt, wird die Liebe bei vielen erkalten.
13 Wer jedoch bis zum Ende standhaft bleibt, der wird gerettet.

FÜRBITTEN

Wir beten zu Christus, der seinen Jüngern große Bedrängnis voraussagte:

Für die Christen in der Stadt Rom: schenke ihnen auf die Fürsprache der ersten römischen Märtyrer einen lebendigen Glauben.
A.: Herr, erhöre unser Gebet.

Für die Staatsmänner: wehre ihnen, Unschuldige zu verfolgen und Wehrlose zu unterdrücken.

Für alle bedrängten Christen: hilf ihnen, dir treu zu bleiben.

Für unsere Verstorbenen: nimm sie auf in die Gemeinschaft deiner Heiligen.

Herr Jesus Christus, du rettest jeden, der bis zum Ende standhaft bleibt. Dir sei Ehre und Lobpreis in Ewigkeit.   A.: Amen.

JULI

2. Juli

MARIÄ HEIMSUCHUNG

Fest

An diesem Tag wird die Erinnerung an den Besuch Marias bei Elisabet gefeiert. Die Heiligung Johannes' des Täufers im Mutterschoß (Lk 1,41–44) und der Gesang des Magnificat (Lk 1,46–56) gehören mit zum Inhalt des Festes. Die Erinnerung an diese Ereignisse wurde in der Alten Kirche nur im Rahmen der Adventsliturgie gefeiert. Erst der hl. Bonaventura hat das heutige Fest 1263 im Franziskanerorden eingeführt und auf den 2. Juli, den Tag nach der Oktav Johannes' des Täufers, festgesetzt. 1389 wurde das Fest auf die ganze abendländische Kirche ausgedehnt. Außerhalb des deutschen Sprachgebietes wird es seit 1970 am 31. Mai begangen.

ERÖFFNUNGSVERS

Ps 66 (65), 16

Ihr alle, die ihr Gott fürchtet, kommt und hört;
ich will euch erzählen, was er mir Gutes getan hat.

Ehre sei Gott, S. 1280 f.

TAGESGEBET

Allmächtiger, ewiger Gott,
vom Heiligen Geist geführt,
eilte Maria, die deinen Sohn in ihrem Schoß trug,
zu ihrer Verwandten Elisabet.
Hilf auch uns,
den Eingebungen deines Geistes zu folgen,
damit wir vereint mit Maria deine Größe preisen.
Darum bitten wir durch Jesus Christus.

ZUR LESUNG   *Nachdem über Jerusalem das Gericht ergangen und das Volk zur Umkehr bereit ist, wird dem Rest Israels Mut zugesprochen. Die Lesung enthält im ersten Teil einen Aufruf zur Freude (3, 14–15), im zweiten Teil ein Trostwort. Die Begründung für beides: Jahwe ist in deiner Mitte; er zürnt nicht mehr, er liebt dich, er beschützt dich; er ist dein König und dein Gott. Er ist, was sein Name sagt: „Jahwe", der wirkliche, gegenwärtige, rettende Gott. – Die „Tochter Zion", an die sich der Aufruf: „Freu dich!" richtet, ist nach dem Lukasevangelium Maria, die Mutter Jesu (Lk 1, 28; gewöhnlich wird übersetzt „Sei gegrüßt!"). „Der Herr, dein Gott, ist in deiner Mitte": dieses Wort hat bei der Verkündigung an Maria eine ungeahnte neue Dimension erhalten. – Sach 2, 14; 9, 9; Lk 1, 28–35; Jes 12, 6; Jer 31, 3–6; Jes 62, 5; Hos 11, 1.*

ERSTE LESUNG

Zef 3, 14–18

Der König Israels, der Herr, ist in deiner Mitte

Lesung
   aus dem Buch Zefánja.

14 Juble, Tochter Zion!
Jauchze, Israel!
Freu dich, und frohlocke von ganzem Herzen,
   Tochter Jerusalem!
15 Der Herr hat das Urteil gegen dich aufgehoben
   und deine Feinde zur Umkehr gezwungen.

2. Juli. Mariä Heimsuchung

Der König Israels, der Herr, ist in deiner Mitte;
du hast kein Unheil mehr zu fürchten.

6 An jenem Tag wird man zu Jerusalem sagen:
  Fürchte dich nicht, Zion!
Laß die Hände nicht sinken!

7 Der Herr, dein Gott, ist in deiner Mitte,
ein Held, der Rettung bringt.
Er freut sich und jubelt über dich,
er erneuert seine Liebe zu dir,
er jubelt über dich und frohlockt,
  wie man frohlockt an einem Festtag.

8 Ich mache deinem Unglück ein Ende,
ich nehme die Schmach von dir.

Oder:

ERSTE LESUNG Röm 12, 9–16b

EINFÜHRUNG *Gegenüber der Gottlosigkeit und Ungerechtigkeit der Menschen offenbart Gott seinen Zorn (Röm 1, 18), aber auch seine „Gerechtigkeit". Seine Gerechtigkeit ist Barmherzigkeit. Aus dem „Erbarmen" (12, 1), das nicht nur Gottes Eigenschaft, sondern Gottes Tat ist, ergibt sich die große Mahnung von Röm 12–16. Das Wesentliche ist bereits in 12, 1–2 gesagt: Das Leben des Christen soll eine lebendige Opfergabe für Gott sein, ein Gottesdienst, der alle Schichten der menschlichen Person und alle Bereiche des Lebens einbezieht. Der Christ lebt nicht nur als Individuum; er steht in seinem Volk, in der Gemeinde, in der Kirche: „Wir, die vielen, sind ein Leib in Christus..." (12, 5). Jeder hat hier seine besondere Aufgabe, seinen Dienst entsprechend seinen Gaben und Möglichkeiten (12, 6–8). Die Mahnungen der Verse 12, 9–16 beginnen bei der Liebe und schließen mit der Demut. In diesen beiden ist alles andere enthalten: Achtung voreinander, Hoffnung, Gastfreundschaft, Mitleid und Mitfreude. – 1 Petr 3, 8–9; Phil 2, 1–5; Mt 5, 44; Sir 7, 32–34.*

Helft den Heiligen, wenn sie in Not sind; gewährt jederzeit Gastfreundschaft!

Lesung
  aus dem Brief des Apostels Paulus an die Römer.

Brüder!
Eure Liebe sei ohne Heuchelei.
Verabscheut das Böse,
  haltet fest am Guten!

10 Seid einander in brüderlicher Liebe zugetan,
   übertrefft euch in gegenseitiger Achtung!
11 Laßt nicht nach in eurem Eifer,
   laßt euch vom Geist entflammen und dient dem Herrn!
12 Seid fröhlich in der Hoffnung,
   geduldig in der Bedrängnis,
   beharrlich im Gebet!
13 Helft den Heiligen, wenn sie in Not sind;
   gewährt jederzeit Gastfreundschaft!
14 Segnet eure Verfolger;
   segnet sie,
     verflucht sie nicht!
15 Freut euch mit den Fröhlichen
   und weint mit den Weinenden!
16ab Seid untereinander eines Sinnes;
   strebt nicht hoch hinaus,
     sondern bleibt demütig!

ANTWORTPSALM Jes 12, 2.3 u. 4bcd.5–6 (R: 6b)

R Groß ist in eurer Mitte der Heilige Israels. – R   (GL 597, 2)

2 Gott ist meine Rettung; *   V. Ton
   ihm will ich vertrauen und niemals verzagen.

   Denn meine Stärke und mein Lied ist der Herr. *
   Er ist für mich zum Retter geworden. – (R)

3 Ihr werdet Wasser schöpfen voll Freude *
   aus den Quellen des Heils.

4bcd Dankt dem Herrn! Ruft seinen Namen an! †
   Macht seine Taten unter den Völkern bekannt, *
   verkündet: Sein Name ist groß und erhaben! – (R)

5 Preist den Herrn, denn herrliche Taten hat er vollbracht; *
   auf der ganzen Erde soll man es wissen.

6 Jauchzt und jubelt, ihr Bewohner von Zion, *
   denn groß ist in eurer Mitte der Heilige Israels. – R

2. Juli. Mariä Heimsuchung

RUF VOR DEM EVANGELIUM   Vers: vgl. Lk 1, 45

Halleluja. Halleluja.

Selig bist du, Jungfrau Maria;
du hast geglaubt,
daß sich erfüllt, was der Herr dir sagen ließ.

Halleluja.

ZUM EVANGELIUM   *Nachdem Maria ihr großes Ja gesprochen hat, beeilt sie sich, Elisabet aufzusuchen; beide Frauen sind gesegnet und in besonderer Weise in den Heilsplan Gottes einbezogen. Der Vorläufer spürt die Nähe des Herrn und beginnt schon im Mutterschoß, vom Heiligen Geist erfüllt (Lk 1, 15), auf den Größeren hinzuweisen, der nach ihm kommt. Elisabet begrüßt mit Freude und Ehrfurcht ihre jüngere Verwandte; als Glaubende bezeugt sie das Geheimnis Marias und bestätigt deren Glauben. Der Lobgesang Marias, das Magnificat, ist ihre Antwort auf das, was ihr von Gott her geschehen und in diesem Augenblick neu bewußt geworden ist. Der Lobgesang aller Glaubenden Israels und der aller kommenden Generationen fügt sich in dieses Danklied ein. Niedrigkeit und Erhöhung, demütiger Glaube und das Hochgefühl der Erwählung klingen im Leben und im Lied Marias zusammen. Das Lied feiert die Größe Gottes, seine Macht, seine Barmherzigkeit und seine ewige Treue. – 1 Sam 2, 1–10.*

EVANGELIUM   Lk 1, 39–56

Wer bin ich, daß die Mutter meines Herrn zu mir kommt?

☩ Aus dem heiligen Evangelium nach Lukas.

In jenen Tagen machte sich Maria auf den Weg
   und eilte in eine Stadt im Bergland von Judäa.
Sie ging in das Haus des Zacharías und begrüßte Elisabet.

Als Elisabet den Gruß Mariens hörte,
   hüpfte das Kind in ihrem Leib.
Da wurde Elisabet vom Heiligen Geist erfüllt
und rief mit lauter Stimme:

    Gesegnet bist du mehr als alle anderen Frauen,
und gesegnet ist die Frucht deines Leibes.
Wer bin ich, daß die Mutter meines Herrn zu mir kommt?
In dem Augenblick, als ich deinen Gruß hörte,
   hüpfte das Kind vor Freude in meinem Leib.

⁴⁵ Selig ist die,
   die geglaubt hat, daß sich erfüllt,
   was der Herr ihr sagen ließ.
⁴⁶ Da sagte Maria:

Meine Seele preist die Größe des Herrn,
⁴⁷ und mein Geist jubelt über Gott, meinen Retter.
⁴⁸ Denn auf die Niedrigkeit seiner Magd hat er geschaut.
Siehe, von nun an preisen mich selig alle Geschlechter.
⁴⁹ Denn der Mächtige hat Großes an mir getan,
   und sein Name ist heilig.
⁵⁰ Er erbarmt sich von Geschlecht zu Geschlecht
   über alle, die ihn fürchten.
⁵¹ Er vollbringt mit seinem Arm machtvolle Taten:
   Er zerstreut, die im Herzen voll Hochmut sind;
⁵² er stürzt die Mächtigen vom Thron
   und erhöht die Niedrigen.
⁵³ Die Hungernden beschenkt er mit seinen Gaben
   und läßt die Reichen leer ausgehen.
⁵⁴ Er nimmt sich seines Knechtes Israel an
und denkt an sein Erbarmen,
⁵⁵ das er unsern Vätern verheißen hat,
   Abraham und seinen Nachkommen auf ewig.
⁵⁶ Und Maria blieb etwa drei Monate bei ihr,
dann kehrte sie nach Hause zurück.

FÜRBITTEN

Zu Jesus Christus, den Maria zu Elisabet getragen hat, wollen wir beten:

Erfülle alle Christen mit heiligem Geist, daß sie in den Lobpreis deiner Größe einstimmen.
A.: Wir bitten dich, erhöre uns.

Laß alle, die sich groß dünken, erkennen, wie klein sie vor dir sind.

Nimm alle Frauen, die ein Kind erwarten, unter deinen Schutz.

Bestärke uns in der Verehrung deiner Mutter, die dem Wort Gottes geglaubt hat.

Gütiger Gott, nach dem Vorbild der seligen Jungfrau Maria leite

2. Juli. Mariä Heimsuchung

uns an, dir für dein Erbarmen zu danken und dein Lob zu verkünden durch Christus, unseren Herrn.   A.: Amen.

GABENGEBET

Allmächtiger Gott,
wie du mit Wohlgefallen
auf den Dienst geschaut hast,
den Maria ihrer Verwandten erwiesen hat,
so schau gnädig auf unser Opfer
und schenke uns dein Heil.
Darum bitten wir durch Christus, unseren Herrn.

Marienpräfation II, S. 1374.

KOMMUNIONVERS   Lk 1, 48–49

Von nun an preisen mich selig alle Geschlechter.
Denn der Mächtige hat Großes an mir getan,
und sein Name ist heilig.

SCHLUSSGEBET

Herr, unser Gott,
mit der seligen Jungfrau Maria
und der ganzen Kirche
preisen wir dein Erbarmen,
denn du hast Großes an uns getan
in der Menschwerdung deines Sohnes.
Laß uns Christus,
den Johannes schon im Schoß der Mutter erkannte,
immer wieder
im Sakrament als unser ewiges Leben empfangen,
der mit dir lebt und herrscht in alle Ewigkeit.

Feierlicher Schlußsegen, S. 1340 (Von der seligen Jungfrau Maria).

3. Juli
HL. THOMAS
Apostel
Fest

Thomas, dessen aramäischer Name „Zwilling" bedeutet, war einer der Zwölf. Im Johannesevangelium wird er als Grübler und Zweifler dargestellt (vgl. Joh 11,16; 14,5; 20,24–29). Er erhielt, als er die Abschiedsrede Jesu unterbrach, die große Antwort: „Ich bin der Weg und die Wahrheit und das Leben" (Joh 14,6). Er ist es, der das klarste Bekenntnis zum auferstandenen Herrn abgelegt hat (Joh 20,28), nachdem er zunächst die Nachricht von der Auferstehung Jesu nicht hatte glauben wollen. – Nach der Legende soll er später in Indien missioniert haben und dort als Märtyrer gestorben sein. Im 3. Jahrhundert wurden seine Reliquien nach Edessa überführt. Ephräm der Syrer (vgl. 9. Juni) hat ihn durch Hymnen verherrlicht.

ERÖFFNUNGSVERS Ps 118 (117),28.21

Du bist mein Gott, dir will ich danken;
mein Gott, dich will ich rühmen.
Du bist für mich zum Retter geworden.

Ehre sei Gott, S. 1280f.

TAGESGEBET

Allmächtiger Gott,
am Fest des heiligen Apostels Thomas
bitten wir dich:
Höre auf seine Fürsprache
und bewahre unseren Glauben
in der Not des Zweifels;
öffne unser Herz für das Wort deines Sohnes,
damit wir wie Thomas ihn bekennen
als unseren Herrn und Gott
und das Leben haben im Namen Jesu Christi,
der in der Einheit des Heiligen Geistes
mit dir lebt und herrscht in alle Ewigkeit.

ZUR LESUNG *Der Abschnitt Eph 2,11–22 richtet sich an Heidenchristen (vgl. V. 11–13). Diese waren einst vom „Bund der Verheißung" ausgeschlossen und „von Christus getrennt" (2,12). Aber waren nicht auch die Juden einst „ohne Christus"? Sie hatten die Verheißungen und damit die Hoffnung, aber die große Wende geschah auch für sie erst „jetzt" (2,13): Christus ist gekommen und hat „durch sein Blut", „durch sein Sterben" (2,13.14) den Riß geheilt, der durch die Menschheit ging; er hat aus Juden und Heiden das eine Volk Gottes gemacht. Diesem geeinten Volk hat er den Zugang zum Vater geöffnet. – Aus alledem ziehen die Verse 2,19–22 die Folgerung: auch die Heiden haben Heimatrecht in der Stadt Gottes. Sie sind selbst Haus Gottes, Tempel Gottes geworden. Dieser Tempel ist aber noch nicht fertig, er ist noch im Bau. Man muß außerdem sagen: er hat Risse. Die Einheit zwischen Heiden- und Judenchristen und auch die Einheit der Heidenchristen, die ja heute den größten Teil der Kirche ausmachen, ist noch nicht verwirklicht. – Jes 28,16; Ps 118,22; 1 Petr 2,4–6; 1 Kor 3,10–11; 2 Kor 6,16; Eph 4,11–12; 1 Kor 3,16–17.*

ERSTE LESUNG   Eph 2,19–22

Ihr seid auf das Fundament der Apostel gebaut

Lesung
   aus dem Brief des Apostels Paulus an die Épheser.

Brüder!

9 Ihr seid jetzt nicht mehr Fremde ohne Bürgerrecht,
   sondern Mitbürger der Heiligen und Hausgenossen Gottes.

0 Ihr seid auf das Fundament der Apostel und Propheten gebaut;
   der Schlußstein ist Christus Jesus selbst.

1 Durch ihn wird der ganze Bau zusammengehalten
   und wächst zu einem heiligen Tempel im Herrn.

2 Durch ihn werdet auch ihr
   im Geist zu einer Wohnung Gottes erbaut.

ANTWORTPSALM   Ps 117 (116),1.2 (R: vgl. Mk 16,15)
                                                  (GL 646,5)

R Geht hinaus in die ganze Welt,
und verkündet allen das Evangelium! – **R**

Lobet den Herrn, alle Völker, *   VI. Ton
preist ihn, alle Nationen! – (**R**)

Denn mächtig waltet über uns seine Huld, *
die Treue des Herrn währt in Ewigkeit. – **R**

RUF VOR DEM EVANGELIUM
Vers: Joh 20,29

Halleluja. Halleluja.

(So spricht der Herr:)
Weil du mich gesehen hast, Thomas, glaubst du.
Selig sind, die nicht sehen und doch glauben.

Halleluja.

ZUM EVANGELIUM   *Man spricht so leichthin vom „ungläubigen Thomas". Dabei ist er im Johannesevangelium der Jünger, der sich direkt und ausdrücklich zur Gottheit Jesu bekennt: „Mein Herr und mein Gott", damit spricht Thomas stellvertretend den Glauben der österlichen Jüngergemeinde aus. Bis dahin war es freilich ein weiter innerer Weg. Nicht nur Thomas, sondern auch andere Jünger hatten ihre Schwierigkeit, an die Auferstehung Jesu zu glauben. Der Auferstandene selbst mußte sie zum Glauben führen. Nach Mt 28,17 (vgl. Mk 16,9–15) hat Jesus auf den Zweifel der Jünger in göttlicher Souveränität mit einem Auftrag geantwortet: „Geht zu allen Völkern …" Thomas erhält einen Auftrag ganz anderer Art: „Streck deine Hand aus und leg sie in meine Seite." Aber nicht durch das Sehen wurde Thomas gläubig; durch den Glauben ist er sehend geworden. Für uns, die Späteren, gilt das Wort: Selig, wer nicht sieht und doch glaubt. Der Glaube kommt durch das Hören des Worts, nicht durch das Sehen von Wundern.*

EVANGELIUM
Joh 20,24–29

Mein Herr und mein Gott!

☩ Aus dem heiligen Evangelium nach Johannes.

24 Thomas, genannt Dídymus – Zwilling –, einer der Zwölf,
 war nicht bei ihnen,
 als Jesus am Abend des ersten Tages der Woche kam.
25 Die anderen Jünger sagten zu ihm:
 Wir haben den Herrn gesehen.

Er entgegnete ihnen:
 *Wenn ich nicht die Male der Nägel an seinen Händen sehe
 und wenn ich meinen Finger nicht in die Male der Nägel
 und meine Hand nicht in seine Seite lege,
 glaube ich nicht.*

26 Acht Tage darauf waren seine Jünger wieder versammelt,

3. Juli. Hl. Thomas

und Thomas war dabei.
Die Türen waren verschlossen.

Da kam Jesus,
trat in ihre Mitte
und sagte: Friede sei mit euch!

27 Dann sagte er zu Thomas:
　Streck deinen Finger aus
　– hier sind meine Hände!
Streck deine Hand aus und leg sie in meine Seite,
und sei nicht ungläubig, sondern gläubig!

28 Thomas antwortete ihm:
　Mein Herr und mein Gott!
29 Jesus sagte zu ihm:
　Weil du mich gesehen hast, glaubst du.
Selig sind, die nicht sehen und doch glauben.

FÜRBITTEN

Jesus Christus, den der Apostel Thomas als Herrn und Gott bekannte, bitten wir:

Für die ganze Kirche: daß du ihr im Wort und Sakrament nahe bleibst. (Stille) Christus, höre uns.
A.: Christus, erhöre uns.

Für die Völker Indiens: daß sie durch deine Gnade zum Heil gelangen. (Stille) Christus, höre uns.

Für alle, die im Glauben verunsichert sind: daß du dich ihnen offenbarst. (Stille) Christus, höre uns.

Für unsere Gemeinde: daß wir uns auf das Zeugnis der heiligen Apostel verlassen. (Stille) Christus, höre uns.

Barmherziger Gott, auf die Fürsprache des heiligen Apostels Thomas bestärke uns, deinem Sohn, unserem Herrn und Gott, unser Leben anzuvertrauen, der in der Einheit des Heiligen Geistes mit dir lebt und herrscht in alle Ewigkeit.　A.: Amen.

GABENGEBET

Herr, unser Gott,
am Fest des heiligen Apostels Thomas
bringen wir das Opfer des Dankes dar.
Bewahre in uns die Gnade der Erlösung,
die wir von dir empfangen.
Darum bitten wir durch Christus, unseren Herrn.

Apostelpräfation, S. 1377 f.

KOMMUNIONVERS   Joh 20, 27

Nimm deine Hand und lege sie in meine Seite,
und sei nicht ungläubig, sondern gläubig.

SCHLUSSGEBET

Barmherziger Gott,
in diesem heiligen Mahl
haben wir wahrhaft
den Leib deines auferstandenen Sohnes empfangen.
Gib uns auf die Fürbitte des heiligen Thomas
die Gnade,
an Christus zu glauben, ohne daß wir ihn sehen,
und ihn allezeit mit Wort und Tat
als unseren Herrn und Gott zu bekennen,
der mit dir lebt und herrscht in alle Ewigkeit.

Feierlicher Schlußsegen, S. 1341 (Von den Aposteln).

4. Juli
HL. ULRICH
Bischof

Ulrich ist in Augsburg geboren und gestorben (890–973). Er wurde an der Klosterschule von St. Gallen ausgebildet. 923 wurde er Bischof von Augsburg. Er war eng mit seiner Sippe und Heimat verbunden, spielte aber auch in der großen Politik eine Rolle als Berater von Königen und Kaisern. Ulrich hatte Freude am Regieren und Repräsentieren, aber auch am liebevollen Dienst für die Armen, Kranken, Fremden, für alle, die in Not waren, und das waren damals sehr viele. Noch in seinem Testament bedachte er einen Krüppel, den er auf dem

Friedhof in Kempten angetroffen hatte. Berühmt wurde Ulrich durch den Sieg über die Ungarn, die 955 zum zweiten Male vor der Stadt Augsburg standen (Schlacht auf dem Lechfeld). Unermüdlich visitierte er seine ausgedehnte Diözese, die bis tief ins Allgäu und nach Vorarlberg reichte. Er hielt Diözesansynoden und Dekanatskapitel ab und war um die Ausbildung des Klerus besorgt. Ulrich wurde in der Kirche der hl. Afra begraben.

„Sankt Ulrich ruft uns Christen den Sinn des Kreuzes und seine Fruchtbarkeit in Erinnerung. In einer Stunde, in der die Kirche eine Art Karfreitag durchlebt, ist es gut, zu wissen, daß dies der normale Weg ist, über den, seit Kalvaria, die Erlösung der Welt und alle Erneuerung der Kirche geht... Sankt Ulrich hat noch eine andere Botschaft für uns: Er war auf seine Weise ein Vorbote Europas. Auf wirtschaftlichem Gebiet wird es gerade geboren; es ist aber notwendig, daß Europa seine christliche Seele wiederfindet. Auch das geht über das Kreuz: Europa wird in dem Maße leben, in dem wir unseren kollektiven Egoismen absterben, Weit- und Weltsicht erlangen und der Gerechtigkeit dienen." (Kardinal Suenens bei den Augsburger Ulrichsfeierlichkeiten 1973)

Commune-Texte:
A Meßformulare für Bischöfe, S. 2056 ff.
B Schriftlesungen für Hirten der Kirche, S. 2101 ff.

TAGESGEBET

Gott, du bist reich an Erbarmen.
Du hast deinem Volk in einer Zeit schwerer Not
den heiligen Ulrich
als tatkräftigen Bischof geschenkt.
Seine Fürbitte helfe uns,
die Gefahren unserer Zeit
in der Kraft des Glaubens zu bestehen.
Darum bitten wir durch Jesus Christus.

ZUR LESUNG   *Daß der rechten Lehre auch das rechte Tun entspricht, ist am Schluß des Hebräerbriefs die Sorge des Verfassers. Er hat in den Versen, die unserer Lesung vorausgehen, stark die geistige Seite des Gottesdienstes betont. Ohne die Teilnahme an der Schmach Christi, am Kreuz (V. 13), ist alles liturgische Tun unnütz. Wesentlich ist, daß das Lob Gottes aus einem aufrichtigen Herzen kommt, aus einem Herzen, das ohne*

Vorbehalt Gottes Nähe und Gottes Willen sucht. Das wird hier weniger dem einzelnen Christen als der Gemeinde gesagt, die für den einzelnen der religiöse Lebensraum ist. Damit sie es sein kann, braucht es den Gehorsam, das Gebet und den Frieden. – Ps 50,14.23; Hos 14,2–3; Apg 2,21; Röm 10,9; Phil 4,18; Ez 3,18; 1 Kor 16,15–16; 1 Thess 5,12–13; Joh 10,11; 1 Petr 2,25; 5,2–4; Phil 2,13; Röm 16,27.

ERSTE LESUNG   Hebr 13,7–8.15–16

Denkt an eure Vorsteher, die euch das Wort Gottes verkündet haben

**Lesung
aus dem Hebräerbrief.**

Brüder!
7 Denkt an eure Vorsteher,
   die euch das Wort Gottes verkündet haben;
   schaut auf das Ende ihres Lebens,
   und ahmt ihren Glauben nach!

8 Jesus Christus ist derselbe
   gestern, heute und in Ewigkeit.

15 Durch ihn also
   laßt uns Gott allezeit das Opfer des Lobes darbringen,
   nämlich die Frucht der Lippen, die seinen Namen preisen.

16 Vergeßt nicht, Gutes zu tun und mit anderen zu teilen;
   denn an solchen Opfern hat Gott Gefallen.

ANTWORTPSALM Ps 3,2 u. 86 (85),7. 18 (17),2–3. 31 (30),15 u. 16
(R: Sir 50,4 [Vulgata])

R Er trug Sorge für sein Volk,   (GL 526, 5)
   um es vor dem Untergang zu retten. – **R**

3,2 Herr, wie zahlreich sind meine Bedränger; *   I. Ton
   so viele stehen gegen mich auf.

86,7 Am Tag meiner Not rufe ich zu dir; *
   denn du wirst mich erhören. – (R)

18,2 Ich will dich rühmen, Herr, meine Stärke, *
3 Herr, du mein Fels, meine Burg, mein Retter,

   mein Gott, meine Feste, in der ich mich berge, *
   mein Schild und sicheres Heil, meine Zuflucht. – (R)

4. Juli. Hl. Ulrich

1,15 Herr, ich vertraue dir, *
ich sage: Du bist mein Gott."

16 In deiner Hand liegt mein Geschick; *
entreiß mich der Hand meiner Feinde und Verfolger! – R

RUF VOR DEM EVANGELIUM   Vers: Joh 15,15 b

Halleluja. Halleluja.

(So spricht der Herr:)
Ich habe euch Freunde genannt;
denn ich habe euch alles mitgeteilt,
was ich gehört habe von meinem Vater.

Halleluja.

ZUM EVANGELIUM   *Die Liebe, von der Jesus spricht und die er uns zum Gebot macht, hat ihren Ursprung in der Liebe, mit der Gott seinen eigenen Sohn liebt, und sie hat ihr Vorbild in der Innigkeit, mit der sich der Sohn dem Vater zuwendet. Der Sohn war „am Anfang" bei Gott (Joh 1,2), er „ruht am Herzen des Vaters" (1,18), er bleibt in der Liebe des Vaters (15,10) auch als der Menschgewordene. Den Willen des Vaters zu tun ist sein Leben und auch sein Sterben. Das Gegenteil von „bleiben" wäre sich trennen, sich entfernen, treulos werden, den Gehorsam aufkündigen. – Wir sind „in ihm", seit er uns angenommen, geliebt hat, konkret: seitdem wir durch die Taufe in seinen Tod und in sein Leben hineingenommen wurden. Wir bleiben in ihm durch den Glauben und die Treue: dadurch, daß wir immer neu sein Wort aufnehmen, festhalten und tun. Frucht dieser Liebe ist die Freude, die Freundschaft, das Vertrauen. – Zu 15,9: Joh 3,35; 10,14–15; 13,1; 17,23. – Zu 15,10: Joh 6,38; 8,29. – Zu 15,11: Joh 17,13; 1 Joh 1,4. – Zu 15,12: Joh 13,34. – Zu 15,13: 1 Joh 3,16; Röm 5,6–8. – Zu 15,15: Röm 8,15; Lk 12,4.*

EVANGELIUM   Joh 15,9–17

Ich nenne euch nicht mehr Knechte; vielmehr habe ich euch Freunde genannt

☩ Aus dem heiligen Evangelium nach Johannes.

**In jener Zeit sprach Jesus zu seinen Jüngern:
Wie mich der Vater geliebt hat,
   so habe auch ich euch geliebt.
Bleibt in meiner Liebe!**

¹⁰ Wenn ihr meine Gebote haltet,
   werdet ihr in meiner Liebe bleiben,
  so wie ich die Gebote meines Vaters gehalten habe
   und in seiner Liebe bleibe.
¹¹ Dies habe ich euch gesagt,
   damit meine Freude in euch ist
   und damit eure Freude vollkommen wird.
¹² Das ist mein Gebot:
  Liebt einander,
   so wie ich euch geliebt habe.
¹³ Es gibt keine größere Liebe,
   als wenn einer sein Leben für seine Freunde hingibt.
¹⁴ Ihr seid meine Freunde,
   wenn ihr tut, was ich euch auftrage.
¹⁵ Ich nenne euch nicht mehr Knechte;
  denn der Knecht weiß nicht, was sein Herr tut.
  Vielmehr habe ich euch Freunde genannt;
  denn ich habe euch alles mitgeteilt,
   was ich von meinem Vater gehört habe.
¹⁶ Nicht ihr habt mich erwählt,
  sondern ich habe euch erwählt
   und dazu bestimmt, daß ihr euch aufmacht und Frucht bringt
  und daß eure Frucht bleibt.
  Dann wird euch der Vater alles geben,
   um was ihr ihn in meinem Namen bittet.
¹⁷ Dies trage ich euch auf:
   Liebt einander!

FÜRBITTEN

Im Gebet wenden wir uns an Jesus Christus, der seiner Kirche beisteht:

Erleuchte die Hirten deines Volkes, daß sie beharrlich deine Gläubigen auf den Weg zum Heil führen.
A.: Wir bitten dich, erhöre uns.

Steh allen Staatsmännern bei, die sich für die Glaubensfreiheit einsetzen.

Laß die Bereitschaft wachsen, Armen und Kranken zu helfen.

Gib, daß wir in der Gemeinschaft der Gläubigen dir treuer dienen.

Gütiger Gott, in schwerer Not hast du deinem Volk durch den heiligen Bischof Ulrich beigestanden. Nimm auch uns unter deinen Schutz durch Christus, unseren Herrn. A.: Amen.

4. Juli
HL. ELISABETH VON PORTUGAL
Königin

Elisabeth wurde 1271 als Tochter des Königs Peter III. von Aragón geboren. Sie war eine Großnichte der hl. Elisabeth von Thüringen und erhielt bei der Taufe deren Namen. Schon sehr früh wurde sie mit dem König Dionysius von Portugal verheiratet und hatte mit ihm zwei Kinder. Die Ehe war sehr schwierig. Elisabeth bemühte sich, ihren Kindern eine liebevolle Mutter und dem Land eine gute Königin zu sein. Nach dem Tod ihres Gatten schloß sie sich als Terziarin den Klarissen von Coímbra an, bemühte sich aber auch weiterhin um den Frieden in ihrer Familie. Sie starb 1336 in der Nähe von Lissabon.

Die Armen
„Lieber will ich selbst vor Hunger sterben, als den Armen, die sonst verzweifeln müßten, meine Hilfe zu versagen. Gott wird mir in Zukunft schon helfen; jetzt aber will ich die noch vorhandenen Lebensmittel unter die hungrigen Armen austeilen." (Elisabeth von Portugal)

Commune-Texte:
A Meßformulare für Heilige der Nächstenliebe, S. 2087 f.
B Schriftlesungen für heilige Frauen (Heilige der Nächstenliebe), S. 2110 ff.

TAGESGEBET

Gott, du Ursprung der Liebe und des Friedens,
du hast der heiligen Königin Elisabeth von Portugal
die Gnade verliehen,
Feinde miteinander zu versöhnen.
Auf ihre Fürbitte lehre auch uns,
Frieden zu stiften,
damit wir uns als deine Kinder erweisen.
Darum bitten wir durch Jesus Christus.

ZUR LESUNG *Als wir Christen wurden, sind wir „aus dem Tod in das Leben hinübergegangen" (1 Joh 3, 14). Woher „wissen wir" das? Es ist nicht ohne weiteres sichtbar nach außen, auch nicht ohne weiteres im Innern erfahrbar. Zunächst weiß der Christ es nur, weil es ihm von Gott her gesagt wird, also durch den Glauben. Aber wie es ein Erkennungszeichen des Todes gibt, nämlich den Haß (3, 12.13.15), so gibt es ein Kennzeichen des Lebens: die Liebe. Wer den Bruder liebt, durch die Tat, nicht nur in schönen Worten, in dem ist die Liebe Christi. Christus hat seine Liebe durch die Tat bewiesen, er ist der absolute Gegensatz zu Kain, der seinen Bruder erschlug (3, 12). Den Mitmenschen nicht zu hassen, das ist noch keine Liebe; Gleichgültigkeit und Härte sind bereits Formen des Hasses. Jesus hat nicht nur sein Leben hingegeben für die Sünde der Welt; er hat auch die kleinen Nöte der Menschen gesehen. Für die Liebe, die von Gott kommt, ist auch das Kleine groß. – Zu 3, 14–15: 1 Joh 4, 7; 5, 13; Gen 4, 8. – Zu 3, 16–18: Joh 10, 11.15; 15, 13; Röm 5, 6–8; 1 Kor 8, 11; Lk 10, 30–37.*

ERSTE LESUNG   1 Joh 3, 14–18

Auch wir müssen für die Brüder das Leben hingeben

Lesung
  aus dem ersten Johannesbrief.

Liebe Brüder!

¹⁴ **Wir wissen,**
  daß wir aus dem Tod in das Leben hinübergegangen sind,
  weil wir die Brüder lieben.

Wer nicht liebt, bleibt im Tod.

¹⁵ **Jeder, der seinen Bruder haßt, ist ein Mörder,**
und ihr wißt:
  Kein Mörder hat ewiges Leben, das in ihm bleibt.

¹⁶ **Daran haben wir die Liebe erkannt,**
  daß Er sein Leben für uns hingegeben hat.
So müssen auch wir für die Brüder das Leben hingeben.

¹⁷ **Wenn jemand Vermögen hat**
  und sein Herz vor dem Bruder verschließt, den er in Not sieht,
  wie kann die Gottesliebe in ihm bleiben?

¹⁸ **Meine Kinder, wir wollen nicht mit Wort und Zunge lieben,**
  sondern in Tat und Wahrheit.

4. Juli. Hl. Elisabeth von Portugal

ANTWORTPSALM Ps 112 (111), 1–2.3–4.5–6.7 u. 9 (R: 1a)

R Selig der Mensch, der den Herrn fürchtet und ehrt. – R

(*Oder:* Halleluja.) (GL 708, 1)

1 Wohl dem Mann, der den Herrn fürchtet und ehrt * IV. Ton
und sich herzlich freut an seinen Geboten.

2 Seine Nachkommen werden mächtig im Land, *
das Geschlecht der Redlichen wird gesegnet. – (R)

3 Wohlstand und Reichtum füllen sein Haus, *
sein Heil hat Bestand für immer.

4 Den Redlichen erstrahlt im Finstern ein Licht: *
der Gnädige, Barmherzige und Gerechte. – (R)

5 Wohl dem Mann, der gütig und zum Helfen bereit ist, *
der das Seine ordnet, wie es recht ist.

6 Niemals gerät er ins Wanken; *
ewig denkt man an den Gerechten. – (R)

7 Er fürchtet sich nicht vor Verleumdung; *
sein Herz ist fest, er vertraut auf den Herrn.

9 Reichlich gibt er den Armen, †
sein Heil hat Bestand für immer; *
er ist mächtig und hoch geehrt. – R

RUF VOR DEM EVANGELIUM Vers: Joh 13, 34 ac

Halleluja. Halleluja.

(So spricht der Herr:)
Ein neues Gebot gebe ich euch:
Wie ich euch geliebt habe, so sollt auch ihr einander lieben.
Halleluja.

ZUM EVANGELIUM *Der Menschensohn wird als König, Hirt und Richter erscheinen und die Völker der Erde versammeln. Das Gericht wird die Guten ebenso überraschen wie die Bösen. Quer durch alle Völker und Gruppierungen hindurch geht die Scheidung. Nicht nach dem Glauben, auch nicht nach der Zugehörigkeit zu einer Kirche wird gefragt. Die Gerechten sagen ausdrücklich, daß sie in den Armen und Kranken Jesus nicht erkannt haben. Erstaunt fragen sie: „Herr, wann haben wir dich hungrig gesehen …?" Und doch sagt ihnen der Herr: „… das habt ihr mir getan", und stellt sie auf die rechte Seite. Er belohnt den Dienst derer, die nicht um des Lohnes willen gedient haben und die gerade mit ihrer Ahnungslosigkeit die Lauterkeit ihres Tuns beweisen. – Manch einer, der fromme Reden geführt und vielleicht sogar Wunder getan hat, wird sich unter den Böcken wiederfinden. Wie viele auf der einen und wie viele auf der anderen Seite stehen, darüber wird uns nichts gesagt. – Zu 25,34–36: Jes 58,6–8; Eph 1,4; Tob 4,16; Ez 18,7; Hebr 13,3. – Zu 25,40: Mt 10,40; 18,5; Spr 19,17; Lk 10,16; Apg 9,5. – Zu 25,41–45: Jak 2,14–17.*

EVANGELIUM   Mt 25,31–46

Was ihr für einen meiner geringsten Brüder getan habt, das habt ihr mir getan

✠ Aus dem heiligen Evangelium nach Matthäus.

In jener Zeit sprach Jesus zu seinen Jüngern:
³¹ Wenn der Menschensohn in seiner Herrlichkeit kommt
   und alle Engel mit ihm,
   dann wird er sich auf den Thron seiner Herrlichkeit setzen.
³² Und alle Völker werden vor ihm zusammengerufen werden,
   und er wird sie voneinander scheiden,
   wie der Hirt die Schafe von den Böcken scheidet.
³³ Er wird die Schafe zu seiner Rechten versammeln,
   die Böcke aber zur Linken.
³⁴ Dann wird der König denen auf der rechten Seite sagen:
   Kommt her, die ihr von meinem Vater gesegnet seid,
nehmt das Reich in Besitz,
   das seit der Erschaffung der Welt für euch bestimmt ist.
³⁵ Denn ich war hungrig,
   und ihr habt mir zu essen gegeben;
ich war durstig,
   und ihr habt mir zu trinken gegeben;
ich war fremd und obdachlos,
   und ihr habt mich aufgenommen;
³⁶ ich war nackt,
   und ihr habt mir Kleidung gegeben;
ich war krank,
   und ihr habt mich besucht;

> ich war im Gefängnis,
>> und ihr seid zu mir gekommen.
>
> 37 Dann werden ihm die Gerechten antworten:
>> Herr, wann haben wir dich hungrig gesehen
>>> und dir zu essen gegeben,
>> oder durstig
>>> und dir zu trinken gegeben?
> 38 Und wann haben wir dich fremd und obdachlos gesehen
>>> und aufgenommen,
>> oder nackt
>>> und dir Kleidung gegeben?
> 39 Und wann haben wir dich krank oder im Gefängnis gesehen
>>> und sind zu dir gekommen?
> 40 Darauf wird der König ihnen antworten:
>> Amen, ich sage euch:
>> Was ihr für einen meiner geringsten Brüder getan habt,
>>> das habt ihr mir getan.
> 41 Dann wird er sich auch an die auf der linken Seite wenden
>> und zu ihnen sagen:
>> Weg von mir, ihr Verfluchten,
>> in das ewige Feuer,
>>> das für den Teufel und seine Engel bestimmt ist!
> 42 Denn ich war hungrig,
>>> und ihr habt mir nichts zu essen gegeben;
>> ich war durstig,
>>> und ihr habt mir nichts zu trinken gegeben;
> 43 ich war fremd und obdachlos,
>>> und ihr habt mich nicht aufgenommen;
>> ich war nackt,
>>> und ihr habt mir keine Kleidung gegeben;
>> ich war krank und im Gefängnis,
>>> und ihr habt mich nicht besucht.
> 44 Dann werden auch sie antworten:
>> Herr, wann haben wir dich hungrig oder durstig
>>> oder obdachlos oder nackt
>>> oder krank oder im Gefängnis gesehen
>>> und haben dir nicht geholfen?
> 45 Darauf wird er ihnen antworten:
>> Amen, ich sage euch:

Was ihr für einen dieser Geringsten nicht getan habt,
    das habt ihr auch mir nicht getan.
⁴⁶ Und sie werden weggehen
    und die ewige Strafe erhalten,
die Gerechten aber
    das ewige Leben.

Oder:

KURZFASSUNG Mt 25, 31–40

Was ihr für einen meiner geringsten Brüder getan habt, das habt ihr mir getan

✠ Aus dem heiligen Evangelium nach Matthäus.

In jener Zeit sprach Jesus zu seinen Jüngern:
³¹ Wenn der Menschensohn in seiner Herrlichkeit kommt
    und alle Engel mit ihm,
    dann wird er sich auf den Thron seiner Herrlichkeit setzen.
³² Und alle Völker werden vor ihm zusammengerufen werden,
    und er wird sie voneinander scheiden,
        wie der Hirt die Schafe von den Böcken scheidet.
³³ Er wird die Schafe zu seiner Rechten versammeln,
    die Böcke aber zur Linken.
³⁴ Dann wird der König denen auf der rechten Seite sagen:
    Kommt her, die ihr von meinem Vater gesegnet seid,
nehmt das Reich in Besitz,
    das seit der Erschaffung der Welt für euch bestimmt ist.
³⁵ Denn ich war hungrig,
    und ihr habt mir zu essen gegeben;
ich war durstig,
    und ihr habt mir zu trinken gegeben;
ich war fremd und obdachlos,
    und ihr habt mich aufgenommen;
³⁶ ich war nackt,
    und ihr habt mir Kleidung gegeben;
ich war krank,
    und ihr habt mich besucht;
ich war im Gefängnis,
    und ihr seid zu mir gekommen.
³⁷ Dann werden ihm die Gerechten antworten:

Herr, wann haben wir dich hungrig gesehen
  und dir zu essen gegeben,
oder durstig
  und dir zu trinken gegeben?
³⁸ Und wann haben wir dich fremd und obdachlos gesehen
  und aufgenommen,
oder nackt
  und dir Kleidung gegeben?
³⁹ Und wann haben wir dich krank oder im Gefängnis gesehen
  und sind zu dir gekommen?
⁴⁰ Darauf wird der König ihnen antworten:
  Amen, ich sage euch:
Was ihr für einen meiner geringsten Brüder getan habt,
  das habt ihr mir getan.

FÜRBITTEN

Zu Jesus Christus, der seligpries, die Frieden stiften, beten wir:

Für die Kirche: daß sie Gottes Frieden hineintrage in eine zerrissene Welt. (Stille) Herr, erbarme dich.
A.: Christus, erbarme dich.

Für alle Menschen: daß sie ihre Streitigkeiten friedlich beilegen. (Stille) Herr, erbarme dich.

Für die Reichen: daß sie mit den Armen und Hungernden teilen. (Stille) Herr, erbarme dich.

Für unsere Familien: daß sie vor Zwietracht bewahrt bleiben. (Stille) Herr, erbarme dich.

Herr, unser Gott, erfülle uns mit dem Geist versöhnender Liebe, durch den du die heilige Elisabeth von Portugal ausgezeichnet hast, durch Christus, unseren Herrn.   A.: Amen.

5. Juli
HL. ANTONIUS MARIA ZACCARIA
Priester, Ordensgründer

Er wurde 1502 in Cremona geboren. Zuerst war er Arzt, dann wurde er Priester. Er gehört zu den großen Erneuerern der Kirche im 16. Jahrhundert. Vor allem wollte er im Klerus wieder den Geist des Evangeliums wecken. Er gründete die Regularkleriker vom heiligen Paulus, Barnabiten genannt nach dem St.-Barnabas-Kloster in Mailand, das die Gründer 1538 bezogen. Auch die „Englischen Schwestern vom heiligen Paulus" (Angeliken) sind seine Gründung. Als Volksmissionar predigte er, vom Apostel Paulus inspiriert, Jesus, den Gekreuzigten, und verbreitete die Verehrung des heiligsten Altarsakraments. Das Freitagsläuten und das Vierzigstündige Gebet gehen auf seine Anregung zurück. Er starb schon 1539.

Wie Verrückte
„Auf, auf, Brüder! Wenn es bei uns bis jetzt noch eine gewisse Unentschlossenheit gab, werfen wir sie zusammen mit aller Nachlässigkeit von uns, und laufen wir wie Verrückte nicht nur auf Gott zu, sondern auch zum Mitmenschen!" (Antonius Maria Zaccaria, Brief von 1531)

Commune-Texte:
A Meßformulare für Hirten der Kirche, S. 2061 f.,
oder für Erzieher, S. 2088 f.,
oder für Ordensleute, S. 2084 ff.
B Schriftlesungen für Hirten der Kirche, S. 2101 ff.,
oder für heilige Männer (Erzieher oder Ordensleute), S. 2110 ff.

TAGESGEBET
Herr, unser Gott,
im Geist des Apostels Paulus
wollte der heilige Antonius Maria Zaccaria
nichts anderes verkünden
als Jesus Christus, den Gekreuzigten.
Laß auch uns
die alles überragende Erkenntnis Christi suchen
und in der Torheit des Kreuzes
die wahre Weisheit finden.
Darum bitten wir durch ihn, Jesus Christus.

5. Juli. Hl. Antonius Maria Zaccaria

ZUR LESUNG   *Das „kostbare Gut", das dem Lehrer und Hirten in der Kirche Christi anvertraut wurde (2 Tim 1, 14), ist die überlieferte Wahrheit von Jesus Christus, der erschienen ist, um alle Menschen zu retten (vgl. 1, 9–10). Es ist die „gesunde Lehre" (1, 13), im Gegensatz zur „kranken", „verdorbenen" Lehre der Häretiker (1 Tim 6, 4–5). Zu dieser Lehre gehören außer den Glaubensaussagen auch sittliche Normen. „Gesund" ist die Lehre, wenn sie mit dem übereinstimmt, was die Apostel gelehrt haben. Der Lehrer in der Kirche, sei er Theologe oder Bischof, Pfarrer oder Katechet, kann über diese Lehre nicht verfügen; er soll sie „bewahren", treu verwalten und in ihrem vollen Bestand weitergeben. Von den Aposteln und ihren Schülern an muß diese Überlieferung weitergehen „bis zu jenem Tag" (2 Tim 1, 12), dem Tag der zweiten Ankunft Christi. Von jedem Berufenen wird verlangt, daß er zum selbstlosen Dienen und auch zum Leiden bereit ist wie der Apostel (2, 1.3). – Zu 1, 13–14: 2 Tim 4, 3; Tit 1, 9.13; 2 Tim 1, 6–7; 1 Tim 6, 20. – Zu 2, 1–3: 2 Tim 3, 14; 1 Tim 4, 14; 2 Tim 4, 8.*

ERSTE LESUNG 2 Tim 1, 13–14; 2, 1–3
Bewahre das dir anvertraute kostbare Gut durch die Kraft des Heiligen Geistes

Lesung
   aus dem zweiten Brief des Apostels Paulus an Timótheus.

Mein Sohn!
3 **Halte dich an die gesunde Lehre,**
   die du von mir gehört hast;
nimm sie dir zum Vorbild,
und bleibe beim Glauben und bei der Liebe,
   die uns in Christus Jesus geschenkt ist.
4 **Bewahre das dir anvertraute kostbare Gut**
   durch die Kraft des Heiligen Geistes, der in uns wohnt.
Du, mein Sohn,
   sei stark in der Gnade, die dir in Christus Jesus geschenkt ist.
Was du vor vielen Zeugen von mir gehört hast,
   das vertrau zuverlässigen Menschen an,
   die fähig sind, auch andere zu lehren.
Leide mit mir als guter Soldat Christi Jesu.

ANTWORTPSALM Ps 1, 1–2.3.4 u. 6
(R: 2a oder vgl. Jer 17, 7 oder Ps 92 [91], 13.14)

R Selig der Mann, der Freude hat an der Weisung des Herrn. – **R**

Oder: (GL 708, 1)

R Gesegnet, wer auf den Herrn sich verläßt. – **R**

Oder:

R Der Gerechte gedeiht wie die Palme
in den Vorhöfen unseres Gottes. – **R**

1 Wohl dem Mann, der nicht dem Rat der Frevler folgt, †   IV. Ton
nicht auf dem Weg der Sünder geht, *
nicht im Kreis der Spötter sitzt,

2 sondern Freude hat an der Weisung des Herrn, *
über seine Weisung nachsinnt bei Tag und bei Nacht. – (**R**)

3 Er ist wie ein Baum, der an Wasserbächen gepflanzt ist, †
der zur rechten Zeit seine Frucht bringt *
und dessen Blätter nicht welken.

Alles, was er tut, *
wird ihm gut gelingen. – (**R**)

4 Nicht so die Frevler: *
Sie sind wie Spreu, die der Wind verweht.

6 Denn der Herr kennt den Weg der Gerechten, *
der Weg der Frevler aber führt in den Abgrund. – **R**

RUF VOR DEM EVANGELIUM Vers: vgl. Mt 11, 25

Halleluja. Halleluja.

Sei gepriesen, Vater, Herr des Himmels und der Erde;
du hast die Geheimnisse des Reiches den Unmündigen offenbart.

Halleluja.

ZUM EVANGELIUM *Was haben die Kinder mit dem Reich Gottes zu tun? Sie verstehen nichts und können nichts tun. So denken die Jünger und weisen die „Leute", das heißt die Mütter, ab. Jesus ist darüber ungehalten. Die Herrschaft Gottes hängt gerade nicht von menschlichen Leistungen ab. Im Kind ist die menschliche Ursituation deutlich: der Mensch ist arm, und er hat nur, was ihm geschenkt worden ist. „Wie ein Kind" muß der Mensch sich die Gabe Gottes schenken lassen, das Reich Gottes annehmen. Aber was heißt „das Reich Gottes annehmen"? Das läßt sich nicht auf eine kurze Formel bringen. Soviel aber ist klar: Gottes Herrschaft und Reich kommen auf den Menschen zugleich als Gabe und als Anspruch zu. Der Gabe kann er nur seine leeren Hände hinhalten und hoffen, daß Gott sie füllt. Dem Anspruch muß er sich selbst, sein Leben zur Verfügung stellen. – Mt 19, 13–15; Lk 18, 15–17. – Mt 18, 3; Joh 3, 3–5; Mt 5, 3; 11, 25.*

EVANGELIUM Mk 10, 13–16

Laßt die Kinder zu mir kommen!

✢ **Aus dem heiligen Evangelium nach Markus.**

In jener Zeit
3 **brachte man Kinder zu Jesus,**
damit er ihnen die Hände auflegte.
Die Jünger aber wiesen die Leute schroff ab.

4 **Als Jesus das sah, wurde er unwillig**
und sagte zu ihnen: Laßt die Kinder zu mir kommen;
hindert sie nicht daran!
Denn Menschen wie ihnen gehört das Reich Gottes.

5 **Amen, das sage ich euch:**
Wer das Reich Gottes nicht so annimmt, wie ein Kind,
der wird nicht hineinkommen.

6 **Und er nahm die Kinder in seine Arme;**
dann legte er ihnen die Hände auf und segnete sie.

FÜRBITTEN

Wir bitten Jesus Christus, der durch sein heiliges Kreuz die Welt erlöste:

Erleuchte alle Christen, daß sie die Heilsbedeutung deines Todes tiefer verstehen. (Stille) Christus, höre uns.
A.: Christus, erhöre uns.

Rege die Seelsorger an, deine Anbetung im allerheiligsten Sakrament bei den Gläubigen zu fördern. (Stille) Christus, höre uns.

Rufe die Sünder zur Umkehr, und vergib ihre Schuld. (Stille) Christus, höre uns.

Bestärke uns, unser Leben nach deinem Vorbild zu erneuern. (Stille) Christus, höre uns.
A.: Christus, erhöre uns.

Ewiger Gott, du hast dem heiligen Antonius Maria Zaccaria den Eifer des heiligen Paulus und eine große Liebe zum Kreuz geschenkt. Laß uns in diesem heiligen Zeichen zu unserem Heil gelangen durch Christus, unseren Herrn.   A.: Amen.

6. Juli

HL. MARIA GORETTI
Jungfrau, Märtyrin

Maria wurde geboren und getauft am 16. Oktober 1890 in Corinaldo (Ancona) als drittes von sieben Kindern. Mit zehn Jahren verlor sie ihren Vater und hatte dann eine harte Jugendzeit. Sie tat die Arbeiten im Haus und sorgte für die jüngeren Geschwister, damit die Mutter durch Feldarbeit den kärglichen Lebensunterhalt verdienen konnte. Weil sie dem Versuch einer Vergewaltigung energisch Widerstand leistete, wurde sie so brutal geschlagen, daß sie am folgenden Tag (6. Juli 1902) ihren Verwundungen erlag. Ihr Mörder, dem sie sterbend verziehen hatte, lebte noch, als sie 1950 heiliggesprochen wurde.

Um Jesu willen
Maria Goretti wurde gefragt, ob sie ihrem Mörder verzeihe. Ihre Antwort: „Gewiß verzeihe ich ihm. Ich werde vom Himmel aus für seine Bekehrung beten. Um Jesu willen, der dem reuigen Schächer verziehen hat, will ich ihn auch nahe bei mir im Paradies haben."

Commune-Texte:
A Meßformulare für Märtyrer, S. 2041 ff.,
oder für Jungfrauen, S. 2073 ff.
B Schriftlesungen für Märtyrer, S. 2098 ff.,
oder für Jungfrauen, S. 2108 ff.

TAGESGEBET

Gott, du bist die Quelle der Unschuld und liebst den Adel der Keuschheit. Du hast die heilige Maria Goretti

6. Juli. Hl. Maria Goretti

früh zur Vollendung geführt
und ihren Kampf um die Reinheit
mit dem Martyrium gekrönt.
Hilf uns auf ihre Fürsprache,
treu und fest zu deinen Geboten zu stehen.
Darum bitten wir durch Jesus Christus.

ZUR LESUNG   *Der Mensch hat seinen Leib nicht etwa so, wie er ein Haus oder einen Freund hat. Der Leib, das ist der Mensch selbst in seiner konkreten Wirklichkeit. So wurde er von Gott geschaffen, und so wird er von ihm auch beansprucht. Dazu kommt, daß der ganze Mensch in der Taufe vom Tod zum Leben gekommen ist (Röm 6, 13); er hat als Gabe von Gott das ewige Leben in Christus Jesus empfangen (Röm 6, 23). „Alles gehört euch; ihr aber gehört Christus, und Christus gehört Gott", heißt es in 1 Kor 3, 22–23; und im Schlußteil der heutigen Lesung lesen wir: „Ihr gehört nicht euch selbst; denn um einen teuren Preis seid ihr erkauft worden." Daraus ergibt sich die große Forderung: „Verherrlicht also Gott in eurem Leib!" In unserem Leib beansprucht und rettet Gott ein Stück Welt. Mit unserem Leib, und nicht nur in irgendeiner reinen Innerlichkeit, preisen wir Gott, und bringen wir Christus als Weihegabe, die ihm zusteht, alle Beziehungen und Hoffnungen, alle Beziehungen und Begegnungen unseres Lebens dar. – Zu 6, 13–15: Röm 8, 11; 1 Kor 15, 15; 2 Kor 4, 14. – Zu 6, 17–20: Joh 17, 21–23; Röm 8, 9–11; 1 Kor 3, 16–17; 2 Kor 6, 16; Phil 1, 20.*

ERSTE LESUNG   1 Kor 6, 13c–15a. 17–20

Eure Leiber sind Glieder Christi

**Lesung
aus dem ersten Brief des Apostels Paulus an die Korínther.**

Brüder!
3c **Der Leib ist nicht für die Unzucht da,
sondern für den Herrn,
und der Herr für den Leib.**
4 **Gott hat den Herrn auferweckt;
er wird durch seine Macht auch uns auferwecken.**
5a **Wißt ihr nicht, daß eure Leiber Glieder Christi sind?**
7 **Wer sich an den Herrn bindet,
ist ein Geist mit ihm.**

18 Hütet euch vor der Unzucht!
   Jede andere Sünde, die der Mensch tut,
      bleibt außerhalb des Leibes.
   Wer aber Unzucht treibt,
      versündigt sich gegen den eigenen Leib.
19 Oder wißt ihr nicht,
      daß euer Leib ein Tempel des Heiligen Geistes ist,
      der in euch wohnt und den ihr von Gott habt?
   Ihr gehört nicht euch selbst;
20 denn um einen teuren Preis seid ihr erkauft worden.
   Verherrlicht also Gott in eurem Leib!

ANTWORTPSALM   Ps 31 (30), 3b–4.6 u. 8.16–17 (R: vgl. 6a)

R Herr, in deine Hände lege ich meinen Geist. – **R**   (GL 699, 1)

3b Sei mir ein schützender Fels, *   VI. Ton
   eine feste Burg, die mich rettet.

4 Denn du bist mein Fels und meine Burg; *
   um deines Namens willen wirst du mich führen und leiten. – (**R**)

6 In deine Hände lege ich voll Vertrauen meinen Geist; *
   du hast mich erlöst, Herr, du treuer Gott.

8 Ich will jubeln und über deine Huld mich freuen; †
   denn du hast mein Elend angesehn, *
   du bist mit meiner Not vertraut. – (**R**)

16 In deiner Hand liegt mein Geschick; *
   entreiß mich der Hand meiner Feinde und Verfolger!

17 Laß dein Angesicht leuchten über deinem Knecht, *
   hilf mir in deiner Güte! – **R**

RUF VOR DEM EVANGELIUM   Vers: Jak 1, 12

Halleluja. Halleluja.

Selig, wer in der Versuchung standhält.
Denn wenn er sich bewährt,
wird er den Kranz des Lebens erhalten.

Halleluja.

ZUM EVANGELIUM   *Zwischen dem Einzug Jesu in Jerusalem und dem Letzten Abendmahl berichtet das Johannesevangelium (12, 20–36) eine Rede, in der Jesus von seiner bevorstehenden „Erhöhung" spricht. Die Stunde seines Leidens und seines Todes am Kreuz wird die Stunde seiner Verherrlichung sein (12,23). Das Weizenkorn bringt nur Frucht, wenn es in die Erde fällt und stirbt: in diesem Bild deutet Jesus sein eigenes Sterben als die notwendige Voraussetzung für das Gelingen seines Erlösungswerkes. Und es ist nicht nur die Voraussetzung; es ist die Weise, wie die Erlösung selbst geschieht, und es ist das Lebensgesetz auch für seine Jünger. Nur wer bereit ist, alles zu verlieren, kann sein Jünger sein und ihm nachfolgen – durch den Tod hindurch ins Leben, in die Herrlichkeit beim Vater: „Ihn wird der Vater ehren." – 1 Kor 15,36–37; Mk 8,35; Mt 16,25; Lk 9,24; 17,33.*

EVANGELIUM   Joh 12,24–26

Wenn das Weizenkorn stirbt, bringt es reiche Frucht

✢ Aus dem heiligen Evangelium nach Johannes.

In jener Zeit sprach Jesus zu seinen Jüngern:
Amen, amen, ich sage euch:
Wenn das Weizenkorn nicht in die Erde fällt und stirbt,
   bleibt es allein;
wenn es aber stirbt,
   bringt es reiche Frucht.

Wer an seinem Leben hängt,
   verliert es;
wer aber sein Leben in dieser Welt gering achtet,
   wird es bewahren bis ins ewige Leben.

Wenn einer mir dienen will,
   folge er mir nach;
und wo ich bin,
   dort wird auch mein Diener sein.
Wenn einer mir dient,
   wird der Vater ihn ehren.

FÜRBITTEN

Zu Jesus Christus, der die Stärke der Schwachen ist, beten wir:

Steh allen Christen bei, daß sie den Versuchungen zum Bösen widerstehen und deine Gebote lieben.
A.: Wir bitten dich, erhöre uns.

Gib, daß die Würde der Frau in der Öffentlichkeit geachtet wird.
A.: Wir bitten dich, erhöre uns.

Ermutige unsere jungen Menschen, ihre Leidenschaften zu meistern.

Hilf uns, denen zu vergeben, die an uns schuldig wurden.

Allmächtiger Gott, die heilige Maria Goretti hat entschlossen der Sünde widerstanden und ihrem Mörder vergeben. Schenke uns deine Gnade, daß wir entschiedener deinen Geboten gehorchen, durch Christus, unseren Herrn.   A.: Amen.

7. Juli

HL. WILLIBALD
Bischof, Glaubensbote

Willibald hatte ein ungewöhnlich bewegtes Leben. Er stammte aus einer vornehmen angelsächsischen Familie, war ein Bruder des hl. Wunibald und der hl. Walburga, ein Verwandter des hl. Bonifatius. Die Eltern brachten das Kind schon früh in ein Kloster, aber mit zwanzig Jahren begann er (seit 720) ein ruheloses Pilgerleben zu führen. Er kam nach Rom, betete dann am Heiligen Grab in Jerusalem und den anderen heiligen Stätten Palästinas und kehrte über Konstantinopel nach Italien zurück. 730–739 lebte er im Kloster Monte Cassino, ohne jedoch dort Gelübde abzulegen. Papst Gregor III. sandte ihn in die Mission nach Deutschland, wo der hl. Bonifatius auf ihn wartete. Dieser weihte ihn zum Priester und 741 zum ersten Bischof von Eichstätt. Willibald missionierte im Gebiet der Bayern, Alemannen und Franken. Zusammen mit Wunibald gründete er 752 das Doppelkloster Heidenheim. Er starb am 7. Juli 787.

Commune-Texte:
A Meßformulare für Bischöfe, S. 2056 ff.,
oder für Glaubensboten, S. 2067 ff.
B Schriftlesungen für Hirten der Kirche (Glaubensboten), S. 2101 ff.

TAGESGEBET

Allmächtiger Gott,
aus Liebe zu deinem Sohn hat der heilige Willibald
die Stätten des Lebens Christi aufgesucht

7. Juli. Hl. Willibald

und als Glaubensbote
unserem Volk das Evangelium verkündet.
Hilf uns, im Licht deiner Wahrheit zu leben
und treu zu bleiben im Glauben an Jesus Christus,
deinen Sohn, unseren Herrn und Gott,
der in der Einheit des Heiligen Geistes
mit dir lebt und herrscht in alle Ewigkeit.

ZUR LESUNG   *Direkt auf das Verhalten der Gemeinde blicken die Verse 7–17. Eindringlich werden die Christen an die Lehre und das Beispiel ihrer Vorsteher verwiesen, der verstorbenen (V. 7) und der lebenden. Christus selbst steht hinter ihnen als lebendige und bleibende Mitte der Gemeinde; er ist immer gleich aktuell, „gestern" als der ewige Gottessohn, der Mensch wurde und für uns starb, „heute" als der Auferstandene, als der Hohepriester, auf den wir uns verlassen können, „und in Ewigkeit" als der wiederkommende Richter und Herr. – Röm 12, 13; Gen 18, 1–16; 19, 1–3; Hebr 10, 34; Mt 25, 36; Weish 3, 13; Eph 5, 5–6; Phil 4, 12; Dtn 31, 6; Ps 27, 1–3; 118, 6; Röm 8, 31–39; 2 Thess 3, 7; Ps 102, 27; Hebr 1, 12; Offb 1, 17–18.*

ERSTE LESUNG   Hebr 13,7–8.15–17.20–21

Denkt an eure Vorsteher, die euch das Wort Gottes verkündet haben

Lesung
  aus dem Hebräerbrief.

Brüder!
7 Denkt an eure Vorsteher,
    die euch das Wort Gottes verkündet haben;
  schaut auf das Ende ihres Lebens,
    und ahmt ihren Glauben nach!
8 Jesus Christus ist derselbe
    gestern, heute und in Ewigkeit.
15 Durch ihn also
    laßt uns Gott allezeit das Opfer des Lobes darbringen,
  nämlich die Frucht der Lippen, die seinen Namen preisen.
16 Vergeßt nicht, Gutes zu tun und mit anderen zu teilen;
  denn an solchen Opfern hat Gott Gefallen.
17 Gehorcht euren Vorstehern,
  und ordnet euch ihnen unter,

denn sie wachen über euch
   und müssen Rechenschaft darüber ablegen;
sie sollen das mit Freude tun können,
nicht mit Seufzen, denn das wäre zu eurem Schaden.

20 Der Gott des Friedens aber,
   der Jesus, unseren Herrn, den erhabenen Hirten seiner Schafe,
   von den Toten heraufgeführt hat
   durch das Blut eines ewigen Bundes,
21 er mache euch tüchtig in allem Guten,
damit ihr seinen Willen tut.
Er bewirke in uns, was ihm gefällt,
durch Jesus Christus,
   dem die Ehre sei in alle Ewigkeit.
Amen.

ANTWORTPSALM Ps 25 (24), 4–5.8–9.10 u. 14

R Du, Herr, bist der Hirt deines Volkes. – R (GL 718, 1)

VI. Ton

4 Zeige mir, Herr, deine Wege, *
lehre mich deine Pfade!

5 Führe mich in deiner Treue und lehre mich, †
denn du bist der Gott meines Heiles. *
Auf dich hoffe ich allezeit. – (R)

8 Gut und gerecht ist der Herr, *
darum weist er die Irrenden auf den rechten Weg.

9 Die Demütigen leitet er nach seinem Recht, *
die Gebeugten lehrt er seinen Weg. – (R)

10 Alle Pfade des Herrn sind Huld und Treue *
denen, die seinen Bund und seine Gebote bewahren.

14 Die sind Vertraute des Herrn, die ihn fürchten; *
er weiht sie ein in seinen Bund. – R

RUF VOR DEM EVANGELIUM

Halleluja. Halleluja.

Wohin du mich sendest, will ich ohne Zögern gehen,
an jeden Ort der Welt als treuer Knecht Jesu Christi.

Halleluja.

7. Juli. Hl. Willibald

ZUM EVANGELIUM *Von der Gefahr des Reichtums hat Jesus schon in der Bergpredigt gesprochen: der Mammon mit seinem Anspruch steht in direktem Gegensatz zum Anspruch Gottes (Mt 6, 24). Jesus verdammt die Reichen nicht, er will sie retten. Wie schwierig das ist, sagt das Bild vom Kamel und vom Nadelöhr; die Aussicht hindurchzukommen ist gleich Null. Mit Recht erschrecken die Jünger, ähnlich wie sie beim Wort von der Unauflöslichkeit der Ehe erschrocken sind (Mt 19, 10). Jesus antwortet ihnen auf zwei Fragen: 1. „Wer kann dann noch gerettet werden?" (19, 25), 2. „... was werden wir dafür bekommen?" (19, 27.) Gerettet wird nur, wen Gott rettet; darin sind Arme und Reiche gleich, nur hat Gott es mit den Reichen schwerer: er muß sie zuerst arm machen, und sie müssen sich seiner Hand überlassen. Die zweite, von Petrus ausgesprochene Frage erhält eine doppelte Antwort: Wer Jesus nachfolgt in Armut, Niedrigkeit und Tod, der wird auch bei ihm sein in der kommenden Herrlichkeit; wer alles verläßt, wird alles gewinnen. Nur durch den Tod hindurch gibt es Wiedergeburt und Welterneuerung. – Mk 10, 23–31; Lk 18, 24–30; 22, 28–30; 1 Kor 6, 2; Offb 20, 4; Lk 14, 26; Mt 20, 16; Lk 13, 30.*

EVANGELIUM   Mt 19, 27–29

Ihr, die ihr alles verlassen habt und mir nachgefolgt seid, werdet das Hundertfache erhalten

☩ **Aus dem heiligen Evangelium nach Matthäus.**

27 **In jener Zeit sagte Petrus zu Jesus:**
Du weißt, wir haben alles verlassen und sind dir nachgefolgt.
Was werden wir dafür bekommen?

28 **Jesus erwiderte ihnen: Amen, ich sage euch:**
Wenn die Welt neu geschaffen wird
und der Menschensohn
sich auf den Thron der Herrlichkeit setzt,
werdet ihr, die ihr mir nachgefolgt seid,
auf zwölf Thronen sitzen und die zwölf Stämme Israels richten.

29 **Und jeder,**
der um meines Namens willen Häuser
oder Brüder, Schwestern, Vater, Mutter, Kinder
oder Äcker verlassen hat,
wird dafür das Hundertfache erhalten
und das ewige Leben gewinnen.

FÜRBITTEN

Jesus Christus, der sein Erbarmen allen Menschen offenbaren will, bitten wir:

Für die Christen im Bistum Eichstätt: um Einheit und Freude aus dem Glauben. (Stille) Herr, erbarme dich.
A.: Christus, erbarme dich.

Für alle, die das Evangelium verkünden: um unermüdlichen Eifer. (Stille) Herr, erbarme dich.

Für alle, die zu heiligen Stätten pilgern: um deinen Schutz und die Erfahrung deiner Gnade. (Stille) Herr, erbarme dich.

Für unsere Kinder und Jugendlichen: um Wachstum im Glauben. (Stille) Herr, erbarme dich.

Denn nur durch dich können wir das Heil erlangen. Dir sei Ehre und Lobpreis in Ewigkeit. A.: Amen.

8. Juli
HL. KILIAN
Bischof,
UND GEFÄHRTEN
Glaubensboten, Märtyrer

Der irische Wanderbischof Kilian kam mit seinen Begleitern, dem Priester Kolonat und dem Diakon Totnan, im 7. Jahrhundert nach Würzburg. Nach einem Bericht, der ums Jahr 840 abgefaßt wurde, kam es zu einem Konflikt mit der in Würzburg ansässigen, christlich gewordenen Herzogsfamilie, weil Kilian dem Herzog gegenüber auf der Beachtung des kirchlichen Eherechts bestand. Um 689 wurde Kilian mit seinen beiden Begleitern im Auftrag der Herzogin ermordet. Seine Reliquien wurden 722 aufgefunden und 788 in Gegenwart Karls *d. Gr. in den Salvatordom* (heute Neumünster) überführt.

Commune-Texte:
A Meßformulare für Bischöfe, S. 2056 ff.,
oder für Glaubensboten, S. 2067 ff.,
oder für Märtyrer, S. 2041 ff.

8. Juli. Hl. Kilian und Gefährten

B Schriftlesungen für Hirten der Kirche (Glaubensboten), S. 2101 ff.,
oder für Märtyrer, S. 2098 ff.

TAGESGEBET

Allmächtiger und barmherziger Gott,
durch die Missionsarbeit
des heiligen Kilian und seiner Gefährten
hast du im fränkischen Land
den christlichen Glauben grundgelegt.
Auf die Fürsprache dieser Glaubensboten
festige uns alle in der Treue
zu unserem Herrn Jesus Christus,
der in der Einheit des Heiligen Geistes
mit dir lebt und herrscht in alle Ewigkeit.

ZUR LESUNG *Die ersten fünf Kapitel des Buches der Weisheit erklären sich aus der Situation der Religionsverfolgung, wie sie die Juden ums Jahr 80 vor Christus in Ägypten erfuhren. Die „Gerechten" (3, 1) sind hier die glaubenstreuen Juden; als Toren werden in 3, 2 die bezeichnet, die nichts von der Weisheit Gottes begriffen haben. Es können Heiden oder abgefallene Juden sein. Sie sind unfähig, über die Natur des Menschen und seine letzte Bestimmung nachzudenken, sie haben auch keine Augen, um in der Geschichte Israels das Eingreifen Gottes zu sehen. Für sie sind die Toten tot, und die Frommen, die ihres Glaubens wegen vor der Zeit ihr Leben verloren haben, sind Narren. Doch die Gerechten „sind in Frieden" (3, 3): in dem Frieden, den allein Gott geben kann und den nur die Menschen empfangen können, die sich für Gott geöffnet haben: die Menschen des Glaubens und der Hoffnung. Ihre Hoffnung war wie ein Gefäß, das Gott mit Unsterblichkeit gefüllt hat (3, 4), mit einem Leben, das nicht einfach die Verlängerung des irdischen Lebens ist; es ist ein neugeschaffenes Leben, dem gegenüber alles Bisherige wie nichts erscheint. Leiden und Tod sind darauf die Vorbereitung, sie dienen zur Prüfung und Läuterung. Auf den Glauben und die Treue des Menschen antwortet Gott mit Gnade und Erbarmen (3, 9), die in Wirklichkeit ja allem menschlichen Tun schon vorausgehen und dieses erst möglich machen. – Zu 3, 1: Dtn 33, 3. – Zu 3, 2: Weish 4, 17. – Zu 3, 3: Jes 57, 2. – Zu 3, 4: Weish 2, 23; 6, 18. – Zu 3, 5: Röm 8, 18; 2 Kor 4, 17. – Zu 3, 6: Ijob 23, 10; Ps 17, 3; 26, 2; Spr 17, 3. – Zu 3, 9: 1 Kor 13, 12; 1 Joh 3, 2.*

ERSTE LESUNG Weish 3, 1–9

Gott hat die Gerechten angenommen als ein vollgültiges Opfer

Lesung
  aus dem Buch der Weisheit.

1 Die Seelen der Gerechten sind in Gottes Hand,
  und keine Qual kann sie berühren.
2 In den Augen der Toren sind sie gestorben,
  ihr Heimgang gilt als Unglück,
3 ihr Scheiden von uns als Vernichtung;
    sie aber sind in Frieden.
4 In den Augen der Menschen wurden sie gestraft;
    doch ihre Hoffnung ist voll Unsterblichkeit.
5 Ein wenig nur werden sie gezüchtigt;
    doch sie empfangen große Wohltat.
  Denn Gott hat sie geprüft
    und fand sie seiner würdig.
6 Wie Gold im Schmelzofen hat er sie erprobt
    und sie angenommen als ein vollgültiges Opfer.
7 Beim Endgericht werden sie aufleuchten
    wie Funken, die durch ein Stoppelfeld sprühen.
8 Sie werden Völker richten
    und über Nationen herrschen,
  und der Herr wird ihr König sein in Ewigkeit.
9 Alle, die auf ihn vertrauen,
    werden die Wahrheit erkennen,
  und die Treuen werden bei ihm bleiben in Liebe.
  Denn Gnade und Erbarmen wird seinen Erwählten zuteil.

ANTWORTPSALM Ps 31 (30), 3b–4.6 u. 8.16–17 (R: vgl. 6a)

R Herr, in deine Hände lege ich meinen Geist. – **R** (GL 699)

3b Sei mir ein schützender Fels, * I. Ton
  eine feste Burg, die mich rettet.
4 Denn du bist mein Fels und meine Burg; *
  um deines Namens willen wirst du mich führen und leiten. – **(R)**
6 In deine Hände lege ich voll Vertrauen meinen Geist; *
  du hast mich erlöst, Herr, du treuer Gott.

8. Juli. Hl. Kilian und Gefährten

8 Ich will jubeln und über deine Huld mich freuen; †
denn du hast mein Elend angesehn, *
du bist mit meiner Not vertraut. – (R)

16 In deiner Hand liegt mein Geschick; *
entreiß mich der Hand meiner Feinde und Verfolger!

17 Laß dein Angesicht leuchten über deinem Knecht, *
hilf mir in deiner Güte! – R

RUF VOR DEM EVANGELIUM Vers: vgl. Mt 5, 10

Halleluja. Halleluja.

Selig, die um der Gerechtigkeit willen Verfolgung leiden;
denn ihnen gehört das Himmelreich.

Halleluja.

ZUM EVANGELIUM *Die „Bergpredigt" lebt im christlichen Bewußtsein vor allem in der Form des Matthäusevangeliums. Bei Lukas ist es eine „Feldrede": Jesus ist vom Berg herabgestiegen, in der Ebene strömt die Menschenmenge herbei (V. 17). Drei Gruppen von Zuhörern werden genannt: die Zwölf, die große Schar der Jünger und viele Menschen aus der näheren und weiteren Umgebung. Im ersten Teil der Rede (V. 20–23) wendet sich Jesus zunächst an die Jünger (V. 20; vgl. 12, 1), dann aber an das ganze Volk (vgl. 6, 27; 7, 1). Er preist die Armen und Hungernden, die Weinenden und Verfolgten selig: „Selig seid ihr!" Jesus spricht den ganzen Menschen an: der ganze Mensch soll sich freuen, und zwar jetzt, nicht weil er arm ist, sondern weil seine Armut ihn fähig macht, die Gabe Gottes zu empfangen. Die anschließenden Wehrufe sind Sonderüberlieferung des Lukas (nicht bei Matthäus); sie erinnern an die Schelt- und Drohreden der alten Propheten. Matthäus hat in der Bergpredigt statt dieser Drohrede entsprechende Mahnungen; dem Wehe über die Reichen entspricht bei Matthäus das Wort vom Almosen, dem über die Satten das Wort vom Fasten, dem über die Lachenden und solche, die das Lob der Menschen suchen, das Wort vom Beten im Verborgenen. – Mt 5, 1–12; Lk 16, 25; Jes 5, 8–25; Am 6, 1; Jak 5, 1–6.*

EVANGELIUM   Lk 6, 17–23

Selig, ihr Armen!

✝ Aus dem heiligen Evangelium nach Lukas.

In jener Zeit
17 stieg Jesus mit seinen Jüngern den Berg hinab.
In der Ebene
blieb er mit einer großen Schar seiner Jünger stehen,
und viele Menschen aus ganz Judäa und Jerusalem
und dem Küstengebiet von Tyrus und Sidon
18 strömten herbei.
Sie alle wollten ihn hören
und von ihren Krankheiten geheilt werden.
Auch die von unreinen Geistern Geplagten wurden geheilt.
19 Alle Leute versuchten, ihn zu berühren;
denn es ging eine Kraft von ihm aus,
die alle heilte.

20 Er richtete seine Augen auf seine Jünger
und sagte:
Selig, ihr Armen,
denn euch gehört das Reich Gottes.
21 Selig, die ihr jetzt hungert,
denn ihr werdet satt werden.
Selig, die ihr jetzt weint,
denn ihr werdet lachen.
22 Selig seid ihr, wenn euch die Menschen hassen
und aus ihrer Gemeinschaft ausschließen,
wenn sie euch beschimpfen
und euch in Verruf bringen um des Menschensohnes willen.
23 Freut euch und jauchzt an jenem Tag;
euer Lohn im Himmel wird groß sein.
Denn ebenso haben es ihre Väter mit den Propheten gemacht.

FÜRBITTEN

Wir beten zu Jesus Christus, der vor den Mächtigen nicht zurückschreckte:

Für die Christen im Bistum Würzburg: gib ihnen Seelsorger, die ihnen als gute Hirten auf dem Weg zu dir vorangehen. (Stille)
Christus, höre uns.
A.: Christus, erhöre uns.

Für alle, die im öffentlichen Leben Verantwortung haben: laß sie das Wohl aller Menschen fördern. (Stille) Christus, höre uns.

Für alle, die ungerecht verleumdet und verfolgt werden: sei ihnen eine Zuflucht, und stärke sie. (Stille) Christus, höre uns.

Für unsere Gemeinde: öffne unsere Herzen für deine Weisungen. (Stille) Christus, höre uns.

Ewiger Gott, der heilige Kilian und seine Gefährten haben ihr Glaubenszeugnis mit ihrem Blut besiegelt. Laß uns den Glauben bewahren, den sie bei den Franken eingepflanzt haben, durch Christus, unseren Herrn. A.: Amen.

COMMUNE-TEXTE

FÜR DAS JAHRESGEDÄCHTNIS EINER KIRCHWEIHE UND FÜR DIE GEDENKTAGE DER HEILIGEN

MESSTEXTE

Sowohl Orationen als auch Antiphonen können innerhalb derselben Gruppe ausgetauscht werden. Außerdem ist es möglich, in Messen der Gedenktage der Heiligen Gaben- und Schlußgebet aus den Wochentagsmessen zu nehmen.

COMMUNE-TEXTE FÜR KIRCHWEIHE

siehe Schott-Meßbuch für die Sonntage und Festtage

COMMUNE-TEXTE FÜR MARIENMESSEN

Diese Messen werden auch für das Gedächtnis der seligen Jungfrau Maria am Samstag und als Votivmessen von der Gottesmutter genommen.

1.

ERÖFFNUNGSVERS Sedulius

Gruß dir, heilige Mutter, du hast den König geboren,
der in Ewigkeit herrscht über Himmel und Erde.

TAGESGEBET

Herr und Gott,
auf die Fürsprache
der jungfräulichen Mutter Maria
schenke uns die Gesundheit des Leibes
und das Heil der Seele.
Nimm von uns die Traurigkeit dieser Zeit
und führe uns zur ewigen Freude.
Darum bitten wir durch Jesus Christus.

Oder:

Barmherziger Gott,
mit unserem eigenen Tun
können wir vor dir nicht bestehen.
Darum höre auf die Fürsprache
der seligen Jungfrau Maria.
Schau nicht auf unser Versagen,
sondern sei uns gnädig und rette uns.
Darum bitten wir durch Jesus Christus.

GABENGEBET

Herr, unser Gott,
dein eingeborener Sohn komme uns zu Hilfe
in seiner großen Liebe zu uns.
Seine Geburt hat die Jungfräulichkeit der Mutter
nicht gemindert, sondern geheiligt.
Durch seine Menschwerdung heilige auch uns:
Nimm von uns alle Schuld
und mache dir unsere Gabe wohlgefällig.
Darum bitten wir durch Christus, unseren Herrn.

Marienpräfation, S. 1374.

KOMMUNIONVERS   Vgl. Lk 11, 27

Selig bist du, Jungfrau Maria,
du hast den Sohn des ewigen Vaters getragen.

SCHLUSSGEBET

Gütiger Gott,
am Fest (Gedenktag) der seligen Jungfrau Maria
(beim Gedenken an die selige Jungfrau Maria)
haben wir das heilige Sakrament empfangen.
Hilf uns,
nach dem Beispiel ihres Glaubens
und ihrer Liebe so zu leben,
daß auch wir dem Werk der Erlösung dienen.
Darum bitten wir durch Christus, unseren Herrn.

2.

ERÖFFNUNGSVERS

Selig bist du, Jungfrau Maria.
Du hast den Schöpfer der Welt getragen.
Du hast den geboren, der dich erschuf,
und bleibst Jungfrau in Ewigkeit.

TAGESGEBET

Barmherziger Gott,
du kennst unsere Schwachheit und unsere Not.
Auf die Fürsprache der seligen Jungfrau Maria
nimm von uns die Last der Sünde,
verzeihe uns und richte uns auf.
Darum bitten wir durch Jesus Christus.

Oder:

Gütiger Gott,
komm uns zu Hilfe
auf die Fürsprache der seligen Jungfrau Maria.
Befreie uns aus allen Gefahren
und laß uns froh werden in deinem Frieden.
Darum bitten wir durch Jesus Christus.

GABENGEBET

Herr, unser Gott,
wir gedenken der seligen Jungfrau Maria,
die uns Christus geboren hat, den Erlöser der Welt.
Die Feier des heiligen Opfers
mache uns selbst zu einer Gabe,
die auf ewig dir gehört.
Darum bitten wir durch Christus, unseren Herrn.

Marienpräfation, S. 1374.

KOMMUNIONVERS   Lk 1,49

Großes hat der Mächtige an mir getan. Sein Name ist heilig.

SCHLUSSGEBET

Barmherziger Gott,
am Fest (Gedenktag) der seligen Jungfrau Maria
(beim Gedenken an die selige Jungfrau Maria)
haben wir Anteil erhalten an den Gaben der Erlösung.
Gib, daß auch wir den Reichtum deiner Gnade preisen
und daß sich das göttliche Leben in uns entfaltet.
Darum bitten wir durch Christus, unseren Herrn.

3.

ERÖFFNUNGSVERS   Vgl. Jdt 13, 18–19

Gesegnet bist du, Jungfrau Maria, vom Herrn,
dem erhabenen Gott, vor allen Frauen der Erde.
Er hat dich so verherrlicht,
daß dein Name nicht mehr untergeht bei den Menschen.

TAGESGEBET

Allmächtiger Gott,
wir gedenken der seligen Jungfrau Maria,
die du aus allen Menschen
erwählt und geheiligt hast.
Höre auf ihre Fürsprache
und schenke auch uns Heil und Segen
aus der Fülle deiner Gnade.
Darum bitten wir durch Jesus Christus.

Oder:

Herr Jesus Christus, Sohn Gottes,
du hast dir die selige Jungfrau Maria
zu einer würdigen Wohnung auserwählt.
Gib, daß wir ihr Gedächtnis freudig begehen
und ihren Schutz erfahren.
Erweise auch an uns deine Macht
und erfülle unser Leben mit deiner Gegenwart,
der du in der Einheit des Heiligen Geistes
mit Gott dem Vater
lebst und herrschest in alle Ewigkeit.

GABENGEBET

Allmächtiger Gott,
am Fest (Gedenktag) der seligen Jungfrau Maria
(beim Gedächtnis der seligen Jungfrau Maria)
bringen wir zu deinem Lob unsere Gaben dar.
Nimm sie an
und laß durch dieses Geheimnis
die Gnade der ewigen Erlösung in uns wachsen.
Darum bitten wir durch Christus, unseren Herrn.

Marienpräfation, S. 1374.

KOMMUNIONVERS   Vgl. Lk 1, 48

Selig preisen mich alle Geschlechter,
denn Gott hat sich in Liebe zu seiner Magd geneigt.

SCHLUSSGEBET

Barmherziger Gott,
am Festtag (Gedenktag) der seligen Jungfrau Maria
(beim Gedenken an die selige Jungfrau Maria)
hast du uns mit dem Brot des Himmels gestärkt.
Laß uns einst mit Maria und allen Heiligen
teilnehmen am Mahl des ewigen Lebens.
Darum bitten wir durch Christus, unseren Herrn.

4.
Im Advent

ERÖFFNUNGSVERS   Vgl. Jes 45, 8

Tauet, ihr Himmel, von oben!
Ihr Wolken, regnet herab den Gerechten!
Tu dich auf, o Erde, und sprosse den Heiland hervor!

Oder:

Lk 1, 30–32

Der Engel sprach zu Maria: Du hast vor Gott Gnade gefunden.
Du wirst ein Kind bekommen; einen Sohn wirst du gebären.
Er wird Sohn des Höchsten genannt werden.

Marienmessen

TAGESGEBET

Heiliger Gott,
dein ewiges Wort hat Fleisch angenommen
aus dem Schoß der seligen Jungfrau Maria,
wie ihr der Engel verkündet hat.
Darum verehren wir sie gläubig
als wahre Gottesmutter.
Höre auf ihre Fürsprache
und schenke allen Völkern das Heil
in Jesus Christus,
deinem Sohn, unserem Herrn und Gott,
der in der Einheit des Heiligen Geistes
mit dir lebt und herrscht in alle Ewigkeit.

GABENGEBET

Herr, unser Gott,
wir legen die Gaben auf den Altar.
Heilige sie durch deinen Geist,
der mit seiner Kraft
die Jungfrau Maria überschattet hat.
Darum bitten wir durch Christus, unseren Herrn.

Marienpräfation, S. 1374, oder Adventspräfation, S. 1352.

KOMMUNIONVERS — Jes 7, 14

Seht, die Jungfrau wird empfangen und einen Sohn gebären;
sein Name ist Immanuel – Gott ist mit uns.

SCHLUSSGEBET

Herr, unser Gott,
die heiligen Geheimnisse,
die wir empfangen haben,
sind uns Zeichen deines Erbarmens.
Schenke uns Rettung durch deinen Sohn,
der für uns Mensch geworden ist
aus Maria, der Jungfrau,
der mit dir lebt und herrscht in alle Ewigkeit.

5.
In der Weihnachtszeit

ERÖFFNUNGSVERS
Maria, du hast den König geboren, den Herrscher in Ewigkeit.
Mutter und Jungfrau, unvergleichlich bist du.

Oder:

Jungfrau und Mutter, Gott, den die ganze Welt nicht faßt,
er schloß sich ein als Kind in deinen Schoß.

TAGESGEBET
Allmächtiger Gott,
durch die Mutterschaft
der seligen Jungfrau Maria
hast du der Menschheit
das ewige Heil geschenkt.
Komm uns zu Hilfe
auf die Fürsprache deiner demütigen Magd,
die uns den Urheber des Lebens geboren hat,
Jesus Christus,
deinen Sohn, unseren Herrn und Gott,
der in der Einheit des Heiligen Geistes
mit dir lebt und herrscht in alle Ewigkeit.

GABENGEBET
Herr, unser Gott,
nimm unsere Gaben an
und erleuchte uns mit deinem Heiligen Geist,
damit wir
nach dem Beispiel der seligen Jungfrau Maria
dein Wort in unserem Herzen erwägen und bewahren.
Darum bitten wir durch Christus, unseren Herrn.

Marienpräfation, S. 1374.

KOMMUNIONVERS   Joh 1,14
Das Wort ist Fleisch geworden und hat unter uns gewohnt,
voll Gnade und Wahrheit.

SCHLUSSGEBET

Menschenfreundlicher Gott,
in Freude haben wir
am Fest (Gedenktag) der seligen Jungfrau Maria
(beim Gedenken an die selige Jungfrau Maria)
den Leib und das Blut deines Sohnes empfangen,
der für uns Mensch geworden ist.
Laß uns durch diese geheimnisvollen Gaben
seiner Gottheit teilhaftig werden.
Darum bitten wir durch ihn, Christus, unseren Herrn.

6.
In der Osterzeit

ERÖFFNUNGSVERS Apg 1, 14

Die Jünger verharrten einmütig im Gebet,
zusammen mit Maria, der Mutter Jesu. Halleluja.

TAGESGEBET

Allmächtiger Gott,
durch die Auferstehung deines Sohnes,
unseres Herrn Jesus Christus,
hast du die Welt mit Jubel erfüllt.
Laß uns durch seine jungfräuliche Mutter Maria
zur unvergänglichen Osterfreude gelangen.
Darum bitten wir durch ihn, Jesus Christus.

Oder (zwischen Christi Himmelfahrt und Pfingsten):

Gott,
du hast den Aposteln,
die mit der Mutter Jesu im Gebet versammelt waren,
den Heiligen Geist gesandt.
Höre auf die Fürsprache der seligen Jungfrau Maria.
Mache auch uns bereit,
die Gaben deines Geistes zu empfangen
und deine Herrlichkeit
in Wort und Tat zu verkünden.
Darum bitten wir durch Jesus Christus.

GABENGEBET

Herr, unser Gott,
am Fest (Gedenktag) der seligen Jungfrau Maria
(beim Gedenken an die selige Jungfrau Maria)
bringen wir unsere Gaben dar.
Komm uns zu Hilfe durch deinen Sohn,
der Mensch geworden ist
und sich für uns am Kreuz
als makelloses Opfer dargebracht hat.
Darum bitten wir durch ihn, Christus, unseren Herrn.

Marienpräfation, S. 1374.

KOMMUNIONVERS

Freu dich, Jungfrau und Mutter,
denn der Herr ist aus dem Grab erstanden. Halleluja.

SCHLUSSGEBET

Ewiger Gott,
bewahre, was du uns im Sakrament des Glaubens
geschenkt hast.
Laß uns festhalten am Bekenntnis,
daß dein Sohn, den die Jungfrau empfangen hat,
wahrer Gott und wahrer Mensch ist,
und führe uns in der Kraft seiner Auferstehung
zur ewigen Freude.
Darum bitten wir durch ihn, Christus, unseren Herrn.

7.
Weitere Orationen für die Meßfeier
zu Ehren der seligen Jungfrau Maria

TAGESGEBET

Allmächtiger Gott,
im Vertrauen auf die Fürbitte Unserer Lieben Frau
flehen wir zu dir:

Befreie uns von allem Bösen,
das uns auf Erden bedroht,
und schenke uns im Himmel
die unvergängliche Freude.
Darum bitten wir durch Jesus Christus.

GABENGEBET

Herr,
blicke auf deine Gläubigen,
die in dieser Feier der seligen Jungfrau Maria gedenken.
Nimm unsere Gaben und Gebete an
und schenke uns durch dieses Opfer
deine Versöhnung.
Darum bitten wir durch Christus, unseren Herrn.

SCHLUSSGEBET

Herr, unser Gott,
in dieser Feier zu Ehren der seligen Jungfrau
und Gottesmutter Maria
haben wir das heilbringende Sakrament empfangen.
Höre auf ihre Fürsprache
und führe uns mit ihr und allen Heiligen
zur Vollendung.
Darum bitten wir durch Christus, unseren Herrn.

COMMUNE-TEXTE FÜR MÄRTYRER

1.
Für mehrere Märtyrer außerhalb der Osterzeit

ERÖFFNUNGSVERS

Im Himmel freuen sich die Heiligen,
die Christus nachgefolgt sind bis in den Tod.
Aus Liebe zu Christus haben sie ihr Blut vergossen;
nun herrschen sie mit ihm in Ewigkeit.

TAGESGEBET

Herr, unser Gott,
wir gedenken der heiligen Märtyrer **N.** und **N.**
Sie haben für Christus das Leben geopfert:
Gib auch uns die Kraft,
dir im Glauben treu zu bleiben.
Darum bitten wir durch Jesus Christus.

GABENGEBET

Gott, unser Vater,
am Gedenktag deiner heiligen Märtyrer **N.** und **N.**
rufen wir zu dir:
Gewähre uns jene Treue
im Bekenntnis zu deinem Namen,
die du ihnen geschenkt hast,
und nimm unsere Gaben an,
wie du das Opfer ihres Lebens angenommen hast.
Darum bitten wir durch Christus, unseren Herrn.

KOMMUNIONVERS   Lk 22, 28–30

So spricht der Herr:
In allen meinen Prüfungen seid ihr bei mir geblieben.
Darum vererbe ich euch das Reich.
Ihr sollt in meinem Reich mit mir an meinem Tisch essen und trinken.

SCHLUSSGEBET

Herr, unser Gott,
du hast im Leben deiner heiligen Märtyrer
das Geheimnis des Kreuzes aufleuchten lassen.
Stärke uns durch das Opfer, das wir gefeiert haben,
damit wir in der Nachfolge Christi ausharren
und in deiner Kirche zum Heil der Menschen wirken.
Darum bitten wir durch Christus, unseren Herrn.

2.
Für mehrere Märtyrer außerhalb der Osterzeit

ERÖFFNUNGSVERS   Ps 34 (33), 20.23

Der Gerechte muß viel leiden, doch allem wird der Herr ihn entreißen.
Der Herr erlöst seine Knechte und alle, die sich zu ihm flüchten.

TAGESGEBET

Allmächtiger, ewiger Gott,
du hast den Märtyrern N. und N.
die Kraft gegeben,
ihren Glauben an Christus
durch ihr Sterben zu bekennen.
Komm unserer Schwachheit zu Hilfe,
damit wir deine Wahrheit
durch unser ganzes Leben bezeugen.
Darum bitten wir durch Jesus Christus.

GABENGEBET

Herr und Gott,
nimm unsere Gaben an,
die wir am Fest deiner Märtyrer darbringen.
Tilge unsere Sünden durch dieses heilige Opfer
und führe uns näher zu dir.
Darum bitten wir durch Christus, unseren Herrn.

KOMMUNIONVERS   Joh 15, 13

Es gibt keine größere Liebe als die,
wenn einer sein Leben gibt für seine Freunde.

SCHLUSSGEBET

Gott, unser Vater,
du hast uns mit dem heiligen Brot genährt
und in Christus zu einem Leib verbunden.
Er hat uns zuerst geliebt;
gib, daß uns nichts von seiner Liebe trenne
und wir nach dem Beispiel
der heiligen Märtyrer N. und N.
in der Anfechtung standhalten.
Darum bitten wir durch Christus, unseren Herrn.

3.
Für mehrere Märtyrer außerhalb der Osterzeit

ERÖFFNUNGSVERS Ps 37 (36), 39

Die Rettung der Gerechten kommt vom Herrn,
er ist ihre Zuflucht in ihrer Not.

TAGESGEBET

Herr, unser Gott, wir freuen uns
über die ruhmreiche Schar deiner Blutzeugen,
die durch ihr Martyrium
wahrhaft Brüder geworden sind.
Die Gemeinschaft mit ihnen
gebe unserem Glauben neue Kraft;
ihre Fürbitte schenke uns Mut und Zuversicht.
Darum bitten wir durch Jesus Christus.

Oder:

Herr und Gott,
das Gebet deiner Märtyrer N. und N.
erwirke uns die Gnade,
in der Welt deine Wahrheit zu bekennen
und deinen Namen zu verherrlichen.
Darum bitten wir durch Jesus Christus.

GABENGEBET

Allmächtiger Gott,
um das Martyrium deiner Heiligen zu feiern,
bringen wir die Gaben zu deinem Altar.
Aus der Feier der Eucharistie
schöpften die Heiligen N. und N. Kraft
in der Zeit ihrer Prüfung.
Das heilige Sakrament schenke auch uns
Standhaftigkeit in der Bedrängnis.
Darum bitten wir durch Christus, unseren Herrn.

KOMMUNIONVERS Mk 8, 35

Wer sein Leben um meinetwillen
und um des Evangeliums willen verliert, wird es retten.

SCHLUSSGEBET

Herr, unser Gott,
am Festtag deiner heiligen Märtyrer N. und N.
hast du uns in diesem Mahl
den Reichtum deiner Gnade geschenkt.
Gib, daß wir in der Kraft dieser Gaben
dir in Treue anhangen
und von dir Heil und Frieden empfangen.
Darum bitten wir durch Christus, unseren Herrn.

4.
Für mehrere Märtyrer außerhalb der Osterzeit

ERÖFFNUNGSVERS Ps 34 (33), 18

Schreien die Gerechten, so hört sie der Herr;
er entreißt sie all ihren Ängsten.

TAGESGEBET

Herr und Gott,
jedes Jahr gibst du uns
durch das Fest deiner Märtyrer N. und N.
Anlaß zu dankbarer Freude.
Schenke auch uns die Kraft,
Kreuz und Leid standhaft zu ertragen.
Darum bitten wir durch Jesus Christus.

Oder:

Barmherziger Gott,
du hast den Märtyrern N. und N.
deine Liebe zugewandt,
du hast sie im Leiden gestärkt
und sie in deine Herrlichkeit aufgenommen.
Auf ihre Fürsprache verzeihe uns alle Sünden
und rette uns aus jeder Not.
Darum bitten wir durch Jesus Christus.

GABENGEBET

Herr, unser Gott,
wir bringen unsere Gaben dar
am Gedenktag der Heiligen N. und N.
Um ihres Glaubens und ihrer Treue willen
hast du sie
zur Anschauung deiner Herrlichkeit geführt.
Gib, daß auch wir festhalten
am Bekenntnis unserer Hoffnung,
damit wir die Verzeihung der Sünden erlangen
und bei dir den Frieden finden.
Darum bitten wir durch Christus, unseren Herrn.

KOMMUNIONVERS   2 Kor 4, 11

Immer werden wir, obgleich wir leben,
um Jesu willen dem Tod ausgeliefert,
damit auch das Leben Jesu
an unserem sterblichen Leib offenbar wird.

SCHLUSSGEBET

Herr, unser Gott,
gewähre uns durch das heilige Sakrament
deine reiche Gnade
und lehre uns durch das Beispiel der Märtyrer
in Geduld und Standhaftigkeit das Böse zu besiegen,
damit wir in der Gemeinschaft der Heiligen
die Krone des Lebens erlangen.
Darum bitten wir durch Christus, unseren Herrn.

5.
Für mehrere Märtyrer außerhalb der Osterzeit

ERÖFFNUNGSVERS

Die Märtyrer haben auf Erden ihr Blut für Christus vergossen.
Darum belohnt er sie mit ewigem Leben.

TAGESGEBET

Erbarme dich, Herr, unser Gott,
und mehre in uns den Glauben,
für den die heiligen Märtyrer (Märtyrinnen)
gestorben sind.
Hilf uns, aus diesem Glauben zu leben,
damit wir Vergebung und Gnade finden.
Darum bitten wir durch Jesus Christus.

GABENGEBET

Herr, unser Gott,
nimm unsere Opfergaben gnädig an.
Das Leiden deines Sohnes,
das wir im Geheimnis des Altares begehen,
präge unser ganzes Leben,
wie es das Leben der heiligen Märtyrer (Märtyrinnen)
N. und N. geformt hat.
Darum bitten wir durch Christus, unseren Herrn.

Oder:

Herr, unser Gott,
du hast den Heiligen N. und N.
den Lohn für ihre Treue gegeben.
Um ihren Sieg zu feiern,
bringen wir diese Opfergaben dar.
Stärke auch uns in der Liebe zu dir.
Mache uns treu bis zum Tod,
damit wir den Lohn empfangen,
der den Standhaften verheißen ist.
Darum bitten wir durch Christus, unseren Herrn.

KOMMUNIONVERS   Vgl. Röm 8, 38–39

Weder Leben noch Tod,
noch irgendeine Kreatur können uns scheiden von der Liebe Christi.

SCHLUSSGEBET

Gütiger Gott,
du hast uns gespeist mit dem heiligen Leib
und dem kostbaren Blut Jesu Christi, deines Sohnes.

Gewähre uns am Festtag (Gedenktag)
der heiligen Märtyrer N. und N.,
daß wir in aller Bedrängnis geduldig ausharren,
aus deiner Gnade leben
und von deiner Liebe immer mehr angezogen werden.
Darum bitten wir durch Christus, unseren Herrn.

6.
Für einen Märtyrer außerhalb der Osterzeit

ERÖFFNUNGSVERS

Für seinen Gott hat dieser Heilige gekämpft bis zum Tod.
Er war ohne Furcht, denn er stand auf sicherem Grund.

TAGESGEBET

Allmächtiger und barmherziger Gott,
mit deiner Hilfe hat der heilige N.
die Qualen des Martyriums ausgehalten.
Hilf uns, die wir seinen Sieg feiern,
durch deinen mächtigen Schutz,
damit wir in allen Angriffen des Feindes
bestehen können.
Darum bitten wir durch Jesus Christus.

GABENGEBET

Allmächtiger Gott,
segne und heilige diese Gaben
und schenke uns in diesem Opfer jene Liebe,
durch die der heilige N.
die Qualen des Martyriums durchgestanden
und den Siegeskranz errungen hat.
Darum bitten wir durch Christus, unseren Herrn.

Oder:

Allmächtiger Gott,
am Gedenktag des heiligen N.
bringen wir Brot und Wein zum Altar.
Du hast sein Blutzeugnis als kostbare Gabe angenommen;

Ein Märtyrer außerhalb der Osterzeit

laß auch die Zeichen unserer Hingabe dir wohlgefallen.
Darum bitten wir durch Christus, unseren Herrn.

KOMMUNIONVERS
Mt 16, 24

Wer mir nachfolgen will, verleugne sich selbst
und nehme sein Kreuz auf sich; so folge er mir nach.

SCHLUSSGEBET

Herr, unser Gott,
stärke uns durch die empfangenen Gaben,
wie du deinen heiligen Märtyrer N. gestärkt hast,
damit in deinem Dienst auch unser Glaube wachse
und sich im Leiden bewähre.
Darum bitten wir durch Christus, unseren Herrn.

7.
Für einen Märtyrer außerhalb der Osterzeit

ERÖFFNUNGSVERS

Dieser Märtyrer hat für Christus sein Blut vergossen.
Er hat sich nicht gefürchtet vor den Drohungen der Richter.
Darum durfte er eingehen in die Herrlichkeit des Herrn.

TAGESGEBET

Allmächtiger, ewiger Gott,
du hast dem heiligen N. die Kraft gegeben,
durch seinen Tod
für Recht und Wahrheit einzutreten.
Höre auf seine Fürsprache
und hilf uns, alle Mühe und Last zu ertragen
und dich, unser wahres Leben,
mit ungeteiltem Herzen zu suchen.
Darum bitten wir durch Jesus Christus.

GABENGEBET

Gütiger Gott,
erfülle diese Gaben mit deinem Segen
und mache uns treu im Glauben,
den der heilige N. mit seinem Blut bezeugt hat.
Darum bitten wir durch Christus, unseren Herrn.

Oder:

Herr, unser Gott,
wir bringen diese Gaben dar
am Gedenktag des heiligen N.,
den weder Verfolgung noch Tod
von der Einheit deiner Kirche trennen konnten.
Erhalte auch uns in dieser Treue.
Darum bitten wir durch Christus, unseren Herrn.

KOMMUNIONVERS Joh 15, 5

Ich bin der Weinstock, ihr seid die Rebzweige.
Wer in mir bleibt und in wem ich bleibe, der bringt reiche Frucht.

SCHLUSSGEBET

Herr, unser Gott,
du hast uns mit den heiligen Gaben gestärkt.
Gib, daß wir
standhaft bleiben wie der heilige N.,
und mach uns bereit,
Trägheit und Feigheit abzulegen,
damit wir am Lohn deiner Märtyrer Anteil erlangen.
Darum bitten wir durch Christus, unseren Herrn.

8.
Für mehrere Märtyrer in der Osterzeit

ERÖFFNUNGSVERS Mt 25, 34

Kommt her, ihr, die ihr von meinem Vater gesegnet seid,
nehmt das Reich in Besitz,
das seit Anfang der Welt für euch bestimmt ist. Halleluja.

TAGESGEBET

Allmächtiger Gott,
du hast den heiligen Märtyrern N. und N.
die Kraft geschenkt,
für dein Wort und das Zeugnis von Jesus
ihr Leben hinzugeben.
Stärke uns mit dem Heiligen Geist,

damit auch wir deine Botschaft gläubig hören
und standhaft bekennen.
Darum bitten wir durch Jesus Christus.

Oder:

Herr, unser Gott,
von dir kommt die Kraft in der Schwachheit,
von dir die Festigkeit im Glauben,
wie es uns der Tod deiner heiligen Märtyrer bezeugt.
Da wir im Leiden mit deinem Sohn vereint sind,
laß uns auch teilhaben an seiner Auferstehung
und mit allen Heiligen
bei dir die vollkommene Freude erlangen,
die uns niemand nehmen kann.
Darum bitten wir durch Jesus Christus.

GABENGEBET

Allmächtiger Gott,
um das Sterben der Märtyrer zu ehren,
feiern wir das Opfer deines Sohnes und bekennen,
daß jedes Martyrium seinen Ursprung hat
in diesem einen Opfer Jesu Christi,
der mit dir lebt und herrscht in alle Ewigkeit.

KOMMUNIONVERS   Offb 2,7

Allen, die siegen, werde ich zu essen geben
vom Baum des Lebens, der im Paradies Gottes steht.

SCHLUSSGEBET

Herr, unser Gott,
du hast den heiligen Blutzeugen N. und N.
durch das Brot des Himmels die Kraft gegeben,
die Welt zu überwinden.
Stärke auch uns durch diese Speise,
damit wir den Sieg erlangen
und als Sieger essen dürfen vom Baum des Lebens.
Darum bitten wir durch Christus, unseren Herrn.

9.
Für mehrere Märtyrer in der Osterzeit

ERÖFFNUNGSVERS Vgl. Offb 12,11

Diese Heiligen haben gesiegt durch das Blut des Lammes.
Sie haben Christus mehr geliebt als ihr Leben.
Darum herrschen sie mit ihm in Ewigkeit. Halleluja.

TAGESGEBET

Herr, unser Gott,
deine heiligen Märtyrer N. und N.
haben den Tod und die Auferstehung Christi
freimütig bekannt
und für diesen Glauben ihr Blut vergossen.
Dieser Tag,
an dem sie zu dir hinübergegangen sind,
schenke uns neue Hoffnung und Freude,
Darum bitten wir durch Jesus Christus.

GABENGEBET

Allmächtiger Gott,
sieh gnädig auf diese Gaben
und heilige sie durch deinen Geist,
damit sie in unseren Herzen jene Liebe wecken,
in deren Kraft die Heiligen N. und N.
die Qualen des Martyriums überwunden haben.
Darum bitten wir durch Christus, unseren Herrn.

KOMMUNIONVERS 2 Tim 2,11–12

Wenn wir mit Christus gestorben sind,
werden wir auch mit ihm leben;
wenn wir standhaft bleiben,
werden wir auch mit ihm herrschen. Halleluja.

SCHLUSSGEBET

Allmächtiger Gott,
am Festtag der heiligen Märtyrer N. und N.
haben wir von dem einen Brot gegessen.

Erhalte uns in der Liebe zu dir
und zu allen Menschen
und laß uns im neuen Leben wandeln,
das du uns geschenkt hast.
Darum bitten wir durch Christus, unseren Herrn.

10.
Für einen Märtyrer in der Osterzeit

ERÖFFNUNGSVERS Vgl. 4 Esra 2, 35 (apokr.)

Ewiges Licht leuchtet deinen Heiligen, Herr,
Unsterblichkeit ist ihr Besitz. Halleluja.

TAGESGEBET

Großer Gott,
der Sieg des Martyriums,
den du dem heiligen N. verliehen hast,
bringt deiner Kirche Ehre und Ruhm.
Gib, daß wir den Spuren dieses Heiligen nachgehen,
der in seinem Leiden und Sterben
Christus ähnlich geworden ist,
und führe auch uns zur ewigen Freude.
Darum bitten wir durch Jesus Christus.

GABENGEBET

Herr und Gott,
am Gedenktag des heiligen N.
bringen wir das Opfer des Lobes
und der Versöhnung dar.
Es erwirke uns die Vergebung der Sünden
und die Gnade, dir immer zu danken.
Darum bitten wir durch Christus, unseren Herrn.

KOMMUNIONVERS Joh 12, 24

Wenn das Weizenkorn nicht in die Erde fällt und stirbt, bleibt es allein;
wenn es aber stirbt, bringt es reiche Frucht. Halleluja.

SCHLUSSGEBET

Allmächtiger Gott,
am Gedenktag deines Märtyrers N.
haben wir den Opfertod deines Sohnes verkündet
und das Brot des Himmels empfangen.
Laß uns mit deinen heiligen Märtyrern
auch an der Auferstehung
und Herrlichkeit Christi teilhaben,
der mit dir lebt und herrscht in alle Ewigkeit.

11.
Weitere Gebete für Märtyrer

Für Glaubensboten

TAGESGEBET

Allmächtiger und barmherziger Gott,
durch die Predigt und das Zeugnis
der heiligen Märtyrer N. und N.
hast du vielen Menschen
deinen Sohn als Erlöser geoffenbart.
Höre auf ihre Fürsprache und festige uns im Glauben
zum Lob und zur Ehre deines Namens.
Darum bitten wir durch Jesus Christus.

GABENGEBET

Am Fest deiner Märtyrer N. und N.
bitten wir dich, Herr:
Laß uns in diesem Opfer
den Tod deines Sohnes würdig verkünden.
Denn er hat seine Zeugen
nicht nur mit Worten zur Nachfolge gerufen,
sondern durch das Beispiel seines Sterbens verpflichtet.
Er, der mit dir lebt und herrscht in alle Ewigkeit.

SCHLUSSGEBET

Allmächtiger Gott,
du hast uns an deinem heiligen Tisch gestärkt.
Gib, daß wir

nach dem Beispiel der Märtyrer N. und N.
als Glieder Christi in seiner Liebe bleiben
und sein Leiden auf uns nehmen,
damit wir für immer seinen Frieden finden.
Darum bitten wir durch ihn, Christus, unseren Herrn.

Für Jungfrauen

TAGESGEBET

Gott, am heutigen Tag gedenken wir
der heiligen Jungfrau und Märtyrin N.
Du stellst uns
das leuchtende Beispiel ihrer Keuschheit
und ihrer tapferen Treue vor Augen.
Sieh auf ihr heiliges Leben und Sterben
und gib auch uns die Kraft,
entschlossen den Weg des Glaubens zu gehen.
Darum bitten wir durch Jesus Christus.

GABENGEBET

Allmächtiger Gott,
du hast das Lebensopfer
der heiligen N. angenommen.
Nimm auch unsere Gaben an
und mache uns zu einem Opfer, das dir wohlgefällt.
Darum bitten wir durch Christus, unseren Herrn.

SCHLUSSGEBET

Barmherziger Gott,
die heilige N.
hat durch ihr jungfräuliches Leben
und ihr Martyrium
einen zweifachen Sieg errungen.
Hilf uns durch die Kraft des heiligen Sakramentes,
daß auch wir alles Böse überwinden
und die ewige Herrlichkeit empfangen.
Darum bitten wir durch Christus, unseren Herrn.

Für Frauen

TAGESGEBET

Herr, unser Gott,
du offenbarst uns in der Bedrängnis
die Macht deines Erbarmens.
Von dir empfing die heilige N. die Gnade,
das Martyrium zu bestehen.
Stärke auch uns mit deiner Kraft
und laß uns in aller Not auf deine Hilfe vertrauen.
Darum bitten wir durch Jesus Christus.

GABENGEBET

Herr, unser Gott,
wir feiern heute den Sieg der Märtyrin N.
und bringen in Freude das Opfer dar.
Wir rühmen dich,
weil du groß bist in deinen Heiligen.
Höre auf ihre Fürsprache
und nimm unseren Lobpreis an.
Darum bitten wir durch Christus, unseren Herrn.

SCHLUSSGEBET

Allmächtiger Gott,
am Gedenktag der heiligen N.
haben wir dein heiliges Sakrament empfangen
als Unterpfand der kommenden Herrlichkeit.
Nach deinem Willen
haben wir diese Geheimnisse gefeiert;
mache uns fähig,
aus der Kraft dieser Speise zu leben.
Darum bitten wir durch Christus, unseren Herrn.

COMMUNE-TEXTE FÜR HIRTEN DER KIRCHE

1. Für Päpste oder Bischöfe

ERÖFFNUNGSVERS

Der Herr bestellte ihn zum Hohenpriester.
Er erschloß ihm seinen Reichtum und überhäufte ihn mit Gnaden.

Hirten der Kirche – Päpste oder Bischöfe

TAGESGEBET
Für Päpste
Allmächtiger, ewiger Gott,
du hast den heiligen Papst N. dazu berufen,
deine ganze Kirche zu leiten
und ihr durch Wort und Beispiel zu dienen.
Nimm die Hirten der Kirche
und die Gemeinden, die ihnen anvertraut sind,
unter deinen Schutz
und führe sie auf den Weg des ewigen Heiles.
Darum bitten wir durch Jesus Christus.

Für Bischöfe
Gütiger Gott,
der heilige Bischof N.
hat als guter Hirt dein Volk geführt.
Höre auf seine Fürsprache
und laß uns in der Gemeinschaft der Kirche
zur ewigen Freude gelangen.
Darum bitten wir durch Jesus Christus.

GABENGEBET
Herr, unser Gott,
am Gedenktag des heiligen N.
bringen wir das Opfer des Lobes dar.
Voll Vertrauen rufen wir zu dir:
Wende alles Böse von uns ab
und rette uns vor dem ewigen Verderben.
Darum bitten wir durch Christus, unseren Herrn.

KOMMUNIONVERS   Joh 10, 11
Der gute Hirt gibt sein Leben für die Schafe.

SCHLUSSGEBET
Herr, unser Gott,
das Sakrament, das wir empfangen haben,
entzünde in uns jene Liebe, die den heiligen N. drängte,
unermüdlich für deine Kirche zu arbeiten.
Darum bitten wir durch Christus, unseren Herrn.

2. Für Päpste oder Bischöfe

ERÖFFNUNGSVERS Vgl. Sir 45, 24
Der Herr machte ihn zum Vorsteher seiner Gemeinde,
zum Diener seines Bundes, daß er Priester sei in Ewigkeit.

TAGESGEBET
Für Päpste

Herr und Gott,
du hast den heiligen N.
zum Hirten der ganzen Kirche bestellt.
Durch seine Lehre und sein Leben
hat er für dein Volk Großes geleistet.
Da wir seine Verdienste feiern, hilf auch uns,
durch gute Werke für die Menschen Licht zu sein
und aus der Kraft deiner Liebe vor dir zu leben.
Darum bitten wir durch Jesus Christus.

Für Bischöfe

Allmächtiger Gott,
wir feiern den Gedenktag
des heiligen Bischofs N.,
der deinen Gläubigen Helfer und Vorbild war.
Höre auf seine Fürsprache
und schenke deinem Volk auch in unserer Zeit
Hirten nach deinem Herzen.
Darum bitten wir durch Jesus Christus.

GABENGEBET

Barmherziger Gott,
am Gedenktag des heiligen Papstes N.
bringen wir unsere Gaben dar
für die Feier des Opfers,
durch das du der Welt alle Sünden vergeben hast.
Schau gnädig auf uns und gib,
daß dieses Geheimnis uns Heil und Segen bringt.
Darum bitten wir durch Christus, unseren Herrn.

KOMMUNIONVERS Joh 21,17
Herr, du weißt alles; du weißt, daß ich dich liebe.

SCHLUSSGEBET

Herr, unser Gott,
das Sakrament, das wir am Gedenktag
des heiligen N. empfangen haben,
schütze uns in der Gefährdung dieses Lebens
und führe uns zur ewigen Freude.
Darum bitten wir durch Christus, unseren Herrn.

3. Für Bischöfe

ERÖFFNUNGSVERS Ez 34,11.23–24
So spricht Gott der Herr:
Ich selbst will meine Herde aufsuchen
und für sie einen Hirten einsetzen, der sie auf die Weide führt.
Ich selbst, der Herr, werde ihr Gott sein.

TAGESGEBET

Allmächtiger Gott,
du hast deinem Volk den heiligen N.
zum Bischof gegeben
und in seinem Leben deine Güte sichtbar gemacht.
Sieh auf sein heiliges Leben
und schenke uns deine väterliche Liebe.
Darum bitten wir durch Jesus Christus.

GABENGEBET

Allmächtiger Gott,
schau gnädig auf die Gaben,
die wir am Gedenktag des heiligen Bischofs N.
auf deinen Altar legen.
Das heilige Opfer verherrliche deinen Namen
und erwirke uns Vergebung der Sünden.
Darum bitten wir durch Christus, unseren Herrn.

KOMMUNIONVERS   Joh 15, 16

Nicht ihr habt mich erwählt, sondern ich habe euch erwählt,
und ich habe euch dazu bestimmt, daß ihr hingeht und Frucht bringt
und daß eure Frucht bleibt – so spricht der Herr.

SCHLUSSGEBET

Herr, unser Gott,
du hast uns am Fest des heiligen Bischofs N.
mit dem Leib und Blut Christi genährt.
Hilf uns, nach seinem Beispiel
den Glauben, den er gelehrt hat, zu bekennen
und durch gute Werke zu bezeugen.
Darum bitten wir durch Christus, unseren Herrn.

4. Für Bischöfe

ERÖFFNUNGSVERS   1 Sam 2, 35

So spricht Gott der Herr:
Ich werde mir einen zuverlässigen Priester einsetzen,
der nach meinem Willen handelt.

TAGESGEBET

Allmächtiger Gott,
du hast den heiligen N. mit deiner Liebe erfüllt;
du hast ihm jenen Glauben geschenkt,
der die Welt überwindet,
und ihn aufgenommen in die Schar der heiligen Bischöfe.
Mache auch uns auf seine Fürsprache
treu im Glauben und beharrlich in der Liebe,
damit wir an seiner Herrlichkeit Anteil erlangen.
Darum bitten wir durch Jesus Christus.

GABENGEBET

Herr und Gott,
nimm die Gaben deines Volkes an;
wir bringen sie dar am Gedenktag des heiligen N.
und vertrauen, daß wir durch sie
deine Güte und Hilfe erfahren.
Darum bitten wir durch Christus, unseren Herrn.

KOMMUNIONVERS Joh 10,10

Ich bin gekommen, damit sie das Leben haben
und es in Fülle haben – so spricht der Herr.

SCHLUSSGEBET

Herr, unser Gott,
du hast uns mit dem heiligen Leib
und dem kostbaren Blut Christi gestärkt.
Laß uns durch diese Feier zur unverlierbaren
und vollen Gemeinschaft mit dir gelangen.
Darum bitten wir durch Christus, unseren Herrn.

5. Für einen Seelsorger

ERÖFFNUNGSVERS Lk 4,18

Der Geist Gottes des Herrn ruht auf mir,
denn der Herr hat mich gesalbt.
Er hat mich gesandt,
damit ich den Armen eine gute Nachricht bringe
und alle heile, deren Herz bedrückt ist.

TAGESGEBET

Gott,
du Licht deiner Gläubigen, du Hirt der Seelen.
Du hast den heiligen (Bischof) N. dazu berufen,
durch seine Predigt und sein Beispiel
der Kirche zu dienen.
Seine Fürsprache helfe uns,
den Glauben zu bewahren, den er gelehrt,
und den Weg zu gehen,
den er durch sein Leben gewiesen hat.
Darum bitten wir durch Jesus Christus.

GABENGEBET

Allmächtiger Gott,
die Gaben,
die wir am Gedenktag des heiligen N. darbringen,
bezeugen deine Macht und Größe.
Diese Opferfeier erwirke uns die Frucht der Erlösung.
Darum bitten wir durch Christus, unseren Herrn.

KOMMUNIONVERS Mt 28, 20

Ich bin alle Tage bei euch bis zum Ende der Welt – so spricht der Herr.

SCHLUSSGEBET

Herr, unser Gott,
du hast dem heiligen N.
für den treuen Dienst an seiner Gemeinde
die Krone des Lebens geschenkt.
Das Sakrament, das wir empfangen haben,
führe auch uns zur ewigen Freude.
Darum bitten wir durch Christus, unseren Herrn.

Oder:

Allmächtiger Gott,
du hast uns mit dem heiligen Mahl gestärkt.
Hilf uns, nach dem Beispiel des heiligen N.
dich allezeit zu ehren
und den Menschen in brüderlicher Liebe zu dienen.
Darum bitten wir durch Christus, unseren Herrn.

6. Für mehrere Seelsorger

ERÖFFNUNGSVERS Jer 3, 15

Ich gebe euch Hirten nach meinem Herzen;
mit Einsicht und Klugheit werden sie euch weiden.

Oder: Dan 3, 84.87

Preist den Herrn, ihr Priester;
preist den Herrn, ihr Frommen und Demütigen.

TAGESGEBET

Gütiger Gott,
du hast die heiligen (Bischöfe) N. und N.
mit dem Geist der Wahrheit und der Liebe erfüllt
und sie befähigt, dein Volk zu leiten.
Höre auf ihre Fürsprache,
laß uns nach ihrem Vorbild leben
und stets deine Hilfe erfahren.
Darum bitten wir durch Jesus Christus.

GABENGEBET

Allmächtiger Gott,
nimm die Gaben deines Volkes an,
die es dir am Gedenktag
der heiligen (Bischöfe) N. und N. darbringt.
Nimm sie entgegen und schenke uns
durch dieses Opfer das ewige Heil.
Darum bitten wir durch Christus, unseren Herrn.

KOMMUNIONVERS   Mt 20, 28

Der Menschensohn ist nicht gekommen,
um sich bedienen zu lassen, sondern um zu dienen
und sein Leben hinzugeben als Lösegeld für viele.

SCHLUSSGEBET

Herr, unser Gott,
am Gedenktag der Heiligen N. und N.
haben wir das Sakrament des Altares empfangen.
Gib, daß wir im Himmel unverhüllt schauen,
was wir auf Erden
unter heiligen Zeichen empfangen haben.
Darum bitten wir durch Christus, unseren Herrn.

7. Für mehrere Seelsorger

ERÖFFNUNGSVERS   Ps 132 (131), 9

Deine Priester sollen sich bekleiden mit Gerechtigkeit,
und deine Frommen sollen jubeln.

TAGESGEBET

Gütiger Gott,
du hast die Heiligen N. und N.
zu Boten des Friedens gemacht
und durch sie den Reichtum deiner Gnade verkündet.
Laß uns auf ihre Fürsprache in der Liebe wachsen
und schenke auch unserer Zeit deinen Frieden.
Darum bitten wir durch Jesus Christus.

GABENGEBET

Herr, unser Gott,
sieh auf die Gaben,
die wir am Gedenktag der Heiligen N. und N.
auf deinen Altar legen.
Durch die heiligen Geheimnisse, die wir feiern,
hast du ihnen die ewige Seligkeit geschenkt;
vergib uns die Schuld
und führe auch uns zur Herrlichkeit.
Darum bitten wir durch Christus, unseren Herrn.

KOMMUNIONVERS   Mt 24,46–47

Wohl dem Knecht, den der Herr wach findet, wenn er kommt!
Amen, ich sage euch:
Er wird ihn zum Verwalter seines ganzen Vermögens machen.

Oder: Lk 12,42

Er ist der treue und kluge Verwalter, den der Herr einsetzen wird,
damit er seinen Dienern zur rechten Zeit gibt,
was sie zum Leben brauchen.

SCHLUSSGEBET

Allmächtiger Gott,
am Gedenktag der Heiligen N. und N.
hast du uns dieses Mahl bereitet.
Stärke uns durch das Brot des Himmels,
damit wir das Gnadengeschenk des Glaubens
unversehrt bewahren
und den Weg des Heiles gehen,
den sie uns gewiesen haben.
Darum bitten wir durch Christus, unseren Herrn.

8. Für Gründer von Kirchen

ERÖFFNUNGSVERS   Jes 59,21; 56,7

Wort Gottes des Herrn:
Meine Worte, die ich dir in den Mund gelegt habe,
werden immer in deinem Mund sein.
An deinen Opfern auf meinem Altar habe ich Gefallen.

Hirten der Kirche – Gründer von Kirchen

TAGESGEBET

Allmächtiger und barmherziger Gott,
durch die Predigt des heiligen N.
hast du unsere Väter zum Glauben geführt
und zur Würde der Christen berufen.
Gib, daß wir diesen Glauben,
den wir mit dem Mund bekennen,
auch durch die Tat sichtbar machen.
Darum bitten wir durch Jesus Christus.

Oder:

Herr, unser Gott,
blicke auf dein Volk,
dem der heilige (Bischof) N.
das Evangelium verkündet
und die Sakramente des Heiles gebracht hat.
Durch seinen Dienst hast du uns zum Glauben geführt,
bewahre uns auf seine Fürbitte in der Liebe.
Darum bitten wir durch Jesus Christus.

GABENGEBET

Allmächtiger Gott,
am Gedenktag des heiligen N.
bringen wir unsere Gaben vor dein Angesicht.
Nimm sie entgegen auf deinem himmlischen Altar
und schenke sie uns wieder als Sakrament des Heiles.
Darum bitten wir durch Christus, unseren Herrn.

KOMMUNIONVERS — Mk 10,45

Der Menschensohn ist gekommen,
um sein Leben hinzugeben als Lösegeld für viele.

SCHLUSSGEBET

Allmächtiger Gott,
in diesem Mahl haben wir das Unterpfand
des ewigen Heiles empfangen.
Schenke uns durch dieses Sakrament deine Hilfe
für das gegenwärtige und das zukünftige Leben.
Darum bitten wir durch Christus, unseren Herrn.

9. Für Gründer von Kirchen

ERÖFFNUNGSVERS

Diese Heiligen hat der Herr in Liebe erwählt.
Er gab ihnen seine Herrlichkeit. Ihr Wort erstrahlt in der Gemeinde.

TAGESGEBET

Herr und Gott,
schau auf die Kirche von N. und segne sie.
Durch die Heiligen N. und N.
hast du sie zum Glauben geführt.
Auf ihre Fürsprache
laß deine Gemeinde im Glauben wachsen
und Frucht bringen in der Liebe.
Darum bitten wir durch Jesus Christus.

Oder:

Ewiger Gott,
durch die Predigt des heiligen (Bischofs) N.
hast du unseren Vorfahren
das Licht des Evangeliums geschenkt.
Laß uns auf seine Fürsprache wachsen in der Gnade
und in der Erkenntnis
unseres Herrn Jesus Christus, deines Sohnes,
der in der Einheit des Heiligen Geistes
mit dir lebt und herrscht in alle Ewigkeit.

GABENGEBET

Herr, unser Gott,
nimm die Gaben an, die dein Volk
am Gedenktag der Heiligen N. und N. darbringt.
Läutere unsere Herzen,
damit wir selbst bei dir Aufnahme finden.
Darum bitten wir durch Christus, unseren Herrn.

KOMMUNIONVERS   Joh 15, 15

Ich nenne euch nicht mehr Knechte;
denn der Knecht weiß nicht, was sein Herr tut;
ich habe euch Freunde genannt, weil ich euch alles geoffenbart habe,
was ich von meinem Vater gehört habe.

SCHLUSSGEBET

Allmächtiger Gott,
wir haben von deinem Altar das Heil empfangen.
Dieses Sakrament erhalte uns in deiner Freude,
damit wir dem Glauben,
den uns deine Boten N. und N. verkündet haben,
treu bleiben
und dich in deinen Heiligen preisen.
Darum bitten wir durch Christus, unseren Herrn.

10. Für Glaubensboten

ERÖFFNUNGSVERS

Diese Männer sind Freunde Gottes geworden,
Künder der göttlichen Wahrheit.

TAGESGEBET

Ewiger Gott,
durch die Predigt des heiligen (Bischofs) N.
hast du viele Menschen
aus der Finsternis in das Licht der Wahrheit gerufen.
Laß uns auf seine Fürsprache im Glauben treu bleiben
und die Hoffnung bewahren,
die uns das Evangelium gibt.
Darum bitten wir durch Jesus Christus.

Oder:

Allmächtiger, ewiger Gott,
du hast den heiligen N.
in deine Herrlichkeit aufgenommen.
Höre auf seine Fürsprache.
Erhalte in uns den Glauben lebendig,
den er unermüdlich gepredigt hat,
und hilf uns,
diesen Glauben durch Taten der Liebe zu bezeugen.
Darum bitten wir durch Jesus Christus.

GABENGEBET

Allmächtiger Gott,
nimm die Gaben an,
die wir am Gedenktag des heiligen N. darbringen.
Hilf uns,
das Leiden des Herrn, das wir am Altar verkünden,
auch in unserem Leben auf uns zu nehmen.
Darum bitten wir durch Christus, unseren Herrn.

KOMMUNIONVERS   Ez 34,15

Ich werde meine Schafe auf die Weide führen,
und ich werde sie ruhen lassen – so spricht Gott der Herr.

SCHLUSSGEBET

Herr, unser Gott,
durch die Kraft dieses Sakramentes
stärke uns in der Wahrheit,
damit wir durch Wort und Werk
den Glauben bezeugen,
den der heilige N. unermüdlich verkündet
und für den er sein Leben eingesetzt hat.
Darum bitten wir durch Christus, unseren Herrn.

11. Für Glaubensboten

ERÖFFNUNGSVERS   Jes 52,7

Willkommen ist der Freudenbote, der den Frieden ankündigt,
der gute Nachricht bringt und die Rettung verheißt.

TAGESGEBET

Gott, unser Heil,
durch die Predigt
und das apostolische Wirken des heiligen N.
hast du deiner Kirche viele Menschen zugeführt.
Gib uns auf seine Fürsprache neue Kraft
und mehre den Glauben
und die Heiligkeit in deinem Volk.
Darum bitten wir durch Jesus Christus.

GABENGEBET

Barmherziger Gott, erhöre unser Gebet:
Befreie uns von aller Schuld
und läutere uns durch das Geheimnis des Glaubens,
das wir jetzt im Auftrag deines Sohnes feiern.
Darum bitten wir durch Christus, unseren Herrn.

KOMMUNIONVERS   Mk 16, 15; Mt 28, 20
Geht hinaus in die ganze Welt und verkündet das Evangelium.
Ich bin alle Tage bei euch bis zum Ende der Welt.

Oder: Joh 15, 4–5
So spricht der Herr:
Bleibt in mir, dann bleibe ich in euch.
Wer in mir bleibt und in wem ich bleibe, der bringt reiche Frucht.

SCHLUSSGEBET

Ewiger Gott,
laß uns in der Kraft dieses Mahles
den Glauben unversehrt bewahren,
der von den Aposteln verkündet
und uns vom heiligen N.
in treuer Sorge überliefert wurde.
Darum bitten wir durch Christus, unseren Herrn.

12. Für Glaubensboten

ERÖFFNUNGSVERS   Ps 96 (95), 3–4
Erzählt bei den Völkern von der Herrlichkeit des Herrn,
bei allen Nationen von seinen Wundern;
denn groß ist der Herr und hoch zu preisen.

TAGESGEBET

Barmherziger Gott,
du hast den heiligen N. dazu berufen,
den unergründlichen Reichtum
der Liebe Christi zu verkünden.
Laß uns
in der Erkenntnis dieses Geheimnisses wachsen
und aus dem Wort des Evangeliums leben.
Darum bitten wir durch Jesus Christus.

Für Märtyrer

Allmächtiger Gott,
die Heiligen N. und N. haben ihr Leben
für die Verkündigung des Evangeliums dahingegeben
und die Krone des Lebens empfangen.
Gib uns die Kraft ihres Glaubens
und den Mut ihrer Liebe.
Darum bitten wir durch Jesus Christus.

GABENGEBET

Allmächtiger Gott,
am Gedenktag des heiligen N.
bringen wir diese Gaben dar.
Heilige sie und mache sie uns zum Brot des Lebens,
das uns von Schuld befreit
und uns mit himmlischer Kraft erfüllt.
Darum bitten wir durch Christus, unseren Herrn.

KOMMUNIONVERS   Vgl. Lk 10, 1.9

Der Herr sandte seine Jünger aus und trug ihnen auf, zu verkünden:
Das Reich Gottes ist nahe.

SCHLUSSGEBET

Ewiger Gott,
schenke uns
neues Leben und neue Glaubensfreude
durch das Sakrament,
das wir am Gedenktag des heiligen N.
empfangen haben,
damit wir nach seinem Vorbild
deine Botschaft mutig verkünden.
Darum bitten wir durch Christus, unseren Herrn.

COMMUNE-TEXTE FÜR KIRCHENLEHRER

1.

ERÖFFNUNGSVERS
Vgl. Sir 15, 5

Inmitten der Kirche öffnete der Herr ihm den Mund.
Er hat ihn erfüllt mit dem Geist der Weisheit und des Verstandes;
er hat ihn bekleidet mit dem Gewand der Herrlichkeit.

Oder:
Ps 37 (36), 30–31

Der Mund des Gerechten bewegt Worte der Weisheit,
und seine Zunge redet, was recht ist.
Er hat die Weisung seines Gottes im Herzen.

TAGESGEBET

Allmächtiger Gott,
wir ehren den heiligen Bischof N.,
den du deiner Kirche
als Lehrer und Fürsprecher geschenkt hast.
Gib, daß wir allezeit deine Hilfe erfahren
und in Wort und Werk an dem festhalten,
was er unter Eingebung des Heiligen Geistes
gelehrt hat.
Darum bitten wir durch Jesus Christus.

GABENGEBET

Herr, unser Gott,
sieh auf die Gaben, die wir dir am Gedenktag
des heiligen Kirchenlehrers N. weihen.
Da wir getreu seiner Weisung uns selbst dir schenken,
nimm mit dem Opfer des Lobes uns alle an.
Darum bitten wir durch Christus, unseren Herrn.

KOMMUNIONVERS
Vgl. Lk 12, 42

Er ist der treue und kluge Verwalter, den der Herr eingesetzt hat,
damit er seinen Dienern zur rechten Zeit gibt,
was sie zum Leben brauchen.

SCHLUSSGEBET

Allmächtiger Gott,
in diesem Mahl haben wir Christus,
das Brot des Lebens, empfangen.
Gib, daß wir auf ihn hören,
der unser wahrer Lehrer ist.
Hilf uns,
daß wir nach dem Beispiel des heiligen N.
allezeit deine Wahrheit suchen
und sie in Werken der Liebe bezeugen.
Darum bitten wir durch Christus, unseren Herrn.

2.

ERÖFFNUNGSVERS   Dan 12, 3

Die Weisen werden strahlen, wie der Himmel strahlt;
und die Männer, die viele zum rechten Tun geführt haben,
werden immer und ewig wie die Sterne leuchten.

Oder: Vgl. Sir 44, 15.14

Die Menschen erfahren von der Weisheit der Heiligen,
die Kirche lobt sie.
Sie werden leben in Ewigkeit.

TAGESGEBET

Herr, unser Gott,
du hast dem heiligen N.
Einsicht und Weisheit geschenkt
und ihn zum Lehrer deiner Kirche bestellt.
Gib uns die Kraft, an seinem Wort festzuhalten
und durch unser Tun davon Zeugnis zu geben.
Darum bitten wir durch Jesus Christus.

GABENGEBET

Allmächtiger Gott,
sende uns in dieser Opferfeier den Heiligen Geist,
der den Kirchenlehrer N. befähigt hat,
deine Herrlichkeit zu verkünden.

Laß auch uns im Licht dieses Geistes
den Glauben tiefer erfassen.
Darum bitten wir durch Christus, unseren Herrn.

KOMMUNIONVERS 1 Kor 1, 23–24

Wir verkündigen Christus als Gekreuzigten;
Christus, Gottes Kraft und Gottes Weisheit.

SCHLUSSGEBET

Herr, unser Gott,
du hast uns mit dem Brot des Lebens gespeist.
Gib, daß wir den Mahnungen
des heiligen N. folgen
und dir allezeit für diese Gabe danken.
Darum bitten wir durch Christus, unseren Herrn.

COMMUNE-TEXTE FÜR JUNGFRAUEN

1.

ERÖFFNUNGSVERS

Seht, das ist eine der klugen Jungfrauen,
die dem Herrn mit brennenden Lampen entgegengehen.

TAGESGEBET

Gott, unser Heil,
wir feiern heute
den Gedenktag der heiligen Jungfrau N.
Erhöre unser Gebet und mache uns bereit,
dir mit jener Hingabe zu dienen,
die wir an dieser Heiligen bewundern.
Darum bitten wir durch Jesus Christus.

GABENGEBET

Wir preisen dich, Herr,
denn du bist groß in deinen Heiligen.
Das Leben der heiligen Jungfrau N.
hat dir wohlgefallen.
Nimm mit diesen Gaben auch unseren Dienst an.
Darum bitten wir durch Christus, unseren Herrn.

KOMMUNIONVERS Mt 25,6

Der Bräutigam kommt! Geht Christus, dem Herrn, entgegen!

SCHLUSSGEBET

Herr, unser Gott,
du hast uns gestärkt
durch die Teilnahme am heiligen Mahl.
Da wir das Todesleiden Jesu an unserem Leibe tragen,
lehre uns nach dem Vorbild der heiligen Jungfrau N.,
dir unser ganzes Leben
als ungeteilten Dienst zu weihen.
Darum bitten wir durch Christus, unseren Herrn.

2.

ERÖFFNUNGSVERS

Freuen wir uns: Christus, der Herr, hat eine aus uns erwählt.

TAGESGEBET

Herr, unser Gott,
du hast die heilige Jungfrau N.
mit deiner reichen Gnade beschenkt.
Laß uns nach ihrem Beispiel
im Glauben und in der Liebe wachsen,
damit wir einst an ihrer Freude teilhaben
in deiner Herrlichkeit.
Darum bitten wir durch Jesus Christus.

Oder (für eine heilige Gründerin):

Herr, unser Gott,
du hast die heilige Jungfrau N.
zu deiner getreuen Braut erwählt.
Entflamme auch in unseren Herzen
das Feuer der göttlichen Liebe,
das sie ihren Gefährtinnen weitergegeben hat
zum Ruhm deiner Kirche.
Darum bitten wir durch Jesus Christus.

GABENGEBET

Herr, unser Gott,
nimm die Gaben an, die wir darbringen,
und mache das heilige Opfer in uns wirksam.
Befreie uns, gleich der heiligen N.,
von der alten Anhänglichkeit an das Böse
und laß das neue Leben der Gnade in uns wachsen.
Darum bitten wir durch Christus, unseren Herrn.

KOMMUNIONVERS   Vgl. Mt 25, 4.6

Die fünf klugen Jungfrauen nahmen außer den Lampen
noch Öl in Krügen mit.
Mitten in der Nacht wurde laut gerufen:
Der Bräutigam kommt! Geht Christus, dem Herrn, entgegen!

SCHLUSSGEBET

Ewiger Gott,
der Empfang des Leibes und Blutes Christi
lenke unseren Sinn
von den vergänglichen Dingen auf das, was bleibt.
Gib, daß wir nach dem Beispiel der heiligen N.
in aufrichtiger Liebe unsere Lebensaufgabe erfüllen
und einst
zur Anschauung deiner Herrlichkeit gelangen.
Darum bitten wir durch Christus, unseren Herrn.

3.

ERÖFFNUNGSVERS

Braut Christi, komm und empfange die Krone,
die der Herr dir bereitet hat.

TAGESGEBET

Gott, du liebst deine Geschöpfe,
und es ist deine Freude,
bei den Menschen zu wohnen.
Gib uns auf die Fürsprache der heiligen N.
ein neues und reines Herz,
das bereit ist, dich aufzunehmen.
Darum bitten wir durch Jesus Christus.

Oder:

Herr, unser Gott,
wir gedenken der heiligen N.
und ehren ihr jungfräuliches Leben.
Höre auf ihre Fürsprache.
Laß uns in deiner Liebe wachsen
und erhalte uns bis ans Ende in deiner Gnade.
Darum bitten wir durch Jesus Christus.

GABENGEBET

Herr, unser Gott,
nimm unsere Gaben an,
die wir dir am Gedenktag der heiligen N. weihen.
Schenke uns durch dieses Opfer
die Beständigkeit in der Liebe zu dir.
Darum bitten wir durch Christus, unseren Herrn.

KOMMUNIONVERS   Vgl. Lk 10, 42

Die kluge Jungfrau hat das Bessere erwählt,
das soll ihr nicht genommen werden.

SCHLUSSGEBET

Gütiger Gott,
am Gedenktag der heiligen N.
hast du uns dein Mahl bereitet.
Diese heilige Speise
gewähre uns den Nachlaß der Sünden
und deine Gnade.
Sie heile unsere Gebrechen
und führe uns zur ewigen Herrlichkeit.
Darum bitten wir durch Christus, unseren Herrn.

4.

ERÖFFNUNGSVERS   Ps 148, 12–13

Die Jungfrauen sollen den Namen des Herrn loben,
denn sein Name allein ist erhaben.
Seine Hoheit strahlt über Erde und Himmel.

Jungfrauen

TAGESGEBET

Barmherziger Gott,
wir begehen in Freude und Dankbarkeit
den Gedenktag der heiligen Jungfrauen N. und N.
Schenke uns auf ihre Fürsprache
dein reiches Erbarmen
und laß uns in der Gemeinschaft mit deinen Heiligen
bei dir Vollendung finden.
Darum bitten wir durch Jesus Christus.

GABENGEBET

Wir preisen dich, Herr,
denn du bist groß in deinen Heiligen.
Das Leben der Heiligen N. und N. hat dir wohlgefallen;
nimm mit diesen Gaben auch unseren Dienst an.
Darum bitten wir durch Christus, unseren Herrn.

KOMMUNIONVERS   Mt 25, 10

Der Bräutigam kam; die Jungfrauen, die bereit waren,
gingen mit ihm in den Hochzeitssaal.

Oder: Joh 14, 21 u. 23

Wer mich liebt, wird von meinem Vater geliebt werden,
und wir werden zu ihm kommen und bei ihm wohnen –
so spricht der Herr.

SCHLUSSGEBET

Gütiger Gott,
das heilige Sakrament,
das wir am Fest der heiligen Jungfrauen N. und N.
empfangen haben, mache uns bereit,
gleich ihnen die Ankunft deines Sohnes zu erwarten
und am Hochzeitsmahl des Lammes teilzunehmen.
Darum bitten wir durch Christus, unseren Herrn.

COMMUNE-TEXTE FÜR
HEILIGE MÄNNER UND HEILIGE FRAUEN

Die folgenden Messen werden für die jeweils angegebene Gruppe der Heiligen verwendet. Wenn keine bestimmte Angabe gemacht wird, können sie für alle heiligen Männer und Frauen verwendet werden.

1.

ERÖFFNUNGSVERS Ps 145 (144), 10–11

Danken sollen dir, Herr, all deine Werke
und deine Frommen dich preisen.
Sie sollen von der Herrlichkeit deines Königtums reden,
sollen sprechen von deiner Macht.

TAGESGEBET

Allmächtiger, ewiger Gott,
du offenbarst deine Herrlichkeit in den Heiligen
und gibst uns in ihnen
immer neue Zeichen deiner Liebe.
Gib, daß ihr Beispiel und ihre Fürsprache uns helfen,
deinem Sohn in Treue nachzufolgen,
der in der Einheit des Heiligen Geistes
mit dir lebt und herrscht in alle Ewigkeit.

GABENGEBET

Allmächtiger Gott,
höre auf die Fürsprache des heiligen N.
und bewahre uns vor allem Bösen,
damit wir deinem Altar würdig dienen.
Darum bitten wir durch Christus, unseren Herrn.

KOMMUNIONVERS Ps 68 (67), 4

Die Gerechten freuen sich und jubeln vor Gott;
sie jauchzen in heller Freude.

Oder: Lk 12, 37

Selig die Knechte, die der Herr wach findet, wenn er kommt.
Amen, ich sage euch: Er wird sie am Tisch Platz nehmen lassen
und sie alle bedienen.

SCHLUSSGEBET

Allmächtiger, ewiger Gott,
Vater des Erbarmens und Gott allen Trostes,
am Gedenktag des heiligen N.
haben wir uns zum Lob deines Namens versammelt.
Schenke uns
durch den Leib und das Blut deines Sohnes
das Unterpfand jener Vollendung,
die allen verheißen ist, die dich lieben.
Darum bitten wir durch Christus, unseren Herrn.

2.

ERÖFFNUNGSVERS Ps 64 (63), 11

Der Gerechte freut sich am Herrn und sucht bei ihm Zuflucht.
Und es rühmen sich alle Menschen mit redlichem Herzen.

TAGESGEBET

Herr, unser Gott,
du allein bist der Heilige,
und niemand ist gut ohne deine Hilfe.
Gib, daß wir auf die Fürbitte des heiligen N.
unser Leben nach deinem Willen gestalten
und die Herrlichkeit erreichen,
die du uns geben willst.
Darum bitten wir durch Jesus Christus.

GABENGEBET

Allmächtiger Gott,
nimm unsere Gaben gnädig an,
die wir am Gedenktag des heiligen N. darbringen.
Höre auf unser demütiges Gebet
und schenke uns durch dieses Opfer
Heil für Seele und Leib.
Darum bitten wir durch Christus, unseren Herrn.

KOMMUNIONVERS Joh 12, 26

So spricht der Herr:
Wer mir dienen will, folge mir nach;
und wo ich bin, dort wird auch der sein, der mir dient.

SCHLUSSGEBET

Gütiger Gott,
der Todestag des heiligen N.
ist sein Geburtstag für das ewige Leben.
Das Sakrament, das wir auf Erden empfangen,
schenke auch uns deine Gnade
und die Vollendung in der Gemeinschaft der Heiligen.
Darum bitten wir durch Christus, unseren Herrn.

3.

ERÖFFNUNGSVERS Ps 21 (20), 2–3

An deiner Macht, Herr, freut sich der Gerechte,
über deine Hilfe jubelt er laut.
Du hast ihm den Wunsch seines Herzens erfüllt.

TAGESGEBET

Allmächtiger Gott,
durch das Vorbild und das Geleit der Heiligen
ebnest du uns schwachen Menschen den Weg zu dir.
Wir feiern den Heimgang des heiligen N.;
hilf uns, daß wir durch sein Beispiel
sicher zu dir gelangen.
Darum bitten wir durch Jesus Christus.

GABENGEBET

Herr, unser Gott,
am Gedenktag des heiligen N.
sind wir um deinen Altar versammelt
und bringen unsere Gaben dar.
Schenke deinen Gläubigen in diesem Opfer
Frieden und Einheit.
Darum bitten wir durch Christus, unseren Herrn.

KOMMUNIONVERS Mt 16, 24

So spricht der Herr:
Wer mir nachfolgen will, verleugne sich selbst
und nehme sein Kreuz auf sich; so folge er mir nach.

SCHLUSSGEBET

Gott, du allein bist der Heilige,
und doch gibst du sterblichen Menschen
Anteil an deiner Heiligkeit.
Schenke uns am Gedenktag des heiligen N.
durch den Leib und das Blut Christi die Gnade,
dir treu zu dienen,
damit wir einst Anteil erhalten
an deinem göttlichen Leben.
Darum bitten wir durch Christus, unseren Herrn.

4.

ERÖFFNUNGSVERS   Mal 2, 6

Zuverlässige Belehrung kam aus seinem Mund,
nichts Verkehrtes kam über seine Lippen.
In Frieden und aufrichtig ging er seinen Weg mit Gott,
und er bewahrte viele davor, schuldig zu werden.

TAGESGEBET

Herr, unser Gott,
du siehst, daß wir schwache Menschen sind
und immer wieder versagen.
Schenk uns dein Erbarmen und hilf uns,
das Beispiel deiner Heiligen zu begreifen
und in unserer Armut
alles von deiner Liebe zu erwarten.
Darum bitten wir durch Jesus Christus.

GABENGEBET

Allmächtiger Gott,
am Gedenktag des heiligen N.
feiern wir das Opfer des Lobes.
Es versöhne uns mit dir
und helfe uns, das Heil zu erlangen.
Darum bitten wir durch Christus, unseren Herrn.

KOMMUNIONVERS Mt 5, 8–10

Selig, die ein reines Herz haben; denn sie werden Gott sehen.
Selig, die Frieden stiften;
denn sie werden Söhne Gottes genannt werden.
Selig, die um der Gerechtigkeit willen verfolgt werden;
denn ihnen gehört das Himmelreich.

SCHLUSSGEBET

Gütiger Gott,
dem Auftrag deines Sohnes getreu,
haben wir das Opfer gefeiert
und das heilige Sakrament empfangen.
Es heile uns von unseren Sünden
und schenke uns Wachstum in deiner Gnade.
Darum bitten wir durch Christus, unseren Herrn.

5.

ERÖFFNUNGSVERS Ps 92 (91), 13–14

Der Gerechte gedeiht wie die Palme.
Er wächst wie die Zedern des Libanon.
Gepflanzt im Hause des Herrn,
gedeihen sie in den Vorhöfen unseres Gottes.

TAGESGEBET

Herr, unser Gott,
das Gebet deiner Heiligen N. und N.,
deren Gedenktag wir feiern,
erwirke uns deine Hilfe
und führe uns zur Gemeinschaft mit ihnen
in deinem Reich.
Darum bitten wir durch Jesus Christus.

GABENGEBET

Allmächtiger Gott,
wir bringen unsere Gaben zu deinem Altar.
Nimm sie an
und schenke uns jene Hingabe des Herzens,
mit welcher du deine Heiligen N. und N. begnadet hast.

Reinige unseren Sinn und entzünde unsere Liebe,
damit wir das Opfer so feiern,
wie es dir wohlgefällig und für uns heilsam ist.
Darum bitten wir durch Christus, unseren Herrn.

KOMMUNIONVERS   Mt 11,28
Kommt alle zu mir, die ihr euch plagt und unter Lasten stöhnt!
Ich werde euch Ruhe verschaffen – so spricht der Herr.

SCHLUSSGEBET
Barmherziger Gott,
wir haben den Leib und das Blut
deines Sohnes empfangen.
Das heilige Sakrament bringe uns Heil,
es erhalte uns in der Wahrheit
und sei unser Licht in der Finsternis.
Darum bitten wir durch Christus, unseren Herrn.

6.

ERÖFFNUNGSVERS   Jer 17,7–8
Gesegnet der Mann,
der auf den Herrn vertraut und dessen Hoffnung der Herr ist!
Er gleicht einem Baum, der am Wasser gepflanzt ist
und am Bach seine Wurzeln ausstreckt:
er hat nichts zu fürchten, wenn Hitze kommt.

TAGESGEBET
Allmächtiger Gott,
das Vorbild deiner Heiligen
sei uns Ansporn zu einem besseren Leben.
Gib uns die Gnade, das Gute nachzuahmen,
das der heilige N. in seinem Leben getan hat.
Darum bitten wir durch Jesus Christus.

GABENGEBET
Gütiger Gott,
am Gedenktag deiner Heiligen
legen wir unsere Gaben auf den Altar.

Nimm das Opfer an zu deiner größeren Ehre
und schenke uns deine reiche Gnade.
Darum bitten wir durch Christus, unseren Herrn.

KOMMUNIONVERS Joh 15, 9

Wie mich der Vater geliebt hat, so habe auch ich euch geliebt;
bleibt in meiner Liebe – so spricht der Herr.

SCHLUSSGEBET

Allmächtiger Gott,
am Gedenktag deiner Heiligen
haben wir das Opfer Christi gefeiert.
Die Teilnahme an diesem Geheimnis
erwirke uns deine Gnade
und den Frieden deines Sohnes,
der mit dir lebt und herrscht in alle Ewigkeit.

7.
Für Ordensleute

ERÖFFNUNGSVERS Ps 16 (15), 5–6

Du, Herr, gibst mir das Erbe und reichst mir den Becher;
du hältst mein Los in deinen Händen.
Auf schönem Land fiel mir mein Anteil zu.
Ja, mein Erbe gefällt mir gut.

TAGESGEBET

Gütiger Gott,
mit deiner Hilfe ist der heilige N.
Christus in seiner Armut und Demut nachgefolgt.
Hilf uns,
daß auch wir unserer Berufung treu bleiben
und die Vollendung erreichen,
zu der uns dein Sohn den Weg gezeigt hat,
der in der Einheit des Heiligen Geistes
mit dir lebt und herrscht in alle Ewigkeit.

Für einen Abt:

Allmächtiger Gott,
der heilige Abt N. lehrt uns,
das Leben nach dem Evangelium zu gestalten.
Hilf uns,
in dem wechselnden Vielerlei dieser Welt
mit ganzem Herzen auf das bedacht zu sein,
was in Ewigkeit bleibt.
Darum bitten wir durch Jesus Christus.

GABENGEBET

Gütiger Gott,
du hast dem heiligen N. die Kraft gegeben,
den alten Menschen der Sünde abzulegen
und den neuen Menschen anzuziehen,
der nach deinem Bild geschaffen ist.
Erneuere auch uns nach deinem Bild
und stärke uns, damit wir dir wohlgefallen
und das Opfer der Versöhnung würdig feiern.
Darum bitten wir durch Christus, unseren Herrn.

KOMMUNIONVERS   Mt 19, 27–29

So spricht der Herr:
Ihr, die ihr alles verlassen habt und mir nachgefolgt seid,
werdet ein Vielfaches dafür bekommen
und das ewige Leben gewinnen.

SCHLUSSGEBET

Allmächtiger Gott,
du hast uns durch dieses Sakrament gestärkt.
Lehre uns, nach dem Beispiel des heiligen N.
dich vor allem zu suchen
und als neue Menschen in dieser Welt zu leben.
Darum bitten wir durch Christus, unseren Herrn.

8.
Für Ordensleute

ERÖFFNUNGSVERS   Vgl. Ps 24 (23), 5–6

Die Heiligen haben Segen empfangen vom Herrn
und Heil von Gott, ihrem Helfer.
Sie waren Menschen, die Gott suchten.

TAGESGEBET

Herr, unser Gott,
du hast den heiligen N. berufen,
nach der vollkommenen Liebe zu streben
und schon in dieser Welt dein Reich zu suchen.
Gib uns auf seine Fürsprache die Freude des Geistes
und die Kraft,
auf dem Weg der Liebe voranzuschreiten.
Darum bitten wir durch Jesus Christus.

GABENGEBET

Herr,
im Gedenken an die Hingabe des heiligen N.
bringen wir mit diesen Gaben uns selber dar.
Nimm uns alles, was uns von dir trennt,
damit du allein unser Reichtum bist.
Darum bitten wir durch Christus, unseren Herrn.

KOMMUNIONVERS   Ps 34 (33), 9

Kostet und seht, wie gütig der Herr ist;
wohl dem, der zu ihm sich flüchtet.

SCHLUSSGEBET

Ewiger Gott,
du Ursprung und Fülle der Heiligkeit,
du hast den heiligen N. zur Vollendung geführt.
Laß durch die Kraft deines Sakramentes
auch uns in der Liebe wachsen
und vollende am Tag Jesu Christi
das Werk der Gnade, das du in uns begonnen hast.
Darum bitten wir durch Christus, unseren Herrn.

9.
Für Heilige der Nächstenliebe

ERÖFFNUNGSVERS Mt 25, 34. 36. 40

So spricht der Herr:
Kommt her, ihr, die ihr von meinem Vater gesegnet seid;
ich war krank, und ihr habt mich besucht.
Amen, ich sage euch:
Was ihr für einen meiner geringsten Brüder getan habt,
das habt ihr für mich getan.

TAGESGEBET

Gott, du bist die Liebe.
Du hast die Kirche gelehrt,
daß wir dein Gebot erfüllen,
wenn wir dich und unseren Nächsten lieben.
Hilf uns, nach dem Vorbild des heiligen N.
die Werke der Liebe zu tun,
und nimm uns beim Gericht
in die Schar deiner Auserwählten auf.
Darum bitten wir durch Jesus Christus.

GABENGEBET

Barmherziger Gott,
wir feiern an diesem Altar das Werk,
das Christus in seiner großen Liebe für uns getan hat.
Nimm die Gaben deines Volkes an
und gib, daß wir nach dem Beispiel deiner Heiligen
feststehen in der Liebe zu dir und zu den Menschen.
Darum bitten wir durch Christus, unseren Herrn.

KOMMUNIONVERS Joh 15, 13

Es gibt keine größere Liebe als die,
wenn einer sein Leben gibt für seine Freunde.

Oder: Joh 13, 35

Daran werden alle erkennen, daß ihr meine Jünger seid,
wenn ihr Liebe habt zueinander – so spricht der Herr.

SCHLUSSGEBET

Barmherziger Gott,
wir haben das Brot des Lebens empfangen
am Gedenktag des heiligen N.,
den du uns als Vorbild echter Frömmigkeit
und selbstlosen Helfens geschenkt hast.
Laß auch uns aus der Kraft der heiligen Speise
in der Liebe zu dir wachsen
und uns mühen im Dienst an deinem Volk.
Darum bitten wir durch Christus, unseren Herrn.

Oder:

Gütiger Gott,
im Brot der Unsterblichkeit
gibst du uns Hoffnung und Freude.
Laß uns die Liebe des heiligen N. nachahmen
und mit ihm Erben deiner Herrlichkeit werden.
Darum bitten wir durch Christus, unseren Herrn.

10.
Für Erzieher

ERÖFFNUNGSVERS   Mk 10, 14

Laßt die Kinder zu mir kommen, hindert sie nicht daran!
Denn Menschen wie ihnen gehört das Reich Gottes.

Oder: Mt 5, 19

Wer die Gebote hält und halten lehrt,
der wird groß sein im Himmelreich.

TAGESGEBET

Gott, du teilst in deiner Kirche
jedem *seine Aufgabe* zu.
Den heiligen N. hast du berufen,
jungen Menschen den Weg des Heiles zu zeigen.
Durch sein Beispiel hilf uns,
Christus, unserem Lehrer und Meister, nachzufolgen

und in der Gemeinschaft seiner Jünger
zu dir zu gelangen.
Darum bitten wir durch Jesus Christus.

GABENGEBET

Barmherziger Gott,
nimm die Gaben an,
die wir am Gedenktag des heiligen N. dir weihen.
Die Opferfeier, an der wir teilnehmen,
schenke uns die Gnade,
durch gute Taten deine Liebe zu bezeugen.
Darum bitten wir durch Christus, unseren Herrn.

KOMMUNIONVERS Mt 18, 3

Wenn ihr nicht umkehrt und wie Kinder werdet,
könnt ihr nicht in das Himmelreich kommen.

Oder: Joh 8, 12

Wer mir nachfolgt, wird nicht in der Finsternis gehen,
sondern er wird das Licht des Lebens haben – so spricht der Herr.

SCHLUSSGEBET

Allmächtiger Gott,
die heilige Speise schenke uns neue Kraft,
damit wir nach dem Vorbild des heiligen N.
die Werke der Barmherzigkeit tun:
die Unwissenden lehren,
die Trauernden trösten,
den Suchenden raten
und so allen Menschen auf dem Weg zu dir helfen.
Darum bitten wir durch Christus, unseren Herrn.

11.
Für heilige Frauen

ERÖFFNUNGSVERS Spr 31, 30.28

Eine Frau, die den Herrn fürchtet und ehrt, verdient Lob;
ihre Söhne preisen sie glücklich, und ihr Mann rühmt sie.

TAGESGEBET

Gütiger Gott,
wir begehen in Freude
den Gedenktag der heiligen N.
Gib uns die Kraft,
nach ihrem Beispiel
auch ein wahrhaft christliches Leben zu führen.
Darum bitten wir durch Jesus Christus.

Für mehrere heilige Frauen:

Allmächtiger Gott,
wir ehren heute die heilige N.
(die Heiligen N. und N.),
deren Leben für die Kirche ein Vorbild ist.
Höre auf ihre Fürsprache
und schenke uns allen die Kraft
zu einem Leben nach dem Evangelium.
Darum bitten wir durch Jesus Christus.

GABENGEBET

Herr, unser Gott,
am Gedenktag der heiligen N.
(der Heiligen N. und N.)
bringen wir unsere Gaben dar.
Nimm sie an, vergib uns durch dieses heilige Opfer,
was wir gefehlt haben, und schenke uns dein Heil.
Darum bitten wir durch Christus, unseren Herrn.

KOMMUNIONVERS Mt 13,45–46

Mit dem Himmelreich ist es wie mit einem Kaufmann,
der wertvolle Perlen suchte.
Als er eine besonders kostbare Perle fand,
verkaufte er alles, was er besaß, und kaufte sie.

SCHLUSSGEBET

Allmächtiger Gott,
das Brot des Lebens, das wir empfangen haben,
schenke uns am Gedenktag der heiligen N.
(der Heiligen N. und N.)

Licht und Kraft,
damit wir nach dem streben, was dir gefällt,
und reich werden an guten Werken.
Darum bitten wir durch Christus, unseren Herrn.

12.
Für heilige Frauen

ERÖFFNUNGSVERS   Vgl. Spr 14, 1–2

Seht die Frau, die mit Weisheit ihr Haus erbaut;
sie fürchtet den Herrn und wandelt auf geradem Weg.

TAGESGEBET

Gott, du erhöhst die Demütigen.
Du hast die heilige N.
mit wunderbarer Liebe und Geduld ausgezeichnet.
Blicke auf ihr heiliges Leben
und schenke auf ihre Fürsprache auch uns die Kraft,
unser tägliches Kreuz zu tragen
und dich über alles zu lieben.
Darum bitten wir durch Jesus Christus.

Oder:

Herr und Gott,
schenke uns den Geist der Liebe
und des Glaubens,
damit wir das große Beispiel
der heiligen N. begreifen,
dir mit aufrichtigem Herzen dienen
und durch Glauben und gute Werke dir gefallen.
Darum bitten wir durch Jesus Christus.

GABENGEBET

Allmächtiger Gott,
sieh gnädig auf die Gaben,
die dein Volk zu Ehren der heiligen N. darbringt,
und schenke uns in diesem Opfer Segen und Heil.
Darum bitten wir durch Christus, unseren Herrn.

KOMMUNIONVERS Mt 12, 50

So spricht der Herr:
Wer den Willen meines Vaters im Himmel tut,
der ist für mich Bruder und Schwester und Mutter.

SCHLUSSGEBET

Barmherziger Gott,
am Festtag der heiligen N.
haben wir deine Gabe empfangen.
Tilge unsere Schuld durch die Kraft dieser Speise
und stärke uns durch deine Hilfe.
Darum bitten wir durch Christus, unseren Herrn.

ERÖFFNUNGSGESÄNGE ZUR AUSWAHL

1. Freut euch alle im Herrn am Festtag des heiligen N.;
   mit uns freuen sich die Engel und loben Gottes Sohn.

2. Freut euch alle im Herrn
   am Festtag unseres Schutzheiligen N.
   Im Glauben hat er gesiegt
   und ist heute heimgegangen zum Herrn,
   um für immer mit ihm zu herrschen.

3. Unser Schutzheiliger N.
   hat Christus vor den Menschen bekannt;
   darum bekennt sich auch Christus zu ihm
   vor seinem Vater im Himmel.

4. Voll Freude feiern wir das Fest des heiligen Märtyrers N.
   Er hat sich für Gott eingesetzt bis zum Tode;
   dafür hat ihn Christus heute gekrönt.

5. Lobet den Herrn, ihr Heiligen alle!
   Machtvoll herrscht unser Gott.
   Lobet und rühmt ihn in Ewigkeit!

6. *Heute* wurde der heilige N.
   aufgenommen in die Freude seines Herrn
   und nimmt mit allen Heiligen teil am ewigen Gastmahl.

Commune-Texte

FÜR DAS JAHRESGEDÄCHTNIS EINER KIRCHWEIHE UND FÜR DIE GEDENKTAGE DER HEILIGEN

LESUNGEN

A
ORDNUNG

COMMUNE-TEXTE FÜR DAS JAHRESGEDÄCHTNIS EINER KIRCHWEIHE

siehe Schott-Meßbuch für die Sonntage und Festtage

COMMUNE-TEXTE FÜR MARIENMESSEN

ERSTE LESUNGEN AUS DEM ALTEN TESTAMENT

Außerhalb der Osterzeit

1 Genesis 3, 9–15.20 siehe **S. 1426**

Feindschaft setze ich zwischen dich und die Frau, zwischen deinen Nachwuchs und den Nachwuchs der Frau

2 Genesis 12, 1–7 siehe **S. 2119**

Er denkt an sein Erbarmen, das er unseren Vätern verheißen hat, Abraham und seinen Nachkommen auf ewig (Lk 1, 54b–55)

3 2 Samuel 7, 1–5.8b–12.14a.16 siehe **S. 122**

Gott, der Herr, wird ihm den Thron seines Vaters David geben (Lk 1, 32b)

| **4** | 1 Chronik 15,3–4.15–16; 16,1–2 | siehe S. 2121 |

Man trug die Lade Gottes in das Zelt, das David für sie aufgestellt hatte, und setzte sie an ihren Platz in der Mitte des Zeltes

| **5** | Sprichwörter 8,22–31 | siehe S. 2122 |

Maria, Sitz der Weisheit

| **6** | Jesus Sirach 24,1–4.8–12.19–22 (1–2.5–7.12–16.26–30) | siehe S. 2123 |

Maria, Sitz der Weisheit

| **7** | Jesaja 7,10–14 | siehe S. 102 |

Seht, die Jungfrau wird ein Kind empfangen;
sie wird ihm den Namen Immanuel – Gott mit uns – geben

| **8** | Jesaja 9,1–6 | siehe S. 2124 |

Ein Sohn ist uns geschenkt; man nennt ihn: Fürst des Friedens

| **9** | Jesaja 61,9–11 | siehe S. 1870 |

Von Herzen will ich mich freuen über den Herrn

| **10** | Micha 5,1–4a | siehe S. 2125 |

Aus dir wird der hervorgehen, der über Israel herrschen soll

| **11** | Sacharja 2,14–17 | siehe S. 2127 |

Freue dich, Tochter Zion; denn siehe, ich komme

ERSTE LESUNGEN AUS DEM NEUEN TESTAMENT
In der Osterzeit

| **1** | Apostelgeschichte 1,12–14 | siehe S. 2128 |

Sie alle verharrten einmütig im Gebet, zusammen mit Maria, der Mutter Jesu

Marienmessen

2 Offenbarung 11, 19a; 12, 1–6a. 10ab   siehe S. 2129

Ein großes Zeichen erschien am Himmel: eine Frau, mit der Sonne bekleidet, der Mond unter ihren Füßen

3 Offenbarung 21, 1–5a   siehe S. 2130

Ich sah die heilige Stadt, das neue Jerusalem; sie war bereit wie eine Braut, die sich für ihren Mann geschmückt hat

ANTWORTPSALMEN

1 1 Samuel 2, 1bcde.4–5b.6–7.8abcd   siehe S. 113

R Mein Herz ist voll Freude über den Herrn, meinen Retter. (vgl. 1b)

2 Judit 13, 18bc.19 u. 20bc   siehe S. 1611

R Du bist der Ruhm Jerusalems, du die Freude Israels
und der Stolz unseres Volkes. (vgl. 15, 9b)

3 Psalm 45 (44), 11–12.14–15.16–17   siehe S. 1645

R Höre, Tochter, sieh her und neige dein Ohr! (11a)

4 Psalm 113 (112), 1–2.3–4.5a u. 6–7   siehe S. 1639

R Der Name des Herrn sei gepriesen
von nun an bis in Ewigkeit. (2)

5 Lukas 1, 46b–48.49–50.51 u. 53.54–55   siehe S. 2130

R Der Mächtige hat Großes an mir getan,
und sein Name ist heilig. (49)

Oder:

R Selig bist du, Jungfrau Maria,
du hast den Sohn des ewigen Vaters getragen.

ZWEITE LESUNGEN AUS DEM NEUEN TESTAMENT

1 Römer 5, 12.17–19 siehe **S. 2132**

Wo die Sünde mächtig wurde, da ist die Gnade übergroß geworden (20b)

2 Römer 8, 28–30 siehe **S. 2133**

Die Gott im voraus erkannt hat, hat er auch im voraus bestimmt

3 Galater 4, 4–7 siehe **S. 2134**

Gott sandte seinen Sohn, geboren von einer Frau, damit wir die Sohnschaft erlangen.

4 Epheser 1, 3–6.11–12 siehe **S. 1427**

In Christus hat Gott uns erwählt vor der Erschaffung der Welt, zum Lob seiner herrlichen Gnade

VERSE ZUM RUF VOR DEM EVANGELIUM
siehe S. 2134 f.

EVANGELIEN

1 Matthäus 1, 1–16.18–23 siehe **S. 2135**

Das Kind, das sie erwartet, ist vom Heiligen Geist

Oder:

1a Kurzfassung 1, 18–23 siehe **S. 2137**

Das Kind, das sie erwartet, ist vom Heiligen Geist

2 Matthäus 2, 13–15.19–23 siehe **S. 2139**

Nimm das Kind und seine Mutter, und flieh nach Ägypten!

3 Matthäus 12, 46–50 siehe **S. 2140**

Er streckte die Hand über seine Jünger aus und sagte: Das hier sind meine Mutter und meine Brüder

Marienmessen

4 **Lukas 1, 26–38**   **siehe S. 104**

Du hast bei Gott Gnade gefunden, Maria; du wirst ein Kind empfangen, einen Sohn wirst du gebären

5 **Lukas 1, 39–47**   **siehe S. 2141**

Selig, die geglaubt hat

6 **Lukas 2, 1–14**   **siehe S. 2142**

Sie gebar ihren Sohn, den Erstgeborenen

7 **Lukas 2, 15b–19**   **siehe S. 2143**

Maria bewahrte alles, was geschehen war, in ihrem Herzen und dachte darüber nach

8 **Lukas 2, 27–35**   **siehe S. 2144**

Dir selbst wird ein Schwert durch die Seele dringen

9 **Lukas 2, 41–52**   **siehe S. 2145**

Dein Vater und ich haben dich voll Angst gesucht

10 **Lukas 11, 27–28**   **siehe S. 2147**

Selig der Leib, der dich getragen hat

11 **Johannes 2, 1–11**   **siehe S. 172**

Die Mutter Jesu war dabei

12 **Johannes 19, 25–27**   **siehe S. 2148**

Siehe, dein Sohn! Siehe, deine Mutter!

COMMUNE-TEXTE FÜR MÄRTYRER

ERSTE LESUNGEN AUS DEM ALTEN TESTAMENT
Außerhalb der Osterzeit

1 2 Chronik 24, 18–22   siehe **S. 2149**

Sie taten sich gegen Secharja zusammen und steinigten ihn im Hof des Hauses des Herrn

2 2 Makkabäer 6, 18.21.24–31   siehe **S. 2150**

Ich hinterlasse ein leuchtendes Beispiel, wie man mutig für die heiligen Gesetze eines schönen Todes stirbt

3 2 Makkabäer 7, 1–2.7a.9–14   siehe **S. 1885**

Der König der Welt wird uns zu einem neuen, ewigen Leben auferwecken

4 2 Makkabäer 7, 1.20–23.27b–29   siehe **S. 2152**

Auch die Mutter war überaus bewundernswert; sie ertrug alles tapfer, weil sie dem Herrn vertraute

5 Weisheit 3, 1–9   siehe **S. 2028**

Gott hat die Gerechten angenommen als ein vollgültiges Opfer

6 Jesus Sirach 51, 1–8 (1–12)   siehe **S. 2153**

In deiner großen Huld hast du mir geholfen

ERSTE LESUNGEN AUS DEM NEUEN TESTAMENT
In der Osterzeit

1 Apostelgeschichte 7, 55–60   siehe **S. 2154**

Herr Jesus, nimm meinen Geist auf!

2 Offenbarung 7, 9–17   siehe **S. 1821**

Das sind die, die aus der großen Bedrängnis kommen

Märtyrer

3 **Offenbarung 12, 10–12a** siehe S. 1735
Sie hielten ihr Leben nicht fest, bis hinein in den Tod

4 **Offenbarung 21, 5–7** siehe S. 1763
Wer siegt, wird dies als Anteil erhalten

ANTWORTPSALMEN

1 **Psalm 31 (30), 3b–4.6 u. 8.16–17** siehe S. 1445
R Herr, in deine Hände lege ich meinen Geist. (vgl. 6a)

2 **Psalm 34 (33), 2–3.4–5.6–7.8–9** siehe S. 1402
R All meinen Ängsten hat mich der Herr entrissen. (vgl. 5b)

3 **Psalm 124 (123), 2–3.4–5.7–8** siehe S. 1470
R Unsre Seele ist wie ein Vogel dem Netz des Jägers entkommen. (7a)

4 **Psalm 126 (125), 1–2b.2c–3.4–5.6** siehe S. 1596
R Die mit Tränen säen, werden mit Jubel ernten. (5)

ZWEITE LESUNGEN AUS DEM NEUEN TESTAMENT

1 **Römer 5, 1–5** siehe S. 1584
Wir rühmen uns unserer Bedrängnis

2 **Römer 8, 31b–39** siehe S. 1401
Weder Tod noch Leben können uns scheiden von der Liebe Gottes

3 **2 Korinther 4, 7–15** siehe S. 1067
Wir tragen das Todesleiden Jesu an unserem Leib

4 **2 Korinther 6, 4–10** siehe S. 1881
Wir sind wie Sterbende, und seht: wir leben

| 5 | 2 Timotheus 2, 8–13; 3, 10–12 | siehe S. 1475

Alle, die in Christus Jesus ein frommes Leben führen wollen, werden verfolgt werden

| 6 | Hebräer 10, 32–36 | siehe S. 2155

Ihr habt manchen harten Leidenskampf bestanden

| 7 | Jakobus 1, 2–4.12 | siehe S. 2156

Glücklich der Mann, der in der Versuchung standhält

| 8 | 1 Petrus 3, 14–17 | siehe S. 1518

Fürchtet euch nicht vor ihnen, und laßt euch nicht erschrecken!

| 9 | 1 Petrus 4, 12–19 | siehe S. 1522

Freut euch, daß ihr Anteil an den Leiden Christi habt

| 10 | 1 Johannes 5, 1–5 | siehe S. 1691

Das ist der Sieg, der die Welt besiegt hat: unser Glaube

VERSE ZUM RUF VOR DEM EVANGELIUM
siehe S. 2157

EVANGELIEN

| 1 | Matthäus 10, 17–22 | siehe S. 1461

Ihr werdet um meinetwillen vor Statthalter und Könige geführt, damit ihr vor ihnen und den Heiden Zeugnis ablegt

| 2 | Matthäus 10, 28–33 | siehe S. 1520

Fürchtet euch nicht vor denen, die den Leib töten

| 3 | Matthäus 10, 34–39 | siehe S. 1403

Ich bin nicht gekommen, um Frieden zu bringen, sondern das Schwert

Hirten der Kirche

4 Lukas 9,23–26 siehe S. 1594

Wer sein Leben um meinetwillen verliert, der wird es retten

5 Johannes 12,24–26 siehe S. 1761

Wenn das Weizenkorn stirbt, bringt es reiche Frucht

6 Johannes 15,18–21 siehe S. 1636

Wenn sie mich verfolgt haben, werden sie auch euch verfolgen

7 Johannes 17,6a.11b–19 siehe S. 1737

Die Welt hat sie gehaßt

COMMUNE-TEXTE FÜR HIRTEN DER KIRCHE

ERSTE LESUNGEN AUS DEM ALTEN TESTAMENT

Außerhalb der Osterzeit

1 Exodus 32,7–14 siehe S. 355

Gott hätte sie vernichtet, wäre nicht Mose, sein Erwählter, für sie in die Bresche gesprungen (vgl. Ps 106 [105], 23)

2 Deuteronomium 10,8–9 siehe S. 2158

Der Herr ist sein Erbbesitz

3 1 Samuel 16,1b.6–13a siehe S. 2159

Auf, salbe ihn! Denn er ist es

4 Jesaja 6,1–8 siehe S. 1415

Wen soll ich senden? Wer wird für uns gehen?

5 Jesaja 52,7–10 [Für Glaubensboten] siehe S. 1489

Alle Enden der Erde sehen das Heil unseres Gottes

6 Jesaja 61, 1–3a   siehe **S. 1912**

Der Herr hat mich gesalbt; er hat mich gesandt, damit ich den Armen eine gute Nachricht bringe (Lk 4, 18bc)

7 Jeremia 1, 4–9   siehe **S. 2160**

Wohin ich dich auch sende, dahin sollst du gehen

8 Ezechiel 3, 16–21   siehe **S. 2161**

Ich gebe dich dem Haus Israel als Wächter

9 Ezechiel 34, 11–16   siehe **S. 1479**

Wie ein Hirt sich um die Tiere seiner Herde kümmert, so kümmere ich mich um meine Schafe

ERSTE LESUNGEN AUS DEM NEUEN TESTAMENT
In der Osterzeit

1 Apostelgeschichte 13, 46–49 [Für Glaubensboten]   siehe **S. 1615**

Wir wenden uns jetzt an die Heiden

2 Apostelgeschichte 20, 17–18a.28–32.36   siehe **S. 1432**

Gebt acht auf euch und auf die ganze Herde, in der euch der Heilige Geist zu Bischöfen bestellt hat, damit ihr als Hirten für die Kirche Gottes sorgt

3 Apostelgeschichte 26, 19–23 [Für Glaubensboten]   siehe **S. 1891**

Christus wird dem Volk und den Heiden ein Licht verkünden

ANTWORTPSALMEN

1 Psalm 16 (15), 1–2 u. 5.7–8.9 u. 11   siehe **S. 1411**

R Du, Herr, bist mein Anteil und Erbe. (vgl. 5a)

2 Psalm 23 (22), 1–3.4.5.6   siehe **S. 1480**

R Der Herr ist mein Hirte,
nichts wird mir fehlen. (1)

Hirten der Kirche 2103

3 Psalm 40 (39), 2 u. 4ab.7–8.9–10 siehe S. 1416

R Mein Gott, ich komme;
deinen Willen zu tun macht mir Freude. (vgl. 8a.9a)

4 Psalm 89 (88), 2–3.20a u. 4–5.21–22.25 u. 27 siehe S. 1392

R Von den Taten deiner Huld, o Herr, will ich ewig singen. (2a)

5 Psalm 96 (95), 1–2.3 u. 7.8 u. 10 siehe S. 1489

R Kündet den Völkern die Herrlichkeit des Herrn! (vgl. 3a)

6 Psalm 106 (105), 19–20.21–22.23–24 siehe S. 356

R Denk an uns, Herr, aus Liebe zu deinem Volk! (vgl. 4a)

7 Psalm 110 (109), 1–2.3.4–5 siehe S. 705

R Du bist Priester auf ewig
nach der Ordnung Melchísedeks. (4b)

8 Psalm 117 (116), 1.2 siehe S. 522

R Geht hinaus in die ganze Welt,
und verkündet allen das Evangelium! (vgl. Mk 16, 15)
(Oder: **Halleluja.***)*

ZWEITE LESUNGEN AUS DEM NEUEN TESTAMENT

1 Römer 12, 3–13 siehe S. 2163

Wir haben unterschiedliche Gaben, je nach der uns verliehenen Gnade

2 1 Korinther 1, 18–25 [Für Glaubensboten] siehe S. 1653

Gott beschloß, alle, die glauben, durch die Torheit der Verkündigung zu retten

3 1 Korinther 4, 1–5 siehe S. 1792

Diener Christi und Verwalter von Geheimnissen Gottes

4 1 Korinther 9, 16–19.22–23 siehe S. 1396

Weh mir, wenn ich das Evangelium nicht verkünde!

5 2 Korinther 3, 1b–6a siehe **S. 2164**

Gott hat uns fähig gemacht, Diener des Neuen Bundes zu sein

6 2 Korinther 4, 1–2.5–7 siehe **S. 1723**

Wir verkündigen Jesus Christus als den Herrn, uns aber als eure Knechte um Jesu willen

7 2 Korinther 5, 14–20 siehe **S. 1493**

Gott hat uns den Dienst der Versöhnung aufgetragen

8 Epheser 4, 1–7.11–13 siehe **S. 1411**

Die Heiligen für die Erfüllung ihres Dienstes rüsten, für den Aufbau des Leibes Christi

9 Kolosser 1, 24–29 siehe **S. 2165**

Ich diene der Kirche durch das Amt, das mir Gott übertragen hat

10 1 Thessalonicher 2, 2b–8 siehe **S. 1866**

Wir wollten euch nicht nur am Evangelium Gottes teilhaben lassen, sondern auch an unserem eigenen Leben

11 2 Timotheus 1, 13–14; 2, 1–3 siehe **S. 1405**

Bewahre das dir anvertraute kostbare Gut durch die Kraft des Heiligen Geistes

12 2 Timotheus 4, 1–5 siehe **S. 1625**

Verkünde das Evangelium, erfülle treu deinen Dienst!

13 1 Petrus 5, 1–4 siehe **S. 1514**

Sorgt als Hirten für die euch anvertraute Herde Gottes!

VERSE ZUM RUF VOR DEM EVANGELIUM
siehe S. 2166 f.

EVANGELIEN

1 Matthäus 9, 35–38 siehe **S. 1655**

Die Ernte ist groß, aber es gibt nur wenig Arbeiter

Hirten der Kirche

2 Matthäus 16, 13–19 [Für einen Papst]   siehe **S. 1481**
Du bist Petrus – der Fels –, und auf diesen Felsen werde ich meine Kirche bauen

3 Matthäus 23, 8–12   siehe **S. 1412**
Der Größte von euch soll euer Diener sein

4 Matthäus 28, 16–20 [Für Glaubensboten]   siehe **S. 1490**
Geht zu allen Völkern, und macht alle Menschen zu meinen Jüngern!

5 Markus 1, 14–20   siehe **S. 1581**
Ich werde euch zu Menschenfischern machen

6 Markus 16, 15–20 [Für Glaubensboten]   siehe **S. 1398**
Geht hinaus in die ganze Welt, und verkündet das Evangelium!

7 Lukas 5, 1–11 [Für Glaubensboten]   siehe **S. 1688**
Wenn du es sagst, werde ich die Netze auswerfen

8 Lukas 10, 1–9   siehe **S. 1417**
Die Ernte ist groß, aber es gibt nur wenig Arbeiter

9 Lukas 22, 24–30   siehe **S. 1836**
Ich vermache euch das Reich, wie es mein Vater mir vermacht hat

10 Johannes 10, 11–16   siehe **S. 1393**
Der gute Hirt gibt sein Leben hin für die Schafe

11 Johannes 15, 9–17   siehe **S. 1434**
Ich nenne euch nicht mehr Knechte; vielmehr habe ich euch Freunde genannt

12 Johannes 21, 1.15–17 [Für einen Papst]   siehe **S. 1516**
Weide meine Lämmer! Weide meine Schafe!

COMMUNE-TEXTE FÜR KIRCHENLEHRER

ERSTE LESUNGEN AUS DEM ALTEN TESTAMENT

Außerhalb der Osterzeit

1 1 Könige 3, 11–14 siehe S. 2167

Ich gebe dir ein weises und verständiges Herz

2 Weisheit 7, 7–10.15–16 siehe S. 1563

Ich liebte die Weisheit mehr als Gesundheit und Schönheit

3 Jesus Sirach 15, 1–6 siehe S. 2168

Die Weisheit nährt ihn mit dem Brot der Klugheit und tränkt ihn mit dem Wasser der Einsicht

4 Jesus Sirach 39, 6–10 (8–14) siehe S. 2169

Er wurde mit dem Geist der Einsicht erfüllt

ERSTE LESUNGEN AUS DEM NEUEN TESTAMENT

In der Osterzeit

1 Apostelgeschichte 2, 14.22–24.32–36 siehe S. 2170

Gott hat ihn zum Herrn und Messias gemacht

2 Apostelgeschichte 13, 26–33 siehe S. 554

Gott hat die Verheißung erfüllt, indem er Jesus auferweckt hat

ANTWORTPSALMEN

1 Psalm 19 (18B), 8.9.10.11–12 siehe S. 1406

R Die Urteile des Herrn sind wahr, gerecht sind sie alle. (10b)

Oder:

R Deine Worte, Herr, sind Geist und Leben. (vgl. Joh 6, 63b)

Kirchenlehrer

|2| Psalm 37 (36), 3–4.5–6.30–31   siehe S. 1450

R Der Mund des Gerechten spricht Worte der Weisheit. (vgl. 30a)

|3| Psalm 119 (118), 9–10.11–12.13–14   siehe S. 1564

R Herr, lehre mich deine Gesetze! (12b)

ZWEITE LESUNGEN AUS DEM NEUEN TESTAMENT

|1| 1 Korinther 1, 18–25   siehe S. 1653

Gott beschloß, alle, die glauben, durch die Torheit der Verkündigung zu retten

|2| 1 Korinther 2, 1–10a   siehe S. 1777

Wir verkündigen das Geheimnis der verborgenen Weisheit Gottes

|3| 1 Korinther 2, 10b–16   siehe S. 1847

Wir aber haben den Geist Christi

|4| Epheser 3, 8–12   siehe S. 1420

Den Heiden als Evangelium den unergründlichen Reichtum Christi verkündigen

|5| Epheser 4, 1–7.11–13   siehe S. 1411

Die Heiligen für die Erfüllung ihres Dienstes rüsten, für den Aufbau des Leibes Christi

|6| 2 Timotheus 1, 13–14; 2, 1–3   siehe S. 1405

Bewahre das dir anvertraute kostbare Gut durch die Kraft des Heiligen Geistes

|7| 2 Timotheus 4, 1–5   siehe S. 1625

Verkünde das Evangelium, erfülle treu deinen Dienst!

VERSE ZUM RUF VOR DEM EVANGELIUM

siehe S. 2171f.

EVANGELIEN

1 Matthäus 5, 13–19   siehe **S. 1506**

Ihr seid das Licht der Welt

2 Matthäus 7, 21–29   siehe **S. 1755**

Jesus lehrte wie einer, der göttliche Vollmacht hat

3 Matthäus 13, 47–52   siehe **S. 2172**

Neues und Altes

4 Matthäus 23, 8–12   siehe **S. 1565**

Ihr sollt euch nicht Lehrer nennen lassen; denn nur einer ist euer Lehrer, Christus

5 Markus 4, 1–10.13–20   siehe **S. 2174**

Ein Sämann ging aufs Feld, um zu säen

Oder:

5a Kurzfassung 4, 1–9   siehe **S. 2175**

Ein Sämann ging aufs Feld, um zu säen

6 Lukas 6, 43–45   siehe **S. 1724**

Wovon das Herz voll ist, davon spricht der Mund

COMMUNE-TEXTE FÜR JUNGFRAUEN

ERSTE LESUNGEN AUS DEM ALTEN TESTAMENT

Außerhalb der Osterzeit

1 Hoheslied 8, 6–7   siehe **S. 1607**

Stark wie der Tod ist die Liebe

2 Hosea 2, 16b.17b.21–22   siehe **S. 2177**

Ich traue dich mir an auf ewig

ERSTE LESUNGEN AUS DEM NEUEN TESTAMENT

In der Osterzeit

1 Offenbarung 19, 1.5–9a siehe S. 1644

Selig, wer zum Hochzeitsmahl des Lammes eingeladen ist

2 Offenbarung 21, 1–5a siehe S. 2130

Ich sah die heilige Stadt, das neue Jerusalem; sie war bereit wie eine Braut, die sich für ihren Mann geschmückt hat

ANTWORTPSALMEN

1 Psalm 45 (44), 11–12.14–15.16–17 siehe S. 1645

R Höre, Tochter, sieh her und neige dein Ohr! (11a)

Oder:

R Der Bräutigam kommt!
Geht Christus, dem Herrn, entgegen! (Mt 25, 6b)

2 Psalm 148, 1–2.11–12.13–14 siehe S. 1560

R Halleluja.

Oder:

R Ihr jungen Männer und auch ihr Mädchen,
lobt den Namen des Herrn! (vgl. 12a.13a)

ZWEITE LESUNGEN AUS DEM NEUEN TESTAMENT

1 1 Korinther 7, 25–35 siehe S. 1856

Die Jungfrau sorgt sich um die Sache des Herrn

2 2 Korinther 10, 17 – 11, 2 siehe S. 1445

Ich habe euch einem einzigen Mann verlobt, um euch als reine Jungfrau zu Christus zu führen

VERSE ZUM RUF VOR DEM EVANGELIUM

siehe S. 2177

EVANGELIEN

1 Matthäus 19, 3–12   siehe **S. 2178**

Um des Himmelreiches willen

2 Matthäus 25, 1–13   siehe **S. 1646**

Der Bräutigam kommt! Geht ihm entgegen!

3 Lukas 10, 38–42   siehe **S. 1609**

Marta nahm ihn freundlich auf. – Maria hat das Bessere gewählt

COMMUNE-TEXTE
FÜR HEILIGE MÄNNER
UND HEILIGE FRAUEN

ERSTE LESUNGEN AUS DEM ALTEN TESTAMENT

Außerhalb der Osterzeit

1 Genesis 12, 1–4a   siehe **S. 2180**

Zieh weg aus deinem Land, von deiner Verwandtschaft und aus deinem Vaterhaus!

2 Levitikus 19, 1–2.17–18   siehe **S. 2181**

Du sollst deinen Nächsten lieben wie dich selbst

3 Deuteronomium 6, 3–9   siehe **S. 2182**

Du sollst den Herrn, deinen Gott, lieben mit ganzem Herzen

Heilige Männer und heilige Frauen

4 Deuteronomium 10, 8–9 [Für Ordensleute]   siehe **S. 2158**

Der Herr ist sein Erbbesitz

5 1 Könige 19, 4–9a.11b–15a [Für Ordensleute]   siehe **S. 2183**

Stell dich auf den Berg vor den Herrn!

6 1 Könige 19, 16b.19–21 [Für Ordensleute]   siehe **S. 2185**

Elischa stand auf und folgte Elija

7 Tobit 8, 4b–8   siehe **S. 2186**

Laß mich gemeinsam mit ihr ein hohes Alter erreichen

8 Tobit 12, 6–13 [Für Heilige der Nächstenliebe]   siehe **S. 1600**

Es ist gut, zu beten und zu fasten, barmherzig und gerecht zu sein

9 Judit 8, 2–8 [Für Witwen]   siehe **S. 2187**

Sie war sehr gottesfürchtig

10 Ester 4, 17b–17e.17h (17b–17g.17l)   siehe **S. 2188**

Ich wollte nicht die Ehre eines Menschen über die Ehre Gottes stellen

11 Sprichwörter 31, 10–13.19–20.30–31   siehe **S. 1437**

Eine gottesfürchtige Frau verdient Lob

12 Jesus Sirach 2, 7–11 (7–13)   siehe **S. 2189**

Ihr, die ihr den Herrn fürchtet, hofft auf sein Erbarmen!

13 Jesus Sirach 3, 17–25 (19–26)   siehe **S. 2190**

Bescheide dich, dann wirst du Gnade finden bei Gott

14 Jesus Sirach 26, 1–4.13–16 (1–4.16–21)   siehe **S. 2191**

Wie die Sonne aufstrahlt in den höchsten Höhen, so die Schönheit einer guten Frau als Schmuck ihres Hauses

| **15** | Jesaja 58, 6–11 [Für Heilige der Nächstenliebe] | **siehe S. 2192** |

Wenn du den Darbenden satt machst, dann geht im Dunkel dein Licht auf

| **16** | Jeremia 20, 7–9 | **siehe S. 2193** |

Es war mir, als brenne in meinem Herzen ein Feuer

| **17** | Micha 6, 6–8 | **siehe S. 2194** |

Es ist dir gesagt worden, Mensch, was gut ist und was der Herr von dir erwartet

| **18** | Zefanja 2, 3; 3, 12–13 | **siehe S. 2195** |

Ich lasse in deiner Mitte übrig ein demütiges und armes Volk

ERSTE LESUNGEN AUS DEM NEUEN TESTAMENT

In der Osterzeit

| **1** | Apostelgeschichte 4, 32–35 [Für Ordensleute] | **siehe S. 2196** |

Die Gemeinde der Gläubigen war ein Herz und eine Seele

| **2** | Offenbarung 3, 14b.20–22 | **siehe S. 1834** |

Wir werden Mahl halten, ich mit ihm und er mit mir

| **3** | Offenbarung 19, 1.5–9a | **siehe S. 1644** |

Selig, wer zum Hochzeitsmahl des Lammes eingeladen ist

| **4** | Offenbarung 21, 5–7 | **siehe S. 1763** |

Wer durstig ist, den werde ich umsonst aus der Quelle trinken lassen, aus der das Wasser des Lebens strömt

ANTWORTPSALMEN

| **1** | Psalm 1, 1–2.3.4 u. 6 | **siehe S. 1732** |

R Selig der Mann, der Freude hat an der Weisung des Herrn. (2a)

Oder:

R Gesegnet, wer auf den Herrn sich verläßt. (vgl. Jer 17, 7)

Heilige Männer und heilige Frauen

Oder:

R Der Gerechte gedeiht wie die Palme
in den Vorhöfen unseres Gottes. (Ps 92 [91], 13.14)

2 Psalm 15 (14), 2–3.4.5 siehe S. 1649

R Der Gerechte darf weilen auf deinem heiligen Berg, o Herr. (vgl. 1b)

3 Psalm 16 (15), 1–2 u. 5.7–8.9 u. 11 siehe S. 1411

R Du, Herr, bist mein Anteil und Erbe. (vgl. 5a)

4 Psalm 23 (22), 1–3.4.5.6 siehe S. 1480

R Der Herr ist mein Hirte,
nichts wird mir fehlen. (1)

5 Psalm 34 (33), 2–3.4–5.6–7.8–9.10–11 siehe S. 1535

R Den Herrn will ich preisen alle Zeit. (vgl. 2a)

Oder:

R Kostet und seht, wie gütig der Herr ist! (9a)

6 Psalm 103 (102), 1–2.3–4.8–9.13–14.17–18a siehe S. 1494

R Lobe den Herrn, meine Seele! (1a)

7 Psalm 112 (111), 1–2.3–4.5–6.7 u. 9 siehe S. 1455

R Selig der Mensch, der den Herrn fürchtet und ehrt! (vgl. 1a)

Oder:

R Halleluja.

8 Psalm 128 (127), 1–2.3.4–5 siehe S. 856

R Selig die Menschen, die Gottes Wege gehen! (vgl. 1a)

9 Psalm 131 (130), 1.2–3 siehe S. 1438

R Herr, bewahre meine Seele in deinem Frieden!

ZWEITE LESUNGEN AUS DEM NEUEN TESTAMENT

| 1 | Römer 8, 26–30 | siehe S. 1620 |

Die er gerecht gemacht hat, die hat er auch verherrlicht

| 2 | 1 Korinther 1, 26–31 | siehe S. 1526 |

Das Schwache in der Welt hat Gott erwählt

| 3 | 1 Korinther 12, 31 – 13, 13 | siehe S. 2198 |

Die Liebe hört niemals auf

Oder:

| 3a | Kurzfassung 13, 4–13 | siehe S. 2199 |

Die Liebe hört niemals auf

| 4 | 2 Korinther 10, 17 – 11, 2 | siehe S. 1445 |

Ich habe euch einem einzigen Mann verlobt, um euch als reine Jungfrau zu Christus zu führen

| 5 | Galater 2, 19–20 | siehe S. 1596 |

Nicht mehr ich lebe, sondern Christus lebt in mir

| 6 | Galater 6, 14–16 | siehe S. 2201 |

Das Kreuz, durch das mir die Welt gekreuzigt ist und ich der Welt

| 7 | Epheser 3, 14–19 | siehe S. 1754 |

Die Liebe Christi verstehen, die alle Erkenntnis übersteigt

| 8 | Epheser 6, 10–13.18 | siehe S. 1509 |

Zieht die Rüstung Gottes an!

| 9 | Philipper 3, 8–14 | siehe S. 1648 |

Das Ziel vor Augen, jage ich nach dem Siegespreis: der himmlischen Berufung, die Gott uns in Christus Jesus schenkt

Heilige Männer und heilige Frauen

10 Philipper 4, 4–9   siehe S. 1567
Was immer Tugend heißt, darauf seid bedacht!

11 Kolosser 3, 12–17   siehe S. 1902
Vor allem liebt einander, denn die Liebe ist das Band, das alles vollkommen macht

12 1 Timotheus 5, 3–10 [Für Witwen]   siehe S. 1955
Eine Frau, die wahrhaft eine Witwe ist und allein steht, setzt ihre Hoffnung auf Gott

13 Jakobus 2, 14–17   siehe S. 1454
Der Glaube für sich allein ist tot, wenn er nicht Werke vorzuweisen hat

14 1 Petrus 3, 1–9   siehe S. 2202
Die heiligen Frauen, die ihre Hoffnung auf Gott setzten

15 1 Petrus 4, 7b–11   siehe S. 1559
Dient einander, jeder mit der Gabe, die er empfangen hat

16 1 Johannes 3, 14–18 [Für Heilige der Nächstenliebe]   siehe S. 1661
Auch wir müssen für die Brüder das Leben hingeben

17 1 Johannes 4, 7–16   siehe S. 2204
Wenn wir einander lieben, bleibt Gott in uns

18 1 Johannes 5, 1–5   siehe S. 1691
Das ist der Sieg, der die Welt besiegt hat: unser Glaube

VERSE ZUM RUF VOR DEM EVANGELIUM
siehe S. 2205 f.

EVANGELIEN

1 Matthäus 5, 1–12a   siehe S. 1888
Freut euch und jubelt: Euer Lohn im Himmel wird groß sein

| **2** | **Matthäus 5, 13–16** | siehe **S. 1590** |

Ihr seid das Licht der Welt

| **3** | **Matthäus 7, 21–27** | siehe **S. 2206** |

Auf Fels gebaut – auf Sand gebaut

| **4** | **Matthäus 11, 25–30** | siehe **S. 1789** |

Du hast all das den Weisen und Klugen verborgen, den Unmündigen aber hast du es offenbart

| **5** | **Matthäus 13, 44–46** | siehe **S. 1528** |

Er verkaufte alles, was er besaß, und kaufte jenen Acker

| **6** | **Matthäus 16, 24–27** | siehe **S. 1477** |

Wer sein Leben um meinetwillen verliert, wird es gewinnen

| **7** | **Matthäus 18, 1–5** | siehe **S. 1569** |

Wenn ihr nicht wie die Kinder werdet, könnt ihr nicht in das Himmelreich kommen

| **8** | **Matthäus 19, 3–12 [Für Ordensleute]** | siehe **S. 2178** |

Um des Himmelreiches willen

| **9** | **Matthäus 19, 27–29** | siehe **S. 1622** |

Ihr, die ihr alles verlassen habt und mir nachgefolgt seid, werdet das Hundertfache erhalten

| **10** | **Matthäus 22, 34–40** | siehe **S. 1672** |

Du sollst den Herrn, deinen Gott, lieben; du sollst deinen Nächsten lieben wie dich selbst

| **11** | **Matthäus 25, 1–13** | siehe **S. 1646** |

Der Bräutigam kommt! Geht ihm entgegen!

| **12** | **Matthäus 25, 14–30** | siehe **S. 1407** |

Du bist im Kleinen ein treuer Verwalter gewesen; komm, nimm teil an der Freude deines Herrn!

Heilige Männer und heilige Frauen

Oder:

12a Kurzfassung 25, 14–23 siehe S. 2207

Du bist im Kleinen ein treuer Verwalter gewesen; komm, nimm teil an der Freude deines Herrn!

13 Matthäus 25, 31–46 [Für Heilige der Nächstenliebe] siehe S. 1499

Was ihr für einen meiner geringsten Brüder getan habt, das habt ihr mir getan

Oder:

13a Kurzfassung 25, 31–40 [Für Heilige der Nächstenliebe]
siehe S. 1501

Was ihr für einen meiner geringsten Brüder getan habt, das habt ihr mir getan

14 Markus 3, 31–35 siehe S. 1439

Wer den Willen Gottes erfüllt, der ist für mich Bruder und Schwester und Mutter

15 Markus 9, 34–37 [Für Erzieher] siehe S. 1561

Wer ein Kind um meinetwillen aufnimmt, der nimmt mich auf

16 Markus 10, 13–16 [Für Erzieher] siehe S. 2017

Laßt die Kinder zu mir kommen!

17 Markus 10, 17–30 [Für Ordensleute] siehe S. 1602

Verkaufe, was du hast, und gib das Geld den Armen; dann komm und folge mir nach!

Oder:

17a Kurzfassung 10, 17–27 siehe S. 1604

Verkaufe, was du hast, und gib das Geld den Armen; dann komm und folge mir nach!

18 Lukas 6, 27–38 siehe S. 1456

Seid barmherzig, wie es auch euer Vater ist!

Commune – Lesungen

19 Lukas 9, 57–62 [Für Ordensleute] siehe **S. 1819**
Ich will dir folgen, wohin du auch gehst

20 Lukas 10, 38–42 siehe **S. 1609**
Marta nahm ihn freundlich auf. – Maria hat das Bessere gewählt

21 Lukas 12, 32–34 [Für Ordensleute] siehe **S. 1680**
Euer Vater hat beschlossen, euch das Reich zu geben

22 Lukas 12, 35–40 siehe **S. 1495**
Haltet auch ihr euch bereit!

23 Lukas 14, 25–33 [Für Ordensleute] siehe **S. 1451**
Keiner von euch kann mein Jünger sein, wenn er nicht auf seinen ganzen Besitz verzichtet

24 Johannes 15, 1–8 siehe **S. 1626**
Wer in mir bleibt und in wem ich bleibe, der bringt reiche Frucht

25 Johannes 15, 9–17 siehe **S. 1650**
Ihr seid meine Freunde, wenn ihr tut, was ich euch auftrage

26 Johannes 17, 20–26 siehe **S. 1863**
Ich will, daß sie dort bei mir sind, wo ich bin

B
TEXTE

Hier werden nur die Texte angeboten, die nicht schon im Herrenjahr bzw. bei den Gedenktagen der Heiligen ausgedruckt sind.

COMMUNE-TEXTE FÜR MARIENMESSEN

ERSTE LESUNGEN AUS DEM ALTEN TESTAMENT

Außerhalb der Osterzeit

2 EINFÜHRUNG Die Berufung Abrahams bedeutet eine Wende in der Geschichte der Menschheit. Eine lange Zeit des Abfalls und der Verwirrung war vorausgegangen. Fünfmal ist in der biblischen Urgeschichte von „Fluch" die Rede, und fünfmal kommt im Berufungswort an Abraham das Wort „Segen" („segnen") vor. Wir wissen nicht, wie Abraham das Wort Gottes gehört hat; wichtig ist nur: Gott hat zu ihm gesprochen, und Abraham hat gehört. Ohne Widerrede ist er dem Ruf gefolgt und hat der Verheißung geglaubt. Noch ein zweites Mal bekommt der Stammvater dieses fordernde „Geh!" zu hören: dort, wo Gott von ihm verlangt, daß er sein Liebstes, seinen Sohn Isaak, darbringe. Durch dieses zweifache „Geh!" ist Abraham aus allen Menschen herausgehoben. An den Gehorsam dieses Menschen hat Gott das Heil der Menschheit gebunden. Der Segen, den Gott dem Abraham verheißen hat, geht weit über ihn und über den alten Bund hinaus. – Maria, die große Glaubende (Lk 1,45), versteht ihre eigene Berufung und die mit ihr anhebende neue Heilszeit im Licht der Verheißung, die Abraham empfangen hat. – Gen 17,1–6; 18,18; 22,17; Weish 10,5; Apg 3,25; Hebr 11,8–9; Gal 3,8.

ERSTE LESUNG   Gen 12,1–7

Er denkt an sein Erbarmen, das er unseren Vätern verheißen hat, Abraham und seinen Nachkommen auf ewig (Lk 1,54b.55)

Lesung
   aus dem Buch Génesis.

In jenen Tagen
   sprach der Herr zu Abram:

Zieh weg aus deinem Land,
von deiner Verwandtschaft und aus deinem Vaterhaus
   in das Land, das ich dir zeigen werde.

2 Ich werde dich zu einem großen Volk machen,
dich segnen und deinen Namen groß machen.
Ein Segen sollst du sein.

3 Ich will segnen, die dich segnen;
wer dich verwünscht, den will ich verfluchen.
Durch dich sollen alle Geschlechter der Erde Segen erlangen.

4 Da zog Abram weg,
   wie der Herr ihm gesagt hatte,
und mit ihm ging auch Lot.
Abram war fünfundsiebzig Jahre alt, als er aus Haran fortzog.

5 Abram nahm seine Frau Sarai mit, seinen Neffen Lot
   und alle ihre Habe, die sie erworben hatten,
   und die Knechte und Mägde, die sie in Haran gewonnen hatten.
Sie wanderten nach Kánaan aus und kamen dort an.

6 Abram zog durch das Land bis zur Stätte von Sichem,
   bis zur Orakeleiche.
Die Kanaaníter waren damals im Land.

7 Der Herr erschien Abram
   und sprach: Deinen Nachkommen gebe ich dieses Land.
Dort baute er dem Herrn, der ihm erschienen war, einen Altar.

4

EINFÜHRUNG *Die Bundeslade war nach Ex 25, 10–15 ein Schrein aus Akazienholz. Sie war mit Gold überzogen und enthielt die beiden Gesetzestafeln (Ex 25, 16; Dtn 10, 1–5). Während des Wüstenzugs wurde sie dem Volk vorangetragen; König David ließ sie samt dem heiligen Zelt nach Jerusalem übertragen und machte damit die Stadt zum religiösen und politischen Mittelpunkt seines Reiches. Salomo hat die Bundeslade im heiligsten Raum des Tempels aufgestellt. Für König und Volk bedeutete die heilige Lade Führung und Schutz, aber auch die ständige Mahnung, nach dem Willen des heiligen, bei seinem Volk gegenwärtigen Gottes zu leben. Bei der Zerstörung des Tempels durch die babylonischen Eroberer (587 v. Chr.) ging die Bundeslade verloren. Die Verehrung, die man ihr entgegengebracht hatte, ging später auf den zweiten Tempel und die Stadt Jerusalem über; hier war der Thron Gottes und der Schemel seiner Füße. Im Neuen Bund ist auf besondere Weise Maria die Verkörperung Israels und Zions als Ort der göttlichen Gegenwart. Sie* *ist das neue Bundeszelt; die Herrlichkeit Gottes hat sie überschattet, und das Wort Gottes hat von ihr die Menschennatur angenommen, um bei uns zu wohnen.* – 2 Sam 6; Ps 132; 48; 1 Chr 28, 2; Ps 99, 5; Lk 1, 39–43; Joh 1, 14.

ERSTE LESUNG 1 Chr 15, 3–4.15–16; 16, 1–2

Man trug die Lade Gottes in das Zelt, das David für sie aufgestellt hatte, und setzte sie an ihren Platz in der Mitte des Zeltes

Lesung
  aus dem ersten Buch der Chronik.

In jenen Tagen
3 berief David ganz Israel nach Jerusalem,
  um die Lade des Herrn an den Ort zu bringen,
  den er für sie hergerichtet hatte.
4 Er ließ die Nachkommen Aarons und die Leviten kommen.
15 Die Leviten hoben die Lade Gottes
  mit den Tragstangen auf ihre Schultern,
  wie es Mose auf Befehl des Herrn angeordnet hatte.
16 Den Vorstehern der Leviten befahl David,
  sie sollten ihre Stammesbrüder, die Sänger,
  mit ihren Instrumenten,
  mit Harfen, Zithern und Zimbeln, aufstellen,
  damit sie zum Freudenjubel laut ihr Spiel ertönen ließen.
1 Man trug die Lade Gottes in das Zelt,
  das David für sie aufgestellt hatte,
  setzte sie an ihren Platz in der Mitte des Zeltes
  und brachte Brand- und Heilsopfer vor Gott dar.
2 Als David mit dem Darbringen der Brand- und Heilsopfer fertig war,
  segnete er das Volk im Namen des Herrn.

5 EINFÜHRUNG *Der Gott, der sich im Alten Bund offenbart hat, ist der „lebendige Gott": ein Gott, der da ist, spricht und handelt. Sein Wort, sein Geist und seine Weisheit durchdringen das All und bestimmen die Geschichte der Menschen. Diese Ausdrücke: „Wort", „Geist", „Weisheit" gewinnen im Alten Testament allmählich Gestalt und Tiefe, so daß sie für die Offenbarung der göttlichen Dreiheit im Neuen Testament als Gefäße dienen können.* – *Das 8. Kapitel des Buches der Sprichwörter ist ein*

großes Gedicht, in dem die „Weisheit" selbst redend eingeführt wird. Sie tritt auf wie eine Person, deren Geschichte in die Ewigkeit Gottes hineinragt (8, 22–26). Der Ort der „Weisheit" ist an der Seite Gottes (vgl. Joh 1, 1), aber zugleich auch auf der Erde, bei den Menschen (8, 31). Hier wird wie von ferne das Geheimnis des dreifaltigen Gottes angedeutet, aber auch das Geheimnis der Menschwerdung. Die ewige Weisheit ist auch das ewige Wort, in dem Gott sein eigenes Wesen ausspricht: „Das Wort ist Fleisch geworden und hat unter uns gewohnt." – Sir 24; Weish 7, 15–30; Dan 7, 13–14; Joh 1, 1–3.14.

ERSTE LESUNG   Spr 8, 22–31

Maria, Sitz der Weisheit

Lesung
aus dem Buch der Sprichwörter.

So spricht die Weisheit Gottes:
22 Der Herr hat mich geschaffen im Anfang seiner Wege,
vor seinen Werken in der Urzeit;
23 in frühester Zeit wurde ich gebildet,
am Anfang, beim Ursprung der Erde.
24 Als die Urmeere noch nicht waren, wurde ich geboren,
als es die Quellen noch nicht gab, die wasserreichen.
25 Ehe die Berge eingesenkt wurden,
vor den Hügeln wurde ich geboren.
26 Noch hatte er die Erde nicht gemacht und die Fluren
und alle Schollen des Festlands.
27 Als er den Himmel baute, war ich dabei,
als er den Erdkreis abmaß über den Wassern,
28 als er droben die Wolken befestigte
und Quellen strömen ließ aus dem Urmeer,
29 als er dem Meer seine Satzung gab
und die Wasser nicht seinen Befehl übertreten durften,
30 als er die Fundamente der Erde abmaß,
da war ich als geliebtes Kind bei ihm.
Ich war seine Freude Tag für Tag
und spielte vor ihm allezeit.
31 Ich spielte auf seinem Erdenrund,
und meine Freude war es, bei den Menschen zu sein.

6 EINFÜHRUNG Das Alte Testament kennt nur den einen und einzigen Gott, der Israel aus Ägypten herausgeführt und ihm am Sinai das Gesetz gegeben hat. Die spätere Betrachtung (Weisheitsbücher) hat das Gesetz vom Sinai als Mitteilung der göttlichen „Weisheit", als „Wort" Gottes an Israel verstanden. In Sir 24 stellt die „Weisheit" in hymnusartiger Rede sich selbst vor. Sie scheint hier als aufs innigste mit Gott vereint und doch auch von ihm verschieden. Sie ist bei Gott, „in der Versammlung Gottes" (24, 2), hat aber zugleich ihr Zelt in Israel. Gott selbst ist in die Geschichte des Menschen eingetreten. Von 24, 19 an richtet sich die Rede der Weisheit nicht mehr an die himmlische Gemeinde, sondern an die Menschen. Nach der Weisheit suchen und sie erwerben macht den Menschen nicht nur gut und rechtschaffen; es macht ihn auch glücklich und führt ihn zur wahren Größe. – Die christliche Auslegung hat in den Aussagen des Alten Testaments über die Weisheit und das Wort Gottes eine Vorbereitung der neutestamentlichen Offenbarung über die heiligste Dreifaltigkeit und über die Menschwerdung des ewigen Wortes gesehen. – Spr 1, 20–33; Weish 6, 12–21; Bar 3, 36–38; Ps 19, 10–11; Joh 4, 14.

ERSTE LESUNG Sir 24, 1–4.8–12.19–22 (1–2.5–7.12–16.26–30)

Maria, Sitz der Weisheit

Lesung
aus dem Buch Jesus Sirach.

1 Die Weisheit lobt sich selbst,
  sie rühmt sich bei ihrem Volk.
2 Sie öffnet ihren Mund in der Versammlung Gottes
  und rühmt sich vor seinen Scharen:
3 Ich ging aus dem Mund des Höchsten hervor,
  und wie Nebel umhüllte ich die Erde.
4 Ich wohnte in den Höhen,
  auf einer Wolkensäule stand mein Thron.
8 Da gab der Schöpfer des Alls mir Befehl;
  er, der mich schuf, wußte für mein Zelt eine Ruhestätte.
  Er sprach: In Jakob sollst du wohnen,
  in Israel sollst du deinen Erbbesitz haben.
9 Vor der Zeit, am Anfang, hat er mich erschaffen,
  und bis in Ewigkeit vergehe ich nicht.

¹⁰ Ich tat vor ihm Dienst im heiligen Zelt
  und wurde dann auf dem Zion eingesetzt.
¹¹ In der Stadt, die er ebenso liebt wie mich, fand ich Ruhe,
  Jerusalem wurde mein Machtbereich.
¹² Ich faßte Wurzel bei einem ruhmreichen Volk,
  im Eigentum des Herrn,
    in seinem Erbbesitz.
¹⁹ Kommt zu mir, die ihr mich begehrt,
  sättigt euch an meinen Früchten!
²⁰ An mich zu denken ist süßer als Honig,
  mich zu besitzen ist besser als Wabenhonig.
  Mein Andenken reicht bis zu den fernsten Generationen.
²¹ Wer mich genießt, den hungert noch,
  wer mich trinkt, den dürstet noch.
²² Wer auf mich hört, wird nicht zuschanden,
  wer mir dient, fällt nicht in Sünde.

8 EINFÜHRUNG *In der Zeit des Propheten Jesaja war die Bevölkerung Galiläas nach Assyrien verschleppt worden (732 v.Chr.). Der Prophet sieht Volk und Land in tiefer Finsternis, d. h. in Not und Verzweiflung. Aber in die Finsternis hinein leuchtet ein Licht: die Geburt des königlichen Kindes. Übermenschliche Namen und Eigenschaften werden ihm zugesprochen. Der Blick richtet sich über das geschichtliche Ereignis hinaus in die Zukunft: auf das Kind, das mehr sein wird als nur ein Befreier und Retter aus nationaler Not, wie auch diese Not selbst dem Propheten zum Bild der tieferen Not der ganzen Menschheit wird. – Mt 4, 12–17; Lk 1, 78–79; Joh 8, 12.*

ERSTE LESUNG   Jes 9, 1–6

Ein Sohn ist uns geschenkt; man nennt ihn: Fürst des Friedens

**Lesung
  aus dem Buch Jesája.**

¹ Das Volk, das im Dunkel lebt,
    sieht ein helles Licht;
  über denen, die im Land der Finsternis wohnen,
    strahlt ein Licht auf.
² Du erregst lauten Jubel
  und schenkst große Freude.

Man freut sich in deiner Nähe,
   wie man sich freut bei der Ernte,
   wie man jubelt, wenn Beute verteilt wird.
3 Denn wie am Tag von Midian
   zerbrichst du das drückende Joch,
das Tragholz auf unserer Schulter und den Stock des Treibers.
4 Jeder Stiefel, der dröhnend daherstampft,
   jeder Mantel, der mit Blut befleckt ist, wird verbrannt,
wird ein Fraß des Feuers.
5 Denn uns ist ein Kind geboren,
ein Sohn ist uns geschenkt.
Die Herrschaft liegt auf seiner Schulter;
man nennt ihn: Wunderbarer Ratgeber, Starker Gott,
Vater in Ewigkeit, Fürst des Friedens.
6 Seine Herrschaft ist groß,
   und der Friede hat kein Ende.
Auf dem Thron Davids herrscht er über sein Reich;
er festigt und stützt es durch Recht und Gerechtigkeit,
   jetzt und für alle Zeiten.
Der leidenschaftliche Eifer des Herrn der Heere
   wird das vollbringen.

10 EINFÜHRUNG   *Der Prophet Micha war ein jüngerer Zeitgenosse des Jesaja. In dem Buch, das nach ihm benannt ist, wechseln Gerichtsdrohungen mit Heilsweissagungen. Die Heilsweissagung in Kap. 5, 1–4a setzt das Gericht über Jerusalem und das davidische Königshaus als bereits geschehen voraus. Die Könige auf dem Thron Davids haben ihre Sendung nicht erfüllt; nun wird Jahwe einen neuen Herrscher berufen, nicht aus Jerusalem, sondern aus Betlehem. Der Prophet redet den Familienverband der Efratiter an, aus dem einst der König David hervorgegangen war. Von dort, aus Betlehem, wird auch der neue David, der Retter, kommen. Er wird dem neuen Volk Gottes den Frieden bringen, den die Könige von Jerusalem ihrem Volk nicht geben konnten. – Gen 49, 10; Jes 9, 5; 7, 14; 32, 18; Jer 23, 6; Mt 2, 6; Joh 7, 42.*

ERSTE LESUNG   Mi 5, 1–4a

Aus dir wird der hervorgehen, der über Israel herrschen soll

Lesung
   aus dem Buch Micha.

So spricht der Herr:

1 Du, Bétlehem-Éfrata,
    so klein unter den Gauen Judas,
  aus dir wird mir einer hervorgehen,
    der über Israel herrschen soll.
  Sein Ursprung liegt in ferner Vorzeit,
  in längst vergangenen Tagen.
2 Darum gibt der Herr sie preis,
    bis die Gebärende einen Sohn geboren hat.
  Dann wird der Rest seiner Brüder heimkehren
    zu den Söhnen Israels.
3 Er wird auftreten und ihr Hirt sein in der Kraft des Herrn,
  im hohen Namen Jahwes, seines Gottes.

  Sie werden in Sicherheit leben;
  denn nun reicht seine Macht bis an die Grenzen der Erde.
4a Und er wird der Friede sein.

11 EINFÜHRUNG *Zum erstenmal in der Bibel kommt in Sach 2, 16 der Ausdruck „Heiliges Land" vor. Er bezeichnet hier das Gebiet, innerhalb dessen Juda-Jerusalem liegt, also etwa Palästina. „Heilig" ist dieses Land, weil es Gottes Eigentum und der Ort seiner Gegenwart ist. Zur Zeit des Propheten Sacharja wird in Jerusalem der neue Tempel gebaut, ein fast aussichtsloses Unternehmen angesichts der politischen und wirtschaftlichen Situation der nachexilischen Gemeinde. In diesen Tempel wird der Herr einziehen, hier wird er wohnen und die Stadt beschützen, und hier wird er für alle Völker erreichbar sein. Das alles ist für Jerusalem, die „Tochter Zion", Grund zur Freude nach den langen Jahren der Verlassenheit. Mit ähnlichen Worten hatte allerdings schon ein Jahrhundert zuvor der Prophet Zefanja zur Freude aufgerufen (Zef 3, 14–15), und die Erfüllung, die Verwirklichung des angekündigten Heils ließ immer noch auf sich warten. Der Evangelist Lukas sieht das Wort der Propheten erfüllt in Maria, der wahren „Tochter Zion". Auch sie wird vom Engel begrüßt mit den Worten „Freue dich!" (gewöhnlich übersetzt „Sei gegrüßt!"), und als Grund der Freude wird ihr, freilich auf neue Weise, das gesagt, was die Propheten zur Tochter Zion gesagt hatten: „Denn siehe, ich komme und wohne in deiner Mitte" (Sach 2, 14). – Zu 2, 14–15: Ps 87, 2; Jes 2, 2–5; 45, 22. – Zu 2, 16–17: Ex 3, 6; Hab 2, 20; Zef 1, 7; Offb 8, 1.*

Marienmessen – Erste Lesungen

ERSTE LESUNG Sach 2, 14–17

Freue dich, Tochter Zion; denn siehe, ich komme

Lesung
aus dem Buch Sachárja.

14 Juble und freue dich, Tochter Zion;
denn siehe, ich komme und wohne in deiner Mitte
– Spruch des Herrn.

15 An jenem Tag werden sich viele Völker dem Herrn anschließen,
und sie werden mein Volk sein,
und ich werde in deiner Mitte wohnen.
Dann wirst du erkennen,
daß der Herr der Heere mich zu dir gesandt hat.

16 Der Herr aber wird Juda in Besitz nehmen;
es wird sein Anteil im Heiligen Land sein.
Und er wird Jerusalem wieder auserwählen.

17 Alle Welt schweige in der Gegenwart des Herrn.
Denn er tritt hervor aus seiner heiligen Wohnung.

ERSTE LESUNGEN AUS DEM NEUEN TESTAMENT
In der Osterzeit

1 EINFÜHRUNG *Nach dem Weggang Jesu (Himmelfahrt: Apg 1, 9–11) wissen die Jünger, daß ihr Leben endgültig im Dienst des erhöhten Herrn stehen wird. Zunächst kehren sie nach Jerusalem zurück, wo sie das Kommen des versprochenen Geistes erwarten. Das „Obergemach" (1, 13) war vielleicht der Raum des Letzten Abendmahls. Die Namen der Apostel werden im Anschluß an Lk 6, 14–16 aufgeführt. Alle waren sie da, auch weitere Jünger. Von den Verwandten Jesu wird „Maria, die Mutter Jesu", besonders hervorgehoben. Wo „zusammen mit Maria" gemeinsam und beharrlich gebetet wird, da ist Christus gegenwärtig, und der Heilige Geist verbindet die Betenden zur Einheit. – Lk 24, 50–52; Apg 2, 46–47; Röm 12, 12; Eph 1, 14.*

ERSTE LESUNG

Apg 1, 12–14

Sie alle verharrten einmütig im Gebet, zusammen mit Maria, der Mutter Jesu

**Lesung
aus der Apostelgeschichte.**

Als Jesus in den Himmel aufgenommen war,
12 **kehrten die Apostel vom Ölberg,
der nur einen Sabbatweg von Jerusalem entfernt ist,
nach Jerusalem zurück.**

13 **Als sie in die Stadt kamen,
gingen sie in das Obergemach hinauf,
wo sie nun ständig blieben:
Petrus und Johannes,
Jakobus und Andreas,
Philippus und Thomas,
Bartholomäus und Matthäus,
Jakobus, der Sohn des Alphäus,
und Simon, der Zelót,
sowie Judas, der Sohn des Jakobus.**

14 **Sie alle verharrten dort einmütig im Gebet,
zusammen mit den Frauen
und mit Maria, der Mutter Jesu, und mit seinen Brüdern.**

2 EINFÜHRUNG *In wenigen Sätzen umreißt die Lesung aus Offb 12 ein gewaltiges Geschehen. Die Frau, die am Himmel als das große Zeichen erscheint, ist die Mutter des Messiaskindes. Sie ist die Verkörperung des Gottesvolkes; die zwölf Sterne über ihrem Haupt erinnern an die zwölf Stämme Israels. Die Geburtswehen sind weniger von der irdischen Geburt des Messiaskindes zu verstehen als von den Leiden des Gottesvolkes im Verlauf seiner Geschichte, vor allem in der Zeit vor dem Ende, bis schließlich der ganze Christus geboren ist und „die Herrschaft unseres Gottes" (12, 10) sichtbar wird. – Zu 11, 9: 1 Kön 8, 1.6; 2 Chr 5, 7. – Zu 12, 1–2: Jes 66, 7; Mi 4, 10. – Zu 12, 3–6a: Dan 7, 7; 8, 10; Jes 7, 14; Ps 2, 9; Offb 9, 15.*

ERSTE LESUNG

Offb 11, 19a; 12, 1–6a. 10ab

Ein großes Zeichen erschien am Himmel: eine Frau, mit der Sonne bekleidet, der Mond unter ihren Füßen

Lesung
aus der Offenbarung des Johannes.

9a Der Tempel Gottes im Himmel wurde geöffnet,
und in seinem Tempel wurde die Lade seines Bundes sichtbar.
Dann erschien ein großes Zeichen am Himmel:
eine Frau, mit der Sonne bekleidet;
der Mond war unter ihren Füßen
und ein Kranz von zwölf Sternen auf ihrem Haupt.
Sie war schwanger
und schrie vor Schmerz in ihren Geburtswehen.

Ein anderes Zeichen erschien am Himmel:
ein Drache, groß und feuerrot,
mit sieben Köpfen und zehn Hörnern
und mit sieben Diademen auf seinen Köpfen.
Sein Schwanz fegte ein Drittel der Sterne vom Himmel
und warf sie auf die Erde herab.

Der Drache stand vor der Frau, die gebären sollte;
er wollte ihr Kind verschlingen,
sobald es geboren war.
Und sie gebar ein Kind,
einen Sohn,
der über alle Völker mit eisernem Zepter herrschen wird.
Und ihr Kind wurde zu Gott und zu seinem Thron entrückt.
Die Frau aber floh in die Wüste,
wo Gott ihr einen Zufluchtsort geschaffen hatte.
10ab Da hörte ich eine laute Stimme im Himmel rufen:

Jetzt ist er da, der rettende Sieg,
die Macht und die Herrschaft unseres Gottes
und die Vollmacht seines Gesalbten.

3 EINFÜHRUNG *Am Ende aller Gerichts- und Untergangsvisionen steht im Buch der Offenbarung dieses Zeugnis von der Neuschaffung aller Dinge durch Gott. Die Weltstadt Babylon, Bild des Abfalls von Gott, Inbegriff der taumelnden Macht und Lust einer gottfeindlichen Welt, verstummt im Meer der Finsternis (Offb 18, 21–24). Die Vergänglichkeit ver-*

geht. Am Ende ist Gott allein groß. Und „Gott ist mit uns" (Jes 7, 14); die neue Schöpfung, das neue Jerusalem, ist wie eine Braut, die in strahlender Klarheit und Freude und in heiliger Sammlung ihrem Herrn entgegengeht. – Hld 3, 1–4; 6, 1–3; 8, 5–7; Offb 19, 6–8; 21, 23–27; 22, 3–5.

ERSTE LESUNG Offb 21, 1–5a

Ich sah die heilige Stadt, das neue Jerusalem; sie war bereit wie eine Braut, die sich für ihren Mann geschmückt hat

Lesung
    aus der Offenbarung des Johannes.

1 Ich, Johannes, sah einen neuen Himmel und eine neue Erde;
denn der erste Himmel und die erste Erde sind vergangen,
auch das Meer ist nicht mehr.

2 Ich sah die heilige Stadt, das neue Jerusalem,
    von Gott her aus dem Himmel herabkommen;
sie war bereit wie eine Braut,
    die sich für ihren Mann geschmückt hat.

3 Da hörte ich eine laute Stimme vom Thron her rufen:
    Seht, die Wohnung Gottes unter den Menschen!
Er wird in ihrer Mitte wohnen,
    und sie werden sein Volk sein;
und er, Gott, wird bei ihnen sein.

4 Er wird alle Tränen von ihren Augen abwischen:
Der Tod wird nicht mehr sein,
keine Trauer, keine Klage, keine Mühsal.
Denn was früher war, ist vergangen.

5a Er, der auf dem Thron saß,
    sprach: Seht, ich mache alles neu.

ANTWORTPSALMEN

ANTWORTPSALM Lk 1, 46b–48.49–50.51 u. 53.54–55 (R: 49)

R Der Mächtige hat Großes an mir getan, (GL 597, 1 oder 688)
und sein Name ist heilig. – R

Oder:

R Selig bist du, Jungfrau Maria,
du hast den Sohn des ewigen Vaters getragen. – R

46b Meine Seele preist die Größe des Herrn, *   I. oder IX. Ton
47 und mein Geist jubelt über Gott, meinen Retter.

48 Denn auf die Niedrigkeit seiner Magd hat er geschaut. *
Siehe, von nun an preisen mich selig alle Geschlechter. – (R)

49 Denn der Mächtige hat Großes an mir getan, *
und sein Name ist heilig.

50 Er erbarmt sich von Geschlecht zu Geschlecht *
über alle, die ihn fürchten. – (R)

51 Er vollbringt mit seinem Arm machtvolle Taten: *
Er zerstreut, die im Herzen voll Hochmut sind.

53 Die Hungernden beschenkt er mit seinen Gaben *
und läßt die Reichen leer ausgehen. – (R)

54 Er nimmt sich seines Knechtes Israel an *
und denkt an sein Erbarmen,

55 das er unsern Vätern verheißen hat, *
Abraham und seinen Nachkommen auf ewig. – R

ZWEITE LESUNGEN AUS DEM NEUEN TESTAMENT

1 EINFÜHRUNG *Zwischen Adam und Christus verläuft die Geschichte der Menschheit: zwischen dem ersten und dem zweiten („letzten") Adam. Als Sünder stehen wir alle in der Linie des ersten Adam (5,12); als Erlöste gehören wir zum zweiten Adam, zu Jesus Christus. Beide stehen für die gesamte Menschheit, aber auf ungleiche Weise. Die Erlösung, „die Gnade und die Gabe der Gerechtigkeit" (5,17), ist nicht einfach Wiederherstellung, der Weg hinter die Sünde zurück zum ursprünglichen ersten Adam, sondern die Gnade ist „übergroß geworden" (5,20). Die Ursünde Adams und aller Menschen ist die Selbstbehauptung, die Auflehnung gegen Gott. Ihretwegen waren alle dem Gericht verfallen. Nun aber, nach der „gerechten Tat" Jesu (5,18), d. h. nach seiner Gehorsamshingabe am Kreuz, endet das Gericht Gottes nicht mehr mit Verurteilung; Gott spricht uns gerecht, er macht uns gerecht (5,19.21); er läßt die Tat des einen Menschen Jesus Christus für uns alle gelten. – Zu 5,12: Gen 2,17; 3,6.19; Röm 6,23. – Zu 5,17–19: 1 Kor 15,22; Jes 53,11.*

ZWEITE LESUNG

Röm 5, 12.17–19

Wo die Sünde mächtig wurde, da ist die Gnade übergroß geworden (20b)

**Lesung
aus dem Brief des Apostels Paulus an die Römer.**

Brüder!
12 Durch einen einzigen Menschen kam die Sünde in die Welt
und durch die Sünde der Tod,
und auf diese Weise gelangte der Tod zu allen Menschen,
weil alle sündigten.

17 Ist durch die Übertretung des einen
der Tod zur Herrschaft gekommen, durch diesen einen,
so werden erst recht
alle, denen die Gnade und die Gabe der Gerechtigkeit
reichlich zuteil wurde,
leben und herrschen durch den einen, Jesus Christus.

18 Wie es also durch die Übertretung eines einzigen
für alle Menschen zur Verurteilung kam,
so wird es auch durch die gerechte Tat eines einzigen
für alle Menschen zur Gerechtsprechung kommen,
die Leben gibt.

19 Wie durch den Ungehorsam des einen Menschen
die vielen zu Sündern wurden,
so werden auch durch den Gehorsam des einen
die vielen zu Gerechten gemacht werden.

2 EINFÜHRUNG *Das Menschenleben steht nicht nur in dem engen Raum zwischen Geburt und Tod; es hat einen ewigen Ursprung und ein ewiges Ziel. Gott hat uns im voraus erkannt (= erwählt) – vorausbestimmt – berufen – gerecht gemacht – verherrlicht. Mit dieser Aussagenreihe werden die Dimensionen unseres Lebens verdeutlicht. Von Ewigkeit her sind wir zur Teilhabe an Wesen und Gestalt des Sohnes vorausbestimmt (Röm 8, 29). Das ist unsere „Verherrlichung", von der Paulus sagt, sie sei bereits geschehen (8, 29). Der Geist, der seit der Taufe in uns wohnt, hat uns zu Söhnen Gottes gemacht, und er wird das, was er begonnen hat, auch vollenden. „Wir wissen", sagt der Apostel (8, 28); nach dem Maß unseres Glaubens und unserer Liebe wissen wir, daß unser Leben – durch Leiden und Tod hindurch – seinem Ziel entgegengeführt wird. Wir wissen es auch, wenn wir auf das Leben derer schauen, die*

Gott, seine ewige Absicht verwirklichend, bereits vollendet und verherrlicht hat. – Eph 1,3–14; 3,11; Kol 1,18; Phil 3,21.

ZWEITE LESUNG Röm 8,28–30

Die Gott im voraus erkannt hat, hat er auch im voraus bestimmt

Lesung
   aus dem Brief des Apostels Paulus an die Römer.

Brüder!
28 Wir wissen, daß Gott bei denen, die ihn lieben,
   alles zum Guten führt,
bei denen, die nach seinem ewigen Plan berufen sind;
29 denn alle, die er im voraus erkannt hat,
   hat er auch im voraus dazu bestimmt,
   an Wesen und Gestalt seines Sohnes teilzuhaben,
damit dieser der Erstgeborene von vielen Brüdern sei.

30 Die aber, die er vorausbestimmt hat,
   hat er auch berufen,
und die er berufen hat,
   hat er auch gerecht gemacht;
die er aber gerecht gemacht hat,
   die hat er auch verherrlicht.

3 EINFÜHRUNG *Christus kam in die Welt, um uns zu freien Menschen zu machen: frei von der Sünde, frei gegenüber den Mächten des Schicksals und der Geschichte, auch frei vom Gesetz des Alten Bundes, soweit dieses nur vorbereitenden Charakter hatte. In Jesus Christus ist uns die unendliche Liebe sichtbar geworden, die das ganze Weltall umfängt und trägt. In diese Liebe sind wir durch die Taufe zurückgekehrt. Wir haben den Geist des Sohnes empfangen, wir können Gott mit Vertrauen unseren Vater nennen. Er hat zu uns gesprochen, er ist unser großes Du geworden. Und wir schauen mit Verehrung auf die Frau (Gal 4,4), die berufen war, die Mutter des Erlösers zu sein.* – Hebr 1,1–2; Lk 1,46–55; 2,29–31; Joh 3,16–21; 1 Joh 4,11–16.

ZWEITE LESUNG Gal 4, 4–7

Gott sandte seinen Sohn, geboren von einer Frau, damit wir die Sohnschaft erlangen

Lesung
aus dem Brief des Apostels Paulus an die Gálater.

Brüder!
4 Als die Zeit erfüllt war,
   sandte Gott seinen Sohn,
geboren von einer Frau
   und dem Gesetz unterstellt,
5 damit er die freikaufe, die unter dem Gesetz stehen,
und damit wir die Sohnschaft erlangen.
6 Weil ihr aber Söhne seid,
   sandte Gott den Geist seines Sohnes in unser Herz,
den Geist, der ruft: Abba, Vater.
7 Daher bist du nicht mehr Sklave, sondern Sohn;
bist du aber Sohn,
   dann auch Erbe,
Erbe durch Gott.

VERSE ZUM RUF VOR DEM EVANGELIUM

1 Gegrüßet seist du, Maria, voll der Gnade,
der Herr ist mit dir.
Du bist gebenedeit unter den Frauen. (vgl. Lk 1, 28)

2 Selig bist du, Jungfrau Maria;
du hast geglaubt,
daß sich erfüllt, was der Herr dir sagen ließ. (vgl. Lk 1, 45)

3 Selig bist du, Jungfrau Maria;
du hast das Wort Gottes bewahrt und in deinem Herzen erwogen.
(vgl. Lk 2, 19)

4 Selig, die das Wort Gottes hören
und es befolgen. (Lk 11, 28)

5 Selig bist du, Jungfrau Maria, und allen Lobes überaus würdig.
Denn aus dir ging hervor die Sonne der Gerechtigkeit,
Christus, unser Gott.

6 Selig bist du, Jungfrau Maria!
Ohne den Tod zu erleiden,
hast du die Palme des Martyriums verdient
unter dem Kreuz des Herrn.

EVANGELIEN

1 EINFÜHRUNG *Der Stammbaum am Anfang des Matthäusevangeliums ist nicht als Beitrag zur Ahnenforschung gemeint, sondern als theologische Aussage über Jesus und über den Sinn der Geschichte Israels. Jesus ist der Christus, der Messias, und seine Geschichte ist es, die durch alle Geschlechterfolgen hindurch das eigentlich Bewegende war. Er ist der Verheißene, seit David und seit Abraham. In ihm hat die Geschichte Israels ihr Ziel erreicht, an ihm wird sich der weitere Weg Israels und aller Völker entscheiden. – Der Abschnitt Mt 1, 18–23 steht unter der zentralen Aussage: „Gott ist mit uns" (1, 23; vgl. dazu Mt 28, 20). Der Evangelist zitiert die Weissagung Jes 7, 14, um das Geheimnis der Menschwerdung als schöpferisches, rettendes Eingreifen Gottes zu kennzeichnen. – Josef war „gerecht", das heißt in der Sprache der Bibel auch: er war gütig. Deshalb wollte er Maria, deren Geheimnis er nicht verstand, im Frieden entlassen. Aber nun wird er selbst zum Mitwisser und Gehilfen des göttlichen Werkes. Im Gegensatz zu Ahas (Jes 7, 12) nimmt Josef das Zeichen und den Auftrag Gottes an; er wird der gesetzliche Vater Jesu und gibt ihm als solcher auch den Namen Jesus, der bedeutet: Jahwe rettet. –
Lk 1, 27.35; Ps 130, 7–8.*

EVANGELIUM Mt 1, 1–16.18–23

Das Kind, das sie erwartet, ist vom Heiligen Geist

✢ Aus dem heiligen Evangelium nach Matthäus.

Stammbaum Jesu Christi,
  des Sohnes Davids, des Sohnes Abrahams:
Abraham war der Vater von Ísaak,
Ísaak von Jakob,
Jakob von Juda und seinen Brüdern.

³ Juda war der Vater von Perez und Serach;
ihre Mutter war Tamar.
Perez war der Vater von Hezron,
Hezron von Aram,
⁴ Aram von Amminádab,
Amminádab von Nachschon,
Nachschon von Salmon.
⁵ Salmon war der Vater von Boas;
dessen Mutter war Rahab.
Boas war der Vater von Obed;
dessen Mutter war Rut.
Obed war der Vater von Ísai,
⁶ Ísai der Vater des Königs David.

David war der Vater von Sálomo,
dessen Mutter die Frau des Uríja war.
⁷ Sálomo war der Vater von Rehábeam,
Rehábeam von Abíja,
Abíja von Asa,
⁸ Asa von Jóschafat,
Jóschafat von Joram,
Joram von Usíja.
⁹ Usíja war der Vater von Jotam,
Jotam von Ahas,
Ahas von Hiskíja,
¹⁰ Hiskíja von Manásse,
Manásse von Amos,
Amos von Joschíja.
¹¹ Joschíja war der Vater von Jójachin und seinen Brüdern;
das war zur Zeit der Babylonischen Gefangenschaft.

¹² Nach der Babylonischen Gefangenschaft
war Jójachin der Vater von Scheáltiël,
Scheáltiël von Serubbábel,
¹³ Serubbábel von Abíhud,
Abíhud von Éljakim,
Éljakim von Azor.
¹⁴ Azor war der Vater von Zadok,
Zadok von Achim,
Achim von Éliud,
¹⁵ Éliud von Eleásar,
Eleásar von Mattan,

Mattan von Jakob.

¹⁶ Jakob war der Vater von Josef, dem Mann Marias;
von ihr wurde Jesus geboren,
der der Christus – der Messias – genannt wird.

¹⁸ Mit der Geburt Jesu Christi war es so:
Maria, seine Mutter, war mit Josef verlobt;
noch bevor sie zusammengekommen waren,
zeigte sich, daß sie ein Kind erwartete
– durch das Wirken des Heiligen Geistes.

¹⁹ Josef, ihr Mann,
der gerecht war und sie nicht bloßstellen wollte,
beschloß, sich in aller Stille von ihr zu trennen.

²⁰ Während er noch darüber nachdachte,
erschien ihm ein Engel des Herrn im Traum
und sagte: Josef, Sohn Davids,
fürchte dich nicht, Maria als deine Frau zu dir zu nehmen;
denn das Kind, das sie erwartet,
ist vom Heiligen Geist.

²¹ Sie wird einen Sohn gebären;
ihm sollst du den Namen Jesus geben;
denn er wird sein Volk von seinen Sünden erlösen.

²² Dies alles ist geschehen,
damit sich erfüllte,
was der Herr durch den Propheten gesagt hat:

²³ Seht, die Jungfrau wird ein Kind empfangen,
einen Sohn wird sie gebären,
und man wird ihm den Namen Immánuel geben,
das heißt übersetzt: Gott ist mit uns.

Oder:

KURZFASSUNG Mt 1, 18–23

Das Kind, das sie erwartet, ist vom Heiligen Geist

✢ Aus dem heiligen Evangelium nach Matthäus.

¹⁸ Mit der Geburt Jesu Christi war es so:
Maria, seine Mutter, war mit Josef verlobt;
noch bevor sie zusammengekommen waren,
zeigte sich, daß sie ein Kind erwartete
– durch das Wirken des Heiligen Geistes.

19 Josef, ihr Mann,
    der gerecht war und sie nicht bloßstellen wollte,
    beschloß, sich in aller Stille von ihr zu trennen.
20 Während er noch darüber nachdachte,
    erschien ihm ein Engel des Herrn im Traum
und sagte: Josef, Sohn Davids,
fürchte dich nicht, Maria als deine Frau zu dir zu nehmen;
denn das Kind, das sie erwartet,
    ist vom Heiligen Geist.
21 Sie wird einen Sohn gebären;
ihm sollst du den Namen Jesus geben;
    denn er wird sein Volk von seinen Sünden erlösen.
22 Dies alles ist geschehen,
    damit sich erfüllte,
    was der Herr durch den Propheten gesagt hat:
23 Seht, die Jungfrau wird ein Kind empfangen,
einen Sohn wird sie gebären,
und man wird ihm den Namen Immánuel geben,
das heißt übersetzt: Gott ist mit uns.

2 EINFÜHRUNG *Neben Verehrung und Anbetung stehen an der Wiege des Messiaskindes Haß und Verfolgung. Der „neugeborene König der Juden" war unerwünscht. Als Herodes von ihm hörte, „erschrak er und mit ihm ganz Jerusalem" (Mt 2, 3). So war nach der jüdischen Legende auch der Pharao erschrocken, als ihm die Geburt des Mose berichtet wurde. Aber hier ist mehr als Mose; hier ist der Befreier, der sein Volk von seinen Sünden erlösen soll (Mt 1, 21). Das Geschick des Kindes läßt bereits die Zukunft ahnen: Jesus wird von seinem Volk verworfen. Die Geschichte von dem grausamen Kindermord kann nicht als unmöglich gelten; sie entspricht dem Charakter des Herodes, wie er uns auch aus anderen Quellen bekannt ist. Es kann aber auch nicht bezweifelt werden, daß dieser Teil der Kindheitsgeschichte Jesu von anderen Überlieferungen beeinflußt ist, vor allem von der Kindheitsgeschichte des Mose. Vom Alten Bund her deutet der Evangelist die Person Jesu, seine Sendung und sein Schicksal. – Zu 2, 15: Hos 11, 1.*

EVANGELIUM Mt 2, 13–15.19–23

Nimm das Kind und seine Mutter, und flieh nach Ägypten!

✢ Aus dem heiligen Evangelium nach Matthäus.

¹³ Als die Sterndeuter wieder gegangen waren,
   erschien dem Josef im Traum ein Engel des Herrn
und sagte: Steh auf,
nimm das Kind und seine Mutter,
   und flieh nach Ägypten;
dort bleibe, bis ich dir etwas anderes auftrage;
denn Herodes wird das Kind suchen,
   um es zu töten.

¹⁴ Da stand Josef in der Nacht auf
   und floh mit dem Kind und dessen Mutter nach Ägypten.

¹⁵ Dort blieb er bis zum Tod des Herodes.
Denn es sollte sich erfüllen,
   was der Herr durch den Propheten gesagt hat:
Aus Ägypten habe ich meinen Sohn gerufen.

¹⁹ Als Herodes gestorben war,
   erschien dem Josef in Ägypten ein Engel des Herrn im Traum

²⁰ und sagte: Steh auf,
nimm das Kind und seine Mutter,
   und zieh in das Land Israel;
denn die Leute, die dem Kind nach dem Leben getrachtet haben,
   sind tot.

²¹ Da stand er auf
   und zog mit dem Kind und dessen Mutter in das Land Israel.

²² Als er aber hörte,
   daß in Judäa Archeláus an Stelle seines Vaters Herodes regierte,
   fürchtete er sich, dorthin zu gehen.
Und weil er im Traum einen Befehl erhalten hatte,
   zog er in das Gebiet von Galiläa

²³ und ließ sich in einer Stadt namens Nazaret nieder.
Denn es sollte sich erfüllen,
   was durch die Propheten gesagt worden ist:
Er wird Nazoräer genannt werden.

3 EINFÜHRUNG *In dem Abschnitt über die Verwandten Jesu handelt es sich nicht darum, die Beziehung Jesu zu seiner Mutter und sei-*

nen Verwandten zu charakterisieren. Das ist vor allem im Matthäusevangelium deutlich; während es bei Markus noch heißt, Jesus habe auf die vielen Menschen geblickt, die im Kreis um ihn herumsaßen (Mk 3, 34), streckt er nach Mt 12, 49 die Hand über seine Jünger aus und sagt: „Das hier sind meine Mutter und meine Brüder", und erklärt auch sogleich, was es heißt, seine Jünger zu sein. Das Volk als ganzes hat er ein „böses und treuloses Geschlecht" genannt, aber einige aus diesem Volk sind für ihn „Bruder und Schwester und Mutter" geworden. Jünger ist, wer sich von Jesus rufen läßt und wer den Willen Gottes tut. Jüngerschaft bedeutet aber nicht nur Umkehr, Gehorsam und Nachfolge; wer sich Jesus zuwendet, dem wendet er sich mit seiner beglückenden, zugleich göttlichen und menschlichen Liebe zu. – Mk 3, 31–35; Lk 8, 19–21; Mt 13, 55–56; Lk 2, 49–50.

EVANGELIUM   Mt 12, 46–50

Er streckte die Hand über seine Jünger aus und sagte: Das hier sind meine Mutter und meine Brüder

✢ Aus dem heiligen Evangelium nach Matthäus.

In jener Zeit,
46   als Jesus mit den Leuten redete,
     standen seine Mutter und seine Brüder vor dem Haus
und wollten mit ihm sprechen.
47 Da sagte jemand zu ihm:
     Deine Mutter und deine Brüder stehen draußen
     und wollen mit dir sprechen.

48 Dem, der ihm das gesagt hatte, erwiderte er:
    Wer ist meine Mutter,
    und wer sind meine Brüder?

49 Und er streckte die Hand über seine Jünger aus
    und sagte: Das hier sind meine Mutter und meine Brüder.
50 Denn wer den Willen meines himmlischen Vaters erfüllt,
    der ist für mich Bruder und Schwester und Mutter.

Marienmessen – Evangelien

5 EINFÜHRUNG *Maria beeilt sich, Elisabet aufzusuchen und ihr zu dienen. Beide Frauen sind auf besondere Weise in den Plan Gottes einbezogen, beide sind gesegnet. Der noch ungeborene Vorläufer spürt die Nähe seines Herrn und beginnt schon im Mutterschoß, vom Heiligen Geist erfüllt (Lk 1, 15), auf den Größeren hinzuweisen, der nach ihm kommt. Seine Mutter begreift das Zeichen und begrüßt mit Freude und Ehrfurcht ihre jüngere Verwandte. Maria aber stimmt das Magnificat an: den Lobgesang auf die Größe Gottes und sein Erbarmen. – Röm 4, 13–17; Gal 3, 14–29.*

EVANGELIUM   Lk 1, 39–47

Selig, die geglaubt hat

✛ Aus dem heiligen Evangelium nach Lukas.

39 In jenen Tagen machte sich Maria auf den Weg
    und eilte in eine Stadt im Bergland von Judäa.
40 Sie ging in das Haus des Zacharias
    und begrüßte Elisabet.
41 Als Elisabet den Gruß Marias hörte,
    hüpfte das Kind in ihrem Leib.

Da wurde Elisabet vom Heiligen Geist erfüllt
42 und rief mit lauter Stimme:
    Gesegnet bist du mehr als alle anderen Frauen,
    und gesegnet ist die Frucht deines Leibes.
43 Wer bin ich, daß die Mutter meines Herrn zu mir kommt?
44 In dem Augenblick, als ich deinen Gruß hörte,
    hüpfte das Kind vor Freude in meinem Leib.
45 Selig ist die,
    die geglaubt hat, daß sich erfüllt,
    was der Herr ihr sagen ließ.

46 Da sagte Maria:
Meine Seele preist die Größe des Herrn,
47   und mein Geist jubelt über Gott, meinen Retter.

6 EINFÜHRUNG *Die messianischen Hoffnungen des Alten Bundes richteten sich teils auf ein Reich, in dem Gott selbst als König herrscht, teils auf einen menschlichen König aus dem Stamm Davids. Beide Hoffnungen erfüllen sich in dem Kind, das Maria in Betlehem geboren hat, in Jesus, dem Gottessohn und Davidssohn. Dieses Kind, dem Himmel und Erde huldigen, ist, wie der Engel sagt, „der Herr": es offenbart Gottes Größe, und es bringt der Welt den Frieden. – Mi 6, 6–10; 5, 1–4.*

EVANGELIUM   Lk 2, 1–14

Sie gebar ihren Sohn, den Erstgeborenen

✛ Aus dem heiligen Evangelium nach Lukas.

1 In jenen Tagen erließ Kaiser Augústus den Befehl,
 alle Bewohner des Reiches in Steuerlisten einzutragen.
2 Dies geschah zum erstenmal;
 damals war Quirínius Statthalter von Sýrien.
3 Da ging jeder in seine Stadt, um sich eintragen zu lassen.
4 So zog auch Josef
 von der Stadt Nazaret in Galiläa
 hinauf nach Judäa in die Stadt Davids, die Betlehem heißt;
 denn er war aus dem Haus und Geschlecht Davids.
5 Er wollte sich eintragen lassen
 mit Maria, seiner Verlobten,
 die ein Kind erwartete.
6 Als sie dort waren,
 kam für Maria die Zeit ihrer Niederkunft,
7 und sie gebar ihren Sohn, den Erstgeborenen.
 Sie wickelte ihn in Windeln
 und legte ihn in eine Krippe,
 weil in der Herberge kein Platz für sie war.
8 In jener Gegend lagerten Hirten auf freiem Feld
 und hielten Nachtwache bei ihrer Herde.
9 Da trat der Engel des Herrn zu ihnen,
 und der Glanz des Herrn umstrahlte sie.
 Sie fürchteten sich sehr,
10 der Engel aber sagte zu ihnen: Fürchtet euch nicht,

denn ich verkünde euch eine große Freude,
   die dem ganzen Volk zuteil werden soll:
11 Heute ist euch in der Stadt Davids der Retter geboren;
   er ist der Messias, der Herr.
12 Und das soll euch als Zeichen dienen:
   Ihr werdet ein Kind finden,
      das, in Windeln gewickelt, in einer Krippe liegt.
13 Und plötzlich war bei dem Engel ein großes himmlisches Heer,
   das Gott lobte
      und sprach:
14 Verherrlicht ist Gott in der Höhe,
und auf Erden ist Friede
   bei den Menschen seiner Gnade.

7 EINFÜHRUNG *Die Hirten sind kleine und wenig beachtete Leute. Sie gehören weder zu den Reichen noch zu den Gebildeten, nach Ansicht der Schriftgelehrten und Pharisäer auch nicht zu den Frommen im Land. Aber gerade sie hören als erste die frohe Botschaft, sie glauben dem Wort und erkennen in dem armen Kind von Betlehem den Herrn, den Retter. Maria hört, was die Hirten erzählen, sie begreift noch nicht alles; auch ihr Glaube muß wachsen und reifen. Glaubend bewahrt sie das Gehörte in ihrem Herzen, um es ihr Leben lang zu überdenken. –Joh 17, 3; Lk 2, 51.*

EVANGELIUM Lk 2, 15b–19

Maria bewahrte alles, was geschehen war, in ihrem Herzen und dachte darüber nach

✝ Aus dem heiligen Evangelium nach Lukas.

In jener Zeit
15b   sagten die Hirten zueinander: Kommt,
wir gehen nach Betlehem,
   um das Ereignis zu sehen, das uns der Herr verkünden ließ.
16 So eilten sie hin
   und fanden Maria und Josef
   und das Kind, das in der Krippe lag.

17 Als sie es sahen,
   erzählten sie, was ihnen über dieses Kind gesagt worden war.
18 Und alle, die es hörten,
   staunten über die Worte der Hirten.
19 Maria aber
   bewahrte alles, was geschehen war, in ihrem Herzen
und dachte darüber nach.

8 EINFÜHRUNG *Jesus wird von seinen Eltern in den Tempel gebracht, wie es das Gesetz des Alten Bundes verlangt. Aber nicht nur, um die Vorschrift zu erfüllen, kommt Jesus in den Tempel; er ist der Herr des Tempels (vgl. Mal 3, 1). Der greise Simeon erkennt in dem Kind den Messias, den Heilbringer für Israel und für die Völker der Erde. An das Loblied Simeons (Lk 2, 29–32) schließt sich eine düstere Weissagung an, wie auch schon im Alten Bund vom Gottesknecht zugleich Leiden und Verherrlichung vorausgesagt waren. Mit der Ankunft Jesu setzt die Krise ein. An ihm entscheidet sich das Schicksal Israels und aller Völker. Maria aber erfährt, daß sie als Mutter des Messias seinen Leidensweg mitgehen wird. Sie bewahrt die Worte Simeons in ihrem Herzen; sie braucht Zeit, um die Tragweite des Gehörten zu ermessen. – Jes 8, 14–15; 1 Kor 1, 23; 1 Petr 2, 8.*

EVANGELIUM   Lk 2, 27–35

Dir selbst wird ein Schwert durch die Seele dringen

✠ Aus dem heiligen Evangelium nach Lukas.

In jener Zeit
27 wurde Símeon vom Geist in den Tempel geführt;
und als die Eltern Jesus hereinbrachten,
   um zu erfüllen, was nach dem Gesetz üblich war,
28 nahm Símeon das Kind in seine Arme
und pries Gott mit den Worten:
29 Nun läßt du, Herr,
   deinen Knecht, wie du gesagt hast, in Frieden scheiden.
30 Denn meine Augen haben das Heil gesehen,
31 das du vor allen Völkern bereitet hast,
32 ein Licht, das die Heiden erleuchtet,
   und Herrlichkeit für dein Volk Israel.

3 **Sein Vater und seine Mutter**
   staunten über die Worte, die über Jesus gesagt wurden.
4 **Und Simeon segnete sie**
und sagte zu Maria, der Mutter Jesu:
   Dieser ist dazu bestimmt,
   daß in Israel viele durch ihn zu Fall kommen
   und viele aufgerichtet werden,
und er wird ein Zeichen sein, dem widersprochen wird.
5 **Dadurch sollen die Gedanken vieler Menschen offenbar werden.**
Dir selbst aber
   wird ein Schwert durch die Seele dringen.

9 EINFÜHRUNG   *Der zwölfjährige Jesus hat sich mit seinen Eltern auf den Weg nach Jerusalem gemacht. Dort aber hat er in eigener Verantwortung den Weg des Selbstverständlichen verlassen; drei Tage ist er „im Haus seines Vaters" geblieben, mitten unter den Lehrern im Tempel, hörend und fragend, und zwar kritisch fragend, so daß die Gesetzeslehrer beunruhigt waren (vgl. 2, 46–47). Der Zwölfjährige beginnt, über seine Eltern, seine Lehrer und auch seine angestammte Religion hinauszuwachsen. Aber noch ist seine Zeit nicht gekommen. Er kehrt nach Nazaret zurück und übt im Gehorsam gegen seine Eltern den größeren Gehorsam ein, der ihn bis zur Hingabe seines Lebens führen wird. Von Maria und Josef heißt es, daß sie die Worte Jesu damals nicht verstanden (2, 50); sie haben die Worte und das Geschehen nicht eigentlich durchschauen können, jedenfalls nicht mit der Klarheit des begrifflichen Erkennens; aber in ihrem Herzen (nicht nur in ihrem „Gedächtnis") hat Maria das alles „bewahrt" und reifen lassen, bis die anderen „drei Tage" kamen und die neue Begegnung am Ostermorgen. – Ex 12, 24–27a; Dtn 16, 1–8; Lk 2, 19.*

EVANGELIUM   Lk 2, 41–52
Dein Vater und ich haben dich voll Angst gesucht

✢ **Aus dem heiligen Evangelium nach Lukas.**

1 **Die Eltern Jesu**
   gingen jedes Jahr zum Paschafest* nach Jerusalem.

---

* Sprich: Pas-chafest.

⁴² Als er zwölf Jahre alt geworden war,
  zogen sie wieder hinauf, wie es dem Festbrauch entsprach.
⁴³ Nachdem die Festtage zu Ende waren,
  machten sie sich auf den Heimweg.
  Der junge Jesus aber blieb in Jerusalem,
  ohne daß seine Eltern es merkten.
⁴⁴ Sie meinten, er sei irgendwo in der Pilgergruppe,
  und reisten eine Tagesstrecke weit;
  dann suchten sie ihn bei den Verwandten und Bekannten.
⁴⁵ Als sie ihn nicht fanden,
  kehrten sie nach Jerusalem zurück und suchten ihn dort.
⁴⁶ Nach drei Tagen fanden sie ihn im Tempel;
  er saß mitten unter den Lehrern,
  hörte ihnen zu
  und stellte Fragen.
⁴⁷ Alle, die ihn hörten, waren erstaunt
  über sein Verständnis und über seine Antworten.
⁴⁸ Als seine Eltern ihn sahen, waren sie sehr betroffen,
  und seine Mutter sagte zu ihm:
    Kind, wie konntest du uns das antun?
  Dein Vater und ich haben dich voll Angst gesucht.
⁴⁹ Da sagte er zu ihnen:
    Warum habt ihr mich gesucht?
  Wußtet ihr nicht,
    daß ich in dem sein muß, was meinem Vater gehört?
⁵⁰ Doch sie verstanden nicht, was er damit sagen wollte.
⁵¹ Dann kehrte er mit ihnen nach Nazaret zurück
  und war ihnen gehorsam.
  Seine Mutter bewahrte alles, was geschehen war, in ihrem Herzen.
⁵² Jesus aber wuchs heran,
  und seine Weisheit nahm zu,
  und er fand Gefallen bei Gott und den Menschen.

10 EINFÜHRUNG *Wer Jesus begegnet und sein Wort hört, empfängt eine neue Fähigkeit zur Freude, eine neue Freiheit zum Wort. Das hat die Frau erfahren, die auf einmal nicht mehr schweigen konnte und die Mutter Jesu glücklich preisen mußte. Die Ehrung der Mutter gilt in Wirklichkeit Jesus selbst. Seine Antwort ist keine Zurückweisung, sondern eine Klarstellung, und zwar nach zwei Richtungen: 1. Maria ist* *glücklich zu preisen nicht schon deshalb, weil sie die leibliche Mutter Jesu ist, sondern weil sie zu denen gehört, „die das Wort Gottes hören und es befolgen"; 2. Maria ist die vollkommene Hörerin des Wortes, aber sie ist nicht die einzige; alle, die das Wort Gottes hören und es befolgen, haben Gemeinschaft mit Jesus, und sie alle sind glücklich zu preisen. – Zu 11,27: Lk 1,48; 4,15. – Zu 11,28: Lk 8,15.21; Dtn 6,3; Spr 19,16; Offb 1,3.*

EVANGELIUM   Lk 11,27–28

Selig der Leib, der dich getragen hat

✢ Aus dem heiligen Evangelium nach Lukas.

In jener Zeit,
  als Jesus zum Volk redete,
  rief eine Frau aus der Menge ihm zu:
Selig die Frau, deren Leib dich getragen
  und deren Brust dich genährt hat.

Er aber erwiderte:
  Selig sind vielmehr die,
  die das Wort Gottes hören
  und es befolgen.

12 EINFÜHRUNG *Bei der Kreuzigung Jesu wird sichtbar, welche Menschen ihm am nächsten stehen. Maria aus Magdala wird auch in Mk 15,40 erwähnt; dort steht sie unter den Frauen, die „von weitem zusahen". Johannes hebt besonders die Mutter Jesu hervor und „den Jünger, den er liebte" (Joh 19,26). Maria leidet die Schmerzen ihres Sohnes mit; für Jesus mag die Anwesenheit der Mutter zugleich Schmerz und Trost gewesen sein. Doch hat die Szene, die hier berichtet wird, über das Persönliche hinaus sicher auch symbolische Bedeutung. Beim Kreuz Jesu wird Maria unter Schmerzen die Mutter der Kirche, die aus dem Mysterium des Kreuzes geboren wird. Außerdem läßt sich sagen: Maria verkörpert unter dem Kreuz das Israel, das den Gekreuzigten als Messias bekennt. Dann liegt es nahe, in dem Jünger, den Jesus liebt, den Vertreter des Heidenchristentums zu sehen; beide, die Kirche aus dem Judentum und die Kirche, die aus den Heidenvölkern dazukommt, werden wie Mutter und Sohn einander zugewiesen, „damit sie eins sind" (Joh 17,22). – Zu 19,25: Mt 27,55–56; Mk 15,40–41; Lk 23,49. – Zu 19,26: Joh 13,23; 20,2; 21,7.20.*

EVANGELIUM   Joh 19, 25–27

Siehe, dein Sohn! Siehe, deine Mutter!

✛ Aus dem heiligen Evangelium nach Johannes.

In jener Zeit
25 standen bei dem Kreuz Jesu seine Mutter
und die Schwester seiner Mutter, Maria, die Frau des Klopas,
und Maria von Mágdala.
26 Als Jesus seine Mutter sah
und bei ihr den Jünger, den er liebte,
sagte er zu seiner Mutter:
Frau, siehe, dein Sohn!
27 Dann sagte er zu dem Jünger:
Siehe, deine Mutter!

Und von jener Stunde an
nahm sie der Jünger zu sich.

COMMUNE-TEXTE FÜR MÄRTYRER

ERSTE LESUNGEN AUS DEM ALTEN TESTAMENT

Außerhalb der Osterzeit

1 EINFÜHRUNG   *Der König Joasch war dem Blutbad entgangen, das Atalja in Jerusalem unter den Söhnen des Königs Ahasja angerichtet hatte. Mit sieben Jahren war Joasch König geworden, und solange der Hohepriester Jojada lebte, ging es gut; dann begann von neuem der Abfall zum Baalskult. Secharja, der Sohn des Jojada, erhob zwar prophetisch warnend seine Stimme, er wurde aber im Vorhof des Tempels, „zwischen Tempel und Altar", gesteinigt. Jesus nennt diesen Secharja als den letzten der unschuldig Ermordeten, deren lange Reihe mit Abel beginnt und in die auch Jesus selbst eintreten wird. Erst sein Tod wird dieser Unheilsgeschichte ein Ende machen; er wird nicht (wie Secharja) mit einem Gebet um Rache sterben, sondern mit der Bitte: Vater, vergib ihnen! – Mt 23, 35; 2 Kön 12, 18–22; Dtn 32, 30.*

ERSTE LESUNG

2 Chr 24, 18–22

Sie taten sich gegen Sechárja zusammen und steinigten ihn im Hof des Hauses des Herrn

Lesung
  aus dem zweiten Buch der Chronik.

In jenen Tagen
18   verließen die führenden Männer Judas
  den Bund des Herrn, des Gottes ihrer Väter,
  und verehrten die Kultpfähle und Götzenbilder.
Wegen dieser Schuld
  kam ein Zorngericht über Juda und Jerusalem.
19 Der Herr schickte Propheten zu ihnen,
  um sie zur Umkehr zum Herrn zu bewegen,
aber man hörte nicht auf ihre Warnung.

20 Da kam der Geist Gottes über Sechárja,
  den Sohn des Priesters Jojáda.
Er trat vor das Volk und hielt ihm vor:
  So spricht Gott: Warum übertretet ihr die Gebote des Herrn?
So könnt ihr kein Glück mehr haben.
Weil ihr den Herrn verlassen habt,
  wird er euch verlassen.

21 Sie aber taten sich gegen ihn zusammen
und steinigten ihn auf Befehl des Königs
  im Hof des Hauses des Herrn.
22 König Joasch dachte nicht mehr an die Treue,
  mit der ihm Jojáda, der Vater Sechárjas, gedient hatte,
sondern ließ dessen Sohn töten.
Dieser aber rief sterbend aus:
  Der Herr möge es sehen und vergelten.

2 **EINFÜHRUNG**   *Das zweite Makkabäerbuch schildert ausführlicher als das erste die Vorgeschichte des makkabäischen Aufstandes. Mit aller Gewalt wollen die syrischen Herrscher ihre Staatsreligion auch den Juden aufzwingen. Der Tempel in Jerusalem wird entweiht und nach dem olympischen Zeus benannt. Heidnische Bräuche sollen an die Stelle der jüdischen treten, und es fehlt nicht an Juden, die das alles mitmachen. Die Kapitel 6 und 7 schildern zwei Fälle, in denen fromme Juden ihrem Glauben bis zum Tod die Treue hielten. Der neunzigjährige Eleasar soll*

bei einem Opfermahl Schweinefleisch essen. Das war nach dem jüdischen Gesetz verboten. Eleasar fragt nicht, ob es sich um ein wichtiges oder unwichtiges Gebot handelt; in der konkreten Situation wäre das Essen von Schweinefleisch tatsächlich einer Verleugnung des Glaubens gleichgekommen. Wir sollten eine solche bis in den Tod durchgehaltene Treue nicht als Fanatismus abtun. – Lev 11,7–8; Hebr 11,35.

ERSTE LESUNG 2 Makk 6,18.21.24–31

Ich hinterlasse ein leuchtendes Beispiel, wie man mutig für die heiligen Gesetze eines schönen Todes stirbt

Lesung
  aus dem zweiten Buch der Makkabäer.

In jenen Tagen
¹⁸ war unter den angesehensten Schriftgelehrten Eleásar,
ein Mann von hohem Alter und edlen Gesichtszügen.
Man sperrte ihm den Mund auf
  und wollte ihn zwingen, Schweinefleisch zu essen.

²¹ Die Leute, die bei dem gesetzwidrigen Opfermahl Dienst taten
  und die den Mann von früher her kannten,
  nahmen ihn heimlich beiseite
und redeten ihm zu,
  er solle sich doch Fleisch holen lassen, das er essen dürfe,
  und es selbst zubereiten.
Dann solle er tun, als ob er von dem Opferfleisch esse,
  wie es der König befohlen habe.

Eleásar erklärte:
²⁴ Wer so alt ist wie ich,
  soll sich nicht verstellen.
Viele jungen Leute könnten sonst glauben,
  Eleásar sei mit seinen neunzig Jahren
  noch zu der fremden Lebensart übergegangen.
²⁵ Wenn ich jetzt heucheln würde,
  um eine geringe, kurze Zeit länger zu leben,
  würde ich sie irreleiten,
  meinem Alter aber Schimpf und Schande bringen.
²⁶ Vielleicht könnte ich mich für den Augenblick
  der Bestrafung durch die Menschen entziehen;
doch nie, weder lebendig noch tot,
  werde ich den Händen des Allherrschers entfliehen.

27 Darum will ich jetzt wie ein Mann sterben
und mich so meines Alters würdig zeigen.
28 Der Jugend aber hinterlasse ich ein leuchtendes Beispiel,
wie man mutig und mit Haltung
für die ehrwürdigen und heiligen Gesetze
eines schönen Todes stirbt.
Nach diesen Worten ging er geradewegs zur Folterbank.
29 Da schlug die Freundlichkeit,
die ihm seine Begleiter eben noch erwiesen hatten,
in Feindschaft um;
denn was er gesagt hatte,
hielten sie für Wahnsinn.
30 Als man ihn zu Tod prügelte,
sagte er stöhnend:
Der Herr mit seiner heiligen Erkenntnis weiß,
daß ich dem Tod hätte entrinnen können.
Mein Körper leidet qualvoll unter den Schlägen,
meine Seele aber erträgt sie mit Freuden, weil ich ihn fürchte.
31 So starb er;
durch seinen Tod hinterließ er nicht nur der Jugend,
sondern den meisten aus dem Volk
ein Beispiel für edle Gesinnung
und ein Denkmal der Tugend.

4 EINFÜHRUNG *Der Glaube an die Auferstehung des Menschen und an die Unsterblichkeit der Seele wird erst in den späten Teilen des Alten Testaments deutlich ausgesprochen. Im zweiten Makkabäerbuch kommt er im Bericht über das Martyrium der makkabäischen Brüder zum Ausdruck. Der zweite dieser Brüder hat seinen Glauben an die Auferstehung mit der Macht Gottes, des Weltenherrschers, begründet (7, 9). Den Jüngsten aber weist die Mutter auf den Gott hin, der Himmel und Erde aus dem Nichts geschaffen hat (7, 28). Auf die naheliegende Frage, warum dieser mächtige Gott seine Verehrer nicht mächtiger beschützt, lautet die Antwort: Wir leiden für unsere Sünden und die Sünden unseres Volkes (7, 32.38). Daß diese Märtyrer dem Verfolger die Rache Gottes androhten, entsprach ihrer Auffassung von Gottes Gerechtigkeit. Überraschend ist die Aussage in Vers 23, daß Gott seinen treuen Dienern Atem und Leben wiedergeben wird nicht aus Gerechtigkeit, sondern aus Barmherzigkeit. – Hebr 11,35; Jer 15,9; Ps 139; Ijob 10,8–12; Apg 17,25.*

ERSTE LESUNG 2 Makk 7, 1.20–23.27b–29

Auch die Mutter war überaus bewundernswert; sie ertrug alles tapfer, weil sie dem Herrn vertraute

Lesung
aus dem zweiten Buch der Makkabäer.

1 In jenen Tagen
geschah es,
daß man sieben Brüder mit ihrer Mutter festnahm.
Der König Antiochus wollte sie zwingen,
entgegen dem göttlichen Gesetz Schweinefleisch zu essen,
und ließ sie darum mit Geißeln und Riemen peitschen.

20 Auch die Mutter war überaus bewundernswert,
und sie hat es verdient,
daß man sich an sie mit Hochachtung erinnert.
An einem einzigen Tag
sah sie nacheinander ihre sieben Söhne sterben
und ertrug es tapfer, weil sie dem Herrn vertraute.

21 In edler Gesinnung
stärkte sie ihr weibliches Gemüt mit männlichem Mut,
redete jedem von ihnen in ihrer Muttersprache zu
und sagte:

22 Ich weiß nicht, wie ihr in meinem Leib entstanden seid,
noch habe ich euch Atem und Leben geschenkt;
auch habe ich keinen von euch
aus den Grundstoffen zusammengefügt.

23 Nein, der Schöpfer der Welt
hat den werdenden Menschen geformt, als er entstand;
er kennt die Entstehung aller Dinge.
Er gibt euch gnädig Atem und Leben wieder,
weil ihr jetzt um seiner Gesetze willen nicht auf euch achtet.

27b Zu dem Jüngsten sagte sie in ihrer Muttersprache:
Mein Sohn, hab Mitleid mit mir!
Neun Monate habe ich dich in meinem Leib getragen,
ich habe dich drei Jahre gestillt,
dich ernährt, erzogen und für dich gesorgt,
bis du nun so groß geworden bist.

28 Ich bitte dich, mein Kind,
schau dir den Himmel und die Erde an;

Märtyrer – Erste Lesungen

sieh alles, was es da gibt,
   und erkenne: Gott hat das aus dem Nichts erschaffen,
   und so entstehen auch die Menschen.
29 Hab keine Angst vor diesem Henker,
   sei deiner Brüder würdig,
   und nimm den Tod an!
Dann werde ich dich zur Zeit der Gnade
   mit deinen Brüdern wiederbekommen.

6 EINFÜHRUNG *Das Gebet (oder Lied) in Sir 51, 1–12 schildert nach Art der Dankpsalmen die große Gefahr, in die der Beter geraten war, und dankt für die Rettung. Das „Ich", das hier betet, ist zunächst eine Einzelperson, ein frommer Jude, der wegen seiner Glaubensüberzeugung angefeindet wurde. Seine Rettung ist für ihn, aber auch für alle, die davon erfahren, ein Grund, an die Macht und Treue Gottes zu glauben. – Im Hintergrund dieses Gebets stehen die starken religiösen Spannungen in Palästina am Vorabend der religiösen Verfolgung unter Antiochus IV. Epiphanes (175–164 v. Chr.). – Zu 51, 1: Ps 18, 2; Mt 11, 25. – Zu 51, 8: Ps 25, 6; Gen 48, 16; Ps 121, 7; Mt 6, 13.*

ERSTE LESUNG   Sir 51, 1–8 (1–12)

In deiner großen Huld hast du mir geholfen

Lesung
aus dem Buch Jesus Sirach.

1 Ich will dich preisen, mein Herr und König,
ich will dich loben, Gott meines Heils.
Ich will deinen Namen verkünden, du Hort meines Lebens,
2   denn du hast mich vom Tod errettet.
Du hast meinen Leib vor dem Grab bewahrt,
   meinen Fuß dem Griff der Unterwelt entrissen.
Du hast mich befreit von der Geißel böser Zungen,
   von den Lippen treuloser Lügner.

Gegen meine Widersacher standest du mir zur Seite,
3 in deiner großen Huld hast du mir geholfen
   aus der Schlinge derer, die auf meinen Fall lauern,
   aus der Hand jener, die mir nach dem Leben trachten.

Aus vielen Nöten hast du mich erlöst,
4 aus der Bedrängnis der Flammen, die mich umringten,
   aus Gluten, die nicht wirklich geschürt,

5 aus dem Schoß der Flut, nicht wirklich von Wasser,
  sondern von schändlichen Lippen und Erfindern von Lüge,
6 von den Pfeilen der falschen Zunge.

Schon war ich dem Tod nahe
und mein Leben den Tiefen der Unterwelt.
7 Ich wandte mich nach allen Seiten
und fand keinen Helfer,
ich spähte nach einem Beistand,
doch keiner war da.

8 Da dachte ich an das Erbarmen des Herrn,
an die Taten seiner Huld, die seit Ewigkeit bestehen.
Er hilft allen, die auf ihn vertrauen,
und erlöst sie aus jeder Gefahr.

ERSTE LESUNGEN AUS DEM NEUEN TESTAMENT

In der Osterzeit

1 EINFÜHRUNG *„Ihr werdet meine Zeugen sein", hat Jesus beim Abschied gesagt (Apg 1,8). Er selbst war der „treue Zeuge" (Offb 1,5); er brachte Kunde von dem, was er beim Vater gesehen und gehört hat; die Wahrheit Gottes ist in ihm sichtbar geworden. Der Diakon Stephanus hat ebenfalls das bezeugt, was er unmittelbar gesehen und erfahren hat: die Macht und Herrlichkeit Jesu, des verheißenen Messias, des vom Tod auferstandenen und an die Seite Gottes erhöhten Herrn. Ihm ist er auch darin ähnlich, daß er sterbend für seine Feinde betet (Apg 7,60; vgl. Lk 23,34). – Lk 24,26; Joh 12,26; Apg 2,33–34; Hebr 9,24.*

ERSTE LESUNG   Apg 7,55–60

Herr Jesus, nimm meinen Geist auf!

Lesung
 aus der Apostelgeschichte.

In jenen Tagen
55   *blickte Stéphanus, erfüllt vom Heiligen Geist,*
  zum Himmel empor,
sah die Herrlichkeit Gottes
und Jesus zur Rechten Gottes stehen
56 und rief:

Ich sehe den Himmel offen
und den Menschensohn zur Rechten Gottes stehen.

57 Da erhoben sie ein lautes Geschrei,
hielten sich die Ohren zu,
stürmten gemeinsam auf ihn los,
58 trieben ihn zur Stadt hinaus und steinigten ihn.
Die Zeugen legten ihre Kleider
zu Füßen eines jungen Mannes nieder, der Saulus hieß.
59 So steinigten sie Stéphanus;
er aber betete
und rief: Herr Jesus, nimm meinen Geist auf!
60 Dann sank er in die Knie
und schrie laut:
Herr, rechne ihnen diese Sünde nicht an!
Nach diesen Worten starb er.

ZWEITE LESUNGEN AUS DEM NEUEN TESTAMENT

6 EINFÜHRUNG *Der Glaubensweg des Christen ist von außen und von innen her gefährdet. Von außen her durch Haß und Verfolgung in vielerlei Form, von innen her durch die scheinbare Ferne des Ziels. Der Tag des Herrn, der Tag seiner Wiederkunft „naht", wird uns gesagt; aber woran sollen wir es sehen (Hebr 10, 25)? Den Lesern des Hebräerbriefs wird gesagt, sie sollen in die Vergangenheit und in die Zukunft schauen. Die Vergangenheit, ihre eigene Vergangenheit, war durch harte Verfolgung gekennzeichnet, aber auch durch eine Glaubensfreudigkeit, die nicht umzubringen war. Die Zukunft heißt: Er wird kommen, und zwar bald; er läßt nicht auf sich warten (10, 37). In dieser kurzen Zeit heißt es aushalten. In 10, 38 wiederholt der Hebräerbrief das Wort aus Habakuk 2, 3–4: Der Gerechte wird durch den Glauben leben, d. h., er wird wegen seiner Treue gerettet werden. – Hebr 6, 4; Mt 5, 10–12; 1 Petr 1, 5–9; Röm 8, 18–19.*

ZWEITE LESUNG Hebr 10, 32–36
Ihr habt manchen harten Leidenskampf bestanden

Lesung
  aus dem Hebräerbrief.

Brüder!
32 **Erinnert euch an die früheren Tage,**

als ihr nach eurer Erleuchtung
   manchen harten Leidenskampf bestanden habt:
³³ Ihr seid vor aller Welt beschimpft und gequält worden,
oder ihr seid mitbetroffen gewesen
   vom Geschick derer, denen es so erging;
³⁴ denn ihr habt mit den Gefangenen gelitten
   und auch den Raub eures Vermögens freudig hingenommen,
da ihr wußtet,
   daß ihr einen besseren Besitz habt, der euch bleibt.
³⁵ Werft also eure Zuversicht nicht weg,
   die großen Lohn mit sich bringt.
³⁶ Was ihr braucht, ist Ausdauer,
   damit ihr den Willen Gottes erfüllen könnt
   und so das verheißene Gut erlangt.

7 EINFÜHRUNG   *Das neue Gottesvolk – die zwölf Stämme, die verstreut unter den Völkern leben (Jak 1, 1) – verdankt seine Existenz nicht der Abstammung von Abraham, sondern der Rettungstat Gottes und dem Glauben der Berufenen (vgl. 1, 18). Der Glaube aber ist das Ja des Menschen zu dem, was Gott sagt, und zu dem, was er über uns verfügt. Der Glaube des Christen muß sich, wie schon der Glaube Abrahams, in der Prüfung bewähren und vollenden (1, 2–4). Aber nur der Glaube kann sich in der Prüfung bewähren, der zugleich Liebe und Hoffnung ist. Auch Gott prüft den Menschen aus Liebe und sozusagen mit der Hoffnung, daß der Mensch die Prüfung bestehen wird. Ein solcher Mensch wird in 1, 12 glücklich gepriesen, denn er hat Gott auf seiner Seite. – Zu 1, 2–4: 1 Petr 1, 6–7; 4, 13–14; Röm 5, 3–5. – Zu 1, 12: Röm 8, 28; Weish 5, 15–16; 1 Kor 9, 25.*

ZWEITE LESUNG   Jak 1, 2 – 4.12

Glücklich der Mann, der in der Versuchung standhält

Lesung
   aus dem Jakobusbrief.

² **Seid voll Freude, meine Brüder,**
   wenn ihr in mancherlei Versuchungen geratet.
³ **Ihr wißt, daß die Prüfung eures Glaubens Ausdauer bewirkt.**
⁴ **Die Ausdauer aber soll zu einem vollendeten Werk führen;**

denn so werdet ihr vollendet und untadelig sein,
es wird euch nichts mehr fehlen.

12 Glücklich der Mann, der in der Versuchung standhält.
Denn wenn er sich bewährt,
> wird er den Kranz des Lebens erhalten,
> der denen verheißen ist, die Gott lieben.

VERSE ZUM RUF VOR DEM EVANGELIUM

1 Selig, die um der Gerechtigkeit willen Verfolgung leiden;
denn ihnen gehört das Himmelreich. (vgl. Mt 5,10)

2 (So spricht der Herr:)
Ich heilige mich für sie,
damit auch sie in der Wahrheit geheiligt sind. (Joh 17,19)

3 Gepriesen sei der Vater des Erbarmens und der Gott allen Trostes.
Er tröstet uns in all unserer Not. (2 Kor 1,3b–4a)

4 Selig der Mann, der in der Versuchung standhält.
Denn wenn er sich bewährt,
wird er den Kranz des Lebens erhalten. (Jak 1,12)

5 Wenn man euch um des Namens Christi willen beschimpft,
seid ihr seligzupreisen;
denn der Geist Gottes ruht auf euch. (vgl. 1 Petr 4,14)

6 Dich, Gott, loben wir, dich, Herr, preisen wir.
Dich preist der Märtyrer leuchtendes Heer.

COMMUNE-TEXTE
FÜR HIRTEN DER KIRCHE

ERSTE LESUNGEN AUS DEM ALTEN TESTAMENT

Außerhalb der Osterzeit

2 EINFÜHRUNG *Die Leviten (Nachkommen Levis) hatten keinen erblichen Grundbesitz wie die anderen israelitischen Stämme. Ihr „Erbteil" war Jahwe selbst (Lev 10,9); das bedeutet zunächst einfach,* daß sie vom Tisch Jahwes lebten: von dem Anteil, der ihnen von den kultischen Abgaben zustand. Das war oft ein mageres Brot, weshalb die Leviten ebenso wie die Witwen und Waisen immer wieder dem Wohlwollen aller Israeliten empfohlen werden – eigentlich seltsam, wenn man die Bedeutung der Leviten für das religiöse Leben in Israel bedenkt. Sie allein dürfen in der alten Zeit die Bundeslade tragen; in der späteren Zeit ist ihnen die Musik und der Gesang im Tempel anvertraut; sie stehen im Dienst Jahwes bei der Darbringung der Opfer; sie belehren das Volk über den geoffenbarten Willen Gottes und segnen es mit seinem Namen. In Gottes Dienst zu stehen und ganz auf Gott angewiesen zu sein war die große, zugleich schwere und beglückende Berufung der Leviten. – *Num 1,50–53; 6,27; 1 Chr 16,4; Dtn 33,10; Num 18,20–24; Dtn 18,1–8; Ps 16,5; 73,26.*

ERSTE LESUNG Dtn 10,8–9

Der Herr ist sein Erbbesitz

Lesung
 aus dem Buch Deuteronómium.

Mose sprach zum Volk:

8 **Der Herr sonderte den Stamm Levi aus,**
 damit er die Lade des Bundes des Herrn trage,
 vor dem Herrn stehe,
 vor ihm Dienst tue
 und in seinem Namen den Segen spreche.
So geschieht es noch heute.

9 **Deshalb erhielt Levi**
 nicht wie seine Brüder Landanteil und Erbbesitz.
Der Herr ist sein Erbbesitz,
 wie es der Herr, dein Gott, ihm zugesagt hat.

3 EINFÜHRUNG *Auf die Frage, warum Gott als ersten König in Israel den Saul eingesetzt hat, der später verworfen wurde, erhalten wir keine direkte Antwort. Nur der Grund seiner Verwerfung wird in 1 Sam 15,11 genannt: „Er hat sich von mir abgewandt und hat meine Befehle nicht ausgeführt." Sauls Nachfolger wurde nicht einer seiner Söhne, sondern David, der Sohn Isais in Betlehem. Warum gerade er, der Jüngste, an den niemand gedacht hatte? Die Antwort steht in 16,7: „Der Mensch*

sieht, was vor den Augen ist, der Herr aber sieht das Herz." Dieser junge Hirt war ein einfacher und aufrichtiger Mensch mit leuchtenden Augen (16, 12). In ihm konnte der Geist Gottes wirken (16, 13). Auch David hat im Lauf seiner Regierung Fehler begangen und Schuld auf sich geladen. Aber ihm hat Gott verziehen und hat ihm das Königtum nicht abgesprochen. Ist Gott also ungerecht, parteiisch? Bei all seinen Schwächen ist David ein aufrichtiger Mensch geblieben, der auf das Wort Gottes hörte und immer wieder bereit war, seine Schuld zu bekennen und für sie zu büßen. – 1 Chr 11, 3; Ps 78, 70–72; 89, 21; Spr 15, 3.11; 1 Sam 10, 6.

ERSTE LESUNG   1 Sam 16, 1b.6–13a

Auf, salbe ihn! Denn er ist es

**Lesung
aus dem ersten Buch Sámuel.**

In jenen Tagen
1b sprach der Herr zu Sámuel:
Fülle dein Horn mit Öl,
 und mach dich auf den Weg!
Ich schicke dich zu dem Betlehemíter Ísai;
denn ich habe mir einen von seinen Söhnen
 als König ausersehen.

6 Als Sámuel dort angekommen war
 und den Éliab sah,
 dachte er: Gewiß steht nun vor dem Herrn sein Gesalbter.
7 Der Herr aber sagte zu Sámuel:
 Sieh nicht auf sein Aussehen und seine stattliche Gestalt,
 denn ich habe ihn verworfen;
Gott sieht nämlich nicht auf das, worauf der Mensch sieht.
Der Mensch sieht, was vor den Augen ist,
 der Herr aber sieht das Herz.

8 Nun rief Ísai den Abinádab und ließ ihn vor Sámuel treten.
Dieser sagte: Auch ihn hat der Herr nicht erwählt.
9 Ísai ließ Schíma kommen.
Sámuel sagte: Auch ihn hat der Herr nicht erwählt.
10 So ließ Ísai sieben seiner Söhne vor Sámuel treten,
aber Sámuel sagte zu Ísai: Diese hat der Herr nicht erwählt.
11 Und er fragte Ísai: Sind das alle deine Söhne?

Er antwortete: Der jüngste fehlt noch,
aber der hütet gerade die Schafe.
Sámuel sagte zu Ísai:
   Schick jemand hin, und laß ihn holen;
wir wollen uns nicht zum Mahl hinsetzen,
   bevor er hergekommen ist.
¹² Ísai schickte also jemand hin und ließ ihn kommen.
David war blond,
   hatte schöne Augen und eine schöne Gestalt.
Da sagte der Herr: Auf, salbe ihn!
Denn er ist es.

¹³ᵃ Sámuel nahm das Horn mit dem Öl
   und salbte David mitten unter seinen Brüdern.
Und der Geist des Herrn war über David von diesem Tag an.

7 EINFÜHRUNG   *Die Berufung Jeremias zum Propheten erfolgte im dreizehnten Jahr des Königs Joschija, also um das Jahr 626 v. Chr. Wie bei keinem andern Propheten ist bei Jeremia das persönliche Leben aufs engste mit der prophetischen Verkündigung verbunden. Das zeigt sich schon im Bericht über seine Berufung. Jesaja hatte gerufen: Sende mich! (Jes 6, 8). Jeremia hatte Bedenken und Einwände, ähnlich wie Mose sie gehabt hatte. Jeremia war jung und schüchtern, und im Verlauf der nächsten vierzig Jahre wurde ihm das Prophetenamt nicht leichter, sondern immer noch schwerer. Aber Jahwe nimmt die Sendung nicht zurück; sie ist beschlossen, noch ehe Jeremia geboren wurde. Ich sende dich – du wirst gehen – du wirst verkünden: das sind Befehle. Zum Befehl kommt die Zusage: Ich bin bei dir, ich werde dich retten. Mit diesem Wort als einziger Ausrüstung betritt der Prophet seinen Weg. – Jes 49, 1.5; Gal 1, 15; Ex 3, 11–12; Dtn 18, 18; Ez 2, 6; 2 Sam 23, 2; Jes 59, 21; Jer 18, 7–10; 31, 28.*

ERSTE LESUNG   Jer 1, 4–9

Wohin ich dich auch sende, dahin sollst du gehen

Lesung
   aus dem Buch Jeremía.

In den Tagen Joschíjas, des Königs von Juda,
⁴   erging das Wort des Herrn an mich:
⁵ Noch ehe ich dich im Mutterleib formte,

> habe ich dich ausersehen,
> noch ehe du aus dem Mutterschoß hervorkamst,
> > habe ich dich geheiligt,
> zum Propheten für die Völker habe ich dich bestimmt.

6 Da sagte ich: Ach, mein Gott und Herr,
> ich kann doch nicht reden,
> ich bin ja noch so jung.

7 Aber der Herr erwiderte mir:
> > Sag nicht: Ich bin noch so jung.
> Wohin ich dich auch sende, dahin sollst du gehen,
> und was ich dir auftrage, das sollst du verkünden.

8 Fürchte dich nicht vor ihnen;
> denn ich bin mit dir, um dich zu retten
> – Spruch des Herrn.

9 Dann streckte der Herr seine Hand aus,
> berührte meinen Mund und sagte zu mir:
> > Hiermit lege ich meine Worte in deinen Mund.

8 EINFÜHRUNG

Dem Propheten Ezechiel wird gesagt, welche Verantwortung er mit dem Prophetenamt übernimmt. Er ist zum Wächter über das Haus Israel berufen. Wie der Wächter die Stadt vor dem Feind warnen muß, so „mußt du sie vor mir warnen", sagt Gott zum Propheten. Gott will über keinen Menschen das Gericht kommen lassen, ohne ihn vorher gewarnt zu haben. Wenn der berufene Gottesbote, der Prophet, seine Pflicht versäumt, wird er selbst zur Rechenschaft gezogen. – In den Versen 3,20–21 wird die Verantwortung des Propheten noch verdeutlicht: Er muß nicht nur die Sünder vor dem Gericht Gottes warnen; er muß auch die Gerechten davor bewahren, auf den Weg der Sünder abzubiegen. Die „Gerechtigkeit" und die Rettung dessen, der Verantwortung trägt, ist unlösbar mit dem Geschick derer verbunden, für die er verantwortlich ist. – Zu 3,17–19: Ez 33,7–9; Jer 6,17; Hos 8,1. – Zu 3,20–21: Ez 18,24; 33,12–13; 2 Petr 2,21.

ERSTE LESUNG   Ez 3,16–21
Ich gebe dich dem Haus Israel als Wächter

Lesung
aus dem Buch Ezéchiel.

In jenen Tagen
16 erging das Wort des Herrn an mich:

¹⁷ Menschensohn, ich gebe dich dem Haus Israel als Wächter.
Wenn du ein Wort aus meinem Mund hörst,
   mußt du sie vor mir warnen.
¹⁸ Wenn ich zu einem, der sich schuldig gemacht hat,
   sage: Du mußt sterben!,
und wenn du ihn nicht warnst und nicht redest,
   um den Schuldigen von seinem schuldhaften Weg abzubringen,
   damit er am Leben bleibt,
   dann wird der Schuldige seiner Sünde wegen sterben;
von dir aber fordere ich Rechenschaft für sein Blut.
¹⁹ Wenn du aber den Schuldigen warnst
und er sich von seiner Schuld
   und seinem schuldhaften Weg nicht abwendet,
   dann wird er seiner Sünde wegen sterben;
du aber hast dein Leben gerettet.
²⁰ Und wenn ein Gerechter
   sein rechtschaffenes Leben aufgibt und Unrecht tut,
   werde ich ihn zu Fall bringen,
und er wird sterben, weil du ihn nicht gewarnt hast.
Seiner Sünde wegen wird er sterben,
und an seine gerechten Taten von einst
   wird man nicht mehr denken.
Von dir aber fordere ich Rechenschaft für sein Blut.
²¹ Wenn du aber den Gerechten davor warnst zu sündigen,
   und er sündigt nicht,
   dann wird er am Leben bleiben, weil er gewarnt wurde,
und du hast dein Leben gerettet.

ZWEITE LESUNGEN AUS DEM NEUEN TESTAMENT

1 EINFÜHRUNG *Die Mahnungen der Kapitel Röm 12–16 ergeben sich aus dem Erbarmen, das nicht nur Gottes Eigenschaft, sondern Gottes Tat ist. Das Wesentliche ist bereits in 12,1–2 gesagt: Das Leben des Christen soll eine lebendige Opfergabe für Gott sein, ein Gottesdienst, der alle Schichten der menschlichen Person und alle Bereiche des Lebens einbezieht. Der Christ lebt nicht nur als Individuum; er steht in der Gemeinde, er lebt in der Kirche, ja er ist Kirche: „Wir, die vielen, sind ein Leib in Christus ..." (12,5). Jeder hat seine besondere Gabe und seine Aufgabe (12,6–8). Die Mahnungen der Verse 9–13 (9–21) beginnen mit*

der Liebe, und alles Folgende ist nichts anderes als deren vielgestaltige Entfaltung: Achtung voreinander, Gastfreundschaft, Mitleid und Mitfreude; alles aber ist getragen von der Hoffnung und vom Gebet, ohne das alles andere nicht möglich ist. – Zu 12, 3–8: 1 Kor 12; 4, 7; 1 Petr 4, 10–11; 2 Kor 9, 7. – Zu 12, 9–13: 1 Tim 1, 5; Phil 2, 3; 1 Thess 4, 9; Apg 18, 25; 1 Thess 5, 17; Hebr 13, 2; Mt 5, 44; Röm 15, 5; Spr 3, 7; Röm 11, 20.

ZWEITE LESUNG Röm 12, 3–13

Wir haben unterschiedliche Gaben, je nach der uns verliehenen Gnade

Lesung
   aus dem Brief des Apostels Paulus an die Römer.

Brüder!
3 Aufgrund der Gnade, die mir gegeben ist,
   sage ich einem jeden von euch:
Strebt nicht über das hinaus, was euch zukommt,
   sondern strebt danach, besonnen zu sein,
jeder nach dem Maß des Glaubens, das Gott ihm zugeteilt hat.

4 Denn wie wir an dem einen Leib viele Glieder haben,
   aber nicht alle Glieder denselben Dienst leisten,
5 so sind wir, die vielen, ein Leib in Christus,
   als einzelne aber sind wir Glieder, die zueinander gehören.

6 Wir haben unterschiedliche Gaben,
   je nach der uns verliehenen Gnade.
Hat einer die Gabe prophetischer Rede,
   dann rede er in Übereinstimmung mit dem Glauben;
7 hat einer die Gabe des Dienens,
   dann diene er.
Wer zum Lehren berufen ist,
   der lehre;
8 wer zum Trösten und Ermahnen berufen ist,
   der tröste und ermahne.
Wer gibt,
   gebe ohne Hintergedanken;
wer Vorsteher ist,
   setze sich eifrig ein;
wer Barmherzigkeit übt,
   der tue es freudig.

9 Eure Liebe sei ohne Heuchelei.
Verabscheut das Böse,
   haltet fest am Guten!
10 Seid einander in brüderlicher Liebe zugetan,
übertrefft euch in gegenseitiger Achtung!
11 Laßt nicht nach in eurem Eifer,
   laßt euch vom Geist entflammen und dient dem Herrn!
12 Seid fröhlich in der Hoffnung,
geduldig in der Bedrängnis,
   beharrlich im Gebet!
13 Helft den Heiligen, wenn sie in Not sind;
gewährt jederzeit Gastfreundschaft!

5 EINFÜHRUNG *In Korinth gab es Leute, die das apostolische Amt des Paulus verdächtigten. Wenn er sich verteidigte, machten sie ihm den Vorwurf der Wichtigtuerei. Darauf hat Paulus eine Antwort von einmaliger Liebenswürdigkeit: Ich brauche mich gar nicht zu rühmen; ihr selbst seid mein Ruhm vor aller Welt, ihr seid durch euren Glauben der lebendige Beweis dafür, daß durch mich der Geist Gottes am Werk ist; denn aus eigener Kraft wäre ich niemals fähig gewesen, das Gesetz des Neuen Bundes in euer Herz zu schreiben. Damit hat Paulus auch schon die Antwort auf eine andere Frage: Wer ist zu einem solchen Dienst überhaupt fähig? Antwort: Niemand, wenn nicht der Geist Gottes ihn dazu fähig macht. – 1 Kor 9, 2; Ex 24, 12; Dtn 4, 13; Jer 31, 33.*

ZWEITE LESUNG 2 Kor 3, 1b–6a

Gott hat uns fähig gemacht, Diener des Neuen Bundes zu sein

Lesung
   aus dem zweiten Brief des Apostels Paulus an die Korínther.

Brüder!
1b Brauchen wir – wie gewisse Leute –
   Empfehlungsschreiben an euch oder von euch?
2 Unser Empfehlungsschreiben seid ihr;
es ist eingeschrieben in unser Herz,
und alle Menschen können es lesen und verstehen.

3 Unverkennbar seid ihr ein Brief Christi,
ausgefertigt durch unseren Dienst,
geschrieben nicht mit Tinte,

> sondern mit dem Geist des lebendigen Gottes,
> nicht auf Tafeln aus Stein,
> > sondern – wie auf Tafeln – in Herzen von Fleisch.

4 **Wir haben durch Christus so großes Vertrauen zu Gott.**
5 **Doch sind wir dazu nicht von uns aus fähig,**
> als ob wir uns selbst etwas zuschreiben könnten;
> unsere Befähigung stammt vielmehr von Gott.

6a **Er hat uns fähig gemacht, Diener des Neuen Bundes zu sein.**

9 *EINFÜHRUNG Im Dienst Christi stehen heißt an seinem Todesleiden teilhaben. Das gilt für jeden Jünger, für den Apostel aber auf besondere Weise. Paulus schreibt diesen Brief im Gefängnis. Er sieht in seinen Leiden eine Bestätigung seiner Christusgemeinschaft; von daher ist ihm das Leiden Freude. Mit seinem ganzen Leben will er der Gemeinde Gottes, der Kirche, dienen und das „Geheimnis Gottes" allen sichtbar machen. Das Geheimnis Gottes ist nicht ein Begriff, nicht eine Lehre, sondern eine Person: Christus. Er ist die „Hoffnung auf Herrlichkeit" für alle Menschen, auch für die Heidenvölker. „Christus in uns" oder (nach der vorliegenden Übersetzung) „Christus unter uns" ist mehr als eine schöne Idee; Christus ist in uns die Kraft, die uns zu den Brüdern in aller Welt treibt. Und er ist in uns die Hoffnung, die Ungeduld auf den Tag, an dem sichtbar wird, was er ist und was wir durch ihn geworden sind. – Lk 12, 11f.; Röm 16, 25–27; 2 Kor 1, 3–11; 4, 10–12; Phil 1, 29f.; 3, 10; Gal 2, 20; Eph 1, 5–10; 3, 1–13; 4, 13–16; Kol 1, 5–23; 2, 2–3.*

ZWEITE LESUNG   Kol 1, 24–29
Ich diene der Kirche durch das Amt, das mir Gott übertragen hat

Lesung
> aus dem Brief des Apostels Paulus an die Kolósser.

Brüder!
24 **Jetzt freue ich mich in den Leiden, die ich für euch ertrage.**
Für den Leib Christi, die Kirche,
> ergänze ich in meinem irdischen Leben
> das, was an den Leiden Christi noch fehlt.

25 **Ich diene der Kirche**
> durch das Amt, das Gott mir übertragen hat,
> damit ich euch das Wort Gottes in seiner Fülle verkündige,

26 **jenes Geheimnis,**
> das seit ewigen Zeiten und Generationen verborgen war.

Jetzt wurde es seinen Heiligen offenbart;
27 Gott wollte ihnen zeigen,
wie reich und herrlich dieses Geheimnis unter den Völkern ist:
Christus ist unter euch,
er ist die Hoffnung auf Herrlichkeit.
28 Ihn verkündigen wir;
wir ermahnen jeden Menschen
und belehren jeden mit aller Weisheit,
um dadurch alle in der Gemeinschaft mit Christus
vollkommen zu machen.
29 Dafür kämpfe ich unter vielen Mühen;
denn seine Kraft wirkt mit großer Macht in mir.

VERSE ZUM RUF VOR DEM EVANGELIUM

1 Einer ist euer Vater, der im Himmel.
Einer ist euer Lehrer, Christus. (Mt 23, 9b. 10b)

2 (So spricht der Herr:)
Geht zu allen Völkern,
und macht alle Menschen zu meinen Jüngern!
Ich bin bei euch alle Tage bis zum Ende der Welt. (Mt 28, 19a. 20b)

3 (So spricht der Herr:)
Folgt mir nach!
Ich werde euch zu Menschenfischern machen. (Mk 1, 17b)

4 Der Herr hat mich gesandt,
den Armen die Frohe Botschaft zu bringen,
den Gefangenen die Freiheit zu verkünden. (vgl. Lk 4, 18)

5 (So spricht der Herr:)
Ich bin der gute Hirt.
Ich kenne die Meinen, und die Meinen kennen mich. (Joh 10, 14)

6 (So spricht der Herr:)
Ich bin der Weinstock, ihr seid die Reben.
Wer in mir bleibt und in wem ich bleibe, der bringt reiche Frucht.
(Joh 15, 5)

7 (So spricht der Herr:)
Ich habe euch Freunde genannt;
denn ich habe euch alles mitgeteilt, was ich von meinem Vater
gehört habe. (Joh 15,15b)

8 Gott hat in Christus die Welt mit sich versöhnt
und uns das Wort von der Versöhnung anvertraut. (vgl. 2 Kor 5,19)

COMMUNE-TEXTE
FÜR KIRCHENLEHRER

ERSTE LESUNGEN AUS DEM ALTEN TESTAMENT

Außerhalb der Osterzeit

1 EINFÜHRUNG *Bei seinem Regierungsantritt hat König Salomo nicht um Reichtum und äußeren Glanz gebetet, sondern um ein „hörendes Herz" (1 Kön 3,9): um ein Herz, das fähig ist, in jeder Situation Gut und Böse zu unterscheiden und den Willen Gottes zu tun. Aus dieser Bitte spricht bereits die Reife und Weisheit des Mannes, der vom Königtum eine große Auffassung hat und gewillt ist, sein Leben in den Dienst des übernommenen Amtes zu stellen. Was im Gebet des Salomo ein „hörendes Herz" genannt wird, heißt in der Antwort Gottes ein „weises und verständiges Herz" (3,12). Weisheit ist nicht dasselbe wie ein scharfer Verstand; sie ist vielmehr ein waches inneres Gespür für die Wahrheit der Dinge und der Menschen, letzten Endes für die Wahrheit Gottes. Das Organ, mit dem der Mensch diese Wahrheit erfaßt und sich von ihr erfassen läßt, ist nach biblischer Ausdrucksweise das „Herz" als der zentrale innere Ort des Menschen. Die Weisheit gehört nicht ohne weiteres zur natürlichen Ausstattung des Menschen; sie ist eine Gabe, die Gott denen reichlicher gibt, die sich bemühen, ein „hörendes Herz" zu haben.* – 2 Chr 1,3–12; Weish 8,17–21; 9,1–19; Spr 2,6–9; Mt 6,33.

ERSTE LESUNG   1 Kön 3,11–14

Ich gebe dir ein weises und verständiges Herz

Lesung
   aus dem ersten Buch der Könige.

1 In jenen Tagen sprach Gott zu Sálomo:

Weil du gerade diese Bitte ausgesprochen hast
und nicht um langes Leben, Reichtum
oder um den Tod deiner Feinde,
sondern um Einsicht gebeten hast, um auf das Recht zu hören,
¹² werde ich deine Bitte erfüllen.
Sieh, ich gebe dir ein so weises und verständiges Herz,
daß keiner vor dir war und keiner nach dir kommen wird,
der dir gleicht.
¹³ Aber auch das, was du nicht erbeten hast, will ich dir geben:
Reichtum und Ehre,
so daß zu deinen Lebzeiten keiner unter den Königen dir gleicht.
¹⁴ Wenn du auf meinen Wegen gehst,
meine Gesetze und Gebote befolgst wie dein Vater David,
dann schenke ich dir ein langes Leben.

3 EINFÜHRUNG *Um zu zeigen, wie begehrenswert die Weisheit ist, vergleicht sie der Verfasser mit einer liebenden Mutter und mit einer jungen Frau, die dem entgegenkommt, der sich mit Ausdauer um sie bemüht. Was die Weisheit eigentlich ist, wird in diesem Abschnitt nicht gesagt; es wird als bekannt vorausgesetzt, daß sie die geistige Wachheit und Klarheit des Menschen ist, der sich beständig und aufmerksam mit dem Gesetz Gottes beschäftigt. Die Weisheit, die hier gemeint ist, kann fast mit Frömmigkeit und Gesetzestreue gleichgesetzt werden. Aber es ist eine Treue, die aus klarer Einsicht kommt und deren Seele die Liebe ist. Deshalb kann sie auch nicht schweigen; sie hat mit der ewigen Weisheit Gottes das gemeinsam, daß es sie drängt, sich mitzuteilen. – Zu 15, 1–3: Weish 6, 14–17; Spr 9, 5; Jes 12, 3; Ps 1, 3. – Zu 15, 5: Weish 7, 15; 8, 8.*

ERSTE LESUNG Sir 15, 1–6

Die Weisheit nährt ihn mit dem Brot der Klugheit und tränkt ihn mit dem Wasser der Einsicht

Lesung
aus dem Buch Jesus Sirach.

¹ Wer den Herrn fürchtet und wer am Gesetz festhält,
erlangt die Weisheit.
² Sie geht ihm entgegen wie eine Mutter,
wie eine junge Gattin nimmt sie ihn auf.

Kirchenlehrer – Erste Lesungen

3 Sie nährt ihn mit dem Brot der Klugheit
   und tränkt ihn mit dem Wasser der Einsicht.
4 Er stützt sich auf sie und kommt nicht zu Fall,
   er vertraut auf sie und wird nicht enttäuscht.
5 Sie erhöht ihn über seine Gefährten,
   sie öffnet ihm den Mund in der Versammlung.
6 Sie läßt ihn Jubel und Freude finden,
   unvergänglichen Ruhm wird sie ihm verleihen.

4 EINFÜHRUNG *Es gibt viele Wege, auf denen Weisheit gesucht und gefunden wird; und es gibt Wege, auf denen man sie ganz sicher nicht findet. Davon war im vorausgehenden Abschnitt des Buches Jesus Sirach die Rede (Sir 38, 24–34). Die Wahrheit Gottes und der Menschen erkennt man nur durch beharrliches und ehrfürchtiges Studium. Da aber der Geist der Weisheit eine Gabe Gottes ist, wird sie dem gegeben, der um sie bittet (39, 5) und unaufhörlich für die empfangene Gabe dankt. Ein nicht geringer Teil dieses Dankes besteht darin, daß er die empfangene Erkenntnis auch an andere weitergibt. Ein Egoist kann nicht weise sein.*

ERSTE LESUNG Sir 39, 6–10 (8–14)

Er wurde mit dem Geist der Einsicht erfüllt

Lesung
aus dem Buch Jesus Sirach.

6 Wenn Gott, der Höchste, es will,
   wird er,
   der das Gesetz des Höchsten erforscht,
   mit dem Geist der Einsicht erfüllt:
   Er bringt eigene Weisheitsworte hervor,
   und im Gebet preist er den Herrn.
7 Er versteht sich auf Rat und Erkenntnis
   und erforscht die Geheimnisse;
8 er trägt verständige Lehre vor,
   und das Gesetz des Herrn ist sein Ruhm.
9 Viele loben seine Einsicht;
   sie wird niemals vergehen.
   Sein Andenken wird nicht schwinden,
   sein Name lebt fort bis in ferne Geschlechter.
10 Von seiner Weisheit erzählt die Gemeinde,
   sein Lob verkündet das versammelte Volk.

ERSTE LESUNGEN AUS DEM NEUEN TESTAMENT

In der Osterzeit

1 EINFÜHRUNG *Im Mittelpunkt der Pfingstrede des Petrus (Apg 2, 14–39) steht die Aussage über den Tod und die Auferstehung Jesu. Gott hat Jesus in seinem Leben durch Wunder, nach seinem Tod durch die Auferstehung beglaubigt (2, 22.24). Zur Verkündigung von der Auferstehung Jesu gehört die von seiner Erhöhung an die rechte Seite Gottes (vgl. Apg 5, 31). Die Behauptung, Jesus sei in die Herrlichkeit Gottes eingetreten, ist nicht leeres Gerede; Petrus begründet sie auf zweifache Weise: da ist erstens die Erfahrung des Pfingstmorgens; Jesus hat seine Verheißung wahrgemacht und den Heiligen Geist gesandt; und da ist zweitens das Wort aus Psalm 110. Dieser letztere Beweis ist freilich nur unter der Voraussetzung gültig, daß man die Worte „setze dich mir zur Rechten" als Wort Gottes, des „Herrn", versteht, das an Christus, den „Herrn", gerichtet ist. Wir haben in den stammelnden und tastenden Aussagen dieser Pfingstrede einen der ältesten Versuche vor uns, das Christusereignis dem menschlichen Denken irgendwie faßbar zu machen. Später hat die Auseinandersetzung mit den Irrlehrern zu einer genaueren Abgrenzung der Aussagen geführt. – Zu 2, 22–24: Lk 24, 19.26; Apg 3, 15; 10, 38. – Zu 2, 32–36: Joh 14, 16–17; 15, 26; Apg 1, 4; Eph 1, 20; Kol 3, 1; Ps 110, 1; Hebr 1, 13.*

ERSTE LESUNG Apg 2, 14.22–24.32–36

Gott hat ihn zum Herrn und Messias gemacht

Lesung
   aus der Apostelgeschichte.

14 **Am Pfingsttag trat Petrus auf,**
   zusammen mit den Elf;
   er erhob seine Stimme und begann zu reden:
   Ihr Juden und alle Bewohner von Jerusalem!
   Dies sollt ihr wissen,
   achtet auf meine Worte!

22 **Jesus, den Nazoräer,**
   den Gott vor euch beglaubigt hat
   durch machtvolle Taten, Wunder und Zeichen,
   die er durch ihn in eurer Mitte getan hat, wie ihr selbst wißt

²³ – ihn, der nach Gottes beschlossenem Willen und Vorauswissen
hingegeben wurde,
habt ihr durch die Hand von Gesetzlosen
ans Kreuz geschlagen und umgebracht.
²⁴ Gott aber hat ihn von den Wehen des Todes befreit
und auferweckt;
denn es war unmöglich, daß er vom Tod festgehalten wurde.

³² Diesen Jesus hat Gott auferweckt,
dafür sind wir alle Zeugen.
³³ Nachdem er durch die rechte Hand Gottes erhöht worden war
und vom Vater
den verheißenen Heiligen Geist empfangen hatte,
hat er ihn ausgegossen,
wie ihr seht und hört.
³⁴ David ist nicht zum Himmel aufgestiegen;
vielmehr sagt er selbst:

Es sprach der Herr zu meinem Herrn:
Setze dich mir zur Rechten,
³⁵ und ich lege dir deine Feinde als Schemel unter die Füße.

³⁶ Mit Gewißheit erkenne also das ganze Haus Israel:
Gott hat ihn zum Herrn und Messias gemacht,
diesen Jesus, den ihr gekreuzigt habt.

VERSE ZUM RUF VOR DEM EVANGELIUM

1 Euer Licht soll vor den Menschen leuchten,
damit sie eure guten Werke sehen
und euren Vater im Himmel preisen. (Mt 5, 16)

2 Einer ist euer Vater, der im Himmel.
Einer ist euer Lehrer, Christus. (Mt 23, 9b.10b)

3 Deine Worte, Herr, sind Geist und Leben.
Du hast Worte des ewigen Lebens. (vgl. Joh 6, 63b.68c)

4 (So spricht der Herr:)
Ich bin der Weinstock, ihr seid die Reben.
Wer in mir bleibt und in wem ich bleibe, der bringt reiche Frucht.
(Joh 15, 5)

5 Herr, öffne uns das Herz,
daß wir auf die Worte deines Sohnes hören. (vgl. Apg 16,14b)

6 Das Wort vom Kreuz
ist denen, die verlorengehen, Torheit;
uns aber, die gerettet werden, ist es Gottes Kraft. (1 Kor 1,18)

7 Wir verkündigen
das Geheimnis der verborgenen Weisheit Gottes,
die Gott vor allen Zeiten vorausbestimmt hat
zu unserer Verherrlichung. (1 Kor 2,7)

8 Der Samen ist das Wort Gottes, der Sämann ist Christus.
Wer Christus findet, der bleibt in Ewigkeit.

EVANGELIEN

3 EINFÜHRUNG *Das Gleichnis vom Fischnetz ist dem vom Unkraut unter dem Weizen verwandt (13,24–30.36–43). Solange diese Welt dauert, leben Gute und Böse nebeneinander, auch innerhalb der Kirche; erst beim Endgericht erfolgt die Trennung. Im Gleichnis vom Unkraut war das Schicksal der Gerechten wenigstens kurz erwähnt: sie werden leuchten wie die Sonne (13,43); im Gleichnis vom Fischnetz wird über die Gerechten nichts gesagt; hier soll vor allem das Gericht über die Bösen betont werden, als Warnung an alle, die geneigt sind, sich zu den Gerechten zu zählen. – Mit den Versen 51–52 wird die ganze Gleichnisrede abgeschlossen. Die Jünger werden gefragt, ob sie alles verstanden haben, und sie antworten ohne Zögern mit Ja. Für die Kirche ist entscheidend, daß die Jünger die Lehre des Meisters richtig verstehen und richtig weitergeben. Wenn sie alles verstanden haben, werden sie auch in neuen Situationen aus ihrem Vorrat das Richtige hervorholen können, sie werden sich nicht ängstlich an alte Formeln klammern, wo neue Lösungen gebraucht werden. – Mt 22,10; 2 Tim 2,20–21.*

EVANGELIUM Mt 13,47–52

Neues und Altes

✠ Aus dem heiligen Evangelium nach Matthäus.

In jener Zeit sprach Jesus zu der Menge:
47 Mit dem Himmelreich ist es
  wie mit einem Netz, das man ins Meer warf,

um Fische aller Art zu fangen.
⁴⁸ Als es voll war,
zogen es die Fischer ans Ufer;
sie setzten sich,
lasen die guten Fische aus und legten sie in Körbe,
die schlechten aber warfen sie weg.
⁴⁹ So wird es auch am Ende der Welt sein:
Die Engel werden kommen
und die Bösen von den Gerechten trennen
⁵⁰ und in den Ofen werfen, in dem das Feuer brennt.
Dort werden sie heulen und mit den Zähnen knirschen.
⁵¹ Habt ihr das alles verstanden?
Sie antworteten: Ja.
⁵² Da sagte er zu ihnen:
Jeder Schriftgelehrte also,
der ein Jünger des Himmelreichs geworden ist,
gleicht einem Hausherrn,
der aus seinem reichen Vorrat Neues und Altes hervorholt.

5 EINFÜHRUNG *In Kap. 4 hat Markus Gleichnisreden Jesu zusammengestellt. Eingeleitet wird dieser Abschnitt durch die Verse 1–2, abgeschlossen durch die Verse 33–34. Die Frage nach dem Wesen und Sinn der Gleichnisrede überhaupt wird in dem wichtigen und schwierigen mittleren Teil des heutigen Evangeliums beantwortet (4,10–12). Hier wird auch das Gleichnis vom Sämann (4,3–9) grundsätzlich gedeutet; eine weitere Auslegung hat es in den Versen 13–20 gefunden. – Im Gleichnis vom Sämann geht es wie in den folgenden Gleichnissen um „das Geheimnis des Reiches Gottes" (4,11), um die Art und Weise, wie sich die Gottesherrschaft verwirklicht: ganz anders, als die Menschen es sich denken. Man kann es sehen und hören (Vers 12), es verwirklicht sich im Ereignis und im Wort. Das „Geheimnis" des Gottesreiches wird aber nur denen gegeben, die „drinnen" sind; die „draußen" sehen nicht und verstehen nicht. Daß es aber die Absicht Jesu gewesen sei, durch die Gleichnisrede denen „draußen" unverständlich zu bleiben, ist doch wohl eine verfehlte Deutung dieses schwierigen Textes (vgl. Mk 4,33–34; Mt 13,13). Jesus will verstanden werden, aber er kann nur von denen verstanden werden, die bei ihm sind (4,10). Für die andern gibt es den Weg der Umkehr und Vergebung (4,12). – Mt 13,1–23; Lk 8,4–15; Mk 2,13; Lk 5,1–3; Mk 7,17; Röm 16,25; Kol 4,3; Jes 6,9–10.*

EVANGELIUM

Mk 4,1–10.13–20

Ein Sämann ging aufs Feld, um zu säen

☩ Aus dem heiligen Evangelium nach Markus.

In jener Zeit
1 lehrte Jesus am Ufer des Sees,
und sehr viele Menschen versammelten sich um ihn.
Er stieg deshalb in ein Boot auf dem See und setzte sich;
die Leute aber standen am Ufer.

2 Und er sprach lange zu ihnen
und lehrte sie in Form von Gleichnissen.
Bei dieser Belehrung sagte er zu ihnen:

3 Hört! Ein Sämann ging aufs Feld, um zu säen.
4 Als er säte, fiel ein Teil der Körner auf den Weg,
und die Vögel kamen und fraßen sie.

5 Ein anderer Teil
fiel auf felsigen Boden, wo es nur wenig Erde gab,
und ging sofort auf, weil das Erdreich nicht tief war;
6 als aber die Sonne hochstieg,
wurde die Saat versengt
und verdorrte, weil sie keine Wurzeln hatte.

7 Wieder ein anderer Teil fiel in die Dornen,
und die Dornen wuchsen und erstickten die Saat,
und sie brachte keine Frucht.

8 Ein anderer Teil schließlich fiel auf guten Boden
und brachte Frucht;
die Saat ging auf und wuchs empor
und trug dreißigfach, ja sechzigfach und hundertfach.

9 Und Jesus sprach:
Wer Ohren hat zum Hören, der höre!

10 Als er mit seinen Begleitern und den Zwölf allein war,
fragten sie ihn nach dem Sinn seiner Gleichnisse.
13 Und er sagte zu ihnen:
Wenn ihr schon dieses Gleichnis nicht versteht,
wie wollt ihr dann all die anderen Gleichnisse verstehen?

14 Der Sämann sät das Wort.
15 Auf den Weg fällt das Wort bei denen, die es zwar hören,
aber sofort kommt der Satan
und nimmt das Wort weg, das in sie gesät wurde.

¹⁶ Ähnlich ist es bei den Menschen,
    bei denen das Wort auf felsigen Boden fällt:
Sobald sie es hören, nehmen sie es freudig auf;
¹⁷ aber sie haben keine Wurzeln, sondern sind unbeständig,
und wenn sie dann
    um des Wortes willen bedrängt oder verfolgt werden,
    kommen sie sofort zu Fall.
¹⁸ Bei anderen fällt das Wort in die Dornen:
sie hören es zwar,
¹⁹ aber die Sorgen der Welt, der trügerische Reichtum
    und die Gier nach all den anderen Dingen
    machen sich breit und ersticken es,
    und es bringt keine Frucht.
²⁰ Auf guten Boden ist das Wort bei denen gesät,
    die es hören und aufnehmen und Frucht bringen,
dreißigfach, ja sechzigfach und hundertfach.

Oder:

KURZFASSUNG   Mk 4, 1–9

Ein Sämann ging aufs Feld, um zu säen

✛ Aus dem heiligen Evangelium nach Markus.

In jener Zeit
    lehrte Jesus am Ufer des Sees,
und sehr viele Menschen versammelten sich um ihn.
Er stieg deshalb in ein Boot auf dem See und setzte sich;
die Leute aber standen am Ufer.
Und er sprach lange zu ihnen
    und lehrte sie in Form von Gleichnissen.
Bei dieser Belehrung sagte er zu ihnen:
Hört! Ein Sämann ging aufs Feld, um zu säen.
Als er säte, fiel ein Teil der Körner auf den Weg,
    und die Vögel kamen und fraßen sie.
Ein anderer Teil
    fiel auf felsigen Boden, wo es nur wenig Erde gab,
    und ging sofort auf, weil das Erdreich nicht tief war;
als aber die Sonne hochstieg,
    wurde die Saat versengt
    und verdorrte, weil sie keine Wurzeln hatte.

7 Wieder ein anderer Teil fiel in die Dornen,
   und die Dornen wuchsen und erstickten die Saat,
   und sie brachte keine Frucht.

8 Ein anderer Teil schließlich fiel auf guten Boden
   und brachte Frucht;
   die Saat ging auf und wuchs empor
   und trug dreißigfach, ja sechzigfach und hundertfach.

9 Und Jesus sprach:
   Wer Ohren hat zum Hören, der höre!

COMMUNE-TEXTE FÜR JUNGFRAUEN

ERSTE LESUNGEN AUS DEM ALTEN TESTAMENT
Außerhalb der Osterzeit

2 EINFÜHRUNG *Seit dem Auszug aus Ägypten ist Jahwe der Gott Israels (Hos 12,10; 13,4). Das war Israels Jugendzeit gewesen, die Zeit der ungebrochenen Liebe des Volkes zu seinem Gott. Israel kannte keinen anderen Gott und wollte von keinem anderen etwas wissen. Zwischen jener Zeit und der des Propheten Hosea liegt die Geschichte der Untreue Israels. In Kanaan hat Gott das Volk reich gemacht (Hos 2,10), aber der Reichtum hat das Volk von Gott weggeführt; die Güter der Kultur wurden seine Götter. Doch Gott liebt immer noch diese treulose „Braut". Alle Warnungen und Drohungen der Propheten haben nur das eine Ziel, Israel zur ursprünglichen Treue zurückzurufen. Die Lesung spricht von der Wüste und von einem neuen Bund. Das im Kulturland verkommene Israel muß wieder arm werden wie einst in der Wüste, wo es ganz auf Gott angewiesen war. Gott selbst wird es aus der Knechtschaft des Wohlstandes befreien. Dann wird es seine Götzen vergessen und sich wieder an seinen Gott erinnern. Tragender Grund der neuen Gemeinschaft, sozusagen die Brautgabe für den neuen Ehebund (2,21–22), ist Gottes unwandelbare Treue. Und was hat Israel zu tun? Jahwe erkennen (Vers 22): erkennen, daß er der Herr ist. – Zu 2,16: Hos 9,10; Jer 31,2; Ez 16,60. – Zu 2,21–22: Mi 6,8; Lk 15; Joh 1,14.*

ERSTE LESUNG　　　　　　　　　　　　　　　Hos 2,16b.17b.21–22

Ich traue dich mir an auf ewig

**Lesung
aus dem Buch Hoséa.**

So spricht der Herr:
16b Ich will Israel, meine (treulose) Braut, in die Wüste hinausführen
und sie umwerben.

17b Sie wird mir dorthin bereitwillig folgen
wie in den Tagen ihrer Jugend,
wie damals, als sie aus Ägypten heraufzog.

21 Ich traue dich mir an auf ewig;
ich traue dich mir an
um den Brautpreis von Gerechtigkeit und Recht,
von Liebe und Erbarmen,

22 ich traue dich mir an um den Brautpreis meiner Treue:
Dann wirst du den Herrn erkennen.

VERSE ZUM RUF VOR DEM EVANGELIUM

1 (So spricht der Herr:)
Wer mich liebt, hält fest an meinem Wort.
Mein Vater wird ihn lieben, und wir werden bei ihm wohnen.

(vgl. Joh 14,23)

2 Sie ist die kluge Jungfrau,
die der Herr wachend antraf, als er kam;
sie trat mit ihm ein in den Hochzeitssaal.

3 Braut Christi, komm und empfange die Krone,
die der Herr dir bereithält auf ewig.

EVANGELIEN

1 EINFÜHRUNG *Gegenüber der rabbinischen Fragestellung, welcher Grund zur Ehescheidung hinreichend sei, geht Jesus auf die ursprüngliche, von Gott geschaffene natürliche Ordnung zurück. Was Gott geschaffen und geordnet hat, kann durch kein menschliches Recht außer Kraft gesetzt werden. Gott aber hat Mann und Frau zur unlösbaren Ein-*

heit geschaffen. Die Einheit kann durch menschliches Versagen zerbrechen; auch die Bindung zwischen Gott und seinem Volk konnte von diesem „ehebrecherischen Geschlecht" aufgekündigt werden, jedoch ohne daß dieser Abfall ein neues Recht begründet hätte. Allein, und hier wird auf den erschreckten Einwand der Jünger (19,10) eine überraschende Antwort gegeben, die Wesenserfüllung des Menschen ist nicht notwendig geschlechtliche Erfüllung; wer es fassen kann und wagen will, für den gibt es auch einen anderen Weg: den des Verzichts „um des Himmelreiches willen", d. h. um ganz die Forderung Gottes zu erfüllen. – Gen 1,27; 2,24; Dtn 24,1. – Zu Vers 12: 1 Kor 7,1.7–8.32–34.

EVANGELIUM Mt 19, 3–12

Um des Himmelreiches willen

✢ Aus dem heiligen Evangelium nach Matthäus.

In jener Zeit
3   kamen Pharisäer zu Jesus,
   die ihm eine Falle stellen wollten,
und fragten:
   Darf man seine Frau
   aus jedem beliebigen Grund aus der Ehe entlassen?
4   Er antwortete:
   Habt ihr nicht gelesen,
   daß der Schöpfer die Menschen
   am Anfang als Mann und Frau geschaffen hat
5   und daß er gesagt hat:
   Darum wird der Mann Vater und Mutter verlassen
   und sich an seine Frau binden,
   und die zwei werden ein Fleisch sein?
6   Sie sind also nicht mehr zwei, sondern eins.
Was aber Gott verbunden hat, das darf der Mensch nicht trennen.
7   Da sagten sie zu ihm:
   Wozu hat dann Mose vorgeschrieben,
   daß man der Frau eine Scheidungsurkunde geben muß,
   wenn man sich trennen will?
8   Er antwortete:
   Nur weil ihr so hartherzig seid,
   hat Mose euch erlaubt, eure Frauen aus der Ehe zu entlassen.
Am Anfang war das nicht so.

Heilige Männer und heilige Frauen – Erste Lesungen

9 Ich sage euch:
Wer seine Frau entläßt, obwohl kein Fall von Unzucht vorliegt,
 und eine andere heiratet,
 der begeht Ehebruch.

10 Da sagten die Jünger zu ihm:
Wenn das die Stellung des Mannes in der Ehe ist,
dann ist es nicht gut zu heiraten.

11 Jesus sagte zu ihnen:
Nicht alle können dieses Wort erfassen,
sondern nur die, denen es gegeben ist.

12 Denn es ist so:
Manche sind von Geburt an zur Ehe unfähig,
manche sind von den Menschen dazu gemacht,
und manche haben sich selbst dazu gemacht
 – um des Himmelreiches willen.
Wer das erfassen kann, der erfasse es.

COMMUNE-TEXTE FÜR HEILIGE MÄNNER UND HEILIGE FRAUEN

ERSTE LESUNGEN AUS DEM ALTEN TESTAMENT

Außerhalb der Osterzeit

1 EINFÜHRUNG *Die Berufung Abrahams bedeutet eine Wende in der Geschichte der Menschheit. Eine lange Zeit des Abfalls und der Verwirrung war vorausgegangen. Fünfmal ist in der biblischen Urgeschichte von „Fluch" die Rede, und fünfmal kommt im Berufungswort an Abraham das Wort „Segen" („segnen") vor. Wir wissen nicht, wie Abraham das Wort Gottes gehört hat; wichtig ist nur: Gott hat zu ihm gesprochen, und Abraham hat gehört. Ohne Widerrede ist er dem Ruf gefolgt und hat der Verheißung geglaubt. Noch ein zweites Mal bekommt der Stammvater dieses fordernde „Geh!" zu hören: dort, wo Gott von ihm verlangt, daß er sein Liebstes, seinen Sohn Isaak, darbringe. Durch dieses zweifache „Geh!" ist Abraham aus allen Menschen herausgehoben. An den Gehorsam dieses Menschen hat Gott das Heil der Menschheit gebunden. Der Segen, den Gott dem Abraham verheißen hat, geht weit über ihn und über den Alten Bund hinaus. – Gen 17, 1–6; 18, 18; 22, 17; Weish 10, 5; Apg 3, 25; Hebr 11, 8–9; Gal 3, 8.*

ERSTE LESUNG Gen 12, 1–4a

Zieh weg aus deinem Land, von deiner Verwandtschaft und aus deinem Vaterhaus!

Lesung
  aus dem Buch Génesis.

1 In jenen Tagen sprach der Herr zu Abram:
Zieh weg aus deinem Land,
von deiner Verwandtschaft und aus deinem Vaterhaus
  in das Land, das ich dir zeigen werde.
2 Ich werde dich zu einem großen Volk machen,
dich segnen und deinen Namen groß machen.
Ein Segen sollst du sein.
3 Ich will segnen, die dich segnen;
wer dich verwünscht, den will ich verfluchen.
Durch dich sollen alle Geschlechter der Erde Segen erlangen.
4a Da zog Abram weg,
  wie der Herr ihm gesagt hatte.

2 EINFÜHRUNG *Die Vorschriften von Levitikus 19 gelten für „die ganze Gemeinde" (19, 2). Die Grundaussage, zugleich die Grundforderung dieses und der folgenden Kapitel, steht gleich am Anfang (19, 2): Jahwe ist heilig, und Israel ist sein Volk; also muß auch Israel heilig sein. Das gilt für die ganze Gemeinde, und es gilt für jeden einzelnen in der Gemeinde; in der Anrede kann es daher wechselnd bald „du", bald „ihr" heißen. Die Verse 19, 11–18 beziehen sich auf die Rechtspraxis und das soziale Verhalten überhaupt. Den Abschluß bildet die Forderung der Liebe zum Nächsten. Der „Nächste" ist in den Gesetzesvorschriften des Alten Testaments zunächst einfach der Mitmensch, dem man im täglichen Leben begegnet, vor allem aber der sozial schwächer gestellte Volksgenosse. Man soll ihn nicht ausbeuten, nicht unterdrücken, nicht hassen, ja man soll ihn „lieben". Damit werden nicht Gefühle vorgeschrieben, wohl aber wird ein Verhalten gefordert, das aus dem Herzen kommt und seinen Grund in der Ehrfurcht vor dem gemeinsamen Gott hat. In Lev 19, 34 wird dieses Gebot auch auf die im Land wohnenden Ausländer (die „Fremdlinge") ausgedehnt. Jesus hat dem Gebot die universale Weite gegeben und hat es in die Mitte seiner sittlichen Forderung gestellt. – Zu 19, 1–2: Lev 11, 44–45; 20, 7.26; 21, 8; 22, 32–33. – Zu 19, 17–18: Mt 5, 43; 19, 19; 22, 39; Lk 6, 27; Röm 13, 9; Gal 5, 14; Jak 2, 8.*

ERSTE LESUNG

Lev 19, 1–2.17–18

Du sollst deinen Nächsten lieben wie dich selbst

**Lesung
aus dem Buch Levítikus.**

**Der Herr sprach zu Mose:
Rede zur ganzen Gemeinde der Israeliten,
und sag zu ihnen: Seid heilig,
denn ich, der Herr, euer Gott, bin heilig.**

7 **Du sollst in deinem Herzen
  keinen Haß gegen deinen Bruder tragen.
Weise deinen Stammesgenossen zurecht,
  so wirst du seinetwegen keine Schuld auf dich laden.**

8 **An den Kindern deines Volkes sollst du dich nicht rächen
  und ihnen nichts nachtragen.
Du sollst deinen Nächsten lieben wie dich selbst.
Ich bin der Herr.**

3 EINFÜHRUNG *Mit dem feierlichen Aufruf „Höre, Israel!" wurde wohl in alter Zeit die Versammlung der israelitischen Stämme angeredet (vgl. Dtn 20, 3). Immer wieder und immer neu muß Israel hören; es darf nicht vergessen, daß Jahwe sein Gott ist, dem es alles verdankt. Das ist das Grundgebot für Israel und sein eigentliches Glaubensbekenntnis: Jahwe, und Jahwe allein. Er ist der Gott, den Israel in seiner Geschichte auf vielfache Weise kennengelernt hat und den es dennoch in Kanaan so leicht mit dem dortigen Naturgott, dem vielgestaltigen Baal, verwechselt. Jahwe ist der Eine und der Einzige; Israel gehört ihm allein, und er allein hält Israel zusammen und erhält es am Leben. Ihn allein sollst du – damit ist jeder einzelne angesprochen – und kannst du mit ganzem Herzen und mit ganzer Seele lieben. Die Liebe, die hier gemeint ist und gefordert wird, ist nicht die des Gefühls; es ist (wie im Johannesevangelium) die Treue, der Gehorsam. – „Höre!": Dtn 5, 1; 9, 1; 20, 3; 27, 9. – Dtn 10, 12; Mt 22, 37; Jer 31, 33–34.*

ERSTE LESUNG

Dtn 6, 3–9

Du sollst den Herrn, deinen Gott, lieben mit ganzem Herzen

Lesung
aus dem Buch Deuteronómium.

Mose sprach zum Volk:
3 Israel, du sollst hören und darauf achten,
alles, was der Herr, unser Gott, mir gesagt hat, zu halten,
damit es dir gut geht
und ihr so unermeßlich zahlreich werdet,
wie es der Herr, der Gott deiner Väter,
dir zugesagt hat, in dem Land, wo Milch und Honig fließen.
4 Höre, Israel!
Jahwe, unser Gott, Jahwe ist einzig.
5 Darum sollst du den Herrn, deinen Gott, lieben
mit ganzem Herzen,
mit ganzer Seele
und mit ganzer Kraft.
6 Diese Worte, auf die ich dich heute verpflichte,
sollen auf deinem Herzen geschrieben stehen.
7 Du sollst sie deinen Söhnen wiederholen.
Du sollst von ihnen reden,
wenn du zu Hause sitzt
und wenn du auf der Straße gehst,
wenn du dich schlafen legst und wenn du aufstehst.
8 Du sollst sie als Zeichen um das Handgelenk binden.
Sie sollen zum Schmuck auf deiner Stirn werden.
9 Du sollst sie auf die Türpfosten deines Hauses
und in deine Stadttore schreiben.

(Für Ordensleute)

5 EINFÜHRUNG *Der Prophet Elija hat sich mit Leidenschaft für Jahwe, den Gott Israels, eingesetzt; das Gottesurteil auf dem Karmel (1 Kön 18) war ein Höhepunkt seines Lebens gewesen. Aber nun flieht er vor dem Zorn der Königin Isebel. Erschöpfung und Mutlosigkeit überwältigen ihn. Jeder Prophet, jeder Berufene muß durch diese Nacht hindurchgehen. In dieser dunkelsten Stunde erfährt Elija Gottes Nähe und Hilfe; er ißt das Brot, das der Bote Gottes ihm bringt, und trinkt das Wasser aus dem Krug. Jetzt kann er weitergehen. Aus seiner Flucht wird eine Wall-*

fahrt zum Gottesberg Horeb (= Sinai). Hier soll der stürmische Elija begreifen, daß Gott seinen Freunden nicht im Sturm und nicht im zerstörenden Feuer sein tiefstes Wesen offenbart. Gott will nicht den Tod, sondern das Leben. Und dieser Gott entläßt seinen Propheten nicht; er nimmt ihn wieder in seinen Dienst und gibt ihm neue Aufträge. – Zu 19,4–9: Gen 21,14–21; Jona 4,3.8; Ex 24,16–18. – Zu 19,11–15: Gen 3,8; Ex 3,2–6; 33,20–23; Röm 11,3–9.

ERSTE LESUNG 1 Kön 19,4–9a.11b–15a

Stell dich auf den Berg vor den Herrn!

Lesung
    aus dem ersten Buch der Könige.

In jenen Tagen
    ging Elíja eine Tagereise weit in die Wüste hinein.
Dort setzte er sich unter einen Ginsterstrauch
    und wünschte sich den Tod.
Er sagte: Nun ist es genug, Herr.
Nimm mein Leben;
denn ich bin nicht besser als meine Väter.
Dann legte er sich unter den Ginsterstrauch und schlief ein.

Doch ein Engel rührte ihn an
und sprach: Steh auf und iß!
Als er um sich blickte,
    sah er neben seinem Kopf Brot,
    das in glühender Asche gebacken war,
und einen Krug mit Wasser.
Er aß und trank und legte sich wieder hin.

Doch der Engel des Herrn kam zum zweitenmal,
rührte ihn an und sprach: Steh auf und iß!
Sonst ist der Weg zu weit für dich.
Da stand er auf,
aß und trank
und wanderte, durch diese Speise gestärkt,
    vierzig Tage und vierzig Nächte bis zum Gottesberg Horeb.
^a Dort ging er in eine Höhle,
    um darin zu übernachten.
Doch das Wort des Herrn erging an ihn:
^{1b} Komm heraus,
und stell dich auf den Berg vor den Herrn!

Da zog der Herr vorüber:
Ein starker, heftiger Sturm,
>   der die Berge zerriß und die Felsen zerbrach,
>   ging dem Herrn voraus.
Doch der Herr war nicht im Sturm.
Nach dem Sturm kam ein Erdbeben.
Doch der Herr war nicht im Erdbeben.
12 Nach dem Beben kam ein Feuer.
Doch der Herr war nicht im Feuer.

Nach dem Feuer
>   kam ein sanftes, leises Säuseln.
13 Als Elíja es hörte,
>   hüllte er sein Gesicht in den Mantel,
trat hinaus
und stellte sich an den Eingang der Höhle.
Da vernahm er eine Stimme, die ihm zurief:
>   Was willst du hier, Elíja?

14 Er antwortete:
>   Mit Leidenschaft
>   bin ich für den Herrn, den Gott der Heere, eingetreten,
>   weil die Israeliten deinen Bund verlassen,
>   deine Altäre zerstört
>   und deine Propheten mit dem Schwert getötet haben.
Ich allein bin übriggeblieben,
und nun trachten sie auch mir nach dem Leben.

15a Der Herr antwortete ihm:
>   Geh deinen Weg durch die Wüste zurück,
>   und begib dich nach Damáskus!

(Für Ordensleute)

6 EINFÜHRUNG *Auf verschiedene Weise kann der Ruf Gottes zu einem Menschen gelangen. Es ist „normal" (soweit man hier überhaupt von normal sprechen kann), daß Gott Menschen durch Menschen führt und ruft. Mose hat auf Befehl Gottes den Josua zu seinem Nachfolger bestellt (Num 27, 18–19). Elija gibt das Prophetenamt – ebenfalls auf Weisung Gottes – an Elischa weiter, indem er seinen Mantel über ihn wirft. Das Überwerfen des Mantels hat die gleiche Bedeutung wie das Auflegen der Hände in Numeri 27, 18. Elischa begreift sofort, um was es geht, er läßt sich vom Geist Gottes ergreifen. Sein Abschied von Besitz und Familie* *ist radikal. Er schlachtet seine Rinder und nimmt das Joch dieser Rinder als Brennholz, um damit das Abschiedsmahl zu bereiten. Nur scheinbar steht dieser Abschied im Widerspruch zu dem, was Jesus von seinen Jüngern fordern wird (Lk 9, 61–62). – Zu 19, 19: 2 Kön 2, 13. – Zu 19, 21: 2 Sam 24, 22.*

ERSTE LESUNG 1 Kön 19, 16b.19–21

Elischa stand auf und folgte Elija

Lesung
aus dem ersten Buch der Könige.

In jenen Tagen sprach der Herr zu Elíja:
6b Salbe Elíscha, den Sohn Schafats aus Abel-Mehóla,
zum Propheten an deiner Stelle.

9 Elíja ging vom Gottesberg weg
und traf Elíscha, den Sohn Schafats.
Er war gerade mit zwölf Gespannen am Pflügen,
und er selbst pflügte mit dem zwölften.
Im Vorbeigehen warf Elíja seinen Mantel über ihn.

0 Sogleich verließ Elíscha die Rinder,
eilte Elíja nach
und bat ihn:
Laß mich noch meinem Vater und meiner Mutter
den Abschiedskuß geben;
dann werde ich dir folgen.
Elíja antwortete: Geh,
aber komm dann zurück!
Bedenke, was ich an dir getan habe.

1 Elíscha ging von ihm weg,
nahm seine zwei Rinder und schlachtete sie.
Mit dem Joch der Rinder kochte er das Fleisch
und setzte es den Leuten zum Essen vor.
Dann stand er auf,
folgte Elíja und trat in seinen Dienst.

7 EINFÜHRUNG *Sara, die Tochter Raguels, hatte bittere Erfahrungen hinter sich. Siebenmal war ihre Liebe gestorben; ein böser Dämon hatte in der Brautnacht jeden ihrer sieben Männer umgebracht. Nun ist Tobias gekommen, der Sohn des frommen Tobit in Ninive. Er hat um Sara* *geworben. In der Brautnacht beten beide gemeinsam um Gottes Schutz und Segen. Gott wird gepriesen und angerufen als der Schöpfer von allem, was lebt. Er hat auch Mann und Frau füreinander geschaffen, damit sie in gemeinsamer Freude und Liebe ihm dienen. Die Bitte des Tobias ist kurz und einfach (8,7), noch einfacher ist das Gebet seiner Frau, die durch ihr „Amen" das Gebet ihres Mannes zu ihrem eigenen macht (vgl. 1 Kor 14,16). – Dan 3,26; Gen 1,26; 2,18.*

ERSTE LESUNG Tob 8,4b–8

Laß mich gemeinsam mit ihr ein hohes Alter erreichen

**Lesung
aus dem Buch Tobit.**

Am Abend ihrer Trauung
4b **sagte Tobías zu Sara:
Steh auf, Schwester,
wir wollen beten, damit der Herr Erbarmen mit uns hat.**

5 **Und er begann zu beten:
Sei gepriesen, Gott unserer Väter;
gepriesen sei dein heiliger und ruhmreicher Name in alle Ewigkeit.
Die Himmel und alle deine Geschöpfe müssen dich preisen.**

6 **Du hast Adam erschaffen und hast ihm Eva zur Frau gegeben,
damit sie ihm hilft und ihn ergänzt.
Von ihnen stammen alle Menschen ab.
Du sagtest: Es ist nicht gut, daß der Mensch allein ist;
wir wollen für ihn einen Menschen machen,
der ihm hilft und zu ihm paßt.**

7 **Darum, Herr,
nehme ich diese meine Schwester
auch nicht aus reiner Lust zur Frau,
sondern aus wahrer Liebe.
Hab Erbarmen mit mir,
und laß mich gemeinsam mit ihr ein hohes Alter erreichen!**

8 **Und Sara sagte zusammen mit ihm: Amen.**

(Für Witwen)

9 EINFÜHRUNG *Judit, die Retterin ihrer Heimatstadt Betulia in größter Gefahr, wird uns als das Muster einer frommen Witwe geschildert. Auch über den Tod hinaus hält sie ihrem Gatten die Treue (8,4–6).*

lebt streng und zurückgezogen, ohne sich jedoch von den religiösen Festen ihres Volkes abzusondern; sie steht mitten in ihrem Volk, und die Freude über die großen Taten Gottes in der Geschichte ihres Volkes lassen dann die persönliche Trauer zurücktreten. Ihre tiefe Gottesfurcht hat zur Folge, daß alle sie achten und ehren. Man erkennt in dieser anziehenden Gestalt unschwer auch das Gleichnis und Vorbild des Gottesvolkes selbst, das in einer gottfeindlichen Umwelt seinen Weg gehen muß. – Ps 112, 3–7.

ERSTE LESUNG Jdt 8, 2–8

Sie war sehr gottesfürchtig

**Lesung
  aus dem Buch Judit.**

**Manásse, der Mann Judits,
  der aus ihrem Stamm und ihrer Sippe war,
  hatte zur Zeit der Gerstenernte den Tod gefunden.
Als er nämlich bei den Garbenbindern auf dem Feld stand,
  traf ihn ein Hitzschlag;
er mußte sich zu Bett legen
  und starb in seiner Heimatstadt Betúlia.
Man begrub ihn bei seinen Vätern
  auf dem Feld zwischen Dotan und Jíbleam.**

**Nun lebte Judit schon drei Jahre und vier Monate
  als Witwe in ihrem Haus.
Sie hatte für sich auf dem flachen Dach ihres Hauses
  ein Zelt aufstellen lassen,
  hatte ein Trauergewand angelegt
  und trug die Kleider einer Witwe.**

**Sie fastete, seit sie Witwe war, alle Tage,
  außer am Sabbat und am Vortag des Sabbats,
  am Neumond und am Vortag des Neumonds
  und an den Festen und Freudentagen des Hauses Israel.**

**Sie hatte eine schöne Gestalt und ein blühendes Aussehen.
Ihr Gatte Manásse hatte ihr Gold und Silber,
  Knechte und Mägde, Vieh und Felder hinterlassen,
  die sie in ihrem Besitz hielt.**

**Niemand konnte ihr etwas Böses nachsagen;
  denn sie war sehr gottesfürchtig.**

10 EINFÜHRUNG *Das Buch Ester erzählt, wie die im persischen Reich lebenden Juden durch das Eintreten Esters, der Pflegetochter Mordechais, vor der Vernichtung bewahrt wurden. Der Erzählung kann ein geschichtlicher Kern zugrunde liegen. Jüdische Lehrer haben die Vorgänge des Esterbuches in Dtn 31, 18 angedeutet gefunden, wo Gott sagt: „In jener Zeit werde ich mein Gesicht verbergen." Zu diesem verborgenen Gott betet Mordechai; zum lebendigen Gott, dem Gott, der Abraham berufen und Israel aus Ägypten herausgeführt hat. Aus der Erinnerung an die großen Taten Gottes nimmt der Beter das Vertrauen, daß Gott auch jetzt helfen wird. Er ist der Einzige, der Israel retten kann, und er wird es retten, damit „der Mund derer, die dich loben, nicht verstummt". Leben heißt Gott loben, und nur wer Gott lobt, lebt wirklich. – Dtn 9, 26–29; 2 Chr 20, 6–12; Ps 30, 12–13; 115, 17.*

ERSTE LESUNG Est 4, 17b–17e.17h (17b–17g.17l)

Ich wollte nicht die Ehre eines Menschen über die Ehre Gottes stellen

Lesung
aus dem Buch Ester.

In jenen Tagen betete Mórdechai:
^{17b} Herr, Herr, König, du Herrscher über alles!
Deiner Macht ist das All unterworfen,
und niemand kann sich dir widersetzen,
  wenn du Israel retten willst;
^{17c} denn du hast Himmel und Erde gemacht
  und alles, was wir unter dem Himmel bestaunen.
Du bist der Herr über alles,
und niemand kann es wagen,
  sich dir, dem Herrn, entgegenzustellen.
^{17d} Du kennst alles.
Du weißt, Herr, daß es weder aus Hochmut,
  noch aus Überheblichkeit, noch aus Ruhmsucht geschah,
  wenn ich mich vor dem überheblichen Haman
  nicht niedergeworfen habe.
Denn ich würde gern seine Fußsohlen küssen,
  wenn es für die Rettung Israels von Nutzen wäre.
^{17e} Ich habe so gehandelt,

weil ich nicht die Ehre eines Menschen
über die Ehre Gottes stellen wollte.
Ich werde mich vor niemand niederwerfen,
außer vor dir, meinem Gott.

¹⁷ʰ Hör auf mein Flehen,
hab Erbarmen mit deinem Erbbesitz
und verwandle unsere Trauer in Freude,
damit wir am Leben bleiben
  und deinen Namen preisen, Herr;
laß den Mund derer, die dich loben, nicht verstummen!

12 EINFÜHRUNG *Das Problem des Leidens und der gerechten Vergeltung hat die hebräischen Weisheitslehrer immer schon beschäftigt. Das Problem war um so schwieriger, als die Lehre vom Weiterleben nach dem Tod noch in keiner Weise klar war. Für das gegenwärtige Leben ist die Behauptung, daß es den Guten gut und den Bösen schlecht gehe, kaum aufrechtzuhalten; tatsächlich wurde sie in den Büchern Ijob und Kohelet heftig angegriffen. Sirach sagt klar, daß auch die Guten („wer dem Herrn dienen will", Sir 2, 1) auf Heimsuchung gefaßt sein müssen (2, 1–6). Trotzdem zweifelt er keinen Augenblick an der Gerechtigkeit Gottes. Im Leiden wird der Mensch geprüft und geläutert, wie das Gold im Feuer. Eine zweite Antwort steht in den Versen 7–9: Es gibt einen Lohn, es gibt „immerwährende Freude und Erbarmen". Woher weiß der Verfasser das? Er weiß es 1. aus der Geschichte seines Volkes (2, 10), 2. aus dem Wesen Gottes selbst (2, 11). Freilich, ohne den Glauben an ein Fortleben nach dem Tod kann die Antwort des Verfassers weder ihn selbst noch seine Leser befriedigen. – Jak 1, 2–4; 1 Petr 4, 12; Offb 2, 10; 3, 20; Röm 5, 3; Spr 3, 5–6; Ijob 4, 7; Ps 22, 5–6; 37, 25; Ex 34, 6–7; Ps 145, 8–9.*

ERSTE LESUNG   Sir 2, 7–11 (7–13)

Ihr, die ihr den Herrn fürchtet, hofft auf sein Erbarmen!

**Lesung
  aus dem Buch Jesus Sirach.**

Ihr, die ihr den Herrn fürchtet,
  hofft auf sein Erbarmen,
weicht nicht ab, damit ihr nicht zu Fall kommt.

8 Ihr, die ihr den Herrn fürchtet, vertraut auf ihn,
   und er wird euch den Lohn nicht vorenthalten.
9 Ihr, die ihr den Herrn fürchtet, hofft auf Heil,
   auf immerwährende Freude und auf Erbarmen!
10 Schaut auf die früheren Generationen und seht:
   Wer hat auf den Herrn vertraut
   und ist dabei zuschanden geworden?
   Wer hoffte auf ihn und wurde verlassen?
   Wer rief ihn an, und er erhörte ihn nicht?
11 Denn gnädig und barmherzig ist der Herr;
   er vergibt die Sünden
   und hilft zur Zeit der Not.

13 EINFÜHRUNG *Die Demut, von der die Bibel spricht, ist mehr als bloße Bescheidenheit; erst recht ist sie nicht etwa ein kluges Verhalten, von dem man erhofft, daß es sich irgendwie lohnen wird. Die wirkliche Demut kommt aus dem Wissen, daß Gott allein groß und mächtig ist. Der Mensch ist auf Gottes Erbarmen und auf seine herablassende Liebe angewiesen, und er darf mit ihr rechnen. Aus der rechten Haltung vor Gott ergibt sich auch das rechte Verhältnis zu den Dingen und den Menschen. Sie alle haben ihr Geheimnis, sind anziehend oder abstoßend, jedenfalls wohnt eine Macht in ihnen, die den Menschen versklaven kann. Aber der vor Gott demütige Mensch bewahrt seine Freiheit.* — Mt 20, 26–28; Phil 2, 5–8; Zef 2, 3; Ps 131, 1.

ERSTE LESUNG Sir 3, 17–25 (19–26)

Bescheide dich, dann wirst du Gnade finden bei Gott

Lesung
aus dem Buch Jesus Sirach.

17 Mein Sohn, bei all deinem Tun bleibe bescheiden,
   und du wirst mehr geliebt werden
     als einer, der Gaben verteilt.
18 Je größer du bist, um so mehr bescheide dich,
   dann wirst du Gnade finden bei Gott.
20 Denn groß ist die Macht Gottes,
   und von den Demütigen wird er verherrlicht.
21 Such nicht zu ergründen, was dir zu wunderbar ist,
   untersuch nicht, was dir verhüllt ist.

Heilige Männer und heilige Frauen – Erste Lesungen

²² Was dir zugewiesen ist, magst du durchforschen,
   doch das Verborgene hast du nicht nötig.
²³ Such nicht hartnäckig zu erfahren,
   was deine Kraft übersteigt.
   Es ist schon zu viel, was du sehen darfst.
²⁴ Vielfältig sind die Gedanken der Menschen,
   schlimmer Wahn führt in die Irre.
²⁵ Wer kein Auge hat, dem fehlt das Licht,
   wer keine Einsicht hat, dem fehlt die Weisheit.

14

EINFÜHRUNG   Nach Gen 2, 18 hat Gott dem Mann die Frau als „Hilfe" gegeben, eine Hilfe, „die ihm entspricht", weil sie von gleicher Art und Würde ist wie er selbst. Die Lesung aus Sirach 26 preist den Mann glücklich, der eine gute Frau gefunden hat. Sie ist eine Gabe, die Gott denen schenkt, die ihn fürchten und ehren. Ohne diese Gabe wäre das Leben des Mannes nur ein halbes Leben; mit ihr „verdoppelt sich die Zahl seiner Tage" (26, 1): es ist ein erfülltes und glückliches Leben. Das Lob der Frau, von dem diese Lesung voll ist, ist zugleich ein Spiegel, in dem die Frau sich betrachten und prüfen soll. Tüchtig und anmutig soll sie sein, klug, verschwiegen und zuverlässig, und schließlich auch schön. Klar und warm wie die Sonne am Himmel ist die Schönheit der Frau, die als Gattin und als Herrin des Hauses das Leben der Ihrigen erst lebenswert macht. Die aufgezählten Eigenschaften sind Gaben Gottes. Sie werden aber nicht aufs Geratewohl gegeben; sie wollen empfangen, behütet und gepflegt werden. – Spr 12, 4; 31, 10–11.

ERSTE LESUNG   Sir 26, 1–4.13–16 (1–4.16–21)

Wie die Sonne aufstrahlt in den höchsten Höhen, so die Schönheit einer guten Frau als Schmuck ihres Hauses

Lesung
   aus dem Buch Jesus Sirach.

¹ Eine gute Frau – wohl ihrem Mann!
   Die Zahl seiner Jahre verdoppelt sich.
² Eine tüchtige Frau pflegt ihren Mann;
   so vollendet er seine Jahre in Frieden.
³ Eine gute Frau ist ein guter Besitz;
   er wird dem zuteil, der Gott fürchtet;
⁴ ob reich, ob arm, sein Herz ist guter Dinge,
   sein Gesicht jederzeit heiter.

¹³ Die Anmut der Frau entzückt ihren Mann,
ihre Klugheit erfrischt seine Glieder.
¹⁴ Eine Gottesgabe ist eine schweigsame Frau,
unbezahlbar ist eine Frau mit guter Erziehung.
¹⁵ Anmut über Anmut ist eine schamhafte Frau;
kein Preis wiegt eine auf, die sich selbst beherrscht.
¹⁶ Wie die Sonne aufstrahlt in den höchsten Höhen,
so die Schönheit einer guten Frau als Schmuck ihres Hauses.

(Für Heilige der Nächstenliebe)

15 EINFÜHRUNG *Die Mahnung und Verheißung dieser Lesung richtet sich an das Volk, das sich nach der Rückkehr aus dem Exil (537) beschwert, weil nichts vorangeht und die Hilfe Gottes ausbleibt. Alles Fasten und Beten scheint vergeblich zu sein. Natürlich ist es vergeblich, solange nicht die Grundpflichten gegenüber den Schwachen, Armen und Hungrigen erfüllt werden. Was Gott verlangt: Gerechtigkeit für die Unterdrückten, Brot für die Hungrigen, Freiheit für die Volksgenossen, die sich aus Not vielleicht in die Sklaverei begeben haben (58,6). Dadurch, nicht durch „fromme Übungen" wird Gott geehrt. Nur so ist Gemeinschaft mit Gott (Rufen und Antworten, Vers 9) möglich – damals und immer. – Zu 58,6–7: Lk 4,18–19; Mt 25,34–40; Tob 4,16; Ijob 22,7. – Zu 58,8–9: Lk 1,78–79; Ps 91,15; Joh 8,12.*

ERSTE LESUNG Jes 58,6–11

Wenn du den Darbenden satt machst, dann geht im Dunkel dein Licht auf

Lesung
aus dem Buch Jesája.

So spricht Gott, der Herr:
⁶ **Das ist ein Fasten, wie ich es liebe:**
die Fesseln des Unrechts zu lösen,
die Stricke des Jochs zu entfernen,
die Versklavten freizulassen,
jedes Joch zu zerbrechen,
⁷ **an die Hungrigen dein Brot auszuteilen,**
die obdachlosen Armen ins Haus aufzunehmen,
wenn du einen Nackten siehst, ihn zu bekleiden
und dich deinen Verwandten nicht zu entziehen.
⁸ **Dann wird dein Licht hervorbrechen wie die Morgenröte,**
und deine Wunden werden schnell vernarben.

Deine Gerechtigkeit geht dir voran,
   die Herrlichkeit des Herrn folgt dir nach.
9 Wenn du dann rufst,
   wird der Herr dir Antwort geben,
und wenn du um Hilfe schreist,
   wird er sagen: Hier bin ich.
Wenn du der Unterdrückung bei dir ein Ende machst,
   auf keinen mit dem Finger zeigst
   und niemand verleumdest,
10 dem Hungrigen dein Brot reichst
   und den Darbenden satt machst,
dann geht im Dunkel dein Licht auf,
   und deine Finsternis wird hell wie der Mittag.

11 Der Herr wird dich immer führen,
auch im dürren Land macht er dich satt
   und stärkt deine Glieder.
Du gleichst einem bewässerten Garten,
einer Quelle, deren Wasser niemals versiegt.

16 EINFÜHRUNG *Jeremia hatte sich gegen seine Berufung zum Propheten gewehrt (Jer 1, 6), dann aber dem deutlichen Befehl Gottes gehorcht. Seine Natur schien für diesen Beruf nicht geschaffen; er hatte ein weiches Gemüt und zerbrach fast unter der Last Gottes. Er mußte gegen die Mißbräuche im religiösen und sozialen Leben seiner Zeit protestieren und die nahe Katastrophe ankündigen. Die Katastrophe ließ auf sich warten, nicht aber der Spott und die Verfolgung. Jeremia durchlebte Stunden der Bitterkeit, in denen er Gott Vorwürfe machte und sich selbst verwünschte (vgl. 15, 21). Andere, die von Gott in Dienst genommen wurden, haben ähnliche Erfahrungen gemacht, ähnliche Krisen durchlebt und haben sie nur überwunden, weil sie nicht von Gott weg, sondern wie Jeremia zu Gott hin flohen. – Am 3, 8; Klgl 3, 14; Jer 23, 29; 1 Kor 9, 16.*

ERSTE LESUNG   Jer 20, 7–9

Es war mir, als brenne in meinem Herzen ein Feuer

**Lesung
aus dem Buch Jeremía.**

7 Du hast mich betört, o Herr,
   und ich ließ mich betören;

du hast mich gepackt und überwältigt.
Zum Gespött bin ich geworden den ganzen Tag,
ein jeder verhöhnt mich.

8 Ja, sooft ich rede, muß ich schreien,
„Gewalt und Unterdrückung!" muß ich rufen.
Denn das Wort des Herrn
    bringt mir den ganzen Tag nur Spott und Hohn.

9 Sagte ich aber: Ich will nicht mehr an ihn denken
    und nicht mehr in seinem Namen sprechen!,
    so war es mir, als brenne in meinem Herzen ein Feuer,
eingeschlossen in meinem Innern.
Ich quälte mich, es auszuhalten,
    und konnte nicht.

17 EINFÜHRUNG *Was verlangt und erwartet Gott von den Menschen? Das ist die brennende Frage in Mi 6,6–7. Das Volk, das hier fragt, scheint zu vielem bereit zu sein und ist der Meinung, Gott müsse um so mehr zufrieden sein, je kostbarer die angebotenen Opfergaben sind. Die Antwort des Propheten lautet ganz anders: Was Gott vom Menschen erwartet, ist einfach und klar, und jeder Mensch kann es wissen. Gut sein und Gutes tun, das ist alles. Was das konkret heißt, wird in drei weiteren Worten verdeutlicht, in denen Micha die ganze prophetische Predigt zusammenfaßt: Recht, Güte, Ehrfurcht vor Gott. Das Recht (die Gerechtigkeit) ist die Grundlage jeder menschlichen Gemeinschaftsordnung; der Sinn des Rechts aber ist die Güte: der Gemeinschaftssinn, die Bereitschaft zu helfen; die Grundhaltung aber, die alles umgreift, ist die Ehrfurcht vor dem heiligen Gott. Vor ihm geht der Mensch seinen Weg, ihm soll er begegnen. – Am 5,21–24; Hos 2,21–22; Jes 10,20; 30,15.*

ERSTE LESUNG   Mi 6,6–8

Es ist dir gesagt worden, Mensch, was gut ist und was der Herr von dir erwartet

Lesung
    aus dem Buch Micha.

6 Womit soll ich vor den Herrn treten,
wie mich beugen vor dem Gott in der Höhe?
Soll ich mit Brandopfern vor ihn treten,
    mit einjährigen Kälbern?

7 Hat der Herr Gefallen an Tausenden von Widdern,

an zehntausend Bächen von Öl?
Soll ich meinen Erstgeborenen hingeben für meine Vergehen,
die Frucht meines Leibes für meine Sünde?

⁸ Es ist dir gesagt worden, Mensch, was gut ist
und was der Herr von dir erwartet:
Nichts anderes als dies:
Recht tun, Güte und Treue lieben,
in Ehrfurcht den Weg gehen mit deinem Gott.

18 EINFÜHRUNG *Nach einer vorausgegangenen Gerichtsdrohung richtet sich der Prophet an den Kreis der Frommen. Die Mahnung „Sucht den Herrn" wird angedeutet durch das folgende „Sucht Gerechtigkeit, sucht Demut!" Das bedeutet Verzicht auf Eigenmächtigkeit gegenüber den Menschen und auf Eigengerechtigkeit Gott gegenüber. Wenn das Volk sich zu einer solchen Haltung durchringt, hat es Aussicht, „vielleicht" der Katastrophe zu entgehen. „Vielleicht", mehr kann der Prophet nicht sagen. In jedem Fall aber ist der Mensch verpflichtet, Gott zu ehren und ihm zu gehorchen – auch wenn das Gericht nicht mehr abzuwenden ist. Die Mahnung „Sucht Demut" hatte wenig Aussicht, ernst genommen zu werden. Deshalb greift Gott selbst ein (3, 12–13): er beseitigt die Hochmütigen und läßt den geretteten Rest in Armut zurück. Hier gehen Gericht und Rettung aufs engste zusammen. „Armut" ist in der Sprache der Propheten und der Psalmen fast gleichbedeutend mit „Demut"; die Haltung dessen, der vor Gott weiß, daß er nichts hat und nichts kann. – Am 5,4–6; Jes 4,3; 57,15; Jer 13,15–16.*

ERSTE LESUNG   Zef 2,3; 3,12–13

Ich lasse in deiner Mitte übrig ein demütiges und armes Volk

Lesung
aus dem Buch Zefánja.

³ Sucht den Herrn, ihr Gedemütigten im Land,
die ihr nach dem Recht des Herrn lebt.
Sucht Gerechtigkeit, sucht Demut!
Vielleicht bleibt ihr geborgen
am Tag des Zornes des Herrn.

¹² Ich lasse in deiner Mitte übrig
ein demütiges und armes Volk,
das seine Zuflucht sucht beim Namen des Herrn.

13 Der Rest von Israel wird kein Unrecht mehr tun
und wird nicht mehr lügen,
in ihrem Mund findet man kein unwahres Wort mehr.
Ja, sie gehen friedlich auf die Weide,
und niemand schreckt sie auf, wenn sie ruhen.

ERSTE LESUNGEN AUS DEM NEUEN TESTAMENT

In der Osterzeit

(Für Ordensleute)

1 EINFÜHRUNG *In Apg 2,42 – 5,42 gibt Lukas ein Bild vom Leben der Urgemeinde in Jerusalem. Dieses Leben war noch von der Nähe Jesu und dem Wehen des Pfingstgeistes bestimmt; allen späteren Gemeinden wird es als Vorbild vor Augen gestellt. Es scheint, daß die Darstellung von 4,32 – 5,42 der von 2,42 – 4,31 weitgehend parallel läuft, so daß diese beiden Abschnitte sich gegenseitig ergänzen und teilweise auch erklären. – In Apg 2,42–47 fällt die Häufung von Wörtern auf, die „Gemeinschaft" bedeuten; das ist auch in der deutschen Übersetzung noch zu sehen (Gemeinschaft, alle zusammen, alles gemeinsam, einmütig, miteinander). Es bestand eine Gemeinschaft im Geben und im Empfangen, die sich ebenso in der Gemeinsamkeit des Besitzes wie im gemeinsamen Beten und Brotbrechen zeigte. Der Ort, wo die Christengemeinde sich versammelte, war noch der Tempel von Jerusalem, aber es war der Geist von Pfingsten, der sie zusammenhielt. Eine geradezu ansteckende Freude herrschte in dieser Gemeinde, so daß es keiner großen Propaganda bedurfte, um neue Mitglieder zu gewinnen. Gemeinsamer Glaube, gemeinsame Eucharistiefeier, gemeinsamer Besitz, gemeinsame Freude: das waren (und sind auch heute noch) die Voraussetzungen für das gemeinsame Lob Gottes. Alle andere Gemeinsamkeit hat ihr Ziel und zugleich ihre Quelle in der Gemeinsamkeit vor Gott. – Apg 2,42–47; 5,12–16.*

ERSTE LESUNG Apg 4,32–35

Die Gemeinde der Gläubigen war ein Herz und eine Seele

**Lesung
aus der Apostelgeschichte.**

32 Die Gemeinde der Gläubigen war ein Herz und eine Seele.

Keiner nannte etwas von dem, was er hatte, sein Eigentum,
    sondern sie hatten alles gemeinsam.
33 Mit großer Kraft legten die Apostel Zeugnis ab
    von der Auferstehung Jesu, des Herrn,
    und reiche Gnade ruhte auf ihnen allen.
34 Es gab auch keinen unter ihnen, der Not litt.
    Denn alle, die Grundstücke oder Häuser besaßen,
    verkauften ihren Besitz,
    brachten den Erlös
35 und legten ihn den Aposteln zu Füßen.
    Jedem wurde davon so viel zugeteilt, wie er nötig hatte.

ZWEITE LESUNGEN AUS DEM NEUEN TESTAMENT

3 EINFÜHRUNG *„Die Liebe hört niemals auf" (1 Kor 13, 8): Was ist das für eine Liebe? Für den Apostel gibt es nur eine einzige, sie ist Gottes eigenes Wesen und Leben, sie ist der Urgrund aller Schöpfung und ihr letzter Sinn. Ohne sie gibt es kein Leben und keine Hoffnung. Alles, was Menschen tun können, vom Kleinsten bis zum Größten, ist ohne die Liebe „nichts": ein leeres Spiel des Selbstgenusses oder auch der Verzweiflung. Auch Taten der Liebe können ohne Liebe getan werden; sie sind dann nichts wert, ja sie sind in Wirklichkeit gegen Gott und gegen den Bruder gerichtet. Aber was ist Liebe? Paulus gibt keine Begriffsbestimmung; die Liebe übersteigt die Grenzen eines Begriffs. Fragt man aber, worin die Liebe sichtbar wird, so überrascht die Antwort: nicht im Ungewöhnlichen, nicht in Rekorden. Sie ist zwar eine Trunkenheit, die den Menschen über sich selbst hinaushebt, aber eine nüchterne Trunkenheit, die ihn zugleich in sein tiefstes Wesen hineinsenkt. Sie ist die göttliche Kraft der Treue, der Geduld, des Vertrauens. Indem sie von dem geliebten Menschen Großes erwartet, macht sie ihn zum Großen fähig. Sie überdauert aber auch sein Versagen. Sie ist reine Hingabe, die nicht um sich selber weiß. – Zu 13, 2: Jak 2, 14–17. – Zu 13, 4–7: Röm 13, 8–10; 1 Thess 5, 14–15; Röm 12, 9–10.*

ZWEITE LESUNG

1 Kor 12, 31 – 13, 13

Die Liebe hört niemals auf

Lesung
aus dem ersten Brief des Apostels Paulus an die Korínther.

Brüder!
31 Strebt nach den höheren Gnadengaben!
Ich zeige euch jetzt noch einen anderen Weg,
einen, der alles übersteigt:

1 Wenn ich in den Sprachen der Menschen und Engel redete,
hätte aber die Liebe nicht,
wäre ich dröhnendes Erz oder eine lärmende Pauke.

2 Und wenn ich prophetisch reden könnte
und alle Geheimnisse wüßte
und alle Erkenntnis hätte;
wenn ich alle Glaubenskraft besäße
und Berge damit versetzen könnte,
hätte aber die Liebe nicht,
wäre ich nichts.

3 Und wenn ich meine ganze Habe verschenkte,
und wenn ich meinen Leib dem Feuer übergäbe,
hätte aber die Liebe nicht,
nützte es mir nichts.

4 Die Liebe ist langmütig,
die Liebe ist gütig.
Sie ereifert sich nicht,
sie prahlt nicht,
sie bläht sich nicht auf.

5 Sie handelt nicht ungehörig,
sucht nicht ihren Vorteil,
läßt sich nicht zum Zorn reizen,
trägt das Böse nicht nach.

6 Sie freut sich nicht über das Unrecht,
sondern freut sich an der Wahrheit.

7 Sie erträgt alles,
glaubt alles,
hofft alles,
hält allem stand.

8 Die Liebe hört niemals auf.

Prophetisches Reden hat ein Ende,
  Zungenrede verstummt,
  Erkenntnis vergeht.
9 Denn Stückwerk ist unser Erkennen,
  Stückwerk unser prophetisches Reden;
10 wenn aber das Vollendete kommt,
  vergeht alles Stückwerk.

11 Als ich ein Kind war,
  redete ich wie ein Kind,
  dachte wie ein Kind
  und urteilte wie ein Kind.
  Als ich ein Mann wurde,
  legte ich ab, was Kind an mir war.

12 Jetzt schauen wir in einen Spiegel
  und sehen nur rätselhafte Umrisse,
  dann aber schauen wir von Angesicht zu Angesicht.
  Jetzt erkenne ich unvollkommen,
  dann aber werde ich durch und durch erkennen,
  so wie ich auch durch und durch erkannt worden bin.

13 Für jetzt bleiben Glaube, Hoffnung, Liebe, diese drei;
  doch am größten unter ihnen
  ist die Liebe.

Oder:

KURZFASSUNG 1 Kor 13, 4–13

Die Liebe hört niemals auf

Lesung
  aus dem ersten Brief des Apostels Paulus an die Korínther.

Brüder!
4 Die Liebe ist langmütig,
  die Liebe ist gütig.
  Sie eifert sich nicht,
  sie prahlt nicht,
  sie bläht sich nicht auf.
5 Sie handelt nicht ungehörig,
  sucht nicht ihren Vorteil,
  läßt sich nicht zum Zorn reizen,
  trägt das Böse nicht nach.

6 Sie freut sich nicht über das Unrecht,
   sondern freut sich an der Wahrheit.
7 Sie erträgt alles,
   glaubt alles,
   hofft alles,
   hält allem stand.
8 Die Liebe hört niemals auf.
   Prophetisches Reden hat ein Ende,
      Zungenrede verstummt,
      Erkenntnis vergeht.
9 Denn Stückwerk ist unser Erkennen,
      Stückwerk unser prophetisches Reden;
10 wenn aber das Vollendete kommt,
      vergeht alles Stückwerk.
11 Als ich ein Kind war,
      redete ich wie ein Kind,
      dachte wie ein Kind
      und urteilte wie ein Kind.
   Als ich ein Mann wurde,
      legte ich ab, was Kind an mir war.
12 Jetzt schauen wir in einen Spiegel
      und sehen nur rätselhafte Umrisse,
   dann aber schauen wir von Angesicht zu Angesicht.
   Jetzt erkenne ich unvollkommen,
      dann aber werde ich durch und durch erkennen,
      so wie ich auch durch und durch erkannt worden bin.
13 Für jetzt bleiben Glaube, Hoffnung, Liebe, diese drei;
   doch am größten unter ihnen
      ist die Liebe.

6 EINFÜHRUNG

Am Schluß des Galaterbriefs faßt der Apostel das Wesentliche nochmals zusammen. Die Frage, ob jemand als Jude oder als Heide zum Christentum gekommen ist, und praktische Fragen, die damit zusammenhängen, sind im Grunde überholt, seitdem Christus am Kreuz gestorben ist. Es geht um etwas viel Größeres, nämlich darum, „eine neue Schöpfung" zu sein (Gal 6, 15). Die neue Schöpfung hat mit der Menschwerdung Christi begonnen und heißt „Gnade und Wahrheit" (vgl. Joh 1, 14). Für alle aber, die aus Gott geboren sind, heißt sie Glaube und Liebe: Glaube, der in der Liebe wirksam ist (Gal 5, 6). Wer nach dieser

„Regel", nach diesem „Grundsatz" lebt (6,16), gehört zum „Israel Gottes", er empfängt von Gott Frieden und Erbarmen (6,16). – Paulus sagt den Galatern, er trage die Malzeichen (griechisch stigmata) Jesu an seinem Leib (6,17); das besagt nicht, daß Paulus, wie in späterer Zeit manche Heiligen, die Wundmale gehabt hat. Eher könnte man an die Schläge, Geißelhiebe und Steinwürfe denken, die er wegen des Kreuzes Christi (vgl. Gal 6,14) erhalten hat, und an die Narben, die ihm davon geblieben sind. Aber im Grunde ist Paulus doch verwundet und gezeichnet seit der Stunde seiner Bekehrung und Berufung. – Zu 6,14–16: 1 Kor 1,31; 2,2; 2 Kor 5,17; Ps 125,5.

ZWEITE LESUNG Gal 6,14–16

Das Kreuz, durch das mir die Welt gekreuzigt ist und ich der Welt

Lesung
  aus dem Brief des Apostels Paulus an die Gálater.

Brüder!
14 Ich will mich allein
    des Kreuzes Jesu Christi, unseres Herrn, rühmen,
  durch das mir die Welt gekreuzigt ist und ich der Welt.
15 Denn es kommt nicht darauf an,
    ob einer beschnitten oder unbeschnitten ist,
  sondern darauf, daß er neue Schöpfung ist.
16 Friede und Erbarmen komme über alle,
    die sich von diesem Grundsatz leiten lassen,
  und über das Israel Gottes.

14 EINFÜHRUNG *Die Mahnungen im ersten Petrusbrief setzen eine Gesellschaftsordnung voraus, von der wir uns inzwischen weit entfernt haben. Man sprach damals wenig von Gleichberechtigung und Partnerschaft, um so mehr von Unterwerfung und Gehorsam. Außerdem wird vorausgesetzt, daß die Christen, an die sich dieser Brief richtet, als kleine und schlecht gelittene Minderheit in einer heidnischen Umwelt leben. In dieser Situation konnten Gewissenskonflikte nicht ausbleiben. Da waren zum Beispiel die „gemischten" Ehen. Der Abschnitt dieser Lesung erwähnt den offenbar häufigeren Fall, daß die Frau sich zum Christentum bekehrt hatte, während der Mann im Heidentum blieb. An der zivilrechtlichen Stellung der Frau, das heißt an ihrer Rechtlosigkeit, änderte sich* *dadurch nichts; das ist zunächst auch nicht das wichtigste. Wenn die Frau ihre christliche Berufung und Würde begriffen hat, wird sie durch ihre Lebensart auf ihren Mann mehr einwirken können als durch Worte. Daß die Frau sich nicht schmücken dürfe, wird in den Versen 3–4 nicht gesagt und wäre auch vom Evangelium her nicht zu begründen. Aber nicht der äußere Schmuck gibt der Frau ihre Würde und Anziehungskraft. – Die Verse 3,8–9 gehören zu den abschließenden Mahnungen an die Gemeinde, beziehen sich also nicht unmittelbar auf die Eheleute. Aber was für das Leben der Gemeinde gilt, findet seine Anwendung auch auf die einzelne Familie. Keine Gemeinschaft kann bestehen ohne helfende Liebe und die Bereitschaft zum Verzeihen. – Zu 3,1: Eph 5,22–24; Kol 3,18; 1 Kor 7,12–16. – Zu 3,7: Eph 5,25–33; Kol 3,19. – Zu 3,8–9: Röm 12,14–18; Mt 5,39–44.*

ZWEITE LESUNG 1 Petr 3,1–9

Die heiligen Frauen, die ihre Hoffnung auf Gott setzten

**Lesung
aus dem ersten Brief des Apostels Petrus.**

1 **Ihr Frauen sollt euch euren Männern unterordnen,
damit auch sie,
falls sie dem Wort des Evangeliums nicht gehorchen,
durch das Leben ihrer Frauen ohne Worte gewonnen werden,**
2 **wenn sie sehen, wie ehrfürchtig und rein ihr lebt.**

3 **Nicht auf äußeren Schmuck sollt ihr Wert legen,
auf Haartracht, Gold und prächtige Kleider,**
4 **sondern was im Herzen verborgen ist,
das sei euer unvergänglicher Schmuck:
ein sanftes und ruhiges Wesen.
Das ist wertvoll in Gottes Augen.**

5 **So haben sich einst auch die heiligen Frauen geschmückt,
die ihre Hoffnung auf Gott setzten:
Sie ordneten sich ihren Männern unter.**
6 **Sara gehorchte Abraham und nannte ihn ihren Herrn.
Ihre Kinder seid ihr geworden,
wenn ihr recht handelt
und euch vor keiner Einschüchterung fürchtet.**

7 **Ebenso sollt ihr Männer**

im Umgang mit euren Frauen rücksichtsvoll sein,
denn sie sind der schwächere Teil;
ehrt sie, denn auch sie sind Erben der Gnade des Lebens.
So wird euren Gebeten nichts mehr im Weg stehen.

8 Endlich aber:
seid alle eines Sinnes, voll Mitgefühl und brüderlicher Liebe,
seid barmherzig und demütig!
9 Vergeltet nicht Böses mit Bösem
noch Kränkung mit Kränkung!
Statt dessen segnet;
denn ihr seid dazu berufen, Segen zu erlangen.

17 EINFÜHRUNG *Lange bevor wir ja oder nein sagen konnten, hat Gott zu uns allen das Ja seiner Liebe gesagt. „Die Liebe ist aus Gott", und sie ist das Kennzeichen derer, die „aus Gott geboren sind" (Joh 1,13). Sie sind mit Gott verwandt, und sie allein verstehen auch die Tat der Liebe Gottes: daß er seinen einzigen Sohn in die Welt gesandt hat, und zwar „als Sühne für unsere Sünden" (1 Joh 4,9.10). Ob jemand „aus Gott" ist (4,7), ob das Leben aus Gott bei ihm Wirklichkeit ist oder leeres Gerede, erkennt man an seiner Liebe. Aber was ist das für eine Liebe? Sie ist anders als das, was die Menschen gewöhnlich Liebe nennen, und sie ist vor aller rein menschlichen Liebe; sie gibt der menschlichen Liebe erst die Kraft der Hingabe und das Siegel der Absolutheit. Die Liebe, mit der Gott liebt, vollendet sich darin, daß wir einander lieben. Die göttliche Liebe will in uns eine gott-menschliche Liebe werden. Sie ist nicht eine Tugendübung, sie ist vielmehr das, was all unserem Tun vorausliegt und es erst zu einem wirklich menschlichen Tun macht. Ohne Liebe ist aller fromme Eifer und alle Tugendübung zutiefst unmenschlich und unchristlich. Die schenkende, helfende und verzeihende Liebe, mit der wir als Brüder und Schwestern einander lieben, ist Antwort auf die Liebe Gottes, und noch mehr: sie ist die Offenbarung der Liebe Gottes in dieser Welt. Das ist die erschreckende Größe christlicher Berufung. – Zu 4,7: 1 Thess 4,9; 1 Joh 1,3.7. – Zu 4,9: Mt 21,37; Joh 3,16. – Zu 4,10: Röm 8,31–32; 5,8; 1 Joh 2,2; Röm 3,25. – Zu 4,11: Mt 18,33. – Zu 4,16: Joh 17,6.*

ZWEITE LESUNG

1 Joh 4,7–16

Wenn wir einander lieben, bleibt Gott in uns

Lesung
aus dem ersten Johannesbrief.

7 Liebe Brüder, wir wollen einander lieben;
denn die Liebe ist aus Gott,
und jeder, der liebt, stammt von Gott
und erkennt Gott.

8 Wer nicht liebt,
hat Gott nicht erkannt;
denn Gott ist die Liebe.

9 Die Liebe Gottes wurde unter uns dadurch offenbart,
daß Gott seinen einzigen Sohn in die Welt gesandt hat,
damit wir durch ihn leben.

10 Nicht darin besteht die Liebe,
daß wir Gott geliebt haben,
sondern daß er uns geliebt
und seinen Sohn als Sühne für unsere Sünden gesandt hat.

11 Liebe Brüder, wenn Gott uns so geliebt hat,
müssen auch wir einander lieben.

12 Niemand hat Gott je geschaut;
wenn wir einander lieben,
bleibt Gott in uns,
und seine Liebe ist in uns vollendet.

13 Daran erkennen wir, daß wir in ihm bleiben
und er in uns bleibt:
Er hat uns von seinem Geist gegeben.

14 Wir haben gesehen und bezeugen,
daß der Vater den Sohn gesandt hat
als den Retter der Welt.

15 Wer bekennt, daß Jesus der Sohn Gottes ist,
in dem bleibt Gott,
und er bleibt in Gott.

16 Wir haben die Liebe, die Gott zu uns hat, erkannt
und gläubig angenommen.
Gott ist die Liebe,
und wer in der Liebe bleibt,
bleibt in Gott,
und Gott bleibt in ihm.

VERSE ZUM RUF VOR DEM EVANGELIUM

1 Selig, die arm sind vor Gott;
denn ihnen gehört das Himmelreich. (Mt 5, 3)

2 Selig, die hungern und dürsten nach der Gerechtigkeit;
denn sie werden gesättigt. (Mt 5, 6)

3 Selig, die ein reines Herz haben;
denn sie werden Gott schauen. (Mt 5, 8)

4 Sei gepriesen, Vater, Herr des Himmels und der Erde;
du hast die Geheimnisse des Reiches den Unmündigen offenbart.
(vgl. Mt 11, 25)

5 (So spricht der Herr:)
Kommt alle zu mir,
die ihr euch plagt und schwere Lasten zu tragen habt.
Ich werde euch Ruhe verschaffen. (Mt 11, 28)

6 (So spricht der Herr:)
Der Größte von euch soll euer Diener sein.
Und wer sich selbst erniedrigt, der wird erhöht werden.
(Mt 23, 11.12b)

7 Wacht und betet allezeit,
damit ihr hintreten könnt vor den Menschensohn. (Lk 21, 36)

8 (So spricht der Herr:)
Ich bin das Licht der Welt.
Wer mir nachfolgt, hat das Licht des Lebens. (vgl. Joh 8, 12)

9 (So spricht der Herr:)
Wenn ihr in meinem Wort bleibt, seid ihr wirklich meine Jünger.
Dann werdet ihr die Wahrheit erkennen. (Joh 8, 31b–32)

10 (So spricht der Herr:)
Ein neues Gebot gebe ich euch:
Wie ich euch geliebt habe, so sollt auch ihr einander lieben.
(Joh 13, 34ac)

11 (So spricht der Herr:)
Wer mich liebt, hält fest an meinem Wort.
Mein Vater wird ihn lieben, und wir werden bei ihm wohnen.
(vgl. Joh 14, 23)

12 (So spricht der Herr:)
Bleibt in mir, dann bleibe ich in euch.
Wer in mir bleibt, der bringt reiche Frucht. (Joh 15,4a.5b)

13 (So spricht der Herr:)
Bleibt in meiner Liebe!
Wer in mir bleibt und in wem ich bleibe, der bringt reiche Frucht.
(Joh 15,9b.5b)

EVANGELIEN

3 EINFÜHRUNG *Die Bergpredigt, die mit den Seligpreisungen begonnen hat, endet mit einer ernsten Warnung. Es genügt nicht, den Willen Gottes zu studieren, davon zu reden oder reden zu hören. „Klug" ist in dieser entscheidenden Zeit, die mit dem Auftreten Jesu angebrochen ist, wer die Situation begreift und danach handelt. Wer ahnungslos vor sich hin lebt, vertut die Zeit und hat am Ende umsonst gelebt. Jesus spricht wie ein Prophet, und er ist mehr als ein Prophet. Er bringt nicht nur eine Allerweltsmoral für anständige Menschen. Seine Botschaft ist Anspruch, sie verlangt Entscheidung vor der Tatsache, daß Gott seine Königsherrschaft geltend macht. – Lk 6,46–49; Jes 29,13–14; Am 5,21–24; Jak 1,22; 2,14–17; Mt 25,11–12; Lk 13,26–27; Spr 10,25; 12,3–7; 1 Joh 3,18; 2,17; Ez 33,31; 13,10–14.*

EVANGELIUM   Mt 7,21–27

Auf Fels gebaut – auf Sand gebaut

☩ **Aus dem heiligen Evangelium nach Matthäus.**

In jener Zeit sprach Jesus zu seinen Jüngern:
21 Nicht jeder, der zu mir sagt: Herr! Herr!,
   wird in das Himmelreich kommen,
   sondern nur, wer den Willen meines Vaters im Himmel erfüllt.
22 Viele werden an jenem Tag zu mir sagen: Herr, Herr,
   sind wir nicht in deinem Namen als Propheten aufgetreten,
   und haben wir nicht mit deinem Namen Dämonen ausgetrieben
   und mit deinem Namen viele Wunder vollbracht?
23 Dann werde ich ihnen antworten: Ich kenne euch nicht.
   Weg von mir, ihr Übertreter des Gesetzes!
24 Wer diese meine Worte hört und danach handelt,
   ist wie ein kluger Mann, der sein Haus auf Fels baute.

Heilige Männer und heilige Frauen – Evangelien

²⁵ Als nun ein Wolkenbruch kam
und die Wassermassen heranfluteten,
als die Stürme tobten und an dem Haus rüttelten,
da stürzte es nicht ein;
denn es war auf Fels gebaut.
²⁶ Wer aber meine Worte hört
und nicht danach handelt,
ist wie ein unvernünftiger Mann, der sein Haus auf Sand baute.
²⁷ Als nun ein Wolkenbruch kam
und die Wassermassen heranfluteten,
als die Stürme tobten und an dem Haus rüttelten,
da stürzte es ein
und wurde völlig zerstört.

12 EINFÜHRUNG   *Jeder Mensch hat seine eigenen Gaben und Aufgaben, jeder muß seinen eigenen Weg suchen. Die „Diener" im Evangelium haben entsprechend ihren Fähigkeiten mehr oder weniger Geld anvertraut bekommen (ein Talent: etwa 40 000 Mark). Der Herr kommt erst nach langer Zeit zurück (25, 19); plötzlich ist er da und richtet jeden nach seinen Taten. Nicht nach den empfangenen Talenten richtet sich der Lohn, sondern nach der Treue, mit der jeder gearbeitet hat. „Tüchtig und treu" ist der Knecht, der nicht müde wird, auf das Kommen des Herrn zu warten; der aber auch nicht nur von der Zukunft träumt, sondern in der Gegenwart lebt und, gerade weil er mit dem Kommen des Herrn rechnet, die Zeit ausnützt, die ihm gegeben ist. Von einem Verdienst ist auf keinen Fall die Rede; immer bleiben wir „unnütze Sklaven" (Lk 17, 10). Gott belohnt, weil er gut ist. Der Lohn ist er selbst, sein Festmahl, seine Gemeinschaft, seine Freude. – Lk 19, 12–27; Mk 13, 34; Mt 25, 45–47; Lk 16, 10; 2 Kor 5, 10; 1 Thess 5, 23.*

EVANGELIUM (Kurzfassung)   Mt 25, 14–23

Du bist im Kleinen ein treuer Verwalter gewesen; komm, nimm teil an der Freude deines Herrn!

✛ Aus dem heiligen Evangelium nach Matthäus.

In jener Zeit
erzählte Jesus seinen Jüngern das folgende Gleichnis:
¹⁴ Mit dem Himmelreich
ist es wie mit einem Mann, der auf Reisen ging:

Er rief seine Diener
und vertraute ihnen sein Vermögen an.
¹⁵ Dem einen gab er fünf Talente Silbergeld,
einem anderen zwei,
wieder einem anderen eines,
jedem nach seinen Fähigkeiten.
Dann reiste er ab.
¹⁶ Sofort begann der Diener, der fünf Talente erhalten hatte,
mit ihnen zu wirtschaften,
und er gewann noch fünf dazu.
¹⁷ Ebenso gewann der, der zwei erhalten hatte,
noch zwei dazu.
¹⁸ Der aber, der das eine Talent erhalten hatte,
ging und grub ein Loch in die Erde
und versteckte das Geld seines Herrn.
¹⁹ Nach langer Zeit kehrte der Herr zurück,
um von den Dienern Rechenschaft zu verlangen.
²⁰ Da kam der, der die fünf Talente erhalten hatte,
brachte fünf weitere
und sagte: Herr, fünf Talente hast du mir gegeben;
sieh her, ich habe noch fünf dazugewonnen.
²¹ Sein Herr sagte zu ihm:
Sehr gut,
du bist ein tüchtiger und treuer Diener.
Du bist im Kleinen ein treuer Verwalter gewesen,
ich will dir eine große Aufgabe übertragen.
Komm, nimm teil an der Freude deines Herrn!
²² Dann kam der Diener, der zwei Talente erhalten hatte,
und sagte: Herr, du hast mir zwei Talente gegeben;
sieh her, ich habe noch zwei dazugewonnen.
²³ Sein Herr sagte zu ihm:
Sehr gut,
du bist ein tüchtiger und treuer Diener.
Du bist im Kleinen ein treuer Verwalter gewesen,
ich will dir eine große Aufgabe übertragen.
Komm, nimm teil an der Freude deines Herrn!

ANHANG

ANHANG I

COMMUNE-TEXTE

für den Gesang des Antwortpsalmes

In der Regel soll man den angegebenen Psalm nehmen, weil sein Text mit den Lesungen in Zusammenhang steht, denn er ist im Hinblick auf sie ausgewählt. Damit jedoch die Gemeinde leichter einen Kehrvers zum Psalm singen kann, werden einige Kehrverse und Antwortpsalmen für die einzelnen Zeiten des Kirchenjahres angeboten, die man an Stelle des vorgesehenen Psalmes verwenden kann, wenn man den Psalm singen will (vgl. Meßbuch, Allgemeine Einführung, Nr. 36).

KEHRVERSE (= R)

IM ADVENT

Komm, Herr, uns zu retten!   1

Zu dir, o Herr, erhebe ich meine Seele.   2

IN DER WEIHNACHTSZEIT

Heute haben wir deine Herrlichkeit gesehen, Herr.   3

Alle Enden der Erde sehen das Heil unsres Gottes.   4

IN DER FASTENZEIT

Gedenke, Herr, deiner Treue und Barmherzigkeit!   5

Beim Herrn ist die Huld,
bei ihm ist Erlösung in Fülle.   6

Mein Gott, mein Gott,
warum hast du mich verlassen?   7

IN DER OSTERZEIT

Halleluja (zwei- oder dreimal)   8

9 Danket dem Herrn, denn er ist gütig,
   denn seine Huld währt ewig.

10 Sende aus deinen Geist,
   und das Antlitz der Erde wird neu.

IN DER ZEIT IM JAHRESKREIS

Lobpreis Gottes

11 Danket dem Herrn, denn er ist gütig!

12 Wir preisen dich, Herr,
   denn wunderbar sind deine Werke.

13 Singt dem Herrn ein neues Lied!

14 Die Völker sollen dir danken, o Gott,
   danken sollen dir die Völker alle.

Gottes Treue

15 Die Huld des Herrn währt immer und ewig.

16 Selig, die in deinem Hause wohnen, Herr,
   die dich loben alle Zeit.

17 Von deiner Huld, o Herr, ist die Erde erfüllt.

18 Frieden verkündet der Herr seinem Volk.

Vertrauen auf Gott

19 Der Herr ist mein Licht und mein Heil.

20 Der Herr ist mein Hirte,
   nichts wird mir fehlen.

21 Herr, in deine Hände lege ich meinen Geist.

22 Ich gehe meinen Weg vor Gott im Land der Lebenden.

Schuldbekenntnis und Bitte

Der Herr ist nahe allen, die zu ihm rufen.	23
Erhöre uns, Herr, und rette uns!	24
Barmherzig und gnädig ist der Herr.	25
Richte uns wieder auf, o Gott, unser Heil.	26

Hören des Wortes

Deine Worte, Herr, sind Geist und Leben.	27
Herr, du hast Worte des ewigen Lebens.	28
Hört auf die Stimme des Herrn, verhärtet nicht euer Herz!	29
Selig die Menschen, die Gottes Wege gehen!	30

ANTWORTPSALMEN

IM ADVENT

1 Ps 25 (24), 4–5.8–9.10 u. 14 (R: 1)

R Zu dir, o Herr, erhebe ich meine Seele. – R (GL 529, 2)

4 Zeige mir, Herr, deine Wege, * I. Ton
lehre mich deine Pfade!

5 Führe mich in deiner Treue und lehre mich; †
denn du bist der Gott meines Heiles. *
Auf dich hoffe ich allezeit. – (R)

8 Gut und gerecht ist der Herr, *
darum weist er die Irrenden auf den rechten Weg.

9 Die Demütigen leitet er nach seinem Recht, *
die Gebeugten lehrt er seinen Weg. – (R)

10 Alle Pfade des Herrn sind Huld und Treue *
denen, die seinen Bund und seine Gebote bewahren.

14 Die sind Vertraute des Herrn, die ihn fürchten; *
er weiht sie ein in seinen Bund. – R

Oder:

2 Ps 85 (84), 9–10.11–12.13–14 (R: 8)

R Erweise uns, Herr, deine Huld, (GL 118, 4)
und gewähre uns dein Heil! – R

9 Ich will hören, was Gott redet: † VI. Ton
Frieden verkündet der Herr seinem Volk *
und seinen Frommen, den Menschen mit redlichem Herzen.

10 Sein Heil ist denen nahe, die ihn fürchten. *
Seine Herrlichkeit wohne in unserm Land. – (R)

11 Es begegnen einander Huld und Treue; *
Gerechtigkeit und Friede küssen sich.

12 Treue sproßt aus der Erde hervor; *
Gerechtigkeit blickt vom Himmel hernieder. – (R)

13 Auch spendet der Herr dann Segen, *
und unser Land gibt seinen Ertrag.

4 Gerechtigkeit geht vor ihm her, *
und Heil folgt der Spur seiner Schritte. – R

IN DER WEIHNACHTSZEIT
Ps 98 (97), 1.2–3b.3c–4.5–6 (R: vgl. 3cd)   **3**

R Alle Enden der Erde sehen das Heil unsres Gottes. – R   (GL 149, 1)

Singet dem Herrn ein neues Lied; * VIII. Ton
denn er hat wunderbare Taten vollbracht.

Er hat mit seiner Rechten geholfen *
und mit seinem heiligen Arm. – (R)

Der Herr hat sein Heil bekannt gemacht *
und sein gerechtes Wirken enthüllt vor den Augen der Völker.

ab Er dachte an seine Huld *
und an seine Treue zum Hause Israel. – (R)

cd Alle Enden der Erde *
sahen das Heil unsres Gottes.

Jauchzt vor dem Herrn, alle Länder der Erde, *
freut euch, jubelt und singt! – (R)

Spielt dem Herrn auf der Harfe, *
auf der Harfe zu lautem Gesang!

Zum Schall der Trompeten und Hörner *
jauchzt vor dem Herrn, dem König! – R

NACH ERSCHEINUNG DES HERRN
Ps 72 (71), 1–2.7–8.10–11.12–13 (R: 11)   **4**

R Alle Könige müssen ihm huldigen,
alle Völker ihm dienen. – R   (GL 153, 1)

Verleih dein Richteramt, o Gott, dem König, * VI. Ton
dem Königssohn gib dein gerechtes Walten!

Er regiere dein Volk in Gerechtigkeit *
und deine Armen durch rechtes Urteil. – (R)

7 Die Gerechtigkeit blühe auf in seinen Tagen *
  und großer Friede, bis der Mond nicht mehr da ist.

8 Er herrsche von Meer zu Meer, *
  vom Strom bis an die Enden der Erde. – (R)

10 Die Könige von Tarschisch und von den Inseln bringen Geschenke, *
   die Könige von Saba und Seba kommen mit Gaben.

11 Alle Könige müssen ihm huldigen, *
   alle Völker ihm dienen. – (R)

12 Er rettet den Gebeugten, der um Hilfe schreit, *
   den Armen und den, der keinen Helfer hat.

13 Er erbarmt sich des Gebeugten und Schwachen, *
   er rettet das Leben der Armen.

   R Alle Könige müssen ihm huldigen,
   alle Völker ihm dienen.

IN DER FASTENZEIT

5 Ps 51 (50), 3–4.5–6b.12–13.14 u. 17 (R: vgl. 3)

   R Erbarme dich unser, o Herr,   (GL 172, 3)
   denn wir haben gesündigt. – R

3 Gott, sei mir gnädig nach deiner Huld, *   I. Ton
  tilge meine Frevel nach deinem reichen Erbarmen!

4 Wasch meine Schuld von mir ab, *
  und mach mich rein von meiner Sünde! – (R)

5 Denn ich erkenne meine bösen Taten, *
  meine Sünde steht mir immer vor Augen.

6ab Gegen dich allein habe ich gesündigt, *
    ich habe getan, was dir mißfällt. – (R)

12 Erschaffe mir, Gott, ein reines Herz, *
   und gib mir einen neuen, beständigen Geist!

13 Verwirf mich nicht von deinem Angesicht, *
   und nimm deinen heiligen Geist nicht von mir! – (R)

14 Mach mich wieder froh mit deinem Heil; *
   mit einem willigen Geist rüste mich aus!

17 Herr, öffne mir die Lippen, *
   und mein Mund wird deinen Ruhm verkünden. – R

Antwortpsalmen 2215

Oder:

Ps 91 (90), 1–2.10–11.12–13.14–15 (R: vgl. 15b)   **6**

R Herr, sei bei mir in der Not! – **R**   (GL 172, 4)

Wer im Schutz des Höchsten wohnt *   II. Ton
und ruht im Schatten des Allmächtigen,

der sagt zum Herrn: „Du bist für mich Zuflucht und Burg, *
mein Gott, dem ich vertraue." – (R)

Dir begegnet kein Unheil, *
kein Unglück naht deinem Zelt.

Denn er befiehlt seinen Engeln, *
dich zu behüten auf all deinen Wegen. – (R)

Sie tragen dich auf ihren Händen, *
damit dein Fuß nicht an einen Stein stößt;

du schreitest über Löwen und Nattern, *
trittst auf Löwen und Drachen. – (R)

„Weil er an mir hängt, will ich ihn retten; *
ich will ihn schützen, denn er kennt meinen Namen.

Wenn er mich anruft, dann will ich ihn erhören. †
Ich bin bei ihm in der Not, *
befreie ihn und bringe ihn zu Ehren." – **R**

Oder:

Ps 130 (129), 1–2.3–4.5–6b.6c–7a u. 8 (R: 7bc)   **7**

R Beim Herrn ist die Huld,
bei ihm ist Erlösung in Fülle. – **R**   (GL 172, 5)

Aus der Tiefe rufe ich, Herr, zu dir: *   IV. Ton
Herr, höre meine Stimme!

Wende dein Ohr mir zu, *
achte auf mein lautes Flehen! – (R)

Würdest du, Herr, unsere Sünden beachten, *
Herr, wer könnte bestehen?

Doch bei dir ist Vergebung, *
damit man in Ehrfurcht dir dient. – (R)

5 Ich hoffe auf den Herrn, es hofft meine Seele, *
 ich warte voll Vertrauen auf sein Wort.

6ab Meine Seele wartet auf den Herrn *
 mehr als die Wächter auf den Morgen. – (R)

6c Mehr als die Wächter auf den Morgen *
7a soll Israel harren auf den Herrn.

8 Ja, er wird Israel erlösen *
 von all seinen Sünden.

 R Beim Herrn ist die Huld,
 bei ihm ist Erlösung in Fülle.

IN DER KARWOCHE

8 Ps 22 (21), 8–9.17–18.19–20.23–24 (R: 2a)

R Mein Gott, mein Gott,   (GL 176, 2)
 warum hast du mich verlassen? – R

8 Alle, die mich sehen, verlachen mich, *   III. Ton
 verziehen die Lippen, schütteln den Kopf:

9 „Er wälze die Last auf den Herrn, †
 der soll ihn befreien! *
 Der reiße ihn heraus, wenn er an ihm Gefallen hat." – (R)

17 Viele Hunde umlagern mich, †
 eine Rotte von Bösen umkreist mich. *
 Sie durchbohren mir Hände und Füße.

18 Man kann all meine Knochen zählen; *
 sie gaffen und weiden sich an mir. – (R)

19 Sie verteilen unter sich meine Kleider *
 und werfen das Los um mein Gewand.

20 Du aber, Herr, halte dich nicht fern! *
 Du, meine Stärke, eil mir zu Hilfe! – (R)

23 *Ich will deinen Namen meinen Brüdern verkünden,* *
 inmitten der Gemeinde dich preisen.

24 Die ihr den Herrn fürchtet, preist ihn, †
 ihr alle vom Stamm Jakobs, rühmt ihn; *
 erschauert alle vor ihm, ihr Nachkommen Israels! – R

IN DER OSTERZEIT

Ps 136 (135), 1–3.4–6.7–9.24–26 (R: 1b)   **9**

(GL 284,2)
IV. Ton

Danket dem Herrn, denn <u>er</u> ist gütig, *
R Denn sei<u>ne</u> Huld währt ewig!

Danket dem Gott <u>al</u>ler Götter, *
R Denn sei<u>ne</u> Huld währt ewig!

Danket dem Herrn <u>al</u>ler Herren, *
R Denn sei<u>ne</u> Huld währt ewig!

Der allein <u>gro</u>ße Wunder <u>tut</u>, *
R Denn sei<u>ne</u> Huld währt ewig,

der den Himmel geschaffen <u>hat</u> in Weisheit, *
R Denn sei<u>ne</u> Huld währt ewig.

der die Erde über den Was<u>sern</u> gegründet hat, *
R Denn sei<u>ne</u> Huld währt ewig.

Der die großen Leuch<u>ten</u> gemacht hat, *
R Denn sei<u>ne</u> Huld währt ewig.

die Sonne zur Herrschaft ü<u>ber</u> den Tag. *
R Denn sei<u>ne</u> Huld währt ewig.

Mond und Sterne zur Herrschaft ü<u>ber</u> die Nacht, *
R Denn sei<u>ne</u> Huld währt ewig.

4 Der uns den Fein<u>den</u> entriß, *
R Denn sei<u>ne</u> Huld währt ewig,

5 der allen Geschöpfen Nahrung <u>gibt</u>, *
R Denn sei<u>ne</u> Huld währt ewig.

6 Danket dem <u>Gott</u> des Himmels, *
R Denn sei<u>ne</u> Huld währt ewig!

Oder:

10 Ps 136 (135), 1 u. 3.16 u. 21–22.23–26 (R: 1b)

1 Danket dem Herrn, denn er ist gütig, * (GL 284, 3)
   R Denn seine Huld währt ewig! III. Ton

3 Danket dem Herrn aller Herren, *
   R Denn seine Huld währt ewig!

16 Der sein Volk durch die Wüste führte, *
   R Denn seine Huld währt ewig.

21 Der ihm ein Land zum Erbe gab, *
   R Denn seine Huld währt ewig.

22 der es Israel gab, seinem Knecht, *
   R Denn seine Huld währt ewig.

23 Der an uns dachte in unsrer Erniedrigung, *
   R Denn seine Huld währt ewig.

24 Der uns den Feinden entriß, *
   R Denn seine Huld währt ewig.

25 der allen Geschöpfen Nahrung gibt, *
   R Denn seine Huld währt ewig.

26 Danket dem Gott des Himmels, *
   R Denn seine Huld währt ewig!

Oder:

11 Ps 118 (117), 1–2.16–17.22–23 (R: vgl. 24)

   R Das ist der Tag, den der Herr gemacht; (GL 232, 4)
   laßt uns jubeln und seiner uns freuen. – R

   Oder: R Halleluja. – R (GL 530, 7)

1 Danket dem Herrn, denn er ist gütig, * VI. Ton
   denn seine Huld währt ewig!

2 So soll Israel sagen: *
   Denn seine Huld währt ewig. – (R)

16 „Die Rechte des Herrn ist erhoben, *
   die Rechte des Herrn wirkt mit Macht!"

⁷ Ich werde nicht sterben, sondern leben, *
um die Taten des Herrn zu verkünden. – (R)

² Der Stein, den die Bauleute verwarfen, *
er ist zum Eckstein geworden.

²³ Das hat der Herr vollbracht, *
vor unseren Augen geschah dieses Wunder. – R

Oder:

Ps 66 (65), 1–3.4–5.6–7.16 u. 20 (R: 1)   (GL 233,2 oder 232,6)

R Jauchzt vor Gott, alle Länder der Erde! Halleluja. – R

VI. Ton

Jauchzt vor Gott, alle Länder der Erde! †
Spielt zum Ruhm seines Namens! *
Verherrlicht ihn mit Lobpreis!

Sagt zu Gott: „Wie ehrfurchtgebietend sind deine Taten; *
vor deiner gewaltigen Macht müssen die Feinde sich beugen." – (R)

Alle Welt bete dich an und singe dein Lob, *
sie lobsinge deinem Namen!

Kommt und seht die Taten Gottes! *
Staunenswert ist sein Tun an den Menschen: – (R)

Er verwandelte das Meer in trockenes Land, †
sie schritten zu Fuß durch den Strom; *
dort waren wir über ihn voll Freude.

In seiner Kraft ist er Herrscher auf ewig; †
seine Augen prüfen die Völker. *
Die Trotzigen können sich gegen ihn nicht erheben. – (R)

¹⁶ Ihr alle, die ihr Gott fürchtet, kommt und hört; *
ich will euch erzählen, was er mir Gutes getan hat.

²⁰ Gepriesen sei Gott; denn er hat mein Gebet nicht verworfen *
und mir seine Huld nicht entzogen. – R

NACH CHRISTI HIMMELFAHRT

13 Ps 47 (46), 2–3.6–7.8–9 (R: vgl. 6)

R Gott stieg empor unter Jubel, (GL 232, 5)
der Herr beim Schall der Posaunen. – R

2 Ihr Völker alle, klatscht in die Hände; * VI. Ton
jauchzt Gott zu mit lautem Jubel!

3 Denn furchtgebietend ist der Herr, der Höchste, *
ein großer König über die ganze Erde. – (R)

6 Gott stieg empor unter Jubel, *
der Herr beim Schall der Hörner.

7 Singt unserm Gott, ja, singt ihm! *
Spielt unserm König, spielt ihm! – (R)

8 Denn Gott ist König der ganzen Erde. *
Spielt ihm ein Psalmenlied!

9 Gott wurde König über alle Völker, *
Gott sitzt auf seinem heiligen Thron. – R

Oder:

14 Ps 104 (103), 1–2.24–25.27–28.29–30 (R: vgl. 30)

R Sende aus deinen Geist, (GL 253, 1)
und das Antlitz der Erde wird neu. – R

1 Lobe den Herrn, meine Seele! † VII. Ton
Herr, mein Gott, wie groß bist du! *
Du bist mit Hoheit und Pracht bekleidet.

2 Du hüllst dich in Licht wie in ein Kleid, *
du spannst den Himmel aus wie ein Zelt. – (R)

24 Herr, wie zahlreich sind deine Werke! †
Mit Weisheit hast du sie alle gemacht, *
die Erde ist voll von deinen Geschöpfen.

25 Da ist das Meer, so groß und weit, *
darin ein Gewimmel ohne Zahl: kleine und große Tiere. – (R)

27 Sie alle warten auf dich, *
daß du ihnen Speise gibst zur rechten Zeit.

Antwortpsalmen

28 Gibst du ihnen, dann <u>sam</u>meln sie ein; *
öffnest du deine Hand, werden sie <u>satt</u> an Gutem. – (R)

29 Verbirgst du dein <u>Ge</u>sicht, sind sie verstört; †
nimmst du ihnen den Atem, so <u>schwin</u>den sie hin *
und kehren zurück zum <u>Staub</u> der Erde.

30 Sendest du deinen Geist aus, so werden sie <u>al</u>le erschaffen, *
und du erneuerst das <u>Antlitz der</u> Erde. – R

IM JAHRESKREIS

Ps 19 (18), 8.9.10.11–12 (R: Joh 6, 68c oder vgl. 6, 63b) **15**

R Herr, du hast Worte des ewigen Lebens. – R (GL 465)

Oder:

R Deine Worte, Herr, sind Geist und Leben. – R (GL 687, 1 = V/A)

8 Die Weisung des Herrn ist <u>voll</u>kommen, * II. oder VI. Ton
sie er<u>quickt</u> den Menschen.

Das Gesetz des Herrn ist ver<u>läß</u>lich, *
den Un<u>wis</u>senden <u>macht</u> es weise. – (R)

9 Die Befehle des Herrn <u>sind</u> <u>rich</u>tig, *
sie er<u>freu</u>en das Herz;

das Gebot des Herrn <u>ist</u> <u>lau</u>ter, *
es er<u>leuch</u>tet die Augen. – (R)

10 Die Furcht des Herrn <u>ist</u> <u>rein</u>, *
sie be<u>steht</u> für immer.

Die Urteile des Herrn <u>sind</u> <u>wahr</u>, *
ge<u>recht</u> <u>sind</u> sie alle. – (R)

11 Sie sind kostbarer als Gold, als Feingold <u>in</u> <u>Men</u>ge. *
Sie sind süßer als Honig, als <u>Ho</u>nig aus Waben.

12 Auch dein Knecht läßt sich von ihnen <u>war</u>nen; *
wer sie be<u>ach</u>tet, hat <u>rei</u>chen Lohn. – R

Oder:

16 Ps 27 (26), 1.4.13–14 (R: 1a)

R Der Herr ist mein Licht und mein Heil. – **R** (GL 487)

1 Der Herr ist mein Licht und mein Heil: * IV. Ton
Vor wem sollte ich mich fürchten?

Der Herr ist die Kraft meines Lebens: *
Vor wem sollte mir bangen? – (R)

4 Nur eines erbitte ich vom Herrn, danach verlangt mich: *
Im Haus des Herrn zu wohnen alle Tage meines Lebens,

die Freundlichkeit des Herrn zu schauen *
und nachzusinnen in seinem Tempel. – (R)

13 Ich bin gewiß, zu schauen *
die Güte des Herrn im Land der Lebenden.

14 Hoffe auf den Herrn, und sei stark! *
Hab festen Mut, und hoffe auf den Herrn! – **R**

Oder:

17 Ps 34 (33), 2–3.4–5.6–7.8–9 (R: vgl. 2a oder 9a)

R Den Herrn will ich preisen alle Zeit. – **R** (GL 477)

Oder:

R Kostet und seht, wie gütig der Herr ist! – **R** (GL 471)

2 Ich will den Herrn allezeit preisen; * VI. Ton
immer sei sein Lob in meinem Mund.

3 Meine Seele rühme sich des Herrn; *
die Armen sollen es hören und sich freuen. – (R)

4 Verherrlicht mit mir den Herrn, *
laßt uns gemeinsam seinen Namen rühmen.

5 Ich suchte den Herrn, und er hat mich erhört, *
er hat mich all meinen Ängsten entrissen. – (R)

6 Blickt auf zu ihm, so wird euer Gesicht leuchten, *
und ihr braucht nicht zu erröten.

7 Da ist ein Armer; er rief, und der Herr erhörte ihn. *
Er half ihm aus all seinen Nöten. – (R)

Antwortpsalmen

Der Engel des Herrn umschirmt alle, die ihn fürchten und ehren, *
und er befreit sie.

Kostet und seht, wie gütig der Herr ist; *
wohl dem, der zu ihm sich flüchtet! – R

Oder:

Ps 63 (62), 2.3–4.5–6.8–9 (R: vgl. 2b)   **18**

R Meine Seele dürstet nach dir, mein Gott. – R   (GL 676, 1)

Gott, du mein Gott, dich suche ich, *   II. Ton
meine Seele dürstet nach dir.

Nach dir schmachtet mein Leib *
wie dürres, lechzendes Land ohne Wasser. – (R)

Darum halte ich Ausschau nach dir im Heiligtum, *
um deine Macht und Herrlichkeit zu sehen.

Denn deine Huld ist besser als das Leben; *
darum preisen dich meine Lippen. – (R)

Ich will dich rühmen mein Leben lang, *
in deinem Namen die Hände erheben.

Wie an Fett und Mark wird satt meine Seele, *
mit jubelnden Lippen soll mein Mund dich preisen. – (R)

Ja, du wurdest meine Hilfe; *
jubeln kann ich im Schatten deiner Flügel.

Meine Seele hängt an dir, *
deine rechte Hand hält mich fest. – R

Oder:

Ps 95 (94), 1–2.6–7c.7d–9 (R: vgl. 7d.8a)   **19**

R Hört auf die Stimme des Herrn;   (GL 529, 5)
verhärtet nicht euer Herz! – R

Kommt, laßt uns jubeln vor dem Herrn *   IV. Ton
und zujauchzen dem Fels unsres Heiles!

Laßt uns mit Lob seinem Angesicht nahen, *
vor ihm jauchzen mit Liedern! – (R)

6 Kommt, laßt uns niederfallen, uns vor ihm verneigen, *
  laßt uns niederknien vor dem Herrn, unserm Schöpfer!

7abc Denn er ist unser Gott, †
  wir sind das Volk seiner Weide, *
  die Herde, von seiner Hand geführt. – (R)

7d Ach, würdet ihr doch heute auf seine Stimme hören! †
8 „Verhärtet euer Herz nicht wie in Meríba, *
  wie in der Wüste am Tag von Massa!

9 Dort haben eure Väter mich versucht, *
  sie haben mich auf die Probe gestellt und hatten doch mein Tun gesehen."

  R Hört auf die Stimme des Herrn;
  verhärtet nicht euer Herz!

Oder:

20 Ps 100 (99), 1–3.4–5 (R: vgl. 3c)

  R Wir sind das Volk des Herrn, (GL 646, 1)
  die Herde seiner Weide! – R

1 Jauchzt vor dem Herrn, alle Länder der Erde! † V. Ton
2 Dient dem Herrn mit Freude! *
  Kommt vor sein Antlitz mit Jubel!

3 Erkennt: Der Herr allein ist Gott. †
  Er hat uns geschaffen, wir sind sein Eigentum, *
  sein Volk und die Herde seiner Weide. – (R)

4 Tretet mit Dank durch seine Tore ein! †
  Kommt mit Lobgesang in die Vorhöfe seines Tempels! *
  Dankt ihm, preist seinen Namen!

5 Denn der Herr ist gütig, †
  ewig währt seine Huld, *
  von Geschlecht zu Geschlecht seine Treue. – R

Oder:

21 Ps 103 (102), 1–2.3–4.8 u. 10.12–13 (R: vgl. 8)

  R Gnädig und barmherzig ist der Herr, (GL 527, 5)
  voll Langmut und reich an Güte. – R

1 Lobe den Herrn, meine Seele, * IV. Ton
  und alles in mir seinen heiligen Namen!

Antwortpsalmen

² Lobe den Herrn, meine Seele, *
und vergiß nicht, was er dir Gutes getan hat: – (R)

³ der dir all deine Schuld vergibt *
und all deine Gebrechen heilt,

⁴ der dein Leben vor dem Untergang rettet *
und dich mit Huld und Erbarmen krönt. – (R)

⁸ Der Herr ist barmherzig und gnädig, *
langmütig und reich an Güte.

¹⁰ Er handelt an uns nicht nach unsern Sünden *
und vergilt uns nicht nach unsrer Schuld. – (R)

¹² So weit der Aufgang entfernt ist vom Untergang, *
so weit entfernt er die Schuld von uns.

¹³ Wie ein Vater sich seiner Kinder erbarmt, *
so erbarmt sich der Herr über alle, die ihn fürchten. – R

Oder:
Ps 145 (144), 1–2.8–9.10–11.13c–14 (R: 1a)

R Ich will dich rühmen, mein Gott und König. – R (GL 529,7)

¹ Ich will dich rühmen, mein Gott und König, * I. Ton
und deinen Namen preisen immer und ewig;

² ich will dich preisen Tag für Tag *
und deinen Namen loben immer und ewig. – (R)

⁸ Der Herr ist gnädig und barmherzig, *
langmütig und reich an Gnade.

⁹ Der Herr ist gütig zu allen, *
sein Erbarmen waltet über all seinen Werken. – (R)

¹⁰ Danken sollen dir, Herr, all deine Werke *
und deine Frommen dich preisen.

¹¹ Sie sollen von der Herrlichkeit deines Königtums reden, *
sollen sprechen von deiner Macht. – (R)

¹³cd Der Herr ist treu in all seinen Worten, *
voll Huld in all seinen Taten.

¹⁴ Der Herr stützt alle, die fallen, *
und richtet alle Gebeugten auf. – R

Oder:

23 Ps 122 (121), 1–3.4–5.6–7.8–9 (R: 1b)

R Zum Haus des Herrn wollen wir pilgern. – R (GL 118,5)

1 Ich freute mich, als man mir sagte: * I. Ton
„Zum Haus des Herrn wollen wir pilgern."

2 Schon stehen wir in deinen Toren, Jerusalem: †
3 Jerusalem, du starke Stadt, *
dicht gebaut und fest gefügt. – (R)

4 Dorthin ziehen die Stämme hinauf, die Stämme des Herrn, †
wie es Israel geboten ist, *
den Namen des Herrn zu preisen.

5 Denn dort stehen Throne bereit für das Gericht, *
die Throne des Hauses David. – (R)

6 Erbittet für Jerusalem Frieden! *
Wer dich liebt, sei in dir geborgen.

7 Friede wohne in deinen Mauern, *
in deinen Häusern Geborgenheit. – (R)

8 Wegen meiner Brüder und Freunde *
will ich sagen: In dir sei Friede.

9 Wegen des Hauses des Herrn, unseres Gottes, *
will ich dir Glück erflehen. – R

ANHANG II

RUFE VOR DEM EVANGELIUM
in der Fastenzeit
und in den Messen für Verstorbene

Die Rufe, die das Halleluja ersetzen können, sind hier zusammengestellt. An Ort und Stelle ist jeweils ein Beispiel ausgedruckt.

1. Ruhm und Ehre sei dir, Christus!
2. Ehre sei dir, Christus, Sohn des lebendigen Gottes!
3. Wie wunderbar sind deine Werke, Herr!
4. Dein ist die Ehre, dein ist die Macht, Christus, Herr und Erlöser!

5. Herr Jesus, dir sei Ruhm und Ehre!
6. Christus, du Weisheit Gottes des Vaters, Ehre sei dir!
7. Christus, du ewiges Wort des Vaters, Ehre sei dir!
8. Christus, du König der ewigen Herrlichkeit, Ehre sei dir!

9. Lob sei dir, Herr, König der ewigen Herrlichkeit!
10. Lob dir, Christus, König und Erlöser!
11. Christus Sieger, Christus König, Christus Herr in Ewigkeit!

ANHANG III

VERSE ZUM RUF VOR DEM EVANGELIUM

IM ADVENT

1. Komm uns zu Hilfe, Herr, unser Gott!   vgl. Ps 80 (79), 3.4
   Laß dein Angesicht leuchten, dann sind wir gerettet.

2. Erweise uns, Herr, deine Huld,   Ps 85 (84), 8
   und gewähre uns dein Heil!

3. Der Herr ist unser Richter, der Herr gibt uns Gesetze;   Jes 33, 22
   der Herr ist unser König, er wird uns retten.

4. Jerusalem, du Botin der Freude, erhebe laut deine Stimme!   Jes 40, 9
   Seht, Gott, der Herr, kommt mit Macht.

5. Taut, ihr Himmel, von oben,   Jes 45, 8ab
   ihr Wolken, laßt Gerechtigkeit regnen!
   Die Erde tue sich auf und bringe das Heil hervor.

6. Sucht den Herrn, solange er sich finden läßt,   Jes 55, 6
   ruft ihn an, solange er nahe ist!

7. Bereitet dem Herrn den Weg!   Lk 3, 4.6
   Ebnet ihm die Straßen!
   Und alle Menschen werden das Heil sehen, das von Gott kommt.

8. Der Herr wird kommen, eilt ihm entgegen;
   er ist es, der Friedensfürst.

9. Seht, unser Herr kommt mit Macht;
   die Augen seiner Knechte schauen das Licht.

10. Seht, der Herr wird kommen, um sein Volk zu retten.
    Selig, die bereit sind, ihm entgegenzugehen.

11. Seht, der König wird kommen, der Herr der Erde;
    er selbst wird das Joch der Knechtschaft von uns nehmen.

12. Nahe ist der Tag des Herrn;
    seht, er wird kommen, um uns zu retten.

Verse zum Ruf vor dem Evangelium – Weihnachtszeit

13 Komm, o Herr, und zögere nicht;
nimm weg das Joch deines Volkes!

14 Komm, o Herr, such uns heim mit deinem Frieden,
daß wir mit reinem Herzen uns freuen vor dir.

IN DER WEIHNACHTSZEIT

Vor Erscheinung des Herrn

15 Das Wort ist Fleisch geworden   Joh 1, 14a. 12a
und hat unter uns gewohnt.
Allen, die ihn aufnahmen,
gab er Macht, Kinder Gottes zu werden.

16 Einst hat Gott zu den Vätern gesprochen   vgl. Hebr 1, 1–2
durch die Propheten;
heute aber hat er zu uns gesprochen durch den Sohn.

17 Aufgeleuchtet ist uns aufs neue der Tag der Erlösung;
Ein großes Licht ist heute auf Erden erschienen.
Kommt, ihr Völker, und betet an den Herrn, unseren Gott!

Nach Erscheinung des Herrn

18 Das Volk, das im Dunkel lebte, hat ein helles Licht gesehen;   Mt 4, 16
denen, die im Schattenreich des Todes wohnten,
ist ein Licht erschienen.

19 Jesus verkündete das Evangelium vom Reich   Mt 4, 23b
und heilte im Volk alle Krankheiten und Leiden.

20 Der Herr hat mich gesandt,   vgl. Lk 4, 18
den Armen die Frohe Botschaft zu bringen
und den Gefangenen die Freiheit zu verkünden.

21 Ein großer Prophet trat unter uns auf: vgl. Lk 7, 16
Gott nahm sich seines Volkes an.

22 Christus, offenbart im Fleisch,   vgl. 1 Tim 3, 16
verkündet unter den Heiden,
Christus, geglaubt in der Welt: Ehre sei dir!

IN DER FASTENZEIT

23 Erschaffe mir, Gott, ein reines Herz,   Ps 51 (50), 12a.14a
mach mich wieder froh mit deinem Heil!

24 Wenn ihr heute seine Stimme hört,   vgl. Ps 95 (94), 7d.8a
verhärtet nicht euer Herz!

25 Ich hoffe auf den Herrn,   Ps 130 (129), 5.7
ich warte voll Vertrauen auf sein Wort.
Denn beim Herrn ist die Huld, bei ihm ist Erlösung in Fülle.

26 (So spricht Gott, der Herr:)   Ez 18, 31
Werft alle Vergehen von euch, die ihr verübt habt!
Schafft euch ein neues Herz und einen neuen Geist!

27 (So spricht Gott, der Herr:)   Ez 33, 11
Ich habe kein Gefallen am Tod des Schuldigen,
sondern daran, daß er umkehrt auf seinem Weg
und am Leben bleibt.

28 Kehrt um zum Herrn von ganzem Herzen,   vgl. Joel 2, 12.13
denn er ist gnädig und barmherzig, voll Langmut und reich an Güte.

29 Sucht das Gute, nicht das Böse;   vgl. Am 5, 14
dann werdet ihr leben, und der Herr wird mit euch sein.

30 Nicht nur von Brot lebt der Mensch,   vgl. Mt 4, 4b
sondern von jedem Wort aus Gottes Mund.

31 (So spricht der Herr:)   Mt 4, 17
Kehrt um!
Denn das Himmelreich ist nahe.

32 Selig, die das Wort mit aufrichtigem Herzen hören   vgl. Lk 8, 15
und Frucht bringen in Geduld.

33 Ich will zu meinem Vater gehen   Lk 15, 18
und ihm sagen:
Vater, ich habe mich versündigt gegen den Himmel und gegen dich.

Verse zum Ruf vor dem Evangelium – Osterzeit   2231

34 So sehr hat Gott die Welt geliebt,   vgl. Joh 3, 16a.15
daß er seinen einzigen Sohn hingab,
damit jeder, der glaubt, in ihm das ewige Leben hat.

35 Deine Worte, Herr, sind Geist und Leben.   vgl. Joh 6, 63b.68c
Du hast Worte des ewigen Lebens.

36 (So spricht der Herr:)   vgl. Joh 8, 12
Ich bin das Licht der Welt.
Wer mir nachfolgt, hat das Licht des Lebens.

37 (So spricht der Herr:)   Joh 11, 25a.26b
Ich bin die Auferstehung und das ewige Leben.
Jeder, der an mich glaubt, wird auf ewig nicht sterben.

38 Jetzt ist sie da, die Zeit der Gnade;   2 Kor 6, 2b
jetzt ist er da, der Tag der Rettung.

39 Der Samen ist das Wort Gottes, der Sämann ist Christus.
Wer Christus findet, der bleibt in Ewigkeit.

IN DER OSTERZEIT

Vor Christi Himmelfahrt

40 Nicht nur von Brot lebt der Mensch,   vgl. Mt 4, 4b
sondern von jedem Wort aus Gottes Mund.

41 Christus mußte leiden   vgl. Lk 24, 46.26
und von den Toten auferstehen,
um so in seine Herrlichkeit zu gelangen.

42 Der Menschensohn muß erhöht werden,   vgl. Joh 3, 14.15
damit jeder, der glaubt, in ihm das ewige Leben hat.

43 So sehr hat Gott die Welt geliebt,   vgl. Joh 3, 16a.15
daß er seinen einzigen Sohn hingab,
damit jeder, der glaubt, in ihm das ewige Leben hat.

44 (So spricht der Herr:)   Joh 6, 35ab
Ich bin das Brot des Lebens;
wer zu mir kommt, wird nie mehr hungern.

45 (So spricht der Herr:)   **vgl. Joh 6, 40**
    Jeder, der an den Sohn glaubt, hat das ewige Leben,
    und ich werde ihn auferwecken am Letzten Tag.

46 (So spricht der Herr:)   **vgl. Joh 6, 51**
    Ich bin das lebendige Bot, das vom Himmel gekommen ist.
    Wer dieses Brot ißt, wird in Ewigkeit leben.

47 (So spricht der Herr:)   **Joh 6, 56**
    Wer mein Fleisch ißt und mein Blut trinkt,
    der bleibt in mir, und ich bleibe in ihm.

48 Deine Worte, Herr, sind Geist und Leben.   **vgl. Joh 6, 63b.68c**
    Du hast Worte des ewigen Lebens.

49 (So spricht der Herr:)   **vgl. Joh 8, 12**
    Ich bin das Licht der Welt.
    Wer mir nachfolgt, hat das Licht des Lebens.

50 (So spricht der Herr:)   **Joh 8, 31b–32a**
    Wenn ihr in meinem Wort bleibt, seid ihr wirklich meine Jünger.
    Dann werdet ihr die Wahrheit erkennen.

51 (So spricht der Herr:)   **Joh 10, 14**
    Ich bin der gute Hirt.
    Ich kenne die Meinen, und die Meinen kennen mich.

52 (So spricht der Herr:)   **Joh 10, 27**
    Meine Schafe hören auf meine Stimme;
    ich kenne sie, und sie folgen mir.

53 (So spricht der Herr:)   **Joh 14, 6**
    Ich bin der Weg und die Wahrheit und das Leben.
    Niemand kommt zum Vater außer durch mich.

54 (So spricht der Herr:)   **Joh 15, 4a.5b**
    Bleibt in mir, dann bleibe ich in euch.
    Wer in mir bleibt, der bringt reiche Frucht.

55 (So spricht der Herr:)   **Joh 15, 15b**
    Ich habe euch Freunde genannt;
    denn ich habe euch alles mitgeteilt,
    was ich gehört habe von meinem Vater.

Verse zum Ruf vor dem Evangelium – Osterzeit

(So spricht der Herr:)   Joh 20, 29   **56**
Weil du mich gesehen hast, Thomas, glaubst du.
Selig sind, die nicht sehen und doch glauben.

Wir wissen,   Röm 6, 9   **57**
daß Christus, von den Toten auferweckt, nicht mehr stirbt;
der Tod hat keine Macht mehr über ihn.

Ihr seid mit Christus auferweckt;   Kol 3, 1   **58**
darum strebt nach dem, was im Himmel ist,
wo Christus zur Rechten Gottes sitzt.

Jesus Christus, du bist der treue Zeuge,   vgl. Offb 1, 5ab   **59**
der Erstgeborene der Toten.
Du liebst uns
und hast uns von unseren Sünden erlöst durch dein Blut.

Wir wissen, Christus ist wahrhaft von den Toten auferstanden: **60**
Du Sieger, du König, erbarme dich unser!

Der Herr ist vom Grab erstanden,   **61**
der für uns am Holz gehangen.

Christus ist auferstanden   **62**
und erleuchtet uns, die er mit seinem Blut losgekauft hat.

Christus ist auferstanden.   **63**
Er, der Schöpfer des Alls, hat sich aller Menschen erbarmt.

Nach Christi Himmelfahrt

(So spricht der Herr:)   Mt 28, 19a.20b   **64**
Geht zu allen Völkern,
und macht alle Menschen zu meinen Jüngern!
Ich bin bei euch alle Tage bis zum Ende der Welt.

Ich werde den Vater bitten,   Joh 14, 16   **65**
und er wird euch einen anderen Beistand geben,
der für immer bei euch bleiben wird.

(So spricht der Herr:)   vgl. Joh 14, 18; 16, 22b   **66**
Ich lasse euch nicht als Waisen zurück.
Ich komme wieder zu euch. Dann wird euer Herz sich freuen.

67 Der Heilige Geist wird euch alles lehren   **Joh 14, 26**
und euch an alles erinnern, was ich euch gesagt habe.

68 (So spricht der Herr:)   **vgl. Joh 15, 26b.27a**
Der Geist der Wahrheit wird Zeugnis geben für mich;
und auch ihr sollt Zeugen sein.

69 (So spricht der Herr:)   **vgl. Joh 16, 7.13**
Ich werde den Geist der Wahrheit zu euch senden.
Er wird euch in die ganze Wahrheit führen.

70 Ich bin ausgegangen vom Vater   **vgl. Joh 16, 28**
und in die Welt gekommen;
ich verlasse die Welt wieder und gehe zum Vater.

71 Dein Wort, o Herr, ist Wahrheit;   **vgl. Joh 17, 17**
heilige uns in der Wahrheit!

72 (So spricht der Herr:)   **Joh 17, 21**
Alle sollen eins sein:
Wie du, Vater, in mir bist und ich in dir bin,
sollen auch sie in uns sein,
damit die Welt glaubt, daß du mich gesandt hast.

73 Ihr seid mit Christus auferweckt;   **Kol 3, 1**
darum strebt nach dem, was im Himmel ist,
wo Christus zur Rechten Gottes sitzt.

IN DER ZEIT IM JAHRESKREIS

1 Rede, Herr, dein Diener hört.   **1 Sam 3, 9; Joh 6, 68c**
Du hast Worte des ewigen Lebens.

2 Deine Worte, Herr, erfreuen das Herz,   **vgl. Ps 19 (18), 9**
deine Weisung erleuchtet die Augen.

3 Zeige mir, Herr, deine Wege,   **Ps 25 (24), 4a.5a**
führe mich in deiner Treue und lehre mich!

4 Zeige mir, Herr, deinen Weg,   **vgl. Ps 27 (26), 11**
leite mich auf ebener Bahn!

Verse zum Ruf vor dem Evangelium – Zeit im Jahreskreis

5 Wenn ihr heute seine Stimme hört,   vgl. Ps 95 (94), 7d.8a
verhärtet nicht euer Herz!

6 Deine Gebote, Herr, sind verläßlich,   vgl. Ps 111 (110), 7b.8a
sie stehen fest für immer und ewig.

7 Öffne mir die Augen, Herr,   Ps 119 (118), 18
für das Wunderbare an deiner Weisung!

8 Laß mich den Weg begreifen,   Ps 119 (118), 27
den deine Befehle mir zeigen,
dann will ich nachsinnen über deine Wunder.

9 Gib mir Einsicht, Herr,   Ps 119 (118), 34
damit ich deiner Weisung folge
und mich an sie halte aus ganzem Herzen.

10 Deinen Vorschriften neige mein Herz zu,   Ps 119 (118), 36a.29b
Herr, begnade mich mit deiner Weisung!

11 In deiner großen Huld laß mich leben,   Ps 119 (118), 88
und ich will beachten, was dein Mund mir gebietet.

12 Dein Wort, o Herr, ist meinem Fuß eine Leuchte,   Ps 119 (118), 105
ein Licht für meine Pfade.

13 Laß dein Angesicht leuchten über deinem Knecht,   Ps 119 (118), 135
und lehre mich deine Gesetze!

14 Ich hoffe auf den Herrn,   Ps 130 (129), 5
ich warte voll Vertrauen auf sein Wort.

15 Der Herr ist treu in all seinen Worten,   Ps 145 (144), 13cd
voll Huld in all seinen Taten.

16 Jerusalem, preise den Herrn;   Ps 147, 12a.15a
er sendet sein Wort zur Erde.

17 Nicht nur von Brot lebt der Mensch,   vgl. Mt 4, 4b
sondern von jedem Wort aus Gottes Mund.

18 Sei gepriesen, Vater, Herr des Himmels und der Erde;   vgl. Mt 11, 25
du hast die Geheimnisse des Reiches den Unmündigen offenbart.

19 Selig, die das Wort mit aufrichtigem Herzen hören vgl. Lk 8, 15
und Frucht bringen in Geduld.

20 Deine Worte, Herr, sind Geist und Leben. vgl. Joh 6, 63b.68c
Du hast Worte des ewigen Lebens.

21 (So spricht der Herr:) vgl. Joh 8, 12
Ich bin das Licht der Welt.
Wer mir nachfolgt, hat das Licht des Lebens.

22 (So spricht der Herr:) Joh 10, 27
Meine Schafe hören auf meine Stimme;
ich kenne sie, und sie folgen mir.

23 (So spricht der Herr:) Joh 14, 6
Ich bin der Weg und die Wahrheit und das Leben;
niemand kommt zum Vater außer durch mich.

24 (So spricht der Herr:) vgl. Joh 14, 23
Wer mich liebt, hält fest an meinem Wort.
Mein Vater wird ihn lieben, und wir werden bei ihm wohnen.

25 (So spricht der Herr:) Joh 15, 15b
Ich habe euch Freunde genannt;
denn ich habe euch alles mitgeteilt,
was ich gehört habe von meinem Vater.

26 Dein Wort, o Herr, ist Wahrheit; vgl. Joh 17, 17
heilige uns in der Wahrheit!

27 Herr, öffne uns das Herz, vgl. Apg 16, 14b
daß wir auf die Worte deines Sohnes hören.

28 Gott hat in Christus die Welt mit sich versöhnt vgl. 2 Kor 5, 19
und uns das Wort von der Versöhnung anvertraut.

29 Der Vater unseres Herrn Jesus Christus vgl. Eph 1, 17–18
erleuchte die Augen unseres Herzens,
damit wir verstehen, zu welcher Hoffnung wir berufen sind.

30 Haltet fest am Worte Christi, vgl. Phil 2, 15d.16a
dann leuchtet ihr als Lichter in der Welt.

Verse zum Ruf vor dem Evangelium – Zeit im Jahreskreis

Das Wort Christi   *vgl. Kol 3, 16a.17c*   31
wohne mit seinem ganzen Reichtum bei euch;
durch Christus dankt Gott, dem Vater!

Nehmt das Wort Gottes an,   *vgl. 1 Thess 2, 13*   32
nicht als Menschenwort,
sondern – was es in Wahrheit ist –
als Gottes Wort.

Durch das Evangelium hat Gott uns berufen   *vgl. 2 Thess 2, 14*   33
zur Herrlichkeit Jesu Christi, unseres Herrn.

Unser Retter Jesus Christus   *vgl. 2 Tim 1, 10*   34
hat dem Tod die Macht genommen
und uns das Licht des Lebens gebracht durch das Evangelium.

Lebendig ist das Wort Gottes und kraftvoll.   *vgl. Hebr 4, 12*   35
Es richtet über die Regungen und Gedanken der Herzen.

Durch das Wort der Wahrheit   *vgl. Jak 1, 18*   36
hat der Vater uns das Leben geschenkt
und uns zu Erstlingen seiner Schöpfung gemacht.

Nehmt euch das Wort zu Herzen,   *Jak 1, 21bc*   37
das in euch eingepflanzt worden ist
und das die Macht hat, euch zu retten.

Das Wort des Herrn bleibt in Ewigkeit,   *vgl. 1 Petr 1, 25*   38
das Evangelium, das euch verkündet wird.

Wer sich an Christi Wort hält,   *1 Joh 2, 5*   39
in dem ist die Gottesliebe wahrhaft vollendet.

ANHANG IV

Messen für Verstorbene

GLAUBE – HOFFNUNG – EWIGES LEBEN

Wenn ein Mensch, den wir liebten oder kannten, gerade von uns gegangen ist, werden wir auch selber von der Macht des Todes berührt. Jeder von uns wird seinen Tod sterben müssen. Und er weiß nicht, wann das sein wird.

Wenn aber die „Ängste des Herzens" (Ps 25, 17) aufsteigen, beginnen wir zu ahnen, daß wir in der Zeit unseres Lebens etwas Bleibendes wirken müssen: nur das Gutsein und die Zuwendung zu den „geringsten Brüdern" (Mt 25, 31–46) zählt.

So sind wir, wo wir anderen das letzte Geleit geben, selber aufgefordert, „unsere Tage zu zählen, damit wir ein weises Herz gewinnen" (Ps 90, 12).

Die Naturwissenschaftler sagen, daß in der Materie keine Vernichtung stattfindet, sondern nur Verwandlung. Von daher fällt neues Licht auf die alte Totenpräfation: „Deinen Gläubigen, o Herr, wird das Leben gewandelt, nicht genommen" (vgl. auch 1 Kor 15, 51: „Wir werden alle verwandelt werden").

Wir wissen unseren Verstorbenen vor dem Richter aller Menschen, der lebenden und der toten (Apg 10, 42). Wir vertrauen darauf, daß Jesus, der selber durch Tod und Verlassenheit hindurchging und daher mit uns fühlen kann (Hebr 4, 15; 5, 7.8), ihm durch seine Lebenshingabe Vergebung der Sünden und in seiner Auferweckung neues Leben anbietet. Schenkt er doch selbst noch dem Schächer, der sich ihm in letzter Minute zuwendet, der nicht bei seiner Selbstbehauptung verharrt und nicht an seinem verpfuschten Leben verzweifelt, die Teilhabe an seinem eigenen Bleiben: „Du mit mir" (Lk 23, 43).

Es kommt letztlich ja nicht darauf an, was andere von uns rückblickend im Gedächtnis behalten und welchen Wert wir selber unserem Leben auf dem Sterbebett beimessen, sondern darauf, daß wir in sein verwandelndes Erbarmen eingehen. Der Blick richtet sich in die Zukunft. Jesu Auferweckung von den Toten gibt uns Hoffnung für alle Entschlafenen.

Nirgendwo stellt sich unerbittlicher die Frage nach unserem Glauben als am Grab eines geliebten Menschen.

Als Lazarus gestorben war, so wird uns im 11. Kapitel des Johannesevangeliums erzählt, sagte Marta zu Jesus: „Wärst du rechtzeitig gekommen, dann wäre mein Bruder nicht gestorben." Wir alle kennen ähnliche vorwurfsvolle Fragen unseres Herzens an Gott. Jesus scheint überhaupt nicht hinzuhören. Er setzt von sich aus ein Gespräch in Gang: „Dein Bruder wird auferstehen!" – Was wird Marta antworten? „Ich weiß, er wird auferstehen am Jüngsten Tag." Eine solche Antwort ist aber keine Antwort. Sie ist in diesem Augenblick blaß und klingt wie auswendig gelernt. Denn sie nimmt überhaupt keinen Bezug auf Jesus, der Marta gegenübersteht. Darum stellt Jesus an Marta die Entscheidungsfrage: „Ich bin die Auferstehung und das Leben: glaubst du das?"

So genügt es auch heute nicht, daß wir uns ein Stück unseres Credo vorsagen, dabei aber die Gegenwart des lebendigen Herrn übersehen. Wir müssen uns ihm zuwenden, ihn anreden und bekennen: Ja, Herr, ich glaube, daß du der Sohn Gottes bist. Aus dieser seiner Gegenwart gewinnen wir Hoffnung für unsere und unserer Toten Zukunft.

Jesus steht in unserer Mitte. Er spricht zu uns. Er hat, wie Petrus bekannte, „Worte des ewigen Lebens" (Joh 6,68). Er hält mit uns Mahl. Und „wer dieses Brot ißt, wird ewig leben" (Joh 6,58).

Jesus sagt: „Ich bin als das Licht in die Welt gekommen, damit keiner, der an mich glaubt, in der Finsternis bleibt" (Joh 12,46). Darum erbitten wir für unsere Toten ewiges Licht, und wir selbst erhalten durch unsere Hinwendung zu Jesus die Möglichkeit, denen, die mit uns wandern, ein Stück ihres Weges zu erhellen (Mt 5,14).

AM BEGRÄBNISTAG

A Außerhalb der Osterzeit

ERÖFFNUNGSVERS　　　　　　　　　　　　　Vgl. 4 Esr 2, 34–35

**Herr, gib ihnen die ewige Ruhe,
und das ewige Licht leuchte ihnen.**

Oder:

**Herr, nimm die Heimgegangenen auf in deinen Frieden,
laß sie wohnen im Licht deiner Herrlichkeit.**

TAGESGEBET

Allmächtiger Gott und Vater,
wir glauben und bekennen,
daß dein Sohn für uns gestorben und auferstanden ist.
Im Glauben an dieses Geheimnis
ist unser Bruder (unsere Schwester) N. von uns gegangen.
Wie er (sie) in Christus gestorben ist,
so laß ihn (sie) auch durch Christus auferstehen.
Darum bitten wir durch ihn,
der in der Einheit des Heiligen Geistes
mit dir lebt und herrscht in alle Ewigkeit.

Oder:

Gott,
du allein bist gut und allezeit barmherzig.
Wir bitten dich für unseren Bruder N.
(unsere Schwester N.),
den (die) du (heute) zu dir gerufen hast.
An dich hat er (sie) geglaubt und auf dich gehofft;
führe ihn (sie) zur wahren Heimat,
laß ihn (sie) die ewige Freude genießen
und in deinem Frieden geborgen sein.
Darum bitten wir durch Jesus Christus.

ZUR 1. LESUNG *Die lateinische Fassung von Ijob 19, 25–27 in der Vulgataübersetzung gab der alten Kirche Anlaß, diesen Text als Zeugnis des Glaubens an die leibliche Auferstehung zu deuten. Ein solches Verständnis geht sicher über den ursprünglichen Sinn der Ijobstelle hinaus. Trotzdem hat der Abschnitt auch heute noch seinen Platz in der Totenliturgie. In den älteren Schriften des Alten Testament steht zwar keine klare Aussage über das Fortleben nach dem Tod, doch hat sich die Offenbarung der Unsterblichkeit des einzelnen Menschen und seiner Auferstehung zu einem neuen Leben auf vielfache Weise vorbereitet. Der Glaube an die Gerechtigkeit Gottes, aber ebensosehr die Überzeugung, daß die Freundschaft eines Menschen mit Gott auch den Tod überdauern müsse, anderseits das Wissen um die unbegrenzte Macht und Größe Gottes: das alles führte immer mehr zur Überzeugung, daß der Tod nicht das Ende des Menschenlebens sein könne. Für Ijob, der alles verloren hat und den Tod vor sich sieht, bleibt am Schluß die Gewißheit, daß Gott lebt und daß er mächtiger ist als der Tod. Gegen den Gott der Vergeltung, wie seine Freunde, diese schlechten Tröster, ihn darstellten, flüchtet sich Ijob zum treuen und gerechten Gott, der für ihn eintreten wird. Ihm will er begegnen, und wäre es erst im Augenblick des Todes oder nach dem Tod („ohne mein Fleisch"). Jetzt hat Gott sein Gesicht vor Ijob verborgen (vgl. 13, 24), aber er wird sich ihm wieder zuwenden, nicht als Fremder (19, 27), sondern als Freund, und das wird die Erfüllung seines Lebens sein. – Zu 19, 25: Ijob 16, 19.*

ERSTE LESUNG
Ijob 19, 1.23–27a

Lesung aus dem Buch Ijob. ¹ Ijob sprach: ²³ Daß doch meine Worte geschrieben würden, in einer Inschrift eingegraben ²⁴ mit eisernem Griffel und mit Blei, für immer gehauen in den Fels! ²⁵ Ich weiß: mein Löser lebt, als Letzter erhebt er sich über dem Staub! ²⁶ Ohne meine Haut, die so zerfetzte, und ohne mein Fleisch werde Gott ich schauen. ²⁷ᵃ Ihn selber werde ich dann für mich schauen; meine Augen werden ihn sehen, nicht mehr freund.

1. ZWISCHENGESANG
Antwortpsalm: Ps 27 (26),
1.4.7–9.13–14

R Der Herr ist mein Licht und mein Heil. – R

Oder:

Ich bin gewiß, zu schauen
die Güte des Herrn im Lande der Lebenden. – R

Der Herr ist mein Licht und mein Heil:
vor wem sollte ich mich fürchten?
Der Herr ist die Kraft meines Lebens:
vor wem sollte ich bangen? – (R)

Eins nur erbitte ich vom Herrn,
danach verlangt mich:
im Hause des Herrn zu wohnen
alle Tage meines Lebens,
zu schauen die Freundlichkeit des Herrn. – (R)

Vernimm, o Herr, mein lautes Rufen;
sei mir gnädig und erhöre mich!

Dein Angesicht, Herr, will ich suchen.
Verbirg nicht dein Gesicht vor mir. – (R)

Ich aber bin gewiß, zu schauen
die Güte des Herrn im Lande der Lebenden.

Harre auf den Herrn und sei stark!
Hab festen Mut und harre auf den Herrn!

R Der Herr ist mein Licht und mein Heil.

Oder:

R Ich bin gewiß, zu schauen
die Güte des Herrn im Lande der Lebenden.

ZUR 2. LESUNG *Die Sünde der Menschen hat dazu gedient, das Erbarmen Gottes um so größer leuchten zu lassen. Gott hat uns wieder in seine Gemeinschaft aufgenommen. Die Taufe war ein Untertauchen in den Tod Jesu und ein Auferwecktwerden zu seinem Leben. Die Situation des Getauften ist der des auferstandenen Herrn ähnlich, ist aber nicht einfach dieselbe. Wir sind zwar in die Welt Gottes hineingenommen worden; durch Christus und in ihm hat Gott uns alles geschenkt; aber was wir empfangen haben, muß sich noch im Ja unseres Glaubens und unseres Gehorsams bewähren. Die Freiheit, die wir gewonnen haben, müssen wir gebrauchen, das neue Leben müssen wir leben lernen (6,4). Zwischen Tod und Herrlichkeit ist unser gegenwärtiges Leben gestellt. Wir glauben, daß wir mit Christus in der Herrlichkeit Gottes leben werden; wir wissen aber auch, daß dieses Leben ein Leben ist wie durch den Tod hindurch: ein tägliches Nachvollziehen unseres Sterbens mit Christus, und schließlich das Zurücklassen der Sterblichkeit überhaupt, um wie Christus und mit ihm ganz in Gott zu leben. – Zu 6,3: Kol 2,12. – Zu 6,5–7: Phil 3,10–11; Röm 8,11; Eph 2,6; Kol 3,9–10; Gal 5,24; 6,14; Kol 3,4–5. – Zu 6,9: Apg 13,34; Offb 1,18.*

ZWEITE LESUNG   Röm 6,3–9

Lesung aus dem Brief an die Römer. ³ Wißt ihr nicht, daß wir, die wir auf Christus Jesus getauft wurden, auf seinen Tod getauft sind? ⁴ Wir wurden mit ihm begraben durch die Taufe auf den Tod, damit so, wie Christus durch die Herrlichkeit des Vaters von den Toten auferweckt wurde, auch wir in dieser neuen Wirklichkeit leben. ⁵ Wenn wir nämlich mit der Gestalt seines Todes vereinigt worden sind, dann werden wir es auch mit der Gestalt seiner Auferstehung sein. ⁶ Das wissen wir: unser alter Mensch wurde mitgekreuzigt, damit der Leib der Sünde vernichtet wird und wir nicht Sklaven der Sünde bleiben. ⁷ Denn wer gestorben ist, der ist frei geworden von der Sünde. ⁸ Sind wir nun mit Christus gestorben, so glauben wir, daß wir auch mit ihm leben werden. ⁹ Wir wissen, daß Christus, von den Toten auferweckt, nicht mehr stirbt; der Tod hat keine Macht mehr über ihn.

2. ZWISCHENGESANG (Zum Evangelium) 2 Tim 2, 11–12a
(Halleluja.)
Wenn wir mit Christus gestorben sind,
werden wir auch mit ihm leben;
wenn wir standhaft bleiben,
werden wir auch mit ihm herrschen.
(Halleluja.)

ZUM EVANGELIUM *In der Form von Glückwünschen (Seligpreisungen) hat Jesus in der Bergpredigt die Grundweisen genannt, wie der Mensch in dieser Welt leben und der kommenden entgegengehen soll. Man hat die „acht Seligkeiten" als Einlaßbedingungen zur Gottesherrschaft bezeichnet; sie sind Zusage und Forderung zugleich. An erster Stelle werden die Armen genannt. Die hier Angesprochenen sind nicht einfach eine wirtschaftlich-soziale Gruppe; es sind die Menschen, die („vor Gott") wissen und bejahen, daß sie nichts haben und nichts können und daß sie ganz auf Gott angewiesen sind. Ihnen öffnet sich eine Dimension des Menschseins, die den Reichen und Satten verschlossen bleibt. Der Reiche (dieser „Narr", Lk 12, 20) meint leicht, über die Welt und sich selbst verfügen zu können; die Zeit ist für ihn alles, die Ewigkeit nichts. Der Arme dagegen ist offen für die kommende Welt Gottes, er sehnt sich nach ihr, und er wird sie finden, denn „ihnen gehört das Himmelreich". Die übrigen Seligpreisungen meinen inhaltlich das gleiche, aber jede trägt einen besonderen Akzent: die Trauernden, die Macht- und Gewaltlosen, die Hungrigen, die Barmherzigen. Sie haben keine irdische Sicherheit und brauchen auch keine. Sie sind das Gegenteil der Satten, Selbstzufriedenen und Selbstgerechten. In ihrem Herzen lebt die Unruhe zu Gott. Ein ärmliches Leben im Lob Gottes oder im Dienst an Kranken, Krüppeln, Obdachlosen gilt ihnen mehr als alle Herrlichkeit der Welt. Sie leben in dieser Welt so, wie Jesus gelebt hat. Sein Leben setzen sie in dieser Welt fort, ihn machen sie sichtbar. – Lk 6, 20–23. – Zu 5, 10: 1 Petr 3, 14.*

EVANGELIUM   Mt 5, 1–12a

✠ Aus dem heiligen Evangelium nach Matthäus.

Als Jesus die vielen Menschen sah, stieg er auf einen Berg. Er setzte sich, und seine Jünger traten zu ihm. ²Dann begann er zu reden und lehrte sie: ³Wohl denen, die vor Gott arm sind; denn ihnen gehört das Himmelreich. ⁴Wohl denen, die trauern; denn sie werden getröstet werden. ⁵Wohl denen, die keine Gewalt anwenden, denn sie werden das Land erben. ⁶Wohl denen, die hungern und dürsten nach der Gerechtigkeit; denn sie werden satt werden. ⁷Wohl denen, die barmherzig sind; denn sie werden Erbarmen finden. ⁸Wohl denen, die ein reines Herz haben; denn sie werden Gott sehen. ⁹Wohl denen, die Frieden stiften; denn sie werden Söhne Gottes genannt werden. ¹⁰Wohl denen, die um der Gerechtigkeit willen verfolgt werden; denn ihnen gehört das Himmelreich. ¹¹Wohl euch, wenn ihr um meinetwillen beschimpft und verfolgt und auf alle mögliche Weise verleumdet werdet. ¹²ᵃ Freut euch und jubelt: Euer Lohn im Himmel wird groß sein.

FÜRBITTEN

Jesus Christus hat durch sein Sterben die Macht des Todes gebrochen und uns das Tor zum Leben geöffnet. Ihn wollen wir bitten:

Für unseren Bruder (unsere Schwester) N., den (die) der Herr heimgerufen hat: *nimm ihn (sie) auf in deine Herrlichkeit.*
A.: Wir bitten dich, erhöre uns.

Für alle Verstorbenen, die von uns gegangen sind: schenke ihnen das ewige Leben.

Für alle, die dieser Tod erschüttert hat: tröste die Betrübten, und steh den Verlassenen bei.

Für uns alle, die wir den Tod noch vor uns haben: stärke uns im Glauben und in der Treue zu deinen Geboten.

Herr, allmächtiger Gott, du hast alle Menschen zum ewigen Heil berufen. Laß alle, für die wir hier beten, zu dir gelangen durch Christus, unseren Herrn.   A.: Amen.

GABENGEBET

Barmherziger Gott,
wir bringen unsere Gaben dar
für deinen Diener (deine Dienerin) N.
In seinem (ihrem) Leben hat er (sie)
an Christus, unseren Erlöser und Heiland, geglaubt;
darum sei ihm (ihr) Christus
auch ein gnädiger Richter.
Er, der mit dir lebt und herrscht in alle Ewigkeit.

Präfation, S. 1380 ff.

KOMMUNIONVERS Vgl. 4 Esr 2, 35.34

Das ewige Licht leuchte ihnen, o Herr,
bei deinen Heiligen in Ewigkeit;
denn du bist unser Vater.
Herr, gib ihnen das ewige Leben,
und das ewige Licht leuchte ihnen;
denn du bist unser Vater.

SCHLUSSGEBET

Barmherziger, gütiger Gott,
in diesem Sakrament hat uns Christus
seinen Leib als Wegzehrung hinterlassen.
Führe unseren verstorbenen Bruder
(unsere verstorbene Schwester) N.
durch die Kraft dieser Speise
[die er (sie) vor seinem (ihrem) Hinscheiden empfangen hat]
zum ewigen Gastmahl in deinem Reich.
Darum bitten wir durch Christus, unseren Herrn.

Wenn ein Requiem gesungen wird, vgl. S. 2260 ff.

B Außerhalb der Osterzeit

ERÖFFNUNGSVERS

Der Herr tue ihm (ihr) das Tor zum Paradies auf,
zur Heimkehr in das Land, wo kein Tod mehr ist,
in das Land der ewigen Freude.

TAGESGEBET

Barmherziger Gott,
du Zuflucht der Sünder,
du ewige Freude deiner Heiligen.
Befreie deinen Diener (deine Dienerin) N.,
den (die) wir heute zu Grabe geleiten (geleitet haben),
von den Fesseln des Todes.
Gib ihm (ihr) mit deinen Heiligen
Anteil am ewigen Leben
und rufe ihn (sie) am Tag der Auferstehung
vor dein Angesicht.
Darum bitten wir durch Jesus Christus.

Lesungen siehe S. 2240 ff.

GABENGEBET

Herr, unser Gott,
wir feiern das Opfer der Versöhnung
für deinen Diener (deine Dienerin) N.,
den (die) wir heute bestatten (bestattet haben).
Wenn noch Makel und Sünden an ihm (ihr) haften,
so tilge seine (ihre) Schuld in deinem Erbarmen.
Darum bitten wir durch Christus, unseren Herrn.

Präfation, S. 1380 ff.

KOMMUNIONVERS   Phil 3, 20–21

Wir erwarten den Retter, den Herrn Jesus Christus,
der unseren armseligen Leib verwandeln wird
in die Gestalt seines verherrlichten Leibes.

SCHLUSSGEBET

Allmächtiger Gott,
unser Bruder (unsere Schwester) N.
ist (heute) aus dieser Welt zu dir heimgekehrt.
Reinige ihn (sie) durch die Kraft dieses Opfers,
befreie ihn (sie) von der Last seiner (ihrer) Sünden
und laß ihn (sie) auferstehen zur ewigen Freude.
Darum bitten wir durch Christus, unseren Herrn.

Wenn ein Requiem gesungen wird, vgl. S. 2260 ff.

C In der Osterzeit

ERÖFFNUNGSVERS   1 Thess 4, 14; 1 Kor 15, 22

Wie Jesus gestorben und auferstanden ist,
so wird Gott auch die in Jesus Entschlafenen mit ihm vereinen.
Denn wie in Adam alle sterben,
so werden in Christus einst alle lebendig gemacht.

TAGESGEBET

Allmächtiger Gott,
in diesen österlichen Tagen
hat unser Glaube an die Auferstehung deines Sohnes
neue Kraft empfangen.
Stärke in uns die Hoffnung,
daß wir mit unserem Bruder (unserer Schwester) N.
zum ewigen Leben auferstehen werden.
Darum bitten wir durch Jesus Christus.

Lesungen siehe S. 2240 ff.

GABENGEBET

Herr, unser Gott,
schau gütig auf unsere Gaben.
Nimm deinen Diener (deine Dienerin) N. auf
in die Herrlichkeit deines Sohnes,
mit dem auch wir
durch das große Sakrament der Liebe verbunden sind.
Darum bitten wir durch Christus, unseren Herrn.

Präfation, S. 1380 ff.

KOMMUNIONVERS Joh 11,25–26

So spricht der Herr:
Ich bin die Auferstehung und das Leben;
wer an mich glaubt, wird leben, auch wenn er stirbt;
und jeder, der lebt und an mich glaubt,
wird in Ewigkeit nicht sterben. Halleluja.

SCHLUSSGEBET

Barmherziger Gott,
wir haben das Gedächtnis des Todes
und der Auferstehung Christi gefeiert
für unseren Bruder (unsere Schwester) N.
Führe ihn (sie) vom Tod zum Leben,
aus dem Dunkel in das Licht,
aus der Bedrängnis in deinen Frieden.
Darum bitten wir durch Christus, unseren Herrn.

Wenn ein Requiem gesungen wird, vgl. S. 2260 ff.

D Weitere Gebete für die Begräbnismesse

TAGESGEBET

Gott, du allein hast die Macht,
den Toten ewiges Leben zu schenken.
Erbarme dich deines Dieners (deiner Dienerin) N.,
der (die) an die Auferstehung deines Sohnes
geglaubt hat.
Vergib ihm (ihr) seine (ihre) Sünden.
Laß ihn (sie) in Herrlichkeit auferstehen
und ewig mit dir verbunden sein.
Darum bitten wir durch Jesus Christus.

GABENGEBET

Allmächtiger und barmherziger Gott,
du hast deinen Diener (deine Dienerin) N.
durch das Wasser der Taufe geheiligt.
Reinige ihn (sie) im Blute Christi
von seinen (ihren) Sünden
und führe ihn (sie) voll Erbarmen

zur letzten Vollendung.
Darum bitten wir durch Christus, unseren Herrn.

SCHLUSSGEBET

Herr, unser Gott,
wir haben das Mahl deines Sohnes gefeiert,
der sich für uns geopfert hat
und in Herrlichkeit auferstanden ist.
Erhöre unser Gebet
für deinen Diener (deine Dienerin) N.:
Läutere ihn (sie)
durch das österliche Geheimnis Christi
und laß ihn (sie) auferstehen zur ewigen Freude.
Darum bitten wir durch Christus, unseren Herrn.

BEIM JAHRESGEDÄCHTNIS

A Außerhalb der Osterzeit

ERÖFFNUNGSVERS   Offb 21,4

Der Herr wird jede Träne aus ihren Augen wischen:
der Tod wird nicht mehr sein, nicht Trauer noch Klage, noch Mühsal;
denn die alte Welt ist vergangen.

TAGESGEBET

Herr, unser Gott,
du bist das Licht der Glaubenden
und das Leben der Heiligen.
Du hast uns durch den Tod
und die Auferstehung deines Sohnes erlöst.
Sei deinem Diener (deiner Dienerin) N. gnädig,
der (die) das Geheimnis unserer Auferstehung
gläubig bekannt hat,
und laß ihn (sie) auf ewig deine Herrlichkeit schauen.
Darum bitten wir durch Jesus Christus.

ZUR 1. LESUNG *Der Tod am Ende eines langen und reichen Lebens war für die Israeliten der alten Zeit eine natürliche Gegebenheit und zu-*

gleich eine Glaubenserfahrung: Gott gibt das Leben, er gibt auch den Tod. Die Macht des Todes ist nichts anderes als Gottes eigene Macht. Nicht der „Schnitter Tod", sondern Gott ruft den Menschen ab, wann er will. Ein früher oder unglücklicher Tod mußte in dieser Sicht wie ein dunkles Problem erscheinen. Warum hat sich dieses Leben nicht vollenden dürfen? Oder auch: Was hat dieser Mensch getan, daß Gott ihn verlassen, sich von ihm abgewandt hat? „Ich bin zu den Toten weggerafft, wie Erschlagene, die im Grabe ruhen; an sie denkst du nicht mehr, denn sie sind deiner Hand entzogen", so betet fragend und klagend der 88. Psalm. In dem Abschnitt Weish 4,7–19 wird eine Antwort auf die Frage versucht: Warum sterben die Guten oft vor der Zeit, während die Gottlosen, wie es scheint, gesund und glücklich sind bis ins hohe Alter? Darauf gibt es eine Antwort nur für den glaubenden Menschen. Wer an keinen Gott und an kein Jenseits glaubt, für den sind das alles leere Worte, und er weiß nicht, wie leer und verloren sein eigenes Leben ist. Wer aber in seinem Leben auf Gott geschaut und das Gute getan hat, „der hat ein volles Leben gehabt" (4,13), auch wenn er früh gestorben ist. – Zu 4,7: Jes 57,1–2. – Zu 4,10: Gen 5,24; Sir 44,16; Hebr 11,5.

ERSTE LESUNG Weish 4,7–15

Lesung aus dem Buch der Weisheit. ⁷ Der Gerechte, kommt sein Ende auch früh, geht in Gottes Ruhe ein. ⁸ Denn ehrenvolles Alter besteht nicht in einem langen Leben und wird nicht an der Zahl der Jahre gemessen. ⁹ Mehr als graues Haar bedeutet für die Menschen die Klugheit, und mehr als Greisenalter wiegt ein Leben ohne Tadel. ¹⁰ Er gefiel Gott und wurde von ihm geliebt; da er mitten unter Sündern lebte, wurde er entrückt. ¹¹ Er wurde weggenommen, damit nicht Schlechtigkeit seine Einsicht verkehre und Arglist seine Seele täusche. ¹² Denn der Reiz des Bösen verdunkelt das Gute, und der Taumel der Begierde verdirbt den arglosen Sinn. ¹³ Früh vollendet, hat er doch ein volles Leben gehabt: ¹⁴ da seine Seele dem Herrn gefiel, enteilte sie aus der Mitte der Bösen. Die Leute sahen es, ohne es zu verstehen; sie nahmen sich nicht zu Herzen, ¹⁵ daß Gnade und Erbarmen seinen Auserwählten zuteil wird, Belohnung seinen Heiligen.

Messen für Verstorbene – Beim Jahresgedächtnis   2251

1. ZWISCHENGESANG
Antwortpsalm: Ps 42 (41), 2.3.5;
Ps 43 (42), 3–5

R Meine Seele dürstet nach Gott, nach dem lebendigen Gott.
Wann darf ich kommen und Gottes Antlitz schauen? – **R**

Wie der Hirsch lechzt nach frischem Wasser,
so lechzt meine Seele, Gott, nach dir. – (R)

Meine Seele dürstet nach Gott,
nach dem lebendigen Gott.
Wann darf ich kommen
und Gottes Antlitz schauen? – (R)

Das Herz geht mir über, wenn ich daran denke:
wie ich einherschritt in festlicher Schar zum Hause Gottes,
mit Jubel und Dank in feiernder Menge. – (R)

Sende dein Licht und deine Wahrheit,
daß sie mich leiten,
daß sie mich führen zu deinem heiligen Berg
und zu deiner Wohnung. – (R)

So will ich zum Altar Gottes treten,
zum Gott meiner Freude.
Jauchzend will ich auf der Harfe dich loben,
Gott, mein Gott. – (R)

Was bist du betrübt, meine Seele,
und bist so unruhig in mir?
Harre auf Gott; denn ich werde ihm noch danken,
dem Heil, auf das ich blicke, meinem Gott. – **R**

ZUR 2. LESUNG *Alle unsere Aussagen über Gott können nur Aussagen über den Gott sein, der auf vielfache Weise zu uns gesprochen hat und zu uns spricht. Wir erfahren ihn in der Geschichte und in der Begegnung mit den Menschen. Das endgültige Wort, das Gott in die Geschichte der Menschen hineingesprochen hat, ist der Sohn: das fleischgewordene und gekreuzigte Wort. Gott hat ihn vom Tod auferweckt und ihm alles unter-*

worfen. Aber vollkommen ist der Sieg Christi erst, wenn auch „der letzte Feind", der Tod (15, 26), überwunden ist. Für Jesus ist er überwunden durch die Auferstehung; im gegenwärtigen Leben der Kirche wird er überwunden durch die Taufe und das Leben aus der Taufe. Aber das Ziel des göttlichen Tuns und die Vollendung des Werkes Christi wird erst erreicht sein, wenn es keine Sünde und keinen Tod mehr gibt. Dann erst ist die Gottebenbildlichkeit des Menschen verwirklicht, die Gleichheit mit Christus hergestellt und die Freiheit vom Tod auf die gerettete Menschheit ausgedehnt. – Zu 15, 20: Röm 8, 11; Kol 1, 18; 1 Thess 4, 14. – Zu 15, 21–22: Röm 5, 12–21; 1 Kor 15, 45–49. – Zu 15, 24–25: Eph 1, 22; Ps 110, 1. – Zu 15, 26: Offb 20, 14; 21, 4. – Zu 15, 28: Eph 4, 6.

ZWEITE LESUNG 1 Kor 15, 20–24a. 25–28

Lesung aus dem ersten Brief an die Korinther. [20] Es steht fest, daß Christus von den Toten auferweckt worden ist, der Erste der Entschlafenen. [21] Da nämlich durch einen Menschen der Tod gekommen ist, kommt durch einen Menschen auch die Auferstehung der Toten. [22] Denn wie in Adam alle sterben, so werden in Christus einst alle lebendig gemacht. [23] Es gibt aber eine Reihenfolge: Erster ist Christus, dann folgen, wenn Christus erscheint, alle, die zu ihm gehören. [24a] Dann folgt das Ende, wenn er seine Herrschaft Gott dem Vater übergibt. [25] Denn er muß herrschen, bis Gott ihm alle Feinde unter die Füße gelegt hat. [26] Der letzte Feind, der vernichtet wird, ist der Tod. [27] Sonst hätte er ihm nicht alles zu Füßen gelegt. Wenn es aber heißt, alles sei unterworfen, ist offenbar der ausgenommen, der ihm alles unterwirft. [28] Wenn ihm dann alles unterworfen ist, wird auch er, der Sohn, sich dem unterwerfen, der ihm alles unterworfen hat, damit Gott herrscht über alles in allem.

2. ZWISCHENGESANG (Zum Evangelium) Joh 11, 25a.26

(Halleluja.)
So spricht der Herr:
Ich bin die Auferstehung und das Leben;
wer an mich glaubt, wird leben, auch wenn er stirbt,
und jeder, der lebt und an mich glaubt,
wird in Ewigkeit nicht sterben.
(Halleluja.)

ZUM EVANGELIUM *Die entscheidende Aussage dieses Evangeliums steht in den Versen 25–26: „Ich bin die Auferstehung und das Leben; wer an mich glaubt, wird leben, auch wenn er stirbt ..." In 3, 36 (vgl. 6, 47) hieß es: „Wer an den Sohn glaubt, h a t das ewige Leben"; er hat es wirklich, schon jetzt. Zwar haben wir nur einen Anfang, nur eine Anzahlung sozusagen, aber der Anfang trägt verborgen schon die Fülle in sich; die Wirklichkeit, die wir jetzt im Glauben besitzen, ist dieselbe, die wir einst in unmittelbarer Klarheit erfahren werden. Es ist wahr, daß unser Leben, seit Christus uns erlöst hat, nicht mehr dem Tod, sondern dem Leben entgegengeht. Der körperliche Tod, der jedem von uns bevorsteht, ob er glaubt oder nicht, hat für den Glaubenden seine frühere Bedeutung verloren; er ist nicht mehr das Ende, sondern eine Durchgangsstufe, eine Tür, hinter der das Leben wartet. „Ich bin die Tür", hat Jesus gesagt; „wer durch mich eintritt, wird gerettet werden" (Joh 10, 9). Er hat auch gesagt: „Ich bin das Licht der Welt ...; wer mir nachfolgt, wird das Licht des Lebens haben" (Joh 8, 12). „Ich lebe, und auch ihr werdet leben" (Joh 14, 19). Was wir in dieser Zeit Leben nennen, kann uns nur eine schwache Vorahnung von der Fülle des Lebens geben, das wir empfangen werden, wenn unser kleines dunkles Ich ganz in das lichte Ich Christi aufgenommen ist. – Zu 11, 25–26: Joh 8, 51; Mt 22, 31–32; Joh 5, 24; 1 Joh 3, 14.*

EVANGELIUM Joh 11, 17–27

✝ Aus dem heiligen Evangelium nach Johannes.
Als Jesus nach Betanien kam, stellte er fest, daß Lazarus schon vier Tage im Grab lag. ¹⁸Betanien war nahe bei Jerusalem, etwa fünfzehn Stadien entfernt. ¹⁹Viele Juden waren zu Marta und Maria gekommen, um sie wegen ihres Bruders zu

trösten. [20] Als Marta hörte, daß Jesus kam, ging sie ihm entgegen; Maria aber blieb im Haus. [21] Marta sagte zu Jesus: Herr, wenn du hier gewesen wärest, dann wäre mein Bruder nicht gestorben. [22] Aber auch jetzt weiß ich: Alles, was du von Gott erbittest, wird Gott dir geben. [23] Jesus sagte zu ihr: Dein Bruder wird auferstehen. [24] Marta erwiderte ihm: Ich weiß, daß er auferstehen wird bei der Auferstehung am Letzten Tag. [25] Jesus sprach zu ihr: Ich bin die Auferstehung und das Leben; wer an mich glaubt, wird leben, auch wenn er stirbt, [26] und jeder, der lebt und an mich glaubt, wird in Ewigkeit nicht sterben. Glaubst du das? [27] Marta antwortete ihm: Ja, Herr, ich glaube, daß du der Messias bist, der Sohn Gottes, der in die Welt kommen soll.

FÜRBITTEN

Zu Jesus Christus, dem Sieger über den Tod, wollen wir beten:

Vergib deinem Diener (deiner Dienerin), dessen (deren) wir heute besonders gedenken, alle Schuld, und vollende sein (ihr) Leben in deiner Liebe.
A.: Wir bitten dich, erhöre uns.

Vergilt unseren verstorbenen Wohltätern das Gute, das sie für uns getan haben, und schenke ihnen das ewige Leben.

Erbarme dich aller Kranken, und sei den Sterbenden nahe.

Bewahre uns in deinem Dienst und in der Hoffnung auf die Auferstehung.

Denn du bist die Auferstehung und das Leben. Dir sei Lobpreis und Ehre in Ewigkeit.   A.: Amen.

GABENGEBET

Herr, sieh gnädig auf die Gaben,
die wir für deinen Diener (deine Dienerin) N. darbringen.
Reinige ihn (sie) durch das heilige Opfer
und schenk ihm (ihr) bei dir Leben und Seligkeit.
Darum bitten wir durch Christus, unseren Herrn.

Messen für Verstorbene – Beim Jahresgedächtnis

Präfation, S. 1380 ff.

KOMMUNIONVERS Joh 11, 25; 3, 36; 5, 24
So spricht der Herr:
Ich bin die Auferstehung und das Leben.
Wer an mich glaubt, hat das ewige Leben,
und er kommt nicht ins Gericht,
sondern er ist aus dem Tod ins Leben hinübergegangen.

SCHLUSSGEBET

Barmherziger Gott,
durch die Feier der heiligen Geheimnisse
schenkst du uns Verzeihung und neues Leben.
Wir beten für unseren verstorbenen Bruder N.
(unsere verstorbene Schwester N.).
Gib, daß er (sie), gereinigt von aller Schuld,
zur Fülle des Lebens aufersteht.
Darum bitten wir durch Christus, unseren Herrn.

Wenn ein Requiem gesungen wird, vgl. S. 2260 ff.

B Außerhalb der Osterzeit

ERÖFFNUNGSVERS

Herr Jesus, du hast für alle dein Blut vergossen,
gib den Verstorbenen ewiges Leben,
ewigen Frieden und die Vollendung in dir.

TAGESGEBET

Barmherziger Gott, du Herr über Leben und Tod,
erhöre unsere Gebete beim Jahresgedächtnis
deines Dieners (deiner Dienerin) N.
Wie der Tau die Erde erfrischt,
so erquicke ihn (sie) mit deinem Erbarmen
und nimm ihn (sie) auf
in die Gemeinschaft deiner Heiligen.
Darum bitten wir durch Jesus Christus.

Lesungen siehe 2250 ff.

GABENGEBET

Gütiger Gott, erhöre unser Gebet.
Nimm das Opfer der Versöhnung und des Lobes an,
das wir für deinen Diener (deine Dienerin) N. darbringen,
und gib ihm (ihr) Anteil am Erbe deiner Heiligen im Licht.
Darum bitten wir durch Christus, unseren Herrn.

Präfation, S. 1380 ff.

KOMMUNIONVERS

Herr, du bist die Ruhe nach Arbeit und Mühen,
du bist das Leben nach dem Tod.
Herr, gib ihnen die ewige Ruhe!

SCHLUSSGEBET

Barmherziger Gott,
wir haben für deinen Diener (deine Dienerin) N.
Gebete und Gaben dargebracht
und für ihn (sie) das heilige Opfer gefeiert.
Vergib ihm (ihr) seine (ihre) Sünden,
tilge jeden Makel, der ihm (ihr) noch anhaftet,
und laß ihn (sie) schauen,
was du denen bereitet hast, die dich lieben.
Darum bitten wir durch Christus, unseren Herrn.

Wenn ein Requiem gesungen wird, vgl. S. 2260 ff.

C   In der Osterzeit

ERÖFFNUNGSVERS Vgl. Röm 8, 11

Gott, der Jesus von den Toten auferweckt hat,
wird auch unseren sterblichen Leib lebendig machen
durch seinen Geist, der in uns wohnt. Halleluja.

TAGESGEBET

Allmächtiger und barmherziger Gott,
dein Sohn hat am Kreuz
den Tod auf sich genommen,
den alle Menschen sterben;
du aber hast ihn am dritten Tag

zu neuem Leben auferweckt.
Erbarme dich unseres verstorbenen Bruders N.
(unserer verstorbenen Schwester N.)
und gib ihm (ihr) Anteil
am Ostersieg unseres Herrn Jesus Christus,
der in der Einheit des Heiligen Geistes
mit dir lebt und herrscht in alle Ewigkeit.

Lesungen siehe S. 2250 ff.

GABENGEBET

Allmächtiger und barmherziger Gott,
du hast deinen Diener (deine Dienerin) N.
durch das Wasser der Taufe geheiligt.
Reinige ihn (sie) im Blute Christi
von seinen (ihren) Sünden
und führe ihn (sie) voll Erbarmen
zur letzten Vollendung.
Darum bitten wir durch Christus, unseren Herrn.

Präfation, S. 1380 ff.

KOMMUNIONVERS Joh 6, 51

So spricht der Herr:
Ich bin das lebendige Brot, das vom Himmel herabgekommen ist.
Wer von diesem Brot ißt, wird leben in Ewigkeit.
Und das Brot, das ich geben werde, ist mein Fleisch.
Ich gebe es hin für das Leben der Welt. Halleluja.

SCHLUSSGEBET

Herr,
wir haben das Mahl deines Sohnes gefeiert,
der sich für uns geopfert hat
und in Herrlichkeit auferstanden ist.
Erhöre unser Gebet
für deinen Diener (deine Dienerin) N.
Läutere ihn (sie)
durch das österliche Geheimnis Christi
und laß ihn (sie) auferstehen zur ewigen Freude.
Darum bitten wir durch Christus, unseren Herrn.

D Weitere Gebete beim Jahresgedächtnis I

TAGESGEBET

Herr, unser Gott,
rette unseren Bruder (unsere Schwester) N.
durch das heilbringende Leiden deines Sohnes
und schenke ihm (ihr) die Verzeihung,
die er (sie) in seinem (ihrem) Leben ersehnt hat.
Laß ihn (sie) im Licht der Wahrheit
dein Angesicht schauen
und in dir seine (ihre) Vollendung finden.
Darum bitten wir durch Jesus Christus.

GABENGEBET

Herr, unser Gott,
wir bringen das Opfer dar
für unseren Bruder (unsere Schwester) N.
Du hast ihm (ihr)
in der Taufe das Licht des Glaubens geschenkt;
führe ihn (sie) vom Glauben zum Schauen
und laß ihn (sie) auf ewig bei dir sein.
Darum bitten wir durch Christus, unseren Herrn.

SCHLUSSGEBET

Herr, du hast uns das Brot gegeben,
das Heil und Leben schenkt.
Erhöre unser Gebet
für unseren verstorbenen Bruder N.
(unsere verstorbene Schwester N.):
Reinige ihn (sie)
durch dieses Mahl von allen Sünden
und führe ihn (sie) zum ewigen Gastmahl
in deinem Reich.
Darum bitten wir durch Christus, unseren Herrn.

Messen für Verstorbene – Beim Jahresgedächtnis

E Weitere Gebete beim Jahresgedächtnis II

TAGESGEBET

Gott, du bist reich an Erbarmen
für alle, die zu dir kommen.
Schenke deinem Diener (deiner Dienerin) **N.**,
dessen (deren) Todestag wir begehen,
seligen Frieden, ewige Ruhe
und den Glanz deines Lichtes.
Darum bitten wir durch Jesus Christus.

GABENGEBET

Herr und Gott,
nimm die Gebete und Gaben,
die wir für das Heil deines Dieners **N.**
(deiner Dienerin **N.**) darbringen, gnädig an.
Schenke ihm (ihr) die volle Erlösung
und die ewige Freude.
Darum bitten wir durch Christus, unseren Herrn.

SCHLUSSGEBET

Barmherziger Gott,
wir haben das Opfer dargebracht
für unseren verstorbenen Bruder **N.**
(unsere verstorbene Schwester **N.**)
Befreie ihn (sie) durch dieses Sakrament
von allen Sünden
und nimm ihn (sie) auf in dein beseligendes Licht.
Darum bitten wir durch Christus, unseren Herrn.

REQUIEM

ZUR ERÖFFNUNG

V: Réquiem **A:** æ-tér-nam do-na e-is, Dó-mi-ne: et lux per-pé-tu-a lú-ce-at e-is. **V:** Te de-cet hymnus, Deus, in Sion, et ti-bi red-dé-tur vo-tum in Ie-rú-sa-lem: **A:** Ex-áu-di o-ra-ti-ó-nem me-am, ad te om-nis ca-ro vé-ni-et. **V:** Ré-qui-em ...

KYRIE

ZWISCHENGESANG

- - - - - na é - rit iú - - - stus: ab audi-ti-ó-ne má- - - - la * non ti-mé-bit.

TRACTUS

Ab-sól - ve, * Dó-mi-ne, á-nimas ómnium fi-dé-li-um defunctó - rum ab ómni vín-cu-lo de-li - ctó-rum. V: Et gráti-a tú-

Messen für Verstorbene – Requiem

mi - se - ré - re nó - bis.   A - gnus Dé - i,

* qui tól-lis peccá-ta mún-di : dó - na nó-bis pa-cem.

ZUR KOMMUNION

V: Lux æ - tér - na **A:** lú - ce - at é - is, Dó - mi - ne:

Cum sánctis tú - is in æ - tér - num, quí - a pí - us es.

V: Ré - qui - em æ - tér - nam dó - na é - is, Dó - mi - ne,

et lux perpé - tu - a lú - ce - at é - is. **A:** Cum sánctis

tú - is in æ - tér - num, quí - a pí - us es.

VERZEICHNIS DER SCHRIFTLESUNGEN

Altes Testament

Genesis
1,1–19	832
1,20–2,4a	840
1,26–2,3	1796
2,4b–9.15–17	848
2,18–25	855
3,1–8	861
3,9–15.20	1426
3,9–24	867
4,1–15.25	876
6,5–8; 7,1–5.10	883
8,6–13.15–16a.18a.20–22	889
9,1–13	896
11,1–9	903
12,1–4a	2180
12,1–7	2119
12,1–9	1128
13,2.5–18	1134
15,1–12.17–18	1142
16,1–12.15–16	1149
16,6b–12.15–16	1151
17,1a.3–9	399
17,1.9–10.15–22	1158
18,1–15	1165
18,16–33	1174
19,15–29	1182
21,5.8–20	1189
22,1–19	1196
23,1–4.19; 24,1–8.62–67	1203
27,1–5.15–29	1210
37,3–4.12–13a.17b–28	280
49,1–2.8–10	87

Exodus
17,1–7	292
32,7–14	355

Levitikus
19,1–2.11–18	230
19,1–2.17–18	2181

Numeri
21,4–9	388
24,2–7.15–17a	62

Deuteronomium
4,1.5–9	310
6,3–9	2182
10,8–9	2158
26,16–19	256
30,15–20	216

Richter
13,2–7.24–25a	96

1 Samuel
1,1–8	666
1,9–20	672
1,24–28	112
3,1–10.19–20	678
4,1b–11 (1–11)	685
8,4–7.10–22a	692
9,1–4.17–19; 10,1 (1a)	699
15,16–23	706
16,1b.6–13a	2159
16,1–13	713
17,32–33.37.40–51	719
18,6–9; 19,1–7	727
24,3–21	734

2 Samuel
1,1–4.11–12.17.19.23–27	741
5,1–7.10	748
6,12b–15.17–19	754
7,1–5.8b–12.14a.16	122
7,4–5a.12–14a.16	1696
7,4–17	760
7,18–19.24–29	768
11,1–4a.c.5–10a.13–17	774
12,1–7a.10–17	782
15,13–14.30; 16,5–13a	791

Verzeichnis der Schriftlesungen

18,6.9–10.14b.24–25a.30 bis 19,3	798
24,2.9–17	806

1 Könige

2,1–4.10–12	813
3,4–13	826
3,11–14	2167
8,1–7.9–13	835
8,22–23.27–30	843
10,1–10	850
11,4–13	857
11,29–32; 12,19	863
12,26–32; 13,33–34	870
17,1–6	1042
17,7–16	1048
18,20–39	1055
18,41–46	1063
19,4–9a.11b–15a	2183
19,9a.11–16	1069
19,16b.19–21	2185
19,19–21	1077
21,1–16	1084
21,17–29	1091

2 Könige

2,1.4b.6–14	1098
4,18b–21.32–37	369
5,1–15a	299
11,1–4.9–18.20	1113
17,5–8.13–15a.18	1130
19,9b–11.14–21.31–35a.36	1136
22,8–13; 23,1–3	1145
24,8–17	1153
25,1b–12 (1–12)	1160

1 Chronik

15,3–4.15–16; 16,1–2	2121

2 Chronik

24,17–25	1121
24,18–22	2149

Tobit

1,3; 2,1b–8	996
2,9–14	1003
3,1–11a.16–17a	1009
6,10–11; 7,1.8(9)–17; 8,4–9(9a)	1017

8,4b–8	2186
11,5–17	1024
12,1.5–15.20	1031
12,6–13	1600

Judit

8,2–8	2187

Ester

4,17b–17e.17h (17b–17g.17l)	2188
4,17k.17l–m.17r–t (4,17n.p–r.aa–bb.gg–hh)	246

2 Makkabäer

6,18.21.24–31	2150
7,1–2.7a.9–14	1885
7,1.20–23.27b–29	2152

Sprichwörter

8,22–31	2122
16,1–12	1674
31,10–13.19–20.30–31	1437 1670

Hoheslied

2,8–14	107
8,6–7	1607

Weisheit

2,1a.12–22	360
3,1–9	2028
5,1–5	1830
6,12–19	1535
7,7–10.15–16	1563
9,1–6.9–10.12a	1588
10,10–14	1916

Jesus Sirach

1,1–10	918
2,1–11 (1–13)	925
2,7–11 (7–13)	2189
3,17–25 (19–26)	2190
4,11–19 (12–22)	931
5,1–8 (1–10)	937
6,5–17	943
15,1–6	2168
17,1–4.6–15 (1–13)	949
17,24–29 (20–28)	956

24,1–4.8–12.19–22 (1–2.5–7.12–16.26–30)	2123
26,1–4.13–16 (1–4.16–21)	2191
35,1–15	962
36,1–2.5–6.13.16–22 (1–2a.5–6.13–19)	969
39,6–10 (8–14)	2169
42,15–21b	1842
42,15–25 (15–26)	975
44,1.9–13	982
47,2–11 (2–13)	819
48,1–4.9–11	58
48,1–14 (1–15)	1106
51,1–8 (1–12)	2153
51,12c–20 (17–28)	988

Jesaja

1,10.16–20	265
2,1–5	4
4,2–6	5
6,1–8	1415
7,10–14	102 1707
9,1–6	2124
11,1–10	10
25,6–10a	15
26,1–6	20
29,17–24	25
30,19–21.23–26	29
35,1–4a.5–6.10	1441
35,1–10	34
40,1–11	40
40,25–31	45
41,13–20	49
42,5a.1–7	415
45,6b–8.18.21b–25	72
48,17–19	54
49,1–6	420 1949
49,8–15	349
50,4–9a	426
52,7–10	1489 1580
54,1–10	76
55,10–11	236
56,1–3a.6–8	82
58,1–9a	220
58,6–11	2192
58,9b–14	225
61,1–3a	1912
61,9–11	1870
65,17–21	338
66,10–14c	1611

Jeremia

1,4–9	2160
1,4–10	1943
7,23–28	315
11,18–20	365
17,5–10	275
18,18–20	270
20,7–9	2193
20,10–13	404
23,5–8	92

Klagelieder

2,2.10–14.18–19	1167

Ezechiel

3,16–21	2161
18,21–28	251
34,11–16	1479 1744
	1897 1984
37,21–28	409
47,1–9.12	343

Daniel

3,14–21.49.91–92.95	393
3,25.34–43	305
9,4b–10	261
13,1–9.15–17.19–30.33–62	376
13,41c–62	380

Hosea

2,16b.17b.21–22	2177
6,1–6	325
14,2–10	320

Joel

2,12–18	207

Amos

2,6–10.13–16	1177
3,1–8; 4,11–12	1184
5,14–15.21–24	1191
7,10–17	1199
8,4–6.9–12	1206
9,11–15	1214

Verzeichnis der Schriftlesungen

Jona
3,1–10 241

Micha
5,1–4a 2125
6,6–8 2194
7,7–9 330
7,14–15.18–20 286

Zefanja
2,3; 3,12–13 2195

3,1–2.9–13 67
3,14–17 (14–18a) 108
3,14–18 1992

Sacharja
2,14–17 2127

Maleachi
3,1–4 1573
3,1–4.23–24 117

Neues Testament

Matthäus
1,1–17 88
1,1–16.18–23 2135
1,16.18–21.24a 1699
1,18–23 2137
1,18–24 94
2,13–15.19–23 2139
2,13–18 1471
4,12–17.23–25 177
4,18–22 1388
5,1–12a 1888
5,1–12 1044
5,13–16 . . . . 1050 1590
5,13–19 . . . . . 1506 1537 1779
 . . . . 1878 1962
5,17–19 . . . . 312 1058
5,20–26 . . . . 253 1065
5,21–24 1676
5,27–32 1072
5,33–37 1078
5,38–42 1087
5,43–48 . . . . 258 1094
6,1–6.16–18 . . . . 210 1100
6,7–15 . . . . 238 1108
6,19–23 1116
6,24–34 1123
7,1–5 1132
7,6.12–14 1140
7,7–12 247
7,15–20 1147
7,21.24–27 22
7,21–27 2206
7,21–29 . . . . . 1155 1755 1848
8,1–4 1162
8,5–11 7
8,5–17 1170
8,18–22 1179
8,23–27 1186
8,28–34 1193
9,1–8 1201
9,9–13 1208
9,14–15 223
9,14–17 1216
9,27–31 27
9,35–38 . . . . . 1655 1705 1868
9,35–10,1.6–8 31
10,7–13 1908
10,17–22 . . 1461 1532 1815 1824
10,22–25a 1805
10,28–33 . . . . 1520 1832
10,34–39 . . . . . 1403 1659 1940
11,7b.11–15 51
11,16–19 55
11,25–30 . . . . . 1789 1828 1844
11,28–30 46
12,46–50 2140
13,44–46 1528
13,47–52 2172
13,54–58 1800
15,29–37 17
16,13–19 . . . 1481 1631 1853 1980
16,24–27 . . . . 1477 1524
17,9a.10–13 59
18,1–5 . . . . 1569 1733

18,12–14	42
18,21–35	307
19,3–12	2178
19,16–26	1511 1957
19,27–29	1622 2025
20,17–28	271
21,23–27	64
21,28–32	69
21,33–43.45–46	283
22,34–40	1672 1931
23,1–12	267
23,8–12	1412 1487 1565
24,4–13	1990
25,1–13	1446 1646
25,14–23	2207
25,14–30	1407
25,31–40	1501 1663 2012
25,31–46	232 1499 2010
26,14–25	428
28,8–15	434 441
28,16–20	1490 1597

Markus

1,7–11	166
1,14–20	668 1581 1784
1,21–28	674
1,29–39	681
1,40–45	687
2,1–12	694
2,13–17	701
2,18–22	708
2,23–28	715
3,1–6	722
3,7–12	729
3,13–19	737
3,20–21	743
3,22–30	750
3,31–35	756 1439 1858
4,1–9	2175
4,1–10.13–20	2174
4,1–20	763
4,21–25	770
4,26–34	777
4,35–41	785
5,1–20	793
5,21–43	800
6,1b–6	808
6,7–13	814

6,14–29	821
6,30–34	828
6,34–44	182
6,45–52	188
6,53–56	837
7,1–13	845
7,14–23	852
7,24–30	859
7,31–37	865
8,1–10	872
8,11–13	881
8,14–21	887
8,22–26	893
8,27–33	900
8,34–9,1	907
9,2–13	914
9,14–29	921
9,30–37	929
9,34–37	1561
9,38–40	935
9,41–50	941
10,1–12	947
10,13–16	953 2017
10,17–27	960 1604
10,17–30	1602
10,28–31	966
10,32–45	972
10,46–52	979
11,11–25	985
11,27–33	992
12,1–12	1000
12,13–17	1007
12,18–27	1014
12,28b–34	322 1022
12,35–37	1029
12,38–44	1036
16,9–15	465
16,15–18	1550
16,15–20	1398 1585 1774

Lukas

1,5–17	1946
1,5–25	98
1,26–38	104 1429 1710
1,39–45	110
1,39–47	2141
1,39–56	1995
1,46–56	114

1,57–66	119
1,57–66.80	1952
1,67–79	124
2,1–14	2142
2,15b–19	2143
2,22–32	1577
2,22–35	130
2,22–40	1575
2,27–35	2144
2,36–40	135
2,41–51a	1700
2,41–51	1872
2,41–52	2145
3,23.31–34.36.38	167
3,23–38	166
4,14–22a	193
4,16–21	1716
4,24–30	302
5,1–11	1688
5,12–16	198
5,17–26	37
5,27–32	227
6,17–23	2030
6,27–38	1456
6,36–38	262
6,43–45	1724 1904
7,18b–23	74
7,24–30	79
9,22–25	218
9,23–26	1594
9,57–62	1819 1840
10,1–9	1417 1556 1617 1914
10,21–24	12
10,38–42	1609
11,14–23	317
11,27–28	2147
11,29–32	243
11,33–36	1443
12,32–34	1680 1720 1936
12,35–40	1495 1728 1751
14,25–33	1451 1899 1926
15,1–3.11–32	288
16,19–31	277
18,9–14	327
22,24–30	1836
24,13–35	446
24,35–48	454

Johannes

1,1–18	139
1,19–28	145
1,29–34	150
1,35–42	155
1,43–51	160
2,1–11	172 1612
3,1–8	471
3,7–15	476
3,16–21	482
3,22–30	203
3,31–36	487
4,5–42	295
4,43–54	340
5,1–16	346
5,17–30	351
5,31–47	357
5,33–36	84
6,1–15	492
6,16–21	497
6,22–29	501
6,30–35	507
6,35–40	512
6,44–51	517
6,52–59	523
6,60–69	529
7,1–2.10.25–30	362
7,40–53	367
8,1–11	383
8,12–20	384
8,21–30	390
8,31–42	396
8,51–59	401
9,1.6–9.13–17.34–38	335
9,1–41	332
10,1–10	535
10,11–16	1393 1422 1769 1986
10,11–18	536
10,22–30	541
10,31–42	405
11,1–45	371
11,45–57	411
12,1–11	417
12,24–26	1761 2021
12,44–50	546
13,16–20	551
13,21–33.36–38	422
14,1–6	556 1922

14,6–14	1809
14,7–14	561
14,21–26	567
14,27–31a	572
15,1–8	577 1626 1693 1764
15,7–11	1684
15,9–11	583
15,9–17	1434 1541 1641 1650 1668 1746 2005
15,12–17	588
15,14–16a.18–20	1893
15,18–21	594 1636 1742 1918
15,26–16,4a	599
16,5–11	604
16,12–15	610
16,16–20	615
16,20–23a	621
16,23b–28	626
16,29–33	631
17,1–11a	636
17,6a.11b–19	642 1737 1883
17,20–26	647 1863 1967
19,25–27	2148
20,2–8	1466
20,11–18	440 448
20,24–29	2000
21,1–14	460
21,1.15–17	1516 1793
21,1.15–19	653 1974
21,20–25	658

Apostelgeschichte

1,12–14	2128
1,15–17.20ac–26	1638
2,14.22–23	432
2,14.22–24.32–36	2170
2,14a.36–41	438
3,1–10	444 1971
3,11–26	451
4,1–12	457
4,8–12	1838
4,13–21	463
4,23–31	469
4,32–35	2196
4,32–37	474
5,17–26	479
5,27–33	485
5,34–42	489
6,1–7	495
6,8–15	500
6,8–10;7,54–60	1459
7,51–8,1a	505
7,55–60	2154
8,1b–8	510
8,26–40	515
9,1–20	521
9,1–22	1547
9,31–42	526
11,1–18	532
11,19–26	539
11,21b–26;13,1–3	1906
12,1–11	1977
12,24–13,5	544
13,13–25	549
13,16.22–26	1950
13,26–33	554
13,44–52	559
13,46–49	1615
14,5–18	564
14,19–28	570
15,1–6	575
15,7–21	581
15,22–31	586
16,1–10	592
16,11–15	597
16,22–34	602
17,15.22–18,1	607
18,1–8	613
18,9–18	619
18,23–28	624
19,1–8	629
20,17–27	634
20,17–18a.28–32.36	1432 1851
20,28–38	640
22,1a.3–16	1545
22,30;23,6–11	645
25,13–21	651
26,19–23	1891
28,16–20.30–31	656

Römer

4,13.16–18.22	1698
5,1–5	1584
5,12.17–19	2132
8,26–30	1620
8,28–30	2133

8, 31b–39 . 1401 1657 1666 1988	
10, 9–18	1386
12, 1–6a.9–11	1817
12, 3–13	2163
12, 9–16b	1993

1 Korinther

1, 18–25 . . . . . 1653 1782 1876	
1, 26–31 . . . . . 1526 1592 1682	
2, 1–10a 1449 1777	
2, 10b–16	1847
4, 1–5	1792
4, 9–14	1678
6, 13c–15a.17–20	2019
7, 25–35	1856
9, 16–19.22–23	1396
12, 31 – 13, 13	2198
13, 4–13	2199
15, 1–8	1808

2 Korinther

1, 1–7	1040
1, 18–22	1047
3, 1b–6a	2164
3, 4–11	1053
3, 15 – 4, 1.3–6	1061
4, 1–2.5–7	1723
4, 7–15 . . . . 1067 1530	
5, 14–20	1493
5, 14–21	1075
5, 20 – 6, 2	209
6, 1–10 . . . . 1082 1920	
6, 4–10	1881
8, 1–9	1089
8, 9–15	1934
9, 6–11	1096
10, 17 – 11, 2	1445
11, 1–11	1104
11, 18.21b–30	1111
12, 1–10	1119

Galater

1, 11–20	1972
2, 19–20	1596
4, 4–7	2134
6, 14–16	2201

Epheser

1, 3–6.11–12	1427

2, 19–22	1999
3, 8–12 . . . . 1420 1540	
3, 14–19	1754
4, 1–7.11–13 . . . . 1411 1485	
6, 10–13.18	1509

Philipper

1, 21 – 2, 2	1758
3, 8–14 . . . . 1648 1718 1925	
4, 4–9 . . . . 1567 1861	

Kolosser

1, 24–29	2165
3, 12–17	1902
3, 14–15.17.23–24	1798

1 Thessalonicher

2, 2b–8	1866
2, 8–13	1714

1 Timotheus

5, 3–10	1955

2 Timotheus

1, 1–3.6–12	1012
1, 1–8	1553
1, 13–14; 2, 1–3 . . . . 1405 1703	
	1731 2015
2, 8–15	1020
2, 8–13; 3, 10–12 . . . 1475 1740	
2, 22b–26	1965
3, 10–17	1027
4, 1–5 . . . . . . 1625 1727 1960	
4, 1–8	1034
4, 6–8.17–18	1979

Titus

1, 1–5	1555

Hebräer

1, 1–6	664
2, 5–12	670
2, 11–12.13c–18 . . . . 677 1574	
3, 7–14	683
4, 1–5.11	690
4, 12–16	697
5, 1–10	704
6, 10–20	711

7,1–3.15–17	718
7,25–8,6	725
8,6–13	732
9,2–3.11–14	739
9,15.24–28	746
10,1–10	752
10,4–10	1709
10,11–18	758
10,19–25	766
10,32–36	2155
10,32–39	772
11,1–7	910
11,1–2.8–19	779
11,32–40	789
12,1–4	796
12,4–7.11–15	804
12,18–19.21–24	811
13,1–8	817
13,7–8.15–16	2004
13,7–8.15–17.20–21	2023
13,15–17.20–21	824

Jakobus
1,1–11	879
1,2–4.12	2156
1,12–18	885 1391
1,19–27	891
2,1–9	898
2,14–17	1454 1497
2,14–24.26	905
3,1–10	912
3,13–18	920
4,1–10	927
4,13–17	933
5,1–6	939
5,9–12	945
5,13–20	951

1 Petrus
1,3–9	958
1,8–12	1945
1,10–16	964.
1,18–25	970
2,2–5.9–12	977
3,1–9	2202

3,14–17	1518
4,7b–11	1559 1687 1749
4,7–13	983
4,12–19	1522 1938
5,1–4	1514 1629
5,5b–14	1772

2 Petrus
1,2–7	998
3,12–15a.17–18	1005

1 Johannes
1,1–4	1465
1,5–2,2	1469 1786
2,3–11	128
2,12–17	133
2,18–21	138
2,18–25	1504
2,22–28	143
2,29–3,6	148
3,7–10	153
3,11–21	158
3,14–18	1661 2008
3,22–4,6	175
4,7–10	180
4,7–16	2204
4,11–18	186
4,19–5,4	191
5,1–5	1691 1803 1929
5,5–13	164 196
5,14–21	170 201

Judas
17.20b–25	990

Offenbarung
2,8–11	1634
3,7b–8.11–12	1767
3,14b.20–22	1834
7,9–17	1821
11,19a; 12,1–6a.10ab	2129
12,10–12a	1735 1813
19,1.5–9a	1644 1826
21,1–5a	2130
21,5–7	1763

VERZEICHNIS DER ANTWORTPSALMEN

I. Psalmen

1, 1–2.3.4 u. 6 . . 54 217 276 937 1679 1732 2016
2, 1–3.4–6.7–9 470
2, 6–7.8–9.10–11 555
2, 7–8.10–11 176
3, 2–3.4–5.6–7 792
3, 2 u. 86 (85), 7.18 (17), 2–3. 31 (30), 15 u. 16 2004
4, 2.3–4.7–8 1049
5, 3 u. 5.6–7 1086
5, 5–6.7–8a.8b u. 9ac 1185
7, 2–3.9–10.11–12 366
8, 2 u. 5.6–7.8–9 . . . . 453 671
8, 4–5.6–7.8–9 841
11 (10), 4.5 u. 7 657
12 (11), 2–3.4–5.7–8 913
15 (14), 2–3.4.5 . . 892 1135 1649
16 (15), 1–2 u. 4.5 u. 8.9 u. 11 1057
16 (15), 1–2 u. 5.7–8.9–10 . . 1077
16 (15), 1–2 u. 5.7–8.9 u. 11 . . 1411 1509 1625 1719 1930 1956
16 (15), 2 u. 5.7–8.9–11a . . 433 646
17 (16), 1–2.6–7.8 u. 15 370
18 (17), 2–3.4–5.6–7b.7cd u. 20 404
18 (17), 31 u. 47.48–49. 50–51 820
19 (18A), 2–3.4–5b 1387 1808 1972
19 (18A.B), 2–3.4–5b.8 1843
19 (18B), 8.9.10 989
19 (18B), 8.9.10.11–12 . 1200 1406 1589 1692 2221
19 (18B), 8.9.10.11 u. 15 . . 231 698
19 (18B), 8.9.10.12 u. 15 . . . 920
21 (20), 2–3.4–5.6–7 700
22 (21), 8–9.17–18.19–20. 23–24 2216
22 (21), 26–27.28 u. 30ab. 30c–32 797
23 (22), 1–3.4.5.6 . . . . 16 382 825 1480 1486 1526 1630 1835 1898 1984
24 (23), 1–2.3–4.5–6 . . . . 103 767
24 (23), 7–8.9–10 . . . . . 755 1574
25 (24), 1–2.3–4.5–6.8–9 . . 1011
25 (24), 4–5.6–7.8–9 . . . . 63 306
25 (24), 4–5.8–9.10 u. 14 . 118 1021 2024 2212
26 (25), 2–3.9–10.11–12 . . . 1183
27 (26), 1.2.3.13–14 415
27 (26), 1.3.5.7–8 818
27 (26), 1.4.13–14 . . 26 490 2222
27 (26), 1.7–8.9.13–14 330
27 (26), 7–8.9.13–14 1071
29 (28), 1–2.3ac–4.3b u. 9b–10 884
30 (29), 2 u. 4.5–6b.6cd u. 12a u. 13b 78 338
31 (30), 3b–4.6 u. 8.16–17 . 1445 1460 1593 1635 2020 2028
31 (30), 3c–4.6 u. 7b–8a. 17 u. 21ab 506
31 (30), 5–6.12 u. 14.15–16 . 270
31 (30), 20.21.22–23b. 23c–24 790
31 (30), 20.21.22 u. 24 1099
32 (31), 1–2.5–6–7 . . 807 862 957
33 (32), 1–2.4–5.18–19 . . . 496
33 (32), 2–3.4–5.6–7.8–9 . . 976
33 (32), 2–3.11–12.20–21 . . 109
33 (32), 4–5.18–19.20 u. 22 . 438
33 (32), 10–11.12–13.14–15 . 904
33 (32), 12–13.18–19.20 u. 22 1129
34 (33), 2–3.4–5.6–7 . . 899 1112
34 (33), 2–3.4–5.6–7.8–9 . . 480 1041 1402 1476 1518 1531 1736 1877 1978 2222
34 (33), 2–3.4–5.6–7.8–9. 10–11 . . 1535 1601 1621 1671 1754 1862
34 (33), 2–3.6–7.17–18. 19 u. 23 68
34 (33), 2 u. 9.17–18.19–20 . 485
34 (33), 4–5.6–7.16–17. 18–19 236
34 (33), 7–8.10–11.12–13 . . 1190
34 (33), 8–9.10–11.12–13 . . 1120
34 (33), 17–18.19–20.21 u. 23 361

Reference	Page(s)
37 (36), 3–4.5–6.30–31	1450 1540 1723 1778 1804 1903 1966
37 (36), 3–4.5–6.23–24. 39–40b	773
37 (36), 3–4.18–19.27–28b. 39–40b	925
37 (36), 5–6.30–31.39–40b	851
40 (39), 2 u. 4ab.7–8.9–10	680 726 753 1416 1515 1727 1839 1935
40 (39), 7–8.9–10.11	1708
42 (41), 2–3; 43 (42), 3.4	301 533
44 (43), 2.3.4	1715
44 (43), 10–11.14–15.24–25	686
45 (44), 11–12.14–15.16–17	1442 1645
46 (45), 2–3.5–6.8–9	345
47 (46), 2–3.4–5.6–7	620
47 (46), 2–3.6–7.8–9	740 2220
47 (46), 2–3.8–9.10	625
48 (47), 2–3b.3c–4.9.10–11	811
48 (47), 2–3b.3c–4.10–11	1138
49 (48), 2–3.6–7.8–9.11 u. 13a	933
49 (48), 14–15b.15c–16. 17–18.19–20	939
50 (49), 1 u. 8.16b–17.20–21	878
50 (49), 5–6.7–8.14 u. 23	963
50 (49), 7b–9.10–11.12–13. 16b–17	1192
50 (49), 8–9.16b–17.21 u. 23	266 707
50 (49), 16–17.18–19.20–21. 22–23	1178
51 (50), 3–4.5–6b.6c–7.10–11	775
51 (50), 3–4.5–6b.11 u. 16	1092
51 (50), 3–4.5–6b.12–13.14 u. 17	208 2214
51 (50), 3–4.5–6b.18–19	222
51 (50), 3–4.12–13.18–19	242
51 (50), 3–4.18–19.20–21	326
51 (50), 12–13.14–15.16–17	784
55 (54), 7–8.9–10.17 u. 23	928
56 (55), 2–3.9–10a.10b–11. 12–13	728
57 (56), 2.3–4.6 u. 11	736
57 (56), 8–9.10–11	587
60 (59), 3–4.5 u. 12.13–14	1131
63 (62), 2.3–4.5–6	991
63 (62), 2.3–4.5–6.8–9	2223
65 (64), 10.11–12.13–14	1064
66 (65), 1–3a.4–5.6–7b	511
66 (65), 1–3.4–5.6–7.16 u. 20	2219
66 (65), 8–9.16–17.19–20	516
67 (66), 2–3.5.7–8	83 545
68 (67), 2–3.4 u. 5ad.6–7b	630
68 (67), 10–11.20–21	635
68 (67), 29–30a u. 30b u. 32b. 33–34.35–36	641
69 (68), 8–9.10 u. 12.21b–22. 31 u. 33	426
71 (70), 1–2.3.5–6.15 u. 17	421
71 (70), 1–2.3b–4.20–21. 22–23	1522
71 (70), 3ab u. 3d–4a.5–6b. 16–17	97
71 (70), 5–6.7–8.15 u. 17	1944
71 (70), 8–9.14–15b.16–17. 22	1035
72 (71), 1–2.3–4b.7–8	180
72 (71), 1–2.3–4b.7–8.17	87
72 (71), 1–2.7–8.10–11. 12–13	2213
72 (71), 1–2.7–8.12–13.17	11
72 (71), 1–2.10–11.12–13	187
72 (71), 1–2.12–13.18–19	93
72 (71), 1–2.14 u. 15bc.17	192
74 (73), 1–2.3–4.5–7.20–21	1169
78 (77), 3 u. 4cd.6c–8	691
79 (78), 1–2.3–4.5 u. 8.9	1154
79 (78), 5 u. 8.9.11 u. 13	261 969
80 (79), 2 u. 3bc.4–5.6–7	742
80 (79), 2ac u. 3bc.15–16. 18–19	58
81 (80), 6c–8b.8c–9.10–11b. 14 u. 17	321
81 (80), 10–11b.12–13.14–15	864
84 (83), 3.4.5 u. 10.11	843
85 (84), 8 u. 10.11–12.13–14	733
85 (84), 9–10.11–12.13–14	36 73 1062 2212
85 (84), 9.11–12.13–14	1214
86 (85), 1–2.3–4.5–6	226 799
87 (86), 2–3.4.5 u. 7	540
89 (88), 2–3.6–7.16–17	1773

89 (88), 2–3.20a u. 4–5.21–22. 25 u. 27 . 1392 1421 1745 1912 1961	
89 (88), 2–3.4–5.27 u. 29 . . . 1697	
89 (88), 2–3.20a u. 4–5. 27 u. 29 . . . . 123 550	
89 (88), 4–5.27–28.29–30 . . 761	
89 (88), 4–5.29–30.31–32. 33–34 1122	
89 (88), 16–17.18–19 693	
89 (88), 20–21.22 u. 25.26 u. 29 749	
89 (88), 20–21.22 u. 29.27–28 714	
90 (89), 1–2.3–4.5–6.12–13 . 869	
90 (89), 1–2.3–4.14 u. 16 . . 1005	
90 (89), 3–4.5–6.12–13.14 u. 17 1798	
91 (90), 1–2.10–11.12–13. 14–15 2215	
91 (90), 1–2.14–15a.15b–16 . 998	
93 (92), 1.2–3.4–5 . . . . . 475 919	
94 (93), 12–13.14–15.18–19 . 886	
95 (94), 1–2.6–7c. 7d–9 . . . . . . 293 316 2223	
95 (94), 6–7b.7c–9.10–11 . . 684	
96 (95), 1–2.3–4.5–6 129	
96 (95), 1–2.3 u. 7.8 u. 10 . . 1489 1555 1580 1687 1704 1759 1867	
96 (95), 1–2.3 u. 10 582	
96 (95), 1–2.3 u. 10ac. 11–12.13 41	
96 (95), 1–2.11–12.13 138	
96 (95), 7–8.9–10 134	
96 (95), 10–11.12–13b 984	
97 (96), 1–2.3–4.4–5.6–7–8 . . 1107	
97 (96), 1–2.5–6.11–12 . . . 1465	
97 (96), 1–2.6–7.9 u. 12 . . . 665	
98 (97), 1.2–3b.3c–4 . 144 560 614 965 1083 1426	
98 (97), 1.2–3b.3c–4.5–6 . . . 747 1907 2213	
98 (97), 1.3c–4.5–6 149	
98 (97), 1.7–8.9 154	
99 (98), 4b–5.6–7.8–9 1054	
100 (99), 1–2.3.4–5 2224	
100 (99), 2–3.4–5 . . . 159 593 978	
102 (101), 2–3.16–17.18–19. 20–21 389	
102 (101), 16–17.18–19.20–21. 29 u. 22 897	
103 (102), 1–2.3–4.8–9.10–11 1176	
103 (102), 1–2.3–4.8 u. 10 . . 45	
103 (102), 1–2.3–4.8–9. 11–12 . . . . 945 1076	
103 (102), 1–2.3–4.8–9.13–14. 17–18a . . 1494 1568 1787 1826	
103 (102), 1–2.3–4.8 u. 10. 12–13 2224	
103 (102), 1–2.3–4.9–10. 11–12 287	
103 (102), 1–2.11–12.19–20b 652	
103 (102), 1–2.13–14.17–18a 805	
103 (102), 13–14.15–16. 17–18a 950	
104 (103), 1–2.24–25.27–28. 29–30 2220	
104 (103), 1–2a.5–6.10 u. 12. 24 u. 35abc 834	
104 (103), 1–2.27–28.29b–30 849	
105 (104), 1–2.3–4.6–7.8–9 . 445 677 1144	
105 (104), 4–5.6–7.8–9 . . . 400	
105 (104), 16–17.18–19. 20–21 282	
106 (105), 1–2.3–4.5 . . 1152 1205	
106 (105), 3–4.35–36.37 u. 40 858	
106 (105), 6–7b.19–20.21–22 871	
106 (105), 19–20.21–22. 23–24 356	
107 (106), 1–2a u. 3.4–5.6–7. 8–9 1498	
110 (109), 1–2.3–4–5 . 705 718 759 1433 1505 1792 1852	
111 (110), 1–2.3–4.7–8 1105	
111 (110), 1–2.4–5.9 u. 10c . 712	
111 (110), 1–2.5–6.9 u. 10c . 959	
112 (111), 1–2.3–4.5–6 . . 906 997	
112 (111), 1–2.3–4.5–6.7 u. 9 1455 1662 1749 1917 2009	
112 (111), 1–2.3–4.5 u. 9 . . . 1097	
112 (111), 1–2.6–7.8–9 1004	
113 (112), 1–2.3–4.5a u. 6–7 . 1639	
115 (113B), 1–2.3–4.15–16 . 566	
116 (115), 1–2.3–4.5–6.8–9 . 1198 1768

116 (115), 10–11.15–16.
  17–18 1068
116 (115), 12–13.14–15.
  16–17 528
116 (115), 12–13.14–15.
  18–19 . . . . 667 890
117 (116), 1.2 . . . . . 522 1397 1549
  1584 1616 1667 1783 1892 1999
118 (117), 1–2.8–9.19–20.
  25–27a 21
118 (117), 1–2.14–15.
  16–17.18–19.20–21 464
118 (117), 1–2.16–17.
  22–23 2218
118 (117), 1 u. 4.22–23.
  24 u. 26–27a 458
119 (118), 1–2.3–4 1921
119 (118), 1–2.4–5.7–8 257
119 (118), 2 u. 10.20 u. 30.
  40 u. 131 1207
119 (118), 9–10.11–12.
  13–14 . . . . . 827 1564 1847
119 (118), 12 u. 16.18 u.
  27.34–35 944
119 (118), 17–18.19–20.
  21–22.23–24 1654
119 (118), 23–24.26–27.
  29–30 500
119 (118), 33–34.35–36.
  37 u. 40 1146
119 (118), 67–68.71–72.
  75–76 880
119 (118), 129–130.131–132.
  133 u. 135 1047
119 (118), 157 u. 160.
  161 u. 165.166 u. 168 . . . 1028
119 (118), 165 u. 168.
  171–172.174–175. 932
121 (120), 1–2.3–4.5–6.
  7–8 1042
122 (121), 1–3.4–5 576
122 (121), 1–3.4–5.6–7.8–9 . . 6
  1818 2226
123 (122), 2 1013
124 (123), 2–3.4–5.7–8 . 1470 1658
  1822 1831 1882 1886
  1989

126 (125), 1–2b.2c–3.4–5.6 . 1596
  1740 1763 1813 1939
128 (127), 1–2.3.4–5 . . . 856 1019
  1159
130 (129), 1–2.3–4.5–6b.
  6c–7a u. 8 . . . . 252 2215
131 (130), 1.2–3 . . . . 1438 1925
132 (131), 1–2.3 u. 5.11.12.
  13–14 769
132 (131), 6–7.8–9.10 u. 13 . 836
132 (131), 11.12.13–14.
  17–18 1115
132 (131), 13–14.15–16.
  17–18 1683
135 (134), 1–2.3.4–5–6 1213
136 (135), 1–3.4–6.7–9.
  24–26 2217
136 (135), 1 u. 3.16 u.
  21–22.23–26 2218
137 (136), 1–2.3–4.5–6 . . . 1161
138 (137), 1–2b.2c–3.7c–8 . . 246
  603
139 (138), 1–3.13–14.
  15–16 1950
141 (140), 1–2.3 u. 8 952
144 (143), 1–2c.9–10 721
145 (144), 1–2.8–9.10–11.
  13c–14 2225
145 (144), 1 u. 9.10–11.
  12–13b 50
145 (144), 2–3.4–5.10–11 . . 911
145 (144), 8–9.13c–14.
  17–18 350
145 (144), 10–11.12–13b.
  20–21 571
146 (145), 1–3.5–6.7–8.9 . . 1090
146 (145), 1–2 u. 7.
  8–9b.9c–10 1026
147 (146), 1–2.3–4.5–6 30
147, 12–13.14–15.19–20 . . . 165
  197 971
147, 12–13.15–16.
  19–20 311
148, 1–2.11–12.13–14 . . 608 1560
  1607 1857
149, 1–2.3–4.5–6a u. 9b . . . 171
  202 597 982

II. Cantica aus dem Alten Testament

1 Sam 2,1bcde.4–5b.6–7.
  8abcd 113 673 1871
1 Chr 29,10b–11a.11b–12a.
  12b–13 813
Tob 13,2.6.7.8 1033
Jdt 13,18bc. 19 u. 20bc . . . 1611
Spr 31,10–11.15 u. 20.
  26–27.28–29 1675
Jes 12,2.3 u. 4bcd.5–6 1994
Jer 31,10.11–12b.13 410
Dan 3,52.53.54.55.56 395

III. Cantica aus dem Neuen Testament

Lk 1,46b–48.49–50.
  51 u. 53.54–55 . . . 1166 2130
Lk 1,68–69.70–71.72–73.
  74–75 781

QUELLENNACHWEIS

S. 9: Karl Rahner, in: Geist und Leben 39 (1966); S. 39, S. 633: Reinhold Schneider, Gelebtes Wort (Verlag Herder, Freiburg 1961); S. 48, S. 205: Dag Hammarskjöld, Zeichen am Weg (Droemer-Knaur, München/Zürich 1965); S. 61: Oda Schneider, Elias – Flammender Zeuge des ewigen Herzens (Verlag F. Schöningh, Paderborn 1962); S. 81: Karl Barth, Letzte Zeugnisse (Theologischer Verlag, Zürich 1969); S. 85, S. 189, S. 291, S. 337, S. 413, S. 563: Heinrich Spaemann, „Feuer auf die Erde zu werfen ..." (Verlag Herder, Freiburg 1962); S. 132: Martin Buber, Die Erzählungen der Chassidim (Manesse Verlag, Zürich 1949); S. 142: Günther Schiwy, Die Schrift: 1 Joh. 2,18–19, in: Christ in der Gegenwart 4 (1969); S. 147, S. 184, S. 622, S. 716, S. 1051, S. 1117: Dietrich Bonhoeffer, in: Bonhoeffer-Brevier (Chr. Kaiser Verlag, München 1968); S. 152, S. 162: Huub Oosterhuis, Ganz nah ist dein Wort (Verlag Herder, Wien 1967); S. 168: Robert Saitschick, Die innere Welt Jesu (Katzmann-Verlag, Tübingen 1957); S. 173: Ulrich Horst, Kritische Exegese und Verkündigung (Verlag Friedrich Pustet, Regensburg 1969); S. 179: Hans Urs von Balthasar, Cordula oder Der Ernstfall (Johannes Verlag, Einsiedeln 1966); S. 195: Emil Brunner, Das Ewige als Zukunft und Gegenwart (Theologischer Verlag, Zürich 1953); S. 199: Joh. Joachim Degenhardt. Die Schrift: Mk 1, 40–45, in: Christ in der Gegenwart 28 (1968); S. 214: Alfons Auer, Die gereinigte Liebe zur Schöpfung, in: Christ in der Gegenwart 9 (1971); S. 219: Heinrich Schürmann, Worte des Herrn (Verlag Herder, Freiburg 1968); S. 224, S. 948: Glaubensverkündigung für Erwachsene. Deutsche Ausgabe des Holländischen Katechismus (Herder-Bücherei Nr. 382); S. 229: Herbert Haag, Abschied vom Teufel. Theologische Meditationen, Band 23 (Benziger Verlag, Zürich 1969); S. 239: Karl Rahner, Von der Not und dem Segen des Gebetes (Herder-Bücherei Nr. 28); S. 245, S. 324, S. 342, S. 387, S. 392, S. 467, S. 866, S. 954: Josef Eger, Gott läßt sich nicht zitieren (Hans Driewer Verlag, Essen 1967); S. 249. S. 279, S. 751: Helmut Thielicke, Ich glaube. Das Bekenntnis der Christen (Quell-Verlag, Stuttgart 1967); S. 255: D. Trautwein aus: Werkblätter (Verlag Haus Altenberg, Düsseldorf 1968); S. 259, S. 309: Rudolf Bultmann, Jesus (Verlag J. C. B. Mohr, Tübingen 1958); S. 269, S. 274: Hans Küng, Wahrhaftigkeit (Verlag Herder, Freiburg 1968); S. 285: A. von Speyr, Die Gleichnisse des Herrn (Johannes Verlag, Einsiedeln 1966); S. 298: Irmgard Ackermann, Zum Dialog zwischen Christen und Nichtchristen, in: Geist und Leben 39 (1966); S. 304: F. J. Schierse, in: R. H. Fuller, Die Wunder Jesu in Exegese und Verkündigung (Patmos Verlag, Düsseldorf 1968); S. 314: Bruno Schüller, Gesetz und Freiheit (Patmos Verlag, Düsseldorf 1966); S. 319, S. 569, S. 574: Josef Blank, Schriftauslegung in Theorie und Praxis (Kösel-Verlag, München 1969); S. 329, S. 846, S. 930, S. 1141, S. 1180: Drutmar Cremer, Wohin, Herr? Gebet in die Zukunft (Echter-Verlag, Würzburg 1971); S. 348, S. 590: Jörg Zink, Die Mitte der Nacht ist der Anfang des Tages (Kreuz-Verlag, Stuttgart 1970); S. 368: Teilhard de Chardin, Lobgesang des Alls (Walter Verlag, Olten 1961); S. 375: Jacques Guillet, So spricht der Herr (Verlag J. Pfeiffer, München 1965); S. 403: Kardinal Suhard, Persönliches Tagebuch (Roven Verlag, Olten 1960); S. 407: Hans Urs von Balthasar, Das Weizenkorn (Johannes Verlag, Einsiedeln 1953); S. 419, S. 519, S. 542: A. von Speyr, Die Streitreden. Betrachtungen über das Johannes-Evangelium Kapitel 6–12 (Johannes Verlag,

Quellennachweis

Einsiedeln 1949); S. 430: Louis Evely, Du selbst bist dieser Mensch (Verlag Styria, Graz 1964); S. 436, S. 894: Helmut Thielicke, Wie die Welt begann. Der Mensch in der Urgeschichte der Bibel (Quell-Verlag, Stuttgart 1963); S. 450, S. 1037: Heinrich Spaemann, Die kommende Welt (Patmos Verlag, Düsseldorf 1958); S. 456: Joseph Ratzinger, Einführung in das Christentum (Kösel-Verlag, München 1970); S. 462: Hanns Lilje, Christus am See (Furche-Bücherei, Band 20); S. 473, S. 513: Alfred Delp, Kämpfer – Beter – Zeuge (Herder-Bücherei Nr. 131); S. 478: Josef Sudbrack, in: Geist und Leben 39 (1966); S. 484: Jean Steinmann, Christentum geht ins Mark (Verlag Josef Knecht, Frankfurt/Main 1969); S. 488: Ernst Wolf, Unter der Herrschaft Christi (Chr. Kaiser Verlag, München 1961); S. 494: Roger Schutz, Warten auf das Ereignis Gottes. Aktualisierung der Regel von Taizé (Herder-Bücherei, Nr. 369); S. 498: Josef Bommer, Einübung ins Christliche. Gedanken für den Alltag (Herder-Bücherei Nr. 369); S. 508: Rudolf Pesch, Die Visionen des Stephanus. Stuttgarter Bibelstudien 12 (Verlag Katholisches Bibelwerk, Stuttgart 1966); S. 525, S. 738: Otto Rodenberg, Der Sohn (Theologischer Verlag, Rolf Brockhaus, Wuppertal 1963); S. 530: André Liégé OP, Der glaubhafte Christ (Verlag Herder, Freiburg 1956); S. 538: Josef Eger, König der Herrlichkeit (Seelsorge-Verlag, Freiburg 1964); S. 547: Rudolf Schnackenburg, Christliche Existenz nach dem Neuen Testament, Band I (Kösel-Verlag, München 1964); S. 558, S. 600: Eugen Walter, Die Mysterien des Wortes und der Liebe (Verlag Herder, Freiburg 1974); S. 579, S. 585: Rupert von Deutz, in: Bonaventura Rebstock, Vom Wort des Lebens, Band 2 a. a. O.; S. 595: Helga Rusche, Zeugnis für Jesus (Verlag Katholisches Bibelwerk, Stuttgart 1970); S. 605: Bernhard Welte, Vom Geist des Christentums (Verlag Josef Knecht, Frankfurt/Main 1966); S. 616: Martin Buber, in: Mit Gott ins Heute, Band 3. Herausgegeben von A. Berz (Benziger Verlag, Einsiedeln 1968); S. 627: Karl Bernhard Ritter, Das Gebet des leibhaftigen Menschen, in: Quatember 25. Jg. (1960/61); S. 638, S. 655: Jörg Splett, Zeugnis der Freude (Arena-Verlag, Würzburg 1967); S. 644: Dietrich Bonhoeffer, in: F. H. Ryssel (Hrsg.), Der Christ in der neuen Wirklichkeit (Ullstein-Buch Nr. 615); S. 649, S. 660: Heinrich Spaemann, Die Christen und das Werk der Juden (Kösel-Verlag, München 1966); S. 669: Karl Barth, Das christliche Verständnis der Offenbarung. Theologische Existenz heute, Neue Folge 12 (Chr. Kaiser Verlag, München 1948); S. 689, S. 803: Eduard Schweizer, Das Evangelium nach Markus NTD/1 (Verlag Vandenhoeck & Ruprecht, Göttingen 1968); S. 696: Martin Buber, Das Volksbegehren, in: In memoriam Ernst Lohmeyer (Evangelisches Verlagswerk, Stuttgart 1951); S. 709: Hans Wilhelm Hertzberg, Die Samuelbücher – ATD/10 (Verlag Vandenhoeck & Ruprecht, Göttingen 1968); S. 723: Ernst Fuchs, Glaube und Erfahrungen, in: Gesammelte Aufsätze (Verlag J. C. B. Mohr, Tübingen 1965); S. 757, S. 860, S. 874, S. 916: Louis Evely, Neuer Wein in neue Schläuche (Verlag Styria, Graz 1966); S. 765: Wilhelm Stählin, Mysterium. Vom Geheimnis Gottes (Johannes Stauda Verlag, Kassel 1970); S. 771: Leonhard Rost, Die Überlieferung von der Thronnachfolge Davids, in: Beiträge zur Wissenschaft vom Alten und Neuen Testament 3. Folge Heft 6 (Verlag W. Kohlhammer, Stuttgart 1926); S. 771: A. von Speyr, Gleichnisse des Herrn (Johannes Verlag, Einsiedeln 1966); S. 778, S. 853, S. 1015, S. 1141: Ladislaus Boros, Aus der Hoffnung leben (Walter Verlag, Olten 1968); S. 786: E. Thurneysen, in: Seelsorge im Vollzug (Theologischer Verlag, Zürich 1968); S. 786, S.

923: Romano Guardini, Glaubensbekenntnis. Versuche zur Unterscheidung und Vertiefung (Werkbund-Verlag, Würzburg 1949); S. 815: Karl Hermann Schelkle, Jüngerschaft und Apostelamt (Verlag Herder, Freiburg 1965); S. 823: Heinrich Spaemann, Der Geist ist es, der lebendig macht! (Kyrios-Verlag, Meitingen-Freising 1969); S. 829: Friedrich Dessauer, Auf den Spuren der Unendlichkeit (Josef Knecht Verlag, Frankfurt/Main 1954); S. 838: Wilhelm Stählin, Symbolon. Vom gleichnishaften Denken (Evangelisches Verlagswerk, Stuttgart 1958); S. 874: A. von Speyr, Das Angesicht des Vaters (Johannes Verlag, Einsiedeln 1955); S. 888: A. Heising, Die Botschaft der Brotvermehrung, in: Stuttgarter Bibelstudien 15 (Verlag Katholisches Bibelwerk, Stuttgart 1967); S. 901: Jean Daniélou, Die Heiligen des AT (Schwabenverlag, Stuttgart 1955); S. 935: Yves de Montcheuil, Das Reich Gottes und seine Forderungen (Matthias-Grünewald-Verlag, Mainz 1961); S. 942: Karl Gutbrod, Wir lesen das Evangelium nach Markus (Calwer Verlag, Stuttgart 1970); S. 961: Corona Bamberg, in: Geist und Leben 43 (1970); S. 967: Reinhold Schneider, Die Sonette von Leben und Zeit, dem Glauben und der Geschichte (Jakob Hegner Verlag, Köln 1954); S. 974: Walter Kasper, Glaube und Geschichte (Matthias-Grünewald-Verlag, Mainz 1970); S. 980: Günther Schiwy, Die Schrift, in: Christ in der Gegenwart 35 (1968); S. 987: Gonsalv Mainberger, Jesus starb – umsonst (Verlag Herder, Freiburg 1970); S. 993: Hans Freiherr von Campenhausen, Kirchliches Amt und geistliche Vollmacht in den ersten drei Jahrhunderten (J. C. B. Mohr, Tübingen 1953); S. 1008: Franziskus Stratmann, Auch der Kaiser ist Gottes, in: Christ in der Gegenwart 41 (1968); S. 1015: Bernard Bro, Lerne beten (Verlag Herder, Freiburg 1964); S. 1023: Georg Scherer, in: A. Exeler - G. Scherer (Hrsg.), Glaubensinformation. Sachbuch zur theologischen Erwachsenenbildung (Verlag Herder, Freiburg 1971); S. 1045: Wolfgang Hinker, Die unerhörte Zukunft, in: Johannes Kuhn (Hrsg.), Die bessere Gerechtigkeit. Die Bergpredigt zwischen Utopie und Realität (Quell-Verlag, Stuttgart 1969); S. 1059: Gisela Uellenberg, Die neue Freiheit, in M. Müssle (Hrsg.), Die Humanität Jesu im Spiegel der Bergpredigt (Verlag J. Pfeiffer, München 1971); S. 1066: Hermann Zeller, Mensch sein mit Schwierigkeiten (Verlag Ars Sacra, München 1968); S. 1073: Louis Evely, Manifest der Liebe (Verlag Herder, Freiburg 1965); S. 1073: Willy Marxsen, Predigten (Gütersloher Verlagshaus Gerd Mohn, Gütersloh 1968); S. 1079: Heinrich Spaemann, Siehe, ein Neues will ich machen (Kyrios-Verlag, Meitingen-Freising 1969); S. 1088: Jörg Zink, Wie wir beten können (Kreuz-Verlag, Stuttgart 1972); S. 1102: Theo Brüggemann, Gebete zur Bergpredigt (Verlag Ernst Kaufmann, Lahr 1971); S. 1133: Alfons Deissler, Ich werde mit dir sein (Verlag Herder, Freiburg 1969); S. 1148: Joh. Joachim Degenhardt, in: Dienst am Wort 1 (1966); S. 1156: John Henry Newman, Ausschau nach Gott (Verlag Herder, Freiburg 1961); S. 1163: Ernst Käsemann, Exegetische Versuche und Besinnungen 2. Band (Verlag Vandenhoeck & Ruprecht, Göttingen 1965); S. 1172: Edzard Schaper, Bürger in Zeit und Ewigkeit (Marion von Schröder Verlag, Düsseldorf 1956); S. 1202: Adolf Köberle, Die Stunde der Versuchung (Furche-Verlag, Hamburg 1958); S. 1209: Rudolf Pesch, in: Christ in der Gegenwart 21 (1969).

Der Name Schott ist geschützt. DP 637431/28

Imprimi potest. – Beuron, den 17. Januar 1984
† Hieronymus Nitz OSB, Erzabt
Imprimatur. – Freiburg im Breisgau, den 19. Januar 1984
Der Generalvikar: Dr. Schlund

Für die Texte aus Die Feier der heiligen Messe, Meßbuch und Meßlektionar, authentische Ausgaben für den liturgischen Gebrauch, herausgegeben im Auftrag der Deutschen und der Berliner Bischofskonferenz, der Österreichischen Bischofskonferenz, der Schweizer Bischofskonferenz sowie der Bischöfe von Luxemburg, Bozen-Brixen, Lüttich, Metz und Straßburg, erteilte die zur Wahrnehmung und Verwaltung der Rechte beauftragte „Ständige Kommission für die Herausgabe der gemeinsamen liturgischen Bücher im deutschen Sprachgebiet" die Abdruckerlaubnis. Die aus dem Meßlektionar entnommenen Schriftlesungen sind Teil der von den Bischöfen des deutschen Sprachgebietes approbierten Einheitsübersetzung der Heiligen Schrift.

I

Alle Rechte vorbehalten – Printed in Germany
© Verlag Herder Freiburg im Breisgau 1984
Gesetzt und gedruckt in der von Alfred Riedel gestalteten
Adamas-Antiqua in der Offizin Herder
in Freiburg im Breisgau
1998

ISBN 3-451-20161-5 (Kunstleder)
ISBN 3-451-20171-2 (Leder)

Das aktuelle Meßbuch, das bleibt

SCHOTT-MESSBUCH
Für die Sonn- und Festtage

LESEJAHR A:
Best.-Nr. 19231 (Paperback);
Best.-Nr. 19232 (Kunstleder); Best.-Nr. 19233 (Leder)

LESEJAHR B:
Best.-Nr. 19800 (Paperback);
Best.-Nr. 19801 (Kunstleder); Best.-Nr. 19802 (Leder)

LESEJAHR C:
Best.-Nr. 19151 (Paperback);
Best.-Nr. 19152 (Kunstleder); Best.-Nr. 19153 (Leder)

Dazu die bibliophilen Lederausgaben mit Klappfutteral:

LESEJAHR A:
Best.-Nr. 21101 (Ziegenleder rot);
Best.-Nr. 21102 (Kalbsleder braun);
Best.-Nr. 21103 (Schafsleder grün)

LESEJAHR B:
Best.-Nr. 21111 (Ziegenleder rot);
Best.-Nr. 21112 (Kalbsleder braun);
Best.-Nr. 21113 (Schafsleder grün)

LESEJAHR C:
Best.-Nr. 21121 (Ziegenleder rot);
Best.-Nr. 21122 (Kalbsleder braun);
Best.–Nr. 21123 (Schafsleder grün)

Verlag Herder Freiburg · Basel · Wien